Sur simple présentation de ce guide, Hertz vous offre 100 francs de réduction.
Ça fera toujours ça de moins dans votre sac à dos.

Hertz vous offre 100 francs de réduction immédiate sur les forfaits Hertz Week-ends standards ou Hertz Vacances standard en France.

Aujourd'hui avec Hertz, découvrez la liberté d'une location de voiture à prix « routard ».

Offre valable jusqu'au 31/12/2000 non cumulable avec toute autre promotion.

Réservations au
01 39 38 38 38.

Code Hertz à préciser :
CDP 967130

Forfait vacances standard
100 F
de réduction.

Forfait week-end standard
100 F
de réduction.

Bien louer, bien être

le Guide du **routard**

Directeur de collection
Philippe GLOAGUEN

Cofondateurs
Philippe GLOAGUEN et Michel DUVAL

Rédacteur en chef
Pierre JOSSE

Rédacteur en chef adjoint
Benoît LUCCHINI

Directrice de la coordination
Florence CHARMETANT

Rédaction
**Yves COUPRIE, Olivier PAGE,
Véronique de CHARDON, Amanda KERAVEL,
Isabelle AL SUBAIHI, Anne-Caroline DUMAS,
Carole FOUCAULT, Bénédicte SOLLE
et André PONCELET**

HÔTELS & RESTOS DE FRANCE

2000

Sur présentation de ce guide,
nombreuses offres et réductions en 2000.

Hachette

Téléphone

Pour vous simplifier la vie, les **cartes France Télécom** vous permettent de téléphoner en France et de plus de 80 pays étrangers à partir de n'importe quel poste téléphonique, d'une cabine ou de chez des amis, sans souci de paiement immédiat. Les communications sont portées directement sur votre facture téléphonique personnelle.

Pour appeler, vous composez le numéro d'accès au service, le numéro de votre carte, puis votre code confidentiel, suivi du numéro de votre correspondant.

Plusieurs formules sont proposées. Vous pourrez ainsi opter pour la **carte France Télécom** qui vous permettra de limiter le montant de vos communications.

Les **cartes France Télécom** s'obtiennent sans abonnement. Seule une avance sur consommation de 40 F (6,1 €) est amortie sur les premières communications.

Pour tout renseignement ou pour obtenir une **carte France Télécom,** composez le numéro Vert : ☎ 0-800-202-202.

SOMMAIRE DES RÉGIONS

LES GUIDES DU ROUTARD
2000-2001
(dates de parution sur le 36-15, code ROUTARD)

France

- Alpes
- Alsace, Vosges
- **Aquitaine (mars 2000)**
- Auvergne, Limousin
- Banlieues de Paris
- **Basse-Normandie (mars 2000)**
- Bourgogne, Franche-Comté
- **Bretagne Nord (fév. 2000)**
- **Bretagne Sud (fév. 2000)**
- Châteaux de la Loire
- Corse
- Côte d'Azur
- **Haute-Normandie (mars 2000)**
- Hôtels et restos de France
- Junior à Paris et ses environs
- Languedoc-Roussillon
- **Lyon et ses environs (nouveauté)**
- Midi-Pyrénées
- **Nord, Pas-de-Calais (mai 2000)**
- Paris
- **Paris à vélo (mars 2000)**
- Paris exotique
- **Pays basque (France, Espagne) (avril 2000)**
- Pays de la Loire
- Poitou-Charentes
- Provence
- Restos et bistrots de Paris
- **Le Routard des amoureux à Paris (nouveauté)**
- Tables et chambres à la campagne
- **Vins à moins de 50 F (fév. 2000)**
- Week-ends autour de Paris

Amériques

- Argentine, Chili et île de Pâques
- Brésil
- **Californie et Seattle (nouveauté)**
- Canada Ouest et Ontario
- Cuba
- Etats-Unis, côte Est
- Floride, Louisiane
- Guadeloupe, Saint-Martin, Saint-Barth
- Martinique, Dominique, Sainte-Lucie
- Mexique, Belize, Guatemala
- New York
- **Parcs nationaux de l'Ouest américain et Las Vegas (avril 2000)**
- Pérou, Equateur, Bolivie
- Québec et Provinces maritimes
- **Rép. dominicaine (Saint-Domingue) (nouveauté)**

Asie

- Birmanie
- **Inde du Nord (nouveauté)**
- **Inde du Sud (nouveauté)**
- Indonésie
- Israël
- Istanbul
- Jordanie, Syrie, Yémen
- Laos, Cambodge
- Malaisie, Singapour
- **Népal, Tibet (nouveauté)**
- **Sri Lanka (Ceylan) (nouveauté)**
- Thaïlande
- Turquie
- Vietnam

Europe

- Allemagne
- Amsterdam
- Angleterre, pays de Galles
- Athènes et les îles grecques
- Autriche
- **Barcelone, Catalogne (nouveauté)**
- Belgique
- Ecosse
- Espagne du Centre
- Espagne du Sud, Andalousie
- Finlande, Islande
- Grèce continentale
- Hongrie, Roumanie, Bulgarie
- Irlande
- Italie du Nord
- Italie du Sud, Rome
- Londres
- Norvège, Suède, Danemark
- Pologne, République tchèque, Slovaquie
- Portugal
- Prague
- **Sicile (fév. 2000)**
- Suisse
- Toscane, Ombrie
- Venise

Afrique

- Afrique noire
  Mali
  Mauritanie
  Burkina Faso
  Niger
  Côte-d'Ivoire
  Togo
  Bénin
  Cameroun
- Egypte
- Ile Maurice, Rodrigues
- Kenya, Tanzanie et Zanzibar
- **Madagascar (avril 2000)**
- Maroc
- Réunion
- **Sénégal, Gambie (nouveauté)**
- Tunisie

et bien sûr...

- **Le Guide de l'expat**
- Humanitaire
- Internet
- **Des Métiers pour globe-trotters**

CARTES DE LA FRANCE

C'est la clé du guide!
- **22 cartes régionales :** au début de chaque région, vous trouverez une carte sur laquelle sont signalées par un point noir • les communes où nous vous avons déniché de bonnes adresses.
- **1 carte générale :** au début du guide, vous pourrez consulter une carte de France indiquant le kilométrage entre les principales villes-repères.

GUIDE ALPHABÉTIQUE DES HÔTELS & RESTOS

À l'intérieur de chaque région, les villes sont classées par ordre alphabétique.
Leur nom figure dans un bandeau noir. Il est suivi du code postal et de coordonnées renvoyant à la carte régionale. Ex. : Quiberon 56170, carte régionale A2.

DANS LES ENVIRONS

Certaines localités sont traitées dans les environs d'une ville plus importante, dans un rayon de 30 km. Nous indiquons alors leur distance et leur orientation (N, S, E, O) par rapport à cette ville. Leur nom figure également sur la carte régionale.

CLASSEMENT DES HÔTELS & RESTOS

Les établissements sont classés par ordre croissant de prix. Les étoiles indiquées sont les étoiles officielles de l'hôtellerie française et non celles attribuées par le Père Routard.

INDEX

Placé en fin d'ouvrage, il donne la liste de toutes les localités traitées.

NOUVEAUTÉS

Chaque année le guide s'enrichit de nouvelles adresses dénichées par nos enquêteurs au cours de leurs pérégrinations. Celles-ci portent la mention *NOUVEAUTÉ* en fin de commentaire.

SYMBOLES UTILISÉS

 Hôtel, |●| Restaurant, ⚹ Accessible aux handicapés.

PRIX, OFFRES ET RÉDUCTIONS

Les tarifs que nous indiquons sont, sauf erreur, ceux obtenus 6 mois avant la sortie du guide, par relance. Ils sont désormais signalés en francs suivis de leur conversion en euros entre parenthèses.
Il se peut, bien sûr, que les prestataires aient, entre-temps, légèrement augmenté leurs tarifs de 10 ou 20 F. Mais il arrive que l'augmentation soit plus importante, voire excessive... Bon, les prix sont libres en France, mais nous on n'est pas là pour recommander des hôteliers et des restaurateurs qui nous racontent des histoires. Aussi, merci de nous signaler ces différences entre les prix annoncés et ceux pratiqués.
En ce qui concerne les gratuités ou réductions consenties à nos lecteurs sur présentation de ce guide, c'est avec l'accord écrit des hôteliers et des restaurateurs qu'elles sont mentionnées en fin de commentaire.

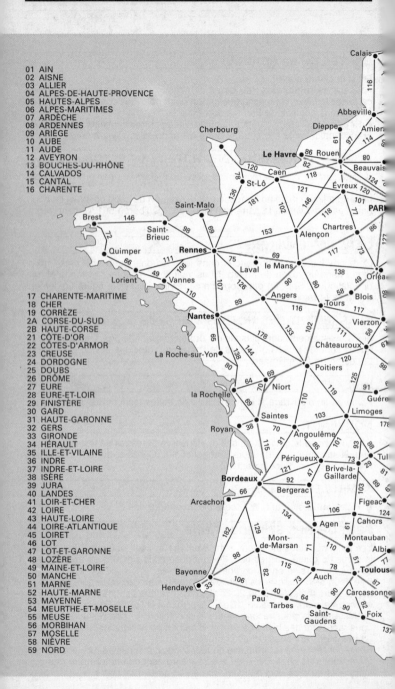

01 AIN
02 AISNE
03 ALLIER
04 ALPES-DE-HAUTE-PROVENCE
05 HAUTES-ALPES
06 ALPES-MARITIMES
07 ARDÈCHE
08 ARDENNES
09 ARIÈGE
10 AUBE
11 AUDE
12 AVEYRON
13 BOUCHES-DU-RHÔNE
14 CALVADOS
15 CANTAL
16 CHARENTE

17 CHARENTE-MARITIME
18 CHER
19 CORRÈZE
2A CORSE-DU-SUD
2B HAUTE-CORSE
21 CÔTE-D'OR
22 CÔTES-D'ARMOR
23 CREUSE
24 DORDOGNE
25 DOUBS
26 DRÔME
27 EURE
28 EURE-ET-LOIR
29 FINISTÈRE
30 GARD
31 HAUTE-GARONNE
32 GERS
33 GIRONDE
34 HÉRAULT
35 ILLE-ET-VILAINE
36 INDRE
37 INDRE-ET-LOIRE
38 ISÈRE
39 JURA
40 LANDES
41 LOIR-ET-CHER
42 LOIRE
43 HAUTE-LOIRE
44 LOIRE-ATLANTIQUE
45 LOIRET
46 LOT
47 LOT-ET-GARONNE
48 LOZÈRE
49 MAINE-ET-LOIRE
50 MANCHE
51 MARNE
52 HAUTE-MARNE
53 MAYENNE
54 MEURTHE-ET-MOSELLE
55 MEUSE
56 MORBIHAN
57 MOSELLE
58 NIÈVRE
59 NORD

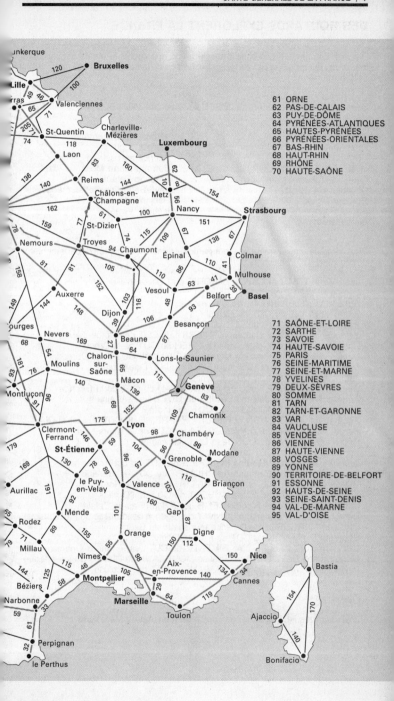

61 ORNE
62 PAS-DE-CALAIS
63 PUY-DE-DÔME
64 PYRÉNÉES-ATLANTIQUES
65 HAUTES-PYRÉNÉES
66 PYRÉNÉES-ORIENTALES
67 BAS-RHIN
68 HAUT-RHIN
69 RHÔNE
70 HAUTE-SAÔNE

71 SAÔNE-ET-LOIRE
72 SARTHE
73 SAVOIE
74 HAUTE-SAVOIE
75 PARIS
76 SEINE-MARITIME
77 SEINE-ET-MARNE
78 YVELINES
79 DEUX-SÈVRES
80 SOMME
81 TARN
82 TARN-ET-GARONNE
83 VAR
84 VAUCLUSE
85 VENDÉE
86 VIENNE
87 HAUTE-VIENNE
88 VOSGES
89 YONNE
90 TERRITOIRE-DE-BELFORT
91 ESSONNE
92 HAUTS-DE-SEINE
93 SEINE-SAINT-DENIS
94 VAL-DE-MARNE
95 VAL-D'OISE

DES ROUTARDS EXPLORENT LA FRANCE

De coup de fourchette en coup d'accélérateur, nos agents fureteurs ont parcouru la France, par monts et par vaux, à la recherche de la bonne petite adresse, si difficile à trouver.

Sous la coordination de Pierre JOSSE et Amanda KERAVEL :

Khair Al Subaihi
Jean-Marie Boël
Gérard Bouchu
Guillaume de Calan
François Chauvin
Christian dal Corso
Grégory Dalex
Carole Fouque
Alain Gernez

Jérôme de Gubernatis
Pierrick Jégu
Fabrice de Lestang
Bernard-Pierre Molin
Frédéric Patard
Jean-Sébastien Petitdemange
Benjamin Pinet
Isabelle Vivares

Pour ce guide, nous remercions tout particulièrement les comités départementaux de tourisme (CDT) suivants :

- Jean-Marie TRIAU et Laurent LABORIE du CDT de l'Allier
- Valérie PELLEGRINI du CRT Riviera-Côte d'Azur
- Armelle LE GOFF du CDT du Calvados
- Bruno VEDRINE du CDT du Cantal
- Pascale DELGRANGE du CDT du Cher
- Yves LE SIDANER et Catherine THIERRY du CDT des Côtes-d'Armor
- Christiane TABOURY et Isabelle DUCHER du CDT de la Creuse
- Daniel DEBAYE et Micheline MORISSONNEAU du CDT de la Dordogne
- Simone FRANCHET et Guilaine EFFRAY du CDT de l'Eure
- Jean-Luc JOURDAIN du CDT du Finistère
- Jean-Jacques TASTET et Christian CAILLEAU du CDT de la Gironde
- Armelle TANGUY et Josiane ERMEL du CDT d'Ille-et-Vilaine
- Sophie DEMOGET-OLIVIERO du CDT de l'Indre
- Anne-Marie REVERCHON et Patricia CHARREIRE du CDT du Loir-et-Cher
- Serge MORO-SIBILOT et Yvan BOLÉA du CDT de la Haute-Loire
- Cécile DEVORSINE du CDT de la Loire-Atlantique
- Anne GABORIT du CDT du Loiret
- Jean de CHALAIN et Martine BOUCHER du CDT du Lot
- Roland COURTEILLE et Isabelle CHOLLET du CDT de la Manche
- Valérie DASSONVILLE et Valérie MARTIN du CDT du Nord
- Annick CHOPART et Carole RAUBERT du CDT de l'Orne
- Diana HOUNSLOW et Nicolas CELIE du CDT du Pas-de-Calais
- Henri LAUQUÉ et Christiane BONNAT de l'agence de tourisme du Pays basque
- Christian MERCUROL de l'agence touristique du Béarn
- Élisabeth DURANTIN du CDT du Puy-de-Dôme
- Laurence HERLIN et Pascale GIMENEZ du CDT des Pyrénées-Orientales
- Marie-Hélène DEVILLARD et Ghislain MOUREAUX du CDT de Saône-et-Loire
- Valérie COUTANT et Danielle DAMIANI du CDT du Vaucluse

Et aussi :

- Jean-Jacques RODRIGUEZ de l'office de tourisme de Manosque

SPÉCIAL DÉFENSE DU CONSOMMATEUR

Un routard informé en vaut dix ! Pour éviter les arnaques en tout genre, il est bon de les connaître. Voici, par ordre alphabétique, un petit vade-mecum destiné à parer aux coûts et aux coups les plus redoutables (coup de bambou, coup de fusil et même... coup du sous-marin !).

Accueil : aucune loi n'oblige un hôtelier ou un restaurateur à recevoir aimablement ses clients. On imagine d'ailleurs assez mal une amende pour accueil désagréable. Là encore, chacun fait ce qu'il peut et reçoit comme il veut. Selon la conscience professionnelle, l'aptitude à rendre service et le caractère de chacun, l'accueil peut varier du meilleur au pire... Une simple obligation incombe aux hôteliers et aux restaurateurs : ils doivent renseigner correctement leurs clients, même par téléphone, sur les prix des chambres et des menus, sur le niveau de confort et le genre de cuisine proposé.

Affichage des prix : les hôtels et les restos sont tenus d'informer les clients de leurs prix, à l'aide d'une affichette, d'un panneau extérieur, ou de tout autre moyen. Ça, c'est l'article 28 de l'ordonnance du 1er décembre 1986 qui l'impose à la profession. Donc, vous ne pouvez contester des prix exorbitants que s'ils ne sont pas clairement affichés.

Arrhes ou acomptes ? Au moment de réserver votre chambre (par téléphone ou par écrit), il n'est pas rare que l'hôtelier vous demande de verser à l'avance une certaine somme, celle-ci faisant office de garantie. Il est préférable de parler d'arrhes et non d'acompte. Légalement, aucune règle n'en précise le montant. Toutefois, ne versez que des arrhes raisonnables : 25 à 30 % du prix total sachant qu'il s'agit d'un engagement définitif sur la réservation de la chambre. Cette somme ne pourra donc être remboursée en cas d'annulation de la réservation, sauf cas de force majeure (maladie ou accident) ou en accord avec l'hôtelier si l'annulation est faite dans des délais raisonnables. Si, au contraire, l'annulation est le fait de l'hôtelier, il doit vous rembourser le double des arrhes versées : l'article 1590 du Code civil le dit très nettement et ce depuis 1804 !

Commande insuffisante : il arrive que certains restos refusent de servir une commande jugée insuffisante. Le garçon ou le patron fait la moue. Il affirme même qu'il perd de l'argent. Cependant, le restaurateur ne peut pas vous pousser à la consommation. C'est illégal.

Eau : une banale carafe d'eau du robinet est gratuite, à condition qu'elle accompagne un repas.

Hôtels : comme les restaurants, ils ont interdiction de pratiquer la subordination de vente. C'est-à-dire qu'ils ne peuvent pas vous obliger à réserver plusieurs nuits d'hôtel si vous n'en souhaitez qu'une. Dans le même ordre d'idée, on ne peut vous obliger à prendre votre petit déjeuner ou vos repas dans l'hôtel où vous dormez ; ce principe est illégal et constitue une subordination de prestation de service condamnable par une amende. L'hôtelier reste cependant libre de proposer la demi-pension ou la pension complète. Bien se renseigner avant de prendre la chambre dans les hôtels-restaurants. À savoir aussi, si vous dormez en compagnie de votre « moutard », il peut vous être demandé un supplément.

Menus : très souvent, les premiers menus (les moins chers) ne sont servis qu'en semaine et avant certaines heures (12 h 30 et 20 h 30 généralement). Cela doit être clairement indiqué sur le panneau extérieur : à vous de vérifier.

Sous-marin : après le coup de bambou et le coup de fusil, celui du sous-marin. Le procédé consiste à rendre la monnaie en plaçant dans la soucoupe (de bas en haut) : les pièces, l'addition puis les billets. Si l'on est pressé, on récupère les billets en oubliant les pièces cachées sous l'addition.

Vins : les cartes des vins ne sont pas toujours très claires. Exemple : vous commandez un bourgogne à 50 F la bouteille. On vous la facture 100 F. En vérifiant sur la carte, vous découvrez qu'il s'agit d'une demi-bouteille. Mais c'était écrit en petits caractères illisibles.
La bouteille doit être obligatoirement débouchée devant le client, sinon il n'est pas sûr qu'il y ait adéquation entre le vin annoncé et le contenu de la bouteille.

LES HÔTELS DE CHAÎNE VOLONTAIRES

Il s'agit de chaînes qui regroupent des hôtels indépendants tenus par leur propriétaire. Ils doivent répondre à certains critères de qualité définis par l'enseigne tels que : convivialité, environnement, cadre et qualité de la restauration. Ce système permet ainsi à chaque établissement de conserver son caractère et ses particularités tout en garantissant à ses clients un niveau de prestations contrôlé régulièrement par la chaîne. De plus, ces chaînes ont mis en place un service de réservation centralisé.

Voici celles que nous avons sélectionné :

Best Western en France : au cœur des villes ou des régions touristiques, les 190 hôtels *Best Western en France* constituent l'un des premiers réseaux d'hôtellerie 3 et 4 étoiles. Leur infrastructure et leur emplacement permettent de répondre à toutes les occasions de déplacement, qu'elles soient professionnelles ou personnelles, et à tous les budgets. Animés par leurs propriétaires, les hôtels allient le charme, l'accueil et le respect de la tradition aux exigences de qualité de cette chaîne mondiale. Que ce soit au niveau des loisirs ou de la restauration, les hôtels *Best Western en France* s'attachent à valoriser les particularités de leur région.

Choice Hotels : cette chaîne hôtelière en franchise compte plus de 130 établissements en France, inscrits sous 3 enseignes : *Comfort* (2-3 étoiles), *Quality* (3-4 étoiles) et *Clarion* (4 étoiles luxe). Ses hôtels membres sont des établissements de caractère dont les tarifs varient de 250 F à 1 500 F la chambre. Un grand nombre d'entre eux propose des forfaits de découverte touristique autour des routes du vin, des parcs d'attractions, des musées, etc. La chaîne propose également le réseau d'hôtels *Comfort Comfort* avec les restaurants *Primevère* où l'on peut déguster de la cuisine du terroir.

Logis de France : une chaîne « anti-chaîne » qui trouve son unité dans un mot d'ordre : tradition et qualité de l'accueil. Des adresses familiales à visage humain, souvent hors des grandes villes, proches du terroir. Pour dénicher ces hôtels-restaurants en cours de route, cherchez leur emblème : une cheminée, symbole de leur convivialité. Une à trois cheminées sont attribuées aux établissements suivant leur confort. Le prix des chambres varie en moyenne de 230 F à 330 F pour les chambres et de 80 F à 150 F pour les menus du terroir.

Relais du Silence : les 159 établissements de la chaîne *Relais du Silence* en France ont pour philosophie le plaisir de fuir les grands centres urbains pour se mettre au vert, trouver un acceuil chaleureux dans une ambiance familiale, se sentir chez soi dans des hôtels de petite capacité de 2 à 5 étoiles, et s'évader grâce à la beauté des sites et au calme de l'environnement. Les prix moyens des chambres vont de 310 F pour une simple à 820 F pour une double.

LES HÔTELS DE CHAÎNE INTÉGRÉS

Dans la plupart des cas, il s'agit de bâtiments standardisés, très fonctionnels, proposant des équipements et des prestations comparables. Le cadre et le site sont souvent sans surprise, mais ils sont choisis pour permettre aux voyageurs de dormir à proximité des lieux de travail – zones commerciales et industrielles –, ou des grands axes – rocades, échangeurs autoroutiers, boulevards périphériques. Ce type d'hôtellerie a ses adeptes. Car, question avantages (il y en a), les chambres peuvent accueillir jusqu'à trois personnes, sans supplément de prix. Elles sont toutes équipées d'une télévision et d'un plan de travail. De plus, il y a un parking attenant à l'hôtel. Enfin, les hôtels de chaîne intégrés proposent presque tous des formules spécialement étudiées pour les VRP. Pour les localiser, une forêt de panneaux les signale à l'entrée des villes ou des sortie des autoroutes. On a sélectionné quelques chaînes, dans les bas prix et les prix modérés. Il en existe beaucoup d'autres, mais il fallait faire un choix.

Formule 1, sans étoile : elle le crie bien haut et c'est vrai, c'est la moins chère des chaînes hôtelières. À partir de 120 F, une chambre équipée d'un grand lit double et d'un lit d'une personne, d'un coin lavabo, de la TV couleur et d'un réveil. Douche et wc (équipés d'un système autonettoyant) sur le palier : pour ce prix, il ne faut pas trop en demander. On peut partager la chambre à trois, sans supplément de prix. Petit déjeuner en libre-service à 22 F. Pas de restaurant. Des parkings. L'accueil est personnalisé de 6 h 30 à 10 h et de 17 h à 22 h. En dehors de ces horaires, les chambres sont vendues par un distributeur automatique, grâce à une carte de paiement. Vous pouvez donc, obtenir une chambre 24 h/24. On n'arrête pas le progrès !

1re Classe, sans étoile : couleurs et décoration contemporaines dans les chambres à 159 F (pour 1, 2 ou 3 personnes), avec un grand lit ou 2 lits jumeaux et un 3e lit astucieusement superposé, pour gagner de l'espace. Cabine douche, lavabo et wc. Toutes les chambres sont équipées d'un plan de travail et d'une TV couleur recevant Canal +. Pas de restauration, mais la chaîne de restos *Côte à Côte* est située à proximité comme son nom l'indique. Sinon, lorsqu'il n'y a pas de restaurant *Côte à Côte*, proximité d'un *Campanile*. Petit déjeuner à 24 F. Entre 12 h et 17 h, et après 21 h, pas d'accueil, mais système de réservation électronique avec carte bancaire.

Etap Hotel, sans étoile : chambres équipées d'un grand lit double et d'un lit superposé d'une personne, de sanitaires, de TV couleur recevant Canal + et 4 chaînes de Canal Satellite, et d'un réveil : à partir de 165 F suivant les saisons et les villes. Petit déjeuner-buffet complet à volonté à 24 F, gratuit pour les enfants de moins de 12 ans si les parents prennent le petit déjeuner. Accueil personnalisé de 6 h 30 à 11 h et de 17 h à 22 h. Possibilité d'obtenir une chambre 24 h/24 avec paiement automatique par carte bancaire. Parkings.

Balladins, 1 étoile : chambres équipées de TV avec Canal +, et téléphone direct. Les architectes y ont prévu une salle d'eau individuelle avec lavabo, douche et w-c. Les prix s'échelonnent de 195 à 275 F pour une chambre d'une ou deux personnes, selon la localisation. La plupart des hôtels baissent leurs tarifs à titre promotionnel le week-end de 155 à 175 F. Gratuit pour les enfants de moins de 12 ans. Plusieurs formules de restauration à partir de 59 F et un menu enfant à 35 F. Des avantages non négligeables pour les hommes d'affaires : la chaîne met à leur disposition des salles de réunion et propose des forfaits soirée-étape à partir de 275 F. Enfin, quelques chambres spécialement aménagées pour les handicapés et un parking gratuit.

Campanile, 2 étoiles : l'architecture varie en fonction de l'environnement ; normal, c'est la chaîne « verte ». On passe ici dans la gamme supérieure, et ça se traduit par des chambres confortables, avec une salle de bains complète (baignoire, douche et wc), le téléphone direct, la TV couleur qui reçoit Canal + et, petite attention de la maison, un plateau courtoisie dans chaque chambre. En province, la chambre double est à 285 F ; à Paris, de 320 à 450 F. Un lit d'appoint pour un enfant (de moins de 12 ans) partageant la chambre de ses parents est mis gracieusement à disposition. Au restaurant, menus de 86 à 119 F. Menu enfant 39 F. Petit déjeuner-buffet à 34 F, gratuit pour les moins de 5 ans et 20 F pour les 5-12 ans. Quelques chambres familles sont équipées de 2 lits supplémentaires gratuits pour 2 enfants de moins de 12 ans. Également, chambres pour handicapés. Parking avec ou sans supplément, ça dépend.

Climat de France, 2 étoiles : la seule chaîne d'hôtels en France à garantir la satisfaction totale de ses clients grâce à la charte « satisfait ou invité ». Belles chambres, bien agencées, au décor contemporain harmonieux (beaux dessus-de-lit) avec, au choix, un grand lit, des lits jumeaux ou trois lits. À partir de 270 F la double. Supplément pour une troisième personne. Toutes les chambres ont une salle de bains et des wc privés, la TV couleur recevant Canal +, le téléphone direct, un radio-réveil... Gratuité pour un enfant de moins de 13 ans partageant la chambre de ses parents. Un petit déjeuner-buffet « pleine forme » à partir de 35 F pour bien commencer la journée. Au resto, *La Soupière,* menus à partir de 75 F. Enfin, des chambres conçues pour les handicapés, des salles de séminaire et un parking gratuit.

Ibis, 2 étoiles : avec autant d'hôtels en périphérie qu'en centre-ville, *Ibis* facilite tous types de déplacements. Chambres confortables avec TV couleur recevant Canal + et 4 chaînes de Canal Satellite, téléphone et salle de bains. Lit gratuit pour un enfant de moins de 12 ans dormant dans la chambre de ses parents. Quelques chambres aménagées pour handicapés. La plupart des hôtels *Ibis* ont un restaurant ou, le cas échéant, une possibilité de restauration à proximité ; tous proposent des en-cas au bar 24 h/24 h. Parking ou garage selon les hôtels. Compter de 300 à 450 F la chambre selon la ville et petit déjeuner de 37 F à 45 F. Tarifs « week-end » d'octobre à mars 2000.

Clarine, 2 étoiles : 80 établissements de catégorie 2 étoiles de bon standing, la chaîne *Clarine* privilégie l'identité de chaque établissement grâce à une décoration régionale et personnalisée. Des chambres confortables (un lit deux places ou deux lits une place), avec une salle de bains complète (baignoire ou douche et wc), le téléphone direct, la TV couleur qui reçoit Canal + ou le satellite et, petite attention de la maison, un plateau d'accueil dans chaque chambre. Le prix des chambres varie entre 270 et 320 F en province et entre 400 et 500 F à Paris. Un lit d'appoint pour un enfant (de moins de 12 ans) partageant la chambre des parents est mis gracieusement à disposition. Au restaurant, menus de 58 à 110 F. Menu enfant à 39 F. Petit déjeuner-buffet de 30 à 40 F. Parking gratuit en fonction de l'emplacement.

Hors-d'œuvre

Le *GDR*, ce n'est pas comme le bon vin, il vieillit mal. On ne veut pas pousser à la consommation, mais évitez de partir avec une édition ancienne. D'une année sur l'autre, les modifications atteignent et dépassent souvent les 40 %.

Chaque année, en juin ou juillet, de nombreux lecteurs se plaignent de voir certains de nos titres épuisés. À cette époque, en effet, nous n'effectuons aucune réimpression. Ces ouvrages risqueraient d'être encore en vente au moment de la publication de la nouvelle édition. Donc, si vous voulez nos guides, achetez-les dès leur parution. Voilà.

Nos ouvrages sont les guides touristiques de langue française le plus souvent révisés. Malgré notre souci de présenter des livres très réactualisés, nous ne pouvons être tenus pour responsables des adresses qui disparaissent accidentellement ou qui changent tout à coup de nature (nouveaux propriétaires, rénovations immobilières brutales, faillites, incendies...). Lorsque ce type d'incidents intervient en cours d'année, nous sollicitons bien sûr votre indulgence. En outre, un certain nombre de nos adresses se révèlent plus « fragiles » parce que justement plus sympas ! Elles réservent plus de surprises qu'un patron traditionnel dans une affaire sans saveur qui ronronne sans histoire.

Les tarifs mentionnés dans ce guide ne sont qu'indicatifs et en rien contractuels. Ici un menu aura augmenté de 10 F, là une chambre de 25 F. Il faut compter 5 mois entre le moment où notre enquêteur passe et la parution du *GDR*. *Grosso modo*, en tenant compte de l'inflation, de la température à Moscou et de l'âge du capitaine, les prix que nous donnons auront grimpé de 5 à 10 %. En France, les prix sont comme les petits oiseaux, ils sont libres, tant pour les hôtels que pour les restaurants.

Spécial copinage

– *Restaurant Perraudin* : 157, rue Saint-Jacques, 75005 Paris. ☎ 01-46-33-15-75. Fermé le samedi midi, le dimanche, le lundi midi et la 2e quinzaine d'août. À deux pas du Panthéon et du jardin du Luxembourg, il existe un petit restaurant de cuisine traditionnelle. Lieu de rencontre des éditeurs et des étudiants de la Sorbonne, où les recettes d'autrefois sont remises à l'honneur : gigot au gratin dauphinois, pintade aux lardons, pruneaux à l'armagnac. Sans prétention ni coup de bâton. D'ailleurs, c'est notre cantine, à midi.

IMPORTANT : le 36-15, code ROUTARD, a fait peau neuve ! Pour vous aider à préparer votre voyage : présentation des nouveaux guides ; « Du côté de Celsius » pour savoir où partir, à quelle saison ; une boîte à idées pour toutes vos remarques et suggestions ; une messagerie pour échanger de bons plans entre routards.

Nouveau : notre rubrique « Bourse des vols » permet désormais d'obtenir en un clin d'œil tous les tarifs aériens (charters et vols réguliers). On y recense tous les tarifs de 80 voyagistes et 40 compagnies pour 400 destinations. Fini le parcours du combattant pour trouver son billet au meilleur prix ! Et notre rubrique « Docteur Routard ! » ! Vaccinations, protection contre le paludisme, adresses des centres de vaccination, conseils de santé, pays par pays.
Et toujours les promos de dernière minute, les voyages sur mesure, les dates de parution des *GDR*, une information détaillée sur Routard Assistance.

© **HACHETTE LIVRE** (Hachette Tourisme), 2000
Tous droits de traduction, de reproduction
et d'adaptation réservés pour tous pays.

© **Cartographie** Hachette Tourisme.

LA CHARTE DU ROUTARD

À l'étranger, l'étranger c'est nous! Avec ce dicton en tête, les bonnes attitudes coulent de source.

– Les us et coutumes du pays

Respecter les coutumes ou croyances qui semblent parfois surprenantes. Certains comportements très simples, comme la discrétion et l'humilité permettent souvent d'éviter les impairs. Observer les attitudes des autres pour s'y conformer est souvent suffisant. S'informer des traditions religieuses est toujours passionnant. Une tenue vestimentaire sans provocation, un sourire, quelques mots dans la langue locale sont autant de gestes simples qui permettent d'échanger et de créer une relation vraie. Tous ces petits gestes constituent déjà un pas vers l'autre. Et ce pas, c'est à nous visiteurs de le faire. Mots de passe : la tolérance et le droit à la différence.

– Visiteur / visité : un rapport de force déséquilibré

Le passé colonial ou le simple fossé économique peut entraîner parfois inconsciemment des tensions dues à l'argent. La différence de pouvoir d'achat est énorme entre gens du Nord et du Sud. Ne pas exhiber ostensiblement son argent. Éviter les grosses coupures, que beaucoup n'ont jamais eues entre les mains.

– Le tourisme sexuel

Il est inadmissible que des Occidentaux utilisent leurs moyens financiers pour profiter sexuellement de la pauvreté. De nouvelles lois permettent désormais de poursuivre et juger dans leur pays d'origine ceux qui se rendent coupables d'abus sexuels, notamment sur les mineurs des deux sexes. C'est à la conscience personnelle et au simple respect humain que nous faisons appel. Combattre de tels comportements est une démarche fondamentale. Boycottez les établissements favorisant ce genre de relations.

– Photo ou pas photo ?

Bien se renseigner sur le type de rapport que les habitants entretiennent avec la photo. Certains peuples considèrent que la photo vole l'âme. Alors, contentez-vous des paysages, ou bien créez un dialogue avant de demander l'autorisation. Ne tentez pas de passer outre. Dans les pays où la photo est la bienvenue, n'hésitez pas à prendre l'adresse de votre sujet et à lui envoyer vraiment la photo. Un objet magique : laissez-lui une photo Polaroïd.

– À chacun son costume

Vouloir comprendre un pays pour mieux l'apprécier est une démarche louable. En revanche, il est parfois bon de conserver une certaine distanciation (on n'a pas dit distance), en sachant rester à sa place. Il n'est pas nécessaire de porter un costume berbère pour montrer qu'on aime le pays. L'idée même de « singer » les locaux est mal perçue. De même, les tenues dénudées sont souvent gênantes.

– À chacun son rythme

Les voyageurs sont toujours trop pressés. Or, on ne peut ni tout voir, ni tout faire. Savoir accepter les imprévus, souvent plus riches en souvenirs que les périples trop bien huilés. Les meilleurs rapports humains naissent avec du temps et non de l'argent. Prendre le temps. Le temps de sourire, de parler, de communiquer, tout simplement. Voilà le secret d'un voyage réussi.

– Éviter les attitudes moralisatrices

Le routard « donneur de leçons » agace vite. Évitez de donner votre avis sur tout, à n'importe qui et n'importe quand. Observer, comparer, prendre le temps de s'informer avant de proférer des opinions à l'emporte-pièce. Et en profiter pour écouter, c'est une règle d'or.

– Le pittoresque frelaté

Dénoncer les entreprises touristiques qui traitent les peuples autochtones de manière dégradante ou humiliante et refuser les excursions qui jettent en pâture les populations locales à la curiosité malsaine. De même, ne pas encourager les spectacles touristiques préfabriqués qui dénaturent les cultures traditionnelles et pervertissent les habitants.

Stage de plongée

**Si vous voulez tester d'autres fonds
que ceux de votre baignoire...**

Stage de chant

**Si vous voulez chanter ailleurs
que sous votre douche...**

www.promostages.com

La fin du mal du siècle ?

NOS NOUVEAUTÉS

PAYS BASQUE (FRANCE, ESPAGNE)
(avril 2000)

Pour la première fois, le *Guide du routard* a décidé de réunir les sept provinces historiques basques, aussi bien françaises qu'espagnoles. Depuis longtemps, nous savons que les États ne peuvent effacer une histoire, une langue et une culture communes. Désormais, ici, nous réunifions des montagnes dont les contours n'ont jamais cessé d'être parcourus par les mêmes moutons, foulés librement par les pottoks, ces fiers et énergiques chevaux basques. Les ruisseaux couleront enfin ensemble et les nuages fusionneront sans remords... Bref, du nord au sud, vous traverserez des villages d'opérette, vous arpenterez une nature magnifique qui sait proposer des nuances de verts introuvables ailleurs et nombre de chemins de randonnée qui étaient déjà transfrontaliers !

AQUITAINE (mars 2000)

Ambassadrices du savoir-vivre et de la bonne chère, le Bordelais et le Périgord sont des régions que le voyageur aborde avec une seule devise en tête : *carpe diem* (profite du jour). Car si la Gironde, la Dordogne et le Lot-et-Garonne revendiquent depuis longtemps leurs différences, c'est un art de vivre unique et une divine gastronomie qui les unissent incontestablement. Confits, cruchards, demoiselles, foies gras, magrets, noix, piballes, sauce Périgueux, truffes... accompagnés d'un bergerac ou d'un saint-émilion, comment résister ? Mais allez aussi, entre Adour et bas Armagnac, goûter la véritable gastronomie landaise : salmis, viande de Chalosse et tourtière arrosées par de renversants armagnacs !

Pour garder la ligne, prenez-vous pour l'homme de Cro-Magnon aux grottes de Lascaux, et sortez des sentiers battus en découvrant les merveilleuses randonnées du Lot-et-Garonne. Parcourez les Landes, pays d'eau et de pins, avec ses 106 kilomètres de côtes, la plus grande forêt d'Europe et la dune du Pyla, la plus haute d'Europe. Partez ensuite en Béarn, ce petit pays indépendant depuis 6 siècles, qui, des coteaux du Madiran aux Pyrénées, allie savoir-vivre et caractère bien trempé à l'image du célèbre roi Henri et de sa poule au pot. Peuplé de montagnards et de vignerons, il vous livrera volontiers sa langue et ses chants, ses trésors gourmands et ses paysages d'une rare beauté.

Une région aux paysages aussi variés que romantiques qui vaut aussi, et surtout, pour la douceur de son climat...

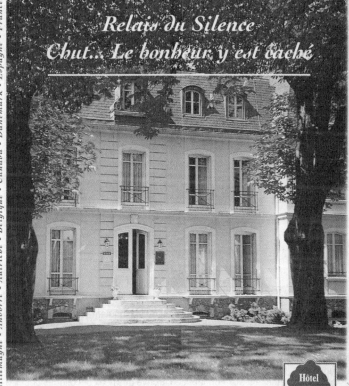

NOS NOUVEAUTÉS

PARIS À VÉLO (mars 2000)

Ça y est, faire du vélo à Paris va enfin devenir facile. Connaître les itinéraires les plus pratiques pour aller au boulot, dénicher les balades dans les coins les plus secrets de Paris, faire la tournée des grands monuments avec le cousin de province... Choisir un vélo (bi-cross pour le petit, course pour papa, VTC pour maman, à assistance électrique pour mamie), apprendre à le bichonner, réparer une crevaison sous la pluie, trouver un loueur ouvert le dimanche. Apprendre que, oui, sur une piste cyclable vous êtes prioritaire sur l'ahuri qui tourne à droite, mais que non, vous n'avez pas le droit de griller un feu rouge, surtout pas devant un agent. Ne pas confondre RER-SNCF (autorisé) et RER-RATP (interdit aux vélos). Le vélo, ce n'est pas si dangereux et puis, ça donne le teint frais. Enfin un guide qui dit tout sur la petite reine à Paris. Tout ? Non, il manque encore la descente sans côte, mais ça, ce sera pour la prochaine édition !

LE ROUTARD DES AMOUREUX À PARIS (paru)

Parce que les amoureux suivent distraitement des chemins tranquilles, s'émerveillent de la taille d'un arbre ou de la singularité d'une maison, toujours à la recherche d'un banc public, le *Guide du routard* se devait d'explorer, à la lueur d'une bougie, l'intimité d'un Paris romantique en diable. Venelles, passages, îlots de verdure et cités d'artistes révèlent leurs charmes sous de nouveaux auspices, car la promenade enchante. Nous avons sélectionné des hôtels croquignolets, des restaurants qui incitent aux confidences, trouvé des lieux bucoliques pour pique-niquer et recensé les adresses utiles à tous ceux dont le cœur bat pour de tendres attentions.

BRETAGNE SUD (fév. 2000)

Ouvrez grand vos yeux et laissez-vous surprendre par les diversités démographiques et géographiques de cette Bretagne légendaire qui a vaillamment lutté pour conserver intactes la pureté et la force de ses paysages. Avec sa campagne séduisante et ses interminables kilomètres de côtes tantôt déchiquetées, tantôt souriantes et mélancoliques, ses îles aguicheuses, ses richesses archéologiques, le Sud de la Bretagne ne manque pas d'arguments : de la pointe de la Torche dans le Finistère au marais breton-vendéen, en passant par Belle-Île, la perle du Morbihan, et la marqueterie de petits pays qui caractérise la Loire-Atlantique, elle offre la vision d'une Bretagne à l'état brut, sans maquillage ni concession... Sauvage, violente et belle, la Bretagne du Sud enthousiasmera indéniablement tous les amoureux de la nature.

Dès maintenant

nova 101.5

c'est

nova 92.4
MONTPELLIER

nova 89.6
ANGERS

nova 96.8
DREUX

et à Paris toujours

nova 101.5

Nous dédions cette nouvelle édition à François-Xavier Magny, notre Fanfan trop tôt disparu.

Nous tenons à remercier tout particulièrement Thierry Brouard, François Chauvin, Michèle Georget, Jérôme de Gubernatis, Fabrice Jahan de Lestang, Pierrick Jégu, Bernard-Pierre Molin, Patrick de Panthou, Jean-Sébastien Petitdemange, Benjamin Pinet et Philippe Rouin pour leur collaboration régulière.

Et pour cette chouette collection, plein d'amis nous ont aidés :

Cécile Abdesselam
Isabelle Alvaresse
Didier Angelo
Marie-Josée Anselme
Émilie Barian
Arnaud Bazin
Nathalie Bec
Clémentine Belanger
Cécile Bigeon
Anne Boddaert
Philippe Bordet et Edwige Bellemain
Gérard Bouchu
Hervé Bouffet
Jacques Brunel
Sandrine Cabioche
Vincent Cacheux et Laure Beaufils
Guillaume de Calan
Danièle Canard
Jean-Paul Chantraine
Bénédicte Charmetant
Laurent de Chavagnac
Claire Chiron
Gavin's Clemente-Ruiz
Sandrine Copitch
Christian dal Corso
Maria-Elena et Serge Corvest
Sandrine Couprie
Valentine Courcoux et Jean-Christian Perrin
Grégory Dalex
Franck David
Laurent Debéthune
Agnès Debiage
Christelle Deshayes
Monica Diaz
Sophie Duval
Hervé Eveillard
Didier Farsy
Mathieu Faujas
Perrine Fernagut
Alain Fisch
Lisa Foucard
Carole Fouque
Laetitia de Froidefond
Dominique Gacoin
Bruno Gallois
Cécile Gauneau
Adelie Genestar
Edouard Genestar et Guillaume de Bourgoing

Alain Gernez
Hubert Gloaguen
Colline Godard
Hélène Gomer
Isabelle Grégoir
Jean-Marc Guermont
Axelle Halfon
Xavier Haudiquet
Claude Hervé-Bazin
Bernard Houlat
Christian Inchauste
Carine Isambert
François Jouffa
Anne-Sophie Kaeppelin
Jacques Lanzmann
Grégoire Lechat
Raymond et Carine Lehideux
Géraldine Lemauf-Beauvois
Jean-Claude et Florence Lemoine
Juliette Lepeu
Valérie Loth
Marie Lung
Aymeric Mantoux et François-Régis Gaudry
Pierre Mendiharat
Anne-Marie Minvielle
Xavier de Moulins
Alain Nierga et Cécile Fischer
Michel Ogrinz et Emmanuel Goulin
Franck Olivier
Alain et Hélène Pallier
Martine Partrat
Odile Paugam et Didier Jehanno
Bernard Personnaz
Anne Poinsot
Jean-Alexis Pougatch
Michel Puysségur
Jean-Luc Rigolet
Anne Riou
Guillaume de Rocquemaurel
Frédérique Scheibling-Sève
Jean-Luc et Antigone Schilling
Régis Tettamanzi
Marie Thoris et Julien Colard
Thu-Hoa-Bui
Christophe Trognon
Isabelle Vivarès
Cyril Voiron
Anne Wanter

Direction : Isabelle Jeuge-Maynart
Contrôle de gestion : Dominique Thiolat et Martine Leroy
Direction éditoriale : Catherine Marquet
Édition : Catherine Julhe, Anne-Sophie du Cray, Yannick Le Bihen et Fabienne Travers
Préparation-lecture : Jean-François Lefèvre
Cartographie : Fabrice Le Goff et Cyrille Suss
Fabrication : Gérard Piassale et Laurence Ledru
Direction artistique : Emmanuel Le Vallois
Direction des ventes : Francis Lang, Éric Legrand et Ségolène de Rocquemaurel
Direction commerciale : Michel Goujon, Cécile Boyer, Dominique Nouvel, Dana Lichiardopol et Sylvie Rocland
Informatique éditoriale : Lionel Barth
Relations presse : Danielle Magne, Martine Levens et Maureen Browne
Régie publicitaire : Carole Perraud-Cailleaux et Monique Marceau
Service publicitaire : Frédérique Larvor et Marguerite Musso

INTRODUCTION

Le guide *Hôtels et Restos de France* tient vraiment une place à part dans la collection. C'est le produit d'une rigoureuse sélection des meilleures adresses puisées dans nos guides régionaux ou découvertes par nos fureteurs-enquêteurs dans les coins où des guides n'existent pas encore.

Si la vocation des guides régionaux est de révéler des adresses correctes et pas chères, ces critères cependant ne suffisent plus pour le « guide national ». Pour y figurer, il faut vraiment posséder le ou les « plus » qui arracheront à nos lecteurs, les « aarh, lovely ». Nécessairement, d'abord, une grande qualité d'accueil, puis, ce qui fait l'apanage des adresses originales, charme et atmosphère pour les hôtels, plus grande qualité de la cuisine concernant les restaurants. En bref, des établissements qui se distinguent toujours par la petite originalité qui les sortiront du lot de tous les autres (même si, dans ces derniers, beaucoup font honnêtement leur travail).

Mais voilà, en conclusion, on a vocation de découvrir les meilleurs, ceux qui ont réussi la subtile alchimie de la convivialité et du charme. Beaucoup font des efforts pour rendre leurs clients heureux. Qu'ils trouvent là leur récompense dans nos coups de cœur. Qu'on nous pardonne ceux qui ont été oubliés. Vous pouvez toujours nous les signaler, nous nous ferons un plaisir de les tester et de les rajouter s'ils le méritent.

À propos de mérite, le *Routard* n'est pas la garantie d'un bail à vie. Pour y rester, nécessité de maintenir le haut niveau des prestations. Pas question de perdre le sourire ou de réduire les portions sous prétexte de succès. Grâce à nos rapports privilégiés avec nos lecteurs, très rapidement on sait tout. Un hôtelier ou un restaurateur qui a pris la grosse tête ne pourra pas tromper son monde plus d'un an. Tant pis pour lui, tant mieux pour les autres qui ont su garder le cap sur la qualité et la gentillesse.

Sur présentation de ce guide, nombreuses offres et réductions en 2000.

Les prix
En France, les prix des hôtels et des restos sont libres. Certains peuvent augmenter entre le passage de nos infatigables fureteurs et la parution du guide.

Avis aux hôteliers et aux restaurateurs
Chaque année pour y figurer, il faut le mériter.

Le Routard

Chers lecteurs, nous indiquons désormais par le logo ♿ les établissements qui possèdent un accès ou des chambres pouvant accueillir des personnes handicapées. Certaines adresses sont parfaitement équipées selon les critères les plus modernes. D'autres, plus simples, plus anciennes aussi, sans répondre aux normes les plus récentes, favorisent leur accueil, facilitent l'accès aux chambres ou au resto. Évidemment, les handicaps étant très divers, des lieux accessibles à certaines personnes ne le seront pas pour d'autres. Appelez toujours auparavant pour savoir si l'équipement de l'hôtel ou du resto est compatible avec votre niveau de mobilité.

Malgré les combats menés par les nombreuses associations, l'intégration des handicapés à la vie de tous les jours est encore balbutiante en France. Il tient à chacun de nous de faire changer les choses. Nous sommes tous concernés par cette prise de conscience nécessaire.

Alsace

67 Bas-Rhin
68 Haut-Rhin

ALTKIRCH   68130

Carte régionale A2

🏠 |●| *Auberge Sundgovienne* ** – **route de Belfort (Ouest)** ☎ **03.89.40.97.18.** Fax : **03.89.40.67.73.** Parking. TV. ♿ Fermé le lundi toute la journée et le mardi midi jusqu'à 17 h. Congés annuels : du 23 décembre au 1ᵉʳ février. Accès : en venant de Mulhouse n'entrez pas dans Altkirch, continuez sur la route de Belfort ; c'est à 3 km environ. Doubles avec douche et wc ou bains de 280 à 330 F (42,7 à 50,3 €). Menus à 70 F (10,7 €) en semaine (entrée, plat du jour et dessert), puis de 105 à 230 F (16 à 35,1 €). Établissement aux allures de chalet suisse (nos voisins helvètes ne sont pas loin). Bien que cet hôtel soit situé en bord de route, il est très agréable. Préférez les chambres situées à l'arrière, la n° 18 et la n° 19 sont très bien. Éviter la n° 16 qui se trouve juste au-dessus de la cuisine. Toutes les chambres sont jolies, propres et confortables, certaines avec balcon. Au restaurant, spécialités alsaciennes : gros lieu jaune rôti à l'ail et au lard, salade de ris de veau poêlés aux herbes et tomates séchées, truite aux amandes, parmentière de saumon aux poireaux et riesling, gibier (en saison)... Terrasse où vous pourrez prendre un verre au calme et admirer la campagne paisible du Sundgau, la région du Sud alsacien, aux portes du Jura. *10 % sur le prix de la chambre uniquement sur présentation du guide.*

|●| *Restaurant de la Victoire* – **10, rue des Alliés (Nord-Est)** ☎ **03.89.40.90.65.** Fermé le mercredi et le samedi midi. Accès : à l'entrée de la ville. Menus de 60 à 250 F (9,1 à 38,1 €). Si vous aimez les petits cochons, eh bien il y en a une ribambelle, surtout en tirelire, décorant la salle à manger de ce resto sympathique et original. Sans doute un des décors les plus personnalisés d'Alsace avec, dans la seconde salle, une multitude de poupées locales (non, pas des Miss Altkirch !). Mais le plus impressionnant dans ce resto étonnant est sans doute la collection de vins du patron, M. Miesch. Dans la salle du bar, des tonnes de bouteilles recouvertes de poussière (il faut bien les protéger !) s'offrent, merveilleuses, aux regards des connaisseurs. Pas un seul cru ne manque. À l'occasion, le patron ouvre une bouteille avec ses amis. Mangeons maintenant. Au choix, 5 menus avec des spécialités comme le lapin au pinot noir et, bien sûr, le plat local, la carpe frite. Sans oublier le poussin à la bière, flambé au marc de gewurtz (pauvre piou piou va). Et aussi les chaussons aux escargots. Bon, très bon même, et copieux comme il se doit dans le Sundgau, région très fraîche en hiver. Bravo et merci M. Miesch pour votre esprit de gourmet avisé, votre barbe de prophète et votre accueil si chaleureux ! *Apéritif offert.*

DANS LES ENVIRONS

HIRTZBACH 68118 (4 km S)

🏠 |●| *Ottié* – **17, rue de Lattre-de-Tassigny** ☎ **03.89.40.93.22.** Fax : **03.89.08.85.19.** Parking. Fermé le lundi soir et le mardi. Congés annuels : 2 semaines en juin-juillet et 2 semaines en janvier. Accès : à l'entrée du village en direction de Ferrette. Chambres doubles avec cabinet de toilette à 150 F (22,9 €), avec douche à 160 F (24,4 €), avec bains à 200 F (30,5 €). Demi-pension de 196 à 240 F (29,9 à 36,6 €). Menus à 58 F (8,8 €, le midi en semaine), puis de 88 à 230 F (13,4 à 35,1 €). En plein Sundgau, M. et Mme Laperrière tiennent cette agréable auberge dans une maison bleue (qui n'est pas adossée à la colline). Cuisine originale. Nous avons dégusté un gaspacho aux légumes d'été, de la joue de porc braisée en dessert. Sandre, carpe, truite et saumon sont aussi de la partie. Remarquez le marbré d'artichaut au foie gras et la salade de pissenlits. Un conseil, choisissez la table ronde n° 3, 4 ou 6, chacune d'elles se trouve près d'un aquarium marin. Terrasse et jardin. Accueil inégal. *Apéritif maison ou café offert.*

GOMMERSDORF 68210 (12 km O)

☎ |●| *L'Auberge du Tisserand* ** – 28, rue de Cernay ☎ 03.89.07.21.80. Fax : 03.89.25.11.34. Parking. TV. Fermé le lundi et le mardi. Congés annuels : février. Accès : par la route de Belfort. Doubles avec douche et wc de 250 à 280 F (38,1 à 42,7 €). Menu très complet à 45 F (6,9 €) servi le midi, sauf le week-end ; autres menus à 62 et 130 F (9,5 et 19,8 €). Cette maison typiquement alsacienne a une longue histoire, elle a appartenu à un tisserand au XVII° siècle, mais des traces encore plus anciennes ont également été retrouvées. Au 1er étage (la partie fumeur), le parquet est bombé par l'âge. Édouard et Doris Guldenfels vous régalent avec des prix doux et d'énormes portions. Spécialités : bœuf gros sel et pot-au-feu.Tartes flambées *(flammenküche)* tous les soirs. Une excellente adresse de charme avec en plus quelques chambres. Pour réserver, téléphoner au 03.89.07.26.26. *Café ou digestif offert.*

BARR   67140

Carte régionale A1

☎ |●| *Hôtel Maison Rouge* ** – 1, av. de la Gare (Sud) ☎ 03.88.08.90.40. Fax : 03.88.08.90.85. Parking. TV. Fermé le lundi et le dimanche soir. Congés annuels : pendant les vacances scolaires de février et 1 semaine fin juin. Accès : près de la poste. Doubles avec lavabo à 140 F (21,3 €), avec douche et wc à 240 F (36,6 €), et de 260 à 280 F (39,6 à 42,7 €) avec bains. Menus de 95 à 130 F (14,5 à 19,8 €). Suffisamment excentré pour ne pas être trop touristique. Par contre, petite place et rue piétonne en face de l'établissement. Chambres agréables aux salles de bains refaites. Salle

de restaurant entièrement rénovée. Spécialités alsaciennes : poulet au riesling, portefeuille de saumon à la choucroute, rognons de veau flambés. Grand choix de bières. Terrasse agrandie. *Apéritif offert.*

DANS LES ENVIRONS

HEILIGENSTEIN 67140 (1,5 km N)

☎ |●| *Relais du Klevener* ** – 51, rue Principale ☎ 03.88.08.05.98. Fax : 03.88.08.40.83. Parking. TV. Fermé le lundi et le mardi midi. Congés annuels : du 1er janvier au 10 février. Accès : par la D35, direction Ottrott. Doubles avec lavabo à 230 F (35,1 €), avec douche et wc ou bains de 240 à 270 F (36,6 à 41,2 €). Menu copieux à 95 F (14,5 €), puis menus de 125 à 180 F (19,1 à 27,4 €). L'architecture ne s'intègre pas trop au village, mais la vue panoramique est superbe ! L'hôtel domine les vignobles. Demandez donc une chambre avec vue. La n° 30 est spécialement aménagée pour les personnes à mobilité réduite. Brasserie et restaurant. Terrasse pour prendre un verre de... klevener, par exemple. Sachez que le klevener d'Heiligenstein est un vieux cépage quasiment disparu en Alsace, ne le confondez pas avec le klevner, le pinot blanc. *10 % sur le prix de la chambre en mars, novembre et décembre.*

BLIENSCHWILLER   67650

Carte régionale A1

☎ *Hôtel Winzenberg* ** – 58, route des Vins ☎ 03.88.92.62.77. Fax : 03.88.92.45.22. TV. Accès : par la N422. Doubles avec douche et wc ou bains de 265 à 300 F (40,4 à 45,7 €). Chez les Dresch, le sens de la famille va de pair avec une réelle répartition des tâches. À la mère et la fille, la gestion de l'hôtel, et au père et au fils celle du vignoble. Ça marche comme sur des roulettes ! Nous avons eu tout le loisir d'apprécier l'accueil de Mme Dresch et le confort des chambres. Le joli mobilier alsacien, les tissus choisis pour les dessus-de-lits et les rideaux aux couleurs chaudes et gaies comblent d'aise. Un confort dont le prix reste raisonnable. Parking clôturé à 150 m. Vignerons obligent, les Dresch vous feront la visite de leur cave ancestrale (1508), suivie d'une dégustation. À la vôtre !

BOUXWILLER   67330

Carte régionale A1

☎ |●| *Hôtel-restaurant Heintz* ** – 84, Grande-Rue ☎ 03.88.70.72.57. Parking. TV. Canal+. Satellite / câble. ☒ Resto fermé le dimanche soir et le lundi. Accès : à

ALSACE

ALSACE

l'entrée de la ville en venant d'Ingwiller. Doubles avec douche et wc ou bains de 300 à 310 F (45,7 à 47,3 €). Chambres pour 4 personnes à 370 F (56,4 €). Petit déjeuner à 40 F (6,1 €). Menu à 60 F (9,1 €) le midi en semaine, un autre, « alsacien », à 70 F (10,7 €). Une maison bien tenue, où l'accueil est chaleureux et les chambres, sans être d'un grand luxe, confortables. Choisissez de préférence celles donnant sur les jardins pour leur calme et leur aspect reposant. Les deux immenses chambres avec salle de bains pour 4 personnes sont d'un rapport qualité-prix indéniable... *Idem* pour le petit déjeuner-buffet qui ne vole pas non plus son monde. Au restaurant, menu alsacien conseillé. En semaine, menu avec entrée, plat, dessert ou café. Petite terrasse et piscine dans le jardin. *Apéritif offert.*

COLMAR 68000

Carte régionale A2

🛏 *Auberge de jeunesse* – 2, rue Pasteur ☎ 03.89.80.57.39. Fax : 03.89.80.76.16. Parking. Accueil de 7 h à 10 h et de 17 h à minuit. Congés annuels : de mi-décembre à mi-janvier. Accès : de la gare, prenez le bus n° 4 ; arrêt « Lycée technique » ; ou bien à 15 mn de la gare à pied (derrière la gare, traversez le pont en direction d'Ingersheim, bien indiqué). Quelques chambres doubles avec lavabo à 170 F (25,9 €), nuit en dortoir à 70 F (10,7 €, 30 F de supplément en chambres de 2 et 4 lits), petit déjeuner inclus. Grand bâtiment moderne, très propre, bien tenu, et calme (c'est important!). Petit parc agréable en été. Table pique-nique et ping-pong. 11 chambres à 8 lits et 3 chambres à 4 lits. Pas de repas (sauf pour les groupes et sur demande). Pas d'activités sportives. Beaucoup de monde en mai. Mieux vaut réserver. Carte de membre FUAJ obligatoire.

🛏 *La Chaumière* * – 74, av. de la République ☎ 03.89.41.08.99. Parking payant. TV. Accès : pas très loin de la gare au centre-ville. Chambres à 180 F (27,4 €), sur rue, avec lavabo, 240 F (36,6 €), côté cour avec douche, et 250 F (38,1 €) avec bains. Ah qu'il est bon de se retrouver dans cette chaumière-là ! Une petite maison rose, sans apprêt, sur cette avenue, garde la simplicité des bons vieux hôtels d'autrefois. Bien sûr, ce n'est ni un lieu d'une grande modernité, ni du grand luxe, mais qu'importe ! Le luxe est dans la gentillesse toute naturelle des propriétaires qu'on peut nous faire payer très cher dans d'autres établissements par les temps qui courent. On entre dans l'hôtel par le bar. Sur la gauche, un escalier en bois grimpe vers les chambres, toutes propres. Ici, pas de chichi, on est bien tout simplement. *10 % sur le prix de la chambre en janvier et février.*

🛏 *Hôtel Colbert* ** – 2, rue des Trois-Épis (Ouest) ☎ 03.89.41.31.05. Fax : 03.89.23.66.75. TV. Canal+. Accès : à côté de la gare, face à la voie ferrée et à deux pas de la place de Lattre. Doubles avec douche et wc ou bains de 220 à 290 F (33,5 à 44,2 €). Chambres confortables, propres, climatisées, avec un double-vitrage pour échapper au bruit. Un petit détail amusant qui fera plaisir aux buveurs de bière : on découvre des décapsuleurs muraux dans chaque salle de bains ! Un plus : 20 % de réduction pour les VRP. Un club-bar-disco, le *Toucan*, est situé au sous-sol de l'hôtel, mais rassurez-vous, il n'est pas synonyme de boucan ! *10 % sur le prix de la chambre.*

🛏 ◖◗ *Hôtel Beau Séjour* ** – 25, rue du Ladhof (Est) ☎ 03.89.41.37.16. Fax : 03.89.41.43.07. Parking. TV. Canal+. 🍽 Fermé le samedi midi et le dimanche soir hors saison. Accès : à 10 mn à pied du centre. Doubles avec douche et wc à partir de 320 F (48,8 €), avec bains à partir de 350 F (53,4 €). Petit déjeuner-buffet à 50 F (7,6 €). Menus de 90 à 110 F (13,7 à 16,8 €). Cet hôtel appartient aux Keller depuis 1913. La photo des ancêtres trône dans l'entrée, à la réception. Il est équipé aujourd'hui, en plus, d'un sauna et d'une salle de gymnastique. Petit jardin pour se relaxer quand le soleil le permet. Dans certaines chambres, l'électricité et les chaises montrent des signes de fatigue. Cependant, les chambres sont agréables. Ne pas hésiter à demander de les visiter avant d'en prendre une. Côté restaurant, le chef vous régalera dans une salle à manger joliment décorée. Cuisine originale et recherchée (marbré de foie gras, *fleischnaka* de lapin parfumé au romarin, matelote au riesling, munster chaud sur pain aux noix et figues, *kougelhopf* glacé au kirsch). Une bonne adresse confortable et chic. *Apéritif offert. Parking gratuit et, si vous arrivez le vendredi, une réduction de 50 % vous sera accordée sur la 3e nuit, excepté pendant les week-ends de fêtes.*

◖◗ *Le Caveau Saint-Pierre* – 24, rue de la Herse (Centre) ☎ 03.89.41.99.33. 🍽 Fermé le dimanche soir et le lundi. Congés annuels : 2 semaines en janvier, 1 semaine en mars, 2 semaines fin juin-début juillet. Menus à partir de 79 F (12 €) ; sinon, à la carte, comptez 120 F (18,3 €), voire plus pour un repas copieux. Dans la catégorie chic mais abordable, c'est sans doute le restaurant le plus sympathique de la ville, dans le coin le plus romantique. On y accède à pied uniquement (tant mieux!), par une sorte de passerelle en bois qui longe un adorable petit canal bordé de maisons à colombages et de jardinets fleuris. Un bel endroit. Dès qu'il fait beau, des tables sont installées au bord de l'eau. Prix raisonnables pour un cadre aussi chouette. Service poli et discret. Quelques spécialités alléchantes, comme la palette fumée avec des patates au lard ou en salade, la queue de bœuf aux échalotes et au pinot noir, l'inévitable et très royale choucroute bien sûr, sans oublier la salade vosgienne. On y prépare le *baeckeoffe* chaque samedi et dimanche d'hiver.

loi *Restaurant Garbo* – 15, rue Berthe-Molly ☎ 03.89.24.48.55. Fermé le samedi midi, le dimanche et les jours fériés. Congés annuels : 10 jours en janvier et du 6 au 16 août. Accès : dans le centre. Le midi, menu à 89 F (13,6 €), avec entrée, plat du jour et dessert, et à 185 F (28,2 €) le soir. Dans une ancienne rue commerçante, une grande salle rose saumon à l'ambiance feutrée. Une bonne cuisine régionale qui change au fil des saisons. Filet de sandre à la lavande, suprême de poulet sauce foie gras en sont les spécialités. Idéal pour un déjeuner pas cher et pour un dîner coup de cœur. Au fait, ne vous étonnez pas d'y trouver de jolis portraits de la merveilleuse Greta Garbo... *Apéritif offert.*

loi *Le Petit Gourmand* – 9, quai de la Poissonnerie ☎ 03.89.41.09.32. Fermé le lundi soir et le mardi hors saison. Accès : en longeant la rivière de la Petite Venise. Menus à 105 et 155 F (16 et 23,6 €). En plein cœur de la Petite Venise, ce joli restaurant tout petit (14 couverts), tout mignon, propose des tartiflettes au munster particulièrement délicieuses avec salade et palette fumée pour une modique somme. On y mange bien et beaucoup. La déco intérieure est sobre, quelques photos du vieux Colmar habillent les murs blancs sertis de lignes bleues. En été, terrasse sur les bords de l'eau. L'accueil est adorable, la patronne est toujours aux petits soins. Si jamais d'aventure vous êtes fasciné par la qualité de son *baeckeoffe*, ce n'est pas un hasard : elle fait « mariner » la viande pendant trois jours avant de la servir. Un vrai régal.

loi *Winstub Brenner s' Parisser Stewele* – 1, rue de Turenne ☎ 03.89.41.42.33. Parking. Fermé le mardi soir et le mercredi. Congés annuels : du 19 au 27 juin, du 15 au 30 novembre et du 13 au 21 février. Accès : juste à côté de la Petite Venise. Comptez 140 F (21,3 €) environ le repas, entre 68 et 88 F (10,4 et 13,4 €) le plat du terroir. Le patron, Gilbert Brenner, est remarquable. Il aurait pu jouer dans une comédie musicale. Petit, costaud, rubicond, hilare, il est heureux d'être sur terre et en fait profiter la galerie. Gilbert cuisine et sert, aidé de Christine, son épouse, qui rit chaque jour de ses facéties. On ne se complique pas la vie, dans cette taverne : salade au munster pané, tarte à la choucroute, tripes au riesling, saumon fumé aux lentilles vertes du Puy, *bibelaskass* (fromage blanc assaisonné et pommes sautées), crème brûlée à la

gousse de vanille. Du simple, du bon, du convivial. La bière coule fort tard, on refait le monde avec les Brenner, et chaque soir on en revoit le scénario. Les étudiants, les habitués, les vignerons, les touristes, chacun a son rôle. Le genre d'endroit que l'on adore.

DANS LES ENVIRONS

WETTOLSHEIM 68920 (6 km SO)

🛏 *Hôtel Au Soleil* ** – 20, rue Sainte-Gertrude ☎ 03.89.80.62.66. Fax : 03.89.79.84.45. Parking. TV. Fermé le jeudi. Congés annuels : du 15 juin au 6 juillet et du 18 décembre au 4 janvier. Accès : par la D417. Doubles à 225 F (34,3 €) avec douche et wc. Demi-pension obligatoire de juillet à septembre à 240 F (36,6 €) par personne. Tout petit menu du jour à 55 F (8,4 €, le midi en semaine). À un saut de puce de Colmar, dans un village méconnu de la route des Vins, voici une bonne petite adresse, simple et accueillante, où les prix ont su garder la ligne, contrairement à de nombreux autres hôtels du vignoble. On entre dans un vieux bâtiment à colombages rénové, mais on dort dans une annexe, très calme, où les chambres donnent sur un petit espace de stationnement ou sur des arpents de vigne. Le soir, les hôtes peuvent prendre un repas à la demande. Un bon plan, donc, pour dormir à Colmar sans être dans la ville, mais si près...

AMMERSCHWIHR 68770 (7 km NO)

🛏 loi *L'Arbre Vert* ** – 7, rue des Cigognes (Nord-Est) ☎ 03.89.47.12.23. Fax : 03.89.78.27.21. TV. Fermé le lundi soir et le mardi (sauf en saison). Congés annuels : de mi-février à fin mars et 2 semaines fin novembre. Accès : par la N415. Doubles avec douche et wc ou bains de 295 à 360 F (45 à 54,9 €) pour celles à l'annexe. Le 1er menu est à 80 F (12,2 €) en semaine et ça grimpe jusqu'à 240 F (36,6 €). Menu enfant à 45 F (6,9 €). Une grande et agréable bâtisse qui date de l'après-guerre. Ici, l'expérience règne en salle autant qu'aux fourneaux. Quelques bonnes spécialités comme l'escalope de foie d'oie au pinot noir ou le soufflé tiède aux pêches sans oublier le croustillant de saumon aux poireaux qui est un vrai régal. Bonne étape gourmande, comme on dit, et donc pour nous plus chic que d'ordinaire. Côté dodo, c'est plutôt très sympathique avec des chambres qui sont refaites au fur et à mesure. Un grand buffet breton dans les couloirs rappelle les origines celtes des patrons. Chambre avec un grand lit ou si vous voulez faire lit à part, comme c'est le cas pour bon nombre d'Allemands (ce qui explique la croissance des chambres à 2 lits dans certains hôtels de la région), il faudra

ALSACE

mettre 10 F (1,5 €) de plus. Les chambres de l'annexe sont un rien plus chères, mais pas forcément plus jolies alors que celles de l'hôtel sont charmantes – vous suivez le conseil ?

TURCKHEIM 68230 (7 km O)

🛏 |●| *Auberge du Brand* ** – 8, Grand-Rue (Centre) ☎ 03.89.27.06.10. Fax : 03.89.27.55.51. TV. Resto fermé le mardi et le mercredi sauf en juillet et août. Congés annuels : du 26 juin au 4 juillet. Chambres coquettes et mignonnes, avec douche et wc, petit déjeuner compris, entre 300 et 550 F (45,7 et 83,8 €). Menus de 80 à 275 F (12,2 à 41,9 €). La forêt, si généreuse à l'automne, a conquis le chef de cette superbe maison alsacienne à colombages qui concocte un plat craquant de saveurs : la poêlée de champignons. Alors là, pour une surprise, c'est une surprise ! Voilà ce que l'on y trouve : des girolles, des cèpes, des bolets, des pleurotes, des trompettes (mais pas de saxophones ni de tambours), des pieds de mouton et, enfin, des champignons de Paris, preuve du non-chauvinisme de l'Alsace ! Sinon, essayer le jambonneau à la bière et aux poireaux, ou le trio (succulent) de filets de lièvre. En plus, le décor chaleureux de la salle à manger ne gâte rien, puisqu'on s'y sent bien, façon Alsace heureuse. La carte ne ronronne pas, car elle tourne selon les saisons. C'est ça être naturel ! Bonne adresse, donc, pour manger et dormir. Demi-pension intéressante pour passer quelques jours dans le plus beau vignoble du Rhin. *Café offert.*

🛏 |●| *Hostellerie des Deux Clefs* *** – 3, rue du Conseil ☎ 03.89.27.06.01. Fax : 03.89.27.18.07. Parking. TV. ♨ Congés annuels : du 4 janvier au 15 février. Accès : sur la place de l'Hôtel-de-Ville. Doubles avec douche et wc de 350 à 420 F (53,4 à 64 €), avec bains de 420 à 550 F (64 à 83,8 €). Menus de 125 à 200 F (19 à 30,5 €). Auberge ou palais ? Les deux à la fois. Dans cette merveilleuse maison à colombages de 1540 (rénovée en 1620), quelques célébrités firent étape : de Gaulle et Leclerc après la libération de l'Alsace, le Dr Albert Schweitzer (ami des parents des actuels propriétaires) qui venait y manger entre deux voyages en Afrique équatoriale. Plus près de nous, la comédienne Charlotte de Turckheim (justement !) et l'acteur américain James Stewart. La grosse porte d'entrée grince, dévoilant un épais rideau couleur lie de vin (un bon signe !). Là, soudain, on entre dans un intérieur de palais avec de superbes boiseries sculptées, des tapis anciens, une salle à manger romantique à souhait, le tout éclairé comme une toile de Rembrandt, une sorte de clair-obscur filtré par des vitraux en culs de bouteilles colorés. Il y a même un petit jardin d'hiver rempli de plantes vertes et un jardin d'été, à

l'arrière. Curieusement, les chambres, très confortables (certaines viennent d'être rénovées), n'ont rien de luxueux. Tout comme les prix, d'ailleurs, encore abordables pour une soirée exceptionnelle. Les moins chères sont nichées sous les toits et donnent sur la place de la Mairie. Sympathique propriétaire, Marie-Claire, lectrice du *Guide du routard* et grande voyageuse (comme ses enfants). Au restaurant, cuisine succulente. Bref, une superbe adresse de charme comme on en trouve rarement. *50 % sur le prix du petit déjeuner-buffet.*

|●| *À l'Homme Sauvage* – 19, Grand-Rue ☎ 03.89.27.56.15. Fermé le dimanche soir (sauf l'été et les jours fériés), le mardi soir et le mercredi. Menus gastronomiques de 190 à 265 F (29 à 40,4 €). Mets à la carte à moins de 120 F (18,3 €). Ô la belle ville ! Ô l'adorable maison si croquignolette ! Ô la jolie enseigne ! Ô ! L'Homme Sauvage, celui qui aime la simplicité et la douceur des prix. Voyez plutôt ces petits plats que l'on vous sert dans l'agréable salle à manger de cette maison aux murs orange : le foie gras de canard et la brioche aux fruits secs faite maison, la matelote de sandre blond au beurre de pinot noir et riz soufflé, le mille-feuille de courgettes chèvre frais fermier et tomates. Hmmm ! Et que dire du gâteau coulant au café, griottes d'Alsace au chocolat et sa crème glacée aux bourgeons de sapins ? Bon rapport qualité-prix pour la région. Ce *Sauvage* mérite un bravo ! *Café offert.*

NIEDERMORSCHWIHR 68230 (10 km O)

|●| *Restaurant Caveau Morakopf* – 7, rue des Trois-Épis (Sud) ☎ 03.89.27.05.10. ♨ Fermé le dimanche et le midi hors saison. Accès : par la N415 et la D11. Comptez 130 F (19,8 €) environ le repas. Dans un adorable village niché au creux des vignobles, une grande maison verte et rose avec un jardin d'été. Terrasse à l'arrière. Cuisine soignée et plats copieux. Excellent *presskopf* (fromage de tête) fait maison, tripes au riesling, gratin de munster, et *baeckeoffe* (superposition de viandes marinées et de pommes de terre pendant 12 h) sur commande, pour 4 personnes minimum. Confit sur choucroute à ne pas manquer ! Service attentionné et sympa. Déco sans prétention.

TROIS ÉPIS (LES) 68410 (15,5 km O)

🛏 |●| *Hôtel-restaurant Villa Rosa* ** – 4, rue Thierry-Schoéré ☎ 03.89.49.81.19. Fax : 03.89.78.90.45. Fermé le midi et le jeudi. Congés annuels : du 1er janvier au 21 mars. Accès : à 400 m environ du village, station climatique d'altitude dominant la vallée de Munster. Une jolie maison aux volets verts juste avant un tournant, sur la gauche de la route en descendant vers Turckheim. Doubles avec douche et wc ou bains à 300 F (45,7 €). Petit déjeuner-buffet copieux à 48 F (7,3 €), et à 30 F (4,6 €), prix routard. Menu à 120 F (18,3 €). « On ne voit bien qu'avec le cœur », telle est la devise de cette bonne adresse tenue par un couple très sympathique. Anne-Rose et Alain voyagent, font des randonnées, reçoivent leurs hôtes avec humour et spontanéité : l'esprit routard en somme ! Chambres adorablement décorées, donnant pour certaines (les demander) côté jardin, où il y a, par ailleurs, une piscine. La n° 3 nous a plu avec son petit balcon et sa baignoire en forme de cœur. La n° 4 et la n° 5 aussi. Pour les amoureux, les n°s 7, 8 et 9 se nichent sous les toits. Un hôtel de charme à prix moyens. Petit déjeuner spécial routard avec casse-croûte, café et jus d'orange pour partir du bon pied. Fait aussi resto, mais le soir seulement. Propose des forfaits originaux de 2 nuits avec repas gourmands ou d'une semaine, pour couples ou familles. Location de VTT et de raquettes en hiver. *Apéritif offert. 10 % sur le prix de la chambre pour 2 nuits consécutives et gratuité des loisirs tels sauna, spa et VTT.*

ERSTEIN 67150

Carte régionale A1

≜ ΙΦΙ *L'Estaminet des Bords de l'Ill* – 94, rue du Général-de-Gaulle (Centre) ☎ 03.88.98.03.70. Fax : 03.88.98.09.49. Parking. TV. Canal+. Satellite / câble. ₺ Accès : direction centre nautique. Doubles avec douche et wc à 280 F (42,7 €). Menu le midi en semaine à 43 F (6,6 €), menu du terroir à 85 F (13 €), puis menus de l'Estaminet à 110 et 145 F (16,8 et 22,1 €). Menu enfant à 55 F (8,4 €). Ici, ce qu'on aime, c'est d'abord l'effort qui est fait pour privilégier les produits du Ried, et préserver les recettes de ce terroir un peu particulier. Par exemple, la truite d'Obenheim ou la matelote de l'Ill aux 5 poissons. La choucroute aux 7 garnitures s'inscrit dans ce bon répertoire régional. Le plaisir de la table se double de la satisfaction de pouvoir accompagner les mets d'un excellent vin d'Alsace ou d'ailleurs, puisé dans un généreux livre de cave où tout le vignoble de France se retrouve au coude à coude. Petits plats et tartes flambées. De quoi contenter toutes les bourses. *10 % sur le prix de la chambre.*

HAGUENAU 67500

Carte régionale A1

ΙΦΙ *Restaurant Au Tigre* – 4, place d'Armes (Centre) ☎ 03.88.93.93.79. Accès : tout près de la zone piétonne.

Menus à 90 et 129 F (13,7 et 19,7 €). Menu enfant à 59 F (9 €). Brasserie classique. Belle salle : haut plafond, boiseries et fer forgé. Cuisine de brasserie jouant les recettes du jour (andouillette à la ficelle, *waedele* braisé) et l'exotisme (steak d'autruche et de kangourou). Fruits de mer en hiver, brochettes et salades en été. Grande terrasse aux beaux jours.

ΙΦΙ *S'Buerehiesel - Chez Monique* – 13, rue Meyer ☎ 03.88.93.30.90. Fermé le dimanche et le lundi. Accès : à côté du théâtre de la ville. Plat du jour à 47 F (7,2 €) le midi. Comptez de 95 à 130 F (14,5 à 19,8 €) à la carte. Cette *winstub*, taverne typiquement alsacienne qui ne sert que du vin régional (à la différence des *bierstub* qui ne servent que de la bière), reçoit toutes les stars d'à côté. Leurs visages rayonnants et leurs yeux rougis (par le flash) ornent l'un des murs de la salle principale. La cuisine régionale est au rendez-vous : choucroute bien sûr, jarret de porc braisé sauce munster, quenelles de foie, *spätzles* maison, escargots à l'alsacienne, etc. Accueil sympathique, cadre agréable et chaleureux.

HINSINGEN 67260

Carte régionale A1

ΙΦΙ *La Grange du Paysan* – 8, rue Principale ☎ 03.88.00.91.83. Parking. ₺ Fermé le lundi. Intéressants menus à partir de 68 F (10,4 €) avec choucroute et munster. Plats autour de 50 F (7,6 €). Autres menus de 98 à 265 F (14,9 à 40,4 €). Aux marches de l'Alsace bossue, à 500 m de la frontière lorraine, une petite institution locale. Pas difficile à repérer avec les habituelles camionnettes bleues de l'EDF et les voitures de VRP devant (ils connaissent les bons endroits !). Cette grange, vu le volume, fut probablement celle d'un paysan riche. Décor rustique classico (ça va de soi). Excellent accueil, très pro. Service particulièrement efficace, ça virevolte partout. Il faut admirer la préparation du steak tartare devant le client (à la limite du show). Cuisine paysanne servie généreusement et qui tient au corps. Les mines réjouies, voire rubicondes, attestent de la qualité constante des mets : cervelle meunière, boudin maison aux pommes sautées et raifort maison (délicieux aussi), porcelet grillé au feu de bois, joue de bœuf braisée, jambon au foin, estomac de porc farci.

KAYSERSBERG 68240

Carte régionale A2

ΙΦΙ *Auberge de la Cigogne* – 73, route de Lapoutroie ☎ 03.89.47.30.33. Fermé le vendredi et le dimanche soir. Congés

ALSACE

annuels : 1re quinzaine de juillet et entre Noël et le Jour de l'An. Accès : quittez le vieux village en direction de Lapoutroie. Menus à 47 F (7,2 €) en semaine, puis de 70 à 160 F (10,7 à 24,4 €). Plat du jour à 40 F (6,1 €). À l'écart du vieux village qui vit naître le fameux Dr Schweitzer (né en 1875, mort en 1965, il fut médecin, philosophe, théologien et même musicologue ; connu pour son action humanitaire en Afrique, il reçut le prix Nobel de la Paix en 1953). Après cette parenthèse pour se rafraîchir la mémoire, découvrons ce rendez-vous des routiers et des ouvriers de l'usine voisine (le papier Lotus). Le genre d'adresse de bord de route où l'on mange copieusement et savoureusement, sans pour autant faire subir une cure d'amaigrissement à son porte-monnaie. Du classique de brasserie avec quelques spécialités maison, comme le filet de sandre, la truite au riesling et la choucroute. Une bonne adresse comme on les aime.

|●| Restaurant Saint-Alexis – lieu-dit Kaysersberg ☎ 03.89.73.90.38. Fermé le vendredi ; service de 12 h à 20 h. Accès : sortir de Riquewihr par la place des Charpentiers et suivre la petite route qui monte vers la gauche. Les panneaux sont rares, toujours rester à gauche lorsqu'il y a des intersections. Comptez 5 à 10 mn en voiture. Menus de 64 à 100 F (9,8 à 15,2 €). On croyait qu'il était impossible de trouver une bonne table pas trop chère à Kaysersberg, eh bien on se trompait ! Il est vrai que ce petit joyau de routardise, où seuls les autochtones se rendent, est bien perdu dans la forêt, dans une jolie ferme recouverte de lierre. À l'intérieur, une bonne odeur de soupe et de choucroute chatouille les narines et tout le monde savoure la bonne cuisine avec le sourire. Le menu intermédiaire est très complet : après un bon petit potage de nos grand-mères, une opulente omelette au jambon et crudités ouvre l'appétit pour un délicieux coq fermier qui a mijoté dans les marmites de longues heures... Pour couronner le tout, une bonne tarte alsacienne. Si vous n'êtes pas affamé, partagez les portions, elles sont énormes. S'il fait beau, possibilité de manger dehors. *Café offert.*

DANS LES ENVIRONS

LAPOUTROIE 68650 (9 km O)

🏠|●| L'Orée du Bois ** – 6, rue Faudé (Sud) ☎ 03.89.47.50.30. Fax : 03.89.47.24.02. Parking. TV. 🐾 Fermé le lundi midi. Congés annuels : de mi-novembre à mi-décembre. Accès : par la N415 ; à 3 km de Lapoutroie, fléchée. Une adorable route y monte, en sinuant à flanc de montagne, dans des paysages délicieux de prés aux vaches et de forêts de sapins. La vue ne peut être que superbe. Comptez

de 235 à 255 F (35,8 à 38,9 €) la double, 335 F (51,1 €) la quadruple. Demi-pension à 240 F (36,6 €) par personne. Menus de 80 à 150 F (12,2 à 22,9 €). Cette ancienne ferme, devenue colonie de vacances puis auberge, à l'extérieur très moderne, est un perchoir idéal pour les amoureux de calme, de verdure et de promenade. Chaque chambre, équipée d'un coin cuisine, a un nom : « Pâturages » (vue très chouette), « Pinède », « Rosée », « Myrtille »... Côté cuisine, la tradition est au rendez-vous : munster chaud rôti aux amandes, cuisses de grenouilles au gewurztraminer, aiguillettes de canard aux griottes. Grande terrasse, vue imprenable. Bonne adresse pour séjourner une semaine (très bien pour un couple avec enfants). *Apéritif offert.*

BONHOMME (LE) 68650 (18 km O)

🏠|●| Hôtel de La Poste ** – 48, rue du 3e-Spahi-Algérien (Nord-Est) ☎ 03.89.47.51.10. Fax : 03.89.47.23.85. Parking. TV. Fermé le mardi et le mercredi. Accès : par la N415, puis du col du Bonhomme, à côté de la poste et en face de l'école de jeunes filles. Doubles avec douche et wc ou bains à 320 F (48,8 €). Petit déjeuner-buffet à 30 et 40 F (4,6 et 6,1 €). Menus de 65 à 220 F (9,9 à 33,5 €). Menu enfant à 50 F (7,6 €). On y est accueilli avec le sourire. Les patrons Denis et Dominique pourront transporter vos sacs à votre prochaine étape sur les chemins de randonnée. Rivière, terrasse et jardin à l'arrière de l'établissement. À partir d'avril 2000, 20 chambres à prix variables selon les périodes seront disponibles, dont 5 nouvelles accessibles aux handicapés. Une piscine couverte et un sauna agrémenteront votre séjour. Nouvelle salle de restaurant donnant sur le jardin. Quelques spécialités locales : pâté welsh, noisette d'agneau sauce à l'ail et à l'alisier (de la famille des rosacées), coq fermier au riesling et *spätzle* maison... Petit bar rustique pour refaire le monde autour d'un verre. *Apéritif offert. 10 % sur le prix de la chambre.*

MULHOUSE 68100

Carte régionale A2

🏠|●| Auberge de jeunesse – 37, rue de l'Illberg (Sud-Ouest) ☎ 03.89.42.63.28. Fax : 03.89.59.74.95. Parking. Satellite / câble. 🐾 Accueil de 8 h à 12 h et de 17 h à 23 h (minuit en été). Accès : de la gare, bus n° 2 ou 8, arrêt « Salle des sports ». Nuit : 49 F (7,5 €). Petit déjeuner : 20 F (3 €). Camping : 27 F (4,1 €). Repas : de 50 à 70 F (7,6 à 10,7 €). Carte d'adhésion : 100 F (15,2 €), et à 70 F (10,7 €) pour les moins de 26 ans. Cette maison rose, entourée par un grand jardin très agréable, est située dans le quartier universitaire de Mulhouse qui est en plein développement. On couche dans des petits dortoirs clairs et gais, ou bien dans des chambres à 2 lits, pour budgets modestes. Spécialités alsaciennes et antillaises. *10 % sur le prix de la chambre de novembre à février.*

🛏 *Hôtel Schoenberg* * – 14, rue Schoenberg (Sud-Ouest) ☎ 03.89.44.19.41. Fax : 03.89.44.49.80. TV. Accès : à 10 mn du centre ; la rue Schoenberg est perpendiculaire à l'avenue d'Altkirch qui part derrière la gare. Comptez 145 F (22,1 €) pour une chambre double avec lavabo et 225 F (34,3 €) avec douche et wc. Cette bonne petite adresse, aux chambres propres et bien tenues, nous a rappelé une musique que l'on aime : *La Nuit transfigurée* de... Schoenberg justement. Les nuits ici ne nous ont certes pas transfigurés, mais on a bien dormi. Les prix ont oublié de grossir. Les sanitaires et les douches sont cachés dans des placards aux portes coulissantes. Petit jardin à l'arrière de la maison pour paresser au soleil et prendre un bon petit déjeuner. *10 % sur le prix de la chambre sauf juillet-août.*

🛏 *Hôtel Saint-Bernard* ** – 3, rue des Fleurs (Centre) ☎ 03.89.45.82.32. Fax : 03.89.45.26.32. TV. Canal+. Satellite / câble. Accès : à 5 mn à pied de la place de l'Hôtel-de-Ville. Doubles de 230 à 280 F (35 à 42,7 €). C'est l'établissement le plus sympathique de Mulhouse. Il est vrai que ce n'est pas très difficile de l'être vu l'ambiance moribonde qui règne parfois dans la ville. Tenu par un ancien voyageur préférant la lecture (le bar a été remplacé par un espace bibliothèque) à l'écran cathodique (n'empêche qu'il y a une ribambelle de chaînes câblées à la télé, et même Internet!). Langoureusement affalé sur le sol à l'entrée, le saint-bernard qui a donné son nom à l'hôtel accueille gentiment le voyageur, qui peut ensuite refaire le monde au bar blanc sous un portrait du général de Gaulle. Les chambres sont impeccables et hautes de plafond. Coup de cœur pour la n° 16, et son plafond justement, qui possède une fresque centenaire représentant les quatre saisons. On passerait toute une journée à admirer le bleu de ce ciel ancestral ! Le prix des chambres varie en fonction de la taille avec salle de bains et wc, mais aussi en fonction de l'étage : si vous êtes fauché, préférez le 3ᵉ, il n'y a pas d'ascenseur et c'est moins cher mais toujours aussi spacieux. Bicyclettes à disposition gratuitement.

🍽 *Winstub Henriette* – 9, rue Henriette (Centre) ☎ 03.89.46.27.83. Fermé le dimanche. Accès : dans une voie piétonne donnant sur la place de la Réunion. Formule (entrée + plat du jour) le midi à 60 F (9,1 €). Repas à 120 F (18,3 €) environ. Choucroute

garnie à 90 F (13,7 €). Cette *winstub* porte le nom d'Henriette, la première fille de la ville à être devenue française en 1798. Intérieur alsacien typique qui a vu passer les années et les gourmands. Au menu : les classiques de la cuisine régionale. On y ajoutera les suggestions du chef, comme le foie gras poêlé aux pommes ou le filet de bœuf au munster. Service et cadre agréables.

DANS LES ENVIRONS

SOULTZ 68360 (21 km NO)

🍽 *Metzgerstuwa* – 69, rue du Maréchal-de-Lattre-de-Tassigny ☎ 03.89.74.89.77. Fermé le week-end. Congés annuels : 15 jours fin décembre-début janvier et 3 semaines fin juin-début juillet. Accès : par la D430 direction Guebwiller. Dans la rue principale. Menu du jour à 45 F (6,9 €), autres menus de 100 à 130 F (15,2 à 19,8 €). Petit restaurant situé dans une maison verte. Menu du jour à tel prix, qui dit mieux? Clientèle locale, sourire également au menu. Spécialités tels le pied de porc farci, l'onglet à l'échalote, la cervelle de veau aux câpres, la tête de veau... Possibilité d'acheter sur place les produits fabriqués par la maison ; la boucherie est attenante !

MUNSTER 68140

Carte régionale A2

🛏🍽 *Hôtel-restaurant du Chalet* * – col de la Schlucht (Ouest) ☎ 03.89.77.04.06. Fax : 03.89.77.06.11. TV. Fermé le mercredi soir et le jeudi. Hôtel saisonnier. Accès : du centre, prenez la D417 jusqu'au col de la Schlucht (1 139 m), frontière entre l'Alsace et les Vosges. Doubles avec lavabo à 160 F (24,4 €), avec douche à 195 F (29,7 €), avec douche et wc à 215 F (32,8 €). Menu à 60 F (9,1 €) le midi, et de 110 à 127 F (16,8 à 19,4 €). Accueil sympa. Chambres sans prétention mais non sans charme. Grande salle à manger. Bonne cuisine : pommes de terre coiffées au munster, jambonneau confit sur choucroute sauce à la bière, croustillant d'escargots à la crème d'ail, coquelet aux lardons. Fait également brasserie. Demi-pension obligatoire le soir en haute saison. Au pied des pistes de ski et point de départ pour de superbes balades. *Apéritif offert.*

🛏🍽 *Hôtel Aux Deux Sapins* ** – 49, rue du 9ᵉ-Zouave (Sud-Ouest) ☎ 03.89.77.33.96. Fax : 03.89.77.03.90. Parking. TV. Satellite / câble. ♿ Fermé le dimanche soir et le lundi hors saison. Doubles avec douche et wc ou bains de 250 à 300 F (38,1 à 45,7 €). Menu du jour à 75 F (11,4 €), autres menus de 100 à 200 F

(15,2 à 30,5 €). Réservez le plus tôt possible. Une très bonne adresse : du goût, de la qualité, des prix étudiés. Dans le menu du jour, excellente truite aux amandes, et, là, on sent le riesling ! Gibier en saison. Chambres très agréables, mais à la déco un peu trop rustique. Beaucoup de circulation dans la rue, hélas ! Un conseil, réservez côté cour.

i●i Restaurant À l'Alsacienne – 1, rue du Dôme (Sud-Est) ☎ 03.89.77.43.49. Fermé le mardi après-midi et le mercredi. Accès : derrière le temple protestant. Menus à 65, 85 F (13 €) avec une choucroute garnie, et jusqu'à 150 F (22,9 €). Clientèle composée à la fois de gens de passage et d'habitués, tous au coude à coude sur les tables du trottoir le long de l'église, à la bonne franquette ! Le cadre est alsacien mais tout cela manque cruellement de patine. Pour les 2 premiers menus, on y sert des petits plats. Les autres menus proposent l'escalope de veau au munster (goûtez-la !), la côte de marcassin, ainsi que le fromage de Munster, spécialité du pays, servi avec un verre de gewurztraminer ! Accueil adorable.

DANS LES ENVIRONS

SOULTZEREN 68140 (4 km E)

⌂ Villa Canaan-Léopoldine – 8, chemin du Buchteren ☎ 03.89.77.05.64. Fax : 03.89.77.35.73. Parking. Fermé le midi, le mardi et le dimanche soir. Congés annuels : novembre. Accès : prendre la D47 en direction du col de la Schlucht ; après le village, un panneau sur la droite indique la direction de ce petit paradis. Doubles avec lavabo à 260 F (39,6 €), avec douche et wc à 320 F (48,8 €). De 265 à 295 F (40,4 à 45 €) par personne en demi-pension. Comme l'indique son nom, c'est une véritable terre promise ! Cette grosse maison jaune plantée sur le roc domine la vallée de Munster qu'on embrasse d'un coup d'œil. Prix raisonnables. Les salles de bains ont toutes des motifs différents, et les chambres sont arrangées avec amour. On y dort bien, et quel plaisir lorsqu'on ouvre les volets ! La cuisine est bio, et attention ! Léopoldine ne lésine pas sur les quantités ! Mieux vaut préparer son estomac avant le séjour. Cette adresse est parfaite pour les randonneurs, le col de la Schlucht est à peine à une heure à pied et les paysages les plus beaux de la route des Crêtes sont à deux pas (demandez à Léopoldine les routes à suivre, elle vous les indiquera avec plaisir). Le paradis vous avez dit ? Paradis des routards, oui ! *Apéritif offert.*

STOSSWIHR-AMPFERBACH
68140 (6 km O)

i●i Auberge des Cascades – ☎ 03.89.77.44.74. Service jusqu'à 23 h. Fermé le lundi et le mardi hors saison, le mardi uniquement à partir du 14 Juillet. Congés annuels : janvier. Accès : à la sortie du village, sur la route des Crêtes, prendre à gauche avant l'église (il y a des panneaux). Un copieux menu à 50 F (7,6 €). Sinon comptez 120 F (18,3 €) à la carte. Une très bonne adresse locale et (encore) un peu touristique. Jolie maison toute fleurie, bercée par la douce musique d'une minuscule cascade vosgienne. Il y fait bon vivre et bon manger. De drôles de spécialités comme la tarte flambée aux grenouilles ou le filet d'autruche sous les regards attentifs de Mme Decker et des canards en porcelaine juchés sur les rebords des murs. Plus classique, l'entrecôte aux cèpes est un régal. Pour le vin, épatez vos amis avec l'edelzwicker du patron, il n'est pas cher et c'est le meilleur que nous ayons goûté dans la région. La tarte flambée est cuite au feu de bois, à vos fourchettes ! *Café offert.*

STOSSWIHR 68140 (8 km O)

i●i Auberge du Schupferen – (Centre) ☎ 03.89.77.31.23. Service de 9 h à 19 h. Fermé les lundi, mardi et vendredi. Accès : cette adresse vaut vraiment le détour mais il faut la mériter : à la sortie de Munster, prenez la D417, en direction du col de la Schlucht, tournez à droite vers la station de ski du Tanet. À 4 km, l'auberge est signalée par un panneau planté sur un arbre, prenez le chemin de terre praticable en voiture ; de la route bitumée jusqu'à l'auberge, il y a 3 km, mais il faut laisser sur la gauche le refuge Sarrois et continuer à droite (panneau). Plats à 40 F (6,1 €), entrées à 20 et 25 F (3 et 3,8 €). C'est le rendez-vous des skieurs en hiver et des randonneurs aux beaux jours. Vous serez accueilli par le placide et sympathique Christophe Kuhlmann. Il vous cuisinera un petit plat comme le *fleischschnecke* (escargot de pâte avec de la viande hachée) ou vous concoctera une salade avec les produits du jardin. La carte est inscrite sur un tableau d'écolier. N'oublions pas le pichet d'edelzwicker maison (mélange de différents cépages de blancs d'Alsace). Et quel panorama ! On domine la forêt et les vallées, magnifique ! Une adresse coup de cœur que l'on a du mal à quitter !

NIEDERBRONN-LES-BAINS   67110

Carte régionale A1

≜ |●| *Hôtel-restaurant Cully* ** – 33-37, rue de la République (Ouest) ☎ 03.88.09.01.42. Fax : 03.88.09.05.80. Parking. TV. Satellite / câble. ఓ Resto fermé le mardi soir et le mercredi. Accès : près de la gare. Doubles à 340 F (51,8 €) avec douche et wc ou bains. Demi-pension à 290 F (44,2 €). Menus intéressants de 50 F (7,6 €), en semaine, à 200 F (30,5 €). Attention aux périodes de cure : réservez bien à l'avance. Hôtel sobre et confortable. De grandes chambres, la plupart avec balcon. Une tonnelle pour prendre un verre ou dîner tranquillement. L'hôtel se trouve en bordure d'un parc récréatif avec golf sur pistes et jeux pour enfants. *Apéritif offert.*

|●| *Restaurant Les Acacias* – 35, rue des Acacias (Nord-Ouest) ☎ 03.88.09.00.47. Parking. Fermé le vendredi et le samedi midi hors saison. Congés annuels : la 1re semaine de septembre. Accès : quittez la rue principale, et après la gare prenez la rue des Acacias, attention elle est raide. Gentil menu à 70 F (10,7 €) le midi en semaine, puis de 95 à 215 F (14,5 à 32,8 €). Comptez 180 F (27,4 €) à la carte. Cadre très classe à la lisière de la forêt. Terrasse l'été. Service stylé. Cuisine traditionnelle à l'alsacienne : croustillant de sandre, onglet de bœuf à la moelle. Jolie vue sur la vallée et son usine. *Café offert.*

OBERNAI   67210

Carte régionale A1

≜ |●| *Hôtel de la Cloche* – 90, rue du Général-Gouraud ☎ 03.88.95.52.89. Fax : 03.88.95.07.63. TV. Congés annuels : 1re quinzaine de janvier. Accès : centre-ville. De 210 F (32 €) la double avec lavabo et wc privés à l'extérieur de la chambre, 270 F (41,2 €) avec douche et wc, 300 F (45,7 €) avec bains, à 405 F (61,7 €) le duplex sous les toits pour 4 personnes. *Single* à 165 F (25,2 €). Chambres modernes et douillettes dans cette maison inscrite aux Monuments historiques. Les prix restent raisonnables : pour les solitaires, 3 chambres avec douche et wc privés sur le palier (clef personnelle). Les chambres donnant sur la place baignent dans la lumière (avec immense salle de bains). Dans le restaurant à côté, cuisine alsacienne et peintures originales de Spindler et de Schnug ainsi que de beaux vitraux.

≜ *Hostellerie La Diligence* ** – 23, place de la Mairie (Centre) ☎ 03.88.95.55.69. Fax : 03.88.95.42.46. Parking payant. TV.

Satellite / câble. Doubles avec douche et wc ou bains de 265 à 430 F (40,4 à 65,6 €). Difficile de trouver plus central. Les fenêtres des chambres sur une partie sur la place de la Mairie qui est le cœur de la ville. Avec un tel atout en mains, les propriétaires de *La Diligence* pourraient se reposer sur leurs lauriers mais ce n'est heureusement pas le cas. Les chambres sont d'un excellent niveau de confort. Chaleureuse salle de petit déjeuner dont les baies vous projettent presque sur la place. *10 % sur le prix de la chambre à partir de 2 nuits consécutives et hors petit déjeuner.*

|●| *L'Agneau d'Or* – 99, rue du Général-Gouraud ☎ 03.88.95.28.22. Fermé le lundi. Accès : route principale. Beau menu suggestion du jour à 60 F (9,1 €) le midi en semaine, puis à 140 et 205 F (21,3 et 31,3 €). Menu enfant à 45 F (6,9 €). Une authentique *winstub*. Cadre chaleureux : plafond peint, coucou suisse, gravures, assiettes décorées. Plats de terroir goûteux et abondants. À la carte, beignets de munster au cumin, duo de pied de porc, carré de cochon de lait, sandre rôti sur choucroute, sauce au « rouge d'Ottrott ».

DANS LES ENVIRONS

KLINGENTHAL 67530 (6 km O)

≜ |●| *Hôtel-restaurant Au Cygne* – 23, route du Mont-Sainte-Odile (Sud-Ouest) ☎ 03.88.95.82.94. Parking. Resto fermé le mardi soir et le mercredi. Congés annuels : 2 semaines fin juin-début juillet et 2 semaines mi-novembre. Accès : par la D426. Doubles avec lavabo de 135 à 200 F (20,6 à 30,5 €). Menu à 55 F (8,4 €) le midi en semaine et de 90 à 145 F (13,7 à 22,1 €). Menu enfant à 30 F (4,6 €). Petite étape très bien située sur la route du Mont-Sainte-Odile. Ambiance traditionnelle. Des chambres simples et propres. À table, toute la saveur d'une cuisine familiale ! Plats copieux. Spécialités régionales en saison. Bonne adresse et simplicité au rendez-vous. Succulentes tartes aux fruits élaborées dans la boulangerie familiale qui se trouve à côté du restaurant. *10 % sur le prix de la chambre hors saison.*

OTTROTT   67530

Carte régionale A1

≜ |●| *À l'Ami Fritz* *** – 8, rue des Châteaux ☎ 03.88.95.80.81. Fax : 03.88.95.84.85. Parking. TV. Canal+. Satellite / câble. ఓ Fermé le mercredi. Accès : en haut du village, à droite, après l'église. Doubles avec douche et wc à 370 F (56,4 €), avec bains à 450 F (68,6 €). Menus de 125 à 355 F (19,1 à 54,1 €). Menu enfant à 60 F

(9,1 €). À la carte, comptez 180 F (27,4 €). La maison a fière allure (elle date du XVIIe siècle) et l'intérieur ne déçoit pas. Très belles chambres joliment décorées où il fait bon dormir. Les salles d'eau, dotées de tout le confort moderne, ont la même joliesse que les chambres. Celles sur rue sont climatisées. Attention, demandez à dormir dans l'hôtel principal, car les Fritz ont aussi une annexe située à 600 m. Les prix restent abordables. Salle à manger plaisante de style rustico-cossu et service efficace et attentionné. Patrick Fritz, heureux en sa maison, concocte une cuisine régionaliste maligne et fraîche. Son *strudel* de boudin noir au raifort (en saison), sa galette de pied de porc aux lentilles, ou encore la salade tiède au pigeonneau et foie gras poêlés font de belles entrées. Pour suivre, essayez les véritables quenelles de brochet maison sur lit de choucroute, la gourmande de volaille fermière au pinot blanc et aux *spätzle*... et le munster chaud aux deux pommes. En sus, quelques suggestions du marché : filet de bar aux lentins de chêne, assiette du pêcheur au safran, filet d'agneau à l'ail confit, etc. *Apéritif offert.*

PETITE-PIERRE (LA)   67290

Carte régionale A1

≜ I●I *Hôtel-restaurant Au Lion d'Or* ** – 15, rue Principale ☎ 03.88.70.45.06. Fax : 03.88.70.45.56. Parking. TV. Satellite / câble. ⚒ Congés annuels : janvier et 10 jours fin juin-début juillet. Accès : en face de la mairie. Doubles de 380 à 450 F (57,9 à 68,6 €) avec douche et wc. Menus de 120 à 350 F (18,3 à 53,4 €). Situé au cœur du parc régional des Vosges, ce petit village B.C.B.G. est un lieu de villégiature très apprécié de nos voisins allemands. Tous les établissements sont à ranger dans la catégorie haut de gamme et le *Lion d'Or* ne déroge pas à la règle. Grillades dans le jardin l'été, et *winstub* abordable. À fréquenter en automne ou bien au printemps, quand la température est encore fraîche. En plus de la *winstub*, un restaurant, assez cher, tout comme le petit déjeuner-buffet. Plusieurs chambres ont une vue imprenable sur la vallée et la forêt. Piscine couverte et sauna. Accueil courtois. *10 % sur le prix de la chambre pour au moins 2 nuits consécutives.*

DANS LES ENVIRONS

WINGEN-SUR-MODER 67290
(10 km N)

≜ *Relais Nature* – 7, rue de Zittersheim (Centre) ☎ 03.88.89.80.07. Fax : 03.88.89.82.85. Parking. Satellite / câble. ⚒

Doubles avec douche et wc à 220 F (33,5 €). On aime beaucoup ce relais-nature installé dans le parc régional des Vosges. Linda et Jacky Bergmann y proposent 7 chambres agréables avec tout le confort (sauf la télé, ouf !). Cadre frais et pimpant (murs blancs et bois de pin). Accueil chaleureux. Possibilité de repas le soir sur réservation. Jacky, un passionné de la forêt des Vosges, est une vraie mine de renseignements sur les randonnées, balades en VTT à faire dans le coin, découverte de la faune locale, etc. Location de vélos. Petite piscine. *10 % sur le prix de la chambre à partir de 2 nuitées.*

I●I *À la Petite Grotte* – lieu-dit Huhnerscher ☎ 03.88.89.83.55. Parking. Fermé du lundi au samedi midi. Accès : par la D256. Menus de 75 à 100 F (11,4 à 15,2 €). Dans ce hameau en pleine forêt, une sympathique petite auberge prodiguant une bonne cuisine à prix modérés. La jeune patronne allemande est installée depuis longtemps en France et accueille fort bien. Cadre frais et agréable (décor de bois de pin, grand poêle traditionnel). Sur commande, couscous à l'orientale ou fondues diverses (suisse et chinoise). Petite carte du jour avec un grand choix de salades. *Café offert.*

RIBEAUVILLÉ   68150

Carte régionale A2

≜ I●I *Caveau de l'Ami Fritz* – place de l'Ancien-Hôpital ☎ 03.89.73.68.11. Fax : 03.89.73.30.63. Doubles à 350 F (53,4 €) avec douche et wc ou bains. Menu touristique à 102 F (15,5 €). Repas à 180 F (27,4 €) environ. Ce très joli caveau, où l'effervescence est constante, est très fréquenté par les Allemands. Mais quelle vie là-dedans ! Ça tourne, ça bouge dans tous les sens, et les serveuses de monter l'escalier qui mène à la mezzanine avec un sourire merveilleux, puis de redescendre vite fait bien fait pour prendre notre commande ! De l'allemand au français, il n'y a qu'un pas, et l'Europe se fait dans cette chaude ambiance où il fait bon vivre. Les repas sont un peu chers. Quant aux chambres, on y accède par un labyrinthe d'escaliers, mais quel espace ! On a une chambre à colombages avec douche et petit salon. C'est comme un deux-pièces ! Réserver longtemps à l'avance.

≜ *Hôtel de la Tour* ** – 1, rue de la Mairie (Centre) ☎ 03.89.73.72.73. Fax : 03.89.73.38.74. Parking payant. TV. Congés annuels : de janvier à mi-mars. Accès : sur la place de la Mairie. Doubles avec douche et wc à 365 F (55,6 €), avec bains à 445 F (67,8 €). En plein cœur de cette petite cité médiévale, une ancienne exploitation vinicole transformée en hôtel. Activités gratuites pour les résidents de l'hôtel : sauna, hammam, jacuzzi et tennis en dehors du village. Pas de resto mais *winstub* (petit bistrot typiquement alsacien où l'on peut goûter les vins locaux). Étape très agréable, assez et même plutôt chic.

I●I *L'Auberge au Zahnacker* – 8, rue du Général-de-Gaulle (Centre) ☎ 03.89.73.60.77. Service continu de 9 h à 22 h. Fermé le jeudi. Congés annuels : de mi-janvier à début mars. Menus à 115 et 180 F (17,5 et 27,4 €). Comptez 180 F (27,4 €) le repas, mais les petits ventres peuvent toujours se contenter d'une quiche à 38 F (5,8 €). À l'écart de la rue principale où tous les touristes défilent comme des moutons, *L'Auberge au Zahnacker*, propriété de la cave coopérative, est un havre de tranquillité. L'été, cette auberge est très agréable. On s'installe sur la terrasse où l'on est protégé des regards par une lourde glycine embaumant, et l'on déguste un pinot blanc en attendant sa part de *presskopf* ou sa tarte à l'oignon. L'hiver, la *winstub* est chaude et douce, avec ses lourds plateaux de bois suspendus à des chaînes qui font office de table. On se glisse sur les bancs de bois jusqu'à son voisin et l'on trinque avec un edelzwicker frais. Spécialités : gibier en saison, filet de sandre aux nouillettes, salades composées, tartes aux fruits.

DANS LES ENVIRONS

ILLHAEUSERN 68970 (11 km E)

I●I *À la Truite* – 17, rue du 25-Janvier ☎ 03.89.71.83.51. Fermé le mardi soir et le mercredi. Congés annuels : 3 semaines en février et 1 semaine fin juin. Accès : juste à gauche avant le pont au centre du village, en venant de Ribeauvillé par la D106. Menus de 49 F (7,5 €) le midi en semaine à 135 F (20,6 €), plus des plats à la carte. Une gentille auberge de campagne prolongée en été par une petite terrasse donnant sur la rivière et ses saules pleureurs. À l'intérieur, employés, ouvriers, agriculteurs, routiers, routards, tous ceux qui sont sur la route, munis de leur modeste porte-monnaie, tous attablés dans une salle à manger simple où règne une atmosphère bon enfant. Ici on sert la meilleure matelote de poisson de toute l'Alsace (à commander à l'avance). Elle s'appelle Marie-Louise, cette matelote. Le plat, accompagné de nouilles au beurre, est la spécialité du chef. Sinon, truite frétillante au bleu (truite fraîche d'élevage qu'on peut même pêcher !) avec des pommes de terre à l'anglaise ou friture de carpe, un vrai délice ! Additions toujours douces. On peut aussi y manger des huîtres en hiver… *Café offert.*

THANNENKIRCH 68590 (11 km N)

🏠I●I *Auberge La Meunière* ★★ – 30, rue Sainte-Anne ☎ 03.89.73.10.47. Fax : 03.89.73.12.31. Parking. TV. Congés annuels : du 20 décembre au 25 mars. Accès : pour arriver à ce village haut perché (510 m), prendre la D1 puis la D42. Doubles avec douche et wc à 300 F (45,7 €), avec bains à 390 F (59,5 €). Petit déjeuner-buffet à 40 F (6,1 €). Menus de 95 F (14,5 €) le midi en semaine à 220 F (33,5 €). Une auberge de charme, coquette et chaleureuse, avec une jolie tour ronde. Idéalement située, elle surplombe une vallée mignonne comme une image de la Suisse profonde. Les volets sculptés rappellent des lyres, la muse du poète ne doit pas être bien loin ! Très bon accueil et vue superbe depuis les chambres. Chacune d'elles porte un nom : « Joséphine », « Rosalie », « Germaine »… « Lucie » est une chambre familiale avec mezzanine donnant sur les prés et les monts. « Barbe » et « Octavie » ont un grand balcon de bois. « Berardine » est couverte de boiseries vieilles de 150 ans. Au restaurant, cuisine fine et inventive à prix raisonnables. Sinon, à la carte, des plats succulents comme le *baeckeoffe* d'escargots au riesling, le duo de foie gras au gewurztraminer, le croustillant d'agneau à la fleur de thym ou l'originale langue de bœuf à la crème de radis noir. Demi-pension intéressante. Pour routards romantiques et un peu fortunés. Mais prix justifiés, vu la qualité de l'endroit. *Apéritif offert.*

RIQUEWIHR 68340

Carte régionale A2

🏠 *Hôtel de la Couronne* ★★ – 5, rue de la Couronne ☎ 03.89.49.03.03. Fax : 03.89.49.01.01. Parking. Accès : juste à côté de la rue du Général-de-Gaulle. Doubles avec bains de 330 à 390 F (50,3 à 59,5 €). Ce bel hôtel du XVIᵉ siècle est parfait. Son porche accueillant est égal au sourire des propriétaires dont le seul souhait est de vous faire passer un bon séjour, ce qui est rare à Riquewihr. Sous le porche, de petits bancs de bois avec des tables ne donnent qu'une envie : siroter un bon gewurzt' avant d'aller découvrir les forêts avoisinantes. Dans l'hôtel, toutes les chambres ont des murs décorés de façon sobre avec une touche ludique : une fleur par-ci, un arbre par-là, et toujours de bon goût. Tout est bien dans cet hôtel aux prix abordables pour la ville. On a beaucoup cherché à Riquewihr, c'est voté à l'unanimité : cette adresse est bien la plus sympathique des environs ! *Apéritif offert.*

ALSACE

HUNAWIHR 68150 (4 km N)

≜ I●I Winstub Suzel – 2, rue de l'Église ☎ 03.89.73.30.85. Fax : 03.89.73.38.10. Parking. TV. Satellite / câble. ☒ Fermé le mardi. Accès : juste à côté d'une jolie fontaine avant l'église. Doubles avec douche et wc ou bains de 300 à 330 F (45,7 à 50,3 €). Menu « Rabbin » avec choucroute maison et dessert à 89 F (13,6 €). Menu « Katel » à 98 F (14,9 €). Autres menus à 112 et 140 F (17,1 et 21,3 €). Cette *winstub* est très chaleureuse. Sa façade jaune porte le nom de la famille qui tient le lieu : les Mittnacht. L'accueil se fait en toute simplicité. En été, une terrasse merveilleusement fleurie et ombragée donne sur le joli clocher de l'église. Derrière les tables, des portes en bois s'ouvrent sur une cave où l'on peut déguster quelques bons vins d'Alsace. Mais c'est surtout pour la cuisine simple et délicate qu'on va à la *Winstub Suzel*. Quoiqu'on mange, c'est bon : une tarte à l'oignon avec sa salade suffit amplement aux petits appétits alors qu'un menu « Katel » remplira les estomacs des Obélix affamés avec sa tarte à l'oignon, ses typiques roulades farcies, des pommes de terre rissolées, de la salade verte et un dessert. Tartes flambées le dimanche soir, *kougelhopfs* et *bretzels*. 3 chambres et 6 studios prévus dans l'année.

SAVERNE 67700

Carte régionale A1

≜ I●I Auberge de jeunesse – château des Rohan (Centre) ☎ 03.88.91.14.84. Fax : 03.88.71.15.97. Accueil de 8 h à 10 h et de 17 h à 22 h. Congés annuels : du 15 décembre au 15 janvier. Tarifs : 65 F (9,9 €) en dortoir de 6 lits, et 87 F (13,3 €) en *single* ou en double. Draps : 17 F (2,6 €). Repas : 50 F (7,6 €). Dans l'aile droite du superbe château des Rohan, au-dessus d'une école.

≜ I●I Hôtel Europe ** – 7, rue de la Gare (Centre) ☎ 03.88.71.12.07. Fax : 03.88.71.11.43. Parking payant. TV. Satellite / câble. ☒ Accès : à 5 mn du château des Rohan... et de la gare. Doubles avec douche et wc à 380 F (57,9 €), avec bains à 450 F (68,6 €). Un appartement à 700 F (106,7 €). Sans aucun doute le meilleur hôtel de la ville. 29 chambres, dont les plus spacieuses (et bien entendu câblées) sont celles avec bains. L'atmosphère de bon ton, l'accueil aux petits oignons et l'excellence du petit déjeuner-buffet, assurent à l'*Europe* une clientèle fidèle parmi laquelle on compte un fort pourcentage d'habitués du Parlement européen de Strasbourg. Pour les familles, l'hôtel dispose d'un apparte-

ment dans une maison attenante. *Apéritif offert.*

I●I Caveau de l'Escale – 10, quai du Canal (Centre) ☎ 03.88.91.12.23. Fermé le mercredi et le samedi midi. Congés annuels : entre Noël et le Jour de l'An, et fin juin. Accès : à deux pas du centre. Le quai est parallèle à la rue principale. Menu à 58 F (8,8 €) le midi en semaine, puis de 70 à 130 F (10,7 à 19,8 €). Menu végétarien à 72 F (11 €). Plat du jour à 46 F (7 €). Grande salle voûtée en sous-sol. Bon accueil. Cuisine régionale classique, mais particulièrement appliquée. Plats servis copieusement. Poêlée de munster paysanne ou d'escargots, choucroute aux poissons, salade tiède de pot-au-feu, jambonneau braisé, tartes flambées tous les soirs. Terrasse face au port de plaisance. *Café offert.*

I●I Taverne Katz – 80, Grand-Rue (Centre) ☎ 03.88.71.16.56. Accès : non loin du château des Rohan, à côté de la mairie. 1er menu à 89 F (13,6 €) servi en semaine le midi, jusqu'à 185 F (28,2 €). Cette maison fut construite en 1605 pour le receveur général de l'évêché, Katz... L'une des plus belles d'Alsace. La suite de l'historique, vous pouvez la consulter sur la façade, juste au-dessus de la carte. Belle salle avec placages en bois. Cuisine de qualité, aux plats typiques et rustiques : *baeckeoffe* de canard, choucroute à l'oie avec son cou d'oie farci, joues de porc braisées à la bière, sans oublier la fameuse timbale de volaille sous croûte. Excellents desserts. Terrasse donnant sur la rue piétonne. Comme dans bon nombre de *winstubs*, la cuisine ne varie guère. D'une année sur l'autre, on est assuré de retrouver la même carte. Suzie et Jos sont des hôtes prévenants et accueillants, et on a toujours plaisir à venir chez eux. *Apéritif offert.*

SÉLESTAT 67600

Carte régionale A1-2

≜ I●I Hôtel Vaillant ** – place de la République (Centre) ☎ 03.88.92.09.46. Fax : 03.88.82.95.01. Parking payant. TV. Canal+. ☒ Resto fermé le samedi midi et le dimanche midi hors saison. Accès : à mi-chemin du centre-ville et de la gare. Doubles avec douche et wc à 320 F (48,8 €), avec bains à 380 F (57,9 €). Menus à 90 F (13,7 €) en semaine, puis à 120 et 225 F (18,3 et 34,3 €). Grand hôtel moderne datant de 1967 qui plaira à ceux qui adorent le mobilier de style contemporain. La patronne des lieux, dont c'est la marotte, a joliment personnalisé ses chambres avec un mobilier design vif en couleurs mais restant dans des teintes chaudes. Chaque chambre a une véritable personnalité. Choisissez celle qui correspond à la vôtre. Petite salle de gym-remise en forme avec sauna et jacuzzi. Au restaurant, spécialités de choucroute et poissons. *Apéritif offert.*

≜ |●| *Auberge des Alliés* ** – 39, rue des Chevaliers (Centre) ☎ 03.88.92.09.34. Fax : 03.88.92.12.88. TV. Fermé le dimanche soir (et le lundi pour le resto). Congés annuels : du 15 au 30 janvier et du 27 juin au 10 juillet. Accès : entre la tour des Chevaliers et les églises Sainte-Foy et Saint-Georges. Doubles avec douche et wc ou bains à partir de 330 F (50,3 €). Menus de 98 à 185 F (14,9 à 28,2 €). L'*Auberge des Alliés* a une longue histoire : en 1372, le bâtiment était déjà debout ; boulangerie du temps de Louis-Philippe, c'est un restaurant depuis 1918. Au milieu de la salle trône un imposant poêle alsacien. Belle fresque de la place qui Choux datant de la première moitié du XIXe siècle. Elle est intéressante pour sa représentation de la vie locale d'antan. Vous remarquerez que les femmes ne portent pas la coiffe à la Hansi, coiffe que ce dernier a popularisé par la suite au point d'en faire l'image d'Épinal de l'Alsace. La carte *winstub* est typique du genre : jambonneau à la choucroute, sandre au riesling, foie gras maison... Pour le calme, préférer les chambres à l'arrière. Plus typés « rustique » les n°s 2 et 3. *10 % sur le prix de la chambre à partir de la 3e nuitée incluse.*

DANS LES ENVIRONS

RATHSAMHAUSEN 67600 (3 km E)

≜ |●| *Hôtel-restaurant À l'Étoile* ** – Grande-Rue ☎ 03.88.92.35.79. Fax : 03.88.82.91.66. Parking. TV. Satellite / câble. Congés annuels : février. Accès : par la D21, en direction de Muttersholtz. Agréables chambres avec douche et wc à 250 F (38,1 €) pour 2 et 340 F (0,3 et 51,8 €) pour 4. Menu le midi en semaine à 40 F (6,1 €), puis à 65 F (9,9 €). Comptez 110 F (16,8 €) à la carte. Un couple de jeunes a astucieusement modernisé cette vieille maison en lui adjoignant une extension dans hall-escalier lumineux en bois et verre. Dans la salle à manger, chaleureuse intimité le soir. Dans un coin, trônant de façon insolite, une crèche de Noël. Pour manger, petite carte, de laquelle on retiendra la bonne friture de filets de carpe et celle d'éperlans. En été, terrasse fleurie et piscine. Un petit hôtel-resto bien sympathique.

EBERSMUNSTER 67600 (9 km NE)

|●| *Les Deux Clefs* – 72, rue du Général-Leclerc ☎ 03.88.85.71.55. Fermé le jeudi et le lundi soir. Congés annuels : de Noël à fin janvier et de mi-juillet à fin juillet. Accès : par la N83, puis la D210. Comptez de 80 à 180 F (12,2 à 27,4 €) pour un repas. Juste

en face de la plus belle église baroque du Bas-Rhin, un petit havre chaleureux de la gastronomie régionale. Adorables Mme Baur et sa fille ! On se sent comme chez soi. Une banquette de bois court le long des murs, la vieille pendule avance de 10 mn, les cuivres brillent... et la matelote étincelle du plus vif éclat. Car c'est pour elle que vous viendrez, autant que pour la qualité de l'accueil. C'est la grande spécialité maison (avec la friture) et elle se suffit à elle-même. Toujours trois ou quatre poissons de rivière (anguille, tanche, brochet, perche, etc., suivant arrivage) dans une sauce blanche onctueuse et parfumée, et accompagnés de savoureuses pâtes maison. Ce serait dommage d'omettre les excellents desserts, en particulier le moût aux amandes accompagné de chantilly ou glace.

DAMBACH-LA-VILLE 67650 (10 km N)

≜ *Hôtel Le Vignoble* ** – 1, rue de l'Église ☎ 03.88.92.43.75. Parking. TV. Fermé en basse saison le dimanche et le lundi soir. Congés annuels : du 12 au 26 novembre inclus. Accès : à côté de l'église. Doubles avec bains de 280 à 310 F (42,7 à 47,3 €). Lit supplémentaire à 90 F (13,7 €). Petit déjeuner traditionnel ou « spécial vigneron » en sus à 35 et 55 F (5,3 et 8,4 €). Ancienne grange à pignon du XVIIIe siècle, aménagée avec beaucoup de goût en hôtel de charme. Chambres coquettes et confortables. Lit supplémentaire à 90 F. L'accueil gagnerait à être plus chaleureux. *5 % sur le prix de la chambre pour 2 nuits consécutives, et 10 % pour 5 nuits consécutives.*

STRASBOURG   67000

Carte régionale A1 – Plan pp. 44 et 45

≜ |●| *Auberge de jeunesse du Parc du Rhin* – rue des Cavaliers (hors plan D4-2) ☎ 03.88.45.54.20. Fax : 03.88.45.54.21. Parking. Accès : près de la frontière, en direction de Kehl. De la gare, tramway jusqu'à la place de l'Homme-de-Fer ; puis bus n° 2 direction Pont-du-Rhin. 98 F (14,9 €) par personne en chambre de 3 ou 4 ; 138 F (21 €) en chambre double par personne. Repas complet avec boisson à 54 F (8,2 €). Auberge de 221 lits, dont 4 chambres de 4 lits adaptées aux handicapés, avec sanitaires. Tarifs incluant draps et petit déjeuner. Tarifs réduits en janvier-février, juillet-août et novembre.

≜ |●| *Hôtel Schutzenbock* – 81, av. Jean-Jaurès - Neudorf (hors plan D4-3) ☎ 03.88.34.04.19. Fermé le samedi midi et le dimanche. Congés annuels : août et du

ALSACE

24 décembre au 2 janvier. Accès : Neudorf est une proche banlieue de Strasbourg ; pour vous y rendre, partez de la place de l'Étoile où se trouve le centre administratif de la ville. Doubles avec lavabo à 155 F (23,6 €), 175 F (26,7 €) à deux lits, 195 F (29,7 €) la triple. Demi-pension à 180 F (27,4 €) et pension complète à 220 F (33,5 €). Menu le midi à 50 F (7,6 €), un autre à 135 F (20,6 €). Une bonne adresse pas chère à 2 km du centre-ville... Un hôtel-restaurant convivial et propre. Cuisine simple et régionale. Qui dit mieux ?

🛏 I●I *Auberge de jeunesse René-Cassin* – 9, rue de l'Auberge-de-Jeunesse - La Montagne Verte (hors plan A4-1) ☎ 03.88.30.26.46. Fax : 03.88.30.35.16. Parking. ♿ Congés annuels : janvier. Accès : bus nos 3 et 23, direction Lingolsheim ; arrêt « Auberge de jeunesse ». Doubles à 200 F (30,5 €). 73 F (11,1 €) la nuit en chambre de 5 à 6 personnes avec petit déjeuner. Draps à 17 F (2,6 €). Possibilité de planter la tente pour 42 F (6,4 €). Déjeuner, dîner *lunch-pack* de 30 à 50 F (4,6 à 7,6 €). Il est conseillé de réserver. 100 lits. Cuisine équipée à disposition. Bar-cafétéria ouvert le soir.

🛏 *Hôtel Le Grillon* ** – 2, rue Tiergarten (A3-4) ☎ 03.88.32.71.88. Fax : 03.88.32.22.01. TV. Accès : près de la gare et du centre-ville. Doubles à 220 F (33,5 €) avec lavabo, et à 270 F (41,2 €) avec douche et wc. Les chambres les moins chères sont mansardées au 4e étage sans ascenseur. Elles ont l'avantage cependant d'offrir une belle vue sur les toits de la ville. Belle chambre familiale au n° 309 (un lit double et deux petits lits). Elle baigne dans la lumière grâce à une idéale position d'angle et à ses trois fenêtres. La n° 307, quoique ne bénéficiant pas de cette avantageuse position d'angle, est très similaire. Celles donnant sur cour sont sombres et de taille réduite et la n° 112 juste au-dessus du bar est à éviter car trop bruyante. *Apéritif offert.*

🛏 *Hôtel de l'Ill* ** – 8, rue des Bateliers - Krutenau (D3-7) ☎ 03.88.36.20.01. Fax : 03.88.35.30.03. TV. ♿ Congés annuels : début janvier. Accès : à deux pas des quais de l'Ill. Doubles avec douche à 250 F (38,1 €), avec douche et wc ou bains de 310 à 380 F (47,3 à 57,9 €). Réservation conseillée, car c'est une bonne adresse à prix sages. Cet hôtel, tenu avec le sourire par la famille Ehrhardt, est situé dans une rue calme. Excellente initiative, la dizaine de chambres non-fumeurs, qui permet d'échapper aux odeurs tenaces du tabac. En sus, une terrasse bienvenue au 1er étage. Pour se prélasser au soleil (de 11 h à 17 h) sous la protection de l'église Sainte-Madeleine toute proche. Deux chambres ont par ailleurs un accès direct à la terrasse. Copieux petit déjeuner et literie bien adaptée au corps. Une de nos bonnes adresses strasbourgeoises.

🛏 *Le Petit Trianon* ** – 8, Petite-Rue-de-la-Course (A3-6) ☎ 03.88.32.63.97. Fax : 03.88.32.92.94. TV. Canal+. Satellite / câble. Accès : à 250 m de la gare SNCF. 25 chambres avec douche et wc à partir de 250 F (38,1 €). Le prix des chambres varie selon leur grandeur. Celles portant les nos impairs sont les plus vastes, et celles donnant sur rue, les plus claires. Ce n'est tout de même pas Versailles, et Marie-Antoinette aurait sûrement snobé l'endroit. Ayant des goûts plus simples, ce *Petit Trianon* fait amplement notre affaire pour un passage éclair en ville. Évidemment, pour un séjour plus long, mieux vaut un petit hôtel de charme, mais à Strasbourg, dans ces prix-là, ça ne se bouscule pas au portillon. Attention, la maison n'accepte plus les chèques. *Petit déjeuner offert.*

🛏 *Hôtel Gutenberg* ** – 31, rue des Serruriers (C3-8) ☎ 03.88.32.17.15. Fax : 03.88.75.76.67. TV. Satellite / câble. Congés annuels : la 1re semaine de janvier. Accès : à deux pas de la cathédrale. Doubles avec douche et wc ou bains de 330 à 460 F (50,3 à 70,1 €). Le dada du patron, c'est les gravures militaires période napoléonienne (son arrière-grand-père était officier dans la Grande Armée) et il en a accroché à chaque étage. Certaines d'entre elles sont assez jolies. Une passion pour l'Empire que l'on retrouve dans la décoration des chambres, mais sans ostentation car dosée savamment avec le vieux mobilier de la maison que le propriétaire avait eu l'intelligence de conserver. Selon les chambres, vous retrouverez l'armoire de la grand-mère ou le secrétaire du tonton, et même, plus insolite, des pièces d'un autel d'église récupérées au hasard d'une brocante (couronne de saint, banc de communion, etc.). Les chambres du 5e étage dont trois avec mezzanine offrent une vue de caractère sur les toits (vue similaire au 4e). Le *Gutenberg* est un hôtel qui a du chien avec encore une petite imperfection, un petit déjeuner banal et trop cher. Bon accueil. *10 % sur le prix de la chambre du 15 juillet au 31 août inclus.*

🛏 *Hôtel Couvent du Franciscain* ** – 18, rue du Faubourg-de-Pierre (B1-5) ☎ 03.88.32.93.93. Fax : 03.88.75.68.46. Parking payant. TV. ♿ Congés annuels : Noël et le Jour de l'An. Accès : dans le prolongement de la rue de la Nuée-Bleue, au nord du centre, dans le quartier de la place des Halles. Doubles avec douche et wc ou bains à 340 F (51,8 €). Beaucoup de chambres dans cet hôtel assez central. Accueil aimable. Pour tous les budgets.

🛏 *Hôtel Saint-Christophe* ** – 2, place de la Gare (A3-9) ☎ 03.88.22.30.30. Fax : 03.88.32.17.11. TV. Satellite / câble. ♿

Doubles avec douche et wc ou bains de 350 à 450 F (53,4 à 68,6 €). Bien entretenu et dirigé avec compétence, cet hôtel, qui porte le nom du saint protecteur des voyageurs, est recommandé tout autant à l'homme d'affaires sortant de la gare située en face qu'au vacancier arrivant en automobile (difficile d'accéder au centre-ville en voiture). Au *Saint-Christophe*, on veille autant sur votre confort que sur votre sommeil. Les plus chères, qui donnent sur cour, jouissent d'un surcroît d'espace et surtout de calme. Agréable petite cour intérieure baignée de soleil presque toute la journée, où il fait bon prendre son petit déjeuner ou un verre relax en fin d'après-midi.

🛏 *Hôtel de l'Europe* *** – 38-40, rue du Fossé-des-Tanneurs (B3-10) ☎ 03.88.32.17.88. Fax : 03.88.75.65.45. Parking payant. TV. Canal+. Satellite / câble. 🐾 Congés annuels : du 22 au 29 décembre. Accès : à quelques minutes de la cathédrale et de la Petite France. Doubles avec douche et wc de 385 à 465 F (58,7 à 70,9 €), avec bains de 505 à 630 F (77 à 96 €). Son emplacement est idéal pour découvrir la ville. Chambres avec de spacieuses salles d'eau, dont certaines sont non-fumeurs. Dans le hall, une étonnante reproduction de la cathédrale en grès des Vosges qui mesure 2,82 m et touche presque le plafond de l'hôtel. Elle pèse une tonne et demie.

🛏 *Hôtel Suisse* ** – 2-4, rue de la Rape (D3-12) ☎ 03.88.35.22.11. Fax : 03.88.25.74.23. TV. Accès : près de de la cathédrale et du château des Rohan. Doubles avec bains à 450 F (68,6 €). Derrière la cathédrale et face au lycée Fustel-de-Coulange, la belle façade bleu azur attire le regard. L'immeuble date de 1763, mais sa vocation hôtelière est plus récente. À l'intérieur, une poignée de chambres dont aucune ne ressemble à l'autre, mais toutes habillées de tissus chauds. La plus intéressante de toutes est la n° 21, idéale pour une famille. D'environ 30 m², dotée d'une salle de bains immense, elle a la cathédrale dans sa ligne de mire. *10 % sur le prix de la chambre sauf juillet et août.*

🛏 *Romantik Hôtel Beaucour* *** – 5, rue des Bouchers (C4-11) ☎ 03.88.76.72.00.

Fax : 03.88.76.72.60. TV. Satellite / câble. Accès : centre-ville. *Single* à 550 F (83,8 €), doubles avec bains à 780 F (118,9 €) et suites à 950 F (144,8 €). Petit déjeuner-buffet : 65 F (9,9 €). Dans cinq corps de bâtiments à colombages classés du XVIII° siècle. Le charme et le confort réunis pour un séjour heureux dans un lieu unique à 5 mn à pied de la cathédrale. C'est une sorte d'îlot préservé, peut-être un peu trop retapé pour faire authentique, mais qui, malgré tout, garde un certain charme. Franchement, aucune chambre ne nous a déplu. Qu'elles soient de style mansardé, alsacien ou italien, toutes nous ont intéressés. La suite n° 103 avec une belle vue sur la cathédrale, coin-bureau et salle de bains avec jacuzzi est top, et la n° 404 sous les toits conviendra à l'homme d'affaires ayant besoin de travailler dans sa chambre ; elle est agréable, claire et vaste.

🍴 *Restaurant La Victoire* – 2, bd de la Victoire (D2-3-22) ☎ 03.88.35.39.35. Service jusqu'à 1 h du matin. Fermé le samedi soir et le dimanche. Accès : au coin du quai des Pêcheurs. Plusieurs menus à moins de 50 F (7,6 €), avec entrée + plat du jour. Menu complet autour de 110 F (16,8 €). C'est toujours plein : arrivez tôt ou réservez ! Cette brasserie ne paie pas de mine extérieurement, mais passé la porte, on entre dans une imposante salle où l'ambiance est garantie. L'un des rendez-vous intellectuels de la ville, l'université n'est pas loin. Cuisine régionale très classique. On vient plus pour l'atmosphère que pour l'originalité de la cuisine, visiblement ! Réunions philosophiques tous les lundis de 18 h à 20 h.

🍴 *Brasserie La République* – 40, rue du Faubourg-National (A3-24) ☎ 03.88.32.07.86. 🐾 Fermé le lundi soir et le jeudi soir. Congés annuels : 1 semaine mi-février et 3 semaines fin juillet-début août. Accès : à côté de la gare. Imbattable ! Plats du jour entre 30 et 37 F (4,6 et 5,6 €) avec hors-d'œuvre. Menus de 54 à 119 F (8,2 à 18,1 €). À la carte, la plupart des plats (consistants) tournent autour de 60 à 75 F (9,1 à 11,4 €). Grande brasserie-restaurant tout en longueur, très populaire auprès des Bas-Rhinois. Point de chute des familles de la campagne qui viennent faire leurs

---

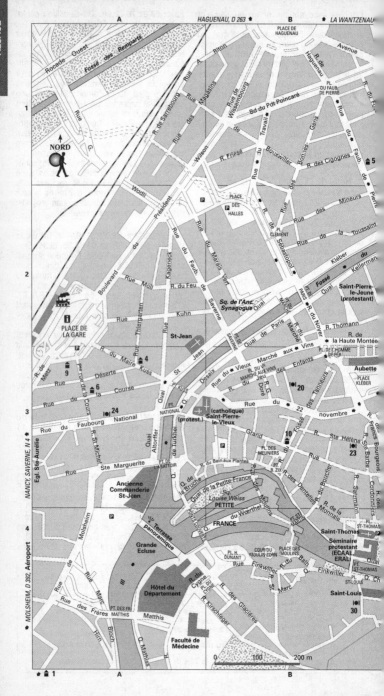

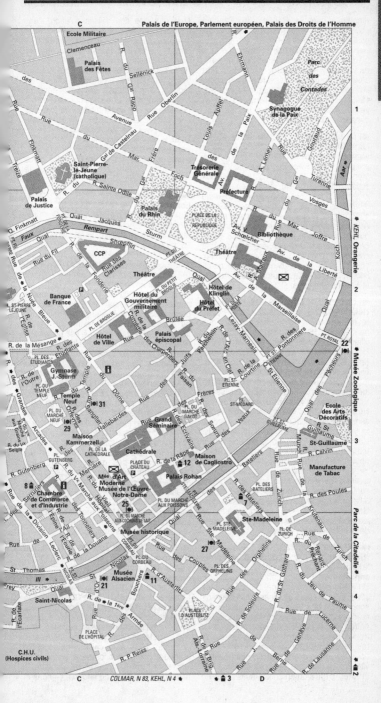

Palais de l'Europe, Parlement européen, Palais des Droits de l'Homme

Ecole Militaire
Clemenceau
Palais des Fêtes
Sellénick
Rue des Gal. Rapp
Avenue Rue Oberlin
du
Gal de Castelnau
Rue Sainte Odile
Saint-Pierre-le-Jeune (catholique)
Trésorerie Générale
Préfecture
Palais de Justice
Quai Jacques
Q. Finkmatt
Faux Quai Rempart Sturm
CCP
Banque de France
Théâtre
Hôtel du Gouvernement militaire
Hôtel de Ville
Palais épiscopal
Gymnase J.-Sturm
Temple Neuf
Maison Kammerzell
Cathédrale
Chambre de Commerce et d'Industrie
Mée d'Art Moderne Musée de l'Œuvre-Notre-Dame
Musée historique
Musée Alsacien
Saint-Nicolas
C.H.U. (Hospices civils)

Parc des Contades
Synagogue de la Paix
Palais du Rhin
PLACE DE LA RÉPUBLIQUE
Bibliothèque
Théâtre
Hôtel de Klinglin
Hôtel du Préfet
Maison de Cagliostro
Palais Rohan
Ste-Madeleine
Ecole des Arts Décoratifs
St-Guillaume
Manufacture de Tabac
Parc de la Citadelle

KEHL, Orangerie
Musée Zoologique

ALSACE

emplettes dans la grande ville. Réputée pour la qualité régulière de sa cuisine. La providence des petits budgets. Ça virevolte. Service efficace (faut que ça tourne !) et tous les prix. Spécialités de bouchée à la reine, osso buco, blanquette de veau, filet d'agneau en chemise, tartare maison, choucroute, galettes de pommes de terre, pizzas.Tous les soirs, tartes flambées. Vin au verre. Animation musicale les samedi, dimanche et jours fériés.

l●l *La Coccinelle* – **22, rue Sainte-Madeleine (D4-27) ☎ 03.88.36.19.27.** Fermé le samedi midi et le dimanche. Congés annuels : août. Accès : place de l'Étoile. Menus de 65 à 110 F (9,9 à 16,8 €). Deux sœurs, l'une en salle, l'autre en cuisine, jouent les coccinelles pour une clientèle d'habitués. Le plat du jour remplit la salle chaque midi, le soir c'est un peu plus calme. Au programme, les spécialités régionales : quenelles de foie, tourte vigneronne, bœuf gros sel, salade de pot-au-feu, rognons à la crème, etc., avec, uniquement le samedi soir en hiver et sur commande, le *baeckeoffe*, un grand classique alsacien. Accueil et service souriants. *Café offert.*

l●l *Le Festin de Lucullus* – **18, rue Sainte-Hélène (B3-23) ☎ 03.88.22.40.78.** Fermé le dimanche et le lundi midi. Congés annuels : du 15 au 30 août. Accès : centre-ville. Au déjeuner, menu complet à 70 F (10,7 €) épatant. Le soir, menu à 160 F (24,4 €). À la carte, environ 180 F (27,4 €). Quatre ans chez Michel Guérard, ça forme le caractère et... la cuisine. Les bonnes idées apprises à Eugénie-les-Bains se retrouvent dans l'assiette à Strasbourg. Herbes fraîches, assaisonnement, cuissons, l'élève applique la méthode au pied de la lettre, ce qui donne de bons résultats. L'accueil vif et souriant, le service sur le même tempo ainsi que des prix et des idées pour nous retenir, incitent d'ailleurs à revenir. Lors de notre visite : museau en vinaigrette d'herbes, poussin grillé sur oignons confits et mesclun, tarte aux poires fraîches à l'alsacienne et son coulis de fruits rouges. Un menu net et plein d'esprit comme on aimerait en rencontrer plus quotidiennement dans cette gamme de prix.

l●l *Au Pont Corbeau* – **21, quai Saint-Nicolas (C4-21) ☎ 03.88.35.60.68.** Fermé le samedi et le dimanche midi. Congés annuels : du 1er au 31 août. Menu à 72 F (11 €) le midi en semaine. Sinon, comptez 130 F (19,8 €) pour un repas. Voilà une maison ayant à nos yeux quelques qualités qui méritent d'être signalées. *Primo,* l'accueil du patron, généralement souriant, *deuzio* on y trouve une cuisine de *winstub* généreuse, et *tertio,* c'est l'une des rares *winstubs* ouvertes le dimanche soir en plein centre-ville, cela à deux pas de la cathédrale. À ces qualités s'en ajoutent deux autres qui ne

sont pas que des détails. D'abord l'eau minérale, la Celtic, est du Bas-Rhin, alors que partout règne la Carola du Haut-Rhin, et ensuite la bière pression, en provenance d'une brasserie située de l'autre côté du Rhin, est excellente (ailleurs, c'est Kronenbourg et Heineken ou leurs affidés qui règnent sans partage). Des petits riens qui font la différence. Une carte qui varie au gré des saisons. Le confit maison de joues de porc sur choucroute, le civet de jeune sanglier du pays, les beignets de cervelle de veau, le jambonneau grillé pommes sautées (le must de la maison), les pruneaux et poires macérés au vin rouge épicé glace cannelle... chantent les louanges de l'Alsace éternelle.

l●l *La Choucrouterie* – **20, rue Saint-Louis (B4-30) ☎ 03.88.36.52.87.** Ouvert tous les soirs (sauf le dimanche) de 19 h à 1 h du matin. Accès : traverser l'Ill en face du séminaire protestant, le restaurant est à 15 m de l'église Saint-Louis. Menus à 83 et 139 F (12,7 et 21,2 €). Menu enfant à 35 F (5,3 €). Vous vous souvenez de Roger Siffer, le chanteur folk alsacien ? C'est aujourd'hui un restaurateur heureux, ce qui ne l'empêche pas de chanter de temps à autre dans son restaurant-théâtre, seul ou parfois accompagné de quelques bons amis de passage en ville (Maxime Le Forestier...). Son restaurant, qui est un ancien relais de poste du XVIIIᵉ siècle, fut auparavant le siège de la dernière choucrouterie de Strasbourg. De chez elle sortait, paraît-il, la meilleure choucroute de la ville. Aujourd'hui, c'est le rendez-vous de la nouvelle gauche et le QG des Verts du Parlement européen. La gaieté, l'humour, la musique (très belle collection d'instruments de musique sur les murs) et l'érotisme (regardez bien les gravures accrochées ici et là) sont de la partie. Si vous aimez le jazz manouche, n'hésitez pas à venir faire un tour chez Roger car il y a régulièrement des gitans épatants qui viennent jouer du Django. Et la cuisine dans tout ça ? Elle rythme le temps qui passe et coupe les discussions quand c'est nécessaire. Bien entendu, la choucroute est de la revue (7 sortes en tout) mais aussi les rissoles de munster sur salade, le veau *Siffer* et quantité d'autres plats. *Café offert.*

l●l *Restaurant À la Tête de Lard* – **3, rue Hannomg (B3-20) ☎ 03.88.32.13.56.** Fermé le samedi midi et le dimanche. Accès : en plein centre-ville, entre la cathédrale et le quartier de la Petite France. Comptez de 40 à 80 F (6,1 à 12,2 €) pour un plat copieux, 120 F (18,3 €) pour un repas. Tarte flambée, rognons à l'ancienne, jarret de porc grillé, choucroutes, munster, riesling... Toutes les spécialités régionales sont au rendez-vous, sans chichi. Prix doux. Ne manquez pas de succomber à la *flammenküche,* la tarte flambée et sa garniture le plus souvent à base de lardons, oignons et fromage. À l'origine, cette tarte était faite dans le four du boulanger avec le reste de la pâte à pain. Dégustez-la à plusieurs avec les doigts (vous avez le droit). Un lieu très populaire qui garde une grande cote d'amour, malgré les années qui passent.

|●| Le Saint-Sépulcre – **15, rue des Orfèvres (C3-29) ☎ 03.88.32.39.97.** Fermé le dimanche et le lundi. Congés annuels : du 7 au 15 juillet. Accès : centre-ville. Il vous en coûtera en moyenne 130 F (19,8 €) par personne. Voici l'un des lieux les plus extraordinaires d'Alsace. Cette *winstub*, située dans une rue piétonne de la ville, est un refuge, un privilège. Il faut pourtant montrer patte blanche, le patron offre un visage bourru. Véritable comédien, il fige les clients sur le pas de la porte : « C'est pour quoi ? » hurle-t-il. Médusés, les gens marmonnent leur phrase et s'installent là, l'acteur poursuit, passe d'une table à l'autre, sert celui-ci, engueule un habitué pour les miettes sur la table et repart en éclatant de rire. Robert Lauck est un adorable fou, un original, un bateleur. Son « cirque » est au point, on en redemande. La cuisine est excellente : langue de porc confite, pommes de terre en salade, foie gras d'oie, jambonneau choucroute, fabuleux jambon en croûte tranché devant le client. Tables d'hôte (réservées aux vieux clients), petits verres de bistrot, vins en carafe, nappes à carreaux, petits rideaux, plancher ciré, poêle à bois au milieu de la pièce. Tous les ingrédients du bonheur sont réunis pour un repas inoubliable dans ce délicieux endroit.

|●| Winstub Munsterstuevel – **8, place du Marché-aux-Cochons-de-Lait (C3-25) ☎ 03.88.32.17.63.** Fermé le dimanche et le lundi. Congés annuels : 15 jours pendant les vacances scolaires de février, 15 jours début août et 8 jours en novembre. Menus de 135 à 235 F (20,6 à 35,8 €). Comptez 160 F (24,4 €) pour un repas à la carte. Bon vivant et professionnel sérieux, Patrick Klipfel possède un fan club gourmand qui vient chez lui presque les yeux fermés. Aidé de sa femme Marlène et d'une équipe motivée, il s'active à les satisfaire avec une certaine réussite. Bien sûr, chez ce gastronome, les prix sont un poil plus chers que dans une *winstub* traditionnelle, mais bon, tant que la qualité est là, personne ne s'en plaindra. Queue de bœuf désossée en pot-au-feu, *fleischschnecke* maison aux *mehlichwecke* avec pommes de terre sautées et salade, choucroute... sont quelques-uns des plats généreux figurant à la carte. Belle sélection de vins et d'alcools et Météor pression bien tirée. En dessert, le *kougelhopf* glacé au marc de gewurztraminer est recommandé. Terrasse sur la place, prise d'assaut dès que le soleil pointe le bout de son nez. *Apéritif offert.*

|●| Chez Yvonne – **10, rue du Sanglier (C3-31) ☎ 03.88.32.84.15.** Fermé le dimanche et le lundi midi. Congés annuels : de mi-juillet à mi-août et du 22 décembre au 2 janvier. Accès : lorsque l'on est face à la cathédrale, à gauche, prenez le passage et continuez tout droit, vous tomberez sur la rue du Sanglier. Compter environ 200 F (30,5 €) pour un repas à la carte. Une véritable institution strasbourgeoise. Yvonne Haller est la star incontestée du petit monde des *winstubs*. Hommes politiques, stars du showbiz de passage en ville s'attablent chez elle en toute simplicité. Tout comme d'ailleurs la bourgeoisie locale, qui vient tout autant rendre hommage à la cuisine qu'à la grande dame. Terrine de queue de bœuf, quenelles de foie, tête de veau, caille farcie, tarte à la choucroute sont de qualité. Imposante *stammtisch*, la table d'habitués, une tradition !

DANS LES ENVIRONS

HANDSCHUHEIM 67117 (13 km O)

|●| L'Auberge À l'Espérance – **5, rue Principale ☎ 03.88.69.00.52.** Fermé le lundi et le mardi. Service seulement le soir. Congés annuels : 1re quinzaine de janvier. Accès : par la N4. Menu à 70 F (10,7 €), et selon les appétits, comptez entre 75 et 120 F (11,4 et 18,3 €) à la carte. La maison à colombages est accueillante. On grimpe quelques marches, et l'on s'installe dans l'une des 5 petites salles. L'adresse est très prisée des amateurs de *flammenküche* : il est vrai qu'elle est cuite à l'ancienne, avec un vrai feu de bois, ce qui lui donne son parfum et sa légèreté. Familles entières, tablées de copains, l'ambiance est chaude. De jolis vins sont proposés sans chauvinisme alsacien.

THANN 68800

Carte régionale A2

🛏|●| Hôtel-restaurant Kléber ★★ – **39, rue Kléber (Centre) ☎ 03.89.37.13.66. Fax : 03.89.37.39.67.** Parking. TV. Canal+. ♿ Resto fermé le samedi midi et le dimanche. Congés annuels : février. Doubles avec douche à 200 F (30,5 €), avec douche et wc à 250 F (38,1 €), et à 300 F (45,7 €) avec bains. Menu à 55 F (8,4 €) le midi, et de 95 à 160 F (14,5 à 24,4 €). Dans une sorte de quartier résidentiel, à l'écart de l'agitation du centre-ville, un hôtel récent, assez chic, mais où l'addition n'est jamais meurtrière. Demander la chambre n° 24 ou 26, dans l'annexe, qui possède un balcon fleuri ouvrant sur les vergers. Restaurant réputé pour sa cuisine. Gibier, marcassin, chevreuil... et *kougelhopf* frais au petit déjeuner. Bon rapport qualité-prix pour ce 2 étoiles où l'accueil est agréable. *10 % sur le prix de la chambre hors juillet-août.*

ALSACE

MOOSCH 68690 (7 km NO)

🛏️ 🍴 *Ferme-auberge du Gsang* –
☎ 03.89.38.96.85. Fermé le vendredi sauf
en juillet et août et le dimanche soir. Accès :
de Moosch, prendre la direction du camping
Mine d'Argent; suivre le chemin forestier
pendant 7 km ; se garer au parking du
Gsang et marcher pendant environ 20 mn,
10 mn à peine pour les routards affirmés
sans enfant ; il n'y a qu'un seul chemin. Dortoir et demi-pension obligatoire : 145 F
(22,1 €) par personne. Sinon, pour 75 F
(11,4 €), on mange terriblement bien. Une
adresse qu'il faut mériter, cela ne fait aucun
doute. Mais le jeu en vaut bien la chandelle :
après la balade, on s'attable dans cette
charmante ferme où l'électricité est
inconnue et où la soupe est si bonne ! Au
menu : casse-croûte, collet fumé, rôti,
fleischschnecke, lard fumé, potée de
légumes, soupe fermière, tarte aux fruits,
tisane aux plantes du Gsang. Vous pouvez
arriver quasiment n'importe quand, Josiane
sera toujours prête à vous servir un bon petit
quelque chose. Le dimanche, les deux salles de l'auberge sont pleines à craquer : les
Alsaciens et les Allemands connaissent
cette adresse depuis bien longtemps ! Possibilité de coucher dans les dortoirs simples
et propres (sac de couchage et lampe de
poche y sont recommandés). Si vous voulez
y passer quelques jours, prenez votre guitare ou votre harmonica, les Bleu (les proprios) adorent voir le restaurant s'enflammer
de musique et de chants. Ambiance bon
enfant. Accueil mémorable. Tout est à retenir de cet endroit d'où la vue est fabuleuse
et où l'on ne va qu'à pied. Réservation utile !

SAINT-AMARIN 68550 (8 km NO)

🛏️ 🍴 *Auberge du Mehrbächel* * – route
de Geishouse ☎ 03.89.82.60.68. Fax :
03.89.82.66.05. Parking. Fermé le vendredi.
Congés annuels : janvier. Accès : pas facile
de dénicher l'oiseau rare ! Quitter la N66 à
Saint-Amarin. Prendre la direction de Geishouse, mais ne pas monter jusqu'à ce village. À 3 km environ, bifurquer sur la
gauche du chemin principal, continuer sous
les sapins ; on arrive à l'auberge (cul-de-sac
de la route). Doubles avec douche et wc ou
bains de 280 à 320 F (42,7 à 48,8 €). Menus
à prix démocratiques : de 75 à 170 F (11,4 à
25,9 €). Quel nid d'aigle ! Le chalet accroché à flanc de montagne, entre les bois et
les pâturages, surplombe la vallée de la
Thur. Depuis les chambres situées dans
l'annexe moderne, la vue vaut toutes les
chaînes câblées du monde. C'est pourquoi
toute télé est inutile. Le restaurant vaut vraiment le détour. Cuisine traditionnelle personnalisée avec des spécialités comme la
truite aux amandes, le carré d'agneau

croustillant, le saumon aux herbes et au
tokay, ainsi que l'exquis canard au poivre
vert. Le munster pané sur salade de cumin
est un régal. La fête ! Petit déjeuner-buffet
très copieux (ça on aime !), avec du lard
fumé, du jambon, des céréales, du yaourt...
Au-dehors, la montagne est bercée par le
cliquetis rassurant des clarines des vaches.
Chambres doubles agréables mais avec
peu de charme.

WISSEMBOURG   67160

Carte régionale A1

🛏️ 🍴 *Hôtel-restaurant Walk* ** – 2, rue de
la Walk (Nord-Ouest) ☎ 03.88.94.06.44.
Fax : 03.88.54.38.03. Parking. TV. Satellite /
câble. ♿ Fermé le vendredi midi, le
dimanche soir et le lundi. Congés annuels :
du 3 au 30 janvier et du 15 au 30 juin.
Accès : prenez le boulevard Clemenceau
qui longe les remparts jusqu'à la piscine
municipale ; à côté du centre hospitalier et à
la lisière de la forêt. Doubles avec douche et
wc ou bains de 320 à 360 F (48,8 à 54,9 €).
Menus de 180 à 210 F (27,4 à 32 €). Un établissement à l'extérieur des remparts de la
ville, dans un agréable cadre de verdure.
Reposant. Chambres confortables et gaies,
avec boiseries sur les murs et salles de
bains rénovées. 10 chambres aménagées
dans l'annexe du moulin, dont certaines
avec une jolie vue sur le parc. Également un
restaurant dans un bâtiment séparé de
l'hôtel. Cuisine plutôt haut de gamme. *Apéritif offert.*

CLIMBACH 67510 (9 km SO)

🍴 *Restaurant Au Col de Pfaffenschlick* –
☎ 03.88.54.28.84. Parking. Fermé le lundi
et le mardi. Congés annuels : de mi-janvier
à mi-février. Accès : par la D3 jusqu'à Clim-
bach et tournez à gauche jusqu'au col
(373 m). À partir de 40 F (6,1 €) pour une
assiette copieuse. Autour de 75 F (11,4 €)
pour les spécialités régionales. 110 F
(16,8 €) pour un plat et 1/4 de vin. La famille
Séraphin vous accueillera avec le sourire et
une attention non feinte dans sa petite
auberge, située en pleine forêt. Salle en
bois, ambiance chaleureuse. Terrasse en
été. Assiette de jambons, escargots,
salades, assiette de fromage, quiches,
tourtes aux oignons... Spécialités régionales
comme le poulet fermier au riesling, sanglier
ou *baeckeoffe*... sur commande. Mme Séraphin, la patronne, avec « chon acchent » si
imitable se décarcassera pour vous. Une
bonne adresse à quelques kilomètres du
Four-à-Chaud, un important ouvrage de la
ligne Maginot.

Aquitaine

24 Dordogne
33 Gironde
40 Landes
47 Lot-et-Garonne
64 Pyrénées-
   Atlantiques

AGEN   47000

Carte régionale B2

▲ *Hôtel des Ambans* * – **59, rue des Ambans (Centre)** ☎ **05.53.66.28.60. Fax : 05.53.87.94.01.** TV. Doubles à 130 F (19,8 €) avec lavabo, 150 F (22,9 €) avec douche et 190 F (29 €) avec bains. Dans une rue calme du vieux quartier. Un petit hôtel tout simple, bien tenu et propre. Déco un peu dépouillée dans les 9 chambres mais les tarifs sont tellement attractifs qu'on ne vous privera pas de cette maison. Patronne vraiment gentille qui vous accueillera comme un(e) ami(e).

▲ *Hôtel des Isles* – **25, rue Baudin (Centre)** ☎ **05.53.66.19.25.** TV. Accès : N113. Doubles de 160 à 190 F (24,4 à 29 €) avec douche et de 190 à 210 F (29 à 32 €) avec douche et wc ou bains. Il y a de grandes chances pour que ce soit le propriétaire de cette jolie maison qui vous accueille à votre arrivée, son éternel cigarillo vissé au coin des lèvres. Derrière une façade de pierres blanches et une nonchalance ambiante, on s'aperçoit vite que tout est bien orchestré. Les 10 chambres sont propres et bien tenues et vous serez au calme dans ce quartier résidentiel. Un hôtel sans étoile qui en mériterait bien une.

▲ |●| *Hôtel-restaurant Le Bordeaux* ** – **8, place Jasmin (Centre)** ☎ **05.53.68.46.46. Fax : 05.53.66.85.99.** TV. Resto fermé le dimanche. Accès : à proximité du centre. Doubles avec douche à 160 F (24,4 €) et 210 F (32 €) avec douche et wc ou bains. Plat du jour à 45 F (6,9 €). Menus à 60 F (9,1 €) sauf le dimanche puis à 80 et 110 F (12,2 et 16,8 €). Ne vous laissez pas impressionner par cette façade d'une banalité redoutable. Elle dissimule une petite adresse bien gentille. Accueil particulièrement sympathique. Chambres simples et propres. Cuisine très correcte à des prix d'avant-guerre. *Café offert. 10 % sur le prix de la chambre pour 2 nuits consécutives au minimum.*

▲ *Atlantic Hôtel* ** – **133, av. Jean-Jaurès (Sud-Est)** ☎ **05.53.96.16.56. Fax : 05.53.98.34.80.** Parking. TV. Satellite / câble. ♿ Congés annuels : du 24 décembre au 3 janvier. Accès : sur la N113, direction Toulouse et Montauban. Doubles à 280 F (42,7 €) avec douche et wc, 300 F (45,7 €) avec bains. Les environs comme l'architecture de cette bâtisse n'ont rien de très extraordinaires. Mais il y a tout de même de nombreux avantages à être ici. Les chambres sont spacieuses et calmes. De plus, la climatisation (dans certaines chambres) permet d'ignorer la canicule. Et pour finir, la piscine ! On a un faible pour les 10 chambres donnant sur le jardin. Accueil vraiment cordial. *Un petit déjeuner offert par chambre. Garage gratuit.*

|●| *Les Mignardises* – **40, rue Camille-Desmoulins (Centre)** ☎ **05.53.47.18.62.** Fermé le dimanche et le lundi soir. Congés annuels : les 3 premières semaines d'août, la dernière semaine de février et la 1re semaine de mars. Menus à 55 F (8,4 €) et

---

Sur présentation de ce guide,
nombreuses offres et réductions en 2000.

AQUITAINE

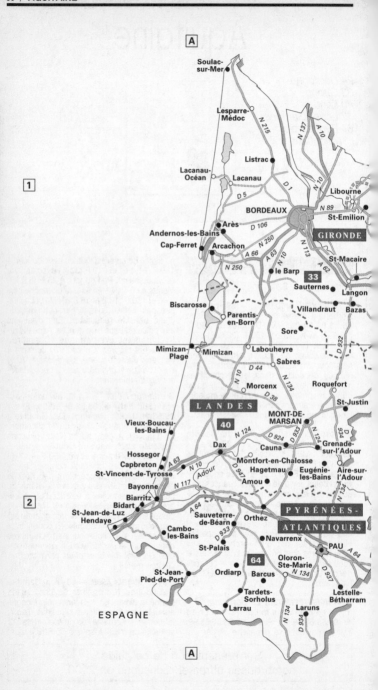

A

Soulac-sur-Mer

Lesparre-Médoc

N 215

N 137

A 10

Listrac

Lacanau-Océan
Lacanau

D 5

D 1

N 10

Libourne

1

BORDEAUX

N 89

St-Emilion

Arès
Andernos-les-Bains
Cap-Ferret
Arcachon

D 106

N 250

A 66

A 63

N 10

N 113

GIRONDE

St-Macaire

N 250

le Barp

33

A 62

Sauternes
Langon

Biscarosse

Villandraut
Bazas

Parentis-en-Born

Sore

Mimizan-Plage
Mimizan

Labouheyre

D 932

Sabres

D 44

N 10

Morcenx

N 134

Roquefort

D 38

St-Justin

LANDES

Vieux-Boucau-les-Bains

40

MONT-DE-MARSAN

N 124

D 934

N 124

Dax

N 124
Cauna
D 924
D 933

Grenade-sur-l'Adour

Hossegor
Capbreton
St-Vincent-de-Tyrosse

A 63

N 10

Montfort-en-Chalosse
Hagetmau

D 947

Eugénie-les-Bains

Aire-sur-l'Adour

Amou

Bayonne

N 117

Adour

N 134

Biarritz
Bidart

2

St-Jean-de-Luz
Hendaye

A 64

Sauveterre-de-Béarn
Orthez

PYRÉNÉES-ATLANTIQUES

Cambo-les-Bains

D 933

Navarrenx

PAU

A 64

St-Palais

64

Oloron-Ste-Marie

D 937

St-Jean-Pied-de-Port

Ordiarp
Barcus

N 134

Lestelle-Bétharram

Tardets-Sorholus

Larrau

N 134

Laruns

D 934

ESPAGNE

A

AQUITAINE

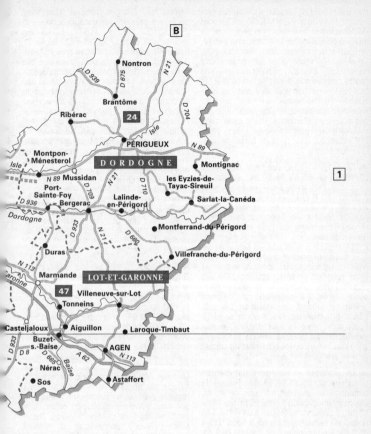

B

● Nontron

Brantôme

Ribérac

24

PÉRIGUEUX

N 89

Montpon-
Ménesterol

DORDOGNE

● Montignac

Mussidan

les Eyzies-de-
Tayac-Sireuil

Port-
Sainte-Foy

Lalinde-
en-Périgord

Bergerac

● Sarlat-la-Canéda

● Montferrand-du-Périgord

Duras

● Villefranche-du-Périgord

Marmande

LOT-ET-GARONNE

47

Villeneuve-sur-Lot

Tonneins

Casteljaloux

Aiguillon

● Laroque-Timbaut

Buzet-
s.-Baïse

AGEN

Nérac

● Sos

● Astaffort

1

2

B

○	**BORDEAUX**	Villes repères
●	**Sauternes**	Adresses

0   10   20 km

de 70 à 150 F (10,7 à 22,9 €). Copieux plateau de fruits de mer à 100 F (15,2 €). Avant de découvrir cette maison, on pensait qu'un menu à 55 F avec de la soupe, une entrée, un plat et un dessert cela n'existait plus. Force est de reconnaître que nous étions dans le faux. Bien sûr, ce n'est pas un grand gastro comme son illustre voisin mais il fait tout de même bon s'asseoir sur les banquettes en moleskine vert olive pour se repaître d'une blanquette de veau rappelant des souvenirs d'enfance, d'une belle truite meunière ou d'une moelleuse crème caramel. Attention, c'est toujours bondé le midi. Ça vous étonne?

IOI *La Grillée* – 14, rue des Cornières (Centre) ☎ 05.53.66.60.24. Fermé le dimanche. Petit menu à 65 F (9,9 €). Menus à 90 et 160 F (13,7 et 24,4 €). Sous des arcades qui abritent une grande terrasse toujours fraîche, les Agenais se donnent rendez-vous dans ce petit restaurant à l'heure du déjeuner. Il faut dire que le menu à 65 F vin compris (le midi en semaine) est d'un excellent rapport qualité-prix. Si vous préférez un cadre plus *cosy*, vous pourrez dîner sous des poutres séculaires. On y a apprécié une belle salade de gésiers flambés au xérès, une magnifique côte de bœuf grillée, un fondant de pintadeau aux pruneaux et armagnac. Vous aurez le choix également entre le filet d'autruche aux morilles et foie gras, le filet de kangourou grillé aux herbes ou les côtelettes de canard grillées aux girolles! *Apéritif offert.*

IOI *La Bohème* – 14, rue Émile-Sentini (Centre) ☎ 05.53.68.31.00. Fermé le dimanche et le mercredi soir en hiver. Congés annuels : du 1er au 15 février et du 1er au 15 septembre. Menus à 69 F (10,5 €) le midi en semaine, et de 85 à 165 F (13 à 25,2 €). Menu réunionnais à 98 F (14,9 €). Dès la porte franchie, on se dit immanquablement que « ce temps que les moins de vingt ans ne peuvent pas connaître » a bien changé. Si on ne la retrouve pas dans le décor sobre aux couleurs chaudes, la bohème reste tout de même dans l'esprit du patron. Vous invite au gré de ses envies à des vagabondages gustatifs. Le magret aux épices ou aux cerises côtoie la dorade à la *plancha*, les coquilles Saint-Jacques aux légumes nouveaux ou le colombo de porc. Si vous finissez par la crème brûlée à la vanille et au safran ou le croustillant de bananes au chocolat, vous serez conquis. De plus, des soirées à thèmes sont organisées régulièrement dans cette maison autour du pays, d'un terroir ou d'un vin. C'est bien, comme cela on peut y retourner régulièrement. Accueil et service particulièrement soignés. *Café offert.*

IOI *Restaurant Mariottat* – 25, rue Louis-Vivent (Centre) ☎ 05.53.77.99.77. Parking. Fermé le dimanche soir et les lundi et samedi midi. Congés annuels : 1 semaine en février pendant les vacances scolaires de Bordeaux. Menus à 110 F (16,8 €) sauf le dimanche, et de 170 à 295 F (25,9 à 45 €). Éric et Christiane Mariottat se sont installés à un coup d'aile des Jacobins dans une très belle maison de maître toute blanche entourée d'un parc. Du coup, ils en ont fait un peu la maison de leurs rêves : chaleureuse, soin du détail et décor cossu propre à magnifier la cuisine du chef. Bien sûr, il continue à jouer avec toutes les ressources du canard, du foie au magret. Son pâté de canard en croûte est un vrai régal! Éric reste un passionné du terroir et des produits du marché. Tous les matins, il invente, il modifie ses mets en fonction de ses emplettes. Sa cuisine est un festival permanent sans cesse renouvelé. Du millefeuille de pommes de terre au foie gras chaud avec un jus de truffes au méli-mélo d'agneau de lait au basilic pour finir par des raviolis de pruneaux au vin et à l'orange, on touche au pinacle. De plus, les prix sont très raisonnables. *Café offert.*

IOI *Le Cauquil* – 9, av. du Général-de-Gaulle (Centre) ☎ 05.53.48.02.34. Fermé le samedi midi et le dimanche. Comptez environ 40 F (6,1 €) pour les entrées et 60 F (9,1 €) pour un plat. Tous les midis, plat du jour à 45 F (6,9 €). À la carte, compter 150 F (22,9 €). Voilà le restaurant idéal pour les gourmets qui, une fois n'est pas coutume, ont une petite faim. Non pas que les portions soient chiches, bien au contraire. Mais ici, il n'y a pas de menu. Tout est sur l'ardoise. Vous pourrez donc prendre une salade ou un plat sans que l'on vous regarde avec un air suspicieux. Il faut dire que l'ambiance est plutôt bon enfant. Les produits sont frais et bien préparés. Seule petite critique : les cuissons qui méritent qu'on y apporte plus de soin. Mais nul doute que ces petits ajustements seront intervenus au moment où vous lirez ces lignes. Salade de seiche à l'ail qui donne envie de parler à tout le monde en sortant de table, filet de sandre au beurre d'herbes, filet mignon de porc au roquefort, croustillant de confit de canard. Service gentil et souriant. *Apéritif offert.*

AIGUILLON 47190

Carte régionale B1

⬧IOI *Le Jardin des Cygnes* ** – route de Villeneuve ☎ 05.53.79.60.02. Fax : 05.53.88.10.22. Parking. TV. 🐕 Fermé le samedi hors saison. Congés annuels : du 15 décembre au 15 janvier. Accès : sortie Aiguillon, route de Villeneuve. Doubles de 195 F (29,7 €) avec douche et wc à 290 F (44,2 €) avec bains. Menus de 75 à 223 F (11,4 à 34 €). Hôtel agréable en bordure de route. Il convient donc de préférer les chambres sur le jardin et la piscine. Déco un peu clinquante à notre goût mais on l'oublie vite une fois installé à table devant un civet de sanglier à l'armagnac, un confit de canard, une escalope de sandre au vinaigre d'échalote ou une chartreuse de pommes au foie gras ou des profiteroles à la réglisse. Une cuisine résolument tournée vers le terroir, donc. Menus corrects à prix raisonnables. *Apéritif offert.*

AMOU   40330

Carte régionale A2

🛏🍽 *Hôtel-restaurant Les Voyageurs* ** – place de Latécoère (Centre) ☎ 05.58.89.02.31. Fax : 05.58.89.25.12. Parking. TV. Resto fermé le vendredi soir hors saison d'été. Congés annuels : février. Doubles de 260 à 350 F (39,6 à 53,4 €) avec bains. Menus à 65 F (9,9 €) sauf le dimanche, puis de 110 à 190 F (16,8 à 29 €). Une place avec des platanes, une façade recouverte de vigne vierge. Pour un peu, il ne manquerait que les amateurs de pétanque. Non, ils sont là ! Si vous avez choisi une chambre donnant sur la place, vous pourrez jouer aux supporters de votre fenêtre. Et les voyageurs pressés doivent faire une petite pause pour découvrir cette belle table. Divers menus, chacun avec un potage, une entrée, un poisson, une viande et un dessert. On y déguste une cuisine simple : ris de veau au madère, foie frais aux pommes, confit de canard, omelette aux cèpes, salmis de palombe, omelette norvégienne... On se repaît de bonne chère en redécouvrant les joies des mets pas compliqués. Un peu à l'image de ce village tranquille ! *Apéritif offert.*

ANDERNOS-LES-BAINS   33510

Carte régionale A1

🛏 *Hôtel de la Côte d'Argent* – 180, bd de la République ☎ 05.56.03.98.58. Fax : 05.56.03.98.68. TV. 🐾 Accès : à 300 m du centre-ville et de la plage. Double à 240 F (36,6 €) ou à 300 F (45,7 €) selon le confort (douche et wc ou bains) et la saison. Cherchez pas, y'a pas photo ! Ce petit hôtel posé en bord de route est à l'évidence l'un des meilleurs rapports qualité-prix du bassin. Tout récemment refait avec soin et bon goût, il dispose d'une dizaine de chambres agréables, personnalisées et de bon confort. La patronne s'y connaît en déco, ça se voit, et le petit patio fleuri où coule une fontaine est charmant aussi (deux chambres y donnent de plain-pied). Accueil souriant et discret, et bon petit déjeuner (fruits, vrai jus d'oranges). Une très bonne adresse. *NOUVEAUTÉ.*

DANS LES ENVIRONS

TAUSSAT 33148 (3 km SE)

🍽 *Restaurant Les Fontaines* – port de plaisance de Taussat (Nord-Ouest) ☎ 05.56.82.13.86. Parking. Fermé le dimanche soir et le lundi. Congés annuels : 3 semaines en novembre. Accès : par la D3. Menus de 98 à 235 F (14,9 à 35,8 €). Jouxtant le port de plaisance, une maison moderne qui, pour être franc, ne dégage pas un charme fou. Mais elle ne s'intègre pas trop mal dans ce paysage typique du bassin d'Arcachon. Et, pendant les douces soirées de printemps ou d'été, la terrasse se révèle finalement bien agréable pour apprécier une belle cuisine, aux envolées inspirées et à la fraîcheur évidente. Comme dans quelques autres restos du vignoble, on peut y amener son vin qui sera servi « avec toute l'attention qu'il mérite » (le patron est aussi président des sommeliers de la région). Une bonne adresse. *Apéritif offert.*

AUDENGE 33980 (8 km SE)

🛏🍽 *Le Relais Gascon* – 24, av. de Certes ☎ 05.56.26.83.94. Fax : 05.56.26.95.11. Parking. Fermé le dimanche soir hors saison. Doubles à 190 F (29 €), avec lavabo-bidet, douche et wc sur le palier. Menus à 63 F (9,6 €) sauf les dimanche et fêtes, et à 150 et 165 F (22,9 et 25,2 €). Pas évident de trouver un restaurant qui propose autre chose que des huîtres, et des huîtres, et encore des huîtres autour du bassin d'Arcachon. Eh bien voici ! Ici, une solide et authentique cuisine de terroir girondin, avec force canard, cou farci et foie gras, et rillette d'oie. Goûtez la salade de grenier médocain, c'est tout bon ! Également du poisson et des huîtres, si l'on préfère, pour le repas dominical. Propose aussi quelques chambres, simples. *NOUVEAUTÉ.*

ARCACHON   33120

Carte régionale A1

🛏🍽 *Hôtel-restaurant Saint-Christaud* – 8, allée de la Chapelle (Ouest) ☎ 05.56.83.38.53. Fax : 05.56.83.38.53. TV. Congés annuels : du 1er novembre au 28 février. Accès : à deux pas de la plage. Doubles à 90 F (13,7 €) avec lavabo, 130 F (19,8 €) avec douche et wc ; les mêmes de 200 à 300 F (30,5 à 45,7 €) en haute saison. Demi-pension obligatoire en juillet-août : de 200 à 250 F (30,5 à 38,1 €) par personne. Petit menu à 65 F (9,9 €). C'est un des hôtels les moins chers de la ville. Oh ! pas le grand luxe, mais c'est un petit établissement familial fort bien tenu. D'ailleurs, il a ses habitués, jeunes routards et retraités, ravis de l'aubaine dans une ville aussi chère. De plus, la maison possède son petit charme, le quartier a conservé son authenticité et l'accueil est sympa. Le resto ne tourne qu'en juillet-août. *10 % sur le prix de la chambre pour le week-end hors saison.*

🛏 *Hôtel La Pergola* – 40, cours Lamarque-de-Plaisance ☎ 05.56.83.07.89. Fax : 05.56.83.14.21. TV. Selon confort et saison, doubles de 180 à 390 F (27,4 à 59,5 €). Central et bien tenu, et tout récemment rénové de manière plutôt mignonne. Le double-vitrage atténue les nuisances. Bon accueil. *NOUVEAUTÉ.*

🛏 *Hôtel Les Mimosas* ** – 77bis, av. de la République (Centre) ☎ 05.56.83.45.86. Fax : 05.56.22.53.40. Parking. TV. ⚹ Congés annuels : janvier et février. Accès : près de la place de Verdun. Doubles à 350 F (53,4 €) avec douche, 380 F (57,9 €) avec bains. Moins cher hors saison. Dans une bonne grosse maison arcachonnaise de la ville d'été. L'océan n'est donc pas bien loin. Très bon accueil. Chambres propres et nettes, pas désagréables, et quelques-unes en annexe de plain-pied, façon motel.

🛏 I●I *Villa Térésa - Hôtel-restaurant Sémiramis* *** – 4, allée Rebsomen (Centre) ☎ 05.56.83.25.87. Fax : 05.57.52.22.41. Parking. TV. Congés annuels : de début novembre à début décembre. Accès : entre les avenues Victor-Hugo et Régnault. Doubles à 520 F (79,3 €) avec douche, 650 F (99,1 €) avec bains en haute saison. Petit déjeuner à 63 F (9,6 €). Menu unique à 180 F (27,4 €). Dans la ville d'hiver qui entasse joyeusement les styles architecturaux (néogothique, suisse, colonial...), cette bourgeoise villa XIXᵉ siècle fait, elle, dans le genre hispano-mauresque (était-ce pour plaire au sultan du Maroc qui y séjourna dans les années 20?). Dans les années 70, squattée, pillée, la villa Térésa n'était plus que la ruine d'elle-même. On faillit la raser : colère dans le voisinage, création d'un comité de quartier. La maison fut sauvée et classée Monument historique. Les proprios retroussèrent leurs manches et la rénovèrent de fond en comble, en famille : c'est ainsi que la maman qui a peint les plafonds. Quel talent! Et aujourd'hui, on peut découvrir les panneaux de céramique du hall d'entrée, les superbes balustres sculptées de l'escalier. Jolies chambres, assez classiques, toutes personnalisées, certaines avec terrasse. D'autres ont été aménagées dans un petit pavillon rouge et blanc au bord de l'agréable piscine. Au resto, spécialités de poissons (daurade biscaïenne, bar de ligne au four) et de fruits de mer. Petit déjeuner cher sans doute mais rien d'étonnant à cela, c'est une adresse de luxe pour routards aisés. Parfaite aussi pour un voyage de noces.

I●I *Les Genêts* – 25, bd du Général-Leclerc ☎ 05.56.83.40.28. Fermé le dimanche soir et le lundi hors saison. Congés annuels : la 1ʳᵉ semaine de janvier et la 1ʳᵉ quinzaine d'octobre. Menus à 79 F (12 €) le midi, puis 98 et 140 F (14,9 et 21,3 €). Dans une salle très classique aux tons doux, vert et saumon, une cuisine traditionnelle et régionale bien tournée, sans mauvaise surprise. Dans le menu à 98 F, les 9 huîtres et leur saucisse ou le confit de canard s'avalent avec plaisir. Service on ne peut plus classique également, pour plaire aux habitués de cette vieille adresse arcachonnaise. Dommage que le secteur ne soit pas plus charmant : vue sur la voie de chemin de fer et une station-service. *NOUVEAUTÉ.*

I●I *Restaurant Le Chipiron* – 69, bd Chanzy (Est) ☎ 05.57.52.06.33. Fermé le mercredi. Congés annuels : janvier. Accès : vers le port de plaisance. *Tapas* de 15 à 35 F (2,3 à 5,3 €) ; à la carte, compter de 100 à 120 F (15,2 à 18,3 €). Bistrot espagnol un peu à l'écart du flux touristique. Une petite salle à la déco passe-partout. Une affiche de corrida un peu passée et quelques jambons qui pendent au plafond pour la couleur locale. La cuisine va aussi à l'essentiel : *tapas*, poissons et viandes grillées, dorade à l'ail et, bien sûr, chipirons à la *plancha*. De bons petits plats copieux, authentiques et goûteux. Accueil amical, service gentil, clientèle d'habitués... bref, le genre de petite adresse où l'on se sent (et où l'on mange) bien.

DANS LES ENVIRONS

PYLA-SUR-MER 33115 (5 km SO)

🛏 *Hôtel Maminotte* ** – allée des Acacias (Nord-Est) ☎ 05.56.54.55.73. Fax : 05.57.52.24.30. Accès : par la D217 ou la D218 ; à 200 m de la plage. Doubles à 210 F (32 €) hors saison, de 450 à 510 en juillet-août. Un petit hôtel (12 chambres seulement) que rien ne différencie des maisons d'habitation de ce quartier paisible, perdu dans les pins, à 300 m de l'océan. Accueil aimable. Chambres plutôt banales mais pas désagréables et confortables. Certaines sont dotées de petits balcons. Dommage que ce soit si cher en haute saison.

🛏 I●I *Hôtel-restaurant La Côte du Sud* ** – 4, av. du Figuier (Centre) ☎ 05.56.83.25.00. Fax : 05.56.83.24.13. TV. Congés annuels : de mi-novembre à début février. Doubles de 350 à 500 F (53,4 à 76,2 €) selon le confort et hors saison ; de 480 à 600 F (73,2 à 91,5 €) en juillet-août. Menus à 108 et 165 F (16,5 et 25,2 €). La joyeuse façade jaune et bleue de ce discret hôtel (un seul étage) posé au bord de la plage évoque déjà les vacances !

8 chambres confortable, à thème (maro-caine, asiatique, etc.) avec mobilier et déco *ad hoc*. Toutes sauf une ont vue sur mer; la chambre asiatique est de luxe, vaste de 30 m² et c'est aussi, évidemment, la plus chère. Très bon et agréable restaurant, avec une spécialité fameuse, les moules « Côte du Sud » (à la tomate, jambon de Bayonne et à la crème, entre autres, un vrai régal). Accueil et service aimables. Une bonne adresse dans sa catégorie.

PILAT-PLAGE 33115 (8 km SO)

🛏️|●| *Hôtel-restaurant La Corniche* ** – 46, bd Louis-Gaume (Sud-Ouest) ☎ 05.56.22.72.11. Fax : 05.56.22.70.21. TV. Congés annuels : de la Toussaint à Pâques. Doubles à 150 F (22,9 €) avec lavabo, 350 F (53,4 €) avec douche et wc et 480 F (73,2 €) avec bains. Formule entrée-plat à 75 F (11,4 €) le midi en semaine, et menus à 95 et 149 F (14,5 et 22,7 €). Demi-pension obligatoire en juillet-août de 250 à 500 F (38,1 à 76,2 €) par personne. Blotti entre les pins et les massifs fleuris, non loin de la grande dune. Chambres à tous les prix. Certaines ont des fenêtres au-dessus des cuisines et sont un peu bruyantes. D'autres disposent d'une terrasse face à l'océan. Si elles sont occupées, consolez-vous sur la grande terrasse commune équipées de chaises longues et balancelles. Au resto, poissons et fruits de mer à l'honneur (palourdes farcies, méli-mélo de poisson, saumon aux cèpes...). Un peu cher tout de même pour une cuisine somme toute assez simple. *Apéritif offert.*

ARÈS 33740

Carte régionale A1

🛏️|●| *Le Saint-Éloi* – 11, bd de l'Aérium ☎ 05.56.60.20.46. Fax : 05.56.60.10.37. Fermé le dimanche soir et le lundi hors saison. Congés annuels : vacances de février. Doubles à 150 F (22,9 €) avec lavabo et 175 F (26,7 €) avec douche. Menus de 98 à 230 F (14,9 à 35,1 €). Très au calme, entre pinède et plage (à 500 m). Si les chambres sont modestes, encore que propres et à bonne literie, le restaurant est une des bonnes adresses du bassin d'Arcachon. On y déguste en une salle d'une élégance sobre, lumineuse et agrémentée de plantes vertes (mais aussi d'un vilain clown triste signé Buffet), une bien fine cuisine. Velouté de crustacé, magret de canard escalopé aux pommes ou agneau de Pauillac à la gousse d'ail, tout est parfaitement préparé, c'est un régal. Bons vins aussi, et service aimable et compétent. *NOUVEAUTÉ.*

ASTAFFORT 47220

Carte régionale B2

|●| *Michel Latrille* – 5-7, place de la Craste (Centre) ☎ 05.53.47.20.40. Parking payant. TV. Canal+. Satellite / câble. ♿ Fermé le dimanche soir et le lundi. Accès : direction Auch. Menus à 130 F (19,8 €), sauf le dimanche, et à 190 F (29 €). À la carte, compter 300 F (45,7 €). C'est à Astaf-fort que nous retrouvons Michel Latrille qui régale les papilles de ses hôtes depuis plus de 10 ans. Franchement attaché au terroir, il joue avec les saveurs, allie les beaux pro-duits sans fausse note aucune. Et le résultat est à la hauteur de toutes les espérances : foie gras de canard mi-cuit, pigeonneau par-fumé aux épices douces et au miel, salade de lotte tiède et pétales de tomates confites à l'huile de persil, croustillant de ris de veau, dos de sandre jus de poulet et fèves du jar-din. Une apparence de simplicité qui cache un grand savoir-faire. C'est peut-être cela que l'on appelle de la grande cuisine ! Ser-vice attentionné et carte des vins longue comme le bras. En plus, les prix des pre-miers menus restent raisonnables. *Café offert.*

BARCUS 64130

Carte régionale A2

🛏️|●| *Chilo* – (Centre) ☎ 05.59.28.90.79. Fax : 05.59.28.93.10. Parking. TV. ♿ Fermé le dimanche soir et le lundi. Congés annuels : janvier et 1 semaine en mars. Chambres très agréables et bien aména-gées de 270 à 390 F (41,2 à 59,5 €). For-mule à 65 F (9,9 €) au restaurant et menu à 120 F (18,3 €) en semaine. Menus à 165 et 220 F (25,2 et 33,5 €). Une véritable institu-tion aux confins du Béarn et du Pays basque, qui a su grandir sans perdre son âme. Encore une belle affaire de famille. Cuisine originale et recherchée que l'on savoure dans des assiettes étonnantes : salade paysanne aux oreilles de cochon panées, carré d'agneau de lait « Axuria » servi avec des raviolis de fromage de bre-bis, *chipirons* farcis au jambon de pays et petit jus aux coques... Gardez une place pour le dessert, un grand moment, avec le macaron à l'Izarra et la charlotte au lait de brebis... Sans aucun doute une des meil-leures tables du département. Jardin avec piscine privée. *NOUVEAUTÉ.*

|●| *Restaurant Chez Sylvain* – place du Fronton ☎ 05.59.28.92.11. Fermé le jeudi. Congés annuels : 10 premiers jours de juin. Accès : par la D24. Menus à 70 et 80 F (10,7 et 12,2 €). Dans ce petit village sympa de la Soule, un resto tenu par la famille Lechardoy. Accueil charmant. Le cadre,

agréable, est celui d'une auberge de campagne. Clientèle locale et quelques hardis égarés comme nous. Cuisine campagnarde mais mitonnée avec goût et attention : fraisure d'agneau sauce au vin, ris d'agneau persillé (de décembre à mai), délicieuses omelettes, etc. Excellente garbure maison. Une adresse qui vaut vraiment le détour. *Café offert.*

BARP (LE)   33114

Carte régionale A1

🏠 I●I *Le Résinier* – route de Bayonne (N10) (Centre) ☎ 05.56.88.60.07. Fax : 05.56.88.67.37. Parking. TV. Fermé le dimanche soir. Accès : à 36 km au sud de Bordeaux. Quelques chambres à 270 F (41,2 €) avec douche ou bains. Menu à 84 F (12,8 €) le midi en semaine ; menus suivants de 139 à 195 F (21,2 à 29,7 €). Passé la « frontière » du parc naturel régional des Landes, voici une bonne étape sur la poussiéreuse et souvent encombrée N10. Petit hôtel-resto au cœur d'un village. Une franche cuisine de terroir : grenier médocain, esturgeon à la bordelaise, agneau de beurre, et la trilogie foie gras, confit, magret. *Café offert.*

BAYONNE   64100

Carte régionale A2

🏠 I●I *Hôtel des Basses-Pyrénées* ★★ – 1, place des Victoires et 14, rue Tour-de-Sault (Centre) ☎ 05.59.59.00.29. Fax : 05.59.59.42.02. Parking payant. TV. Resto fermé le dimanche et le lundi midi (sauf en juillet-août). Congés annuels : du 15 décembre au 15 janvier. Accès : au cœur de la vieille ville. Chambres de 180 à 310 F (27,4 à 47,3 €). Menus à 90 et 180 F (13,7 et 27,4 €). Position stratégique dans le Grand Bayonne sur les remparts. Les chambres sur la place sont plus calmes mais la vue sur les remparts vaut le coup. Demandez de préférence la chambre de la tour du bourreau : la nuit, on entend les planchers craquer ; si vous voulez jouer à vous faire peur, c'est superbe. Hôtel familial d'une tenue impeccable, et bon restaurant à l'ancienne.

🏠 *Hôtel Port Neuf* – 44, rue du Port-Neuf (Centre) ☎ 05.59.25.65.83. TV. Satellite / câble. Fermé le dimanche. Accès : dans le quartier piéton. Doubles de 180 à 250 F (27,4 à 38,1 €) avec douche ou bains. Cinq chambres seulement, au cœur de la vieille ville.

🏠 I●I *Hôtel Frantour-Loustau* ★★★ – 1, place de la République (Centre) ☎ 05.59.55.08.08. Fax : 05.59.55.69.36. Parking payant. TV. ⚒ Accès : près du pont

Saint-Esprit. Doubles à 420 F (64 €) avec douche ou bains. Menus de 65 à 150 F (9,9 à 22,9 €). Situé au bord de l'Adour avec une vue imprenable sur le vieux Bayonne et les Pyrénées, cet hôtel bicentenaire propose des chambres propres, bien insonorisées, à un excellent rapport qualité-prix. Côté resto, des spécialités comme la soupe de favouilles ou la piperade basquaise. Mais personne en vous oblige à y manger, soit dit entre nous. *10 % sur le prix de la chambre de novembre à mai.*

I●I *Restaurant Le Trinquet Moderne* – 60, av. Dubrocq (Ouest) ☎ 05.59.59.05.22. Parking. Congés annuels : à Noël. Accès : prendre les allées marines qui longent l'Adour, tourner à gauche avenue Dubrocq, c'est la 1re à gauche après l'avenue de la Légion-Tchèque. Menus de 65 à 150 F (9,9 à 22,9 €). Plus que dans les tavernes du Petit Bayonne, c'est ici qu'on trouve, malgré une décoration banale, le feeling du Pays basque. Fou de pelote, Jean-Marie Mailharro a réussi à drainer dans ce quartier excentré tout ce que la région compte de pelotaris et de joueurs de *mus*. A cette clientèle dotée d'un solide appétit, il sert une bonne cuisine régionale, solide et simple (omelette au jambon, saucisses confites de Béguios, ris de veau aux cèpes). Les assiettes débordent et l'ambiance n'est jamais triste. Si vous êtes sympa, on vous mettra à la grande table d'hôte où vous côtoierez indifféremment les plus grands champions de pelote et les magistrats du palais de justice voisin.

I●I *Le Bistrot Sainte-Cluque* – 9, rue Hughes ☎ 05.59.55.82.43. ⚒ Fermé le lundi d'octobre à juillet. Accès : face à la gare SNCF. Un menu de base à 70 F (10,7 €) et une carte qui permet de dîner à moins de 100 F (15,2 €). L'adresse la plus folle, la plus sympa de Bayonne et un restaurant comme on aimerait en trouver dans toutes les villes de la côte. David est anglais et cuisinier, et quel cuisinier ! Il invente, il mélange les saveurs, avec des produits simples et des prix tout doux, comme sa paella maison ou ses manchons de canard au miel et au citron. Éric et Tracy vous accueillent, même tard, avec un grand sourire. Inutile de préciser que la réservation est vivement recommandée car salle et terrasse ne désemplissent pas. Évitez d'y emmener belle-maman par contre, ou la copine coincée qui cherche un Jules. Les beaux mecs, ici, ne sont pas vraiment pour elles !

I●I *Le Chistera* – 42, rue Port-Neuf ☎ 05.59.59.25.93. Congés annuels : vacances de février et 15 jours en mai. Menu à 85 F (13 €). Compter 100 à 120 F (15,2 à 18,3 €) à la carte. Le nom, la décoration, tout indique que l'on est chez des passionnés de pelote. Jean-Pierre Marmouyet a repris les rênes du restaurant fondé par son père, ancien champion et grand entraîneur de cesta-punta, en conciliant son métier de restaurateur et ses activités de professionnel de la pelote. La cuisine est typiquement bayonnaise (avec des grasdoubles fabuleux) et l'ardoise indique les plats (notamment les poissons) du jour. S'il y a des pieds de cochon ou de la louvine (bar sauvage), n'hésitez pas. Comme les prix sont modérés, le service sympa et la carte (dessinée par l'un des derniers enlumineurs français) superbe, c'est la « cantine » de très nombreux Bayonnais. *Sangria offerte.*

|●| *Restaurant El Asador* – place Montaut **(Centre)** ☎ 05.59.59.08.57. Fermé le dimanche soir et le lundi. Congés annuels : 15 jours à Noël et 2 semaines en juin. Accès : à côté de la cathédrale. 1er menu à 125 F (19,1 €). Compter 160 F (24,4 €) à la carte. Face à la nouvelle place Montaut, devenue plus que jamais le cœur du quartier des antiquaires et des brocanteurs, une petite merveille de restaurant. 10 tables seulement gérées de main de maître par Maria-Jésus. Plus chic ? Plus douillet surtout. Un *asador* en espagnol est un cuisinier spécialisé dans les grillades, notamment de poisson. Et celui de l'*Asador* à Bayonne est exceptionnel. Laissez-vous guider selon les arrivages vers une daurade à l'espagnole ou une morue à l'ail. *Apéritif offert. NOUVEAUTÉ.*

|●| *Au Clair de la Nive* – 28, quai Galuperie **(Centre)** ☎ 05.59.25.59.21. Fermé le dimanche et le lundi midi. Menu-carte autour de 200 F (30,5 €). Si certains restaurants chantent l'Adour, celui-ci honore la Nive, qui descend du Pays basque pour rejoindre ici le fleuve gascon avant d'aller se jeter dans l'Océan tout proche. Quand le Petit Bayonne était encore une cité lacustre, avant 1340, c'étaient les bateaux qui se garaient sous les arcades, pas les promeneurs affamés. Une très bonne table aux saveurs et couleurs d'aujourd'hui : rosace d'anchois frais rôtis à l'huile d'olive, merlu de ligne cuit à la vapeur sur son coulis aux piments doux du pays, fondant bayonnais au chocolat amer... Faites votre choix, la carte est restreinte, mais appétissante. Les entrées, plats et desserts sont au même prix (dans leur catégorie, bien sûr). Terrasse agréable en été. *NOUVEAUTÉ.*

BAZAS 33430

Carte régionale A1

⌂ *Hostellerie Saint-Sauveur* ** – 14, rue du Général-de-Gaulle **(Centre)** ☎ 05.56.25.12.18. Parking payant. TV. Fermé le dimanche en hiver. Congés annuels : du 3 au 18 octobre. Accès : à l'entrée ouest de la ville (D932). Doubles à 210 F (32 €), toutes sont avec douche et wc. Depuis 1886 et cinq générations, l'affaire se transmet de mère en fille. La façade ne paie pas tellement de mine (difficile d'imaginer que ce fut la maison de Grégoire de Saint-Sauveur, dernier évêque de Bazas). La déco mêle avec bonheur plantes vertes et fauteuils des années 70 et les chambres ont chacune leur petit nom : « Blanche-Neige », « Cendrillon », mais aussi... « Barbe Bleue » ! Accueil charmant de Sophie, belle comme une fleur. Pas de resto, mais un bistrot de quartier au rez-dechaussée, le *Saint-Sô. Café offert.*

|●| *Restaurant des Remparts* – espace Mauvezin **(Centre)** ☎ 05.56.25.95.24. Fermé le dimanche soir et le lundi (hors saison). Accès : garez-vous près de la cathédrale ; un passage mène à ce resto, près de la mairie, superbement situé sur la brèche de Bazas, dominant le jardin du Sultan. Menus à 70 F (10,7 €) le midi en semaine et de 90 à 210 F (13,7 à 32 €). Un cadre assez exceptionnel (si vous avez suivi nos conseils pour l'accès, vous le savez déjà), dont on profite aux beaux jours sur la terrasse. La déco de la salle, très classique, joue la carte de la sobriété. Sûrement pour que rien ne vienne troubler votre tête-à-tête avec cette très inspirée cuisine de terroir. De bons produits (bœuf de Bazas bien évidemment ou chapon de Grignol mais sur commande) bien travaillés par les « Decaux Brothers ». 1er menu exemplaire. À la carte, notables salade de caille grillée aux fines herbes, rôti de pintade en croustade et un original pressé de poireaux au foie gras (qui donc, bien que pressé, poireaute : dur dur !). *Café offert.*

DANS LES ENVIRONS

GOUALADE 33840 (16,5 km SE)

|●| *Restaurant L'Auberge Gasconne* – **(Centre)** ☎ 05.56.65.81.77. Fermé le lundi et le dimanche soir. Congés annuels : la 2e quinzaine d'août. Accès : par la D12 ; dans la rue principale, face à l'église. Menu à 60 F (9,1 €), vin et café compris. Compter 100 F (15,2 €) à la carte. Auberge perdue au milieu de nulle part, dans la « Gironde landaise ». Dans cette toundra sylvestre, on s'attend à une auberge un peu rustique où l'on viendrait à peine d'installer l'électricité (bien sûr, en face de la vieille église du village). Si l'église est bien là (et fort belle avec sa tourelle), en revanche l'auberge se révèle pimpante, confortable et... climatisée. Heureuse clientèle d'habitués, routiers, équipes de l'EDF, etc., qui ont fait leurs cette adresse, sa bonne cuisine locale et ses prix d'avant-guerre. Ici, il ne viendrait à personne l'idée de « revisiter » (? !) le terroir. Ce sont les bonnes vieilles recettes, robustes et copieuses, une cuisine de bonne femme sans fard ni apprêt. Grosses tranches de jambon de Bayonne, salmis de palombe, confit de dindon, canard, porc, civet de marcassin, poule au pot farcie tous les dimanches, servis sur des nappes en tissu égayées par des fleurs fraîches. Frites craquantes à souhait.

CAPTIEUX 33840 (19,5 km S)

≜ |●| *Hôtel-restaurant Cap des Landes* * – rue Principale (Centre) ☎ 05.56.65.64.93. TV. ♿ Fermé le lundi soir et le mardi hors saison. Accès : par la D932; en face de l'église. À 17 km au sud de Bazas, sur la D932. Doubles à 190 F (29 €) avec douche et à 230 F (35,1 €) avec bains. Menus de 65 à 170 F (9,9 à 25,9 €). Au cœur du bourg mais sur une route où, la nuit, passent quelques camions. Essayez donc d'obtenir une des chambres (simples mais acceptables) qui donnent sur l'arrière. Chambres refaites récemment. Ambiance gentiment familiale. Si l'hôtel est donc un rien bruyant, le resto est irréprochable. On est servi dans une petite salle pas loin du bar, ou dans la salle à la déco un peu plus soignée. La carte et les menus puisent leur inspiration dans les produits locaux : canard et salades gourmandes diverses, escalope de foie gras aux pommes et raisins frais, magret de canard aux morilles et à l'armagnac, grillade de bœuf de Bazas.

BERGERAC 24100

Carte régionale B1

≜ |●| *Family Hôtel – Restaurant Le Jardin d'Epicure* ** – place du Marché-Couvert (Centre) ☎ 05.53.57.80.90. Fax : 05.53.57.08.00. Parking. TV. Fermé le dimanche, sauf l'été. Accès : dans le centre ancien. Chambres à 180 F (27,4 €) avec lavabo et 230 F (35,1 €) avec bains. Menus de 84 à 160 F (12,8 à 24,4 €), plat du jour à 45 F (6,9 €). Hyper bien situé et très calme, c'est l'un des moins chers de la ville. Ambiance jeune et plutôt à la décontraction. Rien à redire sur les chambres, d'un bon rapport qualité-prix. Ceux qui aiment avoir de la place choisiront les nᵒˢ 1, 4, 7 et 10. Quelques appartements à louer également. Bistrot animé les jours de marché. Restaurant entièrement refait avec une grande fresque d'inspiration antique. Cuisine très traditionnelle, faite maison avec ses plats de toujours (coq au vin) et quelques standards régionaux (confit de magret de canard, cassoulet, enchaud, etc.). *10 % sur le prix de la chambre sauf juillet-août.*

≜ |●| *Hôtel-restaurant La Flambée* *** – 153, av. Pasteur (Nord) ☎ 05.53.57.52.33. Fax : 05.53.61.07.57. Parking. TV. Resto fermé le dimanche soir et le lundi hors saison. Congés annuels : 3 semaines en janvier. Accès : à 2 km du centre de Bergerac,

sur la N21, direction Périgueux. Chambres de 350 à 370 F (53,4 à 56,4 €), toutes avec bains. Menus de 99 à 300 F (15,1 à 45,7 €). Non loin de la nationale mais au calme dans un grand parc avec piscine et tennis. Une vingtaine de chambres, classiques, réparties entre une grande et jolie demeure périgourdine et un pavillon d'été. Préférez les chambres côté restaurant, les autres sont bien trop bruyantes en été. Certaines possèdent une petite terrasse. Un des restos de prédilection de la bonne société bergeracoise pour sa salle cossue et sa cuisine (bourgeoise et de terroir) sans fausse note. À la carte : salade de langoustines aromatisées à la framboise, suprême de caneton et cuisse confite, pêle-mêle de pleurotes et échalotes, etc. Agréable terrasse aux beaux jours. *Apéritif offert. 10 % sur le prix de la chambre.*

|●| *Restaurant La Sauvagine* – 18-20, rue Eugène-Leroy (Centre) ☎ 05.53.57.06.97. Fermé le dimanche soir et le lundi. Congés annuels : 1 semaine en juin et 1 semaine en février. Menus de 80 à 180 F (12,2 à 27,4 €). Salle climatisée à la déco contemporaine plutôt réussie. Cuisine traditionnelle de bonne facture qui ne sacrifie pas systématiquement aux standards périgourdins (et pour qui séjourne quelque temps ici, ça ressemble à une bonne nouvelle!). Poissons (lamproie par exemple, le Bordelais n'est pas loin), fruits de mer, gibier en saison, succulents desserts. Clientèle un peu chic mais l'accueil sait rester simple.

|●| *L'Imparfait* – 8, rue des Fontaines ☎ 05.53.57.47.92. ♿ Menus à 90 F (13,7 €) servi le midi en semaine et de 140 à 190 F (21,3 à 29 €). Quand un Breton rencontre une Corse, qu'est-ce qu'ils se racontent? Des histoires de poissons et ils vous les font partager. Superbe choix de poissons très bien accommodés avec, le jour de notre passage : bar en croûte de sel, daurade rôtie, huîtres de Normandie... Le midi, superbe formule avec un vaste choix de plats. Les autres menus, variés, sont assez chers, mais il y a peu de risques d'être déçu. Les homards bretons s'il vous plaît, trônent dans le vivier. 160 F (24,4 €) une salade avec un homard entier décortiqué, c'est un cadeau. L'accueil est très agréable et le service très pro. La plus grave erreur de la maison, c'est de l'avoir baptisée l'*Imparfait*. *NOUVEAUTÉ.*

|●| *Côté Dordogne* – 17, rue du Château ☎ 05.53.57.17.57. Menu à 95 F (14,5 €) le midi en semaine. Menus à 150 et 185 F (22,9 et 28,2 €). L'emplacement est de choix, au-dessus du vieux port avec une bien agréable tonnelle couverte de glycines (à tel point que l'on ne voit presque plus la Dordogne!). Fort belle demeure et accueil charmant. La terrasse est hélas assez bruyante, la route en contrebas très fréquentée mais on pourra avec bonheur se réfugier à l'intérieur où la salle est d'une grande élégance. Cuisine inventive et de haut niveau : pigeon fermier rôti au foie gras... Le 1er menu est d'un bon rapport qualité-prix et les repas d'affaires se pressent ici, c'est bon signe. Le soir, le choix est vaste et la qualité au rendez-vous. Carte des vins faisant une large place aux crus de la région (prix raisonnables). La maison est récente mais figure déjà sur de nombreux carnets d'adresses des gastronomes du coin, à quand sur le vôtre ? *Apéritif offert. NOUVEAUTÉ.*

|●| Restaurant L'Enfance de Lard – rue Pélissière (Centre) ☎ 05.53.57.52.88. Fermé le mardi et le mercredi midi. Menu à 150 F (22,9 €) et carte aux alentours de 250 F (38,1 €). Sur l'une des plus belles places de Bergerac. Au 1er étage d'une maison du XIIe siècle, petite salle de charme vite remplie (impératif de réserver !). Atmosphère intime et chaleureuse. En fond sonore, une sélection raffinée d'airs d'opéra. Remarquable cuisine du Sud-Ouest. Ici, de la tradition, rien que de la tradition, ce qui n'empêche pas une certaine subtilité dans la préparation des plats. De belles viandes qui grillent sur des ceps de vignes dans la superbe cheminée, des pommes sarladaises fondantes, un carré d'agneau à la menthe, du foie gras chaud aux pêches, des cèpes à la persillade... généreusement servis. Carte chère, mais c'est mérité !

DANS LES ENVIRONS

SAINT-JULIEN-DE-CREMPSE
24140 (12 km N)

🏠|●| Le Manoir du Grand Vignoble *** – ☎ 05.53.24.23.18. Fax : 05.53.24.20.89. Parking. TV. Congés annuels : du 15 novembre à début mars. Accès : par la N21, puis la D107. Chambres de 380 à 680 F (57,9 à 103,7 €) suivant la saison. Menus de 150 à 280 F (22,9 à 42,7 €). Dans une belle campagne où s'ébattent quelques chevaux (c'est aussi un centre équestre), un très distingué manoir du XVIIe siècle. Adresse de luxe pour routards un tantinet fortunés. Malheureusement, les chambres sont situées dans des bâtiments plus récents et sont parfois très petites. Beaucoup de différence entre elles : les plus chères sont spacieuses et pleines de charme. Parc immense, tennis, piscine chauffée, centre de remise en forme. Au resto : foie gras poché aux raisins, roulé de magret aux morilles, sandre en demi-deuil... *10 % sur le prix de la chambre.*

ISSIGEAC 24560 (19 km SE)

|●| Chez Alain – Tour de Ville ☎ 05.53.58.77.88. Fermé le dimanche soir et le lundi sauf du 1er au 30 septembre. Accès : à l'extérieur du bourg, face au château. Menus à 69 F (10,5 €) le midi en semaine, puis à 119 et 195 F (18,1 et 29,7 €). Formule *brunch* le dimanche midi. Très élégante demeure entièrement rénovée avec talent. Terrasse splendide autour d'une fontaine de village, salles décorées avec goût et raffinement. Il fallait une cuisine à la hauteur de ce lieu, c'est gagné ! D'inspiration classique, les plats sont traités avec finesse et originalité. Produits frais au gré des saisons uniquement : chaussons d'escargots au coulis de langoustines, mousseline de brochet florentine, confident d'omble chevalier au basilic... Desserts recherchés : petit glacé à la menthe et biscuit chocolat, miam ! Une très jeune adresse promise assurément à un grand succès. Les habitués de la profusion des menus de la région trouveront peut-être les menus un peu courts (on a coutume d'y trouver au moins deux entrées). Des amuse-bouches un peu plus conséquents compenseraient certainement cela. Néanmoins, la qualité est au rendez-vous et c'est bien là l'essentiel. Le patron, fort aimable, est en salle, entouré d'un personnel féminin aussi agréable qu'efficace. Quelques chambres de luxe sont prévues tout à côté, si elles sont du même niveau, réservons tout de suite ! Mais il faudra un peu de patience... *NOUVEAUTÉ.*

RAZAC-D'EYMET 24500 (20 km S)

🏠|●| La Petite Auberge ** – ☎ 05.53.24.69.27. Fax : 05.53.61.02.63. Parking. Resto ouvert le soir uniquement du mardi au samedi d'avril à octobre. Congés annuels : janvier. Accès : à la lisière du village. Chambres de 200 à 300 F (30,5 à 45,7 €). Compter environ 100 F (15,2 €) pour un repas à la carte. Dans ce village de poche, tranquillité assurée. Deux tracteurs, un VRP égaré, la camionnette jaune canari de la Poste (et puis vous, peut-être ?) passent dans la journée et c'est bien tout... À sa lisière, une ferme qu'un couple d'Anglais a transformée en un charmant hôtel. 7 chambres seulement. À l'étage, chambres mansardées avec lavabo ; beaucoup plus plaisantes au rez-de-chaussée avec douche et wc et également une suite. Salon haut de plafond, salle à manger accueillante. À la carte : pavé de saumon beurre d'anchois, poulet sauce paprika, tarte aux noix... Exquise piscine. Possibilité de location de maisons équipées à côté (le « Poulailler » pour 4 personnes et la « Ferme » pour 6). Prix variant suivant la saison.

BIARRITZ   64200

Carte régionale A2

🛏 *Hôtel Palym* * – 7, rue du Port-Vieux
☎ 05.59.24.16.56. Fax : 05.59.24.96.12.
TV. Satellite / câble. Congés annuels : janvier. Accès : à 100 m de la mer. Doubles à partir de 200 F (30,5 €) : ça vaut le coup, mais alors la douche est sur le palier. Sinon, chambres avec douche et wc de 250 à 290 F (38,1 à 44,2 €) et jusqu'à 320 F (48,8 €) avec bains. Chambres triple et quadruple également. Possibilité de demi-pension avec le resto *Palmarium* juste à côté, tenu par le frère de la patronne. Hôtel vieillot, au charme un peu ringard, mais très bien tenu. Repris par la fille des anciens proprios, aussi dynamique qu'accueillante, l'hôtel *Palym* draine essentiellement une clientèle jeune et familiale. Les méandres du petit escalier, avec des panneaux de liège décorés de paysages exotiques, de nombreuses plantes vertes et un bric-à-brac envahissant, vous mèneront jusqu'à des chambres style grand-mère, en plus moderne pour celles qui ont été rénovées. Deux d'entre elles bénéficient d'une kitchenette et se louent à la semaine ou au mois en basse saison. On a un gros faible pour la chambre n° 16 et son superbe lit. Petit conseil : en été, préférer les chambres côté cour, sans aucun doute plus calmes que celles qui donnent sur la sympathique mais très animée rue du Port-Vieux. *10 % sur le prix de la chambre hors juillet-août.*

🛏 ❙●❙ *Hôtel Le Saint-Charles* ** – 47, av. Reine-Victoria (Nord) ☎ 05.59.24.10.54. Fax : 05.59.24.56.74. TV. Congés annuels : de fin novembre à début mars. Doubles de 230 à 420 F (35,1 à 64 €). Légèrement à l'écart du centre, voilà un charmant petit hôtel particulier proposant des chambres confortables et complètement rénovées (jolies salles de bains) pour la plupart. La propriétaire souhaite orienter son hôtel vers la catégorie « établissement de charme » ; certaines chambres se sont d'ailleurs dotées de mobilier ancien. Espérons que les prix ne s'en ressentiront pas. *10 % sur le prix de la chambre, sauf de juillet à septembre.*

🛏 *Hôtel Maïtagaria* ** – 34, av. Carnot ☎ 05.59.24.26.65. Fax : 05.59.24.27.37. TV. Accès : à 500 m de la mer. Doubles de 270 F (41,2 €) avec douche et wc à 300 F (45,7 €) avec bains. Mieux vaut réserver car cette bonne adresse est connue depuis très longtemps d'une clientèle d'habitués. Vous ne pourrez que devenir un accro de ce charmant petit hôtel particulier où l'accueil est chaleureux. Chambres calmes et confortables. Un jardin fleuri très agréable.

🛏 *Hôtel de la Marine* – 1, rue des Goélands (Centre) ☎ 05.59.24.34.09. Fax :

05.59.24.27.37. Chambres confortables et calmes de 280 à 310 F (42,7 à 47,3 €). Hôtel à l'esprit totalement routard dans une ville un peu chicos. Les sacs à dos des clients traînent parfois à la réception. Ambiance très sympa et accueil cordial. Chambres à la déco minimaliste mais fort bien tenues.

🛏 *Hôtel La Romance* ** – 6, allée des Acacias (Sud) ☎ 05.59.41.25.65. Congés annuels : fermé 8 jours entre janvier et février. Accès : du centre, par l'avenue de la République et l'avenue Kennedy, à proximité de l'hippodrome. Doubles avec douche et wc ou bains de 340 à 450 F (51,8 à 68,6 €). Dans un quartier résidentiel pas évident à trouver. Une toute petite maison refaite à neuf cache un petit nid… romantique pour amoureux discrets ou non ! 10 chambres décorées, ou plutôt fleuries, par une adorable patronne qui sera aux petits soins pour vous. On a aimé la n° 5 qui s'appelle « Hortensia ».

🛏 ❙●❙ *Hôtel-restaurant Windsor* *** – av. Édouard-VII (Nord-Est) ☎ 05.59.24.08.52. Fax : 05.59.24.98.90. TV. Congés annuels : janvier et février. Accès : à deux pas de la place Clemenceau. Doubles à partir de 350 F (53,3 €) avec téléphone direct, TV câblée, mini-bar, etc. 1er menu à 100 F (15,2 €) et une formule à 80 F (12,2 €). Pour ceux (celles) qui aiment le luxe sans pour autant vouloir dépenser une fortune ! Excellent accueil. Chambres doubles tout confort, vue sur le large. Évitez les chambres sur la rue. Bon resto. Accès direct sur la grande plage et à proximité du superbe casino. Réservation indispensable l'été.

🛏 *Le Château du Clair de Lune* – 48, av. Alan-Seeger (Sud-Est) ☎ 05.59.41.53.20. Fax : 05.59.41.53.29. TV. Accès : près de la gare SNCF, sur la route d'Arbonne. Doubles à partir de 450 F (68,6 €) au château ; 780 F (118,9 €) pour les familles dans le pavillon de chasse. Isolée dans une merveilleuse propriété fleurie avec jardins à la française et à l'anglaise, cette demeure XIXe siècle est décorée à ravir en style Art déco. Une adresse de rêve où l'on s'offre la vie de château, loin de tout souci et dérangement. Les chambres sont gigantesques avec du mobilier de choix. On a particulièrement apprécié les chambres du pavillon de chasse, toutes décorées de façon moderne « Maison de Marie-Claire », avec leur mezzanine et leur terrasse. Endroit de rêve pour se reposer à l'écart de la vie animée de la côte. Il manque presque une piscine, mais la mer est à deux pas ! Attention, réserver à l'avance !

❙●❙ *Restaurant Le Bistrot des Halles* – 1, rue du Centre (Centre) ☎ 05.59.24.21.22. Service jusqu'à 23 h (23 h 30 en été). Fermé le dimanche soir hors saison et le lundi.

Congés annuels : une semaine en janvier, juin et octobre. Accès : près des halles, comme son nom l'indique. Comptez 110 F (16,8 €) environ pour un repas complet. Ici, on aime bien ce patron jovial qui a importé à Biarritz sa faconde du Lot. Ça fait du bien. En plus, lieu chaleureux (atmosphère bistrot réussie) et bonne petite cuisine. Le nombre d'habitués prouve, si besoin était, la qualité de l'endroit. Plats écrits sur le tableau noir : saumon aux poireaux, moules marinière, T-Bone, etc. Le soir, réservation fortement conseillée.

|●| *Bar Jean* – **5, rue des Halles (Centre)** ☎ 05.59.24.80.38. Fermé le mardi soir et le mercredi soir sauf l'été. Congés annuels : janvier. Accès : en face des halles. Plat du jour aux environs de 50 F (7,6 €). Compter de 130 à 180 F (22,9 à 27,4 €) pour un repas. Un haut lieu biarrot et taurin, ce bar à *tapas* plein de charme. Les tableaux et les gravures qui décorent toute la salle rappellent les courses de taureaux et les corridas du pays. Beaucoup d'habitués se retrouvent au bar et grignotent des *tapas*. Copieux plats du jour : *chipirons* à l'encre, crevettes à l'ail, beignets de calmars… Belle terrasse où l'on sert jusqu'à 23 h (minuit en été).

DANS LES ENVIRONS

ANGLET 64600 (3 km E)

🛏|●| *Auberge de jeunesse* – **quartier Chiberta - 19, route des Vignes (Nord-Est)** ☎ 05.59.58.70.00. Fax : 05.59.58.70.07. Accueil de 8 h 30 à 22 h toute l'année. Congés annuels : de mi-décembre à mi-janvier. Accès : de Biarritz-gare, prenez le bus, ligne bleue n° 2, en direction de Bayonne ; descendez à « Biarritz-Hôtel-de-Ville », prenez la correspondance ligne n° 4, direction La Barre ; arrêt devant l'AJ. Chambres de 4, 5 ou 7 personnes à partir de 75 F (11,4 €) la nuit. Demi-pension à 145 F (22,1 €) en été. Conseillé de réserver par téléphone ou par fax. Près de l'océan, dans un cadre agréable, voilà une grande AJ vraiment accueillante et confortable. Dortoirs impeccables. Pas de couvre-feu. En été, il y a même de grandes tentes à l'extérieur, tant il y a de monde. Possibilité de faire la cuisine, sauf de mai à octobre. En haute saison, cafétéria ouverte de 19 h à 21 h. L'auberge propose de nombreuses activités sportives et culturelles. C'est l'AJ spécialiste du surf et du body-board en France. Nouveauté : stages de « free-surf ». Également stages multi-activités (VTT, rafting...) et stages de plongée. On y trouve même un mur d'escalade ! Et un pub écossais pour vos soirées. Bref, si vous vous barbez à Anglet, c'est que vous le voulez bien...

|●| *La Fleur de Sel* – **5, av. de la Forêt** ☎ 05.59.63.88.66. Fermé le mercredi et le dimanche soir. Menu à 90 F (13,7 €) en semaine à midi. Menu-carte à 148 F (22,6 €). Au cœur de la forêt de Chiberta, un petit resto tenu par un jeune couple qui marche au feu de Dieu. À l'écart de l'effervescence des bords de mer, il remplit vite ses tables, d'où l'intérêt d'une réservation préalable. Déjà beaucoup d'habitués pour cette cuisine de l'instant, soignée, inventive, travaillée, selon l'humeur et en fonction du marché. Terrasse aux beaux jours, coin de cheminée pour les autres. *NOUVEAUTÉ.*

ARCANGUES 64200 (4 km SE)

|●| *L'Auberge de Chapelet* – **(Est)** ☎ 05.59.23.54.63. Fermé le dimanche soir et le lundi en hiver. Congés annuels : janvier. Accès : par la D255 ; en haut de la côte. Menus à 95 et 140 F (14,5 et 21,3 €). À la carte, prix raisonnables. Petits plats élaborés et joliment présentés. Cuisine basque typique. Très bon accueil. Le patron pourra vous conseiller de chouettes balades aux alentours. *Apéritif offert.*

ARBONNE 64210 (5 km SE)

🛏|●| *Eskualduna* – ☎ 05.59.41.95.41. Fax : 05.59.41.88.16. TV. Fermé le dimanche soir en hiver. Accès : par la D255. Doubles avec douche à 220 F (33,5 €), avec bains à 270 F (41,2 €). Menus de 60 à 120 F (9,1 à 18,3 €). La famille entoure Jacky, le chef de la maison. C'est un animateur de sa région sans le savoir. Entre 2 plats, il anime la conversation au comptoir, commentant les matchs de rugby, car là-bas, on ne vit que pour le ballon ovale ; il accueille les ouvriers dans la grande salle à manger. Entre 2 sauces, il tranche la ventrèche. À une époque, il cuisinait aussi pour les gosses de l'école. Jacky est aussi généreux que ses menus.

BIDART   64200

Carte régionale A2

|●| *Blue Cargo* – **plage d'Ibarritz** ☎ 05.59.23.54.87. Congés annuels : de fin octobre à début avril. Accès : sur la plage. Menu à 120 F (18,3 €). Autour de 150 F (22,9 €) à la carte. Face à la plage (pas les pieds dans l'eau mais sur le sable), sous deux tentes blanches ou en terrasse protégée pour les frileux, ce resto est très agréable, juste avant de faire trempette ou en rentrant de la plage. Spécialités de poissons (daurade à l'espagnole, poêlée de *chipirons* des corsaires) et de fruits de mer (gambas à toutes les sauces).

BISCARROSSE   40600

Carte régionale A1

🛏️|●| *Hôtel La Caravelle* ** – 5314, route des Lacs, quartier ISPE, lac Nord ☎ 05.58.09.82.67. Fax : 05.58.09.82.18. Parking. TV. Resto fermé le lundi midi. Congés annuels : du 1ᵉʳ novembre au 14 février. Accès : au bord du lac de Cazaux, en direction du golf. De 300 F (45,7 €) la double avec douche et wc à 400 F (61 €) avec bains. Menus à 90 F (13,7 €) sauf le dimanche, puis de 120 à 240 F (18,3 à 36,6 €). Demi-pension intéressante à 310 F (47,3 €) par personne, obligatoire en été. Soirée étape à 320 F (48,8 €). Très bien situé, les pieds dans l'eau. Une bonne grosse bâtisse dans un coin agréable. Presque toutes les chambres ont un petit balcon et vue sur le lac. Établissement serein, même si, au printemps, la nuit, le chant des grenouilles peut indisposer certains clients. On aime beaucoup le n° 24. Bonne cuisine du pays au resto : salade landaise au foie gras, magrets confits, jarret d'agneau à la crème d'ail, brochettes de lotte, ris de veau au jurançon, fricassée d'anguilles et filet de sandre à la fondue de poireaux. *Apéritif offert. 10 % sur le prix de la chambre en hiver.*

|●| *Restaurant Chez Camette* – 532, av. Latécoère (Sud) ☎ 05.58.78.12.78. Fermé le vendredi soir et le samedi hors saison. Menus à 59 F (9 €) sauf le dimanche, puis à 88 et 138 F (13,4 et 21 €). La bonne petite auberge croquignolette et popu comme on les aime avec sa façade blanche et ses volets rouges. C'est là que les ouvriers, les VRP et les gens de passage viennent le midi pour se rassasier autour du petit menu à 59 F. Accueil hors pair et cuisine généreuse de la patronne qui aime son pays et qui le fait savoir. C'est simple, sans prétention, si ce n'est celle de vous faire plaisir. Le jour où l'on est passé, on a eu droit à un potage, des moules marinière, une escalope à la crème et un dessert. Pour les autres menus, c'est l'Amérique.

BORDEAUX   33000

Carte régionale A1 – Plan pp. 64 et 65

🛏️ *Hôtel Boulan* – 28, rue Boulan (B3-4) ☎ 05.56.52.23.62. Fax : 05.56.52.23.62. TV. Satellite / câble. Accès : près de la cathédrale et de l'hôtel de ville. De la gare, bus n° 7 ou 8, arrêt « place du Colonel-Raynal ». Doubles avec lavabo à 120 F (18,3 €), avec douche et wc sur le palier à 140 F (21,3 €). Un petit hôtel tout simple, sans étoile. Mais la propreté des lieux, la serviabilité des patrons, l'atmosphère paisible (même si l'hôtel est très bien situé)

emportent l'adhésion. Chambres simples mais bien tenues, à bonne literie, toutes avec téléphone et télévision si l'on veut – supplément de 10 F (1,5 €) pour avoir la télécommande. Petit déjeuner servi en chambre faute de salle à manger, et ce n'est pas désagréable. Très bon rapport qualité-prix donc.

🛏️ *Hôtel de Lyon* – 31, rue des Remparts (B3-5) ☎ 05.56.81.34.38. Fax : 05.56.52.92.82. TV. Accès : à deux pas de la cathédrale Saint-André. Doubles à 135 F (20,6 €) avec douche et wc. Dans une rue piétonne, un petit hôtel sans étoile mais gentiment tenu par une discrète mamie. Très central mais tranquille, même pour les chambres côté rue (sauf quand les Bordelais ont décidé de faire la fête, mais ça ne les prend pas tous les jours). Gère également un autre hôtel, de même catégorie et aux mêmes prix, à deux rues de là (*Hôtel d'Amboise*, 22, rue de la Vieille-Tour).

🛏️ *Hôtel Dauphin* * – 82, rue du Palais-Gallien (B2-3) ☎ 05.56.52.24.62. Fax : 05.56.01.10.91. TV. Congés annuels : août. Doubles à 139 F (21,1 €) avec lavabo à 159 F (24,2 €) avec douche et wc. En plein centre-ville, dans une partie calme de cette rue un peu animée le soir. Un petit hôtel tout droit sorti des années 30-40 (Viviane Romance a séjourné dans la chambre 7 pendant la seconde guerre mondiale). Chambres confortables, toutes différentes. À peine plus chères que dans les autres 1 étoile du quartier mais elles méritent largement ce léger supplément. Certaines sont au calme sur un petit patio.

🛏️ *Hôtel Gambetta* – 66, rue Porte-Dijeaux (B2-8) ☎ 05.56.51.21.83. Fax : 05.56.81.00.40. Doubles de 200 à 280 F (30,5 à 42,7 €). Dans un quartier central et animé, un établissement d'un bon rapport qualité-prix. Ascenseur, télé, mini-bar dans les chambres, qui sentent le propre, et patron aimable. Un bon point de chute. *NOUVEAUTÉ.*

🛏️ *Acanthe Hôtel* – 12-14, rue Saint-Rémi (C2-6) ☎ 05.56.81.66.58. Fax : 05.56.44.74.41. TV. Accès : à 20 m de la superbe place de la Bourse et des quais, dans le pittoresque quartier Saint-Pierre (mais parking difficile). Doubles de 200 à 340 F (30,5 à 51,8 €) avec douche et wc ou bains. Un établissement nouvellement repris et bien aménagé, avec goût. Chambres personnalisées, de bon confort, plutôt coquettes. La petite rue est calme – double-vitrage quand même. Bon accueil du patron, qui organise à la demande des visites du Bordelais : découverte de grands châteaux ou rencontre du vigneron, le vin, c'est bon ! *NOUVEAUTÉ.*

🛏️ *Hôtel de l'Opéra* – 35, rue Esprit-des-Lois (C2-1) ☎ 05.56.81.41.27. Fax :

05.56.51.78.80. TV. Doubles de 240 à 300 F (36,6 à 45,7 €) avec douche ou bains. Installé dans une maison du XVIIIe siècle, contemporaine du Grand Théâtre dont elle est voisine. Ce qua rapellent plus les pierres apparentes de l'escalier central que la déco des chambres, très classiques. Placé sur un des axes de circulation privilégié par tout ce que Bordeaux compte comme véhicules à moteur ! On préférera donc, même si elles sont moins lumineuses, les chambres donnant sur l'arrière. Accueil charmant et chaleureusement sympathique. *NOUVEAUTÉ.*

♣ *Hôtel de la Tour Intendance* ** – 16, rue de la Vieille-Tour (B2-10) ☎ 05.56.81.46.27. Fax : 05.56.81.60.90. TV. Canal+. Accès : proche de la place Gambetta. Doubles à 250 F (38,1 €) avec douche et wc, 270 F (41,2 €) avec bains. Deux sœurs se relaient à l'accueil de ce charmant établissement pour toujours offrir à leurs hôtes la même disponibilité et la même gentillesse. Ici, accueil signifie une foule de petites attentions comme ce vrai jus d'oranges servi au petit déjeuner. Pour l'*Intendance* donc, ça suit ! Quant à la tour (qui daterait du IIIe siècle), quelques vestiges existent encore dans la cave. Dans l'ensemble, les chambres ne sont pas très grandes, voire assez petites, mais très bien tenues et pas désagréables. Légères nuisances possibles côté rue (elle est piétonne mais les clients des terrasses des restos ne sont pas toujours très discrets...). En revanche, calme plat sur l'arrière où les chambres les moins chères (pour une personne) offrent une gentille vue sur les toits de la ville. Garage (pour la nuit seulement, soit de 19 h 30 à 9 h). 40 F (6,1 €) pour les voitures. Gratuit pour les vélos et les motos.

♣ *Hôtel Notre-Dame* ** – 36, rue Notre-Dame (C1-9) ☎ 05.56.52.88.24. Fax : 05.56.79.12.67. TV. Canal+. Accès : près de l'église Saint-Louis. Doubles à 255 F (38,9 €) avec douche et wc, 280 F (42,7 €) avec bains. Au cœur du quartier des Chartrons, ancien secteur de négoce du vin, aujourd'hui plutôt calme. Une maison du XIXe siècle à la façade de pierre bien ravalée, dominée par la monumentale Cité mondiale du vin. Pour vous consoler de la déco un poil trop contemporaine et passe-partout des chambres, la rue Notre-Dame regorge d'antiquaires et autres brocanteurs. Parking payant à proximité. *10 % sur le prix de la chambre en juillet-août seulement.*

♣ *Hôtel du Théâtre* – 10, rue Maison-Danrade (C2-2) ☎ 05.56.79.05.26. Fax : 05.56.81.15.64. Doubles de 280 à 310 F (42,7 à 47,3 €). Dans une rue perpendiculaire à la rue Sainte-Catherine. En plein centre donc, mais pour les allergiques à la marche, accessible en automobile. Accueil volubile et sympa. Chambres sans charme particulier, mais de bon confort et très propres, réparties au hasard des deux ailes de cette vieille maison. Petit bar au rez-de-chaussée ouvert uniquement la journée. *NOUVEAUTÉ.*

♣ *Hôtel Continental* ** – 10, rue Montesquieu (B2-14) ☎ 05.56.52.66.00. Fax : 05.56.52.77.97. TV. Canal+. Doubles de 320 à 570 F (48,8 à 86,9 €). Un deux étoiles d'excellent confort, installé dans un bel immeuble bourgeois à deux pas de la place des Grands-Hommes. Chambres nettes et spacieuses, mini-bar, etc. Très bien tenu et accueil courtois. En vérité, cet établissement mériterait une étoile de plus ; mais il y a toutefois une logique : les prix sont bien ceux d'un trois étoiles. *NOUVEAUTÉ.*

♣ *Hôtel des Quatre Sœurs* ** – 6, cours du XXX-Juillet (C2-12) ☎ 05.57.81.19.20. Fax : 05.56.01.04.28. TV. Congés annuels : du 20 décembre au 6 janvier. Accès : près du théâtre. Doubles de 350 à 500 F (53,4 à 76,2 €). Construit au XVIIIe siècle, quand Bordeaux s'est voulue monumentale, entre allées de Tourny, Grand Théâtre et place des Quinconces. Un hôtel chargé d'histoire donc. Wagner, par exemple, y séjourna en 1850, alors qu'il vivait avec une Bordelaise une aventure amoureuse (et adultère !) plutôt mouvementée. En effet, le mari de l'infidèle qui devait avoir le bras long, parvint à faire expulser le génial compositeur, qui dut quitter Bordeaux – et d'autant plus piteusement que la jolie dame, à ce qu'on sait, ne

AQUITAINE

AQUITAINE

AQUITAINE

lui aurait pas franchement cédé. Bref, mauvais plan pour Richard ! Aujourd'hui, l'adresse qu'on s'attend à trouver chicos, surprend par son accueil décontracté. Jolies chambres donnant soit sur le cours et les allées de Tourny (c'est plus distingué, plus cher aussi, plus bruyant enfin, mais il y a des doubles-vitrages) ou sur une cour intérieure. Certaines sont climatisées. *10 % sur le prix de la chambre, à partir de 2 nuits, sauf en juin, septembre et octobre.*

🛏 *Hôtel de la Presse* *** – 6, rue de la Porte-Dijeaux (C2-11) ☎ 05.56.48.53.88. Fax : 05.56.01.05.82. TV. Canal+. Congés annuels : du 24 décembre au 2 janvier. Accès : presque à l'angle des 2 artères piétonnes. Doubles à 395 F (60,2 €) avec douche, à 480 F (73,2 €) avec bains. Idéalement situé à deux pas (une petite dizaine pour être franc!) d'un des carrefours stratégiques de la ville, celui que forment les rues Sainte-Catherine et de la Porte-Dijeaux. Piétonnes le jour, ces rues voient passer quelques voitures le soir. Mais les chambres, tout confort, sont insonorisées (et climatisées). Et si vraiment vous ne supportez pas du tout le bruit, côté cour, c'est tranquille. Un certain luxe (sinon un luxe certain) mais un rapport qualité-prix honorable. *10 % sur le prix de la chambre à partir de 2 nuits.*

🛏 *Hôtel Tulip Inn Bayonne Etche-Ona* *** – 15, cours de l'Intendance (C2-13) ☎ 05.56.48.00.88. Fax : 05.56.48.41.60. TV. Canal+. Satellite / câble. Congés annuels : la 1ʳᵉ semaine de janvier et la dernière semaine de décembre. Accès : à deux pas du Grand Théâtre; entrée : 4, rue Martignac. Doubles de 450 F (68,6 €) avec douche et wc, à 610 F (93 €) avec bains. Aménagé dans un édifice du XVIIIᵉ siècle, un grand hôtel qui ne fait pas tache dans ce très bourgeois quartier. Accueil courtois. Dans les étages, les chambres sont d'un style contemporain assez impersonnel, mais sans mauvaise surprise, et bien tenues. Annexe dans le même genre et dans la même gamme de prix : l'*Hôtel Etche-Onna* à deux pas, au 11, rue Mautrec. Parking public (mais ruineux) à 100 m. *10 % sur le prix de la chambre.*

🍽 *Restaurant Le Rital* – 3, rue des Faussets (C2-20) ☎ 05.56.48.16.69. Fermé le week-end. Congés annuels : la 2ᵉ quinzaine d'août. Accès : proche de la place Saint-Pierre. Menu à 50 F (7,6 €) le midi ; autres menus de 58 à 98 F (8,8 à 14,9 €). Dans une rue piétonne où les restos apparaissent en nombre pour disparaître au bout de quelques mois, ce petit italien affiche 20 ans d'âge. C'est plutôt bon signe. Et vrai, dans le genre resto de copains, c'est une bonne table. Accueil sympa. Salle en enfilade avec vue sur la cuisine d'où sortent de remarquables spécialités : pâtes fraîches (*fettucine* au gorgonzola et basilic, pâtes au foie gras, spaghetti *di baggio*, cannellonis...) mais aussi le traditionnel osso buco, un gratin d'aubergine, etc. Les desserts, faits maison, ne déméritent pas.

🍽 *Restaurant La Compagnie du Fleuve - Chez Alriq* – quai des Queyries (D1-31) ☎ 05.56.86.58.49. 👍 Service jusqu'à minuit. Fermé le dimanche soir et le lundi. Congés annuels : février et novembre. Accès : traverser le pont de pierre, puis à gauche, descendre le quai des Queyries; 500 m après l'ancienne gare, derrière les transports Boudot. Formules, au déjeuner et en semaine uniquement, à 50 et 70 F (7,6 et 10,7 €). Menus pour les groupes. Au cœur d'une zone portuaire et industrielle déchue. Tout à côté, les ruines de l'ancienne gare d'Orléans évoquent un paysage d'après conflit (mais la restructuration du quartier s'annonce). Un lieu insolite pour un resto insolite, façon guinguette. Accueil très, très *cool*. Une grande salle à manger où se donnent régulièrement des concerts et un jardin « déstructuré » qui s'étend jusqu'au fleuve. Des fauteuils pour profiter de la vue sur Bordeaux... Un rien couru désormais, mais l'endroit reste bien sympathique. Les plats varient au gré des saisons : moules en été, garbure en hiver, aloses, pibales et lamproies quand elles passent. On trouve plus régulièrement la soupe de poisson ou les bonnes vieilles moules marinière. *Apéritif offert ou la photo du patron pour ceux qui la demandent.*

🍽 *L'Imprévu* – 11, rue des Remparts (B2-22) ☎ 05.56.48.55.43. Fermé le mardi soir. Menus à 57 F (8,7 €) le midi, 64 F (9,8 €) le soir et à 89 F (13,6 €). Quelques tables bistrot en terrasse dans la rue piétonne, et deux salles plutôt agréables, dont une en cave voûtée au sous-sol, décorées de fleurs séchées et paniers d'osier. Beaucoup d'habitués, causant avec le patron affable, et un service rapide. Ici, place aux petits plats de toujours, pot-au-feu en salade, onglet de bœuf, filet mignon de porc à la moutarde, clafoutis maison... Notables crêpes sucrées géantes en dessert. Une cuisine du marché, saine et copieuse. D'où le succès. Prudent de réserver. *NOUVEAUTÉ.*

🍽 *Le Raboliot* – 38, rue Peyronnet (hors plan D4-21) ☎ 05.56.92.27.33. Fermé le vendredi soir, le samedi et le dimanche. Accès : quartier de la gare. Menu à 58 F (8,8 €), quart de vin ou café compris. On a beaucoup aimé ce petit restaurant un peu excentré, aux chaises de bois rouge et nappes à carreaux, à l'atmosphère animée. On y trouve une saine et copieuse cuisine bon marché, tant dans le menu du jour qu'à la carte. Les desserts notamment sont bons : *crumble* ou gâteau choco, que l'anglaise patronne, habituellement au service (charmant accent et beaucoup de douceur), prépare avec talent. Son mari s'occupe tout spécialement des vins, courte sélection d'un excellent rapport qualité-prix. Une super cantine. *NOUVEAUTÉ.*

l●l *Le Café des Arts* – 138, cours Victor-Hugo (C4-23) ☎ 05.56.91.78.46. Plat du jour dans les 55 F (8,4 €). À la carte, compter 100 F (15,2 €). Brasserie populaire à l'ambiance toujours animée, située au croisement ô combien stratégique du cours Victor-Hugo, important axe automobile, et de la rue Sainte-Catherine, large rue piétonne et commerçante. Assez grande terrasse ou salle type vieux bistrot, simples chaises de bois et banquette moleskine. On apprécie l'endroit pour ses concerts (sauf l'été) et son honnête cuisine traditionnelle bien servie : hareng pommes à l'huile, andouillette ou foie de veau forestière... Vraies frites (qu'on préfère aux fausses). Clientèle assez jeune, mais ce *Café des Arts* est une vieille adresse bordelaise, indémodable. *NOUVEAUTÉ.*

l●l *Restaurant L'Absinthe* – 137, rue du Tondu (hors plan A4-33) ☎ 05.56.96.72.73. Fermé le samedi midi et le dimanche. Congés annuels : août. Accès : au coin de la rue François-de-Sourdis (face à la polyclinique du Conder). Le midi, formules à 55 et 65 F (8,4 et 9,9 €), menu à 117 F (17,8 €). Ce resto-bistrot au décor garanti d'époque (celle de Toulouse-Lautrec et de l'absinthe, bien sûr) mérite le détour. Pour une simple et évidente raison : on y mange bien ! Carte tous azimuts : la salade landaise y voisine avec l'escalope de veau gratinée savoyarde, la fricassée de Saint-Jacques aux pleurotes avec le ris de veau au porto. Les pâtisseries (comme le gâteau au chocolat) sont vraiment maison. *Apéritif offert.*

l●l *Chez Dupont* – 45, rue Notre-Dame (hors plan C1-24) ☎ 05.56.81.49.59. Fermé le dimanche en été. En semaine, formule entrée-plat ou plat-dessert à 62 F (9,5 €) et menu à 129 F (19,7 €). Un des meilleurs rapports qualité-prix du quartier des Chartrons. Cadre bistrot réussi, serveurs en tablier et plats de toujours (comme le pot-au-feu grand-mère et son os croque au sel) inscrits au tableau noir. Accueil sympathique : ici la bonne humeur et l'humour règnent en maître et la patronne est un personnage. De temps en temps, le soir (généralement le jeudi), un pianiste vient jouer du jazz accompagné de son guitariste.

l●l *Le Croc Loup* – 35, rue du Loup (C3-32) ☎ 05.56.44.21.19. Fermé le dimanche et le lundi. Congés annuels : août. Menu à 79 F (12 €) le midi en semaine. Autres menus à 135 et 165 F (20,6 et 25,2 €). Derrière cette enseigne qui fait un peu snack-bar ou fast-food, on trouve en réalité une petite salle coquette et raffinée. Accueil cha-

leureux. Le 1er menu ne s'embarrasse pas de complications (terrine de canard au poivre vert, bavette grillée à l'échalote, millefeuille tout chocolat et sa sauce aux grains de café), mais offre un bon rapport qualité-prix. Dans les suivants et à la carte : salade de cassenons à la provençale, ravioles de seiche à la coriandre, gigolette de volaille aux cèpes et foie gras, lapin farci aux champignons... Cuisine d'une apparente simplicité qui n'exclut pas une certaine sophistication, et fidèle clientèle pour qui l'adresse est bonne. On partage cet avis.

l●l *Restaurant Le Bistrot des Quinconces* – 4, place des Quinconces (C1-2-27) ☎ 05.56.52.84.56. Canal+. Satellite / câble. ♿ Service jusqu'à minuit. Formule à 75 F (11,4 €) en semaine ; le soir, compter de 150 à 200 F (22,9 à 30,5 €) à la carte. Belle brasserie classique devenue aujourd'hui le « bistrot d'affaires » bordelais. Sa situation : face à l'esplanade où se dresse le célèbre monument à la gloire des Girondins. Quand le temps s'y prête, on préfère manger en terrasse. Le service : efficace. Les plats : *a priori* de bistrot (pavé de rumsteak, gigot de mouton rôti) mais finalement variés (carpaccio de noix de Saint-Jacques, grillade du pêcheur, magret de canard au miel...). Les prix restent convenables pour une honnête cuisine de brasserie, tendance régionale.

l●l *Restaurant Café Gourmand* – 3, rue Buffon (B2-28) ☎ 05.56.79.23.85. Fermé le dimanche. Menus le midi à 85 F (13 €), le soir à 160 F (24,4 €). Un élégant bistrot près de la place des Grands-Hommes. Quelques tables dehors avec vue sur le marché couvert et de moelleuses banquettes de velours à l'intérieur. Aux murs, des photos de famille. Ces visages vous rappellent quelque chose ? Eh oui, Bruno Oliver à la tête du *Café Gourmand* est le fils de Michel et le petit-fils de Raymond. Disons-le tout net, l'homme ne trahit pas la vocation familiale, et même l'honore, mais avec une humilité bienvenue puisque les prix sont bien ceux d'un bistrot, et le service, efficace, sait rester simple – alors qu'on mange une vraie bonne cuisine, fine et sans défaut, une cuisine de gastro. Excellente carte de brasserie : salade croquante de moules au pistou, jambonneau de porcelet à la sauge, œufs aux plat Louis Oliver, parfaite tête de veau sauce gribiche...

l●l *La Boîte à Huîtres* – 8, rue de la Vieille-Tour (B2-38) ☎ 05.56.81.64.97. Ouvert tous les jours de 10 h à 14 h et de 18 h à 23 h. Menus à 100 F (15,2 €) ; à la carte, compter 130 F (19,8 €). Un spécialiste de l'huître qui n'a pas tardé à s'imposer. La salle est peut-être un peu petite mais agréable et colorée, et dès les beaux jours, tables et chaises débordent sur la rue piétonne. Ici, les huîtres sont d'une fraîcheur réjouissante et toujours les meilleures au meilleur moment. C'est-à-dire, par exemple, que de juin à septembre on ne vous sert que de la Quiberon d'eau profonde, moins grasse. Également une petite carte pour compléter : soupe de poisson, saumon fumé, foie gras, desserts maison, etc. Vin au verre. Au menu : 12 huîtres, un dessert et un ballon de blanc. *Café offert.*

|●| ***Chez Fernand*** – **3, place du Parlement (C2-25) ☎ 05.56.52.51.72.** Menus de 100 à 250 F (15,2 à 38,1 €). Il n'y a pas de grand cuistot *Chez Fernand*, mais uniquement des plats froids et surtout de bonnes huîtres fraîches et du saumon de qualité. Ce qui en fait une adresse recommandable de cette touristique place du Parlement, d'autant qu'en terrasse les tables sont assez espacées, on n'entend pas mastiquer le voisin et c'est bien. Au menu dit « du Capitaine », à 150 F (22,8 €), dégustation d'huîtres (du cap Ferret, d'Oléron, de Quiberon et de Normandie) et assiette trois saumons, puis dessert à la carte. Ceux qui préfèrent la viande prendront un steak tartare. Quelques vins abordables. Service relax. *NOUVEAUTÉ.*

|●| ***La Tupina*** – **6-8, rue Porte-de-la-Monnaie (D4-40) ☎ 05.56.91.56.37.** Menu à 100 F (15,2 €) le midi ; menu suivant à 290 F (44,2 €), compter 250 F (38,1 €) à la carte. Un incontournable du circuit gastronomique bordelais, et l'un des rares restos en ville à proposer une authentique cuisine du Sud-Ouest, toujours à base de produits de premier choix. Certes, c'est un peu cher, et certes encore, le gros succès médiatique de cette *Tupina* et la clientèle souvent VIP peuvent agacer un peu, mais voilà, on se régale, tout simplement, et la déco, imitation intérieur paysan, ne manque pas de charme. Des plats réjouissants, terrine de foie gras mi-cuit, épaule d'agneau confite aux gros haricots, volaille rôtie aux fruits cuits... toujours arrosés de vins les meilleurs. Fort beaux desserts enfin, à l'ancienne. *NOUVEAUTÉ.*

|●| ***Restaurant L'Oiseau Bleu*** – **65, cours de Verdun (C1-42) ☎ 05.56.81.09.39.** Fermé le samedi midi et le dimanche. Congés annuels : 3 semaines en août. Accès : dans le quartier des Chartrons. Menu à 109 F (16,6 €) le midi en semaine ; menu-carte à 215 F (32,8 €). Vincent Poussard, aux commandes de *L'Oiseau Bleu*, fut à l'Élysée le chef de cuisine privé de François Mitterrand, dont nous savons qu'il appréciait la cuisine traditionnelle ainsi que les produits les plus simples et les meilleurs (jusqu'à ces fameux ortolans...). *L'Oiseau Bleu* n'hésitera donc pas à s'envoler à Laguiole pour y rapporter de la saucisse sèche, ou dans les Landes pour le boudin entrant dans la combinaison de sa purée à l'ancienne « Lulu », ou encore à Laruns pour y dégoter le meilleur du fromage des Pyrénées. Le menu-carte est une véritable aubaine pour découvrir cette cuisine qui fait ressortir toutes les saveurs et toutes les couleurs du grand Sud : macaronade gasconne au foie gras poêlé, rosace de filets de rougets guérandés avec tagliatelles au pistou, pissaladière de sardines aux senteurs méditerranéennes. Et de beaux desserts : millefeuille aux fraises ou craquelin aux graines de pavot bleu. Salle confortable et accueil affable, pour ne rien gâcher.

|●| ***Restaurant Baud et Millet*** – **19, rue Huguerie (B1-36) ☎ 05.56.79.05.77.** Fermé le dimanche. Formule à 110 F (16,8 €) avec fromage à volonté ; autres menus à 140 et 150 F (21,3 et 22,9 €). Plus de 200 fromages en cave, sélectionnés avec rigueur et passion par M. Baud. On les mange à la coupe bien sûr, mais ces fromages entrent aussi dans la composition de nombreuses spécialités. Des plus classiques (raclette, tartiflette...) aux plus audacieuses. Impressionnante (pas loin d'un millier de références) et judicieuse sélection de vins du monde entier. On mange et l'on boit dans une des deux petites salles en longueur (dont une au sous-sol), climatisées.

|●| ***Restaurant Gravelier*** – **114, cours de Verdun (hors plan C1-37) ☎ 05.56.48.17.15.** ♿ Fermé le samedi midi et le dimanche. Congés annuels : 3 semaines en août. Accès : dans le quartier des Chartrons. Menu à 110 F (16,8 €) le midi ; menus suivants à 145 et 195 F (22,1 et 29,7 €). Dans la nouvelle vague des restos bordelais, ce *Gravelier* s'est rapidement affirmé. Normal, serait-on tenté d'écrire, puisque la patronne est la fille de Troisgros. Son mari Yves Gravelier est, en cuisine, un chef original et créatif. Cadre sobre et contemporains, prix raisonnables, et de bien bonnes spécialités : mouclade de cabillaud au céleri ou brasero de rougets aux sarments... Carte assez courte mais souvent renouvelée. *Apéritif offert.*

|●| ***Didier Gélineau*** – **26, rue du Pas-Saint-Georges (C3-41) ☎ 05.56.52.84.25.** Fermé le samedi midi et le dimanche. Congés annuels : du 15 juillet au 15 août. Accès : dans le quartier Saint-Pierre. Menu du marché à 120 F (18,3 €) le midi en semaine, passant à 150 F (22,9 €) avec deux verres de vin et café en sus ; autres menus de 190 à 290 F (29 à 44,2 €). Une valeur sûre de la capitale aquitaine, où le chef dispense une cuisine mêlant subtilement tradition et modernité. C'est toujours un régal, bien que les prix restent incroyablement doux. Témoin, cet exemplaire menu du jour qui donne immédiatement envie de bondir sur les suivants ou sur la carte, toujours de saison, évidemment. Une soupe de cèpes ou un navet farci à la compotée de cagouilles en entrée, ça vous tente ? Le rognon de veau en fricassée

ensuite fera l'affaire... Et ne parlons pas des desserts dont Didier Gélineau fut, un jour, champion de France. Sinon, on retourne sur-le-champ s'attabler dans cette coquette petite salle. Très bon accueil.

I●I *Le Père Ouvrard* – 12, rue du Maréchal-Joffre (B3-30) ☎ 05.56.44.11.58. Fermé le samedi midi et le dimanche. Congés annuels : en août et 1 semaine en hiver. Accès : entre la mairie et le palais de justice. Menu à 140 F (21,3 €) ; à la carte, compter 250 F (38,1 €). Quand le soleil fait de l'œil, quelques tables sont dressées dehors, face à l'École nationale de la magistrature. On croise donc logiquement juges et avocats pressés dans le frais et coloré décor de ce bistrot. Au grand tableau noir, tout aussi logiquement, sont inscrits de bons p'tits plats (sardines grillées fleur de sel, moules marinière, coquelet grillé à la diable...). Mais la cuisine sait aussi se montrer sophistiquée : salade de ris de veau caramélisé aux amandes, fin couscous de morue aux parfums d'harissa et cumin... Bons vins et pain maison.

I●I *Restaurant Le Port de la Lune* – 59, quai de Paludate (hors plan D4-39) ☎ 05.56.49.15.55. ♿ Service jusqu'à 2 h du matin, tous les jours. Accès : dans le quartier de la gare Saint-Jean, dans le prolongement du quai de la Monnaie. Compter 150 F (22,9 €) à la carte. Face aux abattoirs, dans le quartier de la nuit bordelaise, voilà le quai où il faut venir échouer. Laissez-vous guider par la trompette de Wallace Davemport ou la batterie de Jo Jones. Parce que ici, on aime le jazz... doux euphémisme : il s'agit d'un amour proche de la névrose. D'ailleurs, le slogan maison, c'est : « l'abus de jazz est recommandé pour la santé. » Cadre chaleureux avec, aux murs, tous les grands du rythme et du toucher jazzy. Concerts fréquents. Et dans ce lieu vivant, « habité » et populaire, on se restaure fort bien de p'tits plats de bistrots, sérieux comme la sélection musicale, à des prix modérés. Salade du port, moules et huîtres, magret de canard entier, rognons de veau à l'ancienne... Vins abordables. En saison, pibales à l'espagnole, alose sauce verte, lamproie, etc. Michel, le patron, souriant et volubile, promène ses moustaches à la Dalí en s'assurant que tout le monde est bien amarré... Pas de risque, ici on est toujours à bon port...

DANS LES ENVIRONS

GRADIGNAN 33170 (6 km SO)

♠I●I *Hôtel-restaurant Le Chalet Lyrique* *** – 169, cours du Général-de-Gaulle (Centre) ☎ 05.56.89.11.59. Fax : 05.56.89.53.37. TV. Canal+. Satellite / câble. Resto fermé le dimanche et en août.

Accès : par la rocade extérieure, sortie n° 16 ; juste après la place de l'Église. Doubles à 390 F (59,5 €). Menu à 65 F (9,9 €) le midi en semaine. À moins de 15 mn de l'aéroport de Bordeaux-Mérignac. Au centre de ce qui hésite entre gros bourg et banlieue de Bordeaux. Bâtiment résolument contemporain qui fait cercle autour d'un patio planté d'oliviers centenaires. Au milieu, une fontaine glougloute au creux d'une jarre d'argile géante. Chambres très confortables (certaines sont mansardées et dotées d'un balcon). Au resto, les viandes (pavé de bœuf, de mouton ou d'entrecôte, daube...) sont exquises (le patron est un ancien garçon boucher) mais, diable, à la carte (traduite en 7 langues dont le chinois, ce qui n'a rien à voir !), ça se paie !

BRANTÔME 24310

Carte régionale B1

I●I *Restaurant Au Fil de l'Eau* – 21, quai Bertin (Centre) ☎ 05.53.05.73.65. Fermé le lundi soir et le mardi sauf juillet-août. Congés annuels : du 5 janvier au 15 février. Accès : au bord de la rivière, près du pont de Périgueux. Le midi, formule unique mais beaucoup de choix à 105 F (16 €), autre menu à 135 F (20,6 €). C'était autrefois un bistrot de pêcheurs. Plus de cartes de pêche en vente derrière le comptoir, plus d'interminables discussions sur la taille des dernières prises. Mais la déco très raffinée de cette adorable petite salle nage toujours dans cet univers. Il y a même une barque amarrée à côté de la sympathique petite terrasse sur les berges de la Dronne. Logiquement, on trouvera pas mal de poissons de rivière (truites, filets de perche...) et des plats de terroir dans une formule « menu-carte ». Cuisine pas bien compliquée, mais bien troussée (foie gras maison, magret de canard aux cèpes, sandre au pécharmant...). L'adresse est connue, il est prudent de réserver. Accueil gentil. Service diligent. *Digestif offert.*

DANS LES ENVIRONS

MONSEC 24340 (12 km NO)

♠I●I *Hôtel-restaurant Beauséjour* – rue Principale (Centre) ☎ 05.53.60.92.45. Fax : 05.53.56.39.88. Parking. TV. Fermé le vendredi soir et le samedi (en basse saison). Accès : par la D939. Chambres à 150 F (22,9 €) avec lavabo, à 200 F (30,5 €) avec douche et wc. Menus à 80 F (12,2 €) sauf le dimanche, puis à 120 et 150 F (18,3 et 22,9 €). À une quinzaine de kilomètres, au nord-ouest de Brantôme. Bien qu'en bord de route, une excellente étape du Périgord vert. Accueil vraiment affable et cuisine de grande qualité, servie dans une plaisante salle à manger avec vue panoramique sur le jardin. Belle gamme de menus dans lesquels le terroir est souvent à la fête : saucisse de canard, omelette aux pleurotes, foie gras, confit, brochette de magret. Le 1er menu (quart de vin compris) est déjà plus qu'honorable. Les autres sont irréprochables. Chambres toutes simples, mais impeccables.

VIEUX-MAREUIL 24340 (13 km NO)

🏠 l●l *Hostellerie de l'Étang Bleu* – ☎ 05.53.60.92.63. Fax : 05.53.56.33.20. Parking. TV. Resto fermé le dimanche soir en hiver. Accès : sur la D93, à 2 km du bourg (bien indiqué). Chambres de 335 à 360 F (51,1 à 54,9 €). Menus à 120 F (18,3 €) la semaine, et de 140 à 200 F (21,3 à 30,5 €). Hôtel-restaurant dans un grand parc en bordure d'un petit lac privé avec petite plage et possibilité de baignade. Chambres spacieuses, agréablement meublées, confortables et au calme le plus absolu. Celles donnant sur le lac possèdent une loggia. Œufs coques au petit déjeuner, il est difficile de s'arracher à ce petit coin de paradis. Belle salle de restaurant et terrasse au bord de l'eau où les canards vous tiendront compagnie. Bonne et généreuse cuisine : dos de saumon sauce aux cèpes, émincé de magret sauce morilles... *10 % sur le prix de la chambre du 1er novembre au 30 avril. NOUVEAUTÉ.*

SAINT-JEAN-DE-CÔLE 24800 (20 km NE)

🏠 l●l *Hôtel Saint-Jean* ** – route de Nontron (Centre) ☎ 05.53.52.23.20. Parking. TV. Fermé le samedi du 1er octobre au 31 mars. Congés annuels : janvier. Accès : par la D78. Chambres à 200 F (30,5 €), avec douche et wc. Menus à 70 F (10,7 €) le midi en semaine et de 100 à 140 F (15,2 à 21,3 €). Sympathique petit établissement. De ceux qui, grâce à des proprios pro et concernés, contribuent à sauvegarder la bonne image de marque de l'hôtellerie de campagne. Au bord de la départementale, mais elle n'est pas trop passante la nuit. Joli jardin. Chambres classiques, confortables et méticuleusement tenues. La patronne concocte une cuisine régionale de qualité : terrine de foie gras de canard maison, beignets de lotte, magret de canard à l'orange en persillade...

BUZET-SUR-BAÏZE 47160

Carte régionale B1-2

l●l *Auberge du Goujon Qui Frétille* – rue Gambetta ☎ 05.53.84.26.51. Fermé le mardi soir et le mercredi. Accès : face à l'église. Menus à 85 F (13 €) le midi en semaine. Autres menus de 110 à 150 F (16,7 à 22,9 €). Le village est joli et tranquille, cette auberge est à son image. Malgré un nom mutin, on se retrouve dans un cadre sage pour déguster une bonne cuisine généreuse. Salade de choucroute crue au cervelas grillé, salade de crêpes façon grand-mère, magret de canard au jus de persil, filet de daurade aux lentilles à la crème. De quoi satisfaire les appétits les plus solides.

CAMBO-LES-BAINS 64250

Carte régionale A2

🏠 l●l *L'Auberge de Tante Ursule* ** – fronton du Bas-Cambo ☎ 05.59.29.78.23. Fax : 05.59.29.28.57. Parking. TV. ♿ Fermé le mardi hors saison. Congés annuels : du 15 février au 15 mars. Accès : en bordure du fronton local. Chambres propres et agréables de 175 F (26,7 €) avec lavabo, à 290 F (44,2 €) avec douche et wc. Menus de 90 F (13,7 €) en semaine à 200 F (30,5 €). Vieille ferme toute blanche et croquignolette. L'annexe, l'*hôtel Ursula*, est on ne peut plus typique. Atmosphère familiale qui fait penser à une pension de famille de luxe. Cuisine originale qui vous réservera quelques bonnes surprises comme la salade de boudin noir frit à l'ail confit et le tournedos servi avec ris de veau et morilles, pour rester sur une note légère. Cuisine d'une grande fraîcheur sinon, comme l'accueil, d'ailleurs. Bon rapport qualité-prix pour le seul hôtel de Cambo qui se distingue des hôtels de cure.

DANS LES ENVIRONS

ESPELETTE 64250 (5 km O)

🏠 l●l *Hôtel-restaurant Euzkadi* ** – rue Principale (Centre) ☎ 05.59.93.91.88. Fax : 05.59.93.90.19. Parking. TV. Fermé le lundi toute l'année et le mardi hors saison. Congés annuels : du 1er novembre au 20 décembre. Accès : prenez la D918 en direction de Saint-Jean-de-Luz, Coquettes chambres à 280 F (42,7 €). Éviter celles donnant sur la rue. Menus de 95 à 175 F (14,5 à 26,7 €). L'un des meilleurs hôtels-restaurants du Pays basque. Michèle et André Darraïdou, amoureux fous de cuisine basque, mettent un point d'honneur à dénicher les vieilles recettes campagnardes (souvent prêtes à disparaître) et à les remettre au goût du jour. C'est ainsi que vous découvrirez dans leur immense salle à manger des plats que vous aurez fort peu de chance de trouver ailleurs. Comme le *tripoxa*, boudin de veau ou de mouton servi avec une sauce tomates aux piments (fin, délicieux !), le *merluza salsa verde* (merlu poché aux petits pois, asperges, coques et œufs durs, sauce au jurançon et fumet de poisson (hmmm!), l'*elzekaria* (soupe de légumes), etc. Bien qu'André Darraïdou prétende que le *ttaro* de *Mattier* (à Ciboure) est meilleur que le sien, sa modestie dût-elle en souffrir, nous affirmons que le sien le dépasse! Pour finir, si vous pouvez encore avaler quelque chose, goûtez le *koke*. Derrière, agréable jardin, tennis et piscine. *Sangria offerte.*

ITXASSOU 64250 (5 km S)

🏠 |●| *Hôtel du Fronton - restaurant Bonnet* ** – La Place ☎ 05.59.29.75.10. Fax : 05.59.29.23.50. Parking. TV. Fermé le mercredi hors saison. Congés annuels : du 1er janvier au 15 février. Accès : sur la D249. Chambres tout confort à partir de 200 F (30,5 €). Menus de 85 à 155 F (13 à 23,6 €). Sympathique auberge de village, à l'ambiance authentique. L'*Hôtel du Fronton* est une belle maison cachée sous les platanes de la place. Demandez les chambres à l'arrière qui offrent une vue superbe sur la campagne basque. Restaurant particulièrement recherché dans la région. Beaucoup de monde, mais la grande salle qui s'ouvre sur la belle vallée permet l'intimité des tables. L'été, on mange dehors bien sûr. Accueil courtois. Excellente cuisine traditionnelle... Succulente crème renversée nappée de caramel. Derrière, agréable jardin et piscine. Bon, est-il besoin de préciser que, pour une adresse pareille, il peut sembler utile de réserver longtemps à l'avance. *Apéritif offert.*

🏠 |●| *Hôtel-restaurant du Chêne* ** – ☎ 05.59.29.75.01. Fax : 05.59.29.27.39. Parking. TV. Fermé le lundi (et le mardi hors saison). Congés annuels : janvier et février. Accès : prenez la D918 en direction de Saint-Jean-Pied-de-Port, puis la D349; à l'entrée de la vallée de la Nive. Chambres à 240 F (36,6 €). Menus de 85 à 180 F (13 à 27,4 €). Cet établissement est superbement situé. Cuisine du terroir sans prétention mais succulente. Spécialités de morue à la biscayenne, escalopes de foie gras au vinaigre de cerise, poule au riz aux *pimientos*, risotto de lotte au chorizo...

AINHOA 64250 (12 km SO)

🏠 |●| *Ithurria* *** – rue Principale (Centre) ☎ 05.59.29.92.11. Fax : 05.59.29.81.28. TV. Fermé le mercredi hors saison. Congés annuels : du 1er novembre à Pâques. Accès : à l'entrée nord du village en venant de Cambo-les-Bains. Chambres très joliment meublées de 520 à 600 F (79,3 à 91,5 €). Menus de 170 à 260 F (25,9 à 39,6 €). Une des plus belles auberges que l'on connaisse. Beaucoup de charme. Grande maison labourdine du XVIIe siècle, ancien relais sur la route de Saint-Jacques-

de-Compostelle. Les chambres sont aménagées avec goût, mais la salle à manger reste la pièce à vivre (belles tomettes, cheminée à l'ancienne) où tous les pèlerins du monde moderne se retrouvent pour goûter piperade aux piments d'Espelette, cassoulet basque aux haricots rouges, brochette de cœurs de canard, pigeon rôti à l'ail doux... Derrière, beau jardin et piscine.

CAPBRETON 40130

Carte régionale A2

|●| *Restaurant La Pêcherie Ducamp* – rue du Port-d'Albret ☎ 05.58.72.11.33. Fermé le lundi et le mardi midi. Congés annuels : février et octobre. 1er menu à 90 F (13,7 €). Autres menus de 120 à 250 F (18,3 à 38,1 €). Directement du poissonnier au consommateur : le rayon poissonnerie est au milieu des tables, les serveuses sont en bottes et tablier en plastique. Le menu à 120 F propose assiette de fruits de mer, plat et dessert. Petit plateau de la mer à 140 F (21,3 €) et menu gastronomique avec plateau et poisson grillé à 250 F. *Apéritif offert.*

|●| *Les Copains D'abord* – port des Mille-Sabords ☎ 05.58.72.14.14. Fermé le mardi sauf de juin à août. Accès : port de plaisance. Menu unique à 135 F (20,6 €) ; à la carte, compter entre 150 et 170 F (22,9 et 25,9 €). Forte connotation « vacances » dans ce décor aux tons de bleu océan, vert des landes et jaune soleil. Une cuisine tout aussi colorée avec des plats mijotés et faits à base de produits venus directement de la ferme ou de la mer : cuisse de poulet fermier farcie au foie gras, moules, *chipirons* à l'ail et au persil plat. Ambiance musicale. Terrasse couverte et chauffée. *Une bouteille de vin, côte-de-gascogne, remise en fin de repas.*

CAP-FERRET 33970

Carte régionale A1

🏠 *La Frégate* ** – 34, av. de l'Océan (Centre) ☎ 05.56.60.41.62. Fax : 05.56.03.76.18. TV. Satellite / câble. ❄ Congés annuels : de novembre à mi-décembre. Selon la saison, la chambre avec douche de 240 à 270 F (36,6 à 41,2 €), et avec bains de 270 à 650 F (41,2 à 99,1 €). Idéalement située (entre le bassin et l'Océan, à 300 m de l'arrivée de la pinasse en provenance d'Arcachon), cette *Frégate*, dont la barre est tenue par des propriétaires serviables, est simple mais bien « gouvernée ». Atout de taille, une piscine dont la propreté est aussi exemplaire que celle des chambres. Les plus belles ont un grand balcon-terrasse face à la piscine et un niveau de confort trois étoiles (mais tarif assorti).

🏠 |●| *Hôtel des Pins* ** – 23, rue des Fauvettes (Centre) ☎ 05.56.60.60.11. Fax :

05.56.60.67.41. Congés annuels : du 10 novembre à Pâques. Doubles de 255 à 345 F (38,9 à 52,6 €) en basse saison ; de 330 à 445 F (50,3 à 67,8 €) en haute saison. Menu à 110 F (16,8 €) et le midi en été formule saladerie à 65 F (9,9 €). Dans un quartier paisible entre le bassin et l'Océan. Ravissante maison début de siècle derrière un jardinet extrêmement fleuri. Le temps semble n'avoir pas changé ce qui a bien dû être une pension de famille. Fausse impression, la déco de l'hôtel a été reconstituée avec un souci maniaque du détail : vieilles réclames, billard... Pour un peu, si ce n'était un lieu vivant, on se croirait presque dans un décor. Les photographes de mode fréquentent d'ailleurs parfois l'endroit. Bon accueil. Chambres à l'unisson, toutes avec douche ou bains, claires et propres. Au resto, produits de la mer surtout : pavé de morue fraîche à l'aïoli, thon grillé à la bordelaise, huîtres du banc d'Arguin...

|●| Pinasse Café – 2 bis, av. de l'Océan (Centre) ☎ **05.56.03.77.87.** Près du débarcadère. Congés annuels : de décembre à février. Menus à 90 F (13,7 €) le midi seulement et à 125 F (19,1 €). Jolie maison début de siècle bleue et blanche. Le genre resto de copains. Rendez-vous d'une certaine jeunesse du Cap-Ferret. Service jeune et joyeusement décontracté (ce qui ne nuit pas à son efficacité). Des musiques électroniques (house, techno) agitent parfois un peu la terrasse, idéalement située face à l'océan (et ses parcs à huîtres) et à la dune du pyla. De bons petits plats tout simples : poissons (mulet grillé sauce verte), fruits de mer (bulots, bigorneaux, éclade de moules aux aiguilles de pin) et viandes grillées (on garde un bon souvenir du travers de porc...).

DANS LES ENVIRONS

CANON (LE) 33950 (6 km N)

⌂|●| Hôtel-restaurant de la Plage – L'Herbe, 1, rue des Marins (Centre) ☎ **05.56.60.50.15.** Fermé le lundi hors saison. Congés annuels : janvier. Accès : longer le bassin d'Arcachon. Doubles à 220 F (33,5 €) avec lavabo, douche sur le palier. Menus à 90 et 150 F (13,7 et 22,9 €). Un petit hôtel-resto rescapé du modernisme (chaque année, on se demande comment c'est encore possible...). Typique maison de bois juste au bord du bassin. Une petite épicerie, un téléphone qui fait « dring », de gros matelas à l'ancienne qui, la journée, prennent l'air sur les balcons. On a l'impression de se retrouver dans un film avec Gabin et Arletty. 8 chambres modestes, mais sympathiques dont 4 ouvrent leur fenêtre sur le bassin. Resto plutôt banal, ce qui n'empêche pas bourgeois, touristes et ouvriers de se retrouver le dimanche sur la petite terrasse pour partager moules mari-

nière ou daurade grillée. On mange ce qu'il y a, et comme les patrons n'en font qu'à leur tête, on ne rouspète pas. Si c'est complet, attendez votre tour accoudé au vieux zinc comme les habitués.

CASTELJALOUX 47700

Carte régionale B1

|●| La Vieille Auberge – 11, rue Posterne ☎ **05.53.93.01.36.** Fermé le dimanche soir et le mercredi (hors saison). Congés annuels : 15 jours en novembre, 1 semaine pendant les vacances scolaires de février et la 2e quinzaine de juin. Menus de 120 à 230 F (18,3 à 35,1 €). Dans l'une des plus vieilles rues de la ville, le chef a donné à son auberge une connotation résolument terroir. On jouit d'un festival de saveurs gasconnes au travers des produits savamment choisis en fonction de la saison. Histoire de vous mettre les papilles en alerte, on peut vous parler des goujonnettes de sole à l'embeurrée de choux, du dos de bar à l'effilochée d'endives, d'un navarin d'agneau du pays, du grenadin de veau aux rognons et aux morilles ou de la fricassée de joues de lotte en salade. Les prix des menus pourront paraître élevés mais d'un point de vue qualité-prix, c'est très raisonnable. Et puis il faut bien se faire plaisir de temps en temps ! Autant que ce soit dans une belle adresse.

CAUNA 40500

Carte régionale A2

⌂|●| Le Relais de la Chalosse * – le bourg ☎ **05.58.76.10.47.** Fax : **05.58.76.32.84.** Parking. TV. Fermé le lundi en hiver. Congés annuels : du 2 au 10 janvier. Doubles avec douche et wc à 210 F (32 €). Menu à 62 F (9,5 €) sauf le dimanche. Autres menus de 85 à 200 F (13 à 30,5 €). Terroir, voilà le maître mot qui prévaut ici depuis plusieurs générations. La tradition se maintient, la qualité aussi et les gourmets de tous poils se repassent l'adresse avec plaisir. Il faut reconnaître que le marbré de foie gras aux champignons, l'émincé de ris de veau sauce madère, la cassolette de filet de sole, le filet de bar à la vanille, le cassoulet de la mer, ou les anguilles persillées mettent de la joie dans les estomacs les plus retors. On vient s'asseoir dans la plus belle salle à manger rustique de toute la région, on attache sa serviette autour du cou et on attend l'arrivée des plats. Menus à prix tout à fait raisonnables. Quelques chambres bon marché, mais il ne faut pas espérer dormir à Versailles. *Apéritif offert. 10 % sur le prix de la chambre du 1er novembre au 30 avril.*

DAX   40100

Carte régionale A2

🏠 |●| *Hôtel-restaurant Beausoleil* ** – 38, rue du Tuc-d'Eauze (Centre) ☎ 05.58.74.18.32. Fax : 05.58.56.03.81. Parking. TV. Resto fermé le lundi soir et le jeudi soir. Doubles de 250 à 360 F (38,1 à 54,9 €). Menus à 65 F (9,9 €) en semaine, puis de 100 à 220 F (15,2 à 33,5 €). Le plus charmant et le plus sympa, sans conteste. Proche du centre, mais au calme, cette gentille maison blanche, avec sa terrasse, propose 32 chambres familiales et confortables, avec douche et wc. On y mange une cuisine convenue mais bonne, préparée avec de beaux produits. Voilà le genre d'endroit où votre bouteille vous attend sur la table avec votre rond de serviette. Excellent rapport qualité-prix. Toutes les trois semaines, le jeudi soir, soirée cabaret. *Petit déjeuner offert ou 10 % sur le prix de la chambre sauf en août.*

|●| *La Table de Pascal* – 4, rue de la Fontaine-Chaude ☎ 05.58.74.89.00. Fermé le dimanche et le lundi midi. À la carte, compter environ 100 F (15,2 €). Un vrai petit bistrot dans un joli décor bistrot servant une bonne cuisine de... bistrot. Des plats de copains qu'on vient grignoter à midi avec un client ou le soir avec une amie. Poireaux à la moutarde, garbure, pavé de saumon, foie de veau persillé, *axoa* d'espelette, parmentier de canard... *Apéritif offert.*

|●| *L'Amphitryon* – 38, quai Galliéni ☎ 05.58.74.58.05. Fermé le dimanche soir et le lundi. Congés annuels : du 1er au 18 janvier et du 18 au 31 août. Menus de 110 à 220 F (16,8 à 33,5 €). Un amphitryon est un hôte qui vous offre à dîner, peut-on lire dans le dictionnaire. Éric Pujos a donc choisi d'être un amphitryon. Il vous ravira de produits landais et basques dans une petite salle au décor clair, moderne et sobre. Son restaurant fait partie de tous les carnets d'adresses gourmandes de Dax. On y vient pour le foie gras rustique, l'agneau de soule farci d'*axoa*, les *pimientos del piquillos*, le pavé de merlu aux *chipirons* à l'encre et pour finir le délicieux pastis landais. Menus à prix très raisonnables. Service prompt et souriant sous la houlette de Mme Pujos. *Apéritif offert.*

DURAS   47120

Carte régionale B1

🏠 |●| *L'Hostellerie des Ducs* ** – bd Jean-Brisseau ☎ 05.53.83.74.58. Fax : 05.53.83.75.03. Parking. TV. Satellite / câble. Fermé le dimanche soir et le lundi sauf en juillet, août et septembre. Accès : à

deux pas du château. Doubles à 275 F (41,9 €) avec douche et wc puis de 350 à 490 F (53,4 à 74,7 €) avec bains. Menus à 90 F (13,7 €) le midi en semaine et de 128 à 220 F (19,5 à 33,5 €). À la carte, compter 350 F (53,4 €). Dans un coin calme, 2 belles demeures mitoyennes – un ancien couvent – abritent la plus prestigieuse adresse de la région. Terrasse agréable, belle piscine et grand jardin fleuri. Chaleureuse salle à manger où vous trouverez une cuisine extrêmement renommée. Tous les produits sont frais. Tatin de nashis, terrine au foie gras et prune, fricassée de volaille aux écrevisses, cœur de filet de bœuf aux morilles, tourin à l'ail, canard en saucisse, confit, aiguillette, tourtière aux pommes. Plutôt que l'originalité, le chef préfère mettre en avant les beaux produits du département du Lot-et-Garonne pour préparer une belle cuisine bourgeoise. Chambres confortables et personnel attentionné. On a un faible pour les chambres nos 15, 16 et 17. On comprend que la réservation soit quasi obligatoire en saison. *10 % sur le prix de la chambre sauf août et septembre.*

EUGÉNIE-LES-BAINS   40320

Carte régionale A2

|●| *La Ferme aux Grives* – le bourg ☎ 05.58.51.19.08. Carte-menu à partir de 195 F (29,7 €). Le monde entier connaît Eugénie-les-Bains. Le monde entier connaît Michel Guérard. Il est l'inventeur de la cuisine minceur et son domaine s'étend ici sur plusieurs hôtels, un établissement thermal et deux restaurants. Bien sûr, il y a les *Prés d'Eugénie* (☎ 05.58.05.06.07), le restaurant star, le fer de lance. Une des plus grandes tables de la planète. Bien évidemment, le talent se paie et les menus démarrent à 590 F (89,9 €). Mais, oh! comble de bonheur, le chef a décidé de s'amuser en comblant ses hôtes. Et à l'autre bout du domaine, il a décidé de réhabiliter cette vieille ferme en auberge. Vous allez pénétrer dans un véritable théâtre et vous serez les acteurs de la pièce qui se joue deux fois par jour : un repas. Si le sens du mot manger ne vous évoque plus rien, venez ici. Vous allez retrouver les saveurs d'antan, réapprendre la simplicité des produits, vous allez vous souvenir ou vous créer des souvenirs. C'est une bibliothèque du goût à l'image de cette solide table paysanne sur laquelle s'étalent les légumes frais que vous retrouverez dans votre assiette tout à l'heure. Les jambons sèchent au plafond, le cochon de lait tourne doucement sur la broche de la cheminée, les barriques qui l'entourent ont le parfum d'antan. On est heureux dès que l'on s'assied. Et le pari est déjà gagné : retrouver le plaisir autour d'une

table entre amis. Salade de bouilli de bœuf et de cochon en ravigote, salade de cocos et de morue aux anchois frais marinés, terrine moelleuse de tête de veau sauce gribiche, cochon de lait comme en Castille, toupine de tripes mitonnées à l'armagnac, poulet fermier landais grillé. Sûr que vous n'en avez jamais mangé un aussi bon ! En dessert : paris-brest à la crème pralinée, crème brûlée à l'avoine grillée, tarte beurrée aux fruits de saison. Ça chante, c'est la fête, le rêve éveillé. Rien à ajouter ! Si, essayez les toilettes !

EYZIES-DE-TAYAC (LES)   24620

Carte régionale B1

🏠 🍽️ *Hôtel de France - Auberge du Musée* ** – rue du Moulin (Centre) ☎ 05.53.06.97.23. Fax : 05.53.06.90.97. Parking. TV. ♿ Congés annuels : de début novembre à Pâques. Accès : dans la rue menant au musée. Chambres de 280 à 370 F (42,7 à 56,4 €). Demi-pension obligatoire du 1er au 20 août de 280 à 360 F (42,7 à 54,9 €) par personne. Menus de 88 à 215 F (13,4 à 32,8 €). Deux établissements qui se font face, au pied de la falaise (et du musée de la Préhistoire, bien sûr). À l'auberge, dans l'une des deux salles ou sous la tonnelle de glycine, cuisine traditionnelle et régionale. Le 1er menu est servi tous les jours, le plus cher est un beau menu-carte : foie gras de canard au torchon, croustillant d'agneau aux pleurotes, escalope de ris de veau aux morilles et truffes...). Quelques chambres derrière les solides murs de pierre de l'*Hôtel de France*. À quelques centaines de mètres, d'autres chambres dans une annexe, avec jardin et piscine (ouverte à tous les clients !).

🏠 🍽️ *Le Moulin de la Beune* ** – le bourg (Centre) ☎ 05.53.06.94.33. Fax : 05.53.06.98.06. Parking. ♿ Fermé le mardi midi. Accès : en venant de Sarlat, à droite, en contrebas du pont. Chambres à partir de 280 F (42,7 €). Menus de 98 à 300 F (14,9 à 45,7 €). Comme son nom l'indique, le restaurant est installé pour partie dans un ancien moulin donc logiquement... au bord de l'eau. Et en contrebas du village, dans un endroit où les cars de touristes ne se risquent pas. Accueil courtois. Cuisine savoureuse et bien tournée, servie dans une salle où l'on découvre le mécanisme d'origine du moulin. 1er menu proposant, par exemple, médaillon périgourdin façon paysanne, ballottine de volaille ou suprême de truite aux amandes. Dans les autres menus : légumes « barigoules », confit de canard aux mojettes du Périgord... L'été, on mange dans le jardin, sur une adorable terrasse, bercé par le doux murmure de la rivière.

L'hôtel, à deux pas, est situé dans un bâtiment plus récent mais tout aussi calme. Chambres à la déco d'une sobriété exemplaire (d'aucuns pourront les trouver un rien austères) mais confortables et d'un bon rapport qualité-prix.

🏠 🍽️ *Hôtel-restaurant du Centre* ** – le bourg (Centre) ☎ 05.53.06.97.13. Fax : 05.53.06.91.63. Parking. TV. Fermé le midi sauf juillet-août. Congés annuels : de début novembre à fin janvier. Accès : en face du musée. Chambres de 290 à 420 F (44,2 à 64 €). Demi-pension conseillée en août de 320 à 400 F (48,8 à 61 €) par personne. 1er menu à 100 F (15,2 €) servi tous les jours. Sur une petite place piétonne (donc au calme), en bordure de rivière. La note blanche des volets ajoute du charme aux vieux murs couverts de lierre. Une sérieuse affaire de famille où parents et enfants se complètent pour vous apporter à la fois un accueil charmant et des prestations de qualité. La belle maison cossue qui inspire confiance. Chambres fort joliment décorées, les plus récentes ont un charme fou... La salle à manger s'est refait une beauté dans le genre rustico-bourgeois. On y sert une cuisine traditionnelle d'inspiration régionale et de bonne facture. Bon rapport qualité-prix pour le 1er menu proposant, par exemple, délice périgourdin au foie gras, blanc de poulet aux noix ou confit de poule. À la carte : gourmande aux 3 foies gras, ris de veau aux morilles, poêlée de Saint-Jacques aux cèpes, soufflé à l'orange, marbré au chocolat... *10 % sur le prix de la chambre de février à juin.*

🏠 🍽️ *Hôtel-restaurant Le Centenaire* **** – rocher de la Penne (Centre) ☎ 05.53.06.68.68. Fax : 05.53.06.92.41. Parking. TV. Resto fermé le mardi midi et le mercredi midi. Congés annuels : du 1er novembre au 15 avril. Accès : dans la rue principale. Chambres à partir de 470 F (71,7 €). Menus à 180 F (27,4 €) le midi en semaine, puis de 325 à 600 F (49,5 à 91,5 €). Ce genre d'adresse n'apparaît qu'exceptionnellement dans nos guides, mais il faut humblement reconnaître que c'est une adresse exceptionnelle. Disons-le sans détour, voici le meilleur restaurant du Périgord. Cette maison est une véritable histoire de famille et ici on a su garder les pieds sur terre ou plutôt dans le terroir. La tradition et l'inspiration régionales et le choix des produits, parmi les meilleurs de la région, voilà les ingrédients de base. Il faut maintenant le talent de Roland Mazère pour sublimer chaque saveur et extraire de chaque produit sa quintessence. Le repas ressemble à un feu d'artifice où chaque plat est un bouquet de saveurs intenses et subtiles à la fois. Que dire d'une « toute simple » salade de haricots verts à l'huile de noisette et copeaux de foie gras ? Comment réussir à créer une « terrine chaude de cèpes, pointe d'ail et beaucoup de persil » aussi exceptionnelle, si simple *a priori*, mais jamais cèpes n'ont eu autant de goût, ni ne sont restés aussi moelleux... et l'esturgeon caramélisé, crème de maïs blanc au caviar de truffe... on en salive encore. Les vins, en vente dans une boutique à côté du restaurant, font la part belle aux crus de la région et sont sélectionnés par un remarquable sommelier qui saura vous conseiller avec compétence. Contrairement aux établissements de ce niveau, pas d'ambiance empesée, pas de serveur omniprésent derrière votre épaule, vous ne verrez pas non plus le nom du chef en lettres d'or ni de tableau à son effigie, car en plus on a le génie modeste au *Centenaire*. L'accueil d'Alain Scholly et de Madame est sincère, authentique et chaleureux, le service est parfait, discret et efficace. C'est cela la vrai classe. Le décor est du même niveau, beau, riche mais sans ostentation. Bien évidemment, il faudra dépenser une certaine somme, mais pour le prix de deux ou trois repas ordinaires, on a un vrai plaisir dont on gardera le souvenir toute sa vie, cela vaut peut-être la peine de faire un effort ? D'autant que le premier menu, servi à midi, permet d'approcher le talent du chef et le plaisir du lieu pour moins de 180 F. Les Eyzies sont célèbres pour les restes de l'homme de Cro-Magnon, ils le deviennent aussi par le souvenir de l'homme du *Centenaire*. Les chambres offrent un confort total mais il faudra vraiment casser sa tirelire pour s'offrir les plus belles. *10 % sur le prix de la chambre.*

DANS LES ENVIRONS

TURSAC 24620 (6 km N)

|●| Restaurant La Source – le bourg ☎ **05.53.06.98.00.** Fermé le samedi en basse saison. Congés annuels : de décembre à février. Accès : par la D706. Menus de 78 à 160 F (11,9 à 24,4 €). Honnête petite auberge de village bien agréable. Salle rustique et aux beaux jours, terrasse-jardin où coule une source (la voilà!). Les nouveaux propriétaires ont donné un bon coup de jeunesse et de créativité dans la cuisine. La cuisine est moderne sans être nouvelle, sans oublier les spécialités du terroir : foie gras, omelette aux cèpes, terrine de lapin aux noisettes et aussi un menu végétarien, cela vaut la peine d'être signalé. Ambiance agréable.

BUGUE (LE) 24260 (11 km SO)

≜ |●| L'Auberge du Noyer – Le Reclaud-du-Bouny-Bas, F703 ☎ **05.53.07.11.73. Fax : 05.53.07.11.73.** TV. ⚒ Resto fermé le mardi et le mercredi midi. Congés annuels : du 1er au 15 décembre et du 15 janvier à fin février. Accès : depuis Le Bugue, suivre la D703 sur 4,5 km (direction Limeuil - Sainte-

Alvère). Chambres de 390 à 520 F (59,5 à 79,3 €). Menus de 85 à 160 F (13 à 24,4 €). Un adorable couple belgo-hollandais vient de reprendre ce ravissant endroit. Ils ont craqué, nous aussi. Ancienne et superbe ferme du XVIIIe siècle, rénovée avec un goût et un raffinement rares. Les chambres se répartissent entre différents bâtiments dans un environnement verdoyant et vallonné. Toutes différentes, elles comportent néanmoins le même niveau de confort et de charme, seule la taille fait la différence de prix. Certaines donnent directement sur la piscine d'où la vue est belle et reposante. Petits déjeuners copieux (tradition nordique) servis éventuellement sous les arbres. La salle à manger est également agréable et la cuisine attire déjà pas mal d'habitués. Un vrai coup de cœur. *NOUVEAUTÉ.*

TAMNIÈS 24620 (14 km NE)

≜ |●| Hôtel-restaurant Laborderie ** – le bourg (Centre) ☎ **05.53.29.68.59. Fax : 05.53.29.65.31.** Parking. TV. Congés annuels : de novembre à mars. Accès : par la D47 et la D48 ; à égale distance (14 km) de Sarlat et de Montignac. Chambres à 150 F (22,9 €) avec douche et wc, 480 F (73,2 €) avec bains. Menus de 105 à 250 F (16 à 38,1 €). Sur la paisible place centrale d'un bourg perché. Environnement assez exceptionnel donc. Ce qui fut une ferme puis un café-resto de campagne est aujourd'hui devenu une adresse plutôt chic. Mais pas (trop) chère. Quelques chambres sont installées dans la maison, pleine d'allure avec son clocheton ; les autres, toutes aussi agréables, se nichent dans une annexe, au milieu d'un parc ouvert sur la campagne environnante. Nos préférées, de plain-pied, donnent sur la piscine. Au resto devenu un des points de passage obligés d'un Périgord pourtant riche en bonnes adresses, le chef décline avec talent et générosité les classiques périgourdins : assiette périgourdine, foie gras mi-cuit, canard aux pêches... Vaste et lumineuse salle à manger et terrasse.

GRENADE-SUR-L'ADOUR 40270

Carte régionale A2

≜ |●| Pain, Adour et Fantaisie * – 14-16, place des Tilleuls** ☎ **05.58.45.18.80. Fax : 05.58.45.16.57.** Parking payant. TV. Canal+. ⚒ Fermé le dimanche soir et le lundi (le lundi midi uniquement en été). Congés annuels : les vacances scolaires de février (à confirmer). Accès : RN124. Doubles de 420 à 800 F (64 à 122 €) avec bains. Demi-pension à 440 F (67,1 €). Menus à 165 F (25,2 €), sauf les jours fériés, et de 235 à 360 F

(35,8 à 54,9 €). Autant vous prévenir d'emblée, il va y avoir des superlatifs. Forcément, c'est l'une de nos adresses préférées dans la région. Forcément, cette vieille maison de village plantée entre la place principale et l'Adour a tout pour plaire, même aux esprits les plus chagrins qui repartiront heureux. Si vous avez prévu une étape dans le coin, venez vous lover dans une des 11 chambres de la maison. Elles sont confortables, décorées avec un goût assuré, pleines de charme. Sur la rivière ou sur la place, qu'importe ! « Retour du Nil », « Ronds dans l'eau » ou « Au bois dormant » vous laisseront un beau souvenir. La cuisine, elle, est incontournable et revient dans toutes les bouches, pauvres ou riches, paysans ou notables. Philippe Garret est un artiste. S'il était peintre, il serait impressionniste. Il opère par touches, il invente comme on compose des poésies lorsqu'on est amoureux. À l'arrivée, c'est une véritable symphonie buccale qui se joue dans votre assiette. Et que ce soit dans une salle au décor raffiné ou sur la terrasse au bord de l'Adour, le plaisir est là du début jusqu'à la fin. Il en faut encore pour vous convaincre ? Si on vous dit risotto glacé aux crevettes, pommes de terre farcies à la charpie de cochon, rouget poêlé au vinaigre de lavande, lapin braisé aux cèpes et au jus braisé de châtaignes, agneau de lait des Pyrénées, jus de girolles aux haricots tarbais... On pourrait continuer sur toute la carte. Service discret, classieux sans être guindé. Différents menus pour un rapport qualité-charme-prix sans égal. *Apéritif offert.*

HAGETMAU   40700

Carte régionale A2

≜ I●I *Le Jambon* ** – 27, rue Carnot ☎ 05.58.79.32.02. Fax : 05.58.79.34.78. Parking. TV. Canal+. Satellite / câble. Fermé le dimanche soir et le lundi midi. Congés annuels : de fin octobre à début novembre. Accès : centre-ville, face au marché couvert. Doubles de 280 à 300 F (42,7 à 45,7 €) avec douche et wc ou bains. Menus pour toutes les bourses et tous les appétits de 110 à 220 F (16,8 à 33,5 €). On vous le concède, le nom de cette maison peut surprendre ! Mais derrière la façade rose et blanche se cache la maison respectable du coin, réputée pour ses mets comme le foie aux épices qui côtoie sur la carte les huîtres chaudes au champagne, le bœuf de Chalosse aux petits légumes qui sympathise avec le soufflé chaud au Grand Marnier. La table mérite des éloges, les chambres aussi. Et puis un patron aussi sympa avec une casquette vissée sur la tête, ça inspire forcément confiance. *Digestif offert.*

HENDAYE   64700

Carte régionale A2

≜ *Hôtel Les Buissonnets* ** – 29, rue des Seringas ☎ 05.59.20.04.75. Fax : 05.59.20.79.72. TV. Congés annuels : 2 semaines en décembre. Doubles de 220 à 380 F (33,5 à 57,9 €) avec douche et wc ou bains. Une grande maison bourgeoise agrémentée d'une piscine et d'un jardin agréable. Accueil sympathique. Dès le 1er étage, vue superbe sur Hendaye et l'Océan. Attention, ne venez pas avec des malles-cabines pleines, ça grimpe sec avant d'arriver dans les chambres. *10 % sur le prix de la chambre à partir de la 2e nuit et hors saison.*

DANS LES ENVIRONS

BIRIATOU 64700 (4 km S)

≜ I●I *Hôtel-restaurant Bakea* ** – ☎ 05.59.20.76.36. Fax : 05.59.20.58.21. Parking. TV. ♿ Fermé le dimanche soir et le lundi (sauf d'avril à novembre). Congés annuels : du 30 janvier au 1er mars. Accès : par la D258, suivre le fléchage. Doubles de 290 à 420 F (44,2 à 64 €) avec bains. Demi-pension en juillet-août à 800 F (122 €) pour 2 personnes. Menus de 150 à 320 F (22,9 à 48,8 €). Voilà un vrai petit coin de paradis dans la vallée de la Bidassoa si chère à Pierre Loti. Loin de tout, vous goûterez au repos absolu. Pour cela, une dizaine de chambres propres et fleuries, les plus belles avec balcon et vue sur la Bidassoa (nos 7 à 10). Excellent restaurant avec une terrasse de rêve. Malheureusement assez cher. Accueil prévenant et service raffiné. *10 % sur le prix de la chambre hors saison.*

HOSSEGOR   40150

Carte régionale A2

≜ *Hôtel Les Hélianthes* ** – 156, av. de la Côte-d'Argent (Ouest) ☎ 05.58.43.52.19. Fax : 05.58.43.95.19. TV. Congés annuels : de mi-octobre à début avril. Accès : à 10 mn à pied des plages, à 300 m du centre. Doubles à partir de 180 F (27,4 €) avec lavabo, 220 F (33,5 €) avec douche et wc et à 290 F (44,2 €) avec bains. En saison, prix allant de 320 à 490 F (48,8 à 74,7 €) comprenant 2 petits déjeuners-brunch maison en self-service de 8 h à 11 h 30. Cette petite maison croquignolette comme on les aime est la meilleure adresse du coin pour son rapport qualité-prix-accueil-calme. On a immédiatement un faible pour cette petite bâtisse blanche aux volets rouges, familiale et pas prétentieuse, avec sa petite piscine, le tout enfoui sous les pins. L'adorable patron donne une bien agréable atmosphère de pension de famille à son hôtel. TV sur demande à la réservation. Repas du soir sur demande hors saison seulement. *10 % sur le prix de la chambre hors saison.*

≜ |●| *Hôtel-restaurant Les Huîtrières du Lac* ** – av. du Touring-Club ☎ 05.58.43.51.48. **Fax : 05.58.41.73.11.** Parking. TV. Resto fermé le lundi. Congés annuels : janvier. Doubles de 300 à 400 F (45,7 à 61 €). 1er menu à 95 F (14,5 €), ensuite menu à 150 F (22,9 €). Réservez suffisamment à l'avance pour être sûr d'avoir une chambre donnant sur le lac. Un rien bourgeois, très bien tenu, un poil cher pour le coin, mais une excellente table. Voici en résumé à quoi il faut s'attendre. L'atmosphère reste plutôt familiale. Pour les chambres, on a un faible pour les nos 1, 2, 3, 4, 12 et 14 qui ont la vue sur le lac. Que vous dormiez ici ou pas, la table mérite une halte pour le foie gras à la pêche, le pigeonneau au miel, le bar en croûte de sel, la soupe de poissons... *Apéritif offert.*

LALINDE-EN-PÉRIGORD   24150

Carte régionale B1

≜ |●| *Hôtel-restaurant Le Château* *** – 1, rue de Verdun (Centre) ☎ 05.53.61.01.82. **Fax : 05.53.24.74.60.** TV. Fermé le dimanche soir et le lundi en hiver, le lundi uniquement au printemps et en automne, le lundi midi en juillet-août. Congés annuels : de mi-décembre à mi-février et la 3e semaine de septembre. Accès : par la rue des Martyrs-du-21-Juillet-1944, puis tourner dans la rue de la Poste. Chambres de 290 à 850 F (44,2 à 129,6 €). Demi-pension conseillée de juin à septembre : 350 à 650 F (99,1 €). Menus de 115 à 300 F (17,5 à 45,7 €). C'est un vrai petit château, avec tourelle à encorbellement, tours poivrières et balcon sur la dolente Dordogne. Guy Gensou, qui en a refait tout le décor intérieur, règne en cuisine et accueille fort chaleureusement. Il personnalise, enrichit, revisite les plats du terroir avec un enthousiasme (qui connaît parfois quelques baisses de régime...) et de superbes produits frais. Salles paisibles et gentil service. Beau 1er menu avec apéro offert, pâté à l'ancienne à la brisure de truffe, truite farcie au blanc de bergerac, *milla* périgourdin ou faisselle et sa confiture de melon. Aux autres menus : toujours avec l'apéro offert, filet d'oie fumé à la confiture d'oignons, souris d'agneau sur lit de haricots ou civet de pieds de cochon au pécharmant, rocamadour rôti et sa salade de noix, dessert. À la carte, le foie gras de canard, le grenadin de veau à la crème d'ail ou encore

les langoustines grillées. Chambres confortables et chères (château oblige !), mais évitez les moins chères, petites, fenêtres exiguës et sans vue sur la rivière. Par bonheur, la douceur des prix au restaurant n'exclut personne. D'ailleurs, on trouve parfois des casques de motos dans l'entrée. Incongru ? Non, Guy Gensou est lui-même motard et ses collègues de la route sont vraiment les bienvenus... Petite piscine surplombant la Dordogne. *10 % sur le prix de la chambre sauf les jours fériés.*

LAROQUE-TIMBAUT   47340

Carte régionale B1-2

|●| *Le Roquentin* – (Centre) ☎ 05.53.95.78.78. Fermé le dimanche soir, le lundi et les soirs de fêtes. Accès : face à l'église. Menus allant de 60 F (9,1 €) le midi en semaine à 210 F (32 €), avec une mention spéciale pour celui à 170 F (25,9 €). Maison récente construite dans le style des mas provençaux avec une déco printanière, presque primesautière. La cuisine du chef a su conquérir une belle réputation dans la région. Il travaille de beaux produits qu'il prépare dans la plus belle tradition du Sud-Ouest : croustadine de foie gras frais aux pommes, magret au miel, cuisses de grenouilles persillées, œufs brouillés aux truffes... Jolie carte des vins où l'on trouve un beau cahors La Coutale 92 à 90 F (13,7 €) ou un madiran 91 de chez Bouscassé, également à 90 F. Les amateurs apprécieront, les néophytes découvriront !

LARRAU   64560

Carte régionale A2

≜ |●| *Hôtel-restaurant Etchemaïté* ** – ☎ 05.59.28.61.45. **Fax : 05.59.28.72.71.** Parking. TV. ♿ Fermé le dimanche soir et le lundi hors saison. Congés annuels : du 15 au 30 janvier. Doubles de 220 F (33,5 €) avec douche et wc à 280 F (42,7 €) avec bains. Menus de 95 à 150 F (14,5 à 22,9 €). Le village avait déjà tout pour plaire. La gentillesse et l'hospitalité bienveillante de la famille Etchemaïté ont encore renforcé cette impression. Car Pierre et Martin, comme naguère leurs parents, savent cultiver à merveille le sens du bien-recevoir dans un luxe qui rime avec simplicité et bon goût. Dès l'arrivée, le voyageur se sent déjà des affinités avec la maison. Pourquoi ne pas prendre un petit verre sur la terrasse sous les arbres ? Histoire de se mettre en bouche avant de passer à table. À droite, le gril où Pierre fait rôtir magrets, viandes juteuses, gigot d'agneau, etc. Plus loin, l'œil ne peut se détacher de la nature omniprésente à travers les grandes baies vitrées. On mange au milieu des montagnes. Soupe paysanne de rigueur, un rien pleine de parfums et de saveurs d'enfance, et puis c'est la plongée dans le terroir basque : salade souletine, terrine de cèpes au jus de foie gras, filet de merlu grillé au beurre d'herbes, côtes d'agneau de lait et *piquillos* farcis, noix de veau grillée en croûte de champignons, etc. Un petit fromage de brebis et de berger pour préparer les papilles à recevoir le clafoutis aux poires ou la tarte fine aux pommes et sa glace à la cannelle. La cuisine de Pierre cajole la mémoire. Mais le succès rend l'attente entre chaque plat un peu longue. Quant à Martin, il saura vous chouchouter et trouver le vin qui vous éclaircira la voix. Car pas question de repartir comme cela : les chambres sont confortables et douillettes. Quel plaisir de dormir sous une couette, le nez dans les hauteurs, lorsque le vent souffle au dehors !

LARUNS   64440

Carte régionale A2

|●| *L'Arrégalet* – **37, rue du Bourguet** ☎ 05.59.05.35.47. ⚒ Fermé le dimanche soir et le lundi. Congés annuels : 15 jours fin avril, 15 jours fin décembre. Accès : dans la rue de la Maison de la Presse. Menus de 66 à 125 F (10,1 à 19,1 €). Vieille rue, salle et accueil chaleureux, petite terrasse. On est ici dans une des institutions de la vallée : la famille Coudouy concocte une cuisine typique avec les meilleurs produits de la montagne, à commencer par ceux du frère, charcutier renommé, 100 m plus loin, et le pain fait maison. Deux plats à ne pas manquer : la gardure complète façon grand-maman et le foie gras de canard à la fondue de poireaux. Mais le resto est plus connu pour sa poule au pot servie entière, avec bouillon et légumes, que pour le plat qui a donné son nom à la maison. D'ailleurs, saviez-vous que l'arrégalet était un croûton de pain à l'ail passé à la poêle dans la graisse d'oie ? Fin, délicieux ! *NOUVEAUTÉ.*

|●| *Auberge Bellevue* – **55, rue Bourguet (Centre)** ☎ 05.59.05.31.58. Fermé le mardi soir et le mercredi. Congés annuels : du 5 janvier au 15 février. Menus de 80 à 185 F (12,2 à 28,2 €). Une adresse fort alléchante et sympathique, installée dans un chalet fleuri avec une vue imprenable sur la montagne. On a aimé la lotte fraîche aux langoustines et la fricassée de poulet fermier aux écrevisses. Mais vous craquerez peut-être pour la garburade maison !

LESTELLE-BÉTHARRAM   64800

Carte régionale A2

🏠|●| *Le Vieux Logis* ** – **route des Grottes (Sud-Est)** ☎ 05.59.71.94.87. Fax : 05.59.71.96.75. Parking. TV. ⚒ Fermé le dimanche soir et le lundi hors saison. Congés annuels : du 25 janvier au 2 mars et du 25 octobre au 2 novembre. Accès : à la sortie du village en direction des grottes. Chambres de 210 à 290 F (32 à 44,2 €). Menus de 100 à 220 F (15,2 à 33,5 €). Au fond d'une grande propriété en bordure de la D937, entre Saint-Pé et Lestelle-Bétharram, à proximité des grottes du même nom. Maison de famille aménagée en hôtel de bon standing (bains/douche, wc et téléphone). Hébergement en chambres modernes (la plupart avec balcon) et chalets indépendants. Silence assuré. Piscine dès les beaux jours. Côté restaurant, décor rustique agréable en dépit de quelques maladresses. Cuisine régionale de qualité : mention spéciale pour les desserts, tout simplement exquis. Bonne carte des vins.

LISTRAC–MÉDOC   33480

Carte régionale A1

🏠|●| *L'Auberge Médocaine* – **Grand-Rue** ☎ 05.56.58.08.86. Accès : au centre du village, sur la nationale (N215). Doubles à 220 F (33,5 €) avec douche, à 250 F (38,1 €) avec bains. Menus de 65 à 149 F (9,9 à 22,7 €). C'est un peu par hasard qu'on s'est arrêtés là, histoire de casser la croûte. Première surprise, l'agréable patio en retrait de la route, deuxième surprise, l'honnête petit menu à 65 F, avec buffet d'entrées, plat du jour bien mitonné, dessert et vin compris, enfin le service aimable. Soit une bonne halte dans un secteur qui n'en compte pas beaucoup. Quant aux chambres, simples et propres, certaines ont même un brin de charme avec leurs poutres apparentes. *NOUVEAUTÉ.*

DANS LES ENVIRONS

ARCINS 33460 (8 km E)

|●| *Café-restaurant du Lion d'Or* – **au village** ☎ 05.56.58.96.79. ⚒ Fermé le dimanche et le lundi. Congés annuels : juillet et du 24 décembre au 5 janvier. Menu à 65 F (9,9 €) sauf le samedi soir ; à la carte, compter 200 F (30,5 €) vin compris. Le genre d'endroit où le patron n'hésite pas à dire son fait au touriste si celui-ci ne lui plaît pas. C'est sans doute couleur locale, comme la cuisine qui se veut simple avant toute chose, mais du terroir (gibier en sai-

son, poisson de l'estuaire) et typiquement médocaine. On a un faible pour le petit menu ouvrier, qui ne craint pas de proposer entrée, fromage, dessert et demi de vin de pays. Le plat du jour est à conseiller également : viande d'agneau rôti, tournedos, foie à l'anglaise, ou simple omelette. Une halte sympa, et l'une des meilleures tables du Médoc. Sachez que le client peut imiter les viticulteurs habitués de l'endroit et apporter son vin ! *NOUVEAUTÉ*.

MIMIZAN-PLAGE   40200

Carte régionale A1-2

🛏 I●I *Hôtel-restaurant Atlantique* – 38, av. de la Côte-d'Argent ☎ 05.58.09.09.42. Fax : 05.58.82.42.63. Parking payant. TV. Fermé le dimanche soir et le lundi du 1er novembre au 31 mai. Congés annuels : janvier. Accès : plage nord, à proximité du centre-ville. Pour les prix, tenez-vous bien : double avec lavabo et bidet à 140 F (21,3 €) et de 220 à 280 F (33,5 à 42,7 €) avec douche et wc. Demi-pension obligatoire en juillet-août à partir de 175 F (26,7 €) par personne. Menus de 75 F (11,4 €) à 159 F (24,2 €). Sur le front de mer mais sans la vue. Incroyable petite adresse familiale, modeste et vraiment sympa. 40 chambres en tout, dans une vieille et grande bâtisse en bois derrière laquelle est venu se greffer un nouvel hôtel. Jardin agréable. Confort convenu d'une petite pension de famille où les habitués reviennent depuis des années. Uniquement 16 chambres avec douche et wc. Les autres ne possèdent qu'une douche ou un lavabo. À titre personnel, on préfère les chambres de la maison principale (dont 4 donnent sur la mer). Mais c'est affaire de goût. Sympathique endroit pour manger. Coq au vin, bar grillé au beurre d'ail, confit de canard au miel de bruyère, vol-au-vent de moules poulette, lamproie à la bordelaise, ballotine de pigeonneau fourré au foie gras. Simple et roboratif. *10 % sur le prix de la chambre à partir de 2 nuits hors juillet-août.*

🛏 I●I *Hôtel-restaurant L'Émeraude des Bois* ★★ – 66-68, av. du Courant ☎ 05.58.09.05.28. Fax : 05.58.09.35.73. TV. Congés annuels : d'octobre aux Rameaux. Accès : par la D626 ; à 10 mn à pied du centre. Doubles de 310 à 360 F (47,3 à 54,9 €) avec douche et wc ou bains. Demi-pension obligatoire en juillet-août : de 290 à 320 F (44,2 à 48,8 €) par personne. Menus de 99 à 180 F (15,1 à 27,4 €). Cet hôtel-restaurant est encore une bien bonne petite adresse familiale dans une charmante maison bordée de gros arbres et décorée à l'ancienne. Accueil très chaleureux. Si vous restez quelques jours, on conseille vivement la demi-pension, vu la qualité de la cuisine. Menus ravissants : velouté de courgettes,

lotte à la provençale, soupe de poisson, foie gras maison, magret au miel, gâteau aux noix... Pas véritablement inventif mais cuisine soignée. *Apéritif offert.*

I●I *Restaurant La Goélette* – 30, av. de la Côte-d'Argent ☎ 05.58.09.05.25. Congés annuels : du 30 septembre au 1er avril. Accès : direction plage nord. Menus à 55 F (8,4 €) puis de 75 à 130 F (11,4 à 19,8 €). Le petit resto typique, qui n'a pas bougé d'un pouce malgré l'affluence des touristes. C'est notre préféré à Mimizan, avec sa salle à manger trop éclairée, son décor très années 70, ses fleurs en plastique et ses petites tables serrées. On y cuisine les produits de la mer (soupe de poisson, calamars à l'américaine) comme ceux de la terre (aiguillettes de canard délicieuses). La paella est aussi très appréciée.

DANS LES ENVIRONS

LÜE 40210 (22 km E)

I●I *Restaurant L'Auberge Landaise* – au bourg ☎ 05.58.07.06.13. Parking. Fermé le dimanche soir et le lundi. Congés annuels : octobre. Accès : par la D626. Menus à partir de 56 F (8,5 €), sauf le dimanche, et jusqu'à 190 F (29 €). La bonne auberge landaise toute joufflue ! Une kyrielle de menus à tous les prix. Impossible de ne pas trouver son bonheur entre le confit de palombe, les *chipirons* à l'encre, le pavé de lotte à l'armoricaine... C'est sans doute grâce à cette gamme de prix que toutes les catégories sociales de la région se donnent rendez-vous chez M. Berthet : VRP, notables, ouvriers et touristes se rassemblent autour de moules marinière, d'un délicieux confit ou d'un magret.

MONT-DE-MARSAN   40000

Carte régionale A2

🛏 I●I *Hôtel-restaurant Le Midou* – place Porte-Campet (Centre) ☎ 05.58.75.24.26. Fermé le samedi midi et le dimanche soir. Congés annuels : du 23 au 27 décembre. Accès : route de Bordeaux. Doubles à 110 F (16,8 €) avec lavabo et 130 F (19,8 €) avec douche. Menus à 68 F (10,4 €), en semaine, puis 120 et 180 F (18,3 et 27,4 €). Petit hôtel traditionnel sympa et populaire, sans prétention. Chambres au confort simple mais suffisant. Pour se repaître, quelques spécialités : aiguillettes de canard au miel, ris de veau aux cèpes ou foie gras au pommes et au raisin... Menus copieux, tout comme il faut. Réservez longtemps à l'avance. *Café offert.*

🛏 I●I *Hôtel-restaurant des Pyrénées* – 4, rue du 34e R.-I. ☎ 05.58.46.49.49. Fax :

05.58.06.43.57. TV. Fermé le dimanche en juillet-août et le vendredi soir toute l'année. Doubles à partir de 170 F (25,9 €) avec lavabo, 240 F (36,6 €) avec douche et wc et 250 F (38,1 €) avec bains. Menus à 70 F (10,7 €) sauf le dimanche, puis de 120 à 195 F (18,3 à 29,7 €). On la voit bien cette vénérable maison rose que tous les gens du coin connaissent. Il faut reconnaître que c'est un peu la cantine pour le déjeuner. Et une fois que vous aurez goûté le menu à 70 F avec un potage, une entrée, un plat et un dessert, on prend le pari que vous reviendrez. Pour la qualité de la cuisine, d'une part, mais aussi parce que l'endroit est plutôt agréable. Au gré des 3 salles, on revit presque l'histoire de la maison en fonction des décorations qui sont restées en l'état. Et puis quand il fait beau, de grandes baies vitrées s'ouvrent sur une terrasse au milieu des arbres et des fleurs. Et l'on se délecte de magret, de foie gras, de ris de veau financier, de confit de poule, de porc ou de mouton... Dans chaque menu, on retrouve cette cuisine simple, roborative, rudement bonne quoi! Quelques jolies chambres agréables surtout si vous choisissez celles donnant sur la verdure. Sur le carrefour, c'est beaudoup plus bruyant. Il vaut mieux réserver pour être bien placé! Service cordial et digne d'une école hôtelière avec tout ce que cela implique. *Café offert.*

🛏🍴 *Hôtel-restaurant Zanchettin* ** – 1565, av. de Villeneuve ☎ 05.58.75.19.52. Fax : 05.58.85.92.04. Parking. TV. Fermé le dimanche soir et le lundi. Congés annuels : du 15 août au 7 septembre. Accès : à côté du camping municipal, dans le quartier Saint-Médard. Doubles de 200 à 250 F (30,5 à 38,1 €) avec douche et wc ou bains. Menus à 70 F (10,7 €) en semaine, vin et café compris, puis de 120 à 160 F (18,3 à 24,4 €). Hôtel-restaurant-bar-tabac familial relativement calme avec 9 chambres correctes. Possibilité d'y prendre des repas sur une terrasse sous les platanes ou dans une salle bien mignonne dans laquelle les tables s'alignent les unes à côté des autres. Une maison bien tenue qui mérite le petit détour nécessaire pour y arriver.

🛏🍴 *Hôtel-restaurant Richelieu* ** – rue Wlérick (Centre) ☎ 05.58.06.10.20. Fax : 05.58.06.00.68. Parking payant. TV. Canal+. Satellite / câble. Resto fermé le samedi (sauf repas commandés et groupes). Accès : juste derrière le théâtre, direction la préfecture. Doubles de 260 à 280 F (39,6 à 42,7 €) avec douche et wc ou bains. Menus à 88 F (13,4 €) en semaine, puis de 115 à 170 F (17,5 à 25,9 €). Le seul hôtel bourgeois du centre. Familial, ambiance un peu « amidonnée » comme les cols de chemise des années 30 mais irréprochable. Très province, quoi. Bon rapport qualité-prix. Le *Richelieu* est aussi l'une des

meilleures tables de la ville. Cuisine impeccable, traditionnelle et sans surprise, mais goûteuse et copieuse. Incontournable, panaché de foie grillé et mi-cuit en vinaigrette d'échalotes, médaillon de lotte au serrano et pointes d'asperges, pavé de bar petit jus de xérès et biscuit roulé au citron. Rien à redire. L'adresse de tous les notables pour leurs déjeuners d'affaires. *10 % sur le prix de la chambre sauf juillet.*

🍴 *Restaurant L'Aficion* – 4, rue Molière ☎ 05.58.75.12.81. Fermé le dimanche et le lundi. Congés annuels : du 14 au 21 juillet. Accès : juste derrière le théâtre. Compter entre 55 et 75 F (8,4 et 11,4 €) pour un plat. On entre par un sympathique bar à *tapas* plutôt animé et fréquenté par plusieurs générations de Landais. Au 1er étage, on plonge dans une atmosphère tout ce qu'il y a de plus ibérique. Jolie décoration colorée (le patron est un fan de corrida) et accueil gentil. Produits de qualité venus directement d'Espagne : *callos, boquerones, tortillas* et paella (le week-end sur commande). Spécialités : moules à la *plancha, chipirons* farcis, cochon de lait rôti à la ségovianne, lapin braisé à l'aïoli qui donne envie de sauter au cou du premier venu.

🍴 *Restaurant Le Paloumet* – 50, rue Armand-Dulamon (Centre) ☎ 05.58.46.30.60. Fermé le samedi midi, le dimanche et les jours fériés. Menus à 65 et 89 F (9,9 et 13,6 €). En entrant, vous ferez peut-être la même réflexion que nous. Pourquoi dans ce décor de vieilles pierres, de tommettes, de poutres séculaires en bois, avoir mis un plafond en barre d'aluminium ? Mais la quiétude de l'endroit, un peu à l'image du ruisseau qui coule juste à côté, vous fera oublier tous ces problèmes métaphysiques. Calme et cordial comme la patronne qui vous traitera comme un ami de la maison. Et quel plaisir de se plonger le nez dans la carte pour se mettre en appétit! Les 2 menus proposent des plats simples sortis des livres de nos grand-mères. Lapereau au beurre d'escargot, onglet à l'échalote, cassolette de rognons et ris de veau aux champignons, cailles braisées, médaillon de lotte poêlés et fondue de poireaux, tarte Tatin... On ressort le ventre plein, heureux d'avoir goûté à une belle cuisine traditionnelle, sans excentricité, préparée avec soin par un amoureux des beaux produits... *Apéritif offert.*

MONTFERRAND-DU-PÉRIGORD 24440

Carte régionale B1

🛏🍴 *Hôtel-restaurant Lou Peyrol* – La Barrière ☎ 05.53.63.24.45. Fax : 05.53.63.24.45. Parking. Fermé le mardi midi (en avril, mai, juin et septembre). Congés annuels : du 1er octobre à Pâques. Accès : par la D703, puis la D660 direction Beaumont ; prendre enfin la D25 ; en bas de Montferrand, sur la D26. Chambres à 200 F (30,5 €) avec lavabo et à 260 F (39,6 €) avec bains. Menus de 80 à 210 F (12,2 à 32 €). Joli petit hôtel-resto de campagne posé au bord d'une route très peu fréquentée la nuit. Tenu par Sarah et Thierry, un très accueillant couple franco-anglais (l'endroit a donc logiquement quelques sujets britanniques comme clients). Chambres simples mais agréables et très propres. Les nos 7 et 8 offrent une gentille vue sur l'adorable village de Montferrand. Les nos 5 et 6 restent fraîches, même en été. Une base idéale pour rayonner dans cette lumineuse région. D'autant que c'est une bonne table où l'on vous servira, par exemple de champêtres omelettes aux cèpes, aux morilles ou bien encore aux girolles, un caneton de barbarie rôti, des écrevisses à la persillade, et, au dessert, un gâteau au chocolat et aux noix. De l'autre côté de la route, un petit snack agréable tenu par la même maison. *Apéritif offert.*

DANS LES ENVIRONS

CADOUIN 24480 (7 km N)

⌂ |●| *Auberge de jeunesse* – au bourg ☎ 05.53.73.28.78. Fax : 05.53.73.28.79. ● www.fuaj.org ● Accès : dans une partie de l'abbaye. Compter 85 F (13 €) la nuit par personne en chambre de 1, 2 et 3 ; 70 F (10,7 €) en chambre collective de 4 à 7 lits. Petit déjeuner compris. Repas à 50 F (7,6 €). Un must ! Installée dans une partie de l'abbaye magnifiquement restaurée. Parc attenant. Les chambres pour 1 ou 2 sont les anciennes cellules, elles en ont gardé un côté monacal avec moucharabieh donnant sur le cloître. Les autres chambres sont également agréables. Elles possèdent toutes une salle de bains. Possibilité de repas. Excellent accueil. *NOUVEAUTÉ.*

MONTIGNAC 24290

Carte régionale B1

⌂ |●| *Hôtel-restaurant de la Grotte* – 65, rue du 4-Septembre (Centre) ☎ 05.53.51.80.48. Fax : 05.53.51.05.96. Parking. TV. ☃ Accès : face à la route de Lascaux. Une chambre modeste avec lavabo à 180 F (27,4 €), sinon de 210 F (32 €) sans wc, à 275 F (41,9 €) avec bains. Menu à 60 F (9,1 €) le midi en semaine. Dans une vieille maison (ancien relais de poste devenu hôtel lors de la découverte de la grotte de Lascaux). En plein centre. Il est donc impératif de demander à dormir côté

jardin ou vers la Vézère (chambres nos 6, 7, 8 et 12). Toutes sont décorées de manière différente, à des prix intéressants pour la ville. Au resto, tourte de sandre aux escargots et sa crème d'ail, risotto de Saint-Jacques aux cèpes et aux truffes... Deux terrasses pour les beaux jours : on a un faible pour celle du jardin au bord de l'eau. *Apéritif offert. Garage offert sauf du 15 avril au 30 septembre.*

⌂ |●| *Restaurant Bellevue* – Regourdou (Sud-Est) ☎ 05.53.51.81.29. Parking. Fermé le lundi, sauf juillet-août. Congés annuels : de mi-novembre à début mars. Accès : route de Lascaux II ; passé la grotte, continuer jusqu'en haut de la colline. Chambres à partir de 190 F (29 €) avec douche et wc. Menu à 55 F (8,4 €) le midi en semaine. Autres menus de 98 à 138 F (14,9 à 21 €). Le dimanche, réservation conseillée. En pleine nature, tout à côté de la grotte de Lascaux (attention donc aux cars de touristes qui, cela arrive, prennent l'endroit d'assaut). Comme son enseigne l'indique, superbe panorama depuis les baies vitrées du resto et la terrasse. Honnête cuisine teintée de régionalisme bien compris à prix décents : confit de poule et enchaud garni, salade de gésiers, omelette aux cèpes...

⌂ |●| *Hostellerie La Roseraie* ✶✶✶ – 11, place d'Armes (Centre) ☎ 05.53.50.53.92. Fax : 05.53.51.02.23. TV. Congés annuels : du 10 octobre au 1er mai. Chambres de 350 à 450 F (53,4 à 68,6 €). Demi-pension conseillée en juillet-août à 420 F (64 €) par personne. Menus de 150 à 195 F (22,9 à 29,7 €). Solide et élégante maison bourgeoise du XIXe siècle dressée sur la place d'Armes. Accueil plein de civilité : Jérôme Guimbaud est un jeune homme charmant (mais n'insistez pas pour connaître la composition de la fameuse « sauce périgueux » que sa famille fabrique et commercialise depuis 1927 !). Quatorze chambres exquises, toutes différentes et toutes avec bains. Escalier de bois, petits salons confortables : cette maison a vraiment du charme. On s'y sent d'ailleurs beaucoup plus comme dans une maison d'hôtes voire dans une bonne vieille pension de famille (où l'on vous conserve votre bouteille de vin si vous ne l'avez pas terminée) que dans un 3 étoiles chic et choc. Petit parc clos de hauts murs dans lequel on oublie instantanément que l'on est en ville. Et, cachée derrière la piscine, une petite roseraie (la voilà !). Mignonnette salle à manger et, pour les jours de soleil, délicieuse terrasse dans le jardin. Cuisine de terroir adroite et raffinée (escalope de foie gras aux fraises, tournedos Rossini sauce périgueux et truffée, merveille aux fraises...) et à des prix justifiés... *10 % sur le prix de la chambre, hors vacances scolaires.*

AQUITAINE

DANS LES ENVIRONS

SAINT-AMAND-DE-COLY 24290
(8 km E)

🏠❙●❙ *Hôtel-restaurant Gardette* – **le bourg** ☎ **05.53.51.68.50. Fax : 05.53.51.68.50.** Parking. Congés annuels : d'octobre à Pâques. Chambres de 175 F (26,7 €), avec wc sur le palier, à 215 F (32,8 €) avec bains. Menus à 70 F (10,7 €) sauf le dimanche et à 90 et 120 F (13,7 et 18,3 €). Deux petites maisons de pierres blondes à l'ombre de l'une des plus belles églises du Périgord, fierté de ce village de poche (et de charme). Chambres modestes mais récemment rénovées, tranquilles et à prix sages. On traverse la ruelle jusqu'au resto. Dans un coin de la salle, quelques toutes petites tables. Eh oui! pendant l'année scolaire, la patronne fait cantine pour les enfants de l'école! Salades diverses et plats du Sud-Ouest : omelette aux cèpes ou aux truffes, confit, magret. L'été, pendant le festival de Musique classique (une période où la réservation est ici conseillée), assiette spéciale pour marquer l'événement, à 50 F (7,6 €), avec pâté maison, crudités et magret fumé. *10 % sur le prix de la chambre sauf juillet-août.*

SERGEAC 24290 (8,5 km S)

❙●❙ *Restaurant L'Auberge du Peyrol* – ☎ **05.53.50.72.91.** Parking. Fermé le lundi (sauf en juillet-août). Accès : sur la D65, à mi-chemin de Montignac et des Eyzies. Menus de 60 F (9,1 €) le midi en semaine et de 75 à 220 F (11,4 à 33,5 €). Auberge à l'ancienne, en belles pierres du pays, comme posée entre ciel et terre, à peine à l'écart d'un adorable village. Grande baie vitrée offrant un chouette panorama sur la séduisante vallée de la Vézère. Belle salle rustique avec une grande cheminée où sont fumés les magrets. Très bon accueil. Et quand vous aurez goûté la cuisine, vous serez définitivement conquis! Jeanine concocte des plats de campagne comme vous n'en avez sûrement jamais mangé : foie d'oie pur, enchaud de porc confit... Beau menu à 220 F avec foie d'oie nature, omelette aux truffes, magret de canard sauce périgueux, salade, fromages et desserts. Évidemment, l'endroit est connu... Réservation conseillée donc.

CHAPELLE-AUBAREIL (LA) 24290
(12 km S)

🏠❙●❙ *Hôtel-restaurant La Table du Terroir* ****** – **Fougeras (Nord)** ☎ **05.53.50.72.14. Fax : 05.53.51.16.23.** Parking. TV. ♿ Congés annuels : de décembre à mars, sauf le week-end. Accès : de Montignac ou des Eyzies, route pour Lascaux II; à ce niveau, c'est indiqué.

Chambres de 280 à 360 F (42,7 à 54,9 €), petit déjeuner compris. Demi-pension conseillée en juillet-août de 250 à 280 F (38,1 à 42,7 €) par personne. Menus de 80 à 220 F (12,2 à 33,5 €). Vous musarderez quelques kilomètres sur une route de plus en plus étroite dans une nature splendide. Autour d'une exploitation agricole, en pleine campagne, la famille Gibertie a érigé un véritable petit complexe touristique. Sur une colline, le restaurant est à 100 m de l'hôtel. Entre les deux, la piscine domine le paysage. Des constructions neuves mais de style périgourdin et qui s'intègrent bien dans le site. Chambres agréables à tous les prix. Le restaurant prend malheureusement un côté usine en été, beaucoup (trop) de monde et des cars. Cuisine régionale à base de produits de la ferme : aiguillettes de canard, confit, poule farcie, salade paysanne, foie gras poêlé, truffes sous la cendre... Possibilité de panier-repas. *Apéritif offert. 10 % sur le prix de la demi-pension, à partir de 3 nuits (sauf juillet-août).*

MONTPON-MÉNESTÉROL 24700

Carte régionale B1

❙●❙ *Auberge de l'Éclade* – **le bourg** ☎ **05.53.80.28.64.** Fermé le mardi soir et le mercredi, ainsi que les 2 premières semaines de mars et d'octobre. Accès : par la D708 de Ribérac, tourner à droite au carrefour, avant d'entrer en ville, c'est fléché. Menus à 80 F (12,2 €) et de 125 à 250 F (19,1 à 38,1 €). Sans esbroufe, voici une auberge qui, bien qu'un peu excentrée (c'est pas sur le passage qu'elle peut beaucoup compter!), a su rapidement se faire connaître par un bouche à oreille enthousiaste. Salle au décor rustique et fleuri qui annonce la couleur sans détour. Cadre et accueil chaleureux, pour une cuisine créative n'enterrant cependant pas la tradition : foie chaud déglacé au vinaigre de vanille, magret de canard aux brisures de truffes... Beaux produits choisis parmi les meilleurs de la Double (notamment le foie gras). Excellent rapport qualité-prix.

NAVARRENX 64190

Carte régionale A2

🏠❙●❙ *Hôtel-restaurant du Commerce Camdeborde* ****** – **place des Casernes (Centre)** ☎ **05.59.66.50.16. Fax : 05.59.66.52.67.** TV. Congés annuels : du 24 octobre au 8 novembre et du 23 décembre au 15 janvier. Doubles à 250 F (38,1 €). Menus de 62 à 150 F (9,5 à 22,9 €). L'une des plus vieilles maisons béarnaises de Navarrenx, une ville d'un autre âge où le temps semble s'être figé. À la réception, dès les premiers frimas, la grosse cheminée commence à crépiter. Chambres agréables – les plus belles sont mansardées. Cuisine pleine de bonnes saveurs béarnaises servie dans un décor assez classieux. Pourtant les prix restent tout petits. Essayez la tête de veau sauce verte ou le saumon grillé avec sa piperade de légumes ! *Café offert.*

NÉRAC   47600

Carte régionale B2

IOI *Aux Délices du Roy* – **7, rue du Château** ☎ 05.53.65.81.12. Fermé le mercredi. Accès : place de la Mairie. Menus à 98 F (14,9 €) servi tous les jours, et de 150 à 250 F (22,9 à 38,1 €). La cuisine de cette maison nous a bien séduits. Tradition, alliances subtiles et produits de grande qualité. Un gagnant qui nous laisse encore dans la bouche des saveurs agréables. Nombreux poissons, crustacés et coquillages : cannellino de saumon cru, coques en salade de mâche et beurre blanc, rouget grillé à la pâte d'olives ; mais aussi de nombreux autres plats : tête de veau ravigote, foie gras aux pousses d'épinards, joue de bœuf braisé aux légumes... Clin d'œil exotique avec un pavé de requin en persillade et une crème brûlée remarquable en dessert. Accueil jeune et dévoué. *Apéritif offert.*

DANS LES ENVIRONS

FRANCESCAS 47600 (13 km)

IOI *Le Relais de la Hire* – **au bourg** ☎ 05.53.65.41.59. Fermé le dimanche soir et le lundi. Accès : prendre la D930 direction Condom sur 9 km, puis la D112 à gauche. Menus à 140 F (21,3 €), sauf le dimanche, puis de 190 à 280 F (29 à 42,7 €). Cette gentilhommière du XVIIIe siècle séduit le passant dès la rue. Le jardin dégage des fragrances délicates et la quiétude qui emplit les lieux augure bien de la fête gastronomique qui vous attend. Jean-Noël Prabonne, après avoir travaillé avec Robuchon, Roger Verger, après avoir hanté les cuisines du *Ritz* et dirigé celles du *Carlton*, s'est installé dans son pays de Gascogne. Il attache un soin particulier à choisir ses produits chez les gens du coin. Talent, grande maîtrise des préparations, saveurs subtiles et parfois belles innovations, vous serez totalement sous le charme. *Scampis* et girolles poêlés, cèpes cuisinés en cocotte, artichauts de l'Albret soufflés au foie gras, dorade royale pochée aux aromates, pigeon fermier aux champignons, jarret de veau blanc en Tatin avec carottes confites, frisson aux deux chocolats... C'est un véritable

festival d'odeurs et de goût dans un décor charmant et raffiné. Accueil de Mme Prabonne et service attentionnés. *Café offert.*

NONTRON   24300

Carte régionale B1

🛏IOI *Hôtel-restaurant Pelisson* ** – **place Alfred-Agard (Centre)** ☎ 05.53.56.11.22. Fax : 05.53.56.59.94. Parking. TV. ♿ Chambres à 200 F (30,5 €) avec cabinet de toilette, et à 300 F (45,7 €) avec bains. Menus de 85 à 260 F (13 à 39,6 €). En plein centre, un « Grand Hôtel » à la façade élégante mais un brin austère. Surprise : derrière se cachent un agréable jardin et une belle piscine. Et des chambres à l'ancienne, au calme sur l'arrière et à des prix raisonnables. Ambiance familiale (cela fait quelques générations que les Pélisson sont dans les murs) mais un peu compassée. Vaste salle à manger rustique et cossue à la jolie vaisselle (il y a une fabrique pas très loin) et terrasse sur le jardin. Cuisine de bonne réputation, de tradition et de terroir : feuilleté d'asperges, tête de veau ravigote, aiguillettes de bœuf au péchar-mant, cassolette de sole aux cèpes, croustade de cabécou truffé florentine... à prix relativement serrés. Intéressante carte des vins. *10 % sur le prix de la chambre, sauf en juillet-août, à partir de 2 nuits.*

OLORON-SAINTE-MARIE   64400

Carte régionale A2

🛏IOI *Relais Aspois* – **route du col du Somport (N134) à Gurmençon** ☎ 05.59.39.09.50. Fax : 05.59.39.02.33. Parking. TV. Fermé le lundi midi. Congés annuels : la 1re quinzaine de novembre. Accès : à 3 km au sud d'Oloron-Sainte-Marie, prendre la direction de Saragosse. Chambres à partir de 250 F (38,1 €). Menus de 55 à 100 F (8,4 à 15,2 €), avec des spécialités régionales. Dans un ancien relais de transhumance, des chambres style chalets de montagne avec vue sur le village et les Pyrénées. Jardin et parc pour les enfants. Restaurant réputé des Aspois, qui viennent là en famille. Salle à manger de caractère (dalles en ardoise, pierre nue, poutres). Dès l'automne, le feu crépite dans l'âtre. A la carte, cèpes à la persillade, garbure, palombe en salmis, magret aux pommes... *Apéritif offert. Garage offert.*

DANS LES ENVIRONS

LURBE-SAINT-CHRISTAU 64660

(10 km S)

🛏️ I●I *Au Bon Coin* ★★★ – route d'Arudy ☎ 05.59.34.40.12. Fax : 05.59.34.46.40. Parking. TV. Canal+. ⚒ Fermé le dimanche soir et le lundi du 1er novembre au 15 avril. Accès : à 1 km du village. Doubles de 280 à 400 F (42,7 à 61 €). Menus de 90 à 270 F (13,7 à 41,2 €). Bel hôtel moderne et confortable dans un cadre de basse-montagne, verdoyant et calme, qui mérite largement ses étoiles. Bien placé pour refaire le plein d'énergie, entre les vallées d'Ossau et d'Aspe, avec l'établissement thermal à 300 m. Piscine de l'autre côté de la route presque déserte. Restaurant de très bonne facture (mais avec des additions raisonnables!). Thierry Lassala n'usurpe pas sa réputation. Terrine de foie au jurançon, tarte fine aux cèpes, pigeon aux cèpes en croûte (c'est un fou de champignons!). Thierry travaille en fonction des saisons et des marchés. *10 % sur le prix de la chambre en hiver. NOUVEAUTÉ.*

ORDIARP 64130

Carte régionale A2

🛏️ I●I *Le Garaïbie* – quartier Garaïbie ☎ 05.59.28.18.85. Fax : 05.52.28.36.20. Parking. TV. ⚒ Congés annuels : novembre à avril. Chambres à 200 F (30,5 €) dans un hôtel plein d'originalité. Menus de 65 à 160 F (9,9 à 24,4 €). Dans un joli hameau au sud-ouest d'Ordiarp peu avant le col de Naphal, un bel établissement de charme un peu ancien mais d'une tenue irréprochable et de grande qualité. Dans cet établissement thermal, au XIXe siècle, on venait faire des cures d'eau sulfureuse, diurétique et ferrugineuse. Il fallait apporter ses provisions, la patronne fournissait le vin et la soupe. Aujourd'hui, on vient se perdre, au bout d'une route étroite et sinueuse, dans le calme de la montagne. On y trouve un bassin à truites, un fronton et une chapelle. Nourriture abondante et délicieuse : foie frais aux pommes ou aux raisins, selon la saison, aiguillettes de canard au vinaigre de framboise... *Apéritif offert. NOUVEAUTÉ.*

ORTHEZ 64300

Carte régionale A2

🛏️ I●I *Hôtel-restaurant Au Temps de la Reine Jeanne* ★★ – 44, rue du Bourg-Vieux (Centre) ☎ 05.59.67.00.76. Fax : 05.59.69.09.63. Parking. TV. Canal+. ⚒ Congés annuels : février. Accès : en face de l'office du tourisme. Doubles de 285 à 310 F

(43,4 à 47,3 €) avec douche ou bains. Menus de 85 à 180 F (13 à 27,4 €). Belles chambres agréables agencées avec beaucoup de goût, donnant sur un patio où il fait bon flâner avant d'aller au restaurant. C'est l'adresse sympa d'Orthez, avec des concerts de jazz mensuels autour de plats swingants. Le restaurant est une des plus jolies surprises que le Béarn nous ait offertes récemment. Le décor n'a rien de grandiose, la cuisine SI! De la crème de céleri très douce servie en amuse-bouche en îles flottantes ou cassoulet de caneton aux haricots maïs en passant par la tartine de boudin béarnais servi avec le croquant de porcelet et la croustade de chèvre au jambon de Téruel, un vrai festival de saveurs à prix ô combien sympathiques. Service impeccable. *Apéritif offert.*

I●I *Auberge Saint-Loup* – 20, rue du Vieux-Pont ☎ 05.59.69.15.40. Fermé le dimanche soir et le lundi. Congés annuels : la 1re quinzaine de janvier. Accès : à l'entrée d'Orthez, direction Navarrenx, à côté du Pont-Vieux. Menus à 98 F (14,9 €) à midi, puis à 130 et 160 F (19,8 et 24,4 €). Très belle maison orthézienne dans une vieille ruelle typique de la cité. Sa superbe façade à colombages, rappelant l'ancien relais sur la route de Saint-Jacques-de-Compostelle qu'il fut naguère, ne nuit en rien au charme de la décoration actuelle, dans les tons jaune et bleu, dominée par la grande cheminée. Comme la valeur n'attend pas le nombre des années, Patrick Brosse a décidé d'avoir du talent jeune. Sa cuisine vous ravira avec ses saveurs étonnantes alliant tradition et innovation : savoureuse tartine de gambas et brandade de morue au chorizo et piment d'Espelette, pavé de bar de ligne au citron et à l'anis étoilé, pigeonneau rôti au romarin... En été, superbe terrasse fraîche et tranquille dans la verdure et les vieilles pierres. Service sympa. Grande adresse! *NOUVEAUTÉ.*

PAU 64000

Carte régionale A2

🛏️ *Hôtel d'Albret* ★ – 11, rue Jeanne-d'Albret (Centre) ☎ 05.59.27.81.58. Accès : près du château d'Henri IV. Doubles à 120 et 145 F (18,3 et 22,1 €). Accueil très sympathique. Chambres avec papier à fleurs, mais assez grandes et fort bien tenues, dans une jolie maison du siècle dernier. Autre mode, autre temps...

🛏️ *Hôtel Beau Soleil* ★★ – 81, av. des Lauriers ☎ 05.59.14.20.10. Fax : 05.59.14.20.11. Parking. TV. Accès : à 200 m du supermarché, sur la route de Tarbes. Doubles de 175 F (26,7 €) avec douche et wc sur le palier à 220 F (33,5 €) avec douche et wc. Dans le quartier chicos de la ville (normal, les Anglais ont longtemps « colonisé » l'endroit), on ne peut qu'aimer cette superbe maison de caractère en galets roulés. Le jardin qui l'entoure est luxuriant. Cela vaut vraiment la peine de s'éloigner du centre. Chambres simples et très bien tenues. Accueil sincère et familial. Une bonne adresse où il fait bon vivre.

🏠 *Le Postillon* ** – 10, cours Camou (Centre) ☎ 05.59.72.83.00. Fax : 05.59.72.83.13. TV. Canal+. Accès : à 5 mn du centre et à 2 mn du château. Chambres calmes de 235 à 305 F (35,8 à 46,5 €). Juste à côté de la place de Verdun. Hôtel dans le style néo-romantique. Dans la cour, petit jardin fleuri où coule une fontaine. Une de nos bonnes adresses à Pau avec un excellent rapport qualité-prix. *10 % sur le prix de la chambre.*

🏠 |●| *Hôtel-restaurant Le Commerce* ** – 9, rue du Maréchal-Joffre (Centre) ☎ 05.59.27.24.40. Fax : 05.59.83.81.74. Parking payant. TV. Canal+. Satellite / câble. Resto fermé le dimanche et les jours fériés (sauf groupes). Accès : direction office de tourisme. Chambres de 250 à 325 F (38,1 à 49,5 €). Menus de 90 à 160 F (13,7 à 24,4 €). Un hôtel de tradition au cœur de la ville. Un charme certain et un accueil cordial. Chambres confortables insonorisées, avec téléphone direct. Bar. Belle salle à manger dans un décor rustique avec un mur en galets roulés du gave. Spécialités de magret de canard aux gambas, sole aux cèpes. Terrasse à l'intérieur de la cour aussi agréable que le service. *10 % sur le prix de la chambre.*

|●| *Restaurant La Brochetterie* – 16, rue Henri-IV (Centre) ☎ 05.59.27.40.33. Service jusqu'à 23 h. Fermé le samedi midi. Accès : près du château d'Henri IV, face à l'église Saint-Martin. Menus de 65 à 105 F (9,9 à 16 €) et formule à 48 F (7,3 €) le midi. Jolie salle en pierres avec, en vedette, le gril où rôtissent magrets et viandes. À midi, plutôt employés du coin et cols blancs. Accueil et service prévenants. À la carte : daurade grillée flambée à l'anis, côte de sanglier (suivant saison), salades fraîches diverses. Une adresse très connue à Pau. Le jeudi soir, ne ratez pas le cochon à la broche ou l'agneau de lait. Un régal ! Réservez avant. *Apéritif offert.*

|●| *Au Fin Gourmet* – 24, av. Gaston-Lacoste (Centre) ☎ 05.59.27.47.71. Fermé le lundi et le dimanche soir. Congés annuels : 15 jours fin février et 15 jours en été. Menus alléchants de 95 à 170 F (14,5 à 25,9 €). De l'avis de nombreux Palois, l'un des meilleurs restaurants de la ville et l'on se rend compte dès la lecture de la carte qu'il porte bien son nom. Une carte renouvelable régulièrement, qui propose – cela dit pour vous mettre déjà le juran,on à la

bouche – terrine de foie gras de canard aux pistaches, parmentier de lapereaux au beurre de carottes fanes, pigeonneau rôti servi avec un pain perdu tartiné de béatilles au foie gras... Avec le temps, on trouvera du charme même au cadre et un style quasi décontracté au service. Courez-y !

|●| *Le Majestic* – 9, place Royale (Centre) ☎ 05.59.27.56.83. ♿ Fermé le dimanche soir et le lundi. Menus de 108 F (16,5 €) en semaine à 190 F (29 €). Dans la discrétion, œuvre un bon chef originaire de la ville, Jean-Marie Larrère. Peut-être desservi par un cadre un peu tristounet (que compense heureusement une terrasse ombragée posée sur la place Royale dès les beaux jours), Larrère signe et persiste malgré tout. Son foie gras de canard chaud aux pommes caramélisées ainsi que sa salade aux croustillants de pied de cochon et de morilles fraîches ou encore ses gavottes aux queues de langoustines et aux épices sont des entrées remarquables, et le râble de lotte au jus de chorizo et aux champignons ou la queue de bœuf désossée au foie gras de canard sont des plats dont on apprécie saveur et cuisson. Service et accueil de Mme Larrère parfaits.

|●| *Restaurant La Table d'Hôte* – 1, rue du Hedas ☎ 05.59.27.56.06. Fermé le dimanche et le lundi. Congés annuels : du 17 avril au 3 mai et du 22 octobre au 4 novembre. Menus à 118 et 149 F (18 et 22,7 €). Dans un des quartiers les plus anciens de Pau, Pierre et Patricia vous accueillent dans leur grande maison aux belles pierres et poutres apparentes, comme un habitué. Cuisine sans fausse note, riche en saveurs et en bons produits du marché : fricassée de langoustines au foie gras poêlé et tagliatelles fraîches, ris d'agneau aux piments d'Espelette. *Café offert.*

DANS LES ENVIRONS

GAN 64290 (8 km S)

🏠 |●| *Hostellerie L'Horizon* – chemin de Mesplet ☎ 05.52.21.58.93. Fax : 05.59.21.71.80. Parking. TV. ♿ Fermé le dimanche soir. Congés annuels : février. Accès : sur les coteaux. Doubles tout confort de 250 à 310 F (38,1 à 47,3 €). Menus de 90 à 150 F (13,7 à 22,9 €). Cette belle maison rose propose un bon bain de nature avec son jardin fleuri, son parc et sa terrasse où il fait bon se détendre, après avoir quitté le trafic routier à la sortie de Pau. À la carte : escalope de saumonaux cèpes, poêlée de ris d'agneau de lait aux girolles, pain perdu au lait de poule et fruits frais... Une cuisine pas sophistiquée, à l'image du chef, et un accueil souriant et tranquille de la patronne. *Apéritif offert. NOUVEAUTÉ.*

AQUITAINE

SÉVIGNACQ-MEYRACQ 64260
(21 km S)

🛏🍽 *Hôtel-restaurant Les Bains de Secours* ** – ☎ 05.59.05.62.11. Fax : 05.59.05.76.56. Parking. TV. Fermé le dimanche soir et le lundi. Accès : à l'entrée de la vallée d'Ossau, sur la D934 qui mène à Laruns ; fléchage après Rébénacq. Doubles à 295 F (45 €) avec douche et 360 F (54,9 €) avec bains. Menus à 82 F (12,5 €), pour le déjeuner (et les résidents, le soir) et à 160 F (24,4 €). Une jolie route mène à cette auberge, ancienne ferme béarnaise restaurée, avec des balcons fleuris et une cour intérieure. Seulement 7 chambres, bien équipées, très calmes, en pleine campagne. Cuisine succulente au coin de la cheminée en hiver, en terrasse l'été. Goûtez la salade de filets de sole aux cèpes, les 3 petits filets de bœuf aux 3 sauces, les calamars farcis au foie gras et aux cèpes, la fricassée de ris d'agneau. Une très belle adresse juste à côté d'un très ancien centre thermal. *10 % sur le prix de la chambre sauf juillet-août.*

HOURS 64420 (25 km SE)

🍽 *Le Figuier* – ☎ 05.59.04.67.70. Parking. Fermé le dimanche soir et le lundi. Congés annuels : la 2e quinzaine de mars, début septembre. Accès : de Pau, prendre la N117 vers Soumoulou puis la D940 vers Lourdes ; tourner à droite vers Nay ; c'est dans la 1re rue à gauche après l'église d'Hours. Menus de 65 F (9,9 €) le midi, à 130 F (19,8 €). Totalement perdu en pleine campagne dans une ancienne ferme... Thierry est aux fourneaux tandis que sa femme s'occupe de vous avec beaucoup de prévenance. Il prépare une cuisine pleine de saveurs : foie frais de canard aux pommes, ris de veau aux cèpes, pied de porc farci. On en sort repu et heureux ! Et d'autant plus rassuré quand Thierry confirme que le pain maison est issu de farine biologique, et toute sa cuisine élaborée à partir de produits locaux. On peut suivre viandes, escargots et fromages jusqu'à la source !

PÉRIGUEUX 24000

Carte régionale B1

🛏🍽 *Hôtel-restaurant du Midi* ** – 18, rue Denis-Papin (Nord-Ouest) ☎ 05.53.53.41.06. Fax : 05.53.08.19.32. TV. Canal+. Satellite / câble. Fermé le samedi du 20 octobre au 15 avril. Congés annuels : vacances de Noël. Accès : en face de la gare. Chambres de 145 F (22,1 €) avec lavabo à 245 F (37,4 €) avec bains. Menus de 75 à 265 F (11,4 à 40,4 €). Le petit hôtel de gare tel qu'on se l'imagine. Accueil affable du jeune couple qui a entièrement rénové l'établissement. Atmosphère gentiment familiale. Chambres modernes, très propres. Préférez les chambres sur l'arrière, plus silencieuses et plus spacieuses. Salle à manger plutôt calme. Cuisine traditionnelle et plats de terroir : omelette aux truffes, entrecôte aux cèpes, magret à la crème de foie gras. *Garage gratuit.*

🛏🍽 *Hôtel-restaurant Périgord* ** – 74, rue Victor-Hugo (Nord) ☎ 05.53.53.33.63. Fax : 05.53.08.19.74. Parking payant. TV. Resto fermé le samedi et le dimanche soir du 1er octobre au 28 février. Congés annuels : de mi-octobre à début novembre. Doubles de 250 à 300 F (38,1 à 45,7 €). Menus à 77 F (11,7 €) le midi en semaine et de 95 à 165 F (14,5 à 25,2 €). Garage payant : 20 F (3 €). À peine à l'écart du centre, une élégante maison avec un grand jardin fleuri où trônent un bassin et une petite cascade. Pas mal de charme. Accueil souriant. Chambres simples, confortables et agréablement meublées, présentant un superbe rapport qualité-prix. Choisissez de préférence celles au fond du jardin, plus calmes. Cuisine possédant une bonne réputation. À la carte : magret sauce périgueux, omelette aux cèpes, confit pommes noisettes. Beaucoup de viandes et poissons : merlu, truite, sole, saumon grillé beurre d'anchois, etc. Salle à manger à la douceur vieille France. *Apéritif offert.*

🍽 *Restaurant Hercule Poireau* – 2, rue de la Nation (Centre) ☎ 05.53.08.90.76. Fermé le samedi midi et le dimanche. Congés annuels : la dernière semaine de juillet et les 15 premiers jours d'août. Accès : dans une petite rue à la porte principale de la cathédrale Saint-Front. Menus de 95 à 220 F (14,5 à 33,5 €). Dans la belle salle voûtée de l'ancien octoi, une table élégante et un accueil remarquable. S'articulant autour de trois cartes (brasserie, poisson et périgourdine) plusieurs formules sont déclinées ainsi qu'un menu diététique. On se perd un peu devant cette profusion de plats, mais chacun peut finalement y trouver son bonheur. La carte des vins a la particularité de s'orienter autour des trois prix principaux, le choix se faisant après en fonction de vos goûts uniquement. La spécialité, le tournedos de canard Rossini est une réussite. Bel effort sur les garnitures et la décoration des assiettes, une très bonne table en résumé. *Hercule Poireau* a vu juste ! *Café offert.*

🍽 *Les Berges de l'Isle* – 2, rue Pierre-Magne ☎ 05.53.09.51.50. Fermé le dimanche soir et le lundi. Accès : au pied du pont donnant sur la cathédrale. Menus de 98 à 135 F (14,9 à 20,6 €). Formule le midi menu-carte à 160 F (24,4 €). Au bord de l'Isle, face à la cathédrale Saint-Front, un endroit bien agréable avec la seule terrasse au bord de l'eau de la ville. La cuisine est recherchée. Formule menu-carte intéressant : soufflé au foie gras sauce vigneronne (un vrai régal), lamproie à la bordelaise... Attention, pas mal de suppléments peuvent alourdir la note. Bon point : un certain nombre de vins servis au verre. Le patron, charmant, a une véritable passion pour son métier et saura vous la faire partager. *NOUVEAUTÉ.*

|●| *Restaurant le 8* – 8, **rue de la Clarté (Centre)** ☎ 05.53.35.15.15. Fermé le dimanche et le lundi. Congés annuels : 1 semaine en février, la 1re quinzaine de juillet et à Noël. Accès : à côté de la cathédrale Saint-Front. Menus de 165 à 400 F (25,2 à 61 €). Une table qui a su acquérir une belle réputation. La petite salle (réservation conseillée) habillée de jaune et de bleu respire le soleil. Comme la cuisine qui brille dans le genre régional-créatif. Le 1er menu propose ainsi : cou de canard farci, confit et ses pommes de terre, dessert. Le foie gras est la spécialité maison. Les prix sont élevés tout de même. Une originalité, les plats de la carte peuvent être servis en demi-portion et... moitié prix ! Parfait pour les petits appétits ou les curieux, désireux de s'offrir ainsi une dégustation entre assiette des deux foies gras, croustillant de canard...

DANS LES ENVIRONS

CHANCELADE 24650 (3 km O)

🏠|●| *Le Pont de la Beauronne* ** – **4, route de Ribérac** ☎ 05.53.08.42.91. Fax : 05.53.03.97.69. TV. ⚒ Service jusqu'à 21 h 30. Fermé le dimanche soir et le lundi midi. Congés annuels : de mi-septembre à mi-octobre. Accès : au croisement des D710 et D939. Chambres de 140 F (21,3 €) avec lavabo, à 230 F (35,1 €) avec bains. Demi-pension à 280 F (42,7 €). Menus de 75 à 140 F (11,4 à 21,3 €). Face à un grand rond-point très passager : on a connu mieux comme emplacement et la maison n'a pas un charme fou. Mais les chambres sont correctes, bien tenues et à des prix intéressants pour la région, en plus l'accueil est charmant. Essayer d'en obtenir une sur l'arrière et le jardin. Ambiance familiale. Dans la salle à manger néo-rustique, cuisine toute simple, d'inspiration régionale : ris de jeune bétail aux morilles, Saint-Jacques aux cèpes...

ANNESSE-ET-BEAULIEU 24430 (12 km SO)

🏠|●| *Château de Lalande – Restaurant Le Tilleul Cendré* – **La Lande** ☎ 05.53.54.52.30. Fax : 05.53.07.46.67. Parking. TV. Congés annuels : de mi-novembre à mi-mars. Accès : en direction de Saint-Astier par la D3. Chambres de 285 à 450 F (43,4 à 68,6 €). Menus de 150 à 300 F (22,9 à 45,7 €). Dans un parc de 3 ha au bord de l'Isle, un vrai luxe sans ostentation au charme un peu vieillot, accueil charmant. Presque toutes les chambres, agréablement meublées, donnent sur la rivière. De taille inégale, selon le prix, elles sont toutes calmes et confortables. La cuisine résolument régionale devrait convenir à tous les palais exigeants. Belle piscine près de la rivière. Une étape à retenir pour faire plaisir à un prix raisonnable. *NOUVEAUTÉ.*

MANZAC-SUR-VERN 24110 (20 km SO)

🏠|●| *Hôtel-restaurant Le Lion d'Or* ** – **le bourg (Centre)** ☎ 05.53.54.28.09. Fax : 05.53.54.25.50. TV. Fermé le dimanche soir et le lundi (sauf en juillet-août). Congés annuels : février. Accès : prendre la D3, la D43 et la D4. Chambres de 130 F (19,8 €) avec lavabo à 220 F (33,5 €) avec bains. Demi-pension à 260 F (39,6 €). Menus à 75 F (11,4 €) le midi en semaine, puis de 105 à 200 F (16 à 30,5 €). Au cœur d'une région pas trop touristique, au centre d'un petit village où tout devient paisible passé 19 h. Chambres tranquilles donc, classiques mais bien équipées (sèche-cheveux). Les nos 4 et 5 donnent sur le très agréable jardin. La salle à manger mêle habilement déco contemporaine de bon goût et éléments anciens. Cuisine traditionnelle. Parmi les spécialités du chef : assiette des 3 foies gras, enroulé de saumon aux cèpes, croustillant de ris de veau... Terrasse dans le jardin.

SORGES 24420 (23 km NE)

🏠|●| *Auberge de la Truffe* *** – **N21 (Centre)** ☎ 05.53.05.02.05. Fax : 05.53.05.39.27. Parking. TV. Canal+. Fermé le dimanche soir en hiver. Congés annuels : la 1re quinzaine de janvier. Accès : par la N21. Chambres de 260 à 280 F (39,6 à 42,7 €). Menus de 80 F (12,2 €) sauf le dimanche et de 110 à 330 F (16,8 à 50,3 €). Voici une bonne table de tradition (dans l'autoproclamée capitale de la truffe, c'est plutôt recommandé) qui plaît, encore et toujours, aux gens du coin comme aux touristes. C'est aussi la table des repas d'affaires, ce qui est plutôt bon signe. Service très aimable et efficace. Les petits menus sont très intéressants : buffet de hors-d'œuvre et plats du marché. Au-dessus, ce sont canard Lucullus, marbré de carpe au monbazillac ou omelette aux cèpes, bœuf à la duxelle de foie gras ou aiguillettes de canard. À noter une carte « foie gras » et une carte « truffes » ! Quelques plats : salade de lentilles au foie gras mariné, coquilles Saint-Jacques à la persillade, trilogie de canard sauce périgueux... Même si l'auberge est en bord de route, les chambres sont agréables, surtout les n°s 25 à 29 qui donnent de plain-pied sur le jardin. Beau petit déjeuner-buffet. Piscine et sauna. Annexe très calme au centre du village, l'*Hôtel de la Mairie*. Ouvert en saison d'été, uniquement. Chambres plaisantes donnant sur la campagne. S'adresser à l'*Auberge de la Truffe*.

PORT-SAINTE-FOY   33220

Carte régionale B1

I●I *Au Fil de l'Eau* – 3, rue de la Rouquette (Nord) ☎ 05.53.24.72.60. Fermé le lundi. Congés annuels : la 1re quinzaine d'octobre et la 1re quinzaine de mars. Menu à 75 F (11,4 €) le midi en semaine ; autres menus de 130 à 210 F (19,8 à 32 €). Une adresse agréable pour sa situation en bordure de rivière (tables prisées en terrasse, réserver), mais aussi et surtout pour le plaisir d'une cuisine excellente. Imbattable menu à 130 F avec mise en bouche (fine brandade de poisson), puis une mousse de brebis et une cuisse de canard confite idéales tant de goût que d'aspect (présentation des assiettes pleine d'harmonie). Les desserts sont du même niveau, et c'est assurément l'une des meilleures haltes du département, surtout à ce prix. Service bien réglé. On reviendra ! *NOUVEAUTÉ*.

RIBÉRAC   24600

Carte régionale B1

♒I●I *Hôtel-restaurant de France* ** – 3, rue Marc-Dufraisse (Centre) ☎ 05.53.90.00.61. Fax : 05.53.91.06.05. TV. Satellite / câble. Fermé les lundi et mardi midi (sauf en juillet et août). Congés annuels : de mi-novembre à mi-décembre. Accès : au-dessus de la place du marché. Chambres de 210 à 240 F (32 à 36,6 €). Menus à 80 F (12,2 €) le midi en semaine et de 100 à 210 F (15,2 à 32 €). Très central, au-dessus de la place du Marché mais dans une petite rue très calme. Un ancien relais de poste dévoré par le lierre et un petit jardin fleuri. Le charme certain des vieilles pierres donc. Excellent accueil. Les chambres rénovées, à la décoration soignée, ont un charme fou et un confort douillet. Même les couloirs possèdent d'amusants trompe l'œil. Petit déjeuner sous forme de buffet. Salle à manger agrémentée d'une cheminée. La cuisine, très réputée, fait preuve d'imagination et d'une grande qualité : foie gras mi-cuit, canon d'agneau au vinaigre de lavande... *10 % sur le prix de la chambre du 15 octobre au 15 avril.*

I●I *Restaurant Le Chevillard* – Gayet (Sud-Ouest) ☎ 05.53.90.16.50. Parking. Fermé le lundi sauf en juillet-août. Congés

annuels : du 15 novembre au 15 décembre. Accès : à 2 km de Ribérac, sur la route de Montpon-Bordeaux (D708). Menus à 69 F (10,5 €), le midi en semaine, et de 99 à 175 F (15,1 à 26,7 €). Resto installé dans une ancienne ferme, au milieu d'un vaste jardin. Salle à manger accueillante, d'un style rustique de bon goût. Le patron (un ancien VRP) y reçoit fort aimablement. Profusion de plats, viandes grillées bien sûr (belle rôtisserie extérieure à côté de la terrasse), mais aussi un beau choix de poissons. Présent dans les menus, même celui du midi, un superbe buffet avec huîtres et fruits de mer variés et très frais. Volailles fermières et buffet de desserts. Le menu à 99 F comprend le vin à discrétion et le café. Une adresse généreuse à souhait.

SABRES   40630

Carte régionale A2

♒I●I *L'Auberge des Pins* *** – rue de la Piscine ☎ 05.58.08.30.00. Fax : 05.58.07.56.74. Parking. TV. Canal+. Satellite / câble. ♿ Fermé le dimanche soir et le lundi hors saison. Congés annuels : janvier. Accès : prendre la route à droite dans le centre (venant de Bordeaux ou Bayonne). Chambres de 320 à 650 F (48,8 à 99,1 €) avec douche et wc ou bains. Menus à 100 F (15,2 €), sauf le dimanche, puis de 200 à 350 F (30,5 à 53,4 €). Grosse maison landaise à pans de bois, au balcon fleuri et au large toit. Ici, le mot tradition n'est pas vain. La famille Lesclauze met un point d'honneur à vous satisfaire. Ils mettront tout leur savoir-faire pour vous laisser un bon souvenir et pour vous donner envie de revenir ici. Pour cela, ils ont plusieurs atouts. Tout d'abord, les chambres avec quelques beaux meubles, de jolis bibelots et des lits confortables, que vous soyez dans la demeure principale ou dans l'annexe. Dans cette ambiance tout à la fois rustique et un peu chicos, la table ne dépare pas l'ensemble. Croustillant de foie gras de canard, bar poêlé à la fleur de sel avec son gâteau d'aubergines, cassoulet landais, ravioles de langoustines aux cèpes, grillons de ris de veau au foie, le choix est presque cornélien car tout est attirant dans cette carte pleine de produits locaux traditionnels agrémentés par le chef de petites trouvailles toujours subtiles et goûteuses. Une cuisine faite avec amour et sincérité, ça se sent. *Apéritif offert.*

SAINT-ÉMILION   33330

Carte régionale A1

♒ *L'Auberge de la Commanderie* ** – rue des Cordeliers (Centre) ☎ 05.57.24.70.19. Fax : 05.57.74.44.53.

Parking. TV. ♿ Congés annuels : janvier et février. Doubles de 280 à 550 F (42,7 à 83,8 €) avec douche ou bains, selon le confort et la saison. C'était autrefois une commanderie (évidemment !) templière. Pendant la Révolution, les Girondins, en disgrâce, s'y sont cachés. Mais peu de traces subsistent aujourd'hui du riche passé de ce classique hôtel familial de bon confort. Chambres plutôt modernes et romantiques dans l'établissement principal, et modernes mais façon *Star Trek* dans l'annexe (déco originale, futuriste, où l'on s'attend à croiser, dans le couloir, M. Spok en personne : vous ici ! je vous croyais au zoo, avec Zaza !). Notez que les chambres de l'annexe sont un peu plus petites aussi. Propose également un appartement pouvant accueillir 4 personnes. Bon accueil.

🏠 *Hôtel Au Logis des Remparts* ★★★ – rue Guadet (Centre) ☎ 05.57.24.70.43. Fax : 05.57.74.47.44. Parking. TV. Satellite / câble. Congés annuels : décembre et janvier. Doubles de 350 à 650 F (53,4 à 99,1 €) avec douche et wc selon le confort et la saison ; suites pour 3 ou 4 personnes avec bains de 650 à 750 F (99,1 à 114,3 €). Agréable trois étoiles dans une demeure dont quelques indices trahissent l'ancienneté (un escalier de pierre, un jardin qui jouxte les remparts...). Les chambres, récemment rénovées, ont gagné en personnalité. Aux beaux jours, on prend le petit déjeuner (copieux et excellent : goûtez impérativement le cake !) sur une terrasse à l'élégant pavage dans le jardin. Jolie piscine. Parking privé dans une courette sur l'arrière. *10 % sur le prix de la chambre en novembre et février.*

🍴 *Restaurant-salon de thé Marthe Guérin* – 1, place du Marché ☎ 05.57.24.62.80. Fermé le mardi soir et le mercredi, sauf en juillet-août. Accès : dans la vieille ville. Menus à 98 et 140 F (14,9 et 21,3 €). Une terrasse sur la vieille place du marché, légèrement en pente, et quelques tables dans une petite salle coquette. Une adresse de gourmands, d'abord salon de thé où l'on trouve d'excellents gâteaux à toute heure (fondant au chocolat délicieux). Le 1er menu, avec petite dégustation de foie gras, travers de porc au miel et épices puis dessert maison (du fondant, du fondant, du fondant !) est tout aussi savoureux. À noter aussi la « formule gauloise » à 80 F (12,2 €) avec jambon de sanglier et quenelle de caillé de chèvre frais, assiette de fromages et verre de lussac. Un plutôt bon rapport qualité-prix, surtout pour un site aussi touristique. *NOUVEAUTÉ.*

🍴 *Restaurant Francis Goullée* – 27, rue Guadet (Centre) ☎ 05.57.24.70.49. Fermé le dimanche soir et le lundi. Congés annuels : la dernière semaine de novembre et la 1re de décembre. Le midi en semaine,

formule plat-dessert à 90 F (13,7 €), menus de 130 à 240 F (19,8 à 36,6 €). C'est, caché à l'entrée d'une vieille ruelle, le moins touristique des restos de Saint-Émilion. Mais – et la coïncidence n'est pas fortuite – c'est le meilleur ! Secondé par sa volubile épouse, Francis Goullée se pose en digne et novateur héritier d'une grande tradition de cuisine du terroir. Salle chaleureuse et confortable. Au menu à 130 F : verre de vin blanc et amuse-bouche, feuilleté d'endives et gavelax de saumon, magret de canard en aiguillettes, pommes rôties à la fondue d'oignons et figues sèches aux épices, dacquoise william. Recommandé de pousser au menu suivant pour son merveilleux foie gras au sel de Guérande, le pigeonneau en croûte légère aux épices douces et poivre de Sichouan accompagné de navets confits et petits légumes ou le poêlon de brandade de morue aux cèpes. Soit de bons produits, des recettes traditionnelles du Sud-Ouest remarquablement revisitées, des senteurs nouvelles... Intéressante carte des vins. *Apéritif offert.*

SAINT-JEAN-DE-LUZ   64500

Carte régionale A2

🏠 *Le Petit Trianon* – 56, bd Victor-Hugo ☎ 05.59.26.11.90. Fax : 05.59.26.14.10. Parking. TV. Chambres de 220 à 340 F (33,5 à 51,8 €) selon la saison. Si charme veut dire aussi simplicité, propreté, alors cet hôtel sans prétentions devrait vous charmer, ne serait-ce que par ses prix. Les nouveaux propriétaires ont conservé le caractère familial de cet hôtel de 26 chambres, se contentant d'y apporter quelques améliorations bienvenues, notamment au niveau de la literie, juste ce qu'il faut pour rendre l'endroit agréable. Grimpez jusqu'au 3e étage, les chambres sont peut-être moins bien équipées au niveau sanitaire, mais elles dégagent plus de charme car elles sont sous les toits. En louer 2 ou 3 peut être un plan idéal pour une grande famille. Jolie terrasse privée au calme, sur fond de décor typique. *NOUVEAUTÉ.*

🏠 *Hôtel Maria Christina* ★★ – 13, rue Paul-Gelos (Nord-Est) ☎ 05.59.26.81.70. Fax : 05.59.26.36.04. TV. Congés annuels : du 15 novembre à début février. Accès : en bord de mer, juste après la plage. Chambres de 280 à 560 F (42,7 à 85,4 €). Grosse maison rose aux volets verts et aux murs recouverts de glycine. Superbe au printemps. D'entrée, un vaste salon vous accueille, rempli des souvenirs, bibelots, meubles de toute une vie. L'hiver on se retrouve près de la grande cheminée, l'été au frais dans le patio, près de la petite fontaine et du grand citronnier. Les chambres sont petites, mais tout y est impeccable. Très calme. Propriétaire avenant, décoration *cosy* en diable et raffinée. Une de nos adresses préférées à Saint-Jean-de-Luz. *10 % sur le prix de la chambre en basse saison.*

🛏 |●| *Hôtel de la Plage* ** – 33, rue Garat (Centre) ☎ 05.59.51.03.44. Fax : 05.59.51.03.48. Parking payant. TV. Congés annuels : de janvier à fin mars. Doubles de 330 F (50,3 €) avec vue sur cour, à 510 F (77,7 €) avec vue sur mer. Comme son nom l'indique, cet hôtel de charme tout blanc à volets rouges est situé face à la plage. Les chambres sont claires, propres et bien équipées. Demandez celles avec vue sur la mer et si vous voulez vous faire un petit plaisir, prenez celles avec terrasse privée. Dans le même établissement, la brasserie *Le Brouillarta*, avec sa vue sur la mer, est assez animée le soir. *10 % sur le prix de la chambre en avril, juin, octobre et novembre.*

🛏 *Hôtel La Devinière* – 5, rue Loquin (Centre) ☎ 05.59.26.05.51. Fax : 05.59.51.26.38. Doubles de 500 à 750 F (76,2 à 114,3 €). Au cœur de la vieille ville, cette ancienne pension de famille fait figure de havre de paix où l'on a envie de poser ses bagages un moment. Du salon de musique aux chambres, déco *cosy* sans fausse note. Chambres toutes différentes, meublées d'antiquité (meubles, tableaux, bibelots). Accueil parfait. *Apéritif offert. NOUVEAUTÉ.*

|●| *La Ruelle* – 19, rue de la République ☎ 05.59.26.37.80. Fermé le dimanche soir et le lundi hors saison. Menus de 80 à 145 F (12,2 à 22,1 €). Une ruelle dans laquelle on aime bien se perdre, on l'avoue. Près de la jetée, vous ne risquez pas de la manquer, cette drôle de bonne adresse, surtout par un beau soir d'été, avec une dizaine de personnes même pas énervées en train de faire la queue dans l'attente d'une place en terrasse ou en salle. La raison du succès ? La convivialité sincère associée à une bonne cuisine typique, de la *zarzuela* au *horo* en passant par le *marmitako* et surtout la *parrillada* maison : un mélange de poissons cuits à la *plancha* agréable au goût comme à la vue, à partager entre amis. Pas le meilleur des restos, peut-être, diront certains, mais le plus sympa et le mieux placé pour savourer l'art de vivre luzien. Bons vins à prix honnêtes. Quelques appartements à louer dans cet ancien repaire de corsaires, au-dessus de la *Ruelle. NOUVEAUTÉ.*

|●| *Le Kaiku* – 17, rue de la République (Centre) ☎ 05.59.26.13.20. Fermé le mercredi hors saison. Service jusqu'à 23 h. Congés annuels : de mi-novembre à mi-décembre. Menus de 150 à 260 F (22,9 à 39,6 €). Superbe maison médiévale aux élégantes fenêtres à meneaux. Décoration intérieure très réussie : vieux plafond, pierre à nu, tons pastel. Spécialités de poissons et fruits de mer. Assez cher bien sûr, surtout depuis qu'ils se sont agrandis, mais cuisine de grande qualité. Goûtez aux raviolis de langoustines ou à l'agneau de lait des Pyrénées. Retour à de vieilles recettes typiques comme les joues de porc braisées à l'irouléguy.

DANS LES ENVIRONS

ASCAIN 64310 (7 km SE)

🛏 |●| *L'Auberge Achafla-Baïta* * – ☎ 05.59.54.00.30. ♿ Fermé le lundi soir hors saison. Congés annuels : du 15 au 30 novembre. Accès : par la D918 ; à 2 km d'Ascain, sur la route Olhette-Urrugne (D4). Doubles à partir de 190 F (29 €). Demi-pension à 240 F (36,6 €) par personne, obligatoire de mai à octobre. Adorable auberge en pleine campagne, à 7 km de la côte seulement. Calme assuré. Chambres coquettes avec lavabo, salle de bains et wc communs, et il n'y en a que 2 pour 11 chambres... Prix raisonnables. Atmosphère familiale. Jardin très agréable. Terrasse ombragée. Mieux vaut réserver.

SARE 64310 (13,5 km SE)

🛏 |●| *Hôtel-restaurant Baratchartea* – ☎ 05.59.54.20.48. Fax : 05.59.47.50.84. TV. Congés annuels : du 1er janvier à début mars. Accès : dans le quartier Ihalar. Double à 230 F (35,1 €) avec douche ou bains, quadruple à 330 F (50,3 €). Demi-pension obligatoire en août de 225 à 245 F (34,3 à 37,4 €). Menus de 90 à 145 F (13,7 à 22,1 €). Superbe maison basque dans un quartier tout ce qu'il y a de plus typique. Belle salle à manger rustique. Cuisine régionale copieuse. Les Basques sont de bons mangeurs. Chambres agréables, avec vue magnifique sur la montagne. Annexe moins sympa.

SAINT-JEAN-PIED-DE-PORT 64220

Carte régionale A2

🛏 |●| *Central Hôtel* ** – 1, place du Général-de-Gaulle (Centre) ☎ 05.59.37.00.22. Fax : 05.59.37.27.79. Parking. TV. Canal+. Congés annuels : du 10 décembre au 1er mars. Chambres impeccables de 330 F (50,3 €) avec douche et wc à 400 F (61 €) avec bains. Menus de 100 à 220 F (15,2 à 33,5 €). Superbe escalier intérieur (sculpté à la main). Chambres carrément luxueuses. Demandez celles qui donnent sur la Nive. Restaurant de grande qualité. Les repas sont servis dans une salle qui a un certain charme. Ris d'agneau aux *piquillos*, saumon sauvage et soufflé à l'Izarra. Bon accueil et service prévenant. *Apéritif offert.*

📧|●| *Les Pyrénées* ******* – **19, place du Général-de-Gaulle (Centre)** ☎ 05.59.37.01.01. Fax : 05.59.37.18.97. Parking. TV. Canal+. Fermé le lundi soir (de novembre à mars) et le mardi (sauf en juillet-août). Congés annuels : janvier et du 20 novembre au 22 décembre. Chambres, très chères, de 560 à 920 F (85,4 à 140,3 €), mais impeccables. Menus de 250 à 530 F (38,1 à 80,8 €). Piscine très agréable. C'est aussi et avant tout l'une des tables les plus réputées du Pays basque. Vous serez l'hôte de Firmin Arrambide, un des noms basques qui ont fait le plus rêver ces dernières années. Cuisine très fine, pleine de saveurs accrochées au terroir mais s'envolant souvent vers le large, concoctée selon l'humeur, la saison, les rêves et les goûts du moment. Goûter à la délicieuse garbure, au délicieux foie gras de canard, au pigeonneau rôti aux ravioles de cèpes, au saumon frais de l'Adour. Belles et grandes assiettes de desserts. Attention, clientèle et atmosphère vraiment chicos.

|●| *Restaurant Arbillaga* – **8, rue de l'Église** ☎ 05.59.37.06.44. Fermé le mercredi hors saison, et le mardi soir. Congés annuels : du 1er au 15 octobre et du 1er au 15 juin. Accès : dans l'enceinte fortifiée. Menus de 85 à 160 F (13 à 24,4 €). Coincé entre les remparts et les maisons voisines, ce restaurant vous réserve de bonnes surprises. Petite salle à manger tout droit sortie d'un opéra italien. Cuisine de bonne qualité servie généreusement. Œufs brouillés au foie gras, Saint-Jacques au lard fumé, agneau de lait rôti à l'ail vert. Accueil et service zélés dans une atmosphère intime.

DANS LES ENVIRONS

SAINT-MICHEL 64220 (4 km S)

📧|●| *Hôtel-restaurant Xoko-Goxoa* ****** – ☎ 05.59.37.06.34. Fax : 05.59.37.34.63. Parking. Fermé le mardi hors saison. Congés annuels : du 15 janvier au 15 mars. Accès : par la D301. Doubles de 200 à 240 F (30,5 à 36,6 €). Demi-pension à 220 F (33,5 €) en juillet-août. Menus de 65 à 140 F (9,9 à 21,3 €). Dans une grande maison traditionnelle, au milieu d'un écrin de verdure. La plupart des chambres donnent directement sur la campagne. Salle à manger style rustique chaleureux. Cuisine simple et bonne, toute faite « maison » avec, aux menus d'un superbe rapport qualité-prix, vraie soupe de poisson avec des écrevisses, truite *etxekoa*, entrecôte à la navarraise, salade gourmande, etc. À la carte, prix très raisonnables. Grande terrasse avec panorama exceptionnel. *Apéritif offert.*

BUSSUNARITZ 64220 (7 km E)

📧|●| *Hôtel-restaurant du Col de Gamia* ****** – **col de Gamia** ☎ 05.59.37.13.48. Parking. Congés annuels : de janvier à mimars. Accès : par la D933 puis la D120. Doubles à 200 F (30,5 €). Demi-pension au même prix par personne. Menus de 65 à 175 F (9,9 à 26,7 €). La petite route qui y mène est une des plus charmantes de la région. Là-haut, panorama exceptionnel. De quoi tomber à la renverse et débouler toute la pente ! Chambres propres et confortables. Excellente cuisine basque. Délicieux civet de sanglier en période de chasse. Accueil chaleureux et convivial de la part d'une famille dévouée, au service d'une restauration à l'ancienne sans chichis, privilégiant les rapports humains et les produits régionaux. Tout ce qu'on aime !

BIDARRAY 64780 (14 km NO)

📧|●| *Hôtel-restaurant Barberaenea* – **place de l'Église (Centre)** ☎ 05.59.37.74.86. Fax : 05.59.37.77.55. TV. Accès : par la D918. Chambres de 180 à 320 F (27,4 à 48,8 €). Menu du randonneur à 95 F (14,5 €). Une très ancienne auberge du pays, appartenant à la famille Elissetche, qui l'a joliment rénovée après une longue fermeture. Jolie surprise, donc, côté accueil comme côté chambres. Celles qui n'ont pas été rénovées n'ont qu'un cabinet de toilette et une salle de bains commune. Mais quel charme : parquet ancien ciré, murs blancs, vieux meubles... Elles donnent sur la ravissante petite place de l'église du XIIe siècle. Idéales pour une clientèle de randonneurs faisant étape sur le GR10 qui passe à proximité. Les six chambres neuves sont très épurées, confortables, toutes avec télé et donnent sur la campagne. Cuisine que les randonneurs dévorent : truitelles de Batzan en persillade, côtes de moutonnet aux morilles... Vraiment un endroit de charme... *NOUVEAUTÉ.*

SAINT-JUSTIN 40240

Carte régionale A2

📧|●| *Hôtel de France* ****** – **place des Tilleuls** ☎ 05.58.44.83.61. Fax : 05.58.44.83.89. TV. Fermé le dimanche soir et le lundi. Congés annuels : du 16 octobre au 7 novembre. Accès : par la D 932. Chambres agréables à 230 F (35,1 €) avec douche et wc, et à 280 F (42,7 €) avec bains. Menus de 70 F (10,7 €) sauf le dimanche, puis à 110 et 160 F (16,8 et 24,4 €). Un nom d'hôtel de sous-préfecture dans les années 50, une adresse sortie d'un roman de Léo Malet, une maison posée au milieu d'une bastide du XIIIe siècle. Mélange étonnant qui a tout pour séduire. On y est au calme dans une ambiance familiale traditionnelle. La salle de resto est au fond de la maison. Cuisine typique pleine de recherche et de saveurs agréables, préparée avec des produits frais. Salade des petites landes aux cœurs de canard et gésiers, *brick* croustillant de langoustines au hachis de cèpes et gingembre piment vert, carré de porcelet confit avec ratatouille basquaise et demi-magret de canard gras au farci de champignon et foie gras, pruneaux au lard grillé. Fin et délicieux ! Accueil amical et ambiance décontractée.

SAINT-MACAIRE — 33490

Carte régionale A1

🛏️🍽️ *L'Abricotier* – (Nord-Est)
☎ 05.56.76.83.63. Fax : 05.56.76.28.51. Fermé le mardi soir. Congés annuels : du 11 novembre au 10 décembre. Accès : sortie Saint-Macaire, près de la N113 qui va de Langon à La Réole. Doubles à 260 F (39,6 €). Menu à 70 F (10,7 €), le midi en semaine ; menus suivants de 120 à 230 F (18,3 à 35,1 €). Un resto qui aurait mérité de trouver place dans une maison typique de ce village, un des plus beaux de la région. Raté, il est presque en bord de nationale. Mais on a bien aimé la douillette petite salle donnant sur l'arrière et la terrasse (et son abricotier... on se demandait bien où il pouvait être celui-là) agréable aux beaux jours. Un resto plaisant qui fait passer le service un peu lent. En cuisine, le chef fait preuve d'une solide pratique et d'une belle imagination : salade de cous de canard aux topinambours, filet de daurade sur fumet de lamproie, émincé d'ananas rôti à la vanille... Belle carte de vins de Bordeaux, évidemment. Une adresse pour se faire plaisir ! Dispose aussi de quelques chambres avec douche et wc. *10 % sur le prix de la chambre d'octobre à avril.*

SAINT-PALAIS — 64120

Carte régionale A2

🛏️🍽️ *Hôtel-restaurant de la Paix* ** – 33, rue du Jeu-de-Paume (Centre) ☎ 05.59.65.73.15. Fax : 05.59.65.63.83. Parking. TV. ♿ Fermé le vendredi soir. Congés annuels : janvier. Accès : sur la place principale de la ville. Doubles à 285 F (43,4 €). Bonne cuisine régionale avec un 1er menu à 65 F (9,9 €) servi en semaine, et d'autres de 110 à 240 F (16,8 à 36,6 €). Quand on voit sa façade, on ne dirait pas que cet hôtel existe depuis 2 siècles. Le choc est encore plus grand une fois dedans. Il a été entièrement reconstruit de haut en bas. Tout cela pour donner un confort moderne, pratique et agréable. Au resto, ris

d'agneau au jambon et aux cèpes, anguilles, millefeuille de saumon mariné et fromage de brebis, daurade *oyarsun*, gigot de lotte, *ttoro* et gibier pendant la chasse. Accueil charmant. Toutefois, cette maison doit vivre un peu pour retrouver son âme d'antan. C'est encore trop neuf ! *10 % sur le prix de la chambre.*

SAINT-VINCENT-DE-TYROSSE — 40230

Carte régionale A2

🍽️ *Les Gourmets* – av. Nationale ☎ 05.58.77.16.97. ♿ Fermé le mardi soir et le mercredi soir (hors saison). Menus de 55 F (8,4 €), le midi en semaine, à 165 F (25,2 €). Lorsqu'on passe ici, on fait irrésistiblement demi-tour, attiré que l'on est par cette grande terrasse. On sent qu'il fait bon y prendre son temps. À midi, beaucoup de commerciaux s'arrêtent là pour la formule plat du jour, dessert, café à 55 F. On peut aussi se lancer dans plus copieux avec les menus suivants. Le magret au miel et aux oignons grelots joue et gagne dans la rubrique salé-sucré-acide, la daurade à l'espagnole se défend bien et le foie gras maison mérite un accessit. Que des classiques pour une adresse faisant figure de valeur sûre. *Café offert.*

SARLAT-LA-CANÉDA — 24200

Carte régionale B1

🛏️ *Auberge de jeunesse* – 77, av. de Selves (Nord) ☎ 05.53.59.47.59. Fax : 05.53.30.21.27. Accueil des individuels du 15 juillet au 15 octobre de 18 h à 22 h. En dehors de cette période, souvent complet en raison des groupes. Pas de couvre-feu. Accès : à l'entrée de la ville. 50 F (7,6 €) la nuit par personne. Possibilité de planter une tente : 28 F (4,3 €) la nuit. Pas loin du centre à pied, une aubaine ! 32 lits répartis en 3 dortoirs. Entretien à la charge des occupants. Réservez impérativement parce que des routards de 24 nationalités différentes y sont déjà passés !

🛏️ *Hôtel Le Mas de Castel* ** – Sudalissant (Sud) ☎ 05.53.59.02.59. Fax : 05.53.28.25.62. Parking. ♿ Congés annuels : de novembre à Pâques. Accès : à 3 km de la ville, prendre la D704, direction Souillac, puis La Canéda ; fléchage. Chambres de 250 à 300 F (38,1 à 45,7 €). Charmant hôtel de plain-pied, dans le style local (belles pierres blanches du pays, petite borie...), entouré de verdure. Excellent accueil. Chambres confortables, très plaisantes voire reposantes (douce déco dans les tons pastel). Les nᵒˢ 2, 3, 4, 5 et 14 sont plus spacieuses. Belle piscine pour oublier quelques instants la chaleur estivale du Sarladais. Pas de resto. L'endroit idéal pour un séjour à la campagne, à deux pas de Sarlat. *10 % sur le prix de la chambre.*

🛏 *Hôtel Les Récollets* ** – 4, rue Jean-Jacques-Rousseau (Centre) ☎ 05.53.31.36.00. Fax : 05.53.30.32.62. ● otelrecol@aol.com ● Parking. TV. Congés annuels : janvier. Accès : dans la vieille ville. Chambres de 250 à 350 F (38,1 à 53,4 €). Dans une paisible et pittoresque ruelle piétonne. Loin du brouhaha touristique et de l'incessante circulation automobile que connaît désormais Sarlat dès les beaux jours. Et comme dans une ville historique, il serait dommage de dormir dans un hôtel sans histoire, celui-là a idéalement été aménagé dans l'ancien cloître du couvent des Récollets (XVIIᵉ siècle). Accueil des plus charmants, atmosphère familiale (un père et son fils gèrent les lieux de concert). Les chambres ont été rénovées et avec un goût certain. Certaines donnent sur le calme petite cour intérieure où se prend le petit déjeuner aux beaux jours ; le reste du temps, il est servi dans une belle salle voûtée. On a bien aimé la nᵒ 15, lumineuse, qui offre une gentille vue sur les toits de lauze de la vieille ville, ainsi que la nᵒ 8 avec ses élégantes arcades de pierre, la nᵒ 19 également. Mais toutes offrent le même calme, la rue piétonne étant peu fréquentée la nuit. On vous indiquera un endroit tout proche et gratuit pour garer votre véhicule. On se dit que c'est peut-être bien notre hôtel préféré à Sarlat.

🛏◉ *La Maison des Peyrat* – le lac de la Plane ☎ 05.53.59.00.32. Fax : 05.53.28.56.56. Parking. TV. ⚒ Ouvert le week-end seulement de mi-novembre à avril. Tous les jours le reste de l'année. Congés annuels : janvier. Accès : après la gendarmerie, continuer sur 2 km (bien fléché). Chambres de 250 à 520 F (38,1 à 79,3 €). Menu unique à 100 F (15,2 €) le soir uniquement. Récemment repris et entièrement rénové, cet ancien ermitage du XVIIᵉ siècle est devenu un vrai petit hôtel de charme dans un environnement très calme. Décoration soignée, respect des vieilles pierres, un original puits trône dans l'entrée. Chambres spacieuses et claires, très belles salles de bains. Piscine, accueil charmant. Un petit âne veille sur votre voiture. Une bonne étape à peine à l'écart de la ville. *NOUVEAUTÉ.*

🛏◉ *Hôtel-restaurant Saint-Albert et hôtel Montaigne* ** – 10, place Pasteur et 11, rue Émile-Faure (Sud) ☎ 05.53.31.55.55. Fax : 05.53.59.19.99. TV. ⚒ Fermé le dimanche soir et le lundi (hors saison). Accès : derrière la poste centrale. Chambres de 260 à 350 F (39,6 à 53,4 €). Menus de 99 à 175 F (15,1 à 26,7 €). Bistrot avec plat du jour à 45 F (6,9 €) le midi en semaine et menu à 65 F (9,9 €). Derrière la poste centrale. Deux hôtels et un resto, à peine à l'écart du centre ancien. À l'hôtel *Montaigne*, derrière une façade bourgeoise du meilleur goût, ce cachent de jolies chambres (on a un faible pour celles du dernier étage, aux poutres apparentes), à la déco moderne qui ne fâchera personne et très bien équipées. Et une terrasse sous véranda où l'on prend son petit déjeuner. De l'autre côté de la rue, c'est l'hôtel *Saint-Albert*, avec ses chambres rénovées, celles sur la rue sont équipées de doubles-vitrages. Dans la vaste salle à manger se retrouvent de (très) vieux habitués et les gens qui comptent à Sarlat autour de plats immémoriaux (tête de veau, pieds de cochons) ou d'une stricte orthodoxie périgourdine (salade périgourdine, omelette aux cèpes, confit aux noix...). « Chez nous, la gastronomie, c'est d'abord de la cuisine ! » dit un slogan maison. On n'aurait pas trouvé mieux !

🛏 *Hôtel de Compostelle* ** – 64, av. de Selves (Centre) ☎ 05.53.59.08.53. Fax : 05.53.30.31.65. TV. ⚒ Congés annuels : du 15 novembre à Pâques. Accès : pas loin du centre, en direction de Montignac/Brives. Chambres de 290 à 310 F (44,2 à 47,3 €). Accueil aimable, chambres irréprochables, spacieuses et plaisantes. Certaines ont un balcon avec véranda vitrée (mais sur la rue). D'autres, les plus calmes, donnent sur un jardin de poche, à l'arrière. Pour les familles, des petits appartements avec deux chambres et une salle de bains.

🛏◉ *La Hoirie* – La Giragne ☎ 05.53.59.05.62. Fax : 05.53.31.13.90. ● lahoirie@club-internet.fr ● Parking. TV. Congés annuels : du 15 novembre au 15 mars. Accès : sortie de Sarlat vers Souillac, bien fléché. Chambres de 350 à 650 F (53,4 à 99,1 €). Menus de 90 à 120 F (13,7 à 18,3 €). De nouveaux patrons viennent de faire l'acquisition de cette superbe demeure dont les origines remontent au XIIIᵉ siècle. Par respect pour l'unité régionale, le thème principal de la décoration est la blondeur des pierres. Les chambres sont spacieuses, toutes décorées avec goût et souci du moindre détail, salles de bains lumineuses et fonctionnelles. Les chambres les plus chères sont en fait des appartements très confortables. Grand parc agréable avec piscine, bronzage tranquille garanti ! La table n'est pas en reste et tout est « fait maison » : foie gras mi-cuit à la compote de fenouil, pied de porc désossé, farci de foie gras, magret et émincé de poireaux, soufflé glacé aux fruits de saison. Fait rare, le 1ᵉʳ menu est aussi servi le soir et le dimanche. L'accueil est excellent, une adresse à visiter... pour y rester davantage. *NOUVEAUTÉ.*

|●| *Restaurant Chez Marc* – 4, rue Tourny (Centre) ☎ 05.53.59.02.71. Fermé le dimanche toute l'année et le lundi soir hors saison. Menu à 55 F (8,4 €) le midi en semaine et carte aux environs de 100 F (15,2 €). Un bistrot modèle réduit (un conseil : réservez), deux ou trois tables en guise de terrasse sur cette vieille rue passante du centre. Idéal pour le déjeuner. Carte de bistrot et de terroir : andouillette de canard au vin de Cahors, magret de canard aux fruits rouges, pas mal de poissons, fondant aux pommes, etc. Vins à prix raisonnables.

|●| *Restaurant Le 4 Saisons* – 2, côte de Toulouse (Centre) ☎ 05.53.29.48.59. Fermé le mercredi (hors saison). Menus à 65 F (9,9 €), le midi en semaine, et de 90 à 260 F (13,7 à 39,6 €). Deux petites salles (on a un faible, comme déjà les habitués du lieu, pour celle de l'étage) installées dans une ruelle pentue, ainsi qu'une terrasse calme dans une petite cour fleurie. Un endroit discret loin de ces tapageurs restos d'une saison (avec leur vrai-faux foie gras à prix bradés) qui sont légion à Sarlat. De fait, cette petite table semble avoir décidé, sans esbroufe, de s'inscrire dans la durée. Et les petits menus ne sont pas loin d'offrir un des meilleurs rapports qualité-prix de la ville. Ils proposent par exemple : langoustines à l'effilochée de tourteau, petite salade d'œufs brouillés aux morilles, croustillant de pied de porc aux cèpes, sauce truffes... le tout bien présenté. Desserts originaux : moelleux au chocolat coulant, glace à la truffe, sauce safranée... Et en plus l'accueil est charmant. Bref, une bonne petite adresse.

|●| *Le Relais de Poste* – impasse de la Vieille-Poste (Centre) ☎ 05.53.59.63.13. Fermé le lundi. Menus de 95 à 155 F (14,5 à 23,6 €). Dans une paisible ruelle. Ancien relais de poste royale. De vieux murs donc, une imposante cheminée. Ambiance chaleureuse et décontractée mais service stylé (on sert les plats sous cloche ici, monsieur !), des prix qui restent stables et une bonne cuisine à base de produits frais. Le menu du marché (il est à deux pas) qui, cela va de soi, change très souvent. Deux autres menus qui n'oublient pas leur terroir : salade de gésiers, confit, magret... Bons desserts. Vins à prix humains. Soit une bonne surprise dans cette ville où certains restaurateurs perdent un peu leur orthographe, confondant agapes avec arnaque ! Réservation logiquement conseillée.

|●| *Le Présidial* – 6, rue Landry ☎ 05.53.28.92.47. Fermé le lundi. Congés annuels : du 20 novembre au 1er février. Accès : à droite de la mairie, à 50 m de la place de la Liberté. Menus de 115 à 290 F (17,5 à 44,2 €). Déjà connus de longue date par nos services pour les hauts faits de gastronomie commis dans cette ville, ils n'ont

pas échappé à nos fins limiers et les voilà de nouveau sous notre contrôle ! Ce charmant couple, Madame est en salle et Monsieur en brillant chef de cuisine, vient de s'offrir un petit bijou. Classé Monument historique, le *Présidial* est une très belle maison, justice royale en 1552, nichée dans un grand jardin au calme, au cœur de la vieille ville. Salle très élégante, terrasse sans aucun doute la plus belle de la ville. Passons aux choses sérieuses, le plus petit menu est déjà un très bon choix, beau rapport qualité-prix. Aux autres, on trouve, au hasard, un foie gras d'oie maison (parfait), nid de tagliatelles et ris d'agneau au romarin, suprême de pigeonneau juste cuit comme il faut, on est sans nul doute face à « LA » table de Sarlat. Carte des vins très complète, à prix raisonnables, service très courtois et efficace. *NOUVEAUTÉ.*

DANS LES ENVIRONS

ROQUE-GAGEAC (LA) 24250
(9 km S)

⌂ |●| *Hôtel-restaurant La Belle Étoile* ** – rue Principale (Centre) ☎ 05.53.29.51.44. Fax : 05.53.29.45.63. TV. Fermé le lundi (hors saison). Congés annuels : de novembre à mars. Accès : par la D46. Chambres à 310 F (47,3 €). Menus de 130 à 195 F (19,8 à 29,7 €). Hôtel de charme, cadre et décor en harmonie avec le village, un des plus beaux de France. Atmosphère inévitablement un peu chic. Chambres personnalisées, meublées avec goût. Certaines (nos 1 à 11) offrent un beau point de vue sur le cours placide de la Dordogne. Toutes possèdent une salle de bains. Élégante salle à manger dans les tons roses et terrasse abritée sous une treille, en surplomb de la rivière. Cuisine qui excelle dans son registre très classique (même si elle s'autorise parfois quelques audaces « modernistes ») : millefeuille de foie gras aux asperges, poitrine de pigeon sous la cheminée, pétales de pommes de terre au foie gras.

VITRAC 24200 (11 km S)

|●| *Restaurant de la Ferme – Chez Lacour Escalier* – lieu-dit Caudon ☎ 05.53.28.33.35. Fermé le dimanche soir et le lundi en hiver, le lundi uniquement en été. Congés annuels : octobre et de mi-décembre à mi-janvier. Accès : par la D46 ; situé sur la rive nord de la Dordogne. Menus de 90 à 170 F (13,7 à 25,9 €). Maurice Escalier a bâti, il y a déjà longtemps, la réputation de cette auberge de campagne. Sa fille, Arlette, perpétue avec talent la tradition familiale. Et c'est tout le Périgord qui s'invite à cette table conviviale : omelette aux truffes du pays, poulet au verjus et

pommes sarladaises, bloc de foie de canard, côte de bœuf aux échalotes, confit, gâteau aux noix... 1er menu avec soupe de campagne et jambon de pays, puis poulet au verjus entre autres. Le plus, la petite goutte offerte par le patron pour faire passer ces agapes. La maison s'est modernisée, climatisée, on y croise parfois quelques stars du petit écran. Mais toujours dans la cour, les poules et les canards déambulent avec lenteur. La Dordogne coule une vie heureuse et sans remous dans un coin vraiment superbe. Il y a de l'éternité dans cette demeure ou du moins une sagesse périgourdine contagieuse.

DOMME 24250 (12 km S)

🏠 I●I *Nouvel Hôtel* * – rue Maleville et Grande-Rue (face à la place de la Halle) (Centre) ☎ 05.53.28.38.67. Fax : 05.53.28.27.13. Congés annuels : de la Toussaint à Pâques. Chambres à 210 F (32 €) avec douche et wc et à 280 F (42,7 €) avec bains. Menus de 70 à 240 F (10,7 à 36,6 €). Jolie maison de pierre, idéalement située au cœur de cette superbe bastide. Second atout : des prix intéressants pour l'endroit. Le soir, le village devient désert et le calme est assuré. Chambres dans l'ensemble plutôt agréables. Spécialités régionales : feuilleté d'escargots aux cèpes, confit, magrets, cailles farcies...

MARQUAY 24620 (12 km NO)

🏠 I●I *Hôtel des Bories – Restaurant l'Estérel* ** – ☎ 05.53.29.67.02. Fax : 05.53.29.64.15. Parking. ♨ Congés annuels : de la Toussaint au 1er avril. Accès : par la D47 sur 2 km, puis la D6. Chambres de 180 F (27,4 €) avec douche et wc, à 300 F (45,7 €) avec bains. Menus de 85 à 195 F (13 à 29,7 €). Dans un gentil village en dehors des sentiers battus, un hôtel de charme, très bien situé. Grand jardin, ainsi qu'une piscine et vue superbe. Chambres fraîches et pimpantes. La n° 32 possède un coin-salon, avec cheminée et vue sur la campagne, ainsi qu'une chambre attenante pour enfants. Deux belles terrasses permettent de prendre le petit déjeuner au soleil si le temps le permet. Bon accueil. Resto à côté, à la cuisine réputée : croustade d'aiguillette de canard aux cèpes et foie gras, méli-mélo de Saint-Jacques et gambas aux cèpes, escalopes de foie gras poêlées aux poires rôties... Hmm! *Apéritif offert. 10 % sur le prix de la chambre en avril, mai, juin et octobre.*

MEYRALS 24220 (12 km NO)

🏠 *Hôtel de la Ferme Lamy* *** – (Nord-Est) ☎ 05.53.29.62.46. Fax : 05.53.59.61.41. Parking. TV. ♨ Accès : par la D47, direction Les Eyzies/Périgueux, puis

prendre à gauche, au lieu-dit Benives, une petite route direction Meyrals; c'est fléché ensuite. Chambres de 390 à 800 F (59,5 à 122 €). Nelly et Michel Bougon avaient fait les beaux jours du *Glacier du Port* à Porto Vecchio (« les meilleures glaces du monde », écrivait le *Routard* jamais en retard d'un dithyrambe!). Depuis plusieurs années, ils ont investi une ancienne ferme (certaines parties datent du XVIIe siècle) complètement perdue dans la campagne. Quasiment seuls, ils l'ont transformée en hôtel de charme et continuent de l'enrichir au gré de leurs trouvailles chez les antiquaires. Ravissantes chambres, à la déco soignée jusque dans les salles de bains. Un luxe certain mais qu'ils ont voulu accessible. Certaines sont climatisées, toutes ont un charme fou et un style différent. La plus chère est quasi hollywoodienne avec sa salle de bains (équipée d'un jacuzzi) au beau milieu de la pièce et sa massive cheminée. Petit déjeuner avec pain aux noix, brioche et confitures maison que l'on prend, aux beaux jours, à l'ombre des tilleuls d'un jardin méticuleusement entretenu. Superbe piscine dominant un doux paysage de champs et de collines. En prime, l'accueil, plus que chaleureux, reste à la sincérité et à la simplicité. *10 % sur le prix de la chambre hors saison.*

PAULIN 24590 (24 km NE)

I●I *La Meynardie* – (Sud-Ouest) ☎ 05.53.28.85.98. Parking. Fermé le mercredi sauf juillet et août. Congés annuels : décembre et janvier. Accès : direction Salignac-Eyvignes, puis Archignac. Menus à 75 F (11,4 €) le midi en semaine et de 140 à 230 F (21,3 à 35,1 €). Recommandé de réserver (surtout le samedi soir et le dimanche midi). Bien fléché de la route de Saint-Geniès. Ancienne propriété agricole, perdue en pleine campagne. Même restaurée, la salle à manger a gardé énormément de cachet : sol pavé, massive cheminée datant de 1603... Accueil courtois. Atmosphère un rien chic mais sans excès. Les deux 1ers menus offrent un sérieux rapport qualité-prix. Ensuite ça grimpe et la qualité reste au rendez-vous. Cuisine de terroir mais pleine de créativité : carpaccio de magret de canard, poêlée de foie de canard à l'arôme de truffes, bons desserts, comme le soufflé glacé aux noix. Terrasse sous sa treille, l'été. 17 ha de forêt de châtaigniers autour... pour digérer. Une bonne adresse.

LAVAL-DE-JAYAC 24590 (25 km NE)

🏠 I●I *Hôtel-restaurant Coulier* ** – le bourg ☎ 05.53.28.86.46. Fax : 05.53.28.26.33. ● hotel.coulier@wanadoo.fr ● Parking. TV. Canal+. ♨ Fermé le samedi (hors saison). Accès : par la D60. Doubles de 220 à 290 F (33,5 à

AQUITAINE

44,2 €). Demi-pension conseillée en juillet-août : 280 F (42,7 €) par jour et par personne. Menus de 90 à 250 F (13,7 à 38,1 €). Dans la partie la moins peuplée et la plus campagne du Périgord noir, un hameau plus qu'un village. Sur un tertre, à distance raisonnable de la route, une ancienne ferme en forme de U est joliment aménagée. Dispersées au hasard du bâtiment, 15 chambres pas trop grandes, mais coquettes, restaurées avec caractère, dans le style périgourdin. Bon accueil. À votre table, vous trouverez, traités avec finesse, les produits qui font la réputation de la région : cassoulet maison (au 1er menu), foie gras mi-cuit, brouillade de truffes et son escalope de foie gras, caille désossée farcie aux cèpes, civet de canard aux baies de cassis, soufflé glacé aux noix... Si vous ne voulez pas rester au bord de la piscine, pas mal de possibilités de randonnées de grande qualité aux alentours ; vous serez fort bien conseillés par les proprios. *10 % sur le prix de la chambre.*

SAUTERNES 33210

Carte régionale A1

l●l *Auberge Les Vignes* – place de l'Église (Centre) ☎ 05.56.76.60.06. Fermé le lundi. Congés annuels : février. Menu à 65 F (9,9 €) le midi en semaine ; menus suivants de 100 à 160 F (15,2 à 24,4 €). Nappes à carreaux et feu de bois garantis dans cette délicieuse petite auberge de campagne. Accueil sympa du gendre du proprio : un grand type à l'accent anglo-saxon. Serait-il là depuis la guerre de Cent Ans ? Raté : il est américain ! Chaleureuse ambiance familiale. Vraie cuisine de terroir et de saison, goûteuse mais pas prétentieuse pour un sou avec spécialités de grillades sur sarments de vignes (côte de moutons, steak, magret...). La tarte feuilletée aux fruits passe du four à la table, les cèpes de l'omelette sont cueillis du matin. Cave superbement sélectionnée, mais pas donnée (avec toutefois 5 ou 6 bouteilles abordables). Une bonne trentaine d'années que ça dure ! Et on lui en souhaite encore au moins autant ! *Café offert.*

l●l *Restaurant Le Saprien* – 11, rue Principale (Centre) ☎ 05.56.76.60.87. Fermé le dimanche soir (et le lundi en basse saison). Congés annuels : de mi-novembre à mi-décembre et la 2e quinzaine de février. Accès : face à l'office du tourisme. Menus de 119 à 219 F (18,1 à 33,4 €). Atmosphère un rien chic entre les épais murs de pierres de cette petite maison à l'entrée du village. La déco mêle avec bonheur moderne élégance et chaleureux éléments du passé. Ravissant petit salon de lecture et vaste terrasse, ouverte sur le vignoble. Au programme donc, logiquement : grillades aux sarments et dégustation de sauternes au

verre. Mais *Le Saprien* c'est aussi et surtout une habile cuisine de marché et de saison : escalope de foie gras frais poêlé en salade tiède, chère mais évidemment succulente (quand elle est à la carte) lamproie au sauternes, terrine de foie gras à la gelée de sauternes, ris de veau rôtis au sauternes et curry, magret de canard aux mangues et gingembre...

SAUVETERRE-DE-BÉARN 64390

Carte régionale A2

≜l●l *L'Hostellerie du Château* * – (Centre) ☎ 05.59.38.52.10. Parking. TV. Congés annuels : du 15 janvier au 15 février. Doubles de 120 F (18,3 €) avec lavabo, à 230 F (35,1 €) avec bains. Menus de 95 à 160 F (14,5 à 24,4 €). Au calme, une superbe maison avec une grande terrasse datant presque de la Révolution et dominant la vallée. Vue magnifique sur les Pyrénées. On déjeune sous un hêtre pourpre pratiquement révolutionnaire. Délicieuses spécialités béarnaises comme la truite braisée au jurançon, les *chipirons* à la basquaise, le boudin et le saucisson au four. Prix sages pour la qualité. Demandez une chambre côté jardin. Certaines font plus de 20 m² ! Meubles anciens. *Apéritif offert.*

DANS LES ENVIRONS

CASTAGNÈDE 64270 (10 km NO)

≜l●l *La Belle Auberge* – (Centre) ☎ 05.59.38.15.28. Fax : 05.59.65.03.57. TV. Fermé le dimanche soir. Congés annuels : de mi-décembre à mi-janvier. Doubles de 190 à 240 F (29 à 36,6 €). Menus de 65 à 120 F (9,9 à 18,3 €). Coup de cœur pour cette bonne vieille auberge de campagne située dans un charmant petit village. 8 chambres à prix très doux, toute l'année, au calme. Fleurie et agrémentée d'une piscine, c'est une étape idéale pour se prélasser au soleil, après un bon repas pris en terrasse ou en salle. Sachez-le, vous ne serez pas les seuls à vous régaler, c'est bourré de VRP et de retraités. Même en semaine, les serveuses ne chôment pas, ce qui n'enlève rien à leur humour. On vous recommande la piperade basquaise, le pigeonneau rôti en cocotte, les ris de veau aux cèpes et le fondant grillotine au chocolat. *NOUVEAUTÉ.*

SORE 40430

Carte régionale A1

l●l *Le Relais des Chasseurs* – quartier Barthes ☎ 05.58.07.62.36. Fermé du lundi au mercredi. Congés annuels : janvier et février. Accès : sur la route de Sore à Pissos. Menus de 100 F (15,2 €) le midi en semaine, à 170 F (25,9 €). Décidément, ceux qui croyaient qu'il n'y avait que des pins dans les Landes en seront pour leurs frais. Cette auberge tord le cou aux idées reçues. Plantée au milieu de la forêt, cette ferme en brique avec de beaux colombages est le rendez-vous des gens du coin. Déco rustique pleine de charme et petite terrasse protégée par de gros platanes. Comme son nom l'indique, elle accueille les chasseurs pendant la saison. Comme vous, tout ce petit monde vient pour se réchauffer le ventre avec des canettes aux pruneaux flambées à l'armagnac, du ris de veau aux cèpes, des cailles rôties, du homard grillé du vivier et des confits fondants à des prix confondants. Accueil sincère, ce qui ne gâte rien. *Café offert.*

SOS 47170

Carte régionale B2

|●| *Le Postillon* – **place Emmanuel-Delbousquet** ☎ 05.53.65.60.27. Parking. Congés annuels : février. Accès : place du Village. Menu à 55 F (8,4 €) sauf le dimanche. Autres menus à 85 et 120 F (13 et 18,3 €). Maison grise pas très avenante dans un village tranquille. Pourtant, voilà ici une bonne adresse. Plutôt que de longs discours, voyez ce qu'on sert dans le menu à 85 F : écrevisses gasconnes, daube de bœuf à l'ancienne aux pruneaux, fromage et dessert. Et dans celui à 120 F, nous avons eu droit à un potage, une salade landaise, de la daube de bœuf, un magret de canard aux pêches, fromage et dessert. En somme, vous pénétrerez dans une maison que n'aurait pas renié Gargantua. Nous non plus ! Quelques chambres équipées de douche ou bains. *Apéritif offert.*

SOULAC-SUR-MER 33780

Carte régionale A1

≜ *Hôtel Michelet* ****** – **1, rue Baguenard (Centre)** ☎ 05.56.09.84.18. Fax : 05.56.73.65.25. TV. ⚒ Fermé le lundi. Congés annuels : janvier. Doubles de 220 à 320 F (33,5 à 48,8 €) avec douche ou bains, 420 F (64 €) en juillet-août. Dans une villa balnéaire typique. Accueil impeccable, plein d'attentions (les enfants ont même droit à de petits cadeaux). Chambres plaisantes et confortables. 8 disposent d'un balcon, 4 sont de plain-pied sur un petit jardin de sable. Et (on a failli oublier le principal), l'Océan est tout près – plage principale à

50 m. *10 % sur le prix de la chambre dès la 2ᵉ nuit, de novembre à mai.*

TARDETS-SORHOLUS 64470

Carte régionale A2

≜|●| *Hôtel-restaurant du Pont d'Abense* – **Abense-de-Haut** ☎ 05.59.28.54.60. Fax : 05.59.28.75.91. Parking. Fermé le mercredi après-midi et le jeudi hors saison. Congés annuels : la 1ʳᵉ quinzaine de décembre et janvier. Accès : à 1 500 m de Tardets, sur la rive du Saison. Doubles de 180 F (27,4 €) avec cabinet de toilette, à 260 F (39,6 €) avec bains et wc. Menus de 95 à 180 F (14,5 à 27,4 €). Au bord de la rivière, un petit hôtel où il fait bon séjourner. Chambres adorables et calmes. Bar sympathique pour goûter à la bière blanche locale (et oui !). Table qui jouit d'une bonne réputation, tout le mérite en revenant à la maîtresse de maison, cuisinière amoureuse des beaux produits exécutés simplement. Terrine chaude de cèpes, parmentier de pieds de porc, dos de merlu poêlé, aiguillettes de canard à l'irouléguy. Desserts superbes. Terrasse. *NOUVEAUTÉ.*

TONNEINS 47400

Carte régionale B1

≜|●| *Côté Garonne* – **36, cours de l'Yser (Centre)** ☎ 05.53.84.34.34. Fax : 05.53.84.31.31. Parking payant. TV. Canal+. Satellite / câble. ⚒ Fermé le dimanche soir et le lundi. Congés annuels : du 2 au 10 janvier et du 8 au 31 août. Doubles à partir de 550 F (83,8 €), petit déjeuner à 75 F (11,4 €). Menu à 145 F (22,1 €) le midi en semaine, puis de 165 à 285 F (25,2 à 43,4 €). À la carte, compter 250 F (38,1 €). La rue n'est pas vraiment avenante (la ville non plus d'ailleurs) et cette belle maison tranche par sa fraîcheur. On change de monde en pénétrant dans cette antre du bon goût dominant de manière presque magique la Garonne. Jean-Luc Rabanel a pris le pari de s'ancrer ici. Il arrive en terre vierge et il va lui falloir imposer un style étonnant parfois déroutant. Il mélange le terroir et les épices, il déconcerte parfois, il enchante par des présentations soignées et au final on est conquis par la dégustation de foies gras frais de canard, les lasagnes de homard frais et jeunes légumes croquants, le millefeuille d'épices et d'ailleurs... Si vous voulez dormir sur place, c'est possible : 5 chambres luxueuses mais un peu chères pour un routard. *10 % sur le prix de la chambre.*

VIEUX-BOUCAU-LES-BAINS 40480

Carte régionale A2

🛏️ I●I *Hôtel-restaurant Le Moïsan* ** – av. de Moïsan ☎ 05.58.48.10.32. Fax : 05.58.48.37.84. Parking. TV. Congés annuels : novembre. Doubles de 200 à 330 F (30,5 à 50,3 €) avec douche et wc ou bains. 1er menu à 90 F (13,7 €) servi tous les jours. Menus « terroir » à 120 F (18,3 €) et « pêcheur » à 150 F (22,9 €). C'est une bonne maison familiale, rustique et authentique, dans un coin plutôt calme. Resto honnête, avec une cuisine à fortes connotations basques : *piquillos* à la morue et coulis de piments, *chipirons*... Simple et très correct. *Apéritif offert.*

🛏️ I●I *Hôtel-restaurant de la Côte d'Argent* ** – 4, Grand'Rue ☎ 05.58.48.13.17. Fax : 05.58.48.01.15. Parking. TV. Fermé le lundi d'octobre à juin. Congés annuels : du 1er octobre au 15 novembre. Accès : dans le vieux village. Doubles à 270 F (41,2 €) avec douche et wc. Avec bains, pour 3 personnes, à 340 F (51,8 €). Menus de 95 à 160 F (14,5 à 24,4 €). Voilà une maison qui étend sa façade le long de la rue principale du vieux village. Elle paraît avoir toujours été posée là. Derrière les volets rouges, on trouve une quarantaine de chambres bien tenues et confortables dont certaines possèdent une terrasse. Cuisine bien traditionnelle et sans grande surprise. Du simple et de l'efficace : magret aux herbes, salmis de palombe, darne de merlu, noix de Saint-Jacques, poêlée de crevettes à l'ail ou sole aux cèpes.

VILLANDRAUT 33730

Carte régionale A1

🛏️ I●I *Hôtel-restaurant de Got* ** – place Principale (Centre) ☎ 05.56.25.31.25. Fax : 05.56.25.31.25. Parking. Fermé le lundi hors saison. Congés annuels : de mi-novembre à mi-janvier. Doubles à 220 F (33,5 €) avec douche, 250 F (38,1 €) avec bains. Menus de 70 à 150 F (10,7 à 22,9 €). Dans une jolie maison aux lumineux murs en pierre, l'hôtel de village comme on les imagine. Chambres proprettes et bien tenues. Honnête cuisine de terroir : confit de poule, assiette landaise, magret de canard entier aux pêches, foie gras de canard aux pommes, noisettes d'agneau persillées. Terrasse couverte sur la place aux beaux jours.

VILLEFRANCHE-DU-PÉRIGORD 24550

Carte régionale B1

🛏️ I●I *Hôtel-restaurant La Petite Auberge* ** – ☎ 05.53.29.91.01. Fax : 05.53.28.88.10. Parking. TV. Fermé le vendredi soir, le samedi midi et le dimanche soir (hors saison). Congés annuels : 15 jours en novembre et 15 jours en janvier. Accès : à 800 m du village, bien fléché. Chambres de 250 à 280 F (38,1 à 42,7 €). Menus à 70 F (10,7 €) le midi en semaine, et à 85 F (13 €). Grande demeure dans le style du pays, perdue dans la campagne, au milieu d'un vaste jardin avec ses chaises longues bien tentantes. Chambres à la déco d'un bon goût certain. Au resto, cuisine de saison et de terroir. Terrasse très agréable en été. Un bain de quiétude et de sérénité.

VILLENEUVE-SUR-LOT 47300

Carte régionale B1

🛏️ *Hôtel la Résidence* ** – 17, av. Lazare-Carnot (Centre) ☎ 05.53.40.17.03. Fax : 05.53.01.57.34. Parking payant. TV. Satellite / câble. Congés annuels : du 27 décembre au 4 janvier. Doubles avec cabinet de toilette à 135 F (20,6 €), avec douche et wc à 210 F (32 €) et avec bains à 250 F (38,1 €). Dans un coin ultra-tranquille, près de l'ancienne gare. Petit hôtel tout mignonnet qui a beaucoup de caractère. La façade rose aux volets verts donne le ton. Et dès l'entrée, on se sent happé par le jardin au bout du couloir. Pas mal de chambres à tous les prix. Idéal pour ceux qui aiment la simplicité et le calme. Garage fermé payant. *10 % sur le prix de la chambre pour 2 nuits consécutives hors juillet-août.*

I●I *Chez Câline* – 2, rue Notre-Dame (Centre) ☎ 05.53.70.42.08. Menus « gourmand » à 75 F (11,4 €) et du « terroir » à 95 F (14,5 €). À la carte, compter 120 F (18,3 €). Les choses sont claires dès le début. Le ramassage des champignons est interdit dans le restaurant. Au moins vous êtes prévenus avant d'y aller. Il y a du Lewis Carroll dans l'esprit du patron. Il est plein d'humour et cela transparaît largement dans sa maison. Déjà, il faut savoir que Câline, c'est le cocker. Ensuite, ici, toutes les fleurs sont fausses. Cela évite de les cueillir et de les changer. Pour ce qui est du contenu de l'assiette, on calme un peu le jeu, encore que ! Magret farci au foie gras, canapé de pommes aux crevettes, escalope de Saint-Jacques aux épinards, soupe de cerises à la menthe... Sourire en plus.

AQUITAINE

l◉l *Restaurant Aux Berges du Lot* – **3, rue de l'Hôtel-de-Ville** ☎ **05.53.70.84.81.** Fermé le dimanche soir et le lundi. Congés annuels : la 2ᵉ quinzaine de novembre. Menus à 85 F (13 €) le midi en semaine, et de 130 à 210 F (19,8 à 32 €). Resto sympa qui fait figure d'institution dans cette ville pauvre en bonnes tables. Terrasse ombragée et vue sur le Lot. Le chef travaille dans un registre conventionnel. Du marbre quoi ! À l'image de la ballottine de foie gras aux noix, de la fine daube de lotte à l'artichaut et lard confit, du tournedos de magret de canard grillé sur os, des suprêmes de pigeonneau sur compotée de fruits.

DANS LES ENVIRONS

PUJOLS 47300 (3 km S)

l◉l *Le Figuier* – **passage du Pont-du-Castel** ☎ **05.53.36.72.12.** Fermé le lundi soir. Accès : par la D118 direction Prayssas. Menus de 75 F (11,4 €) à 175 F (26,7 €). À la carte, entrées entre 40 et 60 F (6,1 et 9,1 €), plats de 60 à 70 F (9,1 à 10,7 €). Le nom du resto résume à lui seul tout l'esprit qui règne ici. Dans un décor plutôt sobre et racé, on se laisse aller à la rêverie et à la quiétude. Un peu comme si l'on avait installé la nappe à carreaux et le joli panier du pique-nique sous un arbre au milieu de la campagne. La cuisine prend en plus des airs résolument provençaux. On lorgne vers les champs de lavande : salade avec saumon fumé, caille farcie, saucisson de figues, foie gras, terrine de poissons; une carte savoureuse et, somme toute, à un prix bien raisonnable !

MONCLAR 47380 (18 km E)

l◉l *Le Relais* – ☎ **05.53.49.44.74.** Fermé le lundi et le dimanche soir. Accès : par la D911 jusqu'à Sainte-Livrade, puis la D667 sur 5 km et la D113. Menu à 65 F (9,9 €) le midi en semaine. Autres menus à 100 et 150 F (15,2 et 22,9 €). Les gens du pays s'y pressent le dimanche et les jours de fêtes pour se repaître d'une cuisine simple et copieuse. Dans un décor rustique avec une belle terrasse sur la vallée, on s'installe confortablement pour des déjeuners qui peuvent tirer en longueur. Un peu comme ces repas de communion, terreur des thuriféraires. Pour un menu à 100 F, on vous servira du jambon de pays, un flan de thon sur un lit de courgettes, un petit salé de canard, du fromage et un beau dessert. Service prévenant bien que conventionnel. *Café offert*.

AQUITAINE

Auvergne

03 Allier
15 Cantal
43 Haute-Loire
63 Puy-de-Dôme

AMBERT   63600

Carte régionale B2

Hôtel-restaurant Les Copains ** –
42, bd Henri-IV ☎ 04.73.82.01.02. Fax :
04.73.82.67.34. TV. Fermé le samedi et le
dimanche soir hors saison. Congés
annuels : du 10 septembre au 10 octobre.
Accès : face à la mairie. Doubles de 260 à
320 F (39,6 à 48,8 €) avec douche et wc ou
bains. Menus de 70 à 220 F (10,7 à 33,5 €).
La façade n'est pas vraiment avenante et la
salle de restaurant est du même tonneau.
Malgré cela, cet hôtel-resto doit son nom au
film *Les Copains*, d'Yves Boisset, qui fut
tourné ici. Question cuisine, c'est surtout
une affaire de famille puisque Thierry Chelle
est la 4e génération aux fourneaux. Evidem-
ment, il joue dans un registre simple et local
où le terroir tient une place primordiale, mais
il a gardé de son passage dans les cuisines
de Robuchon quelques petits trucs qui font
le plus. Poitrine de veau farcie aux morilles,
vol-au-vent de grenouilles désossées en
persillade, cuisse de canette à la fourme
d'Ambert, terrine de pied de porc au porto...
On en chantonnerait presque la fameuse
chanson de Brassens.

Hôtel-restaurant La Chaumière ** –
41, av. Foch (Centre) ☎ 04.73.82.14.94.
Fax : 04.73.82.33.52. Parking. TV. Canal+.
Fermé le samedi hors saison, et le
dimanche soir toute l'année. Congés
annuels : de fin décembre à fin janvier.
Accès : près de la gare. Doubles à 310 F
(47,3 €). Menus de 95 à 220 F (14,5 à

33,5 €). La *Chaumière* est une survivance
d'une époque où l'on mangeait bien pour
des prix raisonnables. Les menus sont
abondants, sans prétention, sans fioriture,
la note sans surprise. Agrandi, le restaurant
offre une grande terrasse pour les grillades
(à midi en été) et une salle à la déco archi-
classique, un peu à l'image de la cuisine qui
ne s'appuie que sur des valeurs sûres :
croustillant de grenouilles au fenouil, escargots au beurre marin, coq au vin, tripoux,
pigeon fermier en cocotte... et quelques
plats à base de fourme d'Ambert! Les
chambres, rénovées elles aussi, sont
modernes mais propres et confortables.
Apéritif offert.

ARCONSAT   63250

Carte régionale B1

L'Auberge de Montoncel ** – Les
Cros d'Arconsat ☎ 04.73.94.20.96. Fax :
04.73.94.28.33. Parking. TV. Fermé le
lundi d'octobre à mai. Congés annuels : janvier. Accès : par la N89 puis la D86. Chambres à partir de 200 F (30,5 €). Menus de
65 à 135 F (9,9 à 20,6 €). Hôtel très simple,
calme et propre. Une bâtisse ancienne au
milieu des bois noirs, au-dessus de Chabre-
loche, avec l'hôtel juste à côté dans une
annexe récente. Petite salle de restaurant à
l'ancienne, avec un menu du jour hyper
copieux. Dans les autres menus et selon
saison : cuisses de grenouilles ou d'écrevisses grillées, filet de canard au cognac et
aux cèpes, bavette d'aloyau au bleu
d'Auvergne, salade de fourme chaude... On

a les papilles en alerte et la salive en bouche rien qu'en les évoquant. Agréable jardin. *10 % sur le prix de la chambre sauf juillet-août.*

ARDES-SUR-COUZE   63420

Carte régionale A2

🏠 |●| *L'Auberge de la Baraque d'Aubiat* ** – ☎ 04.73.71.74.33. Fax : 04.73.71.74.99. Parking. ♿ Fermé le mercredi et le mardi soir hors vacances scolaires. Congés annuels : janvier. Accès : depuis Ardes, prendre la D23 direction Anzat pendant 11 km. Doubles à 190 F (29 €) avec douche et de 210 à 255 F (32 à 38,9 €) avec douche et wc ou bains. Possibilité de dormir en gîte pour les randonneurs à 50 F (7,6 €) par personne. Menus de 75 à 105 F (11,4 à 16 €). Perdu sur le plateau du Cézalier, au sud du Puy-de-Dôme, dans une vieille ferme bien restaurée, cet hôtel-restaurant est un petit paradis pour randonneurs ou amateurs de calme absolu. Dans la salle de restaurant, dont le cachet rustique a été intelligemment mis en valeur, on vous proposera des menus simples et copieux, proches du terroir, avec de bonnes terrines maison, un chou farci, fromage et tarte maison ; le menu le plus cher est plus recherché, avec notamment une excellente pintade aux girolles. L'hôtel possède des chambres douillettes (on dort dans des couettes), confortables et pratiques (certaines ont des mezzanines, idéal quand on a des enfants !). Petit déjeuner très copieux avec un grand choix de délicieuses confitures maison. Accueil familial très sympa et conseils judicieux sur les randonnées.

AUBUSSON-D'AUVERGNE   63120

Carte régionale B1

🏠 |●| *Hôtel-restaurant Au Bon Coin* – le bourg ☎ 04.73.53.55.78. Fax : 04.73.53.56.29. Parking. Fermé le lundi hors saison. Congés annuels : de fin décembre à début janvier. Doubles à 140 F (21,3 €) avec lavabo, à 250 F (38,1 €) avec douche et wc ou bains. Menus de 150 à 210 F (22,9 à 32 €). À la carte, compter 200 F (30,5 €). Petite auberge au décor rustique agréable (un peu bruyante lorsqu'on ouvre la grande salle pour recevoir des cars). Le chef fait partie des Toques d'Auvergne, et il est vrai qu'il y a de quoi être toqué... de l'Auvergne ! Généreuse cuisine faite de beaux produits comme les huîtres pochées au coulis d'écrevisses, le magret de canard au calvados (ah bon !), l'entre-deux de veau à la crème, et la spécialité du

lieu : le sandre sur son lit de chou (ah oui !). Goûtez aussi les terrines maison et, en dessert, le superbe feuilleté aux poires sur coulis de framboises. Ne manquez pas non plus la période des écrevisses. Une maison dans laquelle on se sent bien et loin de tout.

AURILLAC   15000

Carte régionale A2

🏠 |●| *Hôtel-restaurant du Palais* ** – 2, rue Beauclair (Centre) ☎ 04.71.48.24.86. Fax : 04.71.64.97.92. Parking. TV. Canal+. Fermé le dimanche et les jours fériés. Congés annuels : la 2e quinzaine de juillet. Accès : derrière le palais de justice. Chambres doubles de 280 à 300 F (42,7 à 45,7 €) avec douche et wc ou bains. Menus de 70 à 120 F (10,7 à 18,3 €). Derrière une jolie façade ancienne et avenante, un hôtel classique, au calme, avec des chambres sympas. Préférez celles qui donnent sur le petit patio de style provençal, très agréable. Au restaurant, *Les Jardins du Palais*, spécialités du chef : salade de pieds de porc farcis, poissons, ris de veau forestiers, tête de veau fermière. Bon accueil du patron, qui a son caractère, mais ce n'est pas pour nous déplaire. *10 % sur le prix de la chambre.*

🏠 |●| *Hôtel-restaurant La Thomasse* *** – 28, rue du Docteur-Mallet ☎ 04.71.48.26.47. Fax : 04.71.48.83.66. Parking. TV. Canal+. Fermé le dimanche. Congés annuels : entre Noël et le Jour de l'An. Doubles de 320 à 380 F (48,8 à 57,9 €) côté parc. Suite rustico-chic à 660 F (100,6 €). Menus de 100 à 225 F (15,2 à 34,3 €). Non loin du centre, dans un quartier résidentiel. Hôtel de charme ouvrant sur un grand parc, avec piscine et parking privé. Jolies chambres dans un style rustique très prononcé et, pour tout dire, assez distrayant ! Tout confort. À table, menus régionaux et gastronomiques, bons mais classiques, dans une jolie salle de resto. Certains soirs, grandes tablées joyeuses. Bon accueil du patron qui, parfois, vous reçoit avec une coupe de champagne ! Il faut dire qu'il est assez volubile, et que le petit bar-club (très *cosy*) s'anime rapidement le soir... Une adresse confortable qui sent bon la province. *NOUVEAUTÉ.*

🏠 *Grand Hôtel de Bordeaux* *** – 2, av. de la République ☎ 04.71.48.01.84. Fax : 04.71.48.49.93. Parking. TV. Canal+. Congés annuels : du 22 décembre au 7 janvier. Doubles de 340 à 550 F (51,8 à 83,8 €). Parking payant. Chambres classiques, mais tout confort, dont certaines climatisées en été (plus chères). Petit déjeuner-buffet. Pas de restaurant. Fort bien situé, au centre de la ville, dans un édifice de 1812, cet hôtel offre un accueil particulièrement professionnel et courtois. Élégants bar et salons. *10 %*

AUVERGNE

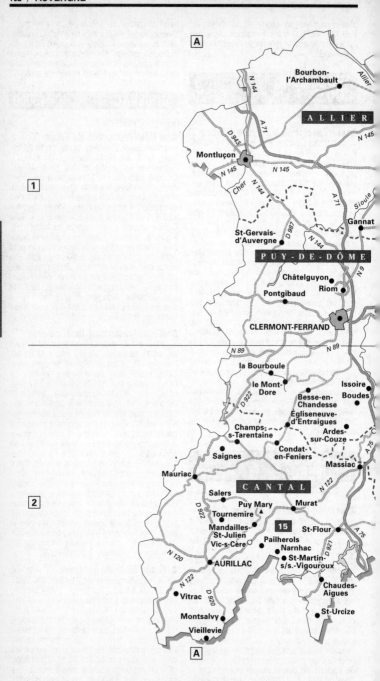

A

Bourbon-
l'Archambault

Allier

N 144

A 71

ALLIER

N 145

D 943

Montluçon

N 145

N 145

Cher

N 144

A 71

Sioule

1

Gannat

St-Gervais-
d'Auvergne

D 987

N 144

PUY-DE-DÔME

Châtelguyon

N 9

Riom

Pontgibaud

CLERMONT-FERRAND

N 89

N 89

la Bourboule

le Mont-
Dore

Issoire

Boudes

D 922

Besse-en-
Chandesse

Égliseneuve-
d'Entraigues

Champs-
s-Tarentaine

Ardes-
sur-Couze

A 75

Condat-
en-Feniers

Saignes

Massiac

Mauriac

CANTAL

N 122

Salers

Murat

Puy Mary

D 922

Tournemire

Mandailles-
St-Julien

15

St-Flour

A 75

Vic-s-Cère

Pailherols

D 921

Narnhac

N 120

St-Martins-
s/s.-Vigouroux

AURILLAC

N 122

D 920

Vitrac

Chaudes-
Aigues

Montsalvy

St-Urcize

Vieillevie

A

sur le prix de la chambre, sauf pendant le festival Éclat.

I●I L'Arsène – 24, rue Arsène-Vermenouze (Centre) ☎ 04.71.48.48.97. Fermé tous les midis, le dimanche soir et le lundi en juillet et août. Formule rapide à 68 F (10,4 €) sauf les samedis et jours fériés, et menu à 110 F (16,8 €). Vins à prix raisonnables : cuvée du patron à 48 F (7,3 €). Cette salle intime et chaleureuse, où pierres apparentes et tableaux modernes font bon ménage, accueille de nombreux jeunes de la ville, attirés par la robuste cuisine du lieu (à prix fort démocratique). Excellente atmosphère. Spécialité de fondues savoyarde et bourguignonne. Goûter aussi à la pièce de bœuf, la pierre chaude au filet mignon de porc ou au magret de canard (attention, toutes ces bonnes choses sont pour deux personnes). Les solitaires et célibataires reporteront leur frustration sur la succulente soupe à l'oignon (une vraie !) et les grillades traditionnelles. Raclettes, tartiflettes, copieuses salades composées, tartes salées, etc. Pour finir, on peut essayer la grole de l'amitié (café, cognac et génépi !). *Café offert.*

I●I Le Bouchon Fromager – rue du Buis - place des Docks (Centre) ☎ 04.71.48.07.80. Fermé le dimanche et les jours fériés. Menu à 69 F (10,5 €). Pour les pressés ou les p'tites faims, la cave à vins et à fromages juste à côté du *Terroir* (même maison) vous permettra de déguster les meilleurs fromages accompagnés de gouleyants vins de propriété. Vins « auverre-gnats » autour de 15 F (2,3 €) ! Mais pas seulement : goûter à la « gamelle » (24 petits toasts au fromage) ou à la « planche gourmande » (charcuterie et fromage). Au repas, un plat, un plateau de fromage et un dessert du jour. Ici aussi, la base c'est le fromage ! Marmite de la semaine avec des plats comme le confit... au fromage ! Patranque (purée) et saucisse, tartiflettes et, sur commande, potée auvergnate. Sympa aussi à l'heure de l'apéro. Terrasse agréable aux beaux jours. *NOUVEAUTÉ.*

I●I La Reine Margot – 19, rue Guy-de-Veyre (Centre) ☎ 04.71.48.26.46. Fermé le lundi (sauf à midi en saison). Congés annuels : 1 semaine fin juin et la 2ᵉ quinzaine de février. Menu à 70 F (10,7 €) le midi en semaine. Autres menus de 105 à 270 F (16 à 41,2 €) et menu « petit bougnat » à 48 F (7,3 €). À la carte, compter 200 F (30,5 €). Cadre et atmosphère assez conformistes, mais accueil pro. Murs en bois vernissé avec de petites fresques. Clientèle bourgeoise et hommes d'affaires. Les conversations tournent invariablement sur les héritages qui tardent à venir et la belle-sœur qui n'est pas comme il faut. Cuisine régionale traditionnelle sérieuse. Portions copieuses. Carte bien fournie en spé-

cialités du coin : tripoux d'Aurillac façon maison, tête de veau, pavé de turbot poêlé, terrine de *pounti*, belles viandes. Bon choix de vins : gaillac, buzet et saint-pourçain dans les 70 F (10,7 €). Bordeaux du mois. *Café offert. NOUVEAUTÉ.*

I●I Le Terroir – rue du Buis – **place des Docks** ☎ 04.71.64.31.26. Fermé le dimanche, le lundi et les jours fériés. Menus de 70 à 140 F (10,7 à 21,3 €). Vins au verre de 10 à 40 F (1,5 à 6,1 €). Dans ce vieux quartier Saint-Géraud, sur ce trottoir dédié au fromage (le marché aux fromages est à côté), cette sympathique « auberge fromagère auvergnate » se dévoue entièrement à la cuisine cantalienne. Atmosphère bon enfant, décor rustique classique et un vaste choix dans les menus ou à la carte : pavé du Cantal (cantal pané, jambon de pays), salade au cabécou et au miel, chou farci, *pounti*, pavé de Salers à la truffade, *bouriol* du vacher ou du fromager (grosse crêpe de sarrazin), soupe au fromage en saison, plateau de fromages à volonté, tarte à la tomme...

DANS LES ENVIRONS

SANSAC-DE-MARMIESSE 15130
(8 km O)

I●I La Belle Époque – Lasfargues ☎ 04.71.62.87.87. Fermé le dimanche soir et le lundi sauf en juillet-août. Congés annuels : janvier. Accès : sur la RN122 bien fléché). Menus de 98 à 145 F (14,9 à 22,1 €). Compter 200 F (30,5 €) à la carte. En pleine nature, dans une ancienne ferme restaurée. Dans la grande salle, décor Belle Époque comme son nom l'indique, ça nous change un peu du rustico-campagnard. Restaurant bénéficiant d'un superbe bouche à oreille. La preuve, c'est presque toujours plein, même un soir de semaine hors saison. Accueil fort sympathique et atmosphère pleine de gaieté pour une belle cuisine de terroir. Produits frais, légumes et fruits rouges du jardin suivant époque. À la carte, les classiques : pieds de porc aux morilles, tête de veau, poêlée de foie gras aux pommes caramélisées, magret sauce à l'orange, et puis des spécialités à base de champignons, car le chef est un grand mycologue amateur ! La traditionnelle omelette aux cèpes ou le ris de veau aux morilles raviront le palais de septembre à octobre. Aux beaux jours, très agréable terrasse.

POLMINHAC 15800 (14 km E)

I●I Le Berganty – place de l'Église ☎ 04.71.47.47.47. Fermé le samedi et le dimanche ; ouvert sur réservation le samedi en été. Congés annuels : pendant les fêtes de fin d'année. Accès : par la N122. Menus entre 75 et 120 F (11,4 et 18,3 €). La place est superbe, avec son église et ses maisons couvertes de lauzes. La salle est impeccable, meublée d'un vieux bahut ciré et d'une lourde table d'hôte devant la cheminée. Les gros bouquets de fleurs viennent du jardin. À toute heure, on s'attable devant le cantou : truite au lard, truffade au jambon. En revanche, sur commande, on peut avoir un chou farci, le *pounti* ou une potée auvergnate. Quelques bons plats maison : lapin pruneaux-carottes, paleron de bœuf, etc. La jeune patronne a un sens inné de l'accueil et les produits sont d'une rare qualité (la viande vient de la boucherie voisine : l'artisan choisit ses bêtes sur pied dans la campagne). *Apéritif offert.*

BESSE-EN-CHANDESSE   63610

Carte régionale A2

🏠 |●| *Hostellerie du Beffroy* – **26, rue de l'Abbé-Blot** ☎ **04.73.79.50.08. Fax : 04.73.79.57.87.** Fermé le dimanche soir et le lundi hors vacances scolaires. Congés annuels : la 2e quinzaine de novembre. Doubles à 260 F (39,6 €) avec douche et wc ou bains. Menus à 100 F (15,2 €) en semaine et de 130 à 300 F (19,8 à 45,7 €) si vous souhaitez le grand jeu. Cette maison, qui date du XVe siècle, abrite une table plutôt réputée et très bien tenue par Thierry Legros. Les plats ont toujours un fond de terroir et le chef y ajoute une petite touche personnelle pas désagréable. *Pounti* gaulois, omble chevalier, ventrèche de poularde, bourse de pansette gerzatoise au cantal, truite montagnarde au gingembre sur lentilles pochées... Les chambres sont correctes mais au confort assez inégal. *NOUVEAUTÉ.*

🏠 |●| *Hôtel-restaurant Le Clos* ** – **La Villetour** ☎ **04.73.79.52.77. Fax : 04.73.79.56.67.** Parking. TV. Fermé le mardi hors vacances scolaires. Congés annuels : de fin mars à début avril, 3 semaines en mai et d'octobre à mi-décembre. Accès : à 400 m du centre médiéval en direction de la route du Mont-Dore et suivre le fléchage. Doubles à partir de 260 F (39,6 €) et quelques appartements familiaux de 320 à 450 F (48,8 à 68,6 €). Petit déjeuner-buffet. Menus de 88 à 155 F (13,4 à 23,6 €). Légèrement à l'écart du centre de Besse, cet établissement moderne offre des prestations très complètes avec piscine intérieure, jacuzzi, salle de remise en forme bien équipée, hammam et salle de jeux. Les chambres sont agréables. Soucieux du bien-être de leur clientèle, les patrons proposent une foule d'idées de randonnées et de visites.

Cuisine correcte mais sans surprise. *Apéritif offert.*

DANS LES ENVIRONS

SUPER-BESSE 63610 (7 km O)

|●| *Restaurant La Bergerie* – **route de Vassivières (Ouest)** ☎ **04.73.79.61.06.** Ouvert les week-ends hors saison (été/hiver) et tous les jours le reste de l'année. Congés annuels : du 15 septembre au 15 décembre (sauf pendant les vacances de la Toussaint et le 11 novembre). Accès : par la D149. Menus de 95 à 150 F (14,5 à 22,9 €). On vient à *La Bergerie* pour goûter à la truffade. Pour 70 F (10,8 €), le jeune patron vous en servira une copieuse portion directement dans la poêle, accompagnée de son jambon du coin. Assurément, les 30 mn d'attente sont largement compensées par le plaisir de savourer ce plat ultra-traditionnel et pour le moins reconstituant. De plus, on est sûr que la truffade est faite à la demande. Pas étonnant donc que ce soit l'une des toutes meilleures que l'on ait mangées dans le département. Parmi les autres spécialités du chef : ballottine de lapin aux myrtilles, filet mignon au saint-nectaire, filet de bœuf au cantal, ou un étonnant chou farci à la truite. En plus, on se sent vraiment bien dans cette auberge de campagne à l'ambiance et au décor charmants et charmeurs. Une maison de plus en plus à la mode tant en hiver qu'en été, où l'on peut manger sur la terrasse qui domine le lac. *Café offert.*

BOUDES   63340

Carte régionale A2

🏠 |●| *Le Boudes La Vigne* ** – **place de la Mairie** ☎ **04.73.96.55.66. Fax : 04.73.96.55.55.** TV. Fermé le dimanche soir et le lundi. Congés annuels : 3 semaines en janvier et la dernière semaine d'août. Accès : A75. Doubles à 180 F (27,4 €) avec douche et wc. Menu du jour à midi pour 75 F (11,4 €). Autres menus de 115 à 240 F (17,5 à 36,6 €). Au cœur de ce petit village vigneron du Sud du Puy-de-Dôme, dans une maison de village agréablement rénovée, cet hôtel-restaurant est notre coup de cœur dans le coin. Accueil sympa et cuisine de charme. Difficile de choisir entre les ravioles d'escargots à la crème d'ail, la blanquette de volaille au miel, le croustillant de rascasse au beurre d'herbes... Mais en dessert, pas de doute, on a craqué pour la soupe de pêches de vigne à la menthe fraîche. On est au cœur d'un des meilleurs vignobles auvergnats et, comme il se doit, la carte des vins le célèbre. On peut d'ailleurs consommer le boudes au verre. Hôtel récent et très calme. *Apéritif offert.* 10 % sur le prix de la chambre hors juillet, août et septembre.

BOURBON-L'ARCHAMBAULT 03160

Carte régionale A1

▲ I●I *Les Trois Puits* * – **rue des Trois-Puits (Centre)** ☎ **04.70.67.31.50.** Fax : **04.70.67.08.35.** &. Resto fermé le dimanche soir et le lundi. Congés annuels : janvier et décembre. Doubles à 100 F (15,2 €) avec cabinet de toilette et à 140 F (21,3 €) avec bains. Petit déjeuner à 28 F (4,3 €). Menus de 55 à 110 F (8,4 à 16,8 €). Naguère, les puits étaient des lieux de rencontre. Aujourd'hui, cette maison, chaleureuse et cordiale dans son accueil, a gardé cette convivialité des provinces d'autrefois. Chambres de bon confort, sanitaires spacieux. Au restaurant, on pourrait se croire dans un roman de Simenon qui a dû venir ici pour écrire quelques scènes de ses *Maigret*. On y sert une bonne cuisine simple et traditionnelle. Confit de canard, rognons de veau au porto, truite au lard, magret aux myrtilles... *Café offert.*

▲ I●I *Grand Hôtel Montespan-Talleyrand* ** – **1-3, place des Thermes (Centre)** ☎ **04.70.67.00.24.** Fax : **04.70.67.12.00.** TV. Congés annuels : de fin octobre à fin mars. Doubles à 195 F (29,7 €) avec lavabo et wc et de 420 à 550 F avec bains. Menus de 85 à 180 F (13 à 27,4 €). On pourrait discuter longtemps sur la vie (pas toujours très claire) des deux parrains de cette maison. Le séjour qu'ils ont fait ici un jour lointain a laissé son nom à ce superbe hôtel qui apparaît comme une maison raffinée pleine d'un charme d'antan. Salons de lecture et de bridge décorés de velours et de tentures, salle à manger claire et fleurie, piscine au milieu de la verdure d'un jardin à la française font de l'endroit une véritable oasis de paix et de sérénité. Le plaisir se prolonge évidemment dans les chambres dont certaines sont de véritables appartements. Toutes sont décorées avec goût et raffinement. Au restaurant, la cuisine, qui joue dans un registre ultra-connu, vaut néanmoins le détour. Tête de veau gribiche, filet de charolais, lapin à la moutarde de Charroux, coq au vin au saint-pourçain... Ajoutons à ces propos plutôt flatteurs que l'accueil est attentionné, le service précis, et vous aurez compris pourquoi ce *Grand Hôtel* a provoqué chez nous quelques émois! *Apéritif offert.*

DANS LES ENVIRONS

SAINT-BONNET-TRONÇAIS 03360
(23 km NO)

▲ I●I *Le Tronçais* ** – **Rond de Tronçais** ☎ **04.70.06.11.95.** Fax : **04.70.06.16.15.** Parking. TV. Fermé le dimanche soir et le lundi hors saison. Congés annuels : de mi-novembre à mi-mars. Accès : par la N144, puis forêt de Tronçais par la D978 jusqu'au Rond de Tronçais, à 3 km au sud du bourg de Saint-Bonnet-Tronçais. Doubles de 285 à 375 F (43,4 à 57,2 €). Certaines chambres sont peut-être un peu chères. Menus de 100 à 190 F (15,2 à 29 €). Paix, sérénité et tranquillité : telle pourrait être la devise de cet hôtel, assis au bord de l'étang. Pour être complet, il faudrait ajouter charme et confort tant cette maison est agréable. Il faut dire que le coin y fait pour beaucoup. La forêt de Tronçais, qui compte parmi les plus belles et les plus vieilles de France, dévoile des trésors de beautés déclinant toute la gamme des verts au printemps et se parant de camaïeu d'ocre et de rouge à l'automne. Les chambres sont spacieuses et coquettes. Éviter les chambres de l'annexe qui donnent sur la route. La cuisine fleure bon le terroir : escargots aux noix, coq à la bourbonnaise, terrine d'anguilles aux mûres, brochet au saint-pourçain, côte de veau aux cèpes... Les 2 salles à manger sont arrangées avec beaucoup de goût et d'élégance. Service charmant. Vue agréable sur le parc et la campagne. *Apéritif offert.*

TRONGET 03240 (23 km S)

▲ I●I *Hôtel du Commerce* ** – **D945** ☎ **04.70.47.12.95.** Fax : **04.70.47.32.53.** Parking. TV. Accès : prendre la D1 vers Le Montet. Doubles à 260 F (39,6 €) avec douche. Menus de 80 à 150 F (12,2 à 22,9 €). Voilà une maison de contraste ! D'un côté, l'hôtel propose des chambres modernes et bien équipées. Reconnaissons que les chambres manquent un peu de cachet, mais cela est largement compensé par l'autre côté de la maison, le restaurant. M. Auberger y sert des petits plats bien traditionnels qui fleurent bon le terroir. Pour un peu, on entendrait presque les cocottes glouglouter. Au programme : pâté aux pommes de terre ou à la viande, agneau du Bourbonnais au thym, cuisses de grenouilles, confit pintadeau aux cèpes, coq au vin.

BOURBOULE (LA) 63150

Carte régionale A2

▲ I●I *Hôtel-restaurant Les Fleurs* ** – **av. Gueneau-de-Mussy** ☎ **04.73.81.09.44.** Fax : **04.73.65.52.03.** Parking. TV. Congés annuels : de mi-octobre à Noël. Accès : D922. Chambres avec lavabo de 155 F (23,6 €) à 190 F (29 €) ou de 205 à 350 F (31,3 à 53,4 €) avec douche et wc ou bains. Repas de 90 à 180 F (13,7 à 27,4 €). Hôtel à l'ancienne, style pension de famille, situé au bord de la route mais plein de charme. Toutes les chambres ont un balcon et certaines bénéficient d'une vue superbe sur le plateau de Charlanne et la vallée. Chambres propres et bien tenues. Cuisine sympa, spécialités de terrines : goûtez celle de lentilles au petit salé. Manchons de canard au poivre doux, *douchka* glacée au chocolat... Accueil souriant de la maîtresse de maison.

🛏️ |●| *Hôtel Le Charlet* ** – 94, bd Louis-Choussy (Centre) ☎ 04.73.81.33.00. Fax : 04.73.65.50.82. Parking. TV. Canal+. Satellite / câble. Congés annuels : de mi-octobre à fin décembre. Doubles de 220 à 270 F (33,5 à 41,2 €) avec douche et wc, donnant sur la rue, et de 300 à 340 F (45,7 à 51,8 €) avec bains ou douche et vue sur la montagne. Menus de 99 à 169 F (15,1 à 25,8 €). *Le Charlet* se situe un peu en contrebas de la ville. L'hôtel vaut surtout pour sa quarantaine de chambres et son confort moderne car le décor est un peu passe-partout. Piscine (il paraît qu'elle fait des vagues) avec hammam et salle de fitness. Au resto, cuisine plutôt terroir (potée auvergnate, tourte au saint-nectaire...). *10 % sur le prix de la chambre.*

🛏️ |●| *Hôtel-restaurant Le Pavillon* – av. d'Angleterre ☎ 04.73.65.50.18. Fax : 04.73.81.00.93. TV. Congés annuels : de fin octobre à début janvier. Doubles à 260 F (39,6 €) avec douche et wc et à 280 F (42,7 €) avec bains ; compter 30 F (4,6 €) de moins en basse saison (hors juillet-août et Pâques). Menus à 80 et 100 F (12,2 et 15,2 €). Dans un quartier calme et résidentiel. Jolie façade de style Art déco. Surtout, l'accueil du jeune couple de propriétaires est excellent. Ambiance familiale et chaleureuse. Les chambres sont un peu trop modernes à notre goût mais elles sont propres et fonctionnelles. Cuisine simple, familiale, à base de spécialités régionales. Une bonne petite adresse. *NOUVEAUTÉ.*

BRIOUDE 43100

Carte régionale B2

🛏️ |●| *Hôtel de la Poste et Champanne* * – 1, bd du Docteur-Devins (Ouest) ☎ 04.71.50.14.62. Fax : 04.71.50.10.55. Parking. TV. Fermé le dimanche soir d'octobre à juin. Congés annuels : janvier. Accès : route nationale 102 qui traverse Brioude. La double avec douche ou lavabo seulement pour 160 F (24,4 €) ; avec sanitaires complets : 250 F (38,1 €) ; petit déjeuner à 35 F (5,3 €). Plusieurs menus entre 80 et

220 F (12,2 et 33,5 €) et formule enfant à 50 F (7,6 €). Vieil hôtel de province qui a été mis au goût du jour. Au rez-de-chaussée, le bar est toujours là. Les chambres côté rue sont assez bruyantes, alors que celles situées dans une annexe à l'arrière sont vraiment calmes. C'est aussi une vieille table de la ville, réputée pour sa bonne cuisine traditionnelle et sans prétention. Nous avons été conquis par la quenelle de mousse de bleu panée aux noix, le petit dôme d'Estofinado sur lentilles vertes du Puy, le beau et grand plateau de fromages d'Auvergne, puis enfin la corbeille de fruits après le dessert (c'est de plus en plus rare!). Le clou, c'est le patron. Rond, rubicond, jovial, bon vivant et l'œil pétillant, suivi de ses serveuses, il assure lui-même le service avec la fantaisie et la simplicité des aubergistes d'antan. « Si vous en voulez encore dans l'assiette, dites-le moi ! » Grâce à cet homme bonhomme et naturel, voilà un resto qui a gardé son âme, et qui ne verse pas encore dans le style froid et raide. *Café offert.*

🛏️ |●| *Hôtel Le Baudière – Restaurant Le Vieux Four* ** – Saint-Beauzire ☎ 04.71.76.81.70. Fax : 04.71.76.80.66. Parking. TV. Canal+. Satellite / câble. ♿ Resto fermé le lundi. Congés annuels : de mi-décembre à mi-janvier. Accès : un peu excentré, à 8 km à l'ouest de Brioude, avant Saint-Bauzire, au carrefour de la D588 et de la D17, à 4 km de l'échangeur A75. Chambres à 290 F (44,2 €) avec bains, petit déjeuner à 35 F (5,3 €). Menus de 90 à 250 F (13,7 à 38,1 €) ; formule enfant à 50 F (7,6 €). Agréable hôtel moderne, avec des chambres confortables, calmes et bien arrangées. Réservez, de préférence, celles donnant sur les champs. Piscines intérieure et extérieure et sauna. À côté, *Le Vieux Four*, dont la salle de resto principale est ornée d'un beau four en pierre. On a bien aimé les viandes grillées, l'escalope de ris de veau aux morilles, la choucroute du pêcheur, les lentilles aux morilles, la crépinette de pied de porc aux cèpes, la crème brûlée. Accueil très cordial. L'adresse et déjà bien réputée, car certains clients fortunés y viennent en hélicoptère. Il y a une piste d'atterrissage près du restaurant ! *Apéritif offert.*

🛏️ *La Sapinière* – av. Paul-Chambriard (Sud) ☎ 04.71.50.87.30. Fax : 04.71.50.10.55. Parking. TV. ♿ Accès : par la RN102 qui traverse Brioude. Doubles avec sanitaires complets à 450 F (68,6 €) et petit déjeuner à 48 F (7,3 €). Coup de cœur pour cet hôtel – tout beau, tout neuf – installé dans une séduisante structure « lumineuse (bois, briques et verre), construite entre deux anciens bâtiments de ferme, bien mis en valeur. Avec vue directe sur le petit parc verdoyant, les 15 chambres spacieuses sont décorées avec un goût sûr et des thèmes différents. La chambre « Vulcania » et sa tête de lit en authentique lave de volcan sont très réussie ; tout comme la « Saumon » et la « Feuille d'automne ». Belle piscine intérieure, jacuzzi. Accueil très aimable. *NOUVEAUTÉ.*

DANS LES ENVIRONS

VERGONGHEON 43360 (8 km N)

|●| *La Petite École* – Rilhac ☎ 04.71.76.00.44. Fermé le dimanche soir et le lundi. Congés annuels : la dernière semaine de juin. Accès : de Brioude, RN102, puis D14. Plusieurs menus de 90 à 135 F (13,7 à 20,6 €) et formule enfant à 60 F (9,1 €). Entre le tableau noir, les cartes de France, photos de classe, dessins techniques, et autres bureaux d'écoliers, vous voici revenu au temps des culottes courtes ! Installez-vous (sagement !) dans l'unique salle de classe (de resto, pardon !) de cette ancienne école communale (1903). Aujourd'hui, pas de bonnet d'âne, ni de règle en fer, mais des plaisirs culinaires de tout premier rang (ouf !). Françoise et Éric, les « gentils instituteurs », proposent – sur un cahier-menu – des formules aux noms évocateurs : menu « préau » du jour, « porteplume », « certif », et « maternelle », pour les pitchounes. Nous avons beaucoup aimé la salade de Rilhac, le rôti de porc sauce abricot, et la fameuse « récré » : opulent chariot de desserts (lâchez-vous !). Un excellent resto à découvrir absolument. Réservation recommandée. *NOUVEAUTÉ.*

LAVAUDIEU 43100 (9 km SE)

|●| *Auberge de l'Abbaye* – le bourg (Centre) ☎ 04.71.76.44.44. Fermé le dimanche soir et le lundi, le lundi soir uniquement en été. Accès : par la D19 et la D20. Plusieurs menus de 80 à 180 F (12,2 à 27,4 €) et formule enfant pour 45 F (6,9 €). Charmante auberge villageoise, située dans la petite rue qui fait face à l'église. Intérieur rustique bien décoré avec une cheminée où crépite le feu de bois en hiver. Accueil sympa. On y sert une cuisine traditionnelle, finement préparée, à base de produits locaux. De bons plats, comme par exemple la feuillantine de truite rose, le sandre au thym ou aux girolles, la fricassée de caille aux morilles ou l'agneau et son gratin de pommes de terre. Une originalité à prix malin : le menu-forfait comprend un repas (verre de vin et café compris) et la visite du cloître et du musée. Mieux vaut réserver.

VILLENEUVE-D'ALLIER 43380 (14 km S)

🛏|●| *Hostellerie Saint-Verny* * – route D585 ☎ 04.71.74.73.77. Fax : 04.71.74.74.20. Parking. TV. Congés

annuels : de la Toussaint à Pâques. Accès : de Brioude, direction les gorges de l'Allier et Lavoute-Chilhac. Doubles avec douche et wc ou bains de 250 à 300 F (38,1 à 45,7 €) ; petit déjeuner à 40 F (6,1 €). Menus de 80 à 150 F (12,2 à 22,9 €), formule enfant à 50 F (7,6 €). À quelques kilomètres du merveilleux village de Lavoute-Chilhac, voici une auberge de campagne, simple et authentique. Elle domine la rive gauche de l'Allier, face au château de Saint-Ilpize, ruine romantique par excellence. Un peu vieillottes mais correctes et confortables, car prévues aussi pour des couples avec enfants (lits superposés), les chambres donnent sur la route ou sur la vallée (vue superbe). De ce côté-là, demander une chambre avec balcon, comme la n° 7. Côté resto, on y sert de bons petits plats largement inspirés par le terroir. La spécialité de la maison : le plateau vigneron à base de cantal grillé, jambon d'Auvergne et salade à l'huile de noix. Il y a un bar de village au rez-de-chaussée, et une terrasse à l'arrière, au calme, qui ouvre sur le jardin. On y sert les repas en été. Idéal pour des vacances « nature ». *Apéritif, café, digestif offerts.*

BLESLE 43450 (24 km O)

🛏|●| *Hôtel-restaurant La Bougnate* – place de Vallat ☎ 04.71.76.29.30. Fax : 04.71.76.29.39. TV. Canal+. Fermé le mardi et le mercredi, sauf du 1ᵉʳ avril au 30 septembre. Congés annuels : janvier. Accès : par la D588. Toutes les doubles avec douche et wc ou bains entre 350 et 380 F (53,4 et 57,9 €), petit déjeuner à 30 F (4,6 €). Menus à 90 et 150 F (13,7 et 22,9 €) ; à la carte, compter 180 F (27,4 €). On le savait déjà, Gérard Klein a la pêche et des rêves qu'il se donne les moyens de réaliser : acteur, producteur, éleveur et maintenant aubergiste... En effet, après l'élevage de vaches de Salers, Gérard et son épouse Françoise, la « Bougnate », se sont lancés dans la restauration durant l'été 98. Tombés sous le charme de Blesle, ils ont craqué pour un petit hôtel qu'ils ont décidé de retaper. La spécialité de cette auberge : le bœuf de Salers « maison », que l'on peut voir gambader non loin de là. Côté hôtel, les 8 chambres confortables sont calmes et bien mignonnettes. Beaucoup de bonnes raisons pour aller faire un tour dans ce joli village ; le bonheur est là-bas aussi. N'oubliez pas de réserver. *Apéritif offert.*

CHAVANIAC-LAFAYETTE 43230 (27 km SE)

🛏|●| *Hôtel-restaurant Lafayette* * – le bourg ☎ 04.71.77.50.38. Fax : 04.71.77.54.90. Parking. Fermé le mardi du 1ᵉʳ novembre au 1ᵉʳ avril. Congés annuels : du 24 décembre au 1ᵉʳ mars. Accès : par la N102 ; après Saint-Georges-d'Aurac, tourner à gauche (D513), puis continuer sur 2 km. Doubles avec cabinet de toilette à 160 F (24,4 €), avec sanitaires complets à 235 F (35,8 €) ; petit déjeuner à 34 F (5,2 €). Plusieurs menus de 58 à 130 F (8,8 à 19,8 €) et formule enfant pour 45 F (6,9 €). Un bien sympathique hôtel familial, qui ne pouvait porter que ce nom. Au bar, au rez-de-chaussée, une grand-mère encore alerte sert à boire aux habitués. Les chambres, simples et sans prétention, sont très bien tenues. Les n°s 10 et 11 ont une vue sur le château de La Fayette (nos préférées!). Côté cuisine, le chef propose : les rognons de veau et le ris de veau aux champignons, ainsi que sa fameuse « pause auvergnate », une bonne formule (vin compris) à prix malin. En été, la terrasse du resto surplombe un agréable jardin. Bons conseils du patron sur les randonnées et visites du coin. *10 % sur le prix de la chambre à partir de 2 nuits sauf juillet-août.*

CHAISE-DIEU (LA) 43160

Carte régionale B2

🛏 |●| *Hôtel de la Casadeï* ** – place de l'Abbaye (Centre) ☎ 04.71.00.00.58. Fax : 04.71.00.01.67. TV. Resto fermé les lundi et mardi midi hors saison. Congés annuels : de mi-novembre à début mai. Accès : au pied des escaliers de l'abbaye. Toutes les doubles avec douche et wc de 260 à 280 F (39,6 à 42,7 €) ; petit déjeuner à 50 F (7,6 €). Différents menus entre 75 et 120 F (11,4 et 18,3 €) et formule enfant à 45 F (6,9 €). La « maison de Dieu » n'est ouverte qu'en été, les voies du Seigneur étant impénétrables en hiver, comme celles de La Chaise-Dieu d'ailleurs (trop de neige). On entre dans cet hôtel en passant par une terrasse fleurie, et une boutique de souvenirs. Les plus belles chambres font face à l'abbaye, mais elles sont plus chères que les autres. Petite terrasse à l'arrière. Intérieur meublé avec soin. Fait aussi resto. On y sert la potée auvergnate, la truffade, l'omelette aux girolles, les tripoux et le coq au vin façon *Casadeï.* Accueil sympa et photos des artistes qui sont passés par l'hôtel lors du festival de Musique sacrée. *Apéritif offert. 10 % sur le prix de la chambre en mai, juin, septembre, octobre et novembre.*

🛏 |●| *Hôtel-restaurant de l'Écho et de l'Abbaye* ** – place de l'Écho (Centre) ☎ 04.71.00.00.45. Fax : 04.71.00.00.22. Parking. TV. Fermé le mercredi midi hors saison. Congés annuels : du 15 novembre à début février. Toutes les doubles avec douche et wc ou bains entre 330 et 380 F (50,3 et 57,9 €) ; petit déjeuner à 50 F (7,6 €). Plusieurs menus de 98 à 280 F (14,9 à 42,7 €) et formule enfant à 70 F (10,7 €). Hôtel de charme qui affiche

complet pendant le festival. Il faudrait dix pages pour énumérer les têtes célèbres qui ont dormi ici à cette occasion. Demandez à la réception, on vous montrera le livre d'or. Dans les anciennes cuisines du monastère, très belle salle à manger Louis XIII. Meubles anciens mis en valeur. En tout, 11 chambres, dont certaines offrent une superbe vue sur l'abbaye (à réserver absolument!). Fait aussi resto avec quelques grandes spécialités savoureuses : escalope de foie gras poêlée aux pommes, filet mignon à la fourme d'Ambert, tripoux, lentilles du Puy, glace à la verveine du Velay. *10 % sur le prix des chambres.*

DANS LES ENVIRONS

CHOMELIX 43500 (15 km SE)

🛏 |●| *Auberge de l'Arzon* ** – ☎ 04.71.03.62.35. Fax : 04.71.03.61.62. Parking. TV. Fermé le lundi et le mardi (sauf juillet et août). Congés annuels : du 1er novembre au 1er avril. Accès : par la D906, puis la D135. Chambres doubles avec sanitaires complets de 250 à 280 F (38,1 à 42,7 €) ; petit déjeuner à 40 F (6,1 €). Plusieurs menus entre 98 et 240 F (14,9 et 36,6 €). Une bonne auberge villageoise devenue l'une des tables les plus courues de la région. Il est prudent de réserver en été, surtout pendant le festival de La Chaise-Dieu. On dort dans des chambres impeccables situées dans une annexe moderne et calme avec vue sur un joli jardinet. Côté restaurant, le patron sympa mitonne une bonne cuisine de terroir : foie gras maison, magret de canard au cassis. Également du poisson fort bien préparé, et un beau choix de desserts maison. Service correct. *10 % sur le prix de la chambre sauf en juillet-août.*

PONTEMPEYRAT 43500 (25 km E)

🛏 |●| *Hôtel-restaurant Mistou* *** – ☎ 04.77.50.62.46. Fax : 04.77.50.66.70. Parking. TV. Satellite / câble. Resto fermé tous les midis, sauf les week-ends, jours fériés et en juillet-août. Congés annuels : du 1er novembre à Pâques. Accès : par la D498. Chambres doubles avec douche et wc ou bains entre 480 et 660 F (73,2 et 100,6 €) ; petit déjeuner à 55 F (8,4 €). Plusieurs menus de 170 à 315 F (25,9 à 48 €) et formule enfant pour 80 F (12,2 €). Au fond de la belle vallée de l'Ance, bucolique à souhait. La rivière coule au pied des sapins et arrose le jardin délicieux avec piscine. À l'origine, il y avait un ancien moulin à eau, construit vers 1730. Une vieille turbine récupérée produit encore aujourd'hui l'électricité nécessaire à l'éclairage de cet hôtel 3 étoiles. Toutes les chambres – confortables et très calmes – sont décorées avec goût ; et certaines, plus vastes, donnent sur

AUVERGNE

le jardin (nos préférées). Côté fourneaux, Bernard Roux, l'un des grands gourous de la cuisine régionale, mitonne de succulents plats de saison, relevés aux épices de sa Provence natale. L'assiette aux 4 foies gras, la noisette d'agneau rôti au gros sel, le pintadeau mariné aux épices, et les fraises rôties au poivre de Séchouan nous ont totalement envoûtés ; sans compter la petite pointe de vanille dans le beurre, mmm ! Demi-pension obligatoire en haute saison. Sauna, jacuzzi (payant) et parking. *Café offert.*

CHAMBON-SUR-LIGNON (LE) 43400

Carte régionale B2

🛏️ ◖●◗ *Hôtel-restaurant La Plage* * – rue de la Grande-Fontaine (Centre) ☎ 04.71.59.70.56. Parking. Congés annuels : mi-septembre à fin avril. Accès : à 200 m du centre (panneaux). Chambre double avec cabinet de toilette pour 145 F (22,1 €) ; avec sanitaires complets de 250 à 280 F (38,1 à 42,7 €). Menus à 70 et 120 F (10,7 et 18,3 €) et formule enfant à 50 F (7,6 €). Le nom est balnéaire, l'ambiance plutôt montagnarde, l'accueil vraiment souriant. Ici, pas de plage mais le calme, et une clientèle de pensionnaires ou de gens de passage, pas dérangeante. Tout est « bien mis », réfléchi. À l'extérieur, il y a deux terrasses ombragées qui dominent le Lignon. Déco un peu démodée, mais tellement honnête et gentille. Le chef concocte une cuisine provinciale bien franche : mousse de foie de volaille au porto, cuisses de grenouilles safran, et truite aux amandes. *10 % sur le prix de la chambre en mai, juin et septembre.*

🛏️ ◖●◗ *Hôtel Le Bois Vialotte* ** – Le Bois Vialotte ☎ 04.71.59.74.03. Fax : 04.71.65.86.32. Parking. TV. 🐕 Congés annuels : du 30 septembre au 1ᵉʳ mai. Accès : du Chambon, direction Le Mazet par la D151. Puis à gauche, route de la Suchère, puis à gauche encore une route secondaire (panneau). Chambres avec douche et wc ou bains entre 300 et 330 F (45,7 et 50,3 €) ; petit déjeuner à 35 F (5,3 €). Différents menus de 80 à 120 F (12,2 à 18,3 €) et formule enfant à 40 F (6,1 €). Isolé au milieu des bois de sapins et des prairies, au cœur d'une belle propriété de 7 ha, *Le Bois Vialotte* n'est ni un manoir ni une auberge de campagne, mais plutôt une pension de famille en pleine nature. Une maison récente tenue avec méticulosité par une dame discrète et attentive. Chambres à la déco légèrement démodée mais très propres, confortables, et avec vue sur les champs et les arbres. Tranquillité assurée. Au restaurant, cuisine traditionnelle et familiale : tourte du Velay, lentilles à

la crème et aux saucisses, gratin de fruits de saison, bavarois à la verveine du Velay. Demi-pension (repas du soir surtout) conseillée, vu l'isolement de l'hôtel, mais pas obligatoire. Une adresse « de plein air » à prix très honnêtes, pour un séjour prolongé sur le plateau Vivarais-Lignon. *Apéritif offert. 10 % sur la chambre en mai, juin et septembre.*

DANS LES ENVIRONS

TENCE 43190 (8,5 km N)

🛏️ ◖●◗ *Café-Restaurant Brolles* – Mas-de-Tence ☎ 04.71.65.42.91. Doubles avec lavabo seulement pour 110 F (16,8 €) ; petit déjeuner à 25 F (3,8 €). Menus à 67 et 180 F (10,2 et 27,4 €), formule enfant à 25 F (3,8 €). Une authentique petite auberge campagnarde, sans fioritures, tenue par des gens spontanés et naturellement accueillants. Une salle de restaurant, arrangée avec goût, fraîche avec son sol en pierre. À la table ronde, près de la cheminée, on se régale d'un saucisson maison, d'une omelette faite avec les œufs de la basse-cour. Tout est bon, des petites pommes de terre sautées aux lentilles, en passant par le petit salé et la potée auvergnate, tout a du goût. On vient de loin pour le plat au four et le fromage du berger, qui se mange chaud. Possibilité d'y dormir. À l'étage, quelques chambres vraiment modestes, mais très propres, avec douche et wc sur le palier. Bonne étape pour les randonneurs. C'est tout petit, donc mieux vaut réserver sa place à table avant. *Apéritif offert.*

SAINT-BONNET-LE-FROID 43290 (20 km NE)

◖●◗ *Auberge des Cimes* – rue Principale ☎ 04.71.59.93.72. 🐕 Fermé le lundi soir et le mardi sauf en juillet-août. Congés annuels : de mi-novembre à Pâques. Menus de 275 à 550 F (41,9 à 83,8 €). Ne pas citer cette adresse équivaudrait à oublier le *Dyke* du mont Aiguilhe au Puy-en-Velay. C'est un monument. Régis Marcon, le maître des lieux, est un grand artiste – un as des cimes – qui trouve son inspiration dans son petit coin de paradis. Pour ce perfectionniste curieux et inventif, avant le travail des fourneaux, il y a la qualité des produits utilisés. Leur origine est essentielle. Sur le terrain, il court la campagne, suit de près ses éleveurs particuliers, ses producteurs de légumes, ses fournisseurs. Une garantie de fraîcheur. Il connaît en profondeur les traditions du Velay et du Vivarais. Voici donc une très grande table, et une cuisine généreuse de haute tenue. Bien sûr, les prix sont en conséquence. Mais quand on aime, on ne compte pas...

CHAMPS-SUR-TARENTAINE 15270

Carte régionale A2

🛏 |●| *L'Auberge du Vieux Chêne* ** – 34, route des Lacs ☎ 04.71.78.71.64. **Fax** : 04.71.78.70.88. TV. Fermé le midi (sauf le dimanche) ainsi que le dimanche soir et le lundi hors saison. Congés annuels : de novembre à mars. Doubles de 330 F (50,3 €) en basse saison à 360 F (54,9 €) en haute saison. Quelques chambres avec petit salon de 430 à 460 F (65,6 à 70,1 €). Menus de 140 à 180 F (21,3 à 27,4 €). Dans une vieille ferme parfaitement restaurée du Cantal nord, c'est un havre de calme et de douceur. Des chambres parfaitement aménagées aux teintes claires et gaies, toutes avec sanitaire complet. La salle de resto est grande mais bien disposée pour préserver l'intimité. Superbe cheminée monumentale sur le mur du fond. Menus où les spécialités régionales tiennent leur place aux côtés d'une gastronomie plus classique. Excellent feuilleté d'escargots, beaux ris de veau aux morilles, suprême de truite aux lardons, foie gras de canard au poivre vert... Service courtois et disponible. Terrasse pour dîner ou prendre son petit déjeuner, très agréable. *10 % sur le prix de la chambre (hors juillet-août).*

DANS LES ENVIRONS

MARCHAL 15270 (5 km NE)

🛏 |●| *Hôtel-restaurant L'Auberge de l'Eau Verte* – le bourg ☎ 04.71.78.71.48. Congés annuels : 2 semaines entre fin septembre et début octobre, ainsi que la 1re quinzaine de février. Accès : par la D679, puis la D22; sur une collinette à côté de l'église. Quelques chambres doubles à 180 F (27,4 €). Menus de 65 à 180 F (9,9 à 27,4 €). Petite auberge traditionnelle à côté de l'église, dans le village proche de Champs. Accueil super sympa. Menu du jour et menus auvergnats sur commande avec une belle assiette de charcuterie, truffade, salade, fromage et dessert. Copieux et bien préparé. La bonne adresse du coin pour goûter la cuisine auvergnate à satiété.

CHÂTELGUYON 63140

Carte régionale A1

🛏 |●| *Hôtel-restaurant Castel Régina* ** – 3, av. de Brocqueville ☎ 04.73.86.00.15. **Fax** : 04.73.86.19.44. Parking. TV. Congés annuels : d'octobre à fin avril. Chambres propres et bien tenues de 140 F (21,3 €), avec cabinet de toilette et wc, à 170 ou 185 F (28,2 €) avec douche et wc ou bains. Menus du jour à 72 F (11 €) et 115 F (17,5 €) le dimanche midi, Bel hôtel de cure. Le décor d'esprit Belle Époque lui donne un charme suranné tout à fait agréable. Ambiance nonchalante des maisons où le temps s'est arrêté. Accueil charmant et personnalisé. Clientèle un peu à l'image du lieu. Il faut dire qu'on ne vient pas forcément à Châtelguyon pour ses boîtes de nuit! Cuisine assez copieuse pour de la cure.

🛏 |●| *Hôtel de Belgique – restaurant La Potée* – 34, av. Baraduc ☎ 04.73.86.06.60. Congés annuels : de mi-octobre à fin mars. Doubles à 135 F (20,6 €) avec lavabo et wc, à 165 F (25,2 €) avec douche et wc. Menu du jour à 65 F (9,9 €) ; compter 120 F (18,3 €) à la carte. Un petit restaurant avec un cachet comme on n'en trouve plus qu'aux tréfonds de la province. Derrière la façade en bois vitré, une jolie petite salle avec quelques tables et un vieux comptoir qui trône en face de la porte. Cuisine typique : potée, tripoux, truffade, jambonneau... Fait également hôtel : chambres à l'ancienne.

🛏 |●| *Le Cantalou* * – 17, rue du Lac ☎ 04.73.86.04.67. **Fax** : 04.73.86.24.36. Parking. Resto fermé le lundi midi (sauf pour les pensionnaires). Congés annuels : de la Toussaint à Pâques. Accès : par la D985 ; à la sortie de Châtelguyon, en direction de Saint-Hippolyte. Doubles de 180 à 200 F (27,4 à 30,5 €). Demi-pension de 400 à 500 F (61 à 76,2 €) pour 2 personnes. Menus de 65 à 120 F (9,9 à 18,3 €). Un peu à l'écart, cette petite pension de famille se distingue par son accueil et son bon rapport qualité-prix. Les chambres sont propres et bien tenues, mais la déco est un peu vieillotte. Les chambres situées au sud ont la vue sur les monts d'Auvergne et le puy de Dôme. Annexe plus récente, un peu plus chère. Le resto est simple mais copieux (un excellent coq à l'auvergnate). *10 % sur le prix de la chambre en mars, avril et octobre, à partir de 2 nuits.*

🛏 |●| *Les Chênes* ** – 15, rue Guy-de-Maupassant ☎ 04.73.86.02.88. **Fax** : 04.73.86.46.60. TV. Congés annuels : janvier. Doubles à 180 F (27,4 €) avec lavabo et wc et à 220 F (33,5 €) avec douche et wc. Annexe à l'hôtel *Apollo*. Formule plat + dessert à 60 F (9,1 €), menu du jour à 90 F (13,7 €) et en saison le week-end, deux menus plus gastronomiques à 100 et 130 F (15,2 et 19,8 €). Le seul resto ouvert toute l'année à Châtelguyon avec, pour les beaux jours, des terrasses en espalier où il fait bon dîner. Une cuisine pas cure du tout (sauf les menus demi-pension) avec, par exemple, un excellent feuilleté de ris de veau aux cèpes et une bonne escalope de saumon à l'oseille, ou une salade de caille au foie gras. Les chambres sont agréables et calmes. Les nos 2 et 7 sont très sympas avec leur balcon et la vue sur la verdure. Accueil tonique de la patronne et de sa fille qui envoient chaque année le chef en stage ! *10 % sur le prix de la chambre pour 2 nuits consécutives.*

▲ |●| **Hôtel Bellevue – Restaurant Le Cèdre Bleu** – 4, rue Punett ☎ 04.73.86.07.62. Fax : 04.73.86.02.56. Parking. TV. Fermé le mardi et le mercredi. Congés annuels : de décembre à février. Doubles avec douche de 230 à 260 F (35,1 à 39,6 €) ou avec bains à 320 F (48,8 €). Demi-pension à 290 F (44,2 €) par personne. Menu du jour à 98 F (14,9 €) et menu terroir classique à 120 F (18,3 €). Menu enfant à 42 F (6,4 €). Entièrement rénové, cet hôtel offre un excellent confort et surtout une isolation phonique parfaite qui assure le plus grand calme. Accueil souriant et chaleureux. Fait aussi resto avec des spécialités de truffade du Cantal, tripoux et gratin de fruits rouges. *Apéritif offert. 10 % sur le prix de la chambre en mars-avril et octobre-novembre.*

CHAUDES-AIGUES   15110

Carte régionale A2

▲ |●| **Hôtel Les Bouillons d'Or** ** – 10, quai du Remontalou (Centre) ☎ 04.71.23.51.42. Parking. TV. Fermé le dimanche soir et le lundi hors saison. Congés annuels : janvier et février. Doubles de 200 à 280 F (30,5 à 42,7 €). Menus de 69 à 140 F (10,5 à 21,3 €). Hôtel classique en retrait de la rue principale. Bien tenu et à l'accueil courtois. Chambres confortables. Au restaurant, cuisine du terroir. *Café offert.*

DANS LES ENVIRONS

VENTUEJOLS 15110 (5 km N)

▲ |●| **Au Rendez-Vous des Pêcheurs** – **Pont-de-Lanau** ☎ 04.71.23.51.68. Accès : sur la D92. Doubles à 180 F (27,4 €). Menu à 67 F (10,2 €). Petite auberge de bord de route assez discrète. Le cadre est tout neuf (on préférait l'ancien), mais le fils de la maison est resté lui-même ! Il perpétue une sympathique tradition d'accueil, souriante et sans chichis. Dans une salle à côté, il expose de nombreux portraits et caricatures de musicos et Cantaliens aux murs. Normal, le patron est un passionné de musique. Au menu : une entrée, un solide plat de ménage (civet de lapin, potée, tripoux...), fromage et dessert. Kil de rouge sur la table. Glaces et sorbets maison, c'est la spécialité. On peut d'ailleurs les déguster en terrasse, l'après-midi. Quelques chambres simples et propres à petits prix. En ces temps incertains, l'aubaine ! *Café offert.*

CLERMONT-FERRAND   63000

Carte régionale A1 – Plan pp. 114 et 115

▲ **Auberge de jeunesse du Cheval Blanc** – 55, av. de l'Union-Soviétique (D2-1) ☎ 04.73.92.26.39. Fax : 04.73.92.99.96. Ouvert de 7 h à 9 h 30 et de 17 h à 23 h. Le dimanche, réception fermée de 11 h à 17 h. Congés annuels : du 1er novembre au 1er mars. Accès : 100 m de la gare. Nuit à 48 ou 67 F (10,2 €), petit déjeuner compris. Chambres de 2, 4, 6 et 8 lits. Possibilité de location de sac de couchage. Le bâtiment n'est pas d'une gaieté absolue, mais le patron est très sympa et les soirées parfois animées dans la petite cour intérieure.

▲ **Hôtel Le Foch** * – 22, rue du Maréchal-Foch (B3-8) ☎ 04.73.93.48.40. Fax : 04.73.35.47.41. Parking. TV. Chambres à tous les prix : 160 F (24,4 €) avec cabinet de toilette, 195 F (29,7 €) avec douche, et pour les wc en plus, ça vous coûtera 210 F (32 €). Attention, entrée discrète ! Charmante façade couleur bonbon anglais et moquette verte, façon faux gazon, à la réception du 1er étage. C'est moins discret mais c'est original ! Éviter cependant la promiscuité des chambres à ce niveau. Préférer les étages supérieurs, même si de façon générale les chambres sont un peu petites. Accueil sympathique.

▲ **Hôtel Ravel** ** – 8, rue de Maringues (D2-7) ☎ 04.73.91.51.33. Fax : 04.73.92.28.48. TV. Doubles de 170 à 220 F (25,9 à 33,5 €) d'un excellent rapport qualité-prix. On est tout de suite séduit par la façade en mosaïque de ce petit hôtel familial niché entre la gare et le centre-ville, dans un quartier tranquille. L'espiègle Gisèle s'occupe de tout dans cette maisonnée. Si elle veille à vous faire payer la chambre d'entrée, elle ne se couche pas avant que vous ayez réintégré le nid. Dans la journée, elle prend les réservations, fait les petits déjeuners, les chambres, et s'il lui reste du temps, les toiles d'araignée ! Gisèle nous rappelle une célèbre « tornade blanche qui nettoie tout du sol au plafond » ! Bien sûr, elle a son caractère, mais ce n'est pas pour nous déplaire. À deux pas, le marché Saint-Joseph (bons produits fermiers le vendredi matin), un lavomatic, et à trois pas, le centre-ville qui vous tend les bras.

▲ **Hôtel de Bordeaux** ** – 39, av. Franklin-Roosevelt (A3-3) ☎ 04.73.37.32.32. Fax : 04.73.31.40.56. Parking. TV. Canal+. Accès : à 5 mn du centre ; de la place Jaude, direction Chamalières. Doubles à 190 F (29 €) avec lavabo et wc, de 255 à 300 F (38,9 à 45,7 €) avec douche et wc ou bains. Hôtel confortable, un rien bourgeois, à l'écart du centre-ville. L'environnement n'est pas des plus attrayants, mais l'accueil et le service sont excellents. _Garage gratuit le week-end et en juillet-août._

🛏 _Hôtel Albert-Élisabeth_ ** – 37, av. Albert-Élisabeth (D2-4) ☎ 04.73.92.47.41. Fax : 04.73.90.78.32. Parking payant. TV. Canal+. Accès : à 100 m de la gare. Doubles entre 225 et 280 F (34,3 et 42,7 €). Grand néon rouge immanquable le soir! Hôtel possédant l'avantage de proposer une quarantaine de chambres, bien que celles-ci soient sans caractère. Chambres tout confort, avec une bonne isolation phonique. Petit déjeuner-buffet. Garage fermé. _10 % sur le prix de la chambre pour 2 nuits consécutives._

🛏 _Hôtel de Lyon_ *** – **16, place de Jaude (B3-6)** ☎ 04.73.93.32.55. Fax : 04.73.93.54.33. Parking. TV. Canal+. Chambres doubles avec douche de 320 à 345 F (48,8 à 52,6 €), avec bains à 365 F (55,6 €). On ne trouve pas plus central. L'hôtel est sur la place Jaude, donc en plein cœur de la ville. C'est d'ailleurs son principal intérêt car ses chambres sont confortables et bien équipées (double-vitrage, télé, téléphone) mais finalement assez conventionnelles. Petit déjeuner-buffet servi au pub en dessous ou bien en chambre. Garage inclus dans le prix. Fonctionnel et bien tenu. _NOUVEAUTÉ._

🍽 _L'Oliven_ – 5, rue de la Boucherie (B2-17) ☎ 04.73.90.38.94. Fermé le samedi midi, le dimanche et le lundi. Menu à 60 F (9,1 €) à midi et menus-carte à 105 ou 145 F (22,1 €) le soir. Le joli décor de ce petit restaurant se partage entre faïences et tons orangés, ses préparations entre Provence et Méditerranée. On est donc à deux doigts d'en faire des rimes, bien qu'il soit plus essentiel de parler de... sa cuisine! L'équipe, très sympathique, affiche un excellent état d'esprit. Elle propose au déjeuner un menu d'un très bon rapport qualité-prix, et le soir, les menus-carte inscrits à l'ardoise déclinent leur propre poésie : salade de tricorne au fromage de brebis, friture de langoustines au citron vert, coriandre et croûtons tomatés, saumon fumé à chaud maison (un délice!) avec ses poivrons marinés et son aïoli, brique de loup de mer aux fines herbes et ragoût d'aubergines, gâteau aux noix à la ricotta et crème à la liqueur d'amandes... pour n'en citer que quelques-uns. Cuisine fraîche et inspirée,

légère et savoureuse, et en un mot, enlevée! Vous l'avez deviné, l'_Oliven_ nous met en veine! _NOUVEAUTÉ._

🍽 _Restaurant Au Bon Pinard - Chez Mme Griffet_ – 7, rue des Petits-Gras (B2-16) ☎ 04.73.36.40.95. Fermé le lundi. Congés annuels : août. Menu du jour à 65 F (9,9 €). Petit bistrot du début du siècle. _Au Bon Pinard_, rebaptisé _Chez Mme Griffet_, ne paie pas de mine. Il vaut pourtant le détour. Faites une halte, vous ne le regretterez pas. Ici, on ne sert que des produits frais, légumes du jardin ou achetés au marché. Les plats sont fabriqués maison. C'est la fierté de la patronne, Mme Griffet. On peut manger en bas dans la petite salle du bar, où l'on profite de l'ambiance des apéritifs colorés qui n'en finissent pas de se prolonger. La salle du haut, kitsch à souhait, accueille les retardataires. Sur la cheminée, des bibelots tout droit venus de chez « la Mère à Titi ». Le bonheur est dans l'assiette qui se remplit de coq au vin, de pieds de cochon, d'andouillettes... Que de bonnes choses! Une adresse très typique de Clermont.

🍽 _Restaurant Le Bougnat_ – 29, rue des Chaussetiers (B2-21) ☎ 04.73.36.36.98. Fermé le dimanche, le lundi midi et en juillet. Accès : non loin de la cathédrale, dans le secteur piéton. Menu très correct à 78 F (11,9 €). Le nom sonne comme celui d'un piège à touristes mais il n'en est rien. L'établissement, dans un style rustico-régional, offre une sélection de produits régionaux préparés avec savoir-faire. On y trouve à la carte : des tripoux, du _pounti_, des pieds de cochon aux haricots blancs, mais encore la potée, ce qui devient de plus en plus rare à Clermont. Dans le four à bois qui trône dans l'entrée, le chef prépare également des galettes auvergnates (qui a dit pizza?). Belle carte de vins régionaux. Si vous êtes seul, essayez de vous installer sur l'un des tabourets du comptoir d'entrée avec les habitués. Ambiance assurée. _Apéritif offert._

🍽 _Les Jardins d'Hispahan_ – 11ter, rue des Chaussetiers (B2-27) ☎ 04.73.90.23.07. Fermé le dimanche et les jours fériés. Repas autour de 80 F (12,2 €). Embarquement immédiat : départ pour l'Iran. Mais pas l'Iran des ayatollahs, celui des saveurs, c'est beaucoup mieux. Car la cuisine de la Perse est tout entière tournée vers les parfums subtils, les

---

🛏 **Où dormir?**

1 Auberge de jeunesse du Cheval Blanc
3 Hôtel de Bordeaux
4 Hôtel Albert-Élisabeth
6 Hôtel de Lyon
7 Hôtel Ravel
8 Hôtel Le Foch

🍽 **Où manger?**

16 Au Bon Pinard - Chez Mme Griffet
17 L'Oliven
18 Le 5 Claire
21 Le Bougnat
22 Le Kalash
23 Le Café de la Passerelle
26 Le Chardonnay
27 Les Jardins d'Hispahan

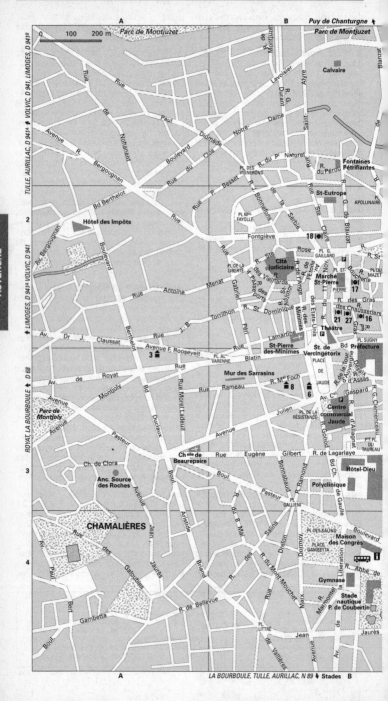

AUVERGNE

C   D

Petites Sœurs
des Pauvres

Boulevard

Rue

PLACE
DES
BUGHES

Av. Barbier-Daudrée

Rue Cuvier

Bd. Jean-Baptiste Dumas

Av. Mal Thibaud

Rue Leclerc

Maison
des Sports

Usines

Michelin

PLACE
DU 1ER MAI

Rue Chanteranne

PL. TURGOT

Tiretaine →

Rue Thévenot

PL. DES
TROIS PONTS

Henri

PL. DES
CARMES
DÉCHAUX

Barbusse

Chaussée

Av. G. Couthon

Avenue

Claudius

de

la

Rue

Niel

R. République

NORD

RIOM, VICHY N 9, A 71

R. J. Richepin

Moinier R. Rue

Montlosier

Av. des Jacobins

Avenue

Edouard

de

Michelin

Claussmann

Notre-Dame-
du-Port

PL.
D'ESPAGNE

Rue des

Ch^elle de la
Visitation

Avenue

PL. L.
GARMY

Châteaudun

Fontaine
d'Amboise

22

PL. DE LA
POTERNE

PL.
DEULLE

du

Port

PL.
GONDART

Hérem

Hôtel
de ville

26

PL.
MARCOMBES

Pascal

PL.
SALFORD

Avenue

Charras

1

THIERS, ST-ETIENNE, N 89, A 72

Marcombes

Cathédrale

Trudaine

Avenue

A. d'Italie

4

Elisabeth

Soviétique

de

Hôtel
de Chazerat

Bansac

Ecole supérieure
de commerce

7

Gde-Bretagne

l'Union

R. du
Terrail

PL. DE LA
VICTOIRE

Massillon

Abbé Girard

Bd

Rue

Delarbre

Avenue

PL. M. DE
L'HOSPITAL

PL. DE
L'ESPLANADE

PL.
ROYALE

R. St-Genès

Foro-
san

R. Neuve
des Carmes

St-Genès-des-Carmes

Conservatoire

Sq. de la
Jeune Résistance

France

23

Mal Juin

St Esprit

R. Mal Joffre

Avenue

Carnot

Lycée
Blaise-Pascal

Paulines

R. de la

R. de Vertaizon

Cartoucherie

Rue

Bellainvilliers

Rue

Breschat

Sablon

R. Collonge

des

Mde du 1er
Armée

Bardoux

Musée
Lecoq

Ch^elle des Capucins

Avenue

R. Fleury

R. de la Pradelle

Lattre-et-1er-Armée Bd.

L. Malfreyt

Pyramide

Musée
Bargoin

Boul.

La

Fayette

Blatin

Bd

R. de la Pradelle

l'Oradou

Vercingétorix

Théâtre
de Verdure

Jardin
Lecoq

Cours

Avenue

Léon

Blum

Rue

Marivaux

Boul.

La

Fayette

ISSOIRE, ST-FLOUR, N 9

Espace Multi-Média

Faculté
de Droit

Faculté de Lettres

Gergovia

Bd Côte

Léon

l'Epée

Rue

Rabanesse

Rue

Raynaud

Ledru

Av. Vercingétorix

VIADUC ST-JACQUES

R. Côte

Rue

Boulevard

Rue

R. H. Andraux

C   ↓ *LA BOURBOULE, TULLE, N 89*   D

1

2

3

4

alliances fleuries plus que vers les épices. Amateurs de sensations fortes, passez votre chemin ! Certes, le décor n'est pas folichon mais peut-être est-ce pour mieux se concentrer sur les plats. Le *kebab bargue* (brochettes de bœuf macérées dans le citron et grillées) est parfait, comme les plats en sauce. Et sûr que si vous êtes fâchés avec le riz, la cuisson parfaite du basmati vous réconciliera. Un réel bonheur de plonger dans les mille et une recettes de la cuisine d'Orient. *Apéritif offert.*

I●I *Restaurant Le Café de la Passerelle* – 24, rue Anatole-France (D3-23) ☎ 04.73.91.62.12. Fermé le dimanche. Congés annuels : de mi-juillet à fin août. Accès : assez excentré, derrière la gare. Menu unique à 90 F (13,7 €) avec entrée, plat, fromage et dessert. Le *Café de la Passerelle* est l'un des endroits pittoresques de Clermont. C'était le QG de Charasse, c'est toujours le rendez-vous des socialos et des anciens ministres. Alain Aumaly, patron haut en couleur, dirige cette affaire avec un talent qui force le respect. Si ses origines se situent beaucoup plus au sud, sa cuisine est souvent auvergnate, redoutablement copieuse et très prisée des Clermontois. Pieds de cochon, tête de veau et œufs au vin sont les must de la carte. Les viandes, épaisses et juteuses, sauront vous rassasier. Une bonne adresse, mais comme le lieu est petit, il est prudent de réserver. *Apéritif offert.*

I●I *Restaurant Le Kalash* – 8-10, rue du Port (C2-22) ☎ 04.73.90.19.22. Fermé le dimanche. Accès : proche de la cathédrale, dans le quartier piéton. Menus à 100 et 135 F (15,2 et 20,6 €) et un menu entièrement végétarien à 80 F (12,2 €). Ce restaurant pakistanais offre une cuisine typée de qualité dans un cadre agréable. Difficile de vous mettre l'eau à la bouche parmi un choix très large de plats issus des différentes ethnies pakistanaises. Nous n'avons pas le talent du serveur pour énoncer à la vitesse d'un TGV les spécialités de la maison. Service néanmoins très sympa et efficace pour guider les palais novices.

I●I *Le Chardonnay* – 1, place Philippe-Marcombes (C2-26) ☎ 04.73.90.18.28. Ouvert tous les jours de 15 h à 1 h 30 du matin. Accès : à côté de la mairie. Compter 120 F (18,3 €) à la carte. D'entrée, les choses sont claires. Ici, c'est le vin qui compte. Les bouteilles qui trônent sur les rayonnages derrière le bar en portent témoignage. Amateurs, à vos verres (avec modération quand même) ! Il faut dire que le patron, sommelier de son état, sait dénicher quelques petites bouteilles bien sympathiques. Et il vend beaucoup de vins au verre. Question cuisine, on y va pour déguster quelques plats canailles comme on les aime : potée auvergnate, petit salé aux len-

tilles, tête de veau sauce gribiche, pied de cochon désossé farci et, en dessert, des gaufres à la confiture. Une autre, s'il vous plaît ! Accueil sympa mais qui sait rester discret. Pour les amateurs de bœuf, il y a même un piano pour mettre un peu d'ambiance.

I●I *Le 5 Claire* – 5, rue Sainte-Claire (B2-18) ☎ 04.73.37.10.31. Fermé le dimanche et le lundi. Congés annuels : 1 semaine en février et 3 semaines en août. 1er menu à 160 ou 180 F (27,4 €) selon le nombre de plats choisis. Puis de 210 à 240 F (32 à 36,6 €) sur le même principe. L'égérement décalé, comme projeté juste en dehors du marché Saint-Pierre, le *5 Claire* a atterri dans une rue simple et tranquille, comme un OVNI dans un quartier populaire. Une adresse typiquement clermontoise. Nous qui pensions que cet étroit restaurant au décor un peu contestable dans le style rétrochic le serait peut-être aussi du point de vue de l'esprit... Pas du tout ! Nous fûmes accueillis comme de bons bourgeois de Clermont qui se seraient mis sur leur 31 ! Accueil charmant donc, et service discret comme il faut, mais ni muet, ni avare de conseils (surtout en ce qui concerne les vins). Au programme des réjouissances : anchois frais marinés à l'escabèche sur un lit de compote d'oignons, daurade royale rôtie aux calamars, exquise épaule d'agneau confite au citron ou subtil râble de lapin à la cannelle et ses rigatoni farcis de ricotta aux herbes. Au deuxième menu, plus élaboré encore : crème de petits pois et asperges et ses croutons poêlés au curry (et salpicons de ris de veau), bar rôti aux artichauts avec une feuille de foie gras tiède, ou côte de veau en croûte de parmesan, avec une compotée d'aubergine et tomate au thym ! Discrétion du lieu, donc, mais place à l'esprit et à l'imagination. Les produits sont travaillés avec une authentique créativité et avec justesse. Pour finir, un superbe plateau de fromages aussi beau que la chaîne des volcans (et quel caractère) et un choix de desserts, un peu classique. Comblés du bonheur, nous sommes ressortis légers et gaillards de cette belle aventure culinaire ! *NOUVEAUTÉ.*

DANS LES ENVIRONS

CHAMALIÈRES 63400 (3 km O)

≜ I●I *Hôtel Radio* *** – 43, av. Pierre-et-Marie-Curie ☎ 04.73.30.87.83. Fax : 04.73.36.42.44. Parking. TV. Satellite / câble. Resto fermé le samedi midi, le dimanche soir et le lundi midi. Congés annuels : janvier. Doubles de 350 à 450 F (53,4 à 68,6 €) avec douche et wc et de 500 à 750 F (76,2 à 114,3 €) avec bains, mieux meublées en mobilier Art déco. Quatre menus de 160 à 460 F (24,4 à

70,1 €). Pendant de longues années, Michel Mioche dirigea avec bonheur ce vaisseau blanc construit dans les années 30 et destiné à accueillir une station de radio. Aujourd'hui, sa fille a pris la suite après avoir commencé une carrière de journaliste à la capitale. Retournement de situation. En conservant l'expérience de son père mais en s'entourant d'un jeune chef et d'un tout jeune maître d'hôtel, le trio sait faire perdurer avec talent la réputation de l'établissement. Les produits sont de première qualité, les préparations sont savantes, originales, voire un peu folles mais le résultat est très intéressant. Le menu à 270 F (41,1 €) change de thème régulièrement avec des détours vers l'exotisme. Le dernier est entièrement tourné vers la mer avec quatre plats qui changent au fil des arrivages. La poitrine de pigeonneau en crapaudine, le saint-pierre « Poussin » poudré d'agrumes et d'épices cuit entier au four et le soufflé chaud au chocolat pur Caraïbes vous laisseront des souvenirs impérissables. Pour dormir, de belles chambres pleines de cachet. *10 % sur le prix de la chambre pour 2 nuits.*

MORÉNO (COL DE LA) 63122

(9 km O)

|●| *Auberge de la Moréno* – ☎ 04.73.87.16.46. Fermé le soir en semaine et ouvert midi et soir le week-end. Congés annuels : à la Toussaint et en janvier. Accès : entre le puy de Dôme et le puy de Laschamps, sur la D941A. Menu « terroir » à 80 F (12,2 €) servi à midi sauf le dimanche, menu « auvergnat » à 135 F (20,6 €). À la carte, compter 120 F (18,3 €). Cette auberge de 1905 est tenue par un couple pour qui le sens de l'accueil est une véritable vertu naturelle. Peut-être aurez-vous le privilège de prendre votre repas devant l'âtre et d'observer le bon esprit qui règne aux fourneaux. À côté, la petite salle est typique de cette auberge conservée dans son jus, comme ces pierres apparentes au sol patinées par les ans. Pas de clinquant ici, mais de l'authentique. Et côté cuisine, que des bonnes surprises. Au menu « terroir » : truffade, tripoux, brouillade ou andouillette. Mais on vous conseille vraiment le menu auvergnat : pied de cochon farci aux herbes fines ou omble de montagne à la crème de cantal et lentilles se partagent nos faveurs. Également un en-cas cantalou avec truffade et jambon d'auvergne, salade, dessert et quart de vin pour 110 F (16,8 €). Spécialités sur commande comme le canard en pot-au-feu ou la potée. Pour finir, ne manquez surtout pas « la tarte à Tine », une délicieuse tarte... Tatin, servie tiède comme il se doit ! Une adresse chaleureuse, loin des flonflons touristiques. Penser à réserver car l'auberge

connaît déjà un succès mérité. *NOUVEAUTÉ.*

CONDAT-EN-FENIERS 15190

Carte régionale A2

🛌|●| *Hôtel-restaurant Ché Marissou* – Le Veysset ☎ 04.71.78.55.45. Ouvert pendant les vacances scolaires et les week-ends de février au 11 novembre. Accès : à 3 km de Condat par la D62. Chambre à 500 F (76,2 €)... champagne comprix ! Prix du repas en fonction de l'âge : gratuit jusqu'à 7 ans, 60 F (9,1 €) de 7 à 10 ans, 120 F (18,3 €) de 10 à 65 ans, 100 F (15,2 €) au-delà, gratuit pour les centenaires. Difficile d'ignorer cette adresse, le plus petit hôtel du monde, fruit d'une passion *a priori* sincère, d'un industriel lavallois originaire du coin, et d'un marketing élaboré et parfois pesant. Située au Veysset, entre Condat et Montboudif (patrie de Pompidou), cette ancienne résidence secondaire du propriétaire des lieux, transformée en auberge, ne manque pas de charme. Une salle de plain-pied, entre écomusée et resto, où vous accueille le maître de céans. Marissou s'engage à satisfaire votre faim, si énorme soit-elle ! Repas avec table de charcuteries traditionnelles et crudités à volonté, plat du jour auvergnat (potée ou tripoux...), table de fromages régionaux bien affinés et dessert. Avec le fromage, vous goûterez, offert par Marissou, un verre de vin rare de vendanges tardives d'Auvergne. La chambre, traditionnelle à souhait, est une alternative sympa pour une nuit d'exception...

COURPIÈRE 63120

Carte régionale B1

|●| *Restaurant L'Air du Temps* – 38, av. de la Gare ☎ 04.73.51.25.91. Fermé le dimanche soir et le lundi en été, le soir du dimanche au mardi en hiver (sauf sur réservation). Formules à 57 et 69 F (8,7 et 10,5 €) le midi. Autres menus de 90 à 145 F (13,7 à 22,1 €). Que voilà une adresse sympathique dans un coin qui n'en compte pas tant que cela ! Certes, le décor est simplissime dans les tons crème et vert d'eau, avec un mobilier moderne et épuré. Mais vous serez saisis, comme nous, par la cuisine. Suivant l'air du temps, quelques plats excellents comme le foie gras de canard maison, la rillette aux deux saumons, la choucroute de la mer ou encore la pièce de charolais à la moelle. Pour finir, un délicieux nougat glacé au Grand-Marnier ! Accueil agréable et souriant. *Café offert.*

ÉGLISENEUVE-D'ENTRAIGUES 63850

Carte régionale A2

🛌 🍴 *Hôtel du Nord* * – **rue principale (Centre)** ☎ **04.73.71.90.28.** Parking. Congés annuels : la 1ʳᵉ quinzaine de septembre. Doubles à 130 F (19,8 €) avec salle de bains extérieure. Menus de 55 à 65 F (8,4 à 9,9 €). Sur réservation, vous pouvez obtenir de Maryvonne les menus à 110 et 200 F (16,8 et 30,5 €), vous ne le regretterez pas. Petite auberge de campagne toute mignonne et pleine de charme où l'on peut s'arrêter pour prendre un petit casse-croûte auvergnat en plein après-midi ou faire un repas plus consistant après une randonnée dans le Cézallier. Chou farci, truffade (servie dans la poêle de cuisson par le chef), pieds de porc, terrine de foie maison... Du classique et du sûr !

GANNAT 03800

Carte régionale A1

🛌 🍴 *Hôtel du Château* * – **9, place Rantian** ☎ **04.70.90.00.88. Fax : 04.70.90.30.79.** Parking. TV. Canal+. Fermé le vendredi hors saison. Congés annuels : de mi-décembre au 5 janvier. Accès : en face du château (étonnant !). Doubles à 220 F (33,5 €) avec douche et wc, à 300 F (45,7 €) avec bains. La maison, presque carrée, a le charme des bâtisses bourgeoises construites au XIXᵉ siècle dans les sous-préfectures des provinces françaises. Quand on entre, les vieux qui tapent le carton en plein après-midi donnent l'impression de ne pas avoir bougé depuis des lustres et le jeu de tarot l'attesterait presque. On mange une cuisine du terroir, faisant une belle place aux plats canailles de nos grands-mères : andouillette bonne femme, sauté de veau, poulet à la crème d'ail. N'hésitez pas à goûter le fameux pâté bourbonnais et le très bon gâteau aux noix. Chambres simples et propres.

DANS LES ENVIRONS

CHARROUX 03140 (10 km NO)

🍴 *La Ferme de Saint-Sébastien* – **chemin de Bourion** ☎ **04.70.56.88.83.** Parking. 🐾 Fermé le lundi soir et le mardi (sauf en juillet-août). Congés annuels : la 1ʳᵉ quinzaine de janvier, juin et septembre. Accès : par la N9, puis à droite de la D42. Menus de 95 à 260 F (14,5 à 39,6 €). Ouvert en 1994, ce resto de charme situé dans l'un des plus beaux villages de France est vite devenu l'un des lieux les plus prisés des gens de la région. Dans cet ancien bâtiment de ferme

bien rénové, des petites salles communicantes préservent bien l'intimité pour goûter tranquillement la cuisine fraîche et imaginative de Valérie Saignie. Belle déclinaison de la cuisine bourbonnaise, avec les beignets de courgettes à la crème de ciboulette, le poulet à la moutarde de Charroux et topinambours au lard, les fromages régionaux (le lavor et le lavor fumé) et une belle assiette de gourmandises pour conclure. Accueil chaleureux et prévenant. Impératif de réserver car l'adresse est très prisée.

ISSOIRE 63500

Carte régionale A2

🛌 🍴 *Au Bon Coin, Chez Yves* – **34-36, rue Auguste-Bravard (Centre)** ☎ **04.73.89.21.15.** Fermé le dimanche et lundi soir. Congés annuels : en hiver. Doubles à 160 F (24,4 €) avec douche et wc à l'étage. Formules du midi très simples à 47 F (7,2 €) avec plat + entrée ou dessert ou à 54 F (8,2 €) tout compris (boisson et café inclus). Menu à 95 F (14,5 €). À la carte, compter 150 F (22,9 €). Une adresse tendance « sud » à Issoire et dans la région, ce n'est pas si courant. Pour un peu, on se croirait dans une ruelle perdue au fin fond de Marseille, sauf que le patron est rentré au pays après une escapade à Nice ! Chez Yves, c'est à la bonne franquette. Un bar à l'entrée et le patron dans le rôle de Marius, en bras de chemise, toujours en train de servir un coup à un habitué avant d'aller remettre la main aux fourneaux. À côté, une petite salle pas très jojo mais tranquille, espace réservé à la souriante serveuse. Et puis, tout à trac, des spécialités provençales servies copieusement. Beignets de calamars aux deux sauces, carpaccio de saumon frais, petit sauté d'agneau de pays au pistou, marmite du pêcheur et mini-bouillabaisse. Ça change des tripoux ! Et puis, grand choix de poissons et crustacés, et même des moules-frites ! De septembre à fin avril, un formidable banc d'huîtres et de fruits de mer, qu'on se le dise. La cuisine est parfois un peu brouillonne, mais toujours généreuse. Quelques chambres, tout à fait dans le style du lieu. Une adresse de copains, sans prétention mais avé l'accent ! *NOUVEAUTÉ.*

🛌 *Hôtel du Tourisme* – **13, av. de la Gare** ☎ **04.73.89.23.68. Fax : 04.73.89.65.28.** TV. Canal+. Congés annuels : du 1ᵉʳ au 20 octobre. Accès : un peu en retrait de l'avenue, juste à côté de la gare. Chambres doubles rénovées à 230 F (35,1 €) avec douche et wc ou bains. Jolie maison particulière reconvertie en hôtel et tenue par un passionné d'avions, constructeur amateur à ses heures. C'est, d'ailleurs, le rendez-vous des pilotes d'avions et de planeurs. Accueil sympa. *NOUVEAUTÉ.*

DANS LES ENVIRONS

SARPOIL 63500 (9 km SE)

|●| *La Bergerie de Sarpoil* –
☎ **04.73.71.02.54.** Fermé le dimanche soir
et le lundi (sauf en juillet-août). Congés
annuels : 1 semaine en octobre. Accès :
d'Issoire, par la D996, puis la D999 vers
Saint-Germain-l'Herm. Menus de 120 à
290 F (18,3 à 44,2 €). De l'avis de tous, *La
Bergerie* est la meilleure table gastronomique de la région. Laurent Jury et Éric
Moutard réussissent des merveilles avec
d'autres merveilles, celles de la nature et du
savoir-faire de toute l'Auvergne. Du cochon
fermier à la vache salers, de l'agneau de lait
aux ombles délicats, du parfum subtil des
cèpes et des morilles aux arômes de la châtaigne et de la myrtille, tout ici n'est
qu'alchimie virevoltante ! Au programme des
réjouissances, afin de faire saliver vos
papilles, galette d'andouille fermière aux
oignons confits, soupe d'orties aux cuisses
de grenouilles et à l'ail doux, ris de veau
braisé au vin de raisin confit de Boudes... Et
un menu « Saint-cochon » (priez pour
nous!), mais pour 2 personnes, avec à la
clé, une tartelette de boudin aux châtaignes
et crème de foie gras et un morceau de porc
fermier fumé à la paille de seigle farci aux
cèpes et cuit en croûte de foin ! Pour le dessert, goûter à la tarte chaude au chocolat
pur Caraïbes, un délice. On ne savait pas
exactement ce que signifiait cette phrase
sur la carte : « Le rôle du cuisinier
commence là où s'arrête l'œuvre de la
nature. » Maintenant, on sait. *NOU-
VEAUTÉ.*

LAPALISSE 03120

Carte régionale B1

**🏠|●| *Hôtel-restaurant Galland* ** – 20,
place de la République (Centre)**
☎ **04.70.99.07.21. Fax : 04.70.99.34.64.**
Parking. TV. Fermé le mercredi et le
dimanche soir en hiver. Congés annuels :
vacances scolaires de février et la dernière
semaine de novembre. Doubles à 260 F
(39,6 €) avec douche et wc. Menus de 130 à
275 F (19,8 à 41,9 €). Un autre coup de
cœur dans ce département où décidément
on mange plutôt bien. Euphémisme ! Quel
plaisir de se retrouver ici pour déguster une
salade de mesclun aux foies de volailles
avec un œuf poché, une escalope de foie
gras poêlée au pain d'épice, des goujonnettes de filets de sole et saumon, ou une
pièce de charolais tranchée au saint-pourçain. La cuisine est fraîche, pleine de
saveurs subtiles exhalées dans des préparations originales avec talent. Que dire de
plus maintenant pour convaincre le routard
sceptique de se rendre ici ? Que la patronne

est absolument adorable, joviale, et que sa
bonne humeur s'allie bien à son style très
racé. Le service ne dépare pas l'ensemble,
précis et appliqué. En somme, on se sent
bien dans ce décor plutôt moderne et chic.
Quelques chambres agréables et rénovées
(préférez celles sur la cour intérieure). Une
bonne adresse. *Apéritif offert.*

LAVOUTE-CHILHAC 43380

Carte régionale B2

🏠|●| *Le Prieuré* – (Centre)
☎ **04.71.77.47.93. Fax : 04.71.77.48.00.**
● hostellerie.prieure@wanadoo.fr ● Fermé
le mercredi hors saison. Congés annuels :
de mi-décembre à début mars. Accès : à
12 km au nord-ouest de Langeac. Chambres doubles avec cabinet de toilette seulement pour 200 F (30,5 €), avec sanitaires
complets 240 F (36,6 €), petit déjeuner à
30 F (4,6 €). Plusieurs menus de 78 à 150 F
(11,9 à 22,9 €). Situées dans l'ancien
prieuré – bâtiment du XVIIIᵉ siècle – les
9 chambres confortables de cet hôtel entièrement rénové ont une vue imprenable sur
l'Allier. L'aimable patron affirme que le
général La Fayette aurait dormi dans la
chambre n° 3 ; avec vue sur le joli pont cam-
bré (ce n'est pas l'Amérique, mais rêvons
quand même !). Côté resto, vous dégusterez
une cuisine traditionnelle confectionnée
avec les produits frais du terroir. Le chou
farci au saumon est très réussi, comme le
sorbet fermier aux fruits rouges. Le 1ᵉʳ menu
va de l'apéro au dessert, fromage et quart
de rouge compris ; un sacré tour de force !
Agréable terrasse au bord de l'Allier. *NOU-
VEAUTÉ.*

DANS LES ENVIRONS

SAINT-ARCONS-D'ALLIER 43300
(8 km SE)

🏠|●| *Les Deux Abbesses* – le bourg
☎ **04.71.74.03.08. Fax : 04.71.74.05.30.**
● direction@les-deux-abbesses.fr ● Accès :
par la D585. Toutes les doubles avec salle
de bains complète entre 450 et 950 F
(68,6 et 144,8 €) ; petit déjeuner copieux et
raffiné à 70 F (10,7 €). Menu unique à 165 F
(25,2 €). Un fabuleux coup de cœur, perché
sur un éperon basaltique entre l'Allier et la
Fioule ! Pour sauver son charmant village de
l'abandon, Madame le Maire a eu l'idée
géniale de rénover 6 maisons afin d'y amé-
nager 11 chambres de charme, confortables, spacieuses et meublées d'ancien.
Ainsi est né ce « village-hôtel » autour d'un
château du XIIᵉ siècle abritant salons, cui-

AUVERGNE

sines et salles de resto. Très agréable en été, pour le petit déjeuner, le jardin en terrasse est bordé d'une belle église romane construite en pierres volcaniques (visite possible avec le patron, en catimini !). Côté cuisine, Laurence – la charmante patronne – mitonne une cuisine simple et savoureuse, qui mènera vos papilles sur les chemins de la plénitude. Son gigot, gratin de pommes de terre à la canelle est une petite merveille ! Piscine et vue panoramique d'exception. Un peu cher, mais tellement original ! *NOUVEAUTÉ.*

MANDAILLES-SAINT-JULIEN 15590

Carte régionale A2

☎ ◉ *Hôtel-restaurant Aux Genêts d'Or* * – le bourg ☎ 04.71.47.94.65. Fax : 04.71.47.93.45. TV. Doubles de 190 à 230 F (29 à 35,1 €). Quelques studios en duplex avec kitchenettes. Possibilité de demi-pension. Menu du jour à 80 F (12,2 €) à midi et en semaine uniquement. Autres menus de 88 à 150 F (13,4 à 22,9 €). Dans le centre du village, un petit hôtel-resto-boulangerie en retrait de la rue, à 50 m au fond d'une impasse. Calme assuré. Atmosphère familiale. Bon accueil de Guiguitte, la patronne. Chambres confortables et pimpantes. Bonne cuisine. Quelques spécialités : tournedos à la gentiane, noix de Saint-Jacques sur lit de poireaux, tourte au confit de canard, escalope de foie gras poêlée et un millefeuille connu « mondialement à Mandailles » ! *Apéritif offert.*

☎ ◉ *Hôtel-restaurant Au Bout du Monde* – le bourg ☎ 04.71.47.92.47. Fax : 04.71.47.95.95. TV. Canal+. Congés annuels : du 11 novembre au 20 décembre. Doubles à 200 F (30,5 €). Menu du jour à 80 F (12,2 €) ; plat du jour à 40 F (6,1 €). Chaleureuse étape dans la vallée de la Jordanne, au départ des randonnées sur le puy Mary. L'hôtel est tranquille, simple et bien tenu. Terrasse au bord de l'eau. Le resto, avec son cantou traditionnel, deux fauteuils et ses cuivres rutilants, est chaleureux à souhait. D'ailleurs Gérard Depardieu est venu tourner ici quelques séquences du film *XXL.* Un bide... que l'acteur compensa grâce à cette cuisine propre à rassasier la faim de tous les grands randonneurs, même ceux du cinoche ! Menu du jour copieux : charcuteries, soupe de légumes extra et spécialités régionales (potée, truffade, aligot, tripoux...) parfaites. Chou farci sur commande. Accueil sympa et convivial. *10 % sur le prix de la chambre hors vacances scolaires.*

DANS LES ENVIRONS

SAINT-CIRGUES-DE-JORDANNE
15590 (8 km SE)

☎ ◉ *Hôtel-restaurant Les Tilleuls* ** – le bourg ☎ 04.71.47.92.19. Fax : 04.71.47.91.06. Parking. TV. De la Toussaint à Pâques, sur réservation uniquement. Accès : par la D17. Doubles à 250 et 270 F (38,1 et 41,2 €). Demi-pension de 250 à 270 F (38,1 à 41,2 €) par personne. Menus nombreux de 70 à 220 F (10,7 à 33,5 €). C'est une belle maison qui surplombe la route et la vallée. Chambres agréables et calmes. Jardin, piscine et bain bouillonnant offrent un repos confortable au retour des randonnées sur le puy Mary tout proche. La salle de resto est agréable et, en hiver, la cheminée est bienvenue. Cuisine copieuse qui sait être raffinée. Yvette Fritsch et son fils ont mis au point des recettes personnelles tout à fait réjouissantes. Dans les menus : cuisse de canard forestière, feuilleté d'escargots, canard au miel de pissenlit, fricassée de noix de pétoncles aux truffes, filets de rougets grillés aux morilles. À la carte : feuilleté de chèvre aux épinards, côte de porc au cantal et morilles... *10 % sur le prix de la chambre hors juillet-août.*

MASSIAC 15500

Carte régionale A2

☎ ◉ *Grand Hôtel de la Poste* ** – 26, av. du Général-de-Gaulle ☎ 04.71.23.02.01. Fax : 04.71.23.09.23. Parking. TV. ⚒ Accès : par la N9 ; sur l'autoroute A75, sortie n° 23 depuis Paris et n° 24 depuis Montpellier. Doubles de 240 à 330 F (36,6 à 50,3 €). Menu à 75 F (11,4 €) sauf les dimanches et fêtes. Autres menus de 120 à 200 F (18,3 à 30,5 €) et carte. « Tout le confort moderne. » Rien d'autre à signaler, si ce n'est que la collection de porte-clefs et de poupées de la réception sont un bon passe-temps si vous êtes fatigué de la piscine ou si vous sortez de la salle de remise en forme. Restaurant agréable sur l'arrière. Quelques spécialités : tarte au cantal, pâté de pommes de terre, duo de poissons au beurre blanc, pied de porc aux lentilles, tarte aux pommes chaudes. *10 % sur le prix de la chambre sauf du 15 juin au 15 septembre.*

MAURIAC 15200

Carte régionale A2

☎ ◉ *Hôtel des Voyageurs* – place de la Poste ☎ 04.71.68.01.01. Fax : 04.71.68.01.56. Fermé le samedi de novembre à avril. Congés annuels : 10 jours à Noël. Doubles à 120 F (18,3 €) avec douche et wc sur le palier et de 180 à 300 F (27,4 à 45,7 €) avec douche et wc ou bains. Menus de 60 à 160 F (9,1 à 24,4 €). L'hôtel le plus sympathique de Mauriac. Dans cette petite ville qui en compte peu d'accueillants, celui-ci propose une vingtaine de chambres joliment refaites dans des tons modernes mais pimpants. Belles salles de bains également. Le resto affiche des menus sans surprises avec des spécialités régionales et des plats traditionnels. Bon accueil. *NOUVEAUTÉ.*

DANS LES ENVIRONS

DRUGEAC 15140 (12 km SE)

|●| *L'Auberge des Saveurs* – ☎ 04.71.69.15.50. Fermé le lundi soir. Menus à 60 F (9,1 €) le midi en semaine et de 90 à 150 F (13,7 à 22,9 €). Une petite auberge de village, pour ne pas dire de campagne, dont les saveurs sont bien vite parvenues jusqu'à nous... La salle est simple comme bonjour et David nous y accueille avec un physique, une fraîcheur et une malice qui ne sont pas sans nous rappeler un certain Fred Chichin des Rita Mitsouko... Mais, sous des apparences un peu rock, ce resto ferait plutôt dans la grande musique, avec un air de ne pas y toucher. Nicole Bataille a fait quelques détours par des restaurants cotés de la Côte, et n'en fait pourtant pas un plat. Ou plutôt si : tandis que son mari déploie ses charmes en salle, madame bataille en cuisine pour nous livrer quelques-unes de ses spécialités. Terrine de foie gras maison (au goût alcoolisé si particulier), gratinée d'escargots, cassolette du pêcheur, lotte à la graine d'anis ou gambas à la provençale. Côté viandes, émincé de bœuf aux 3 poivres ou confit de canard sauce aux cèpes. Pour finir, plateau de fromage avec du pain maison. Les plats changent bien sûr au gré du marché et des saisons, le poisson restant la prédilection de Nicole. La « surprise du chef », en dessert, résume assez bien cette impeccable petite carte. Le bonheur est dans l'assiette, et, chose rare, il est également dans la salle. Accueil chaleureux et agréable terrasse ensoleillée. *NOUVEAUTÉ.*

MONT-DORE (LE) 63240

Carte régionale A2

🏠|●| *Auberge de jeunesse Le Grand Volcan* – route du Sancy ☎ 04.73.65.03.53. Fax : 04.73.65.26.39. Accès : à 3 km de la station. Chambres à 2, 3 ou 4 personnes à 50 F (7,6 €) par personne. Repas à 49 F (7,5 €). Dans un grand chalet tout en bois au bord de la forêt. On peut rester tant qu'il y a de la place.

🏠|●| *Hôtel de la Paix* ** – 8, rue Rigny ☎ 04.73.65.00.17. Fax : 04.73.65.00.31. TV. Congés annuels : de fin novembre à début décembre. Doubles de 220 à 250 F (33,5 à 38,1 €). Demi-pension à 450 F (68,6 €) pour 2 personnes. Menus de 85 à 145 F (13 à 22,1 €). Notre petit coup de cœur va à cet hôtel de 1880 au décor délicieusement suranné et à la patronne qui vous accueille avec un accent et une gentillesse absolument inimitables ! Ambiance délicieusement nostalgique avec à la réception, un croquis de Joseph Foret dessiné par Audiberti qui rappelle le passage dans ces lieux de figures contemporaines désormais oubliées. Tout un poème... Superbe et grandiloquente salle à manger au décor Belle Époque et adorable petit salon. Les chambres sont simples et fonctionnelles, mais pas chères pour Le Mont-Dore. Cuisine tout ce qu'il y a de plus classique, mais travaillée avec de bons produits. Pas de supplément dans les menus, mais du supplément d'âme, ça oui ! *NOUVEAUTÉ.*

🏠|●| *Hôtel Le Castelet* ** – av. Michel-Bertrand ☎ 04.73.65.05.29. Fax : 04.73.65.27.95. TV. Canal+. Satellite / câble. Congés annuels : de fin mars à mi-mai et d'octobre à mi-décembre. Accès : proche du centre. Doubles de 326 F (49,7 €) avec bains à 374 F (57 €) avec coin salon en plus. Menus de 69 à 192 F (10,5 à 29,3 €). Un des hôtels les moins curistes de la ville et l'un des plus élégants, autant par l'accueil de sa charmante maîtresse de maison que par le cadre. Piscine, jardin, terrasse. Une quarantaine de chambres avec quelques cloisons un peu fines, mais avec du double-vitrage partout. Cuisine de terroir sympathique : filets de truite au lard, petit salé aux lentilles du Puy, éventail de magret aux épices et au miel, gratin de framboises... *10 % sur le prix de la chambre en basse saison, hors vacances scolaires.*

|●| *Restaurant Le Bougnat* – 23, av. Georges-Clemenceau ☎ 04.73.65.28.19. Fermé le mardi (sauf pendant les vacances scolaires). Congés annuels : de novembre à mi-décembre. Menus de 82 à 132 F (12,5 à 20,1 €). Sans doute la meilleure cuisine traditionnelle remise au goût du jour sur Le Mont-Dore. Une belle salle, avec de petites tables et de minuscules buffets, dans une ancienne écurie bien aménagée. Le *pounti* est l'un des meilleurs que l'on ait mangés ; belle truffade, soupe à l'ail, lapereau sauté à la gentiane, chou farci en cocotte. Une de ces adresses ultra-typiques dans lesquelles il fait bon se réfugier les soirs d'hiver après une journée de ski bien remplie. On en ressort requinqué... Fait également salon de thé. Attention, il est prudent de réserver car l'adresse est connue.

MONTLUÇON 03100

Carte régionale A1

⚑ *Hôtel de la Gare* ★★ – 42, av. Marx-Dormoy (Sud-Ouest) ☎ 04.70.05.44.22. Fax : 04.70.05.90.89. TV. Canal+. Congés annuels : fêtes de fin d'année. Accès : tout près de la... gare. Doubles à 205 F (31,3 €) avec douche et wc et de 235 à 255 F (35,8 à 38,9 €) avec bains. Petit déjeuner copieux à 30 F (4,6 €). Ce petit hôtel de gare (donc pratique) est l'archétype de l'établissement familial traditionnel. Chambres simples et bien tenues, disponibilité de tous les instants. Une bonne adresse tranquille et agréable.

⚑ |●| *Hôtel des Bourbons - Restaurant Aux Ducs de Bourbon* ★★ – 47, av. Marx-Dormoy (Sud-Ouest) ☎ 04.70.05.28.93. Fax : 04.70.05.16.92. TV. Canal+. Resto fermé le dimanche soir et le lundi, sauf les jours fériés. Accès : près de la gare. Doubles à 260 F (39,6 €) avec douche et wc ou bains. Menus de 80 à 200 F (12,2 à 30,5 €). Ce bel hôtel du XVIIIe siècle a beaucoup d'allure. Chambres au confort très moderne, et pour la plupart lumineuses. Pour se restaurer, le routard s'attardera plus volontiers dans le coin brasserie, plus chaleureux que le restaurant (04.70.05.22.79). Saumon fumé, sole braisée aux langoustines, belles viandes grillées et une excellente tarte minute aux fruits de saison. Une étape plutôt professionnelle.

|●| *La Vie en Rose* – 7, rue de la Fontaine ☎ 04.70.03.88.79. Fermé le dimanche midi. Accès : à côté de l'église Notre-Dame. Menus à 52 et 85 F (7,9 et 13 €). Compter 110 F (16,8 €) à la carte. Niché dans le vieux Montluçon, l'ambiance décontractée de ce restaurant permet de passer un moment agréable de détente. Tout y concourt. D'abord l'accueil amical d'un patron plutôt *cool*, ensuite le décor fait de vieilles photos de la ville, d'affiches de réclame des années 50 et 60 qui ornent les murs. L'ambiance musicale ne laisse pas non plus indifférent. Point de mélodie d'ascenseur, mais un florilège de la meilleure variété française : Higelin, Gainsbourg, Mouloudji, Ferré. Quand, au dessert, on se lance dans les standards des crooners américains, on comprend pourquoi la vie est rose ! Question cuisine, rien à redire. Les viandes (onglet, entrecôte...) sont épaisses et goûteuses, les salades copieuses et fraîches. Le pâté aux pommes de terre est excellent.

|●| *Le Safran d'Or* – 12, place des Toiles (Centre) ☎ 04.70.05.09.18. Fermé le dimanche soir et le lundi. Accès : zone piétonne, cité médiévale. Menus de 85 à 148 F (13 à 22,6 €). Derrière sa façade jaune en faux marbre peint, le *Safran d'Or* a des allures de brasserie parisienne, et on y mange une cuisine qui pourrait être celle d'un bistrot de grand chef. De suite, l'accueil de la patronne marque par sa prestance. Elle fera tout pour vous être agréable. Le service est précis et rapide mais qu'on se rassure, on a tout le temps d'apprécier l'excellente cuisine du chef. Des plats simples et traditionnels toujours confectionnés avec des produits frais de saison. Une de nos adresses préférées dans le coin.

DANS LES ENVIRONS

NÉRIS-LES-BAINS 03310 (8 km SE)

|●| *Le Relais du Vieux Moulin* – rue des Moulins ☎ 04.70.03.24.88. Congés annuels : du 15 novembre au 20 février. Accès : par la N144. Côté crêperie, compter de 25 à 54 F (3,8 à 8,2 €) la crêpe salée ou sucrée. Côte de bœuf vendue au poids : 180 F (27,4 €) le kilo pour 2 ou 3 personnes, suivant les appétits. *Le Relais du Vieux Moulin* est, dans les environs de Montluçon, un lieu agréable pour sortir, tout particulièrement en été avec ses agréables terrasses ombragées au pied du viaduc. On ne trouvera pas ici une cuisine régionale typique. Forcément, il s'agit d'une crêperie ; mais ce qui motive notre choix est que, dans cette région de production de viande charolaise, c'est sans doute le seul endroit à 30 km à la ronde où l'on puisse manger une côte de bœuf tendre, goûteuse et persillée à souhait, et cuite au feu de bois. *Café offert.*

ESTIVAREILLES 03190 (10 km N)

⚑ |●| *Hostellerie du Lion d'Or* ★★ – 23, rue de Paris ☎ 04.70.06.00.35. Fax : 04.70.06.09.78. Parking. TV. Fermé le dimanche soir et le lundi toute l'année. Accès : par la N144, direction Bourges. Doubles à partir de 180 F (27,4 €) avec douche et wc, et 230 F (35 €) avec bains. Attention toutefois, certaines chambres donnant sur la rue de Paris sont assez bruyantes. Menus de 98 F (14,9 €), en semaine, à 260 F (39,6 €). Un cadre verdoyant pour cet ancien relais de poste doté d'une terrasse et d'une véranda. Le hall est superbe, la salle de restaurant splendide. Accueil chaleureux et efficace. C'est le patron qui mitonne : bœuf charolais et homard dans des préparations raffinées différentes tous les mois. Chambres coquettes et confortables. Vue reposante sur l'étang qui jouxte la maison. Vraiment une bonne adresse. *Apéritif maison offert si vous prenez une chambre ou un dîner.*

COURÇAIS 03370 (21 km NO)

⚑ |●| *Bar-hôtel-restaurant Josette Laumonier* – ☎ 04.70.07.11.13. Fermé le lundi. Congés annuels : les 3 premières semaines de septembre. Accès : par la D943, sur la place de l'Église. Doubles de 130 F (19,8 €) avec lavabo à 170 F (26 €) avec douche. Menus à 70 et 130 F (10,7 et 19,8 €). Dans un village calme, une étape toute simple, reposante et agréable, idéale pour ceux qui voyagent en famille. Salle de restaurant rustique et chaleureuse. La cheminée y fait pour beaucoup. À moins que vous ne choisissiez la terrasse si le temps le permet. Deux menus pour rassasier les solides appétits. Volailles de la ferme voisine excellentes. Sur commande : escargots et ris de veau. 4 chambres dans un style bien campagnard. Demi-pension obligatoire d'avril à fin août.

MONTSALVY 15120

Carte régionale A2

🛌 |●| *L'Auberge Fleurie* * – **place du Barry** ☎ 04.71.49.20.02. Congés annuels : de mi-septembre à mi-février. Doubles à 140 F (21,3 €) avec lavabo et à 160 F (24,4 €) avec douche et wc. Menus de 55 à 185 F (8,4 à 28,2 €). Lierre, cheminée, poutres apparentes et portes centenaires : tout est rustique et bien tenu. Le bar et le restaurant sont toujours animés. Le patron est aussi grand voyageur et grand lecteur. Dans la chaleureuse salle à manger, un menu du jour (sauf le dimanche) d'un rapport qualité-prix quasiment exceptionnel ! Autres menus délicieux avec : émincé de jambon de cochon, magret au beurre de Marcillac, tripoux de la châtaigneraie, charlotte aux châtaignes et coulis de coings. Vins à prix modérés. Également des chambres à prix routards. Pourvu que les normes européennes ne nous les enlèvent pas, celles-là ! *10 % sur le prix de la chambre de février à juin.*

🛌 |●| *Inter-Hôtel du Nord* ** – **le bourg** ☎ 04.71.49.20.03. Fax : 04.71.49.29.00. Parking. TV. Canal+. Congés annuels : de janvier à Pâques. Doubles confortables (Minitel, mini-bar) de 270 à 300 F (41,2 à 45,7 €). Menus de 87 à 250 F (13,3 à 38,1 €). Au cœur de la Châtaigneraie, n'y cherchez pas Arletty, c'est pas vraiment le genre populo. Nous dirons chicos provincial. Accueil tout à fait aimable. Dans la salle à manger cossue, à l'atmosphère calme, vous dégusterez une cuisine de terroir d'excellente réputation. À signaler, aux fourneaux, une des rares femmes chefs d'Auvergne et monsieur en salle ! À la carte, au hasard : foie gras de canard préparé au sauternes, bœuf salers, poissons de lac et rivière. Et les « classiques » : aligot, magret, confit, etc. Salon, bar et jardin. *10 % sur le prix de la chambre d'avril à juin et de septembre à décembre.*

DANS LES ENVIRONS

CALVINET 15340 (17,5 km O)

🛌 |●| *Hôtel de la Terrasse* * – **place Jean-de-Bonnefon** ☎ 04.71.49.91.59. Parking. Congés annuels : de novembre à mai. Accès : par la D19. Doubles à 150 F (22,9 €) avec lavabo, à 225 F (34,3 €) avec bains. Demi-pension à 200 F (30,5 €) par personne. Menus à 60 F (9,1 €) et de 80 à 160 F (12,2 à 24,4 €) avec deux entrées, selon l'humeur. Tenu depuis 1936 par une mamie gâteau dont les spécialités sont la tarte aux poires et les pieds de cochon farcis. Toute la mythologie du décor rural : cuivres, vieille horloge, buffet. Les chambres sont garnies de meubles anciens. Patronne très bavarde qui sait créer une super ambiance familiale.

🛌 |●| *Hôtel Beauséjour* ** – **route de Maurs** ☎ 04.71.49.91.68. Fax : 04.71.49.98.63. TV. Fermé le lundi midi en saison, les dimanches soir et lundi en basse saison. Congés annuels : du 15 janvier au 1er mars. Doubles, coquettes et confortables, à 280 F (42,7 €). Menus à 95 F (14,5 €) midi et soir en semaine et de 150 à 300 F (22,9 à 45,7 €). On vient de loin pour la cuisine de terroir goûteuse de Louis-Bernard Puech. C'est un étoilé Michelin (le seul du Cantal) et la coqueluche de la région. Remarquez, ça ne lui est pas monté à la tête. La maison a su garder sa bonhomie, sa joviale simplicité, avec sa clientèle d'habitués : notaires, VRP, et les familles paysannes pour qui c'est l'occasion d'une agréable sortie. Accueil particulièrement sympathique et service efficace. Classique salle à manger où vous serez étonnés par les beaux menus, évoluant au gré des saisons, à prix fort raisonnables. Dans ceux-ci, tout à trac : tartine de boudin noir et foie de canard, jambon braisé à la couenne avec mousseline de pois cassés, petit chou farci « à ma façon », ou rognons de veau avec lentilles vertes et cèpes. À la carte : succulent marbré de foie de canard et queue de bœuf (hmm !), pied de porc farci comme autrefois, une véritable pièce de bœuf salers, ou un délicieux sablé à la châtaigne. Bon choix de vins à prix raisonnables. *Apéritif offert.*

MOULINS 03000

Carte régionale B1

🛌 |●| *Le Grand Hôtel du Dauphin* ** – **59, place d'Allier (Centre)** ☎ 04.70.44.33.05. Fax : 04.70.34.05.75. Parking payant. TV. Canal+. 🐕 Doubles à 165 F (25,2 €) avec cabinet de toilette et 275 F (41,9 €) avec bains. Menus à 70 F (10,7 €) et de 115 à 180 F (17,5 à 27,4 €). Un ancien relais de poste malheureusement pas très bien entretenu côté chambres. Côté repas, une cuisine classique et raffinée. Spécialités régionales : salmis de canard au saint-pourçain, pavé au bleu d'Auvergne, grenouilles à la crème d'ail, cuisses de canard confites... Sur commande : coq au vin au saint-pourçain et cassoulet au confit (pour 4 personnes). *Café offert. Un repas enfant offert pour un couple avec 2 enfants ou plus.*

🏠 |●| *Le Parc* ** – 31, av. du Général-Leclerc (Est) ☎ 04.70.44.12.25. Fax : 04.70.46.79.35. Parking. TV. Canal+. Resto fermé le samedi. Congés annuels : du 7 au 22 juillet, du 29 septembre au 7 octobre et du 22 décembre au 3 janvier. Accès : près de la gare. Doubles insonorisées de 210 à 270 F (32 à 41,2 €) avec douche et wc et à 350 F (53,4 €) avec bains. Menus de 98 à 220 F (14,9 à 33,5 €). Depuis 1956, cet hôtel tenu par la famille Barret perpétue la tradition d'un accueil fait de douceur et de gentillesse. Beaucoup de confort dans ce bel immeuble de style classique. Salle claire et reposante. Simplicité et harmonie du mobilier, des tissus et des couleurs. Possibilité de loger dans une annexe. Au restaurant, on savoure une cuisine du terroir dans laquelle tradition rime avec créativité. Compote de lapereau, médaillons de lotte coulis de crustacés, filet de sandre rôti à la moutarde de Charroux, filet de charolais poêlé à la fourme d'Ambert... *Apéritif offert.*

|●| *Le Grand Café* – 49, place d'Allier (Centre) ☎ 04.70.44.00.05. Parking. Congés annuels : fêtes de fin d'année. Pour un plat et un dessert, compter de 70 à 80 F (10,7 à 12,2 €). « Le Grand Jus », comme l'appellent les gens du cru, superbe brasserie 1900, est un monument classé. Pour y déjeuner, mieux vaut se supporter tant les miroirs sont nombreux et importants. Toujours est-il que c'est le rendez-vous de toutes les générations, le lieu qui compte dans le coin. On n'y vient pas seulement pour sa gastronomie mais pour son ambiance, et c'est le plat du jour, les pieds de cochon grillés, la salade à la queue de bœuf, la tête de veau ou l'andouillette qui sont le meilleur compromis pour casser une petite croûte. Le service se prolonge jusqu'à 23 h. *Café offert.*

|●| *Restaurant La Petite Auberge* – 7, rue des Bouchers (Centre) ☎ 04.70.44.11.68. Fermé le dimanche (sauf s'il est férié) et le lundi soir. Congés annuels : du 1er août au 15 avril. Accès : place de la poste principale. Menus de 90 à 200 F (13,7 à 30,5 €). On se sent plutôt à l'aise dans cette salle toute en longueur à la décoration très terroir, qui sert de faire-valoir à une gentille cuisine traditionnelle pleine de bonnes saveurs, de bons produits et de savoir-faire. Préparations classiques et sûres à l'image des noix de Saint-Jacques sur fondue de poireaux, du

magret de canard au coulis de lentilles, de la cassolette de moules aux girolles. Accueil charmant qui augure bien de la valeur de la maison. *Kir offert.*

DANS LES ENVIRONS

COULANDON 03000 (6 km O)

🏠 |●| *Hôtel Le Chalet - restaurant Le Montégut* *** – ☎ 04.70.44.50.08. Fax : 04.70.44.07.09. Parking. TV. 🐾 Congés annuels : du 16 décembre au 31 janvier. Doubles à 410 F (62,5 €) avec douche et wc et à 480 F (73,2 €) avec bains. Menus de 115 à 250 F (17,5 à 38,1 €). Ce chalet fin XIXe siècle, cossu et bourgeois, planqué en pleine nature, est l'étape idéale pour ceux qui recherchent le calme et la détente alliés à un sourire hôtelier sans faille. Chambres personnalisées et décorées avec goût. Selon l'orientation, elles ouvrent sur la campagne bourbonnaise ou sur un parc centenaire dans lequel trône un bel étang. Le restaurant *Le Montégut* loge dans un bâtiment à part, et dès les beaux jours on peut y déjeuner ou y dîner face à la piscine. En semaine, menu composé selon le marché, qui n'est pas là pour faire de la figuration. Nous avons apprécié : filet d'agneau en croûte, poêlée de langoustines, mousse glacée au chivas. Le tout bien pensé et bien servi. *10 % sur le prix de la chambre d'octobre à avril.*

SOUVIGNY 03210 (11 km O)

|●| *Auberge Les Tilleuls* – place Saint-Éloi ☎ 04.70.43.60.70. Fermé le dimanche soir (sauf en juillet-août) et le lundi. Congés annuels : la 2e semaine de février, la 3e semaine de juin et les 10 premiers jours d'octobre. Éventail de menus de 72 F (11 €) le midi en semaine à 235 F (35,8 €). Dans un charmant village du Bourbonnais, où l'on peut admirer une magnifique église-basilique des Xe-XVe siècles, une auberge accueillante au décor frais et pimpant, avec sur les murs des peintures naïves représentant des scènes de vie au village datant des années 40-50. Spécialités : le foie gras de canard poêlé et la marmelade de pommes à l'infusion de cidre, les filets de rouget barbet aux pâtes fraîches, les grenadins de veau et rognons frais à la pourpre de saint-pourçain, le pavé de jeune cerf d'Auvergne aux cèpes et pommes sautées. Les fromages de la région, au lait de vache et de chèvre, sont parfaits. *Apéritif offert.*

CHAPELLE-AUX-CHASSES (LA) 03230 (22 km NE)

|●| *L'Auberge de La Chapelle-aux-Chasses* – le bourg ☎ 04.70.43.44.71. Fermé le mardi soir et le mercredi. Congés

annuels : les 2 dernières semaines de février, les dernières semaines d'août et la 1re semaine de septembre. Accès : prendre la N79 vers Bourbon-Lancy, puis la D30 jusqu'au village ; le resto est à côté de l'église. Formule à 68 F (10,4 €) en semaine. Menus de 92 à 180 F (14 à 27,4 €). Dans le village, rien ne distingue cette maison des autres, sauf peut-être qu'il s'en dégage un charme ineffable. Elle ressemble à une maison dessinée par un enfant, une maison de carte postale, quoi ! Après avoir traversé le jardin, on pénètre dans une petite salle toute mignonnette. À partir de ce moment, seuls le chant des oiseaux et les fragrances des plats pourront vous tirer de la quiétude qui règne dans ce lieu. Car la cuisine est à l'image du lieu : sage, originale et pleine de fraîcheur. Jambon braisé cuit au foin sauce porto, marmite du pêcheur sauce mandarines aux amandes, soufflé glacé à la verveine du Velay. Un endroit très prisé dans la région, à juste raison. *Café offert.*

DOMPIERRE-SUR-BESBRE 03290

(30 km E)

🛏 |●| *Auberge de l'Olive* ** – 129, av. de la Gare ☎ 04.70.34.51.87. Fax : 04.70.34.61.68. TV. Fermé le vendredi (sauf en juillet-août). Congés annuels : du 1er février au 15 mars. Accès : par la D12. Doubles confortables à 200 F (30,5 €) avec douche et wc et à 250 F (38,1 €) avec bains. Demi-pension obligatoire en juillet-août autour de 290 F (44,2 €). Menus de 65 F (9,9 €), sauf dimanche et jours fériés, à 260 F (39,6 €). Une belle maison bien entretenue, recouverte de vigne vierge. Une étape agréable : cuisine soignée et service parfait. 6 chambres vraiment calmes sur l'arrière, à réserver à l'avance et impérativement si vous voulez dormir : la route est pour l'instant très bruyante, mais le contournement de Dompierre devrait arranger tout ça. *Café offert.*

MURAT 15300

Carte régionale A2

🛏 *Aux Globe-Trotters* ** – 22, av. du Docteur-Mallet ☎ 04.71.20.07.22. Fax : 04.71.20.16.88. TV. Canal+. Fermé le dimanche. Congés annuels : vacances scolaires de la Toussaint. Doubles de 180 à 230 F (27,4 à 35,1 €). *Aux Globe-Trotters* aurait pu s'appeler *Aux Routards*. 20 chambres, modernes et bien propres. Au 2e étage, des mansardes très sympas (sauf pour les très grands) et pas chères. Ambiance AJ au bar en dessous. Tenu par de jeunes patrons un peu désinvoltes.

🛏 *Hôtel Les Breuils* ** – av. du Dr-Mallet ☎ 04.71.20.01.25. Fax : 04.71.20.33.20.

Congés annuels : de la Toussaint à Noël et en avril (sauf vacances scolaires). Accès : par la D39. Doubles de 290 à 460 F (44,2 à 70,1 €). C'est une grosse demeure bourgeoise du XIXe siècle, reconvertie en hôtel et entièrement rénovée. L'intérieur possède un petit charme aristocratique qui plaira aux allergiques des établissements clonés et aseptisés. Musique douce. Calme assuré et jardin tout autour. Patronne accueillant de façon charmante. Une dizaine de chambres confortables, de style cossu (rideaux vieux rose, papier peint à fleurs). Dans le jardin, agréable piscine chauffée et couverte, excusez du peu ! *10 % sur le prix de la chambre en mai, juin, septembre et octobre. NOUVEAUTÉ.*

|●| *Restaurant Le Jarrousset* – RN122 ☎ 04.71.20.10.69. Fermé le lundi soir et le mercredi, sauf en juillet-août. Congés annuels : janvier. Accès : sur la RN122, à 3 km du centre-ville, sur la route de Massiac. Formule rapide à 95 F (14,5 €). Menus de 135 à 360 F (20,6 à 54,9 €). À la carte, compter de 300 à 400 F (45,7 à 61 €). Vous ne pourrez manquer le restaurant en contrebas de la route. Cadre particulièrement élégant et service irréprochable. Éliane Andrieu dirige cette maison avec une courtoisie, une attention et un savoir-faire hors pair. Dans sa cuisine n'interviennent que les meilleurs produits de la région en de savantes et harmonieuses combinaisons de saveurs et subtiles senteurs. Poisson cuit avec une justesse remarquable. Tout est d'une fraîcheur exquise. Superbes fromages et desserts à damner un saint. Une des meilleures crèmes brûlées que l'on connaisse (nos papilles en frémissent encore !), sans oublier la savoureuse tarte au chocolat. La cerise sur le gâteau maintenant : le 1er menu est le plus beau que l'on ait eu l'occasion de goûter depuis longtemps en France à ce prix-là. Un vrai repas de fête (sauf le samedi soir et le dimanche midi). Quelques spécialités aux menus ou à la carte : cuisse de canard au sel et chou braisé aux coulis de poivrons, cailles farcies au foie gras, escalope de foie gras aux pommes caramélisées, blanquette de ris de veau, chou farci aux truffes, filet de bar à la fondue de fenouil. Belle sélection de vins.

DANS LES ENVIRONS

CHALINARGUES 15170 (9 km NE)

🛏 |●| *Auberge de la Pinatelle* – ☎ 04.71.20.15.02. Fax : 04.71.20.17.90. Fermé le mercredi soir. Congés annuels : 2 semaines de fin septembre à début octobre. Doubles à 220 F (33,5 €). Demi-pension à 190 F (29 €) par personne. Menus de 70 à 160 F (10,7 à 24,4 €). Une belle auberge rénovée qui connaît un joli succès auprès des habitants d'Allanche. Les jeunes patrons proposent 5 chambres tout confort et décorées au goût du jour, et une salle de restaurant refaite mais conviviale. Clientèle un rien chic. Menu du jour servi midi et soir. Spécialités auvergnates mais également méridionales, ce qui change un peu ! Outre les inévitables truite au lard, tripoux maison et autres coqs au vin (très bien faits), on y mange d'excellents magret de canard, confits, salade périgourdine, et autres délices du Périgord ou foie gras en brioche. Service souriant et décontracté. Bonne atmosphère. *NOUVEAUTÉ.*

DIENNE 15300 (11 km NO)

|●| *Restaurant du Lac Sauvages* – ☎ 04.71.20.82.65. Congés annuels : de début octobre à mi-mai. Accès : depuis Murat, D3 puis D23. Menu à 75 F (11,4 €) ou carte. Situé au bord d'un lac privé, à 1 230 m d'altitude, paradis des pêcheurs et des randonneurs tenu par le directeur de l'école de ski de Super-Lioran, ce petit resto est la bonne adresse du coin durant la saison d'été. L'accueil est sympa, la cadre magnifique et la nourriture axée sur les produits et spécialités régionaux, copieux et goûteux à souhait. Truite au lard, truffade, *pounti*, tripoux excellents. En été, on peut pêcher sa truite soi-même ; pas de carte à acheter et prêt de matériel sur place.

SUPER-LIORAN 15300 (12 km SO)

🛏|●| *Hôtel-restaurant Le Rocher du Cerf* ** – ☎ 04.71.49.50.14. Fax : 04.71.49.54.07. Parking. TV. Congés annuels : d'avril à juin et du 10 septembre au 20 décembre. Accès : depuis Murat, N122 puis D67. Doubles à 160 F (24,4 €) avec lavabo, et de 180 à 230 F (27,4 à 35,1 €) avec douche, douche et wc ou bains. Menus de 49 à 170 F (7,5 à 25,9 €). Au pied des pistes à Super-Lioran, *Le Rocher du Cerf* est l'archétype de l'hôtel familial de station. C'est le plus sympa des hôtels du coin. Le sourire est de mise et la disponibilité de rigueur. Les chambres sont simples et bien tenues. Préférez celles avec vue sur la chaîne des montagnes. Le resto est dans le même esprit familial et les menus des pensionnaires sont prévus pour être différents sur 15 jours. Spécialités de chou farci, *pounti*, truffade, truite aux lardons, entrecôte au bleu d'Auvergne, tarte aux myrtilles. Adresse chaleureuse, idéale pour le ski en hiver et la randonnée en été. *10 % sur le prix de la chambre en juillet-août.*

LAVIGERIE 15300 (15 km O)

|●| *Auberge Adrienne Niocel* – route de Dienne ☎ 04.71.20.82.25. Ouvert le soir, mais en basse saison, sur réservation uniquement. Accès : par la D680, à 5 km à l'ouest de Dienne. Menu unique à 80 F (12,2 €). Superbe salle rustique de 35 couverts, où les lits en alcôve ont été conservés, ornée d'une immense cheminée. Et, pour ne rien gâter, Adrienne mitonne une bonne petite cuisine du terroir. Au menu, *pounti* ou crêpes au fromage de chèvre maison ou pâté aux pommes de terre, saucisse aux pommes de terre, poulacre (foie d'agneau avec poitrine de porc) et truffade, fromage de chèvre maison, cornet de Murat ou tarte aux fruits de saison. Bon accueil.

ALLANCHE 15160 (23 km NE)

🛏|●| *Hôtel-restaurant Au Foirail* – Maillargues ☎ 04.71.20.41.15. Parking. Ouvert uniquement à midi (et le soir en juillet-août). Congés annuels : la 1re quinzaine de janvier. Accès : à 1 km du centre d'Allanche sur la D679. Chambres simples et bien tenues de 120 à 150 F (18,3 à 22,9 €). Copieux menu du jour à 60 F (9,1 €). Le dimanche « repas amélioré » à 90 F (13,7 €). *Au Foirail* porte bien son nom, sur une petite colline, en pleine terre d'estive, à proximité de l'un des plus importants marchés aux bestiaux d'Auvergne. Ici, on mange de la salers, bien que petit à petit d'autres races commencent à proliférer dans le coin, aux dépens de cette vache rustique à la viande si goûteuse. C'est une maison simple, accueillante et, bien sûr, la viande y est excellente !

NARNHAC 15230

Carte régionale A2

🛏|●| *L'Auberge de Pont-la-Vieille* ** – Pont-la-Vieille ☎ 04.71.73.42.60. Fax : 04.71.73.42.60. Parking. TV. Congés annuels : du 15 octobre au 5 décembre. Accès : D990. Doubles de 190 à 210 F (29 à 32 €) en basse saison et de 230 à 250 F (35,1 à 38,1 €) en haute saison. Demi-pension à partir de 190 F (29 €) par personne. Menu à 59 F (9 €) en semaine. Autres menus de 78 à 130 F (11,9 à 19,8 €). Une maison bien restaurée abrite ce petit hôtel accueillant. Les chambres sont agréables et calmes. Menus dédiés à la gastronomie régionale avec truite au lard à l'ancienne, pintade aux cèpes, rissole de Saint-Flour, chou farci, etc. Accueil d'une grande gentillesse. Bonne adresse pour se reposer ou pêcher.

PAILHEROLS 15800

Carte régionale A2

🛏|●| *L'Auberge des Montagnes* ** – le bourg ☎ 04.71.47.57.01. Fax : 04.71.49.63.83. Parking. TV. ♿ Congés annuels : du 15 octobre au 15 décembre.

Accès : au sud-est de Vic-sur-Cère, sur la D54. Doubles de 210 à 290 F (32 à 44,2 €) avec douche et wc ou bains. Menus du jour à 78 F (11,9 €). Autres menus à 98 et 128 F (14,9 et 19,5 €). Possibilité de demi-pension. L'archétype du bon hôtel familial tel qu'on en rêve. On y accède par une jolie petite route en lacet. Une ancienne ferme bien rénovée, accueillante, avec terrasse et, de l'autre côté de la route, dans l'ancienne grange, la piscine couverte avec salle de jeux et la piscine découverte. Mur d'escalade et promenades à cheval attelé. Les chambres sont chaleureuses et bien décorées. Le resto se compose de deux salles très claires. Salon avec le cantou traditionnel. Le rapport qualité-prix des menus est exceptionnel. Quelques spécialités : la truite saumonée feuilletée, la tourte à l'oie, la canette aux pommes myrtilles, la croustine aux pralines, etc. Un bâtiment récent, mais construit dans la pure tradition, avec une belle tourelle, un petit étang et une vue superbe complète l'ensemble, à la sortie du village. Rapport qualité-prix remarquable ! Attention, l'adresse est connue, il est donc prudent de réserver. *10 % sur le prix de la chambre en avril, mai et octobre.*

PONTGIBAUD   63230

Carte régionale A1

♨ |●| *Hôtel-restaurant de l'Univers* – ☎ 04.73.88.70.09. Parking. Accès : face à la gare. Chambres doubles très simples à 160 F (24,4 €) avec douche à l'étage et chambres pour quatre à 220 F (33,5 €). 1er menu à 60 F (9,1 €) et menus de 78 F (11,9 €) en semaine, à 95 F (14,5 €) le dimanche (sur commande) ou à 130 F (19,8 €) pour la grosse bouffe. Une vraie carte postale, cette petite pension de famille, avec Charlot qui cultive ses légumes et trait ses vaches. Avec Marie-Antoinette qui mitonne les tripes pour les sapeurs-pompiers ou qui bat trois œufs pour le client de passage. On connaît quelques critiques gastronomiques et autre personnalité de la télé qui ne passent jamais devant sans s'y arrêter. Il faut dire qu'on mange ici à toute heure (sur commande) une tête de veau inoubliable, une andouillette grillée épatante ou de bons pieds de porc. À la seule condition de ne pas être pressé ! Encore une adresse assez unique en son genre !

♨ |●| *Hôtel de la Poste* ** – place de la République ☎ 04.73.88.70.02. **Fax :** 04.73.88.79.74. Parking. TV. Fermé le dimanche soir et le lundi (sauf en juillet-août). Congés annuels : janvier et la 1re quinzaine d'octobre. Doubles de 190 à 205 F (29 à 31,3 €) avec douche et wc ou bains. Certaines chambres ont la télé. Demi-pension obligatoire en août à 210 F (32 €) par personne. Menus de 80 à 270 F (12,2 à

41,2 €). Hôtel-resto traditionnel, avec des chambres à l'ancienne plutôt sympathiques. Le chef travaille des produits classiques pour préparer des plats dans un registre résolument bourgeois en y ajoutant toujours sa petite marque. Repu et ravi, voilà les deux mots qui viennent à l'esprit une fois le repas fini. Lapin gourmand d'Auvergne, rôti sauce miel et gingembre, crépinette de pied de porc sur salade ou omble chevalier aux mousserons. Accueil cordial. *Apéritif offert.*

DANS LES ENVIRONS

MAZAYES 63230 (7 km S)

♨ |●| *Auberge de Mazayes* – ☎ 04.73.88.93.30. **Fax :** 04.73.88.93.80. TV. Fermé le vendredi midi en été et le jeudi hors saison. Congés annuels : janvier. Accès : par la D578, la D62 puis la D52. Doubles à 240 F (36,6 €) avec petit déjeuner inclus. Menus à 80 F (12,2 €) servi uniquement en semaine, ou à 98 et 120 F (14,9 et 18,3 €). Au bout d'une petite route en colimaçon, une ancienne étable magnifiquement métamorphosée en auberge bourgeoise, dans un cadre au calme vraiment olympien. Avec sa mignonne petite terrasse pour l'apéritif au coucher du soleil, et son âne « authentique » dans l'étable en face, l'établissement a ce côté rustico-chic du style « Chéri, est-ce qu'on le prend enfin ce week-end à la campagne ? ». En outre, le stylé propriétaire a eu le raffinement et l'intelligence de conserver la rigole en pierre de l'ancienne étable (mais attention à la marche !). La décoration est à l'avenant. Gros murs de pierres, énormes bouquets de fleurs fraîches, belle cheminée, nappes à carreaux bleus et blancs... Bref, tout est tiré à quatre épingles. La cuisine, axée sur le terroir, fait dans le registre bourgeois avec par exemple, l'incontournable potée auvergnate ou l'indémodable coq au vin. Une adresse charmante, en somme. *NOUVEAUTÉ.*

PUY-EN-VELAY (LE)   43000

Carte régionale B2

♨ *Dyke Hôtel* ** – 37, bd Maréchal-Fayolle (Centre) ☎ 04.71.09.05.30. **Fax :** 04.71.02.58.66. Parking. TV. Canal+. Congés annuels : entre Noël et le Jour de l'An. Toutes les doubles avec douche et wc ou bains de 230 à 250 F (35,1 à 38,1 €) ; petit déjeuner à 30 F (4,6 €). Le *Dyke* a tous les avantages d'un hôtel de chaîne sans les inconvénients. Il se trouve en plein centre-ville et dispose d'un garage. Toutes ses chambres, propres et neuves, sont standardisées (téléphone, télé avec Canal +), et les matelas bien fermes. Accueil excellent. Déco intérieure discrète. Au rez-de-chaussée, il y a un bar, le *Birdie*, où l'on prend aussi le petit déjeuner. Pourquoi ce nom de *Dyke* ? C'est le nom des « pains de sucre », minéraux qui donnent tout son charme et son caractère au Puy-en-Velay.

🏠 |●| **Hôtel Bristol** ** – 7 et 9, av. Maréchal-Foch (Centre) ☎ 04.71.09.13.38. Fax : 04.71.09.51.70. Parking payant. TV. Canal+. Resto fermé le lundi hors saison. Congés annuels : du 28 février au 21 mars. Toutes les doubles avec douche et wc ou bains de 250 à 300 F (38,1 à 45,7 €) ; petit déjeuner-buffet à 39 F (5,9 €). Plusieurs menus entre 55 F (8,4 €) le midi et 160 F (24,4 €) et formule enfant à 45 F (6,9 €). Comme son nom l'indique, voici le plus anglais des hôtels du Puy. Il s'agit d'une haute et vieille bâtisse de style balnéaire auvergnat, entièrement rénovée et modernisée à l'intérieur. Accueil correct. Réserver en priorité les chambres claires, et surtout très calmes, dans un bâtiment neuf donnant sur le jardin, à l'arrière. Car dans certaines, même si les salles de bains sont particulièrement grandes, l'isolation phonique est carrément à revoir (*dixit* certains lecteurs). Fait aussi resto (*La Taverne Lyonnaise*) : cuisine traditionnelle soignée avec en vedette le « petit salé aux lentilles du Puy ». *10 % sur le prix de la chambre du 15 octobre au 1er avril.*

🏠 |●| **Hôtel-restaurant Le Val Vert** ** – 6, av. Baptiste-Marcet ☎ 04.71.09.09.30. Fax : 04.71.09.36.49. Parking. TV. Canal+. Satellite / câble. Restaurant fermé le samedi midi de novembre à fin mars. Congés annuels : du 22 au 29 décembre. Accès : en bord de route, à la sortie sud du Puy en direction d'Aubenas-Mende, à 1,5 km environ du centre. Doubles avec sanitaires complets de 280 à 320 F (42,7 à 48,8 €) ; petit déjeuner à 42 F (6,4 €). Menus de 62 F (9,5 €) le midi en semaine à 200 F (30,5 €), et formule enfant à 50 F (7,6 €). Un petit hôtel qui a l'aspect extérieur d'un hôtel de chaîne, mais où l'ambiance, au contraire, reste très familiale et conviviale. Accueil souriant et excellent service. Les chambres sont modernes et confortables, toujours très bien tenues et décorées avec soin. Vue sur la route (excellente isolation phonique) ou sur l'arrière (zone commerciale et résidentielle), le côté le plus calme. Resto classique servant une bonne cuisine soignée. *Apéritif offert.*

🏠 |●| **Hôtel Le Régina** *** – 34, bd Maréchal-Fayolle (Centre) ☎ 04.71.09.14.71. Fax : 04.71.09.18.57. Parking payant. TV. Canal+. Satellite / câble. ⚓ Toutes les doubles avec sanitaires complètes de 330 à 370 F (50,3 à 56,4 €) ; petit déjeuner-buffet à 45 F (6,9 €). Menus de 85 à 240 F (13 à 36,6 €). En plein centre-ville, une belle bâtisse ancienne et chaleureuse, une des institutions du Puy. C'est un 3 étoiles, mais ses prix restent très raisonnables, pour un niveau de confort et une qualité de service impeccables. Accueil souriant et courtois du patron dynamique. Les chambres – toutes rénovées avec goût – donnent sur la rue ou sur l'arrière (plus calme). Au rez-de-chaussée, le restaurant sert une des meilleures cuisines de la ville pour un rapport qualité-prix étonnant. Le chef réputé – François Gagnaire – régale ses clients de plats d'inspiration régionale et relevés d'une pointe d'originalité. Spécialités fameuses de poissons, servies dans de superbes assiettes. La même qualité à Paris coûterait 2 fois plus cher !

|●| **La Parenthèse** – 8, av. de la Cathédrale (Centre) ☎ 04.71.02.83.00. Fermé le samedi et le dimanche. Menus à 79 et 110 F (12 et 16,8 €). Dans une rue calme et pavée au pied de la somptueuse cathédrale, ce petit resto chaleureux et rustique (visez la collection de cafetières !) propose une cuisine régionale, simple et relevée. Salade de truite fumée avec lentilles du Puy, tournedos de canard de Mézenc au vin rouge et son aligot (pommes de terre cuites avec tomme du Cantal) ; tels sont les délicieux plats servis par un couple charmant. Au dessert, la crème caramel au miel de châtaignier est une petite merveille ! Excellente adresse. *NOUVEAUTÉ.*

|●| **Restaurant L'Olympe** – 8, rue du Collège (Centre) ☎ 04.71.05.90.59. Fermé le dimanche soir et le lundi. Accès : à 20 m de la mairie. Différents menus de 100 à 295 F (15,2 à 45 €) et formule enfant à 65 F (9,9 €). Charmant petit restaurant situé à 20 m de la mairie, dans une ruelle pavée du secteur sauvegardé. À l'intérieur, des couleurs pastel et un accueil souriant et jovial. Devenu en quelques années l'une des meilleures tables du Puy, grâce à son jeune chef qui tient à « coller le plus possible à sa région », tout en y mettant sa touche personnelle, et parfois exotique. Cela donne une cuisine enracinée, mais allégée et ouverte sur d'autres horizons. Grandes assiettes présentées artistiquement, et priorité accordée aux lentilles, à la truite, aux myrtilles, à la verveine. Menus « Terroir », « Plaisir », et « Découvertes », tous aussi remarquables.

|●| **Restaurant Tournayre** – 12, rue Chènebouterie (Centre) ☎ 04.71.09.58.94. ⚓ Fermé le dimanche soir et le lundi. Congés annuels : janvier. Accès : derrière la mairie. Différents menus de 115 à 350 F (17,5 à 53,4 €) et formule enfant à 70 F (10,7 €). Notre adresse de charme au Puy. La conception originale de la céramique de façade donne le ton : l'endroit échappe à la banalité. À l'intérieur, grande salle superbe avec des voûtes du XVIe siècle et des peintures murales réussies. Éric Tournayre – toque réputée de la région – concocte avec passion une cuisine de haute volée, enraci-

née et créative, à des prix qui sonnent juste. Ainsi le 1er menu « Si les saveurs d'Auvergne m'étaient contées » est un poème de subtilités à lui seul. Sinon, d'autres formules plus sophistiquées, sans oublier le menu légumes. Nous avons beaucoup aimé l'escalope de foie gras aux cèpes et le filet de rouget, délicieusement préparés... Réserver en été.

DANS LES ENVIRONS

SAINT-VINCENT 43800 (18 km N)

|●| *Restaurant La Renouée* – Cheyrac ☎ 04.71.08.55.94. ✗ Fermé le mardi soir et le mercredi (sauf en juillet-août). Congés annuels : de début janvier à fin février. Accès : par la D103 qui suit les gorges de la Loire. Différents menus entre 98 et 230 F (14,9 et 35,1 €) ; formule enfant à 55 F (8,4 €). C'est l'adresse de charme du coin. Petit jardin et maison romantique, accueil chaleureux autour d'une cuisine fine et imaginative. Goûtez à la tranche de sandre en habit vert à l'oignon croquant, aux morilles « pantoufles » garnies d'une farce fine au foie gras de canard, à la fricassée de brochet au velouté de lentilles vertes. Le dimanche après-midi, agréable formule « goûter ». *Apéritif offert.*

MOUDEYRES 43150 (20 km SE)

♒ |●| *Le Pré Bossu* – ☎ 04.71.05.10.70. Fax : 04.71.05.10.21. Parking. Congés annuels : de novembre à mars. Accès : à l'entrée du village en arrivant par la D361. Chambres doubles avec douche et wc ou bains de 390 à 460 F (59,5 à 70,1 €) ; petit déjeuner copieux à 65 F (9,9 €). Plusieurs menus entre 175 et 275 F (26,7 et 41,9 €). Air pur et calme absolu dans cette chaumière de caractère – rustique et feutrée – nichée au beau milieu des prés. Marlène – la gentille patronne – propose 10 chambres confortables et coquettes, qu'elle espère unique avec un goût assuré. Certaines ont vue sur le fameux « pré bossu », où d'adorables agneaux batifolent dès le soleil levant (nos préférées !). Les autres donnent sur le jardin-potager où Carlos Grootaert – chef réputé en Haute-Loire – puise les saveurs subtiles d'une cuisine aux accents du terroir. De la malice plein les moustaches, il découvre de nouveaux goûts, en ravive d'anciens et mitonne des plats d'un raffinement exquis. Mousse de cailles à la gelée d'hydromel, dodine de lapin au foie gras, carré d'agneau au serpolet de montagne, filets de rouget et fine ratatouille, soupe de pêche-glace coco ; voici quelques symphonies de saveurs, dont on retrouve aussi la finesse dans l'étonnant menu légumes – un petit tour au jardin du curé –. Service rapide et stylé. Verveine maison à déguster sur la terrasse, agréable en été. « Monseigneur-

routard, touchez ce *Pré Bossy*, il vous portera bonheur ! » *NOUVEAUTE.*

SAINT-JULIEN-CHAPTEUIL 43260 (20 km E)

|●| *Restaurant Vidal* – **place du Marché** ☎ 04.71.08.70.50. Parking. Fermé le lundi soir et le mardi hors saison. Congés annuels : de mi-janvier à fin février. Accès : par la D15. Menus entre 100 et 350 F (15,2 et 53,4 €), sinon, autour de 250-300 F à la carte ; formule enfant à 70 F (10,7 €). Jean-Pierre Vidal est l'un des chefs qui comptent le plus en Haute-Loire, l'un des plus brillants et des plus imaginatifs. D'abord, il se définit comme un « cuisinier à la campagne ». Talentueux mais modeste, son 1er menu, le « Menu du Marché » (tous les jours sauf le dimanche midi), est un résumé parfait de son art. Les autres formules portent chacune un nom différent, comme Chapteuil, Jules Romains (écrivain local) ou Esaü. Ce dernier, personnage biblique bien connu, avait vendu son droit d'aînesse contre un plat de lentilles. Un menu est donc réservé aux lentilles vertes du Puy : vinaigre de lentilles, sandre ou viande aux lentilles, fromage auvergnat aux lentilles, et même tarte aux lentilles avec nougat glacé. Une même variation sur le thème de la lentille ! Cuisine exquise et d'une créativité étonnante, faite avec des produits du terroir, d'une extrême fraîcheur. Service attentif et courtois, dans une salle agréable et feutrée, attenante au bar de papa Vidal, qui surveille d'un œil goguenard le fiston génial. Une adresse qui mérite un détour d'au moins 20 km. *Café offert.*

PONT-D'ALLEYRAS 43580 (29 km S)

♒ |●| *Hôtel-restaurant du Haut-Allier* ★★★ – ☎ 04.71.57.57.63. Fax : 04.71.57.57.99. TV. ✗ Fermé le dimanche soir et le lundi, sauf en saison et les jours fériés. Congés annuels : de mi-novembre à début mars. Accès : par la D33. Doubles avec douche et wc ou bains pour 280 F (42,7 €) ; petit déjeuner à 45 F (6,9 €). Plusieurs menus entre 160 et 380 F (24,3 et 57,9 €). Récemment rénové, cet hôtel est tenu par la même famille depuis trois générations. Chambres – confortables, calmes, et impeccablement tenues – avec vue imprenable sur la vallée. Quelques-unes ont même un jacuzzi... Côté fourneaux – Philippe Brun Cacaud –, l'un des grands chefs de la cuisine régionale, concocte, selon saison, de succulents plats hauts en couleur, qui mettront vos yeux et papilles en émoi. Amoureux de la nature et des grands espaces, Philippe aime les saveurs authentiques qu'il relève volontiers d'une pointe d'insolence. Les rosettes de truites fario avec velouté de lentilles et foie gras, le suprême de pigeonneau déglacé au vinaigre de miel, et pour finir, la palette de sorbets aux 3 fleurs de la vallée (reine des prés, aubépine et sureau) nous ont vraiment délectés. Cave bien pourvue. Grande salle de resto à la déco classique et service prévenant. Demi-pension conseillée. *10 % sur le prix de la chambre sauf juillet-août.*

SAINT-HAON 43340 (29 km SO)

🏠 l●l *Auberge de la Vallée* ** – le bourg ☎ 04.71.08.20.73. Fax : 04.71.08.29.21. TV. Fermé le lundi d'octobre à mai. Congés annuels : de janvier à mi-mars. Accès : par la N88 direction Pradelles/Langogne ; prendre ensuite la D33 jusqu'à Cayres (7 km), puis la D31. Chambres doubles avec douche et wc ou bains entre 210 et 230 F (32 et 35,1 €) ; petit déjeuner à 37 F (5,6 €). Plusieurs menus de 78 à 200 F (11,9 à 30,5 €) et formule enfant à 55 F (8,4 €). Situé sur la place du village (970 m) que domine la silhouette originale d'un clocher à peigne. À 3 km de là, dans le fond d'une vallée encaissée, l'Allier caracole entre de hautes parois rocheuses. L'hôtel compte une dizaine de chambres, bien arrangées, dont certaines meublées comme chez tante Eugénie, avec le confort en plus. Nuits très calmes dans ce bout du monde dépeuplé. Cette bonne auberge rustique fait également restaurant. Menus régionaux avec des spécialités du chef comme le ris de veau aux morilles, le duo de truite fumé, les filets de canard aux lentilles du Puy et l'escalope aux mousserons à la crème... Très bon accueil. Une étape intéressante entre Le Puy et Langogne (en Lozère). *10 % sur le prix de la chambre hors juillet-août.*

RIOM 63200

Carte régionale A1

l●l *Restaurant L'Âne Gris* – 13 , rue Gomot ☎ 04.73.38.25.10. Fermé le dimanche et le lundi midi. Congés annuels : la 2e quinzaine d'août (en principe). Pas de menu, compter environ 120 F (18,3 €) à la carte. Une folie, une horreur, une adresse de rêve ! On ne sait comment vous allez apprécier cet *Âne Gris* et son patron, surnommé Casimir, gentil allumé ô combien sympa, même s'il passe son temps à enguirlander les clients. Voilà un Auvergnat, un vrai, chauvin, adorable, moustachu, râleur, taquin mais qui sait avoir le cœur sur la main. Son sobriquet préféré : « babouin », qu'il appliqua au départ à son chef puis à ses clients préférés. En entrant, vous entendrez une voix de stentor demander : « C'est pour quoi ? » sur un ton rafraîchissant. Jouez le jeu ! Essayez de trouver une réplique subtile sinon... Casimir a un mot d'ordre : les gens s'ennuient tellement de venir se faire tancer ici, c'est mieux que le ciné. Certains jours, vous ferez le service

parce qu'il n'en a pas envie ! Surtout ne le félicitez pas pour la collection qu'il affiche dans sa jolie salle plutôt rustique. Une collection c'est mort, ici on vit ! À l'écouter, il paraît qu'on mange mal chez lui. Ne le croyez pas. La cuisine est recentrée sur le terroir. Truffade avec jambon, aligot et saucisse, petit salé aux lentilles... Il y a toujours de belles grillades de charolais et une fabuleuse carte de vins d'Auvergne. Il faut dire que Casimir les sélectionne avec un réel amour et il se fera un plaisir de vous les faire découvrir. Nous, on aime, on adore et on y retourne. Essayez ! *Apéritif offert.*

DANS LES ENVIRONS

TOURNOËL 63530 (1,5 km O)

🏠 l●l *Hôtel-restaurant La Chatellenie* – ☎ 04.73.33.63.23. Fermé le mercredi hors saison. Congés annuels : de mi-octobre à fin mars. Accès : par la D986. Doubles de 180 à 220 F (27,4 à 33,5 €) selon le niveau de confort. Menus de 90 à 160 F (13,7 à 24,4 €) et menu enfant à 50 F (7,6 €). Sur la route qui monte au château de Tournoël dominant Volvic, cette maison présente bien des attraits. Elle est au calme, et les 5 chambres, sans être dans le style de la maison, bénéficient de la vue sur la vallée. Belle salle de restaurant panoramique, assez rustique, dans laquelle on mange une bonne cuisine entièrement axée sur le terroir. Point de créativité débordante, on joue dans un registre qui rassure : tourte aux cèpes, potée, coq au vin, truite au lard, magret de canard aux cèpes ou une belle blanquette de rognons et ris de veau. Il faut quand même un bon coup de fourchette. Service sympathique. *Apéritif offert. NOUVEAUTÉ.*

EFFIAT 63260 (27 km NE)

l●l *Le Cinq Mars* – 16, rue Cinq-Mars ☎ 04.73.63.64.16. Fermé les dimanche et lundi soir sauf en juillet-août. Accès : à quelques kilomètres au sud-est de Vichy. Menus de 59 à 120 F (9 à 18,3 €). Un village et un resto on ne peut plus banals. Pourtant, ce qui paraît n'être qu'une petite cantine de village se révèle une très bonne table. Le chef, qui officiait autrefois chez les plus grands, a quitté son chef étoilé pour venir s'installer dans le pays de sa femme et reprendre le resto de belle-maman. Excellente cuisine, copieuse et mijotée ou plus fine selon les plats et les saisons : coq au vin, truite soufflée, cuisses de grenouilles, croquette de saumon, potée auvergnate, pavé de cabillaud croustillant à la crème de lentilles. Bonnes petites charcuteries servies sur des ardoises et vins d'Auvergne à petits prix. Accueil adorable. Réservez. *NOUVEAUTÉ.*

BLOT-L'ÉGLISE 63440 (29 km NO)

I●I *Auberge Les Peytoux* – **lieu-dit Les Peytoux** ☎ 04.73.97.44.17. Parking. Fermé du lundi au jeudi. Accès : à 8 km de Saint-Gervais. Repas de 60 à 130 F (9,1 à 19,8 €) tout compris, avec café et même le pousse-café. Attention, manger aux *Peytoux*, ça se mérite! Aucune publicité, mais le seul bouche à oreille oblige à réserver pratiquement un mois à l'avance. Située entre Charbonnières-les-Vieilles et Blot-l'Église, dans une vallée perdue au bord de la Morge, cette auberge est avant tout une ambiance autour d'Adrien, Viking rude et chaleureux, arrivé d'Alsace il y a une quinzaine d'années, et qui a jeté l'ancre dans cette vallée auvergnate avant de réaliser son rêve dans les années à venir : partir sur une péniche. Il en est de moins en moins question. Il faut dire que l'endroit est tellement enchanteur! Ingrid est en cuisine, et ici tout est produit à la ferme : fromages de chèvre exceptionnels, pour les salades itou, superbes volailles, chevreau, potées auvergnate et boulangère, et confit de canard à la choucroute. Un régal pour les papilles.

SAIGNES 15240

Carte régionale A2

🏠 I●I *Hôtel Relais Arverne* ***** – **le bourg** ☎ 04.71.40.62.64. Fax : 04.71.40.61.14. TV. Resto fermé le vendredi soir et le dimanche soir hors saison. Congés annuels : la 1ʳᵉ quinzaine d'octobre. Doubles de 250 à 270 F (38,1 à 41,2 €) avec bains. Menus à 70 F (10,7 €), le midi en semaine. Autres menus de 100 à 230 F (15,2 à 35,1 €). Maison en pierre rénovée, avec une grosse échauguette d'angle, où tout semble bricolé mais bien réfléchi : les tables de la terrasse faites d'anciennes roues en pierre, datant d'on ne sait plus quand; les wc dissimulés dans certaines chambres derrière une vieille porte d'armoire dépareillée... Chambres confortables, toutes accessibles par une terrasse extérieure. La liberté pour tous! Hôtel plein de recoins, rien n'est monotone. Jardin. Salle de resto avec sa grande cheminée et sa grosse horloge. Cuisine influencée par la proximité de la Dordogne. Quelques plats : médaillon de lotte aux myrtilles, omble chevalier sauce vanille, tripoux d'Auvergne bonne femme, feuilleté de ris de veau aux morilles, pavé grillé au bleu, fricassée de lapin provençale, etc. *Apéritif offert.*

SAINT-ANTHÈME 63660

Carte régionale B2

🏠 I●I *Hôtel-restaurant Au Pont de Raffiny* ****** – **Saint-Romain** ☎ 04.73.95.49.10. Fax : 04.73.95.80.21. Parking. TV. Fermé le dimanche soir et le lundi hors saison. Congés annuels : de début janvier à mi-février. Accès : à 4 km, en direction de Saint-Romain. Doubles de 215 à 255 F (32,8 à 38,9 €). Menus de 90 F (13,7 €), en semaine, à 170 F (25,9 €). Quelques chalets pour 4 à 6 personnes à louer à la semaine. Excellente étape gastronomique à côté de Saint-Anthème, au bord d'une petite rivière, dans un cadre rénové. On y vient surtout pour la cuisine d'Alain Beaudoux, inventive et légère, comme cette superbe andouillette de poisson ou l'excellent baron de lapereau en crépine. Étonnant parfait à la verveine du Velay. Belle carte de vins à prix raisonnables. Hôtel confortable et calme. *Café offert. 10 % sur le prix de la chambre sauf juillet-août.*

DANS LES ENVIRONS

CHAULME (LA) 63660 (10 km S)

🏠 I●I *Auberge du Creux de l'Oulette* – **La Chaulme** ☎ 04.73.95.41.16. Fax : 04.73.95.80.83. Fermé le mardi soir et le mercredi. Congés annuels : de mi-novembre à mi-février. Accès : par la D67, puis la D258. Doubles avec douche et wc à 210 F (32 €). Demi-pension à 210 F (32 €) par personne. Menus de 60 à 165 F (9,1 à 25,2 €). Hôtel de construction récente, dans un petit village idéal pour quelques randonnées dans le coin. Les patrons, très actifs, ont eux-mêmes mis au point des circuits de découverte. Demandez-leur conseil. Le chef, quant à lui, est un passionné de cuisine et sa table lui vaut une bonne réputation dans la région. Bonne cuisine familiale avec la cassolette d'escargots à la forestière, le filet de poisson à la crème de fourme et le coq au vin maison. Il y a une piscine et une terrasse pour l'été, ainsi qu'une très jolie cascade à la sortie du village. Bon rapport qualité-prix-accueil. *NOUVEAUTÉ.*

SAINT-FLOUR 15100

Carte régionale A2

🏠 I●I *Hôtel-restaurant des Roches* ****** – **place d'Armes** ☎ 04.71.60.09.70. Fax : 04.71.60.45.21. TV. Fermé le dimanche hors saison. Accès : à deux pas de la cathédrale, en face du musée. Doubles de 220 à 260 F (33,5 à 39,6 €) ; chambres familiales à 340 F (51,8 €). Menus de 60 à 180 F (9,1 à 27,4 €). Service jusqu'à 23 h le week-end. Remarquablement situé, face à la cathédrale. Les chambres sont claires et agréables, et l'accueil très sympa. Restaurant au 1ᵉʳ étage. Choix de plats classiques et de plats régionaux : fricassée de Saint-Jacques, dos de loup de mer rôti au basilic, filet de bœuf à la crème de cèpes, truffade, aligot... À noter que les horaires des repas sont ici moins stricts qu'ailleurs dans le coin. *Apéritif offert.*

🛏 *Grand-Hôtel des Voyageurs* – **25, rue du Collège** ☎ **04.71.60.34.44. Fax : 04.71.60.00.21.** Congés annuels : de novembre à mars. Doubles avec douche ou bains de 240 à 340 F (36,6 à 51,8 €). Une maison Art déco dont le cachet rétro, presque suranné, nous a beaucoup séduit. Vieil hôtel traditionnel familial. De nombreuses chambres ont encore un cabinet de toilette! Ascenseur tout de même. Jolie terrasse pour les petits déjeuners en été. Deux superbes salles à manger et un salon de thé, *Le Florian*, achèvent de rendre l'endroit sympathique. Pour ceux qui recherchent la nostalgie des lieux. *NOUVEAUTÉ.*

🛏🍴 *Auberge de la Providence* ** – **1, rue du Château-d'Alleuze** ☎ **04.71.60.12.05. Fax : 04.71.60.33.94.** Parking. TV. Canal+. Fermé le lundi midi en saison, le dimanche soir et le lundi hors saison. Congés annuels : la 1re quinzaine de janvier et du 15 octobre au 15 novembre. Accès : dans le bas de la ville. Doubles de 265 à 300 F (40,4 à 45,7 €). Demi-pension obligatoire en juillet et août à 300 F (45,7 €) par personne. Menus de 90 à 160 F (13,7 à 24,4 €). Tout a été refait dans cette ancienne auberge. Chambres aux couleurs pastel rose, bleu, vert ou jaune. Assez sobre dans l'ensemble. Salles de bains bien conçues. Le rapport qualité-prix des menus est l'un des meilleurs de la ville. Feuilleté aux mousserons, filet de caille sauce forestière, tourte au saint-nectaire, morilles en saison. Local aménagé pour abriter les motos. *Apéritif ou café offert. 10 % sur le prix de la chambre du 15 novembre au 15 mars.*

DANS LES ENVIRONS

SAINT-GEORGES 15100 (4 km SE)

🛏🍴 *L'Auberge du Bout du Monde* ** – **Le Bout du Monde-Saint-Georges** ☎ **04.71.60.15.84. Fax : 04.71.73.05.10.** Parking. TV. 🐕 Doubles à 220 F (33,5 €). Menus de 65 à 140 F (9,9 à 21,3 €). Ici, comme le nom de ce petit hôtel-restaurant l'indique, la route s'arrête. Au fond de cette vallée toute proche de Saint-Flour, paradis des pêcheurs et des promeneurs, c'est un petit resto traditionnel qui vous propose les meilleures spécialités du coin : *pounti*, lapin farci, truffade, aligot. Un menu du jour de type familial. Aux autres menus, jambon maison, tourte au caillé, *pounti*, lapin farci au chou, salade de boudin noir aux noix, truite au lard ou une douzaine d'escargots, coq au vin, etc. Au menu le plus cher, che-

vreau à la cantalienne, feuilleté d'escargots et asperges à la crème d'ail, grenouilles à la lozérienne. Accueil sympa et familial. Chambres simples et bien tenues. *Apéritif offert.*

GARABIT 15320 (12 km SE)

🛏🍴 *Hôtel-restaurant Beau Site* ** – ☎ **04.71.23.41.46. Fax : 04.71.23.46.34.** Parking. TV. 🐕 Congés annuels : de début novembre à début avril. Doubles de 180 à 230 F (27,4 à 35,1 €). Demi-pension obligatoire en juillet-août : 230 à 310 F (35,1 à 47,3 €) par personne. Menus à 75 F (11,4 €) puis de 110 à 190 F (16,8 à 29 €). Situé au-dessus du viaduc construit par Eiffel, l'hôtel-restaurant *Beau Site* est celui qui offre le meilleur point de vue sur le viaduc et le lac. Vaste bâtisse aux chambres spacieuses et claires. Prestations hôtelières de standing avec piscine chauffée et tennis dans un remarquable environnement! Point de départ idéal pour la pêche, la planche à voile, les promenades. Resto classique avec sauté de veau aux cèpes, coq au vin ou truite aux lardons. Quelques spécialités : cassolettes d'escargots au champagne, magret de canard au cidre et gratinée de Saint-Jacques et langoustines. *Apéritif offert. 10 % sur le prix des chambres sauf de mi-juin à mi-septembre.*

PONT-DE-LANAU 15260 (18 km S)

🛏🍴 *Hôtel-restaurant L'Auberge du Pont de Lanau* ** – ☎ **04.71.23.57.76. Fax : 04.71.23.53.84.** Parking. TV. Fermé le mardi soir et le mercredi en basse saison. Congés annuels : janvier et février. Accès : par la D921. Doubles de 260 à 380 F (39,6 à 57,9 €), selon la taille. Menus de 115 à 275 F (17,5 à 41,9 €). Dans cet ancien relais de poste remarquablement restauré, Jean-Michel Cornut et madame ont créé une maison de charme autour d'une gastronomie raffinée qui prend ses sources dans la tradition auvergnate. Menus qui proposent de belles interprétations de plats locaux : rouelle de tripoux sur lit de lentilles, millefeuille au bleu d'Auvergne, dos de sandre rôti sur la peau au vin rouge et jus de viande, pièce de bœuf au jus de cèpes et échalotes... mais aussi des plats typés et originaux comme ces excellents aligots de canard à l'ail. La cave est à la hauteur des mets présentés et les vins d'Auvergne y font bonne figure avec, notamment, des boudes vieillis en fûts de chêne. La salle est superbe avec sa grande cheminée en pierre, et l'accueil de madame est chaleureux et discret. Peut-être serez-vous assis à la table où Depardieu tourna une scène du film *XXL* ?... Les chambres sont calmes et bien isolées, décorées de tissus muraux. Terrasse et grand jardin ombragé.

SAINT-GERVAIS-D'AUVERGNE 63390

Carte régionale A1

🛌 I●I *Le Relais d'Auvergne* – **route de Châteauneuf-les-Bains** ☎ 04.73.85.70.10. **Fax : 04.73.85.85.66.** Congés annuels : de fin décembre à fin février. Chambres doubles à 220 F (33,5 €) avec tout le confort. Même tarif en demi-pension par personne. Petit déjeuner à prix raisonnable (c'est assez rare !). Menus de 68 à 140 F (10,4 à 21,3 €). En bordure de la route, mais au cœur du village, voilà une autre petite adresse chaleureuse et bien tenue par deux jeunes passionnés de leur métier et de leur région. Les chambres ont été refaites dans des couleurs un peu flashy mais la lumière du jour atténue joliment cette teinte de modernité. Et quel plaisir de se glisser sous un édredon en plume ! On mange dans une salle à manger plutôt cossue, avec une immense cheminée qui dispense une douce chaleur les soirs de frimas. Cuisine traditionnelle sans chichis : tripoux, truffade de rigueur, panier des Combrailles, aiguillette de volaille à la fourme. Un bon rapport qualité-prix et un service sympa. Bref, une excellente adresse. *NOUVEAUTÉ*.

🛌 I●I *Hôtel-restaurant Castel Hôtel 1904* ** – **rue du Castel** ☎ 04.73.85.70.42. **Fax : 04.73.85.84.39.** Parking. TV. Congés annuels : du 15 novembre à Pâques. Doubles de 325 à 350 F (49,5 à 53,4 €) avec douche et wc ou bains. Dans le « comptoir à moustaches », menus de 79 à 179 F (12 à 27,3 €). Au restaurant gastronomique, menus de 179 à 269 F (27,3 à 41 €). « De mère en fils depuis 1904 », annonce joliment la carte de visite. Cette ancienne demeure de M. de Maintenon, puis des religieux de Cluny, est une adresse des plaisirs d'antan faits d'authenticité et de simplicité. Côté resto, deux formules : l'une traditionnelle (au célèbre « comptoir à moustaches ») où l'on célèbre les produits du terroir, l'autre gastronomique où Jean-Luc Mouty, qui a fait ses classes chez Robuchon, donne toute sa mesure. Pas étonnant donc qu'on retrouve des saveurs un peu oubliées dans des préparations fines et savoureuses. Goûtez le pavé de sandre au cidre, le chou fondant de lapereau compoté, le cromesqui de ris de veau ou la salade de tomates aux girolles fraîches (un réel bonheur !). L'hôtel est spacieux et très calme. Les chambres, bien équipées, sont très abordables et ont toutes un côté rustique, un peu comme si l'on allait chez mamie. D'ailleurs, elles portent toutes le prénom d'un membre de cette belle famille !

I●I *Café Talleyrand, Chez Marie* – **lieu-dit Talleyrand-Saint-Gervais** ☎ 04.73.85.78.47. Fermé le mardi soir et le jeudi soir. Accès : à 3 km en direction du barrage, route de Queuille (D531). Menus à 65 F (9,9 €) en semaine, 75 F (11,4 €) le dimanche. Une ferme isolée au bord de la route du barrage. C'est l'un de nos coups de cœur de la région à cause de son extrême authenticité. Midi et soir, on pourra y manger un menu du jour sympa, attablés dans la petite salle aux nappes à carreaux sous l'affiche de Ricet Barrier, un habitué du lieu. Il y a toujours des charcuteries maison excellentes, et également des omelettes avec les œufs de la maison. Mais si vous voulez goûter aux délices de Marie, pensez à téléphoner la veille pour faire votre menu. Le pâté aux pommes de terre est une merveille, le lapin farci fabuleux et le gibier (en saison) exceptionnel. De plus, Marie est si gentille qu'on l'appellerait volontiers... mamie. Le verre de vin d'Auvergne est à 5 F (0,8 €) seulement. *Café offert.*

DANS LES ENVIRONS

SERVANT 63560 (27 km NE)

🛌 I●I *Hôtel-restaurant Le Beau Site* – **gorges de la Sioule** ☎ 04.73.85.50.65. Fermé le mercredi hors saison. Congés annuels : de mi-novembre à mi-mars. Accès : prendre la D227 puis la D109 ; de là, prendre à gauche vers Menat ; continuer par la D18 sur 5,5 km vers les gorges de Chauvigny. Doubles de 160 à 240 F (24,4 à 36,6 €). 1er menu à 88 F (13,4 €) servi uniquement en semaine. Autres menus de 102 à 152 F (15,5 à 23,2 €). Voici un hôtel-resto qui mérite bien son nom ! La route le long de la Sioule est absolument superbe aux beaux jours. En s'y baladant, on se dit que ce serait chouette de trouver une bonne adresse dans les parages... et puis, hop ! on la trouve. L'hôtel comporte 7 chambres mais l'une d'elles est louée à l'année par un Parisien fou amoureux de la pêche et du coin. Restent 6 chambres plutôt agréables pour s'établir quelque temps... Bon accueil du jeune couple des lieux. Possibilité de prendre ses repas en terrasse et de boire un verre au bord de la Sioule en été. Ça, c'est chouette ! Côté cuisine, le menu à 132 F (20,1 €) se compose uniquement de spécialités maison : terrine de roquefort aux châtaignes, fricassée de poulet au bleu d'Auvergne et son *pounti*, nougat glacé aux griottes confites, entre autres... Menu gastronomique pour les appétits les plus solides. Bref, de quoi passer un moment sympathique dans un cadre vraiment enchanteur. *NOUVEAUTÉ*.

AUVERGNE

SAINT-MARTIN-SOUS-VIGOUROUX   15230

Carte régionale A2

🛏 ⏸◉⏸ *Le Relais de la Forge* * – **le bourg**
☎ 04.71.23.36.90. **Fax : 04.71.23.92.48.**
Parking. Fermé le mercredi hors saison.
Accès : à l'ouest de Pierrefort, par la D990.
Chambres à 170 F (25,9 €) avec douche et
190 F (29 €) avec bains. Demi-pension à
180 F (27,4 €) par personne. Menus de 75 à
170 F (11,4 à 25,9 €). Petit hôtel de vallée,
simple et accueillant, proposant une dizaine
de chambres rénovées. Possibilité de manger dans une salle très « populo », côté bar
(avec télé à fond), un menu ouvrier à 55 F
(8,8 €). Côté resto, très « province », menu
très copieux avec assiette de charcuterie,
truite au lard ou caille fermière, truffade,
salade, fromage et dessert. Accueil familial.
*En pension ou demi-pension, repas gratuit
pour les enfants de moins de 5 ans et demi-
tarif jusqu'à 10 ans.*

SAINT-POURÇAIN-SUR-SIOULE   03500

Carte régionale B1

🛏 ⏸◉⏸ *Hôtel-restaurant Le Chêne Vert* ** –
3 5 , b d L e d r u - R o l l i n (C e n t r e)
☎ 04.70.45.40.65. Fax : 04.70.45.68.50.
Parking. TV. Fermé le dimanche soir et le
lundi hors saison. Congés annuels : janvier.
Doubles de 170 F (25,9 €) avec douche à
310 F (47,3 €) avec bains. Menus de 95 à
190 F (14,5 à 29 €). Difficile de rater *Le
Chêne Vert* lorsqu'on est à Saint-Pourçain.
Cette bonne adresse classique propose de
belles prestations pour des prix plutôt raisonnables. Chambres au décor frais et
agréable. Les moins chères sont tout de
même un peu simples. Pour se restaurer,
cuisine tout ce qu'il y a de plus traditionnel.
Beaucoup de gibier en saison. *Café offert.*

SAINT-URCIZE   15110

Carte régionale A2

🛏 ⏸◉⏸ *Hôtel-restaurant Remise* –
☎ 04.71.23.20.02. Parking. Congés
annuels : du 4 au 20 janvier. Doubles à partir de 180 F (27,4 €) avec douche, à 210 F
(32 €) avec douche et wc. Demi-pension
obligatoire à 210 F (32 €) par personne en
juillet-août. Également un très beau *lodge*
tout en bois à 170 F (25,9 €) par personne
avec la demi-pension. Menus de 75 à 100 F
(11,4 à 15,2 €). Non, ce n'est pas une
ancienne remise, mais le nom d'une famille,
et plus particulièrement celle du patron.
Fred est un homme fort sympathique,

comme sa charmante épouse. Le type
même de la bonne auberge de campagne
où se côtoient pêcheurs et chasseurs,
cyclistes et footballeurs, jeunes et anciens
dans un joyeux brouhaha. Le médecin vient
même parfois y donner des consultations !
Ce qui n'empêche pas que le décor ait été
entièrement (et très bien) repensé par le
décorateur de... Bill Gates ! C'est aussi ça
l'authenticité. Dans l'Aubrac, les dernières
barrières sont tombées depuis longtemps.
Excellente cuisine familiale en fonction du
marché : aligot, soupe aux orties, truite de
rivière, etc. Mme Jeannette prépare la confiture de fleurs de pissenlit selon une vieille
recette. Dans cet hôtel de pêche, on fait des
paniers pique-nique pour la journée, une
bonne idée. Fred vous parlera de son pays
dans les moindres détails. Il peut vous renseigner sur tout : randonnées à pied, coins
sympas à découvrir, histoire locale, etc. Si
vous le voulez, il pourra même vous recommander auprès des anciens du pays, « la
mémoire » de Saint-Urcize. C'est le genre
d'hôtel, d'accueil, d'ambiance où l'on se
sent presque gêné en ne faisant qu'y passer
rapidement. *Café offert. 10 % sur le prix de
la chambre hors saison.*

SALERS   15140

Carte régionale A2

🛏 ⏸◉⏸ *Hôtel du Beffroi* ** – **rue du Beffroi**
☎ 04.71.40.70.11. Fax : 04.71.40.70.16.
TV. Congés annuels : du 11 novembre à
mars. Accès : dans la vieille ville. Doubles
de 225 à 245 F (34,3 à 37,4 €) selon la saison. Menus de 65 F (9,9 €) en semaine, et de
80 à 120 F (12,2 à 18,3 €). Menu enfant à
40 F (6,1 €). Cette vieille maison rénovée
donne sur une rue piétonne très fréquentée.
10 chambres avec douche ou bains. Au 2e
étage, petites mansardes bien aménagées,
avec vue sur les toits. Une chance : pas de
groupes, l'hôtel est trop petit. Côté cuisine,
menus régionaux copieux avec truffade,
potée, *pounti*, civet de canard aux châtaignes, carré de Salers... *10 % sur le prix
de la chambre du 1er avril au 20 juin et du
15 septembre au 15 novembre.*

⏸◉⏸ *Le Drac* – **place Tyssandiers-
d'Escous** ☎ 04.71.40.72.12. Ouvert tous
les jours (jusqu'à 2 h du matin en été). Menu
à 70 F (10,7 €). Cette maison du début du
XVIe siècle, dont la partie actuelle du resto
était, dans la première moitié du siècle, une
cave d'affinage du salers – le cantal du coin
– est l'un des endroits les plus sympas de la
ville. Très accueillant. Normal, les propriétaires sont là depuis neuf générations !
Décor de vieilles pierres et poutres apparentes. Bon menu régional. Fait aussi crêperie et salon de thé. Également plat du jour,
pizzas, salades et glaces. Un petit côté
branché, et beaucoup de monde en été,

mais le service est rapide et sympa. Spécialité de bières étrangères. Quand on se lie d'amitié, il arrive même que le patron offre sa fameuse liqueur de vipère !

DANS LES ENVIRONS

THEIL (LE) 15140 (3 km O)

≜ |●| *Hostellerie de la Maronne* ✱✱✱ – ☎ 04.71.69.20.33. Fax : 04.71.69.28.22. ● hotelmaronne@cfi15.fr ● Parking. TV. Congés annuels : de début novembre à fin mars. Doubles de 520 à 700 F (79,3 à 106,7 €). Menus de 150 à 250 F (22,9 à 38,1 €). Demi-pension possible de 520 à 550 F (79,3 à 83,8 €) par personne. À la carte, compter 280 F (42,7 €). C'est une grande bâtisse auvergnate du XIXᵉ siècle entièrement rénovée avec un talent et un goût très sûrs, un superbe cadre de verdure avec parc, jardin, piscine, tennis et vue sur la vallée ; enfin, précisons qu'il s'agit d'un établissement classé *Relais du Silence*. M. Decock ne cesse de concevoir de nouveaux arrangements, bref de réinvestir dans ce que l'on peut presque appeler un rêve d'hôtellerie, bien qu'il s'en défende. Harmonie des lieux, harmonie du couple : madame, chef des cuisines, se met en quatre pour vous élaborer des menus en rapport avec la qualité du site et des prestations. La grande classe. *Apéritif offert. NOUVEAUTÉ.*

FALGOUX (LE) 15380 (16 km NE)

≜ |●| *Hôtel-restaurant L'Éterlou* ✱✱ – le bourg ☎ 04.71.69.51.14. Fax : 04.71.69.53.26. TV. ♿ Congés annuels : du 1ᵉʳ au 22 décembre. Accès : à l'est de Salers par la D680 puis la D37. Doubles de 240 à 350 F (36,6 à 53,4 €). Pour 4 personnes, compter de 305 F (46,5 €) en basse saison à 525 F (80 €) en haute saison. Demi-pension à partir de 225 F (34,3 €) par personne. Menus de 70 à 165 F (10,7 à 25,2 €). Dans un joli village, judicieusement placé, à mi-chemin entre Salers et le puy Mary. Nombreuses chambres familiales, sans charme mais propres et modernes, toutes équipées de kitchenette. Le resto, *Chez Mimi*, est à quelques mètres. Belle maison traditionnelle, chaleureuse. Une petite base sympa pour les balades dans le coin.

SAUGUES 43170

Carte régionale B2

≜ |●| *La Terrasse* ✱✱ – cours Gervais (Centre) ☎ 04.71.77.83.10. Fax : 04.71.77.63.79. TV. Fermé le dimanche soir et le lundi (hors saison). Congés annuels : décembre et janvier. Toutes les doubles avec douche et wc ou bains entre 255 et

320 F (38,9 et 48,8 €) ; petit déjeuner à 38 F (5,8 €). Plusieurs menus de 105 à 195 F (16 à 29,7 €), formule enfant à 40 F (6,1 €). Une belle région à découvrir pour ses nombreuses chapelles éparpillées dans la campagne. Et une très bonne adresse chaleureuse, où le patron, et sa femme – lecteurs assidus du *Routard* à l'étranger – reçoivent leurs hôtes avec gentillesse. L'hôtel compte 12 chambres rénovées, confortables, et bien tenues. Parmi celles de derrière (nos préférées), très calmes, certaines – *so British* – ont vue directe sur la fameuse tour des Anglais. Également un resto de terroir aux allures gastronomiques – réputé dans la région – et d'un étonnant rapport qualité-prix. Recettes de famille (tombée dans le chaudron en 1816 !) très soignées, comme le croustillant de ris de veau aux cèpes, la tarte Tatin foie gras aux pommes, ou le magret de canard aux baies de cassis. Service remarquable. *Apéritif offert.*

SAUXILLANGES 63490

Carte régionale B2

≜ |●| *Hôtel-restaurant Chalut* – rue des Fossés ☎ 04.73.96.80.71. Fax : 04.73.96.87.25. Fermé le dimanche soir et le lundi. Congés annuels : en février et la 2ᵉ quinzaine de septembre. Bon menu du jour en semaine à 62 F (9,5 €) ; d'autres menus passionnants à 100 F (15,2 €) et le week-end de 135 à 280 F (20,6 à 42,7 €). Dans une charmante auberge aux teintes douces, chaleureusement accueillis par Christine Chalut, nous avons été enchantés par l'imagination et la cuisine de son frère François. Cuisine qui puise ses sources dans le travail des produits régionaux et de vieilles recettes familiales, comme ces superbes saucisses de pommes de terre ou ce pied de porc désossé. Mais sa palette ne se limite pas à la cuisine auvergnate revisitée. Il propose un beau travail des poissons, entre autres. On a beaucoup aimé sa choucroute de poisson, tout comme ses langoustines en raviolis au jus d'herbes. Les desserts ne manquent pas à l'appel, avec même un agréable et étonnant menu sucré à 150 F (22,9 €). Les chambres sont d'un autre âge. *Apéritif offert.*

THIERS 63300

Carte régionale B1

≜ *Hôtel de la Gare* – 30, av. de la Gare ☎ 04.73.80.01.41. Fermé le dimanche hors saison. Congés annuels : de fin août à début septembre. Chambres à 90 F (13,7 €) pour deux, avec lavabo, de 130 à 150 F (19,8 à 22,9 €) avec douche ou bains, wc sur le palier. Sans conteste, l'hôtel le moins cher

AUVERGNE

et le plus sympa de la ville. Il est tout en haut, pas loin de la gare (normal !), caché derrière une tonnelle de glycines. Chambres simplissimes mais propres. La n° 7 est la plus tranquille. Accueil très sympa et petit bar assez *cool*, mais un peu bruyant. *Apéro, café ou digestif offert. NOUVEAUTÉ.*

|●| **Restaurant Le Coutelier** – **4, place du Palais** ☎ **04.73.80.79.59.** Fermé le lundi soir (sauf de juillet à septembre) et le mardi. Congés annuels : les 3 dernières semaines de juin. Menus de 69 à 140 F (10,5 à 21,3 €) et, pour 79 F (12 €), truffade, jambon, salade et dessert. Ce restaurant, installé dans un ancien atelier, est une véritable exposition d'objets anciens où trône une belle collection de couteaux. On ne sait plus si l'on vient manger ou visiter. Mais ce serait dommage de rater des nourritures plus terrestres. Lentilles du Puy au lard, truffade, aligot, pompe aux pommes… En somme, des valeurs sûres ! *Apéritif offert.*

DANS LES ENVIRONS

PONT-DE-DORE 63300 (3 km SO)

🛏|●| *Hôtel-restaurant Chez La Mère Dépalle* ** – ☎ 04.73.80.10.05. Fax : 04.73.80.52.22. TV. Accès : par la N89. Doubles de 260 à 310 F (39,6 à 47,3 €) avec douche et wc ou bains. Demi-pension à 250 F (38,1 €) par personne. Menus de 75 à 180 F (11,4 à 27,4 €). Bien qu'elle soit un peu en bordure de route, cette adresse est un modèle d'hôtellerie et de restauration. Même pendant les coups de feu (et il y en a), on est toujours très bien reçu, dans la plus pure tradition de l'hospitalité telle qu'on devrait la concevoir toujours… Sourire aux lèvres et attention portée à chaque détail en font une étape parfaite. En piochant au hasard dans les différents menus, on a aimé la délicieuse fricassée de grenouilles et escargots au blanc de poireaux et sancerre, la simplissime tête de veau sauce ravigote, le tendre sandre au vin d'Anjou, la gigue de chevreuil au pain d'épice, ou le très aristocratique médaillon de daim de France. Superbe plateau de fromages roulant qui vous fait rouler les yeux d'un chèvre moelleux à un petit volcan que l'on croyait éteint. Pour finir, une fine crème brûlée aux kumquats a ravi notre palais. Bref, nous sommes repartis le cœur content ! *NOUVEAUTÉ.*

PESCHADOIRES 63920 (4 km SO)

|●| *La Ferme des Trois Canards* – **lieu-dit Biton** ☎ **04.73.51.06.70.** Fermé le dimanche soir. Congés annuels : 3 semaines en août. Accès : par la N89 puis la D212, suivre la route de Maringues. Tourner à gauche à la pancarte, le restaurant est à 300 m. Menus de 127 à 300 F (19,4 à

45,7 €). Située en pleine campagne, cette monumentale ferme de plain-pied, superbement rénovée et à deux pas de la sortie de l'autoroute, est l'adresse de charme du coin. Le 1er menu est parfait, tant au niveau de la finesse de la cuisine que de la présentation. Les escargots au lard sont superbes, la compotée de queue de bœuf parfaite, les fromages affinés à souhait et les desserts, préparés pendant le repas, fins et délicats, comme la mousse légère aux châtaignes et au lait d'amandes. Service appliqué et gentil. Terrasse aux beaux jours.

TOURNEMIRE 15310

Carte régionale A2

🛏|●| *Auberge de Tournemire* – **rue principale** ☎ **04.71.47.61.28.** TV. En basse saison, sur réservation uniquement. Congés annuels : du 15 janvier au 8 février. Accès : par la D60, la D160 et la D260, à une vingtaine de kilomètres au nord d'Aurillac. Doubles de 200 à 250 F (30,5 à 38,1 €). Demi-pension à partir de 200 F (30,5 €) par personne. Menus de 85 à 150 F (13 à 22,9 €). Dans l'un des plus charmants villages du Cantal, une sympathique petite auberge à flanc de colline. Au soleil couchant, romantique panorama sur la vallée. 6 chambres simples, fort bien tenues, et parfois joliment mansardées, comme la chambre « Verte ». Bonne cuisine. Menu auvergnat avec pounti au boudin à la fondue d'oignons. Au menu gastronomique, foie gras, médaillon de sole aux morilles, brochette d'agneau au coulis de poivrons, etc. Très bon accueil.

VICHY 03200

Carte régionale B1

🛏 *Hôtel de Londres* ** – **7, bd de Russie (Centre)** ☎ **04.70.98.28.27.** Fax : **04.70.98.29.37.** TV. Congés annuels : d'octobre à fin mars. Chambres bien tenues de 135 F (20,6 €) avec cabinet de toilette à 250 F (38,1 €) avec bains. L'*hôtel de Londres* est un vieux palace au charme rétro, comme la ville d'ailleurs. Lieu marqué par l'histoire : avant d'être réquisitionné par la Milice en 1943, l'hôtel a servi de cadre à une réunion clandestine organisée par Jean Moulin en 1941. Aujourd'hui, c'est une adresse correcte pour dormir. Les chambres n°s 6, 8, 14 et 15 ont une bonne exposition. *10 % sur le prix de la chambre.*

🛏|●| *Hôtel du Rhône* ** – **8, rue de Paris (Centre)** ☎ **04.70.97.73.00.** Fax : **04.70.97.48.25.** TV. Canal+. Satellite / câble. Congés annuels : de la Toussaint à Pâques. Doubles de 150 F (22,9 €) avec douche à 230 F (35,1 €) avec douche et wc ou bains. Petit déjeuner-buffet à 39 F (5,9 €). Menus de 69 à 220 F (10,5 à 33,5 €). Hôtel-resto qui fonctionne autour d'un « patron » haut en couleur, qui n'hésite pas à déclarer qu'il ne fait pas installer d'ascenseur pour faire faire de l'exercice à ses clients curistes! Décoration gentiment désuète et *cosy*. Chambres propres et simples. Préférez celles qui donnent sur l'agréable jardin intérieur avec ses hortensias fleuris. Menus organisés autour de plats simples mitonnés par la patronne. Bar en croûte, pâté bourbonnais, loup à l'oseille, jambon à l'os au saint-pourçain, escalope à la crème et aux champignons des bois... Pas très régime!

🛌 **À l'Hôtel de Naples** ** – 22, rue de Paris (Centre) ☎ 04.70.97.91.33. Fax : 04.70.97.91.28. TV. Canal+. Satellite / câble. Accès : rue principale face à la gare. Doubles à 165 F (25,2 €) avec lavabo et wc, à 200 F (30,5 €) avec bains. Possibilité de pension et de demi-pension avec 3 restaurants proches de l'hôtel à 450 et 260 F (68,6 et 39,6 €). Situé en plein cœur de la rue la plus célèbre de la ville, il n'est pas question de luxe. Chambres coquettes, bien équipées (avec mini-bar). Joli jardin plein de fleurs en été. Accueil cordial. Préférez les chambres sur le jardin, la rue est plutôt passante.

🛌 **Arverna Hôtel** ** – 12, rue Desbrest (Centre) ☎ 04.70.31.31.19. Fax : 04.70.97.86.43. TV. Canal+. Congés annuels : du 15 décembre au 5 janvier. Jolies chambres de 220 F (33,5 €) avec douche et wc, à 240 F (36,6 €) avec bains. Petit déjeuner-buffet à 35 F (5,3 €). Pour avoir bourlingué durant de longues années autour de la planète, Robert Pérol connaît nombre d'hôtels. Autant dire qu'il a mis dans le sien toute la substance de ce qu'il a appris et aimé au cours de ses voyages. Accueil agréable et personnalisé. Les nᵒˢ 101, 108 et 201 sont calmes et spacieuses. Possibilité de pension ou de demi-pension en accord avec les restos proches. *10 % sur le prix de la chambre à partir de 2 nuits.*

🛌🍴 **Le Pavillon d'Enghien** *** – 32, rue Callou ☎ 04.70.98.33.30. Fax : 04.70.31.67.82. TV. Resto fermé le dimanche soir et le lundi. Congés annuels : du 22 décembre à fin janvier. Accès : quartier thermal. Doubles de 280 à 485 F (42,7 à 73,9 €). Menus de 74 à 160 F (11,3 à 24,4 €). Cet hôtel-resto est, dans une gamme un peu plus chic, l'un des meilleurs agrément-prix de la ville. Les chambres sont spacieuses, personnalisées et insonorisées, notamment les nᵒˢ 17, 18, 29 et 33. L'accueil est courtois et prévenant. Cuisine fraîche et agréable axée autour des produits de saison. Nous avons eu droit à un marbré de lapereau aux herbes, une escalope de

saumon au saint-pourçain et un dessert goûteux. Jolie piscine dès que les beaux jours arrivent. *10 % sur le prix de la chambre.*

🛌🍴 **Midland Hôtel - restaurant Le Derby's** ** – 2-4, rue de l'Intendance (Nord) ☎ 04.70.97.48.48. Fax : 04.70.31.31.89. Parking. TV. Congés annuels : du 15 octobre au 15 avril. Doubles avec douche et wc à partir de 285 F (43,4 €). Menus de 48 à 160 F (7,3 à 24,4 €). Deux formules à 75 F (11,4 €), boisson comprise. De style 1900, cet établissement a su garder sa personnalité et sa chaleur. Autant dire qu'on aime bien! On aura le choix entre des chambres décorées dans un style ancien ou plus moderne. Dans les deux cas, calme et confort de rigueur. Côté restaurant, c'est varié et copieux. Les spécialités : filet de sandre sauce crevettes, croustillant de canard pommes confites et miel. *Café offert.*

🍴 **L'Autre Source** – 10, rue du Casino (Centre) ☎ 04.70.59.85.68. Fermé le dimanche et le lundi. Congés annuels : la 1ʳᵉ semaine de septembre. Compter 60 F (9,1 €) pour un repas. En plein cœur de Vichy, derrière le casino, c'est sans doute le petit resto le plus frais et le plus sympa du coin, contraste réjouissant avec l'image un peu terne de la ville. Ambiance jazzy et décontractée sur fond de tartines et de salades variées qui font la part belle aux produits régionaux, à prix doux. Le plateau de fromages propose des raretés, comme le lavor de Puy-Guillaume. L'endroit est aussi un bar à vin, et Patrice vous présentera avec plaisir les vins régionaux mais aussi nombre de crus de sa sélection perso. Autre agrément pour la découverte : les vins sont tous proposés au verre à prix raisonnables. Horaires volontiers élastiques pour satisfaire au mieux la clientèle ; dernier service le soir entre 23 h 30 et minuit.

🍴 **La Brasserie du Casino** – 4, rue du Casino (Centre) ☎ 04.70.98.23.06. Fermé le dimanche soir et le mercredi. Congés annuels : novembre. Menus équilibrés à 85 F (13 €) le midi en semaine, et 145 F (22,1 €). C'est sans aucun doute le resto qui, à Vichy, est le plus doté d'une âme. Cette brasserie 1920, aujourd'hui classée, a su garder intact ce charme des grandes brasseries d'avant-guerre, et l'on dîne à l'ombre des photos de toutes les stars qui ont terminé ici leurs soirées au sortir de la scène de l'opéra tout proche. Cuisine bourgeoise de brasserie, avec une carte riche et classique. *Apéritif offert.*

🍴 **L'Envolée** – 44, av. E.-Gilbert ☎ 04.70.32.85.15. Fermé le mardi soir et le mercredi. Menus de 98 à 205 F (14,9 à 31,3 €). Un restaurant complètement excentré en dehors du circuit vichyssois traditionnel et qui réserve de bien bonnes surprises. Service et accueil agréables. Mais surtout une cuisine excellente pleine de saveurs fraîches. Le chef joue sur un registre plutôt classique, mais qui l'en blâmera ? Rillettes de lapereau, lotte aux parfums de Chine, cabillaud fumé maison au beurre d'échalote, volaille fermière à l'ail confit et un merveilleux croquant au pain d'épice, feuille caramélisée aux fruits de saison. Tout cela servi dans un décor clair déclinant les tons de rose. Pas donné mais beau rapport qualité-prix. *Une coupe de crémant de Bourgogne offerte avec le dessert.*

DANS LES ENVIRONS

CUSSET 03300 (1 km E)

|●| *Le Brayaud* – 64, av. de Vichy ☎ 04.70.98.52.43. Fermé le samedi midi, le dimanche midi et le mercredi soir. Congés annuels : 15 jours en février et 15 jours en août. Accès : situé à l'entrée de Cusset, en venant de Vichy. Menus de 60 F (9,1 €) le midi, à 89 F (13,6 €) entre 20 h et 22 h 30. Entrecôte de 90 à 98 F (13,7 à 14,9 €) en fonction de sa préparation. Le *Brayaud* est le resto de nuit de Vichy, ouvert jusqu'à 3 h du matin, mais c'est avant tout l'endroit où l'on mange la meilleure viande du coin. Ici, l'entrecôte pèse ses 400 g garantis, la bavette 300 g, et l'on comprend très vite que le charolais soit l'emblème de l'élevage régional. Pas question d'entendre parler de vache folle. Menu du soir très copieux, avec un beau choix de salades, viande garnie, fromage et dessert, propre à satisfaire les appétits les plus féroces. Accueil sympa. *Apéritif maison ou café offert.*

BELLERIVE-SUR-ALLIER 03700 (2 km SO)

🛏 *La Rigon* ** – route de Serbannes ☎ 04.70.59.86.46. Fax : 04.70.59.94.77. Parking. TV. 🍴 Fermé le dimanche en basse saison. Congés annuels : décembre et janvier. Doubles à partir de 260 F (39,6 €) avec douche et wc en basse saison et 360 F (54,9 €) l'été. Petit déjeuner copieux à 36 F (5,5 €). Dans ce vaste domaine sur les hauteurs de Bellerives, surplombant Vichy, à 5 mn du centre-ville, c'est un havre de paix et de tranquillité qu'on a à découvrir avec plaisir. En plus de la rigueur et des horaires d'un établissement hôtelier, c'est tout le charme d'une maison d'hôte de bon niveau que propose *La Rigon*. Dans une belle demeure au milieu d'un grand parc, chambres rustiques bien décorées et personnalisées. Superbe piscine dans une grande serre 1900. Grande gentillesse de l'accueil. *10 % sur le prix de la chambre.*

ABREST 03200 (3 km S)

🛏|●| *La Colombière* – route de Thiers ☎ 04.70.98.69.15. Fax : 04.70.31.50.89. Parking. TV. Fermé le lundi, le dimanche soir hors saison. Congés annuels : de mi-janvier à mi-février. Accès : par la D906, faire 2 km encore après le village d'Abrest. Doubles à 250 F (38,1 €) avec douche et wc et 300 F (45,7 €) avec bains. Menus de 95 F (14,5 €) en semaine à 280 F (42,7 €). Dans cet ancien pigeonnier surplombant l'Allier, avec une vue superbe sur le fleuve, c'est un resto de charme pour une cuisine imaginative et variée. Beau travail sur la cuisine régionale pour le menu du terroir. Agréables desserts maison. Le pain, excellent lui aussi, est produit sur place et accompagne un magnifique plateau de fromages. Côté hôtel, 4 chambres de charme, vastes et lumineuses. La « jaune » et la « verte » bénéficient d'une jolie vue sur l'Allier.

MAYET-DE-MONTAGNE (LE) 03250 (23 km SE)

|●| *La Vieille Auberge* – 6, rue de l'Église ☎ 04.70.59.34.01. Fermé le lundi soir en saison et le mercredi hors saison. Congés annuels : la 2e quinzaine de janvier et la 2e quinzaine de septembre. Accès : par la D62. Menu campagnard à 55 F (8,4 €). Autres menus de 68 à 140 F (10,4 à 21,3 €). En pleine montagne bourbonnaise, au cœur d'un charmant petit village, une vieille auberge qui a décidé de ne plus vieillir. D'après le patron, elle était autrefois habitée par une mère et ses deux filles et portait le doux nom d'auberge des six fesses ! Décor fait de pierres, de bois et de publicités d'autrefois. La cuisine est traditionnelle (salade de chèvre chaud aux amandes, confit de canard, coq au vin...), les desserts maison sont exquis. Nous avons trouvé une illustration du mot rustique et vraiment on aime beaucoup !

LAVOINE 03250 (30 km SE)

|●| *Auberge Chez Lilou* – Le Fau ☎ 04.70.59.37.49. Parking. Ouvert sur réservation. Congés annuels : octobre. Accès : par la D49. Menus de 55 à 90 F (8,4 à 13,7 €). À 1 000 m d'altitude, en pleine montagne où les bois noirs rendent la nature émouvante, *Chez Lilou* est l'une des auberges les plus réputées de la région. Il suffit de voir le monde qui s'y presse le dimanche pour s'en rendre compte. Toute simple, sans prétention, autour d'une cuisine locale préparée exclusivement sur place avec des produits fermiers frais, c'est l'un de nos coups de cœur. Menu ouvrier en semaine et menu avec 2 entrées, 2 viandes au choix, fromage, dessert au choix le week-end. Superbe pâté aux pommes de terre bourbonnais, truites élevées sur place en altitude, succulentes tartes, particulièrement celle aux myrtilles. Accueil familial d'une grande gentillesse. Réservation indispensable, car la maison est connue et fait pratiquement toujours le plein. Inconvénient

de son avantage : il ne faut pas espérer manger tranquille en amoureux, c'est assez bruyant.

VIC-SUR-CÈRE   15800

Carte régionale A2

🏠 IOI *Hôtel-restaurant Bel Horizon* – **rue Paul-Doumer** ☎ **04.71.47.50.06. Fax : 04.71.49.63.81.** Congés annuels : du 20 novembre au 10 décembre. Chambres confortables à 200 F (30,5 €). Menus de 69 à 138 F (10,5 à 21 €). Hôtel-resto en retrait du bourg, ce qui est bien agréable. Bon accueil. Beaucoup de monde le week-end pour goûter à cette cuisine traditionnelle et régionale très sûre. Le petit menu du jour est même servi le samedi et le dimanche, bon signe! Mais, bien sûr, on a craqué pour le menu du terroir : énorme chou farci, *pounti*, truite au lard, coq au vin... Spécialités du chef à l'année : cuisse de lapin confite, noisette d'agneau à la crème d'ail ou rognon de veau au madère. Bonne cuisine familiale très copieuse! Pour finir, beaux desserts et glaces maison, comme la charlotte aux poires ou la glace à la verveine. Le tout servi dans une salle quelconque, à part la grande baie vitrée et une collection de papillons au mur. Une adresse de bonne facture. *Apéritif offert. NOUVEAUTÉ.*

VIEILLEVIE   15120

Carte régionale A2

🏠 IOI *Hôtel La Terrasse* ** – **rue principale** ☎ **04.71.49.94.00. Fax : 04.71.49.92.23.** Parking. Canal+. ♿ Congés annuels : de mi-novembre à avril. Doubles de 250 à 260 F (38,1 à 39,6 €) en juillet-août et de 210 à 220 F (32 à 33,5 €) en basse saison. Menus de 58 à 190 F (8,8 à 29 €). L'hôtel le plus bas du Cantal (200 m d'altitude) offre des chambres de bon confort. Terrasse ombragée sous une tonnelle, belle piscine, jardin, tennis. Bonne cuisine. Quelques spécialités : pied de porc et ris de veau en crépine, filet d'omble-chevalier rôti sur peau au vin de Fel, magret au poivre vert. Pour les curieux, on y trouve aussi la clé du château! *Apéritif offert.*

VITRAC   15220

Carte régionale A2

🏠 IOI *L'Auberge de la Tomette* ** – **le bourg** ☎ **04.71.64.70.94. Fax : 04.71.64.77.11.** Parking. TV. Congés

annuels : du 15 décembre au 1er avril. Accès : par la D66, à 10 km au nord-ouest de Marcolès. Chambres de 290 à 360 F (44,2 à 54,9 €). Menus de 98 à 200 F (14,9 à 30,5 €). Au cœur de La Châtaigneraie, c'est une auberge de charme. La partie hôtel est très agréable, au milieu d'un grand jardin fleuri donnant sur la campagne. Chambres un poil trop modernes mais très confortables. Si vous réservez à l'avance, demandez-en une dans la partie ancienne. Quelques duplex pour les familles. Salle à manger rustique et conviviale pour une cuisine chaleureuse. Spécialités du chef : crépinette de pied de cochon aux chanterelles, terrine de lentilles du Puy, et les traditionnels chou farci, truffade, potée... Accueil gentil et prévenant de Mme Chausi. *Apéritif offert. 10 % sur le prix de la chambre hors saison.*

YSSINGEAUX   43200

Carte régionale B2

🏠 IOI *Auberge Au Creux des Pierres* – **Fougères** ☎ **04.71.59.06.81.** Ouvert le vendredi soir, le samedi et le dimanche, sauf à Noël et pendant les vacances d'hiver, et tous les jours de juillet à août, sauf le lundi et le mardi (resto uniquement). Accès : à 5 km au sud du centre-ville par la D152, direction Queyrière. Doubles avec douche et wc pour 210 F (32 €) ; petit déjeuner à 35 F (5,3 €). Menus de 60 à 90 F (9,1 à 13,7 €), formule enfant à 45 F (6,9 €). Charmante auberge dans une maison superbement rénovée, entourée d'un beau jardin. On a bien aimé la cuisine simple et familiale, avec entrées fraîches, gigot et gratin, fromage et une succulente tarte maison, mais par dessus tout, le sourire des deux charmantes aubergistes qui aiment accueillir les cyclistes, les marcheurs, les cavaliers : pour eux, la demi-pension est possible dès le premier jour. Il y a aussi un dortoir avec 10 lits. Plus confortables, les chambres bien arrangées ouvrent sur la campagne et au loin sur les monts du Vivarais.

🏠 IOI *Le Bourbon* ** – **5, place de la Victoire (Centre)** ☎ **04.71.59.06.54. Fax : 04.71.59.00.70.** Parking. TV. Canal+. Satellite / câble. Fermé le dimanche soir, le lundi (sauf en juillet-août). Congés annuels : janvier et dernière semaine de juin. Doubles avec douche et wc ou bains entre 290 et 360 F (44,2 et 54,9 €) ; petit déjeuner à 50 F (7,6 €). Menus de 90 F (13,7 €), sauf le dimanche, à 240 F (36,6 €), formule enfant à 60 F (9,1 €). Tout beau, tout neuf, un peu standard sans doute, mais tellement agréable! Les chambres sont confortables, colorées, et portent toutes des noms de fleurs. Une belle salle de resto, style jardin anglais au pays du Velay. Cuisine inspirée de la région, mais repensée, allégée. Chaque menu porte un nom. Un très bon signe : la carte et les plats changent tous les 3 mois (il en faut de l'imagination dans ce métier !). Sur la carte, les noms des fournisseurs locaux sont même signalés à côté des plats proposés. Une bonne idée. C'est toute la région qui est ainsi associée à l'art culinaire du chef. *Café offert*.

Les prix
En France, les prix des hôtels et des restos sont libres. Certains peuvent augmenter entre le passage de nos infatigables fureteurs et la parution du guide.

Avis aux hôteliers et aux restaurateurs
Chaque année pour y figurer, il faut le mériter.

Le Routard

Bourgogne

21 Côte-d'Or
58 Nièvre
71 Saône-et-Loire
89 Yonne

ANCY-LE-FRANC   89160

Carte régionale B1

🛏 I●I *Hostellerie du Centre* ** – (Centre)
☎ 03.86.75.15.11. Fax : 03.86.75.14.13.
Parking. TV. Canal+. Satellite / câble. ♿
Congés annuels : du 20 décembre au 10 janvier. Accès : à 100 m du château. Doubles
avec douche et wc à 265 F (40,4 €), avec
bains de 295 à 390 F (45 à 59,5 €) pour une
« grand confort » avec mini-bar, peignoir
pour sortir du bain, etc. Menus de 88 à 220 F
(13,4 à 33,5 €). Dans la rue principale, une
maison ancienne mais régulièrement rénovée. Un brin chic au premier abord mais
l'ambiance reste bon enfant. Chambres
douillettes, dans les tons pastel donc propices au repos. Avec d'immuables recettes
de terroir (chaussons de foie gras et Saint-
Jacques, fricassée de coquelet aux écrevisses, andouillette en croûte sauce châbli-
sienne, rosace de poire au vin...), la Bourgogne se sent ici bien dans son assiette.
Belle gamme de menus aussi variés que
copieux. 2 salles (la plus grande est la plus
coquette) et une terrasse pour les beaux
jours. Piscine couverte et chauffée. Au final,
un hôtel comme on aimerait en trouver
beaucoup dans le coin.

DANS LES ENVIRONS

CHASSIGNELLES 89160 (4 km SE)

🛏 I●I *Hôtel de l'Écluse n° 79* – chemin de
Ronde ☎ 03.86.75.18.51. Fax :
03.86.75.02.04. TV. Fermé le dimanche

soir. Doubles de 250 F (38,1 €) avec
douche et wc à 275 F (41,9 €) avec bains.
Petit menu le midi à 60 F (9,1 €) avec son
quart de vin. Autres de 85 à 125 F (13 à
19,1 €). Adorable petit hôtel de campagne
posé au bord du canal de Bourgogne. Une
affaire de famille. La grand-mère tient
encore le bar-tabac (et sa terrasse au bord
de l'eau, terriblement attractive). L'accueil
de sa fille est tout aussi charmant que les
chambres au goût certain. Et à des prix qui
tiennent du miracle dans le coin. C'est la
petite fille qui, en cuisine, mitonne des plats
de terroir : œufs en meurette, bourguignon
de canard, terrine d'andouillette, pavé dijon-
nais, tarte au cassis... Vélos à disposition
pour se balader le long des petites routes
tranquilles des environs ou sur les chemins
de halage. Un de nos coups de cœur dans
la région.

ARNAY-LE-DUC   21230

Carte régionale B2

🛏 I●I *Hôtel Le Clair de Lune* ** – 4, rue du
Four (Centre) ☎ 03.80.90.15.50. Fax :
03.80.90.04.64. Parking. TV. Accès : sur la
N81, entre Autun et Pouilly. Doubles avec
douche et wc à 180 F (27,4 €). Pour les
gourmands, possibilité de demi-pension
gastronomique à un prix qui n'a rien d'astro-
nomique : 590 F (89,9 €) pour deux. Menus
de 80 à 210 F (12,2 à 32 €). Soirée étape à
280 F (42,7 €) pour une personne et 420 F
(64 €) pour deux. La famille Poinsot, qui a
plus d'un tour dans son sac (comme son
nom l'indique !), avait déjà quelques cham-

Sur présentation de ce guide,
nombreuses offres et réductions en 2000.

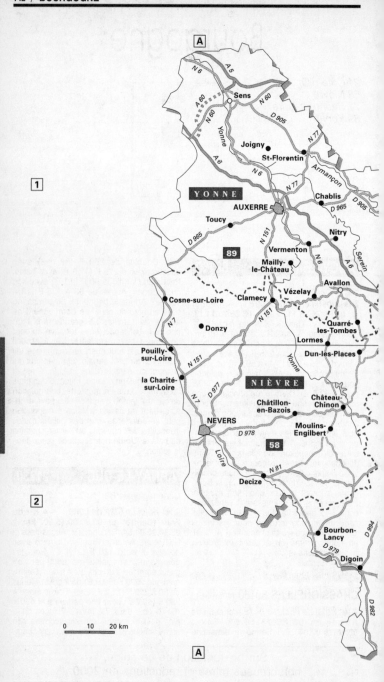

B

| ○ | **AUXERRE** | Villes repères |
| ● | **Chablis** | Adresses |

1

Châtillon-
sur-Seine

D 965

N 71

D 965

● Ancy-le-Franc

CÔTE - D'OR

● Montbard

Seine

N 71

Semur-
en-Auxois

● Gémeaux

N 74

A 31

D 70

D 905

21

A 38

DIJON

N 74

A 39

● Saulieu

Gevrey-
Chambertin ●

Moux-en-Morvan

Châteauneuf ●

N 81

A 6

Nuits-Saint-
Georges ●

Arnay-
le-Duc

N 6

A 31

A 36

Beaune ●

D 973

Doubs

Nolay ●

D 973

A 6

N 81

Autun ●

Chagny ●

Rully ●

Étang-s.-
Arroux ●

le Creusot ●

N 6

Chalon-
s.-Saône ●

N 73

N 80

71

N 80

2

SAÔNE -

Saône

D 978

N 70

D 980

● Louhans

● Tournus

N 6

ET-LOIRE

D 975

A 6

Paray-le-Monial ●

Cluny ●

Charolles ●

N 79

St-Chritophe-
en-Brionnais ●

● St-Julien-
de-Jonzy

MÂCON

N 6

Romanèche-
Thorins ●

B

bres cossues au-dessus de son restaurant à l'enseigne de *Chez Camille* ! Elle a eu l'idée, ô combien heureuse, de construire, dans la petite rue voisine, ce joli petit hôtel, tout simple, avec des chambres claires, modernes et agréables. Mieux encore, elle propose une soirée étape avec dîner dans le jardin d'hiver éternellement fleuri de son restaurant. Gratuité pour les enfants de moins de 11 ans, en chambre et au restaurant ! *Apéritif, café ou digestif offert.*

🏠 🍴 *Chez Camille* – 1, place Édouard-Herriot (Centre) ☎ 03.80.90.01.38. Fax : 03.80.90.04.64. Parking. TV. Accès : sur la N81, entre Autun et Pouilly. Chambre double avec bains à 395 F (60,2 €). 1er menu à 90 F (13,7 €), puis de 180 à 400 F (27,4 à 61 €). Au pied de la vieille ville, cette véritable auberge à la mode d'autrefois cache, derrière ses volets bleus, une scène d'opérette. Des serveuses à la robe fleurie vous apportent gougères et jambon persillé maison avec l'apéritif servi au salon, avant de vous accompagner à votre place dans le jardin d'hiver transformé en salle de restaurant. De chaque côté de la scène, surélevée et séparée par une vitre, où se joue en silence un étonnant ballet de marmitons, vous avez les loges : à gauche, la pâtisserie, à droite une tonnelle. Le tout sous une grande verrière, avec plantes et fauteuils en osier. Si vous prenez le 1er menu, du style terrine, bœuf bourguignon, vous regarderez d'un drôle d'œil les familles du cru qui font la fête avec les menus suivants. Mais vous aurez au moins profité du lieu. Vins superbes, comme la cave, à visiter pour le plaisir. *Apéritif, café ou digestif offert.*

AUTUN — 71400

Carte régionale B2

🏠 🍴 *Hôtel-restaurant de la Tête Noire* ** – 3, rue de l'Arquebuse (Centre) ☎ 03.85.86.59.99. Fax : 03.85.86.33.90. ● welcome@hoteltetenoire.fr ● TV. Canal+. Satellite / câble. ♿ Congés annuels : du 15 décembre au 18 janvier. Doubles avec douche et wc ou bains de 300 à 320 F (45,7 à 48,8 €). Nombreux menus de 65 à 270 F (9,9 à 41,2 €) avec un menu du terroir à 155 F (23,6 €). L'*hôtel-restaurant de La Tête Noire* s'embellit chaque année. L'hôtel est confortable, les chambres sont pleines de charme et ont toutes subi une cure de rajeunissement à faire oublier les affres du temps. Honnête cuisine. Carte changeant trois fois par an. Spécialités : flan de moules sauce safranée, petit pâté chaud de canard sauce à l'orange, œufs en meurette, manchons de canard aux olives, filet de bœuf du charolais à la moelle, gigot de lotte au poivre vert, noix de Saint-Jacques, pain perdu aux pommes. Vin au verre et au pichet. Accueil chaleureux. *Café offert. 10 % sur le prix de la chambre du 1er novembre au 31 mars.*

🍴 *Restaurant Chateaubriant* – 14, rue Jeannin (Centre) ☎ 03.85.52.21.58. Fermé le dimanche soir et le lundi. Congés annuels : 15 jours en février et 3 semaines début juillet. Menus de 73 à 225 F (11,1 à 34,3 €). Derrière la mairie, très central donc, voici une solide adresse qui, année après année, assure une cuisine d'une régularité réjouissante dans la qualité. Salle classique, entièrement rénovée, bon accueil. La jeune fille de la maison y rajoute de sa fraîcheur et de ses rires. Spécialités de viandes particulièrement tendres (filet, carré d'agneau), andouillette, cuisses de grenouilles provençale, foie gras frais, salade aux langoustines poêlées, etc. Excellente soupe de poisson. *Café, digestif offerts.*

🍴 *Restaurant Le Chalet Bleu* – 3, rue Jeannin (Centre) ☎ 03.85.86.27.30. Fermé le lundi soir et le mardi. Accès : à côté de l'hôtel de ville. Menus de 85 F (13 €), sauf les samedi soir, dimanche et jours fériés, à 255 F (38,9 €). Même si la façade ne paie pas de mine (elle n'a rien d'un chalet !), franchissez la porte sans appréhension : Philippe Bouché, qui a fait ses classes aux cuisines de l'Élysée, vous attend avec cinq menus. Une cuisine imaginative et copieuse, où le sandre et les cuisses de grenouilles aux petits oignons côtoient la poitrine de pigeon et les rissoles de ris de veau au lait d'amande, tandis que la soupière d'escargots de Bourgogne et champignons des bois en coiffe de feuilletage flirte avec la rosace de volaille de Bresse au jus caramélisé de ratafia griottes à l'eau-de-vie et fèves vertes. Très belle carte de desserts sans supplément comme la poêlée d'oranges confites au safran et son feuilleté au chocolat ou la gratinée d'abricot au parfum de miel, glace à la pistache... Ne la ratez pas ! *Apéritif offert.*

DANS LES ENVIRONS

SAINT-LÉGER-SOUS-BEUVRAY 71990 (20 km O)

🏠 🍴 *Hôtel du Morvan* * – place de la Mairie ☎ 03.85.82.51.06. Fax : 03.85.82.45.07. Parking. ♿ Fermé, en basse saison, le lundi soir et le mardi soir. Congés annuels : décembre et janvier. Accès : depuis Autun, par la D3. Doubles avec lavabo à 175 F (26,7 €), avec douche et wc à 245 F (37,4 €). Les « 4 h morvandelles » à 55 F (8,4 €). Menus de 65 à 140 F (9,9 à 21,3 €). Menu enfant à 40 F (6,1 €). Dans ce Morvan qui se désertifie, un p'tit hôtel de village qui tient tête à l'adversité en misant sur l'amélioration du confort, un intérieur chaleureux et des prix qui savent rester sages. Bon camp de base pour le mont Beuvray. Six chambres au charme campagnard. La providence des petits budgets et des randonneurs. Madame Els O'Sullivan est l'âme de cette maison et a un grand sens de l'hospitalité. Bonne cuisine régionale. Au hasard des plats : truite poêlée au beurre blanc et au lard fumé, cuisse de canard confite maison, galantine de lapin au thym, nougat glacé au miel du Morvan. *Apéritif offert.*

ANOST 71550 (22 km NO)

▲ *Hôtel Village Fortin* ** – **le bourg**
☎ 03.85.82.71.11. Fax : 03.85.82.79.62. Parking. TV. ♿ Fermé le lundi sauf juillet-août. Congés annuels : février. Accès : prendre la D978, puis la D2. Doubles avec douche et wc à 200 F (30,5 €), avec bains à 250 F (38,1 €). Situé dans le parc naturel du Morvan, cet hôtel possède une belle petite histoire : d'abord, le patron est un bien sympathique baroudeur qui a pas mal bourlingué dans tous les déserts et jungles, sur tous les océans avant de revenir plonger dans son terroir natal. En montant cet établissement et ses structures annexes (pub, resto, gîte d'étape), il a fortement contribué à revitaliser un village menacé de déclin et de désertification comme tant d'autres. Résultat, ce petit hôtel dont aucune chambre ne se ressemble, simple, propre et pas cher. Au rez-de-chaussée, touristes et randonneurs aiment bien se retrouver au pub, vrai havre de convivialité en pleine toundra morvandelle. Tout cela crée à l'évidence des liens, voire une complicité entre voyageurs et villageois. *10 % sur le prix de la chambre à partir de 2 nuits consécutives sauf week-end et juillet-août.*

|●| *La Galvache* – **Grand-Rue**
☎ 03.85.82.70.88. Congés annuels : ouvert de Pâques au 11 novembre. Accès : prendre la D978, puis la D2. Menu du jour à 75 F (11,4 €), sauf le dimanche midi, et autres menus de 88 à 175 F (13,4 à 26,7 €). Petit resto de village agréable. Même patron que le *Village Fortin*. Il y prodigue une excellente cuisine régionale servie copieusement. Son menu du jour étonne par son beau rapport qualité-prix. Généreuse terrine, filet de sandre à la bourguignonne, escalope de saumon à la fondue de poireaux cuite à cœur, délicieuses écrevisses à l'américaine, millefeuille de ris de veau aux morilles, etc. Finir, bien entendu, par un onctueux fromage blanc. *Apéritif offert.*

DETTEY 71190 (28 km S)

▲|●| *Relais de Dettey* – **le bourg**
☎ 03.85.54.57.19. Parking. ♿ Fermé le lundi soir. Accès : par la D994, puis la D224. Doubles avec bains à 250 F (38,1 €), et 90 F (13,7 €) par personne supplémentaire. 1er menu à 72 F (11 €), puis menus de 95 à 165 F (14,5 à 25,2 €). Vins à prix modérés :

à partir de 70 F (10,7 €), côtes-du-rhône à 78 F (11,9 €), beaujolais à 95 F (14,5 €) et une judicieuse sélection entre 100 et 200 F (15,2 et 30,5 €). Dans l'un des plus petits villages de Saône-et-Loire, au sommet de l'un des « monts » les plus hauts, il faut découvrir cette auberge qui se dispute avec *Ché Marissou* (à Condat-en-Feniers dans le Cantal) le titre de plus petit hôtel du monde (une seule chambre !). Mais vous viendrez surtout pour le charme du village et de l'auberge et sa délicieuse cuisine régionale. Salle chaleureuse et basse de plafond avec deux très grosses poutres et une grande cheminée. Accueil affable de Daniel, le patron, en salle et de Monique, la patronne, aux fourneaux. Adresse connue des gens du coin qui viennent en famille le dimanche pour un repas de fête. Vraiment goûteux et copieux. Pas un choix énorme, ça évite les états d'âme. Au second menu, andouillette à la crème ou grenouilles à l'aligoté. Au suivant, une belle assiette morvandelle et un tendre pavé de charolais crème d'époisse. Au dernier, profiteroles de chèvre chaud et dorade à la provençale. Les plats tournent, bien sûr : d'autres jours, le foie gras de canard au porto, la terrine de foie de volaille aux pistaches ou pignons, le gratin d'escargots, le confit de canard au miel et aux 4 épices, la truite à la bourguignonne, agneau au basilic, cassolette de poisson, etc. Aux beaux jours, on mange en terrasse à l'ombre de l'église, tandis que des chevaux s'ébattent en face. Pour dormir, un grand studio avec entrée indépendante. Presque une deux pièces puisqu'il y a une chambre et un salon qui peut accueillir deux personnes de plus. Grande salle de bains et déco vraiment agréable. Réserver, ça va de soi ! *10 % sur le prix de la chambre à compter du 2e jour.*

AUXERRE 89000

Carte régionale A1

▲ *Hôtel Normandie* ** – 41, bd Vauban (Ouest) ☎ 03.86.52.57.80. Fax : 03.86.51.54.33. ● normandie@acom.fr Parking. TV. Canal+. Satellite / câble. ♿ Doubles de 295 à 420 F (45 à 64 €) pour les plus grandes avec bains. Grande et belle bâtisse bourgeoise de la fin du XIXe siècle, derrière un petit jardin. L'enseigne rend hommage au fameux paquebot. Et il y a quelque chose de l'ambiance des grandes croisières transatlantiques dans l'atmosphère de cet hôtel, d'un chic un peu suranné : le veilleur de nuit en tenue de groom, les Anglais distingués qui lisent le *Herald Tribune* sur la terrasse le matin au petit déjeuner... Nombreux travaux de modernisation entrepris récemment. Mobilier de style dans des chambres d'un grand confort et remarquablement tenues. Si vous

BOURGOGNE

ne voulez pas dîner en ville, service de restauration en chambre, efficace et peu coûteux. Salle de gym, sauna, billard. Garage fermé pour voitures et vélos. *10 % sur le prix de la chambre pour 2 nuits consécutives.*

≜ *Le Parc des Maréchaux* *** – 6, av. Foch (Ouest)* ☎ **03.86.51.43.77. Fax : 03.86.51.31.72.** Parking. TV. Canal+. ♿ Accès : proche du centre. Doubles avec bains de 380 à 515 F (57,9 à 78,5 €). Petit déjeuner continental à 50 F (7,6 €), buffet à 59 F (9 €). Luxe, calme et volupté dans cette vaste bâtisse édifiée sous Napoléon III. Accueil exceptionnel : la légendaire bonne humeur de la patronne, Espérance Hervé, est contagieuse. Sa passion pour Napoléon (le 1er du nom) pourrait presque l'être aussi ! Chambres toutes différentes, toutes décorées avec ce « bon goût discret » vanté (à juste titre) par le dépliant publicitaire de la maison et toutes baptisées du nom d'un des maréchaux de France (avec une nette prédilection pour ceux de l'Empire, on ne se refait pas...). Petits déjeuners aux beaux jours dans le parc planté d'arbres centenaires qui accueille parfois aussi des concerts. Bar intime sous des moulures victoriennes. Service de restauration en chambre pas trop coûteux. *20 % sur le prix de la chambre à partir de 2 nuits consécutives.*

I●I *Le Jardin Gourmand* *– 56, bd Vauban (Ouest)* ☎ **03.86.51.53.52.** Parking. ♿ Fermé le mardi et le mercredi. Congés annuels : du 21 mars au 5 avril et du 29 août au 20 septembre. Accès : près du centre-ville, sur les promenades, à 50 m du carrefour de Paris. Menu « voyage » à 150 F (22,9 €), autres menus de 200 à 280 F (30,5 à 42,7 €). À la carte, compter de 280 à 350 F (42,7 à 53,4 €). Toujours une petite sélection de vins de Bourgogne aux alentours de 100 F (15,2 €) la bouteille. Ici, le chef est un artiste : il empoigne souvent crayons ou pastels pour dessiner ses plats ou raconter avec faconde ses balades sur les marchés. Donc sa cuisine est particulièrement inventive, parfois même quelque peu aventureuse. Mais si tout était net, parfait dans l'assiette comme dans le décor de cette grande maison bourgeoise, on aimerait peut-être moins... Le service hors pair vous guidera volontiers dans une carte qui varie suivant l'humeur du chef, ses voyages et chaque saison : pétales d'aubergines confits crème de sésame, bouquet d'asperges vertes de Provence sabayon à l'estragon, pâté en croûte à la truffe noire, tarte aux moules à la crème d'anchois de Collioure, paillarde de porc au coulis d'endives truffé et épinards poêlés, minutes de cheval au poivre vert frais d'Asie poivron rouge grillé, sauté de thon rouge « Caraïbes » au colombo et à la mangue, tarte à la cassonade et sorbet à la Kriek beer, ananas Victoria poêlé glace à la noix

de coco comme « au bout du bout » ! Mais les menus peuvent aussi constituer une idéale introduction à cette cuisine jamais en panne d'imagination. Épatant menu « voyage » qui propose par exemple gelée de lapin à la sauge, tende-de-tranche de bœuf charolais, œuf à la neige en puits d'amour. Salle chaleureuse et aimable terrasse dans le jardin pour les beaux jours. Réservation sérieusement recommandée.

DANS LES ENVIRONS

CHEVANNES 89240 (8 km SO)

≜ I●I *La Chamaille* *** – La Barbotière - 4, route de Boiloup (Sud)* ☎ **03.86.41.24.80.** Parking. Fermé le lundi soir et le mardi du 1er avril au 30 septembre. Congés annuels : du 2 au 27 janvier. Accès : à Auxerre, prendre la direction Nevers-Bourges, puis à droite la D1. Dans le village, 2e rue à gauche. Menu à 180 F (27,4 €) du lundi midi au vendredi midi différent toutes les semaines. Intéressant menu à 285 F (43,4 €) pour y découvrir les plats de la carte. Menu tout homard à 345 F (52,6 €) en saison. Une très bonne adresse dans une belle campagne, à deux tours de roue d'Auxerre. Installée dans une ancienne ferme qui sent bon l'encaustique. Cadre terriblement bucolique : un petit ruisseau sinue dans le jardin où s'ébrouent les canards. Un bon feu brûle dans l'âtre pour les jours les plus frais. Cuisine raffinée qui allie inventivité et tradition avec une pointe d'exotisme. À la carte : salade de homard aux asperges blanches, escalope de foie gras de canard poêlée à la mangue en arôme de pain d'épices, poêlée de langoustines et girolles en saveur d'épices douces, filet de rascasse saisi et sa braisée d'encornets et poivrons rouges, ballottine de volaille fermière et escargots de Bourgogne croquettes au beurre d'ail et jus de fenouil, nougat glacé à l'ananas et gingembre confit coulis de fruits rouges. Vins au verre à prix humains. *Café offert. 10 % sur le prix de la chambre du 1er octobre au 30 avril.*

MONTIGNY-LA-RESLE 89230 (12 km NE)

≜ I●I *Hôtel-restaurant Le Soleil d'Or* ** – ☎ **03.86.41.81.21. Fax : 03.86.41.86.88.** Parking. TV. ♿ Accès : sur la N77. Doubles avec douche ou bains et wc et toutes au même prix : 320 F (48,8 €) pour deux. Menus à 79 F (12 €), le midi en semaine, quart de vin compris, à 98 F (14,9 €) sauf le dimanche midi, puis de 135 à 330 F (20,6 à 50,3 €). Menu enfant à 58 F (8,8 €). Installé dans d'anciennes maisons paysannes entièrement rénovées. Chambres doubles plutôt coquettes. Table classique (avec parfois une dose d'imagination en plus) et régulière. Au programme : foie gras poêlé aux bananes et son caramel de pommes et figues, ris de veau à la chablisienne, queue de langouste à la mandarine impériale... Vins servis au verre un peu chers. *Apéritif offert.*

VINCELOTTES 89290 (14 km SE)

🛏 |❶| *Auberge Les Tilleuls* – 12, quai de l'Yonne (Centre) ☎ 03.86.42.22.13. Fax : 03.86.42.23.51. TV. Fermé le mercredi soir et le jeudi d'octobre à Pâques. Congés annuels : du 19 décembre au 20 février. Accès : par la N6. Autour de 300 F (45,7 €) pour une double avec douche, de 370 à 450 F (56,4 à 68,6 €) avec bains. Menus à 145 F (22,1 €), sauf le samedi soir, le dimanche midi et les jours fériés, et à 235 et 300 F (35,8 et 45,7 €). Petite auberge dans un joli coin. 5 chambres à la déco toute simple mais pas désagréable qui donnent sur une petite route longeant l'Yonne et peu passante la nuit. Salle de resto fleurie et emplie de tableaux, où l'on se sent bien, même les jours gris. Pour les jours de soleil, une terrasse où l'on mange pratiquement les pieds dans l'eau (mais la tête à l'abri !). La cuisine, comme le patron, ne manque pas de caractère. Parmi les spécialités : poêlée de foie gras poudrée de genièvre sur un jus de volaille aux agrumes, sandre rôti à la bière de Sens, râble de lapereau caramélisé au miel d'acacia gingembre et citron vert, gâteau de crêpes de sarrasin fourré de pommes fondues flambé au calvados glace vanille. Belle carte des vins et de thés.

AVALLON 89200

Carte régionale A1

🛏 *Dak'Hôtel* ** – 119, rue de Lyon - Étang des Minimes (Sud-Est) ☎ 03.86.31.63.20. Fax : 03.86.34.25.28. Parking. TV. Canal+. ♿ Accès : à la sortie de la ville, en direction de Dijon. Chambres doubles avec bains à partir de 320 F (48,8 €). Plateau-repas à 70 F (10,7 €). Un hôtel avec tout le confort souhaité. Le manque de chaleur du bâtiment est compensé par celui de l'accueil. Beaucoup de petits services complémentaires font la différence, comme un café ou un thé, une revue, un petit chocolat dans les chambres... le tout offert gracieusement. Pas de resto, mais si vous arrivez tard le soir ou si vous n'avez pas envie de sortir, un plateau-repas vous sera préparé. *Apéritif, café offerts.*

|❶| *Relais des Gourmets* – 47, rue de Paris (Centre) ☎ 03.86.34.18.90. Parking. ♿ Fermé le dimanche soir et le lundi (du 1er novembre au 1er mai). Accès : à 200 m de la place principale. Premier menu (sauf le

dimanche de Pâques !) à 85 F (13 €), autres menus de 138 à 280 F (21 à 42,7 €). L'ancien *hôtel de Paris* – du temps où Avallon était encore une ville-étape – est devenu, à la différence de ses confrères tombés en décrépitude, un lieu plein de joie de vivre. On n'y dort plus, certes, mais on y mange (bien !) dans la bonne humeur et dans une atmosphère colorée et chaleureuse. Le chef travaille aussi bien les poissons que la viande des voisins du Charolais. *Apéritif offert.*

DANS LES ENVIRONS

ISLE-SUR-SEREIN (L') 89440 (15 km NE)

🛏 |❶| *Auberge du Pot d'Étain* – 24, rue Bouchardat (Centre) ☎ 03.86.33.88.10. Fax : 03.86.33.90.93. Parking. TV. Fermé le dimanche soir (sauf juillet et août) et le lundi. Congés annuels : février et la 3e semaine d'octobre. Accès : par la D557 puis la D86. Doubles de 270 F (41,2 €) pour une double avec douche et wc, à 420 F (64 €) pour une petite suite. Menu du jour à 108 F (16,5 €), sauf le dimanche, puis menus de 146 à 308 F (22,3 à 47 €). Cette minuscule et charmante auberge rurale cache une des meilleures tables de la région. Belle cuisine (le chef a fait ses classes chez les plus grands) entre terroir et modernisme : râble de lapereau salade de choux, encornets farcis et son mesclun, médaillons de ris de veau et fritots de langoustines, poitrine de veau roulée aux carottes, pavé de brochet rôti au four et lard fumé, sablé vanille macédoine d'ananas au safran... Cave spectaculaire (la carte des vins aligne quelque 600 références !). 9 chambres plaisantes. On a un faible pour celles, au calme, au fond de leur petite cour fleurie. *Café offert.*

BEAUNE 21200

Carte régionale B2

🛏 *Hôtel Grillon* *** – 21, route de Seurre (Est) ☎ 03.80.22.44.25. Fax : 03.80.24.94.89. TV. Congés annuels : février. Accès : prendre la direction Seurre-Dôle, sur le boulevard périphérique. Chambres à 280 F (42,7 €) avec douche et wc, et de 300 à 350 F (45,7 à 53,3 €) avec bains. Pour vivre heureux comme un étranger à Beaune ! Comment peut-on accepter de s'enfermer dans ces hôtels de chaîne, véritables cages à béton, qui ont poussé à grande vitesse à la sortie de l'autoroute, alors qu'il y a encore des lieux si charmants, à 1 km seulement des Hospices, où l'on s'éveille au chant des oiseaux et où l'on s'endort après avoir fait un tour de caveau. Chambres de style (on ne précisera pas lequel, mais votre humour y pourvoira) dans une vieille maison de famille avec jardin et terrasse, l'été, pour les petits déjeuners. Restaurant en face, dans le parc : *Le Verger* (voir plus bas). *10 % sur le prix de la chambre de novembre à janvier et en mars.*

🛌 *Le Home* ** – **138, route de Dijon (Nord)** ☎ **03.80.22.16.43. Fax :** **03.80.24.90.74.** Parking. TV. ⚒ Accès : A31 à la sortie sud de Beaune en allant vers Dijon, sortie n° 24. Comptez de 325 à 390 F (49,5 à 59,5 €) pour une double avec douche et wc ou bains. Très beau et bon petit déjeuner à 35 F (5,3 €). Cachée au fond d'un jardin, cette vieille maison bourguignonne couverte de vigne constitue une halte agréable. La décoration étonne et détonne parfois, mais l'accueil est aussi charmant que l'endroit. Deux annexes proposent des chambres de plain-pied sur le jardin. Celles qui donnent côté route sont très bruyantes. *Apéritif offert. 10 % sur le prix de la chambre de décembre à juin.*

🛌🍴 *Hôtel Central* *** – **2, rue Victor-Millot (Centre)** ☎ **03.80.24.77.24. Fax :** **03.80.22.30.40.** TV. Canal+. Congés annuels : du 22 novembre au 18 décembre. Accès : sur le boulevard dit « périphérique », tourner à gauche dans la rue de l'Hôtel-Dieu, puis à droite. Doubles avec douche et wc ou bains à 450 F (68,6 €). Menus de 98 à 200 F (14,9 à 30,5 €). Un hôtel qui mérite bien son nom. Il suffit de traverser la rue et on est à la porte des Hospices. Ce qui ne signifie pas que cet hôtel s'adresse à des gens d'un certain âge. Du motard chic au couple en goguette, tout le monde apprécie le confort familial des chambres peu bruyantes (à Beaune, on ne fait pas la fête tous les soirs) et la cuisine faussement sage du maître des lieux, qui adore plonger dans les anciens grimoires pour ressortir à sa façon des recettes des XVIIᵉ et XVIIIᵉ siècles. Au second menu, soupe de lait de fenouil servie avec une grosse crevette rôtie au poivre, ravioles de langoustine au gingembre ou tourte à l'ancienne : un délice ! Entre autres... *10 % sur le prix de la chambre.*

🍴 *Au Bon Accueil* – **La Montagne** ☎ **03.80.22.08.80.** Fermé le lundi soir, le mardi soir et le mercredi. Congés annuels : du 26 décembre au 8 janvier et du 20 août au 6 septembre. Accès : par la D970, prendre à droite, à la sortie de Beaune, direction La Montagne. Menu le midi en semaine à 72 F (11 €), autres menus de 100 à 132 F (15,2 à 20,1 €). Ce n'est pas un restaurant, c'est une réserve ! Alors qu'il y a souvent plus de touristes que de Beaunois pure souche au centre-ville, ici, à 1 km des Hospices, à La Montagne, il n'y a que des gens du cru. Le dimanche, surtout, on vient en pèlerinage, avec la cousine bonne sœur, le frère viticulteur un peu plus loin (au moins dans les Hautes Côtes), le neveu à l'armée

et le cousin de Paris se régaler avec l'entrée de crudités et le pâté servi en terrine, à volonté. La vedette depuis quelques décennies reste le rosbif. Suivi du plateau de fromages et de la tarte maison, il ne vous coûtera qu'un billet de cent francs. Parmi les spécialités : escargots, pavé de bœuf aux morilles, coq au vin, vacherin glacé, avis aux amateurs ! Accueil typiquement beaunois et superbe terrasse.

🍴 *Restaurant Le P'tit Paradis* – **25, rue Paradis (Centre)** ☎ **03.80.24.91.00.** ⚒ Fermé le lundi soir et le mardi. Congés annuels : du 19 novembre au 6 décembre, la dernière semaine de février et la 1ʳᵉ semaine de mars et 1 semaine après le 15 août. Accès : en face de l'entrée du musée du Vin. Menus de 75 à 165 F (11,4 à 25,2 €). Comptez 180 F (27,4 €) à la carte. Jusque-là, c'était pas vraiment la joie, le chemin du *P'tit Paradis*. Plutôt un enfer « pavé » de bonnes intentions, emprunté par des touristes égarés entre l'hôtel-Dieu et le musée du Vin. Juste en face de ce dernier s'est ouvert un amour de petit restaurant, aux couleurs aussi fraîches que la cuisine maison, proposée à prix doux par Jean-Marie Daloz, le plus jeune chef (digne de ce nom) de Beaune : fricassée d'escargots à la crème d'ail et jus de persil, salade de langoustines au beurre d'orange, faux-filet de charolais à l'époisses, tournedos de cabillaud et saumon... Mais on se rue sur le 1ᵉʳ menu : marbré de saumon et thon, émincé de volaille à l'estragon, fromage blanc ou dessert. Sélection de vins à prix également fort sympathiques. Terrasse l'été.

🍴 *Restaurant Le Verger* – **21, route de Seurre (Est)** ☎ **03.80.24.28.05.** Parking. ⚒ Fermé le mardi et le mercredi midi. Congés annuels : février. Accès : même entrée que l'hôtel *Grillon*. 1ᵉʳ menu à 90 F (13,7 €) en semaine, autres menus de 120 à 230 F (18,3 à 35,1 €), le menu des saveurs. À la carte, compter 150 F (22,9 €). Ce superbe restaurant d'une architecture quelque peu audacieuse aux yeux d'un Beaunois, abrite une restauratrice au joli sourire et aux pommettes roses qui, avec son mari en salle, est en train de créer tout doucement l'événement au pays des œufs meurette et du bœuf bourguignon. Oubliez le 1ᵉʳ petit menu, laissez celui du terroir aux nostalgiques, et jetez un œil sur les suivants : boudin tiède en rouelles grillées aux pommes épicées, joues de porcelet aux raisins accompagnées d'un semoule fine, crème brûlée au pamplemousse... Une cuisine légère, parfumée, à accompagner d'un vin que cette fille de vignerons de Gevrey-Chambertin ou son mari devrait pouvoir choisir à votre goût. Terrasse en été.

🍴 *Restaurant La Ciboulette* – **69, rue de Lorraine (Centre)** ☎ **03.80.24.70.72.** ⚒ Fermé le lundi et le mardi. Congés annuels :

3 semaines en février et 2 semaines en août. Accès : dans la vieille ville, face au théâtre. Menus à 95 et 129 F (14,5 et 19,7 €). Dans une petite maison retapée, on sert, dans un décor sobre, 2 menus à prix intéressants pour le plus grand bonheur des touristes comme des Beaunois, ce qui est plutôt rassurant. Au menu : terrine de volaille aux trompettes, filet de sandre à la moutarde de pain d'épice, blanc de poulet fermier farci aux morilles... En spécialités : émincé de pied de veau en vinaigrette, ris de veau braisé, pavé de bœuf à l'époisses, nougat glacé. L'endroit idéal pour prendre des forces avant de s'attaquer à la visite des Hospices ou des nombreuses caves de la ville ! Ambiance sympathique, ce qui ne gâche rien !

|●| *Restaurant Les Tontons* – 22, faubourg Madeleine ☎ 03.80.24.19.64. Fermé le dimanche et le lundi midi. Accès : près de la Madeleine (parking gratuit), à 5 mn du centre-ville. 1er menu à 95 F (14,5 €), menu-carte à 159 F (24,2 €), le suivant à 189 F (28,8 €). Belle histoire que celle de ce petit resto, ouvert par deux noceurs qui, avec l'âge, se sont assagis. L'un est parti travailler un peu plus loin, l'autre s'est mis en cuisine, avec un réel bonheur. Et c'est sa femme Pépita, Beaunoise aux allures de soubrette d'opérette, qui crée l'ambiance en salle. Sans se forcer, et sans lasser les amoureux du vin qui savent qu'ils viennent ici pour se régaler. Le 1er menu, « Bourgogne et Humeurs du jour », devrait vous remonter le moral, les jours gris. Au menu-carte, risotto *carnaroli* à la caille, parmentier de joues de bœuf en bourguignon ou jarret de veau braisé puis glacé blond, ou poitrine de pigeonneau rôtie pastilla de cuisses et abats... vous donneront vite envie de revenir. Belle carte de vins également.

|●| *Le Benaton* – 25, faubourg Bretonnière ☎ 03.80.22.00.26. Fermé le mercredi toute la journée et le jeudi midi, ainsi que le 3e dimanche de novembre. Accès : à 5 mn du centre, direction Autun. 1er menu à 120 F (18,3 €), puis à 170 et 240 F (25,9 et 36,6 €). Du terroir qui ne s'endort pas dans son assiette ! Ravioles d'escargots de Bourgogne (mieux vaut préciser avec ces sacrés escargots, qui ont tendance à traverser les frontières de l'Est à grande vitesse, depuis quelques années !), sandre cuit en peau cannellonis de queue de bœuf, marbré de foie gras de canard aux figues séchées, fiet de bœuf salade au hachis d'huîtres, biscuit moelleux aux mangues caramélisées sorbet mangue cannelle et girofle... Le menu du marché est un modèle du genre. Le suivant, c'est une affaire et c'est libellé ainsi. Le dernier, le menu gourmand. Une nouvelle carte des vins avec de nouveaux propriétaires à des prix raisonnables. La halte idéale avant

de filer vers Pommard ou Santenay. *Café offert.*

DANS LES ENVIRONS

LEVERNOIS 21200 (4 km SE)

⌂ *Le Parc* ** – rue du Golf ☎ 03.80.22.22.51. Fax : 03.80.24.21.19. Parking. TV. ☃ Congés annuels : du 1er décembre au 20 janvier. Accès : par la D970, direction Verdun-sur-le-Doubs, puis à gauche. Doubles à 200 F (30,5 €) avec lavabo, 270 F (41,2 €) avec douche et wc et 320 F (48,8 €) avec bains. Réservez, c'est plus prudent ! Une vieille maison dans un parc aux arbres centenaires envahis par les oiseaux. Un lieu idéal aussi bien pour les adeptes du farniente que pour les sportifs : tout près de là, tennis, golf et piscine permettent à ces derniers de se dépenser sans compter (façon de parler !). Les amateurs de sensations fortes, de leur côté, auront toujours le loisir de s'essayer au voyage en ballon, des balades en montgolfière étant organisées dans les environs. Le soir, tout ce petit monde se retrouvera autour d'un verre dans le bar de ce charmant hôtel pour échanger les impressions de la journée. Chambres ayant chacune leur atmosphère, leur décor. Adorable.

POMMARD 21630 (4 km SO)

⌂|●| *Hôtel du Pont* ** – (Centre) ☎ 03.80.22.03.41. Fax : 03.80.24.14.19. Parking. Doubles avec douche et wc ou bains de 270 à 300 F (41,2 à 45,7 €). Menu le midi en semaine à 70 F (10,7 €), et à 90 F (13,7 €). Compter 100 F (15,2 €) à la carte. On aurait tendance à se pincer pour y croire. Dans ce pays de vignoble où les bonnes affaires sont rares et les coups tordus monnaie courante, voilà un hôtel tout mignon, avec des chambres gaies et confortables. Au bar ou en terrasse, vous pouvez vous offrir une bouteille de pommard avant le 1er menu, style terrine, palette de porc (ou même pendant, pourquoi pas !) ou le suivant (escargots, andouillette ou coq au vin, fromage ou dessert) qui vous seront proposés dans la salle de restaurant ou en terrasse. *10 % sur le prix de la chambre de septembre à avril.*

BOUZE-LÈS-BEAUNE 21200 (7 km NO)

|●| *La Bouzerotte* – ☎ 03.80.26.01.37. Parking. Fermé le lundi soir et le mardi. Congés annuels : du 15 février au 8 mars. Accès : au bord de la D970. Menu du jour à 89 F (13,6 €), autres menus de 140 à 188 F (21,3 à 28,7 €). Une vraie auberge de campagne, à 10 mn du centre de Beaune, avec de vraies trognes, des accents et une cuisine qui trahissent le terroir bourguignon.

Des fleurs naturelles (on en est réduit à préciser !) sur les vieilles tables en bois, un buffet grand-mère, une cheminée avec un feu de saison, et surtout de bons vins de propriétaire que Christine, ancienne sommelière, vous conseille d'entrée. Beau menu du jour. Pour vous faire encore plus plaisir, choisissez celui à 158 F (24 €), style gratin d'écrevisses, Saint-Jacques à l'émulsion d'huile d'olive, cabillaud à la moutarde, fromage et dessert. Terrasse aux beaux jours.

LADOIX-SERRIGNY 21550 (7 km NE)

|●| *Les Coquines* – N74 – Buisson ☎ 03.80.26.43.58. Parking. Fermé le mercredi soir et le jeudi. Congés annuels : en février. Accès : à 10 mn de Beaune, par la N74, direction Dijon. Menus à 165 et 245 F (25,2 et 37,4 €). Avec un nom pareil, on pense moins à la vigne qu'à la bagatelle, mais on a tort. Aux *Coquines*, on sait se tenir, non mais ! Même si l'humour (à la bourguignonne) n'est jamais loin. Dans cette vieille maison bicéphale, avec un côté vieux cellier et un autre vitré ouvrant sur la nature, on sait ce que recevoir et cuisiner veulent dire. Pour ne pas se laisser aller à des folies, côté carte des vins comme sur le choix des plats, optez pour un menu. Le 1er est fait exprès, semble-t-il, pour des routards gastronomes, qui goûteront la tête de veau sauce gribiche et le coq au vin maison.

BOURBON-LANCY   71140

Carte régionale A2

🏠 |●| *Le Grand Hôtel* * – parc thermal** ☎ 03.85.89.08.87. Fax : 03.85.89.32.23. Parking. TV. Congés annuels : de fin octobre à fin mars. Accès : direction Digoin. Doubles avec bains de 279 à 398 F (42,5 à 60,7 €). Menus de 55 à 145 F (8,4 à 22,1 €). Si vous souffrez de rhumatismes ou d'affections cardio-vasculaires, c'est la halte idéale pour se refaire une santé. Si vous désirez simplement passer quelques jours de détente dans la région, nous vous recommandons également cette adresse. Situé dans le parc thermal, où de nombreux adeptes de la pétanque se retrouvent, et à proximité du centre de balnéothérapie, le *Grand Hôtel* vous accueillera pour séjour de détente et de tranquillité. Chambres de grand confort, vastes salles de bains à des prix raisonnables. Au restaurant, cuisine traditionnelle. Petit choix de vins. *10 % sur le prix de la chambre en avril, mai et octobre.*

CHABLIS   89800

Carte régionale A1

🏠 |●| *Hostellerie des Clos* * – rue Jules-Rathier** ☎ 03.86.42.10.63. Fax : 03.86.42.17.11. Parking. TV. Canal+. Satellite / câble. ☃ Congés annuels : du 20 décembre au 21 janvier. Accès : par l'A6. Sortie Auxerre-Sud ou Nitry, puis direction Tonnerre. Doubles avec bains de 310 à 550 F (47,3 à 83,8 €). Menus de 198 à 430 F (30,2 à 65,6 €). À la carte, compter de 300 à 400 F (45,7 à 61 €). Il y a de grandes maisons où l'on n'ose pas mettre un orteil à cause des « pingouins » disséminés dans la salle, des lustres rutilants et des bijoux qui transforment la patronne en sapin de Noël. Dans cette hostellerie (un ancien hôtel-Dieu et sa chapelle), même les jardins illuminés restent adorables, les serveurs ne se prennent pas (trop) au sérieux et la patronne a un rire qui décontracte. Comme son mari ne cuisine que de beaux produits et qu'il glisse du chablis subtilement dans ses plats les plus connus, vous avez tout intérêt à prendre une carte de crédit pour régler. À la carte, ne prenez qu'un plat, style dos de sandre poêlé au chablis, et un sublime dessert – on ne vous en voudra pas – avec un demi-chablis. Chambres mignonnes. *10 % sur le prix de la chambre du 1er novembre au 31 mars.*

|●| *Le Vieux Moulin de Chablis* – 18, rue des Moulins (Centre) ☎ 03.86.42.47.30. Parking. Menus de 100 à 240 F (15,2 à 36,6 €). Une adresse qui a vu passer beaucoup d'eau (celle du Serein !) sous son pont depuis sa création. Imperturbables, les propriétaires continuent de vous servir, dans la grande salle à manger en pierre du pays de cette vieille maison de vignerons, une cuisine roborative, à prix tout à fait corrects et à l'aise dans son terroir : confit de canette au ratafia de chablis, éventail de perche beurre blanc au chablis, œuf en meurette, pièce de bœuf au velouté de pinot noir, andouillette de chablis aux grains de moutarde, terrine d'andouillette (de chablis !), mousse au... chablis et son coulis de fruits rouges.

DANS LES ENVIRONS

LIGNY-LE-CHÂTEL 89144 (15 km NO)

🏠 |●| *Relais Saint-Vincent* ** – 14, Grande-Rue (Centre) ☎ 03.86.47.53.38. Fax : 03.86.47.54.16. Parking. TV. Accès : par la D91. Doubles de 245 à 400 F (37,4 à 61 €) avec douche et wc ou bains. Menus de 78 à 160 F (11,9 à 24,4 €). Un relais à ne pas passer ! Dans cette rue et ce village d'un autre âge, les accueillants propriétaires ont su donner tout le confort « moderne » à cette ancienne maison à colombage (du XIIe siècle quand même !), aménagée avec goût. Du costaud dans les murs comme dans l'assiette (goûtez les rognons flambés au marc de Bourgogne !). Terrasse fleurie, au calme, dans la cour. *Kir offert.*

|●| *Restaurant La Marmite Bourguignonne* – 25, rue du Carrouge (Centre)

☎ 03.86.47.43.74. Parking. Fermé le mardi soir et le mercredi. Congés annuels : pendant les vacances scolaires de février, et du 20 août au 10 septembre. Menu à 60 F (9,1 €) en semaine. Autres menus de 69 à 150 F (10,5 à 22,9 €). Une bonne petite adresse proposant une cuisine typique servie sans chichi et des vins de pays qui réchauffent l'atmosphère. Une halte qui ne fait pas mal au portefeuille et fait passer un bon moment. Aux menus, jambon à la chablisienne, escargots de Bourgogne, etc. *Apéritif offert.*

CHAGNY 71150

Carte régionale B2

🏠 *Hôtel de la Ferté* ** – 11, bd de la Liberté (Centre) ☎ 03.85.87.07.47. Fax : 03.85.87.37.64. TV. Doubles à partir de 180 F (27,4 €), puis de 250 à 300 F (38,1 à 45,7 €) avec salle de bains complète. Située presque en face du *Lameloise*, cette grosse maison bourgeoise a été agréablement retapée et transformée en hôtel par de très accueillants propriétaires. 13 chambres charmantes (c'est rare), avec cheminée, tapisseries fleuries, meubles anciens, stuc, etc. Et pour ne rien céder au confort, elles bénéficient également d'un équipement sanitaire plus que satisfaisant et d'une indispensable et efficace insonorisation. Le petit déjeuner très « campagne » se prend sur l'arrière, dans le jardin où crissent les graviers. Un de nos meilleurs hôtels dans le coin et dans ces prix. *NOUVEAUTÉ.*

🏠 ◖◗ *Lameloise* **** – 36, place d'Armes (Centre) ☎ 03.85.87.65.65. Fax : 03.85.87.03.57. Parking. TV. Canal+. Satellite / câble. ⚒ Resto fermé le mercredi et le jeudi midi. Congés annuels : du 20 décembre au 20 janvier. Chambres « 4 étoiles » de 750 à 1 600 F (91,5 à 244 €). Menu à 410 F (62,5 €) et « dégustation » à 630 F (96 €). Quand les plus éminents et respectables de nos concurrents s'emballent, quand le vénérable Bibendum lance ses trois « macarons », tel Zeus ses éclairs du haut de l'Olympe, nous, on y va avec nos manières de routard, considérant qu'en ces temples de la haute gastronomie, il n'y a pas de demi-mesure : c'est parfait, et relativement abordable, ou c'est nul. Autour de ces immenses tables – il en existe une vingtaine en France –, la moindre erreur – de service, d'accueil – est impardonnable ; le rêve du palais ne supporte aucun nuage. La 3ᵉ génération de Lameloise, Jacques en l'occurence, est au piano et aux rênes de cette grosse maison, presque banale extérieurement. À l'intérieur, cinq salles de tailles raisonnables où se répartissent 80 convives environ, qui tous ont pris soin de réserver de longue date. La déco respire le bon goût : murs de pierres jointées,

poutres, chaises confortables, fleurs fraîches, nature morte de fruits : le charme discret de la bourgeoisie. La clientèle est variée : notables des environs, étrangers fortunés, gastronomes plus ou moins expérimentés, hommes d'affaires, couples bien mis (mais pas forcément légitimes...). Qu'importe l'interlocuteur, et voilà la première force de l'endroit : le service, léger, précis, impeccable, sait s'adapter : garder ses distances quand c'est nécessaire, et se permettre des traits d'humour quand on les attend. Ensuite, quelques plats, juste pour rire, d'une carte qui puise ses racines dans la tradition et le terroir : ravioli d'escargot de Bourgogne, gâteau de foie blond aux écrevisses, sole aux pistaches et noisettes, aiguillettes de canette au pain d'épices, feuilleté aux poires caramélisées, etc. Et on vous passe les amuse-bouche, avant-desserts et autres farandoles de mignardises. Une merveille. La surprise réside dans les quantités pharaoniques (notamment des desserts) qu'on trouve dans l'assiette. Point ici de chichiterie : on quitte la table lesté et radieux, en versant une larme sur ce qu'on n'a pas pu avaler. Et la note pour une soirée inoubliable ? À deux, avec le 1ᵉʳ et merveilleux menu, une bouteille abordable – bon choix autour de 150 F (22,9 €), mais la lecture de la carte est un régal – et deux cafés, 1 000 F (152,4 €) environ, qu'on ne regrette jamais. Signalons d'ailleurs que cette maison est presque la seule de sa catégorie, parfois tapageuse et médiatique, à ne pas tenter le chaland naïf en lui proposant le seul menu raisonnable de sa carte uniquement au déjeuner. Restez, *Lameloise*, juste comme vous êtes, immuable comme la Bourgogne, sublime comme ses vins, et discret comme Chagny. *NOUVEAUTÉ.*

DANS LES ENVIRONS

CHASSEY-LE-CAMP 71150
(5 km SO)

🏠 ◖◗ *Auberge du Camp Romain* *** – ☎ 03.85.87.09.91. Fax : 03.85.87.11.51. Parking. TV. Satellite / câble. ⚒ Congés annuels : janvier. Accès : par la D974, direction Santenay, puis à gauche ; située juste en dessous des vestiges d'un camp romain, *of course* (!). Chambres spacieuses et équipées, certaines familiales, de 320 à 410 F (48,8 à 62,5 €). En semaine au déjeuner, intéressantes formules à partir de 65 F (9,9 €), menus de 132 à 275 F (20,1 à 41,9 €). De Chagny ou Rully, la jolie route étroite musarde entre bosquets et vignes. On se croirait presque en montagne. L'auberge domine une vallée verdoyante. Pour les habitués du *Club Med*, mais en miniature. Vaste complexe de 44 chambres, piscine chauffée, mini-golf, tennis. Également piscine intérieure, sauna, jacuzzi, etc.

BOURGOGNE

Adresse sympa pour un week-end farniente et sport, mais pas tout à fait pour romantiques amoureux. Beaucoup de longs séjours l'été. Côté cuisine, de l'ambition dans les plats, et un certain talent pour les réussir : pastilla de saumon aux petits légumes, croustillant de bar à la badiane, ris de veau aux épices vanillées, etc. *10 % sur le prix de la chambre de novembre à mars.*

CHÂLON-SUR-SAÔNE 71100

Carte régionale B2

🛏 *Hôtel Clarine* ** – 35, place de Beaune (Centre) ☎ 03.85.90.08.00. Fax : 03.85.90.08.01. TV. Canal+. Satellite / câble. Chambres doubles avec chaînes câblées de 275 à 305 F (41,9 à 46,5 €). Petit déjeuner à 35 F (5,3 €). Grand hôtel dans une vieille maison retapée et deux annexes dont une plus moderne au calme, donnant sur une cour intérieure. Nous avons bien aimé les quelques chambres avec parquet, cheminée et vieux mobilier... À noter pour les fans de la remise en forme : sauna, solarium et salle de gymnastique. Signalons aussi que cet hôtel participe à l'opération « Bon week-end en ville », qui permet de ne payer qu'une des deux nuits du week-end. *10 % sur le prix de la chambre.*

🛏 *Hôtel Saint-Jean* ** – 24, quai Gambetta (Sud) ☎ 03.85.48.45.65. Fax : 03.85.93.62.69. TV. ♨ Grandes chambres aux fraîches couleurs à 280 F (42,7 €) pour deux. Il est conseillé de réserver. Si vous devez passer une nuit à Châlon, ne loupez surtout pas le *Saint-Jean*, l'unique hôtel situé le long de la Saône (et en retrait de la circulation) ! Un ancien hôtel particulier décoré avec goût par un ex-restaurateur qui a délaissé ses fourneaux pour flirter avec l'art (trop souvent ignoré) de l'hôtellerie. Accueil pro et chaleureux donc. Tranquille, propre, vue magnifique, tout pour plaire à des prix séduisants. Cage d'escalier qui mériterait presque d'être classée avec ses belles marches et son faux marbre patiné du début du siècle (revers de la médaille : pas d'ascenseur). *10 % sur le prix de la chambre pour 2 nuits consécutives entre octobre et mars.*

🛏🍴 *Le Saint-Georges* *** – 32, av. Jean-Jaurès (Centre) ☎ 03.85.48.27.05. Fax : 03.85.93.23.88. TV. Canal+. Accès : face à la gare SNCF. Chambres de 380 à 480 F (57,9 à 73,2 €), selon la taille. Menus à 110 F (16,8 €) en semaine, 160 F (24,4 €) et au-delà. Hôtel de bon standing classique, genre terminus, face à la gare. Chambres totalement équipées et refaites à neuf. On aurait souhaité qu'à cette occasion on leur eût donné davantage de personnalité. Qu'importe, elles ont gardé des fauteuils que les amateurs de design apprécieront. Au final, un bon rapport qualité-prix. Un restaurant gastronomique, et un resto-bistrot *Le Comptoir d'à Côté* (voir plus bas) complètent l'hôtel. *NOUVEAUTÉ.*

🍴 *Restaurant Ripert* – 31, rue Saint-Georges (Centre) ☎ 03.85.48.89.20. Fermé le dimanche et le lundi. Congés annuels : 1 semaine en février, 1 semaine à la Pentecôte, du 1er au 21 août. Accès : entre la sous-préfecture et la Grande-Rue. Menus de 75 à 160 F (11,4 à 24,4 €). Menu enfant à 45 F (6,9 €). Alain Ripert sert tous les jours 4 menus. Une cuisine simple et sans cesse renouvelée selon les arrivages du marché. La salle est petite avec quelques rappels de bistrot des années 50, réclames, plaques émaillées... rapidement envahie par les Chalonnais (un signe?). Quelques plats : ris de veau au miel et aux épices, croustillant de queue de bœuf, timbale de queues d'écrevisses, etc. Nous vous conseillons les desserts comme le gratin chaud de framboises, le nougat au coulis de cassis et la tarte fine chaude aux pommes. Fait rare dans la région, quelques bons petits vins en pichet.

🍴 *Le Comptoir d'à Côté* – 32, av. Jean-Jaurès (Centre) ☎ 03.85.93.44.26. Fermé le samedi midi et le dimanche. Menus à 81 F (12,3 €), avec buffet d'entrées, puis à 95 F (14,5 €). Plats autour de 60 F (9,1 €). Voici donc la succursale bistrotière du grand établissement voisin (*Le Saint-Georges*). Déco assez réussie où des fauteuils de style fricotent avec du vieux matériel de bistrot, sur un fond tout de même très « comme il faut ». La cuisine, plus simple qu'à côté, sort des mêmes fourneaux, et on y retrouve la patte d'un vrai cuisinier : saumon de différentes manières (fumé, en pot-au-feu, etc.), superbe jambon persillé, grande spécialité régionale. Adresse très prisée des cadres du quartier et des rendez-vous d'affaires. *NOUVEAUTÉ.*

🍴 *Restaurant du Marché* – 7, place Saint-Vincent (Sud-Est) ☎ 03.85.48.62.00. Fermé le dimanche soir et le lundi. Congés annuels : 2 semaines en août. Accès : au pied de la cathédrale. Menus de 87 à 162 F (13,3 à 24,7 €). Sur la petite place du marché Saint-Vincent, ce restaurant au cadre rustique sert 3 copieux menus. Les spécialités : cuisse de poule sur sa choucroute, les filets de sole et ses pommes fruits sauce au cidre, les petites galettes de sarrasin en millefeuille de grenouilles décortiquées. Choix considérable pour les gourmands, comme pour les autres ! Plat du marché, plat ou salade de la semaine. Petits vins de propriés.

🍴 *Restaurant Chez Jules* – 11, rue de Strasbourg (Sud-Est) ☎ 03.85.48.08.34.

Fermé le samedi midi et le dimanche. Congés annuels : 2 semaines en février et du 1er au 15 août. Accès : dans l'île Saint-Laurent. Menu du jour à 90 F (13,7 €), autres menus à 145 et 175 F (22,1 et 26,7 €). Dans ce quartier tranquille, un petit restaurant, où les autochtones aiment à se retrouver. Murs saumon, poutres, cuivres rouges, vieux bahut, quelques tableaux. Atmosphère chaleureuse. Il propose un bel éventail de menus. Grand choix de plats inventifs parmi lesquels nous avons sélectionné : gelée de queue de bœuf à l'estragon, champignons farcis aux escargots, croustillant de grenouille, éventail de canette rôti aux pêches caramélisées, darphins de ris de veau et foie gras, etc. Belle carte des vins, vin au verre et en pichet. Une promenade le long des quais s'impose ensuite.

|●| Le Gourmand – 13, rue de Strasbourg (Sud-Est) ☎ 03.85.93.64.61. Fermé le lundi soir et le mardi. Accès : dans l'île Saint-Laurent. Menu à 96 F (14,6 €) au-dessus de l'ordinaire. Menu à 148 F (22,6 €) avec salade de foie gras et magret fumé. Autre à 175 F (26,7 €). Tout est jaune dans cet établissement, jaune, beige ou or, jusqu'aux habits de la patronne (enfin, le jour de notre visite !), toujours prévenante, toujours souriante. Décor et atmosphère chic de bon ton, décor cossu, sans excès. Pas guindé du tout. Beaucoup d'habitués, ça se sent à cette discrète familiarité qui y règne. Ici, vous dégusterez une très fine cuisine, avec toujours une exquise présentation. Sauces particulièrement réussies avec des associations d'herbes extra. Poissons cuits parfaitement. Bon choix à la carte entre autres : gratin de langoustes aux pâtes fraîches, pavé de sandre aux queues d'écrevisses, tournedos de pied de porc au foie gras, etc.

DANS LES ENVIRONS

LUX 71100 (4 km O)

≗|●| Ma Campagne – quai Bellevue (Centre) ☎ 03.85.48.33.80. Fax : 03.85.93.33.72. Parking. TV. Accès : par la N6, direction Tournus. Chambres à 250 et 350 F (38,1 et 53,4 €). Menus à 89 F (13,6 €), sauf le dimanche, puis de 99 à 179 F (15,1 à 27,3 €). Isolée en bord de Saône et au milieu des arbres, cette grosse maison de campagne est diablement sympathique. Toutes les chambres portent le nom d'une pierre précieuse et sont décorées selon la couleur de la pierre. C'est simple, gai, fait pour pas cher, mais il y a de l'idée et le résultat paye. La différence de prix réside dans la taille : les chambres les plus chères sont carrément de petites suites. Leur seul défaut : ne pas donner directement sur la rivière. Aux beaux jours, on mange sur une grande terrasse ombragée par un auvent. Cuisine classique très

correcte, avec une prédilection pour le poisson : filet de rascasse aux tomates et pâtes fraîches, mousseline de Saint-Jacques, saint-pierre à l'oseille, etc. Service d'un bon niveau, et excellent accueil de la patronne. Une adresse bucolique, avec chants des oiseaux, jeux pour les gosses et promenades le long de la rivière, tenue par des gens qui ont tout compris. C'est la belle équipe ! *NOUVEAUTÉ*.

BUXY 71390 (15 km SO)

≗ Hôtel Fontaine de Barranges – rue de la Fontaine-de-Baranges (Centre) ☎ 03.85.94.10.70. Fax : 03.85.94.10.79. Parking. TV. ♿ Accès : par la D977. Doubles de 290 à 490 F (44,2 à 74,7 €), selon la taille. Suites avec terrasse à 550 F (83,8 €). Une grande demeure du XIXe siècle, entièrement rénovée avec beaucoup de goût et de respect des choses, dans un grand jardin ombragé d'arbres. Des chambres joliment décorées, calmes et spacieuses, avec douche ou bains. Trois d'entre elles et trois suites ont une terrasse privative qui donne sur le parc. Il n'y a pas de restaurant mais le patron a ouvert un adorable petit bar. Une superbe adresse de charme, à côté d'un fort joli lavoir. À deux pas, au cœur de Buxy, les *Années Vins*, qui fut l'un de nos restaurants préférés dans le coin, vient de changer de propriétaires. Essayez-le pour nous... *NOUVEAUTÉ*.

CHARITÉ-SUR-LOIRE (LA) 58400

Carte régionale A2

≗ Hôtel Le Bon Laboureur ** – quai Romain-Mollot ☎ 03.86.70.22.85. Fax : 03.86.70.23.64. TV. Canal+. Satellite / câble. Une seule chambre double à 160 F (24,4 €), les autres, spacieuses, de 290 à 340 F (44,2 à 51,8 €) avec bains. Grande bâtisse ancienne où les chambres, aux surfaces et conforts variés, ont été récemment rénovées. Bon rapport qualité-prix. Quelques-unes pour 3 ou 4 personnes à 50 F (7,6 €) par personne supplémentaire. Grand jardin intérieur avec terrasse et bar. Accueil souriant.

|●| L'Auberge de Seyr – 4, Grande-Rue (Centre) ☎ 03.86.70.03.51. Fermé le dimanche soir et le lundi. Congés annuels : fin août et début septembre. Menu du jour à 65 F (9,9 €), autres menus de 95 à 168 F (14,5 à 25,6 €). Un restaurant tout simple et sans prétention où l'on vous sert une cuisine généreuse très correcte. Au menu du jour : rillettes de saumon maison (qui ont du goût, et du bon, alors que bien souvent les rillettes de poisson n'en ont pas beaucoup), un impeccable filet de perche à l'oseille, des fromages choisis et un respectable dessert, toujours maison. *Café offert.*

CHAROLLES   71120

Carte régionale B2

🏠 I●I *Hôtel-restaurant Le Lion d'Or* ** – 6, rue de Champagny ☎ 03.85.24.08.28. Fax : 03.85.88.30.96. Parking. TV. Fermé le dimanche soir et le lundi (sauf en juillet-août). Doubles avec douche et wc à 260 F (39,6 €) et avec bains à 300 F (45,7 €). Menus à 80 F (12,2 €), sauf les dimanche et jours fériés, et de 140 à 250 F (21,3 à 38,1 €). Au bord d'une petite rivière, le *Lion* ne dort pas mais vous accueille dans cet ancien relais de diligence du XVII⁰ siècle. Chambres spacieuses. Nos préférées : les n⁰s 23 et 25 avec vue sur la Petite Venise. Restaurant de qualité avec une bonne cuisine régionale et bien sûr, une viande hors pair. On est à Charolles quand même ! *Apéritif offert.*

🏠 I●I *Hôtel-restaurant de la Poste* *** – 2, av. de la Libération (Centre) ☎ 03.85.24.11.32. Fax : 03.85.24.05.74. Parking. TV. Fermé le dimanche soir et le lundi midi. Accès : centre-ville. Chambres confortables de 280 à 360 F (42,7 à 54,9 €). Menus à 130 F (19,8 €), sauf le dimanche midi, et de 190 à 310 F (29 à 47,3 €). La très grande maison en Charolais. Prestigieux ambassadeur de la gastronomie bourguignonne, Daniel Doucet ravit les papilles depuis de nombreuses années déjà et, pourtant, sa cuisine semble toujours aussi jeune, aussi goûteuse. Salle à manger cossue, service impeccable et particulièrement attentionné, sans pour autant être guindé. Vins judicieusement conseillés suivant les plats et vos goûts. Dans l'assiette, télescopage réjouissant des parfums et des saveurs. Ne pas manquer le faux-filet d'entrecôte au sel de Guérande servi sur une plaque chaude. Absolument savoureux. D'autres plats tirés de la carte : la truffe de pommes de terre aux escargots à la crème d'ail, la cassolette de pétoncles à la fondue de poireaux, croustillant de ris de veau aux morilles et girolles. Remarquable plateau de fromages et très beaux desserts, dont le croquant de pommes aux noix. Aux beaux jours, agréable jardin intérieur pour manger sous les érables et la vigne vierge.

DANS LES ENVIRONS

BEAUBERY 71220 (12 km SE)

I●I *Auberge de Beaubery* – **La Gare** ☎ 03.85.24.84.74. Parking. ♿ Fermé le mercredi soir. Congés annuels : vacances scolaires de Noël et Jour de l'An. Accès : de Charolles, suivre la N79, puis la D79. Menus à 65 F (9,9 €) en semaine, et de 75 à 115 F (11,4 à 17,5 €). Le dimanche à la carte, maximum de 100 à 130 F (15,2 à 19,8 €). Une petite auberge comme il n'en existe presque plus, capable d'offrir, en semaine, un repas complet si peu cher ! Une simple cuisine de bonne femme, mais faite avec cœur et servie copieusement. Salle à manger comme on l'attendait, avec les chromos, la vieille portraitgalerie kitsch, les habitués, ouvriers et VRP du coin. Casse-croûte, jambon de pays, omelette et fromage blanc au 1ᵉʳ menu, autres menus avec cuisses de grenouilles, steak de charolais ou salmis de pintade forestière. Au dernier menu, excellent coq au vin et faux-filet charolais. *Café offert.*

CHÂTEAU-CHINON   58120

Carte régionale A2

🏠 I●I *Hôtel du Parc* ** – **route de Nevers** ☎ 03.86.79.44.94. Fax : 03.86.79.41.10. TV. Restaurant fermé le dimanche soir du 15 novembre au 15 mars. Congés annuels : février. Accès : sur la gauche de la route de Nevers juste avant de quitter la ville. Doubles avec bains à 260 F (39,6 €). Le 1ᵉʳ menu à 60 F (9,1 €) est d'un très bon rapport qualité-prix. Autres menus de 95 à 210 F (14,5 à 32 €). Hôtel de conception moderne, modestement fonctionnel et qui n'est pas sans rappeler quelque hôtel de chaîne un peu tristounet, couloirs et chambres uniformes. Malgré son nom, cet établissement n'est planté dans aucun parc, sauf le parc naturel régional du Morvan, évidemment ! On pourra donc y dormir, mais surtout y manger car on y sert une cuisine correcte et bon marché. *Café offert.*

CHÂTEAUNEUF   21320

Carte régionale B2

🏠 I●I *Hostellerie du Château* ** – ☎ 03.80.49.22.00. Fax : 03.80.49.21.27. ♿ Fermé le lundi et le mardi (sauf juillet et août). Congés annuels : du 22 novembre au 10 février. Accès : par l'A6, sortie Pouilly-en-Auxois. Doubles de 270 à 380 F (41,2 à 57,9 €) avec douche et wc, à 430 F (65,6 €) avec bains. Menus de 140 à 220 F (21,3 à 33,5 €). À l'ombre d'un château féodal du XIIᵉ siècle, dans un village pittoresque aux vieilles maisons des XIIᵉ et XIVᵉ siècles, aujourd'hui presque toutes rachetées par des vacanciers n'ayant pas vraiment l'accent du cru. Cet hôtel au charme médiéval mais néanmoins confortable reste une étape tranquille et agréable. On rêverait d'un peu plus de chaleur à l'accueil, d'un grain de folie dans l'air et de plus de simplicité à la carte. Tant pis, contentez-vous du 1ᵉʳ menu et profitez de vos chambres et de la vue sur la vallée. *10 % sur le prix de la* *chambre à partir de 2 nuits consécutives sauf juillet-août et les week-ends.*

IOI *Le Grill du Castel* – ☎ 03.80.49.26.82. Fermé le lundi hors saison. Congés annuels : du 15 décembre au 15 janvier. Accès : devant le château. Menus à 92 et 130 F (14 et 19,8 €). Face à l'*Hostellerie du Château* et au château, voilà une bonne étape pour les amoureux des vieilles pierres, des viandes simplement mais tendrement grillées au feu de bois, des salades multiples et des vins de pays ! Ne vous fiez pas, l'été, aux deux parasols plantés sur le perron, la vraie terrasse est dans la cour, abritée – on est en Bourgogne ! – des regards des curieux. Au 1er menu, jambon persillé, bœuf bourguignon, fromage blanc, tarte maison. Accueil convivial. *Café offert.*

DANS LES ENVIRONS

VANDENESSE-EN-AUXOIS 21320

(5 km O)

IOI *Restaurant de l'Auxois* – ☎ 03.80.49.22.36. Parking. Fermé le lundi et le dimanche soir d'octobre à juin. Congés annuels : du 20 décembre au 28 janvier. Menus en semaine à 80 F (12,2 €), et de 105 à 190 F (16 à 29 €). Au pied de Châteauneuf-en-Auxois, à deux pas du canal de Bourgogne, c'est tout un village qui a repris goût à la vie, avec la réouverture de l'épicerie et de ce restaurant tenu par des Wallons… qui donnent du piquant à la cuisine du terroir bourguignon. Au second menu, tripes au vin blanc, escalope de dinde aux pleurotes, fromage blanc, tarte… Superbe jardin, en été, et salle à la mode d'autrefois pour les jours gris. *Apéritif offert.*

CHÂTILLON-EN-BAZOIS 58110

Carte régionale A2

IOI *L'Ancien Café* – **au village** ☎ 03.86.84.90.79. Fermé le dimanche soir. Accès : D10 vers Cergy-La-Tour, puis à gauche à Biches. Menus de 55 à 90 F (8,4 à 13,7 €). Modeste bar-restaurant-épicerie-dépôt de pain et de gaz de campagne, avec poêle à charbon entre les tables, où l'on vous sert aimablement une solide cuisine bon marché. Jambon du Morvan, tête de veau (« elle est belle, faut en profiter ! »), charolais ou fromage du pays, on se régale et on prend le temps de causer avec les patrons et leur fille, Nivernais d'adoption.

DANS LES ENVIRONS

SAINTE-PÉREUSE 58110 (13 km E)

IOI *Auberge de la Madonette* – **le bourg (Centre)** ☎ 03.86.84.45.37. Fermé le mardi soir et le mercredi soir. Congés annuels : de mi-décembre à début février. Accès : de Châtillon-en-Bazois prendre la D978 en direction de Château-Chinon (tourner à gauche à 8 km de Châtillon-en-Bazois). Menus de 68 F (10,4 €) en semaine à 260 F (39,6 €). Marie-Madeleine Grobost s'est découvert une vocation nouvelle sur le tard. Après s'être occupée d'enfants handicapés, elle décide de se lancer dans le métier. CAP en poche, elle transforme cette grande maison avec un beau décor tout en carreaux vichy, prolongée d'un magnifique jardin en terrasses qui offre une vue unique sur les contreforts du Morvan. Cuisine rustique avec beaucoup de goût. Tête de veau à l'ancienne, agneau poêlé à la persillade, tourte d'escargots.

CHÂTILLON-SUR-SEINE 21400

Carte régionale B1

≜ IOI *Sylvia Hôtel* ** – 9, av. de la Gare ☎ 03.80.91.02.44. Fax : 03.80.91.47.77. Parking. TV. ♿ Accès : à la sortie de Châtillon, direction Troyes. Chambres doubles à 240 F (36,6 €) avec douche et wc et à 280 F (42,7 €) avec bains. Menus à 60 F (9,1 €) en semaine le soir. Comptez 80 F (12,2 €) à la carte. D'une ancienne et immense maison bourgeoise, au milieu d'un parc, les anciens propriétaires avaient fait un hôtel ravissant, baptisé du nom de leur fille. Sylvia a grandi, est partie. Les nouveaux maîtres de maison font tout pour vous faire partager leur amour des lieux. Chambres douillettes, table d'hôte pour le soir, gourmands petits déjeuners. *10 % sur le prix de la chambre.*

IOI *Le Bourg-à-Mont* – 27, rue du Bourg-à-Mont ☎ 03.80.91.04.33. ♿ Fermé le lundi et le dimanche soir hors saison. Congés annuels : 2 semaines en septembre. Accès : dans le vieux bourg, face à l'ancien tribunal, près du Musée archéologique. Menu à 58 F (8,8 €) le midi en semaine. Autres menus de 95 à 190 F (14,5 à 29 €). Menu enfant à 48 F (7,3 €). Une jolie surprise, dans cette bourgade à l'écart de la vie, célèbre pour son vase de Vix. La maison d'une grand-mère qui aurait du répondant : vieilles pubs, tableaux originaux, couleurs vives. L'hiver, un feu brûle dans la cheminée. L'été, les fenêtres grandes ouvertes donnent sur un petit jardin fleuri, où l'on peut même déjeuner ou dîner (réservation obligatoire, les places étant comptées). On s'y sent fichtrement bien, d'autant que la table mériterait

BOURGOGNE

à elle seule le détour! Les meilleures réussites : la terrine de truite du Châtillonnais, le rôti de lapin farci aux pruneaux, le bœuf « Bourg-à-Mont », variante épicée et plutôt digeste du fameux bœuf bourguignon, parfumée à la crème de cassis, et le millefeuille de crêpes au chocolat. *Café offert.*

DANS LES ENVIRONS

MONTLIOT-ET-COURCELLES
21400 (3,5 km N)

l●l *Chez Florentin* – ☎ 03.80.91.09.70. Parking. Fermé le dimanche soir et le lundi, sauf les jours fériés. Accès : sur la N71, à l'entrée du village. Menu à 69 F (10,5 €), servi midi et soir, et autres menus de 88 à 183 F (13,4 à 27,9 €). On peut passer par le bar, où mangent les routiers, sans déranger le service, déjà dans le jus : dans la grande salle pour banquets et baptêmes, c'est l'affluence des grands jours… tous les jours, rires et accent du terroir en plus le soir, par rapport aux repas d'affaires du midi. Accueil néanmoins toujours chaleureux et prix imbattables! Premier menu style melon au jambon, blanquette de veau, tarte.

CLAMECY 58500

Carte régionale A1

🛏l●l *Hostellerie de la Poste* ** – 9, place Émile-Zola (Centre) ☎ 03.86.27.01.55. Fax : 03.86.27.05.99. TV. Canal+. Doubles à 270 F (41,2 €). Menu du jour à 100 F (15,2 €), sauf le dimanche, autres menus de 160 à 250 F (24,4 à 38,1 €). Grande bâtisse centrale, genre relais de poste en place depuis toujours. Les chambres sont propres et confortables, et visiblement cet établissement est tenu avec sérieux. Au restaurant, menu du jour un peu cher, mais correct. *Café offert.*

l●l *La Crêperie du Vieux Canal* – 18, av. de la République (Centre) ☎ 03.86.24.47.93. Fermé le lundi. Menus à 50 et 80 F (7,6 et 12,2 €). Beurre-sucre à 10 F (1,5 €) et galettes salées de 20 à 38 F (3 à 5,8 €). Peut-être bien l'endroit le plus sympa à Clamecy pour déjeuner vite et bien. Accueil gentil du patron. Crêpes et galettes à emporter si l'on veut. Aux murs, des outils de bûcheron : sciant! *Café offert.*

l●l *Restaurant Au Bon Accueil* – 3, route d'Auxerre ☎ 03.86.27.91.67. ⚒ Fermé tous les soirs d'octobre à mai sauf le samedi, le mercredi soir et le dimanche soir en saison. Congés annuels : les vacances scolaires d'hiver, les 10 premiers jours de décembre et de juillet. Menu le midi en semaine à 90 F (13,7 €), autres menus à 140 et 180 F (21,3 et 27,4 €). Un restaurant

qui porte bien son nom, car madame Langlois sait recevoir et son cuistot de mari, François, travaille sérieusement. Cuisine régionale classique bien tournée : foie gras frais maison, lapereau en terrine ou fricassée, agneau de lait. Salle de restaurant chaleureuse, au calme près des rives de l'Yonne et avec vue sur la collégiale. Prudent de réserver. *Café offert.*

DANS LES ENVIRONS

TANNAY 58190 (13 km S)

🛏l●l *Hôtel du Relais Fleuri* ** – au centre du bourg, rue de Bèze ☎ 03.86.29.84.57. Fax : 03.86.29.33.88. Parking. ⚒ Fermé le dimanche soir et le lundi hors saison. Congés annuels : février. Accès : de Clamecy, D34 direction Tannay. Doubles avec lavabo à 150 F (22,9 €), avec douche et wc à 200 F (30,5 €). Menu le midi en semaine à 60 F (9,1 €), puis menus de 88 à 150 F (13,4 à 22,9 €). Hôtel de bon confort, avec piscine, aménagé dans une demeure d'antan, très fleurie. Pas tout neuf mais propre et patronne souriante. Table réputée correcte, avec un second menu où nous avons relevé des œufs meurette puis un parmentier de bœuf qui fait envie. *Café offert.*

CLUNY 71250

Carte régionale B2

🛏 *Hôtel du Commerce* * – 8, place du Commerce (Centre) ☎ 03.85.59.03.09. Fax : 03.85.59.00.87. TV. Doubles avec lavabo à 145 F (22,1 €), avec douche et wc à 205 F (31,3 €), avec douche et wc ou bains à 240 F (36,6 €). Dans cette ville chère, il nous est apparu méritoire qu'il existe un petit hôtel de centre-ville fort bien tenu et capable d'offrir des chambres simples et propres à prix modérés. Récompensons l'effort, ainsi que l'accueil tout à fait affable de la patronne. *Café offert. Remise sur le prix du petit déjeuner sauf juillet-août.*

🛏 *Hôtel Saint-Odilon* ** – rue Belle-Croix ☎ 03.85.59.25.00. Fax : 03.85.59.06.18. Parking. TV. Canal+. Satellite / câble. ⚒ Congés annuels : du 15 décembre au 15 janvier. Accès : à 10 mn à pied du centre, sur la D15 à côté de l'hippodrome et de la piscine. Chambres à 290 F (44,2 €), petit déjeuner en sus, au beau rapport qualité-prix avec téléphone. Au milieu des champs où broutent les charolais (les bœufs bien sûr!), un hôtel de construction récente respectant correctement l'environnement. L'architecture basse rappelle le style des fermes du coin, avec sa tour carrée et ses deux ailes. Le confort moderne, des coloris plaisants, l'accueil affable de M. et Mme Berry, tout concourt à en faire une sympathique étape.

BOURGVILAIN 71520 (9 km S)

I●I *Auberge Larochette* **– le bourg**
☎ 03.85.50.81.73. Fermé le dimanche soir
et le lundi. Congés annuels : du
20 décembre au 15 mars. Accès : par la
D980, puis la D22. Menus le midi en
semaine à 80 F (12,2 €), puis de 95 à 195 F
(14,5 à 29,7 €). Voilà une bonne grosse
auberge de village dans la tradition. Intérieur chaleureux de salle à manger de province. Aux murs, tableaux à la Millet. Dans
un coin, la vieille « demoiselle » fait tic, fait
tac et semble donner l'heure juste, comme
l'est la dose de crème dans les délicieux
champignons et gratin de légumes. Parce
que vous trouverez une cuisine qui sonne
vraiment juste ici, faite avec application,
avec une touche personnelle par M. Bonin.
En outre, les portions sont généreuses et le
service de madame, attentif. Un voisin nous
faisait remarquer que le 1er menu l'avait
comblé. Le dernier, presque trop. À la carte :
foie gras chaud aux pommes sauce cannelle, feuilleté de grenouilles aux trompettes, millefeuille de sandre, paupiette de
saumon au lard, magret de canard aux fruits
de saison, steak de charolais savoureux,
etc. France profonde gastronomique ayant
encore de beaux jours devant elle... *Apéritif
offert.*

I●I *La Pierre Sauvage* **– col des Enceints**
☎ 03.85.35.70.03. Parking. ♿ Service le
soir jusqu'à 21 h 30 (22 h les soirs d'été).
Fermé le mardi soir et le mercredi (sauf en
juillet-août) et du 1er octobre à Pâques toute
la semaine sauf le week-end. Accès : par la
D980, puis la D22. Premier menu à 98 F
(14,9 €) avec un verre de mâcon, d'autres
menus à 125 et 170 F (19,1 et 25,9 €).
Assiette fraîcheur à 78 F (11,9 €). Menu
enfant à 50 F (7,6 €). Réservation vivement
conseillée, il y a peu de place. Le coup de
foudre ! Au sommet du col (à 529 m !), un
restaurant séduisant à plus d'un titre. Il y a
une quinzaine d'années, c'était une ruine ;
aujourd'hui, c'est un lieu plein de charme où
il fait bon s'arrêter. Cadre rustique, bien sûr,
teinté d'un certain modernisme. Mais cela
ne suffirait pas s'il n'y avait que cela. On y
trouve une excellente cuisine. D'ailleurs, les
Mâconnais ne s'y sont pas trompés, ils y ont
leurs habitudes depuis longtemps. Ne pas
manquer les spécialités : cassolette d'escargots forestière, pintade vanillée aux figues
fraîches, volailles aux fruits de saison,
pigeon aux pêches de vigne, etc. À toute
heure, casse-croûte, jambon cru, terrines.
Accueil charmant et service amical. Vous
serez reçu comme un habitué et ça, on aime
bien. En été, superbe terrasse. *Digestif
offert.*

BERZÉ-LA-VILLE 71960 (10 km SE)

🏠I●I *Relais du Mâconnais* **** – La Croix-
Blanche (Nord-Ouest)** ☎ 03.85.36.60.72.
Fax : 03.85.36.65.47. Parking. TV. Fermé le
dimanche soir. Congés annuels : janvier.
Accès : de Cluny, D980 puis N79, et route
touristique D17. Doubles avec douche et wc
ou bains à 350 F (53,4 €). Menus de 150 F
(22,9 €), sauf les jours de fêtes, à 300 F
(45,7 €). D'aucuns pourraient objecter que
cette adresse est trop chicos pour le *Routard* et le cadre quelque peu conformiste.
D'autres, en revanche, penser que le beau
1er menu mérite d'être signalé, que l'atmosphère feutrée peut convenir à beaucoup et
que les tables, bien séparées, évitent de
trop entendre en ces lieux les rituelles histoires de famille et d'héritage ou de commerce qui n'est plus ce qu'il était avant ! Cuisine exécutée rigoureusement avec une
patte très personnelle. L'amuse-bouche, un
p'tit tartare de betteraves, mérite d'être un
hors-d'œuvre à lui tout seul, tant son goût se
révèle original. Plats s'inspirant de la région
et aux fines saveurs : gelée de saumon en
civet aux crevettes et amandes fraîches,
galette de pieds de cochon aux escargots,
filet de carrelets julienne d'endives aux
oignons confits, escalope de foie de canard
au vinaigre de framboises, etc. Un repli plus
copieux, ça aurait été génial ! Beau chariot
de desserts. Une dizaine de chambres
confortables dont certaines donnent sur jardin. *Café offert.*

BLANOT 71250 (10 km NE)

🏠I●I *Hôtel-restaurant l'Étape* *** – le bourg**
☎ 03.85.50.03.63. Fermé le mercredi soir et
le jeudi hors saison. Accès : de Cluny, par la
D15. Doubles avec lavabo à 170 F (25,9 €),
avec douche à 200 F (30,5 €). Formule à
50 F (7,6 €). Menus le midi en semaine à
62 F (9,5 €), puis de 90 à 130 F (13,7 à
19,8 €). Petite auberge de village avec une
de nos églises romanes préférées, tenue
par un couple bien sympathique. Beaucoup
d'efforts pour offrir aux visiteurs de passage
le meilleur de l'hospitalité locale. Pour dormir, 4 chambres simples et propres avec
douche-lavabo (wc extérieur) ; 2 avec
lavabo uniquement. Au restaurant, une
petite cuisine régionale généreusement servie. Clientèle locale d'ouvriers et surtout de
bûcherons. Formule avec jambon cru, omelette et fromage de chèvre frais. Second
menu avec faux-filet de bœuf, foie de veau
ou blanc de volaille à la crème. Pour nous,
un seul mot d'ordre, encourager la petite
hôtellerie de campagne. Au *Routard*, on y
apporte notre petite pierre ! Au fait, juste à
côté, ne pas manquer de rendre visite au
marchand de jouets en bois et au potier plus
haut... *Café offert. 10 % sur le prix de la
chambre de décembre à février.*

|●| *Auberge du Mont Saint-Romain* – mont Saint-Romain ☎ 03.85.33.28.93. Fermé le mardi hors saison. Accès : de Cluny, suivre la D15. Menu le midi en semaine à 68 F (10,4 €), puis de 88 à 160 F (13,4 à 24,4 €). Vins bien choisis à prix fort démocratiques : 18 F (2,7 €) le pichet, mâcon rouge à 66 F (10,1 €), etc. Une de nos auberges préférées. Tout en haut d'un des sommets de Saône-et-Loire, une des plus belles terrasses panoramiques qui soient. En prime, un superbe accueil et une cuisine confectionnée avec cœur et sérieux. Un jeune couple très sympa affronte vents brûlants l'été et congères l'hiver quotidiennement pour régaler randonneurs, cavaliers et amoureux de belle nature. Cuisine se situant résolument dans le registre régional avec abondance de produits frais. Plats traditionnels traités avec une touche très personnelle. Mousse de foies de volaille d'une finesse exquise, sauces aux saveurs subtiles. Tous d'un beau rapport qualité-prix. À la carte : estouffade de porc à l'orange, aiguillette de poulet aux poivrons confits, filet de sandre aux poireaux, cuisses de grenouilles provençale, etc. Balades à cheval pour digérer et beau gîte d'étape pour ceux qui ne veulent plus repartir. Que vous faut-il de plus ? *Apéritif ou café offert.*

COSNE-SUR-LOIRE   58200

Carte régionale A1

🛏 |●| *Hôtel-restaurant Saint-Christophe* ★★ – place de la Gare ☎ 03.86.28.02.01. Fax : 03.86.26.94.28. TV. Fermé le dimanche soir. Congés annuels : du 24 juillet au 22 août. Doubles avec douche et wc ou bains de 225 à 250 F (34,3 à 38,1 €). Formule à 80 F (12,2 €), et menus à 110 et 155 F (16,8 et 23,6 €). Coquettement ripoliné, le *Saint-Christophe* dispose de chambres propres et « tout confort ». Accueil souriant de la patronne et petit restaurant que semblent apprécier les locaux, avec sa formule (entrée-plat ou plat dessert), ses deux menus et sa carte. Le genre d'adresse qui ne devrait pas poser de problème, et que les VRP se repassent. *Digestif offert.*

|●| *Restaurant Le Sévigné* – 30, rue des Quatre-Fils-Doumer (Centre) ☎ 03.86.28.27.50. Fermé le dimanche soir et le lundi. Congés annuels : 3 semaines en novembre. Menus en semaine à 95 F (14,5 €), puis de 160 à 300 F (24,4 à 45,7 €). Le gastronomique de Cosne avec service académique et savantes recettes : dos de sandre cuit à la vapeur et sa réduction de pouilly au beurre fermier, filet de bœuf charolais aux échalotes confites et jambon du Morvan, honnête crème brûlée. Choix de vins important. Dommage que la salle soit vraiment riquiqui. Une bonne halte cependant. *Apéritif offert.*

CREUSOT (LE)   71200

Carte régionale B2

|●| *Le Restaurant* – rue des Abattoirs (Sud) ☎ 03.85.56.32.33. Fermé le dimanche. Congés annuels : du 1er au 20 août. Accès : venant du sud du Marteau-Pilon, prendre à droite, la rue des Abattoirs. Au bout de 500 m, c'est indiqué sur la gauche. Au fond d'une rue en impasse. Menus à 70 F (10,7 €), sur demande le soir, et de 100 à 180 F (15,2 à 27,4 €). À la carte, comptez 125 F (19,1 €). Un resto atypique dans la région. D'abord quelle idée de s'être fixé dans ce quartier des abattoirs, noir et désert la nuit ? Pour en être la seule luciole, le seul phare culinaire, la seule bouée gastro pour automobilistes en perdition, élémentaire, mon cher Watson ! Sortir de l'anonymat d'un centre-ville qui n'existe pas, pas bête ça... On ne regrette pas le voyage d'ailleurs ! L'accueil est chaleureux. Beaucoup d'amis, une familiarité de bon ton imprègne les lieux. La salle aux fraîches couleurs se révèle haute (mezzanine), claire, plaisante. Quelques intéressants tableaux. Le reste est d'une élégante nudité et le vieux comptoir de zinc assure en douceur la transition avec la tradition. Cuisine de haute inspiration, vraiment recherchée, veillant à préserver le goût des bons produits, tout en les alliant savamment avec herbes et autres senteurs. Quelques plats : carpaccio de Saint-Jacques et tartare de saumon fumé, persillé d'anguille aux oignons confits, rouget braisé et fondue de poivrons fumés, agneau fermier rôti à la menthe fraîche, rognons de veau. Très belle sélection de vins à tous les prix. Pour nos riches lecteurs, quelques « grands bourgognes à petits prix »... Le soir, conseillé de réserver. La petite adresse qui monte, qui monte.

|●| *Le Bistrot de la Grimpette* – 16, rue de la Chaise (Centre) ☎ 03.85.80.42.00. Fermé le dimanche. Congés annuels : la semaine du 15 août. Menus de 79 à 120 F (12 à 18,3 €). Au beau milieu de la montée d'escalier qui partage le centre-ville, un « bouchon lyonnais », un vrai de vrai, entièrement décoré de la couleur des vins... de Beaujolais, bien sûr ! Rien ne manque à l'atmosphère, pas même les fumets de saucisson chaud, d'œuf cocotte aux morilles et de petit salé aux lentilles, le tout avec un accueil et une attention presque amicaux. 1er menu copieux... de quoi mériter l'effort de la grimpette ! À la carte, de bien bonnes choses comme les œufs cocotte aux morilles, la salade bistrot aux foies confits et petits lardons, la salade de pieds de veau tiède, le faux-filet à la lyonnaise, le saucisson chaud, le filet de sandre aux échalotes et à la crème, l'andouillette tirée à la ficelle, etc. *Apéritif offert.*

TORCY 71210 (3 km S)

lol *Le Vieux Saule* – **route du Creusot (Sud)** ☎ **03.85.55.09.53.** Fermé le dimanche soir et le lundi. Accès : par la route de Châlon-sur-Saône. Beau menu à 100 F (15,2 €) en semaine, menu du terroir à 140 F (21,3 €), et autres menus jusqu'à 370 F (56,4 €). Une des meilleures tables de la région. Installée dans une ancienne auberge de campagne aux portes du Creusot. Excellent accueil et cadre agréable. Cuisine particulièrement goûteuse : fois gras de canard clouté aux truffes, mille-feuille d'agneau et pommes gourmandes, ravioles d'escargots en bouillon d'herbes, délicieuse souris d'agneau (et bien servie !). Desserts dans le ton. *Café offert.*

BREUIL (LE) 71670 (4 km E)

🛏 lol *Le Moulin Rouge* *** – **route de Montcoy (Est)** ☎ **03.85.55.14.11. Fax : 03.85.55.53.37.** TV. Fermé le vendredi soir, le samedi midi et le dimanche soir. Congés annuels : du 20 décembre au 10 janvier. Accès : venant du sud du Creusot, arrivé au rond-point du Marteau-Pilon, tourner à droite par la rue des Abattoirs, puis suivre la rocade est, jusqu'à la rue du Maréchal-Foch, tourner à droite, puis à gauche (face à la porte du Breuil) ; venant du centre du Creusot, suivre direction « Le Breuil ». 300 à 350 F (45,7 à 53,3 €) pour une double avec douche et wc ou bains. Menus de 100 à 170 F (15,2 à 25,9 €). Il y a même un menu bourguignon à 150 F (22,9 €). À l'extérieur de la ville, un complexe hôtelier fort sympathique avec petit parc, piscine chauffée et la campagne pas loin. Un *Moulin Rouge* sans Offenbach (plutôt le chant des oiseaux !). Calme assuré et longue tradition de bonne cuisine. Près d'une quarantaine de chambres de bon confort. Cadre rustique chaleureux et cuivres de bon ton. Bonne hospitalité de province. Le chef a fait son apprentissage à la *Côte d'Or* à Saulieu (avec Alexandre Dumaine), s'est perfectionné chez *Maxim's* à Paris et a baroudé dans la Royale comme cuisto d'un pacha. Quelques plats à la carte : œufs en meurette, effeuillé de morue aux choux verts, dos de sandre choucroute, tournedos de lapin aux cœurs de palmiers et céleris braisés, poularde aux morilles à la crème, etc. Souvent accompagnés des bons petits « crapiaux ».

UCHON 71190 (16 km O)

🛏 lol *Auberge La Croix Messire Jean* – **La Croix Messire Jean** ☎ **03.85.54.42.06. Fax : 03.85.54.32.23.** Parking. Fermé le mardi soir et le mercredi l'hiver. Congés annuels : fêtes de fin d'année. Accès : direction Montcenis puis D228 ; à 1 km du village

d'Uchon, à proximité du panorama. Doubles avec lavabo à 180 F (27,4 €). Simples à 130 F (19,8 €). Les « 4 h morvandelles » à 55 F (8,4 €) ou petits menus à prix fort modérés, de 88 à 125 F (13,4 à 19,1 €). Friture de grenouilles à 52 F (7,9 €). Pour les vététistes, randonneurs et « montagnards », point de départ idéal de belles balades sur l'un des points culminants du département (684 m). Gentille auberge offrant des chambres simples et correctes. À l'intérieur, cadre rustique de bon goût et l'occasion de bien manger à tous les prix. En juillet-août surtout, beaucoup de monde, il vaut mieux le savoir. Le signal d'Uchon a beaucoup de succès. Amoureux de solitude, ça sera pas vraiment votre truc ! Grande terrasse ombragée pour apprécier. Location de VTT. *Prêt d'un VTT à la mi-journée.*

DECIZE 58300

Carte régionale A2

lol *Restaurant La Grignotte* – **57, av. du 14-Juillet (Nord)** ☎ **03.86.25.26.20.** Fermé le dimanche et le lundi soir. Menu le midi en semaine à 62 F (9,5 €), puis de 67 à 145 F (10,2 à 22,1 €). Un restaurant sans prétention, au bord d'une route hélas passante, mais à la salle claire. On y vient pour manger pas cher et correctement, et on n'est pas déçu. Entre autres spécialités : les fondues.

lol *Le Charolais* – **33** *bis*, **route de Moulins** ☎ **03.86.25.22.27.** Fermé le dimanche soir et le lundi. Premier menu à 97 F (14,8 €). Autres menus à 140 et 170 F (21,3 et 25,9 €). Cadre bien agréable, fleuri et reposant, et service en douceur : on se sent bien. Dans l'assiette, des plats classiques et corrects, dont on profite dès le premier menu. Mais les autres menus, bien plus chers, sont d'un moins bon rapport qualité-prix. Une très bonne adresse donc pour qui ne veut pas dépenser trop, ça fait du monde !

DIGOIN 71160

Carte régionale A2

🛏 lol *Les Diligences* ** – **14, rue Nationale (Centre)** ☎ **03.85.53.06.31. Fax : 03.85.88.92.43.** Parking. TV. Fermé le lundi soir et le mardi sauf en juillet-août. Congés annuels : du 20 novembre au 12 décembre. Accès : centre-ville, rue piétonne. Doubles avec douche et wc à 250 F (38,1 €), avec bains à 320 F (48,8 €). Menus de 98 à 330 F (14,9 à 50,3 €). Compter 280 F (42,7 €) à la carte. Il y a longtemps, au XVIIe siècle, c'était le passage obligé de la ville pour les voyageurs arrivant par diligence ou par bateau. Les splendeurs du passé retrouvées depuis peu, pierres apparentes, poutres, meubles cirés, cuivres, font de cette halte « rustico-chic » un détour conseillé. Les prix ne s'envolent pas pour autant, côté resto, les 2 premiers menus offrent une escalope de dinde à la crème et aux champignons, une bavette à l'échalote ou une darne de saumon pochée et sa sauce au citron vert. La carte reste cependant assez chère : salade de homard et langoustines à la vinaigrette de framboise, filet de charolais aux cinq poivres, fricassée de cèpes à la bordelaise, blanc de saint-pierre vapeur sauce cressonnette, etc. Côté hôtel, 6 belles chambres sur le calme des bords de Loire, meublées et décorées avec goût, dont un duplex, un véritable appartement avec une immense salle de bains équipée en balnéothérapie. Nous recommandons les nos 6, 8 et 11, spacieuses et avec une belle vue. Il est conseillé de réserver. *Apéritif offert.*

DANS LES ENVIRONS

NEUZY 71160 (3 km NE)

≜ I●I *Le Merle Blanc* *** – **36, route de Gueugnon-Autun** ☎ 03.85.53.17.13. Fax : 03.85.88.91.71. Parking. TV. ♿ Fermé le dimanche soir et le lundi midi d'octobre à fin avril. Accès : par la D994 en direction d'Autun. Doubles avec douche et wc ou bains de 185 à 265 F (28,2 à 40,4 €). Menus copieux à 80 F (12,2 €), sauf le dimanche, et de 106 à 205 F (16,2 à 31,3 €). À la carte, compter 170 F (25,9 €). Demi-pension à 300 F (45,7 €) par personne, à 430 F (65,6 €) pour 2. Largement en retrait de la route, vous y serez au calme pour dormir. Au resto, plusieurs menus. Parmi les spécialités : foie gras de canard poêlé aux épices, langoustines poêlées à l'huile d'olive en crème d'avocat, croustillant de noix de Saint-Jacques au noilly, *crumble* aux pommes et aux noix. Bon accueil. *Apéritif offert.*

DIJON   21000

Carte régionale B1 – Plan pp. 162 et 163

≜ *Hôtel Le Chambellan* ** – **92, rue Vannerie (C2-1)** ☎ 03.80.67.12.67. Fax : 03.80.38.00.39. Parking. TV. Accès : à deux pas du palais des Ducs de Bourgogne et de l'église Saint-Michel. Doubles avec lavabo à 140 F (21,3 €), de 220 à 270 F (33,5 à 41,2 €) avec douche et wc ou bains. Amoureux des fastes d'antan et du confort d'aujourd'hui, vous trouverez votre bonheur au *Chambellan.* C'est une vieille bâtisse au charme un peu désuet et aux prix très doux. Chambres ayant toutes de la personnalité, à choisir de préférence sur la cour. Une cour du XVIIe siècle, s'il vous plaît ! *10 % sur le prix de la chambre, et gratuité pour les animaux.*

≜ *Hôtel Le Jacquemart* ** – **32, rue Verrerie (B1-3)** ☎ 03.80.60.09.60. Fax : 03.80.60.09.69. TV. Satellite / câble. Accès : au cœur de la vieille ville, dans le quartier des antiquaires, entre le palais des Ducs de Bourgogne et la préfecture. Doubles de 170 à 295 F (25,9 à 45 €). Réservez pour éviter les surprises. Un hôtel charmant, peuplé d'habitués, d'artistes lyriques en saison, de représentants de commerce... Les chambres sont aussi calmes que confortables. L'adresse idéale pour un repos mérité après la visite du vieux Dijon.

≜ *Hôtel du Palais* ** – **23, rue du Palais (B2-2)** ☎ 03.80.67.16.26. Fax : 03.80.65.12.16. TV. Canal+. ♿ Accès : suivre l'itinéraire « Palais des Ducs de Bourgogne », jusqu'à votre arrivée devant l'autre palais, celui de la justice. Doubles avec douche et wc ou bains de 220 à 270 F (33,5 à 41,2 €). Une situation idéale, en face de la bibliothèque municipale (à visiter, même si vous n'êtes pas venu à Dijon pour lire le genre d'ouvrages qu'elle contient !) et du palais de justice (en souhaitant que vous ne soyez pas venus à Dijon pour lui), dans le centre ancien, mais d'un calme absolu. Chambres propres, accueillantes, dommage qu'elles soient si mal insonorisées. Belle salle pour le petit déjeuner. *10 % sur le prix de la chambre de décembre à mars.*

≜ *Hôtel Au Monchapet* ** – **26-28, rue Jacques-Cellerier (A1-4)** ☎ 03.80.53.95.00. Fax : 03.80.58.26.87. Parking. TV. Accès : à 5 mn de la gare SNCF, derrière le jardin Darcy. Doubles avec lavabo à 225 F (34,3 €), avec douche à 245 F (37,4 €), avec douche et wc ou bains de 270 à 295 F (41,2 à 45 €). Un hôtel calme, dans un quartier calme. Les propriétaires, par leur sens de l'accueil et leur gentillesse, ont réussi à fidéliser une clientèle qui sait pouvoir leur demander aussi bien l'adresse de la pharmacie de service, le meilleur chinois de la ville ou un excellent jambon persillé. Faux plafonds, copies de meubles anciens dans l'entrée, salon télévision pour la causette, chambres propres et quasi coquettes. Tout simple, tout bon. Comme les petits déjeuners. *10 % sur le prix de la chambre pour 2 nuits consécutives.*

≜ *Hôtel Victor Hugo* ** – **23, rue des Fleurs (A1-5)** ☎ 03.80.43.63.45. Fax : 03.80.42.13.01. Parking payant. TV. Accès : à 5 mn à pied de la place Darcy. Doubles de 228 à 250 F (34,8 à 38,1 €), la double avec douche et wc, à 270 F (41,2 €) avec bains. On ne vient pas au *Victor Hugo* – au cœur du quartier bourgeois – pour s'éclater, l'ambiance étant un tantinet coincée. Mais les Anglais adorent ça, tout est nickel et on n'entend pas une mouche voler, dans les couloirs comme dans la vingtaine de chambres, confortables et accueillantes, de cette grande maison. *Garage gratuit.*

🛏 *Hôtel des Allées* ** – 27, cours du Général-de-Gaulle (hors plan C3-6) ☎ 03.80.66.57.50. Fax : 03.80.36.24.81. Parking. TV. Satellite / câble. ♿ Attention, l'hôtel ferme à 23 h ; demandez le code. Chambres doubles avec douche et wc à 280 F (42,7 €), à 350 F (53,4 €) avec bains. Petit hôtel moderne situé sur une grande avenue luxueuse bordée d'arbres qui mène au parc de la Colombière. Jardin envahi par les oiseaux, calme garanti. Les chiens sont acceptés sans supplément. Les enfants aussi (on plaisante), ce qui est logique en ce lieu qui fut naguère une maternité, célèbre pour ses naissances de quelques futures personnalités dijonnaises...

|●| *Simple Simon* – 4, rue de la Chouette (B2-14) ☎ 03.80.50.03.52. Fermé le lundi. Congés annuels : novembre. Accès : au cœur des rues piétonnes, derrière l'église Notre-Dame. Menu à 42 F (6,4 €). Comptez autour de 100 F (15,2 €) par personne. L'adresse idéale pour qui veut grignoter dans un cadre hors du temps, en plein quartier des antiquaires. À deux pas de la célèbre chouette porte-bonheur incrustée dans la pierre de l'église Notre-Dame, un petit coin d'Angleterre bien implanté en terre bourguignonne : *cheese and onion pie*, *cheese scones*, assiettes salées et sucrées... Idéal pour faire un *break*, et même un *breakfast* le dimanche (gag facile mais idée superbe, car ça manquait à Dijon) entre 10 h et 19 h. Très bon accueil. *Café offert.*

|●| *Le Passé Simple* – 18, rue Pasteur (B2-13) ☎ 03.80.67.22.00. Fermé le samedi midi et le dimanche. Accès : suivre l'itinéraire « Palais des États » ; à droite, sur la place des Cordeliers. Menus le midi en semaine à 59 F (9 €), puis à 79 et 120 F (12 et 18,3 €). Formule carte à 98 F (14,9 €). Un vrai bistrot à la mode d'autrefois, avec un décor chaleureux et un service décontracté. Le patron connaît ses clients, et « lycée de Versailles » (vice et versa), pour parler comme San Antonio, qui ici serait à sa place. La formule carte vous permet de choisir quelques bons plats on ne peut plus traditionnels. À midi, beau petit menu. Il y a le bar pour lever le coude entre amis et une petite terrasse cachée des regards pour allonger ses jambes aux premiers rayons de soleil. Pour les indécis, il y a encore deux autres menus. Alors !

|●| *Coum Chez Eux* – 68, rue Jean-Jacques-Rousseau (B1-15)

☎ 03.80.73.56.87. Fermé le dimanche. Accès : par la place de la République, en remontant vers le théâtre. Deux formules, une à 85 F (12,9 €), l'autre à 115 F (17,5 €), autour du plat du jour. « Faut l'vouère pou l'crouère ». La devise de la maison est à l'image du patron. Si vous aimez son humour, parfois plus lourd que sa cuisine, vous adorerez ce lieu. Poutres supportant d'énormes chaudrons, tables en bois recouvertes de toiles cirées à carreaux, accueil jovial d'une patronne adorable. En plat du jour : jambonneau aux lentilles le lundi, potée morvandelle le mardi, civet de porc le mercredi, andouille aux haricots le jeudi, bœuf gros sel le vendredi, lapin sauté morvandiotte le samedi... Tout est fait maison, de l'entrée au dessert, foi de Morvandiau (au cas où vous ne l'auriez pas deviné !).

|●| *Le Bistrot des Halles* – 10, rue Bannelier (B1-19) ☎ 03.80.49.94.15. Fermé le dimanche soir. Accès : en face des halles rénovées. Menu à 97 F (14,8 €) le midi. À la carte, compter environ 140 F (21,3 €). Le rendez-vous du Tout-Dijon. Un bistrot à la mode d'autrefois (grandes glaces, nappes à petits carreaux...) qui porte la marque d'un grand chef d'aujourd'hui – Jean-Pierre Billoux, un des six grands de Bourgogne – dans l'assiette : pâté en croûte à l'ancienne, jambon persillé et pieds de veau, ragoût d'escargots et pieds de porc au vin rouge, crème brûlée au pain d'épices... Ajoutez à cela de bons plats du terroir, des grillades superbes, des vins à prix raisonnables, et un très beau menu à midi, et vous comprendrez le succès du lieu.

|●| *Le Cézanne* – 40, rue Amiral-Roussin (B2-20) ☎ 03.80.58.91.92. Fermé le lundi midi et le dimanche. Congés annuels : à Noël et la 2ᵉ quinzaine d'août. Accès : voie piétonne ; garer la voiture au parking Sainte-Anne. 1ᵉʳ menu à l'ardoise (sauf le samedi soir) à 99 F (15,1 €). Autres menus de 150 à 250 F (22,9 à 38,1 €). À la carte, comptez 250 F (38,1 €). Vieille rue, vieilles pierres, vieilles poutres, atmosphère intimiste, voire impressionniste, comme la cuisine du chef : tian de lapin et mousse de céleri, caneton à l'infusion de xérès, macaronnade à la crème de menthe au second menu, le tout étant servi très benoîtement. Et parmi les spécialités : biscuit de rouget-barbet et courgettes, râble de lapin farci au foie et pruneaux, soupe soufflée au chocolat glace pistache. Un fond sonore jazzy, des fleurs, des gens heureux... Petite terrasse agréable. *Café offert.*

🛏 **Où dormir ?**		
1 Hôtel Le Chambellan	5 Hôtel Victor Hugo	13 Le Passé Simple
2 Hôtel du Palais	6 Hôtel des Allées	14 Simple Simon
3 Hôtel Le Jacquemart	|●| **Où manger ?**	15 Coum Chez Eux
4 Hôtel Au Monchapet		19 Le Bistrot des Halles
	11 Le Bistingo	20 Le Cézanne

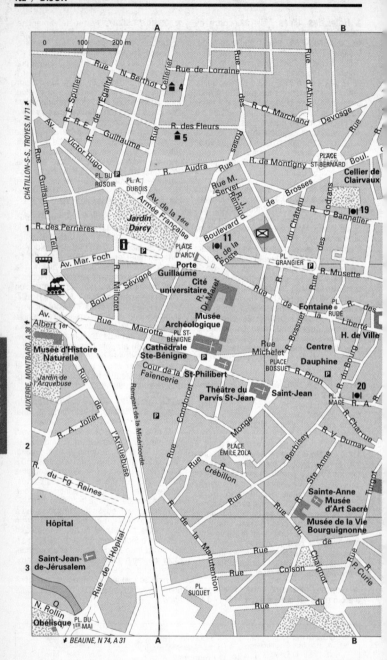

BOURGOGNE

|●| Restaurant Le Bistingo – **13, passage Darcy** (A1-11) ☎ 03.80.30.61.38. Fermé le dimanche et le lundi. Congés annuels : août. Accès : dans un petit passage donnant sur la place Darcy, à côté du cinéma. Plats de 45 à 65 F (6,9 à 9,9 €). Compter 150 F (22,9 €) environ pour un repas. Ce rendez-vous d'habitués, mi-pub mi-resto, sert des plats copieux à petits prix : saumon au beurre de citron, raie aux câpres, andouillette... Un endroit sympathique où on lie facilement conversation avec les gens du coin. Patron haut en couleur, aux allures de Figaro d'opérette, et serveurs sympas qui tutoient tout le monde. Le soir, on vous sert le steak tartare d'office, ou presque. Succulent! *Kir offert.*

DANS LES ENVIRONS

HAUTEVILLE-LES-DIJON 21121
(8 km NO)

≜|●| La Musarde ** – **7, rue des Riottes** ☎ 03.80.56.22.82. Fax : 03.80.56.64.40. Parking. TV. Fermé le lundi. Congés annuels : du 15 décembre au 15 janvier. Accès : à 5 mn de Dijon par la RN71, la « route de Troyes ». Jolies chambres de 265 à 300 F (40,4 à 45,7 €). Menus allant de 155 à 250 F (23,6 à 38,1 €), et un petit menu en semaine à 110 F (16,8 €) vin et café compris. *La Musarde* fut longtemps plus célèbre pour ses « 5 à 7 » que pour ce qui se passait à l'heure des repas. Aujourd'hui, il faut réserver, notamment les week-ends, pour avoir une table dans ce lieu paisible, à l'atmosphère à la fois familiale et raffinée, professionnelle et décontractée. Marc Ogé, en bon breton, sert avant tout une cuisine de la mer... qui a les pieds sur terre, on peut dire : terrine de coquillages au foie gras et confit d'aubergine, truite de mer rôtie avec coulis de moules de bouchot... Avec les menus, on comprend l'affluence, surtout quand la terrasse vous tend ses bras, aux beaux jours. En semaine, menu qui est une bonne affaire. *Apéritif offert.*

PRENOIS 21370 (12 km NO)

|●| Auberge de la Charme – ☎ 03.80.35.32.84. ✗ Fermé le dimanche soir, le lundi soir et le mardi. Congés annuels : du 2 au 11 janvier et du 1er au 11 août. Accès : de l'autre côté de la route nationale, avant l'aérodrome de Darois, une petite route mène à Prenois. Menu le midi en semaine à 98 F (14,9 €), autres menus de 135 à 400 F (20,6 à 61 €). Ce village est célèbre à cause du circuit automobile qui fit beaucoup de bruit en son temps. Aujourd'hui, on vient de loin découvrir le petit prodige local, David Zuddas. Plus que dans le décor et le service (mieux vaut prévenir), la surprise est dans l'assiette et

dans les prix. Poitrines de pigeon frottées aux épices du Maghreb, pressé de canette et foie gras à la sauge, galettes de pois chiches et oignons doux, le tout aromatisé et présenté avec une précision et un sens des nuances assez rares. La grande table du département! *Café offert.*

VAL SUZON 21121 (15 km NO)

≜|●| Hostellerie du Val Suzon *** – **N71** ☎ 03.80.35.60.15. Fax : 03.80.35.61.36. Parking. TV. Satellite / câble. Fermé le dimanche soir et le lundi d'octobre à avril. Congés annuels : du 15 novembre au 15 décembre. Accès : par la RN71, direction Montbard, Troyes, Châtillon. Doubles avec douche et wc à 420 F (64 €), avec bains à 550 F (83,8 €). Menu à 130 F (19,8 €) le midi en semaine, puis de 165 à 270 F (25,2 à 41,2 €). Calme, confort et bonne table. Nichée au creux d'un vallon, à 15 mn de Dijon, au milieu d'un parc et d'un jardin magnifiques, l'*Hostellerie du Val Suzon* sait rester fidèle à sa devise. Que vous le découvriez à la saison de chasse, au cœur de l'hiver ou par un beau soir d'été, la maison sait jouer de ses charmes pour vous retenir. Bonne fille, elle a su conserver son côté campagnard, dans l'accueil comme dans certains plats, tout en se mettant au goût des Parisiens et « autres étrangers » de passage. Chambres calmes et confortables, à la déco parfois gratinée, au-dessus du restaurant ou dans le chalet. Aux fourneaux depuis 20 ans, mais nostalgique de l'Orient, Yves Perreau a ramené de ses voyages lointains le goût des épices et des parfums nouveaux glissés, de-ci de-là, dans une cuisine restée, quant au fond, fidèle à la grande tradition. Idéal pour un week-end en amoureux... Superbe terrasse. *Café offert.*

DONZY   58220

Carte régionale A1

≜|●| Le Grand Monarque ** – **10, rue de l'Étape** ☎ 03.86.39.35.44. Fax : 03.86.39.37.09. Parking. TV. Fermé le dimanche soir et le lundi hors jours fériés. Accès : près de l'église, à moins de 20 km de Cosne-sur-Loire. Doubles avec douche à 270 F (41,2 €), avec bains à 300 F (45,7 €). Menus à 90 F (13,7 €) servi en semaine, à 110 et 250 F (16,8 et 38,1 €). Une adresse de tradition, aux chambres assez confortables et bien tenues, dans une respectable bâtisse du vieux bourg, à deux pas de l'église (sonnez les cloches! mais rassurez-vous, couvre-feu de 21 h à 8 h). À table, cuisine régionale sans défaut. *Apéritif offert.*

BOURGOGNE

DUN-LES-PLACES 58230

Carte régionale A2

📛📶▮❙ *Le Chalet du Montal* –
☎ **03.86.84.62.77.** Parking. Fermé le lundi
soir et le mardi hors saison. Accès : à 1,5 km
du village au nord-est. Doubles avec lavabo
à 130 F (19,8 €). Menus de 90 à 165 F
(13,7 à 25,2 €). Un décor sauvage digne de
Twin Peaks, un vrai chalet et *Au-dessous
coule une rivière*... c'est aussi le refuge de
campeurs tout proches. À côté d'un bar,
derrière une énorme cheminée centrale, au
milieu des plantes vertes, vous découvrirez
une cuisine simple mais attentive avec
4 menus : salade de gésiers de canard
confits, faux-filet de charolais au jus de
morilles, filet de rascasse au coulis de poivrons rouges, soufflet glacé à la framboise.
Si l'envie de rester vous gagne, demandez
l'une des 4 chambres un peu rudimentaires
mais bon marché. *Café offert.*

📛 ▮❙ *L'Auberge Ensoleillée* * – au village
☎ **03.86.84.62.76.** Fax : **03.86.84.64.57.**
Congés annuels : Noël. Accès : de Lormes,
D6 vers Saulieu. Les chambres, au confort
rustique, vont de 135 à 285 F (20,6 à 43,4 €)
la double. Menu à 90 F (13,7 €) sauf
dimanche, qui tient bien au corps, et suivants de 120 à 220 F (18,3 à 33,5 €). Une
auberge qui fleure bon le Morvan et semble
là depuis toujours, avec ses bonnes
femmes aux commandes, qui au bar, qui en
salle, qui aux fourneaux. Accueil franc et
souriant et recettes du pays : jambon à la
crème, tête de veau aux deux sauces, saumon à la fondue de poireaux... *Café offert.*

ÉTANG-SUR-ARROUX 71190

Carte régionale B2

📛▮❙ *Hostellerie du Gourmet* ** – 45,
route de Toulon (Centre)
☎ **03.85.82.20.88.** Fax : **03.85.82.36.13.**
Fermé le dimanche soir et le lundi hors saison. Congés annuels : janvier. Doubles à
150 F (22,9 €) avec cabinet de toilette, à
190 F (29 €) avec douche et 210 F (32 €)
avec bains. Menus à 78 F (11,9 €), sauf le
dimanche, et de 104 à 160 F (15,9 à 24,4 €).
Cliché un « p'tit brin » classique, nostalgie
des longs banquets et repas de famille à la
campagne. L'accueil et la ronde des serveurs ne gâtent pas la tradition : impeccable! Le décor est un peu défraîchi (les
années passent) mais la cuisine s'actualise
avec bonheur. Quelques vedettes de la
carte : œufs en meurette, terrine maison aux
pistaches, feuilleté d'escargots à l'ail doux,
pavé de charolais sauce noisette, etc. Pour
profiter de la méditation du lieu (les moines
bouddhistes sont proches, renseignez-

vous!), quelques chambres « ultra-simples »
mais bien tenues. *Apéritif offert.*

GÉMEAUX 21120

Carte régionale B1

▮❙ *Restaurant Tejerina* – rue de la Liberté
☎ **03.80.95.01.51.** Parking. ♿ Fermé le
dimanche soir et le lundi. Congés annuels :
la 1re quinzaine de janvier, la dernière
semaine de juillet et la 1re quinzaine d'août.
Accès : près des anciennes halles. Menus à
60 F (9,1 €), le midi en semaine, et de 80 à
148 F (12,2 à 22,6 €). À la carte, compter
autour de 200 F (30,5 €). Perdu dans le
désert nord-dijonnais, Éric Tejerina était
encore un gamin quand il décida de
reprendre le bistrot familial, dans ce village
rendu (un peu trop) calme par la création de
l'autoroute A31, entre Troyes et Dijon.
Aujourd'hui, la maison a retrouvé charme et
vieilles pierres, tandis que sa cuisine,
légère, parfumée, a su conserver les prix
d'autrefois. À la carte, ses grands classiques : l'escalope de foie gras de canard,
les raviolis d'escargots à la chlorophylle de
persil, les lasagnes de langoustine, le filet
de bœuf charolais à la sauce vin rouge.
Café offert.

GEVREY-CHAMBERTIN 21220

Carte régionale B2

📛▮❙ *Aux Vendanges de Bourgogne* – 47,
route de Beaune ☎ **03.80.34.30.24.** Fax :
03.80.58.55.44. Parking. TV. Fermé le
dimanche. Accès : à la sortie du village, sur
la nationale. Chambres toutes simples de
229 à 299 F (34,9 à 45,6 €). Menus à 78 F
(11,9 €) en semaine, 114 et 145 F (17,4 et
22,1 €). Vin au verre (12 cl) : 16 F (2,4 €)
l'aligoté de Bouzeron, 30 F (4,6 €) le saint-
aubin 1er cru, 35 F (5,3 €) le gevrey-chambertin 93. La jolie surprise! Au milieu des
grandes caves, des grandes tables, des
grands prix, quel plaisir de pouvoir trouver
un hôtel-restaurant à l'ancienne, avec
nappes à carreau, vieilles photos sur les
murs, service gentillet et bonnes spécialités
du cru servies copieusement et à prix très
raisonnables : feuilleté d'escargots à la
crème d'ail, galette de pied de porc, coq au
vin ou joue de bœuf, jambon persillé maison, poire pochée au cassis ou soufflé glacé
à l'orange... Grand avantage, la dégustation
de vins au verre. Terrasse intérieure. *10 %
sur le prix de la chambre pour au moins
2 nuits consécutives.*

▮❙ *Chez Guy* – 3, place de l'Hôtel-de-Ville
(Centre) ☎ **03.80.58.51.51.** Menu du marché à 65 F (9,9 €) autour d'un plat et d'un

BOURGOGNE

verre, et menus de 90 à 140 F (13,7 à 21,3 €). L'adresse que l'on attendait depuis des années à Gevrey-Chambertin, village vigneron trop longtemps replié sur ses caves et ses caveaux de famille, et qui manquait de vie singulièrement, sitôt les vendanges passées. « Chez Guy », on fait la fête l'été en terrasse, en écoutant des concerts de jazz les jeudis soir. Aux jours plus gris, la rôtisserie tourne à fond. Quant à la cuisine, joyeuse, inventive, elle redonne du tonus à des plats bourguignons fatigués : persillé de coq au vin rouge, œufs pôchés à la moutarde et pleurotes, côte de veau à l'ami du chambertin, pain perdu à la bourguignonne... *NOUVEAUTE*.

JOIGNY 89300

Carte régionale A1

🏠|●| *Le Paris-Nice* ** – **rond-point de la Résistance (Sud) ☎ 03.86.62.06.72. Fax : 03.86.62.44.33.** Parking. TV. Fermé le dimanche midi et le lundi. Congés annuels : janvier. Doubles à 220 F (33,5 €) avec douche et wc, 250 F (38,1 €) avec bains. Menus de 75 à 220 F (11,4 à 33,5 €). A eu son heure de gloire quand la N6 était le chemin obligé pour la Côte d'Azur. C'est aujourd'hui un établissement simple mais convenable. Chambres modestes mais bien tenues. Attention, malgré la déviation, les chambres qui donnent sur la rue sont encore un peu bruyantes. Dormez sur la cour ! Avec le *Bistrot de Joigny*, cet établissement possède un resto tout à fait honorable aux menus d'un bon rapport qualité-prix. Cuisine de bistrot (évidemment...) et de terroir : escargots, tête de veau, boudin aux pommes, saucisson chaud, pot-au-feu, joue de bœuf bourguignonne...

🏠|●| *Le Rive Gauche* *** – **rue du Port-au-Bois (Sud-Ouest) ☎ 03.86.91.46.66. Fax : 03.86.91.46.93.** Parking. TV. Canal+. Satellite / câble. Accès : sur les bords de l'Yonne, au pied de la vieille ville. Doubles avec bains de 260 à 360 F (39,6 à 54,9 €). Menus de 105 à 210 F (16 à 32 €). Comme tous les grands de la restauration, les Lorain, à Joigny, ont senti le vent tourner et construit, en face de leur célèbre *Côte Saint-Jacques* (non, ne cherchez pas, elle n'est pas dans ce guide !), un faux hôtel de chaîne, moderne et accueillant, avec de très jolies chambres, confortables et fonctionnelles, une piscine, un tennis, des terrasses et jardin fleuris, une salle de restaurant aux couleurs du temps, sur les murs comme dans l'assiette, où l'on sert une cuisine de bistrot. Parmi les spécialités : galette d'escargots et pommes de terre écrasées.

10 % sur le prix de la chambre pour 2 nuits consécutives.

DANS LES ENVIRONS

CELLE-SAINT-CYR (LA) 89116
(8 km O)

🏠|●| *Auberge de la Fontaine aux Muses* ** – **(Ouest) ☎ 03.86.73.40.22. Fax : 03.86.73.48.66.** Parking. TV. 🕭 Fermé le lundi et le mardi jusqu'à 17 h. Accès : en sortant de l'autoroute, prendre la D943 ; à 3 km, au village de La Motte, tourner à gauche ; puis faites encore 3 km. Doubles avec douche et wc ou bains de 350 à 385 F (53,4 à 58,7 €). Menu en semaine à 185 F (28,2 €). Menu enfant à 60 F (9,1 €). À la carte, compter 200 F (30,5 €). Isolée dans les coteaux bourguignons, l'auberge ressemble à une maison de campagne retapée par des Parisiens au bon goût. La façade est recouverte de vigne vierge, les chambres sont rustiques à souhait, la restauration vous rappelle que vous êtes bien en Bourgogne : foie gras de canard mariné à la gelée de coing et au marc, pigeonneau au foie gras, cassolette d'escargots, bœuf bourguignon mijoté au feu de bois, pièce de bœuf grillée dans la cheminée du salon. Comme c'est une famille de musiciens qui vous reçoit (le père, Claude Langevin, a composé l'hymne européen !) ne vous étonnez pas si c'est un autre « bœuf » qui vous accueille, les week-ends, quand d'autres musiciens passent par là ! Tennis, golf et piscine chauffée. *10 % sur le prix de la chambre d'octobre à mars et menu à 115 F (17,5 €) le midi du mercredi au vendredi.*

VILLEVALLIER 89330 (9 km NO)

🏠|●| *Le Pavillon Bleu* ** – **31, rue de la République (Centre) ☎ 03.86.91.12.17. Fax : 03.86.91.17.74.** Parking. TV. Fermé le dimanche soir et le lundi. Congés annuels : du 3 au 29 janvier. Accès : par la N6. De 195 à 260 F (29,7 à 39,6 €) la double avec douche et wc ou bains. 1er menu à 92 F (14 €), sauf le dimanche, puis menus de 145 à 208 F (22,1 à 31,7 €). Ne serait-ce que pour l'accueil, vraiment très chaleureux, *Le Pavillon Bleu* mérite que l'on fasse un petit détour pour y séjourner. De plus, les prix y sont parmi les plus doux de la région. Certes, les chambres sont petites mais elles sont confortables et charmantes. La cuisine, très familiale, est copieuse : salade d'escargots, œufs meurette, filet de bœuf gratiné à l'époisses, sandre, truite. *10 % sur le prix de la chambre d'octobre à avril.*

LORMES   58140

Carte régionale A1-2

⚐ |●| *Hôtel Perreau* ** – 8, route d'Aval-
lon (Centre) ☎ 03.86.22.53.21. Fax :
03.86.22.82.15. TV. Fermé le dimanche soir
et le lundi hors saison. Congés annuels : du
10 janvier au 20 février. Accès : en traversant la ville par la route principale D944
d'Avallon à Château-Chinon. Chambres à
partir de 260 F (39,6 €). Plusieurs menus de
74 à 160 F (11,3 à 24,4 €). C'est l'hôtel du
village, imposante maison bien « liftée » et
capable d'engloutir un régiment de routards.
Très joli cadre rustique pour le restaurant
avec grande cheminée et superbe plafond à
la française. La cuisine est tout aussi raffinée comme le filet de sandre à l'infusion de
menthe. Les chambres (celles sur jardin ont
été rénovées) sont spacieuses. *10 % sur le
prix de la chambre sauf juillet-août.*

DANS LES ENVIRONS

VAUCLAIX 58140 (8 km S)

⚐ |●| *Hôtel de la Poste* ** – Vauclaix
(Centre) ☎ 03.86.22.71.38. Fax :
03.86.22.76.00. Parking. TV. ♿ Accès : par
la D944. Doubles avec lavabo à 205 F
(31,3 €), avec douche à 275 F (41,9 €),
avec douche et wc ou bains à 335 F
(51,1 €). Menus à 60 F (9,1 €), sauf le
week-end, puis de 98 à 250 F (14,9 à
38,1 €). Vieille adresse morvandelle, tenue
depuis 5 générations par la famille Des-
bruères, des pros. Grandes chambres
sobres au confort douillet, un peu chères.
Piscine et jardin d'agrément avec jeu
d'échecs géant et ping-pong. À table, les
plats traditionnels (filet de bœuf aux
morilles) ou créatifs (méli-mélo de Saint-
Jacques et langoustines sur·moelleux de
poireaux) qui ne déçoivent pas.

BAZOCHES-DU-MORVAN 58190
(17 km N)

|●| *Le Tire-Bouchon* – au centre du vil-
lage ☎ 03.86.22.11.66. Parking. Fermé le
dimanche soir et le mercredi hors saison.
Congés annuels : pour la Toussaint et en
février. Accès : de Lormes, D42 direction
Clamecy, puis à droite la D958 vers Vézelay : on tombe sur Bazoches. Menu
« ouvrier » à 68 F (10,4 €) le midi en
semaine, et menu suivant à 108 F (16,5 €).
Un café-épicerie-restaurant récemment
ouvert, au cadre agréable et aux murs décorés d'images bachiques. Le patron y prépare une cuisine de « mousquetaire », pour
reprendre ses mots : poule au pot, tête de
veau sauce gribiche, blanquette de veau,
andouillette et boudin. Ou encore une terrine de queue de bœuf par exemple, qui ne
manque ni de corps ni de goût, ça oui ! Petit

choix de bons vins. Une bonne halte avant
ou après la visite du château de Bazoches,
superbe. *Apéritif offert.*

LOUHANS   71500

Carte régionale B2

⚐ |●| *Le Moulin de Bourgchâteau* ** –
route de Châlon ☎ 03.85.75.37.12. Fax :
03.85.75.45.11. E-mail : bourgchateau-
@francemel Parking. TV. Fermé le
dimanche d'octobre à Pâques et le lundi
midi. Congés annuels : du 20 décembre au
20 janvier. Accès : prendre la D978 à 500 m
du centre-ville en direction de Chalon-Dijon
et tourner à droite avant Citroën. Doubles
avec douche et wc à 230 F (35,1 €), avec
bains à 300 F (45,7 €). Petit déjeuner particulièrement copieux à 48 F (7,3 €). Menus à
100 et 170 F (15,2 et 25,9 €). Envie d'une
petite folie dans un cadre agréable ? Cet
ancien moulin construit en 1778 vous attend
au pied de la Seille, un affluent de la Saône.
L'endroit est superbe, les chambres sont
très *cosy* et on a un petit faible pour celle du
dernier étage, mansardée, mais celles du 2e
(nos 1 à 7) offrent une belle plongée sur
l'eau. Restaurant avec vue sur la rivière.
Deux menus raffinés. Le 1er présente un
excellent rapport qualité-prix (salade tiède
de saumon aux herbes, pièce de bœuf au
pinot noir). À la carte, la terrine de canard et
sa compote d'oignons, le blanc de cabillaud
à la vanille et carottes fondantes, le pigeon
rôti sauce aux foies hâchés, le feuilleté aux
pommes carmélisées noix et raisins secs,
etc. La carte tourne. C'est l'endroit idéal
pour un week-end en amoureux. *10 % sur le
prix de la chambre.*

|●| *Restaurant La Cotriade* – 4, rue
d'Alsace ☎ 03.85.75.19.91. Parking. ♿
Accès : aux portes des Arcades, prendre la
direction Lons-le-Saulnier. Menus à 70 F
(10,7 €), sauf les jours fériés, et de 87 à
145 F (13,3 à 22,1 €), menu du pêcheur.
Compter 150 F (22,9 €) à la carte. Menu
enfant à 50 F (7,6 €). Vins commençant à
prix modérés (pichet, côtes-du-rhône à 57 F
(8,7 €). Si vous êtes du genre indécis, à *La
Cotriade* ce sera très dur ! Prix doux pour le
1er menu ; aux suivants, tartare de saumon,
carré d'agneau ou poulet de Bresse à la
crème et aux morilles, rognons de veau au
calvados. Fraîcheur au rendez-vous, les
produits de la mer arrivent directement de
Bretagne : noisettes de lotte à la fraîcheur
d'algue, minute de loup à la fleur de thym,
cotriade malouine, soupe de poissons, filets
de sole à l'oseille. Un conseil : n'hésitez pas
à vous manifester si le service vous oublie
entre deux plats. Ça arrive ! *Apéritif offert.*

DANS LES ENVIRONS

SAVIGNY-SUR-SEILLE 71440
(11 km O)

lol *Auberge La Rivière* – Tiellay
☎ 03.85.74.99.03. Fermé le mardi soir et le mercredi en hiver. Congés annuels : du 10 janvier au 13 février. Accès : de Louhans, suivre D160 par Branges, puis la D175. Menus de 89 à 176 F (13,6 à 26,8 €). Adorable auberge, en pleine nature, au bord de la Seille. Ancienne demeure de passeur. Intérieur avec jolie charpente possédant du charme. Bon accueil. Cuisine d'excellente réputation. Le patron, un fou de pêche, va chercher lui-même ses poissons. Fraîcheur garantie ! 4 menus et belle petite carte : poulet de Bresse aux morilles ou aux écrevisses, gâteau de foies de volaille, suprême d'écrevisses, escargots, salades et friture bien entendu. Ne pas manquer, quand il y en a, le « silure à notre façon », ce monstre des eaux douces. Pochouse sur commande. Beaux desserts (ah, le nougat glacé, extra !). Aux beaux jours, terrasse de rêve avec le gazon descendant jusqu'à l'eau. Les soirs d'automne et de printemps, une légère brume romantique nappe l'horizon. Ça devient magique ! Amoureux, c'est le moment d'échanger un tendre baiser sur le ponton.

BEAUREPAIRE-EN-BRESSE
71580 (14 km E)

lol *Auberge La Croix Blanche* ** – le bourg (Centre) ☎ 03.85.74.13.22. Fax : 03.85.74.13.25. Parking. TV. ♿ Fermé le dimanche soir et le lundi du 30 septembre au 15 juin. Congés annuels : du 2 au 25 novembre. Accès : par la N78 en direction de Lons-le-Saulnier ; ou à 2 km de la sortie n° 8 de l'A39. Chambres doubles avec douche ou bains de 247 à 285 F (37,6 à 43,5 €). Petit déjeuner à 43 F (6,6 €). Menu à 89 F (13,6 €), sauf le dimanche, menu terroir à 123 F (18,7 €) et autres menus jusqu'à 200 F (30,5 €), spécial poisson. Ambiance rustique bressane garantie d'un authentique relais de poste du XVIIᵉ siècle bien retapé. Comment résister aux volailles fermières ou de Bresse (le top !) préparées aux saveurs des saisons et selon le chef... Gilles Poulet. À la carte : ragoût de Saint-Jacques et langoustines en sabayon champagne, turbot poêlé sauce au cidre, noisettes de lapin et millefeuille d'épinards, suprême de poulet de Bresse au foie gras, gigot de lotte à l'ail et gibier en saison. Tous les plats font peau neuve 6 fois dans l'année au gré des marchés. L'hôtel situé à l'arrière est caché dans les arbres, heureusement ! Le bâtiment date des années 70 mais une fois dans les chambres, on l'oublie vite. On y dort bien à condition de ne pas subir les voisins bruyants (cloisons un peu minces).

De grandes loggias attenantes pour un petit déjeuner enchanteur. *Café offert. 10 % sur le prix de la chambre en novembre et décembre.*

SAILLENARD 71580 (20 km NE)

lol *Auberge Le Moulin de Sauvagette* – Saillenard ☎ 03.85.74.17.58. Fax : 03.85.74.17.58. Parking. Fermé le dimanche soir et le lundi (sauf pension). Congés annuels : février. Accès : N78 jusqu'à Beaurepaire-en-Bresse, D87 jusqu'à Saillenard, de là, prendre direction Bletterans, à 3 km de Saillenard ; bien fléché. Doubles avec douche et wc à 250 F (38,1 €). Menus de 65 à 150 F (9,9 à 22,9 €). Pour amoureux du hors-piste bucolique et pour amoureux tout court, voici, aux marches de la Bourgogne, l'ultime étape pour cacher ses émois, et goûter aux charmes de la Bresse profonde ! Un vieux moulin en pleine campagne, joliment aménagé et décoré. Chambres très agréables meublées comme d'antan. On aime beaucoup celle du « meunier », mais les autres possèdent leurs atouts aussi. Accueil fort sympathique et excellente cuisine régionale en prime, servie dans une belle salle à manger rustique. Quelques plats au hasard du marché et des saisons : terrine bressane, poulet fermier, canard aux morilles, filet de sandre noisettes, soufflé au brochet, etc. C'est pas le tout, mais on y retourne ! *Apéritif ou digestif offert.*

MÂCON 71000

Carte régionale B2

🛏 *Hôtel d'Europe et d'Angleterre* ** – 92, quai Jean-Jaurès (Centre) ☎ 03.85.38.27.94. Fax : 03.85.39.22.54. Parking payant. TV. Doubles avec lavabo et wc à 170 F (25,9 €), avec douche et wc ou bains de 260 à 280 F (39,6 à 42,7 €), quadruples tout confort à 295 F (45 €), pour 5 à 355 F (54,1 €). Bien situé. L'hôtel apparaîtra vieillot, mais il plaira sûrement aux routards recherchant les établissements de caractère et possédant un petit charme suranné. De son prestige d'antan, il a conservé un escalier original et d'amples salles. Accueil sympa du patron. La N6 passe au pied de cet hôtel sur le bord de la Saône, mais rassurez-vous, les chambres sont insonorisées ! Les nᵒˢ 1 et 6 possèdent un certain style. *Un petit déjeuner est offert à un enfant de moins de 10 ans par famille. Garage gratuit.*

🛏 lol *Hôtel de Genève* ** – 1, rue Bigonnet (Centre) ☎ 03.85.38.18.10. Fax : 03.85.38.22.32. Parking payant. TV. Canal+. Satellite / câble. Accès : pas très loin de la gare. Chambres doubles de 240 F (36,6 €) avec lavabo et wc à 360 F (54,9 €)

avec bains. Formule express le midi en semaine à 60 F (9,1 €), puis menus de 74 à 148 F (11,3 à 22,6 €). À la carte, compter 128 F (19,5 €). Parking privé payant : 38 F (5,8 €). Hôtel très classique à l'angle de deux rues passantes. Assez central. Les chambres sont très correctes et assez spacieuses. Demandez plutôt une chambre sur cour, plus calme. Une salle à manger genre rustique d'un côté et une brasserie de l'autre. Prix raisonnables. Spécialités : escargots à la bourguignonne, gâteau de foie de volaille, coq au vin, andouillette à la mâconnaise. Petit jardin agréable en été. *10 % sur le prix de la chambre.*

≜ |●| *Inter Hôtel de Bourgogne* ** – 6, rue Victor-Hugo (Centre) ☎ 03.85.38.36.57. **Fax : 03.85.21.10.23.** Parking payant. TV. Canal+. Resto fermé le dimanche et le lundi midi. Accès : suivre le fléchage « La Poste » ; à deux pas du centre piéton. Doubles avec douche et wc à 370 F (56,4 €), avec bains de 390 à 430 F (59,5 à 65,6 €). Menus de 60 F (9,1 €), le midi en semaine, à 140 F (21,3 €). Bien situé sur une place fleurie et ombragée. Un certain charme dès qu'on est à l'intérieur. Le hall d'entrée est tout droit sorti d'un film de Chabrol. Les chambres sont toutes en couleurs pastel. Tours, détours, demi-étage, petits escaliers et recoins. Parmi les spécialités, poulet de Bresse à la crème et gambas aux saveurs lointaines. *10 % sur le prix de la chambre.*

|●| *Maison Mâconnaise des Vins* – 484, av. de-Lattre-de-Tassigny (Nord) ☎ 03.85.38.36.70. Parking. Ouvert tous les jours de 8 h à 21 h. Congés annuels : à Noël et le 1er mai. Accès : le long de la Saône, à l'entrée de la ville en venant de Chalon-sur-Saône. Compter 90 F (13,7 €) environ à la carte (pas de menu). 33 cl de vin à partir de 19 F (2,9 €), vin au verre à 12 F (1,8 €), en bouteille à partir de 65 F (9,9 €). La *Maison Mâconnaise des Vins* regroupe de très nombreux propriétaires de la côte chalonnaise et, bien sûr, mâconnaise, où vous pourrez acheter des vins en bouteille et en cubitainer. Pour ne pas succomber aux vapeurs éthyliques, elle propose de nombreuses spécialités régionales : bœuf bourguignon, andouillette mâconnaise, petit salé, omelette, salades, fromage blanc, « fort » maison, tartes, gaufrette mâconnaise. Terrasse donnant sur la Saône. Le repas idéal pour déguster saint-véran, beaujolais, pouilly-fuissé, rully, givry... Le choix ne manque pas ! Attention sur la route ! *Apéritif offert.*

|●| *Le Poisson d'Or* – allée du Parc, port de plaisance (Nord) ☎ 03.85.38.00.88. Parking. ♿ Fermé le mardi soir en hiver et le mercredi. Congés annuels : février. Accès : par la N6 en direction de Tournus, à 1 km du centre-ville, en bord de Saône. Menus de 98 à 220 F (14,9 à 33,5 €) pour les plus fortunés. À la carte, compter 150 F (22,9 €).

Vous vous sentez l'âme d'un peintre ? Alors n'hésitez pas ! Les reflets de l'eau, les rivages ombragés sont à vous depuis les grandes baies vitrées de cet établissement un peu cossu mais pas guindé. Spécialités régionales : compote de lapin aux pruneaux et sa confiture d'oignons, soufflé de brochet aux cuisses de grenouilles, magret de canard rôti au cassis, choucroute royale, friture fraîche. Plateau de fromages affinés et une crêpe bourguignonne aux poires et coulis de fruits rouges. Raffinement oblige, d'épaisses nappes blanches, de gros bouquets de fleurs coupées, un accueil et un service particulièrement attentionnés. *Café offert.*

|●| *Restaurant Le Rocher de Cancale* – 393, quai Jean-Jaurès (Centre) ☎ 03.85.38.07.50. Fermé le dimanche soir et le lundi (sauf jours fériés). Le 1er menu à 98 F (14,9 €), soit 120 F (18,3 €) avec le vin, vous ravira. Puis menus de 135 à 230 F (20,6 à 35,1 €). Face à la Saône, dans une ancienne demeure du XVIIIe siècle, vous découvrirez un cadre raffiné et élégant. Le 1er menu n'est pas un simple menu d'appel comme il y en a tant dans les restaurants un peu chics. Il est bon, copieux et vous ressortirez pleinement repu après avoir dégusté une morue fraîche au beurre de tomates et basilic ou un filet de carpe poêlé au mâcon rouge. Pour ceux qui veulent faire un festin, 4 autres menus. Spécialités : flan chaud de foie gras, escargots de Bourgogne dorés au beurre d'ail, ragoût de homard, tartare de saumon fumé « maison », poulet de Bresse crème et morilles, filet de bœuf poêlé au mâcon rouge... Un peu cher à la carte. Le service a le souci du détail : les petits pains sortent du four de la maison.

|●| *L'Amandier* – 74, rue Dufour (Centre) ☎ 03.85.39.82.00. ♿ Fermé le dimanche soir et le lundi. Accès : centre-ville, rue piétonne. 1er menu à 100 F (15,2 €), sauf les jours fériés, et menus de 135 à 300 F (20,6 à 45,7 €). La spécialité connue des habitués, c'est la salade de pied de porc, mais l'influence du marché incite Florent Segain à mitonner et varier souvent son 1er menu. Marié à une Italienne et à son pays, il prépare en dessert un délicieux *tiramisù*, comme là-bas... Il est facile de repérer l'adresse, c'est bleu, bleu comme la devanture, bleu comme les fleurs et les assiettes, tandis que les tissus de la salle sont jaunes. Cossu et confortable. Quelques fleurons de la carte : salade de homard et tomates confites, demi-pigeon rôti au four, carré d'agneau rôti en croûte d'herbes, ragoût d'escargots de Bourgogne au vin rouge, gratin de queues d'écrevisses.

|●| *La Vigne et les Vins (Scoubidou)* – 42, rue Joseph-Dufour (Centre) ☎ 03.85.38.53.72. Fermé le dimanche midi et le lundi. Congés annuels : 1 semaine en février, 3 semaines entre le 15 juillet et le 20 août, et du 25 au 31 décembre. Compter 110 F (16,8 €) pour un repas à la carte. On se demande pourquoi c'est très souvent plein, la raison des trognes réjouies dans ce p'tit resto de quartier à la banale allure. Ne cherchez pas! On y trouve la meilleure viande de Mâcon (et celle servie le plus généreusement). Le patron est un maniaque de la viande tendre et goûteuse. Mieux, il lui voue un culte! Son faux-filet fond littéralement dans la bouche. Nature ou accompagné de sauces délicieuses et de frites craquantes. Pas mal de choix : filet, côtes d'agneau, châteaubriand, brochette orientale. Couscous les vendredi et samedi soir en hiver. Grande salle au premier pour les joyeuses bandes.

|●| Restaurant Pierre – 7, rue Dufour (Centre) ☎ 03.85.38.14.23. Fermé le dimanche soir et le lundi. Congés annuels : 2 semaines en février ainsi que 1 semaine fin juin-début juillet. Menus à 120 F (18,3 €), sauf les week-end et jours fériés, puis de 195 à 315 F (29,7 à 48 €). Un cadre tout à fait plaisant pour de romantiques tête-à-tête. Une belle arche sépare les salles, murs de pierre sèche, chandeliers, fleurs fraîches... Un seul regret, l'accueil un tantinet hautain, si vous êtes perçu comme un manant, et le service assez collet monté. Trève de persiflage, reste ce qu'on découvre dans l'assiette : de beaux produits cuisinés avec doigté, des saveurs qui fusionnent avec allégresse, des poissons cuits parfaitement, un foie gras superbe, de succulents desserts. Et une gamme de menus qui met presque toutes ces bonnes choses à la portée de l'étudiant qui a touché sa bourse. Quelques vedettes tirées de la carte (qui vogue bien sûr au gré des saisons) : croustade de truffes, composée gourmande aux queues d'écrevisses et lamelles de foie gras, quenelles de brochet et champignons noirs sur coulis de crustacés, soufflé Grand-Marnier... Les vins, bien entendu, sont dans le ton!

DANS LES ENVIRONS

SANCÉ 71000 (3 km N)

🏠|●| La Vieille Ferme ** ** – (Nord) ☎ 03.85.21.95.15. Fax : 03.85.21.95.16. Parking. TV. ♿ Congés annuels : 15 jours en novembre. Accès : suivre la N6 vers le nord, c'est à droite (bien fléché), ou l'autoroute A6 sortie Mâcon nord. Doubles avec douche et wc ou bains de 250 à 280 F (38,1 à 42,7 €). Menus de 65 à 160 F (9,9 à 24,4 €). À 3 km du centre de Mâcon, une ancienne ferme restaurée avec goût et transformée en petit complexe hôtelier. Situation particulièrement privilégiée : en bord de Saône avec de vrais champs de maïs et de vrais vaches autour des

pêcheurs à la ligne et des cyclistes roulant benoîtement sur le chemin de halage. La partie moderne construite façon motel présente une esthétique extérieure peu séduisante (surtout côté entrée), mais chambres spacieuses, plaisantes et, surtout, largement ouvertes côté Saône et verdure. TGV à peine perceptible. Salle de restaurant agréable (décor rustique, meubles anciens), mais aux beaux jours, la terrasse remporte tous les suffrages. Cuisine au diapason et parfaitement abordable. Carte assez classique mais mets exécutés avec sérieux : poulet fermier à la crème, ris de veau aux morilles, grenouilles persillées, cuisse de pintade farcie aux cèpes, etc. Belle piscine l'été avec copieux buffet le midi. On regrettera seulement l'acccueil un peu froid, mais c'est bien là notre seul reproche! Location de studios meublés à la semaine ou au mois. *10 % sur le prix de la chambre à partir de la 2ᵉ nuit.*

CRÈCHES-SUR-SAÔNE 71680 (8 km S)

🏠|●| Château de la Barge ** ** – le bourg (Centre) ☎ 03.85.37.12.04. Fax : 03.85.37.17.18. Parking. TV. Fermé le samedi et le dimanche du 1er novembre à Pâques. Congés annuels : du 29 octobre au 5 novembre et du 21 décembre au 7 janvier. Accès : par la N6, ou autoroute A6 sortie Mâcon sud, suivre direction Vinzelles et au rond-point suivre Crèches-sur-Saône. 270 F (41,2 €) la chambre double avec douche. Quelques chambres avec lavabo à 120 F (18,3 €). À 340 F (51,8 €) avec bains. Menus de 98 à 215 F (14,9 à 32,8 €). La vie de château enfin accessible dans cette grosse demeure de 1679 recouverte de vigne vierge, dans la quiétude d'un parc aux arbres centenaires. L'accueil est plutôt sympathique. Mobilier et papiers peints défraîchis dans de grandes chambres bercées par le chant des oiseaux que n'aurait certainement pas dédaigné Agatha Christie... Les nᵒˢ 18 à 29 sont particulièrement spacieuses. Au restaurant, même style, même ambiance; la cuisine savoureuse reste simple. Pas de complications inutiles avec une terrine de brochet à l'estragon, une daube de canard bourguignonne au cassis, un feuilleté de ris de veau aux morilles, des escargots au beurre d'amande, un pavé de rumsteak aux échalotes confites. Terrasse vraiment agréable. *10 % sur le prix de la chambre hors juillet-août.*

MILLY-LAMARTINE 71960 (10 km O)

|●| Chez Jack – place de l'Église (Centre) ☎ 03.85.36.63.72. ♿ Fermé le dimanche soir et le lundi; en basse saison, fermé le soir sauf le week-end. Congés annuels : 15 jours de fin août à début septembre. Accès : depuis Mâcon, suivre N79, sortie

Milly-La Roche Vineuse. Menus à 55 F (8,4 €), le midi en semaine, et de 82 à 119 F (12,5 à 18,1 €). À la carte, compter 85 F (13 €). Bonne petite sélection de vins : en pot de 13 à 26 F (2 à 4 €), mâcon rouge et régnié à 65 F (9,9 €), pouilly-fuissé à 120 F (18,3 €), etc. Sympathique petit resto de village à l'ombre d'une belle église et de la maison de Lamartine. L'occasion de déguster une bonne cuisine beaujolaise. Salle traditionnelle où l'on trouve au coude à coude travailleurs du coin et touristes. Aux beaux jours, quelques tables dehors devant l'église. À la carte : pied de veau remoulade, andouillette au four, entrecôte, saucisson chaud, rognon de veau à la crème, tablier de sapeur, etc. _Café offert._

SAINT-VÉRAND 71570 (13 km S)

🏠🍴 _L'Auberge de Saint-Véran_ ** – lieu-dit « La Roche » ☎ 03.85.23.90.90. Fax : 03.85.23.90.91. Parking. TV. Fermé le lundi et le mardi midi. Congés annuels : janvier. Accès : autoroute A6, sortie 29 (direction Vinzelles, Juliénas, Saint-Vérand). Pour les chambres : 260 F (39,6 €) avec douche et wc. Menus de 105 à 230 F (16 à 35,1 €). Demi-pension obligatoire toute l'année de 273 à 395 F (41,6 à 60,2 €). Dans un village traditionnel, au milieu des coteaux et des vignes, près d'un ruisseau, une belle maison en pierre avec terrasse et jardin. Cuisine régionale, hôtel simple, propre et de bon confort. Menus avec des vins de pays bon marché (ce n'est pas courant, donc il faut le dire !). Quelques plats à la carte : marmiton d'andouillette fraise de veau au saint-véran, queue et médaillons de lotte au pouilly, coq au vin, ballottine de volaille fermière farcie aux morilles, etc. _Apéritif offert._

MAILLY-LE-CHÂTEAU 89660

Carte régionale A1

🏠🍴 _Le Castel_ ** – place de l'Église (Centre) ☎ 03.86.81.43.06. Fax : 03.86.81.49.26. Parking. ♿ Fermé le mercredi. Congés annuels : du 15 novembre au 15 mars. Doubles à 330 F (50,3 €) avec douche et wc, 350 F (53,4 €) avec bains. 1er menu à 78 F (11,9 €), sauf le dimanche, puis menus de 110 à 210 F (16,8 à 32 €). Demi-pension à 320 F (48,8 €) par jour et par personne. Sur une place de village presque caricaturale (l'église, la mairie...), solide maison fin XIXe, cachée derrière une cour ombragée de tilleuls. Elle abrite un hôtel et un restaurant d'un bon rapport qualité-prix. Du reste les deux sont indissociables puisque la demi-pension est ici imposée. À la carte : terrine de foie à la confiture d'oignons, suprême de barbue au confit de poireaux, pavé de charolais vigne-

ronne, gratin de framboises et sa liqueur. Les chambres ne respirent pas toutes la joie de vivre mais elles sont progressivement rénovées. Aussi, demandez à en voir plusieurs (si possible) avant de faire votre choix. Pour l'instant, on vous conseille les nos 1, 6, 9 et 10. _Kir offert._

MOULINS-ENGILBERT 58290

Carte régionale A2

🏠🍴 _Au Bon Laboureur_ ** – place Boucaumont (Centre) ☎ 03.86.84.20.55. Fax : 03.86.84.35.52. Parking. TV. Congés annuels : début janvier. Accès : sur la route principale D37 qui traverse le village. Doubles à 260 F (39,6 €) avec douche et wc, à 280 F (42,7 €) avec bains. Nombreux menus à partir de 65 F (9,9 €), sauf le week-end, jusqu'à 238 F (36,3 €). La patronne, malgré son âge, continue à assurer l'accueil dans cette grosse bâtisse située sur la place du village. Elle ne se rappelle plus vraiment combien de menus elle propose mais nous non plus ! Un vrai record... On y mange pour pas cher, c'est copieux, simple et soigné avec un pavé de bar au suc de volaille et crème de cèpes, tagliatelles à la noix ou un mignon de veau poêlé et grillades de porc aux saveurs de thé grillé, soupe d'oranges pulpe vanille et granité de pommes vertes... Chambres pour profiter de ce beau village. _Café offert. 10 % sur le prix de la chambre du 11 novembre au 30 avril._

DANS LES ENVIRONS

SEMELAY 58360 (19 km S)

🍴 _Restaurant Gilles Perrin_ – au village ☎ 03.86.30.91.66. Fermé le lundi toute l'année, et tous les soirs sauf le samedi soir, hormis en juillet-août. Congés annuels : du 15 janvier au 15 février. Accès : par la D985 direction Saint-Honoré-les-Bains, puis la D158. Menus le midi en semaine à 75 F (11,4 €), et de 98 à 165 F (14,9 à 25,2 €). Table traditionnelle connue dans tout le pays. C'est bien simple, quand on veut inviter au restaurant des amis, des cousins de passage, on réserve chez _Perrin_ : c'est sans souci ! Menus avec un increvable duo de saumon et daurade au chablis, un ris de veau au noilly ou une noisette de charolais poêlé si vous préférez. Salle au cadre « province », et « campagne » : ça tombe bien, on y est.

CHIDDES 58710 (27 km SE)

🍴 _La Bouille à Malys_ – au centre du village ☎ 03.86.30.48.90. TV. Satellite / câble. ♿ Fermé le mercredi. Congés annuels : 6 semaines en janvier et février. Accès : par la D985 direction Saint-Honoré-les-Bains et Luzy; Chiddes est indiquée sur la gauche. Menus le midi en semaine à 55 F (8,4 €), puis à 90 et 115 F (13,7 et 17,5 €). Plat du jour à 40 F (6,1 €) environ. Sympa comme tout, ce café-restaurant rural joliment décoré – tons doux et chauds – tenu par un jeune couple de Morvandiaux, qui veulent rester au pays et qu'on s'y amuse, cré-vingt-dieux! À table, solide cuisine du terroir avec des plats du jour genre andouillette ou marmite de la patronne, pavé de saumon, entrecôte roquefort. Le samedi soir, soirées (karaoké) et dîners à thèmes (couscous, paella, cassoulet, choucroute, etc.). À ne pas manquer, au village, la fête de l'Andouille (pas fumée comme celle de Vire ou de Guémené, l'andouille, mais « de ménage », vraie de vraie), chaque premier week-end de mai. *Café offert. Un tee-shirt offert à l'effigie de « la Bouille » par table de 4 se présentant au nom du Routard.*

MOUX-EN-MORVAN   58230

Carte régionale B2

▲ |●| *Hôtel-restaurant Beau Site* * – ☎ 03.86.76.11.75. Fax : 03.86.76.15.84. Parking. Fermé le dimanche et le lundi soir du 15 novembre au 20 mars. Congés annuels : janvier. Accès : D121. Doubles avec lavabo à 148 F (22,6 €), avec douche à 163 F (24,8 €), avec douche et wc à 250 F (38,1 €). Menus de 69 à 190 F (10,5 à 29 €). Un établissement qui ne paie pas de mine, mais qui porte bien son nom (site magnifique), et est bien connu dans le pays pour sa table fiable et généreuse. Franche cuisine familiale traditionnelle, genre plats en sauce et recettes de toujours, et bons prix (1er menu très correct). Quant à l'hôtel, séparé du resto, il dispose de chambres simples mais spacieuses, et bon marché. *Apéritif offert.*

NEVERS   58000

Carte régionale A2

▲ *Hôtel Beauséjour* ** – 5 bis, rue Saint-Gildard ☎ 03.86.61.20.84. Fax : 03.86.59.15.37. TV. Satellite / câble. Congés annuels : 15 jours fin décembre-début janvier. Doubles avec lavabo à 130 F (19,8 €), avec douche à 170 F (25,9 €), avec douche et wc de 190 à 230 F (29 à 35,1 €) côté jardin. Des chambres simples et fonctionnelles mais bon marché et d'une propreté irréprochable. Légèrement excentré et dans une rue un peu passante et quelconque, mais bien insonorisé et très calme côté jardin (les nos 4, 5 et 10). Bon accueil. *10 % sur le prix de la chambre en juillet et août.*

▲ *Hôtel de Clèves* ** – 8, rue Saint-Didier (Centre) ☎ 03.86.61.15.87. Fax : 03.86.57.13.80. TV. La double avec douche à 229 F (34,9 €), avec bains à 269 F (41 €). Bien situé, non loin de la gare et dans une rue calme du centre-ville, un petit établissement fort bien tenu par une dame affable, volontiers causante au petit déjeuner. Ne soyez pas rebuté par le papier peint du rez-de-chaussée, les chambres sont moins kitsch, rénovées, et bénéficient d'une bonne literie.

|●| *Le Goémon, Crêperie Bretonne* – 9, rue du 14-Juillet ☎ 03.86.59.54.99. Fermé le dimanche et le lundi. Congés annuels : du 1er au 21 septembre. Le midi, menu à 57 F (8,7 €) avec hors-d'œuvre, galette complète et dessert. À la carte, compter 90 F (13,7 €) environ. Rien que de très banal pour le cadre, mais de bonnes crêpes salées (à l'andouillette de Guémené par exemple, impeccable) et sucrées. Service plutôt amène. *Apéritif offert.*

|●| *Restaurant Aux Chœurs de Bacchus* – 25, av. du Général-de-Gaulle (Centre) ☎ 03.86.36.72.70. Fermé le samedi midi et le dimanche. Congés annuels : du 1er au 20 août et du 24 décembre au 3 janvier. Menus de 83 à 183 F (12,7 à 27,9 €). Très bien, très très bien ce petit restaurant (pas si petit que ça d'ailleurs) où l'on vous sert avec diligence et amabilité une cuisine généreuse, éprouvée, garantie, plaisante : tarte à l'oignon parfumée aux noix, émincé d'onglet et pommes sarladaises, fromages qu'on applaudit et dessert qui se mange. Cela (par exemple) dans le 1er menu. Mais on pourra sans hésiter s'accompagner de trois verres de vin, servis avec chaque plat : toujours parfaitement assortis, ils font de ce repas un dîner de roi — mais à prix populaire.

|●| *La Cour Saint-Étienne* – 33, rue Saint-Étienne (Centre) ☎ 03.86.36.74.57. Fermé le dimanche et le lundi. Congés annuels : du 2 au 18 janvier et du 30 juillet au 22 août. Accès : derrière l'église Saint-Étienne. Petit menu à 85 F (13 €), puis menus à 109 et 142 F (16,6 et 21,6 €). Deux salles aux tons doux, à la déco sage et classique, un service compétent, jusque-là tout va bien. Et tout va mieux encore avec le second menu, d'un excellent rapport qualité-prix : très fin saumon farci aux artichauts et aux aubergines, puis suprême de poulet farci aux cèpes, tout aussi réussi. Quant au dessert, le croquant de poire à la chicorée ne fait pas un pli. Au menu suivant, un marbré de foie gras et un millefeuille de sandre des plus engageants. Aux beaux jours, quelques tables en terrasse sur l'arrière.

|●| *Restaurant Jean-Michel Couron* – 21, rue Saint-Étienne (Centre) ☎ 03.86.61.19.28. Fermé le dimanche soir et le lundi. Congés annuels : du 2 au 15 jan-

vier et du 20 juillet au 10 août environ.
Accès : prendre le centre historique à hauteur de la maison de la culture et près de l'église Saint-Étienne. Menu en semaine à 118 F (18 €), puis de 165 à 230 F (25,2 à 35,1 €). L'étoilé neversois (comprendre étoilé Michelin) ne l'a pas volé et propose, dans le cadre de 3 petites salles élégantes (dont une, de style gothique, absolument charmante), une cuisine harmonieuse et fine. Et, qui plus est, à prix abordables : irréprochable 1er menu. À noter, la tarte de tomates et pommes, le filet de carrelet étuvé et une compote de poivrons rouges à la sauge, ou encore une soupe tiède de chocolat aux épices, un régal. Réservation recommandée.

DANS LES ENVIRONS

MARZY 58000 (5 km O)

≜ |●| *Le Val de Loire* * – **Corcelles** ☎ 03.86.38.86.21. Parking. ♿ Accès : par la D131 en direction de Marzy, à la sortie du village vers Corcelles. Doubles à 130 F (19,8 €) avec lavabo, 180 F (27,4 €) avec douche et wc, 200 F (30,5 €) avec bains. Menus à 60 F (9,1 €) sauf le week-end, à 85 et 120 F (13 et 18,3 €). Vraiment tranquille et bon marché, très bien tenu (les chambres se trouvent dans une annexe récente) et animé d'une bonne ambiance familiale. Seul inconvénient, le car qui vient de Nevers n'y passe que deux fois par jour. Au restaurant, une cuisine simple et copieuse, pas chère non plus. *Apéritif offert.*

SAUVIGNY-LES-BOIS 58160
(10 km E)

|●| *L'Auberge du Moulin de l'Étang* – **64, route de l'Étang** ☎ 03.86.37.10.17. Parking. Fermé le lundi et le mercredi soir. Accès : de Nevers, D978 direction Château-Chinon, puis D18 à droite ; auberge un peu à l'écart du village, le long de la D209. Menus de 98 à 230 F (14,9 à 35,1 €). Une des bonnes tables du Nivernais, où nous avons dévoré dans le 1er menu une formidable tête de veau (avec tout son gras et sa sauce gribiche spécial régime), puis un aimable mignon de porc mariné façon chevreuil. Le dessert en revanche (une crème brûlée un peu trop sucrée) nous a légèrement déçus, mais, dans l'ensemble, bravo ! Service aimable et diligent, grande salle à manger à l'atmosphère toute provinciale. *Café offert.*

MAGNY-COURS 58470 (12 km S)

≜ |●| *Hôtel-restaurant La Renaissance* *** – **au bourg** ☎ 03.86.58.10.40. Fax : 03.86.21.22.60. Parking. TV. Canal+. Satellite / câble. Fermé le dimanche soir et le lundi. Accès : par la RN7. À l'étage, chambres de tout confort à 500 F (76,2 €) la double ; également 3 suites à 800 F (122 €). Menus de 250 à 400 F (38,1 à 61 €). L'hôtel-restaurant chic des environs de Nevers, et l'une des grandes tables du département. On est à deux ou trois kilomètres du circuit automobile de Magny-Cours, et les pilotes et les techniciens apprécient la cuisine goûteuse du chef, toujours à base de produits de choix : cuisses de grenouilles sautées façon bourguignonne, tournedos de lotte grillé sur escalope de foie gras de canard poêlée au vin de saint-émilion, pomme de ris de veau rôtie, pièce de charolais cuite au sautoir, tapinaude morvandelle. Bons vins de Loire abordables. Grande salle agréable et service soigné. Une adresse solide dans sa catégorie. *Apéritif offert.*

NITRY · 89310

Carte régionale A1

|●| *Auberge La Beursaudière* – **chemin de Ronde (Nord-Ouest)** ☎ 03.86.33.69.69. Parking. Accès : chemin de ronde, route de Sacy. La formule à 90 F (13,7 €) propose un hors-d'œuvre et un plat ; le premier menu est à 180 F (27,4 €), un autre à 260 F (39,6 €). Cette superbe bâtisse morvandelle avec son pigeonnier de style médiéval est surtout une halte pour les vacanciers qui se rendent dans le Sud de la France. Ici, on fait dans le genre couleur locale : serveuses en costume régional, menus dits des « roulants » ou des « batteuses »... Une grande terrasse, très bien aménagée, permet de déjeuner dehors. Mais attention, l'été, ça tape ! Les prix aussi ! À l'affiche, une cuisine de région pour gros appétits : quenelles de brochet aux moules, les inévitables œufs en meurette, andouillette de Clamecy cuite au four au bois, côte de bœuf et os à moelle pour deux, mosaïque de langouste et Saint-Jacques...

DANS LES ENVIRONS

NOYERS-SUR-SEREIN 89310
(10 km NE)

≜ |●| *Hôtel de la Vieille Tour* – **place du Grenier-à-Sel (Centre)** ☎ 03.86.82.87.69. Fax : 03.86.82.66.04. Congés annuels : du 15 novembre au 15 mars (possibilité d'ouverture sur réservation). Doubles avec lavabo à 200 F (30,5 €), avec douche et wc ou bains de 250 à 350 F (38,1 à 53,4 €). Menus à 75 et 90 F (11,4 et 13,7 €). Cette belle bâtisse du XVIIe siècle couverte de vigne vierge où vécut Charles-Louis Pothier, auteur de l'immortelle chanson *Les Roses Blanches* (eh oui !), abrite désormais une galerie de peintures et des chambres plaisantes. Le cadre chaleureux, l'ambiance

BOURGOGNE

décontractée et bon enfant rapprocherait plus cet « hôtel » d'une maison d'hôtes. D'ailleurs, la patronne, hollandaise d'origine, vous offre de partager sa table (et sa joie de vivre !) pour une cuisine familiale, parfois exotique, à base de légumes et de fines herbes du jardin, telles la terrine de foie de volaille et la tarte au gingembre confit servie chaude avec de la glace vanille. Un endroit étonnant et – comme le bourg – un peu hors du temps.

NOLAY   21340

Carte régionale B2

|●| *Restaurant Le Burgonde* – **35, rue de la République** ☎ 03.80.21.71.25. Fermé le dimanche et le lundi. Congés annuels : février et du 20 au 30 juin. Accès : sur l'axe Beaune-Autun, dans le centre-ville, à 200 m de la mairie. Menu le midi en semaine à 79 F (12 €). Menu du marché à 108 F (16,5 €), autres menus jusqu'à 258 F (39,3 €). Menu enfant à 50 F (7,6 €). À la carte, compter 250 F (38,1 €). Derrière les vitres d'un ancien grand magasin, une salle à manger très bourgeoise de province, des plantes vertes, un plancher d'époque, un charme fou... Surpris, on se laisse guider dans l'autre salle, une véranda jardin d'hiver, sous la verrière d'époque. Sympa, feutré. Grand choix de menus. Ne prenez pas peur et regardez bien le menu du marché (gélade de lentilles vertes du Puy, joues et jus de bœuf, poisson de la marée ou pintade rôtie thym frais, fromage ou dessert). À la carte : millefeuille de sandre à la peau au pain d'épice sur fondue d'oseille, pièce de cochon rôtie. Service gentil. Vin à prix (encore) raisonnables. *Apéritif offert.*

DANS LES ENVIRONS

EVELLE 21340 (5 km N)

|●| *L'Auberge du Vieux Pressoir* – ☎ 03.80.21.82.16. Fermé le mercredi. Congés annuels : 2 semaines en janvier et pendant les vacances scolaires de février. Accès : à la sortie du village après La Rochepot, prendre la route des coteaux, direction Orches et Saint-Romain. 1er menu à 98 F (14,9 €) et menu-carte à 150 F (22,9 €). On se demande comment tous ceux qui remplissent les deux salles de cet ancien bistrot de village ont su trouver le chemin de cette auberge à la mode d'autrefois ! Rien que pour les paysages entrevus le temps de la grimpette, on ne regrette pas cette halte claire et joyeuse, où l'on se régale avec les « plats canailles des Hautes-Côtes », comme n'aurait sûrement pas dit Vincenot, le « pape des escargots », auteur dont la lecture vous est chaudement recommandée sur ces terres. « L'Henri »

aurait aimé, par contre, ces œufs en meurette traditionnels, ou cette bonne terrine maison, le foie de veau poêlé ou le filet de bœuf à la crème d'échalotes, les fromages du pays et les desserts, au menu-carte. Mais le 1er menu, sans surprise, est bien suffisant. *Café offert.*

NUITS-SAINT-GEORGES   21700

Carte régionale B2

🏠|●| *Hôtel-restaurant des Cultivateurs* ** – sur la N74 (Sud) ☎ 03.80.61.10.41. TV. Fermé le dimanche. Congés annuels : du 15 décembre au 15 janvier. Accès : à la sortie de la ville, direction Beaune, face au parking. Doubles à 200 F (30,5 €). Menus de 50 à 97 F (7,6 à 14,8 €). Autant vous prévenir d'emblée, c'est pas le grand luxe. Mais, dans cette petite ville célèbre jusque sur la lune (on a donné, en hommage à Jules Verne, son nom à un cratère. Relisez vos classiques !), c'est un comble de ne pouvoir trouver un hôtel-restaurant vraiment sympa, avec une vue sur les vignes. Ici, au moins, il y a des trognes au bar, une patronne qui a le sourire, des chambres de dépannage, une petite terrasse et des menus qui font le bonheur des vignerons, qui viennent là avec leurs bonnes bouteilles. *Apéritif offert.*

DANS LES ENVIRONS

VILLARS-FONTAINE 21700 (5 km O)

|●| *Auberge du Coteau* – **(Centre)** ☎ 03.80.61.10.50. Parking. Fermé le mardi soir et le mercredi. Congés annuels : pendant les vacances scolaires de février et du 17 août au 7 septembre. Accès : par la D25 puis la D35. Menus le midi en semaine à 60 F (9,1 €), puis de 75 à 120 F (11,4 à 18,3 €). Un vrai relais campagnard, où l'on vous sert en famille terrine maison, grillades au feu de bois tendres à souhait (dont les côtes de bœuf), coq au vin, escargots et autres plats qui tiennent au corps et réjouissent les cœurs, surtout avec un vin des Hautes-Côtes, au retour d'une balade dans le vignoble. Cheminées, petites tables nappées en vichy et prix à l'ancienne. L'étape idéale après avoir passé un après-midi à découvrir l'arrière-pays nuiton, royaume des chèvres, des petits fruits rouges et des artisans, de collines en chapelles, de châteaux en ruine en musées insolites.

VOUGEOT 21640 (10 km S)

🏠 *Hôtel de la Perrière* – **18, rue du Vieux-Château** ☎ 03.80.62.80.49. Fax : 03.80.62.83.65. Parking. Congés annuels :

BOURGOGNE

en janvier. Accès : par la N74, en direction de Beaune. Doubles de 370 à 450 F (56,4 à 68,6 €) avec douche et wc. Dans ce village célèbre dans le monde entier pour les fêtes vineuses organisées par la confrérie du clos Vougeot, on ne s'attend pas à trouver un petit hôtel comme celui-là, aussi insignifiant en façade que plaisant côté cour, avec ses chambres (demandez la 6 ou la 7) avec vue sur le château ! Calme, confortable, avec son bar à vins, il mériterait presque qu'on lui fasse un ban bourguignon, ne serait-ce que pour ne pas « prendre pour des touristes » ceux qui passent par là, guide en main ! *10 % sur le prix de la chambre.*

AUVILLARS-SUR-SAÔNE 21250

(15 km E)

I●I *Auberge de l'Abbaye* – **route de Seurre** ☎ 03.80.26.97.37. Parking. Fermé le mardi soir et le mercredi. Congés annuels : 3e semaine de mai, 4e semaine d'août. Accès : par la D35 puis la D996. Le midi, en semaine, menu du jour à 82 F (12,5 €). 1er menu à 118 F (18 €), autres menus à 158 et 238 F (24,1 et 36,3 €). L'étape à ne pas manquer après la visite de l'abbaye de Cîteaux qui, à plus de 900 ans, s'ouvre (avec modération, comme on boit le vin des bons moines d'autrefois) sur le monde et les hommes. À un kilomètre du village, un lieu de recueillement, devant des assiettes riches en saveurs, en trouvailles de grand chef à prix (presque) menus : hure de saumon en gelée de tomate confite, poêlée de morue fraîche aux pommes de terre roseval, méli-mélo de fraises et rhubarbe, glace au miel... pour le 1er menu. Vous pouvez aussi, dans le coin bistrot, joli comme tout, prendre le menu du jour, style terrine de foie de volaille à l'ancienne, émincé de mignon de porc aux pommes, terrine de pain perdu. En spécialités : salade de langoustines aux noisettes et pain d'épice, marmite de veau et volaille en croûte, crème aux morilles en hiver. Pour l'été, terrasse mignonne elle aussi. *Café offert.*

PARAY-LE-MONIAL 71600

Carte régionale B2

🛏 **I●I** *Grand Hôtel de la Basilique* ** – **18, rue de la Visitation (Centre)** ☎ 03.85.81.11.13. Fax : 03.85.88.83.70. Parking payant. TV. Satellite / câble. Congés annuels : du 1er novembre au 20 mars. Accès : à 100 m de la basilique et en face de la chapelle de la Visitation où le Sacré-Cœur apparut à sainte Marguerite. Doubles avec douche et wc ou bains de 250 à 280 F (38,1 à 42,7 €). Demi-pension obligatoire du 23 juillet au 10 août à 225 F (34,3 €) par jour par personne. Menus de 85 à 220 F (13 à 33,5 €). L'hôtel offre un grand choix de chambres. Restaurant de cuisine régionale. Quelques spécialités : filet de turbot au foin, brunoise de charolais label rouge, œufs en meurette, pavé glacé du vieux quartier. Au 3e étage côté sud, admirez l'embrasement de la basilique. Au rez-de-chaussée, en sortant du bar, vous risquez de vous retrouver en face de sainte Marguerite : ce n'est pas une apparition, mais tout simplement le magasin de bondieuseries qui jouxte l'estaminet. Un hôtel plein de charme, mais n'y soyez pas trop excentrique, c'est l'un des rendez-vous préférés des pèlerins, et l'un des nôtres aussi ! *10 % sur le prix de la chambre sauf du 15 juillet au 15 août.*

🛏 **I●I** *Hôtel Terminus* *** – 27, av. de la Gare (Nord)** ☎ 03.85.81.59.31. Fax : 03.85.81.38.31. Parking. TV. Canal+. Fermé le samedi soir et le dimanche pendant la saison d'hiver. Accès : face à la gare SNCF. Doubles avec douche et wc à 315 F (48 €), avec bains à 380 F (57,9 €). Menus à la brasserie à 49 F (7,5 €) le midi, et à 120 F (18,3 €), sauf le dimanche soir. Gros hôtel fort bien rénové. La façade reste austère mais sitôt la porte franchie, tout est oublié ! L'accueil est chaleureux et a le souci du détail. Les chambres, spacieuses, sont décorées de tissus fleuris et coordonnés. D'exceptionnelles salles d'eau, un peu futuristes, alliant le bois, le Plexiglas et les jets à pression. Possibilité de se restaurer de petits plats de brasserie. *Café offert.*

POUILLY-SUR-LOIRE 58150

Carte régionale A2

🛏 **I●I** *Le Relais Fleuri - Coq Hardi* – **42, av. de la Tuilerie** ☎ 03.86.39.12.99. **Fax : 03.86.39.14.15.** Parking. TV. ⚒ Fermé le mardi soir et le mercredi d'octobre à Pâques. Congés annuels : de mi-décembre au 20 janvier. Accès : au sud-est, à 500 m du centre-ville, face aux caves. Doubles avec douche et wc à 350 F (53,4 €), avec bains à 400 F (61 €). Premier menu à 110 F (16,8 €), menus suivants à 165 et 260 F (25,2 et 39,6 €) avec homard. Très classique *Logis de France*, avec meubles rustiques et force fleurs et plantes, mais aussi un bien bon accueil et de belles chambres, surtout celles donnant sur la Loire. À table, cuisine régionale de bonne tenue. Parmi les spécialités : pannequet de saumon fumé aux sarments de vigne, pigeon et caille de ferme rôtis au jus avec toasts de foie gras, sandre au lard rôti aux lentilles du Berry, jambon cru du Morvan et sa compote de figues, chèvre frais aux pistaches et raisins au cognac. Bref, un établissement plutôt agréable et sans mauvaise surprise.

QUARRÉ-LES-TOMBES   89630

Carte régionale A1

🛏️🍴 *Auberge de l'Âtre* – **Les Lavaults (Nord-Est)** ☎ **03.86.32.20.79. Fax : 03.86.32.28.25.** Parking. TV. ♿ Fermé le mardi soir et le mercredi hors saison. Congés annuels : du 28 janvier au 6 mars. Accès : N6, puis D10. Prendre la direction « Lac des Settons ». Doubles avec bains de 400 à 550 F (61 à 83,8 €). Menus à 145 F (22,1 €), sauf le dimanche, puis à 220 et 295 F (33,5 et 45 €). Isolée au cœur du Morvan, cette auberge-là a de quoi rassurer le voyageur égaré, surtout les nuits plutôt fraîches où elle surgit du brouillard. Une première salle qui a gardé la mémoire des bistrots d'autrefois, un décor rustique mais chaleureux pour le restaurant où le chef adore jouer, dans les plats qu'il crée, avec les plantes et les champignons du Morvan : œufs en meurette aux petits lardons fumés épinards branches, escalopes de foie gras poêlée aux rouelles d'oignons confits et flambées au porto, éventail de sandre aux champignons de saison, rougets-barbets grillés et son étuvée d'endives et herbes fraîches, pigeon entier rôti préparé en aiguillettes au ratafia de bourgogne. C'est peut-être l'une des plus belles tables de la région, à des prix encore abordables. Et pour ceux qui céderaient définitivement au charme des lieux et qui accessoirement auraient quelques moyens, 7 chambres, plaisantes, ont été aménagées. *10 % sur le prix de la chambre du 1er octobre au 15 décembre et du 4 au 28 janvier.*

DANS LES ENVIRONS

BRIZARDS (LES) 89630 (6 km SE)

🛏️🍴 *Auberge des Brizards* ** – ☎ **03.86.32.20.12. Fax : 03.86.32.27.40.** Parking. TV. Congés annuels : de janvier à début février. Accès : par la D55; fléchage. Chambres doubles de 280 à… 950 F (144,8 €), cette dernière étant une adorable « maison de poète » offrant l'hiver un feu de bois à ses hôtes et l'été la fraîcheur de ses vieilles pierres. Menus le midi en semaine à 85 F (13 €), puis de 160 à 280 F (24,4 à 42,7 €). Que peut-il y avoir de plus romantique au monde que cette charmante auberge ? Enfouie dans la forêt profonde du Morvan, complètement isolée, elle semble surgir d'un conte de fées tant les environs sont magnifiques et les parfums champêtres enivrants. Au restaurant, menus servis avec le sourire, dans une salle claire, spacieuse qui n'a plus rien à voir avec celle où grandmère Odette recevait ses clients, au milieu des terrines et des bocaux. Ici, il faut goûter la matelote de sandre au vin rouge, la tourte

de cochon, le vrai boudin aux pommes maison et le pain d'épice grand-mère. Tennis et étang pour la pêche. *10 % sur le prix de la chambre pour au moins 2 nuits consécutives sauf juillet, août et septembre.*

ROMANECHE-THORINS   71570

Carte régionale B2

🛏️🍴 *Hôtel-restaurant La Maison Blanche* ** – **RN6 (Centre)** ☎ **03.85.35.50.53. Fax : 03.85.35.21.22.** Parking. TV. Fermé le dimanche soir et le lundi. Congés annuels : du 3 janvier au 3 février. Accès : au sud de Mâcon, à la « frontière » du Rhône. Doubles avec douche et wc à 200 F (30,5 €). Menus de 90 à 230 F (13,7 à 35,1 €). Situé au bord d'une route très fréquentée, ça n'invite pas tellement à s'arrêter. Vous auriez tord, car ici, c'est une belle cuisine régionale, confectionnée avec un professionnalisme réjouissant. Bon, on vous l'accorde, style et atmosphère peu routards (voire assez conformistes), mais service attentif et ce qui compte, c'est ce qu'il y a dans l'assiette. Au dernier menu, foie gras poêlé aux myrtilles, navarin de homard sauce safranée, sorbet poire. Quelques fleurons de la carte : saumon fumé au bois de hêtre, poêlée de grenouilles, navarin de homard sauce corail, gratin d'andouillette, coq au vin maison (un des meilleurs jamais mangés!), tournedos poêlé aux morilles, etc. Pour dormir, quelques chambres confortables (dont certaines donnent sur rue mais sont insonorisées). Hélas, demi-pension obligatoire. Piscine. *Apéritif offert.*

RULLY   71150

Carte régionale B2

🛏️🍴 *Le Vendangerot* ** – **place Sainte-Marie (Centre)** ☎ **03.85.87.20.09. Fax : 03.85.91.27.18.** TV. Fermé le mercredi et le jeudi midi. Congés annuels : en février en général. Accès : quitter la N6 après Arnayle-Duc en direction de Chalon-sur-Saône, D981 puis D978 en direction de Rully. Chambres à 250 F (38,1 €) avec douche et 280 F (42,7 €) avec bains. Menus de 98 à 240 F (14,9 à 36,6 €). Sur la place de ce pittoresque village vigneron, grande maison fleurie entourée de verdure. Côté hôtellerie, un *Logis de France* deux étoiles très correct et très bien tenu. Chambres bien pimpantes et spacieuses. Côté cuisine, les fiertés de la cuisine d'Armand vous attendent : compotée de queue de bœuf en charlotte de légumes aux morilles (en saison), sandre au marc de chardonnay, escalope de ris de veau au vin jaune, pigeonneau de Chagny, coq au vin blanc, etc. Une adresse sure de la région.

BOURGOGNE

SAINT-CHRISTOPHE-EN-BRIONNAIS   71800

Carte régionale B2

|●| *Bar-restaurant du Midi* – **Grand-Rue (Centre)** ☎ **03.85.25.87.06**. Fermé le lundi. Congés annuels : janvier. Accès : de Paray-le-Monial, par la D34. De La Clayette, par la D989. Deux formules à 55 et 80 F (8,4 et 12,2 €). Menus à 90 et 100 F (13,7 et 15,2 €). Quelques années déjà que Liliane et Bernard Degueurce remplissent le jeudi, jour de foire, dès 6 h du matin, les estomacs de leur clientèle de maquignons et visiteurs ravis. Au-delà du bar et de la cuisine, ils s'entassent dans cette « grande salle à manger-cantine » pour de copieuses portions de tête de veau, petit salé ou pot-au-feu goûteux. Que de la bonne viande ici ! Sinon, en semaine, plus calme. Le tout arrosé d'un côtes-du-rhône correct, d'un mâcon-villages ou d'un saint-véran.

SAINT-FLORENTIN   89600

Carte régionale A1

🛏|●| *Les Tilleuls* ** – **3, rue Descourtive (Centre)** ☎ **03.86.35.09.09. Fax : 03.86.35.96.90**. Parking. TV. Canal+. Resto fermé le dimanche soir et le lundi. Congés annuels : du 11 février au 4 mars. Doubles avec douche et wc ou bains de 300 à 350 F (45,7 à 53,4 €). Menu à 100 F (15,2 €) le midi en semaine, puis de 140 à 250 F (21,3 à 38,1 €). À deux pas du centre, mais dans une rue paisible, cet établissement fut un dortoir du couvent des capucins établi en 1635. Une jolie terrasse bordée d'un jardin non moins délicieux permet de déjeuner (à l'ombre des tilleuls!) loin du brouhaha en oubliant le stress quotidien. L'accueil est réservé. Les chambres sont confortables et bien équipées.

DANS LES ENVIRONS –

NEUVY-SAUTOUR 89570 (7 km NE)

|●| *Restaurant Le Dauphin* – **route de Troyes (Centre)** ☎ **03.86.56.30.01**. Fermé le dimanche soir, le lundi. Congés annuels : du 1er au 20 janvier. Accès : par la N77 en direction de Troyes. Formule à 68 F (10,4 €) sauf le dimanche côté bistrot, sinon menus de 85 F (12,9 €), en semaine seulement, à 192 F (29,3 €). Le chef de ce restaurant a décidé de nous faire tous succomber au péché de gourmandise et pour cela nous concocte de petites merveilles à faire damner un saint : poêlée de Saint-Jacques au beurre soufflé rosé aux pâtes fraîches, sur-

prise de gastéropodes aux senteurs de l'Yonne, crème brûlée aux pavots bleus... Service assuré par un personnel chaleureux. *Apéritif offert.*

SAINT-JULIEN-DE-JONZY   71110

Carte régionale B2

🛏 |●| *Hôtel-restaurant-boucherie Pont Bernard* ** – **le bourg** ☎ **03.85.84.01.95. Fax : 03.85.84.14.61**. Parking. TV. Fermé le lundi soir. Congés annuels : pendant les vacances scolaires de février de la région. Accès : à 8 km au sud de Saint-Christophe-en-Brionnais ; depuis Paray-le-Monial, suivre les D34 et D20. Doubles avec douche et wc ou bains de 215 à 265 F (32,8 à 40,4 €). Menu du jour avec entrée, plat, fromage ou dessert à 59 F (9 €), le midi en semaine. Menus à 85 et 112 F (13 et 17,1 €), puis 149 et 176 F (22,7 et 26,8 €). En plein cœur du Charolais, à 30 km au nord de Roanne, ce charmant petit hôtel-restaurant ne donne pas dans la demi-mesure. Ici, pas question de se prendre pour Troisgros, on se contente de faire ce que l'on connaît bien et M. Pont est boucher autant que cuisinier. La viande est superbe et généreuse, et la cuisine familiale qui l'accompagne est simple mais goûteuse et copieuse. Deuxième et troisième menus avec coq au vin ou filet de loup au champagne, menus suivants avec foie gras maison, tournedos, escalope de veau fermier à la crème. Beaux desserts. Hôtel simple et confortable. Accueil gentil et convivial. *Digestif offert.*

SAULIEU   21210

Carte régionale B2

🛏|●| *La Borne Impériale* ** – **14-16 rue d'Argentine (Centre)** ☎ **03.80.64.19.76. Fax : 03.80.64.30.63**. Parking. TV. Fermé le mardi soir et le mercredi. Doubles à 190 F (29 €) avec douche, de 290 à 300 F (44,2 à 45,7 €) avec douche et wc ou bains. Menu à 95 F (14,5 €) en semaine. Les autres sont à 120 F (18,3 €), menu bourguignon, et à 160 F (24,4 €). Sur la N6, entre le fameux taureau sculpté par Pompon et le bouillant Bernard Loiseau, autre bête de scène faisant accourir à Saulieu les gourmets du monde entier, il reste quelques bonnes auberges à l'ancienne mode, comme celle-ci. Entièrement (ou presque) rénovée à la suite d'une explosion de gaz, elle propose 7 chambres dont les meilleures ont une jolie vue sur le jardin. Belle salle de restaurant avec terrasse aux beaux jours. Au 1er menu, salade de melon et de pamplemousse à la menthe, jambon braisé lie-de-vin, dessert. *Café offert.*

🛏️|●| *La Vieille Auberge* – 15, rue Grillot (Sud) ☎ 03.80.64.13.74. Parking. Fermé le mardi soir et le mercredi. Congés annuels : du 3 janvier au 4 février. Accès : à la sortie de la ville. Doubles avec douche et wc ou bains à 210 F (32 €). Menus de 75 à 175 F (11,4 à 26,7 €). On peut passer dix fois sans la voir, enfoncée dans un tournant qui a vu, du temps de la gloire de Saulieu – quand tout le monde passait par la N6 pour descendre dans le midi ! – défiler du beau et du moins beau monde. Comme la vieille cité, *La Vieille Auberge* s'est endormie. L'arrivée d'une nouvelle génération de gastronomes, la « génération Loiseau », a refait de Saulieu une ville-étape. Et deux jeunes ont repris, courageusement, la direction de cette maison. On se régale de terrine de charolais, de salade de blanc de volaille fumé, de pavé de bœuf sauce morilles, de mousse de sandre soufflée à l'aligoté, de nougat glacé au ratafia. Salle croquignolette, jolie terrasse cachée et excellent accueil. *10 % sur le prix de la chambre pour 2 nuits consécutives.*

SEMUR-EN-AUXOIS   21140

Carte régionale B1

🛏️ *Hôtel des Cymaises* ** – 7, rue du Renaudot (Centre) ☎ 03.80.97.21.44. Fax : 03.80.97.18.23. Parking. TV. ♿ Congés annuels : de mi-février à début mars et de fin octobre à mi-novembre. Doubles avec douche et wc ou bains de 310 à 340 F (47,3 à 51,8 €). En plein cœur de la cité médiévale, juste derrière la porte Sauvigny, une belle demeure XVIIIᵉ, qui a su très bien s'adapter aux besoins hôteliers du XXᵉ siècle (une fois n'est pas coutume !). On rentre quand on veut, avec qui on veut, le petit déjeuner est servi sous la véranda, c'est frais, propre et confortable. Chambres gentiment meublées. Accueil sympa de la fille de la maison. *10 % sur le prix de la chambre de novembre à mars.*

|●| *Le Calibressan* – 16, rue Feveret ☎ 03.80.97.32.40. Fermé le samedi midi, le dimanche soir et le lundi. Congés annuels : les quatre 1ʳᵉˢ semaines de janvier. Beaux menus à 80 F (12,2 €) en semaine à midi, et de 96 à 132 F (14,6 à 20,1 €). « Un zeste de Californie dans une cuisine bressane », c'est un peu son slogan, au *Calibressan*. Ce joli petit restaurant allie le rustique et l'authentique (poutres, briques, fleurs et petits rideaux), au dynamisme et à l'exotisme du Nouveau Monde, représenté par madame à l'accueil, pur produit californien, et par certaines sauces et accompagnements, du superbe buffet proposé en entrée au chili con carne ou au filet de kangourou rôti, et à l'assiette de sorbet en robe de chocolat. Ambiance décontractée, musique de circonstance.

|●| *Restaurant des Minimes* – 39, rue Vaux ☎ 03.80.97.26.86. Parking. ♿ Fermé le dimanche soir et le lundi. Congés annuels : 1 semaine en janvier et 2 semaines en novembre. Accès : à 500 m du centre-ville. Menus à 98 et 150 F (14,9 et 22,9 €). Menu enfant à 60 F (9,1 €). Comptez 150 F (22,9 €) à la carte. Au pied des remparts, dans un décor bucolique à souhait, un ancien bistrot de quartier est devenu « LE » rendez-vous de tous ceux qui, passant à Semur, recherchent tout à la fois un supplément d'âme, un accent et des plats du terroir. Ambiance à la bonne franquette. La patronne, dotée d'un sens de la répartie et d'un amour des bons vins, ne s'en laisse compter ni par les politiciens locaux, ni par les mauvais payeurs. Vous pourrez goûter deux vins différents, avec les œufs en meurette, le saumon à l'unilatéral, le pavé de charolais à l'époisses, le pied de porc désossé caramélisé, la tête de veau ravigote (sauf l'été), le clafoutis griottes et le nougat glacé.

DANS LES ENVIRONS

PONT-ET-MASSÈNE 21141 (3 km S)

🛏️|●| *Hôtel du Lac* ** – 10, rue du lac ☎ 03.80.97.11.11. Fax : 03.80.97.29.25. Parking. TV. Fermé le dimanche soir et le lundi hors saison. Congés annuels : du 18 décembre au 24 janvier. Accès : prendre la direction « Lac de Pont ». Menus à 88 F (13,4 €), en semaine et le dimanche soir, à 105 et 156 F (16 et 23,8 €). Une grande construction qui sent bon les années 50, en contrebas du lac. Quelques chambres très agréables et d'autres plus désuètes. Au restaurant, ambiance familiale et nourriture régionale qui faisait le bonheur des dimanches d'antan : jambon braisé à la crème, fricassée de volaille à l'aligoté et aux champignons, coq au vin, tête de veau sauce ravigote, dos de sandre à la fondue de poireaux, filet de charolais à la moelle… Pour accompagner, choisissez un vin de pays, le blanc de l'Auxois, encore peu connu mais très agréable. Et profitez de la terrasse sous la tonnelle, en été. *Kir offert.*

SENS   89100

Carte régionale A1

🛏️ *Hôtel L'Esplanade* * – 2, bd du Mail (Centre) ☎ 03.86.83.14.70. Fax : 03.86.83.14.71. TV. Canal+. Fermé le dimanche hors saison. Congés annuels : août, Noël et Jour de l'An. 146 F (22,3 €) avec lavabo, 240 F (36,6 €) avec douche et wc. Un tout petit hôtel (16 chambres seulement) installé dans une croquignolette maison du centre-ville suffisamment ancienne pour que le patron ait oublié sa date de construction. Chambres pas bien grandes mais sérieusement rénovées et bien équipées : doubles-vitrages côté rue, literie récente... Pas de resto mais un bar sympa où se prend le petit déjeuner. *Petit déjeuner offert.*

|●| *Restaurant Le Soleil Levant* – 51, rue Émile-Zola (Sud-Ouest) ☎ 03.86.65.71.82. Fermé le dimanche soir et le mercredi soir. Congés annuels : août. Accès : à deux pas de la gare. Impeccable 1er menu à 70 F (10,7 €), sauf le dimanche, puis 97 et 160 F (14,8 et 24,4 €). Un restaurant très classique, tant par la décoration que par la carte, réputé pour ses spécialités de poissons et notamment son saumon à l'oseille. Les réfractaires aux produits de la mer pourront également se sustenter ici, avec notamment des bouchées au ris de veau particulièrement réussies. Et tous se régaleront avec les desserts maison qui sont divins. *Café offert.*

DANS LES ENVIRONS

VILLEROY 89100 (7 km SO)

🛏|●| *Relais de Villeroy* ✱✱ – route de Nemours (Centre) ☎ 03.86.88.81.77. Fax : 03.86.88.84.04. Parking. TV. Satellite / câble. Fermé le dimanche soir du 15 septembre au 15 juin. Congés annuels : du 15 novembre au 15 décembre. Accès : en direction de Nemours. Doubles avec douche et wc ou bains de 210 à 265 F (32 à 40,4 €). Formule à 80 F (12,2 €) dans la salle bistrot. Menus de 140 à 245 F (21,3 à 37,4 €). Une des plus agréables étapes de la région. Dans cette maison toute pimpante, les patrons cherchent (et ils réussissent) à créer une ambiance familiale avec bonne chère et bon accueil. Le restaurant, bien connu des gastronomes, sent bon le bois ciré. Véranda et terrasse sur l'arrière pour les beaux jours. La carte comporte beaucoup de poissons et de pâtisseries maison qui fondent dans la bouche. Plus accessibles sont les petits plats du bistrot mitoyen *Chez Clément* dont on regrettera seulement qu'il soit fermé le samedi soir et le dimanche midi. Les chambres sont à l'image du reste, tapisseries fleuries et meubles anciens, un peu en bord de route, mais il y a des doubles-vitrages. *10 % sur le prix de la chambre et coupe de champagne servie avec le dessert.*

VAUDEURS 89320 (24 km SE)

🛏|●| *Hôtel-restaurant La Vaudeurinoise* ✱ – 10, route de Grange-Sèche ☎ 03.86.96.28.00. Fax : 03.86.96.28.03. Fermé le mardi soir et le mercredi soir (sauf en juillet-août). Congés annuels : du 16 février au 8 mars. Accès : par la RN 60 direction Troyes puis la D905 direction

Saint-Florentin. De 175 à 250 F (26,7 à 38,9 €) la double. Menus de 85 F (12,9 €) en semaine à 230 F (35 €). Classique petite hôtellerie de campagne au cœur du paisible et verdoyant pays d'Othe. Maison récente à peine à l'écart du village donc tranquille. 6 chambres toutes simples, lumineuses et plaisantes (certaines donnent sur le jardin) : toutes avec bains et wc. Cuisine sous influence régionale. Le menu à 125 F (19 €) propose par exemple beignets d'escargots à la bourguignonne, chausson au chaource et sa salade, mousse au crémant de Bourgogne et fruits pochés. À la carte : beignets d'escargots, salmis de caille au ratafia et cerises de Bourgogne, turbot aux oignons et champignons confits... Accueil particulièrement aimable.

TOUCY 89130

Carte régionale A1

🛏|●| *Le Lion d'Or* – 37, rue Lucile-Cormier (Centre) ☎ 03.86.44.00.76. Parking. TV. Fermé le dimanche soir et le lundi. Congés annuels : du 1er au 20 décembre. Doubles à 170 F (25,9 €) avec lavabo, avec douche et wc ou bains à 280 F (42,7 €). Menus de 80 à 180 F (12,2 à 27,4 €). Hôtel ancien avec un magnifique escalier en bois. Chambres modestes mais douillettes et d'une propreté méticuleuse. Un parfum de cire d'antiquaire ! La salle du restaurant est aussi charmante que son hôtesse. Spécialités régionales : le poisson en croûte, les escargots aux croûtons, le pavé au poivre, le rôti de sanglier sauce poivrade (en saison)... *10 % sur le prix de la chambre.*

TOURNUS 71700

Carte régionale B2

🛏|●| *Hôtel de Saône* ✱✱ – Rive Gauche (Centre) ☎ 03.85.51.20.65. Fax : 03.85.51.05.45. Parking. ♿ Fermé le lundi. Congés annuels : d'octobre à fin mars. Accès : du centre, traversez le pont en direction de Cuisery ; à droite juste après le pont. Chambres de 240 à 260 F (36,6 à 39,6 €). Menus à 85 et 140 F (13 et 21,3 €). Hôtel fort bien situé en bord de Saône sur laquelle donnent la plupart des chambres. Demander à les voir avant, car c'est vrai qu'elles manquent un peu de charme, malgré la vue. Elles sont situées à l'annexe. Pas de passage, calme assuré et bon accueil. Bonne cuisine régionale. Au second menu, cuisses de grenouilles, faux-filet ou poulet fermier sauce morilles. Sélection de poissons : petite friture de Saône, filet de sole à l'aligoté ou de sandre sauce normande. Terrasse fort agréable aux beaux jours où le regard peut se perdre sur les maisons du quai et l'abbaye. Et pour digérer, les berges vert velouté de la Saône. *Café offert.*

▲ |●| *Hôtel-restaurant Aux Terrasses* ** – 18, av. du 23-Janvier (Sud) ☎ 03.85.51.01.74. Fax : 03.85.51.09.99. Parking payant. TV. Fermé le dimanche soir (sauf juillet et août), le lundi et le mardi midi. Chambres confortables de 300 à 320 F (45,7 à 48,8 €). Menus à 100 F (15,2 €) le midi en semaine, puis à 140 F (21,3 €), ce dernier présentant un bon rapport qualité-prix. Sinon, ça grimpe jusqu'à 250 F (38,1 €). À la carte, compter 220 F (33,5 €). Une des meilleures tables de la ville, on vous le dira partout. Grosse auberge en bord de route, probablement jadis relais de poste. Deux grandes salles assez cossues séparées par le salon-réception. Clientèle assez chic, mais atmosphère pas trop guindée et service diligent. À la carte, au hasard : pâté chaud de colvert sauce pistachée, sandre rôti aux pleurotes, poulet de bresse à la crème aux morilles, millefeuille aux poires et glace pain d'épice. Excellente soupe de poissons de roche. *Café offert.*

▲ |●| *Hôtel Le Sauvage* *** – place du Champ-de-Mars (Centre) ☎ 03.85.51.14.45. Fax : 03.85.32.10.27. Parking payant. TV. Satellite / câble. Accès : A6 puis RN6. Doubles de 350 à 390 F (53,4 à 59,5 €) avec douche et wc ou bains. Menus de 84 à 200 F (12,8 à 30,5 €), dont le menu du terroir à 120 F (18,3 €). Vins débutant à des prix abordables : mâcon rouge à 63 F (9,6 €), saint-véran à 94 F (14,3 €). Pas difficile de repérer sa façade couverte de vigne vierge, un peu décalée par rapport à la route principale. Ici, bonne vieille maison qui ronronne tranquillement depuis de nombreuses années. Chambres plaisantes. Bon choix de menus, avec un menu du terroir (persillé de lapin et oignons confits ou gâteau de foie blond de volaille aux écrevisses, coq au vin ou filet de canard aux poires et marc de Bourgogne). À la carte : escargots de Bourgogne, cuisses de grenouilles fraîches persillées, fricassée de poulet de Bresse crème et morilles, pavé de bœuf charolais grillé ou poêlé, soufflé chaud au marc de Bourgogne, etc. *Apéritif offert. 10 % sur le prix de la chambre du 1er janvier au 31 mars et du 1er octobre au 31 décembre.*

DANS LES ENVIRONS

PRAYES 71460 (20 km O)

▲ |●| *Auberge du Grison* – hameau de Prayes ☎ 03.85.50.18.31. Fax : 03.85.50.18.31. Parking. Fermé le lundi soir et le mardi. Congés annuels : fin janvier et début février. Accès : près de Chissey-les-Mâcon ; de Tournus, prendre la D14 vers

Chapaize ; peu avant, tourner à gauche. Doubles avec douche et wc à 220 F (33,5 €). Menus à 65 F (9,9 €), sauf le dimanche midi, puis de 90 à 115 F (13,7 à 17,5 €). Un village minuscule dans une de nos régions préférées de Saône-et-Loire. Environnement tendre et bucolique à souhait. Et puis cette charmante auberge de village où Martine, l'hôtesse, offre son franc sourire, sa gentillesse et l'occasion d'un séjour fort agréable. Neuf chambres colorées, pimpantes, douillettes, toutes différentes (certaines avec poutres apparentes) et une plaisante salle à manger (décor bois) pour une excellente cuisine régionale. Casse-croûte à toute heure : grand choix de salades, « spécial charcuterie et fromage », matefaim crêpes bourguignonnes, andouille au vin blanc, pièce de charolais. Aucun attentat au porte-monnaie. Petite terrasse ombragée. L'auberge qu'on aimerait trouver dans tous les hameaux de France ! *10 % sur le prix de la chambre en novembre et février.*

VERMENTON   89270

Carte régionale A1

|●| *Restaurant du Parc* – RN6 ☎ 03.86.81.51.51. Fermé le dimanche soir, le mardi soir et le mercredi. Congés annuels : 2 semaines en février. Accès : à la sortie du bourg direction Avallon. Menus de 65 F (9,9 €) avec buffet de hors-d'œuvre, plat du jour, buffet de fromages, assiette de desserts, café et un quart de vin. Autres menus de 80 à 140 F (12,2 à 21,3 €). Un resto de bord de nationale qu'*a priori* on abandonnerait à son sort : l'extérieur ne paie pas de mine ; la salle, gentiment rustique, n'a rien d'extraordinaire... Mais quel accueil ! Et quelle cuisine ! Ici, pas d'effets de manche, pas de noms de plats à rallonge mais de bons produits simplement mais joliment travaillés (impeccable bavette à l'échalote, filet de truite fourrée au chablis ou filet de canard sauté à l'ancienne...). Et d'exquis desserts qui ne dépareraient pas sur des tables beaucoup plus prestigieuses. En bref, un rapport qualité-prix époustouflant pour la région. Remarquable second menu avec œufs en meurette, aile de raie aux câpres, sauté de volaille ou un bon plat du jour et dessert. *Café offert.*

|●| *Auberge L'Espérance* – 3, rue du Général-de-Gaulle (Centre) ☎ 03.86.81.50.42. Fermé le dimanche soir et le lundi. Congés annuels : de janvier à début février. Accès : RN 6. Menus de 88 à 252 F (13,4 à 38,4 €). Un nom qui, à lui tout seul, devrait remonter le moral des plus tristes ! Et ce d'autant que l'accueil est charmant et les petits plats mitonnés délicieux : foie gras maison, portefeuille de veau à la morvandelle, meurette d'escargots et œufs, pavé d'autruche au vinaigre de banyuls,

BOURGOGNE

nougat glacé maison. L'espoir de jours meilleurs revenant également, on a même pensé à bébé (jardin d'enfant) et à pépé (climatisation bienvenue, l'été...).

DANS LES ENVIRONS

ACCOLAY 89460 (3 km O)

🏠 |●| *Hostellerie de la Fontaine* ** – 16, rue de Reigny (Centre) ☎ 03.86.81.54.02. Fax : 03.86.81.52.78. Parking. Fermé le dimanche soir et le lundi de mi-novembre à début mars. Congés annuels : de novembre à fin février. Doubles avec douche et wc ou bains à 265 F (40,4 €). Petit déjeuner à 35 F (5,3 €). Menus de 110 à 250 F (16,8 à 38,1 €). Cette belle maison typiquement bourguignonne, dans un gentil village de la vallée de la Cure, fait le bonheur de ceux qui, aux beaux jours, se prélassent le soir dans le jardin, pour déguster salade d'escargots à la moutarde ancienne, entrecôte poêlée à la crème d'époisses de Berthaut, médaillon de lotte et sa Tatin de poireaux à l'andouille de Guémené, clafoutis aux fruits frais sur coulis de framboises avant d'aller dormir, au calme, dans une chambre qu'ici on trouve « coquette » mais qui est bien sympa quand même. Beaux petits déjeuners, et l'hiver a ses charmes, avec ces plats du terroir servis dans le caveau et un pichet d'aligoté ou de pinot noir. *10 % sur le prix de la chambre.*

VÉZELAY   89450

Carte régionale A1

🏠 *Auberge de jeunesse* – route de l'Étang (Sud-Ouest) ☎ 03.86.33.24.18. Fax : 03.86.33.24.18. Parking. ⚒ Accueil sur réservation en mi-saison. Congés annuels : janvier. Nuitée de 46 à 56 F (7 à 8,5 €). À peine à l'écart du village. D'accord, il n'y a pas la vue sur la basilique mais la nature alentour est superbe. Chambres de 4 à 6 lits et un dortoir de 10 lits dans un ensemble de bâtiments sans grand charme. Mais l'accueil fait oublier le cadre. Cuisine à disposition et grande salle commune. Bien tenu. *10 % sur le prix de la chambre.*

🏠 *Le Compostelle* ** – place du Champ-de-Foire (Centre) ☎ 03.86.33.28.63. Fax : 03.86.33.34.34. TV. ⚒ Congés annuels : 3 semaines en janvier. Doubles de 275 à 335 F (41,9 à 51,1 €) pour la familiale. Pour ceux qui ignoreraient que Vézelay fut un des points de rassemblement des pèlerins en route pour Saint-Jacques-de-Compostelle, voilà une jolie maison bourgeoise qui, pour renaître à la vie d'auberge qui fut la sienne encore au début du siècle, a choisi comme emblème ce nom magique. Comme le service est de qualité, que les chambres,

modernes, bien équipées, ouvrent sur la campagne ou le jardin, on se dit – pour une fois – que le nom n'est pas usurpé et que les voyageurs d'aujourd'hui ont bien de la chance. *10 % sur le prix de la chambre.*

🏠 |●| *Hôtel de la Poste et du Lion d'Or* *** – place du Champ-de-Foire (Centre) ☎ 03.86.33.21.23. Fax : 03.86.32.30.92. Parking payant. TV. ⚒ Resto fermé le lundi et le mardi midi. Congés annuels : du 12 novembre au 23 mars. Accès : au pied de la butte de Vézelay. Doubles à partir de 330 F (50,3 €) avec douche et wc, autres de 410 à 600 F (62,5 à 91,5 €) avec bains. Menus de 118 à 250 F (18 à 38,1 €). Cet ancien relais de poste, superbe bâtisse recouverte de lierre, est une très agréable étape. D'un côté, les chambres donnent sur la basilique, de l'autre sur le vallon (les nᵒˢ 11, 17, 34, 40 et 42). Elles sont bien tenues et décorées avec goût. Un restaurant avec une très belle terrasse vous propose un 1er menu à prix raisonnable, tandis qu'une carte, assez chère, marie plats classiques et régionaux : velouté de homard petits croûtons sur ses aïoli, œufs en meurette, escargots de Bourgogne, lotte poêlée en bourride purée d'artichaut, pigeon rôti, etc. En saison : fricassée de girolles et de cèpes. *Apéritif offert.*

|●| *Restaurant Le Bougainville* – 26, rue Saint-Étienne (Centre) ☎ 03.86.33.27.57. Fermé le mardi soir et le mercredi. Congés annuels : décembre et janvier. Accès : rue principale. Menus de 79 à 198 F (12 à 30,2 €). Une agréable surprise dans une ville où les petits prix sont pratiquement aussi rares que les ours en liberté. Dans une belle et ancienne maison très fleurie, voici un restaurant qui reste très abordable. Un délicieux 1er menu, fidèle aux recettes locales (œufs pochés en meurette, jambon à l'os à la morvandelle, tête de veau sauce ravigote), et servi dans le cadre agréable d'une salle à manger dotée d'une magnifique cheminée ancienne.

DANS LES ENVIRONS

SAINT-PÈRE-SOUS-VÉZELAY 89450 (2 km S)

🏠 *À la Renommée* ** – route d'Avallon (Centre) ☎ 03.86.33.21.34. Fax : 03.86.33.34.17. Parking. TV. Fermé le mardi (du 11 novembre à fin février). Congés annuels : du 1er janvier au 28 février. Accès : sur la D957 ; l'hôtel est juste au pied de la colline de Vézelay. Dans la partie ancienne : doubles de 170 F (25,9 €) avec lavabo et wc, à 240 F (36,6 €) avec bains. Dans l'annexe récente, plus calme et plus confortable : de 260 à 320 F (39,6 à 48,8 €) avec bains. Cet hôtel fait bureau de tabac et Maison de la Presse d'où une ambiance boh

BOURGOGNE

enfant. Les chambres les plus chères sont agrémentées d'une petite terrasse et offrent une vue sur la campagne et l'église Saint-Pierre. Petite brasserie en saison, pour dépanner. *10 % sur le prix de la chambre pour 2 nuits consécutives sauf de juillet à septembre inclus.*

FONTETTE 89450 (5 km E)

🏠I●I*Hôtel Les Aquarelles* ** – ☎ 03.86.33.34.35. Fax : 03.86.33.29.82. Parking. TV. 🍴 Fermé le mardi soir et le mercredi hors saison. Congés annuels : du 3 janvier au 20 mars. Accès : sur la D957 entre Vézelay et Avallon. Chambres de 275 à 305 F (41,9 à 46,5 €). Un menu à 60 F (9,1 €). À la carte, compter 120 F (18,3 €) environ. À l'écart de la route, une maison de caractère à mi-chemin de l'hôtel et de la chambre d'hôte dans le calme du vignoble vézelien, offre 10 belles chambres au randonneur ou au routard aimant les accueils chaleureux, les lits confortables, les fenêtres donnant sur la campagne, la cuisine toute simple et toute bonne. Dans cette ancienne ferme, Francis Basseporte vous fera goûter ses bourgognes blanc et rouge, tandis que sa femme, en cuisine, vous préparera une assiette de bons produits régionaux ou un faux-filet charolais. *10 % sur le prix de la chambre sauf juillet-août et dégustation des vins de la propriété à la cave.*

PONTAUBERT 89200 (10 km NE)

🏠 *Le Moulin des Templiers* ** – vallée du Cousin ☎ 03.86.34.10.80. Congés annuels : du 31 octobre au 15 mars. Accès : en venant de Vézelay, tournez à droite sitôt passé le pont ; fléchage. Chambres agréables à partir de 270 F (41,2 €) avec douche et wc, de 330 à 380 F (50,3 à 57,9 €) pour une double avec bains. Grande demeure ocre couverte de vigne vierge. Au bord de l'eau et en pleine nature. Beaucoup de charme. Grand jardin.

🏠I●I *Les Fleurs* ** – route de Vézelay ☎ 03.86.34.13.81. Fax : 03.86.34.23.32. Parking. TV. Fermé le mercredi. Congés annuels : du 15 décembre au 25 février. Accès : par la D957. Doubles avec douche et wc à 270 F (41,2 €), avec bains à 370 F (56,4 €). Menu en semaine à 90 F (13,7 €), puis de 135 à 235 F (20,6 à 35,8 €). Cette grande bâtisse blanche, au milieu d'un jardin débordant de fleurs, a été décorée avec soin par ses propriétaires. Une salle à manger réchauffée par des boiseries murales, des chambres coquettes et confortables. Le restaurant ne commet aucune fausse note, les prix sont raisonnables et la table est riche de spécialités, comme la terrine de truite à l'aneth, le cabillaud en infusion de vin rouge, le filet de bœuf dijonnaise ou le pavé de Pontaubert. *10 % sur le prix de la chambre sauf juillet-août pour 2 nuits consécutives.*

Les prix
En France, les prix des hôtels et des restos sont libres. Certains peuvent augmenter entre le passage de nos infatigables fureteurs et la parution du guide.

Avis aux hôteliers et aux restaurateurs
Chaque année pour y figurer, il faut le mériter.

Le Routard

Bretagne

22 *Côtes-d'Armor*
29 *Finistère*
35 *Ille-et-Vilaine*
56 *Morbihan*

ARZON   56640

Carte régionale B2

|●| *Crêperie La Sorcière* – **59, rue des Fontaines** ☎ **02.97.53.87.25.** Fermé le lundi (mi-saison) et du lundi au jeudi en hiver. Accès : du rond-point du Crouesty, prendre direction Arzon centre et tout droit jusqu'à la mer. C'est à droite, devant un petit parking. Compter 60 F (9,1 €) pour un repas. Dans une jolie maison en pierre, bien décorée, repaire d'inquiétantes petites sorcières. Le sorcier, lui, est en cuisine, et ses recettes sont diaboliques. Entendez par là originales : la Pensardine, la Vendéenne, la Périgourdine ou l'Irlandaise vous combleront, copieuses et élégamment présentées. Tous les produits sont de qualité, les garnitures comme le blé noir, choisi au *Moulin de la Fatigue* à Vitré. Bonne cuisine et accueil souriant, une chouette adresse en somme. Possibilité de manger en terrasse.

AUDIERNE   29770

Carte régionale A2

≜|●| *Hôtel de la Plage* ** – **21, bd Emmanuel-Brusq (Sud-Ouest)** ☎ **02.98.70.01.07. Fax : 02.98.75.04.69.** Parking. TV. Canal+. Congés annuels : pour l'hôtel, d'octobre à avril ; pour le resto, du 1ᵉʳ septembre à la mi-juin. Accès : à 2 km vers l'embarcadère pour l'île de Sein. Chambres de 250 à 420 F (38,1 à 64 €). Petit déjeuner à 40 F (6,1 €). Menu unique réservé aux résidents de l'hôtel à 160 F (24,4 €). Demi-pension de 325 à 410 F (49,5 à 62,5 €). Menu enfant à 70 F (10,7 €). Sur le front de mer, dominant la... plage (naturellement !). Un hôtel qui sent les vacances. Déco rafraîchissante qui, du salon aux chambres, accumule les références marines : coffres de chasseurs de trésor, murs blancs et rideaux bleus, maquettes de vieux gréements... Chambres agréables, lumineuses et qui, toutes ou presque, regardent vers l'Océan. Literie de bonne qualité. Soit un charme certain et un bon rapport qualité-prix pour le coin.

AURAY   56400

Carte régionale B2

≜|●| *Hôtel du Loch* ** – **2, rue Guhur (Nord)** ☎ **02.97.56.48.33. Fax : 02.97.56.63.55.** Parking. Resto fermé le dimanche soir d'octobre à Pâques. Chambres de 320 à 400 F (48,8 à 61 €). Menus de 102 à 255 F (15,5 à 38,9 €). Hôtel confortable dans un quartier calme de la ville, ouvert toute l'année. Fait aussi restaurant. Sa spécialité : poêlée de bar et coquilles Saint-Jacques au citron vert. *Apéritif offert.*

|●| *Restaurant L'Églantine* – **place Saint-Sauveur, Saint-Goustan, port d'Auray** ☎ **02.97.56.46.55.** Fermé le mercredi sauf en juillet-août. Menus de 80 à 185 F (12,2 à 28,2 €). Menu enfant à 45 F (6,9 €). Cuisine traditionnelle soignée. Goûter à la choucroute de poisson ou au délice de sole au

A

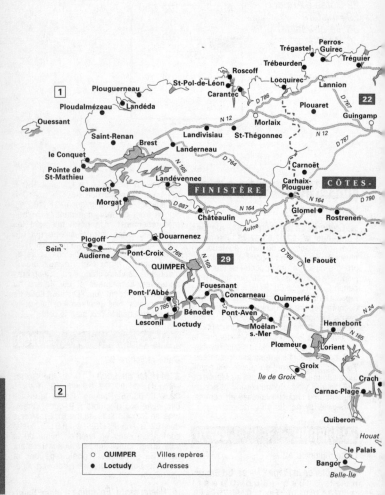

Ouessant

Plouguerneau
Ploudalmézeau   Landéda

Saint-Renan
le Conquet
Pointe de
St-Mathieu
Camaret
Morgat

St-Pol-de-Léon
Carantec

Roscoff

Trégastel   Perros-
Guirec
Trébeurden   Tréguier

Locquirec
Lannion

Plouaret

Guingamp

D 786

N 12
Morlaix
Landivisiau   St-Thégonnec
Brest
Landerneau
Landévennec

D 764

N 165

FINISTÈRE

Carnoët

Carhaix-
Plouguer

CÔTES-

N 164

Glomel

Rostrenen

D 790

D 887   N 164
Châteaulin

Aulne

Plogoff
Sein
Audierne   Pont-Croix

Douarnenez

D 765

QUIMPER

29

N 165

le Faouët

D 789

Pont-l'Abbé

Fouesnant
Concarneau
Quimperlé

D 795   Bénodet   Pont-Aven
Lesconil   Loctudy
Moëlan-
s.-Mer

Hennebont

N 24

N 165
Plœmeur   Lorient

Groix
Île de Groix

Crach
Carnac-Plage

2

Quiberon

Houat
le Palais
Bangor
Belle-Île

| ○ QUIMPER | Villes repères |
| ● Loctudy | Adresses |

1

22

N 12   D 787

D 761

A

saumon fumé, au filet de bar rôti au jus de romarin, à la blanquette de lotte aux poireaux... L'adresse de Saint-Goustan un peu chic et classique mais sans excès. À la carte, cotriade aux cinq poissons, bar rôti sur sa peau et poissons fumés maison. Aux murs, des portraits des principaux chefs de l'armée chouanne. Accueil pas toujours très aimable.

DANS LES ENVIRONS

SAINTE-ANNE-D'AURAY 56400
(6 km N)

🛏 |●| *Hôtel de la Croix-Blanche* ** – 25, **rue de Vannes** (Est) ☎ 02.97.57.64.44. **Fax : 02.97.57.50.60.** Canal+. Fermé le dimanche soir et le lundi hors saison. Congés annuels : de mi-janvier à mi-février et 2 semaines en novembre. Chambres confortables de 200 à 350 F (30,5 à 53,4 €), dotées du téléphone et de la télé. Restaurant alléchant dès le menu à 89 F (13,6 €), non servi le dimanche. Autres menus de 130 à 300 F (19,8 à 45,7 €). Voici le rendez-vous des pèlerins et des fervents admirateurs de sainte Anne, patronne des Bretons. Adresse élégante, sans excès. Les spécialités gourmandes sont la paupiette de lotte et le porcelet en civet. *10 % sur le prix de la chambre sauf en juillet-août.*

🛏 |●| *L'Auberge* – 56, **route de Vannes** ☎ 02.97.57.69.10. Fermé le mardi soir (sauf juillet-août) et le mercredi. Chambres de 220 à 240 F (33,5 à 36,6 €). 1er menu à 99 F (15,1 €), sauf les dimanche midi et jours fériés, puis menus de 150 à 380 F (22,9 à 57,9 €). On goûte alors les fines nuances de la cuisine de Jean-Luc Larvoir : gratinée de la mer parfum de curry, huîtres fourrées crème au vinaigre de cidre échalotée, blanquette de veau aux fruits de la mer, etc. La carte des vins est du même tonneau, riche et bien choisie, et d'un excellent rapport qualité-prix. Les pèlerins ont bien de la chance de trouver sur leur chemin l'une des meilleures tables de la région. Jean-Paul II lui-même l'a appréciée lors de sa venue, le 19 septembre 1996. Bref, ne boudez pas votre plaisir. *Café offert.*

ERDEVEN 56410 (10 km O)

|●| *La Crêperie du Manoir de Kercadio* – **lieu-dit Kercadio** ☎ 02.97.55.64.67. Ouverte tous les jours en juillet et août. De Pâques à fin juin et pendant les vacances scolaires, ouverte seulement le week-end. Accès : à Auray, suivre la direction Ploërmel puis Erdeven. Prix raisonnables avec le beurre à moins de 13 F (2 €), la super forestière, la plus chère, à 39 F (5,9 €). Menu de crêpes à 59 F (9 €), 1/4 de cidre compris. À la carte, compter 80 F (12,2 €). Servent

également des salades, omelettes, etc. Le cadre est exceptionnel avec sa salle aux murs tapissés de boiseries, et qui a conservé sa cheminée d'époque. À moins que vous ne préfériez vous restaurer aux cuisines... près de l'âtre et de l'ancien four à pain. Aux beaux jours, des tables sont dressées dans le jardin clos, à l'ombre du grand magnolia. Idéal pour les enfants – qui ont d'ailleurs leur menu. Location de vélos. Départs de chemins de randonnée à proximité. *NOUVEAUTÉ.*

LOCOAL-MENDON 56550
(10 km NO)

|●| *Manoir de Porh Kerio* – Porh Kerio ☎ 02.97.24.67.57. Fermé le mardi soir et le mercredi. Congés annuels : 2 semaines en novembre ainsi que 3 semaines en janvier. Accès : d'Auray, prendre la D120 sur 5 km vers Locoal-Mendon, puis c'est indiqué par une route à droite. 1er menu à 95 F (14,5 €), menu terroir à 125 F (19,1 €), menu de la mer à 135 F (20,6 €), autre menu à 165 F (25,2 €). Un manoir du XVe siècle en pleine campagne. Quel dommage qu'il n'y ait pas de chambres ! Quelques tables élégamment dressées devant l'immense cheminée de la belle pièce commune. Très bonne cuisine. Menu terroir avec gratin de blé noir à l'andouille de Guémené, menu de la mer avec lotte rôtie à la crème safranée... Possibilité de commande (homard...). Aux beaux jours, on se régale dans le jardin. Et comme l'accueil est fort agréable, on traîne volontiers en fin de repas. *Café offert.*

BANGOR   56360

Carte régionale A2

🛏 |●| *Hôtel-Village La Désirade* – Le Petit Cosquet ☎ 02.97.31.70.70. **Fax : 02.97.31.89.63.** Congés annuels : de mi-novembre à février inclus (sauf pendant les fêtes de fin d'année). Accès : après Bangor, sur la route de Port-Colon. Compter de 480 à 580 F (73,2 à 88,4 €) la demi-pension par personne (obligatoire en haute saison), *brunch* servi au bord de la piscine et dîner). Un beau *Relais du Silence*, mi-hôtel mi-chambres d'hôte, à l'architecture typiquement belle-îloise : plusieurs maisons basses, murs et volets peints, dans lesquelles se trouvent 26 chambres spacieuses et décorées avec soin. Piscine chauffée. La cuisine du patron, proposée en menu unique, est elle aussi raffinée. Prix réduits en basse saison. Vélos à louer sur place. On y aurait volontiers prolongé notre séjour... D'ailleurs, les autres ne s'y sont pas trompés. Clientèle constituée en grande majorité d'habitués. Réserver donc longtemps à l'avance. *NOUVEAUTÉ.*

|●| *Crêperie des Quatre Chemins* – ☎ 02.97.31.42.13. Parking. Ouvert de 12 h

à 14 h et à partir de 19 h. Fermé le mercredi, sauf en juillet-août, et de mi-novembre à Noël. Accès : au croisement des 2 axes principaux de Belle-Île. La complète à 33 F (5 €). Humour au rendez-vous avec à la carte de très subtils jeux de mots : « coquilles seins-Jacques, Jean-bon, sot-cisse, rock-fort », tout le monde rigole ! Déco toute fraîche et petit coin jeux pour les enfants (comme au *McDo*), discret jazz ou blues d'ambiance et service doux et souriant. Garnitures originales. Crêpes sucrées; c'est moins leur truc cependant ! *Café offert.*

|●| *Ferme-auberge de Bordrouhant* – lieu-dit Le Bordrouhant ☎ 02.97.31.57.06. Ouvert tous les week-ends et les périodes de vacances le midi et le soir. En juillet et août ouvert tous les jours. Mieux vaut téléphoner avant. Accès : à 1 km environ de Bangor. Menu à 115 F (17,5 €), boisson non comprise. À l'écart du Belle-Île touristique, une adresse simple et conviviale qui change des restaurants traditionnels. Cadre fermier évidemment, et accueil très chouette du maître des lieux qui est aussi à l'aise devant ses fourneaux. Cuisine savoureuse et roborative. Excellente charcuterie (on garde un souvenir ému de la terrine maison), vieilles recettes belliloises qu'on ne goûte plus ailleurs, vous ne serez pas déçu. Un de nos endroits préférés sur l'île. *Apéritif offert.*

BELLE-ÎLE-EN-MER

Carte régionale A2

Voir : **Bangor**
      Le Palais

BÉNODET   29950

Carte régionale A2

▲ *Hôtel L'Hermitage* – 11, rue Laënnec (Centre) ☎ 02.98.57.00.37. Parking. Congés annuels : d'octobre au 15 mai. Accès : à 300 m de la plage, un peu sur les hauteurs dominant le centre. Chambres de 160 à 180 F (24,4 à 27,4 €) avec lavabo, de 220 à 240 F (33,5 à 36,6 €) avec douche, de 230 à 280 F (35,1 à 42,7 €) avec douche et wc. Dans une petite rue tranquille à quelques minutes à pied de la plage. Grande maison blanche aux volets bleus, entourée d'un jardin d'hortensias, tenue avec soin par une gentille mamie. L'accueil fait qu'on y a vite l'impression de faire partie de la famille. Atmosphère très balnéaire, années 50. On s'attend à voir sortir d'une chambre le dégingandé M. Hulot avec sa cohorte de mômes avec seaux, pelles et bouées canard. Chambres toutes simples mais lumineuses et agréables. Certaines offrent une petite vue sur la mer. Une bonne adresse vraiment, à prix sages.

▲ |●| *Hôtel Les Bains de Mer* ** – 11, rue de Kerguelen (Centre) ☎ 02.98.57.03.41. Fax : 02.98.57.11.07. TV. Canal+. Congés annuels : de mi-novembre à mi-mars. Accès : dans une petite rue pentue du centre de la plus célèbre des stations balnéaires du Finistère. Doubles avec douche et wc à partir de 270 F (41,2 €). Demi-pension fortement conseillée en juillet-août : de 270 à 330 F (41,2 à 50,3 €) par personne. Formule express le midi à 60 F (9,1 €). Menus de 75 à 200 F (11,4 à 30,5 €). Menu enfant à 35 F (5,3 €). Hôtel tout confort, voire un peu cossu, mais l'ambiance reste familiale. Si le temps se couvre, on peut aller faire un plongeon dans la piscine ou profiter du sauna. Chambres plaisantes et une cuisine (en baisse, dommage...) pour tous les goûts et tous les budgets : un resto classique et une pizzeria-grill, le *Domino*, qui propose une formule express le midi (avec viande grillée ou pizza, dessert et café) et une carte de salades, grillades, pâtes et autres pizzas (service le soir jusqu'à 23 h, minuit en été).

|●| *Ferme du Letty* – quartier du Letty ☎ 02.98.57.01.27. Fermé le mercredi et le jeudi midi. Accès : à 1 km du centre ; bien indiqué. Menus de 155 à 540 F (23,6 à 82,3 €). Menu enfant à 75 F (11,4 €). Une ancienne longère joliment ramenée à la vie : poutres apparentes, murs de pierre, et grande cheminée. Voilà pour le côté « ferme ». Pour le reste, la maison joue dans la cour des grands : déco cossue, bataillon de garçons en nœud pap et tout. La clientèle, col ouvert (surtout en été), est un poil moins chics que le *staff*. Et on oublie vite ces petites considérations quand débarque la première assiette. On tient là une des plus remarquables tables du Finistère. Belle cuisine, pleine d'enthousiasme et d'inspiration. Produits locaux travaillés avec beaucoup d'à propos : agneau de Sizun, flan d'asperges aux langoustines de Loctudy... Surprenante pincée d'exotisme (lotte au curry façon zoreilles, poulet de ferme confit aux cacahuètes) et desserts qui ne jettent pas d'ombre sur le reste du repas. Évidemment, tout cela se paye, mais les premiers menus restent abordables.

DANS LES ENVIRONS

CLOHARS-FOUESNANT 29950
(3 km NO)

|●| *Restaurant La Forge d'Antan* – Pen Ar Valannec, 31 route de Nors Vraz ☎ 02.98.54.84.00. Parking. ♿ Fermé le lundi et le dimanche soir hors saison, uniquement le lundi en juillet-août. Congés annuels : 2 semaines en février. Accès : à 3 km au nord-ouest de Bénodet par la D34, puis fléchage. Menus de 120 F (18,3 €) le

midi en semaine à 250 F (38,1 €). Comptez de 250 à 300 F (38,1 à 45,7 €) à la carte. Menu enfant à 75 F (11,4 €). Une adresse un peu perdue dans la campagne mais à la clientèle et à l'ambiance plutôt chicos. L'accueil reste, malgré tout, à la sincérité, la déco joliment rustique et la cuisine, de saison, n'est jamais en panne d'imagination : tartare d'huîtres et langoustines, poêlée de langoustines au champagne, rognons de veau aux cinq épices, filets de sole à la vanille, etc.

COMBRIT 29121 (5,5 km O)

≜ |●| *Hôtel-restaurant Sainte-Marine* ★ – 19, rue Bac ☎ 02.98.56.34.79. Fax : 02.98.51.94.09. TV. Fermé le mercredi d'octobre à Pâques. Congés annuels : novembre. Accès : dans le charmant petit port de Sainte-Marine, en face de Bénodet. Chambres doubles à 260 F (39,6 €) avec douche, et de 300 à 310 F (45,7 à 47,3 €) avec douche et wc ou bains. En saison, demi-pension obligatoire (à partir de 245 F – 37,3 € – par personne). Menus à 99, 150 et 195 F (15,1, 22,9 et 29,7 €). Assiette de coquillages à 120 F (18,3 €). Plateau de fruits de mer à 340 F (51,8 €) pour 2. Une adresse aimée de tous les coureurs d'océan, du marin Philippe Poupon au romancier-cinéaste Pierre Schoendoerffer. De la superbe salle à manger au décor marin, magnifique vue sur l'Odet et le pont de Cornouaille. Terrasse. À la carte : Saint-Jacques marinées à la salicorne, sole poêlée au caviar d'aubergines, morue fraîche braisée, mignon de porc aux poireaux, tartare de la mer au saumon fumé. Une excellente adresse.

BILLIERS 56190

Carte régionale B2

≜ |●| *Hôtel-restaurant Les Glycines* – ☎ 02.97.41.64.63. Fermé le lundi hors saison. Accès : sur la place du village. Chambres de 150 à 185 F (22,9 à 28,2 €). 1er menu à 55 F (8,4 €) le midi en semaine. Excellent menu à 89 F (13,6 €). Les autres sont à 169 et 189 F (25,8 et 28,8 €) pour les as de la gastronomie. Les glycines en fleur pendues à la façade de cet adorable hôtel de pays plairont aux bucoliques. Le bar sans faux-semblant conviendra aux aventuriers, et le resto séduira les gourmets. Que demande le peuple ? Service impeccable.

BINIC 22520

Carte régionale B1

≜ |●| *Hôtel Benhuyc* – 1, quai Jean-Bart (Centre) ☎ 02.96.73.39.00. Fax : 02.96.73.77.04. TV. Canal+. ♿ Congés annuels : janvier. Doubles de 295 à 395 F

(45 à 60,2 €). Menu à 78 F (11,9 €) servi uniquement le midi, et d'autres de 95 à 220 F (14,5 à 33,5 €). Face aux bateaux du port de plaisance, en plein centre de Binic, un hôtel récent tout à fait recommandable. Chambres à la décoration fraîche, confortables et très bien tenues. Leur aménagement est neuf et fonctionnel. La plupart donnent sur le port et sur la plage de la Banche. Les moins chères sont assez petites, mais quand même bien agréables. Accueil diligent. Fait également restaurant : fruits de mer et quelques spécialités belges, les proprios étant originaires du plat pays. *NOUVEAUTÉ.*

BREST 29200

Carte régionale A1

≜ *Hôtel Astoria* ★★ – 9, rue Traverse (Centre) ☎ 02.98.80.19.10. Fax : 02.98.80.52.41. Parking payant. TV. Canal+. Congés annuels : de mi à fin décembre. Accès : tout près de la rue de Siam. Doubles à 175 F (26,7 €) avec lavabo, de 240 à 260 F (36,6 à 39,6 €) avec douche et wc, de 280 à 290 F (42,7 à 44,2 €) avec bains. Petit déjeuner à 35 F (5,3 €). Parking : 35 F (5,3 €) par jour, 175 F (26,7 €) la semaine. Bien situé : entre la gare et la rue de Siam, à cinq grosses minutes à pied du port de commerce (bon point de chute donc pour les Jeudis du port en juillet-août et pour Brest 2000). Si l'immeuble ressemble à beaucoup d'autres à Brest, cet hôtel présente un rapport qualité-prix assez rare en ville. Les chambres sont lumineuses et agréables, 6 disposent de balcons qui donnent sur cette rue tranquille. Mais malgré le double-vitrage, ceux qui recherchent le calme absolu dormiront sur l'arrière. Et quand on vous aura précisé que l'accueil est impeccable, vous serez convaincu : c'est une bonne adresse ! *10 % sur le prix de la chambre et du petit déjeuner à partir de 2 nuits consécutives sauf en juillet-août, ceci sur présentation du Routard dès l'arrivée.*

≜ *Hôtel Pasteur* – 29, rue Louis-Pasteur ☎ 02.98.46.08.73. Fax : 02.98.43.46.80. TV. Canal+. Accès : dans une petite rue entre la rue de Siam et les halles. Chambres de 160 F (24,4 €) le week-end à 190 F (29 €) en semaine. Dans sa catégorie (un brin sinistrée à Brest), un de ceux qui se défend le mieux. Bien sûr, l'isolation phonique entre les chambres n'est pas au top. Mais la literie est OK, les fenêtres dotées de double-vitrage, le ménage fait et l'accueil aimable.

≜ *Hôtel Abalis* ★★ – 7, av. Georges-Clemenceau ☎ 02.98.44.21.86. Fax : 02.98.43.68.32. TV. Canal+. Satellite / câble. Accueil 24 h/24. Accès : à 100 m de l'office du tourisme. Doubles de 160 F (24,4 €) avec lavabo à 325 F (49,5 €) avec bains. Petit déjeuner à 35 F (5,3 €). Un hôtel pratique et central à 100 m de la gare. Toutes les chambres sont avec double-vitrage, mais elles sont un peu petites ; évitez la n° 104, moins sympa que les autres. Petit déj' servi jusqu'à midi, pratique pour les lève-tard ! *10 % en semaine sur le prix de la chambre de début novembre à fin février et en juillet. 20 % le week-end (sauf août et grandes manifestations, congrès, etc.).*

🛏 *Hôtel de la Gare* ** – 4, av. Gambetta **(Centre)** ☎ **02.98.44.47.01. Fax : 02.98.43.34.07.** Parking payant. TV. Canal+. Satellite / câble. Doubles avec douche à 235 F (35,8 €), avec douche et wc à 285 F (43,4 €). 215 F (32,8 €) le week-end (sauf en juillet-août). Petit déjeuner à 35 F (5,3 €). Pratique parce qu'en face de la gare (vous l'auriez deviné...) mais plus sympathique que bon nombre de ses congénères situés en face d'autres gares de France. Bon accueil et jolie vue sur la rade de Brest pour peu qu'on grimpe jusqu'aux chambres sises au 3ᵉ étage.

🛏 *Relais Mercure - les Voyageurs* *** – **2, rue Yves-Collet (Centre)** ☎ **02.98.80.31.80. Fax : 02.98.46.52.98.** TV. Canal+. Accès : à l'intersection de l'avenue Georges-Clemenceau et de la rue Yves-Collet. Doubles toutes avec douche et wc ou bains de 325 à 490 F (49,5 à 74,7 €) suivant la taille. Les hôtels de chaîne se font rares dans les pages du *Routard*. On fait une exception ici parce que cet hôtel est tout simplement le meilleur de Brest dans sa catégorie. Très central. Le bâtiment a su conserver son superbe hall années 40, les chambres sont bien évidemment tout confort et, pour une fois, les salles de bains ont de la personnalité. Personnel aimable, pro et compétent. Seule petite ombre au tableau (c'est le cas de le dire), on aurait souhaité une salle de p'tit déj' plus lumineuse.

🍽 *Crêperie Moderne* – 34, rue d'Algésiras **(Centre)** ☎ **02.98.44.44.36.** 🍴 Service continu de 11 h 30 à 22 h. Fermé le dimanche midi. Comptez, en restant raisonnable, 50 F (7,6 €) à la carte. Derrière son éclatante devanture jaune citron, une petite salle dont la déco n'a rien d'enthousiasmant. Mais les crêpes – et c'est finalement l'essentiel – y sont délicieuses. Et pour cause : la maison a été fondée en 1922 ! Spécialité maison : la crêpe aux noix de Saint-Jacques au noilly. *20 % de réduction de 14 h à 18 h sauf en juillet-août.*

🍽 *Restaurant La Pasta* – 2 *bis*, rue Turenne ☎ **02.98.43.37.30.** Fermé le samedi midi et le dimanche. Accès : derrière l'église Saint-Martin. Formule à 60 F (9,1 €) le midi et menu à 70 F (10,7 €). Comptez

dans les 100 F (15,2 €) à la carte. Un resto italien comme on les aime... Ici, pâtes fraîches garanties cuisinées par le chef ou par sa mère... Traditionnels *antipasti* mais aussi polenta, *pasta mista* (assiette de dégustation de plusieurs pâtes)... Parmi les spécialités, excellentes tagliatelles aux noix de Saint-Jacques ou cannelloni aux deux farces. En plus, la déco est agréable et l'accueil à l'italienne. Une bonne adresse prisée des Brestois. *Apéritif offert.*

🍽 *Restaurant Le Marrakech* – 44, rue de la Traverse ☎ **02.98.46.45.14.** Fermé le mercredi midi et le dimanche midi. Congés annuels : de mi-juillet à mi-août. Menu à 61 F (9,3 €) le midi, plat du jour (couscous, agneau et merguez) à 65 F (9,9 €). Comptez de 100 à 120 F (15,2 à 18,3 €) pour un repas complet. Menu enfant à 52 F (7,9 €). Nous avons autant apprécié cet endroit pour sa déco pas tape-à-l'œil pour un sou que pour la finesse des plats proposés. Excellents *tajines* à l'agneau, oignons et raisins. Les couscous (poulet, agneau ou royal) sont copieux pour un prix raisonnable. Vraiment une cuisine délicate et aromatique où les épices sont savamment dosées. Rien d'étonnant à cela puisqu'ici les recettes se transmettent depuis des générations de mère en fille. Thé à la menthe divin. Côté vin, petit querrouane gris pas ruineux. Possibilité de plats à emporter. Une excellente adresse. *Apéritif offert avant la commande.*

🍽 *Le Voyage de Brendan* – 27, rue Danton ☎ **02.98.80.52.85.** Fermé le dimanche. Accès : à 300 m de l'église Saint-Martin. 1ᵉʳ menu fort complet à 85 F (13 €) puis menu à 110 F (16,8 €). Comptez 120 F (18,3 €) à la carte. Un tout petit resto (22 couverts) qu'il faut aller dénicher. La patronne est hyper sympathique et le chef travaille avec sérieux des plats de tradition à base de produits frais : copieuses salades (au chèvre chaud de Plougastel, périgourdine...), magret de canard au cidre, médaillon de lotte au porto et, grande spécialité de la maison, choucroute de la mer. Aux murs s'accrochent régulièrement (en moyenne tous les deux mois) des petites expos d'artistes locaux. Étonnant endroit ! Difficile, voire impossible de mieux valoriser un endroit si petit.

🍽 *Restaurant L'Abri des Flots* – port de Commerce ☎ **02.98.44.07.31.** 🍴 Congés annuels : octobre. Accès : sur les quais. Menus à 90 et 110 F (13,7 et 16,8 €). Patronne dynamique et sympathique qui a su créer un endroit convivial. Comme le nom du resto l'indique, ici ce n'est pas l'usine. Situé sur les quais du port de commerce, la salle du resto est assez intime avec une belle véranda et une agréable terrasse en été. Les menus sont d'humeur marine (grosse spécialité de la maison : le couscous de la mer) et on reste en Bretagne avec la carte de crêpes. Un resto prisé des autochtones et ce n'est pas un hasard !

|●| Restaurant La Pensée Sauvage – 13, rue d'Aboville et rue de Gasté ☎ 02.98.46.36.65. Fermé le samedi midi, le dimanche et le lundi. Congés annuels : août. Accès : derrière l'église Saint-Michel. Plat du jour le midi à 40 F (6,1 €). Compter de 100 à 120 F (15,2 à 18,3 €) à la carte. Vraiment une adresse qui sort des sentiers battus. Avec ses deux petites salles toutes simples où règne une ambiance franchement conviviale, *La Pensée Sauvage* mérite le détour. Cuisine à la fois copieuse et goûteuse. Au choix : cassoulet et confit de canard maison, gratiné au chèvre ou aux figues, ou encore langoustines à la mode de Ouessant. Excellent rapport qualité-prix avec en plus la possibilité d'emporter ce qui n'a pas été mangé ! Une adresse un peu difficile à trouver qui tient le haut du pavé ! *Apéritif offert.*

|●| Amour de Pomme de Terre – 23, rue des Halles (Centre) ☎ 02.98.43.48.51. ᚷ. Service le midi et le soir jusqu'à 23 h, 22 h 30 les dimanche et lundi. Accès : situé derrière les halles Saint-Louis. Plats à la carte de 65 à 110 F (9,9 à 16,8 €). Comptez au minimum 110 F (16,8 €) pour un repas complet. Resto atypique entièrement dédié à la pomme de terre. Et pas n'importe laquelle : la « samba », de création récente mais qui s'est vite fait une petite réputation pour ses qualités au four. Ce noble tubercule (que le patron aime d'amour, c'est sûr) est donc ici souvent cuite en robe des champs. Persillées ou fourrées de roquefort, de chèvre, de beaufort, transformées en gratin, en purée, ces pommes de terre accompagnent charcuteries, salades, viandes, poissons ou crustacés grillés. Parmi tous les plats, bons et généreux et aux intitulés souvent réjouissants, essayez la « iodine », la « retour de noces » ou la « goémonier » avec son petit verre de muscadet. Le midi, plats du jour terroir : far four et son lard (le mardi), *kig ha farz* (le jeudi). Excellents desserts (pas à la pomme de terre, encore que...). Les murs et la carte (prenez le temps de tout lire) donnent une idée de l'humour plutôt délirant du patron. Le cadre est assez chouette dans le genre campagne revue et corrigée. Et vu le peu d'espace qui sépare son coude de l'assiette du voisin, voilà un resto où l'on peut aussi se faire des copains... Comme c'est souvent (sinon toujours) complet, la maison vous offre, chers lecteurs, l'apéro dans un bar ou un pub voisin le temps qu'une table se libère.

|●| Ma Petite Folie – plage du Moulin-Blanc (port de plaisance de Brest) ☎ 02.98.42.44.42. Fermé le dimanche. Accès : venant de Quimper, à gauche après le pont de l'Elorn. Menu unique à 110 F (16,8 €). Comptez au minimum 150 F (22,9 €) à la carte. L'un des meilleurs restaurants de poisson de Brest. C'est bien la

première fois qu'on se laisse « emmener en bateau » avec tant de plaisir. En l'occurrence, c'est un superbe et costaud « mauritanien » qui rapporta des centaines de tonnes de langoustes des bancs d'Afrique de 1952 à 1992, date d'une juste retraite. Avant de rempiler aujourd'hui pour une 2e vie plus pépère. Rénové et remarquablement arrangé en restaurant, tout en conservant son charme de baroudeur des mers. Les patrons accueillent chaleureusement et vous feront passer un délicieux moment culinaire. Ici, du frais, que du frais. Et si la patronne, avec un air complice (en surveillant presque si personne n'écoute !), vous suggère à l'oreille un poisson qui n'est pas à la carte (genre « j'ai un mulet noir de haute mer extra »), répondez oui sans hésiter ! Plus que jamais, faire confiance aux autochtones... Poissons cuisinés droit et juste. Parmi les fleurons de la carte : terrine de veau et Saint-Jacques, rillettes de crabe, très belles huîtres, filet de lieu jaune au beurre blanc, cotriade de poissons grillés, le filet de saint-pierre au beurre d'anis et sa choucroute de fenouil, filet de bar de ligne, etc. Vous nous avez compris, réservation très, très conseillée (quasiment obligatoire le week-end !). D'autant plus que c'est le contraire de l'usine. Le soir, un seul service en général, on vous laisse le temps de savourer votre repas... Et pour l'addition, pas de coup de roulis !

DANS LES ENVIRONS

GUILERS 29820 (5 km NO)

|●| Crêperie Blé Noir – bois de Keroual ☎ 02.98.07.57.40. Accès : de Brest, direction parc de Penfeld, la crêperie est près du parc des expositions. Menus de 58 à 68 F (8,8 à 10,4 €). Menu enfant à 28 F (4,3 €). Tapie dans la verdure au bord d'un étang, cette crêperie installée dans un moulin est le site rêvé pour un moment de détente. On y déguste de délicieuses crêpes dans un intérieur moderne. Service aimable et promenade après le repas dans une nature superbe. Parmi les spécialités, la galette armoricaine aux médaillons de lotte, la galette noix de Saint-Jacques ou la galette au saumon fumé.

GOUESNOU 29850 (10 km N)

|●| Crêperie La Finette – rue du Bois-Kerallenoc ☎ 02.98.07.86.68. Fermé le lundi et le mardi midi. Congés annuels : 1 semaine mi-juin et 2 semaines mi-novembre. Accès : du bourg, prendre la route de Kerallenoc pendant 1 km (fléchage). Compter 70 F (10,7 €) pour un repas complet. Longtemps aux fourneaux de l'une des meilleures crêperies de Brest, Lydie et Jean-Yves Pirou officient désormais dans cette belle maison à l'ancienne, bordée d'un jardinet. L'intérieur tout en pierre est agrémenté d'une cheminée. La déco rappelle la Bretagne et la mer. Excellent accueil. Crêpes traditionnelles vraiment goûteuses. Réservation conseillée.

CAMARET   29570

Carte régionale A1

🛏 ⦿❙ *Hôtel-restaurant du Styvel* ** – quai du Styvel ☎ 02.98.27.92.74. Fax : 02.98.27.88.37. Parking. Congés annuels : janvier. Accès : un des derniers restaurants tout au bout des quais. Doubles avec lavabo et wc à 180 F (27,4 €), de 200 à 250 F (30,5 à 38,1 €) avec douche et wc. Menus de 80 à 250 F (12,2 à 38,1 €). Menu enfant à 45 F (6,9 €). Petit hôtel face au port et à la chapelle de Rocamadour. Chambres pas toujours très grandes mais globalement confortables. Toutes celles qui donnent sur le port ont été rénovées. Certaines (couleurs pastel, parquet) ont leur petit charme. Cuisine honnête, sans plus, évidemment d'inspiration marine : escalope de saumon fario, fricassée de homard breton, etc. Accueil inégal.

⦿❙ *La Voilerie* – 7, quai Toudouze ☎ 02.98.27.99.55. Parking. Fermé le mercredi et le dimanche soir hors saison. Congés annuels : février. Menus de 65 à 160 F (9,9 à 24,4 €). Considéré comme l'un des restos les plus sérieux de Camaret. La qualité se tient, l'accueil est cordial et le service est tardif. Grande salle plaisante. Cuisine sous influence marine et pour tout budgets : pêche du jour ou moules-frites pour ceux qu'un plat contente ou menus plus construits et carte : daurade grillée et sa sauce Marie-Jeanne, far tiède au cidre, langoustines, etc.

CANCALE   35260

Carte régionale B1

🛏 *Hôtel Le Chatellier* ** – route de Saint-Malo ☎ 02.99.89.81.84. Fax : 02.99.89.61.69. Parking. TV. Accès : à 1 km de Cancale, sur la route de Saint-Malo (D355). Doubles de 300 F (45,7 €) avec douche et wc à 330 F (50,3 €) avec bains. Joli petit hôtel confortablement aménagé dans une ancienne maison. Chambres douillettes, certaines décorées avec papier peint à fleurettes, dans le style anglais. Petit déjeuner copieux pendant lequel on fait éventuellement un brin de causette avec la charmante patronne qui connaît très bien la région (l'hôtel était la ferme de ses parents). *10 % sur le prix de la chambre.*

🛏 ⦿❙ *Le Querrien* – 7, quai Duguay-Trouin ☎ 02.99.89.64.56. Fax : 02.99.82.79.35. TV. Doubles tout confort entre 350 et 450 F (53,4 et 68,6 €) selon la vue. Demi-pension entre 310 et 360 F (47,3 et 54,9 €) par jour et par personne. Menus de 90 à 190 F (13,7 à 29 €). Peut-être les plus belles chambres de Cancale. Toutes neuves, toutes propres, vastes, lumineuses et équipées de beaux sanitaires. Tendance marine bien sûr. Accueil pro et souriant. Le restaurant est décoré dans un style grande brasserie chic, avec du bois, des cuivres et un vivier. Bonne cuisine et service diligent. Fait aussi des pizzas. Une maison qui sent bon le sérieux. *NOUVEAUTÉ.*

⦿❙ *Au Pied d'Cheval* – 10, quai Gambetta (Centre) ☎ 02.99.89.76.95. Ouvert tous les jours du dimanche des Rameaux à mi-novembre puis pour les vacances scolaires de fin d'année de 9 h à 22 h. Hors saison uniquement les week-ends de 10 h à 19 h. Compter entre 80 et 130 F (12,2 et 19,8 €) selon votre faim et votre soif. « *Au Pied d'Cheval*, on mange des huîtres sans égal. » Avec un slogan pareil, il faut être sûr de ses produits. C'est le cas de cette famille d'ostréiculteurs-myticulteurs installée sur le port de La Houle. Mais le slogan s'applique aussi aux autres produits, fruits de mer ou plats chauds tous délicieux et d'une fraîcheur extrême. Goûtez à la délicieuse écuelle du père Dédé (méli-mélo de coquillages, sauce citron crémée) que l'on sauce jusqu'à la dernière goutte, ou au patouillou (bulots à la sauce armoricaine). Tables et tabourets ultra-rustiques au rez-de-chaussée. À l'étage, c'est un peu plus cossu. Chants de marin pour l'ambiance. Service dynamique par de vraies Cancalaises. Bons vins en pots. *NOUVEAUTÉ.*

⦿❙ *La Cancalaise* – 3, rue de la Vallée-Porcon (Centre) ☎ 02.99.89.71.22. Fermé du lundi au jeudi inclus hors saison, non-stop juillet et août. Accès : à 2 mn du musée des Arts et Traditions populaires. À peu près 80 F (12,2 €) pour un repas complet. Une mignonne salle aux murs de pierre, des photos du bon vieux temps. Des tables bien dressées qui attendent habitués et gourmands de passage. Au fond, sous la longue hotte, une double rangée de crêpières (les plaques chauffantes faisant face aux cancalaises, prêtes à officier). Ici, en effet, on travaille sans filet (c'est pas comme les maris marins), c'est-à-dire la à la commande, et devant les clients. Alors voilà que nos Cancalaises, adorables et concentrées (avec leur petit air un rien sévère qu'on adore), vous enroulent des galettes fines et croustillantes. À l'andouille, au lait ribot (lait caillé avec morceaux : les « cailles »), avec de superbes confitures maison, ou à la compote maison légèrement aromatisée à la cannelle (la célèbre Bisquine), rien de révolutionnaire, mais avec de bons produits, et bien sûr le tour de main hérité des grand-mères, on se régale à coup sûr. Le meilleur

BRETAGNE

du terroir à prix tout à fait sages. Choix de cidres bretons, dont notre préféré, le Ker Avel (ça veut dire la « Maison du Vent »). Également vente à emporter sur commande. *NOUVEAUTÉ.*

I●I *Restaurant Le Saint-Cast* – **route de la Corniche** ☎ 02.99.89.66.08. Fermé le dimanche soir, le mardi soir et le mercredi hors saison, le mercredi toute la journée en saison. Congés annuels : du 15 novembre au 15 décembre et pour les vacances scolaires de février. Accès : à 5 mn du centre-ville à pied. Menus de 112 à plus de 200 F (30,5 €). Voilà une délicieuse adresse à Cancale, délicieuse dans tous les sens du terme. À l'écart du centre, dans une élégante demeure surplombant l'océan, voici un lieu idéal pour passer une charmante soirée et déguster des produits de la mer très frais, travaillés avec savoir-faire. Effeuillade de morue fraîche aux coques, tajine de homard, la qualité est présente dès le 1er menu.

DANS LES ENVIRONS

SAINT-MÉLOIR-DES-ONDES
35350 (5 km S)

I●I *Restaurant Le Coquillage, Bistrot Marin* – **Maison Richeux** ☎ 02.99.89.25.25. Fermé le lundi et le jeudi midi en juillet et août. Se renseigner pour le reste de l'année. Formule « grignotage » avec 3 entrées froides, 3 cassolettes chaudes : 520 F (79,3 €) pour deux. Menus à 115 et 168 F (17,5 et 25,6 €). Compter 250 F (38,1 €) à la carte. C'est l'annexe du *Bricourt* en plus sage et plus abordable, perchée au-dessus de la baie du Mont-Saint-Michel. Olivier Roellinger, l'enfant chéri de la cuisine bretonne, y propose toujours le meilleur de la mer : huîtres de Cancale, tartare de daurade et solettes au beurre, coquillages et crustacés... *NOUVEAUTÉ.*

CARANTEC 29660

Carte régionale A1

I●I *La Cambuse-Le Cabestan* – **au port** ☎ 02.98.67.08.92. Fermé le lundi et le mardi, le mardi midi uniquement en juillet-août. Au *Cabestan*, menus de 120 à 250 F (18,3 à 38,1 €). Coté *Cambuse*, comptez au minimum 100 F (15,2 €) à la carte. Situés sur le port. Ici, vous avez deux restos en un pour le prix de deux. Suivant votre humeur, vous choisirez l'un ou l'autre. Même chef mais deux équipes et ambiance très différente. *La Cambuse* se situe à mi-chemin de la brasserie, du bar et de la taverne. En été, atmosphère animée. Un des points d'ancrage populaire des jeunes. Musique

rock ou irlandaise. Mélange de vacanciers, locaux, bidochons de toutes nationalités, attirés par l'ambiance et la réputation de la cuisine. Roboratifs et généreux mais plutôt imaginatifs pour des plats dits « de brasserie » : galette de lieu et d'araignée, saucisse des monts d'Arrée à l'ail nouveau, curry d'agneau au lait de coco, etc. À côté, *Le Cabestan*. Ambiance plus calme, voire feutrée. Nappes en tissu, clients paisibles, amoureux qui veulent échanger leurs mots doux entre une poêlée de langoustines au pistou, un baluchon de brandade ou un lieu jaune au beurre de loques et franges de sarrasin.

CARHAIX-PLOUGUER 29270

Carte régionale A1

I●I *Crêperie Les Salines* – **23, rue Brizeux** ☎ 02.98.99.11.32. Fermé le dimanche hors saison et hors fêtes, ainsi que le lundi soir, le mardi soir et le mercredi soir. Congés annuels : janvier. Accès : près de l'office du tourisme. Plusieurs formules de 36 F (5,5 €), sauf les dimanche et jours fériés, à 89 F (13,6 €). En attendant le manoir du XVIIe siècle (et son parc !) dans lequel les proprios projettent de s'installer, on se satisfera de cette agréable petite salle à l'ambiance marine. D'autant qu'on y sert encore et toujours de goûteuses et originales crêpes à base de farine bio (et bretonne !). La formule la plus chère propose par exemple une « fleur océane » (saumon et confiture d'algues) suivie d'une crêpe « bretonne » aux pommes émincées flambées au calva sur lit de crème à la cannelle. À la carte, la « Maquarella » (rillettes de maquereaux cuisinées, oignon, confiture de vin blanc) ou la « fleur de blé noir grand cru » (andouille, pommes émincées et confiture de cidre). Vraiment une adresse de qualité pour tout budget. *Café offert (le soir seulement).*

CARNAC 56340

Carte régionale A2

≜I●I *Hôtel Le Râtelier* ** – **4, chemin Douët** ☎ 02.97.52.05.04. Fax : 02.97.52.76.11. Parking. TV. Fermé le dimanche soir et le lundi de fin septembre à fin mars. Accès : dans Carnac-ville. Chambres bien tenues de 230 à 320 F (35,1 à 48,8 €) selon la saison ; demi-pension obligatoire en juillet et août à 660 F (100,6 €) pour deux, tarif intéressant compte tenu de la qualité de la table. Menus de 95 à 208 F (14,5 à 31,7 €). Charmant petit hôtel dans une belle maison noyée sous le lierre, nichée dans une ruelle du centre-ville, à 300 m à droite de l'église. 1er menu imbattable dans sa catégorie : huîtres comme il faut, assiette de saumon trois façons, puis délicieuse tartelette chocolat et banane. Cela dans un cadre vieille France confortable et charmant. Dommage que l'accueil ne soit pas toujours à la hauteur. *Café offert. 10 % sur le prix de la chambre, sauf vacances scolaires.*

I●I *Restaurant La Côte* – **Kermario** ☎ **02.97.52.02.80.** Parking. Fermé le lundi (sauf juillet-août) et le dimanche soir hors saison. Congés annuels : la 1re semaine de décembre et tout le mois de janvier. Accès : près des alignements de Kermario. Pour 120 F (18,3 €), c'est le décollage assuré. Autres menus de 160 à 250 F (24,4 à 38,1 €). Notre coup de cœur à Carnac. Le fils de la maison, Pierre, jeune virtuose de l'école hôtelière, a décidé de transformer le restaurant familial en un haut lieu de la fourchette. Ambition démesurée ? Goûtez donc la rare subtilité de ce que vous avez dans l'assiette ! Pour vous donner une idée : galette de daurade à la tomate confite, bouillon de châtaignes, foie gras au poivre de Séchouang, charlotte d'araignée en millefeuille de blé noir, œuf cocotte aux Saint-Jacques (en hiver)... Ça vous laisse froid ?

CARNOËT 22160

Carte régionale A1

I●I *Les Fous Anglais* – **Pen ar Vern** ☎ **02.96.21.52.32.** Fermé le mercredi. Congés annuels : 2 semaines en janvier. Accès : 1 km avant le village de Carnoët, sur la D97 (venant de Callac), en direction de Carhaix. Menus à 65 F (9,9 €) le midi, 75 F (11,4 €) le soir, et 85 F (13 €) le week-end. Perdue en pleine campagne, une adorable auberge installée dans une vieille demeure de l'Argoat. Le succès est tel qu'il est préférable de réserver en saison. Décor de pub et atmosphère familiale. Ensuite, bon choix à la carte et spécialités de grillades au feu de bois. Savoureux desserts maison. Terrasse et aire de jeux. En tout cas, les clients qui échoueront ici... ne sont pas si fous que ça ! Et pour ceux qui veulent prolonger le plaisir, trois gîtes sont disponibles à 300 m (☎ 02.96.21.59.75). Également une brocante qui ravira les chineurs. *Apéritif offert.*

CHÂTEAULIN 29150

Carte régionale A1

🛏 I●I *Hôtel-restaurant Au Bon Accueil* ✶✶ – **av. Louison-Bobet** ☎ **02.98.86.15.77. Fax : 02.98.86.36.25.** Parking. TV. ✂ Fermé le dimanche soir et le lundi hors saison. Congés annuels : du 1er octobre au 30 avril. Accès : à 2 km au nord-est de Châteaulin par la D770. Doubles avec lavabo à 160 F

(24,4 €), de 250 à 330 F (38,1 à 50,3 €) avec douche et wc ou bains. Menus de 78 F (11,9 €), sauf le dimanche, à 185 F (28,2 €). Menu enfant à 55 F (8,4 €). Un ensemble de bâtiments posés dans un chouette coin, au bord du canal de Nantes à Brest. Au bord de la départementale aussi mais elle est peu passante la nuit... Les patrons et le personnel font tout pour ne pas trahir le nom, ô combien difficile à porter, de l'hôtel. Au hasard des couloirs, chambres classiques, pas toujours très grandes, mais de bon confort. Cuisine bien classique aussi, mais pas mal amenée et d'un joli rapport qualité-prix. Jardin, (toute petite) piscine chauffée et sauna. *10 % sur le prix de la chambre du 1er octobre au 15 avril.*

I●I *Crêperie Marc Philippe* – **29, quai Cosmao** ☎ **02.98.86.38.00.** Fermé le lundi sauf en juillet-août. Accès : à deux pas de l'office du tourisme. Compter de 50 à 60 F (7,6 à 9,1 €) à la carte. Une toute petite crêperie bien pratique car centrale ; en plus, les crêpes sont peu chères et goûteuses : crêpe sarrasin à l'oignon à 14 F (2,1 €) ou crêpe froment à la crème de pruneaux à 11 F (1,7 €). Accueil sympathique et produits locaux de qualité (cidre de Fouesnant, bière du pays et farine 100 % bretonne). Petite majoration de 3 F (0,5 €) si vous voulez manger en terrasse.

DANS LES ENVIRONS

PLOMODIERN 29550 (15 km O)

I●I *Auberge des Glazics* – **rue de la Plage** ☎ **02.98.81.52.32.** Fermé le mardi midi. Congés annuels : 1 semaine en février et du 1er au 30 novembre. Accès : par la D887 puis la D47. Menus de 98 F (14,9 €) le midi en semaine à 395 F (60,2 €). Menu enfant à 70 F (10,7 €). Carte : 350 F (53,4 €). Attention, voilà une adresse qui a une histoire ! Au début du siècle dernier, cet endroit était l'atelier d'un maréchal-ferrant. Devant l'affluence des gens qui attendaient leur tour, la grand-mère décida de leur offrir la soupe. La 2e génération (la mère donc) continua dans cette lignée de resto populaire. Que croyez-vous que fit la 3e génération ? « Nourrie » (c'est le cas de le dire) de cette culture culinaire, Olivier Bellin quitta « l'école classique » à 15 ans pour se lancer dans l'apprentissage de la grande cuisine. En 10 ans, il accumule les diplômes et distinctions. Il obtient le prix du meilleur jeune cuisinier de Bretagne, finit son Tour de France et retourne... devinez-où ? Dans la maison familiale où il décide tout bonnement de transformer une partie du resto populaire en gastro ! Modification de la salle, changement de déco, couverts et assiettes raffinés, tout y est ! Ce jeune chef passionné à l'imagination débordante se situe dans la lignée de ses maîtres en y apportant des pointes de création géniales. Amoureux de sa terre natale, il est décidé à prouver que la cuisine bretonne ne se limite pas aux produits bruts que lui fournit la nature. Difficile de vous citer les plats qui nous ont emballés, ils ont sûrement déjà disparu de la carte parce que l'imagination de ce jeune homme n'est jamais en berne et qu'il suit, bien sûr, les saisons. Les desserts sont une véritable symphonie de goût et de couleur. Excellents vins à des prix abordables. Pendant ce temps, la mère continue dans le style resto de campagne et aide parfois son fils au service. Vraiment une adresse que nous sommes fiers d'avoir dénichée et qui dispose de tous les atouts pour devenir un des incontournables du département. Réservation indispensable! Un jeune chef à suivre...

COMBOURG　　　　35270

Carte régionale B1

🛏️ 🍴 *Hôtel du Lac* ** – 2, place Chateaubriand ☎ 02.99.73.05.65. Fax : 02.99.73.23.34. Parking. TV. Canal+. Fermé le vendredi et le dimanche soir hors saison. Congés annuels : février. Accès : sortie de Combourg direction Rennes. Doubles avec douche et wc de 210 à 360 F (32 à 54,9 €), avec bains de 280 à 360 F (42,7 à 54,9 €). Menus de 95 à 168 F (14,5 à 25,6 €) et formule à 68 F (10,4 €), sauf le dimanche. Un joli charme, un soupçon désuet. D'un côté le château, de l'autre l'étang cher à Chateaubriand. Ici on soignait autrefois les gens qui souffraient des dents. Chambres très correctes mais à la déco passe-partout. Réserver de préférence une chambre avec vue, la différence de prix est justifiée. Fait également restaurant, avec parmi les spécialités, de bonnes huîtres chaudes au sabayon de fenouil, un fondant gigot de veau farci aux morilles.

🍴 *Restaurant L'Écrivain* – place Saint-Gilduin (Centre) ☎ 02.99.73.01.61. Parking. 🐕 Fermé le mercredi soir et le jeudi. Congés annuels : 2 semaines en octobre et de mi-février à mi-mars. Accès : face à l'église. Menus à 80 F (12,2 €), sauf le dimanche, puis de 120 et 160 F (18,3 et 24,4 €). Une table qui compte dans la région, et qui s'est forgée, avec les années, une solide réputation, sans prendre la grosse tête et augmenter ses prix. Par rapport à l'inventivité et à la saveur de ce que l'on trouve dans l'assiette, les prix sont étonnamment légers. Quelques spécialités : les poissons fumés maison, ou par exemple un excellent millefeuille de foie gras aux artichauts. Rapport qualité-prix excellent. Un *Écrivain* à lire et à relire. C'est également un dépôt-vente de livres illustrés.

DANS LES ENVIRONS

HÉDÉ 35630 (15 km SO)

🍴 *Restaurant Le Genty Home* – vallée de Hédé ☎ 02.99.45.46.07. Parking. 🐕 Fermé le mardi soir et le mercredi. Congés annuels : 1 mois à partir du 11 novembre. Accès : par la D795 ; à 500 m à la sortie de Hédé, en direction de Tinténiac. Menus à 68 F (10,4 €) le midi en semaine puis de 92 à 215 F (14 à 32,8 €). Comment ne pas tomber sous le charme de cette coquette auberge toute fleurie ? Elle est exploitée par un jeune chef plein de talent, qui attire déjà une belle clientèle de gastronomes. Il ne cesse d'embellir ou de moderniser son outil de travail. Excellent cuisinier, son choix de menus contentera les plus exigeants. Escalope de ris de veau aux langoustines à la moutarde de Meaux, filet de bar aux poireaux et sauce balsamique... Délicieux 1er menu le midi en semaine. Accueil adorable. *Café offert.*

CONCARNEAU　　　29900

Carte régionale A2

🛏️ 🍴 *Hôtel-restaurant Les Océanides* – 3 et 10, rue du Lin (Centre) ☎ 02.98.97.08.61. Fax : 02.98.97.09.13. TV. Fermé le dimanche soir en mai-juin, le dimanche d'octobre à avril. Accès : au cœur de la cité, à proximité du port. Chambres de 195 à 275 F (29,7 à 41,9 €) suivant la taille et le confort. Menus de 80 à 160 F (12,2 à 24,4 €). Intéressante demi-pension de 195 à 250 F (29,7 à 38,1 €). Menu enfant à 48 F (7,3 €). Cette maison, connue des Concarnois depuis des générations sous le nom de *La Crêpe d'Or*, a gardé son ambiance familiale et populaire. Yvonne et les siens vous mettront à l'aise autour du bar, vous conteront cette région, ses traditions et parfois même vous les chanteront. Établissement incontournable lors de la fameuse « fête des Filets bleus ». Cuisine de tradition sans fausse note : millefeuille de bœuf et confiture d'oignons, lotte au coulis de poivron, brochette de Saint-Jacques à la crème, aiguillettes de canard aux baies roses, fricassée d'escargots à la crème de cresson. Côté hôtel, les prix savent également rester sages. Chambres avec un peu plus confort juste en face sous l'enseigne aux *Petites Océanides*. Une bonne adresse.

🛏️ *Hôtel de France et d'Europe* ** – 9, av. de la Gare (Centre) ☎ 02.98.97.00.64. Fax : 02.98.50.76.66. Parking payant. TV. Fermé le samedi soir, du 15 novembre au 15 mars. Congés annuels : du 23 décembre au 2 janvier. Accès : rue arrivant directement au port. Doubles de 280 F (42,7 €) avec douche et wc à 330 F (50,3 €) avec bains. Dans le centre, à deux pas du port. Un petit établissement doté de tout ou presque ce qu'on est à même d'attendre dans un hôtel moderne : chambres plaisantes avec leur déco contemporaine, lumineuses et confortables (la literie est vraiment au poil, le double-vitrage joue son rôle), patronne accueillante, très pro, et jamais avare d'infos sur la ville. Pour boire un verre, bar-salon et adorable terrasse-patio presque exotique et isolée du brouhaha de la ville. *10 % sur le prix de la chambre du 1er octobre au 1er mai.*

🏠 *Hôtel Kermor* ** – **Les Sables Blancs** ☎ 02.98.97.02.96. Fax : 02.98.97.84.04. TV. Accès : à proximité de la plage des Sables Blancs. Doubles de 350 F (53,4 €) avec douche et wc à 480 F (73,2 €) avec bains. Petit déjeuner à 55 F (8,4 €). Pittoresque villa balnéaire début de siècle (le XIXe du coup !) posée sur la plage, face à l'océan. L'intérieur entre photo noir et blanc, bibelots et objets de marine évoque irrésistiblement celui d'un bateau. Et c'est tout à fait délicieux. Les chambres sont sagement tarifées vu la situation et le charme des lieux. Lambrissées, claires et fraîches, elles ouvrent toutes sur l'océan. Certaines, pour parfaire l'impression de dormir dans une cabine, ont pour fenêtres des hublots. Les plus chères disposent de grandes baies vitrées qui donnent sur de sympathiques terrasses de bois dominant la plage. On ne quittera pas les flots des yeux (vue franchement somptueuse !) dans la salle des petits déjeuners (servis jusqu'à 11 h 30) où une radio diffuse les messages des bateaux qui croisent au large. Embarquement immédiat sur le *Kermor* ! D'autant que le patron a autant de personnalité que son hôtel.

🍴 *Crêperie Le Grand Chemin* – **17, av. de la Gare** ☎ 02.98.97.36.57. Fermé le lundi sauf en juillet-août. Accès : à 300 m de l'office du tourisme. Menus crêpes de 40 à 68 F (6,1 à 10,4 €). On en a un peu soupé de l'ambiance touristique à outrance de la ville close. Alors on a été bien content de dénicher cet endroit sympa qui n'attend pas les touristes pour exister. Elle a déjà une longue vie derrière elle, cette crêperie, puisqu'elle comptabilise presque 50 ans de bons et loyaux services. Clientèle d'habitués donc. Il faut dire que l'on se sent ici un peu comme chez soi. Pas de chichi, rien de surfait, la patronne a à cœur de vous remplir la panse avec des crêpes copieuses à des prix modérés. 2 galettes de sarrasin et une crêpe au chocolat pour le 1er menu, et une galette coquilles Saint-Jacques et fondue de poireaux, une complète et une flambée pour les menus suivants.

🍴 *Restaurant Chez Armande* – **15 bis, av. du Docteur-Nicolas** ☎ 02.98.97.00.76. Fermé le mardi et le mercredi uniquement en été. Congés annuels : pendant les vacances de Noël. Accès : face au port de

plaisance. Menus à 98 F (14,9 €) sauf le dimanche, 138 et 188 F (21 et 28,7 €). Comptez 180 F (27,4 €) à la carte. Un des bons restos marins de Concarneau à des prix qui savent rester en eaux calmes. La salle est plaisante avec ses boiseries. Même le meuble abritant le vivier à crustacés est joli. Et poissons et fruits de mer sont d'une belle fraîcheur, en provenance direct du port, tout proche, et bien travaillés : fricassée de langoustines, ragoût de homard, etc. Très beau chariot de desserts. N'oublions pas la cotriade, mélange de 5 poissons, plat-vedette de la maison, qui est réputée à Concarneau. On y reviendra rien que pour ça !

CONQUET (LE)   29217

Carte régionale A1

🏠🍴 *Le Relais du Vieux Port* ** – **1, quai Drellach** ☎ 02.98.89.15.91. Congés annuels : janvier. Accès : au port. Doubles avec douche et wc de 210 à 330 F (32 à 50,3 €). Côté crêperie, menu à 50 F (7,6 €) et une addition moyenne de 70 F (10,7 €) à la carte. Au resto, compter 100 F (15,2 €) à la carte. Menu enfant à 45 F (6,9 €). Imaginez le charme et l'ambiance chaleureuse de chambres d'hôtes (c'en était dans une vie antérieure) associé au côté pratique de l'hôtel : vous avez *Le Relais du Vieux Port* ! Un endroit tenu par une famille qui sait accueillir où l'on se sent vite comme chez soi. Dans les chambres qui portent chacune le nom d'ue île bretonne : plancher brut, murs blancs gentiment égayés par des pochoirs bleus, literie de bonne qualité et, pour certaines, lits à baldaquins contemporains. Cinq offrent une chouette vue sur l'estuaire (la « Beniguet » notamment, dotée de trois fenêtres). Attention, la « Bannalec » (la moins chère) a une cabine de douche et est plus petite que les autres. Le petit déjeuner (copieux et bon marché) se prend sur une noble table de bois : pain noir et blanc et autres confitures maison. Côté resto, grande salle où trône une cheminée. Service continu toute la journée hiver comme été. Bon choix de crêpes, plats de poissons et fruits de mer : salade iroise aux coquilles Saint-Jacques, lotte au cidre, etc. Cave sympa. Expos permanentes de peintres locaux et soirées musicales tous les mercredis en été. Une de nos meilleures adresses, surtout pour l'hôtel. *Apéritif offert. 10 % sur le prix de la chambre à partir de 2 nuits consécutives hors vacances scolaires.*

CRACH   56400

Carte régionale A2

🍴 *Restaurant Crêperie L'Hermine* – **12, rue d'Aboville** ☎ 02.97.30.01.17. Fermé du lundi au mercredi inclus du 1er octobre au

BRETAGNE

31 mars, sinon fermé le lundi midi et le mercredi seulement. En juillet-août, ouvert tous les jours. Congés annuels : vacances de février. Crêpes traditionnelles de 10 à 35 F (1,5 à 5,3 €) et spéciales de 25 à 40 F (3,8 à 6,1 €). Impossible de manquer cette belle maison fleurie. La salle est claire et agréable, mais notre préférence va à la véranda, ouvrant sur le jardin de rocaille. On vient de toute la région pour déguster leurs célèbres crêpes, c'est pourquoi il est préférable de réserver. Pour les spécialités, elles sont une vingtaine toutes plus alléchantes les unes que les autres. À cette carte, s'ajoute un bon choix de fruits de l'océan. Nous vous recommandons les irrésistibles moules « Façon Hermine ». La carte des desserts en fera rêver plus d'un et le choix sera cruel. Bon accueil et service efficace. Les enfants ont à leur disposition une aire de jeux. Une adresse à ne pas manquer. *NOUVEAUTÉ.*

DINAN   22100

Carte régionale B1

🛏🍴 *Auberge de jeunesse Moulin du Meen* – **vallée de la Fontaine-des-Eaux (Nord-Est)** ☎ **02.96.39.10.83. Fax : 02.96.39.10.62.** Accès : ce n'est pas loin du port ; arrivé au bout, prendre la route pour Plouer et une autre petite route, à gauche ; c'est fléché ; pour ceux arrivant en train : traverser la voie ferrée, puis tourner à droite ; c'est indiqué ; hardi, petit, c'est à 2 km. Nuit à 50 F (7,6 €), repas à partir de 49 F (7,5 €) et petit déjeuner à 19 F (2,9 €). Ancien moulin dans un petit vallon boisé très agréable. Dortoirs de 8 lits, et quelques chambres doubles louées au même prix. Possibilité de camper. Location de vélos (à 200 m), randonnées dans les environs et stages de photographie. Salle de réunion avec cheminée, piano et guitare à disposition.

🛏 *Hôtel Les Grandes Tours* ** – **6, rue du Château (Centre)** ☎ **02.96.85.16.20. Fax : 02.96.85.16.04.** TV. Satellite / câble. Congés annuels : 2 semaines en février. Accès : face au château. 36 chambres (dont 5 sur la rue) de 180 à 290 F (27,4 à 44,2 €). Compter 400 et 450 F (61 et 68,6 €) pour les familiales. Demi-pension à 370 F (56,4 €). Hôtel entièrement rénové. Victor Hugo et Juliette Drouet y ont séjourné le 25 juin 1836, lors d'un voyage de 5 semaines dans l'ouest. « Ils y prirent leur dîner, passèrent la nuit et trouvèrent les lieux à leur goût, y déjeunèrent le lendemain. » Depuis, les chambres ont été dotées de tout le confort (bains, téléphone). Pour la demi-pension, l'hôtel a passé un accord avec le restaurant voisin. Parking dans la cour, payant de juin à septembre seulement. *Petit déjeuner offert.*

🛏🍴 *Hôtel Les Alleux* ** – **route de Ploubalay (Nord)** ☎ **02.96.85.16.10. Fax : 02.96.85.11.40.** Parking. TV. Canal+. Resto fermé le dimanche soir hors saison. Congés annuels : janvier. Accès : sur la D2, dans une ZAC. Doubles à 280 F (42,7 €). Formule à 65 F (9,9 €) servie le midi en semaine et un 1er menu à 78 F (11,9 €). Menu enfant à 49 F (7,5 €). Demi-pension à 250 F (38,1 €) par personne en chambre double. Un hôtel moderne sans grand charme, mais au calme et dans la verdure. Voilà une bonne étape sur la route de Saint-Malo-Dinard avec des chambres confortables. *Du 1er octobre à fin mars, 10 % sur le prix de la chambre et café offert côté resto.*

🛏🍴 *Hôtel Le Challonge* ** – **29, place Duguesclin (Centre)** ☎ **02.96.87.16.30. Fax : 02.96.87.16.31.** TV. 🐕 Doubles de 290 à 420 F (44,2 à 64 €) selon la taille de la chambre, familiales à 530 F (80,8 €), et suites à 610 F (93 €). Menus de 73 à 170 F (11,1 à 25,9 €). Petit déjeuner à 40 F (6,1 €) avec une corbeille de viennoiseries. Cet établissement propose en tout 18 chambres dont 11 donnent sur la place. Pas de soucis de bruit, le double-vitrage est efficace. Les familiales sont conçues pour 4 personnes (les parents dans un grand lit et les enfants dans deux lits dans une chambre contiguë) avec bureau et vastes placards. Il y a aussi une chambre pour handicapés. Toutes les salles de bains ont des porte-serviettes chauffants. Bonne literie. Rapport qualité-prix très correct.

🍴 *Crêperie des Artisans* – **6, rue du Petit-Fort (Centre)** ☎ **02.96.39.44.10.** Fermé le lundi sauf en juillet-août. Congés annuels : de mi-octobre à début mars. Accès : au pied de la porte du Jerzual. Trois menus de crêpes et de galettes : un « express » à 44 F (6,7 €) le midi et 55 F (8,4 €) le soir, un menu « terroir » à 69 F (10,5 €) et un autre à 72 F (11 €). Dans l'une des rues les plus charmantes du vieux Dinan (riche en touristes et donc en restos). Belle demeure ancienne au cadre rustique, pierres apparentes et tables en bois. Atmosphère décontractée insufflée par des proprios bien sympas. Crêpes traditionnelles excellentes, mais aussi cidre au tonneau et lait ribot copieusement servi. Pour les enfants, un menu rigolo avec un cocktail, une galette et une crêpe. Avec ça, musique agréable et, en été, chouette terrasse sur la rue.

🍴 *Restaurant La Courtine* – **6, rue de la Croix** ☎ **02.96.39.74.41.** Fermé le mercredi midi en été, hors saison le mercredi et le dimanche soir. Congés annuels : les 1res quinzaines de décembre et de janvier. Le midi, formule à 70 F (10,7 €) avec entrée-plat ou plat-dessert, vin et café compris. Menus de 98 à 192 F (14,9 à 29,3 €). Menu enfant à 55 F (8,4 €). On est

Ïci accueilli par une charmante hôtesse dans un cadre *cosy* et chaleureux. Pour ne rien gâcher, il y a un chef talentueux aux fourneaux : poissons et fruits de mer finement préparés, souvent accompagnés d'une petite touche exotique (Monsieur a beaucoup voyagé), ainsi que de bonnes viandes comme la selle d'agneau à la crème d'ail. Assez rare et bienvenue : une carte de huit cafés différents. Réservation conseillée le soir. À noter : soirées à thème un vendredi sur deux en hiver.

Iol *Le Bistrot du Viaduc* – 22, rue du Lion-d'Or ☎ 02.96.85.95.00. Fermé le lundi et le samedi midi. Congés annuels : de mi-décembre à mi-janvier. Accès : prendre la route de Rennes, le restaurant se trouve à gauche dans le virage, juste après le viaduc. Petit menu à 85 F (13 €) servi le midi en semaine, d'autres menus à 160 et 185 F (24,4 et 28,2 €). À la carte, compter dans les 220 F (33,5 €) sans le vin. Formidablement situé avec l'un des plus beaux points de vue sur la vallée de la Rance, *Le Bistrot* offre en outre un cadre plaisant (fleurs et tons pastel, fourneau dans la salle) et une savoureuse cuisine du terroir. Le foie gras frais maison, le croustillant de pied de cochon, la choucroute de la mer, la morue à la bretonne ou tout bêtement l'os à moelle ô combien vénérable (et bon marché), voilà le programme ! Bonne sélection de vins abordables. Réservation indispensable.

Iol *La Fleur de Sel* – 7, rue Sainte-Claire ☎ 02.96.85.15.14. Fermé le mardi et le mercredi. Accès : près de l'office de tourisme. Menus-carte à 120 et 180 F (18,3 et 27,4 €). Menu enfant à 60 F (9,1 €), tiré du menu à 120 F (18,3 €) avec un plat et un dessert. Nicolas Boyere, qui nous avait ravis à Honfleur, est revenu au pays où il applique la même formule d'un menu-carte (ce qui n'exclut pas de choisir un plat unique sur la carte). Le 1er se compose de 3 assiettes et d'un dessert avec 6 propositions différentes pour l'entrée, le plat principal et les desserts. Dans le second : les ravioles de homard breton au jus de carapaces pressées, les beignets de rouget-barbet et sole à l'émulsion de fines herbes (ou les noisettes d'agneau) suivi du *plancoëtin* chaud, vinaigrette au sirop d'érable et cumin avant de clore par un *kouign aman* caramélisé, poêlé de framboises et fromage blanc à la réglisse. Ne boudez pas non plus le feuilleté d'andouille de Guéméné, les escargots aux pleurotes. De la vraie cuisine à base de produits frais. Nicolas est aux fourneaux. Agnès, son épouse, règne sur les 2 salles (l'une côté ouest où dominent les bleus, l'autre côté sud de couleur rouille) et veille au grain. Les tables sont dressées avec beaucoup de goût, avec de beaux couverts et de la vaisselle de qualité. Service attentionné. Vins de propriétaires à des prix doux

et vin du mois à découvrir (ils peuvent être servis au verre).

DANS LES ENVIRONS

PLÉLAN-LE-PETIT 22980 (13 km O)

Iol *Le Relais de la Blanche-Hermine* – lieu-dit Lourmel ☎ 02.96.27.62.19. Fermé le mardi sauf en juillet-août. Accès : par la N176 en direction de Jugon-les-Lacs. Sortir au rond-point de Plélan-le-Petit et prendre l'ancienne route en direction de la zone artisanale. Le restaurant se situe à 800 m sur la gauche. Menus à 75 F (11,4 €), sauf le dimanche midi, 98 et 158 F (14,9 et 24,1 €). Longue maison en pierre du pays, en bord de route. Grande salle agréable et animée. Resto possédant une bonne réputation dans la région. Fruits de mer sur commande uniquement. Deux fois par mois, cochon de lait à la broche.

DINARD 35800

Carte régionale B1

🏠Iol *Hôtel-restaurant du Parc* ** – 20, av. Edouard-VII (Centre) ☎ 02.99.46.11.39. Fax : 02.99.88.10.58. TV. Fermé le dimanche soir et le lundi (hors vacances scolaires). Congés annuels : en hiver hors vacances scolaires. Accès : tout près du centre, pas loin de la mer (5 mn à pied). Doubles de 160 à 300 F (24,4 à 45,7 €) selon la saison. Menus de 65 à 140 F (9,9 à 21,3 €). Un petit hôtel familial de style très dinardais. Excellent rapport qualité-prix. Demander une chambre donnant sur l'arrière, très calme. Il n'y a pas de parc (contrairement à ce qu'indique son nom), mais un resto coquet et agréable.

🏠 *Hôtel Les Mouettes* – 64, av. George-V ☎ 02.99.46.10.64. Fax : 02.99.16.02.49. Congés annuels : du 10 octobre à Pâques. Accès : à deux pas du Yacht-Club et du port. Doubles avec douche et wc à 210 F (32 €), avec bains à 230 F (35,1 €). Un sympathique hôtel familial de 10 chambres. Accueil d'une grande gentillesse, petites chambres coquettes et bien tenues. Sympa, simple et pas cher, ce qui n'est pas si courant à Dinard. Pour le stationnement, s'adresser à la réception. *10 % sur le prix de la chambre hors vacances scolaires.*

🏠Iol *Hôtel de la Paix* * – 6, place de la République (Centre) ☎ 02.99.16.55.55. Fax : 02.99.16.55.50. Parking. TV. Resto fermé le mercredi. Congés annuels : en janvier. Accès : à 2 mn à pied de la plage de l'Écluse et du casino. Doubles tout confort de 280 à 380 F (42,7 à 57,9 €) selon la saison. Menus de 61 à 100 F (9,3 à 15,2 €). Sa situation centrale, la gentillesse et la simplicité de l'accueil en font une bonne adresse

BRETAGNE

dans cette catégorie, même si les prix sont un peu élevés. La plupart des chambres ont été refaites (c'est pour cela qu'elles ont été augmentées de quelques dinars !) et donnent sur l'arrière (elles sont donc calmes). Le bon petit hôtel, pour quelques jours de vacances.

|●| Restaurant La Présidence – 29, bd Wilson (Centre) ☎ 02.99.46.44.27. ☒ Fermé le dimanche soir et le lundi. Congés annuels : les 3 premières semaines de décembre et 2 semaines pour les vacances scolaires de février. Accès : en face du casino, tout près de la plage de l'Écluse. Menus de 92 à 175 F (14 à 26,7 €). Une façade peinte en bleu-vert et intérieur dans les tons saumon. D'ailleurs le saumon, la raie et tous les bons poissons de la mer sont les spécialités de ce restaurant (délicieuse choucroute de la mer), que nous conseillons plutôt pour un dîner en tête à tête que pour un banquet entre copains. Cadre élégant et cuisine de la mer soigneusement préparée.

|●| Restaurant L'Escale à Corto – 12, av. George-V (Est) ☎ 02.99.46.78.57. Fermé tous les midi, et le lundi soir hors vacances scolaires. Compter 150 F (22,9 €) pour un repas. La mer toute proche et la silhouette de Corto Maltese donnent une indéniable personnalité à ce petit resto branché. On l'appelle aussi le *Restaurant des Marins*. Dod est au bar, Marie est aux fourneaux. Bons repas tonifiants : salade des marins, huîtres, tartare de saumon, poisson. Pas de menu, tout est à la carte. Le resto n'est ouvert que le soir car Corto fait la sieste sur le sable aux heures chaudes...

DOL-DE-BRETAGNE 35120

Carte régionale B1

≙ Grand Hôtel de la Gare * – 21, av. Aristide-Briand (Sud-Ouest) ☎ 02.99.48.00.44. Fax : 02.99.48.13.10. Parking. Accès : à 500 m du centre. Doubles avec douche et wc ou bains à 200 F (30,5 €) environ, avec lavabo à 140 F (21,3 €). Situé dans un environnement banal, un petit hôtel simple et sans prétention. Chambres nettement défraîchies mais vastes. Fait aussi café-PMU. Heureusement car l'endroit serait un peu triste sans cela. *Café offert.*

≙ |●| Hôtel de Bretagne ** – 17, place Chateaubriand (Centre) ☎ 02.99.48.02.03. Fax : 02.99.48.25.75. Parking. TV. ☒ Resto fermé le samedi de mi-novembre à fin mars. Congés annuels : 1 semaine en octobre et 1 semaine pendant les vacances scolaires de février. Doubles avec douche et wc à 250 F (38,1 €), avec bains à 320 F (48,8 €).

Plusieurs menus de 62 à 165 F (9,5 à 25,2 €). Hôtel bien tenu. Bon accueil. Atmosphère familiale et cadre assez feutré (surtout hors saison). Chambres lumineuses. Resto pas cher. Nourriture correcte, mais sans prétention.

≙ |●| Restaurant de la Bresche-Arthur – 36, bd Deminiac ☎ 02.99.48.01.44. Fax : 02.99.48.16.32. Parking. TV. ☒ Fermé le dimanche soir et le lundi (sauf juillet-août). Congés annuels : vacances de Noël, Nouvel An, et février. Accès : à deux pas du centre. Doubles avec douche et wc ou bains de 180 à 280 F (27,4 à 42,7 €). Menus de 78 à 195 F (11,9 à 29,7 €). Excellente table, pourtant d'une grande sobriété, et parmi les meilleures de la région. Très belle salle et véranda climatisées. Rapport qualité-prix étonnant dès le 1er menu. Il faut dire que le chef, fin saucier, est un as, respectueux des produits. Quelques spécialités : daurade rose grillée à la crème de bacon, terrine de gigot de 8 heures aux herbes : Vaut le détour. Fait aussi hôtel, avec des chambres agréables, particulièrement les 12, 16 et 22. *Apéritif offert. 10 % sur le prix de la chambre hors saison.*

|●| Auberge de la Cour Verte – route de Rennes ☎ 02.99.48.41.41. ☒ Fermé le lundi midi et le mardi midi en juillet-août. Hors saison, fermé le lundi et le mardi ainsi que pour les fêtes de fin d'année, 2 semaines en octobre et 10 jours en juin. À la carte, compter 120 F (18,3 €). Une ancienne ferme typique de la région, une longère, magnifiquement rénovée et pimpante, dans un environnement verdoyant. Un espace jeux pour les enfants dans la cour. Dans la grande salle rustique de l'auberge, tous les regards convergent vers la cheminée où sont grillées de superbes viandes. Le jeune chef et patron officie avec sérieux et méthode. Il découpe les grillades sur un billot de boucher et n'a pas son pareil pour vous envoyer une pièce de bœuf cuite saignante, ou des côtelettes d'agneau rosées, exactement comme vous les aviez commandées. Des cuisines, partiellement ouvertes, arrivent les autres plats, de belles salades (medium ou senior selon votre appétit), des crêpes et les desserts. Le chef, d'origine belge, inclut à sa carte quelques spécialités bien de chez lui. Nous vous laissons donc le plaisir de découvrir ses recettes de moules, le *Stoemp*, en accompagnement des viandes, ou l'étonnant *sirop de Liège*. Vin judicieusement servi dans des pots gradués, donc vendu au centimètre, pour ne payer que sa consommation. Service effectué par de jeunes gens « de bonne famille » et ambiance chaleureuse. Boutique de décoration-épicerie fine en face dans la cour. *NOUVEAUTÉ.*

DOUARNENEZ   29100

Carte régionale A1

⚓ |●| *Hôtel de France-Le Doyen* ** – 4, rue Jean-Jaurès (Centre) ☎ 02.98.92.00.02. Fax : 02.98.92.27.05. TV. Canal+. Resto fermé le dimanche soir et le lundi sauf juillet-août. Congés annuels : du 3 au 6 janvier. Doubles toutes avec douche et wc ou bains de 230 à 350 F (35,1 à 53,4 €). Menus de 98 à 225 F (14,9 à 34,3 €). Menu enfant à 60 F (9,1 €). Une institution locale, à la fois familiale et un brin chic. En plein centre, on préférera donc les chambres de l'annexe, plus calmes même si celles du bâtiment principal sont en train de se refaire une beauté dans le genre breton, à l'image de la salle à manger. Au resto *Le Doyen* justement, est servie une cuisine ancrée dans son terroir (donc souvent d'humeur marine) mais dotée d'une vraie personnalité. *10 % sur le prix de la chambre d'octobre à fin avril.*

⚓ |●| *Hostellerie Le Clos de Vallombreuse* *** – 7, rue Estienne-d'Orves (Centre) ☎ 02.98.92.63.64. Fax : 02.98.92.84.98. Parking. TV. Accès : dans le centre, à deux pas de l'église du Sacré-Cœur. Chambres toutes avec bains, de 330 à 500 F (50,3 à 76,2 €) la double. Menus de 98 à 320 F (14,9 à 48,8 €). Menu enfant à 60 F (9,1 €). L'enseigne évoque quelque roman-feuilleton du XIXe (sinon une très contemporaine saga télévisée de l'été !). Mais ce nom va finalement bien à cette élégante maison du début du XXe siècle surplombant l'océan, tranquille au milieu de son petit parc. L'intérieur est celui d'une maison bourgeoise avec cheminées et boiseries, tapisseries et fauteuils de cuir, d'un cossu parfois un brin chargé. Mais les chambres sont mignonnes et gaies. Certaines offrent une gentille vue sur l'océan. La cuisine de bonne facture a des accents marins (homard grillé glacé au corail, cotriade de la mer, etc.). L'accueil est charmant.

|●| *Crêperie Au Goûter Breton* – 36, rue Jean-Jaurès (Centre) ☎ 02.98.92.02.74. Fermé le dimanche et le lundi en hiver, sauf pendant les vacances scolaires. Congés annuels : 2 semaines à la mi-juin et 3 semaines du 15 novembre au 6 décembre. Menus de 4 crêpes de 47 et 87 F (7,2 et 13,3 €). Menu enfant à 43 F (6,6 €). Une façade de caractère. Une enseigne enfantine, un décor breton pour un patron très rock, qui ne roule qu'en Harley ou en Cadillac. En fond sonore, la musique bretonne se marie donc au rock et au jazz. Et on ne s'étonnera pas de dégoter dans la carte un hamburger armoricain (steak et crêpe !). Parmi les autres spécialités de la maison, essayez la « moscovite » (saumon, crème

fraîche et citron), la « nordique » (harengs, oignons, pommes de terre) ou une des crêpes du jour inscrites au tableau noir. Terrasse fleurie sur l'arrière. *Café offert.*

|●| *La Criée* – port du Rosmeur (Centre) ☎ 02.98.92.13.55. Fermé le mardi soir hors saison et tous les soirs en hiver. Accès : au-dessus de la criée. Comptez de 90 à 100 F (13,7 à 15,2 €) au minimum à la carte. Plats à moitié prix pour les enfants. Salle toute vitrée, vaste, presque trop mais le joli décor de bistrot marin rattrape le coup. La vue – splendide – sur la 3e plus belle baie du monde (*dixit* le jeune et sympa gérant, cherchez les deux premières) vaut déjà le coup de grimper ces deux étages. Ensuite, on y mange de beaux poissons cuisinés avec simplicité mais justesse (brandade de cabillaud, pétoncles farcis, sardines grillées avec leurs pommes au four, brochettes de Saint-Jacques au noilly, etc.), de superbes plateaux de fruits de mer et de bons desserts bretons. Les petits vins en pichet ne font pas grimper l'addition et la musique d'ambiance change du tout-venant FM auquel nous ont habitués trop de restos. *NOUVEAUTÉ.*

ERQUY   22430

Carte régionale B1

⚓ |●| *Hôtel Beauséjour* ** – 21, rue de la Corniche ☎ 02.96.72.30.39. Fax : 02.96.72.16.30. Parking. TV. ♨ Resto fermé le dimanche soir et le lundi d'octobre à juin. Congés annuels : la 1re quinzaine de février. Doubles de 240 à 310 F (36,6 à 47,3 €) avec douche et wc. Petit déjeuner à 39 F (5,9 €). Demi-pension avantageuse obligatoire du 15 juillet à fin août à 300 F (45,7 €) par personne. Menus copieux et savoureux de 82 à 178 F (12,5 à 27,1 €). Petit hôtel de vacances traditionnel, en surplomb, à 100 m du port. Chambres bien tenues. Resto aux prix modérés. Parmi les spécialités : moules à la crème, praires farcies, brochettes de Saint-Jacques au coulis d'étrilles, choucroute du pêcheur, etc.

|●| *La Cassolette* – 6, rue de La Saline (Centre) ☎ 02.96.72.13.08. Fermé le jeudi et le vendredi midi hors saison. Congés annuels : du 30 novembre à début février. Accès : à 50 m de la plage. Formule plat-dessert à 65 F (9,9 €) servie le midi, et menus de 79 à 230 F (12 à 35,1 €), dont le « coquille Saint-Jacques » à 130 F (19,8 €). À la carte, comptez autour de 250 F (38,1 €) sans le vin. Les Réginéens (Régina était le nom d'Erquy à l'époque romaine) ont bien de la chance de compter deux excellentes tables dans leur petite cité, *L'Escurial* dont on vous vante aussi les mérites, et *La Cassolette*. Cette dernière, propriété d'une gentille dame, permet à un jeune chef qui a travaillé dans de grandes maisons d'y

exprimer tout son talent. La mer n'étant qu'à deux pas, il en accommode les meilleurs fruits de façon raffinée. Salivez plutôt : ravioles de Saint-Jacques, cassolette de langoustines à l'orange, filet de julienne à l'andouille et beurre de cidre, etc. Les desserts sont du même tonneau ; on s'est régalé avec le Byzantin aux deux chocolats, et la feuillantine aux fruits de saison jouit aussi d'un succès mérité. Pour ne rien gâcher, l'endroit est plaisant, la petite salle rustique avec cheminée est coquette, ainsi que la terrasse-jardin pour les beaux jours. Service efficace. *NOUVEAUTÉ.*

I●I *Restaurant L'Escurial* – bd de la Mer ☎ 02.96.72.31.56. Fermé le dimanche soir et le lundi. Congés annuels : de mi-novembre à début décembre. Accès : à côté de l'office de tourisme. Menus de 100 à 220 F (15,2 à 33,5 €). Menu enfant à 80 F (12,2 €). Réservation conseillée. L'un des restos les plus réputés de la région. Vue sur le large depuis la salle à manger aux confortables fauteuils de cuir vert et blanc. Évidemment, spécialités de la mer, comme le saint-pierre poêlé au foie gras et tagliatelles. Une valeur sûre.

DANS LES ENVIRONS

SAINT-AUBIN 22430 (3 km SO)

I●I *Restaurant Le Relais Saint-Aubin* – Saint-Aubin ☎ 02.96.72.13.22. Parking. Fermé le lundi et le mardi hors saison et le lundi en saison. Accès : à 3 km d'Erquy-bourg ; fléchage depuis la route principale (D34). Menus variés à 80 F (12,2 €) en semaine, puis de 115 à 190 F (17,5 à 29 €) avec dégustation de Saint-Jacques, 3 plats. Menu enfant à 60 F (9,1 €). Plat du jour à 60 F (9,1 €) environ. Réservation indispensable en saison et le week-end toute l'année. Dans un hameau, une maison ancienne de caractère avec un grand jardin. Calme total. Coin bucolique et romantique à souhait. Salle à manger ravissante avec poutres, meubles anciens, et cheminée monumentale de granit. L'été, on peut manger en terrasse. Outre les beaux menus, un plat du jour intéressant est annoncé sur une ardoise. Bref, il y en a pour toutes les bourses et toutes les faims dans un cadre exceptionnel et avec un accueil qui ne l'est pas moins. Service attentionné. Ils proposent un excellent vin sélectionné par eux : le menetou-salon (blanc ou rouge).

FOUESNANT 29170

Carte régionale A2

🛏 *Hôtel À l'Orée du Bois* ** – 4, rue de Kergoadig ☎ 02.98.56.00.06. Fax : 02.98.56.14.17. TV. Doubles avec lavabo et wc à 150 F (22,9 €), de 250 à 270 F (38,1 à 41,2 €) avec douche et wc ou bains. Également des triples à 300 F (45,7 €) et quadruples à 340 F (51,8 €). Parking : 20 F (3 €). Petit hôtel familial classique. Patrons vraiment accueillants. Propose des chambres très coquettes à prix raisonnables dont certaines (les n°s 14, 15 et 16) offrent même une chouette vue sur le Cap-Coz et la Forêt-Fouesnant. À deux pas démarrent les sentiers pédestres. Plage à 3 mn en voiture. *10 % sur le prix de la chambre pour 2 nuits consécutives du 1er septembre au 30 juin.*

GLOMEL 22110

Carte régionale A1

🛏 I●I *La Cascade* – 5, Grande-Rue (Centre) ☎ 02.96.29.60.44. TV. Accès : sur la rue principale. Chambres à 150 F (22,9 €) pour une personne, de 160 à 170 F (24,4 à 25,9 €) pour deux, et 220 F (33,5 €) pour trois. Petit déjeuner à 25 F (3,8 €). Côté resto, menu ouvrier à 55 F (8,4 €), sur commande le week-end et le soir sauf pour les clients de l'hôtel. Un petit hôtel de pays bien sympathique. Quatre chambres mignonnes et personnalisées dans la déco : vous avez le choix entre la « marine » ou la « Bretagne » (ces deux-là ont chacune un lavabo, mais une salle de bains commune), la « jardin » ou la « chalet ». Propreté irréprochable, accueil très gentil, et prix plus que raisonnables. *NOUVEAUTÉ.*

GROIX (ÎLE DE) 56590

Carte régionale A2

🛏 *Auberge de jeunesse du Fort du Méné* – fort du Méné (Est) ☎ 02.97.86.81.38. Fax : 02.97.86.52.43. Accueil de 9 h à 11 h 30 et de 18 h à 20 h. Congés annuels : du 16 octobre au 31 mars inclus. 41 F (6,3 €) la nuit et 19 F (2,9 €) le petit déjeuner. Prenez le sentier côtier qui mène à la pointe de la Croix. Cette AJ de 60 lits se trouve remarquablement bien située en bord de mer. Certaines chambrées sont installées dans l'enceinte bétonnée du fort, super pour se refaire le *Mur de l'Atlantique*, mais rudimentaire. Plage au pied de la falaise. Possibilité de camping ; location de tentes.

🛏 *Hôtel de la Jetée* ** – sur le port ☎ 02.97.86.80.82. Fax : 02.97.86.56.11. Congés annuels : du 5 janvier au 15 février. Accès : à Port-Tudy, dernière maison avant la jetée. De 260 à 420 F (39,6 à 64 €) la nuit selon la chambre. Petit déjeuner à 40 F (6,1 €). Sur le port, dernière maison à droite en arrivant par la mer. Une vrai carte postale : sur l'avant, la jetée du port et son phare au bout, les bateaux au mouillage, et sur l'arrière, la mer qui vient presque lécher

BRETAGNE

les murs de l'hôtel par un petit passage dans la falaise. Ajoutez-y le vol élégant de fiers goélands et vous y êtes ! Et comme l'intérieur est de goût et les chambres coquettes, vous comprendrez que ce beau refuge nous ait conquis.

GUINGAMP   22200

Carte régionale A1

|●| Restaurant La Roseraie – parc Styvel ☎ 02.96.21.06.35. Ouvert de 19 h à 23 h. Fermé le lundi soir hors saison. Accès : à un petit kilomètre du centre, route de Tréguier, le restaurant est indiqué sur la droite. Comptez de 100 à 150 F (15,2 à 22,9 €). Dans une belle demeure bourgeoise, posée au milieu de son parc comme la cerise sur le gâteau, *La Roseraie* dispose de l'un des plus agréables cadres qui soient. Salles également plaisantes et cuisine savoureuse, grillades et produits de la mer à l'honneur. On se régale tout simplement. Réservation ultra-recommandée.

HENNEBONT   56700

Carte régionale A2

🛏|●| Hôtel-restaurant du Centre – 44, rue du Maréchal-Joffre (Centre) ☎ 02.97.36.21.44. Fax : 02.97.36.44.77. Fermé le lundi sauf en juillet et août. Doubles de 160 F (24,4 €, douche sur palier) à 200 F (30,5 €). Demi-pension obligatoire en juillet et août ; 185 F (28,2 €) par personne. Des menus de 75 à 215 F (11,4 à 32,8 €). Un jeune couple adorable a repris ce bon vieil hôtel situé en plein centre et l'a passablement rafraîchi tout en conservant son atmosphère provinciale et simple. Le charme de la patronne et l'excellent rapport qualité-prix contribueront à votre paix intérieure. Des menus tranquillement et simplement bons, voire très bons sur les poissons et fruits de mer comme les langoustines grillées à la crème ou le saumon aux deux sauces. Une des meilleures tables de la ville.

HOËDIC (ÎLE DE)   56170

Carte régionale B2

🛏|●| Les Cardinaux – ☎ 02.97.52.37.27. Fax : 02.97.52.41.26. Fermé le dimanche soir et le lundi hors saison. Congés annuels : 15 jours en février et 15 jours en octobre. 10 chambres simples de 260 à 330 F (39,6 à 50,3 €) selon le confort. Petit déjeuner à 40 F (6,1 €). Fait aussi restaurant ; menus de 135 à 195 F (20,6 à 29,7 €). Demi-pension de 305 à 350 F (46,5 à 53,4 €). Vue sur mer, évidemment ! Réservation recommandée. C'est le seul hôtel de l'île.

JOSSELIN   56120

Carte régionale B2

🛏|●| Hôtel de France ** – place Notre-Dame (Centre) ☎ 02.97.22.23.06. Fax : 02.97.22.35.78. TV. Fermé le dimanche soir et le lundi hors saison. Congés annuels : janvier. Chambres bien tenues de 280 à 290 F (42,7 à 44,2 €), et demi-pension à 251 F (38,3 €) par personne. 1ᵉʳ menu à 81 F (12,3 €) non servi le dimanche. Autres menus de 99 à 205 F (15,1 à 31,3 €). Superbement situé face à la basilique. Bon restaurant avec une cuisine d'un genre traditionnel et bourgeois. En somme, un rapport qualité-prix intéressant et du travail sérieux. *Café offert.*

|●| Bar Crêperie de la Marine – 8, rue du Canal ☎ 02.97.22.21.98. Fermé le lundi soir et le mardi hors saison. Grand choix de salades en petite ou grande version de 24 à 42 F (3,7 à 6,4 €). Galette de blé noir de 9 à 40 F (1,4 à 6,1 €). Formule à 50 F (7,6 €) servie tous les midis jusqu'à 14 h, sauf les dimanche et jours fériés, comprenant une entrée, un plat du jour et un dessert. Menu enfant à 38 F (5,8 €). Très agréable décor marin, comme il se doit. Plusieurs petites salles où domine le bleu. En saison, quelques tables sur la terrasse fleurie. Galettes de blé noir avec une dizaine de spécialités comme la Josselinaise, la Châtelaine fourrée de boudin noir et de pommes cuites ou la Saint-Jacques à la fondue de poireaux. Belle carte de crêpes de froment et de spécialités de desserts. Essayez la Favorite qui a beaucoup de succès. Une bonne adresse qui ne vous ruinera pas. Bon accueil. *NOUVEAUTÉ.*

LANDÉDA   29870

Carte régionale A1

🛏 Hôtel de la Baie des Anges – 350, route des Anges ☎ 02.98.04.90.04. Fax : 02.98.04.92.27. ● bdanges@aberstourisme.com ● Parking. TV. ♿ Congés annuels : janvier. Accès : sur le port de l'Aber-Wrac'h. Doubles, toutes avec douche et wc ou bains, de 250 à 520 F (38,1 à 79,3 €) selon la superficie, la vue et la saison. Petit déjeuner à 50 F (7,6 €). Le patron, qui a de l'humour et de la conversation, en parle comme du plus bel hôtel du monde ! On réservera peut-être le label à quelques hôtels croisés du côté de Bali... mais l'*hôtel de la Baie des Anges* tient toutes les promesses contenues dans son enseigne. Cette belle maison début de siècle à la façade jaune est posée face à la mer, juste au-dessus de la plage. Vue somptueuse donc sur des couchers de soleil qui ne le sont pas moins. Des chambres à l'adorable bar avec salon, la déco fait dans le charme discret. Le petit déjeuner (d'anthologie !) est servi jusqu'à point d'heure : beau choix de cafés, confitures maison, viennoiseries et pain d'un boulanger voisin franchement talentueux. Belle terrasse. Un endroit où on aurait bien posé nos bagages plus long-temps... *NOUVEAUTÉ.*

LANDERNEAU 29220

Carte régionale A1

🏠 l●l *L'Amandier* ** – 55, rue de Brest ☎ 02.98.85.10.89. Fax : 02.98.85.34.14. TV. Fermé le dimanche soir et le lundi pour le resto uniquement. Accès : premier feu à droite en descendant de la gare, à 500 m du centre-ville, sur la route de Brest. Chambres de 270 à 300 F (41,2 à 45,7 €). Plat du jour à 55 F (8,4 €) le midi. Menus de 105 à 200 F (16 à 30,5 €). Un hôtel présentant un remarquable rapport qualité-prix. Cadre d'une grande élégance sans tape-à-l'œil. Beaux tableaux, décor et ameublement raffinés. Chambres particulièrement plaisantes et d'un très bon confort. La cuisine s'affiche comme de tradition et de terroir mais s'offre quelques réjouissantes audaces modernistes : roulades de pieds et jarrets de cochon rôtis, croustade de pétoncles au beurre blanc. Beaux desserts (gourmandise de lait d'amande aux fruits rouges, tulipe de poire et son duo de chocolat, *kouign aman*, soufflé glacé au Grand-Marnier, etc.).

l●l *Resto de la Mairie* – 9, rue de la Tour-d'Auvergne ☎ 02.98.85.01.83. 🚻 Fermé le mardi soir. Accès : sur les quais face à la mairie. Plat du jour (et tous les jours midi et soir) à 49 F (7,5 €). Menus de 59 F (9 €) le midi en semaine à 180 F (27,4 €). Menu enfant à 40 F (6,1 €). Comptez 120 F (18,3 €) à la carte. Sympathique bar-restaurant tout en longueur. Déco chaleureuse avec sa verrière, sa moquette rouge et ses plantes luxuriantes. La patronne tient cette maison depuis près de 30 ans avec un engouement communicatif. Pour les enfants, une tortue nommée Nono se cache dans le patio. Parmi les spécialités, la marmite Neptune vaut son pesant d'or : les coquilles Saint-Jacques, la lotte, les crevettes et les gambas sont savamment mitonnées avec de la crème, du cognac. Pour ce plat, compter 30 mn d'attente car bien sûr il n'est pas préparé à l'avance... Sinon, selon la saison, goûter aux moules à notre façon, aux coquilles Saint-Jacques, au ragoût de lotte aux primeurs ou à la fricassée de rognons de veau, plats à la carte d'un bon rapport qualité-prix. Le vin peut aussi être servi au verre. Excellent accueil.

DANS LES ENVIRONS

ROCHE-MAURICE (LA) 29800

(4 km NE)

l●l *Auberge du Vieux Château* – 4, Grand-Place ☎ 02.98.20.40.52. Parking. 🚻 Fermé tous les soirs en semaine. Menus de 58 F (8,8 €) le midi en semaine à 170 F (25,9 €). Menu enfant à 58 F (8,8 €). Sur la place d'un paisible village, près d'une belle église bretonne et à l'ombre d'un vieux château en ruine du XIe siècle, voici une bonne auberge qui présente sans doute le meilleur rapport qualité-prix de la région de Landerneau. Le surprenant 1er menu réunit chaque jour au coude à coude paysans et VRP, cadres et employés. Les autres menus (servis dans une salle climatisée) alignent terrine de noix de coquilles Saint-Jacques au coulis de homard, sole périgourdine, filet de saint-pierre au coulis de langoustines et autres fruits de mer.

LANDÉVENNEC 29560

Carte régionale A1

🏠 l●l *Saint-Patrick* – rue Saint-Guénole ☎ 02.98.27.70.83. Fermé le mercredi et le dimanche soir (hors saison). Accès : à côté de l'église. Chambres avec lavabo (douche et wc communs) de 190 à 210 F (29 à 32 €). Menus à 95 F (14,5 €), en semaine, et 105 F (16 €). Tout petit hôtel de charme dans un paisible village de la presqu'île de Crozon. Un vieux bistrot, intact avec ses chaises de bois qui raclent le carrelage et son comptoir de poche derrière lequel se serre un cortège de vieux whiskies irlandais (et on peut y goûter sans attendre la Saint-Patrick...). Les chambres sont celles d'une maison de famille : mignonnes comme tout avec leurs cheminées de marbre et leurs bibelots posés ici ou là. Les fenêtres des nos 1, 4 et 7 s'ouvrent sur la rade de Brest. Cuisine (souvent de poisson) comme à la maison aussi. Accueil jeune, sympa et décontracté (très chambres d'hôte en fait). 10 % sur le prix de la chambre à partir de 3 nuits consécutives sauf en juillet-août. *NOUVEAUTÉ.*

LANDIVISIAU 29400

Carte régionale A1

🏠 l●l *Restaurant Le Terminus* – 94, av. Foch (Nord-Est) ☎ 02.98.68.02.00. TV. Fermé le dimanche soir. Menus de 60 à 90 F (9,1 à 13,7 €). Quelques chambres de 130 F (19,8 €) avec lavabo à 220 F (33,5 €) avec douche et wc. L'un des meilleurs routiers du Finistère. Du nord au sud, on vous vantera son très copieux 1er menu, le menu ouvrier, comprenant deux entrées (dont fruits de mer), plat et légumes à volonté, salade, fromage, dessert, café et… le kil de rouge sur la table ! Imbattable. D'ailleurs, le nombre de camions sur le parking témoigne du succès de la formule. Sinon, salle de restaurant à côté avec menus plus traditionnels et le plateau de fruits de mer.

LANNION   22300

Carte régionale A1

≜ I●I *Auberge de jeunesse Les Korrigans* – 6, rue du 73ᵉ-Territorial ☎ 02.96.37.91.28. Fax : 02.96.37.02.06. ● www.fuaj.org ● ♿ Accès : à 150 m de la gare et à 300 m du centre-ville. 52 F (7,9 €) la nuit, 22 F (3,4 €) le petit déjeuner et possiblité de demi-pension à 120 F (18,3 €). AJ qui fait partie de la FUAJ, carte d'adhérent obligatoire. Pas de couvre-feu. Accueil très sympa. Chambres de 2 et 4 personnes (chacune avec salle de bains). Cuisine équipée. L'AJ organise un tas d'activités artistiques ou sportives – randonnées de découverte ornithologique, club de boomerang, danses bretonnes, tir à l'arc, cerf-volant acrobatique (!), etc. – et fournit tous renseignements sur les possibilités du coin. Vraiment l'une des AJ les plus dynamiques qu'il nous ait été donné de rencontrer. *10 % sur le prix de la chambre du 1ᵉʳ septembre au 30 juin.*

≜ I●I *Hôtel-restaurant Le Graal* ** – 30, av. du Général-de-Gaulle (Centre) ☎ 02.96.37.03.67. Fax : 02.96.46.45.83. Parking. TV. Canal+. Satellite / câble. ♿ Restaurant fermé le dimanche. Accès : face à la gare. Doubles de 280 à 380 F (42,7 à 57,9 €). Petit déjeuner à 35 F (5,3 €). Réparties côté rue ou côté jardin, les chambres sont vastes et confortables. Prix spécial week-end, hors saison pour nos lecteurs. Le jardin est très agréable. Restaurant servant une bonne cuisine avec une carte adaptée aux saisons. Une bonne adresse centrale.

I●I *La Ville Blanche* – route de Tréguier ☎ 02.96.37.04.28. ♿ Fermé le dimanche soir (sauf juillet-août), le lundi et le mercredi soir. Congés annuels : de début janvier à début février et la 3ᵉ semaine d'octobre. Accès : à 6 km, sur la route de Tréguier, à hauteur de Rospez. 1ᵉʳ menu à 120 F (18,3 €) du mardi au vendredi, puis autres menus de 200 à 360 F (30,5 à 54,9 €). Menu enfant à 80 F (12,2 €). Une cuisine de prince réalisée par 2 frères cuisiniers de retour au pays qui proposent de faire visiter leur jardin d'herbes aromatiques ! Parmi les plats délicieux : lotte au cidre et primeurs du pays, brie rôti à la rhubarbe, millefeuille aux pommes caramélisées... Une grande table où il est possible de se faire servir au verre

d'excellents vins, ce qui est peu courant dans un établissement de cette classe.

LESCONIL   29730

Carte régionale A2

≜ I●I *Grand Hôtel des Dunes* ** – 17, rue Laennec ☎ 02.98.87.83.03. Fax : 02.98.82.23.44. TV. Congés annuels : de mi-octobre à fin mars. Comptez 320 F (48,8 €) pour une double. Ce grand établissement jouit d'une belle situation géographique : l'une des façades s'ouvre sur une immense dune qui va rencontrer la mer 100 m plus loin. De l'hôtel d'ailleurs, belle balade à faire le long de la côte. Les chambres ont été refaites. Elles sont spacieuses, claires et confortables. Préférer bien sûr celles côté mer. La nourriture est d'un bon rapport qualité-prix. Même au petit menu de la demi-pension, les plats n'en finissent pas de se succéder... Accueil sympathique d'un patron qui allie convivialité et professionnalisme. Une bonne adresse.

LOCQUIREC   29241

Carte régionale A1

≜ I●I *Hôtel Les Sables Blancs* – 15, rue des Sables-Blancs ☎ 02.98.67.42.07. Fax : 02.98.79.33.25. Parking. Fermé le mercredi. Congés annuels : de fin septembre à fin mars. Accès : prendre la direction Morlaix. Doubles de 210 F (32 €) avec lavabo à 250 F (38,1 €) avec douche et wc. Menus à partir de 60 F (9,1 €). Menu enfant à 40 F (6,1 €). Une bonne petite adresse nichée dans les dunes, face à la baie de Lannion. Cadre sauvage et grandiose donc. Les chambres sont honnêtes mais il y a peu de douches sur le palier pour celles avec lavabo seulement, donc quelques embouteillages de couloir en été ! Les nᵒˢ 2, 3, 4, 5 et 8 offrent une superbe vue sur la mer. Petite crêperie-saladerie dans une véranda face aux flots : essayez les crêpes à l'andouille ou à la *féta*, ou les moules au chouchen. Dégustation d'huîtres à toute heure.

≜ I●I *Le Grand Hôtel des Bains* *** – 15 bis, rue de l'Église ☎ 02.98.67.41.02. Fax : 02.98.67.44.60. Parking. TV. ♿ Congés annuels : janvier et février. Accès : près de l'église. Chambres de 550 à 1 000 F (83,8 à 152,4 €) suivant la saison et l'exposition (vue ou non sur la mer). Menus de 150 à 295 F (22,9 à 45 €). Entre plage et port, un des rares hôtels les pieds dans l'eau du Finistère. C'était l'archétype de l'hôtel bord-de-mer *Fifties* (*L'Hôtel de la Plage*, aimable pochade années 70, y a d'ailleurs été tourné). C'est désormais, après son rachat par un couple d'origine belge, une adresse de charme un brin haut-de-gamme. Imposante bâtisse très proustienne au milieu d'un parc planté de vénérables tilleuls. Chambres dont la déco rappelle le style balnéaire début du siècle dernier : lambris, meubles peints, chaises en osier. Les plus chères disposent de balcons ou de terrasses face à la mer. D'agréables et immenses baies vitrées éclairent la grande salle de séjour où s'éparpillent des bouquets de toutes sortes. Parmi les spécialités du resto : le homard breton à la nage de sauternes parfumé au gingembre et ses petits légumes ou le ragoût de fruits de mer à la crème de langoustines. Bon choix dans les vins. Piscine couverte et chauffée, sauna, jacuzzi et balnéothérapie. Une adresse de qualité pour les plus fortunés de nos lecteurs...

DANS LES ENVIRONS

GUIMAËC 29620 (3 km O)

l●l *Le Caplan and Co* – lieu-dit Poul-Rodou ☎ 02.98.67.58.98. Congés annuels : octobre. Accès : en sortant de Guimaëc, en direction de Plouganou au 3e carrefour à droite. Assiette à 55 F (8,4 €). Au bout de la route, fouetté par le vent, lavé par les embruns, *Le Caplan* est posé là comme un défi lancé contre les éléments. Alors nous avons poussé la porte pour nous protéger de la tempête. Une ambiance chaude et conviviale nous a envahis. Ce café-librairie est quasiment unique en France. Alliance ô combien réussie entre la lecture et la chaleur du troquet, ce lieu a vraiment une âme. Des rangées de livres côtoient des tables disposées çà et là... Le choix des ouvrages est effectué par les soins de Lan et de Caprini. Et les bouquins, ça les connaît ! En effet, tous deux travaillaient dans une maison d'édition. Les livres sont hétéroclites à souhait... De plus, *Le Caplan* propose chaque jour une grande assiette grecque (et du vin... grec). Étonnant en Bretagne ! Un coin jeux est destiné aux enfants. En discutant, Lan nous a appris que Léo Ferré habitait à quelques pas de là durant l'après-guerre et qu'il avait voulu acheter le bar... Comme l'aurait si bien chanté Brassens, il est des lieux bien singuliers !

LOCTUDY 29750

Carte régionale A2

⌂ *Hôtel de Bretagne* ** – 19, rue du Port ☎ 02.98.87.40.21. Fermé le dimanche soir hors saison et hors vacances scolaires. Accès : à deux pas du port. Chambres à partir de 260 F (39,6 €), un poil moins cher en basse saison. Lit supplémentaire à 50 F (7,6 €). Petit déjeuner à 35 F (5,3 €) par personne. Charmant hôtel rénové avec un

goût absolument exquis. Les deux patronnes ont réussi à assurer un excellent confort, tout en lui gardant son caractère ancien et un charme plein de fraîcheur. Chambres pimpantes, toutes avec douche, wc et téléphone. Jusqu'en mai, intéressant forfait week-end pour 2 personnes. Accueil randonneurs et cyclistes.

l●l *Relais de Lodonnec* – 3, rue des Tulipes, plage de Lodonnec ☎ 02.98.87.55.34. Fermé le lundi en juillet-août, le mardi soir et le mercredi hors saison. Congés annuels : de mi-janvier à mi-février. Accès : à 2 km au sud de Loctudy. Menus à 70 F (10,7 €) le midi en semaine, et jusqu'à 240 F (36,6 €). Dans cette ancienne maison de pêcheur en granit, à 20 m de la plage, se niche l'un des restos qui montent en pays bigouden. Le week-end, réservation conseillée. Plaisant cadre, bois blanc et poutres apparentes. Service diligent. Cuisine traditionnelle avec une pointe de recherche. Menus avec 8 huîtres ou avec copieuse assiette de fruits de mer, gratinée de *fario* saumoné ou filets de rougets à la crème d'oursins. À la carte : rosace de Saint-Jacques aux deux sauces, feuilleté de foie gras chaud, bar grillé au basilic... Dans la carte des vins, quelques bouteilles abordables : un côtes-du-rhône, un touraine bien en dessous de 100 F (15,2 €).

LORIENT 56100

Carte régionale A2

⌂ l●l *Auberge de jeunesse* – 41, rue Victor-Schœlcher (hors plan par A3, 10) (Sud-Ouest) ☎ 02.97.37.11.65. Fax : 02.97.87.95.49. Parking. ♿ Bureau d'accueil ouvert de 8 h 30 à 10 h et de 17 h 30 à 19 h 30. Congés annuels : du 22 décembre au 31 janvier. Accès : du centre-ville, bus n° 2, arrêt « Auberge de jeunesse ». En hiver, prendre la direction Larmor-Plage et suivre le fléchage. 51 F (7,8 €) la nuit en chambre collective de 4 lits avec 2 lavabos et 20 F (3 €) le petit déjeuner. Sur les belles rives de l'étang du Ter, route de Larmor-Plage. Réserver son lit en été. Établissement relativement récent et de bon confort (cuisine, salon télé, baby-foot, ping-pong, etc.). Menu servi seulement sur réservation.

⌂ *Hôtel du Square* * – 5, place Jules-Ferry (Centre) ☎ 02.97.21.06.36. TV. Chambres doubles au confort correct, de 130 à 190 F (19,8 à 29 €) avec télé. Petit déjeuner servi en chambre à 25 F (3,8 €). Petit hôtel sans restaurant, simple et discret, devant les jardins Jules-Ferry. Éviter toutefois les chambres du 1er étage côté rue à cause du bar. *10 % sur le prix de la chambre à partir de 2 nuits consécutives sauf de juillet à septembre.*

⌂I●I *Hôtel-restaurant Gabriel* ** – 45, av. de la Perrière (artère principale du port de pêche) (Sud) ☎ 02.97.37.60.76. Fax : 02.97.37.50.45. TV. Fermé le dimanche d'octobre à fin juin. Accès : dans l'artère principale du port de pêche de Keroman. Chambres doubles de 130 à 200 F (19,8 à 30,5 €). Compter un supplément de 50 à 70 F (7,6 à 10,7 €) pendant la période du Festival Interceltique. Menu ouvrier à 58 F (8,8 €), vin compris, servi midi et soir sauf dimanche. Autres menus de 68 à 155 F (10,4 à 23,6 €). Petit hôtel-restaurant simple, sympathique et pas cher dont les chambres sont modernes et très propres.

⌂ *Hôtel Victor Hugo* ** – 36, rue Lazare-Carnot (Sud-Est) ☎ 02.97.21.16.24. Fax : 02.97.84.95.13. Parking. TV. Canal+. Ouvert toute l'année. Accès : tout près de la Maison de la Mer et du point d'embarquement pour l'île de Groix et pas loin du centre. Chambres de 170 à 300 F (25,9 à 45,7 €). Petit déjeuner buffet à 39 F (5,9 €). Accueil sympathique et souriant de la patronne. Les chambres sont propres et dotées de tout le confort. Une partie des salles de bains viennent d'être refaites. *10 % sur le prix de la chambre d'octobre à mars.*

I●I *Restaurant Le Pic* – 2, bd du Maréchal-Franchet-d'Esperey (Nord) ☎ 02.97.21.18.29. ⚄ Fermé le samedi midi et le dimanche. Accès : à proximité de la poste. Petit menu à 74,50 F (11,4 €). Autres menus de 100 à 205 F (15,2 à 31,3 €). Pour son décor de bistrot parisien et sa petite terrasse pour les beaux jours, l'endroit plaît assez. Une cuisine peu sophistiquée mais goûteuse qui propose, notamment, la joue de bœuf braisée aux carottes, le pied de porc farci à la queue de bœuf, la morue fraîche en aïoli... L'établissement a d'ailleurs obtenu le label « qualité France » et Pierre Le Bourhis, le patron, est un expert en vins. Il fut couronné meilleur sommelier de Bretagne en 1986. Jetez donc un coup d'œil sur sa cave !

I●I *Restaurant Le Jardin Gourmand* – 46, rue Jules-Simon (Nord-Ouest) ☎ 02.97.64.17.24. Fermé le dimanche et le lundi. Congés annuels : 2 semaines pendant les vacances de février et les 10 premiers jours d'août. Accès : dans le quartier de la gare SNCF. Menus de 98 F (14,9 €), servi à midi en semaine, à 130 F (19,8 €) ; sinon, compter 220 F (33,5 €) vin compris pour un très bon dîner. Réservation très recommandée. Sous la pergola ou en salle, dans un cadre aéré et élégant, on déguste de savoureuses recettes à base de produits locaux de saison, avec une touche de créativité et toujours bien réalisées. Service courtois de monsieur (pendant que madame s'échine en cuisine, c'est du propre !) et tarifs maîtrisés. Sans doute notre table préférée à Lorient. Très belle carte des cafés et

des thés. Cadeau à nos lecteurs : la chef dévoile volontiers les secrets d'une de ses recettes.

DANS LES ENVIRONS

PORT-LOUIS 56290 (20 km S)

⌂I●I *Hôtel-restaurant du Commerce* ** – 1, place du Marché (Centre) ☎ 02.97.82.46.05. Fax : 02.97.82.11.02. TV. Canal+. ⚄ Fermé le dimanche soir et le lundi hors saison. Congés annuels : du 15 janvier au 15 février. Accès : par la RN165 prendre la direction Port-Louis. Chambres de 180 à 368 F (27,4 à 56,1 €). Un petit menu en semaine à 70 F (10,7 €) et d'autres menus jusqu'à 270 F (41,2 €). Beau menu du terroir à 100 F (15,2 €) et menu découverte à 185 F (28,2 €). Un hôtel tranquille et confortable, en plein centre. On a aimé la placette plantée de jolis arbres devant, et le petit verger derrière. *Apéritif offert. 10 % sur le prix de la chambre du 15 octobre au 15 mars.*

MALESTROIT 56140

Carte régionale B2

I●I *Restaurant Le Canotier* – place du Docteur-Queinnec ☎ 02.97.75.08.69. Fermé le dimanche soir et le lundi. Formule à 55 F (8,4 €) tous les midis en semaine et menus allant de 72 à 225 F (11 à 34,3 €). Bon rapport qualité-prix pour ce restaurant qui propose, sur 2 niveaux aussi bien des assiettes scandinaves que des filets de sandre, ou des fruits de mer toute l'année, spécialités de Lanvaux. C'est la meilleure table de la ville. Stationnement facile sur la place du Marché.

DANS LES ENVIRONS

CHAPELLE-CARO (LA) 56460

(8 km N)

⌂I●I *Le Petit Keriquel* ** – 1, place de l'Église (Centre) ☎ 02.97.74.82.44. Fax : 02.97.74.82.44. Parking. TV. Fermé le dimanche soir et le lundi hors saison, pendant les vacances scolaires de février et la 1re quinzaine d'octobre. Accès : sur la place de l'église. Compter de 180 à 240 F (27,4 à 36,6 €) pour la chambre et de 62 à 160 F (9,5 à 24,4 €) pour les menus. Le 1er menu n'est pas servi le dimanche. Demi-pension obligatoire en août. Cette jolie maison reconstruite dispose de 8 chambres très convenables, certaines donnant sur l'église. C'est un *Logis de France* agréable, à l'atmosphère pas vieille France du tout, mais au contraire jeune et relax grâce aux patron-patronne souriants et pas bien vieux, il faut

BRETAGNE

le dire. Bon accueil donc, et la table nous a comblés avec une cuisine classique fraîche et généreuse. Spécialités de feuilletés d'escargots aux petits lardons, de salade campagnarde au jarret de porc confit et de confit de canard. *Le Petit Keriquel*, on l'aime tel quel ! *Café offert.*

MOLAC 56230 (13 km S)

🛏🍽 *Hôtel-restaurant À la Bonne Table* – place de l'Église ☎ 02.97.45.71.88. Fax : 02.97.45.75.26. Fermé le vendredi soir hors saison. Congés annuels : pendant les vacances de Noël. Des chambres à 120 F (18,3 €) avec cabinet de toilette et à 155 F (23,6 €) avec douche et wc. En semaine, menu du jour à 55 F (8,4 €). Autres menus de 100 à 210 F (15,2 à 32 €). Au-dessus du resto ou dans l'annexe (plus calme), il y a des chambres très bon marché également satisfaisantes, simples sans doute, mais propres et dotées d'une bonne literie. Programme gastronomique de la semaine : couscous le jeudi et repas antillais le premier mardi du mois ou sur commande. Une maison ancienne (relais de poste en 1683) sur la place de l'Église. Atmosphère souriante et populaire, tables bien dressées et copieuse cuisine traditionnelle : dans le pays, chacun sait qu'on se régale ici. Accueil dynamique. *Apéritif offert.*

MATIGNON 22550

Carte régionale B1

🍽 *Crêperie de Saint-Germain* – Sur la place du village ☎ 02.96.41.08.33. Service continu en juillet et août à partir de 12 h. Congés annuels : de début octobre à Pâques sauf pendant les vacances scolaires. Accès : du bourg de Matignon, prendre la D786 vers Fréhel sur 1 km, puis à droite direction Saint-Germain et faire encore 2 km. Compter entre 70 et 80 F (10,7 et 12,2 €) pour un repas. Il faut venir jusqu'à Saint-Germain-de-la-Mer, village paisible qui domine la baie de la Fresnaye, pour déguster les meilleurs galettes et crêpes des alentours. C'est en tout cas l'avis de nombreux locaux et le nôtre. Farine de blé noir ou froment, la gentille Mme Eudes a en effet un tour de main bien efficace pour manier la pâte. Pas trop d'extravagances dans les garnitures, elle reste fidèle aux spécialités traditionnelles avec des produits de qualité : elle met du vrai jambon dans vos galettes et non du « sous-vide qui brille » (c'est assez rare pour être souligné). C'est donc très bon, pas bien cher, et en plus, sa maison ancienne est bien plaisante, ainsi que la terrasse-jardin en été. *NOUVEAUTÉ.*

MOËLAN-SUR-MER 29350

Carte régionale A2

🛏 *Manoir de Kertalg* **** – route de Riec ☎ 02.98.39.77.77. Fax : 02.98.39.72.07. Parking. TV. Congés annuels : du 15 novembre au 15 avril. Accès : de Moëlan prendre la D24 direction Riec, à 2 km bifurquer à droite. Doubles toutes avec bains de 490 à 980 F (74,7 à 149,4 €). Appartements en duplex de 980 F (149,4 €) pour deux, et à 1 200 F (182,9 €) pour quatre. Petit déjeuner à 60 F (9,1 €). Un vieux manoir aux pierres de taille mangées par le lierre, un vaste parc entouré de forêts (où s'offrir quelques belles balades). Le site déjà vaut le coup d'œil. Les chambres aménagées dans d'anciennes dépendances ne sont pas mal non plus dans leur genre. Vastes (de 25 à 50 m², amenez votre mètre-pliant !), traversées de poutres, et d'une déco très stylée (pour une fois, les lits à baldaquins sont en accord avec le cadre). Séduisante galerie qui accueille des expos de peinture et agréable terrasse avec vue sur le parc où prendre (jusqu'à 10 h 30) son petit déjeuner. Une adresse pour ceux qui disposent de quelques moyens financiers. *10 % sur le prix de la chambre en avril et octobre.*

MORGAT 29160

Carte régionale A1

🛏🍽 *Hôtel La Ville d'Ys* ** – quai Kador ☎ 02.98.27.06.49. Fax : 02.98.26.21.88. Parking. TV. Congés annuels : du 1er octobre aux vacances de Pâques. Doubles avec lavabo à 260 F (39,6 €), avec douche et wc ou bains de 345 à 360 F (52,6 à 54,9 €). Demi-pension obligatoire en juillet-août de 250 à 325 F (38,1 à 49,5 €) par jour et par personne. Petit déjeuner à 38 F (5,8 €). Menus de 95 à 196 F (14,5 à 29,9 €). Menu enfant à 45 F (6,9 €). Grande maison posée, à la pointe de l'agitation touristique, au-dessus du port et de la plage. Situation assez exceptionnelle donc qui conjugue vue et calme. Près de la moitié des chambres, claires et agréables, donnent sur la baie de Morgat. Certaines disposent de balcons ou de terrasses. Les moins chères, mansardées, restent assez mignonnes. Bon resto qui privilégie les poissons en sauce (le chef a notamment été maître saucier au pavillon de l'Élysée à Paris) : feuilleté de Saint-Jacques et langoustines à la crème, turbot grillé beurre blanc, homard, etc. *Café offert.*

🛏🍽 *Le Grand Hôtel de la Mer* *** – 17, rue Ys ☎ 02.98.27.02.09. Fax : 02.98.27.02.39. Parking. TV. Satellite / câble. 🍴 Fermé le lundi midi et le mardi midi. Congés annuels : de novembre à fin mars. Doubles avec douche et wc ou bains de 356 à 590 F (54,3 à 89,9 €) suivant la saison et l'exposition. Petit déjeuner à 44 F (6,7 €). Menus de 100 à 160 F (15,2 à 24,4 €). Menu enfant à 80 F (12,2 €). Si, vu de l'extérieur, *Le Grand Hôtel de la Mer* a conservé un peu de sa superbe des années 30, époque où Armand Peugeot décida de faire de Morgat un petit Deauville, l'intérieur, maintes fois transformé, est plus banal. C'est désormais un VVF, aux chambres toutes identiques et, avant tout, fonctionnelles. Mais pour celles qui donnent sur la mer (les nᵒˢ 228, 230, 328 et 330 disposent en outre d'un balcon), quelle vue ! Copieux petit déjeuner-buffet. Au resto, cuisine marine avec de la personnalité : pétoncles farcis au beurre d'anis, sandre en croûte d'algues, filets de sole rôtis en barigoule d'artichauts, etc. Ultime précision : avec 78 chambres, on n'est pas ici dans une petite structure familiale...

MORLAIX — 29600

Carte régionale A1

🛏️🍴 *Auberge de jeunesse* – 3, route de Paris (Sud) ☎ 02.98.88.13.63. Fax : 02.98.88.81.82. ● www.fuaj.org ● Nuitée à 48 F (7,3 €). Petit déjeuner à 18 F (2,7 €). Repas à 49 F (7,5 €). Carte FUAJ obligatoire. Nuitée en chambre collective. À proximité du centre-ville. Cour fermée avec abri vélos.

🛏️🍴 *Hôtel-restaurant Saint-Mélaine* – 75, rue Ange-de-Guernisac (Centre) ☎ 02.98.88.08.79. Fermé le dimanche. Accès : au pied du viaduc, côté port ; emprunter la rampe Saint-Mélaine. Chambres de 150 à 160 F (22,9 à 24,4 €). Menus à 60 et 85 F (9,1 et 13 €). Un petit hôtel familial dans une rue paisible de la vieille ville. Chambres comme on se les imagine : toutes simples, parfois meublées de bric et de broc, aux papiers peints désuets mais globalement bien tenues et à des prix qui en font une des adresses les moins chères de la ville. Patron très sympa. Au resto, cuisine traditionnelle et beau buffet de hors-d'œuvre pour le premier menu.

🛏️ *Hôtel du Port* ** – 3, quai de Léon (Nord) ☎ 02.98.88.07.54. Fax : 02.98.88.43.80. TV. Canal+. Satellite / câble. Accès : à 400 m du viaduc sur les quais. Doubles avec douche et wc ou bains de 200 à 220 F (30,5 à 33,5 €). Petit déjeuner à 30 F (4,6 €). Un bon rapport qualité-prix pour ce petit hôtel face au port de plaisance. Chambres pimpantes et agréables

(même si pas toujours très grandes). Accueil charmant.

🛏️🍴 *Hôtel de l'Europe – Brasserie le Lof* ** – 1, rue d'Aiguillon ☎ 02.98.62.11.99. Fax : 02.98.88.83.38. TV. Canal+. ♿ Accès : à côté de l'hôtel de ville. Doubles avec douche et wc ou bains de 250 à 325 F (38,1 à 49,5 €). Menus de 85 à 180 F (13 à 27,4 €). Menu enfant à 72 F (11 €). L'institution du centre-ville. Le hall avec son monumental escalier et sa débauche de boiseries XVIIᵉ siècle est somptueux. Les chambres rénovées sont claires et pimpantes même si un brin cossu. Les autres, pour certaines un peu fatiguées par les années, devraient gagner petit à petit en confort (changement annoncé et bienvenu de la literie). Autre univers avec la *Brasserie le Lof* : deux niveaux reliés par une passerelle, d'une architecture résolument contemporaine. À l'étage, quatre toiles de Louis Garin tapissent une cloison. Cuisine bien amenée : tartare de saumon et Saint-Jacques en feuillantine de sésame, feuilleté royal au pamplemousse et le local *kig-ha-farz*. *10 % sur le prix de la chambre à partir de 2 nuits consécutives hors juillet et août.*

🍴 *Le Bains-Douches* – 45, allée du Paon-Ben ☎ 02.98.63.83.83. Fermé le samedi midi et le dimanche. Accès : en face du palais de justice. Menus de 65 F (9,9 €) le midi en semaine à 135 F (20,6 €). Menu enfant à 42 F (6,4 €). Compter 150 F (22,9 €) à la carte. Un des restos les plus originaux de la ville. À ne pas manquer pour sa passerelle, les carrelages et la verrière de ses anciens bains-douches. On a su ici, opportunément, conserver le cadre d'origine du début du siècle. Atmosphère celtico-parisienne sympa pour une cuisine de bistrot correcte et à prix très raisonnables. On peut commencer par 12 huîtres « carantecoises » ou des anchois frais marinés à l'orientale, faire suivre de noisettes d'agneau farcies ou d'un steak de canard aux poivres ou d'une fricassée de lapin au cidre et pain d'épice. Bons desserts : gratin de poires à la coco, feuilleté de pommes caramélisées, etc. *Apéritif offert.*

🍴 *La Marée Bleue* – 3, rampe Saint-Mélaine (Centre) ☎ 02.98.63.24.21. Fermé le dimanche soir et le lundi hors saison. Menus de 78 F (11,9 €), sauf le dimanche, à 230 F (35,1 €). Menu enfant à 48 F (7,3 €). À la carte, compter 190 F (29 €). Le bon resto de poissons et de fruits de mer de Morlaix. Cadre élégant et intime, bois et pierre, sur deux niveaux. L'adresse draîne une clientèle « installée » mais l'accueil reste souriant et sincère. Cuisine de saison (la carte tourne tous les trois mois), beaux produits toujours d'une réjouissante fraîcheur et bien travaillés. *Café offert.*

SCRIGNAC 29216 (25 km SO)

|●| Restaurant Hénaff – le bourg
☎ 02.98.78.20.08. Fermé le soir. Accès :
par la D9 puis la D42 ; dans la rue principale.
Autour de 70 F (10,7 €) le midi en semaine.
Menus à 90 et 130 F (13,7 et 19,8 €) le
dimanche. Pas de nom, il est juste écrit
« Restaurant » sur une grande bâtisse
blanche aux volets bleus. Arrivez tôt : dès
12 h 30, c'est complet. Grimpez les quelques marches qui mènent à la salle à manger. Bon accueil et chaleureuse atmosphère. Pas de menu, vous goûterez la
copieuse cuisine familiale du jour. D'abord
une soupe onctueuse et parfumée, avant
d'aborder 2 autres entrées, puis le plat du
jour (on vous souhaite d'arriver jusqu'aux
tripes maison !), fromage, dessert et café. Le
litre de gros rouge trône sur la table. Le
dimanche midi, repas amélioré et un menu
fruits de mer.

MUR-DE-BRETAGNE 22530

Carte régionale B1

**📧 |●| Auberge Grand-Maison ** – 1, rue
Léon-le-Cerf** (Centre) ☎ 02.96.28.51.10.
Fax : 02.96.28.52.30. TV. Fermé le
dimanche soir et le lundi. Congés annuels :
1re quinzaine de mars et 3 semaines en
octobre. Accès : près de l'église. Doubles de
320 à 650 F (48,8 à 99,1 €). Petit déjeuner à
90 F (13,7 €). 1er menu « Affaires » au
déjeuner à 170 F (25,9 €), sauf le
dimanche, puis le menu « Tradition » à 210 F
(32 €), sauf le dimanche, « La Réjouis-
sance » à 250 F (38,1 €), « L'Émotion », et
« La Fête » à 400 F (61 €). Une étape chic
pour routards fortunés... Menus préparés
par Jacques Guillo, maître cuisinier de
France et l'une des meilleures toques du
département. Il faut au moins ça quand on
est installé dans cette campagne ! La seule
lecture de la carte fait rêver : les profiteroles
de foie gras au coulis de truffes, le pigeonneau de Sainte-Anne-d'Auray cuisiné en
bécasse, le millefeuille de pain d'épice au
roquefort. Étape très gastronomique donc,
avec 9 chambres magnifiques refaites selon
un goût très sûr, qui valent bien leur prix. Le
petit déjeuner est un repas à lui tout seul !
Tarif demi-pension intéressant pour cette
grande adresse exceptionnelle.

GOUAREC 22570 (17 km O)

📧 |●| Hôtel du Blavet ** – RN 164
☎ 02.96.24.90.03. Fax : 02.96.24.84.85.
● louis.le-loir@wanadoo.fr ● Parking.
TV. Hôtel fermé à Noël et en février. Restaurant fermé le dimanche soir et le lundi hors
saison. Doubles de 180 à 280 F (27,4 à
42,7 €). La chambre n° 6, avec baldaquin et
vue sur la rivière, est à 350 F (53,4 €).
Menus de 85 F (13 €) en semaine à 300 F
(45,7 €). Grande maison de pierre au bord
du Blavet, à l'atmosphère relax et Bretagne
profonde. Chambres sympathiques et
confortables. Pour 45 F (6,9 €) de plus, on
peut bénéficier du sauna. Côté resto, belle
palette de menus. Grandes armoires d'acajou, vue sur le beau Blavet, la salle à manger est agréable. Cuisine traditionnelle joliment travaillée par le chef et patron.

OUESSANT (ÎLE D') 29242

Carte régionale A1

|●| Crêperie Ti A Dreuz – le bourg
☎ 02.98.48.83.01. Congés annuels : de
septembre à Pâques (sauf vacances scolaires). Compter de 70 à 80 F (10,7 à 12,2 €)
à la carte. On s'est renseigné : Ti A Dreuz
signifie la « Maison Penchée ». Effectivement, la façade en pierre de taille a dû être
construite un jour de tempête. L'intérieur
bleu et blanc est agréable. Grand choix de
crêpes : goûtez celle au fario de Camaret
(truites de mer) ou la Saint-Jacques sauce
Aurore. En dessert, la spécialité est la
« Joséphine » (aucun rapport avec Napoléon), délicieux mélange de confiture de
citron artisanale, d'ananas et de glace à la
vanille.

PAIMPOL 22500

Carte régionale B1

**📧 |●| Auberge de jeunesse – château de
Kerraoul** (Ouest) ☎ 02.96.20.83.60. Fax :
02.96.20.96.46. ● www.fuaj.org ● Parking.
Accès : à 2 km de la gare SNCF. 46 F (7 €)
la nuit, petit déjeuner à 19 F (2,9 €) et possibilité de repas à 49 F (7,5 €). Une très
agréable AJ dans une grosse maison bourgeoise qui se prendrait pour un manoir. Aire
naturelle de camping. Le patron, Guy Cloa-
rec, alias M. Kayak-de-Mer, organise des
stages excellents (de kayak de mer, évidemment). Carte d'adhérent obligatoire (on
peut l'acheter sur place).

📧 |●| K'Loys – 21, quai Morand (Centre)
☎ 02.96.20.93.80. Fax : 02.96.20.72.68.
TV. ⚒ Accès : sur le port. Doubles de 250 à
395 F (38,1 à 60,2 €) ou de 495 à 595 F
(75,5 à 90,7 €). Une chambre pour 4 personnes à 795 F (121,2 €). Petit déjeuner à
50 F (7,6 €). Le pittoresque propriétaire
dirige en fait deux établissements côte à
côte sur le port. Les chambres les moins

chères sont situées au-dessus du pub-restaurant *L'Islandais* (jetez un coup d'œil à la salle du fond avec sa vieille coque retournée en guise de plafond). Entrée indépendante du restaurant qui mène à des chambres très mignonnes et confortables, de vrais petits nids d'amour. Juste à côté, une ancienne maison d'armateur abrite l'hôtel *K'Loys*. Ses 11 chambres, qui correspondent à la catégorie de prix supérieure, sont toutes meublées et décorées avec goût. L'aspect XIXᵉ siècle n'a pas été trahi. Quelques-unes ont vue sur le port, dont une avec salon et *bow-window*. C'est un vrai hôtel de charme, bercé d'élégance et d'atmosphère intime. Concession à la modernité : un ascenseur, indispensable pour les personnes handicapées notamment. *NOUVEAUTÉ.*

🛏 |●| *Le Repaire de Kerroc'h* *** – 29, quai Morand ☎ 02.96.20.50.13. Fax : 02.96.22.07.46. TV. Canal+. ♿ Restaurant fermé le mardi et le mercredi midi. Accès : sur le port de plaisance. Doubles de 290 à 580 F (44,2 à 88,4 €) et une suite en duplex à 690 F (105,2 €). Pour la bouche, une partie bistrot avec des menus à partir de 98 F (14,9 €) et un côté gastro aux menus de 250 à 370 F (38,1 à 56,4 €). Dans une malouinière datant de 1793, construite par un corsaire au service de Napoléon. 13 chambres de style, spacieuses et nickel. Salle à manger élégante dans les tons verts, pour se régaler de recettes anciennes revisitées, tel ce canard rôti au miel et aux épices, de spécialités de Saint-Jacques et de délicieux desserts.

|●| *Crêperie-restaurant Morel* – 11, place du Martray ☎ 02.96.20.86.34. Fermé le dimanche hors saison. Congés annuels : de mi-novembre à mi-décembre. Plat du jour à 45 F (6,9 €). Dans le centre-ville, une grande salle à manger chaleureuse qui attire tous les jours beaucoup de monde grâce à ses bonnes crêpes (comme celle à l'andouille de Guémené). Excellent cidre. À l'apéro, goûter cet étonnant « pommeau des Menhirs » !

|●| *Restaurant de l'hôtel de la Marne* ** – 30, rue de la Marne (Centre) ☎ 02.96.20.82.16. Parking. Fermé le dimanche soir et le lundi sauf en juillet-août et week-ends fériés. Congés annuels : pendant les vacances scolaires de février. Accès : près de la gare. 1ᵉʳ menu à 105 F (16 €), à 125 F (19,1 €) les jours fériés (avec fromage et dessert), menu-carte à 145 F (22,1 €), les jours fériés, puis autres menus jusqu'à 430 F (65,6 €), le menu gourmand avec apéritif, vin et café compris. Menu enfant à 70 F (10,7 €). Vin du propriétaire en pichet à 46 F (7 €) le demi. Une valeur sûre, principalement fréquentée par les Paimpolais. Parmi les spécialités de cette belle maison : le homard breton sorti de sa coque poché au jus de

poule, vinaigrette de langoustines et foie gras poêlé à l'huile de truffes, le tournedos de lotte rôti au lard, ainsi qu'une belle carte de desserts. Quel que soit votre choix, vous comprendrez pourquoi la devise de Curnonsky est imprimée sur la carte : « Le vrai bonheur, c'est lorsque les choses ont le goût de ce qu'elles sont. » Grand choix de vins à la carte qui ne comporte pas moins de 220 références. Ils proposent aussi leurs produits gourmands à emporter pour ceux qui veulent prolonger le plaisir (foie gras maison, saumon, terrines, etc.). À commander, car ici tout est fait à la demande.

PALAIS (LE)   56360

Carte régionale A2

🛏 |●| *Auberge de jeunesse* – Haute-Boulogne ☎ 02.97.31.81.33. Fax : 02.97.31.58.38. ● www.fuaj.org ● Parking. ♿ Congés annuels : en octobre et du 24 décembre au 3 janvier. Accès : derrière la citadelle du Palais, à 15 mn du débarcadère. 52 F (7,9 €) la nuit. Demi-pension à 123 F (18,8 €). Menu à 52 F (7,9 €) et petit déjeuner à 20 F (3 €). Cent lits, disponibles toute l'année sauf en octobre. Salon de lecture et salon TV, cafétéria, table commune ou cuisine libre. Loïc, le patron, met toute son énergie et ses compétences dans son auberge, et ça se sent ! L'endroit est désormais très réputé pour ses stages de randonnée, d'équitation et de cerf-volant sportif ! Attention, l'AJ est une telle aubaine à Belle-Île qu'il est préférable de réserver : en saison, il y a souvent foule.

🛏 *Hôtel La Frégate* – quai de l'Acadie ☎ 02.97.31.54.16. Congés annuels : de mi-novembre au 31 mars sauf pendant les vacances de Noël et de février. Accès : face à l'arrivée du bateau. Chambres avec lavabo de 140 à 190 F (21,3 à 29 €), avec douche et wc à 250 F (38,1 €). Petit hôtel très sympathique. Ameublement plaisant et *cosy*. Excellent rapport qualité-prix et accueil charmant. Une bonne partie des chambres et un petit salon commun donnent sur le port du Palais.

DANS LES ENVIRONS

SAUZON 56360 (8 km NO)

|●| *Le Roz-Avel* – rue du Lieutenant-Riou ☎ 02.97.31.61.48. Fermé le mercredi. Congés annuels : du 1ᵉʳ janvier au 1ᵉʳ mars. Menus de 105 à 195 F (16 à 29,7 €). Le premier menu présente un remarquable rapport qualité-prix (avec tartare de saumon, panaché de poissons au agneau de l'île). Cuisine assez chère à la carte mais raffinée, avec une belle cotriade belle-îloise, filet de saint-pierre rôti au pistil de safran, poêlée de langoustines, osso buco de lotte aux épices...

Homard et langouste sur commande. Cadre et service à la hauteur. L'adresse élégante de Sauzon, et sans doute la meilleure table de l'île.

PÉNESTIN　　　　56760

Carte régionale B2

📭 *L'Auberge du Bile* – **La pointe du Bile** ☎ **02.99.90.31.81. Parking. Fermé le mardi.** Congés annuels : de mi-novembre à mi-mars. Accès : dans le bourg, direction Asserac, la pointe du Bile. Suivre l'itinéraire jusqu'à la pointe (environ 5 km). Menus à 80 et 120 F (12,2 et 18,3 €). Vous êtes ici dans le berceau de la moule en Bretagne : des bouchots à perte de vue au milieu des rochers et des petites îles qui caractérisent la pointe du Bile. En saison (!), il faudra évidemment se laisser tenter par les moules, et à ce sujet, on vous recommande chaudement la mouclade. Sinon, vous pourrez vous régaler de fruits de mer et de grillades au feu de bois. Peut-être même qu'avec un grand sourire, Pierric consentira à griller rien que pour vous une délicieuse saucisse, glissée ensuite dans une galette de sarrasin, et quand on sait que la galette saucisse est la spécialité du Morbihan, on se dit que c'est forcément meilleur qu'avec des frites ! Ici, vue imprenable sur la mer, en terrasse ou derrière les grandes vitres. À moins que, surpris par un grain ou une tempête, vous ne préfériez vous sécher auprès de la cheminée... *Un petit muscadet offert pour la route.*

PERROS-GUIREC　　22700

Carte régionale A1

📭 *Le Gulf Stream* – **26, rue des Sept-Îles (Centre)** ☎ **02.96.23.21.86. Fax : 02.96.49.06.61. TV. Accès :** au début de la route qui mène à la plage de Trestraou. Doubles de 150 à 300 F (22,9 à 45,7 €) en basse saison, et de 200 à 350 F (30,5 à 53,4 €) en haute saison. Triples de 350 à 400 F (53,4 à 61 €). Petit déjeuner à 35 F (5,3 €). Côté resto, menus de 98 à 195 F (14,9 à 29,7 €). Également une formule rapide à 75 F (11,4 €) servie en semaine le midi, et un menu enfant à 59 F (9 €). Charmant hôtel-restaurant à l'atmosphère début de siècle très agréable. Vue magnifique sur le large, dont ne profitent malheureusement pas toutes les chambres. Elles sont simples, mignonnes et bien tenues. Les moins chères se partagent les commodités. Les proprios se font plaisir en dirigeant cet hôtel et ça se sent dans leur accueil très avenant. Les motards et randonneurs sont les bienvenus, l'hôtel disposant d'ailleurs d'un garage à motos. Ambiance très plaisante au

resto : tables élégamment dressées et bien espacées, plantes vertes, musique de fond bien choisie, et on se répète, point de vue inégalé sur la mer. Les poissons et fruits de mer tiennent évidemment le haut du pavé, dont le ragoût de Saint-Jacques à l'étuvée de poireaux, le lieu en papillote et crêpe farcie aux légumes de saison, ou la cotriade à la perrosienne. Avec ça, des petits vins qui se marient bien et le tour est joué. *NOUVEAUTÉ.*

🛏📭 *Hôtel-restaurant La Bonne Auberge* – **place de la Chapelle** ☎ **02.96.91.46.05. Fax : 02.96.91.62.88. TV.** Resto fermé le samedi midi du 1er octobre au 1er mai (sauf fêtes). Accès : quartier La Clarté. Entre Perros et Ploumanac'h, sur les hauteurs. Chambres de 155 à 210 F (23,6 à 32 €) pour 1 à 2 personnes, toutes équipées de douche et wc. Demi-pension obligatoire en juillet-août, et week-ends prolongés de 190 à 225 F (29 à 34,3 €) par personne. 1er menu à 65 F (9,9 €) le midi en semaine. Ensuite, formules de 95 à 155 F (14,5 à 23,6 €). Menu enfant à 40 F (6,1 €). Cadre plein de charme : feu de bois, piano, canapés moelleux dont on ne peut plus décoller. 8 chambres petites mais confortables, Les nos 1, 2 et 3 ont vu sur la mer, au loin. La table n'est pas à négliger, loin de là. Bonnes spécialités de fruits de mer et de poisson. Normal, Michel, le propriétaire, est aussi poissonnier. Loue des vélos. Une adresse authentique et sympa dans une catégorie bon marché où les adresses se font ici de plus en plus rares. *10 % sur le prix de la chambre pour 2 nuits consécutives et, du 15 septembre au 15 juin, 10 % sur la demi-pension.*

📭 *Crêperie Hamon* – **36, rue de la Salle** ☎ **02.96.23.28.82.** Service uniquement le soir à 19 h 15 sur réservation (indispensable). Fermé le lundi (hors vacances scolaires). Accès : une petite rue en pente, face au parking du port de plaisance. Compter entre 80 et 100 F (12,2 et 15,2 €) pour un repas. C'est une institution locale existant depuis 1960. Une « cave » confidentielle (enfin presque : l'adresse est connue à 100 lieues à la ronde !), qui vaut tant pour son cadre rustique et sa bonne humeur (le sourire est de rigueur pour tous) que pour le spectacle du patron faisant voltiger les crêpes que la serveuse rattrape au vol avant de les servir. Et en plus, elles sont bonnes.

DANS LES ENVIRONS

PLOUMANAC'H 22700 (4 km O)

🛏 *Hôtel Pen Ar Guer* – **115, rue de Saint-Guirec** ☎ **02.96.91.40.71. Fax : 02.96.91.40.71.** Congés annuels : juste avant la Toussaint pour ouvrir de nouveau une semaine avant Pâques. Accès : à 150 m de la plage de Saint-Guirec et du vieux port. Doubles de 170 à 230 F (25,9 à 35,1 €). Les moins chères ont juste un lavabo, la salle de bains et les wc étant sur le palier. Également quelques chambres de 4 ou 5 personnes autour de 300 F (45,7 €), idéales pour les familles. Petit déjeuner à 30 F (4,6 €). Voilà une adresse sans prétention mais d'excellente tenue comme on aime à en dénicher. La maison a ses habitués et ce n'est pas une surprise. D'abord chose importante, la literie est de qualité. Ensuite, Marie-Thérèse Gougaud reçoit les clients avec le sourire et insuffle à cette maison en granit rose du pays une atmosphère familiale pleine de douceur. Ajoutez à cela une situation idéale, vous comprendrez qu'il est quasi indispensable de réserver. *NOUVEAUTÉ.*

PLÉNEUF-VAL-ANDRÉ 22370

Carte régionale B1

|●| *Auberge du Poirier* – rond-point du Poirier à Saint-Alban ☎ 02.96.32.96.21. Fermé le dimanche soir et le lundi hors saison. Accès : à côté de la station-service. 1er menu à 75 F (11,4 €) servi en semaine avec un plat, un dessert, vin et café. Le suivant à 90 F (13,7 €), puis d'autres plus originaux de 125 à 195 F (19,1 à 29,7 €). Menu enfant à 52 F (7,9 €). Olivier Termet, qui a tout appris dans les plus grandes maisons, apporte ici, chez lui, la preuve de son jeune talent. La composition des menus change 4 fois par an avec les saisons. Nous vous laissons donc la surprise de la découverte. Chaque plat est irréprochable et notre dernier repas fut une réussite totale. Marie Véronique, sa jeune femme, dirige la salle. À notre avis, une adresse incontournable dans la région. D'ailleurs, le couple a fait construire une nouvelle salle élégante, la précédente devenant trop petite pour faire face au succès de leur restaurant. Bien entendu, réservation conseillée.

|●| *Au Biniou* – 121, rue Clemenceau ☎ 02.96.72.24.35. Fermé le mardi soir et le mercredi hors saison. Congés annuels : février. Accès : près de la plage du Val-André. Menus de 95 à 155 F (14,5 à 23,6 €), et menu-carte à 200 F (30,5 €). Menu enfant à 58 F (8,8 €). Une adresse appréciée depuis longtemps par les locaux. Un resto traditionnel au cadre élégant et où le chef et patron se révèle excellent. Spécialités de fruits de mer comme la fricassée de langoustines et Saint-Jacques au noilly et sommité de choux-fleurs à la coriandre, le filet de bar braisé au lait de fenouil mille-feuille de brocolis et andouille grillée, ris de veau braisé pommes Anna et morilles, etc. Après manger, la balade digestive aura pour

cadre l'immense plage du Val-André ou les sentiers de douaniers alentour. *NOUVEAUTÉ.*

PLŒMEUR 56270

Carte régionale A2

≜|●| *Le Vivier* – port de Lomener ☎ 02.97.82.99.60. Fermé le dimanche soir (sauf juillet et août) pour le resto seulement. Accès : à Lomener, à 4 km du centre sur la route côtière. Chambres à 380 F (57,9 €) et petit déjeuner à 50 F (7,6 €). Menus à 110 F (16,8 €), sauf les week-ends et jours fériés, 170 et 250 F (25,9 et 38,1 €). Menu enfant à 75 F (11,4 €). Une des très bonnes tables de la région avec en plus vue sur la mer et l'île de Groix au large. Fruits de mer évidemment (langoustines, huîtres...), désossé de cailles au foie gras vinaigrette au jus de truffes, fricassée d'encornets au curry, filet de bar grillé au fenouil, etc. Très bon rapport qualité-prix. On a aussi apprécié l'accueil souriant et le service attentionné sans être pesant ni « coincé ». *10 % sur le prix de la chambre durant les week-ends d'octobre à mars.*

|●| *Crêperie le Grazu* – le port de Lomener ☎ 02.97.82.83.47. Fermé le lundi soir et le mercredi en hiver. 1er menu à 45 F (6,9 €) à midi en semaine, le suivant est à 60 F (9,1 €). On s'est régalé dans cette crêperie. Les jeunes patrons s'approvisionnent chez des petits producteurs du coin, et c'est plutôt réussi. Blé noir, froment et garnitures sont d'excellente qualité. Et comme l'accueil est sympathique... Rien que des bonnes raisons de s'y arrêter !

PLOËRMEL 56800

Carte régionale B2

≜|●| *Hôtel-restaurant Saint-Marc* ** – 1, place Saint-Marc (Ouest) ☎ 02.97.74.00.01. Fax : 02.97.74.05.64. TV. Canal+. Fermé le dimanche après-midi en hiver. Congés annuels : la 2e quinzaine de septembre. Chambres de 195 à 240 F (29,7 à 36,6 €). 1er menu à 72 F (11 €) en semaine, puis de 95 à 170 F (14,5 à 25,9 €). Près de l'ancienne gare (rien à craindre, elle ne voit plus passer aucun train). Cet hôtel bien tenu, avec télé, téléphone et wc dans toutes les chambres, est à la fois le rendez-vous du pays pour son bar et une adresse réputée pour son restaurant, le meilleur de Ploërmel de l'avis général. Au menu, cassolette de Saint-Jacques au curry, escalope de saumon sauce hollandaise, chariot de desserts. Accueil remarquable de gentillesse et d'attention. *10 % sur le prix de la chambre entre le 15 septembre et le 15 juin.*

≜|●| *Hôtel Le Cobh* ** – 10, rue des Forges (Centre) ☎ 02.97.74.00.49. Fax :

BRETAGNE

02.97.74.07.36. Parking. TV. Compter de 200 à 260 F (30,5 à 39,6 €) pour une chambre double. À 285 F (43,4 €), une suite vraiment royale. Dans le parc, pavillon pour 6 personnes à 350 F (53,4 €). Un menu du terroir à 88 F (13,4 €), d'autres jusqu'à 200 F (30,5 €) qui en font une bonne table. Formules à 45 et 55 F (6,9 et 8,4 €) qui font, en semaine à midi, le gros succès du bar. Une bonne vieille réputation on ne peut plus justifiée dans ce *Logis de France* à la façade jaune vif, où l'on baigne dans une atmosphère irlandaise confortable et feutrée de bon goût. Beau mobilier *British* et chambres spacieuses. Quant à nous, nous vous recommandons le plateau-repas servi en chambre : impeccable. N'oubliez pas vos charentaises et votre robe de chambre.

PLOGOFF   29770

Carte régionale A1-2

🛏️ I●I *Hôtel de la Baie des Trépassés* ** – bord de mer ☎ 02.98.70.61.34. Fax : 02.98.70.35.20. Parking. TV. Canal+. Satellite / câble. Congés annuels : du 20 novembre au 31 décembre. Accès : à 3 km de la pointe du Raz et de la pointe du Van. Doubles avec lavabo à 185 F (28,2 €), de 290 à 380 F (44,2 à 57,9 €) avec douche et wc ou bains. Petit déjeuner à 44 F (6,7 €). Demi-pension obligatoire du 1er au 25 août : de 285 à 382 F (43,4 à 58,2 €) par personne. Menus de 82 à 300 F (12,5 à 45,7 €). Menu enfant à 46 F (7 €). Grosse maison, posée presque solitaire au milieu de cette encore sauvage baie entre la pointe du Raz et celle du Van. Devant, s'étend une vaste plage. Situation exceptionnelle donc. L'hôtel en lui-même est sans charme particulier mais les chambres sont tout confort, bien tenues et pas désagréables. Cuisine évidemment sous influence marine : poissons et fruits de mer, brochette de coquilles Saint-Jacques, homard grillé à la crème, etc. *Café offert.*

PLOUARET   22420

Carte régionale A1

I●I *Crêperie Ty Yann* – 24, impasse des Vergers (Centre) ☎ 02.96.38.93.22. Fermé du lundi au jeudi du mois d'octobre au mois de juin sauf le soir pendant les vacances scolaires de Paris et de la Bretagne. Ouvert de 12 h à 14 h et de 19 h à 23 h. Assurément la ou l'une des toutes meilleures crêperies de ce beau département des Côtes-d'Armor qui en compte pourtant un wagon. C'est presque la seule raison d'aller à Plouaret, bourg de l'intérieur plutôt banal. La crêperie est blottie dans une impasse à 50 m de l'église, dans une basse maison de pierres.

Quelques tables seulement. Une jolie déco, et un accueil franc et souriant mettent d'emblée en confiance. Celle-ci n'est pas trahie par les assiettes, bien au contraire. Le top du blé noir du *Moulin de la Fatigue* à Vitré (Ille-et-Vilaine), les garnitures de qualité et l'habileté de Yann, sympathique crêpier-patron, combleraient le plus difficile des gourmets bretons. Parmi les galettes favorites, goûtez à la « Bigoudène » (bon sucré-salé), à la « Marée », à la « Pizza bretonne »... sans oublier de garder une petite place pour les crêpes de froment, également remarquables. L'« Antillaise », par exemple, est un régal pour les yeux et les papilles. Bon appétit ! Vous l'aurez compris, c'est un bel esprit de convivialité qui souffle sur cette maisonnée et même l'addition, très raisonnable, n'entamera pas votre enthousiasme. *NOUVEAUTÉ.*

PLOUBALAY   22650

Carte régionale B1

I●I *Restaurant de la Gare* – 4, rue des Ormelets ☎ 02.96.27.25.16. ⚒ Fermé le mardi soir et le mercredi. Congés annuels : 1re quinzaine de mars et celle d'octobre. Accès : route de Lancieux. Menus de 80 à 210 F (12,2 à 32 €). Ne cherchez pas la gare. Il y a longtemps que les trains ne passent plus. Du lundi au vendredi, Xavier Termet propose un menu « guinguette » suivant le marché. Au menu à 105 F (16 €) : boudin de Modeste (prénom de sa grand-mère et à sa façon), tête de veau en tortue (sa spécialité) entre autres propositions. Cela devient encore plus sérieux dans les deux derniers menus et le chef nous montre tout son talent déjà reconnu par les plus grands. D'excellentes recettes de la mer s'ajoutent à la carte. Les desserts feront rêver les plus gourmands : « Pavé de dame Ferière » au chocolat noir et griottes de « Douceur de Lucie », une poire fraîche au sirop sur feuilleté, avec une sauce caramel au chocolat. Qui reconnaîtrait l'ancien bar, café PMU, transformé il y a 10 ans par ce couple de restaurateurs talentueux ? Non seulement la cuisine est excellente mais l'agencement des 3 salles est très réussi, tout comme les décorations florales réalisées par Madame. Belle carte des vins avec un muscadet sur lie du clos du Bois Gautier à 106 F (16,1 €) notamment. Inutile de vous dire qu'il est indispensable de réserver le soir, surtout en saison.

PLOUDALMÉZEAU   29830

Carte régionale A1

I●I *La Salamandre* – place du Général-de-Gaulle ☎ 02.98.48.14.00. Fermé le mercredi hors saison et en semaine d'octobre à

Pâques (sauf vacances scolaires). Congés annuels : de mi-novembre à mi-décembre. Accès : à la sortie du bourg direction Port-sall. Compter de 75 à 80 F (11,4 à 12,2 €) à la carte. Ici, on est crêpier depuis 3 générations. C'est la grand-mère (affectueusement et logiquement appelée mémé) qui a lancé l'affaire. Le patron – son petit-fils – a donc toujours baigné dans la pâte à crêpes. Il a même plongé malencontreusement dedans un jour... Devenu grand, il a repris le flambeau avec son épouse. La crêperie est agréable et fraîche. Les enfants sont à l'aise et les crêpes goûteuses. Goûter à la « Saint-Jacques aux petits légumes », à la « bigoudène » (andouille, pommes rissolées, crème), la « paysanne » (lard, pommes de terre, fromage, crème). *Apéritif offert.*

PLOUGUERNEAU   29880

Carte régionale A1

|●| *Restaurant Trouz Ar Mor* – plage du Corréjou-Saint-Michel ☎ 02.98.04.71.61. Parking. Fermé le lundi soir et le mercredi soir hors saison. Accès : au nord de Plouguerneau, près de la plage du Correjou, à 2 km du centre, direction Saint-Michel. Belle gamme de menus de 53 F (8,1 €) le midi en semaine à 194 F (29,6 €). Menu enfant à 53 F (8,1 €). À l'extérieur, le Finistère à l'état pur et une terrasse aux beaux jours. À l'intérieur, salle très classique, genre rustique-cossu. La cuisine est aussi soignée (comme on dit) que le décor. Traditionnelle donc, généreuse et on sent le métier ! Tous les menus font une place aux poissons et aux fruits de mer : lieu jaune au chou et lard fumé, fricassée de lotte à l'estragon, pot-au-feu de la mer (sur commande). Gratin de pommes à la crème d'amande au dessert. *Kir offert.*

POINTE-SAINT-MATHIEU (LA)   29217

Carte régionale A1

🏠|●| *Hostellerie de la Pointe Saint-Mathieu* *** – pointe Saint-Mathieu ☎ 02.98.89.00.19. Fax : 02.98.89.15.68. TV. Fermé le dimanche soir hors saison. Accès : face au phare et aux ruines de l'abbaye. Doubles avec douche et wc ou bains de 305 à 650 F (46,5 à 99,1 €). Petit déjeuner à 40 F (6,1 €). Menus brasserie de 80 et 98 F (12,2 et 14,9 €), sauf le dimanche, et jusqu'à 420 F (64 €) au resto. Menu enfant à 50 F (7,6 €). Superbement situé. Les chambres donnent sur le phare, l'océan ou les restes de l'abbaye. Toutes sont différentes, certaines ont des hublots pour fenêtres, d'autres (les nos 14, 15, 16, 24, 25 et 26) disposent d'un salon et d'une terrasse. Pour le resto, formule brasserie ou repas plus gastro dans une superbe salle à manger : croustillant de morue fraîche, pieds de veau aux champignons, râble de lapin au lait farci aux pruneaux, pot-au-feu des îles, etc.

PONT-AVEN   29930

Carte régionale A2

|●| *Crêperie Le Talisman* – 4, rue Paul-Sérusier ☎ 02.98.06.02.58. Fermé le dimanche midi hors saison, le lundi toute l'année. Congés annuels : 15 jours mi-octobre. Accès : à l'entrée de la ville, route de Riec. Compter de 50 à 60 F (7,6 à 9,1 €) pour un repas de 3 crêpes. Dans cette jolie bourgade hyper touristique, nous avons eu du mal à trouver la bonne table à prix raisonnables. Les crêpes de Marie-Françoise et les petits plats qu'elle mijote à côté donnent satisfaction, car on se transmet les recettes de belle-mère en belle-fille ! Elles fleurissent la vieille maison chaleureusement rénovée qui dispose d'une belle terrasse au calme face au jardin. Quelques spécialités : la « Talisman » (jambon, chipo, merguez, saucisse fumée, ail, anchois, etc.), « fruits de mer », « roquefort et noix », galette aux pommes flambées. Également omelettes, salades et glaces.

|●| *Restaurant Le Tahiti* – 21, rue Belle-Angèle ☎ 02.98.06.15.93. Fermé le lundi et le mardi midi. Accès : route de Bannavec. Menu à 70 F (10,7 €) le midi en semaine. Compter 100 F (15,2 €) pour un repas complet à la carte. Un établissement qui sort des sentiers battus. Un couple d'une extrême gentillesse ouvre grand les portes de leur resto si joliment décoré. Il est breton, elle, tahitienne... Revenus en Bretagne, Madame mitonne des plats exotiques : *chao men* de Tahiti (poulet, pâtes jaunes, champignons noirs, légumes) ou encore poisson à la tahitienne (il est macéré dans du citron et blanchi à l'oignon). En dessert, goûter au *poe maïa* (compote de bananes, gousses de vanille, crème) divin ! Possibilité de plats à emporter. Service très sympathique mais un peu lent, normal, ici, on prend le temps de vivre un peu comme là-bas... *Café ou digestif offert.*

|●| *Café des Arts* – 1, rue du Général-de-Gaulle (Centre) ☎ 02.98.06.07.12. Fermé le jeudi du 1er octobre au 30 mai. Compter entre 80 et 90 F (12,2 et 13,7 €) pour un repas à la carte. Le *café des Arts* est vraiment un café-brasserie comme on les aime : jugez plutôt. Aux murs, tableaux de peintres locaux. Excellente musique dans une ambiance chaude et conviviale. Il faut dire que la patronne est hyper dynamique et que son accueil est vraiment sympathique : elle a su créer un véritable lieu de vie qui n'a rien

de surfait et où il fait bon se prélasser. Artistes, jeunes et moins jeunes du pays s'y retrouvent pour refaire le monde. Outre le vin servi au verre et la bière, on peut goûter au saucisson de Lyon (saucisson accommodé de pommes de terre sautées et mijotées avec du vin blanc). Miam! La patronne propose aussi des plats mexicains comme le *fajitas* de poulet ou le poulet thaïlandais. De temps à autre, concerts acoustiques, chants de marin, soirées jazz, rock et même musette...

DANS LES ENVIRONS

RIEC-SUR-BELON 29340 (4,5 km SE)

I●I *Restaurant Chez Angèle* – route de Rosbras ☎ 02.98.06.92.07. Parking. ໕. Fermé le mardi (sauf pendant les vacances scolaires). Congés annuels : en semaine de mi-novembre à fin janvier. Accès : à 900 m de Rosbras et à 5 km au sud-ouest de Riec. Compter environ 70 F (10,7 €) pour un repas. Une chaumière bretonne trop belle (toit de chaume, murs de pierres) pour être vraie! Et pourtant authentique, elle l'est; ses origines remontant même à la Révolution! On entre chez Angèle par le bar *Ty Couz* que tient son mari, un marin à la retraite. Et l'intérieur, chaleureux, n'a rien à envier à l'extérieur. Typique. Les bonnes crêpes maison accompagnées d'un excellent cidre sont par exemple servies sur de curieuses « dolvouettes », traditionnelles tables massives avec tiroir incorporé pour le gros pain.

I●I *Restaurant Chez Jacky* – port de Belon ☎ 02.98.06.90.32. Fermé le lundi. Congés annuels : de fin septembre à Pâques. Accès : à 4 km au sud de Riec. Menus de 105 à 450 F (16 à 68,6 €). Menu enfant à 40 F (6,1 €). Compter au minimum 150 F (22,9 €) à la carte. Grosse maison très bien située, dans un adorable petit port niché dans un coin de la rivière de Belon. On y mange d'excellents fruits de mer, bien sûr, provenant des viviers à crustacés et à coquillages à proximité de la salle à manger. Fraîcheur! Pour goûter les trésors maritimes bretons (huîtres farcies – du Belon bien sûr –, mais aussi gambas gratinées, homard grillé, plateau de fruits de mer, etc.), voilà une adresse idéale, même si l'addition n'est pas si légère que ça et que l'atmosphère se révèle inévitablement touristique. De préférence pour une belle soirée d'été ou de printemps.

TRÉGUNC 29910 (6 km O)

🏠I●I *Hôtel-restaurant Le Menhir* – 17, rue de Concarneau ☎ 02.98.97.62.35. Fax : 02.98.50.26.68. Parking. Fermé le mercredi soir d'octobre à mai. Accès : par la D783 dans la rue principale. Chambres avec lavabo à 160 F (24,4 €), de 240 à 260 F

(36,6 à 39,6 €) avec douche et wc ou bains. Menus de 65 F (9,9 €), sauf le soir en juillet-août, à 140 F (21,3 €). Menu enfant à 50 F (7,6 €). Une affaire qui jouit d'une bonne renommée. Qualité d'accueil d'abord : souriant et sincère. Finesse de la cuisine ensuite. Normal, le patron a effectué ses classes, entre autres, chez *Lucas Carton* et développe dans ses petits plats des pointes d'inspiration réjouissantes. C'est goûteux, parfumé, traditionnel et imaginatif tout à la fois. Salle à manger plaisante et clientèle d'habitués ravis (jetez un œil sur le livre d'or!). Goûtez au filet de rouget au gingembre et à la menthe fraîche, à la poêlée de coquilles Saint-Jacques à l'huile de basilic et son coulis de tomate acidulé, à la crépinette de pieds de porc à l'andouille de Guéméné, à la soupe de pêches au coulis de fraises et à la menthe fraîche, aux dés de pommes sautées au caramel, flambées et habillées de crêpe etc. Pour dormir, chambres classiques mais confortables dont la majorité sur le jardin. *10 % sur le prix de la chambre à partir de 2 nuits consécutives (hors juillet-août).*

PONT-CROIX   29790

Carte régionale A2

🏠I●I *Hôtel-restaurant Ty-Evan* ** – 18, rue du Docteur-Neis (Centre) ☎ 02.98.70.58.58. Fax : 02.98.70.53.38. Parking. ໕. Congés annuels : février. Accès : à côté de la mairie. Doubles avec douche et wc ou bains de 270 à 280 F (41,2 à 42,7 €). Demi-pension obligatoire en août : 250 F (38,1 €) par jour et par personne. Menus de 82 à 210 F (12,5 à 32 €). Menu enfant à 45 F (6,9 €). Pont-Croix, on aime cette petite cité de caractère, son charme tout doux, son calme, le porche magnifique de sa cathédrale. Bonne étape bon prix pour ceux qu'énerve le clapotis des vagues. Ici, vous trouverez un petit hôtel sur la tranquille grand-place, offrant d'agréables chambres et une sympathique petite cuisine : coquilles Saint-Jacques, ragoût de homard à la crème... *10 % sur le prix de la chambre sauf en août et la demi-pension à 235 F (35,8 €) par personne d'avril à juin et en septembre et octobre.*

PONTIVY   56300

Carte régionale B2

🏠I●I *Hôtel-restaurant Robic* * – 2, rue Jean-Jaurès ☎ 02.97.25.11.80. Fax : 02.97.25.74.10. Parking. Fermé le dimanche soir de la Toussaint à Pâques. Doubles de 162 à 250 F (24,7 à 38,1 €). Menus de 59 à 145 F (9 à 22,1 €). Préférer les chambres donnant sur l'arrière, plus

BRETAGNE

calmes. Simple, bonne table, bonne cave. Cidre en pichet, assiette saucissonnade, côte de veau au pommeau, magret de canard au cidre, gâteau breton. Cuisine du patron, P'tit Louis! Vente de produits régionaux. Tabac et journaux sur place. Une barque est à disposition des clients pour une promenade sur le Blavet. *Apéritif maison offert.*

PONT-L'ABBÉ 29120

Carte régionale A2

⛴ |●| *Château de Kernuz* ** – route de Penmarch ☎ 02.98.87.01.59. Fax : 02.98.66.02.36. Congés annuels : d'octobre à mars. Accès : prendre la D785 direction Ploemeur puis par la route de Penmarch. Doubles à partir de 400 F (61 €) avec wc séparés. Au dernier étage, appartement mansardé pour 3 personnes à 600 F (91,5 €), pour 2 à 450 F (68,6 €). Demi-pension fortement conseillée (pour ne pas dire obligatoire!) en juillet-août, de 385 à 410 F (58,7 à 62,5 €). Petit déjeuner à 40 F (6,1 €). Menu à 150 F (22,9 €) qui change tous les jours. Une de nos meilleures adresses. En pleine nature, manoir du XVe siècle régnant dignement sur son parc de 15 ha. Beaucoup de charme. Endroit idéal pour se couper des tracas du monde et pour retrouver la densité du temps. De plus, les prix restent tout de même corrects au vu du cadre. Pour accéder aux chambres, vous emprunterez un superbe escalier à vis. Ici, on vit à l'ancienne : pas de TV. Dommage que les salles de bains ne soient pas à la hauteur de cette prestigieuse maison. Pour les pressés ou les somnambules, ne sortez pas précipitamment de votre chambre, elles sont munies de double porte ! Au rez-de-chaussée, différentes grandes salles se succèdent. La déco est proprement superbe de la salle du bar aux couleurs ocre-vert à la salle de lecture et de billard aux vieux meubles bretons. Le tout éclairé par de larges baies ouvrant sur la nature. De plus, la musique religieuse sied à merveille à cet endroit. Côté mets et entremets, nous avons dégusté une terrine de canard en salade aux amandes grillées qui était excellente! Vraiment un endroit où le mot quiétude prend un sens. Enfin, l'hôtesse qui nous a accueillis était vraiment sympathique. Charles Baudelaire aurait sûrement pu écrire de cet endroit : « Ici tout est luxe, calme et volupté. »

DANS LES ENVIRONS

SAINT-JEAN-TROLIMON 29120

(5 km O)

|●| *Le Refuge* – (Centre) ☎ 02.98.82.01.34. Ouvert tous les midis uniquement. Accès : au centre du village. Menu à 55 F (8,4 €), et le dimanche, repas « amélioré » à 100 F (15,2 €). Dans cette grosse maison de pierre, il y a d'abord le bar où s'agglutinent bruyamment les habitués et puis, derrière, la salle de restaurant aussi grande qu'une salle de bal. Tous les midis, c'est le même rituel : sur de longues tables s'étalent plusieurs dizaines de savoureux hors-d'œuvre en un buffet à volonté parfaitement élaboré (avec entrées chaudes). Ajoutez à cela le plat du jour, le fromage, le dessert, le vin et le café, et vous obtiendrez l'un des plus beaux menus ouvriers qu'on connaisse. En prime, la gentillesse de la maison.

PLONÉOUR-LANVERN 29720

(10 km NO)

⛴ |●| *Hôtel-restaurant des Voyageurs* ** – (Centre) ☎ 02.98.87.61.35. Fax : 02.98.82.62.82. TV. Fermé le vendredi soir et le samedi midi. Congés annuels : novembre et Noël. Accès : par la D2, derrière l'église. Chambres à 250 F (38,1 €), sans le petit déjeuner. Menus à 69 F (10,5 €) le midi et jusqu'à 175 F (26,7 €). Sympathique et classique hôtel de village. Accueil affable, très bonne cuisine et prix modérés. Chambres plaisantes. Préférer les nos 4, 5, 9 (plus grandes). Menus à 135 F (20,6 €) avec assiette de fruits de mer, aile de raie au vinaigre de xérès et câpres ou coq au vin du patron, fromage et dessert, et à 175 F avec brochette de Saint-Jacques ou côte de veau aux morilles. Spécialités de soupe de poissons maison, homard breton à la façon du chef, magret de canard aux cerises et au porto, brochette de lotte, etc.

PENMARCH 29760 (11 km SO)

⛴ |●| *Le Doris* – port de Kerity, pointe de Penmarch ☎ 02.98.58.60.92. Fax : 02.98.58.58.16. Congés annuels : de la Toussaint à Pâques. Accès : par la D785 direction Plomeur puis Penmarch. Sur le port. Chambre d'hôte pour deux à 190 F (29 €), petit déjeuner inclus. Menus de 65 à 330 F (9,9 à 50,3 €). Sur le quai de ce sympathique petit port, une vénérable institution bigoudène depuis longtemps au service des bons fruits de mer et du poisson frais. C'est qu'on a affaire ici à une vraie famille de pêcheurs et on sait de quoi on cause! Ici, donc, la tradition et rien d'autre. D'abord, pour dormir, 3 agréables chambres d'hôte vous sont proposées. Puis, les poissons au fil des marées : brochette de Saint-Jacques, turbot poché au beurre blanc, médaillons de lotte façon cancalaise. Excellentes viandes : escalope de gigot aux herbes, magret de canard sauce au vin d'épices, etc. Au bar, bonne animation et occasion de vraies rencontres. Le *Doris*, on parierait dessus par tous les temps !

BRETAGNE

QUIBERON 56170

Carte régionale A2

≜ *Parc Tehuen* – 1, rue des Tamaris
☎ 02.97.50.10.26. Ouvert de mai à septembre. Pour réserver hors des périodes d'ouverture, appeler le : ☎ 02.97.64.53.70. Accès : près du centre-ville. Chambres de 190 à 205 F (29 à 31,3 €) et pension complète de 215 à 261 F (32,8 à 39,8 €) par personne, selon la chambre (moins cher hors saison). Pension de famille agréable avec grand jardin fleuri, à 300 m de la plage. *NOUVEAUTÉ.*

≜ |●| *Hôtel-restaurant Bellevue* – rue de Tiviec ☎ 02.97.50.16.28. Fax : 02.97.30.44.34. Congés annuels : d'octobre à mars. Chambres de 350 F (53,4 €) à 595 F (90,7 €) selon confort et saison. Menu du terroir à 100 F (15,2 €). Une grande bâtisse anguleuse des années 70, sans grand charme donc mais paisible, confortable et dotée d'une très jolie piscine chauffée, d'un solarium et de jardins au cordeau, située un peu en retrait de la plage à la hauteur du casino. Accueil chaleureux. *NOUVEAUTÉ.*

|●| *Crêperie-restaurant du Vieux Port* – 42-44, rue Surcouf ☎ 02.97.50.01.56. Parking. Service continu de 12 h à 22 h pour les crêpes et les galettes ; pour le reste, service de 12 h à 15 h puis à partir de 19 h. Congés annuels : du 10 novembre au 15 février. Accès : dans une ruelle au-dessus du vieux port de Port-Haliguen. Un menu de crêpes à 69 F (10,5 €), cidre compris, vous permettra de limiter la casse. Un brin plus cher que d'autres crêperies, mais le cadre fleuri et la qualité de l'accueil valent vraiment le déplacement. Spécialité de crêpes CBS (caramel au beurre salé Le Roux). Font aussi restaurant de fruits de mer, très correct. *Café offert.*

|●| *La Chaumine* ** – 36, place du Manémeur ☎ 02.97.50.17.67. Parking. ♿ Fermé le dimanche soir et le lundi (sauf du 15 juin au 15 septembre). Congés annuels : du 12 novembre au 20 décembre. Accès : village du Manémeur. 1er menu à 85 F (13 €), le midi du lundi au samedi, puis menus de 145 à 275 F (22,1 à 41,9 €). Un endroit adorable, au cœur des maisons de pêcheurs. Il faut arriver pour l'apéritif : au comptoir, les pêcheurs et autres habitants du quartier sirotent le muscadet, loin du centre de thalassothérapie et des embouteillages. Pas de chichi à la carte ou de froufrou aux jolis menus, mais de bons produits : moules, langoustines, poisson. Le cuisinier prépare parfois la tête de veau pour les amateurs. Spécialités : salade de crabe aux mangues et gratin de fruits rouges. *Café offert.*

|●| *Restaurant La Criée* – 11, quai de l'Océan ☎ 02.97.30.53.09. Fermé le dimanche soir et le lundi (uniquement le lundi midi en juillet et août). Congés annuels : janvier. Menu à 89 F (13,6 €) avec les suggestions du jour. À la carte, comptez 250 F (38,1 €) pour un repas complet (sole meunière, choucroute de la mer, bar grillé...). L'un des meilleurs spécialistes de fruits de mer et poissons de la presqu'île. Bon rapport qualité-prix et service au pas de course mais toujours souriant, faut l'faire ! *Café offert.*

DANS LES ENVIRONS

SAINT-PIERRE-QUIBERON 56510

(5 km N)

≜ |●| *Hôtel de Bretagne* ** – 37, rue du Général-de-Gaulle ☎ 02.97.30.91.47. Fax : 02.97.30.89.78. TV. Congés annuels : de mi-novembre à Pâques. Accès : à 50 m de la jolie plage de Saint-Pierre. Chambres avec télé et téléphone, de 250 à 280 F (38,1 à 42,7 €). Demi-pension demandée en juillet et août : 350 F (53,4 €) par personne. Menus de 82 à 220 F (12,5 à 33,5 €). Un hôtel traditionnel agréable avec des chambres claires et bien tenues. Accueil aimable. *Apéritif maison offert.*

QUIMPER 29000

Carte régionale A2

≜ |●| *La Tour d'Auvergne* *** – 13, rue des Réguaires (Centre) ☎ 02.98.95.08.70. Fax : 02.98.95.17.31. TV. Resto fermé le samedi midi du 1er octobre au 15 juillet, le dimanche jusqu'au 30 avril. Congés annuels : du 17 décembre au 9 janvier. Accès : derrière la poste centrale, à 300 m de la cathédrale et des vieux quartiers. Chambres de 300 à 550 F (45,7 à 83,8 €) la double. Menus de 125 à 270 F (19,1 à 41,2 €). Menu enfant à 72 F (11 €). Cadre cossu et traditionnel. Quelques spécialités : bar à la chinoise, brochette de Saint-Jacques, ragoût de sole à la printanière au jus d'algues beurré, taboulé aux coquillages et sa vinaigrette aux légumes croquants, palette de Cézanne aux fruits et sorbets de saison.

|●| *La Cambuse* – 11, rue Le Déan (Centre) ☎ 02.98.53.06.06. Fermé le dimanche midi et le lundi. Accès : direction la gare, à droite après le théâtre. Entrecôtes et tartiflettes à 75 F (11,4 €). Dans le quartier de la gare, mais pas loin du centre, une sympathique crêperie-tarterie. Propose d'abord un original cadre coloré, façon cabine de bateau. Décor bois verni, hublots, objets et souvenirs de la mer, tous éléments favorables pour un voyage en grande tarterie et crêperie... Ici, en effet, vous déguste-

BRETAGNE

rez de délicieuses tartes maison sortant de l'ordinaire (« aubergines et saint-marcellin », « noix, asperges et brie », « légumes, fromage et viande »). Grand choix de crêpes au froment et blé noir également et belles salades composées, des moules-frites, entrecôtes et tartiflettes. Prix, en outre, fort raisonnables. Possibilité de vente à emporter.

|●| Crêperie Au Vieux Quimper – 20, rue Verdelet (Centre) ☎ 02.98.95.31.34. Fermé le mardi, le dimanche midi (sauf en juillet-août), la 1re quinzaine de juin et la 2e quinzaine de novembre. Compter 60 à 80 F (12,2 €) pour un repas. Voilà une crêperie qui n'a pas usurpé sa bonne réputation. La petite salle avec ses meubles bretons et ses pierres apparentes est très vite pleine. Il y règne une atmosphère familiale et bon enfant : tout le monde se régale devant de bonnes crêpes accompagnées de cidre et de lait ribot. Les crêpes sont fines et croustillantes. Goûter celles aux champignons à la crème à 24 F (3,6 €) ou aux Saint-Jacques à 42 F (6,4 €), ainsi que la galette aux pommes, spécialité de la maison. Excellente adresse, réservation très conseillée.

|●| Crêperie du Sallé – 6, rue du Sallé (Centre) ☎ 02.98.95.95.80. Fermé le dimanche et le lundi hors saison. Congés annuels : 10 jours en mai-juin et 3 semaines et demie en novembre-décembre. Compter environ 70 F (10,7 €) pour un repas. Situé dans une demeure ancienne à colombages, au cœur de la vieille ville, dans ce qui est le quartier le plus touristique, un établissement qui a su garder qualité d'accueil et de cuisine comme s'il demeurait au fin fond des monts d'Arrée. Ferme en principe vers 22 h, mais reçoit toujours avec le sourire et, comme dit la patronne : « Tant qu'il y a de la lumière ! » Cadre agréable, rustique chaleureux pour de délicieuses crêpes. Pâte confectionnée avec sérieux et expérience, que des produits frais. Service attentionné. Quelques spécialités : crêpe paysanne, crêpe au chèvre chaud, Saint-Jacques provençale, forestière, écorce d'oranges confite, etc.

|●| Crêperie La Krampouzerie – place au Beurre (Centre) ☎ 02.98.95.13.08. Compter environ 70 F (10,7 €) à la carte. Bonne crêperie traditionnelle où toutes les crêpes sont faites à base de farine de blé noir biologique. La complète : 22 F (3,3 €) et, de plus en plus rare, on y trouve du gros lait maison. Autres spécialités : la Saint-Jacques à l'émincé de poireaux ou encore la crêpe aux algues d'Ouessant. Cadre frais et net. Terrasse sur la place.

|●| Kerfaty – 15, rue Le Dean ☎ 02.98.90.38.78. Fermé le dimanche, le samedi midi et le lundi. Couscous autour de 80 F (12,2 €). Voilà un endroit qui a une his-toire. Venue de Grenoble, Fatima décide il y a quelques années de créer un resto, mais les banques frileuses refusent de l'aider à concrétiser son projet. Alors, Faty lance une tontine en pleine Bretagne et réussit à ouvrir son bar-restaurant. Tout, dans la déco de cet endroit, reflète l'esprit qui a présidé à sa naissance : des dizaines et des dizaines de photos d'amis tapissent intégralement murs et plafonds ! Kerfaty signifie « le lieu de Faty », et cet endroit est avant tout habité par un esprit de fête où convivialité rime avec hospitalité. De plus, le couscous est excellent. Goûter aussi aux bricks algériens (feuilles de bricks, poivrons grillés, viande), aux bricks tunisiens (thon, oignons, épices) ou encore au tajine à l'agneau... Enfin, le 2e vendredi de chaque mois, Faty mitonne un kig-ha-farz, délicieux plat du Nord-Finistère. Pour ce plat, il faut impérativement réserver. Un bémol cependant : les desserts ne sont pas le point fort du resto. Par ailleurs, très active dans le milieu associatif, Faty est avec d'autres à l'initiative du « Coup de Torchon ».

|●| Le Clos de la Tourbie – 43, rue Élie-Fréron (Centre) ☎ 02.98.95.45.03. Fermé le mercredi et le samedi midi. Accès : seule rue qui monte en partant de la cathédrale. Menus de 90 à 180 F (13,7 à 27,4 €). Didier Le Madec, après avoir fait ses classes à La Tour d'Argent et chez Jacques Cagna, roulé sa bosse à Londres, Jersey et en Irlande, est revenu au pays ouvrir cette belle adresse dans l'ombre de la cathédrale. Cadre élégant, sobre et chaleureux tout à la fois. Tons reposants orange et acajou, fleurs fraîches et plantes vertes. Accueil charmant. Atmosphère calme et feutrée pour découvrir une cuisine particulièrement appliquée et toute pleine de générosité et d'inspiration. Cuisine exécutée uniquement avec des produits frais, carte évoluant au gré des saisons avec des classiques revisités, comme la daube de pied de porc aux huîtres, les ris de veau braisés aux pleurotes ou aux truffes, le filet d'agneau rôti, le pigeonneau farci, la tourte d'andouille, la pintade fermière aux choux, la fricassée de canard aux épices, la marmite du pêcheur aux épices et de belles inventions comme la hure d'huîtres et de saint-pierre, le gâteau de cervelle, la crapaudine de pigeon aux cèpes, etc. Très beaux desserts. Nos préférés : le millefeuille aux fruits rouges, le sablé aux fraises, le fondant aux 3 chocolats. Au niveau des vins, carte courte, mais toujours le bon choix dans chaque catégorie.

|●| Le Steinway – 20, rue des Gentils-hommes (Centre) ☎ 02.98.95.53.70. Fermé le dimanche midi et le lundi (sauf juillet-août). Menus de 100 à 150 F (15,2 à 22,9 €). Verre de vin à 16 F (2,4 €). Ce resto restitue l'ambiance des Fifties. Les affiches de James Dean nous rappellent qu'il était l'enfant chéri de la décennie.

BRETAGNE

Objets hétéroclites à souhait qu'auraient aimés Boris Vian ou Prévert : une pompe à essence, un trombone, des vieilles radios et téléphones de l'après-guerre. Plancher grossier au sol, nappes à carreaux rouge et blanc. L'ensemble est agréable et chaleureux. L'adresse, qui existe depuis 1987, commence à prendre une certaine patine. Elle est devenue très vite un des lieux de rendez-vous préférés des Quimpérois. Côté nourriture, excellent pavé de bœuf. Les plats sont copieux. La cuisine rustique est de temps à autre relevée par des mets mexicains ou américains. Coin concert en été. En plus, le patron est sympa. Une adresse de qualité qui n'a rien de surfait.

|●| *Le P'tit Rafiot* – 7, rue de Pont-l'Abbé ☎ 02.98.53.77.27. Fermé le samedi midi et le dimanche. Accès : par les quais. Choucroute de la mer à 110 F (16,8 €). Demimuscadet à 45 F (6,9 €). Par contre, café à 12 F (1,8 €). Au premier abord, l'environnement extérieur du restaurant n'est pas folichon. En revanche, la décoration intérieure rappelle la mer toute proche. Des hublots côtoient des boussoles et, au milieu, trône un bel aquarium où de grosses bébêtes avec des pinces déambulent et rappellent qu'ici le cuistot ne travaille que du frais. Les poissons et autres crustacés proviennent des viviers appartenant au patron. Les plats sont copieux et goûteux pour un rapport qualité-prix raisonnable. *Le P'tit Rafiot* propose sa choucroute de la mer (lotte, lieu, saumon, coquillages, poissons fumés et bien sûr pommes de terre et choux du pays). En saison, on peut aussi déguster le pot-au-feu de la mer, la bouillabaisse bretonne, la fondue de la mer, le couscous de la mer, la fricassée de homard. Accueil de qualité par un serveur précis dans ses explications sur la nature des plats proposés. Pour l'instant *Le P'tit Rafiot* est très loin de prendre l'eau. Pourvu que ça dure !...

DANS LES ENVIRONS

ERGUÉ-GABÉRIC 29500 (5 km E)

🏠|●| *Hôtel-restaurant À l'Orée du Bois* * – Odet ☎ 02.98.59.53.81. Fax : 02.98.59.58.83. Parking. TV. Resto fermé le vendredi soir, le samedi soir et le dimanche soir (sauf en saison). Accès : par l'échangeur N165 et route de Coray, direction Odet-Lestonan. Chambres de 190 à 240 F (29 à 36,6 €). Demi-pension de 210 à 240 F (32 à 36,6 €). Menu à 51 F (7,8 €) le midi (sauf le dimanche). Autres menus de 64 à 170 F (9,8 à 25,9 €). Menu enfant : 48 F (7,3 €). Petite maison néo-bretonne qui a le mérite d'avoir un petit jardin calme et de l'espace pour stationner. Spécialités de fruits de mer, médaillons de lotte au *kig-sal* et au médoc, cassolette de Saint-Jacques au riesling. Bar « panoramique » ainsi que la salle de petit déjeuner.

PLUGUFFAN 29700 (6 km O)

🏠 *La Coudraie* ** – impasse du Stade ☎ 02.98.94.03.69. Fax : 02.98.94.08.42. TV. Fermé le dimanche hors saison. Congés annuels : 2 semaines en février et 1 semaine en novembre. Accès : quand on est sur la 4 voies venant de Pont-l'Abbé, sortir à Pluguffan-Pouldreuzic ; arrivé au bourg, c'est signalé. Doubles à 240 F (36,6 €) avec douche et wc et à 260 F (39,6 €) avec bains. Superbe maison bretonne en granit, au milieu d'un jardin bien entretenu. On n'a même pas envie de la quitter tant il fait bon s'y reposer. Les 11 chambres richement meublées rivalisent de confort tout britannique avec le salon, où l'on se fait vite des amis. Préférer les chambres n°s 3, 4 et 11 (plus spacieuses).

QUIMPERLÉ 29300

Carte régionale A2

🏠 *Hôtel Brizeux* – quai Brizeux ☎ 02.98.96.19.25. Fax : 02.98.39.10.18. TV. Chambres doubles avec douche (wc sur le palier) à 160 F (24,4 €) et à 200 F (30,5 €) avec bains. Petit déjeuner à 25 F (3,8 €). Au rez-de-chaussée, un bar entre bistrot de quartier et pub animé qui a « emprunté » une belle ogive de pierre à une ancienne chapelle. On y prendra sa clef et son petit déjeuner (servi tard dans la matinée). A l'étage, un resto indépendant (voir plus loin) et quelques chambres sympas et pimpantes, tranquilles sur l'arrière et d'un fort honorable rapport qualité-prix (literies neuves, doubles-vitrages côté rue).

|●| *Le Relais du Roch* – forêt domaniale de Toul Foën ☎ 02.98.96.12.97. Fermé le dimanche soir et le lundi. Accès : de Quimperlé, prendre la route du Pouldu. Longer toujours la rivière. Le resto se trouve sur la droite, à 2 km de la ville. Menus à 62 F (9,5 €), le midi en semaine, puis de 87 à 260 F (13,3 à 39,6 €). Menu enfant à 40 F (6,1 €). Un resto fort bien tenu et accueillant à l'orée d'une forêt domaniale. Au rez-de-chaussée, belle salle du gastro avec sa cheminée, ses nappes roses et ses rafraîchissantes compositions florales. Là, le chef vous proposera ses plats préférés : homard grillé au beurre de corail, confit de canard, saumon fumé et foie gras maison... qui a dit qu'il n'y a que le Sud-Ouest qui excelle dans le foie gras ?

|●| *Le Bistro de la Tour* – 2, rue Dom-Morice (Centre) ☎ 02.98.39.29.58. Fermé le samedi midi et le dimanche soir. Accès : dans la ville basse, par la place des Halles, face à l'église Sainte-Croix. Menus de 70 F (10,7 €) le midi en semaine à 360 F (54,9 €). Menu enfant à 70 F (10,7 €). Décoration raffinée, mais c'est normal car ils font égale-

ment brocante. Cuisine bourgeoise traditionnelle, préparée par le patron qui ressemble à Bacchus : fin connaisseur en vins et très sympa. Spécialités de poisson frais du jour (saumon breton, bar, sole, etc.), « chaud et froid de Saint-Jacques », « poêlée de langoustines à la façon de ma grand-mère », poivrons doux farcis de morue, tournedos de thon, compotée de queue de bœuf, roulade d'agneau en aubergines, escabèche de sardines en moelleux de courgettes. Ouverture de la cave à la clientèle à prix compétitifs.

|●| *Restaurant Le Brizeux* – **quai Brizeux** ☎ **02.98.96.22.88.** Accès : au 1er étage, dans le même bâtiment que l'hôtel *Brizeux*. Plat du jour à 55 F (8,4 €). Menus de 85 à 145 F (13 à 22,1 €). Coquette et presque chic petite salle en étage qui offre (pourvu qu'on s'approche des baies vitrées) une jolie vue sur la rivière Laïta. Cuisine toute simple toute bonne à base de produits frais : brochette de Fouesnant sauce roquefort, maquereau au poivre vert, etc. Carte des vins intéressante : même le vin de table est honorable.

|●| *La Cigale Égarée* – **5, rue Jacques-Cartier (Centre)** ☎ **02.98.39.15.53.** Accès : dans une petite rue qui débouche sur le quai Brizeux. Le midi, plat du jour à 55 F (8,4 €) et menu à 87 F (13,3 €). Menus le soir à 99 et 155 F (15,1 et 23,6 €). Menu enfant à 55 F (8,4 €). Avec cette enseigne, deux adorables petites salles aux murs peints de couleurs chaudes et une terrasse sous sa treille, on n'est plus vraiment en Bretagne. Mais il serait dramatique de cantonner cette toute jeune table de la ville dans le registre « resto provençal ». Le jeune chef y travaille plutôt une belle cuisine du marché, inventive sans être frimeuse, franchement personnelle. Sous influence méditerranéenne certes, mais tout autant ancrée dans le terroir breton. Un mélange a priori contre nature et qui pourtant fonctionne à fond. En témoignent son carpaccio de saumon au miel de Bretagne ou un croustillant de sardines fraîches au gingembre et citron vert, ou bien encore une fricassée de Saint-Jacques à l'hydromel et lard grillé au pistou. Les desserts (fraises du pays au pastis et coulis d'aromates pour rester dans le même registre) sont tout aussi emballants. Service décontracté et charmant. *NOUVEAUTÉ.*

REDON — 35600

Carte régionale B2

|●| *Crêperie L'Akene* – **10, rue du Jeu-de-Paume** ☎ **02.99.71.25.15.** Fermé le mardi soir et le mercredi soir hors saison. Accès : dans une petite ruelle près du vieux port. Compter 85 F (13 €) pour un repas complet. Cadre et produits de qualité pour pas cher.

Bonnes galettes et salades composées. Un conseil : après un bon repas de crêpes à *L'Akene*, allez donc vous en jeter un petit au sympathique *bar du Port*, à 20 m.

RENNES — 35000

Carte régionale B2 – Plan p. 221

🛏 *Auberge de jeunesse* – **10-12, canal Saint-Martin (hors plan A1-1)** ☎ **02.99.33.22.33.** Fax : **02.99.59.06.21.** ● www.fuaj.org ● Parking. ♿ Ouvert de 7 h à 23 h. Accès : de la gare, bus n° 2, 20 ou 22 ; arrêt « Coëtlogon-Auberge de jeunesse » ; l'AJ est à l'intersection de la rue Saint-Malo et du canal. Nuitée à 72 F (11 €) en chambre individuelle avec les draps et le petit déjeuner. Belle bâtisse. Accueil sympa. Carte des AJ obligatoire. Une centaine de lits en chambres de 1, 2, 3 ou 4. Fait aussi halte nautique pour les bateaux qui passent devant. Dispose d'une belle cafétéria, et d'une cuisine.

🛏 *Hôtel Le Riaval* – **9, rue Riaval (hors plan B3-10)** ☎ **02.99.50.65.58.** Fax : **02.99.41.85.30.** Parking. TV. Accès : derrière la gare SNCF. Doubles selon le confort de 135 à 200 F (20,6 à 30,5 €). Toute petite adresse, sans prétention, qui allie l'avantage de ses prix modestes et de sa situation à 5 mn derrière la gare. Cela dit, le quartier a du charme et l'accueil est adorable. De gros efforts de rénovation sont faits et l'entretien est parfait. Chambres modernes, colorées et lumineuses, et encore certaines « dans leur jus » avec tapisserie marron à médaillons. Pour les fauchés (ou les nostalgiques), il y a encore des chambres avec lavabo et bidet. Sur rue ou à l'arrière, toutes sont très calmes. Côté jardin, c'est mieux, on a le nez dans le tilleul, et on écoute pousser les légumes du voisin. C'est plutôt sympa. *NOUVEAUTÉ.*

🛏 *Hôtel de la Tour d'Auvergne* – **20, bd de la Tour-d'Auvergne (A2-8)** ☎ **02.99.30.84.16.** TV. Accès : près de la cité judiciaire. Doubles avec lavabo seulement à 140 F (21,3 €), puis de 170 à 210 F (25,9 à 32 €) selon le confort. Au 1er étage de la belle brasserie *Le Serment de Vin*. Chambres simples et absolument nickel, avec ou sans douche. L'aubaine ! Le genre de pension de famille rêvée pour les petits budgets. Téléphone dans toutes les chambres et grande gentillesse de la patronne, Mme Bordais. Cette dernière ne viendra pas vous border, mais vous servira votre petit déjeuner en chambre car elle n'a pas de salle pour cela. Une très bonne adresse.

🛏 *Hôtel de Léon* ★ – **15, rue de Léon (hors plan B2-2)** ☎ **02.99.30.55.28.** Fax : **02.99.36.59.11.** Parking. Accès : dans le quartier de la gare SNCF, par la rue Dupont-

BRETAGNE

des-Loges. Doubles avec lavabo à 150 F (22,9 €), avec douche à 185 F (28,2 €). Petit hôtel en retrait, calme, sortant des banalités récurrentes en terme de mobilier hôtelier. De gentils petits meubles rétro à souhait. Propreté impeccable. *Café offert. 10 % sur le prix de la chambre.*

🏠 *Hôtel d'Angleterre* * – 19, rue du Maréchal-Joffre (B2-3) ☎ 02.99.79.38.61. Fax : 02.99.79.43.85. TV. Accès : rive sud, pas loin de la place de la République. Doubles de 160 à 220 F (24,4 à 33,5 €). Assez central. Petit hôtel simple, très bien tenu, dans un bel immeuble bourgeois, avec imposante montée d'escaliers et immenses couloirs. Les patrons sont vraiment sympas. Chambres classiques et spacieuses, certaines meublées plutôt rétro. Bon rapport qualité-prix.

🏠 *Le Garden* ** – 3, rue Duhamel (B2-4) ☎ 02.99.65.45.06. Fax : 02.99.65.02.62. Parking payant. TV. Canal+. Accès : entre la gare et le vieux Rennes. Doubles avec douche et wc ou bains à 330 F (50,3 €), avec douche uniquement à 250 F (38,1 €). Hôtel de charme et de bon ton, à proximité de la gare et du vieux Rennes. Petit jardin intérieur et cafétéria pimpante. Accueil agréable. La patronne est une lectrice du *Routard*. Très belles chambres personnalisées, et décorées dans des couleurs fraîches. On a bien aimé celles du rez-de-jardin. Quelques quadruples aussi. Jeter un coup d'œil à l'immeuble voisin, décoré dans le plus pur style Art nouveau par Odorico, mosaïste célèbre à l'époque. *10 % sur le prix de la chambre en juillet-août.*

🏠🍴 *Hôtel-restaurant Au Rocher de Cancale* ** – 10, rue Saint-Michel (A1-5) ☎ 02.99.79.20.83. TV. Fermé le samedi et le dimanche. Congés annuels : 15 jours en août. Accès : centre piéton du vieux Rennes. Doubles autour de 220 F (33,5 €). Pour le routard noctambule, on ne peut rêver meilleure situation. Dans une rue médiévale, la fameuse « rue de la Soif », l'une des plus animées de la ville, et donc l'une des moins calmes, ça va sans dire ! L'hôtel a été refait, et les 4 chambres sont confortables et très coquettes. Excellent rapport qualité-prix donc, et bon resto au rez-de-chaussée.

🏠 *Hôtel Astrid* – 32, av. Louis-Barthou (hors plan B3-11) ☎ 02.99.30.82.38. Fax : 02.99.31.85.55. TV. Canal+. Fermé la nuit du 31 décembre au 1er janvier. Accès : en face de la gare. Doubles tout confort de 260 à 340 F (39,6 à 51,8 €). Idéalement situé dans le quartier de la gare, à 10 mn seulement à pied du centre-ville. Un joli petit hôtel chic, un rien sérieux, qui invite plus le VRP que le routard égaré à pousser sa porte. Cela dit, l'accueil fort sympathique, les chambres modernes, suffisamment

vastes et bien équipées (certaines avec meubles en rotin), et la tranquillité qui règne ici font de cet hôtel une halte plaisante. Salon pour les petits déjeuners donnant sur un mini-jardin. Entretien nickel-chrome. Une adresse sûre, tenue par une charmante jeune femme très professionnelle. *NOUVEAUTÉ.*

🏠 *Hôtel Lanjuinais* ** – 11, rue Lanjuinais (A2-6) ☎ 02.99.79.02.03. Fax : 02.99.79.03.97. TV. Canal+. Doubles avec douche et wc à 270 F (41,2 €), avec bains à 290 F (44,2 €). Central lui aussi, dans une petite rue donnant sur le quai Lamennais, entre la place de Bretagne et la poste. Hôtel calme et bien entretenu. Bon accueil. Chambres au confort standard et suffisamment grandes. Toutes donnent sur la rue, les quelques rares donnant sur cour sont presque borgnes. Prix allégés pour tous, le week-end et les jours fériés hors saison.

🏠 *Hôtel de Nemours* ** – 5, rue de Nemours (B2-9) ☎ 02.99.78.26.26. Fax : 02.99.78.25.40. TV. Accès : à proximité de la place de la République. Doubles avec douche et wc autour de 275 F (41,9 €), avec bains de 295 à 345 F (45 à 52,6 €). Cet hôtel est équipé du plus petit ascenseur que nous ayons jamais vu, somme toute bien pratique pour les jambes fatiguées. Un mur entier de la réception est recouvert de feuilles mortes, c'est superbe. Sur les autres murs, le patron affiche l'objet de sa passion, les vieux gréements. Photos, gravures, ou maquettes exposées sous verre comme de précieux papillons de collection. Côté chambres, c'est mignon et tout propre. Sur cour, c'est bien sûr un peu plus calme (et un peu plus sombre aussi). Accueil dévoué et vraiment sympa à tous les routards, aux voileux comme aux marins d'eau douce. *10 % sur le prix de la chambre en été, rabais les week-ends.*

🏠 *Hôtel des Lices* ** – 7, place des Lices (A1-7) ☎ 02.99.79.14.81. Fax : 02.99.79.35.44. Parking payant. TV. Canal+. ♿ Doubles avec douche et wc à 280 F (42,7 €), avec bains à 300 F (45,7 €). Sur l'une des plus belles places de la vieille ville. Un hôtel qui sent bon le neuf, le propre, et où souffle un petit vent de jeunesse et de modernité, ça n'est pas si courant à Rennes. Établissement baigné de lumière, chambres vraiment agréables (avec balcon) et bonnes prestations générales. Des derniers étages, belle vue sur les toits du vieux Rennes. Accueil calme parfaitement à l'établissement : dynamique, jeune et efficace. Une adresse sûre.

🍴 *La Biscorne* – 8, rue Saint-Mélaine (B1-17) ☎ 02.99.38.79.77. Parking payant. ♿ Fermé le samedi midi, le dimanche soir et le lundi soir. Congés annuels : 15 jours environ en août. Formule déjeuner à 58 F

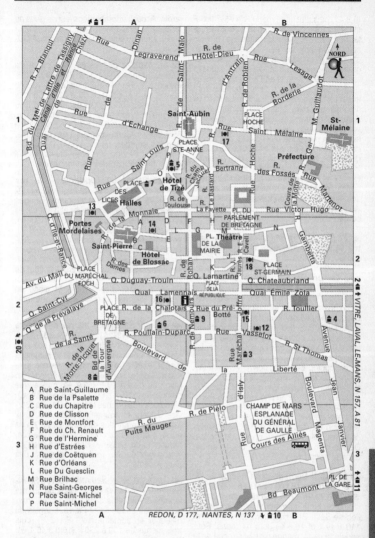

REDON, D 177, NANTES, N 137

⌂ Où dormir?
1 Auberge de jeunesse
2 Hôtel de Léon
3 Hôtel d'Angleterre
4 Le Garden
5 Hôtel-restaurant Au Rocher de Cancale
6 Hôtel Lanjuinais
7 Hôtel des Lices
8 Hôtel de la Tour d'Auvergne
9 Hôtel de Nemours
10 Hôtel Le Riaval
11 Hôtel Astrid

⎮●⎮ Où manger?
12 La Tourniole
13 Au Marché des Lices
14 Auberge Saint-Sauveur
15 Léon le Cochon
16 Le Bocal. P'ty Resto
17 La Biscorne
18 Le Saint-Germain-des-Champs
20 Le Petit Sabayon

BRETAGNE

(8,8 €), puis plusieurs menus de 75 à 180 F (11,4 à 27,4 €). Tiercé gagnant pour ce restaurant rennais : accueil adorable, cuisine soignée et prix serrés. Cadre rustique et chaleureux, en jaune et rose. Bois partout et grosse cheminée sur laquelle sont exposés les « trophées » du chef. Des récompenses bien méritées, car les plats proposés sont aussi bien pensés que réalisés. La formule du midi est déjà une vraie performance. Astucieuse terrine de maquereaux (pas une banale mousse, mais plutôt une compression) accompagnée d'échalotes confites et de crème fouettée à la ciboulette, puis une délicieuse brochette de porc aux pommes fruits servie avec gratin de chou-fleur à la tomate, et enfin une tarte au citron incontestablement maison. La carte tourne au gré des saisons car ici, on travaille du frais. Les vins sont aussi à prix très raisonnables. *Kir ou café offert.*

|●| *Le Bocal - P'ty Resto* – 6, rue d'Argentré (A2-16) ☎ 02.99.78.34.10. Fermé le samedi et le dimanche. Congés annuels : la 1ʳᵉ quinzaine d'août. Accès : à deux pas du quai Lamennais. Formules à 60 et 68 F (9,1 et 10,4 €) le midi, à 67 et 87 F (10,2 et 13,3 €) le soir. Un p'tit resto plein d'idées. Déco sympa, claire et colorée, avec des bocaux remplis de plein de choses, et des petits joints (pas des cigarettes qui font rire ; des joints de bocaux) collés jusque sur la porte des toilettes. Sur l'ardoise, on choisit un plat sympa, par exemple un copieux *muffin* au poulet, bacon et poivre vert, une fricassée de volaille aux épices ou une minute de saumon mi-fumé. En dessert s'impose le délicieux moelleux au chocolat de Claire, la menue patronne. Pour accompagner ces bonnes petites recettes, une judicieuse sélection de vins à prix serrés, tous servis au verre. Clientèle *cool*, un brin branchée. Décidément, les jeunes propriétaires en ont dans le bocal ! *NOUVEAUTÉ.*

|●| *Le Saint-Germain-des-Champs* – 12, rue Vau-Saint-Germain (B2-18) ☎ 02.99.79.25.52. Fermé le dimanche et le soir du lundi au mercredi. Accès : face à l'église Saint-Germain. Compter entre 60 et 110 F (9,1 et 16,8 €) pour un repas. Pour sauver ta peau, mange bio ! À l'époque de la vache folle, du poulet à la dioxine, du bœuf à la mort au rat et des légumes génétiquement modifiés, voici l'adresse tout indiquée. Pour certains, c'est aussi l'occasion de découvrir que l'on peut faire un bon repas sans viande, et en mangeant bio. Et pas besoin d'antidépresseur car ici on ne mange pas triste, bien au contraire. On fait même des découvertes intéressantes : graines germées, algues, saveurs et consistances nouvelles. Une cuisine colorée, goûteuse, copieuse et qui fait du bien, ça nous a plu. Vins et jus de fruits bio aussi. Salle vitrée sur rue et agréable deuxième salle sur

jardin. Accueil adorable (ces jeunes gens ne feraient pas de mal à un bœuf, c'est pour dire!). Coin librairie et documentation. *NOUVEAUTÉ.*

|●| *Au Marché des Lices* – 3, place du Bas-des-Lices (A1-13) ☎ 02.99.30.42.95. Parking. ♿ Fermé le dimanche. Ouvert de 12 h à 14 h et de 19 h 30 à 22 h. Congés annuels : les 10 1ᵉʳˢ jours de janvier et 2 ou 3 semaines en août. Accès : place des Lices. Plat du jour à 40 F (6,1 €) et menu à 65 F (9,9 €). Cadre rustique, relax et sympa. Bonnes salades composées et galettes. Bon cidre. Feu de cheminée l'hiver, ce qui réchauffe l'atmosphère. *Apéritif offert.*

|●| *Restaurant La Tourniole* – 37, rue Vasselot (B2-12) ☎ 02.99.79.05.91. ♿ Fermé le dimanche et le lundi. Congés annuels : 1 semaine en hiver et 3 semaines en été. Formule du déjeuner à 68 F (10,4 €), puis menus à 95 et 135 F (14,5 et 20,6 €). Le bon petit resto de quartier tout en modestie et en qualité. Cuisine inventive et service prévenant. Menus très satisfaisants. Quelques spécialités : foie gras cru à la fleur de sel, côtes de veau de lait, ou encore millefeuille au pain d'épice et à la glace au réglisse. Adresse très recommandable ! *Apéritif offert.*

|●| *Le Petit Sabayon* – 16, rue des Trente (hors plan A3-20) ☎ 02.99.35.02.04. Fermé le samedi midi, le dimanche soir et le lundi. Congés annuels : la 2ᵉ et 3ᵉ semaines d'août. Accès : à proximité de la cité judiciaire. Donne sur le quai de la Prévalaye. Menu du midi à 80 F (12,2 €), puis autres menus de 110 à 160 F (16,8 à 24,4 €). L'une des très bonnes tables de la ville. Service diligent et souriant. Salade aux deux foies gras, tournedos de sardines au jus de porto, marquise au chocolat sauce arabica, croquants de sésame. Bonne sélection de vins à prix doux... Tout ça à des prix des plus décents.

|●| *Auberge Saint-Sauveur* – 6, rue Saint-Sauveur (A2-14) ☎ 02.99.79.32.56. Fermé le samedi midi et le dimanche. Accès : derrière la cathédrale Saint-Pierre. Formule du déjeuner en semaine à 79 F (12 €), puis trois menus de 109 à 296 F (16,6 à 45,1 €). Dans une belle demeure de chanoines du XVIᵉ siècle, un cadre chaleureux, intime et raffiné. Parmi les plats : rôti de lotte au chou, homard breton grillé, très bon foie gras de canard... Le midi, excellente formule pour profiter du cadre sans se ruiner. Bonne adresse pour inviter à dîner sa petite amie ou un vieux copain. *Café offert.*

|●| *Léon le Cochon* – 1, rue du Maréchal-Joffre (B2-15) ☎ 02.99.79.37.54. Fermé le dimanche en juillet-août. Accès : à côté de la poste centrale. Menu à 130 F (19,8 €) et formule du midi à 69 F (10,5 €). Voici une manière moderne et généreuse à la fois de penser un restaurant. Raffiné et authentique, ce qui n'est pas facile. Arbres desséchés, murs de piments, vitrines de feuilles… servent de décor à la dégustation d'un bon plat du terroir, solide, préparé sans chichi ni faux-semblant. Queue de bœuf du chef fondante et goûteuse, pied de Léon croustillant, filet de bœuf sauce curry, et délicieux foie gras maison. À la carte, les prix grimpent raisonnablement. Si vous ne voulez pas faire la queue (en tire-bouchon), il est prudent de réserver. *Apéritif offert.*

ROCHE-BERNARD (LA)   56130

Carte régionale B2

🛏 I●I *Les Deux Magots* ** – 3, place du Bouffay (Ouest) ☎ 02.99.90.60.75. Fax : 02.99.90.87.87. TV. Resto fermé le dimanche soir et le lundi, en saison le lundi uniquement. Congés annuels : du 20 décembre au 15 janvier, la dernière semaine de juin et la dernière semaine d'octobre. Compter de 280 à 340 F (42,7 à 51,8 €) pour une chambre double (un peu plus cher pour 3 ou 4 personnes). Menus de 82 F (12,5 €), sauf les dimanche midi et jours fériés, à 270 F (41,2 €). Belle façade avec des fenêtres en anse de panier pour cette auberge de 15 chambres, joliment meublées. Produits de la mer à l'honneur avec salade tiède de langoustines, bar braisé aux petits légumes et turbot rôti au cidre aux oignons : mais n'oublions pas les ris de veau aux morilles. Belle carte des vins. Au bar, impressionnante collection d'échantillons de bouteilles d'apéritifs, cognac, whisky, etc. Accueil sympathique.

ROCHEFORT-EN-TERRE   56220

Carte régionale B2

🛏 *Hostellerie du Lion d'Or* – rue du Pélican ☎ 02.97.43.32.80. Fermé le soir en hiver. Menus de 88 à 270 F (13,4 à 41,2 €). Menu enfant à 60 F (9,1 €). Ancien relais de poste du XVIᵉ siècle, c'est le meilleur restaurant de la ville. Vous y trouverez néanmoins un 1ᵉʳ menu très correct. Croustillant de fruits de mer en feuille de brick et coulis de crustacés, pavé de bar poêlé crème d'oseille pommes safranées... Cuisine assez guindée et traditionnelle, comme l'endroit lui-même. De beaux meubles dans l'une des plus belles maisons de la ville. *NOUVEAUTÉ.*

ROSCOFF   29680

Carte régionale A1

🛏 *Hôtel aux Tamaris* ** – 49, rue Édouard-Corbière ☎ 02.98.61.22.99. Fax : 02.98.69.74.36. TV. Congés annuels : du 15 novembre au 1ᵉʳ mars. Accès : à 200 m du centre-ville, à côté de la clinique Kerléna et du centre de thalasso. Chambres doubles avec douche et wç ou bains de 270 à 340 F (41,2 à 51,8 €). Également des chambres triples de 330 à 350 F (50,3 à 53,4 €). Séparé de la mer par la corniche, cet hôtel guettant l'île de Batz réserve un excellent accueil. Des chambres claires et confortables et le spectacle continu des marées pour celles situées côté mer. Coucher de soleil tout l'été sur l'île de Batz. Pas de resto, mais une des hospitalités les plus chaleureuses du Finistère. *10 % sur le prix de la chambre en octobre, novembre et mars.*

🛏 I●I *Les Chardons Bleus* ** – 4, rue Amiral-Réveillère ☎ 02.98.69.72.03. Fax : 02.98.61.27.86. TV. Fermé le jeudi sauf en juillet-août, et le dimanche soir en hiver. Congés annuels : février. Accès : du port, vers l'église. Doubles avec douche et wc ou bains de 270 à 290 F (41,2 à 44,2 €). Menus de 65 F (9,9 €) le midi en semaine à 215 F (32,8 €). Menu enfant à 50 F (7,6 €). Dans la rue la plus animée du centre, un des meilleurs rapports qualité-prix de Roscoff. Chambres d'une déco contemporaine un peu passe-partout mais confortables (literie de qualité, double-vitrage efficace côté rue). Cuisine bien traditionnelle mais très goûteuse : salade tiède de Saint-Jacques, gratin de langoustes et de langoustines, filets de sole aux champignons, montgolfière de la mer. La patronne vous accueille avec chaleur. Dommage donc que le service soit un peu coincé. *10 % sur le prix de la chambre d'octobre à mars.*

🛏 I●I *Hôtel Talabardon* *** – place de l'Église ☎ 02.98.61.24.95. Fax : 02.98.61.10.54. TV. Canal+. Satellite / câble. Resto fermé le dimanche soir. Congés annuels : du 5 novembre au 25 février. Accès : à côté de l'église. Chambres doubles avec douche et wc ou bains de 380 à 580 F (57,9 à 88,4 €). Petit déjeuner à 55 F (8,4 €). Menus de 120 à 270 F (18,3 à 41,2 €). Menu enfant à 58 F (8,8 €). Parking : 50 F (7,6 €). Un hôtel de caractère situé les pieds dans l'eau, tellement qu'en 1996 le rez-de-chaussée avait été partiellement détruit par une tempête! Selon les étages, déco jaune et bleu ou jaune et vert (les trois couleurs de la Bretagne). Les nᵒˢ 301, 302 et 303 ont des balcons. Petit déjeuner copieux sous forme de buffet. Belle salle de resto. La cuisine se base sur les produits que fournit en abondance la

BRETAGNE

mer nourricière si proche. La carte évolue donc en fonction des saisons et de l'arrivage. Carte des vins intéressante. Un bémol : même s'il n'est pas toujours facile de se garer à Roscoff, 50 F le parking de l'hôtel, ça fait cher ! Une excellente adresse pour son charme, la fraîcheur de ses poissons et la qualité de son accueil. *10 % sur le prix de la chambre hors saison.*

|●| *L'Écume des Jours* – **quai d'Auxerre** ☎ 02.98.61.22.83. ♿ Fermé le mardi soir et le mercredi hors saison. Formule à 60 F (9,1 €) le midi en semaine. Menus de 90 à 245 F (13,7 à 37,4 €). Menu enfant à 50 F (7,6 €). Dans une noble demeure de granit (sûrement ancienne maison d'armateur). Une des adresses qui montent, montent dans le Léon. Intérieur confortable, chaleureux et intime. Grande cheminée. Est-ce Boris Vian qui motive ainsi le chef dans la préparation de ses plats ? Il associe remarquablement produits locaux de la mer et de la terre, avec une inspiration rare. Merveilleux petits plats : l'émietté de poisson et saumon fumé sauce fraîcheur au basilic, les noix de pétoncles rôties aux magrets de canard fumés, l'escalope de foie gras et Saint-Jacques, la poêlée aux pleurotes et vinaigre balsamique.

DANS LES ENVIRONS

BATZ (ÎLE DE) 29253 (5 km NO)

🏠|●| *Auberge de jeunesse* – ☎ 02.98.61.77.69. **Fax : 02.98.61.78.85.** ● www.fuaj.org ● Congés annuels : de fin septembre à Pâques. Accès : à Creach-ar-Bolloc'h ; une vedette toutes les demi-heures en été au départ de Roscoff ; dernier départ à 20 h. 48 F (7,3 €) la nuitée, 19 F (2,9 €) le petit déjeuner et 49 F (7,5 €) le repas. Carte FUAJ obligatoire. Une auberge qui a le pied marin. Superbement située, d'abord, dominant la mer. Ensuite, les dortoirs installés dans 5 petites maisons ressemblent fortement à des cabines de bateau. Enfin, l'auberge organise en été stages de voile, balades en kayak de mer ou à la découverte de l'île. La vie au rythme des marées !

ROSTRENEN 22110

Carte régionale A1

|●| *Cœur de Breizh* – **14, rue Abbé-Gibert (Centre)** ☎ 02.96.29.18.33. Service jusqu'à 22 h en semaine et 23 h le week-end. Fermé le mardi soir et le mercredi. Accès : dans le bourg, dans une vaste maison jaune. Plat du jour à 50 F (7,6 €), et formule entrée-plat ou plat-dessert à 65 F (9,9 €), servis uniquement le midi. Sinon, menus à 98 et 149 F (14,9 et 22,7 €), et la carte aux prix très raisonnables. Voilà une adresse bien réjouissante et généreuse. La preuve : pour transformer leur petit bar en un joli restaurant, Anne-Laure et Roger ont lancé une souscription auprès d'amis et de clients fidèles qui les y poussaient depuis longtemps. L'idée est belle et le résultat plus que concluant. D'abord, on est séduit par le cadre, les pierres apparentes et la déco bretonne et campagnarde. Ensuite, Monsieur prodigue un accueil courtois et décontracté pendant que Madame, cuisinière autodidacte, s'active avec brio devant ses fourneaux. Cuisine du terroir à base de produits de qualité, bio la plupart du temps, choisis avec le plus grand soin chez les petits producteurs locaux. Que du frais ! Et croyez-nous, c'est un bonheur dans les assiettes copieusement garnies ! Bons desserts maison également. *NOUVEAUTÉ.*

SABLES-D'OR-LES-PINS 22240

Carte régionale B1

🏠|●| *Hôtel des Pins* ** – **allée des Acacias (Centre)** ☎ 02.96.41.42.20. **Fax : 02.96.41.59.02.** Congés annuels : du 1er octobre au 30 mars. Accès : à 400 m de la plage. Doubles avec douche à 220 F (33,5 €) ou à 280 F (42,7 €) avec douche et wc. Demi-pension obligatoire en juillet-août de 280 à 320 F (42,7 à 48,8 €) par personne. 1er menu à 75 F (11,4 €) et menu enfant à 46 F (7 €). Très propre, petit charme désuet, sympathique. Mini-golf et jardin. *10 % sur le prix de la chambre du 15 septembre au 15 juin.*

DANS LES ENVIRONS

PLURIEN-FRÉHEL 22240 (2 km S)

🏠 *Manoir de la Salle* ** – **rue du Lac** ☎ 02.96.72.38.29. **Fax : 02.96.72.00.57.** Parking. TV. ♿ Congés annuels : de début novembre à fin mars. Accès : à 1 km de Sables-d'Or-les-Pins, un peu avant Fréhel. De 250 à 400 F (38,1 à 61 €) la double. Également 5 chambres beaucoup plus simples à 150 F (22,9 €) pour accueillir les randonneurs, cavaliers, cyclistes... Aménagé dans une noble bâtisse en pierre, du XVIe siècle. C'est à la mode par ici ! On entre par un beau portail gothique du XVe siècle. Chambres claires et confortables à mobilier contemporain. Sur place : billard, ping-pong et solarium. Golf à proximité. Une bien bonne adresse, tenue par un jeune couple sympa et détendu. Boxes disponibles pour l'accueil de chevaux et poneys. *10 % sur le prix de la chambre pour un séjour d'une semaine, et 20 % pour deux semaines.*

BRETAGNE

FRÉHEL 22240 (5 km E)

🏠 *Hôtel Le Fanal* ** – **lieu-dit Besnard**
☎ 02.96.41.43.19. Parking. Congés
annuels : d'octobre à mars. Accès : prendre
la route du Cap-Fréhel, arrivé au cap
prendre à droite direction Plévenon : l'hôtel
est sur la gauche à 1,5 km. Chambres
confortables de 250 à 340 F (38,1 à 51,8 €).
Haut chalet à l'architecture moderne surprenante, plutôt réussie et rappelant la Scandi-
navie, ce qui colle parfaitement avec le paysage de lande dépouillée qu'on a devant soi
jusqu'à l'océan. Propreté irréprochable et
atmosphère à la Bergman. Au salon, quelques notes de Chopin. Des habitués
viennent régulièrement se ressourcer ici. On
les comprend : l'accueil est excellent et
l'immense jardin est des plus reposants. Les
chambres nos 6 à 9 sont plus spacieuses
que les autres. Télé bannie.

SAINT-BRIEUC 22000

Carte régionale B1

🏠 *Auberge de jeunesse-Manoir de la
Ville-Guyomard* – **Les Villages (Ouest)**
☎ 02.96.78.70.70. Fax : 02.96.78.27.47.
● www.fuaj.org ● Parking. ✗ Accès : à 3 km
du centre-ville, près du centre commercial
Géant (bien indiqué à partir de la gare).
Compter 60 F (9,1 €) la nuit. En été, forfait
nuit et petit déjeuner à 75 F (11,4 €). Hors
saison, petit déjeuner à 20 F (3 €). Repas à
partir de 55 F (8,4 €). Réservation très
recommandée. AJ située dans un superbe
manoir breton du XVe siècle. Chambres de
1 à 4 lits. Location de VTT.

🏠 *Hôtel du Champ de Mars* ** – **13, rue
du Général-Leclerc** ☎ 02.96.33.60.99.
Fax : 02.96.33.60.05. TV. Canal+. ✗
Congés annuels : entre Noël et le Jour de
l'An. Accès : à côté de la place du Champ-
de-Mars. Doubles de 250 à 300 F (38,1 à
45,7 €), petit déjeuner à 38 F (5,8 €). Fort
bien tenu et agréable, cet hôtel est dirigé par
un couple très aimable. Tout le confort
« deux étoiles » dans des chambres fonctionnelles avec télé et téléphone. Ascenseur. 10 % de réduction sur le prix de la
chambre pour 2 nuits consécutives, sauf en
juillet-août.

🏠 ●I● *Hôtel-restaurant Le Du Guesclin* **
– **2, place Du Guesclin** ☎ 02.96.33.11.58.
Fax : 02.96.52.01.18. TV. ✗ Accès : dans le
quartier piéton. Doubles avec douche et wc
de 260 à 270 F (39,6 à 41,2 €). 1er menu à
66 F (10,1 €) servi le midi en semaine, et
autres menus de 91 à 172 F (13,9 à 26,2 €).
Menu enfant à 55 F (8,4 €). Central et entièrement refait, *Le Du Guesclin* propose des
chambres claires et confortables, sans mauvaise surprise. Au restaurant, spécialités à

la carte de mousseline de coquilles Saint-
Jacques, de bar grillé au fenouil et de poissons fumés maison. 10 % sur le prix de la
chambre sauf en juillet-août.

●I● *Restaurant Le Sympatic* – **9, bd Carnot** ☎ 02.96.94.04.76. ✗ Service jusqu'à
23 h. Fermé le samedi midi et le dimanche.
Congés annuels : les 3 premières semaines
d'août. Accès : derrière la gare SNCF.
Prendre le boulevard Clemenceau et tourner à droite après avoir passé la voie ferrée.
Menus de 70 à 180 F (10,7 à 27,4 €), ou
carte. Menu enfant à 45 F (6,9 €). Bonne
humeur et bonnes grillades (sur sarments
de vignes !) font bon ménage au *Sympatic*,
une adresse très prisée des Briochins.
Cadre entre bois et pierres apparentes.
Ambiance chaleureuse, service aimable et
efficace, assiettes larges et garnies, qualité
des produits, addition légère : que demander de plus ?

●I● *Aux Pesked* – **59, rue du Légué**
☎ 02.96.33.34.65. Parking. Fermé le
dimanche soir et le lundi. Congés annuels :
de fin décembre (juste avant Noël) au 15 janvier. Accès : 1 km au nord du centre-ville.
1ers menus à 120 F (18,3 €) servi en
semaine, et à 150 F (22,9 €) le week-end.
Ensuite, superbe menu surprise à 190 F
(29 €), puis menus à 290 et 360 F (44,2 et
54,9 €). C'est la grande table gastronomique qui fait l'unanimité à Saint-Brieuc.
Normal ! Tout y est de bon goût : le cadre
sobre et d'une grande élégance, la vue
superbe en terrasse sur la vallée du Légué
(merci Dame Nature !), et surtout des mets
fins, plaisants et légers qui raviront vos
papilles. Sans oublier la grande fierté du
maître des lieux, une superbe cave de plus
de 900 références, certainement l'une des
plus riches de la région, riche notamment en vins
de Loire (ça fait rêver !). Des bouteilles rares
et chères évidemment, mais aussi de nombreux crus moins prestigieux, superbes et
beaucoup plus abordables.

SAINT-MALO 35400

Carte régionale B1

🏠 *Hôtel Le Nautil* – **9, rue de la Corne-de-
Cerf (Centre)** ☎ 02.99.40.42.27. **Fax :
02.99.56.75.43.** TV. Doubles avec douche
et wc de 250 à 350 F (38,1 à 53,4 €). Intra-
muros mais à 5 mn de la plage pour le meilleur de Saint-Malo. Un petit hôtel vache-
ment sympa, qui sent bon le neuf et le
propre, décoré dans des tonalités pétillantes
et jeunes, comme le service et l'accueil.
Chambres pas très grandes mais bien équipées et coquettes (certaines mansardées).
Au rez-de-chaussée, un pub qui bouge,
avec aux murs un décor aux couleurs psy-
ché qui font plus penser au *Yellow Sub-
marine* qu'au *Nautilus*. Éviter les chambres
du 1er étage en fin de semaine si vous ne

faites pas la bringue, parce qu'en dessous, ça bouscule! *NOUVEAUTÉ.*

🛏 *Hôtel du Louvre* ** – **2, rue des Marins (Centre)** ☎ **02.99.40.86.62. Fax : 02.99.40.86.93.** Parking payant. TV. Accès : près de la place de la Poissonnerie (intramuros). Doubles avec douche et wc de 280 à 350 F (42,7 à 53,4 €), avec bains de 320 à 400 F (48,8 à 61 €). Hôtel familial malgré ses 44 chambres, possédant une certaine allure. Accueil agréable et chambres confortables. Chambres doubles ou triples, et même une pour 7 personnes. *10 % sur le prix de la chambre à partir de 2 nuits, et 50 % (si, si, vous lisez bien!) de mi-octobre à mi-mars.*

🛏 🍽 *Hôtel de l'Univers* ** – **place Chateaubriand** ☎ **02.99.40.89.52. Fax : 02.99.40.07.27.** Parking. TV. Canal+. Satellite / câble. Resto fermé le mercredi. Accès : près du château, intra-muros. Doubles avec douche et wc à 290 F (44,2 €), à 330 F (50,3 €) avec bains. Plusieurs menus de 75 à 200 F (11,4 à 30,5 €). Accolé au célébrissime et légendaire *bar de l'Univers*, cet hôtel, témoin d'une splendeur passée, fait partie de ces quelques établissements malouins de cachet, pleins de ce charme un peu *British* et carrément rétro. Grande réception, immenses couloirs et salons où l'on croit parfois se perdre. Belle atmosphère et des chambres vastes, confortables, et l'agencement gentiment désuet. Chambres pour 3 ou 4 également. Alors tant pis si la peinture s'écaille à certains endroits, l'adresse n'est pas comme les autres, avec ce je-ne-sais-quoi qui flotte dans l'air. Dommage que l'accueil ne soit pas toujours au diapason. *10 % sur le prix de la chambre de début octobre à fin avril.*

🛏 *Hôtel La Rance* ** – **15, quai Sébastopol, port Solidor, Saint-Servan (Sud)** ☎ **02.99.81.78.63. Fax : 02.99.81.44.80.** Parking. TV. Accès : tout à proximité de la tour Solidor et de la cité d'Aleth. Doubles avec douche et wc à 380 F (57,9 €), avec bains à 525 F (80 €). Petite structure de 11 chambres, au calme, avec vue splendide sur le port et la baie de la Rance pour certaines (les plus chères). Ambiance chic mais familiale et accueil vraiment sympathique. Décor tout à fait raffiné, dès la réception, et jusque dans les spacieuses chambres, toutes personnalisées (certaines

mansardées). Un endroit où nos lecteurs les plus fortunés auront plaisir à séjourner. Petit déjeuner très complet. *10 % sur le prix de la chambre à partir de 2 nuits consécutives, hors juillet-août et grands week-ends.*

🍽 *Crêperie La Brigantine* – **13, rue de Dinan** ☎ **02.99.56.82.82.** Fermé le mardi soir et le mercredi (hors vacances scolaires). Congés annuels : du 15 novembre au 10 décembre et la 2ᵉ quinzaine de janvier. Accès : intra-muros. Formule à 31 F (4,7 €) et menu dégustation à 62 F (9,5 €). Charmante crêperie, accueil et cadre douillets, avec de mignonnes chaises paillées vertes recouvertes de nappes à carreaux, et du bois blond un peu partout. Aux murs, de belles photos de vieux voiliers, dont celles du fameux photographe anglais Beken of Cowes, maître du genre. De très bonnes crêpes classiques à prix raisonnables. Accueil chaleureux.

🍽 *Restaurant Chez Gilles* – **2, rue de la Pie-qui-Boit (Centre)** ☎ **02.99.40.97.25.** Fermé le mercredi, sauf du 10 juillet au 31 août le mercredi midi, et le jeudi toute la journée du 15 novembre au 25 mars, sauf la semaine de Noël. Congés annuels : vacances scolaires de février et de fin novembre à mi-décembre. Formule du déjeuner en semaine à 74 F (11,3 €), puis trois menus de 92 à 182 F (14 à 27,7 €). Des produits frais à peine sortis de l'océan, travaillés avec amour et passion, et servis dans le cadre douillet et gentiment bourgeois d'une salle qui sait conserver une certaine intimité. Poissons cuits juste comme il faut (aiguillettes de saint-pierre aux huîtres chaudes et lardons frits par exemple), sauces fines et parfumées... On profite des qualités du chef dès les premiers menus.

🍽 *Le P'tit Crêpier* – **6, rue Sainte-Barbe (Centre)** ☎ **02.99.40.93.19.** ♿ Fermé le mercredi hors saison. Congés annuels : 15 jours après la Toussaint et 15 jours en janvier. Compter 85 F (13 €) pour un repas complet. Attention, tempête de plaisir! Cette crêperie n'est pas ordinaire. Tout d'abord de par la gentillesse et la douceur de la jeune patronne. Puis pour les crêpes et galettes aussi bonnes que surprenantes. Saveurs subtiles, beaux produits, mariages étonnants mais jamais hasardeux qui font tou-

BRETAGNE

jours mouche. Certains crêpiers nous font parfois oublier qu'ils sont avant tout cuisiniers, mais ce crêpier-là est un chef! Flan de moules en balluchon de sarrasin, galette à la brandade de poisson du marché (bien aillée, hmm!), ou à l'andouille de Bretagne et confiture d'oignons. Pourquoi pas au foie gras de la mer (foie de lotte) et langoustines sur lit de salade. Enfin, des crêpes sucrées qui ont déclenché en nous un ouragan de plaisirs. Aumônière de poire pochée au caramel à l'orange, ou crêpe caramel au beurre salé en chaud-froid (caramel chaud, crème glacée au caramel, et crêpettes croustillantes aux cacahuètes), ou encore une autre, étonnante, fourrée à la marmelade d'algues wakame qui vous fouettera les papilles comme une déferlante. C'est si bon qu'on est tenté d'en manger plus, pour en goûter plus. Carte de bières et cidres bretons. Deux petites salles au décor marin que l'on n'est pas près d'oublier. *NOUVEAUTÉ.*

I●I *Restaurant Borgnefesse* – **10, rue du Puits-aux-Braies** ☎ **02.99.40.05.05.** Fermé le lundi midi, le samedi midi et le dimanche. Congés annuels : 2 semaines fin juin-début juillet et 2 semaines fin novembre. Accès : intra-muros. Formules et menus de 85 à 160 F (13 à 24,4 €). Réservation recommandée. Resto corsaire. Le patron, une des légendes de Saint-Malo, grande gueule, poète et baroudeur, vous racontera à coup sûr l'histoire d'un pirate qui s'est malencontreusement pris un boulet de canon dans le postérieur, et que l'on surnomma par la suite « Borgnecul ». Bonne cuisine campagnarde dans le style, et maritime sur le fond. Accueil chaleureux garanti.

I●I *La Corderie* – **chemin de la Corderie** ☎ **02.99.81.62.38.** Fermé le lundi sauf juillet-août. Congés annuels : de mi-octobre à mi-mars. Accès : à côté du camping de la cité d'Alet. Menu à 100 F (15,2 €), à la carte, repas à partir de 130 F (19,8 €). Un bien bel endroit que cette *Corderie*, en bordure de la cité d'Alet. Retirée des circuits touristiques, aucun bruit de circulation ne vient troubler le calme de cette belle bâtisse. On se sent bien ici. Peut-être parce que c'est une maison de famille, avec ses vieux meubles, ses livres et tableaux. De la salle ou de la terrasse, merveilleuse vue sur la mer, la tour Solidor, la Rance puis Dinard : un panorama qui vous nourrit avant même l'excellente cuisine proposée. Une carte allégée par rapport à d'autres restos, mais qui change presque tous les jours pour autant de plaisirs. Pour une salade grecque ou un poisson cuisiné, la présentation est toujours appliquée, les prix raisonnables, le service et l'accueil charmants. Un endroit où l'on prend facilement ses habitudes. *NOUVEAUTÉ.*

SAINT-POL-DE-LÉON   29250

Carte régionale A1

≜ I●I *Le Passiflore* – **28, rue Penn-Ar-Pont** ☎ **02.98.69.00.52. Fax : 02.98.69.00.52.** TV. Fermé le dimanche soir. Accès : non loin de la gare. Doubles à partir de 200 F (30,5 €). Menus de 55 F (8,4 €), le midi en semaine, à 170 F (25,9 €). Voilà un bien sympathique petit hôtel. Classique, sans prétention, mais sachant offrir des chambres plaisantes à prix serrés. Il faut, en outre, souligner la qualité de l'accueil et surtout l'excellent resto, *Les Routiers*, au rez-de-chaussée. Le midi, c'est plein comme un œuf pour le menu genre « ouvrier », et personne n'en sera étonné. Fruits de mer et poisson dans les autres menus et à la carte.

I●I *La Pomme d'Api* – **49, rue Verderel** ☎ **02.98.69.04.36.** Fermé le dimanche soir et le lundi hors saison. Congés annuels : 2 semaines après les vacances de février et la 2e quinzaine de novembre. Accès : dans la rue perpendiculaire à celle du Général-Leclerc, à quelques centaines de mètres du *Kreisker*. Menus de 85 F (13 €), le midi en semaine, à 195 F (29,7 €). Menu enfant à 60 F (9,1 €). Dans une fort jolie demeure en pierre du milieu du XVIe siècle, un restaurant dans un vrai cadre breton de charme. Décor en bois et pierre. Belle cheminée monumentale. Vous y dégusterez une bonne cuisine (c'est le meilleur bouche à oreille de la ville). Quelques spécialités : blanc de turbot poêlé à la verveine associé à une andouille de Guéméné, homard de pays rôti en croustillant au parfum de sésame et de safran, pavé de bar cuit en vapeur d'algues, blanquette de filets de soles au chouchen, pavé d'agneau rôti, etc.

DANS LES ENVIRONS

CLÉDER 29233 (9 km E)

I●I *Entre Terre et Mer* – **9, rue de l'Armorique** ☎ **02.98.19.53.22.** Fermé le lundi soir et le mardi soir. Menu à 58 F (8,8 €) le midi en semaine, autre à 98 F (14,9 €). Le cadre est sans réel intérêt mais le service est charmant et dans les cuisines se mitonne une jolie cuisine de marché à l'épatant rapport qualité-prix. Petit menu ouvrier le midi en semaine (et sur réservation, il n'y a que quelques tables au pied du bar) mais l'unique menu-carte mérite franchement qu'on s'y intéresse. Risotto de moules et d'artichauts, joues de cochon aux épices, rouget grondin, sablé breton aux fraises : le jeune chef travaille avec un joli tour de main et pas mal de pertinence tous les bons produits de ce véritable pays de cocagne

BRETAGNE

(entre terre et mer!) qu'est le Haut-Léon. Une petite adresse qui en vaut quelques grandes. *NOUVEAUTE.*

SAINT-RENAN   29290

Carte régionale A1

|●| *La Maison d'Autrefois* – 7, rue de l'Église ☎ 02.98.84.22.67. Fermé le lundi hors saison. Menu à 52 F (7,9 €) le midi en semaine, puis à 76 F (11,6 €). Menu enfant à 32 F (4,9 €). Compter de 75 à 100 F (11,4 à 15,2 €) à la carte. Superbe maison à colombages qui attire le regard. On se dit que l'intérieur du restaurant contrastera avec la beauté de la façade. Que nenni! Les murs en pierre de taille, les outils d'époque et les beaux meubles auraient pu créer une ambiance un peu lourde. Alors les jeunes patrons ont habillé les tables de nappes bleues et blanches et rafraîchi leur cadre en disposant çà et là des fleurs fraîches. Bonnes crêpes traditionnelles comme la « bretonne » (noix de Saint-Jacques, éminué de poireaux, crème, flambée au calvados) ou la « sauvage » (crêpe sucrée au caramel de vin, glace de miel). *Apéritif offert.*

SAINT-THÉGONNEC   29410

Carte régionale A1

🏠 |●| *Auberge de Saint-Thégonnec* ★★★ – 6, place de la Mairie ☎ 02.98.79.61.18. Fax : 02.98.62.71.10. Parking. TV. ♿ Fermé le dimanche soir et le lundi de mi-septembre à mi-juin. Congés annuels : du 20 décembre au 5 janvier. Doubles avec douche et wc ou bains de 350 à 400 F (53,4 à 61 €). Petit déjeuner à 40 F (6,1 €). Menus de 100 à 250 F (15,2 à 38,1 €). Menu enfant à 70 F (10,7 €). Une des meilleures étapes du « circuit des Enclos » sinon du Finistère! Juste en face d'ailleurs d'un des plus beaux enclos du coin (même si l'église a été partiellement détruite par un incendie). Bonne table d'abord. Cadre élégant et raffiné, mais pas pesant. Service impeccable. Et une cuisine de marché et de saison, de tradition aussi mais si joliment tournée : filet de lieu jaune en tian d'aubergines et coulis de tomates fraîches, mignon de veau braisé aux morilles, aumônière de ris de veau aux pleurotes et à la graine de moutarde, terrine d'oranges au muscat et à la menthe, etc. L'addition grimpe vite à la carte mais le chef a la sagacité de proposer un premier menu abordable. Pour dormir, de très belles chambres tout confort et, le matin, petit déjeuner dans un salon confortable.

|●| *Crêperie Steredenn* – 6, rue de la Gare (Centre) ☎ 02.98.79.43.34. ♿ Fermé le lundi et le mardi d'octobre à mi-juin. Congés

annuels : janvier. Menus de 59 à 66 F (9 à 10,1 €). Compter dans les 70 F (10,7 €) à la carte. Accueil agréable des patrons, Christine et Alain. Feu de bois dans la cheminée. 150 crêpes différentes, bonnes et bon marché. Nos préférées : la crêpe « Picarde » (crème de poireaux), l'« Indienne » (béchamel, oignons, champignons et curry), la « Douarnenez » (beurre de sardines au poivre vert), la « Saint-Thégonnec » (oignons, tomates, fromage et jambon, curry); la « Druidique » (confiture d'orange, amandes, Grand Marnier), etc. Vous pourrez les déguster avec le cidre fabrication maison.

|●| *Restaurant du Commerce* – 1, rue de Paris (Centre) ☎ 02.98.79.61.07. Fermé le samedi et le dimanche. Congés annuels : 3 semaines en août. Menu à 59 F (9 €). Menu enfant à 35 F (5,3 €). Petit déjeuner : 20 F (3 €). Resto routier ouvert le midi uniquement. Accueil sympa. Bonne et copieuse nourriture bon marché. Le menu propose potage, hors-d'œuvre, plat du jour, fromage et dessert (boisson comprise : « ouvriers »; non comprise : « passage », est-il précisé sur le menu!). Quelques spécialités : pot-au-feu, choucroute, *kig-ha-farz*, couscous. Salle à manger agréable avec murs en pierres sèches. Ambiance animée.

SARZEAU   56370

Carte régionale B2

|●| *Auberge de Kerstéphanie* – route du Roaliguen ☎ 02.97.41.72.41. Fermé le mardi soir et le mercredi hors saison. En saison, fermé le lundi midi. Congés annuels : de janvier à mi-février. Accès : sur la droite au bout d'une impasse (fléché). 1er menu à 95 F (14,5 €), sauf le week-end, puis menus de 125 à 195 F (19,1 à 29,7 €) et carte bien sage. À tous points de vue, une de nos bonnes adresses morbihannaises. Cadre élégant et cuisine de virtuose du chef-patron, Jean-Paul Jego (secondé par madame). Au second menu, par exemple, amuse-bouches, poêlée de margates aux pommes de terre et aux oignons arrosée d'un vieux vinaigre de vin, granité, puis saumon à l'unilatérale, et pour finir, les pommes au sabayon de miel et leur glace au nougat. Grâce à son tournebroche, le chef propose aussi chaque jour un plat de rôtisserie, dans tous les menus et à la carte (lapin fermier à la moutarde, épaule d'agneau rôti...). Vous l'aurez compris, la table est bonne, et, pour ne rien gâcher, les prix très raisonnables. Un seul reproche, le service n'est pas toujours à la hauteur. *Apéritif offert.*

|●| *Restaurant L'Hortensia* – La Grée Penvins ☎ 02.97.67.42.15. Fermé le lundi soir et le mardi sauf en saison. Congés annuels : vacances scolaires. Menus à 95 F

(14,5 €) le midi uniquement, sauf les dimanche et jours fériés, et à 155 F (23,6 €) le soir. Une toute nouvelle adresse dans une belle maison ancienne où plusieurs salles se succèdent. Elles ont toutes un point commun : la couleur bleue de l'hortensia, que l'on retrouve partout dans la décoration et qui contraste avec le côté brut des murs de granit. La lecture des menus et de la carte vous met déjà en appétit avec leurs différents chapitres : le bourgeon, la fleur, l'épanouissement, la cueillette et le bouquet en conclusion. Le choix sera difficile. Tenu par un jeune couple qui a été à bonne école à l'*Auberge Grand Maison* de Mur-de-Bretagne. Nathalie est en salle, Philippe aux fourneaux. Nous leur souhaitons bonne chance. *NOUVEAUTÉ.*

DANS LES ENVIRONS

PENVINS 56370 (8 km E)

🛏️I●I *Le Mur du Roy* – au lieu-dit Le Mur-du-Roy à Penvins ☎ 02.97.67.34.08. Fax : 02.97.67.36.23. ♿ Fermé le mercredi midi hors saison. Congés annuels : janvier et dix jours fin novembre. Chambres de 325 à 435 F (49,5 à 66,3 €). Demi-pension obligatoire en juillet-août à 325 F (49,5 €) par personne. Menus de 98 à 320 F (14,9 à 48,8 €). Confortable et bien situé avec accès direct à la plage, cet hôtel propose des chambres impeccables. Les n°s 1, 2, 7 et 8 sont face à la mer et équipées de lits électriques. L'établissement dispose d'un jacuzzi. Excellent restaurant tendance poissons et fruits de mer. Le rapport qualité-prix du 1er menu est exceptionnel avec une entrée, un plat, une assiette de fromages et un dessert. Au menu du Roy, le plus cher, on a droit à la « surprise du *Mur du Roy* » suivie de quatre plats, selon le marché du jour, et d'une sélection gourmande de desserts. Agréable terrasse. *NOUVEAUTÉ.*

SEIN (ILE DE)   29990

Carte régionale A2

🛏️I●I *Hôtel-crêperie Les Trois Dauphins* – 16, quai des Paimpolais ☎ 02.98.70.92.09. Fax : 02.98.70.92.09. Fermé le lundi. Accès : sur les quais. Chambres doubles avec lavabo ou douche à 250 F (38,1 €), 350 F (53,4 €) avec bains. Petit déjeuner à 25 F (3,8 €). Compter 100 F (15,2 €) à la carte pour un repas. Un hôtel tout simple. Les chambres sont toutes en bois et font un peu penser aux cabines de bateaux. Literie de qualité. Certaines chambres possèdent une petite terrasse. Celles situées sur l'avant ont une vue originale que vous ne trouverez nulle part ailleurs ! Bien sûr on voit la mer mais, en plus, on est pile en face de la pointe du Raz !... Certains disent que l'on

peut même contempler la fin du Vieux Continent allongé sur le lit ! En bas, belle salle où il est possible de se régaler de crêpes. Accueil chaleureux et familial. *Apéritif, café offerts. 10 % sur le prix de la chambre en hiver.*

TRÉBEURDEN   22560

Carte régionale A1

🛏️ *Auberge de jeunesse* – 60, la Corniche Goas-Trez, lieu-dit Toëno (Nord) ☎ 02.96.23.52.22. Fax : 02.96.15.44.34. ● www.fuaj.org ● Parking. Congés annuels : du 20 novembre au 20 janvier. Accès : à 2 km au nord ; sur les hauteurs et à deux pas de la mer. 49 F (7,5 €) la nuit dans des dortoirs de 4 à 8 personnes. Petit déjeuner à 20 F (3 €). Possibilité de camping pour 29 F (4,4 €) par personne. Une des AJ les mieux situées de Bretagne. Pas de couvre-feu. Construction moderne qui détonne quelque peu dans le paysage. Cela dit, l'emplacement est exceptionnel. Sentier botanique alentour et club de plongée à côté. Soirées musicales.

🛏️I●I *Hôtel-restaurant Ker An Nod* ** – rue de Porz-Termen (Centre) ☎ 02.96.23.50.21. Fax : 02.96.23.63.30. TV. Congés annuels : de début janvier à fin mars. Accès : face à l'île Millau. Doubles de 290 à 360 F (44,2 à 54,9 €). 5 menus de 90 à 175 F (13,7 à 26,7 €). Menu enfant à 55 F (8,4 €). Hôtel tranquille, face à l'île Millau. 20 chambres dont 14 face aux flots. La vaste plage de sable est à deux pas. Tenu par un jeune couple très gentil, Catherine et Gildas. Chambres confortables et lumineuses (baies-fenêtres extra côté mer). Salle de resto également agréable, où l'on dîne de poissons et fruits de mer. Parmi les bonnes spécialités : huîtres chaudes au beurre de muscadet, la potée du pêcheur ou le poulet du Trégor aux langoustines. *10 % sur le prix de la chambre du 15 septembre au 31 décembre.*

TRÉGASTEL   22730

Carte régionale A1

🛏️I●I *Hôtel-restaurant de la Corniche* ** – 38, rue Charles-Le-Goffic (Centre) ☎ 02.96.23.88.15. Fax : 02.96.23.47.89. Parking. TV. Fermé le dimanche soir et le lundi hors vacances scolaires. Congés annuels : de mi-novembre à mi-décembre. Accès : dans le centre, pas loin des plages. Doubles de 180 à 350 F (27,4 à 53,4 €) selon le confort (du simple lavabo à la salle de bains avec baignoire). Fait aussi resto avec des menus à partir de 85 F (13 €) et à 50 F (7,6 €) pour les enfants. Demi-pension de 200 à 300 F (30,5 à 45,7 €) obligatoire en juillet-août. Un décor gai dans lequel on se sent bien.

|●| *Auberge de la Vieille Église* – **au vieux bourg** ☎ **02.96.23.88.31.** Fermé le dimanche soir et le lundi hors saison. Congés annuels : 15 jours pendant les vacances scolaires de février. Menus à 90 F (13,7 €) servi le midi, sauf le dimanche et les jours fériés, puis à 120 et 170 F (18,3 et 25,9 €). À la carte, sans la boisson, compter environ 200 F (30,5 €). Menu enfant à 55 F (8,4 €). Dans un ancien resto ouvrier, boucherie, épicerie, supérette locale, admirablement aménagé. La façade croule sous les fleurs. Une adresse incontournable dans la région et tenue par la même famille depuis 1962. M. Lefessant propose une belle gamme de menus qui nous a laissé un inoubliable souvenir. Spécialités de tagliatelles de Saint-Jacques, choucroute de poisson, pot-au-feu de la mer ou de saint-pierre rôti au lard. La cuisine est d'une qualité exceptionnelle, le service attentionné, le décor et le couvert très réussis. Bien sûr, il est indispensable de réserver le soir en saison et le week-end.

TRÉGUIER 22220

Carte régionale A1

⌂|●| *Hôtel Aigue Marine et restaurant des 3 Rivières* *** – **au port de Plaisance** ☎ **02.96.92.97.00. Fax : 02.96.92.44.48.** Parking. TV. Hors saison, fermé les lundi midi, mercredi midi, samedi midi et dimanche soir. Congés annuels : de début janvier à début février et la 3ᵉ semaine de novembre. Doubles de 380 F (57,9 €) en basse saison à 520 F (79,3 €) en juillet-août. Demi-pension possible à 360 F (54,9 €) par personne, à 410 F (62,5 €) en haute saison. 1ᵉʳ menu à 115 F (17,5 €), puis à 155 et 215 F (23,6 et 32,8 €). Menu enfant à 60 F (9,1 €). Un bel établissement récent, situé face aux bateaux comme une invitation au voyage. 48 chambres très confortables. Belle piscine chauffée, jardin, salle de remise en forme avec sauna, jacuzzi. La direction de l'hôtel a confié la responsabilité du restaurant à un jeune chef talentueux qui travaille habilement les produits du terroir. Menu « du Jaudy », menu « Armor Passion » et menu « du Trégor » avec, entre autres, croustille de blé noir aux joues de lotte, coquilles Saint-Jacques, trou breton, papillonnade de rouget-barbet. Les prix sont très raisonnables, compte tenu de la qualité de la cuisine.

⌂|●| *Kastell Dinec'h* *** – **route de Lannion** ☎ **02.96.92.49.39. Fax : 02.96.92.34.03.** TV. ♨ Fermé le mardi soir et le mercredi hors saison. Congés annuels : de janvier à mars inclus. Accès : par la N786. Chambres de 460 à 550 F (70,1 à

83,8 €). Lés plus chères peuvent accueillir 3 ou 4 personnes. Petit déjeuner à 60 F (9,1 €). Menus (dîners uniquement) de 138 à 320 F (21 à 48,8 €). Élégant manoir breton transformé en hôtel-restaurant, qui a gardé son mobilier d'époque et une atmosphère intime. Dispose d'une piscine dans le jardin. Les 15 chambres sont des plus agréables (évitez toutefois la n° 15, un peu défraîchie). Demi-pension fortement souhaitée du 15 juillet au 15 août. Vous ne le regretterez pas car la table est excellente et le service attentionné. Au 1ᵉʳ menu, galette et pétoncles à l'ail sauce au persil ou saumon aux agrumes.

|●| *La Poissonnerie du Trégor* – **2, rue Renan (Centre)** ☎ **02.96.92.30.27.** Poissonnerie ouverte toute l'année et salles de dégustation ouvertes de début juillet à fin septembre. Araignée mayonnaise à 55 F (8,4 €), moules à 35 F (5,3 €) ou beau plateau à 110 F (16,8 €), et à 200 F (30,5 €) pour deux. Formule enfant à 35 F (5,3 €). Une adresse originale et chaleureuse, tenue par Mme Moulinet depuis 30 ans. Son fils Jean-Pierre vous attend avec son poisson et ses fruits de mer que vous pouvez déguster au-dessus de sa boutique. Salles de dégustation aux premier et second étages. Il faut pénétrer par la poissonnerie. La formule « Petit Mousse » permettra aux enfants de découvrir les délices de la mer dans leur assiette. À dépecer, grignoter, sucer entre deux grandes fresques marines, on pourrait se croire à bord d'un bateau (mal de mer en moins). Pas de desserts. Possibilité bien sûr d'emporter la marchandise, nous sommes avant tout dans une poissonnerie.

VANNES 56000

Carte régionale B2

⌂ *Hôtel Le Bretagne* ** – **36, rue du Mené (Centre)** ☎ **02.97.47.20.21. Fax : 02.97.47.90.78.** TV. Accès : à 50 m de la porte Prison. Chambres de 180 à 245 F (27,4 à 37,4 €) pour deux. Pour les fauchés : une chambre à 150 F (22,9 €) ! Petit déjeuner à 30 F (4,6 €). Certaines chambres (un peu plus petites) sont plus au calme et donnent sur les remparts. Petit charme rétro, pour ne pas dire vieillot. Un bon rapport qualité-prix. Souvent complet.

⌂|●| *Hôtel-restaurant Le Relais de Luscanen* ** – **zone commerciale de Luscanen – N165 , route d'Auray (Ouest)** ☎ **02.97.63.15.77. Fax : 02.97.63.30.45.** Parking. TV. Canal+. Fermé le samedi soir et le dimanche, le week-end de l'Ascension. Congés annuels : 2 semaines en août. Accès : sortez de la ville à l'ouest vers Auray ; pour ne pas manquer l'échangeur de la zone commerciale de Luscanen sur la

N165, ne roulez pas trop vite. Chambres doubles à 180 F (27,4 €) avec douche et wc. Demi-pension à 250 F (38,1 €). 1er menu à 55 F (8,4 €), uniquement à midi. Il propose deux hors-d'œuvre (une entrée froide et une entrée chaude), un plat au choix, fromage et dessert, vin, pain et beurre à volonté. 24 chambres propres et simples. Un vrai hôtel-restaurant routier. Accueil souriant. *Apéritif offert.*

⌂ *Hôtel Le Marina* ** – place Gambetta (Centre) ☎ 02.97.47.22.81. Fax : 02.97.47.00.34. TV. Accès : dans le sud du centre-ville. De 190 à 320 F (29 à 48,8 €) pour deux. Au-dessus du bar *L'Océan*, quartier général des assoiffés de la place Gambetta. Les jolies chambres avec vue sur le port ont, pour la plupart, été refaites récemment. Bon confort. Pour ceux qui aiment être au cœur du sujet. *Selon la durée du séjour, la direction offre un café ou un apéritif servi sur la terrasse, en été.*

|●| *Le Commodore* – 3, rue Pasteur ☎ 02.97.46.42.62. Fermé le dimanche et le lundi midi. Congés annuels : février. Accès : derrière la poste. 1er menu à 75 F (11,4 €) et un menu fraîcheur à 63 F (9,6 €) servi au déjeuner. Autres menus à 98 et 169 F (14,9 et 25,8 €) et la carte. Également des salades et un menu plage (basses calories). Mal situé dans un quartier peu passant, *Le Commodore* a su se faire une clientèle grâce à un cadre, un service et une cuisine extrêmement plaisants. Déco à la fois simple et élégante, chaleureuse et marine, et dans l'assiette, bien du plaisir. Produits frais, recettes généreuses et assez travaillées l'air de rien. Goûtez le gravlax (saumon mariné à l'aneth), les pinces de crabe en cassolette, le bar grillé au fenouil, la lotte au poivre vert, la poêlée de Saint-Jacques au safran, la fricassée de langoustines, vous verrez ! Avec ça, d'honnêtes vins bien marché. Un petit coin jeux pour les enfants a même été prévu. *Apéritif maison ou rhum du patron offert. À vous de choisir.*

|●| *Restaurant de Roscanvec* – 17, rue des Halles (Centre) ☎ 02.97.47.15.96. Fermé le lundi (sauf de juillet à septembre) et le dimanche soir. Congés annuels : du 2 au 23 janvier, du 2 au 5 mai, et de mi-janvier à début février. 1er menu à 88 F (13,4 €) servi uniquement le midi en semaine. Autres menus de 109 à 350 F (16,6 à 53,4 €). Baigné dans une atmosphère classique et cossue, ce tout petit restaurant occupe deux niveaux d'une maison de caractère du XIVe siècle, en plein centre-ville. Un jeune chef-patron, plein de talent et d'ambition, attire désormais une clientèle de gastronomes avisés. Les menus recèlent des trésors comme les pomponnettes d'huîtres tièdes en petite nage, puis le croustillant de pigeonneau rôti, le pain d'épice, ou encore le fromage et

blanc manger au lait de coco et noix râpée. Les plats changent régulièrement en fonction du marché. Très belle carte des vins.

DANS LES ENVIRONS

SAINT-AVÉ 56890 (5 km N)

|●| *Restaurant Le Tournesol* – 2, place Notre-Dame-du-Loc ☎ 02.97.44.50.50. Fermé le lundi. Congés annuels : octobre. Accès : à 5 km de Vannes par la route de Pontivy. Menus à 60 et 65 F (9,1 et 9,9 €) servis au déjeuner du mardi au vendredi, puis menu « Traditionnel » à 75 F (11,4 €), non servi les jours fériés, menu « Gourmand » à 98 F (14,9 €). Dans une maisonnette qui ressemble à une maison de poupée, et où toute la décoration s'inspire de la couleur des tournesols. Ceux de Van Gogh figurent d'ailleurs en bonne place. Pas plus de 10 tables pour les heureux élus qui pourront découvrir une excellente cuisine à des prix dont on avait perdu l'habitude. Le menu « Gourmand » propose, entre autres, du foie gras de canard ou une brochette de pétoncles et queues de langoustines, une escalope de saumon, des médaillons de filet mignon aux pleurotes ou un rôti de cabillaud et lard fumé, des fromages et un choix de desserts qui en fera hésiter plus d'un. Que dire alors du menu « Coup de Cœur » avec son demi-homard et son tournedos façon Rossini ? Sur commande, plateau de fruits de mer. Bonne carte des vins à prix très doux et sélection du moment. Le service est effectué avec beaucoup de gentillesse par la maîtresse des lieux. Son mari ne quitte pas ses fourneaux. Nous leur souhaitons à tous deux la chance qu'ils méritent. Il est préférable de réserver, l'adresse commence à être connue. *NOUVEAUTÉ.*

|●| *Le Pressoir* – 7, rue de l'Hôpital ☎ 02.97.60.87.63. Parking. Fermé le dimanche soir et le lundi ; également le mardi de novembre à mars. Congés annuels : la 1re quinzaine de mars, du 26 juin au 5 juillet et du 1er au 25 octobre. 1er menu à 180 F (27,4 €), le midi seulement en semaine. Autres menus de 220 à 450 F (33,5 à 68,6 €). Cadre, confort, gastronomie (notamment le 1er menu) et accueil de haut niveau dans une jolie maison à l'écart de la ville ; c'est tout simplement la meilleure table du pays. Galette de rougets aux pommes de terre et au romarin, granny smith rôtie sur un fin *kouign aman*...

ARZ (ÎLE D') 56840 (6 km S)

|●| *Restaurant-gril Le Rigado* – ☎ 02.97.44.30.95. Congés annuels : ouvert de Pâques à la Toussaint. Accès : au centre du bourg. Nombreuses liaisons à partir de Vannes qui permettent même un retour tardif. Renseignements : ☎ 06.08.32.81.14.

Menu « terroir » à 98 F (14,9 €) et menu
« découverte » à 150 F (22,9 €) avec, entre
autres, une nage de langoustines flambées
et une daurade en croûte de sel. Menu
« moussaillon » pour les moins de 10 ans à
50 F (7,6 €). Un jeune couple très sympa
(Nadège est au fourneau et Bruno en salle)
a transformé cette ancienne épicerie en un
lieu de convivialité où ils pratiquent une cuisine à la saveur des îles. Leur carte évolue
au rythme des saisons avec une créativité
omniprésente. Juste quelques incontournables restent fidèles au poste, comme les
huîtres gratinées, la soupe du *Rigado*, le
homard grillé au feu de bois ou la « pomme
à la vanille ». Les poissons et les viandes
sont grillées dans la cheminée devant
vous... La lecture de la carte vous mettra
déjà en appétit. Une adresse qui vaut le
déplacement. *NOUVEAUTÉ.*

LOCQUELTAS 56390 (6 km N)

🛏 |●| *Hôtel La Voltige* ** – 8, route de
Vannes (Nord) ☎ 02.97.60.72.06. Fax :
02.97.44.63.01. TV. Resto fermé le lundi (et
le dimanche soir de fin septembre à
Pâques). Congés annuels : hôtel fermé
2 semaines en février et 2 semaines en
octobre. Accès : à partir de Vannes, prendre
la D767 direction Pontivy et Locminé ; sortie
« Aérodrome de Meucon », puis c'est indiqué. Doubles de 215 à 285 F (32,8 à 43,4 €).
Demi-pension de 220 à 265 F (33,5 à
40,4 €). Menu à 74 F (11,3 €) servi tous les
jours sauf les samedi soir, dimanche et jours
fériés ; puis menus du terroir à 100 F
(15,2 €), « Gourmand » à 195 F (29,7 €) et
« Saveurs » à 250 F (38,1 €). Une douzaine
de chambres bien aménagées et tenues
impeccablement. Certaines donnent sur le
bord de la route et sont un peu bruyantes,
malgré les doubles-vitrages. À noter, celles
pour 3 ou 4 personnes, avec mezzanine.
Super ! Demi-pension intéressante car bien
bonne table de tradition dès le 1er menu.
Comme l'annonce la carte : « Des couleurs
qui enivrent les yeux, des senteurs qui
réveillent les papilles, des saveurs qui cha-
touillent le palais, toute une harmonie de
petits bonheurs pour un moment de plaisir
gourmand. » Une véritable fête ! Bon
accueil. Service efficace et discret. Jardin
ombragé avec aire de jeux.

ARRADON 56610 (8 km SO)

🛏 |●| *Hôtel-restaurant Le Stivell* *** – rue
Plessis-d'Arradon ☎ 02.97.44.03.15. Fax :
02.97.44.78.90. Parking. TV. Resto fermé le
dimanche soir et le lundi hors saison.
Congés annuels : 1 semaine en février et du
15 novembre au 15 décembre. Accès : par
la D101. Chambres doubles confortables de
270 à 375 F (41,2 à 57,2 €). Menus de 58 F
(8,8 €), servi le midi en semaine, à 245 F
(37,4 €). Magnifiques plateaux de fruits de

mer à commander 48 h à l'avance. La formule « menu du terroir » à 120 F (18,3 €)
est très séduisante. À proximité d'une des
plus belles parties de la côte du golfe du
Morbihan. Un *Logis de France* très bien
tenu. Le chef inspiré par la mer, comme il se
doit en Bretagne, travaille avec des produits
frais. On trouve sur sa carte : choucroute de
la mer, huîtres chaudes au champagne, etc.
Idéal pour ceux qui veulent le calme et la
mer sans trop s'éloigner de Vannes. Accueil
très sympathique de la patronne. *10 % sur
le prix de la chambre du 15 septembre au
15 juin. Au resto, kir ou café offert.*

VITRÉ   35500

Carte régionale B2

🛏 *Hôtel Le Minotel* ** – 47, rue Poterie
(Centre) ☎ 02.99.75.11.11. Fax :
02.99.75.81.26. Parking payant. TV.
Canal+. Doubles avec bains à 290 F
(44,2 €). Pas vilaine du tout, cette maison
reconstruite dans le quartier historique dont
elle respecte le style tout en offrant un
confort moderne (un peu trop standard peut-
être). Ambiance vert et écossais, style club-
house de golf, et nombreuses photos aux
murs. Chambre « familiale » (4 personnes).
Bon accueil. Pour les mordus, forfait hôtel-
golf avec le golf 18 trous des Rochers Sévigné. *10 % sur le prix de la chambre les
week-ends d'octobre à mars.*

|●| *La Gavotte* – 7, rue des Augustins
☎ 02.99.74.47.74. ⚒ Fermé le lundi.
Congés annuels : 15 jours mi-septembre et
mi-février. Le midi, deux formules à 50 et
63 F (7,6 et 9,6 €). À la carte, compter 100 F
(15,2 €) pour un repas complet. Vitré est
une petite bourgade bourrée de charme, et
voilà une adresse qui colle parfaitement
dans le paysage. Une crêperie qui prend
ses aises dans le terroir breton, en
s'appuyant sur des produits oubliés ou
méconnus, pour faire danser les galettes.
Alors ici, la galette, ça se danse avec du
darley (un fromage breton ressemblant au
reblochon, en plus corsé), avec de la bonne
andouille et des charcuteries qui ne sortent
pas d'usine. Du pommé (une crème de
pommes, à mi-chemin entre une confiture et
un chutney) et de délicieux produits locaux.
Ce véritable festin campagnard est arrosé
au choix de cervoises, cidres, ou chou-
chens, bien sûr triés sur le volet. Ajoutons à
cela l'accueil « tout sourire » du patron, aux
Bretons et touristes qui viennent passer un
moment dans la grande salle rose et verte.
NOUVEAUTÉ.

|●| *Auberge Saint-Louis* – 31, rue Notre-
Dame (Centre) ☎ 02.99.75.28.28. ⚒
Fermé le dimanche soir et le lundi. Congés
annuels : la 1re quinzaine de septembre et la
2e quinzaine de février. Accès : à côté de
l'église Notre-Dame. Menus de 75 à 142 F

(11,4 à 21,6 €). Dans une maison élégante du XVe siècle, cette auberge jouit d'une solide réputation. Les boiseries de la salle à manger créent une chaude atmosphère familiale et raffinée. La jeune patronne offre à tous les menus une petite assiette d'amuse-gueules ! Et puis la fête gastronomique commence dans cette ambiance douillette. Bon choix de viandes grillées et de superbes poissons accompagnés de sauces bien travaillées. Nappes et serviettes en tissu, lumières tamisées le soir.

Les prix
En France, les prix des hôtels et des restos sont libres. Certains peuvent augmenter entre le passage de nos infatigables fureteurs et la parution du guide.

Avis aux hôteliers et aux restaurateurs
Chaque année pour y figurer, il faut le mériter.

Le Routard

BRETAGNE

Centre

18 Cher
28 Eure-et-Loir
36 Indre
37 Indre-et-Loire
41 Loir-et-Cher
45 Loiret

AMBOISE · 37400

Carte régionale A2

🏠 |●| Hôtel-restaurant du Lion d'Or ** – 17, quai Charles-Guinot (Centre) ☎ 02.47.57.00.23. Fax : 02.47.23.22.49. Parking payant. TV. Fermé le dimanche soir et le lundi. Congés annuels : du 15 novembre au 4 janvier. Accès : face à la Loire, au pied du château. Doubles à partir de 240 F (36,6 €), avec douche, et 305 F (46,5 €) avec bains. Demi-pension possible à 300 F (45,7 €) par personne. Garage payant. Menus de 70 à 198 F (10,7 à 30,2 €). Hôtel possédant quelques chambres avec vue sur la Loire. Tenue inégale. Prix plus élevés en saison. Le décor de la salle à manger est très vieille France. Cuisine réputée. Sympathiques spécialités : gambas flambées au whisky, ris de veau au miel de lavande, noix de Saint-Jacques à la cardinal. *Café offert.*

|●| Restaurant L'Épicerie – 46, place Michel-Debré (Centre) ☎ 02.47.57.08.94. Parking. Fermé le lundi soir et le mardi (sauf du 15 juin au 30 septembre). Accès : en face du parking du château. 1er menu à 68 F (10,4 €), sauf le dimanche et le soir en saison, puis de 110 à 220 F (16,7 à 33,5 €). Une superbe façade ancienne à colombages d'une belle couleur bordeaux. Spécialités : fricassée de ris de veau et petits rognons, tournedos de canard aux baies poivrées et confiture de chinon, filet mignon de porc épicé au vinaigre et confit de cidre. Service parfois un peu lent, mais cela vaut bien un peu de patience, vous verrez...

DANS LES ENVIRONS

POCÉ-SUR-CISSE 37530 (3 km N)

|●| Caves de la Croix Verte – 20, route d'Amboise ☎ 02.47.57.03.65. Parking. ♿ Fermé le dimanche soir et le lundi ; d'octobre à fin avril le mardi soir également. Congés annuels : janvier. Accès : d'Amboise, par la D431. Menus de 55 F (8,4 €) en semaine le midi à 180 F (27,4 €). Voilà une adresse qui va vous faire oublier les mauvais souvenirs de certaines adresses où l'on confond touriste et pigeon. Ici, c'est un peu la Croix-Rouge de la restauration. Agréablement reçu par Emmanuelle dans une ancienne cave à vin autour de quelques tables, prenez le temps de choisir parmi les menus. Cuisine maison simple et excellente, avec des plats amoureusement mitonnés par le maître des lieux, toujours du frais en provenance directe du marché. Il est préférable de réserver.

BLÉRÉ 37150 (10 km S)

🏠 |●| Hôtel-restaurant Le Cheval Blanc ** – place Charles-Bidault (Centre) ☎ 02.47.30.30.14. Fax : 02.47.23.52.80. Parking. TV. Fermé le dimanche soir et le lundi (sauf en juillet-août). Congés annuels : janvier. Accès : par la D31 ; au pied de l'église. Doubles avec douche et wc à partir de 330 F (50,3 €). Menus de 98 F (14,9 €) en semaine et gastronomiques de 200 à 280 F (30,5 et 42,7 €). L'hôtel est charmant avec ses chambres joliment arrangées, dans une vieille demeure du XVIIe siècle. Préférez

CENTRE

celles qui donnent sur le jardin. Mais l'établissement est surtout réputé pour l'excellente cuisine de Michel Blériot. Avec un nom pareil, c'est bien la moindre des choses qu'on « s'envoie en l'air » avec sa cuisine fraîche, légère et pleine d'invention. Le 1er menu présente l'un des meilleurs rapports qualité-prix de la région. Belle carte de vins de la Loire et magnifique collection d'armagnacs millésimés. Réservez absolument le week-end et les jours fériés.

CANGEY 37530 (12 km NE)

≜ I●I *Le Fleuray* ** – **route Dame-Marie** ☎ 02.47.56.09.25. Fax : 02.47.56.93.97. ● lefleurayhotel@wanadoo.fr ● Parking. ♿ Resto fermé le midi. Congés annuels : vacances scolaires d'hiver. Accès : en venant d'Amboise, prendre la N152 direction Blois, puis sur la gauche la D74, direction Cangey, Fleuray et Dame-Marie. Doubles de 395 à 550 F (60,2 à 83,8 €). Menus de 145 à 248 F (22,1 à 37,8 €). Attention, demi-pension obligatoire d'avril à octobre : de 365 à 525 F (55,6 à 80 €) par jour et par personne selon la chambre et le menu. À mi-chemin entre l'hôtel et la chambre d'hôte. Hazel et Peter Newington vous accueillent dans un manoir XIXe siècle au sein d'un véritable écrin de verdure. 11 chambres amoureusement décorées aux noms évocateurs : « Bouton d'or », « cerisier », « Clochettes »... « Capucine » et « Perce-neige » pour les plus spacieuses. Cuisine gastronomique, servie dans une agréable salle à manger ou sur une terrasse ombragée (réservation obligatoire). Clientèle très internationale. Bon accueil, mais cher pour la restauration.

ARGENTON-SUR-CREUSE 36200

Carte régionale A2

≜ *Manoir de Boisvillers* ** – **11, rue du Moulin-de-Bord (Centre)** ☎ 02.54.24.13.88. Fax : 02.54.24.27.83. Parking. TV. Accès : par la N20, direction Limoges. Doubles avec douche ou bains de 240 à 395 F (36,6 à 60,2 €). La première pierre de la demeure du chevalier de Boisvillers a été posée en 1759. Situé au bord de la Creuse, ce manoir qui sort de l'ordinaire mérite bien plus qu'un couple d'étoiles. La déco est raffinée, la moquette épaisse, le petit salon du bar est chaleureux. Dans le parc, il y a une piscine au bord de laquelle on peut prendre un verre. Un trésor de calme. Quant aux jeunes propriétaires, ils réservent à leurs hôtes un accueil à la fois digne des plus grands hôtels et familial, ce qui confère au lieu une atmosphère détendue, « c'est ça la douceur de vivre », se plaisent-ils à rappeler. D'ailleurs, pas mal de

Britanniques aiment s'y arrêter. Plusieurs styles de chambres (toutes coquettes et avenantes : les mansardées intimes, la n° 5, plus chic, spacieuse, donnant sur la rivière, la « suite » pour 4 personnes, etc. *Apéritif offert. 10 % sur le prix de la chambre sauf en juillet et août.*

≜ I●I *Hôtel-restaurant Le Cheval Noir* ** – **27, rue Auclert-Descottes (Centre)** ☎ 02.54.24.00.06. Fax : 02.54.24.11.22. Parking. TV. Canal+. Fermé le dimanche soir et le lundi midi hors saison. Accès : route de Gargilesse-Dampierre. Doubles à 260 F (39,6 €) avec douche et 280 F (42,7 €) avec bains. Menus à 95 F (14,5 €), sauf les jours fériés, 130 et 160 F (19,8 et 24,4 €). Chambres spacieuses, bien aménagées et impeccables. La n° 8 aux tons gris-bleuté nous a particulièrement tapé dans l'œil. Quant au resto, on s'y délecte d'une cuisine raffinée élaborée par Christophe Jeanrot (il a de qui tenir puisque son père n'est autre que le chef étoilé du *Relais Saint-Jacques* de *Déols*). Ses spécialités : le millefeuille de crabe aux artichauts, le foie gras de canard à la fleur de sel de Guérande, le parmentier de pieds de porc; le filet de sandre croustillant que nous avons pris ce jour-là fut le meilleur qu'on ait jamais mangé! *10 % sur le prix de la chambre sauf le vendredi soir en juillet et août.*

AUBIGNY-SUR-NÈRE 18700

Carte régionale B2

≜ I●I *Hôtel-restaurant La Chaumière* ** – **1, av. du Parc-des-Sports (Nord)** ☎ 02.48.58.04.01. Fax : 02.48.58.10.31. Parking payant. TV. Fermé le dimanche soir (sauf en juillet-août) et le lundi midi. Doubles de 235 à 270. 1er menu à 95 F (14,5 €). Parking payant : 20 F (3 €). Une chaumière bien confortable sur la route de Jacques Cœur. La décoration des chambres et l'accueil sont à la hauteur. Elles sont assez petites mais ont douche et wc ou bains. Au resto, le 1er menu n'est servi qu'en semaine; le week-end, c'est plus cher. Le Berry sa région des sorcières. Si vous voulez tout savoir sur leur histoire, il y a un musée de la Sorcellerie avec des animations, des personnages et tout et tout... C'est à Blancafort, à quelques kilomètres d'Aubigny-sur-Nère.

DANS LES ENVIRONS

ARGENT-SUR-SAULDRE 18410 (10 km N)

≜ I●I *Le Relais du Cor d'Argent* – **39, rue Nationale** ☎ 02.48.73.63.49. Fax : 02.48.73.37.55. TV. Fermé le mardi soir et

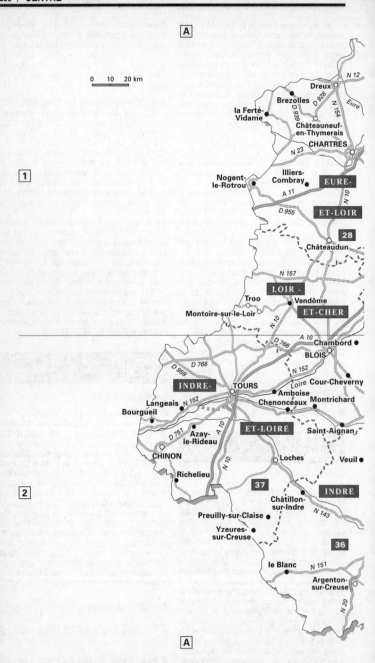

B

| ○ | **CHARTRES** | Villes repères |
| ● | **Brezolles** | Adresses |

1

A 11

N 154

N 20

A 10

N 152

Malesherbes

Pithiviers

○ **Artenay**

LOIRET

A 6

D 955

N 60

N 157

N 60

Châteauneuf-sur-Loire **45**

N 20

A 10

○ **ORLÉANS**

St-Benoît-sur-Loire

A 77

N 7

● **Montargis**

Sully-sur-Loire

D 952

● **Beaugency**

la Ferté-Saint-Aubin

Vannes-sur-Cosson

Gien

Chaumont-sur-Tharonne

Souvigny-en-Sologne

Briare

N 20

A 71

Loire

41

Romorantin-Lanthenay

Salbris

Aubigny-sur-Nère

D 79

D 940

○ **Selles-sur-Cher**

N 76

● **la Borne**

● **Sancerre**

Mennetou-sur-Cher

VIERZON

N 76

CHER

D 955

○ **Valençay**

Cher

A 71

N 151

D 956

A 20

BOURGES

D 976

18

2

Issoudun

N 151

A 71

N 76

D 940

Châteauneuf-sur-Cher

□ **CHÂTEAUROUX**

● **Sancoins**

Indre

D 943

N 144 **St-Amand-Montrond**

la Châtre

Châteaumeillant

D 927

D 943

Culan

Aigurande

D 940

B

le mercredi (sauf juillet-août). Accès : en retrait de la D940, en venant d'Aubigny-sur-Nère. Doubles de 220 à 250 F (33,5 à 38,1 €). Menus à partir de 90 F (13,7 €). Souvenirs de chasse accrochés sur les murs de cet intérieur rustico-chic, quelques marmites en cuivre, faisans et perdreaux, fleurs champêtres sur les tables, et la Sologne dévoile ses charmes. Les fumets des cuisines de Laurent Lafon préludent à la dégustation du Berry tout entier : gibier en saison, confit de canard, fricassée de homard au noilly et aux pruneaux confits finement réussis. Le lieu mérite une halte dans l'une des 7 chambres bien rénovées, avec des meubles cirés de grand-mère et le confort des literies d'aujourd'hui.

VAILLY-SUR-SAULDRE 18260

(17 km E)

|●| *Le Lièvre Gourmand* – 14, Grand-Rue ☎ 02.48.73.80.23. ⚒ Fermé le dimanche soir et le lundi. Congés annuels : du 17 janvier au 7 février. Accès : par la D923 en direction de Sancerre. 1er menu à 100 F (15,2 €) servi également le soir. Autres menus de 140 à 220 F (21,3 à 33,5 €). À l'enseigne de cette vieille maison de village berrichonne se cachent les secrets de William Page. Une cuisine relevée d'épices rares... Fermez les yeux et imaginez une belle tranche de thon mariné à l'aneth, fondue froide de tomates et aïoli, une tombée de champignons sylvestres au jus de truffes, un demi-caneton à la badiane, des raviolis de cèpes et oreilles de porc, une compotée de lièvre, panais (sorte de carotte blanche, légèrement sucrée) rôti et jus de cassis, et comme dessert, les « sept saveurs des tropiques » ou un soufflé chaud à la rhubarbe, glace au poivre de Jamaïque. On ne se lasserait pas de tout citer tant les spécialités sont savoureuses et poétiques, mais les plats changent selon les saisons... Dans la cave, quelques crus australiens qui rappellent les origines du patron. « Osez » cette adresse unique en son genre.

AZAY-LE-RIDEAU 37190

Carte régionale A2

🏠 *Hôtel de Biencourt* ** – 7, rue Balzac (Centre) ☎ 02.47.45.20.75. Fax : 02.47.45.91.73. Parking payant. TV. ⚒ Congés annuels : du 15 novembre au 1er mars. Accès : dans la rue piétonne qui conduit au château. Doubles à 210 F (32 €) avec lavabo et wc, 270 F (41,2 €) avec douche et wc et 330 F (50,3 €) avec bains et télé. À 50 m du château. Idéal pour rayonner dans le val de Loire. Belle demeure tourangelle du XVIIIe siècle. Petit patio fleuri à l'arrière, sur lequel donnent quelques-unes des 16 chambres confortables, meublées

en style Directoire ou rustique. Calme et ambiance de charme garantis. Un bon rapport qualité-prix. *10 % sur le prix de la chambre en mars, octobre et novembre.*

🏠|●| *Hôtel-restaurant Le Grand Monarque* *** – 3, place de la République (Centre) ☎ 02.47.45.40.08. Fax : 02.47.45.46.25. Parking payant. TV. Satellite / câble. Resto fermé le dimanche soir et le lundi du 1er février au 25 mars et du 1er novembre au 15 décembre. Congés annuels : du 15 décembre au 31 janvier. Doubles à partir de 380 F (57,9 €) avec douche et wc, puis 400 à 700 F (61 à 106,7 €) avec bains. Demi-pension à partir de 370 F (56,4 €) par personne. Menu à 99 F (15,1 €) le midi en semaine, autres de 155 à 285 F (23,6 à 43,4 €). Superbe relais de poste couvert de vigne vierge, avec un jardin clos et ombragé, pour boire un verre ou se restaurer en été. 24 chambres confortables. Décoration chaleureuse, certaines chambres avec poutres apparentes ; beaucoup de caractère. Bon resto. Quelques spécialités comme la fricassée d'anguilles et la crépinette de pieds de porc. Attention, demi-pension obligatoire pendant les week-ends et vacances scolaires. Bon accueil. *Apéritif offert.*

|●| *Restaurant L'Aigle d'Or* – 10, av. Adélaïde-Richer ☎ 02.47.45.24.58. ⚒ Fermé le dimanche soir et le mercredi, également le mardi soir hors saison. Congés annuels : vacances scolaires de février, 1re semaine de septembre et 10 jours en novembre. Accès : direction Langeais. Menu à 100 F (15,2 €) le midi en semaine, puis de 150 à 240 F (22,9 à 36,6 €) et 310 F (47,3 €) avec les vins. Cadre raffiné. Service vigilant. Repas dans le jardin l'été. La carte est souvent renouvelée mais conserve quelques beaux classiques comme la salade de langoustines au foie gras, la blanquette de sandre et la griottine au chocolat. Carte des vins particulièrement riche et instructive, avec une cartographie détaillant la provenance de chacun. Une très bonne adresse.

DANS LES ENVIRONS

VILLANDRY 37510 (10 km NE)

|●| *L'Étape Gourmande* – Domaine de la Giraudière ☎ 02.47.50.08.60. Parking. ⚒ Congés annuels : du 12 novembre au 13 mars. Accès : d'Azay, prendre le D751 en direction de Tours, puis à environ 5 km, tourner à gauche vers Druye, puis Villandry par la D121. Menus de 69 à 148 F (10,5 à 22,6 €). Belle ferme du XVIIe siècle, facile à trouver. On peut déguster, dans une superbe salle avec cheminée ou en terrasse, une cuisine à base de fromages de chèvre, confectionnés par une ex-fonctionnaire des Affaires étrangères. Bon accueil et

service agréable. Plats du terroir, salades composées, omelettes, quiches, fromages de chèvre et vins de la Loire. En été, tous les premiers samedis du mois (sur réservation), animations avec musique de chambre, chants, conteurs... Vente de fromages de chèvre bien sûr, mais aussi de confits de vin. Visite de la chèvrerie et de la fromagerie. Une adresse originale aux délices associant fraîcheur et saveurs... *NOUVEAUTÉ.*

BEAUGENCY 45190

Carte régionale B1

🏠 *Hôtel de la Sologne* ** – 6, place Saint-Firmin (Centre) ☎ 02.38.44.50.27. Fax : 02.38.44.90.19. Parking. TV. Canal+. Satellite / câble. Fermé tous les week-ends de janvier. Congés annuels : du 20 décembre au 6 janvier. Accès : par la médiévale rue de l'Evêché. Chambres au calme et bien équipées de 230 F (35,1 €) la double avec douche à 300 F (45,7 €) avec bains. Cette adorable placette est dominée par un donjon du XIe siècle. C'est le cœur historique de la ville et la belle façade de pierre de cet hôtel, festonnée de géraniums, ne fait pas tache dans le décor. Le petit salon avec ses poutres au plafond et sa cheminée, la véranda qui ouvre sur une cour fleurie, le jardin d'hiver où trône un énorme philodendron : l'ensemble ne manque pas de charme. Et pour ne rien gâcher, l'accueil est impeccable. Une de nos meilleures adresses, il faut donc réserver.

🏠 🍽 *Hostellerie de l'Écu de Bretagne* ** – place du Martroi (Centre) ☎ 02.38.44.67.60. Fax : 02.38.44.68.07. Parking. TV. Fermé le dimanche soir. Accès : sur la place principale. Doubles de 285 à 365 F (43,4 à 55,6 €) selon le confort. Menus de 95 à 210 F (14,5 à 32 €). Rien à voir avec la Bretagne, malgré les écussons qui ornent les murs de cet hôtel à l'ambiance digne des films de Chabrol. Il tire son nom des propriétaires de l'immeuble, les Bretons, installés ici au XVe siècle. Un bail ! Les chambres, refaites pour la plupart, sont assez confortables mais les couloirs sont à revoir. Demandez à être dans l'hôtel (un ancien relais de poste) plutôt que dans l'annexe en face. Très belle salle de resto. Adresse chic, cuisine bourgeoise qui hésite encore entre le trop classique et le trop original. Un endroit fréquenté par de nombreux chasseurs durant la saison. *Apéritif offert.*

🍽 *Au Vieux Fourneau* – 12, rue de la Cordonnerie (Centre) ☎ 02.38.46.40.56. Fermé le dimanche soir et le lundi. Congés annuels : les 3 premières semaines de novembre. Menus à 78 F (11,9 €), servi tous les jours, et à 80 F (12,2 €), vin compris. Autres menus de 130 à 190 F

(19,8 à 29 €). Deux salles spacieuses, claires et dépouillées où trône (inévitablement) un vieux fourneau. Un jeune chef plutôt doué dynamise une cuisine de tradition et de terroir : moulé aux écrevisses, foie gras et œuf de caille, brochettes de Saint-Jacques au beurre blanc, suprême de pintade au vin jaune, mousse de pain d'épice, pommes sautées et glace caramel. Simple mais joliment présenté et très bon. Accueil charmant. *Café offert.*

DANS LES ENVIRONS

TAVERS 45190 (3 km SE)

🏠🍽 *La Tonnellerie* – 12, rue des Eaux-Bleues ☎ 02.38.44.68.15. Fax : 02.38.44.10.01. ● tonelri@club-internet.fr ● Parking. TV. Congés annuels : janvier et février. De 480 F (73,2 €) la chambre classique en basse saison à 990 F (150,9 €) la chambre de luxe en haute saison. Menu magnifique à 143 F (21,8 €), impressionnant à 195 F (29,7 €) ; carte autour de 200 F (30,5 €). En plein village, une façade très austère qui ne laisse en rien présager le paradis qui se cache derrière. De l'avis général, il s'agit de la meilleure adresse de Beaugency. Très chic évidemment, le cadre se prête pourtant à la décontraction. Chants des oiseaux et carillons de l'église voisine, voilà pour l'environnement et la musique d'ambiance. Installée dans une ancienne fabrique de tonneaux, cette belle auberge est particulièrement agréable aux beaux jours. À l'ombre des marronniers, dans un magnifique parc (avec piscine chauffée !) : c'est champêtre et romantique à souhait... Cuisine tout aussi voluptueuse et parfumée : tarte fine au melon, dos de cabillaud en vapeur anisée, fromage blanc aux herbes du curé, rouleaux de pêches flambées au whisky (!) pour le premier menu ; salade de queue de bœuf, petit salé de saumon fumé aux lentilles vertes du Puy ou râble de lapin farci et purée de pommes de terre fraîches, petits chèvres roulés aux épices et soufflé glacé au cointreau pour le deuxième menu... Chambres hyper confortables bien sûr. Préférez les moins chères ou celles mansardées ; les autres sont un peu chères à notre goût, et donnent trop dans le genre cocotte. *NOUVEAUTÉ.*

BLANC (LE) 36300

Carte régionale A2

🏠🍽 *Domaine de l'Étape* *** – route de Bélâbre ☎ 02.54.37.18.02. Fax : 02.54.37.75.59. Parking. TV. ♿ Accès : par la D10 sur 5 km, direction Bélâbre. Doubles de 210 à 290 F (32 à 44,2 €) dans la ferme, de 360 à 380 F (54,9 à 57,9 €) dans le pavillon et de 230 à 550 F (35,1 à 83,8 €) au château même. Menus de 130 à 320 F (19,8 à

48,8 €). Charmante demeure du siècle dernier sise au cœur d'un parc de 200 ha où prairies, étang et bois jouent à cache-cache. 35 chambres réparties entre le château même, un pavillon moderne et la ferme près des écuries, équipées de douche ou bains. Les plus belles (mais aussi les plus chères) sont au 1er étage du château : vastes, joliment meublées sur une toile de fond aux camaïeux de jaune chaleureux, elles feront le bonheur des jeunes mariés en lune de miel. Enfin... pas seulement ! Mais les chambres de la ferme, rustiques, ont aussi beaucoup de charme. Possibilité de monter à cheval bien sûr (50 F - 7,6 € de l'heure). La table n'est pas en reste : nous nous sommes régalés ce jour-là d'un saumon fumé à la crème de gingembre, d'une marmite du pêcheur au jus de mer et d'une marquise au chocolat à la marmelade d'orange exquis. Tout ça dans une atmosphère décontractée.

≜ *Hôtel du Théâtre* ** – *2 bis*, av. Gambetta (Centre) ☎ 02.54.37.68.69. Fax : 02.54.28.03.95. TV. Accès : à deux pas de l'office du tourisme et de la mairie ; en plein cœur de la ville. Doubles de 240 à 290 F (36,6 à 44,2 €). Les chambres, petites, sont propres, toutes équipées de salle de bains et insonorisées. L'avenue étant très fréquentée en été (itinéraire *bis* de Paris), il vaut mieux néanmoins choisir celles ne donnant pas sur la rue. Le restaurant, au rez-de-chaussée, n'appartient pas à la même direction.

|●| *Le Cygne* – 8, av. Gambetta (Centre) ☎ 02.54.28.71.63. ✗ Fermé le lundi et le mardi (sauf en juillet et la 1re dizaine d'août). Accès : au nord de la grande place, à 20 m de l'hôtel du Théâtre. Menus de 95 à 220 F (14,5 à 33,5 €). Une bien belle adresse qui en peu de temps a réussi à s'imposer même en dehors de la ville. Pour son bien-être, on peut choisir le décor : au rez-de-chaussée, une harmonie rafraîchissante de murs rosés, de chaises vert pâle posées sur un sol blanc neige ; au 1er étage, une salle à la chaleur du rustique avec poutres et murs jaune paille. Un petit salon, intime accueille les mini-groupes de 4 à 9 personnes. Accueil franchement cordial des patrons. Lui n'hésite pas à sortir de sa cuisine pour passer de table en table, voir si tout se passe bien. C'est le moment de lui demander conseil sur la région. Nous avons eu, à moins de 130 F (19,8 €), des ravioles de pouligny Saint-Pierre, le magret d'oie laqué crème forestière, plateau de fromages et dessert. Bon rapport qualité-accueil-prix. *NOUVEAUTÉ.*

ROSNAY 36300 (15 km NE)

|●| *Le Cendrille* – 1, place de la Mairie (Centre) ☎ 02.54.28.64.94. Fermé le mardi soir et le mercredi. Formules du terroir de 69 à 89 F (10,5 à 13,6 €). Formules gourmandes de 109 à 169 F (16,6 à 25,8 €). Une ravissante petite adresse au cœur du village et de la Brenne que Florence et Luc Jeanneau, avec l'aide de la mairie, ont réhabilitée avec goût et efficacité. L'accueil y est aussi chaleureux que les couleurs choisies : jaune et bleu, qui sont également les couleurs de l'oiseau dont le resto porte le nom, le cendrille. Une cuisine simple, traditionnelle et savoureuse concoctée par Monsieur tandis que Madame veille sur les clients. Dans les formules du terroir, on trouve le pâté berrichon et son bouquet de salade, la mitonnée de queue de bœuf, ou la tête de veau, les fromages (locaux) et/ou les desserts. Les formules gourmandes sont plus raffinées mais plus chères. *NOUVEAUTE.*

LINGÉ 36220 (16 km N)

≜|●| *Auberge de la Gabrière* ** – lieu-dit La Gabrière ☎ 02.54.37.80.97. Fax : 02.54.37.70.66. TV. ✗ Resto fermé le lundi soir et le mardi sauf juillet et août. Accès : par la D975, direction Azay-le-Ferron, puis la D6 ; de Lingé, suivre l'indication « La Gabrière ». Doubles avec douche ou bains à 205 F (31,3 €). Menus de 65 à 145 F (9,9 à 22,1 €). Idéalement située face à l'étang de la Gabrière, cette auberge est une table réputée. Été comme hiver, la maison ne désemplit pas. Le 1er menu est servi en semaine. Sinon, le menu des « Roseaux », à 95 F (14,5 €), est d'un bon rapport qualité-prix et celui à 145 F (22,1 €) très copieux comme son nom « Gargantua » l'indique. Bien sûr les spécialités sont à base de produits de Brenne (d'ailleurs on est un peu là pour ça) : salade de ris de chevreau, filet de perche crème ciboulette, magret de canard aux pêches de vigne... Quelle merveille, au moindre rayon de soleil, que de pouvoir déjeuner en terrasse face à l'étang ! L'auberge possède plusieurs chambres dont certaines ont vue sur l'étang. *Café offert.*

BLOIS 41000

Carte régionale A2

≜ *Auberge de jeunesse* – 18, rue de l'Hôtel-Pasquier ☎ 02.54.78.27.21. ● www.fuaj.org ● Parking. Fermé de 10 h à 18 h toute l'année. Accès : bus n° 4, direction Les Grouëts ; arrêt « Église ». 61 F (9,3 €) la 1re nuit (draps inclus), 44 F (6,7 €) les nuits suivantes. 19 F (2,9 €) le petit déjeuner. Capacité d'accueil : 48 lits (un dortoir pour les filles et un dortoir pour les garçons). Cuisine équipée à disposition pour les repas.

⚓ *Hôtel Saint-Jacques* – 7, rue Ducoux (Ouest) ☎ 02.54.78.04.15. Fax : 02.54.78.33.05. TV. Canal+. Satellite / câble. Accès : face à la gare. Doubles à partir de 135 F (20,6 €). Comptez 225 F (34,3 €) pour une grande chambre tout confort. Un bon plan, chaudement recommandé par nos lecteurs. Ni jolies, ni moches, les chambres sont assez grandes et lumineuses (les moins chères sont un peu plus petites), elles sont surtout très bien tenues. Accueil charmant. *NOUVEAUTÉ.*

⚓ *Hôtel Le Savoie* ** – 6, rue Ducoux (Nord-Ouest) ☎ 02.54.74.32.21. Fax : 02.54.74.29.58. TV. Canal+. Congés annuels : du 23 décembre au 4 janvier. Accès : dans la rue en face de la gare. Chambres propres et gaies à partir de 230 F (35 €) la double avec douche. Compter 280 F (42,7 €) avec bains. Petit déjeuner-buffet à 30 F (4,5 €). Gentil petit hôtel à l'écart de l'agitation touristique. Atmosphère de pension de famille. Réservation recommandée. Très bon accueil. *10 % sur le prix de la chambre pour 2 nuits, sauf en juillet-août.*

⚓ *Hôtel de France et de Guise* – 3, rue Gallois (Centre) ☎ 02.54.78.00.53. Fax : 02.54.78.29.45. TV. Accès : derrière le château. Chambres à 250 F (38,1 €) pour deux et de 310 à 400 F (47,3 à 61 €) pour trois. Très, très « vieille France ». Dans l'accueil, dans l'ambiance, mais surtout dans les tapisseries à fleurs et les canapés du hall et de la salle à manger. Les chambres sont dans le même genre mais plus gaies et plus fraîchement décorées. Certaines sont même particulièrement jolies comme la n° 11 avec ses moulures et sa cheminée. D'autres ont carrément vue (en gros plan s'il vous plaît) sur le château. Toutes sont évidemment impeccablement tenues. Une bonne adresse. *NOUVEAUTÉ.*

⚓ *Hôtel Anne de Bretagne* ** – 31, av. Jean-Laigret ☎ 02.54.78.05.38. Fax : 02.54.74.37.79. TV. Congés annuels : du 21 février au 21 mars. Accès : à 300 m du château et du centre-ville. Vingt-neuf chambres de 280 à 370 F (42,7 à 56,4 €) avec douche et wc ou bains, et téléphone. Dans une reconstruction d'après-guerre à la façade un peu austère, une adresse accueillante, avec un cachet provincial. Légèrement bruyant.

|●| *L'Embarcadère* – 16, quai Ulysse-Besnard (Sud-Ouest) ☎ 02.54.78.31.41. Accès : au bord de la RN152, en direction de Tours. Comptez entre 40 et 60 F (6,1 et 9,1 €) pour un plat à la carte. Super guinguette à la déco et à l'ambiance caboulot

marin, tel un bateau accosté sur les berges de la Loire avec vue sur les gabares, les bans de sable et les canards. Qu'il vente, qu'il pleuve ou qu'il neige, et pourquoi pas s'il fait beau, voici l'adresse idéale pour déguster moules, frites, poissons et fritures à prix doux. Bons petits vins de pays au pichet. Soirée guinguette le vendredi soir. *NOUVEAUTÉ.*

|●| *Restaurant La Garbure* – 36, rue Saint-Lubin (Sud-Ouest) ☎ 02.54.74.32.89. Fermé le mercredi (sauf en saison, ouvert le soir) et le samedi midi. Accès : dans la vieille ville, entre le marché et les escaliers menant au château. Menus à 79 F (12 €) en semaine et 89 F (13,6 €). Un restaurant typique dans une maison Louis XV : la salle principale est ornée de poutres apparentes, l'autre, minuscule, située dans une cave, sert uniquement les groupes. Dans les deux cas, votre assiette sera garnie d'une délicieuse cuisine du Sud-Ouest : magret de canard au torchon, confit aux pommes sarladaises, tripoux, cassoulet... Et, bien sûr, la garbure, une potée du Périgord cuisinée ici avec des choux, navets, carottes, ailerons, saucisse de Toulouse et manchons de canard. Simple, copieux et réussi. Il est donc recommandé de réserver.

|●| *Restaurant Les Banquettes Rouges* – 16, rue des Trois-Marchands ☎ 02.54.78.74.92. Fermé le dimanche et le lundi. Accès : au cœur de la vieille ville. Menu à 89 F (13,6 €) à midi, en semaine, chaque jour différent. Sinon, menus-carte à 119 et 159 F (18,1 à 24,2 €). Un accueillant petit restaurant qui doit son nom aux banquettes rouges sur lesquelles s'entassent, hiver comme été, les habitués du lieu. Même les touristes qui s'arrêtent pour demander un verre d'eau ou les toilettes sont reçus ici avec le sourire. Dans les assiettes, des mets traditionnels mais raffinés présentés avec un souci artistique. Spécialité : poêlée de foie de veau aux griottes. À noter également une belle carte de poisson. C'est un de nos coups de cœur de la région.

|●| *Au Bouchon Lyonnais* – 25, rue des Violettes (Centre) ☎ 02.54.74.12.87. Fermé le dimanche et le lundi, sauf été et jours fériés. Congés annuels : janvier. Accès : place Louis XII. Menus à 118 F (18 €) et à 165 F (25,2 €). Eh oui ! On trouve tout à Blois, même un véritable bistrot lyonnais avec ses spécialités : poêlée de champignons et escargots, noix d'entrecôte beaujolaise, tête de veau ravigote (excellente), paillarde de saumon... À des prix vraiment très raisonnables. Terrasse aux beaux jours. Réserver.

|●| *Le Bistrot du Cuisinier* – 20, quai Villebois-Mareuil ☎ 02.54.78.06.70. ⚓ Accès :

de l'autre côté de la Loire, à 50 m du pont Gabriel (ou Vieux-Pont). Formule à 97 F (14,8 €) et menu à 136 F (20,7 €). Un resto à vins avec une vue imprenable sur la ville de Blois. Grande salle sans prétention pour un très bon rapport qualité-prix. Cuisine parfumée et copieuse et carte qui change à chaque saison. Parmi les spécialités incontournables : galette de charlotte, pieds de cochon et andouille à la crème de choux-fleur ; dariole chaude de poireaux aux gésiers confits à la fourme d'Ambert ; saumon au lard croustillant ; épaule d'agneau au romarin étuvée au foin et potéo do lentilles vertes du Berry et, pour finir, la tarte chaude au chocolat « Poulain 1848 ». Très belle carte des vins de Loire. Original : le patron organise régulièrement des « cuisines d'ici et d'ailleurs » (chaque mois, en plus de la carte habituelle, cuisine à thème pour voyager sans quitter les bords de Loire).

|●| Au Rendez-Vous des Pêcheurs – 27, rue Foix ☎ 02.54.74.67.48. Fermé le dimanche, le lundi midi et les jours fériés. Congés annuels : 1 semaine en février et 3 semaines en août. Accès : par les fossés du château ou la RN152 longeant la Loire. Très joli menu unique à 145 F (22,1 €), servi tous les jours midi et soir, carte autour de 250 F (38,1 €) pour un repas complet et superbes vins de Loire à partir de 90 F (13,7 €). On n'étonnera personne si l'on vous dit qu'on a déniché là un de nos coups de cœur. Ce jeune chef, déjà bien confirmé et réputé, est très présent en salle. Prenant toujours le temps d'expliquer et de prendre la commande, il veille au plaisir de chacun. La clientèle est d'ailleurs étonnamment jeune pour un étoilé ; beaucoup de jeunes Blésois n'hésitent pas à se priver de pizzas pour venir ici de temps en temps. Il faut dire que le cadre bistrot, les prix plus qu'abordables, l'ambiance décontractée, le service alerte, discret et plein d'humour, en font, sans hésiter, l'endroit le plus sympa de la ville et même de la région, et aussi l'un des meilleurs rapports qualité-prix. Cuisine inspirée et personnelle. Pour vous faire saliver d'avance : flan de grenouille au *kaefferkopf*, brochet farci, bar rôti aux huîtres d'Isigny, sans oublier le millefeuille, inoubliable... Une vraie adresse de routard pour petit caprice ou grande folie. On ne regrette ni l'un, ni l'autre... Réservez !

DANS LES ENVIRONS

MOLINEUF 41190 (9 km O)

|●| Restaurant de la Poste – 11, av. de Blois ☎ 02.54.70.03.25. Fermé le dimanche soir et le mardi soir hors saison et le mercredi. Congés annuels : pendant les vacances de février (zone B) et la 2ᵉ quinzaine de novembre. Accès : de Blois, prendre la D766 direction Angers. Menus à 95 F (14,5 €) ou 120 F (18,3 €), jusqu'à 320 F (48,8 €). À l'entrée de Molineuf, un bon resto de campagne un peu chic, où l'on se doit de faire une halte afin de déguster les délicieuses recettes de Thierry Poidras, le chef-cuisinier : soufflé froid de crabes, ragoût de queues de langoustines, sandre à la crème de morilles... Très bonne adresse. Cadre acidulé, jaune et vert citron, un peu criard, mais accueil agréable. *Café offert.*

CANDÉ-SUR-BEUVRON 41120
(15 km SO)

≜ |●| La Caillère ** – 36, route des Montils (Sud) ☎ 02.54.44.03.08. Fax : 02.54.44.00.95. Parking. TV. ♿ Fermé le mercredi et le jeudi midi. Congés annuels : janvier et février. Accès : par la D173 qui longe la rive gauche de la Loire. 14 chambres à partir de 340 F (51,8 €) la double avec douche et wc. Plusieurs beaux menus de 98 F (14,9 €), sauf les week-end et jours fériés, à 288 F (43,9 €). Pour la table, il est conseillé de réserver. Charmant petit hôtel-restaurant qui ressemble à une maison de campagne arrangée avec soin par des Parisiens. Préférez les chambres installées dans le corps du bâtiment à celles plus modernes et plus impersonnelles de la nouvelle annexe (néanmoins, coup de cœur pour la nº 5). Cela dit, les nouvelles sont accessibles aux handicapés. Spécialités qui varient suivant les saisons : crème de choux-fleurs froide aux huîtres, salade de raie au foie gras sauté, rosace de Saint-Jacques à l'huile de homard, grenouilles et escargots à la crème d'ortie, saumon rôti au jus de canard et choux verts, pigeon au lait d'ail ou en pot-au-feu, pêche rôtie à la grenadine et pain perdu à la brioche. Si avec tout ça, vous n'avez pas l'eau à la bouche... À la belle saison, on sert dans le jardin très agréable. *Apéritif offert.*

CHITENAY 41120 (15 km S)

≜ |●| L'Auberge du Centre ** – place de l'Église (Centre) ☎ 02.54.70.42.11. Fax : 02.54.70.35.03. Parking. TV. ♿ Fermé le dimanche soir et le lundi hors saison. Congés annuels : la 2ᵉ quinzaine de février. Accès : par la D956 jusqu'à Cellettes, puis la D38. Doubles à 345 F (52,6 €) avec douche et wc, 385 F (58,7 €) avec bains. Demi-pension souhaitée. Beau menu à 110 F (16,8 €), sauf les week-end et fêtes, simple mais complet ; autres menus à 120 F (18,3 €), 148 F (22,6 €) et plus. La façade classique sur rue ne laisse pas deviner, a priori, le bien bel hôtel qui s'y cache et le havre de paix qu'est son agréable jardin. Chambres entièrement refaites et bien équipées. Déco fraîche et coquette. La table n'est pas en reste. Bonnes spécialités solognotes : feuilleté d'escargots forestière, andouillette de Vouvray au chenin, civet de chevreau, filets de canard marinés à l'armagnac, gibier en saison... *10 % sur le prix de la chambre du 1ᵉʳ octobre au 30 avril.*

CHAUMONT-SUR-LOIRE 41150

(18 km SO)

|●| *Restaurant La Chancelière* – 1, rue de Bellevue ☎ 02.54.20.96.95. ✗ Fermé le mercredi soir et le jeudi. Congés annuels : les 3 dernières semaines de novembre et du 21 janvier au 11 février. Accès : tout près du château et face à la Loire. Premier menu à 82 F (12,5 €), sauf les dimanche et jours fériés, puis menus de 122 à 205 F (18,6 à 31,3 €) ; carte autour de 150 F (22,9 €). Une étape savoureuse dont la notoriété ne cesse d'augmenter. Deux salles de resto, l'une sobrement rustique, l'autre plus coquette pour une cuisine fraîche et délicatement parfumée. Plats concoctés par un ancien élève des maisons *Barrier* et *Troisgros*, comme le feuilleté d'escargots, le pâté de caille en brioche, la terrine de foie gras de canard et le sandre au beurre blanc. Viandes tendres et desserts réussis. Excellent rapport qualité-prix. Accueil souriant.

BORNE (LA) 18250

Carte régionale B2

|●| *Restaurant Chez Jodi* – rue des Usages (Centre) ☎ 02.48.26.90.80. Fermé le dimanche soir et le lundi sauf en été. Accès : à 4 km à l'est d'Henrichemont, entre Bruges et Sancerre ; ruelle en face de la poterie Bindel. Menu unique à 90 F (13,7 €). Tout le monde connaît Jodi (prononcez Yodi, attention !) ; ainsi vous la trouverez à son fourneau facilement. Elle et son équipe savent créer une chaleureuse ambiance dans cette vieille maison de La Borne à la décoration disparate riche des souvenirs de la maîtresse de maison. Les plats du menu unique (au double sens du terme) sont de vraies créations en fonction du marché, saupoudrées des épices du monde entier. C'est délicieux. Essayez le « Bornouleť », les *curries* et le couscous poisson. Dans cette maison, on se sent vite en territoire ami. Mieux vaut réserver. *NOUVEAUTÉ.*

BOURGES 18000

Carte régionale B2 – Plan pp. 244 et 245

🛏|●| *Inter Hôtel Les Tilleuls* ** – 7, place de la Pyrotechnie (hors plan C3-2) ☎ 02.48.20.49.04. Fax : 02.48.50.61.73. Parking. TV. Canal+. ✗ Congés annuels : une semaine après Noël. Accès : direction Moulin par la rue Jean-Baffier ; après l'ave-

nue Carnot, à gauche. Doubles de 215 à 290 F (32,8 à 44,2 €). Sur une petite place un peu excentrée, cet endroit convient bien aux routards fatigués ou aux amoureux avides de calme et de tranquillité. Beau jardin fleuri au pied de chambres pimpantes avec de jolies salles de bains. Création cette année d'une piscine chauffée et climatisation de la moitié des chambres. Le minibar peut accompagner vos soirées mais vous pourrez préférer la salle de musculation, ou les deux, ou bien encore la location d'un VTT pour vous défouler. *10 % sur le prix de la chambre.*

🛏 *Hôtel de L'Agriculture* ** – 18, bd de Juranville et 15, rue du Prinal (A2-3) ☎ 02.48.70.40.84. Fax : 02.48.65.50.58. Parking. TV. Accès : par le boulevard de Juranville (parking) ou par la rue du Prinal côté centre-ville ; face au stade de l'île d'Or. Doubles à 220 F (33,5 €) et 280 F (42,7 €) avec douche ou bains. Oh, le chaleureux accueil de Mme Maigret ! En plus, si vous lui parlez (non, pas du commissaire, elle connaît...) d'animaux, elle vous emmènera dans son rêve, enfin réalisé, de ferme solognote... En effet, elle vient de trouver son lieu de villégiature idéal mais n'en réserve pas moins un égal bonheur au séjour de ses hôtes. Si vous arrivez en voiture dans cette grosse maison de ville, préférez l'entrée sur le parking, boulevard de Juranville. Les chambres sont calmes et coquettes et refaites à neuf. Possibilité de location de studios. L'une de nos meilleures adresses. *10 % sur le prix de la chambre.*

🛏 *Hôtel Le Christina* – 5, rue de la Halle (A2-4) ☎ 02.48.70.56.50. Fax : 02.48.70.58.13. Ouvert toute l'année. Doubles de 249 à 319 F (38 à 48,6 €) selon le confort. Bien situé en bordure de la ville historique. Un niveau de confort où l'on appréciera, dans certaines chambres, un joli mobilier rustique et des toilettes séparées de la salle de bains. Bonne isolation phonique. À quelques pas des rues piétonnes. Accueil agréable. *NOUVEAUTÉ.*

|●| *Le Comptoir de Paris* – place Cordaine (B2-15) ☎ 02.48.24.17.16. Parking. Ouvert jusqu'à 22 h 30. Repas corrects et simples à partir de 59 F (9 €). Un bar-restaurant tout rouge à l'extérieur, tout en bois à l'intérieur. Vous ne pouvez pas le manquer, il est situé sur la plus jolie place de Bourges, entourée de ravissantes maisons médiévales. Atmosphère chaleureuse, conversations animées. Tout ce que la « capitale de l'armement » a de vivant et de créatif se retrouve ici avec entrain autour d'une andouillette à l'ancienne. On préfère la salle à manger du bas, plus chaleureuse.

|●| *Restaurant La Courcillière* – rue de Babylone (hors plan C1-19) ☎ 02.48.24.41.91. Parking. ✗ Fermé le

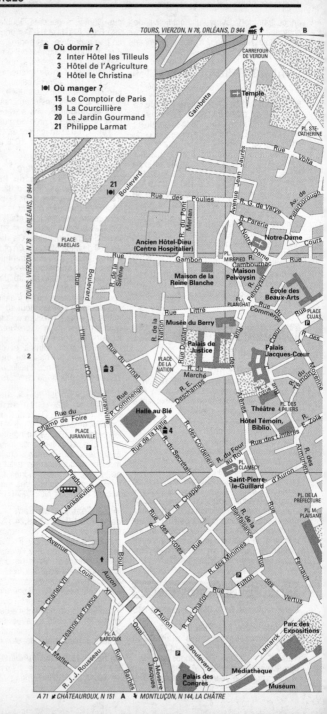

TOURS, VIERZON, N 76, ORLÉANS, D 944

Où dormir ?
2 Inter Hôtel les Tilleuls
3 Hôtel de l'Agriculture
4 Hôtel le Christina

Où manger ?
15 Le Comptoir de Paris
19 La Courcillière
20 Le Jardin Gourmand
21 Philippe Larmat

A 71 / CHÂTEAUROUX, N 151 A ↓ MONTLUÇON, N 144, LA CHÂTRE

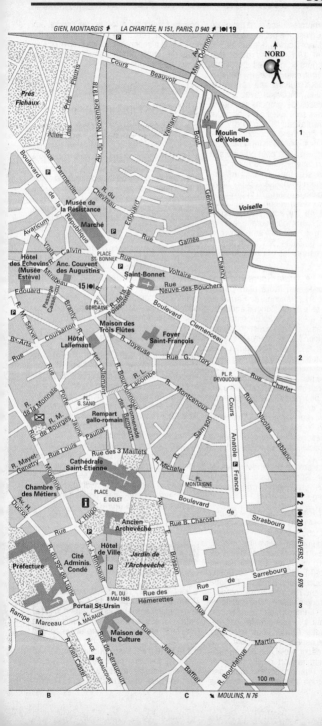

GIEN, MONTARGIS ↑   LA CHARITÉE, N 151, PARIS, D 940 ↑ |●| **19**   C

NORD

Prés
Fichaux

Cours
Beauvoir

Moulin
de Voiselle

Allée   des

Boulevard

Rue   Parmentier

Av. du 11 Novembre 1918

Prés   Fleuris

Voiselle

R. du
Chevreau

Musée de
la Résistance

Marché

Avaricum

R.   Viala

Calvin

PLACE
ST-BONNET

Rue

Galilée

Hôtel
des Échevins
(Musée
Estève)

Anc. Couvent
des Augustins

Saint-Bonnet

Voltaire

Passage   Cassard

Mirebeau

15 |●| d

Rue
Neuve-des-Bouchers

Édouard

R. M. Servet

Branly

PL
GORDAINE

R. de la
Poissonnerie

Boulevard

Clemenceau

Bx-Arts

Coursarlon

Maison des
Trois Flûtes

R. Joyeuse

Foyer
Saint-François

Rue G. Tory

Rue

Hôtel
Lallemant

Rue

Her Lallemant

R. Bourbonnoux

R. L.
Lacombe

R. Montcenoux

PL. P.
DEVOUCOUX

Rue

Charlet

R.
de la Monnaie

Porte
Jaune

PL.
G. SAND

des   Remparts

Promenade

Samson

Cours

Rue

Nicolas

Leblanc

R. M.
de Bourges

Rempart
gallo-romain

Anatole

Rue Louis

Paulat

Rue des 3 Maillets

R.
Michelet

France

R. Mayet-
Genty

Moyenne

Cathédrale
Saint-Étienne

PL
MONTAIGNE

Chambre
des Métiers

PLACE
E. DOLET

Boulevard

de

Strasbourg

Av. H. Ducrot

Rue

V. Hugo

R. J. Rimbault

Ancien
Archevêché

Rue B. Chârost

Brisson

NEVERS,
D 976

Préfecture

Cité
Adminis.
Condé

Hôtel
de Ville

Jardin de
l'Archevêché

Sarrebourg

R. du gué de Ligne

PL. DU
8 MAI 1945

Rue des
Hémerettes

Rue   de

Rampe

Marceau

Portail St-Ursin

PL.
A. MALRAUX

Maison de
la Culture

Rue

R. Vieil Castel

PLACE
SÉRAUCOURT

Rue de Séraucourt

Baffier

Rue   Jean

Martin

R. Bourdaloue

100 m

B   C   ↘ MOULINS, N 76

mardi soir et le mercredi. Accès : à moins de 5 mn du centre, c'est une petite rue à droite dans l'avenue Marx-Dormoy. Menus à 95 et 128 F (14,5 et 19,5 €). Au cœur des « marais potagers », sur les bords de l'Yèvre, un endroit magique et mystérieux. Denis Julien vous servira ses spécialités régionales, toutes préparées avec amour. Délicieuses cuisses de grenouilles notamment. Les terrines sont faites à la maison, et parmi les spécialités à signaler, les fameuses « couilles d'âne » (rassurez-vous, ce sont en fait des œufs au vin), le coq au vin ou la tête de veau. On peut prendre son repas sur la terrasse bordée de nénuphars au bord de l'eau, si calme... Tout est authentique ici, du sourire d'Annie à l'accent berrichon des jardiniers du coin. On oublierait le temps qui passe tellement on s'y sent bien. Les musiciens ne s'y sont pas trompés. Nombreux sont ceux qui, durant le Printemps de Bourges, viennent se réfugier ici pour goûter la quiétude des lieux, fuyant pour quelques heures les décibels du festival !

|●| *Restaurant Le Jardin Gourmand* – 15 **bis**, av. Ernest-Renan (hors plan C3-20) ☎ 02.48.21.35.91. Parking. &. Fermé le dimanche soir et le lundi. Congés annuels : 2 semaines en juillet et du 29 décembre au 23 janvier. Accès : suivre la direction Nevers jusqu'au carrefour Malus. Menus de 95 à 230 F (14,5 à 35,1 €). Restaurant très agréable et bien connu des gourmets de la région, qui viennent prendre un bon repas dans cette maison bourgeoise au cadre enchanteur. La décoration est raffinée avec ses fleurs un peu partout, ses aquarelles aux murs, ses jolies boiseries... Côté cuisine, c'est aussi réussi avec un 1er menu en harmonie avec le décor, servi avec gentillesse et discrétion. Menu homard de juin à septembre. Spécialités : saumon poêlé à l'oseille fraîche, pomme de ris de veau à l'aigre doux, cassolette de langoustines et gibier en saison. Service dans le jardin si le temps le permet. Encore une bonne adresse à Bourges. *Café offert.*

|●| *Restaurant Philippe Larmat* – 62 **bis**, bd Gambetta (A1-21) ☎ 02.48.70.79.00. Fermé le dimanche soir et le lundi. Congés annuels : la seconde quinzaine d'août. Accès : proche du commissariat. Menus de 140 F (21,3 €), sauf les samedi soir et dimanche, à 240 F (36,6 €). En contrebas d'une pente douce. vers le plaisir ! Philippe Larmat est devenu l'incontournable rendez-vous des gastronomes berruyers (habitants de Bourges). Laissez-vous guider, on s'occupe de tout. Les pas étouffés par une épaisse moquette fleurie, vous rejoindrez l'une des tables espacées et coordonnées à la douceur du décor. Voici une cuisine raffinée à l'excellent rapport qualité-prix pour cette adresse réputée, stylée, mais pas coincée. Quelques spécialités ont su nous

convaincre, comme le filet de sandre aux pommes, la salade de homard à la menthe fraîche, le pigeonneau cuit en crépine ou les filets de rouget grondin sauce acidulée au curry. *Apéritif offert.*

DANS LES ENVIRONS

SAINT-JUST 18340 (6 km SO)

≜ |●| *Hôtel-restaurant Le Cheval Blanc* – ☎ 02.48.25.62.18. Parking. TV. Canal+. Satellite / câble. Accès : par la N76. Doubles à 185 F (28,2 €). Menus de 59 à 129 F (9 à 19,7 €). La maison se voit de loin, le soir, avec ses bordures de toit éclairées au néon. Ça lui donne un air « relais-routier ». Voilà pourtant une vraie table avec un véritable accueil. Le patron reconnaît avoir pris pour modèle les noms à succès de la restauration et de l'hôtellerie. Cela confère à l'établissement un bien-être, un confort (pour la partie hôtel) avec des chambres bien isolées et au restaurant lui-même un petit air « club de vacances » avec les différents buffets (hors-d'œuvre, fromages et desserts) à volonté, même au premier menu, le dimanche compris. Service souriant et attentif jusque dans les moindres détails. Une bonne adresse. *NOUVEAUTÉ.*

ALLOGNY 18110 (18 km NO)

|●| *Restaurant Le Chabur* – route de Mehun-sur-Yèvre ☎ 02.48.64.00.41. Parking. &. Fermé le mercredi. Congés annuels : du 23 décembre au 15 janvier et du 1er au 15 septembre. Accès : par la D944, direction Neuvy-sur-Barangeon. Menus de 52 à 82 F (7,9 à 12,5 €). Jadis, les sorciers berrichons se réunissaient en forêt. Ils ont dû laisser des vibrations positives. Ici, c'est sympa ! Dans cette auberge aux allures de guinguette enfouie dans la forêt, Marie-Jo et Gérard servent généreusement à leur clientèle d'habitués de bons casse-croûte, tête de veau et coq au vin le midi, des salades de chèvre chaud, des omelettes et de bonnes fromagées (fromage blanc avec de la crème et des herbes). Le soir, carte uniquement.

BOURGUEIL 37140

Carte régionale A2

≜ |●| *L'Écu de France* – 9, rue de Tours (Centre) ☎ 02.47.97.70.18. Parking. Fermé le dimanche soir et le lundi sauf en juillet et août. Congés annuels : la 1re semaine de juin, la 2e semaine d'octobre et les congés scolaires de Noël. 9 chambres : avec lavabo à 130 F (19,8 €), avec douche et wc à 200 F (30,5 €). Menus à partir de 56 F (8,5 €) le midi en semaine, et de 78 à 180 F (11,9 à 27,4 €). Belle maison datant de 1637, près de l'abbaye. Au restaurant, bonne cuisine locale : profiteroles d'escargots à la bourgueilloise, coq au vin ou des spécialités de poissons. Et un saint-nicolas-de-bourgueil en pichet, évidemment ! *10 % sur le prix de la chambre pour 2 nuits consécutives.*

|●| Restaurant L'Auberge La Lande – ☎ 02.47.97.92.41. Parking. Fermé le lundi et le dimanche soir. Congés annuels : janvier. Accès : prendre la direction de la cave touristique, D35. Menus de 45 à 145 F (6,9 à 22,1 €). Un peu en dehors du bourg, dans une ancienne demeure bourgeoise très agréable. On y sert une cuisine sans prétention mais sincère, inspirée du terroir : gésier confit, coq au vin de Bourgueil, matelote d'anguilles. On y propose régulièrement un vin « coup de cœur » de l'AOC bourgueil à prix incitatif. *Café offert.*

BREZOLLES 28270

Carte régionale A1

🛏|●| Le Relais de Brezolles ** – **4, rue Berg-op-Zoom** ☎ **02.37.48.20.84. Fax : 02.37.48.28.46.** Parking. TV. Fermé le vendredi soir et le dimanche soir. Accès : à la sortie de la ville, direction Chartres. Doubles de 250 F (38,1 €) avec douche et wc à 280 F (42,7 €) avec bains. Menus de 75 F (11,4 €, formule rapide) à 200 F (30,5 €). On se croirait presque à l'entrée d'un village de Bavière, avec cette grosse auberge rose et brune, fleurie et appétissante comme en Forêt Noire. L'environnement fait déchanter mais l'accueil des patrons, le confort des chambres, dont certaines viennent d'être refaites, les couleurs du restaurant autant que la variété des menus vous donnent envie de faire halte dans cet ancien paradis des routiers. Menus sympathiques et carte pleine de coins et de recoins gourmands (« terroir », « fraîcheur », « découverte »). Spécialités très abordables : cuisse de canette au miel d'acacia, brochette de Saint-Jacques sur jardinière, briochine d'escargots au chablis, fondant de pommes tièdes et sauce caramel. *10 % sur le prix de la chambre.*

DANS LES ENVIRONS

MONTIGNY-SUR-AVRE 28270

(8 km NO)

🛏|●| Hôtel-restaurant Moulin des Planches ** – ☎ **02.37.48.25.97. Fax : 02.37.48.35.63.** TV. Satellite / câble. ♿ Fermé le dimanche soir et le lundi. Congés annuels : janvier. Accès : par la D102. Doubles de 390 à 625 F (59,5 à 95,3 €). Formule à 98 F (14,9 €) ou menu découverte à 150 F (22,9 €) puis menus à 196 et

250 F (29,9 et 38,1 €). Le moulin de nos cœurs ! Tout simple, tout beau, entouré de bois, de champs, cet ancien moulin à farine sur l'Avre a été entièrement rénové par un couple d'anciens agriculteurs qui perpétuent, dans ces lieux calmes et étrangement lumineux, la tradition d'accueil des chambres d'hôte, ce qui est un compliment… pour un hôtel ! Chambres adorables et confortables. Au restaurant et en terrasse (vous avez, selon la saison, le choix et la place !), première formule avec terrine et fricassée de volaille au cidre ou les différents menus avec les spécialités du chef : foie gras, ris de veau et granité.

BRIARE 45250

Carte régionale B2

|●| Restaurant Le Bord'Eau – **27, rue de la Liberté** ☎ **02.38.31.22.29.** Fermé le mercredi et le soir de décembre à mars (sauf sur réservation). Congés annuels : 3 semaines en janvier et 2 semaines en septembre. Accès : dans la rue principale. Menus de 95 à 180 F (14,5 à 27,4 €). Avec un nom comme celui-là, on aurait pu légitimement s'attendre à une belle terrasse fraîche parce qu'au bord de l'eau. Que nenni ! Rien de tout cela ! Mais la cuisine de Sébastien et la gentillesse de sa femme vous feront vite oublier cet espoir déçu. Jeunes bretons ayant troqué la mer pour la Loire, ils ont vite appris à travailler les poissons de ce pays de rivières et de canaux : filet de perche persillade, omble chevalier au vinaigre de framboise, tronçons d'anguilles en matelote... et tout de même bar à la fondue d'échalotes. Cuisses de grenouilles absolument remarquables. Cadre aux tons pastel agréable. Réservation recommandée, la salle est petite. *Café offert.*

DANS LES ENVIRONS

BONNY-SUR-LOIRE 45420

(10 km SE)

🛏|●| Les Voyageurs – **10, Grande-Rue (Centre)** ☎ **02.38.27.01.45. Fax : 02.38.27.01.46.** Parking. TV. Canal+. Fermé le dimanche soir et le lundi. Accès : par la N7 et par la (future) A77. Chambres modernes et confortables à 195 F (29,7 €). Menus de 80 à 220 F (12,2 à 33,5 €). Carte autour de 130 F (19,8 €). Vu les prix affichés, difficile d'imaginer que l'on pénètre dans l'un des meilleurs restaurants gastronomiques de la région. Philippe Lechauve, un enfant du pays, s'est installé à Bonny avec son épouse, après avoir longtemps été le second de Troisgros. Résultat, on se régale, et les prix restent incroyables. Dès le 1er menu, on vous propose émincé de langue de veau, filet de lieu noir à la fondue d'endives et charlotte aux griottes. Le secret? Des produits simples et pas chers mais sublimés par le talent du chef; une leçon que feraient bien de retenir beaucoup de confrères!... Au 2e menu : terrine de joues de lotte, dos croustillant de cabillaud aux épices et purée de céleri, plateau de fromages affinés dans les règles (avec un insolite chèvre en pot) et la divine dariole au chocolat fondant. Entre nous, c'est un peu pour elle qu'on vient, le chocolat chaud coule quand on crève le gâteau et vient se répandre dans la sauce aux pistaches... Pas de commentaire! À signaler également un excellent giennois blanc de chez Boulland-Chapuis, à un prix très raisonnable. Un coup de cœur, mais est-il encore bien besoin d'insister? *NOUVEAUTÉ.*

CHAMBORD 41250

Carte régionale A2

â |●| *Hôtel du Grand Saint-Michel* – Château de Chambord ☎ 02.54.20.31.31. Fax : 02.54.20.36.40. Parking. TV. Doubles de 290 à 450 F (44,2 à 68,6 €) selon le confort et la vue. Menus à 98 F (14,9 €), servi tous les jours, puis à 135 et 210 F (20,6 et 32 €). Un emplacement absolument exceptionnel puisque c'est le seul hôtel face au château. Chambres très confortables et assez spacieuses, agréables, même sans la vue. Salle et cuisine bourgeoise avec rillons, saumon et sandre et évidement gibier en saison. Service conciliant et attentionné, pas du tout guindé. Accueil adorable. On est loin du coup de bâton auquel on pourrait s'attendre dans un tel endroit. Décidément, un bon plan pour routard romantique! Surtout l'été avec la terrasse panoramique et sa vue imprenable sur le château. Le soir, balade digestive dans le parc, superbe quand le château est illuminé (jusqu'à 22 h). Réserver longtemps à l'avance, bien sûr. *NOUVEAUTÉ.*

DANS LES ENVIRONS

SAINT-DYÉ-SUR-LOIRE 41500

(5 km N)

â |●| *Le Manoir de Bel-Air* – 1, route d'Orléans ☎ 02.54.81.60.10. Fax : 02.54.81.65.34. Parking. TV. Comptez de 320 à 380 F (48,8 à 57,9 €) environ. Menus à partir de 128 F (19,5 €). Vieille bâtisse couverte de lierre, au bord de la Loire. De cette ancienne maison de maître se dégage une atmosphère provinciale et les meubles sentent bon l'encaustique. Le prix des chambres est modéré, vu le confort et la propreté. Préférez sans hésiter celles qui donnent sur la Loire. Superbe salle à manger claire et spacieuse surplombant, elle aussi, la Loire. Spécialités : andouillette braisée au sauvignon, tournedos de saumon au chinon, mousseline de rascasse, gibier (en saison), caille à la solognote. Et, pour digérer, un chemin non goudronné (donc sans voiture) passe en contrebas du manoir et longe la Loire. *10 % sur le prix de la chambre d'octobre à fin avril. NOUVEAUTÉ.*

|●| *Le Jardin de la Forge* – place de l'Église ☎ 02.54.81.60.19. Fermé le mercredi; le mardi en automne et en hiver. Congés annuels : décembre et janvier. Formules plus ou moins complètes de 70 à 120 F (10,7 à 18,3 €). Une adresse que l'on hésite à qualifier de nouvelle car elle figurait déjà au *Routard* depuis quelque temps, mais en tant que pizzeria. Depuis, un nouveau chef, venant de chez *Robin* à Bracieux, est arrivé et a révolutionné en quelques mois la vie du petit village. Car l'adresse mérite assurément le détour. Une ravissante maison, savamment décorée, et une adorable petite cour fraîche et ombragée donnant sur l'église, voilà pour le décor. La carte, quant à elle, est belle et inventive; de la gastronomie à petits prix. Parmi les spécialités proposées à notre passage : Tatin de légumes aux petits rillons tièdes ou feuilleté de pommes de terre aux escargots suivi d'un éventail de boudin blanc au jus de cèpes et pour finir un pain perdu au beurre salé. Vins de Loire dont certains au pichet. Mais que les amateurs de pizzas se rassurent, le four chauffe toujours, et elles sont toujours aussi bonnes... Super accueil. On adore... *NOUVEAUTÉ.*

MONT-PRÈS-CHAMBORD 41250

(10 km SO)

â |●| *Hôtel-restaurant Le Saint-Florent* ** – le bourg (Est) ☎ 02.54.70.81.00. Fax : 02.54.70.78.53. Parking. TV. Satellite / câble. Resto fermé le lundi midi. Congés annuels : janvier. Accès : par la D33 jusqu'à Huisseau, puis la D72. Doubles de 195 à 350 F (29,7 à 53,4 €) avec douche ou bains. Menus à partir de 85 F (13 €) en semaine, le midi. Un hôtel propret au cœur de la région des châteaux, à 8 km de celui de Cheverny. Chambres claires et gaies pour un prix honnête. Sauna. Au resto, on goûtera la spécialité de pied de porc à la solognote (farci au foie gras), la marmite de carpe et son matignon de légumes ou le foie gras poêlé au vinaigre de miel. Bon accueil.

CHARTRES 28000

Carte régionale A1

â *Le Chêne Fleuri* – 14, rue de la Porte-Morard (Sud-Est) ☎ 02.37.35.25.70. Fermé le lundi. Congés annuels : de mi-septembre à mi-octobre. Accès : près de l'église Saint-Pierre. Chambres doubles à 180 F (27,4 €) avec wc sur le palier, et 240 F (36,5 €) avec douche et wc. Un chêne fleuri, ça n'existe pas et pourtant c'est le nom que porte cet hôtel pour petits budgets. Très joli quartier, malgré la fermeture de nombreux commerces et restos. 14 chambres simples et propres. Souvent complet, pensez à réserver !

≙ I●I Hôtel-restaurant de la Poste ** – 3, rue du Général-Kœnig (Centre) ☎ 02.37.21.04.27. Fax : 02.37.36.42.17. Parking payant. TV. Canal+. Satellite / câble. ✗ Resto fermé le dimanche soir. Congés annuels : du 1er novembre aux Rameaux. Accès : entre la Poste (à l'architecture assez particulière) et l'hôtel Le Grand Monarque. Doubles de 320 à 350 F (48,8 à 53,4 €). Menus de 88 F (13,4 €), servi tous les jours, à 170 F (25,9 €). Parking payant : 42 F (6,4 €). Très bien situé, c'est l'hôtel pratique par excellence. On n'y éclate pas de rire mais on dort bien et la voiture – pour les routards anxieux – est à l'abri au garage. Chambres propres et confortables. Les nos 5, 6, 43, 44, 46 et 47 bénéficient d'une jolie vue sur la cathédrale. Spécialités : canard au miel et au citron, choucroute à l'alsacienne, filet de sandre sabayon au poivre.... Petit déjeuner-buffet extra copieux. Apéritif offert.

I●I Le Caveau de la Cathédrale – 12, rue au Lait ☎ 02.37.34.91.64. Accès : à côté de la cathédrale, comme son nom l'indique. Formules à 67 F (10,2 €), verre de vin inclus, puis à 94 et 139 F (14,3 et 21,2 €). Superbe voûte du XIIe siècle pour ce petit resto. Pour ne pas vous compliquer la vie à midi, prenez la formule qui propose une entrée, un plat, un dessert et un verre de vin. Spécialités : la miche de volaille fermière, la miche de saumon aux crevettes et la miche de bœuf Strogonoff. Café offert.

I●I Le Pichet – 19, rue du Cheval-Blanc ☎ 02.37.21.08.35. Fermé le mardi soir hors saison et le mercredi. Formules de 69 à 130 F (10,5 à 19,8 €). À 20 m du parvis de la cathédrale, un lieu authentique, chaleureux, où l'on vous sert, sans chichi, une cuisine de bistrot simple, bonne, accompagnée de vin servi le plus souvent, eh oui, au pichet ! L'idéal pour qui n'aime pas se prendre la tête et réserve ses efforts intellectuels à la visite détaillée du monument cher à Malraux. Aurait-il aimé la tête de veau, la poule au pot Henri-IV (précision apportée au cas où l'on aurait des doutes !) et le lait... de poule aux fruits servi en dessert ? Café offert.

I●I Au P'tit Morard – 25, rue de la Porte-Morard ☎ 02.37.34.15.89. Fermé le dimanche soir et le mercredi. Congés annuels : les 3 premières semaines de

Menus de 80 F (12,2 €) servi le midi sauf le week-end, à 180 F (27,4 €). La Basse-Ville, où la bourgeoisie chartraine n'aurait jamais mis les pieds il y a un quart de siècle, est devenue le quartier le plus vivant, le plus chaleureux, le plus verdoyant aussi et le plus beau – avec ses portes, ses moulins, ses guinguettes à la mode d'aujourd'hui. Au P'tit Morard, on s'y sent bien, dedans comme dehors, les nuits où la fête rend la rue piétonne et joyeuse. Accueil sympathique. Digestif offert.

I●I Le Dix de Pythagore – 2, rue de la Porte-Cendreuse ☎ 02.37.36.02.38. Fermé le lundi et le mardi. Congés annuels : du 15 au 31 juillet. Accès : derrière la cathédrale. Menus de 92 à 140 F (14 à 21,3 €). Une bonne vieille cuisine classique (saumon à la Dugléré, rognon de veau...) que l'on déguste, en sous-sol, sous le regard de la patronne. Les prix, comme le service, expliquent le succès de la maison. Apéritif maison offert.

I●I Restaurant Le Saint-Hilaire – 11, rue du Pont-Saint-Hilaire ☎ 02.37.30.97.57. ✗ Fermé le samedi midi et le dimanche. Congés annuels : du 30 juillet au 20 août et du 24 décembre au 7 janvier. Accès : entre la place Saint-Pierre et le pont Saint-Hilaire. 1er menu à 98 F (14,9 €) en semaine, puis menus de 148 à 245 F (22,6 à 37,4 €). Impossible de passer à Chartres sans aller faire un tour (de table !) dans ce petit restaurant (à peine une dizaine de tables) plein de charme de la Basse-Ville, où l'accueil, le service, la cuisine et le décor forment un tout harmonieux. Beauceron depuis 5 générations (c'est sa formule !), Benoît Pasquier se bat pour mettre en valeur les produits du terroir : pâté de Chartres à la perdrix grise (en période de chasse), foie gras de canard poêlé aux lentilles de Beauce, dos de sandre à la bière de Chartres, ris de veau cuit sur un lit de foin, crème brûlée... Beau choix de vins à prix doux.

CHÂTEAUDUN   28200

Carte régionale A1

≙ I●I Le Saint-Louis ** – 41, rue de la République (Est) ☎ 02.37.45.00.01. Fax : 02.37.45.16.09. Parking. TV. Doubles à 260 F (39,6 €) avec douche et wc ou bains. Menus de 90 F (13,7 €), hors week-ends, et 150 F (22,9 €). Brasserie de 60 à 110 F (9,1 à 16,8 €). En l'espace de quelques années, Ben Maamar a réussi le double exploit de transformer une ruine en un hôtel correct et confortable, où l'on vous accueille gentiment, et à créer, à côté du restaurant traditionnel, une brasserie où le Tout-Châteaudun se retrouve, surtout en été, quand le piano-bar s'anime sous les étoiles. C'est la plus belle terrasse intérieure de la ville.

CENTRE

Moules, salades, grillades, pour tous les âges, tous les goûts. Qui dit mieux ? *10 % sur le prix de la chambre.*

lol *La Licorne* ** – 6, place du 18-Octobre (Centre)** ☎ **02.37.45.32.32.** Fermé le mardi soir et le mercredi. Congés annuels : du 20 décembre au 15 janvier et une semaine en juin. Accès : sur la place principale. Menus de 70 F (10,7 €) en semaine, à 180 F (27,4 €). Menu enfant à 48 F (7,3 €). Une salle tout en longueur, aux couleurs rose saumon. Point de licorne au menu, mais une bonne et copieuse cuisine bourgeoise : bavette poêlée à l'échalote, huîtres gratinées à l'effilochée de poireaux, magret de canard à l'orange et au miel, gâteau grand-mère (à réserver aux affamés : mille-feuille de crêpes). Seulement deux personnes pour faire le service. L'accueil, d'ordinaire attentionné, en devient parfois un peu bourru.

lol *Aux Trois Pastoureaux* ** – 31, rue André-Gillet (Sud)** ☎ **02.37.45.74.40.** Fermé le dimanche soir, le lundi et le jeudi soir. Congés annuels : du 23 décembre au 5 janvier. Accès : entre la place du 18-Octobre et l'espace Malraux. Menus à 90 F (13,7 €) le midi en semaine et jusqu'à 330 F (50,3 €). Dans la plus ancienne auberge dunoise, une salle verte aux tables aussi sobres que le service, qui n'est d'ailleurs pas assuré par 3 pastoureaux en habit traditionnel de berger, comme aurait pu le laisser supposer le nom de l'établissement ! La carte est très variée et la cuisine plutôt recherchée : petits-gris de Conie, pigeonneau rôti farci de blé à la goutte de citron, rognons de veau au vin de Chenonceau, biscuit fondant au chocolat noir...

CHÂTEAUMEILLANT 18370

Carte régionale B2

▲ lol *Hôtel-restaurant Le Piet à Terre* ** – 21, rue du Château (Centre)** ☎ **02.48.61.41.74. Fax : 02.48.61.41.88.** Parking. TV. Fermé le dimanche soir, le lundi et le mardi midi. Congés annuels : de la mi-janvier au 1er week-end de mars. Doubles de 260 à 320 F (39,6 à 48,8 €) avec douche ou bains. Menus à 98 F (14,9 €) en semaine, et de 150 à 340 F (22,9 à 51,8 €). Inutile d'espérer vous enfuir sans payer ou sortir complètement ivre, les gendarmes jouxtent ce superbe établissement aux volets d'un bleu bien inspiré ! La salle de restaurant associe poutres et moquette dans un registre orangé, avec un bon feu de cheminée en prime pour l'hiver. Thierry Finet, passionné de cuisine, ne supporte pas d'être éloigné de ses fourneaux ; pains et viennoiseries sont même faits mai-

son. Le 1er menu du marché est une aubaine : flan d'asperges, pigeon sur le foie, plateau de fromages ou fromage frais de la Touratte, moelleux au chocolat sur nectar d'orange. Un détail, les herbes proviennent du potager du « grand-père Piet » (pas facile à prononcer mais cette tradition-là nous vaut de bonnes saveurs). Chambres *cosy* aux noms de fruits. À noter, les chiens ne sont pas admis.

CHÂTEAUNEUF-EN-THYMERAIS 28170

Carte régionale A1

▲ lol *L'Écritoire* – 43, rue Émile-Vivier ☎ **02.37.51.85.80. Fax : 02.37.51.86.87.** Parking. Fermé le dimanche soir et le lundi. Congés annuels : vacances scolaires de février et d'octobre. Accès : route de Dreux. Chambres à 285 F (43,5 €) et petit déjeuner à 44 F (6,7 €). Menus de 150 à 365 F (22,9 à 55,6 €). Comptez 250 F (38,1 €) à la carte. Cet ancien relais de poste est l'une des meilleures tables d'Eure-et-Loir. Son chef, Luc Pasquier, après bien des tribulations en Asie, en Afrique et ailleurs, est revenu à ses origines et exécute une excellente cuisine, classique, à base de produits de la région : petits-gris de Conie, lapin du Thymerais, miel de Beauce. Beaux menus à prix encore raisonnables étant donné la qualité. Quelques jolies spécialités qui changent au fil des saisons : mérou rôti aux graines de safran, cœur de filet de bœuf au lard fumé, graines de pavot et châtaignes d'eau, sauté-minute de chapon à la poêlée de foie gras frais... Pour ceux qui n'auraient pas le courage de rentrer, quelques chambres simples et propres.

DANS LES ENVIRONS

SENONCHES 28250 (13 km O)

▲ lol *Auberge La Pomme de Pin* ** – 15, rue Michel-Cauty (Centre)** ☎ **02.37.37.76.02. Fax : 02.37.37.86.61.** Parking. TV. Satellite / câble. Fermé le dimanche soir et le lundi midi. Congés annuels : les 10 derniers jours d'octobre et les 3 premières semaines de janvier. Accès : par la D928 jusqu'à Digny puis la D24. Doubles de 280 F (42,7 €) avec douche et wc à 380 F (57,9 €) avec bains. 1er menu à 85 F (13 €) en semaine, puis de 100 à 175 F (15,2 à 26,7 €). Aux portes du Perche, ancien relais de poste transformé en une belle auberge à colombages. 10 chambres confortables. À table, la cuisine est sans chichi mais de qualité, avec quelques spécialités du terroir : salade percheronne, ris de veau aux girolles, cèpes de la forêt. *Apéritif offert. 10 % sur le prix de la chambre d'octobre à mars.*

CHÂTEAUNEUF-SUR-LOIRE 45110

Carte régionale B1

🛏️🍽️ *La Capitainerie* – 1, Grande-Rue (Centre) ☎ 02.38.58.42.16. Fax : 02.38.58.46.81. Parking. TV. Fermé le lundi midi. Doubles à 280 F (42,7 €) avec douche et à 353 F (53,8 €) avec bains. Menus de 120 à 250 F (18,3 à 38,1 €) et formule le midi à 92 F (14 €). Superbe maison blanche à l'allure fière, en plein centre et à deux pas de la Loire. Déco chic et sobre avec des chambres propres et confortables, même si certaines manquent singulièrement de charme. À signaler, des chambres familiales à très bons prix. Au resto, prix peut-être un peu surestimés, mais la terrasse ouvrant sur le parc du château est particulièrement agréable. Repas souhaité en saison pour les clients de l'hôtel. *NOUVEAUTÉ.*

DANS LES ENVIRONS

COMBREUX 45530 (13 km N)

🛏️🍽️ *L'Auberge de Combreux* ** – 35, route du Gâtinais ☎ 02.38.46.89.89. Fax : 02.38.59.36.19. Parking. TV. Canal+. Satellite / câble. Congés annuels : du 15 décembre au 20 janvier. Accès : par la D10, puis la D9 ; à l'entrée du village. Doubles de 325 F (49,5 €) avec douche et wc à 495 F (75,5 €) avec jacuzzi. Menus à 95 F (14,5 €) en semaine et à 180 et 210 F (27,4 et 32 €). Magnifique auberge, aménagée dans un ancien relais de poste du XIXᵉ siècle tout habillé de vigne vierge. Un petit salon *cosy* avec cheminée. Une salle à manger rustique, juste ce qu'il faut, avec une véranda qui ouvre sur un jardin fleuri. Avec le soleil, on s'y installera sous les arbres. Au resto, le chef nous régale. Gâteau de foies blonds, magret de canard au miel, tête de veau tout simplement exceptionnelle, gibier en saison, tarte aux fruits chaude et délicieux soufflé au Grand Marnier... Dans la maison, comme dans les petites annexes enfouies dans la verdure, les chambres sont charmantes : papiers peints discrètement fleuris (à l'anglaise !), poutres, armoires cirées... Demi-pension obligatoire le week-end et en été. Location de vélos pour se balader dans la forêt d'Orléans toute proche. Tennis et piscine chauffée. Une de nos meilleures adresses. *10 % sur le prix de la chambre.*

CHÂTEAUROUX 36000

Carte régionale B2

🛏️ *Hôtel Le Boischaut* ** – 135, av. de La Châtre (Sud-Est) ☎ 02.54.22.22.34. Fax : 02.54.22.64.89. Parking. TV. Fermé le 31 décembre et le Jour de l'An. Accès : à 900 m de la gare en allant vers le stade. Doubles de 198 à 230 F (30,2 à 35,1 €) avec douche et wc et de 230 à 250 F (35,1 à 38,1 €) avec bains. Le Boischaut est le nom de la région autour de Châteauroux. Et devinez à quel personnage célèbre elle a donné naissance ? À Gérard Depardieu ! Au *Boischaut*, les chambres sont spacieuses et confortables. Dommage que l'hôtel soit un peu excentré (20 mn de marche jusqu'au centre). Pas de resto mais un bar et un plateau-télé (plat chaud, fromage, dessert). Garage fermé gratuit pour les deux-roues.

🛏️ *Hôtel Bonnet* ** – 14, rue du Marché ☎ 02.54.22.13.54. Fax : 02.54.07.56.78. Parking payant. TV. ♨ Fermé le dimanche après-midi. Accès : en plein centre, à 30 m de la rue Grande. Doubles à 200 F (30,5 €) avec lavabo et wc et à 220 F (33,5 €) avec salle d'eau. Grand garage à disposition : 30 F (4,6 €). Dans ce petit établissement, les chambres sont confortables et très bien tenues, et l'accueil charmant. De la Toussaint à Pâques, on peut bénéficier de la formule « Lune », qui permet d'économiser de 20 à 50 F (3 à 7,6 €) sur le prix de la chambre.

🛏️ *Élysée Hôtel* *** – 2, rue de la République (Centre) ☎ 02.54.22.33.66. Fax : 02.54.07.34.34. TV. Canal+. ♨ Fermé le dimanche (sauf réservation). Congés annuels : de Noël au Jour de l'An. Accès : presque en face du centre culturel Équinoxe (médiathèque). Doubles de 280 à 295 F (42,7 à 45 €). Petit déjeuner à 45 F (6,9 €). Excellent petit hôtel situé en plein centre-ville. Les chambres sont agréables et d'une propreté exemplaire. Les nouveaux propriétaires, ex-libraires en Normandie et grands routards devant l'Éternel, ont posé leurs sacs à Châteauroux pour son calme et ses espaces verts. Dans le salon-bar du rez-de-chaussée, ils ont installé sur des rayonnages leurs anciens *Guides du routard*, ceux qui les ont accompagnés au cours de leurs périples. C'est un grand plaisir de deviser avec eux. Pas de restaurant, mais un plateau repas peut être fourni par un resto partenaire et pris en chambre jusqu'à 23 h. *10 % sur le prix de la chambre le week-end et du 1ᵉʳ juillet au 25 août.*

🍽️ *Restaurant La Ciboulette* – 42, rue Grande (Centre) ☎ 02.54.27.66.28. Fermé le dimanche, le lundi et les jours fériés. Congés annuels : la 1ʳᵉ quinzaine de janvier et du 23 juillet au 22 août. Accès : près du musée. Menus de 113 F (17,2 €) à 268 F (40,9 €). L'adresse gastronomique de Châteauroux, intra-muros. Le cadre est agréable, le service aimable, les menus bien vus, et l'on est sûr d'y rencontrer tout le beau monde de la cité. Premier menu, dénommé « Village », avec ses œufs « couilles d'âne » (pochés au vin rouge, sauce à l'échalote), spécialité berrichonne, le parmentier d'agneau au cumin, coriandre et raisins de Corinthe. Les menus « Premier cru » et « Grand cru » (avec les vins servis au verre) sont également fort sympathiques. Maurice, le maître des lieux, est doté d'un sens de l'humour tout britannique. Livre de cave proposant une douzaine de vins au verre et une petite sélection de vins biologiques. Hommage à l'enfant du pays : quelques cuvées du château de Tigné, propriété de Depardieu, figurent également en bonne place. *10 % sur le prix du repas.*

I●I *Le Bistro Gourmand* **– 10, rue du Marché (Centre)** ☎ **02.54.07.86.98.** ♿ Fermé le dimanche et le lundi midi. Accès : à 20 m de la rue Grande, dans le centre. Compter autour de 120 F (18,3 €) à la carte. Juste à côté de l'hôtel *Bonnet*, une jolie salle jaune soulignée d'un vert tendre, pleine de gaieté. Une grande ardoise annonce le programme du jour : le fondant de canard et sa confiture d'oignons ou le carpaccio de saumon mariné aux baies roses en guise d'entrées ; viennent ensuite la cassolette de la mer aux petits légumes ou les cuisses de canard confites sur lit de pleurotes ; pour les desserts : tarte Tatin ou soupe de poires aux oranges confites. À vous de jouer ! *NOUVEAUTÉ.*

DANS LES ENVIRONS

DÉOLS 36130 (2 km N)

I●I *L'Escale Village* **– R N 2 0** ☎ **02.54.22.03.77.** Accès : sur la N20 sortie n° 12 ; direction aéroport en face de l'entrée de la zone aéroportuaire. Menu ou carte à partir de 55 F (8,4 €). Que l'on soit de Châteauroux ou d'Issoudun, de Buzançais ou de Valençay, bourgeois ou prolétaire, jeune ou vieux, on fait étape à *L'Escale* ; c'est le lieu de rendez-vous de tout le département. On y vient en bande ou en famille s'offrir des fruits de mer, une sole meunière, un onglet à l'échalote ou tout simplement des moules marinière, arrosés d'une mousse à la pression ou d'un peu de blanc de Reuilly ou de Valençay, dans la salle du restaurant. Les routiers, dont c'est l'une des haltes favorites, préfèrent s'attabler à la brasserie pour regarder la télé tout en mangeant. Comme *L'Escale* est ouvert non-stop, on y rencontre après minuit les artistes de passage à Châteauroux et bon nombre de sportifs (le patron est un mordu du vélo) adeptes de la troisième mi-temps. Un lieu vivant et parfois vibrant.

I●I *Le Bourg Dieu* **– 39, rue du Pont-Perrin (Centre)** ☎ **02.54.27.36.61.** Fermé les mercredi soir, samedi midi et dimanche. Accès : par la N20 en venant de Châteauroux, puis à gauche dans le centre de Déols ; dans la rue semi-piétonne qui relie la rue principale (la N20) au pont Perrin, sur l'Indre. Menus à 100 et 158 F (15,2 et 24,1 €). Derrière une minuscule façade (de moins de 3 m!) se cachent une jolie salle d'un rustique sobre, léger et une terrasse au jardin où une clientèle « fine fourchette » de Castelroussins a déjà pris ses habitudes. Nous nous sommes régalés avec le premier menu (mais il change chaque semaine!) : tourte berrichonne et salade croquante aux herbes, filet de truite en papillote de brick et beurre blanc, assiette de trois fromages et aumônière de fruits frais au beurre d'orange. Un excellent rapport qualité-prix. *NOUVEAUTÉ.*

COINGS 36130 (8 km N)

🛏 I●I *Le Relais Saint-Jacques* ★★★ – ☎ **02.54.60.44.44.** Fax : **02.54.60.44.00.** Parking. TV. Canal+. ♿ Accès : sortie n° 12 de l'A20, direction aéroport, puis Coings. Sur la gauche avant Céré. Doubles à 320 et 350 F (48,8 et 53,4 €). Menus à 100 et 145 F (15,2 et 22,1 €) en semaine, et à partir de 150 F (22,9 €) le week-end. Pour les suggestions du marché, compter de 65 à 240 F (9,9 à 36,6 €). Il ne faut pas se laisser décourager par l'environnement (aéroport), car cet hôtel, moderne, est plaisant, confortable et calme. Chacune des 46 chambres est décorée différemment et donne sur le jardin ou la campagne à l'arrière. Mais l'adresse est surtout réputée pour son chef et patron, Pierre Jeanrot. Cuisine gastronomique donc. Bien sûr les menus changent souvent. Aux beaux jours, un service brasserie (carpaccio, tartare de thon, salades...), servi en terrasse, est plus abordable. *NOUVEAUTÉ.*

LEVROUX 36110 (21 km N)

🛏 I●I *Hôtel-restaurant de la Cloche* ★★ – **3, rue Nationale** ☎ **02.54.35.70.43.** Fax : **02.54.35.67.43.** Parking. TV. Fermé le lundi soir et le mardi. Congés annuels : février. Accès : par la D956. Doubles à 260 F (39,6 €) avec douche ou bains. Menus de 75 à 240 F (11,4 à 36,6 €). Maison tenue de père en fils depuis 1895 et qui a su garder, au cours du siècle, son image d'auberge villageoise. Cela grâce à une bonne cuisine traditionnelle et à un accueil sans faille. Timbale de sandre au ragoût de crevettes, terrine de foie maison, filet de foie poêlé au vinaigre de cidre, filet de rascasses en écailles pommes maximes et ses langoustines grillées... exhalent leur fumet.

I●I *Restaurant Relais Saint-Jean* – **34, rue Nationale** ☎ **02.54.35.81.56.** Fermé le mercredi soir et le dimanche soir de Pâques à septembre, le mercredi toute la journée et le dimanche soir d'octobre à Pâques, sauf les jours de fête. Accès : à côté de la place de la Collégiale-de-Saint-Sylvain. Menus à 85 F

(13 €), sauf les samedi soir, dimanche et jours fériés, puis de 125 à 215 F (19 à 32,8 €). Remarquable menu enfant à 65 F (9,9 €) avec jus de fruits. Cet ancien relais de poste tenu par un ex-élève de Vergé est l'une des bonnes adresses gastronomiques du département. La belle maîtrise du chef, l'excellence des produits et l'accueil charmant de sa femme, auxquels s'ajoute une salle agréable où l'on peut voir de certaines tables le chef œuvrer en cuisine (elle est nickel !), font passer un bon moment. En été, une terrasse permet de profiter des couchers de soleil gothiques sur la collégiale Saint-Sylvain. Parmi les spécialités : ravioles de coquilles Saint-Jacques à la crème de cèpes, filet de bœuf au foie gras, émincé de pigeon confit à l'ail doux... Justes cuissons, saveurs présentes, on est conquis !

BUZANÇAIS 36500 (25 km NO)

🛏 I●I *Hôtel-restaurant L'Hermitage* ** – route d'Argy-Écueille ☎ 02.54.84.03.90. Fax : 02.54.02.13.19. Parking payant. TV. Fermé le dimanche soir et le lundi (sauf en juillet-août pour l'hôtel). Congés annuels : la 1re quinzaine de janvier et du 10 au 19 septembre. Accès : par la N143, puis prendre la route d'Argy. Doubles de 300 à 360 F (45,7 à 54,9 €). Menus à 95 F (14,5 €), sauf le dimanche, puis de 160 à 300 F (24,4 à 45,7 €). Demi-pension souhaitée en saison, de 270 à 300 F (41,2 à 45,7 €). Une adresse qui porte bien son nom. Véritable havre de paix et de calme. La maison recouverte de vigne vierge sur une belle étendue de verdure qui borde l'Indre. Près de l'hôtel, un grand potager. La terrasse est vraiment agréable. Les chambres de la maison principale sont confortables, décorées avec soin et ont vue sur le parc. Celles de l'annexe ont été refaites, mais possèdent moins de charme et donnent sur la cour. Cuisine plutôt fine avec des spécialités berrichonnes et landaises, ainsi que de nombreuses préparations de poissons selon les arrivages. *10 % sur le prix de la chambre de mi-octobre à fin avril si les clients dînent sur place.*

CHÂTILLON-SUR-INDRE 36700

Carte régionale A2

🛏 I●I *L'Auberge de la Tour* ** – 2, route du Blanc ☎ 02.54.38.72.17. Fax : 02.54.38.74.85. Parking payant. TV. Accès : par la route du Blanc, D975 ou de Châteauroux, N143. Doubles de 170 F (25,9 €) avec douche à 260 F (39,6 €) avec bains. Une belle maison du XVIIe siècle, bien rénovée et fleurie. Le cadre rustique du restaurant (poutres apparentes, cheminée...) est délaissé l'été au profit de la terrasse à

l'arrière. Cuisine régionale classique. Dos de saumon au sauvignon, filet de bœuf au chinon, andouille à la ficelle figurent parmi les spécialités du chef. Les chambres ont été remises au goût du jour (décoration, équipement...). Préférez les nos 6, 9 et 11, plus au calme.

DANS LES ENVIRONS

MÉZIÈRES-EN-BRENNE 36290 (20 km S)

🛏 I●I *Hôtel-restaurant Au Bœuf Couronné* ** – 9, place Charles-de-Gaulle (Centre) ☎ 02.54.38.04.39. Fax : 02.54.38.02.84. TV. Fermé le dimanche soir et le lundi, sauf les jours fériés. Accès : par la D43. Doubles à 230 F (35,1 €) avec douche, wc. Menus de 80 F (12,2 €) en semaine à 248 F (37,8 €). Menu enfant : 40 F (6,1 €), pour les moins de 8 ans. Cet ancien relais de poste pourvu d'un porche d'entrée datant du milieu du XVIe siècle situé en plein pays des étangs secrets de la Brenne est réputé bien au-delà de la région. Conseillé de réserver les week-ends et fêtes. Ses salles sont accueillantes avec poutres, cheminée et pierres apparentes pour l'une, ou lambris clair et crépi pour l'autre. On y vient savourer les rillettes de carpe à la compote d'oignons, ou le boudin de carpe au beurre de crustacés, le filet de bœuf au pouligny Saint-Pierre ou le gibier en saison.

CHÂTRE (LA) 36400

Carte régionale B2

🛏 I●I *Auberge de jeunesse* – rue du Moulin-Borgnon (Nord-Ouest) ☎ 02.54.06.00.55. Fax : 02.54.06.00.55. ● www.fuaj.org ● Accès : prendre le bus depuis Châteauroux, arrêt « Champ de foire ». Nuit à 70 F (10,7 €) pour les moins de 26 ans et 100 F (15,2 €) pour les autres. Carte de la FUAJ obligatoire. Location de draps et couverture : 28 F (4,3 €). Menu à 44 F (6,7 €). Entre le centre-ville et les bords de l'Indre. Ouvert toute l'année. Cette infrastructure récente comprend 62 lits (chambres de 2 à 6 lits avec sanitaires), une salle à manger et une salle télé. À proximité, salles de jeux et aires de loisirs. La réservation se fait auprès du foyer des jeunes travailleurs ☎ 02.54.48.12.57).

🛏 *Hôtel Notre-Dame* ** – 4, place Notre-Dame (Centre) ☎ 02.54.48.01.14. Fax : 02.54.48.31.14. Parking. TV. ♿ Doubles à 250 F (38,1 €) avec douche et wc et 270 F (41,2 €) avec bains. Décidément, La Châtre est une ville très paisible où il fait bon vivre.

Dans cette demeure du XVe siècle avec des fleurs au balcon, les chambres aux tons beiges et pastel, spacieuses et bien aménagées, cadrent parfaitement avec le site avoisinant. Les nos 32 et 34 donnant sur la place sont plus vastes ; la 40 avec sa cheminée est lumineuse et partage une petite terrasse avec la 41, côté cour-jardin. Les nouveaux propriétaires, à la fois discrets et attentifs, veulent préserver l'esprit hospitalier de leur établissement. L'hôtel donne sur une petite place seulement troublée de temps à autre par le gazouillis des oiseaux. Terrasse intérieure dans un jardin privatif et jeu de boules pour adeptes de la pétanque. Des hôtels comme ça, on adore ! *10 % sur le prix de la chambre de novembre à mars.*

|●| *Le Jardin de la Poste* – **10, rue Basse-du-Mouhet (Centre)** ☎ **02.54.48.05.62.** Fermé le dimanche soir et le lundi. Congés annuels : du 20 septembre au 10 octobre. Menus de 105 à 250 F (16 à 38,1 €). Pas la grande table, mais une bonne adresse de cuisine traditionnelle, avec un chef régulier, ce qui donne l'assurance de faire un repas exempt de mauvaise surprise. 1er menu avec entrée, plat (poulet en barbouille berrichonne au sang, avec du vin rouge et des échalotes, carpe au vin gris ou ris de veau au porto), assortiment de fromages ou dessert, est d'un bon rapport qualité-prix. Aux beaux jours, on peut déjeuner en terrasse. *Café offert.*

DANS LES ENVIRONS

NOHANT-VIC 36400 (6 km N)

🏚 |●| *L'Auberge de la Petite Fadette* ★★ – **place du Château (Centre)** ☎ **02.54.31.01.48. Fax : 02.54.31.10.19.** Parking. TV. ⚭ Accès : par la D943. Doubles à partir de 300 F (45,7 €) avec douche. Menus à partir de 85 F (13 €). Cette belle auberge de campagne recouverte de vigne vierge, tenue par la même famille depuis 3 générations, aurait pu connaître George Sand. Celle-ci passa en effet la plus grande partie de sa vie dans le cadre romantique de Nohant, entourée d'une myriade d'amis illustres : Théophile Gautier, Flaubert, Balzac, Delacroix. Accueil assez conventionnel. Chambres très joliment décorées dans les tons verts, un tantinet rétro. Salle à manger aux beaux volumes avec trophées de chasse aux murs et tapisseries. Il ne manque plus qu'une valse... de Chopin, bien sûr.

SAINT-CHARTIER 36400 (8,5 km NE)

🏚 |●| *Hôtel-restaurant La Vallée Bleue* ★★★ – **route de Verneuil** ☎ **02.54.31.01.91. Fax : 02.54.34.04.48.** Parking. TV. Resto et hôtel fermés le mardi midi de mars à fin avril et en octobre ; de mai à fin septembre :

hôtel ouvert tous les jours ; resto fermé le lundi midi et le mardi midi. Congés annuels : de mi-novembre à début mars. Accès : par la D943 puis la D918 ; à la sortie du bourg, en direction de Verneuil. Doubles de 390 à 680 F (59,5 à 103,7 €). Menus de 125 à 295 F (19,1 à 45 €). Menu enfant : 75 F (11,4 €). Cet établissement, qui fut la demeure du médecin de George Sand, a été magnifiquement aménagé tout en conservant son authenticité. Que ce soient les salles de restaurant, le salon ou les chambres, l'harmonie règne... On y séjourne avec plaisir, cela d'autant plus que la table ne démérite pas. 1er menu du mardi au samedi, différent chaque jour. À la carte, on note une assiette végétarienne, œuf poché à la crème de lentilles et magret de canard fumé, filet de nerval en croûte de jambon de pays aux lentilles de Berry et beurre de persil ou civet de bison du Limousin aux pâtes fraîches, fondant au chocolat, griottines au kirsch et sa glace au miel. Deux terrasses et une piscine de deux bassins dans le parc (4 ha), vélos à disposition, golf... Chambres très confortables. Demi-pension souhaitée à partir de deux nuits. *Apéritif offert.*

LYS-SAINT-GEORGES 36230

(23 km NO)

|●| *La Forge* – ☎ **02.54.30.81.68.** Fermé le lundi toute l'année et le mardi de septembre à juin inclus. Congés annuels : 3 semaines en janvier et 2 semaines en octobre. Accès : par la D927 jusqu'à Neuvy-Saint-Sépulcre, puis la D74 ; en face du château. Menus de 98 à 240 F (14,9 à 36,6 €). Cette bonne auberge aux poutres élégantes et aux murs couleur soleil présente cheminée en hiver, terrasse sous la tonnelle en été. Ici, on profite du calme de la vallée Noire et on a les oiseaux pour compagnons. La patronne se montre chaleureuse et pleine d'esprit. Son chef de mari confectionne une cuisine classique et goûteuse avec des saveurs bien tranchées. Le menu à 150 F (22,9 €) a la faveur des habitués du dimanche. La carte change au printemps et à l'automne. Quelques constantes : la salade au crottin fermier chaud, le foie gras de canard maison et le saumon fumé par le soin du chef. Sauf en été, on y trouve aussi l'assiette de fruits de mer. *Apéritif offert.*

CHAUMONT-SUR-THARONNE 41600

Carte régionale B2

|●| *Restaurant La Grenouillère* – **route de La Ferté-Saint-Aubin** ☎ **02.54.88.50.71.** Parking. Fermé le lundi soir et le mardi (sauf en juillet et août). Accès : à 500 m à la sortie de Chaumont, direction La Ferté-Saint-Aubin. Menus de 100 à 200 F (15,2 à

30,5 €). Ancienne maison forestière superbement reconvertie en auberge de luxe rustique. On mange sous une terrasse vitrée, face à un étang peuplé de canards sauvages (40 espèces différentes), poules d'eau, cygnes et carpes plongeantes ! Au choix : jambon de biche fumé, filet de colvert aux girolles, terrine de pot-au-feu, papillote de foie gras sur lit de pommes de terre, ris de veau aux morilles et cuisses de grenouilles. Au fond du jardin, pour la promenade de fin de repas, parc animalier et volières abritant des couples de gallinacés : faisans dorés du Japon, argentés du Tibet, du Népal, miroitant de couleurs. Une excellente adresse.

CHENONCEAUX   37150

Carte régionale A2

|●| Restaurant Au Gâteau Breton – 16, rue du Docteur-Bretonneau (Centre) ☎ 02.47.23.90.14. Fermé le mardi et le mercredi soir en saison, et le mardi soir et le mercredi hors saison. Accès : dans la rue principale. Menus de 62 à 107 F (9,5 à 16,3 €). Menu enfant : 47 F (7,2 €). Grande terrasse en été, petite salle en hiver. Plusieurs menus d'un intéressant rapport qualité-prix. Pour un lieu si touristique, on croit rêver ! Pour 85 F (12,9 €) : entrée + plat + fromage et dessert, avec 1/4 de vin en prime. Pour 107 F (16,3 €) : 2 plats dont un au saumon. Spécialités : poulet à la tourangelle, lapin chasseur, boudin aux pommes et coq au vin, délicieux et copieux. Bon accueil. Café offert.

DANS LES ENVIRONS

CIVRAY-DE-TOURAINE 37150
(1 km O)

🏠 |●| L'Hostellerie du Château de l'Isle ✱✱ – ☎ 02.47.23.63.60. Fax : 02.47.23.63.62. Parking. TV. Restaurant fermé le dimanche soir et le lundi midi (sauf pour les résidents). Congés annuels : du 15 novembre au 26 décembre. Doubles de 350 à 1 200 F (53,4 à 182,9 €), grand appartement avec coin salon et cheminée. Menus à 168 et 220 F (25,6 et 33,5 €). Tout est fait pour que l'on se sente à l'aise dans cette belle demeure tourangelle du XVIIIe siècle située au milieu d'un parc bordant le Cher. 10 chambres confortables. Le chef élabore une cuisine de qualité selon l'inspiration du marché. Cadre très agréable avec ses deux salles à manger à cheminées. Spécialités de saumon au beurre blanc, andouillette à la ficelle, tarte Tatin... Promenade en bateau sur le Cher possible. Aux beaux jours, les repas peuvent se prendre sur la terrasse avant d'aller flâner dans le parc au milieu

d'arbres centenaires. Une adresse authentique.

CHINON   37500

Carte régionale A2

🏠 Hôtel Diderot ✱✱ – 4, rue Buffon ☎ 02.47.93.18.87. Fax : 02.47.93.37.10. Parking. TV. ♿ Accès : à l'écart du centre, à 100 m de la place Jeanne-d'Arc. Doubles de 300 à 400 F (45,7 à 61 €). Un hôtel qui ressemble plutôt à des chambres d'hôte. Derrière un haut portail et au fond d'un jardin, une belle maison du XVIIIe siècle couverte de vigne vierge. À l'intérieur, cheminée du XVe siècle, escalier du XVIIIe siècle et colombages : tout pour le plaisir de l'œil. Vous êtes accueilli comme un membre de la famille. 28 chambres très douillettes et toutes différentes. Les nos 22 à 25 sont bien ensoleillées. Petit déjeuner accompagné de délicieuses confitures. Parking fermé à 22 h 30. *10 % sur le prix de la chambre du 1er novembre au 31 mars.*

🏠 |●| Hôtel de France-restaurant Au Chapeau Rouge ✱✱✱ – 47-49, place du Général-de-Gaulle (Centre) ☎ 02.47.93.33.91. Fax : 02.47.98.37.03. Parking payant. TV. Satellite / câble. Fermé le dimanche soir et le lundi toute la journée. Congés annuels : du 15 février au 8 mars et du 15 au 30 novembre. Accès : au cœur du quartier médiéval. Doubles avec douche ou bains de 360 à 450 F (54,9 à 68,6 €). Prix moins élevés en basse saison (d'octobre à fin mars). Menus à 115, 165 et 195 F (25,2 et 29,7 €). Dans un bel immeuble du XVIe siècle. Chambres confortables avec vue sur le château et la place de la Fontaine pour certaines. Parties communes très agréables, agrémentées de petits espaces salons. Jardin méditerranéen avec bananier, oranger, citronnier et laurier dans la cour intérieure. Un goût d'exotisme. Le resto *Au Chapeau Rouge* propose comme spécialités : poêlée de langoustines aux asperges vertes, escalopes de ris de veau à la crème de truffes, croustillant aux noisettes et sa mousse chocolatée aux griottes. *Apéritif offert.*

DANS LES ENVIRONS

AVOINE 37420 (5 km N)

🏠 |●| Hôtel La Giraudière-restaurant Le Petit Pigeonnier ✱✱ – Beaumont-en-Véron ☎ 02.47.58.40.36. Fax : 02.47.58.46.06. ● www.hotelsfrance.com/ manoir ● Parking. TV. Canal+. Accès : prendre la D749 en direction de Beaumont, sur 4 km environ ; puis tourner à gauche au domaine de la Giraudière et continuer sur 800 m. Doubles de 200 F (30,5 €)

CENTRE

avec douche et wc à 590 F (89,9 €). 1er menu à 120 F (18,3 €), puis menus à 165 et 230 F (25,2 et 35,1 €). Demi-pension à partir de 280 F (42,7 €) par personne en chambre double. Séduisante gentilhommière du XVIIe siècle transformée en accueillant hôtel de campagne. Calme garanti. Curiosité : un pigeonnier du XVIe siècle, transformé en salon-bibliothèque avec piano. 25 chambres récemment refaites avec téléphone, douche ou bains. Au resto, très bonne cuisine gastronomique abordable. Une adresse hors des sentiers battus. *Café offert.*

COUR-CHEVERNY   41700

Carte régionale A2

🏠|●| *Hôtel-restaurant des Trois Marchands* ** – rue Nationale (Centre) ☎ 02.54.79.96.44. Fax : 02.54.79.25.60. Parking. TV. Fermé le lundi. Accès : à côté de l'église, dans la rue principale. Trente-neuf chambres avec lavabo, douche ou bains de 190 à 360 F (29 à 54,9 €). Menus de 130 à 260 F (19,8 à 39,6 €). Formule à 80 F (12,2 €). Quelques poutres apparentes sur la façade donnent à cette auberge un certain charme solognot. Certaines chambres ont vue sur le jardin ; évitez en tout cas les chambres de l'annexe en face. Table réputée. Parmi les spécialités : les cuisses de grenouilles sautées à l'ail et aux fines herbes, gibier en saison... Deux salles, l'une bourgeoise et gastro, l'autre, petite et rustique, pour les grillades ou la formule simple. *10 % sur le prix de la chambre.*

|●| *Restaurant Le Pousse-Rapière* – rue Nationale (Centre) ☎ 02.54.79.94.23. ♿ Fermé le dimanche soir et le lundi. Congés annuels : décembre et janvier. Accès : face au chemin menant au château. Plusieurs menus de 72 F (11 €) le midi en semaine à 140 F (21,3 €). Confortable, et proprios sympas. Réputé comme n'étant jamais décevant. Cuisine bonne et originale : quiche caprine, croustillant de foie gras aux raisins, paupiette de sandre en feuille de blette lardée, dos de brochet au lard et crème de chèvre, jarret de bœuf au cheverny... gibier en saison, etc. On peut aussi y prendre son petit déjeuner.

DREUX   28100

Carte régionale A1

🏠 *Hôtel Le Beffroi* ** – 12, place Métézeau (Centre) ☎ 02.37.50.02.03. Fax : 02.37.42.07.69. TV. Fermé le dimanche de 12 h à 17 h 30. Congés annuels : du 1er au 10 août. Accès : au pied du beffroi, face à la cathédrale. Doubles à 325 F (49,5 €) avec douche et wc. Allez savoir pourquoi, à Dreux, on n'a pas vraiment envie d'y passer

ses vacances ! Mais pour une soirée, voilà une bonne étape, avec le garage sous la place aménagé juste à côté, et des chambres claires, tranquilles, confortables, donnant sur la rivière ou la place.

|●| *Aux Quatre Vents* – 18, place Métézeau (Centre) ☎ 02.37.50.03.24. Fermé tous les soirs sauf le samedi et en été. Formule à 90 F (13,7 €). Menus à 115 et 145 F (17,5 et 22,1 €). On aime bien ce resto pour son côté rétro et sa formule buffet vraiment intéressante. Prenez le menu avec buffet de hors-d'œuvre à volonté incluant saumon et coquillages de mer, excellentes charcuteries, crudités, etc., suivi d'un plat, tel que le carré de veau à l'ancienne ou le poulet rôti au jus, et dessert. Pour ceux qui n'ont qu'une petite faim, formule avec buffet et plat ou plat et dessert. Quand il fait beau, on déjeune sur la terrasse. *Apéritif offert.*

FERTÉ-SAINT-AUBIN (LA)   45240

Carte régionale B1

|●| *L'Auberge des Chasseurs* – 34, rue des Poulies ☎ 02.38.76.66.95. Fermé le lundi soir et le mardi. Accès : dans une rue derrière l'office du tourisme. Formules à 48 F (7,3 €) ou 52 F (7,9 €) et menus de 68 à 148 F (10,4 à 22,6 €). C'était un ancien relais de chasse. Le nom est resté, certaines habitudes culinaires aussi. C'est-à-dire que l'on y est bien reçu et que l'on y mange toujours, en saison, du gibier devant l'imposante cheminée où un feu crépite dès les premiers frimas. Une bonne table, simple et généreuse donc. Seule entorse à la tradition, cette exotique (pour le coin) carte de moules (formule moules-frites + bières).

DANS LES ENVIRONS

MÉNESTREAU-EN-VILLETTE
45240 (7 km E)

|●| *Le Relais de Sologne* – 63, place du 8-mai ☎ 02.38.76.97.40. Fermé le dimanche soir et le mercredi, ainsi que la 1re semaine de février. Accès : à 6,5 km de la Ferté-Saint-Aubin par la D17. Menu « Affaires » (entrée, plat, dessert) à 98 F (14,9 €) servi le midi en semaine sauf les jours fériés. Autres menus « Saveurs régionales » à 158 F (24,1 €), de saison à 168 F (25,6 €) avec poisson ou viande et à 198 F (30,2 €) avec poisson et viande. À souligner, un intéressant menu « découverte » enfants (pour les moins de 12 ans) déclinant terrine, viande ou poisson du marché et dessert. Enfin, belle carte de plats à emporter. *Le Relais de Sologne* est tenu par

Thierry Roger, le chef de cuisine de ce restaurant-traiteur et aussi le virtuose de la gastronomie française. Il accueille dans sa chaleureuse salle à manger décorée dans le plus pur style solognot : colombages et briquettes rouges, lumières chaudes et tamisées, fleurs fraîches et plantes vertes en abondance, harmonie des couleurs... Un décor des plus agréables pour savourer les mets raffinés, du terroir évidemment. La carte change régulièrement et favorise chaque fois les produits de saison : pressé de caille au vieux porto et foie gras, blanc de sandre poché et tomates confites au basilic, autant de plats qui font rêver... Quant aux desserts, ils font chanter le palais. Écoutez plutôt : larmes au chocolat mandarine, soupe de fraises au miel de Kummel... le tout arrosé de vins exquis. Vous l'aurez compris, *Le Relais* est une halte obligatoire en ce beau pays de Sologne. *NOUVEAUTÉ.*

MARCILLY-EN-VILLETTE 45240
(8 km NE)

≜|●| *Auberge de la Croix Blanche* * – 118, place de l'Église ☎ 02.38.76.10.14. Fax : 02.38.76.10.67. Parking. TV. Fermé le vendredi. Congés annuels : 3 semaines en février et 2 semaines en août. Accès : par la N20, puis par la D921. Doubles de 180 à 240 F (27,4 à 36,6 €). Demi-pension à 233 F (35,5 €) par personne en chambre double. Menus de 88 à 180 F (13,4 à 27,4 €). « Taphalot perruquier donne à boire et à manger ; potage à toute heure avec de la légume, on coupe les cheveux par dessus. » L'étonnante enseigne de cette auberge ouverte depuis le XVIIe siècle est toujours là. Plus de perruquier, mais toujours des menus ouvriers au bar (à 70 F - 10,7 €, et mieux vaut réserver) où l'on vend encore des journaux. Dans la plaisante salle de resto, service bon enfant et cuisine de tradition, goûteuse et bien travaillée. Les menus changent quasiment tous les jours et le chef est intraitable sur la qualité de ses produits. On rêve déjà d'y retourner, rien que pour le chariot de desserts et aussi, un peu, pour les chambres simplettes mais agréables face à l'intemporelle place de l'Église. *10 % sur le prix de la demi-pension.*

FERTÉ-VIDAME (LA) 28340

Carte régionale A1

|●| *La Trigalle* * – ☎ 06.12.97.82.00. Parking. ♿ Fermé le dimanche soir et le lundi, sauf les jours fériés, du 15 octobre au 15 avril uniquement sur réservation. Accès : à l'entrée du village, à droite dans un carrefour, en venant de Verneuil. 1er menu à 79 F (12 €) le midi en semaine, sinon menus de 99 à 135 F (15,5 à 20,6 €), bons et copieux.

À la carte, compter au moins 250 F (38,1 €). Quel plaisir de pousser la porte de ce bon et coquet restaurant ! Emmanuel vous y régale en musique (classique s'il vous plaît) de quelques plats inventifs et délicieux, comme les filets de rougets au beurre de homard, le magret de canard entier sauce aux baies de sureau, la fromagère, spécialité régionale, le suprême de chocolat noir aux figues sauce mandarine. La carte des vins est assez exceptionnelle avec nombre de bouteilles dont le prix est à 4 chiffres ! Soirées à thème (musique et repas) le dernier vendredi du mois. Avant de venir ici, il ne faut pas manquer les ruines du château de Saint-Simon, entourées d'un immense parc, endroit méconnu du grand public.

GIEN 45500

Carte régionale B1

≜ *Sanotel* ** – 21, quai de Sully ☎ 02.38.67.61.46. Fax : 02.38.67.13.01. Parking. TV. Canal+. ♿ Accès : en bord de Loire, face au château, sur la rive gauche. Doubles à 190 F (29 €) avec bains. Un bon hôtel sans histoire. On vous le signale surtout pour ses prix défiant toute concurrence et pour sa vue imprenable sur la ville, serrée au pied de son château. Des efforts tout de même à faire sur les couloirs et les salles de bains. Chambres anonymes et sans charme ; celles sans vue, côté jardin, sont un peu plus tranquilles. Accueil charmant. Petite brasserie italienne dans l'hôtel pour dépanner.

|●| *Restaurant Le Régency* – 6, quai Lenoir ☎ 02.38.67.04.96. Fermé le dimanche soir et le mercredi. Congés annuels : vacances scolaires en hiver et 10 jours fin juin-début juillet. Accès : face à la Loire, près du pont. Menus à 90 F (13,7 €) et 125 F (19,1 €). Du poisson de Loire et une cuisine de terroir simple mais soignée, à des prix qui restent raisonnables. Salade de lentilles au saucisson de Lyon, tête de veau ou pavé de flétan sauce safranée pour le premier menu, feuilleté d'escargots à la crème d'ail aux pleurotes et filet de sandre sauce oseille pour le second. À la carte, terrine solognote et cuisses de grenouilles.

DANS LES ENVIRONS

SAINT-GONDON 45500 (5 km SO)

|●| *Le Bon Saint-Gondon* – 3, rue de Sully ☎ 02.38.36.91.16. Fermé le dimanche soir et le lundi. Accès : par la D951. Menus à 65 F (9,9 €) le midi en semaine et de 103 à 195 F (15,7 à 29,7 €). Une jolie auberge, au cœur du bourg. Un jeune chef et son épouse, tous deux très doués, se sont installés dans ce petit village, il y a maintenant

quelques années. Depuis, ils relèvent chaque jour le pari de régaler gens de passage et gens du village. Et le pari est gagné. Sur la même carte, vous en trouvez par tous les goûts, de la recette la plus simple au plat le plus travaillé, et c'est toujours inspiré et réussi. Mais il faut se méfier de la simplicité apparente, car le travail sur les saveurs et les matières est assez remarquable : terrine de queue de bœuf en gelée, rognons de veau au basilic, rôti de lotte à la crème d'ail et pour les plus gourmands, desserts exceptionnels (soupe de rhubarbe aux fraises, fondant au chocolat sauce menthe...). Une très bonne adresse. *NOUVEAUTÉ.*

ILLIERS-COMBRAY   28120

Carte régionale A1

I●I *Le Florent* – **13, place du Marché** ☎ **02.37.24.10.43.** ✗ Fermé le dimanche soir, le lundi et le mercredi soir (sauf jours fériés). Accès : face à l'église. Menus de 100 F (15,2 €), sauf le week-end, à 315 F (48 €). Chic mais pas « Proust ma chère », comme on pourrait le craindre dans ce village qui n'a pas encore compris qu'il était au cœur des rêves de milliers d'amoureux de la littérature ! Si vous recherchez l'intérieur de tante Léonie, c'est raté ; encore que les petites salles, restées dans leur jus tout en étant aux couleurs d'aujourd'hui, ont un charme fou. Comme la cuisine, belle et imaginative (spécialité de poisson), d'Hervé Priolet, qui propose de jolis menus – un menu « Marcel Proust » mémorable. Petits vins servis au verre à 18 ou 22 F (2,7 ou 3,3 €) suivant la couleur. Personnages fantasques et attachants, en salle, qui ne perdent pas leur temps et se régalent en devisant !

DANS LES ENVIRONS

BROU 28160 (13 km SO)

I●I *Restaurant du Stade* – **1, rue du Mail (Centre)** ☎ **02.37.47.01.39.** ✗ Fermé le mercredi soir et le jeudi. Congés annuels : 1re quinzaine de juillet et du 15 décembre au 15 janvier. Accès : par la D921. Formule à 70 F (10,7 €). Menus de 92 F (14 €) servi tous les jours à 150 F (22,9 €). Il faut vraiment se méfier des noms ! Combien de restaurants *Au Bon Accueil* font frémir. Voilà un resto ovationné par ses habitués, qui ne sont pas tous des Bidochon, loin de là, mais qui aiment bien la cuisine toute simple et l'ambiance familiale de ce restaurant sans prétention. 1er menu avec hors-d'œuvre à volonté, 5 plats garnis au choix, plateau de fromages et dessert maison au choix. Les autres font le régal des sorties entre amis ou avec la belle-mère ! Terrasse et petit patio

intérieur où l'on peut admirer la collection de bonsaïs du propriétaire. *Café offert.*

ISSOUDUN   36100

Carte régionale B2

🛏I●I *Hôtel de France – Restaurant Les Trois Rois* ** – 3, rue Pierre-Brossolette (Centre)** ☎ **02.54.21.00.65. Fax : 02.54.21.50.61.** Parking. TV. Fermé le dimanche soir et le lundi (en juillet et août, ouvert le lundi). Accès : à deux pas de la place du 10-Juin et de la Cognette. Doubles à 280 F (42,7 €). Menus de 90 F (13,7 €) en semaine, à 160 F (24,4 €). La plupart des chambres, telles que les nos 1, 2, 3, 6 et de 20 à 23, sont impeccables et spacieuses, d'autres plus petites et un peu vieillottes. Toutes sont équipées de bains. Côté restaurant, une salle chaleureuse non dénuée d'un certain cachet : superbes miroirs, murs fleurdelisés, boiseries patinées par le temps. Un bémol cependant : le peu de circulation d'air lorsqu'elle est pleine et que les cigarettes envoient leurs volutes. Accueil pétaradant de la patronne, une dame efficace qui veille sur tout. Cuisine classique qui ne déçoit pas. Le menu à 115 F (17,5 €) – émincé de saumon huile d'olive et citron, magret de canard au miel pommes sarladaises et lentilles du Berry, fromage et dessert – est copieux.

🛏I●I *Hôtel-restaurant La Cognette* *** – 2, bd Stalingrad** ☎ **02.54.21.21.83. Fax : 02.54.03.13.03.** Parking. TV. Satellite / câble. ✗ Fermé le dimanche soir et le lundi (sauf les jours fériés et en été). Congés annuels : janvier. Accès : par la N151, rejoindre le centre-ville ; à proximité de la grande place du Marché. Doubles à partir de 390 F (59,5 €), avec bains. Plusieurs menus de 135 à 345 F (20,6 à 52,6 €). L'origine de cette auberge remonte au XIXe siècle. Balzac, dans *La Rabouilleuse*, nous la décrit avec beaucoup de précision. Elle était tenue par les époux Cognet : la femme, veuve de Houssaye, était une très bonne cuisinière. Aussi, les clients venaient chez la mère Cognet ou Cognette, d'où le nom de l'auberge. Aujourd'hui, Balzac se friserait les moustaches dans la salle à manger où l'Empire, la Restauration et Louis-Philippe marquent les styles du décor. Balzac aimerait sans doute également les bibelots, les tentures et les tableaux qui confèrent à l'ensemble une atmosphère de faux désordre soigneusement composé. Aux fourneaux, Alain Nonnet et son gendre, Jean-Jacques Daumy, pianotent en duo. Vantée comme l'une des meilleures tables du département. L'hôtel est en tout point parfait. Les chambres sont confortables et la salle de bains où il ne manque rien (peignoir, sèche-cheveux.) appréciée. Devant les chambres aux noms célèbres tels que

Lamartine, Napoléon, de petites terrasses individuelles permettent, quand le soleil est au rendez-vous, de prendre le petit déjeuner presque le nez dans les rosiers. Les 3 étoiles ne sont nullement volées. *Apéritif offert.*

⦿ Le Pile ou Face – rue Danielle-Casanova (Centre) ☎ 02.54.03.14.91. Fermé le dimanche soir et le lundi ; ouvert de 13 h 15 à 21 h 15. Congés annuels : du 15 au 30 août et vacances scolaires de février (zone B). Accès : au nord de la place du 10-Juin (beffroi). Menus à 75 F (11,4 €), servi à midi en semaine, et de 110 à 290 F (16,8 à 44,2 €). Menu enfant à 45 F (6,8 €). Côté face en salle (classique) ou côté pile en terrasse protégée (plus agréable), la carte est la même pour tout le monde. Parmi les spécialités : salade de mâche et queues d'écrevisses aux pistaches, croquant de homard, rognons de veau au pinot gris de Reuilly... *Café offert (ou apéritif) à partir du menu à 110 F.*

DANS LES ENVIRONS

DIOU 36260 (12 km N)

⦿ L'Aubergeade – route d'Issoudun ☎ 02.54.49.22.28. Parking. Fermé le mercredi soir et le dimanche soir. Accès : par la D918, en direction de Vierzon. Menus de 100 à 205 F (15,2 à 31,3 €). L'accueil est chaleureux, la terrasse bienvenue, la salle agréable et confortable (même si les tables sont plus rapprochées qu'à l'extérieur) et la cuisine d'une belle simplicité. Le 1er menu offre une entrée (joue de porc confite en salade paysanne...), un plat (quenelles de brochet sauce beurre blanc au basilic ou andouillette au four sauce crémée à la moutarde...), des fromages affinés ou un dessert du jour maison. Spécialités : aiguillette de pigeonneau fermier aux choux verts et truffes, cuisse de lapereau rôtie dans son jus à la sauge, feuilleté de pommes chaudes à la cannelle...

BRIVES 36100 (13 km S)

⦿ Restaurant Le César, chez Nicole – (Centre) ☎ 02.54.49.04.43. Fermé le lundi. Accès : par la D918 ; à côté de l'église. Menus à 58 F (8,8 €) en semaine et de 80 à 220 F (12,2 à 33,5 €). À proximité de l'ancienne levée de César et des frondaisons qui masquent l'église, cette auberge demeure le centre vital du village. Les légionnaires ont fait une halte sous les poutres de la salle commune saluent volontiers la cuisine simple et savoureuse de la patronne. En semaine, le premier menu vaut bien un *Ave*. Le week-end, les premiers menus également. À titre indicatif, voici ce qu'on y a choisi : la terrine de César, la lentille du Berry avec sa tête de veau vinaigrette, le coq au vin pommes vapeur... Mais

pour être sûr d'en avoir le jour de votre passage, téléphonez avant pour passer commande. De toute façon, mieux vaut réserver. Cela dit, il y a plein de bonnes autres choses.

LANGEAIS 37130

Carte régionale A2

⌂ ⦿ L'Hôtellerie de la Duchesse Anne ** – 10, route de Tours (Centre) ☎ 02.47.96.82.03. Fax : 02.47.96.68.60. Parking. TV. Fermé le vendredi soir d'octobre à mars. Congés annuels : vacances de février. Doubles de 230 à 310 F (35,1 à 47,3 €), avec bains pour les plus chères. Menus de 82 F (12,5 €) en semaine, à 215 F (32,8 €). Accueillante auberge, avec son délicieux jardin à l'arrière. 15 chambres avec lavabo, douche ou bains, toutes différentes. Déco vieillotte. On y vient plutôt pour le resto. Le restaurant propose, en salle et au jardin, une cuisine traditionnelle et créative, très correcte. Bons vins de la région. *10 % sur le prix de la chambre.*

LOCHES 37600

Carte régionale A2

⌂ ⦿ Hôtel-restaurant George Sand *** – 39, rue Quintefol (Centre) ☎ 02.47.59.39.74. Fax : 02.47.91.55.75. Parking payant. TV. Doubles à 270 F (41,2 €) avec douche et wc puis 370 F (56,4 €) avec bains. Demi-pension à partir de 520 F (79,3 €) pour deux. Menu à 100 F (15,2 €) en semaine. À la carte, comptez 280 F (42,7 €). Une bien jolie bâtisse du XVe siècle au bord de l'Indre. Les chambres ont été insonorisées. Les plus spacieuses ont vue sur la rivière. Décoration de bon goût. Le restaurant, qui dispose d'une agréable terrasse sur l'Indre, sert une cuisine raffinée : spécialités de langoustines rôties au lard, géline de Touraine, trilogie de la poire aux 3 parfums. Pain maison. Très bon accueil. Demi-pension obligatoire en saison.

⌂ ⦿ Hôtel-restaurant de France ** – 6, rue Picois (Centre) ☎ 02.47.59.00.32. Fax : 02.47.59.28.66. Parking payant. TV. Satellite / câble. Fermé le dimanche soir et le lundi (sauf en juillet-août). Congés annuels : du 8 janvier au 14 février. Doubles à 285 F (43,4 €) avec douche et wc, et 360 F (54,9 €) avec bains. Menus de 85 F (13 €), en semaine, avec fromage ou dessert, et de 120 à 260 F (18,3 à 39,6 €). Demi-pension obligatoire en juillet-août : à partir de 250 F (38,1 €) par personne. Dans un ancien relais de poste avec cour-jardin fleurie, où l'on peut déjeuner aux beaux jours. Chambres agréables, certaines ont une mezzanine. Ameublement cossu. Au restaurant, cuisine inventive et raffinée, service attentif et discret. Inoubliable feuilleté de langoustines aux courgettes... Pour les férus d'histoire, on raconte que Ludovic Sforza, duc de Milan emprisonné par Louis XI dans le donjon de Loches, se faisait apporter des plats par les mitrons de l'hôtel... Simple légende ?

DANS LES ENVIRONS

BEAULIEU-LÈS-LOCHES 37600
(1 km E)

🏠 *Hôtel de Beaulieu* – 3, rue Foulques-Nerra ☎ 02.47.91.60.80. Congés annuels : du 1er octobre à Pâques. Accès : par la D760 direction Valençay, face à l'église. Doubles à 195 F (29,7 €) avec douche et wc. Dans une dépendance du XVIe siècle de l'abbaye, 9 chambres rustiques autour d'un belle cour intérieure. Calme assuré. *10 % sur le prix de la chambre pour 2 jours, sauf juillet et août.*

🍽 *Restaurant L'Estaminet* – 14, rue de l'Abbaye ☎ 02.47.59.35.47. Fermé le lundi. Congés annuels : 8 jours en février et 8 jours la dernière semaine d'août. Accès : face à l'église. Menu à 60 F (9,1 €), autres à 75 et 105 F (11,4 et 16 €). Plat du jour à 40 F (6,1 €). Dans un logis du XVIe siècle, café-restaurant, ancien bistrot, au pied de l'abbaye avec son clocher de 60 m de haut. On y déguste les spécialités de pays sur la terrasse ou dans la salle où trône le percolateur 1900 derrière le bar en étain. La patronne, en cuisine, vous conseillera le plat du jour que servira Gilles, le patron, fin pêcheur et ramasseur de champignons. Jacques Lanzmann, Mick Jagger ou Gonzague Saint-Bris y viennent en voisins.

MALESHERBES 45330
Carte régionale B1

🏠🍽 *L'Écu de France* – 10, place du Martroy ☎ 02.38.34.87.25. Fax : 02.38.34.68.99. TV. Fermé le jeudi soir. Doubles de 280 à 350 F (42,7 à 53,4 €) avec douche ou bains. Plat du jour autour de 40 F (6,1 €). Dans le hall de réception de cet ancien relais de poste passaient autrefois les diligences. Chambres confortables et fort bien tenues. Restaurant pas vraiment transcendant, par contre une formule brasserie des plus sympathiques est proposée dans une petite salle de style bistrot. Idéal sur la route des vacances ou pour éviter les bouchons à l'entrée de Paris. Car l'autoroute n'est qu'à 13 km et Fontainebleau à deux pas. À propos, au dessert, gardez un peu de place pour cette spécialité laitière, aussi rare que sublime : crème et fromage blanc fouettés, encore meilleur avec des fraises ! *NOUVEAUTÉ.*

MENNETOU-SUR-CHER 41320
Carte régionale B2

🏠🍽 *Le Lion d'Or* – 2, rue Marcel-Bailly ☎ 02.54.98.06.10. Accès : dans le village, au bord de la RN76. Chambres à 180 F (27,4 €). Petit menu à 58 F (8,8 €) et autre à 90 F (13,7 €). Délicieux menu avec entre autres une cassolette d'escargots aux girolles et la véritable andouillette de Mennetou à la ficelle. Servi dans une jolie petite salle rustique. Il existe aussi un coin brasserie pour un petit menu plus ordinaire, mais bien pratique. Propose également quelques chambres, mais vraiment pour dépanner. Quoi qu'il en soit, préférez celles sur cour, elles donnent sur les murs médiévaux de la vieille ville et pas sur la nationale ! *NOUVEAUTÉ.*

MONTARGIS 45200
Carte régionale B1

🏠 *Hôtel Le Bon Gîte* * – 21, bd du Chinchon (Centre) ☎ 02.38.85.31.01. Fax : 02.38.93.28.06. Parking. TV. Satellite / câble. ♿ Ouvert 24h/24. Doubles de 120 à 239 F (18,3 à 36,4 €) selon le confort. Bon plan pour dormir bien et pas cher. Maison qui ne paie pas de mine depuis la rue, avec quelques chambres dans les étages, agencées autour d'une cour intérieure qui prend, sous le soleil, des airs de Méditerranée. Ensemble propre, simple et calme. Les patrons tiennent leur affaire avec beaucoup de gentillesse depuis plus de 30 ans.

🍽 *Restaurant Les Petits Oignons* – 81 bis, av. du Général-de-Gaulle ☎ 02.38.93.97.49. ♿ Fermé le dimanche soir et le lundi. Congés annuels : 2 semaines en février et les 3 premières semaines d'août. Accès : dans le quartier de la gare SNCF. Menus de 71 à 180 F (10,8 à 27,4 €). Une réussite, ce clair décor dépouillé et un poil moderne ! Mais ce qui nous a le plus séduits, c'est le jardin et la terrasse. Avant de s'y installer, loin des regards indiscrets et des bruits de la rue, on peut risquer un œil (c'est même souhaité ici) vers les fourneaux où se prépare une cuisine d'une grande finesse et à base d'excellents produits. Le saumon fumé maison, le confit de canard, la cervelle d'agneau meunière, le saumon rôti à l'ail, le filet de sandre à la crème et au safran (une épice toujours cultivée dans le coin) nous ont bien plu. Accueil enjoué et service impeccable. Ce pourrait être cher. Même pas ! Et ça dure ! Le patron a ouvert une annexe plus « bistrot ».

AMILLY 45200 (2 km SE)

|●| _L'Auberge de l'Écluse_ – **rue des Ponts** ☎ **02.38.85.44.24.** Fermé le dimanche soir et le lundi. Menus de 145 à 230 F (22,1 à 35,1 €). Une cuisine étonnamment inventive et moderne vu le cadre. La salle à manger est, il faut dire, on ne peut plus classique, mais elle s'ouvre sur le canal et l'écluse. On peut donc admirer l'éclusier, tout en mangeant, activer manuellement le mécanisme entre deux bateaux. Pourtant, le vrai spectacle est bien dans l'assiette : sandre au foin de poireau et mousserons des prés, turbot aux salicornes, délicieux desserts et glace maison. C'est vrai que c'est un peu cher, mais on ne repart pas déçu, surtout si on a la chance de manger sur la terrasse, au bord de l'eau. Accueil adorable. _NOUVEAUTÉ._

DORDIVES 45680 (15 km N)

|●| _Restaurant La Truite_ – **chemin du Puits** ☎ **02.38.92.77.17.** Parking. Fermé le lundi, sauf en saison et lundi férié. Accès : par la N7. Menus de 90 à 170 F (13,7 à 25,9 €). Au bord d'un étang (en fait, une rivière qui prend sa source dans la propriété), en pleine campagne, une vaste salle avec baie vitrée et cheminée, qui offre une chouette terrasse aux beaux jours. Un paradis pour les pêcheurs et les amateurs de poisson puisqu'il y a même un parcours de pêche à la mouche. En tout cas, ce resto sert des spécialités de poisson qui n'ont pas grand-chose à voir avec Schubert. Les truites sont pêchées tous les matins pour se retrouver cuites en papillote dans votre assiette. À moins que vous ne préfériez un filet de sandre. En hiver, vous vous rabattrez sur des huîtres de chez Gillardeau, ou une bouillabaisse maison.

MONTRICHARD 41400

Carte régionale A2

🛏 _Hôtel de la Croix-Blanche_ ** – **64, rue Nationale (Centre)** ☎ **02.54.32.30.87.** Fax : **02.54.32.48.06.** Parking payant. TV. Satellite / câble. Fermé le dimanche après-midi. Congés annuels : de novembre à fin mars. Chambres propres et confortables de 225 à 275 F (34,3 à 41,9 €). Dans un ancien relais de poste du XVIe siècle entièrement rénové, situé au pied du donjon, une adresse simple et sans charme mais très correcte. Quelques chambres avec vue sur le Cher. _10 % sur le prix de la chambre en avril, juin, septembre et octobre._

|●| _Le Bistro de la Tour_ – **34, rue de Sully (Centre)** ☎ **02.54.32.07.34.** Accès : tout près de l'office du tourisme. Formule à 63 F (9,6 €) en semaine, sinon menus à 75 et 100 F (11,4 et 15,2 €). Menu-carte à 135 F (20,6 €). Belle maison de tuffeau avec jolie terrasse sur la place. Intérieur de pierre et de bois, agréable et chaleureux. Carte classique avec des petits plats bien préparés, pavé de bœuf, filet de sandre, tartare... Mention spéciale pour la poêlée d'escargots aux pleurotes. Salades copieuses et variées. Une bonne petite étape très accueillante. _NOUVEAUTÉ._

CHISSAY 41400 (4 km O)

🛏|●| _Château de Chissay_ – ☎ **02.54.32.32.01.** Fax : **02.54.32.43.80.** TV. Accès : sur la rive droite du Cher, par la D176 en direction de Tours. Chambres à partir de 490 F (74,7 €) pour deux, jusqu'à 830 F (126,5 €) voire plus pour les suites et appartements. Forfait « week-end » (hors saison et week-ends fériés) à 1 980 F (301,8 €) pour deux. Menu à 185 F (28,2 €). En pays de châteaux, quoi de plus normal que de passer la nuit dans un château ? Et celui-là n'a rien à envier à ses grands frères. D'ailleurs, vous le connaissez sans doute, c'est sa silhouette que l'on voit se profiler sur les célèbres _Riches Heures du Duc de Berry_... Demeure historique construite sous Charles VIII, l'histoire transpire ici par tous les murs. Dominant la vallée du Cher, ce sublimissime château a été entièrement restauré au point de faire peut-être un peu trop neuf ! Superbe piscine et jolie terrasse sous les arcades. Magnifique salle à manger, les mobilier est d'époque et de bon goût, d'un luxe pas ostentatoire et avec des salles de bains époustouflantes. Sans être donné, ce rêve n'est pas inaccessible. Une bonne formule, le forfait week-end comprend dîners, petits déjeuners et chambre pour 2 nuits. Un coup de cœur si on osait... Ouvert à la visite. _NOUVEAUTÉ._

PONTLEVOY 41400 (7 km N)

🛏|●| _Hôtel-restaurant de l'École_ ** – **12, route de Montrichard (Centre)** ☎ **02.54.32.50.30.** Fax : **02.54.32.33.58.** Parking. TV. Fermé le mardi sauf en été. Congés annuels : février. Accès : sur la route principale en venant de Montrichard. Chambres de 275 à 400 F (41,9 à 61 €), toutes avec douches ou bains, wc, télé et téléphone. Plusieurs menus à partir de 99 F (15,1 €) en semaine. Un petit hôtel classique et plein de charme qui propose 11 chambres proprettes et un peu kitsch. Au resto, la cuisine demeure très traditionnelle, mais elle est fine et présentée avec goût : quenelles de brochet aux langoustines, escalope de saumon aux queues d'écrevisses, filet de sandre... Aux beaux jours, repas dans le jardin sous la pergola. Le service est impeccable.

OISLY 41700 (16 km NE)

|●| *Restaurant Le Saint-Vincent* – le bourg (Centre) ☎ 02.54.79.50.04. Fermé le mardi soir et le mercredi. Accès : par la D764 jusqu'à Pontlevoy, puis à droite, prendre la D30. Menus à 120 et 160 F (18,3 et 24,4 €). Vins de pays à partir de 82 F (12,5 €). Sans être pompeux (l'endroit ne l'est pas du tout), voilà une adresse exceptionnelle. *A priori*, cela ne paie pas de mine : une enseigne banale, un restaurant sur une place de village. Dès qu'on franchit le seuil, l'impression change. Le décor est frais, soigné, les tables espacées, dressées avec goût et raffinement. Plats particulièrement originaux et alléchants. Grand bourlingueur, le chef puise sa fertile inspiration dans ses voyages et surtout ses rencontres. Du coup, la cuisine se révèle un mélange détonant de saveurs, grâce à des associations d'épices parfois surprenantes. Jugez plutôt : gâteau de tourteau à la compote d'oignons et agrumes sur un taboulé au curry vert, cuisse de lapin confite et fricassée de calmars servie avec une caponata aux olives noires ou un civet de biche au cacao (en saison), et en dessert, poire pochée au cassis et vin de Oisly accompagnée d'un sorbet aux calissons. Le tout arrosé d'un bon petit vin du pays sélectionné avec soin. Les plats changent tous les mois et varient selon la saison. D'aileurs le chef est si créatif, qu'il a sûrement déjà inventé de nouveaux trésors gastronomiques. Réservation conseillée. *Café offert*.

NOGENT-LE-ROTROU 28400

Carte régionale A1

▲ *Hôtel L'Eldorado* ** – 2, place du 11-Août (Centre) ☎ 02.37.52.01.78. Parking. TV. Doubles à 130 F (19,8 €) avec lavabo jusqu'à 250 F (38,1 €) avec douche et wc. Petit déjeuner copieux à 20 F (3 €). C'est pas le Pérou mais on est à Nogent ! Un hôtel un peu vieillot mais bien tenu sur une grande place de Nogent-le-Rotrou. Chambres pas toujours très spacieuses mais il a bien fallu rajouter les salles de bains. Serviable, sympa et bavard, le patron vous donnera quelques bons tuyaux sur la ville.

▲ |●| *Le Lion d'Or* ** – 28, place Saint-Pol ☎ 02.37.52.01.60. Fax : 02.37.52.23.82. Parking. TV. Canal+. Fermé le dimanche soir et le lundi. Congés annuels : les 3 premières semaines d'août et fin décembre. Doubles avec douche et wc de 260 à 330 F (39,6 à 48,8 €) suivant la taille, ou à 360 F (54,9 €) avec bains. Menus de 120 à 250 F

(18,3 à 38,1 €). Une fois passé le choc du papier peint des couloirs, vous pourrez apprécier les chambres spacieuses et confortables. Très bien situé, sur la place principale de Nogent. Le vendredi soir, évitez les chambres donnant directement dessus pour cause de marché le samedi.

|●| *La Papotière* – 3, rue Bourg-le-Comte ☎ 02.37.52.18.41. Fermé le dimanche soir et le lundi. Formule à 75 F (11,4 €), menus à 150 et 210 F (22,9 et 32 €). Quel curieux nom pour cette superbe maison en pierre du début du XVIe siècle ! Sur la façade, l'une des fenêtres est joliment sculptée. L'intérieur est chaleureux et le service agréable, bref on s'y sent vite bien. Cuisine bourgeoise traditionnelle. Pintade aux figues, noisette d'agneau. Ne pas rater le dessert de la maison : le kanougat (au chocolat !).

ORLÉANS 45000

Carte régionale B1

▲ *Hôtel de Paris* – 29, rue du Faubourg-Bannier (Nord) ☎ 02.38.53.39.58. Fermé le samedi midi et le dimanche sauf sur réservation. Doubles de 120 F (18,3 €) avec lavabo à 160 F (24,4 €) avec bains. Plat du jour à 41 F (6,3 €). Accueil sympa et (très, très) décontracté. Chambres modestes mais plutôt agréables. Un petit coup de peinture et de nouvelles tapisseries leur ont même donné un air presque pimpant. Bonne bande. Dans l'escalier, on croise aussi bien des étudiants américains que des ouvriers en déplacement. Normal... le patron a longtemps vécu aux États-Unis et une grande partie de sa clientèle est anglophone. Au rez-de-chaussée, bistrot de quartier (donc d'habitués) avec resto proposant plat du jour le midi du lundi au vendredi. Garage à vélos. Chiens acceptés.

▲ *Hôtel Saint-Martin* ** – 52, bd Alexandre-Martin (Centre) ☎ 02.38.62.47.47. Fax : 02.38.81.13.28. TV. Canal+. Congés annuels : de Noël au Nouvel An inclus. Accès : à gauche en sortant de la gare SNCF, en direction du théâtre. Doubles de 145 à 290 F (22,1 à 44,2 €) selon le confort. Un petit hôtel à l'atmosphère doucement familiale. À deux pas de la gare, étonnant de trouver des chambres aussi calmes, ouvrant sur une toute petite cour fleurie.

▲ *Hôtel Marguerite* ** – 14, place du Vieux-Marché (Centre) ☎ 02.38.53.74.32. Fax : 02.38.53.31.56. TV. Fermé le dimanche entre 12 h et 16 h 30. Accès : à 50 m de la rue Royale, près de la poste centrale. Vingt-cinq grandes chambres de 170 F (25,9 €) avec lavabo, sans télé, à 250 F (38,1 €) avec bains et télé, toutes confortables et très bien tenues. Les chambres sur rue sont maintenant dotées d'un double-vitrage. Petit déjeuner à 29 F (4,4 €), avec boisson chaude à volonté, jus de fruits et miel, et servi dans la chambre sans supplément. Voilà le genre d'adresse qui fait vraiment notre bonheur... et le vôtre. Ce bel hôtel au charme suranné allie confort, prix doux et accueil digne d'un trois étoiles. Dès que vous rencontrerez le patron à la réception (au 1er étage), vous aurez compris que jovialité, gentillesse et disponibilité sont de mise. L'hôtel *Marguerite*, on l'aime un peu, beaucoup, passionnément, à la folie !

🛏 *Hôtel de l'Abeille* – 64, rue d'Alsace-Lorraine (Nord) ☎ 02.38.53.54.87. Fax : 02.38.62.65.84. TV. Canal+. Accès : rue qui longe le palais de justice. Doubles de 240 à 310 F (36,6 à 47,3 €) avec douche et wc ou bains. Il y a quelque chose dans l'atmosphère de cet hôtel ouvert depuis 1919 (ce qui en fait l'un des plus anciens de la ville) qui nous a séduits : peut-être la bourdonnante enseigne, peut-être les arbustes et les plantes vertes qui rendent le trottoir presque bucolique. Peut-être aussi l'accueil aimable, l'escalier de bois patiné, le charme désuet des chambres, toutes différentes.

🛏 *Jackotel* ** – 18, cloître Saint-Aignan (Sud-Est) ☎ 02.38.54.48.48. Fax : 02.38.77.17.59. Parking. TV. ♿ Fermé le dimanche après-midi et les jours fériés de 13 h à 18 h. Accès : un peu à l'écart, à l'est du centre ; longer le quai du Châtelet (direction Montargis) et tourner avant le pont. Chambres confortables et soignées, dignes d'un 3 étoiles. Doubles à 290 F (44,2 €) avec bains et téléphone. Charmant hôtel récent, au fond d'une cour fleurie. Pour l'anecdote, sachez que le curieux nom de l'hôtel (non, ce n'est pas une nouvelle chaîne !) est dû à la passion de la charmante gérante pour... les perroquets ! Quelques-uns vous accueilleront à la réception. Hélas, ils ne parlent pas... ils sont tous en bois ! On se consolera avec le chant des oiseaux, seuls à troubler le calme de l'adorable placette voisine, au pied de l'église Saint-Aignan. Une bonne adresse à Orléans. Animaux acceptés.

🍴 *Restaurant Les Fagots* – 32, rue du Poirier (Centre) ☎ 02.38.62.22.79. ♿ Fermé le lundi et le dimanche. Congés annuels : la 1re semaine de janvier et la 2e quinzaine d'août. Accès : à proximité des halles. Menus à 65 F (9,9 €) le midi et 85 F (13 €) le soir, carte autour de 110 F (16,8 €). Celui-là, on vous le sort de derrière. les fagots. Facile ! Dès la porte franchie, on sent une ambiance particulière. Ici, des amoureux dînent en tête-à-tête, là, des comédiens discutent avec leur metteur en scène. Plus loin, des habitués plaisantent avec le patron en train de cuisiner. En effet, tout se passe autour de la grande cheminée qui trône au milieu de la salle décorée de vieilles affiches, de cafetières en émail

et en porcelaine et de photos d'acteurs. Spécialités de la maison : les grillades au feu de bois et surtout le pavé d'âne (il faut le commander la veille). Accueil et service amicaux. L'atmosphère nous inciterait à le classer dans les restos du soir mais on peut, à midi et au soleil, se laisser séduire par la petite terrasse. *Kir offert.*

🍴 *L'Archange* – 66, fbg Madeleine (Ouest) ☎ 02.38.88.64.20. Fermé le soir le dimanche, le mardi et le mercredi, ainsi que le lundi toute la journée. Congés annuels : vacances scolaires, Noël, Pâques et le mois d'août. Accès : depuis la place Croix-Morin, prendre la rue Porte-Madeleine. À droite après le bd Jean-Jaurès. Menus de 80 à 194 F (12,2 à 29,6 €). Belle salle décorée d'eaux-fortes de paysages locaux. Grand prix d'honneur de l'Académie nationale de cuisine, M. Schmitt propose une cuisine fine (gâteau de langoustines et homard au saumon fumé dans son coulis rafraîchi à l'estragon, tian de lotte aux jeunes poireaux et son fumet de champignons, le gratin de ris de veau aux morilles, paupiette de sole, sans oublier l'entremets au chocolat blanc au coulis d'abricots, entre autres...) présentée dans les règles de l'art. Carte des vins éclectique et alléchante, avec cheverny blanc et rouge à prix doux.

🍴 *Restaurant Don Quichotte* – 165, rue de Bourgogne (Centre) ☎ 02.38.62.36.57. Fermé le lundi. Accès : derrière la cathédrale. Paellas à 83 F (12,7 €) et pichet de sangria à 51 F (7,8 €). Auberge espagnole au cadre pastoral où quelques jambons sèchent au plafond sous l'œil bienveillant de Don Quichotte et de son fidèle Sancho Pança. Très populaire en ville pour ses paellas et sa cuisine aillée. Pas de menu mais c'est un des endroits où l'on peut manger tard le soir. Espagne oblige ! *Apéritif offert.*

🍴 *La Dariole* – 25, rue Étienne-Dolet (Centre) ☎ 02.38.77.26.67. Joli menu à 110 F (16,8 €), puis à 150 F (22,9 €). Cadre bois et vieux rose, cuisine exquise et raffinée, voici un de nos coups de cœur à Orléans. Délicieuses spécialités qui changent régulièrement : marbré de lapereau au basilic et confiture d'oignons, mijotée de joues de cochon, terrine de pruneaux, pommes sauce caramel et glace au pain d'épice... Aux beaux jours, on peut manger dehors. Une terrasse agréable est sortie sur une jolie petite place piétonne. Accueil adorable, mais service timide et compassé ; dommage car l'endroit gagnerait à plus de décontraction. *NOUVEAUTÉ.*

🍴 *La Petite Marmite* – 178, rue de Bourgogne (Centre) ☎ 02.38.54.23.83. Ouvert uniquement le soir du lundi au vendredi. Ouvert en plus le midi le samedi, le dimanche et les jours fériés. Accès : à proximité de la préfecture. Menu du terroir à 118 F (18 €) servi jusqu'à 22 h 30 et autre menu à 146 F (22,3 €). Marmite gourmande à 188 F (28,7 €). Réservez, c'est l'une des meilleures adresses de la rue la plus riche d'Orléans en restos ! Franche cuisine de terroir à l'aise dans cette petite salle rustique et coquette : pâté de fromage de chèvre, lapin au caviar ou au miel à l'orléanaise, confit de canard aux champignons des bois, marmite de rognons de veau au vinaigre de xérès, coq au vin, tripes, plats aux truffes et gibier en saison... On a bien aimé le panaché de sandre et saumon. Patronne affable qui choie ses clients. *Digestif offert.*

I●I Restaurant La P'tite Porte – 28, rue de la Poterne (Centre) ☎ 02.38.62.28.00. Fermé le dimanche et le lundi. Congés annuels : Noël, Jour de l'An, 1 semaine en mai et 1 semaine en août. Accès : dans une petite rue perpendiculaire au milieu de la rue de Bourgogne. Pas de menu, mais pour 120 F (18,3 €), vous serez repu. Installé dans une échoppe du XVIᵉ siècle, au cœur de ce qui fut une des rues « chaudes » d'Orléans. On a bien aimé la salle, toute en longueur, ses murs ocres, ses meubles de récupération et ses plantes vertes. La cuisine ne s'embarrasse pas de complications et la carte va à l'essentiel : quelques bonnes viandes, des moules avec des frites... Un peu plus d'inventivité pour les plats du jour inscrits au tableau noir. Et surtout, les jeunes patrons ont la passion des bons petits vins de propriétaire. Leur cave sort des sentiers battus et si, bien sûr, elle suit le cours de la Loire, elle n'hésite pas à visiter d'autres vignobles : Jura, Côtes-du-Rhône... *Café offert.*

DANS LES ENVIRONS

COMBLEUX 45800 (5 km E)

I●I La Marine – ☎ 02.38.55.12.69. Ouvert tous les jours. Accès : par la N460. Menus à 120 et 155 F (18,3 et 23,6 €). À l'image de ce village où le temps semble s'être arrêté, voici une merveille de petite maison mangée par la glycine, avec sa terrasse au bord du canal. L'endroit a un charme fou. Un vrai cliché... D'un côté, la Loire passe, nonchalante, laissant apparaître çà et là ses fameux bancs de sable. Juste devant, une vieille écluse laisse s'écouler l'eau dans un grand bruit de cascade. À table, enfin, c'est une grande fête aux poissons de Loire : anguilles, lamproie et sandre sont admirablement cuisinés et les desserts sont somptueux. La salle, de pierre et de bois clair, est superbe et l'accueil charmant. Tous les ingrédients sont réunis pour que l'on se sente vraiment bien. C'est sans doute un de nos meilleurs souvenirs. *NOUVEAUTÉ.*

MEUNG-SUR-LOIRE 45130 (20 km SO)

I●I Restaurant L'Olivier – 15-17, rue du Général-de-Gaulle ☎ 02.38.45.13.41. ♿ Fermé le dimanche soir et le lundi. Accès : par la N152. Menu du marché à 85 F (13 €), avec vin et café compris, jusqu'à 189 F (28,8 €). Une salle charmante et une petite terrasse qui fait oublier que ce resto donne sur la nationale. Service attentionné et discret. Le chef travaille surtout le poisson : sandre en matelote, ragoût de joues de lotte à la crème, pavé de loup de mer aux lentilles vertes, pintade à la crème langoustines... Petite, mais étonnante carte des vins. Dernier détail pour les amateurs : le cheverny est superbe. *Apéritif offert.*

PITHIVIERS 45300

Carte régionale B1

🛏I●I Le Relais de la Poste – 10, Mail-Ouest (Centre) ☎ 02.38.30.40.30. Fax : 02.38.30.47.79. Parking. TV. Resto fermé le dimanche soir. Accès : en face de l'office du tourisme. Doubles à 260 F (39,6 €) avec bains et wc. Menus de 79 à 139 F (12 à 21,2 €), tous impeccables. La bonne adresse provinciale, trônant sur sa place. N'hésitez surtout pas à entrer. Pour vous donner une idée, le 1ᵉʳ menu propose déjà museau, onglet aux échalotes, fromage et dessert au choix. Nous, on a évidemment craqué pour le panachage de pithiviers (feuilleté et glacé). Enfin une adresse où l'on ne se moque pas du monde et où la viande est bonne, même au petit menu. La salle à manger est très banale mais très bien insonorisée, contrairement à ce que l'on pourrait craindre à première vue. Les chambres, rénovées, sont lambrissées pour la plupart, et celles du dernier étage sont même avec poutres apparentes. Idéal pour une étape à Pithiviers. *NOUVEAUTÉ.*

PREUILLY-SUR-CLAISE 37290

Carte régionale A2

🛏I●I Auberge Saint-Nicolas ★★ – 6, Grande-Rue (Centre) ☎ 02.47.94.50.80. Fax : 02.47.94.41.77. TV. Fermé le dimanche soir et le lundi (sauf en juillet-août). Congés annuels : du 11 septembre au 3 octobre. Doubles de 240 F (36,6 €), avec douche et wc, à 280 F (42,7 €) avec bains. Menus de 68 F (10,4 €) le midi en semaine, à 225 F (34,3 €). À proximité de l'abbaye, cet hôtel propose 9 chambres entièrement rénovées dans des tons jaunes, avec tout le confort nécessaire. L'enchevêtrement des escaliers propre à ces vieilles maisons fait penser aux coursives d'un navire. Accueil agréable et bon rapport qualité-prix. Au restaurant, dans une salle repeinte et climatisée, on trouve une cuisine régionale.

DANS LES ENVIRONS

PETIT-PRESSIGNY (LE) 37350

(9 km N)

IOI *Restaurant La Promenade* – **11, rue du Savoureulx** ☎ 02.47.94.93.52. Fermé le dimanche soir, le lundi et le mardi midi. Congés annuels : 2 semaines en septembre et 3 semaines en janvier. Accès : par la D41 vers Loches, puis la D50. Menu du marché à 140 F (21,3 €), sauf les dimanche et jours fériés, puis menus de 185 à 400 F (28,2 à 61 €). Il arrive parfois que les villages les plus anodins sachent jouer de bons tours. Et c'est le cas du Petit-Pressigny ! En général, quand on va jusqu'à *La Promenade* du Petit-Pressigny, c'est comme lorsqu'on va à une fête. En l'occurence une fête gastronomique ! Quand il eût fini de bourlinguer chez les « grands » (chefs), Jacky Dallais, l'enfant du pays, devenu grand à son tour, transforma l'ancienne maréchalerie de papa en un merveilleux restaurant au décor frais et raffiné. Deux jolies salles aux lignes douces contemporaines précédées d'une entrée-salon où Madame vous reçoit, aimable et discrète, tandis que le maître d'hôtel orchestre un service dynamique. Pendant ce temps, Jacky, devant ses fourneaux, s'en donne à cœur joie pour confectionner les mets qui feront frémir vos papilles de bonheur. Tout en lui exprime la probité, l'effort, le grand soin et l'invention maîtrisée. Cette virtuosité culinaire sait se mettre à la portée de tous grâce à des prix édifiants de sagesse. Le menu du marché est d'un excellent rapport qualité-prix et celui à 400 F est rabelaisement étonnant avec ses 5 plats, fromage et dessert. Quelques spécialités : champvallon de pieds et carré d'agneau, côte de cochon fermier, haricots demi-secs et parmentier de boudin noir. Pain maison. Somptueuse carte des vins. Réservation conseillée le week-end.

RICHELIEU 37120

Carte régionale A2

≜ *Les Mousquetaires* – **4, av. du Québec (Centre)** ☎ 02.47.58.15.17. Parking. TV. Fermé le mardi jusqu'à 18 h. Congés annuels : début octobre. Accès : à 2 mn du centre. Doubles à partir de 160 F (24,4 €) avec douche et wc, jusqu'à 230 F (35,1 €) pour 4 personnes, de plain-pied sur un jardin. Un petit hôtel sans prétention mais confortable, en dehors des anciens rem-

parts. 5 chambres doubles. Télé sur demande sans supplément. Accueil sympa. Une agréable surprise vous attend au moment de l'addition. Petit bar dans l'hôtel (possibilité de repas). *10 % sur le prix de la chambre hors saison pour un séjour de 8 jours.*

IOI *Le Cardinal* – **3, rue des Écluses** ☎ 02.47.58.20.58. �'. Fermé le dimanche soir et le mercredi soir d'octobre à Pâques, et tous les soirs en janvier et février. Congés annuels : Noël et Jour de l'An. Accès : près de la porte de Châtellerault, place du Cardinal, face à l'entrée du parc. Menus de 49 à 130 F (7,5 à 19,8 €), ainsi qu'un menu « Truffes » à 240 F (36,6 €), de mi-décembre à fin février. Adresse à deux vitesses et donc deux salles, toutes les deux sympas dans leur style, une pour les menus express et bon marché, l'autre pour les menus plus chers, avec un service plus lent, mais plus soigné. Cependant même chef, voire mêmes plats, on ne perd donc pas au change. Plats selon les fantaisies du marché, le canard en sucré-salé revient quand même souvent, pour le délice de vos papilles.

ROMORANTIN-LANTHENAY 41200

Carte régionale B2

≜IOI *Hôtel-restaurant Le Colombier* ** – **18, place du Vieux-Marché** ☎ 02.54.76.12.76. Fax : 02.54.76.39.40. Parking. TV. Fermé le dimanche soir. Accès : à 150 m de l'hôtel de ville. Doubles autour de 240 F (36,6 €) avec douche et wc ou bains. Un petit menu à 100 F (15,2 €) avec entrée, plat, fromage et dessert et un autre à 175 F (26,7 €). Chambres tristes mais confortables avec téléphone direct. Demandez celles donnant sur la cour. Jardin agréable. Plats solognots soigneusement préparés et variant suivant les saisons : chartreuse de lapereau et foie gras de canard aux trompettes des bois, ventre et dos de daurade rose au bourgueil, veau poêlé aux morilles et carottes fondantes... Bonne réputation.

≜IOI *Hôtel-restaurant-auberge Le Lanthenay* ** – **rue Notre-Dame-du-Lieu** ☎ 02.54.76.09.19. Fax : 02.54.76.72.91. Parking. TV. �' Fermé le dimanche soir et le lundi. Congés annuels : du 15 au 30 juillet et du 22 décembre au 15 janvier. Accès : sortir de Romorantin en direction de Paris, passer le marché Leclerc et à gauche. Doubles de 280 à 310 F (42,7 à 47,3 €). Menus à partir de 108 F (16,5 €) en semaine. Un étoilé Michelin au *Routard*... Sans partager l'enthousiasme de notre confrère, mais néanmoins ami, nous vous recommandons chaudement cette adresse. C'est une étape véritablement incontournable dans la ville. . En effet, c'est l'un des restos les moins chers et incontestablement le meilleur rapport qualité-prix. À condition de rester sage... De toute façon, c'est le petit menu de la semaine qui s'avère le plus sympa, à la rigueur celui à 179 F (27,3 €). Tout dépend, ils changent tous les jours. Cuisine simple et classique. Carte des vins de Loire à prix corrects. Chambres un peu vieillottes, mais confortables. Accueil inégal et petit déjeuner décevant, dommage...

SAINT-AIGNAN   41110

Carte régionale A2

≜ I●I *Grand Hôtel Saint-Aignan* – 79, quai J.-J.-Delorme (Centre) ☎ 02.54.75.18.04. Fax : 02.54.75.12.59. Doubles de 130 F (19,8 €) avec douche sur le palier à 335 F (51,1 €) avec sanitaires complets. Menus à 85, 135 F (12,9, 20,6 €) et plus. Ancien relais de poste, recouvert de lierre et installé face au Cher. Cadre chaleureux, chic et agréable avec ses tapisseries médiévales. Jolies chambres à tous les prix. Plusieurs chambres familiales et certaines avec vue sur le Cher. Un super plan : la n° 15 avec une vue extra sur le Cher et la collégiale à 130 F (les sanitaires sont juste à côté). Au resto, quelques spécialités comme l'assiette des « trois provinces » ou les médaillons de chevreau en persillade. Délicieux bien que pas toujours copieux. Super accueil. Un hôtel où l'on se sent bien tout simplement. *NOUVEAUTÉ.*

DANS LES ENVIRONS

CHABRIS 36210 (25 km E)

≜ I●I *Hôtel de la Plage* ** – 42, rue du Pont (Centre) ☎ 02.54.40.02.24. Fax : 02.54.40.08.59. Parking. TV. Fermé le dimanche soir et le lundi (ouvert aussi le lundi soir de mi-juillet à fin août). Congés annuels : janvier. Accès : par la D17 puis la D35. Doubles à 234 F (35,7 €). Menus de 90 à 180 F (13,7 à 27,4 €). Sur la route de Valençay à Romorantin, en direction de la Sologne, voilà une bonne petite halte pour se restaurer et se reposer. La formule à 90 F est composée d'un plat et un dessert ou d'une entrée et un plat. Le « menu du Terroir » propose un bon choix de produits locaux. Cuisine traditionnelle élaborée par Mme d'Agostino, tandis que son mari bichonne les clients. La carte change tous les trimestres et le poisson varie, selon les arrivages. Aux beaux jours, service dans un jardin d'été où trône une fontaine. Chambres confortables ; celles du premier étage sont plus spacieuses mais plus anciennes ; celles du second ont été modernisées récemment. *Apéritif offert.*

SAINT-AMAND-MONTROND   18200

Carte régionale B2

≜ I●I *Hôtel-restaurant Le Noirlac* ** – 215, route de Bourges (Nord-Ouest) ☎ 02.48.96.80.80. Fax : 02.48.96.63.88. Parking. TV. Canal+. ⚒. Resto fermé le vendredi soir, le samedi midi et le dimanche soir de novembre à Pâques. Congés annuels : du 27 décembre au 2 janvier. Accès : à 5 km du péage de l'autoroute A71, à 700 m de la rocade, et sur la N144 en direction de Bourges ; à 2,5 km de l'abbaye de Noirlac (abbaye cistercienne fondée en 1150 par saint Bernard). Doubles à 340 F (51,8 €). Menus de 78 à 150 F (11,9 à 22,9 €). Idéal pour l'automobiliste. Le site n'est pas des plus pittoresques et ressemble, à première vue, à un hôtel de chaîne. Contrastant avec les monuments de la route Jacques-Cœur, *Le Noirlac* est ultra-moderne avec piscine, tennis, practice de golf, piste de quads... Jetez un coup d'œil derrière ! Les chambres sont particulièrement confortables et pratiques. Il en existe 2 accessibles aux handicapés. Bravo ! L'accueil est soigné et le service du resto efficace. Le 1er menu est copieux et servi tous les jours. Spécialités : fricassée d'escargots, rosace de Saint-Jacques et, en dessert, le petit Noirlac aux trois parfums. Pas mal d'animation l'été (soirées à thèmes)... *10 % sur le prix de la chambre.*

I●I *Restaurant Le Saint-Jean* – 1, rue de l'Hôtel-Dieu ☎ 02.48.96.39.82. Fermé le dimanche soir et le lundi. Congés annuels : la dernière semaine d'août et la 1re semaine de septembre. Accès : dans la vieille ville, près de l'église. Formule à 62 F (9,5 €). Puis menus de 95 à 180 F (14,5 à 27,4 €). À proximité du charmant musée Saint-Vic, *Le Saint-Jean* vaut bien un pèlerinage, avec sa salle rustique au ton ocre et ses poutres chaleureuses. Il fait bon fouler ce parquet douillet avant de s'attabler autour de la cuisine vaillante de Philippe Perrichon qui propose, en semaine, un 1er menu époustouflant : terrine aux foies de volailles, filet de julienne aux crustacés, fromage, nougatine glacée. C'est le meilleur rapport qualité-prix de la ville, alors, le week-end, inutile de pointer son nez à l'improviste, il faut réserver.

DANS LES ENVIRONS

ORVAL 18200 (2 km O)

≜ I●I *Hôtel-restaurant du Pont du Cher* * – 2, av. de la Gare ☎ 02.48.96.00.51. Fax : 02.48.96.49.26. Parking. Fermé le dimanche soir et le lundi sauf jours fériés. Accès : par la D925. Doubles de 160 à 200 F

(24,4 à 30,5 €). 1er menu à 70 F (10,7 €). Agréable auberge rustique, aux fenêtres garnies de géraniums. Une terrasse vitrée permet d'admirer le Cher et la campagne environnante. Cuisine traditionnelle sérieuse. L'hôtel s'avère calme (surtout les chambres donnant sur l'arrière) et confortable.

BRUÈRE-ALLICHAMPS 18200
(9 km NO)

|●| *Auberge de l'Abbaye de Noirlac* – ☎ 02.48.96.22.58. Fermé le mardi soir et le mercredi d'octobre à mars. Ouvert tous les jours en juillet et août. Congés annuels : du 15 novembre au 15 février. Accès : à Saint-Amand, prendre la N144 en direction de Bourges puis, à 4 km, prendre à gauche direction Noirlac ; en face de l'abbaye. Menus de 98 à 170 F (14,5 à 25,9 €). Cette auberge comporte une salle de bistrot où, chaque été, vous pouvez apprécier la nouvelle formule « sur le pouce » (omelettes, assiettes de charcuterie, etc.), une salle pour l'office gastronomique, avec carrelage cardinal, poutres monacales, pierres apparentes. Pascal Verdier, le chef, travaille les viandes et les poissons avec le même bonheur. Face à une abbaye si visitée, il n'a pas eu la tentation d'abuser de la bourse du pèlerin. Le 1er menu, avec fromage et dessert, propose des mets qui relèvent plus de saint Bernardin que de saint Bernard. Belle terrasse ombragée en été.

TOUCHAY 18160 (26 km O)

🏠|●| *Auberge des Sept Sœurs* – (Centre) ☎ 02.48.60.06.77. Fermé le dimanche soir et le lundi ; ouvert le soir (sauf le lundi) en juillet et août ; resto ouvert seulement à la clientèle de l'hôtel (sauf samedi soir) hors saison. Congés annuels : 15 jours fin février et fin septembre. Accès : par la D300, puis D925 direction Lignières ; prendre ensuite la D3 vers Morlac. Doubles de 100 à 150 F (15,2 à 22,9 €). 1er menu à 60 F (9,1 €), en semaine uniquement. Puis menus gastronomiques à 95 et 125 F (14,5 et 19,1 €). Surplombant le château de l'Isle-sur-Arnon, proche de l'église du village, sept sœurs ont fait vœu de bien recevoir et de bien mitonner. Si deux d'entre elles restent cloîtrées dans cette bonne auberge aux larges baies vitrées, aux poutres élégamment campagnardes, c'est pour maintenir un alléchant fumet devant la porte ! Au 1er menu, le midi en semaine : terrine de poisson, bœuf bourguignon, œufs en neige, servis généreusement. Le service féminin est au diapason. Belle terrasse ombragée aux beaux jours. Une super adresse. Pour la communion du dimanche midi, prière de retenir.

SAINT-BENOÎT-SUR-LOIRE 45730

Carte régionale B1

🏠 *Hôtel du Labrador* ** – 7, place de l'Abbaye ☎ 02.38.35.74.38. Fax : 02.38.35.72.99. Parking. TV. ⚒ Congés annuels : janvier. Accès : face à la superbe basilique. Doubles de 175 à 355 F (26,7 à 54,1 €), tout dépend du confort. Sur une petite place où l'ambiance est au calme, au silence, voire au recueillement (la proximité de l'abbaye y est sûrement pour quelque chose !). La maison ne manque pas de charme. On y trouve des chambres à l'ancienne. Dans une annexe plus récente, les chambres sont plus confortables et décorées avec goût. Certaines ont des poutres apparentes, d'autres (les nos 4 et 7, par exemple) offrent une jolie vue sur l'abbaye ou sur la campagne environnante. Pas de resto, mais demi-pension possible au *Grand Saint-Benoît*.

|●| *Le Grand Saint-Benoît* – (Centre) ☎ 02.38.35.11.92. Fermé le dimanche soir et le lundi. Menus de 90 à 270 F (13,7 à 41,2 €), et carte autour de 200 F (30,5 €). À peine ouvert, ce joli restaurant s'imposait déjà comme l'une des meilleures tables de la région. Et pour aller contre les idées reçues, on se permet de signaler que ce n'est pas le plus cher. La cuisine est absolument divine, à la fois simple et recherchée, toujours très bien présentée. Le petit menu de la semaine, sauf heureux hasard, s'avère plutôt décevant comparé à la carte ou au menu à 140 F (21,3 €), par exemple (une merveille). Pour vous mettre l'eau à la bouche, on a repéré la côte de veau de lait, le trio d'écrevisses en tête de lion, mais ce qu'on a préféré c'est le pâté d'agneau en coque feuilletée et foie gras chaud, et le rôti de lotte aux échalotes confites et basilic purée de pommes de terre à la moutarde de Meaux. Très belle terrasse dans la rue piétonne. *NOUVEAUTÉ*.

SALBRIS 41300

Carte régionale B2

🏠|●| *Domaine de Valaudran* *** – route de Romorantin ☎ 02.54.97.20.00. Fax : 02.54.97.12.22. Parking. TV. Satellite / câble. ⚒ Accès : à la sortie de Salbris, sur la droite en direction de Romorantin. Doubles de 465 à 690 F (70,9 à 105,2 €) selon la saison. Menus à 120 F (18,3 €) en semaine et 220 F (33,5 €). Comptez 250 F (38,1 €) à la carte. Renseignez-vous sur les nombreux forfaits week-end. Belle propriété du XIXe siècle fièrement plantée au bout d'une allée bordée d'arbres. Ambiance feutrée et colorée, déco raffinée et lumineuse. Voilà une halte bien agréable, sans rien de tapageur ou de guindé. Chambres évidemment superbes et ultra-confortables, même si les prix pratiqués les réservent à certaines bourses. Le resto est déjà plus accessible, surtout que le jeune chef propose une cuisine plus studieuse et moins personnelle que son illustre prédécesseur et que les prix sont de fait un peu plus doux. Mais la table mérite toujours le détour. Le « petit » menu hebdomadaire offre, par exemple, un excellent rapport qualité-prix avec une cuisine fine et de bons produits : céleri rémoulade au canard fumé, caneton croisé en deux cuissons et sa purée de céleri, et profiteroles. Quelques autres bonnes spécialités : les ravioles de queue de bœuf, le pigeonneau de Sologne, le carpaccio d'ananas à la menthe fraîche ou la bonne tarte Tatin... Piscine et terrasse finissent de faire de cet endroit un pur moment de détente et de plaisir. Accueil particulièrement sympathique et agréable. *Apéritif offert.*

DANS LES ENVIRONS

NOUAN-LE-FUZELIER 41600

(12 km N)

|●| *Le Raboliot* – 1, av. de la Mairie (Centre) ☎ 02.54.94.40.00. Parking. Fermé le mercredi. Accès : par la RN20, non loin de l'accès A71. Menu touristique à 90 F (13,7 €), sauf les jours fériés, menu tradition à 130 F (19,8 €) et menu gastronomique à 220 F (33,5 €). Le midi, au bar, plat à 40 ou 60 F (9,1 €). À la carte, comptez 250 F (38,1 €). Entre Salbris et Lamotte-Beuvron, un restaurant à découvrir absolument, un peu en retrait de la RN20 et à 5 mn de l'autoroute. Dieu sait s'il en existe des Raboliot, ce nom solognot emprunté à Maurice Genevoix. Mais ici, chez Philippe Henry, le nom et la cuisine sont légitimes, proches des bois et des étangs de Malvaux. Le patron est un personnage local, avenant et passionné, et sa réputation n'est plus à faire. On aime ce restaurant, excellent, chaleureux et à prix sages. Parmi les spécialités gastronomiques : foie gras frais (remarquable), raviolis d'escargots, bœuf à la moelle ou au foie gras, rognons de veau (une réussite), sandre en écailles de Belles de Fontenay (un régal), cuisse de lapin farcie et braisée aux girolles, turbot rôti, pigeon ou poêlée d'anguille... À la saison de la chasse, gibier abondant bien sûr ! Les desserts sont aussi alléchants comme la tarte fine aux abricots et granité de thym ou la mousseline de rhubarbe. Superbe carte des vins. Service impeccable. Réservation obligatoire. Les habitués savent que le patron sert le midi au bar une cuisine plus simple mais tout aussi exceptionnelle, avec poulet fermier de l'orléanais à la sauge, gratin de pommes de terre au sauvignon... Inutile de dire que c'est un coup de cœur...

|●| *Le Dahu* – 14, rue Henri-Chapron ☎ 02.54.88.72.88. Parking. Fermé le mardi soir sauf en juillet-août et le mercredi. Accès : par la N20 en direction de La Ferté-Saint-Aubin. Menus à partir de 98 F (14,9 €) en semaine et de 128 F (19,5 €) le week-end jusqu'à 250 F (38,1 €). Marie-Thérèse et Jean-Luc Germain ont créé un jardin extraordinaire pour *Le Dahu*, du jamais vu ! Cachée dans une zone pavillonnaire sans charme, cette ferme solognote se fond dans la verdure. Poutres et poteaux centenaires jouent avec le paysage. Chaleureux intérieur à la fois rustique et chic. Au sommaire des réjouissances, tarte tiède de rougets, queues de langoustines à la coriandre, filet de sandre aux moules, médaillons de lotte aux olives, tarte tiède aux abricots...

SAINT-VIÂTRE 41210 (20 km NO)

🛏|●| *Auberge de la Chichone* ** – place de l'Église ☎ 02.54.88.91.33. Fax : 02.54.96.18.06. TV. Fermé le mardi soir et le mercredi. Accès : par la N20, puis au niveau de Nouan-le-Fuzelier, prendre la D93. Sept chambres de 290 à 320 F (44,2 à 48,8 €). Menus à 85 F (13 €) en semaine et de 120 à 185 F (18,3 à 28,2 €). Pour les beaux jours, réservez dans le jardin qui compte déjà ses habitués!... À l'intérieur, c'est le cliché même de la ferme solognote type. Souvenirs de chasse ou de la forêt dans un décor rustique bourgeois où la lumière joue avec les poutres patinées. Au restaurant, un nouveau chef inspiré avec des plats très terroir et subtilement réussis, comme le petit salé de canette ou la paupiette de carpe farcie. Devant l'auberge, l'église du XIVe siècle rappelle les pèlerinages effectués ici pour guérir toutes sortes de maladies. C'est ici que débute la très belle route des Étangs, chargez vos appareils photo. *Café offert.*

SANCERRE   18300

Carte régionale B2

|●| *Restaurant La Pomme d'Or* – place de la Mairie (Centre) ☎ 02.48.54.13.30. Fermé le lundi et le mercredi soir. Congés annuels : 1 semaine à Noël. Accès : en arrivant à Sancerre, prendre la direction de la mairie. Menus de 90 à 230 F (13,7 et 35,1 €). Dans la vieille ville, une petite maison bon chic-bon genre. Cuisine de tradition allégée que parfume avec bonheur un brin de rusticité (saumon sauvage, poisson de petite pêche, rognons de veau au jus de thym, pigeonneau aux épices). Celle-ci change au rythme des saisons. Excellent rapport qualité-prix du 1er menu. Le patron, Didier Turpin, sommelier fou de vins, propose une carte époustouflante, avec nos meilleurs terroirs, à prix d'amis. *Digestif offert.*

DANS LES ENVIRONS

SAINT-SATUR 18300 (3 km NE)

🏠 I●I *Hôtel-restaurant Le Laurier* ** – 29, rue du Commerce ☎ 02.48.54.17.20. Fax : 02.48.54.04.54. TV. Fermé le dimanche soir et le lundi sauf en juillet-août. Congés annuels : novembre. Accès : par la D955. Doubles à 110 F (16,8 €) avec lavabo et à 230 F (35,1 €) plus spacieuses avec bains. 1er menu à 80 F (12,2 €) en semaine. Autres menus de 100 à 190 F (15,2 à 29 €). Après avoir acheté quelques bonnes bouteilles de sancerre, on peut se rendre à Saint-Satur, petite commune avoisinante. À 100 m d'une belle abbaye, cette maison recouverte de vigne vierge abrite une salle décorée avec un goût de l'authentique (objets en cuivre, poutres apparentes, vieux meubles en bois...). Le prix des chambres est tout à fait raisonnable pour la région de Sancerre, très touristique, même si un rafraîchissement des papiers peints est souhaitable. Au restaurant, ne pas manquer les spécialités : œufs au vin à l'ancienne, sandre aux asperges, tête et langue de veau au deux sauces, coq au vin et gibier en saison. *Café offert. 10 % sur le prix de la chambre de décembre à mars.*

I●I *Au Bord de Loire* – 2, quai de la Loire ☎ 02.48.54.12.15. Fermé le dimanche soir et le lundi, hors saison. Le lundi uniquement en saison. Congés annuels : 8 jours la 2e quinzaine de février et 3 semaines à partir de fin octobre. Accès : de Sancerre, D955 direction Cosne-Gien. Traverser Saint-Satur et Saint-Thibault jusqu'au pont de la Loire, à la sortie du village. Menu à 78 F (11,9 €) servi le soir (même le dimanche). Autres menus de 98 à 250 F (14,9 à 38,1 €). « C'est une guinguette au bord de l'eau »... une sorte de cabane du pêcheur avec pergola fleurie et des tables en bois, vers de larges baies vitrées devant une terrasse-jardin qui s'étend jusqu'à la berge. Dans cette rusticité sympathique, les menus rappellent parfois le terroir du patron berrichon avec quelques spécialités gasconnes. Qui dit bord de Loire dit friture, sandre au beurre blanc, etc. Également foie gras mi-cuit maison, lapin fermier au sauvignon ou encore le fameux « viau't au vin » (veau au vin) bien berrichon... Manque l'orchestre pour guincher en fin de repas... *Café offert.*

CHAVIGNOL 18300 (5 km O)

I●I *Restaurant La Côte des Monts Damnés* – le bourg (Centre) ☎ 02.48.54.01.72. Fermé le dimanche soir et le lundi. Congés annuels : février. Accès : de Sancerre, par la D955 direction Cosne-Gien, puis la D183 ; en dessous de l'église. Menus de 98 à 195 F (14,9 à 29,7 €). L'enseigne des *Monts Damnés* sanctifie un cru réputé de Sancerre. De cette auberge rustique, où cohabitent poutres et tissus imprimés, se dégage une atmosphère douillette, presque romantique. Les plats, confectionnés à partir des produits du terroir, sont francs avec des saveurs bien tranchées : tagliatelles au crottin, râble de lapin farci aux rognons de veau, saumon sauce à la lie-de-vin bien réussie. La carte des vins est riche en bonnes occasions, tous terroirs confondus. L'accueil et le service sont sympas. L'une des meilleures tables du cru.

SANCOINS 18600

Carte régionale B2

🏠 *Hôtel du Parc* ** – 8, rue Marguerite-Audoux (Centre) ☎ 02.48.74.56.60. Fax : 02.48.74.61.30. Parking. Congés annuels : du 1er au 15 janvier. Doubles à 220 F (33,5 €) et pour 2 à 4 personnes à 280 F (42,7 €). Des allures de château, beaucoup de classe, un grand parc fleuri en saison où l'on peut prendre son petit déjeuner et des chambres calmes pleines de charme. Des miroirs de style baroque, des dessus-de-lit en velours bleu ou rouge. Que d'atouts ! Un rapport qualité-prix imbattable. De plus, l'accueil est charmant.

DANS LES ENVIRONS

GUERCHE-SUR-L'AUBOIS (LA) 18150 (15 km N)

🏠 I●I *Hôtel-restaurant Le Berry* ** – 12, rue Jean-Jaurès (ou route de Sancoins) ☎ 02.48.74.00.41. Fax : 02.48.74.19.96. Parking. TV. ⚒ Fermé le vendredi soir et le dimanche soir. Congés annuels : du 20 décembre au 5 janvier. Accès : par la D976. Doubles de 300 F (45,7 €) avec douche à 350 F (53,4 €) avec bains. Menus de 75 F (11,4 €), servi aussi le soir à 190 F (29 €). La route de Sancoins est fréquentée par toutes sortes d'engins à moteur à explosion et certains de nos lecteurs se sont plaints du bruit. Heureusement, les chambres restent au calme. Auberge bien sympa qui fait salle comble toute la semaine. Un bon aperçu de la cuisine berrichonne, comme son nom l'indique. Un conseil : réservez si vous voulez goûter au pavé charolais ou aux rognons de veau et à toutes les sauces qui se marient si bien avec le gibier et le poisson. Mais la cuisine est assez irrégulière ces derniers temps. *Apéritif offert.*

SELLES-SUR-CHER 41130

Carte régionale B2

🏠 I●I *Le Lion d'Or* – 14, place de la Paix (Centre) ☎ 02.54.97.40.83. Parking. TV. Canal+. Fermé le dimanche soir et le lundi.

Accès : derrière l'église. Chambres très correctes de 218 à 268 F (33,2 à 40,9 €) selon le confort. Menus à partir de 58 et 85 F (8,8 et 13 €). Superbe menu solognot à 125 F (19,1 €) et un autre (magnifique) à 186 F (28,4 €). Une vraie adresse routard... Petite salle sympa, au décor pêcheur, pour le petit menu du midi où des plats simples mais parfaits. À côté, belle salle, plus bourgeoise mais fraîche et agréable, pour une vraie fête. Le chef est également traiteur et vous propose quelques spécialités qui valent le détour : mikado de fromage de chèvre et de saumon fumé grillé au four, pavé de brochet truffé et petit soufflé de légumes, médaillons d'agneau et gâteau de patates. Sans oublier le roseau solognot, une merveille de gâteau au chocolat noir... Carte et vins à prix très raisonnables. Cuisine raffinée et inventive, service diligent et accueil charmant. L'une des meilleures adresses du coin. *Apéritif offert. NOUVEAUTÉ.*

SOUVIGNY-EN-SOLOGNE   41600

Carte régionale B2

l●l *La Perdrix Rouge* – (Centre) ☎ 02.54.88.41.05. Menus à partir de 80 F (12,2 €) en semaine et 120 F (18,3 €) le week-end. Très jolie salle à manger, à la fois rustique et raffinée, au mobilier choisi et aux tables joliment dressées. Une excellente maison pour laquelle on ne cache pas notre faible. L'accueil est charmant, le service stylé mais discret et la cuisine un véritable bonheur. On commence par de délicieux amuse-bouches, puis une mise en bouche, enfin arrivent les plats, légers, savoureux et parfumés : terrine de pigeon aux cèpes, aiguillettes de pigeon au miel rôti au jeune chou, carré d'agneau aux herbes du jardin ou sandre au beurre blanc... Du terroir parfaitement revisité, des produits de première fraîcheur et de première qualité. Un rapport qualité-prix comme on les affectionne. *NOUVEAUTÉ.*

SULLY-SUR-LOIRE   45600

Carte régionale B1

🛏l●l *Hôtel-restaurant de la Poste* ✶✶ – 11, rue du Faubourg-Saint-Germain (Centre) ☎ 02.38.36.26.22. Fax : 02.38.36.39.35. Parking. TV. Canal+. Doubles de 125 F (19,1 €) avec cabinet de toilette à 300 F (45,7 €) avec bains. Premier menu à 96 F (14,6 €). Ancien relais de poste. Une partie des chambres se trouve côté Loire ; dans les autres, la vue est remplacée par la télévision ! Une véritable institution à Sully. D'ailleurs, la volière à perruches dans la cour de l'hôtel est presque aussi célèbre que la maison elle-même. En cuisine, produits locaux bien travaillés, essentiellement du poisson. *Apéritif offert. 10 % sur le prix de la chambre.*

TOURS   37000

Carte régionale A2 – Plan pp. 272 et 273

🛏 *Hôtel Le Lys d'Or* ✶ – 21-23, rue de la Vendée (C2-9) ☎ 02.47.05.33.45. Fax : 02.47.64.19.00. Parking. Accès : à 500 m de la gare. Doubles à partir de 120 F (18,3 €) avec un simple cabinet de toilette. Comptez jusqu'à 175 F (26,7 €) pour la douche et les wc en plus. Prix réduits pour la semaine. Adresse idéalement située, très calme. Décoration plutôt rustique mais agréable. Chambres côté jardin plus lumineuses. Très bon accueil. *Café offert. 10 % sur le prix de la chambre sauf juillet-août, ainsi qu'une boisson chaude ou froide offerte.*

🛏 *Hôtel Régina* ✶ – 2, rue Pimbert (C1-4) ☎ 02.47.05.25.36. Fax : 02.47.66.08.72. Ouvert 24h/24. Accès : derrière le théâtre. Doubles de 120 F (18,3 €) avec lavabo à 195 F (29,7 €) avec douche et wc. Petit hôtel propre et coquet, bien entretenu, avec des fleurs aux fenêtres. Cela fait plaisir à voir, tant c'est mignon. Bon accueil. Simplicité de la déco (mais sans froideur). Prix doux. Salon télé. *5 % sur le prix de la chambre.*

🛏 *Hôtel Saint-Éloi* ✶ – 79, bd Béranger (A2-2) ☎ 02.47.37.67.34. Fax : 02.47.39.34.67. TV. Accès : à moins de 10 mn à pied du vieux quartier. Chambres avec cabinet de toilette à 140 F (21,3 €) ou avec douche et wc à 185 F (28,2 €). Table d'hôte le soir à 40 F (6 €). En retrait du boulevard, grâce à un petit jardin agrémenté d'un superbe magnolia. Petit hôtel tenu par un jeune couple. Calme, propre, simple et chaleureux. Facilités de se garer sur le boulevard ou dans la rue Jules-Charpentier, derrière l'hôtel. *10 % sur le prix de la chambre à partir de 2 nuits consécutives.*

🛏l●l *Hôtel-restaurant Moderne* ✶✶ – 1-3, rue Victor-Laloux (C2-3) ☎ 02.47.05.32.81. Fax : 02.47.05.71.50. TV. Canal+. Satellite / câble. Resto fermé le samedi midi, le dimanche et le lundi midi. Congés annuels : resto du 17 décembre au 21 janvier ; hôtel ouvert toute l'année. Accès : rue parallèle à la rue Buffon, proche de l'hôtel de ville et à deux pas de la gare. Doubles de 190 F (29 €) avec lavabo à 340 F (51,8 €) avec bains. 1er menu à 78 F (11,9 €), puis menu à 98 F (14,9 €). Demi-pension possible à partir de 260 F (39,6 €) par personne en chambre double. Dans une belle maison tourangelle. Quartier calme. Quelques chambres mansardées. On adore l'atmosphère qui émane de cet endroit feutré. Pour comble de plaisir, le patron, M. Malliet, confectionne une cuisine rustique savoureuse. Spécialités de salade aux rillons chauds, salade tourangelle au fromage de chèvre, pommes en l'air flambées, poires au chinon. *Apéritif offert. 10 % sur le prix de la chambre du 15 octobre au 31 mars.*

🛏 *Hôtel Balzac* ** – 47, rue de la Scellerie (C1-5) ☎ 02.47.05.40.87. Fax : 02.47.05.67.93. TV. Canal+. Doubles de 225 F (34,3 €) avec lavabo, à 310 F (47,3 €) avec bains. Très central. Encore une adresse cossue et accueillante. 18 chambres dont 3 avec lavabo et 15 avec douche ou bains. Les n°s 2, 3, 7 et 15, notamment, sont tranquilles et spacieuses. Aux beaux jours, on peut prendre un verre ou le petit déjeuner sur la gentille terrasse intérieure. Conditions préférentielles au golf de Touraine.

🛏 *Hôtel du Manoir* ** – 2, rue Traversière (D2-7) ☎ 02.47.05.37.37. Fax : 02.47.05.16.00. TV. Accès : dans le quartier de la préfecture. Doubles à 270 F (41,2 €) avec douche et wc et 290 F (44,2 €) avec bains. Grande chambre à 370 F (56,4 €) pour 3 personnes. Dans une rue calme, derrière la préfecture. Un hôtel particulier du siècle dernier avec 20 chambres entièrement refaites avec goût. Tons pastel et mobilier style anglais. Chambres mansardées au dernier étage, très agréables. Bon accueil. Excellent rapport qualité-prix.

🛏 *Hôtel Royal Clarine* *** – 65, av. de Grammont (C2-8) ☎ 02.47.64.71.78. Fax : 02.47.05.84.62. Parking payant. TV. Canal+. Satellite / câble. ✗ Accès : à environ 800 m de la place Jean-Jaurès sur l'avenue prolongeant la rue Nationale. Doubles à partir de 355 F (54,1 €). Hôtel moderne à l'architecture discrète. Accueil agréable. Chambres and salle à manger meublées dans les styles Louis XV et Louis XVI, mais sans tape-à-l'œil. Très confortable assurément. 50 chambres de style ou contemporaines avec bains et téléphone. *10 % sur le prix de la chambre.*

|●| *Le Petit Patrimoine* – 58, rue Colbert (C1-24) ☎ 02.47.66.05.81. Fermé le dimanche midi. Menus de 70 à 155 F (10,7 à 23,6 €). Plat du jour à 35 F (5,3 €). Apéritifs et vins de Touraine à partir de 60 F (9,1 €). Parmi les nombreux restaurants de la rue Colbert, c'est le « régional de l'étape ». Délicieuses spécialités : tourte tourangelle aux rillons et au chèvre, andouillette à la vouvrillonne, matelote de veau des tonneliers, brochet à la bourgueilloise… le tout servi dans une petite salle aux pierres apparentes. Ne manquez pas la superbe plateau de fromages ! Un peu de place pour le dessert ? Alors goûtez aux poires tapées ou à la faisselle de chèvre et gelée de mûres. Bonne ambiance. Il est prudent de réserver.

|●| *Le Bistrot des Halles* – 31, place Gaston-Paillhou (A2-22) ☎ 02.47.61.54.93. Fermé à 23 h 30. Accès : centre « Les Halles ». 1er menu à 75 F (11,4 €), la formule à 95 F (14,5 €) est tout à fait honnête. À la carte, comptez environ 110 F (16,8 €). Une excellente adresse pour les amateurs de brasseries à l'ancienne. Innombrables petits tableaux évoquant les années 1900. Le service est impeccable, ce qui n'empêche pas une ambiance décontractée. La maison privilégie les spécialités régionales : bouillabaisse, pot-au-feu aux 3 viandes, beuchelle tourangelle, pied de cochon grillé, moelle de bœuf à l'angevine, tête de veau, poissons divers, etc. Beau choix de vins de Loire. Quant à leur *tarte* Tatin, hmm ! *Carte de fidélité « Cercle Épicurien ».*

|●| *L'Atelier Gourmand* – 37, rue Étienne-Marcel (A1-26) ☎ 02.47.38.59.87. ✗ Accès : dans le vieux Tours, à deux pas de la place Plumereau. Menu à 97 F (14,8 €), compter 130 F (19,8 €) à la carte (sans la boisson). Deux frères terribles, Fabrice (en cuisine) et David (au service), font évoluer la cuisine tourangelle. Petit flanc de chèvre frais aux poivrons doux, côtes d'agneau à la crème d'ail, confit de pommes aux pruneaux. La carte recèle aussi les meilleurs crus de leur val de Loire natal. Ambiance artiste dans la petite salle du XVe siècle redécorée avec des toiles de peintres tourangeaux contemporains (Spiessert, Calet). Terrasse.

|●| *Restaurant Charles Barrier* ** – 101, av. de la Tranchée (hors plan B1-25) ☎ 02.47.54.20.39. Parking. ✗ Fermé le dimanche soir. Accès : de l'autre côté de la Loire, sur l'avenue qui prolonge le pont Wilson. Menus à 150 et 230 F (22,9 et 35 €), jusqu'à 470 F (71,7 €) pour les plus fortunés. Même si Charles Barrier, qui avait fait de cette adresse tourangelle une référence gastronomique incontournable, a passé le relais, Hervé Lussault, son digne successeur, assure avec témérité et brio la même grande tenue. Le service tout aussi raffiné et le cadre (salle donnant sur un jardin) contribuent à graver dans la mémoire gustative un souvenir impérissable ! Langoustines rôties, matelote d'anguilles, canette rôtie au miel et aux épices, nougat de Tours…

DANS LES ENVIRONS

FONDETTES 37230 (5 km E)

|●| *Auberge de Porc-Vallières* – Vallières (Sud) ☎ 02.47.42.24.04. Fermé le samedi midi, le dimanche soir et le lundi. Congés annuels : 2 semaines en février et 10 jours fin août. Accès : sur la N152, direction Langeais. Menu à 85 F (13 €). Ah, voilà une adresse que vous ne trouveriez pas sans

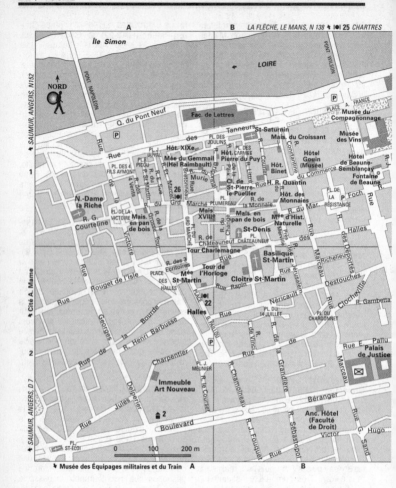

LA FLÈCHE, LE MANS, N 138 ↟ ⦿ 25 CHARTRES

Île Simon

LOIRE

NORD

SAUMUR, ANGERS N152

SAUMUR, ANGERS, D 7

Cité A. Mame

Q. du Pont Neuf

Fac. de Lettres

PONT NAPOLÉON

PONT WILSON

PLACE A. FRANCE

Musée du Compagnonnage

Musée des Vins

des

PL. DES JOULINS

Tanneurs

St-Saturin

Mais. du Croissant

Hôt. XIXe

PL. J. DUVAL

PL. DES CARMES

Hôt. Carmes

Hôtel Gouin (Musée)

Hôtel de Beaune-Semblançay

PL. R. PIQOU

Mée du Gemmail (Hel Raimbault)

Pierre du Puy

du Commerce

Fontaine de Beaune

PL. DES 4 FILS AYMONT

Rue

Hôt. Binet

Cl. de St-Pierre le-Puellier

H. R. Quantin

Hôt. des Monnaies

PL. DE LA RÉSISTANCE

P Foch

N.-Dame la Riche

26 ⦿

R. du Grd

Marché PLUMEREAU

R. de la Monnaie

PL. DE LA VICTOIRE

Mais. en pan de bois

Mais XVIIIe

Mais. en pan de bois

Mée d'Hist. Naturelle

Halles

R. G. Courteline

Rue

Rouget de l'Isle

R. de Châteauneuf CHÂTEAUNEUF

St-Denis

des

Tour Charlemagne

R. des 3 Écritoires

Mée St-Martin

Tour de l'Horloge

Basilique St-Martin

Cloître St-Martin

PLACE DES HALLES

Rue Rapin

⦿ 22

Néricault

Halles

Rue

PL. DU 14 JUILLET

PL. DU CHARDONNET

R. Gambetta

Charpentier

PL. J. MEUNIER

Immeuble Art Nouveau

⌂ 2

Boulevard

Palais de Justice

Béranger

Anc. Hôtel (Faculté de Droit)

Victor

Hugo

0   100   200 m

PL. ST-ÉLOI

↟ Musée des Équipages militaires et du Train   A

CENTRE

Les prix
En France, les prix des hôtels et des restos sont libres. Certains peuvent augmenter entre le passage de nos infatigables fureteurs et la parution du guide.

Avis aux hôteliers et aux restaurateurs
Chaque année pour y figurer, il faut le mériter.

Le Routard

C　　　　　D　　LE MANS, D 29, AMBOISE, BLOIS, N 152

AMBOISE, BLOIS, D 751

Bibliothèque
Quai　　　d' Orléans
Logis des Gouverneurs
Hôt. Babou-de-la-Bourdaisière
Château
PL DES TURONES
R. des Maures
Hôt. de l'Archidiaconé
PL. DES BOUCHERIES
R. A. Blanqui
PL. F. LEROI
Abb. St-Julien
24
Colbert
Albert
Thomas
Racine
Centre de Création contemporaine
la Psalette
Cathédrale St-Gatien
Mais. canoniale
PL. G. DE TOURS
R. Manceau
Palais du Commerce
PLACE DE LA CATHÉDRALE
Berthelot
4
Maison à portique
Scellerie
PLACE SICARD
Musée des Beaux-Arts
Meunier
Rue des Ursulines
Théâtre
5
Zola
Fr. Clouet
St-Michel
Préfecture
Parc Mirabeau
Hôt. Lefèbvre-de-Montifray
PL. DE LA PRÉFECTURE
Préfecture
Bernard Palissy
Jules Simon
7　Rue
Traversière
Couvent et Église des Minimes
Centre des congrès Vinci
Rue du Petit Pré
Nationale
Rue des Minimes
Buffon
R. V. Laloux
3
Hôtel de ville
Heurteloup
Boulevard
PL DU MARÉCHAL LECLERC
Rue de Bordeaux
Rempart
PL. DUBLINEAU
PLACE JEAN JAURÈS
Av. de Grammont
Rue de
Michelet
Gille
PL DES AUMÔNES
9
Rue Ch. Gille
R. de la Vendée
Rue Édouard Vaillant
Rue R. Fleming
R. D' Herpin
Docks
8

AZAY, D 751 ↓ St-Étienne, POITIERS, A 10, N 10, CHÂTEAUROUX, N 143, VIERZON, N 76　　D

CENTRE

⌂ Où dormir?

2　Hôtel Saint-Éloi
3　Hôtel-restaurant Moderne
4　Hôtel Régina
5　Hôtel Balzac
7　Hôtel du Manoir
8　Hôtel Royal Clarine

9　Hôtel Le Lys d'Or

|○| Où manger?

22　Le Bistrot des Halles
24　Le Petit Patrimoine
25　Charles Barrier
26　L'Atelier Gourmand

nous ! Une auberge au bord de la nationale, qui, comme cela, n'a l'air de rien d'extraordinaire. Mais voilà, on entre, et on est heureux : la décoration décline ses carreaux, ses fruits et ses bouquets de fleurs des champs, tout cela en harmonie avec une ambiance sympa, un accueil simple, sans fioriture ni chichi, et une cuisine raffinée, mais point surfaite. Le menu change tout le temps et fait venir du monde. Le plat star, c'est le pied de cochon Marie-Madeleine mais aussi la friture de la Loire. Vaut le déplacement, d'autant plus qu'on entend à peine la circulation. *Apéritif offert.*

SEMBLANÇAY 37360 (12 km NO)

🏠 I●I *Hostellerie de la Mère Hamard* ** – place de l'Église (Centre) ☎ 02.47.56.62.04. Fax : 02.47.56.53.61. Parking. TV. Fermé le dimanche soir et le lundi. Congés annuels : vacances scolaires de février. Accès : par la N138, direction Le Mans. À partir de 240 F (36,6 €) la double avec douche et wc. Menus de 99 F (15,1 €), sauf le dimanche, à 260 F (39,6 €). Dans une belle salle chaleureuse, vous dégusterez une cuisine régionale et gastronomique réputée. Spécialités de foie gras de canard aux morilles, pigeonneau au jus de truffes, galette de pommes de terre au foie gras... Également 9 chambres très agréables situées dans une ravissante annexe. *Café offert.*

MONNAIE 37380 (14 km NE)

I●I *Restaurant Au Soleil Levant* – 53, rue Nationale (Centre) ☎ 02.47.56.10.34. Fermé le dimanche soir et le lundi. Congés annuels : la 2e quinzaine de janvier et la 1re quinzaine d'août. Accès : sur la N10. Menus à 98 F (14,9 €), sauf le dimanche, à 110 et 180 F (16,8 et 27,4 €). Malgré le nom, on n'y mange pas avec des baguettes. C'est assurément l'une des meilleures étapes gastronomiques de la région. Dans un cadre raffiné, deux jolies salles climatisées aux tons doux et lumineux, meublées de tables rondes conviviales, on déguste une cuisine de saison pleine d'inventions qui sort des sentiers battus, que jalonnent les spécialités régionales. Selon votre faim et votre porte-monnaie, vous trouverez un choix de menus qui vous permettront de faire connaissance avec les petits-gris en gratin et jeunes légumes, le cœur de filet au chinon, le ris de veau aux morilles, et bien d'autres merveilles.

VANNES-SUR-COSSON 45510

Carte régionale B1

I●I *Restaurant Le Vieux Relais* – route d'Isdes ☎ 02.38.58.04.14. Parking. Fermé le dimanche soir et le lundi. Menus à 98 F (14,9 €), en semaine, 148 et 198 F (22,6 et 30,2 €). En arrivant, on se doutait que cette superbe maison solognote n'était pas toute jeune, mais de là à imaginer qu'elle date de 1462, qu'on y mange depuis Marignan (1515 !) sous des poutres posées en l'an 800 ! Si les murs parlaient, ils auraient ici des milliers d'anecdotes à raconter : qui, par exemple, a marqué d'un coup d'épée l'escalier de cette auberge, désormais l'une des six plus anciennes de France ? L'endroit est véritablement somptueux et la cuisine ne gâche rien. Si vous tombez au bon moment, vous aurez peut-être la chance de goûter au foie gras du chef. Pour le reste, il ne travaille que des produits de saison. Difficile de vous allécher si ce n'est en vous parlant du gibier (nous sommes en Sologne, que diable !), du pigeon rôti au beurre de persil et choux vert croquant, du ragoût d'andouille et ris de veau aux pleurotes et de la crème brûlée. Un rêve ! Le bonheur, ça se mérite. Réservation impérative.

VENDÔME 41100

Carte régionale A1

🏠 I●I *Hôtel-restaurant L'Auberge de la Madeleine* ** – place de la Madeleine (Centre) ☎ 02.54.77.20.79. Fax : 02.54.80.00.02. TV. Resto fermé le mercredi. Congés annuels : environ un mois autour des vacances de février. Accès : direction route de Blois. Doubles à 210 et 290 F (32 et 44,2 €). Menus de 85 à 220 F (13 à 33,5 €). Adresse sans prétention, au charme d'antan. Les chambres ont été remises au goût du jour et sont assez agréables. Les nos 7 et 8 sont les plus spacieuses. Bonne cuisine bourgeoise. Le menu à 140 F (21,3 €) est sympa comme tout, avec, par exemple, tête de veau, suprême de sandre à la vanille ou lapin forestière. Bon accueil. Possibilité de manger au jardin.

I●I *Restaurant Le Paris* – 1, rue Darreau (Nord) ☎ 02.54.77.02.71. Fermé le dimanche soir, le lundi et le mardi soir. Accès : du centre, remonter le faubourg Chartrain en direction de la gare SNCF, puis tourner à gauche après la voie ferrée. Menus de 92 à 220 F (14 à 33,5 €). Une excellente étape gastronomique. Patronne charmante, service impeccable et cuisinier inspiré, qui réussit particulièrement bien ses sauces. Goûtez, par exemple, sa tête de veau ravigote, ses rognons de veau à la Rougier, son millefeuille de turbot sauce mousseline ou son tournedos forestier farci au foie gras. Ne pas oublier de commander un des bons vins de la région, comme le bourgueil Domaine Lalande... *Café offert.*

CENTRE

SAINT-OUEN 41100 (2 km N)

I●I *La Vallée* – **34, rue Barré-de-Saint-Venant** ☎ **02.54.77.29.93.** ♿ Fermé le dimanche soir et le lundi, sauf jours fériés. Accès : à Vendôme, prendre la direction de Paris et Saint-Ouen centre. Menus de 91 à 165 F (13,9 à 25,2 €). Ne vous arrêtez pas à l'aspect extérieur du bâtiment sans charme particulier, vos papilles vous en seront reconnaissantes. Le 1er menu (sauf le dimanche) est déjà un enchantement. Cuisine raffinée et présentée avec art : terrine de sandre, cassolettes de pétoncles sauce écrevisses, blanquette de géline aux morilles... Accueil courtois.

PEZOU 41100 (15 km N)

I●I *Auberge de la Sellerie* – **Fontaine - RN10** ☎ **02.54.23.41.43.** Fermé le lundi et le mardi. Accès : en retrait de la RN10 reliant Chartres à Vendôme. Menus à partir de 99 F (15,1 €). Cadre rustique et chic, mais pas trop. Bonne auberge idéalement placée. On vous y propose, entre autres, cet incroyable menu à 99 F qui change pratiquement tous les jours, avec demi-bouteille de vin et café compris. Ce jour-là, on a eu la chance de se régaler d'une salade d'andouille tiède, d'une succulente brandade, de fromages fermiers et d'un gratin de fraises ! La cuisine est, certes, un peu riche mais elle se montre inventive et de bonne qualité. Idéal pour les routards de passage, surtout que l'on est accueilli même tard avec le sourire. *NOUVEAUTÉ.*

LAVARDIN 41800 (18 km O)

I●I *Le Relais d'Antan* – **6, place du Capitaine-du-Vignau (Centre)** ☎ **02.54.86.61.33.** Accès : par la D917, au niveau de Saint-Rimay, prendre sur la gauche, direction Montoire. Menu unique à 135 F (20,6 €) qui change toutes les semaines, et autres jusqu'à 165 F (25,2 €) avec poisson et viande. Après quatre ans de fermeture pour cause d'incendie, un nouveau chef venu de Hollande *via* Paris vient de reprendre l'établissement. Et c'est tant mieux. On peut de nouveau manger à Lavardin et en plus on y mange bien ! Une vraie fête, et à ce prix-là, ce serait dommage de se priver. Peu de choix, pour assurer une qualité et une fraîcheur irréprochables, mais il y en a pour tous les goûts. Cuisine raffinée et inventive, service gentil et salle jolie, on leur souhaite longue vie... Le seul hic, c'est qu'il y a peu de tables et que c'est pratiquement toujours complet : réservez impérativement. Un coup de cœur. *NOUVEAUTÉ.*

VEUIL 36600

Carte régionale A2

I●I *Auberge Saint-Fiacre* – **le Bourg (Centre)** ☎ **02.54.40.32.78.** ♿ Fermé le mardi soir et le mercredi sauf les jours fériés. Congés annuels : vacances scolaires de février (zone B). Accès : à 6 km de Valençay par la D15. Menus à 130 F (19,8 €), sauf le dimanche, 185 et 225 F (28,2 et 34,3 €). Cette auberge du XVIIe siècle nichée au creux d'un village fleuri mignon tout plein, au bord d'un ruisseau, suit la valse des saisons. En hiver, on profite de la grande cheminée de la salle rustique ; en été, on déjeune sous les frondaisons de marronniers centenaires en compagnie du glou-glou de la cascadelle. Le chef joue sa partition avec habileté selon le marché et la saison : ce jour-là, nous nous sommes délectés de langoustines croustillantes en salade, crème safranée, de filets de rougets à la tapenade et compotée de tomates fraîches, et avons conclu sur une terrine fondante aux deux chocolats aux senteurs des îles... Ah! oui, on oubliait de vous dire que saint Fiacre est le saint patron des jardiniers. Un nom d'auberge qui va de soi dans ce beau village qui a obtenu « trois fleurs ». *Digestif offert. NOUVEAUTÉ.*

VIERZON 18100

Carte régionale B2

I●I *Restaurant La Grange des Épinettes* – **40, rue des Épinettes (Nord-Est)** ☎ **02.48.71.68.81.** Parking. Fermé le dimanche soir et le lundi. Service jusqu'à 22 h. Accès : centre-ville, avant le pont de chemin de fer, à gauche. Menus de 60 à 170 F (9,1 à 25,9 €). Ce restaurant réputé s'abrite dans un charmant pavillon recouvert de vigne vierge. Au fond d'un jardin fleuri se cache une grande salle au mobilier ancien. Un délicieux 1er menu avec vin et café compris. Aux menus les plus riches, les réjouissances sont les mêmes qu'à la carte : saumon fumé maison, feuilleté d'asperges à la crème de cerfeuil, cul de lapin rôti aux éclats d'ail confit. Terrasse sous les arbres à la belle saison. Service attentif. *Kir offert.*

VOUZERON 18330 (14 km NE)

⌂I●I *Le Relais de Vouzeron* ★★★ – **place de l'Église (Centre)** ☎ **02.48.51.61.38.** Fax : 02.48.51.63.71. TV. D'octobre à fin novembre, fermé le dimanche soir, le lundi et le mardi. À partir d'avril, fermé le lundi uniquement. Congés annuels : décembre et janvier. Accès : prendre la D926 vers la forêt de Vierzon, puis, au rond-point de l'Étoile, prendre à droite la D104 sur 6 km. Doubles de 250 à 300 F (38,1 à 45,7 €) selon le confort. Menus de 125 à 210 F (19,1 à 32 €). Plus de 5 000 ha de cette belle forêt de Sologne (ici, accessible) protègent Vouzeron des grisailles de Vierzon. Prudence, à la tombée du jour la route appartient aux animaux... Cet ancien relais de poste abrite sous sa vigne vierge des chambres au confort douillet sentant bon la cire et habillées de jolis tissus. Le jeune chef prépare de délicates cailles au porto et au miel, toutes sortes de saumons marinés servis avec la fameuse aquavit, des brochettes de fruits frais au sabayon de vin blanc. Accueil inégal ces derniers temps.

NANÇAY 18330 (18 km NE)

I●I *Le Relais de Sologne* – 2, rue Salbris (Centre) ☎ 02.48.51.82.26. Fermé le mardi soir et le mercredi. Congés annuels : 3 semaines en février et 2 semaines en septembre. Menus à 75 F (11,4 €) servi du lundi au vendredi midi, à 105 et 160 F (16 et 24,4 €). Au cœur d'un petit village où Alain-Fournier, auteur du *Grand Meaulnes*, passa son enfance, cette maison à la façade fleurie vous invite à pousser la porte. Alain Bonnot, le patron, saucier réputé, accommode comme personne gibiers et autres produits régionaux. Parmi les spécialités : poulet en barbouille (coq au vin), saumon sauce oseille. Repas servi dans un cadre raffiné aux dominantes bleu roi ou en terrasse.

YZEURES-SUR-CREUSE 37290

Carte régionale A2

🛏 I●I *Hôtel-restaurant La Promenade* ★★★ – 1, place du 11-Novembre (Centre) ☎ 02.47.91.49.00. Fax : 02.47.94.46.12. Parking. TV. Fermé le mardi midi. Congés annuels : janvier. Accès : par la D104. Doubles à 300 F (45,7 €) avec bains. Menus de 97 F (14,8 €), pas servi après 20 h 30 ni les jours de fête, à 297 F (45,3 €). Dans une belle maison du XVIIIᵉ siècle, ancien relais de poste. 15 chambres décorées, d'un style rustique raffiné. Tons vert pâle, dégradés de gris et bordeaux subtils. Petit salon en mezzanine avec piano. Mme Bussereau, la propriétaire, s'active en cuisine pour nous confectionner de délicieux mets, selon les produits du jour : gibier, volailles fermières, poissons... et pain fait maison. Une bonne adresse.

Les prix
En France, les prix des hôtels et des restos sont libres. Certains peuvent augmenter entre le passage de nos infatigables fureteurs et la parution du guide.

Avis aux hôteliers et aux restaurateurs
Chaque année pour y figurer, il faut le mériter.

Le Routard

Champagne-Ardenne

08 Ardennes
10 Aube
51 Marne
52 Haute-Marne

AIX-EN-OTHE   10160

Carte régionale A2

🛏🍽 *Auberge de la Scierie* *** – 3, route de Druisy, lieu-dit La Vove ☎ 03.25.46.71.26. Fax : 03.25.46.65.69. Parking. TV. Fermé le lundi soir et le mardi, du 16 octobre au 14 avril. Congés annuels : du 20 décembre au 30 janvier. Accès : à 1,5 km d'Aix-en-Othe par la D374 en direction d'Ervy-le-Châtel. Doubles avec douche et wc ou bains à 405 F (61,7 €). Menus à 87 F (13,3 €), le midi uniquement sauf le dimanche et les jours fériés, et de 142 à 255 F (21,6 à 38,9 €). Une adresse un peu chic pour les routards qui sont venus chercher dans l'Aube un coin calme et serein. Ce vieux moulin est aujourd'hui devenu un hôtel-restaurant de très grand charme. Une quinzaine de chambres coquettes. L'établissement est entouré d'un parc traversé par une rivière, très agréable pour déjeuner ou dîner les jours d'été. *10 % sur le prix de la chambre du 1er septembre au 30 avril.*

BAR-SUR-AUBE   10200

Carte régionale B2

🛏 *Hôtel Saint-Pierre* – 5, rue Saint-Pierre (Centre) ☎ 03.25.27.13.58. Parking. Fermé le dimanche et jours fériés. Doubles à 140 F (21,3 €), avec lavabo et wc sur le palier, à 150 F (22,9 €), avec douche uniquement et à 200 F (30,5 €), avec douche et wc. Hôtel simple, bien tenu, style pension de famille.

Juste en face de l'église Saint-Pierre (intéressante pour sa galerie en bois et ses pierres tombales) que l'on voit des chambres nos 1, 8, 9 et 10. Au fait, les cloches sonnent à 7 h du matin ! Évitez celles dont la fenêtre donne sur... le couloir animé. Pas de resto, mais un bar. Une bonne adresse à prix très doux et à l'accueil sympathique. *Café offert.*

🍽 *Un P'tit Creux* – place du Corps-de-Garde (Centre) ☎ 03.25.27.37.75. Fermé le lundi soir sauf du 15 juillet au 31 août et le dimanche. Congés annuels : 1re quinzaine d'octobre et 1re quinzaine de mars. Accès : entrée par le 24, rue Nationale. Menus de 57 à 140 F (8,7 à 21,3 €), dont le spécial à 69 F (10,5 €). Dans le centre ancien de Bar, une galerie marchande moderne abrite cette crêperie à la déco claire et gaie. Idéale, en effet, à l'heure du p'tit creux... Menu spécial à base de crêpes et de pizzas. Curieux mélange de Bretagne et d'Italie. Puis, plusieurs autres tournant autour des galettes. En été, une petite terrasse ensoleillée bien agréable.

🍽 *Le Cellier aux Moines* – rue du Général-Vouillemont (Centre) ☎ 03.25.27.08.01. Fermé le dimanche soir, le lundi soir et le mardi soir. Accès : derrière l'église Saint-Pierre. Menus à 70 F (10,7 €) en semaine, 120 et 160 F (18,3 et 24,4 €). Ce magnifique cellier du XIIe siècle fut le théâtre de la révolte des vignerons en 1912, alors que l'appellation champagne devait leur être supprimée. On peut encore lire sur les murs des témoignages d'infortune, parfois en vers, ainsi que les noms des villages

---

Sur présentation de ce guide,
nombreuses offres et réductions en 2000.

CHAMPAGNE-ARDENNE

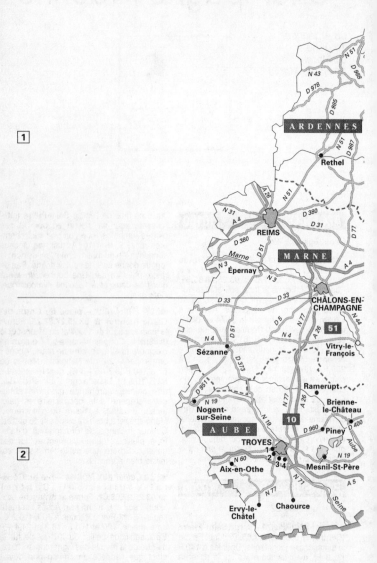

1 Sainte-Savine
2 Saint-André-les-Vergers
3 Rosières
4 Bréviandes

A

BELGIQUE

Givet

Meuse

CHARLEVILLE-MÉZIÈRES

A 203   N 58

Sedan

D 764   D 964   N 43

08

D 947

Vouziers

Aisne

Ste-Menehould

N 3

| ○ | **REIMS** | Villes repères |
| ● | **Rethel** | Adresses |

B

1

Perthes

N 4

Saint-Dizier

Éclaron

D 384   N 67   Marne

Joinville

52

Villiers-
s.-Marne

N 74

Bar-sur-Aube

N 19

Colombey-
les-Deux-Églises

D 65

HAUTE-

CHAUMONT

D 74   Meuse

Nogent

D 429
D 417

A 5   N 19   A 31

Bourbonne-
les-Bains

D 3

Langres

MARNE

D 428   N 74   D 67   N 19

0   10   20 km

B

2

CHAMPAGNE-ARDENNE

touchés par cette inacceptable décision. Les viticulteurs sont finalement victorieux de la lutte. On ne leur rendra pas hommage en buvant un cru local, décidément trop cher. En revanche, la cuisine est plutôt réussie : salade de lentillons rosés de Champagne ou saumon et haddock fumés, ballottine de volaille maison et confiture d'oignons à l'aigre-doux, chaource gratiné. On regrette pourtant la déco un peu froide, malgré les chandeliers sur chaque table et un service presque trop efficace. L'endroit mériterait plus d'intimité, de rondeur et de finesse. Ce restaurant, repris il y a quelques années, cherche encore ses marques. Gageons qu'il les trouvera rapidement. *Café offert.*

|●| *La Toque Baralbine* – **18, rue Nationale ☎ 03.25.27.20.34.** Fermé le dimanche soir et le lundi. Accès : RN19. Prix élastiques du 1er menu à 99 F (15,1 €) au menu dégustation à 280 F (42,7 €). Après avoir travaillé plusieurs années dans différents restos de la Côte d'Azur, le propriétaire de cet établissement a décidé de revenir dans sa région natale pour y ouvrir son propre restaurant gastronomique. L'adresse s'est vite imposée parmi les gourmets du coin. Cuisine raffinée et cadre agréable. Accueil souriant et sans chichi. *Café offert.*

DANS LES ENVIRONS

ARSONVAL 10200 (6 km NO)

🏠|●| *Hostellerie La Chaumière* ** – **N19 ☎ 03.25.27.91.02.** Fax : **03.25.27.90.26.** Parking. TV. ♿ Fermé le dimanche soir et le lundi (hors saison et jours fériés). Congés annuels : de mi-février à mi-mars. Accès : par la N19, direction Vendeuvre ou Troyes sur la gauche, à la sortie du village. Doubles avec douche (wc sur le palier) à 200 F (30,5 €), avec douche et wc à 300 F (45,7 €), avec bains à 330 F (50,3 €). Menus de 100 à 300 F (15,2 à 45,7 €). Une très bonne table, 12 chambres et un joli jardin : voilà pour cette vieille auberge villageoise tenue par un gentil couple franco-britannique, comme le rappelle la cabine téléphonique rouge *so British* (mais dépourvue de téléphone !). Cuisine soignée et copieuse servie dans une belle salle aux poutres apparentes. Aux beaux jours, possibilité de déjeuner ou dîner sur la très agréable terrasse ombragée. 3 chambres dans le bâtiment principal, dont 2 fraîchement rénovées. Dans le jardin, une structure moderne qui rompt un peu brutalement avec le style de la maison à colombages. Le *Susan's Hotel* (du nom de madame) abrite donc 9 chambres très bien équipées : salles de bains spacieuses, téléphone et, en prime, vue sur le petit parc et la rivière (un chemin en contrebas y mène).Très bon accueil. *Apéritif offert.*

DOLANCOURT 10200 (9 km NO)

🏠|●| *Le Moulin du Landion* *** – **(Centre) ☎ 03.25.27.92.17.** Fax : **03.25.27.94.44.** Parking. TV. Congés annuels : du 1er décembre au 15 février. Accès : par la N19, direction Troyes, bifurquer sur la gauche 2 km après Arsonval, puis fléché dans le village. Doubles avec bains de 415 à 460 F (63,3 à 70,1 €). 1er menu à 105 F (16 €), non servi le week-end, puis menus de 160 à 320 F (24,4 à 48,8 €). Une adresse assez chic au jardin arboré avec piscine, un décor raffiné. Les chambres disposent d'une petite terrasse. Leur style, de facture assez moderne, contraste avec la salle à manger assez rustique aménagée autour du moulin. Le restaurant surplombe la rivière, tandis que les grandes baies vitrées s'ouvrent sur la roue à aubes, toujours en état de marche. On peut aussi préférer une table au bord de l'eau. Une adresse paisible (sauf pour le porte-monnaie) avant de se lancer dans les folles attractions de Nigloland, non loin de là. *10 % sur le prix de la chambre sauf du 1er juin au 1er octobre.*

CLAIRVAUX-SUR-AUBE 10310 (14 km SE)

🏠|●| *Hôtel-restaurant de l'Abbaye* * – **18-19, route de Dijon (Centre) ☎ 03.25.27.80.12.** Fax : **03.25.27.75.79.** Parking. TV. Accès : au carrefour de la D12 et de la D396. Doubles avec douche à 195 F (29,7 €), avec douche et wc à 250 F (38,1 €). Petit menu du jour à 66 F (10,1 €), en semaine le midi, autres menus jusqu'à 125 F (19,1 €). Ce n'est plus la Champagne, mais déjà la Bourgogne des vastes forêts. Dans les bois de Clairvaux, saint Bernard établit au XIIe siècle la première abbaye cistercienne, devenue aujourd'hui une prison avec de hauts murs et des miradors. Sinistre ? Non, métaphysique. L'hôtel est juste en face. La chambre n° 17 ouvre sur cet étrange goulag. Idéal pour ceux qui doutent de tout. Voici l'adresse qui rend mystique ou fou de liberté. C'est très calme la nuit. *10 % sur le prix de la chambre.*

BOURBONNE-LES-BAINS 52400

Carte régionale B2

🏠|●| *Hôtel-restaurant d'Orfeuil* ** – **29, rue d'Orfeuil (Sud-Ouest) ☎ 03.25.90.05.71.** Fax : **03.25.84.46.25.** Parking payant. TV. Satellite / câble. ♿ Congés annuels : du 22 octobre au 31 mars. Accès : à 80 m de l'établissement thermal. Doubles avec douche et wc ou bains de 240 à 300 F (36,6 à 45,7 €). Menus de 60 à 150 F (9,1 à 22,9 €). Une bonne maison du XVIIIe siècle, patinée par le temps. Jardin

HAUTE-MARNE : *la vie est ici !*

Au sud de la Champagne, se cache un pays de forêts, de lacs et de rivières : la Haute-Marne ! Avec ses 250 000 ha de forêts giboyeuses, le département compte parmi les plus verts de France. Haut lieu de l'ornithologie, le Lac du Der est l'un des plus grands plans d'eau d'Europe.

A l'est, la Haute-Marne offre des paysages vallonnés propices à la randonnée. C'est le pays de la vannerie à Fayl-Billot, de la coutellerie de Nogent et du thermalisme avec Bourbonne-les-Bains.

Au cœur du département, Chaumont, Ville de l'Affiche, le château du Grand Jardin à Joinville et Colombey-les-Deux-Eglises, accueillent les visiteurs. Ici commence la Route Touristique du Champagne.

Au sud, le pays des sources et des quatre lacs est dominé par la cité fortifiée de Langres. Il s'enorgueillit de vins aux cépages variés et d'une grande diversité de fromages.

Comité Départemental du
Tourisme de la Haute-Marne
40 bis, avenue Foch
52000 CHAUMONT
Tél. : 03.25.30.39.00
Fax : 03.25.30.39.09

CONCEPT : LE GRAËT PUBLICITÉ - PHOTOS : STUDIO LEMOINE CDT 52.

Pour en savoir plus, demandez nos guides gratuits

❑ Carte touristique
❑ Suivez le Guide : Visites et loisirs
❑ Guide du Pêcheur

❑ Saveurs et terroirs
❑ Festivités 2000
❑ Guide Randonnées

Nom : .... Prénom : ....

Adresse : ....

....

Code postal : .... Ville : ....

ombragé prolongé par un parc à flanc de colline, agrémenté d'une piscine très agréable. Intérieur aménagé avec goût : vieux meubles de famille, tapis, cheminées. C'est un des rares hôtels chaleureux de Bourbonne avec un bon rapport qualité-prix. Chambres dans la nouvelle annexe, la partie ancienne étant réservée aux curistes. Demander les chambres avec balcon et vue sur le parc. Restaurant sans prétention. Petits déjeuners (buffet) très curistes ! *Apéritif offert.*

🏠 📧 *Les Armoises (hôtel Le Jeanne d'Arc)* *** – 12, rue de l'Amiral-Pierre (Centre) ☎ 03.25.90.46.00. Fax : 03.25.88.78.71. Parking payant. TV. Satellite / câble. Fermé le dimanche soir. Congés annuels : du 1er novembre au 15 mars. Accès : dans la rue principale. Chambres doubles à 260 F (39,6 €). Menus de 98 à 160 F (14,9 à 24,4 €). C'est le seul restaurant gastronomique de la station. Normal, on vient plus à Bourbonne pour perdre des kilos et lutter contre l'arthrose. Les chambres sont sans charme et trop chères à notre goût, mais la table est bien mise : on retiendra la fricassée d'escargots au vin de Coiffy, les mignardises de volaille aux truffes de Bourgogne, le navarin de Saint-Jacques à la bisque de langoustines ou le foie gras poêlé aux pommes fruits. Attention ! Vu la clientèle curiste et le manque d'animation dans la ville après 20 h, les dernières prises de commandes sont prévues pour 21 h ! *Petit déjeuner, apéritif offerts.*

DANS LES ENVIRONS

FRESNOY-EN-BASSIGNY 52400
(12,5 km NO)

📧 *Restaurant du Lac de Morimond* – ☎ 03.25.90.80.86. Parking. ⚒ Congés annuels : de Pâques à fin septembre. Accès : par la D139, 2,5 km après Fresnoy-en-Bassigny, prendre la petite route sur la droite (en direction du lac de Morimond). Menu à 120 F (18,3 €). Un petit lac niché dans un écrin de forêts où des pêcheurs viennent du monde entier pour notamment taquiner la carpe en pleine nuit ! L'endroit idéal pour s'installer, en terrasse, au bord de l'eau, devant une petite friture, un filet de perche, une tête de veau ou un tournedos aux girolles. Carte sans prétention mais bien fournie. Très bon accueil. Salle agréable avec une cheminée chaleureuse. *Apéritif offert.*

BRIENNE-LE-CHÂTEAU 10500

Carte régionale A2

🏠 📧 *Hôtel de la Croix-Blanche* – 7, av. Pasteur ☎ 03.25.92.80.27. Fax : 03.25.92.98.57. Parking. TV. Fermé le dimanche soir et le lundi. Accès : tout près de la poste. Quelques chambres à 160 F (24,4 €) avec douche et wc sur le palier. Menus de 80 à 165 F (12,2 à 25,2 €). Brienne ! Napoléon y apprit le métier des armes, puis s'en alla l'exercer bruyamment à travers toute l'Europe. Après la visite du musée, on a commandé une truite meunière servie par un garçon élégant dans son gilet rayé. Fine et copieuse cuisine traditionnelle comme en témoigne le 1er menu. À 20 mn de la grande forêt d'Orient et de ses lacs artificiels. *10 % sur le prix de la chambre.*

CHÂLONS-EN-CHAMPAGNE 51000

Carte régionale A1

🏠 *Auberge de jeunesse* – 6, rue Kellermann (Nord-Est) ☎ 03.26.68.13.56. Parking. Accueil de 7 h 30 à 10 h et de 17 h 30 à 22 h 30. 41 F (6,3 €) la nuit pour 1 personne. Petit déjeuner à 22 F (3,4 €). Près d'un grand square ombragé. Il faut apporter son duvet, comme dans bien des auberges de jeunesse. Location de draps : 17 F (2,6 €). Cuisine à disposition.

🏠 *Hôtel de la Cité* ** – 12, rue de la Charrière (Nord-Est) ☎ 03.26.64.31.20. Fax : 03.26.70.96.22. TV. ⚒ Accès : prendre la rue J.-J.-Rousseau, puis tournez à droite après la place des Ursulines. Au centre-ville, suivez le panneau indiquant : « Cité administrative », il vous mènera directement à l'hôtel. Chambre avec douche et wc à 190 F (29 €), avec bains à 210 F (32 €). C'est une maison tranquille qui fait penser à une pension de famille. S'y côtoient techniciens en déplacement, VRP de passage en ville et même étudiants venus passer un examen. Un petit monde couvé avec bienveillance par les propriétaires qui entretiennent leur hôtel au mieux de leurs moyens. Ce n'est pas le luxe, mais c'est propre. Certaines chambres donnent sur les toits de tuiles du quartier et le jardinet de la maison. Dans ce dernier, les proprios ont installé tables et chaises pour que, quand le temps le permet, les clients puissent venir y prendre leur petit déjeuner, ou éventuellement se relaxer avec un bon bouquin. C'est provincial et paisible. La chambre n° 1 est claire, spacieuse, et en plus sa salle de bains est gigantesque. Il y a un billard et une salle de télé. Petit déjeuner correct. *10 % sur le prix de la chambre.*

▲ *Hôtel Pasteur* ** – 46, rue Pasteur (Est) ☎ 03.26.68.10.00. Fax : 03.26.21.51.09. Parking. TV. Canal+. ♿ Accès : à 600 m environ de l'église Notre-Dame-en-Vaux. Doubles à 170 F (25,9 €) avec douche, 230 F (35,1 €) avec douche et wc, 270 F (41,2 €) avec bains. Une partie de l'hôtel était autrefois un couvent, d'où ce grand escalier. Demandez une chambre sur cour : c'est calme et ensoleillé. *10 % sur le prix de la chambre.*

▲ *Hôtel du Pot d'Étain* ** – 18, place de la République (Centre) ☎ 03.26.68.09.09. Fax : 03.26.68.58.18. Parking. TV. Canal+. 300 F (45,7 €) la double avec douche, wc et téléphone direct, 320 F (48,8 €) avec bains. Idéal si on veut être en plein centre. Cette vénérable maison, bien rénovée par une famille de boulangers, existait déjà au XVe siècle. Une seule mais sympathique chambre pour célibataire : la n° 102, avec une vue sur la place et son animation diurne et nocturne. Les familles ont plus de choix, puisque l'hôtel possède 6 chambres de 4 personnes. M. Georges, ancien boulanger-pâtissier, fait lui-même ses croissants pour le petit déjeuner ainsi que des tartes et du pudding. Tout varie en fonction de l'humeur du jour. Garez votre voiture sur la place devant l'hôtel et visitez Châlons à pied !

▲ |●| *Hôtel Le Renard* ** – 24, place de la République (Centre) ☎ 03.26.68.03.78. Fax : 03.26.64.50.07. Parking payant. TV. Canal+. Fermé le samedi midi et le dimanche soir. Congés annuels : de Noël au Jour de l'An. Double à 360 F (54,9 €) avec bains. Menus de 98 F (14,9 €, en semaine) à 190 F (29 €). En ville, on aime beaucoup le décor très futuriste des chambres de l'établissement. En tout, 35, dont l'originalité tient, en dehors du décor, à la situation du lit, posé au centre de la pièce. Un concept particulier qui ne plaira pas à tout le monde. La terrasse de la brasserie qui donne sur la place est bien sûr très prisée. Ce qui ne gâche rien, on y mange correctement. *Café offert.*

|●| *Restaurant Jean-Paul Souply* – 8, faubourg Saint-Antoine (Nord-Ouest) ☎ 03.26.68.18.91. Fermé le dimanche sauf Pâques, Pentecôte ou communions. Congés annuels : 3 semaines en août. Accès : direction Saint-Martin-sur-le-Pré. À 500 m du centre-ville, en face du foyer pour jeunes travailleurs. Option pour les menus à 69 et 98 F (10,5 et 14,9 €). Formule à 59 F (9 €). Une affaire de famille où chacun met la main à la pâte. La grand-mère est au bar, la belle-fille en salle, et le fils chef et maître des lieux, au piano. Il mijote une cuisine traditionnelle qui suffit à nourrir son homme, ce qui n'est déjà pas si mal.

|●| *Le Pré Saint-Alpin* – 2 bis, rue de l'Abbé-Lambert (Centre)

☎ 03.26.70.20.26. 1er menu à 130 F (19,8 €), menu-carte à 150 F (22,9 €), compter 220 F (33,5 €) vin compris. Autres menus à 180 et 235 F (27,4 et 35,8 €). Formule à 99 F (15,1 €). Le cadre, une maison datant de 1850 avec splendide verrière, plafond mouluré, etc., a du caractère et l'élégance paisible. Un tel lieu attire forcément une clientèle qui lui ressemble. Étrangers séduits par sa ligne architecturale presque aristocratique, Français en vadrouille amateurs de vieilles demeures, bourgeois de la cité aimant recevoir leurs amis dans un cadre à la mesure de leurs ambitions, séducteurs en première phase de conquête, etc. À chacun ses raisons. Les nôtres forment un puzzle : d'abord, bien sûr, cette architecture typique du milieu du XIXe siècle, mais surtout la sérénité régnant dans la cour-terrasse en début de soirée où, par un beau soir d'été, étant pratiquement seuls avec tout le personnel à notre service, nous avons eu l'impression de dîner dans notre propre maison. Fantasme inavoué de châtelain ? Peut-être, mais c'était une sensation diantrement agréable. Dans un tel cadre, le menu-carte apparaît presque comme un cadeau. Gâteau de lapereau et sa crème aux herbes, brick de saumon à l'aneth et lentillons champenois, duo de canard en parmentier, bar en fine ratatouille et banquet d'aubergines, *crumble* aux pêches jaunes... L'éventail proposé est large, et le chef formé à bonne école navigue entre les écueils, cherchant à satisfaire tout à la fois une clientèle avide de nouveautés et une autre qui ne veut pas trop être bousculée. Le cadre aidant, les choses se passent parfaitement bien. Cela d'autant plus que le service, jeune, est aux petits soins, et que l'addition, vin compris, sait raison garder. Une annexe bistrotière située dans le resto offre une formule composée de produits régionaux. *Café offert.*

DANS LES ENVIRONS

CHEPY 51240 (7 km SE)

|●| *Comme Chez Soi* – 49, route Nationale ☎ 03.26.67.50.21. Fermé le dimanche soir, le lundi soir et le mardi. Congés annuels : 15 jours en janvier et 8 jours en août. Accès : de Châlons, prendre la N44 en direction de Vitry-le-François. Menus à 62 F (9,5 €, en semaine), et de 108 à 180 F (16,5 à 27,4 €). Cadre provincial et classique, atmosphère France heureuse, et cuisine dans le même esprit. Le menu régional avec sa salade d'andouillette aux pommes, truite braisée à l'ardennaise, plateau de fromages régionaux et sorbet au marc de champagne châlonnais est une bonne idée terroir. À la carte, les propositions vont du plus simple (steak-frites) au plus élaboré (pommes Maxime aux coquilles Saint-Jacques persillées). Bon accueil. *Apéritif offert.*

CHAOURCE 10210

Carte régionale A2

🏠 |●| *Hôtel-restaurant Les Fontaines* – 1, rue des Fontaines ☎ 03.25.40.00.85. Fax : 03.25.40.01.80. Fermé le lundi soir et le mardi. Accès : par la D443. Doubles avec douche et wc à 120 F (18,3 €). 1er menu à 79 F (12 €) en semaine, puis 99 et 149 F (15,1 et 22,7 €). Une cuisine qui sent bon le terroir ; entre Champagne et Bourgogne. Un 1er menu exemplaire (sauf le samedi soir et le dimanche) : terrine de campagne à l'ancienne, jambon braisé chaud sauce chablis, chariot de fromages et desserts. Dans les suivants : velouté de poissons au champagne, œufs en meurette, escalope de saumon, choucroute de Brienne à l'andouillette de Troyes, etc. Il est toutefois dommage de trouver autant de suppléments aux menus. En revanche, si vous choisissez les plats à la carte, ils seront servis sous cloche ! Un petit luxe d'antan savoureux qui en ferait presque oublier les formules. Quelques chambres au rapport qualité-prix imbattable. Ajouter 10 F pour la serviette et le savon (!). La demi-pension est parfois obligatoire le week-end de mai à septembre. *Café offert.*

DANS LES ENVIRONS

MAISONS-LÈS-CHAOURCE 10210

(6 km S)

🏠 |●| *Hôtel-restaurant Aux Maisons* *** – le bourg ☎ 03.25.70.07.19. Fax : 03.25.70.07.75. Parking. TV. ♿ Accès : par la D34. Chambres doubles à 250 F (38,1 €) avec douche ou bains. Menus de 100 à 170 F (15,2 à 25,9 €). Dans un petit village du sud de l'Aube, pays où le fromage de Chaource est roi, une grande auberge familiale bien tenue, rénovée et redécorée. Les chambres nos 11,12, 17 et 18 donnent sur le jardin et sa piscine. En cuisine, la maîtresse de maison, Monique Enfert, secondée par son fils, concocte de petits plats régionaux fins et copieux (poissons du marché, produits du terroir). Service un peu long, mais salle à manger vraiment extra, couleur rubis ou vin gouleyant (c'est selon !) avec grandes tables rondes et chaises au dossier haut, très confortables. Un véritable havre de paix qui séduit à la fois les gens du coin, les touristes et les VRP. Tout près, un surprenant musée de poupées anciennes dans une fromagerie. *Coupe de champagne offerte.*

RICEYS (LES) 10340 (22 km SE)

🏠 |●| *Hôtel-restaurant Le Magny* ** – route de Tonnerre ☎ 03.25.29.38.39. Fax : 03.25.29.11.72. Parking. TV. ♿ Fermé le mercredi. Congés annuels : janvier et février. Accès : par la D17, à la sortie de Ricey-Haut sur la D453 (route de Tonnerre). Doubles de 270 à 320 F (41,2 à 48,8 €) avec douche et wc ou bains. Menus de 70 à 210 F (10,7 à 32 €). Non content de posséder 3 églises, Les Riceys est aussi le seul village de France à bénéficier de 3 appellations d'origine contrôlée dont un rosé renommé que Louis XIV ne dédaignait pas siroter. Son bouquet se retrouve dans certains plats de la maison, les rognons de veau par exemple. Dans cette grande bâtisse cossue, des chambres tranquilles, d'un très bon rapport qualité-prix. Et si le jardin de cet établissement ne vous suffit pas, visitez, non loin, le parc dessiné par Le Nôtre. *Café offert.*

GYÉ-SUR-SEINE 10250 (28 km E)

🏠 |●| *Hôtel Les Voyageurs* – le bourg ☎ 03.25.38.20.09. Fax : 03.25.38.25.37. Fermé le mercredi. Accès : par la D70, à la sortie du village sur la gauche. Doubles avec douche (wc sur le palier) à 180 F (27,4 €). Menus de 80 à 185 F (12,2 à 28,2 €). Une petite adresse toute simple et malgré son nom, on vient surtout faire honneur au restaurant. On hésite entre les différents menus. Commande prise, on se retrouve avec un amuse-bouche : on vous apporte des olivettes ou des gougères faites maison, en attendant l'entrée (comme les hors-d'œuvre variés servis dans plusieurs saladiers en pyrex), le plat (andouillette grillée ou plat du jour – beaucoup de poissons, tel le filet de sandre grillé au beurre d'herbes), fromage et dessert. Du solide, rien que du solide. Service discret. Quelques chambres. *Café offert.*

CHARLEVILLE-MEZIÈRES 08000

Carte régionale B1

🏠 *Hôtel de Paris* ** – 24, av. G.-Corneau (Sud-Est) ☎ 03.24.33.34.38. Fax : 03.24.59.11.21. TV. Canal+. Satellite / câble. Congés annuels : du 24 décembre au 4 janvier. Doubles à partir de 285 F (43,4 €) avec bains. Également 3 chambres familiales à 420 F (64 €). Petit déjeuner à 37 F (5,6 €) avec un... petit buffet. Face au square de la gare que Rimbaud maudissait (mais son buste y trône désormais...). Tenu par l'une des hôtelières les plus accueillantes qu'on connaisse. Et son chat n'est pas en reste ! Chambres au style très classique, insonorisées côté rue, d'un calme absolu pour celles qui donnent sur la cour intérieure. Encore et toujours notre hôtel préféré à Charlestown !

|●| *Restaurant Le Damier* – 7, rue Bayard (Sud) ☎ 03.24.37.76.89. Fermé du lundi au

vendredi soir, samedi midi et dimanche. Congés annuels : août. Accès : entrer dans Mézières (la sœur siamoise de Charleville) par l'avenue d'Arches, prendre la 2e rue à droite jusqu'le pont sur la Meuse. Menus de 55 F (8,4 €), le midi en semaine, à 105 F (16 €) ; plat du jour à 39 F (5,9 €). Menu enfant à 38 F (5,8 €). Annoncé par une enseigne à l'ancienne, un resto pas comme les autres, géré par une association qui travaille à l'insertion de jeunes en marge (on excusera donc d'emblée les occasionnelles approximations du service). Avec son plat du jour et son premier menu, c'est l'endroit idéal où déjeuner. Lumineuse salle au sol en damier (facile!). Cuisine toute simple mais méritante. Les vendredi et samedi soir, les prix avancent d'une case et la cuisine se fait un poil plus sophistiquée : feuilleté du Carolo, pièce de bœuf à l'ardennaise, truite soufflée en crème de Saint-Jacques, gougère au boudin blanc de la vallée aux morilles... Gibier en saison.

I●I *Balard Resto* – **10, rue de Tivoli (Sud)** ☎ **03.24.33.60.06.** Fermé le dimanche, le lundi midi. Congés annuels : août. Accès : de la place Ducale, prendre la rue de la République (piétonne), puis tout droit jusqu'au cours Aristide-Briand et 1re à droite. Plat du jour à 48 F (7,3 €). Comptez 130 F (19,8 €) à la carte pour un repas complet. Ce resto a pris le métro ! Il a emprunté son nom à une station du métro parisien (serait-ce parce qu'il y a dans le coin un hameau du nom de Solférino ?) et toute sa déco à la RATP : carrelages muraux, antiques banquettes de bois ou portes d'anciens wagons. Insolite et réussi. Cuisine pas bien compliquée, parfaite pour le déjeuner ou un repas entre potes. P'tits plats de bistrot pour rester dans le style parigot : tripes, os à la moelle, tête de veau, œufs en meurette... Copieuses salades pour l'été. Et à chaque jour de la semaine, son plat fétiche : le lundi c'est – non, pas ravioli ! – salade au lard, le mardi, « cacasse à cul nu » (sic! c'est en fait un ragoût de pommes de terre aux lardons), le mercredi, cassoulet, le jeudi, pot-au-feu, et le vendredi, moules-frites. Petits vins en pichet. Ambiance très *cool*.

CHAUMONT 52000

Carte régionale B2

🏠 I●I *Hôtel-restaurant Le Relais* – **20, faubourg de la Maladière (Nord-Est)** ☎ **03.25.03.02.84.** TV. Fermé le dimanche soir et le lundi. Accès : à 1 km du centre de Chaumont, sur la route de Nancy (D417), juste après le canal de la Marne à la Saône, connu ici sous le nom de « port de Chaumon ». 7 chambres en tout à 250 F (38,1 €) la double avec bains. 1er menu à 60 F (9,1 €) en semaine, puis autres menus de 85 à 140 F

(13 à 21,3 €). Ancien relais de poste sans prétention situé en bordure de route et du canal de la Marne à la Saône, à la sortie de Chaumont. Assez calme (demander la chambre n° 6 ou 7), avec des prix modérés. Cuisine gastronomique et soignée, qui fait la part belle aux fruits de mer (brochettes) et aux poissons (escalopes de saumon). Accueil familial. *Café offert.*

🏠 I●I *Hôtel-restaurant des Remparts* ** – **72, rue de Verdun (Centre)** ☎ **03.25.32.64.40.** Fax : **03.25.32.51.70.** TV. ♿ Accès : à côté des remparts et à 1 mn à pied de la gare SNCF. Doubles de 280 à 310 F (42,7 à 47,3 €) avec douche et wc ou bains. Menus de 62 à 180 F (9,5 à 27,4 €). Cet établissement offre le meilleur rapport qualité-prix-accueil de Chaumont. Les chambres sont propres, bien insonorisées et décorées avec des affiches du festival des Arts graphiques de Chaumont. Préférer l'annexe, plus récente et plus spacieuse, en particulier les chambres nos 20 et 22. Cuisine fine et inventive. Quelques spécialités : foie gras poêlé aux pommes acidulées, Saint-Jacques sur tagliatelles, feuilleté de ris de veau aux morilles, saumon au pinot noir. *Apéritif offert. 50 % sur le prix de la chambre pour séjour vendredi, samedi ou dimanche (1 ou 2 nuits) avec un repas par jour au restaurant.*

🏠 I●I *Hôtel de France* *** – **25, rue Toupot-de-Beveaux (Centre)** ☎ **03.25.03.01.11.** Fax : **03.25.32.35.80.** Parking payant. TV. Canal+. Satellite / câble. ♿ Fermé le dimanche midi. Accès : à côté de la mairie. Doubles à 490 F (74,7 €) avec bains. Menus de 120 à 220 F (18,3 à 33,5 €). C'est l'adresse chic de Chaumont, en plein centre-ville. Hôtel tout neuf et des chambres impeccables, décorées selon des thèmes différents concernant un pays. Accueil et confort de bonne qualité. Resto rénové proposant une cuisine classique : salade de magret et foie gras, coquille Saint-Jacques à la provençale, gigolette de volaille à la périgourdine... *20 % sur le prix de la chambre en juillet et août sauf vendredi et samedi.*

DANS LES ENVIRONS

CHAMARANDES 52000 (2 km SE)

🏠 I●I *Hôtel-restaurant Au Rendez-Vous des Amis* ** – **4, place du Tilleul (Sud-Est)** ☎ **03.25.32.20.20.** Fax : **03.25.02.60.90.** Parking. TV. Canal+. Resto fermé le vendredi soir et le samedi. Congés annuels : du 1er au 20 août. Doubles à 240 F (36,6 €) avec douche, 330 F (50,3 €) avec douche et wc et 360 F (54,9 €) avec bains. Menus de 92 F (14 €) en semaine, à 198 F (30,2 €). Une véritable auberge de campagne dans un petit village traversé par la

Marne. Des lieux intacts : l'église, l'école, la rivière ombragée et la silhouette d'un manoir au fond d'un parc. La tranquillité, le charme et l'accueil convivial en font une très bonne étape. Doubles décorées avec goût. Au restaurant, on croise chasseurs et pêcheurs, commerciaux et voyageurs. Menus servis l'été sur une agréable terrasse au pied d'un tilleul plusieurs fois centenaire. Cuisine créative comme en témoigne le « joyau de la mer », subtil mélange de foie gras de canard et de lotte. *Apéritif offert.*

VIGNORY 52320 (20 km N)

🛏️|●| *Hôtel-restaurant Le Relais Verdoyant* ** – rue de la Gare ☎ 03.25.02.44.49. Fax : 03.25.01.96.89. Parking. TV. ♿ Fermé le dimanche soir et le lundi midi (ainsi que le lundi soir d'octobre à avril). Congés annuels : novembre et du 22 décembre à début mars. Accès : par la N67, puis direction Vignory gare. 215 F (32,8 €) la double avec douche et wc. Menus à 82 F (12,5 €), puis 105 et 145 F (16 et 22,1 €). Menu enfant à 55 F (8,4 €). Au début du siècle, la maison a été construite pour les voyageurs de cette gare que les trains ont aujourd'hui quelque peu oubliée au milieu de la campagne. L'hôtel est resté pimpant derrière son jardin. Petites chambres coquettes qui ont le charme des photos sépia affichées dans l'entrée. Cuisine traditionnelle à prix serrés. Spécialités : magret de canard aux échalotes, terrine de foie de volaille au porto, desserts maison.

ARC-EN-BARROIS 52210 (25 km SO)

🛏️|●| *Hôtel-restaurant du Parc* – 1, place Moreau ☎ 03.25.02.53.07. Fax : 03.25.02.42.84. TV. Satellite / câble. Fermé le mardi soir et le mercredi du 15 septembre au 31 janvier. Congés annuels : février. Accès : par la D10. Chambres de 300 à 350 F (45,7 à 53,3 €) avec douche et wc ou bains. Menus de 100 à 250 F (15,2 à 38,1 €). Demi-pension à 235 F (35,8 €) par personne. Dans un tout petit village à l'air bourguignon et entouré de forêts giboyeuses : une petite auberge discrète installée dans un ancien relais de chasse face à un château. Accueil convivial. Copieuse cuisine du terroir servie en terrasse. Chevreuil et sanglier en saison. Possibilité de pratiquer la pêche, la chasse, le golf et de louer des VTT. Tout cela donne envie d'y revenir à l'automne.

COLOMBEY-LES-DEUX-ÉGLISES 52330

Carte régionale B2

🛏️|●| *L'Auberge de la Montagne* ** – rue d'Argentolles ☎ 03.25.01.51.69. Fax : 03.25.01.53.20. TV. Fermé le lundi soir et le mardi hors saison. Congés annuels : de mi-janvier à mi-février. Les chambres, très calmes, ont beaucoup de charme : de 250 F (38,1 €) avec douche à 300 F (45,7 €) avec bains.1er menu, copieux et raffiné, à 110 F (16,8 €) en semaine, 170 F (25,9 €) le week-end. Un petit village, un grand homme, une très bonne auberge adossée à un pré ombragé, à 200 m du cimetière où repose le général de Gaulle. Le maître des lieux, Gérard Natali, fils du pays, fit partie des 12 jeunes qui portèrent le cercueil du libérateur de la France en 1970. Aujourd'hui, son auberge reçoit le monde entier : de l'ex-roi du Yémen à l'ambassadeur du Japon, des granitiers bretons aux Français de Pondichéry.

ÉCLARON 52290

Carte régionale B2

🛏️|●| *L'Hôtellerie du Moulin* ** – 3, rue du Moulin ☎ 03.25.04.17.76. Fax : 03.25.55.67.01. TV. Fermé le dimanche soir et le lundi midi (parfois le lundi soir également en hiver). Congés annuels : 3 semaines en janvier et 1 semaine fin septembre-début octobre. Accès : à 9 km de Saint-Dizier. Doubles à 250 F (38,1 €) avec douche, wc et téléphone. 1er menu à 83 F (12,6 €) en semaine, puis menus de 112 à 165 F (17 à 25,1 €). Un des rares endroits romantiques et sympathiques autour du lac. Dans une jolie maison à pans de bois, 5 chambres mignonnes, dont la n° 3, notre préférée, qui donne sur le bief du moulin et les arbres. Très calme et prix doux. Le jeune patron propose un saumon fumé maison, un magret de canard aux mûres et un filet de flétan au champagne. Nous déclarons qu'Éclaron est une bonne étape.

ÉPERNAY 51200

Carte régionale A1

🛏️ *Hôtel de Champagne* *** – 30, rue Eugène-Mercier (Centre) ☎ 03.26.53.10.60. Fax : 03.26.51.94.63. Parking. TV. Satellite / câble. Congés annuels : la 1re quinzaine de janvier. Chambres de 450 F (68,6 €) avec douche et wc à 550 F (83,8 €) avec bains. Petit déjeuner-buffet à volonté à 55 F (8,4 €). Moderne et confortable, avec double-vitrage. Sans aucun doute le meilleur hôtel du centre-ville. Une dizaine de chambres sont pourvues de la climatisation.

|●| *La Grillade* – 16, rue de Reims ☎ 03.26.55.44.22. Fermé le samedi midi et le dimanche (sauf jours fériés). Accès : à proximité de la gare. Menus de 85 à 175 F (13 à 26,7 €). Quelques vins au verre de 12 à 15 F (1,8 à 2,3 €). Appelé familière-

ment « chez Blanche », du nom de sa propriétaire, ce resto est le royaume de la cuisson au feu de bois. Sardines, rognons de veau, bar au fenouil, *T-bone* à la moelle, andouillette, etc., sont chatouillés par des flammes jusqu'à ce qu'ils soient fin prêts à être servis aux convives toujours nombreux. Le jardin fleuri avec sa terrasse ombragée est apprécié à sa juste valeur dès que l'été revient. En dessert, la banane flambée, grillée, elle aussi au feu de bois, obtient un succès mérité... *Apéritif offert.*

DANS LES ENVIRONS

ÉPERNAY-MAGENTA 51530
(1 km N)

|●| *Chez Max* – 13, av. A.-Thevenet ☎ 03.26.55.23.59. Fermé le dimanche soir et le lundi. Congés annuels : la 1ʳᵉ quinzaine de janvier et du 4 au 24 août. Accès : à 1 km du centre-ville en direction de Dizy. Menu en semaine à 70 F (10,7 €), plat du jour seul à 48 F (7,3 €), et un peu plus élaboré à 98 F (14,9 €) ; plat du jour à 60 F (9,1 €) ; menu de fête à 155 F (23,6 €). C'est une institution populaire. 30 ans d'existence et toujours considérée comme une des bonnes tables de la ville. Faut le faire. Premier menu avec choix de 5 entrées, 3 plats (jambon de porcelet braisé, filet de rascasse en bouillabaisse, blanquette de veau), salade ou fromage et dessert. Des menus qui changent régulièrement, cela va de soi. En sus, un menu de fête que beaucoup se réservent pour le week-end.

MONTMORT 51270 (18 km SO)

🏠 |●| *Hôtel-restaurant Le Cheval Blanc* ★★ – rue de la Libération ☎ 03.26.59.10.03. Fax : 03.26.59.15.88. Parking. TV. Accès : par la D951. 260 F (39,6 €) la double avec douche et wc, 310 F (47,3 €) avec bains. 1ᵉʳ menu copieux à 100 F (15,2 €) en semaine, puis menus de 130 à 300 F (19,8 à 45,7 €). Un beau château en brique du XVIᵉ siècle surplombe le village oublié dans la campagne, au sud du vignoble champenois. L'auberge, traditionnelle, détient une belle carte de vins et de champagne. Cadre chaleureux. Demandez une chambre sur la campagne. Ambiance vieille France. *Apéritif offert.*

ERVY-LE-CHATEL 10130

Carte régionale A2

|●| *Auberge de la Vallée de l'Armance* – ☎ 03.25.70.66.36. Fermé le dimanche soir et le lundi. Congés annuels : du 16 au 31 août. Accès : du centre d'Ervy, prendre la D374 en direction d'Aix-en-Othe, le resto se

situe à la sortie du village, sur la gauche. Menus à 68 F (10,4 €) en semaine, puis de 115 à 169 F (17,5 à 25,8 €). L'entrée ne se fait pas par le bar que vous apercevrez de la route, mais en le contournant. Une partie de la salle à manger a été aménagée dans une ancienne étable (on voit encore la vieille mangeoire en bois). Cadre et déco rustiques tout en bois comme ces fourches et ces pelles à pain accrochées sur les murs. Beaux meubles Henri II à l'entrée. Cuisine régionale de qualité (goûter notamment le gratin d'andouillette, le ris de veau façon du chef ou le foie gras maison). *Apéritif offert.*

GIVET 08600

Carte régionale B1

🏠 |●| *Hôtel-restaurant du Nord* ★ – 27, rue Thiers (Centre) ☎ 03.24.42.01.78. Fax : 03.24.40.46.79. Parking. TV. ✿ Fermé le vendredi et le dimanche soir. Congés annuels : 3 semaines fin décembre. Doubles de 150 F (22,9 €) avec cabinet de toilette à 220 F (33,5 €) avec douche et wc ou bains. Menus de 65 à 150 F (9,9 à 22,9 €). Petite adresse, pas ruineuse, au centre, mais dans une rue assez tranquille. Chambres au-dessus du resto ou dans une annexe en face. Modestes (il faut aimer les papiers peints psychédéliques !). Bar-restaurant sans prétention lui aussi, à l'ambiance d'une autre époque et à la très classique cuisine (jambon gratiné à la Crecy, truite à l'ardennaise). *10 % sur le prix de la chambre pour 2 nuits consécutives.*

🏠 |●| *Hôtel Le Val Saint-Hilaire* ★★ – 7, quai des Fours (Centre) ☎ 03.24.42.38.50. Fax : 03.24.42.07.36. Parking. TV. ✿ Accès : à gauche, en entrant dans Givet, quand on vient de Charleville. Doubles avec douche et wc ou bains à 435 F (66,3 €). Menus de 90 à 250 F (13,7 à 38,1 €). Une grande maison du XVIIIᵉ siècle en pierre bleue de Givet, naguère siège d'une imprimerie locale. Agréables chambres à la déco contemporaine d'une sobriété exemplaire. Celles côté rue (et avec vue sur la Meuse) équipées de double-vitrage (voire de triple-vitrage au rez-de-chaussée). Ceux qui craignent vraiment le bruit s'installeront côté cour. Un resto spécialisé dans la cuisine du terroir (ris de veau au champagne, dinde rouge et truite ardennaises) ; un bar avec une terrasse sur un quai où accostent les plaisanciers. Et toujours le meilleur accueil de la ville ! En outre, les patrons seront de bon conseil pour vos balades dans le coin : commencez par la vallée de la Meuse, simplement superbe ! *10 % sur le prix de la chambre du 1ᵉʳ octobre au 30 avril.*

DANS LES ENVIRONS

AUBRIVES 08320 (5 km SO)

🏠 |●| *Hôtel-restaurant Debette* ** – 2, place Louis-Debette (Centre) ☎ 03.24.41.64.72. Fax : 03.24.41.10.31. TV. ⚄ Fermé le dimanche soir (sauf les jours fériés) et le lundi midi. Congés annuels : du 20 décembre au 4 janvier et du 24 janvier au 7 février. Accès : par la N51, direction Charleville. 250 F (38,1 €) la double avec douche et wc ou bains. Menus à partir de 75 F (11,4 €) en semaine, et de 110 à 250 F (16,8 à 38,1 €). Au départ, l'adresse de campagne bourgeoise et d'un classicisme bon teint. Mais depuis, un jeune chef de cuisine s'y est installé et on sent poindre, dans l'accueil comme dans le service, une certaine décontraction. Chambres (dans la maison ou dans une annexe de l'autre côté d'une paisible place de village) de bon confort, mais à la déco sans excès d'originalité. Salle à manger un rien cossue dont les grandes baies vitrées ouvrent sur le jardin. Le jeune chef se débrouille très bien dans un registre classique : rognons de veau aux Saint-Jacques, foie gras canard mi-cuit, quenelles de brochet sauce homardine, spécialités régionales comme le jambon d'Ardenne ou le sanglier, en saison. *Café, digestif offerts.*

JOINVILLE 52300

Carte régionale B2

🏠 |●| *Hôtel-restaurant de la Poste* ** – place de la Grève ☎ 03.25.94.12.63. Fax : 03.25.94.36.23. TV. Fermé le dimanche soir en hiver. Congés annuels : du 10 janvier au 10 février. Accès : à la sortie de la ville, route de Saint-Dizier, près d'un parking ombragé. Chambres confortables et calmes de 200 à 280 F (30,4 à 42,6 €) avec double-vitrage, douche et wc ou bains. Menu à 80 F (12,1 €) en semaine et à 132 et 180 F (20,1 et 27,4 €). Menu à 200 F (30,5 €) le dimanche. Il fait hôtel, oui, mais c'est pour déguster les délicieuses spécialités du chef que l'on s'y arrête : émincé de lotte aux petits légumes, poussin aux morilles et la truite sire de Joinville (Joinville était le compagnon d'armes de Saint-Louis). En semaine, un beau menu d'un rapport qualité-prix remarquable avec entrée, viande ou poisson, fromage et dessert. C'est rare ! Service impeccable.

🏠 |●| *Le Soleil d'Or* *** – 9, rue des Capucins (Centre) ☎ 03.25.94.15.66. Fax : 03.25.94.39.02. TV. Fermé le dimanche soir et le lundi. Congés annuels : la 1re semaine d'août, la 1re semaine de novembre et la dernière de février. Accès : à côté de l'église Notre-Dame. Chambres de 220 à 430 F

(33,5 à 65,6 €). 1er menu, simple, à 100 F (15,2 €), servi tous les jours sauf le dimanche, puis menus gastronomiques de 190 à 300 F (29 à 45,7 €). Les amateurs de chambres douillettes avec pierres de taille apparentes seront ravis. Cet hôtel spacieux et lumineux est le meilleur rapport qualité-prix de la ville. La salle de restauration, avec voûtes et poutres en bois, est chaleureuse, comme les spécialités du chef : caille des Dombes à la cannelle, poêlée de Saint-Jacques à la crème safranée. Les prix des menus sont assez élevés.

LANGRES 52200

Carte régionale B2

🏠 |●| *Hôtel-restaurant Grand Hôtel de l'Europe* ** – 23-25, rue Diderot (Centre) ☎ 03.25.87.10.88. Fax : 03.25.87.60.65. Parking payant. TV. Canal+. Fermé le dimanche soir et le lundi midi. Doubles à 300 F (45,7 €) avec douche et wc et à 340 F (51,8 €) avec bains. 1er menu à 80 F (12,2 €) en semaine, puis menus de 110 à 240 F (16,8 à 36,6 €). Parking payant à 25 F (3,8 €). Le type même de l'hôtel d'antan, où l'on se retrouve le soir entre une duchesse errante et un érudit britannique, un marchand d'Anvers et un romancier suisse. Oh la bonne adresse ! Si rare. Provinciale, chaleureuse, familiale, honnête. Le charme de l'Ancien Régime : boiseries du XVIIe siècle dans la salle à manger, planchers craquants, grandes chambres aux volets bleus. Dans l'annexe côté cour, c'est bien entendu plus calme. Bon restaurant à l'image de la maison. Le terroir à prix doux.

🏠 |●| *Le Cheval Blanc* ** – 4, rue de l'Estres (Centre) ☎ 03.25.87.07.00. Fax : 03.25.87.23.13. Parking payant. TV. Canal+. Satellite / câble. ⚄ Resto fermé le mardi soir et le mercredi midi. Congés annuels : du 15 au 30 novembre pour le resto. Accès : rue perpendiculaire à la rue Diderot. Doubles avec douche et wc ou bains de 285 à 390 F (43,4 à 59,5 €). Menus de 130 à 350 F (19,8 à 53,4 €). Installé dans une ancienne abbaye du Moyen Âge, *Le Cheval Blanc* est un charmeur : voûtes gothiques dans les chambres, terrasse donnant sur une petite église médiévale, pierres de taille et poutres apparentes à tous les étages. 11 nouvelles chambres au *Pavillon Diderot* situé à 10 m de l'hôtel. Les chambres sont calmes comme les cellules monastiques ! Décoration simple mais raffinée, à l'image du restaurant qui propose une belle batterie de plats gastronomiques. C'est l'établissement de charme de Langres avec un bon rapport qualité-prix.

🏠 |●| *L'Auberge des Voiliers* ** – lac de la Liez (Est) ☎ 03.25.87.05.74. Fax : 03.25.87.24.22. TV. Fermé le dimanche soir et le lundi (sauf du 1er mai au 1er octobre). Accès : à 4 km de Langres, par la route de Vesoul. Doubles à 300 F (45,7 €) avec douche, wc et téléphone, 350 F (53,4 €) avec bains. 1er menu à 80 F (12,2 €), 100 F (15,2 €) le dimanche, puis menus de 120 à 180 F (18,3 à 27,4 €). Menus enfant à 40 et 50 F (6,1 et 7,6 €). Ne dévoilez pas les *Voiliers* à n'importe qui, c'est notre meilleure adresse dans le pays de Langres. Très bien située, près d'un lac paisible. Les prix sont justes, l'accueil affable, la cuisine savoureuse. La chambre n° 4 offre un balcon donnant sur le lac et les n°s 8 et 11 ouvrent sur la campagne et sur Langres, perchée au loin sur son plateau et cernée de ses remparts. Le restaurant a été récemment relooké et climatisé. Comment oublier ce filet de brochet à l'ortie sauvage, ce nougat glacé aux fruits frais et cette petite terrasse ombragée... *50 F (7,6 €) de réduction sur la location de la chambre si dîner pris au restaurant.*

I●I *Bananas* – **52, rue Diderot (Centre)** ☎ **03.25.87.42.96.** Fermé le dimanche (mais ouvert le dimanche soir en juillet-août). Congés annuels : 1 semaine fin novembre. Accès : dans la rue principale. Repas moyen autour de 100 F (15,2 €). Ici, on est aux petits soins avec les clients. Musique texane, décoration chatoyante, nappes à carreaux rouges et blancs, le tout dominé par une tête de buffle. L'ambiance est réussie, comme le service et la vingtaine de plats : *tacos, enchiladas, chili con carne, burgers, thaï fajitas* aux crevettes, et grillades. Il ne manque plus que les musiciens pour se transporter au Rio Grande. Le soir, on s'entasse au *Bananas* !

DANS LES ENVIRONS

VAUX-SOUS-AUBIGNY 52190
(25 km S)

I●I *Auberge des Trois Provinces* – **rue de Verdun** ☎ **03.25.88.31.98.** Parking. Fermé le dimanche soir et le lundi. Congés annuels : du 1er au 15 février. Accès : par la N74 en direction de Dijon. Menus à 95 F (14,5 €), sauf les jours fériés, et à 135 F (20,6 €). Le temps semble s'être arrêté sur le sol dallé de grandes pierres, au pied de l'imposante cheminée de cette auberge villageoise. Un décor qui sied bien à cette cuisine de terroir, revisitée avec brio. Bon 1er menu : terrine de poissons, truite à l'oseille cuite en papillote, assiette de fromages. En dessert à la carte, poire pochée au gingembre chocolat chaud. Le chef se souvient qu'il officiait naguère derrière les fourneaux d'une grande maison de Sainte-Maxime. La petite carte des vins recèle une curiosité : des crus du méconnu vignoble voisin du Montseaugeonnais.

AUBERIVE 52160 (27 km SO)

🛏I●I *Hôtel-restaurant du Lion d'Or* – ☎ **03.25.84.82.49.** Fax : **03.42.79.80.92.** Parking. ⚒ Fermé le mardi. Congés annuels : du 30 septembre au 10 mai. Accès : par la D428. 300 F (45,7 €) la double avec bains, en saison. Menus de 90 à 120 F (13,7 à 18,3 €). Un paisible village enveloppé de forêts, une abbaye cistercienne du XIIe siècle et, tout à côté, cette auberge de campagne devenue un adorable petit hôtel de charme. L'Aube qui n'est encore qu'un gros ruisseau coule au pied de la maison. Les 8 chambres, toutes différentes, ne dépareraient pas dans un magazine de décoration. Quelques tables serrées autour de l'antique cheminée. Cuisine inspirée par ce terroir aux portes de la Bourgogne : escargots, lapin à la dijonnaise, parmentier de saumon, profiteroles…

MESNIL-SAINT-PÈRE   10140

Carte régionale A2

🛏I●I *Hôtel-restaurant Auberge du Lac* ★★★ – ☎ **03.25.41.27.16.** Fax : **03.25.41.57.59.** Parking. TV. ⚒ Fermé le dimanche soir et le lundi. Congés annuels : les 2 dernières semaines de septembre. Accès : à l'entrée du village en venant de Troyes par la N19. Doubles avec douche et wc ou bains de 360 à 450 F (54,9 à 68,6 €). 1er menu à 120 F (18,3 €) le midi seulement, puis de 170 à 300 F (25,9 à 45,7 €). Une adresse chic, proche du lac de la forêt d'Orient. Jolie maison à pans de bois, idéale pour un week-end en amoureux. Chambres bien équipées, très calmes la nuit, dont 6 nouvelles dans la résidence « Fleurs des Bois ». Le restaurant, *Au vieux Pressoir*, a d'autant plus de charme que la cuisine du chef y est excellente, mais pas donnée.

DANS LES ENVIRONS

MELINOT (LE) 10270 (3 km O)

🛏I●I *La Mangeoire* ★★★ – **N 19** ☎ **03.25.41.20.72.** Fax : **03.25.41.54.67.** Parking. TV. Satellite / câble. ⚒ Accès : en bordure de nationale, sur la gauche en venant du Mesnil-Saint-Père. De 250 à 290 F (38,1 à 44,2 €) la double avec bains. Menu ouvrier en semaine à 65 F (9,9 €), carte et autres menus de 100 à 220 F (15,2 à 33,5 €) au restaurant. À 3 km du Mesnil-Saint-Père, principale base de loisirs sur les lacs de la forêt d'Orient. Malgré cette proximité, ce bel établissement pourrait souffrir de sa situation en bordure de nationale, mais le restaurant posé entre la route et l'hôtel isole ce dernier du bruit. En outre, sa belle architecture à pans de bois a de quoi séduire. Tout comme ses chambres, très confortables et dotées de salle de bains, ou encore la piscine, le tennis et le mini-golf. De plus, prix tout à fait raisonnables compte tenu des prestations offertes. Côté cuisine, un impeccable menu ouvrier servi en semaine au bar, midi et soir. À signaler, les propriétaires organisent également des croisières sur leur bateau-restaurant. *10 % sur le prix de la chambre et réduction de 5 F (0,8 €) par personne pour la croisière en bateau et de 10 F (1,5 €) sur le repas « croisière ».*

NOGENT   52800

Carte régionale B2

▣ |●| *Hôtel du Commerce* ** – place Charles-de-Gaulle (Centre) ☎ 03.25.31.81.14. Fax : 03.25.31.74.00. Parking payant. TV. Canal+. Resto fermé le dimanche de la Toussaint à Pâques. Accès : place de la Mairie. Doubles avec lavabo à 180 F (27,4 €), 260 F (39,6 €) avec douche et wc, 280 F (42,7 €) avec bains. Menus entre 84 F (12,8 €) en semaine le midi hors jours fériés, et 145 F (22,1 €). La ville de la coutellerie se devait d'avoir une fine lame. C'est chose faite avec cet établissement aux prix modérés. Chambres doubles propres, bien aménagées et agréables. Hall d'entrée vaste et chaleureux, comme le restaurant, avec poutres apparentes et décoration néo-XVIII° siècle. Les menus sont copieux et bien étudiés. Étape idéale pour visiter le musée de la Coutellerie, après avoir dégusté la soupe d'escargot au beurre de Bourgogne, le saumon parmentier ou le filet de canard au miel et aux épices. Un régal, comme on les aime ! *Café offert.*

NOGENT-SUR-SEINE   10400

Carte régionale A2

▣ |●| *Hôtel-restaurant Beau Rivage* ** – 20, rue Villiers-aux-Choux (Nord) ☎ 03.25.39.84.22. Fax : 03.25.39.18.32. TV. Fermé le dimanche soir et le lundi. Congés annuels : durant les vacances scolaires de février. Accès : du centre, prendre la direction de la piscine et du camping ; à 1 km environ de la place de l'Église. Chambres gentilles de 280 à 290 F (42,7 à 44,2 €) la double avec douche et wc ou bains. Petit déjeuner : 35 F (5,3 €). 1er menu à 80 F (12,2 €) en semaine, puis menus de 132 à 195 F (20,1 à 29,7 €). Un jardin fleuri et ombragé au bord de la Seine ; un établissement calme et accueillant. Toutes les chambres ont été rénovées. Demandez la n° 1, 2, 4 ou 5, avec vue sur la Seine, les arbres, la campagne et, au loin, la silhouette énig-

matique des deux tours d'une centrale nucléaire qui a l'air de s'excuser d'être là. Bof, ça ne nous dérange pas, tant qu'elle est vaillante et en bon état de marche. Que ceci ne vous empêche pas de bien dormir au *Beau Rivage* et d'y faire honneur à la table. Une cuisine largement parfumée aux herbes, péché mignon d'un patron qui fume aussi lui-même son saumon. Notre coup de cœur à Nogent.

PERTHES   52100

Carte régionale B2

▣ |●| *Hôtel-restaurant La Cigogne Gourmande* – rue de l'Europe (Centre) ☎ 03.25.56.40.29. Fax : 03.25.06.22.81. TV. Fermé le dimanche soir. Congés annuels : du 14 au 31 juillet et 1 semaine en février. Accès : dans une petite maison sur la place de l'église. À 200 m en annexe, 6 jolies chambres, installées douillettement, à 180 F (27,4 €) avec douche et wc, et de 260 à 275 F (39,6 à 41,9 €) avec bains et mini-bar. Menu à 80 F (12,2 €) en semaine. Sur l'ancienne RN4, la salle de restaurant, plutôt chic, accueille repas d'affaires encravatés et noces d'or endimanchées, mais, pour le voyageur, le menu à 80 F en semaine est une véritable aubaine ! Une cuisine subtile et maîtrisée, un service rigoureux. On conseille le médaillon de homard, le foie gras maison, le filet de turbot.

|●| *Le Paris-Strasbourg* – rue de l'Europe (Centre) ☎ 03.25.56.40.64. Fermé le dimanche soir. Accès : 1er resto en sortant de la RN4. Menus de 98 à 240 F (14,9 à 36,6 €). Une bonne adresse pour les fins gourmets, mais pas à la portée de toutes les bourses ! Décoration très *cosy*, accueil et service impeccables, présentation des plats recherchée, cet établissement à l'excellent rapport qualité-prix est un repaire d'hommes d'affaires en semaine et de touristes et autochtones en fête le week-end. On a apprécié le biscuit de sandre à la bohémienne, le filet fermier de volaille farci au munster sauce au cumin, le poêlon d'œuf de caille au foie gras sauce morilles, comme le fin magret de canard aux pommes et ses assortiments sculptés avec délicatesse. Perthes est, à perte de vue et sans perte de temps, l'adresse gastro de l'Est de la Haute-Marne. *Apéritif offert.*

PINEY   10220

Carte régionale A2

▣ |●| *Le Tadorne* ** – 1, place de la Halle ☎ 03.25.46.30.35. Fax : 03.25.46.36.49. Parking. TV. Satellite / câble. ♿ Fermé le dimanche soir du 1er octobre au 31 mars. Congés annuels : 15 jours pendant les vacances scolaires de février. Accès : de Troyes, prendre direction Nancy puis Brienne-le-Château par la D960. Doubles à partir de 160 F (24,4 €) avec lavabo et wc, 250 F (38,1 €) avec douche et 280 F (42,7 €) avec bains. Menus de 59 F (9 €) le midi en semaine, à 185 F (28,2 €). Proche du parc régional naturel de la forêt d'Orient, cette grande bâtisse à colombages abrite un bar, un resto et un hôtel. Une partie des chambres se trouve dans une annexe. Douillettes et coquettes, d'une propreté impeccable, elles sont toutes équipées de salle de bains et wc. Pour leurs prix, vous pouvez également bénéficier de la piscine de l'hôtel, très agréable car isolée. Cadre calme et reposant. Pour les plus fauchés, l'autre bâtiment compte quelques chambres d'un confort plus sommaire (avec douche sur le palier). Au resto, nombreux menus. *10 % sur le prix de la chambre du 1er octobre au 31 mars.*

DANS LES ENVIRONS

BREVONNES 10220 (5 km E)

≜ |●| *Le Vieux Logis* ** – 1, rue de Piney ☎ 03.25.46.30.17. Fax : 03.25.46.37.20. Parking. TV. Fermé le dimanche soir et le lundi de mi-septembre à fin mai. Congés annuels : 3 semaines en mars. Accès : en bordure de la D11. Doubles de 215 à 230 F (32,8 à 35,1 €) la double avec douche et wc ou bains. Menu à 78 F (11,9 €) sauf le dimanche, au bon rapport qualité-prix, puis grand écart pour atteindre les menus suivants, à 140 et 200 F (21,3 et 30,5 €). Dans une vieille demeure champenoise, un peu jaunie par le temps (certaines adresses portent décidément bien leur nom !), on pousse la porte comme on vient visiter sa grand-tante de province. Poutres apparentes, meubles anciens, papier à fleurs, grand poêlon en faïence à l'intérieur de la cheminée, tout paraît immuable. La cuisine traditionnelle (elle aussi) est soignée : petits choux de langoustines à la vigneronne, salade de queue de bœuf et sa terrine de légumes, émincé de lapereau, suprême de volaille farcie, escargots de Bernon (très goûteux), etc. Service discret, voire effacé. Également des chambres cossues et douillettes. Agréable jardin fleuri et arboré. *Apéritif offert.*

MESNIL-SELLIÈRES 10220 (10 km SO)

|●| *La Clé des Champs* – Grande-Rue ☎ 03.25.80.65.62. Parking. Fermé le dimanche soir et le lundi. Congés annuels : 1re quinzaine de janvier. Accès : de Piney, prendre la D960, bifurquer à gauche par la D8, vers Le Mesnil-Saint-Père. Formule du jour à 78 F (11,9 €), sauf le vendredi soir et le week-end, et menus de 155 à 220 F (23,6 à 33,5 €). Petite halte gastronomique sur la route du parc régional de la forêt d'Orient. Dans son resto drapé de jaune et de bleu, le chef exécute une cuisine haute en couleur, uniquement à base de produits frais. Il propose d'ailleurs chaque jour des plats du marché. Selon les saisons et l'inspiration gourmande, on opte pour un craquant de lard confit à l'andouillette, un frais de pétoncles et moules en feuilleté de saumon, un pigeon fermier d'Onjon au jus de morilles, et comme dessert, un pain d'épice perdu dans son glacé d'anis vert au miel. À n'en pas douter, une des bonnes tables de la région. Réservation conseillée. *Café offert.*

RAMERUPT 10240

Carte régionale A2

|●| *Restaurant Le Val d'Aube* – rue Cour-Première ☎ 03.25.37.39.45. Fermé le mardi soir et le dimanche (sauf réservation). Congés annuels : du 15 au 31 août. Accès : sortir de Troyes par la N77 (direction Châlons-en-Champagne) ; à Massonville prendre la D99. Menus en semaine à 62 F (9,5 €) et à 150 F (22,9 €) le week-end. Après avoir, notamment, rassasié les diplomates du Quai d'Orsay, Hervé, le jeune cuisinier, est revenu au pays pour s'installer en famille dans ce bar-restaurant de campagne. Il y trousse une honnête cuisine traditionnelle. *Apéritif offert.*

REIMS 51100

Carte régionale A1 – Plan pp. 292 et 293

≜ |●| *Centre International de Séjours* – parc Léo-Lagrange, chaussée Bocquaine (A3-2) ☎ 03.26.40.52.60. Fax : 03.26.47.35.70. Parking. TV. Satellite / câble. ✗ Accès : bus B ou N (arrêt

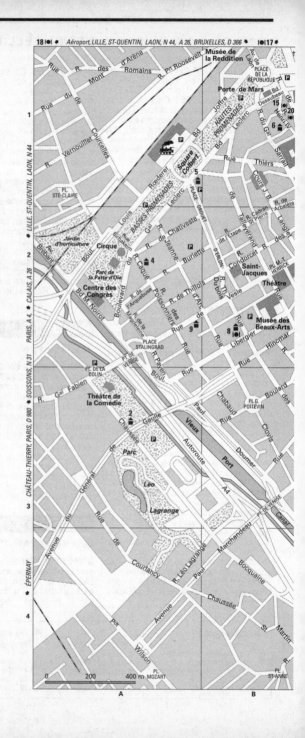

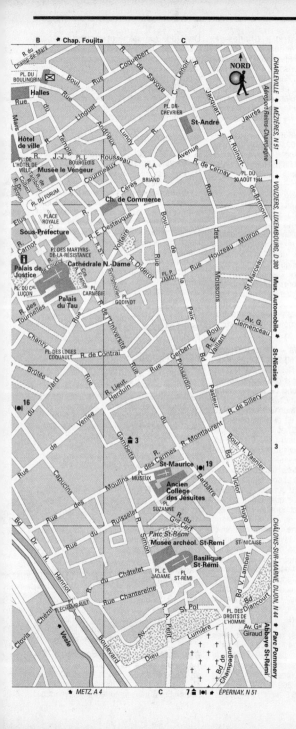

B   ★ Chap. Foujita   C

NORD

R. Champ-de-Mars

PL. DU BOULINGRIN

Halles

Boul.   Rue   Coquebert   de Savoye   Lenoir   Jacquart

Rue   du   Linguet   Andrieux   R.   Lundy

Mars   Rue   du   Temple   R.   J.-J.   Rousseau

Hôtel de ville   PL. DE L'HÔTEL DE VILLE

Musée le Vengeur   PL. L. BOURGEOIS   Courmeaux   Cérès

PL. DU FORUM   Ch. de Commerce

PLACE ROYALE   R. E. Desteuque

Sous-Préfecture

R. Carnot   PL DES MARTYRS-DE-LA-RÉSISTANCE   Voltaire   R. Diderot

Palais de Justice   Cathédrale N.-Dame   R. R. St France

PL. DU Cal LUÇON   PL. CARNEGIE

Palais du Tau   PL. GODINOT   PL. JAMOT

R. des Tournelles   R. de l'Université   Symphorien   Paix

Chanzy   PL. DES LOGES COQUAULT   R. de Contrai

Brûlée   Jard   Rue   R. Lieut. Herduin   Rue   Gerbert   Ponsardin

Rue   de   Venise   Capucins   des   Gambetta

★ 16

▲ 3   Rue des Carmes   St-Maurice   ★ 19   R. Montlaurent

PL. MUSEUX   Ancien Collège des Jésuites   Barbâtre

Moulins   PL. SUZANNE   R. du Grd Cerf

Ruisselet   Parc St-Rémi   Musée archéol. St-Remi   PL. ST-NICAISE

Rue   Simon   R. Châtelet   PL. C. JADAME   PL. ST-RÉMI   Basilique St-Rémi

Dr. H. Henriot   Clovis   Chézel   FLÉCHAMBAULT   Rue Chantereine   St Pol   PL. DES DROITS DE L'HOMME

Vesle   Boulevard   Av. du Petit   Lumière   Av. Gal Giraud

Dieu   † † † †   Bd de Champagne

★ METZ, A 4   C   7 ▲ ★ ÉPERNAY, N 51

Avenue   J.   R. Runart   R. de Cernay   PL. DU 30 AOÛT 1944   de Brimont

PL. DR-CHEVRIER   St-André   Jaurès

PL. A. BRIAND   Boul   de   la   Rue   des   Houzeau-Mulron   St Marceau   Moissons

Av. G. Clemenceau   Boul   R. E. Vaillant   Pasteur   R. de Sillery

Boul. H. Vasnier   Bd   Victor   Hugo   V. Lambert   Bd   Diancourt

CHAMPAGNE-ARDENNE

« Colin »), ou H (arrêt « Charles-de-Gaulle »). 59 F (9 €) par personne la nuit en chambre multiple avec lavabo. Petit déjeuner : 18 F (2,7 €). Repas : 50 F (7,6 €). Non loin du centre mais au calme au milieu d'un parc. 140 lits répartis en chambres individuelles, doubles et triples. Cuisine équipée à disposition. *10 % sur le prix de la chambre non cumulable avec une autre promo.*

≜ *Hôtel Le Saint-Maurice* * – 90, rue Gambetta (C3-3) ☎ 03.26.85.09.10. Fax : 03.26.85.83.20. TV. Accès : entre la cathédrale et la basilique Saint-Rémi. Doubles avec douche, wc sur le palier, à 165 F (25,2 €), avec douche et wc ou bains à 220 F (33,5 €). Derrière une vitrine qui fait très boutique, des chambres, pour la plupart au calme sur une petite cour, où les clients aiment à prendre le frais comme dans une auberge espagnole du fin fond de l'Andalousie. *Le Saint-Maurice* ressemble d'ailleurs à certains petits hôtels que l'on rencontre dans la péninsule Ibérique. L'ambiance est familiale et chaleureuse. De nombreux habitués ont « leur chambre », un peu comme dans une pension de famille d'antan. Pour les célibataires au budget serré, quelques chambres moins charmeuses mais très économiques sont disponibles. *10 % sur le prix de la chambre.*

≜|●| *Aux Bons Amis* – 13, rue Gosset (hors plan B1-17) ☎ 03.26.07.39.76. Fax : 03.26.07.73.06. TV. Resto fermé le vendredi soir, le samedi et le dimanche. Accès : à côté de l'hypermarché Champion, sur la route Laon-Bruxelles. Chambre double à 180 F (27,4 €) avec douche à l'étage. Petit déjeuner à 25 F (3,8 €) et demi-pension à partir de 170 F (25,9 €) pour une personne, parfois obligatoire. Menu à 67 F (10,2 €), boisson comprise. Toujours bondé, ce restaurant populo, entièrement rénové, reçoit chaque midi dans ses salles plusieurs dizaines de cols bleus et cols blancs, mêlés à quelques retraités du quartier. Un succès dû à l'excellent rapport qualité-prix de son menu où l'on trouve chaque jour 2 entrées au choix, 3 plats chauds au choix, fromage et dessert ainsi qu'une boisson comprise. Les plats sont ultra-classiques : langue de bœuf et riz, blanquette ou sauté de veau, etc., mais copieusement servis. Le service, assuré par des dames souriantes (avec un badge avec leur prénom inscrit dessus, ce qui permet de faire connaissance rapidement), est dynamique. Elles ne chôment pas ! *Aux Bons Amis*, c'est aussi un hôtel très simple mais propre.

≜ *Azur Hôtel* ** – 9, rue des Écrevées (B1-6) ☎ 03.26.47.43.39. Fax : 03.26.88.57.19. TV. Canal+. Fermé le dimanche en basse saison. Accès : à 200 m de l'hôtel de ville. Doubles à 195 F (29,7 €) avec lavabo et wc, à 260 F (39,6 €) avec douche et wc, et à 295 F (45 €) avec bains.

Dans une rue calme et centrale, cet hôtel discret aux je-ne-sais-quoi d'anglais avec son tapis rouge et son ambiance feutrée, vaut l'étape. L'accueil est bon, et les chambres proprettes. Les nos 17, 27, 37, 12 et 22 sont plus claires que les autres. À deux pas du bistrot *Le Henri IV* et du restaurant chic *Au Petit Comptoir*. Compter 10 mn à pied pour rejoindre la place d'Erlon et son animation. *10 % sur le prix de la chambre de novembre à mars, ainsi que juillet et août.*

≜ *Ardenn Hôtel* ** – 6, rue Caqué (A2-4) ☎ 03.26.47.42.38. Fax : 03.26.86.82.44. Parking payant. TV. Canal+. Accès : non loin de la gare SNCF ; prendre le boulevard du Général-Leclerc ; à la hauteur du Cirque, on trouve la rue Caqué. Chambres doubles avec douche et wc ou bains à 240 F (36,6 €). Pour dormir dans le centre sans trop se ruiner. Hôtel à la déco terriblement kitsch qui accueille souvent les artistes du Manège ou du Cirque, salles de spectacles proches. Après de nombreux changements de propriétaires, les choses semblent s'être enfin stabilisées. *10 % sur le prix de la chambre de novembre à fin février.*

≜|●| *Cottage Hôtel* ** – rue Jacques-Maritain (hors plan C4-7) ☎ 03.26.36.34.34. Fax : 03.26.49.99.77. Parking. TV. Canal+. Resto fermé le dimanche soir. Accès : du centre, direction val de Murigny, par l'avenue de Champagne ; puis, place des Combattants d'AFN, avenue Pompidou et 200 m à droite ; bon, on y est enfin. Chambres à prix raisonnables : 258 F (39,3 €) la double avec douche, wc et téléphone. Menus à 70 F (10,7 €) bien honnête, servi midi et soir (sauf le week-end), puis de 110 à 220 F (16,8 à 33,5 €). Menu enfant à 45 F (6,9 €). Si vous cherchez plutôt le calme que le centre-ville, cet hôtel vous donnera entière satisfaction. Accueil chaleureux et efficace. *Café offert.*

≜ *Hôtel Le Baron* ** – 85, rue de Vesle (A2-9) ☎ 03.26.47.46.24. Fax : 03.26.47.46.24. TV. Fermé le dimanche. Accès : A4 sortie Reims cathédrale. Situé à une enjambée de la place d'Erlon, ainsi qu'à 300 m de la cathédrale. Doubles à 260 F (39,6 €), avec deux lits à 275 F (41,9 €), triples à 360 F (54,9 €). Ne cherchez rien d'aristocratique dans cette enseigne, elle désigne en fait, en langage de cafetier, un 50 cl de bière. L'hôtel a été entièrement rénové il y a quelques années et les chambres pourvues de tout le confort moderne. *Le Baron* n'est pas à dédaigner. Les chambres nos 16, 17, 22 et 23 donnent sur la rue, les autres sur cour. *Petit déjeuner offert.*

≜|●| *Hôtel-restaurant Le Bon Moine* ** – 14, rue des Capucins (B2-8) ☎ 03.26.47.33.64. Fax : 03.26.40.43.87. TV. Satellite / câble. Fermé le dimanche de septembre à juin ; resto fermé le dimanche.

Chambres doubles avec douche à 260 F (39,6 €). Menus à 59 F (9 €), en semaine, 85 et 135 F (13 et 20,6 €). Un peu usé par les ans mais toujours vaillant, ce *Bon Moine* fait un peu hôtel de gare. Ce n'est pas d'une modernité folle, mais son confort sans histoire, cela en plein centre-ville, à deux pas de la place d'Erlon, vaut bien une messe. Et puis l'accueil est agréable comme tout. *10 % sur le prix de la chambre de juin à septembre.*

🛌 *Hôtel Crystal* ** – **86, place Drouet-d'Erlon (A1-5)** ☎ **03.26.88.44.44. Fax : 03.26.47.49.28.** TV. Canal+. Accès : à 150 m de la gare, au tout début de la place Drouet-d'Erlon. De 300 F (45,7 €) la double avec douche et wc à 370 F (56,4 €) avec bains. 2 bons points pour y passer la nuit : la situation d'abord, le calme ensuite, si près de la place la plus animée de Reims. Intérieur d'hôtel à la gloire passée dont il reste quelques beaux vestiges (l'ascenseur...) patinés par le temps. On imagine toutes sortes d'histoires... mais hélas, les murs ne parlent pas. Les chambres sont confortables et les salles de bains *up-to-date* comme disent les Anglo-Saxons, récemment rénovées. Agréable courette fleurie où, quand le soleil daigne darder de ses rayons, il fait bon prendre son petit déjeuner. *10 % sur le prix de la chambre de décembre à mars.*

🍽 *Restaurant Le Chamois* – **45, rue des Capucins (B3-16)** ☎ **03.26.88.69.75.** Fermé le mercredi et le dimanche midi. Accès : à 40 m de la rue Libergier. Petits menus traditionnels à 45 et 59 F (6,9 et 9 €), uniquement le midi en semaine, et à 75 F (11,4 €), midi et soir sauf le week-end. Lassitude de la plaine ? La cuisine de ce resto plutôt intime, à l'écart de l'agitation, s'inspire des alpages et des sommets. À la carte : fondues savoyardes, raclette valaisanne ou vaudoise...

🍽 *Bistrot Le Henri IV* – **29, rue Henri-IV (B1-15)** ☎ **03.26.47.56.22.** Fermé le dimanche, le lundi soir et le mardi soir. Congés annuels : du 20 juillet au 15 août et du 25 décembre au 5 janvier. Accès : entre la mairie et la place de la République. Menu à 65 F (9,9 €) le midi en semaine ; compter 80 F (12,2 €) à la carte. Ce bon vrai troquet populaire joue parfaitement son rôle. Le matin, dès 7 h, les travailleurs viennent y boire leur petit noir au comptoir, et à midi pile, l'apéro, histoire de se mettre en forme avant de passer à table dans la salle réservée au casse-croûte. Les plats du jour varient : tripes à la mode de Caen, bourguignon, navarin... À la carte, andouillette, entrecôte marchand de vin, tête de veau... Le samedi, pour le marché, c'est l'affluence des grands jours et l'animation est garantie.

🍽 *Chez Anita* – **37, rue Ernest-Renan (hors plan A1-18) (Nord-Ouest)** ☎ **03.26.40.16.20.** ♿ Fermé le dimanche. Congés annuels : août. Menus à 68 et 95 F (10,4 et 14,5 €), le midi uniquement, et 140 F (21,3 €). De la pizza en veux-tu en voilà, mais cuite au feu de bois, ainsi que des pâtes à gogo, attirent *Chez Anita* tous les amoureux de l'Italie. Les portions sont généreuses, mais la cuisine pas légère. Comme avec certains médicaments, une consommation trop importante peut provoquer des risques d'endormissement. Donc à éviter au déjeuner si vous voulez rester actif l'après-midi. Une adresse hyper populaire et appréciée de nombreux Rémois. *Café offert.*

🍽 *Restaurant Chèvre et Menthe* – **63, rue du Barbâtre (C3-19)** ☎ **03.26.05.17.03.** Fermé le dimanche et le lundi. Congés annuels : 1 semaine à Pâques, les 3 dernières semaines d'août, Noël et Nouvel An. Accès : entre la basilique Saint-Rémy et la cathédrale. Environ 100 F (15,2 €) à la carte, boisson non comprise. L'excellente réputation, qui ne se dément pas au fil des ans, donne une sorte d'assurance tout risque à cet établissement que nous aimons bien. Derrière les peintures naïves de la vitrine se cachent deux petites salles. La plus chaleureuse est réservée aux fumeurs. L'apparente modestie des intitulés des plats cache un réel savoir-faire. Aiguillette de canard au miel, tarte chèvre et menthe... passent comme une lettre à la poste.

🍽 *Restaurant Au Petit Comptoir* – **17, rue de Mars (B1-20)** ☎ **03.26.40.58.58.** Fermé le samedi midi et le dimanche. Congés annuels : du 23 décembre au 13 janvier. Accès : près de l'hôtel de ville. Menus à 130 et 169 F (19,8 et 25,8 €). À la carte, compter 220 F (33,5 €). Fabrice Maillot, ancien de chez Robuchon et Boyer (*Les Crayères*), fait un malheur dans son bistrot rémois dont l'allure doit plus aux bouchons lyonnais qu'aux bistrots parisiens. Créatif et malin, il sort de sa manche une cuisine de comptoir cousue main qui, derrière son apparente simplicité, est le fruit d'un travail de précision. Grands bourgeois, gros commerçants, gourmets nomades de passage... ont tous la mine gourmande quand arrivent sur leur table la crème renversée aux foies de volaille, le carpaccio de foie gras, le ragoût d'écrevisses aux abats, le rouget-barbet rôti à la broche, la tartiflette d'andouille du val d'Ajol ou le millefeuille de saucisse de Morteau aux choux. Desserts tout aussi intéressants : le caramel mou au beurre demi-sel éventail de nougatine et crème glacée au vinaigre, le sabayon glacé au champagne et turban au cassis, les cromesquis au chocolat crème glacée au thé. Carte des vins bien conçue (la sélection de la vallée du Rhône est épatante). Terrasse. *Café offert.*

CHAMPAGNE-ARDENNE

DANS LES ENVIRONS

VAL DE VESLE 51360 (18 km SE)

|●| L'Étrier – ☎ 03.26.03.92.12. Fermé le dimanche soir, et tous les soirs en semaine. Accès : par la N44 jusqu'à Beaumont-sur-Vesle et ensuite D8. Menus de 60 F (9,1 €), le midi en semaine, à 140 F (21,3 €) le dimanche. Une affaire de famille où chacun, père, fils, mère, fille, met la main à la pâte avec passion et gentillesse. En semaine, 2 menus, l'un avec crudités et charcuteries, plat du jour, fromage, dessert et vin compris, que favorisent les travailleurs, et le second avec terrine au choix, 6 escargots de Bourgogne ou assiette de jambon cru, contre-filet de bœuf sauce au poivre, fromage et dessert, qui plaît beaucoup aux petits patrons. La grosse affaire cependant, c'est le menu du dimanche qui attire tous les joyeux mangeurs des alentours. Il faut dire que pour son prix, c'est la fête. Jugez donc : apéritif maison et petits fours salés, foie gras de canard et ses toasts, ou terrine (foie de volaille, chevreuil...) ; un poisson : filet de sandre au beurre blanc, ou escalope de saumon frais au champagne ; une viande : gigot d'agneau ou entrecôte, ou rognons de veau au champagne, ou encore filet de canard. Salade et fromage, et au final un dessert. Manque que le coup de gnôle pour faire digérer (ce qu'on appelle communément le coup de l'étrier), mais de nos jours, avec la maréchaussée aux aguets, vaut mieux éviter.

RETHEL 08300

Carte régionale A1

🏠|●| Hôtel-restaurant Le Champagne ** – bd de la 2ᵉ-D.-I. (Ouest) ☎ 03.24.38.03.28. Fax : 03.24.38.37.70. Parking. TV. Canal+. ⚒ Resto fermé le dimanche soir. Accès : face à l'Aisne. 225 F (34,3 €) la double avec douche et wc, 230 F (35,1 €) avec bains. Comptez 55 F (8,4 €) pour un repas dans la salle de la cafétéria. Au resto, menus à 80 F (12,2 €), le midi en semaine, jusqu'à 155 F (23,6 €) et plus. À l'origine, ce devait être un immeuble résidentiel, puis c'est devenu un hôtel au-dessus des boutiques d'une galerie marchande. Pas l'adresse de charme donc, mais des petites chambres, propres et nettes, offrant un bon rapport qualité-prix. La nº 126 a une gentille vue sur la rivière. Deux restos : une cafétéria (faut aimer le cadre mais on y mange plutôt bien pour pas cher) et une salle plus cossue qui propose une honnête cuisine traditionnelle (boudin blanc de Rethel évidemment, foie gras, ris de veau, sandre au gingembre...). *Café offert.*

🏠|●| Hôtel-restaurant Le Moderne ** – place de la Gare (Sud) ☎ 03.24.38.44.54.

Fax : 03.24.38.37.84. Parking payant. TV. Canal+. Doubles, bien équipées, à 230 F (35,1 €) avec douche et wc et à 260 F (39,6 €) avec bains. Menus à 95 et 160 F (14,5 et 24,4 €). Cela fait 40 ans que cette bonne adresse est connue des voyageurs qui passent par Rethel, grosse bourgade, patrie de notre cher Louis Hachette. Chambres au calme face à la gare tranquille, rénovées mais avec un petit côté rétro qui va bien au teint de cette solide maison de brique et de pierre. Décent 1ᵉʳ menu et, à la carte, les « classiques » du *Moderne* : cassolette de boudin blanc à la crème d'ortie, émincé de pigeonneau au foie gras...

DANS LES ENVIRONS

PAUVRES 08310 (15 km SE)

|●| Restaurant Au Cheval Blanc – (Centre) ☎ 03.24.30.38.95. Fermé le lundi soir. Accès : par la D946 ; à l'entrée du village. Menu du jour à 60 F (9,1 €), autre menu à 85 F (13 €) le week-end. On trouve dans les Ardennes quelques localités aux noms abracadabrants : Autruche, par exemple, Mon Idée ou bien encore Pauvres, village... riche de ce brave petit café-restaurant. Rimbaud et son copain Verlaine, qui ont traîné dans la région, ont peut-être fait escale dans ce troquet ardennais. « Ici on loge à pied et à cheval » : c'est encore écrit en grand sur la façade. Aujourd'hui, devant le resto, sont plutôt garés camions et véhicules utilitaires. Le midi, travailleurs de tout poil se retrouvent autour du menu du jour (kil de rouge – dans la grande tradition – compris). Cuisine familiale, généreusement (et dans la bonne humeur) servie. Le week-end, clientèle plus familiale pour des menus plus régionaux : tourte au boudin blanc, feuilleté de ris de veau à la crème de vinaigre de framboises, râble de lapin farci au boudin noir... *Apéritif ou café offert.*

SIGNY-L'ABBAYE 08460 (23 km N)

🏠|●| Auberge de l'Abbaye ** – place Aristide-Briand (Centre) ☎ 03.24.52.81.27. Fax : 03.24.53.71.72. Parking. TV. Restaurant fermé le mardi soir et le mercredi. Congés annuels : du 10 janvier au 28 février. Accès : par la D985. De 220 F (33,5 €) la double avec douche à 300 F (45,7 €) avec douche et wc ou bains. 1ᵉʳ menu à 80 F (12,2 €), en semaine et le dimanche soir, un menu de terroir à 100 F (15,2 €) et un menu gastro à 160 F (24,4 €) le dimanche midi. Au cœur d'un bourg pittoresque posé à l'orée d'une vaste forêt. Aimable auberge de campagne tenue par la même famille depuis (au moins !) la Révolution. Accueil cordial. Ambiance doucement familiale. Chambres coquettes, régulièrement rafraîchies et toutes différentes. On a un petit faible pour la nº 9, avec son coin salon. Le feu crépite dans la cheminée, et les salles à manger, évidemment rustiques, offrent un cadre idéal pour goûter à cette cuisine de ménage et de terroir. La tendre et excellente viande de bœuf provient de l'élevage de « blondes » de l'auberge (les Lefebvre sont toujours agriculteurs!), la rhubarbe de la tarte a poussé dans le jardin. Eh oui, ce genre d'endroit existe encore, et même en l'an 2000! Il y a toujours, en France, des petits coins superbes et méconnus comme cette Thiérache ardennaise riche de bocages vallonnés et de surprenantes églises fortifiées. *Apéritif maison, café ou digestif offert.*

SAINTE-MENEHOULD 51800

Carte régionale B1

🏠 |●| *Hôtel-restaurant de la Poste* ** – 54, av. Victor-Hugo (Est) ☎ 03.26.60.80.16. **Fax : 03.26.60.97.37.** TV. Fermé le dimanche soir et en janvier. Doubles avec douche, wc et téléphone à partir de 210 F (32 €). Menus de 65 à 160 F (9,9 à 24,4 €). Une étape sans prétention non loin de la gare. Chambres à la déco gentiment désuète mais de bon confort. Les n°s 7, 8 et 9, sur cour, sont plus calmes et la n° 9 plus grande. Au resto, bien sûr, pieds de cochon à la Sainte-Menehould. Patrons très accueillants.

🏠 |●| *Hôtel-restaurant Le Cheval Rouge* ** – 1, rue Chanzy (Centre) ☎ 03.26.60.81.04. **Fax : 03.26.60.93.11.** TV. Satellite / câble. Fermé le lundi du 1er octobre au 1er avril. Congés annuels : 3 semaines de fin novembre à début décembre. Chambres confortables de 240 à 260 F (36,6 à 39,6 €) la double avec douche et wc ou bains. Menus à 62 F (9,5 €), sauf le week-end, et de 95 à 260 F (14,5 à 39,6 €). L'excellence du menu en semaine justifie à lui seul que l'on fasse étape ici. Jugez-en vous-même. Rillettes de sardine à la confiture d'oignons ou concombre gaspacho, pour suivre, sauté de gésiers basquaise ou filet de lieu à l'aneth, et pour terminer, clafoutis de rhubarbe ou « schuss » aux groseilles et coulis de cassis. Pour ce prix, beaucoup se contentent d'offrir une crudité suivie d'un steak-frites et d'une crème caramel, même pas maison. Le second n'est pas en reste et fait preuve lui aussi d'une belle créativité (compotée d'agneau au chutney d'ananas sauce curry, poêlée de volaille à la chinoise, carré dijonnais). Deux autres menus copieux suivent. À la carte figure, bien sûr en bonne place, la spécialité locale, le pied de cochon. Au dire des connaisseurs, le chef le réussit très bien.

|●| *L'Auberge du Soleil d'Or* * – place de l'Hôtel-de-Ville (Centre) ☎ 03.26.60.82.49.

Fermé le soir (ou ouvert uniquement sur réservation après 19 h 30). Compter 250 F (38,1 €) le repas environ. Le maître des lieux, Yvan de Singly, octogénaire athlétique, a deux passions : le pédalo et le pied de cochon. À bord du premier, il a notamment établi un record en traversant la Manche! Avec le second, spécialité historique de la ville, il réalise des merveilles. Savourez – nos compris! – son « pied'or » cuit 40 h, entouré d'un torchon, dans un aromatique court-bouillon, conservé ensuite 6 h en chambre froide avant d'être servi enrobé d'une pâte à frire et accompagné d'une petite compote de pommes. Une exclusivité mondiale. Son auberge est décorée comme un musée du XVIIIe siècle : faïences, casseroles, cuivres, meubles argonnais. Louis XVI y aurait passé sa dernière soirée avant sa fuite à Varennes en 1792. Seule ombre au tableau, un accueil parfois rude.

DANS LES ENVIRONS

FLORENT-EN-ARGONNE 51800
(7,5 km NE)

🏠 *Hôtel Le Jabloire* *** – ☎ 03.26.60.82.03. **Fax : 03.26.60.85.45.** Parking. TV. ♿ Fermé le dimanche soir de novembre à mars. Congés annuels : février. Accès : par la D85, une très jolie route. Doubles de 250 à 380 F (38,1 à 57,9 €) avec douches et wc ou bains. Sur la paisible place de l'église, un hôtel aménagé dans une splendide maison bourgeoise du XIXe siècle offerte en cadeau de mariage par un tonnelier à son fils. La fabrication de tonneaux faisait en effet autrefois vivre le village. Au-dessus de la porte d'entrée, une sculpture rappelle ce passé qu'Yves Oudet, le patron, se fera un plaisir de vous raconter. Chambres calmes et claires. Une adresse de charme. *10 % sur le prix de la chambre.*

|●| *Auberge La Menyère* – 10, rue Basse ☎ 03.26.60.93.70. Fermé le dimanche soir et le lundi. Congés annuels : du 23 février au 9 mars et du 19 août au 10 septembre. Accès : au village, l'auberge est située à 100 m de l'église. Bon menu à 70 F (10,7 €), le midi du mardi au vendredi, boisson en plus ; un autre à 150 F (22,9 €). Un tout petit village au cœur de la très belle forêt d'Argonne, haut lieu de la guerre de 14-18. Une auberge discrète, superbe maison à colombages du XVIe siècle. On entre et on change d'époque. Va-t-on y croiser Louis XVI ou Victor Hugo ? Incontestablement, des plus beaux décors d'auberge de la Marne. Au menu, gibier et champignons en automne. *Digestif offert.*

SEDAN 08200

Carte régionale B1

🛏️ l●l *Le Relais* ** – rue Gaston-Sauvage (Sud-Ouest) ☎ 03.24.27.04.41. Fax : 03.24.29.71.16. Parking. TV. Canal+. Resto fermé le dimanche soir. Accès : à la sortie de Sedan, direction Charleville-Mézières. Doubles avec douche et wc à 250 F (38,1 €), avec bains à 280 F (42,7 €). Menus de 70 à 140 F (10,7 à 21,3 €). Une massive bâtisse de briques avec pas mal de caractère. C'était jadis une fabrique de savons. C'est aujourd'hui notre hôtel préféré à Sedan. D'abord pour l'accueil, toujours aussi aimable et sympathique. Ensuite pour les chambres, au calme (c'est encore la ville mais déjà la campagne) et d'un bon rapport qualité-prix. Les chambres n°s 31 et 32 ont une déco plus personnalisée et donnent sur le jardin. On aime bien aussi celles installées dans la petite annexe contiguë. Vaste salle de resto pour une cuisine traditionnelle à options régionales (pâté ardennais, salade gourmande du Relais aux gésiers, lardons, pommes de terre et œufs pochés et ce fameux ragoût de pommes de terre avec oignons, lardons et morceaux de bœuf ici appelé « cacasse à cul nu » !). *10 % sur le prix de la chambre.*

🛏️ l●l *Le Saint-Michel* * – 3, rue Saint-Michel (Centre) ☎ 03.24.29.04.61. Fax : 03.24.29.32.67. Parking. TV. Canal+. Satellite / câble. Resto fermé le dimanche soir. Chambres correctes avec douche et wc à 275 F (41,9 €). Menus à 70 F (10,7 €) en semaine, et de 125 à 225 F (19,1 à 34,3 €) le dimanche. Idéalement situé dans une petite rue calme de la vieille ville (1 000 ans d'âge quand même !), tout à côté des hautes murailles du château (le plus grand d'Europe, paraît-il...). Resto dans le genre traditionnel. Quelques spécialités régionales comme la sauté de marcassin.

l●l *Restaurant La Déesse* – 35, av. du Général-Margueritte (Nord-Ouest) ☎ 03.24.29.11.52. Fermé le samedi. Congés annuels : 1 semaine en février, et août. Accès : prendre la direction de Saint-Menges-Floing ; à 200 m environ après le Dijonval (musée des anciennes industries), sur le trottoir de droite. Bon menu du jour (le midi en semaine) à 69 F (10,5 €), et menu à 98 F (14,9 €) le dimanche. Menu enfant à 35 F (5,3 €). Le petit bar-resto d'habitués où on vous place où il y en a (et quand il y en a : c'est toujours plein !). Ambiance conviviale et chaleureuse, définitivement à la bonne franquette. Pas de micro-ondes, des produits frais, des plats (jusqu'aux desserts) maison. Authenticité et simplicité : voilà la vraie classe ! Service sans chichi mais efficace et une patronne qui fait toujours le tour des tables pour voir si tout va bien. Le week-

end, c'est plus repas de famille avec son spécial menu du jour. On insiste, bien après année : c'est le meilleur rapport qualité-prix de Sedan ! *Café offert.*

DANS LES ENVIRONS

BAZEILLES 08140 (4 km SE)

🛏️ l●l *Auberge du Port* ** – route de Rémilly (Sud-Est) ☎ 03.24.27.13.89. Fax : 03.24.29.35.58. Parking. TV. Canal+. Satellite / câble. Fermé le samedi midi et le dimanche soir. Accès : de Bazeilles, prendre la D129 en direction de Rémilly, sur 1 km environ. 315 F (48 €) la double avec douche ou bains. Excellent menu à 98 F (14,9 €), midi et soir sauf le dimanche, puis menus de 138 à 250 F (21 à 38,1 €). Un petit port effectivement (oh, juste un ponton d'amarrage) sur la Meuse qui musarde au pied de cette jolie maison blanche. Un petit air néo-colonial, un jardin et des prairies alentour, bref, un charme certain. Atmosphère un rien chic, bien sûr, mais pas pesante. Chambres au calme (enfin, la campagne !) dans un petit bâtiment à l'écart de la maison ; plus lumineuses côté rivière. On avoue toujours un petit faible pour la n° 18, toute bleue, très romantique (mais à deux lits...). Les autres chambres possèdent aussi pas mal de personnalité. Cuisine joliment exécutée, plutôt imaginative : foie gras frais de canard sur gelée de porto blanc, poularde en pot-au-feu aux cèpes, confit de citron au fromage frais. De nombreux poissons : rouget en civet, saumon en rillettes aux épices, lotte en médaillons rôtis aux artichauts sautés à cru et gingembre... Gibier en saison. Portions peu copieuses et café exorbitant assombrissent légèrement le tableau. Terrasse ombragée pour l'été. *10 % sur le prix de la chambre.*

RÉMILLY-AILLICOURT 08450 (6 km SE)

🛏️ l●l *Hôtel-restaurant La Sapinière* ** – 1, rue de Sedan (Centre) ☎ 03.24.26.75.22. Fax : 03.24.26.75.19. Parking. TV. Satellite / câble. ♿ Resto fermé le lundi. Congés annuels : janvier. Accès : par la D6, direction Raucourt-Mouzon. 280 F (42,7 €) la double avec douche et wc, 300 F (45,7 €) avec bains. Menus à 95 F (14,5 €), sauf les dimanches et jours fériés, puis de 138 à 223 F (21 à 34 €). Le classique hôtel-restaurant de campagne (évidemment ancien relais de diligence). Chambres au calme, côté jardin. Fraîches et pimpantes dans l'ensemble, certaines récemment rénovées, toutes de bon confort. Resto qui, avec plusieurs grandes salles, fait le bonheur des noces et banquets du coin. Cuisine de tradition et de terroir avec parfois une pointe d'originalité : jambon d'Ardenne aux fruits frais, tournedos au rocquefort, sauté de pleurotes et herbes folles. Gibier en saison et salades-repas pour l'été. Agréable terrasse. *Apéritif offert. 10 % sur le prix de la chambre en basse saison.*

CARIGNAN 08110 (20 km SE)

|●| *Restaurant La Gourmandière* – 19, av. de Blagny (Nord-Est) ☎ 03.24.22.20.99. Parking. & Fermé le lundi. Accès : par la N43. 1er menu « au gré du jour » le midi en semaine à 72 F (11 €), puis de 118 à 215 F (18 à 32,8 €). Salle à manger cossue qui cadre bien avec cette élégante demeure bourgeoise. Mais l'ambiance reste celle d'une maison de famille. D'ailleurs, une fois n'est pas coutume, c'est ici une femme qui est en cuisine. Et elle ne manque ni de talent, ni d'audace, mélangeant produits régionaux et épices venues d'ailleurs (chiffonnade de jambon d'Ardenne poudré au *garam masalam Bombay*). Carte et menus se promènent dans tous les terroirs mais n'hésitent pas à sortir des sentiers battus : salade mimosa au thon, filet de flétan braisé aux citrons confits safran et cumin, magret de canard rôti à la compote d'ananas au poivre rouge, viennoise de ris de veau à la crème de chèvre au safran, assiette de mignardises de l'océan, marbré de langouste, aumônière de tourteau et coussin de saumon... Plaisante terrasse dans le jardin pour l'été.

SÉZANNE 51120

Carte régionale A2

🛏|●| *Hôtel-restaurant Le Relais Champenois* ** – 157, rue Notre-Dame ☎ 03.26.80.58.03. Fax : 03.26.81.35.32. Parking. TV. Canal+. Satellite / câble. & Fermé le vendredi soir et le dimanche soir hors saison. Congés annuels : du 20 décembre au 3 janvier. Accès : à la sortie de Sézanne, direction Troyes. Chambres plaisantes de 240 F (36,6 €) avec douche et wc à 285 F (43,4 €) avec bains. Menus de 95 F (14,5 €) en semaine, à 235 F (35,8 €). Finie la Brie, voici la Champagne qui commence au bout du village. Accueillante auberge aux vieux murs. Aux fourneaux, M. Fourmi, qui, avec l'art de la cigale de la fable, concocte une cuisine précise, puisant son inspiration dans le terroir. La terrine maison aux pistaches, la salade de noix de Saint-Jacques au vinaigre de Reims, le médaillon de lotte à l'ortie sauvage, le coquelet sauce champagne, le chou glacé arrosé de chocolat chaud, en sont l'illustration parfaite. Ce *Relais Champenois* est tout autant apprécié pour la qualité de l'accueil que du service. M. et Mme Fourmi, depuis 20 ans à Sézanne, jouissent d'une excellente réputation auprès de leurs concitoyens

qui fréquentent en nombre leur établissement. *Un verre de bienvenue offert (ratafia de champagne) sur présentation du guide à l'arrivée.*

🛏|●| *Hôtel-restaurant de la Croix d'Or* ** – 53, rue Notre-Dame ☎ 03.26.80.61.10. Fax : 03.26.80.65.20. Parking payant. TV. & Fermé le mardi. Congés annuels : du 2 au 16 janvier. Accès : à deux pas du centre, sur la route de Troyes. Jolies chambres à 250 F (38,1 €) avec douche et wc ou bains. Menus à 65 F (9,9 €), servi midi et soir, dimanche compris, et de 85 à 210 F (13 à 32 €). Chiens de chasse et oiseaux de proie veillent sur le petit parking de cette bonne maison. Les deux premiers menus sont parfaits pour le voyageur économe. *Café offert.*

TROYES 10000

Carte régionale A2

🛏 *Hôtel des Comtes de Champagne* ** – 54-56, rue de la Monnaie (Centre) ☎ 03.25.73.11.70. Fax : 03.25.73.06.02. Parking payant. TV. Accès : dans une vieille rue entre la mairie et la gare SNCF, à 300 m de l'église Saint-Jean. Doubles avec lavabo et wc à 170 F (25,9 €), avec douche et wc à 200 F (30,5 €) et 280 F (42,7 €) avec bains. Cette belle maison du XIIe siècle abritait la banque des comtes de Champagne du temps de leur splendeur. Aujourd'hui, en dépit de ce riche héritage, la facture sait rester douce. Des murs épais, des boiseries du Grand Siècle, un charme troublant d'autrefois, un petit jardin d'hiver bien calme. Les chambres nos 1, 8, 9, 14, 15, 16, 19 et 24 sont spacieuses et calmes. Excellent accueil. Une très bonne adresse.

🛏 *Hôtel Arlequin* ** – 50, rue de Turenne (Centre) ☎ 03.25.83.12.70. Fax : 03.25.83.12.99. TV. Satellite / câble. Accès : proche de l'église Saint-Pantaléon. Doubles avec douche ou bains de 250 à 260 F (38,1 à 39,6 €). À deux pas du secteur piéton, l'*Arlequin* a été rénové entièrement, dans un style convivial et chaleureux, à l'image de ses propriétaires. Chaque chambre, assez spacieuse, possède une déco et un charme uniques, un refus de la standardisation qui rend l'ensemble très vivant, un peu comme à la maison. 7 chambres familiales pour 3, 4 ou 5 personnes. Très bon accueil. Un plus : la carte de fidélité et la 7e nuit offerte. Intéressant pour ceux qui séjournent longtemps ou de manière régulière dans la ville. *Petit déjeuner offert.*

🛏 *Hôtel de Troyes* ** – 168, av. du Général-Leclerc (Nord-Ouest) ☎ 03.25.71.23.45. Fax : 03.25.79.12.14. TV. Canal+. Satellite / câble. Accès : de la gare SNCF, suivre la direction « Paris par Provins » ; à droite après le pont sur la ligne de chemin de fer. Chambres irréprochables de 280 à 295 F (42,7 à 45 €) avec douche et wc. Petit déjeuner-buffet à 39 F (5,9 €). Pour ceux qui préfèrent dormir un peu à l'écart du centre. Déco résolument contemporaine. Accueil charmant. Pas de resto mais la patronne saura vous conseiller de bonnes adresses pour manger près de son hôtel. *10 % sur le prix de la chambre.*

🏠 *Hôtel Le Champ des Oiseaux* *** – 20, rue Linard-Gonthier (Centre) ☎ 03.25.80.58.50. Fax : 03.25.80.98.34. Parking payant. TV. Canal+. Accès : proche de la cathédrale Saint-Pierre et du musée d'Art moderne. Pour une nuit d'exception, compter de 495 à... 950 F (75,5 à 144,8 €) ! Dans une ruelle pavée de la vieille ville se dressent deux splendides demeures à pans de bois datant des XVᵉ et XVIᵉ siècles. L'ensemble, merveilleusement transformé en hôtel de luxe par les propriétaires, recèle un charme fou : cour intérieure et jardin où l'on peut prendre son petit déjeuner, vastes chambres décorées avec un goût exquis (meubles anciens, tissus chaleureux) et deux suites inoubliables, élégamment nommées la « Suite médiévale » et les « Bengalis », avec poutres apparentes, fauteuils, bergères... Le raffinement est bien évidemment proportionnel aux prix. Idéal pour ceux qui viennent fêter à Troyes un événement heureux ou pour les amoureux en quête d'un endroit romantique. Succès oblige, réserver longtemps à l'avance (des travaux d'agrandissement avec de nouvelles chambres sont prévus). Au fait, on allait oublier de préciser que l'accueil y est adorable. Un véritable coup de cœur en somme.

|●| *La Paninoteca* – 27, rue Paillot-de-Montabert (Centre) ☎ 03.25.73.91.34. Fermé le samedi midi et le dimanche. Congés annuels : la 2ᵉ quinzaine d'août. Accès : non loin de l'église Saint-Jean et perpendiculaire à la rue Champeaux. Compter 80 F (12,2 €) pour un repas. Pâtes et *panini* autour de 45 et 25 F (6,9 et 3,8 €). La rue Paillot-de-Montabert aligne non seulement les restos et les bars les plus branchés de la ville, mais aussi de magnifiques demeures à pans de bois du XVIᵉ siècle. Bernardo a fait de sa petite enseigne une adresse incontournable chez la jeunesse troyenne. Les habitués, dithyrambiques, ne décollent pas ne reviennent tant pour l'ambiance que pour la cuisine italienne, toutes deux entre les mains expertes du patron. Les *panini*, dignes de ce nom, remportent un vrai succès, quant aux sauces, au service de pâtes extraordinaires et de viandes succulentes (à moins que ça ne soit l'inverse), on en redemande. Les prix sont inversement proportionnels à la réputation : modérés. *Café offert.*

|●| *Le Coin de la Pierre* – 34, rue Viardin ☎ 03.25.73.58.44. Fermé le dimanche.

Congés annuels : 2 semaines en août. Menus à 50 F (7,6 €) le midi avec plat et dessert, et à 100 F (15,2 €). Dans une vieille maison à colombages du XVIᵉ siècle. Pour accéder à la cour intérieure, on passe sous un escalier en colimaçon. La salle rustique avec sa belle cheminée constitue un décor montagnard qui cadre finalement très bien avec une cuisine simple et roborative à base de pommes de terre et fromage fondu. Spécialités de raclettes, tartiflettes, fondues, gratins, pierrades... Grande variété de salades copieuses. Une adresse pour ceux qui sont lassés des andouillettes. Clientèle d'habitués et ambiance sympa. *Apéritif offert.*

|●| *La Galtouze* – 82, rue Urbain-IV (Centre) ☎ 03.25.73.22.75. Accès : entrée assez discrète sur le flanc gauche de l'office du tourisme, à deux pas de l'église Saint-Jean. Menus de 58 à 98 F (8,8 à 14,9 €). Formule à 55 F (8,4 €). Y'a pas à dire, cette bâtisse du XVIIᵉ siècle a de la classe ! Trois salles, une au rez-de-chaussée et deux à l'étage, se drapent dans un décor chic, pas du tout guindé. La dernière salle du fond, avec sa belle cheminée en brique et bois, son nappage blanc et ses bougies, s'imprègne en soirée d'une atmosphère intimiste et feutrée. À *La Galtouze*, une cuisine traditionnelle assez simple, servie copieusement et au rapport qualité-prix imbattable. Le 1ᵉʳ menu affiche terrine de campagne, un plat (andouillette grillée aux herbes ou sauté de bœuf bourguignon), fromage ou dessert. Chapeau ! Bon accueil. *Café offert.*

|●| *Au Jardin Gourmand* – 31, rue Paillot-de-Montabert (Centre) ☎ 03.25.73.36.13. Fermé le dimanche et le lundi midi. Accès : à proximité de l'hôtel de ville. Menus à 70 F (10,7 €) le midi, sinon à 100 F (15,2 €). Petit restaurant en plein cœur du vieux Troyes au décor coquet et intime. On y trouve une cour intérieure joliment fleurie, et donnant sur un mur à pans de bois du XVIᵉ siècle restauré par le patron. Accueil excellent. Mais ce resto se distingue surtout par ses andouillettes artisanales cuisinées de 10 façons différentes. Un passage obligé pour les amateurs d'andouillettes et un de nos coups de cœur à Troyes. Vin au verre. *Café offert.*

|●| *L'Étoile* – 9-11, rue Pithou (Centre) ☎ 03.25.73.12.65. Fermé tous les soirs et le dimanche toute la journée. Congés annuels : août. Accès : entre la rue Georges-Clemenceau et le marché des Halles. Menu à 90 F (13,7 €). Tête de veau maison à 70 F (10,7 €). Un peu en retrait de la rue pavée. Le vieux bistrot de quartier comme on les aime. Un bar rutilant, visiblement l'objet de toutes les attentions, nourri et poli par des milliers de coudes usés. Il faut dire que les habitués viennent depuis des lustres écluser un p'tit jaune à l'heure de l'apéro, avant de s'attabler autour de la spécialité maison :

la tête de veau. Mais quelle tête de veau ! Est-ce pour cette raison qu'on y retrouve tous les notables du coin ? Pour son prix, c'est un must ! Si bien qu'il faut réserver son bout de table longtemps à l'avance : même le menu avec entrée, andouillette, fromage et dessert aguiche les papilles. Très agréable terrasse aux beaux jours.

|●| Restaurant Le Café de Paris – 63, rue du Général-de-Gaulle (Centre) ☎ 03.25.73.08.30. Fermé le dimanche soir et le lundi soir. Congés annuels : du 24 juillet au 11 août. Accès : attenant à l'église de la Madeleine. 115 F (17,5 €) le 1er menu, puis 150 F (22,9 €) le menu déjeuner d'affaires, jusqu'à 230 F (35,1 €). Une des bonnes tables dans les prix moyens. Une cuisine de chef assez copieuse (pâté de tête maison à la fondue de tomates, salade de cailles, râble de lapereau aux fèves, croustillant de rascasse à l'oseille, andouillette de Troyes au chaource), servie dans un cadre chaleureux. Connu des Troyens, ce resto du midi est aussi un bon endroit pour un dîner aux chandelles. Autrement dit, une adresse à géométrie variable.

DANS LES ENVIRONS

SAINTE-SAVINE 10300 (2,5 km O)

⌂ |●| Motel Savinien ✦✦ – 87, rue La Fontaine ☎ 03.25.79.24.90. Fax : 03.25.78.04.61. Parking. TV. ⚒ Resto fermé le dimanche soir et le lundi midi. Accès : de Troyes-centre, N60 (direction « Paris par Sens ») ; à moins de 2 km, tourner à droite. De 230 à 250 F (35,1 à 38,1 €) la double avec douche et wc ou bains. Petit déjeuner : 40 F (6,1 €). Menus de 90 F (13,7 €), en semaine, à 190 F (29 €). Assez facile à trouver, c'est fléché partout. Il ressemble à un hôtel de chaîne, mais il n'en est pas un ; il est connu et fréquenté par de nombreux VRP. Une piscine, un sauna et une salle de musculation sont à la disposition des clients. Les chambres, très standardisées et sans charme particulier mais neuves, donnent toutes sur l'extérieur. On accède à celles du 1er par une passerelle (style motel américain). Prix intéressants par rapport à la quantité de services proposés. Accueil peu amène.

BRÉVIANDES 10450 (5 km SE)

⌂ |●| Hôtel-restaurant Le Pan de Bois ✦✦ – 35, av. du Général-Leclerc ☎ 03.25.75.02.31. Fax : 03.25.49.67.84. Parking. TV. Satellite / câble. ⚒ Hôtel fermé le dimanche soir ; resto fermé le lundi et le dimanche soir hors saison, le dimanche et le lundi midi en été. Accès : en venant de Troyes-centre, en direction de Dijon, juste à l'ouest de la N71, avant l'échangeur sur la rocade sud. Prix corrects : 300 F (45,7 €) la

double avec bains. 1er menu à 92 F (14 €), autre menu à 165 F (25,2 €). Un établissement récent, très bien conçu, avec tous les atouts d'un hôtel de charme, mais dans une maison moderne qui cherche à adopter le style local. À l'arrière, les chambres les plus calmes donnent sur un rideau d'arbres. Restaurant juste à côté, dans une autre maison du même genre. Spécialités : les grillades au feu de bois. De bons vins de la région. Une terrasse très agréable en été.

SAINT-ANDRÉ-LES-VERGERS 10120 (5 km SO)

⌂ |●| Citotel Les Épingliers ✦✦ – 180, route d'Auxerre ☎ 03.25.75.05.99. Fax : 03.25.75.32.22. Parking. TV. Canal+. Satellite / câble. ⚒ Accès : prendre la N77, en direction d'Auxerre, à moins d'1 km après le rond-point de Saint-André. Doubles avec bains de 195 à 270 F (29,7 à 41,2 €). Petit déjeuner-buffet à 40 F (6,1 €). Dans une maison moderne, cet hôtel compte une quinzaine de chambres bien équipées. Préférez les nos 2, 3, 7, 8, 9 et 13, récemment refaites. Chacune d'entre elles donne sur un petit bout de jardin. Ne fait pas resto mais il y a un restaurant juste à côté. De plus, la patronne, qui n'est pas avare de bons tuyaux, saura vous recommander des bonnes adresses.

|●| La Gentilhommière – 180, route d'Auxerre ☎ 03.25.49.35.64. Parking. Fermé le dimanche soir et le mercredi. Congés annuels : la 2e quinzaine d'août et la 1re semaine de septembre. Accès : juste à côté de l'établissement cité précédemment. Menus à 115 F (17,5 €), sauf le dimanche, et de 170 à 320 F (25,9 à 48,8 €). Une maison moderne qui ne laisse pas présager que ses murs renferment une adresse plutôt chic. Cadre, service et cuisine raffinés : salade de langoustines et cervelle de veau aux herbes frites, pressée de foie gras et poireaux en gelée de ratafia, caille rôtie et sa cuisse panée au pain d'épices, blanc de requin rôti à la crème d'oursin. Une petite soupe de moules au safran nous a été servie pour nous mettre en bouche avec Mozart en fond d'ambiance. Une délicieuse cuisine qui semble ravir les hommes d'affaires et les gens du coin. Pour les amateurs d'andouillette, celle du chef, coupée en petits morceaux et coiffée de chaource fondu, est un vrai régal.

ROSIÈRES-PRÈS-TROYES 10430 (7 km S)

⌂ |●| Auberge de jeunesse – chemin de Sainte-Scholastique (Sud-Ouest) ☎ 03.25.82.00.65. Fax : 03.25.72.93.78. Parking. Accès : bus no 6 ou 8 depuis la place des Halles (derrière la mairie) jusqu'au terminus. 65 F (9,9 €) par personne pour la 1re nuit, 48 F (7,3 €) les suivantes. Repas (sur réservation) à 50 F (7,6 €). À l'emplacement d'un prieuré du XIIe siècle, dont subsistent une chapelle et un parloir entouré de douves. Bien que les bâtiments de l'auberge soient modernes, ils ne déparent pas le lieu de son charme : parc boisé de 2 ha, grand jardin, rideaux d'arbres... et tout ça loin du bruit de la ville. 104 lits répartis en chambres de 6 places avec une salle de bains à partager avec la chambre voisine. Cuisine à disposition.

FOUCHÈRES 10260 (23 km SE)

IOI *L'Auberge de la Seine* **– 1, fbg de Bourgogne** ☎ **03.25.40.71.11.** Parking. Fermé le mardi soir toute l'année et le mercredi hors saison. Congés annuels : de mi-janvier à fin février. Accès : sur la N71 entre Troyes et Bar-sur-Seine. Menus à 65 F (9,9 €) en semaine, puis 90 et 140 F (13,7 et 21,3 €). Un ravissant restaurant en bord de Seine digne des contes de Maupassant. Pourtant, vous n'êtes pas en Normandie, mais bien en Champagne ! Dans cette salle bien arrangée, vous mangerez au rythme des canards qui passent. Les grandes baies vitrées qui s'ouvrent sur le fleuve permettent d'apprécier les lieux en été comme en hiver. Un cadre relaxant et verdoyant pour une cuisine fine et inventive : flan au chaource, croustillant d'andouillette aux petits légumes, spécialités de poissons de rivière. Bref, une adresse un peu chic qui réunit un accueil très aimable et un cadre inimitable. *Café offert.*

VILLIERS-SUR-MARNE 52320

Carte régionale B2

IOI *La Source Bleue* **– lieu-dit La Source Bleue (Est)** ☎ **03.25.94.70.35.** Parking. TV. Satellite / câble. Fermé le dimanche soir et le lundi. Congés annuels : du 23 décembre au 20 janvier. Accès : à 1 km à l'est de Villiers-sur-Marne. Petit menu à 65 F (9,9 €), repas moyen autour de 120 F (18,3 €). L'adresse idéale pour les routards bucoliques. Une petite propriété tenue par un jeune couple au bord d'une rivière en pleine campagne. Ambiance chaleureuse, décoration simple mais soignée, service zélé avec une carte à prix doux. On recommande le tartare de truite aux baies roses, le filet de canard aux mûres, le filet de sandre à la crème et la finesse des desserts. Ne ratez pas la source Bleue immergée dans un des étangs remplis de truites qui bordent la maison. *Apéritif offert.*

VITRY-LE-FRANÇOIS 51300

Carte régionale A2

≜ IOI *Hôtel-restaurant Le Bon Séjour* ***** **– faubourg Léon-Bourgeois (Est)** ☎ **03.26.74.02.36.** Fax : 03.26.73.44.21. Parking. TV. Fermé le vendredi soir et le samedi. Congés annuels : du 18 août au 3 septembre et pendant les vacances de Noël. Accès : sortez de Vitry en direction de Nancy ; à 500 m du centre environ, dans un tournant à gauche. Doubles à 240 F (36,6 €) avec douche et wc. Menus de 62 à 165 F (9,5 à 25,2 €) ; plat du jour à 42 F (6,4 €). Petit hôtel tout simple mais bien tenu et propre. Les chambres sont dans une annexe donnant sur une rue calme avec des arbres. Pas mal de VRP. Ambiance bistrot de province. *5 % de réduction sur la totalité des prestations sur présentation du guide de l'année en cours.*

≜ IOI *Hôtel-restaurant de la Poste* ****** **– place Royer-Collard (Centre)** ☎ **03.26.74.02.65.** Fax : 03.26.74.54.71. Parking. TV. Canal+. Satellite / câble. ♿ Fermé le dimanche. Congés annuels : du 23 décembre au 4 janvier. Accès : derrière la cathédrale Notre-Dame. Chambres doubles avec douche et wc à 310 F (47,3 €) et avec bains à partir de 340 F (51,8 €) ; chambres familiales à 380 F (57,9 €) pour trois et suites avec bains à 620 F (94,5 €). 1er menu à 108 F (16,5 €). Autres menus de 130 à 220 F (19,8 à 33,5 €). On recommande cet établissement plutôt pour l'hôtel, car le restaurant, aux spécialités à base de poisson, est assez cher. Bon pour se détendre, 9 des chambres ont un jacuzzi. Au bar, bon choix de bières et de whiskies. L'hôtel donne sur une rue calme. L'accueil est bon et on se gare facilement. *Apéritif offert.*

≜ IOI *Hôtel-restaurant de la Cloche* **– 34, rue Aristide-Briand (Centre)** ☎ **03.26.74.03.84.** Fax : 03.26.74.15.52. Parking payant. TV. Canal+. Resto fermé uniquement le dimanche soir hors saison. Congés annuels : la 1re quinzaine d'août et du 20 décembre au 2 janvier inclus. Chambres doubles avec douche et wc ou bains de 320 à 340 F (48,8 à 51,8 €). Menus de 130 à 280 F (19,8 à 42,7 €). Menu enfant à 69 F (10,5 €). Si la ville en elle-même peut sembler terne à certains (elle fut détruite à 95 % durant la dernière guerre mondiale), elle vaut cependant mieux que la première impression qui s'en dégage et ce qu'en disent les gens du reste du département (à les entendre, c'est une horreur !). C'est simplement une ville de province tranquille où l'accueil est généralement bon. Celui, affable, de Mme Sautet à *La Cloche*, en est l'illustration parfaite. Une bonne maison où tout est impeccable, qu'il s'agisse du nappage des tables du restaurant ou des draps, dessus-de-lits, des chambres, ou encore du linge des salles de bains. De plus, aucun bruit importun ne viendra déranger votre sommeil. En cuisine, Jacques Sautet, vieux briscard des fourneaux, formé à bonne école, fait ce qu'il sait faire, c'est-à-dire du traditionnel sans esbroufe. Ses pâtisseries sont unanimement appréciées. A côté de l'hôtel, la charcuterie *Brelest* est conseillée pour l'excellence de ses boudins et andouillettes (un pur délice au barbecue), saucisson à l'ail et fromage de tête (pour se faire d'épatants sandwichs). *10 % sur le prix de la chambre, hors juillet et août, pour un séjour de 2 nuits consécutives minimum.*

I●I *Restaurant L'Asie* – **54, rue de la Tour (Centre)** ☎ **03.26.72.13.87.** Fermé le lundi. Congés annuels : de mi-août à début septembre. Menu au déjeuner à 58 F (8,8 €). À la carte, compter environ 100 F (15,2 €), avec le vin. Unanimement apprécié, cet asiatique, tenu depuis 11 ans par des Cambodgiens d'origine chinoise, fait le plein tous les soirs. Plusieurs raisons à cela : l'exemplaire propreté des lieux, l'accueil toujours aimable, et une cuisine qui, sans être le nec plus ultra, est d'une belle régularité. Spécialités thaïes et chinoises. Le soir, carte uniquement. Salle climatisée.

DANS LES ENVIRONS

VITRY-EN-PERTHOIS 51300
(4 km NE)

I●I *Auberge de la Pavoise* – **le bourg (Centre)** ☎ **03.26.74.59.00.** Ouvert tous les jours sur réservation. Accès : par la D982 direction Givry-en-Argonne. Menus de 105 F (16 €), boisson non comprise, à 130 F (19,8 €). Installée dans l'ancienne étable de l'exploitation agricole de la famille, l'auberge joue la carte du traditionnel paysan dans ses habits du dimanche. Le premier menu permet de tâter au choix d'une salade gésiers au beurre d'escargots, d'un soufflé de volaille, d'un velouté de champignons en entrée, en enchaînant ensuite sur une cuisse de canard aux mirabelles ou une pintade aux raisins. En bouquet final, de bons desserts maison : charlotte, tartes ou bavarois, qui plaisent tout autant aux petits comme aux grands. Vins : bourgogne aligoté, morgon, regnié... à prix doux. *Digestif offert.*

SAINTE-MARIE-DU-LAC 51290
(20 km SE)

I●I *Le Cycloder* – **2, rue de l'Église** ☎ **03.26.72.37.05.** Congés annuels : de novembre à mars inclus sauf les week-ends de novembre et mars. Accès : par la D13

jusqu'à Larzicourt, puis la D57 jusqu'à Blaize, ensuite la D60. Galettes de 12 à 30 F (1,8 à 4,6 €) ; crêpes de 10 à 23 F (1,5 à 3,5 €). Une gentille crêperie où galettes et crêpes sont de bon aloi et l'accueil plein de gentillesse. Le patron loue aussi des vélos à l'heure pour 25 F (3,8 €), à la demi-journée pour 50 F (7,6 €), ou à la journée pour 75 F (11,4 €). Tout à côté se trouve le village-musée champenois constitué d'un ensemble de bâtiments à pans de bois et de torchis, typique du bocage local.

GIFFAUMONT-CHAMPAUBERT
51290 (26 km SE)

🛏 I●I *Hôtel-restaurant Le Cheval Blanc* ★★ – **21, rue du Lac** ☎ **03.26.72.62.65.** Fax : **03.26.73.96.97.** Parking. TV. Resto fermé le dimanche soir et le lundi. Congés annuels : 3 semaines en septembre. Accès : par la D384, puis la D153. Chambres avec douche ou bains à 300 F (45,7 €). Au restaurant, premier menu à 120 F (18,3 €). Un adorable village d'authentiques maisons à pans de bois. Thierry Gérardin, le jeune patron, a lancé *Le Cheval Blanc* au triple galop. Chambres modernes. Des travaux important on été réalisés (bloc sanitaire, réception, salon de l'hôtel...) donnant une image encore plus souriante de la maison. Tout à côté, le lac de Der, le plus grand lac artificiel d'Europe (4 800 ha), qui est également une grande réserve nationale d'ornithologie. Profitez de votre séjour à l'hôtel pour partir à la découverte des superbes églises champenoises à pans de bois. Celle de Châtillon-sur-Broué est à quelques kilomètres du *Cheval Blanc*. *10 % sur le prix de la chambre.*

I●I *Restaurant La Grange aux Abeilles* – **4, rue du Grand-Der** ☎ **03.26.72.61.97.** Parking. ♿ Fermé le mardi (sauf en juillet-août). Congés annuels : de fin novembre à la mi-février (réouverture pour le week-end de la Saint-Valentin). Accès : sur la D13 en venant d'Arrigny, à 500 m avant l'entrée du village de Giffaumont. Menus de 70 F (10,7 €), en semaine, à 149 F (22,7 €). À 5 mn à pied du lac du Der-Chantecoq, cette auberge de style champenois est un exemple typique de l'architecture du pays du Der. De la salle à manger, pas de vue sur le lac, hélas. Formule appréciable : on peut choisir la carte traditionnelle ou bien préférer celle de la crêperie-brasserie. Après le repas, les enfants iront découvrir la vie des abeilles et le secret du miel dans une exposition créée par Michel Fagot, le patron du restaurant. Pour les amateurs de mini-golf, un terrain de 4 800 m². Assez tourisme de masse (cars). *Une partie de mini-golf offerte.*

VOUZIERS   08400

Carte régionale B1

⌂ l●l *Argonne Hôtel* ** – route de Reims (Ouest) ☎ 03.24.71.42.14. Fax : 03.24.71.83.69. Parking. TV. Resto fermé le dimanche soir. Accès : à la sortie de la ville direction Châlons-Rethel, l'hôtel est face au 1er rond-point. Doubles avec douche et wc ou bains à 230 F (35,1 €). Menus à 95 et 150 F (14,5 et 22,9 €). Bâtiment moderne cerné par une zone artisanale et commerciale. Pas un charme fou donc, mais un accueil impeccable et des chambres d'un rapport qualité-prix assez exceptionnel. Au resto, cuisine très classique avec parfois une touche d'exotisme : lapin à la crème de thym, filet de porcelet à l'indienne... Parfait pour une étape. *Apéritif, café offerts.*

Les prix
En France, les prix des hôtels et des restos sont libres. Certains peuvent augmenter entre le passage de nos infatigables fureteurs et la parution du guide.

Avis aux hôteliers et aux restaurateurs
Chaque année pour y figurer, il faut le mériter.

Le Routard

Corse

AJACCIO   20000

Carte régionale A2

🏠 *Hôtel Marengo* ** – 2, rue Marengo, B.P. 244 (Ouest) ☎ 04.95.21.43.66. Fax : 04.95.21.51.26. Parking. TV. Congés annuels : du 15 novembre au 15 mars. Accès : à proximité des plages et du casino, sur la route des îles Sanguinaires. Selon saison, doubles avec douche de 250 à 290 F (38,1 à 44,2 €), avec bains de 270 à 350 F (41,2 à 53,4 €). Une bonne petite adresse cachée au fond d'une impasse. Certaines chambres donnent sur une cour fleurie, au calme. Accueil prévenant. Simple mais bien tenu et de bon confort (téléphone, double-vitrage, climatisation…). Une de nos bonnes vieilles adresses. *10 % sur le prix de la chambre sauf juillet-août.*

🏠 ⚍ *Hôtel Impérial* *** – 6, bd Albert 1er (Sud-Ouest) ☎ 04.95.21.50.62. Fax : 04.95.21.15.20. TV. Congés annuels : de novembre à mars. Selon confort et saison, de 290 à 470 F (44,2 à 71,7 €) la double avec douche et wc ou bains et clim. Demi-pension de 275 à 370 F (41,9 à 56,4 €) par personne, obligatoire en juillet-août. Un trois étoiles à la belle entrée au style disons… napoléonien ! Jetez un œil, à l'accueil, sur la belle affiche du *Napoléon* d'Abel Gance. Chambres d'un cossu vieillissant, confortables et bien tenues. Pas pour toutes les bourses, mais le prix inclut parasol et matelas sur la plage privée, située juste en face... D'autres chambres à l'annexe, juste derrière, plus modernes, plus petites aussi et non climatisées. Dispose aussi d'un restaurant, le *Baroko*, honnête (bon à savoir car la demi-pension est obligatoire en juillet-août). *NOUVEAUTÉ.*

🏠 *Hôtel Fesch* *** – 7, rue Fesch (Centre) ☎ 04.95.51.62.62. Fax : 04.95.21.83.36. TV. Canal+. Satellite / câble. Congés annuels : du 20 décembre au 6 janvier. Selon confort et saison, doubles de 320 à 425 F (48,8 à 64,8 €) avec douche et wc ou bains. Le *Fesch* peut plaire car central et bien tenu. Chambres de bon confort dans l'ensemble, meubles en châtaignier. Et, si vous voulez le balcon, au dernier étage, c'est 50 F (7,6 €) de plus. Un bon rapport qualité-prix.

⚍ *A Casa* – 21, av. Noël-Franchini (Nord) ☎ 04.95.22.34.78. Fermé le dimanche (sauf juillet-août). Congés annuels : du 10 décembre au 5 janvier. Accès : à 2 km au nord. Du centre, longer la côte vers l'aéroport ; tourner à gauche au bout du boulevard Charles-Bonaparte. Menus à 78 F (11,9 €) le midi en semaine, puis à 125 et 180 F (19,1 et 27,4 €) ; ce dernier est le menu unique pour les soirées avec spectacle. Une adresse un peu excentrée mais bien connue des Ajacciens pour son originalité. Perchées sur le patio-balcon, une dizaine de tables encadrées de plantes vertes, fleurs et parasols. Cuisine honnête et consistante, sans prétention (copieuse salade, brochettes de viande ou de poisson, etc.). Très bon sartène et muscat du tonnerre. Mais disons qu'on ne vient pas ici que pour ça ; on mange certes, mais surtout, les vendredi et samedi soir, on dîne en magie : Frank, le

---

Sur présentation de ce guide,
nombreuses offres et réductions en 2000.

patron, est aussi magicien professionnel, top niveau vraiment, et illusions, prestidigitation et tours ahurissants se succèdent. En saison, show plus fort encore, avec lévitation, tronçonnage ou crémation de partenaire. Bluffant! Un bon conseil, réservez la soirée pour un dîner-spectacle, vous ne le regretterez pas.

I●I *Le 20123* – 2, rue du Roi-de-Rome (Centre) ☎ 04.95.21.50.05. Fermé le lundi (le midi uniquement en saison) et le samedi midi. Congés annuels : du 15 janvier au 15 février. Accès : dans la vieille ville. Menu à 95 F (14,5 €) le midi ; autre à 165 F (25,2 €). Vin naturel (ou « bio ») du village : 65 F (5,3 €) la bouteille. Auparavant situé à Pila Canale (code postal : 20123), dans l'arrière-pays montagneux d'Ajaccio, ce bon restaurant a déménagé, emportant avec lui le décor : à l'intérieur, reconstitution plutôt réussie, agréable en tous cas, de village corse, avec fontaine, maisonnettes et lanternons, et Vespa garée là. Petite terrasse également. Au second menu, sérieuses charcuteries corses, tarte au brocciu, puis viande au choix, grillée ou en ragoût, cochon, veau ou sanglier, fromages authentiques et dessert simple mais typique (flan chaud à la farine de châtaigne). Attention, pas de paiement par carte de crédit. *Digestif offert.*

I●I *Restaurant de France* – 59, rue Fesch (Centre) ☎ 04.95.21.11.00. Fermé le dimanche. Congés annuels : novembre. Menus à 95 et 125 F (14,5 et 19,1 €). L'un des rares bons restaurants de cette rue touristique. On y sert une délicieuse cuisine corse ou continentale classique dans un cadre chaleureux. Plats soignés dans de belles assiettes. Goûtez entre autres l'omelette au brocciu ! Menus d'un bon rapport qualité-prix, service aimable.

DANS LES ENVIRONS

BASTELICACCIA 20129 (13 km E)

🏠 M'*Hôtel L'Orangeraie* ** – ☎ 04.95.20.00.09. Fax : 04.95.20.09.24. Parking. TV. Accès : à la sortie du village, sur la gauche. Selon saison, studios pour 2 personnes de 200 à 360 F (30,5 à 54,9 €) ; pour 4 personnes de 300 à 470 F (45,7 à 71,7 €). Location également à la semaine. Des bungalows noyés dans une invraisemblable végétation méditerranéenne : palmiers, arbousiers, orangers… De loin le plus beau, le plus étonnant jardin que nous ayons vu en Corse. Studios pas tout neufs mais bien équipés : bonne literie, isolation thermique, sèche-cheveux, cuisine, terrasse, barbecue… Petite piscine. Pensez à réserver : souvent complet.

AULLÈNE 20116

Carte régionale A2

🏠 I●I *Hôtel-restaurant de la Poste* * – (Centre) ☎ 04.95.78.61.21. Congés annuels : du 1er octobre au 30 avril. Doubles avec lavabo à 200 F (30,5 €), avec douche à 225 F (34,3 €) ; demi-pension à 270 F (41,2 €) par personne, obligatoire en août. Menus à 100 et 130 F (15,2 et 19,8 €). Construite au temps des diligences, une bien agréable auberge en pierre, donnant sur les montagnes. Chambres honnêtes avec les wc à l'étage. Au restaurant, une cuisine simple, mais ne manquez pas le sanglier (en saison) et les charcuteries maison. Le patron, Jeannot Benedetti, a exploré tous les recoins de la région pour en faire des petits guides qu'il prête à ses clients ! *Digestif offert.*

DANS LES ENVIRONS

QUENZA 20122 (6 km E)

🏠 I●I *Auberge Sole e Monti* ** – le bourg (Centre) ☎ 04.95.78.62.53. Fax : 04.95.78.63.88. Parking. TV. Congés annuels : de début octobre au 15 avril. Accès : sur la D420. Doubles avec douche et wc de 300 à 400 F (45,7 à 61 €), avec bains de 400 à 500 F (61 à 76,2 €). Demi-pension obligatoire du 15 juillet au 15 septembre, de 350 à 450 F (53,4 à 68,6 €) par personne. Menus à 150 F (22,9 €), sauf le dimanche, et à 200 et 250 F (30,5 et 38,1 €). Une chaleureuse auberge tenue depuis 25 ans par Félicien Balesi, un bon vivant qui connaît l'art de recevoir ses hôtes en amis. Les habitués se retrouvent dans le salon aménagé en demi-cercle intimiste autour de la cheminée. De douces soirées en perspective, surtout après les délicieux repas inspirés par les vieilles recettes du terroir corse. Chambres agréables et bien équipées. L'endroit idéal pour apprécier au mieux la belle montagne corse. *Apéritif offert.*

LEVIE 20170 (15 km SE)

🏠 I●I *Ferme-auberge A Pignata* – route du Pianu (Nord-Ouest) ☎ 04.95.78.41.90. Fax : 04.95.78.46.03. Ouvert sur réservation uniquement. Accès : depuis Levie, route de Sainte-Lucie-de-Tallano sur 3 km ; puis tourner à droite vers le site de Cucuruzzu et, 2 km plus loin, dans un chemin sur la gauche ; prendre le 2e portail à gauche (chemin qui monte). Chambres doubles en demi-pension uniquement à 330 F (50,3 €) par personne et par jour. Menu à 170 F (25,9 €). Une ferme-auberge terriblement discrète : aucune enseigne, aucun panneau indicateur, rien ! Bref, c'est réservé aux

○ **Ghisonaccia**   Villes repères
● **l'Île-Rousse**   Adresses

1

Saint-Florent

BASTIA

l'Île-Rousse

N 197

N 197

N 1197

N 193

N 193

Calvi

Olmi Capella

HAUTE-CORSE

D 84

Corte

2B

N 198

Porto

N 200

Piana

D 81

D 70

N 193

Aléria

Ghisonaccia

CORSE-

D 69

AJACCIO

DU-SUD

Solenzara

Coti-
Chiavari

N 196

2A

Aullène

N 198

Zonza

Propriano

Sartène

Porto-
Vecchio

N 196

D 859

N 198

Bonifacio

0   10   20 km

A

CORSE

connaisseurs... On sert ici d'authentiques spécialités corses, considérées par les habitués comme les meilleures de toute la région : cannelloni au brocciu, aubergines farcies, daube de sanglier, etc. Pas de carte mais un menu fixe, excellent et copieux. Vins en plus, dont certains sont un peu chers. Également quelques chambres spacieuses avec une bonne literie. Attention, pas de paiement par carte.

BASTIA   20200

Carte régionale A1

ê *Hôtel Cyrnéa* – route du Cap (Nord) ☎ 04.95.31.41.71. Fax : 04.95.31.72.65. Parking payant. ✗ Congés annuels : du 20 décembre au 15 janvier. Accès : route du Cap, à 2 km de Bastia, à droite en entrant dans le village de Pietranera. Hors saison, doubles avec douche et wc à 420 F (64 €) avec vue sur mer, 340 F (51,8 €) sur rue ; en juillet-août, tarifs avec petit déjeuner compris : 550 F (83,8 €) avec vue sur mer, 450 F (68,6 €) sur rue. Longue bâtisse genre années 70, très bien tenue, avec des chambres climatisées et dotées de ventilateurs. Grand jardin par derrière descendant jusqu'à une petite plage de galets à 30 m de l'hôtel. Les chambres côté mer, plus chères, bénéficient d'un balcon, idéal pour prendre le petit déjeuner face au soleil levant. Accueil souriant. Une bonne adresse. *NOUVEAUTÉ.*

ê *L'Alivi* – route du Cap (Nord) ☎ 04.95.55.00.00. Fax : 04.95.31.03.95. Parking. TV. ✗ Accès : route du Cap, à 1 km du port de plaisance, sur la droite de la chaussée. Selon saison, doubles avec bains de 580 à 780 F (88,4 à 118,9 €) ; quelques chambres avec douche un peu moins chères, environ 100 F (15,2 €) de moins. Vu de la mer, c'est le genre de construction qui n'arrange pas le littoral, long bâtiment rectiligne de 3 étages. Mais quand on est à l'intérieur, on apprécie le bon confort des chambres et l'accès direct à la plage (de galets). Toutes les chambres ont vue sur mer et balcon, et sont dotées de tout l'équipement d'un trois étoiles. Accueil très pro. *NOUVEAUTÉ.*

I●I *Restaurant A Casarella* – 6, rue Sainte-Croix (Sud) ☎ 04.95.32.02.32. Fermé le samedi midi et le dimanche. Congés annuels : 3 semaines en novembre. Compter 160 F (24,4 €) à la carte. Un chef inventif qui concocte une vraie bonne cuisine corse aux senteurs du maquis. Fichtre ! On y court. On y grimpe plutôt, car le resto est situé dans la citadelle, près de l'ancien palais des gouverneurs génois. On a pris une table en terrasse, avec le vieux port en contrebas. Puis ce fut un régal. Tout nous a enchanté : la *casgiate* (beignet de fromage

frais cuit au four), les crevettes en feuilleté, le roulé de noix de veau aux herbes (excellent !), le curieux *storzapreti* (étouffe-chrétien issu de bonnes familles bastiaises servaient autrefois au curé le dimanche), puis en dessert l'impeccable *fiadone*. Pas de menu, mais des prix dociles. Une bonne adresse.

DANS LES ENVIRONS

ERBALUNGA 20222 (10 km N)

ê *Hôtel Castel Brando* – au village ☎ 04.95.30.10.30. Fax : 04.95.33.98.18. Parking. TV. ✗ Congés annuels : de mi-octobre à fin mars. Selon saison, de 380 à 630 F (57,9 à 96 €) la double. Un hôtel de charme et de caractère, dans une authentique maison corse du XIXe siècle (un *palazzu*), entièrement restaurée dans le meilleur goût et décorée de meubles anciens. Les palmiers autour, la couleur des murs, l'immense cage d'escalier et l'architecture lui confèrent un je-ne-sais-quoi de latino-américain. Près de la piscine, une annexe abrite des chambres très sympathiques (et un peu plus calmes que dans la grande maison), toutes climatisées et équipées de téléphone direct et d'un coin-cuisine. Parking privé. Accueil excellent. Une adresse coup de cœur. *NOUVEAUTÉ.*

CASAMOZZA 20200 (20 km S)

ê I●I *Chez Walter* – sur la N193 ☎ 04.95.36.00.09. Fax : 04.95.36.18.92. Parking. TV. Satellite / câble. ✗ Resto fermé le dimanche hors saison. Accès : à 2,4 km du carrefour pour l'aéroport, vers le sud. Selon saison, doubles avec douche et wc ou bains de 370 à 450 F (56,4 à 68,6 €). Menu à 110 F (16,8 €). Petit déjeuner un peu cher à 45 F (6,9 €). Une très belle adresse sur la route de Bastia (ou du sud venant de Bastia), menée avec professionnalisme. Chambres de fort bon standing (climatisation), piscine, tennis et beau grand jardin dans cet hôtel apprécié du personnel navigant en escale à Bastia. Table de bonne réputation, orientée mer (loup, langoustine, fruits de mer). *Café offert. NOUVEAUTÉ.*

BONIFACIO   20169

Carte régionale A2

ê I●I *Domaine de Licetto* – rte du phare de Pertusato ☎ 04.95.73.19.48. Fax : 04.95.73.03.59. Parking. ✗ Restaurant ouvert uniquement le soir, en saison et sur réservation. Selon saison, de 200 à 420 F (30,5 à 64 €) la chambre avec douche et wc ; de 280 à 500 F (42,7 à 76,2 €) avec bains. Menu à 170 F (25,9 €). On a d'ici une vue assez originale sur Bonifacio qu'on surplombe par l'arrière, ville haute et ville basse. Le domaine est en plein maquis, et la partie hôtelière, moderne et un peu à l'écart du resto, dispose de chambres bien nettes. Au resto, menu unique, pantagruélique : apéro, entrée, deux plats, fromages, desserts, vin, café et digestif, ouf! Pas si cher donc, typiquement corse et goûteux. Calmars farcis au bruccio, agneau de lait en sauce, feuille de chou farcie à la châtaigne et charlotte glacée à la crème de châtaigne sont régulièrement servis. Attention, réservation obligatoire et pas de paiement par carte de crédit. *NOUVEAUTÉ.*

🛏 *Hôtel Les Étrangers* * – av. Sylvère-Bohn ☎ 04.95.73.01.09. Fax : 04.95.73.16.97. TV. Congés annuels : du 15 novembre au 1er avril. Accès : à 300 m du port (mais il est caché sous une falaise), au bord de la route qui vient d'Ajaccio. Selon saison, de 240 à 440 F (36,6 à 67,1 €) la double, petit déjeuner compris. Pas mal pour son unique étoile, malgré le décor banal. C'est surtout l'un des (trop) rares hôtels de la ville aux prix acceptables. La plupart des chambres sont climatisées. Les fenêtres sont très bien isolées et vous n'entendez pas le bruit de la rue. Box fermé pour les motos.

🛏|●| *A Trama* – Cartarana, route de Santa-Marza ☎ 04.95.73.17.17. Fax : 04.95.73.17.79. Parking. TV. ♨ Hors saison, pour le resto, téléphoner. Accès : à seulement 1,5 km du centre-ville. Doubles à 360 F (54,9 €) de novembre à mars, 470 F (71,7 €) en avril, mai et du 20 septembre à fin octobre ; 650 F (99,1 €) en juillet et en septembre (jusqu'au 20) ; 900 F (137,2 €) en août. Menu à 160 F (24,4 €) et carte. Dans un très beau cadre de verdure. Grand calme et bon standing dans ce petit complexe de construction récente – ou alors très bien entretenu. 25 bungalows en rez-de-jardin, tournés vers la piscine et avec terrasse privative, impec pour le p'tit déj'. Super literie « dorsopédique » (retenez ce mot, il va faire son chemin). Tout le confort moderne : télé (chaînes européennes), mini-bar, etc. Une très agréable villégiature donc, où l'accueil se révèle doux et courtois, professionnel. Le restaurant, *Le Clos Vatel*, jouit d'une bonne réputation, catégorie « un peu plus chic ». *NOUVEAUTÉ.*

🛏|●| *Hôtel-restaurant du Centre Nautique* *** – sur le port de plaisance, à côté de la capitainerie ☎ 04.95.73.02.11. Fax : 04.95.73.17.47. TV. Restaurant fermé le mardi hors saison. Duplex à 550 F (83,8 €) avec vue sur mer d'octobre à mars ; 650 F (99,1 €) en avril, mai, juin et septembre ; 1 050 F (160,1 €) en juillet-août. Compter 100 à 200 F (30,5 €) de moins avec vue sur jardin. Demi-pension, vin compris, 150 F (22,9 €) supplémentaires

par personne par jour. Au restaurant, carte uniquement, compter 150 F (22,9 €). Isolée sur son quai bien calme par rapport à celui d'en face, cette grande et belle bâtisse dispose de 10 chambres en duplex, de vrai bon standing. Espace, confort, déco moderne et claire, salon en bas (canapé-lit), chambre en mezzanine... Douche, mini-bar, clim. Assez cher, mais ça les vaut. Pour ceux qui ont les moyens. Fait aussi restaurant, avec une excellente spécialité de pâtes fraîches copieusement servies.

Carte régionale A1

🛏|●| *Hôtel-restaurant Casa-Vecchia* – rte de Santore ☎ 04.95.65.09.33. Fax : 04.95.65.37.93. Parking. Congés annuels : l'hiver sauf réservation. Accès : à 500 m du centre-ville et à 200 m de la plage (et de la grande pinède). 200 F (30,5 €) le bungalow avec douche en juillet-août ; 300 F (45,7 €) avec les wc à l'intérieur. 20 à 30 F (4,6 €) moins cher hors saison. Menus à 85 et 110 F (13 et 16,8 €). Demi-pension obligatoire en juillet-août, de 450 à 600 F (68,6 à 91,5 €) pour deux. Dans un jardin fleuri, plusieurs bungalows simples mais calmes, propres et peu onéreux. Bonne et copieuse cuisine familiale et charmante tonnelle ombragée pour prendre le petit déjeuner. Enfin, accueil souriant de Mireille et de ses filles, que nous saluons au passage : bonjour mesdames !

🛏 *Hôtel Les Arbousiers* ** – route de Pietra-Maggiore (Sud) ☎ 04.95.65.04.47. Fax : 04.95.65.26.14. Parking. Congés annuels : d'octobre à avril inclus. Accès : direction Bastia ; à 800 m, à la hauteur du début de la pinède qui longe la plage, tourner à droite ; fléchage. Selon saison, doubles de 230 à 300 F (35,1 à 45,7 €). À Calvi, mieux vaut sortir de la ville pour dormir. On a plus d'espace. C'est le cas aux *Arbousiers*, grande et jolie maison aux murs roses avec un vieil escalier en bois qui monte aux chambres. Pas de déco particulière mais propreté assurée et d'agréables petites terrasses donnant sur la cour de l'hôtel. Demandez une chambre côté sud, ce sont les plus ensoleillées. Toutes sont avec bains. Bon accueil. À pied, la plage n'est qu'à 5 mn.

🛏 *Résidence Les Aloès* ** – quartier Donatéo (Est) ☎ 04.95.65.01.46. Fax : 04.95.65.01.67. TV. Congés annuels : d'octobre à avril. Accès : du centre, prendre l'avenue Santa-Maria et continuer tout droit. Selon saison, doubles avec douche ou bains, de 250 à 300 F (38,1 à 45,7 €) avec vue sur jardin, de 300 à 350 F (45,7 à 53,4 €) avec vue sur mer. Un hôtel des années 60 formidablement situé sur les hauteurs de Calvi : panorama sur la baie, la citadelle et l'arrière-pays jusqu'au monte Cinto. Environnement calme et fleuri, déco du hall un peu kitsch mais élégante. Chambres rénovées (téléphone) avec balcon, et bien tenues. Accueil attentionné. *10 % sur le prix de la chambre hors juillet-août.*

≙ *Le Grand Hôtel* ** – 3, bd Wilson **(Centre) ☎ 04.95.65.09.74. Fax : 04.95.65.25.18.** TV. Congés annuels : de novembre à mars. Selon confort et saison, doubles de 330 à 510 F (50,3 à 77,7 €). Un *Grand Hôtel* début de siècle comme on n'en fait plus, avec des couloirs larges comme des chambres, un fumoir vaste comme un dancing et des chambres grandes comme... des chambres, assez spacieuses tout de même. Ne pas se fier à l'aspect vieillot du salon télé et de ses gros fauteuils avachis (mais confortables), les chambres sont moins défraîchies et la literie est bonne. Certaines ont la clim. Bon accueil, bonne ambiance et formidable salle de petit déjeuner panoramique, façon paquebot 1930 qui voguerait sur les toits de Calvi, cap au grand large. Extra !

|●| *L'Abri Cotier* – quai Landry ☎ 04.95.65.12.76. Congés annuels : de novembre au 20 mars. Accès : sur le port. Menus de 100 à 180 F (15,2 à 27,4 €). Située à l'étage au-dessus du bar-salon de thé, la grande salle du restaurant domine la terrasse et le port de plaisance. Belle situation donc, et cuisine toute en fraîcheur, avec par exemple, dans le 1er menu, un duo de melon et jambon agrémenté de quartiers (épluchés) de citron vert, un poisson du jour vraiment du jour – avec sauce bien travaillée –, puis un impeccable moelleux à la farine de châtaigne. Service aimable et compétent. *Café offert.*

DANS LES ENVIRONS

LAVATOGGIO 20225 (15 km E)

|●| *La Ferme-Auberge Chez Edgard* – ☎ 04.95.61.70.75. Fermé tous les midis toute l'année. Congés annuels : d'octobre à avril. Accès : direction L'Île-Rousse sur 10 km, après Lumio prendre la D71. Menu à 170 F (25,9 €). Une très bonne adresse pour dîner. Edgard Santelli a du panache et du caractère ; des vertus que l'on retrouve dans sa cuisine copieuse et inventive. Avec son épouse et son frère Rodolphe, le maire du village, il vous reçoit bien. Goûtez à la soupe corse ou aux beignets à la brousse, ainsi qu'au gigot d'agneau rôti. Fait partie des relais-fermes-auberges corses.

CORTE 20250

Carte régionale A1

≙ *Hôtel de la Poste* * – 2, place du Duc-de-Padoue (Centre) **☎ 04.95.46.01.37.** ⚘ Congés annuels : décembre. Doubles avec douche à 195 F (29,7 €), avec douche et wc à 240 F (36,6 €). Un vieil hôtel sur une place ombragée, avec des chambres simples et donnant sur l'arrière de la maison. Prix très raisonnables. Bonne adresse centrale pour petits budgets pas trop exigeants. *10 % sur le prix de la chambre hors saison (d'octobre à mai inclus).*

|●| *L'Oliveraie* – lieu-dit Perru ☎ 04.95.46.06.32. Fermé le lundi soir en hiver. Accès : du centre-ville, prendre la direction de l'université ; au croisement de la nationale, aller tout droit : *L'Oliveraie* se trouve 150 m plus loin sur la gauche. Menus à 65, 98 et 150 F (14,9 et 22,9 €). Un restaurant à l'écart de la ville et dans la verdure, où Mme Mattei compose une savoureuse cuisine à base de produits régionaux : *buglidicce* (beignets au fromage frais), tarte aux herbes, calmars farcis au brocciu et une spécialité au dessert : la tarte aux noisettes et à la farine de châtaigne... Copieux et fameux, c'est d'ailleurs la cantine des étudiants et professeurs du campus voisin.

|●| *U Museu* – rampe Ribanelle ☎ 04.95.61.08.36. Fermé le dimanche en hiver. Congés annuels : 10 jours en février, 10 jours à la Toussaint et 15 jours à Noël. Accès : au pied de la citadelle, place du Poilu. Formule plat-dessert à 75 F (11,4 €), menu à 89 F (13,6 €). Bonne cuisine copieuse et pas chère dans un resto qui ne manque pas de charme. Terrasse très agréable. Tarte aux herbes, excellent civet de sanglier et délice aux châtaignes... succulent. Pichet d'AOC qui se vide facilement. Une bonne halte, mais où le service, l'été, surtout aux heures de pointe, a perdu un peu de sa bonhomie.

COTI-CHIAVARI 20138

Carte régionale A2

≙|●| *Hôtel-restaurant Le Belvédère* – ☎ 04.95.27.10.32. Fax : 04.95.27.12.99. Parking. ⚘ Restaurant fermé le soir en hiver, fermé le midi du 15 juin au 15 septembre. Congés annuels : de novembre à janvier inclus. Accès : à gauche de la route d'Acqua Doria, avant d'arriver au village. Doubles avec douche et wc à 260 F (39,6 €). Menus à 130 et 160 F (19,8 et 24,4 €). Demi-pension obligatoire en saison, 500 F (76,2 €) pour deux. Longue bâtisse de construction récente, isolée et dominant la baie d'Ajaccio. Vue sublime depuis la large terrasse en arc de cercle, tout simplement l'un des plus beaux panoramas de l'île. Caroline, une très gentille dame, est aux petits soins pour ses hôtes. Sa cuisine copieuse et familiale nous a enchantés : soupe corse, cannelloni au brocciu, agneau aux herbes du maquis... Chambres impeccables, toutes orientées vers la mer. Demi-pension intéressante. Des prix qui, fait notable en Corse, restent les mêmes toute l'année. Loin du tapage onéreux du littoral, une adresse solide et qui a du cœur. Attention, n'accepte pas les cartes de crédit. *Apéritif offert.*

ÎLE-ROUSSE (L')   20220

Carte régionale A1

🛏 *L'Amiral* – **bd Charles-Marie Savelli** ☎ **04.95.60.28.05. Fax : 04.95.60.31.21.** TV. Congés annuels : de novembre à mars. Accès : face à la place et à 150 m du centre-ville. En avril, mai, juin, septembre et octobre, doubles à 350 F (53,4 €) côté mer, 320 F (48,8 €) côté jardin ; en juillet et août, 500 F (76,2 €) côté mer, 480 F (73,2 €) côté jardin ; climatisation en option à 80 F (12,2 €). Dispose aussi d'une annexe avec des chambres pour 3 personnes de 400 à 500 F (61 à 76,2 €). Excellemment situé et disposant de chambres propres et confortables, cet *Amiral* a de sérieux arguments. Ses prix honnêtes en sont un autre, non négligeable. Ambiance tranquille et familiale. *NOUVEAUTÉ.*

DANS LES ENVIRONS

LOZARI 20226 (10 km E)

🛏 ❘●❘ *Auberge A Tesa* – ☎ **04.95.60.09.55. Fax : 04.95.60.44.34.** Resto fermé le midi. Accès : de la plage de Lozari, prendre une petite route de campagne en direction du barrage de Codole ; l'auberge est à 3 km, sur la droite. Doubles avec douche et wc à 300 F (45,7 €) en toutes saisons. Menu unique à 180 F (27,4 €). Dans une maison récente aux volets vert olive, 7 chambres fraîches et mignonnes, rose, bleue, verte, à vous de choisir. Accueil extra de Marylène. Quant à la table, merci au cuisinier pour sa cuisine corse on ne peut plus savoureuse : salade du jardin, coquelet au miel, glace à la châtaigne ou terrine de brocciu au saumon. Menu super copieux, tout compris, apéro, vin et café. Pensez à réserver. Attention, pas de paiement par carte de crédit.

SPELONCATO 20226 (18 km SE)

🛏 *A Spelunca* ** – **place de l'Église** ☎ **04.95.61.50.38. Fax : 04.95.61.53.14.** Congés annuels : d'octobre à avril inclus. Accès : au sud de L'Île-Rousse, par une

route bien sinueuse. Doubles de 270 à 330 F (41,2 à 50,3 €). Enfin un hôtel de charme dans un village de caractère perché sur un rocher de la Balagne. À l'ombre de l'église, la haute maison aux murs roses, coiffée d'une petite tourelle en terrasse, abrite des chambres spacieuses ordonnées autour d'un superbe escalier. Dans le grand salon, le portrait du cardinal Savelli, secrétaire d'État du pape Pie IX au siècle dernier, rappelle que cette demeure aristocratique fut sa résidence d'été. Un palais de 1856 où l'on se prend soudain pour un proche de Napoléon de retour au pays. Doubles avec douche et wc ou bains, certaines mansardées. Très bon accueil, courtois et jovial. Voici l'un des meilleurs rapports qualité-prix-classe et supplément d'âme de Corse. Depardieu y séjourna au début de sa carrière et Sylvain Augier en est un habitué. *10 % sur le prix de la chambre sauf juillet-août.*

OLMI-CAPELLA   20259

Carte régionale A1

❘●❘ *La Tornadia* – ☎ **04.95.61.90.93.** Congés annuels : du 15 novembre au 15 mars. Accès : à 2 km environ d'Olmi-Capella en allant vers Pioggiola, en Balagne. Menus de 80 à 160 F (12,2 à 24,4 €). Sous les châtaigniers ou dans la salle à manger aux rondins de bois, des plats copieux défilent : agneau de lait rôti aux herbes du maquis, pâtes à la farine de châtaigne, fromages qui tuent, eau-de-vie du feu de Dieu ! Accueil naturel et jovial. Boutique de produits artisanaux locaux également. Une bonne adresse, en place depuis plus de 30 ans. *Digestif offert.*

PIANA   20115

Carte régionale A1

🛏 *Hôtel Continental* * – **route d'Ajaccio** ☎ **04.95.27.89.00.** Parking. Congés annuels : d'octobre à mars inclus. Accès : à la sortie de Piana. Doubles à 190 F (29 €) avec sanitaires communs ; à 270 F (41,2 €) dans l'annexe, avec douche et wc. Une vieille maison, style relais de diligence patiné par le temps. On a l'impression que Gustave Flaubert vient d'y passer la nuit. C'est rétro, mais bien propre et plein de charme désuet. On aime ce jardin planté de pins et d'abricotiers, ces chambres au plancher de bois brut, ces gros volets d'antan et ces murs épais. Chambres plus confortables mais moins charmantes dans l'annexe. N'accepte pas les cartes de crédit.

CORSE

PORTO   20150

Carte régionale A1

🛏️🍴 *Hôtel-restaurant Le Porto* * – route de Calvi ☎ 04.95.26.11.20. Fax : 04.95.26.13.92. Parking. Congés annuels : de mi-octobre à mi-avril. Doubles de 220 à 330 F (33,5 à 50,3 €). Menus à 100 et 130 F (15,2 et 19,8 €). Demi-pension (obligatoire en août) à 460 F (70,1 €) pour deux hors saison, 540 F (82,3 €) en juillet, 640 F (97,6 €) en août. Un des bons restaurants de Porto, haut lieu du tourisme corse. En effet, nous y avons trouvé un 1er menu composé de mets fins (brochettes de moules, émincé de veau, fromage corsé et savoureux desserts), et servi avec le sourire. Au menu suivant, artichauts farcis au brocciu, civet de porc à la corse, fromages corsés encore et gâteau à la châtaigne, le beau repas que voilà! Avec ça, bonne bouteille du pays à prix correct. L'hôtellerie est correcte aussi : chambres simples mais assez spacieuses (vraies salles de bains) et bien tenues.

PORTO-VECCHIO   20137

Carte régionale A2

🛏️ *Hôtel Le Mistral* ** – 5, rue Toussaint-Culioli ☎ 04.95.70.08.53. Fax : 04.95.70.51.60. Parking. TV. Congés annuels : du 15 décembre au 1er mars. Accès : dans le haut de la ville. Doubles de 250 à 300 F (38,1 à 45,7 €) en basse saison, de 300 à 400 F (45,7 à 61 €) en moyenne saison, de 530 à 600 F (80,8 à 91,5 €) en juillet-août. Un hôtel mignon et confortable, aux chambres avec douche et wc ou bains, très bien tenu. Bon accueil. Un peu cher en juillet-août, mais à Porto-Vecchio c'est comme ça. Loue aussi des studios. *NOUVEAUTÉ.*

🛏️ *Le Goëland* – La Marine ☎ 04.95.70.14.15. Fax : 04.95.72.05.18. ● hotel-goeland@wanadoo.fr ● Parking. TV. Congés annuels : de novembre à Pâques. En avril, mai et octobre, de 380 à 540 F (57,9 à 82,3 €) la double avec douches et wc ou bains, petit déjeuner compris ; en juin et septembre de 450 à 650 F (68,6 à 99,1 €) ; en juillet-août de 500 à 750 F (76,2 à 114,3 €). L'hôtel le mieux situé à Porto-Vecchio : sur le golfe, avec petite plage privée. C'est bien simple, c'est le seul établissement en ville à profiter d'une telle situation. Chambres de confort varié, plus ou moins grandes. La plupart ont été refaites en 1999. Bon accueil. Bar et terrasse côté mer. Petite restauration : *tapas*, pâtes, gaspacho... *NOUVEAUTÉ.*

🍴 *Le Tourisme* – 12, cours Napoléon ☎ 04.95.70.06.45. Fermé le dimanche midi.

Accès : dans la ville haute, sur la côte de l'église. Formule « expresso » à 78 F (11,9 €), formule plat-dessert à 98 F (14,9 €), menu-carte à 128 F (19,5 €). Nous nous sommes régalés au *Tourisme*, qui propose une cuisine assez légère et recherchée. Dans le menu-carte, moules à la porto-vecchiaise bien relevées, mémorables pâtes du jour (des tagliatelles aux asperges), puis une soupe de fraises à la myrte toute en fraîcheur. Formule « expresso » (salade, pâtes au choix ou moules marinière, carpaccio de melon) et petit « menu du routard pressé » (en fait une formule plat-dessert), un peu cher tout de même : pour 30 F de plus le menu-carte est plus intéressant. Et comme le service est rapide, le routard, même pressé, ne perd pas son temps. *Apéritif offert.*

DANS LES ENVIRONS

LECCI-DE-PORTO-VECCHIO
20137 (7 km N)

🛏️ *Hôtel et résidence Caranella Village* – route de Cala-Rossa (Nord) ☎ 04.95.71.60.94. Fax : 04.95.71.60.80. Parking. TV. ♿ Accès : route de Bastia, sur 3 km, puis à droite à l'entrée de La Trinité (Cala-Rossa fléché) ; à gauche au rond-point suivant et tout droit jusqu'au bout (4 km). Studios avec douche et coin cuisine à 270 F (41,2 €) par jour d'octobre à mai ; 350 F (53,4 €) en juin et septembre ; 460 F en juillet ; 535 F (81,6 €) en août ; plus cher avec bains ; 2 pièces pour 2 personnes avec douche de 465 à 695 F (70,9 à 106 €) selon la saison ; également des villas et appartements de confort varié, pour 4 à 6 personnes, de 560 à 1 390 F (85,4 à 211,9 €) la semaine selon type et saison. Location du linge en sus, service ménage et laverie possible. Ensemble d'une quarantaine de studios et appartements bien équipés (four, micro-ondes, télé, téléphone, lave-vaisselle en option), de plain-pied ou en étage, avec terrasse pour la plupart, autour d'une piscine chauffée. Environnement fleuri, salle de fitness, location de vélos bon marché (45 F, soit 6,9 €, par jour), bar. Bon, c'est déjà bien. Mais le plus fort, c'est d'accéder à la plage de Cala-Rossa par un sentier ombragé de 300 m. Car même en juillet-août, cette plage n'est pas bondée – il y a fort peu de locations ou d'hôtels dans le coin, seulement des baraques de milliardaires, qui, on le sait, n'aiment pas se bousculer. Compte tenu donc du confort, de la situation exceptionnelle et des prix pratiqués ailleurs à Porto-Vecchio, *Caranella Village* est un vrai bon plan, y'a pas photo! De plus, accueil aimable et ambiance relax. Réservez, il y a des habitués! *NOUVEAUTÉ.*

PROPRIANO 20110

Carte régionale A2

▲ *Loft Hôtel* – 3, rue Jean-Paul-Pandolfi (Centre) ☎ 04.95.76.17.48. Fax : 04.95.76.22.04. TV. ♿ Congés annuels : du 1er octobre au 1er avril. Accès : à un pâté de maisons du port. Doubles de 280 à 350 F (42,7 à 53,4 €) avec douche et wc. Dans cet ancien entrepôt à vin transformé en hôtel, des chambres propres, certaines climatisées. Déco moderne, céramique claire et bois blanc. Préférer les chambres donnant sur le passage piéton, au calme. Accueil aimable.

▲ *Motel Aria Marina* ** – lieu-dit La Cuparchiata ☎ 04.95.76.04.32. Fax : 04.95.76.25.01. Parking. TV. Congés annuels : de fin octobre au 1er avril. Accès : sur les hauteurs de Propriano. Du centre, route de Sartène, puis à gauche vers Viggianello, à gauche encore en suivant les panneaux indiquant le motel. Studios de 300 à 550 F (45,7 à 83,8 €) selon la saison ; en juillet-août, à la semaine uniquement, de 3 500 à 3 850 F (533,6 à 586,9 €). Très bon motel, à l'écart du tumulte proprianesque, et dominant le golfe de Valinco. Studios et deux et trois-pièces bien équipés et spacieux. Nickel. Plus cher pour les deux et trois-pièces, se renseigner. Accueil souriant et belle piscine.

I●I *Restaurant L'Hippocampe* – rue Jean-Paul-Pandolfi (Centre) ☎ 04.95.76.11.01. Fermé le dimanche hors saison. Congés annuels : du 30 septembre au 31 mars. Menu à 98 F (14,9 €) ; à la carte, compter 200 F (30,5 €) vin compris. Antoine, dit l'Américain, aime la mer et les poissons bien frais. Résultat : on déguste le soir ce qu'il a pêché en matinée dans le golfe de Valinco. Une cuisine d'un bon rapport qualité-prix dans une salle simple et chaleureuse. Service efficace et aimable. *Café offert.*

SAINT-FLORENT 20217

Carte régionale A1

▲ *Hôtel Maxime* ** – rte de la Cathédrale (Centre) ☎ 04.95.37.05.30. Fax : 04.95.37.13.07. Parking. TV. Accès : dans une petite rue calme qui jouxte place des Portes. Selon confort et saison, de 260 à 380 F (39,6 à 57,9 €) la double. Établissement assez récent, très propre et d'un bon rapport qualité-prix pour la station. Mini-bar, terrasse (certaines donnant sur le ruisseau de Poggio : possibilité d'amarrer son bateau).

▲ *Motel Treperi* ** – route de Bastia (Est) ☎ 04.95.37.40.20. Fax :

04.95.37.04.61. Parking. TV. Congés annuels : du 15 novembre au 15 mars. Accès : à un bon kilomètre du centre-ville ; prendre la route de Bastia qui longe la plage, puis la petite route indiquée sur la droite : le motel est à quelques centaines de mètres, sur une hauteur. 280 F (42,7 €) la double hors saison ; 320 F (48,8 €) en juillet ; 480 F (73,2 €) en août. Hors saison (jusqu'au 10 juillet), formule « j'y suis, j'y reste » : 2 220 F (33,5 €) pour 2 les 7 nuits, petits déjeuners compris. Des chambres en rez-de-jardin claires et spacieuses, bien tenues, avec terrasse, douche et wc. Environnement calme et fleuri, vue sur le golfe. Piscine et tennis. Une adresse agréable.

DANS LES ENVIRONS

PATRIMONIO 20253 (5 km NE)

▲ *Hôtel U Casone* – au village ☎ 04.95.37.14.46. Fax : 04.95.37.17.15. Parking. Accès : venant de Saint-Florent, monter au centre du village mais ne pas tourner à gauche vers l'église : continuer 250 m sur la D81, puis tourner à droite, en épingle, vous y êtes. Selon confort et saison, doubles de 200 à 300 F (30,5 à 45,7 €). Une grande maison dans la partie haute du village, couverte de crépi gris mais avec une grande terrasse avec pelouses et cerisiers pour se dorer au soleil et prendre le petit déjeuner. Chambres vastes bénéficiant d'une vue sur la campagne ou la mer. Ambiance familiale. Très bon accueil de Mme Montemagni. Pas de resto. Bonne adresse sans prétention à 3 km seulement des plages. Bien aussi pour les motards car il y a de la place et les motos sont en sécurité (garage). Profitez-en pour prendre quelques bouteilles de Clos Montemagni. *Apéritif offert.*

SARTÈNE 20100

Carte régionale A2

▲ *Hôtel Villa Piana* ** – route de Propriano ☎ 04.95.77.07.04. Fax : 04.95.73.45.65. Parking. Congés annuels : du 20 octobre au 1er avril. Accès : 1 km avant Sartène. Selon saison, de 250 à 390 F (38,1 à 59,5 €) la double. Maison ocre au milieu des arbres et des fleurs. Chambres à la déco soignée, plutôt mignonnes, la plupart offrant une vue sur Sartène. Tennis, bar, salle de jeux et super piscine panoramique. Garage motos privé. Une bonne adresse.

CORSE

CORSE

TIZZANO 20100 (20 km SO)

🏠|●| *L'Hôtel du Golfe* – **au village** ☎ **04.95.77.14.76. Fax : 04.95.77.23.34.** Parking. TV. Congés annuels : de novembre à Pâques. Doubles de 350 à 560 F (53,4 à 85,4 €) selon confort et saison, petit déjeuner compris. Suggestion plat-dessert à 90 F (13,7 €) et menus de 135 à 300 F (20,6 à 45,7 €). Demi-pension possible mais pas obligatoire, de 690 à 880 F (105,2 à 134,2 €). Établissement récent, bien situé (accès direct à une petite plage) et de bon confort. Toutes les chambres ont terrasse et vue sur mer. Environnement calme et beau : criques, vagues, verdure et grande plage à 2 km si l'on veut. *Le Golfe* est aussi un bon restaurant panoramique. Bonnes spécialités de la mer, mais pas seulement : le chef touche à tout avec talent. Bassin à langoustes. Une bonne adresse dans sa catégorie. *NOUVEAUTÉ.*

SOLENZARA 20145

Carte régionale A2

🏠 *Hôtel La Solenzara* ** – **(Centre)** ☎ **04.95.57.42.18. Fax : 04.95.57.46.84.** Parking. TV. ♿ Fermé hors saison (sauf réservation). Accès : un peu avant la sortie de la ville en direction de Bastia. Selon saison, doubles avec douche et wc de 250 à 420 F (38,1 à 64 €); 30 F (4,6 €) de plus

avec bains. Voici un véritable hôtel de charme. Il s'agit tout simplement de l'ancienne demeure du maître de Solenzara, construite il y a 200 ans. Pièces immenses et hautes de plafond, décorées simplement mais avec goût. Chambres fraîches en été, toutes avec sanitaires neufs et téléphone. Chambres plus classiques dans la nouvelle maison. Grand jardin orné de palmiers, où trône une magnifique piscine. Accès direct au port et à la plage. Prix raisonnables pour une adresse de caractère.

ZONZA 20124

Carte régionale A2

🏠|●| *Hôtel-restaurant L'Incudine* – **rue Principale** ☎ **04.95.78.67.71. Fax : 04.95.78.67.71.** Congés annuels : de novembre à mi-avril. Accès : à droite dans le village en venant de L'Ospédale. De 280 à 300 F (42,7 à 45,7 €) la double; demi-pension obligatoire en juillet-août, 300 F (45,7 €) par personne. Formule plat-dessert à 75 F (11,4 €) et menus de 120 à 230 F (18,3 à 35,1 €). Bonne ambiance familiale et bon rapport qualité-prix dans cet hôtel-restaurant classique, au charme un peu désuet. La fille de la maison assure par ailleurs une très bonne cuisine traditionnelle : gigot au feu de bois, épaule de mouton aux herbes du maquis... *Apéritif offert. 10 % sur le prix de la chambre hors juillet-août. NOUVEAUTÉ.*

Les prix
En France, les prix des hôtels et des restos sont libres. Certains peuvent augmenter entre le passage de nos infatigables fureteurs et la parution du guide.

Avis aux hôteliers et aux restaurateurs
Chaque année pour y figurer, il faut le mériter.

Le Routard

Franche-Comté

25 Doubs
39 Jura
70 Haute-Saône
90 Territoire de Belfort

ARBOIS   39600

Carte régionale A2

🛏 *Hôtel Le Méphisto* – 33, place Faramand (Sud) ☎ 03.84.66.06.49. Fermé le lundi (sauf en juillet-août). Doubles avec lavabo à 145 F (22,1 €), et avec douche et wc à 190 F (29 €). Petit déjeuner à 28 F (4,3 €). Nul besoin de tirer le diable par la queue pour apprécier à sa juste valeur les prix doux de cet hôtel jeune, sympa et totalement dans l'esprit routard. Si on a une préférence pour la chambre n° 7, dont la luminosité et la vue sur l'Arbois nous réjouit, les autres valent cependant tout autant la nuitée. Pas une ne ressemble à l'autre, la standardisation ne semblant pas être le mot-clé de la maison. L'alliage de décontraction (accueil, esprit) et de sérieux (bonne tenue et propreté) font du *Méphisto* un enfer pavé de bonnes intentions... *10 % sur le prix de la chambre de novembre à mars.*

🛏 *Hôtel des Messageries* ** – 2, rue de Courcelles (Centre) ☎ 03.84.66.13.43. Fax : 03.84.37.41.09. Parking payant. TV. Fermé le mercredi de 11 h à 17 h hors saison. Congés annuels : en décembre et janvier. Prix selon confort, de 195 F (29,7 €) avec lavabo à 330 F (50,3 €) avec bains. Confortable et agréable hôtel familial, où l'accueil est toujours au beau fixe. Beaucoup de visiteurs étrangers de passage à Arbois privilégient les *Messageries*, ce qui lui donne un côté hôtel international pas déplaisant. *10 % sur le prix de la chambre de mars à juin et en novembre. Garage offert.*

l●l *Restaurant La Cuisance* – 62, place Faramand (Sud) ☎ 03.84.37.40.74. Fermé le mardi soir et le mercredi soir. Accès : à 100 m de l'hôtel *Méphisto*, sur le trottoir d'en face. Menus de 40 à 110 F (6,1 à 16,8 €). Menu enfant à 35 F (5,3 €). Ce resto tire son nom de la petite rivière qui traverse Arbois. L'accueil est amical, et la terrasse surplombe la rivière bien fraîche en été. Premier menu avec jambon cru de montagne, omelette et dessert. Spécialités : poularde ou truite au vin jaune, croûte forestière, gibier en saison.

ARC-ET-SENANS   25610

Carte régionale A2

🛏l●l *Hôtel-restaurant De Hoop* – 36, Grande-Rue (Sud-Ouest) ☎ 03.81.57.44.80. Congés annuels : du 2 novembre au 30 avril. À partir de 240 F (36,6 €) la double avec douche et wc (mais sans télé, c'est un choix!), 280 F (42,7 €) avec bains. Menus en semaine à 90 F (13,7 €), puis 120 et 150 F (18,3 et 22,9 €). Le patron (un Hollandais que la décolonisation du Surinam a privé de son boulot de géologue) a atterri un peu par hasard dans cette pittoresque maison de pierre à l'entrée de la saline Royale. Ambiance un rien bohème (notre Hollandais est pianiste à ses heures). Salle de resto entre auberge campagnarde des années 50, café colonial sorti d'un bouquin de Somerset Maugham et adorable terrasse sous les frondaisons. Cuisine pas compliquée mais dépaysante. Goûtez par exemple le « plat riche » : riz

---

Sur présentation de ce guide,
nombreuses offres et réductions en 2000.

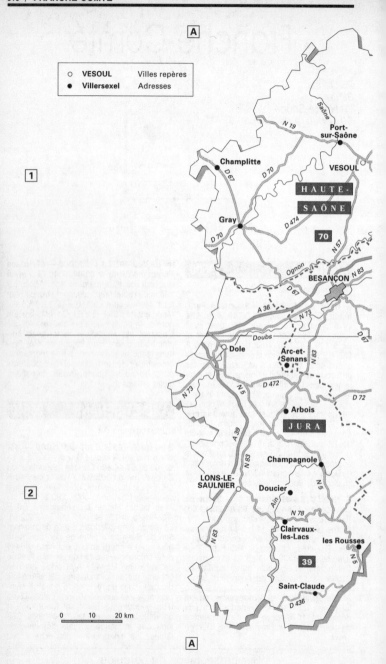

○ **VESOUL**	Villes repères
● **Villersexel**	Adresses

A

1

Port-sur-Saône

N 19

Champlitte

D 70

VESOUL

HAUTE-
SAÔNE

Gray

D 67

D 474

70

N 57

Ognon

BESANÇON N 83

D 67

A 36

N 73

Doubs

Dole

Arc-et-
Senans

N 83

D 472

D 72

2

N 73

N 5

Arbois

A 39

J U R A

Champagnole

LONS-LE-
SAULNIER

N 83

Doucier

N 5

Ain

N 78

Clairvaux-
les-Lacs

les Rousses

39

N 5

Saint-Claude

D 436

0   10   20 km

A

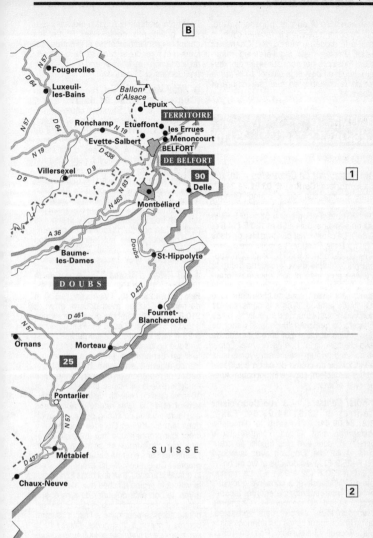

B

N 57
Fougerolles
D 64
Luxeuil-
les-Bains
N 57
D 64
Ballon
d'Alsace
Lepuix
TERRITOIRE
Ronchamp
N 19
Etueffont
les Errues
N 19
Menoncourt
Evette-Salbert
D 438
BELFORT
DE BELFORT
D 9
Villersexel
N 83
90
D 9
N 463
Delle
Montbéliard
A 36
Doubs
Baume-
les-Dames
St-Hippolyte
D O U B S
D 437
D 461
Fournet-
Blancheroche
N 57
Ornans
Morteau
25
Pontarlier
N 57
S U I S S E
D 437
Métabief
Chaux-Neuve

1

2

B

avec viande, œuf au plat, banane, salade, noix de coco, ou encore le rouleau d'été, le bœuf à la mode du patron, etc. Chambres toutes simples mais régulièrement rafraîchies. Plusieurs donnent sur un jardin, derrière lequel on devine la saline. *10 % sur le prix de la chambre en mai, septembre et octobre.*

BAUME-LES-DAMES 25110

Carte régionale B1

🛏️ |●| *Restaurant Le Charleston* – 10, rue des Armuriers (Centre) ☎ 03.81.84.24.07. Fermé le dimanche soir et le lundi. Congés annuels : du 15 au 30 mars et du 15 au 30 novembre. Petit menu à 62 F (9,5 €) le midi en semaine, puis à 96 et 130 F (14,6 et 19,8 €). Le cadre n'est pas trop chargé dans le genre Belle Époque. La cuisine est, elle, d'une stricte orthodoxie régionale. On trouvera par exemple dans le second menu la tartelette au comté et aux escargots gratinés à la crème d'ail, le duo de truite et de saumon sur fines crêpes de chou-fleur ou le feuilleté de jambon à l'os à la compotée de chou vert. Pour la touche d'inventivité, on se délestera de quelques dizaines de francs de plus : menu et carte qui offrent salade de caille désossées et poêlée au miel épicé, rôti de sandre fourré sauce sabayon à la lie de vin, gratin de crème de citron soufflée... Accueil aimable et service impeccable. *Apéritif, café offerts.*

🛏️ *Hôtel Central* ** – 3, rue Courvoisier (Centre) ☎ 03.81.84.09.64. Fax : 03.81.84.09.64. TV. Fermé le dimanche d'octobre à avril. Accès : central (facile celle-là) et, pour être plus précis, au cœur de la vieille ville. Doubles avec lavabo à 170 F (25,9 €), avec douche et wc ou bains de 210 à 230 F (32 à 35,1 €). La maison date du XVIᵉ siècle et a conservé quelques vestiges intéressants : élégante façade, escalier à vis dans une tourelle... Chambres à la déco toute simple mais agréables. Calme absolu pour celles qui donnent sur la cour. Accueil chaleureux. Pas de resto. *10 % sur le prix de la chambre sauf juillet-août.*

BELFORT 90000

Carte régionale B1

🛏️ *Nouvel Hôtel* * – 56, faubourg de France (Centre) ☎ 03.84.28.28.78. TV. Accès : à 300 m de la gare SNCF. En plein centre-ville dans une rue piétonne. Doubles avec lavabo à 130 F (19,8 €), à 150 F (22,9 €) avec douche, 220 F (33,5 €) avec douche et wc, 250 F (38,1 €) avec bains.

Petit hôtel pratique et l'un des meilleurs rapports qualité-prix de la ville. Toutes les chambres sont impeccables et le patron toujours prêt à rendre service. *10 % sur le prix de la chambre, ou le week-end pour 2 chambres louées la 3ᵉ gratuite.*

🛏️ *Hôtel Vauban* ** – 4, rue du Magasin (Centre) ☎ 03.84.21.59.37. Fax : 03.84.21.41.67. TV. Satellite / câble. Fermé le dimanche de novembre à mars. Accès : par la A36. Chambres agréables à partir de 250 F (38,1 €), avec douche et wc ou bains. Petit déj' en sus. À deux pas de la vieille ville, dans un coin tranquille, petit hôtel fort bien tenu où les artistes se sentiront bien. En effet, le patron a couvert les murs de ses toiles, ce qui donne beaucoup de fraîcheur, un air de fête à l'établissement. Certaines des chambres s'ouvrent sur le charmant jardin. Aux beaux jours, on peut y prendre le petit déj' au son des gazouillis des oiseaux, près du petit bassin aux nénuphars. Bon accueil. Garage vélo gratuit. *10 % sur le prix de la chambre pour 2 nuits consécutives.*

🛏️ *Au Relais d'Alsace* ** – 5, av. de la Laurencie (Nord-Est) ☎ 03.84.22.15.55. Fax : 03.84.28.70.48. TV. Accès : à 500 m du centre. Doubles avec douche et wc à 210 F (32 €). 2 chambres pour 4 personnes à 280 et 315 F (42,7 et 48 €). Petit déjeuner à 28 F (4,3 €) avec vrai jus de fruit. C'est presque un conte de fée social : il était une fois un dynamique et adorable couple franco-algérien en quête de boulot qui décide de reprendre un hôtel en déshérence en dehors de la ville close (mais à moins de 10 mn à pied de celle-ci), de le rénover totalement et de le faire refonctionner. Après plusieurs années de sueur, de rires et quelques larmes, Kim et Georges ont réussi à créer leur propre lieu, à leur image, c'est-à-dire très chaleureux et coloré à souhait. Chambres sans charme particulier, simples, propres. Ce qui compte ici avant tout, c'est la qualité d'accueil, tous les bons tuyaux sur la ville et la région affichés aux murs, et en prime, le bon petit déjeuner de Kim et son allégresse communicative. Voilà une vraie bonne adresse pour gens à l'esprit routard, comme il n'y en a plus guère, hélas ! *10 % sur le prix de la chambre pour 2 nuits consécutives hors juillet et août, et jus d'orange frais offert.*

🛏️ |●| *Hôtel-restaurant Le Saint-Christophe* ** – place d'Armes (Centre) ☎ 03.84.55.88.88. Fax : 03.84.54.08.77. TV. Satellite / câble. Resto fermé le dimanche. Congés annuels : entre Noël et le Nouvel An. Accès : au pied du château et du fameux lion. Doubles avec douche et wc à 235 F (35,8 €), avec bains à 335 F (51,1 €). Menus corrects à 65 F (9,9 €), du lundi au jeudi, puis de 100 à 190 F (15,2 à 29 €). Au cœur de la vieille ville joliment rénovée, un établissement dynamique sans cesse en recherche d'amélioration. Dans le bâtiment principal, chambres confortables et spacieuses, avec vue sur le lion. Dans l'annexe qui se trouve à deux pas, tranquillité assurée et chambres impeccables avec le même confort. En été, un choix de salades servies en terrasse sur la place. *10 % sur le prix de la chambre en été.*

🏛 *Grand Hôtel du Tonneau d'Or* *** – 1, rue Reiset (Centre) ☎ **03.84.58.57.56. Fax : 03.84.58.57.50.** Parking. TV. Canal+. Satellite / câble. ✇ Accès : par la A36. Doubles avec bains à 510 F (77,7 €). Hall de palace avec plafond ouvragé et escalier monumental. Toute l'atmosphère et le charme des années 1900. Superbes verrières et salon à coupole classés. Chambres spacieuses et très confortables. Décor moderne de bon goût. Voilà un établissement de petit luxe possédant du caractère et fort plaisant. Piano-bar avec une touche de sophistication. *Petit déjeuner offert.*

|●| *L'Auberge des Trois Chênes* – 29, rue de Soissons (Nord-Ouest) ☎ **03.84.22.19.45.** Parking. Fermé le soir du lundi au jeudi. Accès : du centre, prendre l'avenue Jean-Jaurès, puis la rue de la Iʳᵉ-Armée jusqu'à la via d'Auxelles. Tourner à gauche (carrefour avec grande barrière blanche et pancarte « Cravanche » en face). Pas facile à trouver. Gentil menu à 60 F (9,1 €) le midi en semaine. Sinon, menus de 120 à 170 F (18,3 à 25,9 €). À l'extérieur de la ville. Une auberge qui sert une belle cuisine moderne ancrée dans la tradition. À la carte : filet de bœuf aux morilles, poêlée de sole sauce safranée, lotte aux pâtes fraîches, magret de canard aux agrumes, jambon de montagne poêlé à la crème de madère. Intérieur assez cossu et confortable.

|●| *Aux Crêpes d'Antan* – 13, rue du Quai (Centre) ☎ **03.84.22.82.54.** Plat du jour à 49 F (7,5 €). Comptez 70 F (10,7 €) pour un repas. Dans un décor frais et plaisant, tonalités bleues, grises et jaunes, intérieur confortable. Une bonne petite adresse qui, outre ses excellentes crêpes, présente la qualité d'être ouverte tous les jours et tard, habituellement jusqu'à 22 h au moins. Pas mal de choix bien sûr : crêpes sucrées ou galettes de sarrasin et froment (aux morilles, complète forestière, vosgienne, bigouden, etc.). Également salades, onglet, andouillette, tête de veau et toujours un plat du jour. Prix modérés. Accueil sympa. *Café offert.*

|●| *La Grande Fontaine* – place de la Grande-Fontaine (Centre) ☎ **03.84.22.45.38.** Fermé le dimanche et le lundi. Menu le midi en semaine à 70 et 85 F (10,7 et 13 €). Comptez 150 F (22,9 €) pour un repas à la carte. Au cœur de la vieille ville, dans une agréable salle, découvrez cette cuisine jeune, inspirée, toute pleine de belles saveurs des beaux produits du marché. Ici, la souris d'agneau braisée au foin atteint une qualité remarquable. Dans beaucoup de plats, les parfums d'herbe se télescopent et séduisent délicieusement les papilles. Le chef, tel Jean-Jacques Rousseau, va-t-il herboriser sur les rives de la Savoureuse (la bien nommée !) ? Goûter aussi au poisson au four au fenouil et herbes folles, au risotto de foie gras, au chateaubriand en croûte de sel épicé (sur commande uniquement), etc. Excellents desserts. Réserver impérativement le soir. Aux beaux jours, quelques tables sur le trottoir. Un seul regret : demi-bouteilles très chères. *Apéritif offert.*

|●| *Le Molière* – 6, rue de l'Étuve (Centre) ☎ **03.84.21.86.38.** Fermé le mardi soir et le mercredi. Congés annuels : la dernière semaine d'août, 1ʳᵉ quinzaine de septembre et les vacances de Pâques. Menus à 100 F (15,2 €), sauf les dimanche et jours fériés, puis de 148 à 215 F (22,6 à 32,8 €). Bons petits crus autour de 80 F (12,2 €). Installé sur une jolie place arborée, environnée de façades en crépis des Vosges ou pimpantes. Oubliez un instant les chaises Grosfilex pour vous concentrer sur le charme du lieu et la finesse de la cuisine. Ici, que des produits frais (le patron va chercher lui-même ses poissons à Mulhouse tous les matins). Dans l'assiette se joue une belle comédie de saveurs au gré des saisons et intersaisons. Carte possédant presque trop de choix (vieux principe freudien : « choisir, c'est éliminer » !). Menus pour toutes les bourses. Quelques fleurons : le pannequet aux escargots flambés à l'anis, le duo de côtes d'agneau et foie gras au porto et échalotes, les ris de veau à la crème d'oseille et morilles sautées, le filet de sandre aux escargots et lardons, la marmite de gambas et ris de veau à la crème d'ail, etc. Beaux desserts. Carte des vins très complète. Même si c'est une habitude culturelle qui se perd à la fin des repas, collection exceptionnelle d'alcools blancs. *Café offert.*

DANS LES ENVIRONS

PHAFFANS 90150 (7 km NE)

|●| *L'Auberge de Phaffans* – 10, rue de la Mairie ☎ **03.84.29.80.97.** Parking. Fermé le lundi, le mercredi et le samedi midi. Accès : par la N83, puis à droite la D46, direction Denney puis Phaffans. Menu à 95 F (14,5 €) à nos yeux assez banal. Plus intéressant, le « gourmand », à 118 F (18 €). Menu enfant à 45 F (6,9 €). L'influence de l'Alsace voisine se fait sentir dans cette coquette auberge de village. Spécialité de la maison : les grenouilles garanties fraîches toute l'année grâce à des arrivages réguliers de Vendée. Comme les anguilles maraîchines

servies d'avril à décembre. On y sert aussi l'incontournable croûte aux morilles, une friture de carpes, des écrevisses à la franc-comtoise, le pigeon façon paysanne aux pruneaux, la caille aux deux raisins et vin d'Arbois, la marinade de gigue de chevreuil aux airelles (en saison) ainsi que du jambon de marcassin cru.

CHAUX 90330 (10 km N)

I●I *Restaurant L'Auberge de la Vaivre* – 36, Grande-Rue ☎ 03.84.27.10.61. Parking. Fermé le soir et le samedi midi. Congés annuels : du 14 juillet au 15 août. Accès : sur la route du Ballon d'Alsace (D465). Jolis menus de 95 à 190 F (14,5 à 29 €). Plat du jour et dessert à 68 F, en semaine. C'est une affaire de femmes. La mère et la fille ont joliment décoré cette auberge du bord de la route montant vers les Vosges. Ancienne grange avec mezzanine. Accueil délicieux. Cuisine mitonnée à l'ancienne. On ne peut résister à l'envie d'énumérer quelques bonnes choses sortant des doigts de la cuisinière : le saucisson en brioche, le gratin de lotte, le confit de canard au cidre, l'émincé de foie vigneronne accompagné de *knepfles*. Beaux desserts maison : tartes aux fruits frais, biscuit au chocolat, entremets praliné, etc. Truite fraîche (pêchée à la commande !). Belle carte des vins bien présentée. Vin au verre et en pichet.

BESANÇON 25000

Carte régionale A1 – Plan p. 321

🛏I●I *Auberge de la Malate* * – chemin de la Malate (hors plan B2-1) ☎ 03.81.82.15.16. Parking. TV. Congés annuels : janvier et février. Accès : à 4 km du centre, direction Lausanne ; après la Porte taillée, prendre à gauche direction Chalèze-Arcier. 160 F (24,4 €) pour une double avec douche, la même avec wc pour 180 F (27,4 €). Menu à 56 F (8,5 €) servi toute la journée pour les clients de l'hôtel, puis de 69 à 140 F (10,5 à 21,3 €). Pittoresque auberge de campagne à quelques minutes de la ville. Adossée à la forêt et face au Doubs. Calme garanti (la petite route est peu passante). Chambres raisonnablement confortables. Resto à fréquenter l'été (réservation conseillée) pour sa charmante terrasse ombragée tout au bord de l'eau, ses « petits » menus, ou ses spécialités de poissons : petite friture ou filets de perche, carpe, sandre.

🛏 *Hôtel du Nord* ** – 8-10, rue Moncey (B1-2) ☎ 03.81.81.34.56. Fax : 03.81.81.85.96. Parking. TV. Canal+. Ouvert 24 h/24. Doubles avec douche et wc à 210 F (32 €), avec bains à 320 F (48,8 €). Le classique hôtel de (plein) centre-ville,

tenu par de vrais professionnels toujours prêts à rendre service à leur clientèle. 44 chambres à la déco sobrement fonctionnelle, mais dotées de tout le confort, impeccablement tenues et surtout d'un bon rapport qualité-prix pour la ville. *10 % sur le prix de la chambre en juillet et août.*

🛏 *Hôtel Regina* ** – 91, Grande-Rue (B2-4) ☎ 03.81.81.50.22. Fax : 03.81.81.60.20. Parking. TV. Accès : direction centre-ville. Compter 235 F (35,8 €) pour une double avec douche et wc ou bains. Au beau milieu de la principale rue de la ville. Difficile de faire plus central. Et pourtant, caché au fond d'une de ces cours intérieures dont Besançon a le secret, ce petit hôtel est un havre de paix. La maison accuse quelques années d'existence mais les chambres sont régulièrement rénovées et bien tenues. Bon accueil. *10 % sur le prix de la chambre à partir de 2 nuits consécutives.*

🛏 *Le Granvelle* ** – 13, rue du Général-Lecourbe (B2-3) ☎ 03.81.81.33.92. Fax : 03.81.81.31.77. Parking. TV. Canal+. Accès : à côté de la gendarmerie. Doubles avec douche et wc ou bains de 250 à 265 F (38,1 à 40,4 €). Au pied de la citadelle. Une élégante bâtisse de pierre qui ne dépare pas dans ce quartier riche en anciens hôtels particuliers. À deux pas du centre, le coin reste calme. Et pour ne rien gâcher, les chambres ouvrent sur une belle cour pavée. Un effort a été porté sur la déco de certaines. *10 % sur le prix de la chambre.*

I●I *Restaurant Le Café-Café* – 5 bis, rue Luc-Breton (A1-11) ☎ 03.81.81.15.24. Fermé les soirs et le dimanche. Un menu à 54 F (8,2 €) le midi en semaine. Comptez 80 F (12,2 €) pour un repas à la carte. Une adresse discrète, très discrète. Au fond de sa petite cour, l'entrée du *Café-Café* ne se distingue que par une ardoise où sont inscrites à la craie les propositions du jour. Des plats jamais en panne de fantaisie ou d'exotisme. Dans cette adorable salle de poche (réservation obligatoire...) décorée de bric et de broc(ante), on mangera des assiettes qui font un repas (« jurassienne », « de la ferme », « comtoise », etc.). Service charmant. Petite terrasse en été. Notre coup de cœur parmi les restos du midi. *Café offert.*

I●I *Restaurant Au Gourmand* – 5, rue Mégevand (A2-10) ☎ 03.81.81.40.56. Fermé le samedi et le dimanche. Congés annuels : du 14 juillet au 20 août environ. Petit menu à 60 F (9,1 €), le midi, sinon les gros appétits s'en tireront pour 110 F (16,8 €) environ à la carte. D'abord, prenez la peine de réserver (l'endroit est tout petit), puis jetez un coup d'œil à la décoration de la vitrine (toujours réussie) et entrez, comme les fidèles habitués, par le couloir, à gauche.

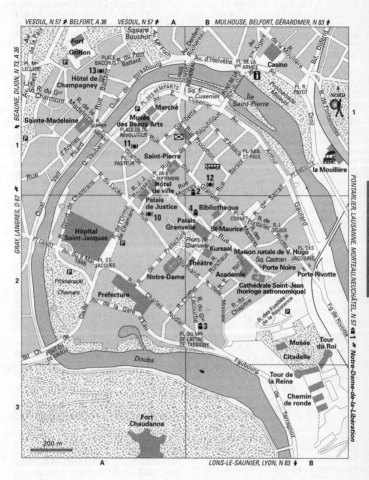

FRANCHE-COMTÉ

🛏 Où dormir ?	🍽 Où manger ?
1 Auberge de la Malate	**10** Au Gourmand
2 Hôtel du Nord	**11** Le Café-Café
3 Le Granvelle	**12** Au Petit Polonais
4 Hôtel Regina	**13** Le Champagney

Ensuite, cerné par une chouette collection de cruches, parcourez la carte qui suffirait presque, à elle seule, à remplir ce guide : p'tits plats (au hasard, un éminçé de blancs de volaille au curry), clafoutis salés (aux pommes de terre, à la saucisse...), salades en pagaille aux noms qui laissent rêveur (la « Javanaise », la « Métro Goldwin », etc.) et gourmands (évidemment...) desserts. Cuisine sans prétention « faite maison » à base de produits frais. Une des bonnes adresses du midi de la ville (même si on peut aussi y manger le soir). *Café offert.*

|●| Restaurant Au Petit Polonais – 81, rue des Granges (B1-12) ☎ 03.81.81.23.67. Fermé le samedi soir et le dimanche. Congés annuels : du 14 juillet au 15 août. Vaste éventail de menus, de 60 à 130 F (9,1 à 19,8 €), qui offrent tous un choix considérable. Salle à la déco d'une sobriété exemplaire, serveuses en noir et blanc : ce resto respire la tradition, l'immuable ! Une véritable institution, en fait, sur laquelle veille une sympathique patronne qui a la faconde pied-noir de Marthe Villalonga. Cuisine très classique, volontiers régionale : « boîte chaude » (Edel de Cléron fondu au four dans sa boîte d'épicéa, servi avec de la saucisse de Morteau et des pommes vapeur), éventail de magret de canard aux griottines de Fougerolles, suprême de pintade au vin jaune et morilles... Dans le genre populaire, un des meilleurs rapports qualité-prix de la ville. *Apéritif offert.*

|●| Restaurant Le Champagney – 37, rue Battant (A1-13) ☎ 03.81.81.05.71. Fermé le dimanche. Menu à 68 F (10,4 €) en semaine, puis de 88 à 168 F (13,4 à 25,6 €). Installé dans un hôtel particulier du XVIe siècle. Quelques jolis vestiges : petite cour pavée (où se pose la terrasse aux beaux jours), poutres anciennes au plafond, imposante cheminée. Agréable salle à la déco moderno-baroque. Plutôt classe mais pas snob. L'accueil et le service restant à la simplicité. Cuisine bien travaillée qui alterne propositions classiques et plats plus inventifs : bavette au beurre d'échalotes, petit rôti de suprême de pintadeau aux graines de sésame, panaché de poissons de rivière sauce champagne et baies roses, escalope de foie gras aux raisins macérés, râble de lapereau farci au pain d'épice parfumé au miel d'acacia. Le 1er menu est réactualisé toutes les semaines en fonction du marché. Bref, une bonne adresse. Vins un peu chers toutefois. *Apéritif offert.*

DANS LES ENVIRONS

CHALEZEULE 25220 (2,5 km E)

🏠 Hôtel des Trois Îles ** – rue des Vergers ☎ 03.81.61.00.66. Fax : 03.81.61.73.09. Parking. TV. Canal+. Satellite / câble. Congés annuels : du 20 décembre au 5 janvier. Accès : prendre la D411. Chambres doubles avec douche et wc à 270 F (41,2 €), avec bains à 280 F (42,7 €). Au cœur d'un village qu'on s'étonne de trouver si paisible à quelques minutes de la ville. Maison récente, vaguement dans le style du pays, bordée d'un grand jardin clos de hauts murs. Excellent accueil et tranquillité assurée (c'est un *Relais du Silence*).

ROSET-FLUANS 25410 (17 km SO)

🏠|●| Hôtel-restaurant de la Berge – ☎ 03.81.63.61.74. Fax : 03.81.63.61.74. Parking. ♿ Fermé du lundi au mercredi du 1er au 30 juin, le lundi du 1er juillet au 29 août. Accès : suivre le fléchage « Grottes d'Osselle », le resto se trouve à 800 m des grottes, par la petite route qui longe le Doubs. Doubles avec douche et wc à 160 F (24,4 €). Comptez 140 F (21,3 €) à la carte pour un repas complet. Grenouilles : 57 F (8,7 €) les 12. Planté au bord du Doubs, un endroit sans doute unique en son genre en Franche-Comté sinon en France. Parce que le proprio de cette maison de bois aux faux airs de guinguette est avant tout un pêcheur, le dernier dans le coin à commercialiser sa production. Fraîcheur garantie donc pour les poissons de rivière quasi exclusivement servis ici : goujonnettes (filets de poissons blancs en beignets), friture d'ablettes, filets de perche ou de sandre, sandre au vin jaune, salade du pêcheur avec poissons fumés, incontournable pauchouse (bouillabaisse locale de poissons de rivière, servie uniquement sur réservation) et grenouilles (de l'élevage maison) en mars-avril.

CHAMPAGNOLE 39300

Carte régionale A2

🏠|●| Grand Hôtel Ripotot ** – 54, rue du Maréchal-Foch (Centre) ☎ 03.84.52.15.45. Fax : 03.84.52.09.11. Parking payant. TV. Satellite / câble. ♿ Congés annuels : de novembre à début avril (à confirmer). Doubles avec douche et wc à partir de 280 F (42,7 €). 4 chambres familiales avec douche à 310 F (47,3 €), enfant en dessous de 8 ans gratuit. Menus de 90 à 260 F (13,7 à 39,6 €). Cet ancien relais de poste, vieux d'un siècle, essaie de rester jeune tout en gardant sa prestance d'antan. Un exercice difficile dans une ville un peu terne. En tout cas, la famille Ripotot ne ménage pas ses efforts pour que le standing de ses chambres au mobilier rustique soit à la hauteur des attentes d'une clientèle mixte de touristes et d'entrepreneurs. Au restaurant, croustade de légumes, poulet aux morilles, truite au vin du Jura, etc. *10 % sur le prix de* la chambre du 1ᵉʳ avril au 15 juillet et du 1ᵉʳ septembre au 6 novembre.

I●I *Pizzeria Big-Ben* – 2, av. de la République (Centre) ☎ 03.84.52.08.95. Fermé le lundi. Pizzas de 40 à 58 F (6,1 à 8,8 €). Malgré son nom londonien, cette pizzeria (ouverte seulement le soir) lorgne plutôt du côté de l'Ouest américain, territoire où le « heavy metal », musique de prédilection du patron, ex-chanteur d'un groupe axé sur ce type de musique, cartonne fort. Déco hallucinante : mannequins, reproduction de la statue de la Liberté, une douzaine de guitares, moto et train électrique suspendus ainsi que de nombreuses enseignes lumineuses venant des quatre coins du monde. La *Big Ben Night Rock Pizza*, située à côté de la mairie et de l'office de tourisme, est un des hauts lieux de la ville. Les pizzas se mangent sans façon. Du 15 juin au 15 septembre, accès à une grande terrasse couverte en plein cœur de la ville. *Café offert.*

DANS LES ENVIRONS

FONCINE-LE-HAUT 39460
(24,5 km SO)

≜I●I *Le Grand Chalet – Val Foncine* ✯✯ – ☎ 03.84.51.95.51. Fax : 03.84.51.93.58. TV. Canal+. Satellite / câble. **×** Congés annuels : avril et de octobre au 20 décembre. Accès : à 2,5 km du village sur le circuit de la Grande Traversée du Jura, par la N5 direction Saint-Laurent-en-Grandvaux, la D127 puis la D437. Chambres confortables équipées de salle de bains à 280 F (42,7 €) et 700 F (106,7 €) pour les duplex (4 personnes) avec balcon, petit déjeuner compris. Menus : du jour à 85 F (13 €), enfant à 35 F (5,3 €), carte à environ 150 F (22,9 €). À 15 km de la frontière suisse, une grande maison, plutôt moderne dans sa conception, qui ressemble… à un grand chalet ! Comme quoi, le nom est parfois évocateur. Un accueil tout particulier réservé aux enfants (club enfants pour les 4 à 12 ans, gratuité pour les moins de 4 ans) en fait un lieu de villégiature recommandé pour les familles. Au resto, des spécialités du coin. Nombreuses activités : piscine, sauna, salle de billard, VTT, équitation, ski de fond… et point de départ de nombreuses randos. *10 % sur les tarifs adultes de la demi-pension et la pension complète.*

CHAMPLITTE 70600

Carte régionale A1

≜I●I *Hôtel-restaurant du Donjon* ✯✯ – 46, rue de la République (Centre) ☎ 03.84.67.66.95. Fax : 03.84.67.81.06.

TV. Resto fermé le dimanche soir hiver et été, le vendredi soir et le samedi midi hors saison, ainsi que le lundi. Doubles avec douche à 180 F (27,4 €), avec douche et wc ou bains à 230 F (35,1 €). Menu correct à 68 F (10,4 €) en semaine, puis autres menus de 110 à 210 F (16,8 à 32 €). Le seul élément médiéval est la cave voûtée qui sert de salle à manger. La cuisine qu'on y sert est plutôt simple et correcte : filet de rouget au basilic, côtes de veau au pinot noir, poêlée d'escargots forestière. Chambres propres sans charme particulier mais confortables. Une préférence pour les chambres nᵒˢ 3, 5, 9 et 12, elles ont été rénovées et sont plus lumineuses. *Café offert.*

CHAUX-NEUVE 25240

Carte régionale B2

≜I●I *Auberge du Grand-Gît* ✯✯ – 8, rue des Chaumelles ☎ 03.81.69.25.75. Fax : 03.81.69.15.44. Parking. **×** Fermé le dimanche soir et le lundi (hors vacances scolaires). Doubles avec douche et wc à 250 F (38,1 €). Menu en semaine à 75 F (11,4 €), puis menus de 87 à 110 F (13,3 à 16,8 €). À l'écart du village (tranquillité garantie), hôtel récent mais dans le style du pays : toit pentu, façade bardée de bois… Excellent accueil. 8 chambres seulement, rustiques et chaleureuses. Les fenêtres des nᵒˢ 1 et 7 ouvrent sur la campagne environnante. La nᵒ 5, avec mezzanine, peut accueillir 5 personnes. Également un gîte d'étape (2 chambres de 6 lits) pour les randonneurs. L'adresse idéale pour les amateurs de sport et de nature : sentiers de randonnée et pistes de ski de fond fourmillent dans ce secteur que le patron (moniteur de ski de fond et accompagnateur en moyenne montagne) connaît comme sa poche. Animation le soir en hiver. *Apéritif offert.*

CLAIRVAUX-LES-LACS 39130

Carte régionale A2

≜I●I *Hôtel-restaurant La Raillette* – 50, rue Neuve (Centre) ☎ 03.84.25.82.21. Fermé le dimanche hors saison. Congés annuels : en hiver. Doubles avec lavabo à 170 F (25,9 €), avec douche à 180 F (27,4 €), avec douche et wc à 195 F (29,7 €). Demi-pension à 175 F (26,7 €) par personne. Menu en semaine à 62 F (9,5 €), menu « franc-comtois » à 85 F (13 €), puis menus à 95 et 125 F (14,5 et 19,1 €). Un petit restaurant de village à l'atmosphère bon enfant où l'on mange correctement avec le 1ᵉʳ menu. Le 3ᵉ propose une mousse de comté chaude sur salade ou une andouillette aux oignons. Autres spécialités : le gratin en tartiflette, l'escalope jurassienne, le filet de cabillaud et sa crème ciboulette. Pour les dîne-tard ou les voyageurs de passage, 9 chambres très simples. *Apéritif offert.*

DANS LES ENVIRONS

PONT-DE-POITTE 39130 (5 km O)

≜|●| *Hôtel-restaurant de l'Ain* ** – (Centre) ☎ 03.84.48.30.16. Fax : 03.84.48.36.95. TV. Fermé le dimanche et le lundi (le lundi et le mardi midi en juillet-août). Congés annuels : de fin décembre à début janvier. Doubles à 270 F (41,2 €). Menus de 85 à 250 F (13 à 38,1 €). Compter 200 F (30,5 €) à la carte. Un établissement bien tenu avec un restaurant qui maintient le cap sur la tradition et où l'on est assuré de faire un repas soigné. Les spécialités régionales figurent bien entendu en bonne place. L'hôtel propose une dizaine de chambres. Demandez de préférence celles qui donnent sur l'arrière avec vue sur l'Ain. Agréable terrasse pour le petit déjeuner.

BONLIEU 39130 (10 km NE)

≜|●| *Hôtel-restaurant L'Alpage* – RN 78 ☎ 03.84.25.57.53. Fax : 03.84.25.50.74. Parking. TV. ⚘ Restaurant fermé le mardi midi hors saison. Accès : par la RN78. Doubles avec douche et wc ou bains à partir de 265 F (40,4 €). Menus à 100 et 165 F (15,2 et 25,2 €). Dans la région des lacs et des cascades, cet hôtel est le point de départ de nombreuses excursions à pied ou à VTT (brochure avec circuits dans chaque chambre). Dans un grand chalet qui domine le village, des chambres avec balcon et vue sur la vallée. Au resto, une cuisine jurassienne de qualité : terrine de truite printanière, julienne de volaille, fondue de tomates et éminvé de poireaux, quenelle de brochet au coulis d'écrevisses, entre autres. À la carte, on vous propose des variations originales autour de la truite, aux morilles ou à l'orange, une fondue au comté et d'autres plats régionaux. *10 % sur le prix de la chambre et sur la demi-pension sauf vacances scolaires.*

DELLE   90100

Carte régionale B1

|●| *Restaurant Le Galopin* – 29, Grand-Rue (Centre) ☎ 03.84.36.17.52. Fermé le lundi soir. Menu le midi à 60 F (9,1 €). Comptez 70 F (10,7 €) pour un repas à la carte. C'est le rendez-vous des bons vivants du coin et, parfois, des voisins helvètes. On se réunit dans ce lieu plus que centenaire pour célébrer le culte de Parmentier. C'est la pomme de terre qui sert de plat principal. Il y a la patate chic, au saumon fumé sauce

aux échalotes et d'autres versions meilleur marché, plus populaires et régionales : la *roësti* à la saucisse de Morteau et à la cancoillotte par exemple. D'octobre à mars, le mont-d'or chaud sur pomme de terre (humm!). Possibilité de raclette bien sûr, jambon de montagne, spaghetti, salades diverses. Bon, pas cher, et patron très sympa. *Apéritif offert.*

DOLE   39100

Carte régionale A2

≜|●| *Auberge de jeunesse Le Saint-Jean* – place Jean-XXIII (Sud-Ouest) ☎ 03.84.82.36.74. Fax : 03.84.79.17.69. Parking. Accès : derrière la très contemporaine église Saint-Jean. 70 F (10,7 €) la nuit en chambre individuelle. 42 F (6,4 €) le repas. Demi-pension à 133 F (20,3 €). Menu enfant à 24 F (3,7 €). Le foyer des jeunes travailleurs réserve 70 lits, en tant que centre affilié à la FUAJ. Carte obligatoire, donc, vendue sur place.

≜|●| *Hôtel du Voyageur* – av. Aristide-Briand ☎ 03.84.72.18.73. Fax : 03.84.72.97.84. Parking. TV. Fermé le samedi soir et le dimanche (sauf réservations). Accès : face à la gare. Doubles avec douche à 180 F (27,4 €), avec douche et wc à 200 F (30,5 €). Menus à 60 et 70 F (9,1 et 10,7 €). Malgré la présence de la gare à 200 m en face, on ne dort pas avec un train de marchandise dans son lit. Le double-vitrage joue parfaitement son rôle protecteur. Les chambres, où la propreté règne, ont été rénovées et redécorées. Les prix y sont doux et les VRP et autres voyageurs au budget serré apprécient le lieu. Cela d'autant qu'on peut y dîner également pour bon marché avec les deux menus (plat, fromage et dessert).

|●| *Chez Coco* – 34, rue des Vieilles-Boucheries (Centre) ☎ 03.84.79.10.78. Fermé le dimanche et le soir, excepté de mai à septembre. Congés annuels : pendant les vacances de Noël. Menus en semaine à 62 F (9,5 €), puis de 72 à 125 F (11 à 19,1 €). Le samedi, formule couscous à 65 F (9,9 €) avec fromage et dessert. « Cuisine faite par la patronne », est-il précisé sur la carte de ce resto populo qui aligne dans un coin moult coupes sportives et les photos des équipes juniors de la ville. Coco, le taulier, trône derrière son zinc d'où il ne sort que pour prendre les commandes et passer les plats... Le second menu est un modèle du genre : assiette de crudités, côte de porc provençale ou filet de poisson au vin blanc (plats servis avec trois légumes différents), fromage et dessert. Coco assure son service dans la bonne humeur en papotant avec les habitués mais sans se presser, à la méridionale. *Café offert.*

FRANCHE-COMTÉ

|●| _Le Bec Fin_ – **67, rue Pasteur (Centre)**
☎ **03.84.82.43.43.** Fermé le lundi et le
mardi (en juillet-août, fermé le lundi).
Congés annuels : la 1re quinzaine de janvier.
Accès : port de plaisance. Le resto surplombe le très romantique canal des Tanneurs. Menus à 78 F (11,9 €) le midi en
semaine et de 85 à 240 F (13 à 36,6 €).
Menu enfant à 50 F (7,6 €). Ce qu'on apprécie de prime abord, c'est l'accueil souriant et
énergique de la maîtresse de maison.
Ensuite, la salle claire et bien mise au fil des
anciennes caves médiévales. Par beau
temps, vous pourrez profiter de la terrasse
d'où vous entendrez couler l'eau du canal
au pied de l'ancienne minoterie. Le second
menu semblant avoir les faveurs de la clientèle de passage, nous avons opté pour lui.
Salade de croquettes au comté, saucisson
de volaille au bacon, entremets aux pêches
et à l'estragon ont été appréciés sans
réserve. Service un peu gauche mais attentionné. La chaise bébé, présente, indique
que _Le Bec Fin_ n'oublie pas les jeunes
parents. Détail qui a aussi son importance,
les sièges sont confortables et tiennent bien
le dos (chose rare).

|●| _Restaurant La Romanée_ – **13, rue des
Vieilles-Boucheries (Centre)**
☎ **03.84.79.19.05.** Fermé le mercredi (sauf
juillet et août). Accès : facile en voiture ; à
deux pas de la cathédrale. Menus à 78 F
(11,9 €) au déjeuner seulement, puis de
98 à 190 F (14,9 à 29 €). Menu enfant à 50 F
(7,6 €). À ses deux belles salles voûtées en
pierre de taille qui servaient jadis de boucherie, Patrick Franchini en a ajouté une
troisième. Toute la décoration a été refaite,
et la vaisselle entièrement changée. De quoi
envisager le passage au troisième millénaire avec optimisme. Intéressant menu
enfant intitulé : « Initiation à la gastronomie »
avec croustade au jambon, filet mignon de
porc aux morilles et dessert du chariot. _Café
offert._

DANS LES ENVIRONS

SAMPANS 39100 (3 km NO)

🏠|●| _Le Chalet du Mont-Roland_ ★★ –
(Nord) ☎ **03.84.72.04.55.** Fax :
03.84.82.14.97. Parking. TV. Satellite /
câble. ✗ Accès : par la N5 ; avant Mon-
nières, à droite, direction mont Roland.
Doubles avec douche et wc ou bains à 260 F
(39,6 €). En semaine, menu à 80 F (12,2 €)
du lundi au vendredi midi. D'autres menus
de 120 à 200 F (18,3 à 30,5 €), riche en
calories, ainsi qu'un menu enfant à 50 F
(7,6 €). Planté au sommet du mont Roland,
un grand chalet dont les chambres offrent
une vue dégagée sur la forêt de Chaux. Sur
le chemin qui mène au chalet, une série de
grandes croix, à peu de distance les unes
des autres, font penser à une montée vers

le Golgotha. Curieuse impression. Au printemps, la nature se fait verdoyante autour
du chalet, et le voyageur arrivant d'un univers de béton appréciera à sa juste valeur
les odeurs champêtres venant de la terre.
Le restaurant avec sa terrasse verrière permet de profiter du spectacle de la vie aux
champs entre deux bouchées.

CHAUSSIN 39120 (20 km S)

🏠|●| _Hôtel-restaurant Chez Bach_ ★★ – **4,
place de l'Ancienne-Gare**
☎ **03.84.81.80.38.** Fax : **03.84.81.83.80.**
Parking. TV. Canal+. ✗ Fermé le vendredi
et le dimanche soir. Congés annuels : du
20 décembre au 3 janvier. Accès : par la
N73 puis, à La Borde, la D468. Doubles
avec douche et wc ou bains de 200 à 270 F
(30,5 à 41,2 €). Demi-pension obligatoire en
juillet et août de 250 à 300 F (38,1 à 45,7 €)
par personne. En semaine, au déjeuner,
menu à 85 F (13 €), puis menus de 130 à
300 F (19,8 à 45,7 €). Une étape gastronomique réputée dans le département où le
gourmand de passage est invité à prendre
table. Plusieurs menus dans lesquels on retrouve bien entendu certaines spécialités
régionales liées avec une sauce au vin
jaune. Les chambres sont confortables,
mais aussi impersonnelles que celles d'un
hôtel de chaîne.

DOUCIER 39130

Carte régionale A2

**🏠|●| _Restaurant Le Comtois-hôtel Logis
de France_** – **le bourg** ☎ **03.84.25.71.21.**
Parking. TV. Fermé le mardi soir et le mercredi hors 15 juin-15 septembre. Congés
annuels : du 20 décembre au 30 janvier.
Accès : face à la poste. Doubles avec
lavabo à 230 F (35,1 €), avec douche et wc
à 295 F (45 €). Menus à 69 F (10,5 €) en
semaine le midi, et de 99 à 265 F (15,1 à
40,4 €). L'aimable jeune sommelier est un
personnage qui ne manque pas de caractère ni d'idées et sa maison est à son image.
D'abord un grand bravo pour son épatante
carte des vins où figurent les meilleurs
vignerons de la région, avec une notice
explicative bien conçue sur chacun d'entre
eux. Carte qui le distingue de celle de bon
nombre de ses confrères jurassiens souvent
partisans du moindre effort de ce côté-là, ce
qui est vraiment dommage dans une région
viticole réputée. Ensuite, sa salle de restaurant est fraîche et agréable, grâce à un judi-
cieux mélange de pierres et de poutres,
d'éclairage pensé, de nappes aux tons lumineux. S'ajoute à cela une solide cheminée
en brique et un vieux buffet franc-comtois,
qui lui donnent la petite touche campagnarde indispensable. Reste une cuisine
dans la lignée brasserie-bistrot (portions
copieuses). Service parfait. Salle de dégus-

tation des vins et carte bistrot. Les chambres, fonctionnelles, gagneraient à être égayées par quelques babioles judicieusement choisies. Celles du 1er étage ont été refaites. Les autres devraient suivre... *10 % sur le prix de la chambre hors saison.*

ERRUES-MENONCOURT (LES)   90150

Carte régionale B1

ᐃ |●| *La Pomme d'Argent* – 13, rue de la Noye ☎ 03.84.27.63.69. Fax : 03.84.27.63.69. ♿ Fermé le mercredi. Accès : par la N83. Doubles avec douche et wc à l'extérieur à 160 F (24,4 €). Bon choix de menus, avec le Vauban à 98 F (14,9 €) et les autres de 102 à 325 F (15,5 à 49,5 €). En dehors des sentiers battus, dans une grosse demeure, voici encore une belle adresse à découvrir. Cuisine fraîche et raffinée, toute dans la tradition. Au piano, Isabelle Pontal, qui nous joue sans fausse note des partitions bien élaborées. C'est le moment de découvrir aussi le célèbre menu Vauban, qui reprend des recettes anciennes (délicieuse soupe de fruits pochés au vin rouge et épices). À la carte, on notera le sauté de cochon de lait senteur de cerfeuil, le pot-au-feu de sole et petits légumes, le sandre sur fondue de poireaux, le croustillant de ris de veau et râble de lapin, et la fondue de chocolat aux fruits frais. Terrasse agréable dès que Phœbus ouvre un œil. Pour dormir, trois chambres simples, propres, à prix très abordables. *10 % sur le prix de la chambre pour la 2e nuit.*

ÉTUEFFONT   90170

Carte régionale B1

|●| *Auberge Aux Trois Bonheurs* – 34, Grand-Rue ☎ 03.84.54.71.31. ♿ Fermé le dimanche soir, le lundi et le mardi soir. Accès : au nord de Belfort, de Valdoie prendre la D23. Menu à 50 F (7,6 €) le midi en semaine, puis à 95 F (14,5 €). Menu enfant à 36 F (5,5 €). On pourrait rajouter un quatrième bonheur, celui de traverser tous ces villages fleuris pour y parvenir. Resto très populaire dans le coin pour sa cuisine costaude, goûteuse et servie copieusement. Maison particulière. Cadre rustique. Entre murs de brique et de pierre sèche, grosses familles aux trognes réjouies, bandes de retraités en goguette savourent le fromage de tête maison absolument extra, la friture de carpe ou de sandre (maintenue au chaud, siouplaît!), les girolles persillées, la planchette des *Trois Bonheurs*, la tartiflette, etc. À la carte, pot-au-feu de la mer. Le dimanche, ouvert toute la journée pour les

bons desserts maison, tartes aux myrtilles, etc. Accueil sympa et service efficace en prime.

ÉVETTE-SALBERT   90350

Carte régionale B1

ᐃ |●| *Centre d'hébergement de la Base Nautique* – Le Malsaucy ☎ 03.84.29.21.84. Fax : 03.84.29.14.71. Parking. Congés annuels : de mi-décembre à mi-janvier. Accès : sortie de Belfort par Valdoie, puis D24. Nuit à 80 F (12,2 €) par personne, 105 F (16 €) avec petit déj'. Possibilité de demi-pension à 155 F (23,6 €) et pension complète à 205 F (31,3 €) par personne. Menu à 60 F (9,1 €). Ouvert à tous. C'est comme qui dirait une vaste et belle auberge de jeunesse aux chambres toutes pimpantes et vraiment agréables. Sanitaires impeccables sur le palier. Souvent des groupes et des scolaires, téléphoner avant. Chambre de 2 ou 4 lits. Activités de plein air et nautiques. *10 % sur le prix de la chambre en juillet-août.*

|●| *Auberge du Lac* – lac de Malsaucy ☎ 03.84.29.14.10. Fermé le lundi soir et le mardi. Congés annuels : les deux dernières semaines d'octobre et les deux premières semaines de janvier. Menu franc-comtois à 80 F (12,2 €) en semaine, et de 125 à 160 F (19,1 à 24,4 €). Grosse maison rose qui abrite une adresse bien dans la tradition d'accueil franc-comtoise et offrant une solide cuisine régionale. L'occasion aussi de se restaurer en terrasse avec le beau lac de Malsaucy en fond. Grande salle à manger bien séparées. Grand choix de mets. D'abord, le menu franc-comtois avec le parmentier de saucisse de Morteau, la crème de lentilles au lard, la brochette de crevettes, la friture de carpes, le magret de canard au miel, les feuillantines aux deux chocolats. Bons vins à prix abordables. Vin au pichet également. S'il pleuvote, vous bénéficierez quand même de l'intégralité du lac depuis la salle à manger... *Café offert.*

FOUGEROLLES   70220

Carte régionale B1

|●| *Restaurant Le Père Rota* – 8, Grande-Rue ☎ 03.84.49.12.11. Fermé le dimanche soir et le lundi. Menus à 98 F (14,9 €) le midi en semaine, et de 170 à 330 F (25,9 à 50,3 €). À Fougerolles, la cerise partage la vedette avec Jean-Pierre Kuentz, qui peut être fier d'être le fer de lance de la cuisine haute-saônoise. Fort d'influence régionale, il n'utilise que des produits régionaux de qualité pour préparer une cuisine du terroir magnifiée par une touche de modernité :

pied de cochon farci de ris de veau, terrine de canard, jambonnette de volaille aux morilles, crêpes fourrées aux griottines, gandeuillot fougerollais, noisettes d'agneau rôties flambées au kirsch. Il sait également sortir de ses frontières pour réussir une salade de tourteau au pamplemousse ou une escalope de bar aux écailles de pommes charlotte. Les présentations et le service sont soignés tout comme le décor clair et moderne de la maison. Ambiance un tantinet compassée immanquablement! *Mignonnette d'alcool de Fougerolles offerte.*

FOURNET-BLANCHEROCHE 25140

Carte régionale B1

â |●| *Hôtel-restaurant La Maraude* ** – (Ouest) ☎ 03.81.44.09.60. Fax : 03.81.44.09.13. Parking. TV. Satellite / câble. Fermé le mercredi hors juillet-août, et le dimanche soir en hiver. Congés annuels : 2 semaines en novembre-décembre et 2 semaines en mars. Accès : fléché depuis la D464 entre Fournet-Blancheroche et Charquemont. Doubles de 350 à 400 F (53,4 à 61 €) avec douche et wc ou bains. Menu du jour le midi en semaine à 70 F (10,7 €), puis de 100 à 160 F (15,2 à 24,4 €). Ancienne ferme du XVIIIe siècle, un peu loin de tout comme elles le sont souvent dans le Haut-Doubs. Tranquillité et nature garanties! Même si l'espace intérieur a été complètement chamboulé il y a quelques années, l'endroit conserve beaucoup de charme. Un jeune couple sympa qui – comme nous – a eu un coup de foudre pour l'endroit. 7 jolies chambres, bardées de bois. Petit salon autour de l'ancien tuyé (cette cheminée qui servait à fumer les salaisons), sauna, billard, tennis... Dans la chaleureuse salle de resto, cuisine de terroir (foie gras et saumon fumé maison, croûte aux morilles, cassolette d'escargots au savagnin, duo de saucisses de Morteau et de Montbéliard...) mais sans exclusivité. *10 % sur le prix de la chambre.*

GRAY 70100

Carte régionale A1

â |●| *Auberge de jeunesse* – 2, rue André-Maginot (Nord-Est) ☎ 03.84.64.99.20. Fax : 03.84.64.99.29. Parking. Accès : rue perpendiculaire à l'avenue de Verdun. Plusieurs chambres de 1 à 2 lits avec petit déjeuner pour 82 F (12,5 €). Pour les familles : 6 studios entièrement équipés avec cuisine, douche et wc à 120 F (18,3 €). Repas à 58 F (8,8 €) au resto-self. Ce foyer de jeunes travailleurs réserve un certain nombre de chambres aux adhérents

de la FUAJ. Bâtiment moderne où l'on trouve de nombreux services : location de VTT et laverie notamment. En juillet et août, activités sportives à la journée ou à la semaine (karting, tir à l'arc, volley, escrime, etc.) pour les 15-25 ans. *Café offert.*

â |●| *Hôtel-restaurant Le Bellevue* ** – 1, av. Carnot (Centre) ☎ 03.84.64.53.50. Fax : 03.84.64.53.69. Parking. TV. Canal+. Satellite / câble. Fermé le samedi et le dimanche soir hors saison. Doubles à 160 F (24,4 €) avec lavabo et wc, et à 200 F (30,5 €) avec douche et wc. Au restaurant, menus à 69 F (10,5 €) en semaine, puis à 115 F (17,5 €). Près de la Saône, cet hôtel vieillit doucement mais sûrement. Les chambres sont encore très correctes mais il faut demander plutôt celles donnant sur le jardin public. Restaurant qui propose 2 formules : d'un côté brasserie avec un plat du jour simple et copieux genre coq au vin-purée ; et de l'autre, une section plus traditionnelle : filet de bœuf aux morilles, escalope de veau comtoise, escargots en meurette et steak de requin en spécialités. Terrasse l'été.

|●| *Restaurant du Cratô* – 65, Grande-Rue (Centre) ☎ 03.84.65.11.75. Fermé le lundi. Menu du jour avec plat, fromage ou dessert à 78 F (11,9 €), puis menus de 95 à 145 F (14,5 à 22,1 €). Un petit restaurant dans une ruelle pentue du vieux Gray. Alors que certains restaurateurs prétextent la richesse des menus pour expliquer leurs prix élevés, le *Cratô* propose 10 entrées et 10 plats principaux avec fromage et dessert, pour une modeste note. Clientèle très costume-cravate, repas d'affaires à midi, plus *cool* le soir.

LEPUIX 90200

Carte régionale B1

â |●| *Le Saut de la Truite* ** – hameau de Malvaux ☎ 03.84.29.32.64. Fax : 03.84.29.57.42. Parking. TV. Fermé le vendredi. Congés annuels : décembre et janvier. Accès : par la D465. Chambres douillettes pour 250 F (38,1 €) la double avec douche et wc. Menus à 100 F (15,2 €), sauf le dimanche, puis de 120 à 180 F (18,3 à 27,4 €). Menu enfant à 40 F (6,1 €). L'endroit est superbe. Dans un lacet de la route qui monte au Ballon d'Alsace, cet hôtel confortable situé en lisière de forêt est agréable en été, lorsque chante la cascade voisine. En fonction depuis 1902 et dans la même famille depuis 40 ans. À table, truites fraîches pêchées quotidiennement dans le vivier en contrebas de l'hôtel et belle carte de plats et desserts régionaux comme la tarte aux myrtilles. Quelques spécialités : truite et coq au riesling, pigeonneau aux chanterelles et airelles, terrine de lapin, etc.

LONS-LE-SAUNIER   39000

Carte régionale A2

🏠 |●| *Hôtel-restaurant Terminus* ★★ – 37, av. Aristide-Briand (Centre) ☎ 03.84.24.41.83. Fax : 03.84.26.68.07. Parking. TV. Canal+. Resto fermé le dimanche hors saison, et hôtel ouvert de 18 h à 20 h. Congés annuels : du 20 décembre au 5 janvier. Accès : N83, direction Lyon-Besançon. Doubles avec douche et wc à 280 F (42,7 €), avec bains à 370 F (56,4 €). Menu à 100 F (15,2 €) en semaine. Une solide bâtisse qui ne date pas d'hier, mais s'étiolait peu à peu au fil des ans à la manière du trafic ferroviaire de la gare voisine. Heureusement, il a suffi d'une succession familiale pour qu'on mette le holà à la décadence. Une importante rénovation de l'ensemble a été entreprise. Les chambres relativement vastes ont été modernisées et peintes en blanc, ce qui donne plus de lumière. Pensées avant tout pour être fonctionnelles (long porte-manteau pour accrocher ses affaires, etc.), ces chambres gagneraient à être un peu plus habillées (la décoration reste succincte), mais on y dort parfaitement bien. Celles sur l'arrière sont plus calmes. *Apéritif offert.*

|●| *Bistrot des Marronniers* – 22, rue de Vallière (Centre) ☎ 03.84.43.06.04. Fermé le samedi midi et le dimanche. Formule à 68 F (10,4 €) le midi. Compter environ 100 F (15,2 €) à la carte. Appelé aussi « le Bouchon » par les Lédoniens, ce bistrot joue sa partition lyonnaise avec conviction. Poêlon de tripes, ravioles maison au foie gras et nouilles, os à moelle gros sel, suprême de volaille aux girolles, pavé au chocolat crème anglaise, vin du Jura au pichet... mettent de l'animation. *Café ou apéritif offert.*

|●| *Restaurant Grand Café du Théâtre* – 2, rue Jean-Jaurès (Centre) ☎ 03.84.24.49.30. Fermé le dimanche. Un menu à 75 F (11,4 €) sur commande. Sinon, comptez 87 F (13,3 €). C'est l'un des rares lieux animés de la ville après 22 h. Tout Lons défile à un moment ou un autre à son agréable et vaste terrasse qui, il faut le dire, permet de voir passer du monde. À la carte, de copieuses salades et quelques plats roboratifs. *Apéritif offert.*

DANS LES ENVIRONS

CHILLE 39570 (1,5 km E)

🏠 |●| *Hôtel-restaurant Parenthèse* ★★★ – (Nord-Est) ☎ 03.84.47.55.44. Fax : 03.84.24.92.13. Parking. TV. Resto fermé le dimanche soir et le lundi midi. Accès : direction Besançon par la rocade, puis 1 km sur la D157 ; fléché. Doubles avec douche et wc de 300 à 400 F (45,7 à 61 €), avec bains de 560 à 780 F (85,4 à 118,9 €). Menus en semaine à 95 F (14,5 €), puis de 118 à 265 F (18 à 40,4 €). Dans un petit village proche des grands axes routiers, cette belle demeure du XVIIIe siècle a été transformée en hôtel-restaurant confortable par sa fort sympathique et accueillante propriétaire. Situé au milieu d'un parc de 3 ha, l'hôtel propose une vingtaine de chambres décorées avec goût qui portent des noms de peintres. Agréable terrasse. Il existe une annexe 3 étoiles, le *Thélème*. Préférez les chambres d'angle avec pignons et deux fenêtres : les nos 18, 19 et 43. *10 % sur le prix de la chambre du 1er octobre au 30 avril.*

BAUME-LES-MESSIEURS 39210

(20 km NE)

|●| *Restaurant des Grottes* – ☎ 03.84.44.61.59. Parking. Fermé tous les soirs et le mercredi en avril, mai, juin et septembre. Congés annuels : d'octobre à Pâques. Accès : prendre la D471 jusqu'aux Roches-de-Baume, puis la D70. Menus de 85 à 150 F (13 à 22,9 €). Face à une merveilleuse cascade moussue au fond du cirque de Baume-les-Messieurs, la tranquillité de ce restaurant tranche avec l'agitation touristique des grottes voisines. À midi seulement, plusieurs menus proposent une solide cuisine franc-comtoise matinée de plats de ménage. En été, on peut aussi casser la croûte sur la terrasse avec une assiette de charcuteries ou de fromages arrosée d'un verre de vin du Jura. Ouvert le soir uniquement pour banquets et autres. *Café offert.*

LUXEUIL-LES-BAINS   70300

Carte régionale B1

🏠 |●| *Hôtel-restaurant de France* ★★ – 6, rue Georges-Clemenceau ☎ 03.84.40.13.90. Fax : 03.84.40.33.12. Parking. TV. 🐕 Resto fermé le dimanche soir et le vendredi soir en hiver. Accès : derrière le parc des thermes, route de Saint-Loup, face à l'hôpital. Chambres doubles à 200 F (30,5 €) avec lavabo et wc, 230 F (35,1 €) avec douche et wc, et de 250 à 300 F (38,1 à 45,7 €) avec bains. Menus de 70 à 175 F (10,7 à 26,7 €). Derrière le parc des Thermes, une maison blanche d'une vingtaine de chambres entourée d'un îlot de verdure. Au resto, le chef prépare une bonne cuisine traditionnelle roborative : noisette de filet de bœuf aux morilles, panaché de poisson crème de crustacés, jambonnette de volaille farcie braisée au porto, jambon de Luxeuil aux griottes, confit de cuisse de canard. Menus qui permettent de ne pas se ruiner en mangeant bien. Accueil chaleureux. *Apéritif offert.*

⌂I●I *Hôtel-restaurant Beau Site* *** – 18, rue Georges-Moulimard ☎ 03.84.40.14.67. Fax : 03.84.40.50.25. TV. Canal+. Satellite / câble. ⚒ Fermé le vendredi soir, le samedi et le dimanche soir de mi-novembre à mi-mars. Doubles avec douche et wc de 240 à 340 F (36,6 à 51,8 €). 1er menu à 85 F (13 €) en semaine, puis de 120 à 160 F (18,3 à 24,4 €). Voilà une maison qui a tout pour plaire. Un parc plein de verdure avec une belle piscine. Des chambres confortables, pleines de charme et des prix vraiment abordables, réparties entre le bâtiment principal et l'annexe. Si vous venez en saison de chasse, le second menu vous permettra de goûter à un civet de sanglier à l'ancienne ou un cerf braisé grand veneur. Possibilités de forfait thermal pour le week-end ou la semaine. *10 % sur le prix de la chambre.*

MÉTABIEF 25370

Carte régionale B2

⌂I●I *Hôtel-restaurant L'Étoile des Neiges* ** – 4, rue du Village (Nord) ☎ 03.81.49.11.21. Fax : 03.81.49.26.91. TV. Congés annuels : du 30 mai au 15 juin et du 15 novembre au 15 décembre. Doubles avec lavabo à 180 F (27,4 €), avec douche et wc à 245 F (37,4 €), avec bains à 255 F (38,9 €). Prix d'un repas à la carte de 100 à 120 F (15,2 à 18,3 €). Un bâtiment de facture moderne, un peu à l'écart de la station, au-dessus d'une petite rivière. Chambres plutôt pimpantes pour celles qui ont été rénovées, les autres restant plus communes. Toutes sont dotées d'un balcon, avec vue sur le mont d'Or ou la campagne.

DANS LES ENVIRONS

LONGEVILLES-MONT-D'OR (LES) 25370 (4 km SO)

⌂I●I *Hôtel-restaurant Les Sapins* ** – 58, rue du Bief-Blanc (Centre) ☎ 03.81.49.90.90. Fax : 03.81.49.94.43. Parking. Congés annuels : octobre et novembre. Accès : par la D45. Doubles à 155 F (23,6 €) avec douche et 178 F (27,1 €) avec douche et wc. Méritant menu du jour à 65 F (9,9 €). Deux autres menus à 90 et 112 F (13,7 et 17,1 €). Au centre d'un petit village qui, même s'il fait partie de la station de Métabief, n'a pas perdu son authenticité. Chambres plaisantes (celles du 2e étage sont mansardées) qui offrent un des meilleurs rapports qualité-prix du coin. Cuisine de ménage et de terroir : salade franc-comtoise, tourte au fromage, bavette et gratin dauphinois... Accueil sincèrement sympathique.

JOUGNE 25370 (5 km E)

⌂I●I *Hôtel-restaurant de la Couronne* ** – place de l'Église (Centre) ☎ 03.81.49.10.50. Fax : 03.81.49.19.77. Parking. ⚒ Fermé le dimanche soir et le lundi soir (hors saison). Congés annuels : novembre. Accès : par la D9 et la N57, puis direction de la frontière suisse. Doubles avec douche à 180 F (27,4 €), avec douche et wc à 240 F (36,6 €). Menus de 100 à 220 F (15,2 à 33,5 €). Sur la place du village, tout est là : l'église, la mairie, la fontaine et ce petit hôtel de campagne à distance suffisamment respectable de la nationale pour être tranquille. Chambres plaisantes et rénovées. Les nos 6, 7, 11, 12 et 14 offrent une gentille vue sur la jolie vallée voisine de la Jougnenaz. Le mignonnet jardin offre aussi son petit panorama. Au resto, cuisine classique à visées franc-comtoises : filet de canard aux airelles, croûte aux morilles et aux petits gris, filets de truite au savagnin. *Apéritif offert.*

MONTBÉLIARD 25200

Carte régionale B1

⌂I●I *Hôtel-restaurant L'Auberge Mon Repos* * – 8, rue des Grands-Jardins (Nord-Est) ☎ 03.81.94.52.67. Parking. TV. Resto fermé le dimanche. Accès : du centre-ville, prendre la direction Sochaux, puis suivre le fléchage. Doubles avec lavabo à 160 F (24,4 €), avec douche à 190 F (29 €), avec douche et wc à 240 F (36,6 €). Menu en semaine à 55 F. (8,4 €). Menus-carte à 57 et 65 F (8,7 et 9,9 €). Menu enfant à 30 F (4,6 €). À quelques minutes à pied de la gare et du centre-ville (en voiture, c'est un peu plus compliqué !) mais dans un quartier résidentiel calme. Croquignolette maison ancienne (un pasteur y logeait autrefois) entourée d'un jardin. Chambres décorées avec pas mal de goût (meubles anciens, etc.). Certaines offrent une gentille vue sur la ville dominée par son château. Transformation du restaurant en pataterie-crêperie et menus le soir pour les pensionnaires. Très bon accueil. *10 % sur le prix de la chambre.*

⌂I●I *Hôtel de la Balance* *** – 40, rue de Belfort (Centre) ☎ 03.81.96.77.41. Fax : 03.81.91.47.16. Parking payant. TV. Canal+. Satellite / câble. ⚒ Restaurant fermé le samedi midi. Accès : dans la vieille ville. 400 F (61 €) la double avec bains. Buffet au petit déjeuner (45 F). Menus de 75 F (11,4 €) en semaine à 195 F (29,7 €). Cette maison du XVIe siècle a pris des couleurs (comme bien d'autres dans la vieille ville) : du vieux rose pour la façade, un jaune ocre pour l'élégante salle à manger. Et des meubles anciens, un solide escalier de bois : l'endroit a définitivement beaucoup de charme et contribue à mettre à mal l'image d'une ville triste et grise. Chambres mignonnes et bien équipées. Nos lecteurs férus d'histoire demanderont celle où a séjourné, en 1944, le maréchal de Lattre-de-Tassigny. Piano-bar cosy. *Apéritif offert.*

|●| *Restaurant du Château* – 4, rue du Château (Centre) ☎ **03.81.94.93.06.** Fermé le dimanche sauf ceux fériés. Accès : à l'orée de la vieille ville, sur le chemin du château. Menus en semaine à 85 F (13 €), et de 120 à 220 F (18,3 à 33,5 €). Une petite salle très vite remplie (réservation conseillée). Cuisine très classique à base de produits frais (on croise souvent le patron sur les marchés de la région). Un patron qui est légitimement fier de sa friture de carpe sans arêtes. Pour les amateurs d'arêtes c'est 10 F moins cher! Grenouilles et écrevisses en saison. Dommage que les prix aient tendance à s'envoler. Gentille carte des vins.

DANS LES ENVIRONS

AUDINCOURT 25400 (3 km S)

🛏 *Hôtel des Tilleuls* ** – 51, av. Foch (Nord-Ouest) ☎ **03.81.30.77.00. Fax : 03.81.30.57.20.** Parking. TV. Canal+. Satellite / câble. ♨ *Single* avec douche et wc à 220 F (33,5 €). Doubles avec douche et wc ou bains de 270 à 360 F (41,2 à 54,9 €). 320 F (48,8 €) pour une suite-bureau, 360 F (54,9 €) pour une chambre avec balnéo. Dans une rue calme (ne vous méprenez pas sur l'avenue de l'adresse). Excellent accueil. Chambres très bien équipées (frigo, douche à plusieurs jets, sèche-cheveux...), à la déco sobrement contemporaine mais chaleureuse. Disséminées au hasard de la maison principale ou dans de petites annexes autour du jardin et de l'agréable piscine chauffée. Pas de resto mais un service traiteur le soir. *Café offert.*

MORTEAU 25500

Carte régionale B2

🛏 *Hôtel des Montagnards* ** – 7 *bis*, place Carnot (Centre) ☎ **03.81.67.08.86. Fax : 03.81.67.14.57.** Parking payant. TV. ♨ Fermé le dimanche hors saison. Congés annuels : 1 semaine mi-juillet. Doubles à 195 F (29,7 €) avec cabinet de toilette, 245 F (37,4 €) avec douche et wc, 285 F (43,4 €) avec bains. En plein centre mais au calme, chaleureux petit hôtel où l'on est accueilli comme si on était le fils (où la fille) de la famille! Chambres agréables, lambrissées et dans les tons pastel pour celles qui ont été rénovées (les n°s 1, 2, 6, 7, 9, 10, 11, 12), gentiment désuètes pour les autres. Les patrons évoquent une retraite prochaine, elle est méritée mais... on le regret-

tera! *10 % sur le prix de la chambre sauf juillet et août.*

|●| *Restaurant L'Époque* – 18, rue de la Louhière (Nord) ☎ **03.81.67.33.44.** Parking. Fermé le mercredi soir et le dimanche (sauf jours fériés). Congés annuels : du 1er au 22 août. Accès : à peine à l'écart du centre, sur la route de Besançon. Menus le midi en semaine à 75 F (11,4 €), et de 105 à 185 F (16 à 28,2 €). Un resto bien dans sa peau. Accueil et service chaleureux sans se forcer. Deux salles un peu bistrot où on se sent instantanément bien. Cuisine goûteuse, inventive juste ce qu'il faut et qui n'oublie pas les produits du terroir : saucisse de Morteau (dont le patron est un rigoureux défenseur) au vin rouge d'Arbois, salade de l'époque au bloc de foie gras de canard, poulet de Bresse au vin jaune et morilles. Un exemple de menu avec mousse de canard au porto, salade de noix de Saint-Jacques au vinaigre de cassis, feuillantine de filet mignon forestière ou filet de limande farci à la dieppoise. Carte de whiskies impressionnante (comme les moustaches du patron, une figure locale qui a un automate à son effigie). *Apéritif offert.*

DANS LES ENVIRONS

MONTLEBON 25500 (2 km SE)

🛏|●| *Hôtel-restaurant Bellevue* * – 2, rue de Bellevue (Centre) ☎ **03.81.67.00.05. Fax : 03.81.67.04.74.** Parking. TV. Fermé le dimanche soir et le vendredi soir hors saison. Congés annuels : du 15 décembre au 15 janvier. Accès : à 1 km du centre par la D437, puis la D48. Doubles à 175 F (26,7 €) pour 2 avec cabinet de toilette, et 235 F (35,8 €) avec douche et wc. Menu en semaine le midi à 55 F (8,4 €), puis menus de 80 à 150 F (12,2 à 22,9 €). Vaste maison aux allures de ferme comtoise qui domine tout le val de Morteau d'où effectivement une... belle vue... Le 1er menu rassemble à midi tout ou presque ce que le coin compte de VRP, agents de l'EDF, bûcherons... Cuisine généreuse, souvent d'inspiration régionale (truite meunière, filet mignon aux morilles, escalope de saumon sauce côte-du-jura blanc, jambon de montagne chaud). Chambres toutes simples mais d'un bon rapport qualité-prix. *Café offert.*

ORNANS 25290

Carte régionale B2

🛏|●| *Hôtel de France* *** – 51, rue Pierre-Vernier (Centre) ☎ **03.81.62.24.44. Fax : 03.81.62.12.03.** Parking payant. TV. Fermé le dimanche soir et le lundi (hors vacances scolaires). Congés annuels : décembre et janvier. Doubles avec douche à 280 F

(42,7 €), avec douche et wc ou bains, télé et mini-bar, de 380 à 450 F (57,9 à 68,6 €). Côté brasserie, gentil menu à 100 F (15,2 €). Plat du jour à 58 F (8,8 €). Côté restaurant, menus de 150 à 310 F (22,9 à 47,3 €). Demi-pension de 380 à 550 F (57,9 à 83,8 €) par personne. La bonne hôtellerie traditionnelle, un rien vieille France (avec une telle enseigne, rien d'étonnant...), familiale mais cossue. Menu brasserie avec flan au comté et jambon cru et truite au bleu sauce citronnée. Restaurant à la déco d'un classicisme bon teint. Chambres rustico-chics. Certaines donnent sur le célèbre Grand Pont (pas si grand en fait...), mais la rue est un peu bruyante. Les autres sont sur cour, donc plus tranquilles. Parcours de pêche privé. Demi-pension obligatoire le week-end en saison.

DANS LES ENVIRONS

VERNIERFONTAINE 25580

(17 km E)

🏠 |●| *L'Auberge Paysanne* – **18, rue du Stade** ☎ **03.81.60.05.21. Fax : 03.81.60.05.21.** Parking. Fermé le mercredi et le jeudi. De novembre à mars, ouvert uniquement le week-end et pendant les vacances scolaires. Accès : par la D492 direction Saules, puis la D392 direction Guyans-Durnes puis Vernierfontaine. Doubles avec douche et wc à 200 F (30,5 €). 1er menu à 66 F (10,1 €) puis autres menus de 88 à 135 F (13,4 à 20,6 €). Installée dans une ancienne ferme, dans un village à l'écart des sentiers battus. La décoration du restaurant est certes un peu chargée mais la cuisine – traditionnelle et généreuse – fait honneur à tous les trésors du terroir franc-comtois : fumés du Haut-Doubs, *roësti*, terrine maison, cancoillotte chaude, croûte forestière aux morilles, fondue comtoise et un... *strudel* aux pommes pour rappeler les origines allemandes du patron. Poêlée paysanne (pommes de terre, lardons, œufs, oignons, saucisse et salade). 4 chambres, toutes lambrissées. *10 % sur le prix de la chambre du 5 octobre au 20 mars.*

PONTARLIER   25300

Carte régionale B2

🏠 |●| *Hôtel-restaurant Le Saint-Pierre* * – **3, place Saint-Pierre (Centre)** ☎ **03.81.46.50.80. Fax : 03.81.46.87.80.** TV. Fermé le lundi hors saison. Doubles avec lavabo, douche et wc sur le palier, à 170 F (25,9 €), avec douche et wc de 195 à 240 F (29,7 à 36,6 €) suivant la saison. Et quelques chambres familiales à 270 F (41,2 €) pour 3. Menu le midi en semaine à 78 F (11,9 €), puis à 98 F (14,9 €). Sur une place du centre, dans un quartier qui est presque un village. Les chambres ouvrent quasiment toutes sur la porte Saint-Pierre, arc de triomphe un rien tarabiscoté, symbole de la ville. Chambres doubles pas bien grandes mais coquettes et d'un bon rapport qualité-prix. Pour les petits budgets, des chambres gentiment désuètes avec lavabo seulement. Au resto, honnête cuisine traditionnelle : croûte forestière, filet de truite saumonée à l'arboisienne. Et pour l'apéro, la plus ensoleillée des terrasses de la ville. *Café offert. 10 % sur le prix de la chambre sauf les week-ends fériés ainsi que juillet et août.*

🏠 |●| *Hôtel-restaurant de Morteau* ** – **26, rue Jeanne-d'Arc (Centre)** ☎ **03.81.39.14.83. Fax : 03.81.39.75.07.** TV. Fermé tous les jours de 15 h à 18 h et le dimanche. Congés annuels : 1 semaine en mars, 2 semaines en juin, 1 semaine en septembre et 1 semaine en octobre. Doubles à 220 F (33,5 €) avec douche et wc, 230 F (35,1 €) avec bains. 1er menu à 69 F (10,5 €), puis menus à 87 et 105 F (13,3 et 16 €). Menu enfant à 50 F (7,6 €). Au centre mais dans un coin plutôt calme. Une vieille maison qui a un vague air de ferme comtoise. Chambres sérieusement rénovées et d'un très bon rapport qualité-prix. Bonne cuisine traditionnelle à base de produits frais. *10 % sur le prix de la chambre si repas pris au restaurant sauf de juin à septembre inclus.*

DANS LES ENVIRONS

GRANGETTES (LES) 25160

(12 km S)

🏠 |●| *Hôtel-restaurant Bon Repos* ** – **(Centre)** ☎ **03.81.69.62.95. Fax : 03.81.69.66.61.** Parking. TV. Fermé le mardi soir et le mercredi hors saison. Congés annuels : du 20 octobre au 20 décembre. Accès : au bord du lac de Saint-Point; suivre la D437 puis, après Oye-et-Pallet, la D129. 179 F (27,3 €) pour une double avec lavabo, 239 F (36,4 €) avec douche et wc ou bains. Plantureuse assiette de charcuteries maison à 54 F (8,2 €). Nombreux menus de 71 F (10,8 €) en semaine à 175 F (26,7 €). À l'orée d'un petit village qui domine le lac. Une auberge à l'ancienne : nappes blanches et accueil prévenant. Menus avec de bonnes spécialités de poisson (filets de perche). Chambres confortables et bien tenues.

OUHANS 25520 (17 km NO)

🏠 |●| *Hôtel-restaurant des Sources de la Loue* ** – **13, Grande-Rue (Centre)** ☎ **03.81.69.90.06. Fax : 03.81.69.93.17.** Parking. TV. Fermé le mercredi soir et le dimanche soir hors saison. Congés annuels : pendant les vacances de la Toussaint et du 20 décembre au 31 janvier. Accès : par la N57, puis à Saint-Gorgon-Main, prendre à gauche la D41. Doubles avec douche et wc à 220 F (33,5 €), avec bains à 250 F (38,1 €). Menus le midi en semaine à 60 F (9,1 €) ou, additionné d'une boisson, à 80 F (12,2 €). Autres menus de 105 à 200 F (16 à 30,5 €). Une bonne auberge de campagne au cœur d'un village resté authentique. Cuisine naturellement de terroir : entrecôtes aux morilles, truite meunière ou au vin jaune, jambon de pays, saucisse de Morteau avec son gratin de pommes de terre (la gratinette !) et saumon fumé maison. Chambres toutes simples mais agréables (certaines sont mansardées) et d'un bon rapport qualité-prix pour le coin. Un bon point de chute pour visiter ce pays splendide. *Café offert.*

RENÉDALE 25520 (24 km NO)

l●l *Auberge du Moine* – **Grange-Carrée (Nord)** ☎ 03.81.69.91.22. Fermé le lundi soir. Congés annuels : du 15 décembre au 1er mars. Accès : par la N57 jusqu'à Saint-Gorgon-Main, puis la D41 direction Ouhans ; l'auberge est à 400 m du belvédère du Moine. Menus en semaine à 68 F (10,4 €), puis de 112 à 142 F (17,1 à 21,6 €). Une ancienne ferme isolée au cœur d'une belle nature. L'écurie a été transformée en une chaleureuse salle à manger couverte de lambris de sapin. Le dimanche s'y pressent les gens du pays, des habitués qui connaissent depuis longtemps cette bonne adresse (il est donc prudent de réserver...). Ici, la maîtresse de maison ne se pique pas de revisiter le terroir, mais maintient la tradition d'une cuisine familiale avec des recettes héritées de sa mère : fondue de fromage de comté, truite au vin jaune, tartine chaude au comté ou croûte aux morilles. Le dernier menu, copieux, nous a emballés. Pour la digestion, les environs regorgent de belles balades : belvédère du Moine, source de la Loue... *Café offert.*

PORT-SUR-SAÔNE 70170

Carte régionale A1

l●l *Hôtel-restaurant de la Paix* – **3, rue Jean-Bogé (Centre)** ☎ 03.84.91.52.80. Fax : 03.84.91.61.21. Fermé le dimanche soir. Congés annuels : janvier. Accès : face à l'église. Doubles à 150 F (22,9 €) avec lavabo et 190 F (29 €) avec douche et wc. Menus à 56 F (8,5 €) en semaine, et de 75 à 150 F (11,4 à 22,9 €). L'hôtel a été aménagé dans l'ancien prieuré du XVIe siècle, et il a été rénové. Du coup, la déco est plus en adéquation avec l'endroit. De nombreux menus proposent une cuisine simple et traditionnelle : œufs brouillés à la cancoillotte, salade verte et magret de canard fumé, croûte aux morilles, friture d'éperlans, matelote de sandre et saumon, coq au vin jaune, etc. *Apéritif offert.*

l●l *Restaurant La Pomme d'Or* – **1, rue Saint-Valère** ☎ 03.84.91.52.66. ♿ Fermé le dimanche soir et le lundi. Congés annuels : fin août. Menus peu ruineux à 60 F (9,1 €) en semaine, et de 94 à 150 F (14,3 à 22,9 €). Au bord de la Saône, on peut manger dans une petite salle style contemporain. À moins que vous n'ayez la chance de pouvoir profiter de la micro-terrasse avec vue sur la rivière. La cuisine vaut le coup de fourchette : œufs en meurette, poêlée d'escargots et champignons au noilly, terrine de poisson ou viande, sandre au beurre blanc, fricassée de rognons à la moutarde, tourte chaude de canard, filet de rouget sur lie de vin et, en dessert, ne pas manquer la pomme d'or en feuilletage, spécialité de la maison.

l●l *Restaurant La Marine* – **15, rue de la Fontaine** ☎ 03.84.91.51.00. Fermé le mercredi. Congés annuels : février. Menus de 80 à 160 F (12,2 à 24,4 €). Les bords de Marne en Haute-Saône. C'est presque une vraie guinguette. Les bateliers n'ont qu'à accoster pour venir se restaurer dans ce sympathique endroit où le patron ne fait que régaler ses hôtes. Menus changés très régulièrement avec plein de spécialités de poissons et de gibier en saison. Lors de notre dernier passage, nous avons eu droit à un civet de sanglier grand-mère, un filet de plie grenobloise, des aiguillettes de canard au cognac et un sauté de lapin dijonnaise. Réservation conseillée, que vous soyez en bateau ou non !

DANS LES ENVIRONS

COMBEAUFONTAINE 70120 (12 km O)

🛌 l●l *Hôtel-restaurant Le Balcon* ** – **(Centre)** ☎ 03.84.92.11.13. Fax : 03.84.92.15.89. Parking. TV. Fermé le dimanche soir et le lundi. Congés annuels : du 26 juin au 5 juillet et du 26 décembre au 12 janvier. Accès : sur la N19. Chambres très agréables de 250 à 280 F (38,1 à 42,7 €) avec douche et wc ou bains pour deux. Menus à 70 F (10,7 €) en semaine le midi, puis de 145 à 340 F (22,1 à 51,8 €). Dans cet ancien relais de poste mangé par le lierre et baigné de fleurs, Gérard Gauthier accueille sans prétention aussi bien les cyclotouristes et les kayakistes que les hommes d'affaires qui font étape entre Paris et Bâle. En somme, une maison étonnante à l'atmosphère chaleureuse où il fait bon se repaître de poulet au vin jaune et aux morilles, de ragoût d'escargots aux herbes sauvages, de biscuit de rascasse au ris de veau, d'escalope de saumon à l'oseille ou encore d'un effeuillé de pigeonneau à la bourguignonne. D'accord, il faut un peu casser sa tirelire mais cela vaut la peine. Et le patron pratique des tarifs un peu moins élevés en été pour rendre sa maison plus accessible.

RONCHAMP 70250

Carte régionale B1

🛏️ |●| *Hôtel-restaurant Carrer* ** – Le Rhien ☎ 03.84.20.62.32. Fax : 03.84.63.57.08. Parking. TV. Satellite / câble. ⚓ Accès : par la N19, puis à gauche ; à l'entrée du Rhien, au pied de la colline du Bourlemont et de la fameuse chapelle de Ronchamp dessinée par Le Corbusier. Pour dormir, une vingtaine de chambres de 180 à 220 F (27,4 à 33,5 €). Menu du jour à 58 F (8,8 €) en semaine et 4 menus de 100 à 210 F (15,2 à 32 €). On vient de loin pour manger dans ce restaurant situé au fond d'une vallée entourée d'une forêt profonde. La cuisine familiale y est très orthodoxe et l'on s'attache aux beaux et aux bons produits. Résultats : truite au vin jaune, croûte aux morilles, escalope de foie gras, sandre au vin du Jura, civet de lièvre, gigue de chevreuil grand veneur, mignon de veau à la jurassienne. On peut également se régaler d'une aiguillette de canard aux pêches. Location de VTT. *Apéritif offert. 10 % sur le prix de la chambre du 1er novembre au 1er avril.*

DANS LES ENVIRONS

CHAMPAGNEY 70290 (5 km E)

🛏️ |●| *Hôtel du Commerce* ** – 4, av. du Général-Brosset ☎ 03.84.23.13.24. Fax : 03.84.23.24.33. Parking. TV. ⚓ Fermé le lundi hors saison. Congés annuels : du 24 décembre au 9 janvier. Accès : par la N19 puis la D4. Doubles avec douche et wc ou bains à 200 F (30,5 €). Menus à 65 F (9,9 €) en semaine, puis de 90 à 200 F (13,7 à 30,5 €) pour les jours de fêtes. Depuis 1928, la famille Helle-Angly veille aux destinées de cette maison et de ses clients avec toujours autant de soin et de chaleur. Le leitmotiv, ici, pourrait être la tradition dans la modernité. Tradition pour la salle en parquet ciré qui craque, les serveuses en tabliers blancs et les habitués qui ont pratiquement leur rond de serviette. On imagine aisément les générations de VRP qui se sont arrêtées ici régulièrement en fonction du plat du jour et de leur tournée. Pour la cuisine, aucune surprise à trouver une truite aux amandes, un poulet au vin jaune et morilles, aiguillette de canard aux griottines, un sandre au fenouil ou un tour-

nedos maître d'hôtel. Les plats sont convenus mais diablement bien préparés et copieux. Côté prix, pas de quoi se ruiner. Le gîte mérite aussi d'être essayé : chambres confortables meublées à l'ancienne avec goût et toutes tranquilles. Pourquoi moderne alors ? Car la maison a su évoluer de manière peu perceptible, sans révolution mais tout est propre, entretenu et bichonné. Suffisamment rare pour être signalé. *10 % sur le prix de la chambre.*

FROIDETERRE 70200 (10 km O)

|●| *Hostellerie des Sources* – 4, rue du Grand-Bois ☎ 03.84.30.13.91. Fermé le dimanche soir et le lundi sauf ceux fériés. Accès : par la N19 direction Lure, puis au niveau de la Verrerie, prendre la route menant au nord. Menus de 105 à 295 F (16 à 45 €). Quand la maison apparaît, on est pratiquement persuadé d'arriver dans une ferme-auberge plutôt classique. L'impression se dissipe instantanément lorsque la porte est franchie. Le contraste est en fait presque trop grand entre l'architecture de la ferme plutôt rustique et le côté cossu, pour ne pas dire luxueux, du décor. Et puis très vite, votre repas se transforme en office où l'on célèbre une cuisine intelligente, créative et qui met les cinq sens en éveil. Impossible de résister aux escargots fermiers du Jura court-bouillonnés à la moelle, aux rognons de veau en croustillant, aux filets de perche cuits sur la peau et fondant de cresson, au carré d'agneau braisé à la persillade, et aux écrevisses flambées au cognac (en saison). On craque encore sur la crème brûlée à la vanille bourbon, les fines tranches d'ananas aux fruits rouges, le sorbet griotte au kirsch, les feuilletés aux raisins secs. On viendrait presque à regretter qu'il n'y ait pas de chambres pour faire durer le plaisir. *Apéritif offert.*

MELISEY 70220 (10 km N)

|●| *Restaurant La Bergeraine* – 27, route des Vosges ☎ 03.84.20.82.52. ⚓ Fermé le mardi soir et le mercredi, sauf juillet-août. Accès : par la N19, direction Lure, puis la D73. Menus de 80 à 210 F (12,2 à 32 €) et formule à 65 F (9,9 €) au déjeuner en semaine avec entrée, plat et dessert. Excusez du peu. La frontière avec les Vosges n'est pas loin et ils sont nombreux à venir apprécier le talent de Christophe Aubry. Seulement, la salle est petite et il n'est pas rare de repartir alléché par la carte mais le ventre vide si l'on n'a pris le soin de réserver. Et ce serait dommage de rater la ballottine de canard au poivre vert, la terrine de foie gras, le saumon fumé maison, la truite farcie au jambon cru de Luxeuil, la nage de Saint-Jacques, le filet de bœuf comtois ou l'escalope de volaille aux morilles. Bien sûr, le registre est classique mais tout est soigné et vraiment bien fait. Et

FRANCHE-COMTÉ

l'on est heureux de voir qu'il y a des chefs qui font vivre les campagnes et chez qui l'on peut bien manger sans se ruiner. *Apéritif offert.*

ROUSSES (LES) 39220

Carte régionale A2

≜ *Hôtel du Village* ** – **344, rue Pasteur (Centre)** ☎ **03.84.34.12.75. Fax : 03.84.34.12.76.** TV. Doubles de 270 à 330 F (41,2 à 45,7 €). Cet hôtel de 10 chambres possède de grandes chambres doubles, toutes avec douche et wc ou bains. Petite suite pour 4 à 5 personnes au 2e étage. *10 % sur le prix de la chambre du 15 avril au 15 juin et du 15 octobre au 15 décembre.*

|●| *Restaurant Les P'Losses* – **(Sud-Ouest)** ☎ **03.84.60.06.68.** Fermé le lundi midi et le mercredi midi hors vacances scolaires. Accès : sur la N5 ; à la sortie de la station, en direction de Genève. Menus en semaine à midi à 65 F (9,9 €), puis de 79 à 225 F (12 à 34,3 €). La station ne brille pas par sa cuisine et ses restaurants. Même ceux dits gastronomiques n'ont rien d'excitant. Celui-ci, situé à 300 m du centre, peut éventuellement faire l'affaire. Filet de volaille au curry, gambas à l'indienne, faux-filet aux morilles, filet de truite au vin jaune, foie gras maison aux épices et macvin, etc. *Café offert.*

DANS LES ENVIRONS

BIEF-DE-LA-CHAILLE (LE) 39220

(2 km S)

≜ *Auberge de jeunesse* – **(Sud-Ouest)** ☎ **03.84.60.02.80. Fax : 03.84.60.09.67.** Congés annuels : du 18 avril au 15 mai et du 30 septembre au 20 décembre. Accès : par la N5 en direction de Genève, puis petite route à droite 1 km après la sortie des Rousses. Dortoirs de 4 à 6 lits à 50 F (7,6 €) par personne. Restauration possible sur demande : 49 F (7,5 €). Petit déjeuner à 19 F (2,9 €). Carte FUAJ obligatoire. Le petit bâtiment en pleine campagne abritait autrefois une usine où les verres de lunettes étaient polis grâce à la force motrice de la rivière Chaille. En hiver, formule pension complète à partir de 1 280 F (195,1 €), 25 % de réduction pour les moins de 10 ans et 50 % pour les moins de 5 ans pendant les vacances scolaires, pour accueillir les skieurs de fond. Activités typiques : chiens de traîneaux, balade à cheval en traîneau. *Apéritif, café offerts.*

SAINT-CLAUDE 39200

Carte régionale A2

≜ *Hôtel de la Poste* – **1, rue Reybert (Centre)** ☎ **03.84.45.52.34. Fax : 03.84.45.69.67.** TV. Satellite / câble. Doubles avec lavabo à 145 F (22,1 €), avec douche à 175 F (26,7 €), avec douche et wc à 195 F (29,7 €), avec bains à 215 F (32,8 €). Le petit déjeuner est à 27 F (4,1 €). Le plus central des hôtels de la ville. La plupart des chambres ont deux grands lits, donc idéal pour un couple avec deux enfants. Préférez les chambres donnant sur la place du 9-Avril-1944, plus lumineuses. La n° 11 est particulièrement calme, et la n° 12, à deux fenêtres, très spacieuse. Avec la poste à côté, c'est le moment où jamais d'écrire les cartes postales promises à la tante Agathe ou à la cousine Zoé, car de toute façon, le soir à Saint-Claude, il n'y a pas grand-chose à faire... *10 % sur le prix de la chambre hors juillet-août.*

|●| *Le Lacuzon* – **5, rue Victor-Hugo (Centre)** ☎ **03.84.45.06.51.** & Fermé le dimanche soir et le lundi. Congés annuels : octobre. Menus en semaine à 59 F (9 €), puis de 96 à 150 F (14,6 à 22,9 €). La ville est pauvre en tables chaleureuses et qui ne se prennent pas au sérieux. Celle-ci jouit d'une bonne réputation méritée. Pas d'esbroufe, mais une bonne cuisine traditionnelle et un accueil dans le même esprit. Le 1er menu, avec ses assiettes de hors-d'œuvre, bœuf braisé et dessert, semble tout droit sorti du livre de la bonne ménagère de jadis. Le second, avec terrine de foie de volaille ou quenelles de brochet sauce à la Nantua, poulet de Bresse à l'estragon ou faux-filet de bœuf grillé, fromage et dessert, extrait d'un manuel pour repas de foires et banquets. Au final, l'impression d'en avoir eu pour son argent. Un signe qui ne trompe pas.

DANS LES ENVIRONS

MOLUNES (LES) 39310 (13 km SE)

≜|●| *Hôtel-restaurant Le Pré Fillet* ** – ☎ **03.84.41.62.89. Fax : 03.84.41.64.75.** Parking. Resto fermé le dimanche soir. Congés annuels : du 15 octobre au 1er décembre. Accès : prendre la D436 en direction du col de la Faucille, puis la D25 direction Les Moussières. Doubles avec douche à 230 F (35,1 €), à 260 F (39,6 €) avec douche et wc ou bains. Menu à 67 F (10,2 €) en semaine vin et café compris, puis autres menus de 87 à 165 F (13,3 à 25,2 €). Ce restaurant de montagne aux grandes baies vitrées donnant sur l'alpage ou la neige (selon la saison) propose l'un des meilleurs rapports qualité-prix de la région. De la splendide assiette de charcuteries au copieux plateau de fromages en passant par le planureux plat, vous vous régalerez avec le second menu. Et en plus, la carte des vins fait le tour de France à des prix imbattables. Pour ceux qui n'auront pas le courage de reprendre la route après la table, vous pourrez vous reposer dans l'une des 20 chambres, dont certaines sont en duplex et accueillent jusqu'à 6 personnes. Environnement calme et très vert. Beaucoup de belles balades. Salon de lecture, jeux, ping-pong. *10 % sur le prix de la chambre à partir de 2 nuits consécutives et avec repas à la carte.*

|●| *Le Collège* – le bourg ☎ 03.84.41.61.09. Fermé le lundi soir et le mardi. Congés annuels : du 23 au 30 juin inclus et du 22 novembre au 24 décembre inclus. 1er menu à 55 F (8,4 €) en semaine, puis menus de 80 à 145 F (12,2 à 22,1 €). Menu enfant à 36 F (5,5 €). Installé à la place d'une ancienne boulangerie-épicerie, en plein cœur du hameau des Molunes (ne cherchez pas l'église, il n'y en a pas) situé à 1 250 m d'altitude, *Le Collège* est connu de tout le Haut-Jura. Les 64 couverts sont souvent pris d'assaut le week-end. On comprend d'ailleurs pourquoi dès l'arrivée du premier plat. C'est non seulement bon, mais aussi bien présenté. Exemplaire 1er menu avec une belle assiette de charcuteries, suivi d'un plat du jour (sauté de veau servi avec riz, endives braisées et épinards lors de notre visite), fromage et dessert. Le second est tout aussi bon (on garde un bon souvenir du carré de veau aux girolles et du fondant de chocolat aux poires). Carte des vins intéressante. Décor campagnard gentillet.

MOIRANS-EN-MONTAGNE 39260
(21 km NO)

|●| *Le Regardoir* – belvédère de Moirans-en-Montagne ☎ 03.84.42.01.15. Fermé le lundi soir et le mardi (sauf du 15 juin au 30 août). Congés annuels : du 1er octobre au 15 avril. Accès : par la D436 direction Dortan-Oyonnax, puis la D470 direction Lavans-lès-Saint-Claude. Menus le midi en semaine à 65 F (9,9 €), puis à 85 et 105 F (13 et 16 €). Le panorama exceptionnel justifie à lui tout seul l'arrêt casse-croûte dans cette guinguette franc-comtoise. Ouvrez bien vos yeux, et profitez de la vue grandiose sur le lac de Vouglans en contrebas et le paysage environnant. Au coucher du soleil, la lumière est tout à fait spéciale (c'est à ce moment-là qu'il faut venir prendre l'apéro !). L'accueil est jeune et souriant, la carte sans complication, mais le sérieux est de mise. La friture d'éperlans et les pizzas cuites au feu de bois (uniquement en été) sont recommandées. À la carte, brick au chèvre chaud, truite aux amandes, coquelet

sauce bourguignonne, andouillette sauce dijonnaise, soufflé glacé à la liqueur de poire. Toujours beaucoup de monde au déjeuner comme au dîner.

SAINT-HIPPOLYTE 25190

Carte régionale B1

🛏|●| *Auberge de Moricemaison* – route du Dessoubre - Valoreille (Sud-Ouest) ☎ 03.81.64.01.72. Parking. Fermé le mercredi de mi-septembre à mi-mai. Accès : direction vallée du Dessoubre par la D39, sur 7 km environ. 6 chambres modestes (avec lavabo seulement, douche et wc au bout du couloir) à 160 F (24,4 €). Gentil menu du jour à 58 F (8,8 €) en semaine. Autres menus de 95 à 190 F (14,5 à 29 €). Un lieu pittoresque. Accueil simple et chaleureux dans cette ancienne ferme, vue sur la rivière. C'est le rendez-vous des pêcheurs. Si l'envie vous prend de taquiner la truite, la patronne se fera un plaisir de vous la cuisiner. Sinon, on en trouve à la carte : au vin jaune ou en friture. *Café offert.*

DANS LES ENVIRONS

GOUMOIS 25470 (20 km SE)

🛏|●| *Auberge Le Moulin du Plain* ** – (Sud-Est) ☎ 03.81.44.41.99. Fax : 03.81.44.45.70. Parking. TV. Satellite / câble. Congés annuels : du 1er novembre au 26 février. Accès : par la D437, puis la D437b ; à Goumois, prendre la petite route qui longe le Doubs (fléchée). Doubles avec douche et wc à 290 F (44,2 €), avec bains à 330 F (50,3 €). Demi-pension en week-end à partir de 275 F (41,9 €). 1er menu à 95 F (14,5 €), sauf le dimanche, puis menus de 115 à 200 F (17,5 à 30,5 €). Une maison récente, mais dans le style du pays, posée au bord du Doubs qui creuse ici une sublime et sauvage vallée. Créée voici quelques années par une famille d'agriculteurs, le fils a repris l'affaire en 1993 et elle tourne rondement aujourd'hui, notamment grâce aux pêcheurs (le parcours voisin est renommé). Chambres plaisantes et confortables. Certaines sont dotées d'un balcon. Demi-pension souhaitée. Au resto, les poissons sont logiquement en bonne place dans la carte et les menus (truite à l'échalote ou au vin jaune, timbale de brochet) aux côtés de plats de terroir (jambon chaud, coq au savagnin). *Apéritif offert. 10 % sur le prix de la chambre en mars, avril et octobre.*

VESOUL 70000

Carte régionale A1

🛏 *Auberge de jeunesse* – zone de loisirs, lac de Vesoul-Vaivre (Nord-Ouest) ☎ 03.84.76.48.55. Fax : 03.84.75.74.93.

Accueil de 8 h à 10 h et de 17 h à 20 h. Accès : en face de la zone industrielle. 49 F (7,5 €) la nuit par personne. Carte FUAJ obligatoire, mais attention, elle n'est pas vendue sur place. À deux pas du lac, 18 petits chalets de bois teinté, équipés de 4 lits chacun. Au centre, un grand bâtiment moderne pour les sanitaires, les douches et une cuisine. Restauration au *Bar de la Plage* (☎ 03.84.76.81.71), juste à côté.

🏠 I●I *Hôtel-restaurant Aux Vendanges de Bourgogne* ** – 49, bd Charles-de-Gaulle ☎ 03.84.75.81.21. Fax : 03.84.76.14.44. Parking. TV. Canal+. Satellite / câble. Accès : dans le quartier de la gare, direction Besançon. Doubles avec lavabo à 140 F (21,3 €), de 180 à 360 F (27,4 à 54,9 €) avec douche ou douche et wc, à 360 F (54,9 €) avec bains. Menus en semaine à 75 F (11,4 €), et de 110 à 170 F (16,8 à 25,9 €). Voilà une maison qui sent bon la province franc-comtoise. Chambres propres et fonctionnelles réparties dans deux bâtiments d'un côté et de l'autre de la rue. On a tendance à préférer l'annexe, un peu plus chère mais plus agréable. En ce qui concerne la cuisine, on fait également dans le traditionnel pur jus : foie gras poêlé aux pommes, croûte aux morilles, ris de veau, rognons de veau cocotte, truite braisée au champlitte, émincé de volaille chasseur, magret fougerollais... *Apéritif offert.*

🏠 *Hôtel du Lion* ** – 4, place de la République (Centre) ☎ 03.84.76.54.44. Fax : 03.84.75.23.31. Parking. TV. Canal+. Fermé le samedi soir en janvier. Congés annuels : du 6 au 17 août et du 29 décembre au 7 janvier. Doubles de 245 F (37,4 €) avec douche et wc à 270 F (41,2 €) avec bains. Hôtel familial de centre-ville tout ce qu'il y a de plus traditionnel. Bon accueil, sens du service et confort assurés. Chambres spacieuses au mobilier moderne. *10 % sur le prix de la chambre pour 2 nuits consécutives hors juillet et août.*

DANS LES ENVIRONS

FROTEY-LÈS-VESOUL 70000
(3 km E)

🏠 I●I *Eurotel - restaurant Le Saint-Jacques* *** – route de Luxeuil ☎ 03.84.75.49.49. Fax : 03.84.76.55.78. Parking. TV. Canal+. Satellite / câble. Fermé le samedi midi et le dimanche soir (ouvert le dimanche toute la journée en juillet et août). Accès : à la sortie de Vesoul en direction de l'est par la D13. Chambres joliment décorées et très propres à 360 F (54,9 €) pour deux, avec bains. Très beau menu du marché à 100 F (15,2 €). Autres menus de 165 à 295 F (25,2 à 45 €). Compter autour de 250 F (38,1 €) à la carte. Voilà sans nul doute le meilleur restaurant de la région de Vesoul. Certes l'extérieur

n'inspire pas l'extase (architecture d'hôtel de chaîne, échangeur d'autoroute en guise de vue) mais une fois la porte franchie, changement de registre. Le décor moderne est sobre, racé ; l'accueil de la même veine met en confiance. Une fois à table, on se laisse porter par le jeu des saveurs du chef. Il utilise largement le terroir franc-comtois avec des produits simples savamment mariés. La carte est entièrement renouvelée au fil des saisons : on trouve une terrine aux trois farces de lapin aux pruneaux sur un lit de chou vert, une pastilla de pigeon aux chicons servie avec sa cuisse farcie au foie gras, une joue de porcelet en chevreuil.

VILLERSEXEL   70110

Carte régionale B1

🏠 I●I *Hôtel de la Terrasse* ** – au bord de l'Ognon ☎ 03.84.20.52.11. Fax : 03.84.20.56.90. Parking. TV. Canal+. Satellite / câble. Fermé le dimanche soir et le lundi midi (hors saison). Congés annuels : du 15 décembre au 4 janvier. Doubles de 220 F (33,5 €) avec douche et wc, à 280 F (42,7 €) avec bains. Menu traditionnel à 67 F (10,2 €) en semaine, et de 85 à 250 F (13 à 38,1 €). Gérard Eme a passé la main à sa fille. Elle veille aujourd'hui sur cette maison cossue et tranquille dans laquelle on se sent bien. Chambres joliment décorées et meublées avec goût dans lesquelles les nuits sont forcément réparatrices tant l'endroit est calme. Salle de restaurant plutôt rustique réchauffée par une cheminée en hiver ; l'été, belle terrasse dans la verdure. Tout cela pour que les gourmets puissent apprécier la terrine de lapin aux griottes du chef, le canard aux griottines de Fougerolles, le loup au vin de champutte, le civet de lièvre à l'ancienne, la cassolette de morilles à la crème ou le filet de sandre au vin jaune. Dommage que les différents rapports qualité-prix soient un peu inégaux. *Apéritif offert.*

🏠 I●I *Hôtel-restaurant du Commerce* ** – 1, place du 13-Septembre (Centre) ☎ 03.84.20.50.50. Fax : 03.84.20.59.57. Parking. TV. Satellite / câble. Fermé le dimanche soir. Congés annuels : 1 semaine en octobre. Accès : à proximité du château-musée. Doubles à 240 F (36,6 €) avec douche et wc au bains. Menus à 54 F (8,2 €) en semaine, et de 64 à 240 F (9,8 à 36,6 €). Grosse auberge de province tout ce qu'il y a de plus classique proposant des chambres un peu style hôtel de chaîne, simples, propres et à prix raisonnables. Cuisine du terroir bien faite. Il faut goûter au jambon cuit à l'os fumé maison, à la truite pochée au champlitte, aux morillons, aux grenouilles fraîches, aux paupiettes de volaille à la cancoillotte. Toute une ribambelle de menus permettant de satisfaire tous les appétits. Les soirs de grand froid, réfugiez-vous près de la cheminée. *Apéritif offert.*

Île-de-France

75 Paris
77 Seine-et-Marne
78 Yvelines
91 Essonne
92 Hauts-de-Seine
93 Seine-Saint-Denis
94 Val-de-Marne
95 Val-d'Oise

ANGERVILLE 91670

Carte régionale A2

🏠 |●| *Hôtel de France* *** – **2, place du Marché (Centre)** ☎ **01.69.95.11.30. Fax : 01.64.95.39.59.** Parking. TV. Chambres doubles avec douche ou bains à 430 F (65,6 €). Menu à 145 F (22,1 €). Compter autour de 220 F (33,5 €) à la carte. Menu enfant à 60 F (9,1 €). Vive le *France*! Depuis 1715, cette étape royale a été restaurée sans pour autant enlever son charme à cette belle maison où – des vieilles poutres à la cheminée, du jardin intérieur au salon, des chambres à la cuisine, elle aussi traditionnelle – tout respire un certain art de vivre à l'ancienne… Ce qui, dans l'Essonne, est plutôt un compliment! Menu où la crème de cresson (c'est la région des cressonnières) et la salade mérévilloise font bonne figure. *Apéritif offert.*

ASNIÈRES 92600

Carte régionale A1, **8**

|●| *Le Petit Vatel* – **30, bd Voltaire** ☎ **01.47.91.13.30.** Fermé le soir et le week-end. Congés annuels : août. Accès : M° Asnières-Gabriel-Péri. Menu le midi en semaine à 65 F (9,9 €). Bien placé, car proche du cimetière des chiens. L'archétype du rade qui ressemble vraiment à tous les autres, formica et tout le reste… sauf, sauf qu'on y a vu Jean-Pierre Coffe et qu'il y avait bien une raison à cela! D'abord, la qualité de l'accueil. Il semble, comme Obélix, qu'ici on soit tombé dedans. Ensuite la savoureuse cuisine de famille servie avec une générosité sans pareille. Des plats gentiment mijotés comme le petit salé ou l'estouffade de bœuf provençale. Salades énormes. Vins à prix modérés. Un *Petit Vatel* qui n'est pas prêt de se passer au fil de l'épée! *Café offert.*

|●| *La Petite Auberge* – **118, rue de Colombes** ☎ **01.47.93.33.94.** Fermé le dimanche soir et le lundi. Dernier service à 21 h. Congés annuels : la semaine du 15 août. Accès : en train, depuis Saint-Lazare (arrêt Asnières ou Bois-Colombes). Pour 150 F (22,9 €), on a droit à un superbe menu modifié au fil des saisons. Menu enfant à 60 F (9,1 €). Cadre avec un décor très kitsch style opérette Grande Époque. Tout en boiseries, petits tableaux. On est d'emblée pris en main par la patronne ou sa fille. Très fières du travail de leur mari ou père de chef aux fourneaux. Elles ont raison. En hors-d'œuvre, on n'est pas prêt d'oublier son feuilleté d'andouillette au chablis, si moelleux et délicatement parfumé. Suivent un excellent émincé de rognon de veau tendre et en sauce ou un sublime suprême de volaille à l'indienne, subtilement relevé au paprika et tant d'autres choses. Poisson d'une réjouissante fraîcheur. Desserts à commander au début du repas, ce qui est toujours signe de qualité. Parmi nos préférés, le gratin de fruits frais et le succulent feuilleté aux fruits rouges. Seul petit regret, les vins sont un peu chers. Est-il besoin de préciser que la réservation est hautement recommandée? *Café offert.*

Sur présentation de ce guide,
nombreuses offres et réductions en 2000.

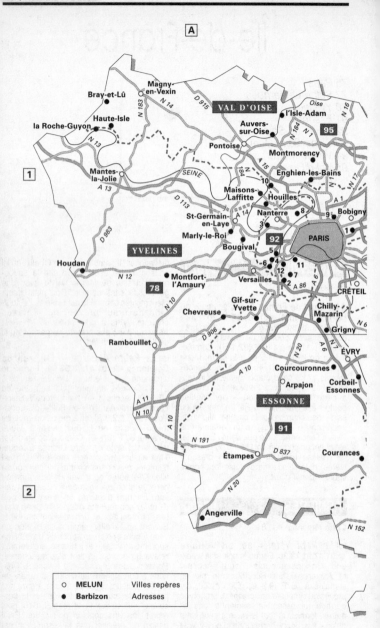

○	**MELUN**	Villes repères
●	**Barbizon**	Adresses

B

1 Romainville
2 le Plessis-Robinson
3 Rueil-Malmaison
4 Sèvres
5 Suresnes
6 Chaville
7 Clamart
8 Asnières
9 Aubervilliers
10 Cormeilles-en-Parisis
11 Issy-les-Moulineaux
12 Meudon

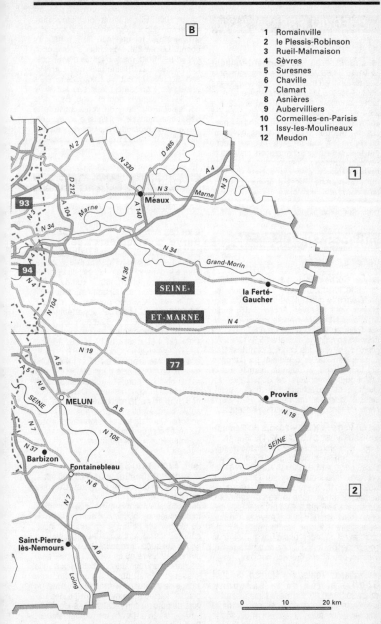

SEINE-ET-MARNE

77

B

AUBERVILLIERS 93300

Carte régionale A1, **9**

|●| L'Isola – 33, bd Édouard-Vaillant ☎ 01.48.34.88.76. Fermé le dimanche et le soir du lundi au mercredi. Congés annuels : août. Accès : M° Fort-d'Aubervilliers. À la carte, comptez de 150 à 180 F (22,9 à 27,4 €). Faut aller le chercher loin, ce petit resto italien tenu par deux charmantes sœurs. Accueil d'une gentillesse exemplaire, on est tout de suite adopté. Cadre plaisant, cossu sans ostentation. Nappes et serviettes en tissu. Clientèle réjouie. Cuisine particulièrement élaborée à base de produits du marché. Pâtes délicieuses, *scalopina del prato*, osso buco, *ravioli di ricotta*, *lasagne*, et puis ce bon plat sarde au beau nom de *coulourgionisi*, etc. *Apéritif offert.*

AUVERS-SUR-OISE 95430

Carte régionale A1

|●| Le Cordeville – 18, rue du Rajon ☎ 01.30.36.81.66. Ouvert tous les jours (de préférence le midi). Il est conseillé de téléphoner pour réserver. Accès : A15, sortie n° 7, puis N184, et prendre direction Méry-sur-Oise par la N322. Menus à 60 F (9,1 €) servi en semaine le midi et à 85 F (13 €). Au cœur de la ville des impressionnistes. Une cuisine familiale et copieuse. La patronne est très sympa, et pose la marmite sur la table pour davantage de convivialité. La clientèle est éclectique : ouvriers, vacanciers et bien sûr, les habitués. Pas grand choix de vins. Carte Bleue non acceptée.

|●| Le Verre Placide – 20, rue du Général-de-Gaulle ☎ 01.34.48.02.11. Fermé le lundi, le mercredi soir et le dimanche soir. Accès : en face de la gare d'Auvers-sur-Oise; par l'A15, sortie n° 7, puis N184, et prendre direction Méry-sur-Oise par la N322. Un 1er menu à 105 F (16 €) en semaine, et un autre à 135 F (20,6 €). Compter 150 F (22,9 €) à la carte. L'un des plus vieux restaurants d'Anvers. Grande salle claire. Cuisine traditionnelle : caille confite en salade, blanc de turbot à la compotée de fenouil, chausson d'agneau. Vins un peu chers. Service courtois.

|●| Auberge Ravoux - Maison de Van Gogh – 8, rue de la Sansonne ☎ 01.30.36.60.60. Fermé le dimanche et le lundi soir au printemps et hiver, fermé le soir le lundi, mardi, mercredi et dimanche en automne-hiver. Accès : place de la Mairie. Formule à 155 F (23,6 €) avec un plat et une entrée ou un dessert et formule à 195 F (29,7 €) avec les trois. Réservation conseillée. Il s'agit de la fameuse auberge dans laquelle Vincent Van Gogh séjourna et mourut en 1890. Elle a été entièrement restaurée et son décor a été reconstitué avec soin à l'identique, tel que son illustre hôte l'a connu. Le résultat, trop *clean* à notre goût, est un peu froid, mais le temps devrait patiner l'ensemble. Cuisine plus que correcte, servie copieusement, s'inspirant de recettes anciennes : pressé de lapereau sur lit de lentilles et oignons confits, gigot de « sept heures ». Pour finir, on vous conseille la délicieuse mousse « Tagliana », du nom des anciens propriétaires. Pas donné peut-être, mais un rapport qualité-prix excellent.

BARBIZON 77630

Carte régionale B2

🏠|●| Les Alouettes ** – 4, rue Antoine-Barye ☎ 01.60.66.41.98. Fax : 01.60.66.20.69. ● lesalouettes@barbizon.net ● Parking. TV. Satellite / câble. Fermé le dimanche soir. Accès : du tabac de la rue Grande, empruntez la rue perpendiculaire sur 500 m. Chambres doubles à 270 F (41,2 €) avec douche et à 330 F (50,3 €) avec bains. 2 appartements à 500 et 550 F (76,2 et 83,8 €) pour 4 personnes. La moins chère des chambres est à 180 F (27,4 €), c'est la n° 17. Menus à 160 et 190 F (24,4 et 29 €). Compter 250 F (38,1 €) à la carte. Menu enfant à 75 F (11,4 €). Une maison du XIXe siècle transformée en hôtel assez chic sur parc et jardin, enfouie dans les arbres. Déco rustique. Choisissez la n° 6, 9,15,16 ou 18 récemment refaites, vue sur le parc. Menus qui changent au fil des saisons. Court de tennis et forêt à deux pas. Le seul hôtel de Barbizon en dehors de la « Grand-Rue ». *Apéritif offert.*

|●| L'Ermitage Saint-Antoine – 51, Grande-Rue (Centre) ☎ 01.64.81.96.96. 🖐 Fermé le lundi soir et le mardi. Comptez 110 F (16,8 €) pour un repas complet. Dans une cité assez conformiste que Barbizon, toute vouée au tourisme, c'est une aubaine de tomber sur ce bar à vin tenu par quelques jeunes voulant sans doute secouer un peu la quiétude ambiante. Que ce soit pour prendre un verre ou un repas, l'accueil sera souriant et en regardant l'ardoise vous vous laisserez tenter par un gaspacho, une salade de lapereau ou de lentilles vertes, un boudin noir aux pommes extra ou des travers de porc au curry. Quant à l'andouillette « 5A », on en a encore les papilles émues ! Des plats de copains dans une ambiance et un décor idoines. Pour ne rien gâcher, la plupart des vins sont servis au verre, et pour les choisir, n'hésitez pas à suivre les conseils du patron, il a plutôt bon goût. *Café offert.*

BOUGIVAL 78380

Carte régionale A1

▮●▮ *Restaurant Chez Clément* – RN13
☎ 01.30.78.20.00. Parking. ♿ Service
continu tous les jours jusqu'à 1 h du matin.
Comptez 170 F (25,9 €). Une superbe maison à volets verts, donnant sur un gigantesque parc à l'anglaise. Du fumoir où le feu
crépite tous les jours de fraîcheur, on
accède à la pièce centrale, l'ancienne orangerie. Cuisine simple proposant des produits naturels selon la saison. Huîtres et
coquillages rafraîchis par une jolie cascade
intérieure. Une de nos meilleures adresses
de banlieue. *NOUVEAUTÉ.*

BRAY-ET-LÙ 95710

Carte régionale A1

🛏▮●▮ *Le Faisan Doré* – 12, route de Vernon ☎ 01.34.67.71.68. TV. Fermé le
dimanche soir et le lundi. Congés annuels :
15 jours en août et 3 semaines en hiver.
Accès : entre La Roche-Guyon, Magny-en-Vexin et Vernon. Doubles avec lavabo à
160 F (24,4 €), avec douche à 190 F (29 €),
wc sur le palier. Menus à 128 F (19,5 €),
avec entrée, plat, fromage et dessert, et à
160 F (24,4 €). À la carte, comptez 135 F
(20,6 €). Balcons abondamment fleuris de
géraniums. Ambiance familiale, un rien
coquette. L'été, préférez la terrasse à
l'ombre des parasols en fleurs. Au resto,
deux menus : dans le second, filet au poivre,
escargots de Bourgogne et une légère charlotte aux fruits pour terminer. À la carte : fricassée de ris de veau aux morilles, côte de
veau façon Vexin normand. Le rapport qualité-prix est bon et le service soigné. Les
chambres doubles sont modestes. *Café
offert.*

CHAVILLE 92370

Carte régionale A1, 6

▮●▮ *Restaurant Le Magloire* – 2049, av.
R o g e r - S a l e n g r o (N o r d - E s t)
☎ 01.47.50.40.32. ♿ Fermé le dimanche
soir et le lundi. Congés annuels : de mi-juillet à mi-août. Accès : sur la N10, au
niveau de la place du Général-Leclerc. Bon
menu à 85 F (13 €) où qualité et quantité
sont au rendez-vous. Autres menus à 180 et
230 F (27,4 et 35,1 €). Compter 200 F
(30,5 €) à la carte. Dans une maison au
charme provincial, une salle au cadre rustique donnant sur un jardin. Très agréable
en été. Carte diversifiée : feuilleté d'escargots à la crème d'orties, croustillant de
saint-pierre, noix de Saint-Jacques aux
pommes et calvados, aiguillette de canard
aux cèpes, médaillons de lotte au cidre...
Apéritif offert.

CHEVREUSE 78460

Carte régionale A1

▮●▮ *Auberge du Moulin* – 56, rue de la
Porte-de-Paris ☎ 01.30.52.16.45. Fermé le
lundi soir et le mardi. Congés annuels : septembre. Un menu à 90 F (13,7 €). Plus cher
le week-end, comme souvent en région
parisienne : menus à 140 et 190 F (21,3 et
29 €). Un cadre rustique, une jolie salle à
manger où crépite un feu de bois dès les
premiers frimas et une terrasse agréable en
été. Une bonne cuisine, traditionnelle et soignée, et spécialités de poisson, bref, de
quoi nous séduire. *Apéritif offert.*

CHILLY-MAZARIN 91380

Carte régionale A1

▮●▮ *Thym et Basilic* – 97, rue de Gravigny
☎ 01.69.10.92.75. ♿ Fermé le dimanche
soir et le lundi. Congés annuels : août. Formule le midi en semaine à 78 F (11,9 €),
puis menus de 98 à 210 F (14,9 à 32 €).
Compter 250 F (38,1 €) à la carte. Une salle
aux couleurs bleu et jaune pour une cuisine
toute provençale. Surtout quand arrivent les
assiettes, bien présentées – à la façon des
grands – et bien parfumées – c'est le moins
qu'on pouvait espérer : pâtes au homard,
gambas, langoustines, bouillabaisse, foie
gras poêlé... Formule autour d'un plat du
terroir style blanquette de veau. *Café offert.*

CLAMART 92140

Carte régionale A1, 7

▮●▮ *Restaurant La Cosse des Petits Pois* –
158, av. Victor-Hugo (Nord-Est)
☎ 01.46.38.97.60. Fermé le samedi midi et
le dimanche soir. Congés annuels : les 2ᵉ et
3ᵉ semaines d'août. Accès : un peu en
dehors du centre, à 300 m de la gare SNCF
de Clamart. Bon menu à 150 F (22,9 €). À la
carte, compter 200 F (30,5 €), vin compris.
Quelques tables rondes dans une agréable
petite salle où trône une cheminée. Service
attentionné. Grande finesse dans la cuisine.
À la carte, entre autres spécialités, saumon
cru fumé au gingembre, salade de langoustines, cassoulet de lotte à la fleur de thym,
filet de rouget poêlé à la fleur d'anis, mitonnade de joue de porc en blanquette à l'infusion de sauge, crème brûlée vanille. Assez
cher, mais honnête, compte tenu du travail
et de la qualité. *Apéritif offert.*

ÎLE-DE-FRANCE

CORBEIL-ESSONNES   91100

Carte régionale A2

🛏️ I●I *L'Ermitage* * – 137, bd de Fontaine-bleau (Sud) ☎ 01.64.96.29.42. Fax : 01.60.88.48.82. Restaurant fermé le samedi soir et le dimanche. Accès : sur la N7. Doubles à 120 F (18,3 €) avec lavabo, à 160 F (24,4 €) avec douche et à 180 F (27,4 €) avec bains. Menus à 55 et 99 F (8,4 et 15,1 €). Petit hôtel-restaurant très propre et bien tenu. Accueil aimable. Les chambres sont simples mais toujours correctes.

DANS LES ENVIRONS

COUDRAY-MONTCEAUX (LE)
91830 (3 km S)

I●I *Restaurant La Renommée* – 110, berges de la Seine ☎ 01.64.93.81.09. Fermé le lundi. Congés annuels : octobre. Accès : devant la gare du Coudray. Menus à 95 F (14,5 €) en semaine et à 145 F (22,1 €). Un cadre très reposant : terrasse face à la Seine, des barques de pêcheurs glissent sur le fleuve dès l'arrivée des beaux jours. À l'intérieur, salle chaude et rassurante. Feuilleté de saucisson chaud au porto et saumon rôti au beurre d'olives vertes dans le 1er menu. Mais, attention, avec une bouteille de vin, l'addition monte vite ! Ici, on vient donc essentiellement pour le dépaysement… Service plutôt sympa.

CORMEILLES-EN-PARISIS   95240

Carte régionale A1, 10

I●I *La Montagne* – 21, route Stratégique ☎ 01.34.50.74.04. Fermé le mardi. Accès : sur les hauteurs de Cormeilles, dans le bois. Menu du jour à 57 F (8,7 €), et menus suivants à 100 et 150 F (15,2 et 22,9 €), formule « grillades » à 90 F (13,7 €) aux beaux jours. Ambiance « routier » et cuisine du même genre dans ce bar-restaurant qui fait le plein tous les midis avec son menu du jour type œuf-mayo, saucisses-lentilles et crème caramel. Second menu pas révolutionnaire mais honnête : rillettes d'oie, véritables tripoux d'Auvergne et crème brûlée, par exemple. Petite terrasse en été.

DANS LES ENVIRONS

FRETTE-SUR-SEINE (LA) 95530
(2 km NO)

I●I *Aux Marronniers* – 108, quai de Seine ☎ 01.39.78.04.65. Fermé le lundi et le dimanche soir. Congés annuels : la 1re quin-zaine de novembre. Menus à 88 et 130 F (13,4 et 19,8 €). Couleur marine et ambiance aimable et simple dans ce bar-restaurant des bords de Seine, où l'on vous sert des pierrades ou d'honnêtes menus sans prétention. Une halte agréable aux beaux jours, en terrasse au bord de l'eau. Animation musicale le vendredi soir. *Apéritif ou menu enfant offert.*

COURANCES   91490

Carte régionale A2

I●I *Auberge Arc-en-Ciel* – 6, place de la République (Centre) ☎ 01.64.98.41.66. Fermé le lundi et le mardi. Menu du marché à 99 F (15,1 €) en semaine, et menu gastro-nomique à 158 F (24,1 €). Un village comme on les aime : un château magnifique à visiter, une balade dans le parc puis un arrêt, sur la grand-place du village bordée d'arbres, pour déjeuner ou dîner dans une de ces auberges connues des seuls habitués, bien souvent. Une salle à l'ancienne, un bar pour l'accueil, des serveuses qui ne connaissent ni le spleen ni le stress, une cuisine simple, bonne et pas chère. Belle terrasse abritée aux beaux jours. *Apéritif offert.*

COURCOURONNES   91080

Carte régionale A2

I●I *Le Canal* – 31, rue du Pont-Amar ☎ 01.60.78.34.72. Fermé le dimanche. Accès : à 5 km au sud de Ris-Orangis. Menus de 79 à 169 F (12 à 25,8 €). Une couronne… de béton pour tout environnement, et une perle, une vraie, dans cet univers désolant : un drôle de bon petit restaurant, au cadre gentil comme tout, à l'image du service. Et une cuisine du patron revigorante et colorée : gambas grillées à la fleur de thym, morue grillée portugaise, panaché de poissons au curry, cochon de lait rôti à la moutarde. Menus avec des pieds de cochon qui font le pied de nez aux grands !

ENGHIEN-LES-BAINS   95880

Carte régionale A1

🛏️ I●I *Villa Marie-Louise* ** – 49, rue de Malleville ☎ 01.39.64.82.21. Fax : 01.39.34.87.76. TV. Accès : derrière le bâti-ment des thermes, à deux pas du lac. 250 F (38,1 €) pour une chambre double avec douche et wc, 290 F (44,2 €) avec bains. Formules à 65 F (9,9 €) avec galette, crêpe, boisson et café ; à 45 F (6,8 €) pour les étu-diants. Le vendredi soir, pour 100 F (15,2 €), crêpes et galettes à volonté. Belle maison du début du siècle à la François Mansart, avec jardin. Dans un quartier central et au calme derrière le bâtiment des thermes. 22 chambres simples et confortables, papiers et peintures refaits. On est fort bien accueilli dans cet hôtel, toujours le moins cher d'Enghien. De plus, il propose depuis peu des formules de crêpes et galettes intéressantes. *Remise pour longs séjours.*

DANS LES ENVIRONS

DEUIL-LA-BARRE 95170 (1 km NE)

|●| *Verre Chez Moi* – 75, av. de la Division-Leclerc ☎ 01.39.64.04.34. Fermé le lundi midi, le samedi midi et le dimanche. Congés annuels : du 1er au 29 août. Compter 150 F (22,9 €) pour un repas à la carte, pot lyonnais compris, qui se boit tout seul. On a beaucoup aimé ce restaurant façon bouchon lyonnais, improvisé au rez-de-chaussée d'une villa lotie en appartements (tables dans le jardin aux beaux jours), où l'on vous sert gentiment une cuisine de tradition fort bien tournée ; la carte, très courte, change tous les jours ou presque, mais on retrouve des plats comme le coq au vin, le bœuf miroton ou l'andouillette, et des entrées, fromages et desserts basiques mais parfaits (excellents harengs pommes tièdes, charcuteries de qualité, camembert fermier et crème brûlée un peu rustique mais bien dans l'esprit culinaire du lieu). Tout ça dans un cadre *cosy*, une atmosphère aimable, et à prix corrects. Très bien. *Café offert.*

SAINT-GRATIEN 95210 (2 km O)

|●| *Chez Baber* – 71, bd Pasteur ☎ 01.39.89.64.72. ♿ Accès : le long de la RN 14, limite Sannois. Le midi en semaine menu à 59 F (9 €), autre menu à 99 F (15,1 €). Menu enfant à 45 F (6,9 €). Compter 160 F (24,4 €) à la carte, vin compris. Une délicieuse cuisine pakistanaise et indienne, un cadre et des serveurs de là-bas, et même une musique lointaine, en sourdine, de cithares et de *tablas* : Chez Baber on oublie tout, même la route nationale, vilaine comme tout et qui n'incite vraiment pas à s'arrêter là. Spécialités de *tandoori* (nom d'un four de grande dimension), assortiment de grillades, bonnes sauces (à la banane, hmm!) et bons plats (agneau *tikka*, poisson *masala*). L'addition, toutefois, est un peu moins digeste.

SOISY-SOUS-MONTMORENCY 95230 (2 km NO)

|●| *Le Tabac des Courses* – 34, av. Kellerman ☎ 01.34.17.25.09. Fermé le dimanche et tous les soirs. Accès : à 100 m de l'hippo-

drome, de l'autre côté de la voie ferrée. Menu à 75 F (11,4 €). Un bar-tabac-restaurant qui n'a l'air de rien mais où l'on vous sert une cuisine simple et généreuse. Menu avec, par exemple, des œufs meurette, des filets de soles à l'oseille, un flan maison, d'une qualité et d'un prix quasi provinciaux. Vu dans l'assiette du voisin, un colossal steak tartare et des frites sérieuses. Terrasse ombragée, donnant malheureusement sur l'avenue, assez passante.

ÉTAMPES 91150

Carte régionale A2

🏠 *Hôtel de l'Europe à l'Escargot* ** – 71, rue Saint-Jacques (Centre) ☎ 01.64.94.02.96. Parking. TV. Congés annuels : du 15 juin au 1er août. Accès : entrée autoroute base de loisirs. Doubles avec douche et wc à 175 F (26,7 €), avec bains à 200 F (30,5 €). Petit hôtel propre et très bien tenu. Chambres richement aménagées et confortables. Accueil fort souriant et prix très raisonnables.

|●| *Le Saint-Christophe* – 28, rue de la République (Centre) ☎ 01.64.94.69.99. Fermé le mercredi et le dimanche soir. Congés annuels : août. Repas à moins de 100 F (15,2 €) et menu à 60 F (9,1 €) en semaine. Quand on demande au patron sa spécialité, il répond : « la morue ». Ici, la cuisine traditionnelle portugaise est à l'honneur. Décor croquignolet de fleurs en plastique et de carrelage. L'important c'est de pouvoir manger pour pas cher ! *Café offert.*

|●| *Restaurant Les Piliers* ** – 2, place Saint-Gilles (Centre) ☎ 01.64.94.04.52. Fermé le dimanche soir. Accès : base de loisirs Saint-Gilles. Un bon menu à 95 F (14,5 €) servi tous les jours ; un autre à 135 F (20,6 €). Compter 200 F (30,5 €) environ à la carte. Une chance pour les amateurs d'architecture et de cuisine, car il est situé à 30 m de l'église Saint-Gilles, dans la plus vieille maison de la ville qui date du XIIe siècle. Entrée sous les arcades anciennes d'une terrasse pavée. Service très aimable. Cuisine soignée. Spécialités de poisson frais et foie gras. Une maison avec une certaine classe. *Apéritif offert.*

FERTÉ-GAUCHER (LA) 77320

Carte régionale B1

🏠|●| *Le Bois Frais* ** – 32, av. des Alliés (Centre) ☎ 01.64.20.27.24. Fax : 01.64.20.38.39. Parking. Fermé le lundi. Doubles de 200 à 300 F (30,5 à 45,7 €) avec douche et wc ou bains. Menus à 78 F

(11,9 €) avec quart de vin et café compris (servi en semaine), 120 et 155 F (18,3 et 23,6 €). Dans une belle bâtisse du XVIIIe siècle, des chambres spacieuses et claires, reposantes. Déco réussie, mi-*British* mi-provençale. Derrière, jardin à l'anglaise pour rêvasser ou prendre le petit déjeuner ou le repas à la belle saison. Cuisine légère et équilibrée et de savoureux desserts. Salade de lotte au curcuma, terrine de foie gras de canard, rognons de veau aux grains de moutarde, ragoût de carottes, pommes de terre et lardons, cabillaud à la façon de Meaux, sublime au chocolat sauce arabica. Alain, homme honnête et cultivé au gabarit de rugbyman, a sélectionné de bons vins et parle volontiers de la région. Questionnez-le sur les balades à faire, les sites à découvrir, possibilité de venir à cheval moyennant un droit d'écurie de 50 F (7,6 €) et prêt de vélos. En somme, une adresse de qualité et un hôte charmant. *10 % sur le prix de la chambre sauf juillet-août.*

🏠 🍴 **Hôtel du Sauvage** ** – 27, rue de Paris (Centre) ☎ 01.64.04.00.19. Fax : 01.64.20.32.95. TV. Resto fermé le mercredi. Doubles à 250 F (38,1 €) avec douche, à 305 F (46,5 €) avec douche et wc. Menus de 105 à 220 F (16 à 33,5 €). Une très ancienne auberge où, en 1595, travaillaient les « dames du Sauvage » : halte connue des gentilshommes. Aujourd'hui, d'autres réjouissances sont proposées par les Teinturier qui depuis 6 générations tiennent l'auberge. Copieux menus du terroir. À découvrir, la fricassée de lotte au lard, les œufs pochés au Brie, le boudin aux pommes, le steak de thon piperade, le ris de veau braisé à l'ancienne, le jambon à l'os à la moutarde de Meaux. Bon poisson également. Côté hôtellerie, couloirs lambrissés et chambres bien tenues. *Apéritif offert.*

FONTAINEBLEAU 77300

Carte régionale B2

🏠 **Hôtel Victoria** ** – 112, rue de France ☎ 01.60.74.90.00. Fax : 01.60.74.90.10. ● hotelvictoria@iname.com ● Parking payant. TV. Satellite / câble. ♿ Doubles à 335 F (51,1 €) avec bains. Si l'on vous dit que George Sand et Alfred de Musset y avaient leurs habitudes dans les années 1830, cela va peut-être suffire à vous convaincre de la maison est de qualité. Il faut dire qu'ils avaient bon goût, les bougres. Et si, de-ci de-là, on trouve quelques vestiges du passé dans cette maison de maître, les 19 chambres ont toutes été rénovées. Elles sont propres, agréables, au calme, surtout celles donnant sur le grand jardin. Un bonheur de se faire réveiller par le chant des oiseaux. Paul et Isabelle vous accueilleront comme des amis, avec beaucoup de gentillesse.

🍴 **Restaurant Chez Arrighi** – 53, rue de France ☎ 01.64.22.29.43. Fermé le lundi. Menu en semaine à 98 F (14,9 €), autres menus à 138 et 195 F (21 et 29,7 €). Voici un peu l'archétype du restaurant dominical qui a vu défiler des générations de 1ers communiants et de banquets de famille. Du moins le supposait-on, caché qu'il était derrière sa façade en pierre et ses rideaux un peu rétro qui lui donnaient un aspect désuet. Aujourd'hui des travaux ont été entrepris, les 2 salles du resto ont été entièrement refaites. L'une d'elles est même climatisée. Les cuisses de grenouilles en persillade côtoient la caille désossée farcie au foie gras en croûte feuilletée. La goujonnette de saumon à la crème d'épinard taquine les pointes de langue d'agneau confites sauce à l'oseille pour le plus grand plaisir des amateurs de plats traditionnels et bien exécutés. Décor et ambiance d'un charme qui ferait presque oublier qu'on est en grande banlieue. Pour un peu, on serait tenté de chercher la plage et la Manche en sortant. *Café offert.*

🍴 **Le Caveau des Ducs** – 24, rue de Ferrare (Centre) ☎ 01.64.22.05.05. ♿ Accès : A6 sortie Fontainebleau. Menu à 125 F (19,1 €) sauf le samedi soir ; « formule midi » à 185 F (28,2 €) : apéritif maison, entrée, plat, dessert, café et vin ; et un autre menu à 250 F (38,1 €). Menu enfant à 70 F (10,7 €). Si ce n'est pas Versailles, c'est au moins Fontainebleau. Caves voûtées du XVIIe siècle, chandeliers et déco du « temps jadis », on s'y croirait ! Fine cuisine classique et service dans le ton. Une cuisine qui allie les beaux produits et les influences du Sud avec parfois une pointe d'exotisme quelque peu surprenante dans cette cité aux goûts plutôt conventionnels. Chausson d'escargots à la pointe d'ail doux, feuilleté de fruits de mer au curry, filet de rouget rôti à la vanille bourbon, croquant de pommes à la cannelle et son sorbet... Une bien bonne table, d'ailleurs fréquentée par de respectables Bellifontains. *Digestif offert.*

🍴 **Restaurant Bar-Le Wooden Horse** – 10-12, rue Montebello (Centre) ☎ 01.60.72.04.05. ♿ Accès : entre la place du jet d'eau et la place d'armes. Formule à 85 F (13 €) au déjeuner et menu à 155 F (23,6 €). Compter 155 F (23,6 €) pour un repas complet à la carte. Posée dans le quartier le plus touristique de Fontainebleau, à deux pas du château, voilà une vraie bonne et belle adresse. À l'accueil, un grand bar avant de vous rendre dans l'une des deux salles du resto où il y a souvent du monde. Mieux vaut réserver. Bon signe ! Question cuisine, rien à redire. Le rapport qualité-prix est remarquable. Le sauté de rognon de veau aux deux moutardes, le filet de perche au beurre de poivrons ou le carré d'agneau à la crème d'ail ne sont pas forcément originaux, mais tout est bien exécuté et servi avec gentillesse et tact. Sans oublier la fricassée de homard aux moules safranées. Que dire de plus ? Bon appétit ! *Apéritif offert.*

BOIS-LE-ROI 77590 (4 km NE)

🛌 *Le Pavillon Royal* ***** – 40, av. du Général-Galliéni** ☎ **01.64.10.41.00. Fax : 01.64.10.41.10.** Parking. TV. Canal+. Accès : à deux pas de la gare. Chambres impeccables et spacieuses de 295 F (45 €) avec douche et wc à 350 F (53,4 €) avec bains. Un bâtiment tout neuf de style néoclassique, sobre et pas inesthétique. Piscine et pavillon de détente néo-romantique. Une maison très correcte sans beaucoup de caractère mais on y est bien. Calme et bon accueil. *10 % sur le prix de la chambre sauf de juin à septembre.*

VULAINES-SUR-SEINE 77870 (5 km E)

🍽 *L'Île aux Truites* **– 6, chemin de la Basse-Varenne** ☎ **01.64.23.71.87.** ✗ Fermé le mercredi et le jeudi midi. Congés annuels : du 20 décembre au 25 janvier. Accès : prendre la D210, traverser le pont des Valvins puis tout de suite à gauche, à 1 km un bord de Seine. Menus à 120 et 170 F (18,3 et 25,9 €). Menu enfant à 80 F (12,2 €). En saison, réservation impérative. Finies les gaudrioles parfois surfaites des bords de la Marne. Ici, on surplombe la Seine, et les flonflons des bals musettes ne bruissent guère sur cette belle rive. Chalet au toit de chaume campé sous les immenses saules qu'entourent les bassins aux truites. Les enfants peuvent y pêcher directement le poisson du repas. Les tables sont astucieusement disposées au ras de l'eau. Une cuisine honnête et un service impeccable font de ce restaurant l'une de nos meilleures adresses dans la région. En plus, pour dîner en tête à tête, vous ne vous ruinerez pas. Spécialités de poisson grillé servies avec des pommes de terre au four. Bonne assiette de l'île aux truites (filet de truite saumonée fumée ou marinée, terrine de poissons). De bonnes tartes en dessert. Le tout arrosé d'un bon petit menetou-salon rouge. *Apéritif offert.*

🍽 *Le Petit Cèdre* **– 17, voie de la Liberté** ☎ **01.64.23.93.85.** Fermé le mardi soir et le mercredi. Accès : sur le haut de Vulaines. Sur la D 210, prendre Vulaines-centre. *Le Petit Cèdre* est au premier rond-point. À la carte uniquement, choix d'entrées dans les 35 F (5,3 €), plats dans les 60 F (9,1 €) et desserts dans les 30 F (4,6 €). Une adresse qui ne tourne qu'avec des habitués, car située en retrait du bord de Seine. Par ail-

leurs, c'est en nous fourvoyant que nous l'avons trouvée, tout à fait par hasard, comme David Vincent tomba, un soir qu'il s'était égaré, sur les Envahisseurs, ces êtres étranges venus de… hum, c'est une autre histoire. Déco de bistrot populaire (superbe bar années 30), accueil chaleureux et petits plats de femme qui aime cuisiner. Quelques spécialités grecques et orientales (pays de la patronne) et des recettes bien maîtrisées, telle cette fameuse terrine aux trois viandes parfumée à l'estragon ou cette crème brûlée connue dans toute la région. Bons vins à prix corrects. Autre chose : on ne vous en voudra pas si vous ne prenez qu'un plat ou qu'une entrée, et ça devient rare. Aux beaux jours, déjeuner et dîner sur une belle terrasse ombragée.

BOURRON-MARLOTTE 77780 (8 km S)

🍽 *Restaurant Les Prémices* **– 12 *bis*, rue Blaise-de-Montesquiou** ☎ **01.64.78.33.00.** Fermé le dimanche soir et le lundi. Congés annuels : du 21 au 28 décembre, les vacances scolaires de février et la 1re quinzaine d'août. Accès : prendre la N7 direction Nemours-Montargis, sortie Bourron-Marlotte ZI, suivre ensuite Bourron-Marlotte. Formules à 150 F (22,9 €), servie en semaine, à 195 F (29,7 €), et menu dégustation à 380 F (57,9 €). Installé dans les communs du superbe château de Bourron-Marlotte. Une verrière permet de mieux profiter de la verdure. Vous serez accueilli par la charmante Frédérique (et ses yeux superbes). Pas de chance, c'est son mari qui officie en cuisine. Heureusement son talent est de tout premier ordre. Laissez-vous tenter par les noix de Saint-Jacques salpicon de foie gras poêlé et fruits secs, la rouelle de gigot doré aux herbes et sa souris confite fricassée de pommes de terre au vert de blette ou les langoustines en coques cuites sous le gril coulis de betteraves au jus d'ortie, le camembert affiné au calvados et caramel de cidre poivré, le mousseux de fromage blanc aux agrumes sur un riz soufflé au pralin. Carte des vins très riche.

MONTIGNY-SUR-LOING 77690 (10 km S)

🛌🍽 *Hôtel-restaurant de la Vanne Rouge* **– rue de l'Abreuvoir** ☎ **01.64.78.52.30.** Parking. TV. Fermé le dimanche soir, lundi et le mardi midi de fin septembre à Pâques. Congés annuels : janvier. Accès : par la D148 au bord du Loing. Doubles avec douche à 300 F (45,7 €), avec douche et wc à 350 F (53,4 €). Menu-carte à 175 F (26,7 €), un autre menu à 195 F (29,7 €). Une belle et charmante maison offrant d'agréables chambres avec une vue et un calme super. 6 chambres donnant toutes sur le Loing. Grande terrasse plein soleil au bord de l'eau. On mange une nourriture excellente, les pieds dans l'eau, bercé par le bruit des chutes à côté d'un vieux moulin. Serge Granger est aux fourneaux : il tenait naguère l'un des meilleurs restos du quartier Opéra. Sa spécialité : le poisson. Donc profitez-en pour goûter le grenadin de lotte au vinaigre balsamique, la morue au poivre vert, les rougets, le turbot ou la sandre. Carte des vins plutôt exceptionnelle. Vraiment l'une de nos meilleures adresses de la région. Réservation absolument conseillée.

CHARTRETTES 77590 (11 km N)

|●| *Restaurant Le Chalet* – 37, rue Foch ☎ 01.60.69.65.34. Parking. ♿ Fermé le mercredi soir et le mardi soir. Congés annuels : février et fin août. Accès : sur la D39, avant d'arriver à Melun, dernier village tranquille des bords de Seine. Menus copieux à 73 F (11,1 €), sauf le samedi soir et le dimanche, 118 et 165 F (18 et 25,2 €). Une maison en pierre meulière tout ce qu'il y a de plus populaire, joyeuse et animée. Franche cuisine genre plats de copains : tourte maison en chèvre chaud, terrine de canard au poivre vert, tête de veau vinaigrette, œuf cocotte, coq au vin, lapin chasseur. Mieux vaut réserver.

GIF-SUR-YVETTE 91190

Carte régionale A1

|●| *Le Bœuf à Six Pattes* – D 128, chemin du Moulon ☎ 01.60.19.29.60. ♿ Accès : par la N118, sortie « Centre universitaire ». Bons menus de 59 à 128 F (9,1 à 19,5 €). À la carte, compter entre 100 et 120 F (15,2 et 18,3 €). Suivez le bœuf! Vous attraperez peut-être un torticolis en regardant celui que Slavik a suspendu dans les hauteurs de ce restaurant spécialisé dans la bonne grosse bidoche de qualité cuite au feu de bois, et accompagnée de bonnes frites. On en redemanderait si l'on n'était repu en sortant. Et encore, le carré d'agneau à la fleur de thym, la cuisse de canard confite, le pavé de saumon frais grillé, le riz au lait caramélisé... Terrasse. *Café offert.*

HAUTE-ISLE 95780

Carte régionale A1

🛏|●| *Le Lapin Savant* ★★★ – 36, route de la Vallée ☎ 01.34.78.13.43. Parking. Fermé le mercredi soir et le jeudi. Congés annuels : novembre. Accès : tout près de La Roche-Guyon. Doubles avec douche à 270 F (41,2 €), avec douche et wc ou bains de 310 à 380 F (47,3 à 57,9 €). Menus à 135 F (20,6 €), servi tous les jours sauf jours fériés, et à 165 F (25,2 €). L'auberge ne

passe pas inaperçue, elle est ornée d'abondantes jardinières de géraniums et autres coquettes fleurettes. Située aux portes de la Normandie, cette maison à colombages et à poutres apparentes cache 12 chambres de style rustique. Pour les gourmets, 2 menus raffinés. La cassolette de lapereau, le feuilleté de langouste et les coquilles Saint-Jacques se dégustent avec régal.

HOUDAN 78550

Carte régionale A1

|●| *Restaurant de la Poste* – 9, Grande-Rue (Centre) ☎ 01.30.59.66.36. Fermé le soir et le dimanche. Congés annuels : août. Le midi, formule à 57 F (8,7 €). Autre menu à 77 F (11,7 €). La formule, genre menu « routier », propose un buffet de hors-d'œuvre, plat du jour, fromage et dessert. Cadre rustique et bonne ambiance. Les commerçants du centre viennent y déjeuner.

HOUILLES 78800

Carte régionale A1

|●| *Le Gambetta* – 41, rue Gambetta ☎ 01.39.68.52.12. Fermé le dimanche soir et le lundi. Accès : se rendre à la gare SNCF : angle rue du 4-Septembre et rue Gambetta. Menu le midi en semaine à 120 F (18,3 €), menu-carte à 150 F (22,9 €). *Le Gambetta* est une véritable oasis de bon goût et de charme. Deux salles spacieuses et joliment décorées où l'on oublie la ville environnante. Nous avons pris les pannequets au saumon mariné à l'aneth accompagnés de purée d'aubergine, pas mal du tout, puis le magret d'autruche aux baies roses et poivre doux, légèrement miellé : un délice ! En fait, ce n'est pas de l'autruche mais de l'émeu, oiseau coureur nettement plus petit (50 kg contre 120), à chair plus tendre. Sachez encore que l'autruche court la savane africaine, tandis que l'émeu vit en Australie. Autant savoir ce que l'on mange... Pour finir, une savoureuse marquise au chocolat sur crème anglaise. Service consciencieux. En somme, une vraie bonne surprise où l'on ne l'attend pas. *Apéritif offert.*

ISLE-ADAM (L') 95290

Carte régionale A1

🛏|●| *Le Cabouillet* ★★ – 5, quai de l'Oise ☎ 01.34.69.00.90. Fax : 01.34.69.33.88. TV. Canal+. Satellite / câble. ♿ Fermé le dimanche soir et le lundi. Accès : après le pont du Cabouillet, à droite en venant de la gare. D'Auvers-sur-Oise, prendre la D4. 5 chambres coquettement décorées, de 320 à 440 F (48,8 à 67,1 €). Menu à 160 F (24,4 €), et compter 245 F (37,4 €) à la carte. Grande et belle maison bourgeoise rustique, recouverte de lierre, avec vue sur l'Oise. L'intérieur est cossu, tableaux de maîtres et bel escalier en bois verni. Certainement aussi le meilleur restaurant de l'Isle-Adam mais il faut casser sa tirelire. Une cuisine raffinée et goûteuse qui suit le marché et les saisons : trilogie de foie gras, friture d'anguille salade aux herbes, gratin de sole aux morilles, pigeonneau aux cèpes. Agréable terrasse dans le style pont de bateau. Très bucolique.

|●| *Au Relais Fleuri* – 61, rue Saint-Lazare ☎ 01.34.69.01.85. Fermé le lundi soir et le mardi. Congés annuels : du 8 au 31 août. Accès : passé l'église, prolonger sur 300 m. 1er menu à 155 F (23,6 €) avec entrée, plat, fromage, salade, dessert (ouf!). Un autre à 210 F (32 €). La déco reste classique, tissu bleu aux murs et tentures assorties. On aime l'accueil courtois des frères Roland, leur cuisine de saison, fraîche et raffinée. Rapport qualité-prix intéressant pour une ville où les restos restent un tantinet onéreux. Pour les fines bouches en quête de plaisir une carte gastronomique : petites moules de bouchot en remoulade, cassolette d'escargots, filet de sole rôti coulis de homard, poêlée de pétoncles beurre blanc et pâtes fraîches, magret de canard rôti au vin d'épices, bouillabaisse de poissons et homard, pétales de pamplemousse au caramel et sa glace... Sans oublier une vaste terrasse ombragée, où il fait bon digérer.

ISSY-LES-MOULINEAUX   92130

Carte régionale A1, **11**

|●| *Les Quartauts* – 19, rue Georges-Marie ☎ 01.46.42.29.38. Fermé le soir en semaine (sauf le jeudi) et le week-end. Congés annuels : août. Accès : M° Porte-de-Versailles ou Corentin-Celton. Compter 140 F (21,3 €) pour un repas à la carte. Difficile d'imaginer trouver, dans ce petit bout paumé d'Issy, une telle bonne adresse. On se dit que, nécessairement, vu qu'il n'y a pas de passage, tout repose sur le bouche à oreille. Cadre chaleureux de bistrot à vin et accueil qui l'est encore plus de Régine et Christophe. Simplicité et qualité sont la devise de la maison. Plat de ménage goûteux et servi copieusement chaque jour sur viandes superbes et tendres (ah, la côte de bœuf!). Grand choix de petits vins de propriétaires à prix fort raisonnables. Belle sélection de fromages et délicieux desserts maison (ça va de soi!).

|●| *La Manufacture* – 20, esplanade de la Manufacture ☎ 01.40.93.08.98. ⚹. Fermé le samedi midi et le dimanche. Réservation obligatoire (la veille au minimum). Congés annuels : 15 jours en août. Accès : M° Corentin-Celton. En voiture, accès par la porte de Versailles. Menus-carte à 155 et 180 F (23,6 et 27,4 €). À la carte, compter 250 F (38,1 €). Occupe le rez-de-chaussée de l'ancienne manufacture des tabacs. Voilà peut-être le meilleur restaurant de la ville (on est prudent, s'il en éclosait un autre à la parution du *Guide!*). Une très grande salle haute de plafond dans les tons beiges, qu'égayent quelques toiles modernes et des plantes vertes. Le midi, clientèle d'hommes d'affaires, de médias et de salons très majoritaire, saupoudrée de quelques Sigourney Weather, façon *Working Girl*. Vu le volume de la salle favorable aux conversations et aux négociations, on peut donc s'entendre. Cuisine particulièrement fine, de subtiles saveurs viennent sans cesse charmer les papilles. Les oreilles de cochons s'avèrent de délicieuses petites choses craquantes à souhait, la souris d'agneau braisée au cidre fond littéralement dans la bouche et est généreusement servie. Plats de ménage habilement revisités et présentés de façon moderne, voilà un des secrets de fabrication de cette manufacture. La carte évolue bien sûr, mais citons quelques piliers : filet de merlan poêlé aux épices, dos de cabillaud rôti pommes de terre miettes, tête, cervelle et langue de veau ravigotées, joue de bœuf braisée, très beaux desserts, dont la brioche façon pain perdu au caramel laitier et sa glace. Pour l'addition, pas de coup de bambou. Cave intéressante. Saluons toutes petites fausses notes : l'accueil un peu condescendant si vous êtes perçu comme un manant, la difficulté de réserver pour une personne, et le vin au verre assez cher, à 35 F (5,3 €)!

|●| *Issy-Guinguette* – 113 *bis*, av. de Verdun ☎ 01.46.62.04.27. Fermé le samedi midi, le dimanche et le lundi soir. Accès : bus 123 depuis le métro Mairie-d'Issy (arrêt « Chemin de Vignes »). RER (ligne C) : station Issy. Compter 180 F (27,4 €) à la carte pour un repas. Yves Legrand, le patron, est l'âme de la résurrection du vignoble d'Issy. Aux beaux jours, sa terrasse, plantée au milieu des vignes, protégée par la butte du RER, dans un environnement de vieilles demeures populaires, vous transporte dans une banlieue irréelle. Si le cagnard cogne par trop, on ouvre les parasols. On vous y servira une cuisine de bistrot bien exécutée et servie généreusement. Pas un choix énorme certes, mais les plats tournent : saumon rôti à l'unilatérale, roulé d'agneau aux herbes fraîches, jarret de porc aux choux, filet de lapereau, rôti à la sauge, poitrine de veau farcie, morue à la crème, fricassée de canard, ananas confit au vin rouge et gingembre etc. Très belle sélection de vins, on

ÎLE-DE-FRANCE

n'en attendait pas moins d'un des meilleurs cavistes qu'on connaisse! Service impeccable, dans une atmosphère relax, souvent festive. Le midi, clientèle très hommes d'affaires qui se décoincent. Pendant les mauvais jours, la salle ravit de ses fraîches couleurs et le feu qui crépite souvent. Très recommandé de réserver.

MAISONS-LAFFITTE 78600

Carte régionale A1

🛌 |●| *Au Pur-Sang* * – 2, av. de la Pelouse ☎ 01.39.62.03.21. Fax : 01.34.93.48.69. Parking. TV. Canal+. Fermé le dimanche. Congés annuels : 15 jours entre Noël et le Jour de l'An, et les 3 dernières semaines d'août. Accès : passer le pont de Maisons-Laffitte, prendre à droite et longer l'hippodrome jusqu'au rond-point; l'avenue de la Pelouse donne sur la droite de ce rond-point. Chambres simples avec douche et wc à 250 F (38,1 €). Menu à 72 F (11 €). À la carte, compter 150 F (22,9 €). À l'entrée de l'hippodrome et au fond d'un cul-de-sac, un hôtel-restaurant à l'allure toute provinciale. Salle rustique ou terrasse pour un petit menu populaire, genre filets de hareng, steak-frites (maison, les frites!), et crème caramel maison. Les jours de courses, carte uniquement. Spécialités : ris de veau aux morilles, lapin aux pruneaux. *10 % sur le prix de la chambre.*

|●| *La Vieille Fontaine* – 8, av. Grétry (Centre) ☎ 01.39.62.01.78. Fermé le lundi et le dimanche soir. Congés annuels : du 8 au 16 août. Menu-carte à 177 F (27 €) ; avec du vin, compter 230 F (35,1 €) environ. Niché dans une belle demeure de style Second Empire, ce restaurant fondé en 1926 jouit d'une solide réputation. Il est vrai qu'en dehors de son cadre agréable (la terrasse dans le jardin est recommandée en été), on y trouve une cuisine qui, avec son air de ne pas y toucher, a vite fait de séduire. Cela d'autant plus que le menu-carte permet de s'en sortir à bon compte. Mesclun d'artichauts et serrano au parmesan, beignets de sardines à la mozzarella, minute d'espadon aux cinq saveurs, goujonnettes de limande-sole crème d'oursin, filet mignon de porc en croustis de moutarde à l'estragon, canette rôtie sur os à la broche et poêlée de champignons à l'ail (pour 2), tarte grenada sauce à la noix de coco, terrine d'agrumes et son coulis de framboises, voilà ce qui coule de cette *Vieille Fontaine*. Un lieu qui a servi de cadre à deux films : un dont on n'a gardé aucun souvenir, et *La Rupture* de Claude Chabrol avec Jean Carmet. En outre, ici ont dîné Rita Hayworth, Catherine Deneuve, Cocteau, Depardieu, et même l'amiral Canaris et le maréchal Rommel pendant la seconde guerre mondiale.

MARLY-LE-ROI 78160

Carte régionale A1

🛌 |●| *Le Rallye* * – 29, Grande-Rue (Centre) ☎ 01.39.58.47.29. TV. Restaurant fermé le soir et le dimanche. Congés annuels : 1 semaine en août. Accès : dans la rue principale de la vieille ville. Chambres doubles de 160 F (24,4 €) avec douche et wc sur le palier, à 200 F (30,5 €) avec bains. Menu unique à 72 F (11 €). Accueil sympa. Bonne ambiance au bar. Propre. Menu avec hors-d'œuvre à volonté et dessert maison. Viande extra. Une cantine toujours très fréquentée.

🛌 |●| *Les Chevaux de Marly* *** – place de l'Abreuvoir ☎ 01.39.58.47.61. Fax : 01.39.16.65.56. Parking. TV. Doubles avec bains à 420 F (64 €). Menu à 198 F (30,2 €). À la carte, compter tout de même 300 F (45,7 €) par tête de pipe. Un 3 étoiles proposant une dizaine de chambres impeccables, c'est-à-dire relativement bon marché. Certaines donnent sur l'Abreuvoir et les Chevaux de Marly, royal! Service de haute volée avec voiturier et tout, et resto dans le même genre, sommelier, maître-pâtissier et cuistot chevronné travaillant pour vous. *Petit déjeuner, digestif offerts.*

|●| *Le Fou du Roi* – 6 bis, Grande-Rue ☎ 01.39.58.80.20. Fermé le samedi midi et le dimanche. Congés annuels : les trois 1res semaines d'août. Accès : dans la charmante rue piétonne. 2 menus uniquement, le midi à 98 F (14,9 €), vin et café compris, et le soir à 165 F (25,2 €) hors boisson, gastronomique. Un petit resto à la déco simple et claire où l'on va à l'essentiel : l'assiette et son contenu. Par exemple : foie gras de canard poêlé, feuillantines d'escargots, médaillons de kangourou, filet de turbot au beurre d'orange, soufflé au rhum blanc. Les plats changent au gré du marché et sont présentés sur ardoise. Recettes classiques bien balancées, produits frais, service courtois, tarifs honnêtes et bedaine bien remplie, il n'en faut pas plus pour faire une bonne adresse, l'une de nos préférées du département. Réservation recommandée, la salle est petite. *Café offert.*

DANS LES ENVIRONS

PORT-MARLY 78560 (2 km NE)

|●| *L'Auberge du Relais Breton* – 27, rue de Paris ☎ 01.39.58.64.33. Fermé le dimanche soir et le lundi. Menus à 159 et 239 F (24,2 et 36,4 €), celui-ci avec apéritif, vin et café compris. Compter de 250 à 350 F (38,1 à 53,4 €) à la carte. Ah, qu'elle est bonne, qu'elle est fine et copieuse la cuisine du *Relais Breton*, ah oui alors, c'est un plai-

sir non feint, une grande joie que cette cuisine-là ! Oh, rien de bien sorcier, mais un 1er menu de plaisir avec par exemple des escargots revenus aux champignons, dans leur petite sauce à la crème fraîche, ensuite (on vous le conseille) un foie de veau poêlé comme il faut (c'est bon, et on n'en trouve pas assez dans les restaurants), puis un chèvre frais et sa salade, et le dessert, sabayon de fruits rouges. L'extraordinaire, c'est que non seulement c'est bien servi, en portions généreuses, mais en plus, c'est bon, cuisiné à base de produits frais. Pour son prix, chapeau ! Cependant, pourquoi obliger les dîneurs à s'installer au jardin (par ailleurs joli) quand il fait un froid de canard et que la salle est vide ? On a pris froid. Mais on a bien mangé, atchoum ! – à nos souhaits. Par ailleurs, service bien réglé.

MEAUX 77100

Carte régionale B1

⌂ *Acostel* ** – N3 ☎ 01.64.33.28.58. Fax : 01.64.33.28.25. Parking. TV. Canal+. Satellite / câble. Accès : prendre la N3 direction Châlons-sur-Marne ; l'hôtel est sur la droite juste avant de franchir le pont et d'arriver à Trilport. Doubles avec douche et wc ou bains de 280 à 296 F (42,7 à 45,1 €). Ne vous fiez pas à l'aspect rebutant de ce bâtiment de béton brut : c'est l'envers de l'hôtel. En réalité, de l'autre côté, façade humaine et surtout plain-pied sur le gazon et le bord de Marne, superbe à cet endroit. Chambres propres et bien équipées en rez-de-jardin. *10 % sur le prix de la chambre de Pâques au 1er novembre, et 20 % du 1er novembre à Pâques excepté Noël et Jour de l'An.*

|●| *La Marée-Bleue* – 8, rue Jean-Jaurès ☎ 01.64.34.08.46. En semaine, formule à 98 F (14,9 €), avec entrée, plat et dessert. Menus à 142 et 172 F (21,6 et 26,2 €). Vaste salle rustique au jardin fleuri dans cette auberge spécialisée dans les fruits de mer, le poisson et la cuisine alsacienne, dont la choucroute colossale à la carte et *baeckeoffe* (à base de viandes, pommes de terre et oignons). Formule honorable et amplement suffisante. Le week-end, soirée bavaroise tous les 3 mois. Une bonne adresse dans une ville qui n'en compte pas énormément. *Apéritif, café ou digestif offert.*

MEUDON-LA-FORÊT 92360

Carte régionale A1, 12

|●| *Restaurant La Mare aux Canards* – carrefour de la Mare-Adam (Nord-Ouest) ☎ 01.46.32.07.16. Fermé le dimanche soir et le lundi. Accès : à la sortie Meudon-Chaville, de la N118, prenez la 1re à gauche à la tour hertzienne, puis « La Mare Adam » ; pas facile à trouver, mais les bonnes adresses se cachent. Formule express à 69 F (10,5 €) comprenant une entrée et un quart de volaille. À la carte : comptez environ 140 F (21,3 €) par personne. Loin de tout, isolé, le restaurant idéal pour déjeuner après une longue marche dans la forêt de Meudon, un jour de soleil ou de brume. Une grande salle familiale, assez conviviale, où les canards sont rois. Les volailles rôtissent dans une belle cheminée. L'accueil est bon, le service rapide. Aux beaux jours, une très agréable terrasse. *Apéritif offert.*

|●| *Le Central* – 26, rue Marcel-Allégot ☎ 01.46.26.15.83. & Fermé le samedi soir et le dimanche. Menus à 80 F (12,2 €) au déjeuner et à 140 F (21,3 €). Faim de loup ou appétit d'oiseau, vous trouverez votre bonheur chez Pierrot. Quelques huîtres de Cancale au comptoir avec un petit pouilly ou un coq au vin en salle, il y en a pour tous les goûts. L'important ici, c'est que le client soit satisfait et qu'il ressorte avec le sourire. Les chercheurs du CNRS d'en face ne diront pas le contraire, ça les change d'un labo ou d'un bureau. Imaginez les pieds de veau vinaigrette qu'on termine avec les doigts, les filets de harengs pommes à l'huile avec plein d'oignons et pour suivre, les andouillettes, les tripoux comme dans l'Aveyron ou le faux-filet au poivre... Le tout arrosé d'un petit cru de derrière le comptoir que vous conseillera le patron, histoire de repartir en forme. Les prix savent rester sages : En plus, le cadre de la salle est vraiment agréable.

|●| *Le Brimborion* – 8, rue de Vélizy ☎ 01.45.34.12.03. Fermé le dimanche. Accès : juste à côté de la gare de Bellevue. Compter entre 150 et 200 F (22,9 et 30,5 €) pour un repas avec entrée, plat et dessert. En arrivant, on s'aperçoit que cette maison n'est pas toute jeune. La façade, un peu décrépite, porte encore le souvenir de l'hôtel-restaurant *Billard* où les cheminots de la ligne de Versailles venaient prendre un petit verre. Changement de nom, changement d'ambiance. *Le Brimborion* est devenu le rendez-vous des Meudonnais pour le déjeuner. Les deux salles, fumeurs et non-fumeurs, ont gardé un certain cachet. On pourrait presque imaginer les bruits des locos à vapeur au-dehors. Dans les assiettes, la cuisine est à l'image de la bonhomie du patron. Une cuisine de famille aux saveurs simples et bien faites comme dans la tarte tomate-cantal-moutarde. Un classique. La salade d'andouille aux pommes, le râble de lapin ou les Saint-Jacques à l'effilochée d'endives réjouissent les estomacs. Et puis gardez impérativement une place pour le *crumble*. Tout le monde l'adore. Tout petit

bémol sur le service qui est vite débordé en cas de coup de feu. *Vin et café offerts.*

|●| Les Terrasses de l'Étang – route des Étangs, étang de Villebon ☎ 01.46.26.09.57. Fermé le dimanche soir et le lundi. Congés annuels : août. Menus à 150 et 180 F (22,9 et 27,4 €). Environ 250 F (38,1 €) à la carte. Si vous êtes amoureux, voilà un endroit privilégié pour emmener déjeuner votre dulcinée. Imaginez un étang entouré d'arbres, quelques mouettes (un peu égarées), une poignée de canards et une maison au toit de chaume, vous avez un endroit bucolique à souhait. Pour peu qu'il fasse beau, vous allez pouvoir profiter du soleil sur la terrasse. À 10 mn de Paris, c'est déjà bien. Mais de surcroît, on y mange bien. Le chef fait preuve de beaucoup de maîtrise dans ses préparations comme dans l'escalopine de foie gras de canard poêlée au pain d'épice pommes caramélisées, la crépinette de ris et pied de veau au jus forestier, la cassolette d'escargots au mont-louis ou le sauté de filet de bœuf à la moutarde. Le sandre aux champignons servi avec une galette de potimarron est aussi goûteux et en saison, la carte s'enrichit de gibier : sanglier, cerf, perdreau... Bien sûr, ce n'est pas donné, mais pour votre aimée, que ne feriez-vous pas ! *Café offert.*

MONFORT-L'AMAURY   78490

Carte régionale A1

|●| L'Hostellerie des Tours – place de l'Église ☎ 01.34.86.00.43. Fermé le mardi soir et le mercredi. Congés annuels : du 15 juillet au 8 août. Menus de 90 à 185 F (13,7 à 28,2 €), dont le menu provençal à 145 F (22,1 €). Sur la chouette place haut perchée de Montfort-l'Amaury, atmosphère provinciale de place de l'église ou du marché, une table traditionnelle de bonne tenue. Clientèle d'habitués de tous âges dégustant, dans une grande salle claire et plutôt agréable, des plats bien tournés. Dans le premier menu, formidables harengs à la crème et (quand on est passé) une mitonnade du jour (souris d'agneau) qu'on a descendue comme des goinfres. Également un très sympathique menu provençal, portant bien son nom. *Café offert.*

MONTMORENCY   95160

Carte régionale A1

|●| La Paimpolaise – 30, rue Gallieni ☎ 01.34.28.12.05. ✗ Fermé le dimanche et le lundi. Congés annuels : août. Accès : sur le haut de Montmorency (se diriger vers Les Champeaux, c'est fléché à gauche). Le midi en semaine, menu à 49 F (7,5 €). Compter 90 F (13,7 €) pour un repas (plat + dessert). Galettes de 30 à 50 F (4,6 à 7,6 €). La Bretagne comme si vous y étiez, la mer en moins. Déco bien fraîche inspirée du pays (marines ou Bretons encadrés, bouquins sur le mobilier breton, la cuisine bretonne, les Bretons bretons, etc.), et une Paimpolaise au poêlon, qui vous prépare des galettes vraies de vraies. Bonne « Trégoroise » (andouillette-moutarde), spéciale galette au foie gras, formidable galette au maroilles et far aux poires et à la chantilly spécial gourmands. Bon cidre bouché également. Et même, de temps en temps, du lait ribot : rare en Île-de-France ! Terrasse tranquille aux beaux jours. *Apéritif offert.*

|●| Le Saint-Julien (ex-Hôtel de France) – 2, av. Georges-Clemenceau (Centre) ☎ 01.39.89.73.05. Fermé le dimanche soir. Accès : sur la place de la gare désaffectée. Menu le midi en semaine à 68 F (10,4 €), d'autres de 109 à 285 F (16,6 à 43,4 €). À la carte, compter environ 150 F (22,9 €). Nouvellement repris, ce vénérable établissement dispose d'une salle somptueuse, toute en rondeurs et volumes Art déco, avec mezzanine pour l'orchestre. Malheureusement, aux étages, les chambres d'hôtel de cet ancien lieu de musette ont été aménagées et vendues en appartements : plus d'orchestre donc, qui réveillerait les morts, mais toujours un superbe décor de paquebot décadent, avec, aux murs, d'amusantes illustrations, photos et autres, sur le thème du jeu et de son enfer (joueur se brûlant la cervelle, actions d'un casino de la Côte d'Azur, etc.). Cuisine correcte, genre bouchon lyonnais, avec quelques entrées et plats du jour présentés sur ardoise, et des spécialités (les tartes notamment). Service aimable. *Apéritif, café ou digestif offert.*

PARIS   75000

Carte régionale A1 – pp. 352 et 353

1er arrondissement

⌂ BVJ Centre international – 20, rue Jean-Jacques-Rousseau ☎ 01.53.00.90.90. Fax : 01.53.00.90.91. ● www.fuaj.org ● Ouvert 24 h/24. *Check out* à 9 h. Accès : M° Louvre ou Palais-Royal. Nuit à 120 F (18,3 €) par personne petit déjeuner compris. 200 lits en tout, en chambres de 2 à 10 lits. Ouvert à tous les jeunes de 18 à 35 ans. Réservation recommandée à partir de 2 semaines avant la date d'arrivée. Confirmation indispensable 2 ou 3 jours avant par téléphone. Sinon, arriver ou téléphoner entre 9 h et 9 h 30 pour connaître les disponibilités (indispensable pour ceux qui veulent une chambre à 2). Si c'est complet, cet organisme gère également un hôtel du même style dans le Quartier latin. Aucune carte n'est exigée, mais 10 % de réduction avec les cartes Jeune et FYITHO (GO 25 et Euro 26).

♨ Hôtel de la Vallée * – 84-86, rue Saint-Denis ☎ 01.42.36.46.99. Fax : 01.42.36.16.66. ● hvallée@cybercable.fr ●

TV. Satellite / câble. Accès : M° Les Halles, Rambuteau ou Châtelet. Doubles de 220 à 300 F (33,5 à 45,7 €), selon le confort. Douche à l'étage : 15 F (2,3 €). Au cœur des Halles, on ne peut pas être mieux situé ! Tout à fait correct vu le prix, même si l'environnement « sex-shops » peut ne pas plaire. Pour avoir le calme, bien qu'elles aient double-vitrage, choisir une des chambres sur cour (elles ne sont, hélas, pas nombreuses). Sinon, en demander une dans les étages élevés. Toutes ont la télé. Franchement difficile de trouver moins cher dans le quartier. Attention, les chèques ne sont pas acceptés mais les cartes de crédit, si. Les chambres sont payables à l'avance.

♨ Hôtel de Lille ** – 8, rue du Pélican ☎ 01.42.33.33.42. Accès : M° Palais-Royal, Louvre ou Pyramides. Doubles de 245 F (37,4 €) avec lavabo à 295 F (45 €) avec douche. Dans une rue calme et historique. Elle s'appelait au XIVe siècle « rue du Poil-au-Con » à cause des « boutiques à peschié » qui la bordaient. Les habitants honnêtes finirent par l'appeler rue du Pélican (sur les cartes de visite, ça faisait désordre !). Un petit hôtel de 14 chambres donc, un brin romantique et vieillot, mais bien entretenu par une gentille famille. Les chambres nos 1, 4, 7 et 10 sont ténébreusement sombres mais hyper silencieuses. Pas de petit déjeuner mais il y a un distributeur de boissons chaudes et froides. Idéal pour les petits budgets.

♨ Hôtel du Palais * – 2, quai de la Mégisserie (Centre) ☎ 01.42.36.98.25. Fax : 01.42.21.41.67. TV. Satellite / câble. Accès : M° Châtelet, sortie place du Châtelet. Doubles de 256 à 406 F (39 à 61,9 €) selon l'équipement sanitaire, télé comprise. Un hôtel dont les chambres, refaites récemment, bénéficient d'un œil exceptionnel sur la Seine, la Conciergerie et Notre-Dame. Certaines d'entre elles ont un double-vitrage. On vient là pour la vue et la situation idéale. Les chambres les plus hautes sont les moins bruyantes mais les plus modestes, donc les moins chères. Au 5e étage, pas de télé, na ! et on ne voit que le ciel, mais en montant sur une chaise, on peut apercevoir un bout du Châtelet. C'est une compensation... Accueil en net progrès. Le patron s'est engagé à repeindre rapidement la cage d'escalier et à changer la moquette. Nous suivons ces promesses de près. Mais dans l'ensemble, c'est relative-

ment propre. 10 % sur le prix de la chambre du 15 janvier au 28 février.

♨ Hôtel du Cygne ** – 3, rue du Cygne ☎ 01.42.60.14.16. Fax : 01.42.21.37.02. TV. Satellite / câble. Accès : M° Étienne-Marcel ou RER Châtelet-Les Halles. Doubles de 440 à 470 F (67,1 à 71,7 €) avec douche et wc ou bains. Au cœur des Halles, dans une rue piétonne où se succèdent les vendeurs de fringues, un hôtel de caractère refait récemment où vous serez reçu par la charmante Mme Remont. Jolis salons avec meubles anciens pour vous reposer après une journée de balade dans Paris, et chambres bien aménagées : coffre-fort, sèche-cheveux et poutres au plafond dans la plupart. Choisissez la no 16 avec ses jolis tons sable ou la no 35, une jolie suite mansardée, pour 3 personnes. 10 % sur le prix de la chambre.

♨ Hôtel Londres Saint-Honoré ** – 13, rue Saint-Roch ☎ 01.42.60.15.62. Fax : 01.42.60.16.00. TV. Satellite / câble. Accès : M° Tuileries. Doubles avec douche à 490 F (74,7 €), avec bains à 590 F (89,9 €). Charmant hôtel, sympathique comme tout, familial, dans un quartier qui ne pèche pas par excès de chaleur. Chambres fleuries et confortables (double-vitrage, mini-bar). L'aimable propriétaire nous annonce avec fierté que certaines d'entre elles disposent maintenant de l'air conditionné. Plusieurs parkings autour de l'hôtel. 10 % sur le prix de la chambre pour au moins 2 nuits consécutives.

♨ Hôtel Agora ** – 7, rue de la Cossonnerie ☎ 01.42.33.46.02. Fax : 01.42.33.80.99. TV. Satellite / câble. Accès : M° Les Halles ou Châtelet. Doubles de 540 à 700 F (82,3 à 106,7 €). Cette rue existait déjà au XIIe siècle et doit son nom aux « cossons » ou revendeurs, qui y étaient installés. Hôtel bien rénové dans des tons modernes. Petit lobby arrangé avec goût. Chambres agréables et sobres, certaines avec vieux meubles et balcon. Chouette adresse, plutôt calme pour ce quartier qui bouge. Les prix des chambres ont cessé de grimper. Pourvu que ça dure... Des célébrités telles que Coppola ou Matt Dillon y ont séjourné. 10 % sur le prix de la chambre.

◖◗ Restaurant À la Cloche des Halles – 28, rue Coquillière ☎ 01.42.36.93.89. Service jusqu'à 21 h environ. Fermé le samedi soir et le dimanche. Congés annuels : 2 semaines en août. Accès : M° Louvre ou Les Halles. Comptez 60 F (9,1 €) environ pour une assiette et un verre de vin. Oh, on pourrait passer devant ce bar à vin sans jamais le remarquer, c'est certain. Pas de fausses poutres ni d'objets de la ferme accrochés aux murs. Seule une cloche qui, du temps des halles, annonçait le début et la fin des marchés, surplombe la façade. Au

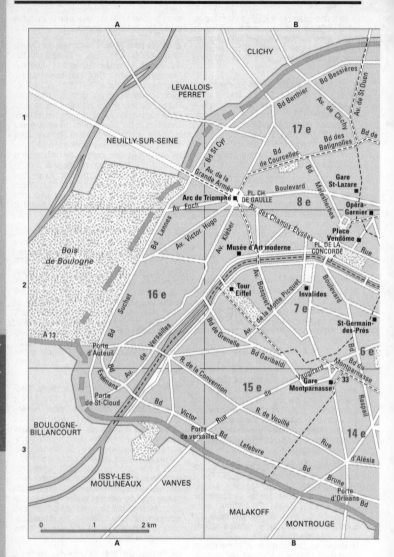

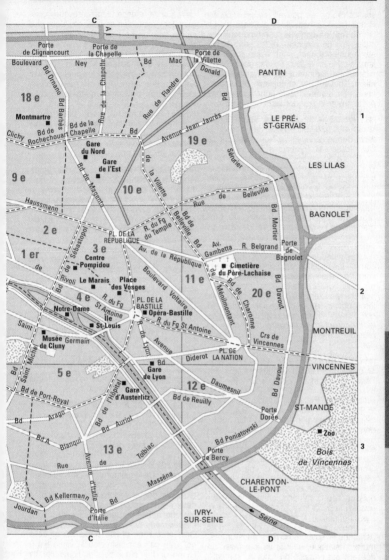

son de cloche, on pouvait récupérer ce qui restait (d'où le nom de « clochard »). Le patron met en bouteille lui-même tous ses petits vins de propriété, et les produits qui les accompagnent sont d'une fraîcheur jamais prise en défaut. Solides assiettes de charcuterie, jambon à l'os et fromages fermiers. Tout est bon et copieux. Un rendez-vous bien sympathique pour casser une petite croûte à prix dociles.

|●| *Higuma* – 32 *bis,* rue Sainte-Anne ☎ 01.47.03.38.59. Service de 11 h 30 à 22 h. Congés annuels : à Noël et le Jour de l'An. Accès : M° Pyramides. Menu parfait à 63 F (9,6 €), autres menus jusqu'à 70 F (10,7 €). Voici une bonne petite adresse japonaise, façon cantine améliorée, où les employés et les vendeuses des sociétés nipponnes installées dans le quartier débarquent en masse pour se sustenter rapidement mais copieusement. Au programme de ce resto populaire, des bols de bouillon variés qui ne vous laissent pas sur votre faim, ou encore de généreuses nouilles sautées et quelques gourmandises comme les excellents raviolis frits. Installez-vous de préférence au comptoir pour admirer avec quelle aisance les maîtres-queux nippons malaxent les nouilles ou font valser les légumes dans d'énormes poêles. Et qu'ça saute ! Ne comptez tout de même pas leur décrocher un sourire, ni même un regard. Pour le prix, faut pas trop en demander.

|●| *La Mousson* – 9, rue Thérèse ☎ 01.42.60.59.46. Ouvert jusqu'à 22 h 30. Fermé le dimanche. Congés annuels : du 8 au 25 août. Accès : M° Pyramides ou Palais-Royal. Plats du jour de 45 à 52 F (6,9 à 7,9 €). Menus à 65 F (9,9 €) au déjeuner uniquement et 92 F (14 €). Lucile, dont le sourire et le charmant babillage enchantaient bon nombre de stars quand elle travaillait au *Grand Chinois,* s'est installée depuis quelque temps à son compte. D'origine chino-khmère, Lucile passe d'une cuisine à l'autre avec grâce, et ses spécialités, tels le bœuf sauté à l'ail *(luk-lak),* le poisson sauce cambodgienne à la vapeur *(amok),* le *sach tcha kapit* (haché de porc aux citronnelles), le travers de porc grillé ou le *bo bun*... sont des plats particulièrement parfumés et savoureux. Rare dans un restaurant asiatique, un plat du jour (avec un dessert) est proposé du lundi au samedi : poulet ou bœuf au curry, calamars au basilic, bœuf au saté, etc.

|●| *Restaurant La Fresque* – 100, rue Rambuteau ☎ 01.42.33.17.56. Service jusqu'à minuit. Fermé le dimanche midi. Accès : M° Étienne-Marcel ou Les Halles. Formule le midi à 68 F (10,4 €). Le soir, à la carte uniquement, comptez 120 F (18,3 €). Petit resto sympa avec un bout de terrasse, installé dans la boutique d'un ancien marchand d'escargots. Belle déco : antiques

carreaux de faïence blancs, fresques colorées, longues tables de bois, etc. Salle plus calme mais moins chaleureuse en passant par le fond. Ambiance relax, genre coude dans l'assiette du voisin, à la fois branchée, sympa et cosmopolite. Mention spéciale pour le service diligent et toujours souriant. Le midi, une formule rapide mais consistante : entrée, plat soigné, quart de vin, café. Pourvu que ça dure ! Tous les jours, des entrées sympathiques, 3 ou 4 plats de cuisine traditionnelle agrémentée d'une pointe d'originalité, et toujours une assiette végétarienne, ce qui est rare. Une adresse sans chichis, qui tient bon le temps.

|●| *Restaurant Foujita* – 41, rue Saint-Roch ☎ 01.42.61.42.93. Service jusqu'à 14 h et le soir jusqu'à 22 h. Fermé le dimanche. Accès : M° Pyramides ou Tuileries. Menu à 70 F (10,7 €) à midi, le soir compter de 110 à 120 F (16,8 à 18,3 €). Un des meilleurs *sushis-bars* de Paris à des prix raisonnables. Menus très copieux à déjeuner : *sushis* (tranches de poisson cru posées sur du riz), *sashimis* (poisson cru) ou *natto* (bol de riz recouvert de poisson cru). Une vraie bonne affaire et une excellente introduction à cette cuisine si différente et souvent trop chère. Malheureusement, la salle est toute petite et c'est souvent complet. Remarquez, c'est bon signe. Essayez d'arriver tôt. Le soir, le rapport qualité-prix des menus est moindre. Il existe aussi un *Foujita 2* : 7, rue du 29-Juillet, 75001 (☎ 01.49.26.07.70), situé dans une rue parallèle, beaucoup plus grand que le premier, mais moins bien que le *Foujita 1.* Mêmes menus.

|●| *La Robe et le Palais* – 13, rue des Lavandières-Saint-Opportune ☎ 01.45.08.07.41. Fermé le dimanche. Accès : M° Châtelet. Formule du déjeuner à 79 F (12 €) avec deux plats, et pour 99 F (15,1 €) trois plats. Le soir, compter un solide 200 F (30,5 €) avec un peu de vin au compteur. Un « restaurant à vin » au patronyme pas dénué d'humour pour des amateurs de beaux flacons qui s'installent à deux pas du palais de justice. Après avoir fait leurs armes au *Carré des Feuillants* et à *L'Ébauchoir,* nos deux compères Patrick Gras en cuisine et Olivier Schvitz en salle ont créé ce petit bistrot où la vigne est à l'honneur, fruit d'une passion commune. Ils y mettent en pratique l'acquis de leurs maisons précédentes. Chaque jour un plat de ménage vedette : cassolette d'avocat au chèvre chaud, lotte et lard en brochette au curry, côte de bœuf à la moelle, crème brûlée à la fleur d'oranger. À la carte, des prix qui grimpent un peu vite. *Dégustation d'un verre de vin.*

|●| *Ca d'Oro* – 54, rue de l'Arbre-Sec ☎ 01.40.20.97.79. ♿ Service jusqu'à 23 h. Fermé le dimanche. Congés annuels :

2 semaines en août. Accès : M° Louvre. Menu le midi en semaine à 85 F (13 €). Compter de 150 à 180 F (22,9 à 27,4 €) à la carte. Une table discrète et accueillante où l'Italie n'essaie pas de se faire, telle la grenouille, plus grosse que le bœuf, mais joue sa partition avec mesure. Passé une minuscule salle un étroit couloir, on débouche dans une autre salle au décor évoquant discrètement Venise d'où est originaire le cuisinier. On se régale d'une *bruschetta* simple comme bonjour (pain grillé frotté d'ail, recouvert d'huile d'olive, de basilic et de tomate) ou encore de quelques poivrons grillés au basilic, avant de sacrifier aux pâtes ou au risotto. Le menu complet du déjeuner (vin en sus) est très bien. Le soir, carte uniquement. *Apéritif offert.*

|●| *À la Tour de Montlhéry, Chez Denise* – 5, rue des Prouvaires ☎ 01.42.36.21.82. Ouvert 24 h/24. Fermé le samedi et le dimanche. Congés annuels : du 14 juillet au 15 août. Accès : M° Louvre, Châtelet ou Les Halles. Pas de menu. La plupart des plats oscillent entre 90 et 130 F (13,7 et 19,8 €) ! Entrées autour de 50 F (7,6 €). Avec le vin, l'addition descend rarement en dessous de 250 F (38,1 €). L'un des plus anciens restos de nuit de Paris, bourré à toute heure. Ancien bistrot des Halles qui a su garder ce quelque chose de l'atmosphère d'antan mais dont les prix sont bien d'aujourd'hui et même déjà de demain. Les serveurs rudoient un peu les habitués et l'accueil est parfois lourdaud, mais bon, cela fait partie du jeu. Aux murs : tableaux, dessins de Moretti, affiches. Banquettes de moleskine, nappes à carreaux, jambons accrochés au plafond, ventilos qui tournent poussivement. Joyeusement animé. Grosse cuisine généreuse bien de chez nous : andouillette, tripes, gigot-flageolets, bœuf gros sel, cervelle, etc., le tout arrosé de brouilly de négoce.

|●| *Juvéniles* – 47, rue de Richelieu ☎ 01.42.97.46.49. Ouvert jusqu'à 23 h. Fermé le dimanche. Accès : M° Palais-Royal. Menus à 98 et 128 F (14,9 et 19,5 €). À la carte, repas de 180 à 220 F (27,4 et 33,5 €). Un bar à vin très parisien, tenu par un Écossais joyeusement rabelaisien mais doté d'un sens de l'humour définitivement britannique. La clientèle faite d'amateurs éclairés pourvus de quelques liquidités vient s'offrir une nouvelle bouteille ou quelques verres en grignotant d'excellentes *tapas* — encornets grillés façon volcan de Richelieu, ailerons de volaille grillés aux épices, jésus de Pierre Oteiza, etc. – ou bien un plat : filet de lieu jaune poêlé en peau d'épices, saucisse de Monsieur Duval « oh purée » et chutney, sauté de lapereau aux pâtes fraîches... en n'oubliant surtout pas de conclure avec un admirable Stilton venu tout droit d'Angleterre. Bonne sélection de vins et sherry au verre, ainsi que d'alcools avec,

bien entendu, des malts écossais choisis avec amour. La réservation s'impose car au *Juvéniles*, l'espace est compté.

|●| *Le Rubis* – 10, rue du Marché-Saint-Honoré ☎ 01.42.61.03.34. Ouvert jusqu'à 22 h (16 h le samedi). Fermé le dimanche et les jours fériés. Congés annuels : 3 semaines en août et 2 semaines pour les fêtes de fin d'année. Accès : M° Pyramides ou Tuileries. Plat du jour entre 50 et 60 F (7,6 et 9,1 €). Compter entre 100 et 120 F (15,2 et 18,3 €) pour un repas à la carte. Le voilà le Paris canaille que vous croyiez disparu, avec ses joyeux sires, ses belles trognes, ses petits plats, ses vins qui arrachent et qu'on s'arrache, ses serveurs incroyables... C'est la vraie, la vraie, celle qu'on croyait disparue à jamais, avec ses casquettes et ses coups de gueule, ses sandwichs au comptoir et le vin rouge « en direct de la propriété ». Une vieille mais excellente valeur des bars à vin, toujours bon pied bon œil, tenu par des gens vraiment accueillants, ce qui se fait rare. Salle à l'étage. L'été, il y a tant de monde qu'on déguste dehors, accoudé aux tonneaux.

|●| *Restaurant Lescure* – 7, rue de Mondovi ☎ 01.42.60.18.91. Service midi et soir. Fermé le samedi et le dimanche. Congés annuels : du 1er au 26 août et du 24 décembre au 1er janvier. Accès : M° Concorde. Menu à 110 F (16,8 €). À la carte, compter 130 F (19,8 €). Poule au pot à moins de 50 F (7,6 €). Accueil chaleureux pour les habitués, un peu moins pour les autres, mais on tient là une bien bonne adresse, compte tenu du quartier. Assez étonnant de trouver dans les rues de la finance une poule au pot à tel prix. Plats de cuisine bourgeoise donc, mais prix forts démocratiques, puisque le menu propose de vraies entrées (maquereau délicieux), des plats généreux (haddock à l'anglaise), fromage ou dessert, et vin (37 cl) compris. Le midi, même les « costard-cravate » viennent ici. La salle fait un peu faux décor de province, ce n'est pas grave. Le soir, on complète la grande table d'hôte au fond, ce qui détend l'ambiance. Et l'été, la terrasse s'arrache.

|●| *Willi's Wine Bar* – 13, rue des Petits-Champs ☎ 01.42.61.05.09. Service de 11 h à 23 h pour la cuisine, jusqu'à minuit pour le bar. Fermé le dimanche. Accès : M° Palais-Royal. Menus à 148 F (22,6 €) le midi en semaine, 185 F (28,2 €) le soir. Sinon, entrées à 65 F (9,9 €), plats à 90 F (13,7 €) et desserts à 45 F (6,9 €). Le bar à vin du type chic. Cadre exquis aux tonalités de bois chaleureuses. Grandes tables rondes pour retrouvailles entre amis, éclairage idéal et jolies affiches aux murs. *Willi's* draine tous les *businessmen* anglo-saxons de la capitale, amateurs de bons vins, les yuppies de la Bourse et les belles dames de la place

ÎLE-DE-FRANCE (PARIS)

des Victoires. Quelques plats élaborés (pavé de cabillaud rôti et marmelade d'aubergines caramélisées, saumon rôti au lard petits oignons confits et xérès) et salades originales (salade de pommes roseval, fourme fondante, lard et noix grillées) pour apprécier avant tout de prodigieux vins de la vallée du Rhône, dont le patron est l'un des meilleurs connaisseurs qui soient, mais aussi des vins espagnols, portugais, australiens, californiens, ou italiens. Large choix de vins au verre. Belles assiettes de fromage.

|●| *Restaurant La Poule au Pot* – 9, rue Vauvilliers ☎ 01.42.36.32.96. Service de 17 h à 5 h. Fermé le lundi. Accès : M° Louvre ou Les Halles. Menu à 160 F (24,4 €), sinon compter 250 F (38,1 €) à la carte. Si vous avez un « p'tit creux là » après 2 h du matin, c'est l'endroit idéal dans le quartier des Halles. Celui-ci fête ses 26 ans d'existence. Longue salle décorée d'affiches, cuivres, lumières rétro sachant ménager à chacun une certaine intimité et atmosphère de brasserie agréable. Le service reste de bonne tenue, ce qui, dans ce quartier, ne va pas toujours de soi, et la carte aligne quelques valeurs sûres comme les œufs cocotte au foie gras, le pot-au-feu de plat de côte, l'aile de raie aux câpres beurre noisette sans oublier la fameuse poule au pot qui justifie l'enseigne. Choix judicieux de vins. Toujours beaucoup de monde au moment des grands salons (Agriculture...). *Digestif offert.*

|●| *L'Ardoise* – 28, rue du Mont-Thabor ☎ 01.42.96.28.18. Fermé le lundi et le samedi midi. Congés annuels : août et 1 semaine en mai. Accès : M° Tuileries. Menu-carte à 170 F (25,9 €). Avec un peu de vin, compter environ 220 F (33,5 €). Pierre Jay, le jeune chef, s'éclate au travers d'un menu unique (servi tous les jours midi et soir) bien ficelé et riche en idées. Anchois frais marinés servis en terrine, croustillant de boudin et compote de poires émincées, mitonnée de joue de porc beaujolais, suprême de bar et purée de patates douces, canette de Challans aux figues (pour 2), quenelle de chocolat, voilà deux entrées, trois plats et un dessert figurant sur l'ardoise le jour de notre passage. Belle présentation, produits cuisinés avec intelligence et une pointe d'inventivité, et vins intéressants tarifés au plus serré. Clientèle plus permanentée que décoiffante. Feutrée, oui c'est ça, l'atmosphère est feutrée.

|●| *Macéo* – 15, rue des Petits-Champs ☎ 01.42.97.53.85. Ouvert midi et soir jusqu'à 23 h. Fermé le dimanche. Accès : M° Pyramides, Bourse, Palais-Royal. Menus végétariens à 180 F (27,4 €) le midi, 220 F (33,5 €) le soir. Menus « comme chez soi » à 195 F (29,7 €), 220 F (33,5 €) le soir. Menu-carte « banquets printemps » à 220 F (33,5 €). Ce superbe restaurant, qui date

de 1880, a longtemps connu les faveurs d'une clientèle élégante tout autant friande du cadre que de l'enseigne (il s'appelait autrefois *Le Mercure Galant*) jusqu'à ce qu'elle trouve ce *Mercure Galant* décidément trop ennuyeux. Repris par Mark Williamson, propriétaire du voisin *Willi's*, et rebaptisé du nom de *Macéo* (en fait, le prénom d'un redoutable *funky man*, Macéo Parker, qui fit partie des Famous Flames de James Brown avant d'aller « funker » pour son propre compte), le lieu a été retouché avec mesure et une classe toute britannique. Remodelé par petites touches, le décor a retrouvé sa grâce d'antan et affiche une modernité joyeuse que rehausse une carte accrocheuse qui joue la mixité des saveurs : fines lamelles de chèvre croustillantes aux dattes et noix, salade de haddock fumé aux pousses d'épinards et noisettes, tournedos de lieu jaune de ligne et petite marmite de palourdes aux asperges, hachis parmentier aux morilles, risotto moelleux à la vanille et petite salade d'oranges, craquant tiède à la compotée d'ananas aux épices douces, etc. La carte des vins, elle, est à l'image de son propriétaire : impeccable. Bonne idée, un étonnant menu végétarien, judicieuse alternative qui obtient un franc succès. À l'entrée, un espace bar permet d'attendre sa table sans angoisse en buvant un excellent *fino*.

|●| *Davé* – 39, rue Saint-Roch ☎ 01.42.61.49.48. Fermé le samedi midi et le dimanche midi. Congés annuels : 10 jours mi-août. Accès : M° Pyramides. Compter 200 F (30,5 €) pour un repas à la carte. On n'a pas besoin de connaître l'honorable Davé, heureux propriétaire de cette humble cuisine chinoise, pour le reconnaître sur toutes les photos punaisées et encadrées un peu partout dans la salle à dîner. Ici avec Deneuve, là avec Bowie, ici avec Gainsbourg... et plus haut, lui encore mais tout seul cette fois. Celui-là même qui viendra vous demander : « Qu'est-ce qui vous ferait plaisir ? » après vous avoir installé dans son décor : murs en velours rouge, moquette rouge, suspensions rouges... Et encore du rouge, la couleur de l'hiver, sur les épaules des jeunes modèles et des gens de la mode et du showbiz venus se sustenter de crevettes panées, de rouleaux vapeur sans porc, de beignets de crevettes et de boules coco. Modeste repas qui aura eu néanmoins le mérite de vous avoir assis ne serait-ce qu'une soirée à la table des grands...

2e arrondissement

|🛏| *Tiquetonne Hôtel* ★ – 6, rue Tiquetonne ☎ 01.42.36.94.58. Fax : 01.42.36.02.94. Congés annuels : août et 1 semaine entre Noël et le Jour de l'An. Accès : M° Étienne-Marcel ou Réaumur-Sébastopol. Doubles avec lavabo à 146 F

(22,2 €), avec douche et wc à 246 F (37,5 €), presque toutes dotées de double-vitrage. Avant d'entrer dans cet hôtel, où l'on se sent très vite à l'aise, prenez le temps de jouir du calme et de la beauté des rues piétonnes du quartier. Dans cet établissement, on est plus soucieux de la qualité de la clientèle que de l'argent qu'elle rapporte. En effet, pas la peine de venir réserver pour des amis si la patronne ne voit pas à quoi ceux-ci ressemblent. Les chambres, très bien tenues, ont conservé leur style rétro d'antan, même si les salles de bains sont un peu banales. L'ensemble nous a paru charmant et paisible. Admirez également le travail d'artiste du peintre qui a réalisé le « faux marbre » de la cage d'escalier. Accueil très chaleureux.

â Hôtel Sainte-Marie * – 6, rue de la Ville-Neuve ☎ 01.42.33.21.61. Fax : 01.42.33.29.24. Parking payant. TV. Satellite / câble. Accès : Mº Bonne-Nouvelle. Doubles avec lavabo à 270 F (41,2 €), avec douche et wc à 340 F (51,8 €), triples à 450 F (68,6 €). Dans une rue calme, à deux pas des Grands Boulevards et à 10 mn à pied de la place de l'Opéra. Petit hôtel d'une vingtaine de chambres très bien tenues (téléphone direct). Dommage que le tout ne soit pas impeccable. Attention à votre tête dans les 2 chambres du dernier étage, qui sont vraiment mansardées. Ce n'est pas du tout désagréable et elles sont même assez lumineuses, contrairement à celles donnant sur la cour. Clientèle souvent étrangère. *10 % sur le prix de la chambre pour les séjours supérieurs à 1 semaine de décembre à février inclus.*

â Hôtel Bonne Nouvelle ** – 17, rue Beauregard ☎ 01.45.08.42.42. Fax : 01.40.26.05.81. TV. Satellite / câble. Accès : Mº Bonne-Nouvelle ou Strasbourg-Saint-Denis. Doubles avec lavabo à 300 F (45,7 €) ou de 360 à 420 F (54,9 à 64 €) avec douche et wc ou bains. Suites de 410 à 600 F (62,5 à 91,5 €). Dans une rue très calme, pourtant pas très loin des Grands Boulevards, ce petit hôtel donne l'impression de se trouver chez l'antiquaire du roman de Balzac *La Peau de chagrin*. Dans la salle du petit déjeuner, un cobra empaillé vous observe fixement ; en face trônent un modèle réduit de roulotte de pionniers américains et une peau de reptile qu'on n'aimerait pas trouver devant soi. En se dirigeant vers l'ascenseur, de vieux plans de Paris et une jolie boîte à cirer en cuivre d'origine turque. Admirez également le joli paravent avec son trompe l'œil d'un immeuble au clair de lune. Les chambres refaites à tour de rôle, qui mélangent subtilement l'ancien et le moderne (prise modem, téléphone direct, sèche-cheveux), sont à croquer : la nº 25, pas vraiment lumineuse, a une salle de bains dont la lucarne s'ouvre avec un système de contre-poids. Les autres sont

toutes différentes, jusqu'à l'unique suite (idéale pour 4 personnes), qui offre une vue splendide sur le centre Pompidou, la tour Montparnasse et les vieux toits parisiens à perte de vue. Le petit déjeuner est servi en salle ou en chambre. *10 % sur le prix de la chambre.*

â Hôtel Vivienne ** – 40, rue Vivienne ☎ 01.42.33.13.26. Fax : 01.40.41.98.19. TV. Satellite / câble. Accès : Mº Grands-Boulevards, Richelieu-Drouot ou Bourse. Doubles avec douche à 370 F (56,4 €), avec douche et wc à 450 F (68,6 €), avec bains à 470 F (71,7 €). Dans une rue où les numismates se font concurrence, cet hôtel est tout près du *Hard Rock Café*, du musée Grévin, du théâtre des Variétés et d'une myriade de passages et galeries. L'accueil est jeune et chaleureux. Les 44 chambres, propres et lumineuses, ont toutes été récemment refaites et offrent une tranquillité et un confort honnête (téléphone direct, télé satellite, double-vitrage). La nº 14 est la plus appréciée en raison de son décor particulièrement soigné et parce qu'elle communique avec la nº 15, ce qui permet de constituer une jolie suite pour une famille. Aux 5ᵉ et 6ᵉ étages, jolie vue sur Paris. Quelques chambres avec balcon. On peut prendre le petit déjeuner dans la chambre sans supplément de prix.

â Grand Hôtel Besançon *** – 56, rue de Montorgueil ☎ 01.42.36.41.08. Fax : 01.45.08.08.79. ● info@gd-besancon.com ● TV. Canal+. Accès : Mº Étienne-Marcel ou RER Châtelet-Les Halles. Doubles avec douche et wc à 580 F (88,4 €), avec bains à 680 F (103,7 €). Hôtel coquet, propre et confortable, situé dans une rue piétonne animée du quartier de Réaumur, des Halles et du musée du Louvre. Le mobilier Louis-Philippe et le marbre de l'entrée ajoutent au charme de cet élégant hôtel. Certaines chambres (la nº 22 par exemple) disposent d'un petit coin-salon très sympathique. *Petit déjeuner offert.*

â Hôtel France d'Antin *** – 22, rue d'Antin ☎ 01.47.42.19.12. Fax : 01.47.42.11.55. TV. Canal+. Satellite / câble. Accès : Mº 4-Septembre ou Opéra, RER Auber. Doubles avec douche et wc ou bains de 780 à 880 F (118,9 à 134,2 €). À 100 m de l'Opéra Garnier et proche du musée du Louvre, voici un 3 étoiles très agréable, alliant classe et convivialité ; tapisseries, piano mécanique, tons beige et vert sombre pour les marbres et fauteuils du hall d'accueil, salles en sous-sol voûtées avec pierres apparentes. Les 30 jolies chambres sont climatisées (pour ceux qui ne supportent plus la chaleur étouffante de Paris en été), et possèdent le confort habituel : mini-bar, coffre-fort, etc. *Café offert.*

|●| Restaurant Chez Danie – 5, rue de Louvois ☎ 01.42.96.64.05. Fermé le soir, le samedi, le dimanche. Accès : Mᵒ Bourse, Quatre-Septembre. Pour 52 F (7,9 €), Danie propose une formule entrée + plat ou plat + dessert (tous les desserts sont faits maison !). Repas complet à 56 F (8,5 €). Chapeau ! À deux pas de la Bibliothèque nationale, ce minuscule bouillon est une aubaine. Foies de volailles persillade, agneau aux 3 parfums, goulache, lapin en gibelotte, bœuf carottes ou à l'estragon sont quelques-unes des propositions qui changent quotidiennement. Dans ce 2ᵉ arrondissement où les médiocres et onéreuses sandwicheries abondent, le rapport qualité-prix intéressant de *Chez Danie* est l'évidence même.

|●| Le Tambour – 41, rue Montmartre ☎ 01.42.33.06.90. Ouvert 24 h /24, tous les jours. Accès : Mᵒ Châtelet, Les Halles ou Sentier. Formule déjeuner à 55 F (8,4 €). Compter 150 F (22,9 €) à la carte. L'exotisme au quotidien. André Camboulas, dit « l'urbain bucolique », vous fait don de son chaleureux accueil. Au travers de sa voix qui fait trembler les murs vit encore un Paris authentique, en voie de disparition. Ce philosophe autodidacte est un véritable « créateur » de bistrots (à son actif, *Le P'tit Gavroche*, *Le Pick-Clops*, *L'Oiseau Bariolé*...). Décor original à partir du mobilier urbain parisien, bouche d'incendie, pavage de rue, plaques d'égout, de la Cⁱᵉ des Eaux, plaques de rues, pour une cuisine franco-française de bon aloi. Le soir, « morceaux du boucher ». *Apéritif offert.*

|●| Bar-restaurant Les Variétés – 12, passage des Panoramas ☎ 01.42.36.98.09. Service midi et soir jusqu'à 22-23 h, ça dépend. Fermé le samedi et le dimanche. Congés annuels : août. Accès : Mᵒ Grands-Boulevards. Pour moins de 100 F (15,2 €) le midi et guère plus le soir. Plat du jour à 50 F (7,6 €). À deux pas des odeurs de fast-food des Grands Boulevards. Bien caché sous l'un des plus charmants passages du quartier, un troquet vieux Paname avec ses glaces biseautées et son comptoir en formica véritable, où les employés du coin se réfugient sous l'aile protectrice du patron vosgien, à la gouaille aussi lourde que sa cuisine est sympathique. Une halte authentique avant ou après le théâtre.

|●| La Grille Montorgueil – 50, rue Montorgueil ☎ 01.42.33.21.21. Ouvert tous les midi et soir jusqu'à minuit. Le samedi et le dimanche, le service se poursuit allègrement jusqu'à 17 h. Accès : Mᵒ Les Halles ou Étienne-Marcel. À la carte, compter environ 120 F (18,3 €). Ce bougnat centenaire du quartier, joliment rénové à l'identique dans cette sympathique rue piétonne, propose une carte traditionnelle de bistrot parisien avec, en entrée, os à moelle à la fleur de sel

de Guérande, meurette d'escargots suivis de petits plats style tête de veau ravigote, onglet de bœuf aux échalotes, canette à l'orange, mais aussi grillades et poisson. Cuisine plaisante et sans fioritures. Pas de menu mais toujours une ou deux propositions bon marché. Tiens, jetez donc un œil à l'authentique comptoir en zinc qui ondule gentiment depuis 1904. On tourna même ici des scènes de *Gueule d'Amour*, avec Gabin. Aux beaux jours, agréable terrasse ensoleillée. *Café offert.*

|●| Le Petit Vendôme – 8, rue des Capucines ☎ 01.42.61.05.88. Ouvert de 7 h à 20 h. Restaurant uniquement le midi. Fermé le dimanche et à 18 h le samedi. Accès : Mᵒ Opéra ou Madeleine. Plats du jour entre 65 et 70 F (9,9 et 10,7 €). Compter 120 F (18,3 €) pour un repas à la carte. Un bout de terroir arvernes terriblement fouchtra, où trônent sur le zinc les fromages du pays (cantal...) et les charcuteries qui serviront à remplir de solides sandwichs lors du coup de feu du déjeuner (baguette craquante en provenance de chez *Julien*, excellent boulanger du 1ᵉʳ arrondissement). Il faut se battre pour obtenir une place le midi, et goûter les plats solides de la maison : civet de porc au bergerac, pied de porc grillé, tripoux... même le zinc est envahi par les hordes affamées. Fort de ce succès, *Le Petit Vendôme*, comme l'Olympia voisin, joue souvent à guichet fermé. Service féminin pétaradant. *Apéritif offert.*

|●| Le Grand Colbert – 4, rue Vivienne ☎ 01.42.86.87.88. Ouvert tous les jours de 12 h à 1 h sans interruption. Accès : Mᵒ Bourse ou Palais-Royal. Menus de 155 à 480 F (23,6 à 73,2 €). Voici une brasserie qui ne fait pas partie des circuits classiques, sauf pour les piliers de la Bibliothèque nationale, puisque la galerie Colbert, qui lui appartient, en est l'accès direct. *Le Grand Colbert* s'est refait une jeunesse dorée (frises repeintes, immense comptoir de cuivre, lampes Café de Paris...) et, dans un cadre 1830 superbe, propose tous les standards classiques de brasserie (salade de lentilles, curry d'agneau...).

|●| Runtz – 16, rue Favart ☎ 01.42.96.69.86. Ouvert jusqu'à 23 h. Fermé le samedi et le dimanche (ouvert le samedi soir quand il y a un spectacle à l'Opéra-Comique voisin). Accès : Mᵒ Richelieu-Drouot. Comptez de 180 à 210 F (27,4 à 32 €). Cette belle brasserie élégante, dont le cadre début de siècle n'a pas pris une ride, plaira à ceux qui aiment le confort et le charme discret de la bourgeoisie. Au début du siècle, cette brasserie qui ne s'appelait pas encore *Runtz* accueillait spectateurs et artistes sortant de l'Opéra-Comique voisin. En fermant les yeux, on peut presque voir les dandys se lisser les moustaches et les gigolettes se trémousser devant eux. Moins effervescente qu'à la Belle Époque, l'atmosphère désormais plus feutrée donne aux spécialités alsaciennes de la maison un réceptacle inhabituel. La choucroute (légèrement acidulée et cuite avec de nombreuses épices) s'affiche à toutes les tables ou presque, surtout la « gourmet » (lard, boudin, saucisse, jambonneau) ou la « paysanne », parfois concurrencée par le jambonneau grillé salade de pommes de terre chaudes comme à Strasbourg. Une bonne bière de chez Schutzenberger, brasserie alsacienne réputée, ou un pot d'edelswicker, voilà ce qu'il est naturel de boire avec ces nourritures robustes. Plat à la bière le mercredi et *baeckeoffe* le jeudi.

3ᵉ arrondissement

🛏 *Hôtel du Vieux Saule* ✶✶ – 6, rue de Picardie ☎ 01.42.72.01.14. Fax : 01.40.27.88.21. Parking payant. TV. Satellite / câble. Accès : Mᵒ République ou Temple. Doubles modernes et très confortables avec douche et wc ou bains de 490 à 590 F (74,7 à 89,9 €), comptez 100 F (15,2 €) de plus lors de certains salons et foires. Parking à 65 F (9,9 €). Bel hôtel à la façade fleurie et à la salle de réception très *high tech* qui date un peu. Joli petit jardin fleuri et très calme. Toutes les chambres sont climatisées et équipées de sèche-cheveux, presse-pantalon, téléphone, coffre, télé câblée (26 chaînes). Évitez celle du rez-de-chaussée, à cause des barreaux aux fenêtres. Sauna gratuit. Petit déjeuner servi dans une cave voûtée du XVIᵉ siècle. Calme, chic et accueil souriant, à deux pas de la vivante rue de Bretagne. *Petit déjeuner offert.*

🍽 *Pema Thang* – 4, rue du Parc-Royal ☎ 01.42.72.45.66. Ouvert midi et soir. Fermé le dimanche. Congés annuels : juillet et août. Accès : Mᵒ Saint-Paul ou Chemin-Vert. Menus à 49 F (7,5 €) le midi en semaine, et de 79 à 107 F (12 à 16,3 €). Plats de 60 à 80 F (9,1 à 12,2 €). Petit frère de son homonyme du 5ᵉ arrondissement, ce restaurant tibétain propret et lumineux comblera d'aise tout ceux qui tournent en rond sans savoir où déjeuner dans le quartier. Attiré par le sourire du dalaï-lama, séduit par les prix, conquis par les spécialités tibétaines (végétariennes ou non), on devient vite un habitué du joli second menu servi midi et soir. Potage Pema Thang onctueux et goûteux, chaussons au bœuf cuit à la vapeur ou galettes frites farcies aux légumes séduisantes. Les plus fauchés viendront avant 13 h pour le gentil 1ᵉʳ menu, rapidement indisponible. Service en douceur.

🍽 *Hôtel du Mont-Blanc* – 17, rue Debelleyme ☎ 01.42.72.23.68. Ouvert le midi seulement. Fermé le dimanche. Congés annuels : août. Accès : Mᵒ Filles-du-Calvaire.

Comptez 100 F (15,2 €) pour un repas. On adore sa tronche de bougnat de jadis avec sa toile cirée sur chaque table, ses souvenirs en tout genre posés ici et là, et son zinc en formica, derrière lequel trône Mme Morvan, une maîtresse femme (ici depuis 1959, mais la maison existe depuis le début du siècle). Artistes, artisans, employés... viennent déjeuner, comme à la maison, d'une assiette de crudités, d'un œuf mayo, suivi d'une bavette pommes sautées, d'une paëlla ou d'une brandade de morue. La cuisine et les prix sont aussi « vieux Paname » que le décor. Après une balade au musée Picasso tout proche, venez vous offrir un café italien dans la rade à la Doisneau, ça vous reposera. *Apéritif ou café offert.*

🍽 *La Fontaine Gourmande* – 11, rue Charlot ☎ 01.42.78.72.40. Ouvert jusqu'à 22 h 30. Fermé le samedi midi et le dimanche. Congés annuels : août. Accès : Mᵒ Rambuteau ou Arts-et-Métiers. Menu à 119 F (18,1 €) avec plat et entrée ou dessert. Menu à 159 F (24,2 €) avec entrée, plat et dessert. Si, en sortant du musée Picasso, vous avez un p'tit creux, voilà une table tout indiquée. Aux fourneaux, Thierry Odiot, un ancien de chez *Lenôtre*, qui pratique une cuisine à la fois sage et habile. À la carte, marbré de lapin, magret de canard au thym et citronnelle purée de pommes de terre à la verveine, carré d'agneau rôti au miel et romarin frais, rognons de veau cuits entiers à ma façon, tripes au calvados faites maison, tarte fine au calvados... se mangent avec entrain. Le mercredi soir, spécialités à la broche (la réservation s'impose). *Apéritif offert.*

🍽 *Chez Omar* – 47, rue de Bretagne ☎ 01.42.72.36.26. Ouvert tous les jours midi et soir, sauf le dimanche midi. Sert en général jusqu'à 23 h. Accès : Mᵒ Temple. Compter 120 F (18,3 €) à la carte. Chez Omar, ça fait 20 ans qu'on trouve de tout : Américains en goguette, gens du quartier, techniciens de cinéma, Japonais en quête d'authentique, et tout plein de gens dans l'oreille de qui cette adresse est tombée par hasard et qui n'en démordent pas depuis. Et c'est vrai qu'on se sent bien dans ce troquet vieux Paris, nappé d'une convivialité tout droit venue d'Afrique du Nord. Hauts plafonds, glaces biseautées, superbe comptoir et tables à touche-touche où, coudes au corps mais cœur ouvert, on se parle facilement d'une table à l'autre. Sûrement se sent-on prolixe grâce à ces serveurs souriants et gentils, toujours prêts à vous gronder si vous n'avez pas fini votre (très bon) couscous. Mais comment le finir Omar, alors que des plateaux de pâtisseries de là-bas nous font de l'œil depuis le bar ? La convivialité ne prend pas ici seulement la forme du couscous. Il y a aussi les viandes, d'une remarquable tendreté. Repu et *cocooné*, on laissera vite la place à ceux qui patientent au bar. Pour prendre votre temps, venir tôt... ou tard.

I●I *Chez Monsieur le Président* – **38, rue du Vertbois** ☎ **01.42.74.20.00.** Fermé le dimanche et le lundi en hiver, le samedi et le dimanche en été. Accès : Mº Arts-et-Métiers. Menu à 180 F (27,4 €) le soir. À la carte comptez également 180 F (27,4 €). Renaud Caussade, ancien journaliste à l'AFP et capitaine de cet établissement à l'allure d'une belle auberge de campagne (carrelage, boiseries... il a tout fait de ses mains), a apparemment réussi sa reconversion, si l'on en juge par la mine réjouie des dîneurs. Le soir, c'est la formule « musette du patron », menu unique qui change en permanence, avec soupe, assortiment de charcuteries, plat du jour, plateau de fromages et dessert. Le jour de votre venue, essayez de jeûner le midi car voici la liste des réjouissances : somptueuses terrines et des plats généreux mitonnés avec soin comme le lapin farci aux cèpes, le poulet rôti aux oignons, le cassoulet... c'est selon le marché. Une véritable cuisine d'auberge, que n'auraient pas reniée les mousquetaires du roi. Il n'est d'ailleurs pas rare d'y voir ripailler des chefs célèbres ou des journalistes connus pour être tout autant gros mangeurs qu'amateurs de la dive bouteille. Ces soirs-là, il arrive qu'ils fassent le spectacle à eux tout seuls.

4ᵉ arrondissement

🏠I●I *Hôtel MIJE Fourcy* – **6, rue de Fourcy** ☎ **01.42.74.23.45. Fax : 01.40.27.81.64.** Resto fermé le samedi et le dimanche. Congés annuels : août pour le resto seulement. Accès : Mº Saint-Paul ou Pont-Marie. Chambres de 4 à 8 lits avec mezzanine, lavabo et douche, wc à l'étage à 140 F (21,3 €) par personne, petit déjeuner compris. Doubles avec douche à 340 F (51,9 €). *Single* à 220 F (33,5 €). Menus à 50 et 60 F (7,6 et 9,1 €). Carte d'adhésion à 15 F (2,3 €) obligatoire. Ancien hôtel du XVIIᵉ siècle. Une anecdote : il abritait jusqu'en 1948 des activités coupables qu'une certaine Marthe Richard réussit à faire cesser. Cavanna en parle dans l'un de ses bouquins, les *Russkofs*. Rénové magnifiquement, il abrite aujourd'hui une jeunesse bien saine, tout étonnée de se retrouver dans ce palais. Joliment situé entre la place des Vosges et l'île Saint-Louis. Petit jardin au coin de la rue Charlemagne. De gracieuses passerelles en bois très médiévales relient 2 bâtiments. Restaurant dans une belle salle à manger voûtée avec pierres apparentes, commune aux trois MIJE du quartier.

🏠I●I *Hôtel MIJE Le Fauconnier* – **11, rue Fauconnier** ☎ **01.42.74.23.45. Fax : 01.40.27.81.64.** Resto fermé le week-end. Congés annuels : août pour le resto. Accès :

Mº Saint-Paul. Chambres de 4 à 8 lits avec mezzanine, lavabo et douche, wc à l'étage à 140 F (21,3 €) par personne, petit déjeuner compris. Doubles avec douche à 340 F (51,9 €). *Single* à 220 F (33,5 €). Menus à 50 et 60 F (7,6 et 9,1 €). Carte d'adhésion à 15 F (2,3 €) obligatoire. Ancien hôtel du XVIIᵉ siècle, rénové superbement. Porte d'entrée imposante en bois sculpté. À l'intérieur, grandes armoires anciennes, coffres massifs, longues tables rustiques et un magnifique escalier avec rampe de fer forgé. L'été, on prend le petit déjeuner dans la cour pavée.

🏠 *Hôtel MIJE Maubuisson* – **12, rue des Barres** ☎ **01.42.74.23.45. Fax : 01.40.27.81.64.** Accès : Mº Saint-Paul ou Pont-Marie ; près de l'église Saint-Gervais. Chambres de 4 à 8 lits avec mezzanine, lavabo et douche, wc à l'étage à 140 F (21,3 €) par personne, petit déjeuner compris. Doubles avec douche à 340 F (51,9 €). *Single* à 220 F (33,5 €). Menus à 50 et 60 F (7,6 et 9,1 €). Carte d'adhésion à 15 F (2,3 €) obligatoire. Dans une magnifique maison médiévale avec encorbellement, colombages, pignons en dents de scie, etc. Intérieur décoré avec goût, portes style gothique, vieux meubles en bois massif. Rue calme, vue sur les toits et les vitraux de l'église Saint-Gervais.

🏠 *Grand Hôtel du Loiret* ***** – **8, rue des Mauvais-Garçons** ☎ **01.48.87.77.00. Fax : 01.48.04.96.56.** TV. Accès : Mº Hôtel-de-Ville. Doubles avec lavabo à 230 F (35,1 €), à 320 F (48,8 €) avec douche et 420 F (64 €) avec bains. L'hôtel a été entièrement rénové et redécoré et le tout avec beaucoup de goût. Bel escalier de bois, murs façon marbre et portes façon loupe de bois. Les chambres du 1ᵉʳ au 4ᵉ étage, celles avec salles de bains, ont été repeintes dans des couleurs chaudes et plutôt masculines, mais les chambres économiques (la douche est dans le couloir) des derniers étages ne sont pas moins jolies. Par exemple, la chambre pour 4 du 7ᵉ étage (sans ascenseur) offre une vue exceptionnelle sur les toits qui embrasse tout Paris, du Panthéon au Sacré-Cœur, en passant par Beaubourg et Notre-Dame. Un petit bémol, peut-être, pour l'accueil.

🏠 *Grand Hôtel Jeanne d'Arc* ****** – **3, rue de Jarente** ☎ **01.48.87.62.11. Fax : 01.48.87.37.31.** TV. Satellite / câble. Accès : Mº Saint-Paul, Chemin-Vert ou Bastille, RER Châtelet. Doubles de 305 à 600 F (46,5 à 91,5 €). Pour trois : 540 F (82,3 €). Pour quatre : 600 F (91,5 €). Lit supplémentaire : 75 F (11,4 €). On ne peut pas être mieux situé. Au calme, à deux doigts de la belle place Sainte-Catherine. Hôtel bien tenu et ayant pas mal de charme. Calme parfait. Décoration recherchée : couleurs dans les tons bleu et saumon, peintures murales dans les salons et salles à manger, numéros des portes, rampe d'escaliers et meubles décoratifs, jusqu'à cet énorme miroir à la réception, exécuté par un artiste du quartier. Lit d'enfant sur demande. Animaux acceptés. Réserver impérativement. Toutes les chambres ont été refaites. *Premier petit déjeuner offert.*

🏠 *Hôtel du 7ᵉ Art* ** – 20, rue Saint-Paul ☎ 01.44.54.85.00. Fax : 01.42.77.69.10. TV. Satellite / câble. Accès : Mᵒ Saint-Paul ou Sully-Morland. Chambres de 430 à 690 F (65,6 à 105,2 €), simples ou doubles. Hôtel assez sympa et bien tenu, dont les chambres, bien que plus classiques, sont animées par des photomontages et des affiches de vieux films sur le thème du cinéma des années 40 à 60. Ça donne du charme et ça plaît aux cinéphiles. Les chambres plus chères sont en fait de petites suites mansardées où chaque télé peut recevoir 25 chaînes françaises et étrangères. Escalier noir et murs blancs. Bien entretenu et original. Bar-salon de thé au rez-de-chaussée avec gros fauteuils et cheminée! Vitrine très originale avec des figurines en plâtre représentant Ray Charles, Donald, Mickey, Laurel et Hardy, etc. *Apéritif offert.*

🏠 *Hôtel de Nice* – 42 **bis**, rue de Rivoli ☎ 01.42.78.55.29. Fax : 01.42.78.36.07. TV. Accès : Mᵒ Hôtel-de-Ville. Doubles avec douche ou bains, sèche-cheveux et télé à 500 F (76,2 €). Le rêve du dandy enfin réalisé! Voyageur de tous horizons, ami de tous les pays, rat des villes et lion des champs, voici votre havre! De l'élégance, du raffinement, de la discrétion (d'ailleurs si grande que l'on a un peu de mal à trouver l'entrée de l'hôtel...), un accueil polyglotte et souriant, bref un établissement où l'on aimerait prendre pension à l'année. Les propriétaires furent antiquaires dans une vie antérieure; ils en ont gardé le goût des beaux objets et de la patine. Dans le salon télé, où l'on sert le petit déjeuner, tapis et tissus chamarrés aux teintes douces, gravures du XVIIIᵉ siècle, portrait d'une élégante des années folles avec son chien et son chat amènent les hôtes du moment à recréer les héros du *Diable au corps*, ignorants qu'ils étaient de l'invasion prochaine de la Souris d'outre-Atlantique! Ce souci du décor à la fois hétéroclite et harmonieux se retrouve dans les chambres insonorisées, dotées de salles de bains impeccables et de papiers peints rares et magnifiques. L'été, préférez les chambres donnant sur la jolie place du Bourg-Tibourg. Rapport qualité-prix extraordinaire. Un coup de cœur! *NOUVEAUTÉ.*

🏠 *Hôtel de la Place des Vosges* ** – 12, rue de Birague ☎ 01.42.72.60.46. Fax : 01.42.72.02.64. TV. Satellite / câble. Accès : Mᵒ Saint-Paul ou Bastille. Doubles avec bains de 545 à 610 F (83,1 à 93 €). Dans la prestigieuse rue qui mène à l'*hôtel du Roi* de la place des Vosges. 16 chambres pas très spacieuses mais confortables, avec télé satellite (10 chaînes), et calmes. Propreté impeccable. Dommage, l'accueil est un peu froid. Belle entrée au charme médiéval. *Petit déjeuner offert.*

|●| *Restaurant Baracane* – 38, rue des Tournelles ☎ 01.42.71.43.33. Service de 12 h à 14 h 15 et de 19 h à minuit. Fermé le samedi midi et le dimanche. Accès : Mᵒ Bastille. Plusieurs solutions à tous les prix : deux menus déjeuner, « Baracane express » à 52 F (7,9 €), avec plat du marché + verre de vin + café et « Formule bistrot » à 82 F (12,5 €), avec plat + entrée ou dessert + verre de vin. Servi également le soir, le menu du marché à 135 F (20,6 €), avec entrée, plat et dessert à choisir dans toute la carte qui change régulièrement. Si vous êtes en fonds, tentez donc le menu-carte à 215 F (32,8 €). Ce bistrot de poche, annexe du restaurant *L'Oulette* (à côté de Bercy), applique les recettes de son grand frère et garde, tout comme lui, son accent du Sud-Ouest et ses pieds chaussés de bottes de Gascon. Beau gigot d'agneau de Lozère ou cassoulet maison aux confits bien parfumé. Avec le menu-carte, c'est la totale avec, outre les trois plats, un apéro, une demi-bouteille de vin à choisir dans la carte (étonnant!) et un café. D'autres formules très attractives, surtout au regard de la qualité de la cuisine, jamais prise en défaut.

|●| *Restaurant Piccolo Teatro* – 6, rue des Écouffes ☎ 01.42.72.17.79. Service jusqu'à 23 h. Fermé le lundi. Accès : Mᵒ Saint-Paul. Comptez 110 F (16,8 €) maximum à la carte. Le midi, menu à 52 F (7,9 €) avec plat, entrée ou dessert, menu diététique ou traditionnel à 63 F (9,6 €), et un autre à 85 F (13 €). Le soir, menus à 90 et 120 F (13,7 et 18,3 €). Sympathique nourriture végétarienne dans un cadre plaisant : gratins de légumes, salade d'algues fraîches, *vegetable crumble*. De petites tables en bois favorisant la convivialité, une lumière douce, quelques poutres apparentes, tout est en place pour déguster une cuisine plutôt réussie, comme par exemple l'assiette végétarienne. Nombreux menus mais on peut parfaitement se contenter d'un bon gratin.

|●| *Restaurant Le Temps des Cerises* – 31, rue de la Cerisaie ☎ 01.42.72.08.63. Pas de restaurant le soir, mais bar jusqu'à 20 h. Fermé le samedi, le dimanche et les jours fériés. Congés annuels : août. Accès : Mᵒ Bastille ou Sully-Morland. Menu à 71 F (10,8 €). Petite carte avec trois plats autour de 63 F (9,6 €), un plat du jour à 45 F (6,9 €). Situé dans une pittoresque maison basse de la fin du XVIIIᵉ siècle. Ancienne intendance du couvent des célestins. Bistrot depuis 1910. On y a tourné *Beate Klarsfeld Story* avec Farah Fawcett. Un décor

ÎLE-DE-FRANCE (PARIS)

d'emblée familier, le zinc, les tables de café et les banquettes de moleskine, où l'on sert le midi dans une promiscuité joyeuse. Le programme est écrit sur le tableau noir. Photos du Paris d'antan et bonne humeur des patrons rappellent les vieilles traditions de convivialité parisienne. Bon menu à prix imbattable : œuf mayo, andouillette grillée purée, pot-au-feu, lasagnes, salade... et une sélection de vins éclectique, à tous les prix (clos-vougeot, chablis, gaillac, saint-joseph...). Autant dire qu'il faut arriver à midi pile si l'on veut trouver de la place.

|●| **Restaurant L'Enoteca** – 25, rue Charles-V ☎ 01.42.78.91.44. Ouvert tous les jours jusqu'à 23 h 30. Congés annuels : 1 semaine en août et 1 semaine entre Noël et le Jour de l'An. Accès : M° Saint-Paul. Formule le midi en semaine à 75 F (11,4 €). Compter 160 F (24,4 €) pour un repas. Pâtes du jour à 60 F (9,1 €). Pour une *pasta* et un verre de vin, compter entre 80 et 100 F (12,2 et 15,2 €). Pour un repas total, le double. Quasi incontournable, ce bar à vin transalpin fait le plein chaque soir d'une clientèle très parisienne où il n'est pas rare de croiser quelques têtes « vues à la télé ». Dans un décor chaleureux définitivement Marais, avec ses vieilles pierres, ses poutres apparentes et ses murs patinés, inconnus comme reconnus viennent en amateurs découvrir toute la richesse du vignoble transalpin (chaque semaine, les propositions au verre changent, ce qui permet de voyager du nord au sud, entre les blancs du Trentin et ceux de Sicile, ou les rouges du Piémont et ceux de Basilicate) en grignotant des *antipasti misti*, une mozzarella *rucola e pomodore* ou des pâtes fraîches que le chef fabrique et accommode au gré de son humeur, mais toujours avec réussite. Et puis les vrais amateurs de vins de la péninsule jetteront un œil, voire deux, à la carte : plus de 450 références. Pas mal !

|●| **Vins des Pyrénées** – 25, rue Beautreil-lis ☎ 01.42.72.64.94. Ouvert midi et soir (service jusqu'à 23 h 30). Fermé le dimanche soir. Accès : M° Bastille ou Saint-Paul. Le midi, formule entrée + plat à 75 F (11,4 €) et *brunch* le dimanche dans la journée. À la carte, salades entre 45 et 65 F (6,9 et 9,9 €), plats entre 70 et 90 F (10,7 et 13,7 €) et desserts de 30 à 35 F (4,6 et 5,3 €). On est plutôt content que ce vieux bar-cave qu'on aimait bien ait continué à vivre sous la même enseigne par le biais de ce néo-bistrot qui allie merveilleusement les ingrédients de la réussite. Une ambiance copain-copain de bon aloi (mais les têtes nouvelles sont très bien reçues), un habile mélange de parisianisme et de décontraction presque provinciale, et des petits plats de boucher bien ficelés qu'on choisit sur l'ardoise. La recette est simple : sélectionner des viandes de qualité, grillées pour la plupart, garnir d'accompagnements livrés

en généreuses portions et arroser de petits vins au verre. Proposer quelques plats en sauce et toujours deux solutions poissons pour les dames à taille de guêpe et les non-viandards. Présenter dans un décor de bois, de glaces gravées et de moleskine et laisser mijoter dans un gentil brouhaha. Terminer par une addition raisonnable. Voilà, c'est simple, efficace et ça marche. Intéressante sélection de vins du mois.

|●| **Restaurant Les Fous de l'Île** – 33, rue des Deux-Ponts ☎ 01.43.25.76.67. Service de 12 h à 23 h. Fermé le samedi midi, le dimanche soir et le lundi. Congés annuels : la 1re quinzaine d'août et à Noël. Accès : M° Pont-Marie. Le midi, menu gentil à 78 F (11,9 €) ; plats du jour entre 60 et 85 F (9,1 et 13 €), et autres menus de 100 à 150 F (15,2 à 22,9 €). Le soir, comptez de 160 à 180 F (24,4 à 27,4 €) à la carte. *Brunch* le dimanche avec trois formules entre 100 et 150 F (15,2 et 22,9 €). Les soirs de concert, menu unique à 100 F (15,2 €). Fait surtout restaurant, mais c'est aussi un salon de thé l'après-midi. Une cuisine simple et bien faite, allant parfois chercher son inspiration au-delà des frontières (fricassée de langoustines à l'indienne). Également des concerts jazz, blues, guinguette, etc., le mardi tous les 15 jours à partir de 22 h. La programmation est souvent très intéressante et l'ambiance de la salle, où se mélangent copains des musiciens et clients musicologues, est détendue et heureuse. Une bien bonne idée.

|●| **Au Rendez-Vous des Amis** – 10, rue Sainte-Croix-de-la-Bretonnerie ☎ 01.42.72.05.99. Ouvert de 11 h à 2 h du matin (service jusqu'à 23 h 45). Fermé le lundi. Congés annuels : août. Accès : M° Saint-Paul ou Hôtel-de-Ville. Le midi, plat du jour à 55 F (8,4 €). Avec une entrée, compter 85 F (13 €) et 100 F (15,2 €) si vous ajoutez le dessert. Le soir, plat du jour à 70 F (10,7 €) et toujours le menu à 100 F (15,2 €). Voici l'annexe des artistes du Point Virgule, théâtre situé presque en face et le petit rendez-vous des gens du quartier. Le charmant couple qui s'occupe du lieu est proche des artistes et prête ses murs pour des expos photos ou peintures. Le plat du jour, souvent du poisson, parfaitement frais, une généreuse entrecôte ou une andouillette grillée. Simplicité, fraîcheur, prix justes... et sourire. Tout cela est net et sans bavure. Nous, finalement, on n'en demande pas plus !

|●| **Amadeo** – 19, rue François-Miron ☎ 01.48.87.01.02. Fermé le lundi midi et le dimanche. Congés annuels : les 2e et 3e semaines d'août. Accès : M° Saint-Paul ou Pont-Marie. Le midi, menu à 95 F (14,5 €). Le soir, menu-carte à 175 F (26,7 €). À noter, tous les mardis, un menu imposé à 110 F (16,8 €), kir compris, et une

fois par mois, une formule originale, un dîner lyrique extra à 275 F (41,9 €), soprano et piano compris. Avec un nom pareil, pas étonnant qu'on baigne dans une armosphère d'opéra discrète et chaleureuse, accompagnée d'un service de qualité, même si la salle est à peine plus grande qu'une loge de diva. Carte assez audacieuse n'hésitant pas à mêler les saveurs originales selon l'inspiration du moment et de la saison. Le résultat est convaincant et on prend plaisir à grappiller sur la partition une bonne rillette de poisson, une poêlée de coquillages au paprika fort bien réalisée et une crème caramel à l'orange. *Apéritif offert.*

І●І *Le Soleil en Coin* **– 21, rue Rambuteau** ☎ 01.42.72.26.25. Ouvert jusqu'à 22 h 30 (23 h les vendredi et samedi), fermé le samedi midi et le dimanche. Accès : Mº Rambuteau. Menu bien fait à 116 F (17,7 €). Plats du jour à 70 F (10,7 €) le midi et à 74 F (11,3 €) le soir... s'il en reste. La façade jaune comme un soleil au zénith renvoie à l'enseigne, de même que l'intérieur à la chaleur toute provençale avec ses nappes méridionales et la cuisine construite sur le mode méditerranéen avec des échappées vers d'autres terroirs. Le service souriant ajoute un rayon à ce soleil. Et puis ces petites attentions qu'on aime bien : un peu de beurre avec le pain, des verres dignes de ce nom, une rondelle de citron dans la carafe d'eau... Menu avec en entrée une salade paysanne ou une terrine de courgettes au coulis de tomates, et puis des plats genre gigot poêlé aux herbes ou blanquette de veau à l'ancienne. Bons desserts maison. Toujours une proposition de vin au verre pas cher. Excellente initiative, le grand panneau en ardoise où l'on peut inscrire à la craie des annonces de concerts, ventes ou échanges... Beaucoup de monde au déjeuner, plus calme le soir, à l'exception du samedi. *Café offert.*

І●І *Le Café de la Poste* **– 13, rue Castex** ☎ 01.42.72.95.35. Ouvert jusqu'à 23 h. Fermé le samedi et le dimanche. Accès : Mº Bastille. Compter un petit 120 F (18,3 €) pour une sympathique soirée décontractée. Situé en face d'un bureau de poste dont la façade de brique style années 30 ne doit son salut qu'à la mobilisation massive des habitants du quartier, ce café fait plus néo-Bastille que rade de postiers. Transformé avec goût, le lieu joue les intéressants : murs en mosaïque, large banquette, ventilateur, grande glace, beau bar en bois. Sur l'ardoise figurent régulièrement un plat de pâtes, genre tagliatelles aux champignons et courgettes, macaroni aux aubergines, et quelques plats de viande : émincé de bœuf Strogonoff, *massalé* d'agneau... ainsi que de grandes assiettes (niçoise, italienne, etc.) qui plaisent beaucoup en été.

І●І *L'Excuse* **– 14, rue Charles-V** ☎ 01.42.77.98.97. Ouvert de 12 h à 14 h et de 19 h 30 à 23 h. Fermé le dimanche et les jours fériés. Accès : Mº Saint-Paul. Le midi, formule express à 120 F (18,3 €), avec plat + entrée ou dessert + une boisson, et déjeuner affaires à 150 F (22,9 €), avec entrée + plat + dessert + une boisson. Menu à 185 F (28,2 €) à la carte, l'addition monte vite. Compter un bon 300 F (45,7 €). *L'Excuse* est le genre d'endroit où emmener vos espérés futurs beaux-parents. Lumière légèrement tamisée et décoration étudiée, moderne et raffinée, dans la petite salle ou à l'étage, et Mozart ou un fond de jazz pour l'ambiance, le cadre est posé, parfaitement réussi puisqu'on s'y sent bien malgré son côté bon chic. Et le service, professionnel, n'indispose nullement. Présent mais jamais lourd. C'est donc fort à l'aise et ravi qu'on dégustera pour dîner le menu qui change chaque semaine, pour notre plus grand plaisir. On y a par exemple la soupe de moules de bouchot aux zestes d'orange, la brochette d'espadon aux légumes à la niçoise, et pour clore, une crème brûlée à la pistache parfaite. Un reproche tout de même : si le midi les portions sont suffisantes, le soir on s'attendrait à des assiettes plus généreuses. Carte des vins bien fournie, avec un penchant pour le bourgogne.

І●І *Restaurant Le Grizzli* **– 7, rue Saint-Martin** ☎ 01.48.87.77.56. Fermé le dimanche. Accès : Mº Hôtel-de-Ville ou Châtelet. Menu le midi à 120 F (18,3 €), un autre à 160 F (24,4 €). Compter 180 F (27,4 €) à la carte. Cet ours ariégois vaut autant pour son accueillante terrasse à deux pas de l'église Saint-Merri que pour sa cuisine inspirée de son terroir natal. Ratatouille à l'œuf poché, jambon au couteau, fricot de veau aux cèpes secs, calmars à l'encre, saumon à l'ardoise, cassoulet aux haricots tarbais... sont quelques-unes des bonnes pioches de la carte. *Apéritif offert.*

І●І *Restaurant À l'Escale* **– 1, rue des Deux-Ponts - 2, quai d'Orléans** ☎ 01.43.54.94.23. Fermé le soir et le mercredi. Congés annuels : août. Accès : Mº Pont-Marie. Repas à 140 F (21,3 €) environ à la carte. Plats du jour de 70 à 75 F (10,7 à 11,4 €). Chez ce bougnat sympa (ensoleillé du côté donnant sur la Seine), le provincial de passage à Paris qui vient de crapahuter entre Notre-Dame et l'île Saint-Louis trouvera tout le réconfort voulu auprès d'un plat du jour cuisiné avec amour par Mme Tardieu, une « maman » pour ses clients. Pot-au-feu, agneau au curry, saucisson lyonnais, andouillette se mangent avec plaisir et peuvent être accompagnés d'un verre de vins d'Irancy, de Touraine ou d'ailleurs, choisis par M. Tardieu, un fin connaisseur...

|●| *Brasserie de l'Île-Saint-Louis* – 55, quai de Bourbon ☎ 01.43.54.02.59. Service non-stop de 12 h à 1 h. Fermé le mercredi et le jeudi midi. Congés annuels : août. Accès : Mᵒ Pont-Marie. Avec un bon petit vin d'Alsace pour arroser le tout, comptez 150-160 F (22,9-24,4 €) environ. Rien n'a changé depuis plusieurs décennies, même pas les serveurs qui sont là depuis un quart de siècle en moyenne. Pourtant, ils n'ont pas perdu leur zèle, ni leur bonne humeur. La cigogne empaillée trône toujours sur le bar et une pendule vosgienne rythme le repas des clients, qui dégustent au coude à coude une bonne vieille choucroute des familles. Les soirs de matchs de rugby à Paris, les supporters se retrouvent ici pour descendre une Mutzig. Bien entendu, la carte tourne autour de l'excellente choucroute, mais on y trouve aussi du haddock, du cassoulet maison et, en entrée, un *Welsh rarebit*, fromage fondu à la bière brune qui vient d'outre-Manche. On peut aussi se contenter d'une bonne omelette aux fines herbes, en contemplant le dos de Notre-Dame et les quais de Seine car, en plus, le site est unique.

5ᵉ arrondissement

≜ *Young and Happy Hostel* – 80, rue Mouffetard ☎ 01.45.35.09.53. Fax : 01.47.07.22.24. Fermé de 2 h à 8 h du matin. Accès : Mᵒ Censier-Daubenton ou Monge. Chambres doubles à 254 F (38,7 €). En dortoir, comptez 107 F (16,3 €) par personne, petit déjeuner compris. Réservation possible par e-mail, fax, téléphone, ou bien par écrit, avec carte *Visa* ou *MasterCard*, ou venir le matin entre 8 h et 11 h. Téléphone à pièces dans l'entrée, distributeur de boissons froides, télé. Pour ceux qui veulent être en prise directe avec l'animation du quartier, c'est l'hôtel idéal pour jeunes. Pour assez bruyante, mieux vaut le savoir. 70 places en chambres rudimentaires. Ambiance internationale décontractée. Possibilité de manger au restaurant universitaire tout proche.

≜ *Hôtel Marignan* * – 13, rue du Sommerard ☎ 01.43.54.63.81. Accès : Mᵒ Maubert-Mutualité ; pas loin du musée de Cluny. Doubles de 310 à 490 F (47,2 à 74,7 €). Un rendez-vous des routards du monde entier depuis plus de trois décennies. Accueil aimable. On peut pique-niquer dans la salle à manger. Selon ses besoins, on trouve sur place four à micro-ondes et réfrigérateur, lave-linge et planche à repasser. Bonnes infos sur Paris. *De surcroît, un tour en bateau-mouche vous sera offert pour un séjour supérieur à 2 jours, d'octobre à mars.*

≜ *Hôtel Esmeralda* ** – 4, rue Saint-Julien-le-Pauvre ☎ 01.43.54.19.20. Fax : 01.40.51.00.68. Accès : Mᵒ Saint-Michel et Maubert-Mutualité. Doubles avec douche et wc ou bains de 420 à 490 F (64 à 74,7 €). Petit hôtel de 19 chambres, du XVIIᵉ siècle,

décoré comme une maison de poupée. Escalier classé. Idéal si l'on n'est pas trop regardant sur le mobilier bien vétuste, et le côté un peu grenier fourre-tout de l'ensemble. Certaines chambres avec vue en coin sur Notre-Dame et le square Viviani. Salles de bains (et surtout les baignoires) vétustes, sauf certaines remplacées cette année, et pas toujours très nettes.

≜ *Familia Hôtel* – 11, rue des Écoles ☎ 01.43.54.55.27. Fax : 01.43.29.61.77. TV. Satellite / câble. Accès : Mᵒ Jussieu, Maubert-Mutualité ou Cardinal-Lemoine. Doubles avec douche et wc de 390 à 450 F (59,5 à 68,6 €), avec bains dc 500 à 580 F (76,2 à 88,4 €). Un hôtel confortable, agréable et excellent accueil de la famille Gaudreron, les parents soutenant leur fils unique qui se mettra en quatre pour vous rendre service. Les chambres bénéficient de peintures murales étonnantes dans les tons « terre de Sienne », représentant le Paris éternel. Pensez à réserver celles des 5ᵉ et 6ᵉ étages, pour leur vue sur les toits de Paris et Notre-Dame. La cage d'escalier en pierre est magnifique et l'entrée contient une authentique bibliothèque des XVIIIᵉ et XIXᵉ siècles. *10 % sur le prix de la chambre du 1ᵉʳ au 31 août.*

≜ *Hôtel de la Sorbonne* ** – 6, rue Victor-Cousin ☎ 01.43.54.58.08. Fax : 01.40.51.05.18. TV. Satellite / câble. Accès : Mᵒ Saint-Michel ou Cluny-La Sorbonne. Doubles de 440 à 480 F (67,1 à 73,2 €). Hôtel propret au cœur du quartier étudiant et de l'animation. Entrée sous le porche. Petite structure agréable. Prix finalement honnêtes puisque l'endroit est calme, bien tenu, l'accueil avenant, que chaque chambre propose téléphone, sèche-cheveux, et que les prix les plus élevés correspondent à des chambres spacieuses avec salle de bains en marbre.

≜ *Hôtel des Grandes Écoles* *** – 75, rue du Cardinal-Lemoine ☎ 01.43.26.79.23. Fax : 01.43.25.28.15. Parking payant. ⚹ Accès : Mᵒ Cardinal-Lemoine ou Monge. Doubles avec douche et wc ou bains de 530 à 690 F (80,8 à 105,2 €). La campagne à Paris, tout simplement incroyable ! Situé dans une ruelle privée à deux pas de la place de la Contrescarpe, cet hôtel est en fait une charmante maison de caractère avec jardin verdoyant et courette pavée. Ça fait bien longtemps que la gentille propriétaire et sa fille accueillent avec le sourire les voyageurs de tous pays. 51 chambres de chaque côté de l'impasse, soigneusement tenues et arrangées avec goût. Dès les beaux jours, possibilité de prendre le thé dans le jardin, même si l'on n'est pas client de l'hôtel. Nécessité de réserver longtemps à l'avance, cette adresse étant très prisée des Américains amoureux de Paris. Télévores, évitez cet hôtel. On est là pour déguster ce magnifique endroit, pas pour regarder « Culture Pub ».

📍 I●I *Les Degrés de Notre-Dame* – 10, rue des Grands-Degrés ☎ 01.55.42.88.88. Fax : 01.55.42.88.88. TV. Resto fermé le dimanche. Accès : Mᵒ Maubert-Mutualité ou RER Saint-Michel. Doubles entre 600 et 720 F (91,5 et 109,8 €) avec bains. Studio pour 4 à 800 F (122 €). Menu le midi en semaine à 58 F (8,8 €), puis de 94 à 145 F (14,3 à 22,1 €). Charmant petit hôtel avec des chambres possédant, pour certaines, une vue sur Notre-Dame. Moins calmes que les autres, mais faut savoir ce que l'on veut, dans la vie. Il y en a une très grande, au 5ᵉ étage, et c'est sans ascenseur, on vous prévient également. On peut même manger un couscous dans le resto, au rez-de-chaussée. Esméralda n'en reviendrait pas ! Accueil mitigé. Réserver longtemps à l'avance. *Petit déjeuner offert.*

I●I *Foyer du Vietnam* – 80, rue Monge ☎ 01.45.35.32.54. Service jusqu'à 22 h. Fermé le dimanche et les jours fériés. Congés annuels : de fin juillet à fin août. Accès : Mᵒ Monge. Menus à 56 et 67 F (8,5 et 10,2 €). Poussez sans hésitation la porte de ce foyer. À l'entrée, sur un pan de mur, trône une affiche pieuse de l'oncle Hô avec un enfant, et sur la gauche, dans un petit espace qui fait face à la cuisine, une télé censée distraire les habitués mais qui fait le bonheur du serveur. L'endroit ne paye définitivement pas de mine, mais on y mange une cuisine vietnamienne familiale d'une probité qu'on ne peut que louer. Excellente soupe au porc (le petit modèle est très copieux) où nouilles et bouillon forment un tout savoureux, raviolis à la vapeur délicieux (au porc ou crevettes). Le reste, poisson mijoté à la sauce piquante, brochettes de porc, soupe Hanoï... est à l'avenant. Quelques spécialités intéressantes en fin de semaine, comme la soupe de riz aux tripes (en alternance avec une soupe de canard), ou encore les gambas grillées aux vermicelles.

I●I *Restaurant Tashi-Delek* – 4, rue des Fossés-Saint-Jacques ☎ 01.43.26.55.55. Service midi et soir jusqu'à 23 h. Fermé le dimanche. Congés annuels : août. Accès : RER Luxembourg. Exotisme assuré pour environ 90 F (13,7 €). Menus de 56 à 65 F (8,5 à 9,9 €). Adresse incontournable. Le 1ᵉʳ restaurant tibétain de Paris, tenu par d'authentiques Tibétains, installés ici depuis l'invasion de leur pays par la Chine. Servie dans un sobre décor tibétain, la cuisine est composée de plats régionaux d'U-Tsang, Kham et Amdo. Prenez donc plusieurs plats pour vous familiariser avec cette cuisine du bout du monde : *momok* (ravioli de bœuf), *shaseh* (bœuf braisé), *chabale* (galettes farcies), *baktsa markou* (boulettes de pâtes avec beurre fondu et fromage de chèvre)...

et puis le thé au beurre salé pour les courageux. *Café offert.*

I●I *Restaurant Le Volcan* – 10, rue Thouin ☎ 01.46.33.38.33. Service jusqu'à 23 h 30. Fermé le lundi. Accès : Mᵒ Monge ou Cardinal-Lemoine. Plats autour de 75 F (11,4 €). Menus à 59 F (9 €) servi en semaine jusqu'à 20 h, 95 et 145 F (14,5 et 22,1 €) avec, à chaque fois, entrée, plat et dessert, servis même le soir, ce qui est étonnant (mais boisson comprise uniquement pour le déjeuner). Existe depuis de nombreuses années mais n'a jamais perdu son caractère populaire et naturel. Une valeur sûre. Cuisine française avec quelques échappées vers la Grèce. Bonne *moussaka.*

I●I *Restaurant Perraudin* – 157, rue Saint-Jacques ☎ 01.46.33.15.75. Service jusqu'à 22 h 15. Fermé le samedi midi, le dimanche et le lundi midi. Congés annuels : la 2ᵉ quinzaine d'août. Accès : RER Luxembourg ; à deux pas du Panthéon et du jardin du Luxembourg. Menu déjeuner à 63 F (9,6 €), avec entrée, plat et dessert ; à la carte, il faut compter 120 F (18,3 €). Un petit bistrot de cuisine traditionnelle, lieu de rencontre des éditeurs et des étudiants de la Sorbonne, où les recettes d'autrefois sont remises à l'honneur. Tarte à l'oignon, quiche lorraine, œufs cocotte à la crème fraîche et lardons, gigot au gratin dauphinois, confit de canard, bœuf bourguignon pommes vapeur. Sans prétention ni coup de bâton. Du reste, c'est notre cantine à midi. On peut manger dans une petite cour intérieure en été. *Apéritif offert.*

I●I *Restaurant Pema Thang* – 13, rue de la Montagne-Sainte-Geneviève ☎ 01.43.54.34.34. Service de 12 h à 14 h 30 et de 19 h à 23 h. Fermé le dimanche et le lundi midi. Congés annuels : août. Accès : Mᵒ Maubert-Mutualité. Menu le midi en semaine à 65 F (9,9 €). Les menus suivants également à des prix d'une courtoisie tout orientale, puisqu'ils sont à 79 F (12 €), l'un carnivore, l'autre végétarien, et 110 F (16,8 €). Un menu à 105 F (16 €) permet de goûter aux différentes spécialités tibétaines. Une fois de plus, le Quartier latin reste le carrefour des cultures de la capitale. Pour preuve, cette table sortie tout droit des hauts plateaux tibétains. On y découvre une cuisine tout en nuances et en harmonies subtiles qui vaut bien celles de ses cousines asiatiques. Des repas pris à toute vapeur (c'est la spécialité du Tibet) et qui, bien qu'originaux, sont à la croisée des cuisines chinoise, japonaise et indienne. À l'heure du déjeuner, sorbonnards et cols blancs viennent découvrir d'autres horizons à coups de *sha momok* (petits chaussons de bœuf cuits à la vapeur), *then thouk* (bouillon aux nouilles maison) et autres *pemathang* (boulettes de viandes à l'aigre-doux, légumes sautés).

I●I *Restaurant Le Port du Salut* – 163 *bis*, rue Saint-Jacques ☎ 01.46.33.63.21. Service de 12 h à 14 h 30 et de 19 h à 22 h 30. Fermé le dimanche soir et le lundi. Accès : RER Luxembourg. Menu à 67 F (10,2 €) avec entrée, plat et dessert, servi tous les jours, et excellente formule à 94 F (14,3 €) avec un plat, une entrée ou un dessert. N'hésitez pas à vous y rendre s'il y a trop de monde au *Perraudin*. Un cadre plein de charme, avec ses grosses poutres, son minuscule escalier, son piano et ses tableaux champêtres. Tous les grands de la chanson française ont défilé ici (la liste est trop longue). Avec son décor intime, ses serviettes en tissu et son service attentif, un rendez-vous bien sympathique. Grande cave pour les groupes.

I●I *Restaurant Han Lim* – 6, rue Blainville ☎ 01.43.54.62.74. Fermé le lundi. Accès : Mᵒ Monge. Menu à 73 F (11,1 €) le midi. Barbecue coréen à 82 F (12,5 €). Installé depuis des lustres au Quartier latin, c'est l'un des plus vieux coréens de Paname. Intéressant menu au midi, comprenant potage au pot-au-feu, fruits de mer sautés (bulots et seiches), riz et assortiment de légumes coréens, dessert et un quart de rouge ou une demi-Évian. Le prix du barbecue coréen est une bagatelle pour un voyage dans l'exotisme d'une cuisine méconnue. Très bonnes grillades sur brasero et délectable poulet farci à l'ail. Après le resto, pourquoi ne pas s'envoyer une pinte de bière au *Connolly's Corner*, l'un des pubs irlandais les plus populaires de Paris ?

I●I *Restaurant Au Bistrot de la Sorbonne* – 4, rue Toullier ☎ 01.43.54.41.49. Service jusqu'à 23 h. Fermé le dimanche. Congés annuels : août. Accès : RER Luxembourg et Mᵒ Cluny-La Sorbonne. Menus de 75 à 140 F (11,4 à 21,3 €). Ceux qui font leurs études à l'université à côté connaissent bien cette sympathique maison où l'on mange correctement pour un prix raisonnable. La bonne surprise, c'est aussi le décor agréable des deux salles en enfilade, où les murs de l'une évoquent la Sorbonne toute proche au XIVᵉ siècle. Le 1ᵉʳ menu, avec crudités, *tajine* pruneaux-amandes et salade de fruits, vaut son prix.

I●I *Restaurant Savannah Café* – 27, rue Descartes ☎ 01.43.29.45.77. Fermé le dimanche et le lundi midi. Congés annuels : autour du 20 décembre et jusqu'au 4 janvier. Accès : Mᵒ Cardinal-Lemoine. Menus à 85 F (13 €), le midi et 137 F (20,9 €). Sinon, comptez environ 150-180 F (22,9-27,4 €) à la carte. Si vous tenez absolument à dîner dans le quartier Contrescarpe-Mouffetard, on vous conseille cet endroit. Richard, le maître des lieux d'origine libanaise, vous accueillera avec cette politesse tout orientale que l'on aimerait rencontrer plus souvent dans les restos de chez nous. Côté cuisine, Richard, en parfait citoyen du monde, a l'assiette voyageuse. Taboulé, *hommos*, *kebbé*, *ceviché*, carpaccio, curry d'agneau à la coriandre fraîche, *chili con carne*, *curry* de légumes et de fruits (à la cardamome, coco, chutney) pourront, selon vos envies, vous faire voir du pays. Crème de lait recommandée en dessert.

I●I *Restaurant Le Buisson Ardent* – 25, rue de Jussieu ☎ 01.43.54.93.02. Fermé le samedi midi et le dimanche. Congés annuels : 3 semaines en août. Accès : Mᵒ Jussieu. Menu à 90 F (13,7 €) le midi et repas complet à la carte à 160 F (24,4 €). Cela reste une de nos adresses préférées, malgré le récent changement de propriétaire. Le cadre, toujours aussi conformiste, mais pas désagréable, correspond bien à ce que l'on trouve dans l'assiette : une cuisine faussement sage. Celle-ci joue avec les produits du terroir, avec un rare bonheur et se montre résolument contemporaine, savoureuse et colorée. Le menu change régulièrement, ainsi que la carte. Les associations de goût ne sont jamais hasardeuses, mais toujours heureuses. Un vrai bon plan routard, en face de la fac de Jussieu. *Apéritif offert.*

I●I *Restaurant L'Atlas* – 10-12, bd Saint-Germain ☎ 01.46.33.86.98. Fermé le lundi. Accès : Mᵒ Maubert-Mutualité. Menus à 98 F (14,9 €) le midi et 129 F (19,7 €). À la carte, comptez 200 F (30,5 €) environ. Ce n'est pas donné. Après une visite à l'Institut du Monde arabe, prolongez votre voyage en prenant place dans ce restaurant dont l'enseigne évoque oueds, rocailles et palmeraies. Benjamin El Jaziri, qui a un temps travaillé dans de grandes maisons, nous propose une cuisine fidèle à ses origines marocaines, mais allégée de ses sucres et matières grasses. Pour preuve, son couscous d'une grande légèreté, servi avec des viandes et légumes sans reproche, et ses formidables *tajines* (16 au choix) qui ravissent aussi les gourmets. En dehors de ces classiques, on se régale de ses gambas grillées au paprika, son quartier d'agneau à la mauve, de la pastilla aux fruits de mer ou du perdreau aux châtaignes (en saison). Accueil chaleureux et service attentionné. *Apéritif offert.*

I●I *Le Mauzac* – 7, rue de l'Abbé-de-l'Épée ☎ 01.46.33.75.22. Service de 6 h 30 à 22 h (23 h le jeudi et le vendredi). Fermé le dimanche. Congés annuels : août. Accès : RER Luxembourg. Compter 100 F (15,2 €) pour un repas le midi, 160 F (24,4 €) le soir. Vins de 12 à 19 F (1,8 à 2,9 €) le verre. Ce fier bistrot possède un mobilier rare des années 50 (tables et zinc) et quelques curiosités comme un pilastre de temple et un pilier habillé en arbre robuste. Les petits vins y sont riches et pleins de fruits (35 références vigneronnes) et les propositions du jour du jeune chef Laurent non dénuées d'intérêt. Navarin d'agneau aux petits légumes, poulet fermier au vinaigre d'estragon, épeautre aux champignons, minute de rascasse pommes écrasées à l'ail et huile d'olive... C'est selon ce que ramène Jean-Michel, le patron qui joue les têtes chercheuses à Rungis. Des plats que l'on retrouve deux soirs par semaine (le jeudi et le vendredi). Les autres soirs, *Le Mauzac* propose simplement jusqu'à 22 h des assiettes de charcuteries et de fromages. Service prompt de Christine, la maîtresse de maison, et de sa souriante serveuse.

|●| *Restaurant Au Jardin des Pâtes* – 4, **rue Lacépède** ☎ 01.43.31.50.71. Service de 12 h à 14 h 30 et de 19 h à 23 h. Accès : Mº Jussieu ou Monge ; à quelques dizaines de mètres du jardin des Plantes. Compter 100 F (15,2 €) le repas. Cette maison dévouée corps et âme à la *pasta* (faite maison et issue de farine provenant de l'agriculture biologique) joue la carte du naturel avec ses bières et ses vins bio. Nos favorites : les pâtes de sarrasin aux foies de volailles, beurre de sésame et pruneaux. Mais les pâtes de riz aux légumes sautés, gingembre et tofu se laissent bien manger. Il est conseillé de réserver. *Café offert.*

|●| *Restaurant Le Languedoc* – 64, bd de **Port-Royal** ☎ 01.47.07.24.47. Dernière commande à 22 h. Fermé le mardi et le mercredi. Congés annuels : en août et 2 semaines entre Noël et le Jour de l'An. Accès : Mº Gobelins ou RER Port-Royal. Menu à 105 F (16 €), avec entrée, plat, fromage ou dessert et demi-bouteille de vin, sinon comptez 135 F (20,6 €) par personne. Une des adresses favorites des correcteurs d'imprimerie de plusieurs boîtes. C'est tout dire quand on connaît leur sens de la table. Cuisine roborative du Sud-Ouest dans un cadre genre vieille maison de province. Vous demandez un hareng, on vous apporte la terrine sur la table. Le confit de canard pommes sarladaises règne en maître, mais les viandes se défendent bien. Leur vin du Rouergue aide superbement à faire descendre tout cela. Le gaillac blanc et rouge, produit par les vignes du patron, n'est pas mal non plus. Un peu en baisse.

|●| *Restaurant Le Balzar* – 49, rue des **Écoles** ☎ 01.43.54.13.67. Service de midi à minuit. Accès : Mº Cluny-La Sorbonne ou Odéon. Un repas à la carte revient environ à 200 F (30,5 €). Reprise en main par le groupe *Flo*, cette célèbre brasserie demeure un rendez-vous très agréable pour souper après le cinéma ou le théâtre. Même décor et même ambiance que *Lipp*, en un peu moins cher. D'ailleurs, le midi, tous les éditeurs et les profs de la Sorbonne s'y retrouvent. Décor traditionnel des brasseries cossues : banquettes de moleskine, grands miroirs et garçons en tablier blanc. Très agréable aquarium tout en longueur où au

chaud, l'hiver, on peut regarder les passants et les passantes. Spécialités : terrine de lapin maison, raie au beurre fondu et choucroute. Bonne nourriture, classique et chère, mais ce qui compte, c'est d'être là.

6ᵉ arrondissement

≜ *Association des étudiants protestants de Paris* – 46, rue de Vaugirard ☎ 01.46.33.23.30. Fax : 01.46.34.27.09. Accueil ouvert de 8 h 45 à 12 h et de 15 h à 19 h ; le samedi, mêmes horaires le matin et de 18 h à 20 h le soir ; le dimanche et les jours fériés, de 10 h à 12 h. Accès : Mº Luxembourg, Mabillon ou Saint-Sulpice ; face au jardin du Luxembourg. Doubles à 95 F (14,5 €) seulement pendant l'été. Grand immeuble accessible aux étudiants de 18 à 30 ans, face au jardin du Luxembourg. Tenu par une association sympathique, qui gère une cinquantaine de lits en dortoirs de 4 à 6 personnes. L'endroit est vieillot et c'est ce qui fait son charme. Cela dit, on a repeint les couloirs qui, il est vrai, en avaient besoin. Mais les chambres sont vraiment bien situées, surtout celles en hauteur, avec vue sur Saint-Sulpice et le jardin du Luxembourg. Petit déjeuner compris et balade dans le jardin également.

≜ *Delhy's Hôtel* * – 22, rue de l'Hirondelle ☎ 01.43.26.58.25. Fax : 01.43.26.51.06. TV. Accès : Mº Saint-Michel. Chambres de 310 à 390 F (47,3 à 59,5 €) avec lavabo ou douche. À 30 m de la place Saint-Michel, dans l'une des ruelles les plus méconnues de Paris. Tant mieux, on y gagne en calme. Petit hôtel tout serré entre ses vieux murs, qui fleure bon le vieux Paris. Au XVIᵉ siècle, c'était un hôtel particulier (avec le nº 20) que François Iᵉʳ avait offert à sa favorite : la duchesse d'Étampes, Anne de Pisseleu. Pierres apparentes et poutres. Chambres meublées avec un mobilier qui n'est pas d'époque. Du moins pas de celle de François Iᵉʳ. *10 % sur le prix de la chambre à partir de 3 nuitées.*

≜ *Hôtel des Académies* * – 15, rue de la Grande-Chaumière ☎ 01.43.26.66.44. Fax : 01.43.26.03.72. Accès : Mº Vavin. Doubles avec douche à 315 F (48 €), avec douche et wc de 360 à 375 F (54,9 à 57,2 €). Petit hôtel de type familial (depuis 1920 !), dans une rue calme à Montparnasse. Un côté années 50 dans l'atmosphère. Pensez à réserver longtemps à l'avance. Parking souterrain à 50 m boulevard du Montparnasse payant. *10 % sur le prix de la chambre le week-end.*

≜ *Hôtel de Nesle* – 7, rue de Nesle ☎ 01.43.54.62.41. Fax : 01.43.54.31.88. Parking. Accès : Mº Odéon. Doubles avec lavabo (toilettes à l'étage) à 350 F (53,4 €), avec douche et wc à 500 F (76,2 €), vue sur le jardin. Attention : pas de réservation, mieux vaut venir avant 10 h. Dans une petite rue calme et chargée d'histoire. Clientèle en majorité anglo-saxonne. La patronne et son fils couvent leurs clients avec amour et règnent sur ce petit monde avec bonne humeur. Petit jardin intérieur pour bouquiner tranquille, mais il n'est pas toujours ouvert. Jolie terrasse surplombant le jardin. Chaque chambre possède sa propre personnalité : la n° 2, style « mère-grand » avec vieux tableaux, papier peint passé, meubles anciens, etc., la n° 9, dans le genre égyptien. On aime bien la n° 5, dans le style colonial, toute blanche et poutres apparentes. 20 chambres en tout, bien tenues et modestes mais qui possèdent incontestablement un certain cachet et de l'humour. Surprenante douche style « péplum ». Il y a même un petit hammam dans la chambre n° 4 qui porte le doux nom de la Saharienne !

🏠 **Hôtel des Canettes** ✯✯ – 17, rue des Canettes ☎ 01.46.33.12.67. Fax : 01.44.07.07.37. TV. Accès : M° Saint-Germain-des-Prés ou Mabillon. Doubles avec douche et wc ou bains à 470 F (71,7 €). Dans une rue très animée, avec magasins d'inspiration américaine et pubs. Établissement qui présente la curiosité d'avoir une apparence ancienne et de posséder une décoration intérieure très *high tech* et colorée. Les chambres sur rue sont plus claires mais n'ont pas de double-vitrage. Celles sur cour sont plus calmes mais sombres. *10 % sur le prix de la chambre.*

🏠 **Hôtel du Lys** ✯✯ – 23, rue Serpente (Centre) ☎ 01.43.26.97.57. Fax : 01.44.07.34.90. TV. Satellite / câble. Accès : M° Saint-Michel ou Odéon. Doubles à 550 F (83,8 €), petit déjeuner compris. Rue calme. Hôtel agréable dégageant une atmosphère familiale. Coffre individuel, sèche-cheveux : on a pensé à tout. Cerise sur le gâteau : l'accueil est très avenant. Les chambres de devant sont les meilleures. Choisissez par exemple la n° 9 donnant sur la cour, dont le papier peint et le couvre-lit offrent une douce harmonie. N'accepte que la carte de crédit Visa.

🏠 **Grand Hôtel des Balcons** ✯✯ – 3, rue Casimir-Delavigne ☎ 01.46.34.78.50. Fax : 01.46.34.06.27. ● www.balcons.com ● TV. Satellite / câble. Accès : M° Odéon ou RER Luxembourg ; à 100 m du théâtre de l'Odéon, dans une petite rue plutôt calme qui débouche sur la rue Monsieur-le-Prince. Doubles avec bains à partir de 600 F (91,5 €). Décoration intérieure style Art déco, que l'on ne retrouve plus dans les chambres, aménagées de façon fonctionnelle. C'est l'hôtel où descendent les commerciaux qui vendent le *Routard*. Et l'accueil est bon. Cartes de crédit acceptées sauf *American Express* et *Dinner's*. *Petit déjeuner offert le jour de votre anniversaire.*

🍴 **Restaurant Nouvelle Couronne Thaïe** – 17, rue Jules-Chaplain ☎ 01.43.54.29.88. Service jusqu'à 23 h. Fermé le dimanche midi et le lundi midi. Accès : M° Vavin. Menus le midi en semaine à 45 et 52 F (6,9 et 7,9 €), et à 69 et 98 F (10,5 et 14,9 €) le soir. Comptez 120 F (18,3 €) pour un repas à la carte. Quart de rouge à 12 F (1,8 €), côtes-du-rhône à 48 F (7,3 €). Dans cette rue discrète, découvrez un excellent restaurant thaï. Cadre particulièrement soigné, teintes douces, atmosphère tamisée, tables bien espacées. Accueil délicieux et service efficace. Bonnes spécialités. Nous avons sélectionné, entre autres, la soupe de poisson au lait de coco (si délicatement parfumée), la marmite de fruits de mer ou de crevettes au saté, les cuisses de grenouilles au basilic, le poulet laqué à la citronnelle, le canard sauté pimenté aux pousses de bambou, le travers de porc au sel, etc. Beaucoup de plats chinois également et quelques spécialités à la vapeur. Vins à prix fort raisonnables. Bières chinoises et thaïes. En conclusion, un remarquable rapport qualité-prix-cadre-accueil-nourriture.

🍴 **Restaurant Indonesia** – 12, rue de Vaugirard ☎ 01.43.25.70.22. Commandes jusqu'à 22 h 30, le vendredi et le samedi jusqu'à 23 h. Accès : M° Odéon ou RER Luxembourg. Menu le midi en semaine à 50 F (7,6 €), puis de 89 à 129 F (13,6 à 19,7 €). Le soir, il est préférable de réserver. Le seul resto indonésien de Paris organisé en coopérative ouvrière. Par chance, la nourriture est bonne et l'accueil souriant. Plusieurs formules de menus sous forme de *rijstt-tafel* (table de riz complet) qui comprend toute une série de petits plats typiques des îles de Java, Sumatra, Bali et des Célèbes : *rendang* (viande à base de lait de coco), *balado ikan* (poisson à la sauce tomate pimentée), etc. Les menus plus chers proposent une plus grande diversité de mets. Une explication sur la dégustation du riz est fournie sur la carte. Délicieux *curries* et *saté kambing* (brochettes de mouton). *Rijstt-tafels* aussi chaque vendredi soir lors des soirées de danses balinaises. *Apéritif offert.*

🍴 **Restaurant L'Assignat** – 7, rue Guénégaud ☎ 01.43.54.87.68. Service de 7 h 30 à 20 h 30 pour le bar et de 12 h à 15 h 30 pour le resto. Fermé le dimanche. Congés annuels : juillet. Accès : M° Odéon. Plats autour de 40-45 F (6,1-6,9 €), plat du jour à 40 F (6,1 €) et menu à 60 F (9,1 €), 70 F (10,7 €) avec le vin. L'addition ne dépasse pas 75 F (11,4 €). Qui penserait que cette petite rue, presque sans trottoir et toujours encombrée, abrite un discret petit resto de quartier ? C'est le refuge des marchands d'art qui en ont assez de claquer 200 balles pour déjeuner, celui des ouvriers de la Monnaie de Paris et des étudiants des Beaux-Arts qui peuvent ici renouer avec un mode de paiement d'avant-guerre : le crédit. Les boursiers mangent et inscrivent sur un carnet ce qu'ils ont pris, ils paieront en fin de mois. Au coude à coude, on déjeune de plats simples qui tiennent au corps dans une atmosphère animée. La maman du patron, aux fourneaux depuis bien longtemps, semble ravie de servir son petit monde. *Café offert.*

|●|ʹ *Restaurant Osteria del Passepartout* – 20, rue de l'Hirondelle ☎ 01.46.34.14.54. Service midi et soir jusqu'à 23 h. Fermé le samedi midi et le dimanche. Congés annuels : 1 semaine en août. Accès : Mᵒ Saint-Michel ; dans une minuscule ruelle en escalier, qui part de la place Saint-Michel après un passage voûté et débouche sur la rue Gît-le-Cœur. Bon menu à 66 F (10,1 €) le midi uniquement. Cuisine italienne raffinée, inventive et soignée. Essentiellement des pâtes, accompagnées de sauces succulentes (ravioli *alla ricotta* et épinards... hmm !, lasagnes bolognaise « maison », tagliatelles aux cêpes, raviolis *al salmone*... re-hmm !), mais aussi du lapin au four à la tomate et au basilic, de la daube de bœuf aux oignons et vin rouge. Et bien sûr, chaque jour de la semaine, un plat différent : osso buco, etc. Produits très frais, service attentionné.

|●| *Le Petit Vatel* – 5, rue Lobineau ☎ 01.43.54.28.49. Fermé le dimanche et le lundi. Congés annuels : du 15 janvier au 15 février. Accès : Mᵒ Mabillon. Formule à 70 F (10,7 €), plat, entrée ou dessert et café et plats autour de 50 F (7,6 €). Verre de minervois ou de bergerac blanc pour 12 F (1,8 €). Enfin, cette institution germanopratine est redevenue fréquentable. Cette adresse de poche (petite, la poche !) a été reprise par un sympathique patron qui a retoiletté l'ensemble mais a conservé des prix cléments. Essayez la terrine maison, les tartines de tapenade, la tourte, l'assiette végétarienne ou encore les plats mijotés : rognons au vin blanc, bœuf miroton, sauté d'agneau... le rapport qualité-prix vous semblera encore plus évident. Effort tout aussi soutenu rayon liquide. Le choix : gaillac, cahors... s'accorde avec la cuisine, et les prix, la non plus, ne s'envolent pas.

|●| *Bouillon Racine* – 3, rue Racine ☎ 01.44.32.15.60. Ouvert tous les jours de 11 h à 1 h. Accès : Mᵒ Cluny-La Sorbonne ou Odéon. Menus « Bouillon » à 79 et 107 F (12 et 16,3 €) le midi en semaine, puis menu « Découvertes » à 218 F (33,2 €) vin compris. Enfin, une belle adresse dans le quartier. Dans le cas de ce *Bouillon*, on peut carrément parler de renaissance, puisqu'il est né au début de ce siècle sous le nom de *Bouillon Camille Chartier*. Après moult péripéties, il finissait tristement sa vie comme une vulgaire cantine administrative. Heureusement, le cadre, quoique abîmé, était toujours là puisque classé Monument histo-

rique. Racheté par des investisseurs belges, ce magnifique exemple de l'Art nouveau entame une vie nouvelle. Grâce aux compagnons du Devoir, il a retrouvé sa grâce d'antan. Miroirs biseautés, opalines et vitraux peints, mosaïques en marbre, lettrines dorées à la feuille... tout est là. La cuisine aux couleurs de la bière rend hommage à la Belgique et à ses remarquables mousses. Des bières que l'on retrouve sur une carte où figurent les célèbres trappistes : Rochefort, Chimay, Orval... Au goûter (de 16 h à 18 h), tarte à la cassonade, speculoos... et à toute heure, le fameux café liégeois servi à la cruche. *Apéritif offert.*

|●| *Restaurant Aux Trois Canettes* – 18, rue des Canettes ☎ 01.43.26.29.62. Service jusqu'à 23 h environ. Fermé le samedi midi et le dimanche. Congés annuels : août. Accès : Mᵒ Saint-Germain-des-Prés ou Mabillon. Menu à 85 F (13 €). Repas à 180 F (27,4 €) environ à la carte. Antonio, Napolitain bon teint, règne sur ces *Trois Canettes* depuis les années 60. Un lieu qui n'a guère changé depuis ces années-là. Une maison historique où se tenait au siècle dernier un cabinet de lecture réputé où venait fréquemment Balzac, devenu un restaurant. Au rez-de-chaussée, décor « mers et volcans » évoquant la région de Naples, et au 1ᵉʳ étage une très belle salle pouvant accueillir de grandes tablées. Antonio reste fidèle aux traditions culinaires de son pays. Goûtez aux sardines *all'Antonio*, aux pâtes (dont le choix est important), telles les *penne alla siciliana* ou à la *saltimbocca* de veau au san daniele et autres curiosités. Ils défendent vaillamment les couleurs de la maison. Tous les mois de juin, au moment du marché de la poésie qui a lieu sur la place Saint-Sulpice, les *Trois Canettes* décernent un prix littéraire international.

|●| *La Rôtisserie d'en Face* – 2, rue Christine ☎ 01.43.26.40.98. Service de 12 h à 14 h 30 et de 19 h à 23 h (23 h 30 le vendredi et le samedi). Fermé le samedi midi et le dimanche. Accès : Mᵒ Odéon. Menu le midi en semaine à 100 F (15,2 €) puis menu à 230 F (35,1 €). Jacques Cagna, éminent toqué dont le gastro est à deux pas, peut afficher un sourire satisfait. Sa *Rôtisserie d'en Face* fait un tabac et il a réussi à en faire une institution de la rive gauche en quelques années. Canette de Barbarie au gratin de blettes, pastilla de pintade aux aubergines et oignons, poulet fermier à la broche, joue de cochon aux carottes et pommes fondantes (recette de Madame Cagna mère)... la rôtissoire tourne à plein. C'est en général bon, à l'exception de quelques ratés dus sans doute à l'importante rotation du personnel. Dommage que la carte des vins ne soit guère convaincante.

|●| *Noura* – 121, bd du Montparnasse ☎ 01.43.20.19.19. De 12 h à minuit. Accès :

Mᵒ Vavin. Il y a 2 menus : à 100 F (15,2 €) le midi et 150 F (22,9 €). Moins raffiné que son homologue de la rive droite, *Noura-Montparnasse* possède néanmoins un plus, une petite cour-jardin où l'on peut déjeuner ou dîner l'été. Les spécialités libanaises s'étalent sur la carte et on n'a que l'embarras du choix. Des formules assiettes ont été conçues (avec photos à l'appui) permettent au néophyte de faire son choix rapidement : assiette de hors-d'œuvre, *chawarma* mixte, *chawarma* viande-*hoummos*…. Les curieux essayeront le *jellab* (sirop de dattes pignons de pin), ou la bière libanaise. *Noura* est avant tout une brasserie où l'on peut manger en deux temps trois mouvements.

|●| *L'Épi Dupin* – 11, rue Dupin ☎ 01.42.22.64.56. Service jusqu'à 22 h 30 ; fermé le samedi et le dimanche. Accès : Mᵒ Sèvres-Babylone. Le midi, formule en semaine à 110 F (16,8 €), et menu-carte (vin en sus) à 165 F (25,2 €). Ancien élève de Kérever et Faugeron, François Pasteau affiche la mine rayonnante de l'homme heureux… Les raisons de son bonheur, un restaurant plein midi et soir et des clients contents qui ne laissent pas une miette dans leur assiette. Tout cela pour un rapport qualité-prix indéniable. Un menu peaufiné par des trouvailles quotidiennes à Rungis et qui propose chaque jour un choix de 6 entrées, 8 plats et 6 desserts. Les mauvaises pioches sont très très rares, et nous n'avons eu qu'à nous féliciter de notre choix : Tatin d'endives et chèvre caramélisée, râble de lapin croustillant et son parmentier, soupe tiède d'agrumes au rivesaltes glace aux noix. Un vrai bonheur gourmand du début à la fin. Service aimable et efficace.

|●| *Restaurant Aux Charpentiers* – 10, rue Mabillon ☎ 01.43.26.30.05. Service midi et soir jusqu'à 23 h. Fermé à Noël. Congés annuels : le 24 décembre au soir et le 25 décembre. Accès : Mᵒ Mabillon ou Saint-Germain-des-Prés. Plats du jour à 76 et 89 F (11,6 et 13,6 €). Ceux à la carte ne sont pas à moins de 89 F (13,6 €). En revanche, les entrées sont chères. Comptez un minimum de 180 F (27,4 €) pour un repas à la carte. Formules à 120 F (18,3 €) avec quart de vin le midi en semaine et 158 F (24,1 €) le soir. Une bonne adresse, solide comme une charpente de vieille halle. D'ailleurs, ce sont les anciens locaux des compagnons charpentiers du Devoir. Tout dans le décor le rappelle : beau comptoir, maquettes, souvenirs, photos liées au métier. Le musée des Compagnons est mitoyen avec le restaurant et le patron, qui connaît bien l'histoire du compagnonnage, se montre peu loquace, comme au Moyen Âge… quand le secret était de règle. Atmosphère mi-bistrot, mi-B.C.B.G. Cuisine bourgeoise traditionnelle réussie. À chaque jour son petit plat : lundi, veau marengo ; mardi, bœuf mode aux carottes ; mercredi, petit

salé aux lentilles ; jeudi, pot-au-feu et légumes, etc. *Apéritif offert.*

|●| *Restaurant Le Procope* – 13, rue de l'Ancienne-Comédie ☎ 01.40.46.79.00. Service continu de 11 h à 1 h du matin. Accès : Mᵒ Odéon. Menus de 130 à 178 F (19,8 à 27,1 €). À la carte, comptez 250 F (38,1 €). Le plus ancien café de Paris. En 1686, un certain Francesco Procopio dei Coltelli vint d'Italie ouvrir un troquet à Paris, y introduisant un breuvage nouveau appelé café. La proximité de la Comédie-Française en fit d'emblée un lieu littéraire et artistique. Au XVIIIᵉ siècle, les philosophes s'y réunissaient et *L'Encyclopédie* naquit d'une conversation entre Diderot et d'Alembert. Beaumarchais y attendait le verdict de ses pièces jouées à l'Odéon. Pendant la Révolution, c'était le lieu de rencontre de Danton, Marat et Camille Desmoulins, entre autres. Plus récemment, Musset, Sand, Balzac, Huysmans, Verlaine et bien d'autres aimaient à s'y retrouver. Aujourd'hui, *Le Procope* garde son rôle de café intellectuel. Chose incroyable, il continue à pratiquer des prix démocratiques, puisqu'on y trouve le 1ᵉʳ menu avec entrée, plat et dessert, servi jusqu'à 19 h 30 tous les jours. Chapeau ! Cuisine sans mystère mais l'essentiel est d'être sous les lambris ! En spécialités : marbré de saumon d'Écosse mi-fumé, coq au vin, sorbet au chocolat mi-amer et sa truffe. Carte des vins à prix raisonnables. Au 1ᵉʳ étage, remarquer l'humour des patrons : la moquette est constellée de fleurs de lys (ce qui est un comble dans ce haut lieu de la Révolution !). *Apéritif offert.*

|●| *Restaurant Le Machon d'Henri* – 8, rue Guisarde ☎ 01.43.29.08.70. Service jusqu'à 23 h 30. Accès : Mᵒ Saint-Germain-des-Prés ; près de la place Saint-Sulpice. À la carte, comptez autour de 135 F (20,6 €) pour un repas complet. Sympathique bistrot tout de pierre et de poutres, dispensant sa volée de bons p'tits plats classiques mais copieux : agneau de 7 heures gratin dauphinois, terrine de courgettes, foie de veau et sa compote d'oignons…

|●| *L'O à la Bouche* – 124, bd du Montparnasse ☎ 01.56.54.01.55. Ouvert jusqu'à 23 h. Fermé le dimanche et le lundi midi. Congés annuels : 2 semaines en août probablement. Accès : Mᵒ Vavin ou RER Port-Royal. Menu-carte à 190 F (29 €) ; formule déjeuner à 140 F (21,3 €). Ce jeune maître-queux au talent affirmé a concocté un menu-carte béton, auquel s'ajoutent quelques propositions quotidiennes à l'ardoise. Franck Paquier, ancien chef de la *Butte Chaillot*, annexe bistrotière de Guy Savoy, vient de s'installer dans ses meubles non loin de la *Closerie des Lilas*. Tout est frais, bien cuisiné, avec beaucoup de suite dans les idées. Tarte feuilletée aux sardines à la tapenade, salade multicolore de gam-

bas, foie gras de canard à la nougatine, filet de daurade en écailles blettes et champignons des bois jus à la vanille, artichauts et pousses d'épinards, jus à la citronnelle, grillons de ris d'agneau à l'estragon et pois gourmands. Les desserts : pain perdu oranges confites et glace à la vanille, *crumble* à la rhubarbe coulis de fruits rouges et sorbet fromage blanc... passent comme une lettre à la poste. Cave à prix doux, mais le service se cherche plus qu'au début... Dommage !

|●| La Bauta – **129, bd du Montparnasse** ☎ 01.43.22.52.35. Service de 12 h à 14 h et de 19 h 30 à 22 h 45. Fermé le samedi matin et le dimanche. Accès : Mº Vavin. Formule à 149 F (22,7 €) le midi. À la carte, comptez facilement 250 F (38,1 €). Si le décor s'inspire de Venise (belle collection de masques vénitiens sur les murs), la carte change tous les jours et puise son inspiration dans toute la Péninsule. Les produits, d'une fraîcheur remarquable, sont cuisinés avec finesse. La belle clientèle qui a ses aises en ce lieu ne s'y trompe pas. Le registre des *pasta* comblera d'aise les amoureux des spaghetti que le cuisinier prépare de plusieurs manières : aux langoustines et romarin, à la cannelle, à l'encre de seiche ou encore aux palourdes. Ils sont parfaitement *al dente* ! Dommage que les portions soient si chiches.

7ᵉ arrondissement

≗ Hôtel Eiffel Rive Gauche ** – **6, rue du Gros-Caillou** ☎ 01.45.51.24.56. Fax : 01.45.51.11.77. TV. Satellite / câble. Accès : Mº École-Militaire. Doubles de 295 F (45 €) avec lavabo à 485 F (73,9 €) avec bains. Ce petit hôtel dans une rue tranquille du 7ᵉ répond à tous les critères du charme discret de la bourgeoisie : 4 étages, reliés par de gracieuses passerelles, enserrent un joli patio donnant sur une petite cour intérieure, surmontée à hauteur du 2ᵉ étage d'une verrière escamotable. L'ocre et le vieux rose dominent. Avec un peu d'imagination on pourrait se croire en Andalousie ! Dommage que les plantes soient quelquefois bien poussiéreuses... Cela dit, du dernier étage que l'on vous conseille volontiers, en se penchant un peu, on verra effectivement la tête de la Dame de fer parisienne envoyer un clin d'œil affectueux à ses admirateurs. 13 autres chambres donnent sur le patio. Accueil souriant. Réservation recommandée.

≗ Hôtel du Palais Bourbon ** – **49, rue de Bourgogne** ☎ 01.44.11.30.70. Fax : 01.45.55.20.21. ● htlbourbon@aol.com ● TV. Satellite / câble. Accès : Mº Varenne, Assemblée-Nationale ou Invalides. Doubles de 440 F (67,1 €) avec douche et wc à 630 F (96 €) avec bains, petit déjeuner inclus.

Réception agréable. Certaines chambres sont carrément immenses, avantage des vieux bâtiments. Beaucoup de confort : double-vitrage, belles salles de bains, prise numéris pour brancher un fax ou un modem... Vous ne risquez pas d'attraper le bourdon... au *Palais Bourbon* ! Climatisation en plus !

≗ Grand Hôtel Lévêque * – **29, rue Cler** ☎ 01.47.05.49.15. Fax : 01.45,50.49.36. TV. Satellite / câble. Accès : Mº École-Militaire ou Latour-Maubourg. Doubles de 380 à 450 F (57,9 à 68,6 €). La tour Eiffel est toute proche, mais le marché de la rue Cler, très pittoresque, risque de bien lui voler la vedette (dans le périmètre immédiat de l'hôtel en tout cas). D'ailleurs, on se bat pour les chambres côté rue ! Enfin, un petit coin du 7ᵉ où l'on sent une vraie vie de quartier ! Un hôtel à 50 chambres rénové entièrement, et qui pratique des prix raisonnables. Même si la décoration ne laisse pas de souvenirs impérissables, les chambres sont propres et d'un confort honnête (coffre-fort, sèche-cheveux). De nouvelles prestations : téléphone individuel par chambre, prise modem, ventilateurs au plafond. Évidemment, l'adresse est connue, donc... réserver ! Petit déjeuner offert.

≗ Hôtel du Quai Voltaire ** – **19, quai Voltaire** ☎ 01.42.61.50.91. Fax : 01.42.61.62.26. Accès : Mº Rue-du-Bac. Chambres meublées à l'ancienne de 700 à 900 F (106,7 à 137,2 €). Un hôtel magnifiquement situé sur les quais de la Seine, en face des bouquinistes et du musée du Louvre et à proximité du musée d'Orsay. Bâti au XIXᵉ siècle, des personnages célèbres y ont séjourné : Wagner, Baudelaire, Oscar Wilde, Pissarro, Philippe Soupault, Roger Nimier et Antoine Blondin...

≗ Hôtel Le Pavillon ** – **54, rue Saint-Dominique** ☎ 01.45.51.42.87. Fax : 01.45.51.32.79. TV. Satellite / câble. Accès : Mº Invalides. Doubles avec douche et wc à 460 F (70,1 €), avec bains à 575 F (87,7 €). Un petit 2 étoiles calme et fleuri, en retrait de la rue avec un joli patio intérieur. Jolie façade qui détonne par son architecture. La raison ? C'est un ancien couvent, reconverti en hôtel, mais qui a conservé un charme presque provincial, un petit coin de fraîcheur. 18 chambres seulement, sobres et confortables, certaines refaites. Celle où vivait la mère supérieure est la plus demandée. On conseille la nº 10 et la nº 14 avec deux grands lits et une très grande salle de bains. Celles en sous-sol sont moins chères mais un peu plus dures pour le moral. Maillot de Platini sous verre. En quel honneur ? 10 % sur le prix de la chambre en janvier et février.

≗ Hôtel d'Orsay – **93, rue de Lille** ☎ 01.47.05.85.54. Fax : 01.45.55.51.16. Accès : Mº Solférino ou Assemblée-Nationale. Doubles de 485 à 800 F (73,9 à 122 €).

Tout près de la Seine et du musée d'Orsay, donc plus d'excuses pour échapper à la visite quasi obligatoire de l'un des plus beaux musées parisiens ! Un hôtel confortable et calme, né du mariage entre l'ancien hôtel *Solférino* et la *résidence d'Orsay*. Belle réception à l'image des lieux et du quartier. Pas vraiment donné mais, pour le coin, 7e et 7e ciel, c'est kif-kif. D'ailleurs, il est plutôt conseillé de réserver. *NOUVEAUTÉ.*

🛏 *Hôtel Muguet* ** – 11, rue Chevert ☎ 01.47.05.05.93. Fax : 01.45.50.25.37. TV. Canal+. Satellite / câble. ⚒ Accès : M° École-Militaire ou Latour-Maubourg. Doubles à 580 F (88,4 €). Dans une rue très calme, à l'écart de la circulation, avec un petit jardin où il fait bon prendre le soleil, aux beaux jours. Un vrai hôtel porte-bonheur qui s'est offert un brin (oui, c'est facile!) de rénovation. Trois chambres au 6e étage avec vue sur la tour Eiffel, pour ceux qui sont accros de la Vieille Dame. D'autres donnent sur les Invalides, et c'est pas mal non plus, voire plus reposant pour l'esprit. Accueil enjoué.

🛏 *Hôtel Bersoly's Saint-Germain* *** – 28, rue de Lille ☎ 01.42.60.73.79. Fax : 01.49.27.05.55. Parking payant. TV. ⚒ Congés annuels : 2 semaines en août. Accès : M° Rue-du-Bac. Chambres climatisées avec douche et wc ou bains de 650 à 750 F (99,1 à 114,3 €). Catégorie chic pour le routard, mais quel cadre adorable ! Un ancien hôtel particulier du XVIIIe siècle, entièrement rénové, au cœur du Paris historique, et près du quartier des antiquaires, pour les amateurs. Chambres petites, certes, mais nickel et vraiment mignonnes. Note originale : chaque chambre est baptisée du nom d'un peintre célèbre. Dans chacune d'elles, la reproduction d'un tableau correspondant. Choisissez par exemple la « Gauguin » ou la « Turner », particulièrement agréables. Une atmosphère feutrée, des poutres apparentes et des meubles de style... Parfum nostalgique des lieux qui exhalent le passé. On croit volontiers Victor Hugo qui disait que les objets avaient une âme. Accueil pas toujours à la hauteur. Petit bar près de la réception.

🛏🍴 *Thoumieux* *** – 79, rue Saint-Dominique (Centre) ☎ 01.47.05.49.75. Fax : 01.47.05.36.96. TV. Canal+. ⚒ Service de 12 h à 15 h 30 et de 18 h 30 à minuit ; le dimanche, en continu de midi à minuit. Accès : M° Latour-Maubourg. Chambres doubles toutes avec bains et téléphone à 800 F (121,9 €). Menu à 92 F (14 €) et menu corrézien à 180 F (27,4 €). Depuis 1976, Françoise Thoumieux et Jean Bassalert président à la destinée de cette grande brasserie de charme fondée en 1923. L'atmosphère animée est toujours présente, mais la foule d'étrangers qui prend d'assaut cette brasserie fait que même le cassoulet

devient touristique... hélas. L'omelette aux cèpes et le filet de canard aux olives sont appréciés. Second menu avec salade de magretons, mique d'Argentat, cabécou et quart de vin de Corrèze. Prions que *Thoumieux* ne devienne pas « toutpire ». Si le cœur vous en dit, sachez que *Thoumieux* fait également hôtel.

🍴 *Chez Germaine* – 30, rue Pierre-Leroux ☎ 01.42.73.28.34. Fermé le samedi soir et le dimanche. Congés annuels : août. Accès : M° Duroc. Menu à 65 F (9,9 €) en semaine. Compter 108 F (16,5 €) pour un repas à la carte. Carafe de bordeaux à 18 F (2,7 €) sans prétention. Une petit salle simple et propre, une atmosphère un peu provinciale, un accueil vraiment sympathique. Clientèle d'employés, d'ouvriers en bleu de chauffe, de retraités et d'amoureux. Menu avec *bitok* à la russe, d'un excellent rapport qualité-prix pour la rive gauche. Goûtez à l'excellente brandade, à la blanquette d'agneau, au poulet sauté grand-mère, au navarin d'agneau aux petits légumes. Délicieux rôti de porc aux pruneaux et clafoutis aux pommes maison.

🍴 *Restaurant Le Roupeyrac* – 62, rue de Bellechasse ☎ 01.45.51.33.42. Fermé le samedi soir et le dimanche. Congés annuels : août (sous réserve). Accès : M° Solférino. Menus à 82 F (12,5 €) en semaine et à 115 et 155 F (17,5 et 23,6 €). La brave table de quartier quasi immuable comme on en trouvait jadis à Paris. Ici pas de chichi ni de décorum bidon servant à faire oublier une cuisine en kit. M. et Mme Fau, Aveyronnais pur jus aux commandes du *Roupeyrac* (c'est un lieu-dit non loin de Durenque, bourgade aveyronnaise), servent depuis 26 ans, des plats de ménagère campagnarde : haricots de mouton, queue de bœuf en pot-au-feu en plat du jour)... Second menu avec terrine maison, rouelle de gigot d'agneau et tarte aux pommes. Un menu de pension de famille pour ronds de cuirs à la « Topaze » nombreux dans le secteur. Service efficace et tellement sympathique. *Apéritif offert.*

🍴 *Restaurant Le Babylone* – 13, rue de Babylone ☎ 01.45.48.72.13. Fermé tous les soirs et le dimanche. Congés annuels : août. Accès : M° Sèvres-Babylone. Menu à 100 F (15,2 €) le midi, avec entrée, plat, dessert ou fromage, boisson comprise. Plats entre 55 et 60 F (8,4 et 9,1 €). On s'en tire au maximum pour 110 F (16,8 €) à la carte. Grande salle au charme vieillot et désuet. Peintures jaunies par le temps et banquettes de moleskine. Bonne cuisine de ménage. Plats variés tous les jours.

🍴 *Le Poch'tron* – 25, rue de Bellechasse ☎ 01.45.51.27.11. Fermé le samedi et le dimanche. Accès : M° Solférino ou RER Musée-d'Orsay. Comptez 120 F (18,3 €)

pour un repas à la carte. L'enseigne de ce bistrot n'est pas d'une colossale finesse, mais comme la chaleureuse tenancière est dotée d'un solide bagout populaire et que son chef de mari cuisine avec application, on leur pardonne aisément. Salade folle, tartine corrézienne chaude, terrines, joue de bœuf braisée, côte de veau fermière... du traditionnel bistrotier qui fait toujours son effet. Bouteille d'or 1996 du meilleur bistrot à vins, *Le Poch'tron* propose en particulier quelques vins d'Alsace plaisants. Bonne ambiance.

I●I *Au Bon Accueil* – **14, rue de Montessuy** ☎ **01.47.05.46.11.** Fermé le samedi midi et le dimanche. Congés annuels : du 24 décembre au 2 janvier. Accès : Mᵒ Alma-Marceau. Excellents menus-carte à 135 F (20,6 €) le midi et à 155 F (23,6 €) le soir (portions un peu chiches, hélas). À la carte, environ 200 F (30,5 €). Une enseigne qui fleure bon la nationale 20 et la halte de campagne pour idylle champêtre au cœur du très aristocratique 7ᵉ, cela prête à sourire. Le patron arpente quasi quotidiennement chaque pavillon de Rungis (marée, volailles...) à la recherche des meilleurs produits. Le soir, de la terrasse, on jouit d'une vue superbe sur la tour Eiffel, distante de quelques centaines de mètres. Dommage que l'accueil et le service n'aient pas toujours la chaleur que sous-entend l'enseigne. *Apéritif offert.*

I●I *La Maison de Cosima* – **20, rue de l'Exposition** ☎ **01.45.51.37.71.** Ouvert uniquement le soir, jusqu'à 22 h 30. Fermé le dimanche. Congés annuels : 1 semaine en février et 2 semaines en août. Accès : Mᵒ École-Militaire. Menu à 165 F (25,2 €) avec entrée, plat et dessert. Formules à 135 F (20,6 €) avec un plat et un dessert, et à 140 F (21,3 €) avec une entrée et un plat. Dans cette minuscule rue gastronomiquement bien connue (c'est à cette même adresse que débuta Alain Senderens... eh oui!). Souhaitons à ce jeune couple un même parcours. Jean-Michel Reverdy au piano (ils ont appelé le restaurant *Cosima*, du prénom de leur fille, par amour pour Liszt et Wagner) et Hélène, sa femme, discrète et chaleureuse, se mettent en quatre pour vous servir un menu qui donne envie de tout goûter. Juzeg plutôt : un pâté en croûte au canard et foie gras ou une terrine de jarret de veau en gelée d'oignons, une mitonnée de joue de bœuf façon bourguignon, polenta, suivis d'une tarte feuilletée au potiron et cannelle. C'est délicieusement bon et tout bonnement délicieux, tout en saveurs subtiles. Souhaitons qu'ils ne changent rien... sauf ouvrir au déjeuner? La salle est toute petite, donc réserver. *Café offert.*

I●I *L'Œillade* – **10, rue Saint-Simon** ☎ **01.42.22.01.60.** Service le midi et le soir de 19 h 30 à 23 h. Fermé le samedi midi et le dimanche. Accès : Mᵒ Rue-du-Bac. Menu à 168 F (25,6 €). À la carte, compter environ 200 F (30,5 €). Toujours beaucoup de monde dans les deux salles de ce restaurant où œuvre Jean-Louis Huclin. Ce chef, bon vivant qui mange comme quatre, aime nourrir sa clientèle comme lui. Son menu comprend donc régulièrement des plats robustes propres à satisfaire les boulimiques : chou farci, daube de joue de bœuf, salade un peu folle au foie gras et homard, tripes à la mode de Caen maison... Service souriant. *Apéritif offert.*

I●I *Les Olivades* – **41, av. de Ségur** ☎ **01.47.83.70.09.** Ouvert jusqu'à 23 h. Fermé le samedi midi, le dimanche toute la journée et le lundi midi. Accès : Mᵒ École-Militaire. Menus à 179 et 250 F (27,3 et 38,1 €). Ceux qui n'ont pas oublié la très belle chanson de Gilbert Bécaud, *Les Marchés de Provence* (« du thym, de la garrigue, un peu de safran... »), en retrouveront l'esprit dans le tout nouveau décor pêche-Provence et dans la cuisine de Flora, native d'Avignon et qui cultive ses racines méridionales avec beaucoup d'à-propos. Son 1ᵉʳ menu avec un admirable croustillant de rougets et sardines au vinaigre balsamique ou un tourteau en rémoulade sur pourpier, ou une caille confite à l'huile d'olive et pommes reinette, transporte plein Sud, ainsi que ses Saint-Jacques poêlées dans leur coquille, à peine cuites comme il se doit. En dessert, la compote de vieux garçon dans un millefeuille d'oreillette fleur d'oranger. Raphaël, son mari, en salle, a mis au point une carte des vins qui sort des sentiers battus. Suivez ses conseils. Service sur la terrasse aux beaux jours. *Apéritif offert.*

I●I *Restaurant Le Basilic* – **2, rue Casimir-Périer** ☎ **01.44.18.94.64.** Service de 12 h à 14 h 30 et de 19 h 30 à 22 h 30. Accès : Mᵒ Solférino ou Invalides. Pour un repas à la carte, compter entre 200 et 220 F (30,5 et 33,5 €). Le Tout-7ᵉ aime se retrouver dans cette brasserie confortable dont la terrasse accueillante fait face à l'église Sainte-Clotilde... La carte change à chaque saison, mais pour les fidèles, quelques incontournables : le gigot d'agneau rôti au sel de Guérande, la sole meunière, la terrine d'aubergines au coulis et basilic, le duo de glaces pain d'épice et marrons et autres classiques bourgeois font le bonheur d'une clientèle aux bonnes manières et assez conservatrice dans ses goûts. Pas vraiment routard, mais reposant après une longue balade dans les rues de cet arrondissement qui possède quelques beaux atours architecturaux. *Apéritif offert.*

8ᵉ arrondissement

☗ *Hôtel Wilson* * – **10, rue de Stockholm** ☎ **01.45.22.10.85.** Accès : Mᵒ Saint-Lazare. Doubles de 220 F (33,5 €) avec lavabo, à

260 F (39,6 €) avec douche et wc. Triples à 360 F (54,9 €) et quadruples (2 grands lits dans 2 pièces) à 395 F (60,2 €). Rien de spécial, sinon son emplacement, près de la gare. Pas d'ascenseur. Il ne faut donc pas être paresseux pour accéder aux chambres du 5ᵉ étage, lumineuses et offrant une vue surplombant les alentours. Le tout est propre. Un 1 étoile abordable pour se loger à prix doux dans la capitale. Très simple en somme, mais fonctionnel et bien desservi. Accueil aimable. À noter, le petit déjeuner compris, ce qui est rare.

🏠 *Hôtel des Champs-Élysées* ** – 2, rue d'Artois ☎ 01.43.59.11.42. Fax : 01.45.61.00.61. TV. Canal+. Satellite / câble. Accès : Mᵒ Saint-Philippe-du-Roule ou Franklin-Roosevelt. Doubles climatisées avec douche à 495 F (75,5 €) ou avec bains à 580 F (88,4 €). Un 2 étoiles confortable, propre et accueillant, à l'abri de l'agitation des Champs tout proches. 36 chambres insonorisées, climatisées, toutes différentes et spacieuses. Jolie petite salle voûtée dans laquelle on prend son petit déjeuner. Attention, réservez longtemps à l'avance car c'est très souvent complet. L'hôtel possède un service de pressing.

|●| *Le Singe d'Eau* – 28, rue de Moscou ☎ 01.43.87.72.73. Service midi et soir jusqu'à 23 h. Fermé le dimanche. Congés annuels : août. Accès : Mᵒ Liège, Place-de-Clichy ou Rome. Menu à 65 F (9,9 €) le midi, un autre à 99 F (15,1 €). À la carte, comptez 100 F (15,2 €). Un vrai resto tibétain ouvert en 1992, l'année du singe d'eau (ceci explique cela !). Tashi Lhamo aux fourneaux et Kusang en salle ont longtemps tenu un resto à Katmandou et ont su recréer ici l'atmosphère du Toit du monde. D'abord par le décor raffiné et authentique. Pas de mauvais folklore : beaux tapis sur les banquettes, la frise polychrome courant autour du plafond est inspirée du décor des temples. Belle fresque de fond. Cuisine authentiquement tibétaine, simple, peu sophistiquée comme là-bas, comme toutes les nourritures d'altitude, mais goûteuse et copieuse. En particulier, les soupes (délicieuse *thintuk* au bœuf et radis noir). Bien sûr, on trouve le plat national, les fameux *momos* (petits pâtés de viande cuits à la vapeur) et quelques plats traditionnels comme le *dhre gnos* (sauté de bœuf et céleri), le *lugsha goptse* (curry de mouton aux échalotes), le *tsel-bhalé* (galettes aux légumes variés). Le tout arrosé de thé au beurre. Mais vous trouverez du vin sur la carte. En prime, accueil plein d'affabilité. *Pour un groupe de 10 personnes, une bouteille de champagne offerte.*

|●| *Restaurant Chez Léon* – 5, rue de l'Isly ☎ 01.43.87.42.77. Service de 12 h à 15 h et de 19 h à 22 h. Fermé le dimanche. Congés annuels : août. Accès : Mᵒ Saint-Lazare. Compter 100 F (15,2 €) environ pour un repas complet. Le panonceau « Relais routier » intrigue… Il faut dire qu'on est à deux pas de la gare Saint-Lazare, et non sur la nationale 7. Et pourtant, on ne rêve pas, c'est un vrai de vrai. Le menu, les petites dames en tablier blanc, le plastique transparent posé sur les tables pour ne pas salir les nappes, les toilettes à la turque, les réfrigérateurs des années 50 en formica noir et jaune canari ; les plats du jour : hachis parmentier salade verte, blanquette de veau, le jaja en quart… Manque que le costaud en marcel accoudé au bar devant un ballon de rouge, la maïs au bec ! Cet unique « routier » parisien doit son panonceau à la Fédération des transports routiers qui eut jadis son siège en face et dont *Léon* était l'annexe. Tout s'explique !

|●| *Le Boucoléon* – 10, rue de Constantine ☎ 01.42.93.73.33. Service jusqu'à 23 h. Fermé le week-end. Accès : Mᵒ Europe. Compter 140 F (21,3 €) pour une entrée, un plat et un verre de vin, ou 180 F (27,4 €) pour un repas complet. Enfin un vrai bistrot de quartier où l'on peut entrer en bras de chemise et manger une nourriture de haute volée ! Ce nom curieux est celui de l'une des portes de la ville de Constantinople (aujourd'hui Istanbul). Poussez donc cette porte et n'hésitez pas à faire tomber les barrières (et la veste). Décor très simple avec de jolies nappes à carreaux verts et blancs pour 30 petits couverts. Quelques tables en terrasse l'été. À l'ardoise, tout est bon. Des entrées du style tartare de saumon ou foie gras de canard maison pour les gourmets, puis des plats comme le foie de veau poêlé aux baies de genièvre, l'entrecôte béarnaise ou le pot-au-feu de canard au céleri vivace ont réveillé nos papilles peu habituées à une telle fête dans les parages ! Le dynamique patron propose du vin au verre qu'il adapte au menu, ainsi que des vins de propriétaires à emporter. En dessert, fondre pour le financier au chocolat servi chaud ou la crème pistache. Vous ne serez franchement pas déçu. Service très prévenant.

|●| *Spoon* – 14, rue de Marignan ☎ 01.40.76.34.44. Ouvert midi et soir jusqu'à 23 h 30. Fermé les samedi et dimanche. Accès : Mᵒ Franklin-Roosevelt. À la carte, compter de 300 à 400 F (45,7 à 61 €). D'abord, il y a ce décor minimaliste, d'une très grande sobriété, dont l'élégance se mesure aussi à la qualité des matériaux utilisés : le tissu, le design des meubles, la forme des couverts, les jeux de lumières maîtrisés. Tout concourt à créer une atmosphère zen, paisible, propice à une étude studieuse des saveurs. Parce qu'ici on n'est pas chez n'importe qui, on est dans le laboratoire d'Alain Ducasse, l'un des papes de la nouvelle cuisine. Entre deux restos et quatre avions (ou l'inverse), il a trouvé le temps d'inventer un nouveau concept : la

world food ou l'art de rapporter saveurs, épices, parfums et coups de main de par le monde et de les mélanger subtilement ici. Le principe apparaît simple, même si la lecture de la carte s'apparente parfois à une page de Daniel Sibony ou d'un de ses confrères. On croise, on associe ingrédients et goûts, comme on veut, sans l'ombre de matière grasse. Ce télescopage s'avère souvent heureux. D'ailleurs, la foule qui se précipite ici le prouve. Pas moins de quinze jours d'attente si vous n'appartenez pas à l'un des clans du showbiz. On n'arrête pas de se saluer en salle, suavement, sans esbroufe, on se promet de se faire une p'tite bouffe dans le prochain *Fork*... En attendant, détaillons un peu ce qui débarque dans nos assiettes. Si le *vegetable garden* se révèle divin, avec son maelström de parfums, chaque petit légume rendant son âme à nos sens, en revanche, le dos d'agneau rôti passa trop rapidement en bouche pour en saisir vraiment le goût. L'idée était bonne pourtant, dommage que certains plats se présentent plutôt comme des échantillons de concours gastronomique. On reste un peu sur sa vraie faim. Idée insolite : une carte des eaux. Certains serveurs, si on les interroge, en viennent à en parler avec un langage d'œnologue ! Ce qui nous amène aux vins qui se la jouent grandement anglo-saxonne. Pourquoi pas, avec sa cuisine ouverte à l'américaine, ce resto aurait toute sa place, là-bas à « Hollyspoon ». En conclusion, phénomène de mode archétype du resto branché et prétentieux ou succès durable ? On pencherait bien pour ce dernier, si la générosité débarquait de l'avion un jour avec le chef !

9ᵉ arrondissement

🏠 *Woodstock Hostel* – **48, rue Rodier** ☎ **01.48.78.87.76. Fax : 01.48.78.01.63.** ● www.woodstock.fr ● Fermé de 12 h à 16 h (mais permanence téléphonique pour les réservations) et la nuit à 2 h. Accès : Mᵒ Anvers. 97 F (14,8 €) la nuit d'avril à octobre et 87 F (13,3 €) de novembre à mars. Petit déjeuner inclus. Comptez 10 F (1,5 €) de plus pour une chambre double. Un hôtel pour étudiants (anglo-saxons pour la plupart), plutôt une auberge de jeunesse d'ailleurs, à petits budgets avec chambres à lits superposés. Petit patio intérieur jusqu'à 21 h 45 (les voisins se sont plaints du bruit !) mais super sympa l'été. Nombreuses douches sur le palier à chaque étage. Dites bonjour à Lilly, la vache masquée qui trône dans la réception avant d'essayer d'embarquer dans la « coccinelle-beatles » pour un voyage psychédélique. *Petit déjeuner offert.*

🏠 *Hôtel des Arts* ** – **7, cité Bergère** ☎ **01.42.46.73.30. Fax : 01.48.00.94.42.** Parking. TV. Canal+. ⚒ Accès : Mᵒ Grands-Boulevards ou Cadet. Doubles avec douche

et wc à 400 F (61 €), avec bains à 420 F (64 €). Un 2 étoiles situé dans un charmant passage qui laisse l'embarras du choix question hôtels. Jolie façade rose pastel toute mignonnette. Accueil convivial. Chambres tout à fait correctes. Propre et calme, à l'abri de l'agitation du faubourg. L'escalier par lequel on accède aux étages est tapissé d'anciennes affiches de spectacle : on ne s'appelle pas « des Arts » pour rien. Les âmes solitaires pourront essayer d'engager la conversation avec le beau perroquet gris qui trône dans la réception : il parle et il chante *La Marseillaise*, comme il se doit !

🏠 *Hôtel Chopin* ** – **46, passage Jouffroy** ☎ **01.47.70.58.10. Fax : 01.42.47.00.70.** TV. Accès : Mᵒ Grands-Boulevards ou Bourse. Doubles avec douche et wc ou bains de 450 à 520 F (68,6 à 79,3 €), toutes pourvues d'un grand confort sanitaire. Un cadre pittoresque pour cet hôtel-bijou du XIXᵉ siècle, situé au fond du passage, donc une véritable oasis de paix, à deux pas des Grands Boulevards. La façade datant de 1850 vaut le coup d'œil : vieilles boiseries et grande baie vitrée par laquelle on aperçoit le réceptionniste qui disparaît presque derrière son comptoir. Dans le hall, un piano Gaveau du plus bel effet. Sentiment de voyager dans une autre époque ! Le musée Grévin est à proximité. Les chambres recouvertes de paille japonaise sont assez jolies. La vue sur les toits rappelle les tableaux impressionnistes, en particulier lorsqu'on a également droit au coucher de soleil ! Nous conseillons les chambres mansardées du 4ᵉ étage : elles ont beaucoup de charme, elles sont très colorées, mais lumineuses, car elles donnent sur la verrière du passage et les toits du musée. Éviter en revanche celles sur cour, car vous aurez une vue imprenable et directe sur un immense mur. Pas de problème pour rentrer le soir, l'accès est ouvert. *Petit déjeuner offert.*

🏠 *Hôtel des Croisés* ** – **63, rue Saint-Lazare** ☎ **01.48.74.78.24. Fax : 01.49.95.04.43.** TV. Satellite / câble. Accès : Mᵒ Trinité. Doubles avec douche et wc ou bains de 460 à 490 F (70,1 à 74,7 €). Merveilleusement bien situé, et de plus il mériterait presque une visite tellement il est beau. Superbe réception avec ses boiseries anciennes et sa moquette moelleuse. On accède aux étages par un ascenseur délicieusement rétro, tout en bois et grilles en fer forgé. Chambres vraiment délirantes : spacieuses à souhait, d'un charme fou, et avec un cachet particulier pour chacune d'elles – meubles d'époque, décoration intérieure avec des boiseries Art déco (pour certaines) et cheminée en marbre. Demandez, aux 5ᵉ et 6ᵉ étages, les chambres avec alcôves, qui font office de coin-salon, ou celles qui ont des plafonds moulurés d'époque. De grands travaux ont été entrepris l'année dernière. La propreté des chambres, qui, en une ou deux occasions, pouvait être critiquable, devrait repartir sur de bonnes bases. Les salles de bains ne sont pas mal non plus : elles sont de style typiquement années 50. Certaines sont immenses. Le tout impeccable! Grands lits uniquement. Le petit déjeuner peut être servi dans la chambre. La super adresse 2 étoiles à un rapport qualité-prix exceptionnel, et coup de cœur pour le charme. On va finir par regretter d'habiter Paris, c'est tout dire... Les fidèles clients y reviennent depuis des années et on les comprend! Il n'y a que 27 chambres pour un quartier où la clientèle d'affaires est nombreuse, donc réserver. *10 % sur le prix de la chambre à partir de 2 nuits consécutives.*

🏠 *Hôtel des Trois Poussins* ✮✮✮ – 15, rue Clauzel ☎ 01.53.32.81.81. Fax : 01.53.32.81.82. TV. Satellite / câble. Accès : Mᵒ Saint-Georges. Doubles avec douche et wc ou bains à 680 F (103,7 €). Voici une maison de charme entièrement rénovée, bien située au pied de la butte Montmartre, dans une rue calme où habita Maupassant. Pour les insomniaques, les bars branchés du quartier sont juste à côté! Petit patio dans l'arrière-cour, bien aménagé et fleuri, où l'on peut prendre son petit déjeuner. Chambres claires et spacieuses, bien tenues, certaines avec poutres apparentes et belle vue sur les toits de Paris. Petit déjeuner copieux. Quelques «studios» disposent d'une kitchenette équipée et sont très intéressants pour 3 ou 4 personnes. Depuis que l'hôtel a été rénové et qu'il a obtenu ses trois étoiles, les prix ont presque doublé, mais il reste compétitif et demeure plein de charme. *10 % sur le prix de la chambre.*

🏠 *Hôtel de la Tour d'Auvergne* ✮✮✮ – 10, rue de la Tour-d'Auvergne ☎ 01.48.78.61.60. Fax : 01.49.95.99.00. TV. Accès : Mᵒ Cadet. Doubles avec bains à 750 F (114,3 €). Joli hôtel 3 étoiles, donnant dans une rue calme proche du Sacré-Cœur. Les chambres (toutes avec têtes de baldaquin) ont évidemment tout le confort (bains ou douche, télé, sèche-cheveux); elles sont spacieuses et gracieusement décorées. Bar (avec licence pour alcool) et *room-services* 24 h/24. Petit déjeuner (yaourt, corn-flakes, pains au chocolat et aux raisins) particulièrement avenant. À signaler : le 5ᵉ étage réservé aux non-fumeurs. *10 % sur le prix de la chambre.*

🍴 *Le Bistrot du Curé* – 21, bd Clichy ☎ 01.48.74.65.84. Fermé le dimanche et les jours fériés. Accès : Mᵒ Pigalle. Menus express à 51 F (7,8 €), puis à 64 et 95 F (9,8 et 14,5 €). Cet ancien troquet est une maison du Bon Dieu où l'on mange à prix angéliques avec l'absolution de l'Église. La grande statue de pierre de la Vierge Marie qui trône devant le comptoir, le curé qui passe de table en table pour dire un petit bonjour (bénissant intérieurement votre repas), le service par des croyants bénévoles pleins de gentillesse, tout cela à deux pas des sex-shops, tient du miracle (mirage?). Deux menus : l'un avec, au choix : potage ou œuf mayo, rosbif à la poivrade purée ou blanquette de dinde sauce blanche et riz safrané, dessert; l'autre : bouquet de crevettes mayo, crudités variées, pavé de bœuf au poivre vert, selle d'agneau poêlée, escalope de veau, dessert. Ils font le bonheur des touristes comme celui des habitués de la place. Également un menu express. Si l'on veut aller à confesse, le curé reçoit au 1ᵉʳ étage.

🍴 *Lycée 43* – 43, av. Trudaine ☎ 01.48.78.43.25. Fermé le samedi soir et le dimanche. Congés annuels : août. Accès : Mᵒ Anvers ou Gare-du-Nord. Menus à 70 et 100 F (10,7 et 15,2 €). Cet ex-rendez-vous des chauffeurs aurait même nourri des cochers au début du siècle, avant de séduire les catcheurs qui se produisaient à l'Élysée-Montmartre dans les années 50. M. Tachot, propriétaire depuis 1969, ancien boucher des ex-Halles de Paris, officie en cuisine pendant que madame gère la salle avec gentillesse. Le touriste de passage en route vers la butte Montmartre (ou qui en revient) est reçu avec la même amabilité que les villageois des environs, toujours très présents. Le copieux 1ᵉʳ menu, le chat qui ronronne sur le chauffage et le côté familial du lieu permettent de faire l'impasse sur la simplicité du décor. Snobs, s'abstenir.

🍴 *Restaurant Chartier* – 7, rue du Faubourg-Montmartre ☎ 01.47.70.86.29. Dernière commande à 22 h. Accès : Mᵒ Grands-Boulevards. Menu à 80 F (12,2 €). À la carte, comptez 85 F (13 €). Pas de réservation. Poussez la grosse porte à tambour pour découvrir cet immense «bouillon» de la fin du XIXᵉ siècle avec son décor intact. Il est d'ailleurs inscrit à l'inventaire des Monuments historiques! Allez-y avant qu'il ne fasse partie d'un plan de rénovation à la Bücher, il n'en reste plus guère que 2 ou 3 comme ça, et encore beaucoup moins beaux! Bourré d'habitués, de petits vieux du quartier, d'étudiants, d'artistes fauchés et de touristes qui ont toujours la garantie d'y manger une nourriture passable (les plats ne sont pas toujours parfaitement chauds). 350 places, 16 serveurs, 1 500 couverts par jour!

🍴 *Restaurant Au Petit Riche* – 25, rue Le Peletier ☎ 01.47.70.68.68. Service assuré jusqu'à 0 h 15. Fermé le dimanche, et le samedi en juillet-août. Accès : Mᵒ Richelieu-Drouot. 1ᵉʳ menu à 140 F (21,3 €), menu «tradition» à 180 F (27,4 €) avec plusieurs entrées, plats et desserts au choix. À la carte compter 200 F (30,5 €) environ.

Fondé en 1880, ce *Petit Riche*, avec son enfilade de salons Belle Époque, évoque le souvenir des soupers fins et des pétillantes « petites femmes de Paris ». Ah! le vieux temps des calèches et des corsets... En prenant table en ce restaurant, on a l'impression de dîner dans une carte postale. Lors de notre visite nous étaient proposés, côté plats : haddock poché à l'aigre-douce, andouillette du père Duval et morue fraîche en ailloli. Spécialités du val de Loire. La carte est nettement plus onéreuse. Un restaurant d'atmosphère qui travaille beaucoup avec les théâtres des alentours (qui proposent en association une formule théâtre-dîner). *Apéritif offert.*

l●l *Chez Catherine* **– 65, rue de Provence**
☎ **01.45.26.72.88.** Accueil jusqu'à 22 h. Fermé le week-end et les jours fériés. Congés annuels : 1re semaine de janvier et en août. Accès : M° Chaussée-d'Antin. Compter 190 F (29 €) environ à la carte. Ce vénérable et joli bistrot parisien a subi une véritable révolution. Autant auparavant la cuisine ne valait pas tripette et la carte des vins était d'une médiocrité absolue, autant aujourd'hui les cuissons sont d'une précision qui ne laisse rien au hasard, les saveurs respectées et le livre de cave plein d'étonnantes bouteilles. Fille d'un chef renommé, Catherine a hérité des dons paternels. Son filet de loup aux épices est joyeusement titillant et son magret de canard du Gers grillé fait honneur au Sud-Ouest. Son mari gère sa cave avec amour et intelligence. En dehors des quelques vins servis au verre ou en pichet (coteaux-de-l'ardèche du domaine du Colombier...), on trouve le cornas des Frères Durand, le coteaux-d'aix, le baux-de-provence Clos Milan, ou le superbe saumur-champigny Clos Rougeard... à des prix très raisonnables. Bonne table, bonne cave, service discret et souriant, qu'est-ce qu'on attend pour être heureux?

10e arrondissement

⌂ *Hôtel Vicq d'Azir* **– 21, rue Vicq-d'Azir**
☎ **01.42.08.06.70.** Fax : **01.42.08.06.80.** Ouvert de 8 h à 22 h. Accès : M° Colonel-Fabien. Doubles de 125 à 195 F (19,1 à 29,7 €) selon la surface et le confort. Une douche payante et des toilettes dans le couloir pour les chambres les moins bien pourvues. Un hôtel modeste du Nord-Est parisien de 70 chambres, refaites régulièrement à tour de rôle, pour petits budgets. Chambres donnant sur une petite cour intérieure charmante et semée d'arbustes. On paie en arrivant et on reçoit une clef. Pas de petit déjeuner. Ce n'est pas le grand luxe, mais à de tels prix on ne peut pas demander le *Crillon*. L'accueil simple et souriant nous a plu.

⌂ *Hôtel Moderne du Temple* **– 3, rue d'Aix** ☎ **0 1 . 4 2 . 0 8 . 0 9 . 0 4 .** **F a x :**

01.42.41.72.17. Accès : M° République ou Goncourt. Doubles de 160 à 240 F (24,4 à 36,6 €) avec lavabo, douche ou tout le confort sanitaire. Le type même de la « bonne surprise » : entre la tutélaire écluse du canal Saint-Martin et la partie pentue du faubourg du Temple, une rue étroite, populaire, dont les façades patinées ou délabrées pour certaines, aux couleurs claires, évoquent davantage certains ports inondés de soleil que les « marlous » et autres Gabin et Arletty censés hanter cet arrondissement. L'établissement appartient à un sympathique Slovaque qui, après de modestes débuts en 1989, a installé 40 chambres, dont le confort vaut largement celui de l'auberge de jeunesse toute proche. Petit bar tout simple. Téléphone direct dans chaque chambre.

⌂ *Nord-Est Hôtel* **** – 12, rue des Petits-Hôtels** ☎ **01.47.70.07.18.** Fax : **01.42.46.73.50.** Parking payant. TV. Satellite / câble. Accès : M° Gare-du-Nord ou Gare-de-l'Est, à deux pas du marché Saint-Quentin. Doubles de 380 à 400 F (57,9 à 61 €) avec douche et wc ou bains. Charme provincial pour ce petit hôtel (rue des Petits-Hôtels oblige) 2 étoiles, niché derrière un jardinet où il fait bon se détendre quand arrivent les beaux jours. Accueil aimable. Cadre récemment rénové, tout en chêne (salon, salle à manger, chambres). Chambres fonctionnelles et propres, salle de bains carrelées roses. Réserver longtemps à l'avance. *10 % sur le prix de la chambre pour 2 nuits consécutives minimum, du 3 janvier au 29 février et du 1er novembre au 26 décembre.*

⌂ *New Hotel* **** – 40, rue Saint-Quentin**
☎ **01.48.78.04.83.** Fax : **01.40.82.91.22.** TV. Satellite / câble. Accès : M° Gare-du-Nord. Doubles de 395 à 465 F (60,2 à 70,9 €) avec douche et wc ou bains. L'environnement des gares n'a jamais incité grand monde à la joie de vivre; on n'oserait prétendre que cet établissement fonctionne mieux que le poil à gratter de nos enfances, mais il y règne un calme qu'il convient de souligner. Les chambres, qui disposent parfois d'un balcon, sont parfaitement fonctionnelles, et on y trouvera tout ce que l'on attend d'un 2 étoiles, de la télé polyglotte à l'indispensable sèche-cheveux (pour la plupart). Et l'humour attend le voyageur au sous-sol – dans la mesure où vous n'aurez pas glissé sur les marches usagées... – où l'on a transformé la cave en 3 petites salles voûtées aux pierres apparentes, avec un décor façon Moyen Âge et une petite fontaine dans une niche, qui permettront de déguster un petit déjeuner copieux (croissants, brioches, corn-flakes, jus d'orange, etc.). Pour les nouveaux Parisiens, sortir à droite de l'hôtel : au bout de cette rue courte, une terrasse surplombe les trains de la gare

de l'Est et offre une magnifique échappée sur Paris. *Petit déjeuner offert.*

🛏 *Hôtel Gilden Magenta* ** – 35, rue Yves-Toudic ☎ 01.42.40.17.72. Fax : 01.42.02.59.66. Parking payant. TV. Satellite / câble. Accès : M° République ou Jacques-Bonsergent. Doubles à 420 F (64 €) avec douche et wc, triples à 465 F (70,9 €) ; pour 4 personnes, compter 550 F (83,8 €). Une aubaine, ce petit hôtel enclavé entre la place de la République et le canal Saint-Martin, dans une rue paisible. Nous avons été séduits par les chambres du 6e étage, les nos 61 et 62, par exemple, avec leurs plafonds lambrissés. Par beau temps, prendre son petit déjeuner dans le joli petit patio de plain-pied avec la n° 3 ou la n° 5, deux de nos chambres préférées. Toutes sont équipées de télé avec chaînes câblées et téléphone direct. Patrons sympas, souriants et serviables. En face de l'hôtel, si vous prenez la rue de Marseille, vous changerez d'atmosphère en montant sur les passerelles du canal Saint-Martin... Il est recommandé de réserver au moins 8 jours à l'avance. *10 % sur le prix de la chambre pour au moins 3 nuits consécutives.*

🍴 *Restaurant de Bourgogne-Chez Maurice* – 26, rue des Vinaigriers ☎ 01.46.07.07.91. Service midi et soir jusqu'à 23 h. Fermé le samedi soir, le dimanche et les jours fériés. Congés annuels : la dernière semaine de juillet et 3 semaines en août. Accès : M° Jacques-Bonsergent ou Gare-de-l'Est. Menus à 55 et 60 F (8,4 et 9,1 €) le midi, à 60 et 65 F (9,1 et 9,9 €) le soir, boisson en sus. Cuvée du patron à 33 F (5 €) et le côtes-de-provence ainsi que le cheverny à 48 F (7,3 €). À deux pas de l'*hôtel du Nord*, du romantique canal Saint-Martin et de sa passerelle vénitienne. Petit resto de quartier qui n'a pas changé d'un pouce depuis plusieurs années. Un côté provincial patiné. Clientèle populaire. Maurice, le patron, est un bon copain à nous. À voir son tour de taille, sûr que sa cuisine lui profite. En plus, menus très démocratiques. Que voulez-vous de mieux ?

🍴 *Restaurant Le Baalbeck* – 16, rue de Mazagran ☎ 01.47.70.70.02. Service le midi et le soir jusqu'à 1 h. Fermé le dimanche. Accès : M° Bonne-Nouvelle. Menu à 59 F (9 €) le midi. À la carte, compter de 130 à 140 F (19,8 à 21,3 €). Pour 325 F (49,5 €) à deux ou 595 F (90,7 €) à quatre, vous goûterez une douzaine de hors-d'œuvre suivis de 5 ou 6 viandes au barbecue. Ce restaurant libanais propose l'une des meilleures cuisines orientales de Paris à des prix encore abordables. Ne vous perdez pas dans le dédale de la carte, adoptez la formule *mezzé*, de loin la plus conviviale. Un petit thé à la menthe et quelques pâtisseries (en supplément) clôtureront dans la douceur ce festin oriental. À partir de 22 h-22 h 30, le spectacle commence ! Les danseuses du ventre (certaines sont superbes, ce qui ne gâche rien) vous aguicheront avec sensualité. Un spectacle authentique comme il est rare d'en trouver à Istanbul ou au Caire... Compter 200 F (30,4 €) avec le vin ou l'*arak* sans oublier le pourboire aux danseuses. Mais ne vous trompez pas : ce n'est pas parce que vous laissez un ou deux billets que vous pourrez jouer les prolongations ! ... Quelques tuyaux : réserver impérativement et n'y aller que le soir (pas de danse du ventre le midi), de préférence avec une bande de copains. *Pâtisserie libanaise offerte.*

🍴 *La Vigne Saint-Laurent* – 2, rue Saint-Laurent ☎ 01.42.05.98.20. Service jusqu'à 14 h 30 et de 19 h à 22 h 30. Fermé le samedi et le dimanche. Congés annuels : 3 semaines en août et 1 semaine en fin d'année. Accès : M° Gare-de-l'Est. Formule à 69 F (10,5 €). Elle comprend une assiette avec deux sortes de charcuterie, salade verte, deux fromages et un verre de vin. Compter environ 130 F (19,8 €) à la carte. La plupart des bouteilles affichent moins de 100 F (15,2 €). Si vous avez un train à prendre, ou un cousin en partance, au lieu de vous engouffrer dans la première brasserie venue aux abords de la gare de l'Est, prenez 2 mn pour marcher jusqu'à ce petit bistrot à vin bien sympathique. Tenu par 2 moustachus d'une exquise politesse. Dans ce rade tout en longueur, avec un bel escalier en colimaçon, notre duo s'épanche avec un amour à peine dissimulé sur les mamelles du terroir français : charcuteries et fromages. Les grelots de Savoie se disputent la vedette avec les saint-marcellin affinés à la lyonnaise, les arôme-de-Lyon aux gènes de marc très goûteux, reblochons et tommes faits à cœur. Sans oublier les plats du jour cuisinés avec soin, tels que le pied de cochon désossé et farci à la purée de pois maison, le tout arrosé d'un laudun (côtes-du-rhône) 95 ou d'un bourgueil 96, gouleyant à souhait.

🍴 *Restaurant Flo* – 7, cour des Petites-Écuries ☎ 01.47.70.13.59. Ouvert tous les jours jusqu'à 1 h 30. Congés annuels : Noël. Accès : M° Château-d'Eau. Menu à 132 F (20,1 €) à partir de 22 h, autre menu à 179 F (27,3 €). Un grand classique de la nuit pour la choucroute. La vieille brasserie de l'Allemand Flœderer, qui date de 1886, n'a pas pris une ride... Les acteurs des théâtres de boulevard tout proches se faisaient livrer des plats dans leur loge, notamment Sarah Bernhardt, quand elle jouait à la Renaissance. Superbe déco 1900, vitraux séparant les pièces, plafonds richement décorés, banquettes de cuir, limonaire, porte-chapeaux en cuivre... Plateaux de fruits de mer, formidable choucroute paysanne pour 2, moules au riesling, escalope de foie gras chaud, pied de porc pané... Pour le cadre, des prix somme toute modérés : formules comprenant un plat + une entrée ou un dessert, boisson comprise. Clientèle jeune, moins jeune, parisienne mélangée avec de nombreux touristes, toujours gaie. *Apéritif offert.*

|●| *Restaurant Julien* – 16, rue du Faubourg-Saint-Denis ☎ 01.47.70.12.06. Service tous les jours jusqu'à 1 h 30. Accès : Mᵒ Strasbourg-Saint-Denis. Comptez environ 230 F (35,1 €). Menus à 132 F (20,1 €) à partir de 22 h, à 179 F (27,3 €) le midi et à 189 F (28,8 €). Encore un détournement, réussi par le talentueux Jean-Paul Bucher, de l'un des plus vieux bouillons parisiens. Toujours les mêmes ingrédients qui fonctionnent admirablement : un éblouissant décor Art nouveau aux stucs baroques et aux boiseries chantournées, un service aussi véloce qu'efficace et des plats de bonne facture. Au rang des spécialités : le foie gras de canard aux morilles, l'escalope de foie gras chaud aux lentilles, la sole cuite à la *plancha* ou le généreux cassoulet d'oie. Beaucoup de touristes étrangers en goguette.

|●| *Chez Michel* – 10, rue de Belzunce ☎ 01.44.53.06.20. Parking payant. Fermé le dimanche et le lundi. Congés annuels : dernière semaine de juillet et 3 semaines en août. Accès : Mᵒ Gare-du-Nord. Compter 180 F (27,4 €) pour un repas. Ceux, nombreux, qui, pour une raison ou une autre, ont choisi de dormir dans l'un des multiples hôtels à proximité de la gare, ajouteront désormais au gîte le couvert. Thierry Breton, dans son resto aux allures de fermette, détonne avec son savoir-faire au milieu des mangeoires des environs. Ancien du *Ritz* et du *Crillon*. On se régale pour pas trop cher. Vous aurez droit à une cuisine de qualité, faite avec des produits éclatants de vérité brute. Terrine d'andouille aux baies de poivre (un vrai bonheur !) et galette de beurre demi-sel ou filet de hareng fraîchement mariné mettent en joie, pour autant que l'on desserre la ceinture d'un cran pour faire de la place au *kig ha farz* de joue de cochon et lard paysan, au moelleux de homard breton légèrement gratiné au parmesan ou encore aux Saint-Jacques rôties au beurre d'herbes endivettes caramélisées à l'orange. En dessert, paris-brest ou *kouign aman* du pays servi tiède valent leur pesant de sucre. Originaire de Bretagne, Thierry Breton, vous l'aurez compris, ne renie pas son terroir. *Breiz athao !* Attention : seule la carte Visa est acceptée.

11ᵉ arrondissement

🏠 *Hôtel Notre-Dame* ** – 51, rue de Malte ☎ 01.47.00.78.76. Fax : 01.43.55.32.31. ● hotelnotredame@wanadoo.fr ● TV. Accès : Mᵒ République ou Oberkampf. Doubles avec lavabo ou douche de 210 à 320 F (32 à 48,8 €). À 380 F (57,9 €) avec douche et wc ou bains. Le gris sied au *Notre-Dame*. Un 2 étoiles bien tenu, bien stylé, qui décline sa gamme des tons gris jusque dans les cartes de visite et même... le chat de la maison ! Les chambres, récemment refaites et décorées avec goût, sont équipées du confort moderne : téléphone direct, réveil automatique, télé couleur. Préférer le côté rue pour sa luminosité. Attention : les chèques ne sont pas acceptés. Préférable de réserver. *10 % sur le prix de la chambre.*

🏠 *Hôtel Mondia* ** – 22, rue du Grand-Prieuré ☎ 01.47.00.93.44. Fax : 01.43.38.66.14. TV. Canal+. Accès : Mᵒ République. Doubles de 340 à 370 F (51,8 à 56,4 €) avec douche et wc ou bains, selon la taille et l'exposition. Dans une petite rue calme, un bien joli hôtel à l'ambiance surannée et rétro dans les moindres détails. Il est, de plus, très bien situé puisque Belleville, Ménilmontant, la Bastille ne sont pas loin et le coin Marais-les Halles tout proche. Accueil charmant, comme le décor : vraiment ravissant avec jolis papiers peints, peintures aux pochoirs, moulures au plafond et jolis effets de vitraux, surtout dans la salle de petit déjeuner. Chambres dans le même style, confortables avec salles de bains complète (douche ou baignoire), sèche-cheveux, téléphone direct, coffre-fort personnel, et glace en pied ; cheminée en marbre pour certaines. Trois chambres mansardées au 6ᵉ étage. Pour notre part, nous avons bien aimé la nᵒ 503. Prix négociables selon la durée du séjour. *10 % sur le prix de la chambre hors saison.*

🏠 *Hôtel Beauséjour* ** – 71, av. Parmentier ☎ 01.47.00.38.16. Fax : 01.43.55.47.89. Parking payant. TV. Accès : Mᵒ Parmentier ou Oberkampf. Doubles avec douche et wc ou bains à 380 F (57,9 €). 480 F (73,2 €) pour trois et 550 F (83,8 €) pour quatre. Un hôtel de 31 chambres réparties sur 6 étages (rassurez-vous, il y a un ascenseur), toutes avec bains ou douche, double-vitrage, télé et téléphone direct. Petit bar à la réception ouvert 24h/24 et possibilité d'être servi dans sa chambre. Accueil charmant. *10 % sur le prix de la chambre, voire 20 % en janvier, février et mars.*

🏠 *Hôtel Daval* ** – 21, rue Daval ☎ 01.47.00.51.23. Fax : 01.40.21.80.26. TV. Canal+. Satellite / câble. Accès : Mᵒ Bastille. Doubles avec douche et wc à 415 F (63,2 €) et petit déjeuner amélioré à 50 F (7,6 €). Au cœur de l'animation de Bastille, à côté des bars de la rue de Lappe et de la rue de la Roquette, un 2 étoiles sympathique, au décor et au confort modernes (double-vitrage, mini-coffre...). N'ayez pas peur du berger allemand, il n'est pas méchant ! *10 % sur le prix de la chambre.*

≜ Hôtel Beaumarchais – 3, rue Ober-kampf ☎ 01.53.36.86.86. Fax : 01.43.38.32.86. TV. Accès : Mᵒ Filles-du-Calvaire. Simples à 350 F (53,4 €), doubles à 490 F (74,7 €). Situation idéale avec la bonne ambiance des bars de la rue Ober-kampf, à deux pas de la Bastille, de Répu-blique et même du Marais. Un hôtel moderne plein de charme et aux couleurs chatoyantes. Véritable ode au soleil et aux vacances pour vous mettre de bonne humeur le matin. Excellent rapport qualité-prix. Chambres tout confort, spacieuses et vraiment très colorées. Accueil sympa, ce qui ne gâche rien. *NOUVEAUTÉ.*

|●| New Nioullaville – 32, rue de l'Orillon ☎ 01.40.21.96.18. Service jusqu'à 1 h du matin. Accès : Mᵒ Belleville. Menu le midi en semaine à 38 F (5,8 €). Autre menu à 78 F (11,9 €). À la carte, compter 150 F (22,9 €). Cet immense restaurant (environ 500 places) a fait peau neuve. La cuisine a été entièrement refaite, le plafond et l'éclai-rage de ses salles revus, et la climatisation installée. Les incontournables vapeurs sur chariot fumant passant de table en table (jusqu'à 23 h) sont toujours au programme des réjouissances, et sont copieux. D'abord des spécialités de Canton et du Sichuan ; des plats à base de tofu, de nouilles, des soupes, des rôtisseries... et aussi des plats du Cambodge, ou encore du Vietnam ou de Thaïlande. Nous n'oublierons pas le canard laqué pour 4 personnes (peau de canard servie avec crêpes de riz, chair du canard sautée aux légumes ou aux nouilles, bouil-lon de canard), plat convivial qu'il est agréable de partager. Détail qui a son importance, une dizaine de sièges bébé (un service que les restos français, hélas, n'offrent jamais) qui permettent aux jeunes parents de s'offrir le plaisir d'un repas au resto avec leur progéniture. Ambiance garantie. Le 1ᵉʳ menu, le « Menu femme », comprend salade nature, assortiments de vapeurs, et riz nature.

|●| Les Cinq Points Cardinaux – 14, rue Jean-Macé ☎ 01.43.71.47.22. Service jusqu'à 22 h. Fermé le samedi et le dimanche. Congés annuels : août. Accès : Mᵒ Faidherbe-Chaligny ou Charonne. On peut déjeuner pour 60 F (9,1 €), et jusqu'à 99 F (15,1 €) pour le dîner. Bistrot sympa, où l'on peut manger « sans traq'nard, qu'on soit du faubourg ou trimard, manuel ou intello » (*dixit* la patronne !). Au plafond, les anciens outils des artisans du quartier et sur les banquettes de moleskine, les habitués venus d'attabler autour de petits plats sans façon. Filets de hareng, saucisse-lentilles pour le 1ᵉʳ menu du soir, avocat gratiné au roquefort, confit de canard ou tripoux d'Auvergne pour le suivant. Cuisine tradi-tionnelle vraiment simple, mais ambiance bon enfant. *Café offert.*

|●| Loulou de Bastille – 11, rue Richard-Lenoir ☎ 01.40.09.03.31. Ouvert tous les jours et toute l'année jusqu'à minuit et des poussières. Accès : Mᵒ Voltaire. Formule à 69 F (10,5 €) au déjeuner. Compter environ 100 F (15,2 €) pour un repas complet. C'est Cindy, une Américaine de Manhattan, qui a repris cette petite affaire longtemps tenue par un Loulou qu'on croyait indéboulon-nable. À vrai dire, la patronne a son franc-parler, pas un pet d'accent, et perpétue avec un vrai bonheur cette tradition gouail-leuse qui a fait la réputation de l'établisse-ment. Ce serait donc totalement injuste de snober l'endroit sous prétexte que les Amer-loques ont investi la Bastoche ! S'il est vrai que la cuisine ne fait pas de miracles, elle se laisse apprécier sans chichis, ce qui laisse tout loisir pour entrer dans le jeu et la bonne humeur de la pétulante meneuse de revue locale. Générosité et authentique humour de quartier vous feront passer ici une soirée sympa. D'ailleurs, les habitués du coin ne s'y trompent pas puisque c'est ici qu'ils viennent finir la soirée. Pain fait maison, entre autres. *Apéritif ou café offert.*

|●| Suds – 55, rue de Charonne ☎ 01.43.14.06.36. Service de 12 h à 14 h 15 et de 19 h 30 à 1 h. Accès : Mᵒ Ledru-Rollin. Menu à 75 F (11,4 €) le midi en semaine. À la carte, compter 165 F (25,2 €). On pense immédiatement à la très belle chanson de Nino Ferrer en entrant dans ce restaurant dédié aux « Suds ». Mets et boissons vous entraînent vers le Sud de la France, en passant par l'Espagne et le Portugal, vers l'Amé-rique latine. Tous ceux qui se sentent l'âme vagabonde jusque dans leur assiette se sentiront ici chez eux. La salade de gambas aux lardons et œuf poché et le magret de canard au miel nous ont régalés. Le patron possédant une ferme familiale dans le Gers, le canard est très présent sur la carte. Tous les dimanches soir, excellente musique latina due aux meilleurs *DJ's* du moment. *Mojito* presque aussi bon qu'à Cuba.

|●| Cefalù – 43, av. Philippe-Auguste ☎ 01.43.71.29.34. Fermé le samedi midi et le dimanche. Congés annuels : 3 semaines en août. Accès : Mᵒ Nation. Formule à 89 F (13,6 €) le midi. Menu dégustation à 180 F (27,4 €) sans vin qui nous a semblé un peu cher. M. Cala, originaire du village de Mus-someli (célèbre pour sa forteresse inexpu-gnable) en Sicile, rend hommage à sa terre natale en cuisinant avec art ses spécialités. *Antipasti* à la sicilienne, sole au caviar d'aubergines, spaghetti à la sicilienne (ail, tomate, aubergine, câpres, anchois, olives, basilic), tagliatelles « 4 goûts » (crème, gor-gonzola, poitrine fumée, menthe et basilic). Au dessert, le *cannolo*, délicieuse gourman-dise du dimanche en Sicile, est conseillé. C'est un rouleau croquant rempli de ricotta fraîche, de fruits confits et de chocolat, que l'on accompagne généralement d'un verre de marsala. Formule avec par exemple : *antipasto*, osso buco et fromage *(pecorino)*. Décor naïf dans les tons rosés, frisant le kitsch avec les colonnes à l'antique et tous ces souvenirs du pays. Avec la petite chansonnette italienne en fond sonore, on s'y croirait ! Accueil chaleureux de la patronne, service efficace, propreté exemplaire. Réservation très conseillée le soir (même en semaine).

|●| **Restaurant À l'Ami Pierre** – 5, rue de la Main-d'Or ☎ 01.47.00.17.35. Service jusqu'à 2 h. Fermé le dimanche et le lundi. Congés annuels : du 17 juillet au 17 août. Accès : M° Ledru-Rollin. Repas à la carte à 100 F (15,2 €) environ. Plat du jour autour de 60 F (9,1 €). Marie-Jo, fidèle au poste derrière son comptoir, tient les manettes de ce bistrot à vin aux chaudes ambiances, qui fait vivre l'arrière-cour Bastille depuis un bail. Elle nourrit son petit monde avec un plat du jour ou ses imprescriptibles magrets et confits de canard, blanquette de veau, côtes d'agneau et autres andouillettes. *Digestif offert.*

|●| **Le Villaret** – 13, rue Ternaux ☎ 01.43.57.75.56. Service jusqu'à 1 h. Fermé le samedi midi et le dimanche. Congés annuels : 1ʳᵉ semaine de mai, août et pour les fêtes de fin d'année. Accès : M° Parmentier. Compter environ 220 F (33,5 €) avec un accueil toujours au beau fixe. Menus à 120 F (18,3 €) le midi (plat + entrée ou dessert) et 150 F (22,9 €). Joël en salle et Olivier en cuisine tiennent la barre de ce bistrot épatant. Les plats selon marché et les « médicaments » de la maison à la carte des vins, à laquelle s'ajoute une carte des « médicaments d'exception » qui fourmille de grands crus à prix câlins donnent du bonheur à toutes les tables. Selon les jours et ce qu'il aura trouvé à Rungis, le chef vous régalera en entrée d'une papillote de palourdes au thym, d'une fricassée de cèpes à l'ail et persil plat, de grosses asperges vertes de Perthuis, suivies d'un médaillon de lotte à la crème d'étrilles ou d'une tranche de foie de veau au vinaigre de banyuls, ou encore d'un faux-filet extra aux échalotes accompagné d'un gratin de topinambours. Une des meilleures adresses de Paris la nuit.

12ᵉ arrondissement

▲ **Hôtel des Trois Gares** ** – 1, rue Jules-César ☎ 01.43.43.01.70. Fax : 01.43.41.36.58. TV. Canal+. Satellite / câble. Accès : M° Gare-de-Lyon. Doubles avec lavabo à 250 F (38 €), avec douche à 300 F (45,7 €), avec douche et wc ou bains de 360 à 460 F (54,9 à 70,1 €). Derrière la pimpante façade se cache un hall résolument moderne. Les chambres donnent la réplique (fonctionnelles, déco épurée). Un hôtel 2 étoiles bien situé, dans une rue tranquille entre la gare de Lyon, Austerlitz et Bastille-Plaisance. Accueil très sympa.

▲ **Hôtel Marceau** ** – 13, rue Jules-César ☎ 01.43.43.11.65. Fax : 01.43.41.67.70. Parking payant. TV. Satellite / câble. Accès : M° Gare-de-Lyon ou Bastille. Doubles à 390 F (59,5 €) avec douche et wc ou bains. On ne sait pas si le général du même nom a séjourné ici, mais cela a donné un bon prétexte au propriétaire pour exposer fièrement dans le hall de sa réception une page manuscrite, achetée aux enchères, de celui qui batailla contre les Vendéens. Les chambres ne sont pas mal, et même assez bien décorées pour certaines. Les chambres nᵒˢ 9 et 13 sont particulièrement agréables. Rétro pour les uns, vieillot pour les autres, cet hôtel possède un réel charme avec ses vieux papiers peints et son vieil ascenseur.

▲ **Nouvel Hôtel** ** – 24, av. Bel-Air ☎ 01.43.43.01.81. Fax : 01.43.44.64.13. TV. Accès : M° Nation. Doubles avec douche et wc à 410 F (62,5 €), avec bains à 445 F (67,8 €). Chambres communicantes pour les familles à 620 F (94,5 €) pour trois et 690 F (105,2 €) pour quatre. À deux pas de la place de la Nation, qui assure une desserte très pratique des principaux centres d'intérêt de la capitale, que ce soit par le métro, le bus ou le RER, voici un hôtel avec une jolie façade fleurie dans une avenue on ne peut plus calme avec un adorable jardin où l'on peut prendre le petit déjeuner ou paresser calmement à l'ombre d'un néflier et sur lequel donnent la plupart des chambres. Adresse de charme avec des chambres ravissantes aux airs de campagne anglaise avec de jolis papiers peints à fleurs. Un excellent rapport qualité-prix.

▲ **Hôtel Saphir** ** – 35, rue de Cîteaux ☎ 01.43.07.77.28. Fax : 01.43.46.67.45. TV. Satellite / câble. Accès : M° Faidherbe-Chaligny, Reuilly-Diderot ou Gare-de-Lyon. Doubles avec douche ou bains à 470 F (71,7 €). Triples à 565 F (86,1 €). Quadruples à 615 F (93,8 €). Simples à 395 F (60,2 €). À deux pas du faubourg Saint-Antoine, ce 2 étoiles en fait voir de toutes les couleurs. Harmonie des tons rose, bleu, vert ou beige, selon les goûts, pour des chambres équipées du confort moderne. *Petit déjeuner offert. 10 % sur le prix de la chambre.*

|●| **Au Pays de Vannes** – 34 *bis*, rue de Wattignies ☎ 01.43.07.87.42. Fermé le soir et le dimanche. Congés annuels : août. Accès : M° Michel-Bizot. Menu le midi en semaine à 60 F (9,1 €), puis menus à 75 et 110 F (11,4 et 16,8 €). Un brave troquet de quartier où se déploie sur un mur un grand drapeau breton signalant, à toutes fins utiles, pour ceux qui ne l'auraient pas

compris, qu'ici on est Armor à mort. Le 1ᵉʳ menu, avec son prix étudié et sa brassée de plats du jour, tels le sauté de porc aux salsifis, la pintade rôtie à l'émincé de poireaux, la poule au riz ou encore la poitrine de veau farcie cœur de céleri braisé, remplit les tables. Des plats qu'entourent avec sérieux entrées (œufs mayo, etc.) et desserts (crème caramel façon « mémé »). Le 2ᵉ menu comprend le saumon fumé en entrée et un quart de côtes-du-rhône. Un bon repas simple, griffé tradition française comme il est de plus en plus rare d'en trouver dans la capitale aujourd'hui. Le meilleur rapport qualité-prix de l'arrondissement ! Le samedi midi, on vient en famille se gorger d'huîtres en provenance directe de Normandie. Accueil et service chaleureux et populo. *Apéritif offert.*

|●| *Cappadoce* – 12, rue de Capri ☎ 01.43.46.17.20. Fermé le samedi midi et le dimanche. Congés annuels : 3 semaines en août. Accès : M° Michel-Bizot ou Daumesnil. Trois menus bien pensés sont proposés : végétarien à 76 F (11,6 €), diététique à 86 F (13,1 €) et gastronomique à 130 F (19,8 €). L'hospitalité turque empreinte de gentillesse et de discrétion ainsi qu'une cuisine bien élaborée ont assis la réputation du *Cappadoce* bien au-delà du quartier. Le roulé au fromage, le caviar d'aubergines sont d'une délicatesse tout orientale et les *pides* (pizzas turques), le poulet grillé aux aubergines et au yaourt, gigot d'agneau farci au fromage épicé ou brochettes aromatisent votre palais à plaisir. Les raisons du succès de ce restaurant sautent aux yeux (il est prudent de réserver le soir). Les desserts faits maison, dont un étonnant potiron au sirop (genre pâte de coing), ne sont pas à dédaigner.

|●| *Les Zygomates* – 7, rue de Capri ☎ 01.40.19.93.04. Service de 12 h à 14 h et de 19 h 45 à 22 h 45. Fermé le samedi midi et le dimanche. Congés annuels : août. Accès : M° Michel-Bizot ou Daumesnil. Menu le midi en semaine à 80 F (12,2 €), le suivant à 130 F (19,8 €). Pour un repas, comptez 180 F (27,4 €) à la carte. Rien n'a changé dans cette boucherie début de siècle. Le décor en trompe l'œil, le bois verni, le marbre et les scènes de chasse. On s'y croirait. Mais le plus beau, c'est sans aucun doute la cuisine à prix serrés. Surtout le second menu, où les plats ne sont pas de simples prétextes : cannelloni de chèvre et salade de mâche, queue de cochon farcie aux morilles, brie de Meaux et savarin de chocolat au lait et sa glace à la verveine. À ce prix-là et vu la qualité de la cuisine, cela ressemble fort à une entreprise de philanthropie. Il est donc préférable de réserver car les petits malins se sont vite donnés l'adresse tout en espérant qu'elle reste confidentielle.

|●| *Restaurant Square Trousseau* – 1, rue Antoine-Vollon ☎ 01.43.43.06.00. ☒ Service jusqu'à 23 h 30. Accès : M° Ledru-Rollin. Au déjeuner, menu à 100 F (15,2 €) ; le soir, menu à 135 F (20,6 €) ou carte à environ 200 F (30,5 €). Rideaux de velours rouge et rideaux de dentelle préservent les regards indiscrets. Ici, l'atmosphère et le style bistrot 1900 sont à l'honneur : superbe bar de zinc ancien, carrelage mosaïque, banquettes de moleskine rouge et plafond à moulures. Un endroit détente et raffinement. Le menu et les plats sont affichés au mur sur de grandes ardoises. La carte change tous les mois, en fonction du marché et des saisons. C'est joliment présenté. Clientèle élégante mais décontractée. La carte des vins, bien conçue, sort des sentiers battus. Un lieu très parisien, où il n'est pas rare de rencontrer une tête connue. Terrasse en été.

|●| *Restaurant À la Biche au Bois* – 45, av. Ledru-Rollin ☎ 01.43.43.34.38. Service midi et soir jusqu'à 22 h. Fermé le samedi et le dimanche. Accès : M° Gare-de-Lyon ou Ledru-Rollin. Menus à 112 et 125 F (17,1 et 19,1 €). Très bonne halte pour moins de 150 F (22,9 €). Très conseillé de réserver. Menus qui font de cette bonne table à deux pas de la gare de Lyon la providence des voyageurs. Les plats – filet de bœuf aux cèpes, tournedos landais, coq au vin en cocotte noire sur la table avec ses beaux morceaux compacts et imbibés de sauce bien réduite ou gibier en saison (filet de biche, estouffade de sanglier...) – ont le goût de la tradition. Pâtisseries maison. Vins à prix raisonnables.

13ᵉ arrondissement

🛏 *Hôtel Tolbiac* – 122, rue de Tolbiac ☎ 01.44.24.25.54. Fax : 01.45.85.43.47. ● h.tolbiac@club.internet.fr ● TV. Accès : M° Tolbiac ou Place-d'Italie. Doubles avec lavabo à 170 F (25,9 €), avec douche et wc à 210 F (32 €). Bon petit déjeuner buffet à 21 F (3,2 €). Juste en brouillard cher à Léo Malet, c'est le soleil qui arrive rue de Tolbiac avec la nouvelle salle de petit déjeuner aux couleurs méditerranéenne. Ce grand hôtel (par la taille : 47 chambres) continue de rendre bien des services aux petits budgets. Même si la rue de Tolbiac est assez bruyante, grâce au double-vitrage et à une vie bien équilibrée, on peut quand même dormir, à 5 mn de la place d'Italie.

🛏 *Hôtel Sthrau* * – 1, rue Sthrau ☎ 01.45.83.20.35. Fax : 01.44.24.91.21. TV. Accès : M° Nationale, Tolbiac, Porte-d'Ivry ou Bibliothèque. Doubles de 210 à 260 F (32 à 39,6 €). Un petit hôtel modeste mais propret pour budgets réduits, à 5 mn de la bibliothèque François-Mitterrand. Pour lire au calme, choisissez les chambres donnant sur la cour. Les obsédés de la télé peuvent en obtenir une, avec un supplément (non mais !). *Petit déjeuner offert le 1ᵉʳ jour et 10 % sur le prix de la chambre en janvier.*

⌂ *Résidence hôtelière Le Vert Galant* ★★★ – 41-43, rue C r o u l e b a r b e ☎ 01.44.08.83.50. Fax : 01.44.08.83.69. Parking payant. TV. Satellite / câble. ⌖ Resto fermé le dimanche. Accès : Mº Gobelins ou Corvisart. De 400 à 500 F (61 à 76,2 €) avec douche et wc ou bains. Un coin de campagne basque perdu en plein 13ᵉ face au jardin des Gobelins : dix chambres spacieuses, en marge de la rue, avec un jardin et une pelouse, où poussent des vignes avec quelques plans de jurançon, clin d'œil au restaurant basque mitoyen, l'auberge *Etchegorry*, appartenant aux mêmes propriétaires. Et cinq autres chambres plus petites. Calme, bien sûr, et un certain charme, voire un charme certain. Les chambres les plus chères sont en fait de petits studios avec coin kitchenette, réfrigérateur, téléphone avec ligne directe. Beau petit déjeuner buffet, servi dans une loggia, face au jardin. *Petit déjeuner offert.*

⌂ *Résidence Les Gobelins* ★★ – 9, rue des Gobelins ☎ 01.47.07.26.90. Fax : 01.43.31.44.05. TV. Canal+. Satellite / câble. Accès : Mº Gobelins et bus nᵒˢ 27, 47, 83 et 91. Chambres de 425 à 445 F (64,8 à 67,8 €) avec douche et wc ou bains. Dans cette rue au tracé encore médiéval, à deux pas du château de la Reine-Blanche, un hôtel à l'excellent rapport qualité-prix. Calme assuré. Belles chambres doubles. Petit jardin pour les soirées printanières. *10 % sur le prix de la chambre.*

⌂ *Hôtel la Manufacture* ★★ – 8, rue Philippe-de-Champaigne ☎ 01.43.35.45.25. Fax : 01.43.35.45.40. TV. Satellite / câble. Accès : Mº Place-d'Italie. Doubles de 460 à 600 F (70,1 à 91,5 €). Coup de cœur pour ce nouvel hôtel d'une sobre élégance, caché (il faut le deviner, en sortant Place-d'Italie) dans l'ombre de la mairie, à deux pas de la célèbre manufacture des Gobelins. Il est tenu par trois jeunes femmes méticuleuses qui veillent au grain (de poussière). Pas de tapisseries d'un autre temps, ici, mais une pureté de ligne, une déco tout en brun, rouge et beige. Très belle entrée avec un plancher de bateau et un coin-salon-bar où il fait bon prendre un verre, le soir, près du feu de bois, en saison. Chambres pas très grandes mais agréables pour un court séjour. Climatisation. Buffet appétissant le matin. *Petit déjeuner offert. NOUVEAUTÉ.*

⌂ *Hôtel Saint-Charles* ★★★ – 6, rue de l'Espérance ☎ 01.45.89.56.54. Fax : 01.45.88.56.17. Parking payant. TV. Canal+. ⌖ Accès : Mº Corvisart ou Place-d'Italie. Chambres de 600 F (91,5 €) avec douche et wc à 650 F (99,1 €) avec bains.

Au cœur de la Butte-aux-Cailles, un de nos quartiers préférés à Paris. Chambres absolument impeccables, avec douche ou bains. Préférez les étages les plus hauts pour le panorama sur l'église Sainte-Anne et le Sud parisien. Petit jardin intérieur. *10 % sur le prix de la chambre et 20 % les week-ends.*

|●| *Restaurant Bida Saigon* – 44, av. d'Ivry ☎ 01.45.84.04.85. Service de 10 h à 22 h. Accès : Mº Porte-d'Ivry ; par les escaliers mécaniques des Olympiades, devant Paris Store ou le petit magasin des frères Tang. Comptez de 45 à 55 F (6,9 à 8,4 €) pour un repas. Une grande cantine vietnamienne nichée tout au fond d'un couloir perpendiculaire à la galerie d'Oslo. L'accueil est souriant et la carte classique : une vingtaine de plats savoureux. Les soupes (*phô* et soupe saigonnaise ou de Hué) sont généreusement servies en petit ou grand bol ; les pâtés impériaux croustillant et le gâteau de riz à la vapeur est fidèle à lui-même. Travers de porc, poulet grillé à la citronnelle et assiettes de riz de porc avec crabe farci ou rôti au caramel. Essayez les desserts, déroutants mais pas désagréables : haricots blancs au riz gluant, graines de lotus avec algues et longanes. En boisson, vins, bières, thés et surtout de bon jus de fruits frais !

|●| *Paris-Vietnam* – 98, av. de Choisy ☎ 01.44.23.73.97. Service de 8 h à 23 h. Congés annuels : septembre. Accès : Mº Tolbiac. Menus de 55 à 85 F (8,4 à 13 €). Plats autour de 45 F (6,9 €). Fondue vietnamienne à 185 F (28,2 €) pour deux. N'hésitez pas à pousser la porte, même si la devanture vous donne l'impression que c'est tout petit et totalement banal. Détrompez-vous ! Deux salles chaleureuses avec quelques jolies pierres vous attendent au fond de ce restaurant où vous serez accueilli par des sourires. On oublie la carte, car ici la grande spécialité c'est la fondue vietnamienne pour deux personnes ! Dès la commande, branle-bas de combat ! Réchaud sur la table, assiette de fines tranches de bœuf, de seiche et de volaille recouverte de coriandre et accompagnée de grosses crevettes, assiette de pâtes et de tofu, et spatules (pour plonger les aliments dans le bouillon) atterrissent sur votre table ! Il ne vous reste plus qu'à faire trempette et vous rassasier des portions généreuses. N'oubliez pas à la fin du repas de casser un œuf et de boire le bouillon, pour une fois jusqu'à la lie ! Celui-ci est vraiment savoureux. On vous parie que vous aurez du mal à finir... Moralité : de Paris au Vietnam, il n'y a que quelques stations de métro qui nous séparent.

|●| *Virgule* – 9, rue V é r o n è s e ☎ 01.43.37.01.14. Service jusqu'à 22 h 30. Fermé le dimanche midi, le lundi midi et à Noël. Accès : Mº Gobelins. Menu à midi à

58 F (8,8 €). Plusieurs menus de 64 à 140 F (9,8 à 21,3 €) le soir. Compter 150 F (22,9 €) à la carte. Une ancienne pizzeria, au décor banal mais qui ne désemplit pas. Il faut dire que M. Dao, jeune cuisinier d'origine cambodgienne, a quelques atouts en main. D'abord, son menu le midi, puis sa manière de faire cohabiter l'Orient et l'Occident dans la cuisine traditionnelle. Le menu change régulièrement et commence par une entrée du genre soupe crème à la Du Barry, suivie d'un rôti de porc laqué ou d'une choucroute au jarret de porc et, en dessert, une tarte du jour ou une crème caramel. Le menu à 140 F offre aussi quelques mélanges étonnants (tranche de saumon fumé aux agrumes de pamplemousse, escargots, le poisson du jour comme le thon mariné au lait de coco ou encore un cassoulet comme chez mémé ou un magret...). En résumé, c'est très copieux, et M. et Mme Dao sont des gens charmants.

|●| À la Bouillabaisse, Chez Keryado – 32, rue Regnault ☎ 01.45.83.87.58. Fermé le dimanche et le lundi soir. Congés annuels : la 2ᵉ quinzaine d'août. Accès : Mᵒ Bibliothèque ou Porte-d'Ivry. Menus à 59 F (9 €) le midi en semaine, puis à 110 et 150 F (16,8 et 22,9 €). La bouillabaisse y coûte quand même 140 F (21,3 €), mais elle est excellente (et Dieu sait qu'il est difficile d'en trouver une bonne à Paris !). Dans ce bas du 13ᵉ, non loin de la sympathique rue Dessous-des-Berges, on entre avec plaisir dans cette version moderne et stylisée d'un bistrot à la Pagnol. On y cultive exclusivement le goût de la cuisine marine, fraîcheur et surprise (comme les délicieuses Saint-Jacques poêlées), au travers des deux dernières formules. Une bien bonne adresse pour partager entre copains le dernier repas des vacances. Accueil gentil tout plein. *Apéritif offert.*

|●| L'Avant-Goût – 26, rue Bobillot ☎ 01.53.80.24.00. Service jusqu'à 23 h. Fermé le dimanche midi et le lundi. Congés annuels : août. Accès : Mᵒ Place-d'Italie. Formule le midi en semaine à 59 F (9 €), puis menu-carte à 145 F (22,1 €) et menu dégustation à 190 F (29 €) avec 2 entrées, un poisson, une viande et un dessert sur l'ardoise. Pot-au-feu de cochon à 85 F (13 €). À la carte, entrées à 45 F (6,9 €), plats à 85 F (13 €) et desserts à 40 F (6,1 €). Christophe Beaufront, que nous avions déjà connu il y a un bail comme chef au restaurant *À la Courtille* sur les hauts de Belleville, avant qu'il ne décide de s'installer à son propre compte en Touraine (*L'Auberge de Moncontour* à Vouvray), a fait un retour heureux à l'orée de la Butte-aux-Cailles. On sent que son installation a été longuement mûrie, qu'il a réfléchi à tout, aussi bien aux formules proposées à l'ardoise qu'au choix de ses vins. Le résultat est de suite visible. La spécialité de *L'Avant-Goût*, le pot-au-feu

de cochon, allie rusticité et finesse. Un plat épatant ! Autre option, le menu-carte offre le choix entre 5 entrées, 6 plats et 5 desserts. Pressée de courgettes et de saumon mariné à la badiane, charlotte d'agneau minute aux aubergines et aux tomates, suivis de joues de cochon croustillantes caviar de champignons ou de râble de lapin aux olives blanquette d'endives et d'échalotes, et pour conclure, un *crumble* aux pommes sablé des Gaudes à l'orange, font la démonstration du talent du chef. Le midi, formule (entrée + plat du jour, verre de vin et café compris) : poulet fermier rôti gratin de macaronis, gigot rôti flageolets... Rayon flacons, le vouvray pétillant de Champalou, le gamay Château-Gaillard ou le domaine Gramenon, un côtes-du-rhône sont de bons compagnons de table avec le vin du mois.

|●| Nouveau Village Tao Tao – 159, bd Vincent-Auriol ☎ 01.45.86.40.08. Service jusqu'à 23 h 30. Accès : Mᵒ Nationale. Le midi, menus de 65 à 156 F (9,9 à 23,8 €, pour deux). Une fois n'est pas coutume, ce resto asiatique hors du triangle formé par les avenues de Choisy et d'Ivry offre un cadre assez raffiné avec des plantes vertes disséminées un peu partout. On peut dire qu'avec son rez-de-chaussée immense et son premier étage, c'est effectivement presque un village entier ! La carte est à la taille du décor, avec ses spécialités chinoises, thaïlandaises ou à la vapeur, et quelques mets flambés que des serveurs apportent à toute allure en se protégeant prudemment une serviette autour du cou ! Bonne idée, ces photos des plats au milieu de la carte pléthorique... Cela nous a inspiré, et nous avons choisi le canard aux pousses de bambou et au lait de coco épicé (un potage) et un crabe farci thaï, très joliment présenté. Nous avons pris ensuite un poulet piquant au miel et des crevettes sautées, après avoir longuement hésité sur le canard laqué pékinois entier pour deux ! Notre choix aurait pu également se porter sur les nombreuses façons d'accommoder les cuisses de grenouilles, sur les raviolis ou les coquilles Saint-Jacques farcies en beignet. Vraie carte de desserts, dont le flan thaï grillé. En bref, une excellente visite gastronomique de ce charmant village qui a fait l'effort de ne pas ressembler à un supermarché de la cuisine asiatique !

|●| Restaurant La Touraine – 39, rue Croulebarbe ☎ 01.47.07.69.35. Service le midi et le soir jusqu'à 22 h 30. Fermé le dimanche. Accès : Mᵒ Corvisart ou Gobelins. Menu à 70 F (10,7 €) tout compris, servi uniquement le midi. Autres menus à 140 F (21,3 €), avec boisson, fromage et dessert, et 160 F (24,4 €), menu tourangeau. Menu gastronomique à 190 F (29 €). Conseillé de réserver, surtout si vous voulez une table en terrasse. Accueil tout à fait charmant. Deux grandes salles au décor rustique discret. Délicieuse cuisine comme en province, avec de bons petits plats (ris d'agneau flambé au calva et aux morilles, filet de sandre, filet de brochet, panaché d'agneau à l'ail confit). Plein de menus copieux. Pour faire quelques pas et digérer, un joli jardin de l'autre côté de la rue. Que vous faut-il de plus ? *Apéritif offert.*

|●| *Le Bistro du Viaduc* – **12, rue Tolbiac** ☎ **01.45.83.74.66.** Fermé le soir, ainsi que le dimanche et les jours fériés. Congés annuels : août. Accès : Mᵒ Chevaleret et Bibliothèque. Menus à 98 et 165 F (14,9 et 25,2 €). Léo Malet, qui a situé une des aventures de Nestor Burma sous le pont tout proche, a peut-être fait halte en ce bistrot qui fut jadis un restaurant ouvrier connu sous le nom de *Chez Mammy*. Aujourd'hui, le décor est toujours 1930, les prolétaires ont fait place aux cols blancs et la cuisine est devenue un poil plus élaborée. Le 1ᵉʳ menu, boisson comprise, ne se moque pas du monde, et le suivant fait dans le produit noble : langoustines rôties accommodées de façons différentes en fonction des saisons, saumon mariné à l'aneth, turbot sauce au vin rouge à l'oseille, ou encore délicieux foie de veau, sole meunière… Un registre classique mais bien exécuté. *Apéritif offert.*

|●| *Etchegorry* – **41, rue Croulebarbe** ☎ **01.44.08.83.51.** Fermé le dimanche. Accès : Mᵒ Place-d'Italie ou Corvisart. Première formule le midi à 100 F (15,2 €), avec entrée, plat, fromage ou dessert et vin en pichet, à discrétion ; voici un bon rapport qualité-prix ! Pour un choix plus large, optez pour le menu à 145 F (22,1 €), ou 170 F (25,9 €) avec vin en pichet, ou encore pour le menu gastronomique à 180 F (27,4 €), ou 220 F (33,5 €) vin compris. Conseillé de réserver. Sous la jolie façade fleurie, on lit une vieille inscription : « Cabaret de Mme Grégoire ». Il y a presque deux siècles de cela on se restaurait ici Victor Hugo, Béranger, Chateaubriand et bien d'autres poètes. Charme d'antan quasi intact, décor rustique et chaleureux, fenêtres donnant sur un square, on se croirait en province ! Clientèle bourgeoise (genre « pharmacien rencontrant en douce la femme du notaire ») et cuisine basco-béarnaise réputée. Aucun doute, cette auberge satisfera les plus exigeants : piperade comme au pays de Soule, chipirons farcis et piments à la morue, manchons de canard et jarret de porc confits pommes à l'ail, fromage de brebis, délicieuse île flottante aux pralines roses qui vient rivaliser avec le gâteau basque fondant… tout est fait maison, même le pain de campagne. *Café offert.*

|●| *Anacréon* – **53, bd Saint-Marcel** ☎ **01.43.31.71.18.** Fermé le dimanche et le lundi. Congés annuels : août. Accès : Mᵒ Gobelins. Menu le midi à 120 F (18,3 €) et menu-carte à 180 F (27,4 €). Sur ce boulevard à la triste mine, l'*Anacréon* est la lumière au bout du tunnel pour les gourmets des environs. L'impeccable menu-carte concocté par un chef qui a fait ses classes chez *Prunier* et à la *Tour d'Argent* allie terroir et préparations aiguisées. La terrine de lapin au foie gras et légumes ou la fricassée d'escargots à la tomate, les rognons de veau à la moutarde ou le magret de canard rôti poires épicées, ainsi que le clafoutis aux pruneaux glace armagnac se succèdent avec talent. Service gentil tout plein et carte des vins en accord avec la cuisine. Ah, qu'il est dommage que cette bonne adresse soit encore si méconnue !

|●| *Chez Paul* – **22, rue de la Butte-aux-Cailles** ☎ **01.45.89.22.11.** Service midi et soir jusqu'à minuit. Fermé le dimanche soir. Congés annuels : pendant les fêtes de fin d'année. Accès : Mᵒ Place-d'Italie ou Corvisart. Comptez de 150 à 200 F (22,9 à 30,5 €). Vins à prix raisonnables : un pot de côteaux-du-lyonnais à 60 F (9,1 €) et un Château de la Bonnelière à 95 F (14,5 €) dans les premiers prix. Sympathique néobistrot dont la greffe a bien pris sur le tissu de la Butte. Cadre sobre mais agréable pour une excellente cuisine de bistrot. Accueil chaleureux. Le patron fait montre d'un humour discret et ne sont pas les bonnes idées qui lui manquent (comme d'avoir exhumé des apéros du Néanderthal !). Depuis quelque temps, Paul sillonne la France à la recherche de nouveaux producteurs pour renforcer le caractère régional de sa cuisine. Carte assez fournie : terrine de queue de bœuf, estouffade de bœuf à la bordelaise, cochon de lait rôti à la sauge, tripes braisées maison, sans oublier les suggestions du jour sur le tableau noir. Délicieux desserts.

14ᵉ arrondissement

🏠 *Hôtel du Parc Montsouris* ** – **4, rue du Parc-Montsouris** ☎ **01.45.89.09.72.** **Fax : 01.45.80.92.72.** TV. Satellite / câble. Accès : Mᵒ Porte-d'Orléans ou RER Cité-Universitaire. Doubles à 340 F (51,8 €) avec douche et wc, à 400 F (61 €) avec bains. Pour les adeptes du jogging, le parc est juste à côté. Tous les autres apprécieront le calme et le charme de la rue. Un hôtel comme on les aime aujourd'hui, avec un accueil compétent, des chambres fonctionnelles… Simple, bien. *10 % sur le prix de la chambre.*

🏠 *Hôtel des Bains* * – **33, rue Delambre** ☎ **01.43.20.85.27. Fax : 01.42.79.82.78.** Parking payant. TV. Canal+. Accès : Mᵒ Vavin ou Edgar-Quinet. Chambres de 399 à 410 F (60,8 à 62,5 €) pour deux, et à 675 F (102,9 €) pour quatre. C'est une cure de jouvence en plein Paris. Un 1 étoile à la façade discrète mais au charme indéniable.

Les chambres sont décorées avec goût. Suites calmes et confortables très recherchées par les familles, situées dans une dépendance au fond de la cour. Vraiment pas cher pour ce qu'il propose, d'autant que l'accueil est excellent. *10 % sur le prix de la chambre en juillet-août, et le week-end toute l'année.*

🏠 **Hôtel Daguerre** ** – 94, rue Daguerre ☎ 01.43.22.43.54. **Fax : 01.43.20.66.84.** TV. Satellite / câble. ♿ Accès : Mᵒ Gaîté. Doubles de 480 à 490 F (73,2 à 74,7 €) avec douche et wc ou bains. Suite à 650 F (99,1 €). Pour les routards qui raffolent du luxe sans en avoir vraiment les moyens, voilà l'hôtel idéal ! Cet établissement 2 étoiles seulement s'est offert un lifting digne des plus grandes stars ! Marbre, statue, peinture en trompe l'œil, tissus assortis, pierres apparentes pour la salle à manger, patio romantique. Ah ! voilà qui donne l'illusion de temps bien meilleurs. Dans les chambres, cela continue : propreté reluisante, coffre-fort, mini-bar, et même 1 ou 2 chambres équipées pour handicapés. Et pour le même tarif, vous avez droit à un accueil souriant et aimable. Justement, à propos de prix, ils sont tout compte fait très doux étant donné le service. *Petit déjeuner offert en juillet et août.*

🏠 **Hôtel Delambre** *** – 35, rue Delambre ☎ 01.43.20.66.31. **Fax :** 01.45.38.91.76. TV. Satellite / câble. ♿ Accès : Mᵒ Edgar-Quinet ou Vavin. Doubles à 490 F (74,7 €) avec douche et wc et à 550 F (83,8 €) avec bains. Charme, tranquilité, efficacité, telle est la devise de l'hôtel Delambre, qui a bien changé depuis l'époque où il abritait André Breton et quelques autres personnages de l'ancien Montparnasse. Sympathique petit déjeuner buffet. Des prix raisonnables pour un hôtel 3 étoiles, qui joue les couleurs du temps sur ses murs pour vous remonter le moral. L'été, on dort la fenêtre ouverte, sans problème. *10 % sur le prix de la chambre en février et août.*

🍽 **Aux Produits du Sud-Ouest** – 21-23, rue d'Odessa ☎ 01.43.20.34.07. Service de 12 h à 14 h et de 19 h à 23 h. Fermé le dimanche, le lundi et les jours fériés. Congés annuels : août. Accès : Mᵒ Edgar-Quinet. Formule le midi à 32 F (4,9 €) avec plat du jour et café ou verre de vin. Compter 120 F (18,3 €) pour un repas. Ce resto-boutique propose des conserves artisanales de sa région à des prix défiant toute concurrence. Ne vous attendez donc pas à de la grande gastronomie landaise, mais plutôt à des plats honnêtes du terroir, comme l'assiette de charcuterie du pays ou les terrines de lapin, de sanglier... Les petits ventres peuvent se contenter d'un plat : cassoulet au confit d'oie, salmis de palombe, confit de canard pommes sarladaises. En dessert, une croustade aux pommes à l'armagnac, bien sûr, qui, sans vous faire grimper au mur, conclura un déjeuner somme toute très correct pour le quartier.

🍽 **Restaurant Au Rendez-Vous des Camionneurs** – 34, rue des Plantes ☎ 01.45.40.43.36. ♿ Service midi et soir jusqu'à 21 h 30. Fermé le samedi, le dimanche et les jours fériés. Congés annuels : août. Accès : Mᵒ Alésia. Menu à 78 F (11,9 €). Plat du jour autour de 50 F (7,6 €). Portions enfants à moitié prix. On dépasse rarement les 120 F (18,3 €). Pas beaucoup de tables, quasi obligatoire de réserver. En fait, on n'y trouve plus guère de casquettes de camionneurs ou de bleus de chauffe. Plutôt des employés le midi, et quelques artistes et top-models (une célèbre agence de mannequins est située juste à côté) le soir. À la carte, côte de bœuf à la moelle, pied de cochon en civet, mignons d'agneau aux herbes, magret de canard. Difficile de faire mieux. En plus, *a priori* favorable, c'est Reiser qui a dessiné la carte de visite !

🍽 **Restaurant Le Château Poivre** – 145, rue du Château ☎ 01.43.22.03.68. ♿ Service jusqu'à 23 h. Fermé le dimanche. Congés annuels : du 8 au 20 août et la semaine de Noël. Accès : Mᵒ Pernety. Excellent menu à 89 F (13,6 €). À la carte, comptez entre 150 et 200 F (22,9 et 30,5 €). Tranquille comme Basile, un resto de quartier qui a la cote auprès des indigènes. Andouillette, magret, cassoulet, confit, tripes, goulash à la hongroise, tartare... concoctés par un patron barbu. Le service est plus qu'aimable, ce qui devient rare de nos jours.

🍽 **Restaurant La Coupole** – 102, bd du Montparnasse ☎ 01.43.20.14.20. Service de 7 h 30 à 10 h 30 pour le petit déjeuner et dernière commande à 2 h pour la brasserie. Accès : Mᵒ Vavin. Menus à 95 F (14,5 €) le midi en semaine, à 132 F (20,1 €) le midi, 138 F (21 €) après 22 h et 179 F (27,3 €). C'est l'un des derniers dinosaures de Montparnasse : gigantesque « hall de gare », le plus grand resto en surface de France. Dès sa naissance en 1927, l'endroit était fréquenté par les artistes : Chagall, Man Ray, Soutine, Joséphine Baker et son lionceau. C'est là qu'Aragon rencontra Elsa, que le modèle Youki quitta Foujita pour Robert Desnos. En 1988, *La Coupole* a fait peau neuve (après 8 mois de travaux !), le bar a retrouvé sa place dans l'axe de la salle, les toiles des piliers ont récupéré leurs pimpantes couleurs et les piliers, quant à eux, ont retrouvé leur couleur verte d'origine. La salle de restaurant dispose désormais de 450 places assises. Le dancing a été préservé aussi. Il fonctionne en matinée (thé dansant) et en soirée (fiestas cubaines le mardi soir). Depuis, *La Coupole* appartient à

Jean-Paul Bücher, le patron du groupe *Flo*. Côté cuisine : continuité et innovation avec le savoir-faire et les recettes du groupe *Flo*. On y dégustera toujours le célèbre *curry* ainsi que le non moins célèbre *hot-fudge* (glace et chocolat chaud aux amandes). De l'ancienne carte subsistent aussi le cassoulet, le tartare, etc. On y mange plutôt mieux. Pourtant ces changements ont bien écorné l'atmosphère...

|●| *Le Restaurant Bleu* – 46, rue Didot ☎ 01.45.43.70.56. Fermé le dimanche, le lundi et les jours fériés. Accès : M° Plaisance ou Pernety. Intéressant menu au déjeuner pour 98 F (14,9 €) et menu spécial régional à 120 F (18,3 €). Autre formule à 130 F (19,8 €). Menu-carte à 165 F (25,2 €). Repris en main par un excellent chef, Christian Simon, ancien du *Bertie's*, ce vieux bistrot à l'atmosphère paisible en plein Paris populo vaut le détour rien que pour son décor délicieusement suranné. Le menu-carte plonge de plain-pied dans le terroir arvernes mais en y épousant les saisons. Gibiers, terrines, champignons, fruits rouges... montrent donc le bout de leur nez selon les mois. Le panier de cochonnailles du Rouergue est une excellente entrée en matière, tout comme le persillé de canard au foie gras et la salade aux noix. Pour suivre, la morue fraîche rôtie et ses pommes écrasées au basilic ou la pièce de bœuf grillée, pommes à la graisse d'oie et fricassée de champignons feront l'affaire. En dessert, la crème glacée soufflée à la mandarine glisse comme une lettre à la poste. Le vendredi, le poisson est à l'honneur en entrée comme en plat.

|●| *Bistrot Montsouris* – 27, av. Reille ☎ 01.45.89.17.05. Fermé le dimanche et le lundi. Congés annuels : 3 semaines en août. Accès : RER Cité-Universitaire ou M° Porte-d'Orléans. Formule à 108 F (16,5 €), avec plat + entrée ou dessert. À la carte, compter environ 200 F (30,5 €) par personne. Situé à deux pas du ravissant parc Montsouris, l'ancien *Relais de l'Argouët* a changé de nom en changeant de formule. La patronne étant toujours la même, la qualité des plats et du service restent de rigueur dans cette aimable maison qui tient plus de l'auberge, avec son cadre rustique, que du bistrot. La cuisine traditionnelle est à l'image du décor, soigné et toujours pimpant. Les plats changent en fonction du marché, donc de la saison, avec par exemple un délicieux cassoulet de la mer, un poulet fermier aux écrevisses, une andouillette mitonnée au mâcon gratin dauphinois, une morue poêlée aux pommes de terre persillées ou une authentique blanquette de veau.

|●| *L'Amuse-Bouche* – 186, rue du Château ☎ 01.43.35.31.61. ♿ Fermé le dimanche et le lundi midi. Congés annuels : août. Accès : M° Mouton-Duvernet. Au déjeuner, menu à 145 F (22,1 €), et menu-carte à 178 F (27,1 €). Gilles Lambert, ancien de chez *Cagna* et du *Miraville*, joue du piano avec un art consommé. Pour preuve, son menu-carte avec en entrée d'exquises ravioles de langoustine ou de la caille confite et son œuf au plat salade de pousses d'épinards, et comme sujet, steak de thon sauce au miel et soja ou fricassée de lapereau à la sauge et lentilles vertes. En dessert, le délice à la banane petit cake sauce au chocolat est à damner un saint !

|●| *Restaurant Le Vin des Rues* – 21, rue Boulard ☎ 01.43.22.19.78. Service à partir de 13 h et en nocturne le mercredi et le vendredi à partir de 21 h sur réservation. Fermé le dimanche et le lundi. Congés annuels : 1 semaine en février, et août. Accès : M° Denfert-Rochereau ou Mouton-Duvernet. Prix moyen d'un repas à la carte : de 150 à 180 F (22,9 à 27,4 €). Cet établissement a succédé à un vieux rade auvergnat, et le patron n'a rien changé au décor. Excellente cuisine lyonnaise avec toujours 2 ou 3 plats du jour bien consistants, qui changent quotidiennement. En entrée, filets de sprats marinés aux poivrons ou pied de mouton ravigote et museau vinaigrette. En plat, le *curry* de joues d'agneau basmati et navarin printanier, le foie de veau à l'étouffée entier et ris de veau braisé... Fromages régionaux et desserts maison. Tableau noir amusant pour les p'tits vins et la carte du jour (vous aurez droit au saint et proverbe du moment). Bon, voilà ! Précisons quand même que la clientèle est divisée sur la qualité de l'accueil. Certains diront que le patron est vraiment bourru, d'autres qu'il cultive le manque d'amabilité pour recréer le personnage bistrotier râleur des films populistes (ça plaît à certains !). Une chose est sûre : c'est un « slow-food ». La seule fois où on a vu le patron en colère, c'est lorsqu'un client lui a demandé s'il pouvait manger en 20 mn parce qu'il était pressé ! *Apéritif offert.*

|●| *La Régalade* – 49, av. Jean-Moulin (Sud) ☎ 01.45.45.68.58. Service le midi et le soir jusqu'à minuit. Fermé le samedi midi, le dimanche et le lundi. Congés annuels : août et de Noël au Jour de l'An. Accès : M° Alésia ou Porte-d'Orléans. Menu-carte à 175 F (26,7 €). Aux marches du 14e, près des houleux maréchaux, une petite adresse magique où l'on déguste dans une salle rétro une cuisine fraîche et inspirée à base d'excellents produits. Menu-carte (vin en sus) avec en entrée un panier de charcutailles extra en provenance de Pau. Goûtez au risotto à l'encre, à l'estouffade de marcassin aux pâtes fraîches, aux coquilles Saint-Jacques tagliatelles de céleri, à la joue de porcelet braisée au chou caramélisé, au petit bar entier, polenta d'olives noires, etc. N'oubliez pas de consulter la carte des vins. Elle est étonnante et à prix d'amis ! Jusqu'à présent, le succès n'a altéré aucune des très grandes qualités de cette remarquable adresse. Réservation impérative au minimum 5 jours avant.

15ᵉ arrondissement

≜ **Pacific Hôtel** ** – 11, rue Fondary ☎ 01.45.75.20.49. Fax : 01.45.77.70.73. TV. Accès : Mᵒ Émile-Zola ou Dupleix. Doubles de 260 F (39,6 €) avec lavabo à 370 F (56,4 €) avec douche et wc ou bains. Ah, le charmant petit hôtel au calme ; accueil souriant de sa réceptionniste, fraîcheur de la décoration de l'entrée et simplicité des chambres somme toute fonctionnelles, réparties dans deux corps de bâtiment dont l'un vient d'être complètement restauré. C'est propre, bien tenu et il y a un double-vitrage. *Petit déjeuner offert le week-end.*

≜ **Le Nainville Hôtel** – 53, rue de l'Église ☎ 01.45.57.35.80. Fax : 01.45.54.83.00. TV. Fermé de 13 h à 19 h le samedi et le dimanche. Congés annuels : de mi-juillet à fin août. Accès : Mᵒ Félix-Faure ou Charles-Michels ; à 300 m de l'église Saint-Jean-Baptiste de Grenelle. Doubles à 305 F (46,5 €) avec douche et à 375 F (57,2 €) avec douche et wc. Un petit hôtel discret, avec un café rétro au rez-de-chaussée, un patron sympa et des chambres à l'ancienne. Incroyable de découvrir ça dans ce quartier saisi par la fièvre immobilière ! Intérieur propre et plutôt gai. Les nuits sont calmes au *Nainville*. Une excellente adresse dans le 15ᵉ. Choisissez plutôt les nᵒˢ 10, 20, 30 et 40 qui donnent sur le square Violet.

≜ **Dupleix Hôtel** ** – 4, rue de Lourmel ☎ 01.45.79.30.12. Fax : 01.40.59.84.90. TV. Canal+. Satellite / câble. Accès : Mᵒ Dupleix ; l'entrée se cache entre une boucherie et une fromagerie, en face d'un maître-rôtisseur, juste au début de cette rue très commerçante. Doubles à 310 F (47,3 €) avec douche et wc. Quand on vient de la tour Eiffel et du 7ᵉ arrondissement, l'immersion dans la convivialité parisienne est immédiate... ce qui nous a plu. Demander une chambre au dernier étage. La nᵒ 19 est toute bleue, la nᵒ 18 toute rouge. Propre, familiale, l'adresse qui dépanne. Double-vitrage pour le calme.

≜ **Hôtel Amiral** ** – 90, rue de l'Amiral-**Roussin** ☎ 01.48.28.53.89. **Fax :** 01.45.33.26.94. TV. Satellite / câble. ⚒ Accès : Mᵒ Vaugirard. Doubles de 380 à 420 F (57,9 à 64 €) avec douche et wc ou bains. Ah ! le bon amiral que voilà ! Précisons qu'il a été ministre de la Marine. Petit hôtel si discret derrière la mairie du 15ᵉ, et pourtant doté de nombreuses qualités : accueil attentionné, chambres plutôt sympas et prix honnêtes. Les chambres nᵒˢ 7, 25, 26 et 31 ont un balcon et une vue très parisienne sur la tour Eiffel au loin. Et puis, pour ceux qui se rendent à un salon, porte

de Versailles, ce n'est qu'à 15 mn à pied. *10 % sur le prix de la chambre du 15 juillet au 31 août.*

≜ **Hôtel Le Fondary** ** – 30, rue Fondary ☎ 01.45.75.14.75. Fax : 01.45.75.84.42. TV. Canal+. Accès : Mᵒ Émile-Zola ; à 200 m du métro et tout près de la rue du Commerce. Doubles de 390 à 425 F (59,5 à 64,8 €) avec douche et wc ou bains. Dans l'un des coins les plus sympas et les plus vivants du 15ᵉ. Décoration moderne. Joli patio avec un puits comblé par des plantes. Prix assez élevés, mais honnêtes pour ses 2 étoiles. Petit déjeuner dans une courette en été. C'est calme la nuit.

≜ **Hôtel de l'Avre** ** – 21, rue de l'Avre ☎ 01.45.75.31.03. Fax : 01.45.75.63.26. TV. Canal+. ⚒ Accès : Mᵒ La Motte-Picquet-Grenelle. Doubles de 390 à 450 F (59,5 à 68,6 €) avec douche et wc ou bains. Enfin un hôtel de charme à prix relativement doux pour la capitale. Dans une rue étroite et calme, à 150 m du bruyant carrefour de La Motte-Picquet-Grenelle et à 5 mn du champ de Mars. Et pour les fous du 7ᵉ art, c'est tout près du Kinopanorama. De plus, le patron est très aimable et il y a un jardin très agréable en été, avec chaises longues, où l'on peut prendre son petit déjeuner. Décoration bleue ou jaune des chambres avec une préférence pour celles qui donnent sur le jardin. Et pour les familles, nous conseillons la nᵒ 2 qui donne également sur le patio, avec un grand et un petit lit et la possibilité de rajouter un lit pliant. Bref, notre coup de cœur dans le quartier. Seul ennui, on se gare difficilement dans la rue, mais 2 parkings sont à moins de 5 mn de l'hôtel. *10 % sur le prix de la chambre le week-end.*

≜ **Hôtel Carladez Cambronne** ** – 3, **place du Général-Beuret** ☎ 01.47.34.07.12. Fax : 01.40.65.95.68. TV. Canal+. Accès : Mᵒ Vaugirard. Doubles avec douche à 430 F (65,6 €), avec bains à 460 F (70,1 €). Tarifs juillet-août et week-end : 395 F (60,2 €) pour 2, petit déjeuner inclus. Pour les curieux, sachez que Carladez est une région d'Auvergne d'où sont originaires les premiers propriétaires. Dans le coin ultra-commerçant du carrefour Lecourbe-Cambronne, un hôtel charmant situé sur une petite place où trône une jolie fontaine Wallace. Toutes les chambres sont insonorisées, disposent d'un mini-bar, d'un sèche-cheveux et bien sûr d'un téléphone direct. Mise en service d'une suite parentale pouvant accueillir de 2 à 3 enfants et les parents, soit 5 personnes.

|●| **Restaurant Aux Artistes** – 63, rue Fal-**guière** ☎ 01.43.22.05.39. Service jusqu'à 0 h 30. Fermé le samedi midi et le dimanche. Congés annuels : 3 semaines en août. Accès : Mᵒ Falguière ou Pasteur. Formule (avec un plat et une entrée ou un des-

sert) le midi à 58 F (8,8 €), une autre à 80 F (12,2 €). Ce resto est un cas. On y a mangé dans les années 70 ; eh bien! le menu a à peine augmenté. Modigliani et Foujita y venaient au temps de la Cité des artistes. L'atmosphère et le décor sont toujours les mêmes. Fresques colorées partout. Clientèle très mélangée : étudiants, habitants du quartier, jeunes des banlieues en goguette, professions libérales (quelques artistes peut-être ?) et de vieux clients un peu plus ventrus et dégarnis mangeant dans une ambiance bruyante et animée. Les soirs de week-end, aux heures cruciales, pas mal d'attente, mais le kir est bien bon au comptoir. Hors-d'œuvre copieux et pas moins de 4 façons d'accommoder votre steak. Enfin, la surprise de la maison au dessert : « le rêve de jeune fille ».

|●| Banani – **148, rue de la Croix-Nivert ☎ 01.48.28.73.92.** Ouvert jusqu'à 23 h. Fermé le dimanche midi. Accès : Mᵒ Félix-Faure. Formule à 59 F (9 €) le midi d'un rapport qualité-prix imbattable. Menu le midi à 99 F (15,1 €). Le menu complet à 159 F (24,2 €) le soir ne met pas le porte-monnaie à plat. Dans cette grande salle séparée en deux par un petit muret, avec coins et recoins, c'est toute l'Inde qui refait surface. À l'entrée, un ganesh en or parfait le décor : au fond, idéal pour les dîners en nombre, une fresque de temple hindou en bois, importée d'Inde. Boiseries chaudes et lumières en demi-teinte contribuent largement au charme de l'endroit. Dans l'assiette, toutes les saveurs de l'Inde sans chichis ni faux-semblants : de vraies épices savamment dosées, des *tandooris* extra frais et tendres, des *byrianis* comme on n'en trouve que là-bas (et on sait de quoi on cause !) et des *massalas* à se rouler... par terre! On adore le *mutton korma*, le *prawn byriani*, le *vegetable byriani*, le *butter chicken*... et puis, d'ailleurs, tous les autres plats de la carte. Les *nans* (pains) sont toujours très frais et le *lassi* (boisson au yaourt) excellent. Et puis, pour les irréductibles alcoolos, goûter la bière blonde indienne, elle se défend pas mal. Pour conclure, de bons desserts (choix réduit cependant) et 3 sortes de thés (glacé, miel-cannelle et au lait, le fameux *tchaï*). Quantités généreuses et service à l'indienne (on traduit : lent mais dévoué et souriant) font de cette adresse l'une de nos étapes culinaires préférées à Paris! Au fait, *banani* en bengali signifie « forêt ». *Apéritif offert.*

|●| Restaurant Chez Foong – **33, rue de Frémicourt ☎ 01.45.67.36.99.** Fermé le dimanche. Congés annuels : août. Accès : Mᵒ Cambronne. Menus à 60 F (9,1 €) le midi en semaine, 82 et 90 F (12,5 et 13,7 €). Environ 140 F (21,3 €) le voyage à la carte. Ici, la Malaisie vous sourit et vous ravit au travers d'une série de plats doux et piquants cuisinés avec art par M. Foong, Chinois

d'origine malaise et natif de Kuala Lumpur. Cuisinier enthousiaste travaillant les épices avec grâce, l'honorable Foong est le guide *ad hoc* pour une introduction à l'art culinaire malais. Salade aux crevettes et mangue fraîche, nappée d'une sauce subtile et délicate, panier de bœuf haché au curry (maison) ou brochettes mixtes sauce saté, la grande spécialité malaise. Attention : certains jours, faute de personnel, le service est très lent et on peut attendre 25 mn entre chaque plat.

|●| Restaurant Ty Breiz – **52, bd de Vaugirard ☎ 01.43.20.83.72.** ♿ Service de 12 h à 15 h et de 19 h à 22 h 45. Fermé le dimanche. Accès : Mᵒ Montparnasse-Bienvenüe. Menu à midi à 63 F (9,6 €). Compter 70 F (10,7 €) pour un repas. Excentrée par rapport à ses consœurs, cette crêperie ne désemplit pourtant pas. Revers de la médaille, un peu d'attente et parfois un petit manque de sourire. On se régale de bonnes crêpes et galettes. Menu de midi avec trois crêpes et une bolée de cidre. Propreté des lieux exemplaires. *Apéritif offert.*

|●| Le Bistrot d'André – **232, rue Saint-Charles ☎ 01.45.57.89.14.** Fermé le dimanche, le 1ᵉʳ mai, à Noël et le Jour de l'An. Accès : Mᵒ Balard. Menu le midi en semaine à 65 F (9,9 €). À la carte compter 130 F (19,8 €) boisson comprise. Menu enfant à 43 F (6,6 €) avec une surprise. L'un des seuls bistrots de l'époque Citroën encore debout dans ce quartier qui vit déjà en l'an 2000. Mis au goût du jour par l'équipe du *Perraudin* (dans le 5ᵉ arrondissement) qui a rendu vie à cet endroit. Des prix d'avant-guerre : gigot au gratin dauphinois, bœuf bourguignon, andouillette sauce moutarde, confit et magret de canard... Une cuisine familiale telle qu'on l'aime. Bref, on est très fier d'avoir déniché cette adresse dans un quartier où il n'y a pas grand-chose. Avis aux amateurs : tous les mois le patron propose une dégustation de vins de propriétaires. *Apéritif offert.*

|●| Le Garibaldi – **58, bd Garibaldi ☎ 01.45.67.15.61.** Fermé le week-end. Congés annuels : août. Accès : Mᵒ Sèvres-Lecourbe ; au pied du métro aérien. Menu à 72 F (11 €) vin compris. Jadis, c'était un restaurant ouvrier. Aujourd'hui, les employés, les cols blancs et les habitants du quartier s'y retrouvent dans une salle toute simple et sans fard, qui a gardé un vieux comptoir à l'entrée et un plafond 1900. Cuisine sans prétention, mais à prix doux, à l'image du décor. Museau vinaigrette, crudités, sauté d'agneau flageolets, blanquette de veau. *Café offert.*

|●| Restaurant L'Agape – **281, rue Lecourbe ☎ 01.45.58.19.29.** Service jusqu'à 22 h 30. Fermé le samedi midi et le dimanche. Congés annuels : 3 semaines en août. Accès : M° Convention ou Boucicaut. Formule à 95 F (14,5 €) servie tous les jours sauf le vendredi soir et le week-end. Autre formule à 120 F (18,3 €), plus copieuse. L'extérieur semble plus riant que l'intérieur, ordinaire et sans originalité. Mais on y mange bien assis sur des banquettes en skaï démodées, qui laissent peu de place aux apartés amoureux. La carte est écrite à la craie sur un tableau à l'extérieur : osso buco au gingembre, navarin d'agneau, travers de porc au miel purée de pois cassés, cassoulet de fèves et confit de canard.

|●| *Le Bélisaire* – **2, rue Marmontel** ☎ **01.48.28.62.24.** Ouvert midi et soir. Fermé le week-end. Congés annuels : août. Accès : M° Convention ; dans une rue au calme provincial, à 400 m des cinémas UGC et Gaumont du carrefour Convention-Vaugirard. Menu à 96 F (14,6 €). Comptez 150 F (22,9 €) à la carte. Enfin un nom de restaurant rare et poétique, qui ne sonne pas creux, tout comme sa cuisine. On pense au Bélize en Amérique centrale, et à *Bélisaire le Cajun*, un beau film de Louisiane. Mais non, il s'agit d'un général byzantin du Vᵉ siècle, vainqueur des Vandales et des Ostrogoths, qui inspira Marmontel, lequel donna son nom à cette rue. Du haut de son ciel, cet homme vénérable doit probablement porter chance à cette bonne maison, tenue par une équipe enjouée, qui ignore définitivement la cuisine grossière pour les foules du samedi soir. Un vieux zinc à l'entrée, un joli buffet de province dans un coin, des meubles et des objets comme chez ma grand-mère, quelques touches Art déco, l'endroit est assez petit mais chaleureux. On y sert une cuisine française revue et corrigée selon les modes, avec des plats plutôt copieux et finement préparés, des sauces onctueuses et légères : escargots aillés, jarret de veau, poisson. Accueil jeune, plein de gentillesse, de naturel et de jovialité.

|●| *Restaurant La Petite Auberge* – **13, rue du Hameau** ☎ **01.45.32.75.71.** Service jusqu'à 22 h. Fermé le dimanche, les jours fériés, le week-end en été. Congés annuels : août et entre Noël et le Jour de l'An. Accès : M° Porte-de-Versailles. Compter de 100 à 140 F (15,2 à 21,3 €) pour un repas à la carte. Plats du jour de 50 à 80 F (7,6 à 12,2 €). Siège social des supporters de l'équipe de rugby du Racing, le resto de M. Lonlas est un lieu d'humeur. Si l'ambiance sportive d'après-match n'est pas votre tasse de thé, évitez cette *Petite Auberge* lors des grandes rencontres de l'« ovalie ». Les plats du jour restent sagement de ménage : petit salé à la potée, sauté d'agneau aux haricots, blanquette de veau, travers de porc aux lentilles, poulet rôti aux herbes, pavé de rumsteak au poivre... et le quart de muscadet ou de vin de pays ne fait guère monter l'addition. Lors du salon de l'Agriculture (la porte de Ver-

sailles est toute proche), des tablées de rudes paysans emplissent la salle et on y entend des accents savoureux.

|●| *Restaurant Le Clos Morillons* – **50, rue des Morillons** ☎ **01.48.28.04.37.** Fermé le samedi midi et le dimanche. Accès : M° Porte-de-Vanves. 1ᵉʳ menu à 175 F (26,7 €), puis étonnant menu dégustation à 295 F (45 €). Compter 260 F (39,6 €) à la carte. Philippe Delacourcelle a gardé d'un long séjour en Asie le goût des épices et de l'aigre-doux. Au travers d'une mise en scène parfaitement orchestrée et parfois brillante, l'Orient rencontre l'Occident dans de larges assiettes. Voici notre tiercé gagnant au 1ᵉʳ menu : crème de crustacés au colombo et patate douce, thon laqué et compote de chou parfum de Setchuan, ananas mariné au caramel d'épices, l'harmonie est parfaite ! Marc, le frère de Philippe, gère la salle. Cet excellent sommelier a construit sa carte des vins avec finesse, délivrant son lot de superbes bouteilles et de jolies surprises sans coup de fusil.

16ᵉ arrondissement

⌂ *Hôtel Villa d'Auteuil* ** – **28, rue Poussin** ☎ **01.42.88.97.69.** Fax : **01.45.20.74.70.** TV. Satellite / câble. Accès : M° Porte-d'Auteuil. Doubles avec douche et wc ou bains à 350 F (53,4 €). Situé dans les beaux quartiers du 16ᵉ, c'est tout dire. Dans un coin où les hôtels collectionnent les étoiles, celui-ci n'en a que 2 mais présente des chambres impeccables, toutes avec salle de bains et un rapport qualité-prix excellent. En plus, on est aux petits soins pour les clients. Grâce au double-vitrage, c'est calme côté rue, mais préférez la vue sur la verdure des chambres côté cour. *Réduction sur le prix de la chambre du 15 juillet au 31 août pour au moins 10 nuits consécutives, soit 290 F (44,2 €) la nuit.*

⌂ *Au Palais de Chaillot* ** – **35, av. Raymond-Poincaré** ☎ **01.53.70.09.09.** Fax : **01.53.70.09.08.** ● hapc@club-internet.fr ● TV. Canal+. Satellite / câble. Accès : M° Trocadéro ; à 200 m de la tour Eiffel. Doubles avec douche et wc à 560 F (85,4 €) et avec bains à 630 F (96 €). Voici un hôtel de charme intelligemment restauré. Cadre frais et tenue impeccable. Toutes les chambres aux murs jaunes sont agrémentées de rideaux dont le tissu est à dominante rouge ou bleue. Chacune d'entre elles est équipée de téléphone et d'un sèche-cheveux. Au rez-de-chaussée, une salle claire ou l'on sert le petit déjeuner ; à moins que l'on ne préfère le prendre dans sa chambre, ce qui est facile grâce à un *room-service* très efficace. Un 2 étoiles qui en vaut largement une de plus et mérite nos encouragements. Pensez à réserver longtemps à l'avance. *10 % sur le prix de la chambre en janvier, février et août.*

⌂ *Hôtel Le Hameau de Passy* – **48, rue de Passy** ☎ **01.42.88.47.55. Fax : 01.42.30.83.72.** ● hotel@homeand passy.com ● Accès : Mᵒ Passy et La Muette ou RER Muette-Boulainvilliers ; à deux pas du Trocadéro. Doubles à 610 F (93 €). On entre par un petit passage situé entre une maroquinerie et un institut de soins capillaires, et on débouche sur une cour fleurie offrant pour tout bruit le chant des oiseaux. Bref, on est à mille lieues de penser qu'on se trouve à quelques mètres seulement des luxueux magasins de la rue de Passy. Idéal pour se mettre au vert. Un hôtel géré par une équipe dynamique. *Petit déjeuner offert. 15 % sur le prix de la chambre du 15 juillet au 31 août. NOUVEAUTÉ.*

|●| *Les Chauffeurs* – **8, chaussée de la Muette** ☎ **01.42.88.50.05.** Ouvert tous les jours midi et soir jusqu'à 22 h. Congés annuels : du 12 au 28 août. Accès : Mᵒ La Muette. Menu à 68 F (10,4 €), servi jusqu'à 21 h 30. Le dimanche, menu plus « endimanché » à 95 F (14,5 €). Une adresse qui porte bien son nom, tout droit sortie d'un film d'Audiard. On imagine une salle bruyante remplie de chauffeurs qui engloutissent à vitesse grand V les plats les plus riches et les plus copieux. Sur la carte ronéotypée à l'ancienne (à l'encre violette), le florilège de la cuisine bourgeoise : sole meunière, entrecôte à l'échalote, etc. Mais, mais, mais, mais le 1ᵉʳ menu !... Avec s'il vous plaît le potage de légumes, les filets de hareng marinés, le pâté de tête ou le poireau vinaigrette. Pour suivre, pas de chichis : l'andouillette, la blanquette ou le poulet-purée, un fromage ou un dessert genre crème caramel maison. Les petits malins auront remarqué la présence de quelques plats insolites à la carte, tels les navets confits en automne. Une explication à cela : les patrons sont alsaciens, et plus précisément du Bas-Rhin. Fiers (avec raison) de la cuisine de leur région, ils n'hésitent pas à placer de temps en temps un plat de chez eux. La choucroute fait donc son petit tour régulièrement sur la carte et le cervelas en salade vient du pays.

|●| *Restaurant La Ferme des Gourmets* – **82, rue Boileau** ☎ **01.46.47.87.19.** ♿ Service de 12 h à 14 h et de 19 h à 22 h. Fermé le dimanche. Accès : Mᵒ Exelmans. Formules à 78 F (11,9 €) avec foie gras de canard mi-cuit, et 80 F (12,2 €) autour d'un plat. Menu enfant à 55 F (8,4 €). D'un côté de la rue, la boutique et ses produits griffés Sud-Ouest, de l'autre le restaurant. Le système des vases communicants fonctionne à fond (pourquoi s'en priver ?), et les produits de l'une ont toute facilité pour se retrouver à la carte et finir dans les assiettes de l'autre. C'est le cas du cassoulet ou confit, de la poule au riz, etc. Terrasse bienvenue en été, car elle a l'avantage d'être située entre deux rues très calmes. Une adresse sympa

avec sa cohorte d'habitués venus en voisins.

|●| *Tant qu'il y aura des hommes* – **1, rue Jean-Bologne** ☎ **01.45.27.76.64.** Fermé le dimanche et le lundi. Congés annuels : août. Accès : Mᵒ La Muette ou Passy. Nombreux petits vins en dessous de 90 F (13,7 €). Menu à 95 F (14,5 €) le midi (entrée + plat ou plat + dessert), sans le vin. À la carte, comptez environ 150 F (22,9 €). Sous cette enseigne on trouvait jadis une boutique d'objets design et de mode masculine bon chic, située rue du Cherche-Midi. Jacques Dereux, qui en était le propriétaire, s'est transformé en restaurateur en gardant le nom. Il propose une cuisine de terroir qu'il présente comme étant « des campagnes et des jardins », sur un axe Aveyron-Provence. Légumes crus et anchoïade à la carqueyranne, pâtés et salaisons de montagne, *briscanda* d'anchois doux (tartines provençales au caviar d'aubergines, anchois, salade), suivis d'une saucisse du buron ou d'une assiette végétale de la colline des Maures font les délices d'une clientèle new-yorko-parisienne en provenance du milieu de la mode. *Apéritif offert.*

|●| *Restaurant du musée du Vin - Caveau des Echansons* – **5-7, square Charles-Dickens-rue des Eaux** ☎ **01.45.25.63.26.** Service de 12 h à 15 h. Fermé le lundi d'année. Congés annuels : pendant les fêtes de fin d'année. Accès : Mᵒ Passy. Petit menu raisonnable à 99 F (15,1 €) et des menus plus consistants à 139 et 160 F (21,2 et 24,4 €). L'une des adresses les plus originales de l'arrondissement. Au cœur du 16ᵉ, vous vous retrouvez au musée du Vin, rue des Eaux ! Caves voûtées du XIVᵉ siècle, creusées dans l'argile de Chaillot par des moines qui cultivaient ici jadis la vigne. Dans cet endroit superbe, un serveur s'approche des grandes tables de bois massif, un verre de vin à la main, et vous demande de reconnaître le cru et si possible l'année du breuvage !... Rare, très rare à Paris ; mais le rêve ne fait que commencer ; ici, le restaurant est surtout le prétexte à s'asseoir, bavarder vin avec ses voisins et déguster. Beaucoup de plats à base de vin : coq au vin, etc. Par curiosité, visitez la carte des vins (200 à 250 références) ; elle est unique et grandiose, évidemment plus conséquente que celle du restaurant. Elle s'étend sur 12 pages de régal depuis le Château d'Yquem 1908 à 13 000 F (1 981,7 €) la bouteille (vous m'en mettrez 3) jusqu'aux plus grands crus de Bordeaux, de Bourgogne, d'Alsace, du Jura, de Savoie, du Rhône, du Béarn, de Loire, du Beaujolais, de Provence, du Languedoc, du Roussillon, de Corse, des Coteaux champenois... Tous les jours, 15 vins sont proposés au verre. Bravi bravo ! *Apéritif, café offerts.*

17ᵉ arrondissement

🛏 *Hôtel Palma* ** – 46, rue Brunel ☎ 01.45.74.74.51. Fax : 01.45.74.40.90. TV. Satellite / câble. Accès : Mᵒ Porte-Maillot ou Argentine, à deux pas du palais des congrès et du terminal Air France. Doubles avec douche et wc ou bains de 420 à 440 F (64 à 67,1 €) et un confort complet. Tant par la façade que par le hall, ou encore par la façon dont il est entretenu, cet hôtel de 37 chambres aux murs et aux moquettes fleuries permet de profiter d'un certain luxe pour un prix raisonnable. Service courtois et efficace. Petit déjeuner servi en salle ou dans la chambre. Parce qu'un guide américain vante le charme des chambres mansardées au 6ᵉ étage, celles-ci sont les premières louées. C'est justifié et l'on vous conseille de réserver.

🛏 *Hôtel Champerret-Heliopolis* ** – 13, rue d'Heliopolis ☎ 01.47.64.92.56. Fax : 01.47.64.50.44. TV. Accès : Mᵒ Porte-de-Champerret. Doubles de 450 à 495 F (68,6 à 75,5 €) selon que vous profiterez d'une salle de bains ou d'une douche, avec télé, téléphone et sèche-cheveux. Forfait pour 3 nuits, les vendredi, samedi et dimanche uniquement : 1 000 F (152,4 €). Un hôtel très calme, à quelques minutes de la porte Maillot et de l'Arc de Triomphe, avec de jolis balcons en bois et un adorable patio où l'on peut prendre son petit déjeuner aux beaux jours et sur lequel donnent la plupart des chambres. Ajoutons que c'est hyper propre, que l'accueil est tout à fait convivial et que rien ne manque pour rendre votre séjour agréable. *10 % sur le prix de la chambre.*

🛏 *Hôtel Prony* ** – 103 *bis*, av. de Villiers ☎ 01.42.27.55.55. Fax : 01.43.80.06.97. TV. Satellite / câble. Accès : Mᵒ Pereire ; à deux pas de la place Pereire et à 5 mn de la porte Maillot. Doubles avec douche à 455 F (69,4 €), 395 F (60,2 €) pour une simple, 100 F (15,2 €) le lit supplémentaire, gratuit pour les enfants de moins de 12 ans. Hôtel de chaîne mais de charme. *Room-service*, double-vitrage. La chambre nᵒ 32, très vaste, est particulièrement indiquée pour les familles de 3 ou 4 personnes. Un petit plus : le petit déjeuner peut être servi dans votre chambre jusqu'à midi. Une excellente adresse.

🍽 *Restaurant Shah Jahan* – 4, rue Gauthey ☎ 01.42.63.44.06. Service jusqu'à 23 h 30. Accès : Mᵒ Brochant. Menus le midi à 49 et 79 F (7,5 et 12 €), puis à 115 et 130 F (17,5 et 19,8 €) le soir. Cet indien est en fait un restaurant pakistanais au décor digne d'un roman à l'eau de rose : lourdes teintures, miroirs de pacotille… Bercé par une musique douce et lancinante, on choisit à la carte soit un *sheek kebab*, un agneau *rogh josh* (curry d'agneau traditionnel), ou un kara mutton (curry de mouton bien épicé), accompagné d'un *nan* au fromage, d'un peu de riz basmati au safran, et arrosé d'un rafraîchissant *lassi* au cumin et cardamome. Service gentil tout plein.

🍽 *L'Étoile Verte* – 13, rue Brey ☎ 01.43.80.69.34. Service jusqu'à 23 h. Congés annuels : le 24 décembre au soir. Accès : Mᵒ Charles-de-Gaulle-Étoile. Menus le midi en semaine à 74 F (11,3 €), à 110 F (16,8 €) avec café offert, à 155 F (23,6 €) avec apéritif et café compris, ainsi qu'une bouteille de bordeaux pour 2 personnes. Cette institution existe depuis 1951. Son nom ne provient pas de la place du même nom située à 5 mn, mais des bureaux qui existaient autrefois au 1ᵉʳ étage où se réunissaient les adeptes de l'espéranto, dont l'emblème était une étoile verte. Le décor fut refait, mais il garde son ancienne patine tout en étant frais et agréable. Parmi les plats vedettes, on citera les noix de Saint-Jacques à la provençale, le confit de canard maison ou encore le ris de veau.

🍽 *Restaurant Le Verre Bouteille* – 85, av. des Ternes ☎ 01.45.74.01.02. Service de 12 h à 15 h et de 19 h à 5 h. Congés annuels : 24 et 25 décembre. Accès : Mᵒ Porte-Maillot. Menu le midi à 90 F (13,7 €), puis autres menus à 110 et 170 F (16,8 et 25,9 €) avec un verre de vin en apéritif, entrée, plat, dessert, 2 verres de vin… et un café offert. Menu enfant à 45 F (6,9 €). Élu bistrot à vins du mois en 1996, par un célèbre mensuel gastronomique, *Le Verre Bouteille* reçoit jusqu'à l'aube tous les couche-tard de la capitale autour de plats solides comme le tartare de bœuf coupé au couteau ou de copieuses salades comme la « nain jaune » : comté, volaille, raisins secs, sauce curry (un nom qui fait référence aux jeux anciens qui tapissent en partie les murs), que l'on peut accompagner de vins de toutes provenances, servis pour une trentaine d'entre eux au verre. Beaucoup d'animation en fin de semaine sur le coup de 4 h du matin. Un deuxième *Verre Bouteille* a ouvert au 5, bd Gouvion-Saint-Cyr, 75017 (☎ 01.47.63.39.99). Malheureusement, celui-ci n'est ouvert que jusqu'à minuit, c'est bien dommage. *Café offert.*

🍽 *L'Impatient* – 14, passage Geffroy-Didelot ☎ 01.43.87.28.10. Fermé le samedi, le dimanche et le lundi soir. Congés annuels : août. Accès : Mᵒ Villiers ; dans un passage situé entre le 92, bd de Batignolles et le 117, rue des Dames. Le midi, un vrai petit menu pour 102 F (15,5 €). Autres menus de 120 à 285 F (18,3 à 43,4 €). À la carte, compter de 250 à 280 F (38,1 à 42,7 €). Un restaurant qui porte bien son nom. En effet, certains soirs il faut vraiment prendre son mal en patience pour pouvoir s'y attabler. La raison : un impeccable menu à 120 F au rapport qualité-prix imbattable.

Pour ce prix-là, on s'offre entrée, plat et dessert. Par exemple, une salade d'escabèche de supions, joues de « Monsieur » braisées aux petits légumes, sabayon de chicorée au sorbet cacao. Le chef Paul Blouet pense même aux végétariens, avec des plats de céréales « travaillées comme de la viande » *(dixit!)*. Exemple : la papillote de maïs frais légèrement pimenté... Le chef se décarcasse, et nous on se régale ! Une bonne affaire. *Café offert.*

▮●▮ *Graindorge* – 15, rue de l'Arc-de-Triomphe ☎ 01.47.54.00.28. Service jusqu'à 23 h. Fermé le samedi midi et le dimanche. Accès : Mᵒ Charles-de-Gaulle-Étoile. Formule (plat + entrée ou dessert) le midi en semaine à 168 F (25,6 €), puis menus à 188 et 250 F (28,7 et 38,1 €). Bernard Broux, qui fut le second d'Alain Dutournier du *Carré des Feuillants*, est le chef inspiré. Son savoir-faire, il l'a mis au service de sa Flandre natale dont il revisite les trésors. Terrine « maison » de biche au foie gras ou bouquet de mâche aux coquillages vinaigrette, tête et langue de veau poêlée légumes du pot-au-feu ou dos de cabillaud rôti au genièvre, fondue de chicons au jambon des Ardennes, petit baba trempé à la Gueuze chantilly à la confiture, ou fondant au chocolat noir et speculoos sauce aux grains de café, voilà ce qu'il vous proposera à son second menu. À la carte, le *potjevfleisch* en terrine « à ma façon », l'aspic d'anguilles fumées du « plat pays » aux poireaux crème acidulée à la bière blanche, la carbonade de joue de bœuf « à ma façon » chou rouge à la flamande vous parlent aussi du pays. Tout est d'une fraîcheur exceptionnelle et préparé à la commande. À la carte des vins, préférez celle des bières de Flandre qui, brunes, blondes ou rousses, sont parfaitement en osmose avec les plats. *Digestif offert.*

▮●▮ *Le Bistrot du XVIIᵉ* – 108, av. de Villiers ☎ 01.47.63.32.77. Service jusqu'à 23 h. Accès : Mᵒ Pereire. Formule à 169 F (25,8 €) tous les jours, midi et soir. Menu enfant à 60 F (9,1 €). Voilà une affaire qui tourne ! Si ce bistrot est toujours bondé, il le doit à sa formule qui offre la totale : apéritif, entrée, plat, dessert, vin et café. Tous ceux qui trouvent que la vie est déjà assez compliquée comme ça, qui n'ont pas envie de se casser la tête au restaurant et qui, de surcroît, adorent les forfaits, sont aux anges. Le décor d'appartement bourgeois ajoutant en sus sa note rassurante. Magret de canard au foie gras, rognons de veau aux morilles, carré d'agneau rôti au thym, filet de bar grillé à l'effilochée d'endives sont quelques-unes des propositions de cette formule qui fait des bulles. *Coupe de champagne offerte avec le dessert.*

18ᵉ arrondissement

▮ *Hôtel Bouquet de Montmartre* ** – 1, rue Durantin ☎ 01.46.06.87.54. Fax : 01.46.06.09.09. Accès : Mᵒ Abbesses. Doubles avec douche et wc ou bains à 370 F (56,4 €). Hôtel repris par des jeunes et complètement refait. Chambres petites, mais correctes et toutes différentes. À remarquer les alcôves et leur multitude de petits placards originaux et les salles de bains en émaux de Briare. Double-vitrage. Agréable, très bien situé et bon accueil. Belle vue sur Paris de la nᵒ 43. C'est la plus demandée, évidemment...

▮ *Hôtel Prima Lepic* ** – 29, rue Lepic ☎ 01.46.06.44.64. Fax : 01.46.06.66.11. TV. Accès : Mᵒ Blanche ; au pied de la Butte. Doubles de 400 à 440 F (61 à 67,1 €) avec douche et wc ou bains, sur cour ou sur rue. Situé au pied de la Butte, c'est le point de départ idéal pour les balades dans le quartier ou les emplettes dans les grands magasins. Il est tout près de l'impasse Marie-Blanche, pour laquelle on a un petit faible. L'entrée possède un trompe l'œil de jardin anglais qui lui confère une atmosphère de fraîcheur, renforcée par le mobilier de jardin. Les chambres style « Maison de Marie-Claire » sont sobres et bien entretenues. Éviter les nᵒˢ 11 et 17, vraiment trop sombres. *Petit déjeuner à 10 F (1,5 €) au lieu de 40 F (6,1 €).*

▮ *Tim Hôtel* ** – 11, rue Ravignan (pl. Émile-Goudeau) ☎ 01.42.55.74.79. Fax : 01.42.55.71.01.●hotelreg@club-internet.fr● TV. Satellite / câble. Accès : Mᵒ Abbesses ou Blanche. Doubles avec douche et wc ou bains de 680 à 780 F (103,7 à 118,9 €). Sur une place adorable et romantique à souhait, un bel hôtel tout rénové. Tous les étages sont dédiés à un peintre : du rez-de-chaussée au 5ᵉ, vous aurez le choix entre « Toulouse-Lautrec », « Utrillo », « Dalí », « Picasso », « Renoir » ou « Matisse ». Téléphone et télé dans les chambres. Vue sur la place ou sur la capitale, à partir du 4ᵉ étage. La nᵒ 517 et la nᵒ 417 sont particulièrement agréables, en raison de leur vue sur le Sacré-Cœur. L'adresse des amoureux un peu argentés. *10 % sur le prix de la chambre en juillet et août et de novembre à février.*

▮●▮ *Le Rendez-Vous des Chauffeurs* – 11, rue des Portes-Blanches ☎ 01.42.64.04.17. Service de 12 h à 14 h 30 et le soir jusqu'à 23 h. Fermé le mercredi et le jeudi (en août). Accès : Mᵒ Marcadet-Poissonniers. Le menu à 65 F (9,9 €) boisson comprise (servi au déjeuner et le soir jusqu'à 20 h 30 du lundi au samedi) draine une clientèle tous azimuts. Autres menus de 75 à 100 F (11,4 à 15,2 €). À la carte, entrées autour de 25 F (3,8 €). Ce vieux bougnat avec un long passé derrière lui a retrouvé une seconde jeunesse. Jeannot a repris cette petite affaire à son retour des États-Unis, pays où il résidait depuis une vingtaine d'années. Clin d'œil a De passé, un diplôme que lui a remis la revue *Wine Spectator* quand il était restaurateur à Seattle. Rien n'a changé ici : le beau comptoir en bois, les grandes glaces, la brassée de tables serrées les unes contre les autres et nappées de toile cirée à carreaux, la banquette de moleskine... tout est là, même la couleur marronnasse des bougnats d'antan ! Attention, venir tôt ou tard, car ce n'est pas grand ! Bonne densité à l'intérieur, que ce soit au niveau de l'espace ou au niveau de la cuisine. Comme au temps des chauffeurs, on avale une petite assiette de céleri rémoulade ou d'œuf mayo avant de se tortorer un des plats copieux du menu qui change tous les jours, et puis on s'achève avec une crème caramel ou une tarte aux poires. Pour 65 balles, c'est impec ! À la carte, plats à l'année tels la raie au beurre fondu, le confit de canard, les rognons de veau ou le pot-au-feu, le tout arrosé d'un brave picrate de négoce. Service un poil sec (bistrot, quoi !). *Kir maison offert.*

|●| *Restaurant Sonia* – 8, rue Letort ☎ 01.42.57.23.17. Service de 12 h à 14 h 30 et de 19 h 30 à 23 h 30. Fermé le dimanche midi. Accès : Mᵒ Jules-Joffrin. Excellent menu à 99 F (15,1 €). Le midi, formules à 49 et 79 F (7,5 et 12 €). Une adresse que l'on a longtemps hésité à vous dévoiler, car la petite salle rose et pourpre (25 couverts) est souvent pleine. L'accueil est chaleureux et les plats sont savoureux. Tout est subtilement épicé et cuit comme il faut. Du *nan* (pain indien) à la pâte parfaitement levée au poulet madras ou *vindaloo*, en passant par l'agneau *shaki khorma* ou le *baignan burtha* (caviar d'aubergines à l'indienne), les saveurs indiennes sont bien présentes, pour le plus grand plaisir de vos papilles.

|●| *La Mazurka* – 3, rue André-del-Sarte ☎ 01.42.62.32.95. Service le soir jusqu'à 23 h 45 et le midi sur réservation. Fermé le mercredi. Accès : Mᵒ Château-Rouge ou Anvers. Menu à 115 F (17,5 €) servi midi et soir sauf le samedi. À la carte, comptez 150 F (22,9 €) selon votre sobriété (ou ébriété). Pichet de vodka de 25 cl à 130 ou 140 F (21,3 €). Marek, citoyen polonais, a posé son sac et sa guitare au pied de Montmartre il y a une bonne dizaine d'années dans ce décor un peu *cheap* mais chaleureux. De son pays natal il a également rapporté le sourire et plein de bonnes recettes comme les saucisses flambées, les *pierogi* (raviolis maison), côtes de porc à la tzigane, *bigos* (choucroute locale), bœuf strogonoff, sans oublier le *bortsch* (bouillon de betteraves rouges) et toutes sortes de blinis (tarama, anguille ou saumon fumé...).

Quand Marek est en forme, il sort sa guitare et chante. On se croirait alors à Varsovie ou à Gdansk et si en plus la vodka au piment coule à flots, les « croûtes » genre Poulbot dansent la mazurka sur les murs. Parfois l'ambiance est nettement moins swingante, c'est au petit bonheur la chance !

|●| *Restaurant Le Moulin à Vins* – 6, rue Burq ☎ 01.42.52.81.27. Fermé le dimanche et le lundi. Ouvert le soir seulement du mardi au samedi de 18 h à 2 h du matin. Congés annuels : 3 semaines en août. Accès : Mᵒ Abbesses. Compter à partir de 120 F (18,3 €) environ pour un repas. Vins au verre de 18 à 25 F (2,7 à 3,8 €). Bouteilles de 90 à... 600 F (13,7 à 91,5 €), pour les amateurs... Cet authentique bistrot à vin situé au pied de la Butte ne trompe pas son monde avec sa cuisine bistrotière soignée (andouillette de chez Duval, saucisson pistaché lyonnais, salade de lentilles au magret fumé et assiettes de charcutailles ou de fromages) que l'on mange avec bonheur... Avec le solide, faut du liquide. Justement, c'est la passion première de Dany Bertin-Denis qui sélectionne avec amour le meilleur des petits vignerons du Rhône, de Corse et d'ailleurs. Dany, qui a plusieurs cordes à son arc, pousse parfois la goualante à travers le répertoire de la môme Piaf et, Montmartre oblige, Cora Vaucaire (la *Complainte de la Butte*). Attention, seule la carte *Visa* est acceptée.

|●| *Taka* – 1, rue Véron ☎ 01.42.23.74.16. Service le soir uniquement, de 19 h 30 à 22 h 15. Fermé le dimanche et les jours fériés. Congés annuels : les 2 dernières semaines de juillet et d'août. Accès : Mᵒ Pigalle ou Abbesses. Menus à 120 et 150 F (18,3 et 22,9 €). À la carte, toutes les entrées sont à 35 F (5,3 €), et les plats entre 85 et 110 F (13 et 16,8 €). Comptez autour de 150 F (22,9 €) avec une (grande) bière japonaise. Un tout petit japonais planqué dans une sombre ruelle du pied de la Butte. Souvent plein à craquer, on vous prévient, mais pour ceux qui prennent soin de réserver, l'adorable monsieur Taka est aux petits soins. Authentique cuisine du pays du Soleil levant parfaitement exécutée et d'une qualité constante. On retrouve tous les grands classiques appréciés des connaisseurs : *sushis, sashimis* et brochettes. Décor de maison de thé nippone et jolie façade.

|●| *Restaurant Marie-Louise* – 52, rue Championnet ☎ 01.46.06.86.55. Dernière commande à 22 h 30. Fermé le dimanche, le lundi et les jours fériés. Congés annuels : la 1ʳᵉ quinzaine de janvier et les 3 premières semaines d'août. Accès : Mᵒ Simplon. Premier menu à 130 F (19,8 €), servi midi et soir, tous les jours. Vin au verre à 30 F (4,6 €) ou bouteille à partir de 90 F (13,7 €). Prudent de réserver. Une adresse super ! Un resto comme il en reste dix à Paris. On croit d'abord arriver dans une salle à manger bourgeoise, très « vieille France », où les cuivres brillent comme des sous neufs. Le chef vient parfois dire bonjour avec sa grosse voix. Cuisine traditionnelle à l'ancienne, bonne mais un peu chère : foie gras, pâté de tête de cochon, lièvre à la royale (en saison), coq au vin, poularde Marie-Louise, côte de veau grand-mère, bœuf ficelle. Bref, un grand choix dans une carte attachante.

19ᵉ arrondissement

🏠 *Hôtel de Crimée* – **188, rue de Crimée** ☎ **01.40.36.75.29. Fax : 01.40.36.29.57.** TV. Accès : Mᵒ Crimée. De 310 F (47,3 €) la double avec douche et wc à 350 F (53,4 €) avec bains. Chambres pour 3 ou 4 avec douche à 350 et 400 F (53,4 et 61 €). Pas loin de la Cité des Sciences, un hôtel tout simple mais confortable avec sèche-cheveux et double-vitrage (bien utile !). Accueil adorable. *10 % sur le prix de la chambre le week-end et en juillet-août. NOUVEAUTÉ.*

|●| *Aux Arts et Sciences Réunis* – **161, av. Jean-Jaurès** ☎ **01.42.40.53.18.** Service de 11 h 30 à 14 h et de 19 h à 21 h. Fermé le dimanche. Accès : Mᵒ Ourcq. Menu à 59 F (9 €), vin compris, bon et copieux, servi midi et soir tous les jours. Compter 100 F (15,2 €) à la carte. Plat du jour à 41 F (6,3 €). C'est le restaurant du siège des compagnons charpentiers du Devoir du Tour de France, héroïques défenseurs des arts de la pierre, du bois et... de la table. Sur la façade, le compas et l'équerre symbolisent l'esprit et la matière. Passez la première salle avec le comptoir, et prenez place dans une très belle pièce avec parquet et cimaises travaillées. Aux murs, plein de photos de compagnons. Ambiance et bouffe provinciales : escalopes, truites et grillades.

|●| *Le Rendez-Vous des Quais* – **10, quai de la Seine** ☎ **01.40.37.02.81.** Service jusqu'à minuit. Accès : Mᵒ Stalingrad. Formule « menu ciné » pour 149 F (22,7 €) : plat, dessert, boisson, café + place de cinéma. Repas à la carte à 110 F (16,8 €) environ. Menu enfant à 49 F (7,5 €). Supervisé par M. Legendre de la célèbre maison *Taillevent*, ce bistrot du quai est le point de chute des intellos du voisinage. « Quadra » et « quinqua » assidus du *Monde* et du *Nouvel Obs'*, et trentenaires tendance *Libé* et *Nova Mag* y cohabitent en paix. Tous ont un faible pour la large terrasse plein sud et pied dans l'eau qui fait face au bassin de la Villette. Quand le soleil brille, l'affluence est grande. Une salade ou un plat accompagnés d'un verre de vin (ils ont été sélectionnés avec sérieux par Claude Chabrol) peuvent suffire à nourrir le débat en attendant l'heure de la séance ; à moins que vous ne tentiez la formule « menu ciné » : ce bis-

trot, qui appartient à Marin Karmitz, se trouve juste à côté des salles de cinéma. *Café offert.*

|●| *Au Rendez-Vous de la Marine* – **14, quai de la Loire** ☎ **01.42.49.33.40.** Service midi et soir jusqu'à 22 h. Fermé le dimanche et le lundi. Accès : Mᵒ Jean-Jaurès. Pas de menu, compter 150 F (22,9 €) à la carte. On se presse dans ce charmant bistrot judicieusement situé face au bassin de la Villette, un ancien bougnat vieux de plus d'un siècle où fut tourné *Jenny* de Marcel Carné, avec Françoise Rosay et Charles Vanel, sur des dialogues de Prévert. Des fleurs sur les tables, quelques souvenirs de la mer, des photos de vedettes, et hop, ça emballe tout le monde. Ambiance bruyante, surtout le midi, ou le soir quand, deux samedis par mois (l'hiver seulement), une chanteuse réaliste nous fait piaffer avec talent. L'été, des tables en terrasse, avec vue sur le canal. Plats copieux et abordables, de facture honnête, sans plus. Pensez à réserver de pied ferme ici, car on a beau mettre votre nom sur la table, certains soirs le succès provoque beaucoup de roulis dans les réservations !

|●| *Le Pavillon Puebla* – **parc des Buttes-Chaumont** ☎ **01.42.08.92.62.** Service jusqu'à 22 h. Fermé le dimanche, le lundi et les jours fériés. Accès : métro Buttes-Chaumont ; entrée angle rue Botzaris et av. Simon-Bolivar. Menus à 190 et 260 F (29 et 39,6 €). C'est votre anniversaire, il y a 5 ans que vous êtes mariés, vous avez touché le quinté plus dans l'ordre, alors offrez-vous une petite folie. Ce grand restaurant, perdu au milieu du plus beau parc parisien, est l'endroit idéal. Cadre bourgeois dans les tons pêche, fleurs fraîches et une sublime terrasse dans les arbres comme on en rêve dès les premiers beaux jours. L'accueil est stylé mais sans obséquiosité, et la cuisine de grande classe. Christian Vergès travaille comme un chef, d'ailleurs c'en est un : beignets de gambas, bouillabaisse glacée au safran, civet de homard au banyuls, lapin aux escargots, fricassée de cochon de lait et on ne vous parle pas des desserts... Bien sûr, c'est cher à la carte et avec les vins, mais il y a un menu catalan (le 1ᵉʳ) avec, par exemple, coca de rouget au basilic, c'est-à-dire une galette avec une fondue de légumes accompagnant le rouget, ou un jarret d'agneau aux olives, et pour finir une glace au touron. Amuse-bouches, petits pains maison et tout le toutim. Fait aussi salon de thé dans la journée. *Apéritif offert.*

20ᵉ arrondissement

🏠 *Tamaris Hôtel* * – **14, rue des Maraîchers** ☎ **01.43.72.85.48. Fax : 01.43.56.81.75.** TV. Accès : Mᵒ Porte-de-Vincennes ou Maraîchers. Doubles avec lavabo à 170 F (25,9 €), avec douche à

214 F (32,6 €), avec douche et wc à 250 F (38,1 €). Pour 3, entre 215 et 320 F (32,8 et 48,8 €). Petit déjeuner pratiquement obligatoire à 25 F (3,8 €) par personne. Petit hôtel remarquablement tenu, avec des prix de lointaine province. À conseiller : les chambres pour trois. Télé dans le salon. Accueil sympathique et réductions négociables à certaines périodes pour les routards. Que vous faut-il de plus ? Recommandé de réserver dès que vous connaissez vos dates !

🛏 *Hôtel Pyrénées Gambetta* ** – 12, av. du Père-Lachaise ☎ 01.47.97.76.57. Fax : 01.47.97.17.61. TV. Canal+. Satellite / câble. Accès : M° Gambetta ; dans une petite rue tranquille qui mène au Père-Lachaise. Doubles de 250 à 420 F (38,1 à 64 €). Chambres plus que correctes, avec un grand lit aménagé en alcôve. Toutes sont équipées de télé satellite, ainsi que d'un mini-bar. Une bonne petite adresse, calme et douillette, dans un quartier pas touristique mais agréable à parcourir. Accueil charmant. *Hors saison, 10 % sur le prix de la chambre ainsi que petit déjeuner offert.*

🍽 *Restaurant Chez Jean* – 38, rue Boyer ☎ 01.47.97.44.58. Service jusqu'à 23 h environ. Fermé le samedi midi et le dimanche. Congés annuels : la semaine du 15 août. Accès : M° Gambetta ou Ménilmontant. Menus à 49 et 66 F (7,5 et 10,1 €) le midi (formule plat + entrée ou dessert) ; le soir, menu du jour à 98 F (14,9 €) autour d'un plat. Comptez de 130 à 150 F (19,8 à 22,9 €) à la carte (en fonction du vin). Jean définit son resto comme étant le meilleur de la rue Boyer. Et le fait que ce soit le seul n'ôte rien à son mérite. Ancien journaleux reconverti depuis quelques années dans la restauration, il trône derrière son comptoir. Gentils plats de bonne femme de tradition française, avec quelques échappées exotiques. Ambiance populo-branchée du 20ᵉ toujours agréable, et accordéon et chanson les vendredi et samedi soir. Chauffe Jeannot ! Menus servis par Patricia dont la présence est indiscutable.

🍽 *Restaurant Aristote* – 4, rue de la Réunion ☎ 01.43.70.42.91. Service midi et soir jusqu'à 23 h 30. Fermé le dimanche . Congés annuels : les 2ᵉ et 3ᵉ semaines d'août. Accès : M° Maraîchers ou Buzenval. Menu le midi à 52 F (7,9 €), sauf les samedi et jours fériés ; à la carte, compter de 90 à 110 F (13,7 à 16,8 €). Vins en bouteille autour de 70 F (10,7 €). Un petit grec qui ne paye pas de mine, mais ne mine pas la paye. Spécialités grecques et turques copieusement et sympathiquement servies, avec chaque jour un plat différent pour le menu du midi, et le carte le soir. Essayez, dans les entrées, un *firinda pastirma* ou un *firinda sucuk* (viande ou saucisson turcs en papillote). Parmi les plats, outre de copieuses brochettes de grillades et des valeurs sûres telles que *hunkar beyendi* (carré d'agneau, aubergines et pommes de terre en sauce), découvrez le *guvec* (viande de veau et légumes en sauce) ou les préparations *yogurtlu* (au yaourt) à base de steak haché ou d'agneau. Quelques spécialités de la mer satisferont l'appétit des non-carnivores... Clientèle de quartier, accueil souriant et chaleureux. Un endroit où l'on a envie de revenir... *Café ou digestif offert.*

🍽 *Restaurant Pascaline* – 49, rue Pixérécourt ☎ 01.44.62.22.80. Fermé le dimanche. Accès : M° Place-des-Fêtes. Menu à 71 F (10,8 €) servi le midi. Le soir, comptez 120 F (18,3 €) en dégustant d'intéressants vins au verre. Carte de salades aux alentours de 50 F (7,6 €). Derrière ce joli prénom se cache un restaurant sympathique, bien dans l'esprit Ménilmuche-Belleville, où l'on peut s'offrir pour pas cher une gentille petite cuisine de ménage copieusement servie : petit salé aux lentilles, salades gourmandes, pâtisserie à l'ancienne. Salle agréable avec une grande fresque, et terrasse ensoleillée où il fait bon traîner. *Apéritif offert.*

🍽 *Chez Ida* – 64, rue des Pyrénées ☎ 01.43.70.77.86. Fermé le vendredi soir. Congés annuels : août. Accès : M° Maraîchers ou bus n° 26. 1ᵉʳ menu à 89 F (13,6 €) et menu-carte à 150 F (22,9 €). Un petit resto de quartier où le temps semble s'être arrêté depuis l'arrivée dans le 20ᵉ des immigrants italiens au cours de la première moitié du siècle du même nom. Dans la cuisine, qu'il faut traverser pour aller aux toilettes, on constatera la propreté de l'établissement et on saluera Ida qui, chaque jour, fabrique ses délicieuses pâtes fraîches, art qu'elle tient de sa *mamma*. La salle est petite mais ressemble à s'y méprendre aux restaurants transalpins ; la carte est généreuse et la qualité constante. Outre les pâtes (et les raviolis bien sûr), citons le bœuf au vinaigre balsamique, le *fritto misto*, l'escalope au gorgonzola servie avec de la polenta, le *tiramisù* maison et c'est rare. Belle carte des vins. *Apéritif offert.*

🍽 *Le Café Noir* – 15, rue Saint-Blaise ☎ 01.40.09.75.80. Service de 19 h à minuit. Fermé le dimanche. Accès : M° Porte-de-Bagnolet ou Alexandre-Dumas. Compter 130 F (19,8 €) environ pour un repas à la carte. Au début du siècle, c'était un dispensaire. Il ne reste pas grand-chose de ce passé médical, bien que les patrons qui ont repris le resto en 1991 accumulent une quantité incroyable d'objets anciens, comme une collection de cafetières, chapeaux, plaques émaillées, affiches... Décor sublime donc, et bonne cuisine copieusement servie : saumon fumé maison, magret de canard au miel de lavande et au thym, foie de veau à la moutarde violette, salade de blé aux fruits de mer, filet de bœuf au foie gras et pain d'épices, papillote de daurade à la cannelle… Et en plus, on peut fumer des havanes, vendus au bar à l'unité. Il suffit juste d'un lieu comme celui-ci pour redonner vie au nouveau quartier Saint-Blaise, qui n'est pas à proprement parler une réussite architecturale.

DANS LES ENVIRONS

NEUILLY-SUR-SEINE 92200
(0,5 km NO)

🛏 *Hôtel Charlemagne* ** – 1, rue Charcot (Ouest) ☎ 01.46.24.27.63. Fax : 01.46.37.11.56. TV. Canal+. Satellite / câble. ♿ Accès : M° Pont-de-Neuilly ; à 50 m du métro. Doubles avec mini-bar, téléphone direct et douche à 435 F (66,3 €), avec bains à 465 F (70,9 €). Accueil très sympathique. Chambres confortables, style moderne. Prix modérés pour Neuilly où tout est cher. La rue est calme le soir et la nuit. Adresse idéale pour ceux qui ont rendez-vous le lendemain dans les tours de La Défense mais qui ne veulent pas y dormir. En plus, le bois de Boulogne est tout proche pour le jogging. *10 % sur le prix de la chambre les nuits des vendredi, samedi et dimanche.*

🍽 *Le Chalet* – 14, rue du Commandant-Pilot (Sud-Est) ☎ 01.46.24.03.11. Fermé le dimanche. Accès : M° Porte-Maillot ; à 300 m de la porte Maillot. Le midi, formule express à 63 F (9,6 €) et menu à 79 F (12 €). L'hiver, on s'offre le « dîner savoyard » avec une copieuse fondue pour 140 F (21,3 €), ou un menu Mont-Blanc à 150 F (22,9 €). L'été, super formule à 130 F (19,8 €) : entrée + demi-homard et pâtes fraîches + dessert. Menu enfant à 50 F (7,6 €). Un chalet suisse pour ceux qui n'ont pas pu partir aux sports d'hiver. Rien n'a été oublié : photos enneigées, murs de lambris et paires de skis éparpillées.Vraiment sympa. Spécialités : homard canadien, raclette savoyarde… Notre coup de cœur à Neuilly. *Apéritif offert.*

🍽 *Restaurant Foc Ly* – 79, av. Charles-de-Gaulle (Sud-Est) ☎ 01.46.24.43.36. Parking payant. ♿ Congés annuels : les 2ᵉ et 3ᵉ semaines d'août. Accès : M° Sablons. Formule à 99 F (15,1 €) le midi en semaine. Comptez environ 170 F (25,9 €) à la carte. Vous ne pourrez manquer *Foc Ly* avec son toit en forme de pyramide et ses deux lions qui trônent à l'entrée. C'est sans aucun doute l'un des plus grands restaurants asiatiques de la région. D'ailleurs, tout un répertoire de signatures célèbres en témoigne à l'entrée. Une cuisine très fine et variée : canard laqué pékinois, rouleaux de poissons farcis… Un service très aimable. *Apéritif offert.*

🍽 *Les Pieds dans l'Eau* – 39, bd du Parc (île de la Jatte) (Centre) ☎ 01.47.47.64.07. En hiver, fermé le samedi midi et le dimanche. Formules de 130 à 180 F (19,8 à 27,4 €). Comptez 200 F (30,5 €) pour un repas à la carte. Le nom sent les beaux jours, les parties de pêche, les pique-niques arrosés de vin clairet, comme un roman de René Fallet. L'endroit a gardé un parfum d'autrefois, un parfum de passé reconstitué, fait d'objets de marine, de meubles anglais et de gravures anciennes qui donnent à la partie d'hiver un air de club-house très *British*, très *cosy*, où le bar n'est pas la pièce la moins intéressante. Un parfum de dimanche au bord de l'eau sur les terrasses descendant en gradins vers le bras de la Seine, sous les peupliers, saules pleureurs et figuiers. La cuisine du chef, récemment accosté en ville, sait naviguer entre ses références, donnant, selon les saisons, des petites touches de couleurs à des plats d'une cuisine des plus franches. Poissons et grillades l'été, pot-au-feu de lotte aïoli, carpaccio de truite et de lotte, salade de saumon cru mariné crème fouettée, mariage en aumônière de thon blanc à d'autres poissons, volailles et figues associées en suprême, on sent l'envie de rassurer Neuilly tout en ne voulant pas désespérer les amateurs d'associations nouvelles. Seurat n'est pas loin, qui colorait d'une manière inhabituelle les scènes d'une tranquille banalité d'un dimanche sur l'île de la Jatte. La dernière formule devrait vous inciter à tremper vos pieds dans l'eau. *Apéritif offert.*

BOULOGNE-BILLANCOURT
92100 (1 km SO)

🛏 *Le Quercy* – 251, bd Jean-Jaurès (Sud-Est) ☎ 01.46.21.33.46. Fax : 01.46.21.72.21. TV. Accès : M° Marcel-Sembat. Doubles avec lavabo à 155 F (23,6 €), douche sur le palier à 10 F (1,5 €), avec douche et wc de 190 à 220 F (29 à 33,5 €), à 290 F (44,2 €) avec bains. Rénové complètement, on retiendra de cet hôtel son côté pratique. Un peu comme un hôtel de chaîne, quoi ! C'est l'un des moins chers de Boulogne. *Petit déjeuner offert.*

🍽 *Café Le Centre* – 120, route de la Reine ☎ 01.46.05.47.86. Fermé le dimanche. Congés annuels : août. Menu à 59 F (9 €). Prix moyen à la carte à 85 F (13 €). Un vieux bistrot totalement en décalage par rapport à l'ambiance très périphérique de cette route qui ne siérait plus forcément à une reine. Murs jaunis par des kilos de nicotine, vieilles plaques publicitaires et ambiance populaire à souhait. Ici, on mange simple et pas cher, sans chichi. On a eu droit à une lotte à la provençale. Pour le prix plus que raisonnable, les frites, en plus du reste, sont faites maison. Miam-miam !

|●| *Restaurant La Marmite* – 54 ter, av. Édouard-Vaillant (Est) ☎ 01.46.08.06.12. Fermé le dimanche et les jours fériés. Congés annuels : août. Accès : M° Porte-de-Saint-Cloud ou Marcel-Sembat ; à 300 m de la porte de Saint-Cloud. Menus entre 78 et 165 F (11,9 et 25,2 €). Le décor est moderne, plutôt anodin, avec ses piliers carrés et ses grands panneaux miroirs. La cuisine est simple, sans grandes surprises, dans le style brasserie : brochettes, saumon poché ou grillé, entrecôte béarnaise... Beaucoup de poissons frais à la carte. *Apéritif offert.*

|●| *Restaurant Prince Sultan* – 38-40, rue des Peupliers ☎ 01.49.10.92.80. Fermé le dimanche. Accès : derrière le quartier du Point-du-Jour. Couscous de 60 à 110 F (9,1 à 16,8 €) et *tajines* de 75 à 90 F (11,4 à 13,7 €). Comme son nom l'indique, on vient ici plus pour la réputation du couscous que pour la truffade traditionnelle. Et on ne s'en plaint absolument pas. La maison nous a été chaudement recommandée par des lecteurs. Ils avaient raison et nous livrons en pâture gourmande les 9 couscous, les *tajines* et toutes les autres spécialités marocaines et tunisiennes du chef. Décor agréable et service vraiment amical. En venant ici, on a presque l'impression d'être là-bas !

|●| *Restaurant La Tonnelle de Bacchus* – 120, av. Jean-Baptiste-Clément (Nord-Ouest) ☎ 01.46.04.43.98. Fermé le samedi et le dimanche. Congés annuels : entre le 24 décembre et le Jour de l'An. Accès : M° Boulogne-Pont-de-Saint-Cloud ; au rond-point, Rhin-et-Danube, à 20 m du métro. Menus à 115 et 145 F (17,5 et 22,1 €). Comptez de 180 à 200 F (27,4 à 30,5 €) un repas à la carte. De suite, on se retrouve dans l'ambiance avec ce piano laqué blanc qui remplit l'entrée. La patronne s'y installe parfois pour jouer quelques notes. L'œil est également attiré par le gros percolateur en cuivre. Une fois assis à sa table, il ne reste plus qu'à se régaler des bons petits plats préparés par le chef. Quelques spécialités lyonnaises comme ce saucisson chaud pommes vinaigrette. Mais il faut aussi compter avec les œufs cocotte au foie gras, les filets de sardines marinés, le confit de canard, le magret au miel, les noix de Saint-Jacques à la provençale, les profiteroles landaises ou la bavette à l'échalote, goûteuse à souhait. Détour par l'Alsace avec une choucroute qui se défend pas mal. En somme, une cuisine plutôt traditionnelle de bonne qualité. Carte des vins intéressante si on la décortique un peu. Possibilité de manger en terrasse dès que le soleil pointe son nez. *Café offert.*

|●| *Chez Michel* – 4, rue Henri-Martin ☎ 01.46.09.08.10. Fermé le samedi midi et le dimanche. Accès : Porte-de-Saint-Cloud. Menu à 125 F (19,1 €) en semaine. À l'ardoise, entrées et desserts à 29 F (4,4 €) et plats à 58 F (8,8 €). Le midi, la petite salle est souvent remplie car on vient volontiers entre collègues de travail. Du coup, l'ambiance tient un peu de la cantine. Le soir, les discussions deviennent plus feutrées, plus amicales. Mais l'ardoise reste la référence pour composer son menu avec une cuisine méditerranéenne et provençale : aumônière de chèvre chaud, ravioles de Royans à la crème de ciboulette, queue de lotte aux poivrons verts, onglet de veau à l'échalote, sauté d'agneau à l'ancienne... Déjà, les parfums montent aux narines ! Question prix, pas de surprise. On ne se ruine pas, même si on se laisse tenter par un peu de vin.

|●| *Café Pancrace* – 38, rue d'Aguesseau ☎ 01.46.05.01.93. Fermé le dimanche. Accès : M° Boulogne-Jean-Jaurès. Menu à 130 F (19,8 €). Devant la porte de ce bistrot, c'est un peu la pampa ! Des bambous trônent sur le perron et si l'on n'y prêtait attention, on pourrait penser que la mode des tex-mex a aussi frappé à Boulogne. Il n'en est rien. Le décor est plutôt jeune et sympa, dans les tons jaunes. On pénètre dans une ambiance très méditerranéenne, presque andalouse. Les tables sont un peu brinquebalantes, mais le charme réside dans ce mélange des genres qui tranche avec une cuisine plutôt simple et classique. Dans le genre, brandade de morue, saucisson chaud, potée auvergnate, bavette à l'échalote... Tout est indiqué sur une grande ardoise et le menu permet de se régaler pour un prix raisonnable. De plus, il y a des petits vins servis au verre ou en pichet qui rendent la vie plutôt agréable. Sans aucun doute l'un des endroits les plus sympathiques de la ville pour grignoter un morceau entre copains. *Apéritif, café offerts.*

IVRY-SUR-SEINE 94200 (1 km SE)

|●| *L'Europe* – 92, bd Paul-Vaillant-Couturier ☎ 01.46.72.04.64. Congés annuels : août. Accès : M° Mairie-d'Issy. Menu à 50 F (7,6 €). À la carte, comptez 70 F (10,7 €). Le quart de rouge 12° à 9 F (1,4 €), la cuvée du patron à 60 F (9,1 €), le chiroubles à 85 F (13 €) et le châteauneuf-du-pape à 115 F (17,5 €). Deux grandes salles bourrées à craquer le midi. Clientèle totalement mélangée. Accueil chaleureux et service efficace. Un des meilleurs couscous de la ville et servi copieusement. Bonnes grillades aussi. Le vendredi, choucroute ou paëlla. Atmosphère animée, ça va de soi ! *Apéritif, café ou digestif offert.*

LEVALLOIS-PERRET 92300 (1 km NO)

▲ *Hôtel du Globe* – 36, rue Louis-Rouquier ☎ 01.47.57.29.39. Fax : 01.47.57.29.39. Accès : M° Louise-Michel.

Doubles à 170 F (25,9 €) avec lavabo, possibilité d'utiliser une douche pour 20 F (3 €), et 220 F (33,5 €) avec douche. Dans une rue un peu passante, petit hôtel sans prétention, familial et propre. Petites chambres à double-vitrage mais sans wc. Accueil quelconque.

|●| *Le Petit Poucet* – 4, rond-point Claude-Monet (Ouest) ☎ 01.47.38.61.85. Accès : sur l'île de la Jatte, dans le virage de la rue qui en fait le tour, extrémité est. Formule à 110 F (16,8 €) avec entrée ou dessert et plat, ou menu à 165 F (25,2 €). Menu à 400 F (61 €) pour deux. Une adresse presque centenaire où, au début du siècle, les prolétaires en goguette venaient avec leurs gigolettes se taper une friture en buvant du guinguet en ce qui n'était alors qu'un caboulot champêtre. Devenu l'un des restos branchés de l'île au début des années 80, *Le Petit Poucet* a fait peau neuve en 91 pour se donner des allures *cosy* avec sa belle déco où le bois domine et donne une ambiance chaleureuse. Trois belles terrasses dont l'une en bord de Seine où, dès les premiers rayons de soleil, femmes élégantes et jeunes hommes branchés mais décontractés se pressent. Bonne cuisine française classique. Service efficace et ultra-rapide. Mieux vaut réserver.

NANTERRE 92000 (1 km NO)

🛏 *Hôtel Saint-Jean* – 24-26-33, av. de Rueil (Ouest) ☎ 01.47.24.19.20. Fax : 01.47.24.17.65. Accès : RER A direction Saint-Germain-en-Laye, station Nanterre-Ville. Doubles à partir de 150 F (22,9 €) avec lavabo, avec douche à 195 F (29,7 €), avec douche et wc à 235 F (35,8 €). Il a déjà fêté son 60e anniversaire, soit 3 générations successives à gérer cet établissement. Un peu à l'écart, dans un quartier bien calme. Il n'y a pas 2 chambres identiques, mais elles sont toutes propres et très correctes. Préférez les chambres sur jardin n⁰ˢ 4,6 10 et 11. Accueil gentil, ce qui ne gâte rien. *Café offert.*

🛏|●| *Restaurant Le Coin Tranquille* – 8-10, rue du Docteur-Foucault (Centre) ☎ 01.47.21.11.80. Fax : 01.41.37.09.11. Restaurant fermé le dimanche soir. Accès : RER Nanterre-Ville. Des chambres modestes avec douche et wc de 180 à 250 F (27,4 à 38,1 €). En semaine, menu à 65 F (9,9 €), quart de vin compris. Autres menus de 100 à 180 F (15,2 à 27,4 €), dont celui à 120 F (18,3 €) aux spécialités du Périgord et poisson. Grande salle de type provinciale. Cuisine traditionnelle : Saint-Jacques aux pleurotes, marmite de la mer. Prix très intéressants. Il est prudent de réserver. *Café, digestif offerts. 10 % sur le prix de la chambre.*

|●| *Le Châlet du Grison* – 39, rue Henri-Barbusse ☎ 01.47.25.92.99. Fermé le lundi et dimanche midi. Accès : RER Nanterre-Ville, puis prendre le boulevard du Couchant vers le centre-ville. Menu le midi en semaine à 73 F (11,1 €), et menu « de la Savoie » à 129 F (19,7 €). Crêpes et galettes à partir de 16 F (2,4 €). Ne serait-ce qu'en lisant la carte, on est d'emblée plongé au cœur de la Savoie. Décor de style rustique, avec des vieux skis à l'entrée pour parfaire l'illusion. Spécialités savoyardes (tartiflette, raclette, *brusero*), on s'en doute, mais aussi crêpes et galettes. Menu de la Savoie avec salade, pierrade et dessert. Les mercredi et jeudi, soirée animée par un chansonnier. Salle au sous-sol dans une cave voûtée pour les groupes. Petite terrasse l'été. *Apéritif offert.*

SAINT-CLOUD 92210 (1 km O)

🛏 *Hôtel Magenta* ★ – 1, place Magenta (Nord) ☎ 01.46.02.90.18. Fax : 01.47.71.28.53. TV. Accès : plus proche du parc que du centre. Chambres plutôt petites à partir de 270 F (41,2 €) pour deux avec douche et wc ou bains. À Saint-Cloud, on compte les hôtels sur les doigts d'une main et celui-là est sans doute le moins cher. Aussi est-il prudent de réserver pour pouvoir y goûter un repos réparateur. *Petit déjeuner offert.*

|●| *La Boîte à Sel* – 2, rue de l'Église ☎ 01.47.71.11.37. Fermé le samedi midi et le dimanche. Deux menus à 75 F (11,4 €) le midi et des formules grandes assiettes autour de 65 F (9,9 €). Une petite adresse un peu province chic, un poil raffinée tendance banlieue bourgeoise. Pour un peu, on se croirait à Saint-Cloud. Ça tombe bien, on y est! Et on se sent plutôt bien dans cet intérieur *cosy* à la déco claire. Les chaises sont confortables. L'adresse de rêve pour emmener votre petite amie dîner. Car en cuisine, on se défend pas mal. La partition est simple, mais bien exécutée : pavé de saumon grillé bien cuit (rare!), filet mignon de porc au cidre, magret au miel, andouillette de Troyes, tartare de poisson...

VINCENNES 94300 (2 km SE)

|●| *Ristorante Alessandro* – 51, rue de Fontenay ☎ 01.49.57.05.30. Fermé le dimanche. Congés annuels : août. Accès : M⁰ Château-de-Vincennes, RER Vincennes; à côté de la mairie. Menus le midi en semaine à 58 F (8,8 €), et à 139 et 199 F (21,2 et 30,3 €). Compter 100 F (15,2 €) à la carte. Les habitués connaissent la maison depuis longtemps maintenant et ils se régalent sans compter des nombreuses spécialités italiennes préparées avec amour et savoir-faire par le chef et son épouse. Et comme il n'y a pas de raison que seuls les gens de Vincennes puissent en profiter, nous vous livrons en pâture les spaghetti

ÎLE-DE-FRANCE

aux langoustines, les tagliatelles aux coquilles Saint-Jacques ou encore la *saltimbocca alla romana* (escalope de veau coupée finement, cuite avec une tranche de jambon de Parme et de la sauge fraîche). Fin, délicieux! On s'aperçoit vite que la réussite de cette cuisine réside dans le petit plus que le chef sait ajouter à toutes ses préparations. Ici une herbe, là une épice ou un déglaçage étonnant qui ajoutent une saveur inattendue. Ce serait un crime de manquer les *antipasti* (artichauts, tomates séchées, olives, oignons confits et des charcuteries fantastiques). Bien évidemment, il y a également des pizzas, des vraies, pour les inconditionnels. Réservation impérative. Et pour prolonger le plaisir à domicile, il suffit d'aller à la boutique la *Cucina italiana* (184, rue de Fontenay, Vincennes, ☎ 01.43.74.74.85). Dans une ambiance de Toscane, on y retrouve les meilleurs produits italiens : charcuterie, fromages, vins, huile d'olive, pâtes... Une fois qu'on y est allé, le monde se divise en deux clans : ceux qui sont à côté et les autres. On regrette de faire partie du second groupe! *Café offert.*

COURBEVOIE-LA DÉFENSE
92400 (3 km NO)

|●| *Pasta, Amore e Fantasia* – 80, av. Marceau (Centre) ☎ 01.43.33.68.30. Fermé le dimanche et le lundi soir. Accès : gare de Courbevoie; depuis Saint-Lazare, direction Versailles Saint-Nom-la-Bretèche ou Houilles; RER : ligne A, station La Défense. Menu le midi en semaine à 82 F (12,5 €). Repas complet à la carte à 150 F (22,9 €). Au 1er étage. Nul doute que personne n'imaginerait découvrir un studio de la Cinecitta dans l'Alphaville courbevoisien. Dès l'entrée, on est accueilli par la Magnani, Delon dans *Rocco*, le baiser mythique Anita-Marcello... et à l'intérieur, c'est Naples dans toute son exubérance, dans ses tonalités chaleureuses. Atmosphère pleine d'intimité malgré l'immensité de la salle. Il y a même du linge qui sèche comme là-bas! Couleurs et belles effluves jaillissent également de la cuisine. Beaux *antipasti*, grand choix de pizzas, pâtes fraîches maison, osso buco à la piémontaise, ravioli à la sicilienne, *piccata parmiggiana*, etc. Les vendredi et samedi, animation avec chanteurs à partir de 20 h 30. Pensez à réserver. *Apéritif offert.*

SAINT-DENIS 93200 (3,5 km N)

|●| *Le Rail d'Ouessant* – 15 bis, rue Jean-Moulin (Centre) ☎ 01.48.23.23.41. Ouvert le midi uniquement, du mardi au vendredi. Congés annuels : pendant les congés scolaires. Accès : M° Saint-Denis-Basilique; à côté de la piscine (la Baleine). Formules et menus de 58 à 125 F (8,8 à 19,1 €). Compter 95 F (14,5 €) pour un repas à la carte. Menu enfant à 35 F (5,3 €). Étonnant restaurant installé dans un wagon rouge et bleu (d'où le *Rail*) et proposant pas mal de produits de la mer (d'où *Ouessant*). Autre particularité, l'endroit est tenu par l'école de formation professionnelle : serveuses appliquées et apprentis cuisiniers vous gâtent, et l'on mange à bon prix des plats qui se tiennent. Les spécialités : poêlée de Saint-Jacques à l'étuvée de poireaux, terrine du *Rail* et sa confiture d'oignons rouges, escalope de saumon à la graine de moutarde, duo de chocolat au cacao amer. Réservation très recommandée. *Apéritif offert.*

|●| *Le Bœuf est au 20* – 20, rue Gabriel-Péri (Centre) ☎ 01.48.20.64.74. Fermé le samedi midi et le dimanche. Congés annuels : août. Accès : à 150 m du carrefour (et métro) Porte-de-Paris. Le midi, menu à 65 F (9,9 €) mais le soir c'est plus cher, menus de 95 à 185 F (14,5 à 28,2 €). À la carte, 200 F (30,5 €). Cuisine sans trop de fioritures et service à l'avenant. Toutefois le second menu réjouit et rassasie : bonne salade du pays puis optez pour le plat du jour (produits du marché), vous ne serez pas déçu. En spécialités : foie gras cuit au torchon, magret aux pleurotes, méli-mélo de la mer. *Apéritif offert.*

|●| *Les Verdiots* – 26, bd Marcel-Sembat ☎ 01.42.43.24.33. Fermé le dimanche et le lundi soir. Congés annuels : août. Accès : à 100 m du métro Porte-de-Paris et 400 m du stade de France. Très satisfaisant menu à 65 F (9,9 €) et suivants à 98 et 185 F (14,9 et 28,2 €). Patrick Perney propose une cuisine savoureuse et sûre, landaise de cœur et de goût comme son jambon de la vallée des Aduldes, ses gésiers confits, son confit de canard, son magret ou son foie gras chaud poêlé aux pêches jaunes. Bons vins aussi, pas forcément ruineux. Service aimable et doux dirigé par madame, cadre propre et classique et des prix qui se tiennent. Bref, une bien bonne adresse.

|●| *La Table Gourmande* – 32, rue de la Boulangerie (Centre) ☎ 01.48.20.25.89. ♿ Fermé le dimanche et le soir en semaine sauf le vendredi soir et le samedi soir. Congés annuels : 15 jours en août. Accès : M° Saint-Denis-Basilique; à 100 m de la basilique. Jusqu'à 21 h, menu à 108 F (16,5 €), puis menu-carte à 195 F (29,7 €). Un peu de fantaisie, d'originalité égaierait cette salle d'une élégance un peu terne, mais pour le reste, on est servi. Tenu avec sérieux, dans les règles de l'art, cette *Table Gourmande* est le genre d'adresse qui ne déçoit pas, pour un prix qui reste correct. Le foie gras chaud et ses raisins marinés au vin blanc, le feuilleté d'asperges et son sabayon au champagne (en saison), l'émincé de rognons de veau à la graine de moutarde, les filets de rouget aux olives, le ris de veau compote d'échalotes n'opposent guère de résistance, et, à notre goût, se mangent même un peu trop vite (du rab ! du rab !). Les desserts sont aussi bien. Et pour les amateurs de café, carte de 12 cafés de différents pays (Haïti, Cuba, Brésil, Mexique...). Impeccable pour un dîner d'affaires. *Kir offert.*

|●| *Le Mélody* – 15, rue Gabriel-Péri (Centre) ☎ **01.48.20.87.73.** Accès : à 150 m du carrefour (et métro) Porte-de-Paris. Menu-carte à 120 F (18,3 €). Restaurant de poche à la déco bien quelconque (à l'image du gros néon bleu de l'enseigne), mais où l'on est bien accueilli et bien nourri. Menu-carte tout ensoleillé : salade de sardine mentonnaise, duo de cabécou, lapin rôti à la farigoule, dacquoise, crème brûlée à la fleur de lavande, café à la liqueur de farigoule (en sus), le cuistot ne se trompe ni dans la façon, ni dans le choix de ses produits. Quelques vins bien choisis aussi. *Café offert.*

|●| *Le Clap des Artistes* – 34, rue Proudhon, La Plaine (Sud) ☎ **01.48.20.32.40.** Fermé le samedi midi et le dimanche. Le soir, sur réservation uniquement. Congés annuels : 15 jours en août. Accès : M° Porte-de-la-Chapelle ; à La Plaine-Saint-Denis, non loin de la porte de la Chapelle. Compter de 150 à 200 F (22,9 à 30,5 €) à la carte uniquement. Si vous passez par les entrepôts, c'est plus marrant : on slalome entre les studios TV ou cinéma, les entrepôts Kookaï ou Pronuptia. Ce *Clap des Artistes*, situé à l'étage des Studios de France, propose une cuisine genre brasserie, correcte et pas vraiment donnée, mais l'endroit est plaisant. Ambiance projecteurs et caméras, portraits de nos stars (Raimu, Deneuve, Noiret, etc.) et d'autres parfois en chair et en os : Lauren Bacall, Mireille Darc, Claudia Schiffer, Aznavour ou Platini sont passés par là. Le gratin ! Alors, si ça vous fait rêver... En bas, les plateaux, où l'on pourra tenter de jeter un œil sur l'envers du décor.

PERREUX (LE) 94170 (7 km E)

|●| *Le Rhétais* – 42 *ter*, av. Gabriel-Péri ☎ **01.43.24.08.29.** Fermé le lundi, et le dimanche soir. Menus à 182 et 185 F (27,7 et 28,2 €), boisson comprise. À la carte, compter de 220 à 250 F (33,5 à 38,1 €). Nouvelle déco façon cabine de bateau pour ce resto, l'une des tables sûres de la ville. Les têtes chenues s'y donnent rendez-vous le dimanche midi pour déguster d'excellentes préparations de poisson toujours frais. Des recettes de qualité et un service qui tourne comme une horloge. Depuis 15 ans, une adresse qui tient bon la barre (pas étonnant pour des Rhétais). Terrasse l'été. Salle pour banquet. *Café offert.*

SAINT-MAUR-DES-FOSSÉS 94100 (10 km E)

|●| *Le Bistrot de la Mer* – 15, rue Saint-Hilaire ☎ **01.48.83.10.11.** Fermé le dimanche soir et le lundi. Sert jusqu'à 23 h. Accès : de Paris, par l'autoroute A4. Menu à 98 F (14,9 €) servi le midi du mardi au vendredi ; puis à 145 F (22,1 €). Une petite salle dans les tons bleus et blancs, qui accueille au coude à coude tous les amoureux des choses de la mer, préparées ici avec bonheur. De l'originalité, du savoir-faire et une qualité régulière qui font de cette adresse un rendez-vous d'habitués. Au déjeuner, l'excellent menu propose à vos papilles une salade, un plat de poisson du marché (copieux et superbe) qui change tous les jours, un dessert, du vin et un café. Pas mal ! Pour le prix du second, c'est la fête : raie, Saint-Jacques, saumon fumé, superbe soupe de poisson...

|●| *Le Gourmet* – 150, bd du Général-Giraud ☎ **01.48.86.86.96.** Fermé le dimanche soir et le lundi toute la journée. Congés annuels : du 20 août au 10 septembre. Accès : de Paris, par l'autoroute A4. Menu à 130 F (19,8 €) le midi. À la carte, compter de 250 à 300 F (38,1 à 45,7 €). Il y a les adresses honnêtes, les bons restos, et puis il y a les lieux exceptionnels. On ne va pas tourner autour du pot longtemps, on a ici affaire à une cuisine de haute volée. Tout est admirablement orchestré : l'écrin d'abord, aux accents légèrement Art déco, fleuri, avec une large baie vitrée donnant sur un beau jardin-terrasse où l'on prend son repas aux beaux jours. Et puis un patron tiré à quatre épingles, issu des plus grandes cuisines de la capitale et qui domine superbement son sujet. Enfin, dans l'assiette, c'est la ronde des saveurs, une infinie finesse, l'intelligence des goûts qui s'expriment par des cuissons parfaites, par des sauces raffinées qui ne sombrent jamais dans le gadget. Le poisson reçoit un traitement particulièrement intéressant, ce qui ne veut nullement dire que la viande soit maltraitée, bien au contraire. En fait, tout est superbe, original, étonnant. Que ce soit dans le cadre du menu ou à la carte, le client dispose d'un beau panorama gustatif et d'un service sans faute. De la belle adresse, qu'on vous dit ! À la carte, la qualité a un prix. Fait également des plats à emporter.

|●| *Chez Nous comme chez Vous* – 110, av. du Mesnil ☎ **01.48.85.41.61.** Fermé le dimanche soir et le lundi. Congés annuels : 1 semaine en mars et le mois d'août. Accès : de Paris, par l'A4. Menus à 160 F (24,4 €) en semaine et de 200 à 310 F (30,5 à 47,3 €), ce dernier pour les repas de fêtes. On aime bien ce côté vieille province rassurante. Il ne manque pas une taille dans la gamme de casseroles de cuivre accrochées aux murs, ni un napperon au crochet aux rideaux, ni une petite lampe sur les tables. Un tremblement de terre ne perturberait en rien cette solide cuisine de tradition, vissée au terroir. On est ici chez des gens de métier, on le voit tout de suite. On table sur la qualité, pas sur l'originalité. Et on a raison! Madame trottine en salle depuis plus d'un quart de siècle (service impeccable) et monsieur ne lâche pas ses fourneaux. Très démocratique plat du jour qui change tous les deux jours (blanquette de veau, bœuf carottes, choucroute...), et généreux 1er menu comprenant fromage et quart de vin. En cours de repas, on s'enquiert de votre appétit et le ramasse-miettes roule sur la nappe avant le dessert. De la tradition, on vous dit. *Apéritif offert.*

PLESSIS-ROBINSON (LE) 92350

Carte régionale A1, 2

|●| La Calabresella – 67, av. de Robinson ☎ 01.46.61.01.77. Fermé le dimanche. Congés annuels : août. Accès : RER ligne B jusqu'à Robinson, puis bus n° 198. Menu le midi en semaine à 69 F (10,5 €), puis à 129 F (19,7 €). À la carte, compter 120 F (18,3 €). Le lambrusco et le côtes-du-rhône à 75 F (11,4 €). Un des meilleurs restos italiens de la banlieue sud. Un vrai, de l'accent de là-bas aux effluves parfumés se dégageant des plats, de la qualité d'accueil aux belles portions servies! Les non-fumeurs bénéficieront des superbes fresques du XIX° siècle, évoquant de façon joyeuse les guinguettes d'autrefois. La joie, on la retrouve aussi dans les assiettes avec du *capriccio* (hors-d'œuvre variés), les délicieuses pâtes (ah, les « penettes quatre fromages » et les *tortellini alla contadina*) et les plats traditionnels, *fritto misto*, Saint-Jacques à l'italienne, filet du chef aux cèpes, etc. Prix fort raisonnables. Dès que le soleil darde, très agréable terrasse dans le jardin. *Apéritif, café, digestif offerts.*

PONTOISE 95300

Carte régionale A1

|●| Le Pavé de la Roche – 30, rue de la Roche ☎ 01.34.43.14.05. Fermé le dimanche soir et le lundi. Congés annuels : 3 semaines en août. Accès : de la place de l'Hôtel-de-Ville, descendre la rue de la Roche. Menus à 72 F (11 €) le midi en semaine, puis de 106 à 148 F (16,2 à 22,6 €). Niché au creux d'une rue pentue qui domine l'Oise, ce petit restaurant, qui a changé de mains en 1998, mérite d'être débusqué. Dans un cadre rustique mais confortable, nous vous recommandons le

1er menu, avec un buffet de crudités très varié (20 choix), un plat cuisiné délicieux et un dessert maison. En spécialités : saint-marcellin rôti aux magrets fumés, andouille de Guémené aux pommes, blanquette de veau à l'ancienne, gibier en période de chasse, tarte fine au calvados. Le patron et la patronne vous accueillent avec un grand sourire. Terrasse pour les beaux jours. *Café offert.*

DANS LES ENVIRONS

CERGY 95000 (5 km O)

🛏 Hôtel Astrée ★★★ – 3, rue des Chênes-Émeraude ☎ 01.34.24.94.94. Fax : 01.34.24.95.15. Parking. TV. Canal+. Satellite / câble. Accès : depuis l'office du tourisme, prendre toujours tout droit la rue de Gisors, puis l'avenue Rédouane-Bougara jusqu'au rond-point avant le centre commercial Leclerc. Là, prendre à gauche et suivre la direction Cergy-centre. Compter 580 F (88,4 €), en semaine pour une chambre double avec salle de bains et téléphone, ou la promotion à 540 F (82,3 €) le samedi ou le dimanche avec le petit déjeuner-buffet compris. À signaler, la « suite », charmante comme tout, à 840 F (128,1 €), petit déjeuner compris. Accueil chaleureux. Un des meilleurs hôtels de la région de Pontoise quant au rapport qualité-prix. Les hommes d'affaires laisseront leur place le week-end aux voyageurs à la recherche d'un havre de repos raffiné et confortable. *Apéritif offert.*

PROVINS 77160

Carte régionale B2

|●| La Boudinière des Marais – 17, rue Hugues-le-Grand (Centre) ☎ 01.60.67.64.89. Fermé le mardi soir et le mercredi. Congés annuels : pendant les vacances de février et fin août (approximatif). Accès : dans la ville basse. Menu à 68 F (10,4 €) le midi en semaine. Autres menus imbattables à 90 et 145 F (13,7 et 22,1 €). Ventrebleu! À *La Boudinière* tout est fait maison. Table connue des locaux et des VRP bien renseignés, qui savent que même avec le 1er menu, ils déjeuneront bon et copieux. Cuisine traditionnelle bien de chez nous (fondant de lapin à la confiture d'oignons, tête de veau gribiche, pavé glacé à la rose de Provins), justement illustrée par une fresque humoristique de Gargantua. Déco néo-médiévale un peu chargée mais c'est l'endroit qui veut ça. Poursuivez, chef Jakubiak, votre noble combat : il est temps de bouter le fast-food hors de France, et vous employez la bonne méthode. *Café offert.*

|●| Auberge de la Grange ★★ – 3, rue Saint-Jean ☎ 01.64.08.96.77. Fermé le mardi soir et le mercredi. Congés annuels : 10 jours en février et 10 jours en novembre. Accès : dans la ville haute, juste en face de la grange aux dîmes. Menu à 98 F (14,9 €), avec fromage (du brie bien entendu) et dessert. Menu du marché à 128 F (19,5 €) et menu gastronomique à 170 F (25,9 €). Menu enfant à 69 F (10,5 €). Dans une maison du XIᵉ siècle restaurée, 3 petites salles avec cheminée. Cuisine agréable. Au menu du marché : salade d'écrevisses, loup aux girolles, fromage et dessert maison. Autres plats : raie au beurre blanc, jarret cuit au torchon, choucroute de la mer, foie gras de canard mi-cuit, tête de veau... Terrasse l'été. *Apéritif offert.*

DANS LES ENVIRONS

GURCY-LE-CHÂTEL 77250

(21 km SO)

l●l *Restaurant Loiseau* – 21, rue Ampère ☎ 01.60.67.34.00. Fermé le dimanche soir et le lundi. Congés annuels : la 1ʳᵉ semaine de janvier et les 3 dernières semaines d'août. Accès : de Provins, prendre la D412 pendant 10 km et à Jutigny la D403 sur 9,5 km vers Montereau. Après Donnemarie-Dontilly, prendre la D95 à droite vers Gurey sur 1,5 km. Menu ouvrier le midi en semaine à 58 F (8,8 €), puis à 69 F (10,5 €), sauf les week-end et jours fériés, et de 85 à 140 F (13 à 21,3 €). Le géant de Saulieu aurait-il fait des petits dans les provinces reculées de la Seine-et-Marne ? Que nenni ! Il y a plus d'un âne... Mais ce *Loiseau*-là, dans sa catégorie, n'a rien à envier à l'autre. Le râble de lapin rôti au coulis de cèpes et nouillettes fraîches est succulent. L'alliance de goût dans la fricassée d'encornets sauvages aux girolles et oignons confits crème de porto est à ravir. Et la tourte de foie gras de canard frais aux choux étuvés et infusion d'estragon est parfaite. 3 menus au rapport qualité-prix imbattable qui nous feraient y retourner tous les week-ends. Et que dire du menu ouvrier qui donne envie de prendre son rond de serviette tous les midis ? On ne s'attarde pas sur le décor, encore qu'il soit touchant de simplicité. En revanche, la gentillesse de la patronne a fini de nous convaincre. Une adresse exceptionnelle. *Café offert.*

RAMBOUILLET 78120

Carte régionale A2

♒ *Hôtel Saint-Charles* ** – 15, rue de Groussay (Nord-Ouest) ☎ 01.34.83.06.34. Fax : 01.30.46.26.84. Parking. TV. ♒ Accès : à partir de la mairie, prendre la route qui longe le parc, l'hôtel est à 1 km environ. 300 F (45,7 €) la chambre avec douche et

wc ou bains. 32 F (4,9 €) par personne pour le petit déjeuner. Pas loin du centre, cet hôtel fonctionnel abrite des chambres assez spacieuses pour la plupart, et impeccablement tenues.

l●l *Le Cheval Rouge* – 78, rue du Général-de-Gaulle (Centre) ☎ 01.30.88.80.61. Fermé le mardi et le dimanche soir. Congés annuels : du 21 juillet au 18 août. Accès : près de la sous-préfecture. Menus à 135 et 185 F (20,6 et 28,2 €) ; formule à 98 F (14,9 €) le midi en semaine. Dans le même établissement, le patron propose dans sa brasserie *Le Sulky* deux menus plus abordables à 75 et 95 F (11,4 et 14,5 €, boisson comprise) ainsi qu'une carte. Sa bonne réputation est justifiée par une cuisine raffinée et un service attentionné. Foie gras de canard maison, coq au vin de chinon, tête de veau ravigote, filet de sandre au jus de homard. En dessert, excellente tarte fine aux pommes. Dans la brasserie : filet de bœuf, rognons de veau au porto, tripoux d'Auvergne, lasagnes gratinées...

l●l *Restaurant La Poste* – 101, rue du Général-de-Gaulle (Centre) ☎ 01.34.83.03.01. Fermé le lundi, le jeudi soir et le dimanche soir. Congés annuels : durant les fêtes de fin d'année. Hors jours de fêtes, menu à 119 F (18,1 €), kir normand compris. Un autre menu à 156 F (23,8 €). Pour s'asseoir à l'une des meilleures tables de la ville, il est fortement conseillé de réserver. Deux salles très coquettes, un service souriant et appliqué, une cuisine légère et raffinée. Foie gras maison, escalope de saumon à l'oseille, fricassée de volaille aux langoustines, soufflé framboise maison...

ROCHE-GUYON (LA) 95780

Carte régionale A1

♒l●l *Hôtel-restaurant Les Bords de Seine* – 21, rue du Docteur-Duval ☎ 01.30.98.32.52. Fax : 01.30.98.32.42. Parking. TV. Accès : près du syndicat d'initiative. Doubles avec douche et wc ou bains à 280 F (42,7 €). Un 1ᵉʳ menu à 85 F (13 €, le midi, du lundi au vendredi) avec une entrée et un plat ou un plat et un dessert. Un autre menu plus complet à 125 F (19,1 €). Au restaurant, vous serez comme à l'entrepont d'un bateau et par les croisées vous regarderez couler la Seine. Un 1ᵉʳ menu bien cuisiné, bien présenté et copieux. Au second menu : pavé de morue fraîche (à la cuisson parfaite), nage de poissons, foie de veau (plat du jour). Un « vin du mois » est servi au verre. Enfin, une belle terrasse avec des parasols (chauffants en hiver). La partie hôtel est bien tenue. Les chambres sont petites mais ont toutes salle de bains et téléphone. Les n°s 8 et 10 ont vue sur la Seine. Service souriant et décontracté. Une bonne adresse.

ROMAINVILLE 93230

Carte régionale B1, 1

lol *Chez Germain* – **39, rue de Paris (Centre)** ☎ **01.48.45.00.20.** Fermé le soir et le dimanche. Congés annuels : août. Accès : bus n°s 105 et 129 depuis la porte des Lilas ; ou M° Mairie-des-Lilas, puis bus 105, arrêt « Mairie de Romainville ». Menu à 80 F (12,2 €). Plat de 39,50 F (6 €) à 49,50 F (7,5 €) : ça, c'est bien des comptes de Rouergats... Dans le vieux centre, à un pas et demi de la mairie. Le bon gros bistrot comme on les aime. Tout le monde se connaît, ici. Les patrons sont aveyronnais, mais dans la désuète salle à manger, c'est une grande photo des Alpes qui domine. Pourquoi donc rêver de cimes lorsqu'on sert les meilleurs tripoux du monde avec autant de chaleur et de gentillesse ? Sinon, y'aura toujours un plat pour vous satisfaire : tartare de cheval (un vrai !), saucisse d'Auvergne, steak au bleu, blanquette de veau à l'ancienne, bourguignon, etc. Le tout arrosé d'un bon saint-pourçain sur le bon fromage de là-bas, que demander de plus à dame nature ? *Apéritif offert.*

RUEIL-MALMAISON 92500

Carte régionale A1, 3

lol *Le Jardin Clos* – **17, rue Eugène-Labiche** ☎ **01.47.08.03.11.** De mi-juin à mi-septembre, ouvert tous les jours sauf le dimanche soir et le lundi ; de mi-septembre à fin mai, ouvert le midi du mardi au dimanche et le soir le week-end. Congés annuels : 1 semaine au printemps et 3 semaines en août. Accès : RER Rueil-Malmaison (ligne A). En voiture, depuis La Défense, suivre la N13. Menus de 95 à 165 F (14,5 à 25,2 €). Réservation conseillée. À quelques encablures seulement du centre-ville et déjà à la campagne. On ne soupçonne rien de l'extérieur. Paisible et charmant jardin avec un puits, où manger en terrasse se révèle un vrai bonheur. Cuisine sérieuse et copieuse. Accueil affable. À la carte : salade gourmande aux pignons de pins, cassolette de crevettes, carré d'agneau, loup braisé, pavé de bœuf, turbot poché à la mousseline du jour, etc., accompagnés bien souvent de légères pommes rissolées. Premier menu avec buffet de hors-d'œuvre et quart de vin compris au remarquable rapport qualité-prix. *Kir offert.*

SAINT-GERMAIN-EN-LAYE 78100

Carte régionale A1

≙ *Le Havre* * – **92, rue Léon-Désoyer (Nord-Ouest)** ☎ **01.34.51.41.05.** Fax : **01.34.51.41.05.** TV. Accès : sur l'ancienne route de Chambourcy. Double avec douche et wc à 270 F (41,2 €). Petit hôtel propre et central, très bien tenu. Quelques chambres donnent sur le cimetière : ultra-calme ! Mais toutes bénéficient du double-vitrage, on est tranquille même côté rue. Accueil aimable et attentionné. Une de nos bonnes vieilles adresses. *10 % sur le prix de la chambre en juillet et août.*

≙ lol *L'Ermitage des Loges-Le Saint-Exupéry* *** – **11, av. des Loges (Centre)** ☎ **01.39.21.50.90.** Fax : **01.39.21.50.91.** Parking. TV. Canal+. Satellite / câble. ☒ Chambres doubles 3 étoiles NN, refaites, avec service aux petits oignons à 580 F (88,4 €) en janvier, février, juillet, août, et à 690 F (105,2 €) le reste de l'année. Menu le midi en semaine à 98 F (14,9 €), puis à 160 F (24,4 €). Belle adresse saint-germanoise, chic à souhait. L'avenue des Loges est une large perspective avec contre-allées, allant de la forêt au château. Chambres tout confort évidemment. Le restaurant, *Le Saint-Exupéry*, chic aussi, est une bien bonne table. Dans un décor contemporain, néo-Art déco si on veut, et servi de façon bien académique, on se régale positivement. Il y a notamment, le midi en semaine, un menu, quart d'eau minérale et café compris, qui, compte tenu du cadre et de la qualité du service, détient le record départemental de la catégorie des moins de 100 F. Enfin, *le Routard*, juge et arbitre, lui décerne ce titre à l'unanimité. C'est bien simple, c'était si bon, fin et goûteux qu'on a tout avalé sans prendre de notes. Qu'était-ce ? Bah, peu importe, et d'ailleurs ce menu change quotidiennement, mais on peut retenir que l'adresse est bonne – et qu'on y trouve, par exemple, au second menu, des lasagnes de petits-gris et des filets de maquereaux pochés très prometteurs. Chouette terrasse d'été. *Petit déjeuner, apéritif offerts.*

lol *Le Chais du Roy* – **3, rue de la Surintendance (Centre)** ☎ **01.30.87.01.07.** Accès : face au château. Le midi en semaine, formule plat et entrée ou dessert à 65 F (9,9 €). Également un menu à 110 F (16,8 €) quart de vin compris ; à la carte, entrées de 30 à 50 F (4,6 à 7,6 €) avec bonne terrine de lapin maison, et plats de 65 à 90 F (9,9 à 13,7 €). Soirée musicale dans les 200 F (30,5 €) tout compris. Vrai chais du roy que ce *Chais*-là : on suppose en effet qu'il devait s'en siffler de pareils, notre bon vieux François ! Spécialité de vins « propres » (sans adjonction ni manipulation aucune, de la grappe au gosier) qui, vraiment, se dégustent avec joie, au verre ou à la bouteille (tarifs raisonnables). Cuisine de même esprit, légère et à base de produits choisis, de recettes simples et sûres. Comme le cadre est spacieux, agréable, on passe un bon moment. Enfin, le « cabécou du moment », accompagné d'un touraine blanc (domaine Delaunay) a été parfait. En principe, soirée jazz le vendredi soir et, une fois par mois, soirée musicale autour d'un vin choisi.

|●| Restaurant La Feuillantine – 10, rue des Louviers (Centre) ☎ 01.34.51.04.24. Le midi, formules à 78 F (11,9 €), verre de vin, plat, café, et 88 F (13,4 €), entrée et plat ou plat et dessert. Pas de menu, mais une formule originale à 136 F (20,7 €), où l'on compose soi-même son menu. Dans une petite rue piétonne. Intérieur plutôt intime et aménagé avec goût. Service soigné. Foie gras maison. Salle étroite malheureusement : on est serrés comme des sardines. Des sardines, oui, mais des sardines qui se régalent !

|●| Pomme Cannelle – 119 bis, rue Léon-Desoyer ☎ 01.34.51.03.99. Fermé le samedi midi et le dimanche. Congés annuels : août. Menu à 140 F (21,3 €). À la carte, compter 200 F (30,5 €), apéro et vin compris : ça les vaut. Ceux qui connaissent les Antilles françaises, et en ont apprécié les saveurs fortes, enlevées, et la grande douceur de vivre, seront ravis de les retrouver ici. Ils retrouveront aussi dans le décor l'élégance et le sens du détail, la rigueur et le bon goût proprement antillais là encore, mais que, même aux Saintes ou à Fort-de-France, on ne déniche pas toujours. Enfin, quel plaisir que cette franche cuisine créole, ce boudin d'anthologie (absolument !), ces gambas coco curcuma, cette fricassée de chatous ou ces lambis à la saintoise... Ti-punch, évidemment.

|●| Le Trouvère – 53, rue de Paris (Centre) ☎ 01.34.51.12.23. Fermé le mardi soir et le mercredi. Congés annuels : du 20 juillet au 20 août. Menu à 145 F (22,1 €). À la carte, comptez 190 F (29 €). Plats du jour traditionnels entre 55 et 60 F (8,4 et 9,1 €) le midi à la brasserie. Bar et petite salle de resto toute simple au rez-de-chaussée, pour une cuisine de brasserie. À l'étage, aimable cadre bourgeois pour savourer quelques recettes bien tournées. La noisette de porc au citron ou le ris de veau aux morilles puis les profiteroles au chocolat noir ou blanc nous ont, par exemple, fait bien plaisir. Bonnes spécialités

de poisson également. Service attentionné de madame. *Café offert.*

SAINT-PIERRE-LES-NEMOURS   77140

Carte régionale B2

🏠 |●| Hôtel-restaurant Les Roches ** – 1-3, av. Léopold-Pelletier ☎ 01.64.28.01.43. Fax : 01.64.28.04.27. Parking. TV. ⚒ Fermé le dimanche soir ; resto fermé le dimanche soir et le lundi midi du 15 novembre au 15 mars. Accès : pas loin des rochers Gréau et de la piscine. Doubles avec douche et wc à 220 F (33,5 €), avec bains à 280 F (42,7 €). Menu du jour à 100 F (15,2 €), en semaine hors jours fériés, et 3 autres de 160 à 270 F (24,4 à 41,2 €). Une table d'un remarquable rapport qualité-prix. Régal assuré de l'entrée au dessert. Cadre et service aux petits oignons. Prenez donc la terrine maison, les filets de soles aux morilles, la soupière de homard et ris de veau, ou laissez-vous tenter par le trio de poissons excellemment accompagné de petits légumes. Bonne cave également, riche plateau de fromages et pâtisseries exquises. Côté hôtellerie, des chambres calmes et confortables, toutes rénovées. Dommage qu'il soit situé à un carrefour aussi bruyant. *10 % sur la totalité de la prestation.*

SÈVRES   92360

Carte régionale A1, **4**

|●| La Salle à Manger – 12, av. de la Division-Leclerc ☎ 01.46.26.66.64. Fermé le dimanche soir et le lundi. Congés annuels : août. Plat et quart de vin à 75 F (11,4 €), entrée ou dessert et plat avec vin et café à 115 F (17,5 €), la totale à 150 F (22,9 €). Pas facile de se garer dans le quartier mais persistez car ce serait dommage de manquer cette salle à manger. Dès la porte franchie, on change déjà un peu d'environnement. Le décor vous fait vous transporter vers une campagne aux arômes de chlorophylle. Et dès que vous aurez la carte en main, le voyage sera réussi. Œufs en meurette, tarte tomate cantal moutarde, fricassée de lapin aux herbes, joue de veau orange cumin, magret au miel... Un vrai florilège de saveurs simples, agréables, qui sentent la campagne, le temps qui passe doucement, les repas entre amis. Et pourtant, à l'heure du déjeuner, la maison ressemble à une ruche où chacun s'affaire à sa tâche. Il y a du monde ; forcément, les prix sont très raisonnables pour la qualité.

ÎLE-DE-FRANCE

SURESNES   92150

Carte régionale A1, 5

|●| *Les Jardins de Camille* – 70, av. Franklin-Roosevelt ☎ 01.45.06.22.66. ⅃ Fermé le dimanche soir. Accès : depuis la porte Maillot, bus n° 244 jusqu'au pont de Suresnes. Menu-carte à 165 F (25,2 €). Sans doute le resto le plus agréable de Suresnes, accroché au flanc des coteaux, la tête dans les nuages, les yeux fixés sur Paris et les pieds dans la vigne. Plus que le vin de Suresnes, c'est la Bourgogne qu'on glorifie ici. Bien sûr au travers des vins, mais aussi et surtout par des plats de terroir qui fleurent bon la campagne : rillette de lapin à l'armagnac, escargots, bœuf bourguignon, gibier en saison et un chèvre frais du Morvan, hmm! Accueil cordial et amical de la famille Poinsot.

VERSAILLES   78000

Carte régionale A1

🛏 *Paris Hôtel* ** – 14, av. de Paris ☎ 01.39.50.56.00. Fax : 01.39.50.21.83. TV. Canal+. Satellite / câble. ⅃ Accès : RER Versailles-Rive gauche ; à 400 m de la place d'Armes. Chambres à 270 F (41,2 €) avec lavabo ou douche ; doubles avec douche et wc à 380 F (57,9 €), donnant sur la courette intérieure, ce sont celles que nous avons préférées, et à 420 F (64 €) avec bains. Excellent accueil dans cet hôtel où, au petit déjeuner, le patron vous salue d'une cordiale poignée de main. *15 % sur le prix de la chambre le week-end du 1er novembre au 31 mars.*

🛏 *Home Saint-Louis* ** – 28, rue Saint-Louis (Centre) ☎ 01.39.50.23.55. Fax : 01.30.21.62.45. TV. Canal+. La double à 290 F (44,2 €) avec douche et wc, et à 320 F (48,8 €) avec bains. Dans le charmant quartier Saint-Louis, un hôtel tranquille, confortable et bien tenu. Très bon rapport qualité-prix.

🛏 *Hôtel Richaud* * – 16, rue Richaud (Centre) ☎ 01.39.50.10.42. Fax : 01.39.53.43.36.** Parking. TV. Canal+. Satellite / câble. Doubles avec douche et wc à 290 F (44,2 €), et avec bains à 320 F (48,8 €). Sans doute l'établissement le plus calme et le plus central de la ville. Demandez les chambres qui donnent sur les beaux bâtiments de l'hôpital du même nom, situé juste en face. 40 chambres très propres avec téléphone direct. Mobilier et déco assez *Seventies*. Ils n'ont pas lésiné sur la moquette. Voir le bar, monument kitsch. *Petit déjeuner offert.*

🛏 *Hôtel du Cheval Rouge* ** – 18, rue André-Chénier (Centre) ☎ 01.39.50.03.03. Fax : 01.39.50.61.27. Parking. TV. Satellite / câble. Accès : sur la place du Marché. Chambres doubles avec douche à 300 F (45,7 €), avec douche et wc à 360 F (54,9 €), avec bains à 420 F (64 €). Enfin un cheval qui n'est pas blanc ! Un hôtel confortable au charme certain, très bien situé. Finalement, ce n'est pas excessivement cher pour cette ville où les prix grimpent vite et haut... surtout à l'approche du château. Fait aussi salon de thé. Le parking est privé, appréciable dans ce secteur. *10 % sur le prix de la chambre en novembre et mars.*

|●| *Restaurant Le Baltika* – 6, rue des Deux-Portes (Centre) ☎ 01.39.50.21.53. Fermé le lundi. Menus à 90 et 125 F (13,7 et 19,1 €). À la carte, comptez 160 F (24,4 €). Dans une ruelle piétonne d'un des plus vieux quartiers de la ville entre le château et les halles. Charme de l'architecture irrégulière d'autrefois. Un service silencieux et efficace. Idéal pour un tête-à-tête en amoureux. Commencez par des tagliatelles au foie gras, puis un bon filet de canard gratin dauphinois et, pour finir, laissez-vous tenter par les profiteroles au chocolat (adieu le régime !). Que les plus grands se méfient de l'escalier, particulièrement vicieux. Terrasse en été.

|●| *La Cuisine Bourgeoise* – 10, bd du Roi (Centre) ☎ 01.39.53.11.38. ⅃ Fermé le samedi midi et le dimanche. Congés annuels : du 5 au 28 août. Accès : à 300 m du château. Menu du marché à 120 F (18,3 €) le midi, et menus suivants de 175 à 250 F (26,7 à 38,1 €), ce dernier comportant 4 plats. Chaque 2e lundi du mois, soirée œnologique, vin au verre sur chaque plat à 290 F (44,2 €). Voici une adresse qui porte bien son nom. Une salle très *cosy*, couleur vert anglais, une savoureuse cuisine française classique et de très bons vins. Une table appréciée de Francis Perrin, gastronome avéré. *Apéritif offert.*

|●| *Restaurant Saudade* – 20, rue du Général-Leclerc (Centre) ☎ 01.39.51.35.91. ⅃ Fermé le lundi. Congés annuels : août. Compter 120 F (18,3 €) à la carte. Le *saudade*, vous savez, c'est ce sentiment proprement portugais, un genre de blues, un mal du pays, une nostalgie qu'exprime mieux que tout le *fado*... Vous y êtes, ce petit resto est une adresse de là-bas, à l'atmosphère typée, au cadre sombre de boiseries où sont accrochés des posters dédicacés de chanteuses du pays. Cuisine à l'avenant, authentique, un peu rude, comme le service, respectueux mais pas vraiment causant. Façon *saudade*, quoi. Nous, on aime. Excellente et copieuse morue du chef *(bacalhau)* ou cochon de lait et, en dessert, riz au lait assez roboratif.

|●| *La Brasserie du Théâtre* – 15, rue des Réservoirs (Centre) ☎ 01.39.50.03.21.

Menu à 128 F (19,5 €). À la carte, compter environ 180 F (27,4 €). À deux pas du château et du théâtre. Cadre agréable et plutôt raffiné dans cette brasserie à la clientèle hétéroclite mais à la qualité constante. Pas de grandes surprises, mais des petits plats bien préparés. La palette est large, de la choucroute à l'andouillette grillée, même si les desserts sont un peu décevants et si la carte des vins peut encore progresser. *Apéritif offert.*

⏺ *Le Rescatore* – 27, av. de Saint-Cloud (Centre) ☎ 01.39.25.06.34. Fermé le samedi midi et le dimanche. Congés annuels : août. Menu-carte à 175 F (26,7 €). A obtenu le prix municipal du ravalement pour sa superbe façade en brique. Déco maritime sobre mais de bon ton. La renommée de Frank Ruez, le chef de file des restaurants de poisson à Versailles, n'est pas usurpée. Au *Rescatore*, on sert une cuisine symbole de la mer et élancée comme un voilier : polenta de gambas gratinées et pommes de terre grenaille, envolée de daurade sur duchesse de carottes et fondue de poireaux au macis, hirondelle de mer anisée et son marmiton de courgettes. En dessert, granité de pastèque et son coulis cocktail de fruits, palet de pommes vertes à l'infusion d'estragon. Service impeccable. Un seul regret, la musique de fond, vraiment ringarde.

DANS LES ENVIRONS

VIROFLAY 78220 (8 km SE)

⏺ *Restaurant Douce France* – 42, av. du Général-Leclerc ☎ 01.30.24.33.61. Fermé le dimanche soir. Congés annuels : la 2e quinzaine d'août. Le midi en semaine, petit menu à 55 F (8,4 €). Menu-carte à 130 F (19,8 €). Une toute petite salle entre un grand dessin naïf et un mur en pierre. Service souriant et cuisine du Sud-Ouest très honnête : confit de canard maison, noix d'entrecôte au roquefort, filet de bœuf sauce béarnaise et coquilles Saint-Jacques.

MONTIGNY-LE-BRETONNEUX
78180 (10 km SO)

🛏⏺ *L'Auberge du Manet* *** – 61, av. du Manet ☎ 01.30.64.89.00. Fax : 01.30.64.55.10. Parking. TV. Canal+. Satellite / câble. Accès : de Paris par l'A12, sortie Montigny-le-Bretonneux, et suivre les panneaux « La Ferme du Manet ». Chambres impeccables, valant bien leur prix : de 450 à 600 F (68,6 à 91,5 €). Menus à 140 F (21,3 €), servi le soir aux clients de l'hôtel, et de 165 à 215 F (25,2 à 32,8 €). Un hôtel-restaurant aménagé dans le cadre bucolique d'une belle et vaste ferme, ancienne dépendance de l'abbaye de Port-Royal-des-Champs, voisine d'un ou deux kilomètres. Bon niveau de prestations. Minibar, bains ou douche et wc, etc. Une préférence pour les chambres nos 30 et 31 avec haut plafond et poutres apparentes. Au restaurant, dont la terrasse donne sur un petit étang charmant, une cuisine assez fine et abordable : 1er menu avec entrée, plat, fromage ou dessert tout à fait bien, notamment la salade de chèvre chaud et ses croûtons au lard, le pavé de cabillaud et sa parmentière de Roseval crémée ou la daube d'agneau à la provençale (miam!) et la pomme sautée à la minute et sa glace caramel (miam-miam!). *10 % sur le prix de la chambre.*

ÎLE-DE-FRANCE

Languedoc-Roussillon

11 Aude
30 Gard
34 Hérault
48 Lozère
66 Pyrénées-Orientales

AGDE   34300

Carte régionale B2

🛏 *Hôtel Bon Repos* * – **15, rue Rabelais (Centre)** ☎ **04.67.94.16.26.** Parking. TV. Accès : à 200 m du centre en direction de Béziers. Doubles avec douche de 155 à 190 F (23,6 à 29 €), avec bains, il y en a une, de 190 à 230 F (29 à 35,1 €). Avant d'être cet adorable petit hôtel modeste, dont les grandes terrasses fleuries invitent à la flânerie, il fut le bordel de cette bonne ville d'Agde, puis fut transformé, en 1946, en commissariat ! Très bon accueil des patrons, un couple jovial. *10 % sur le prix de la chambre hors juillet-août à partir de 2 nuits consécutives.*

🛏 *Hôtel Le Donjon* ** – **place Jean-Jaurès (Centre)** ☎ **04.67.94.12.32. Fax : 04.67.94.34.54.** Parking. TV. Congés annuels : entre Noël et le Jour de l'An. Doubles de 250 à 380 F (38,1 à 57,9 €) avec douche et wc ou bains. Pour ainsi dire voisin de l'ancienne cathédrale Saint-Étienne, le *Donjon* se cache sur une place agréable et animée l'été. Immeuble en vieilles pierres. Chambres confortables, rénovées et très bien tenues. Bon rapport qualité-prix cependant. Accueil doux.

🛏 ⫴◉⫴ *Hôtel-restaurant La Tamarissière* *** – **lieu-dit La Tamarissière (Sud-Ouest)** ☎ **04.67.94.20.87. Fax : 04.67.21.38.40.** TV. Satellite / câble. Resto fermé le lundi (le lundi midi en saison) et le dimanche soir.

Congés annuels : du 15 novembre au 15 mars. Accès : prendre le quai Commandant-Réveille, puis la D32 pendant 5 km. Doubles de 350 à 400 F (53,4 à 61 €) avec douche et wc et de 400 à 950 F (61 à 144,8 €) avec bains selon la saison et l'exposition. Menus de 165 à 390 F (25,2 à 59,5 €). Le bistrot de maman planté devant l'Hérault est bien loin. Aujourd'hui, l'hôtel niché dans un jardin de roses, bordé par une pinède, est un des plus réputés de la région. Chambres élégantes, modernes. Excellente cuisine pleine de soleil, alliant intelligemment tradition et raffinement. Salade de Saint-Jacques à la truffe et aux copeaux de parmesan, bourride de baudroie, navarin de homard aux jeunes légumes, noix de ris de veau en cocotte légèrement moutardée. Cela peut paraître cher mais Nicolas Albano est vraiment un grand. Cadre frais, sans snobisme. *10 % sur le prix de la chambre du 16 septembre à fin mai.*

⫴◉⫴ *Chez Bébert, Lou Pescadou* – **18, rue Chassefière (Centre)** ☎ **04.67.21.17.10.** Du 15 juillet à fin août, le soir, service unique à 20 h. Congés annuels : de décembre à février, sauf vacances scolaires. Menu à 75 F (11,4 €). Pas de paiement par carte. *Chez Bébert*, c'est tout simple : une salle dépouillée à longues tables, où l'on a vite fait de trinquer avec les voisins – surout les soirs d'été. Étonnant menu unique : rude soupe de poissons (des Anglais de passage : « Hummm, this is soupe ! »), plâtrée de moules à la tomate et aux grosses rondelles de courgette (« this is courgette »),

---

Sur présentation de ce guide,
nombreuses offres et réductions en 2000.

terrine de pâté (des fois qu'on aurait un creux), limande brute ou steak et dessert massif, vous en reprendrez un peu ? Certes, les fins gourmets tousseront un peu, notamment sur le pâté, et d'aucuns ne comprendront pas qu'après une telle soupière et une telle portion de moules il faille manger encore. Les autres trouveront l'adresse excellente.

DANS LES ENVIRONS

GRAU D'AGDE (LE) 34300 (5 km S)

🛏 *L'Éphèbe* * – **12, quai du Commandant-Méric** ☎ **04.67.21.49.88.** TV. Congés annuels : décembre, janvier et février. Accès : sur la rive gauche de l'Hérault. Des chambres simples et correctes de 140 à 230 F (21,3 à 35,1 €) selon confort et exposition. Plus cher en juillet, de 210 à 280 F (32 à 42,7 €), et surtout en août, de 280 à 320 F (42,7 à 48,8 €). Hors juillet-août, intéressant « forfait-soleil » : 5 nuits pour deux, petits déjeuners compris, à 850 F (129,6 €). Petit hôtel donnant sur l'Hérault et le joli port du Grau-d'Agde, avec la plage à 100 m. Patron aimable. *10 % sur le prix de la chambre pour 2 nuits consécutives hors juillet-août.*

MARSEILLAN 34340 (7 km NE)

🍽 *Le Jardin du Naris* – **24, bd Pasteur** ☎ **04.67.77.30.07.** Fermé le lundi soir et le mardi hors saison. Congés annuels : février. Accès : par la D51. Menus de 60 à 138 F (9,1 à 21 €). Des jeunes très sympas pour une adresse un poil marginale. Le jardin intérieur permet de manger au milieu des arbres et des fleurs. Cuisine simple et de bon aloi. Rillettes de maquereau, daurade farcie, poêlée de fruits de mer à l'anis ou moules façon poulette. Les crayons sur les tables ne servent pas seulement en cas d'additions difficiles mais pour dessiner si vous vous sentez l'âme d'un artiste. Ici, on collectionne vos œuvres !

🍽 *La Table d'Émilie* – **8, place Carnot (Centre)** ☎ **04.67.77.63.59.** Fermé le lundi midi en saison et le mercredi hors saison. Congés annuels : du 15 novembre au 3 décembre et du 15 février au 6 mars. Accès : par la D51. Menu terroir à 100 F (15,2 €) en semaine, menus suivants de 150 à 270 F (22,9 à 41,2 €). Menu enfant à 60 F (9,1 €). À la carte, compter 180 F (27,4 €). Superbe salle voûtée dans une petite maison proche des halles. Jardin-patio l'été, curieux mélange à la fois rustique et sophistiqué. À l'image du cadre, la cuisine est à la fois originale et traditionnelle. Bonne adresse gastronomique. Menu terroir avec carpaccio de saumon, montgolfière de Saint-Jacques et crevettes ou lasagnes de filet de bœuf au foie gras.

Carte régionale B2

🛏🍽 *Hôtel-Restaurant L'Escale* * – **3, av. de la Tour-de-Constance** ☎ **04.66.53.71.14. Fax : 04.66.53.76.74.** Congés annuels : 15 jours pendant les vacances de la Toussaint et 15 jours pendant les vacances de Noël. Accès : près des remparts. Doubles de 160 à 250 F (24,4 à 38,1 €). Menus de 60 à 130 F (9,1 à 19,8 €). Possibilité de garage : 20 F (3 €). Un hôtel-bar-restaurant à l'atmosphère simple et populaire, situé face aux remparts. À table et au bar, pas mal d'habitués prenant le pastis ou déjeunant à bon prix ici plutôt que dans la cité submergée de touristes. Chambres simples mais impeccables (nous vous conseillons celles au-dessus du bar, équipées de la clim). Accueil naturel et aimable.

🛏 *Hôtel des Croisades* ** – **2, rue du Port (Ouest)** ☎ **04.66.53.67.85. Fax : 04.66.53.72.95.** Parking. TV. Congés annuels : du 15 janvier au 15 février et du 15 novembre au 15 décembre. Accès : hors les murs, mais juste en face et au-dessus du canal. 250 et 270 F (38,1 et 41,2 €) la double avec douche et wc ou bains. Un établissement récent, un accueil des plus chaleureux, une ambiance coquette et feutrée. Chambres climatisées et avec réception de chaînes anglaises et allemandes (pour les mordus !). En prime, un agréable jardin. Le meilleur rapport qualité-prix de la ville. *10 % sur le prix de la chambre hors saison (de juin à septembre).*

🛏🍽 *Hôtel-restaurant Les Arcades* *** – **23, bd Gambetta (Centre)** ☎ **04.66.53.81.13. Fax : 04.66.53.75.46.** Parking payant. TV. Fermé le lundi (le midi uniquement en saison) et le mardi midi. Congés annuels : la 1re quinzaine de mars et la 2e quinzaine de novembre. Doubles avec douche et wc ou bains de 500 à 550 F (76,2 à 83,8 €), petit déjeuner compris. Menu à 135 F (20,6 €) en semaine et le samedi midi ; autres à 170 et 225 F (25,9 et 34,3 €). Voici le « gastro » d'Aigues-Mortes et son hôtel de caractère et de grand charme, dans la vieille ville mais un peu en retrait du brouhaha central. Dans cette ancienne et noble bâtisse à murs épais, des chambres de standing, spacieuses et belles. Piscine. À table, une cuisine classique et régionale parfaitement servie et exécutée, qu'on déguste aux tables nappées de jaune, en terrasse ou en salle. Beaucoup d'habitués, ou touristes venus sur les conseils de guides bien informés. Spécialités d'huîtres chaudes et de filet de taureau, entre autres. Un établissement somme toute d'un bon rapport qualité-prix. Jouxtant l'hôtel, une boutique de produits régionaux, artisanat ou spécialités culinaires. *Apéritif offert.*

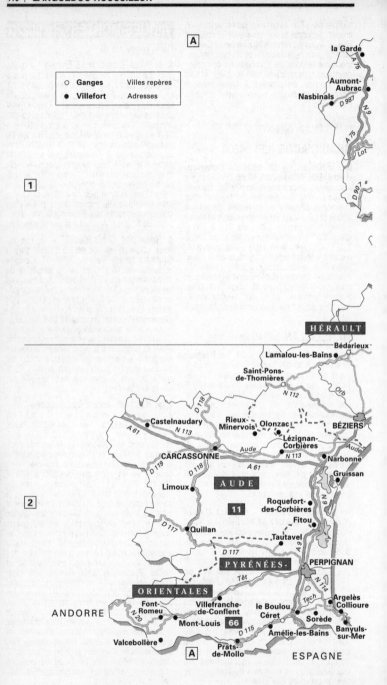

A

○ **Ganges** Villes repères
● **Villefort** Adresses

la Garde
Aumont-Aubrac
Nasbinals

1

HÉRAULT

Bédarieux
Lamalou-les-Bains
Saint-Pons-de-Thomières

N 112
Orb

Castelnaudary
Rieux-Minervois
Olonzac
BÉZIERS

A 61
N 113
Lézignan-Corbières
Aude
Aude

CARCASSONNE
N 113
Narbonne

A 61
Gruissan

Limoux
AUDE
Roquefort-des-Corbières

11
Fitou

Quillan
Tautavel

D 117
PYRÉNÉES-
PERPIGNAN

Têt
ORIENTALES

ANDORRE
Font-Romeu
Villefranche-de-Conflent
le Boulou
Céret
Argelès
Collioure

Mont-Louis
66
Sorède

Valcebollère
Amélie-les-Bains
Banyuls-sur-Mer

Prats-de-Mollo
ESPAGNE

A

LANGUEDOC-ROUSSILLON

|●| **Restaurant Le Galion** – 24, rue Pasteur (Centre) ☎ 04.66.53.86.41. Fermé le lundi hors saison. Menus de 79 à 160 F (12 à 24,4 €). Dans ce cadre agréable de pierres et de poutres apparentes, dégustez une salade du *Galion* copieuse et goûteuse, puis une pierrade du pescadou (filets de daurade et de loup de mer, accompagnés de 3 sauces et d'un excellent petit gratin de pommes de terre), ou optez pour une viande. Le patron, charmant monsieur, vous le conseille ! Ici, on mange bien et l'accueil est fort sympathique. Le tout pour une addition légère. *Café, digestif offerts.*

|●| **Restaurant Abaca** – 424, route d'Arles ☎ 04.66.53.77.96. Parking. Accès : à 2 km des remparts ; bien indiqué sur la route. Menus de 79 à 165 F (12 à 25,2 €). A comme Amitié, B comme Bienvenue, CA comme Camargue. C'est ainsi que le très sympathique et très loquace patron, qui accueille ses clients comme des amis, nous a expliqué le nom de son restaurant. Une grande salle chaleureuse, une jolie terrasse ombragée, et l'on est un peu comme chez soi. La cuisine est familiale, servie copieusement et fort bonne. Goûter le poêlon de la mer, les champignons frais farcis, la bouillabaisse, le filet de bœuf flambé au poivre, les gambas ou les huîtres gratinées, raclette et fondues. De plus, on peut manger pour pas cher en choisissant une crêpe-repas, car la maison fait aussi crêperie. *Digestif offert.*

DANS LES ENVIRONS

SAINT-LAURENT-D'AIGOUZE
30220 (7 km N)

🏠 **Hôtel Lou Garbin** ✱✱ – 30, av. des Jardins ☎ 04.66.88.12.74. Fax : 04.66.88.91.12. Parking. TV. 🦽 Restauration le soir du 1er juillet au 31 août. Accès : d'Aigues-Mortes, route de Nîmes ; on tombe sur Saint-Laurent-d'Aigouze et l'hôtel est sur la droite. Doubles avec douche et wc ou bains de 250 à 280 F (38,1 à 42,7 €). Une halte agréable entre Nîmes et Aigues-Mortes. Jeune patron gentil et amoureux de sa Petite Camargue et de son village (où les arènes sont au centre de tout, flanquées de l'église et bordées de cafés à terrasse) qu'il vous fera connaître avec joie. Chambres à l'hôtel ou en bungalow autour de la piscine, toutes de bon confort. Dommage que de la piscine on voit et on entende encore la nationale, distante de 100 ou 200 mètres : mais bientôt les arbustes auront poussé. Boulodrome, barbecue, restauration possible. *10 % sur le prix de la chambre du 1er avril au 30 juin et du 1er septembre au 30 octobre sauf les week-ends fériés.*

Carte régionale B1

🏠 **Hôtel Durand** ✱✱ – 3, bd Anatole-France ☎ 04.66.86.28.94. Fax : 04.66.30.52.68. Parking payant. TV. 🦽 Accès : dans une rue calme qui part en face de la place de la Gare. Doubles avec douche et wc à 190 F (29 €). M. et Mme Berthet, ex-mineur et ex-coiffeuse, se sont reconvertis dans l'hôtellerie en reprenant cet établissement tranquille, aux chambres simples et propres. Accueil attentionné et sympathique. *10 % sur le prix de la chambre.*

🏠|●| **Hôtel-restaurant Le Riche** ✱✱ – place Pierre-Sémand (Centre) ☎ 04.66.86.00.33. Fax : 04.66.30.02.63. Parking payant. TV. Congés annuels : août. Accès : face à la gare SNCF. Doubles avec douche et wc ou bains à 280 F (42,7 €). Menus de 97 à 194 F (14,8 à 29,6 €). Une véritable institution à Alès, et l'un des meilleurs restaurants de la ville – il passe pour l'être en tous cas, et nous nous y sommes franchement régalés. Vaste salle de restaurant à haut plafond mouluré, style Second Empire ou Belle Époque – mais climatisée depuis –, service efficace et poli et des mets travaillés dans les règles de l'art. Dans le 1er menu, par exemple, une salade de coques au basilic bien fraîche, un filet de sébaste à la bisque de crevette fin et plaisant, du saint-nectaire qui se respecte puis une tarte aux abricots façon grand-mère. *Le Riche* est aussi un hôtel impeccablement tenu, de bon confort moderne, et à prix raisonnables. *10 % sur le prix de la chambre.*

|●| **Le Jardin d'Alès** – 92, av. d'Alsace (Nord) ☎ 04.66.86.38.82. 🦽 Fermé le dimanche soir et le lundi. Congés annuels : du 26 juin au 30 juillet. Accès : prendre la direction d'Aubenas. Menu le midi en semaine à 70 F (10,7 €), autres menus à 98 et 165 F (14,9 et 25,2 €). Ce *Jardin* reste encore en dehors de tous circuits touristiques. On vous le recommande d'autant plus. Salle décorée avec un goût exquis par les deux patrons qui officient ici. Toute petite terrasse assez bruyante. Cuisine des régions françaises raffinée. Idée amusante ! Pâté en croûte cévenol, blanquette de veau à la lyonnaise, moules farcies à la sétoise, rouget à la marseillaise, suprême de poule à la périgourdine... Bon accueil.

DANS LES ENVIRONS

SEYNES 30580 (18 km E)

🏠|●| **La Farigoulette** ✱✱ – le village ☎ 04.66.83.70.56. Fax : 04.66.83.72.80. TV. 🦽 Accès : par la D6 depuis Alès.

Doubles avec douche et wc à 230 F (35,1 €). Menus de 70 à 180 F (10,7 à 27,4 €). On vient de toute la région pour manger les pâtés, terrines, saucissons, daubes et confits que préparent la patronne et son équipe qui tiennent aussi une charcuterie au lieu-dit Le Village. Ici, l'appellation « produits maison » est partout et c'est tant mieux. Les menus à prix doux sont servis dans une salle à manger rustique, en toute simplicité. Parmi les spécialités : gardiane, civet de porcelet aux châtaignes, confit de canard. L'hôtel propose 11 chambres correctes (demander les nos 4, 6, 10 et 11, avec vue sur la piscine et vue panoramique), mais vous pouvez préférer digérer en faisant une bonne marche par les sentiers de garrigue tout proches qui mènent au mont Bouquet (631 m). Jardin et piscine. Une adresse de campagne sans chichi, on aime ! *Digestif offert.*

SAINT-VICTOR-DE-MACALP
30500 (23 km NE)

🏠 |●| *La Bastide des Senteurs* – **Au village** ☎ 04.66.60.24.45. **Fax : 04.66.60.26.10.** Parking. TV. ⚒ Resto fermé le mercredi (le midi en saison), le lundi midi en saison, et le dimanche soir hors saison. Congés annuels : janvier et 10 jours en novembre. Accès : d'Alès, D904 jusqu'à Saint-Ambroix ; là, D51 vers Saint-Victor-de-Macalp. Doubles avec bains à 420 F (64 €). « Menu suggestion » à 120 F (18,3 €) en semaine, « menu été » à 170 F (25,9 €) avec fromage et dessert , et un dernier à 260 F (39,6 €). Compter 300 F (45,7 €) à la carte. À flanc de coteau, le village de Saint-Victor-de-Macalp, dans la belle campagne des abords des Cévennes, possède une de ces adresses qui font la bonne renommée culinaire et touristique du pays. Un hôtel de charme et de caractère, où l'on ne se moque pas du monde, et de bon confort. Très chouette piscine à débordement, et panoramique. Le restaurant, tout simplement nommé *restaurant Franck Subileau*, honneur au chef et patron, propose un menu suggestion excellent : le melon mariné au citron et à la lavande, la cuisse de canette au jus de poitrine fumée, la soupe de kiwis au Grand Marnier – quel supplice d'évoquer ce repas à une heure pareille (bientôt midi) ! Vous l'aurez compris, une halte recommandable.

AMÉLIE-LES-BAINS   66110

Carte régionale A2

🏠 |●| *Le Castel-Émeraude* ** – **Petite Provence, route de la Corniche (Sud-Est)** ☎ 04.68.39.02.83. **Fax : 04.68.39.03.09.** ● www.lecastelemeraude.com ● Parking. TV. ⚒ Congés annuels : décembre et

janvier. Accès : traverser la ville et prendre le pont direction « centre sportif Espace Méditerranée ». Doubles de 240 à 340 F (36,6 à 51,8 €). Menus à 90 F (13,7 €), sauf le dimanche midi, et de 120 à 195 F (18,3 à 29,7 €). Un *Relais du Silence*, bien situé au bord de la rivière, niché dans un écrin de verdure. Grande bâtisse blanche, flanquée de deux tourelles sur la droite, ce qui lui donnerait un air de manoir, ne fut-ce la façade contemporaine à nombreux balcons. Chambres de bon confort, contemporaines aussi. Au resto, menu catalan à 120 F avec assiette gourmande aux anchois de Collioure, confit de canard forestier pommes frites et crème catalane. *10 % sur le prix de la chambre.*

ANDUZE   30140

Carte régionale B1

🏠 |●| *La Régalière* ** – **1435, route de Saint-Jean-du-Gard (Nord)** ☎ 04.66.61.81.93. **Fax : 04.66.61.85.94.** TV. Resto fermé le mercredi midi, sauf juillet et août. Congés annuels : du 20 novembre à mi-mars. Accès : prendre la route de Saint-Jean-du-Gard, c'est à 2,5 km sur la droite. Chambres doubles de 280 à 320 F (42,7 à 48,8 €), demi-pension obligatoire en saison de 265 à 285 F (40,4 à 43,4 €) par personne. Menus de 90 à 230 F (13,7 à 35,1 €). Ancienne maison de maître dans un vaste parc, elle abrite 12 chambres au confort moderne et dispose d'une piscine (couverte et chauffée hors saison !). Le calme dans un écrin de verdure... C'est aussi sous les ombrages que sont servies l'été, en terrasse, les spécialités de la maison : aiguillettes de canard au miel et à la gentiane des Cévennes, sot-l'y-laisse (eh oui !) aux Saint-Jacques, brandade de morue gratinée et croûtons à la tapenade, foie gras de canard poêlé aux raisins, brandade de morue, etc. Hors saison, choix plus réduit. Tous les vendredis soir, en juillet et août, soirées « resto jazz ». *10 % sur le prix de la chambre.*

🏠 |●| *La Porte des Cévennes* ** – **route de Saint-Jean-du-Gard (Nord-Ouest)** ☎ 04.66.61.99.44. **Fax : 04.66.61.73.65.** Parking. TV. Satellite / câble. Resto ouvert le soir uniquement. Accès : direction Saint-Jean-du-Gard (D907) ; l'hôtel se trouve à la sortie d'Anduze, sur la droite. Doubles avec douche et wc à 310 F (47,3 €), avec bains de 340 à 400 F (51,8 à 61 €). Demi-pension de 300 à 320 F (45,7 à 48,8 €). Menus de 100 à 180 F (15,2 à 27,4 €). Un peu à l'écart d'Anduze et de sa bambouseraie, cette grande bâtisse de construction assez récente (guère plus d'une vingtaine d'années) dispose de chambres spacieuses, sans charme époustouflant mais propres et confortables. La piscine en revanche l'est, époustouflante : couverte, chauffée, pharaonique (on exagère à peine). Fait aussi restaurant, le soir uniquement, cuisine traditionnelle au programme. Demi-pension possible à partir de 3 jours. Une saveur fiable, sans mauvaise surprise. *Apéritif offert.*

I●I *Le Moulin de Corbès* – **Corbès** ☎ 04.66.61.61.83. Parking. ♿ Fermé le dimanche soir et le lundi hors saison. Congés annuels : janvier et février. Accès : par la route de Saint-Jean-du-Gard. Doubles avec douche et wc ou bains de 380 à 400 F (57,9 à 61 €). Menus de 148 à 330 F (22,6 à 50,3 €). D'entrée, le décor est planté. On n'est pas dans n'importe quel boui-boui. La cour, bien entretenue, l'escalier qu'on gravit… et même les gravillons qui crissent sous les chaussures mettent dans l'ambiance. La salle est jaune, ensoleillée, et les fleurs sur chaque table ajoutent au raffinement du décor. Dans les assiettes, une cuisine au gré des saisons pleine de saveurs subtiles, de plats simples et d'alliances agréables. Aiguillettes de caneton au miel de lavande et gingembre confit, selle d'agneau rôtie en croûte de foin, filet de bœuf poêlé au vin d'épices… Avec toujours les incontournables : terrine de foie, escalope de foie poêlé. De quoi saliver et donner envie d'y être déjà. Propose également trois chambres d'hôte. *10 % sur le prix de la chambre en mars et avril et de septembre à décembre.*

ARGELÈS-SUR-MER   66700

Carte régionale A2

🛏 I●I *La Chaumière Matignon* – 30, av. du Tech ☎ 04.68.81.09.84. Fax : 04.68.81.33.62. Parking payant. TV. Congés annuels : de novembre à mars. Accès : à côté de l'office de tourisme, Argelès-plage. Doubles de 250 à 320 F (38,1 à 48,8 €). Menus de 78 à 140 F (11,9 à 21,3 €). Une grosse villa faisant en effet assez chaumière, et bien située (à 300 m de la plage). Chambres coquettes et soignées, avec douche ou bains et wc, télé. Accueil chaleureux. Une des chambres peut recevoir 4 personnes. Honnête restauration, sans prétention (anchois de Collioure, soupe de poissons, grillades au feu de bois...). Parking gratuit. Propose aussi quelques chambres dans la villa annexe, d'un très bon rapport qualité-prix. *NOUVEAUTÉ.*

AUMONT-AUBRAC   48130

Carte régionale A1

🛏 I●I *Grand Hôtel Prouhèze* ✱✱✱ – 2, rue du Languedoc ☎ 04.66.42.80.07. Fax : 04.66.42.87.78. Parking. TV. Canal+.

Fermé le dimanche soir et le lundi (sauf juillet-août). Accès : face à la gare SNCF (300 m du centre-ville). Doubles coquettes et confortables de 400 à 600 F (61 à 91,5 €), et une à 290 F (44,2 €), impeccable. Le midi en semaine, menu à 180 F (27,4 €), et menus suivants de 210 à 560 F (32 à 85,4 €). Vous qui traversez la Lozère par l'A75, sortez-donc à Aumont-Aubrac, histoire de ne pas manquer cette adresse. Vous ne devriez pas le regretter car, vraiment, quel art et quel métier à la table de Guy Prouhèze ! Les saveurs magnifiées des asperges ou du mousseron, de tout ce qu'on voudra de frais et bon, il vous les sert en des recettes harmonieuses et subtiles, jouissives. Parmi les spécialités : le pot-au-feu de foie gras de canard aux jeunes légumes, et les feuillantines aux fraises glacé à la graine de vanille. Excellente cave, riche de grands crus mais aussi de vins de table du feu de Dieu. On déguste tout ça dans le cadre fleuri d'une vaste salle toute provinciale. *Apéritif offert. 10 % sur le prix de la chambre.*

DANS LES ENVIRONS

FAU-DE-PEYRE 48130 (10 km NO)

🛏 I●I *Hôtel-restaurant Boucharinc-Tichit, Del Faou* ✱✱ – ☎ 04.66.31.11.00. Fax : 04.66.31.30.00. Parking. TV. Fermé le dimanche soir hors saison. Accès : prendre la D50 depuis Aumont-Aubrac. Doubles avec douche et wc ou bains de 240 à 260 F (36,6 à 39,6 €). Demi-pension à partir de 250 F (38,1 €) par personne. Menus très copieux de 65 à 120 F (9,9 à 18,3 €). Dans ce vieux village de l'Aubrac, *faou*, en patois, signifie arbre. C'est qu'il y en a, des arbres, aux alentours de cette auberge où l'on vous sert une excellente cuisine familiale à prix réduits. Et, dans ce bout du monde, on se bouscule littéralement pour goûter les cuisses de (vraies) grenouilles, les rognons de veau au madère, la truite au lard et les *manouls* (tripes et ventre d'agneau en paquets). Accueil spontané et chaleureux des maîtresses de maison. À proximité, un bâtiment récent abrite des chambres impeccables, avec tout le confort. Une cure assurée de bien-être dans l'une de nos meilleures adresses de l'Aubrac. *Apéritif offert.*

BANYULS-SUR-MER   66650

Carte régionale A2

🛏 *Villa Miramar* – rue Lacaze-Outhiens ☎ 04.68.88.33.85. Fax : 04.68.66.90.08. Parking. TV. Congés annuels : du 15 octobre au 1er avril. Accès : à 200 m de la plage, 400 m du centre-ville. Bungalows de 220 à 260 F (33,5 à 39,6 €) ; chambres de 260 à

350 F (39,6 à 53,4 €). Sur les hauteurs, un peu à l'écart du village. Un hôtel plein de charme, très arboré et fleuri, et calme, avec piscine. Déco foisonnante d'objets asiatiques, thaïs notamment, et chambres douillettes au confort moderne (mini-bar, téléphone, télé satellite). Bungalows plus simples, mais toujours avec salle de bains et wc. Accueil et atmosphère bien *cool*, hamacs dans un coin. Parking gratuit. Une bonne adresse vraiment, à prix raisonnables. *NOUVEAUTÉ.*

🛏️🍽️ *Hôtel Les Elnes – Restaurant La Littorine* *** – **plage des Elnes** ☎ 04.68.88.03.12. Fax : 04.68.88.53.03. Parking. TV. Canal+. ♿ Fermé le dimanche soir et le lundi de novembre à février inclus. Congés annuels : du 17 janvier au 21 février. Accès : à 600 m du centre de Banyuls, direction Port-Vendres. Chambres de 300 à 340 F (45,7 à 51,8 €). Menus de 90 à 175 F (13,7 à 26,7 €). Cette table tournée vers la mer est une des grandes étapes gastronomiques du Roussillon. Jean-Marie Patrouix a ramené du Portugal, pays où il a longtemps travaillé, une brassée de recettes familiales qu'il réinterprète avec talent. Poissons et crustacés sont superbement mis en valeur. Excellents desserts et belle carte des vins régionale. Côté hôtel, une trentaine de chambres impeccables, dont deux pour handicapés, avec un décor résolument moderne. Les alentours poissonneux sont recommandés à ceux qui pratiquent la plongée sous-marine (réserve naturelle protégée non loin). *10 % sur le prix de la chambre hors juillet-août.*

BARJAC   30430

Carte régionale B1

🛏️🍽️ *Hôtel-restaurant Le Mas du Terme* *** – **route de Bagnols-sur-Cèze** ☎ 04.66.24.56.31. Fax : 04.66.24.58.54. Parking. TV. ♿ Restaurant fermé parfois hors saison : téléphoner avant. Congés annuels : de décembre à février. Accès : à 3 km du village, au cœur du vignoble des côtes-du-vivarais. De 340 à 490 F (51,8 à 74,7 €) la double, tout confort. Menu le midi à 98 F (14,9 €), autres de 165 à 280 F (25,2 à 42,7 €). M. et Mme Marron ont aménagé avec goût et dans le style du pays cette ancienne magnanerie du XVIIIe siècle, ainsi que le salon voûté, la cour intérieure, les 23 chambres calmes et coquettes. Restaurant gastronomique. Menus avec spécialités bien tournées : rognons de veau à la pelure de truffe, tian de légumes provençaux, coulis de tomates fraîches au basilic, filet de bar en soléiado, crème brûlée à la lavande... pas mal du tout. La piscine, vu le climat, est très appréciable. Une étape agréable. *10 % sur le prix de la chambre sauf juillet et août.*

BEAUCAIRE   30300

Carte régionale B1

🛏️🍽️ *Hôtel-restaurant Le Robinson* ** – **route de Remoulins (Nord-Ouest)** ☎ 04.66.59.21.32. Fax : 04.66.59.00.03. Parking. TV. Canal+. Satellite / câble. ♿ Congés annuels : février. Accès : à la sortie de Beaucaire direction Remoulins, fléché. Doubles avec douche et wc ou bains de 300 à 400 F (45,7 à 61 €). 1er menu à 75 F (11,4 €) ; puis menu du terroir à 110 F (16,8 €) ; autres menus à 160 et 200 F (24,4 et 30,5 €). La *gardiane de toro*, on connaît. Neuf en douze jours, ça vous dit ? Neuf gardianes dans neuf restaurants camarguais, alors il ne faut pas plaisanter : la gardiane, on connaît. Et celle du *Robinson* était franchement la meilleure. Fondante et goûteuse, accompagnée de riz local, c'était la gardiane idéale, parfaite, et la grande salle à manger, lumineuse, aux larges baies vitrées donnant sur le parc arboré, le service féminin diligent, le bon vin de pays – costières de Nîmes – et pour finir la crème catalane (sans parler de l'entrée : saucisson d'âne et cochonnailles de qualité), tout concourait au bonheur : quel bon moment nous avons eu là ! C'était un « menu du terroir ». Après ce gueuleton, au lit : chambres coquettes et confortables, sentant le propre. Accueil souriant et ambiance familiale. Une bonne adresse donc, un peu à l'écart de Beaucaire, très au calme avec piscine et tennis. *Kir sauvignon blanc de pays offert.*

BÉZIERS   34500

Carte régionale A2

🛏️ *Hôtel Lux* ** – **3, rue des Petits-Champs (Centre)** ☎ 04.67.28.48.05. Fax : 04.67.49.97.73. Parking payant. TV. ♿ Doubles de 140 à 160 F (21,3 à 24,4 €) avec lavabo ou douche (wc à l'extérieur), et de 200 à 220 F (30,5 à 33,5 €) avec douche et wc ou bains. Rien à voir avec le luxe d'un palace ni avec un savon qui rend la peau douce. *Lux* doit être pris au pied de la lettre : lumière. Les chambres de ce petit hôtel au calme sont baignées de soleil l'été. Simple, propre et bon accueil. Prix doux. Parfait pour les petits budgets. *Apéritif et un petit déjeuner sur deux offerts hors saison.*

🛏️ *Hôtel Le Confort* – **3, rue Étienne-Marcel (Centre)** ☎ 04.67.62.39.82. TV. Accès : à 20 m des allées Paul-Riquet. Doubles avec douche et wc de 169 à 270 F (25,8 à 41,2 €) selon la période. « Le confort en centre-ville à un prix économique », l'accroche est efficace. C'est assez bon marché en effet (plus cher durant la féria). Quant au confort, les chambres sont propres et fonctionnelles, convenables en un mot. Accueil souriant. Un bon rapport qualité-prix donc. *10 % sur le prix de la chambre sauf pendant la féria.*

🛏 *Le Champ-de-Mars* ** – **17, rue de Metz (Centre)** ☎ **04.67.28.35.53. Fax :** 04.67.28.61.42. Parking payant. TV. Accès : près de la place du 14-Juillet. Doubles de 180 à 250 F (27,4 à 38,1 €). Dans une rue très calme, un petit immeuble entièrement rénové à la façade couverte de géraniums. Chambres crépies, absolument impeccables, donnant sur un jardin. Nouvelle literie. Meilleur rapport qualité-prix de la ville. Patron jovial qui n'hésitera pas à vous parler de sa ville et du Biterrois. *10 % sur le prix de la chambre du 1er octobre au 30 mars et petit déjeuner offert aux enfants.*

🍴 *Le Café des Louis* – **plan Saint-Nazaire** ☎ **04.67.49.93.13.** Fermé le samedi midi et le dimanche. Congés annuels : du 1er au 15 septembre. Accès : prendre la direction de la cathédrale. Formule le midi à 62 F (9,5 €), plat du jour à 45 F (6,9 €). Menu à 78 F (11,9 €) et compter 100 F (15,2 €) tout compris à la carte. À côté de la cathédrale, *Le Café des Louis* propose un solide cuisine traditionnelle à déguster au patio-jardin ou sous les larges voûtes de l'agréable salle. Avons pris le plat du jour, carré d'agneau extra. Portions copieuses et quelques spécialités bien tournées : carpaccio de magret, andouillette, côte de taureau, seiches à la *plancha*, anchoïade, macaronade sétoise... Service aimable et dynamique. Belle carte de vins régionaux.

🍴 *Le Bistrot des Halles* – **place de la Madeleine (Centre)** ☎ **04.67.28.30.46.** Parking. ♿ Fermé le dimanche et le lundi. Accès : dans le quartier des halles, comme son nom l'indique. Menus de 85 à 134 F (13 à 20,4 €). À la carte, compter 125 F (19,1 €). Cadre bistrot parisien animé. Cuisine variée et sincère : beaucoup de fruits de mer, de coquillages, poissons grillés, os à moelle, tête de veau, pied de cochon, tartiflette, pot-au-feu et choucroute (l'hiver, rassurez-vous !). En été, agréable terrasse sur la place. *Apéritif offert.*

🍴 *Les Antiquaires* – **4, rue Bagatelle (Centre)** ☎ **04.67.49.31.10.** Fermé tous les midis sauf le dimanche. Accès : en bas des allées Paul-Riquet. Menus à 95 et 140 F (14,5 et 21,3 €). Un restaurant de poche à l'atmosphère douce et intime. Angelots, affiches de films anciens et vieilles réclames aux murs, et dans l'assiette bien du plaisir. Voyez : une salade de pélardon savoureuse, copieuse et rehaussée de fraises et de lamelles de pomme, un filet de loup parfaitement cuisiné, là encore bien accom-

pagné, un vrai plateau de fromages puis une impeccable crème brûlée. Cela pour le 1er menu, bravo ! Bons vins à bons prix. Service courtois du patron. Réservation recommandée : peu de couverts et gros succès. *Apéritif offert.*

🍴 *Le Jardin* – **37, av. Jean-Moulin (Nord)** ☎ **04.67.36.41.31.** Fermé le dimanche et le mercredi (ouvert le dimanche midi sur réservation). Congés annuels : la 1re quinzaine de janvier, 15 jours pendant les vacances de Pâques et 1 semaine en septembre. Accès : proche de la sous-préfecture. Menus à 100 F (15,2 €) le midi en semaine et 140 F (21,3 €), sauf les samedi soir, dimanche et jours fériés, et suivants de 190 à 310 F (29 à 47,3 €). La réputation du *Jardin* n'est plus à faire dans la région. On y prépare une cuisine fraîche, au gré du marché, avec un professionnalisme évident. Résultat savoureux : escalope de foie de canard, poêlée aux fruits de saison, filet de loup rôti, lasagnes de homard, pavé de saumon à la compotée d'oignons et coulis d'étrilles, huîtres gratinées en coquille. Francis, lui, saura vous conseiller pour le vin qui peut être servi au verre. Il est sommelier et déniche quelques bouteilles bien agréables. D'ailleurs, le dernier menu devient magique avec la dégustation de vins. Mais il vous en coûtera 310 F. *Café offert.*

🍴 *L'Ambassade* – **22, bd de Verdun (Centre)** ☎ **04.67.76.06.24.** Fermé le dimanche et le lundi soir. Accès : face à la gare SNCF. Menu en semaine à 130 F (19,8 €), menus suivants de 170 à 330 F (25,9 à 50,3 €). Avec ses lustres rétro, ses peintures défraîchies de campagne romaine en trompe l'œil, *L'Ambassade* a des airs de vieille dame toujours coquette. Détails : une chaise qui grince, une rose fichée dans une bouteille vide de champagne Abel Lepitre *(sic !)*. Ce décor pourrait changer bientôt, mais peu importe, venons-en au fait : Patrick Olry est un chef. La preuve ? Essayez donc le second menu « découverte » : la salade de ris d'agneau et pois gourmands au foie gras, puis les aiguillettes de charolais en parmentière de queue de bœuf et rouelles de moelle ou la côtelette de saumon en risotto crémeux de petits coquillages et pistils de safran. Et les fromages, hein, les fromages ! Dessert à la hauteur, c'est-à-dire au sommet. Bravo, monsieur. Avec ça, un service en costard croisé noir, pas guindé pour autant, au contraire, et de bon conseil en vins : la super classe. Bref, à *L'Ambassade* on a tout aimé, même l'addition. Précision : ces plats ne sont qu'indicatifs, le menu change au gré du marché – produits toujours de saison et de première qualité. *Apéritif offert.*

NISSAN-LEZ-ENSERUNE 34440
(11 km SO)

🛏️ 🍽️ *Hôtel Résidence* ** – 35, av. de la Cave (Centre) ☎ 04.67.37.00.63. Fax : 04.67.37.68.63. Parking payant. TV. Canal+. Resto fermé le midi. Congés annuels : du 1er novembre au 31 décembre. Accès : par la N9. Doubles avec douche et wc de 260 à 300 F (39,6 à 45,7 €), avec bains de 290 à 320 F (44,2 à 48,8 €). Un resto avec un menu à 98 F (14,9 €), servi uniquement le soir, seulement pour les clients de l'hôtel. Une belle maison à façade jaune et provinciale au charme ancien, dans un bon gros village de l'arrière-pays biter-rois. Pour une nuit ou pour une semaine, dans les deux cas, c'est une bonne adresse. Ambiance fleurie, reposante et nonchalante. Quelques chambres récentes ont été aménagées dans une annexe au fond du jardin. On a été séduits aussi par l'accueil, le côté balzacien de cette demeure et le calme absolu qui règne ici.

MAGALAS 34480 (22 km N)

🍽️ *La Boucherie* – place de l'Église ☎ 04.67.36.20.82. ♿ Fermé le dimanche et le lundi. Congés annuels : février. Accès : prendre la D909 en direction de Bédarieux, puis à droite à une vingtaine de kilomètres. Le midi en semaine, un menu du jour à 58 F (8,8 €), et deux autres à 90 et 130 F (13,7 et 19,8 €). Une vraie boucherie avec un vrai boucher dedans, banal direz-vous, oui mais ici nous sommes aussi dans un bon restaurant. Voisinant l'étal, deux salles un peu kitsch, nappes vives et déco de brocante, et terrasse sur la place du village typique. *Tapas* du marché, « charcutaille », plats mijotés (gardiane, blanquette), tartare préparé devant vous et super carpaccio, on se régale. Les amateurs prendront des tripes maison, les fameuses « tripes Allaire », du nom du patron qui ne manque pas d'humour. Blues ou jazz en fond sonore, et, pour que ce soit parfait, bons crus du pays. Réservation recommandée. *Digestif maison offert.*

CARCASSONNE 11000

Carte régionale A2

🛏️ 🍽️ *Auberge de jeunesse* – rue du Vicomte-Trencavel (Centre) ☎ 04.68.25.23.16. Fax : 04.68.71.14.84. Congés annuels : du 15 janvier au 15 février. Accès : au cœur de la cité médiévale. 72 F (11 €) la nuit. Draps : 15 F (2,3 €). Menu unique à 50 F (7,6 €) pour les groupes seulement, mais possibilité de prendre un plat principal à 28 F (4,3 €). Snack et salades en haute saison : à partir de 20 F (3 €). Réservation par correspondance souhaitée. Belle AJ, bien tenue, en plein cœur d'un lieu hautement historique. Et pourtant nous sommes avares de ce genre de compliments. Carte demandée. 120 lits répartis dans des chambres de 2 à 6 personnes. Draps disponibles sur place. Foyer avec cheminée, cuisine, salle télé, jardin intérieur. Équipe sympa et ambiance polyglotte.

🛏️ *Hôtel Astoria* * – 18, rue Tourtel (Centre) ☎ 04.68.25.31.38. Fax : 04.68.71.34.14. Parking payant. TV. Accès : à 150 m de la gare. Doubles à 140 F (21,3 €) avec lavabo, de 200 à 230 F (30,5 à 35,1 €) avec douche et wc ou bains. Voici un hôtel spécial budget modeste. Propose également quelques chambres triples et quadruples, toujours bon marché. Et toujours propres, nickel, avec une bonne literie. Une adresse connue des cyclotouristes, qui y trouvent de quoi se reposer les mollets et les reins.

🛏️ *Hôtel Terminus* ** – 2, av. du Maréchal-Joffre (Nord) ☎ 04.68.25.25.00. Fax : 04.68.72.53.09. TV. Congés annuels : en décembre, janvier et février. Accès : près de la gare. À partir de 300 F (45,7 €) la double avec douche et wc et 345 F (52,6 €) avec bains. Chambre « nuptiale » à 485 F (73,9 €). Très bon petit déjeuner-buffet à 40 F (6,1 €). Parking payant : 40 F (6,1 €). Immense palace « modern style » avec jardin d'hiver, dans lequel de nombreux films furent tournés. Le hall à lui seul vaut le déplacement, avec sa porte à tambour des années 30, ses moulures, sa double cage d'escalier, son vieux carrelage et son bar étincelant... Une centaine de chambres à des prix étonnants pour la splendeur des lieux. Il faut dire que certaines d'entre elles ont perdu leur cachet après une rénovation trop poussée. Les couples « lune-de-mieleurs » peuvent réserver les yeux fermés la chambre n° 116, dite « la Nuptiale »... Absolument sublime : spacieuse comme un bureau de ministre, mobilier stylé, confort total et belles fenêtres. Étonnante salle de bains : carrément 2 lavabos et une baignoire à l'ancienne, à rideau-baldaquin ! Ambiance feutrée, accueil souriant des grands hôtels de province.

🛏️ *Hôtel du Donjon* *** – 2, rue du Comte-Roger (Sud) ☎ 04.68.71.08.80. Fax : 04.68.25.06.60. TV. Canal+. ♿ Resto fermé le dimanche soir de fin octobre à fin mars. Accès : au cœur de la cité médiévale. Doubles à 390 F (59,5 €) avec douche et 575 F (87,7 €) avec bains et climatisation. 55 F (8,4 €) le buffet du petit déjeuner (autant tout prendre !). La totale : maison médiévale, poutres superbes, escalier rare, luxe bourgeois, confort moderne, insonorisation, climatisation, bar, salons, jardin. Fait aussi brasserie à quelques pas de l'hôtel (☎ 04.68.25.95.72).

|●| *L'Escalier* – 23, bd **Omer-Sarrant** (Centre) ☎ **04.68.25.65.66.** Service jusqu'à 1 h du matin. Menus à 60 et 70 F (9,1 et 10,7 €) le midi en semaine. Autres menus à 100 et 120 F (15,2 et 18,3 €). À la carte, moins de 100 F (15,2 €). « Le *Routard* a disjoncté. Voilà qu'il vante les mérites des pizzerias. » Certes, fidèle lecteur, mais exception ne vaut pas règle. *L'Escalier* est un lieu avant d'être un restaurant. Pas simple de décrire la salle au décor helléno-mexicano-américano-cinéphile. Couleurs chaudes, vieilles affiches de ciné et musique font que l'on aime vraiment cet endroit. On y mange à la fois grec et surtout mexicain. Les *fajitas* et le *chili* valent le déplacement. Autres spécialités : la *plancha* de fruits de mer (assiette de calmars, moules, langoustines, gambas et crabe sur fond de tagliatelles), les grillades de bœuf, agneau et porc. Accueil jovial. *Apéritif offert.*

|●| *Le Petit Couvert* – 18, rue de l'Aigle-d'Or (Centre) ☎ **04.68.71.00.20.** Fermé le dimanche et le lundi. Congés annuels : du 1ᵉʳ au 21 mars. Accès : dans la ville basse, juste à côté de la place du marché (place Saint-Louis). Menus le midi en semaine (sauf jours fériés) à 65 F (9,9 €), et à 75 F (11,4 €) le soir, quart de vin compris. À la carte, compter 90 F (13,7 €). Une adresse toute simple, tenue par deux jeunes femmes alertes et souriantes. Déco provençale et quelques tables en terrasse dans la rue piétonne, et un menu bon marché qui donne entière satisfaction : buffet de hors-d'œuvre, et, par exemple, un « riz à l'andalouse façon Tony » (le cuistot) qu'on a mangé en totalité, puis un honnête dessert maison. Propose aussi de grandes assiettes jambon-fromage-crudités et un menu « léger », toujours à bas prix, sans matière grasse, légumes vapeur et aspartam au programme : les VRP soucieux de ne pas exploser leur costard et les femmes obnubilées par le kilo de trop (qu'il faut traquer sans relâche et éliminer, mesdames, sous peine de disgrâce définitive) en redemandent. *Apéritif offert.*

|●| *Restaurant Chez Fred* – 86, rue Albert-Tomey, et 31, bd Omer-Sarrant (Centre) ☎ **04.68.72.02.23.** ✂ Fermé le samedi midi l'hiver. Congés annuels : du 1ᵉʳ au 8 janvier. Accès : en face du jardin des Plantes. Menu le midi en semaine (sauf les jours fériés) à 75 F (11,4 €), les suivants de 105 à 172 F (16 à 26,2 €). Menu gratuit pour moins de 8 ans, sinon compter 45 F (6,9 €). Une adresse toute mignonne. Cadre très agréable au décor feutré. Fauteuils en rotin, murs lie-de-vin et prune donnant un ensemble de bon goût. Frédéric Coste prépare une cuisine moderne agréable et pleine de sincérité. Filet de tilapia, jus d'olives noires, cassoulet au confit de canard, pareillade de poisson ou encore paletot de canard farci au foie gras, et en dessert, duo de charlottes aux chocolats,

croustillant aux pommes et armagnac et son sorbet... Un endroit discret pour amoureux transis ou patrons voulant déjeuner avec leur secrétaire (en tout bien, tout honneur !). *Café offert.*

|●| *L'Auberge de Dame Carcas* – 3, place du Château (Sud-Est) ☎ **04.68.71.23.23.** Fermé le lundi. Congés annuels : de mi-janvier à mi-février. Accès : dans la cité médiévale. « Menu régional » à 85 F (13 €), suivants à 100 et 145 F (15,2 et 22,1 €). De la place pour tout le monde : en terrasse, à l'étage ou dans la vieille cave voûtée. Un cadre rustique bien étudié, une cuisine ouverte sur la salle à manger et une cloche qui tinte pour dire merci ! Menus et plats presque bon marché vu la qualité de la cuisine et la situation éminemment touristique. Bon « menu régional » et bonnes recettes au feu de bois, comme ce cochon de lait grillé au miel de Corbières, tout à fait exquis, ou encore cette crépinette de porc à l'orange et ce cassoulet maison. Un signe qui ne trompe pas : quand les cuistots se mettent à table après le service, c'est pour se parler de... cuisine ! Et ils font leur propre pain pendant que vous dînez... Enfin, vins régionaux à prix très doux. Nous sommes encore tout étonnés d'avoir trouvé cette auberge au milieu des pièges à touristes de la vieille ville... *Apéritif offert.*

|●| *Le Château* – 4, place du Château, La Cité ☎ **04.68.25.05.16.** ✂ Fermé le mardi soir et le mercredi hors saison. Congés annuels : janvier et février. Accès : au centre de la cité médiévale. Menus de 99 à 180 F (15,1 à 27,4 €), le « menu gourmand ». Salle un peu kitsch, aux murs d'un méchant bleu fleurdelisé, mais restant toutefois chaleureuse, et terrasse idéale sur cette placette située au cœur de la cité. Pour le plaisir et parce qu'un Carcassonnais de nos amis nous avait conseillé l'adresse, on a pris le « menu gourmand » : les filets de rougets rehaussés d'un soupçon de tapenade, les petits croquants de polenta et la salade servis avec, puis les seiches à la *plancha* et leur crème de morue en persillade, ah quel bonheur ! L'assiette de fromage aussi, « assaisonnée » d'un jus de raisin réduit et sucré (génial !). Quant au dessert, figues rôties au miel, il était parfait. Voilà donc une cuisine fraîche et enlevée, généreuse, toute aux saveurs du Languedoc. Service mené avec tact et sérieux. *Apéritif offert.*

|●| *Restaurant Gil, Le Steak House* – 32, route Minervoise ☎ **04.68.47.85.23.** Fermé le dimanche. Congés annuels : de la 2ᵉ à la 4ᵉ semaine d'août. Accès : ville basse. Menus de 100 à 160 F (15,2 à 24,4 €). On descend quelques marches pour accéder à la salle pas très grande de ce surprenant restaurant. Surprenant car avec un nom pareil, *Steak House*, on s'attend à y trouver de la viande, du steak,

alors qu'il s'agit avant tout d'une très bonne table maritime. Loup, rouget, sole ou saumon y sont de première fraîcheur, tout comme les huîtres, moules ou supions. Une notable *plancha* du patron, super copieuse. Service affable de madame. Au dessert, une bonne crème catalane. *Apéritif offert.*

|●| *Restaurant La Divine Comédie* – 29, bd Jean-Jaurès (Centre) ☎ 04.68.72.30.36. Fermé le dimanche. Congés annuels : la dernière semaine de décembre et la 1re semaine de janvier. Accès : face au palais de justice. Compter 100 F (15,2 €) pour un repas à la carte. Ce n'est pas l'enfer (on vous laisse réfléchir!), mais on retrouve ici les représentants et les employés du quartier, qui apprécient le très bon rapport qualité-prix. Excellentes viandes copieusement servies. Quelques spécialités : cassoulet au confit d'oie, cassoulet carcassonnais (au mouton, confit de porc, saucisson), daube languedocienne aux cèpes, filet de daurade au fenouil et toutes sortes de pizzas. Serveurs polis et efficaces. Une bonne adresse sans prétention pour ceux qui veulent manger rapidement.

|●| *Le Languedoc* – 32, allée d'Iéna ☎ 04.68.25.22.17. Fermé dimanche soir et lundi hors saison ; en saison, le lundi midi. Congés annuels : 1 semaine fin juin début juillet et du 20 décembre au 20 janvier. Accès : dans la ville basse. 1er menu à 135 F (20,6 €). Autres menus à 175 F (26,7 €), avec fromage, et 245 F (37,4 €). Une table carcassonnaise sûre et bien menée, au cadre classique un peu suranné mais c'est là sans doute sa seule faiblesse (si l'on veut), car on se régale et le service est doux. Dans l'assiette, des recettes bien tournées, classiques là encore mais parfaitement exécutées, à base de produits de choix. Premier menu, avec en saison des asperges au jambon de magret puis une cuisse de confit de canard aux lentilles très réussie – mais l'entrecôte au vin de Minervois n'est pas mal non plus. En dessert, souvent des glaces et sorbets maison. Ah oui, au fait, le vin : le demi de minervois rouge sérieux est bien charpenté (château Villerambert-Julien, cuvée Opéra) à 44 F (6,7 €), on n'est vraiment pas volé. Bref, un dîner au *Languedoc* c'est une bonne soirée.

DANS LES ENVIRONS

ROQUEFÈRE 11380 (22 km N)

|●| *La Chèvrerie de la Cascade* – hameau de Saint-Julien ☎ 04.68.26.36.36. Fermé de novembre à Pâques. Accès : route de Mazamet, puis direction Conques et tout droit jusqu'à Roquefère par la D101 ; à l'entrée du village, à gauche vers Cupserviès. Casse-croûte à 65 F (9,9 €). Menu à 120 F (18,3 €). Verre de rouge ou rosé à 6 F (0,9 €). Petite auberge sympathique, perdue dans les monts du Cabardès, à une lieue à peine de la pittoresque cascade de Cupserviès. Restauration rapide si l'on veut, le casse-croûte du chèvrier (salade, charcuterie, fromage de chèvre au miel de châtaignier) ou, sur réservation, un copieux menu. Dans celui-ci, viande de chevreau et fromage de chèvre préparés de différentes façons. Puis une glace au lait... de brebis, ouf! on l'a échappé belle. Délicieuse, la glace (on peut aussi en prendre au détail, à la châtaigne ou au miel, extra). Possibilité de visiter l'enclos à chèvres (petite vidéo explicative, intéressant et gratuit) et, dans la boutique attenante, vente de peaux de chèvre, de saucissons de chèvre, de chèvre (le fromage), de lainages de chèvre angora, bêêêê, bêêêê!!! Bref, de quoi devenir chèvre. Accueil bien *cool* des patrons-chevriers. *Café offert.*

CASTELNAUDARY 11400

Carte régionale A2

🛏|●| *Hôtel du Centre et du Lauragais* – 31, cours de la République (Centre) ☎ 04.68.23.25.95. Fax : 04.68.94.01.66. TV. ⚒ Fermé de début janvier au 10 février. Doubles de 185 F (28,2 €) avec lavabo et wc à 240 F (36,6 €) avec bains. Menus à 92 F (14 €), le dimanche à 98 F (14,9 €), et 122 F (18,6 €). À l'intérieur d'une massive maison bourgeoise, des chambres propres, très bien tenues, confortables et donnant sur la place principale de la ville. La table est bonne, l'une des meilleures en ville. Cuisine traditionnelle servie dans un cadre assez cossu. Cassoulet (évidemment!), foie gras, tripes du chef, magret de canard aux morilles, pigeonneau du Lauragais aux cèpes. Accueil un peu distant mais service irréprochable. *Apéritif offert. NOUVEAUTÉ.*

🛏 *Hôtel du Canal* ** – 2 ter, av. Arnault-Vidal ☎ 04.68.94.05.05. Fax : 04.68.94.05.06. TV. Canal+. ⚒ Doubles avec bains à 260 F (39,6 €). Hôtel de construction récente, au bord du canal du Midi (accès à la promenade). Les chambres sont modernes, spacieuses et bien tenues. Accueil souriant. Une bonne adresse à Castelnaudary, sans mauvaise surprise.

CHÂTEAUNEUF-DE-RANDON 48170

Carte régionale B1

🛏|●| *Hôtel de la Poste* ** – ☎ 04.66.47.90.05. Fax : 04.66.47.91.41. Parking. TV. ⚒ Fermé le vendredi soir et le samedi midi. Congés annuels : pendant les vacances de la Toussaint et du 20 décembre au 31 janvier. Accès : sur la N88, à côté du mausolée Du Guesclin. Doubles de 270 F (41,2 €) avec douche et wc à 300 F (45,7 €) avec bains. Menus de 85 à 170 F (13 à 25,9 €). La maison a beau se trouver en bordure de nationale, aucune chance d'être dérangé. La plupart des chambres donnent sur la campagne. Doubles modernes et rigoureusement propres. Le restaurant, dans une ancienne grange, a gardé son cachet rustique. José Laurens concocte une cuisine savoureuse dans la grande tradition du terroir lozérien. Jarret de porc en gelée, salade composée aux foies de volaille, paleron de bœuf braisé façon grand-mère, filet de sandre au beurre blanc, épaule d'agneau rôtie, émincés d'andouillettes à la randonnaise… *10 % sur le prix de la chambre sauf juillet-août.*

COLLIOURE   66190

Carte régionale A2

🏠 *Les Caranques* – **route de Port-Vendres** ☎ **04.68.82.06.68. Fax : 04.68.82.00.92.** Parking. Congés annuels : du 15 octobre au 1er avril. Accès : à 300 m du centre-ville et de la plage. Doubles avec lavabo à 220 F (33,5 €) ; avec douche et wc ou bains à 330 et 350 F (50,3 et 53,4 €) ; demi-pension obligatoire en juillet, août et septembre, 320 F (48,8 €) par personne. Rien que pour sa vue magique sur Collioure, cet hôtel, situé directement sur la mer et dominant le port d'Avall, vaut la nuitée. Familiale, chaleureuse, voilà une halte recommandée pour qui vadrouille sur la Côte Vermeille. 22 chambres très calmes, toutes avec vue sur la mer et une loggia, bien nettes. Petite salle à manger pour ceux qui prennent racine (restaurant réservé aux demi-pensionnaires). Terrasses pour s'offrir des bains de soleil, et accès privé à la mer en contrebas. Pas de plage mais de gros rochers aménagés. *NOUVEAUTÉ.*

🏠 *Le Mas des Citronniers* – **22, av. de la République** ☎ **04.68.82.04.82. Fax : 04.68.82.52.10.** TV. Doubles de 240 à 340 F (36,6 à 51,8 €) hors saison ; de 370 à 410 F (56,4 à 62,5 €) l'été. Demi-pension possible, de 255 à 330 F (38,9 à 50,3 €) par personne. Belle grande villa des années 30, avec à l'intérieur un large escalier à rampe Art déco. Chambres de bon confort, avec salle de bains et télé, climatisation, bien tenues. Quelques triples et familiales. Celles de l'annexe, plus récente, ont soit une terrasse en rez-de-jardin, délimitée par une haie de cyprès, soit un large balcon, vue sur jardin. Assez calme pour le centre-ville. Bon accueil. *NOUVEAUTÉ.*

🏠 ◉ *Hostellerie des Templiers* ** – **12, quai de l'Amirauté (Centre)** ☎ **04.68.98.31.10. Fax : 04.68.98.01.24.** TV. Resto fermé le lundi. Congés annuels : janvier. Accès : face au château. De 335 à 395 F (51,1 à 60,2 €) la double. Doubles à 250 F (38,1 €) à la *Villa Miranda*. Formule brasserie à 68 F (10,4 €), menu à 120 F (18,3 €) et carte. Les amoureux de la ville vous le diront : « Si vous allez à Collioure, dormez chez Jojo Pous ! » Son père, René Pous, a reçu ici ses amis peintres et sculpteurs, se faisant remercier pour le gîte et le couvert par une toile ou un dessin. Parmi ses nombreux invités, Matisse, Maillol, Dalí, Picasso et Dufy ! Et bien d'autres encore, moins connus. Puis Jojo, amateur d'art aussi, a continué la collection. Résultat, des toiles partout, dans les couloirs, les chambres, la salle à manger. Mais avis aux cambrioleurs : ne vous dérangez pas, les tableaux les plus chers ne sont plus ici, certains ont été volés, d'autres mis en sécurité. Ce musée pas comme les autres reste une accueillante maison aux prix d'ailleurs raisonnables. La plupart des chambres sont agréables avec leurs lits en bois peint, leurs chaises rustiques et leurs tableaux colorés. L'hôtel est souvent complet. Fait aussi restaurant, terrasse sur le port ou salle à thème art contemporain. À noter : gère également d'autres hôtels à Collioure, des annexes si l'on veut, dont la *Villa Miranda*, bien située (jolie vue), aux chambres simples mais correctes et meilleur marché.

🏠 *Hôtel Casa Païral* *** – **impasse des Palmiers (place du 8-Mai-1945) (Centre)** ☎ **04.68.82.05.81. Fax : 04.68.82.52.10.** TV. Congés annuels : de novembre à fin mars. Chambres avec douche et wc de 360 à 410 F (54,9 à 62,5 €) ; avec bains de 480 à 760 F (73,2 à 115,9 €). Un petit palais dans une oasis de rêve : fontaine dans un patio noyé sous la verdure, piscine chauffée, salons douillets, calme total, etc. Le grand luxe pour un coin de paradis ! Cher évidemment, mais les chambres stylées sont confortables et spacieuses, climatisées. Accueil très pro, service itou. Réserver longtemps à l'avance, surtout pour la période estivale. *10 % sur le prix de la chambre en avril et octobre (hors jours fériés).*

🏠 ◉ *L'Arapède-restaurant La Farigole* – **route de Port-Vendres** ☎ **04.68.98.09.59. Fax : 04.68.98.30.90.** Parking. TV. ♿ Congés annuels : en décembre, janvier et février. Accès : à 2 km du centre-ville sur la gauche de la route de Port-Vendres. Selon confort et saison, doubles de 400 à 800 F (61 à 122 €). Demi-pension de 360 à 560 F (54,9 à 85,4 €). Menus de 95 à 190 F (14,5 à 29 €). Solidement accroché à la roche, *L'Arapède* s'offre la Méditerranée comme toile de fond. On a connu pire ! Chambres agréables et de bon confort, aux tons chauds, la plupart avec terrasse côté mer. Très chouette piscine en contrebas. Le restaurant, *La Farigole*, dispose d'une grande salle claire et aussi de tables au bord de la piscine, dans un environnement fleuri. Très bon endroit pour une cuisine régionale digeste et ensoleillée. Accueil et service très pros. Une bonne adresse dans sa catégorie. *NOUVEAUTÉ.*

Iel *Can Pla* – 7, rue Voltaire ☎ 04.68.82.10.00. Fermé le lundi hors saison. Congés annuels : la 2ᵉ quinzaine de novembre et 15 jours en février. Accès : à 50 m du port d'Avall. Menu à 75 F (11,4 €) et carte. Grande salle fort simple et terrasse ombragée de l'autre côté de la rue. Ici, spécialités de crustacés et poisson en *tapas* et à la *plancha*. Le patron, jeune et solide gaillard, par ailleurs attentif et doux au service qu'il dirige, s'approvisionne là où il faut, en Espagne si nécessaire. Car le poisson, ça ne rigole pas, c'est fraîcheur et qualité d'abord, et fraîcheur et qualité ensuite. Sorti de là, point de bon poisson ! Nous avons justement pris une *parillada* c'était très bien, bien cuit aussi. Parfait pichet de blanc bon marché. Les crustacés – tellines, palourdes – sont également bons. Une adresse fiable, qui tourne d'ailleurs à l'année. *NOUVEAUTÉ.*

Iel *Le Trémail* – 1, rue Arago ☎ 04.68.82.16.10. Fermé le dimanche soir et le lundi hors saison. Congés annuels : de début janvier à mi-février. Accès : vieille ville. Menu à 120 F (18,3 €) et carte. Un décor chaleureux et quelques tables en terrasse dans ce quartier animé. Service féminin, les hommes aux fourneaux, et des spécialités catalanes et marines. *Parilladas, mariscadas,* poisson à la *plancha*... C'est une des bonnes tables de la vieille ville, assurément. Arrivage quasi quotidien de merlan pêché au petit filet, par un pêcheur local. Le menu en propose, avec en entrée des *boquerones* (anchois frais et pain aillé), crème catalane ou pâtisserie maison en dessert. Dommage toutefois qu'il n'y ait de vin au bouteille, l'addition s'en ressent. Réservation conseillée, la salle n'est pas bien grande. *NOUVEAUTÉ.*

FITOU   11510

Carte régionale A2

Iel *La Cave d'Agnès* – ☎ 04.68.45.75.91. Fermé le mercredi. Congés annuels : du 1ᵉʳ octobre au 1ᵉʳ avril. Accès : en haut du village. Menus à 118 et 154 F (18 et 23,5 €), et carte « retour de marché ». Compter 160 F (24,4 €) environ. Dans une ancienne cave à vin au décor rustique simple et de bon goût, vous serez accueilli avec beaucoup de gentillesse par une Écossaise expatriée en pays cathare, section vinicole. Toujours beaucoup de monde. Forcément, c'est copieux et bon. Grand buffet de hors-d'œuvre et charcuteries du coin, homard « bec fin », soufflé de haddock, flanchet farci et filet d'agneau, tresse de poisson, et quelques petits vins pas désagréables. En dessert, notable mousse au miel de romarin. *Apéritif offert.*

FLORAC   48400

Carte régionale B1

🏠Iel *Grand Hôtel du Parc* *** – 47, av. Jean-Monestier (Centre) ☎ 04.66.45.03.05. Fax : 04.66.45.11.81. ● www.grandhotelduparc.fr ● Parking. TV. ⚒. Resto fermé le lundi hors saison. Congés annuels : du 1ᵉʳ décembre au 15 mars. Doubles avec lavabo à 220 F (33,5 €), avec douche et wc ou bains de 250 à 280 F (38,1 à 42,7 €). Menus de 92 à 185 F (14 à 28,2 €). Sans doute le plus vieux et le plus vaste hôtel de la région. Grande maison nichée dans un parc très agréable, qui fait un peu penser à un établissement thermal. Mais il s'agit plutôt d'une gentille pension de famille où tous les âges se retrouvent dans les couloirs et au resto. 60 chambres au total, d'un bon niveau de confort. Cuisine classique. Parmi les spécialités : escalope de foie gras poêlée et son blinis à la châtaigne, ris de veau aux morilles, écrevisses à l'américaine.

Iel *La Source du Pêcher* – 1, rue de Remuret (Centre) ☎ 04.66.45.03.01. Congés annuels : de la Toussaint à Pâques. Le midi en semaine, menu du jour à 89 F (13,6 €), menus suivants de 119 à 189 F (18,1 à 28,8 €). Idéalement située au cœur du vieux Florac, en bordure de rivière et d'une retenue d'où chute l'eau vive, *La Source du Pêcher* charme d'abord le regard et l'ouïe. De la terrasse, vue de carte postale sur les pans inclinés, compliqués des toitures et les architectures anciennes ; en fond, les grands monts verdoyants, et là, devant, de beaux arbres, une façade enlierrée et la musique de l'eau qui coule. À l'intérieur, une salle feutrée réaménagée. Le jeune patron-serveur attentif vous porte alors de bonnes assiettes locales, potage à l'ortie, pélardon chaud au miel des Cévennes, émincé de canard aux myrtilles du mont Lozère ou tripoux d'après une vieille recette. Prix d'excellence pour l'assortiment de fromages affinés maison.

DANS LES ENVIRONS

SALLE-PRUNET (LA) 48400 (2 km S)

🏠Iel *L'Auberge Cévenole-Chez Annie* – ☎ 04.66.45.11.80. TV. Fermé le dimanche soir et le lundi hors saison, excepté les jours fériés. Congés annuels : de mi-novembre à mi-février environ. Accès : par la route d'Alès. Doubles avec lavabo, wc à l'étage, à 190 F (29 €), avec douche et wc à 240 F (36,6 €). Menus de 78 F (11,9 €), « menu aligot », à 175 F (26,7 €). Une vieille maison en pierre du pays, nichée au fond de la vallée de la Mimente. En été, on mange en terrasse. En hiver, on se rapproche de la cheminée. Dans cette bonne auberge de campagne, Stevenson se serait senti à son aise. On a l'impression d'être reçu dans la salle à manger de la famille. Menu à 124 F (18,9 €) copieux : charcuterie du pays, pélardon (fromage de chèvre chaud sur salade), salade au roquefort. Une spécialité maison : la noix de veau à la crème de cèpes. On peut aussi y dormir : chambres agréables et très bien tenues. Notre meilleure escale à Florac. Pensez à réserver, il y a souvent du monde. *10 % sur le prix de la chambre.*

COCURÈS 48400 (5 km N)

🛏🍽 *La Lozerette* ** – ☎ 04.66.45.06.04. Fax : 04.66.45.12.93. Parking. TV. Canal+. ✗ Fermé le mardi (sauf en juillet-août). Congés annuels : de la Toussaint à Pâques. Accès : par la D998. Doubles avec douche et wc ou bains de 290 à 410 F (44,2 à 62,5 €). Menu en semaine à 88 F (13,4 €), suivants de 115 à 240 F (17,5 à 36,6 €). Sur la belle route qui monte au mont Lozère, voici un petit village tranquille et une affaire de famille qui est d'abord une affaire de femmes. Eugénie, la grand-mère, y tenait déjà une auberge. Aujourd'hui, Pierrette Agulhon a repris le flambeau. Clin d'œil au *Routard*, le 1er menu, le « Cévenol trotter », construit autour de spécialités du coin. Le suivant est superbe. Tous sont élaborés pour vous faire découvrir les meilleurs vins du Languedoc, la spécialité de Pierrette qui est aussi sommelière. Faites-lui confiance pour bien accompagner la panade de morue en habit vert à l'ail doux ou les pieds de veau en crépine au genièvre. Imagination, bon goût et saveurs exquises au pouvoir. Pour dormir, des chambres décorées avec le même raffinement que la salle, dont 3 rénovées. Décor pastel, fleuri, où l'on s'aperçoit que la maîtresse de maison a le sens du détail. Bon petit déjeuner. Nous, on y va pour les vacances, et vous ?

FONT-ROMEU 66120

Carte régionale A2

🛏🍽 *Hôtel Carlit – Restaurant La Cerdagne* *** – rue du Docteur-Capelle (Centre) ☎ 04.68.30.80.30. Fax : 04.68.30.80.68. TV. Congés annuels : du 17 avril au 1er mai, et du 15 octobre au 15 décembre. Accès : dans le centre de la station. Doubles avec douche ou bains de 290 à 450 F (44,2 à 68,6 €). Menus de 130 à 160 F (19,8 à 24,4 €). Dans ce bâtiment moderne et banal, un 3 étoiles qui se tient, à prix corrects. Service et accueil pros, et des chambres de bon confort, pas extraordinaires mais satisfaisantes, à la déco un peu criarde – tons vifs qui s'entrechoquent sans grand dommage. Piscine et jardin privés à 50 m. Le restaurant, assez classieux, mais au service souriant et humain, est tout à fait recommandable. On s'y est régalés d'un menu aux champignons parfait. Une cuisine généreuse, bien tournée, à base de produits de qualité. Prix corrects là encore. A noter, la demi-pension intéressante. *NOUVEAUTE.*

🍽 *Restaurant La Chaumière* – av. Emmanuel-Brousse ☎ 04.68.30.04.40. Fermé le dimanche soir et le lundi hors saison, et 15 jours fin juin. Accès : non loin de l'office du tourisme. Menus de 79 à 150 F (12 à 22,9 €). « Le rendez-vous sympa des gourmets », dit la carte de visite. C'est assez vrai, car le cadre, salle boisée ou terrasse, est plutôt souriant, et l'on mange bien. L'adresse est connue des locaux, et tourne même hors saison. Cuisine régionale en priorité, et les petits poivrons farcis à la morue, les aubergines farcies au pied de porc puis à la crème catalane qu'on a pris étaient vraiment parfaits. Des plats plus simples également, salades copieuses, grillades et vraies frites. Service efficace. *NOUVEAUTE.*

DANS LES ENVIRONS

BOLQUÈRE 66210 (3 km E)

🛏 *Hôtel Lassus* – place de la Mairie ☎ 04.68.30.09.75. Fax : 04.68.30.38.11. Parking. TV. Congés annuels : Toussaint et Pentecôte. Doubles à 220 et 230 F (33,5 et 35,1 €) ; 200 F (30,5 €) pour 3 nuitées et plus. S'il y avait un trophée du bon accueil, sûr que Jacqueline et Gérard l'auraient remporté, et accroché au-dessus du bar, où volontiers ils discutent et trinquent avec leurs hôtes. Jacqueline surtout est bavarde, mais aimablement, et vous accueille avec beaucoup d'attentions, signalant la petite marche traîtresse à l'étage, demandant si l'on souhaite un oreiller en plus, expliquant le fonctionnement (d'ailleurs très ordinaire) de la télécommande... Ses confitures, au petit déjeuner, sont délicieuses. Les chambres quant à elles sont propres, calmes, avec douche et wc ou bains, téléphone et télé. Pas de resto mais les patrons pourront vous en indiquer de bons dans les environs – ou consultez le *Routard*, qui se trompe rarement ! *NOUVEAUTE.*

LATOUR-DE-CAROL 66760 (17 km O)

🛏🍽 *L'Auberge Catalane* – 10, av. de Puymorens ☎ 04.68.04.80.66. Fax : 04.68.04.95.25. TV. Fermé le lundi hors vacances scolaires. Congés annuels : du 20 novembre au 20 décembre. Accès : par la D618 puis la N20. Chambres de 220 à 280 F (33,5 à 42,7 €). Formule à 60 F (9,1 €) le midi ; menus de 85 à 150 F (13 à 22,9 €). Une bonne halte sur la route du col de Puymorens. Auberge fraîchement reprise en mains et refaite à neuf, aux chambres agréables, bien insonorisées, aux tons chauds, les plus simples avec douche et wc, les plus belles avec terrasse et télé en plus. Petite terrasse ombragée ou salle coquette pour une honnête cuisine régionale. Poulet à la catalane, *boles de picoulat*, crème catalane... Service souriant et bonne ambiance. *NOUVEAUTÉ.*

GARDE (LA)   48200

Carte régionale A1

🏠|●| *Le Rocher Blanc* ** – le bourg ☎ 04.66.31.90.90. Fax : 04.66.31.93.67. Parking. TV. Restaurant fermé le dimanche soir et le lundi hors juillet-août. Congés annuels : de la Toussaint à Pâques. Accès : à 1 km de la sortie 32 de l'A75 (la première en Lozère en venant du nord) ; le long de la rue principale. Doubles avec douche et wc ou bains de 270 à 290 F (41,2 à 44,2 €). Menus de 90 à 198 F (13,7 à 30,2 €). Une bonne halte. Hôtel avec piscine, chambres propres, assez spacieuses et calmes. Au restaurant, nombreux menus. On est en Margeride, région belle et sauvage, et à 3 km du plus petit musée de France d'Albaret-Sainte-Marie, une curiosité. *Apéritif offert.*

DANS LES ENVIRONS

CHAULHAC 48140 (10 km N)

|●| *La Maison d'Élisa* – ☎ 04.66.31.93.32. Congés annuels : 1 semaine en février et 1 semaine en octobre. Accès : par la D8. Menus de 80 à 145 F (12,2 à 22,1 €). Comme c'est mignon ici, ce village perdu, ce hameau fleuri avec sa jolie *Maison d'Élisa* au milieu ! Fallait oser : quitter la région lilloise et ses terrils pour s'installer ici, entre rivières et bois, au soleil du midi. Ces Chtimis l'ont fait, et tiennent aujourd'hui une auberge discrète et pleine de douceur où l'on trouve un 1er menu, vin et café compris, très honnête et bien préparé. Il change tous les jours, mais le tour de main de madame reste le même, et le service souriant de monsieur aussi. Sur commande, truffade et super aligot. *Café offert.*

GRAU-DU-ROI (LE)   30240

Carte régionale B2

🏠 *Hôtel Bellevue et d'Angleterre* ** – quai Colbert (Centre) ☎ 04.66.51.40.75. Fax : 04.66.51.43.78. Congés annuels : janvier. Doubles à 285 F (43,4 €) avec douche et wc. D'assez nombreuses chambres dans cet établissement situé aux premières loges – entendez sur le quai le plus animé du Grau-du-Roi –, plutôt gentilles et bien tenues à ce qu'il nous a semblé. Et pas bien chères, au tarif vraiment concurrentiel.

|●| *Le Chalut* – 2, rue du Commandant-Marceau (Centre) ☎ 04.66.53.11.61. ♿ Fermé le lundi (hors saison). Congés annuels : du 15 novembre au 1er décembre. Menus de 80 à 148 F (12,2 à 22,6 €). Ce petit restaurant comptant quelques tables en terrasse, rive droite du canal, face au pont tournant, dessert sans désemplir (gage de fraîcheur) des poissons bien mis en valeur – sauces et légumes corrects – et coquillages par douzaines de mille. Parmi les spécialités : couscous de poisson, bouillabaisse, bourride. Comme le service et l'accueil sont aimables, et les tarifs honnêtes, l'adresse connaît un franc succès. Mérité, ça oui !

GRUISSAN   11430

Carte régionale A2

|●| *Le Lamparo* – 4, rue Amiral-Courbet ☎ 04.68.49.93.65. Fermé le dimanche soir et le lundi. Congés annuels : 4 semaines en janvier et 1 semaine de fin septembre à début octobre. Formule le midi en semaine à 80 F (12,2 €), menus de 100 à 180 F (15,2 à 27,4 €). Un bon restaurant spécialisé dans les poissons et crustacés, à prix raisonnables. Salle bien propre, tables rondes et nappes saumon, et quelques tables en terrasse face à l'étang. Redoutable 1er menu : huîtres rôties au magret de canard, filet de daurade grillé et sa tapenade d'olives, fromage puis truffé au chocolat. Rien à redire, sinon merci. Le midi, formule rapide (plat, fromage ou dessert et verre de vin).

LAMALOU-LES-BAINS   34240

Carte régionale A2

🏠|●| *Le Commerce* * – av. Charcot (Centre) ☎ 04.67.95.63.14. ♿ Congés annuels : du 15 décembre au 8 février. Chambres de 110 à 165 F (16,8 à 25,2 €) la double avec lavabo et douche et wc. Menu incroyable à 55 F (8,4 €) et plat du jour à

40 F (6,1 €). Menu enfant à 35 F (5,3 €). À la carte, compter 100 F (15,2 €). Un vieil établissement familial, un peu désuet. Patron barbu très accueillant. L'intérieur de l'hôtel est un peu démodé mais l'ensemble est propre. Restaurant pour les résidents. Cailles farcies, encornet à la sétoise, canard aux poires, bourride par exemple. Agréable terrasse.

🛏️ I●I *Hôtel-restaurant Belleville* ** – 1, av. Charcot (Centre) ☎ 04.67.95.57.00. Fax : 04.67.95.64.18. Parking. TV. Canal+. ✗. Accès : A9 sortie Béziers est. Doubles avec lavabo à 148 F (22,6 €), avec douche et wc à 190 F (29 €), avec bains à 225 F (34,3 €). Pour 325 F (49,5 €), vous avez du marbre et un jacuzzi (chambre n° 317) dans la salle de bains. Menu express en semaine à 70 F (10,7 €), et menus suivants de 83 à 195 F (12,7 à 29,7 €). Bonne grosse adresse de province et de ville thermale sans surprise. Maison de caractère entièrement rénovée. Bon niveau de confort. Beaucoup donnent sur un jardin. Restaurant rustique, à base de produits du terroir, comme le gigot de mer à la languedocienne, les aiguillettes de canard aux morilles ou la *parillada* de poissons à la *plancha*, et en dessert, fondant belleville aux amandes. Pour les gens pressés (il y en a toujours), un menu express servi sous la véranda. Une excellente adresse. *Apéritif offert. 10 % sur le prix de la chambre à partir de 2 nuits consécutives.*

DANS LES ENVIRONS

BÉDARIEUX 34600 (8 km NE)

🛏️ I●I *Le Central* * – 3, place aux Herbes (Centre) ☎ 04.67.95.06.76. Fermé le samedi hors saison, et le samedi midi en saison. Congés annuels : 1 semaine en juin et 3 semaines en octobre. Accès : par la D908. Doubles de 150 à 195 F (22,9 à 29,7 €). Menus de 60 à 98 F (9,1 à 14,9 €). À la carte, compter 100 F (15,2 €). Une maison provinciale à la façade plaisante recouverte de lierre. La salle à manger est un peu sombre et vieillotte. Chambres correctes. Télé dans certaines chambres. Aux menus, quelques bons petits plats familiaux et régionaux : salade de gésiers et magret, salade au chèvre chaud, épaule de mouton braisée aux olives. *5 % sur le total de la note du 1er novembre au 30 mai.*

🛏️ *Hôtel Delta* – 1, rue de Clairac ☎ 04.67.23.21.19. TV. Accès : rue perpendiculaire à l'avenue Jean-Jaurès. Doubles avec douche de 160 à 190 F (24,4 à 29 €), avec douche et wc de 180 à 210 F (27,4 à 32 €). Un gentil couple a transformé cette petite clinique en hôtel sans étoile, mais aux chambres spacieuses et propres, toutes rénovées. Déco surprenante et fraîche avec d'amusants motifs égyptiens et, ici et là, des éventails chinois ; et, comme dit un client, « votre hôtel, on s'en souviendra ! » Tarifs amicaux. Une adresse sympa. *10 % sur le prix de la chambre à partir de 2 nuits consécutives.*

LANGOGNE 48300

Carte régionale B1

🛏️ I●I *Domaine de Barres* *** – route de Mende ☎ 04.66.69.71.00. Fax : 04.66.69.71.29. Parking. TV. Accès : RN88. Doubles de 390 à 530 F (59,5 à 80,8 €), selon la saison et la grandeur de la chambre. Menus de 98 à 280 F (14,9 à 42,7 €). Impossible de ne pas être dithyrambique à propos de cette gentilhommière du XVIIIe siècle. À première vue, il s'agit d'une vaste bâtisse historique comme on en compte des centaines en France. Une fois que l'on a gravi les quelques marches du perron et que l'on a poussé la porte, on ne reste pas insensible. L'ensemble de la maison a subi un véritable lifting. L'opération fut confiée à Jean-Michel Wilmotte, le décorateur préféré de François Mitterrand. Résultat : lignes épurées, sobriété des matériaux dominés par le bois et simplicité des couleurs. Luxe et beauté dans toute la maison. Chambres au dépouillement on ne peut plus japonais. De quoi dormir zen ! Et si la nuit n'a pas été parfaite, il vous reste la piscine, le jacuzzi et le sauna. La cuisine n'envie rien au reste. Terrine de foie gras au caramel de châtaigne, côte de veau fermier, magret de canard au vinaigre de miel... Et parce qu'il faut bien parler de prix, pas donné certes, mais vraiment pas cher pour se payer un rêve ! *Apéritif offert.*

LÉZIGNAN-CORBIÈRES 11200

Carte régionale A2

🛏️ I●I *Hôtel Le Tassigny-restaurant Le Tournedos* ** – rond-point De-Lattre-de-Tassigny ☎ 04.68.27.11.51. Fax : 04.68.27.67.31. TV. Resto fermé le dimanche soir et le lundi ; hôtel fermé le dimanche soir. Congés annuels : la 2e semaine de février et la 1re semaine d'octobre. Accès : prendre l'avenue des Corbières, direction A9. Chambres impeccables avec bains : 240 F (36,6 €) la double. Menus le midi en semaine à 66 F (10,1 €), le suivant à 75 F (11,4 €), sauf le dimanche, puis à 115 et 140 F (17,5 et 21,3 €). Une bonne adresse pour passer une nuit et continuer son chemin le lendemain, sans se ruiner. Banale à l'extérieur, conviviale à l'intérieur, la maison est connue d'abord pour son restaurant, *Le Tournedos*, fréquenté par les gens du pays. Spécialités (cassoulet, grillades au feu de bois) copieuses du chef, Pierre, qui n'est ni maigre ni triste. *Café offert.*

DANS LES ENVIRONS

ESCALES 11200 (7 km NO)

|●| *Les Dinedourelles* – impasse des Pins ☎ 04.68.27.68.33. ♿ Fermé le samedi et le lundi midi de mai à septembre, le lundi et le mardi le reste de l'année. Congés annuels : janvier et février. Accès : de Lézignan, route d'Olonzac sur 2 km (D611), puis à gauche la D127; en haut du village. Formule le midi en semaine à 65 F (9,9 €), vin et café compris. Menus de 95 à 180 F (14,5 à 27,4 €). Un bon esprit anime cette jeune adresse, au cadre insolite et plaisant, à la cuisine généreuse et originale, assez sucré-salé. Avez-vous jamais mangé un feuilleté de selle d'agneau au sucre roux et au zeste de citron dans un tonneau (vous, dans le tonneau, pas le feuilleté) ? Vous le pourrez ici, où l'on trouve ce mets dans le 1er menu, précédé d'une salade folle (force melon et pastèque) et suivi d'un fromage local et d'un dessert, et où l'on peut s'attabler dans un foudre, tonneau de 10 000 litres (6 personnes) ; ou, si l'on préfère, en amoureux sur une charrette (2 personnes). Chouette terrasse également, sous les pins, avec panorama sur la montagne Noire. Hors saison, le vendredi soir 2 ou 3 fois par mois, soirée spectacle : chanson française, jazz, contes, théâtre... *Digestif offert.*

FABREZAN 11200 (9 km SO)

🛏|●| *Le Clos des Souquets* – av. de Lagrasse ☎ 04.68.43.52.61. Fax : 04.68.43.56.76. Parking. TV. Fermé le dimanche soir et du 1er novembre au 26 mars. Accès : prendre la D611, direction Lagrasse. Doubles de 290 à 400 F (44,2 à 61 €), celles-ci, 2 chambres appelées « Antilles » et « Provençale », avec jardin privé et piscine pour elles deux. Petit menu à 100 F (15,2 €), menus suivants à 149 et 189 F (22,7 et 28,8 €). 5 chambres en tout et pour tout, mais une petite merveille à s'offrir, sur la route des châteaux cathares ou des caves des Corbières. La famille Julien passe l'hiver dans les Caraïbes, et ça se voit dans la décoration des chambres comme dans les plats servis autour d'une des deux (eh oui!) piscines de cette maison où l'on se sent heureusement dépaysé. Superbe 1er menu avec salade méridionale, moules gratinées, fromage blanc au miel. Prenez le second pour goûter au poisson grillé du jour. Très bon carpaccio de poisson ou de viande, mais l'idéal reste encore le poisson grillé du jour. *Apéritif offert.*

HOMPS 11200 (10 km N)

🛏|●| *Auberge de l'Arbousier* – route de Carcassonne ☎ 04.68.91.11.24. Fax : 04.68.91.12.61. Parking. TV. Fermé le lundi en juillet-août; le mercredi et le dimanche soir le reste de l'année. Congés annuels : 3 semaines pendant les vacances de février et novembre. Accès : sur la D611, direction Olonzac. Doubles avec douche et wc ou bains de 230 à 250 F (35,1 à 38,1 €). Menus en semaine à 85 F (13 €), et de 120 à 210 F (18,3 à 32 €). Le canal du Midi se trouve juste à côté de cette auberge au décor alliant vieilles pierres, poutres apparentes et art moderne. Un bel endroit avec une terrasse ombragée l'été et des chambres calmes et confortables. Pour un peu, on se croirait dans une chambre d'hôtes. Cuisine assez classique. Magret au miel et pignons, filets de rouget à l'huile de Bize... *Apéritif offert.*

|●| *Restaurant Les Tonneliers* – port du Canal-du-Midi ☎ 04.68.91.14.04. ♿ Congés annuels : du 15 décembre au 15 février. Menus de 80 à 185 F (12,2 à 28,2 €). Encore un village traversé par cette belle « route liquide » qu'est le canal du Midi. À 10 m de ce dernier, se tient une bonne maison. On y mange bien, dans un cadre rustique mais sans la vue. Peu importe, le canal est là, tout près... En tendant l'oreille, on peut presque l'entendre. 4 menus et quelques spécialités maison comme le foie gras, le cassoulet au confit de canard ou le saumon mariné aux 2 citrons, et la tarte Tatin. Le soir, beaucoup de touristes « canalistes ». Beau jardin et terrasse ombragée dès les beaux jours.

LIMOUX 11300

Carte régionale A2

🛏|●| *Grand Hôtel Moderne et Pigeon* *** – place du Général-Leclerc (Centre) ☎ 04.68.31.00.25. Fax : 04.68.31.12.43. ● www.chez.com/modpig/index.htm ● TV. Canal+. Satellite / câble. Resto fermé le lundi et le samedi midi. Congés annuels : du 30 novembre au 15 janvier. Accès : à côté de la poste. Belles chambres à 340 F (51,8 €) la double avec douche et wc, jusqu'à 420 F (64 €) avec bains, 520 F (79,3 €) avec 2 lits. Menus à 160 F (24,4 €) en semaine et le dimanche soir, à 180 et 235 F (27,4 et 35,8 €). Cette superbe maison fut un couvent, puis l'hôtel particulier d'une grande famille, puis une banque, avant de se transformer en hôtel au début du siècle! On ne le regrette pas. Remarquez les fresques du XVIIe siècle du bel escalier. Confortable et très bien tenu, mais cependant une adresse où l'on sait rester simple et ça, on aime beaucoup. Salle à manger au

LANGUEDOC-ROUSSILLON

décor raffiné et à l'ambiance feutrée. Le dernier menu est évidemment délicieux (terrine de langouste au coulis de homard, canard braisé à la limouxine, table des fromages, puis dessert). On peut aussi se contenter d'une flûte de blanquette dans la cave, repaire des joueurs de billard... En tout cas, saluez André pour nous ! *10 % sur le prix de la chambre pour au moins 2 nuits consécutives sauf juillet et août.*

LODÈVE   34700

Carte régionale B1

📥|●| *La Croix Blanche* ** – 6, av. de Funel ☎ 04.67.44.10.87. Fax : 04.67.44.38.33. Parking payant. TV. Resto fermé le vendredi midi. Congés annuels : du 1er décembre au 30 mars. Doubles avec lavabo à 150 F (22,9 €), avec douche et wc ou bains à 200 F (30,5 €). Menus de 70 à 160 F (10,7 à 24,4 €). On est accueilli par une imposante collection de cuivres : casseroles, bassines... L'endroit donne une bonne impression d'entrée. On imagine des générations de VRP et d'hommes d'affaires faisant étape ici et appréciant la franche hospitalité caussenarde. Chambres simples mais bon marché. Salle à manger où le temps semble s'être arrêté. Décor classique, un peu bourgeois, un soupçon rustique. Cuisine simple et copieuse. *Apéritif offert.*

📥|●| *Hôtel-restaurant de la Paix* ** – 11, bd Montalangue ☎ 04.67.44.07.46. Fax : 04.67.44.30.47. Parking payant. TV. Canal+. Satellite / câble. Fermé le dimanche soir et le lundi sauf du 1er mai au 1er octobre. Doubles de 250 à 300 F (38,1 à 45,7 €) avec bains. 1er menu à 80 F (12,2 €), sauf les jours de fête, menus suivants de 120 à 180 F (18,3 à 27,4 €). Menu enfant à 50 F (7,6 €). Demi-pension obligatoire en saison à 300 F (45,7 €) ; prix hors saison : 250 F (38,1 €). Une maison tenue par la même famille depuis 1887 ! Remis à neuf récemment. Propre et confortable, avec vue sur la montagne et sur la Lergue. Cuisine copieuse, sans innovation, mais de bonne facture. À la carte, vous pourrez déguster les spécialités de la maison : le flan de roquefort aux pignons, la fricassée de volaille fermière sauce parfumée aux cèpes, la poêlée de gambas flambées au whisky, la truite de Labeil.

|●| *Le Petit Sommelier* – 3, place de la République ☎ 04.67.44.05.39. ♿ Fermé le lundi et le mercredi soir (sauf du 1er juillet au 30 septembre). Congés annuels : vacances de la Toussaint. Accès : à côté de l'office du tourisme. Menus le midi en semaine à 60 F (9,1 €), puis de 75 à 160 F (11,4 à 24,4 €). Petite adresse sympa sans prétention, au décor simple de bistrot. Cuisine agréable.

Magret de canard aux pommes, moules tièdes à la crème de banyuls... Terrasse agréable. Accueil convivial et chaleureux. Pas étonnant que le Tout-Lodève s'y retrouve.

LUNEL   34400

Carte régionale B1

|●| *Auberge des Halles* – 26, cours Gabriel-Péri (Centre) ☎ 04.67.83.85.80. Fermé le dimanche soir et le lundi. Congés annuels : février. Formule du midi à 60 F (9,1 €). Menus de 95 à 140 F (14,5 à 21,3 €), avec un menu du dimanche à 110 F (16,8 €). Juste à côté des halles, ce restaurant bien connu ici propose une très honnête cuisine traditionnelle et de saison. Le menu du dimanche, élaboré selon le marché, nous a contentés : bouchée financière au ris de veau, bonne chaudrée du pêcheur (moules, baudroie, saumon) puis dessert maison. Quelques tables en terrasse, service féminin souriant. *Apéritif offert.*

MENDE   48000

Carte régionale B1

📥|●| *Hôtel GTM-restaurant La Caille* ** – 2, rue d'Aigues-Passes ☎ 04.66.65.01.39. TV. Canal+. ♿ Accès : dans la vieille ville. Doubles à 230 F (35,1 €) avec douche et wc, à 280 F (42,7 €) avec bains. Menus de 50 à 160 F (7,6 à 24,4 €). Le bar-tabac-restaurant *La Caille* au rez-de-chaussée, les chambres du *GTM* au-dessus, certes on la voit de loin l'affaire de M. Saleil, avec sa grosse enseigne et sa terrasse au carrefour. Mais ce n'est pas de l'attrape-touristes : on y trouve des chambres correctes et bien tenues. Une adresse d'ailleurs connue des VRP, habitués à l'accueil un peu bourru du patron. Au resto, bonne cuisine de brasserie.

📥|●| *Hôtel-restaurant du Pont-Roupt* *** – 2, av. du 11-Novembre (Est) ☎ 04.66.65.01.43. Fax : 04.66.65.22.96. Parking. TV. Satellite / câble. Resto fermé le dimanche soir et le lundi. Congés annuels : mars. Doubles avec douche et wc ou bains de 280 à 380 F (42,7 à 57,9 €). Menus le midi en semaine à 120 F (18,3 €), puis 148 à 260 F (22,6 à 39,6 €). Dans cette grosse maison au bord du Lot un peu à l'extérieur de la ville se cache un hôtel agréable. Décor moderne et sobre, mais sans fioriture. Chambres confortables, classiques, rénovées. Chouette piscine couverte. En cuisine, le patron, 4e génération de maître-queux, prépare des plats copieux, traditionnels ou plus recherchés : aligot et cailles au foie gras qui vous raviront. *10 % sur le prix de la chambre.*

❙●❙ *Le Mazel* – **25, rue du Collège (Centre)** ☎ 04.66.65.05.33. � Fermé le lundi soir et le mardi. Congés annuels : de fin février à début mars. Menus de 79 à 140 F (12 à 21,3 €). Un des rares immeubles modernes du centre de Mende. Le cadre n'est pas idéal mais la salle aménagée avec goût fait vite oublier ce petit détail. De plus, Jean-Paul Brun prépare une cuisine sobre et goûteuse avec des produits de qualité. Omelette aux truffes, tripoux au vin blanc, magrets aux mousserons, poisson frais, pièce de bœuf au roquefort... Un restaurant prisé pour les déjeuners d'affaires à Mende, et certainement le meilleur rapport qualité-prix en ville.

DANS LES ENVIRONS

CHABRITS 48000 (5 km O)

❙●❙ *La Safranière* – ☎ 04.66.49.31.54. � Fermé le dimanche soir et le lundi. Congés annuels : mars et 1 semaine en septembre. Accès : par la N88, prendre le pont Roupt puis tout droit par la D42. Menus à 95 F (14,5 €) en semaine, et de 140 à 260 F (21,3 à 39,6 €). Créée en 1997, *La Safranière* est certainement la table gastronomique qui manquait à Mende et ses environs. Dans cette ancienne bâtisse joliment restaurée, à la salle élégante et claire, on savoure une cuisine légère et délicate, finement relevée d'herbes, d'épices et d'aromates parfois exotiques : basilic, estragon, cumin, safran ou coco. Dans le second menu, qu'on a pris, des raviolis d'escargots d'Auxillac, un filet de canette sauce aigre-douce aux pignons de pin, d'honnêtes fromages puis une crème brûlée au thé de jasmin parfaite. Foi de routard devenu gros, ce fut excellent ! Vous vous en doutez, il est conseillé de réserver. *Café offert.*

PALHERS 48100 (29 km O)

❙●❙ *Le Moulin de Chaze* – **route de Mende** ☎ 04.66.32.36.07. Fermé le lundi (sauf les jours fériés). Congés annuels : du 1er au 15 octobre. Accès : par la N88, puis la N108 vers Marvejols. Menus de 110 à 220 F (16,8 à 33,5 €). Menu enfant à 60 F (9,1 €). Maison en pierre blanche qui pourrait rappeler l'Italie les jours d'été, où l'on mange sur la terrasse. Fauteuils et tables en fer forgé. À l'intérieur, pierres, poutres, tentures pour un ensemble cossu où l'on se sent bien. Cuisine agréable pleine de saveurs fraîches. Certes peu innovante, mais pas de fausse note. Service impeccable.

novembre à début mars. Accès : le long de la D996 et des gorges de la Jonte. Doubles avec douche et wc ou bains de 180 à 195 F (27,4 à 29,7 €). Menus de 60 à 170 F (9,1 à 25,9 €). Une grande maison de pays réputée dans la région pour sa bonne cuisine et son accueil familial. M. Vergely a deux salles, l'une plus touristique que l'autre. Nous vous conseillons celle des ouvriers et voyageurs de commerce car on y sert la meilleure cuisine à prix sympathiques. Au-dessus du resto et dans l'annexe donnant sur la Jonte, des chambres bien tenues, certaines, les plus chères, avec vue sur la rivière. Piscinette en prime. Une bien bonne adresse bon marché. *Digestif offert.*

🛏❙●❙ *Hôtel Family* ** – **rue de la Barrière (Centre)** ☎ 04.66.45.60.02. Fax : 04.66.45.66.54. Parking. TV. � Congés annuels : du 1er novembre à fin mars. Doubles de 210 à 235 F (32 à 35,8 €) avec douche et wc, et à 260 F (39,6 €) avec bains. Menus de 78 à 200 F (11,9 à 30,5 €). Une grande maison qui borde le torrent du village. Des chambres simples et bien tenues. On a une préférence pour celles du dernier étage. Prix raisonnables pour une cuisine sans surprise. Agréable jardin avec une piscine en face de l'hôtel. Il faut traverser un petit pont de bois. Accueil aimable. *10 % sur le prix de la chambre sauf de juillet à septembre.*

🛏❙●❙ *Hôtel du Mont Aigoual* ** – **rue de la Barrière** ☎ 04.66.45.65.61. Fax : 04.66.45.64.25. Parking. TV. Congés annuels : de début novembre à fin mars. Doubles avec douche ou bains de 270 à 460 F (41,2 à 70,1 €). Menu du terroir à 98 F (14,9 €), et menus gourmands : l'un à 150 F (22,9 €) avec 2 plats, fromage et dessert et l'autre à 200 F (30,5 €) avec 3 plats, fromage et dessert. La maison semble assez banale de prime abord. L'accueil énergique et charmant de Stella Robert, la belle piscine derrière l'hôtel, le jardin vaste, les chambres confortables et rénovées avec goût rassurent de suite. Cuisine sincère et succulente préparée par Daniel Lagrange avec des produits et des recettes du terroir. Salade d'endives et son croque-monsieur pain d'épices et roquefort, caillette de Meyrueis et sa confiture d'oignons, foie gras poêlé et sa purée de cocos, filet de canette aux épices douces, cargolade de petits-gris aux noix et jambon de pays... Une des très bonnes tables du département, à prix corrects et d'une grande régularité. *10 % sur le prix de la chambre en avril et octobre.*

MEYRUEIS 48150

Carte régionale B1

🛏❙●❙ *Hôtel de La Jonte* ** – ☎ 05.65.62.60.52. Fax : 05.65.62.61.62. Parking. TV. � Congés annuels : de fin

MÈZE 34140

Carte régionale B2

❙●❙ *Le Pescadou* – **33, bd du Port** ☎ 04.67.43.81.72. � Fermé le mardi soir et le mercredi. Congés annuels : janvier.

Accès : direction le port. Menus à 75 F (11,4 €) en semaine, et de 99 à 185 F (15,1 à 28,2 €). Une jolie terrasse sur le port, une salle spacieuse et bien décorée, avec des gravures et des bateaux et des plantes vertes qui donnent un côté frais et reposant à l'endroit. Très fréquenté par les gens du coin. Huîtres, moules farcies, lotte, seiche à la rouille, escargots de l'étang de Thau. Beaucoup de poissons également. *Café offert.*

MONT-LOUIS 66210

Carte régionale A2

≜ |●| *Hôtel-restaurant Lou-Roubaillou* – rue des Écoles-Laïques (Centre) ☎ 04.68.04.23.26. Fax : 04.68.04.14.09. Parking. TV. Resto fermé le mercredi hors saison. Congés annuels : en mai, octobre et novembre. Accès : dans les remparts, face à l'école communale. Doubles à 160 F (24,4 €) avec lavabo ; 250 F (38,1 €) avec douche et wc ; 340 F (51,8 €) avec bains. Menus de 125 à 195 F (19,1 à 29,7 €). La pension de famille de charme et de caractère comme on les aime : rustique, confortable et agréable. Accueil très chaleureux de la famille Duval, à commencer par celui de Christiane, *mamma* catalane à l'accent ensoleillé plein de poésie quand elle évoque la nature pyrénéenne, et qui n'hésite pas à vous appeler « mes petits ». On se sent chez soi, que ce soit dans le lit douillet d'une chambre coquette, ou dans la salle à manger soigneusement décorée. La cuisine de sa fille est authentique et fraîche. Ses spécialités : les aiguillettes de gibier aux cèpes (un régal : il les cueille lui-même), le civet de sanglier, le canard aux fruits à la sauce au miel ou les boles de Picolat (boulettes de viande à la catalane)... En hiver ne manquez pas l'*ollada*, la soupe paysanne de cerdagne et le hachis cerdan. Et toujours de délicieux champignons : d'où le nom du restaurant, le roubaillou étant un champignon qu'il faut savoir trouver dans la mousse, sous les sapinettes... « Qui vient ici et manque *Lou Roubaillou*, pour sûr qu'évidemment il n'ira pas à Diou. » Proverbe routard.

MONTPELLIER 34000

Carte régionale B2 – Plan pp. 430 et 431

≜ *Auberge de jeunesse* – rue des Écoles-Laïques (B1-1) ☎ 04.67.60.32.22. Fax : 04.67.60.32.30. ● www.fuaj.org ● Accueil de 8 h à minuit. Congés annuels : pendant les vacances de Noël. Accès : entrée par l'impasse de la Petite-Corraterie ; de la gare, bus nos 2, 5, 14, 16, arrêt « Ursulines ». 68 F (10,4 €) la nuit, petit déjeuner

compris. 19 chambres, soit 89 lits en dortoirs de 2 à 10 personnes. Tenue globalement correcte. Consigne gratuite. L'été, agréable terrasse-resto ombragée. Plats servis le soir. Sinon, bar de 18 h à minuit, baby-foot et billard. Accès réservé aux adhérents.

≜ *Hôtel Les Fauvettes* * – 8, rue Bonnard (A1-2) ☎ 04.67.63.17.60. Fax : 04.67.63.09.09. Congés annuels : du 20 juillet au 10 août et du 20 décembre au 5 janvier. Accès : bus n° 3. 140 F (21,3 €) la double avec lavabo et bidet ; d'autres à 170 F (25,9 €) avec douche, 190 F (29 €) avec douche et wc, et 230 F (35,1 €) avec bains, plus confortables. Notre meilleure adresse à Montpellier dans sa catégorie. L'hôtel le moins cher de la ville. Une petite maison dans une rue calme, tenue par un couple gentil. Les chambres, simples mais propres, sont tranquilles, et la plupart donnent sur une cour intérieure. On prend le petit déjeuner sous une véranda. Beaucoup d'habitués y descendent dès les beaux jours. Les prix ? Imbattables.

≜ *Hôtel Floride* ** – 1, rue François-Perrier (D3-5) ☎ 04.67.65.73.30. Fax : 04.67.22.10.83. TV. Canal+. Satellite / câble. Accès : proche de la gare et de la place de la Comédie. Chambres climatisées de 160 F (24,4 €) avec lavabo à 280 F (42,7 €) avec bains. Petit déjeuner à 25 F (3,8 €). Situé dans une rue calme, à deux pas du nouveau quartier d'Antigone. Annie et Joël vous accueilleront chaleureusement. On préférera les chambres qui donnent sur la terrasse, fleurie. Bon petit déjeuner. *Prix week-end d'octobre à avril.*

≜ *Hôtel Verdun-Colisée* ** – 33, rue de Verdun (C3-6) ☎ 04.67.58.42.63. Fax : 04.67.58.98.27. TV. Satellite / câble. Accès : à 100 m de la gare. Doubles de 165 F (25,2 €) avec lavabo à 280 F (42,7 €) avec bains. Donne sur une rue vivante mais pas bruyante. Chambres dans toutes les gammes de prix, refaites récemment et correctes. Bon accueil.

≜ *Hôtel des Étuves* – 24, rue des Étuves (B3-4) ☎ 04.67.60.78.19. Fax : 04.67.60.78.19. Parking. TV. Fermé le dimanche de 12 h à 18 h 30. Accès : derrière l'opéra « Comédie », place de la Comédie. Doubles avec douche et wc ou bains de 170 à 190 F (25,9 à 29 €). Pas le grand luxe mais un bon sans étoile, propre et gentil, avec plusieurs chambres rénovées. Et des prix raisonnables qui plairont aux routards. Pas mal dans sa catégorie. *10 % sur le prix de la chambre de novembre à mars.*

≜ *Hôtel Le Parc* ** – 8, rue Achille-Bège (hors plan B1-10) ☎ 04.67.41.16.49. Fax : 04.67.54.10.05. Parking. TV. ✗ Accès : de l'autre côté du Verdanson, à 300 m de la cathédrale. Doubles avec douche à 240 F (36,6 €), avec douche et wc ou bains de 305 à 380 F (46,5 à 57,9 €). Ancienne demeure languedocienne du XVIIIe siècle. Hôtel de charme dans un jardin très calme. Accueil gentil. Terrasses fleuries. Chambres confortables, propres et climatisées. Dommage toutefois que le jardin fasse aussi parking : on risque de prendre son petit déjeuner dans la verdure près des voitures. *10 % sur le prix de la chambre.*

🛏 *Citadines Antigone* ** – 588, bd d'Antigone (et place du Millénaire) (D2-9) ☎ 04.67.20.70.70. Fax : 04.67.64.54.64. Parking payant. TV. ♿ Réception ouverte de 7 h 30 à 21 h 30 en semaine, de 8 h à 12 h et de 14 h à 20 h les week-ends et jours fériés. Accès : à 300 m de la place de la Comédie, dans un bâtiment du quartier moderne dessiné par Bofil. 270 F (41,2 €) la studette, 320 F (48,8 €) le studio, 430 F (65,6 €) le deux-pièces et 570 F (86,9 €) le trois-pièces. Tarifs dégressifs à partir d'une semaine. Caution de 1 000 F (152,4 €) demandée. Des studios et des appartements, avec services hôteliers à la carte (changement de linge : ménage, petit déjeuner, etc.). Gros plus : il y a toujours une cuisine équipée, bonjour l'économie sur le budget resto ! Et, compte tenu du confort – celui d'un 2 étoiles, sans grand charme, mais fonctionnel, spacieux et propre –, l'un dans l'autre, on n'est pas volé. La différence avec l'hôtel traditionnel ? On peut vous téléphoner directement ou sonner à votre porte, comme à la maison.

🛏 *Hôtel de la Comédie* ** – 1 *bis*, rue Baudin (C2-8) ☎ 04.67.58.43.64. Fax : 04.67.58.58.43. TV. Canal+. Satellite / câble. Accès : à côté de la place de la Comédie. Doubles de 275 à 325 F (41,9 à 49,5 €) avec douche, wc et climatisation. Difficile de faire plus central comme situation. Bon hôtel tranquille tenu par un monsieur sympathique. Chambres rénovées, propres et accueillantes. Une bonne adresse.

🛏 *Hôtel Les Arceaux* ** – 33-35, bd des Arceaux (hors plan A2-7) ☎ 04.67.92.03.03. Fax : 04.67.92.05.09.

Parking. TV. Satellite / câble. Accès : derrière la promenade du Peyrou. Doubles avec douche et wc à 300 F (45,7 €), avec bains à 330 F (50,3 €). Une jolie maison avec perron, dans un jardin. Donnant de l'autre côté de l'aqueduc du XVIIe siècle, près des jardins du Peyrou. Atmosphère familiale. Chambres confortables, entièrement rénovées avec des couleurs fraîches et agréables. Les nos 102, 106, 202, 206 et 302 ont un balcon. Plusieurs chambres peuvent accueillir une 3e personne. Excellent rapport qualité-prix. *10 % sur le prix de la chambre.*

🛏 *Hôtel du Palais* ** – 3, rue du Palais-des-Guilhem (A-B2-12) ☎ 04.67.60.47.38. Fax : 04.67.60.40.23. TV. Accès : dans le centre historique. Doubles de 340 à 420 F (51,8 à 64 €) avec douche et wc ou bains, mini-bar et climatisation. Idéalement situé dans l'écusson, tout près d'une placette au calme, à 5 mn du centre. Très bel établissement du siècle dernier, hall d'entrée en peinture marbrée. Chambres coquettes, lumineuses, meublées de copies d'anciens, qui lui donnent un aspect provincial et chaleureux. Petit déjeuner excellent. Une très bonne adresse dans une ambiance familiale.

🛏 *Le Guilhem* *** – 18, rue Jean-Jacques-Rousseau (A1-13) ☎ 04.67.52.90.90. Fax : 04.67.60.67.67. TV. Satellite / câble. Accès : dans le centre historique. Doubles à 360 F (54,9 €) avec douche et wc, à partir de 400 F (61 €) avec bains et jusqu'à 700 F (106,7 €) pour les plus grandes. La maison se cache dans une petite rue pleine de charme. Les chambres donnent sur un jardin mystérieux digne des Feuillantines et, plus loin, sur la cathédrale. Les cloches rythment donc la vie mais, pas d'inquiétude, elles respectent votre sommeil. Récemment refait, avec beaucoup de goût. Chambres superbes où l'on se sent vraiment bien. Accueil adorable de M. et Mme Charpentier.

🛏🍴 *La Maison Blanche* *** – 1796, av. de la Pompignane (hors plan D1-14) ☎ 04.99.58.20.70. Fax : 04.67.79.53.39. Parking. TV. Satellite / câble. ♿ Resto fermé le dimanche et le samedi midi. Congés

🛏 **Où dormir ?**

1 Auberge de jeunesse
2 Hôtel Les Fauvettes
4 Hôtel des Étuves
5 Hôtel Floride
6 Hôtel Verdun-Colisée
7 Hôtel Les Arceaux
8 Hôtel de la Comédie
9 Citadines Antigone
10 Hôtel Le Parc

12 Hôtel du Palais
13 Le Guilhem
14 La Maison Blanche

🍴 **Où manger ?**

20 La Posada
21 La Table Sainte-Anne
22 La Crêperie des Deux Provinces

23 Le Bouchon Saint-Roch
24 Chez Marceau
25 La Tomate
26 L'Image
27 Isadora
28 La Bonne Bouille
30 Le César
31 Fazenda do Brasil
33 Maison de la Lozère
34 L'Olivier

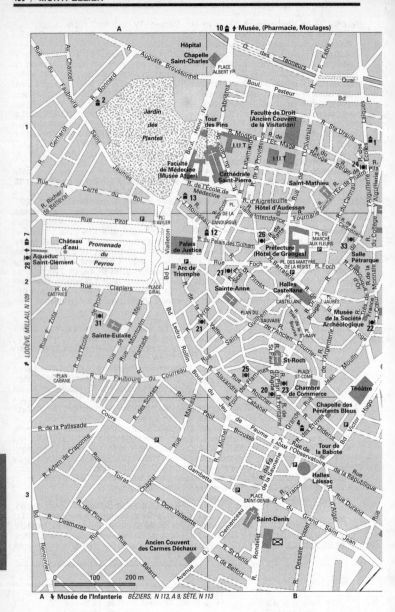

LANGUEDOC-ROUSSILLON

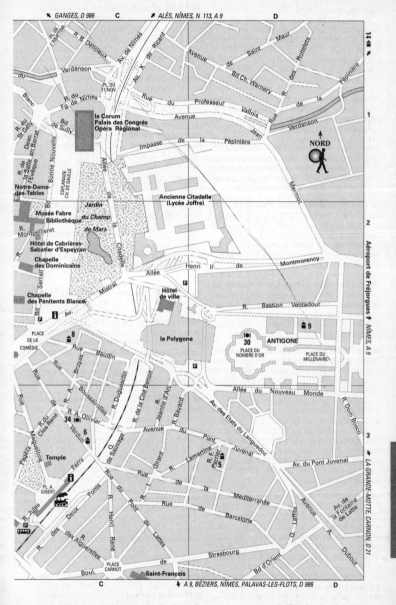

annuels : resto fermé du 23 décembre au 2 janvier. Accès : à l'angle du 46, rue des Salaisons. Doubles avec bains à 520 F (79,3 €). Menu à 120 F (18,3 €). Menu enfant à 60 F (9,1 €). Compter 225 F (34,3 €) à la carte. Dans un petit parc classé aux arbres plur’séculaires, une maison de style sudiste, digne des crinolines de Scarlett. Chambres spacieuses, équipées dans un style moderne où sont déclinés tous les tons de gris. Moquette moelleuse, confort total. C'est l'hôtel où descendent de nombreux artistes de passage en ville : William Scheller, Didier Lockwood, Alain Delon et notre Johnny national. Non seulement ils sont tranquilles, loin des hordes de fans, mais en plus l'endroit est calme. Le grand Sud mythique. *10 % sur le prix de la chambre du 15 septembre au 15 juin.*

|●| *La Crêperie des Deux Provinces* – 7, rue Jacques-Cœur (B2-22) ☎ 04.67.60.68.10. Ouvert de 11 h 45 à 14 h 15 et de 18 h 45 à minuit ; le samedi, non-stop de 11 h 45 à minuit. Fermé le dimanche. Congés annuels : juillet. Accès : derrière la Comédie. Formule à 40 F (6,1 €) le midi, et menus de 60 à 75 F (9,1 à 11,4 €). Serveurs aimables et alertes, ambiance de cantine, crêpes et salades bonnes et copieuses (telle la salade aux Saint-Jacques). Grand choix (environ 160 crêpes !) et prix populaires. Une salade ou une crêpe puis un dessert suffisent pour déjeuner.

|●| *La Posada* – 20, rue du Petit-Saint-Jean (B2-20) ☎ 04.67.66.21.25. Menu express à 50 F (7,6 €) avec entrée, plat et dessert, autres menus de 69 et 115 F (10,5 et 17,5 €). Menu enfant à 36 F (5,5 €). Très gros succès pour cette jeune adresse qui s'impose dans le créneau bon marché grâce à des produits de saison, des recettes simples et sûres (moules à la crème d'ail, aubergines grillées aux anchois, paella), du fait main (frites coupées à la hache) et de bonnes portions. Jolie terrasse sur la placette et petite salle bondée. Prudent de réserver.

|●| *La Tomate* – 6, rue du Four-des-Flammes (B2-25) ☎ 04.67.60.49.38. Fermé le dimanche et le lundi. Menus du jour en semaine le midi à 50 F (7,6 €), le soir à 62 F (9,5 €), puis à 75 F (11,4 €) avec cailles à la vigneronne, et 117 F (17,8 €). Vins régionaux bon marché et le quart à 6 F (0,9 €) ! Café à 7 F (1,1 €). Trois petites salles lambrissées dans ce resto connu depuis des lustres par les Montpelliérains qui y vont pour le menu du jour, genre « charcutailles », poulet à la diable et tarte aux fraises, ou les spécialités, notamment les moules à la narbonnaise ou la crêpe aux fruits de mer. Le menu du soir, soupe de poisson et cassolet. Une cuisine généreuse et l'inimitable tour de main d'un cuistot titulaire d'une « Poêle d'Or 1970 », ça ne s'invente pas.

|●| *Le Bouchon Saint-Roch* – rue du Pan-d'Agde (B2-23) ☎ 04.67.60.94.18. Fermé le dimanche midi. Trois menus de 50 à 98 F (7,6 à 14,9 €) servis midi et soir. Une petite terrasse dans une rue calme, une cuisine de maman, simple et chaleureuse, et sa fille souriante au service, on a bien aimé *Le Bouchon Saint-Roch*. Plats savoureux : cassoulet aux fruits de mer, civet de porcelet en croûte, poêlée de la mer, coquilles Saint-Jacques au foie gras, c'est bon !

|●| *La Bonne Bouille* – 6, bd des Arceaux (hors plan A2-28) ☎ 04.67.52.94.27. ♿ Fermé le samedi midi et le dimanche. Accès : à 50 m de la promenade du Peyrou, le long de l'aqueduc. Formule TGV le midi à 55 F (8,4 €) avec poisson, dessert, quart de vin, et une formule gril à 70 F (10,7 €). Menu à 110 F (16,8 €). Du poisson et encore du poisson dans cette *Bonne Bouille* à l'ambiance toute sétoise (grandes peintures murales aux tons vifs à la Di Rosa). Bon menu avec par exemple une salade de moules et poivrons rouges puis un méli-mélo de poissons grillés qu'on avale sans se plaindre. En été, petite terrasse ombragée.

|●| *La Table Sainte-Anne* – 20, rue Terral (A2-21) ☎ 04.67.60.45.35. Fermé le dimanche midi. Menus à 55 F (8,46 €) le midi et à 90 F (13,7 €) le soir. Gentille petite table proposant un menu le midi avec quart de vin compris. Menu plus élaboré le soir, et carte. Cadre agréable et rustique, bonhomie de l'accueil, qualité de la cuisine (tartare de saumon et brandade d'asperges, carré d'agneau *a pisto*). Cuisine provençale.

|●| *Chez Marceau* – 7, place de la Chapelle-Neuve (B1-24) ☎ 04.67.66.08.09. ♿ Fermé le dimanche en hiver, le dimanche midi uniquement en été. Petit menu à 59 F (9 €) en semaine servi jusqu'à 20 h 30, tout à fait revigorant. Le soir, menus de 74 à 109 F (11,3 à 16,6 €). À la carte, compter 100 F (15,2 €). Sur une délicieuse placette ombragée de platanes, un bistrot-resto en terrasse, parfait pour déjeuner. Petite cuisine simple et bien faite, pas chère et copieuse, mais qui souffre de temps à autre de baisses de régime. Beau magret de canard à l'orange, soupe au pistou à la provençale, beaucoup de poissons frais (filets de rouget en poivronnade, filets de loup sauce au noilly). *Apéritif offert.*

|●| *Restaurant L'Image* – 6, rue du Puits-des-Esquilles (B2-26) ☎ 04.67.60.47.79. ♿ Fermé le dimanche. Congés annuels : du 15 juillet au 15 août. Accès : non loin de la préfecture. Menu en semaine à 75 F (11,4 €), autres menus de 99 à 129 F (15,1 à 19,7 €). Les claustrophobes préféreront la petite salle du haut. Un des repaires montpelliérains. Cuisine simple et généreuse aux saveurs du midi, dans un cadre en pierre typique du vieux Montpellier. La salle est recouverte de belles affiches. Quelques spécialités comme les fondues : bourguignonne, landaise ou savoyarde, les pierrades et le croustillant de magret de canard au miel et aux poires. Soirées musicales. *Calvados offert.*

IOI *Isadora* – 6, rue du Petit-Scel (B2-27) ☎ 04.67.66.25.23. Fermé le samedi midi et le dimanche, ainsi que le lundi midi et le dimanche en juillet-août. Accès : dans le centre historique. Menu le midi en semaine à 80 F (12,2 €), menus suivants de 130 à 260 F (19,8 à 39,6 €). Encore une superbe salle voûtée du XIIIe siècle au décor Art déco, en sous-sol, où l'on apprécie sans réserve les délicieuses spécialités de la mer. Cuisine fine, servie avec délicatesse par un hôte qui sait soigner ses clients : salade de cailles confites, foie gras mariné au muscat beaumes-de-venise, tournedos rossini, loup farce fine et basilic. Une table qui fait l'unanimité à Montpellier. Terrasse en été autour de la fontaine place Sainte-Anne.

IOI *La Diligence* – 2, place Pétrarque ☎ 04.67.66.12.21. Fermé le samedi midi et le dimanche. Congés annuels : les 3 dernières semaines d'août. Menu le midi à 89 F (13,6 €), menus suivants à 155 et 259 F (23,6 et 39,5 €). Menu enfant à 50 F (7,6 €). Compter 200 F (30,5 €) pour un repas complet à la carte avec boisson. Bien situé dans l'Écusson (le centre ancien) et partageant les murs du bel hôtel *Pétrarque*, ce restaurant dispose d'un cadre superbe, pierres et nobles voûtes. On y déguste une très honnête cuisine classique, dans un menu complet, le second : nous avons apprécié la tête de veau ravigote, puis le foie de veau sauce au miel (nos voisins par ailleurs semblaient se délecter d'une lotte aux écrevisses). En fromage, un vrai brie (rare sous ces latitudes !), puis bon dessert maison. Service compétent. Prudent de réserver, les vendredis et samedi soir surtout.

IOI *Fazenda do Brasil* – 5, rue de l'École-de-Droit (A2-31) ☎ 04.67.92.90.91. Ouvert le soir uniquement et fermé le dimanche toute la journée. Accès : au pied du Peyrou et juste en face du nouveau tribunal régional. Cinq formules différentes en fonction de l'appétit et du porte-monnaie : à 90 F (13,76 €) avec carré de porc mariné au citron vert, 93 F (14,2 €) avec rumsteak au gros sel, 95 F (14,5 €) avec 4 viandes, 115 F (17,56 €) avec 6 viandes et 155 F (23,6 €) avec 9 viandes à volonté. On ne s'est pas trop attardé sur le cadre simple et coloré. On a l'impression d'être transporté là-bas. Sentiment renforcé lorsqu'arrivent les assiettes. Spécialités de *churrascos* – viandes grillées au feu de bois accompagnées, à volonté, de manioc, de *feijaos* (haricots noirs brésiliens), d'oignons et de bananes frites. Service un peu long (viandes servies au fur et à mesure : les accompagnements refroidissent). Quelques découvertes à faire dans les vins argentins et chiliens. Et la meilleure *piña colada* qu'on connaisse…

IOI *Le César* – place du Nombre-d'Or, Antigone (D2-30) ☎ 04.67.64.87.87. Service jusqu'à 22 h 30. Fermé le samedi. Congés annuels : entre Noël et le Jour de l'An. 1er menu à 90 F (13,7 €). Menu languedocien à 118 F (18 €), un dernier menu à 175 F (26,7 €). Dans le genre brasserie, *Le César* se tient et on peut y tâter un menu languedocien tout à fait bien, avec fondants de volailles capion en entrée, puis aïolli de morue fraîche ou gardiane de *toro*, et desserts maison. Le 1er est plus commun. Animations également avec chaque 1er vendredi du mois (sauf juillet-août) la réunion du club Marie Sara, reine de la *rejeneadora* (corrida à cheval), ou encore le café des femmes le 1er lundi de chaque mois, à 18 h 30. Grande terrasse sur la place du Nombre-d'Or. Une bonne adresse à Antigone.

IOI *Maison de la Lozère* – 27, rue de l'Aiguillerie (B2-33) ☎ 04.67.66.46.36. Service de 12 h 15 à 14 h et de 20 h à 22 h. Fermé le dimanche et le lundi midi. Congés annuels : la 1re semaine de janvier et les 2 premières semaines en août. Menu le midi à 135 F (20,6 €), menus suivants à 185 et 250 F (28,2 et 38,1 €). Destinées à promouvoir les produits lozériens, cette maison et sa petite sœur, qui officie à Paris, réussissent leurs missions à merveille. En entrant, on entend déjà hurler les loups, gronder les torrents et pousser les champignons. Cuisine à la hauteur. Dans la superbe salle voûtée du sous-sol, on déguste un 1er menu comprenant, tenez-vous bien, une cassolette de chèvre au vin de maury ou un foie de veau servi froid et son mesclum fraîcheur, une entrecôte grillée ou le magret de canard et un somptueux plateau de fromages ou la soupe de pêche granité au muscat. Avec le suivant (le soir)... hmm... on tombe de plaisir. C'est aussi une épicerie fine de haute volée. Plein de produits à rapporter à la maison. Beau choix de vins du Languedoc sélectionnés avec intelligence. *Café offert.*

IOI *L'Olivier* – 12, rue Aristide-Ollivier (C3-34) ☎ 04.67.92.86.28. Fermé le dimanche, le lundi et les jours fériés. Congés annuels : août. Menus à 180 et 198 F (27,4 et 30,2 €). À la carte, compter 250 F (38,1 €) environ. Cadre moderne et bourgeois, un peu nouveau riche. Cuisine d'une grande finesse que les bonnes bouches de la ville connaissent bien. On travaille aussi bien le poisson que les viandes : queues de langoustines rôties sur une fraîcheur de homard et galettes de sarrasin, tarte renversée de pommes de terre farcie au foie gras sauce truffes, filet d'agneau en croûte et croquettes d'ail au basilic, savarin tiède et son ananas rôti vanille liquide crème glacée au coco, décasyllabes appétissants, n'est-ce pas ? Raffinement des sauces, soin de la présentation, patronne rythmant le service avec efficacité. Une bonne et belle table sans défaut qui laisse à vos papilles gustatives des souvenirs impérissables. *Apéritif offert.*

DANS LES ENVIRONS

MAUGUIO 34130 (10 km E)

|●| Le Patio – **impasse Molière (Centre)** ☎ 04.67.29.63.90. Fermé le samedi midi et le dimanche midi du 1er octobre au 31 mars ; et le lundi soir toute l'année. Accès : par la D24, impasse située dans la Grand-Rue. Menus le midi en semaine à 69 F (10,5 €), le soir à 100 F (15,2 €). À la carte, compter 130 F (19,8 €) environ. Menu enfant à 59 F (9 €). Dans une ancienne cave à vins, un petit resto à l'ambiance méditerranéenne. Salle assez kitsch en mobilier de récupération. Au milieu, comme un trône, le gril sur lequel cuisent magrets, gambas, taureau, poissons frais… Excellente gardiane. En été, terrasse dans la cour. *Café offert.*

LAURET 34270 (30 km N)

🏠|●| L'Auberge du Cèdre – **domaine de Cazeneuve** ☎ 04.67.59.02.02. Fax : 04.67.59.03.44. ● aubergeducedre@yahoo. com ● Restaurant ouvert du vendredi soir au dimanche soir compris. Congés annuels : de janvier au 21 mars. Accès : prendre la D17, direction Quissac. Des chambres pour 2, 3 ou 4 au confort simple mais correct (sanitaires à l'étage, bonne literie, tons reposants) à 105 F (16 €) par personne, petit déjeuner compris et 130 F (19,8 €) durant les vacances scolaires. Aire naturelle de camping à 35 F (5,3 €) par adulte. Menu à 135 F (20,6 €) servi le soir les week-ends. Un menu en semaine à 70 F (10,7 €) pour les résidents seulement. Sinon, compter 150 F (22,9 €) pour un repas. Très bel endroit que cet ancien domaine viticole transformé en hôtel-restaurant-gîtes-camping (avec la piscine !). À table, une assiette du *caminaïre* (marcheur) pleine de saucisson d'Arles, de terrine au genièvre, de coppa et de chorizo, ou encore un croustillant de saumon aux figues et au miel succulent, un gigot d'agneau à l'ail. Nombreux et bons vins du Sud, au verre si on veut. Une bien bonne adresse donc, dont Constance, une Allemande parmi nos lectrices, nous a écrit (avec l'accent et les fautes, adorables) : « Je sais que vous publie des belles places a France pour faire des vacances (…) C'est *L'Auberge du Cèdre*. Cette une si jolie place et pas du tout cher. Les maitres de maison sont très polie. Les diners sont gourmands… Vraiment une petite paradis dans cette région… » Si Constance nous le dit, on publie ! *10 % sur le prix de la chambre hors saison.*

NARBONNE 11100

Carte régionale A2

🏠 Hôtel de France ** ** – **6, rue Rossini (Centre) ☎ 04.68.32.09.75. Fax : 04.68.65.50.30. Parking payant. TV. Doubles avec cabinet de toilette à 140 F (21,3 €) ; de 230 à 250 F (35,1 à 38,1 €) avec douche et wc. Dans une rue tranquille à côté des halles, cette jolie maison du début du siècle dispose de chambres propres et assez confortables. Accueil simple et cordial.

🍴 Will's Hôtel ** ** – **23, av. Pierre-Sémard (Centre) ☎ 04.68.90.44.50. Fax : 04.68.32.26.28. Parking payant. TV. Canal+. 🐾 Congés annuels : du 25 décembre au 2 janvier. Accès : dans l'avenue en face de la gare. Doubles à 180 F (27,4 €) avec lavabo, de 200 à 220 F (30,5 à 33,5 €) avec douche et wc, et à 250 F (38,1 €) avec bains. La belle façade de cette maison bourgeoise transformée en hôtel met en confiance. L'accueil amical du patron conforte cette impression. Chambres rénovées, propres, aux couleurs pastel, sans trop d'originalité. Prix raisonnables.

🏠 Hôtel Le Lion d'Or ** ** – **39, av. Pierre-Sémard (Sud-Est) ☎ 04.68.32.06.92. Fax : 04.68.65.51.13. Fermé le dimanche hors saison. Accès : face à la gare. Doubles à 220 F (33,5 €) avec bains. Un petit 2 étoiles qui est dans la famille depuis 1936 ! Certaines chambres avec télé, et certaines à literie fatiguée. La dame des lieux est sommelière et préside de nombreux jurys de dégustation. On la surnomme dans la région « mamie alambic » ! Elle vous fera découvrir de fameux vins du pays ou d'ailleurs, à prix doux. Les routards avertis ne manqueront pas de lier conversation, elle est intarissable sur les vins de sa chère région. Cependant, on n'aime pas du tout la façade d'un vert à hurler. *10 % sur le prix de la chambre en juillet-août.*

|●| Le Petit Comptoir – **4, bd du Maréchal-Joffre (Centre)** ☎ 04.68.42.30.35. Fermé le dimanche et le lundi. Congés annuels : 15 jours en février, 15 jours en juin et 1 semaine en novembre. Menu le midi à 98 F (14,9 €), autres menus à 148 et 178 F (22,6 et 27,1 €). À la carte, compter 250 F (38,1 €). Autant réserver car ce resto-bistrot est devenu à la mode grâce à son cadre plaisant et à son patron enjoué toujours attentif au choix de ses produits. On y trouvera, entre autres, filet de daurade en lasagnes de courgettes et d'aubergines, confit de canard belle vigneronne, blanquette de lotte safranée... Mais le chef joue la carte de la « cuisine spontanée » et il modifie ses menus en fonction des arrivages. Une bonne petite adresse.

DANS LES ENVIRONS

VINASSAN 11110 (6 km E)

I●I *Auberge La Potinière* – **1, rue des Arts** ☎ 04.68.45.32.33. Fermé le mercredi midi (toute la journée hors saison) et le samedi midi. Congés annuels : 3 semaines en janvier-février. Accès : route de Narbonne-plage puis à gauche par la D68, ou, plus loin, la D31. Le restaurant est au centre du village. Menus de 85 à 235 F (13 à 35,8 €). Une petite auberge au cadre coquet et au service attentionné, où le chef compose une savoureuse cuisine régionale. Premier menu « Daudet » avec soupe de poisson, volaille fermière aux cèpes et lardons, fromage et mousse au chocolat (à la cuillère) ; le suivant, dit « Pagnol », comporte poisson et viande (saumon à la provençale, rosette d'agneau au miel). Un bon rapport qualité-prix vraiment. Une trentaine de couverts seulement, prudent de réserver. *Apéritif offert.*

BAGES 11100 (8 km S)

I●I *Le Portanel* – **dans le village** ☎ 04.68.42.81.66. Fermé le dimanche soir et le lundi (sauf juillet et août). Congés annuels : la 1re quinzaine de février. Accès : route de Perpignan (N9), puis à gauche vers l'étang de Bages. Menus à 90 F (13,7 €) en semaine, puis de 130 à 285 F (19,8 à 43,4 €), avec à 220 F (33,5 €) le « menu anguilles ». Au cœur de ce village de pêcheurs, perché sur sa colline entre mer et garrigue, face à l'étang de Bages, *Le Portanel* est une adresse discrète, aux deux petites salles claires (par les fenêtres, vue sur l'étang qu'on domine) et élégantes. Produits de la mer (que Didier Marty, le patron-pêcheur, a pris dans ses filets) et cuisine finement travaillée sous la conduite de Rosemary son épouse. Avons tâté le second menu, « Autour de l'étang » : mousse de crabe et mise en bouche, *cappuccino de cranquet* (quel délice !), gougeonnette de *lessou* au jus de coriandre et

endivettes, puis une pâtisserie maison parfaite. Spécialité d'anguilles dans un formidable menu, où on les déguste en sept plats successifs (sautées, « au vert », à la narbonnaise, en bourride, en civet, etc.) avant de conclure par un « dessert des garrigues ». Service aimable et diligent. Une halte gastro valant le détour. Entre autres, création de deux caves à vin. Carte régionale des vins avec 250 références. *Digestif offert.*

NASBINALS 48260

Carte régionale A1

🛏I●I *Hôtel-restaurant La Route d'Argent* **★★** – **route d'Argent** ☎ 04.66.32.50.03. Fax : 04.66.32.56.77. Parking. TV. ♿ Accès : pas difficile à trouver, c'est la grande maison à côté de l'église et du parking du village. Doubles avec douche et wc ou bains de 200 à 260 F (30,5 à 39,6 €). Menu en semaine à 65 F (9,9 €), suivants de 95 à 160 F (14,5 à 24,4 €). Le maître des lieux, Pierre Bastide, est intarissable en histoires sur le pays. Mais c'est probablement un de ses fils, Bernard ou Daniel, que vous verrez à la réception, dans un coin du bar. Ici, l'accueil reste sympathique et chaleureux. Bastide, en Aubrac, tout le monde connaît cette institution. La cuisine du chef est des plus copieuses : omelette aux cèpes, confit de canard, ris de veau, chou farci, truffade et, bien sûr, l'aligot du père Bastide. Tout ça dans une ambiance villageoise et familiale. Le matin, au petit déjeuner (qu'on prend au bar), on rencontre le gendarme, le curé, le facteur, le marchand de bestiaux... Bref, on dirait que tout Nasbinals a rendez-vous chez le père Bastide. Pour ceux qui aiment les ambiances un peu plus cossues, la famille a ouvert un autre hôtel, 3 étoiles mais à peine plus cher, un peu à l'extérieur de la ville. Son nom : *Le Bastide*, évidemment.

NÎMES 30000

Carte régionale B1 – Plan pp. 436 et 437

🛏I●I *Auberge de jeunesse* **★★★** – **chemin de la Cigale (hors plan A2-1)** ☎ 04.66.23.25.04. Fax : 04.66.23.84.27.

🛏 Où dormir ?

1 Auberge de jeunesse
2 Hôtel Terminus Audrans
3 Cat Hôtel
4 Hôtel Royal
5 Hôtel Clarine-Plazza
6 Hôtel de la Maison Carrée

7 Hôtel de l'Amphithéâtre
8 Hôtel Imperator Concorde
9 L'Orangerie

I●I Où manger ?

10 Au Flan Coco
11 La Truye qui Filhe

12 La Belle Respire
13 Nicolas
14 L'Ancien Théâtre
15 La Casa Don Miguel
16 Ophélie
17 Le Vintage Café
18 Marie-Hélène
19 Le Magister
20 Le Bouchon et l'Assiette
21 Chez Jacotte

LANGUEDOC-ROUSSILLON

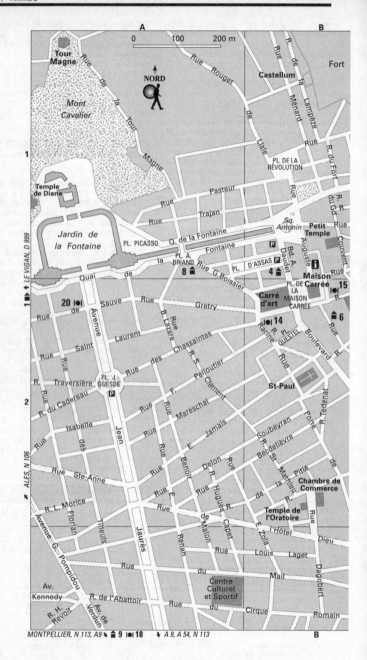

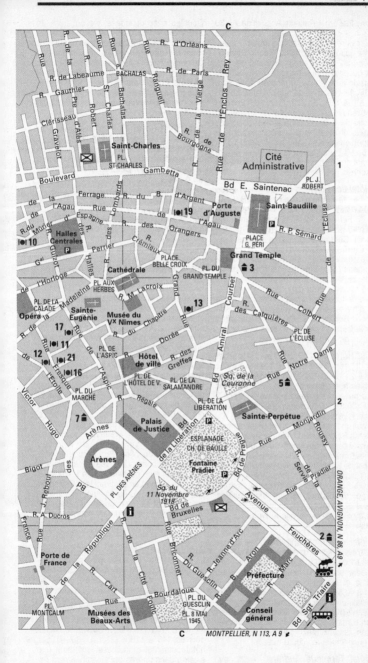

● www.fuaj.org ● Parking. Accueil de 7 h 30 à 23 h. Obtention d'une clef électronique pour rentrer à l'heure que vous voulez. Fermé jusqu'en avril 2000 pour travaux. Accès : à 2 km du centre, sur une des collines qui entourent Nîmes ; fléché à partir du jardin de la Fontaine ; au départ de la gare SNCF, le bus n° 2 (direction Alès). 50 F (7,6 €) la nuit. En été, réservez. Entièrement rénovée, l'auberge est aménagée en dortoirs de 4 lits. Cuisine à disposition des usagers et machine à laver. Possibilité de camper également sous les oliviers. Location de VTT pour visiter la ville ou se rendre au pont du Gard. Minibus pour chercher les personnes à la gare après 20 h.

🏠 **Hôtel de la Maison Carrée** ** – 14, rue de la Maison-Carrée (B2-6) ☎ 04.66.67.32.89. Fax : 04.66.76.22.57. TV. 🍴 Fermé le dimanche après-midi de 14 h à 17 h. Doubles de 150 à 230 F (22,9 à 35,1 €). Central, à 50 m de la romaine Maison Carrée, cet établissement de confort modeste dispose de chambres joliment arrangées (déco bien fraîche, frises d'olives et de cigales) et propres. Tout en haut, petite terrasse pour petit déjeuner, vue sur la mer de tuiles (à ne pas confondre avec la mer d'huile) romaines... comme la Maison Carrée. Bon accueil. *Petit déjeuner offert pour séjours de plus de 3 jours et pour les groupes de plus de 5 personnes.*

🏠 **Cat Hôtel** ** – 22, bd Amiral-Courbet (C1-3) ☎ 04.66.67.22.85. Fax : 04.66.21.57.51. Parking payant. TV. Doubles avec douche à 159 F (24,2 €), wc sur le palier, avec douche et wc ou bains à 199 F (30,3 €). Petit déjeuner à 25 F (3,8 €), boisson à volonté. Garage à 30 F (4,6 €). Les patrons, des Ch'tis, n'ont pas craint de quitter la froidure et la pluie pour venir ici et se lancer dans l'hôtellerie. Nouveau « pays », nouveau métier, nouvelle vie, et une réussite car ce *Cat Hôtel* est sympa comme tout, bien rénové et bon marché. Voyez vous-mêmes : déco propre et coquette, double-vitrage, ventilateur, ils ont bien fait les choses et n'arnaquent pas le touriste. Bon vent au *Cat Hôtel*, et vive le Nord-Pas-de-Calais !

🏠 **Hôtel de l'Amphithéâtre** ** – 4, rue des Arènes (B2-7) ☎ 04.66.67.28.51. Fax : 04.66.67.07.79. TV. Congés annuels : du 20 décembre au 31 janvier. Doubles avec douche et wc ou bains de 230 à 265 F (35,1 à 40,4 €). À 30 m des arènes, un hôtel bien calme installé dans une grande maison ancienne (XVIIIe siècle). Déco un peu vieillissante mais propre et literie confortable. Patron distant mais courtois. Bon petit déjeuner (buffet, confiture maison).

🏠 **Hôtel Terminus Audrans** – 23, av. Feuchères (C3-2) ☎ 04.66.29.20.14. Fax : 04.66.29.08.24. Parking. TV. Canal+. 🍴

Doubles avec douche et wc ou bains de 240 à 260 F (36,6 à 39,6 €). Juste face à la gare, un petit hôtel situé au fond d'une cour joliment décorée de jeunes palmiers. Confort correct, et l'impression que le client est soigné et servi par un personnel à l'écoute. Les chambres du haut sont un peu plus petites mais moins chères. *10 % sur le prix de la chambre du 30 septembre au 1er avril.*

🏠 |●| **Hôtel Royal** *** – 3, bd Alphonse-Daudet (B1-4) ☎ 04.66.58.28.27. Fax : 04.66.58.28.28. Parking payant. TV. Resto fermé le dimanche et le lundi. Accès : face à la Maison Carrée. Doubles avec douche et wc à 280 F (42,7 €), avec bains de 350 à 480 F (53,4 à 73,2 €). Menu le midi en semaine à 59 F (9 €). À la carte, compter 130 F (19,8 €). La plupart des chambres donnent sur la place d'Assas, calme et piétonne, bien aménagée par le plasticien Martial Raysse qui y a construit une fontaine ésotérique dédiée à Nemausus. Dans l'hôtel, pas mal de comédiens et artistes de passage, assistants de toreros, tous séduits par l'accueil et l'ambiance. Agnès Varda, Bellochio, Chambaz y viennent. Clémentine Célarié aime la n° 21. Chambres à la déco et au confort variés, souvent agréables et charmantes, à prix corrects. Une bien bonne adresse. La *Bodeguita* propose des spécialités méditerranéennes et des *tapas*. *Petit déjeuner, apéritif offerts.*

🏠 **Hôtel Clarine-Plazza** ** – 10, rue Roussy (C2-5) ☎ 04.66.76.16.20. Fax : 04.66.67.65.99. TV. Canal+. Accès : à 2 mn des musées et du centre ancien, sur la droite du bd A.-Courbet, après le *Flunch* à droite. Doubles de 330 à 350 F (50,3 à 53,4 €). Dans une rue paisible à 2 mn de la vieille ville. Dans une vieille maison nîmoise dont plusieurs chambres ont été rénovées ainsi que la réception. Bon accueil du propriétaire. 28 chambres climatisées. Décoration bleue, rose ou beige selon les étages que l'on parcourt en admirant les affiches de corrida ou d'opéra. Au 4e étage, les chambres n°s 41 et 42, avec petite terrasse, sont très sympathiques et ont vue sur les vieux toits de tuiles. Une bonne adresse. *10 % sur le prix de la chambre sauf lors des férias.*

🏠 |●| **L'Orangerie** *** – 755, tour L'Évêque (hors plan A3-9) ☎ 04.66.84.50.57. Fax : 04.66.29.44.55. Parking. TV. Canal+. Satellite / câble. 🍴 Accès : du centre, prendre direction A9 aéroport ; puis à gauche au rond-point Kurokawa (RN86). Doubles à 390 F (59,5 €), côté jardin, et 420 F (64 €), côté piscine. Menus de 110 F (16,8 €), le midi en semaine, puis de 145 à 175 F (22,1 à 26,7 €). Un hôtel-restaurant moderne et charmant (ça existe), dans un très bel environnement de parc avec piscine. Professionnalisme de l'accueil et de l'entretien, chambres coquettes et personnalisées, et niveau de confort trois étoiles (climatisation). Ajoutons à cela des prix raisonnables, et voici une adresse qui se tient. Préférer les chambres nos 9, 15 et 32 avec bain à remous. Fait aussi restaurant, satisfaisant voire très satisfaisant paraît-il. *Apéritif offert.*

≘|●| Hôtel Imperator Concorde **** – 15, rue Gaston-Boissier (A1-8) ☎ 04.66.21.90.30. Fax : 04.66.67.70.25. Parking payant. TV. Canal+. Satellite / câble. On peut s'offrir une nuit à l'*Imperator Concorde* pour la somme de 550 F (83,8 €) en hiver, mais jusqu'à 1 000 F (152,4 €) pendant les férias (de toutes façons, il est alors complet). Formule à 145 F (22,1 €). Ensuite, menus de 170 à 360 F (25,9 à 54,9 €). Très bel établissement dont la façade côté rue ne paie pas trop de mine, ne laisse en tout cas pas deviner le superbe jardin – un véritable parc – agrémenté d'une fontaine, et d'un bar en terrasse. Impeccable pour un *drink* ou un thé. Chambres superbes, de grand confort. Dans l'une passa Hemingway, et régulièrement une Américaine la loue, y retrouvant peut-être quelque chose de son idole littéraire – on le lui souhaite. Notez, dans le hall, le bel ascenseur : de 1929 et de marque Otis, il est classé et n'est *jamais tombé en panne* : extraordinaire, non ? Le restaurant, avec la formule (petite entrée, plat, dessert, verre de vin), est une des très bonnes tables nîmoises. *10 % sur le prix de la chambre sauf mai, septembre et décembre.*

|●| La Casa Don Miguel – 18, rue de l'Horloge (B2-15) ☎ 04.66.76.07.09. Fermé le dimanche (ouvert à partir d'avril). Formule à 54 F (8,2 €) avec 3 *tapas* et une boisson ou café. Assiette de *tapas* : 18 F (2,7 €). Grandes assiettes du jour : de 28 à 75 F (4,3 à 11,4 €). Bonne ambiance et cadre sympa dans cette *bodega* assez centrale et proposant un grand choix de *tapas* tout à fait correctes, froides, chaudes, salées ou sucrées. Différentes formules économiques. Service tardif (jusqu'à minuit - 1 h) et bonne *piña colada* (la sangria et le *fino* sont bien aussi, mais attention, pas d'alcool sans *tapas*). Les vendredi et samedi, ouvert tard, jusqu'à 3 h du matin, avec soirées à thème (jazz, flamenco, salsa...). *Apéritif offert.*

|●| Restaurant La Truye Qui Filhe – 9, rue Fresque (B2-11) ☎ 04.66.21.76.33. Fermé le soir et le dimanche. Congés annuels : août. Accès : entre les arènes et la Maison Carrée. « Plateau » à 49 F (7,5 €). Menu à 54 F (8,2 €). Un self-service où l'on mange sous de belles voûtes en pierre du XIVe siècle. L'endroit n'a rien d'aseptisé, au contraire ; on peut même y manger dans un charmant patio. Jean-Pierre Hermenegilde y concocte un plateau (plat chaud et dessert), composé selon les recettes du terroir

comme la rouille du pêcheur ou le feuilleté de brandade. En 1400, il y avait ici une auberge déjà réputée. Certains soirs, on pouvait y coucher dans la chambre de l'Ange...

|●| Restaurant La Belle Respire – 12, rue de l'Étoile (B2-12) ☎ 04.66.21.27.21. Fermé le mercredi. Congés annuels : janvier. Accès : entre la place du Marché et la Maison Carrée. Carte du jour uniquement, compter 150 F (22,9 €). L'été, menus à 69 F (10,5 €) le midi, 128 F (19,5 €) le soir. *La Belle Respire*, quel nom ! Jusqu'en 1966, ce fut une maison close. Ce véritable bordel nîmois, connu naguère sous le nom de *Bagatelle*, s'est reconverti en restaurant. Finie l'époque des belles et des soupirs. Mais l'endroit a gardé un je-ne-sais-quoi d'ostentatoire dans la déco : colonnes torsadées, œils-de-bœuf, porte d'entrée de club. Une petite salle de 31 places, des murs jaunes et roses, des tables en bois et une sorte d'alcôve, ou, si l'on préfère, quelques tables en terrasse ; ambiance très sympa et accueil avenant. Cuisine « bonne femme », selon l'expression de sa charmante propriétaire, très savoureuse, tel ce sauté de veau à la verveine et au citron qu'on a dévoré, ou ce « pyjama », dessert gourmand. *Café offert.*

|●| Le Bouchon et L'Assiette – 5, rue de Sauve (A2-20) ☎ 04.66.62.02.93. Fermé le mardi soir et le mercredi. Congés annuels : les 3 premières semaines d'août. Accès : proche des jardins de la Fontaine. Menus à 70 et 95 F (10,7 et 14,5 €) le midi en semaine (non, non, on ne galège pas !), puis de 125 à 210 F (19,1 à 32 €). À la carte, compter tout de même 200 F (30,5 €) environ. Un des ténors de la gastronomie nîmoise. Et, vrai, les plats qu'on nous a servis dans cette maison rose avaient la personnalité, la finesse et la saveur de ceux qu'on trouve chez les plus grands. Au 2e menu, par exemple, terrine de lapin en gibelotte aux pistaches ou velouté de potiron safrané aux moules, daurade grise sur tian de courgettes, steak de thon riz rouge de Camargue coulis de persil et quenelle de crème citronnée, ou suprême de pintade en meurette à la syrah et aux pleurotes, et charlotte au chocolat et pralin croquant coulis de poire au gingembre, entre autres. La belle salle claire aux poutres apparentes a été rénovée avec goût, mais le service, jeune et masculin, manque un peu de chaleur. *Café offert.*

|●| Restaurant Nicolas – 1, rue Poise (C2-13) ☎ 04.66.67.50.47. ☼ Fermé le samedi midi et le lundi (sauf les jours fériés). Congés annuels : du 1er au 15 juillet, du 24 au 26 décembre et le 31 décembre au 2 janvier. Accès : dans le vieux Nîmes, à côté du Musée archéologique. Menus de 70 à 145 F (10,7 à 22,1 €). Une grande salle aux murs de pierres, arrangée avec goût. Les Nîmois aiment et dîner entre copains. De bons souvenirs : l'anchoïade provençale, la bourride de lotte, la soupe de poisson, la gardiane de taureau, la tête de veau et, bien sûr, les desserts maison, tel le clafoutis. Une honnête cuisine familiale. *Café offert.*

|●| L'Ancien Théâtre – 4, rue Racine (B2-14) ☎ 04.66.21.30.75. Fermé le samedi midi et le dimanche. Congés annuels : la 1re quinzaine de juillet. Menus à 76 F (11,6 €) en semaine, puis à 96 et 121 F (14,6 et 18,4 €). On dit qu'à la place du Carré-d'Art toute proche, il y eut un théâtre qui fut incendié par une cantatrice folle de rage car son fils n'y avait pas été engagé ! Mais rassurez-vous : l'accueil – très attentionné – et la cuisine – mitonnée, personnelle, méditerranéenne – de Gilles Taliani sont beaucoup plus pacifiques ! Goûtez les moules gratinées ou les beignets de morue. Menus et carte changent tous les 2 mois. Cadre intime et rustique. Une très bonne adresse à prix doux.

|●| Le Vintage Café – 7, rue de Bernis (B2-17) ☎ 04.66.21.04.45. Fermé le samedi midi, le dimanche et le lundi. Accès : en plein centre, entre les arènes et la Maison Carrée. Par la pittoresque place du Marché, dans le vieux Nîmes. Formule le midi à 78 F (11,9 €) ; formule menu-carte à 138 F (21 €). Pour le patron, M. Salvador, le travail de restaurateur c'est vraiment la santé ! Aucun risque pour l'estomac, bien au contraire, dans ce petit établissement où l'on sert une cuisine du marché aux accents parfumés et accompagnée de vins régionaux au verre. La formule du midi change tous les jours ; lorsque nous sommes passés, il y avait : salade de mesclun au jambon de Serrano, ravioles sautées au pistou, duo de figues confites et nougat glacé. Le soir, le choix se fait dans le menu-carte. La vingtaine de couverts facilite la convivialité mais rend la réservation recommandée. *Apéritif offert.*

|●| Chez Jacotte – 15, rue Fresque (impasse) (B2-21) ☎ 04.66.21.64.59. Fermé le samedi midi, le dimanche et le lundi. Congés annuels : 1 semaine en février pendant les vacances scolaires, 1 semaine en juin et 2 semaines en août. Accès : à 2 mn à pied des arènes. Menu le midi à 80 F (12,2 €). Compter 200 F (30,5 €) environ à la carte. Une table nîmoise que les épicuriens connaissent et se repassent, car on y sert une cuisine généreuse, inventive aussi, et de plaisir. Un menu le midi, et une carte du jour avec 3 choix d'entrées, plats et desserts. Le parfait de foie de canard aux poivrons était une réussite, le magret aux pêches ensuite, heureusement relevé d'épices subtiles et copieusement servi, ne dénotait pas, ainsi que le dessert, pâtisserie maison parfaitement envoyée, vlan ! Bref, une cuisine du marché toujours savoureuse, et quelques vins corrects aussi... Et pour le prix, ça le vaut bien. Trois ou quatre tables en terrasse dans l'impasse ou petite salle agréable. Service féminin pas vilain non plus. *Café offert.*

|●| Au Flan Coco – 31, rue Mûrier-d'Espagne (B1-10) ☎ 04.66.21.84.81. Fermé tous les soirs (sauf le samedi et sur réservation) et le dimanche. Congés annuels : les 2 dernières semaines d'août. Accès : tout près de la coupole des Halles. Menu le midi en semaine à 84 F (12,8 €), un autre à 94 F (14,3 €) le samedi soir. À la carte, compter 120 F (18,3 €). Traiteur de métier, Michel Pépin et Pierre Chosnier, aimable moustachu, tient ce délicieux petit restaurant peu banal impossible à rater. Vu l'enseigne géante à l'effigie du *Routard* ! Deux belles salles aux tons jaune et rouge s'harmonisent avec le granit des tables. Belle terrasse les jours de soleil. Des plats imaginatifs qui changent chaque jour. À la carte : pâté aux pommes de terre à la brandade, salade composée généreuse, cuisse de poulet farcie aux gambas, *crumble* aux pommes et à la crème fraîche... La fraîcheur est une règle ici. Et les prix sont justes : « On ne porte pas l'estocade à nos clients. » Adresse idéale pour déjeuner en été.

|●| Restaurant Marie-Hélène – 733, av. Maréchal-Juin (hors plan A3-18) ☎ 04.66.84.13.02. Fermé le samedi midi, le dimanche, le soir du lundi au mercredi inclus. Congés annuels : les 2e et 3e semaines d'août. Accès : à côté de la chambre des métiers, route de Montpellier. Menus à 92 F (14 €) le midi, et à 135 F (20,6 €). À la carte, compter 140 F (21,3 €) environ. Ce petit restaurant excentré est une ode à la Provence, partout déclinée avec bonheur : dans les couleurs gaies et chaudes, les bouquets, la mise de table, sa grande brune de propriétaire tout sourire, la cuisine ensoleillée qui joue notamment sur les grillades au feu de bois faites sous les yeux des convives. Plusieurs choix au 1er menu dont la brochette de poulet *tikka* à la coriandre et au gingembre, la brandade ou la crème catalane maison. *Apéritif offert.*

|●| Restaurant Ophélie – 35, rue Fresque (B2-16) ☎ 04.66.21.00.19. Fermé tous les midis, le lundi et le dimanche. Congés annuels : du 15 août au 2 septembre. Accès : entre les arènes et la place de la Calade. Comptez 140 F (21,3 €) en moyenne par personne. Petite rue calme. La place du Marché, tout proche, vous mettra en appétit. Le soir tombe, Patricia Talbot a allumé les chandelles. Il fait bon dans la petite cour. On vient ici pour la cuisine fraîche et sincère préparée par Ophélie. Au choix, gratin de moules au curry, foie gras poêlé au muscat, souris d'agneau rôtie aux poivrons, coquilles Saint-Jacques au basilic... *Apéritif offert.*

|●| *Le Magister* – 5, rue Nationale (C1-19) ☎ 04.66.76.11.00. ♿ Fermé le samedi midi, le dimanche et le lundi matin. Congés annuels : 1ʳᵉ semaine des vacances scolaires de février, 4 semaines en août. Accès : à deux pas de la porte d'Auguste. Menus de 150 F (22,9 €) avec vin à 280 F (42,7 €). C'est un gastro, un vrai. Ce qui signifie un chef, Martial Hocquart, passé chez les plus grands *(Ritz, Tour d'Argent)* ; un cadre, raffiné, aux tons doux et lambris lazurés clairs et zizique classique en sourdine ; et une carte, dont la seule lecture est un régal : rognons de veau rôti au vinaigre de framboise de maison, pommes reinettes du Vigan rôties à la cannelle et leur sorbet aux amandes. Exquis, bien sûr. Le premier menu, qu'on a pris, nous a comblés de bonheur. *Café offert.*

DANS LES ENVIRONS

SAINT-GILLES 30800 (19 km SE)

🛏|●| *Le Cours* ** – 10, av. François-Griffeuille (Centre) ☎ 04.66.87.31.93. Fax : 04.66.87.31.83. Parking. TV. Satellite / câble. ♿ Congés annuels : du 15 décembre au 1ᵉʳ mars. Accès : par la D42. Doubles avec douche et wc à 250 F (38,1 €), avec bains à 315 F (48 €). La demi-pension, à 250 F (38,1 €), est intéressante. Formule à 55 F (8,4 €), et menus de 65 à 150 F (9,9 à 22,9 €). Une grande maison blanche sous les platanes d'une large avenue bien ombragée. Bon accueil. 34 chambres propres, dont 13 climatisées, déco refaite à neuf. D'autant que la cuisine est d'un excellent rapport qualité-prix. Tout plein de menus. Salade tiède aux poulpes crevettes à l'huile d'olives, rouille d'encornets provençale, gardiane de *toro*, grillade de poissons, terrine maison aux foies de volailles… Une bonne adresse gardoise. *10 % sur le prix de la chambre de mars à juin (hors grands week-ends) et du 15 septembre au 15 décembre.*

🛏 *Hôtel Héraclée* *** – quai du Canal, port de plaisance (Sud) ☎ 04.66.87.44.10. Fax : 04.66.87.13.65. TV. ♿ Congés annuels : du 1ᵉʳ janvier au 31 mars. Accès : par la D42. De 280 à 340 F (42,7 à 51,8 €) la double avec bains. Sous ce nom de mythe grec se cache un très joli et sympathique hôtel : une maison claire, face au canal du Rhône à Sète, où glissent vedettes, coches d'eau et *house-boats*… Dommage qu'il y ait cette silhouette métallique monstrueuse sur l'autre rive… 21 chambres arrangées avec goût. Les nᵒˢ 208, 209 et 210 ont vue sur le port de plaisance, les nᵒˢ 318, 319, 322 et 323 ont une terrasse. De plus, c'est très calme. Accueil gentil du patron. *10 % sur le prix de la chambre de mars à juin et de septembre à décembre.*

Carte régionale A2

|●| *Restaurant du Minervois « Bel »* – av. d'Homps ☎ 04.68.91.20.73. Fermé le samedi et le dimanche soir en juillet-août, et le soir de mi-octobre à mi-avril. Menus à 63 F (9,6 €) en semaine, puis de 110 à 250 F (16,8 à 38,1 €). Vaste salle rose et vert pâle, éclairage au néon, l'endroit vaut le coup d'œil, le coup de fourchette aussi : très bonne cuisine traditionnelle autour des produits du terroir. Premier menu où paraît déjà le savoir-faire du chef et patron, dans l'assaisonnement, la terrine maison ou l'omelette aux fines herbes impeccable. Nombreux menus, le dernier à se casser le ventre et pleurer de bonheur. Riche carte de vins régionaux à bons prix. Une table héraultaise solide et méritante.

DANS LES ENVIRONS

SIRAN 34210 (10 km NO)

🛏|●| *La Villa d'Éléis* *** – av. du Château ☎ 04.68.91.55.98. Fax : 04.68.91.48.34. Parking. TV. ♿ Fermé le mardi soir et le mercredi. Congés annuels : vacances de février. Accès : par la D52 direction Pépieux puis la D56 sur la droite ; dans le village. Doubles avec douche et wc ou bains de 350 à 500 F (53,4 à 76,2 €). Menus de 160 F (24,4 €) à celui de dégustation à 390 F (59,5 €), avec 5 plats et un vin sur chaque plat : grand moment de gastronomie. Prévenir de votre arrivée en basse saison. « Dans cette ancienne bastide entièrement restaurée, 12 chambres au raffinement personnalisé et au confort indéniable vous attendent... ici, tout n'est que calme et chaleur pour rendre inoubliable votre simple halte ou votre séjour prolongé », dit la brochure. Nous ajouterons qu'ici tout n'est qu'harmonie et douceur de vivre, à l'image de l'heureux couple qui vous reçoit. Accueil ravissant, naturel de Marie-Hélène et cuisine ensoleillée de Bernard Lafuente, jeune et talentueux chef tôt reconnu par la critique et la *vox populi*. Doubles spacieuses, superbes. En basse saison, remise de 10 à 20 %. Au restaurant, ne pas rater les légumes de la poule au pot en entrée, coiffés d'un chèvre gratiné, et l'excellentissime morue safranée à la languedocienne (pour laquelle, d'ailleurs, Bernard a obtenu un trophée d'or lors de la coupe d'Europe des saveurs régionales 98). Par ailleurs, vos hôtes organisent des soirées musicales en été (genre piano et flûte, charmant), des cours de cuisine en basse saison et des circuits découverte de la flore et du patrimoine. *10 % sur le prix de la chambre de novembre à mars.*

PERPIGNAN 66000

Carte régionale A2

🛏 **Auberge de jeunesse** ** – allée Marc-Pierre, parc de la Pépinière (Centre) ☎ 04.68.34.63.32. Fax : 04.68.51.16.02. ● www.fuaj.org ● Parking. Réception ouverte de 7 h à 11 h et de 16 h à 23 h ; mais possibilité de laisser ses bagages entre 10 h et 18 h. Congés annuels : du 20 décembre au 20 janvier. Accès : à mi-chemin entre la gare routière et la gare SNCF, derrière l'hôtel de police. 70 F (10,7 €) la nuit, petit déjeuner compris. Carte FUAJ obligatoire (en vente sur place). Dans une grande maison typique, avec en façade un bougainvillier géant. Une des plus anciennes AJ de France. Très propre. Chambres de 4 à 8 lits superposés. Cuisine à disposition, location de draps possible. Un seul défaut : la voie rapide passe juste derrière.

🛏 **Avenir Hôtel** * – 11, rue de l'Avenir ☎ 04.68.34.20.30. Fax : 04.68.34.15.63. Fermé le dimanche de 12 h à 18 h. Selon confort et saison, de 100 à 190 F (15,2 à 29 €) la double. Dans une rue tranquille non loin de la gare, voilà un hôtel routard à souhait, mais aussi coquet. L'accueil y est chaleureux, les chambres simples mais bien entretenues, et décorées par endroit de fleurettes peintes… C'est gentil, comme les prix. Un bon esprit vraiment : pour preuve, la bouteille d'eau minérale vendue… 3,50 F (0,1 €). VRP, étudiants américains en vacances, stagiaires en entreprises apprécient l'ambiance familiale des lieux ainsi que la terrasse ensoleillée du deuxième étage, où l'on peut prendre son petit déjeuner et flemmarder tout un après-midi au calme, en bouquinant. Une chambre possède une petite terrasse, d'autres peuvent recevoir jusqu'à 5 personnes. Petit plus intéressant, le garage privé dans une rue adjacente à 25 F (3,8 €).

🛏 **Hôtel de la Poste et de la Perdrix** ** – 6, rue Fabriques-Nabot (Centre) ☎ 04.68.34.42.53. Fax : 04.68.34.58.20. TV. Resto fermé le lundi. Congés annuels : du 1er février au 8 mars. Accès : entre la place du Castillet et le quai Sadi-Carnot. Doubles avec lavabo à 170 F (25,9 €), avec douche et wc ou bains à 250 et 270 F (38,1 et 41,2 €). Menus de 62 à 110 F (9,5 à 16,8 €). Bel hôtel de caractère fondé en 1832. On est déjà saisi par l'enseigne patinée, puis par le hall de marbre et le vieil escalier miroitant. Admirez les vitraux d'époque. Chambres bien tenues, avec télé, et au charme désuet qui mériteraient un coup de frais mais restent à des prix très raisonnables. Resto simple à la salle croquignolette où le temps semble s'être arrêté. Quelques bonnes spécialités régionales. *Café*

offert. 10 % sur le prix de la chambre hors juillet-août.

🛏 **Hôtel de la Loge** – place de la Loge, 1, rue des Fabriques-Nabot (Centre) ☎ 04.68.34.41.02. Fax : 04.68.34.25.13. TV. Accès : vieille ville. Doubles de 260 à 360 F (39,6 à 54,9 €). Ancien hôtel particulier du XVIe siècle. À l'intérieur, superbe patio avec une fontaine dispensant une fraîcheur réparatrice les jours de grande chaleur. Déco catalano-andalouse. Chambres confortables et douillettes, malgré une déco un peu vieillotte et fatiguée. La plupart équipées de la clim., toutes avec télé. Inconvénient, pas de parking et dans le secteur, pas facile de trouver une place. 10 % sur le prix de la chambre. NOUVEAUTÉ.

🛏 |●| **Park Hôtel-restaurant Le Chapon Fin** *** – 18, bd Jean-Bourrat (Nord-Est) ☎ 04.68.35.14.14. Fax : 04.68.35.48.18. Parking. TV. ♿ Resto fermé le dimanche. Accès : face au square Bir-Hakeim, sur le grand boulevard menant à la route de Canet-plage ; à 2 mn à pied de l'office du tourisme et à 5 mn du centre-ville. 320 F (48,8 €) la double avec douche, 480 F (73,2 €) avec salle de bains. Menus de 125 F (19,1 €), sauf le dimanche, à 300 F (45,7 €). Calme et central. Derrière une façade banale d'hôtel moderne, du luxe à prix honnêtes. Chambres de style Renaissance espagnole, climatisées, insonorisées, suréquipées et un accueil et un service trois étoiles vraiment. Le restaurant, *Le Chapon Fin*, est une des très bonnes tables perpignanaises. Intéressant menu-carte à 125 F, cave exceptionnelle. Un peu cher ensuite ou à la carte, mais parfait.

🛏 |●| **Hôtel-restaurant Villa Duflot** **** – 109, av. Victor-Dalbiez (Sud) ☎ 04.68.56.67.67. Fax : 04.68.56.54.05. Parking. TV. Canal+. ♿ Accès : à 2 mn du péage sud de Perpignan, direction Argelès. Doubles de 640 à 840 F (97,6 à 128,1 €). Le week-end, menu à 200 F (30,5 €) vin compris. À la carte, compter 250 F (38,1 €). Les chambres confortables et meublées avec goût enchantent. Tout comme le petit déjeuner particulièrement soigné. Optez pour celles donnant sur la piscine et à la vue plus agréable. Si vous empruntez l'A9 en vous rendant en Espagne par le Perthuis, la *Villa Duflot* vaut le gîte de charme. Si vous comptez séjourner à Perpignan, par contre, préférez un hôtel du centre-ville car les alentours de la villa ne sont guère trépidants (zone industrielle). Au restaurant, la carte affiche une modernité de bon ton sans pour cela oublier le terroir catalan : lasagnes au foie frais de canard et cèpes, joues de porc confites aux fèvettes. Belle sélection de vins du Roussillon. Éclairage bien vu le soir donnant à la *Villa* une atmosphère particulière.

|●| **Casa Sansa** – 3, rue Fabrique-Couverte (Centre) ☎ 04.68.34.21.84. Fermé le

dimanche. Accès : dans le quartier historique, dans la ruelle face au Castillet. Le midi, formule à 49 F (7,5 €) ; à la carte, compter 100 F (15,2 €). Une institution locale. Étudiants, intellos, branchés de tout poil et Barcelonais de passage se bousculent dans cette grande salle typique, surchargée d'objets de rebut, de tableaux colorés et de vieilles affiches de corridas. On y vient pour le décor et l'ambiance, et l'on en profite pour se taper une franche cuisine catalane, copieuse et sans artifice, rehaussée toutefois de touches originales – sans prétention gastronomique pour autant. Pintade aux figues, foie gras fumé au thym, filet de bœuf à la réglisse... C'est toujours bon à prendre ! De temps en temps, soirées gitanes. *Café, digestif offerts.*

l●l *Al Très* – 3, rue de la Poissonnerie (Centre) ☎ 04.68.34.88.39. Fermé le dimanche et le lundi ; ouvert le lundi soir du 15 juin au 15 septembre ; Congés annuels : la dernière semaine de décembre et 3 semaines en février-mars. Accès : en plein centre (entre le parking de la République et la place Arago. Le midi en semaine, formule à 65 F (9,9 €) ; menu à 130 F (19,8 €) ; à la carte, compter 150 F (22,9 €). Superbe décor entre Provence et Catalogne et cuisine ensoleillée dont raffolent les Perpignanais, servie dans des assiettes colorées. Si vous avez le sens du partage, commencez avec quelques *tapas* : poivrons grillés, calmars à la *plancha*, beignets de légumes, anchoïade, suivis par exemple d'une *parillada* de poissons, le tout arrosé d'un vin du Roussillon. D'une façon générale, bonnes spécialités catalanes : *zarzuela*, rognons de veau au banyuls ; et de fort bons desserts. Petite terrrasse en été. Toujours beaucoup de monde. Une des valeurs sûres de Perpignan. *Apéritif offert.*

l●l *Restaurant Dona Maria* – 23, rue Jean-Payra ☎ 04.68.35.00.90. Fermé le dimanche. Congés annuels : du 25 juillet au 15 août. Accès : du Castillet, traverser le canal, la rue Jean-Payra donne sur cette place de la Résistance. Formules entrée-plat, vin et café à 65 F (9,9 €) et à 80 F (12,2 €) avec le dessert en plus (ces 2 formules servies jusqu'à 20 h 30) ; puis menus de 98 à 150 F (14,9 à 22,9 €). Une table assez fine et discrète, de bon niveau. En salle, des peintres exposent, ça met des couleurs. Premières formules correctes, parfaites pour le déjeuner. Mais le chef s'exprime vraiment avec la cuisine régionale traditionnelle, et même travaille des recettes au chocolat, assez oubliées mais typiquement catalanes. La cassolette d'escargots par exemple s'avale facilement, et l'on pourra se taper ensuite la poêlée de Saint-Jacques et fève au chocolat noir, une réussite. En accompagnement, un côtes-du-roussillon, pas trop cher, fera l'affaire... Bref, une halte agréable. *NOUVEAUTÉ.*

l●l *Les Trois Sœurs* – 2, rue Fontfroide ☎ 04.68.51.22.33. Fermé le dimanche. Accès : vieille ville, face à la cathédrale Saint-Jean. Le midi, formule entrée-plat et café à 75 F (11,4 €) ; l'été, formule et menu à 125 et 160 F (19,1 et 24,4 €). À la carte, compter 200 F (30,5 €) vin compris. Une terrasse agréable sur la place Gambetta, curieusement assez calme et peu touristique, et de grandes salles claires (et climatisées) à la déco sobre et moderne. Gros succès pour la formule entrée-plat ou plat-dessert et café du midi. Il est vrai que c'est toujours bien balancé, à base de produits frais, bien assaisonné. Une cuisine simple mais maîtrisée, savoureuse, assez fine et légère. Spécialités de *parillada* de poisson, et de mousse au touron en dessert. Quant à nous, on a bien aimé le boudin aux pommes à la catalane. Service rapide, ambiance relax. Une adresse bien fiable. *NOUVEAUTÉ.*

l●l *Le Sud* – 12, rue Louis-Bauzil (Centre) ☎ 04.68.34.55.71. Ouvert uniquement le soir, sauf le dimanche où il est ouvert également le midi. Congés annuels : du 1er janvier au 31 mars. Accès : du palais des congrès, prendre la rue Élie-Delcros, puis à gauche la rue Rabelais. La rue Louis-Bauzil est dans le prolongement. Carte uniquement, compter 160 F (24,4 €). Situé au cœur du quartier gitan de Perpignan, près de la place Puig. « On dirait le Sud / Le temps dure longtemps... » Et une fois ici, on aimerait rester « près d'un million d'années ». Dans une sorte d'hacienda, on entre dans un monde imaginaire entre Provence, Mexique, Moyen-Orient, Grèce et Catalogne. Le patio regorge d'arbres aux senteurs variées, jasmin notamment, et la cuisine aussi est parfumée... Spécialités de *beef queso* (agneau hâché et fromage de chèvre grillés), *tajine* de poissons et salade de fruits au thé glacé. Service féminin souriant. *Apéritif offert.*

DANS LES ENVIRONS

CANET-PLAGE 66140 (12 km E)

≜l●l *Le Clos des Pins – Le Bistro Gourmand* – 34, av. du Roussillon ☎ 04.68.80.32.63. Fax : 04.68.80.49.19. Parking. TV. Resto fermé le midi en semaine (ouvert midi et soir le week-end et jours fériés). Congés annuels : de début novembre à début avril. Accès : par la D617. Doubles de 480 à 680 F (73,2 à 103,7 €). Menu à 175 F (26,7 €) et carte. « Henri Delcros, élève de Paul Bocuse » a retenu la leçon, et propose une très fine et agréable cuisine, inventive et maîtrisée. La tuile au sorbet de parmesan en hors-d'œuvre, par exemple, surprend et réjouit ; les mousselines de poisson ensuite, la canette au banyuls, tout passe merveilleusement bien... Dessert du même niveau. Un regret cependant, pas de fromage dans un menu de ce prix. Vins un peu chers, exclusivement régionaux, et service pas très expérimenté, aimable au demeurant. S'il fait beau, on mange au jardin, superbe vraiment. Chambres de standing, climatisées, et piscine. Une belle adresse pour qui en a les moyens. *NOUVEAUTÉ.*

|●| *La Rascasse* – 38, bd Tixador ☎ 04.68.80.20.79. Fermé le jeudi d'avril à juin. Congés annuels : du dernier dimanche de septembre au 1er vendredi d'avril. Accès : rue parallèle au front de mer, à 20 m. Menus à 105 et 175 F (16 et 26,7 €). Bien des Perpignanais connaissent cette vieille adresse du Canet, qui est un peu le Perpignan-Plage, spécialisée dans les produits de la mer. Une salle à manger super traditionnelle, « vieille France », et effectivement des huîtres et coquillages d'une grande fraîcheur, et du poisson bien travaillé. Au service, la patronne comme le jeune homme sont impeccables, et donc on dîne avec plaisir, à prix correct, et le vin aussi est bon, et pas trop cher (domaine de Briol, côtes-du-roussillon blanc extra). Excellente crème catalane pour terminer. En somme, un bon repas pas trop ruineux. *NOUVEAUTÉ.*

VINÇA 66320 (33 km O)

|●| *La Petite Auberge* – 74, av. du Général-de-Gaulle ☎ 04.68.05.81.47. Fax : 04.68.05.85.80. Fermé le mercredi et le dimanche soir, sauf en juillet-août. Accès : prendre la N116 direction Prades. Chambre avec lavabo à 110 F (16,8 €), avec douche et wc à 170 F (25,9 €). Menus de 85 à 165 F (13 à 25,2 €). En voilà une qui n'usurpe pas son nom. La faconde du chef qui arbore un franc sourire, est à l'image de sa cuisine, nature et généreuse. Aucune déception avec le 1er menu qui commence par un buffet de hors-d'œuvre ou du jambon cuit et se poursuit avec un plat du jour, caille farcie bien dodue et petits pois frais par exemple. Remarquable de simplicité. Pour finir, un flan maison à la façon de jadis, dont le sort fut réglé en deux temps trois mouvements. Une véritable invite aux menus suivants ! Dispose aussi de chambres simples, plutôt pour dépanner. Avant ou après le déjeuner, profitez-en pour faire une visite à l'église Saint-Julien qui possède un orgue du XVIIIe siècle et un mobilier baroque intéressant. *Apéritif offert.*

PÉZENAS 34120

Carte régionale B2

|●| *La Pomme d'Amour* – 2 bis, rue Albert-Paul-Allies (Centre) ☎ 04.67.98.08.40. Fermé le lundi soir et le mardi (sauf en été). Congés annuels : jan-vier et février. Accès : à deux pas de l'office du tourisme. Formule le midi à 45 F (6,9 €). Menus à 86 et 116 F (13,1 et 17,7 €). Dans le pittoresque cœur historique de la ville qui a abrité Molière et vu naître Bobby Lapointe, les vieilles pierres de la maison cachent un petit resto bien agréable. Cuisine du terroir simple et correcte. Quelques spécialités : moules à la crème, saumon au safran, *tiramisù,* salade d'orange royale aux zestes confits. Accueil amical.

PONT-DE-MONTVERT (LE) 48220

Carte régionale B1

🛏|●| *La Truite Enchantée* – (Centre) ☎ 04.66.45.80.03. Congés annuels : de mi-décembre à mi-mars. 8 doubles à 155 F (23,6 €) avec douche mais wc extérieurs. Menus de 65 à 150 F (9,9 à 22,9 €), plus gastronomique. Une bonne étape où il vaut mieux réserver. Au bord de la route qui traverse le village. *La Truite Enchantée...* quel nom sympa ! Habile mélange d'un quintette de Schubert et d'un célébrissime opéra mozartien. Tenue par Corinne et Edgard, cette bonne maison familiale affiche des prix très sages. Confort modeste mais clair, propre et spacieux. Bonne petite cuisine, copieuse et régionale, servie dans la salle attenante à la cuisine. Filet de truite saumonée à l'oseille, truite meunière, ris d'agneau sauce morilles, lapin à la royale en spécialités. *Digestif offert.*

DANS LES ENVIRONS

MASMÉJEAN 48220 (7 km E)

|●| *Chez Dedet* – ☎ 04.66.45.81.51. Fermé le mercredi et les soirs de semaine hors saison. Penser à réserver le dimanche. Accès : de Pont-de-Montvert, prendre la D998 direction Saint-Maurice-de-Ventalon, puis tourner à gauche en direction de Masméjean. Menus en semaine à 65 F (9,9 €), puis à 85 et 115 F (13 et 17,5 €). Ah c'qu'on mange bien *Chez Dedet* ! Le resto campagnard vrai de vrai, dans un vieux corps de ferme à grosses poutres, grosses pierres et gros âtre. Produits de la ferme (cochons, moutons et volailles de l'élevage familial) et du pays (escargots de la vallée, truites farios, champignons) et, en saison, sanglier ou lièvre tirés dans le coin. Portions mahousses : difficile de finir le dernier menu avec charcuterie du terroir (trois sortes), la salade au cou de canard farci (hmm), les escargots aux herbes (miam), le trou cévenol (gloups), la viande du jour et sa garniture (par exemple, super mignon de porc), le plateau de fromages (du pays, à volonté) puis le dessert (impeccable crème caramel aux œufs pondus à l'instant). Une adresse authentique, pur terroir et pur porc, avec en prime un gentil service. Attention, pas de paiement par carte de crédit et pensez à réserver, surtout l'hiver. *Apéritif, café offerts.*

VIALAS 48220 (18 km E)

🏠 |●| *Hostellerie Chantoiseau* ★★★ – le bourg ☎ 04.66.41.00.02. Fax : 04.66.41.04.34. TV. Fermé le mardi soir et le mercredi. Congés annuels : de fin septembre à mi-avril. Accès : sur la D998. Doubles avec douche et wc à 300 F (45,7 €), avec bains à 450 F (68,6 €). 1er menu à 150 F (22,9 €), menus suivants de 200 à 450 F (30,5 à 68,6 €). Dans cet ancien relais de poste, on se régale d'une cuisine authentiquement cévenole et nature, dans un cadre mi-chic mi-rustique agréable. C'est que Patrick Pagès aime et connaît sa région, ses vallées sauvages, ses champignons, ses châtaignes et ses bêtes à poils, plumes ou écailles. Goûtez un peu la *moche*, la saucisse d'herbes, le *pompétou* de truite rose ou la *coupétade*. Ou, comme nous, essayez donc le second menu avec, en plat de résistance, un incroyable festin de cassolette de légumes frais et de rares cochonnailles qui semblent porter en triomphe la pièce centrale, la délectable tête de veau. Avec ça, une des caves les mieux fournies du Languedoc-Roussillon. Une halte gastronomique qui s'impose. *Café offert.*

PONT-SAINT-ESPRIT 30130

Carte régionale B1

🏠 |●| *Auberge Provençale* ★★ – route de Bagnols-sur-Cèze (Sud) ☎ 04.66.39.08.79. Fax : 04.66.39.14.28. Parking. Congés annuels : pendant les vacances de Noël (approximatif). Accès : par la N86, à la sortie du village. Doubles avec douche et wc ou bains à 190 F (29 €). Demi-pension par jour et par personne : 210 F (32 €). Menus de 70 à 120 F (10,7 à 18,3 €). Il faut pousser sans hésiter la porte de cet hôtel-restaurant de bord de route dont la façade ne paie malheureusement pas de mine. Tenue depuis plus de 30 ans par la même famille, l'*Auberge Provençale* reçoit dans la bonne humeur aussi bien les routards que les routiers, les familles et les notables du coin. Deux grandes salles climatisées permettent aux clients de se régaler d'une cuisine traditionnelle, franche et copieuse, comme on n'en voit plus beaucoup, et ce dès le 1er menu qui donne le ton : charcuterie, crudités, plat du jour garni ou truite ou omelette, légumes de saison, plateau de fromages, corbeille de fruits ou glace. Le gigondas et le tavel sont servis au

verre à bon prix. Les 15 chambres, équipées de sanitaires complets, donnent toutes sur une cour au calme. Bravo ! *Apéritif offert.*

|●| *Lou Récati* – rue Jean-Jacques (Centre) ☎ 04.66.90.73.01. Fermé le lundi et le samedi midi. Le midi en semaine, petit menu à 75 F (11,4 €), autres menus à 125 et 195 F (19,1 et 29,7 €). *Lou récati* : le mot désigne les îlots d'objets, mobilier ou vêtements, que l'on formait précipitamment en cas de crue du Rhône, pour les sauver des eaux... Belle image pour ce restaurant où le jeune chef propose une cuisine fine et bien travaillée. Oui, une vraie cuisine de cuistot, de pro : dans le second menu, des ravioles d'escargots, des aiguillettes de canard (et poêlée d'artichauts et pois gourmands) puis une crème brûlée à la lavande (en vérité, la meilleure qu'on ait jamais vue... et mangée !). Cadre propre et gentil, et service itou de Madame. *Café offert.*

DANS LES ENVIRONS

AIGUÈZE 30760 (10 km NO)

🏠 *Le Castelas* ★★ – au village ☎ 04.66.82.18.76. Fax : 04.66.82.14.98. Accès : de Pont-Saint-Esprit, N86 direction Montélimar, puis à gauche la D901 direction Aiguèze. Doubles de 300 à 400 F (45,7 à 61 €) la double selon la saison ; studios de 450 à 700 F (68,6 à 106,7 €) et appartements deux-pièces de 800 à 900 F (122 à 137,2 €). Petit déjeuner : 45 F (6,9 €). Au cœur de ce pittoresque village en à-pic sur l'Ardèche, *Le Castelas* jouit d'une situation et de qualités remarquables : charme et confort des chambres et des appartements, tous différents et aménagés dans des murs anciens, avec toujours une kitchenette. On a le choix entre la résidence principale, avec piscine centrale et où certaines chambres ont vue et terrasse sur les gorges de l'Ardèche, et l'annexe, à deux rues de là, toujours de bon confort et avec là aussi une piscine, plus petite mais vraiment sympa. Patron courtois et serviable, dont le principal souci est le bien-être des clients. Une très belle adresse donc, d'un bon rapport qualité-prix ; tarifs à la semaine, à la quinzaine ou au mois : se renseigner. Petit déjeuner-buffet bon et copieux. Prêt de vélo, conseils sur les randos, descentes en canoë-kayak, etc. *Apéritif offert.*

BAGNOLS-SUR-CÈZE 30200 (15 km S)

🏠 *Hôtel Bar des Sports* ★★ – 3, place Jean-Jaurès (Centre) ☎ 04.66.89.61.68. Fax : 04.66.89.92.97. TV. Accès : de Pont-Saint-Esprit, route de Nîmes (N86). Doubles avec douche et wc ou bains à 250 F (38,1 €). En général, quand un *Bar des*

Sports se met à louer des chambres, c'est du rafistolage, du camping ou du meublé à la semaine ou au mois (payable à l'avance). Bref, le truc de limonadier qui a quelques pièces vides au-dessus du comptoir, et qui se dit : tiens, et si je les louais ? Il y flanque un matelas et le tour est joué. Aussi, cher lecteur, quelle surprise de trouver ici des chambres propres et confortables, niveau 2 étoiles NN vraiment ! Impeccables, avec double-vitrage, télé et téléphone. Bon accueil du patron, et pas trop de boucan le soir : le bar ne ferme pas trop tard. *Garage offert les week-ends (sauf juillet et août).*

PRADES   66500

Carte régionale B1

▮●▮ *Le Jardin d'Eymerich* – 3, av. du Général-de-Gaulle ☎ 04.68.96.53.38. fermé le dimanche soir et le lundi. Congés annuels : 2ᵉ quinzaine de février et 15 jours en juin. Accès : un peu excentré, face à la gare routière. Menu à 60 F (9,1 €) le midi en semaine ; autres menus de 98 à 175 F (14,9 à 26,7 €). Un petit restaurant à la salle toute simple, néanmoins chaleureuse, et où l'on se régale franchement. Comme il n'y a pas beaucoup de places, pensez à réserver, car pas mal d'habitués apprécient cette cuisine généreuse, régionale certes mais aussi inventive et finement travaillée, toujours à base de produits frais. Carte de saison donc, et des menus d'un bon rapport qualité-prix. Bons vins régionaux également, notamment la cuvée maison : bien franchement, ce rouge en vrac valait son grand cru. Service énergique, souriant et loquace. Ah, on oubliait, s'il y en a, prenez donc le petit banyuls blanc en apéritif, une délicieuse rareté. *NOUVEAUTÉ.*

PRATS-DE-MOLLO   66230

Carte régionale A2

▮●▮ *Hôtel des Touristes* – av. du Haut Vallespir ☎ 04.68.39.72.12. Fax : 04.68.39.79.22. Parking. TV. Congés annuels : de novembre au 1ᵉʳ avril. Accès : à l'entrée du village, sur la droite en venant d'Amélie-les-Bains. Doubles à 160 F (24,4 €) avec lavabo ; à 270 et 290 F (41,2 et 44,2 €) avec douche ou bains. Menus de 88 à 170 F (13,4 à 25,9 €). Une grande et solide bâtisse de pierre grise, parfait pied-à-terre pour rayonner dans la région, le Vallespir montagneux et sauvage. Chambres à l'avenant, au fidèle mobilier rustique, bien tenues. Télé sur demande, sans surcoût. Certaines avec balcon, d'autres avec petite terrasse. Préférer celles donnant sur l'arrière, où coule une rivière. Vaste salle à manger pour une cuisine régionale familiale et traditionnelle. Civet de canard au

banyuls, mousse au touron, bras de gitane... Patronne affable. Apéritif offert. *10 % sur le prix de la chambre en avril et octobre. NOUVEAUTÉ.*

QUILLAN   11500

Carte régionale A2

▮●▮ *La Pierre Lys* ** – av. de Carcassonne ☎ 04.68.20.08.65. Parking. TV. Congés annuels : de mi-novembre à mi-décembre. Accès : à la sortie de Quillan, sur la gauche de la route de Carcassonne. La double avec douche-wc, à 230 F (35,1 €), bains et télé à 250 F (38,1 €). Menus en semaine à 68 F (10,4 €), puis de 140 à 200 F (21,3 à 30,5 €). Demi-pension à 430 F (65,6 €) pour deux et soirée étape à 280 F (42,7 €). Établissement classique fort bien tenu. Chambres assez spacieuses, certaines avec vue sur la rivière. Au restaurant, cuisine traditionnelle de bon aloi. Parmi les spécialités : ris de veau financière, tournedos aux morilles, turbot sauce hollandaise. Bonne ambiance et accueil aimable.

RIEUX-MINERVOIS   11160

Carte régionale A2

▮●▮ *Logis de Merinville* ** – av. Georges-Clemenceau (Centre) ☎ 04.68.78.12.49. Fax : 04.68.78.12.49. Fermé le mardi soir et le mercredi (sauf en juillet-août). Congés annuels : janvier et du 12 novembre au 15 décembre. Accès : prendre la D11. Doubles avec lavabo à 170 F (25,9 €), avec douche et wc ou bains de 250 à 280 F (38,1 à 42,7 €). Menus à 70 F (10,7 €) le midi en semaine, puis de 115 à 180 F (17,5 à 27,4 €). La maison, construite au XIXᵉ siècle, révèle, dès la porte franchie, une atmosphère de roman noir, un peu Agatha Christie à la française. Pas étonnant que Pierre Morin, le maître des lieux et fondu de Frédéric Dard, ait consacré toute une pièce de sa maison à San Antonio. Un vrai musée qu'il se fera un plaisir de vous ouvrir. Pour dormir, chambres patinées par le temps, meublées années 30. Resto classique qui ne dénote pas de l'ensemble. Foie gras entier maison, loup au basilic, magret de canard vigneron, fricassée de cuisses de grenouilles à l'ail, pintade au vin rosé du Minervois. Béru adorerait ! *Apéritif offert. 10 % sur le prix de la chambre à partir de la 2ᵉ nuit.*

> DANS LES ENVIRONS

CAUNES-MINERVOIS 11160
(8 km NO)

▮●▮ *Hôtel-restaurant d'Alibert* ** – place de la Mairie (Centre) ☎ 04.68.78.00.54. Parking. Fermé le dimanche soir hors saison et le lundi. Congés annuels : du 30 novembre au 1er mars. Accès : prendre la D11 pendant 6 km, puis à droite la D620 vers Cannes à 2,5 km. Doubles avec lavabo à 200 F (30,5 €), avec douche et wc à 250 F (38,1 €), avec bains à 350 F (53,4 €). Menu du jour (sauf le week-end) à 75 F (11,4 €), autre menu à 120 F (18,3 €). Comment faire partager les impressions que nous avons eues lorsque nous avons découvert l'hôtel d'*Alibert* ? Perdu au cœur des ruelles d'un petit village du Minervois, la maison semble tout droit sortie de son XVIe siècle. M. et Mme Guiraud veillent depuis de longues années sur cette perle, avec amour et gentillesse. 7 chambres seulement, bien entretenues et agréables. La salle de resto n'a rien à envier au reste de la maison. Assez chic, rustique dans le sens le plus noble du terme, la cheminée réchauffe l'atmosphère les jours de frimas. Cuisine du terroir réalisée avec beaucoup de sincérité et de savoir-faire. Loin du stress et des ennuis quotidiens, on repart d'ici serein... et riche de bons conseils en vins, que le patron, grand amateur et connaisseur des crus locaux, prodigue avec plaisir. *Apéritif offert.*

ROQUEFORT-DES-CORBIÈRES   11540

Carte régionale A2

l●l *Le Lézard Bleu* – ☎ 04.68.48.51.11. Congés annuels : de fin septembre au 1er juillet. Accès : direction centre-ville. Menus à 100 et 130 F (15,2 et 19,8 €). Suivez le lézard, il vous conduira à la porte de cette adresse placée sous le signe du bleu. Promis, on ne voit pas d'éléphants roses. Porte bleue, murs blancs... et des peintures modernes aux murs. Patronne pleine de gentillesse et de passion qui vous mitonnera des plats essentiellement à base de canard. Foie gras, *tajines*, magrets et canard à l'orange. Menus aux desserts un peu légers pour le prix. Pensez à réserver. *Café offert.*

SAINT-CHÉLY-DU-TARN   48210

Carte régionale B1

🛌l●l *L'Auberge de la Cascade* * – ☎ 04.66.48.52.82. **Fax : 04.66.48.52.45.** Parking. TV. ♨ Congés annuels : du 15 octobre à la mi-mars. Accès : dans les gorges du Tarn, direction Millau ; s'adresser au restaurant, distinct de l'auberge, juste à gauche en entrant dans le village. Doubles avec douche et wc à 195 F (29,7 €), avec bains à 280 F (42,7 €). 1er menu à 75 F (11,4 €), menus suivants de 80 à 150 F (12,2 à 22,9 €). Il vaut mieux réserver. Bon rapport qualité-prix, chambres vraiment confortables, toutes neuves, installées dans une annexe, au village. Piscine en terrasse sur le Tarn. Au restaurant, on mange plutôt bien et surtout des spécialités régionales. Le second menu nous a bien plu (2 entrées, tripoux, dessert maison réussi). *Café offert.*

SAUVE   30610

Carte régionale B1

l●l *Chez La Marthe* – **20, rue Mazan (Centre)** ☎ **04.66.77.06.72.** Fermé le dimanche soir et le lundi. Menus le midi en semaine à 70 F (10,7 €), puis à 100 et 125 F (15,2 et 19,1 €). La Marthe était un personnage, une bonne femme comme on n'en voit plus, anarchiste un peu, et qui tenait l'épicerie du village où les enfants allaient acheter Malabar, sucettes et Car-en-Sac, il y a encore 20 ans... La Marthe n'est plus, le nom demeure, et l'épicerie est maintenant un petit restaurant à la déco hétéroclite et charmante. Parmi les spécialités : pieds et paquets à la marseillaise, salade cévenole, alouette sans tête, saucisson de canard au foie gras. Attention, l'hiver, prudent de téléphoner pour s'assurer que c'est ouvert ; l'été aussi, pour être sûr d'avoir une table. *Apéritif offert.*

l●l *Restaurant Le Micocoulier* – **3, place Jean-Astruc (Centre)** ☎ **04.66.77.57.61.** Fermé le midi en juillet-août (sauf le dimanche et les jours fériés). Congés annuels : de la Toussaint au 1er avril. Menus à 89 et 130 F (13,6 et 19,8 €). Perché au bord de la falaise, dans le village médiéval, *Le Micocoulier* est un petit restaurant original et éminemment sympathique. En premier lieu parce que l'endroit est agréable ; la petite salle, toute mignonne, invite à la sérénité. La terrasse est reposante. On y resterait bien toute la nuit sous les étoiles à refaire le monde. D'accord, toutes ces considérations pseudo-philosophiques ne nourrissent pas. Alain vous invite au voyage. Il ramène des recettes de ses périples, les essaye, les modifie et vous les déguste. Goulash, tajine, curry indien, cuisine turque, mexicaine... Un festival de saveurs. Et il est intarissable sur la cuisine. Un poil historien, un soupçon sociologue, un tantinet créateur, il vit cette passion comme son premier métier de metteur en scène. Son épouse, américaine d'origine, s'occupe des pâtisseries. Son gâteau au chocolat, sa tarte au citron et sa crème caramel se laissent manger sans résistance. D'ailleurs, on en reprendrait bien une part de chaque. Une de nos adresses préférées dans le Gard.

LANGUEDOC-ROUSSILLON

SÈTE 34200

Carte régionale B2

🛏🍴 *Le P'tit Mousse* * – rue de Provence (Ouest) ☎ 04.67.53.10.66. Parking. Congés annuels : du 1er octobre au 15 mars. Accès : dans le quartier de La Corniche. Doubles de 150 à 175 F (22,9 à 26,7 €) ; et une chambre pour 4 (2 grands lits) à 250 F (38,1 €). Possibilité de demi-pension, dans le restaurant en bas : 172 F (26,2 €). Au resto, menus à 77 et 99 F (11,7 et 15,1 €). Petite maison ocre soutenu, dans une ruelle calme de La Corniche, très près de la mer. Chambres propres mais assez petites, et pas cher ! Cuisine simple aux spécialités locales et ambiance familiale.

🛏🍴 *Hôtel La Conga* ** – plage de la Corniche (Sud-Ouest) ☎ 04.67.53.02.57. Fax : 04.67.51.40.01. Parking. TV. Doubles de 180 à 335 F (27,4 à 51,1 €) selon confort et saison avec douche et wc ou bains. Menus à 68 F (10,4 €) en semaine et le dimanche soir, puis de 98 à 190 F (14,9 à 29 €). À la carte, repas à 180 F (27,4 €) environ. Idéalement placé, face aux flots enchanteurs de la Méditerranée, à quelques mètres de la plage, *La Conga* souffre d'une architecture rectiligne, comme tout le quartier du reste, mode béton. Mais on y trouve des chambres propres et plutôt agréables, aux prix honnêtes. Le restaurant, *La Table de Jean*, mérite qu'on s'y arrête. Cuisine toute méditerranéenne parsemée de quelques bonnes spécialités sétoises. Coquillages, poissons frais, grillades, raviolis de foie gras à la crème de morilles et sur commande une bouillabaisse superbe. *10 % sur le prix de la chambre pour au moins 2 nuits consécutives du 1er octobre au 30 juin.*

🛏 *Le Grand Hôtel* *** – 17, quai de Lattre-de-Tassigny (Centre) ☎ 04.67.74.71.77. Fax : 04.67.74.29.27. Parking payant. TV. Satellite / câble. Congés annuels : du 23 décembre au 5 janvier. Chambres de 200 à 430 F (30,5 à 65,6 €) suivant confort et saison, et plus pour un appartement ou une suite. Parking payant : 45 F (6,9 €). Magnifique adresse que ce *Grand Hôtel*, bâti dans les années 1880. Spacieux, meublé d'époque, il abrite un patio remarquable ainsi qu'une verrière à armature métallique, genre Baltard. Service impeccable, digne d'un grand hôtel. *10 % sur le prix de la chambre sauf de juillet à septembre pour un séjour minimum de 2 personnes.*

🛏🍴 *Les Terrasses du Lido* *** – rond-point de l'Europe - La Corniche (Ouest) ☎ 04.67.51.39.60. Fax : 04.67.51.28.90. Parking payant. TV. 🍴 Fermé le dimanche soir et le lundi hors saison. Congés annuels : 15 jours en février et 15 jours en novembre.

Accès : direction « La Corniche ». Doubles avec bains de 390 à 480 F (59,5 à 73,2 €) selon la saison. Demi-pension obligatoire pour des séjours de plus de 3 nuits du 15 juin au 15 septembre, de 380 à 450 F (57,9 à 68,6 €) par personne. Menus de 150 à 350 F (22,9 à 53,4 €). Pensez à réserver, il n'y a que 9 chambres ! Michel et Colette Guironnet tiennent leur hôtel-restaurant avec beaucoup de bon goût et de savoir-faire. Tout est réussi : la déco des chambres comme celle du salon ou de la salle de resto, l'accueil doux, la cuisine préparée avec art (bravo Colette !), avec une prédilection pour les poissons et crustacés, bouillabaisse, raviolis pochées sur purée de courgettes safranées, lasagne de homard aux cèpes, grand aïoli de la mer… On se régale et on s'y sent bien ! Il y a même une piscine où se rafraîchir. En conclusion, une très bonne adresse dans sa catégorie. *Apéritif offert. 10 % sur le prix de la chambre du 16 septembre au 14 juin.*

🍴 *La Goguette* – 30, rue Révolution (Centre) ☎ 04.67.53.74.79. Fermé tous les soirs en semaine, le samedi midi et le dimanche soir. Accès : proche du marché aux puces. Plat du jour à 40 F (6,1 €), menus à partir de 60 F (9,1 €). Assez planquée dans une rue peu touristique, *La Goguette* respire la bonne humeur sétoise. Déco Art nouveau naïve et colorée, mini-terrasse, mini-salle et mini-mezzanine. Servie prestement par une jolie dame, une cuisine maison simple et copieuse, bon marché. Carte variée, exotique, *tapas* et grillades. Une adresse à l'ambiance vive et joyeuse, prisée des chevelus du pays et des chauves aussi. Ça fait du monde, réservez !

🍴 *Restaurant The Marcel* – 5, rue Lazare-Carnot (Centre) ☎ 04.67.74.20.89. Service jusqu'à 23 h ; minuit le vendredi et le samedi. Fermé le dimanche. Accès : dans une petite rue donnant sur « the » canal. Le midi, formule à 75 F (11,4 €). Menu à 120 F (18,3 €). Comptez 170 F (25,9 €) à la carte. *The Marcel* se veut avant tout un lieu de rencontres et de culture. Le cadre est beau : vaste salle-atelier où sont exposées des toiles contemporaines (le patron tient la galerie voisine). On se sent très à l'aise ici, pas du tout compressés, pas davantage pressés, alors on prend le temps de déguster une cuisine correctement travaillée, sans fausse note, sur fond de sonate ou de jazz. On vous recommande les seiches grillées à l'aïoli arrosées d'un picpoul. *Apéritif offert.*

🍴 *La Marine* – 29, quai Général-Durand (Centre) ☎ 04.67.74.30.03. 🍴 Fermé le mardi hors saison, le mardi matin en juillet-août. Congés annuels : novembre. Menu du jour à 85 F (13 €), jusqu'à 13 h et 20 h, menu « bouillabaisse » à 120 F (18,3 €), et un dernier menu à 135 F (20,6 €). Sur le port en terrasse, face aux chalutiers ou dans la salle joliment décorée, on se régale ici d'une sérieuse cuisine locale impeccable : bourride de baudroie, rougets de roche aux anchois, blanquette de lotte aux coquillages ou bouillabaisse en spécialités. Pas de problème ! Un peu plus cher à la carte. *Café offert.*

|●| *La Corniche* – **place Édouard-Herriot** ☎ 04.67.53.03.30. Parking. Fermé le dimanche soir et le lundi hors saison, et le lundi midi en juillet-août. Congés annuels : janvier et février. Accès : face au casino. Menus à 99 et 150 F (15,1 et 22,9 €). Avec son air d'attendre le touriste au rond-point, *La Corniche* paraîtrait presque suspecte. Erreur ! L'adresse est bonne, et l'on y sert proprement des spécialités sétoises bien balancées. Dans le 1er menu, une soupe de poissons à lécher la soupière, une authentique baudroie à la sétoise, une crème brûlée respectable. En somme, un repas copieux, goûteux et pas trop cher. Au menu suivant : assiette de coquillages, bourride du chef, fromage et dessert.

DANS LES ENVIRONS

BOUZIGUES 34140 (15 km N)

|●| *Chez la Tchèpe* – **av. Louis-Tudesq** ☎ 04.67.78.33.19. Sert à toute heure. Accès : face à l'étang de Thau. Pour un repas compter 50 F (7,6 €). Ouvert tous les jours toute l'année. Se remarque à sa petite terrasse, quelques chaises et tables en plastique, souvent bondée. Encore une vente directe « du producteur au consommateur » mais ici au meilleur prix. Pour exemple, 24 huîtres, 12 moules, 1 violet, 2 *tielles* chaudes (petit soufflé au calmar et à la sauce tomate, spécialité sétoise) et une bouteille de blanc pour 120 F (18,3 €) ! On comprend qu'il y ait du monde. En fait, pas de menu, on choisit ce qu'on veut à l'étal, à manger sur place ou à emporter. Le bon plan, mais attention : pas de paiement par carte de crédit.

|●| *Les Jardins de la Mer* – **av. Louis-Tudesq** ☎ 04.67.78.33.23. Fermé le jeudi et quelques jours fin septembre. Congés annuels : janvier. Menus à 105 et 155 F (16 et 23,6 €). Joli restaurant situé au cœur d'une conchyliculture, sur l'étang. Terrasse ombragée de grandes voiles blanches et des coquillages comme s'il en pleuvait. Dans le 1er menu, un gratin de moules aux poireaux à déguster tranquille. Plateaux de fruits de mer bien sûr et second menu plus conséquent. Et, pour ceux qui préfèrent, de bien bonnes grillades de poissons (loup, daurade, sardines, sole, turbot, anguilles, raie) aux ceps de vigne ou bien une fricassée de palourdines. *Apéritif offert.*

SOMMIÈRES 30250

Carte régionale B1

â|●| *Auberge du Pont Romain* ******* – **2, rue Émile-Jamais** ☎ 04.66.80.00.58. Fax : 04.66.80.31.52. Parking. TV. Congés annuels : du 15 janvier au 15 mars et du 1er au 30 novembre. Accès : à la sortie du village, route de Junas, à 300 m du pont romain. Doubles de 265 à 480 F (40,4 à 73,2 €) avec douche et wc ou bains. 1er menu à 125 F (19,1 €), formule plat-dessert, servi le midi en semaine, puis menus à 180 et 250 F (27,4 et 38,1 €). On est d'abord happé par le gigantisme du bâtiment surmonté, ô Gard insolite (!), d'une cheminée industrielle. Ce fut naguère une fabrique de laine, une usine de tapis, une écloserie de vers à soie, une distillerie et fabrique de vins cuits et une teinturerie de tissus ! C'est aujourd'hui un 3 étoiles assez chic aux prix encore abordables. Certaines chambres sont aménagées pour les personnes handicapées. En été, le jardin ombragé et fleuri ainsi que la piscine vous donnent envie de prolonger la sieste... Resto cher mais très bonne cuisine : goûter les petits-gris des garrigues au roquefort, la bourride de baudroie ou le gigot de Broutard à la crème d'ail ou le ris de veau vin de cerises. L'auberge passe pour l'une des meilleures tables de Sommières et environs.

|●| *L'Olivette* – **11, rue Abbé-Fabre** ☎ 04.66.80.97.71. Fermé le mardi en saison ; mardi soir et mercredi hors saison. Congés annuels : du 4 au 15 octobre. Le midi formule à 75 F (11,4 €), entrée-plat ou plat-dessert, puis menus de 100 à 185 F (15,2 à 28,2 €). « Chez monsieur et madame Fray, restaurateurs de métier » : annonce propre à hameçonner le badaud, mais encore ? Curieux de nature (et par profession), nous avons testé et l'adresse est bonne. Accueil naturel et gentil, et jolie salle habillée de pierre et de bois, climatisée (pas réfrigérée !). Au menu à 149 F (22,7 €) : daube d'agneau en gelée, carpaccio de taureau, le traditionnel pélardon puis une délicieuse ganache aux griottines (difficile exercice de style sur le thème du chocolat) au pays de l'huile d'olive, c'est vraiment du beurre et l'argent du beurre sans se ruiner. *Dégustation de tapenade.*

SORÈDE 66690

Carte régionale A2

|●| *La Salamandre* – **3, route de Larroque** ☎ 04.68.89.26.67. Fermé le dimanche soir et le lundi (sauf en été). Congés annuels : du 15 novembre au 1er décembre et du 15 janvier au 15 mars. Menus à 90 et 130 F (13,7 et 19,8 €). La salle, un peu petite, manque d'intimité mais la table vaut vraiment la peine d'être essayée. Cuisine pleine d'originalité alliant gastronomie régionale et recettes moins connues pour un résultat fin et goûteux. Daurade royale au citron vert galette de pois chiches, gigot d'agneau et son aïoli... Pour votre éducation culinaire, sachez que la salamandre est la voûte supérieure du four sous laquelle on met un plat pour glacer le dessus. Une bonne table vraiment, à prix tout à fait raisonnables. On aime.

TAUTAVEL 66720

Carte régionale A2

🛏️|●| *Chez Daniel* – 3, rue de la République (Centre) ☎ 04.68.29.03.08. TV. Fermé le lundi hors saison. Congés annuels : 15 jours en janvier. Doubles à 180 F (27,4 €). Menu à 60 F (9,1 €). *Chez Daniel*, c'est d'abord un bar-restaurant de village bien sympathique, populaire, où l'on prend l'apéro et où l'on se restaure à bon prix. Le petit menu comprend un buffet de charcuterie, salade, puis des brochettes ou des côtes d'agneau grillées, une glace pour finir, vin compris. Chambres propres et fonctionnelles, avec douche et wc ou bains, meubles en pin, murs blancs, d'un bon rapport qualité-prix là encore pour ce site très touristique. Propose également des appartements à la semaine. *NOUVEAUTÉ.*

UZÈS 30700

Carte régionale B1

🛏️ *Hôtel Saint-Géniès* ** – quartier Saint-Géniès, route de Saint-Ambroix (Sud-Ouest) ☎ 04.66.22.29.99. Fax : 04.66.03.14.89. Parking. Congés annuels : du 1er janvier au 15 février. Accès : d'un grand parking privé et d'une piscine. Doubles avec douche et wc ou bains de 250 à 280 F (38,1 à 42,7 €). Le quartier est une sorte de lotissement résidentiel, très calme la nuit. La maison, récente, dispose d'une vingtaine de chambres arrangées avec goût. Les n°s 10, 11 et 12 sont mansardées et plus intimes. Belle piscine, jardin et tranquillité absolue. *Café offert.*

🛏️|●| *Hôtel d'Entraigues – Restaurant Les Jardins de Castille* *** – 8, rue de la Calade (Est) ☎ 04.66.22.32.68. Fax : 04.66.22.57.01. Parking payant. TV. 🐕 Accès : en face de l'ancien palais épiscopal et de la cathédrale Saint-Théodorit. Doubles avec bains à 285 F (43,4 €). Demi-pension obligatoire en été le week-end, et les week-ends fériés : 230 F (35,1 €) par jour par personne. Menus de 135 à 260 F (20,6 à 39,6 €). L'adresse chic d'Uzès. Un vieil hôtel particulier du XVe siècle, restauré au

XVIIe siècle et rénové en 1982, avec piscine. Le charme et la classe : 29 chambres et appartements climatisés meublés à l'ancienne. Certaines chambres sont dotées d'une terrasse particulière. Par une passerelle, on communique avec le restaurant *Les Jardins de Castille* qui est une table assez raffinée. *Un petit déjeuner offert pour un repas pris au resto.*

🛏️|●| *Hôtel-restaurant La Taverne* ** – 4-9, rue Xavier-Sigalon (Centre) ☎ 04.66.22.13.10. Fax : 04.66.22.45.90. TV. Accès : dans la rue du cinéma de la ville. Doubles avec douche et wc ou bains à 320 F (48,8 €). Bonne et sympathique cuisine dans un décor agréable : un jardin dans une courette tranquille, sauf quand les groupes ont investi l'endroit. Le patron, Gérard Hampartzoumian, peut vous parler d'Uzès qu'il connaît fort bien. Confit, magret de canard et cassoulet (mais ce n'est plus la région !), excellente brouillade aux truffes. L'hôtel est tranquille et bien tenu. Chambres très correctes.

|●| *Le San Diego* – 10, bd Charles-Gide (Centre) ☎ 04.66.22.20.78. Fermé le lundi et le dimanche soir. Congés annuels : février. Menus de 79 à 165 F (12 à 25,2 €). C'est tout près de la mairie, derrière une façade quelconque – ce qui est plutôt rare à Uzès –, qu'on a trouvé ce très bon petit restaurant. Deux salles voûtées et fraîches, des tons gris et rose et des roses sur les tables, et une cuisine bien préparée, servie copieusement, et d'un excellent rapport qualité-prix. Au 1er menu, par exemple : un tartare de saumon sa crème de ciboulette bien frais, un filet de daurade sauce aux fruits de mer goûteux, et un fameux fondant au chocolat sur son coulis de cerise. Service aimable et discret. On a beaucoup aimé. On reviendra ! *Apéritif offert.*

DANS LES ENVIRONS

VERS-PONT-DU-GARD 30210
(10 km SE)

🛏️|●| *La Bégude Saint-Pierre* – Les Coudoulières ☎ 04.66.63.63.63. Fax : 04.66.22.73.73. Parking. TV. 🐕 Fermé le dimanche soir et le lundi de novembre à avril. Accès : D981. Doubles avec bains à partir de 350 F (53,4 €). Menus de 170 à 300 F (25,9 à 45,7 €). Une *bégude* désigne, en provençal, la ferme qui servait de relais de poste au temps où les missives voyageaient à cheval. Tout cela a bien changé, mais *La Bégude* est toujours installée le long de la route qui va de Remoulins à Uzès. Rassurez-vous pour le bruit, l'hôtel respire le calme et la sérénité. La belle bâtisse du XVIIe a été rénovée avec goût, dans un style provençal : les tissus de la salle à manger sont souleïado, les chaises paillées viennent de Beaucaire. Les chambres sont climatisées et personnalisées, et donnent sur la cour, le « jardin aux vieilles voitures » ou la superbe piscine. Bref, une très belle adresse, où l'on vous reçoit avec gentillesse et simplicité, ce qui ne gâche rien. À noter le restaurant chic avec 3 menus, et la gazette de la maison qui, tous les trois mois, fait le point sur les nouveautés et anecdotes de l'hôtel. *10 % sur le prix de la chambre sauf juillet et août.*

VALCEBOLLÈRE   66340

Carte régionale A2

🏠 |●| *Auberge Les Écureuils* *** – ☎ 04.68.04.52.03. Fax : 04.68.04.52.34. Parking. TV. Congés annuels : du 15 octobre au 10 décembre et 15 jours en mai. Accès : prendre la N116 et la D30 par le bourg Madame. De 350 à 550 F (53,4 à 83,8 €) la double. Menus de 132 à 252 F (20,1 à 38,4 €). Au cœur de la Cerdagne profonde, à proximité de l'Espagne, cette chaleureuse auberge faite de pierres solides et de bois massif est un vrai bonheur, le couvert n'est pas mal non plus. Étienne Laffitte s'épanouit aux fourneaux au travers d'une cuisine généreuse inspirée par le terroir catalan. Foie chaud de canard ou noisettes d'agneau de pays, ou encore truite braisée au safran, voilà l'appétissant programme. Chambres confortables, avec salle de bains et télé. En prime : salle de gym, sauna et billard. Belle randonnée à faire dans le massif (2 500 m) qui domine l'hôtel. L'hiver, on peut y faire du ski nordique.

VIGAN (LE)   30120

Carte régionale B1

🏠 *Hôtel du Commerce* * – 26, rue des Barris (Centre) ☎ 04.67.81.03.28. Fax : 04.67.81.86.79. Parking. Doubles de 130 à 180 F (19,8 à 27,4 €). Propose aussi une chambre à 90 F (13,7 €) pour une personne. Au centre du bourg, un hôtel tranquille et bon marché, parfait pour rayonner dans le pays viganais. Chambres claires, simples et spacieuses. Petit jardin. Une adresse bien *cool*, tout comme l'accueil.

|●| *Le Jardin* – 8, rue du Four (Centre) ☎ 04.67.81.28.96. ⅍ Fermé le lundi midi. Congés annuels : de mi-septembre à début octobre. Accès : à 50 m de l'office de tourisme. Menus de 70 à 130 F (10,7 à 19,8 €), dont le menu « aquarius » à 100 F (15,2 €). Dans le centre-ville, un restaurant bien agréable en salle comme en terrasse, et qui s'intitule aussi cave à vins : le fait est qu'on y trouve force vins de pays, AOC régionaux qu'on peut prendre au verre, en pichet ou à la bouteille. Mais pourquoi ne pas commencer par un *rinquiquin*, apéritif local à la pêche ? 1er menu très très bien : terrine tiède de râbles de lapin aux abricots (trouvaille délicieuse), magret de canard au jus de veau corsé puis une généreuse soupe de pêche et melon. Si vous préférez le poisson, un menu « aquarius » vous attend. Service aimable et doux. Certainement la bonne table indispensable au Vigan. *Carte à puce de fidélité avec réduction de 10 % gratuite.*

DANS LES ENVIRONS

AVÈZE 30120 (2 km S)

🏠 |●| *L'Auberge Cocagne* ** – place du Château ☎ 04.67.81.02.70. Fax : 04.67.81.07.67. Parking. ⅍ Congés annuels : du 1er décembre à fin février (approximatif). Accès : sur la route du cirque de Navacelles. Doubles avec lavabo ou douche de 160 à 180 F (24,4 à 27,4 €), avec douche et wc ou bains de 225 à 250 F (34,3 à 38,1 €). Menus de 70 à 189 F (10,7 à 28,8 €). Demi-pension obligatoire de mi-juillet à mi-août : compter 235 F (35,8 €) par personne. À l'ombre du château Montcalm, qui fut la propriété du fameux général marquis de Montcalm, mort en 1759 en défendant Québec contre les Anglais. *Cocagne* signifie « chance » dans le Sud de la France. On ne pouvait trouver mieux pour baptiser cette sympathique auberge de campagne abritée sous un bouquet d'arbres. Dans cette maison de 400 ans d'âge, aux murs épais et aux volets rouges, les chambres sont assez confortables, toutes différentes. Les propriétaires, M. et Mme Welker, couple sympa, anciens routards, organisent des expos en saison. Ici, la cuisine est d'inspiration méridionale (gourmande d'huile d'olive et épices), copieuse, de bonne qualité, à base de produits bio fournis par les agriculteurs du coin. Et les prix raisonnables. En été, terrasse pour prendre les repas. *Café offert. Un déca ou une tisane fraîche offert.*

AULAS 30120 (6 km NO)

🏠 |●| *Hôtel-restaurant Le Mas Quayrol* ** – ☎ 04.67.81.12.38. Fax : 04.67.81.23.84. Parking. TV. Satellite / câble. Congés annuels : du 1er janvier au 18 mars. Accès : par la D48, direction l'Espérou-Mont Aigoual ; traverser Aulas, prendre ensuite à gauche (c'est fléché) et monter pendant environ 1 km. Doubles avec bains de 280 à 375 F (42,7 à 57,2 €). Menus de 95 à 235 F (14,5 à 35,8 €). Une adresse qui se mérite ! Accroché au flanc de la montagne, *Le Mas Quayrol* offre une vue extraordinaire sur la vallée de l'Arre. Ici, on respire les Cévennes à plein nez dans un cadre unique et un calme absolu. L'établissement, qui possède une piscine, a été construit patiemment pendant 20 ans à partir d'un ancien mas, dans le respect de l'architecture locale, et dispose de 16 chambres rustiques et confortables. Au restaurant, beau choix de menus avec des spécialités comme la galette de pommes de terre aux escargots confits, la truite fario braisée aux pistaches et à la cartagène, le foie gras mi-cuit ou poêlé... Un séjour idéal entre les gorges du Tarn et les sommets de l'Aigoual (1 567 m), pour routards un brin mystiques et un peu argentés. *10 % sur le prix de la chambre hors vacances scolaires et week-ends fériés.*

MANDAGOUT 30120 (10 km N)

🏠 I●I *Auberge de la Borie* * – ☎ 04.67.81.06.03. Fax : 04.67.81.86.79. ♿. Congés annuels : janvier-février. Accès : par la D170 ; à 9 km, tourner à droite vers Mandagout ; passer le village, puis continuer vers Saint-André-de-Majencoules ; là, un chemin en pente sur la gauche monte à l'auberge située 250 m plus loin. Doubles à 160 F (24,4 €) avec lavabo, avec douche et wc ou bains de 270 à 290 F (41,2 à 44,2 €). Demi-pension obligatoire en juillet-août de 200 à 270 F (30,5 à 41,2 €). Menus de 72 à 145 F (11 à 22,1 €). Voilà enfin ce que l'on cherchait depuis longtemps : un vieux mas cévenole, sur le versant ensoleillé d'une montagne, avec une piscine et des pins sages. La vue est époustouflante : une sorte de montagne à châtaignes, comme dans la *castaniccia* corse, sous un ciel bleu à l'infini. Silence et calme assurés. Aubergistes affables, Élisabeth et Jean-François Roche (un Breton de Rennes) proposent une dizaine de chambres bien arrangées dans de vieux murs de pierre. Demandez les nᵒˢ 8, 9, 10, installées dans d'anciennes caves voûtées, fraîches en été. Cuisine familiale uniquement à partir des produits locaux. Parmi les spécialités : magret de canard aux figues et nougat glacé aux fruits rouges. Dieu que l'on s'y sent bien ! *10 % sur le prix de la chambre sauf juillet et août.*

SAINT-MARTIAL 30440 (24 km NE)

🏠 I●I *Hôtel-restaurant La Terrasse* – le bourg ☎ 04.67.81.33.11. Fax : 04.67.81.33.87. Fermé le mercredi. Accès : traverser Le Vigan par la D999, puis prendre la D11 et la D20. Doubles avec douche et wc à 190 F (29 €), menus de 85 à 171 F (13 à 26,1 €). C'est une auberge perdue à flanc de montagne où il fait bon vivre et manger. Dominique, son truculent propriétaire, ne se fera pas prier pour vous vanter la beauté de sa Cévenne, comme celle de l'église romane du XIIᵉ siècle, fierté du village. Les quelques chambres sont correctes, mais on vient avant tout pour la cuisine qui transcende le terroir dès le 1ᵉʳ menu avec, le jour de notre passage : tourte forestière, pintade rôtie au cidre et aux pommes reinettes, plateau de fromages fermiers et tarte maison aux pêches. Au dernier menu, un plat de plus et d'étonnantes spécialités comme le millefeuille d'oignons doux de Saint-Martial et son sabayon à l'huile d'olive. Une trouvaille du *Routard* ! *Apéritif ou café offert.*

VILLEFORT 48800

Carte régionale B1

🏠 I●I *Hôtel-restaurant Balme* ** – place du Portalet (Centre) ☎ 04.66.46.80.14. Fax : 04.66.46.85.26. Parking payant. TV. Satellite / câble. Fermé le dimanche soir et le lundi (hors saison). Congés annuels : du 15 novembre au 31 janvier. Accès : A75 et A6. Doubles avec lavabo à 230 F (35,1 €), avec douche et wc à 300 F (45,7 €), avec bains à 340 F (51,8 €). Menu en semaine à 110 F (16,8 €), menus suivants à 130 et 195 F (19,8 et 29,7 €). Une bonne maison patinée par le temps et bien renommée. L'hôtel fait penser aux vieilles maisons des stations thermales : même confort provincial, même ambiance anglaise. Excellente cuisine du chef, où se mêlent les plats du terroir et des spécialités d'Extrême-Orient, de Thaïlande notamment, pays où Michel Gomy séjourne chaque année. La carte change souvent, difficile donc de vous mettre l'eau à la bouche. On aime bien la mousse de pigeon au genièvre et son pain à la châtaigne, le fondant de souris d'agneau aux légumes du soleil, le croustillant de pied de cochon farci aux cèpes, l'assiette cévenole (les 3 desserts à la châtaigne) ; et si vous voulez quelques petits secrets, aucun problème, la cuisine est ouverte. De plus, Micheline étant sommelière, la cave s'en trouve superbement garnie... Sur le plan culinaire, le meilleur rapport qualité-prix de la région. *10 % sur le prix de la chambre.*

🏠 I●I *Hôtel-restaurant du Lac* ** – lac de Villefort (Nord) ☎ 04.66.46.81.20. Fax : 04.66.46.90.95. TV. Fermé le mercredi hors saison. Congés annuels : du 30 novembre au 1ᵉʳ mars. Accès : au bord du lac, à 1,5 km par la D906 ; une maison blanche isolée, en contrebas de la route, sur la gauche. Doubles avec douche et wc à 260 F (39,6 €), avec bains à 380 F (57,9 €). Menus de 88 à 168 F (13,4 à 25,6 €). On y dort face au lac, on y mange face au lac, et, l'été, on s'y baigne dans le lac. Les prix des chambres sont raisonnables vu la situation. 1ᵉʳ menu avec spécialités lozériennes. Omelette aux cèpes, truite meunière du lac, blanquette de veau, civet de porcelet... L'endroit est très fréquenté en saison. On ne vous promet pas que vous serez seul et loin du monde ! *Café offert.*

VILLEFRANCHE-DE-CONFLENT 66500

Carte régionale A2

IΦI *Auberge Saint-Paul* – **7, place de l'Église (Centre)** ☎ 04.68.96.30.95. Fermé le lundi de Pâques à octobre, également le mardi d'octobre à Pâques. Congés annuels : du 3 au 26 janvier. Menus de 140 à 260 F (21,3 à 39,6 €). À la carte, compter 300 F (45,7 €). La qualité des produits travaillés par Patricia Gomez et la finesse de ses mariages procurent de vives émotions gustatives. Au premier menu, par exemple, raviole de chèvre, rouelle d'agneau du pays et pied de porc puis tout simplement un pot de crème vanille, c'est parfait. Très bon choix de vins par Charly Gomez. Une des meilleures tables du département, un peu chère à la carte, mais si l'on a les moyens, pourquoi pas ? Très agréable terrasse et service bien mené.

DANS LES ENVIRONS

OLETTE 66360 (10 km O)

🏠IΦI *Hôtel-restaurant La Fontaine* – **5, rue de la Fusterie** ☎ 04.68.97.03.67. Fax : 04.68.97.09.18. TV. Fermé le mardi soir. Congés annuels : janvier. Accès : sur une petite place jouxtant la route nationale. doubles à 180 F (27,4 €). Menus de 67 à 120 F (10,2 à 18,3 €). Grosse bâtisse fraîchement repeinte en orangé vif et chaud. Chambres entièrement refaites également, mignonnes et de bon confort (téléphone, télévision, douche et wc). Un excellent rapport qualité-prix donc. Trois ou quatre tables sur la terrasse-balcon, et une salle coquette à l'étage. Feuilleté de chèvre chaud du pays, tournedos à la crème de boudin noir, des recettes du terroir bien tournées. Accueil familial aimable. *NOUVEAUTÉ.*

VILLENEUVE-LÈS-AVIGNON 30400

Carte régionale B1

🏠IΦI *Centre de Rencontres International YMCA* – **7 bis, chemin de la Justice (Sud-Ouest)** ☎ 04.90.25.46.20. Fax : 04.90.25.30.64. Parking. TV. ♿ Congés annuels : semaine de Noël. Accès : en venant d'Avignon, à la hauteur du pont du Royaume, prendre l'avenue du Général-Leclerc qui monte vers le quartier Bellevue aux Angles ; environ 300 m plus loin sur la gauche, c'est le chemin de la Justice. Qu'on soit 2 ou seul, la chambre entière est réservée, d'où les tarifs suivants : par personne, selon la saison, de 112 à 150 F (17,1 à 22,9 €) pour une personne ; de 64 à 90 F (9,8 à 13,7 €) pour deux ; de 56 à 80 F (8,5 à 12,2 €) pour 3. Petit déjeuner à 25 F (3,8 €), possibilité de pension et demi-pension. Un ensemble de bâtiments ressemblant à une ancienne clinique (ce qu'il était d'ailleurs). Rénové complètement, désormais une bonne centaine de lits, en chambres de 3 lits avec sanitaires, est disponible. La piscine, le bar, et la vue fabuleuse sur la cité des Papes, le Rhône, le mont Ventoux et la tour Philippe le Bel en font un foyer fort sympathique, surtout en saison quand toute une jeunesse l'anime. Une ambiance en folie pendant le festival.

🏠 *Hôtel de l'Atelier* ** – **5, rue de la Foire (Centre)** ☎ 04.90.25.01.84. Fax : 04.90.25.80.06. TV. Congés annuels : de début novembre à début décembre. Doubles avec douche et wc à 300 F (45,7 €), avec bains à 390 F (59,5 €). Central et dans une maison du XVIe siècle, 19 chambres meublées à l'ancienne, avec téléphone. Calme et confortable. Il y a un patio fleuri pour les petits déjeuners et une terrasse sur les toits. Un bon rapport qualité-prix. Donc il vaut mieux réserver en saison. *10 % sur le prix de la chambre pour au moins 2 nuits consécutives avec petit déjeuner, sauf juillet et août.*

IΦI *Restaurant La Calèche* – **35, rue de la République** ☎ 04.90.25.02.54. ♿ Fermé le jeudi soir et le dimanche. Congés annuels : novembre. Accès : par la rue principale, entre la Chartreuse et la place du village. Menus de 69 à 118 F (10,5 à 18 €). Terrasse et patio bien agréables les jours d'été. 2 salles en enfilade joliment décorées, dans les tons chauds, avec aux murs moult affiches et reproductions de peintures. Le patron aime beaucoup les artistes, et ceux-ci le lui rendent bien : portraits et bustes de lui partout. Cuisine simple et correcte à base de spécialités lyonnaises et provençales : pieds et paquets marseillais, daube de taureau, confit d'agneau entre autres. Service aimable. *Apéritif offert.*

IΦI *Restaurant La Maison* – **1, rue Montée-du-Fort-Saint-André (Centre)** ☎ 04.90.25.20.81. Fermé le mardi soir, le mercredi et le samedi midi. Accès : donne sur la place Jean-Jaurès, derrière la mairie. Menu à 120 F (18,3 €). Proche de l'hôtel de ville d'une cité tiraillée entre 2 départements, ce petit restaurant a un côté croquignolet qu'on aime bien. Décor raffiné et original avec les dentelles aux fenêtres et la collection de poteries. Cuisine simple et copieuse. Avec le menu, on mange vraiment bien, et sous les ventilateurs, ce qui est appréciable en été. Service fort sympathique et cuisine à l'avenant. Une bonne adresse.

DANS LES ENVIRONS

ANGLES (LES) 30133 (4 km S)

â I●I *Le Petit Manoir* ** – 15, av. Jules-Ferry ☎ 04.90.25.03.36. Fax : 04.90.25.49.13. Parking. TV. ⚒ Accès : route de Nîmes. Doubles avec douche et wc ou bains de 270 à 360 F (41,2 à 54,9 €). Demi-pension à 425 F (64,8 €) obligatoire en juillet. Menus de 98 à 300 F (14,9 à 45,7 €). « Manoir : habitation ancienne et de caractère, d'une certaine importance, entourée de terres. » Si le *Larousse* dit vrai (et personne n'en doute), ce *Petit Manoir*, ensemble de bâtiments contemporains organisés autour d'une piscine, n'en est pas vraiment un. Mais il ne manque ni de caractère, ni de confort : chambres calmes et propres, avec terrasse le plus souvent. Le restaurant, *La Tonnelle*, est une bien bonne table avec une cuisine traditionnelle régionale.

ROQUEMAURE 30150 (11 km N)

â I●I *Le Clément V* ** – 6, rue Pierre-Semard (Sud-Ouest) ☎ 04.66.82.67.58. Fax : 04.66.82.84.66. ● hotel.clementv @wanadoo.fr ● Parking payant. TV. Fermé le samedi et le dimanche hors saison (sauf réservation). Congés annuels : pendant les vacances de Noël et Jour de l'An, vacances de février et de la Toussaint, ainsi que les week-ends hors saison. Accès : par la D980. Comptez de 270 à 320 F (41,2 à 48,8 €) pour une double. Demi-pension de 230 à 275 F (35,1 à 41,9 €), obligatoire en juillet-août. Menus à 95 et 125 F (14,5 et 19,1 €). Voilà une bien sympathique étape dans un village médiéval méconnu des côtes du Rhône. On est accueilli par une hôtelière, Annie, pleine de gentillesse et qui réserve son restaurant à la clientèle des 19 chambres équipées de sanitaires complets. Son *boy-friend*, James, est sympa aussi. L'établissement propose de nombreux services dont une piscine, une salle de gym et remise en forme. C'est aussi un lieu de séjour idéal pour découvrir la Provence et les festivals d'été d'Orange et d'Avignon. Le bon rapport qualité-prix finit de faire du *Clément V* une bonne adresse déjà remarquée par de nombreux routards. *10 % sur le prix de la chambre hors juillet-août pour 2 nuits consécutives, et apéritif offert pour la demi-pension avec 3 nuits minimum.*

Les prix
En France, les prix des hôtels et des restos sont libres. Certains peuvent augmenter entre le passage de nos infatigables fureteurs et la parution du guide.

Avis aux hôteliers et aux restaurateurs
Chaque année pour y figurer, il faut le mériter.

Le Routard

Limousin

19 Corrèze
23 Creuse
87 Haute-Vienne

ARGENTAT   19400

Carte régionale B2

⌂ ♦ *Hôtel-restaurant Fouillade* – 11, place Gambetta ☎ 05.55.28.10.17. Fax : 05.55.28.90.52. Parking. TV. Fermé le lundi hors saison. Congés annuels : de début novembre à début décembre. Doubles avec douche et wc à 210 F (32 €), à 225 F (34,3 €) avec télé, et à 235 F (35,8 €) avec bains. Belle maison séculaire qui entre, avec le nouveau millénaire, dans son deuxième siècle d'existence. La cuisine va donc séduire encore quelques générations de gourmands qui vont venir découvrir le confit de canard aux châtaignes, les cèpes farcis à la crème d'oseille ou la croustade aux girolles. Les chambres, avec leur côté très *Seventies*, nous ont un peu moins séduites même si elles sont très propres. *NOUVEAUTÉ*.

ARNAC-
POMPADOUR   19230

Carte régionale A2

⌂ ♦ *Auberge de la Mandrie* ** – route de Périgueux ☎ 05.55.73.37.14. Fax : 05.55.73.67.13. Parking. TV. Accès : à 5 km de Pompadour sur la D7, direction Payzac et Périgueux. Les doubles ne coûtent que 250 F (38,1 €). Menus à partir de 70 F (10,7 €), sauf le dimanche midi, et de 100 à 180 F (15,2 à 27,4 €). Non loin de la cité du

cheval et du bourg médiéval de Ségur-le-Château, cet hôtel est presque un club, avec ses petits chalets disséminés dans un parc autour d'une belle piscine chauffée et d'un espace de jeux pour les enfants. Les chambres, toutes de plain-pied, possèdent une petite terrasse, une salle de douche ou de bains et le téléphone. Allez, on a deux, trois choses à redire sur la déco ! Mais, malgré ses petits défauts, l'*Auberge de la Mandrie* demeure une excellente adresse qui bénéficie de l'accueil charmant et professionnel de ses patrons. À table, une très agréable cuisine régionale, parfois revue par de subtiles préparations. Citons l'île flottante de sandre au coulis d'écrevisses, la terrine de foies de volailles aux pommes ou le médaillon de lotte rôti au cidre. À déguster en salle ou sur l'immense terrasse qui la prolonge. Un bémol sur les petits déjeuners décevants !

DANS LES ENVIRONS

VIGEOIS 19410 (16 km E)

⌂ ♦ *Hôtel-restaurant Les Semailles* ** – le bourg ☎ 05.55.98.93.69. Fax : 05.55.98.81.00. TV. Fermé le dimanche soir et le lundi hors saison. Congés annuels : du 1er au 15 février. Accès : par la D7, puis la D3 direction Uzerche. Doubles à 260 F (39,6 €). 1er menu à 90 F (13,7 €), puis menus à 140 et 200 F (21,3 et 30,5 €). Derrière la façade couverte de vigne vierge de cette grosse maison se cache une salle à manger aux murs de pierre décorés de

LIMOUSIN

A

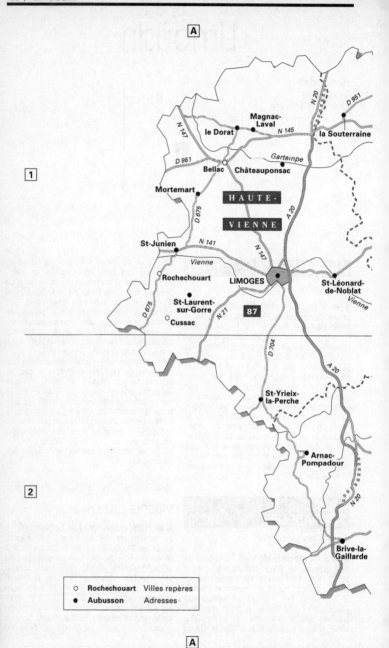

| O | **Rochechouart** | Villes repères |
| • | **Aubusson** | Adresses |

A

B
Boussac
Dun-le-Palestel
Creuse
CREUSE
N 145
GUÉRET
Évaux-les-Bains
Chénérailles
D 940
D 942
1
23
Bourganeuf
Aubusson
D 941
D 941
Peyrat-le-Château
Gentioux-Pigerolles
D 940
Tarnac
Vézère
CORRÈZE
N 89
la Serre-de-Mestes
19
Neuvic
Égletons
Bort-les-Orgues
N 120
Clergoux
2
TULLE
St-Pardoux-la-Croisille
St-Merd-de-Lapleau
Dordogne
N 89
St-Martin-la-Méanne
Argentat
D 980
N 120
0 10 20 km
Beaulieu-sur-Dordogne
B

LIMOUSIN

tapisseries. Dans cette élégance bourgeoise, on mange de même : bourgeoisement et bien. Déjà, on est séduit par le 1er menu avec une belle salade de magret fumé aux lardons et aux œufs pochés, une daurade royale au noilly, fromages et dessert. Dans les menus suivants, on navigue entre le foie gras escalopé aux pommes et fruits rouges et la brochette de Saint-Jacques à la moutarde violette. On a aimé aussi le filet de sandre aux framboises. Beaucoup d'alliances de poissons et de fruits pas désagréables du tout. On a apprécié le service, discret et diligent, moins les chambres qui ne possèdent pas le charme tout en rondeur de la salle. Néanmoins confortables, rénovées, bien tenues et correctement équipées, elles valent le prix qu'elles coûtent. Et en plus, on devient vraiment difficile.

AUBUSSON   23200

Carte régionale B1

🛏 *Hôtel Le Chapitre* – **53-55, Grande-Rue (Centre)** ☎ **05.55.66.18.54. Fax : 05.55.67.79.63.** TV. Doubles de 170 F (25,9 €) avec douche et wc à 250 F (38,1 €) avec lits jumeaux, petit déjeuner non compris. Tenu par un jeune très sympa, également propriétaire du bar en dessous (rassurez-vous, il ferme à 22 h), l'hôtel propose des chambres bénéficiant de tout le confort, salles de bains carrelées et double-vitrage pour les pièces donnant sur la rue (de toute façon calme le soir). Une petite adresse bien agréable au très bon rapport qualité-prix. *NOUVEAUTÉ.*

🛏 🍽 *Le Lion d'Or* ** – **place du Général-d'Espagne (Centre)** ☎ **05.55.66.13.88. Fax : 05.55.66.84.73.** TV. Fermé le dimanche soir et le lundi midi hors saison. Congés annuels : de fin octobre à mi-novembre et deux à trois semaines fin décembre, début janvier. Doubles de 270 F (41,2 €) avec douche et wc à 300 F (45,7 €) avec bains. Formule à 58 F (8,8 €) et menus à partir de 85 F (12,9 €). Chambres standard, sans grand charme, mais confortables et bien tenues. Pour la différence de prix, préférer celles avec bains, beaucoup plus spacieuses.

🛏 🍽 *Hôtel de France* ** – **6, rue des Déportés (Centre)** ☎ **05.55.66.10.22. Fax : 05.55.66.88.64.** TV. Canal+. Doubles à partir de 300 F (45,7 €) et jusqu'à 600 F (91,5 €), sans le petit déjeuner. Menus à 75 F (11,4 €), et de 95 à 270 F (14,5 à 41,2 €). Même propriétaire que l'hôtel du *Thaurion*, près de Bourganeuf. Une cuisine inspirée et de qualité (plutôt rare à Aubusson). Rénové, confortable, l'hôtel propose des chambres décorées avec goût et bien équipées. Terrasse intérieure où il fait bon prendre son petit déjeuner à la belle saison.

Service et accueil classiques et de bonne tenue.

DANS LES ENVIRONS

BLESSAC 23200 (4 km NO)

🛏 🍽 *Le Relais des Forêts* * – **route d'Aubusson** ☎ **05.55.66.15.10. Fax : 05.55.83.87.91.** TV. Fermé le vendredi soir et le dimanche soir hors saison. Congés annuels : les vacances scolaires de février et de la Toussaint. Compter 155 F (23,6 €) la double avec cabinet de toilette, douche dans le couloir ; 250 F (38,1 €) avec douche, wc et télé. Menu à 62 F (9,5 €) et menu régional à 100 F (15,2 €). Une adresse simple et populaire, honnête. Cuisine familiale copieuse avec un pâté de pommes de terre correct et une entrecôte du Limousin goûteuse. Certaines chambres sont un peu vieillottes et kitsch, les autres ont été refaites récemment. Propre et tranquille. Bon accueil. *Café offert.*

VILLENEUVE (LA) 23260 (23 km E)

🍽 *Le Relais Marchois* – **N141** ☎ **05.55.67.35.78.** Fermé le mardi soir et le mercredi. Congés annuels : la dernière semaine de juin, 1 semaine début novembre et 1 semaine entre Noël et le Jour de l'An. Menu régional à 89 F (13,6 €), les autres menus vont jusqu'à 215 F (32,8 €). L'appellation « auberge de pays » sied parfaitement à cette petite adresse traditionnelle, pleine de charme aussi bien dans son cadre (remarquez la collection d'éventails et de cafetières anciennes), que dans l'assiette : pièce de bœuf grillé marchois et son feuilleté de pommes de terre, fricassée de volailles aux écrevisses, millefeuille de Saint-Jacques au whisky et son coulis, et en dessert, comment résister au nougat glacé au lait de coco et petits fours, un délice ! C'est copieux, bien présenté et le service est tout à fait charmant. Un très bon rapport qualité-prix. *NOUVEAUTÉ.*

SAINT-MARC-À-LOUBAUD 23460 (24 km SO)

🍽 *Restaurant Les Mille Sources* – **le bourg** ☎ **05.55.66.03.69.** Fermé le lundi de janvier à avril inclus. Congés annuels : de mi-janvier à mi-février. Accès : N141 direction Limoges, puis D7 direction Royère et à gauche à Vallières, direction Saint-Yrieix, puis Saint-Marc-à-Loubaud. Menus à partir de 140 F (21,3 €). Réservez car nous ne sommes pas les seuls à avoir eu le coup de cœur ! Un peu cher mais l'adresse fait partie des incontournables de la région. Dans un village perdu au nord du plateau de Millevaches, un restaurant qui a de quoi étonner par la qualité de sa cuisine. Philippe

Coutisson est un grand chef et ceux qui ont goûté son canard à la ficelle ne démentiront pas. Spécialités de canard et de gigot cuits à la cheminée. Pour parfaire le tout, l'accueil est chaleureux et le cadre ravissant, avec un jardin où les fleurs sont cultivées avec amour. *Apéritif, café offerts.*

BEAULIEU-SUR-DORDOGNE 19120

Carte régionale B2

🏠 |●| *Auberge de jeunesse La Riviera Limousine* – place du Monturu ☎ 05.55.91.13.82. Fax : 05.55.91.26.06. ● www.fuaj.org ● Parking. Congés annuels : d'octobre à début avril. Accès : au bord de la Dordogne. Une trentaine de lits, par chambres de 4 et plus, à 46 F (7 €) la nuit par personne. 19 F (2,9 €) le petit déjeuner, repas sur demande uniquement à 49 F (7,5 €). Quand on le découvre, c'est une image de carte postale qui s'offre à vous. Pour une auberge de jeunesse, c'est carrément du luxe. Grosse maison ancienne et assez charmante, en bord de Dordogne, face à la chapelle des Pénitents. Ambiance un peu bordélique mais sympathique.

🏠 |●| *Hôtel Le Turenne* ** – 1, bd Saint-Rodolphe-de-Turenne (Centre) ☎ 05.55.91.10.16. Fax : 05.55.91.22.42. Parking. TV. Fermé le dimanche soir et le lundi hors saison. Congés annuels : de décembre à fin février. Doubles à moins de 300 F (45,7 €). Menu du déjeuner à 95 F (14,5 €), autres à 160 et 210 F (24,4 et 32 €). L'une de nos adresses favorites en Corrèze, dans la jolie ville de Beaulieu. Une ancienne abbaye bénédictine du XIᵉ siècle élégamment transformée en hôtel-restaurant de charme. Les arcades de la salle à manger ouvrent sur une terrasse et un jardin ombragé, tandis que, des murs de la demeure à tourelle, dégouline la végétation. On accède aux chambres par un escalier de pierre. Toutes sont différentes, refaites et meublées avec soin et goût. Spacieuses, totalement équipées (salle de bains, téléphone) et avec cheminée d'époque pour certaines. Comme si cela ne suffisait pas, nous avons été emballé par le restaurant. Pascal Cavé a dessiné et composé la carte avec amour. Dès le 1ᵉʳ menu, il se déchaîne autour d'un plat. Il suffit de parler du croustillant de foie gras de canard aux cèpes, la crépinette de pied de porc à la moutarde violette... On a affaire à une vraie cuisine inventive pleine de saveurs raffinées. Très bons pains maison et desserts inoubliables (trilogie de crèmes brûlées à la vanille, noix et réglisse). Les menus suivants sont un peu chers, certes, mais on n'a rien sans rien. Accueil professionnel.

BOURGANEUF 23400

Carte régionale B1

🏠 |●| *Auberge de l'Âtre* – 17, av. Turgot ☎ 05.55.64.10.10. Fax : 05.55.64.08.99. Fermé le dimanche soir. Chambres de 155 à 240 F (23,6 à 36,6 €). Menus de 60 à 130 F (9,1 à 19,8 €). Une petite adresse sans prétention où l'on sert une cuisine copieuse et pour le moins éclectique : à la carte, on trouve aussi bien le sempiternel steak-frites, qu'une salade fermière, une cuisse de canard confite ou encore du bar rôti à la graine de fenouil plutôt bien réalisé. Dispose aussi de chambres, assez rudimentaires mais bon marché.

DANS LES ENVIRONS

SAINT-HILAIRE-LE-CHÂTEAU
23250 (15 km NE)

🏠 |●| *Hôtel du Thaurion* ** – 10, Grand-Rue ☎ 05.55.64.50.12. Fax : 05.55.64.90.92. TV. Canal+. Fermé le mercredi et le jeudi midi (sauf en juillet-août). Congés annuels : de fin novembre à fin février. Accès : par la D941 ou la N41. Côté hôtellerie, quelques chambres coquettes de 330 à 600 F (50,3 à 91,5 €) la double. Côté cuisine, un menu du jour à 99 F (15,1 €). Autres menus de charme de 160 à 400 F (24,4 à 61 €). Dans cet ancien relais de diligence agréablement restauré, Gérard Fanton est à l'évidence le chef creusois de référence. Cuisine parfaitement exécutée, tantôt tournée vers la tradition, tantôt vers l'originalité. Spécialités du chef : jarreton de porc braisé, galette de queue de bœuf, pied de porc farci et sauce à la moutarde de Brive, ravioles de queues d'écrevisses. Un bémol : service lent et pas toujours expérimenté, mais peut-être est-on tombé un mauvais jour ?

BOUSSAC 23600

Carte régionale B1

🏠 |●| *Central Hôtel* ** – rue du 11-Novembre ☎ 05.55.65.00.11. Fax : 05.55.65.84.15. TV. Resto fermé le vendredi soir et le samedi en hiver. Congés annuels : de fin décembre à mi-janvier. Accès : à deux pas de la Grand-Place. Doubles à 110 F (16,8 €) avec lavabo et 180 F (27,4 €) avec douche, wc et télé. Menus de 78 à 190 F (11,9 à 29 €). Un établissement classique et tranquille. Certaines chambres sont équipées de Minitel, pratique pour les VRP en quête d'infos, mais aussi pour les adeptes du 36-15 CÉBON... (gare à l'addition !). On regrettera juste la literie du genre baignoire : une fois couché, il faut quasiment ramper pour atteindre le bord. Au restaurant, une cuisine traditionnelle copieuse qui se laisse manger agréablement. *10 % sur le prix de la chambre.*

IOI *Café de la Place* – 4, place de l'Hôtel-de-Ville (Centre) ☎ 05.55.65.02.70. Fermé le dimanche en juin. Congés annuels : le jour de Noël, le 1er janvier et le lundi de Pâques. Menus à 60 F (9,1 €), à 70 F (10,7 €) le dimanche. Paulette Roger est une mamie comme on les aime ; chaleur et générosité sont les maîtres mots de la maison. Menu à l'affiche : entrée, 2 plats et dessert qu'on choisit parmi 5 ou 6 propositions en les inscrivant soi-même sur le carnet de commande. Exemple : melon, coquille de fruits de mer, paupiettes-pommes de terre et tarte aux poires. Bon, c'est un peu gras, mais l'un dans l'autre on n'est pas volé. *Café offert.*

IOI *Le Relais Creusois* – rte de la Châtre (Nord) ☎ 05.55.65.02.20. Fermé hors saison le mardi soir et le mercredi sauf jours fériés et quand le restaurant fait traiteur à l'extérieur. Congés annuels : janvier et février et 1 semaine en juin. Accès : après le feu rouge, dans la descente sur la gauche, repérer la devanture moderne aux colonnes mauves. Menus de 115 à 350 F (17,5 à 53,4 €). Les premières formules ne proposent pas de menus-carte, les plats sont imposés. Une adresse réputée dans la région avec un chef qui revisite le terroir et inscrit sur sa carte des spécialités originales telles que le ragoût d'artichaut à la moelle de bœuf, la cuisse de canette laquée, semoule de blé, crème fouettée aux épices. Également plats à emporter. *NOUVEAUTÉ.*

DANS LES ENVIRONS

GENOUILLAC 23350 (20 km O)

â IOI *La Petite Marie* – lieu-dit Montfargeaud ☎ 05.55.80.85.60. ♨ Accès : à l'intersection située à 1 km avant Genouillac, prendre direction La Châtre sur 2 km, puis bifurquer à droite, c'est fléché. Formule à 58 F (8,8 €) et menu à 98 F (14,9 €). Cette petite maison de pays abrite 5 chambres et une auberge pleine de charme, à l'image de l'accueil. Les repas se prennent dans la salle, chaleureuse avec ses pierres et poutres apparentes, ou dans le jardin aux beaux jours. Et puis, on prend son temps, on savoure, on contemple les monts et vallées environnants, les chevaux dans le champ en face. Un cadre qui distrait un peu dans la cuisine sans chichis, mais bien exécutée : galette de jambon bayonnais, chèvre frais au basilic, noix de veau à la crème de muscat. Choix de vins limité et cher, dommage ! Alors pour faire passer l'addition des gourmands, Martial improvise un concert d'accordéon en véritable virtuose. Une adresse décidément très conviviale. *NOUVEAUTÉ.*

BRIVE-LA-GAILLARDE 19100

Carte régionale A2

â IOI *Auberge de jeunesse* – 56, av. du Maréchal-Bugeaud - parc Monjauze ☎ 05.55.24.34.00. Fax : 05.55.84.82.80. ● www.fuaj.org ● Parking. Accueil de 8 h à 23 h, avec une pause entre midi et 18 h les samedi, dimanche et jours fériés. Accès : à côté de la piscine municipale. 48 F (7,3 €) la nuit par personne, draps en location optionnelle à 17 F (2,6 €) ; 19 F (2,9 €) le petit déjeuner ; 50 F (7,6 €) le repas sur réservation. Carte de membre à 70 F (10,7 €) pour les moins de 26 ans, 100 F (15,2 €) au-delà. À 5 mn du centre-ville, la bâtisse bourgeoise où se trouve la réception abrite deux salles de restaurant. Pour les chambres de 2, 3 ou 4 lits, il faudra aller à l'annexe, un long bâtiment récent. Certaines sont prolongées par un petit balcon, et toutes sont réaménagées, propres, à l'instar de la salle de douche commune. Outre la piscine voisine, sur laquelle on a des réductions, une table de ping-pong, une salle de télé, une cuisine en libre accès et un garage à vélos complètent l'équipement. En outre, vous pourrez louer des VTT sur place. Carte de membre obligatoire, que vous pourrez acheter sur place à votre arrivée.

â IOI *Hôtel-restaurant La Crémaillière* – 53, av. de Paris ☎ 05.55.74.32.47. Fax : 05.55.17.91.83. TV. Fermé le dimanche soir et le lundi. Chambres très correctes et agréables de 230 à 250 F (35,1 à 38,1 €) avec bains. Menus de 100 à 200 F (15,2 à 30,5 €). Il n'était pas facile de prendre la succession de Charlou Raynal, figure incontournable de la gastronomie briviste. Pascal Jacquinot a relevé le défi et il réussit plutôt bien dans cette maison bourgeoise, un tantinet tape-à-l'œil. Il séduit nos yeux et nos papilles avec sa tartine grillée d'andouillettes rôties à la moutarde en grains ainsi que son pigeonneau de grain en cocotte aux girolles. Il fait chanter les casseroles avec cette truffe d'été râpée aux œufs brouillés ou cet omble chevalier de Haute Corrèze servi sur une fricassée de haricots verts frais. Quant à la côte de veau de lait en cocotte, elle nous prouve que la simplicité reste la panacée en matière de cuisine. *NOUVEAUTÉ.*

IOI *La Toupine* – 11, rue Jean-Labrunie ☎ 05.55.23.71.58. Fermé le dimanche et le mercredi soir. Congés annuels : pendant les vacances de février et du 15 au 30 août. Menu du jour à 55 F (8,4 €). Sinon, comptez

150 F (22,9 €) à la carte. Voici une des adresses montantes de Brive. Le décor de la salle est relativement simple, sans grand intérêt. L'accueil est un poil brusque mais tout cela est rattrapé par la cuisine. Filet de loup de mer poché à la badiane, galette de pied de cochon et tomme fraîche de Cantal, pavé de noix de veau aux cèpes, ravioles de foie gras au jus de veau aux truffes... Que dire de plus, si ce n'est que c'est bon. On repart repu et heureux d'avoir fait un bon repas pour une somme plutôt correcte. Réservation conseillée car les Brivistes n'ont pas la réputation de fréquenter les mauvaises adresses. *NOUVEAUTÉ.*

|●| Chez Francis – **61, av. de Paris** ☎ 05.55.74.41.72. Fermé le dimanche. Congés annuels : du 18 au 27 février et du 5 au 20 août. À partir de 85 F (13 €) pour le 1er menu et de 45 F (6,9 €) pour le plat du jour. L'un de nos restaurants préférés dans cette gaillarde ville. Avis largement partagé, du reste, comme l'indiquent les flatteries graffitées sur les murs par les clients repus et les élogieuses critiques publiées par des guides concurrents et néanmoins amis. Inconvénient de l'avantage, la réservation est obligatoire si vous voulez pénétrer dans cette belle maison qui se donne des allures de brasserie d'avant-guerre. L'accueil pourra vous sembler parfois un peu ferme, mais parvenu au dessert vous direz, comme tout le monde, que la maison est bougrement sympathique. Francis se déchaîne aux fourneaux et concocte une cuisine bien pensée, parfaitement exécutée et joliment présentée. On a beaucoup aimé le rumsteak de bœuf cuit à la casserole, la poêlée de morue aux jeunes légumes et aux rattes en fumet de bouillabaisse, le filet de truite fario aux pleurotes et à la poitrine fumée. Toutes les viandes sont labellisées du Limousin et cela se voit, cela se sent.

|●| La Potinière – **6, bd Puyblanc** ☎ 05.55.24.06.22. Fermé le dimanche soir et le lundi. Menu à 90 F (13,7 €). Voilà une belle adresse qui nous a largement séduits un jour de beau temps à Brive. La terrasse un peu chic nous tendait les bras, l'invitation fut facile à accepter. Le temps eut été plus mauvais, cela ne nous aurait pas trop gêné. La salle est joliment décorée dans les tons jaunes avec un mobilier élégant. À la lecture de la carte, l'hésitation se faisait sentir entre le filet de rouget poêlé aux épices ou le filet de canette à la moutarde violette. Mais le patron est arrivé avec son tablier blanc et son crayon sur l'oreille. « Aujourd'hui j'ai une andouillette, je ne vous raconte pas. Je la fais moi-même! » Avec la salade d'avocats au foie gras en entrée, ce repas fut une fête du bon goût. Et si l'on vous dit que ce menu nous a coûté 90 F, on est sûr de vous voir là-bas un jour. *NOUVEAUTÉ.*

DANS LES ENVIRONS

MALEMORT-SUR-CORRÈZE
19360 (3 km NE)

⌂|●| Auberge des Vieux Chênes ** – **31, av. Honoré-de-Balzac - N121** ☎ 05.55.24.13.55. Fax : 05.55.24.56.82. TV. Canal+. Fermé le dimanche. Doubles à 250 F (38,1 €). Menus de 72 à 165 F (11 à 25,2 €). Ce café-tabac-hôtel-restaurant de bord de route a tout de l'adresse banale *a priori*, jusqu'à ce qu'on vous donne la carte. Là, on découvre une cuisine de terroir inventive, avec un léger accent exotique. Escalope de foie gras frais de canard poêlée aux petits fruits rouges, filets de rougets au chevreuil, petite brioche d'escargots, filet de porcelet à l'infusion de chicorée et Tatin de ris de veau aux cèpes. Et puis il y a aussi le soufflé glacé à la liqueur de noix ou la tarte feuilletée aux pommes chaudes. Les chambres manquent un peu d'âme. Refaites à neuf et dotées de tout le confort moderne, elles s'apparentent un peu à celles d'un hôtel de chaîne en moins chères. Bon accueil néanmoins, et une adresse qui mérite de figurer là où elle est citée.

DONZENAC **19270** (10 km N)

⌂|●| Hôtel La Gamade-restaurant Le Périgord ** – **le bourg (Centre)** ☎ 05.55.85.72.34. Fax : 05.55.85.65.83. TV. Accès : par la D920. Doubles de 230 à 260 F (35,1 à 39,6 €) avec douche et wc, et 290 F (44,2 €) avec une grande salle de bains et une terrasse sur le village. Petit menu du jour à 70 F (10,7 €), mais on vous conseille le suivant, dit « du terroir », à 110 F (16,8 €). Autres menus de 130 à 220 F (19,8 à 33,5 €). Malgré la salle bourgeoise et plutôt élégante, malgré la petite terrasse face au village mais en bord de route, on préfère manger au bar. Là, sous le regard à la sévère bienveillance de Mme Salesse, les habitués lèvent le coude et rompent le jeûne, tandis que les jolies serveuses filent doux en souriant. Vous pourrez découvrir une salade de boudin aux pommes caramélisées, une tête de veau ravigote ou un confit de canard périgourdine, un cabécou et un gâteau aux noix. D'autres menus, plus chers, dans lesquels on peut se régaler d'un éventail de rougets aux petits légumes, d'un bar poêlé au jus de crustacés, d'une merveilleuse brouillade d'œufs aux truffes ou d'une Tatin digne de 2 sœurs. L'hôtel se trouve dans une autre bâtisse couverte de vigne vierge, à 50 m de là. Il propose 9 chambres aménagées avec goût, 9 fois différemment charmantes.

SAINT-VIANCE **19240** (10 km N)

⌂|●| L'Auberge des Prés de la Vézère ** – **le bourg** ☎ 05.55.85.00.50. Fax : 05.55.84.25.36. TV. Canal+. Fermé le dimanche soir et le lundi midi sauf juillet-août. Congés annuels : janvier. Accès : D901 puis D148 ; à l'entrée du bourg. Doubles de 280 à 365 F (42,7 à 55,6 €) avec bains. Menus à 75 F (11,4 €) le midi en semaine, et de 98 à 170 F (14,9 à 25,9 €). Dans l'église toute proche, où l'on verra une splendide châsse, et près de la Vézère, et logiquement séparé de cette même rivière par un pré, l'hôtel occupe une grande bâtisse ombragée par des érables et des marronniers. 11 chambres délicates et spacieuses, aux teintes pastel et totalement équipées. Le restaurant jouit d'une bonne réputation et propose des menus avec une gourmandise de canard croûtons et noix, joue de bœuf miroton pommes de terre tartare, gratin de fruits de saison.

TURENNE 19500 (14 km O)

≜ |●| *La Maison des Chanoines* – route de l'Église ☎ 05.55.85.93.43. Fermé le mardi soir, le mercredi et le jeudi midi sauf en juillet-août et septembre. Congés annuels : de la Toussaint au 1er avril. Accès : D38, puis D150. Doubles de 330 à 500 F (50,3 à 76,2 €). Deux menus-carte à 155 et 195 F (23,6 et 29,7 €). Au début de la venelle qui monte vers l'église et le château de cette bien belle ville, on a été charmé par cette adresse sur laquelle semble flotter l'ombre des Templiers. On y mange dans deux salles, dont une voûtée, ou bien sur l'agréable terrasse ombragée par une tonnelle. Cuisine assez originale et joliment présentée : escalope de foie gras frais mariné au vinaigre de truffes et son pain de noix maison, moules de bouchot au jus de noix vertes, côte de veau rôtie à la broche aux morilles, alose poêlée et sa crème tourtée aux anchois, crème pochée caramélisée et son sorbet orange... Un conseil, la réservation est indispensable. 6 chambres également, stylées et confortables, mais vite prises d'assaut. Accueil souriant et raffiné.

AUBAZINE 19190 (15 km NE)

≜ |●| *Hôtel-café-restaurant de la Tour* ** – place de l'Église ☎ 05.55.25.71.17. Fax : 05.55.84.61.83. TV. Fermé le lundi midi hors saison, le dimanche soir. Congés annuels : janvier. Accès : par la N89. Doubles avec douche à 270 F (41,2 €), avec douche et wc à 280 F (42,7 €), avec bains à 300 F (45,7 €). Pour 400 F (61 €), la suite. Menus à 90 F (13,7 €) sauf le dimanche midi, 120 et 150 F (18,3 et 22,9 €). Au cœur du village, face à la vénérable église de l'abbaye, l'*hôtel de la Tour* en a plus d'un dans son sac. D'abord, c'est un bon hôtel proposant des chambres agréables et bien tenues. Pour 400 F, vous aurez le bonheur de découvrir la suite en duplex dans la tour, avec chambre ronde et terrasse sur l'abbaye. Il vaut mieux y aller

avec la personne qu'on aime pour en profiter. Quant au resto, le chef a fréquenté quelques grandes maisons parisiennes et y a appris une cuisine saine et franche, sans chichis mais toujours réussie. Goûtez au foie gras aux choux. C'est un pur bonheur, le tout d'un bon rapport qualité-prix, et savourez les magnifiques cheminées des deux salles à manger. Accueil souriant.

MEYSSAC 19500 (23 km SE)

≜ |●| *Le Relais du Quercy* ** – av. du Quercy (Centre) ☎ 05.55.25.40.31. Fax : 05.55.25.36.22. Parking. TV. Congés annuels : du 15 au 30 novembre. Doubles de 200 F (30,5 €) avec lavabo à 320 F (48,8 €) avec bains. Menus à partir de 70 F (10,7 €) le midi, et de 80 F (12,2 €) autour d'une omelette aux cèpes à 220 F (33,5 €). Ce village est bâti de ce grès rouge qui a fait la célébrité de Collonges, sa voisine. Mais ici, on peut dormir et manger très correctement par exemple dans cette belle maison bourgeoise avec une salle à manger raffinée, prolongée par une terrasse sur la piscine. Le canard est bien sûr le roi de la carte, mais, à côté des recettes classiques (cassoulet au confit de canard), on trouve des préparations plus inventives comme le *chili* à l'aiguillette. L'équipe jeune et sympathique qui s'occupe de l'endroit n'est pas avare de petites délicatesses, et loue également des chambres bien équipées, avec un côté club de vacances pour la plus chère, mais pas la moins agréable, avec vue sur la piscine.

CHÂTEAUPONSAC 87290

Carte régionale A1

≜ |●| *Hôtel-restaurant du Centre* – place Mazurier ☎ 05.55.76.50.19. Fermé le dimanche (sauf en juillet-août). Congés annuels : 15 jours fin octobre. Accès : par la D711 ; face à l'office du tourisme. Doubles avec lavabo ou douche à 130 F (19,8 €), avec douche et wc à 200 F (30,5 €). Menus à 65 et à 80 F (12,2 €). Le modeste bar-hôtel-restaurant du *Centre*, tout simple et populaire, dispose de chambres propres et bon marché. Sert également un menu du jour très correct, avec fromage et dessert, qui se mange tranquillement. Une adresse convenable dans sa catégorie. *Café offert.*

DANS LES ENVIRONS

ROUSSAC 87140 (11 km SO)

|●| *La Fontaine Saint-Martial* – le bourg ☎ 05.55.60.27.42. Fermé le mercredi soir. Accès : par la D771. Plusieurs menus de 60 à 115 F (9,1 à 17,5 €). Un bar-restaurant-épicerie et débit de tabac tout beau tout

nouveau et tenu par Marc Foussat, jeune et humble patron-cuistot qui se défend rudement bien. Dans la petite salle proprette jouxtant le bar ou en terrasse, il vous sert une cuisine conviviale, à des prix vraiment honnêtes. Alors, pour un plat familial tout simple, ou pour un civet, une mousse de carpe à l'oseille, on n'hésite pas, car jusqu'aux pâtisseries maison, tout est bon. Petite carte de vins bon marché et pas vilains du tout. Nous étonnant donc de trouver ici, dans ce multicommerce rural, une cuisine classique, réalisée dans les règles de l'art ainsi qu'un service professionnel et gentil, nous avons appris que Marc sort d'une école hôtelière, et aussi, mais c'est une autre histoire, qu'il joue au football. Son bar est d'ailleurs le rendez-vous des footeux du pays et chauffe rudement les soirs de week-end. Le genre d'adresse qui fait plaisir et redonne vie à nos campagnes, vas-y, Marco !

CHÉNÉRAILLES   23130

Carte régionale B1

🏠 |●| *Le Coq d'Or* – 7, place du Champ-de-Foire (Centre) ☎ 05.55.62.30.83. Fermé le dimanche soir et le lundi. Congés annuels : 15 jours en janvier, 15 jours en juin et 1 semaine en septembre. Quelques chambres doubles de 145 F (22,1 €) avec lavabo à 240 F (36,6 €) avec douche et wc, petit déjeuner non compris. Menus à 65 F (9,9 €) le midi en semaine, et de 100 à 210 F (15,2 à 32 €) avec entrée, plat, fromage et dessert. Coincée entre le château de Ville-monteix et le château de Mazeau, cette petite adresse offre une halte culinaire salvatrice, un retour aux doux plaisirs des temps modernes après une immersion dans le riche passé creusois. On en veut pour preuve ce trio de poissons fumés maison, l'émincé d'onglet de bœuf parmentier et son croustillant aux trompettes ou encore le duo de lapins sur fondue provençale. Bref, tout un patrimoine à découvrir. *NOUVEAUTÉ.*

CLERGOUX   19320

Carte régionale B2

🏠 *Hôtel Chammard* * – le bourg ☎ 05.55.27.76.04. Parking. ♿ Accès : depuis La Roche-Canillac, rejoindre la D18, puis prendre la D978 vers Tulle. Doubles avec douche à 160 F (24,4 €). Un hôtel comme avant, qui sent bon la cire d'abeille et les confitures maison. Georgette, une dame charmante, reçoit dans sa maison dont le *cantou*, la grande cheminée, est encore le centre. On imagine aisément les générations de VRP qui ont pu passer ici. La plupart des chambres doubles, fort bien tenues, donnent sur l'arrière et le jardin.

DORAT (LE)   87210

Carte régionale A1

🏠 |●| *Hôtel de Bordeaux* – 39, place Charles-de-Gaulle (Centre) ☎ 05.55.60.76.88. Resto fermé le mercredi et le dimanche soir. Doubles avec lavabo à 160 F (24,4 €), avec douche et wc à 230 F (35,1 €). Menus de 70 à 140 F (10,7 à 21,3 €). Atmosphère toute provinciale et accueil souriant, l'*hôtel de Bordeaux* ronronne tranquillement. Chambres vieillissantes mais correctes. Quelques économiques avec lavabo seulement, pour les petits budgets ou les nostalgiques du gant de toilette. À table, une honnête cuisine traditionnelle, avec par exemple de bonnes tripes à la mode de Caen. Bref, une adresse fiable, sans bonne ni mauvaise surprise. *Apéritif offert.*

DUN-LE-PALESTEL   23800

Carte régionale B1

🏠 |●| *Hôtel-restaurant Joly* ** – rue Bazennerie ☎ 05.55.89.00.23. Fax : 05.55.89.15.89. TV. Fermé le dimanche soir et le lundi midi. Congés annuels : 3 semaines en mars et 3 semaines en octobre. Accès : en face de l'église. Compter 240 F (36,6 €) la double avec tout le confort. Un 1er menu à 85 F (13 €) qui va bien et les suivants à portée de bourse, de 110 à 200 F (16,8 à 30,5 €). Dans cet hôtel vieille France, des chambres au calme et une table traditionnelle qui ne déçoit pas. Vaste salle rustico-bourgeoise, cuisine et service sans défaut. On appréciera la terrine de ris de veau au foie gras et mousseron, le poulet de ferme à la marchoise. Par ailleurs, les patrons organisent des randos à vélo et à pied d'un ou plusieurs jours, relax comme tout.

DANS LES ENVIRONS

CROZANT 23160 (11,5 km NO)

|●| *Restaurant du Lac* – (Nord) ☎ 05.55.89.81.96. Fermé le lundi. Accès : au bord de la Creuse. 1re formule à 95 F (14,5 €) et menu du pêcheur à 135 F (20,6 €). L'adresse incontournable de Crozant bénéficie, il est vrai, d'un emplacement exceptionnel en bordure du fleuve, avec vue sur le château et le pont frontalier, territoire des pêcheurs, qui séparent les deux départements. Car le restaurant se trouve géographiquement côté Indre, administrativement côté Creuse... Il ne s'en plaindra pas. Elle récupère ainsi une bonne table à la cuisine bien exécutée, parfois inventive. On a apprécié la salade de cailles et lentilles du

Berry et la fricassée de ris d'agneau aux échalotes confites. Mais le panier du pêcheur nous tentait bien. L'adresse commence à être sérieusement connue. Il est donc conseillé de réserver. Très bon accueil. *NOUVEAUTÉ.*

ÉVAUX-LES-BAINS   23110

Carte régionale B1

⌂ ♦|●| *Grand Hôtel* ** – les thermes ☎ 05.55.65.50.01. Fax : 05.55.65.59.16. TV. Congés annuels : de novembre à mars. Accès : en contrebas du centre-ville, aux thermes. De 235 F (35,8 €) avec douche à 335 F (51,1 €) avec bains, wc et télé. Menus de 78 à 148 F (11,9 à 22,6 €). Le *Grand Hôtel* est de ces vieilles dames 1900 au charme suranné et qui, bon an mal an, ont survécu au siècle. Plafonds hauts, larges couloirs à tapis rouge, où se retrouvent les curistes des 4e et 5e âges... à quand le 6e ? Ne sourions pas, le temps passe vite, on s'en approche, on y arrive et on y est. Alors, parmi ces anciens, on profite du confort qui leur est réservé. Et même si les couloirs ne sont pas très engageants (style néo-hôpital), on apprécie les chambres spacieuses et bien chauffées, la sonnette pour appeler la dame d'étage. Calme absolu, accueil aimable. Demandez une des chambres refaites, impeccables. *Apéritif offert.*

DANS LES ENVIRONS

FONTANIÈRES 23110 (8 km S)

|●| *Le Damier* – le bourg ☎ 05.55.82.35.91. Fermé le lundi soir et le mardi. Congés annuels : la 2e quinzaine de février et de mi-septembre à début octobre. Accès : le long de la D996, direction Auzances, sur la gauche de la chaussée. Menus à 62 F (9,5 €) en semaine, 98 et 170 F (14,9 et 25,9 €). On aime bien cette auberge de pays qui se cache dans une adorable maison de poupée tout en pierre. Atmosphère élégante et feutrée et cuisine de tradition proprement réalisée : terrine de foie gras de canard maison, pièces de bœuf du pays cuisinées selon la saison, pommes caramélisées à la cannelle et crème vanillée. Une adresse bien agréable. N'oubliez pas en sortant d'aller saluer Notre-Dame-de-la-Route dans l'église d'à côté. Elle protège voyageurs et autres amis routards.

GENTIOUX-PIGEROLLES   23340

Carte régionale B1

⌂ |●| *La Ferme de Nautas* – Pigerolles ☎ 05.55.67.90.68. Fermé la semaine hors saison. Accès : par la D982, D35 puis D26.

Compter 260 F (39,6 €) la double avec douche et wc, petit déjeuner compris. Menus à 90 et 110 F (13,7 et 16,8 €), sur réservation uniquement. Le coup de cœur simple et chaleureux pour cette véritable cuisine de terroir à base de produits d'exception. François Chatoux est un personnage qui vaut à lui seul le détour ; cet ancien ingénieur reconverti à l'agriculture cultive le sens de l'hospitalité au point d'avoir organisé un voyage en Irlande, pays réputé pour le chaleureux accueil de ses habitants, hôteliers comme particuliers, pour faire découvrir *de visu* aux agriculteurs du plateau l'accueil dans le meilleur sens du terme. Madame est aux fourneaux, pour une cuisine régionale succulente et copieuse à souhait : pâté de pommes de terre, tourte aux cèpes et des viandes superbes. Propose également des chambres d'hôte cossues et rustiques à souhait.

GUÉRET   23000

Carte régionale B1

⌂ |●| *Hôtel de Pommeil* – 75, rue de Pommeil ☎ 05.55.52.38.54. Fax : 05.55.52.38.54. TV. Fermé le dimanche. Congés annuels : la 2e quinzaine de juin. Compter de 135 à 210 F (20,6 à 32 €) la double avec lavabo ou douche et wc. Menus à 63 et 97 F (9,6 et 14,8 €). Hôtel très simple, mais propre et accueillant. Demandez à voir les chambres, car certaines viennent d'être rénovées. Au menu par exemple : escalope de veau à la crème et aux champignons creusois, noiseline. Collection de mignonnettes. Mieux vaut réserver, l'hôtel ne compte que 9 chambres. *10 % sur le prix de la chambre à partir de 2 nuits consécutives de septembre à juin.*

⌂ *Hôtel Auclair* – 19, av. de la Sénatorerie (Centre) ☎ 05.55.41.22.00. Fax : 05.55.52.86.89. Parking payant. TV. Canal+. Accès : non loin de la place Bonnyaud. Doubles avec douche et wc à 270 F (41,2 €), 290 F (44,2 €) avec bains. Petit déjeuner non compris. La trentaine de chambres, meublées en rotin, dispose de tout le confort, tandis que la petite piscine offre un luxe bien agréable. Parking payant à réserver à l'avance. L'hôtel possède aussi un restaurant. *NOUVEAUTÉ.*

|●| *Le Pub Rochefort* – 6, place Rochefort (Centre) ☎ 05.55.52.61.02. Fermé le dimanche et le lundi midi. Congés annuels : la 2e quinzaine de février et la 1re quinzaine de juillet. Accès : rue piétonne. Menus du jour à 70 F (10,7 €) le midi et 90 F (13,7 €) le soir. Au cœur de Guéret, dans les rues piétonnes, avec un cadre intime et chaleureux de vieilles pierres, de poutres ancestrales et de fleurs séchées, *Le Pub Rochefort* joue les maîtres d'école. La carte,

présentée sous forme de cahiers d'élèves (le nôtre portait le nom de Charles 3ᵉ B), s'étire en une liste impressionnante de plats et de « fôtes » d'orthographe. Mais faut-il pour autant attribuer une bonne note à la cuisine ? Le menu du jour est honnête, certains plats, en revanche, proposent des associations étranges, comme ces coquilles Saint-Jacques à la crème d'ail, servies avec des petits pois (il s'agissait de légumes du jour, pas de chance !). Pas de la grande gastronomie donc, mais une atmosphère agréable aussi bien à l'intérieur que sur la terrasse dans la cour intérieure, prise d'assaut aux beaux jours.

DANS LES ENVIRONS

SAINTE-FEYRE 23000 (7 km SE)

I●I Restaurant Les Touristes – 1, place de la Mairie ☎ 05.55.80.00.07. Fermé le mardi soir et le mercredi hors saison. Accès : par la D942. Le 1ᵉʳ menu est à 90 F (13,7 €), les autres vont jusqu'à 215 F (32,8 €). Dans la proche périphérie de Guéret, Michel Roux propose une cuisine du terroir classique, généreuse et goûteuse, en harmonie avec l'atmosphère tranquille et fleurie des lieux. Spécialités du chef : terrine de queue de bœuf et pied de veau vinaigrette, filet de saumon braisé crème de concombre et paprika, cuisse de canard aux raisins et aux épices, filet de veau crème de cèpes. Bonne viande du Limousin et travail délicat du poisson. Accueil sympathique.

JOUILLAT 23220 (14 km NE)

I●I L'Auberge du Château – ☎ 05.55.41.88.43. Fermé le dimanche soir et le lundi. Accès : route de La Châtre, puis à droite au niveau de Villevaleix ; à côté de l'église. Menus à 75 et 105 F (11,4 et 16 €) le dimanche midi. Ne vous attendez pas au cachet convenu des « vieilles hostelleries » qu'on trouve fréquemment aux abords des châteaux, annexes touristiques revues et corrigées. Non, car cette *Auberge du Château* fait partie de ces bistrots-restaurants de la Creuse profonde qui préservent à eux seuls la vie sociale de nos campagnes dépeuplées. Salle rustique et, par derrière, chouette jardin-tonnelle. Le menu comprend entrée, plat, fromage et dessert (deux entrées le dimanche). Il est fixe et change tous les jours selon le marché et l'inspiration du chef. Une constante : que du frais ! Télé-

phonez la veille pour savoir si la proposition vous plaît ou pour convenir éventuellement d'autre chose. Super ! Pensez à réserver car, l'air de rien, ce genre de petite adresse devient rare et les gens du pays la fréquentent pas mal. L'atmosphère est très conviviale.

LIMOGES   87000

Carte régionale A1 – Plan pp. 466 et 467

▲ Hôtel Familia – 18, rue du Gᵃˡ-du-Bessol (C1-1) ☎ 05.55.77.51.40. Fax : 05.55.10.27.69. Accès : par le champ de Juillet ; à deux pas de la gare, dans une rue tranquille. Double avec douche et toilettes privées autour de 220 F (33,5 €). Certes le quartier n'a pas grand charme, mais cet établissement, bien que modeste, a plus d'un atout : un accueil discret et souriant, une ambiance familiale, un calme rare à deux pas du centre. Puis des chambres à des prix vraiment honnêtes, simples, suffisamment spacieuses et surtout parfaitement entretenues. Petite réception, petit coup d'œil sur la cuisine où sont préparés les petits déjeuners, puis on traverse la mignonne courette ombragée pour accéder aux chambres. Une gentille adresse. *NOUVEAUTÉ.*

▲ I●I Hôtel-restaurant L'Albatros ✶✶ – av. du Golf (hors plan D3-4) ☎ 05.55.06.00.00. Fax : 05.55.06.23.49. TV. Canal+. Resto fermé le dimanche soir. Accès : prendre la RN20 direction Toulouse, le golf est indiqué sur la gauche, vous y êtes. La chambre double avec bains à 340 F (51,8 €). Plusieurs menus de 72 à 122 F (11 à 18,6 €). Architecture moderne. L'endroit n'a pas un charme fou, mais la moitié des chambres donne sur le beau gazon du golf municipal (les autres sur le parking, donc réservez en conséquence). Établissement bien tenu et de bon confort, accueil professionnel et sympathique. Peut-être un peu cher toutefois car les chambres ressemblent à celles des grands groupes hôteliers. Fait aussi restaurant dans un cadre fleuri et clair, avec vue sur le golf toujours. *10 % sur le prix de la chambre.*

▲ Le Richelieu ✶✶✶ – 40, av. Baudin (B3-3) ☎ 05.55.34.22.82. Fax : 05.55.32.48.73. ● www.hotel-richelieu.com ● TV. Canal+. Accès : à proximité de l'hôtel de ville. Doubles avec douche et wc ou bains de 360 à 510 F (54,9 à 77,7 €). Un

---

▲ Où dormir ?	**I●I Où manger ?**	15 La Cuisine
1 Hôtel Familia		16 Le Pont Saint-Étienne
3 Le Richelieu	10 Chez Colette	20 Chez Alphonse
4 Hôtel-restaurant	12 Le Sancerre	21 L'Amphitryon
l'Albatros	13 Le Geyracols	23 Le Bœuf à la Mode

LIMOUSIN

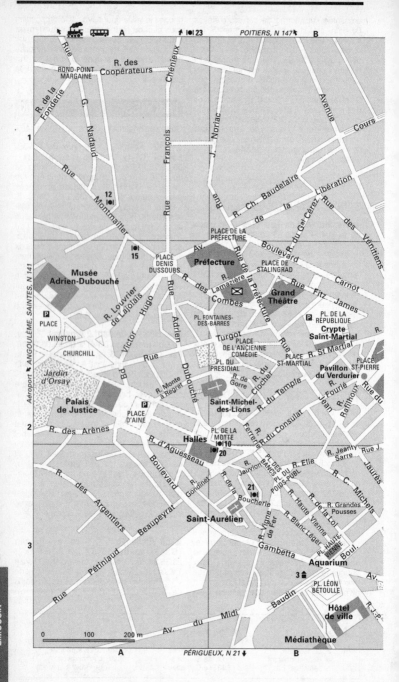

POITIERS, N 147

Rue
ROND-POINT
MARGAINE
R. des
Coopérateurs
R. de la
Fonderie
G.
Nadaud
Rue
Montmailler
12

R. Ch. Baudelaire
de
la
Libération
Rue
des
Vénitiens
R. du Gal Cérez
Avenue
Cours
Carnot

PLACE DE LA
PRÉFECTURE
Av.
Préfecture
PLACE DE
STALINGRAD
Boulevard
Rue
Fitz
James
15
PLACE
DENIS
DUSSOUBS
R. des
Combes
Rue de la Préfecture
Lamazière
Grand
Théâtre
Musée
Adrien-Dubouché
R. Louvrier
de Lajolais
Victor
Hugo
Rue
Adrien
Rue
PL. FONTAINES-
DES-BARRES
PLACE
DE L'ANCIENNE
COMÉDIE
Turgot
PLACE
ST-MARTIAL
R. St Martial
PL. DE LA
RÉPUBLIQUE
Crypte
Saint-Martial
PLACE
ST-PIERRE
Rue du
PLACE
WINSTON
CHURCHILL
P
PLACE
D'AINE
Dubouché
PL. DU
PRÉSIDIAL
R. de
Gorre
R. du
Clocher
R. du Temple
Pavillon
du Verdurier
Jean
R.
Fourié
Rathoux
Rue du
Jardin
d'Orsay
Palais
de Justice
Bd
R. Monte
à Régret
Rue
Saint-Michel-
des-Lions
R. des Arènes
R. d'Aguesseau
Boulevard
Halles
R. Gondinet
PL. DE LA
MOTTE
10
20
Ferrerie
R. du Consulat
R. Jeanty
Sarre
Rue J.
Jaurès
R. C. Michels
R.
Jauvion
PL. DES
BANCS
PL. DU
POIDS-PUBL
R. Élie
21
Boucherie
R. de la
Vigne
de Fer
R. Haute Vienne
R. Blanc Léger
R. Haute
R. de la Loi
R. Grandes
Pousses
R. HAUTE
VIENNE
R. des Argentiers
Rue
Pétiniaud
Beaupeyrat
Saint-Aurélien
Gambetta
PL. LÉON
BÉTOULLE
Aquarium
3
Av.
Baudin
Av. du Midi
Hôtel
de ville
R. J.-P.
Médiathèque

0   100   200 m

Aéroport, ANGOULÊME, SAINTES, N 141

LIMOUSIN

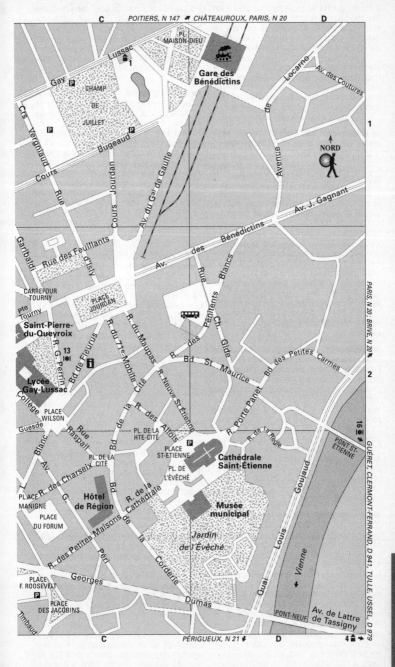

3 étoiles discret où professionnalisme n'est pas un vain mot. Accueil, service et propreté irréprochables. Des chambres où rien ne manque, si ce n'est un peu d'espace dans les « juniors ». Mobilier type hôtelier de bon goût, sanitaires complets, salon des petits déjeuners agréable avec un mur en trompe l'œil. Peut-être un poil cher au vu des prestations, mais pas plus que cela. Chambres très calmes dans l'annexe à l'arrière. Un plan pas vraiment routard, mais une bonne adresse dans sa catégorie.

I●I *Restaurant Chez Colette* – **place de la Motte (B2-3-10)** ☎ **05.55.33.73.85.** Fermé le dimanche et le lundi. Ouvert le midi uniquement. Congés annuels : juillet. Accès : dans les halles centrales. Menu à 50 F (7,6 €). Dans le cadre animé du marché des grandes halles centrales, une adresse populaire où l'on se régale d'une cuisine simple et copieuse (du marché, ça va de soi), en causant – pourquoi pas ? – avec ses commensaux, comme ça, sans détour. Menu unique avec entrée, plat et dessert : une performance pour si peu d'argent. Pour les fêtards, les affamés du petit matin, formule casse-croûte entre 8 h et 10 h. C'est l'occasion de goûter à quelques rustiques spécialités comme le giraud (boudin au sang d'agneau cuit dans le boyau du même animal). Bien bon accueil de Colette. Un must à Limoges pour l'ambiance mais pas seulement.

I●I *Restaurant Le Sancerre* – **18, rue Montmailler (A1-12)** ☎ **05.55.77.71.95.** Fermé le samedi midi et le dimanche. Accès : à quelques mètres de la place Denis-Dussoubs. Formule du midi en semaine à 54 F (8,2 €), puis pusieurs menus de 78 à 128 F (11,9 à 19,5 €). Au contraire d'une célèbre pile, le *Sancerre* ne s'use pas même si l'on s'en sert. En effet, depuis longtemps on y trouve de quoi satisfaire toutes les bourses et tous les appétits. À midi, en semaine, formule intéressante. Décor hétéroclite, ambiance bouillonnante, boudineaux aux châtaignes, ris de veau, foie gras, sole à l'orange... avec un petit sancerre ! *Café offert.*

I●I *Le Geyracois* – **15, bd Georges-Perrin (C2-13)** ☎ **05.55.32.58.51.** Fermé le dimanche et les jours fériés. Congés annuels : la 2ᵉ quinzaine de juillet. Menus de 58 à 93 F (8,8 à 14,2 €). À la carte, compter 120 F (18,3 €). Certes, le genre cafétéria peut déplaire, mais ici on mange vraiment très bien pour pas trop cher, c'est ça l'important. Et, l'air de rien, ce resto est l'un des rares à Limoges à servir de la viande limousine LA-BE-LI-SÉE. Tournedos, entrecôtes et filets juteux, goûteux à souhait. Ça vous étonne ? Il faut pourtant savoir que le gros de la production locale, de qualité, se retrouve à Rungis et dans les grands restaurants. À titre indicatif, jetez un œil à l'impres-sionnante collection de certificats de décès des bêtes de concours affichés dans le couloir. Autre attrait de l'endroit, les buffets en entrée et dessert, avec une super terrine maison signée monsieur et les pâtisseries de madame. Accueil délicieux, service efficace. Que demande le peuple ? *Apéritif offert.*

I●I *Chez Alphonse* – **5, place de la Motte (B3-20) (Centre)** ☎ **05.55.34.34.14.** Fermé le dimanche et les jours fériés. Congés annuels : 1 semaine en janvier et la 1ʳᵉ quinzaine d'août. Accès : en face des halles. Un seul menu uniquement au déjeuner à 75 F (11,4 €). À la carte, compter entre 100 et 130 F (15,2 et 19,8 €). Dans un cadre bistrot mais bistrot branché, la table limougeaude en vogue où l'on vient histoire d'aller *Chez Alphonse* mais aussi pour les pieds de veau ou la tête de veau façon Alphonse, ou encore la joue de bœuf façon grand-mère. Produits choisis et fraîcheur garantie en direct des halles. Service plaisant et ambiance assurée.

I●I *Le Pont Saint-Étienne* – **8, place de Compostelle (hors plan D2-3-16)** ☎ **05.55.30.52.54.** Accès : sur la rive gauche de la Vienne. Formules et menus de 75 à 200 F (11,4 à 30,5 €). Drôle d'endroit que ce bar-tabac-journaux-PMU-restaurant limougeaud. Superbement situé en bordure de Vienne, doté d'une grande salle à l'étage, ainsi que d'une terrasse aux beaux jours, *Le Pont Saint-Étienne* propose une cuisine assez inventive et copieuse. Envie de rustique, d'exotique, ou d'un plat léger ? Tout le monde trouve son bonheur dans les menus aux énoncés carrément alléchants. De la « Guillerette » (assiettes de petits farcis froids et chèvre frais aux herbes sur coulis de betterave rouge) au « Soleil corré-zien » (suprême de volaille au citron accompagné de *farcidure*, typique paillasson de pommes de terre), en passant par la « Variation sur le colombo » (travers, joue et épaule de porc cuits avec le mélange d'épices antillais « colombo »), réel effort de présentation pour un bar-resto. Vins un peu chers. Endroit très fréquenté, service parfois un peu dépassé. Réservez votre table à l'avance (aux beaux jours, de préférence en terrasse).

I●I *La Cuisine* – **21, rue Montmailler (A2-15)** ☎ **05.55.10.28.29.** ⅙ Fermé le dimanche toute la journée et le lundi soir. Congés annuels : la 2ᵉ quinzaine d'août et la 1ʳᵉ semaine de septembre. Accès : par la place Denis-Dussoubs. Formule du midi à 78 F (11,9 €). À la carte, compter entre 100 et 200 F (15,2 et 30,5 €). Un petit vent d'originalité souffle dans cette cuisine, et on a bien apprécié. Une cuisine du marché efficace, originale sans se prendre la tête. Pas d'esbroufe ou de nom à rallonge, mais des recettes personnelles, bien balancées et toujours réussies. Pigeon pané en croûte d'épices, roulé de foie de veau à la vénitienne, lotte court-bouillonnée au coco et coriandre... Viandes, poissons et desserts traités avec sérieux et toujours une touche de fantaisie. Belles assiettes colorées, suffisamment copieuses, puis servies avec gentillesse et célérité. Prix raisonnables. Côté vins, on aurait préféré une sélection un peu plus pointue de vins de propriétaires, mais là, on chipote. Laissons à ces jeunes un peu de temps. *NOUVEAUTÉ.*

|●| *Le Bœuf à la Mode* – 60, rue François-Chénieux (hors plan A1-23) ☎ 05.55.77.73.95. Fermé le samedi midi et le dimanche. Accès : à 150 m du centre-ville. Compter, à la carte uniquement (pas de menu), entre 130 et 200 F (19,8 et 30,5 €). Unique : un resto dans une boucherie ! Et non l'inverse : Claude Lebraud revendique haut et fort son métier d'artisan-boucher. Et c'est vrai qu'on a affaire à un pro de la viande, qui sait choisir les morceaux, les sélectionner et vous les servir bien accommodés : dos d'aloyau au cidre, épigramme d'agneau au miel et aux épices, châteaubriant à la moelle. Cadre agréable et nappes blanches. C'est pas donné, mais la bonne viande n'a jamais été bon marché, et on en a quand même pour ses sous.

|●| *Restaurant L'Amphitryon* – 26, rue de la Boucherie (B3-21) ☎ 05.55.33.36.39. Fermé le dimanche et le lundi midi. Congés annuels : la 2e quinzaine d'août. Accès : entre le palais de justice et la mairie. Menus du déjeuner en semaine à 130 F (19,8 €), et à 150 et 195 F (22,9 et 29,7 €). À la carte, compter 220 F (33,5 €). Une adresse fiable, située face à l'adorable chapelle Saint-Aurélien, patron des bouchers. De fait, *L'Amphytrion* ne déçoit pas et fait preuve d'une régularité exemplaire, tant pour le boire et le manger que pour le service, irréprochable. C'est aussi l'occasion de manger dans de superbes assiettes en porcelaine... de Limoges. Menu du déjeuner déjà intéressant, mais le rapport qualité-prix reste excellent dans les menus supérieurs. Foie gras maison, *tajine* de pigeon aux dattes, roulé de langoustines et tomates fraîches, le tout finement cuisiné et inventif sans excès, on ne se plaint pas. Aux beaux jours, terrasse agréable sur la rue, bien qu'un peu bruyante.

DANS LES ENVIRONS

AIXE-SUR-VIENNE 87700 (13 km SO)

|●| *Auberge des Deux Ponts* – av. du Général-de-Gaulle ☎ 05.55.70.10.22. Fermé le dimanche soir et le lundi soir (sauf en juin-juillet-août). Accès : sur la N21. Menu du déjeuner en semaine à 65 F (9,9 €), puis 4 autres menus de 135 à 195 F (20,6 à 29,7 €). Au bord de la Vienne, un restaurant de qualité à prix raisonnables. Déco assez champêtre où dominent le jaune, les fleurs et le bleu marine qui rappelle... la mer. Pas étonnant que l'on retrouve beaucoup de fruits de mer dans les assiettes. Sinon, bon bar (pas Alain !) grillé, bonnes viandes au feu de bois, magret à la crème de roquefort ou daurade grillée...

SAINT-GENCE 87510 (13 km NO)

|●| *Le Moulin de Chevillou* – ☎ 05.55.75.86.13. Fermé du lundi au jeudi d'octobre à mars. Accès : prendre la route de Bellac (N147) ; tourner à gauche direction Nieul, Saint-Gence est à 3 km. Là, traverser le village et tourner à droite 300 m plus loin, c'est indiqué. Deux menus à 98 et 136 F (14,9 et 20,7 €), le second étant imposé le dimanche. Un vrai coin de paradis que ce *Moulin de Chevillou*. Au creux de son vallon et au bord de la Gance, c'est d'abord un parc d'accès gratuit, peuplé de gentils animaux, ânes, chèvres, poneys, faisans et colombes... Les gamins font de la balançoire, du toboggan, et les parents pêchent la truite. Ensuite, on prend une crêpe, une bolée de cidre, tandis que la roue du moulin bat l'eau et vous berce délicieusement. C'est aussi un bon restaurant. 1er menu intéressant, mais par gourmandise nous avons choisi le 2e, avec entrée, poisson, viande, fromage et dessert : un régal, tels cette truite au jambon de pays et cèpes, ce râble de lapin farci aux girolles, ce douillon aux pommes et à la confiture de mûres. Service à l'unisson, charmant, aimable. Réservation recommandée, car l'adresse est de celles, discrètes, que tout le monde connaît. Pas fous, les Limousins ! *Apéritif offert.*

SAINT-PRIEST-TAURION 87480 (13 km NE)

🛏|●| *Le Relais du Taurion* ** – 2, chemin des Contamines (Centre) ☎ 05.55.39.70.14. Fax : 05.55.39.70.14. TV. Fermé le dimanche soir et le lundi. Congés annuels : de mi-décembre à mi-janvier. Doubles avec douche à 260 F (39,6 €), avec bains à 310 F (47,3 €). Au resto, en semaine, menu à 100 F (15,2 €). Belle maison de maître début de siècle, couverte de lierre et ceinte d'un parc où il fait bon flâner. Chambres confortables et bien tenues. Fait aussi restaurant, mais un peu cher. On retiendra plutôt cette adresse pour son charme, ses chambres et sa belle situation, en bordure du Taurion. *10 % sur le prix de la chambre pour 2 nuits consécutives, sauf juillet-août.*

PEYRILHAC 87510 (15 km NO)

|●| *Auberge de la Queue de Vache* – RN147 ☎ 05.55.53.38.11. Fermé le soir du dimanche au jeudi inclus. Ouvert tous les

jours à midi et les vendredi et samedi soirs, ainsi que tous les soirs de début juin à fin septembre. Accès : sur la droite de la RN147, au nord de Limoges, peu après l'embranchement pour Peyrilhac. Menus de 78 à 148 F (11,9 à 22,6 €). Jolie ferme malheureusement en bordure de nationale. Heureusement, l'intérieur est coquet et chaleureux, rustique à souhait, on a vite fait d'oublier le bruit du traffic. Cuisine proche du terroir, avec, au fil des menus, de nombreux produits provenant de l'exploitation des patrons. À commencer par la viande de bœuf, qui n'est pas limousine, mais écossaise, de race Highland. Fruits et légumes régionaux également, comme les fromages. En entrée, terrine de poulet aux fines herbes, ou chèvre chaud sur salade verte, ou salade périgourdine. Puis pour continuer (plats souvent à base d'Highland, mais pas toujours, donc à se faire préciser), queue de vache confite, faux-filet poêlé selon votre goût (avec bonne sauce au poivre par exemple), foie également poêlé, une pure merveille. Tout cela accompagné de vraies frites maison, ou de bons gratins qui changent au gré des saisons. Fromages du coin, frais ou affinés, puis desserts tout aussi rustiques et savoureux. Tartes, melon confit au miel et boule de glace vanille... Petite terrasse à l'arrière en été. Vins raisonnables. *NOUVEAUTÉ.*

SOLIGNAC 87110 (15 km S)

≜ |●| *Le saint-Éloi* – 66, av. Saint-Éloi ☎ 05.55.00.44.52. Fax : 05.55.00.55.56. Parking. Fermé le mardi toute la journée et le dimanche soir. Doubles tout confort de 285 à 370 F (43,4 à 56,4 €). Au restaurant, plusieurs menus de 80 à 210 F (12,2 à 32 €). À un quart d'heure de Limoges, dans le paisible village de Solignac, un bien bel établissement qui a récemment fait peau neuve, intérieurement comme extérieurement. À sa tête, un jeune couple qui en veut et qui vous en donnera pour votre argent. De belles chambres équipées de literie de qualité, décorées avec goût dans des teintes chaleureuses, avec de chouettes sanitaires. Il y en a même quelques-unes, encore raisonnables, avec terrasse et salle de bains balnéo : le pied ! Aussi bien léché que dans *Marie-Claire déco*. À table, dans la belle salle : fenêtres à vitraux, splendide cheminée, puis des tables impeccablement nappées et dressées. Arrive dans de belles assiettes une cuisine actuelle, servie en quantité... limougeaude. En gros, le double d'une portion parisienne. Grenadins de veau (deux, fondants et cuits comme il faut), carpaccio de saumon aux baies roses, poissons bien travaillés toujours accompagnés de bonnes sauces maison. Puis des desserts sympas et tout aussi bien présentés. Rien de révolutionnaire mais un bel outil de travail, une bonne dose de professionnalisme et l'envie réelle de bien faire. C'est pas si courant. *NOUVEAUTÉ.*

AMBAZAC 87240 (17 km N)

≜ |●| *Hôtel de France* * – place de l'Église (Centre) ☎ 05.55.56.61.51. Fax : 05.55.56.61.51. TV. Resto fermé le dimanche du 1er novembre au 1er avril. Congés annuels : du 24 décembre au 10 janvier. Accès : par la N20, puis la D914 ; au rond-point central. Doubles avec douche à 150 F (22,9 €), avec douche et wc ou bains à 150 et 160 F (22,9 et 24,4 €), demi-pension à 210 F (32 €). Au resto, menus de 59 à 140 F (9 à 21,3 €). Au centre du bourg, un bar-hôtel-restaurant bon marché. Chambres au mobilier dépareillé et un peu fatigué, mais bien propres et équipées de bonne literie. Ensemble pas désagréable avec son « parc », en fait un jardin, et où l'on est bien reçu. Au resto, c'est pas la même chanson : salle tristounette et cuisine vraiment plus qu'ordinaire. Dommage, car l'hôtel est correct. Si vous dénichez une bonne petite table dans le coin, écrivez-nous car on ne l'a pas encore trouvée. *10 % sur le prix de la pension.*

ROYÈRES 87400 (18 km E)

≜ |●| *Hôtel Beau Site* ** – hameau de Brignac ☎ 05.55.56.00.56. Fax : 05.55.56.31.17. TV. Congés annuels : 1 semaine en novembre et de janvier à mars. Accès : par la N141 direction Saint-Léonard-de-Noblat, puis à gauche par la D124. Doubles avec douche et wc à 290 F (44,2 €), avec bains à 350 F (53,4 €). Menus à 90 F (13,7 €) en semaine, puis de 138 à 250 F (21 à 38,1 €). Verdure, tranquillité et bonnes prestations dans cet hôtel-restaurant qui ne déçoit pas. Chambres confortables, toutes différentes, avec de-ci, de-là, de charmants motifs décoratifs peints par madame. Les plus agréables ont vue sur le parc et l'étang (la n° 11, puis du n° 14 à 17). Joli jardin et superbe piscine chauffée (un gros plus !). À table, quelques spécialités régionales : fricassée d'escargots aux cèpes, entrecôte de bœuf limousin au bleu d'Auvergne, filet de sandre au champagne ou noix de Saint-Jacques à l'émincé de poireaux. En dessert, délicieux sabayon aux châtaignes. 1er menu qui va très bien merci, puis trois autres si vous décidez de vous gâter un peu plus. Service aux petits oignons. *Café offert.*

THOURON 87140 (22 km NO)

≜ |●| *La Pomme de Pin* – hameau de La Tricherie ☎ 05.55.53.43.43. Fax : 05.55.53.35.33. TV. Fermé le lundi et le mardi midi. Congés annuels : de début janvier à fin avril. Accès : par la N147, puis à droite la D7. Doubles avec douche et wc ou bains à 300 et 350 F (45,7 et 53,4 €). Menu du déjeuner en semaine à 88 F (13,4 €), puis menus de 135 à 195 F (20,6 à 29,7 €).

Juste à côté d'un étang perdu en pleine nature. Chambres très confortables et bien propres avec vue sur la rivière. Charme d'une cuisine attractive et des grillades cuites devant vous au feu de bois dans une belle salle aux murs de pierre. Surprenante et excellente carte des vins. Service en terrasse aux beaux jours. Une des très bonnes adresses haute-viennoises, aménagée dans un ancien moulin et d'anciennes filatures.

MAGNAC-LAVAL 87190

Carte régionale A1

Iol *La Ferme du Logis* – ☎ 05.55.68.57.23. Fermé le dimanche soir et le lundi sauf de mi-juin à mi-septembre. Congés annuels : janvier. Accès : aller jusqu'à Magnac-Laval, au centre du bourg tourner à droite, direction Bellac, *La Ferme du Logis* est à 2 km sur la gauche, sur la D7. Trois menus de 75 à 150 F (11,4 à 22,9 €). Cadre rustique agréable, fleuri en salle, et terrasse non moins fleurie et agréable aux beaux jours, l'endroit peut plaire. Un service aimable et une savoureuse cuisine du terroir, copieuse à souhait, le rendent alors vraiment sympathique. Spécialités de viande bovine, de biche et de cerf de l'élevage familial. 1er menu déjà alléchant. Nous vous recommandons pourtant le 2e, vraiment bon et généreux. Carte des vins intéressante. La ferme dispose aussi d'un espace camping de 8 emplacements, relax et bon marché ainsi que des chambres en chalet mobile pour 2 avec douche. *L'apéritif est offert si vous vous faites connaître en début de repas.*

MORTEMART 87330

Carte régionale A1

Iol *Hôtel Le Relais* * – ☎ 05.55.68.12.09. Fax : 05.55.68.12.09. TV. Fermé le mardi soir (sauf du 14 juillet au 31 août) et le mercredi. Congés annuels : pendant les vacances scolaires de février. Doubles équipées de douche et wc à 290 F (44,2 €). Demi-pension à 340 F (51,8 €) par jour et par personne. Menu à 98 F (14,9 €), sauf le dimanche, puis plusieurs autres de 130 à 200 F (19,8 à 30,5 €). Une « hostellerie » coquette et agréable, bien à l'image du village. Quelques chambres mignonnes et une salle de resto tout en pierre et à la déco raffinée. Service attentionné et festival de saveurs au programme. Foie gras de canard poêlé et ses chaussons de morilles, magret de canard aux poires caramélisées... Plaisir assuré. *Kir offert.*

DANS LES ENVIRONS

CIEUX 87520 (13 km SE)

Iol *Auberge La Source* ** – av. du Lac ☎ 05.55.03.33.23. Fax : 05.55.03.26.88. Parking. TV. Fermé le dimanche soir et le lundi hors saison. Congés annuels : de mi-janvier à mi-février. Accès : prendre la D5 jusqu'à Blond, puis tourner à droite direction Cieux. Doubles avec douche et wc à 350 F (53,4 €), avec bains à 450 F (68,6 €). Au resto, menu du déjeuner en semaine à 80 F (12,2 €), puis de 120 à 240 F (18,3 à 36,6 €). Dans ce mignon petit bourg de Cieux, aux pieds des monts de Blond, un ancien relais de poste à l'entrée du village. Des patrons charmants, disponibles, qui vous accueillent et sont aux petits soins pour vous faire passer de bons moments, que vous soyez clients au restaurant ou à l'hôtel. À table dans la grande salle lumineuse, on déguste une cuisine sûre et soignée, plutôt classique, mais bien réalisée. Les produits, ultra-frais, sont cuisinés avec rigueur et bien présentés. Poissons qui bougent encore, viandes cuites selon vos souhaits... Côté chambres, beaucoup d'espace, du calme, un entretien parfait et surtout une belle vue. Dommage tout de même pour la déco manquant franchement de charme, et les salles de bains (très complètes au demeurant) nous rappellent celles d'hôtels de chaîne. Prix élevés aussi, mais le splendide panorama sur la campagne environnante fait tout oublier.

NEUVIC 19160

Carte régionale B2

Iol *Château du Mialaret* – ☎ 05.55.46.02.50. Fax : 05.55.46.02.65. Parking. TV. Congés annuels : de janvier à Pâques. Accès : à 4 km à l'ouest par la D991 en direction d'Égletons. Le prix des chambres – fort raisonnable – s'étage de 200 F (30,5 €) sans wc à 380 F (57,9 €) tout confort. Menus de 85 à 190 F (13 à 29 €). Menu enfant à 40 F (6,1 €). Blottie au fond d'un beau parc, cette bâtisse du siècle dernier transformée en hôtel de petit luxe a su préserver ses volumes et certaines décorations d'origine. Outre l'équipement des chambres, la différence se fait aussi sur le charme. Les plus chères sont superbes ; certaines possèdent même une cheminée ou sont installées dans une tour. À table, on mange une cuisine régionale honnête et les menus affichent des prix qui, pour la qualité et le cadre – une très belle salle authentique – ne sont pas excessifs. Signalons enfin que le château s'est fait construire l'une des plus belles piscines du département, hélicoïdale et carrelée. Alors, où est le piège ? Pas loin : dans le hangar à séminaires qui pollue le parc. Eh oui, le château en accueille beaucoup, c'est la loi du *business*. Rendons-leur hommage : grâce à sa remarquable politique de prix, hors saison et hors congrès, le *Mialaret* est sans doute l'un des meilleurs plans de la région. *NOUVEAUTÉ.*

PEYRAT-LE-CHÂTEAU 87470

Carte régionale B1

▲ I●I *Auberge du Bois de l'Étang* ** – 38, av. de la Tour ☎ 05.55.69.40.19. Fax : 05.55.69.42.93. TV. Fermé le dimanche soir et le lundi de mi-décembre au 20 janvier. Accès : D940 direction Bourganeuf. Doubles avec lavabo à 170 F (25,9 €), puis de 190 à 290 F (29 à 44,2 €) selon le confort. Demi-pension imposée de juin à septembre, de 170 à 230 F (25,9 à 35,1 €) par jour et par personne (3 jours minimum). Menu à 75 F (11,4 €), sauf le dimanche midi, puis plusieurs autres de 90 à 190 F (13,7 à 29 €). Des chambres correctes, avec confort et situation variables (préférez celles de l'annexe, toutes refaites et plus calmes). Bien bon accueil de Patricia et Serge Merle. Table plaisante. Escalope de foie gras frais poêlée au xérès et pommes, homard et blinis tièdes au caviar de framboises, filet de rouget à la purée d'ail... Y'a de l'idée, comme vous le voyez. Et surtout dans les grands menus. Carte un peu plus chère. *10 % sur le prix de la chambre si vous prenez le repas du soir à l'auberge.*

▲ I●I *Le Bellerive* ** – 29, av. de la Tour ☎ 05.55.69.40.67. Fax : 05.55.69.47.96. TV. Fermé le dimanche soir et le lundi hors saison. Accès : direction Bourganeuf, à 400 m sur la gauche, face au lac. Doubles avec douche et wc ou bains à 240 F (36,6 €). Plusieurs menus de 75 à 280 F (11,4 à 42,7 €). La maison tire son nom des petites rives du lac de Peyrat. Chambres agréables et bien tenues. Fait aussi restaurant. C'est l'occasion de goûter aux spécialités régionales : pâté de pommes de terre, viandes de pays, tarte à la châtaigne, etc. *10 % sur le prix de la chambre de septembre à juin.*

DANS LES ENVIRONS

AUPHELLE 87470 (8 km E)

▲ I●I *Au Golf du Limousin* ** – ☎ 05.55.69.41.34. Fax : 05.55.69.49.16. TV. Canal+. Congés annuels : de la Toussaint à fin mars. Accès : par la D13 direction Vassivière, puis la D222 jusqu'au lac. Doubles avec douche et wc ou bains de 247 à 313 F (37,7 à 47,7 €). Demi-pension malheureusement obligatoire en juillet-août

à 270 F (41,2 €) par jour et par personne. Menu du déjeuner en semaine à 88 F (13,4 €), puis trois autres de 120 à 175 F (18,3 à 26,7 €). En face, tennis et mini-golf, un des rares hôtels donnant quasiment sur le lac (les chambres du n° 1 au n° 8 donnent de ce côté) et à 200 m d'une plage aménagée. Bâtiment sans grand charme mais des chambres propres et de bon confort. Environnement verdoyant. Bonne cuisine régionale classique servie prestement, en salle ou sur la terrasse. Terrine maison parfaite, tripoux appréciables, mais aussi filet de bœuf aux cèpes, sandre au beurre blanc, ris de veau aux morilles, etc. Beau plateau de fromages. Réserver est plus prudent. *Apéritif offert.*

NEDDE 87120 (10 km E)

▲ I●I *Le Verrou* – lieu-dit le bourg-Nedde (Centre) ☎ 05.55.69.98.04. Doubles de 190 à 240 F (29 à 36,6 €). Repas entre 80 et 150 F (12,2 et 22,9 €) selon votre faim et votre soif. Une adresse comme on les aime, pleine d'atmosphère et de chaleur. Plusieurs salles, l'une avec un beau vieux comptoir où il fait bon s'accouder, une autre avec « le coin des crêpes ». Puis aux beaux jours, une mignonne terrasse, fraîche et calme comme ces arrière-cours de village. Un endroit qui rassemble les habitués du coin mais aussi ceux d'ailleurs car on prend facilement ses habitudes au *Verrou*. À table, une carte courte, façon cuisine du marché, avec de bonnes viandes limousines, un choix de salades, et, nous vous le disions, des crêpes, salées et sucrées. Pour qui serait tenté de passer quelques nuits à Nedde, aucun problème, la patronne a aménagé quelques chambres bien agréables dans sa solide bâtisse. Et comme pour le resto, elle a mis le paquet sur la déco et les petits détails qui font la différence. Meubles anciens, draps de grand-mère et tout et tout... Accueil sympa, est-ce utile de le préciser ? *NOUVEAUTÉ.*

AUGNE 87120 (12 km SO)

▲ I●I *Le Ranch des Lacs* – lieu-dit Vervialle ☎ 05.55.69.15.66. Fax : 05.55.69.59.52. Ouvert toute l'année mais téléphoner hors saison. Accès : par la D14 vers Bujaleuf, passer Chassat, puis à la bifurcation suivante, ne pas aller vers Augne, mais prendre à gauche vers Négrignas ; juste avant ce hameau, petite route à gauche menant vers Vervialle. Doubles à 200 F (30,5 €), la nuit par personne en chambre familiale à 65 F (9,9 €). Plusieurs menus de 75 à 195 F (11,4 à 29,7 €). Tenu depuis plusieurs années par un aimable couple belge, ce bar-restaurant-hôtel-gîte d'étape installé dans un ancien manège a conservé une atmosphère équestre, bois et selles décoratives, et se trouve littéralement perdu en pleine cambrousse : par la véranda, vue sur une vallée de la Vienne vierge de tout habitat, seulement verte et boisée, intacte. Au bar, grand choix de bières belges, et à table différents menus avec de savoureuses incursions aussi une fois : coffret du boulanger (pain de mie farci d'œufs brouillés aux herbes du jardin), coucou de Malines (blanc de volaille farci aux endives) ou côte de veau gaumaise (au gouda !) et, sur commande, moules-frites à volonté. Également présence étonnante (sous cette latitude) de spécialités africaines, car nos restaurateurs pas comme les autres arrivent du Congo plutôt que de la Belgique. Cuisine à thème le vendredi soir. Voici pour le couvert. Pour le gîte, Françoise et Jules Lahaye proposent des chambres doubles, et des chambres d'étape de 3 à 4 lits avec sanitaires communs. Enfin, heureuse attention, accueil spécial enfants avec espace-jeux, Playmobil et Lego, et, mieux encore, des poneys que les gamins pourront caresser et nourrir, et même chevaucher pour un tour de village (gratuit, sous la responsabilité des parents). Ambiance familiale et bohème. Piscine prévue pour l'été 2000. Une adresse extra, mais extra deux fois. Et vive la Belgique ! Également un snack-bar sur la place de Bujaleuf. *10 % sur le prix de la chambre hors juillet-août.*

SAINT-JUNIEN 87200

Carte régionale A1

≜ I●I *Le Rendez-Vous des Chasseurs* ** – lieu-dit Pont-à-la-Planche ☎ 05.55.02.19.73. Fax : 05.55.02.06.98. TV. Resto fermé le vendredi. Congés annuels : la 1ʳᵉ quinzaine d'août et la 2ᵉ quinzaine de décembre. Accès : à la sortie de Saint-Junien, sur la droite de la route de Bellac. Doubles avec douche et wc ou bains à 220 F (33,5 €). Au resto, menus à 75 F (11,4 €), sauf le dimanche, et jusqu'à 170 F (25,9 €). Une table réputée avec un fameux menu gastronomique pas si cher que ça. Spécialités de marcassin, cerf et daim de l'élevage du patron. Salle à manger vieille France et terrasse sous dais aux beaux jours. Chambres doubles bien tenues, comme tout l'établissement.

≜ I●I *Le Relais de Comodoliac* ** – 22, av. Sadi-Carnot ☎ 05.55.02.27.26. Fax : 05.55.02.68.79. Parking. TV. Canal+. Resto fermé le dimanche soir. Doubles tout confort de 270 à 320 F (41,2 à 48,8 €). Formules et menus de 90 à 198 F (13,7 à 30,2 €). Un bâtiment moderne auquel on a pourtant instillé un certain charme. Des chambres vastes et bien entretenues, agréables même si la déco commence à dater. Côté route, c'est un peu bruyant. Celles donnant à l'arrière sont bien plus calmes, mais un peu plus chères. Voilà une halte bien commode si l'on veut flâner dans le secteur. Côté restaurant, une grande salle ouvrant sur un petit coin de verdure, et du boulot bien fait, en cuisine comme au service. Prix raisonnables et qualité supérieure à la moyenne régionale. Beaux produits bien travaillés et variant au fil des saisons. Saumon, loup, viandes et volailles de pays avec des sauces soignées, des champignons en saison, etc. Accueil dynamique et souriant.

I●I *Le Landais* – 6, bd de la République (Centre) ☎ 05.55.02.12.07. Fermé le mardi. Plusieurs menus de 60 à 220 F (9,1 à 33,5 €). On sent le bon-vivre et le bien-manger en entrant ici. Normal, Suzy, la patronne, a amené une partie des Landes dans ce coin de la Haute-Vienne. Attenante au bar, une salle de resto pleine de fleurs et de plantes vertes où l'on se sent bien. Il vaut mieux car on y est pour un moment. Cassoulet landais, civet de canard, terrine de cailles au genièvre, lamproie à la bordelaise, salmis de palombe... On sort de table plus que rassasié. Service doux et attentionné de la patronne. Une adresse sérieuse que nos lecteurs apprécient beaucoup. *Café offert.*

DANS LES ENVIRONS

SAINT-AUVENT 87310 (14 km S)

I●I *Auberge de la Vallée de la Gorre* – place de l'Église ☎ 05.55.00.01.27. Fermé le dimanche soir et le lundi soir. Accès : sur la D58. Menu à 76 F (11,6 €), sauf le dimanche, puis autres menus de 110 à 250 F (16,8 à 38,1 €). Une petite auberge coquette dans un bourg qui ne l'est pas moins. Des plats originaux, conçus et préparés par un jeune chef, Hervé Sutre, à des prix tout à fait raisonnables si vous le restez aussi. Foie gras au sel de Guérande, têtes de cèpes farcies à l'ancienne, médaillon de mignon de veau aux écrevisses, croustillants de fruits frais... Agréable terrasse couverte en été. Réservation conseillée le week-end.

SAINT-LAURENT-SUR-GORRE 87310

Carte régionale A1

≜ I●I *Hôtel Le Saint-Laurent* – 17, place Léon-Litaud ☎ 05.55.00.03.96. Fermé le samedi (sauf l'été). Congés annuels : de mi-septembre à mi-octobre et pendant les fêtes de fin d'année. Accès : par la N2, puis à gauche sur la D21. Doubles avec douche et wc à 200 F (30,5 €). Au resto, 3 menus de 85 à 140 F (13 à 21,3 €). Installé dans l'ancienne gendarmerie du village, cet hôtel qui ne paie pas de mine propose des chambres assez champêtres et bien entretenues (la nº 5 a vue sur le parc). Vaste parc avec rivière et jeux pour enfants. À table, cadre fleuri et poêle jurassien dans le coin, on appréciera les terrines du chef, les viandes aux cèpes, l'estouffade de bœuf ou la super blanquette de veau. 1ᵉʳ menu ouvrier déjà fort intéressant... *Café offert. 10 % sur le prix de la chambre au printemps et en hiver.*

SAINT-LÉONARD-DE-NOBLAT   87400

Carte régionale A1

|●| Le Gay-Lussac – 18, bd Victor-Hugo ☎ 05.55.56.98.45. Fermé le dimanche soir et le lundi de début octobre à fin avril. Congés annuels : de janvier à mars et 1 semaine en novembre. Accès : dans la vieille ville, à 30 m de la place de la République. Formule du déjeuner à 65 F (9,9 €), puis quatre menus de 90 à 240 F (13,7 à 36,6 €). Une jeune adresse entièrement rénovée avec goût pour une cuisine traditionnelle, maison et de saison. Salles chaleureuses au 1ᵉʳ étage. Premier menu, au déjeuner en semaine, avec café et vin inclus. Ensuite, on peut dépenser un peu plus, voire beaucoup plus, selon son budget. Marbré de foie gras, truite aux écrevisses sauce cressonnade, ris de veau aux cèpes, escargots. La carte change tous les mois. Service naturel et attentionné.

DANS LES ENVIRONS

CHÂTENET-EN-DOGNON (LE)
87400 (10 km N)

≜|●| Le Chalet du Lac ** – pont du Dognon ☎ 05.55.57.10.53. Fax : 05.55.57.11.46. Resto fermé le dimanche soir. Congés annuels : janvier. Doubles tout confort de 250 à 350 F (38,1 à 53,4 €). Demi-pension à 300 F (45,7 €) par jour et par personne. Plusieurs menus de 95 à 230 F (14,5 à 35,1 €). Une petite envie de luxe sans vouloir vous ruiner ? Faites un tour du côté de cet imposant chalet surplombant un mignon lac, où il est possible de pratiquer de nombreuses activités nautiques. Les chambres y sont confortables et bien entretenues. Les plus onéreuses (mais la différence de prix est justifiée) étant plus vastes et bénéficiant de la vue sur le lac. Les autres donnent sur la route. Cuisine soignée avec par exemple, dans le second menu, une omelette au foie gras ou une petite salade agrémentée de saumon cuit au sel de Guérande, suivie d'une belle entrecôte de bœuf limousin ou de la canette à l'orange, puis fromage et dessert. Pour les fatigués, ou après quelques performances

sur le lac, une salle de remise en forme avec sauna a été aménagée.

SAINT-MARTIN-LA-MÉANNE   19320

Carte régionale B2

≜|●| Hôtel Les Voyageurs ** – place de la Mairie ☎ 05.55.29.11.53. Fax : 05.55.29.27.70. TV. Fermé le dimanche soir et le lundi hors saison. Congés annuels : de mi-novembre à mi-février. Doubles de 235 à 255 F (35,8 à 38,9 €) selon le confort. Quatre menus de 90 à 200 F (13,7 à 30,5 €) ; notre préférence va pour le menu terroir à 100 F (15,2 €) et son canard aux myrtilles. Dans une typique maison de village corrézienne entourée d'un jardin, cette auberge familiale de caractère, où l'on se sent comme chez soi est une bonne surprise pour le voyageur qui passe par là un peu par hasard. De suite, on est happé par la gentillesse de la patronne qui vous donnera une table ou une chambre comme si vous faisiez partie de sa famille. La cuisine privilégie évidemment les produits locaux : escalope de foie gras poêlée aux pommes confites, ris de veau aux cèpes, pigeonneau aux morilles, filet de sandre au beurre blanc et escalope de veau aux girolles. La fricassée de grenouilles et d'escargots persillés et crémés nous a laissé un souvenir... Hmm ! Pour le dessert, gardez impérativement une petite place pour la crêpe soufflée à l'orange. Côté hôtellerie, chambres fort sympathiques et abordables. *Apéritif maison offert.*

SAINT-MERD-DE-LAPLEAU   19320

Carte régionale B2

≜|●| Hôtel-restaurant Fabry ** – pont du Chambon ☎ 05.55.27.88.39. Fax : 05.55.27.83.19. TV. Fermé le vendredi soir et le samedi midi du 1ᵉʳ octobre au 30 mars. Congés annuels : du 12 novembre au 13 février. Accès : à 8 km par la D13. Doubles de 240 à 270 F (36,6 à 41,2 €). Demi-pension à 260 F (39,6 €) par personne. Menus à 78 F (11,9 €) en semaine, 100 F (15,2 €) et jusqu'à 200 F (30,5 €). Une grosse bâtisse sur le bord de la Dordogne, un paradis pour les pêcheurs et tous ceux qui aiment voir l'eau de leur chambre. Ici, le poisson est à l'honneur, et si on était avec vous, on choisirait les filets de truite saumonée marinés au citron vert, le filet de sandre au beurre blanc, et, côté viande, le pavé de biche aux myrtilles ou le filet mignon de porc farci aux pruneaux. Pour le dessert, à coup sûr, optez pour le biscuit fondant au chocolat avec sa glace à la menthe. Le chef, qui soigne ses préparations, travaille intelligemment les produits du terroir. Des huit chambres, toutes confortables et plutôt joliment décorées, cinq offrent la vue sur la rivière. Attention, en haute saison, la demi-pension est recommandée. Cela dit, l'accueil familial et le cadre magnifique ont naturellement tendance à retenir le promeneur. À propos de promenade, on peut ici faire un tour en gabare, ces barques à fond plat qui descendaient la Dordogne. Vous aurez l'impression de vivre un épisode de *La rivière Espérance*. Dans un genre plus tragique, marcher jusqu'à la grotte des maquisards qui fut attaquée par la police de Vichy.

SAINT-PARDOUX-LA-CROISILLE   19320

Carte régionale B2

🛏️🍴 *Hôtel-restaurant Beau Site* ★★★ – ☎ 05.55.27.79.44. Fax : 05.55.27.69.52. Congés annuels : de début octobre au 30 avril. Accès : sur la D131. Doubles à 330 F (50,3 €) avec douche et wc, 340 F (51,8 €) avec bains. Menus de 85 à 245 F (13 à 37,4 €). Complexe hôtelier et de loisirs avec piscine, tennis, VTT (location et randonnées), étang de pêche et grand jardin dans un site beau (d'où le nom) et tranquille. Au restaurant, on se laisse tenter par des plats qui chantent le terroir. Alors foie gras de canard, omble chevalier fumé, ris de veau en croûte au jus de truffes ou gratin soufflé aux framboises... Difficile de faire un choix ! Côté hôtellerie, les chambres, bien tenues et rénovées pour celles en terrasse, manquent encore un peu d'âme. Si vous aimez être tranquille, demandez en réservant si la maison accueille un groupe lors de votre venue. Cela pourrait gâcher votre séjour ! Il reste que cet hôtel séduira les amateurs de vacances gourmandes, confortables et sportives.

SAINT-YRIEIX-LA-PERCHE   87500

Carte régionale A2

🛏️🍴 *Hostel de la Tour Blanche* ★★ – 74, bd de l'Hôtel-de-Ville ☎ 05.55.75.18.17. Fax : 05.55.08.23.11. TV. Fermé le dimanche du 1er octobre au 15 avril (sauf jours fériés). Doubles avec douche seulement à 230 F (35,1 €), avec douche et wc ou bains à 250 F (38,1 €). Demi-pension à 280 F (42,7 €). Menus à 82 F (12,5 €) en semaine, puis de 103 à 188 F (15,7 à 28,7 €). Des chambres satisfaisantes (celles mansardées, un peu exiguës, restent néanmoins confortables), et une table qui ne déçoit pas. Deux salles, l'une classique

et bourgeoise pour déguster foie gras en terrine ou poêlé, noix de ris de veau aux cèpes, bonnes viandes ou tripes limousines maison, ou encore des escargots farcis aux lardons d'oie. L'autre, genre snack où vous verrez New York (posters sur tous les murs, c'est beau une ville la nuit, comme dirait Bohringer), est réservée à une cuisine plus simple mais toujours plaisante et copieuse (super salades, plats garnis). *Apéritif offert.*

🍴 *Restaurant Le Plan d'Eau* – ☎ 05.55.75.96.84. Fermé le mardi soir et le mercredi hors saison. Congés annuels : janvier. Accès : à l'entrée du bourg, direction le camping. Formule du midi à 50 F (7,6 €), puis menus à 68 et 85 F (10,4 et 13 €). Un petit resto bien sympathique avec vue sur le plan d'eau d'Arfeuille. cuisine du pays (viande limousine, filet de perche, fraises flambées au Grand Marnier). Le maître des lieux, Jean Maitraud, est toujours prêt à tailler un bout de bavette avec ses hôtes et organise des menus spéciaux les jours de fête (des Mères, des Pères, etc.). Fait aussi bistrot : halte bien rafraîchissante les après-midi un peu chauds.

🍴 *À la Bonne Cave* – (Centre) ☎ 05.55.75.02.12. Fermé le lundi sauf en juillet-août. Accès : près de l'église. Menu du déjeuner en semaine à 62 F (9,5 €), puis autres menus de 72 à 133 F (11 à 20,3 €). Une vieille maison en pierre blanche, une salle aux tons pastel, fleurie et agréable, une bonne cuisine simple avec quelques surprises et des prix raisonnables. Ajoutez-y un service souriant et vous obtenez une bonne adresse où l'on se sent bien. Formule du midi déjà sympa. Profiteroles d'escargots, tourtière de veau aux cèpes, croustade aux pommes sauce caramel... Et évidemment, quelques bons petits vins. *Café offert.*

DANS LES ENVIRONS

COUSSAC-BONNEVAL   87500
(11 km E)

🛏️🍴 *Les Voyageurs* ★★ – place de l'Église ☎ 05.55.75.20.24. Fax : 05.55.75.28.90. TV. Canal+. Fermé le dimanche soir et le lundi hors saison. Congés annuels : du 2 à fin janvier. Accès : sur la D901. Doubles avec bains de 250 à 290 F (38,1 à 44,2 €), la demi-pension à 250 F (38,1 €) par jour et par personne (obligatoire en saison pour 2 nuits minimum). Menu en semaine à 70 F (10,7 €), puis plusieurs autres de 100 à 230 F (15,2 à 35,1 €). Derrière cette façade couverte de lierre se cache une des bonnes adresses du département. Cet hôtel, repris par Christophe Dupuy, dispose de 9 chambres (dont 5 sur jardin, super ! des nos 8 à 12), propres et confortables. Cuisine traditionnelle à base de foie gras, ris de veau, morilles, cèpes et confits. Que des bonnes choses pour des agapes mémorables. Attention tout de même, on se laisse vite emporter vers des sommets, surtout à la carte.

SERRE-DE-MESTES (LA) 19200

Carte régionale B2

|●| Bar-restaurant La Crémaillère – le bourg ☎ 05.55.72.34.74. Fermé le lundi et tous les soirs. Congés annuels : la dernière semaine de juin et la 1re semaine de juillet. Accès : par la D982. Menus à 60 F (9,1 €) en semaine, et de 110 à 145 F (16,8 à 22,1 €). On entre par le bar, et ce qui frappe d'emblée, c'est le sourire du patron. La salle du resto est croquignolette, nappes à carreaux rouges et lambris de rigueur. Un peu le genre d'endroit comme on n'en fait plus et qu'il faut donc préserver et faire connaître. Donc on s'y emploie. Les menus sont simples, copieux, et font largement appel au terroir. Au dernier menu, vous aurez droit au grand jeu, foie gras, coquilles Saint-Jacques, gigot d'agneau aux herbes, fromages et dessert. On vous recommande aussi les excellentes viandes limousines bien sûr, le civet de lapin, le coq au vin, la tête de veau... Excellente tarte maison en dessert. Bref, une adresse qui ne paie pas de mine, mais où on en a largement pour son argent. Service attentionné.

DANS LES ENVIRONS

VALIERGUES 19200 (3 km S)

|●| Les Moulins de Valiergues – ☎ 05.55.72.81.31. Fermé le lundi et le mardi midi hors saison. Congés annuels : les 2 premières semaines de janvier et la 1re quinzaine de septembre. Accès : par la D982 puis la D125. Menus de 115 à 195 F (17,5 à 29,7 €). Après quelques années passées au bord du lac Léman comme sommelier, Philippe, ancien élève de l'école hôtelière de Dijon, est revenu dans sa Corrèze. Avec son épouse, il a créé un restaurant au charme bucolique, dans une superbe petite maison en pierre absolument adorable et perdue dans la campagne. C'est une réussite. L'accueil est professionnel et souriant, et la cuisine inventive. Philippe tire le meilleur des produits du terroir ou de ses propres cueillettes dans les bois environnants. Au fil des saisons, vous allez voir la carte changer en fonction des produits. Quand nous y sommes passés, nous avons eu droit à un foie gras mi-cuit à la vieille prune, une noisette d'agneau fermier au beurre de fruit, un pavé de bœuf limousin fleur de sel, un jarret de porc de montagne caramélisé au jus d'épices. Il ne faut pas

rater le soufflé glacé aux noix en dessert. Menus à déguster dans une salle adorable et raffinée, écrasée par une énorme cheminée. Foie gras mi-cuit maison et sélection de vins à emporter. Un de nos coups de cœur en Haute-Corrèze.

MEYMAC 19250 (17 km O)

|●| Chez Françoise – rue Fontaine-du-Rat (Centre) ☎ 05.55.95.10.63. TV. Fermé le dimanche soir hors saison. Doubles de 350 à 450 F (53,4 à 68,6 €). Les menus commencent à 85 F (13 €) en semaine le midi, pour monter jusqu'à 390 F (59,5 €). L'appétissante vieille épicerie tenue par Mme Monique (ah ce n'est pas Françoise alors, allez comprendre) Bleu a plus d'un tour dans son sac. D'abord, l'épicerie elle-même, où l'on vend tout un tas de produits régionaux monstrueusement tentants, dont certains sont fabriqués sur place. On se retrouve d'ailleurs à la carte du restaurant attenant les *mounassous* (gâteaux de pommes de terre râpées aux herbes), le pied de porc à la moutarde violette, filet de bœuf aux cèpes et *farcedures* (hachis de blettes et de poitrine de porc). La salle est fort agréablement rustique. Plusieurs menus, dont le dernier un peu cher certes, mais on ne le regrette pas, ne serait-ce que pour le sublime plateau de fromages. Les liens que la belle ville de Meymac a entretenus avec le Bordelais expliquent que la carte des vins soit épaisse comme une thèse de 3e cycle. Du bon, à tous les prix. Voilà vraiment le genre d'endroit dans lequel on aimerait avoir ses habitudes un peu comme Jacques Chirac qui ne déteste pas venir « picorer » quelques bons petits plats. Il vient presque en voisin de toute manière. À l'étage, desservies par un magnifique escalier en colimaçon et en pierre, 3 chambres grand confort complètent cet établissement hautement recommandable. Bon accueil.

SOUTERRAINE (LA) 23300

Carte régionale A1

|●| Hôtel Moderne – 11, place de la Gare (Centre) ☎ 05.55.63.02.33. Fermé le dimanche. Doubles avec lavabo de 90 à 120 F (13,7 à 18,3 €). Menu du jour à 55 F (8,4 €). Pas si moderne que ça, car le confort est plutôt modeste, mais la propreté impeccable. C'est vraiment le parfait hôtel-restaurant du routard des années 70. D'ailleurs, le bar de l'établissement, le *Pot de l'Amitié*, mérite bien son nom. Les liens amicaux se nouent facilement ici. Une bonne petite adresse pour budgets serrés.

|●| Hôtel-restaurant Jinjaud – 4, route de Limoges (Centre) ☎ 05.55.63.02.53. Fax : 05.55.63.02.53. Doubles de 150 à

200 F (22,9 à 30,5 €) avec ou sans salle de bains. Menu du jour à 60 F (9,1 €) en semaine, un autre à 75 F (11,4 €). Un hôtel très bien tenu (il suffit de voir le soin apporté aux magnifiques parquets), des chambres aux tons pastel et fleuris, bref on s'y sent bien. Rien d'étonnant à ce qu'on y trouve aussi le resto le plus convivial du coin. Cuisine familiale de qualité, préparée uniquement avec des produits frais. Excellent pâté aux pommes de terre (à commander la veille), bonne viande du Limousin. Coup de cœur pour ce petit hôtel-resto tout simple, où la gentillesse de l'accueil et la fraîcheur de la cuisine nous ont enchantés. *10 % sur le prix de la chambre d'octobre à juin.*

DANS LES ENVIRONS

SAINT-ÉTIENNE-DE-FURSAC
23290 (12 km S)

▲ I●I *Hôtel Nougier* ** – 2, place de l'Église ☎ 05.55.63.60.56. Fax : 05.55.63.65.47. TV. Fermé le dimanche soir et le lundi hors saison et fériés, ainsi que le lundi midi en haute saison. Congés annuels : de janvier à mi-mars. Accès : sur la D1 direction Fursac. Compter de 300 à 360 F (45,7 à 54,9 €) la chambre double. Menus à 70 F (10,7 €), sauf le dimanche, puis de 102 à 215 F (15,5 à 32,8 €) et carte. Une auberge de campagne limousine bien attachante, avec 12 chambres confortables (préférer celles donnant sur le jardin), une salle à manger élégante dans laquelle on déguste des produits du terroir au goût du jour : terrine de queues d'écrevisses, marmite de gésiers confits et d'artichauts, cuisse de canard forestière, croustillant de pied de cochon. Les prix ne sont tout de même pas donnés et l'accueil est un peu froid. Très jolie terrasse.

BÉNÉVENT-L'ABBAYE 23210
(20 km S)

▲ I●I *Hôtel du Cèdre* – rue de l'Oiseau (Est) ☎ 05.55.81.59.99. Fax : 05.55.81.59.98. TV. ☆ Congés annuels : février. Compter de 250 à 550 F (38,1 à 83,8 €) la chambre double, selon la taille et l'exposition. Menus à 68 F (10,4 €) le midi en semaine, et de 98 à 130 F (14,9 à 19,8 €). Une magnifique bâtisse du XVIIIe siècle, joliment restaurée, abrite des chambres lumineuses, toutes différentes et décorées avec infiniment de goût. Les plus agréables bien sûr donnent sur le parc, son cèdre majestueux plusieurs fois centenaire, et la piscine (chauffée). Aux beaux jours, l'agréable terrasse sert de cadre au restaurant gastronomique. *NOUVEAUTÉ.*

TARNAC 19170

Carte régionale B2

▲ I●I *Hôtel des Voyageurs* ** – le bourg ☎ 05.55.95.53.12. Fax : 05.55.95.40.07. TV. Canal+. Fermé le dimanche soir et le lundi hors saison. Congés annuels : du 20 décembre au 10 janvier et 15 jours en février. Doubles à 245 F (37,4 €) avec douche et wc et 260 F (39,6 €) avec bains. Menus de 85 à 160 F (13 à 24,4 €) et plats à la carte très abordables. Au cœur du village, près de l'église et des deux chênes commémoratifs plantés par Sully, cette grosse maison de pierre est merveilleusement tenue par les époux Deschamps. Madame dirige la salle avec beaucoup de gentillesse et de disponibilité, et monsieur officie en cuisine avec talent. Il joue avec le terroir comme personne car il le connaît mieux que personne. Il ne travaille que les produits frais : poissons, viandes limousines et champignons en saison. On a adoré, bien sûr, sa tête de veau mais aussi les filets d'omble chevalier au beurre de ciboulette, le filet mignon de veau aux girolles. À l'étage, les chambres spacieuses et lumineuses présentent une physionomie fort agréable. Excellent rapport qualité-prix, tant à la table qu'au lit, pour cette adresse loin de tout, sur le plateau de Millevaches.

TULLE 19000

Carte régionale B2

▲ I●I *Hôtel du Bon Accueil* * – 8-10, rue Canton (Centre) ☎ 05.55.26.70.57. TV. Fermé le samedi soir et le dimanche (sauf juillet et août). Congés annuels : du 25 décembre au 3 janvier. Menus à partir de 78 F (11,9 €) et jusqu'à 160 F (24,4 €). Doubles de 168 F (25,6 €) avec douche à 188 F (28,7 €), avec douche et wc, et 218 F (33,2 €) avec bains. Voilà un petit hôtel-restaurant ultra-tranquille tellement il est difficile de tomber dessus par hasard. On a réellement l'impression de découvrir un hôtel de cinéma dans lequel Cedric Kahn aurait pu tourner *Bar des rails*. Derrière la façade et ses anciennes fenêtres à voussures, plusieurs salles de restaurant chaleureuses où l'on peut manger d'excellents confits (tel le confit de poule), des pâtés de pommes de terre et des omelettes aux cèpes en saison. Le menu à 105 F (16 €) avec 2 entrées nous paraît susceptible de satisfaire les appétits les plus exigeants. Côté hôtellerie, les chambres assez spacieuses, très bien tenues et aux rideaux fleuris, méritent mieux que la petite étoile de l'établissement.

▲ I●I *Hôtel-restaurant de la Gare* ** – 25, av. Winston-Churchill ☎ 05.55.20.04.04.

LIMOUSIN

Fax : 05.55.20.15.87. TV. Congés annuels : 1 semaine en février et la 1re quinzaine de septembre. Chambres à 200 F (30,5 €) pour les premiers prix et 270 F (41,2 €) avec une salle de bains complète. Petit déjeuner à 38 F (5,8 €). Menus de 95 F (14,5 €), sauf le samedi et le dimanche midi, à 140 F (21,3 €). Le grand classique, face à la gare. Table généreuse avec des menus que semblent apprécier les Tullistes. Dans cette salle de restaurant refaite à neuf, on vous conseille le lapin chasseur ou les ris de veau aux morilles. L'hôtel n'a pas à rougir de ses chambres confortables et insonorisées. On pourrait discuter de l'opportunité et des choix de décoration dans certaines d'entre elles mais restons discrets !

🛏️ ▐●▌ *La Toque Blanche* ** – 28, rue Jean-Jaurès - place Martial-Brigouleix (Centre) ☎ 05.55.26.75.41. Fax : 05.55.20.93.95. TV. Fermé le dimanche soir et le lundi. Congés annuels : du 20 janvier au 10 février et la 1re semaine de juillet. Doubles avec bains à partir de 220 F (33,5 €). Différents menus de 130 à 170 F (19,8 à 25,9 €). On y allait pour le restaurant, et on a été séduit par l'hôtel. Ce qui ne veut pas dire que le resto nous ait déçus, au contraire. L'une des bonnes tables de la ville tient parfaitement ses promesses. L'accueil est beaucoup moins bourgeois-guindé que ne le laissent présager la salle et la clientèle, et on y mange fort bien. Cuisine classique fort bien menée, généreusement servie et joliment présentée : salade de ris de veau et langoustines, millefeuille de foie gras aux pommes, pieds de cochon farci au confit de canard, cascade de fruits frais et sorbet maison. Vin au verre. Vous pourrez de plus dormir ici, dans des chambres assez jolies, spacieuses, équipées de salle de bains, wc et téléphone. Petit déjeuner d'un très bon rapport qualité-prix au final.

🛏️ ▐●▌ *Hôtel Limouzi* *** – 16, quai de la République (Centre) ☎ 05.55.26.42.00. Fax : 05.55.27.30.31. TV. Canal+. Gril ouvert tous les jours. Resto fermé le samedi et le dimanche. Congés annuels : de la semaine de Noël au 2 janvier. Doubles de 345 F (52,6 €) avec douche et wc à 385 F (58,7 €) avec bains. Formules de 50 à 80 F (7,9 à 12,2 €). Menu-carte à 140 F (21,3 €). On ne va pas vous raconter notre rude vie d'enquêteur, mais si vous arrivez, comme nous, après minuit à Tulle sans avoir réservé, vous serez bien content de trouver le *Limouzi*. Ça vous évitera de dormir dans la voiture, surtout si vous êtes à vélo. Sur la Corrèze, le bâtiment récent ne déborde pas de charme, sauf pour les fanatiques de l'architecture merveilleuse générée par les génies des années 70, mais propose des chambres confortables et équipées. Pour 42 F (6,4 €) de plus, vous aurez les excellents pains au chocolat du petit déjeuner-buffet. Deux restaurants : un gril pas cher au rez-de-chaussée et un établissement plus chic sans grand intérêt.

▐●▌ *Le Passé Simple* – 6, rue François-Bonnelye ☎ 05.55.26.00.75. Fermé le dimanche et le lundi. Trois formules-carte : 105 F (16 €) avec plat et dessert, 115 F (17,5 €) avec entrée et plat, 135 F (20,6 €) pour la totale. Une des belles surprises de notre dernier passage à Tulle. Il était tard, le routard venait de dîner et il s'en rentrait un peu déçu par son repas. Mais au fil de ses tours et détours nocturnes dans la ville, il est tombé sur cette maison plutôt *cosy*. Une lumière tamisée illuminait discrètement la rue et, par la vitrine, la mine réjouie des convives terminant leur repas inspirait confiance. Du coup, on est revenu le lendemain au déjeuner et nous avons plongé allégrement dans la mosaïque d'artichauts au coulis de tomates, dans la terrine tiède de joues de bœufs confites au vin rouge. Le sandre rôti au coulis de cresson, l'osso buco de veau braisé et le magret de canard grillé à l'aigre doux se sont battus pour nous séduire. Mais l'unanimité s'est faite sur le baba au rhum maison en dessert. Tout cela est efficace, bien fait, et l'on quitte Tulle heureux. *NOUVEAUTÉ*.

DANS LES ENVIRONS

SAINTE-FORTUNADE 19490
(10 km S)

▐●▌ *Le Moulin de Lachaud* – lieu-dit Le Moulin de Lachaud ☎ 05.55.27.30.95. Fermé le dimanche soir et le lundi sauf juillet-août et jours fériés. Congés annuels : de fin décembre à fin janvier. Accès : pas facile à trouver malgré quelques fléchages. Prendre la D940 jusqu'à Sainte-Fortunade, puis la D1 direction Cornil, et 3,7 km plus loin la D94 sur la gauche vers Beynat. C'est encore à 2 km. Menus à 90 F (13,7 €) autour du plat du jour et 175 F (26,7 €). On prend la peine de vous en expliquer l'accès, car on a beaucoup apprécié cet ancien moulin paumé dans la campagne et repris par un jeune couple de Bourguignons adorables. C'est le sourire de madame qui vous accueille dans une salle joliment décorée, pleine de goût, dans laquelle on se sent bien. Il faut dire que l'endroit a tout pour plaire. En cuisine, monsieur fait quasiment des miracles en préparant une cuisine inventive et accessible. Très fort dans l'émincé, le chef s'inspire du terroir qu'il relit à sa manière. Goûtez au travers de veau braisé au romarin ou au chausson de magret, par exemple, et ne ratez pas les desserts, dont la tarte aux abricots et sa gelée de groseilles à l'amaretto. Après tout ça, vous pourrez envisager une balade digestive le long de l'étang, sur lequel donne la terrasse du restaurant. Vous pourrez même vous initier à la pêche à la mouche, histoire de rapporter une belle truite pour le dîner.

LAGARDE-ENVAL 19150 (11 km S)

🏠 |●| *Le Central* ** – (Centre) ☎ 05.55.27.16.12. Fax : 05.55.27.31.85. TV. Fermé le lundi hors saison. Congés annuels : septembre. Chambres confortables et très propres de 140 à 220 F (21,3 à 33,5 €) selon l'équipement sanitaire. Menus à 70 F (10,7 €) le midi en semaine, 100 et 150 F (15,2 et 22,9 €). Le dimanche, menu unique à 120 F (18,3 €) pour les habitués qui reviennent régulièrement. Face à l'église et au coquet manoir du village, la même famille règne sur cette grosse maison couverte de vigne vierge depuis 4 générations. Et comme on ne change pas une équipe qui gagne, on y trouve la même cuisine régionale et gastronomique, avec omelette aux cèpes, petit salé aux lentilles et *farcidur* (pommes de terre rapées, cuites dans le bouillon du petit salé et agrémentées de lard et de persil...), confit de canard, servie dans la même salle banalement rustique. Attention, il faut avoir jeûné avant de s'y attaquer : potage, foie gras, truite, confit, fromage et crêpe royale. Ça tient au corps ! Une adresse simple qu'on aime bien et qui nous le rend bien, vu qu'il y a une enseigne à l'effigie de votre guide favori. Pas mal d'activités possibles alentour.

GIMEL-LES-CASCADES 19800 (12 km NE)

🏠 |●| *L'Hostellerie de la Vallée* ** – le bourg ☎ 05.55.21.40.60. Fax : 05.55.21.38.74. TV. Doubles à 240 F (36,6 €) avec douche, 260 F (39,6 €) avec douche et wc ou bains. En été, il vaut mieux réserver, car il y a du monde pour voir les cascades de Gimel. Dans le village, cet hôtel est une halte de charme, grâce notamment à la salle à manger ensoleillée qui surplombe les gorges mais aussi à la terrasse sur laquelle il fait vraiment bon dîner les soirs où la fraîcheur n'est pas trop intense. Les produits du terroir sont à l'honneur. Viandes du Limousin, cuisse de canard farcie aux cèpes... Mais lorsque le chef se lance dans les rougets aux senteurs de Provence, c'est pas mal non plus ! Côté hôtel, c'est aussi la tradition qui prévaut. Les lits sont douillets même si les chambres sont parfois un peu exiguës. Sachez que les chambres n°s 7, 8 et 9 bénéficient d'une belle vue sur la vallée. Si ça vous intéresse ! Seul bémol, le petit déjeuner est un peu léger surtout pour ce qui est des croissants ! Mais là, c'est la faute du boulanger.

SEILHAC 19700 (15,5 km NO)

🏠 |●| *Hôtel-restaurant La Désirade* – le bourg ☎ 05.55.27.04.17. Fermé le dimanche soir hors saison. Congés annuels : 8 jours en juin et 8 jours début septembre. Accès : sur la N120. Doubles propres à 220 et 230 F (33,5 et 35,1 €). Menus de 60 à 80 F (9,1 à 12,2 €). Malgré la situation « borderoutesque » de la grosse maison de ville, on a beaucoup aimé ce petit hôtel-resto tout simple, l'accueil souriant de la patronne autant que le parquet brut de la salle à manger. Menus avec des plats sans chichi, pavé du Limousin ou pizza (pourquoi pas ?), et de belles salades bien riches. Les chambres ne racolent pas, mais possèdent un indéniable charme vieillot. Peut-être pas l'endroit où l'on rêve de passer 5 semaines de congés payés, mais une bonne adresse pour loger pas cher lors d'un périple corrézien ou sur la route buissonnière des vacances.

QUATRE-ROUTES-D'ALBUSSAC (LES) 19380 (16 km S)

🏠 |●| *Hôtel Roche de Vic* ** – Les Quatre-Routes ☎ 05.55.28.15.87. Fax : 05.55.28.01.09. TV. Fermé le lundi hors saison. Congés annuels : janvier-février. Accès : au croisement de la N121 et de la D940. La plupart des chambres sont rénovées et coûtent de 170 F (25,9 €) avec lavabo sans télé à 230 F (35,1 €) avec bains. Beaucoup de choix dans les menus, de 68 F (10,4 €), sauf le dimanche, à 170 F (25,9 €). Dans ce village au drôle de nom où se croisent plusieurs routes, deux établissements sont installés sur un carrefour. On a une préférence pour celui-ci, une bâtisse en grosses pierres grises, genre manoir des années 50 avec des tours. Les chambres, qui donnent presque toutes sur l'arrière, le grand parc, les jeux et la piscine, ne pâtissent pas trop de la situation en bord de route. On les souhaiterait plus jolies, mais elles présentent un bon rapport qualité-prix. Côté cuisine, on donne dans le régional : feuillantine de foie gras chaud aux cèpes, paupiette de canard aux morilles, ballotine de sandre au beurre blanc, gâteau de crêpes à l'orange...

CORRÈZE 19800 (22 km NE)

🏠 |●| *L'Auberge de la Tradition* – av. de la Gare ☎ 05.55.21.30.26. TV. Fermé le dimanche soir et le lundi. Accès : par la N120 puis la D23, ou par la N89 puis la D26. Doubles à 180 F (27,4 €) avec douche et wc. Menus à 98 F (14,9 €), puis à 130 et 145 F (19,8 et 22,1 €). Cette grosse maison de village est devenue célèbre car, le 7 mai 1995, Jacques Chirac y déjeuna en voisin (le château de Bity est à deux pas). Rappelons à ceux qui l'auraient oublié que, le soir même, il était élu président de la République. L'été suivant, le restaurant a vu débarquer énormément d'idolâtres chiraquiens qui venaient, en souvenir du grand jour, communier avec la tête de veau du « grand », comme l'appellent ses amis corréziens. Reste qu'au 1er menu, en prévenant au moins 3 jours à l'avance, on peut déguster ici l'une des meilleures têtes de veau du département, préparée entière et servie quasiment à volonté. Si vous n'avez pas réservé, vous pourrez vous rabattre sur la solide cuisine du terroir : le tournedos « tradition » et le gratin dauphinois sont vraiment pas mal. Côté hôtel, des chambres fort bien tenues et équipées, desservies par un bel escalier ciré.

l●l *Le Pêcheur de Lune* – place de la Mairie ☎ 05.55.21.44.93. Ouvert tous les midis et le soir sur réservation sauf en été. Le menu du jour est à 60 F (9,1 €) et si vous en voulez plus, les autres vous coûteront de 78 à 150 F (11,9 à 22,9 €). Une petite adresse qui tranche dans un monde de foie gras, de confit et de truffes. Certes la cuisine reste régionale mais le chef sait lui donner une touche d'originalité qui a su nous séduire. Bien sûr, il y a la cuisse de canard mais elle est cuisinée aux myrtilles. La salade de raie aux pointes d'asperges apporte une petite note de fraîcheur tout comme la salade de concombre au chèvre chaud et aux poires. On a craqué sur l'escalope de veau de lait aux girolles et sur le pigeonneau braisé aux trompettes de la mort. *NOUVEAUTÉ.*

CHAMBOULIVE 19450 (24 km N)

🏠 l●l *L'Auberge de la Vézère* – pont de **Vernéjoux (Est)** ☎ **05.55.73.06.94. Fax : 05.55.73.07.05. ●** www.aci.multi:media-net/gastronomie ● Congés annuels : non déterminés, téléphoner avant. Accès : par la D26. Doubles toutes équipées de douche et wc à 200 F (30,5 €). Menus à 90 et 130 F (13,7 et 19,8 €). Charmante petite auberge de campagne au bord de la rivière, où les pêcheurs du coin viennent taquiner le poisson. D'ailleurs, pendant la saison, il est préférable de réserver. Il n'y a, à l'étage, que 7 chambres mansardées et adorables. Au rez-de-chaussée, les convives se répartissent dans deux pièces : un bar sombre et intime autour du *cantou* et une salle à manger baignée de lumière, en surplomb de la rivière, décorée de canards en frise. À ce propos, on en mange pas mal du canard (en civet, en confit, en foie gras), ou bien un délicieux pigeon confit ou des Saint-Jacques aux morilles fines et délicieuses. Accueil très souriant de la patronne. Après le repas, vous pourrez sereinement envisager une balade sur les bords de l'adorable Vézère.

Les prix
En France, les prix des hôtels et des restos sont libres. Certains peuvent augmenter entre le passage de nos infatigables fureteurs et la parution du guide.

Avis aux hôteliers et aux restaurateurs
Chaque année pour y figurer, il faut le mériter.

Le Routard

Lorraine

54 Meurthe-et-Moselle
55 Meuse
57 Moselle
88 Vosges

ABRESCHVILLER   57560

Carte régionale B2

🏠 🍴 *Le Donon* – 57, rue Pierre-Marie (Centre) ☎ 03.87.03.74.90. Fax : 03.87.03.78.64. TV. Satellite / câble. Fermé le mardi. Doubles avec douche et wc ou bains à 190 F (29 €). Carte variée de 50 à 150 F (7,6 à 22,9 €). Petit hôtel familial pour les amateurs de randos. Les forêts et les sentiers foisonnent à proximité. 6 chambres « comme à la maison ». Au restaurant, cuisine du terroir, simple, copieuse et ravigotante. Pizzas et tartes flambées les samedi et dimanche soir.

DANS LES ENVIRONS

SAINT-QUIRIN 57560 (5 km SO)

🏠 🍴 *L'Hostellerie du Prieuré* – 163, rue du Général-de-Gaulle ☎ 03.87.08.66.52. Fax : 03.87.08.66.49. TV. Satellite / câble. 🍴 Fermé le mercredi. Congés annuels : les vacances scolaires de novembre et février. Accès : par la D96. Menu du jour à 60 F (9,1 €) le midi en semaine, puis de 98 à 240 F (14,9 à 36,6 €). Les gens d'église n'ont jamais eu la réputation d'apprécier les petites masures, surtout au XVIIIᵉ siècle. Pour preuve, cette imposante maison en grès rose reconvertie en restaurant. Les anciens locataires du lieu auraient certainement apprécié la cuisine. Civet de sandre aux lardons, filet de bœuf poché au brouilly, pressé de foie de volaille aux oignons

confits, foie gras pommes et calvados, filet de canard à la sangria, ananas rôti aux amandes et poires. Le tout à des prix raisonnables. La salle de resto est dans les tons saumon. Décoration assez cossue. Une des bonnes tables des environs, et qui a reçu le label « Moselle Gourmande ». Pour profiter encore un peu de l'accueil chaleureux des patrons, des chambres entièrement rénovées en annexe, au confort moderne et qui n'ont pas le charme du resto (mais le cœur y est !). La nᵒ 5, spacieuse, a un balcon propice aux petits déjeuners des lève-tard. *Café offert.*

LUTZELBOURG 57820 (22 km N)

🏠 🍴 *Les Vosges* ** – 149, rue Ackermann (Centre) ☎ 03.87.25.30.09. Fax : 03.87.25.42.22. Parking payant. TV. Fermé le jeudi soir et le vendredi du 1ᵉʳ novembre à Pâques. Accès : par la D96 jusqu'à Rehthal, puis la D97 jusqu'à Arzviller et enfin la D98. Doubles avec lavabo à 200 F (30,5 €), avec douche et wc à 270 F (41,2 €) et avec bains à 320 F (48,8 €). Menus de 100 à 200 F (15,2 à 30,5 €). Situé dans une belle région, ce joli village regroupe quelques artisans. Ce serait une erreur de ne pas y passer. Un hôtel familial de longue date, qui a su garder tout son charme : grandes chambres toutes différentes, mobilier ancien, édredons en dentelle, etc. Pour le repas, les couverts en argent accompagnent bien sûr la cuisine traditionnelle. Il faut venir pendant la saison de la chasse pour goûter une escalope de faisan aux mirabelles, un faisan rôti sur choucroute, un pavé de biche sauté aux

---

Sur présentation de ce guide,
nombreuses offres et réductions en 2000.

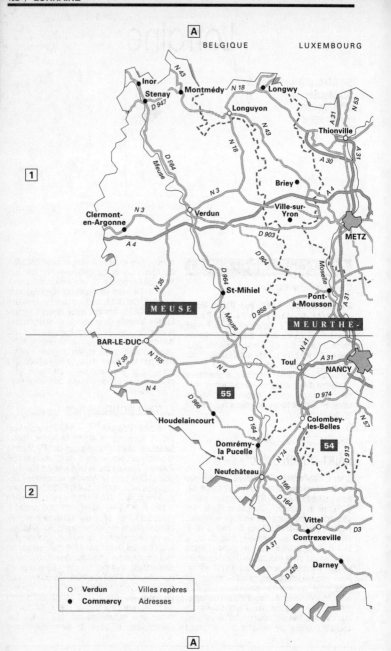

BELGIQUE   LUXEMBOURG

Inor
Stenay   Montmédy   N 18   Longwy
D 947   Longuyon   N 53
                                    Thionville
                    N 43   A 30   A 31
Meuse   N 18   A 4
                        Briey
N 3   Ville-sur-
Clermont-   N 3   Verdun   Yron
en-Argonne   METZ
A 4   D 903
                    D 904
            D 964   Moselle
            St-Mihiel   Pont-   A 31
MEUSE   D 958   à-Mousson
N 35   Meuse   MEURTHE-
BAR-LE-DUC
N 35   N 155   N 4   A 31
N 4   Toul   NANCY
        D 966   55   D 974
Houdelaincourt   D 164   Colombey-   N 57
                    les-Belles   54
        Domrémy-   N 74   D 913
        la Pucelle
        Neufchâteau   D 166
                D 164
                    Vittel   D3
                    Contrexeville
                    Darney
        A 31   D 429

| ○ Verdun | Villes repères |
| ● Commercy | Adresses |

A

Sierck-les-Bains
Manderen
Montenach

ALLEMAGNE

1

M O S E L L E

Freyming-
Merlebach
Forbach

A 4   A 32   D 910

N 3

St-Avold

Sarreguemines   Bitche

Faulquemont

A 4

N 62

D 910

N 74

D 955

57

Delme

Château-Salins

N 74   D 955   Sarrebourg

D 914

ET-

Dabo
Abreschviller

MOSELLE

Lunéville

Moselle

Meurthe   N 59   Baccarat

Charmes

Senones

St-Dié

N 420   N 59

VOSGES

2

D 166

ÉPINAL

N 57   88   D 417

Gérardmer

N 57

D 164   Plombières-
les-Bains   Remiremont

Bains-
les-Bains

le Val-
d'Ajol

0   10   20 km

B

pruneaux ou une escalope de jeune sanglier aux airelles. Un régal ! *Garage gratuit aux porteurs du guide.*

BACCARAT 54120

Carte régionale B2

🏠 |●| *Hôtel-restaurant de l'Agriculture* – 54, rue des Trois-Frères-Clément (Nord-Ouest) ☎ 03.83.75.10.44. Fermé le samedi et le dimanche soir, sauf du 14 juillet au 10 septembre. Doubles avec douche à 180 F (27,4 €). Menus de 58 à 88 F (8,8 à 13,4 €) sauf le samedi soir et les jours fériés, de 88 à 175 F (13,4 à 26,7 €). À la carte, comptez 120 F (18,3 €). Impossible de résister à cette jolie façade fleurie. Légèrement à l'écart du centre et donc loin des touristes venus par cars entiers visiter le musée, vous trouvez là un bien joli hôtel de campagne. Aux portes du Saintois et de la vallée de la Mortagne, c'est une halte parfaite pour les randonnées ou les balades en draisine. Chambres simples mais fraîchement décorées. À un tel prix, les toilettes sont sur le palier ! L'ambiance familiale de la maison attire également une clientèle locale, qui trouve ici une bonne cuisine et un accueil chaleureux. *Café offert.*

🏠 |●| *Hôtel-restaurant La Renaissance* ** – 31, rue des Cristalleries (Centre) ☎ 03.83.75.11.31. Fax : 03.83.75.21.09. TV. Canal+. Satellite / câble. Fermé le vendredi soir et le dimanche soir. Accès : en face de la cristallerie. Doubles avec douche et wc à 265 F (40,4 €), avec bains à 315 F (48 €). Menu le midi en semaine à 65 F (9,9 €), et de 87 à 150 F (13,3 à 22,9 €). Bonne étape, histoire de ne pas manquer la visite du musée de la cristallerie de Baccarat et de ramener un souvenir (très cher) du coin. Chambres confortables, décorées avec simplicité et goût. Cuisine classique sans surprise avec produits fermiers maison.

DANS LES ENVIRONS

BERTRICHAMPS 54120 (5 km SE)

|●| *L'Écurie* – ☎ 03.83.71.43.14. Parking. ♿ Fermé le dimanche soir et le lundi. Congés annuels : février. Accès : prendre la N59 vers Saint-Dié ; à la sortie de Bertrichamps tourner à droite, ne pas traverser la voie ferrée et suivre les flèches sur la gauche. Menu le midi en semaine à 65 F (9,9 €), puis de 95 à 230 F (14,5 à 35,1 €). Une très bonne adresse, tenue par un chef méritant qui propose à sa carte de nombreuses spécialités et qui fait lui-même sa charcuterie, y compris son jambon ! La crêpe au *fromgaye* (fromage), vieille recette lorraine, est une entrée rustique qui peut

aisément faire office de plat complet. Encore plus délicieux, le croustillant de jambon fumé au cidre et au miel, le ris de veau sur salade balsamique aux gambas, ou le râble de lapereau farci et ses mirabelles confites. Belle salle aux murs blancs couverts d'outils de la ferme. À découvrir absolument. *Café offert.*

MAGNIÈRES 54129 (15 km O)

|●| *Le Wagon ou Pré Fleury* – ☎ 03.83.72.32.58. ♿ Fermé le dimanche soir et le lundi. Accès : par la D47 en venant de Baccarat. Stationné en gare de Magnières, c'est dans un véritable wagon, au charme délicieusement rétro, qu'on vous propose de venir vous installer. La gare de Magnières, c'est aussi le départ des draisines, sorte de pédalos sur rails, qui ont permis de sauvegarder les vieilles lignes de chemin de fer de la région (renseignements au 03.83.72.34.73). Mais revenons à nos wagons. Notre chef normand s'est lancé dans cette aventure, il y a deux ans, et il s'est assuré la fidélité des habitants du village, ravis de venir découvrir ici différentes cuisines étrangères lors de soirées à thème. Pour l'an 2000 ce sera l'occasion d'un tour de France gastronomique avec chaque mois une région différente. En tout cas, cette nouvelle activité autour de la gare semble avoir redonné vie au petit village. *Café offert.*

BAINS-LES-BAINS 88240

Carte régionale B2

🏠 |●| *Hôtel de la Poste* ** – 11, rue de Verdun (Centre) ☎ 03.29.36.31.01. Fax : 03.29.30.44.22. TV. Canal+. Satellite / câble. De mi-octobre au 1er avril, hôtel fermé et resto ouvert à midi seulement sauf le lundi et le samedi. Congés annuels : du 16 décembre au 15 janvier. Accès : à côté du centre thermal. Doubles avec lavabo à 178 F (27,1 €), avec douche et wc à 230 F (35,1 €), avec bains à 250 F (38,1 €). Menus en semaine à 82 F (12,5 €), et de 98 à 178 F (14,9 à 27,1 €). Demi-pension à partir de 296 F (45,1 €) par jour et par personne. Derrière cette façade un peu sévère se cache la meilleure adresse du coin. 14 agréables chambres. Deux salles de restos au choix : le « Carré Bleu » (assez intime et dans les... bleus) et le « Relais », vaste et cossue. Cuisine novatrice et pleine de saveurs : salade de ris de veau à la vinaigrette de noix, aiguillettes de canard à la ratatouille... Menus qui changent (presque) tous les jours au gré du marché et... de l'humeur du chef. *10 % sur le prix de la chambre en avril, mai, juin et octobre.*

LORRAINE

BAR-LE-DUC 55000

Carte régionale A2

🏠 |●| *Hôtel-restaurant Bertrand* ★ – 19, rue de l'Étoile (Nord) ☎ 03.29.79.02.97. Fax : 03.29.79.06.98. Parking. TV. Resto fermé le dimanche soir. Accès : derrière la gare SNCF, vers le parc de Marbeaumont. Doubles avec lavabo à 130 F (19,8 €), avec douche à 150 F (22,9 €), avec douche et wc à 200 F (30,5 €), avec bains à 220 F (33,5 €). Menus de 60 à 125 F (9,1 à 19,1 €). Sans façon, sans chichi et sans concession, l'accueil et le cadre de ce petit une étoile sont à la fois musclés et chaleureux, à la manière d'une pension de famille. Manière qu'on retrouve aux heures des repas, autour des menus. Les chambres sont belles mais correctement tenues. À ce prix-là, pas de mauvaise surprise, surtout si l'on en a une qui donne sur la terrasse qui domine le jardin. À deux pas de cette fort calme adresse toute proche du centre, les amoureux de la verdure trouveront leur bonheur au parc de Marbeaumont.

|●| *Grill-restaurant de la Tour* – 15, rue du Baile (Est) ☎ 03.29.76.14.08. Fermé le samedi midi, le dimanche et les jours fériés. Accès : dans la ville haute par l'avenue du Château. Menu le midi en semaine à 65 F (9,9 €). Dans une superbe maison du XVIe siècle. On mange dans une petite salle où le feu brûle dans l'âtre en permanence. Normal, les andouillettes (extra) et les boudins y grillent doucement. Cuisine simple, mais authentique comme le cadre. Pas de faux-semblants. Parmi les spécialités, terrine de canard, grillades au feu de bois, tarte Tatin. Attention, il faut aller manger tôt le soir. Service jusqu'à 20 h seulement. *Apéritif offert.*

DANS LES ENVIRONS

REVIGNY-SUR-ORNAIN 55800

(15 km O)

🏠 |●| *Les Agapes - La Maison Forte* ★★★ – 6, place Henriot-du-Coudray ☎ 03.29.70.56.00. Fax : 03.29.70.59.30. Parking. TV. Fermé le dimanche soir et le lundi midi. Congés annuels : du 1er au 15 août environ. Accès : par la D994, direction Reims. Doubles avec bains à 350 F (53,4 €). Unique menu le midi en semaine à 110 F (16,8 €), sinon autres de 165 à 320 F (25,2 à 48,8 €). Menu enfant à 70 F (10,7 €). Plats autour de 100 F (15,2 €). Grâce au succès de leur table, les propriétaires des *Agapes* ont pu acheter les lits de *La Maison Forte*. Ainsi donc, ils ont transformé cette ancienne bâtisse du XIVe siècle en hôtel-restaurant de charme. Au fond de l'allée boisée, le corps principal accueille le restaurant et les ailes droite et gauche, les chambres.

Confortables et raffinées, elles sont meublées à l'ancienne et complètement équipées. Certaines, installées dans les tours, possèdent un lit en mezzanine et d'autres, les suites, peuvent accueillir 4 personnes. Côté restaurant, on a apprécié le soin porté tant au décor (pierres apparentes, tommettes anciennes, cheminée, mobilier...) qu'à la cuisine. Fraîche et inventive, elle fait appel à des légumes et des épices un peu oubliés (pissenlits, pois, mélisse, etc.). Ajoutez à cela un service irréprochable et un menu du jour imposé pour le déjeuner, et vous obtiendrez une vraie adresse de charme.

CHAUMONT-SUR-AIRE 55260

(20 km N)

🏠 |●| *Auberge du Moulin Haut* – ☎ 03.29.70.66.46. Fax : 03.29.70.66.46. Parking. TV. Fermé le dimanche soir et le lundi. Congés annuels : du 15 janvier au 15 février. Accès : par la N35 puis la D902. Doubles avec douche et wc ou bains à 300 F (45,7 €). Menu le midi en semaine à 90 F (13,7 €), puis de 140 à 300 F (21,3 à 45,7 €). Menu enfant à 50 F (7,6 €), ou adaptation d'un menu adulte à demi-tarif. La roue à aubes de cet ancien moulin du XVIIIe siècle alimente (partiellement) en électricité le restaurant, en rythmant le service de ses coups sourds. Heureusement, le piano mécanique datant de 1910 peut couvrir le bruit de la roue. On l'aura compris, voilà une adresse pleine de personnalité, très calme. Dès le 1er menu, on a droit aux raffinements d'une cuisine équilibrée et savoureuse. Les autres suivent à l'unisson : au canard, régional, gastronomique. Gardez absolument une place pour les desserts, dont le croustillant flambé de mirabelles n'est pas le moins tentant. Très bon accueil des patrons qui, mais ça n'a rien à voir, sont des amoureux de l'Afrique et notamment du Burkina Faso. Dans une annexe charmante et fleurie, deux chambres confortables pour deux.

BITCHE 57230

Carte régionale B1

🏠 |●| *Hôtel-pension de la Gare* – 2, av. Trumelet-Faber ☎ 03.87.96.00.14. Fax : 03.87.96.00.14. Fermé le samedi et le dimanche. Accès : près de la gare, à 800 m du centre-ville. Doubles avec lavabo à 120 F (18,3 €), douches et wc à l'étage, avec douche à 130 F (19,8 €). Menu en semaine à 50 F (7,6 €). Le seul hôtel bon marché de la ville. Confort simplissime mais il est tout à fait propre et l'ambiance est bonne et amicale, alors : réservez le plus tôt possible ! L'hospitalité de la patronne fait oublier la déco un peu vieillotte de l'endroit, et les pensionnaires n'hésitent pas à donner un coup de main derrière le bar. Cuisine sans prétention, rustique. Menu unique. Vous avez décidé de rester ? La demi-pension est à 140 F.

🛏🍽 *L'Auberge de Strasbourg* ** – 24, rue Teyssier (Centre) ☎ 03.87.96.00.44. Fax : 03.87.06.10.60. TV. Fermé le dimanche soir et le lundi. Congés annuels : 2 semaines en janvier et 2 semaines en septembre. Doubles avec lavabo à 180 F (27,4 €), avec douche et wc à 290 F (44,2 €). Menu en semaine à 125 F (19,1 €), puis de 130 à 295 F (19,8 à 45 €). Savez-vous ce qu'est un *kachelofen* ? Rien à voir avec une spécialité mosellane ou alsacienne. Pour avoir la réponse, il faudra vous rendre dans cette belle auberge répertoriée par la charte de la « Moselle Gourmande ». Plafonds à caisson, intérieur rustique, tableaux naïfs aux murs. La cuisine est à la hauteur du décor. Foie gras à la mirabelle, caille farcie au ris de veau, feuilleté d'escargots, et suprême de pintade laqué au miel de bruyère. Carte changée tous les 3 mois. Tout est à l'avenant, ce qui justifie les prix un peu élevés du restaurant. Le soir, carte de brasserie plus abordable. Quelques belles chambres simples et confortables. P.S. : le *kachelofen* est un superbe poêle à bois en faïence qui réchauffe la salle à manger les soirs d'hiver… *Café offert.*

🍽 *L'Auberge de la Tour* – 3, rue de la Gare ☎ 03.87.96.29.25. Fermé le lundi soir et le mardi. Accès : au pied de la célèbre citadelle Vauban, près de la gare. Menus à 70 F (10,7 €) en semaine, menu touristique à 100 F (15,2 €), puis de 130 à 250 F (19,8 à 38,1 €). On s'attend à voir sortir Cab Calloway ou Lionel Hampton de derrière un rideau tant le décor Belle Époque est agréable. Ambiance feutrée, un peu chic. Côté brasserie, *Le Républicain Lorrain* traîne sur les tables tandis que les notables de la région discutent politique. Quelques belles alliances, comme les marinières de gambas à la nage de légumes, la terrine de sandre et saumon, ou encore la délicieuse assiette de sorbets maison. Une adresse qui mérite bien son passeport pour la « Moselle Gourmande ». Accueil quelque peu réservé, mais il s'agit sans doute d'une tradition locale. *Café offert.*

DANS LES ENVIRONS

BAERENTHAL 57230 (20 km SE)

🛏 *Le Kirchberg* ** – 8, rue de la Forêt (Centre) ☎ 03.87.98.97.70. Fax : 03.87.98.97.91. Parking. TV. Satellite / câble. ♿ Accès : par la N62, au niveau de Bannstein, prendre la petite route sur la droite ; devant la poste. Doubles avec douche et wc à 360 F (54,9 €), avec bains à 400 F (61 €). L'architecture ultramoderne

de cet hôtel installé dans un silence de plomb permet de bien se reposer. L'accueil est sans prétention et familial. Demandez une petite chambre, c'est déjà spacieux et confortable. Possibilité de studio de 2 à 4 personnes à la semaine ou au week-end. *5 % sur le prix de la chambre pour 3 nuits consécutives et 10 % pour 7 nuits consécutives.*

🍽 *Restaurant L'Arnsbourg* – 450, route Principale (de Zinswiller) (Nord) ☎ 03.87.06.50.85. Fermé le mardi et le mercredi. Accès : par la route forestière lieu-dit Untermuhlthal. Menu en semaine à 210 F (32 €), autres à 355 et 455 F (54,1 et 69,4 €). Compter au moins 600 F (91,5 €) à la carte. Cette grande maison toute jaune avec des pilotis surplombant un ruisseau s'inscrit dans un paysage féerique. Ici tout n'est que « petites attentions de la maison », poésie, charme et volupté. Le sommelier joue à vous faire deviner le nom des vins après dégustation, tandis que vos papilles se délectent de loup de mer flambé au pastis, de grillades de foie gras de canard et citrons confits, voire de grenouilles aux herbes et coriandre, et que votre regard s'imprègne des jeux de correspondance entre les décorations florales de la salle et de la table, entre celles des plats et celle de votre assiette. C'est peut-être dans cette atmosphère *cosy*, en admirant, par la baie vitrée, le parc immense qui invite à la promenade, que votre cœur de routard amoureux s'enflammera le plus. Tout cela a un prix.

BRIEY 54150

Carte régionale A1

🛏🍽 *Hôtel Alster* ** – rue de l'Europe (Nord-Ouest) ☎ 03.82.46.66.94. Fax : 03.82.20.91.76. Parking. TV. Canal+. Satellite / câble. ♿ Accès : suivre la direction du plan d'eau. Doubles avec douche et wc à 260 F (39,6 €). Menu à 70 F (10,7 €). Plat du jour à 40 F (6,1 €). À la carte, comptez 150 F (22,9 €). À 5 mn du centre, une grande bâtisse moderne, dans un endroit calme, au bord du plan d'eau. Chambres confortables rappelant celles des hôtels de chaîne. Mais cet hôtel a un petit plus. Entouré d'eau, il est possible de prendre son petit déjeuner au bord du bassin et au pied des jardins potagers construits en escaliers tout autour. Fait aussi restaurant. *Apéritif offert.*

CHARMES 88130

Carte régionale B2

🛏🍽 *Hôtel-restaurant Vaudois* ** – 4, rue des Capucins (Centre) ☎ 03.29.38.02.40. Fax : 03.29.38.01.58. Parking. TV. ♿ Fermé

LORRAINE

le dimanche soir et le lundi. Congés annuels : fin février et les 2e et 3e semaines de juillet. Doubles avec bains de 205 F (31,3 €) côté rue à 285 F (43,4 €). Menu en semaine à 115 F (17,5 €), et de 138 à 320 F (21 à 48,8 €). Menu enfant à 65 F (9,9 €). Bonne adresse au charme (jeu de mots !) très provincial. Chambres assez chic, bien tenues. Pour dormir au calme, choisir côté jardin (les nos 7, 8, 10 et 11). Si la cuisine est d'abord de marché et de saison, elle est surtout originale : turban de truite aux poireaux et au pinot noir, tournedos de sandre à l'écrasée de pommes charlotte... Crustacés au gré des saisons. Service soigné et salle coquette fréquentée par les familles « charmantes » le dimanche.

CLERMONT-EN-ARGONNE 55120

Carte régionale A1

🏠 I●I *Hôtel-restaurant Bellevue* ** – (Centre) ☎ 03.29.87.41.02. Fax : 03.29.88.46.01. Parking. TV. Fermé le dimanche soir hors saison et le mercredi en août. Congés annuels : du 23 décembre au 3 janvier. Accès : N3, A4. Doubles avec douche et wc à 250 F (38,1 €), avec bains à 280 F (42,7 €). Menus à 80 F (12,2 €) sauf le dimanche midi, et de 120 à 200 F (18,3 à 30,5 €). Ne vous fiez pas à votre première impression ! La première salle n'est pas du meilleur goût. En revanche, au fond vous pourrez manger dans une œuvre d'art (n'ayons pas peur des mots) : une pièce datant de 1923 totalement Art déco, prolongée par un balcon sur le jardin et la campagne. Dans les assiettes, une cuisine simple et généreuse avec du gibier en saison, tel le navarin de sanglier et fricassée de champignons des bois. Pour dormir, 7 chambres. Calme assuré, même sur la route qui n'est pas très passante. Cela dit, préférez les chambres côté jardin, les nos 15, 16 et 17. *Apéritif offert.*

DANS LES ENVIRONS

FUTEAU 55120 (10 km SO)

🏠 I●I *Hôtel-restaurant L'Orée du Bois* ** – ☎ 03.29.88.28.41. Fax : 03.29.88.24.52. TV. ♿ Fermé le lundi midi et le mardi midi en saison, sinon le dimanche soir, le lundi et le mardi de novembre à mars. Congés annuels : en janvier et pendant les vacances scolaires de la Toussaint. Accès : par la N3 ; aux Islettes, tournez à gauche (au sud) vers la D2 ; c'est à gauche, à 500 m après Futeau. Doubles avec douche et wc ou bains de 400 à 430 F (61 à 65,6 €). Demi-pension de 450 à 500 F (68,6 à 76,2 €) obligatoire en saison. Menu en semaine à 125 F

(19,1 €), autres de 165 à 370 F (25,2 à 56,4 €). À l'orée du bois, on s'en doutait ! Ce *Relais du Silence* est un véritable havre de paix où il fait bon dormir. 14 chambres avec tout le confort, grandes, calmes, pleines de beaux tissus et de fleurs. C'est également une bonne table, réputée dans la région. Pas donné donc, et – si l'on peut se permettre – légèrement surévalué. Néanmoins, le pigeonneau des hauts du Chee à la coriandre nous a séduits. Comme la patronne a deux passions, le fromage et les vins (assez chers), vous ne pourrez échapper à son superbe chariot, pas plus qu'à sa cave qui recèle quelques belles surprises. Accueil jovial et enthousiaste et salle agréable sous une belle charpente. *10 % sur le prix de la chambre pour 3 jours à l'hôtel et en se restaurant à la carte.*

CONTREXÉVILLE 88140

Carte régionale A2

🏠 I●I *Hôtel de Lorraine* * – 122, av. du Roi-Stanislas (Centre) ☎ 03.29.08.04.24. Congés annuels : de novembre à fin mars. Accès : proche de la gare SNCF (mais pas de train la nuit, ouf !). Doubles avec lavabo à 150 F (22,9 €), avec douche et wc ou bains à 210 F (32 €). Menus de 70 à 125 F (10,7 à 19,1 €). Demi-pension de 230 à 310 F (35,1 à 47,3 €). Pension à 550 F (83,8 €) pour deux. Grande maison ancienne, avec un certain cachet. Atmosphère de pension de famille comme on ne pensait plus en trouver que dans les films de Chabrol ou dans une aventure de Maigret. Excellent accueil. Cuisine traditionnelle et diététique si besoin. Petit filet de perche rôti, ravioles d'escargots et son lard paysan, persillade de cuisses de grenouilles et d'escargots en feuilleté. *Café offert.*

🏠 I●I *Hôtel-restaurant du Parc* ** – 334, rue du Shah-de-Perse (Centre) ☎ 03.29.08.52.41. Fax : 03.29.08.54.75. TV. Canal+. Fermé le dimanche soir et le lundi (hors saison). Doubles avec lavabo ou douche à 170 F (25,9 €), avec douche et wc ou bains à 250 F (38,1 €). Menu le midi en semaine à 75 F (11,4 €), puis de 98 à 185 F (14,9 à 28,2 €). Vin à moins de 90 F (13,7 €) la bouteille. Demi-pension et pension complète pour un séjour de 3 jours ou plus, à partir de 270 F (41,2 €) par personne. Deux jeunes couples ont entrepris de redonner vie à ce vieil établissement du centre-ville. Rien qui surprenne au premier abord. La salle à manger reste d'un classicisme bon teint. Mais le 1er menu donne un bon aperçu d'une cuisine fraîche et adroite qui ne demande qu'à s'exprimer pleinement dans les autres menus. Ceux-ci affichent millefeuille d'artichauts au ris de veau, craquelin de daurade au lard fumé et son coulis d'ail, tartare de saumon cru mariné aux senteurs de gingembre, magret de canard rôti aux airelles... Grand choix de vins. Côté hôtel, les chambres sont modestes, tout doucement rénovées. Terrasse-solarium située au 1er étage avec vue sur le parc thermal. *Apéritif offert. 10 % sur le prix de la chambre hors juillet-août.*

🏠 |●| *Hôtel des Sources* ** – rue Ziwer-Pacha (Centre) ☎ 03.29.08.04.48. Fax : 03.29.08.63.01.** TV. ♨ Congés annuels : d'octobre à avril. Doubles avec lavabo à 185 F (28,2 €), avec douche et wc à 315 F (48 €) et avec bains à 340 F (51,8 €). Menus à 100 F (15,2 €) sauf le dimanche, et à 120 et 150 F (18,3 et 22,9 €). Élégante bâtisse au bord de la belle (mais controversée!) esplanade et son alignement de fontaines colorées. Patronne très gentille et chambres confortables, fraîches et pimpantes. Au 3e étage, quelques chambres mansardées avec lavabo. Honnête cuisine traditionnelle (diététique sur demande). Ambiance typique des hôtels de ville de cure : les pensionnaires qui discutent de table à table, les parties de Scrabble acharnées... *Petit déjeuner offert.*

🏠 *Hôtel de la Souveraine* *** – parc thermal (Centre) ☎ 03.29.08.09.59. Fax : 03.29.08.16.39.** Parking. TV. Canal+. Satellite / câble. Congés annuels : à partir à Noël. Doubles avec douche et wc ou bains de 350 à 365 F (53,4 à 55,6 €). Ancienne résidence du shah de Perse. Carrément! Ouvert sur le parc thermal, un élégant édifice qui a encore des airs de palace (et l'ambiance un rien guindée qui va avec). Mais joliment rénové et à des prix désormais très raisonnables. Et le temps semble ici s'être suspendu.

DABO   57850

Carte régionale B2

|●| *Restaurant Zollstock* – 11, route Zollstock, La Hoube ☎ 03.87.08.80.65.** ♨ Fermé le lundi. Congés annuels : pendant les fêtes de fin d'année. Accès : à 6 km de Dabo-village par la D45, puis gagnez Dabo-La Hoube. Menu en semaine à 57 F (8,7 €), puis de 90 à 145 F (13,7 à 22,1 €). Face à la vallée et à ses forêts de sapins, les clients sont essentiellement des habitués. Une petite adresse qu'on aime bien! Menus proposant des spécialités simples mais savoureuses : superbe gigot de chevreuil et cochonnailles (en saison), saumon au champagne, médaillon de veau aux girolles. Ambiance familiale et amicale. Tout pour plaire. Alors, ça doit rester confidentiel, OK?

DARNEY   88260

Carte régionale A2

🏠 |●| *Hôtel-restaurant de la Gare* – quartier de la gare (Sud-Est) ☎ 03.29.09.41.43.** TV. Accès : à 1,5 km du centre en direction de Bains-les-Bains. Doubles avec douche à 160 F (24,4 €), avec douche et wc ou bains à 200 F (30,5 €). Menu en semaine à 60 F (9,1 €), puis de 72 à 130 F (11 à 19,8 €). Petit hôtel perdu sur la route qui pénètre dans la grande forêt de Darney à proximité d'une gare qui n'existe plus. David Vincent pourrait y avoir vu les Envahisseurs! Quelques sculptures contemporaines abandonnées dans une clairière tout à côté pour parfaire l'ambiance. Tranquillité assurée. Chambres propres, simples mais confortables. Généreuse cuisine de ménage. La patronne ne fait pas dans l'ostracisme culinaire : à la carte, la choucroute voisine avec le couscous, paella et grand aïoli se rencontrent le jeudi... et encore tartiflette ou coulée de munster sur une salade de pommes de terre. Pas très régime mais fin et délicieux!

DELME   57590

Carte régionale B1

🏠 |●| *Hôtel-restaurant À la XIIe Borne* * – 6, place de la République (Centre) ☎ 03.87.01.30.18. Fax : 03.87.01.38.39.** Parking payant. TV. ♨ Doubles avec douche et wc ou bains à 240 F (36,6 €). Menu en semaine à 58 et 95 F (8,8 et 14,5 €), jusqu'à 235 F (35,8 €). *Adduodecimum* (Delme en romain) était la première étape sur la route entre Metz et Strasbourg. Un gîte se situait à la 12e borne militaire, à l'emplacement actuel de la commune. Pour les érudits, 1 borne équivaut à 1 lieue gauloise donc 2 222 m. 27 km séparent donc Delme de Metz. Le gîte a perduré au travers de cet hôtel. Chambres rénovées, sauna gratuit, salle de restaurant climatisée. Bonne table appréciée des gens du coin. La tête de veau aux 2 sauces comblera les fans. En spécialité, on pourra déguster également saucisse de porc et foie gras, sandre au beurre blanc, filets de perche au vin gris de Vic-sur-Seille... Accueil simple et sympa comme l'endroit. *Apéritif offert. Garage pour les motos gratuit.*

DOMRÉMY-LA-PUCELLE   88630

Carte régionale A2

🏠 *Hôtel Jeanne d'Arc* – 1, rue Principale (Centre) ☎ 03.29.06.96.06.** Parking. Congés annuels : du 15 novembre au

1er avril. Accès : juste à côté de l'église. Doubles avec douche et wc à 150 F (22,9 €). Petit déjeuner à 25 F (3,8 €) servi uniquement en chambre. Voilà un tout petit hôtel (7 chambres seulement) qui aurait pu spéculer sur la proximité immédiate de la maison de la sainte locale. Eh bien non, ici rien ne semble avoir bougé depuis des années. À commencer par les prix. Chambres simples mais propres et tranquilles. Accueil tout gentil. Pas de resto.

DANS LES ENVIRONS

AUTREVILLE 88300 (14 km NE)

🏠 I●I *Hôtel Relais Rose* ** – 24, rue de Neufchâteau (Sud-Ouest) ☎ 03.83.52.04.98. Fax : 03.83.52.06.03. Parking. TV. Canal+. Satellite / câble. ☂ Accès : prendre la D19 puis la N74. Doubles avec lavabo à 160 F (24,4 €), avec douche et wc ou bains de 350 à 400 F (53,4 à 61 €). Menu le midi en semaine à 70 F (10,7 €), puis de 115 à 250 F (17,5 à 38,1 €). A priori, en bord de nationale, un endroit où on prendrait à peine le temps de s'arrêter. Et pourtant ! Il faut pousser la porte pour surprendre l'ambiance paisible d'une ancienne maison de famille avec du charme et des meubles anciens. Pour découvrir de très belles chambres (pour les plus chères) dont certaines ont un balcon ou une terrasse donnant sur un jardin qui s'ouvre sur une campagne à perte de vue. Au programme du restaurant, lapin (et du village !) au vin gris de Toul, ris de veau aux morilles et pas mal de plats du Sud-Ouest : foie gras, cassoulet, confit de canard (la mère de l'aimable patronne est ariégeoise). Dans la cave centenaire de la maison attendent quelques vins pas inintéressants... Au final, un endroit où on aurait bien posé quelque temps nos valises. *Apéritif offert ou 10 % sur le prix de la chambre d'octobre à mai.*

ÉPINAL 88000

Carte régionale B2

🏠 *Azur Hôtel* ** – 54, quai des Bons-Enfants (Centre) ☎ 03.29.64.05.25. Fax : 03.29.64.00.40. TV. Canal+. Satellite / câble. Congés annuels : dernière semaine de décembre. Accès : du musée d'Art, traversez le pont sur le canal (et non sur la Moselle), c'est le quai à droite. Doubles avec douche à 185 F (28,2 €), avec douche et wc à 250 F (38,1 €), avec bains à 280 F (42,7 €). Chambres irréprochables. La n° 16 dispose d'une mezzanine et d'un petit salon. Chambres sur l'arrière ou côté rue (avec vue sur un canal transformé en parcours de canoë-kayak) mais bien insonorisées. Accueil particulièrement chaleureux, convivial et plein de petites attentions (un lit

d'appoint pour un enfant sera, par exemple, gratuit). Pas de resto.

🏠 *Clarine Hôtel* ** – 12, av. du Général-de-Gaulle (Ouest) ☎ 03.29.82.10.74. Fax : 03.29.35.35.14. Parking payant. TV. Canal+. Satellite / câble. Congés annuels : du 23 décembre au 2 janvier. Accès : face à la gare SNCF. Chambres doubles à 310 F (47,3 €) avec douche et wc, à 330 F (50,3 €) avec bains. C'est un hôtel *Clarine*, soit un hôtel de chaîne (au total 48 chambres) qui ressemble à tout sauf à... un hôtel de chaîne. Ça c'est du concept ! Un certain charme donc, celui de l'hôtel de gare familial. Bon accueil. Établissement entièrement rénové, parfaitement insonorisé (ce qui est plutôt indiqué vu la rue et les trains !). Création de 3 juniors-suites climatisées. Adjonction d'un bar d'hôtel. Un endroit qu'on aime bien. *10 % sur le prix de la chambre le week-end et garage gratuit.*

I●I *Restaurant Le Pinaudré* – 10, av. du Général-de-Gaulle (Ouest) ☎ 03.29.82.45.29. Fermé le samedi midi, le dimanche. Congés annuels : août. Accès : face à la gare SNCF. Impeccable menu en semaine à 70 F (10,7 €), puis à 88 et 160 F (13,4 et 24,4 €). Une adresse discrète (malgré sa nouvelle devanture toute verte). Il serait pourtant dommage de la rater. Salle climatisée plutôt agréable (dans le genre bistrot contemporain) même si pas très grande. Cuisine traditionnelle habilement tournée. Pas mal de poissons et de fruits de mer dans les menus comme dans la carte : escalope de saumon rôtie aux myrtilles, persillade de Saint-Jacques, suprême de loup aux morilles... Et quelques plats de terroir : salade tiède d'andouillette, fuseau lorrain, escalope de foie gras poêlé aux mirabelles...

I●I *Restaurant Les Fines Herbes* – 15, rue La Maix (Centre) ☎ 03.29.31.46.70. Fermé le dimanche soir et le lundi. Congés annuels : la 3e semaine d'août. Accès : près de la place des Vosges. Menu le midi en semaine à 70 F (10,7 €), autres menus à 98 et 150 F (14,9 et 22,9 €). Cuisine assez recherchée, servie avec beaucoup d'attention dans un décor moderne et épuré. Petite terrasse sur cour aux beaux jours. Accueil amical et ambiance intime, idéal pour les amoureux ! Prix raisonnables. Menus qui changent tous les mois. Pas mal de poissons à la carte et dans les menus : tournedos de lotte aux morilles, brochette de mareyeurs au beurre nantais, fricassée de lotte et de langoustines aux girolles, soupe de poisson... Service jusqu'à 22 h.

I●I *Restaurant La Toupine* – 18, rue du Général-Leclerc (Centre) ☎ 03.29.34.60.11. Fermé le dimanche. Menu-carte à 75 F (11,4 €) le midi en semaine (si vous vous contentez d'un plat), puis à 110 et 170 F (16,8 et 25,9 €). Ce bistrot s'est reconverti dans une cuisine traditionnelle, bien travaillée. Toute petite salle (à la limite de l'exiguïté), toiles d'artistes locaux aux murs, accueil et service charmants. Huîtres et fruits de mer en saison et carte des vins riche en bordeaux (également servis au verre).

DANS LES ENVIRONS

CHAUMOUSEY 88390 (10 km O)

l●l *Le Calmosien* – 37, rue d'Épinal (Centre) ☎ 03.29.66.80.77. Parking. Fermé le dimanche soir. Accès : par la N460 vers Darney. Menus de 115 à 290 F (17,5 à 44,2 €), un superbe menu dégustation. La maison a des airs de gare de campagne. À l'intérieur, c'est une autre histoire avec une salle à manger sombre et racée qui fait dans le style Belle Époque. Derrière, pour les jours de soleil, quelques tables dans le jardin. Cuisine classique et de terroir mais jamais en panne d'imagination : râble de lapereau farci de son foie en salade, marbré de Saint-Jacques et saumon mariné chantilly au raifort, morue fraîche et écrevisses asperges vertes et artichauts poêlés, veau de lait aux morilles, souris d'agneau confite à l'ail doux polenta et petite ratatouille, *crumble* aux abricots caramélisés... Menus qui évoluent au fil des saisons et des produits. Belle cave avec quelques bonnes surprises. Accueil et service irréprochables. La réputation de l'endroit n'étant plus à faire dans le coin, il vaut mieux réserver.

FAULQUEMONT 57380

Carte régionale B1

🏠 *Hôtel Le Châtelain* ** – place Monroë (Centre) ☎ 03.87.90.70.80. Fax : 03.87.90.74.78. Parking. TV. Satellite / câble. Doubles avec douche et wc ou bains à 290 F (44,2 €). Quand on voit sa façade, cet hôtel ne paie pas de mine. À l'image des icebergs, il ne s'agit que de la partie émergée. 25 chambres confortables s'articulent autour d'un superbe jardin d'hiver rempli de plantes. Ça respire le neuf et tout manque un peu de vécu, mais l'enthousiasme du patron nous a séduits. Réservation conseillée. *Café offert. Tarif soirée étape pour les routards.*

FORBACH 57600

Carte régionale B1

🏠 *Hôtel Le Pigeon Blanc* – 42, rue Nationale (Centre) ☎ 03.87.85.23.05. Parking. ✗ Fermé le dimanche. Doubles avec lavabo à 100 F (15,2 €), avec douche à 120 F (18,3 €), avec douche et wc à 170 F (25,9 €). Étonnant, cet hôtel qui n'est cité nulle part, même pas par l'office du tourisme, et qui est sans doute l'une des meilleures adresses alentour, surtout pour ce qui est de l'annexe. Les chambres n°s 3, 4 et 6 sont tout particulièrement spacieuses et au calme. Inconvénient, il faut libérer la chambre avant 10 h et la gentillesse des patrons donne envie de rester. Pas de resto, et pas de télé. De toute façon, vous la regardez trop, bonsoir.

🏠 *Hôtel de la Poste* ** – 57, rue Nationale (Centre) ☎ 03.87.85.08.80. Fax : 03.87.85.91.91. Parking. TV. Canal+. Doubles avec lavabo à 150 F (22,9 €), à 260 F (39,6 €) avec douche et wc ou bains. Sans conteste, l'hôtel le plus ancien de Forbach. Depuis près d'un siècle, les voyageurs s'arrêtent ici. Chambres entièrement rénovées, bleues, jaunes ou roses suivant les étages. L'immeuble étant en retrait de la rue, vous pourrez dormir tranquillement dans toutes les chambres. Accueil serviable, un peu froid peut-être. *10 % sur le prix de la chambre en juillet-août.*

l●l *Restaurant du Schlossberg* – 13, rue du Parc (Centre) ☎ 03.87.87.88.26. Fermé le mardi soir et le mercredi. Congés annuels : 15 jours en août. Accès : 1re rue à gauche en sortant de l'autoroute. Menu le midi en semaine à 140 F (21,3 €), puis de 175 à 320 F (26,7 à 48,8 €). Quand Forbach passé aussi bien des Allemands en 1870, un riche industriel y a fait construire sa résidence d'été (attention les yeux !), l'actuel resto. Le parc, qui lui appartenait, était ouvert le dimanche aux habitants de la ville et les employés de son usine de cartonnerie bénéficiaient déjà, en 1900, de 2 semaines de congés payés. Une générosité que l'on retrouve dans les assiettes, même si les propriétaires n'ont rien à voir avec l'Allemand en question. À la carte, la traditionnelle caille au foie gras et l'aiguillette de canard au citron, mais c'est beaucoup plus cher. Le service est soigné et la déco classieuse, mais l'ambiance n'est pas coincée. *Café offert.*

DANS LES ENVIRONS

OETING 57600 (2 km S)

l●l *Restaurant À l'Étang* – 386, rue de Forbach ☎ 03.87.87.33.85. Fermé le mardi soir et le mercredi. Congés annuels : de mi-août à début septembre. Accès : à l'église d'Oeting, fléché jusqu'au bord de l'impasse. Menu le midi en semaine à 60 F (9,1 €), puis de 95 à 210 F (14,5 à 32 €). Restaurant dans une grosse maison assez agréable au décor rustique, avec un petit étang devant. On y mange bien, et la clientèle germanique nous rappelle combien la frontière est proche. Gibier en saison et poissons (dont le sandre au pinot noir). Carte qui varie au fil des saisons. *Café offert.*

FREYMING-MERLEBACH   57800

Carte régionale B1

≜|●| *Hôtel-restaurant Au Caveau de la Bière* – 2, rue du 5-Décembre ☎ 03.87.81.33.45. Fax : 03.87.04.95.95. TV. Satellite / câble. Fermé le samedi et le dimanche soir. Accès : en face du conservatoire de musique. Doubles avec lavabo à 130 F (19,8 €), avec douche à 180 F (27,4 €), avec bains à 250 F (38,1 €). Menus à 58 F (8,8 €) en semaine, et de 80 à 195 F (12,2 à 29,7 €). En plein cœur de la Moselle ouvrière, le temps s'écoule doucement depuis que les hauts-fourneaux se sont arrêtés. Quelques habitués sirotent un demi au bar. Typiquement l'hôtel de passage dans lequel des générations d'hommes d'affaires ont fait étape. Chambres propres et fonctionnelles. Cuisine simple et traditionnelle : quiche lorraine, andouillette grillée extra, rognons et tripes au riesling. Le tout arrosé d'une chope d'Amos, une des dernières bières mosellanes.

GÉRARDMER   88400

Carte régionale B2

≜ *Hôtel de Paris* ** – 13, rue François-Mitterrand (Centre) ☎ 03.29.63.10.66. Fax : 03.29.63.16.47. Parking. TV. Canal+. Doubles avec lavabo à 170 F (25,9 €), avec douche et wc ou bains à 230 F (35,1 €). Dans la rue la plus animée de la station, un petit hôtel tout simple aux prix raisonnables. Pas le grand luxe, mais les chambres ont été rénovées. Préférez les n°s 15, 16, 17, 31 et 32, au calme assuré sur cour intérieure. Souvent complet le week-end : réservation (avec versement d'arrhes) plutôt conseillée. Au rez-de-chaussée, brasserie animée qui, comme son enseigne l'indique *(Les Trappistes)*, propose un large choix de bières, soit 90 dont 10 à la pression. *10 % sur le prix de la chambre.*

≜ *Hôtel Gérard d'Alsace* ** – 14, rue du 152e-R.I. (Sud-Ouest) ☎ 03.29.63.02.38. Fax : 03.29.60.85.21. Parking. TV. Congés annuels : 2 semaines vers novembre. Accès : par un petit chemin, à 100 m du lac et du centre-ville. Doubles avec lavabo à 190 F (29 €), avec douche et wc à 250 F (38,1 €), avec bains à 300 F (45,7 €). Une grosse maison vosgienne au bord d'une route, heureusement pas très passante (de

plus, un double-vitrage a été effectué sur rue) et il y a des chambres sur l'arrière, côté jardin. Un petit côté rétro (l'hôtel a ouvert au début des années 50) pas désagréable. Chambres toutes simples, rénovées et redécorées pour la plupart. Création de 4 chambres pour 4 avec bains. Jeune patron sympa. Ouverture d'une piscine. Location de VTT (tarifs préférentiels pour les clients de l'hôtel). *10 % sur le prix de la chambre hors juillet-août.*

≜|●| *Hôtel Viry* – *Restaurant L'Aubergade* *** – place des Déportés (Centre) ☎ 03.29.63.02.41. Fax : 03.29.63.14.03. Parking. TV. Satellite / câble. Resto fermé le vendredi soir. Accès : à 200 m du lac et centre-ville. Doubles avec douche à 250 F (38,1 €), de 290 à 330 F (44,2 à 50,3 €) avec douche et wc, de 300 à 350 F (45,7 à 53,4 €) avec bains. Menus de 78 à 240 F (11,9 à 36,6 €). Menu « randonneur » à 98 F (14,9 €). Menu enfant à 45 F (6,9 €). Ouvert depuis une bonne quarantaine d'années, donc presque une institution. L'hôtel n'est pas mal, pas vraiment bon marché non plus. Le resto, lui, est vraiment bien et pas si cher que ça, pour ne pas dire pas cher du tout vu la qualité. Salle rustique de bon ton avec un petit côté « montagne » (des fleurettes peintes un peu partout) pas désagréable. En été, terrasse couverte sur la place. Immuable cuisine régionale dont le menu dit « randonneur » donne un bon aperçu : en entrée, salade vigneronne à l'alsacienne ou fromage de tête en ravigote, en plat petite friture de lac sauce tartare ou fricassée de volaille au riesling ou tripes au sylvaner à l'ancienne, et dessert. Le 1er menu du marché est honnête sans plus. Autres spécialités : jambon de montagne au riesling à la crème de cèpes, filet mignon de veau à la crème de cèpes et morilles, boudin noir aux airelles et beignets rapés... Accueil aimable et service courtois. *10 % sur le prix de la chambre pour 2 nuits consécutives hors vacances scolaires et week-ends fériés.*

≜|●| *Hôtel-restaurant Chalet du Lac* ** – 97, chemin de la droite du lac (Ouest) ☎ 03.29.63.38.76. Fax : 03.29.60.91.63. Parking. TV. Fermé le vendredi (hors saison et hors vacances scolaires). Congés annuels : octobre. Accès : au bord du lac, à 1 km du centre-ville sur la D147 direction Épinal. Doubles avec douche ou bains à 320 F (48,8 €). Menus de 100 à 330 F (15,2 à 50,3 €). Si Gérardmer se veut aujourd'hui capitale du cinéma fantastique, ici ce serait plutôt « les vacances de M. Hulot dans les Vosges ». Croquignolet chalet de bois surplombant le lac (et la route, mais elle reste à distance respectable...). Accueil aimable. Les chambres, même rénovées, ont conservé leur cachet (meubles anciens) et un petit côté rétro sympathique. Chambres toutes avec un petit balcon côté lac et toutes au même prix. Annexe dans un autre chalet, à quelques mètres, à l'orée de la forêt. Au resto, cuisine traditionnelle d'inspiration régionale et 7 menus. Agréable jardin.

|●| Les Rives du Lac – (Centre) ☎ 03.29.63.04.29. Parking. ✦ Congés annuels : du 31 octobre au 30 janvier. Accès : au bord du lac, près des embarcadères. Menu le midi en semaine à 60 F (9,1 €), autres de 80 à 92 F (12,2 à 14 €). Bon d'accord, on a choisi la facilité, puisque comme son nom l'indique, ce resto est tout simplement au bord du lac le plus célèbre des Vosges. C'est, on s'en doute, plein de touristes… Pourtant, non seulement on y mange bien (même si la cuisine est des plus simples), mais en plus les tarifs sont tout à fait honnêtes malgré l'emplacement privilégié et la terrasse de rêve. Service lent, mais on est censé être en vacances, non ? Raison de plus pour jouer au touriste et essayer l'excellent fumé vosgien (palette et pommes de terre au fromage frais).

|●| Le Bistrot de la Perle – 32, rue Charles-de-Gaulle (Centre) ☎ 03.29.60.86.24. Fermé le mercredi hors saison. Formule en semaine à 60 F (9,1 €) qui change tous les jours (avec entrée, plat et café), puis à 85 F (13 €), et menu à 110 F (16,8 €). C'était autrefois une boucherie. La pittoresque devanture est restée. Les bonnes charcuteries, les tripes, la tête de veau, le petit salé des Hautes-Vosges aux lentilles, l'andouillette « 5 A » ou du veau d'Ajol. A la (petite) carte toujours, moules-frites et fruits de mer en direct de la *Belle Marée*, le (bon) resto marin de la région dont ce bistrot est une annexe. Salle lumineuse et agréable, service gentil et cuisine sans fioriture. *Apéritif offert.*

DANS LES ENVIRONS

XONRUPT-LONGEMER 88400

(7 km NE)

🏠 |●| Hôtel Le Collet - Restaurant Lapôtre *** – 9937, route de Colmar (Sud-Est) ☎ 03.29.60.09.57. Fax : 03.29.60.08.77. Parking. TV. Resto fermé le mercredi (hors vacances scolaires). Congés annuels : du 20 mars au 4 avril et du 13 novembre au 7 décembre. Accès : par la D417, après Xonrupt, direction col de la Schlucht-Munster. Doubles avec douche et wc à 310 F (47,3 €), avec bains à 410 F (62,5 €). Formule le midi en semaine à 72 F (11 €), puis menu du terroir à 92 F (14 €) en semaine, à 142 et 162 F (21,6 et 24,7 €). Excellent menu régional à 175 F (26,7 €). Opulent petit déjeuner-buffet (sorti d'un vrai… buffet !) pour 50 F (7,6 €). Gros chalet typique posé à 1 100 m d'altitude, dans la montée au col de la Schlucht. Position stratégique : on est en plein parc naturel des ballons des Vosges, au départ des pistes de ski de fond

et au pied des téléskis, à quelques kilomètres, enfin, de la route des Crêtes. Jolies chambres à la déco « couleur locale ». Les plus agréables sont dotées d'un balcon avec vue sur le vert profond des forêts voisines. Un certain luxe mais sans frime, comme l'accueil, d'une simplicité généreuse. Au resto, très bonne cuisine de terroir, dépoussiérée par un jeune chef débordant d'idées et d'enthousiasme : poule au pot et légumes racines en terrine, vapeur de saumon frais et cardamome sur gratin dauphinois, cuisse de canard confite sur choucroute légère... Et à des prix d'une sagesse qu'on voudrait contagieuse. *Bibelaskass* ou tartare de harengs saurs en raviole de radis noirs d'Alsace, truite pochée au bleu ou hachis parmentier de boudin noir ou *fleischnaka* (pâte à nouille et farce de viande), munster et dessert... pour le menu du terroir. Carte riche en vins d'Alsace (avec quelques belles trouvailles), mais qui n'oublie pas les autres vignobles. *Apéritif offert.*

THOLY (LE) 88530 (11 km O)

🏠 |●| L'Auberge Au Pied de la Cascade * – 12, chemin des Cascades (Nord-Ouest) ☎ 03.29.33.21.18. Fax : 03.29.33.29.42. Parking. TV. ✦ Fermé le mercredi (hors vacances scolaires). Congés annuels : du 13 novembre au 24 décembre inclus. Accès : par la D417 puis la D11 jusqu'au Tholy, continuez sur 5 km jusqu'à la cascade de Tendon ; l'auberge est en contrebas de la route. Doubles avec lavabo à 160 F (24,4 €), à 180 F (27,4 €) avec douche, à 210 F (32 €) avec douche et wc, et de 230 à 310 F (35,1 à 47,3 €) avec bains. Menus de 80 à 220 F (12,2 à 33,5 €) sur réservation. À la carte, comptez 100 F (15,2 €). Un incontournable pour ceux qui connaissent bien la région. Imaginez une vieille auberge (restaurée), typiquement vosgienne, perdue en pleine campagne, au pied d'une forêt où s'écoule la fameuse Grande Cascade de Tendon (pas si grande que ça). Mais outre sa terrasse et sa charmante salle à manger séculaire, l'auberge propose depuis des décennies les meilleures truites des Vosges, pêchées quotidiennement dans l'étang attenant ! La clientèle d'habitués (nombreuse) ne vient plus que pour ça. La cuisine a souffert de quelques irrégularités, mais c'est, semble-t-il, aujourd'hui oublié. Hôtel au calme, tout petit donc, souvent complet. En ce qui concerne les chambres, les nos 1, 2 et 3 sont les plus récentes et les plus spacieuses. *10 % sur le prix de la chambre à partir de 2 nuits.*

BRESSE (LA) 88250 (13 km SE)

🏠 |●| Hôtel-restaurant Le Chevreuil Blanc ** – 3, rue Paul-Claudel (Nord-Ouest) ☎ 03.29.25.41.08. Fax : 03.29.25.65.34. Parking. TV. Restaurant fermé le dimanche soir (hors vacances scolaires). Congés annuels : 1 semaine pendant les vacances de la Toussaint et le 3e week-end d'avril. Accès : à l'entrée de la station, lorsque l'on vient de Gérardmer par la D486. Doubles avec bains à 270 F (41,2 €). Demi-pension à 245 F (37,4 €) par jour et par personne (tarifs spéciaux pour les enfants). Menu en semaine à 79 F (12 €), puis de 99 à 230 F (15,1 à 35,1 €). Une nouvelle adresse de La Bresse. La maison ne paie pas de mine, c'est vrai. Mais, passez la porte, découvrez l'accueil de Maria Pia (d'une exceptionnelle gentillesse) et déjà l'endroit vous aura conquis. Et vous n'avez pas encore goûté la cuisine ! Raffinée sans être prétentieuse, de terroir mais sans être exclusive. François Renard aime bien, par exemple, travailler les poissons (marmite du pêcheur...). Autres spécialités : civet de langoustines, foie gras et magret de canard. L'hôtel est tout petit. Photos de Gene Vincent, Buddy Holly... dans les couloirs (le patron est fan de rock'n'roll *Fifties*) et 9 chambres seulement, très classiques. *Café offert.*

VALTIN (LE) 88230 (13 km NE)

🛏️ 🍴 *Auberge du Val Joli* ** – 12 *bis*, le village (Centre) ☎ 03.29.60.91.37. Fax : 03.29.60.81.73. Parking. TV. Fermé le dimanche soir et le lundi (hors saison). Congés annuels : du 13 novembre au 1er décembre et du 8 au 16 janvier. Accès : sortie Gérardmer direction Saint-Dié, puis à droite par la D23, direction Colmar ; à Xonrupt, tournez à gauche direction Le Valtin par une belle petite route de montagne. Doubles avec lavabo à 100 F (15,2 €), avec douche à 200 F (30,5 €), avec douche et wc à 270 F (41,2 €), avec bains à 420 F (64 €). Demi-pension obligatoire (pendant les vacances scolaires) de 348 à 630 F (53,1 à 96 €) pour 2. Sauf dimanche et jours fériés, menus à 70 et 75 F (10,7 et 11,4 €). Le dimanche, menus de 110 à 250 F (16,8 à 38,1 €). Une de nos meilleures adresses, dans un des plus beaux villages de la région. Calme, détente et superbes balades assurées dans les montagnes couvertes de sapins qui encerclent ce val (joli !). La vraie petite auberge à l'ancienne, chaleureuse et cordiale, avec son sol carrelé, ses grosses poutres, son poêle en faïence... Même si, à la première salle à manger délicieusement rustique (avec son superbe plafond), a été ajoutée une nouvelle salle résolument contemporaine avec de vastes baies vitrées ouvertes sur la nature. Les chambres nos 17 à 20 sont plus récentes et possèdent un balcon donnant sur la montagne. La cuisine, bien troussée, reste, elle, franchement de terroir. Il n'y a qu'à lire l'intitulé des menus : « coté Vosges », « côté Alsace », « tradition », « côté jardin », « menu terroir » et « le classique ». Et défilent pâté lorrain (tourte à la farce de porc), truite aux amandes ou fumée à la crème d'oseille, poulet à la crème ici appelé « blanc de sautret » et cuit au riesling, pigeon foie gras en feuilleté, choucroute garnie, munster, tarte aux myrtilles... *Café offert.*

HOUDELAINCOURT 55130

Carte régionale A2

🛏️ 🍴 *L'Auberge du Père Louis* ** – ☎ 03.29.89.64.14. Fax : 03.29.89.78.84. TV. Canal+. Fermé le dimanche soir et le lundi. Congés annuels : la 1re quinzaine de septembre. Doubles avec douche et wc à 200 F (30,5 €). Menus de 115 à 210 F (17,5 à 32 €). Halte gastronomique de choix dans le département. Cuisine pleine de saveurs et d'innovations. Sandre rôtie au lard, tête de veau aux épices, griottes au vieux bordeaux et, pour vous faire saliver encore plus, une escalope de ris de veau aux truffes de Meuse. Si vous n'avez pas envie de repartir (on vous comprendra), 7 chambres agréables et calmes. On est quand même en pleine campagne. On s'est laissé dire que l'accueil était inégal. *10 % sur le prix de la chambre.*

LONGUYON 54260

Carte régionale A1

🛏️ 🍴 *Hôtel de la Gare - Restaurant La Table de Napo* * – 2, rue de la Gare ☎ 03.82.26.50.85. Fax : 03.82.39.21.33. Fermé le vendredi soir sauf juillet-août. Congés annuels : 3 semaines en septembre et la 1re quinzaine de mars. Accès : à 100 m de la gare. Doubles avec douche à 220 F (33,5 €), avec douche et wc à 260 F (39,6 €). Menus de 75 à 265 F (11,4 à 40,4 €). Une patronne chaleureuse, et une ambiance beaucoup plus familiale qu'en face. Cet hôtel rétro fait vraiment penser aux pensions de famille d'autrefois. Quelques vieux meubles dans les couloirs, sans doute pour ranger le linge, et même la table à repasser dans un coin. Les chambres sont claires et douillettes. L'hôtel donne directement sur les quais, mais si malgré le double-vitrage vous avez peur du bruit des trains, vous pouvez toujours demander des chambres donnant sur la rue (les nos 1, 2 et 8). Fait aussi restaurant avec des spécialités selon le marché.

🛏️ 🍴 *Hôtel de Lorraine - Restaurant Le Mas* ** – place de la Gare ☎ 03.82.26.50.07. Fax : 03.82.39.26.09. Parking payant. TV. Satellite / câble. Fermé le lundi du 1er octobre au 1er juillet. Doubles avec douche et wc ou bains à 320 F (48,8 €). Menus en semaine à 120 F (18,3 €), et à 190 F (29 €). Grande classe et beaucoup de charme pour cet hôtel Belle

Époque, situé face à la gare. Une jolie façade, des poutres et des moulures au plafond dans le séjour. Des chambres lumineuses et spacieuses, qui ont toutes été refaites (celles sur la cour ont vue sur le potager du restaurant). Cheminée ou terrasse fleurie selon la saison. Restaurant réputé. Accueil qui manque de chaleur, dommage ! *Apéritif offert.*

LONGWY   54400

Carte régionale A1

🏠 |●| *Hôtel du Nord* ** – place Darche ☎ 03.82.23.40.81. **Fax : 03.82.23.17.73.** TV. Canal+. Resto fermé le dimanche. Accès : sur une belle place d'Armes, en plein centre de la ville haute. Doubles avec douche et wc ou bains à 280 F (42,7 €). Menu le midi à 78 F (11,9 €) et le soir à 98 F (14,9 €) sauf le vendredi soir et le samedi soir. Un petit bar-hôtel comme on en trouve dans la plupart des sous-préfectures de l'Hexagone. Celui-ci a peut-être plus de charme que les autres en raison de sa situation privilégiée. Chambres modernes, propres et calmes. La ville est assoupie depuis un moment mais il reste une grande chaleur humaine. À noter, un petit restaurant à la cuisine traditionnelle a été ouvert tout récemment. *Café offert.*

DANS LES ENVIRONS

COSNES-ET-ROMAIN 54400

(5 km O)

|●| *Le Train Bleu* – ☎ 03.82.23.98.09. Fermé le lundi, le samedi midi et le dimanche soir. Accès : de Longwy-Haut, prendre la N18 vers Longuyon pendant 4 km et tourner à droite vers Cosnes-et-Romain. Menu en semaine à 78 F (11,9 €), et de 98 à 170 F (14,9 à 25,9 €). Tirez la bobinette et la chevillette cherra. En l'occurrence, il vous faudra pousser le bouton pour ouvrir la porte du train. Car il s'agit bien de 2 wagons de chemin de fer posés aux confins du pays. On y mange dans une atmosphère feutrée et un cadre cossu. L'endroit est très prisé le week-end. Normal, la cuisine vaut le déplacement. Cassolette de ris de veau aux girolles, filet de sole farci au saumon fumé… Il y en a pour tous les goûts et à tous les prix. Quant au billet, il n'y a qu'une seule classe. Pas de discrimination. *Digestif offert.*

|●| *Auberge des Trois Canards* – 69, rue de Lorraine ☎ 03.82.24.35.36. Fermé le lundi, le jeudi soir et le dimanche soir. Congés annuels : 3 semaines mi-août début septembre et pendant les vacances d'hiver. Accès : à la sortie de Longwy-Haut, aller vers Cosnes-et-Romain par la D43 ou la N18. Menus de 117 à 214 F (17,8 à 32,6 €).

Menu des jours de fête à 185 F (28,2 €). À la carte, comptez 170 F (25,9 €). Attention de ne pas passer trop vite sous peine de rater ces *Trois Canards* totalement dissimulés, enseigne comprise, par la vigne vierge qui a envahi la maison. On se demande même s'il y a encore des murs. Derrière la porte, ambiance campagnarde garantie. En premier lieu dans la cuisine. Tête de veau à l'ancienne, foie gras, confit maison, gigolette de canard Henri IV et cailles aux mirabelles émaillent les menus. Attention aussi au menu des jours de fête, imposé et au prix pas forcément justifié !

LUNÉVILLE   54300

Carte régionale B2

🏠 *Hôtel des Pages* *** – 5, quai des **Petits-Bosquets** ☎ 03.83.74.11.42. **Fax : 03.83.73.46.63.** Parking. TV. Canal+. Accès : en face du château, sur l'autre rive de la rivière. Doubles avec douche et wc ou bains de 280 à 320 F (42,7 à 48,8 €). Hôtel on ne peut plus calme, à l'abri dans une grande cour, non loin de la rivière. Confort moderne pour un décor *Seventies*. Beaucoup d'orange et un bel escalier avec suspension métallique ; ça finit par avoir un certain cachet, surtout qu'on ne sombre pas dans le mauvais goût et que la façade vient d'être repeinte. Nombreuses chambres rénovées. Juste à côté, vous pourrez dîner *Au Petit Comptoir*, où on vous accueillera même tard si vous prévenez (et quand on sait qu'il est difficile de manger à Lunéville après 21 h 15...). À signaler aussi que la direction a ouvert un autre hôtel, *L'Oasis*, de l'autre côté de la ville, dans la même gamme de prix, avec un décor plutôt provençal et très réussi.

|●| *Marie Leszczynska* – 30, rue de Lorraine (Centre) ☎ 03.83.73.11.85. Fermé le dimanche soir et le lundi. Accès : derrière le château. Menus de 87 à 215 F (13,3 à 32,8 €). Impossible que Marie ait pu déjeuner ici, l'adresse est trop récente. Elle y aurait pourtant apprécié une cuisine traditionnelle des plus sympathiques, comme ces gambas flambées au whisky, ce magret de canard au cidre, ou encore cette salade de rougets-barbets aux amandes. La petite salle qui jusqu'à présent était un peu froide a été rénovée. De toute façon, la chaleur de l'accueil compensait déjà ce léger manque. En été, terrasse agréable dans la rue piétonne. *Apéritif offert.*

MANDEREN   57480

Carte régionale B1

🏠 |●| *Le Relais du Château Mensberg* ** – 15, rue du Château ☎ 03.82.83.73.16. **Fax : 03.82.83.23.37.** Parking. TV. ♿

LORRAINE

Congés annuels : du 1er au 4-5 janvier. Accès : par la D64. Doubles avec douche et wc ou bains à 320 F (48,8 €). Menus de 85 à 280 F (13 à 42,7 €). Dominée par le château de Mensberg – édifié au VIIe siècle et reconstruit au XVe avec l'aide du diable –, cette auberge propose une quinzaine de chambres, véritables petits nids d'amour mignons et confortables. Au rez-de-chaussée, une très belle salle de restaurant où l'on déguste suivant la saison quelques spécialités soignées. Si les prix sont un peu élevés, ils sont parfaitement justifiés. L'accueil chaleureux nous donne encore plus envie de rester. Dans le Livre d'or, les compliments d'étrangers de tous horizons. Et vous, vous en dites quoi ?

METZ   57000

Carte régionale A1 – Plan pp. 498 et 499

🏚 *Hôtel Moderne* ** – 1, rue Lafayette (hors plan B3-4) ☎ 03.87.66.57.33. Fax : 03.87.55.98.59. Parking payant. TV. Satellite / câble. Accès : face à la gare de Metz, à 15 mn à pied du centre piétonnier. Doubles avec lavabo à 160 F (24,4 €), avec douche et wc ou bains à 265 F (40,4 €). Les chambres modernes et fonctionnelles ne manquent pas de chaleur pour autant. Les plus calmes donnent sur l'arrière. Certaines à 2 grands lits (comme la n° 22) sont hyper économiques. La patronne, très sympa, a le sourire facile. *Petit déjeuner offert.*

🏚 *Hôtel La Pergola* ** – 13, route de Plappeville (hors plan A1-2) ☎ 03.87.32.52.94. Fax : 03.87.31.41.60. TV. Accès : traverser l'île de Saulcy et suivre la direction Plappeville. Doubles avec douche et wc à 220 F (33,5 €), avec bains à 260 F (39,6 €). Si l'on s'en tient à sa façade, cette maison passe totalement inaperçue. Or ce serait dommage de rater une telle adresse. Quand vous aurez vu ce petit jardin romantique isolé du monde, où vous aurez été réveillé par le chant des oiseaux (ils nichent nombreux ici), vous aurez compris notre engouement pour *La Pergola*. Demandez une chambre mansardée au dernier étage. Lits de cuivre, joli mobilier d'époque. Certaines salles de bains sont aussi grandes que les chambres. L'après-midi, salon de thé sous les arbres. *10 % sur le prix de la chambre pour 2 nuits consécutives en été.*

🏚 *Hôtel de la Cathédrale* *** – 25, place de la Chambre (B1-7) ☎ 03.87.75.00.02. Fax : 03.87.75.40.75. TV. Satellite / câble. Accès : au pied de la cathédrale. Doubles avec douche et wc ou bains de 290 à 560 F (44,2 à 85,4 €). Cet ancien relais postal de 1627 a accueilli Mme de Staël et Chateaubriand avant d'ouvrir ses portes à des notables plus contemporains. Restauré

d'une main de maître par M. Hocine et décoré par madame avec un cœur gros comme ça, vous n'aurez de cesse d'admirer les poutres d'époque, la ferronnerie, les vitraux et le patio intérieur. Les chambres sont littéralement bourrées de charme, toutes différentes, lumineuses et au confort raffiné, avec vue sur la cathédrale, s'il vous plaît. Réservation fortement conseillée en octobre. Routards fortunés ou d'infortune, offrez-vous ce luxe ! Nous, on en rêve encore. *10 % sur le prix de la chambre.*

🏚 *Cecil Hôtel* ** – 14, rue Pasteur (B3-3) ☎ 03.87.66.66.13. Fax : 03.87.56.96.02. Parking payant. TV. Satellite / câble. ⚹ Congés annuels : du 26 décembre au 3 janvier. Accès : dans le quartier de la gare. Doubles avec douche et wc à 295 F (45 €), avec bains à 305 F (46,5 €). Entre la gare et le centre, belle maison du début du siècle abritant un hôtel pratique à prix intéressants. Chambres modernes et bien équipées un peu impersonnelles, à part la n° 22, mieux agencée que les autres. *Garage gratuit.*

🏚 |●| *Hôtel Albion - Restaurant du Père Potot* ** – 8, rue du Père-Potot (B3-5) ☎ 03.87.36.55.56. Fax : 03.87.36.39.80. Parking payant. TV. Canal+. Satellite / câble. ⚹ Doubles avec douche à 320 F (48,8 €). Petit déjeuner-buffet pour 40 F (6,1 €). Menus de 78 à 145 F (11,9 à 22,1 €). Très central, dans un immeuble qui dénote un peu dans ce quartier. Plutôt une clientèle de commerciaux ou de touristes bon teint ! Chambres normalisées, avec téléphone et mini-bar, mais pas désagréables. Toutes les chambres au numéro impair, comme la n° 105, donnent sur la cour intérieure d'une ancienne abbaye. Accueil très serviable. *Petit déjeuner, apéritif offerts.*

🏚 *Grand Hôtel de Metz* ** – 3, rue des Clercs (B2-6) ☎ 03.87.36.16.33. Fax : 03.87.74.17.04. Parking payant. TV. Canal+. Satellite / câble. ⚹ Accès : proche de la cathédrale. Doubles avec douche et wc à 350 F (53,4 €), avec bains à 425 F (64,8 €). Une rue piétonnière dans le centre historique, une entrée néo-design, un superbe escalier en encorbellement, l'endroit pourrait servir de décor au tournage du remake des aventures d'Antoine Doisnel chères à Truffaut. Les chambres, aux couleurs pastel et aux tissus fleuris, sont agencées autour d'une cour intérieure.

|●| *Restaurant Le Dauphiné* – 8, rue du Chanoine-Collin (B1-13) ☎ 03.87.36.03.04. Fermé le soir (sauf le vendredi et le samedi) et le dimanche. Congés annuels : du 1er au 20 août. Accès : en face de la cité administrative, dans une rue donnant sur le nord de la place d'Armes, à côté de la cathédrale. Formules à 59 et

65 F (9 et 9,9 €) servies le midi en semaine, puis menus de 77 F (11,7 €) sauf le dimanche, jusqu'à 125 F (19,1 €). Restaurant-salon de thé sans prétention. Décor de poutres apparentes et de reproductions de corps de métiers disparus. Cuisine simple et copieuse. Spécialités : paella sur commande, tête de veau, menu campagnard. *Café offert.*

I●I *Restaurant Le Breg Much* – **51, rue Mazelle (C2-11) ☎ 03.87.74.39.79.** Fermé le dimanche soir et le lundi. Accès : à 100 m du centre Saint-Jacques, sur la place des Charrons. Menu le midi en semaine à 60 F (9,1 €), puis autres à 120 et 155 F (18,3 et 23,6 €). Nombreux sont les Messins qui ont leurs habitudes ici. Il faut dire qu'il a tout pour plaire, ce restaurant : une salle agréable, une terrasse dès qu'il fait beau, un accueil souriant et amical et, ce qui ne gâte rien, une bonne cuisine. Menus qui se renouvellent au fil des saisons. Le chef concocte des petits plats simples, imaginatifs à base de produits très frais. Une adresse pour les amoureux… gastronomes. *Apéritif offert.*

I●I *Le Bistrot des Sommeliers* – **10, rue Pasteur (B3-17) ☎ 03.87.63.40.20.** Fermé le samedi midi et le dimanche. Menu à 75 F (11,4 €). À la carte, comptez 80 F (12,2 €). Une petite adresse fort sympathique et toute jeune qui présente ses suggestions du jour sur ardoise, propose un menu unique, et offre la possibilité de déguster des crus du terroir parmi une longue liste dont les bouteilles sont joliment exposées. Le côté brasserie est aussi agréable. Un bon rapport qualité-prix.

I●I *Restaurant L'Assiette du Bistrot* – **9, rue du Faisan (A-B2-14) (Centre) ☎ 03.87.37.06.44.** Fermé le dimanche et le lundi. Congés annuels : 3 semaines fin août. 3 menus-carte à 88 F (13,4 €), apéro, vin, café compris, puis à 128 et 160 F (19,5 et 24,4 €). Une clientèle très costard-cravate se donne rendez-vous dans ce bistrot des années 30. On ne leur donnera pas tort même si, du coup, il reste peu de place pour les routards. Excellente cuisine à prix raisonnables. La tête de veau en pot-au-feu, le navarin d'agneau aux navets et la charlotte de pintade aux morilles sont parmi les plats qui composent les 3 menus-carte. Service assez classe, comme l'endroit.

I●I *Restaurant du Pont-Saint-Marcel* – **1, rue du Pont-Saint-Marcel (A1-15) ☎ 03.87.30.12.29.** Accès : à deux pas du théâtre et du temple. Menus à 98 et 168 F (14,9 et 25,6 €). À la carte, comptez 140 F (21,3 €). Originalité, qualité et situation exceptionnelle au bord de la Moselle (terrasse fleurie) avec une vue imprenable sur la cathédrale de Metz font de cette maison du XVIIe siècle une adresse unique en ville.

Tout du décor avec les fresques représentant la vie citadine d'autrefois au service en costume d'époque concourt à vous entraîner vers un Moyen Âge ripailleur… ce qui n'empêche pas le bon goût avec une cuisine régionale dont les recettes sont toutes issues d'un recueil du XIXe siècle. Cuisine traditionnelle donc, simple avec de forts accents locaux, mais qui ne manque ni de finesse, ni d'originalité : cochon de lait en gelée, soupe au lard, tête de veau à la façon de la mère Annie, brochet au vin blanc et évidemment *potaye* ou potée lorraine. Le soir, les lumières de ce quartier rénové donnent davantage l'illusion d'un voyage dans le temps. En plus de tout cela, les vins de Moselle et de Lorraine de la carte décupleront votre plaisir. Service souriant. Comment ? Vous n'y êtes pas encore ? *Apéritif, café offerts.*

I●I *L'Auberge à la Fleure de Ly* – **5, rue des Piques (B1-16) ☎ 03.87.36.64.51.** Fermé le samedi midi et le dimanche. Congés annuels : 15 jours en août. Menus en semaine à 120 F (18,3 €), et à 170 et 230 F (25,9 et 35,1 €). Autant vous le dire d'emblée, c'est notre coup de cœur messin. Ah, les bons petits plats de Suzy, son chaleureux sourire, sa façon d'annoncer les plats du jour, la table qu'elle réserve à ses habitués, la cave où l'on pioche pour choisir son vin de table parmi les nouveautés, les bouteilles qu'on remporte, tout cela contribue à vous mettre à l'aise. Si, en plus, vous goûtez le foie gras au torchon ou la matelote d'escargots, vous reviendrez, c'est sûr. Sans omettre l'estouffade de lotte au riesling, la poêlée de langoustines, le râble de lapereau à la rhubarbe, la poularde de Bresse aux morilles et vin jaune qui vous charmeront tout autant. *Apéritif offert.*

DANS LES ENVIRONS

SAINT-JULIEN-LÈS-METZ 57070
(3 km NE)

I●I *Restaurant du Fort Saint-Julien* – **route de Thionville ☎ 03.87.75.71.16.** Fermé le dimanche soir et le mercredi. Accès : dans la partie restaurée du fort, au cœur du bois. Menu le midi en semaine à 75 F (11,4 €), puis autres de 79 à 135 F (12 à 20,6 €). Vous serez accueilli par Coco, le mainate du patron, qui vous sifflera peut-être (l'oiseau, pas le patron) *La Marseillaise* ou *Le Pont de la rivière Kwaï*. Ambiance bon enfant pour ripailler en groupe dans un décor de caveau impressionnant. Salles pouvant recevoir 130 personnes. Plats solides : en saison, boudin noir, porcelet sur lit de chou, tête de veau ou choucroute au riesling. *Apéritif offert.*

LORRAINE

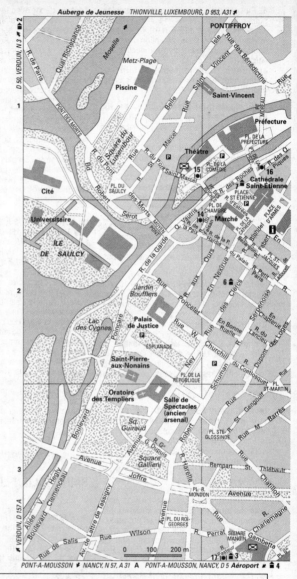

♔ Où dormir ?

2 Hôtel La Pergola
3 Cécil Hôtel
4 Hôtel Moderne
5 Hôtel Albion – Restaurant du Père Potot
6 Grand Hôtel de Metz
7 Hôtel de la Cathédrale

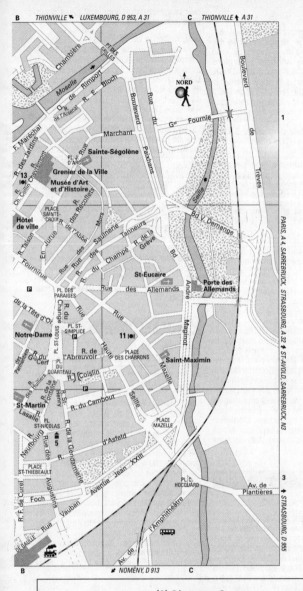

NORD

PARIS A 4, SARREBRUCK, STRASBOURG, A 32 ↓ ST-AVOLD, SARREBRUCK, N 3

STRASBOURG, D 955

B   ↙ NOMÉNY, D 913   C

|●| Où manger ?

11 Le Breg Much
13 Le Dauphiné
14 L'Assiette du Bistrot
15 Restaurant du Pont-Saint-Marcel
16 La Fleure de Ly
17 Le Bistrot des Sommeliers

WOIPPY 57140 (4 km N)

|●| *L'Auberge Belles Fontaines* – 51, route de Thionville ☎ 03.87.31.99.46. Fermé le dimanche soir, le lundi soir et le mardi soir. Congés annuels : dernière semaine de juillet et la 1re quinzaine d'août. Accès : de l'A31, sortie Woippy. Menus le midi en semaine à 70 F (10,7 €), et de 100 à 200 F (15,2 à 30,5 €). Une maison reposante à quelques minutes du centre de Metz. Décor un rien classique dans les tons verts du parc. Clientèle d'habitués. Service attentionné. Terrasse. *Café offert.*

GORZE 57680 (20 km SO)

▲|●| *Hostellerie du Lion d'Or* ** – 105, rue du Commerce (Centre) ☎ 03.87.52.00.90. Fax : 03.87.52.09.62. TV. ⚒ Fermé le lundi et le dimanche soir. Accès : sortie de l'A31 direction Féy, puis Gorze. Doubles avec douche et wc à 180 F (27,4 €), avec bains à 260 F (39,6 €). Doubles à 300 F (45,7 €) dans la partie neuve de l'hôtel. Menu en semaine à 100 F (15,2 €), puis de 135 à 220 F (20,6 à 33,5 €). Avec ses tommettes et ses poutres apparentes, son bassin intérieur et ses grandes baies vitrées, voici un restaurant convivial où la pierre, le bois et la lumière rappellent qu'un cher décor chaleureux ne nuit en rien à une bonne cuisine. Oubliez la cravate, les couverts en argent ne sont pas là pour ça. Second menu avec terrine de lapin à la mirabelle et le filet de pintadeau au bourgogne. La « Moselle Gourmande » a déposé son label, un signe ! Si le charme de l'endroit vous a séduit, vous pourriez passer la nuit dans une des chambres confortables réparties entre le « vieil hôtel » (doubles très correctes) et l'« hôtel moderne ». L'isolation remédie sans problème au bruit des avions de chasse qui font du rase-mottes aux alentours.

MONTENACH 57480

Carte régionale B1

▲|●| *Hôtel-restaurant Au Val Sierckois* – 3, place de la Mairie ☎ 03.82.83.85.20. Fax : 03.82.83.61.91. TV. Fermé le lundi soir et le mardi. Congés annuels : du 20 au 26 février et du 17 juillet au 5 août. Doubles avec douche à 190 F (29 €), avec bains à 260 F (39,6 €). Menus de 85 à 180 F (13 à 27,4 €) pour les gros appétits. Au milieu des vallons et des forêts du « pays des trois frontières », cette petite auberge pleine de charme semble être l'endroit idéal pour se ressourcer. Longues balades, réveil avec le chant des oiseaux. Tout est simplicité et gentillesse. Bonne cuisine sans prétention. La gigue de chevreuil grand veneur nous a laissé un bon souvenir. Pour profiter un peu

plus longtemps de l'endroit, 7 jolies chambres (certaines avec bains).

|●| *L'Auberge de la Klauss* – 1, rue de Kirschnaumen ☎ 03.82.83.72.38. ⚒ Fermé le lundi. Congés annuels : du 24 décembre au 7 janvier. Accès : par la D956. Menu du jour le midi en semaine à 85 F (13 €), autres de 120 à 280 F (18,3 à 42,7 €). Une institution que la charte de la « Moselle Gourmande » se devait de recenser, et que tout gastronome doit connaître. Ici, on perpétue la tradition d'une bonne cuisine de qualité faite avec des produits préparés sur place. Au choix, 4 salles différentes dont deux à thème : salle des Horloges et salle de Chasse (tout juste rénovée), dans une déclinaison de tons chauds. Pour les connaisseurs, la cave à vins est particulièrement soignée. 1er menu simple et lorrain, les suivants beaucoup plus copieux. Très bon accueil. Le patron fait tout en famille. Dans sa ferme, il élève 100 cochons et 5 000 canards. Le gibier vient des forêts proches. Après le repas, on peut même aller voir les bêtes à la ferme et acheter quelques produits maison. Spécialité du chef : le foie gras maison poêlé, servi chaud avec des pommes, du calvados et du miel d'acacia.

MONTMÉDY 55600

Carte régionale A1

▲|●| *Hôtel-restaurant Le Mâdy* ** – 8, place Raymond-Poincaré ☎ 03.29.80.10.87. Fax : 03.29.80.02.40. Parking. TV. Fermé le dimanche soir et le lundi (sauf jours fériés et en été). Congés annuels : à Noël et de début janvier à mi-février. Accès : en plein centre, sur la place principale, au pied de la citadelle. Doubles avec douche et wc ou bains à 250 F (38,1 €). Menu en semaine à 75 F (11,4 €), autres de 100 à 180 F (15,2 à 27,4 €). Des chambres tout confort, fonctionnelles mais sans grand caractère. Le resto est une bonne adresse. Repas copieux et cuisine régionale avec quelques bonnes spécialités : jarret de porc aux mirabelles, tête de veau vinaigrette, œuf meurette en rouge de Toul, truite du vivier, préparée par exemple à la montmédienne. Accueil, décoration, cuisine et fond musical : classico-bourgeois. Bon accueil. N'oubliez pas la visite de la citadelle.

NANCY 54000

Carte régionale A2 – Plan p. 501

▲ *Hôtel Poincaré* ** – 81, rue Raymond-Poincaré (A3-6) ☎ 03.83.40.25.99. Fax : 03.83.27.22.43. Parking payant. TV. Accès : en sortant de la gare, c'est la rue à gauche.

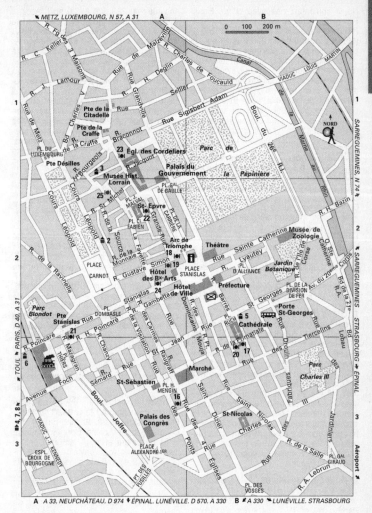

LORRAINE

METZ, LUXEMBOURG, N 57, A 31   A   B

0   100   200 m

A A 33. NEUFCHÂTEAU. D 974 ↓ ÉPINAL. LUNÉVILLE. D 570. A 330   **B** ✈ A 330 ↘ LUNÉVILLE. STRASBOURG

▲ Où dormir ?

  2 Hôtel Carnot
  3 Hôtel de Guise
  4 Hôtel Le Jean-Jaurès
  5 Grand Hôtel de la Poste
  6 Hôtel Poincaré

  7 Au bon Coin
  8 La Résidence

|●| Où manger ?

16 Les Pissenlits
17 Les Petits Gobelins
18 Le Vaudémont

19 Le Faitout
20 La Primatiale
21 L'Excelsior
22 Chez Bagot
23 Le Punjab
24 La Mignardise
25 La Toque Blanche

LORRAINE

Ne la confondez pas avec la rue Henri-Poincaré. Doubles avec lavabo à 110 F (16,8 €), avec douche et wc à 200 F (30,5 €), avec bains à 250 F (38,1 €). Un peu tristounet mais pas très cher. Choisir une chambre à l'arrière, la plupart rénovées, calmes et confortables. Un truc sympa pour les week-ends : la nuit du dimanche est offerte à tous ceux qui passent la nuit du vendredi et du samedi à l'hôtel. Et la modestie des prix n'entraîne pas pour autant du confort au rabais. *Café offert. 10 % sur le prix de la chambre en août et parking offert pour tout séjour supérieur à 2 nuitées.*

🛏 *Hôtel Carnot* ** – 2, cours Léopold (A2-2) ☎ 03.83.36.59.58. Fax : 03.83.37.00.19. TV. Accès : à 5 mn à pied de la gare ; de l'avenue Foch, prendre la rue Serre et contourner la place Carnot. Doubles avec douche à 160 F (24,4 €), avec douche et wc ou bains de 240 à 260 F (36,6 à 39,6 €). Ne vous fiez pas à la façade « reconstruction d'après-guerre », voilà un hôtel très correct, à prix attractifs. Les nᵒˢ 25 et 34 avec bains sont plus spacieuses, plus claires et donnent sur l'arrière. Attention, en avril, demandez impérativement une chambre à l'arrière pour cause de fête foraine sur la place.

🛏 *Grand Hôtel de la Poste* ** – 56, place Monseigneur-Ruch (B2-5) ☎ 03.83.32.11.52. Fax : 03.83.37.58.74. TV. Accès : à côté de la cathédrale. Doubles avec douche à 165 F (25,2 €), avec douche et wc à 185 F (28,2 €), avec bains à 220 F (33,5 €). Installé dans un ancien couvent à la façade patinée par le temps, les chambres ont été en partie rafraîchies. Et si le dessus de lits sont un petit peu criards, certaines chambres ont de jolies armoires signées Majorelle. Très bon rapport qualité-prix pour dormir à deux pas de la place Stanislas et être réveillé au son des cloches de la cathédrale. Excellent accueil. *10 % sur le prix de la chambre.*

🛏 *Hôtel Le Jean-Jaurès* ** – 14, bd Jean-Jaurès (hors plan A3-4) (Sud) ☎ 03.83.27.74.14. Fax : 03.83.90.20.94. Parking payant. TV. Canal+. Accès : à 10 mn à pied de la gare. Doubles avec douche et wc de 190 à 240 F (29 à 36,6 €). Cet hôtel, ancienne maison de maître, distille (par ses moulures, ses tapisseries) une certaine atmosphère un tantinet surannée qu'on aime bien. Les chambres sur le boulevard sont insonorisées, mais vous pouvez préférer celles, encore plus calmes, donnant sur le jardin. Bon accueil d'un patron jeune et dynamique ayant un vrai souci du confort de ses hôtes.

🛏|●| *Au bon Coin* ** – 33, rue de Villers (hors plan A3-7) ☎ 03.83.40.04.01. Fax : 03.83.90.32.08. Parking. TV. Canal+. Restaurant fermé le dimanche. Congés

annuels : du 22 juillet au 20 août. Accès : direction Conseil général et musée de l'École de Nancy. Doubles avec douche et wc ou bains à 225 F (34,3 €). Petit déjeuner à 35 F (5,3 €). Menus de 71 à 139 F (10,8 à 21,2 €). Dépêchez-vous, car le patron pense à prendre sa retraite et vendre d'ici quelques mois. Reste à espérer que le prochain propriétaire ne touchera pas à l'hôtel car c'est le genre d'établissement comme on- n'en verra bientôt plus. Ça sent bon l'encaustique et les tapisseries à vieilles fleurs. Cela dit, les chambres sont spacieuses et les salles de bains très grandes. Le mobilier est Art nouveau et il existe même une chambre nᵒ 43, dont les meubles sont signés Majorelle. Il faut dire que le musée de l'École de Nancy est un peu plus haut dans la rue. À signaler un très beau petit déjeuner (œufs, brioche, confitures...). Restaurant avec cuisine traditionnelle. *Apéritif offert.*

🛏 *Hôtel de Guise* ** – 18, rue de Guise (A1-3) ☎ 03.83.32.24.68. Fax : 03.83.35.75.63. Parking payant. TV. ♿ Accès : à proximité du Musée lorrain. Doubles avec douche et wc ou bains à 280 F (42,7 €). En plein cœur de la vieille ville, l'ancienne demeure de la comtesse de Bressey est devenue un hôtel empli d'une atmosphère romanesque semblable à celle des romans de Dumas. Superbe escalier monumental du XVIIIᵉ siècle menant à des chambres pour la plupart rénovées. On a un petit faible pour les nᵒˢ 1 et 2 *bis* et leurs belles cheminées, ainsi que la nᵒ 1 *bis*, Art déco avec salon. Excellent rapport qualité-prix.

🛏 *Hôtel La Résidence* *** – 30, bd Jean-Jaurès (hors plan A3-8) ☎ 03.83.40.33.56. Fax : 03.83.90.16.28. Parking payant. TV. Canal+. Satellite / câble. Congés annuels : le 31 décembre et le 1ᵉʳ janvier. Doubles avec douche et wc ou bains de 310 à 360 F (47,3 à 54,9 €). Difficile d'ignorer, une fois franchi le « sas de décompression » bien pratique pour se recoiffer, qu'on est chez un fondu de trains. L'ensemble de l'hôtel, astucieusement décoré, ne manque pas de charme et vous rappelle sans cesse la passion du patron. D'ailleurs, on trouve des exemplaires de *La Vie du rail* ici et là. Les chambres n'y échappent pas. Possiblité de plateau-repas. Tchou-tchou, en voiture ! *10 % sur le prix de la chambre.*

|●| *Le Vaudémont* – 4, place Vaudémont (A2-18) ☎ 03.83.37.05.70. Service de 12 h à 23 h. Fermé le lundi. Congés annuels : 15 jours en octobre. Menu le midi en semaine à 55 F (8,4 €), autres de 80 à 130 F (12,2 à 19,8 €). Incontestablement le meilleur rapport qualité-prix de Nancy. La cuisine est ici copieuse, simple et savoureuse. Le 1ᵉʳ prix est en fait une formule complète avec entrée, coq au riesling ou jambonneau

sur choucroute, fromage et dessert! Le service est adorable, et la déco très réussie. C'est aussi une des terrasses les plus sympa de la ville, sur une jolie place au pied de la rue gourmande et à quelques pas de la place Stanislas. *Apéritif offert.*

|●| *Le Punjab* – 92, Grande-Rue (A1-23) ☎ 03.83.35.70.81. Fermé le dimanche et le lundi midi. Menus le midi à 59 F (9 €) et de 130 à 349 F (19,8 à 53,2 €) pour deux. À la carte, comptez 120 F (18,3 €). Un indien-pakistanais de bonne facture. Tout Nancy s'est passé le mot et les étudiants aiment à se retrouver ici. La salle de restaurant est jolie et sobre, mais surtout l'air épicé sait mettre en appétit. En saison, quelques tables sur le trottoir offrent une belle perspective sur la Grande-Rue, l'église Saint-Épvre et la porte de la Craffe. *Apéritif offert.*

|●| *Les Petits Gobelins* – 18, rue de la Primatiale (B3-17) ☎ 03.83.35.49.03. Fermé le dimanche et le lundi. Accès : juste derrière la cathédrale, dans une rue piétonnière. Menu le midi en semaine à 75 F (11,4 €), autres de 108 à 350 F (16,5 à 53,4 €). Une petite adresse pleine de charme dans une belle maison au parquet hors d'âge, au mobilier hétéroclite avec, aux murs, des objets, peintures ou photos d'artistes lorrains, en expo-vente. Goûtez le millefeuille croustillant au saumon fumé, le foie gras frais de canard, le filet de turbotin à l'orange ou l'omelette norvégienne aux griottes (en hiver). À midi, menu « retour du marché ». Accueil et service un peu timides et portions pas toujours généreuses malheureusement. *Apéritif offert.*

|●| *La Mignardise* – 28, rue Stanislas (A2-24) ☎ 03.83.32.20.22. 🍴 Fermé le dimanche soir, le lundi et le mercredi soir. Congés annuels : du 17 au 31 juillet et du 30 octobre au 5 novembre. Menu à 78 F (11,9 €) le midi en semaine, puis de 135 à 255 F (20,6 à 38,9 €). Depuis les importants travaux de rénovation, cette adresse est redevenue l'un des endroits les plus réputés de Nancy et inspire à faire des folies. Les deux premiers menus sont d'un bon rapport qualité-prix et témoignent d'un réel savoir-faire. Il faut avouer aussi que l'andouillette de sandre aux grenouilles est réellement exceptionnelle. Terrasse ombragée aux beaux jours. *Café offert.*

|●| *Chez Bagot* – Le Chardon Bleu – 45, Grande-Rue (A2-22) ☎ 03.83.37.42.43. Fermé le dimanche soir et le lundi. Congés annuels : 3 semaines en août. Menu à 82 F (12,5 €) le midi en semaine, autres à 130 et 195 F (20,1 et 29,7 €). Comptez 200 F (30,5 €) à la carte. Des vagues bretonnes aux rues historiques de Nancy, il y a de la route mais Patrick Bagot n'a rien perdu de son pays. Poissons et crustacés aux saveurs océanes côtoient astucieusement

les cailles des Dombes en boudin blanc et l'andouillette de sole aux langoustines, le tout servi dans un cadre lumineux, un peu chicos où tout rappelle la mer... histoire de se dépayser un peu. Un peu cher à la carte.

|●| *Le Faitout* – 7, rue Gustave-Simon (A2-19) ☎ 03.83.35.36.52. 🍴 Congés annuels : les 24 et 25 décembre. Menus de 89 à 129 F (13,6 à 19,7 €), avec un menu végétarien. À deux pas de la place « Stan », *Le Faitout* s'est installé dans une petite rue en dehors de tout circuit touristique. Certes, l'adresse n'est pas clinquante avec son décor sobre en blanc, noir et rouge, mais l'accueil jovial de la patronne nous a séduits. Côté cuisine : simplicité, abondance et surprise sont les maîtres mots. Menus différents tous les trois mois. Une spécialité : la tarte à la banane et chocolat. Pour les fans du coin, carte lorraine avec, en saison, un sublime pâté lorrain. Terrasse en été le soir. *Café offert.*

|●| *Restaurant La Primatiale* – 14, rue de la Primatiale (B3-20) ☎ 03.83.30.44.03. Fermé le samedi midi et le dimanche . Accès : à 2 mn de la place « Stan » ; de la rue Saint-Jean, contournez la cathédrale. Menus de 95 à 160 F (14,5 à 24,4 €). Dans une petite rue piétonne et face au bar à vin *L'Échanson* (idéal pour l'apéro!), un resto très sympa où savourer une cuisine originale, légère et délicate, pleine de parfums. Pour réussir parfaitement toutes les associations, une jolie carte de vins commentée, avec un grand choix de demi-bouteilles, et même du vin au verre. Décor et service très féminins. En été, terrasse très agréable dans la rue. *Apéritif offert.*

|●| *Les Pissenlits* – 25 bis, rue des Ponts (A3-16) ☎ 03.83.37.43.97. 🍴 Fermé le dimanche et le lundi. Accès : à côté de la place du marché. Menus de 99 à 129 F (15,1 à 19,7 €). Plat du jour à 49 F (7,5 €) servi midi et soir (à réserver). Verre de vin entre 10 et 12 F (1,5 et 1,8 €). Point de cachotteries, *Les Pissenlits* sont l'annexe de la *Table des Mengin* voisin, l'un des meilleurs restos de la région. Autant dire qu'il a tout pour plaire. Le savoir-faire de la maison d'à côté se retrouve dans la cuisine traditionnelle que l'on déguste dans un cadre bistrot-brocante à tout petit prix. Grande salle, tables en marbre et beau vaisselier arborant des faïences de Longwy. Dans l'assiette, le feuilleté d'escargots aux champignons, les crêpes de saumon au beurre blanc, l'aiguillette de canard au miel et aux épices, une petite friture d'éperlans, un porcelet en gelée, des filets de poissons en bouillabaisse ou une tête de veau sauce gribiche dont on se souvient longtemps. On comprend pourquoi il est difficile d'avoir une table. De plus, Danièle Mengin, l'une des meilleures sommelières de l'Hexagone, veille sur une cave hors pair et sélectionne

LORRAINE

en permanence quelques petites merveilles qu'elle sert au verre ! Pour vous convaincre définitivement, il suffit de terminer par la tarte du jour. Un vrai souvenir d'enfance !

|●| Restaurant L'Excelsior – 50, rue Henri-Poincaré (A2-3-21) ☎ 03.83.35.24.57. Accès : à deux pas de la gare. Menu le midi en semaine à 119 F (18,1 €), autres à 159 F (24,2 €), ainsi qu'une formule « faim de nuit » (entrée et plat ou plat et dessert, et boisson) à 119 F (18,1 €) servie après 22 h. Une institution à Nancy : on ne dit pas L'Excelsior mais « L'Excel » ! Impossible de manquer ce monument historique au décor entièrement Art nouveau dû aux plus grands maîtres de l'École de Nancy : mobilier en acajou de Majorelle, verrière de Gruber... Pour en découvrir plus, n'hésitez pas à flâner dans les rues de la ville à la recherche de la villa Majorelle ou à visiter le musée de l'École de Nancy ou le musée des Beaux-Arts rempli de Daum, de Gallé et de Victor Prouvé du meilleur cru. Avant de partir, prenez quand même quelques forces ici ! Cuisine et service dans le plus pur style brasserie. Ne manquez pas la tourte de pigeon, le saumon à l'oseille, le homard flambé, ni la choucroute paysanne. Clientèle un peu chicos mais jamais coincée. Très bonne adresse. (Service de 7 h 30 à minuit trente).

|●| La Toque Blanche – 1, rue Monseigneur-Trouille (A2-25) ☎ 03.83.30.17.20. Fermé le dimanche soir et le lundi. Congés annuels : du 27 janvier au 12 février et du 28 juillet au 13 août. 1er menu à 125 F (19,1 €), puis de 180 à 320 F (27,4 à 48,8 €). La Toque Blanche s'est rapidement imposée comme une des meilleures tables de Nancy. C'est surtout la seule qui offre un 1er menu vraiment intéressant et d'un bon rapport qualité-prix. Quant au suivant, il est réellement superbe. Dans un cadre raffiné et frais, vous vous régalerez de raviolis de cuisses de grenouilles et d'omble chevalier... À la carte, vous pouvez trouver des spécialités plus simples mais non moins délicieuses comme cette galette de pied de porc aux pommes de terre. Ce qui ne gâche rien, la carte des vins propose un choix judicieux à prix très corrects et le service est d'une gentillesse rare. Un coup de cœur pour soirs de fête.

DANS LES ENVIRONS

VILLERS-LÈS-NANCY 54600
(4 km SE)

|●| Auberge de jeunesse - Château de Rémicourt-Nancy – 149, rue de Vandœuvre ☎ 03.83.27.73.67. Fax : 03.83.41.41.35. Accueil de 9 h à 22 h, le dimanche de 8 h à 9 h 30 et de 17 h à 22 h. Hébergement à partir de 17 h 30. Congés

annuels : du 24 décembre au 1er janvier. Accès : depuis l'A33 ou la N74, sortie Nancy-Sud-Ouest-Brabois (av. de la Forêt-de-Haye, av. Paul-Muller) ; depuis le centre-ville, fléchage « Brabois-Rémicourt ». Nuitée, draps et petit déjeuner pour 95 F (14,5 €). Repas de 42 à 100 F (6,4 à 15,2 €). Au milieu d'un vaste parc de 9 ha se niche le château de Rémicourt, auberge de jeunesse grande classe ! Qui s'en douterait ? Idéal pour les amoureux de verdure qui n'aiment pas les grandes villes et au budget limité. Ici, pas d'excès. Le parfait endroit pour visiter le Conservatoire botanique national de Nancy (100, rue du Jardin-Botanique, 03.83.41.47.47 ; ouvert tous les jours de 14 h à 17 h). Il abrite plus de 10 000 espèces de plantes. *Café offert.*

NEUFCHÂTEAU 88300

Carte régionale A2

|●| Le Rialto ★★ – 67, rue de France (Centre) ☎ 03.29.06.09.40. Fax : 03.29.94.39.51. Parking. TV. Fermé le dimanche hors juillet-août. Doubles avec douche et wc à 220 F (33,5 €). Menu le midi en semaine à 58 F (8,8 €), puis à 90 et 120 F (13,7 et 18,3 €). Dans une vieille maison entièrement rénovée, à l'orée du centre ancien. Accueil avenant, ambiance plutôt jeune. Chambres correctes, très agréables quand elles donnent sur la rivière (mais les berges sont suffisamment loin pour ne pas entendre les concerts nocturnes des grenouilles et des canards !). Au resto, honnête cuisine traditionnelle. Belle terrasse en été. *Café offert.*

|●| Restaurant Le Romain – 74, av. Kennedy (Ouest) ☎ 03.29.06.18.80. Parking. Fermé le dimanche soir et le lundi. Congés annuels : du 15 au 28 février et du 1er au 10 septembre. Accès : à la sortie de la ville, direction Chaumont. Menu le midi en semaine à 77 F (11,7 €), puis de 120 à 195 F (18,3 à 29,7 €). Avec une telle enseigne, on pouvait légitimement s'attendre à une pizzeria. Il n'en est rien : seule la déco fait un peu dans le genre gréco... romain (justement !). Le jeune chef (qui souvent passe en fin de repas saluer ses clients) travaille avec brio une cuisine de tradition. Cuissons *ad hoc*, saveurs justes : on apprécie d'un autre palais des plats a priori très classiques (pied de cochon aux pommes de terre et champignons, sandre poêlé à la crème d'ail, râble de lapin à la mirabelle...). Second menu avec, par exemple, terrine de pintade aux oignons confits, filet de rascasse à la graine de fenouil ou un simple mais excellent onglet à l'échalote, jolie assiette de fromages et des desserts de bonne tenue. Service et accueil charmants. Terrasse pour l'été mais un peu en bord de route malgré l'épaisse haie qui la masque. Belle carte des vins, avec petite sélection au verre. *Café offert.*

PLOMBIÈRES-LES-BAINS   88370

Carte régionale B2

🏠 I●I *Hôtel de la Fontaine Stanislas* ** – fontaine Stanislas - Granges-de-Plombières (Nord-Ouest) ☎ 03.29.66.01.53. Fax : 03.29.30.04.31. Parking. TV. Satellite / câble. ⚒ Congés annuels : du 15 octobre au 1er avril. Accès : à 4 km au-dessus de Plombières sur la route d'Épinal par Xertigny. Doubles avec lavabo à 180 F (27,4 €), avec douche à 220 F (33,5 €), avec douche et wc à 280 F (42,7 €), avec bains à 310 F (47,3 €). Menus de 95 F (14,5 €) à 220 F (33,5 €). Demi-pension à partir de 270 F (41,2 €) par jour et par personne (mais elle n'est jamais obligatoire). Hôtel perdu dans la forêt, surplombant la vallée. Nombreuses balades alentour (à pied ou en VTT) et au retour, c'est un vrai plaisir de se poser avec un bon bouquin sur une des petites terrasses du jardin. Les chambres sont régulièrement rafraîchies et possèdent leur petit charme suranné (et presque toutes une jolie vue). Les nos 2, 3 et 11 disposent d'une petite terrasse, les nos 18 et 19 d'un petit coin-salon. Resto panoramique, jolie vue sur la vallée. Cuisine de tradition et de région : caille en crapaudine, chiffonnade de saumon fumé et œuf poché, filet de canard aux griottines, andouille du val d'Ajol, truite braisée à l'oseille, soufflé au kirsch, glaces (plombières, cela va de soi et faites maison)... Et on a failli oublier : accueil d'une extrême gentillesse (et excellent depuis 4 générations !). *10 % sur le prix de la chambre hors juillet-août.*

PONT-À-MOUSSON   54700

Carte régionale A1

🏠 I●I *Hôtel Bagatelle* *** – 47-49, rue Gambetta ☎ 03.83.81.03.64. Fax : 03.83.81.12.63. Parking payant. TV. Canal+. Fermé le samedi midi. Congés annuels : du 24 au 31 décembre inclus. Accès : A31, sortie no 26. Doubles avec douche et wc à 340 F (51,8 €), avec bains à 380 F (57,9 €). Tout près de l'abbaye et des quais de Moselle, cet hôtel moderne et confortable manque un peu de gaieté mais est très bien situé. Un restaurant a ouvert récemment. Spécialités : assiette tout canard, assiette tout poisson, rognons ris de veau aux morilles. *Apéritif, café offerts.*

DANS LES ENVIRONS

BLÉNOD-LÈS-PONT-À-MOUSSON
54700 (3 km SO)

I●I *Auberge des Thomas* – 100, av. Victor-Claude ☎ 03.83.81.07.72. ⚒ Fermé le dimanche soir, le lundi et le mercredi soir. Congés annuels : pendant les vacances de février et du 2 au 26 août. Accès : à 3 km de Pont-à-Mousson par la N57. Menus de 105 à 250 F (16 à 38,1 €). Adorable maison recouverte de vigne vierge, qui fait face aux usines. Mais la gentillesse de l'accueil et le décor champêtre bleuté font vite oublier la morosité alentour. Cuisine raffinée pour clientèle raffinée : Saint-Jacques en coquille, foie gras maison, escargots aux pointes d'orties, ris de veau aux oranges confites et choux vert, andouillette campagnarde, tartelette tiède glace cannelle... Pourtant, le charme particulier de cet endroit est bien caché au fond de la cour. Un ravissant jardin d'hiver, malheureusement réservé aux beaux jours, avec plantes vertes, mobilier en fonte et fer forgé, poutres au plafond et grandes baies vitrées ; moment de détente pour apprécier plus encore les menus. *Apéritif offert.*

REMIREMONT   88200

Carte régionale B2

🏠 *Hôtel du Cheval de Bronze* ** – 59, rue Charles-de-Gaulle (Centre) ☎ 03.29.62.52.24. Fax : 03.29.62.34.90. Parking payant. TV. Canal+. Accès : entrée sous les arcades du centre-ville. Doubles avec lavabo à 165 F (25,2 €), avec douche à 225 F (34,3 €), avec douche et wc à 265 F (40,4 €) et avec bains à 340 F (51,8 €). Enfin un cheval qui n'est pas blanc, mais en bronze. Hue dada ! Ancien relais de poste, l'hôtel a gardé beaucoup de charme. Accueil agréable. Chambres au calme (bien insonorisées côté rue ou donnant sur une petite cour pavée et fleurie). *10 % sur le prix de la chambre au-delà de 3 jours et garage offert.*

I●I *Restaurant Le Clos Heurtebise* – 13, chemin des Capucins (Sud) ☎ 03.29.62.08.04. Parking. ⚒ Fermé le dimanche soir et le lundi. Accès : depuis le centre-ville, descendez la rue Charles-de-Gaulle, puis après le grand carrefour, tournez à droite dans le chemin qui monte ; fléchage. Menu en semaine et samedi midi à 95 F (14,5 €), puis de 145 à 250 F (22,1 à 38,1 €). Maison bourgeoise avec pas mal de cachet, posée sur les hauteurs de la ville, en bordure de forêt. Terrasse en été. Adresse plutôt chic mais quand on aime. Cadre d'un classicisme tout provincial, service impeccable et cuisine à base de produits frais (pas mal de poissons de mer comme le bar en deux cuissons, grenouilles en saison) et de préparations maison (foie gras de canard poêlé aux myrtilles, saumon fumé...). Chariot de desserts somptueux et délicieux. Carte des vins qui ravira les connaisseurs. Sans conteste, la meilleure adresse de la ville. *Apéritif offert aux routards découvrant l'établissement pour la 1re fois.*

SAINT-AVOLD 57500

Carte régionale B1

🛏️ I●I *Hôtel-restaurant de Paris* – 45, rue Hirschauer (Centre) ☎ 03.87.92.19.52. Fax : 03.87.92.94.32. TV. Fermé le lundi matin pour l'hôtel, les samedi et dimanche soir pour le restaurant. Doubles avec douche à 240 F (36,6 €), avec douche et wc ou bains à 290 F (44,2 €). L'immeuble appartenait, au XVIe siècle, aux comtes de Créhange. D'obédience protestante, ils n'étaient pas en odeur de sainteté à l'époque. Pour pratiquer leur religion, ils construisirent une petite chapelle cachée au fond de la cour intérieure. La cour est devenue salle de restaurant, la chapelle sert de galerie d'art. À voir pour les clés de voûte ouvragées. Resto sans grand intérêt, mais hôtel agréable. Chambres correctes, propres et calmes. Décoration un poil désuète. *Café offert. 10 % sur le prix de la chambre en hiver.*

SAINT-DIÉ 88100

Carte régionale B2

🛏️ *Hôtel de France* ** – 1, rue Dauphine (Centre) ☎ 03.29.56.32.61. Fax : 03.29.56.01.09. TV. Canal+. Fermé le dimanche. Accès : à côté de la poste. Doubles avec lavabo à 120 F (18,3 €), avec douche et wc ou bains à 240 F (36,6 €) avec un grand lit, à 260 F (39,6 €) avec deux petits lits. Bien situé. Les nos 3, 6 et 9 sont côté cour, donc évidemment plus calmes. L'accueillant patron vous donnera le code si vous comptez rentrer tard le soir... *10 % sur le prix de la chambre.*

🛏️ *Hôtel des Vosges et du Commerce* ** – 53-57, rue Thiers (Centre) ☎ 03.29.56.16.21. Fax : 03.29.55.48.71. Parking payant. TV. Canal+. ♿ Accès : près de la cathédrale. Doubles avec lavabo à 130 F (19,8 €), avec douche à 160 F (24,4 €), avec douche et wc ou bains de 230 à 280 F (35,1 à 42,7 €). Hôtel classique, accueillant et bien tenu. 30 chambres avec confort et prix différents. Ouvert 24 h/24 (veilleur de nuit). Pas de resto. *10 % sur le prix de la chambre pour 2 nuits consécutives et garage fermé gratuit pour voitures, motos et vélos.*

I●I *Le Bar Américain* – place du Marché (Centre) ☎ 03.29.56.28.69. Menu unique à prix unique : 55 F (8,4 €). C'est plus un bar qu'un resto, on vous prévient. Le plus « folklo ». Venez-y le samedi midi après le marché, il y a une ambiance d'enfer. C'est pas cher, c'est copieux et c'est correct. *Café offert.*

I●I *Restaurant Europe* – 41, rue des Trois-Villes (Nord-Ouest) ☎ 03.29.56.32.03. ♿ Fermé le dimanche soir et le lundi. Congés annuels : fin juillet début août. Menu le midi en semaine à 68 F (10,4 €), autres de 90 à 138 F (13,7 à 21 €). Décoration assez classique, dans les teintes bleu et saumon. Accueil aimable et cuisine volontiers voyageuse : des pâtes fraîches, des brochettes, du couscous (tous les débuts de mois), un tartare coupé à la main et même des spécialités des Balkans (*cigan, goulasch...*). On y mange bien et les tarifs s'adaptent à tous les budgets. *Café offert.*

I●I *Restaurant Le Petit Chantilly* – rue du 11-Novembre (Centre) ☎ 03.29.56.15.43. Parking. ♿ Fermé le samedi et le dimanche soir. Congés annuels : 2 semaines pendant les vacances scolaires de février et 3 semaines en août. Accès : proche de la gare routière, en face du palais des congrès et de la tour de la Liberté, assez intéressante. Menus à 99 et 162 F (15,1 et 24,7 €). Grande salle contemporaine toute en longueur. Le cadre en impose un peu mais l'ambiance reste assez décontractée. C'est une des grandes tables de la ville mais à des prix qui restent raisonnables. Au programme : feuilleté d'escargots en julienne, magret de canard aux mirabelles, filet de saint-pierre à la rhubarbe, gratin de gambas aux pointes d'asperges, émincé de pommes au sabayon de calvados, terrine d'oranges et pamplemousses roses zestes confits... *Café offert.*

DANS LES ENVIRONS

PETITE-FOSSE (LA) 88490

(17 km NE)

🛏️ I●I *Auberge du Spitzemberg* ** – 2, Au Spitzemberg (Ouest) ☎ 03.29.51.20.46. Fax : 03.29.51.10.12. Parking. TV. Fermé le mardi, et du 4 au 27 janvier. Accès : direction Strasbourg, sortie Provenchères-sur-Fave ; à gauche, puis traversez La Petite-Fosse jusqu'au col d'Hermampaire ; puis à gauche sur 1 km. Prix avantageux de la demi-pension : à partir de 240 F (36,6 €) par personne pour 2 nuits minimum. Menu à 78 F (11,9 €) servi en semaine et le dimanche soir, puis de 85 à 135 F (13 à 20,6 €). Belle auberge isolée au milieu de la forêt vosgienne. Calme, détente et excursions en perspective. Le confort des chambres permet de bien récupérer et la cuisine traditionnelle se laisse savourer dans un cadre vraiment agréable. Goûtez notamment aux truites au vin blanc d'Alsace, à la corne d'abondance aux champignons des bois, au succulent munster flambé au marc ou à l'alcool de cumin, et à la soupe de myrtilles ! Parmi les chambres, 5 seulement ont la télé. Golf miniature dans le jardin devant l'hôtel.

SAINT-MIHIEL 55300

Carte régionale A1

🛏️ |●| *Hôtel-restaurant Rive Gauche* ** – place de la Gare ☎ 03.29.89.15.83. Fax : 03.29.89.15.35. Parking. TV. Canal+. Satellite / câble. ♿ Accès : proche du pont de l'ancienne gare. Doubles avec douche et wc ou bains à 240 F (36,6 €). Menu à 60 F (9,1 €) en semaine, puis menu « brasserie » à 90 F (13,7 €) et autres jusqu'à 148 F (22,6 €). Une « nouvelle voie » pour l'ancienne gare de Saint-Mihiel (où plus aucun train ne passe), bien restaurée. Chambres tout confort avec douche et wc ou bains, téléphone. Espace de jeux pour les enfants à l'extérieur, avec un projet de (petite) piscine. Assez cher mais le prix est justifié et l'ambiance très sympa. Le restaurant propose une bonne cuisine traditionnelle, bien présentée et assez copieuse (ce qui n'est pas forcément le cas dans d'autres restos de la ville). *10 % sur le prix de la chambre en hiver.*

DANS LES ENVIRONS

BISLÉE 55300 (5 km S)

|●| *La Table des Bons Pères* – chemin de Pichaumé ☎ 03.29.89.09.90. ♿ Fermé le dimanche soir et le lundi soir. Congés annuels : février. Accès : par la D964, puis la D171 entre Saint-Mihiel et Commercy. Menus le midi en semaine à 50 et 65 F (7,6 et 9,9 €), puis de 98 à 150 F (14,9 à 22,9 €). Au bord d'une route trop passante et de la Meuse que, l'été, on traverserait presque à pied, *La Table des Bons Pères* a été reprise par le fils de la maison. De cette ancienne ferme ravagée par un incendie, il a créé un espace clair et aéré, avec une cheminée traversante. Évidemment, une terrasse permet de profiter du cours langoureux de la rivière, au bord de laquelle on peut envisager une promenade. On trouve une cuisine traditionnelle et souriante, avec quelques spécialités de la région. Certains menus laissent, en saison, une belle place aux champignons. Bon accueil et service stylé. Nouveauté : des chambres et un gîte qui complètent l'établissement.

LACROIX-SUR-MEUSE 55300 (10 km N)

🛏️ |●| *Auberge de la Pêche à la Truite* – route de Seuzey ☎ 03.29.90.10.97. Fax : 03.82.47.11.05. Parking. ♿ Fermé le midi hors saison. Congés annuels : du 15 janvier au 15 février. Accès : prendre la D964, puis la D109 après Lacroix. Doubles avec lavabo à 180 F (27,4 €), avec douche et wc ou bains de 230 à 280 F (35,1 à 42,7 €). Menu en semaine à 80 F (12,2 €), puis de 98 à 236 F (14,9 à 36 €). Plus qu'un restaurant, un concept. Ici, on vient avant tout taquiner la truite et l'omble. Les lâchers sont quotidiens à 9 h et 14 h et on peut même vous prêter une canne. Plein de formules possibles, des jeux de plein air, pour une journée rigolote et en famille, en prenant garde de ne pas tomber dans l'un des nombreux bassins ou dans l'étang. Le restaurant lui-même, qui fut une ancienne cartonnerie, est agréablement prolongé par une terrasse ombragée par une tonnelle. On y sert évidemment pas mal de poisson. Six chambres toutes récentes vous permettent même de dormir ici, très simplement (on est à la campagne), juste bercés par le bruit de l'eau. Un point de vente de produits du terroir a même été aménagé. Bon accueil. *Café offert en demi-pension et une partie de pêche pour un séjour de 3 jours.*

VIGNEULLES-LÈS-HATTONCHÂTEL 55210 (17 km NE)

|●| *L'Auberge Lorraine* – 50, rue Poincaré ☎ 03.29.89.58.00. Fermé le lundi. Accès : par la D901. Menu à 65 F (9,9 €) le midi en semaine. À la carte, compter 100 F (15,2 €). Dans le parc régional de Lorraine, au nord du lac de Madine. Cette auberge tranquille, au cœur d'un village, a été reprise par une dame et sa fille. La simplicité gouverne le restaurant. Pour le soir, téléphonez avant. *Apéritif offert.*

SAINT-MAURICE-SOUS-LES-CÔTES 55210 (22 km NE)

🛏️ |●| *Hôtel-restaurant des Côtes de Meuse* ** – av. du Général-Lelorrain ☎ 03.29.89.35.61. Fax : 03.29.89.55.50. Parking. TV. ♿ Fermé le dimanche soir et le lundi. Congés annuels : 2 semaines pour les vacances de la Toussaint. Accès : D901, puis à gauche à la sortie de Vigneulles-lès-Hattonchâtel, par la D908. Doubles avec lavabo à 150 F (22,9 €), avec douche et wc ou bains à 220 F (33,5 €). Menu en semaine à 60 F (9,1 €), puis de 80 à 220 F (12,2 à 33,5 €). Dans un des villages où l'on produit le petit vin des côtes de Meuse, rafraîchissant et au goût de pierre à feu, on regrette que ce *Logis de France* n'ait pas plus de charme. Les chambres, fort bien tenues et équipées, sont un peu banales. Heureusement, elles sont également très calmes. Côté restaurant, un peu d'imagination a fait du bien à la déco. Les poissons (truite, sandre, carpe...) sont très bien préparés, et l'accueil est vraiment excellent. Et ça, ça rattrape tout ! *Apéritif offert.*

SARREBOURG   57400

Carte régionale B1-2

🛏 |●| *Hôtel de France* ** – 3, av. de France (Centre) ☎ 03.87.03.21.47. Fax : 03.87.23.93.57. Parking. TV. Doubles avec douche à 200 F (30,5 €), avec douche et wc et télé à 275 F (41,9 €), avec bains à 295 F (45 €). Single avec douche à 175 F (26,7 €). Grand hôtel de 50 chambres bien tenues, même s'il n'a pas beaucoup de charme, mais idéal si l'on est en famille. L'accueil est sympathique. Juste à côté, le resto (appartenant à la même famille) pour la pension. *10 % sur le prix de la chambre.*

🛏 |●| *Hôtel-restaurant Les Cèdres* ** – Zone de loisirs - chemin d'Imling (Ouest) ☎ 03.87.03.55.55. Fax : 03.87.03.66.33. Parking. TV. Canal+. Satellite / câble. 🍴 Resto fermé le samedi midi et le dimanche soir. Congés annuels : du 22 décembre au 2 janvier. Accès : de la RN4, prendre la sortie zone de loisirs puis suivre le fléchage. Doubles avec bains à 358 F (54,6 €). Menu en semaine à 66 F (10,1 €), puis de 94 à 169 F (14,3 à 25,8 €). Une adresse a priori pas très routarde, mais qui le devient dès qu'on en a poussé la porte. L'architecture moderne s'harmonise parfaitement avec le cadre rural. Dans des salles spacieuses et calmes qui manquent un peu d'intimité, des menus reproduisent un grand tableau bien exposé de Claude Morin, l'oncle du patron qui a laissé sa griffe jusque sur les murs des chambres. Un piano, original avec son couvercle transparent et ses cordes apparentes, est à la disposition des virtuoses ainsi qu'un billard. À la carte, cuisses de grenouilles, filet de sandre sur lit de choucroute, croustillant de tête de veau et son foie gras poêlé... L'ambiance est familiale. Un très bon rapport qualité-prix. *Tarif weekend de la chambre à 299 F (45,6 €) du vendredi au dimanche et jours fériés.*

|●| *L'Auberge Maître Pierre* – 24, rue Saint-Martin (Nord-Est) ☎ 03.87.03.10.16. Fermé le lundi soir et le mardi. Congés annuels : du 20 décembre au 10 janvier. Accès : traversez le pont de chemin de fer, à la sortie de Sarrebourg direction Morhange, ensuite le fléchage est omniprésent. Menu à 55 F (8,4 €) le midi en semaine, puis de 90 à 170 F (13,7 à 25,9 €). Cette auberge a été débaptisée et rebaptisée de nombreuses fois. Le dernier nom en date était *L'Auberge du Zoo*, mais le zoo a disparu. À l'origine, la première patronne des lieux, Marguerite Pierre, créait la *flammenküche*, une tarte à la crème et aux lardons. Les actuels tenanciers, Daniel et Lucienne Pierre, ont perpétué la tradition de la « flam » en montant une usine, non loin de là, qui commercialise la tarte surgelée. Mais ici, il n'est question que de cuisine familiale, qui tient au corps sans alourdir le porte-monnaie. Des spécialités lorraines appréciées. Le cadre assez classique et les salles trop grandes ne sont pas propices à l'intimité, mais l'ambiance reste agréable. Fait aussi bar le soir.

|●| *Restaurant L'Ami Fritz* – 76, Grand-Rue (Centre) ☎ 03.87.03.10.40. Fermé le mercredi. Congés annuels : 2 semaines en février et 2 semaines en octobre. Menu le midi en semaine à 65 F (9,9 €), puis de 85 à 185 F (13 à 28,2 €). *L'Ami Fritz* (en référence à Erckmann-Chatrian) est un bon resto à la façade fleurie où l'on trouve les notables du coin, des petits hommes d'affaires et... des Allemands. Cuisine plus quantitative que qualitative. Spécialités de filet de sandre à l'alsacienne, choucroute, escalope de saumon à l'oseille, *presskopf*, pot-au-feu de joues de bœuf, tripes au riesling, estomac de porc farci (sur commande)... Menus pour toutes les bourses. *Café offert.*

DANS LES ENVIRONS

BIBERKIRCH-TROISFONTAINES
57870 (12 km SE)

|●| *Restaurant du Sapin Vert* – 64, rue des Vosges ☎ 03.87.25.50.30. Parking. 🍴 Fermé le dimanche soir, le lundi soir et le mardi soir. Accès : loin de tout, mais bien indiqué ; suivre le fléchage. Menu du jour à 65 F (9,9 €), et de 125 à 350 F (19 à 53 €) tout compris. Au bout d'une route, à la lisière d'une forêt profonde et énigmatique, le *Sapin Vert* réjouira vos papilles gustatives. On en prend le pari. Civet de gibier, *kougelhopf* de brochet suprême de muscat, truite rosée et foie gras légèrement fumé avec sauce au homard, ce n'est qu'un petit aperçu des menus, histoire de vous mettre l'eau à la bouche. Cuisine pleine de recherche et d'imprévus servie avec gentillesse dans une toute petite salle. Réservation conseillée, les habitués sont nombreux. Profitez de votre passage pour faire une balade, le coin est superbe.

SARREGUEMINES   57200

Carte régionale B1

🛏 *Hôtel Aux Deux Étoiles* ** – 4, rue des Généraux-Cremer (Centre) ☎ 03.87.98.46.32. Fax : 03.87.02.93.09.

TV. Accès : proche de la gare SNCF. Doubles avec lavabo à 160 F (24,4 €), avec douche à 210 F (32 €), avec douche et wc à 240 F (36,6 €). Son nom ne trompe plus, puisqu'on lui a accordé ses 2 étoiles. 20 chambres à prix corrects, récemment rénovées. Bon accueil familial. Demandez la n° 15, qui respire la quiétude. *10 % sur le prix de la chambre.*

🏠 I●I *Hôtel-restaurant L'Union* ** – 28, rue Alexandre-de-Geiger ☎ 03.87.95.28.42. Fax : 03.87.98.25.21. Parking. TV. Canal+. Fermé le samedi midi et le dimanche. Accès : du centre-ville traverser la Sarre, prendre la rue du Maréchal-Foch puis à gauche la rue Alexandre-de-Geiger. Doubles avec douche et wc ou bains à 300 F (45,7 €). Menus de 75 à 148 F (11,4 à 22,6 €). Sarreguemines est la capitale de la faïence. En plus de son poêle, la salle de restaurant de *L'Union* est pleine de minéraux exposés en vitrine. Un vrai petit musée avec quelques belles pièces. En plus on y mange correctement. Accueil aimable et serviable des patrons. Nouvelle isolation phonique et thermique. *Petit déjeuner offert.*

I●I *Restaurant La Bonne Source* – 24, av. de la Gare (Sud-Est) ☎ 03.87.98.03.79. Fermé le dimanche soir et le lundi. Menu le midi en semaine à 68 F (10,4 €), autres de 80 à 120 F (12,2 à 18,3 €). Dans un cadre traditionnel avec un décor de faïences de... Sarreguemines, des boiseries, nappes et serviettes à petits carreaux, on goûte de bonnes spécialités alsaciennes et lorraines. *Flammenküche, lewer knepfle* (quenelles de foie). Bon accueil et atmosphère agréable. Très bon rapport qualité-prix.

I●I *Restaurant Laroche* – 3, place de la Gare (Sud-Est) ☎ 03.87.98.03.23. ♿ Fermé le vendredi soir et le samedi. Congés annuels : du 5 au 26 août et du 23 décembre au 6 janvier. Menu en semaine à 85 F (13 €), puis de 90 à 200 F (13,7 à 30,5 €). Plat du jour à 38 F (5,8 €) le midi en semaine. 2 salles différentes suivant le repas choisi (restauration rapide ou pas). Très bon rapport qualité-prix et plats bien présentés dans une salle à manger rustique et vieillotte mais impeccable. Accueil cordial. *Café offert.*

DANS LES ENVIRONS

WOELFING-LÈS-SARREGUEMINES 57200 (12 km SE)

I●I *Pascal Dimofski* – 113, route de Bitche ☎ 03.87.02.38.21. Fermé le lundi soir et le mardi. Accès : par la N62 direction Bitche. Menus de 130 à 420 F (19,8 à 64 €). Du dehors, un routier ordinaire. Sur la porte, les initiales P. et D. du patron, en bois sculpté, indiquent la présence d'une forte personnalité. En effet, Pascal Dimofski a su transformer une simple entreprise familiale en restaurant gastronomique d'exception, signataire de la charte « Moselle Gourmande ». Et il y a de quoi être fier ! Dans une grande salle à l'atmosphère feutrée et raffinée, il concocte, pour une clientèle d'hommes d'affaires et d'habitués, une de ces cuisines du terroir au tour de main si réputé qu'il serait dommage de ne pas la goûter. Menus avec champignons marinés dans un vinaigre de cidre et herbes aromatiques, rognons et ris de veau en ravioles au jus de truffes, bar poêlé en peau d'épices et extrait de civette, et soufflé glacé aux fruits rouges, crème vanille et coulis en rosace... À moins de vous laisser tenter par le dernier menu « parfums d'aventure ». Si vous avez de la chance avec la météo, vous pourrez manger côté jardin. Une cure de jouvence !

SENONES   88210

Carte régionale B2

🏠 I●I *Hôtel-restaurant Au Bon Gîte* ** – 3, place Vaultrin (Centre) ☎ 03.29.57.92.46. Fax : 03.29.57.93.92. Parking. TV. Fermé le dimanche soir et le soir des jours fériés. Congés annuels : pendant les vacances scolaires de février et 15 jours en été. Doubles avec douche et wc ou bains de 230 à 240 F (35,1 à 36,6 €). Menu le midi en semaine à 65 F (9,9 €), puis de 100 à 160 F (15,2 à 24,4 €). Une bien belle maison ancienne, superbement restaurée (et pas seulement en façade). Déco résolument contemporaine qui fait bon ménage avec les vieux murs. La lumineuse salle à manger est, à ce titre, une franche réussite. Très bon accueil. Une dizaine de chambres, agréables et de bon confort. Les n°s 2, 5, 6 et 7 sont plus calmes. Bonne cuisine régionale mais avec une dose d'imagination en plus : terrine de potée à l'andouille, lotte au jus gras de crustacés, macaron maison et glace à la bergamote... Réservation conseillée, surtout pour le resto le week-end. *Café offert.*

I●I *La Salle des Gardes* – 7, place Clemenceau (Centre) ☎ 03.29.57.60.06. Fermé le soir et le jeudi. Congés annuels : du 24 décembre au 4 janvier et du 17 juin au 5 juillet. Petit menu pas ruineux le midi à 55 F (8,4 €), ensuite ça grimpe jusqu'à 90 F (13,7 €). Une petite brasserie simple mais sympathique, comme son patron. Spécialités de la maison : les viandes grillées au feu de bois, les brochettes de filet mignon lard paysan, les pommes au lard. Une bonne cote chez les jeunes de la région. Dernier détail qui n'a rien à voir : le serveur est champion de fléchettes ! *Café offert.*

SIERCK-LES-BAINS 57480

Carte régionale B1

|●| Restaurant La Vieille Porte – 8, place Jean-de-Morbach (Centre) ☎ 03.82.83.22.61. Fermé le mardi soir et le mercredi. Menu en semaine à 85 F (13 €), puis de 180 à 280 F (27,4 à 42,7 €). Ladite porte date de 1604 et se trouve dans la cour du restaurant. Les différentes couleurs de la pierre sont dues à l'inondation de 1983. Elle est superbe, classée monument historique, et le patron vous détaillera sans doute spontanément son architecture, mais bon, on vous fait une petite mise en bouche. Dans le désordre, Sierck, berceau du rosaire, a un passé religieux chargé d'anecdotes, tout comme ce resto, refuge des moines cisterciens en temps de guerre. Les cuisines (hmm! que de parfums appétissants!) se trouvent au pied du rocher sur lequel est construit le château. Une tour du XIᵉ siècle abrite un souterrain reliant les deux bâtisses. Les surprises se révèlent petit à petit jusque dans les assiettes, avec une entrée chaude fameuse, la truite aux amandes (un vrai plat, en fait), et le filet de charolais au poivre flambé au cognac, une pure merveille. Les attentions de Jean-Pierre Mercier sont connues dans tout le pays, et même au-delà. Certains clients luxembourgeois s'excusent lorsqu'ils ne sont pas venus depuis longtemps! La « Moselle Gourmande » l'a repéré, mais, chut, ce tuyau ne doit pas franchir la porte! *Apéritif offert. Visite guidée de la Vieille Porte.*

DANS LES ENVIRONS

GAVISSE 57570 (9 km O)

|●| Restaurant Le Megacéros – 19, place Jeanne-d'Arc (Centre) ☎ 03.82.55.45.87. ♨ Fermé le lundi et le mardi. Congés annuels : 1 semaine en fin d'année et 1 semaine mi-juillet. Accès : par la D64. Menus de 75 à 250 F (11,4 à 38,1 €). Cervidé à grandes (*mega*) cornes (*keras*) du quaternaire, l'animal a disparu pour laisser la place à ce restaurant où la cuisine n'a rien d'un fossile préhistorique, au contraire! Les plats du terroir sont très fins, comme le saumon à l'unilatéral, les rognons de veau déglacés au vin de pissenlit... Surprenant, parfois même déroutant! Accueil prévenant de Mme Seiler. Dommage, on n'est pas fana de la déco, mais ça permet de se concentrer sur les assiettes! *Apéritif offert.*

RODEMACK 57570 (13 km O)

|●| Restaurant La Maison des Baillis – 46, place des Baillis ☎ 03.82.51.24.25. Fermé le lundi et le mardi. Congés annuels :

pendant les vacances de février. Accès : par la D64 puis la D62. Menus de 85 à 190 F (13 à 29 €). À la carte, comptez 120 F (18,3 €). Un peu d'histoire : les premiers seigneurs de Rodemack s'installèrent dans le village au XIIᵉ siècle. À la fin du XVᵉ siècle, l'Autriche confisqua la seigneurie à son profit. Pourquoi se gêner? La maison fut construite au XVIᵉ siècle mais les nouveaux occupants s'ennuyaient ferme, loin de la cour viennoise. Ils y retournèrent vite, non sans avoir nommé un bailli chargé de gérer la ville. Le village a gardé un cachet médiéval, tout comme ce restaurant. La maison est superbe. On mange dans des salles historiques (n'ayons pas peur des mots!) et la cuisine est bonne. *Café offert.*

STENAY 55700

Carte régionale A1

🛏|●| Hôtel-restaurant Le Commerce ** – 9, rue Aristide-Briand ☎ 03.29.80.30.62. Fax : 03.29.80.61.77. TV. Canal+. ♨ Fermé le vendredi soir et le dimanche soir en hiver. Accès : centre-ville. Doubles avec douche et wc ou bains de 200 à 450 F (30,5 à 68,6 €). Menu en semaine à 75 F (11,4 €), et de 85 à 250 F (13 à 38,1 €). Hôtel entièrement rénové il y a quelques années. Chambres spacieuses et confortables. Menus simples et copieux. Dommage que les plats – outre le buffet d'entrées – ne soient pas plus attractifs. Il faudra choisir à la carte pour prendre une des spécialités à la bière, boisson à laquelle le musée voisin rend un vibrant et houblonné hommage documenté. Autres incontournables de la ville, les crottes du diable, madeleines et biscuits Cochon du confiseur Batifoulier. *Café offert.*

DANS LES ENVIRONS

INOR 55700 (7 km N)

🛏|●| Auberge Le Faisan Doré ** – rue de l'Écluse ☎ 03.29.80.35.45. Fax : 03.29.80.37.92. Parking. TV. Fermé le vendredi. Accès : par la D964. Doubles avec bains de 200 à 250 F (30,5 à 38,1 €). Menu en semaine à 68 F (10,4 €). Aux confins de la Meuse, le *Faisan Doré* est une de ces adresses courues par les chasseurs durant la saison. Ils y laissent de grosses additions et quelques trophées. Autant dire qu'on y mange bien. Omelette ardennaise, confit de canard aux mirabelles, entrecôte aux morilles, noix de Saint-Jacques aux cèpes, truite à la fleur de bière et bien sûr gibier. Selon les spécialités, menus différents : « du terroir », « lorrain », tradition ». Hôtel très correct. Chambres doubles avec bains, sans charme mais bien équipées. Calme assuré, dans cette grosse maison avec faux colombages, qui fait également bar-tabac. *Kir à la mirabelle offert.*

VILOSNES 55110 (20 km S)

🏠 |●| *Hôtel-restaurant du Vieux Moulin* ** – rue des Petits-Ponts ☎ 03.29.85.81.52. Fax : 03.29.85.88.19. Parking. TV. Fermé le mardi midi hors saison. Congés annuels : en hiver, téléphonez avant de venir. Accès : par la D964. Doubles avec douche et wc à 240 F (36,6 €), avec bains de 280 à 300 F (42,7 à 45,7 €). Menu à 75 F (11,4 €) avec vin compris (servi le dimanche uniquement pour les clients de l'hôtel), puis de 100 à 250 F (15,2 à 38,1 €). Il y a longtemps que la roue que faisait tourner un bras de la Meuse a été remisée. La Meuse elle, coule toujours, et berce de son vigoureux clapotis l'agréable terrasse et certaines chambres de ce *Logis de France*, au cœur d'un village calmissime. Au plus bas prix, la chambre est correcte et complètement équipée, même si on la souhaiterait plus charmante et plus authentique (voir les papiers-peints à faux colombages). Côté table, une cuisine familiale et traditionnelle, sans mauvaise surprise. Accueil tout ce qu'il y a de cordial. *Apéritif offert. 10 % sur le prix de la chambre de novembre à avril.*

THIONVILLE 57100

Carte régionale A1

🏠 |●| *Hôtel Le Progrès* * – 18, rue Jemappes (Centre) ☎ 03.82.53.85.47. Parking. TV. Fermé le dimanche, et restaurant fermé tous les soirs. Accès : proche de la place Claude-Arnould. Doubles avec douche et wc à 200 F (30,5 €). À la carte, compter 70 F (10,7 €). Assez bonne literie et prix corrects. Calme avec grand parking à l'arrière. Chambres pas toujours bien tenues qui auraient besoin d'être rafraîchies, mais hôtel idéal pour les petits budgets.

🏠 |●| *Hôtel-restaurant des Amis* ** – 40, av. de Bertier ☎ 03.82.53.22.18. Fax : 03.82.54.32.40. Parking. TV. Accès : sortie autoroute n° 40, puis 5ᵉ feu à droite. Doubles avec douche et wc à 250 F (38,1 €), à 300 F (45,7 €) avec bains. Menus de 65 à 130 F (9,9 à 19,8 €). Tout ce qu'on aurait pu dire sur cette grande maison à la façade recouverte de vigne vierge et de géraniums est évoqué dans son nom. La patronne, toujours prête à discuter, engagera la conversation avec vous comme si vous étiez un habitué. Hôtel très propre. La chambre n° 11 fait la fierté de la patronne, avec un couvre-lit et des oreillers fleuris, fleuris... Le repas campagnard est un régal : crudités, jambon fumé de pays, terrine maison, saucisson à l'ail, fuseau lorrain, pommes de terre rôties et fromage blanc aux herbes, le tout servi dans une salle de resto récemment refaite (le patron – « le chef » – a peint lui-même la fresque qui court le long des murs), agré-

mentée de lustres alsaciens en bois très travaillés. Notre adresse préférée à Thionville. *10 % sur le prix de la chambre.*

🏠 |●| *Hôtel L'Horizon* *** – 50, route du Crève-Cœur (Nord-Ouest) ☎ 03.82.88.53.65. Fax : 03.82.34.55.84. Parking. TV. Canal+. Satellite / câble. ♿ Resto fermé le samedi midi. Congés annuels : janvier et février. Accès : sortie de l'A31 n° 40 Thionville périphérique, tout droit vers l'hôpital Bel Air. Doubles avec douche à 440 F (67,1 €), avec douche et wc à 560 F (85,4 €), avec bains à 660 F (100,6 €). Menu à 185 F (28,2 €) en semaine, puis à 215 et 275 F (32,8 et 41,9 €). Dominant la ville de sa façade qui contraste avec le quartier environnant, cet hôtel séduira les routards fortunés, heureux de l'être et en quête de luxe. Tout commence au parking, où votre fidèle voiture côtoie des véhicules familiers du Karcher. Au restaurant, une cuisine fine mais sans surprise et des menus haut de gamme. Mais le vrai luxe, ce sont les chambres. Après avoir gravi les marches au bras de votre belle, vous choisirez sans doute la chambre n° 3, avec son grand lit au duvet moelleux et sa salle de bains aux échantillons de parfums et autres petites gâteries charmantes. Le mobilier en bois, les petites lampes de chevet et les grands fauteuils vous feront – presque – vous sentir chez vous. Une folie ? Oui, et alors ? *Apéritif, café offerts. 10 % sur le prix de la chambre d'octobre à mars inclus.*

DANS LES ENVIRONS

HOMBOURG-BUDANGE 57920 (15 km SE)

|●| *L'Auberge du Roi Arthur* – 48, rue Principale ☎ 03.82.83.97.15. ♿ Fermé le dimanche soir, le lundi soir et le mardi soir. Congés annuels : la semaine du 14 juillet. Accès : par la D918, en allant vers Bouzonville. Menus de 60 F (9,1 €) et en semaine à 150 F (22,9 €). La quête du Graal aurait-elle conduit le célèbre roi dans les plaines mosellanes ? Nenni. L'histoire est beaucoup plus prosaïque. Le resto s'appelait *Chez Arthur*. Les nouveaux propriétaires l'ont anobli et couronné. Qu'importe que la table soit ronde, elle est bonne ! Cuisine campagnarde servie dans une salle agréable avec un magnifique poêle en faïence de Sarreguemines et une galerie de portraits prêtés par le château du village. Croustade d'escargots au vin de Moselle, filet de bœuf à la crème de roquefort, blinis au saumon fumé, tartare, ragoût de grenouilles aux champignons... Beaucoup d'habitués y mangent régulièrement, un signe ! *Café offert.*

LORRAINE

TOUL 54200

Carte régionale A2

🛏 *La Villa Lorraine* ★★ – 15, rue Gambetta (Centre) ☎ 03.83.43.08.95. Fax : 03.83.64.63.64. Parking. TV. Doubles avec lavabo à 130 F (19,8 €), avec douche à 160 F (24,4 €), avec douche et wc à 208 F (31,7 €), avec bains à 230 F (35,1 €). Sans réel cachet, bien qu'installé dans un immeuble de l'École de Nancy. Mais une bonne étape car central, propre, pas cher, et, qui plus est, un accueil très agréable.

🛏 *Hôtel de l'Europe* ★★ – 35, av. Victor-Hugo (Centre) ☎ 03.83.43.00.10. Fax : 03.83.63.27.67. Parking payant. TV. Canal+. Accès : à côté de la gare. Doubles avec lavabo à 200 F (30,5 €), avec bains à 250 F (38,1 €). Pratique car à quelques mètres de la gare. C'est surtout un paradis pour tous ceux que le rétro des années 30 fait craquer. Tout est d'époque, portes, tapisseries, meubles et sanitaires. Certaines chambres ont été bien rafraîchies quand elles en avaient besoin. Et si elles y ont perdu en authenticité, elles ont gardé leur charme, tant l'esprit a été respecté. On a tout de même une préférence pour la chambre n° 35, qui d'ailleurs a ses habitués, et on les comprend ! En plus, il n'y a aucune raison de se refuser ce petit retour dans le passé.

DANS LES ENVIRONS

LUCEY 54200 (9 km NO)

|●| *L'Auberge du Pressoir* – rue des Pachenottes ☎ 03.83.63.81.91. ♿ Fermé le dimanche soir et le lundi. Accès : sur la Route des Vins et de la Mirabelle (D908). Menu en semaine à 78 F (11,9 €), puis de 100 à 160 F (15,2 à 24,4 €). L'adresse est très courue dans la région, il est donc impératif de réserver le week-end et en été. C'est l'ancienne gare SNCF du village reconvertie en restaurant. Dans la cour, un antique et authentique pressoir. Cuisine locale et diversifiée avec spécialités : matelote d'escargots crème d'ail, filet mignon vinaigre mirabelle, truite au gris de Toul...

VAL-D'AJOL (LE) 88340

Carte régionale B2

🛏 |●| *Hôtel-restaurant La Résidence* ★★★ – 5, rue des Mousses (Centre) ☎ 03.29.30.68.52. Fax : 03.29.66.53.00. Parking. TV. Fermé le dimanche soir et le lundi du 1er octobre au 30 avril hors vacances scolaires. Congés annuels : du 15 novembre au 15 décembre. Accès : à

l'église suivre la D20, direction Hamanxard. Doubles avec douche et wc et bains de 300 à 480 F (45,7 à 73,2 €). Menu en semaine à 68 F (10,4 €), autres de 95 à 315 F (14,5 à 48 €). Excellent menu régional à 175 F (26,7 €). Deux générations (la 3e est prête pour la relève) se sont succédé pour transformer cette belle maison de maître du XIXe siècle en une demeure conviviale. Coins et recoins pour parvenir dans des chambres confortables, *cosy* et d'un calme absolu. En plus du bâtiment principal, il y a 2 annexes 3 étoiles. Se faire réveiller par un rayon de soleil enflammant l'immense parc qui entoure l'hôtel, il n'en fallait pas plus pour nous séduire. La piscine, le tennis et surtout la grande gentillesse de Mme Bongeot ont fait le reste. La cuisine n'a rien à envier au reste. Mieux vaut être exercé au reste. Mieux vaut être exercé pour se lancer dans ce dernier ! Goûtez, bien sûr, la fameuse andouille du val d'Ajol servie dans son chaudron, l'omelette de saumon fumé aux grenouilles et salade d'herbes, le flanc de coquelet au kirsch et griottines de Fougerolles, les pommes de terre farcies au munster et lardons sur crème de cumin. Service impeccable. *10 % sur le prix de la chambre sauf du 14 juillet au 25 août et du 23 décembre au 3 janvier.*

VERDUN 55100

Carte régionale A1

🛏 |●| *Auberge de jeunesse de Verdun* – place Monseigneur-Ginisty (Centre) ☎ 03.29.86.28.28. Fax : 03.29.86.28.82. ♿ Réception de 8 h à midi (10 h le week-end) et de 17 h à 23 h. Congés annuels : janvier. Accès : à côté de la cathédrale. Nuit à 51 F (7,8 €) par personne. Forfait nuit et petit déjeuner à 68 F (10,4 €) par personne. Menus de 50 à 258 F (7,6 à 39,3 €). Installée en plein centre, dans l'ancien grand séminaire encadré par la cathédrale et le Centre mondial de la Paix, cette AJ de luxe rutile. 69 lits en tout, répartis par 4 ou 5 dans 16 chambres équipées d'un lavabo et pour la plupart de douche et wc, complétées par des installations communes. Également un dortoir de 11 lits, sous une belle charpente. De nombreux équipements (salle de projection voûtée, restaurant pour groupes, bar-foyer...) sont disponibles et desservis par un ascenseur. Tenue et hygiène irréprochables, et en prime, une vue panoramique sur la ville. Carte FUAJ obligatoire. Pour les horaires, comme l'accueil est excellent, on pourra toujours s'arranger. Beaucoup de scolaires. *10 % sur le prix de la chambre du 1er juillet au 31 août.*

🛏 *Hôtel Montaulbain* ★★ – 4, rue de la Vieille-Prison (Centre) ☎ 03.29.86.00.47. Fax : 03.29.84.75.70. TV. Doubles avec lavabo à 140 F (21,3 €), avec douche à 170 F (25,9 €), avec douche et wc à 200 F

(30,5 €). Petit déjeuner : 25 F (3,8 €). Hôtel non loin du monument à la victoire, mais difficile d'accès en voiture : petites rues, embouteillages, sens interdits. Le patron nous a assuré que ses clients pouvaient enfreindre l'interdiction (vérifiez tout de même). Alors ! Une fois sur place : 10 chambres confortables avec téléphone, toutes satisfaisantes et calmes. L'accueil et l'ambiance sont agréables, et bien plus que dans les autres hôtels de la ville. *10 % sur le prix de la chambre de novembre à mars.*

ᐃ |●| *Hôtel Le Saint-Paul* ** – 12, place Saint-Paul (Nord) ☎ 03.29.86.02.16. Fax : 03.29.86.02.16. Restaurant fermé le dimanche soir de novembre à avril. Congés annuels : du 15 décembre au 15 janvier. Doubles avec lavabo et wc à 170 F (25,9 €), avec douche et wc ou bains de 240 à 260 F (36,6 à 39,6 €). En demi-pension, compter 120 F (18,3 €) par personne en plus du prix de la chambre. Menu à 90 F (13,7 €) tous les jours (sauf le dimanche midi de novembre à avril), et de 120 à 180 F (18,3 à 27,4 €). Délicat. On y rencontre des touristes férus de cimetières, des anciens combattants et, tout simplement, des mordus d'histoire. Prix modérés pour un bon confort. L'ambiance est agréable et familiale. Bien situé et calme. Le restaurant propose une cuisine traditionnelle lorraine. Chambres auxquelles s'ajoutent quelques « suites » pour les familles. Accueil moyen, sans plus, mais sur ce plan, comparé à celui de l'hôtel voisin, *Le Saint-Paul*, c'est *Le Ritz. 10 % sur le prix de la demi-pension de novembre à avril.*

|●| *Le Poste de Garde* – 47, rue Saint-Victor (Est) ☎ 03.29.86.38.49. ⚒ Fermé le dimanche et les soirs de semaine, sauf le vendredi soir et samedi soir. Congés annuels : août. Menus à 60 et 105 F (9,1 et 16 €). De façon drôlement lacanienne et peut-être involontaire, ce restaurant associatif s'occupant de réinsertion de jeunes ex-délinquants s'est installé dans un poste de garde. Gaiement restauré, le poste en question s'est teinté de tons pastel et volets verts mais, malgré les efforts de déco, demeure un peu froid. Heureusement l'ambiance est excellente et les convives heureux. Cuisine simple comme bonjour, qui ne s'embarrasse pas de subtilités, mais dont les copieuses portions ravissent les travailleurs. On a tout à gagner à soutenir ce genre d'initiative et en plus, on n'a plus faim après. *Apéritif offert.*

|●| *Restaurant Le Picotin* – 38, av. Joffre (Est) ☎ 03.29.84.53.45. Fermé le dimanche soir. Accès : direction Étain-Longwy. Menu en semaine à 60 F (9,1 €), puis à 90 et 130 F (13,7 et 19,8 €). Si vous aimez le calme, il faut manger dans la salle, la terrasse sur la rue étant assez bruyante. À l'intérieur, décoration très gaie avec une cheminée pour quand il fait froid. Menus proposant une cui-

sine de bonne qualité, gentiment inventive et joliment présentée. Les amateurs de viande commanderont les tournedos 1900, qui, outre ses qualités intrinsèques, présente l'avantage de faire rire le patron. Ce délicieux jeune homme, qui copine facilement avec ses clients, a le projet d'ouvrir le bar de nuit qui manque cruellement à Verdun. En attendant, son resto est le rendez-vous des théâtreux et noctambules de la ville, car il reste ouvert assez tard. *Apéritif offert.*

|●| *Le Forum* – 35, rue des Gros-Degrés (Centre) ☎ 03.29.86.46.88. ⚒ Fermé le mercredi soir et le dimanche. Congés annuels : 2 semaines juillet-août. Menu le midi en semaine à 63 F (9,6 €), autres de 88 à 145 F (13,4 à 22,1 €). Délicat. Voilà le mot clé de cet excellent petit restaurant du centre-ville. La délicatesse, on la trouve d'abord dans l'accueil du patron, d'une désarmante gentillesse, dans la décoration fleurie et mariant les couleurs avec goût, dans les aquarelles peintes par le même patron, et bien sûr dans l'assiette. Cuisine simple, franche, fraîche, gaie, alliant une pointe de modernité dans la réalisation et la présentation de recettes issues du terroir. Même si la salle est assez réussie, les claustrophobes éviteront le sous-sol voûté, charmant mais un peu oppressant. Menus d'un excellent rapport qualité-prix. Adresse connue des Verdunois.

DANS LES ENVIRONS

HAUDAINVILLE 55100 (5 km SE)

|●| *Restaurant Le Clos Lorrain* – 11, rue de Verdun ☎ 03.29.84.74.63. ⚒ Fermé le mercredi. Accès : à 5 km au sud de Verdun, sur la route de Saint-Mihiel. Menu le midi en semaine à 60 F (9,1 €), autres de 115 à 159 F (17,5 à 24,2 €). Les amoureux pourront opter pour un menu spécialement conçu pour eux, à 550 F (83,8 €) pour 2, champagne compris. Un vrai coup de cœur pour ce *Clos Lorrain*. Ambiance chaleureuse due aux nombreux habitués de la maison conquis par l'accueil. Comme nous, ils aiment autant le lieu, plein de verdure et de fleurs, que la cuisine généreuse en crème et en goût. Le filet de sandre au gris de Toul, le carré d'agneau Périgord et le magret de canard aux morilles valent le déplacement. *Café offert.*

MARRE 55100 (12 km NO)

ᐃ|●| *Hôtel-restaurant Le Village Gaulois* ** – ☎ 03.29.85.03.45. Fax : 03.29.85.00.09. TV. ⚒ Souvent fermé en semaine en janvier. Téléphonez avant. Accès : de Verdun, prendre la D38, direction Varennes (vers le nord). Doubles avec douche et wc ou bains à 280 F (42,7 €).

LORRAINE

Menus de 100 à 210 F (15,2 à 32 €). Un jour, un boulanger mosellan se prit de passion pour nos irréductibles ancêtres gaulois. Il abandonna son fournil et construisit son village à la façon d'un Facteur Cheval de l'hôtellerie. De cette aventure, naquit un restaurant bourré de personnalité. Salle tout en pierre et bois, et terrasse à l'ombre des chênes joliment meublée. Cuisine pleine de traditions lorraines et d'originalité : kangourou aux grenouilles, chaudée d'oreilles de veau, platée de cochon de lait, langue de veau aux escargots, chaudée aux mirabelles. Chambres très singulières, toutes différentes, dans le même esprit rustique et authentique. Elles prouvent qu'on peut avoir de l'imagination dans l'hôtellerie en conservant des prix raisonnables. Dormez tranquille : on a bâillonné Assancetourix ! Excellent accueil et minigolf. *Apéritif offert.*

DIEUE-SUR-MEUSE 55320 (13 km S)

🏨 I●I *Château des Monthairons* *** – Les Monthairons ☎ 03.29.87.78.55. Fax : 03.29.87.73.49. TV. Satellite / câble. ✗ Resto fermé le lundi et le mardi midi. Du 15 mars au 15 novembre hôtel ouvert tous les jours. Congés annuels : du 1er janvier au 11 février. Accès : par la D34. Doubles avec douche et wc de 510 à 840 F (77,7 à 128,1 €). Menu le midi en semaine à 130 F (19,8 €), puis de 185 à 430 F (28,2 à 65,6 €). Demi-pension de 450 à 650 F (68,6 à 99,1 €) par jour et par personne, obligatoire du 15 juin au 15 septembre. Dans la catégorie supérieure, on ne pouvait pas rater ce château du XIXe siècle et son parc clos de murs où coule la Meuse. Membre des *Châteaux-Hôtels-Indépendants,* le *Château des Monthairons* a le mérite de pratiquer des prix fort raisonnables (surtout hors saison) pour une adresse qui tape à l'œil. Bien sûr, on pourra regretter le confort, excellent, mais un peu impersonnel des chambres, l'absence d'équipement (tennis, piscine), et même, en étant méchant, un ménage un peu approximatif et des téléviseurs de piètre qualité. Qu'importe, on dort dans un cadre exceptionnel, dont les services (accueil, peignoir dans les chambres...) sont tout de même à la hauteur des prétentions. Duplex pour le n° 16, donnant sur le parc, et chambre nuptiale pour le n° 8. Excellent petit déjeuner. Le restaurant jouit d'une très bonne réputation. En spécialités, le suprême de pigeonneau de Malaumont cuit rosé, cassolette d'escargots et gésiers de canard, noix de joues de porc étuvées, tourte lorraine de lapin et truffes, soufflé à la confiture de groseilles et glace vanille.

SOMMEDIEUE 55320 (15,5 km SE)

🏨 I●I *Le Relais des Épichées* – 7, rue du Grand-Pont ☎ 03.29.87.61.36. Fax : 03.29.85.76.38. Parking. TV. Fermé le dimanche soir. Accès : par la D964 jusqu'à Dieue, puis à gauche par la D159 ; non loin du monument aux Morts. Doubles avec lavabo à 180 F (27,4 €), avec douche et wc ou bains à 220 F (33,5 €). Menu à 70 F (10,7 €) en semaine, autres de 85 à 160 F (13 à 24,4 €). Le bar a ses habitués qui sirotent l'apéro, le tabac ses accros à la nicotine et le restaurant une clientèle qui apprécie la cuisine simple et traditionnelle. En mangeant une excellente tête de veau, vous finirez peut-être par apprécier les fausses poutres au plafond. Côté hôtel, des chambres propres donnent sur un ruisseau de la Dieue et un joli lavoir. Accueil campagnard et chaleureux. *Café offert.*

ÉTAIN 55400 (20 km NE)

🏨 I●I *Hôtel-restaurant La Sirène* ** – 22, rue Prud'homme-Navette ☎ 03.29.87.10.32. Fax : 03.29.87.17.65. Parking. TV. Fermé le dimanche soir et le lundi hors saison. Congés annuels : du 23 décembre au 1er février. Accès : par la N3. Doubles avec lavabo à 160 F (24,4 €), avec douche et wc ou bains de 200 à 210 F (30,5 à 32 €). Menus de 67 à 150 F (10,2 à 22,9 €) en semaine. À la carte, comptez 80 F (12,2 €). Belle maison bourgeoise pleine de fleurs, dont le bar possède un billard français, toujours élégant. Pour l'anecdote, sachez que Napoléon III déjeuna ici après la bataille de Gravelotte en 1870. Intérieur très rustique avec mobilier ancien. L'accueil est agréable, l'ambiance feutrée, la clientèle aisée. Beaucoup de groupes du 3e âge. Les chambres sont assez confortables, mais préférez celles sur l'arrière du bâtiment car la rue est passante. Les plus spacieuses sont celles avec bains. Menus axés sur une cuisine à la bourgeoise : saumon à l'estragon, jambon aux pêches, foie gras. Pour les sportifs, il y a même deux courts de tennis et un terrain de pétanque. Histoire d'éliminer !

VILLE-SUR-YRON 54800

Carte régionale A1

I●I *La Toque Lorraine* – 1, rue de l'Yron ☎ 03.82.33.98.13. ✗ Fermé le mercredi soir et le dimanche soir. Congés annuels : du 16 au 31 août. Accès : traverser Jarny par la D952, tourner sur la D132 jusqu'au village. Menu le midi en semaine à 80 F (12,2 €), autres de 115 à 200 F (17,5 à 30,5 €). Le midi, plat du jour à 50 F (7,6 €). Un vrai coup de cœur. À 25 km de Metz par la D903 et à 13 km de l'autoroute A4 (sortie 33). Vous ne regretterez pas ce petit détour. Un éco-village en cours de restauration, où vous pourrez déjà admirer quelques jolies maisons traditionnelles lorraines. Le restaurant est l'une d'elles, face à la maison du meunier. Plusieurs petites salles, dont une avec cheminée. Décor agreste, sobre et raffiné aux murs de pierre recrépis, mis en valeur par un agréable éclairage indirect. Et la cuisine ? Généreuse et délicieuse, pour vous permettre d'attaquer la visite du village, heureux et rassasiés. À la carte, tripes au gris de Toul, rognons aux morilles, cuisses de grenouilles, gâteau lorrain... Un grand bravo à ce jeune chef. *Digestif offert.*

VITTEL   88800

Carte régionale A2

⌂ *Hôtel Les Oiseaux* – **54, rue de Sugène (Centre)** ☎ **03.29.08.61.93.** Parking. TV. Congés annuels : 3 semaines en janvier. Accès : parc thermal. Doubles avec lavabo à 140 F (21,3 €), avec douche et wc à 240 F (36,6 €), avec bains à 260 F (39,6 €). Ces *Oiseaux* n'ont rien à voir avec le film d'Hitchcock ! Pas grand-chose à voir, non plus, avec un hôtel classique. Cette mignonne maison particulière un brin désuète, tenue par une petite dame très gentille a, en fait, des airs de *Bed & Breakfast* à l'anglaise. L'endroit est agréable avec son jardin de poche, le quartier est paisible, à deux pas du parc thermal. Bref, c'est une adresse parfaite pour venir faire une cure peu ruineuse. *10 % sur le prix de la chambre.*

⌂ |●| *Hôtel-restaurant La Chaumière* – **196, rue Jeanne-d'Arc (Centre)** ☎ **03.29.08.02.87.** Parking. Fermé le dimanche en hiver. Doubles à 180 F (27,4 €) avec juste un lavabo. Menus de 70 à 120 F (10,7 à 18,3 €). Un minuscule hôtel-bar-resto qui ne paie pas de mine. Mais la patronne est charmante, la cuisine soignée (le chef a 30 ans de métier) et l'atmosphère populaire change de l'ambiance « on est en cure » (et son corollaire récent « je travaille mon swing au golf ») de la ville. Chambres très modestes mais propres.

⌂ |●| *Hôtel de L'Orée du Bois* ** – **L'Orée-du-Bois (Ouest)** ☎ **03.29.08.88.88.** Fax : **03.29.08.01.61.** Parking. TV. Canal+. Satellite / câble. ⚒ Fermé le dimanche soir, de novembre à fin janvier. Accès : sortez de la ville par la D18 direction Contrexéville ; c'est à 4 km, au nord, face à l'hippodrome. Menus de 300 à 380 F (45,7 à 57,9 €) avec douche et wc ou bains. Menus de 70 à 190 F (10,7 à 29 €), régulièrement renouvelés. Hôtel moderne spécialisé dans la remise en forme (on y croise donc souvent des sportifs en stage, des cadres en séminaire...). Intéressant pour le calme du site, le confort des chambres et l'accueil amical. Quelques constantes : marbré de foie gras aux pommes, saumon grillé à l'unilatéral, grenadins de veau et de porc, zéphyr de truite et grenouille au toul rouge, truite à la vosgienne, chaud-froid de mirabelles... Pour éliminer, salle de musculation, tennis, piscine couverte et chauffée, sauna... *Café offert.*

Midi-Pyrénées

09 Ariège
12 Aveyron
31 Haute-Garonne
32 Gers
46 Lot
65 Hautes-Pyrénées
81 Tarn
82 Tarn-et-Garonne

AIGNAN   32290

Carte régionale A2

🏠 |●| *Le Vieux Logis* – **rue des Arts** ☎ **05.62.09.23.55. Fax : 05.62.09.23.55.** TV. Fermé le dimanche soir. Accès : derrière la mairie. Doubles avec douche et wc ou bains à 200 F (30,5 €). Menus de 55 à 120 F (8,4 à 18,3 €). Maison discrète, à deux pas de la place centrale. Des rideaux fantaisie, des meubles d'autrefois et des fleurs d'aujourd'hui donnent envie d'entrer, comme les menus, tels le second (soupe, salade, crevettes à la provençale, brochette de gigot d'agneau, dessert). Selon le marché, la carte propose de belles spécialités : foie gras aux pêches, sandre au beurre blanc, cèpes à la persillade. Terrasse. *Apéritif offert.*

ALBAN   81250

Carte régionale B1

|●| *Restaurant du Midi* – **9, place des Tilleuls (Centre)** ☎ **05.63.55.82.24.** Fermé le mardi soir. Congés annuels : dernière semaine d'août. Menus de 69 à 350 F (10,5 à 53,4 €), le dernier sur réservation. Sur la place du village, un petit resto qui n'a l'air de rien, mais on y découvre avec surprise une cuisine réalisée avec un professionnalisme confondant. Surtout, son 1er menu (boisson en sus) se révèle probablement le plus intéressant du Tarn dans cette catégorie. Cuisine goûteuse d'une grande fraîcheur, excellents produits comme ces tripoux de veau accompagnés d'un délicieux tustet de pommes de terre. Quelques plats : grillade de bœuf avec de vraies frites, aiguillettes de canard (daube l'hiver), etc. Toujours un plat du jour différent. Carte changeant au moins deux fois par an. Accueil d'une grande gentillesse. Desserts maison et le meilleur vacherin glacé de notre voyage. C'est pas le tout, mais on y retourne ! *Apéritif offert.*

ALBI   81000

Carte régionale B1

🏠 |●| *Auberge de jeunesse - MJC* – **13, rue de la République (Centre)** ☎ **05.63.54.53.65. Fax : 05.63.54.61.55.** ● www.fuaj.org ● Accueil de 19 h à 21 h (20 h à 21 h le week-end et les jours fériés) ; resto fermé le samedi soir, le dimanche et les jours fériés. Draps à louer sur place : 15 F (2,3 €). Prix de la nuit en dortoir : 31 F (4,7 €). Petit déjeuner : 15 F (2,3 €), servi de 7 h 30 à 9 h 30. Pour les gens de passage, menu à 42 F (6,4 €) le midi et 39 F (5,9 €) le soir. Forfait repas du soir + nuit + petit déjeuner à 75 F (11,4 €). Grande et belle maison. Pas trop loin du centre. Carte FUAJ ou carte Jeune demandée. Un avantage : on peut rentrer tard le soir grâce à un code d'accès (demandez le numéro !).

🏠 *La Régence* ** – **27, av. Maréchal-Joffre (Sud)** ☎ **05.63.54.01.42. Fax :**

Sur présentation de ce guide,
nombreuses offres et réductions en 2000.

05.63.54.80.48. TV. Canal+. Accès : à 100 m de la gare. Comptez de 130 F (19,8 €) pour une chambre double avec cabinet de toilette à 240 F (36,6 €) pour une chambre double avec douche et wc. Hôtel qui fait penser à une pension de famille, tranquille et sympa, avec un agréable jardin derrière et une terrasse. Décor un peu kitsch aux tapisseries fleuries. Aux beaux jours, petit déjeuner pris en terrasse. Un rapport qualité-prix attrayant. *10 % sur le prix de la chambre à partir de 2 jours consécutifs.*

🛏️🍴 *Hôtel-restaurant Le Relais Gascon – Auberge Landaise* ** – 3, rue Balzac ☎ **05.63.54.26.51. Fax : 05.63.49.74.89.** Parking. TV. Canal+. Fermé le dimanche soir. Doubles avec douche ou bains de 150 à 220 F (22,9 à 33,5 €). Menus de 80 à 190 F (12,2 à 29 €). Un cadre chic et chaleureux où l'on peut déguster une bonne cuisine régionale sans se ruiner. Quatre menus avec plus de choix pour le dernier (gésiers, magrets, salades gasconnes, confits...). On a aimé la spécialité du chef : le blanc de volaille, le cèpe fourré de foie chaud de canard, le foie frais aux pommes, la daube de bœuf, les noix de Saint-Jacques crème d'ail, la truite grillée au feu de bois, le tripoux à l'albigeoise, etc. Fait également hôtel à des prix raisonnables. Chambres doubles bien tenues. *Apéritif offert.*

🛏️ *Hôtel George V* ** – 29, av. Maréchal-Joffre (Sud) ☎ **05.63.54.24.16. Fax : 05.63.49.90.78.** ● hotel.georgev@ilink.fr ● TV. ♿ Congés annuels : la 1re semaine de janvier. Accès : à 800 m au sud. Quasiment face à la gare SNCF. 3 chambres à 190 F (29 €) avec lavabo, 2 à 240 F (36,6 €) avec douche et wc, et 5 à 260 F (39,6 €) avec bains. Petit déjeuner à 30 F (4,6 €). Dans cette ancienne demeure bourgeoise qui, comme en témoigne le caducée sculpté dans la belle porte de chêne, dut appartenir à quelque apothicaire, des chambres claires, spacieuses et décorées dans le meilleur goût (certaines avec coin-salon). Et cela à très bon marché. Vraiment, c'est d'un formidable rapport qualité-prix, compte tenu du grand charme et du confort de l'endroit. Sans oublier l'accueil, extrêmement aimable. Monique et André ont donc bien fait les choses. En plus, joli jardin pour prendre le copieux petit déjeuner sous le beau néflier. Attention, souvent complet, notamment durant les compétitions automobiles (Grand Prix d'Albi et autres).

🛏️ *Hôtel Saint-Clair* ** – 8, rue Saint-Clair (Centre) ☎ **05.63.54.25.66. Fax : 05.63.47.27.58.** Parking payant. TV. Congés annuels : janvier. Accès : près de la cathédrale, entre les rues de la Croix-Blanche, Plancat et Sainte-Cécile, près de la cathédrale (attention, ne pas confondre avec la rue Sainte-Claire!). Doubles de 225 F (34,3 €) avec douche et wc à 310 F

(47,3 €) avec bains. Un joli 2 étoiles situé dans le vieil Albi. Récemment rénové et soigneusement tenu. Chambres doubles avec bains, plus grandes et mieux exposées, autant ne pas s'en priver! Aimable gérante.

🛏️🍴 *Hôtel-restaurant du Vieil-Alby* ** – 25, rue Henri-de-Toulouse-Lautrec (Centre) ☎ **05.63.54.14.69. Fax : 05.63.54.96.75.** Parking payant. TV. Fermé le dimanche soir et le lundi toute l'année. Congés annuels : du 17 janvier au 7 février et du 26 juin au 10 juillet. Accès : à 200 m de la cathédrale, au cœur de la vieille ville, comme son nom l'indique. Doubles à 260 F (39,6 €) avec douche et wc et 310 F (47,3 €) avec bains. Menu le midi en semaine à 80 F (12,2 €), suivants de 98 à 250 F (14,9 à 38,1 €). Menu enfant « découverte » à 60 F (9,1 €). Vins de Gaillac à partir de 80 F (12,2 €). L'un des meilleurs rapports qualité-prix et bien tenu. Attention, la demi-pension est quasiment obligatoire en juillet-août! Un patron très gentil, mais qui n'accepte pas les animaux. Spécialités : feuilleté de ris de veau, gras double à la tarnaise, gigot de lotte braisé au gaillac rouge, filet de canard à l'ail rose.

🛏️🍴 *Hôtel Mercure Albi Bastides* *** – 41, rue Porta (Centre) ☎ **05.63.47.66.66. Fax : 05.63.46.18.40.** Parking. TV. Canal+. Satellite / câble. ♿ Fermé le samedi midi et le dimanche midi. Accès : juste à gauche après le pont sur le Tarn (direction Paris-Carmaux). Doubles avec bains à 470 F (71,7 €). Menu à 110 F (16,8 €) le soir uniquement, tout à fait honorable, autres à 130 et 150 F (19,8 et 22,9 €). Menu enfant à 55 F (8,4 €). À la carte, comptez 220 F (33,5 €). Dans les murs de brique rouge d'un ancien moulin du XVIIIe siècle, cet hôtel de luxe domine majestueusement les berges fleuries du Tarn, face à la cathédrale. Récemment restauré (version hommes d'affaires à la pointe du progrès), il conserve une façade de style et un porche monumental typique. Évidemment, on paie le prix aussi bien du confort (chambres un peu impersonnelles, comme on s'y attend dans des murs de chaîne, mais climatisées et super équipées) que du panorama, sans doute le plus beau d'Albi. Nos chambres préférées : les nos 110, 112, 310 et 312 (chambre d'angle avec vue sur la vieille ville). La table aussi nous a séduits. Déjà largement couronnée de fourchettes, toques, étoiles et notes toujours au-dessus de la moyenne, nous lui décernons maintenant notre Patougas d'or. Et ce n'est que justice car la cuisine, fine et classique, se déguste avec grand plaisir – notamment en terrasse, avec la vue sur la rivière et la vieille ville. À la carte, spécialités de marbré de foie gras aux aiguillettes de canard, filet de sandre, cassoulet maison, etc. Excellente carte des vins à prix écrasés (réserve Mercure). Enfin, personnel dynamique et

MIDI-PYRÉNÉES

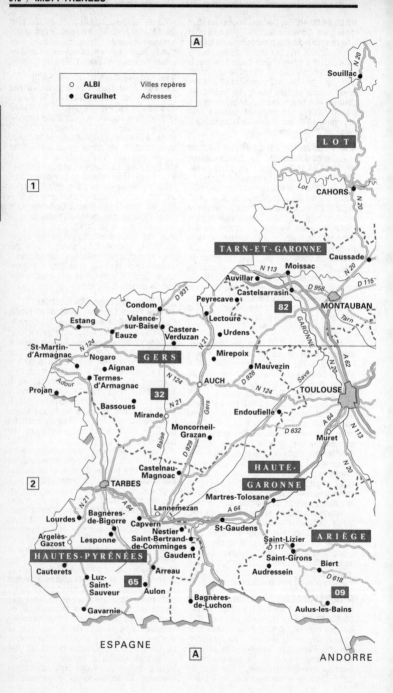

○ **ALBI**	Villes repères
● **Graulhet**	Adresses

A

1

LOT

Souillac

Lot

CAHORS

TARN-ET-GARONNE

Caussade

N 113   Moissac

Auvillar

Castelsarrasin

Peyrecave

82

MONTAUBAN

Condom

Valence-sur-Baïse

Lectoure

Estang

Castera-Verduzan

Eauze

Urdens

St-Martin-d'Armagnac

Nogaro

GERS

Mirepoix

Aignan

Mauvezin

Termes-d'Armagnac

AUCH

Projan

32

Bassoues

TOULOUSE

Mirande

Endoufielle

Moncorneil-Grazan

Muret

Castelnau-Magnoac

HAUTE-GARONNE

TARBES

Martres-Tolosane

Lannemezan

Bagnères-de-Bigorre

Capvern

Lourdes

Nestier

St-Gaudens

ARIÈGE

Argelès-Gazost

Lesponne

Saint-Bertrand-de-Comminges

Saint-Lizier

Gaudent

Saint-Girons

Biert

HAUTES-PYRÉNÉES

Arreau

Audressein

Cauterets

Luz-Saint-Sauveur

65

Aulon

09

Gavarnie

Bagnères-de-Luchon

Aulus-les-Bains

ESPAGNE

A

ANDORRE

B

Rocamadour
Latouille-Lentillac
Gramat
Leyme
D 673
46
N 140
Figeac
N 122
Entraygues-sur-Truyère
Laguiole
D 921
D 897
D 653
D 13
St-Cirq-Lapopie
Conques
Estaing
D 901
D 920
Lot
St-Geniez-d'Olt
N 140
N 9
1
D 911
D 19
AVEYRON
Belcastel
Aveyron
Villefranche-de-Rouergue
D 911
RODEZ
N 88
D 911
Caylus
Najac
Sauveterre-de-Rouergue
Salmiech
12
N 9
Tarn
D 926
St-Antonin-Noble-Val
D 25
Millau
Montricoux
Cordes
Tarn
Nant
Bruniquel
D 600
Carmaux
St-Affrique
Cahusac-sur-Vère
Villeneuve-sur-Tarn
N 9
Caltelnau-de-Montmiral
ALBI
Alban
D 999
D 999
St-Sernin-sur-Rance
Lisle-sur-Tarn
TARN
Gaillac
D 999
D 902
A 68
Graulhet
Réalmont
Giroussens
81
Lavaur
Lautrec
Lacrouzette
N 126
Agout
Castres
31
St-Félix-de-Lauragais
Mazamet
N 112
Revel
Villefranche-de-Lauragais
A 61

2

Pamiers
D 119
FOIX
Lavelanet
D 117
Montségur
Tarascon-sur-Ariège
N 20
Ax-les-Thermes

0   10   20 km

B

aimable. Dans son genre et sa catégorie, une adresse recommandable. *10 % sur le prix de la chambre.*

lOl *Le Géopoly* – 13 *bis*, place de l'Archevêché (Centre) ☎ 05.63.49.74.67. Fermé une quinzaine de jours en janvier. Accès : se garer place de l'Archevêché. Entrées de 35 à 55 F (5,3 à 8,4 €), plats de 40 à 70 F (6,1 à 10,7 €) et desserts dans les 29 F (4,4 €). Assiettes-repas à 55 F (8,4 €). Menus à 49 F (7,5 €) le midi, 60 et 90 F (9,1 et 13,7 €). Menu enfant à 39 F (5,9 €). Tiens, on n'y avait pas pensé, un resto qui proposerait une revue des cuisines du monde, toutes les cuisines du monde : Pérou, France, Italie, Antilles, Grèce, États-Unis, Chine, Seychelles, Réunion et Mexique ! Et mon couscous alors ? Eh non, pas de couscous, mais des plats globalement bons. Disons que les cuisines sont plutôt bien approchées et que la formule est originale et permet de varier les plaisirs. Le ceviche péruvien, salade de noix de Saint-Jacques, crevettes et flétan noir parfumés à la coriandre et au citron vert, et le guacamole nous ont en tout cas bien plu. Inconvénient : situé en terrasse sur la place la plus touristique d'Albi et prisé des Albigeois eux-mêmes, l'établissement est bondé. D'où un service harassé et expéditif et, parfois, une attente un peu longue.

lOl *Restaurant Le Petit-Bouchon* – 77, rue de la Croix-Verte ☎ 05.63.54.11.75. Fermé le samedi soir, le dimanche et les jours fériés. 1er menu à 58 F (8,8 €) servi en semaine. Menu enfant à 40 F (6,1 €). Vins : côte-du-tarn à 48 F (7,3 €), gaillac domaine Salvy à 60 F (9,1 €), etc. De style bistrot parisien, décoré de photos de René Jacques et Willy Ronis, à l'intérieur propret et atmosphère chaleureuse. 1er menu avec entrée, plat du jour au choix, selon arrivage (onglet de veau, entrecôte, confit de canard, tripoux, cassoulet, coq au vin, daube de gésiers...) et dessert. Service rapide et de tempérament. Spécialités de cocktails et bonne carte des vins de la région. Une bonne adresse.

lOl *Auberge du Pont-Vieux* – 98, rue de Porta ☎ 05.63.77.61.73. Fermé le mardi en hiver. Le midi, en semaine, plat du jour à 39 F (5,9 €), menu à 60 F (9,1 €) quart de vin compris. Autres de 90 à 150 F (13,7 à 22,9 €). Le menu à 110 F (16,8 €) présente un rapport qualité-prix extra. De l'autre côté du Pont-Vieux, dans un coin beaucoup moins touristique, voici une sympathique auberge pour faire un repas mémorable. Cadre fort agréable. Une des salles possède d'élégantes voûtes. Cuisine traditionnelle servie avec générosité et d'une régularité réjouissante. Viandes savoureuses cuites exactement à la demande. Quelques plats vont flirter du côté de l'Aveyron avec malice. Certains ressuscitent de vieilles recettes comme le navarin de fèves aux lardons et andouillette. Bon choix : mesclum de pommes de terre et carbonade de porc, langoustines persillées, cuisse de canard farcie aux cèpes, magret fourré au foie gras, assiette tarnaise, etc., et du « millas »... En prime, l'accueil, bien sûr, et le chef qui ne manque jamais de venir saluer les convives. Aux beaux jours, terrasse surplombant le Tarn. *Ganois-vin rouge ou liqueur de noix offert.*

lOl *Le Lautrec* – 13, rue Henri-de-Toulouse-Lautrec (Centre) ☎ 05.63.54.86.55. Fermé le dimanche soir et le lundi. Congés annuels : février. Menus à 68 F (10,4 €) le midi, suivants de 90 à 150 F (13,7 à 22,9 €). Installé dans les anciennes écuries de Toulouse-Lautrec, un resto fort plaisant, tant par son cadre que par sa cuisine. Décor alliant harmonieusement brique et couleurs tendres. Dans un coin, un vieux puits. Quelques tables en estrade. Les autres bien séparées. Plats régionaux fort réussis. Nouveau chef bien décidé à se faire un nom dans la partie la plus touristique de la ville. Quelques classiques : foie gras poêlée à l'armagnac, dos de sandre au jus de truffes, confit de canard, escargots aux cèpes, etc. Belles viandes.

lOl *Le Tournesol* – rue de l'Ort-en-Salvy ☎ 05.63.38.38.14. Fermé le samedi soir, le dimanche et le lundi. Congés annuels : du 1er au 15 mai et du 24 décembre au 3 janvier. Accès : dans une ruelle donnant place du Vigan. Pour se désaltérer, jus de pommes et bière bio à 15 F (2,3 €). Repas autour de 75 F (11,4 €). Le restaurant végétarien du Tarn : une autre façon d'aimer le canard. Voici une bien bonne adresse pour prendre du plaisir sans se ruiner. Dans un cadre sobre et aéré (salle climatisée), de la cuisine au naturel savoureuse comme tout : pâté végétal, flan de courgettes, falafels, assiette Tournesol, copieuse et variée, et délicieux gâteaux du genre de ceux que savent faire les grand-mères comme le *crumble* aux pommes. Excellent gâteau fromage blanc vanille miel.

DANS LES ENVIRONS

MARSSAC 81150 (8 km SO)

lOl *La Taverne* – rue Aubijoux - le bourg – Castelnau-de-Lévis ☎ 05.63.60.90.16. ☙ Fermé le dimanche soir (en hiver) et le lundi. Accès : dans la rue principale. D'Albi, prendre la route de Cordes (D600), puis, à 4 km, la D1 à gauche ; Castelnau est à 3 km. 1er menu à 120 F (18,3 €) ; suivants de 170 à 250 F (25,9 à 38,1 €). Amis épicuriens, voici votre bonheur. Toutes affaires cessantes, à pied, à cheval, en voiture, venez à *La Taverne* de Castelnau-de-Lévis. Nous avons tâté le second menu, et voyez plutôt :

salade de saumon mariné à cru et sa rillette de saumon aux herbes (et il y a saumon et saumon, celui-ci était succulent), rouget qu'on dirait sorti du bocal (ne cherchez pas les arêtes, elles sont restées en cuisine) à la mousseline de gambas, puis canette rôtie farcie aux framboises et ris de veau caramélisé au gaillac moelleux qui nous ont fait pleurer de bonheur... Nous en étions encore à sécher nos larmes quand il nous a fallu déguster le dessert, ultime délice. Ah, le vin! Ici la carte est riche : buzet du feu de Dieu! On se régale ainsi dans le cadre bourgeois et campagnard de la salle (climatisée) ou en terrasse. Autres menus : le 1er, suggestion du chef, on lui fait confiance, et le dernier, le menu-surprise comportant 4 plats et dessert, ça doit être quelque chose! Service à la hauteur. Bref, une des meilleures tables de la région.

ARGELÈS-GAZOST   65400

Carte régionale A2

🛏 |●| *Hôtel Les Cimes* ** – place Ourout ☎ 05.62.97.00.10. Fax : 05.62.97.10.19. Parking. TV. Congés annuels : de mi-novembre à mi-décembre. Accès : facile par la rue Cabaliros, dans le bas de la ville. Doubles avec douche et wc ou bains de 324 à 351 F (49,4 à 53,5 €). Le midi, formule rapide avec entrée et plat (ou plat et dessert) à 80 F (12,2 €). Demi-pension obligatoire du 1er juillet au 15 septembre : de 293 à 339 F (44,7 à 51,7 €) par personne. Très bel hôtel avec jardin fleuri, piscine chauffée et coin balnéo au calme. Tenu par le sympathique M. Bat, qui se décarcassera pour rendre votre séjour agréable. Chambres spacieuses et coquettes, certaines avec balcon donnant sur le jardin, d'autres avec kitchenette pour ceux qui en ont assez du resto. Mais ici, ils auraient tort : très bons menus : magrets, confits, foie frais poêlé, cassoulet, Saint-Jacques aux truffes... Petit déjeuner élaboré avec croissants et *corn-flakes* pris dans un adorable patio couvert et climatisé face au jardin. *10 % sur le prix de la chambre sauf du 15 juillet au 15 septembre.*

🛏 |●| *Le Miramont* *** – 44, av. des Pyrénées ☎ 05.62.97.01.26. Fax : 05.62.97.56.67. Parking. TV. Canal+. ⚓ Congés annuels : de début novembre à fin décembre. Accès : suivre direction Cauterets au 1er rond-point. En basse saison, chambres de 230 F (35,1 €) pour 1 personne à 330 F (50,3 €) la double. Également deux suites avec terrasse à 450 F (68,6 €). Compter environ 40 F (6,1 €) supplémentaires de juin à septembre. Menu en semaine et le dimanche soir à 90 F (13,7 €), le suivant à 150 F (22,9 €). En face du parc thermal. Hôtel stylé Art déco à l'allure de paquebot jeté dans un parc verdoyant,

planté de roses et hortensias. Chambres élégantes et spacieuses au confort résolument moderne (teintes anti-stress, matelas neufs, sèche-cheveux, balcons) avec vue sur la vieille ville ou les sommets. *Of course...* le journal est déposé chaque matin. Pour bien faire, le restaurant *Le Casaou* n'est pas en reste. Pierre, le fils de la patronne, est aux commandes en cuisine tandis que son épouse dirige le service. Spécialités de poisson, cuisine régionale « allégée » et desserts exquis (tarte pommes et rhubarbe coulis d'abricots et glace à la rhubarbe, vacherin minute à la glace pruneaux Armagnac et pruneaux cuits au vin rouge, etc.). Les mets changent au rythme des saisons. Premier menu fin et copieux. Le suivant est très élaboré avec par exemple pointes d'asperges vertes et lichettes de fromage du pays, fricassée de ris de veau ou salade aux truffes et son œuf poché, brichette de lotte et langoustines poêlées ou demi-pigeon désossé poêlé sauce au Madiran et aux caoulets, marjolaine de fraises au coulis de fruits rouges et glace à la verveine. Service ultra-professionnel mais jamais collet monté. Clientèle d'habitués qui viennent et re(re)viennent. Belle carte des vins. *Café offert.*

DANS LES ENVIRONS

ARCIZANS-AVANT 65400 (4 km)

🛏 |●| *Auberge Le Cabaliros* ** – 16, rue de l'Église ☎ 05.62.97.04.31. Fax : 05.62.97.91.48. Parking. TV. Fermé le mardi soir et le mercredi hors saison. Congés annuels : d'octobre à mi-décembre. Accès : par la D921 et la D13. Chambres entièrement restaurées avec douche et wc, ou bains, wc et téléphone direct de 260 à 280 F (39,6 à 42,7 €). Menu à 95 F (14,5 €) sauf le dimanche, autres de 110 à 170 F (16,8 à 25,9 €) avec foie gras. Menu enfant : 55 F (8,4 €). Dans un village de charme très tranquille. Gentille auberge avec terrasse, vue panoramique face à la vallée. Bon accueil. Sous le toit, quelques mignonnes chambres mansardées. Cuisine régionale traditionnelle. Rillettes de truite, papillotes de truite confites, pigeonnaux au chou et au foie gras, coupe fraîche aux fruits rouges en spécialités. Une belle carte avec notamment, sur commande, une vraie garbure bigourdane avec confits et cou farci. *10 % sur le prix de la chambre hors juillet-août.*

SALLES 65400 (4 km N)

🛏 |●| *La Châtaigneraie* – (Centre) ☎ 05.62.97.17.84. Fax : 05.62.97.93.14. Parking. Fermé le lundi, le midi en hiver. Congés annuels : janvier. Accès : par la D102. Un studio à 250 F (38,1 €) la nuit. Menus de 135 à 240 F (20,6 à 36,6 €). Très belle salle dans une ancienne ferme rénovée. Le prix du repas dépend des grillades commandées, qui se préparent sous vos yeux. Possibilité également de composer son menu sur commande. Tout est parfait : les grillades de Jean-Pierre qui sait saisir les magrets comme personne, les petits plats mijotés de Dany (demandez-lui de vous préparer son saumon farci en papillotes) et le service impeccable et souriant d'Isabelle. Belle terrasse l'été. Impératif de réserver. *Café offert.*

ARREAU   65240

Carte régionale A2

🏠 **|●|** *Hôtel d'Angleterre* ******* – **route de Luchon (Sud)** ☎ 05.62.98.63.30. Fax : 05.62.98.69.66. Parking. TV. Fermé le lundi du 15 septembre au 30 juin. Congés annuels : novembre et décembre. Accès : prendre la D 618 (route des Cols). Les prix s'échelonnent de 260 à 330 F (39,6 à 50,3 €) la nuit en haute saison pour des doubles avec douche et wc ou bains. Menus de 80 à 200 F (12,2 à 30,5 €). Ancien relais de poste du XVIIe siècle, restauré avec goût, cet hôtel chaleureux, point de départ pour les joies de la montagne, situé sur la route des stations de ski, vous accueillera en toute convivialité. Terrasse, joli jardinet et piscine à l'arrière de l'hôtel. Halte gastronomique avec une bonne cuisine régionale : escalope de foie frais de canard poêlé à l'aigre-doux, papillote de saumon à l'étuvée de petits légumes, minute de magret au chou et genièvre, pavé de sandre croustillant au parfum de basilic.

DANS LES ENVIRONS

CADÉAC-LES-BAINS 65240
(3 km S)

🏠 **|●|** *Hostellerie du Val d'Aure* ****** – **route de Saint-Lary** ☎ 05.62.98.60.63. Fax : 05.62.98.68.99. ● hotel.valaure@infonie.fr ● Parking. TV. 🛎 Congés annuels : du 20 septembre au 24 décembre. Accès : par la D929. Chambres de 225 à 270 F (34,3 à 41,2 €), toutes avec douche et wc ou bains, certaines avec terrasse. Demi-pension de 230 à 285 F (35,1 à 43,4 €) par personne, obligatoire en juillet et août. 1er menu express à 65 F (9,9 €) servi le midi (sauf le dimanche), autres à 95 et 120 F (14,5 et 18,3 €). Dans un parc ombragé de 3 ha, au bord de la rivière. Accueil bienveillant et discret de Christine et Claude, passionnés de montagne et de leur région, dont les conseils rando très avisés ont fait le bonheur de plus d'un. Belle salle de restaurant : entre autres, spécialités de truites fraîches du vivier ou côtes d'agneau du pays grillées aux herbes. Location de VTT; tennis, piscine chauffée et une source d'eau sulfureuse qui rappelle que des bains existaient à Cadéac à l'époque romaine. Accueil compétent et chaleureux pour couronner le tout. Une adresse constante qu'on apprécie tout particulièrement. *Apéritif offert.*

AUCH   32000

Carte régionale A2

|●| *Restaurant Claude Laffitte* – **38, rue Dessoles (Centre)** ☎ 05.62.05.04.18. 🛎 Fermé le dimanche soir et le lundi (sauf le lundi midi en juillet-août). Accès : à deux pas de la cathédrale. Menu à 75 F (11,4 €), plat du jour accompagné d'un dessert. Puis menus des « Trois Mousquetaires » de 150 à 400 F (22,9 à 61 €), dont le menu « charcuterie » à 150 F (22,9 €) sauf les week-ends et jours fériés. Dans la rue la plus animée de la ville, à deux pas de la cathédrale. L'un des restos les plus célèbres du coin. C'est la grosse cavalerie de la cuisine gasconne, le temple de la charcuterie. Bons produits assurés, ils ont une boutique à côté. Décor et atmosphère qui vont avec, colorés, animés, *very* gascons quoi! Carte longue comme un jour sans sieste, qui fait immédiatement reculer tous les appétits d'oiseaux. Les menus sont très théoriques : les plats servis évoluent au gré de la fantaisie du patron. Un premier menu « charcuterie » avec charcutaille, béret (estomac) de cochon grillé et dessert. Menus des « Trois Mousquetaires » qui sont au nombre de 4 : Aramis, Athos, Porthos et d'Artagnan. À la carte, viandes grillées et poêlées comme autrefois, garbure royale, les trois foies gras, magret de canard aux cèpes, daube gasconne, ris de veau aux truffes et aux cèpes, salmie de palombe, etc. L'addition est plutôt salée. On paie le spectacle! Aux beaux jours, possibilité de manger dans la rue piétonne. *Apéritif offert.*

|●| *Restaurant Le Bar du IXe* – **2, place de la Libération (Centre)** ☎ 05.62.61.71.99. Parking. Menus à 100 et 170 F (15,2 et 25,9 €). Au *Restaurant Roland Garreau*, menus de 166 à 506 F (25,3 à 77,1 €). Cette salle de l'*Hôtel de France* est ouverte en alternance avec la terrasse *Côté Jardin*. Décor classique, atmosphère agréable. Clientèle d'hommes d'affaires pressés ou de gens, comme vous et moi, souhaitant goûter à la légendaire cuisine de l'*Hôtel de France*. Aux fourneaux, point de Daguin : après une vie entière au service de la gastronomie gasconne, le célèbre mousquetaire a tiré sa révérence pour un siège non moins prestigieux à la Fédération de l'Hôtellerie. Chevronné et talentueux, Roland Garreau a repris le flambeau, dans la continuité. Une cuisine honorable pour les nouvelles formules accessibles à toutes les bourses. Carte brasserie avec la *Cuisine du toro*, réalisée grâce aux célèbres arènes voisines de

Vic-Fézensac (savoureuse cuisse de toro rôti et compotée mexicaine). Également des plats du terroir comme le cassoulet maison au confit de canard et le pigeon rôti à la toulousaine. Enfin quelques spécialités tournantes du restaurant gastronomique sont également servies au *Bar du IX*[e] : dînette dégustation de foie gras de canard, turbot rôti aux gousses d'ail, magret de canard rôti au miel d'épices, pastis gascon aux pommes à l'armagnac. Repas gratuit pour les moins de 10 ans accompagnés de leurs parents... Les hédonistes en fonds se retrouvent dans une salle voisine, le *Restaurant Roland Garreau*, où le talent du chef s'exprime avec panache : aumônière de langoustines vinaigrette d'aromates aux herbes, daube de joue de bœuf au madiran et petits légumes, magret de canard en coque au... Trois menus y sont proposés : « Affaire », « Découverte de Gascogne » et « Dégustation ». La carte est plutôt chère. Le routard gourmet pourra ne prendre qu'un plat, ou mieux : casser sa tirelire !

DANS LES ENVIRONS

MONTAUT-LES-CRÉNEAUX 32810

(10 km E)

|●| *Le Papillon* – N21 ☎ 05.62.65.51.29. Parking. ⚒ Fermé le lundi soir et le mardi. Congés annuels : du 25 août au 12 septembre environ et 1 semaine en février pendant les vacances scolaires. Accès : à 6 km du centre-ville, direction Agen. Joli menu à 78 F (11,9 €) le midi, en semaine, un quart de vin compris. Autres de 98 à 250 F (14,9 à 38,1 €). La nouvelle grande table d'Auch, expatriée hors des murs, dans un décor de ZUP de campagne que l'on pourrait rêver autre ! L'important, après tout, c'est qu'on puisse se mettre le ventre à table, et tout oublier devant un superbe magret de canard sauce cerise ou une crépinette de cuisse de poulet fermier aux langoustines et foie gras. Comme on ne paie pas le décor, les prix sont encore sympathiques. Menu idéal à 152 F (23,2 €) avec salade estivale au cœur de canard ou terrine de pintadeau aux pistaches, cassoulet maison aux haricots ou croquant de julienne au coulis de poivrons doux, fromage, fondant au chocolat sauce café...

AUDRESSEIN 09800

Carte régionale A2

🏠 |●| *L'Auberge d'Audressein* * – route de Luchon ☎ 05.61.96.11.80. Fax : 05.61.96.82.96. Accès : à 12 km de Saint-Girons, au débouché de la vallée du Biros et du massif de la Bellongue ; au centre du village. Doubles avec lavabo à 110 F (16,8 €),

avec douche à 160 F (24,4 €), avec douche et wc à 200 F (30,5 €), avec bains à 250 F (38,1 €). Menu le midi en semaine à 80 F (12,2 €), autres de 120 à 195 F (18,3 à 29,7 €). Derrière les rassurants murs de pierre d'une ancienne forge du XIXe siècle, une de nos meilleures adresses. La salle à manger, rénovée, n'a rien perdu de sa chaleur et la terrasse sur le torrent a gagné un toit. La cuisine y est toujours une des plus fines de l'Ariège, à des prix fort raisonnables. Au second menu : ravioles de magret de canard à l'ail, confit et sa compote d'oignons. Beau menu à 149 F (22,7 €) : gourmandise à la mousse de fromage et son bouillon aux morilles ou tartelette de légumes racines aux gésiers confits vinaigrette tiède, cassoulet au confit de canard maison ou filet de canette au trinquet ou filet de loup sauté au fenouil à la crème de pistou. Et toujours ce fameux foie gras poêlé avec sa sauce à l'hypocras, apéritif que buvait déjà Gaston Phébus. Chambres agréables. *10 % sur le prix de la chambre de avril à juillet et en octobre.*

DANS LES ENVIRONS

ARGEIN 09800 (3 km O)

🏠 |●| *Hostellerie de la Terrasse* ** – ☎ 05.61.96.70.11. Congés annuels : du 15 novembre au 1er mars. Quelques chambres toutes simples à 180 F (27,4 €) avec douche, autres à 250 F (38,1 €) avec bains (demandez celles avec vue sur la montagne, tant qu'à faire). Menus à 70 F (10,7 €) en semaine, 100 et 150 F (15,2 et 22,9 €). Un gentil petit hôtel de montagne sur la route du Portet-d'Aspet. Bon accueil, bonne table. On vient ici pour deux choses : la truite au jambon sur l'ardoise et... bravo, oui, la terrasse ! *Apéritif offert.*

AULON 65240

Carte régionale A2

|●| *Auberge des Aryelets* – ☎ 05.62.39.95.59. Fermé le mardi hors saison et le lundi. Congés annuels : du 12 novembre au 12 décembre environ et une semaine début juin. Accès : d'Arreau, suivre la D929 jusqu'à Guchen (direction Saint-Lary), puis à droite par la D30. Menus de 85 à 142 F (13 à 21,6 €). À la carte, compter 150 F (22,9 €). Salle à manger typiquement montagnarde avec charpente et poutres apparentes, mezzanine, cheminée flanquée d'une paire de skis première génération. Le tout rehaussé d'une légère touche provençale (vaisselier, nappes et napperons) et d'aquarelles dépeignant Aulon et les villages alentour. Cuisine de terroir de forte tradition : garbure, pavé d'agneau échaloté au miel, blanquette d'escargots en

corolle, magret de canard aux myrtilles ou aux échalotes confites, foie gras, raclette (en hiver). Musique irlandaise de temps à autre. Propreté irréprochable, service aimable et rapide. Enfin, quelques tables en terrasse pour les beaux jours. Réservation conseillée en saison estivale. *Apéritif offert.*

AULUS-LES-BAINS   09140

Carte régionale A2

🏠 |●| *Hôtel de France* ** – rue Principale (Centre) ☎ 05.61.96.00.90. Fax : 05.61.96.03.29. Parking. TV. Satellite / câble. Congés annuels : du 20 octobre au 20 décembre. Chambres correctes à 180 et 250 F (27,4 et 38,1 €) avec lavabo ou douche et wc. Demi-pension à prix fort modéré : 200 F (30,5 €) par personne. Menus à 58 et 85 F (8,8 et 13 €). Le tranquille hôtel de campagne au charme un peu désuet et à l'accueil sympathique. Dans la salle à manger, sous l'œil attendri du coq de bruyère et du chat sauvage, bonne cuisine de famille. À la carte : magret grillé, confit de canard, truite aux amandines, ris d'agneau aux morilles, etc. Terrasse ombragée. *Café offert.*

AUVILLAR   82340

Carte régionale A1

🏠 |●| *Hôtel-restaurant L'Horloge* ** – place de l'Horloge ☎ 05.63.39.91.61. Fax : 05.63.39.75.20. TV. Canal+. Congés annuels : du 17 au 31 janvier. Doubles avec douche et wc ou bains de 280 à 310 F (42,7 à 47,3 €). Menus de 160 à 350 F (24,4 à 53,4 €). Compter 300 F (45,7 €) à la carte. Au bar *Le Bouchon*, le midi du lundi au samedi, formules de 25 à 65 F (3,8 à 9,9 €). Il serait dommage de traverser ce village magnifique sans y faire une petite halte. Voici une adresse simple et conviviale qui fera bien l'affaire. Chambres doubles impeccables. Étape appréciée des pèlerins sur le chemin de Saint-Jacques-de-Compostelle. *Apéritif offert.*

DANS LES ENVIRONS

DUNES 82340 (12,5 km O)

|●| *Restaurant Les Templiers* – 1, place des Martyrs (sous les arcades) ☎ 05.63.39.86.21. ✆ Fermé le dimanche soir et le lundi ; samedi midi et mardi soir ouvert uniquement sur réservation. Accès : par la D12, direction Donzac, puis la D30 sur la gauche. Menu à 110 F (16,8 €) du mardi au vendredi midi sauf jours fériés, suivants de 170 à 310 F (25,9 à 47,3 €). À la carte, compter 200 F (30,5 €). Un des bons restaurants du coin, joliment situé sur cette belle place de village. Intérieur clair et cossu. 1er menu qui permet de goûter à une cuisine du terroir raffinée pour un prix plus que raisonnable : salade de caille aux griottes ou tartare de truite de mer, filet de carrelet soufflé crème de langoustines ou crépinette de pintade farcie et fondue de choux, fromage ou tartelette aux pommes tièdes et coulis de cannelle.

AX-LES-THERMES   09110

Carte régionale B2

🏠 |●| *Le Grillon* ** – rue Saint-Udaut (Sud-Est) ☎ 05.61.64.31.64. Fax : 05.61.64.25.48. ● legrillo@club-internet.fr ● TV. Resto fermé le mardi, le mercredi en dehors des vacances scolaires, mais service assuré pour les clients de l'hôtel. Congés annuels : de fin octobre à début décembre. Accès : à 300 m de la place du Breilh. Chambres confortables de 255 à 275 F (38,9 à 41,9 €) pour une double avec douche et wc ou bains. Menus de 97 à 170 F (14,8 à 25,9 €). Bel hôtel dans le style montagnard, à peine à l'écart du centre, tenu par Nanette et Philippe, sympathique et dynamique jeune couple qui connaît assez bien la région pour y organiser des randonnées à pied ou en raquettes. L'hiver, activités offertes aux clients inclus dans les séjours de une à plusieurs nuits, de même que veillées et soirées. Demi-pension et pension possibles. Excellente cuisine. Subtils mélanges de saveurs sucrées et salées : confit de canard maison au caramel de cidre, spécialités à base de « bœuf gascon », saumon à la vanille, croustillant de canard au miel de montagne, papillote de la mer au four… Ne manquez pas cet agréable endroit. *10 % sur le prix de la chambre sauf juillet-août.*

🏠 |●| *L'Orry Le Saquet* – RN20 ☎ 05.61.64.31.30. Fax : 05.61.64.00.31. Parking. TV. Fermé le mardi soir, le mercredi et le jeudi midi sauf vacances scolaires. Congés annuels : à la Toussaint et en janvier. Accès : à 1 km du centre-ville, direction Andorre. Doubles de 220 à 250 F (33,5 à 38,1 €). 1er menu à 99 F (15,1 €), autres de 145 à 350 F (22,1 à 53,4 €). Le plus dur, c'est d'y monter. Après, c'est le bonheur assuré, été comme hiver. Une vingtaine de chambres d'un bon confort, rénovées, portant des noms de fleurs. Une maison qui sent bon la vie, comme la cuisine. Beau 1er menu : compotée de lapin en gelée parfumée aux cèpes, épaule d'agneau « label rouge » confite en croûte de pommes de terre, clafoutis… Pour les suivants, c'est la divine surprise. Beau petit menu « bout d'chou » pour les gastronomes en herbe. La spécialité : le pigeonneau en deux cuissons. *10 % sur le prix de la chambre hors vacances scolaires.*

BAGNÈRES-DE-BIGORRE   65200

Carte régionale A2

I●I *Crêperie de l'Horloge (anciennement Crêperie Bretonne)* – 12, rue Victor-Hugo (Centre) ☎ 05.62.95.37.12. Horaires un peu fantaisistes. Fermé le lundi et le mardi en basse saison. Plat du jour à 45 F (6,9 €). Crêpes et galettes de 10 à 35 F (1,5 à 5,3 €). Façade rétro décorée de compositions minérales (vitrine de droite). À l'intérieur, piliers et comptoir flanqués de partitions de musique, vieille machine à écrire, balance Roberval, chromos, pots de fruits confits et hortensias bleus confèrent à cette ancienne épicerie une atmosphère de vieux bistrot parisien. Suggestion du jour qui s'autorise certaines originalités (curry de poisson riz thaï, tajine, chili, etc.). Large choix de crêpes sucrées et galettes au sarrasin, toutes savoureuses, que vous choisissez à partir de la carte réalisée en carton d'emballage et raphia. Ambiance jeune et alternative, musique latino-américaine. Assez bruyant quand même. Accueil décontracté et souriant.

DANS LES ENVIRONS

LESPONNE 65710 (10 km S)

≙ *Domaine de Ramonjuan* ** – ☎ 05.62.91.75.75. Fax : 05.62.91.74.54. Parking. ♿ Fermé le dimanche soir. Accès : de Bagnères, suivre la D935 jusqu'à Baudéan puis tourner à droite (D29) ; à la sortie de Lesponne, direction Le Chiroulet, sur la droite. En haute saison, de 260 à 310 F (39,6 à 47,3 €) la double avec douche. À 800 m d'altitude, ancienne ferme restaurée avec goût dans l'esprit montagnard. Agréables chambres répondant à des noms de fleurs (lys, edelweiss, iris, etc.) avec ameublement en pin. Et une foule d'activités au domaine (tennis, volley, tir à l'arc... dans le parc au bord de l'Adour ; sauna, bains à remous, salle d'entretien physique dans l'ancienne grange) ou dans les environs (rafting, hydrospeed, montgolfière...). *Apéritif offert. 10 % sur le prix de la chambre sauf juillet-août.*

I●I *Auberge du Lac Bleu* – **quartier Le Chiroulet** ☎ 05.62.91.71.20. ♿ Fermé le soir et le mercredi en intersaison, ouvert uniquement le week-end en hiver. Accès : au terminus de la vallée de Lesponne. Menus de 68 à 120 F (10,4 à 18,3 €). Bâtisse typiquement pyrénéenne décorée de quelques moellons apparents et toit de lauze. Salle à manger typiquement montagnarde : cheminée, longues tables et bancs en bois. Le plus de l'établissement, c'est sans conteste sa délicieuse garbure à 25 F (3,8 €) et ses crêpes, 15 F (0,15 €) les trois, servies à toute heure de la journée, avec le sourire (y compris le dimanche midi... on a testé). Idéal pour les budgets serrés comme pour ceux qui rentrent de randonnée du lac Bleu. Accueil vrai et délicat. On n'hésite pas à allumer la cheminée en plein mois d'août s'il fait un temps d'automne. *Apéritif offert.*

BAGNÈRES-DE-LUCHON   31110

Carte régionale A2

≙I●I *L'Auberge de Castel-Vielh* – **route de Superbagnères (Sud)** ☎ 05.61.79.36.79. Fax : 05.61.79.36.79. Parking. TV. Fermé en semaine de novembre à mars sauf le vendredi, le samedi et le dimanche. Ouvert tous les jours sauf le mercredi pendant les vacances scolaires et d'avril à novembre. Doubles avec douche à 250 F (38,1 €). Menus de 125 à 230 F (19,1 à 35,1 €). Menu enfant à 50 F (7,6 €). Là aussi, une jolie maison dans le style du pays, isolée sur une butte verdoyante. Grand jardin et terrasse agréable. Cuisine réputée. À la carte : gambas aux mousserons, pétéram luchonnais, pastéras aux pommes, et le délicieux *pan crémat* (« pain brûlé » en patois local), spécialité au foie gras ! Fait également hôtel. Accueil très sympa. *Apéritif offert.*

I●I *Le Pailhet* – **12, av. du Maréchal-Foch (Ouest)** ☎ 05.61.79.09.60. Parking. Fermé le mercredi sauf les jours fériés, de mi-juin au 15 octobre. Congés annuels : novembre. Accès : à côté de la gare. Menus de 85 à 165 F (13 à 25,2 €). Derrière la treille de cette maison flanquée d'un bar-tabac, une petite salle toujours remplie d'habitués. Ici est servie, sans chichi, une bonne, franche et généreuse cuisine régionale : foie gras, garbure, etc. et, bien sûr, les spécialités locales, pétéram et pistaches à la mode luchonnaise. *Café offert.*

DANS LES ENVIRONS

MONTAUBAN-DE-LUCHON 31110
(2 km E)

≙I●I *Les Cascades* * – ☎ 05.61.79.83.09. Fax : 05.61.79.79.16. Parking. TV. Congés annuels : de mi-octobre au 31 mars. Accès : prendre la direction de la route forestière du Herran, dans la côte de l'église de Montauban. Quelques chambres doubles, coquettes et confortables à 200 F (30,5 €) avec lavabo, 230 F (35,1 €) avec douche et wc. Menus de 110 F (16,8 €) le midi en semaine à 170 F (25,9 €) le dimanche. À la carte, compter 200 F (30,5 €) par personne. Réservation très recommandée, car établissement exceptionnel. D'abord pour sa situation, à flanc de montagne au milieu d'un grand parc. On est obligé de laisser sa voiture en bas et de grimper un petit sentier dans un joli environnement. Calme assuré. L'été, on mange en terrasse avec le plus beau panorama rêvé sur la vallée. Très belle cuisine traditionnelle. Vous y trouverez bien sûr le pétéram et la pistache. Spécialités de viandes aussi : excellente pièce de bœuf aux cèpes, demi-magret à la confiture d'échalotes... Salle à manger chaleureuse. Chambres du haut mansardées. À noter que la maison est bâtie sur un site classé, à proximité d'une belle cascade de 45 m. Une jolie balade dans la forêt vous y mène en 15 mn contre une petite obole de 5 F qui permet aux propriétaires d'entretenir les lieux. *Apéritif offert.*

BASSOUES — 32320

Carte régionale A2

🏠 |●| *Hostellerie du Donjon* * – (Centre) ☎ 05.62.70.90.04. Parking. Resto fermé le samedi. Congés annuels : janvier et une semaine en septembre. Accès : par la D943 en passant par Montesquiou. Chambres coquettes de 140 à 235 F (21,3 à 35,8 €). Pension complète d'un beau rapport qualité-prix : à partir de 235 F (35,8 €). Menu à 62 F (9,5 €) en semaine imbattable avec potage, banc de crudités, entrée, plat et dessert. Autres menus à 95 F (14,5 €) avec pilons de canard confit, et 125 F (19,1 €) avec caille rôtie, agneau grillé, confit de canard. Petit hôtel de charme très accueillant. Le patron à la réception, avec un zeste d'humour, la patronne aux fourneaux pour une bonne cuisine familiale à petits prix. Spécialités belges et gasconnes. Aux beaux jours, terrasse au calme, très agréable. *Apéritif offert.*

BELCASTEL — 12390

Carte régionale B1

🏠 |●| *Hôtel-restaurant du Vieux Pont* *** – ☎ 05.65.64.52.29. Fax : 05.65.64.44.32. Parking. TV. ♨ Fermé le dimanche soir, le lundi et le mardi midi. Congés annuels : janvier et février. Doubles avec douche et wc ou bains de 420 à 460 F (64 à 70,1 €). Menu en semaine à 140 F (21,3 €), autres de 200 à 380 F (30,5 à 57,9 €). Au pied du château féodal, dans un village enchanteur, Michèle et Nicole Fagegaltier vous reçoivent dans cet endroit admirable. Ces 2 sœurs aiment leur maison d'enfance dans laquelle elles vous feront découvrir que tradition et créativité ne font pas forcément mauvais ménage. Superbe cuisine, une des meilleures de la région, faite de vieilles recettes familiales rajeunies avec un savoir-faire indéniable et féminin. Produits locaux et saveurs d'autrefois raviront vos papilles

gustatives. Millefeuille d'asperges crème fouettée aux herbes et huile de vanille, craquant de cèpes à la crème d'ail feuilles d'épinards et persil croustillant, filet de bar farci au hachis de moules, gigot de chevreau rôti petite brochette de ses abats coulis de cresson de terre, tarte au caramel et au genièvre bananes caramélisées. Évidemment, ce n'est pas donné. De l'autre côté de la rivière, en traversant le petit pont du XVe siècle, l'hôtel n'a rien à envier à la cuisine pour ce qui est du raffinement. Chambres adorables, décor clair et soigné plein de petites attentions. Accueil et sens du service remarquables. *Café offert.*

BIERT — 09320

Carte régionale A2

🏠 |●| *Auberge du Gypaète Barbu* – place de l'Église (Centre) ☎ 05.61.04.89.92. Fax : 05.61.04.89.92. Fermé le dimanche soir et le lundi d'octobre à juin sauf pendant les vacances. Congés annuels : du 2 janvier au 1er février, la dernière semaine de juin et la dernière semaine de septembre. Accès : à 4 km de Massat, dans les Pyrénées ariégeoises, sur la route (superbe) entre Saint-Girons et Tarascon-sur-Ariège. Petites chambres de dépannage avec lavabo (pas des nids d'amour !) à 160 F (24,4 €). Doubles avec douche et wc à 240 F (36,6 €) environ. Menus de 75 à 190 F (11,4 à 29 €). À la carte, compter 130 F (19,8 €). Camille Coutanceau a quitté l'hôtellerie familiale, à Massat, pour voler de ses propres ailes. Et ce drôle d'oiseau a repris, avec sa femme, ce bistrot de village, joliment refait, sur la place centrale, en lui donnant comme nom celui d'un rapace mythique lui aussi de retour en ces lieux. Menus superbes et simples à la fois. Goûtez, entre autres, la fraise de veau à la massatoise, le ris d'agneau en feuilleté aux cèpes, le foie gras poêlé aux pommes et le soufflé au chèvre du Fourgarol. Terrasse. *10 % sur le prix de la chambre de février à juin.*

BRUNIQUEL — 82800

Carte régionale A-B1

|●| *Les Gorges de l'Aveyron* – Montricoux ☎ 05.63.24.50.50. Fermé le dimanche soir et le lundi ; le mardi fermé également d'octobre à avril. Accès : sur la D115, prendre la direction Montricoux. C'est à gauche juste avant de franchir l'Aveyron. Menus de 148 à 250 F (22,6 à 38,1 €). Menu enfant à 85 F (13 €). Compter 300 F (45,7 €) à la carte. Attention, cet endroit est un piège, de ceux qu'on ne peut quitter tant le cadre est agréable et l'environnement

verdoyant. La paix en pleine nature ! La propriétaire a aménagé sa grande maison avec beaucoup de goût. Aux menus : salade de cœurs d'artichauts et langoustine, éventail de rognons de veau sauté au massalé, etc. Très belle terrasse aux beaux jours. Accueil dynamique et souriant.

CAHORS   46000

Carte régionale A1

🏠 🍴 *Auberge de jeunesse* – 20, rue Frédéric-Suisse (Centre) ☎ 05.65.53.97.02. Fax : 05.65.35.95.92. ● www.fuaj.org ● 51 F (7,8 €) la nuit. Petit déjeuner : 20 F (3 €) ; draps : 20 F (3 €). Repas à 50 F (7,6 €), en semaine uniquement. Une agréable auberge de jeunesse qui partage avec un foyer de jeunes travailleurs les murs pleins d'atmosphère d'un ancien monastère du XVIIᵉ siècle, avec jardinet bordant une imposante façade. Splendide montée d'escaliers et longs couloirs pavés de larges pierres plates érodées. Chambres de 2 à 11 lits. Accueil très sympa et point info internet hyper pratique lorsqu'on débarque, ou pour préparer une prochaine étape. Dans l'ancienne chapelle, expos, débats et concerts. Carte FUAJ obligatoire. Restaurant ouvert à tous.

🏠 *Hôtel de France* ★★★ – 252, av. Jean-Jaurès (Centre) ☎ 05.65.35.16.76. Fax : 05.65.22.01.08. Parking payant. TV. Canal+. ⚓ Congés annuels : 15 jours en décembre. Accès : avenue menant à la gare ; à deux pas du pont Valentré. La chambre double selon le confort, avec wc et douche ou bains de 240 à 360 F (36,6 à 54,9 €). Moderne et fonctionnel. Sans doute le plus grand hôtel de Cahors, avec 80 chambres spacieuses et impeccablement entretenues. Toutes sont très bien équipées, certaines ont la clim, et les plus calmes sont côté cour. L'ensemble n'a pas plus de charme qu'un hôtel de chaîne mais on ne vient pas ici pour séjourner. Accueil courtois et réservé. *De début novembre à fin février, 10 % de réduction sur le prix de la chambre.*

🏠 🍴 *Hôtel-restaurant À l'Escargot* ★★ – 5, bd Gambetta (Centre) ☎ 05.65.35.07.66. Fax : 05.65.53.92.38. TV. Fermé le dimanche soir et le lundi. Congés annuels : 2 semaines en fin d'année et 2 semaines en mai. La double à 282 à 326 F (43 à 49,7 €). Au resto, formule déjeuner à 62 F (9,5 €) et menus de 75 à 168 F (11,4 à 25,6 €). Voilà une adresse comme on les aime ! Au premier regard, même si la façade de l'immeuble est superbe, la devanture de l'établissement semble assez banale. Ne vous y fiez pas ! Les patrons investissent dans l'amélioration constante de leurs chambres. Toutes sont donc refaites régu-

lièrement, et décorées très agréablement. Côté sommeil, la literie est d'un confort optimal. Si le resto ouvre sur la rue, les 8 chambres de l'hôtel sont situées dans une annexe toute proche, donc très calme. Toutes ont une déco très agréable, avec leurs meubles sur mesure et leurs rideaux assortis. Par la fenêtre, vue sur l'église ou sur des jardins particuliers. Notre coup de cœur, la nº 9 (pour 2 ou 3 personnes) avec sa fenêtre à baies géminées et sa mezzanine. Petit déjeuner copieux. Au resto, une cuisine traditionnelle d'un très bon rapport qualité-prix avec évidemment d'excellents escargots, mais pas seulement, car la salade quercynoise est délicieuse, les viandes de qualité, et les frites sont « maison », ça classe un établissement. Pour ceux que la fumée de tabac incommoderait : réelle salle non-fumeurs. Au bar, on rencontre les habitués du quartier, on se familiarise donc avec l'accent du pays et les savoureuses expressions cadurciennes. Chaque vendredi soir, les membres du club d'échecs local se retrouvent ici. Avis aux amateurs. Accueil familial très sympathique. Nous vous conseillons de réserver pour les chambres.

🏠 🍴 *Le Grand Hôtel Terminus* ★★★ – 5, av. Charles-Freycinet (Ouest) ☎ 05.65.53.32.00. Fax : 05.65.53.32.26. Parking. TV. Satellite / câble. ⚓ Resto fermé le dimanche soir et le lundi. Accès : pas loin de la gare. Doubles de 350 à 600 F (53,4 à 91,5 €) selon l'équipement, l'étage et la situation. Menu servi au bar à 85 F (13 €). Un bien bel établissement que ce *Terminus*. C'est d'abord une splendide bâtisse au charme « début de siècle », pimpante et bien vivante. C'est aussi la maison d'une même famille qui, depuis sa création, perpétue de génération en génération une certaine idée de la tradition hôtelière. Les chambres, vastes et cossues, avec terrasse si on a les moyens, font oublier l'environnement un peu triste et la gare voisine. Décoration ultra-classique avec beaux rideaux, un guéridon par-ci, un fauteuil Voltaire par-là, et pourquoi pas un joli bureau pour votre correspondance ou la rédaction de votre journal de voyage. L'ensemble a du charme. Fait aussi restaurant, avec une table étoilée et une intéressante formule « Grignotte » servie au bar.

🍴 *Restaurant Le Troquet des Halles* – 55, rue Saint-Maurice (Centre) ☎ 05.65.22.15.81. ⚓ Fermé le dimanche. Service à toute heure. Menus et formules de 40 à 65 F (6,1 à 9,9 €). Le bon vieux caboulot tel qu'on les aime, où les habitués font « chabrot » dès le matin. Ça fait plus d'un demi-siècle que marchands, forains, petit peuple cadurcien et touristes irrésistiblement attirés par les endroits chaleureux viennent se nourrir ici d'une solide cuisine familiale, à des prix d'avant-guerre (celle d'avant même !). Le vendredi : brandade de morue, tête de veau. Les plats sont toujours accompagnés d'un assortiment de deux ou trois légumes. Le samedi matin, dès 5 h 30, un service restaurant est proposé aux lève-tôt... ou aux couche-tard.

|●| Le Bistrot du Cahors – 46, rue Daurade ☎ 05.65.53.10.55. ♿ Fermé le lundi soir et le mardi. Accès : par le quai Champollion, presque à son angle. Plat du jour à 48 F (7,3 €), menu à 68 F (10,4 €), à la carte compter 150 F (22,9 €). Bouteilles entre 70 et 150 F (10,7 et 22,9 €), verres entre 10 et 30 F (1,5 et 4,6 €). Ce petit resto donne sur une charmante placette ombragée, avec terrasse. L'établissement ne fait pas bar, mais en mangeant, on peut choisir parmi une vaste sélection de vins (de Cahors bien sûr), servis au verre ou à la bouteille. C'est carrément convivial de pouvoir organiser une mini-dégustation en faisant tourner les verres autour de la table. À deux, on peut déjà se faire plaisir sans se ruiner. Dans les assiettes, une salade aux copeaux de parmesan, ou un peu plus terroir, un risotto au vin de Cahors, un fondant jambonneau aux févettes, un petit chèvre puis du clafoutis ou une pomme au four. Tout cela est gentiment et prestement servi sur les toiles cirées à carreaux pour le plaisir d'une nombreuse clientèle. *NOUVEAUTÉ.*

|●| Restaurant Le Rendez-Vous – 49, rue Clément-Marot ☎ 05.65.22.65.10. Fermé le dimanche et le lundi hors saison, le dimanche et le lundi midi en juillet-août. Congés annuels : 15 jours pendant les vacances scolaires de Pâques. Accès : dans une petite rue calme derrière la cathédrale, à deux pas du Lot. Menus de 72 à 125 F (11 à 19,1 €), à la carte, compter autour de 160 F (24,4 €). Agréable petite salle à l'architecture contemporaine, avec mezzanine, salon privé et expo d'artistes locaux. Cuisine du marché, pleine de saveurs et de couleurs. Cuisine qui colle bien au décor, et qui change des sempiternels cabécou-salade et confit de canard, même si on adore ça. Testez les ravioles de foie gras ou le croustillant de sandre aux petits légumes, le marbré de caillé de chèvre et petits légumes provençaux qui tous font mouche à chaque fois. Belle carte de desserts dont une tarte fine aux pommes, sauce caramel... Accueil et service agréables. Terrasse sur la rue aux beaux jours. Réservez : ce *Rendez-Vous* a beaucoup de succès.

|●| Au Fil des Douceurs – 90, quai de la Verrerie (Est) ☎ 05.65.22.13.04. Fermé le dimanche soir et le lundi. Congés annuels : janvier. Accès : par le pont Cabessut. Formule du déjeuner à 75 F (11,4 €), puis menus de 105 à 270 F (16 à 41,2 €). Sur le Lot aux couleurs changeantes, une péni-chette croquignolette amarrée face à la

vieille ville de Cahors. De la cambuse arrivent de beaux produits cuisinés avec finesse. Au niveau des cuissons, de la présentation, beaucoup de rigueur et de précision. Peut-être parce que le chef est un ancien pâtissier ? Superbe et généreuse Tatin de foie gras, viandes et poissons accompagnés de sauces que l'on sauce jusqu'à la dernière goutte. Sobre brochette de magret et foie gras de canard, agnelet farci ou foie gras poêlé aux fruits de saison pour varier les plaisirs. Des desserts plutôt bien balancés. De plus, on profite de tout cela dès les premiers menus, c'est particulièrement appréciable. Service efficace et sympathique. Sur les tables, belles pièces décoratives en sucre filé, mais cadre plutôt banal. *NOUVEAUTÉ.*

|●| Restaurant La Garenne – ☎ 05.65.35.40.67. Parking. Fermé le mardi soir et le mercredi (sauf de mi-juillet à fin août). Congés annuels : février et 10 jours en mars. Accès : par la N20 en direction de Souillac ; bien indiqué de la route. Menu à 95 F (14,5 €), sauf les jours de fête, autres de 160 à 250 F (24,4 à 38,1 €). Dans une grande demeure particulière, datant de 1846. Splendide décor intérieur d'auberge de campagne et accueil courtois sans ostentation. Découvrez une cuisine vraiment imaginative, des petits plats inspirés. Couronne de Saint-Jacques au beurre de truffes, escalope de foie gras de canard poêlée, carré d'agneau de pays rôti, œufs brouillés aux truffes etc. Ici, il ne faut pas hésiter à s'offrir un beau menu ou carrément manger à la carte pour apprécier véritablement l'originalité de cette cuisine. Nobles produits servis aussi dans le jardin. Une excellente adresse !

DANS LES ENVIRONS

PRADINES 46090 (3 km NO)

♨|●| Le Clos Grand ** – Laberaudie ☎ 05.65.35.04.39. Fax : 05.65.22.56.69. Parking. TV. Accès : D8 route de Pradines Luzech. Doubles avec douche et wc extérieurs à 260 F (39,6 €), avec douche et wc ou bains de 280 à 330 F (42,7 à 50,3 €). Demi-pension obligatoire en juillet et août, à 300 F (45,7 €). Menus à 88 F (13,4 €) sauf le dimanche, et de 130 à 270 F (19,8 à 41,2 €). Charmante auberge de campagne. Calme et grand jardin verdoyant avec un bananier (si !). Chambres décorées sobrement, mais proprettes et agréables. Demander à dormir dans l'annexe au fond du jardin, d'où l'on a vue sur la campagne et les champs de maïs. De plus, il y a une piscine et l'accueil est vraiment agréable. Restaurant possédant une excellente réputation. Beaux poissons, mais pas seulement : foie gras poêlé à l'orange, tournedos Rossini etc. Salle à manger au beau décor rustique, avec une grande cheminée, ou aux beaux jours splendide terrasse ombragée. *Apéritif offert.*

ALBAS 46140 (25 km O)

|●| *Imhotep* – à Rivière Haute (Est) ☎ 05.65.30.70.91. Fermé le dimanche soir et le lundi. Congés annuels : à Noël. Accès : par Luzech et la D8. Plusieurs menus de 78 à 250 F (11,9 à 38,1 €). Sur les rives d'une des langoureuses boucles du Lot, un petit resto pas ordinaire, avec à ses commandes un père et sa fille. Restaurateurs atypiques pour une adresse pas banale. Alors sur un air de jazz, en admirant de splendides photos du coin, on déguste du canard sous toutes ses formes. Ici pas de falbala, mais des produits presque bruts, servis sans fioritures ; comme pour mieux les apprécier ou les redécouvrir. Magret en brochette accompagné de pommes de terre sautées aux cèpes, foie gras en terrine, ou bien en escalope, frais et poêlé, etc. C'est délicieux, les plats sont parfois étonnamment simples, et pourtant, il ne faut pas les louper. Papa aux fourneaux, et sa fille au service : des gens modernes et dynamiques qui font swinguer les produits du terroir. Petite salle et mignonne terrasse, places limitées donc réservation hautement recommandée. Également vente de foie gras à emporter. *NOUVEAUTÉ.*

CAHUZAC-SUR-VÈRE 81140

Carte régionale B1

|●| *La Falaise* – route de Cordes ☎ 05.63.33.96.31. ⚒ Fermé le dimanche soir et le lundi sauf jours fériés. Congés annuels : du 10 au 25 janvier. Accès : à 15 km du nord de Gaillac, par la D922. Menu en semaine à 90 F (13,7 €), autres de 135 à 240 F (20,6 à 36,6 €). À peine installée, cette « falaise » a déjà fait grimper la région. On y court pour la cuisine raffinée de Guillaume Salvan, son art magique d'associer les saveurs, ce mariage réussi du terroir et de l'innovation ! Salle à manger des plus plaisantes en outre avec couleurs et meubles en bois blanc. Quelques fleurons au gré des saisons et du marché : escargots aux artichauts et vieux jambon, *pimientos del piquillo* farcis à la brandade, jarret de veau moelleux, croustade chaude aux pommes caramélisées... Conseils judicieux pour les vins toujours bien adaptés aux plats. Carte bien fournie où l'on trouve les meilleurs gaillac dont les Plageoles, ça va de soi ! Fort beaux desserts.

CAPVERN 65130

Carte régionale A2

|●| *À la Table d'Orbigny (anciennement Le Ratelier)* – 39, rue de l'Égalité ☎ 05.62.39.04.08. Accès : à 6 km à l'ouest de Lannemezan par la N117. Menu en semaine à 60 F (9,1 €), autres de 80 à 130 F (12,2 à 19,8 €). Après avoir roulé sa bosse en Amérique du Sud et au Mali, le patron, un féru de littérature scientifique, s'est décidé avec son épouse à ouvrir un restaurant littéraire. Sa grande passion, c'est les naturalistes du XIXe siècle. Buffon, Humboldt et surtout Alcide d'Orbigny à qui il voue une véritable passion. À découvrir, quelque 3 800 volumes remplis de planches à dessins et gravures bien souvent originales. Passionné mais pas fou, il laisse le soin à son épouse de ravir les gourmets, avec une cuisine à la fois fine et généreuse. Délicieuse garbure servie dans chacun des menus, foie gras et magret sauces diverses. Dîner-débat occasionnellement le samedi, consultation des ouvrages sur rendez-vous. *Apéritif offert.*

CARMAUX 81400

Carte régionale B1

|●| *Restaurant La Mouette* – 4, place Jean-Jaurès ☎ 05.63.36.79.90. Fermé le dimanche soir et le lundi soir. Congés annuels : 10 jours en octobre. Menu le midi en semaine à 57 F (8,7 €), suivants de 82 à 260 F (12,5 à 39,6 €). Sans doute la meilleure adresse gastronomique de Carmaux. Dans un décor original et moderne, M. Régis propose plusieurs menus en passant par un menu « Jaurès » et un menu surprise. Quelques spécialités : pièces de chevreau grillées, pavé de lotte grillé ail et persil, salade à l'andouille grillée et échaudée au chèvre, feuilleté de petits-gris à la tarnaise, etc.

CASTELNAU-DE-MONTMIRAL 81140

Carte régionale B1

|●| *Auberge des Arcades* – ☎ 05.63.33.20.88. Accès : place centrale. Doubles de 180 à 220 F (27,4 à 33,5 €) avec douche ou bains. 1er menu le midi en semaine à 65 F (9,9 €), suivants de 95 à 200 F (14,5 à 30,5 €). Chambres d'une grande simplicité mais correctes. Quelques-unes avec un petit charme sous le toit (demandez la n° 6) ou encore donnant sur la superbe place de ce village médiéval. Attention, quelques unis un peu trop mous comme dans le n° 5 (pas de pot, c'était le nôtre !). 1er menu robuste et sans fioriture ; le sui-

vant : salade au magret fumé, civet de sanglier (spécialité de la maison), fromage et dessert maison ; et le dernier avec un confit de canard. *Apéritif offert.*

DANS LES ENVIRONS

LARROQUE 81140 (14 km NO)

l●l *Au Val d'Aran* **– au bourg** ☎ 05.63.33.11.15. Fermé le soir en basse saison et le samedi. Congés annuels : la dernière semaine d'octobre, et du 20 décembre au 8 janvier environ. Accès : sur la D964 vers Bruniquel, à 3 km de Puycelci. Menu le midi en semaine à 68 F (10,4 €). Autres à 113 et 148 F (17,2 et 22,6 €). L'auberge de village comme on en rêve encore : sans esbroufe, joyeuse et généreuse. Salle à manger confortable, véranda ou terrasse, au choix, suivant les saisons. Patrons chaleureux, fusionnant vite avec la clientèle. Le 1er menu, l'un des plus beaux qu'on connaisse : copieuse charcutaille, puis crudités, plat consistant, fromage et dessert. Spécialités de civet de sanglier, escargots à l'espagnole, grillade au feu de bois. Pour la sieste et les câlins, un pré n'est jamais loin d'une telle adresse !

CASTELNAU-MAGNOAC 65230

Carte régionale A2

🏠 l●l *Hôtel Dupont* ** **– place de l'Église** ☎ 05.62.39.80.02. Fax : 05.62.39.82.20. TV. ⚒ Accès : de Lannemezan, par la D929. Doubles avec douche et wc ou bains de 160 à 200 F (24,4 à 30,5 €). Menus de 55 à 180 F (8,4 à 27,4 €). La maison, qui vient de fêter ses 150 ans, se place sous le signe de la tradition. Chambres spacieuses et accueillantes (rappelant celles de nos grands-mères). Confort remarquable (sanitaires à neuf) et propreté scrupuleuse. La literie toutefois un peu par son caractère « bondissant ». Réveil matinal au tintement des cloches pour bien démarrer la journée. Piscine à l'annexe (la métairie) ouverte en juillet-août. Côté fourchette, grande salle à manger néo-rustique où vous dégusterez une cuisine de terroir particulièrement généreuse. Quelques spécialités : magret en cocotte (servi dans le second menu), cuisse de canard à l'orange, caille rôtie, poulet sauté paysanne, sans oublier la délicieuse (et inattendue) soupe aux moules. *Apéritif offert.*

CASTELSARRASIN 82100

Carte régionale A1

🏠 *Hôtel Marceillac* ** **– 54, rue de l'Égalité** ☎ 05.63.32.30.10. Fax : 05.62.32.39.52. Parking payant. TV. Accès : dans une rue donnant sur la place de la Liberté. Doubles avec douche et wc ou bains de 220 à 260 F (33,5 à 39,6 €). Grande surprise lorsque l'on pousse la porte de cet hôtel apparemment banal. Loin des bruits de la rue, les chambres donnent sur une petite cour intérieure éclairée par une véranda et la réception est dans une cage en verre. Cette architecture aérée et les couleurs claires des murs lui donnent l'aspect d'un établissement de ville thermale. Si l'on vous dit que cet immeuble a été construit au début du siècle pour servir d'hôtel, vous saisissez mieux toutes les différences qu'il a par rapport à un immeuble d'habitation. Et il se démarque de tout ce qui se fait dans la région. Les chambres ont tout autant de charme avec leur mobilier aussi âgé que les murs, mais très bien conservé. Pour finir, l'accueil est charmant. *10 % sur le prix de la chambre sauf juillet-août.*

CASTERA-VERDUZAN 32410

Carte régionale A1-2

l●l *Le Florida* **– ☎ 05.62.68.13.22. ⚒** Fermé le dimanche soir et le lundi sauf jours fériés. Congés annuels : 8 jours pendant les vacances scolaires de février. En semaine, excellent menu à 75 F (11,4 €). Sinon, beaux menus à 130 et 185 F (19,8 et 28,2 €). Très vieille maison (Angèle, la grand-mère, y officiait déjà) proposant une cuisine réputée : ris de veau « comme le faisait Angèle », Tatin et foie de canard sauce caramélisée, croustillants de pieds de porc, soufflé aux pruneaux. Les légumes sont frais, et plus rarissime, épluchés maison ! *Café offert.*

CASTRES 81100

Carte régionale B2

🏠 *Hôtel Rivière* ** **– 10, quai Tourcaudière (Centre)** ☎ 05.63.59.04.53. Fax : 05.63.59.61.97. Parking payant. TV. Accès : le long de l'Agout, face aux maisons de tanneurs. Doubles avec douche et wc à 260 F (39,6 €), avec bains à 340 F (51,8 €). Quelques-unes avec lavabo à 150 F (22,9 €). Des chambres coquettes et qui sentent le propre. Reproductions d'impressionnistes un peu partout et accueil convivial. Tout ça donne un hôtel sympa et plutôt bon marché. Évitez les chambres donnant sur le quai, qui peuvent être bruyantes (terrasse hyper animée aux beaux jours !). *Garage offert.*

🏠 l●l *Hôtel de l'Europe* *** **– 5, rue Victor-Hugo (Centre)** ☎ 05.63.59.00.33. Fax : 05.63.59.21.38. ● www.franceresa.com ● TV. Satellite / câble. Congés annuels :

resto fermé en août et la semaine entre Noël et le Jour de l'An. Accès : à 30 m de place Jean-Jaurès. Comptez 295 F (45 €) la double (remarquable rapport qualité-prix). Trois formules de 95 à 165 F (14,5 à 25,2 €). Tous les vendredis soir (hors période estivale), super choucroute à 75 F (11,4 €). Très belle maison du XVIIe siècle, découverte puis restaurée par une jeune équipe passionnée d'architecture, de peinture et de décoration. Résultat, un véritable atelier d'artistes qui se serait mué en prototype d'hôtel de charme ! Passé le capharnaüm poétique du patio fleuri, on découvre des chambres toutes plus séduisantes les unes que les autres, un subtil mélange de brique chaude et de verre, de poutres splendides et de mobilier design, de pierre de taille et de baignoire moderne. Chacun choisit en fonction de ses propres fantasmes. Bravo ! Toutes les chambres sont équipées d'une salle de bains toute neuve, d'un téléphone et d'un minibar. Certaines sont spacieuses, et dotées d'une belle salle de bains avec un petit escalier pour accéder à la baignoire (voici leurs nos : 103, 104, 106, 128, 209, 210, 211, 317, 318...). Spécialités de poêlée de grosses crevettes au citron vert, filet de bœuf « Belle Époque » au foie gras. Une très bonne adresse sur Castres.

🏠 I●I *Hôtel Renaissance* *** – 17, rue Victor-Hugo (Centre) ☎ 05.63.59.30.42. Fax : 05.63.72.11.57. TV. Satellite / câble. ⚒ Restaurant fermé le dimanche et le lundi midi. Congés annuels : du 1er au 21 août et du 21 décembre au 3 janvier. Doubles avec douche à 325 F (49,5 €). Avec bains de 330 à 600 F (50,3 à 91,5 €). Menus à 68 F (10,4 €) le midi, et de 100 à 190 F (15,2 à 29 €). À la carte, compter 120 F (18,3 €). Menu enfant à 55 F (8,4 €). Ancien cameraman de la télévision, Alain Escaudemaison a parcouru la planète de long en large. Aujourd'hui hôtelier, il a retapé avec beaucoup de goût cette grande bâtisse du XVIIe siècle faite de voûtes et d'arches, de recoins et de poutres anciennes. En plein cœur de la vieille ville, on dort au calme dans des chambres spacieuses, superbement décorées par son épouse. Magnifiques suites avec lit à baldaquin et plafond à la française. Pour suivre l'actualité mondiale, vous pouvez capter les chaînes CNN et Eurosport. Table d'hôte le soir sur commande pour les résidents. Bonne cuisine familiale, avec des plats du pays. Goûter à la cassolette d'escargots « Renaissance ». Et si vous désirez faire un peu d'exercice, l'hôtel vous proposera des week-ends golf. *Petit déjeuner offert.*

I●I *Restaurant La Mandragore* – 1, rue Malpas (Centre) ☎ 05.63.59.51.27. Fermé le dimanche et le lundi midi. Accès : près de la place Jean-Jaurès. Menus de 75 à 240 F (11,4 à 36,6 €), avec à 130 F (19,8 €) le menu « fantaisie du moment », et le « menu

surprise » à 160 F (24,4 €) avec 5 plats. Adresse récente, très vite devenue à la mode grâce à son cadre designo-futuriste (on dirait du Starck) et sa cuisine soignée. 1er menu composé d'une entrée, d'un plat et d'un dessert, le tout accompagné de verres de vins sélectionnés (le midi). Beau menu « fantaisie du moment » avec, par exemple, salade d'ailes de raie tiède aux herbes, magret de canard au vieux vin, assiette de fromages, millefeuille de fruits de saison... Quelques fleurons à la carte : délicieux parmentier de tourteaux, salade de coquilles Saint-Jacques aux pleurotes, « poilés d'encornés » et langoustines, pigeonneau rôti aux épices et miel d'acacia, bavarois aux fruits de la passion sauce à l'abricot. Détail précieux : la carte des vins est aussi épaisse que le catalogue de La Redoute ! Avant de s'installer à Castres, le maître des lieux, élu meilleur sommelier belge, avait travaillé pour *Le Grand Écuyer*... Mais pour vous, il saura choisir une bonne petite bouteille à un prix démocratique. *Apéritif offert.*

DANS LES ENVIRONS

BURLATS 81100 (10 km NE)

🏠 I●I *Le Castel de Burlats* – 8, place du 8-Mai-1945 (Centre) ☎ 05.63.35.29.20. Fax : 05.63.51.14.69. Parking. TV. ⚒ Accès : par la D89 ou la D4 puis direction Burlats. Doubles de 350 à 380 F (53,4 à 57,9 €) avcec douche et wc ou bains, « spéciales familles » à 450 F (68,6 €), avec deux lits à 550 F (83,8 €). Face à la collégiale romane, voici un château des XIVe et XVIe siècles offrant de romantiques chambres dans un cadre unique. Le proprio a su garder le charme et le naturel du cadre intérieur, sans surcharge. Chambres particulièrement spacieuses, confortables et personnalisées avec sol en tomettes. Une dizaine de chambres. L'une d'elles possède une cheminée qui fonctionne. Immense salon au bel ameublement, dans un cadre vraiment chaleureux pour la détente et la lecture. Il accueille aussi des gens extérieurs dans son salon de thé. Belle salle de billard dans un élégant style *british*. Parc bien agréable. Une de nos meilleures adresses chic. *10 % sur le prix de la chambre du 1er novembre au 31 mars.*

ROQUECOURBE 81210 (10 km N)

I●I *La Chaumière* – 14, allée du Général-de-Gaulle (Centre) ☎ 05.63.75.60.88. ⚒ Fermé le lundi. Congés annuels : les 3 premières semaines de janvier et la 1re semaine de juillet. Accès : par la D89 ; traverser le village, venant de Castres, c'est sur la droite. Plat du jour à 50 F (7,6 €) servi tout le temps et menus de 100 à 220 F (15,2 à 33,5 €). Sur une petite place, resto à l'atmosphère familiale. Accueil d'une grande gentillesse et excellente cuisine. Vaste salle à l'arrière au calme. Terrine copieuse de foie gras de canard, agneau tarnais à l'ail rose de Lautrec, truite du pays à l'étouffée façon grand-mère, tournedos à la crème et morilles... Et puis, pour parfaire vos connaissances en gastronomie locale, demandez donc à la patronne le secret du melsat et de la bougnette. Enfin, en saison, ne ratez pas le gratin de framboises ! *Apéritif offert.*

SAINT-SALVY-DE-LA-BALME
81490 (16 km E)

|●| *Le Clos du Roc* – au bourg (Centre) ☎ 05.63.50.57.23. ♨ Fermé le mercredi soir et le dimanche soir. Congés annuels : la 2e quinzaine de février. Accès : par la D622, direction Brassac ; après 15 km, prendre la petite route sur la droite vers Saint-Salvy. Le midi, en semaine, menu à 65 F (9,9 €) avec fromage, dessert et vin compris. Sinon, menus de 90 à 220 F (13,7 à 33,5 €). Une des valeurs sûres de la région. D'ailleurs, très recommandé de réserver. Situé dans une solide demeure de granit (rochers de Sidobre obligent !). Salle à manger à l'insolite volume (ancienne grange). Poutres vénérables. Décor de goût et de charme. Cuisine de grande réputation et prix tout à fait abordables. Spécialités de goujonettes de truites, cuisse de canard au banyuls, croustades, etc. *Apéritif offert.*

DOURGNE 81110 (20 km SO)

|●| *Restaurant de la Montagne Noire* – 15, place des Promenades (Centre) ☎ 05.63.50.31.12. Fermé le lundi et le dimanche soir. Accès : par la D85. Menu à 69 F (10,5 €) sauf le dimanche soir, suivants de 89 à 190 F (13,6 à 29 €). Sur cette longue place de village, ombragée par de grands platanes, il ne manque quasiment qu'un peu de mistral et les cigales pour savourer à la méditerranéenne le temps qui fuit. Sur une plaisante terrasse, vous verrez débarquer une fort belle cuisine réalisée par David et Frédéric Gely, un vrai pro. Ici, on sort résolument de la routine confit-magret. Plats goûteux revisités de façon originale et livrés généreusement. Il faut goûter à la salade de pied de cochon (entièrement désossés) aux échalotes confites, au suprême de caille en croûte de pommes de terre, tout en belles combinaisons de saveurs. En saison (de juin à novembre), ne pas manquer les écrevisses à la persillée, ni le pigeon rôti en cocotte, ni la daurade royale aux tomates confites. Mais la carte évolue, bien sûr, et d'autres savoureux plats émergeront. Beaux desserts (ce qui n'est pas toujours le cas dans de nombreux bons restos) dont nous retiendrons le tiramisù maison, le gratin de fraises et le gâteau de crêpes aux agrumes. Une adresse qui fait honneur à ce précieux terroir et à qui on souhaite longue vie ! *Apéritif offert.*

CAUSSADE   82300

Carte régionale A1

🛏|●| *Hôtel Larroque* ** – av. de la Gare (Nord-Ouest) ☎ 05.63.65.11.77. Fax : 05.63.65.12.04. Parking. TV. Canal+. Resto fermé le samedi midi et le dimanche soir hors saison. Congés annuels : du 21 décembre au 15 janvier. Accès : face à la gare. Doubles avec bains à 250 F (38,1 €). Menus de 70 à 200 F (10,7 à 30,5 €). Une très vieille affaire familiale à la solide réputation depuis 5 générations. Clientèle et atmosphère plutôt chic. Décoration intérieure cossue. Grande piscine, jardin et solarium très agréables. Cuisine de terroir revisitée avec brio : sandre aux trois confits, aiguillettes de canard aux raisins nobles, escalope de foie de canard aux fruits de saison, tuiles de maïs aux petits-gris et à l'huile de persil plat, nougat glacé aux noix... *Apéritif offert.*

CAUTERETS   65110

Carte régionale A2

🛏|●| *Hôtel du Lion d'Or* ** – 12, rue Richelieu (Centre) ☎ 05.62.92.52.87. Fax : 05.62.92.03.67. TV. Fermé du 1er octobre au 20 décembre. Doubles avec douche et wc ou bains de 235 à 375 F (35,8 à 57,2 €). Demi-pension à partir de 225 F (34,3 €). Deux sœurs, Bernadette et Rose-Marie, gèrent cette affaire de famille, le plus ancien hôtel encore en activité de la station thermale, reconnaissable à sa façade jaune et blanche. Un soin maniaque a été apporté à sa rénovation : du choix du sublime percolateur du bar à celui des appliques lumineuses des chambres à la déco très *cosy*, rien n'est laissé au hasard. Bonne cuisine familiale, servie dans une salle gentiment désuète, seul vestige ou presque de l'ancienne époque. *10 % sur le prix de la chambre sauf vacances scolaires été et hiver, ainsi que 10 % sur la pension et la demi-pension. Que demander de plus ?...*

|●| *La Ferme Basque* – route de Cambasque ☎ 05.62.92.54.32. Fermé du lundi au mercredi. Congés annuels : octobre et novembre. Accès : à 4 km de Cauterets. Menus à 85 et 115 F (13 et 17,5 €). À 1 200 m, sur la route du lac d'Ilhéou et de la station de ski (fléché), en bordure du GR10. La ferme propose crêpes et casse-croûte à l'ancienne depuis 1928. À cela s'est ajoutée une nourriture plus élaborée issue de l'exploitation : garbure aux épinards sauvages, boudin aux oignons, piperade, blanquette d'agneau, civet et côtelette de mouton. Repas servis en saison sur la terrasse surplombant Cauterets. Produits fabriqués à la ferme en vente et spécialités sur réservation. Léon est un authentique berger qui se fera le plaisir de vous parler de son travail. Après avoir passé une vingtaine d'années à l'étranger, Chantal, polyglotte, a l'art et la manière d'accueillir... sans jamais se départir de son sourire et de sa bonne humeur. *Café offert.*

CAYLUS   82160

Carte régionale B1

🛏 ❘●❘ *Hôtel Renaissance* ** – av. du Père-Huc ☎ 05.63.67.07.26. Fax : 05.63.24.03.57. TV. Fermé le dimanche soir et le lundi. Congés annuels : du 3 au 17 janvier, du 15 au 22 mai, du 2 au 16 octobre. Doubles de 220 F (33,5 €) avec douche et wc à 260 F (39,6 €) avec bains. Menu le midi du mardi au vendredi à 65 F (9,9 €), autres de 100 à 200 F (15,2 à 30,5 €). Sur l'avenue principale de ce joli petit bourg. Chambres modernes et confortables. La table est aussi tout à fait honorable et la carte assez riche.

CONDOM   32100

Carte régionale A1

🛏 *Hôtel Le Logis des Cordeliers* ** – rue de la Paix ☎ 05.62.28.03.68. Fax : 05.62.68.29.03. Parking. TV. Congés annuels : janvier. Accès : près du kiosque à musique, direction Agen. Doubles avec bains de 270 à 390 F (41,2 à 59,5 €). Au cœur de la ville, dans le calme et la verdure, un hôtel moderne où grimpent les rosiers domine une belle piscine. M. et Mme Comte se mettront en quatre pour satisfaire tous vos désirs et vous guider dans votre découverte du coin. Chambres spacieuses et très confortables. Donnant sur la rue (très calme), ou bien sur le jardin et la piscine (encore plus calme, c'est difficile). *Café offert.*

🛏 *Hôtel des Trois Lys* *** – 38, rue Gambetta ☎ 05.62.28.33.33. Fax : 05.62.28.41.85. ● hoteltroislys@minitel.net ■ TV. Resto fermé le dimanche soir et le lundi sauf juillet-août. Accès : au cœur même de la vieille ville. Entrée sur rue piétonne ; accès parking par une ruelle, derrière l'hôtel. Doubles de 380 à 470 F (57,9 à 71,7 €) avec douche et wc ou bains. Petit déjeuner à 42 F (6,4 €). Superbe hôtel particulier du XVIIIe siècle, meublé et décoré avec un goût absolument exquis. Chambres possédant beaucoup de charme, au très bon rapport qualité-prix. En prime, une élégante et chaleureuse hospitalité, dénuée de tout snobisme. Piscine, bar et terrasse.

❘●❘ *L'Origan* – 4, rue du Cadeo ☎ 05.62.68.24.84. Fermé le dimanche, le lundi (sauf le soir en saison). Congés annuels : en septembre. Accès : sur le chemin de l'église, en face d'une école chrétienne. Menu du jour le midi à 65 F (9,9 €) sauf le samedi. Menu enfant à 45 F (6,9 €). À la carte, compter de 100 à 130 F (15,2 à 19,8 €). Mention spéciale pour cette pizzeria hors norme, très appréciée des autochtones. Ici, on est « chez Jacques » : un accueil remarquable, un service diligent et une cuisine savoureuse. Pizzas, pâtes et grosses salades servies dans le cadre convivial d'une ancienne maison de quartier. Une belle carte. Terrasse dans la ruelle, prise d'assaut aux beaux jours. *Apéritif offert.*

❘●❘ *Moulin du Petit Gascon* – route d'Eauze ☎ 05.62.28.28.42. Fermé le lundi, sauf en juillet-août. Accès : à la sortie de la ville, au bord de la Baïse, face au stade municipal. Menu le midi en semaine à 95 F (14,5 €), suivants de 120 à 185 F (18,3 à 28,2 €). Un lieu privilégié que l'on croirait volontiers créé pour le tournage d'un film pastoral : une écluse superbement restaurée, des berges où il fait bon se promener, une terrasse des plus champêtres, et une savoureuse cuisine du pays à prix doux : magret en croûte, manchons de canard en daube, confit maison, tajine d'agneau, foie gras et cassoulet maison, feuilleté de ris de veau... En semaine, le midi, on vous proposera un 1er menu (entrée, plat et dessert du jour). Mais les menus suivants ne devraient pas vous décevoir. Et si la Baïse vous attire, laissez-vous aller... à une croisière surprise. La patronne vous renseignera avec le sourire ! *Apéritif offert.*

CONQUES   12320

Carte régionale B1

🛏 *Résidence Dadon* – rue Émile-Roudié ☎ 05.65.72.82.98. Fax : 05.65.71.24.09. Congés annuels : du 15 décembre au 4 janvier. Accès : en face de l'abbaye ; parking municipal gratuit à la sortie de Conques ou près de l'abbaye, jusqu'à 10 h du matin. 130 F (19,8 €) la nuit par personne. Demi-pension à 160 F (24,4 €) par jour et pension complète à 190 F (29 €). Sur réservation. Centre d'hébergement installé dans les murs d'un ancien hospice du XVIe siècle et géré par la commune pour les pèlerins, les étudiants du Centre européen d'art roman, les randonneurs et les autres. Rapport qualité-prix imbattable. Chambres sobres et propres de 2 à 8 personnes avec douche et wc. Pensez à apporter votre linge de toilette, mais les draps sont inclus dans le prix pour 3 nuits minimum. Certaines chambres donnent sur les clochers de l'abbaye. Au réveil, c'est un régal !

🛏 ❘●❘ *Auberge Saint-Jacques* ** – rue Principale (Centre) ☎ 05.65.72.86.36.

Fax : 05.65.72.82.47. Parking. TV. ♿ Fermé le lundi hors saison. Accès : près de l'abbatiale. Doubles avec douche et wc ou bains de 185 à 245 F (28,2 à 37,4 €). Menus de 86 à 140 F (13,1 à 21,3 €). L'hôtel de Conques à la portée de toutes les bourses et présentant un bon rapport qualité-prix. Accueil agréable et chambres propres. Demandez celles pour les amoureux ! Au restaurant, bonne cuisine du terroir. 1er menu avec de la tourte, de la truite poêlée aux lardons fumés ou tripoux, fromage et dessert. Autres menus avec cassolette d'escargots à la tomate et au basilic, lotte braisée au jus de crustacés et aux poireaux, magret de canard cuit au four et figues macérées au ratafia, feuilleté de saumon à l'effilochée de légumes, fromage et dessert.

♨ |●| Le Domaine de Cambelong *** – **Cambelong** ☎ 05.65.72.84.77. **Fax :** 05.65.72.83.91. Parking. TV. Satellite / câble. ♿ Fermé le dimanche soir et le lundi du 15 octobre au 15 mars. Accès : au pied du village, le long du Dourdou. Doubles avec bains de 390 à 590 F (59,5 à 89,9 €). Formule le midi à 95 F (14,5 €). Menu régional à 145 F (22,1 €), et suivants de 185 à 320 F (28,2 à 48,8 €). C'est l'un des derniers moulins à eau le long du Dourdou. Le cadre est magnifique, et les chambres très confortables. Certaines d'entre elles ont un balcon ou une terrasse privée surplombant la rivière. Si le gîte est agréable, le couvert l'est tout autant. La formule du midi avec plat et dessert, servie autour de la piscine, fait un tabac. Les autres menus permettent à chacun de trouver son bonheur, et font la part belle aux traditions locales : truffes, foie gras, magrets, cèpes, truites et écrevisses. *10 % sur le prix de la chambre du 15 octobre au 15 avril.*

DANS LES ENVIRONS

GRAND-VABRE 12320 (5,5 km N)

|●| Chez Marie – ☎ 05.65.69.84.55. Parking. Fermé le lundi, le mardi, le mercredi et le jeudi du 15 mai au 15 septembre. Congés annuels : janvier. Accès : par la D901. Menus de 78 à 130 F (11,9 à 19,8 €). En arrivant dans ce petit village perdu au cœur du département, on a le pressentiment qu'une bonne surprise nous y attend. Une fois dans cette petite auberge, on n'est vraiment pas déçu. Le décor est simple, rustique. La terrasse couverte permet de manger dans la verdure. Accueil aimable, plein d'attention. Dans les assiettes, on découvre une bonne cuisine traditionnelle faite de bons produits et de calories. Ris de veau aux cèpes, poulet aux girolles, chevreau à l'oseille, aligot sur commande... Rien d'extravagant ; la patronne préfère s'appuyer sur des valeurs sûres. Nul doute qu'elle fait bien car on aime vraiment beaucoup. On n'est pas les seuls et il vaut mieux réserver.

CORDES 81170

Carte régionale B1

♨ Hôtel de la Cité ** – **ville haute, rue Haute (Centre)** ☎ 05.63.56.03.53. **Fax :** 05.63.56.02.47. Parking. Congés annuels : du 15 octobre au 1er avril. Doubles avec douche et wc ou bains à 290 F (44,2 €). 8 chambres seulement dans un ensemble médiéval de charme. Chambres de caractère, spacieuses et hautes de plafond, avec poutres pour certaines et vue superbe sur la campagne environnante pour d'autres. Tout le confort et un prix fort raisonnable pour une ville très touristique. Même maison que l'*Hostellerie du Vieux-Cordes* (qui possède un bon restaurant). *Petite boîte de chocolat offerte.*

♨ |●| Hostellerie du Parc ** – **Les Cabannes** ☎ 05.63.56.02.59. **Fax :** 05.63.56.18.03. Parking. TV. Fermé le dimanche soir et le lundi hors saison. Doubles avec douche à 300 F (45,7 €), et à 350 F (53,3 €) avec bains. Menus à 90 F (13,7 €), sauf dimanche et jours fériés, puis de 134 à 280 F (20,4 à 42,7 €). Grande salle à manger de style rustico-bourgeois, dans une maison en pierre qui donne sur un vieux parc et jardin fleuri. Service et accueil diligents. Le chef, Claude Izard, est un sacré personnage ! Président d'une multitude d'associations, il se veut le défenseur invétéré du goût et de l'authenticité de la cuisine française du terroir. Sa cuisine propose quelques spécialités fort réussies : lapin au chou, canard lapeyrade, escargots petits-gris à la tarnaise, croustade *Al Cabessal*, matelote d'anguille aux cèpes secs ou foie gras frais. Des lecteurs nous ont quand même signalé quelques cafouillages et atermoiements pour les réservations du restaurant. Fait aussi hôtel : chambres simples et assez confortables.

EAUZE 32800

Carte régionale A1

♨ |●| Auberge du Guinlet * – **route de Castelnau-d'Auzan** ☎ 05.62.09.85.99. **Fax :** 05.62.09.84.50. Parking. TV. ♿ Restaurant fermé le vendredi. Congés annuels : janvier. Accès : sur la D43. Doubles avec douche et wc à 250 F (38,1 €) ; bungalows au bon confort : 2 100 F la semaine en saison. Menus à 60 F (9,1 €) en semaine vin compris, à 80 F (12,2 €) avec un potage et deux plats à 100 F (15,2 €) avec confit de canard, grillade ou poisson. Repas gascon à 150 F (22,9 €). Dans une campagne très agréable, ce complexe de vacances propose diverses formules : des chambres en hôtel, des bungalows à 1 km de l'auberge, au bord d'un plan d'eau bucolique et une aire naturelle de camping. Au restaurant, cuisine familiale très simple et quelques spécialités régionales : daube de bœuf, aiguillettes de canard, assiette de poissons grillés. Nombreuses activités : tennis, belle piscine et, surtout, un golf de 18 trous réputé. *Apéritif offert.*

ENDOUFIELLE 32600

Carte régionale A2

|●| *La Ferme de Manon des Herbes* – ☎ 05.62.07.97.19. ☘ Fermé le mercredi soir. Accès : entre Lombez et l'Isle-Jourdain, sur la D634, avant l'entrée du village. Un menu à 98 F (14,9 €) le midi en semaine, à 125 F (19,1 €) avec une salade gersoise en entrée, de savoureux pilons de canard en confit et un dessert maison frais. Autres menus à 165 et 275 F (25,2 et 41,9 €). Ferme gersoise amoureusement décorée avec fleurs et bougies sur les tables, chaises en paille et bouquets accrochés aux poutres, devant une grande cheminée. De vieux meubles, de vieilles glaces en fond de décor. Une atmosphère chaleureuse et intimiste hors du temps. Cuisine régionale, grillades au feu de bois, foie chaud aux figues confites, ainsi que des poissons et fruits de mer. On goûtera notamment l'assiette aux deux foies gras maison et le turbot poché au champagne et beurre d'estragon.

ENTRAYGUES-SUR-TRUYÈRE 12140

Carte régionale B1

🏠|●| *La Truyère* ** – 60, av. du Pont-de-la-Truyère (Nord-Est) ☎ 05.65.44.51.10. Fax : 05.65.44.57.78. ● gerard.gau del@worldonline.fr ● Parking. ☘ Fermé le lundi. Congés annuels : de mi-novembre à fin mars. Doubles à 200 F (30,5 €) avec douche et wc, et de 220 à 285 F (33,5 à 43,4 €) avec bains. Menus de 70 à 200 F (10,7 à 30,5 €). Situé dans un site agréable, près du pont gothique. Sympathique auberge avec jardin. 25 chambres. Choisissez-en une avec vue sur la rivière et la vallée. Bonne cuisine. Menus avec salade mélangée, manchons et gésiers confits, truite meunière aux pignons de pin lardons et croûtons, carré d'agneau en croûte d'herbes, fromage et dessert. À la carte, découvrez la farandole de poisson mariné sur lit de mâche, le pithiviers d'escargots à la crème d'ail, les tripoux rouergats et leur mitonnée de légumes, le filet de daurade en écailles de pommes de terre et sa fine ratatouille ou encore la gourmandise de canard

aux raisins et son jus d'herbes. Une bonne petite adresse familiale. *10 % sur le prix de la chambre sauf juillet-août.*

🏠 *Hôtel du Lion d'Or* ** – Tour de Ville (Centre) ☎ 05.65.44.50.01. Fax : 05.65.44.55.43. Parking. TV. ☘ Doubles de 260 à 320 F (39,6 à 48,8 €) avec douche et wc ou bains; 420 F (64 €) avec baignoire balnéo. Une grande bâtisse de pierre sécurisante, où l'on trouve 50 belles chambres. Agréable jardin fleuri avec piscine, tennis, mini-golf. Détente, détente : il y a même un sauna et une salle de remise en forme ! Un petit resto indépendant avec terrasse d'été sert de bons petits plats traditionnels.

ESTAING 12190

Carte régionale B1

🏠|●| *Auberge Saint-Fleuret* ** – rue François-d'Estaing ☎ 05.65.44.01.44. Fax : 05.65.44.72.19. Parking. TV. Fermé le dimanche soir et le lundi. Congés annuels : janvier et février. Doubles de 150 à 260 F (22,9 à 39,6 €) avec douche et wc ou bains. Demi-pension à partir de 215 F (32,8 €). Menu en semaine à 60 F (9,1 €), puis de 100 à 215 F (15,2 à 32,8 €). Rénovation de la façade pour cette maison qui ne payait pas de mine lorsqu'on y arrivait. Mais tout ce qui ne se voyait pas à l'extérieur se trouvait à l'intérieur. Chambres agréables (surtout si elles donnent sur le jardin) et rénovées il y a quelques années. Salle de resto chaleureuse et fleurie dans les tons bleus et une cuisine inventive. Tarte à la tomate et aux escargots gratinée à la tome fraîche, émincé de magret de canard jus infusé aux fruits rouges, tulipe de fraise au caramel mou. Ascètes, passez votre chemin ! Prix plus que raisonnables. Seule petite ombre au tableau : l'accueil un peu nonchalant. Gageons que cela s'arrangera.

🏠|●| *Hôtel-restaurant Aux Armes d'Estaing* ** – quai du Lot ☎ 05.65.44.70.02. Fax : 05.65.44.74.54. Parking. TV. Congés annuels : du 15 novembre au 1er mars. Doubles à partir de 160 F (24,4 €) avec lavabo. Dans l'annexe, chambres bien rénovées à 250 F (38,1 €). Hôtel de tourisme traditionnel au charme provincial. La patronne, fort courtoise, propose dans le bâtiment principal des chambres très correctes avec lavabo. Excellent rapport qualité-prix. Très agréable salle à manger. Service un peu long, surtout les jours où il y a des groupes, mais bonne cuisine. Plats plutôt classiques, mais réservant quelques surprises gustatives : salade de ris d'agneau aux girolles, lotte à la badiane et à la vanille, magret de canard aux baies, mignon de veau au foie gras. Aligot tous les jours. *Café offert.*

ESTANG   32240

Carte régionale A1

🛏️ |❷| *Hôtel-restaurant du Commerce* * – le bourg ☎ 05.62.09.63.41. Fax : 05.62.09.64.22. TV. Accès : au centre du village, près des arènes classées Monument historique. Doubles avec douche et wc ou bains de 170 F (33,5 à 36,6 €). Menus à 70 F (10,7 €) sauf jours de fêtes et dimanche, et de 120 à 160 F (18,3 à 24,4 €). Carte à 200 F (30,5 €) environ. Coup de jeune pour cette vénérable institution de la cuisine régionale. Des chambres entièrement refaites, idéales pour une étape ; à prendre en demi-pension sans hésiter pour découvrir la cuisine maison : truites farcies aux cèpes, foie gras chaud aux fruits, magret fourré aux cèpes et foie frais. Jetez-vous sur les menus, ou faites-vous plaisir à la carte en vous offrant un « portefeuille royal » (magret fourré au foie gras et aux cèpes). Décor coloré, accueil sympathique. *Digestif offert.*

FIGEAC   46100

Carte régionale B1

🛏️ *Hôtel Champollion* ** – 3, place Champollion (Centre) ☎ 05.65.34.04.37. Fax : 05.65.34.61.69. TV. Accès : au cœur de la vieille ville. La double avec tout le confort de 250 à 270 F (38,1 à 41,2 €). Bar-hôtel idéalement situé au cœur de Figeac, et où il fait bon venir poser son sac. Un endroit qui nous change des établissements traditionnels. D'abord, les chambres : au nombre de dix, claires, spacieuses et avenantes. Literie de qualité et belles salles de bains. Certaines chambres ont vue sur la place Champollion. Entretien tip-top. Partout, laque noire et bois blond font bon ménage. La déco générale de l'hôtel est très réussie, avec cette belle montée d'escalier formant un petit atrium. Bar très sympa avec agréable terrasse. Clientèle de lycéens, commerçants du coin, mais aussi routards et quelques margeos d'ici ou d'ailleurs. On y vient plutôt lire *Libé* que le *Fig*. Rapport qualité-prix plus que correct. Accueil vraiment sympa pour une adresse qu'on aime beaucoup. *10 % sur le prix de la chambre à partir de 2 nuits.*

|❷| *Restaurant La Cuisine du Marché* – 15, rue Clermont (Centre) ☎ 05.65.50.18.55. Fermé le dimanche. En semaine, formule du déjeuner à 70 F (10,7 €), puis menus de 110 à 230 F (16,8 à 35,1 €). Un établissement qui tranche avec la majorité des autres restaurants du département. Les mets proposés sont « travaillés » devant vous, dans la cuisine, partiellement ouverte sur la salle. Les meilleures matières

premières sont sélectionnées, puis cuisinées avec précision et souci de légèreté. Couleurs, saveurs, odeurs, vraiment, *La Cuisine du Marché* n'a pas usurpé son nom ! Foie gras poêlé, filet d'ombre-chevalier et desserts d'une grande finesse. Goûter au dôme de fruits rouges etc. Selon votre choix, vous assisterez aux petits spectacles gourmands que sont les flambages et découpages, rarissimes de nos jours. À l'origine de ce lieu : Joël Centeno, un homme chic et décontracté, comme le cadre de son beau restaurant. On le sent plus chef d'équipe que patron, et il a su créer une ambiance vraiment conviviale car il s'occupe personnellement de l'accueil et du service, avec à ses côtés son épouse et une jeune équipe à qui il a communiqué enthousiasme et dynamisme. *La Cuisine du Marché* jouit d'un excellent bouche à oreille. Réservation hautement conseillée. *Apéritif offert.*

|❷| *La Puce à l'Oreille* – 5, rue Saint-Thomas (Centre) ☎ 05.65.34.33.08. Fermé le lundi (sauf en juillet-août). Accès : au cœur de la vieille ville, à deux pas de la halle et du musée Champollion. Formules à 75 et 95 F (11,4 et 14,5 €) sauf le dimanche, puis 3 menus de 140 à 180 F (21,3 à 27,4 €). Salle sur plusieurs niveaux, avec mezzanine et élégantes ouvertures ogivales donnant sur un frais jardinet aux murs tapissés de lierre. Très beaux volumes et cheminée magistrale dans une fort belle demeure du XVᵉ siècle. Cuisine appliquée. Papillote de sandre à l'huile de noisette vanillée, magret de canard à la confiture d'oignon (à la carte, un magret entier par personne !). Plats bien présentés, assiettes chaudes, service dynamique et souriant, avec en plus de charmantes attentions qui font la différence. On vous conseille de réserver.

FOIX   09000

Carte régionale B2

🛏️ |❷| *Hôtel Lons* *** – 6, place G.-Duthil (Centre) ☎ 05.61.65.52.44. Fax : 05.61.02.68.18. TV. Canal+. ♿ Fermé le vendredi soir et le samedi midi hors saison. Congés annuels : du 20 décembre au 20 janvier. Accès : dans la vieille ville près du Pont-Vieux. Doubles avec bains à 270 F (41,2 €). Demi-pension : 240 F (36,6 €). Menu en semaine à 76 F (11,6 €), autres de 95 à 130 F (14,5 à 19,8 €). Le charme discret de l'hôtel classique de province. Idéal pour un passage... Chambres doubles confortables. À la carte, un peu plus cher.

🛏️ *Hôtel Pyrène* – « Le Vignoble », rue Serge-Denis (Sud) ☎ 05.61.65.48.66. Fax : 05.61.65.46.69. Parking. TV. ♿ Congés annuels : du 20 décembre au 20 janvier. Accès : à environ 2 km du centre-ville, direc-

MIDI-PYRÉNÉES

tion Espagne, route de Soula-Roquefixade. Doubles avec douche ou bains à 300 F (45,7 €). Hors saison, chambres à partir de 270 F (41,2 €). Si vous voulez qu'on vous conte la légende de Pyrène, pas de problème. Si vous désirez avoir une paix royale, pas de problème non plus. Cet hôtel, que l'on qualifiera de « moderne » par rapport à tous ceux qui font trop souvent leur âge, est bien placé pour rafler le flot touristique, à la sortie de Foix. On oublie vite la proximité de la N20 pour ne plus voir que la piscine, la verdure alentour. Pas de restaurant. *Apéritif ou boisson offerte.*

|●| Le Sainte-Marthe – 21, rue Noël-Peyrévidal (Centre) ☎ 05.61.02.87.87. Fermé le mercredi hors saison et le mardi soir. Congés annuels : février. Petit menu, le midi à 95 F (14,5 €). Les autres vont de 135 à 220 F (20,6 à 33,5 €). C'est la grande adresse de Foix, qui a remplacé le défunt *Camp du Drap d'Or.* Sur la petite place Lazéma dominée par le château, un lieu très chic, très feutré. Parmi les spécialités : cassoulet maison au confit de canard, chèvre chaud à la chantilly au cumin, Tatin de boudin et émincé de champignons, gâteau de foie blond. Du sérieux.

DANS LES ENVIRONS

SAINT-PIERRE-DE-RIVIÈRE 09000

(5 km O)

≜ |●| Hôtel-restaurant La Barguillère ** – (Centre) ☎ 05.61.65.14.02. Fax : 05.61.65.14.02. Fermé le mercredi. Congés annuels : de novembre à fin février. Accès : par la D17. Doubles avec douche et wc ou bains de 220 à 230 F (33,5 à 35,1 €). Menus à partir de 80 F (12,2 €) avec fromage, dessert, vin et café jusqu'à 220 F (33,5 €) servis au bar. Menu enfant à 40 F (6,1 €). Sympathique petit hôtel de village avec gentil jardin. Réputé depuis 20 ans pour sa bonne cuisine servie dans une chaleureuse salle à manger. Plats du terroir : filet de truite rose à la ciboulette et aux écrevisses, foie gras frais aux pommes fondantes flambées à l'hypocras, fricassée de chevreau aux morilles. Excellente mouclade des Charentes (pas vraiment régionale, cette spécialité rappelle surtout les origines du chef !), confit, aiguillettes de canard aux cèpes, tripes paysannes, etc. Et un « menu campagnard » avec des produits du terroir. *Café offert.*

BOSC (LE) 09000 (12 km O)

≜ |●| Auberge Les Myrtilles – col des Marrous ☎ 05.61.65.16.46. Fax : 05.61.65.16.46. TV. Fermé le lundi et le mardi de mi-octobre à mi-juin. Congés annuels : décembre. Accès : prendre la D17

direction le col des Marrous. Doubles avec douche et wc de 200 à 220 F (30,5 à 33,5 €), avec bains à 250 F (38,1 €). Plat du jour à 50 F (7,6 €). Menus de 90 à 135 F (13,7 à 20,6 €). Un chalet comme on les aime, à 1 000 m d'altitude, avec 7 chambres à 4 km, l'hiver, de la blanche neige (les pistes de ski de fond de la Tour Laffont, pour ceux qui ne suivraient pas !). Un endroit agréable en toutes saisons, qui plaît autant aux marcheurs qu'aux rois du cocooning, aux gros mangeurs qu'aux fins gourmets. De l'omelette aux cèpes à la fameuse tarte aux myrtilles en passant par l'azinat, le salmis ou les truites, vous devriez trouver votre bonheur. Une piscine couverte, un sauna et un jacuzzi étaient en prévision pour le début de cette année. *Apéritif offert.*

Carte régionale B1

≜ |●| La Verrerie – 1, rue de l'Égalité (Ouest) ☎ 05.63.57.32.77. Fax : 05.63.57.32.27. Parking. TV. ♿ Accès : à l'ouest de la ville, route de Montauban. Bien indiqué. Doubles avec douche et wc à 300 F (45,7 €), avec bains à 400 F (61 €). Menu le midi à 80 F (12,2 €), autres de 100 à 170 F (15,2 à 25,9 €). Gaillac possède un établissement de prestige. Voici un hôtel récent installé dans une belle bâtisse du XIXᵉ siècle (une ancienne verrerie). Aménagement d'un goût remarquable ayant su mâtiner le charme des lieux et de l'environnement et un style moderne chaleureux. Chambres personnalisées, calmes et lumineuses. Riches tissus avec large utilisation des bois clairs. Vraiment plaisantes et confortables. En outre, des prix tout à fait raisonnables, vue sur le grand parc, propice à la détente et la méditation (superbe bambouseraie). Accueil à la hauteur des prestations. Restaurant où l'on trouvera le meilleur du terroir local.

|●| Les Sarments – 27, rue Cabrol (Centre) ☎ 05.63.57.62.61. ♿ Fermé le samedi midi, le dimanche soir et le lundi. Congés annuels : du 24 décembre au 6 janvier et du 15 février au 10 mars. Menus de 130 à 240 F (19,8 à 36,6 €). Derrière la basilique Saint-Michel, dans le vieux quartier de la Portanelle, découvrez dans cette belle et discrète ruelle médiévale un restaurant qui a construit sa réputation en grande partie par le bouche à oreille. C'est la meilleure façon, vous diront beaucoup. Cadre splendide. C'est un ancien cellier aux élégantes voûtes de brique des XIVᵉ et XVIᵉ siècles. Pas de rénovation intempestive, c'est brut de forme et confère beaucoup de charme à l'ensemble. Tables bien séparées pour chuchoter des mots d'amour et musique discrète. En outre, accueil affable et atmosphère peu guindée. Belle cuisine donc, allant chercher son inspiration dans le terroir, puis dans les télescopages des goûts et des saveurs. Pas mal de choix, évoluant bien sûr suivant le marché : poêlée de foie gras sur lit de choux, cuissot de canard confit, aumônière de saumon fond d'artichaut crème de pistache, tarte feuilletée aux pommes etc. Des sarments pas prêts de se consumer !

DANS LES ENVIRONS

BRENS 81600 (3 km SO)

â *Les Chalets de Fiolles* – route de Montans ☎ 05.63.57.69.67. Fax : 05.63.57.65.22. Parking. ♿ Accès : de Gaillac, prendre la D87 en direction de Montans, Lavaur ; à moins de 3 km, tourner à droite ; bien indiqué. Par la A68 Albi-Toulouse, sortie n° 9. Doubles avec douche et wc à 250 F (38,1 €) la nuit pour deux et 300 F (45,7 €) pour quatre. En pleine campagne, au bord du Tarn, beaux chalets proposant 2 chambres, salle de bains, cuisine équipée, terrasse, etc. Charme du bois brut, espace, bien meublé et fort bien tenu. Prix imbattables. En outre, prix encore plus intéressants à la semaine ou au mois. Idéal pour les familles ou les petites bandes de copains. Accueil sympathique en prime, calme assuré (ancienne propriété viticole), salle commune, lave-linge, jeux pour enfants, barques pour se balader sur le Tarn, etc.

GAUDENT 65370

Carte régionale A2

â|●| *Hôtel-restaurant La Chapelle d'Albret* – ☎ 05.62.99.21.13. Fax : 05.62.99.23.69. Parking. TV. Fermé le lundi et la 1re semaine de janvier. Accès : par la D26 puis la D925. 220 F (33,5 €) la double avec douche ou bains, téléphone et wc. Menu le midi en semaine à 80 F (12,2 €). Compter 140 F (21,3 €) à la carte. À quelques mètres de la chapelle du XIIe siècle qui lui a donné son nom, un hôtel-restaurant de construction récente mais qui s'inscrit harmonieusement dans la vallée de Barousse. Les vaches broutent aux pieds des balcons d'agréables chambres en duplex. En cuisine, le patron, Michel Castet, n'oublie pas qu'il est né dans cette vallée et revisite avec talent quelques recettes traditionnelles : *roussole* (farci de poule au pot), *parcellous* (choux farcis sauce morilles), magret cocotte, poitrine de veau... *Apéritif offert.*

GAVARNIE 65120

Carte régionale A2

â|●| *La Chaumière* – ☎ 05.62.92.48.08. Parking. Congés annuels : du 1er novembre au 20 décembre. Accès : à 500 m du village sur le chemin du cirque, au bord du Gave ; c'est l'une des dernières maisons. Doubles avec lavabo à 170 F (25,9 €), douche et wc sur le palier, avec douche à 190 F (29 €). Le 1er menu, à 55 F (8,4 €) environ, n'est proposé que pendant les vacances. Aucun obstacle pour admirer le site. Plutôt considéré comme café-restaurant, cet établissement a tout de même 2 chambres à disposition, toutes simples mais fort bien tenues. Possibilité de se restaurer : crêpes, omelettes, casse-croûte, quelques spécialités du pays, *afternoon tea*. *5 % sur le prix de la chambre à partir de 2 nuits consécutives sauf février, mars, juillet et août.*

â *Hôtel Compostelle* ** – rue de l'Église (Sud) ☎ 05.62.92.49.43. Fax : 05.62.92.49.43. Parking. ♿ Congés annuels : du 30 septembre au 5 février. Accès : en surplomb du village. Compter 210 F (32 €) la double avec douche et téléphone, 235 F (35,8 €) avec les toilettes, enfin 285 F (43,4 €) avec bains. Après avoir pas mal bourlingué, Sylvie (randonneuse infatigable et grande fan du *Velvet Underground* !) a repris ce petit hôtel de famille. Les chambres aux noms de fleurs des montagnes (ancolie, edelweiss...) donnent pour certaines sur le cirque. C'est le cas notamment de « Lys », notre préférée, avec son petit balcon équipé de fauteuils. Au 2e étage, chambres avec lucarnes. Notre meilleure adresse à Gavarnie. *10 % sur le prix de la chambre pour 2 nuits consécutives hors vacances scolaires.*

GIROUSSENS 81500

Carte régionale B2

â|●| *Hôtel-restaurant L'Échauguette* – (Centre) ☎ 05.63.41.63.65. Fax : 05.63.41.63.13. Fermé le dimanche soir et le lundi (sauf en juillet-août-septembre). Congés annuels : du 1er au 21 février et du 15 au 30 septembre. Accès : A68, sortie n° 7. Doubles avec bains à 280 F (42,7 €). Un large choix de menus de 120 à 270 F (18,3 à 41,2 €). Vins à partir de 64 F (9,8 €) et demi-gaillac à 28 F (4,3 €). Une précision de vocabulaire : une échauguette est une charmante petite tourelle au coin d'une maison. Toutefois, si le toit est conique, il vous faut parler non d'une échauguette mais d'une échauguette ! Cette maison du XIIIe siècle abrite 5 chambres. On y déguste aussi une cuisine de bonne réputation dans la région. Le lieu est superbe, la cuisine fine et recherchée. Belle carte aussi où nous avons sélectionné : marbré de volaille au foie gras, rognons au vin de Gaillac, filet de rascasse, canette au jus de cèpes, etc. Vous y trouverez l'accueil chaleureux de Claude Canonica qui est absolument intarissable sur l'histoire du village et de la région. *Apéritif ou café ou petit déjeuner offert.*

DANS LES ENVIRONS

SAINT-SULPICE 81370 (9 km O)

I●I *Auberge de la Pointe* – ☎ 05.63.41.80.14. Parking. Fermé le mardi soir et le mercredi sauf de juin à septembre. Accès : sur la N88, ou sur la A68 sortie Saint-Sulpice. Menus de 90 à 190 F (13,7 à 29 €). Menu enfant à 50 F (7,6 €). À la carte, compter 200 F (30,5 €). Un poids lourd de la gastronomie locale. Salles immenses, mais bien aménagées et conviviales, et une terrasse ombragée surplombant le Tarn. Plusieurs menus : foie gras chaud au vinaigre de xérès, fricassée de queues de langoustines aux pleurotes, civet de lapin au sang à l'italienne, sandre rôti au gratin d'aubergines, pigeonneau aux champignons des bois, etc., crème brûlée aux framboises... *Apéritif offert.*

GRAMAT   46500

Carte régionale B1

â I●I *Le Lion d'Or* – 8, place de la République ☎ 05.65.38.73.18. Fax : 05.65.38.84.50. Parking. TV. Congés annuels : de mi-décembre à mi-janvier. La double tout confort avec douche et wc ou bains de 280 à 400 F (42,7 à 61 €). Au restaurant, plusieurs menus de 105 à 300 F (16 à 45,7 €). Avant d'être un bel hôtel chic et confortable, *Le Lion d'Or* est à nos yeux une des meilleures tables de la région. Une maison à son aise dans la grande tradition hôtelière française, avec service et accueil parfaits, au diapason d'un cadre ultra-classique et raffiné : décor crème, moquette à ramages, lustres hollandais, tableaux aux murs, puis des tables parfaitement nappées et dressées. Alors, tout peut commencer, c'est-à-dire un superbe moment de gastronomie. René Momméjac est un grand cuisinier, un artisan expérimenté maîtrisant parfaitement son art, sans pour autant s'encroûter dans un répertoire figé. Les plats dont il nous a régalés en sont autant de preuves. Galette de ris d'agneau et pieds de porc aux pointes d'asperges, aux saveurs et consistances multiples. Veau de pays, tout simplement cuit en cocotte, merveilleusement parfumé et d'une mâche incomparable, accompagné de rattes (variété de petites pommes de terre) sautées, bonnes comme dans un souvenir

d'enfance. Puis des desserts vraiment pensés, comme ce rustique *crumble* pommecoing, subitement anobli aux côtés d'une exquise glace vanille et d'un lait de réglisse. Ajoutons à cela une imposante carte des vins dans laquelle l'amateur repèrera vite quelques bonnes affaires, dans les cahors, les vieux millésimes et même certains champagnes (allez ! pour une grande occasion). À l'hôtel, des chambres cossues et confortables, impeccablement entretenues, de plaisants salons et un beau jardin calme et verdoyant. *NOUVEAUTÉ.*

â I●I *Le Relais des Gourmands* ** – 2, av. de la Gare ☎ 05.65.38.83.92. Fax : 05.65.38.70.99. Parking. TV. Fermé le dimanche soir et le lundi midi (sauf en juilletaoût). Congés annuels : pendant les vacances scolaires de février. Accès : près de la gare de campagne, direction Cahors. Doubles avec bains de 290 à 360 F (44,2 à 54,9 €), demi-pension de 300 à 365 F (45,7 à 55,6 €). Au resto, menu à 90 F (13,7 €) sauf le dimanche et plusieurs menus de 100 à 220 F (15,2 à 33,5 €). Des chambres suffisamment vastes, bien entretenues, mais à la décoration un peu impersonnelle, dans une grande maison particulière entièrement reconstruite avec piscine et bar extérieur, ça, c'est vraiment agréable. Le restaurant s'est fait une belle réputation dans la région. Cuisine assez inspirée et, surtout, sauces légères et délicieuses. Ravigotant tartare de saumon, délicieux filet de rascasse farci à la duxelles de coquillages et champignons, accompagné d'une sauce au noilly-prat qui force au respect. De bons fromages et des desserts d'une grande finesse. Ah ! La couronne chocolatée à la mousse d'orange, on n'est pas près de l'oublier. Belle palette de vins à prix raisonnables. Un coup de chapeau à Suzy Curtet pour sa grande disponibilité, sa gentillesse et ses délicates attentions qui rendent l'établissement encore plus sympathique. *10 % sur le prix de la chambre sauf juillet-août.*

DANS LES ENVIRONS

RIGNAC 46500 (10 km NO)

I●I *Restaurant Malet* – sur la place de Rignac ☎ 05.65.33.63.85. Accès : par la N140 puis la D20. Menu au déjeuner à 65 F (9,9 €), menu régional à 105 F (16 €) sur réservation. Rien ne signale la présence d'un restaurant sur la place de ce mignon village ; à peine une vieille plaque presque illisible. La porte d'entrée est toujours ouverte aux beaux jours. Chez *Malet* se retrouvent les ouvriers qui travaillent dans les environs et les gens du coin, autour de grandes tables. On y mange pour une somme dérisoire une cuisine simple et familiale, servie en quantité complètement impressionnante. Le jour de notre visite, c'était un dimanche midi, nous avons eu droit à une soupe consistante, du jambon cru, du pot-au-feu, puis du rosbif garni de frites et de flageolets. Rien que ça! Ensuite, fromages, puis une salade de fraises, un café accompagné de galettes Saint-Michel et une bouteille de vin étoilée (pas mal pour faire *chabrot*). Tout ça est compris dans le premier menu. Au menu régional, il y a toujours de la soupe, de la charcuterie, du confit, des cèpes, de la salade, etc. Accueil extrêmement sympathique des deux femmes de la maison (maman aux fourneaux et sa fille au service). Salle à manger décorée d'un adorable bric-à-brac. Ambiance entre *Le Grand Chemin* et *Le bonheur est dans le pré*, on croit rêver. Arriver affamé s'impose, et prévoir une grande excursion pour l'après-midi, digestion oblige. *NOUVEAUTE*.

GRAULHET   81300

Carte régionale B2

|●| *La Rigaudié* – **route de Saint-Julien-du-Puy (Est)** ☎ 05.63.34.50.07. Fermé le samedi midi, le dimanche soir et le lundi. Congés annuels : en août et la dernière semaine de décembre. Accès : à 2 km. Menu à 80 F (12,2 €) le midi en semaine, autres de 150 à 240 F (22,9 à 36,6 €). Dans le cadre splendide d'un vieux parc ou dans la vaste salle (climatisée) au superbe plafond à la française, une excellente cuisine vous est servie avec professionnalisme. Faites-vous plaisir, et prenez l'apéritif (gaillac blanc doux) et le menu poisson. Après l'amuse-bouche, délaissez la sole pour le cabillaud à la tapenade. Ce poisson souvent médiocrement considéré se retrouve ici au rang des meilleurs. De première fraîcheur, préparé avec art, il devient un délice. Pour bien faire, accompagnez-le d'un gaillac perlé. Autres plats : Saint-Jacques rôties, ravioles de foie gras au jus de veau, pigeon cuit cocotte, tarnette de canard gras aux pommes sauce au miel, etc. Beaux desserts (ah, le savoureux gâteau meringué). Entre les deux, plateau de fromages... De la table sérieuse et réjouissante. *Apéritif offert.*

DANS LES ENVIRONS

LASGRAÏSSES 81300 (8 km NE)

|●| *Chez Pascale* – **au bourg (Centre)** ☎ 05.63.33.00.78. Fermé le soir sauf vendredi et samedi. Congés annuels : la dernière quinzaine d'août. Accès : sur la D84, en direction d'Albi. Pléthore de menus de 70 F (10,7 €), le midi en semaine, à 180 F (27,4 €). On y trouve tous les clichés du bistrot de village : les chromos au mur, le buffet avec les coupes, les toiles cirées où viennent glisser les conversations philo-politiques des voisins ou les derniers ragots du canton. Un des derniers vrais, encore vaillant dans une région pourtant sinistrée. Le premier menu (vin compris et café pour les pensionnaires et VRP exclusivement) se révèle déjà superbe avec un beau buffet de hors-d'œuvre (avec jambon de pays fumé) et des p'tits plats de campagne bien mijotés. À noter, un des rares restos où l'on sache vraiment cuire un steak bleu (rouge vif et chaud tout à la fois!). Plateau de fromages, mais pensez à garder de la place pour le délicieux flan maison. Serveuse adorable. La totale! *Café offert.*

LACROUZETTE   81210

Carte régionale B2

🏠|●| *L'Auberge de Crémaussel* – ☎ 05.63.50.61.33. Fax : 05.63.50.61.33. Parking. Fermé le mercredi et le dimanche soir. Accès : de Castres, prendre la D622 direction Lacaune; passer Lafontas (5 km) et 2 km plus loin tourner à gauche, direction Lacrouzette-Rochers du Sidobre; on tombe 4 km plus loin sur la D30 : tourner à gauche, puis sur la droite à 2 km, toujours direction Rochers du Sidobre; l'auberge est alors indiquée, on tombe dessus. Doubles avec douche et wc à 200 F (30,5 €). Menus de 90 à 130 F (13,7 à 19,8 €) et tarifs honnêtes à la carte : comptez 120 F (18,3 €). Réservez. 5 chambres bien propres avec parquet et murs pastel. Resto champêtre, chaleureux et réputé. Dans la salle, mur de pierre et belle cheminée. Excellente salade au roquefort et spécialités de soupe au fromage (l'hiver) et écrevisses (l'été) sur commande. Daube à l'ancienne, également sur commande. Pour finir, divine croustade, pâtisserie locale : 12 F (1,8 €). Une bien bonne adresse. *Café offert. 10 % sur le prix de la chambre à partir de 2 nuits consécutives.*

LAGUIOLE   12210

Carte régionale B1

🏠|●| *Hôtel Régis* ★★★ – **place de la Patte-d'Oie (Centre)** ☎ 05.65.44.30.05. Fax : 05.65.48.46.44. Parking. TV. Fermé le dimanche soir et le lundi de novembre à fin janvier. Congés annuels : du 4 au 23 décembre. Doubles de 160 à 240 F (24,4 à 36,6 €) avec douche et wc et de 290 à 360 F (44,2 à 54,9 €) avec bains. Menus de 65 à 140 F (9,9 à 21,3 €). Une institution à Laguiole, un des hôtels les plus anciens! Chambres totalement rénovées, confortables mais du coup un peu aseptisées. Bonne cuisine traditionnelle. Menu à 92 F (14 €) avec feuilleté au roquefort, tripoux, aligot, fromage et dessert, et autre à

140 F (21,3 €) avec salade au filet d'oie fumée et foie d'oie ou croustade d'escargots, confit de canard ou tournedos, aligot... *10 % sur le prix de la chambre sauf weekends et vacances scolaires.*

⏥ |●| *Grand Hôtel Auguy* *** – 2, allée de l'Amicale ☎ **05.65.44.31.11. Fax : 05.65.51.50.81.** TV. ❄ Fermé le dimanche soir et le lundi midi sauf vacances scolaires. Congés annuels : du 19 novembre au 15 mars. Doubles à 240 F (36,6 €) avec douche et wc, et de 300 à 370 F (45,7 à 56,4 €) avec bains. Menus de 135 à 200 F (20,6 à 30,5 €). Demi-pension de 260 à 320 F (39,6 à 48,8 €) par personne en juillet-août. En plein centre du village, la réputation de la maison n'est plus à faire. Chambres plaisantes, soignées et bien équipées. Belle salle de resto claire et cossue au décor un peu tape-à-l'œil. Qu'importe ? L'important réside dans le contenu des assiettes ! Cuisine de grande qualité. Comme quoi, avoir l'un des meilleurs maîtres queux de France, dans le coin, ça tire vers le haut. Et on ne s'en plaindra pas ! Le terroir et les plats traditionnels sont en bonne place dans une carte riche en suggestions. L'ensemble est tout à fait savoureux. Menus dans lesquels on trouve des crépinettes de joues de porc confites à la crème de lentilles, truite de laguiole (le fromage, pas le couteau !) en croustillant de lard ou tripes de bœuf, succulente galette de pied de porc et gratin au laguiole ou aligot de montagne avec soit la saucisse de pays ou le faux-filet d'Aubrac. Craquez sur les desserts fins délicieux. On ne vous raconte pas le craquelin à l'amande amère avec sa compote de fraises ! Accueil et service très agréables, souriants et charmants. Une excellente adresse, quoi. *10 % sur le prix de la chambre pour 2 nuits consécutives lors des week-ends sauf juillet-août.*

DANS LES ENVIRONS

CASSUÉJOULS 12210 (10 km NO)

|●| *Chez Colette* – ☎ **05.65.44.33.71.** Fermé le mercredi hors saison. Réservation impérative. Accès : par la D900 vers le barrage de Sarrans. Menu en semaine à 55 F (8,4 €), suivant à 75 F (11,4 €). Se perdre sur les petites routes de la France profonde aura toujours du bon, surtout lorsque, au bout du chemin, on tombe sur des adresses comme ce petit bistrot de campagne. Colette saura vous faire aimer sa région et son terroir. Tout d'abord, elle vous en parlera avec beaucoup de passion et de chaleur. Ensuite, elle vous fera goûter quelques bons petits plats simples et roboratifs, confectionnés par toutes les grands-mères aveyronnaises. La sienne avait sans doute quelques petits tours de main en plus que Colette a bien assimilés. Cadre ultra-simple,

ambiance bonhomme et amicale. Pour une fois, on ne se sent pas perdu au milieu des habitués qui se retrouvent ici régulièrement. On comprend vite pourquoi ils reviennent souvent. Avec le second menu, nous avons eu droit à du melon, du flan aux pleurotes, de la saucisse accompagnée d'aligot, du fromage et un dessert. Qui dit mieux ? Pour les petits appétits, on mange très bien avec le 1er menu. En somme, l'adresse routarde de rêve par excellence. *Café offert.*

LATOUILLE-LENTILLAC 46400

Carte régionale B1

⏥ |●| *Restaurant Gaillard* ** – au bourg ☎ **05.65.38.10.25.** Fax : **05.65.38.13.13.** Parking. TV. Canal+. ❄ Congés annuels : novembre. Accès : à 7 km de Saint-Céré. Doubles avec douche et wc ou bains de 210 à 270 F (32 à 41,2 €). Menu à 75 F (11,4 €) sauf le dimanche midi, autres de 100 à 160 F (15,2 à 24 €). Chambres simples et propres, certaines avec vue sur la rivière. Un resto traditionnel qui jouit d'une excellente réputation. Les gens du pays viennent régulièrement se régaler des truites fraîches, confits et autres produits du terroir aussi goûteux. Laissez-vous tenter par les champignons ou par l'agneau du pays. Excellents desserts. En prime, l'accueil est chaleureux. *Café offert.*

LAUTREC 81440

Carte régionale B2

⏥ |●| *La Pergola* – 5, rue Saint-Esprit (Centre) ☎ **05.63.75.98.77.** TV. Congés annuels : de novembre à février. Doubles avec douche et wc ou bains à 250 F (38,1 €). Menu à 60 F (9,1 €) fort simple. À 98 F (14,9 €) avec buffet d'entrées, grillades, buffet de desserts. Les jours de fête et en août « menu Pergola » à 115 F (17,5 €) avec plusieurs entrées, fromages, desserts. Tout en haut d'un des plus beaux villages du Tarn. Au bout de marches bien usées, sous les ailes d'un vénérable moulin, dans un grand jardin fleuri, découvrez ce sympathique petit resto. Il offre une cuisine familiale sans prétention servie généreusement. Patronne aux fourneaux et Monsieur particulièrement causant et affable au service. Légumes du jardin. Ici, on aime tellement les tomates qu'on y fait pousser jusqu'à 30 espèces. Produits frais et plats suivant le marché : magret, cuisse de canard confite, pigeonneau aux pruneaux, espadon à l'ananas, brochettes de gambas, gigot d'agneau, moussaka, etc., ça tourne ! Excellentes pizzas au feu de bois. Toujours gâteaux maison. On mange dehors, vélum et parasols quand ça cogne trop fort. Mon Dieu, que les soirées sont douces et apaisées avec pour seul horizon la forêt de toits et le clocher de l'église. Pour dormir, 4 belles chambres d'hôte dans une vieille demeure en contrebas. La félicité n'est guère loin... *Petit déjeuner, digestif offerts.*

I●I *Le Champ d'Allium* **– 4, route de Castres (Centre) ☎ 05.63.70.52.41.** Fermé le dimanche soir et le lundi, ainsi que les midis du mardi au vendredi de septembre à juin. Congés annuels : 3 semaines en janvier et 1 semaine en septembre. Accès : à 15 km au nord-ouest de Castres, par la D83. Menus de 130 à 280 F (19,8 à 42,7 €). Installé dans une maison du pays et considéré comme l'une des cuisines les plus imaginatives du Tarn. Pas donné certes, mais repas de fête pour les papilles. Le chef se fournit essentiellement chez les petits producteurs locaux et achète le meilleur au gré des marchés... Résultat, des plats inspirés d'une rare finesse. Choix cornélien entre le ragoût de crêtes de coq aux petits oignons et le gaspacho de langoustines rôti au lard fumé. Sans oublier la selle d'agneau de lait en croûte d'herbes, le filet de bœuf à la moelle ou le pigeonneau du Lauragais. Quant au turbot de ligne piqué au laurier... Mais la carte a déjà changé. Ici, point de routine ! Très agréable et confortable salle à manger. *Café offert.*

LAVAUR 81500

Carte régionale B2

▲ I●I *Hôtel le·Jardin* **– 8-10, allées Ferréol-Mazas (Centre) ☎ 05.63.41.40.30. Fax : 05.63.41.47.74.** TV. ✿ Fermé le dimanche soir et le lundi. Congés annuels : la 2ᵉ quinzaine d'août. Accès : à deux pas de la cathédrale. Chambres confortables à 250 F (38,1 €). Menu le midi en semaine à 85 F (13 €), suivants de 115 à 225 F (17,5 à 34,3 €). Le meilleur hôtel de la ville. Grande demeure traditionnelle se fondant dans le paysage urbain. Accueil sympathique. Resto proposant une carte classique, mais que des produits frais. Pain maison. Quelques plats : tournedos de canard aux cerises, saumon frais fumé, carré d'agneau au thym, petite marmite de la mer, etc.

LECTOURE 32700

Carte régionale A1

▲ I●I *Hôtel de Bastard* **★★ – rue Lagrange (Nord) ☎ 05.62.68.82.44. Fax : 05.62.68.76.81.** Parking. TV. Congés annuels : du 23 décembre au 1ᵉʳ février. Doubles de 260 à 380 F (39,6 à 57,9 €) avec douche et wc. En demi-pension (à partir de trois jours) : de 275 à 370 F (41,9 à

56,4 €) par personne. Beaux menus à 90 F (13,7 €) servi tous les jours, sauf le dimanche, de 155 à 300 F (23,6 à 45,7 €). Superbe hôtel de charme présentant un remarquable rapport qualité-prix. Belle demeure du XVIIIᵉ siècle meublée et décorée avec un goût raffiné. Bon accueil. Idéal pour jeunes mariés ou amoureux passionnés. En prime, grande terrasse entourée de toits de tuile dominant piscine et cyprès. On y sert les repas aux beaux jours. C'est l'une des tables les plus agréables de la région. La cuisine est créative, d'une grande finesse : Jean-Luc Arnaud est membre de la *Ronde des Mousquetaires* qui réunit les grands noms de la gastronomie gasconne. Egalement une formule à la carte très intelligente qui permet de butiner quelques spécialités du chef : une entrée et un dessert, un plat et un dessert, etc. On goûtera notamment l'émin-cé de coquilles Saint-Jacques crues aux pommes vertes et colombo, pigeon rôti et blini de pommes de terre, pot-au-feu de foie frais de canard gras (en hiver). Les desserts sont de la même veine : soufflé aux pruneaux, brochette de fruits sauce chocolat et parfait pistache... Enfin, les hédonistes distingués ne manqueront pas le dernier menu, exceptionnel (alcool inclus) au nom sergio-léonien de *Il était trois fois en Armagnac* : le chef a créé trois recettes de foie gras pour accompagner trois eaux-de-vie blanches de la région. Sublime ! On termine en apothéose sur un dessert au chocolat avec son verre d'armagnac. Aménagement d'un bar-club style anglais. *10 % sur le prix de la chambre sauf juillet-août.*

LEYME 46120

Carte régionale B1

▲ I●I *Hôtel-restaurant Lescure* **★★ – route de Saint-Céré ☎ 05.65.38.90.07. Fax : 05.65.11.21.39.** Parking. TV. Fermé le dimanche soir, hors saison. Accès : route principale. Doubles avec douche et wc à 200 F (30,5 €), la demi-pension à 240 F (36,6 €) par jour et par personne. Menu à 70 F (10,7 €) sauf le dimanche, et de 85 à 150 F (13 à 22,9 €). Dans le petit village de Leyme, un hôtel-restaurant comme on les aime. La bâtisse a du caractère. La même famille la bichonne depuis plus de 50 ans. Les chambres sont confortables pour un prix raisonnable. Certaines mériteraient peut-être une petite cure de jouvence. Côté resto, la grande salle ouvre sur un étang. Cuisine régionale goûteuse et solidement charpentée. Excellent confit et fricassée de cèpes, ris de veau aux morilles ou escalope de saumon frais aux noix. Cave variée. La décoration est réalisée avec soin. Remarquez la (vraie) lithographie de Picasso au mur, qui côtoie des reproductions de

Matisse. Vous l'avez compris, la patronne est une passionnée d'art moderne, dotée d'une personnalité qui ne laisse pas indifférent. *Apéritif offert.*

LISLE-SUR-TARN   81310

Carte régionale B1

🛏🍴 *Le Princinor* – **La Noyère (Ouest)** ☎ **05.63.33.35.44. Fax : 05.63.33.89.84.** Parking. ♿ Fermé le lundi et le samedi midi. Accès : à la sortie de la ville, vers Rabastens, sur la gauche ; bien en retrait (risque même de le louper, si l'on n'est pas attentif). Doubles de 175 F (26,6 €) avec douche à 190 F (29 €) avec bains. Menu le midi en semaine à 60 F (9,1 €), autres de 95 à 160 F (14,5 à 24,4 €). Hôtel-restaurant tenu par un couple qui semble bien décidé à se faire un nom dans la région. Le chef est du Nord et a volontiers introduit sur la carte quelques plats de chez lui comme le *waterzoï* de poissons. Bâtisse moderne, sans charme particulier, mais chambres de bon confort (literie neuve). Grande salle à manger où vous découvrirez une fine cuisine concoctée avec enthousiasme. Excellent saucier en outre et sachant cuire les poissons avec justesse. Quelques plats qui évoluent au gré du marché : saumon rôti sur lit de choux, filet de bœuf au beurre rouge à la moelle, feuilleté d'œufs pochés aux baies roses, jarret de porc mijoté aux lentilles, filet de sandre moutarde douce, etc. *Digestif offert.*

LOURDES   65100

Carte régionale A2

🛏 *Relais des Crêtes* – **72, av. Alexandre-Marqui** ☎ **05.62.42.18.56.** Congés annuels : fin octobre. Accès : sur la droite à l'entrée de Lourdes en venant de Tarbes ; au fond d'une allée. Doubles de 90 à 120 F (13,7 à 18,3 €) avec lavabo, à 125 F (19,1 €) avec douche, de 170 à 205 F (25,9 à 31,3 €) avec douche et wc. Petit déjeuner : 20 F (3 €). Petite pension de famille préservée du bruit de la nationale. Derrière une haie de thuya colorée de corbeilles d'argent (jolies fleurs argentées pour les néophytes) se nichent 11 chambres simples mais de bon goût, donnant toutes sur la cour intérieure. Dès les beaux jours, on peut prendre son petit déjeuner sur la terrasse fleurie d'hortensias. Pique-nique autorisé. Accueil absolument adorable de la jeune et charmante patronne. Une super adresse routard.

🛏🍴 *Hôtel Majestic* ** – **9, av. Maransin (Centre)** ☎ **05.62.94.27.23. Fax : 05.62.94.64.91.** TV. ♿ Fermé du 15 octobre au 15 avril. Accès : à 10 mn à pied des sanctuaires, à l'angle de l'avenue et d'une voie sans issue (on peut s'y garer). Doubles avec lavabo à 150 F (22,9 €), avec douche et wc ou bains de 240 à 275 F (36,6 à 41,9 €). Premier menu à 50 F (7,6 €), servi midi et soir, même le dimanche. Autres menus à 90 et 120 F (13,7 et 18,3 €). Établissement assez classe tenu par la famille Cazaux, très sympathique. Chambres rustiques dotées d'un confort moderne avec sanitaires impeccables, sèche-cheveux, téléphone et parfois balcon. Cuisine familiale (darne de saumon en papillote, escalopes de veau à la crème aux morilles, cou d'oie farci à l'armagnac) servie dans une salle assez chic (peintures et quantité de fleurs). La patronne est aux petits soins. Seul problème : la circulation automobile quasiment incessante la journée. *Apéritif offert. 10 % sur le prix de la chambre.*

🛏🍴 *Taverne de Bigorre - Hôtel d'Albret* ** – **21, place du Champs-Commun (Centre)** ☎ **05.62.94.75.00. Fax : 05.62.94.78.45.** TV. Resto fermé le lundi hors saison. Congés annuels : hôtel fermé du 3 janvier au 10 mars et du 12 novembre au 31 décembre, et resto fermé du 3 janvier au 10 février et du 13 novembre au 22 décembre. Doubles de 190 à 285 F (29 à 43,4 €) avec douche et wc ou bains. 1er menu à 70 F (10,7 €), suivants à 96 et 145 F (14,6 et 22,1 €). Face aux halles, là où Lourdes commence à ressembler à une ville « normale ». Chambres confortables, celles sur l'arrière au calme avec vue sur la montagne. À la *Taverne de Bigorre*, le resto, cuisine traditionnelle teintée de régionalisme. Au second menu, garbure aux manchons de canard, escalope de saumon au jurançon ou gigolette de canard farcie aux bolets et dessert. Patron accueillant et généreux. *10 % sur le prix de la chambre sauf août, et 5 % sur le prix de la pension et de la demipension sauf août.*

🛏🍴 *Hôtel Beauséjour* *** – **16, av. de la Gare** ☎ **05.62.94.38.18. Fax : 05.62.94.96.20.** Parking. TV. Satellite / câble. ♿ Doubles avec douche et wc ou bains de 298 à 358 F (45,4 à 54,6 €). Un menu unique régional à 100 F (15,2 €). Menu enfant à 30 F (4,6 €). Un 3 étoiles à prix doux, idéalement placé pour ceux qui arrivent par le train. Chambres de haut standing (avec sèche-cheveux et téléphone) dans les tons saumon et rose, décorées de frises. Celles à la gare ont l'avantage d'être très spacieuses, en revanche, elles sont assez mal insonorisées. Les autres, sur l'arrière, sont plus petites mais bénéficient d'une vue d'ensemble sur la ville et la chaîne des Pyrénées. Agréable jardin où l'on peut manger en été. Brasserie ouverte midi et soir. *Apéritif offert.*

LUCHON   31110

Carte régionale A2

I●I *Le Clos du Silène* – **19, cours des Quinconces** ☎ 05.61.79.12.00. Fermé le mardi soir et le mercredi (hors vacances scolaires). Congés annuels : du 10 novembre au 15 décembre. Formule le midi en semaine à 70 F (10,7 €), suivants de 90 à 150 F (13,7 à 22,9 €). Compter 120 F (18,3 €) à la carte. Dans une belle maison bourgeoise à côté des thermes. Un jeune couple est à la barre de cet établissement impeccable, Madame au service et Monsieur aux fourneaux. Tout est soigné, service (tout en étant souriant), cuisine et présentation des assiettes. Plusieurs formules pour un rapport qualité-prix très raisonnable. Les plats changent selon la saison, terrine de foie gras aux figues et muscat, millefeuille d'agneau et sa ratatouille, etc. Bon accueil. *Apéritif offert.*

LUZ-SAINT-SAUVEUR   65120

Carte régionale A2

🛏️ I●I *Auberge de jeunesse - Gîte d'étape Les Cascades* – **(Centre)** ☎ 05.62.92.94.14. ●www.fuaj.org ● Parking. Restaurant fermé en automne et au printemps. Accès : à proximité du GR10 et à 150 m de l'église. Chambres agréables de 4, 6 et 8 lits, à 50 F (7,6 €) par personne (5 F supplémentaires en hiver). Également 4 chambres pour couples à 120 F (18,3 €). Menu à 55 F (8,4 €) avec potage, entrée, plat, salade et dessert. Autre à 85 F (13 €). Menu enfant à 30 F (4,6 €). En hiver, demi-pension obligatoire, à 125 F (19,1 €) par personne. Une AJ de luxe tenue par des jeunes particulièrement dynamiques. Au cas où l'auberge serait complète, vous pourrez passer la nuit dans le gîte voisin, au confort plus sommaire. Bons repas servis dans une grande et jolie salle commune. Soirées paella, garbure, grillades, etc. Chaleureuse atmosphère garantie. Et vous trouverez ici tous les renseignements sur les randonnées dans la région.

🛏️ *Hôtel des Templiers* – **place de la Comporte** ☎ 05.62.92.81.52. **Fax :** 05.62.92.93.05. TV. Canal+. Congés annuels : mai et du 10 octobre au 10 décembre. Doubles avec douche à 210 F (32 €), avec wc à 250 F (38,1 €). Un escalier de bois avec une jolie rampe ouvragée mène à des chambres toutes simples mais spacieuses qui, finalement, ne manquent pas de charme. On a bien aimé la n° 1 et la n° 2 (pour 3 personnes) avec les volets ouvrant sur l'église fortifiée et la place. Cha-

leureuse crêperie au rez-de-chaussée, décorée de vieilles porcelaines. Accueil direct de la sympathique et très dynamique patronne (du reste, on se sent autant en chambre d'hôte qu'à l'hôtel). Chaque lundi matin, à l'occasion du marché, la façade de l'hôtel est transformée en stand de fleurs à la mode espagnole. *Apéritif offert.*

DANS LES ENVIRONS

VISCOS 65120 (4 km NO)

🛏️ I●I *Hôtel Les Campanules* ** – **route d'Argelès-Gazost** ☎ 05.62.92.91.13. **Fax :** 05.62.92.93.75. Parking. TV. ♿ Congés annuels : la 1re quinzaine de décembre. Accès : au nord de Luz, par la D921 et la D149. Chambres de 230 à 290 F (35,1 à 44,2 €). Menus de 85 F (13 €) en semaine à 220 F (33,5 €). Notre adresse préférée au Pays toy ! Beaucoup de charme dans l'ancienne bergerie transformée en petit hôtel, avec ses belles chambres au calme. Pierres taillées, toit d'ardoise, entrée chaleureuse. En face, tout nouveau, plus confortable encore, un autre petit bâtiment au milieu d'un espace naturel préservé des méfaits des hommes : *La Grange aux Marmottes.* Beau petit déjeuner. Quelques mètres plus bas, de l'autre côté de la place, le restaurant. Un restaurant à l'ancienne et à la hauteur de la situation (825 m) tenu par la famille Senac. Saumon frais au champagne, foie gras au raisin, civet de mouton, croustade à l'armagnac. Plus simplement, très beau « menu du randonneur », en semaine. Service débonnaire mais efficace. *Cocktail d'accueil offert.*

MARTRES-TOLOSANE   31220

Carte régionale A2

🛏️ I●I *Hôtel-restaurant Castet* ** – **av. de la Gare** ☎ 05.61.98.80.20. **Fax :** 05.61.98.61.02. TV. Canal+. Restaurant fermé le dimanche soir et le lundi. Congés annuels : pendant les vacances scolaires de la Toussaint. Accès : face à la gare. Doubles avec bains à 230 F (35,1 €). Menus de 70 F (10,7 €) sauf le samedi soir et le dimanche midi à 150 F (22,9 €). Dans une belle maison au calme face à la gare. Spécialités en croûte de sel (canard, côte de bœuf) et plats plus classiques, à base de produits du terroir, finement préparés et accompagnés (foie gras de canard aux fruits, pigeonneau Rossini et galette de pommes de terre...). La carte évolue aussi selon les saisons (gibier, poisson...). Belle terrasse ombragée. *Petit déjeuner, apéritif offerts.*

MAUVEZIN 32120

Carte régionale A2

|●| La Rapière – 2, rue des Justices ☎ 05.62.06.80.08. Fermé le mardi et le mercredi ; dernier service à 21 h. Congés annuels : 2 semaines en juin et 2 semaines en octobre. Accès : à la sortie de Mauvezin, en direction de Montauban, prendre la rue qui part à droite. Un menu express à 70 F (10,7 €) le midi en semaine et de beaux menus de 110 à 190 F (16,8 à 29 €). C'est l'un des derniers restaurants gersois authentiques, avec un patron exigeant mais combien adorable aux fourneaux, une épouse dévouée et accueillante en salle, des serveuses gentiment empruntées et une cuisine travaillée aux accents du terroir : carré de canard farci au foie gras, cassoulet aux haricots, tournedos de canard façon Henri IV, salade de cailles « à notre façon », et pâtisserie maison. Belle carte de vins régionaux (c'est le moment de découvrir le madiran !). Agréable terrasse aux beaux jours. Chiens non admis, il faut le savoir. *Café offert.*

MAZAMET 81200

Carte régionale B2

🛏|●| Hôtel Jourdon ** – 7, av. Albert-Rouvière (Centre) ☎ 05.63.61.56.93. Fax : 05.63.61.83.38. Parking. TV. Canal+. Resto fermé le dimanche soir. Accès : face à la poste. Doubles à partir de 280 F (42,7 €) avec douche et wc, 300 F (45,7 €) avec bains. Menus à 75 F (11,4 €) le midi en semaine, et de 90 à 230 F (13,7 à 35,1 €). C'est surtout la table qui nous a plu ici. Cuisine robuste et savoureuse. Quelques spécialités : salades de ravioles aux cèpes, carré d'agneau laqué à l'armagnac, cassoulet gratiné à l'ancienne, tournedos fourré au foie gras, millefeuille de lotte crème de coquillages, etc. La table est connue dans le pays, travailleurs divers s'y côtoient dans une ambiance toute provinciale et décontractée, ce qui n'empêche pas un cadre et un service de bonne tenue. Seul défaut : on est à l'étroit. Défaut qu'on retrouve dans certaines chambres, toutefois propres et climatisées.

MILLAU 12100

Carte régionale B1

🛏 Auberge de jeunesse – 26, rue Lucien-Costes (Nord-Est) ☎ 05.65.61.27.74. Fax : 05.65.61.90.58. ● www.fuaj.org ● Fermé le week-end mais permanence assurée. Chambres individuelles ou doubles à 51 F (7,8 €) la nuit, draps à 17 F (2,6 €) avec la carte AJ. Petit déjeuner à 19 F (2,9 €). Accessible aux handicapés en restauration. Réservez 8 jours à l'avance, surtout l'été. Dans le FJT (Foyer des Jeunes Travailleurs) local, un grand immeuble moderne. Pas de couvre-feu. Cafétéria et cuisine à disposition. Un agréable jardin. Bon accueil.

🛏|●| Grand Hôtel de Paris et de la Poste ** – 10, av. Alfred-Merle (Nord-Ouest) ☎ 05.65.60.00.52. Fax : 05.65.59.11.13. Parking payant. TV. Accès : juste à côté de la poste (eh oui !). Doubles avec lavabo à 140 F (21,3 €), avec douche et wc ou bains de 250 à 265 F (38,1 à 40,4 €). Menus le midi en semaine à 65 F (9,9 €) et de 75 à 120 F (11,4 à 18,3 €). Un hôtel de province classique et sans prétention. Chambres correctes. Buffet au petit déjeuner. Accueil simple et sympathique dans une ambiance familiale. Du sur mesure, quoi... comme une paire de gants. Terrasse en été. *Apéritif offert.*

🛏|●| International Hôtel-restaurant *** – 1, place de la Tine (Centre) ☎ 05.65.59.29.00. Fax : 05.65.59.29.01. Parking payant. TV. Canal+. Satellite / câble. ♿ Resto fermé le samedi midi, le dimanche soir, le lundi et hors saison. Doubles avec douche et wc à 270 F (41,2 €), avec bains à 470 F (71,7 €). Menus à 145 F (22,1 €) d'un très bon rapport qualité-prix, et de 165 à 345 F (25,2 à 52,6 €). L'immeuble ressemble à s'y méprendre à un grand hôtel de chaîne, et on a du mal à concevoir que 3 générations de Pomarède se sont succédé à la tête de la maison. Cuisine très réputée, servie dans un cadre plutôt cossu. Plats assez élaborés. Carte changeante au gré des saisons. Agréable salon panoramique. Côté hôtel, c'est moderne et de bon goût. Beaucoup de chambres (110 exactement) donc, en saison, plus de chance d'en trouver une. Chambres insonorisées et climatisées. *10 % sur le prix de la chambre.*

🛏|●| Hôtel-restaurant Le Cévenol ** – 115, rue du Rajol (Sud) ☎ 05.65.60.74.44. Fax : 05.65.60.85.99. ● cevenol@wanadoo.fr ● Parking. TV. ♿ Fermé le lundi midi (sauf les lundis de Pâques et de Pentecôte), le vendredi midi en été, le dimanche. Congés annuels : de décembre à fin février. Accès : à 500 m du centre. Doubles à 308 F (47 €) avec bains. Menus à 98 et 143 F (14,9 et 21,8 €). Établissement moderne et plaisant qui propose des chambres tout confort. Le restaurant possède une terrasse très agréable et on y sert une bonne cuisine classique et bien faite : escargots à l'essence de thym, ris d'agneau au raisin, soufflé aux fruits sur coulis de fruits rouges... On l'apprécie pour son calme, malgré la proximité du boulevard, et son sympathique accueil. *Café offert.*

MIDI-PYRÉNÉES

IOI *Restaurant La Locomotive* – 33, av. **Gambetta (Nord-Est)** ☎ **05.65.61.19.93.** Fermé le dimanche et le lundi (sauf en été). Service jusqu'à 2 h la semaine (3 h le vendredi et le samedi). Plats de 25 à 50 F (3,8 à 7,6 €). 1er menu à 50 F (7,6 €). Snacks divers, sandwiches, salades, beignets de calmars, etc. Cadre et ambiance très sympa. Clientèle jeune. Tous les samedis, vers 21 h, concerts de rock, jazz, blues, etc. En été, de la musique 2 fois par semaine, ou plus. Une des adresses qui bougent le plus à Millau.

IOI *Restaurant Chez Capion* – 3, rue **J.-F.-Alméras** ☎ **05.65.60.00.91.** ♻ Fermé le mercredi hors saison et début juillet. Accès : à deux pas du boulevard de la République, à proximité de l'hôtel de ville. Plat du jour à 48 F (7,3 €). Menus à 65 F (9,9 €), vin et café compris (en semaine le midi), et de 92 à 185 F (14 à 28,2 €). Une des adresses les plus estimées par les Millavois, qui s'y retrouvent souvent pour faire bombance avec une belle cuisine laissant une large place aux produits du terroir. Le décor est classique, clair et fraîchement rénové. Prix très raisonnables pour la qualité de l'endroit. À la carte : ravioles de chèvre, foie gras mi-cuit maison, ris d'agneau en persillade, filet de bœuf aux morilles, saumon fumé, magret aux fruits de saison, pâtisseries maison… Accueil amical.

IOI *L'Auberge Occitane* – 15, rue Pey-rollerie (Centre) ☎ **05.65.60.45.54.** Fermé le dimanche, sauf en juillet-août. Accès : dans le centre historique. Menus de 78 à 115 F (11,9 à 17,5 €). Excellent aligot à 40 F (6,1 €) l'assiette. Dans une maison très ancienne (La Peyrollerie). Menus bilingues, cela va de soi ! Au 1er menu : navarin de mouton (surnommé le ragoût du gantier) et tourte à l'oignon, fromage ou dessert. Dans le suivant : salade du berger, aligot, magret de canard ou filet de mouton ou encore viande de bœuf de l'Aubrac, fromage et dessert. Succulentes spécialités régionales : chou à l'épeautre, *confidou* millavois, filet de truite à la crème d'ortie…

MIREPOIX   09500

Carte régionale A2

IOI *Restaurant Porte d'Aval* – cours **Maréchal-de-Mirepoix (Sud)** ☎ **05.61.68.19.19.** Fermé le dimanche soir et le lundi. Congés annuels : 15 jours en novembre. Accès : route de Pamiers. Menu le midi en semaine à 89 F (13,6 €), suivants de 125 à 175 F (19,1 à 26,7 €). Rien de moyenâgeux dans le décor ni dans la cuisine. Quelle surprise de trouver, à deux pas du centre ancien, un accueil chaleureux, une salle claire, spacieuse, et une cuisine

mettant en valeur les produits frais du terroir et les poissons : foie gras poêlé aux pêches et aux amandes, rôti de daurade et de truite de Léran avec ses arômes farcies aux crevettes avec son fumet (selon arrivage), magret de canard dans son croustillant aux pommes. Déclinaison aux chocolats avec ses coulis. *Café offert.*

DANS LES ENVIRONS

COUTENS 09500 (6 km O)

IOI *Le Clos Saint-Martin* – ☎ **05.61.68.11.12.** Parking. ♻ Fermé le mardi et le mercredi hors saison. Congés annuels : de fin décembre à la Saint-Valentin (!). Accès : en bordure de la D119, entre Mirepoix et Pamiers. Menu le midi en semaine à 50 F (7,6 €), puis à 65 et 95 F (9,9 et 14,5 €). À la carte, compter 125 F (19,1 €) environ. Ce n'est pas un restaurant, mais un « mode de vie », à goûter en famille ou entre amis, dans le jardin secret envahi d'une végétation luxuriante ou près de la cheminée d'une vieille maison rajeunie par les enduits jaune provence des murs, et les boiseries bleu lavande, rassurantes. Cuisine traditionnelle, à découvrir, au gré des menus. Goûtez les *coustellous* à la braise, typiques et le magret entier grillé. Bel accueil. Réservation obligatoire hors saison. *Apéritif offert.*

MOISSAC   82200

Carte régionale A1

🛏️IOI *Hôtel Au Chapon Fin* ** – place des **Récollets** ☎ **05.63.04.04.22.** Fax : **05.63.04.58.44.** TV. Congés annuels : la 2e quinzaine de novembre. Accès : à deux pas du centre historique, sur la place du marché. Doubles de 160 à 320 F (24,4 à 48,8 €) avec douche ou bains, une suite à 600 F (91,5 €). Menus de 105 à 180 F (16 à 27,4 €). Hôtel classique proposant 28 chambres agréables et propres. Pour les plus mondains, la suite, où vous pourrez recevoir dans le salon ou sur la place de votre petit appartement. Resto un peu cher. *10 % sur le prix de la chambre du 15 octobre au 15 novembre.*

DANS LES ENVIRONS

DURFORT-LACAPELETTE 82390
(6 km NE)

🛏️IOI *Hôtel-restaurant Aube Nouvelle* – ☎ **05.63.04.50.33.** Fax : 05.63.04.57.55. Parking. Congés annuels : du 23 décembre au 5 janvier. Accès : en venant de Moissac par la D6, juste avant de sortir du village, à droite. Doubles à 190 F (29 €) avec lavabo, de 250 à 290 F (38,1 à 44,2 €) avec douche ou bains. Demi-pension à 305 F (46,5 €) obligatoire en juillet-août. Menus copieux de 60 F (9,1 €) le midi en semaine à 220 F (33,5 €). Belge installé dans le Quercy en 1955, Marc De Smet (et sa charmante épouse Claudine) a pris la suite de ses parents. L'endroit est idyllique, au milieu des champs. Belle terrasse devant un jardin très agréable. Refaites entièrement, les chambres se sont fait une grande beauté. Cuisine régionale. À l'occasion, quelques plats belges, pour se rappeler le pays : lapin à la flamande et aux pruneaux, *waterzoï* de crustacés, pièce de bœuf à la bière brune, filet de loup à la bière blanche de Hoegaarden et à la crème. « Ce n'est pas parce que l'on ne paie pas cher que l'assiette doit être vide », annonce le patron. Sympa, l'*Aube Nouvelle* ! *10 % sur le prix de la chambre pour 3 jours consécutifs sauf juillet-août.*

MONCORNEIL-GRAZAN 32260

Carte régionale A2

I●I *Restaurant L'Auberge d'Astarac* – ☎ 05.62.65.48.81. Fermé le dimanche soir hors saison et le lundi. Congés annuels : décembre et janvier. Accès : entre Masseube et Simorre, au cœur d'un village paisible. Menus de 140 à 220 F (21,3 à 33,5 €). Loin des routes fréquentées, une auberge amoureusement restaurée avec son vieux bar, sa salle accueillante et une adorable terrasse. Au fond du jardin, un beau potager où Christian Termote puise son inspiration. Artiste-cuisinier autodidacte, amoureux des herbes et du pays tout entier, il réveille ainsi les saveurs les plus traditionnelles avec brio. Goûter la brochette de foie gras au melon, le pigeonneau grillé, la joue de bœuf au vin de Madiran à l'orange et aux cèpes, le ris de veau au bâton de réglisse et le foie gras confit dans une pomme. Belle cave à vins spécialisée dans les crus du grand Sud. Lucie et Christian ont vraiment la main verte : en juin, vous pourrez découvrir leur magnifique roseraie parfumée. Deux personnalités atypiques qui vous feront partager leur vie, en toute simplicité.

MONTAUBAN 82000

Carte régionale A1

â I●I *Hôtel d'Orsay – La Cuisine d'Alain* ** – 31, rue Roger-Salengro (Sud) ☎ 05.63.66.06.66. Fax : 05.63.66.19.39. Parking payant. TV. Fermé le dimanche et le lundi midi. Accès : en face de la gare. Doubles avec douche et wc à 280 F (42,7 €), avec bains à 350 F (53,4 €). Menu à 130 F (19,8 €) avec le plat du marché, vin et café. Autres à 190 et 300 F (29 et 45,7 €). Un

beau 2 étoiles avec jardin, proposant des chambres confortables et plaisantes. Également l'un des meilleurs restos de la ville. Alain a été élu « maître-cuisinier ». Intérieur cossu et cuisine imaginative. Au second menu : tartare de saumon aux herbes, émincé de canard au miel et au gingembre et le chariot de pâtisseries. Le dernier, le menu dégustation avec 4 plats du marché (costaud !). À la carte, cassoulet montalbanais, lasagnes de la mer aux aromates, moules, ciboulette et julienne de poivrons grillés, assiette des 3 foies gras (mi-cuit, cuit, cuit et sel). Pâtisseries succulentes et fabuleux chariot de desserts. Spécialités servies sur la terrasse fleurie, en été. *10 % sur le prix de la chambre.*

I●I *Le Sampa* – 21 et 21 bis, rue des Carmes (Centre) ☎ 05.63.20.36.46. Fermé le dimanche et les jours fériés en hiver. Premier menu à 58 F (8,8 €) le midi en semaine. Si la déco regarde du côté de Santa Fé, la cuisine est bien française (omelettes, viandes grillées), voire régionale (magret de canard grillé, confit « Sampa »). Tout ça est bon et hyper-copieux. Et, du 1er mai au 15 octobre, grillades et salades sur une belle terrasse. Accueil et service sympa, un rien branchés. Le soir, la chaude ambiance du bar déborde gentiment sur la petite salle du resto. *Apéritif offert.*

I●I *Bistrot du Faubourg* – 111, faubourg Lacapelle (Centre) ☎ 05.63.63.49.89. Fermé le samedi soir et le dimanche. Congés annuels : les 2 ou 3 premières semaines d'août. Menu complet à 66 F (10,1 €), vin compris, servi midi et soir, menus du terroir à 100 et 145 F (15,2 et 22,1 €). Compter 130 F (19,8 €) à la carte. Un restaurant sans prétention où de nombreux locaux ont pris leurs habitudes (pas inutile de réserver). Pas étonnant car l'accueil y est chaleureux et la cuisine de bon aloi. Filets de rouget au vinaigre de framboise, magret de canard sauce au vin du quercy, côte de veau à la crème et une dizaine de desserts au choix parmi les spécialités. Une bonne petite adresse.

I●I *Restaurant Le Rabelais* – 13, rue de l'Hôtel-de-Ville (Centre) ☎ 05.63.63.21.09. Fermé le dimanche. Accès : juste à côté de la mairie, à 50 m du musée Ingres. Menu à 85 F (13 €) sauf le dimanche. À la carte, comptez 130 F (19,8 €). Réservez le vendredi et le samedi soir. Cadre agréable, grande salle voûtée en brique. Clientèle d'habitués pour une bonne cuisine de terroir : foie gras poêlé aux pêches, magret vallée de la Garonne, cassoulet au confit, et la spécialité, le pot-au-feu de canard gros sel. Un bon accueil, en sus. *Apéritif offert.*

I●I *Restaurant Le Ventadour* – 23, quai Villebourbon (Ouest) ☎ 05.63.63.34.58. Fermé le dimanche et le lundi. Accès : sur les quais de l'autre côté du Tarn, en face du musée Ingres. En semaine, menu saveur à 100 F (15,2 €) et menu détente à 130 F (19,8 €). Puis menu affaires à 160 F (24,4 €) et menu gastronomique à 200 F (30,5 €). Depuis qu'il a été repris, ce resto fait fureur auprès des Montalbanais... Et pour cause : la salle voûtée de brique et décorée en intérieur de château semble avoir servie de décor à un épisode de Gaston Phœbus. L'inconvénient est qu'à chaque crue du Tarn, elle est inondée, mais l'avantage est qu'elle reste fraîche quand il fait chaud dehors. La cuisine est très recherchée et le service excellent. Pourtant, les prix sont plus que raisonnables. Jugez plutôt : menu saveur avec fricassée de champignons et gésiers confits dans un feuilleté aux sésames, filet de cabillaud poêlé au thym semoule de blé à la tomate, menu « détente » avec millefeuille de pommes au tartare de saumon et poivre vert, fondante cuisse de lapereau aux échalotes confites et lard. *Apéritif offert.*

MONTRICOUX   82800

Carte régionale B1

🛏🍴 *Le Relais du Postillon* * – ☎ 05.63.67.23.58. Fax : 05.63.67.27.68. Parking. Fermé du vendredi soir au samedi midi d'octobre à mai et du 15 au 30 novembre. Congés annuels : 20 jours en janvier. Doubles de 100 F (15,2 €) avec lavabo à 125 F (19,1 €) avec douche, wc sur le palier. Menus de 90 F (13,7 €), sauf le dimanche, à 200 F (30,5 €). Menu enfant à 45 F (6,9 €). À la carte, compter 150 F (22,9 €). Sympathique auberge proposant une bonne cuisine régionale. Chambres sans charme particulier, mais fort bien tenues. Chaleureuse salle à manger pour déguster les excellentes spécialités maison. À la carte, cuisses de grenouilles, pâté de sanglier, foie gras, feuilleté de saumon à l'oseille, sandre au safran, pâtisseries maison, etc. Aux beaux jours, agréable terrasse ombragée et jardin.

MONTSÉGUR   09300

Carte régionale B2

🛏🍴 *Hôtel-restaurant Costes* ** – 52, rue Principale ☎ 05.61.01.10.24. Fax : 05.61.03.06.28. Fermé le lundi hors saison et le dimanche soir. Doubles avec douche ou bains de 200 à 230 F (30,5 à 35,1 €). Menus de 85 à 190 F (13 à 29 €). La halte préférée des « pèlerins » prêts à partir, de bon matin, à l'assaut du *pog* de Montségur. Les jours de solstices, les propriétaires sont les premiers à battre le rappel des troupes, à 5 h. Chambres sans prétention mais

confortables. Restaurant familial, dans l'esprit comme dans la cuisine, avec un bon choix de menus. Spécialités de civet de sanglier, truite aux noisettes, chevreuil et lièvre, magret aux figues, pâté de gibier, confit de canard aux girolles. Agréables terrasse et jardin.

NAJAC   12270

Carte régionale B1

🛏🍴 *L'Oustal del Barry* ** – place du Bourg ☎ 05.65.29.74.32. Fax : 05.65.29.75.32. Parking. TV. ⚓ Resto fermé le lundi et le mardi midi. Doubles avec lavabo à 210 F (32 €), avec douche et wc ou bains de 310 à 330 F (47,3 à 50,3 €). Menus de 135 à 260 F (20,6 à 39,6 €). Village tout en longueur sur un éperon rocheux, Najac reste un des villages les plus captivants de l'Aveyron. Outre l'intérêt touristique, on peut également s'arrêter dans cette belle auberge sise à l'entrée du bourg depuis plus de 100 ans. On vous y accueillera avec gentillesse, dans un cadre cossu et agréable. Chambres d'une grande élégance dans ce même esprit « rustique chic ». Cuisine d'inspiration franchement rouergate, faite avec beaucoup de respect pour les produits frais et de saison. Au final, c'est un festival de couleurs et de saveurs authentiques dans l'assiette. Au fil des mois, on y trouve un tournedos de lotte, un magret de canard ou encore un astet (filet de porc rôti, farci à l'ail et au persil) najacois mémorable. Sans oublier des desserts à se lécher les babines, comme ce parfait glacé à la pulpe de figues sèches. Jean-Marie Miquel se disait « cueilleur de goûts ». Rémy Simon a bien retenu la leçon. Superbe carte des vins préparée par Catherine Miquel qui saura toujours vous trouver la perle rare. *Apéritif offert.*

🛏🍴 *Le Belle Rive* ** – le Roc du Pont (Nord-Ouest) ☎ 05.65.29.73.90. Fax : 05.65.29.76.88. Parking. TV. ⚓ Fermé le dimanche soir avril et octobre. Congés annuels : de la Toussaint à Pâques. Doubles avec douche et wc ou bains à 300 F (45,7 €). Menus de 88 à 220 F (13,4 à 33,5 €). Au pied de la bastide, dans un des méandres de la rivière, voilà un hôtel agréable dans un environnement verdoyant. Piscine et tennis donnent à l'endroit un petit côté club de vacances familial pas désagréable. Chambres claires et plaisantes, rénovées. Bonne cuisine. Spécialités de croustillant au chèvre chaud et salade aux lardons, fricassée de queues d'écrevisses à l'ancienne, filet de truite saumonée à la julienne de légumes, magret de canard au ratafia rouge, carré d'agneau au thym, gratin de poires au caramel glacé. Service en terrasse, aux beaux jours bien entendu.

10 % sur le prix de la chambre en avril, mai, septembre et octobre.

I●I L'Auberge de Cournaille – ☎ 05.65.29.71.39. Parking. Fermé le midi (sauf en juillet-août), le dimanche soir, le lundi. De la Toussaint à mars, ouvert uniquement le vendredi soir, le samedi soir et le dimanche midi. Accès : prendre la D39, passer le pont de la Frégère et prendre la direction de Mazerolles ; à 3 km, tourner à gauche et prendre la petite route (pancarte). Menus de 130 à 200 F (19,8 à 30,5 €). Une fois que vous serez arrivé dans ce coin de bout du monde, nul doute que vous serez happé par la beauté de cet endroit perdu au milieu d'une nature qui a conservé son âme. Cette maison de pierre pourrait appartenir à un artiste en quête d'isolement propice à la création. Alain Marciano-Prechner, en plus d'être un chef chevronné, a décoré la salle de restaurant de ses œuvres picturales. Peintre, il l'est également dans ses assiettes. Il s'attache en effet à préparer chaque mets comme une toile et il y réussit tellement qu'on a du mal à détruire ses œuvres. Mais il ne faut pas s'en priver car il serait dommage de passer outre un tel plaisir culinaire. Les préparations sont simples, faites de produits de grande qualité. La carte évolue au fil des saisons et au gré du marché. Si vous avez l'occasion de goûter la soupe d'étrilles ou la laitue de mer, n'hésitez pas. Mais le plus étonnant, ce sont les prix. Quatre menus pour un rapport qualité-prix exceptionnel, n'ayons pas peur des mots. Accueil et service souriants, pleins de gentillesse. Ici, on sait recevoir ! Gros coup de cœur, il va sans dire.

NANT 12230

Carte régionale B1

I●I Hôtel des Voyageurs * – place Saint-Jacques ☎ 05.65.62.26.88. Fax : 05.65.62.15.64. Parking. Fermé le dimanche soir et le lundi (sauf en juillet-août). Congés annuels : janvier et février. Doubles à 140 F (21,3 €) avec lavabo et 185 F (28,2 €) avec douche et wc. Menus de 85 à 170 F (13 à 25,9 €). En plein centre d'une petite ville adorable, point de départ idéal pour de nombreuses randonnées, cette maison agréable vous offrira bon gîte et goûteux couvert. Chambres correctes au décor simple et frais. Restaurant avec une jolie terrasse fleurie de glycine à la belle saison, servant une cuisine simple et de bon aloi. Aux menus : écrevisses en lèche-doigt (en saison), truite au beurre citronné, confit de canard aux lentilles, chou farci à l'ancienne, tripoux, et large choix de desserts maison (dont le nougat glacé à la pistache)... *Café offert.*

DANS LES ENVIRONS

SAINT-JEAN-DU-BRUEL 12230

(7 km E)

I●I Hôtel-restaurant du Midi-Papillon ** – ☎ 05.65.62.26.04. Fax : 05.65.62.12.97. Parking. Congés annuels : du 11 novembre aux Rameaux. Doubles à 134 F (20,4 €) avec lavabo et wc, de 186 à 338 F (28,4 à 51,5 €) avec douche et wc ou bains. 1er menu à 76 F (11,6 €), très honorable (sauf le dimanche midi). Les autres vont de 116 à 211 F (17,7 à 32,2 €) ; pour le dernier, il vaut mieux être bien entraîné... Hôtel ouvert en 1850 dans ce village du fin fond de l'Aveyron, et tenu aujourd'hui par la 4e génération de la famille Papillon, incarnée par Jean-Michel. Chambres très agréables (surtout celles qui donnent sur la Dourbie) et rafraîchies il y a peu, à des prix vraiment alléchants. Jolie piscine juste à côté de la maison. Au restaurant, le patron s'attache non seulement à n'utiliser que des produits frais mais aussi, comme on n'est jamais si bien servi que par soi-même, il cultive ses fruits et ses légumes, il élève ses volailles, il ramasse ses champignons... Cela donne une cuisine pleine de vraies saveurs qui mettront en joie vos papilles gustatives. Les yeux ne sont pas oubliés ; la salle à manger, décorée de fleurs, donne sur la rivière. Belle terrasse agréable mais souvent complète. À la carte, on trouve en vrac : foie gras de canard avec sa brioche aux noix grillée, filet d'oie sauce morilles, tripoux « Papillon », gigot de mouton garni... Gardez une petite place pour les succulents desserts. On a un faible pour le gâteau caramélisé à la semoule confiture de lait. Accueil avenant, service discret et efficace. Réservation fortement conseillée. En tout cas, une adresse comme celle-là, il faut en prendre soin car elles sont de plus en plus rares.

NESTIER 65150

Carte régionale A2

I●I Logis du Mont Arès – ☎ 05.62.39.75.87. Fax : 05.62.39.75.87. Parking. TV. Canal+. Satellite / câble. Fermé le lundi. Accès : de Lannemezan, N117 direction Montréjean : 2,5 km après Pinas, prendre à droite vers Saint-Laurent-de-Neste (D75) puis Nestier. Doubles de 140 à 160 F (21,3 à 24,4 €). Menu le midi en semaine à 55 F (8,4 €), autres de 65 à 135 F (9,9 à 20,6 €). Niché au-dessus du village, à côté du calvaire du mont Arès. Au XIXe siècle, des moines construisirent cette belle et grande maison aujourd'hui classée. 12 chambres impeccables. On peut également se restaurer sur place à la table du monastère. Cuisine de terroir : cassolette de lapin, tarte tiède au fromage, râble de lapereau aux olives et chèvre, tarte aux poires caramélisées. Vue splendide de la terrasse. Derrière la maison, théâtre de verdure (arrangé avec l'aide de volontaires parachutistes de Tarbes) avec animations musicale et théâtrale durant l'été. Sourire, bonne chère et grand calme, une étape rêvée. *Café offert. 10 % sur le prix de la chambre pour la période non scolaire.*

♠ |●| *Le Relais de Castera* ** – ☎ **05.62.39.77.37. Fax : 05.62.39.77.29.** Fermé le dimanche soir et le lundi. Congés annuels : du 8 au 28 janvier et du 1ᵉʳ au 7 juin. Doubles avec douche et wc à 260 F (39,6 €). Menu le midi (sauf dimanche et fêtes) à 100 F (15,2 €), autres de 138 à 260 F (21 à 39,6 €). Menu enfant à 55 F (8,4 €). Ne vous laissez pas arrêter par l'aspect extérieur du *Relais* – sans grand charme –, vous voilà à la table de Serge Latour, l'un des tout premiers cuisiniers des Hautes-Pyrénées. Composition et présentation des plats très élaborées, service parfait. Menus complets (et copieux...), le soir avec mises en bouche, fromage, dessert et mignardises. En définitive, un excellent rapport qualité-prix et une occasion unique de découvrir de nouvelles saveurs à des prix très raisonnables. Spécialités de poisson et plats régionaux : panaché de foie gras fondant de canard en chaud et froid, garbure de Bigorre au confit et au camou (en hiver), pigeonneau au chou et au foie gras, millas tiède aux fruits de saison, crème brûlée confiture de vieux garçon, etc. Carte des vins assez hétéroclite. Sur commande, Serge se propose de vous concocter le menu de votre choix. Il dispose également de quelques chambres. *Café offert.*

PEYRECAVE   32340

Carte régionale A1

|●| *Chez Annie* – ☎ **05.62.28.65.40.** Fermé le samedi et le dimanche soir. Congés annuels : 2ᵉ quinzaine de septembre. Accès : village situé à mi-chemin entre Lectoure et Castelsarrazin, en limite du Tarn-et-Garonne. Menu le midi en semaine à 50 F (7,6 €). Un menu du jour à 77 F (11,7 €), café et vin compris, un dernier à 110 F (16,8 €). Petite auberge sur le bord de la route. Annie est aux fourneaux. Goûter son cassoulet maison, sa daube et sa galantine de volaille. Le dernier menu, sur commande seulement. Une auberge comme on aime, à l'écart des grandes routes, où manger veut dire quelque chose. Bonne digestion ! *Digestif offert.*

PROJAN   32400

Carte régionale A2

♠ *Le Château de Projan* ** – ☎ **05.62.09.46.21. Fax : 05.62.09.44.08.** Congés annuels : de début décembre à Pâques. Accès : sur la route qui va de Saint-Mont à la N134 (Pau/Aire-sur-Adour) ; à la limite du Gers, des Landes et des Pyrénées-Atlantiques. Doubles de 320 à 670 F (48,8 à 102,1 €). Bonne table d'hôte à 120 F (18,3 €) sur réservation. C'est un vrai château, solitaire sur une colline dominant la campagne environnante. La famille, propriétaire du château depuis 1986, a complètement transformé les lieux, et en a fait un espace plein d'harmonie. On baigne en pleine découverte artistique, à commencer par l'entrée, avec la mosaïque de Jacques Cesa, artiste suisse. L'espace salon, au décor résolument moderne, ouvre sur la campagne. Le coin lecture, avec bibliothèque ouverte à tous, la salle à manger, le bar révèlent le même goût et on peut flâner des heures, en s'arrêtant pour admirer les tableaux accrochés aux murs. Pour découvrir ce lieu exceptionnel, il ne vous en coûtera pas une fortune. On a oublié de vous parler du bois qui couvre la propriété où batifolent les biches au petit matin, du piano demi-queue pour les mélomanes, de la vaste terrasse d'où l'on découvre les Pyrénées, mais bientôt vous en parlerez mieux que nous. *Apéritif offert. 10 % sur le prix de la chambre sauf à Pâques, juillet et août.*

RÉALMONT   81120

Carte régionale B2

|●| *Les Routiers – Chez Richard et Patricia* – bd Armengaud (Centre) ☎ **05.63.55.65.44.** Parking. Fermé le dimanche. Congés annuels : du 15 au 21 août. Accès : sur la N112, à mi-chemin de Castres et Albi. Menus de 65 à 100 F (9,9 à 15,2 €). Côte-du-rhône à 50 F (7,6 €), gaillac à 60 F (9,1 €). Un routier de village de fort grande renommée. Grande salle aux murs de pierre sèche agréable. Cuisine familiale typique et un beau menu, le premier, avec buffet de hors-d'œuvre variés, plat, fromage, dessert et vin compris. Imbattable ! Les suivants, c'est presque trop. Nappes et serviettes en tissu pour tous, prolos ou VRP... Vins à prix modérés, que voulez-vous de plus ? *Apéritif offert.*

REVEL   31250

Carte régionale B2

♠ |●| *Hôtel-restaurant du Midi* ** – 34, bd Gambetta (Nord-Ouest) ☎ **05.61.83.50.50. Fax : 05.61.83.34.74.** Parking. TV. Resto fermé le dimanche soir de novembre à Pâques. Congés annuels : resto fermé du 12 novembre au 6 décembre. Doubles de 220 à 400 F (33,5 à 61 €) avec belles salles de bains. Menu en semaine à 90 F (13,7 €), suivants à 120 et 180 F (18,3 et 27,4 €). Dans une maison élégante du début du XIXᵉ siècle, agréable hôtel de province proposant des chambres pimpantes et toutes différentes. Salle à manger agréable, compartimentée par de petits paravents. Cuisine très appréciée dans la région. L'été, on mange dans le jardin. 2 menus à 90 F dont l'un régional avec salade de radis aux foies de volailles, cassoulet du Lauragais au confit de canard, pastis aux pommes et glace à la cannelle. À la carte, maraîchère de légumes saumon et pétoncles marinés, suprême et cuisse de pigeonneau à l'ail, grenadin de lotte au four velouté de bisque... Et toujours des petits vins à prix modérés : corbières, gaillac et bordeaux. *Apéritif offert.*

ROCAMADOUR — 46500

Carte régionale B1

🏠 I●I *Hôtel du Globe* * – (Centre) ☎ 05.65.33.67.73. Parking. Accès : dans la cité médiévale, juste avant le grand escalier menant aux sanctuaires. Autorisé aux voitures jusqu'au petit parking en face de l'hôtel. Doubles avec douche et wc à 190 F (29 €). Menu unique à 55 F (8,4 €) et carte très raisonnable. Un petit établissement où l'on mange de bonnes crêpes. Il faut dire que Madame a fait ses gammes en Bretagne... Elle excelle aussi dans la cuisine traditionnelle lotoise. Excellent coq au vin... de Cahors bien sûr ! L'accueil est familial et bon enfant, comme les tarifs pratiqués. À la différence de nombreux hôtels du site, le *Globe* est ouvert hors saison. Les chambres sont bien tenues et celles ouvrant sur l'arrière donnent côté falaise (en levant la tête, on peut voir l'imposante abbaye). Amateur de calme, éviter la chambre n° 3 (au-dessus du bar).

🏠 I●I *Hôtel-restaurant Le Lion d'Or* ** – cité médiévale (Centre) ☎ 05.65.33.62.04. Fax : 05.65.33.72.54. Parking. TV. Satellite / câble. Congés annuels : de la Toussaint aux Rameaux. Doubles avec douche et wc ou bains de 210 à 290 F (32 à 44,2 €) selon le confort. Au resto, nombreux menus de 65 à 210 F (9,9 à 32 €). Un hôtel-restaurant TRA-DI-TION-NEL, situé au cœur de Rocamadour. Des chambres confortables et propres pour un rapport qualité-prix correct. Bien sûr, les plus agréables ont vue sur le site, certaines avec un balcon. Au restaurant, parmi les spécialités, goûter à la Tatin de foie gras frais, à l'omelette aux truffes, ou au foie gras chaud poêlé aux raisins blancs. Excellents desserts dont le gâteau aux noix glacé et sa crème anglaise. Réserver est plus prudent, et si possible une table avec vue. *10 % sur le prix de la chambre pour 2 nuits consécutives sauf août.*

🏠 I●I *Hôtel-restaurant Les Vieilles Tours* ** – lieu-dit Lafage (Ouest) ☎ 05.65.33.68.01. Fax : 05.65.33.68.59. Parking. TV. ♿ Resto ouvert tous les soirs, le midi uniquement le dimanche et les jours fériés. Congés annuels : de mi-novembre aux Rameaux. Accès : par la D673 en direction de Payrac, à 2,5 km. Doubles avec douche et wc ou bains de 300 à 480 F (45,7 à 73,2 €). Demi-pension, obligatoire en juillet-août, de 360 à 450 F (54,9 à 68,6 €). Plusieurs menus de 125 à 320 F (19,1 à 48,8 €). Un splendide manoir du XVIᵉ siècle, restauré avec un soin jaloux par le propriétaire. Parc et piscine. Chambres grandes et belles, meublées chacune différemment. Au resto, parmi les spécialités, goûter au foie gras de canard poché au vin de Cahors et aux épices, à la côte de veau en croûte de cèpes accompagnée d'une galette de pommes de terre au jambon et jus de queue de bœuf. Réservation conseillée. En saison, le patron propose des randonnées à pied, à cheval ou à VTT dans les alentours. *Apéritif offert.*

🏠 I●I *Hôtel-restaurant Beau Site* *** – cité médiévale (Centre) ☎ 05.65.33.63.08. Fax : 05.65.33.65.23. Parking. TV. Congés annuels : de mi-novembre à début février. Accès : dans l'unique rue de Rocamadour, sur la droite. Doubles avec douche et wc ou bains de 380 à 490 F (57,9 à 74,7 €) selon le mobilier (de style ou moderne), la grandeur et la vue. La demi-pension de 300 à 390 F (45,7 à 59,5 €). Au *Bistrot*, formules de 39 à 89 F (5,9 à 13,6 €), au restaurant *Jehan de Vallon*, quatre menus de 110 à 270 F (16,8 à 41,2 €). Au cœur de Rocamadour, le *Beau Site* porte un nom de circonstance : de certaines chambres, vue enivrante sur l'abbaye accrochée à sa falaise. Cet hôtel-restaurant fournit des prestations d'excellente qualité. Certes, les prix sont assez élevés et ne conviendront qu'à nos lecteurs les plus fortunés. Réception et salons meublés Haute Époque. Quelques chambres sont décorées avec des meubles de style, toutes sont très bien tenues et décorées avec goût. D'autres sont mansardées, et il y a aussi des familiales (avec mezzanine). Un établissement fort bien géré où sans cesse on apporte de nombreuses améliorations (clim, déco, isolation...). Côté resto, c'est l'occasion rêvée de vous permettre une petite folie gastronomique. Cuisine goûteuse, délicate et parfumée dans une belle salle fleurie. Le tout proposé par des serveurs compétents, discrets et souriants. Tous les produits du terroir magnifiés. Une excellente adresse dans sa catégorie. Terrasse sous les tilleuls en été. *10 % sur le prix de la chambre sauf de mai à septembre.*

DANS LES ENVIRONS

COUZOU 46500 (5 km S)

|●| *La Terrasse* – ☎ 05.65.33.62.83. Fermé le dimanche soir en juillet-août, hors saison les soirs de semaine et le dimanche soir. Congés annuels : 10 jours juin-juillet, 15 jours début octobre et à Noël. Accès : au bord de l'Alzou, traverser le pont et prendre la direction de Couzou par la D32. Menus de 85 et 110 F (13 et 16,8 €) toute l'année, en été un autre menu gastronomique un peu plus cher. L'hiver, menu unique « poule farcie » le dimanche à 90 F (13,7 €). C'est fou comme on change d'ambiance en faisant les quelques kilomètres qui séparent Rocamadour de Couzou. Adieu, industrie du tourisme et société de consommation ! En quelques minutes, on se retrouve en plein Causse, et surtout dans une auberge bourrée de charme où le mot accueil ne rime pas avec portefeuille. *La Terrasse* est une grosse maison plantée sur le bord d'une petite route, avec deux salles rustiques aux boiseries rafraîchies dans des tons pastel. Terrasse pour les beaux jours bien sûr. À table, une cuisine au plus près du terroir, du cassoulet, vraiment parfait, à la soupe paysanne au lard, en passant par la mique (le vendredi), les confits ou charcuteries. Une de ces cuisines qui mettent à elles seules de l'ambiance parmi les tables, une cuisine qui réunit. Réservation plus que conseillée en saison et les fins de semaine. *NOUVEAUTÉ.*

MEYRONNE 46200 (14 km N)

🏠|●| *Hôtel-restaurant La Terrasse* ** – ☎ 05.65.32.21.60. Fax : 05.65.32.26.93. TV. Fermé le mardi hors saison. Congés annuels : de décembre à février. Accès : par la D673 ; au bout de 4 km, prendre la D15 à gauche. Doubles tout confort entre 300 et 500 F (45,7 et 76,2 €). Plusieurs menus de 100 à 280 F (15,2 à 42,7 €). Meyronne est un petit village adorable surplombant la Dordogne. Effectivement, le restaurant possède une terrasse qui domine la vallée, paysage bucolique et délicieux au printemps, mais pas seulement. Ancienne résidence d'été des évêques de Tulle, maison pleine de charme et de caractère. Ici, on se retrouve dans un décor de château à des prix raisonnables, vu la qualité du lieu. Tout y est : les pierres, les poutres, les tours mansardées et le lierre. Chambres confortables dans l'hôtel, bien sûr un peu plus chères dans le château. Ce sont en fait de petites suites meublées avec goût. Avantage non négligeable dans la région : elles restent fraîches en été. Une halte de choix si vous avez envie de vous prendre pour un prince. Pour dormir au château, réservez longtemps à l'avance en saison. Le restaurant n'est pas mal non plus. Confortablement installés dans la belle salle toute de pierre vêtue, des menus copieux et régionaux vous seront proposés. Ris de veau aux morilles, noisette d'agneau au genièvre ou pavé de sandre à l'estragon par exemple. Le second, avec une entrée et deux plats, offre un bon rapport qualité-prix. Déco bourgeoise comme on n'en trouve plus, mais c'est si agréable. Bien sûr, mieux vaut manger sur la terrasse, sous la pergola. *Café offert. 10 % sur le prix de la chambre hors saison à partir de 2 nuits consécutives.*

CARENNAC 46110 (25,5 km NE)

🏠|●| *Auberge du Vieux Quercy* ** – (Centre) ☎ 05.65.10.96.59. Fax : 05.65.10.94.05. Parking. TV. Fermé le lundi hors saison. Congés annuels : du 15 novembre au 15 mars. Accès : par la D673 direction Alvignac ; de là, prendre la D20 sur la gauche ; au bord de la route qui traverse le village. Doubles avec douche et wc ou bains de 280 à 350 F (42,7 à 53,4 €), la demi-pension, obligatoire en juillet-août, de 310 à 360 F (47,3 à 54,9 €) par jour et personne. Au resto, menus de 88 à 195 F (13,4 à 29,7 €). Bel ensemble touristique : hôtel, jardins, piscine dans un environnement idyllique. Chambres agréables (peut-être un peu chères mais...) dans la bâtisse principale, un ancien relais de poste de caractère, ou de plain-pied autour de la piscine (plus calmes et plus fraîches). Salle à manger avec vue sur le jardin et sur la forêt de toits patinés pour mieux apprécier de savoureuses spécialités telles que la feuillantine de foie gras aux pommes et sauce au miel, des galettes de confit au chou, ou une petite daube d'agneau au vin de Cahors.

🏠|●| *Hostellerie Fénelon* ** – rue Principale ☎ 05.65.10.96.46. Fax : 05.65.10.94.86. Parking. TV. Service le midi et le soir jusqu'à 21 h. Fermé le vendredi (hors saison), le samedi midi et du 6 janvier au 10 mars. Congés annuels : de début janvier à mi-mars. Doubles avec douche et wc ou bains de 280 à 350 F (42,7 à 53,4 €), la demi-pension, imposée en haute saison de 300 à 350 F (45,7 à 53,4 €), et au resto, de nombreux menus de 100 à 270 F (15,2 à 41,2 €). Carte un peu chère. Hôtel classique aux chambres très correctes, douillettes et meublées dans un style rustique, les plus agréables donnant sur la Dordogne. À table, bonne cuisine et présentation soignée, que l'on choisisse un plat traditionnel ou une recette plus inventive. Pour vous mettre en appétit : salade de langoustines aux agrumes et magrets fumés, filet de sandre en écaille de pommes de terre et minute de foie gras, côte de veau aux cèpes cuite au four, etc. Salle à manger agréable avec belle cheminée, donnant sur le jardin et la rivière. En été, repas servis en terrasse. *Café offert.*

RODEZ 12000

Carte régionale B1

⌂ *Hôtel de la Tour-Maje* *** – bd Gally (Centre) ☎ 05.65.68.34.68. Fax : 05.65.68.27.56. Parking payant. TV. Canal+. Satellite / câble. ♿ Doubles de 330 à 390 F (50,3 à 59,5 €) avec douche et wc ou bains. Suites à 650 F (99,1 €). Le grand classique de la ville. Chambres agréables et modernes, joliment décorées. Quelques-unes sont situées dans la tour du XIVe siècle, vestige des remparts de la vieille cité. Soirées piano au bar.

|●| *Restaurant La Taverne* – 23, rue de l'Embergue (Centre) ☎ 05.65.42.14.51. Fermé le dimanche et les jours fériés. Accès : à proximité de la cathédrale. Menus à 60 F (9,1 €) le midi en semaine, et à 89 F (13,6 €), le régional, avec 9 entrées et 9 plats au choix. Salle voûtée au sous-sol. Accueil sympathique. Nourriture traditionnelle et plutôt régionale en été : entrecôte au roquefort, magret de canard en cocotte, *farçous*, *picausels*, etc. En hiver, spécialités de farçons, fondue, tripoux, aligot et raclette. Excellentes tartes maison. Prix très raisonnables. Terrasse derrière, sur jardin. *Apéritif offert.*

|●| *Restaurant Willy's* – 2, rue de la Viarague ☎ 05.65.68.17.31. Fermé le dimanche et le lundi. Accès : dans une rue donnant sur la place de la Madeleine, près de l'église Saint-Amans. Menus à 73 F (11,1 €) le midi en semaine et à 115 F (17,5 €). Un resto sympa, proposant une cuisine régionale teintée d'originalité et d'exotisme, préparée à base de bons produits. Marinade de gigot au curry, gambas roulées au lard fumé et choucroute de poissons (en hiver)… Façade bleue et salle aux couleurs chaudes et agréables. Accueil simple dans une atmosphère plutôt jeune et décontractée. Réservation fortement conseillée.

|●| *Restaurant Goûts et Couleurs* – 38, rue de Bonald (Centre) ☎ 05.65.42.75.10. Service jusqu'à 21 h 30. Fermé le dimanche et le lundi. Accès : rue donnant sur la place de la Cité. Menus à 99 F (15,1 €) le midi en semaine, puis de 138 à 290 F (21 à 44,2 €). Conseillé de réserver. Cadre aux tons pastel, peintures du chef aux murs, atmosphère cosy. L'idéal pour (bien) dîner en amoureux. En effet, découvrez ici une cuisine inspirée et des petits plats vraiment imaginatifs. Le second menu propose un excellent rapport qualité-prix, avec croustillant de cabécou à la concassée d'olives noires, estouffade d'agneau aux abricots secs et amandes grillées, truffade ou fondant de roquefort et fruits secs, soupe de fruits des îles au rhum blanc et cardamome. À 200 F (30,4 €), la

crème de *stockfisch* à l'huile de noix, foie gras de canard mi-cuit, pigeon laqué au miel et aux épices, croustillant de cabécou, feuille chocolat noir aux suprêmes de pamplemousse. Délicieux desserts comme la tarte tiède à la banane et coco, le moelleux chocolat et griottes (hmm!). À la belle saison, petite terrasse derrière, au calme.

DANS LES ENVIRONS

SAINTE-RADEGONDE 12850

(5 km N)

⌂|●| *Saloon Guest Ranch* *** – Landrevier - Sainte-Radegonde ☎ 05.65.42.47.46. Fax : 05.65.78.32.36. Parking. Fermé le midi sauf pension. Congés annuels : 10 jours en février. Accès : par la D901 direction Marcillac, puis la D568. Doubles à 350 F (53,4 €) à 400 F (61 €) avec douche et wc ou bains. Menus de 110 à 160 F (16,8 à 24,4 €) plus que copieux. *Once upon a time*… Ainsi pourrait commencer l'histoire de ce petit Aveyronnais qui n'avait qu'un rêve : créer un ranch dans son pays. Aujourd'hui, le rêve est devenu réalité, après de nombreuses pérégrinations, comme dans toutes les histoires. Alain Tournier a réussi à faire exister un bout d'Ouest américain sur 150 ha de terre aveyronnaise avec des chevaux, un saloon plus vrai que nature et une passion authentique. À l'intérieur, il a poussé le sens du détail à l'extrême. Mobilier en acajou, tissus rouges aux murs et au plafond, tapis, photos… Pour ceux qui connaissent, cela fait penser au célèbre *Rosie O'Grady*, à Orlando. Évidemment, on y mange de la viande, certainement la meilleure du coin : entrecôtes épaisses, *spare ribs*, côtes de bœuf grillées au feu de bois. Chambres spacieuses et décor western plutôt luxueux. Accueil amical et prévenant. Possibilité de profiter des chevaux et des nombreuses activités proposées par Alain, mais réservation impérative. Pour un peu, on se prendrait pour des cow-boys! *Apéritif ou digestif offert.*

SALLES-LA SOURCE 12330

(10 km NO)

|●| *Restaurant de la Cascade* – (Centre) ☎ 05.65.67.29.08. ♿ Fermé le mercredi soir hors saison. Accès : par la D901. Menus en semaine à 55 F (8,4 €), et un autre à 85 F (13 €). Dans une petite salle aux tons rosés, on mange en profitant d'une vue ravissante sur les vallons environnants. 1er menu rapide, correct mais sans passion, et le suivant imbattable dans le genre terroir roboratif. Si vous avez envie d'agapes, à commander 3 jours à l'avance : charcuteries maison, chou farci (hmm!), chevreau en blanquette, aligot (évidemment), les *farçous*. Le tout arrosé d'un marcillac, bien sûr.

Pour vous mettre en appétit, n'hésitez pas à visiter le passionnant musée du Rouergue qui est juste à côté.

SAINT-AFFRIQUE 12400

Carte régionale B1

🏠 I●I *Hôtel Moderne* ** – 54, rue Alphonse-Pezet ☎ 05.65.49.20.44. Fax : 05.65.49.36.55. Parking payant. TV. Canal+. Fermé du 20 décembre au 20 janvier; resto fermé la 2e quinzaine d'octobre. Congés annuels : du 2 au 30 janvier. Accès : à côté de la gare mais pas d'inquiétude, elle est désaffectée. Chambres correctes et propres de 250 F (38,1 €) avec douche et wc à 320 F (48,8 €) avec bains ; quelques-unes plus grandes à 390 F (59,5 €). Menus de 90 à 280 F (13,7 à 42,7 €). Le coin est assez banal et quelque peu excentré, mais c'est tranquille. Bar superbe et ambiance surannée des maisons d'antan. Celle-ci a toutefois su évoluer avec intelligence, tant dans l'esprit que dans la cuisine. Le terroir est à l'honneur mais les produits sont travaillés avec beaucoup de nouveauté. Résultat, on mange plutôt bien, ce qui n'est pas évident dans cette bourgade. Roulades de filet mignon de cochon en cocotte, gigolette de lapereau en duxelles de morilles, aumônière de foie gras en julienne de primeurs, et quelques bonnes spécialités au roquefort. Normal. *Apéritif offert.*

SAINT-ANTONIN-NOBLE-VAL 82140

Carte régionale B1

🏠 I●I *Hôtel des Thermes* ** – bd des Thermes ☎ 05.63.30.61.08. Fax : 05.63.68.23.26. TV. Fermé le jeudi (hors saison). Accès : après le pont à gauche en venant des gorges. Doubles avec bains à partir de 190 F (29 €). Menu le midi en semaine à 59 F (9 €), suivants de 85 à 180 F (13 à 27,4 €). Les deux raisons d'être de ce vieil hôtel, tenu par des jeunes, sont sa situation privilégiée au bord de l'Aveyron et ses prix. Chambres décorées comme dans un hôtel de chaîne et tout juste confortables. Certaines donnent sur l'Aveyron et la falaise d'Anglars. Au resto, service un peu lent, mais après tout on n'est pas au fast-food.

SAINT-BERTRAND-DE-COMMINGES 31510

Carte régionale A2

🏠 *Hôtel du Comminges* ** – place de la Cathédrale ☎ 05.61.88.31.43. Fax : 05.61.94.98.22. Parking. Congés annuels : du 1er novembre au 31 mars. Accès : face à la cathédrale. Doubles avec douche à 180 F (27,4 €), avec douche et wc à 230 F (35,1 €), avec bains à 270 F (41,2 €). Deux chambres pour 4 personnes avec 2 grands lits et bains à 350 F (53,4 €). Vraiment chouette de passer une nuit dans ce superbe village construit sur un promontoire autour de sa cathédrale. Vous profiterez de la soirée et des premières heures de la matinée pour vous baguenauder dans les ruelles vides de touristes. L'hôtel du Comminges est une vieille maison de famille, couverte de lierre et de glycine. Petit jardin intérieur. Grandes chambres avec ameublement de style, certaines rénovées. L'ensemble possède pas mal de charme.

🏠 I●I *L'Oppidum* ** – rue de la Poste ☎ 05.61.88.33.50. Fax : 05.61.95.94.04. TV. ⚒ Fermé le mercredi d'octobre à mai. Congés annuels : du 15 novembre au 17 décembre. Accès : à deux pas de la cathédrale, dans la rue descendant vers la poste. Doubles avec douche et wc ou bains de 265 à 385 F (40,4 à 58,7 €). 1er menu à 85 F (13 €) en semaine, puis de 110 à 190 F (16,8 à 29 €). Menu enfant : 50 F (7,6 €). Petit hôtel joliment aménagé dans ce superbe village perché. Chambres confortables. Salon de thé. Bon accueil. *Café offert.*

DANS LES ENVIRONS

VALCABRÈRE 31510 (1,5 km E)

I●I *Le Lugdunum* – ☎ 05.61.95.88.22. Parking. Fermé le dimanche soir et le mardi. Accès : de Valcabrère, rejoindre la N25, tourner à droite, c'est 400 m plus loin, à droite de la route. Le menu antique est autour de 180 F (27,4 €) hors boisson. Restaurant moderne, mais dont la forme rappelle un peu une villa romaine. Terrasse sur les champs de maïs, avec vue superbe sur Saint-Bertrand. Vraiment original, un cas unique en France ! Enfant du pays, mais d'origine lombarde, Renzo Pedrazzini élabore, en plus de sa cuisine traditionnelle, de vrais plats de la Rome antique : salade « Hypotrima », agneau à la Parthe, poulet « Numide », saucisses de Lucanie. Recettes qu'il accompagne désormais d'un vin « merveilleux », sans oublier le subtil apéritif à la rose ou à la violette. Il mélange le miel et le vinaigre, ne sert ni tomates ni citrons car on n'en trouvait pas à l'époque, se fournit en épices chez un herboriste local. Son maître s'appelle Apicius, qui a écrit un traité de cuisine il y a environ 2000 ans ! Le Bocuse de l'Empire romain. Bref, l'extraordinaire impression de manger les mêmes plats que ceux qu'on servait à César et à Pompée. Cela porte un nom : c'est un voyage culinaire dans le temps, grâce à Renzo, l'archéologue des saveurs oubliées.

SAINT-CIRQ-LAPOPIE 46330

Carte régionale B1

🛏 |●| *Auberge du Sombral* – **place du Sombral** ☎ **05.65.31.26.08. Fax :** **05.65.30.26.37.** TV. Resto fermé le mardi soir et le mercredi hors saison. Congés annuels : de mi-novembre à début avril. La double tout confort à partir de 310 F (47,3 €). Menus de 72 à 200 F (11 à 30,5 €). Une auberge charmante au cœur du village, avec un haut toit à quatre pentes. Élégante décoration intérieure. Belles chambres agréablement meublées, teintes douces et chaleureuses, et de la moquette couleur crème, il fallait oser. Entretien de l'ensemble absolument irréprochable. Accueil professionnel, service empressé, un rien sévère, mais pas désagréable pour autant. Cuisine bourgeoise à la réputation justifiée : feuilleté quercinois aux cèpes, gratin de poireaux aux truffes et divin foie gras. Une maison solide. *NOUVEAUTÉ.*

|●| *Restaurant L'Atelier* – **le bourg** ☎ **05.65.31.22.34.** Fermé le mardi soir et le mercredi hors vacances scolaires. Congés annuels : de janvier jusqu'à mi-février. Accès : en pleine montée, à gauche, juste à côté de Saint-Cirq. Menus de 65 à 150 F (9,9 à 22,9 €) et carte. Un restaurant dans une vieille bâtisse de caractère. Des dessins d'amis passés par là tapissent les murs. L'ambiance est chaude et conviviale, on s'y sent vite à l'aise. La nourriture, copieuse et bien préparée, en ravira plus d'un. En ce qui concerne les menus et pour notre plus grand plaisir, les plats n'en finissent pas de se succéder. Bonne cuisine de bistrot : saucisse de Toulouse et frites, cassoulet, confits, et même un bon foie gras et son verre de vin blanc... Excellent rapport qualité-prix donc, et bonne ambiance en prime.

DANS LES ENVIRONS

TOUR DE FAURE 46330 (3 km O)

🛏 *Hôtel Les Gabarres* ** – **au bourg** ☎ **05.65.30.24.57. Fax : 05.65.30.25.85.** Parking. Congés annuels : de mi-octobre à début avril. Accès : par la D662 direction Figeac. Doubles avec douche et wc ou bains de 240 à 290 F (36,6 à 44,2 €). Certes, de l'extérieur, cet hôtel ne brille pas par son architecture. Mais cela est largement compensé par une excellente qualité d'accueil et des chambres claires, très propres et spacieuses (à défaut d'être joliment décorées). La moitié d'entre elles ouvrent sur la piscine de l'hôtel. Vue large et aérée sur la vallée. Petit déjeuner buffet. De plus, le couple qui tient l'hôtel vous éclairera

sur les balades dans les environs. Au fait : une gabare, c'est un bateau. *10 % sur le prix de la chambre sauf juillet-août.*

SAINT-FÉLIX-LAURAGAIS 31540

Carte régionale B2

🛏 |●| *Auberge du Poids Public* *** – **faubourg Saint-Roch (Ouest)** ☎ **05.61.83.00.20. Fax : 05.61.83.86.21.** Parking. TV. Fermé le dimanche soir d'octobre à avril et en janvier. Congés annuels : janvier. Doubles avec douche et wc ou bains de 275 à 550 F (41,9 à 83,8 €). Menus à 135 et 230 F (20,6 et 35,1 €). Et un autre super à 350 F (53,4 €) avec 5 spécialités. Des chambres de charme avec vue sur les collines du Lauragais. Possibilité de demi-pension. Grande salle à manger au décor rustique distingué, sol en marbre et belles pierres apparentes. Là encore, vue panoramique sur la campagne. Atmosphère inévitablement un peu chichos. Cuisine assez inventive. 1er menu avec, par exemple, hure de saumon et julienne avec le bouquet de salade, filet de maquereau avec la fondue de légumes, blanc de volaille avec le gratin dauphinois, sorbet au vin d'épices en corolle. Le suivant, terrine de foie gras de canard avec asperges, filet de sandre crème aux morilles, misto d'agneau, saint-honoré aux fruits avec son coulis et le sorbet. Sur la carte, on trouve aussi bien des petits vins que des grands crus. Très agréable terrasse en saison.

DANS LES ENVIRONS

SAINT-JULIA 31540 (6 km N)

|●| *L'Auberge des Remparts* – **rue du Vinaigre** ☎ **05.61.83.04.79.** Fermé le dimanche soir, le lundi soir et le mardi soir. Menu le midi en semaine à 65 F (9,9 €). Autres à 95 et 155 F (14,5 et 23,6 €). Voilà une halte sympathique à la bonne réputation grandissante. Cette auberge de village propose le midi un bon petit menu du jour : potage, crudités, charcuterie, plat du jour, fromage, dessert, vin et café. Encore faim ? Le soir (conseillé de réserver), le jeune chef déploie ses talents en une cuisine plus élaborée, avec les menus suivants. Saumon cru mariné à l'aneth, croustillant de loup, rôti de magret aux pommes... Aux beaux jours, service sur une terrasse ombragée.

SAINT-GAUDENS 31800

Carte régionale A2

|●| *Restaurant de l'Abattoir* – **bd Leconte-de-Lisle (Sud)** ☎ **05.61.89.70.29.** Parking. Fermé le dimanche. Accès :

MIDI-PYRÉNÉES

prendre le boulevard Gambetta jusqu'à la gare SNCF, puis continuer tout droit, direction les abattoirs ; le resto est juste en face. Menus de 70 F (10,7 €) le midi en semaine, et de 90 à 140 F (13,7 à 21,3 €). Voilà une de nos meilleures adresses dans la région. Impossible, en effet, de déguster des viandes aussi fraîches, aussi fondantes, aussi fabuleuses que chez Christian Gillet. Baroudeur du désert à moto, il a jeté l'ancre ici, pour être le plus près possible de l'abattoir, où il se fournit chaque matin à l'aube. Il choisit lui-même ses morceaux puis, toujours à l'aurore, il nourrit dans sa grande salle toute une ribambelle de maquignons affamés, venus de la campagne. Un bon signe ! Goûtez au pied de porc ivrogne, à la tête de veau ravigote ou à la côte à l'os gros sel. D'autres bons plats comme le boudin grillé d'Arbas. L'addition n'abat personne et c'est bon et copieux. Véritable couscous marocain (sur commande seulement). Grande salle claire et agréable, et ambiance plus conviviale qu'intime. *Apéritif offert.*

SAINT-GENIEZ-D'OLT 12130

Carte régionale B1

🛌🍴 *Hôtel de la Poste* ** – 3, place Charles-de-Gaulle ☎ 05.65.47.43.30. Fax : 05.65.47.42.75. Parking. TV. Fermé le lundi d'octobre à mai. Congés annuels : du 4 janvier au 1er février. Doubles à partir de 215 F (32,8 €) avec douche et wc et 295 F (45 €) avec bains. Menu en semaine à 65 F (9,9 €), puis de 89 à 138 F (13,6 à 21 €). Demi-pension (obligatoire du 1er au 20 août) de 230 à 330 F (35,1 à 50,3 €) par personne. Traditionnel hôtel de village comprenant une partie ancienne et une annexe moderne. Dans la première, vieil ameublement superbe, beaux objets, atmosphère chaleureuse et confortable. Chambres plaisantes. Les nos 7 et 8 ont beaucoup de charme. Cuisine réputée, servie dans l'annexe (l'autre côté de la rue). Très agréable terrasse dans la verdure ou sous la véranda au 1er étage. Carte régionale savoureuse à prix sages. Ris d'agneau aux cèpes, terrine de lapereau aux pleurotes, truite, côte de veau au roquefort et aux noix, confit de canard, tripoux. *10 % sur le prix de la chambre pour 2 nuits consécutives sauf juillet et août.*

DANS LES ENVIRONS

SAINTE-EULALIE-D'OLT 12130
(3 km O)

🛌🍴 *Au Moulin d'Alexandre* ** – au bourg (Centre) ☎ 05.65.47.45.85. Fax : 05.65.52.73.78. Parking. Fermé le dimanche soir en hiver. Congés annuels : les 2 premières semaines d'octobre. Chambres très coquettes à 240 F (36,6 €) avec douche et wc et 260 F (39,6 €) avec bains. Demi-pension à 280 F (42,7 €) par personne, obligatoire de juillet à septembre. Menu à 65 F (9,9 €) sauf le dimanche et jours fériés, à 95 et 140 F (14,5 et 21,3 €). L'une des plus délicieuses auberges de campagne de la région, située dans un coin charmant et reposant. Installée, comme son nom l'indique, dans un ancien moulin à eau du XVIIe siècle, rénové par M. Alexandre. Bon accueil. Savoureuse cuisine d'un bon rapport qualité-prix. Spécialités régionales comme les excellents tripoux maison, l'assiette de cèpes farcis, l'omelette aux girolles, la poitrine de veau farcie… et le millefeuille de fraises en saison. Barques et VTT à la disposition des clients. *Digestif offert.*

SAINT-GIRONS 09200

Carte régionale A2

🛌🍴 *Hôtel-restaurant La Clairière* ** – av. de la Résistance (Sud-Ouest) ☎ 05.61.66.66.66. Fax : 05.34.14.30.30. Parking. TV. Canal+. ♿ Accès : à la sortie de la ville, direction Seix-Massat. Doubles avec douche et wc ou bains de 250 à 280 F (38,1 à 42,7 €). Petits menus à 89 F (13,6 €) en semaine et à 115 F (17,5 €), suivants à 149 et 220 F (22,7 et 33,5 €). Une vraie, belle adresse, à l'écart de la route. Comme quoi, même une construction en béton peut avoir une âme. Les chambres, claires, confortables, donnent sur les arbres du petit parc. En été, le restaurant prend des couleurs méditerranéennes, dans l'assiette, sur les murs et même au sol, avec la barque plantée en milieu de passage. Le 3e menu, style tartare de bulots sauce aïoli, bourriche de lotte… L'hiver, autre salle, autre décor : feu de bois, cuisine plus chaleureuse. Belle piscine en été. *10 % sur le prix de la chambre à partir de 2 nuits consécutives sauf juillet et août.*

SAINT-LIZIER 09190

Carte régionale A2

🛌🍴 *Hôtel de la Tour* – (Centre) ☎ 05.61.66.38.02. Fax : 05.61.66.38.01. TV. Fermé le dimanche soir. Accès : au pied de la vieille ville, en bordure du Salat. Doubles avec douche et wc ou bains de 190 à 250 F (29 à 38,1 €). Demi-pension à 210 F (32 €). Menu du jour le midi en semaine à 65 F (9,9 €), autres de 88 à 125 F (13,4 à 19,1 €). C'est peu dire qu'on l'attendait, la rénovation de l'unique hôtel « historique » de la fascinante capitale du Couserans... Neuf chambres pimpantes, avec vue pour certaines sur la rivière, et même petit balcon. Côté restauration, le chef fait des efforts pour satisfaire sa clientèle, proposant des menus, mais aussi de simples et bonnes grillades. Une spécialité : la tarte au foie gras et aux pommes !

SAINT-MARTIN-D'ARMAGNAC   32110

Carte régionale A2

🏠 I●I *Auberge du Bergerayre* – ☎ 05.62.09.08.72. Fax : 05.62.09.09.74. Parking. TV. 🍴 Fermé le mardi soir et le mercredi. Accès : par la D25, puis une petite route à droite. Doubles de 300 à 680 F (45,7 à 103,7 €), avec demi-pension obligatoire en haute saison, de 255 à 445 F (38,9 à 67,8 €). Menus de 100 à 250 F (15,2 à 38,1 €). Une superbe auberge en pleine campagne, avec jardin et piscine. Calme garanti. Chambres de plain-pied très confortables. Cuisine très réputée dans la région. Salle à manger au décor rustique. Selon la saison, goûter à l'assiette de Saint-Jacques, au foie gras de canard sur le grill et, surtout, à ce succulent magret fourré de foie gras sur lit de cèpes (hmm !). Il est conseillé de réserver. *Café offert.*

SAINT-SERNIN-SUR-RANCE   12380

Carte régionale B1

🏠 I●I *Hôtel Carayon* ** – place du Fort ☎ 05.65.98.19.19. Fax : 05.65.99.69.26. Parking. TV. Satellite / câble. 🍴 Fermé le vendredi soir, samedi midi, dimanche soir et le lundi hors saison. Accès : sur la D999 entre Albi et Millau. Doubles de 199 à 399 F (30,3 à 60,8 €) avec douche et wc ou bains. Menus de 85 F (13 €), sauf le dimanche midi, à 350 F (53,4 €). À 175 F (26,7 €) menu autour de l'oie ; à 180 F (27,4 €) autour du mouton. Une véritable institution dans l'Aveyron. Tout le monde vous parlera des Carayon. Rien de plus normal : la maison tutoie la qualité depuis longtemps. Chambres confortables (certaines avec balcon sur le parc et la campagne). Cuisine très réputée qui s'exprime dans les 7 menus. Belle carte : pavé de daim aux figues, caille rôtie dans sa cocotte, pigeonneau et sa sauce salmis et quelques succulents desserts. Aux beaux jours, grande terrasse panoramique et 2 piscines. Tennis, mini-golf, sauna, solarium, pédalo sur la rivière gratuits pour les clients de l'hôtel. Atmosphère genre club de vacances. *10 % sur le prix de la chambre hors saison.*

SALMIECH   12120

Carte régionale B1

🏠 I●I *Hôtel du Céor* – ☎ 05.65.46.70.13. Fax : 05.65.46.70.13. Fermé le dimanche soir et le lundi hors saison. Congés annuels : du 1er janvier au 1er mars. Doubles de 130 à 184 F (19,8 à 28,1 €). En demi-pension, comptez de 174 à 229 F (26,5 à 34,9 €) par personne. Menus de 80 à 199 F (12,2 à 30,3 €). Ancien relais de poste du XIXe siècle, ce petit hôtel de campagne présente un excellent rapport qualité-prix. Une trentaine de chambres agréables. Cuisine du terroir réputée, servie dans une salle à manger au joli décor rustique. Dernier menu gastronomiquement superbe : foie gras maison, cèpes, salade aux noix, magret grillé sur carignan (un sarment donnant une bonne saveur très particulière), fromages de la région, coupe glacée du Céor. À la carte : confit de foie gras maison, écrevisses sauce du chef ou perche du lac gratiné au champagne et toutes les spécialités au feu de bois. Aux beaux jours, terrasse ombragée et vue panoramique sur le village. Patron très accueillant. Une excellente adresse. *Apéritif offert.*

SAUVETERRE-DE-ROUERGUE   12800

Carte régionale B1

🏠 I●I *La Grappe d'Or* – bd Lapérouse ☎ 05.65.72.00.62. Fermé le mercredi soir hors saison. Accès : à deux pas de la place des Arcades. Chambres doubles de 160 à 175 F (24,4 à 26,7 €) avec douche et wc. Menu du jour à 65 F (9,9 €), menu du terroir à 85 F (13 €) et menu de fêtes à 95 F (14,5 €) les dimanche et jours fériés. Petit hôtel de village, fort bien tenu. Excellents tripoux, confit de poule et de canard, salade de gésiers. Cuisine du pays, donc, simple et roborative. Un beau agréable jardin et un environnement qui vaut la halte à lui seul.

🏠 I●I *Le Sénéchal* *** – ☎ 05.65.71.29.00. Fax : 05.65.71.29.09. Parking. TV. 🍴 Fermé le lundi, le mardi midi (sauf en juillet-août) et le mercredi midi. Congés annuels : du 1er janvier au 15 mars. Accès : à l'extérieur de la bastide, vers le nord. Doubles avec bains à 580 F (88,4 €). Menus de 140 à 480 F (21,3 à 73,2 €). Sauveterre est un morceau choisi des paysages variés de l'Aveyron. Vous êtes dans l'une des plus belles bastides de la région. Michel Truchon, un enfant du pays, est resté ici. Il vous parlera avec passion de son village, des chemins relevés d'aubépines qu'il vous enverra découvrir, histoire de vous mettre en appétit. Question cuisine, Michel possède bien son sujet. Créateur attaché aux bons produits, il travaille tel un artiste à la composition de plats succulents. Au final, une cuisine raffinée et recherchée qui laisse les papilles en fête. Pour se régaler : tarte fine de poissons tomates et tapenade, grenadin de veau aux amandes fraîches, aiguillettes de magret de canard rôties rosées, et quelques desserts inoubliables, comme ce gâteau mollet tiède, granité de fruits rouges au champagne. Pour dormir, des chambres superbes au sol en terre cuite et au décor design et agréable. Service impeccable, qui sait rester simple et convivial. Une adresse qui n'en finit pas de monter… *Apéritif offert.*

SOUILLAC   46200

Carte régionale A1

🛏 |●| *Grand Hôtel* **★★★** – 1, allée Verninac (Centre) ☎ 05.65.32.78.30. Fax : 05.65.32.66.34. Parking payant. TV. Canal+. Fermé le mercredi et de novembre à mars. Congés annuels : de début novembre à fin mars. Accès : route N20, gare SNCF. Doubles avec douche et wc de 200 à 420 F (30,5 à 64 €), avec bains de 320 à 510 F (48,8 à 77,7 €), et la demi-pension de 260 à 415 F (39,6 à 63,3 €). Au restaurant, 4 menus de 80 à 245 F (12,2 à 37,4 €). Hôtel de la famille de Roger Couderc, le populaire journaliste de rugby. Nombreuses chambres confortables, mais plus ou moins spacieuses et agréablement meublées. Les plus chères ont une terrasse privée. Certaines s'ordonnent autour d'un atrium. Belle terrasse panoramique et solarium sur le toit. Cuisine jouissant d'une bonne réputation. Grande salle classique, un peu dans le style brasserie. On y apprécie des tripes périgourdines aux câpres, riches en saveurs, ou une « minute » de sole à l'huile de truffe et jus crémeux. Quelques spécialités encore : saucisson de tête de veau, filet de sandre rôti aux cèpes. Terrasse ombragée aux beaux jours. *10 % sur le prix de la chambre en avril et octobre.*

🛏 |●| *La Vieille Auberge* **★★★** – 1, rue de la Recège (Centre) ☎ 05.65.32.79.43. Fax : 05.65.32.65.19. Parking payant. TV. Canal+. Fermé le dimanche soir et le lundi du 1er janvier au 1er avril. Congés annuels : de mi-novembre à mi-décembre. Doubles avec douche et wc ou bains de 250 à 360 F (38,1 à 54,9 €), la demi-pension de 320 à 380 F (48,8 à 57,9 €). Trois menus de 120 à 350 F (18,3 à 53,4 €). *La Vieille Auberge,* c'est un restaurant gastronomique, mais aussi un hôtel moderne qui prend des petits airs de centre de remise en forme, car équipé d'une salle de relaxation et de gym, d'un sauna, d'un solarium, d'une piscine chauffée... Alors si l'on choisit de séjourner dans cet établissement, on peut s'ouvrir l'appétit dans la piscine avec quelques brasses apéritives, puis brûler les calories

absorbées en soulevant la fonte d'un appareil de muscu. Chambres modernes et un peu fades à notre goût. Côté fourneaux, Robert Véril, le patron, reste très attaché à ce terroir entre Quercy et Périgord, mais l'adapte aux mouvances de la gastronomie. Pour vous remettre en formes (avec un « s » cette fois-ci), le foie gras poêlé arrive escorté d'une estouffade de pommes de terre aux truffes, et le confit de canard se retrouve pour notre plus grand bonheur dans une galette de chou. Les queues de langoustines sont vêtues de poitrine fumée et servies avec des pommes de terre à l'infusion de Cahors. Egalement délicieuse barigoule d'artichaut au foie gras poêlé et sauce aux truffes du Périgord. Bravo, chef! La carte des vins affiche une nette prédilection pour les cahors et autres vins du Sud-Ouest. Côté service et accueil, personnel bien briefé mais parfois un peu affairé. *Entre 8 et 25 % sur le prix de la chambre selon la saison et la durée du séjour.*

TARASCON-SUR-ARIEGE   09400

Carte régionale B2

🛏 *Hôtel Confort* **★★** – 3, quai Armand-Sylvestre (Centre) ☎ 05.61.05.61.90. Fax : 05.61.05.61.90. Parking. TV. Doubles de 155 F (23,6 €) avec lavabo à 240 F (36,6 €) avec bains. En plein centre, mais au calme au bord de l'Ariège. Accueil charmant. 14 chambres insonorisées, toutes orientées vers le jardin. Les nos 7 et 10, spacieuses, donnent sur la rivière. Salon de thé. Possibilité de demi-pension et de pension complète.

TARBES   65000

Carte régionale A2

🛏 |●| *Auberge de jeunesse* – 88, av. Alsace-Lorraine ☎ 05.62.38.91.20. Fax : 05.62.37.69.81. ● www.fuaj.org ● Parking. ✗ Accès : à 2 km de la gare, direction Bordeaux. 51 F (7,8 €) la nuit, 102 F (15,5 €) la double avec lavabo. Petit déjeuner : 20 F (3 €). Repas à 41 F (6,3 €) servi du lundi au samedi midi. C'est le Foyer des jeunes travailleurs local, faisant aussi fonction d'AJ. Jardin et mur d'escalade.

🛏 *Hôtel de l'Avenue* **★★** – 78-80, av. Bertrand-Barère ☎ 05.62.93.06.36. Fax : 05.62.93.06.36. Parking. TV. ✗ Accès : à 50 m de la gare SNCF. Doubles à 100 F (15,2 €) avec lavabo, 160 F (24,4 €) avec douche et wc, 190 F (29 €) avec bains. Petit hôtel tranquille malgré sa situation. Chambres à la déco un peu passe-partout mais de bon rapport qualité-prix. Les plus calmes donnent sur une petite cour intérieure. Ambiance familiale. Le père a passé le relais à son fils mais il accueille encore souvent (avec chaleur!) les clients. *10 % sur le prix de la chambre pour 2 nuits consécutives.*

🛏 I●I *Hôtel-restaurant de l'Isard* ** – 70, av. du Maréchal-Joffre (Nord) ☎ 05.62.93.06.69. Fax : 05.62.93.99.55. TV. Fermé le dimanche soir. Doubles avec douche et wc ou bains à 160 F (24,4 €). Formules avantageuses à la semaine à 700 F (106,7 €) et au mois à 2 000 F (304,9 €). Au resto, formules pour toutes les bourses à partir de 65 F (9,9 €). Menu du mois à 110 F (16,8 €), un quart de madiran compris. Autres à 130 et 190 F (19,8 et 29 €). Dans la rue longeant la gare, à une centaine de mètres de celle-ci. Petit hôtel plaisant offrant d'agréables chambres. Les nos 3 et 4, côté jardin, sont bien au calme. Patron charmant et disponible. Bonne cuisine familiale. Deux derniers menus avec foie gras au naturel, pavé de saumon poêlé basquaise, filet de bœuf sauté au jus de truffes et glace aux pruneaux à l'armagnac. Dès les beaux jours, service dans le jardin, sous une tonnelle. *10 % sur le prix de la chambre pour un séjour prolongé.*

I●I *Chez Patrick* – 6, rue Adolphe-d'Eichtal ☎ 05.62.36.36.82. Fermé le soir et le dimanche. Congés annuels : 15 jours en août. Accès : à l'angle de la rue Saint-Jean. Compter environ 35 F (5,3 €) le plat du jour. Menu complet à 58 F (8,8 €), vin et dessert compris. Incontournable, ce resto de quartier fréquenté par une clientèle d'éternels habitués (fonctionnaires, ouvriers et retraités). Une grande famille où chacun tient son rôle jour après jour. Les nouvelles fusent de table en table, on n'hésite pas à refaire le monde chaque midi. Cuisine généreuse et fort goûteuse à prix modiques. Arriver de préférence en début de service (vers midi) car après la fermeture des bureaux, on joue parfois à guichets fermés. *Café offert.*

DANS LES ENVIRONS

JUILLAN 65290 (5 km SO)

🛏 I●I *L'Aragon* *** – 2 ter, route de Lourdes ☎ 05.62.32.07.07. Fax : 05.62.32.92.50. Parking. TV. Canal+. Satel-

lite / câble. ♿ Fermé le dimanche soir. Accès : à 5 km environ du centre par la D7. Belle chambres à 290 F (44,2 €) avec douche, wc, sèche-cheveux et minibar; à 320 F (48,8 €) avec bains. Formule bistrot à 98 F (14,9 €). Premier menu gastronomique à 180 F (27,4 €). Également un menu poisson à 230 F (35,1 €) et un dernier à 290 F (44,2 €). Cuisine de grande réputation. Salle à manger assez cossue, service impeccable. Au 1er menu gastronomique avec, par exemple, crème froide d'asperges au cerfeuil, escalope de saumon au sabayon de Pacherenc, pastilla de volaille du Gers au foie frais de canard. À la carte, salade de caille désossée, dos de sandre au verjus...

ARCIZAC-ADOUR 65360 (11 km S)

I●I *La Chaudrée* – 10, route des Pyrénées ☎ 05.62.45.32.00. Fermé le dimanche soir. Congés annuels : du 25 juillet au 15 août. Accès : route en direction de Bagnères-de-Bigorre. Menu du jour sauf le dimanche à 70 F (10,7 €), autres de 100 à 180 F (15,2 à 27,4 €). Un établissement classique au bord de la D935 en direction de Bagnères. À première vue, on aurait plutôt tendance à continuer sa route. À tort car il s'agit de l'une de nos meilleures adresses dans les environs de Tarbes. Salle rustique dans les tons roses (rideaux, nappes, serviettes) avec poutres apparentes et grande armoire bigourdane en noyer. 1er menu avec par exemple salade de chèvre chaud, brochettes de magret de canard et feuilleté aux myrtilles. Autres avec garbure en première entrée. Rien à redire : la cuisine est fine, la présentation des mets soignée et l'accueil attentionné. *Apéritif offert.*

TOULOUSE   31000

Carte régionale A2 – Plan pp. 560 et 561

🛏 *Hôtel Anatole-France* * – 46, place Anatole-France (B2-2) ☎ 05.61.23.19.96. Fax : 05.61.21.47.66. TV. Accès : à deux pas de l'université des Sciences sociales. Doubles à partir de 115 F (17,5 €), avec douche à 145 F (22,1 €), et 135 F (20,6 €)

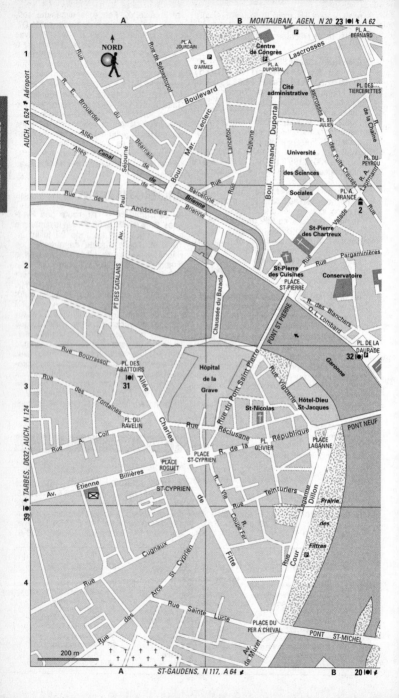

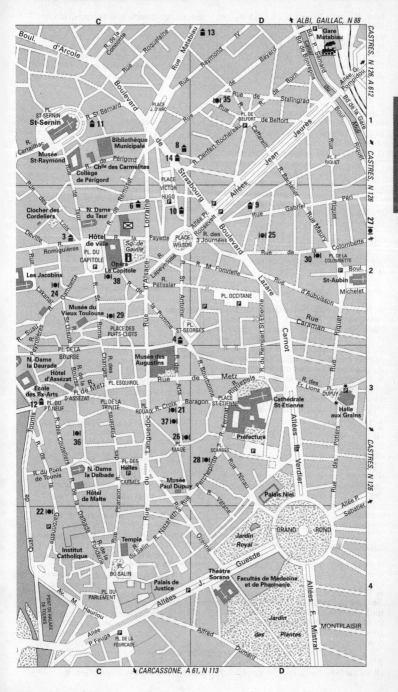

sans télé, avec bains à 170 F (25,9 €), très propres. Un hôtel à l'accueil fort sympathique et présentant un très bon rapport qualité-prix. Réception au 1er étage de l'immeuble, pas loin de la fac de Droit et du Palais des congrès. Chambres avec téléphone direct. Au rez-de-chaussée, café qui ne ferme pas trop tard.

🛏 *Hôtel du Grand Balcon* * – **8, rue Romiguières (C2-3)** ☎ **05.61.21.48.08. Fax : 05.61.21.59.98.** TV. Accès : par la place du Capitole. Doubles à partir de 130 F (19,8 €), 185 F (28,2 €) avec douche et wc, et 190 F (29 €) avec bains. Petit déjeuner à 25 F (3,8 €). Cet hôtel est l'un des hauts lieux de l'histoire de l'Aéropostale. C'est là que les pilotes passaient leur dernière nuit avant de s'envoler pour Alicante, l'Afrique ou l'Amérique du Sud. Saint-Ex y occupait la chambre n° 32, alors que Mermoz se réservait la n° 20. L'hôtel n'a pratiquement pas changé depuis, et de nombreuses photos rappellent cette glorieuse épopée. Tenu par les demoiselles Marquès pendant 50 ans, avant qu'il ne soit repris par M. Brousse, il y a plus de 40 ans. Autant dire une vraie affaire familiale. Les chambres donnant sur la rue sont bruyantes. Prix pour aventuriers.

🛏 *Hôtel des Arts* * – **rue des Arts - 1 bis, rue Cantegril (C2-4)** ☎ **05.61.23.36.21. Fax : 05.61.12.22.37.** Accès : entre le musée des Augustins et la place Saint-Georges. Doubles de 135 F (20,6 €) avec cabinet de toilette à 165 F (25,2 €) avec douche et wc. Dans un quartier pittoresque et très central. Chambres assez plaisantes et spacieuses, certaines avec cheminée, au hasard d'un dédale de couloirs et cours intérieures. *5 % sur le prix de la chambre.*

🛏 *Hôtel Trianon* ** – **7, rue Lafaille (C1-8)** ☎ **05.61.62.74.74. Fax : 05.61.99.15.44.** Parking. TV. Satellite / câble. Congés annuels : du 20 décembre au 2 janvier. Accès : rue entre le boulevard de Strasbourg et la rue Denfert-Rochereau. Doubles avec douche et wc ou bains à 250 F (38,1 €). Charmant petit hôtel tenu par un patron dynamique. Chambres agréables et confortables. L'été, on prend son petit déjeuner dans le patio. L'hiver, la journée débute dans de superbes caves voûtées où le patron organise aussi des dégustations de vins dont il est passionné, au point d'avoir baptisé chacune des chambres d'un nom de cru. *10 % sur le prix de la chambre.*

🛏 *Hôtel Saint-Sernin* ** – **2, rue Saint-Bernard (à l'angle de la place Saint-Sernin) (C1-11)** ☎ **05.61.21.73.08. Fax : 05.61.22.49.61.** Parking payant. TV. Accès : près de la basilique Saint-Sernin. Agréables chambres avec douche et wc à partir de 270 F (41,2 €), ou avec bains, téléphone direct et minibar à partir de 330 F (50,3 €). Lit supplémentaire : 50 F (7,6 €). Hôtel de charme, confortable et entièrement rénové. Réception au 1er étage et accueil souriant. Au dernier étage, superbe vue sur la basilique et son extraordinaire clocher. Au rez-de-chaussée, un bar, indépendant de l'hôtel, très animé le week-end pour cause de marché aux puces, propose les meilleurs croque-monsieur de la ville, sans pour autant être très sympathique. *10 % sur le prix de la chambre.*

🛏 *Hôtel Castellane* ** – **17, rue Castellane (D2-9)** ☎ **05.61.62.18.82. Fax : 05.61.62.58.04.** Parking payant. TV. Satellite / câble. ♿ Accès : à deux pas de la place du Président-Wilson. Doubles avec douche et wc ou bains à 280 F (42,7 €), à 320 F (48,8 €) pour trois. Également des chambres familiales (jusqu'à 7 personnes) à 400 F (61 €) maximum et des studios avec kitchenette à 280 F (42,7 €) par jour. Garage payant à 40 F (6,1 €) la nuit. Très bien situé, dans une rue calme. Hôtel récent conçu autour d'un patio moderne qui lui donne beaucoup de lumière. Chambres agréables tout confort dans les tons clairs. La n° 331 a une mezzanine et un petit balcon en fer forgé. Accueil très prévenant. *10 % sur le prix de la chambre les week-ends et périodes de vacances scolaires.*

🛏 *Hôtel L'Ours Blanc* ** – **2, rue Victor-Hugo (C2-10)** ☎ **05.61.21.62.40. Fax : 05.61.23.62.34.** TV. Canal+. Satellite / câble. Doubles avec douche et wc ou bains de 280 à 350 F (42,7 à 53,4 €). Petit déjeuner à 40 F (6,1 €). Entre la place du Président-Wilson et le marché Victor-Hugo, dans un quartier riche en offres hôtelières de moyenne gamme. Entièrement rénové, ce bel immeuble arrondi des années 30 propose un excellent niveau de confort (téléphone, climatisation...). Chambres fort bien équipées. La réfection moderne du hall a fort heureusement épargné l'ancienne cage en bois de l'ascenseur. 75 chambres en tout, avec celles de l'autre hôtel, situé de l'autre côté de la rue.

🛏 *Hôtel Albert-Ier* ** – **8, rue Rivals (C2-6)** ☎ **05.61.21.17.91. Fax : 05.61.21.09.64.** TV. Canal+. Satellite / câble. Accès : vers le Capitole. Doubles avec douche et wc ou bains de 300 à 330 F (45,7 à 50,3 €). Petit déjeuner à 40 F (6,1 €). Dans une rue calme, un petit hôtel classique récemment rénové. Plaisant hall d'entrée décoré de mosaïques et de brique toulousaine rose. Chambres confortables. La plupart sont climatisées, sauf certaines, plus simples et moins chères. Anne-Marie, la patronne sympathique, s'emploie constamment à donner un cachet personnel à son établissement, et sert d'excellents petits déjeuners (fromages, charcuteries, confitures maison...). Et pour nos lecteurs belges, cet hôtel a été ainsi baptisé en hommage à l'engagement et à l'héroïsme d'un de leurs souverains durant la Grande Guerre.

MIDI-PYRÉNÉES

⌂ Hôtel Victor-Hugo ⋆⋆ – **26, bd de Strasbourg (C1-14)** ☎ 05.61.63.40.41. **Fax : 05.61.62.66.31.** TV. Canal+. ♿ Doubles avec bains à 320 F (48,8 €). Chambre single avec douche et wc à 230 F (35,1 €). Un des meilleurs hôtels de Toulouse dans sa catégorie, au rapport qualité-prix raisonnable. Fonctionnel et impeccable. Toutes les chambres ont le téléphone, la moitié a la climatisation. Double-vitrage efficace. Accueil prévenant. Une adresse sûre.

⌂ Hôtel des Beaux-Arts ⋆⋆⋆⋆ – **1, place du Pont-Neuf (C3-12)** ☎ 05.34.45.42.42. **Fax : 05.34.45.42.43.** TV. Canal+. Satellite / câble. Chambres doubles à 490 F (74,7 €) avec douche et wc à partir de 610 F (93 €) avec bains. Quelques chambres à 810 et 1 000 F (123,5 et 152,4 €), dont une au dernier étage avec terrasse et superbe vue sur la Garonne. Un des hôtels préférés des hommes politiques et des comédiens qui séjournent à Toulouse. Derrière la façade XVIIIe siècle, la décoration résolument moderne décline les standards de l'hôtellerie internationale.

⌂ Hôtel Mermoz ⋆⋆⋆ – **50, rue Matabiau (D1-13)** ☎ **05.61.63.04.04. Fax : 05.61.63.15.34.** Parking payant. TV. Satellite / câble. ♿ Accès : près de la gare SNCF. Chambres à 500 F (76,2 €) pour deux, petit déjeuner-buffet à 60 F (9,1 €). Protégé de la rue par une cour intérieure. L'immeuble est moderne, vaguement néoclassique (la volée de marches), et dégoulinant de verdure, plutôt agréable. Une cinquantaine de chambres, spacieuses et très bien équipées, dont la décoration fait référence à la mythologie de l'Aéropostale (mobilier inspiré des années 30, dessins d'avions aux murs...). *25 % sur le prix de la chambre.*

|●| Restaurant Borriquito Loco – **25, rue des Paradoux (C3-36)** ☎ 05.61.25.34.54. ♿ Fermé le dimanche. Les prix sont raisonnables : menus à 45 ou 55 F (8,4 €) le midi, café compris ; environ 100 F (15,2 €) à la carte. Une grande salle à la déco moderne inspirée de la corrida (banquettes cloutées rouge sang et murs ocre). Spécialités espagnoles. Bon *ceviche*, poissons à la braise, paella et des vins espagnols à boire modérément... On déguste des *tapas* au bar dès 19 h, avec dans les oreilles de la variété espagnole façon « Macarena », un peu forte. *Apéritif offert.*

|●| À la Truffe du Quercy – **17, rue Croix-Baragnon (C3-21)** ☎ 05.61.53.34.24. Fermé le dimanche et les jours fériés. Menus de 55 à 128 F (8,4 à 19,5 €). Cadre campagnard rénové et un peu triste, atmosphère familiale bon enfant : c'est le super cantine, un resto de quartier comme on les aime. Bonne cuisine traditionnelle dont les valeurs se transmettent de père en fils depuis 70 ans. À la carte, cassoulet au

confit maison et nombreuses spécialités espagnoles, entre autres. *Apéritif offert.*

|●| Restaurant de l'Émulation Nautique – **allée Alfred-Mayssonnié (hors plan B4-20)** ☎ 05.61.25.34.95. Fermé le dimanche soir et le lundi soir. Accès : sur l'île du Ramier par le pont Saint-Michel. Menus à 59 et 69 F (9 et 10,5 €) en semaine ; autres à 89 et 98 F (13,6 et 14,9 €). À la carte, compter 110 F (16,8 €). L'île du Ramier sur la Garonne, juste au sud du centre-ville, est dévolue au sport : s'y trouvent le Stadium et les deux clubs nautiques de la ville, *Le Rowing* et *L'Émulation Nautique*. Les deux possèdent un restaurant et on a préféré celui-ci, ouvert aux non-membres du club, avec sa belle terrasse sur l'eau et sous les platanes. Excellentes et énormes grillades (rosbif, souris d'agneau entière...), belles salades. Une superbe adresse des beaux jours. Le restaurant du *Rowing* est un peu plus chic et un peu plus cher. *Apéritif offert.*

|●| Restaurant Mille et Une Pâtes – **1 bis, rue Mirepoix (C2-24)** ☎ 05.61.21.97.83. Service midi et soir jusqu'à 21 h 30. Fermé le dimanche. Accès : dans le quartier des Jacobins. Plats de 40 à 70 F (6,1 à 10,7 €). 2 menus à 59 F (9 €) le midi et 95 F (14,5 €), avec apéritif, entrée, plat du jour, dessert et café. Un dernier à 130 F (19,8 €). On est là avant tout pour déguster de bonnes pâtes sur le pouce. Grand choix : tagliatelles au saumon fumé, lasagnes au fromage de brebis, ravioles noires à la lotte, panaché de ravioles au foie gras et au magret de canard sauce aux cèpes, lunes aux filets de rascasse et basilic frais ou le « monde des pâtes », un tour de la planète à la semoule de blé dur! Bonnes salades et vins de pays pas chers. Goûtez aussi aux curieux desserts (lasagnes au chocolat et crème anglaise, lunes à la vanille en profiteroles). Même maison place du Peyrou, avec terrasse (05.61.21.80.70), et une 3e à Labège (05.62.24.48.88).

|●| La Daurade – **amarrée quai de la Daurade (B3-32)** ☎ 05.61.22.10.33. ♿ Fermé le samedi midi et le dimanche sauf de mai à septembre. Menus à 60 F (9,1 €) le midi en semaine, puis 120 F (18,3 €), jusqu'à 160 F (24,4 €) le soir et le week-end. Menu enfant à 55 F (8,4 €). Rénovée (avec l'aide de la mairie), cette péniche a trouvé son port d'attache et sa vocation : un restaurant assez chic et climatisé, surmonté d'une terrasse sur l'eau. Très bonne cuisine du marché et du terroir, vaguement hispanisante et modernisée (morue à l'espagnole, parillade de poissons, foie gras, magret, cassoulet...), servie par des jeunes gens en costume marin. Le cadre et la qualité de la table justifient sans doute les prix, au demeurant raisonnables. Rien en revanche, et surtout pas le fait que l'endroit soit à la mode, n'excuse la froideur de l'accueil et les négligences du service. À quai, on pourra se restaurer plus simplement aux *Terrasses de la Daurade*, un café-glacier sur le petit square devant la péniche. Ouvert tous les jours où il fait beau de 11 h 30 à 19 h. Bonnes salades. Et ne manquez pas de jeter un coup d'œil à l'église Notre-Dame-de-la-Daurade (sur la place), dont la curieuse Vierge Noire affublée d'une robe protège les futures mariées.

|●| La Boscassiera – 1, rue Saint-Paul (hors plan D2-27) ☎ 05.61.20.34.11. Fermé le lundi, le samedi et le dimanche. Accès : dans le prolongement de la rue de la Colombette, prendre l'avenue de la Gloire, puis la 1re rue à gauche après le pont sur la voie ferrée. Menu à 65 F (9,9 €) le midi ; le soir, comptez 100 F (15,2 €) à la carte. Après avoir tenu un refuge en Ariège, Nicolas a ouvert ce resto. Vaste salle avec de beaux meubles et une cuisine ouverte, aménagée dans un ancien atelier où a été conçu le premier réacteur de l'aviation française. La cuisine de Nicolas, grand gars sympa mais sans concession, se souvient des Pyrénées (garbure), se promène dans toute la région (confit, fricandeaux de canard, daube de queue de bœuf aux poireaux) et fait la part belle aux poissons (un différent chaque jour et une préparation de morue par semaine, dont l'étonnant cassoulet de morue).

|●| La Tantina de Burgos – 27, av. de la Garonnette (C4-22) ☎ 05.61.55.59.29. Service de 12 h à 14 h et jusqu'à minuit et demi. Fermé le dimanche et le lundi. Accès : dans une rue en contrebas, parallèle à la Garonne. Tapas entre 25 et 30 F (3,8 et 4,6 €). Paella à 69 F (10,5 €). Menu à 65 F (9,9 €) le midi. Comptez 100 F (15,2 €) le soir, uniquement à la carte. Un des restos inévitables de Toulouse. Ancien établissement margeo, il y a plus de 15 ans, qui s'est aujourd'hui largement institutionnalisé. Il garde cependant un côté très cool, une atmosphère un peu bohème et nettement hispanisante. Aux beaux jours, terrasse bien agréable. À l'intérieur, une grande salle animée où l'on peut s'attarder autour de grandes tables ou bien déguster des *tapas* au bar. Le succès aidant, ils ont ouvert une salle plus petite. Cuisine franco-espagnole à prix modérés : paella, calmars, gambas, *empenada*.

|●| Restaurant Chez Fazoul – 2, rue Tolosane (C3-26) ☎ 05.61.53.72.09. ⚄ Fermé le dimanche. Accès : près de la place Mage. Menu le midi en semaine à 65 F (9,9 €), vin et service compris, avec buffet de hors-d'œuvre. Autres de 100 à 175 F (15,2 à 26,7 €). Dans cette belle salle de restaurant du XVIIe siècle, vous découvrirez une bonne vieille adresse toulousaine. Cadre très élégant (brique rouge, décor ancien, éclairage intime). Plusieurs menus qui proposent une

bonne cuisine du terroir, et notamment un excellent foie gras. *Apéritif offert.*

|●| Restaurant L'Astarac – 21, rue Perchepinte (D3-28) ☎ 05.61.53.11.15. Service midi et soir jusqu'à 22 h. Fermé le samedi midi et le dimanche. Congés annuels : de mi-juillet à mi-août. Accès : à l'angle de la rue Mage et de la Grande-Rue-Nazareth. Menu le midi à 65 F (9,9 €) et à 105 F (16 €) le soir, puis à 130 et 160 F (19,8 et 24,4 €). Dans cette ruelle du vieux Toulouse, découvrez une belle cuisine gasconne. Haute salle à poutres apparentes, élégance discrète du décor, murs de brique rouge agrémentés de quelques tableaux. Gentillesse de l'accueil, atmosphère intime, moelleuses banquettes pour dîners en amoureux. Au menu à 130 F, salade de manchons de canard au foie gras, paupiettes de volailles à la crème de cèpes, etc. Au dernier menu, les spécialités avec assiette aux 4 foies gras, tournedos de canard sauce cèpes ou poêlée gasconne. Quelques vins à prix modérés (fronton, côtes-de-saint-mont). *Armagnac ou pruneaux à l'armagnac maison offert.*

|●| Le Colombier – 14, rue de Bayard (D1-35) ☎ 05.61.62.40.05. Fermé le samedi midi, le dimanche et en août. Congés annuels : août. Nouvelle formule rapide à 75 F (11,4 €) ; menus jusqu'à 21 h ; menus suivants de 100 à 185 F (15,2 à 28,2 €). On vient ici pour manger un cassoulet (au confit d'oie) réputé dans Toulouse depuis plusieurs générations, sous l'œil complice de Gargantua, qui orne le côté droit d'une élégante salle mariant avec bonheur la brique et le bois. Cassoulet, dont la recette a même été déposée chez le notaire (!), aux côtés d'autres spécialités régionales : salade de lardons aux gésiers confits, foie gras de canard en terrine, foie gras d'oie confit dans sa graisse, croustade aux pommes à l'armagnac... *Apéritif offert.*

|●| Restaurant Le Ver Luisant – 41, rue de la Colombette (D2-30) ☎ 05.61.63.06.73. Fermé le samedi midi et le dimanche. Congés annuels : du 20 juillet au 15 août et du 23 décembre au 4 janvier. Comptez de 80 à 100 F (12,2 à 15,2 €) pour un repas à la carte. Plats du jour entre 30 et 35 F (4,6 et 5,3 €). Ici, vous trouverez une clientèle de gens de théâtre, artistes, intellos gentiment marginaux, bref une bohème de bon ton. Cuisine classique servie généreusement. Excellente viande et plats avec une touche intuitive. En été : grillades de canard, salade, brochettes, marinades, etc. En hiver : daube, confit, petit salé aux lentilles, etc. Superbe atmosphère. Bar sympa à l'entrée pour l'apéro.

|●| Restaurant Les Caves de la Maréchale – 3, rue Jules-Chalande (C2-29) ☎ 05.61.23.89.88. Fermé le dimanche et le lundi midi. Accès : dans une rue perpendiculaire à la rue Saint-Rome. Buffet à volonté le midi à 82 F (12,5 €). Le soir, menus à 110 et 145 F (16,8 et 22,1 €). Plats autour de 90 F (13,7 €). Ancienne cave de la bibliothèque des pères doctrinaires du XIIIᵉ siècle, superbement aménagée (copies de statues antiques, tapisseries, fleurs, élégant mobilier). Lumières tamisées, douce fraîcheur par journée chaude. Le midi, vous trouverez un buffet à volonté extra, avec plat principal, dessert, vin et café. Hors-d'œuvre particulièrement élaborés et d'une grande fraîcheur. Venez absolument de bonne heure, il y a beaucoup de monde. Foie gras chaud pommes en l'air, épaule de porc aux poireaux, etc. Petits corbières et fitou abordables. Une des valeurs sûres de la ville. Le patron, un personnage, accueille un club damier. On y joue les mercredi, samedi et dimanche après-midi.

I●I Chez Carmen - Restaurant des Abattoirs – 97, allée Charles-de-Fitte (A3-31) ☎ 05.61.42.04.95. ⅞. Fermé le dimanche, le lundi et les jours fériés. Congés annuels : août. Accès : rive gauche. Menu à 94 F (14,3 €) : entrée, viande et dessert. À la carte, compter 140 F (21,3 €). Les abattoirs ne sont plus, mais la viande est toujours aussi bonne dans ce bistrot décoré de natures mortes qui existe depuis plus de 40 ans. Service efficace et souriant sous l'œil vigilant du patron (c'est lui... Carmen, José-Antoine de son prénom!). À la carte, grillades et plats de boucher : daube campagnarde, pot-au-feu, rôti de magret à l'ail, pied de cochon, tête de veau, steak tartare. L'été, quelques tables dehors. *Apéritif offert.*

I●I Laurent Orsi Le Bouchon Lyonnais – 13, rue de l'Industrie (D2-25) ☎ 05.61.62.97.43. Fermé le dimanche. Menus de 99 à 195 F (15,1 à 29,7 €). Ce nom doit bien dire quelque chose aux gastronomes lyonnais, car c'est celui d'une des stars de leur cuisine. Cet Orsi-là, frère de l'autre, a su, sans renier ses origines, s'adapter aux spécialités de sa région d'adoption. Outre les 3 premiers menus, qui font la part belle aux produits lyonnais (pâté en croûte aux morilles, pied de cochon, rouelles d'andouillette...), le dernier est dédié à la gastronomie gasconne, avec un des meilleurs cassoulets de la ville. Superbe collection de whiskies, bonne sélection de bières, et belle carte des vins évidemment. Nouveau décor années 30 de la salle pour une clientèle bourgeoise qui apprécie autant la qualité de la cuisine, la bonne présentation des tables que la diligence des fort jolies serveuses. *Apéritif offert.*

I●I La Pelouse Interdite (bar Le Succursal) – 72, av. des États-Unis (hors plan B1-23) ☎ 05.61.47.30.40. Fermé lorsqu'il pleut. Accès : au nord de la ville en allant vers la N20. Menu à 109 F (16,6 €).

Attention, fragile! Les endroits rares durent parfois ce que durent les roses, même si on souhaite longue vie à celui-là, qu'on était pas peu fier d'avoir trouvé. La maman de l'un des trois jeunes associés avait un bar ouvrier et un jardin attenant, en retrait de la longue avenue dévolue aux concessionnaires automobiles. Elle a prêté licence et terrain, pour que la fantaisie permette à ce secret restaurant de plein air d'exister. De nombreuses bougies éclairent délicatement les recoins du jardin extraordinaire, meublé d'objets de récupération (gros fauteuils, baby-foot, et même hamacs et lits), entre l'ashram, la guinguette et le rêve pavillonnaire. Cuisine simple et peu onéreuse (salades et grillades, spécialités de magret de canard au miel et aux épices et brochette de bœuf au beurre d'anchois). Précautions d'emploi : réservez impérativement (même s'il n'y a pas d'enseigne, l'endroit est couru), sonnez à la porte et attendez. Ensuite tout va bien, même si tout ce qu'on vous dit a changé : le succès a donné des ailes et de nouvelles idées aux compères, à moins qu'ils ne soient partis vers d'autres aventures... À suivre, et passez-leur le bonjour s'ils sont toujours là, ce qu'on vous souhaite. *Digestif offert.*

I●I Au Pois Gourmand – 3, rue Émile-Heybrard (hors plan A3-39) (Ouest) ☎ 05.61.31.95.95. ⅞. Fermé le samedi midi et le dimanche. Congés annuels : 1 semaine en février pendant les vacances scolaires et 2 semaines en août. Accès : de la place Saint-Cyprien (plan A-B3), prendre l'avenue Étienne-Bilhières, qui se poursuit en avenue de Grande-Bretagne, puis l'avenue Casselardit à droite ; passer sous la rocade, prendre à gauche après le supermarché Casino, puis la 2ᵉ à droite : on y est. Menu brasserie à 130 F (19,8 €) le midi et trois autres menus de 200 à 380 F (30,5 à 57,9 €). Un peu difficile à trouver, mais cela vaut le détour. Pour le cadre d'abord : une belle maison de 1870 au bord de la Garonne, ancienne propriété de vacances d'un dentelier toulousain qui y venait en calèche. Pour la cuisine ensuite : l'endroit justifie son excellente réputation par une cuisine de haute tenue. Goûtez donc au pavé de bar à la badiane, au foie gras chaud au caramel de vinaigre champignons des bois, pigeonneau désossé... Intérieur très agréable et terrasse verdoyante qui donnent envie de s'attarder en fin de repas. *Apéritif offert.*

I●I Restaurant Le Verjus – 7, rue Tolosane (C3-37) ☎ 05.61.52.06.93. Service de 20 h à 23 h. Fermé le dimanche et le lundi. Congés annuels : juillet et août. Accès : près de la cathédrale Saint-Étienne. Comptez 180 F (27,4 €) pour une entrée, un plat et un dessert avec le vin. Excellents vins de propriétaire (avec une prédilection pour les vignobles du sud de la France) entre 60 et

150 F (9,1 et 22,9 €) la bouteille. Cadre simple et restauré, agrémenté de tableaux, et accueil sympathique. Un resto apprécié des libraires et éditeurs pour son côté sans frime et sa bonne cuisine de bistrot. Sur les tables de marbre, dégustez les tripes au gingembre et vin rouge, les encornets « bonne femme », le bœuf à la Guinness, le porc Perrette, le porc *Aveiro*, le gratin d'anchois de Collioure, etc. Plat du jour choisi en fonction de la fraîcheur des produits achetés au marché.

●| *Les Jardins de l'Opéra* – 1, place du Capitole (C2-38) ☎ 05.61.23.07.76. &. Fermé le dimanche, le lundi midi et les jours fériés. Congés annuels : du 1er au 24 août. Menu le midi en semaine à 200 F (30,5 €), autres à 295 et 390 F (45 et 59,5 €). Cuisine inventive et raffinée dont l'éloge n'est plus à faire. Très cher à la carte, mais le 1er menu permettra à nos lecteurs désireux de faire un extra d'en profiter. Dominique Toulousy, l'un des grands chefs de la ville, le change régulièrement. Outre ce louable effort pour démocratiser sa grande table, les autres menus sont plus chers. Admirez le luxueux décor de ces jardins, encore plus beau de nuit que de jour. Bons vins à des prix raisonnables, compte tenu de la qualité de la table. Accueil très attentionné. Pour vous faire saliver, quelques spécialités : tartare de saumon, cassoulet toulousain, lasagnes de légumes langoustines et huîtres au caviar, pigeon en croûte d'épices, aile de canette en aiguillettes parmentier de cuisses braisées, crêpes à la farine de maïs grillée au feu de bois mousse glacée aux abricots, et on s'arrête là. *Apéritif offert.*

URDENS   32500

Carte régionale A1

●| *L'Auberge Paysanne* – place de l'Église ☎ 05.62.06.27.25. Parking. &. Fermé le lundi en été, le dimanche soir et le lundi en hiver. Congés annuels : 15 jours en février et 3 semaines en octobre. Accès : à 3 km à l'est de Fleurance par la D953. Menus le midi en semaine à 65 F (9,9 €), vin compris, et de 95 à 175 F (14,5 à 26,7 €). Charmant village en pleine nature, dominant les alentours. Rustique et authentique, l'auberge est aménagée dans les anciennes étables du centre-bourg. Terrasse très agréable aux beaux jours. Calme quasi absolu. Véritable cuisine du terroir très réputée : brouillade de cèpes en feuillantine, émincé de magret aux champignons des bois, salade gasconne, poêlée de Saint-Jacques au beurre citronné. *Apéritif offert.*

VALENCE-SUR-BAISE   32310

Carte régionale A1

🛏●| *La Ferme de Flaran* ** – route de Condom ☎ 05.62.28.58.22. Fax : 05.62.28.56.89. Parking. TV. Fermé le lundi (sauf en juillet-août) et le dimanche soir. Congés annuels : janvier et du 15 novembre au 15 décembre. Accès : à l'entrée du village, sur la D930. Doubles avec douche et wc ou bains de 295 F (45 €). Menus de 95 à 180 F (14,5 à 27,4 €). Comme son nom l'indique, ancienne ferme transformée en hôtellerie. Décor rustique. Petites chambres confortables. Au restaurant, cuisine de marché et spécialités du coin : feuillantine de crevettes aux petits légumes, parmentier de veau aux cèpes, crépine de pintadeau à la fondue d'oignon, moelleux de banane au citron. Terrasse et piscine pour bien digérer. *10 % sur le prix de la chambre de septembre à juin.*

VILLEFRANCHE-DE-LAURAGAIS   31290

Carte régionale B2

🛏●| *Hôtel de France* ** – 106, rue de la République (Centre) ☎ 05.61.81.62.17. Fax : 05.61.81.66.04. Parking payant. TV. Fermé le dimanche soir et le lundi. Doubles de 160 F (24,4 €), avec lavabo à 200 F (30,5 €) avec douche et wc ou bains. Menu en semaine à 70 F (10,7 €), autres de 100 à 160 F (15,2 à 24,4 €). Villefranche-de-Lauragais est une des capitales du cassoulet, préparé ici avec oie et canard. Cette auberge, qui date du XIXe siècle, en propose un très bon dès le 1er menu. Bon accueil et chambres à l'ancienne, plus calmes sur l'arrière.

VILLEFRANCHE-DE-ROUERGUE   12200

Carte régionale B1

🛏●| *Hôtel-restaurant Bellevue* * – 3, av. du Ségala (Sud) ☎ 05.65.45.23.17. Parking payant. TV. Fermé le dimanche et le lundi midi, sauf en juillet et août. Congés annuels : vacances scolaires de février et de la Toussaint. Accès : juste derrière la gare, à deux pas du centre. Doubles avec lavabo à 80 F (12,2 €), avec douche et wc ou bains de 170 à 220 F (25,9 à 33,5 €). Menus de 85 à 280 F (13 à 42,7 €). La maison n'attire pas forcément le regard mais vous rateriez un moment culinaire appréciable en rebroussant chemin. Cuisine de bonne facture, faite à base de produits frais du terroir et des produits de la mer. Et qu'importe le flacon... c'est bon! Prix tout à fait raisonnables vu la qualité. Au gré des humeurs du chef, vous pourrez déguster une papillote de foie gras à la morteau, des ris d'agneau au paprika, des filets de rouget à la moelle de bœuf. Hôtel simple et propre, sans prétention. Préférer les chambres qui ne donnent pas sur la rue. *10 % sur le prix de la chambre hors saison pour 2 nuits consécutives.*

🛏 I●I *Hôtel de l'Univers* ** – 2, place de la République (Centre) ☎ 05.65.45.15.63. Fax : 05.65.45.02.21. Parking payant. TV. Canal+. 🕭 Resto fermé le vendredi soir, le samedi (sauf les veilles de fêtes) hors saison. Congés annuels : 1 semaine en décembre, 1 semaine en janvier et 1 semaine en juin pour le resto seulement. Accès : sur la rive droite de l'Aveyron, de l'autre côté de l'office du tourisme. Doubles de 245 à 300 F (37,4 à 45,7 €) avec douche et wc ou bains. Menus de 79 à 295 F (12 à 45 €). Menu enfant à 60 F (9,1 €). À la carte, compter 150 F (22,9 €). Une belle maison à l'atmosphère conventionnelle et un tantinet bourgeoise. Chambres récemment rénovées et propres. Les plus agréables donnent sur l'Aveyron. Resto proposant une cuisine simple. Au programme, tête de veau ravigote, foie de canard frais aux câpres, omelette aux truffes, feuilleté au roquefort. On n'est pas déçu, certes, mais c'est sans surprise.

🛏 I●I *Le Relais de Farrou* *** – Farrou (Nord) ☎ 05.65.45.18.11. Fax : 05.65.45.32.59. TV. Canal+. Resto fermé le dimanche soir et le lundi hors saison, ainsi que du 19 février au 6 mars et du 22 octobre au 6 novembre. Congés annuels : pendant les vacances scolaires. Accès : à 3 km ; sur la route de Figeac, à Saint-Rémy. Doubles avec douche et wc ou bains de 265 à 470 F (40,4 à 71,7 €). Menu le midi en semaine à 84 F (12,8 €), beau menu du terroir à 128 F (19,5 €), autres à 170 et 227 F (25,9 et 34,6 €). Grand établissement ou petit complexe (c'est au choix) éminemment touristique (c'est sûr!). Parc, piscine, hammam, bain californien. Accueil à la mesure. Chambres confortables, avec climatisation. Restaurant à l'atmosphère un peu frime, mais qui a bonne réputation. Spécialités : millefeuille de foie gras et pommes au muscat, pavé de morue fraîche en peau d'épices, grenadin de veau à la tomme fraîche du pays... *Apéritif offert.*

I●I *Restaurant de la Halle - Chez Pinto* – place de la Halle (Centre) ☎ 05.65.45.07.74. Accès : près de la cathédrale. Menu « passage » (c'est-à-dire vous !) le midi à 55 F (8,4 €). Resto ouvrier et populaire comme il n'en existe presque plus. Adresse à protéger, elle fait partie de celles qui sont en voie de disparition. Accueil cor-

dial et copieuse cuisine de famille. Qui dit mieux ?

I●I *L'Assiette Gourmande* – place A.-Lescure (Centre) ☎ 05.65.45.25.95. Parking. Fermé le dimanche, le mardi et le mercredi soir hors saison. Accès : à côté de la cathédrale. Menu en semaine à 80 F (12,2 €), puis copieux menus « rouergats » à 120 et 170 F (18,3 et 25,9 €). Décor assez banal de poutres avec des cuivres un peu partout. Cuisine bien faite et agréable. Beaucoup de grillades au feu de bois sur le chêne du Causse (important !). Terrasse agréable en été.

DANS LES ENVIRONS

MONTEILS 12200 (11,5 km S)

🛏 I●I *Restaurant Le Clos Gourmand* – ☎ 05.65.29.63.15. Fax : 05.65.29.64.98. Sur réservation uniquement d'octobre à mars. Accès : par la D47, à l'entrée du village. Doubles avec bains à 280 F (42,7 €). Menus de 65 à 180 F (9,9 à 27,4 €). Grosse maison de maître. Accueil sympa d'Anne-Marie Lavergne. Très réputé pour ses bonnes spécialités régionales. Excellent menu régional à 120 F (18,3 €) : salade au cou de canard farci et aux noix, truite aux lardons, bœuf au roquefort et dessert. Étape gourmande à 180 F avec salade aveyronnaise, feuilleté de foie gras poêlé aux fruits rouges, confit de canard à l'oseille. À la carte : pigeonneau au miel, poulet aux écrevisses, poule farcie. Une bonne cuisine traditionnelle sans fioriture et copieuse. Réservation conseillée.

VILLENEUVE-SUR-TARN 81250

Carte régionale B1

🛏 I●I *Hostellerie des Lauriers* ** – au bourg (Centre) ☎ 05.63.55.84.23. Fax : 05.63.55.89.20. Parking. 🕭 Fermé le dimanche soir et le lundi hors saison. Congés annuels : de mi-décembre à mi-mars. Accès : sur la D77, à 32 km à l'est d'Albi. Doubles avec douche et wc ou bains à 310 F (47,3 €). Menu le midi en semaine à 70 F (10,7 €), suivants de 95 à 185 F (14,5 à 28,2 €). Demi-pension à partir de 275 F (41,9 €). L'archétype du petit hôtel de village, tel qu'on le aime. Juste à côté de l'église (mais ne craignez rien, les cloches s'arrêtent la nuit) avec de la verdure jusqu'à la rivière. Merveilleusement bien tenu par un jeune couple fort sympathique. 8 chambres de bon confort et excellente cuisine servie dans une agréable salle à manger. Bar pour sympathiser avec les locaux. Quelques spécialités : tournedos de sandre aux vermicelles craquant, foie gras poêlé aux raisins et aux pommes, magret de canard au gros sel et au vinaigre de miel, truite aux cèpes, gratin de fruits frais, etc. Soirée étape. En outre, le patron se révèle une mine d'infos sur la région et fait tout pour la promouvoir (activités sportives, randonnées sur le GR36). Aux beaux jours, terrasse donnant sur le parc. Jeux pour les enfants. Piscine couverte chauffée, avec un espace réservé uniquement à la clientèle de l'hôtel. *Café, digestif offerts. 10 % sur le prix de la chambre en mars, avril et novembre.*

Les prix

En France, les prix des hôtels et des restos sont libres. Certains peuvent augmenter entre le passage de nos infatigables fureteurs et la parution du guide.

Avis aux hôteliers et aux restaurateurs

Chaque année pour y figurer, il faut le mériter.

Le Routard

Nord-Pas-de-Calais

59 Nord
62 Pas-de-Calais

ARRAS 62000

Carte régionale A2

🛏 **Auberge de jeunesse (FUAJ)** – 59, **Grand-Place (Centre)** ☎ 03.21.22.70.02. Fax : 03.21.07.46.15. Accueil de 7 h 30 à 10 h 30 et de 17 h à 23 h (22 h en hiver). Accès : à l'extrémité nord de la Grand-Place. 49 F (7,5 €) la nuit. Heureux détenteurs de la carte FUAJ (strictement obligatoire mais vendue sur place) qui pourront loger sur la superbe Grand-Place d'Arras. Une seule chambre à 2 lits. Les autres en comptent de 3 à 8 (54 places au total). Douches et wc à chaque étage, armoires individuelles. Restauration pour groupes uniquement, sinon cuisine à disposition. Garage gratuit pour les vélos.

🛏 **Café-hôtel du Beffroi** – 28, **place de la Vacquerie (Centre)** ☎ 03.21.23.13.78. Fax : 03.21.23.03.08. TV. Satellite / câble. Fermé le dimanche. Accès : derrière le beffroi. Doubles de 180 à 250 F (27,4 à 38,1 €) ; le midi, plat du jour régional dans les 40 F (6,1 €). À l'extrémité d'un pâté de maisons typiquement flamandes (du genre pour qui l'expression « avoir pignon sur rue » semble avoir été inventée). Au rez-de-chaussée, le classique petit bistrot d'habitués. Dans les étages (attention, escaliers raides), des chambres toutes simples mais coquettes et pimpantes, la plupart avec lavabo (douche et wc sur le palier, un seul sanitaire pour 9 chambres, c'est un peu court) et d'autres, plus chères, avec douche, wc et télé. Choisissez-en une donnant sur la place (la n° 10

par exemple, mansardée), vous aurez une vue imprenable sur le beffroi. Une bonne petite adresse. Patronne aimable.

🛏 **Hôtel des Trois Luppars** ** – 49, **Grand-Place (Centre)** ☎ 03.21.07.41.41. Fax : 03.21.24.24.80. TV. Satellite / câble. Accès : par la rocade en provenance de Lille-Paris. Doubles avec douche ou bains de 280 à 320 F (42,7 à 48,8 €). Bordant la vaste esplanade pavée de la Grand-Place (sûrement une des plus belles du Nord), un bâtiment du plus pur style baroque flamand, classé Monument historique, qui abrite un hôtel des plus agréables. Chambres à la déco peut-être un chouia trop contemporaine vu le cadre, mais très confortables. Accueil vraiment très aimable des nouveaux propriétaires. *10 % sur le prix de la chambre.*

🛏🍴 **Hôtel-restaurant des Grandes Arcades** – 5, **Grand-Place** ☎ 03.21.23.30.89. Fax : 03.21.71.50.94. TV. Doubles à 350 F (53,4 €) vue sur la place ; et 320 F (48,8 €) vue sur cour ou rue ; menus de 86 à 160 F (13,1 à 24,4 €). Rénovés de fond en comble, les étages de cet établissement central (on ne peut plus, puisque situé sur la Grand-Place) disposent de chambres de bon confort moderne, propres et bien insonorisées. Quelle idée pourtant de les avoir équipées de grosses serrures électroniques, à carte, vilaines comme tout ! En bas, l'une des plus belles salles de restaurant de la ville, genre brasserie 1900, haute de plafond et tout en boiseries sombres et lustrées (il y a aussi

---

Sur présentation de ce guide,
nombreuses offres et réductions en 2000.

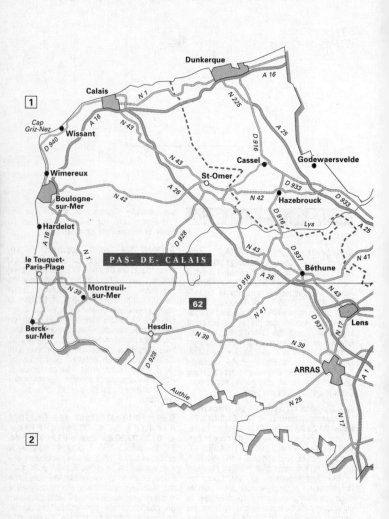

B

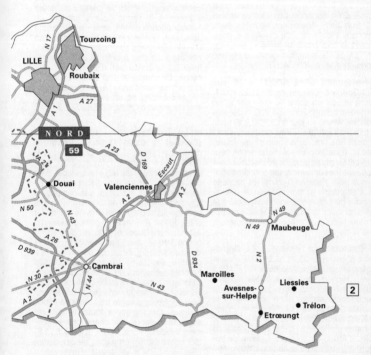

| ○ | **LILLE** | Villes repères |
| ● | **Hazebrouck** | Adresses |

1

BELGIQUE

2

B

l'autre salle, plus classique, mais on préfère celle-ci). Honnête cuisine, notamment pour le menu régional à 120 F (18,3 €), avec sa tarte au maroilles, son andouillette d'Arras à la moutarde et ses crêpes à la cassonade. Service pas trop souriant, mais sincère. *NOUVEAUTÉ.*

|●| *Le Bouchot* – 3, rue de Chanzy (Centre) ☎ 03.21.51.67.51. Fermé le lundi soir et ouvert jusqu'à minuit le vendredi et le samedi. Moules-frites à 53 F (8,1 €), formules et menus de 59 à 99 F (9 à 15,1 €). À proximité de la gare, ce petit restaurant à la déco fraîche et marine (barque au milieu de la salle) propose avant tout de bonnes moules déclinées d'une dizaine de manières (avesnoise au maroilles, marseillaise à la crème et à l'anis, etc.). Copieuses portions et bonne qualité de moules, c'est tout ce qu'on demande. Les frites aussi sont OK. Bon point également pour les plats régionaux (ficelle picarde mahousse, *potje vleesch*...) tout aussi sincères et pas trop cher payés. Service fort gentil. Bref, une bonne cantine. *NOUVEAUTÉ.*

|●| *Restaurant Chez Annie* – 14, rue Paul-Doumer (Centre) ☎ 03.21.23.13.51. Fermé le soir en semaine et le dimanche (sauf réservation). Accès : à 200 m derrière le beffroi. Menu du jour à 65 F (9,9 €), plat du jour à 45 F (6,9 €). Petit resto amusant : on dirait une brasserie (mais en miniature) avec un escalier presque monumental pour l'endroit. Grimpez la volée de marches pour vous installer sur la mezzanine, endroit stratégique pour observer d'un œil les habitués qui s'attardent au bar. Copieuse cuisine familiale de bon aloi, servie uniquement le midi. Les jours fériés, menus spéciaux pour marquer le coup. Une bonne petite adresse, sans prétention.

|●| *Restaurant La Rapière* – 44, Grand-Place (Centre) ☎ 03.21.55.09.92. Fermé le dimanche soir. Menus de 85 à 190 F (13 à 29 €). Nichée sous les arcades de grès d'une des 155 maisons qui bordent la Grand-Place (encore elle !), un resto à la nouvelle déco au-dessus d'une cave voûtée du XVIIe siècle (pour y descendre, prévoir un repas d'affaires !). L'une des meilleures tables d'Arras, assurément. Cuisine de tradition, bien travaillée sans trop d'esbroufe : saumon rosé en papillote, filet de bœuf au roquefort... Quelques spécialités du coin (flan au maroilles, feuilleté d'andouillette d'Arras, par exemple). Le menu régional, avec fromage et dessert, est tout à fait bon. Service aimable et décontracté. *Café offert.*

|●| *La Faisanderie* – 45, Grand-Place (Centre) ☎ 03.21.48.20.76. Fermé le dimanche soir et le lundi. Congés annuels : 15 jours en février et 3 semaines en août. Menu du marché à 145 F (22,1 €) sauf samedi soir, dimanche et jours fériés, et menus à 215 et 315 F (32,8 et 48 €). On nous dit en ville que *La Faisanderie* est le « gastro » d'Arras, mais que, misère, « il a perdu son étoile ». Damned ! L'étoile, bien sûr, c'est celle du *Michelin*. Et quelle autre ? Est-il d'autre étoile au firmament de la restauration que celles du *Michelin* ? Toutefois nous avons voulu voir ce qu'on sert ici, et de quelle manière. Et nous avons passé une bonne soirée : le service comme le cadre (cave voûtée) étaient impec', grande classe et tout mais sans excès. Mais surtout la cuisine de Jean-Pierre Dargent nous a contentés, savoureuse et propre, sachant s'aventurer en mer par exemple avec un pavé de morue fraîche en croûte de mie de pain de seigle et son jus de coquilles, dans les sous-bois avec une poêlée d'escargots et crépiau de fromage blanc aux girolles (délicieux, cette affaire !), et sur le chemin du retour s'arrêter à la ferme pour y prendre un fameux cochon de lait, servi rôti à la crème de sauge, quelle joie ! Le tout arrosé d'un bon vin que l'avisé sommelier conseille honnêtement. Le chef à la fin se paie même le luxe (et la politesse) d'un bonsoir aux clients. En somme et pour conclure, le *Routard* recommande sans hésiter *La Faisanderie*, et même lui décerne, à défaut d'étoile, son Pataugas d'Or. *NOUVEAUTÉ.*

|●| *Le Troubadour* – 43, bd Carnot (Centre) ☎ 03.21.71.34.50. Fermé le dimanche soir et le lundi. Compter 150 F (22,9 €). Le cadre et l'atmosphère « bouchon » de cette petite table ne sont pas pour déplaire, et l'on a un peu l'impression de venir dîner chez des amis, à la campagne. L'accueil chaleureux de la patronne y est pour quelque chose, sa cuisine aussi. Le choix du jour (3 entrées, 3 plats, 3 desserts) est inscrit sur l'ardoise, plats traditionnels de bonne femme, avec par exemple une tête de veau sauce gribiche, un pot-au-feu, une poêlée de Saint-Jacques aux pâtes fraîches... Produits du marché, de qualité. Et la terrine maison s'avale goulûment (servie avec oignons au vinaigre et cornichons géants). Notez aussi le pain, énorme miche rustique. On regrettera toutefois que les desserts soient un peu chers (une simplissime salade de fruits, fraises et kiwis, à 35 F) tout comme le vin en pichet, au demeurant bien bon (25 F le quart). Réservation conseillée. *NOUVEAUTÉ.*

BERCK-SUR-MER   62600

Carte régionale A2

≙ |●| *Hôtel-restaurant Le Voltaire* – 29, av. du Général-de-Gaulle (Centre) ☎ 03.21.84.43.13. Fax : 03.21.84.61.72.

TV. Fermé le mardi sauf en saison et pendant les « ponts ». Congés annuels : de mi-octobre à mi-novembre. Doubles avec douche à 190 F (29 €), avec bains de 220 à 270 F (33,5 à 41,2 €). Bon petit déjeuner-buffet à 32 F (4,9 €). Les chambres rénovées (attention, elles ne le sont pas toutes encore) sont irréprochables : spacieuses (20 m² minimum garanti, emmenez votre mètre pliant) et bien insonorisées. La déco fait dans le contemporain pratique. Accueil jeune, sympa et chaleureux, comme au bar à bières du rez-de-chaussée. En revanche, hormis quelques honnêtes spécialités locales (ficelle picarde, welsh ou carbonade), le resto ne nous a pas laissé un souvenir impérissable.

|●| L'Auberge du Bois – 149, av. Quettier ☎ 03.21.09.03.43. Fermé le lundi hors saison. Congés annuels : janvier. Accès : de Berck-plage, direction Berck-ville et à gauche au 1er gros rond-point, puis à droite au feu suivant, c'est à 30 m sur la gauche. Menus de 90 à 200 F (13,7 à 30,5 €). À Berck, tout le monde connaît L'Auberge du Bois, mais on dit plus volontiers « chez Ben », tant le patron compte ici autant ou davantage que les murs ou l'assiette. C'est chez Ben donc qu'on se rend, dans ce bar-restaurant à la grande salle à manger aux tons chauds, simple et agréable. Sur commande uniquement, de très beaux plateaux de fruits de mer. Bonne spécialité de choucroute de la mer, franche et copieuse. Service fort gentil. Bref, la petite adresse sympa, parfaite pour une soirée entre amis. NOUVEAUTÉ.

|●| La Verrière – casino de Berck-sur-Mer, place du 18-Juin ☎ 03.21.84.27.25. Fermé le mardi. Menus de 110 à 235 F (16,8 à 35,8 €). On n'est pas obligé de passer par la salle des machines à sous (ding-ding-dong-dong-drelin-drelin-cling-clong) pour accéder à La Verrière, le restaurant du casino de Berck-sur-Mer, et c'est tant mieux. Car ce serait dommage de commencer une aussi bonne soirée, placée sous le signe de la saveur et du bon accueil, par tel spectacle horrifique. Non, on n'est pas obligé, et l'on va s'asseoir directement dans la salle spacieuse et d'une élégance un peu convenue (sauf la moquette qui fait mal aux yeux) pour découvrir une très bonne table, la meilleure sans conteste à Berck mais aussi l'une des plus recommandables de la côte d'Opale. Service impeccable, habillé certes mais pas coincé, et sommelier compétent. Petit menu « affaires » le midi en semaine, puis menus « saveurs » et « dégustation ». Le chef élabore une fine cuisine classique du marché, et c'est le régal assuré. Impeccable pour se faire plaisir, à prix raisonnable.

BÉTHUNE 62400

Carte régionale A1

â|●| Hôtel du Vieux Beffroi ** – 48, Grand-Place (Centre) ☎ 03.21.68.15.00. Fax : 03.21.56.66.32. Parking. TV. Doubles de 260 à 380 F (39,6 à 57,9 €); menus de 75 à 195 F (11,4 à 29,7 €). Une massive maison avec tourelles et pignons. Face au beffroi du XIVe siècle pour se faire gentiment réveiller (au matin, il ne sonne pas la nuit !) par le carillon. Un grand (au sens de vaste) hôtel, très bien tenu. Ne pas trop compter, donc, sur un accueil personnalisé, mais vous y trouverez des chambres à l'ancienne, rénovées, dont certaines ne manquent pas de charme. Bon confort. Fait aussi resto, avec une salle à manger classique, et une autre style brasserie – menus et cartes ad hoc. Terrasse également. Au programme : carpaccio de bœuf aux aromates, magret de canard rôti aux groseilles, pavé de saumon sur infusion de chicorée. Une bonne table à ce qu'on dit.

|●| Restaurant La Taverne – 1, place de la République (Centre) ☎ 03.21.56.80.80. Fermé le dimanche soir. Menus à 98 et 150 F (14,9 et 22,9 €); à la carte, plats de 60 à 100 F (9,1 à 15,2 €) environ. Une des bonnes adresses de la ville : un resto-brasserie très classique, sans effet de manche. À la carte, 2 spécialités principales : choucroutes diverses et fruits de mer, notamment une très belle assiette du pêcheur copieuse à souhait. Également des plats cuisinés régionaux : potje vleesch, waterzoï de volaille, assez bon marché. Clientèle locale d'habitués.

|●| La Ripaille – 20, Grand'Place (Centre) ☎ 03.21.56.22.33. Fermé le dimanche et le lundi soir. Plat du jour entre 60 et 80 F (9,1 et 12,2 €) ; à la carte, plats de 40 à 90 F (6,1 à 13,7 €). Rien ne signale particulièrement ce restaurant à la façade très étroite et à la déco moderne et quelconque. Sauf, peut-être, si l'on prend la peine d'entrer, les tables toutes occupées où se régale manifestement une clientèle d'habitués. Un coup d'œil aux assiettes et l'on a compris : de copieuses portions, de belles sauces, des fumets appétissants, des viandes et poissons resplendissants de santé : crévindieu, nous sommes dans un bon restaurant ! On prend place et l'on choisit le plat du jour, ou à la carte une des propositions du moment. Produits toujours extra, avec mention spéciale pour les poissons et fruits de mer. Au hasard, une soupe de potiron au maroilles pour commencer, et c'est déjà le bonheur... La suite, jusqu'au dessert, ne déçoit pas. Ambiance bon enfant, populaire, et service vif et souriant de la patronne. Attention, il n'y a pas beaucoup de places, réservez ! NOUVEAUTÉ.

BOULOGNE-SUR-MER 62200

Carte régionale A1

🛏 I●I *Auberge de jeunesse* – place Rouget-de-l'Isle (Sud) ☎ 03.21.99.15.30. Fax : 03.21.80.45.62. ● www.fuaj.org ● Accueil de 7 h 30 à 1 h. Accès : facile, c'est juste en face de la gare. 72 F (11 €) la nuit petit déjeuner compris (obligatoire). Emplacement stratégique pour ceux qui voyagent par le train. AJ d'un très bon confort. Chambres à 3 lits avec douche et wc. Bar. Dispose également d'un restaurant, bon marché. Une nouvelle cuisine équipée pour les individuels. Service de réservation IBN pour les auberges du monde entier. La carte FUAJ (obligatoire et vendue sur place) donne droit à plein de réductions dans la ville : ciné, spectacles, loisirs nautiques… Une auberge sympa et dynamique.

🛏 *Hôtel Faidherbe* ** – 12, rue Faidherbe (Centre) ☎ 03.21.31.60.93. Fax : 03.21.87.01.14. TV. Canal+. Satellite / câble. Doubles avec douche à 230 F (35,1 €), avec douche et wc à 280 F (42,7 €) et bains à 320 F (48,8 €). À deux pas du port. Bien situé donc (même si le quartier reconstruit après la guerre n'a aucun charme). Bon accueil. Victor, le mainate de la maison, s'il fait beau, se mettra peut-être même à parler, rien que pour vous. Petit salon cossu de style victorien, fort plaisant. Chambres toutes différentes, de bon confort et de bon goût. Accueil souriant de la patronne. *10 % sur le prix de la chambre.*

🛏 *Hôtel L'Alexandra* ** – 93, rue Thiers (Centre) ☎ 03.21.30.52.22. Fax : 03.21.30.20.03. TV. Congés annuels : janvier. Accès : près du pont. Doubles avec douche et wc à 240 F (36,6 €), à 280 F (42,7 €) la télé en plus ; et à 360 F (54,9 €) avec bains et télé. Dans une rue où l'on échappe un peu à l'impressionnante circulation automobile du centre-ville, le petit hôtel sans histoire. Accueil avenant et chaleureux. Chambres rénovées dans des coloris vifs, propres, fonctionnelles. Réservation conseillée en haute saison et les jours de fête.

I●I *L'Estaminet du Château* – 2, rue du Château (Est) ☎ 03.21.91.49.66. Fermé le mercredi soir et le jeudi. Congés annuels : approximativement du 15 juillet au 7 août et du 22 décembre au 18 janvier. Accès : dans la vieille ville, face à la basilique Notre-Dame. Menus de 70 à 170 F (10,7 à 25,9 €). Dans cette pittoresque rue de la ville haute (un ensemble fortifié du XIIIe siècle très bien conservé) où s'alignent des restos bien souvent décevants, cet *Estaminet* reste une valeur sûre. Touristes et Boulonnais se mêlent dans ce petit resto douillet où les traditions sont respectées : la techno n'est pas encore parvenue à détrôner la musette, les habitués traînent toujours un peu au bar. Côté cuisine, rien à redire. Et les spécialités respirent l'air marin : brochette de lotte, aile de raie, lotte en matelote, cabillaud poché, langoustines… *Apéritif offert.*

I●I *Restaurant de la Haute Ville* – 60, rue de Lille (Centre) ☎ 03.21.80.54.10. Fermé le dimanche soir et le lundi. Congés annuels : du 20 décembre au 1er février. Accès : dans la citadelle, juste à côté de la basilique. Menus de 78 à 220 F (11,9 à 33,5 €) ; plateaux de fruits de mer de 125 à 390 F (19,1 à 59,5 €). Une petite salle proprette à l'atmosphère café, tel est le cadre de cette table discrète axée sur les produits de la mer. Soupe de poisson très recommandable, poissons frais (raie, lieu, turbot) et beaux plateaux de fruits de mer, dont un « de luxe » avec homard, à s'offrir un jour de fête. Propose également un petit menu végétarien. Accueil et service aimables. *NOUVEAUTÉ.*

I●I *Chez Jules* – place Dalton (Centre) ☎ 03.21.31.54.12. À la carte, entrées et plats de 40 à 85 F (6,1 à 13 €). Central, dans la ville basse, et plutôt bien situé sur la place Dalton, où la terrasse s'étend largement, *Chez Jules* est « la » brasserie boulonnaise, de celles au service et aux fourneaux bien rôdés, l'affaire qui tourne depuis des lustres. On mange à la carte des moules marinière honorables, où l'on choisit les tripes de bœuf ou le jambon à l'os – ou, les amateurs s'en souviendront, la tête de veau à l'ancienne sauce gribiche. Deux salles, l'une « brasserie », l'autre classique. Fait aussi pizzeria. *NOUVEAUTÉ.*

DANS LES ENVIRONS

PORTEL (LE) 62480 (4,5 km SO)

I●I *Le Portelois* – 42, quai Dugay-Trouin ☎ 03.21.31.44.60. Fermé le dimanche soir et le lundi (sauf en juillet-août). Congés annuels : la dernière semaine d'octobre et la 1re de novembre. Accès : par la D119 ; au Portel, suivre la direction de la plage. Moules autour de 60 F (9,1 €) et menus de 100 à 162 F (15,2 à 24,7 €). Un vrai resto de bord de mer. De la salle, panoramique, on a du mal à détacher ses yeux de l'étendue marine juste troublée par les vestiges d'un fort oublié là par Napoléon. La cuisine ne peut pas non plus s'empêcher de regarder de ce côté-là : pas moins de 22 spécialités de moules à l'ancienne, à la flamande, pékinoises (!), hongroises (!!). Une vraie bonne adresse de moules-frites, et ce n'est pas si fréquent. Pas mal de poissons aussi : *waterzoï* pour le menu régional ou « menu pêcheur ». Comme son nom l'indique. *Café offert.*

WAST (LE) 62142 (15 km E)

≜ |●| *Hostellerie du Château des Tourelles* ** – D127 ☎ 03.21.33.34.78. Fax : 03.21.87.59.57. Parking. TV. ᭦ Accès : par la N42 (direction Saint-Omer) puis la D127 jusqu'au Wast. L'hôtel est à l'entrée du village. De 280 à 390 F (42,7 à 59,5 €) la double ; demi-pension à 310 F (47,3 €) par personne. Menus à 160 et 220 F (24,4 et 33,5 €). Une très distinguée maison de maître du XIX⁰ siècle, cachée derrière un petit parc. Derrière, une annexe plus moderne bordée de courts de tennis. On décidera de dormir dans les superbes chambres du « château », avec meubles Louis-Philippe et petits balcons. Si vous êtes moins en fonds, choisissez une chambre nichée sous les toits et adorablement mansardée. Chambres toutes avec bains. Si vous restez quelques jours (on est en plein parc naturel régional), optez pour la demi-pension. Accueil charmant. De plus, tennis, ping-pong et billard, gratuits pour les clients de l'hôtel. Restaurant de bonne tenue, mais un peu cher (sauf la demi-pension).

CALAIS 62100

Carte régionale A1

≜ *Hôtel Windsor* ** – 2, rue du Commandant-Bonningue (Nord-Est) ☎ 03.21.34.59.40. Fax : 03.21.97.68.59. Parking. TV. Canal+. Accès : en direction du port, dans le prolongement de la place d'Armes. De 175 à 285 F (26,7 à 43,4 €) la double. Un quartier calme, non loin du port de plaisance. L'ambiance donne l'impression d'avoir déjà traversé la Manche. Amateurs de style anglais, cette adresse est pour vous ! Accueil à la fois très chaleureux et discret du patron, Britannique amoureux de la littérature française, en particulier de l'œuvre de la voisine flamande Marguerite Yourcenar. Jolies chambres de conforts variés, en général coquettes. *10 % sur le prix de la chambre à partir de 2 nuits consécutives.*

≜ *Hôtel Pacific* ** – 40, rue du Duc-de-Guise (Nord) ☎ 03.21.34.50.24. Fax : 03.21.97.58.02. ● pacific@cofrase.com ● Parking. TV. Fermé le dimanche soir de janvier à mars. Accès : vers la cathédrale Notre-Dame. De 185 à 250 F (28,2 à 38,1 €) la double. Un petit hôtel familial au centre mais au calme. Les nouveaux patrons poursuivent la rénovation, après avoir retapé le 3⁰ étage, ils s'attaquent au second. Bon rapport qualité-prix pour la ville, même si certaines chambres sont assez petites. Chambres familiales (jusqu'à 4 personnes) comme un peu partout à Calais (ferry oblige). Bon accueil, arrangeant et volubile. Salon et bar rétro. *10 % sur le prix de la chambre sauf en juillet-août.*

≜ *Le Richelieu* ** – 17, rue Richelieu (Nord) ☎ 03.21.34.61.60. Fax : 03.21.85.89.28. TV. Congés annuels : Noël et Jour de l'An. Accès : face au parc du même nom. De 254 à 284 F (38,7 à 43,3 €) la double. Des chambres assez confortables, aux peintures et papiers peints toutefois défraîchis. Celles du 3⁰ étage ont un petit balcon juste en face du vaste et très vert parc Richelieu. Idéal pour se reposer les yeux de la débauche d'enseignes au néon des rues adjacentes. Pour se reposer tout court, pas de problème, l'accueil est discret (un peu trop), la rue est calme et les statues classiques du musée des Beaux-Arts ne font pas des voisins bien dérangeants. *10 % sur le prix de la chambre sauf en juillet-août.*

|●| *Restaurant Le Templier* ** – 51, digue Gaston-Berthe (Nord) ☎ 03.21.97.57.09. Parking. Fermé le lundi (sauf en juin-juillet-août). Accès : A16 sortie 14. Menus de 62 à 168 F (9,5 à 25,6 €). Une fois n'est pas coutume, un bar-resto de bord de mer sympa. Même si le 1ᵉʳ menu est sans intérêt, on n'y mange pas trop mal. On sortira donc quelques francs de plus pour les autres menus ou pour s'aventurer dans la carte (sole aux fines herbes et vin blanc, steak de thon, classique mais bonne bavette à l'échalote). Clientèle d'habitués, donc. Si vous voulez vous installer dans la petite salle lambrissée qui ouvre sur la mer, réservez. Et avec un peu de chance (et de bons yeux !) peut-être apercevrez-vous les falaises de craie de Douvres, et vous direz : Ah, les falaises ! À défaut, vous suivrez le va-et-vient incessant des navires trans-Manche.

|●| *Restaurant La Goulue Grill* ** – 26, rue de la Mer (Nord) ☎ 03.21.96.16.52. Fermé le mercredi. Congés annuels : 1 semaine à Noël. Accès : après le beffroi, sous les arcades, à droite. Menu à 75 F (11,4 €) et carte. Dans un cadre rétro tout en miroirs et fauteuils de velours, les grillades au feu de bois sont faites dans le coin cheminée, sous l'œil attentif des clients, pour beaucoup des gens du pays, qui viennent pour la viande, rien que la viande, toute la viande. Vive la viande ! Pas de dessert dans le menu, mais une belle pièce de bœuf grillée sauce poivrade. On ne peut pas tout avoir !

CAMBRAI 59400

Carte régionale B2

≜ *Hôtel de France* ** – 37, rue de Lille ☎ 03.27.81.38.80. Fax : 03.27.78.13.88. TV. Congés annuels : du 5 au 27 août. Accès : à 100 m de la gare SNCF, sur la gauche en lui faisant face. Doubles de 170 à 240 F (25,9 à 36,6 €). Le classique hôtel de gare, propret, gentiment désuet, voire un peu vieillot (les cartes postales de la maison en vente à la réception sont millésimées *Fifties*) et – étonnamment – tranquille (même pour les chambres qui ouvrent sur les voies, les trains de nuit sont rares par ici). Accueil discret. Projets de rénovation.

🏠|●| *Le Mouton Blanc* *** – **33, rue d'Alsace-Lorraine** ☎ **03.27.81.30.16. Fax : 03.27.81.83.54.** TV. Resto fermé le dimanche soir et le lundi. Accès : à 200 m de la gare SNCF, dans la rue qui lui fait face. De 260 à 300 F (39,6 à 45,7 €) la double avec douche et wc, de 300 à 400 F (45,7 à 61 €) avec bains. Menus de 109 à 205 F (16,6 à 31,3 €). D'abord un *Mouton Blanc*, ça change agréablement des quelques centaines de *Lion d'Or* croisés sur les routes de France ! Ensuite, cette solide maison bourgeoise du XIX⁰ siècle a beaucoup de charme. Un 3 étoiles d'accord, mais qui a su préserver une ambiance résolument familiale. Chambres cossues sans trop en faire. Grande salle à manger à colombages. Quelques plats : mignon de porc rôti, gnocchi au maroilles, noix de Saint-Jacques et langoustines, endivettes confites au citron, désossé de pigeonneau fermier au miel d'acacia, etc. Le genre d'établissement qui fleure bon une certaine qualité d'hôtellerie (en constante rénovation) et de restauration bien française.

|●| *Le Grill de l'Europe* – **place Marcellin-Berthelot (Sud-Ouest)** ☎ **03.27.81.66.76.** Accès : dans le quartier du port. Menu à 66 F (10,1 €). Un poil décentré, mais parfaitement accessible à pied du centre-ville. Un populaire resto apprécié des routiers, mariniers, VRP et autres voyageurs au long cours. Atmosphère toute d'une chaleureuse simplicité, bar animé, on se retrouve sans chichi pour une bonne cuisine de famille. Beaucoup d'habitués bien sûr. Buffet de hors-d'œuvre d'une belle fraîcheur. Au petit menu, le buffet, plat du jour ou steak, dessert, un quart de rouge et... le café. Imbattable ! Sinon, bon choix à la carte : cuisses de grenouilles provençale, poêlée de rougets au basilic, brochette de Saint-Jacques au beurre blanc, fricassée de sole au porto, andouillette de Cambrai flambée au genièvre, etc. *NOUVEAUTÉ.*

|●| *Le Resto du Beffroi* – **4, rue du 11-Novembre** ☎ **03.27.81.50.10.** Fermé le samedi midi et le dimanche. Accès : suivre l'avenue face à l'hôtel de ville puis prendre la 2⁰ rue à droite. Menus de 108 à 150 F (16,5 à 22,9 €). Plats du jour de 40 à 50 F (6,1 à 7,6 €). Un resto assez atypique niché dans une petite rue derrière la Grand-Place. La déco hésite entre le bistrot à l'ancienne et le cabaret (éclats de miroirs collés sur des murs rose et noir). La cuisine, elle, est largement tournée vers le Sud-Ouest. Normal, le chef, Yves Galan, était éleveur de canards avant de devenir (il n'y a pas loin de 30 ans) cuisinier. Magrets, cassoulet au confit, ris de

veau à la toulousaine, poularde crème et morilles, grosses salades. Pour être franc, il manque à cette cuisine une petite pointe d'accent. On se sent toujours à Cambrai mais l'ambiance est chaleureuse et, dans un autre registre, le plat du jour du déjeuner (genre coq au vin) est plus qu'honorable.

DANS LES ENVIRONS

LIGNY-EN-CAMBRÉSIS 59191
(15 km SE)

🏠|●| *Le Château de Ligny* – **2, rue Pierre-Curie (Centre)** ☎ **03.27.85.25.84. Fax : 03.27.85.79.79.** Parking. TV. Accès : depuis Cambrai, direction le Cateau-Cambrésis (la N43). À Beauvois, direction Ligny. Doubles de 650 à 1 500 F (76,2 à 228,7 €). Deux suites à 1 800 F (274 €). Menus de 160 à 420 F (24,4 à 64 €). Au milieu du village, dans un petit nid de verdure où batifolent biches et faons, un élégant petit château du XII⁰ siècle dont il subsiste une tour ronde. Le reste, datant du XV⁰ siècle, est de style Renaissance flamande. À l'intérieur, tout respire le bon goût. Ravissants salons aux plafonds ornementés. Chambres possédant toutes leur personnalité et de bon confort. Si l'on peut casser sa tirelire, la « Rose » à 900 F (137,2 €) est d'un romantisme torride. Dans la « Ronde » à 1 100 F (167, 7 €) on ne peut guère se cacher dans les coins et la « Royale » à 1 800 F (228, 7 €) rabibocherait n'importe quel couple en péril ! Restaurant possédant une grande réputation et ouvert au passage. Là aussi, cadre magnifique. Notamment, la « salle bibliothèque » d'un charme distingué (beau parquet, lambris, tentures, superbe cheminée sculptée). En contrebas, la « salle d'armes » (aux murs de pierre blanche) possède une autre personnalité. Service classe, très pro, un poil guindé pour une très belle cuisine légère et inspirée. Quelques plats évoluant bien sûr au gré des saisons : aile et cuisse de pigeon en pastilla, escalope de bar en marinière aux grillons de ris de veau, rond de filet de bœuf et foie gras de canard sauté, homard breton étuvé à la verveine... *NOUVEAUTÉ.*

CASSEL   59670

Carte régionale A1

|●| *La Taverne Flamande* – **34, Grand-Place** ☎ **03.28.42.42.59.** Fermé le mardi soir et le mercredi. Congés annuels : 1 semaine en février et 1 semaine en août. Accès : face à l'hôtel de ville. Menus de 68 à 140 F (10,4 à 21,3 €), avec menu flamand à 99 F (15,1 €). Avec une telle enseigne, et à Cassel où l'on n'a, semble-t-il, pas encore tout à fait digéré le traité de Nimègue qui marqua en 1678 l'annexion définitive à la

France de la Flandre maritime, il semble évident de s'intéresser à l'authentique menu flamand. L'occasion de découvrir les croustillons flamands, le *waterzoï* de volaille à la gantoise (poularde agrémentée d'une sauce maison type béchamel), des rognons de veau flambés au genièvre, la langue de bœuf sauce du coin, la tarte flamande aux pommes et à la cassonade ou encore les crêpes flambées au Houlle. Le dimanche soir, bonnes planches de jambon. Évident aussi de s'installer sur la véranda qui, accrochée aux pentes du mont Cassel, domine la plaine de Flandre. Un panorama qui enchantait déjà, paraît-il, Lamartine et Charles X.

I●I *Estaminet T'Kasteel Hof* – 8, rue Saint-Nicolas ☎ 03.28.40.59.29. De mai à août, ouvert tous les jours. Fermé le lundi et le mardi en septembre. D'octobre à fin mars, ouvert uniquement le week-end. Congés annuels : du 20 décembre au 7 janvier. Accès : face au moulin. Comptez 100 F (15,2 €) environ pour un repas, mais on peut se contenter d'une de ces solides « planches » typiques du coin avec les trois pâtés du Houtland (le « pays du bois » que domine Cassel) ou fromages. L'estaminet le plus haut de la Flandre française ! Posé à 175,90 m (rien que ça !) au sommet du mont Cassel ; né, d'après la légende, d'une motte de terre lâchée par les géants locaux, Reuze Papa et Reuze Maman. De la terrasse, affirme aussi un dicton local, on voit 5 royaumes : France, Belgique, Hollande, Angleterre et, en levant la tête, le royaume des cieux. La salle est adorable : un minuscule comptoir, quelques tables seulement, des chaises en bois qui raclent le plancher, une cheminée, etc. Belle collection de bassines, brocs et cafetières accrochées au plafond. De la salle du haut, vue panoramique. On s'en serait douté : cet estaminet est trop typique pour ne pas être une reconstitution. Des entrées – soupes aux endives ou cœur casselois (sur une pâte feuilletée, du hâchis de porc, des lardons fumés et des pommes) – aux plats plus connus (*waterzoï* ou ce fameux *potje vleesch* que Lamartine appréciait beaucoup) en passant par les fromages (le zermezeelois ou le mont-des-cats), la table est ici 100 % flamande. Jusqu'à l'eau minérale qui vient de Saint-Amand. Et le vin ? Quel vin ? Nous sommes ici au pays des houblonnières et la carte des bières artisanales que propose *T'Kasteel Hof* suffirait à elle seule à remplir ce guide. On exagère à peine.

DANS LES ENVIRONS

EECKE 59114 (10 km SE)

I●I *Brasserie Saint-Georges* – 5, route de Claestre (Centre) ☎ 03.28.40.13.71. Ouvert le soir tous les vendredis et veilles de fêtes. Les samedi, dimanche et jours fériés, ouvert midi et soir. En juillet-août, ouvert tous les soirs. Accès : à mi-chemin de Cassel et Bailleul. Prendre la D933, puis la D947. Menus à 90 et 180 F (13,7 et 27,4 €). Menu enfant à 42 F (6,4 €). À la carte, compter de 100 à 120 F (15,2 à 18,3 €). Au cœur de la Flandre profonde, un village à découvrir sans tarder. Là, on est dans le bastion de la culture flamande. Vous saurez tout par le *Eecke Stra*, le journal de la brasserie. Très sympathique resto qui fut une ferme au XVIᵉ siècle, puis un moulin, puis un relais de poste avant de brasser la bière jusqu'à la fin des années 1970. Vous retrouverez des témoignages de ce riche passé dans l'architecture et le décor (notamment de vieux outils de brasseur, comme le tinet et le fourquet). Superbe carte de bières (63 spécialités) dont la bière des Chênes, produite pas loin (et la plus demandée). Bonne cuisine flamande traditionnelle. Goûter au délicieux ramequin d'andouillette, les tripes de porc grillées et, surtout, le *stande vleesch* (pommes de terre à la cendre, maroilles fondu et cumin, filet de porc saumuré grillé, salade aux noix) et le jambon à la 3 Monts (jambon à l'os mariné à la bière, gratin de pommes de terre au maroilles). Viandes diverses grillées au feu de bois. Prix fort raisonnables. En partant, ne pas manquer d'aller voir le *Klokhuis*, vieux clocher en bois de trois siècles, divorcé de son église, la fierté du pays. *NOUVEAUTÉ.*

BOESCHEPE 59299 (15 km E)

â I●I *Auberge du Vert Mont* ** – route du Mont-Noir ☎ 03.28.49.41.26. Fax : 03.28.49.48.58. TV. Fermé hors saison les lundi midi et mardi midi. Accès : par la D948 direction Steenvoorde puis la N348 jusqu'à la frontière belge. Enfin, prendre la D10 direction Bailleul. Fléché depuis Boeschepe. Chambres à 260 et 290 F (39,6 et 44,2 €). Menus de 90 à 185 F (13,7 à 28,2 €). Menu enfant à 48 F (7,3 €). Les canards barbotent dans leur mare, les chèvres bêlent et les moutons aussi. Nous sommes à la campagne et cet hôtel-resto essaye de se souvenir qu'un jour il a été une de ces fermes éparpillées sur les monts de Flandre. En fait, c'est aujourd'hui un petit complexe touristique : jeux pour enfants, deux courts de tennis... Les chambres sont adorables pour qui aime le rose. L'accueil jeune est sympa. Dans la salle à manger, les poutres (très apparentes) baignent dans les fleurs et la cuisine dans un régionalisme bien maîtrisé : *waterzoï* de poisson, coquilles Saint-Jacques à la Hoegarden, *potje vleesch* (5ᵉ sur 52 compétiteurs au dernier concours !), lapin. Grand choix de bières belges et françaises. À propos de bières, ne ratez pas la houblonnière plantée à côté de l'auberge. Les monts de Flandre sont un des rares endroits de France où on en voit encore.

DOUAI   59500

Carte régionale B2

🏠 ●● *Hôtel Le Chambord* ** – 3509, route de Tournai ☎ 03.27.97.72.77. Fax : 03.27.99.35.14. TV. Resto fermé le dimanche soir et le lundi. Congés annuels : 1 semaine en février et 2 semaines en août. Accès : à Frais-Marais ; à 4 km du centre par la D917. Chambres à 260 et 290 F (39,6 et 44,2 €) pour trois. Menus de 95 à 260 F (14,5 à 39,6 €). Cette « banlieue » de Douai a gardé des airs de village, mais la départementale longe le *Chambord*. On évitera donc d'office de dormir côté route. Chambres confortables, plutôt plaisantes et à un prix raisonnable pour le coin (bizarrement, les hôtels sont plutôt chers à Douai). Petit menu avec quart de rouge et café compris. Quelques spécialités : pavé de bœuf aux pleurotes, filet de caille raisin et truffes, goujonnettes de lotte aux langoustines, médaillons de ris de veau braisés aux girolles et truffes.

🏠 ●● *Hôtel-restaurant La Terrasse* **** – 36, terrasse Saint-Pierre (Centre) ☎ 03.27.88.70.04. Fax : 03.27.88.36.05. Chambres de 300 à 600 F (45,7 à 91,5 €). Menu à 135 F (20,6 €). Un quatre étoiles, membre de « Châteaux et hôtels indépendants » mais, à l'ombre de la collégiale, c'est une bonne vieille maison qui ronronne rondement depuis toujours. Tout n'est que sérieux et tradition ici. Service pro, belle présentation des mets dans une salle à manger confortable de province fleurant bon la France profonde comme on l'aime. Murs de brique rouge ou de pierre blanche ornés de tableaux. On s'y sent à point bien pour déguster l'un des plus beaux menus qu'on ait goûtés depuis longtemps. Solide cuisine traditionnelle. Dans l'aquarium, les homards attendent leur sort placidement. Belle carte des vins. *NOUVEAUTÉ.*

🏠 ●● *Hôtel Volubilis* – bd Vauban et rue de Râches (Nord) ☎ 03.27.88.00.11. Fax : 03.27.96.07.41. Parking. TV. Satellite / câble. Accès : venant de Tournai, au débouché du pont de Lille. Chambres à 330 F (50,3 €). Beau petit déjeuner-buffet à 42 F (6,4 €). Menus de 85 à 350 F (13 à 53,4 €). Aux marches de la ville, on pense à droit un hôtel de chaîne. Eh bien, ce n'en est pas un. Archi plutôt plaisante, intérieur frais et coloré, chambres de bon confort. Resto qu'on n'a pas testé, mais échos favorables. *NOUVEAUTÉ.*

●● *La Miroiterie Pub* – 66 bis, rue de Lens (Ouest) ☎ 03.27.99.30.30. Fermé le dimanche midi. Accès : du centre, direction de la fac de droit (rue d'Esquerchin). Formules à 59 et 95 F (9 et 14,5 €). Viandes de 59 à 89 F (9 à 13,6 €). On trouve même du foie gras à 59 F (9 €). Tout beau, tout nouveau, un superbe pub-brasserie, haut de plafond, mezzanine, plancher en bois, remarquable décor. Noter le magnifique comptoir et porte-bouteilles derrière en acajou sculpté (qui vient d'Écosse). On y mange pour tous les prix. Salades, *welsh*, tartare, coq à la bière, lapin à la Kriek, carbonade, rognons de veau à la Gueuze, etc. Clientèle mixte étudiants-hommes d'affaires pressés, atmosphère relax et élégante tout à la fois. Vins à prix modérés. *NOUVEAUTÉ.*

●● *Restaurant Au Turbotin* – 9, rue de la Massue (Centre) ☎ 03.27.87.04.16. Fermé le samedi midi, le dimanche soir et le lundi. Congés annuels : août. Accès : près de la rivière la Scarpe ; en face du Palais de justice. Menus à 94 F (14,3 €) en semaine, et de 149 à 258 F (22,7 à 39,3 €). Avec son vivier qui trône désormais en bonne place, *Au Turbotin* est bel et bien un restaurant de poisson et de fruits de mer qui, pourtant, n'oublie pas son terroir : turbot au maroilles, millefeuille d'asperges, brioche de homard... Le 1er menu navigue aussi entre terre et mer. Spécialités : choucroute au poisson et fruits de mer, turbot étuvé au maroilles, dos de sandre farci mousse de brochet, pot-au-feu de poisson, cannelloni de brochet, charlotte d'agneau à la crème d'ail, etc. Cuisine fine et toute de saveurs, cadre discrètement chic, service courtois et raffiné, clientèle plutôt aisée : c'est une des adresses haut de gamme de la ville mais on s'y sent (et surtout on y mange) bien.

●● *La Réserve* – 66 bis, rue de Lens ☎ 03.27.99.30.30. Fermé le samedi midi et le dimanche soir. Menus de 115 à 245 F (17,5 à 37,4 €). À côté de *La Miroiterie Pub*, même maison. Un cadre totalement différent. Là, on donne dans le rustico-médiéval. Si l'arche en pierre structurant la salle est d'un bel effet, en revanche les diverses ferronneries d'art évoquent plutôt Walt Disney ou les films de Richard Thorpe... Bon, ça va bien se patiner tranquillement tout ça. Cadre confortable, couverts originaux, présentation impeccable. Service un peu longuet peut-être. Cuisine traditionnelle de bon aloi et le midi un menu à 115 F d'un beau rapport qualité-prix. Excellent bœuf contrefilet à la moelle et pavé au vin, filet d'agneau aux morilles, blanquette de lotte langoustines et Saint-Jacques, croustillant de ris de veau au calvados. Quelques vins abordables comme ce madiran à 85 F (13 €). Vin au verre.

DUNKERQUE 59240

Carte régionale A1

≜ *Trianon Hôtel* ** – 20, rue de la Colline, **Malo-les-Bains (Nord-Est)** ☎ 03.28.63.39.15. Fax : 03.28.63.34.57. TV. Accès : du centre, suivre la direction de la plage. Fléché ensuite. 230 F (35,1 €) avec douche et wc, 260 F (39,6 €) avec bains. Entouré de pittoresques villas balnéaires début de siècle, typiques de ce quartier bord de mer créé en 1865 par un nommé Gaspard Malo. Un quartier paisible, à l'image des retraités qui font la sieste derrière les *bow-windows* de leurs *Sam'suffit*. L'hôtel ne manque pas de charme. Les chambres sont agréables, comme la minuscule jardin intérieur à côté duquel on prend son petit déjeuner. Prix très honnêtes. Patrons serviables, bons connaisseurs des possibilités du coin.

≜ |●| *Hôtel-restaurant L'Hirondelle* ** – 46-48, av. **Faidherbe (Nord-Est)** ☎ 03.28.63.17.65. Fax : 03.28.66.15.43. ● hotelhirondelle@netinfo.fr ● TV. Canal+. Resto fermé le dimanche soir et le lundi. Accès : du centre, suivre la direction de la plage, fléché ensuite. Doubles toutes avec douche ou bains à partir de 320 F (48,8 €). Menus à 65 F (9,9 €) en semaine, 98 et 130 F (14,9 et 19,8 €). À Malo-les-Bains, juste à côté d'une adorable (mais noyée dans la circulation automobile) petite place et pas loin de la mer. L'adresse irréprochable. Déco résolument contemporaine. Chambres modernes et fonctionnelles (deux adjectifs que vous avez déjà lus quelquefois dans ces pages, non ?). Accueil pro, genre « je sors d'une école hôtelière ». Resto sans surprise.

|●| *Restaurant Le Plaisance* – 3, rue de la **Poudrière (Nord)** ☎ 03.28.66.89.20. Fermé le samedi midi et le dimanche sauf jours fériés. Accès : de la place du Minck, traverser le bassin du Commerce, puis prendre à gauche le quai de la Citadelle, c'est la 2ᵉ rue à droite. Menus de 65 à 138 F (9,9 à 21 €). Une petite adresse discrète, nichée derrière les étals de poissons du port. Accrochées aux murs simplement blanchis, quelques photos de voiliers pour rappeler encore que l'on est au bord de la mer. Le serveur présente les plats du menu du jour (et tout simplement épatant) comme s'il était au théâtre. Le dernier menu se balade dans les Flandres : tourte au maroilles, *waterzoï* de Minck, crème brûlée à la chicorée ou tarte au sucre. Quelques autres plats : carbonade, Saint-Jacques aux poireaux, etc. Viandes classiques. Et une fois par mois, l'ambiance déjà chaleureuse monte encore d'un cran avec une soirée à thème : *Le Plaisance* met, par exemple, le cap sur les Antilles et alors le punch coule à flots.

|●| *Restaurant Le Péché Mignon* – 11, place du **Casino** ☎ 03.28.66.14.44. Fermé le samedi midi, le dimanche soir et le lundi. Accès : face au casino, mais si (!). Menus de 75 à 200 F (11,4 à 30,5 €). La salle est plutôt cossue : fauteuils moelleux, tons pastel. Mais si vous avez perdu toutes vos économies au casino en face, le 1ᵉʳ menu n'est pas ruineux. Cuisine traditionnelle et généreuse : crabe farci maison, haddock au petit lait à la crème d'ail, suprême de pintade aux pignons de pin, kangourou aux airelles, corolle de sole farcie aux Saint-Jacques, et alléchant chariot de desserts. Aux beaux jours, petite terrasse dans le jardin pour se consoler de ne pas avoir vue sur la mer. En prime aussi, l'excellent accueil.

|●| *Au Petit Pierre* – 4, rue Dampierre **(Centre)** ☎ 03.28.66.28.36. Fermé le samedi midi, le dimanche soir et le lundi soir. Menus de 95 à 149 F (14,5 à 22,7 €). Menu enfant à 45 F (6,9 €) sortant du sempiternel steak haché-frites. C'est d'abord une des rares demeures du XVIIIᵉ siècle qui échappèrent aux bombardements de la dernière guerre et que les patrons restaurèrent avec goût et amour. Élégante sobriété du cadre, mobilier en bois verni, murs couleur saumon suffisent à créer une chaleureuse atmosphère. Conjuguée à un accueil affable et souriant et à l'une des meilleures cuisines de la côte, vous aurez la garantie de passer une soirée mémorable. Cuisine régionale particulièrement inspirée, pleine de bonnes idées et d'associations de saveurs subtiles. Délicieux gratin au fromage de Bergues, qui rivalise avec la tourte aux poireaux et les filets de rougets marinés au citron vert et à l'aneth. Viandes superbes (tournedos au pain d'épice et gingembre, rognons de veau flambés à la fleur de bière, etc.). Poisson d'une belle fraîcheur et cuisson irréprochable. Goûter au *waterzoï* ou à la sole farcie à l'ostendaise. Beaux desserts où nous hésitâmes entre la crème brûlée à la chicorée, la rhubarbe et fraise confites à la glace vanille et le nougat glacé au miel de lavande. Notre meilleure adresse sur la ville, c'est dit ! *NOUVEAUTÉ*.

DANS LES ENVIRONS

BERGUES 59380 (10 km SE)

≜ |●| *Hôtel-restaurant Au Tonnelier* ** – 4, rue du Mont-de-Piété ☎ 03.28.68.70.05. Fax : 03.28.68.21.87. TV. Satellite / câble. Resto fermé le vendredi. Congés annuels : la 1ʳᵉ quinzaine de janvier et la 2ᵉ quinzaine d'août. Chambres à 190 F (29 €) avec lavabo, sans télé, et de 320 à 350 F (48,8 à 53,4 €) avec douche et wc. Menus à 88 F (13,4 €) sauf le dimanche, puis à 130 et 160 F (19,8 et 24,4 €). Cette belle auberge de brique ocre-jaune se dresse au cœur du village médiéval face à un superbe édifice du XVIIe siècle, le Mont-de-Piété, restauré et reconverti en musée. L'adresse est tellement tranquille que l'on hésite à réveiller la charmante vieille dame qui s'offre une sieste dans le salon (à 11 h du matin) pour demander une chambre. Accueil néanmoins très chaleureux. Avouons un faible pour celles qui donnent sur l'adorable petite cour pavée : plus calmes bien sûr et aussi plus lumineuses. Bonne cuisine bourgeoise à l'aise dans ce resto cossu (le style Régence, ça vous pose une salle à manger). Quelques spécialités régionales dont un fameux *potje vleesch* (c'est imprononçable mais c'est très bon : veau, lapin et poulet en gelée, cuits au vin blanc et au vinaigre), ou le loup de mer à l'armoricaine. Tarte flamande aux raisins et rhum et charlotte aux mangues coulis de framboise.

LOOBERGHE 59630 (15 km SO)

I●I *Le Campagnard* – 456, rue de Cassel ☎ 03.28.29.81.97. Ouvert le midi, fermé le soir. Accès : situé sur la D11 et la D3. Menus à partir de 72 F (11 €). Sympathique resto de village, tenu par un jeune couple fidèle à sa région, mais aussi fan de voyages, en particulier de Saint-Domingue (ça tombe bien, on vient juste de sortir un guide !). Accueil à la flamande, ouvert et chaleureux et excellente cuisine de campagne. Salle agréable ornée de vieilles photos et de dessins de moulins. 1er menu présentant un fort bon rapport qualité-prix, viandes particulièrement tendres. Pour accompagner ça, une bande son extra (vieux Trénet, country music, etc.). Bref, une étape bien requinquante ! *NOUVEAUTÉ.*

ETRŒUNGT 59219

Carte régionale B2

I●I *Ferme de la Capelette* – La Capelette ☎ 03.27.59.28.33. Fermé le mercredi. Accès : à 7 km au sud d'Avesnes. Menus de 130 à 190 F (19,8 à 29 €), vin en sus. À 7 km au sud d'Avesnes, au cœur de l'Avesnois le plus vert, Naf et Dany Delmée ont transformé de leurs mains cette ancienne ferme en auberge de campagne. Le résultat se révèle à hauteur des efforts. Plaisante salle à manger, immense terrasse surplombant la vallée de l'Helpe et, surtout, une superbe cuisine de terroir, effectuée avec cœur et un professionnalisme confondant. Ici n'entrent dans la composition des plats que des produits maison ou provenant des meilleurs producteurs locaux. Pleurotes élevées par leurs soins, fermes, parfumées pour un délicieux feuilleté à la crème. Terrines qui ne le sont pas moins (ah, la terrine de canard aux pépites de *schiitaké*), savoureux civet de porcelet au cidre fermier, canard sauce aigre-douce aux petits oignons (dans les

deux sens), gigot d'agneau caramélisé au miel, pintade flambée au marc de pommes. On en salive encore. Bien sûr, tout ne sera pas à la carte le jour de votre passage, Naf suivant allègrement le cours des saisons, il aura inventé d'autres choses. En tout cas, au menu à 160 F (24,4 €), il y aura toujours cette belle langue Lucullus maison, inégalée, véritable ravissement des papilles. S'il reste de la place, la tarte aux pommes du verger à la fine pâte croustillante... Après, il ne vous restera plus qu'à aller canoter sur l'étang ou suivre les jeux des enfants. Aux beaux jours, la terrasse panoramique s'impose d'elle-même. En basse saison, réservation obligatoire, et le reste du temps, très conseillée. *NOUVEAUTÉ.*

GODEWAERSVELDE 59270

Carte régionale A1

I●I *Het Blauwershof* – rue d'Eecke (Centre) ☎ 03.28.49.45.11. Fermé le lundi. Accès : sur la D18, entre Steenvoorde et Bailleul. L'estaminet le plus célèbre de Flandres, représentant d'une riche culture qui ne veut pas disparaître. Le patron, Christian Mercier, est l'un des artisans du renouveau des estaminets et l'un des plus hardis défenseurs de cette culture. Mais il sait aussi au besoin diffuser quelques airs bretons pour montrer son ouverture. L'intérieur possède énormément de charme, mobilier ancien, objets familiers, vieux poêle, longues tables de bois... où s'agglutinent joyeusement bandes de copains ou employés en goguette. Ici, vous retrouverez aussi les jeux traditionnels flamands (la grenouille, la toupie, le billard Nicolas, etc.), une doc, des brochures sur la culture locale. Étonnante alchimie de la clientèle, atmosphère conviviale qui fait chaud au cœur. Mais il n'y a pas que les nourritures de l'esprit, ici on mange aussi et plutôt bien. Authentique cuisine régionale, ça va de soi, à commencer par les filets de harengs, la flamiche aux poireaux, la tarte à la moutarde, suivi du petit lard ou du *potje vleesch* frites, la carbonade, etc. Clafoutis aux pommes ou glaces pour finir. On repart d'ici définitivement meilleur qu'on est rentré, avec la conviction que tout n'est pas foutu, que matérialisme et indifférence ne gagneront peut-être pas ! *NOUVEAUTÉ.*

I●I *Le Roi du Potje Vleesch* – 31, rue du Mont-des-Cats ☎ 03.28.42.52.56. Fermé le lundi toute l'année et le mardi en hiver. Congés annuels : janvier. Compter 120 F (18,3 €) environ pour un repas. Tout d'abord, c'est une merveilleuse boutique de produits régionaux où quasiment tout est fait maison. Des belles terrines aux andouillettes, en passant par le *potje vleesch* dont il est le roi incontesté. Tout à côté, une salle chaleureuse, pourtant l'ancien abattoir familial (anneaux encore dans les murs), transformé en ambassade de la cuisine des Flandres. Décor hétéroclite : vieux objets domestiques, outils, assiettes diverses, photos et nappes à carreaux. Musique du carnaval de Dunkerque ou de Raoul de G. Laissez-vous séduire par le parfumé pâté de viande à l'ail, la carbonade ou le coq à la bière, arrosé de bières de Henri le Douanier ou celle de Clayssène au genièvre. Vous ferez un excellent repas pour un prix fort modéré. Le week-end, pensez à réserver (en semaine, surtout hors saison, beaucoup plus calme). *NOUVEAUTÉ.*

HARDELOT   62150

Carte régionale A1

🏠 I●I *Le Régina* – 185, av. François-Ier ☎ 03.21.83.81.88. Fax : 03.21.87.44.01. Parking. TV. Fermé le dimanche soir et le lundi sauf en juillet-août, à la Pentecôte et à Pâques. Congés annuels : du 11 novembre au 15 février. Doubles avec douche et wc ou bains à 340 F (51,8 €) ; menu à 120 F (18,3 €) en semaine uniquement, et carte. Demi-pension à 585 F (89,2 €) par jour, pour 2 personnes. Dans cette station chic, où le quartier résidentiel occupe tout un arrière-pays boisé, aux villas cossues discrètement abritées derrière les haies fleuries et les pins, voici un bon établissement, immeuble moderne de deux étages aux chambres avec terrasse, spacieuses, claires, impeccables. C'est calme et plutôt bon marché pour de telles prestations. Au restaurant *Les Brisants*, dans une salle élégante, une cuisine fraîche et bien tournée, d'un rapport qualité-prix là encore. Demi-pension intéressante. Tennis, golf et équitation à proximité immédiate, plage à 1 km. *NOUVEAUTÉ.*

HAZEBROUCK   59190

Carte régionale A1

🏠 *Hôtel Le Gambrinus* ** – 2, rue Nationale (Centre) ☎ 03.28.41.98.79. Fax : 03.28.43.11.06. TV. Accès : entre la Grand-Place et la gare. Doubles à 310 F (47,3 €). Si vous voulez dormir à Hazebrouck, c'est soit votre voiture, soit *Le Gambrinus*, un des rares hôtels de la ville. Pourquoi donc, cher lecteur, vous conseiller une adresse que vous auriez pu trouver tout seul ? D'abord parce que, dans cette massive maison du XIXe siècle, la déco est fraîche et d'un bon goût discret qui ne fâchera personne ; les chambres sont agréables. Mais aussi et surtout parce que Francis Delaere et son épouse sont de ces hôteliers sur lesquels on aimerait bien qu'une partie de leur profession prenne exemple. Ici, on n'a pas besoin

de chercher le sens du mot « accueil » dans un dictionnaire !

I●I *Restaurant Le Centre* – 48, Grand-Place (Centre) ☎ 03.28.48.03.62. Fermé le mardi soir. Accès : face à la mairie. Menus de 65 à 215 F (9,9 à 32,8 €), vin compris. Assis sur de confortables fauteuils (mais au tissu fleuri un rien chargé), on préférera les honnêtes spécialités régionales (*vleesch*, hareng et pommes tièdes, gratin de maroilles, carbonade flamande à la Leffe...) et les plats classiques mais plutôt réussis (Saint-Jacques et filet de bœuf aux morilles, cuisse de canard aux pleurotes...) à la carte un peu passe-partout (moules-frites à volonté, salades et crêpes, pizzas...). Accueil et service sympa (c'est fou comme on l'aime au *Routard*, ce diminutif-là...).

I●I *Restaurant La Taverne* – 61, Grand-Place (Centre) ☎ 03.28.41.63.09. Fermé le dimanche soir et le lundi. Menus de 95 à 145 F (14,5 à 22,1 €). Hormis la soirée « choucroute » du samedi, tout dans cette taverne à l'ambiance chaleureuse et à l'élégant décor nous ramène vers les Flandres : des tartes salées (flamiche au maroilles ou aux poireaux) ou sucrées (tarte au genièvre et aux pommes), des terrines (*potje vleesch*, au lapin, poulet et lard) à la carbonade flamande à la bière des Trois-Monts en passant par le magret de canard à la Kriek ou les rognons de veau flambés au genièvre. Les portions, généreuses, sont servies dans la bonne humeur. Soirées à thème certains jours de la semaine : moules-frites le vendredi, fondues en soirées...

DANS LES ENVIRONS

MOTTE-AU-BOIS (LA) 59190
(5 km S)

🏠 I●I *Auberge de la Forêt* ** – (Centre) ☎ 03.28.48.08.78. Fax : 03.28.40.77.76. TV. Fermé le dimanche soir et le lundi et les 3 premières semaines de janvier. Accès : à 5 mn d'Hazebrouck, par la D946, direction Merville. Doubles avec douche ou bains de 220 à 340 F (33,5 à 51,8 €). 1er menu à 135 F (20,6 €) en semaine, autres à 165 F (25,2 €) le dimanche, puis à 225 et 275 F (34,3 et 41,9 €). Au cœur d'un village enserré par la vaste forêt de Nieppe, un relais de chasse des *Fifties* noyé sous les frondaisons. Chambres simplettes derrière leurs lambris mais agréables, surtout celles dont les fenêtres à croisillons ouvrent sur de mignonnets jardins. Salle de resto évidemment rustique. Des spécialités régionales mais, aussi et surtout, une cuisine assez inventive. Prix plutôt élevés. Quelques plats : fricassée ris et rognons de veau aux cèpes, filet de turbot aux encornets, sole rôtie entière ou aux langoustines, canette rôtie, etc. Belle carte des vins (le sommelier compte parmi les meilleurs du Nord). Clientèle un rien chic et accueil un peu frais.

SERCUS 59173 (6 km O)

**|●| Estaminet-auberge Au Saint-Érasme –
18, route de Blaringhem (Centre)**
☎ 03.28.41.85.43. Fermé le lundi et le soir (sauf le vendredi et le samedi). Accès : par la D106 ou la N42 et tourner à Wallon-Capel. Repas autour de 100 F (15,2 €). Cuvée du patron à 50 F (7,6 €). Dans cette douce campagne flamande, cette pimpante auberge de village. À l'intérieur, c'est aussi chaleureux et convivial que la façade est jolie. Bonheur que de se retrouver ici pour une solide cuisine familiale élaborée avec cœur et servie généreusement. En outre, à prix fort doux. Spécialités de flamiches au maroilles et coq à la bière savoureux. Frites craquantes à souhait. On s'en tire au maximum avec un p'tit cézanne et on repart repu, avec une bonne dose d'amitié pour la semaine. Pour digérer, la jolie église en face et celle de Lynde à côté... NOUVEAUTÉ.

HESDIN 62140

Carte régionale A2

🛏|●| Hôtel des Flandres ** – 20-22, rue d'Arras (Centre) ☎ 03.21.86.80.21. Fax : 03.21.86.28.01. Parking. TV. Canal+. Congés annuels : 10 jours fin juin début juillet et 10 jours fin décembre début janvier. Doubles avec douche ou bains à 280 F (42,7 €). Le midi en semaine, formule plat-dessert et quart de vin ou pression à 80 F (12,2 €). Menus de 94 à 168 F (14,3 à 25,6 €). La petite ville sans histoire (pourtant, au Moyen Âge, « les Merveilles d'Hesdin », gigantesque parc d'attractions avant l'heure, défrayaient la chronique) et l'hôtel qu'on s'attend à y trouver. Une ambiance largement familiale, des chambres très classiques mais confortables, d'immuables plats de terroir comme la grande spécialité de la maison, le coq à la bière ou encore le saumon flamand.

DANS LES ENVIRONS

SAULCHOY 62870 (22,5 km SO)

|●| Le Val d'Authie – ☎ 03.21.90.30.20. Fermé le jeudi hors saison. Congés annuels : une semaine en septembre. Accès : prenez le chemin des écoliers : la D928 (direction Abbeville) puis à droite la D119 qui suit le cours de l'Authie. Doubles avec douche et wc à 230 F (35,1 €) petit déjeuner compris. Menus à 80 F (12,2 €) en semaine et de 125 à 180 F (19,1 à 27,4 €). Au cœur d'un de ces petits villages de l'Artois « plein », comme l'écrivait Bernanos, originaire du coin, d'un murmure de feuillages et d'eau vive », la brave auberge de campagne conviviale, honnête et chaleureuse. Les menus annoncent « la bonne cuisine bourgeoise faite par la patronne ». Ici, rien que de la recette éprouvée (vol-au-vent, coq au vin, filet de canard, gigot) et c'est parfait comme ça. En saison et pour 250 F (38,1 €), ce sont les pantagruéliques repas de gibier : terrine de lièvre, civet de sanglier, chevreuil à la crème, faisan au porto... Si vous voulez vérifier que des loutres se cachent bien sur les rives de l'Authie, l'auberge propose de jolies chambres d'hôte. Dispose également d'un gîte pour 4 à 6 personnes. *Café offert.*

LENS 62300

Carte régionale A2

|●| Restaurant La Découverte – 11, rue des Déportés ☎ 03.21.42.70.00. Fermé le dimanche soir et le lundi soir. Accès : non loin de la gare. Menus à 69 et 92 F (10,5 et 14 €), et carte. Un resto discret niché dans une petite rue peu passante. La salle est immense, heureusement compartimentée de claustras fleuris. Clientèle d'habitués, de tous âges, et cantine de nombreux Lensois le midi. Spécialités d'abats : pied de porc vinaigrette, rillettes, foie meunier, rognons grillés dans le 1er menu, pieds de porc panés dans le suivant. « Végétariens s'abstenir », comme nous l'a soufflé un lecteur. Si vous optez pour la « réserve maison », on ne vous facture que ce que vous avez bu de votre bouteille.

DANS LES ENVIRONS

BULLY-LES-MINES 62160 (5 km O)

🛏|●| L'Enfant du Pays – 152, rue de la Gare ☎ 03.21.29.12.33. Fax : 03.21.29.27.55. Parking. TV. Resto fermé le dimanche soir. À partir de 85 F (13 €) la double avec lavabo; 140 F (21,3 €) avec bains. Menus de 62 à 180 F (9,5 à 27,4 €). Une adresse de derrière le terril, bien connue dans le pays, où l'on vous sert une cuisine généreuse et sans chichi à base de produits frais. L'estouffade de ris de veau au porto ou le sauté de coq à la bière et aux pruneaux devraient vous rassasier, et les fromages affinés maison se mangent sans faim. Grande salle à manger à l'atmosphère toute provinciale et aimable, service en tenue. Au-dessus, des chambres toutes refaites, à prix écrasés.

LIESSIES 59740

Carte régionale B2

🛏|●| Le Château de la Motte ** – ☎ 03.27.61.81.94. Fax : 03.27.61.83.57. TV. Fermé hors saison le dimanche soir, le lundi soir et le mardi soir. Accès : par la D133, direction lac du Val-Joly. Doubles à 330 et 395 F (50,3 et 60,2 €). En demi-pension : 312 et 344 F (47,6 et 52,4 €) par personne. Soirée étape VRP à 350 F (53,4 €). Menus à 110 F (16,8 €), sauf dimanche et jours fériés, et 195 F (29,7 €). Formule à 192 F (29,3 €) tout compris sauf dimanche et jours fériés. Vous pensiez le Nord plat et triste ? Et si, au contraire, c'était comme ici dans l'Avesnois une campagne lumineuse, verdoyante et vallonnée ? Le forêt domaniale du Bois-l'Abbé est, de fait, une invitation à renouer avec la nature. *Le Château de la Motte* (ancienne maison de retraite des moines de l'abbaye de Liessies construite en 1725) n'est pas mal non plus avec ses murs de brique rose coiffés d'un comble d'ardoise qui se mirent dans les eaux de l'étang voisin. Calme absolu (c'est attesté, les moines aimaient le silence). Jolies chambres (tissus et papier peint à fleurs, bel ameublement). Week-end ou soirée gastronomique. Quelques fleurons de la carte : le jarret de porc en pot-au-feu, la matelote de la mer, la langue d'agneau à l'ail fumé, la volaille fermière en *waterzoï*, etc.

|●| *Chez Louis* – 25, rue Roger-Salengro
☎ 03.27.61.82.38. Fermé le lundi. Accès : à l'entrée de Liessies, venant d'Avesnes (la D133). Plats autour de 40 F (6,1 €), seule l'entrecôte dépasse à peine les 50 F (7,6 €). Ne pas se fier à l'omniprésente enseigne « friterie ». Sans penser qu'une telle dénomination soit péjorative, il reste que *Chez Louis* se révèle quand même plus proche d'un restaurant par le cadre et la qualité de sa cuisine. D'abord, vous découvrirez ici une belle adresse sans chichi et toute pleine de gentillesse. On y aime vraiment les enfants. Aire de jeux en plein champ derrière, balades à poney et en carriole, et puis la p'tiote de la maison est si mignonne. Cadre chaleureux, comme l'est l'accueil. Ancienne demeure paysanne avec poutres, tommettes ou grandes pierres, cheminée, etc. Longues tables favorisant la communication. Ici, on travaille avant tout en famille et l'on sait ce que beaux produits et plats maison veulent dire. Goûter aux terrines diaboliques, puis à l'andouillette, carbonades, tripes, boudin blanc, escavèche, flamiche au maroilles... Tout maison, tout goû-

teux, on vous le dit. En outre de vraies frites, avec de vraies pommes de terre. Ça commence d'ailleurs à se savoir de l'autre côté de la frontière et les Belges se repassent l'adresse. Aucun attentat au portefeuille en plus et, en prime, une bonne provision de convivialité pour la semaine ! Terrasse aux beaux jours. *NOUVEAUTÉ*.

|●| *Le Carillon* – au bourg (Centre)
☎ 03.27.61.80.21. Fermé le mercredi. Congés annuels : 2 semaines en novembre et vacances de février. Accès : face à l'église. Menus à 85 F (13 €) en semaine, puis de 118 à 198 F (18 à 30,2 €). Formule à 120 F (18,3 €) avec plat, fromage ou dessert. D'abord, c'est une belle demeure avesnoise, en plein centre du village et restaurée avec beaucoup de goût. Ensuite, un couple de jeunes professionnels qui, depuis 10 ans, contribuent largement au bon renom gastronomique de la région. De la vraie cuisine, sans esbroufe, du sérieux, du régulier. Plats bien dans la tradition : magret de canard aux figues et vin rouge, tournedos au poivre chaud, émincé de rognons de veau sauce aigre-douce, millefeuille de morue fraîche, etc. Bien sûr, carte évoluant au gré des saisons et du marché. Desserts suivant également l'inspiration du chef : petits croustillants à la chicorée – poire caramélisée, compotée de fraises à la rhubarbe, pomme cuite au four sur sa gaufre – glace au pain d'épice... Cadre particulièrement plaisant, *piano* original. Pour nos amis belges (et les autres), cave à vins attenante avec une intéressante sélection de vins de pays et crus à tous les prix (en général, peu prohibitifs), belle sélection de whiskies également. Un carillon qu'on aime aller entendre souvent tant il évoque de si beaux souvenirs gustatifs ! *NOUVEAUTÉ*.

LILLE   59000

Carte régionale B1 – Plan pp. 584 et 585

≜ *Le Brueghel* ** – 5, parvis Saint-Maurice (C2-5) ☎ 03.20.06.06.69. Fax : 03.20.63.25.27. TV. Canal+. Accès : au cœur du secteur piéton et à deux pas de la gare. Chambres à 180 F (27,4 €) avec lavabo, de 320 à 430 F (48,8 à 65,6 €) avec douche et wc ou bains. Un hôtel avec une personnalité, mieux encore un hôtel avec

---

≜ Où dormir ?	16 La Renaissance	25 Les Brasseurs
3 Hôtel Flandre-Angleterre	17 Le Square	26 Le Pourquoi-Pas
4 Hôtel de France	18 La Ducasse	27 La Terrasse des Remparts
5 Le Brueghel	20 Le Pubstore	
6 Le Grand Hôtel	21 Au Tord Boyaux	28 Flandres-Liban
7 Hôtel de la Paix	22 Les Compagnons de la Grappe	29 Le Café du Palais
|●| Où manger ?		30 La Part des Anges
	23 Brasserie Alcide	31 La Tête de l'Art
15 La Pâte Brisée	24 Les Faits Divers	32 Le Why Not

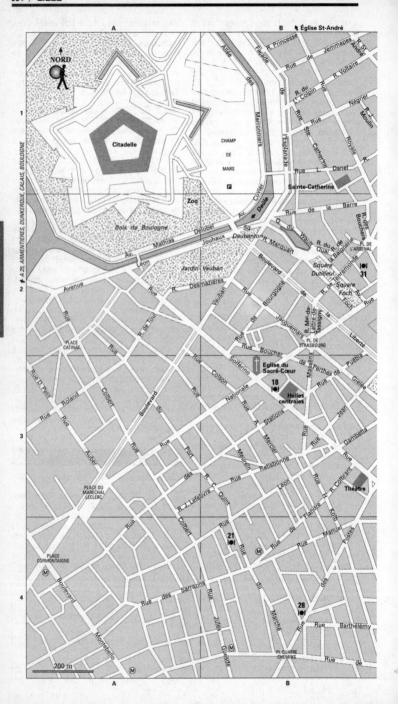

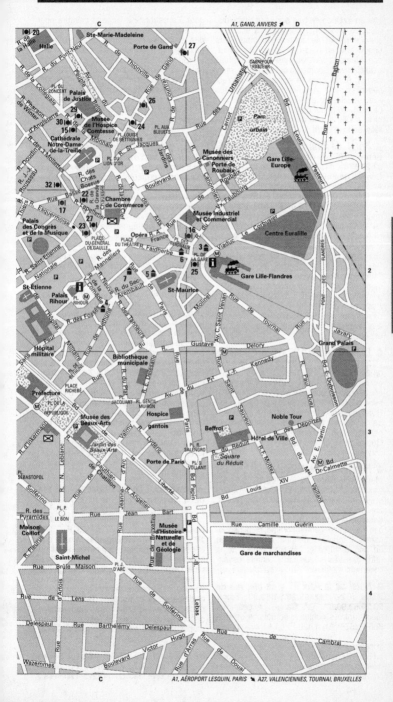

une âme. Déco de très bon goût : bibelots, meubles anciens chinés ici et là occupent chaque recoin de cette vaste maison de brique sise au pied de l'église Saint-Maurice. Même le vénérable ascenseur en bois a du charme ! Chambres assez petites, mais claires. Accueil pro (le veilleur de nuit n'est pas loin d'avoir un fan-club !). Les chambres avec douche partent vite, penser à réserver. Le point de chute des comédiens en spectacle à Lille et une de nos adresses préférées dans le Nord.

🏠 *Hôtel de France* ★★ – 10, rue de Béthune (C2-4) ☎ 03.20.57.14.78. Fax : 03.20.57.06.01. TV. Ouvert toute la nuit. Congés annuels : le 24 décembre au soir. Accès : au cœur du secteur piéton ; Mº Rihour. Chambres à 230 F (35,1 €) wc sur le palier, et à 320 F (48,8 €) avec douche et wc. En plein centre, à deux pas de la Grand-Place, dans le quartier des cinémas. Bien situé donc, trop bien même : la rue est plutôt animée le soir et seules les chambres du 1er étage sont insonorisées. Pas beaucoup de charme mais correct. Dans un processus de rénovation. Au petit déjeuner, vous n'échapperez pas à cette gigantesque fresque à la gloire du Nord-Pas-de-Calais signée d'un ancien veilleur de nuit, étudiant aux Beaux-Arts. Ce garçon a dû s'orienter vers autre chose, enfin, on espère…

🏠 *Le Grand Hôtel* ★★ – 51, rue Faidherbe (C2-6) ☎ 03.20.06.31.57. Fax : 03.20.06.24.44. TV. Accès : à mi-chemin entre la gare et le centre. Chambres doubles avec douche et wc à 290 F (44,2 €), avec bains de 320 à 350 F (48,8 à 53,4 €). Hôtel classique et confortable. À deux pas de la gare. Chambres plaisantes et patronne fort sympathique. Staff efficace. Quelques chambres familiales (3 et 4 personnes).

🏠 *Hôtel Flandre-Angleterre* ★★ – 13, place de la Gare (D2-3) ☎ 03.20.06.04.12. Fax : 03.20.06.37.76. TV. Canal+. Chambres à 380 F (57,9 €) avec douche ou bains. Quelques-unes à 200 F (30,5 €) avec douche seulement. Chambres sans histoire, à la déco plutôt contemporaine, bien insonorisées. Il faudra cependant oublier l'entrée un peu étriquée et l'environnement de la gare pas très séduisant. Clientèle essentiellement d'affaires.

🏠 *Hôtel de la Paix* ★★ – 46 bis, rue de Paris (C2-7) ☎ 03.20.54.63.93. Fax : 03.20.63.98.97. TV. Canal+. Accès : en plein centre. Doubles avec douche et wc à 380 F (57,9 €), à 420 F (64 €) avec bains. Passé la réception cossue (et l'accueil impeccable), un superbe escalier du XVIIIe siècle (franchement, il serait dommage d'emprunter l'ascenseur) grimpe vers des chambres spacieuses et aménagées avec

goût. La patronne a lâché la peinture pour l'hôtellerie, mais c'est resté une passion. Et elle a consacré chaque chambre à un peintre contemporain : ce ne sont que des repros (vous en connaissez beaucoup des hôteliers qui accrochent un Magritte aux murs de leurs chambres ?), mais cela ajoute encore au charme de l'endroit. On a eu un coup de cœur pour la nº 12 avec terrasse et jardin (eh oui, en plein centre-ville).

|●| *Les Compagnons de la Grappe* – 22, rue Lepelletier (C2-22) ☎ 03.20.21.02.79. Fermé le dimanche et le lundi soir en basse saison. Plats entre 60 et 70 F (9,1 ct 10,7 €). Au fond d'un petit passage, l'un de nos restos-bistrots préférés à Lille. Superbe terrasse prise d'assaut aux beaux jours et deux salles agréables, avec boiseries et luminaires design. Plats copieux et réussis, grands classiques de bistrot revisités (ne ratez pas le pot-au-feu s'il est à la carte), accompagnés d'un pain qui mérite qu'on en parle. Grand choix de vins (au verre, en bouteille) et, malgré un service un peu lent, excellent accueil des patrons qui ne manquent pas d'idées. *NOUVEAUTÉ.*

|●| *Restaurant La Renaissance* – 29, place des Reignats (D2-16) ☎ 03.20.06.17.56. Fermé le dimanche soir, le lundi soir et le mardi soir. Congés annuels : du 15 juillet au 15 août. Accès : dans le quartier de la gare. Menus à 75 et 85 F (11,4 et 13 €). Formules à moins de 50 F (7,6 €) le midi en semaine. À la carte, viandes de 37 à 50 F (5,6 à 7,6 €) et l'œuf mayo est encore à 9 F (1,4 €)… Un resto à la bonne franquette pour les routards à budget serré et les autres. Ne vous fiez pas à l'apparence extérieure du resto, tout se passe à l'intérieur ! Cadre rétro, bonne cuisine familiale et quelques spécialités régionales : endives flamandes, *potje vleesch*, tarte briochée au maroilles, carbonade, langue de bœuf persillade, andouillette… et desserts maison.

|●| *Restaurant La Pâte Brisée* – 65, rue de la Monnaie (C1-15) ☎ 03.20.74.29.00. Accès : dans le vieux Lille, pas loin du musée de l'Hospice-Comtesse. Formules, boisson comprise, de 47 à 105 F (7,2 à 16 €). Pour toutes les bourses et c'est bon et copieux. Spécialiste des tartes salées ou sucrées (tarte au roquefort, au maroilles, tarte Tatin…), des gratins régionaux (goûtez la tartiflette du Nord, aux pommes de terre, lardons, oignons braisés et maroilles fondu) et des salades composées. Bondé le midi, donc prudent d'arriver tôt. Atmosphère décontractée et clientèle essentiellement étudiante. Beau cadre rustique. Fait aussi salon de thé à partir de 15 h.

|●| *Restaurant Le Square* – 52, rue Basse (C2-17) ☎ 03.20.74.16.17. Fermé le dimanche et le lundi soir. Congés annuels :

du 1er au 22 août. Accès : dans le vieux Lille. Menu à 58 F (8,8 €) le midi et un régional à 89 F (13,6 €). Salle plaisante et assez intime. L'accueil et le service sont sympa, genre resto de copains. À la carte, salades froides ou chaudes et des plats, honnêtes et copieux, de terroir parfois, de saison toujours. Quelques plats : andouillette artisanale à 50 F (7,6 €), steak tartare à 58 F (8,8 €), magret au miel à 66 F (10 €), lasagne au saumon rose, etc. ! Intéressante formule à 135 F (20,6 €), association un verre de vin, un plat, ce qui permet d'en goûter plusieurs. Vins à prix modérés : pinot noir corse à 80 F (12,2 €), faugère à 70 F (10,7 €), collioure rouge à 95 F (14,5 €). Quelques menus spéciaux à thème dans l'annexe également.

|●| Restaurant Pubstore – 44, rue de la **Halle (C1-20)** ☎ 03.20.55.10.31. Fermé le dimanche et les jours fériés. Congés annuels : août. Accès : dans le vieux Lille, à côté du musée Charles-de-Gaulle. Pour déjeuner, les « midi plats » à 48 F (7,3 €), une formule à 65 F (9,9 €) et une à 85 F (13 €) avec entrée, plat, dessert et... quart de rouge. Au nord de la vieille ville, dans une rue peu passante et, un soir de semaine, c'est plein... Damned, sûr qu'on y mange bien ! De plus, qu'apprend-on, que ça fait trente ans que ça dure. À l'intérieur, lumières tamisées, mais il y en a cependant assez pour se demander, à la lecture du menu, si ce n'était pas le rendo favori des regrettés Francis Blanche et Pierre Dac, ou si, dans un coin, on ne va pas rencontrer San A et Béru s'empiffrant et s'échangeant des bons mots ! Gros choix à la carte dans la rubrique « l'idole déjeune » ou « fameux à poêle », entre « un p'tit groin de paradis » (jambon grillé aux ananas), « la midinette et son pote âgé » (entrecôte grillée garnie légumes) et « des lys à l'italienne » (côte de veau, champignons, tagliatelles au fromage). Et servis copieusement. Quant aux entrées, « l'attente Henriette » et « vous trouvez ça m'hareng », vous en boucheront un coin ! On finira éventuellement par le « sentant bon ni trompette » et, rayon douceurs, par un délicieux « abbé de Rio » ou un « vieux mot tarte que jamais »... Côté, « lâche-moi la grappe », une cuvée « pub » à 69 F, un gamay de Touraine à 89 F et les médoc et autres saint-émilion à 129 F. Accueil affable et souriant, mais ça, vous vous en doutiez !

|●| Restaurant Les Brasseurs – 22, **place de la Gare (D2-25)** ☎ 03.20.06.46.25. Congés annuels : du 4 au 7 août. Accès : en face de la gare. Menu déjeuner à 69 F (10,5 €) du lundi au vendredi. Prix moyen d'un repas 100 F (15,2 €). Plat enfant à 28 F (4,3 €) avec *nuggets* de poulet, steak haché ou jambon. Amateurs de bière, voici une brasserie comme on aimerait en boire euh !... en voir plus souvent. D'abord, c'est un décor assez réussi et une atmosphère totalement relax. Joyeusement animé, bruyant, on s'y sent bien entre copains. Plusieurs variétés de ce merveilleux breuvage : l'ambrée, la scotch, la blanche de Lille, la blonde bien sûr, brassée en ces lieux, avec les meilleurs orges et fleurs de houblon. De 12 à 70 F en pitcher (= 1,8 litre). Carte étendue, de la tartine de munster aux *flammenküchen* maison et salades, en passant par les grillades et les bons plats de brasserie. Qualité régulière et c'est copieux. Gageons que vous ne finirez pas le goûteux jarret grillé, pommes sautées et choucroute à 71 F ! Pour les grandes faims, formule « choucroute 3 Brasseurs » avec un demi-litre de bière pour 85 F. Imbattable !

|●| Le Pourquoi-Pas – 62, rue de Gand **(C1-26)** ☎ 03.20.06.25.86. Fermé le samedi midi et le dimanche. Ouvert le soir jusqu'à 23 h (minuit le week-end). Congés annuels : 2 à 3 semaines en août. Menus à 70 F (10,7 €) le midi en semaine, puis à 99 et 135 F (15,1 et 20,6 €). Vins à prix modérés : côteaux du lyonnais ou petit bordeaux à 89 F (13,6 €), mâcon-villages à 105 F (16 €), excellent crozes-hermitage de chez Pochon à 160 F (24,4 €). Dans le vieux Lille, dans une des rues les plus riches en restos, découvrez cette adresse qu'on a failli rater pour cause de discrétion. On a découvert par hasard ce cadre raffiné, les murs peints à l'éponge agrémentés de toiles modernes, le plancher en bois, les tables bien séparées, l'ambiance tamisée. Idéal pour un dîner d'amoureux. On s'est dit « pourquoi pas ? ». Accueil très courtois. Petit menu en semaine le midi. Le deuxième se révèle assez banal. Tapez plutôt le suivant ou à la carte. Cuisine montrant des associations intéressantes, des sauces bien tournées, et qui satisfera les grosses faims (à la frontière du roboratif). Quelques fleurons de la carte : le médaillon de lotte au lard (cuit parfaitement), la croustade d'escargots à la fondue de poireaux, le magret de canard acidulé

aux framboises, le gratiné de Saint-Jacques aux fruits de mer et un pavé de bœuf cuit exactement comme on le demande. Mon tout nimbé de musique exotique discrète, mais bien choisie (Brésil, Ima Sumac, Jules des Églises, etc.). *NOUVEAUTÉ.*

|●| *Le Why Not* – 9, rue Maracci (hors plan par C1-32) ☎ 03.20.74.14.14. Fermé le samedi midi. Ambiance piano-bar les vendredi et samedi soir. Menus à 71 F (10,8 €) avec entrée et plat du jour ou plat et dessert ou 79 F (12 €) uniquement le midi sauf jours fériés, puis de 89 à 175 F (13,6 et 26,7 €). Une petite adresse de derrière les fagots pour plonger dans l'atmosphère typique du vieux Lille. Accueil affable et prévenant digne de cette très belle cave voûtée, au décor authentique et chaleureux. Petites tables pour deux et grandes tablées pour dîner entre amis gravitent toutes autour du bar, installé au beau milieu de la salle. La cuisine, traditionnelle, régionale et inventive au sens noble du terme, s'adapte à tous les budgets et ravira les palais les plus exigeants. Petite sélection d'une carte très inspirée : chèvre rôti aux amandes, andouillette cheminoise sauce moutarde, gratin de maroilles flambé au genièvre, filet d'autruche aux échalotes confites, boudin d'anguilles poêlé et fumé, quenelles de chocolat à la mandarine, tarte à la bière. Pour arroser vos agapes, beau choix de vins avec, en premier prix, un rosé de Loire à 68 F et un gamay de Touraine à 72 F. Alors, ne vous dites pas *why not ?* Allez-y franco et vous ne le regretterez pas ! *NOUVEAUTÉ.*

|●| *Brasserie Alcide* – 5, rue des Débris-Saint-Étienne (C2-23) ☎ 03.20.12.06.95. Congés annuels : à Noël. Formule à 85 F (13 €). Menus de 130 à 192 F (19,8 et 29,3 €). Le charme discret de la brasserie bourgeoise : serveurs en grande tenue et rang d'oignons, comptoir de chêne, miroirs… Une clientèle d'un certain âge qui ne fait pas d'éclats. On ne s'étonnerait pas de s'y asseoir à côté de Claude Chabrol, pour vous situer le genre. Formule avec le choix entre moules marinière et 3 plats régionaux (dont une très bonne carbonade) et 3 bières. Cuisine de brasserie typique, bien sûr : plat du jour à 70 F (10,7 €), *waterzoï* de volaille, cassoulet aux viandes confites, « andouillette » de saumon aux poireaux, marmite du pêcheur, carbonade de saumon, etc.

|●| *Restaurant Flandres-Liban* – 125-127, rue des Postes (B4-28) ☎ 03.20.54.89.92. Congés annuels : à Noël. Accès : à 5 mn de la place Sébastopol. 1er menu à 95 F (14,5 €). De 75 à 100 F (11,4 à 15,2 €) à la carte. Resto libanais à l'orée de Wazemmes (le dernier – mais pour combien de temps ? – quartier populaire de Lille). La déco n'en fait pas trop dans la couleur locale : délicats panneaux de bois sculptés, fontaines et tentures. Très bon mezzé. On vient avec une inextinguible amabilité vous expliquer tous les secrets de ces 20 spécialités (crème de pois chiches, *chawarma*, *kefta* en brochettes, yaourt aux concombres…) et surtout (toujours utile au néophyte) comment les manger. D'autres plats typiques comme la brochette de poulet aux trois parfums ou le *kebbé* (viande de bœuf et blé concassé). Des prix raisonnables pour ce qui est sûrement le meilleur libanais de la métropole lilloise.

|●| *La Terrasse des Remparts* – Logis de la Porte de Gand, rue de Gand (C1-27) ☎ 03.20.06.74.74. Ouvert tous les jours midi et soir jusqu'à 23 h (22 h le dimanche). Menus à 98 F (14,9 €), uniquement le midi sauf dimanche et jours fériés, et à 153 F (23,3 €). Dans un cadre original, mêlant salon aux murs de briques rouges et lumières tamisées, véranda sur deux niveaux s'ouvrant dès les beaux jours sur une superbe terrasse, ce restaurant à l'accueil chaleureux et au service discret mais attentif propose une carte alléchante, qui change à chaque saison et donne la part belle aux plats régionaux. Laissez-vous tenter par le parmentier de ratte du Touquet aux tourteaux et trompettes de la mort, le gratin de maroilles aux cerneaux de noix, le blanc de barbue roulé à l'endive confite ou la gigue de biche en coque d'aubergine. Quant au buffet de desserts à discrétion, il offre une palette de pâtisseries et de fruits de saison des plus appétissants. *La Terrasse des Remparts* – une institution à Lille – mérite vraiment le détour. *NOUVEAUTÉ.*

|●| *Les Faits Divers* – 44, rue de Gand (C1-24) ☎ 03.20.21.03.63. Fermé le samedi midi. Ouvert du lundi au samedi, le midi jusqu'à 14 h et le soir jusqu'à 22 h, 23 h le week-end (fermé samedi midi). Premier menu à 99 F (15,1 €), puis de 105 F (16 €) avec entrée et plat, à 125 F (19,1 €) avec entrée, plat et dessert à choisir sur la carte. De ce restaurant, au cadre subtil, coloré et légèrement rétro, émane d'emblée une atmosphère conviviale et dynamique, prémices d'une soirée réussie. Le service est accueillant et attentionné, et la clientèle jeune et branchée. Gastronomie bourgeoise classique et abordable : feuilleté de Saint-Jacques aux petits légumes à la crème de curry, cassolette d'œufs brouillés au saumon, palette de poissons à la crème de safran, cuisse de canard confite aux pommes sarladaises, croustillant de banane au chocolat fondu, assiette gourmande. Établissement récent qui a su rondement trouver sa place, grâce à la qualité de sa cuisine et au professionnalisme de sa jeune équipe. *NOUVEAUTÉ.*

|●| *Restaurant Le Café du Palais* – 4, rue du Palais-de-Justice (C1-29) ☎ 03.20.74.53.47. Fermé le samedi midi et

le dimanche. Accès : dans la vieille ville. Comptez 100 F (15,2 €) environ pour un repas complet. Sous ses allures de bistrot 1900, c'est le rendez-vous des jeunes cadres branchés, des juristes mais aussi des étudiants assagis. Un resto cossu et sympa où, pour un prix raisonnable, sont servis des entrées copieuses et des plats traditionnels (confit de canard, andouillette, carbonade flamande).

I●I *La Tête de l'Art* – 10, rue de l'Arc (B2-31) ☎ 03.20.54.68.89. Fermé le dimanche et tous les soirs sauf le vendredi et le samedi. Congés annuels : 3 semaines en août. Formules à 112 et 122 F (17,1 et 18,6 €) le midi, du lundi au vendredi, et menu-carte à 142 F (21,7 €). Un resto discret dans une rue qui ne l'est pas moins. Une salle au calme (prenez quand même la peine de réserver) et impeccable menu-carte (entrée, plat, fromage, dessert avec vin compris à volonté). Un choix hallucinant d'abats et de plats régionaux : gratin de pleurotes et d'écrevisses à l'armoricaine, cocotte d'andouillette aux lardons, marmite du littoral, craquant de maroilles à l'émincé d'endives, blanquette de lingue aux algues de Bretagne, gratin de moules au basilic, ragoût de foies de volailles aux pommes et au calvados, rognons de porc à la moutarde, terrine d'oranges au chocolat chaud, sorbet genièvre au coulis de cassis.

I●I *La Ducasse* – 95, rue de Solférino (B3-18) ☎ 03.20.57.34.10. Fermé le dimanche. Congés annuels : la 2ᵉ quinzaine d'août. Accès : à côté des anciennes halles. Compter 120 F (18,3 €) le repas complet. Le vieux bistrot de quartier repris par une jeune équipe qui n'a pas bradé l'héritage. Bien au contraire, tout est bien resté en place, la longue banquette de bois gravée, les tables traditionnelles et le fort beau comptoir. Dans un coin, l'orchestrion mécanique de 1910 (qu'on fait marcher un court instant, de temps à autre). En revanche, le vieux juke-box en bois ne semble être là que pour le décor. Atmosphère vraiment chaleureuse, cuisine de bistrot authentique. Amusants menus BD. Quelques fleurons : cassolette de la mer du nord, fricassée de poularde aux chicons, croquettes de crevettes, gambas à la Gueuze, assiette flamande, grosses salades, etc. Viandes de 68 à 78 F (10,4 à 11,9 €). Bons desserts : crèmes et mousses allégées, tarte cassonade à la bière, à la Ducasse, fromage blanc aux fruits rouges. *NOUVEAUTÉ*.

I●I *Au Tord Boyaux* – 11, place Nouvelle-Aventure (B4-21) ☎ 03.20.57.73.67. Fermé le dimanche soir. Repas complet à 125 F (19,1 €). Dans le quartier de Wazemmes, sur son fameux marché, là où bat le vrai cœur populaire de Lille. Ici, le patron s'appelle pas Bruno, mais Monique et si elle arrive à s'arracher à ses fourneaux,

vous constaterez qu'elle est autant adorable que sa cuisine se révèle goûteuse et généreuse. Il y a de l'Arletty chez cette dame, en plus charnu et nordiste bien sûr, et les dimanches midi ne sont pas tristes dans ce petit temple de la convivialité de quartier (penser à réserver). Cuisine familiale donc, vous l'aviez deviné, faite avec beaucoup de cœur. On a eu la chance de tomber sur le jour de la choucroute au faisan, mais ici, n'importe quel plat (suivant saison et marché) satisfera et gavera son monde. *NOUVEAUTÉ*.

I●I *La Part des Anges* – 50, rue de la Monnaie (C1-30) ☎ 03.20.06.44.01. Fermé le dimanche soir. Compter 130 F (19,8 €) Au cœur de la vieille ville, dans la rue la plus fréquentée, un bar à vin à la parisienne, assez éloigné de la culture nordiste. Salle avec mezzanine, murs peints à l'éponge, quelques plantes vertes. On est accueilli par le classique brouhaha des hommes d'affaires branchés, décideurs de tout type, yuppies, étudiants des grandes écoles qui composent la clientèle habituelle de ces lieux. La greffe a bien pris si l'on en juge par la foule qui s'y presse midi et soir. On grignote relax au comptoir, sur des tonneaux ou dans la petite salle derrière. Cuisine de bistrot très honnête. Plats du jour au tableau noir. Frais et bien préparés : endives gratinées, contre-filet sauce choron, feuilleté de saumon florentin, bonnes terrines. Le dimanche midi, planches de charcuterie ou de fromage. Une vingtaine de vins sélectionnés parmi l'énorme choix de la maison (c'est presque un bottin !). Sélection avisée puisqu'on y retrouve le mauzac roux de Plageoles, le mâcon blanc de Thévenet et les superbes aubance du domaine de Montgilet. Quelques vins étrangers aussi, pour les curieux (on a même repéré un pinot blanc égyptien). Service parfois un peu débordé, mais on leur pardonnera ! *NOUVEAUTÉ*.

DANS LES ENVIRONS

VILLENEUVE-D'ASCQ 59650
(8 km SE)

I●I *Restaurant Les Charmilles* – 98, av. de Flandre (Nord) ☎ 03.20.72.40.30. Fermé le dimanche soir et le lundi soir. Menus de 75 à 110 F (11,4 à 16,8 €). Viandes de 68 à 98 F (10,4 à 14,9 €). Salle à manger très spacieuse, mais idéale pour les petites confidences amoureuses. Des tons vert pâle et vert olive rappelant les charmilles (évidemment !). La grande originalité de ce resto reste avant tout sa créativité culinaire et un menu à 85 F (13 €) au fort bon rapport qualité-prix. Quelques spécialités : andouillette de Cambrai au confit d'échalotes, carbonade au pain d'épice, rôti de lotte farci à la poitrine farcie en papillote, etc.

MAROILLES   59550

Carte régionale B2

|●| L'Estaminet – 83, Grand-Rue (Centre) ☎ 03.27.77.78.80. Fermé le dimanche soir et le lundi. Menus à 65 F (9,9 €) le midi en semaine, et 135 F (20,6 €) le dimanche. Resto de village typique, dans une région favorisée gastronomiquement (capitale du fameux maroilles) et qui s'est forgé on peu d'années une belle réputation. Ici, on dégustera une cuisine du Nord solide et copieuse. Petit menu le midi en semaine ou à la carte. Le dimanche midi, menu unique d'un beau rapport qualité-prix. Ici, vous ne trouverez que de bons produits régionaux. Plats inscrits au tableau noir au mur. Viandes succulentes (ah, la belle entrecôte au maroilles), tourte aux champignons, andouillette pas grasse pour un sou, bel assortiment de fromages. Vins à prix modérés. En prime, l'accueil suave de la patronne et la bonhomie tranquille du patron. On se sent vraiment bien ici, et, pour digérer, la découverte de ce joli village. En basse saison, pour le soir en semaine, conseillé de téléphoner et le week-end de réserver. *NOUVEAUTÉ.*

DANS LES ENVIRONS

LOCQUIGNOL 59530 (4 km N)

🛏|●| Auberge du Croisil – route de Maroilles ☎ 03.27.34.20.14. Fax : 03.27.34.20.15. Fermé le dimanche soir et le lundi. Accès : depuis Maroilles ou Le Quesnoy, suivre la D233; bien indiqué à 3 km de Maroilles. 2 chambres à 120 F (18,3 €), sanitaire commun aux deux. Menus de 68 à 145 F (10,4 à 22,1 €). Auberge perdue dans la forêt de Mormal qui ravira les amateurs de cuisine traditionnelle, d'atmosphère paisible à l'ancienne et de lieux qui ronronnent comme les chats. Ici, que des habitués ou des gens venus par le bouche à oreille goûter aux bons plats de campagne du patron. On aime sa chaleureuse faconde, parfois vaguement teintée de vague à l'âme devant l'avenir de sa profession. Ses terrines et son cassoulet à la graisse d'oie remportent tous les suffrages. Et on ne parle pas des cuisses de grenouilles, pied de porc farci, andouillette maison, cailles à la forestière, coq à la bière, etc. Bref, une cuisine goûteuse, dense comme la forêt tout autour. En saison, spécialités de gibier (côtes de marcassin au poivre vert, délicieux steak de biche aux framboises). Pour ceux qui souhaiteraient prolonger leur plaisir, 2 chambrettes toutes simples, mais propres. *NOUVEAUTÉ.*

MAUBEUGE   59600

Carte régionale B2

🛏|●| Le Grand Hôtel-Restaurant de Paris ★★ – 1, porte de Paris ☎ 03.27.64.63.16. Fax : 03.27.65.05.76. TV. Canal+. Accès : près de la gare. Doubles avec douche et wc ou avec bains de 250 à 340 F (38,1 à 51,8 €). Menus de 80 à 230 F (12,2 à 35 €). Le *Restaurant de Paris*, c'est la bonne table du coin, la grande salle pour repas de famille et déjeuners d'affaires. Produits du terroir, poissons et fruits de mer, gibier en saison. Côté hôtel, rénovation des chambres.

MONTREUIL-SUR-MER   62170

Carte régionale A2

🛏|●| Le Darnétal – place Darnétal (Centre) ☎ 03.21.06.04.87. Fax : 03.21.86.64.67. Parking. Fermé le lundi soir et le mardi. Accès : dans la vieille ville, sur une adorable placette. De 220 à 300 F (33,5 à 45,7 €) la double. Menus à 95 F (14,5 €) en semaine, et à 140 et 190 F (21,3 et 29 €). Une maison de tradition : l'hôtel existe depuis plus d'un siècle. La salle à manger a accumulé des trésors qui feraient vivre un antiquaire pendant quelques années. Après avoir tout admiré, on a goûté entre autres au tronçon de barbue à la nage, aux huîtres tièdes au champagne, et on ne l'a pas regretté. Les 4 chambres, spacieuses et dépouillées, rappellent le style bourgeois fin XIXe siècle. Demandez à les visiter, elles sont très différentes les unes des autres. Bien entendu, ni téléphone, ni télévision... et c'est très bien comme ça !

🛏|●| Le Clos des Capucins – 46, place du Général-de-Gaulle ☎ 03.21.06.08.65. Fax : 03.21.81.20.45. TV. Fermé le dimanche soir et le lundi. Doubles avec douche et wc à 340 F (51,8 €). Menus de 98 à 190 F (14,9 à 29 €). La salle bien propre, coquette, l'accueil attentionné mettent tout de suite à l'aise. On se dit qu'on va bien manger et l'on n'a pas tort. Le saumon fumé maison pour commencer est tout indiqué, suivi d'une tête de veau ravigote (ou d'une épaule de cochon braisée aux choux). Beaux fromages affinés derrière ça. Spécialités d'huîtres de Saint-Vaast également (avec, dans le menu à 190 F, une assiette de 18 huîtres en hors-d'œuvre!). De bons vins à partir de 100 F. En somme, une halte très sûre, d'ailleurs connue et appréciée de certains touristes anglais, de ceux qui se font des week-ends bonne bouffe et bons pinards en traversant la Manche. Au-dessus du resto, quelques chambres correctes mais un peu trop cher payées. *NOUVEAUTÉ.*

DANS LES ENVIRONS

MADELAINE-SOUS-MONTREUIL (LA) 62170 (5 km O)

📖 |●| *La Grenouillère* – au village ☎ 03.21.06.07.22. Fax : 03.21.86.36.36. Parking. Fermé le mardi et le mercredi sauf en juillet-août. Congés annuels : janvier. Chambres de 300 à 500 F (45,7 à 76,2 €). Menus à 150 F (22,9 €) le midi en semaine, et de 190 à 290 F (29 à 44,2 €). Vins de 110 à 200 F (16,8 à 30,5 €). Nichée dans la vallée de la Canche, en contrebas des remparts de Montreuil, la belle petite auberge de campagne que voilà, coquette, élégante ! On y déguste, dans un cadre de poutres basses, de casseroles en cuivre et de grenouilles décoratives – les fresques notamment sont à voir – ou au jardin fleuri, une cuisine régionale réinventée, fine et relevée. La fricassée de petits-gris aux pieds de porc et jus de réglisse ou le confit de volaille de Licque au lait de coco, sont des réussites ; tout comme le ris de veau au miel et aux aromates. Un régal vraiment, qu'on peut arroser d'un vin choisi parmi les « suggestions », encore abordables. Le service est soigné, et le chef n'hésite pas à questionner les clients, c'est-y bon comme ça, c'est-y comme vous voulez ? Quatre chambres en rez-de-jardin, parfaitement charmantes. En somme, une excellente étape, pas donnée mais valant bien ce prix-là. *NOUVEAUTÉ.*

|●| *Auberge du Vieux Logis* – place de la Mairie ☎ 03.21.06.10.92. Fermé le lundi et le mardi hors saison, seulement le lundi en saison. Accès : par la D139 ou la D917 ; au pied des remparts. Formules entrée-plat ou plat-dessert à 80 F (12,2 €) et menus de 105 à 175 F (16 à 26,7 €). Une auberge qui sent bon la campagne dans un de ces petits villages paisibles où le temps semble s'être arrêté. Des plats de toujours (cassoulet maison à la graisse d'oie, rognons de veau Vieux Logis, bonnes grillades de bœuf), un peu chers tout de même, mais corrects. Cadre de toute évidence rustique. Accueil nature et tout de gentillesse. On sort sur la terrasse aux beaux jours.

ROUBAIX 59100

Carte régionale B1

📖 |●| *Le Coq Hardi* ** – 1, place de la Gare (Nord) ☎ 03.20.70.82.06. Fax : 03.20.24.42.61. TV. Fermé le vendredi soir et le dimanche soir. Congés annuels : les semaines du 14 juillet et du 15 août. Accès : en face de la gare. Doubles à 160 F (24,4 €) avec douche ou bains. Menus à partir de 62 F (9,4 €) servi tous les jours. Chambres sans beaucoup de charme (ah, la sempiternelle moquette murale !) mais offrant un bon

rapport qualité-prix. Ambiance familiale comme la cuisine du resto. Une nouveauté : une pizzeria en complément. Possibilité de pension et demi-pension à partir de 3 jours.

SAINT-OMER 62500

Carte régionale A1

📖 |●| *Hôtel de l'Industrie – Restaurant Le Vivier* – 22, rue Louis-Martel (Centre) ☎ 03.21.95.76.00. Fax : 03.21.95.42.20. TV. Fermé le dimanche soir. Congés annuels : janvier. Accès : rue piétonne entre la place Foch (mairie) et la place Victor-Hugo (Palais de justice). Doubles à 275 et 300 F (41,9 et 45,7 €) ; menu à 89 F (13,6 €) sauf samedi soir et dimanche, menus suivants à 129 et 189 F (19,7 et 28,8 €). Plateau de fruits de mer à 150 F (22,9 €). Dans le centre piéton de cette belle ville de Saint-Omer, *L'Industrie*, au nom bien vilain, se révèle être un établissement presque de charme – de bon confort en tous cas, aux chambres agréables et propres, avec douche ou bains, sèche-cheveux, minibar, télé et téléphone, et une table de plaisirs (restaurant *Le Vivier*). Le filet mignon de porc à la crème de céleri, ou les poissons et fruits de mer en fraîcheur et en nombre, tout se déguste ici plaisamment. Service aimable, à la hauteur. *NOUVEAUTÉ.*

📖 |●| *Hôtel Saint-Louis – Restaurant Le Flaubert* ** – 25, rue d'Arras (Centre) ☎ 03.21.38.35.21. Fax : 03.21.38.57.26. Parking. TV. Canal+. ♿ Fermé le samedi et le dimanche midi. À partir de 290 F (44,2 €) la double avec douche et wc. Menus à 78 F (11,9 €) en semaine, et de 98 à 157 F (14,9 à 23,9 €). Un hôtel qu'ont sûrement connu, dans les années 20, « ces dames aux chapeaux verts », héroïnes du bouquin de Germaine Acremant qui se passait dans le quartier. Rassurez-vous, il a été rénové depuis (et joliment). Chambres calmes et confortables. Bar rétro plutôt chaleureux. Le resto joue la carte de l'éclectisme : carte brasserie au *Petit Flo* (madame Bovary aurait-elle apprécié ce gentil diminutif ?), cuisine plus élaborée au *Flaubert*. Quelques spécialités : choucroute de poissons ou de canard, cassoulet, jambette. *Apéritif offert.*

|●| *Auberge du Bachelin* – 12, bd de Strasbourg (Nord-Est) ☎ 03.21.38.42.77. Fermé le dimanche soir et le lundi. Menus de 79 à 139 F (12 à 21,2 €). Décor classique et fleuri. Atmosphère chaleureuse. La patronne ne manque pas d'humour et c'est tant mieux ! Chaque vendredi : couscous maison. Spécialités : filet de perche à l'ail doux, marmite de mer, carbonade à la bière des 3 Monts. Service agréable et efficace. Une bonne adresse toute simple.

DANS LES ENVIRONS

BLENDECQUES 62575 (4 km SE)

â |●| *Le Saint-Sébastien* ** – 2, Grand-Place (Centre) ☎ 03.21.38.13.05. Fax : 03.21.39.77.85. TV. Fermé le samedi midi et le dimanche soir. Accès : A26 sortie 4 à 5 km. Doubles avec douche ou bains à 260 F (39,6 €). Menus de 80 à 175 F (12,2 à 26,7 €). Une place et une église. De solides murs de pierre. Un accueil direct et chaleureux. Quelques chambres agréables et confortables, une salle gentiment rustique. Bon 1er menu avec une salade d'andouille d'Aire et une fricassée de poulet au vinaigre, et, dans les suivants ou à la carte, abats et autres cochonnailles (croustillants d'oreilles de porc, tripes de porc poêlées, rognons de veau au genièvre de Houlle), une tarte à la bière pour la couleur locale et de délicieux desserts pour clore en beauté. La bonne petite hôtellerie de campagne.

TOUQUET (LE) 62520

Carte régionale A1

â *Hôtel Le Chalet* ** – 15, rue de la Paix (Centre) ☎ 03.21.05.87.65. Fax : 03.21.05.47.49. Accès : A16. Doubles avec lavabo et douche à 160 F (24,4 €) ; avec douche et wc ou bains de 240 à 330 F (36,6 à 50,3 €). Des chambres fraîches et pimpantes, à prix raisonnables pour le Touquet. Certaines s'ordonnent autour d'un petit patio. Si vous voulez la télé et la vue sur la mer (on l'aperçoit depuis le balcon, au bout de la rue, en tournant la tête à gauche !), il vous faudra compter un peu plus. Mais qui a décrété que cette charmante petite maison ressemblait à un chalet ?

â |●| *Hôtel Blue Cottage* ** – 41, rue Jean-Monnet (Centre) ☎ 03.21.05.15.33. Fax : 03.21.05.41.60. Parking. TV. Accès : derrière la place du Marché. Doubles avec lavabo à 220 F (33,5 €) ; 310 F (47,3 €) avec douche ; 350 F (53,4 €) avec bains. Demi-pension obligatoire en juillet-août, à partir de 330 F (50,3 €) par personne. Un établissement bien tenu, de bon confort, aux chambres dans les tons doux, bleu et jaune, mignonnes. Fait aussi restaurant. Gentil accueil des propriétaires.

â *Hôtel Les Embruns* ** – 89, rue de Paris (Centre) ☎ 03.21.05.87.61. Fax : 03.21.05.85.09. TV. ✼ Accès : A16. Selon confort et saison, double avec douche ou bains de 260 à 350 F (39,6 à 53,4 €). Au calme, un peu en retrait de la route et pas loin de la mer. Accueil chaleureux. Des chambres propres et agréables, refaites. Chambres triples ou quadruples également.

Vélos ou motos dans le jardin. Un bon rapport qualité-prix. *10 % sur le prix de la chambre à partir de 2 nuits consécutives sauf juillet-août.*

â *Hôtel Le Nouveau Caddy* ** – 130, rue de Metz (Centre) ☎ 03.21.05.83.95. Fax : 03.21.05.85.23. TV. ✼ Accès : en face du marché couvert et à 150 m de la plage. Selon saison, de 265 à 310 F (40,4 à 47,3 €) la double ; avec kitchenette de 295 à 340 F (45 à 51,8 €). Dès la réception et l'adorable salle de petit déjeuner, tout ici respire le bon goût. Chaque étage a sa couleur dominante symbolisant une saison : le vert pour le printemps, le... (vous trouverez sûrement le reste tout seul sachant qu'il y a quatre étages et, heureusement, un ascenseur). Chambres plutôt agréables, toutes avec bains, certaines avec kitchenette. La patronne a fait ses premières armes en ouvrant des chambres d'hôte, d'où un accueil très, très chaleureux. *10 % sur le prix de la chambre hors vacances scolaires.*

|●| *Restaurant Le Saladin* – 72, rue de Londres (Centre) ☎ 03.21.05.15.56. Fermé le mardi (sauf jours fériés) de novembre à avril. Salades de 55 à 85 F (8,4 à 13 €) environ, carpaccio de bœuf-frites à volonté à 75 F (11,4 €). Saladerie dont la réputation ne faiblit pas au Touquet. Toujours beaucoup de monde dans ce plaisant décor aux murs peints de bucoliques fleurettes. Des salades, encore des salades, toujours des salades, froides ou chaudes, aux combinaisons nombreuses et parfois surprenantes. Nombreuses grillades : gambas, pavé de saumon, andouillette de Troyes, entrecôtes... Bon, rien de bien sorcier, mais on n'est pas volé non plus, et on mange plutôt plaisamment. Petite terrasse.

|●| *Auberge L'Arlequin* – 91, rue de Paris ☎ 03.21.05.39.11. Fermé le mercredi du 1er mai à fin septembre, le mercredi et le jeudi d'octobre à fin avril. Congés annuels : du 20 décembre au 1er février. 1er menu à 89 F (13,6 €) en semaine, suivants à 98 et 145 F (14,9 et 22,1 €). Le petit resto classique, le patron cuisine, Madame est en salle et l'on mange des produits frais. Une franche cuisine qui hésite entre terre et mer : cassoulet de lotte, navarin d'agneau, saumon à la crème d'oseille, lapin à la moutarde, coq au vin. Une adresse qui tient la route.

|●| *Restaurant Au Diamant Rose* – 110, rue de Paris (Centre) ☎ 03.21.05.38.10. Fermé le mardi (sauf en juillet-août) et le mercredi. Congés annuels : janvier. Le midi en semaine, plat du jour à 60 F (9,1 €) ; menus à 95 et 135 F (14,5 et 20,6 €). Derrière sa façade rose pastel, un resto qui draine une clientèle d'habitués et de vacanciers paisibles, des anciens bien souvent,

qui aiment retrouver leur petite chaise en bois et leur table (nappée de rose) pour avaler une honnête cuisine française traditionnelle : darne de saumon sauce béarnaise, cuisse de canard des Landes confite à la graisse d'oie, foie gras... Fruits de mer (sur commande), mais aussi un grand choix de viandes. Belle carte des vins. Si vous le lui demandez gentiment, Madame la patronne vous montrera son diamant rose... en toc.

|●| *Les Deux Moineaux* – **12, rue Saint-Jean (Centre)** ☎ **03.21.05.09.67.** Fermé le lundi. Congés annuels : 2 semaines en juin. Menus à 98 et 148 F (14,9 et 22,6 €). C'est une honnête salle à l'étage, aux briques apparentes, à l'atmosphère plutôt intime, où l'on entend quelques notes de jazz en sourdine. Le patron vous accueille avec douceur et simplicité, et le serveur a de semblables qualités. On mange ensuite un ragoût d'escargots et un coq de Licques au vin plutôt réussis – mais aussi, malheureusement, des fromages non coulants et non puants... Petite carte des vins pas trop chère. En somme, une bonne petite adresse au Touquet, gentille et honnête. *NOUVEAUTÉ.*

DANS LES ENVIRONS

SAINT-JOSSE 62170 (7 km SE)

|●| *Le Relais de Saint-Josse* – **Grand-Place** ☎ **03.21.94.61.75.** Fermé le dimanche soir et le lundi. Congés annuels : 15 jours en octobre. Accès : par la D143 sur 5 km, puis la D144, à côté de l'église. Menus à 75 F (11,4 €) en semaine et de 108 à 210 F (16,5 à 32 €). Un village formidablement fleuri. Sur l'adorable place, tout est là : la poste, l'église, la mairie et ce *Relais*, maison toute pimpante avec ses géraniums qui pendent aux fenêtres. Dans la salle du bistrot, on ne s'étonnerait pas de voir débarquer le facteur dégingandé du *Jour de fête* de Tati. Dès le matin, le patron, Étienne Delmer, fils de boucher-charcutier, y propose une excellente terrine de lapereau, des œufs brouillés, des galantines, un divin pâté de campagne, des poissons fumés et, en hiver, une sympathique tête de veau. Ceux qui mangent plutôt le midi ou le soir s'enthousiasmeront tout autant pour le resto.

|●| *L'Auberge du Moulinel* – **116, chaussée de l'Avant-Pays, hameau du Moulinel** ☎ **03.21.94.79.03.** Fermé le lundi et le mardi hors vacances scolaires. Accès : route de Montreuil, passer sous l'autoroute puis tourner à droite à 2 km (indiqué). Menus à 145 et 199 F (22,1 et 30,3 €). Située aux environs du Touquet, cette *Auberge du Moulinel* est certainement l'une des meilleures tables de la côte d'Opale. La cuisine d'Alain Lévy est en effet adroite et réjouissante, donnant la priorité aux saveurs

fortes et à d'inhabituels mais heureux mariages. On a beaucoup aimé les croquettes de ris de veau à la crème de maroilles, puis le lièvre à la royale et sa poire pochée, fort en goût, relevé. Poisson tout aussi finement travaillé et vins abordables. On déguste ces mets dans un bel intérieur *cosy* de fermette restaurée, perdue dans la riante campagne d'entre Le Touquet et Montreuil-sur-Mer. Service soigné. Réservation recommandée, il n'y a pas beaucoup de tables et l'adresse plaît. *NOUVEAUTÉ.*

TOURCOING 59200

Carte régionale B1

|●| *Restaurant Le Rustique* – **206, rue de l'Yser (Nord)** ☎ **03.20.94.44.62.** Fermé le lundi et tous les soirs sauf sur réservation. Accès : depuis le centre-ville, suivez la rue de Gand sur 3 km ; la rue de l'Yser en est le prolongement. Menus à 69 F (10,5 €) le midi du lundi au vendredi, à 148 et 160 F (22,6 et 24,4 €) boisson comprise. Rustique, le cadre l'est un peu : feu de bois, casseroles de cuivre accrochées aux murs. Le service et la cuisine sont, eux, assez raffinés : pavé de bœuf au carré du Vinage (un fromage de Rong), blanc de turbot aux légumes confits, carré d'agneau aux herbes, etc. Quelques spécialités régionales. Une table gourmande à prix modiques. Aux beaux jours, on mange en terrasse. Et il y a un grand parc, à deux pas, pour la balade digestive.

DANS LES ENVIRONS

HALLUIN 59250 (10 km N)

🛏|●| *Auberge du Manoir* ** – **70, rue Marthe-Nollet** ☎ **03.20.23.81.60. Fax :** **03.20.23.91.96.** TV. Service jusqu'à 23 h. Resto fermé le dimanche. Congés annuels : août. Accès : en face de la gare. Chambres à 240 F (36,6 €) avec douche et à 260 F (39,6 €) avec bains. Plat du jour à 42 F (6,4 €), menus de 79 à 145 F (12 à 22,1 €). Attention à la confusion qui pourrait naître de l'enseigne. L'auberge est, en fait, face à la gare. Mais la rue est calme. Chambres bien arrangées qui, finalement, ne manquent pas d'allure. On y accède par un escalier jalonné de toiles de nus féminins et d'une représentation divine thaïlandaise : curieux mélange ! Bar d'habitués et resto de quartier. Spécialités de viandes (sauf le vendredi où c'est poisson, évidemment).

TRÉLON   59132

Carte régionale B2

lol *Le Framboisier* – 1, rue F.-Ansieau (Centre) ☎ 03.27.59.73.34. ♿ Fermé le dimanche soir et le lundi. Congés annuels : septembre et les vacances de février. Accès : de la rue principale, descendre celle qui part du monument aux morts. C'est à 300 m. Formules à 70 F (10,7 €) le midi en semaine et à 95 F (14,5 €) sauf le dimanche et les jours fériés. Menus de 100 à 180 F (15,2 à 27,4 €). Gentille auberge de village, une des rares lucioles dans la nuit avesnoise. Tenu par un couple bien décidé à réanimer cette région sur le plan gastronomique. Pour cela, il propose une cuisine pleine de saveurs nouvelles, des plats inspirés servis généreusement, dans un cadre frais et plaisant. Grosses poutres, tons roses, tableaux apportant leur lot de couleurs et musique classique. Accueil prévenant, patronne affable, service discret et efficace. Carte évoluant selon le marché bien sûr, mais on peut plébisciter l'escalope d'omble chevalier au foie gras poêlé sauce caramel, la queue de homard à l'essence de vanille, le millefeuille de sandre, l'estouffade d'épaule de lièvre à la Jenlain, les spaghetti de poireaux, sans oublier les classiques comme la tête de veau ou le duo ris et rognons de veau. Deux fois par mois, soirées à thème. Réservation recommandée le week-end. *NOUVEAUTÉ.*

VALENCIENNES   59300

Carte régionale B2

≜ *Le Bristol* ** – 2, av. de-Lattre-de-Tassigny (Nord) ☎ 03.27.46.58.88. Fax : 03.27.47.34.39. TV. Canal+. Accès : à proximité de la gare. Doubles avec lavabo à 200 F (30,5 €), avec lavabo et wc, douche et wc ou bains de 250 à 300 F (38,1 à 45,7 €). Hôtel sans grande originalité mais calme et assez propre. Accueil agréable et souriant. Quelques chambres lumineuses et spacieuses, certaines donnant sur cour, d'autres sur rue (heureusement, on n'entend pas siffler les trains !). Bar privé. Un des mieux dans la catégorie bon marché.

≜ *Hôtel Le Clemenceau* – 39, rue du Rempart ☎ 03.27.30.55.55. Fax : 03.27.30.55.56. TV. Satellite / câble. Doubles de 250 à 340 F (38,1 à 51,8 €). Beau petit déjeuner-buffet à 35 F (5,3 €). À deux pas de la gare, un solide hôtel de brique rouge, offrant une vingtaine de chambres totalement rénovées. Bon confort : fenêtres insonorisées, salle de bains complète, sèche-cheveux, coffre, etc. Bref, un excellent rapport qualité-prix que n'altère

guère l'accueil cependant un peu frais. *NOUVEAUTÉ.*

≜ *Hôtel Notre-Dame* ** – 1, place de l'Abbé-Thellier-de-Poncheville (Centre) ☎ 03.27.42.30.00. Fax : 03.27.45.12.68. Parking payant. TV. Canal+. Accès : près du vieux quartier restauré des Wantiers ; face à la basilique Notre-Dame. Doubles à 250 F (38,1 €) avec douche, et de 320 à 380 F (48,8 à 57,9 €) avec douche et wc ou bains. Ce charmant petit hôtel, aménagé dans un ancien couvent, a été entièrement rénové. Quartier calme à souhait. Décor intérieur d'un goût exquis. Chic mais pas tape-à-l'œil. La n° 36 au rez-de-chaussée, avec vue sur le jardin intérieur, est superbe. Accueil agréable et souriant.

≜ *Le Grand Hôtel* – 8, place de la Gare (Centre) ☎ 03.27.46.32.01. Fax : 03.27.29.65.57. TV. Doubles à partir de 475 F (72,4 €). Supplément de 55 F (8,4 €) pour la 3e personne. Petit déjeuner-buffet à 55 F (8,4 €). Tarifs week-end intéressants avec 20 % de remise. En face de la gare, bel immeuble des années 20-30 qui vient d'être totalement rénové. Cadre élégant, chambres spacieuses, confortables et joliment décorées (tissus à fleurs, tons frais et colorés, etc.). Excellent restaurant (voir plus loin le *Restaurant du Grand Hôtel*). *NOUVEAUTÉ.*

≜lol *Auberge du Bon Fermier* – 64, rue de Famars (Centre) ☎ 03.27.46.68.25. Fax : 03.27.33.75.01. TV. Satellite / câble. Doubles de 650 à 850 F (99,1 à 129,6 €). En pleine ville, la vision de cet ancien relais de poste (classé Monument historique) donne à la place une profonde humanité. On s'étonne de ne point voir devant une malle-poste et son cocher, chapeau haut-de-forme, redingote et grandes bottes. L'intérieur se révèle un adorable petit musée d'antiquités, exposées dans les moindres recoins. Couloirs de guingois, escaliers étroits (l'un d'eux est même une ancienne montée de chaire). Quelques chemins de croix récupérés dans une église détruite pendant la guerre raviront ceux qui gagnent le dernier étage. Beaucoup de charme, tout cela. Chambres de toutes les formes, tous les styles. Beau mobilier. La chambre A présente un genre nettement médiéval, d'autres sont un peu plus classiques. On aime bien la B, haute de plafond, avec sa charpente carrée. Une autre propose un lit Louis XV et une salle de bains en mezzanine. Bref, pour tous les goûts et excellent confort. Resto également au rez-de-chaussée. *NOUVEAUTÉ.*

lol *L'Orangerie* – 128, rue du Quesnoy (Centre) ☎ 03.27.42.70.70. Fermé le dimanche et le lundi. Bon resto comme on les aime bien. Ancien troquet de quartier reconverti dans le « branché sympa ». Le genre de lieu où l'on se sent bien de suite, accueilli par une atmosphère légère, relax, *easy going*. Cadre chaleureux. Décor brique et bois, statues de pierre blanche, lumières tamisées, plancher en bois. Bar animé. Au fond de la salle, on déguste une bonne cuisine de bistrot fraîche et à prix modérés : blanquette de veau à l'ancienne, tête de veau sauce tortue, travers d'agneau de lait grillé, brandade de morue, moules-frites, diverses salades et terrines. Les jeudi, vendredi et samedi, concerts *live* parfois. *NOUVEAUTE.*

|●| *Restaurant Au Vieux Saint-Nicolas* – 72, rue de Paris (Nord) ☎ 03.27.30.14.93. Fermé le lundi soir. Accès : dans le quartier du conservatoire. Menus de 73 à 150 F (11,1 à 22,9 €). Vins à prix modérés : le quart à 15 F (2,3 €), gamay ou bordeaux à 62 F (9,5 €), etc. La déco est fraîche, *clean* et moderne mais chaleureuse. Une statue d'évêque (raté, ce n'est pas saint Nicolas, même vieux) contemple pensivement des repros de Klee ou Kandinsky. Pensif, on ne le reste pas longtemps devant son assiette : andouillette au genièvre, coq à la bière, magret au miel et à l'orange, paella le soir (pour deux), grosse salade du jour. La cuisine est simple mais goûteuse, pleine de saveurs et à base de produits frais, le service charmant, l'ambiance sereine. Une petite adresse discrète qu'on aime bien.

|●| *Le Bistrot d'en Face* – 5, av. d'Amsterdam (Centre) ☎ 03.27.42.25.25. Fermé le dimanche soir et le lundi. Menus à 78 et 98 F (11,9 et 14,9 €). C'est le bistrot du *Rouet* (en face, justement!). Moins cher, plus relax. Décor frais et plaisant. Tons roses et verts, jolies photos aux murs. Carte de bistrot, ça va de soi! Grande casserole de moules (servies à volonté), cuisses de grenouilles, noix de Saint-Jacques fraîches, blanquette de veau à l'ancienne, choucroute, gratin d'andouille au chablis, manchons de canard au vin et cassis, filet américain... huîtres aussi. Bref, un choix étendu. *NOUVEAUTE.*

|●| *La Planche à Pain* – 1, rue d'Oultreman ☎ 03.27.46.18.28. Fermé le dimanche soir et le lundi. Congés annuels : 3 semaines en août. Menus de 85 à 165 F (13 à 25,2 €). Bien bonne maison bourgeoise dans une rue discrète. D'ailleurs, on croirait manger dans la salle à manger du maître des lieux. Intérieur confortable, atmosphère feutrée. Cuisine traditionnelle de haute volée, alliant harmonieusement influences régionale et méditerranéenne. Voilà une adresse qui rallie unanimement les suffrages en ville. Ne pas oublier de réserver, surtout pour ne pas manquer le ragoût de seiche à la sétoise, les œufs en cocotte au maroilles (hmm!), le gigot de lotte piqué à l'ail, le coq à la Jenlain, le confit de canard forestier, le succulent Lucullus maison (divine association de foie gras et jambon et lard fumé). *NOUVEAUTE.*

|●| *Rouet* – 8, av. d'Amsterdam (Centre) ☎ 03.27.46.44.52. Fermé le dimanche soir. Congés annuels : 15 jours en août. Menus de 85 à 165 F (13 à 25,2 €). Généreux plateau de l'écailler à 195 F (29,7 €), homard à 298 F (45,4 €). Un des vénérables piliers gastronomiques de la ville. Une adresse qui ne semble pas vouloir s'essouffler. Seul le décor, genre classieux fatigué, le date quelque peu. Clientèle et atmosphère plutôt conformistes (hommes d'affaires, retraités cossus, notaires et notables, VRP, etc.). Mais pas d'inquiétude, vous serez vous aussi bien reçu. Accueil aimable, mais service parfois perturbé lorsque les patronnes saluent trop (ou trop longtemps) des connaissances. On leur pardonnera sans façon car les fruits de mer sont ici d'une remarquable fraîcheur et viandes et poissons fort bien exécutés. Nos voisins étaient enchantés de leur menu à 100 F (15,2 €). *NOUVEAUTE.*

|●| *Restaurant La Tourtière* – 34, rue E.-Macarez (Est) ☎ 03.27.29.42.42. Fermé le lundi soir, le mercredi soir et le samedi midi. Accès : un peu à l'écart du centre-ville, près de l'hôtel des Impôts. Dans un quartier excentré, entre zone commerciale et jardins ouvriers. Pour se repérer, la rue Macarez est en droite ligne derrière le centre culturel le Phœnix. Menus à 88 et 99 F (13,4 et 15,1 €). Ne pas se fier à la façade, vraiment très quelconque. L'intérieur est plus chaleureux. Une table qui se partage entre cuisine du Nord et spécialités italiennes jusqu'à les faire se rencontrer (goûtez les macaronis au maroilles). À la carte donc, pizzas et pâtes, tartes aux poireaux, aux oignons... Pour rester dans le partage Nord-Sud : un menu d'Italie ou de la mer, comme le menu du Nord (entrecôte au maroilles, veau de l'Avesnois, tarte à la cassonade). Cuisine généreuse (les appétits d'oiseaux s'abstiendront), ambiance décontractée et animée. Le vrai resto populaire.

|●| *Restaurant du Grand Hôtel* – 2, place de la Gare (Nord) ☎ 03.27.29.65.57. Menus de 110 à 250 F (16,8 à 38,1 €). Gamay à 66 F (10,1 €) et bordeaux autour de 100 F (15,2 €). On adore d'abord le cadre de la salle. Haute de plafond, style Art déco. Verrière façon Tiffany, colonnes vertes, lambris, lourdes tentures, éclairages rétros, longues banquettes confortables, composent un ensemble au caractère séduisant. Cuisine d'excellente renommée à des prix étonnamment raisonnables, ce qui explique aussi son succès. Belle sélection de plats régionaux et de plats de ménage traditionnels. Vous y dégusterez le vrai *potje vleesch* maison, le ragoût de joues de porc confites aux lentilles, la langue de bœuf à la flamande, la carbonade, la tête de veau, le hachis parmentier, la choucroute au confit, traditionnelle ou au jambonneau de porc fumé, la mousseline de brochet au riesling, etc. Salades diverses. Carte des vins pour toutes les bourses. *NOUVEAUTÉ.*

WIMEREUX 62930

Carte régionale A1

🏠 I●I *Hôtel du Centre* – **78, rue Carnot (Centre) ☎ 03.21.32.41.08. Fax : 03.21.33.82.48.** TV. Congés annuels : 2 semaines fin mai-début juin. Doubles avec douche et wc de 235 à 295 F (35,8 à 45 €). Menus à 99 et 165 F (15,1 et 25,2 €). Le long de la rue principale (route de Boulogne) et dans le centre de Wimereux, soit à 2 mn à pied de la plage, cet établissement allie confort et sérieux. Chambres propres et confortables, refaites récemment. Au restaurant, une salle bistrot elle aussi entièrement refaite, plutôt agréable pour une cuisine traditionnelle correcte. Patron accueillant. *NOUVEAUTÉ.*

🏠 I●I *L'Atlantic* – **digue de Mer ☎ 03.21.32.41.01. Fax : 03.21.87.46.17.** TV. Fermé le dimanche soir hors saison. Congés annuels : février. Doubles avec douche ou bains à 450 F (68,6 €) ; à la brasserie, 1er menu à 105 F (16 €) ; au restaurant *La Liégeoise*, menus à 130 F (19,8 €) sauf le week-end, et de 180 à 340 F (27,4 à 51,8 €). Très belle adresse en front de mer, dans une des plus jolies stations de la côte d'Opale. Dix chambres seulement, dont cinq côté esplanade (piétonne) et mer, spacieuses et claires, lumineuses, confortables. De vraies chambres de week-end détente. S'y prendre à l'avance, elles sont très prisées. En bas, deux restaurants : d'une part la brasserie, là encore bien placée, avec salle aérée et terrasse, où l'on trouve une honnête cuisine de la mer avec un premier menu proposant une authentique soupe de poissons puis une assiette de fruits de mer non moins véritable ; d'autre part la table d'Alain Delpierre, *La Liégeoise*, plus chic et de bonne renommée. *NOUVEAUTÉ.*

I●I *La Cardabelle* – **116, rue Carnot ☎ 03.21.87.64.05.** Fermé le dimanche soir et le lundi. Menus de 90 à 160 F (13,7 à 24,4 €). Un restaurant plutôt discret, qu'on trouve sur la gauche de la rue principale en entrant dans Wimereux quand on vient de Boulogne. Halte-là, lecteur ! Dans cette petite salle coquette et chaleureuse sont servis les poissons les meilleurs — fraîcheur absolue, cuisson parfaite, fines sauces avec. Un régal assuré, et quelques raretés parfois : la barbue par exemple, bien plus fine et désirable que ce que peut évoquer son nom monstrueux, ou cette variété de sardines boulonnaises, plus grosses que les autres, et très savoureuses, servies en entrée en filets sur lit de salade. Les viandes sont également bien travaillées, et la carte

des vins, non encyclopédique mais sélective, réserve de bonnes et abordables surprises (tel ce rouge d'Alsace qu'on s'est sifflé sans rouspétance). En somme, une table gourmande et pas ruineuse, et plutôt sympathique quant à l'accueil. *NOUVEAUTÉ.*

WISSANT 62179

Carte régionale A1

🏠 I●I *Hôtel-restaurant Le Vivier* ✸✸ – **place de l'Église (Centre) ☎ 03.21.35.93.61. Fax : 03.21.82.10.99.** TV. Resto fermé le mardi et le mercredi. Selon confort et saison, de 200 à 320 F (30,5 à 48,8 €) la double ; menus de 98 à 200 F (14,9 à 30,5 €). Posé devant le resto, un *flobart* (barque de pêche typique du coin) donne le ton de cette cuisine tournée vers la mer : crustacés, poisson et fruits de mer. À l'étage, des petites chambres très chouettes. Elles sont plus agréables encore dans l'annexe récente, plus loin sur la route de Boulogne. De leurs balcons ou terrasses, panorama exceptionnel : le cap Gris-Nez qui borde la baie de Wissant, par beau temps, la côte anglaise...

🏠 I●I *Hôtel de la Plage* – **place Édouard-Houssin ☎ 03.21.35.91.87. Fax : 03.21.85.48.10.** Accès : sur le bord de la rivière, à 300 m de la plage. Doubles de 280 à 310 F (42,7 à 47,3 €). Menus à 90 et 140 F (13,7 et 21,3 €). Un vieil hôtel qui ne manque pas de charme. Il y a d'abord cette terrasse en bois qui longe l'étang d'un moulin transformé en petit musée d'Histoire locale. Demandez une chambre de ce côté-là (si les canards ne vous dérangent pas !). Puis les chambres, une cinquantaine au hasard d'un dédale de couloirs. Toutes rénovées, elles sont sobres mais plaisantes (et toutes non-fumeurs). Quelques chambres familiales également, pour 4 ou 5 personnes. Lieu idéal pour les véliplanchistes (Wissant possède un des spots les plus renommés de la côte d'Opale). Le restaurant, en revanche, nous a déçus lors de notre dernier passage. Fort heureusement, la demi-pension n'est pas obligatoire.

DANS LES ENVIRONS

ESCALLES-CAP BLANC-NEZ
62179 (5,5 km NO)

🏠 I●I *Hôtel-restaurant À l'Escale* ✸✸ – **rue de la Mer (Centre) ☎ 03.21.85.25.00. Fax : 03.21.35.44.22.** Parking. TV. ☆ Accès : par la D940. Doubles avec lavabo et wc à 205 F (31,3 €), avec douche et wc à 280 F (42,7 €), avec bains à 320 F (48,8 €). Menus de 82 à 155 F (12,5 à 23,6 €). Au cœur d'un minuscule village, idéalement blotti au pied des somptueuses falaises de craie du cap Blanc-Nez. Jolies chambres derrière une façade mangée par le lierre. On traverse la toute petite route qui mène à la plage (et ses milliers de fossiles) pour s'attabler dans une grande salle à l'ambiance animée. Curieux : le plafond évoque une coque de bateau renversée. La cuisine se sert des produits de la mer (pot-au-feu du pêcheur, plateaux de fruits de mer…) et du terroir. On garde par exemple du menu du jour le souvenir d'une bonne volaille de Licques. Jardin avec jeux pour enfants et chaises longues.` Demi-court de tennis, location de VTT.

Les prix
En France, les prix des hôtels et des restos sont libres. Certains peuvent augmenter entre le passage de nos infatigables fureteurs et la parution du guide.

Avis aux hôteliers et aux restaurateurs
Chaque année pour y figurer, il faut le mériter.

Le Routard

Basse-Normandie

14 Calvados
50 Manche
61 Orne

AIGLE (L')   61300

Carte régionale B2

|●| *La Toque et le Vin* – 35, rue Pasteur (Centre) ☎ 02.33.24.05.27. Formule à 62 F (9,5 €), avec 1 plat-1 vin. Puis menus à 95 et 160 F (14,5 et 24,4 €). C'est l'ancien chef du *Dauphin* qui a ouvert ce petit bar à vin ; une formule idéale pour les routards pressés mais gourmands. Cadre frais et cuisine du marché, savoureuse et parfumée. Une très bonne adresse. *NOUVEAUTÉ.*

DANS LES ENVIRONS

SAINT-MICHEL-THUBEUF 61300
(3 km E)

|●| *Auberge Saint-Michel* – ☎ 02.33.24.20.12. Parking. ♿ Fermé le mercredi soir et le jeudi. Congés annuels : les 2 premières semaines de janvier et les 3 premières semaines de septembre. Accès : sur la N26. Menus à 90 F (13,7 €), servi également le dimanche, jusqu'à 180 F (27,4 €). Une auberge de campagne des plus sympathiques, malgré la proximité de la route. Accueil simple mais avenant, petites salles intimes et personnalisées, service diligent et souriant. Une cuisine généreuse, scrupuleusement de terroir : trio d'abats au jus d'herbes, pieds de porc à la moutarde, excellents rognons de veau au calvados, filet de canard au pommeau, fromage blanc moulé à la louche pour les gourmands en quête d'authenticité. *Café offert.*

CHANDAI 61300 (8,5 km E)

|●| *Auberge de l'Écuyer Normand* – ☎ 02.33.24.08.54. Fermé le lundi. Accès : sur la RN26. Menus « Galop », « Écuyer », « Chevalier » de 98 à 258 F (14,9 à 39,3 €). Tapie sous son lierre et ses jardinières de géraniums, une salle feutrée et agréable, aux vieilles poutres sombres, éclairée par des murs au crépi blanc. Chef très doué, proposant une cuisine personnelle et assez moderne qui reste bien ancrée dans les traditions et les saveurs vraies : charlotte de langoustines, filet mignon de porc au camembert, pied de porc désossé... Très au point sur le poisson. Accueil particulièrement chaleureux et attentionné. *Pause normande offerte. NOUVEAUTÉ.*

FERTÉ-FRÊNEL (LA) 61550
(14 km NO)

🛏|●| *Hôtel du Paradis* ** – **Grande-Rue** ☎ 02.33.34.81.33. Fax : 02.33.84.97.52. TV. Canal+. ♿ Fermé le lundi. Congés annuels : 3 semaines en février et 2 semaines en octobre. Doubles de 175 à 290 F (26,7 à 44,2 €) selon le confort. Menus de 59 F (9 €) en semaine et de 78 F (11,9 €) à 240 F (36,6 €). Voilà donc une bonne petite auberge villageoise, mignonne, familiale et accueillante. Notre chambre préférée, la plus coquette, est nichée sous les toits : la n° 16, avec une jolie salle de bains et des petites fenêtres pour écouter le murmure tout proche de la rue, calme le soir. Au restaurant, cuisine de terroir copieuse et soignée : cuisse de canard au cidre, pintadeau aux pommes, sole flambée au calvados. Étape agréable, en plein pays d'Ouche, un soir d'automne ou d'été, seul ou en amoureux. *10 % sur le prix de la chambre hors week-end et jours fériés.*

ALENÇON   61000

Carte régionale B2

🛏 *Hôtel de Paris* * – **26, rue Denis-Papin** ☎ **02.33.29.01.64. Fax : 02.33.29.44.87.** TV. Canal+. Accès : en face de la gare. Doubles à 110 et 130 F (16,8 et 19,8 €) avec lavabo et téléphone, 200 F (30,5 €) avec douche et wc. Calme grâce à son double-vitrage. Des chambres modestes et très propres à un prix introuvable. Accueil familial et bon enfant. Petit bar d'habitués. L'adresse la moins chère de la ville.

🛏 ⍥ *Le Grand Cerf* ** – **21, rue Saint-Blaise (Centre)** ☎ **02.33.26.00.51. Fax : 02.33.26.63.07.** TV. Accès : suivre la direction « préfecture ». Doubles de 250 à 330 F (38,1 à 50,3 €) selon la vue et le confort ; deux suites à 450 F (68,6 €). Formule à 80 F (12,2 €) et menus à partir de 100 F (15,2 €). Belle façade 1830 pour cet hôtel aux allures de palace qui a perdu de son lustre d'antan mais qui propose toujours de belles chambres, spacieuses et rénovées, à des prix plus que corrects. Bonne cuisine d'hôtel qui tend d'ailleurs à devenir une des meilleures tables de la ville (entre nous, ce n'est pas difficile !). Plusieurs belles salles au charme rétro et service au jardin dès les beaux jours. Personnel souriant et accueillant. *NOUVEAUTÉ.*

🛏 ⍥ *Le Grand Saint-Michel* ** – **7, rue du Temple** ☎ **02.33.26.04.77. Fax : 02.33.26.71.82.** TV. Fermé le dimanche soir et le lundi. Congés annuels : pendant les vacances de février et de mi-juillet à mi-août. Accès : non loin de la halle aux blés. Doubles à 260 F (39,6 €) avec douche ou bains. 1er menu correct à 95 F (14,5 €), servi tous les jours, puis de 120 à 175 F (18,3 à 26,7 €). Dans une rue très calme du vieil Alençon, une belle maison de pierre avec des volets vert pomme. L'intérieur respire la province. Grande salle à manger conviviale aux tables joliment arrangées. Le chef aime bien flamber... viandes et abats : rognons de veau flambés au noilly et à la moutarde ancienne, escalope de foie gras flambée au porto, filet de bœuf flambé vieille mode... Chambres confortables mais déco manquant un peu d'harmonie (chaises de jardin et faux colombages...) compte tenu du caractère de la maison. Bonne étape si l'on veut dormir en plein centre-ville et au calme.

⍥ *Restaurant Au Jardin Gourmand* – **49, rue des Granges** ☎ **02.33.32.22.56.** Parking. ✂ Fermé le dimanche et le lundi.

Accès : quartier Saint-Léonard. Menus à 98 et 155 F (14,9 et 23,6 €). Qui dit nouvelle adresse, dit nouvelle déco. Le *Jardin Gourmand* vient de s'installer dans la petite rue juste à côté de son ancien emplacement, dans une superbe maison des XVe et XVIIe siècles avec poutres, tomettes et vieilles cheminées, jardin et terrasse. Mais qu'on se rassure, la cuisine est toujours aussi inventive, imaginative. Le jeune chef ne manque pas de talent, donnez-lui des produits tout simples (mais toujours frais et de saison) et il en fait des merveilles : ainsi, par exemple, une tourte de ris de veau au cidre, une escalope de lieu jaune rôtie au lard fumé, un gâteau d'andouille de Guémené et pommes de terre au cidre... À signaler un beau menu végétarien.

ARGENTAN   61200

Carte régionale B2

🛏 ⍥ *Hôtel du Donjon* * – **1, place de l'Hôtel-de-Ville (Centre)** ☎ **02.33.67.03.76.** TV. Doubles à 120 F (18,3 €) avec lavabo et bidet, 170 F (25,9 €) avec douche, wc, téléphone et télé. Fait aussi brasserie : 1er menu à 50 F (7,6 €). Chambres simples, propres, et des prix très intéressants pour la région. Petite adresse routarde.

🛏 ⍥ *Hostellerie de la Renaissance* – **20, av. de la 2e-DB (Sud-Ouest)** ☎ **02.33.36.14.20. Fax : 02.33.36.65.50.** Parking. TV. Fermé le dimanche soir et le lundi. Accès : sur la route de Flers. Doubles à 325 F (49,5 €) avec douche et 350 F (53,4 €) avec bains. Menus à partir de 98 et 120 F (14,9 et 18,3 €). Rien de bien médiéval ici, mais c'est la bonne adresse du coin (c'est sans doute ce qui nous vaut le nom un peu pompeux). Terroir merveilleusement bien réinventé et exprimé. Vous énumérer la carte serait trop cruel ! Ici, on commet des péchés de gourmandise rien qu'en la lisant ! En tout cas, c'est toujours complet, alors réservez... Chambres tout confort et bien insonorisées. *NOUVEAUTÉ.*

⍥ *Restaurant d'Argentan* – **22, rue du Beigle (Centre)** ☎ **02.33.36.19.38.** Fermé le dimanche et le mardi soir. Congés annuels : 1 semaine en février. 1er menu à 70 F (10,7 €), excellent dans sa catégorie, servi tous les jours, autres de 85 à 143 F (13 à 21,8 €). Ici, les produits sont frais, la cuisine de tradition et de terroir : tête de veau, brochette de Saint-Jacques, coffret de ris de veau au pommeau... Service parfois débordé et accueil pas toujours aimable. Une bonne petite adresse tout de même.

BASSE-NORMANDIE

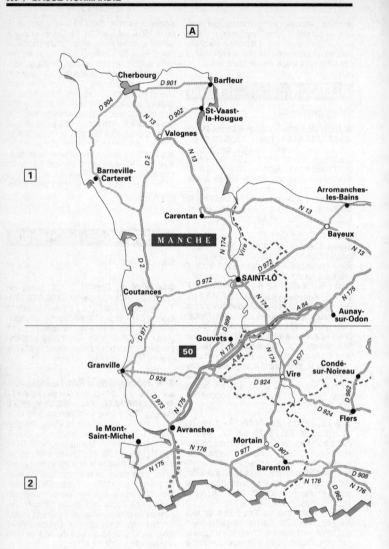

A

Cherbourg
D 901
Barfleur

D 904
N 13
D 902
St-Vaast-la-Hougue

D 2
Valognes

N 13

Barneville-Carteret

1

MANCHE

Carentan

Arromanches-les-Bains

N 13

N 174
Vire
Bayeux

D 972
N 13

D 2

D 972
SAINT-LÔ
N 175

Coutances
A 84
Aunay-sur-Odon

D 971
D 999
N 174

Gouvets
50
N 175
A 84
N 174
D 577

Granville
Vire
Condé-sur-Noireau

D 924
D 924

D 973
N 175
D 924
D 962

le Mont-Saint-Michel
Avranches
Flers

N 176
Mortain
D 907

D 977
N 175
Barenton
D 908
N 176
N 176
D 962

2

0   10   20 km

A

B

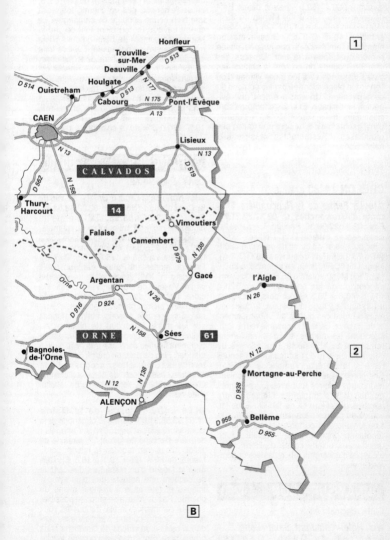

○ **ALENÇON**	Villes repères
● **Deauville**	Adresses

Honfleur

Trouville-sur-Mer

Deauville

Houlgate

Ouistreham

Cabourg

Pont-l'Évêque

CAEN

D 513

N 177

N 175

A 13

D 514

CALVADOS

Lisieux

N 13

D 519

14

Thury-Harcourt

D 562

N 158

Falaise

Vimoutiers

Camembert

D 979

N 138

Orne

Argentan

Gacé

l'Aigle

D 916

D 924

N 26

N 26

ORNE

N 158

Sées

61

Bagnoles-de-l'Orne

N 12

N 138

ALENÇON

N 12

Mortagne-au-Perche

D 938

Bellême

D 955

D 955

1

2

B

BASSE-NORMANDIE

ARROMANCHES-LES-BAINS 14117

Carte régionale A1

🏨 |●| *Hôtel-restaurant de la Marine* ** – quai du Canada ☎ 02.31.22.34.19. Fax : 02.31.22.98.80. Parking. TV. Satellite / câble. Congés annuels : du 15 novembre au 15 février. Accès : en bordure de mer, sur la digue. Doubles de 220 F (33,5 €) avec lavabo à 390 F (59,5 €) avec bains. Petit déjeuner à 45 F (6,9 €). Menus de 99 F (15,1 €) en semaine à 175 F (26,7 €). Menu enfant à 48 F (7,3 €). Grosse maison blanche à l'ambiance un brin huppée, posée sur un quai, face à la mer. Un tiers des chambres donne de ce côté-là comme les tables installées vers les baies vitrées d'où l'on voit la plage jalonnée par les pontons du débarquement. Un emplacement qui, évidemment, se paye. Et si les chambres sont classiques mais confortables, la cuisine, d'inspiration marine, ne tient pas toutes ses promesses... Restaurant accessible aux handicapés.

DANS LES ENVIRONS

CRÉPON 14480 (5 km SE)

🏨 |●| *La Ferme de la Rançonnière* ** – route d'Arromanches ☎ 02.31.22.21.73. Fax : 02.31.22.98.39. Parking. TV. Satellite / câble. Accès : par la D65. Doubles toutes avec douche et wc ou bains de 295 à 480 F (45 à 73,2 €). Petit déjeuner à 48 F (7,3 €). Menus de 60 F (9,1 €), en semaine, à 280 F (42,7 €). Menu enfant au 55 F (8,4 €). Demi-pension obligatoire en saison : de 320 à 415 F (48,8 à 63,3 €) par personne. Dans un tranquille village du Bessin, à quelques tours de roue des plages du Débarquement et de Bayeux. Belle et imposante ferme fortifiée dont les parties les plus anciennes remontent au XIIIᵉ siècle. Une adresse de charme mais pas du tout guindée : l'accueil reste à la sincérité, l'ambiance familiale. Chambres dans le genre rustique douillet, mignonnes comme tout avec leurs poutres posées il y a quelques siècles, leurs meubles qu'on jurerait de famille. Sous les voûtes de pierres de la salle à manger, cuisine logiquement de terroir et qui a bonne réputation dans le coin : volaille sauce grand-mère, solette comte de Normandie, fricassée d'escargots aux calamars et pommeau, etc.

AUNAY-SUR-ODON 14260

Carte régionale A1

🏨 |●| *Hôtel-restaurant Saint-Michel* * – 6 - 8 , r u e d e C a e n (C e n t r e) ☎ 02.31.77.63.16. Fax : 02.31.77.05.83.

Parking. TV. Fermé le dimanche soir et le lundi (sauf juillet-août et jours fériés). Congés annuels : du 15 janvier au 15 février. Doubles de 150 F (22,9 €) avec lavabo à 240 F (36,6 €) avec douche et wc. Petit déjeuner à 35 F (5,3 €). Menus de 75 à 210 F (11,4 à 32 €). Menu enfant à 50 F (7,6 €). Demi-pension obligatoire pendant les longs week-ends : 250 F (38,1 €) par personne. Même si ce bourg au cœur du bocage a beaucoup souffert des bombardements, même si cette maison de pierre n'a, vu de l'extérieur, pas un charme fou, voilà une bien bonne auberge de campagne ! Le chef y travaille (et fort bien) tout ce que la Normandie compte de bons produits : foie gras de canard au pommeau, civet de lotte aux pâtes fraîches... Cuisine de terroir donc, de tradition aussi (le tournedos Rossini est un classique de la maison) servie dans une salle chaleureuse, d'une déco moderne mais (une fois n'est pas coutume) toute d'harmonie. Une poignée de chambres, toutes simples mais pas désagréables. *10 % sur le prix de la chambre à partir de 2 nuits.*

AVRANCHES 50300

Carte régionale A2

🏨 |●| *Hôtel de la Croix d'Or* ** – 83, rue de la Constitution (Nord) ☎ 02.33.58.04.88. Fax : 02.33.58.06.95. TV. Fermé le dimanche soir de mi-octobre à mi-mars. Congés annuels : janvier. Doubles de 255 à 390 F (38,9 à 59,5 €), suivant le confort et la taille. Menus à 118 et 175 F (18 et 26,7 €). Près du monument Patton, dans un relais de poste du XVIIᵉ siècle avec un superbe jardin. Vasque de pierre et vieux pressoir à cidre. Intérieur décoré comme un musée normand : pierres patinées, poutres, cheminée monumentale, cuivres, étains, faïences sur les murs. Beaucoup de charme. Au resto, service irréprochable. Tables abondamment fleuries dans une très belle salle à manger. Flan de poisson crème de cresson, terrine aux noisettes, croquant tiède d'huîtres, osso buco de lotte à l'orange. C'est à l'évidence, l'endroit chic de la ville. *Café offert.*

|●| *Le Littré* – place de la Mairie ☎ 02.33.58.01.66. Fermé le dimanche et le lundi sauf juillet et août. Congés annuels : dernière semaine de juin et 1ʳᵉ semaine de juillet. Accès : en face de la mairie, pardi. Menus de 60 à 120 F (9,1 à 18,3 €). Derrière la façade d'un restaurant quelconque se cachent une adresse des plus sympathiques et une salle à manger pleine de charme. Pas de mauvaise surprise possible, on peut commander le plat du jour les yeux fermés. Bonne cuisine traditionnelle, tendance cuisine des repas du dimanche chez grand-mère. Bons desserts comme le clafoutis aux pommes ou le pavé au chocolat.

DUCEY 50220 (10 km SE)

⏚ |●| *Auberge de la Séhune* ** – 2, rue Saint-Germain ☎ 02.33.48.53.62. Fax : 02.33.48.90.30. Parking. TV. Fermé le lundi du 1er octobre au 31 mars. Congés annuels : du 20 novembre au 15 décembre. Accès : sortie de Ducey par la N176, à gauche avant le pont de la Sélune. Comptez 295 F (45 €) pour une double. Menus de 84 à 205 F (12,8 à 31,3 €). Un ancien hospice, vaste demeure sur l'ancienne route du Mont-Saint-Michel. Jolies chambres personnalisées et confortables. Quelques-unes donnent sur un vrai jardin bordant la Sélune au cours paresseux. Cette rivière, une des premières en France pour ses truites et ses saumons, attire de nombreux pêcheurs. Une bonne adresse pour ceux qui viennent avec leur canne. L'hôtel leur accorde quelques facilités pratiques et des conseils. Au menu, spécialités de paupiettes de saumon au poiré, truite soufflée à la ducéenne, *pie au crabe, râble de lapereau farci au vinaigre de cidre ou filet de sole au vermouth.* Accueil aimable. *10 % sur le prix de la chambre à partir de 2 nuits hors juillet, août et week-ends.*

BAGNOLES-DE-L'ORNE 61140

Carte régionale B2

⏚ |●| *La Potinière* – rue des Casinos (Centre) ☎ 02.33.30.65.00. TV. Doubles à partir de 120 F (18,3 €). Comptez 240 F (36,6 €) pour une chambre avec douche, wc et télé. Menus à 99 et 120 F (15,1 et 18,3 €). L'endroit idéal pour goûter à l'atmosphère surannée de la station thermale, sans pour autant se mélanger aux tristes curistes... Difficile de le louper, c'est une des plus jolies façades de Bagnoles, en tout cas, une des plus marquantes. Une bonne adresse à prix tout doux, avec vue sur le lac pour la salle de resto et la plupart des chambres (les autres donnent sur la rue principale, très calme la nuit comme on s'en doute). On a un petit faible pour la chambre de la tourelle, pour son papier peint fleuri et sa jolie vue (pas de télé!). Cuisine simple et familiale, mais parfaitement exécutée : normande, légère et savoureuse, bien au goût du jour : camembert chaud, salade de raie, pavé d'andouille, cuisses de grenouilles.

⏚ |●| *Manoir du Lys* *** – route de Juvigny-sous-Andaine ☎ 02.33.37.80.69. Fax : 02.33.30.05.80. Parking. TV. Canal+. Fermé le dimanche soir et le lundi du 1er novembre à Pâques. Congés annuels : du 6 janvier au 10 février. Accès : à 3 km de Bagnoles, par la D235. Doubles à 350 F (53,4 €) avec douche et wc, 700 F (106,7 €) avec bains. Menus à 140 et 195 F (21,3 et 29,7 €), jusqu'à 380 F (57,9 €). Un adorable manoir, naguère relais de chasse d'un fervent royaliste, niché dans la forêt des Andaines. Chant du coucou au printemps, et souvent des biches qui s'égarent dans le jardin, attirées par les fruits du verger. Chambres claires et superbes bien que très contemporaines, décorées avec goût, dotées d'un balcon sur jardin pour certaines. L'accueil et la cuisine sont tout aussi délicieux que le cadre. Des produits frais et de terroir, des saveurs retrouvées : rôti de chevreau de lait au jus d'échalotes et gnocchis de chèvre, tarte friande d'andouille de Vire et croquant de camembert aux pommes, sandre fumé au hêtre de la forêt, saucisse plate de pied de porc à la sauge, desserts exquis : le genre d'endroit idéal pour emmener la femme (ou l'homme, ne soyons pas sexistes!) de votre vie pour une balade romantique. Quand on aime, on ne compte pas! *Apéritif offert. 10 % sur le prix de la chambre en basse saison.*

TESSÉ-LA-MADELEINE 61140 (1,5 km SO)

⏚ |●| *Le Celtic* ** – 14, bd Albert-Christophe ☎ 02.33.37.92.11. Fax : 02.33.38.90.27. TV. Fermé le mardi soir et le mercredi hors saison. Congés annuels : janvier et février. Accès : à l'entrée du village, quand on arrive de Bagnoles. Chambres agréables, avec téléphone : 220 F (33,5 €) la double avec douche ou 240 F (36,6 €) avec bains. Menus de 88 à 125 F (13,4 à 18,3 €). Michèle et Érick Alirol, les jeunes propriétaires, ont hérité, contre leur gré, de cette enseigne de bar-tabac qui va bien mal à cette maison à l'architecture (balnéaire de l'intérieur) typiquement locale. Accueil sympa. Une bonne cuisine, fraîche et franche, de terroir et de saison, servie avec le sourire dans une salle à manger rustique juste ce qu'il faut. Billard à disposition pour les amateurs.

FERTÉ-MACÉ (LA) 61600 (7 km NE)

⏚ |●| *Le Céleste* ** – 6, rue de la Victoire (Centre) ☎ 02.33.37.22.33. Fax : 02.33.38.12.25. TV. Fermé le dimanche soir et le lundi. Congés annuels : 10 jours en janvier et 10 jours en octobre. Accès : par la D916; à deux pas de l'église Notre-Dame et de l'office du tourisme. Doubles à 105 F (16 €) avec lavabo, à 260 F (39,6 €) avec bains et télé. Formule à 68 F (10,4 €) et 1er menu à 90 F (13,7 €), puis de 120 à 290 F (18,3 à 44,2 €). Dans une rue piétonne, donc calme le soir. Chambres pour la plupart rénovées. La carte fait la part belle aux poissons à côté des inévitables tripes à la mode de La Ferté. Repas servis en terrasse dès les beaux jours. Un bon établissement connu dans le pays. *Café offert.*

RÂNES 61150 (20 km NE)

🛏 ●❙ *Hôtel Saint-Pierre* ** – 6, rue de la Libération ☎ 02.33.39.75.14. Fax : 02.33.35.49.23. Parking. TV. Resto fermé le vendredi soir hors saison. Accès : par la D916. Doubles à partir de 245 F (37,4 €) avec douche et wc. Menus à 78 F (11,9 €) en semaine, et de 110 à 200 F (16,8 à 30,5 €). Une adresse que l'on aime bien : très bon accueil et cuisine excellente à prix doux. Dans un gros bourg campagnard, une maison en pierre, des canapés profonds, une salle à la déco contemporaine bleu et rose, des tableaux, des vitrines et les diplômes de champion de France du meilleur plat de tripes. Spécialités de la maison donc, les tripes (maison, est-il besoin de le préciser?), pièce maîtresse d'une cuisine dévouée au terroir : poulet vallée d'Auge rôti à point et salé juste comme il faut, bœuf ficelle à la crème de camembert, escalope à l'émincé d'artichauts, cuisses de grenouilles... Chambres magnifiques avec de superbes effets de papiers peints et de tissus coordonnés et, pour certaines, des armoires normandes qui sentent bon la cire. Demandez-en une côté cour, c'est le calme absolu. Patronne attentive et souriante. Un coup de cœur. *10 % sur le prix de la chambre d'octobre à mars.*

BARENTON 50720

Carte régionale A2

●❙ *Restaurant Le Relais du Parc* – place du Général-de-Gaulle (Ouest) ☎ 02.33.59.51.38. Fermé le lundi et le dimanche soir; ouvert le soir sur réservation. Congés annuels : du 15 décembre au 15 janvier. Accès : sur la D907. Menus de 70 à 200 F (10,7 à 30,5 €). En arrivant tôt, on emmène le patron, Viking aux yeux vifs, donner ses ordres en cuisine d'un ton jovial et comminatoire. On est entre de bonnes mains. Il fait partie de la Confrérie des Vikings du Bocage normand. Fichtre! Très heureux menu avec des produits du terroir. Fricassée de coq au vinaigre de cidre. Plats à base de pommes, c'est le pays. Un bon repas entre la cheminée et l'horloge de grand-mère.

BARFLEUR 50760

Carte régionale A1

🛏 ●❙ *Le Moderne* – 1, place du Général-de-Gaulle ☎ 02.33.23.12.44. Fax : 02.33.23.91.58. Fermé le mardi et le mercredi du 15 septembre à début janvier, le mardi de mars au 31 juin. Congés annuels : de janvier à début mars. Accès : devant la poste, à 50 m du port. Doubles de 150 à 230 F (22,9 à 35,1 €) avec cabinet de toilette ou bains. Menus de 85 à 189 F (13 à 28,8 €). Demi-pension obligatoire à 270 F (41,2 €). Barfleur! L'un des plus beaux villages de la côte normande. Petit port adorable. Dans cette bien jolie maison colorée et fleurie, des chambres simples mais propres. Pas de vue sur la mer. Au resto, choucroute de poissons au beurre blanc, brochettes de Saint-Jacques. Le saumon et le magret sont fumés par le patron, de même que le pain et les feuilletages sont faits maison. Beaux desserts : tarte aux pommes chaudes flambées, feuillantine de framboises, gratin de fruits rouges. L'endroit a ce petit charme indéfinissable qui nous plaît bien. Quel dommage que l'amabilité ne soit pas toujours au rendez-vous. *10 % sur le prix de la chambre à partir de 2 nuits.*

🛏 ●❙ *Le Conquérant* ** – 16-18, rue Saint-Thomas-Becket (Centre) ☎ 02.33.54.00.82. Fax : 02.33.54.65.25. Parking. TV. Satellite / câble. Resto ouvert seulement le soir (et réservé exclusivement aux clients de l'hôtel). Congés annuels : du 15 novembre au 15 février. Accès : à 50 m du port. Doubles de 320 à 400 F (48,8 à 61 €). Petit déjeuner de 30 à 50 F (4,6 à 7,6 €). Pour le repas, compter de 80 à 125 F (12,2 à 19,1 €). Cette belle demeure du XVII° siècle nous a conquis. Vu son nom, c'est presque normal... Derrière, il y a un grand jardin à la française, très agréable. Pas de vue sur la mer. Prenez juste la précaution d'inspecter la chambre qu'on vous propose (leur confort est inégal). Fait aussi crêperie dans une élégante salle à manger.

DANS LES ENVIRONS

ANNEVILLE-EN-SAIRE 50760 (5 km S)

●❙ *Café du Cadran GPLM* – au bourg ☎ 02.33.54.31.89. Fermé le dimanche et tous les soirs. Accès : par la D902 direction Quettehou. Menu à 53 F (8,1 €), boisson comprise. Au bout du parking, caché derrière les tracteurs et les semi-remorques qui viennent ici déposer et emmener tous les légumes produits dans le Val-de-Saire. Au comptoir et à table, on cause évidemment cours du chou-fleur, subventions européennes, récoltes et ensilages. Idéal pour le p'tit verre de blanc de 11 h. Tant qu'à faire, on y reste le midi pour goûter au menu du jour : purée maison, bifteck, blanquette d'agneau... Bref, du bon, du solide et du pas cher.

BARNEVILLE-CARTERET   50270

Carte régionale A1

⚓ |●| *L'Hermitage* ** – promenade Abbé-Lebouteiller ☎ 02.33.04.96.29. Fax : 02.33.04.78.87. TV. Fermé le dimanche soir et le lundi en hiver. Congés annuels : 3 semaines en décembre et 3 autres en janvier. Accès : face au port. Quelques doubles de 200 à 350 F (30,5 à 53,4 €) avec douche ou bains. Menus de 95 à 398 F (14,5 à 60,7 €). D'où que l'on soit, en salle ou en terrasse, on a vue sur la mer et le petit port de pêche de Carteret. Spécialité de fruits de mer. Assiette du pêcheur, raie à la crème, lotte à l'américaine... Un très large plateau de fruits de mer. Poissons ou viandes grillés au feu de bois. Service parfois un peu long. *Café offert. 10 % sur le prix de la chambre hors saison.*

⚓ |●| *Les Isles* ** – 9, bd Maritime ☎ 02.33.04.90.76. Fax : 02.33.94.53.83. TV. Fermé le lundi hors saison. Congés annuels : du 15 novembre au 8 février. Accès : à Barneville-plage. Doubles de 205 à 325 F (31,3 à 49,5 €). Menus de 69 à 190 F (10,5 à 29 €). Menu enfant à 45 F (6,9 €). Demi-pension obligatoire en juillet-août de 240 à 305 F (36,6 à 46,5 €). Une grande maison blanche avec jardin, située face à la mer. Chambres avec lavabo et vue sur le jardin calme, avec douche et wc ou avec bains et vue sur la Manche et les îles Anglo-normandes au large. Bonne table : filet de canard rôti en croûte, huîtres gratinées au curry, pavé de saumon aux trois saveurs, homard grillé flambé au whisky et marmite de la mer. Un sourire en plus et tout va pour le mieux.

⚓ |●| *Hôtel de la Marine* *** – 11, rue de Paris ☎ 02.33.53.83.31. Fax : 02.33.53.39.60. Parking. TV. Fermé le lundi midi. Congés annuels : novembre à février. Doubles de 420 à 620 F (64 à 94,5 €). Menus de 145 à 400 F (22,1 à 61 €). Plus cher encore à la carte. Grande demeure toute blanche dominant le port. Vue charmante. Certaines chambres possèdent un balcon, d'autres une petite terrasse. Décor frais et élégant, mais ce qui fait avant tout la renommée de cet *Hôtel de la Marine*, c'est la cuisine. Elle est, comment dire, raffinée, avec un brin de sophistication, imaginative, particulièrement élaborée (on arrête, abus d'adjectifs nuit!). Salle à manger au cadre élégant qu'affectionnent nos amis d'outre-Manche. Atmosphère assez chic. Service efficace, à l'image de M. et Mme Cesne qui veillent avec attention à la bonne marche de la maison. Leur fils Laurent, au piano, a créé de superbes menus en tout point parfaits : huîtres creuses en nage glacée de cornichon, gros carrelet laqué au miel et au thym

confit d'oignon et pomme fruit ou filet de canette aux échalotes, terrine de chèvre frais aux aubergines confites, mousse glacée à la liqueur d'orange.

BAYEUX   14400

Carte régionale A1

⚓ |●| *Hôtel-restaurant Notre-Dame* * – 44, rue des Cuisiniers (Centre) ☎ 02.31.92.87.24. Fax : 02.31.92.67.11. Parking. TV. Resto fermé le dimanche soir et le lundi de novembre à Pâques. Congés annuels : du 15 novembre au 15 décembre. Accès : à deux pas de la cathédrale et de la célèbre tapisserie. Doubles de 170 F (25,9 €) avec lavabo à 270 F (41,2 €) avec bains. Petit déjeuner à 35 F (5,3 €). Menus de 100 à 175 F (15,2 à 26,7 €). Menu enfant à 55 F (8,4 €). Demi-pension obligatoire en juillet-août : 250 F (38,1 €). Un établissement comme on en a déjà croisé quelques-uns au cœur des villes de France. Soit un hôtel-restaurant tout ce qu'il y a de traditionnel : chambres à la déco intemporelle, sans luxe superflu mais confortables, ambiance gentiment familiale, accueil civil et cuisine de terroir soignée et généreuse. *Apéritif offert.*

⚓ *Hôtel d'Argouges* – 21, rue Saint-Patrice (Centre) ☎ 02.31.92.88.86. Fax : 02.31.92.69.16. ● argouges@mail.cpod.fr ● Parking. TV. Congés annuels : du 22 au 27 décembre. Doubles avec douche ou bains de 220 à 460 F (33,5 à 70,1 €) suivant la taille et la saison. Chambres « familiales » (pour 4) à 600 F (91,5 €). Petit déjeuner à 45 F (6,9 €). Un ancien hôtel particulier du XVIIIe siècle, en plein centre mais au calme, au fond d'une cour pavée. « Charme d'autrefois, confort d'aujourd'hui » dit le slogan maison et... qu'ajouter de plus ! Sinon que même si la salle à manger est somptueuse, prendre son petit déjeuner dans le jardin planté d'arbres fait partie de ces petits bonheurs qu'on ne se refuse pas. Une belle adresse. *10 % sur le prix de la chambre.*

⚓ *Hôtel Mogador* – 20, rue Alain-Chartier – place Saint-Patrice (Nord) ☎ 02.31.92.24.58. Fax : 02.31.92.24.85. TV. Congés annuels : vacances scolaires de février (zone A). Accès : par la rue de Saint-Malo (prolongement de la rue Saint-Martin). Doubles avec douche ou wc ou bains de 260 à 290 F (39,6 à 44,2 €). 80 F (12,2 €) par personne supplémentaire pour les chambres familiales. Petit déjeuner à 35 F (5,3 €). Un petit hôtel discret à peine à l'écart des foules qui arpentent le centre touristique. Les chambres sont classiques, confortables et d'une vraie tranquillité pour celles qui s'ordonnent autour d'une petite cour intérieure. L'accueil décontracté et

BASSE-NORMANDIE

sympa du nouveau patron nous a franchement emballés. *NOUVEAUTÉ*.

|●| La Table du Terroir – 42, rue Saint-Jean (Centre) ☎ 02.31.92.05.53. ᕗ Fermé le dimanche soir et le lundi du 1er mai au 15 octobre. Congés annuels : du 15 octobre au 15 novembre. Menu de 60 F (9,1 €) en semaine à 155 F (23,6 €). Menu enfant à 45 F (6,9 €). Une table d'hôte à la ville, ouverte par le boucher d'à côté. Donc pour la qualité des produits, ça suit : bœuf du Limousin, veau sous la mère, etc. Solides murs de pierre et grandes tables de bois que se partagent habitués du quartier comme touristes anglais venus « faire la tapisserie » : l'ambiance est conviviale, comme on dit. Et la cuisine fait évidemment (et sans complications inutiles) dans le registre « tradition et terroir » : terrines maison, tripes à la mode de Caen, tête de veau sauce gribiche... *Café offert*.

|●| Le Petit Bistrot – 2, rue Bienvenue (Centre) ☎ 02.31.51.85.40. Fermé le dimanche et le lundi. Congés annuels : en janvier et 1 semaine en décembre. Accès : à côté de la cathédrale. Menus à 98 et 165 F (14,9 et 25,2 €). Un vrai petit bistrot, un peu chic quand même, mais vraiment très agréable. La patronne vous attend derrière un superbe comptoir de... bistrot. Femme de caractère, elle peut paraître un peu brusque mais dès que la glace est brisée, tout va pour le mieux. Elle sera aux petits soins pour vous. Son mari est en cuisine et il fait bien car il prépare, au gré des saisons, des plats frais et savoureux, sachant magnifier les produits locaux à travers des recettes intelligentes. Le ris de veau et rognons de veau beurre noisette est un modèle du genre, tout comme le flan d'artichauts au foie gras.

DANS LES ENVIRONS

PORT-EN-BESSIN-HUPPAIN
14520 (9 km N)

|●| Restaurant Le Vieux Pêcheur – 5, place de la Fontaine (Centre) ☎ 02.31.21.71.27. Fermé le dimanche soir et le lundi hors saison. Congés annuels : de mi-novembre à début février. Accès : à proximité des ports de plaisance et de pêche. Menus de 75 à 150 F (11,4 à 22,9 €). Une enseigne sans équivoque, une salle qui évoque une cabine de bateau avec son plafond lambrissé : pas de doute on est bien au bord de la mer ! Et comme Port-en-Bessin est le 1er port de pêche de Normandie, carte et menus font la part belle à des poissons tout de fraîcheur, travaillés avec justesse et une once de créativité : lotte en infusion de vanille, noix de Saint-Jacques sur lit d'algues, etc. Ambiance un brin chic mais accueil et service sans ostentation.

COLOMBIERS-SUR-SEULLES
14480 (14 km E)

🛏|●| Château du Baffy ★ ★ – ☎ 02.31.08.04.57. Fax : 02.31.08.08.29. Congés annuels : resto fermé de décembre à mi-mars. Accès : à 10 km des plages du Débarquement ; sortie n° 7, périphérique de Caen, direction Creully, à droite après Pierrepont. Doubles toutes avec douche et wc ou bains de 390 à 560 F (59,5 à 85,4 €), petit déjeuner compris. Menus de 125 à 210 F (19,1 à 32 €). Un de nos coups de folie dans le Calvados. L'adresse nimbée d'un charme tout romantique, spéciale week-end en amoureux. Un très joli château du siècle des Lumières, au cœur du Bessin. Beau jardin baigné par une petite rivière. Chambres agréables et confortables. Au resto, est servie une cuisine de tradition, généreuse, mais raffinée. On garde un bon souvenir du grenadin de veau « Marie Harel », de la gigolette de canette farcie sauce pommeau et des croquants de langoustines à la vanille. Pour se refaire une santé, salle de muscu, tennis, VTT, tir à l'arc, cheval. *10 % sur le prix de la chambre*.

BELLÊME   61130

Carte régionale B2

🛏|●| Le Relais Saint-Louis ★ ★ – 1, bd Bansard-des-Bois (Centre) ☎ 02.33.73.12.21. Fax : 02.33.83.71.19. Parking. TV. Fermé le dimanche soir et le lundi. Congés annuels : 15 jours en novembre et 15 jours en juin. Doubles à 300 F (45,7 €) avec douche ou bains et wc. 1er menu à 88 F (13,4 €) jusqu'au samedi midi, puis de 100 à 158 F (15,2 à 24,1 €). La bonne auberge d'autrefois. Une longue bâtisse blanche à colonnes, construite sur les anciens remparts. Grande salle à manger avec cheminée où évoluent des serveurs en nœud pap' dans une ambiance terriblement vieille France mais sympathique. Ghislaine, chef de cuisine, propose une cuisine classique, inspirée des traditions locales, comme les confits et les gésiers de canard, le foie gras normand, le boudin noir du Perche. Pour dormir, des chambres arrangées avec goût, dont la n° 7, charmante, qui donne sur les jardins à l'arrière. Attention tout est fermé l'après-midi, c'est bon à savoir si vous arrivez sans prévenir ou si vous voulez retirer les clés ! Étape idéale pour découvrir cette belle région de collines et de forêts et rencontrer en septembre des amateurs de champignons venus de toute la France pour pratiquer leur passion dans la majestueuse forêt de Bellême.

🛏|●| Domaine du Golf de Bellême – ☎ 02.33.73.00.07. Fax : 02.33.73.00.17. Parking. TV. ᕗ Doubles de 460 à 530 F

(70,1 à 80,8 €), selon le confort et la période. Menus de 102 à 258 F (15,5 à 39,3 €). Une fois n'est pas coutume, nous avons craqué pour le superbe golf, au pied du bourg de Bellême. Le restaurant s'est installé dans l'ancienne salle conventuelle du Prieuré de Saint-Val, datant du XVIe siècle. Magnifique charpente et murs de pierre, le cadre est lumineux et on ne peut plus agréable. Dans les assiettes, c'est une vraie et bonne surprise. Les poissons sont parfaitement cuits et les desserts réussis. Nous avons aimé tout spécialement le 1er menu. Parmi les spécialités, terrine de pintade au lard et calvados, truite au lard et son beurre de pommeau, terrine de quetsches au pain d'épice et sa glace à la cannelle (une pure merveille!)... Service attentionné et ambiance décontractée, chaleureuse. Possibilité de grillades et salades en formule rapide. Dans les dépendances, jolies chambres, modernes et confortables. Une excellente adresse. *NOUVEAUTÉ.*

DANS LES ENVIRONS

CONDEAU 61110 (15 km E)

≜I●I *Moulin de Villeray* – ☎ 02.33.73.30.22. Fax : 02.33.73.38.28. Parking. TV. Accès : de Bellême, par la D203. Doubles à partir de 590 F (89,9 €) en haute saison et menus à partir de 135 F (20,6 €). Carte entre 270 et 350 F (41,2 et 53,4 €). Plusieurs petits moulins encadrent jardin, terrasse et piscine. Le plus gros a toujours sa roue. L'adresse de charme par excellence. On ne peut rêver mieux pour un week-end romantique. Évidemment, même très amoureux, les chambres (superbes, a-t-on besoin de le dire?) restent très chères... Mais qu'on se rassure, nul besoin de se ruiner pour profiter de ce site enchanteur. Le chef propose tous les jours un menu du marché qui tient du prodige. Ce jour-là, terrine de pigeon aux artichauts (somptueuse), pot-au-feu de la mer et soupe de fraises. Mais ce n'est qu'un aperçu des talents du chef. À la carte, os à moelle aux escargots et champignons, daube de joue de veau (!), pigeonneau et dessert absolument divins. C'est incontestablement une des meilleures tables du département, alors pas besoin d'aller faire des folies ailleurs. La cuisine est fine, savoureuse, avec une maîtrise extraordinaire des parfums et des cuissons. Le chef a une imagination débordante et change de carte régulièrement. Son truc à lui, c'est les champignons et en automne il organise des week-ends mycologiques : cueillette, cuisine et dégustation. Service et accueil attentionnés et charmants. Le bon goût et la volupté règnent ici dans une subtile harmonie. Clientèle chic bien sûr, mais très décontractée, venue ici pour se détendre et se délecter. *NOUVEAUTÉ.*

CABOURG 14390

Carte régionale B1

≜ *Hôtel Le Cottage* ** – 24, av. du Général-Leclerc ☎ 02.31.91.65.61. Fax : 02.31.28.78.82. Parking. TV. Canal+. Accès : face à l'église. Chambres avec lavabo à 250 F (38,1 €) ; de 350 à 450 F (53,4 à 68,6 €) avec douche et wc ou bains. Petit déjeuner à 40 F (6,1 €). On est vraiment tombés sous le charme de cette maison normande typique entourée d'un joli jardin plein de fleurs. Certes, elle est en bord de route mais les chambres sont calmes. Merci le double-vitrage ! Et ce seul point ne pouvait nous faire oublier l'accueil vraiment chaleureux et convivial du patron, qui vous reçoit comme un ami de longue date, et le charme indéniable des chambres. Décoration résolument cosy dans un style qui rappelle Laura Ashley. La n° 2 dispose, en outre, d'un jacuzzi. Salle de billard, sauna et machine à bronzer. Comme s'il pleuvait tout le temps en Normandie !

≜ *Le Beaurivage* ** – allée du Château (Ouest) ☎ 02.31.24.08.08. Fax : 02.31.91.19.46. Parking. TV. ⚬ Congés annuels : du 15 novembre au 15 décembre. Accès : à 800 m de Cabourg-centre, sur la route du Hôme. Doubles avec douche et wc ou bains de 310 à 480 F (47,3 à 73,2 €). Petit déjeuner à 40 F (6,1 €). L'adresse sans mauvaises surprises : aux chambres classiques, confortables et bien tenues, à l'accueil aimable (même si parfois un peu expéditif...). Mais cette grande maison du XIXe siècle est à deux pas, par un petit sentier, de la plage. Ce qui est plutôt pour nous plaire (à vous aussi sûrement...), mais cela (à Cabourg comme un peu partout sur la côte normande) se paye...

DANS LES ENVIRONS

DIVES-SUR-MER 14160 (2 km S)

I●I *Restaurant Chez le Bougnat* – 29, rue Gaston-Manneville ☎ 02.31.91.06.13. Fermé le soir (sauf le vendredi et le samedi), le mardi et le mercredi midi en saison. Menu unique à 82 F (12,5 €). À la carte, compter de 135 à 150 F (20,5 à 22,9 €). Quand on a appris le départ en retraite (mérité !) du patron, avouons-le, on s'est fait un peu de souci pour cette adresse. Pour rien ! La relève est assurée. Le nouveau patron a eu l'intelligente idée de ne toucher à rien. Pas un bibelot n'a bougé dans l'invraisemblable bric-à-brac (à rendre malade un brocanteur) qui occupe les deux niveaux de cette ancienne quincaillerie. La cuisine est toujours ancrée dans la tradition, simplissime mais excellente. Le menu unique offre toujours entrée, plat, fromage ET dessert, soit un des (sinon le) meilleurs rapports qualité-prix du coin (réservation donc obligatoire). Et les viandes du « Bougnat » (pot-au-feu, haricot de mouton ou tête de veau) méritent toujours autant le déplacement.

AMFREVILLE 14860 (10 km SO)

🖿 I◉I *Auberge de l'Écarde* – 19, route de Cabourg ☎ 02.31.72.47.65. Fax : 02.31.72.47.65. Parking. Fermé le dimanche soir et le lundi (lundi midi uniquement en saison). Accès : par la D514. Doubles avec lavabo à 180 F (27,4 €), 240 F (36,6 €) avec douche côté jardin. Menus de 89 F (13,6 €), en semaine, à 159 F (24,2 €). Menu enfant à 50 F (7,6 €). Petite maison de pierre qui se fait discrète sur son bord de départementale. On prendrait d'ailleurs à peine le temps de s'y arrêter. Et ce serait dommage ! Dommage pour l'accueil discret et gentil du jeune couple depuis peu dans les murs. Dommage pour l'agréable petite salle et, aux beaux jours, la tranquille terrasse dans le jardin. Dommage surtout pour cette cuisine qui, sous ses airs de ne pas y toucher, sait tirer toute leur saveur aux produits soigneusement sélectionnés : filet de julienne à l'oseille, raie à la crème de ciboulette, rognons de veau à la graine de moutarde, faux-filet au camembert et au roquefort ou entrecôte flambée au calvados. Menus d'un réjouissant rapport qualité-prix, surtout à deux tours de roues de Cabourg. Quelques chambres, toutes simples, au calme pour celles côté jardin. *NOUVEAUTÉ.*

BEUVRON-EN-AUGE 14430 (14 km SE)

🖿 I◉I *Auberge de la Boule d'Or* – au bourg ☎ 02.31.79.78.78. Fax : 02.31.39.61.50. Fermé le mardi soir et le mercredi (sauf en juillet, août et septembre). Congés annuels : janvier et Noël. Accès : par la D400 puis la D49. Doubles avec douche et wc ou bains à 280 F (42,7 €). Petit déjeuner à 35 F (5,3 €). Menus de 99 à 175 F (15,1 à 26,7 €). Au cœur d'un des plus beaux villages du pays d'Auge. Superbe maison à colombages du XVIIIᵉ siècle. Façade tellement typique qu'elle a servi de support à une campagne de pub. Une pleine page dans *Le Monde*, voilà qui vous pose une adresse ! Salle à manger, dans le même ton, d'un rustiqué évident, à la fois intime et conviviale. Cuisine scrupuleusement de terroir, bien goûteuse et à prix serrés : andouille de Vire chaude au cidre, rognons de veau à la graine de moutarde, tarte aux pommes à l'ancienne. Trois chambres seulement, toutes simples mais confortables (literie récente) pour qui voudra découvrir le village au petit matin avant que ne débarquent les cars de touristes... *Café offert. NOUVEAUTÉ.*

CAEN 14000

Carte régionale B1 – Plan pp. 610 et 611

🖿 *Hôtel Saint-Étienne* * – 2, rue de l'Académie (A2-3) ☎ 02.31.86.35.82. Fax : 02.31.85.57.69. TV. Chambres à 140 F (21,3 €) avec lavabo (douche commune) et de 180 à 210 F (27,4 à 32 €) avec douche et wc. Petit déjeuner à 28 F (4,3 €). Une petite adresse (c'est sûrement l'hôtel le moins cher de Caen) qui nous a bien plu. D'abord, l'accueil est franchement emballant. Ensuite, cette maison, construite avant la Révolution dans une rue paisible, a de l'allure et du charme : vieilles pierres et boiseries d'époque que la patronne brique régulièrement avec application. Chambres mignonnettes. La n° 8 offre une gentille vue sur l'abbaye aux Hommes. Souvent complet, donc réservation sérieusement conseillée. *10 % sur le prix de la chambre d'octobre à avril.*

🖿 *Central Hôtel* * – 23, place Jean-Letellier (B2-2) ☎ 02.31.86.18.52. Fax : 02.31.86.88.11. TV. Satellite / câble. Accès : près du château. Chambres avec douche de 160 à 180 F (24,4 à 27,4 €). De 220 à 240 F (33,5 à 36,6 €) avec douche et wc ou bains. Petit déjeuner à 30 F (4,6 €). L'immeuble n'a vraiment aucun charme (il en est malheureusement ainsi de beaucoup d'autres en ville...). Mais la petite place est tranquille. Et la déco, charmante et personnelle, tranche agréablement avec le tout venant contemporain-fonctionnel dans lequel se complaisent de nombreux hôtels. Le hall d'entrée, tout éclaboussé de couleurs, met d'emblée de bonne humeur. Les chambres sont toutes différentes, gaies et pimpantes pour certaines, plus cossues pour d'autres. Et l'accueil est charmant. Bref, on place cette adresse dans notre tiercé de tête des hôtels 1 étoile de Caen. *10 % sur le prix de la chambre d'octobre à mars.*

🖿 *Hôtel Bernières* * – 50, rue de Bernières (C2-5) ☎ 02.31.86.01.26. Fax : 02.31.86.51.76. TV. Doubles avec douche à 190 F (29 €), 230 F (35,1 €) avec douche et wc, 250 F (38,1 €) avec bains. Chambres familiales (pour 4 à 5 personnes) à 300 F (45,7 €). Petit déjeuner à 30 F (4,6 €). Cet immeuble austère (architecture d'après-guerre...) posé dans une rue très passante cache une adresse qui s'apparente plus à une maison d'hôte qu'à un hôtel traditionnel. Un accueil d'une extrême gentillesse, une patronne aux petits soins pour sa clientèle, de petites chambres douillettes et mignonnes comme tout, au calme sur l'arrière, mais également côté rue (le double-vitrage remplit son office), un petit déjeuner qui vous laissera un excellent souvenir (ce qui se fait malheureusement rare...). Un 1 étoile qui en vaut largement

2 et notre adresse préférée pour dormir à Caen. *10 % sur le prix de la chambre hors juillet-août.*

🛏🍴 *Hôtel des Cordeliers* ** – 4, rue des Cordeliers (B2-4) ☎ 02.31.86.37.15. Fax : 02.31.39.56.51. TV. Fermé le dimanche après-midi. Resto le samedi et le dimanche. Accès : près du château de Guillaume le Conquérant. Doubles avec douche et wc ou bains de 230 à 280 F (35,1 à 42,7 €). Petit déjeuner à 30 F (4,6 €). Compter 85 F (13 €) à la carte. Un ancien hôtel particulier du XVIIᵉ siècle dans une rue tranquille qui débouche au pied du château. Un lieu plein de charme mais où l'ambiance reste (largement !) à la décontraction. Les chambres qu'on attendait rustiques sont sobrement contemporaines (murs blancs, meubles de bois clairs). Les nᵒˢ 10, 14, 18, 19, 20 et 21 (réservation conseillée !) donnent sur le jardin. Bar à vins où on pourra en semaine manger quelques plats de bistrot ou de brasserie. *Café offert. 10 % sur le prix de la chambre.*

🍴 *Restaurant Chez Michel* – 24, rue Jean-Romain (B2-10) ☎ 02.31.86.16.59. Fermé le samedi soir, le dimanche et les jours fériés ; service jusqu'à 21 h. Menu à 55 F (8,4 €). La bonne petite adresse populaire, idéale pour le déjeuner. Les habitués (retraités comme employés du quartier) y prennent d'ailleurs d'assaut les tables chaque midi, après avoir pioché leurs serviettes dans le casier. Il faut dire que dans ce resto où tout le monde connaît tout le monde, le « petit » menu offre un sacré choix : 8 entrées, 8 plats et 8 desserts. Et cette cuisine toute simple, familiale et généreuse s'avère finalement d'un très bon rapport qualité-prix. Les tripes maison sont, par exemple, tout à fait honorables.

🍴 *Restaurant Maître Corbeau* – 8, rue Buquet (B1-11) ☎ 02.31.93.93.00. Fermé le samedi midi et le dimanche. Menu de 60 F (9,1 €), le midi en semaine, à 120 F (18,3 €). Un resto entièrement voué au fromage et à la déco délirante : entre chalet d'Heidi qui aurait cueilli par mégarde quelques champignons hallucinogènes (et qui verrait vaches et bidons de lait un peu partout !) et musée de la boîte de fromage (il y en a aussi un peu partout !). Les serveuses sont jeunes et charmantes, en phase avec la clientèle, largement étudiante. La cuisine ne s'embarrasse pas de complications : fondues au fromage (ah bon !) normand, au

chèvre, tartiflette, œuf cocotte au fromage, escalopines de roquefort flambée au calvados... L'adresse à thème idéale pour une soirée entre potes.

🍴 *La Petite Auberge* – 17, rue des Équipes-d'Urgence (C2-17) ☎ 02.31.86.43.30. Fermé le dimanche et le lundi. Congés annuels : les 3 premières semaines d'août et pendant les fêtes de fin d'année. Accès : à côté de l'église Saint-Jean. Menus à 68 et 92 F (10,4 et 14 €). Petite salle prolongée d'une véranda largement ouverte sur la rue. La déco, d'un néo-rustique un peu cossu, est celle de beaucoup d'autres restos (ils doivent se refiler l'adresse de leur décorateur !) mais on s'y sent bien. Accueil discret, ambiance tranquille et service pro. Bonne cuisine de terroir et de saison tarifée au plus juste. Le chef travaille juste et bien de jolis produits : tripes à la mode de Caen (*of course*), selle d'agneau grillée au beurre de thym frais, etc. L'offre ne s'éparpille pas : une formule du jour impeccable pour un déjeuner rapide et un intéressant menu-carte.

🍴 *Le Bouchon du Vaugueux* – 12, rue du Graindorge (C2-14) ☎ 02.31.44.26.26. Fermé le lundi et le dimanche. Congés annuels : les 3 premières semaines d'août et 2 semaines fin décembre-début janvier. Accès : dans le quartier du Vaugueux. Menu à 69 F (10,5 €). Dans ce quartier « gourmand » où les restos font florès de manière parfois peu justifiée, ce bouchon, qui n'a rien de lyonnais, se démarque. Accueil sympathique, déco chaleureuse et ambiance à l'unisson. Parmi les suggestions inscrites à la craie sur de grandes ardoises, des petits plats goûteux comme les tripes au calva et de pantagruéliques salades qui, à midi, peuvent faire un repas. Essayez par exemple la « Normande » avec andouille, pommes, œufs et camembert. Si vous choisissez une salade comme entrée, on ne vous en servira qu'une demi-portion (et logiquement, à moitié prix). Bon esprit comme cette décision de ne pas faire payer les enfants. Comme les bonnes adresses se remplissent vite, un conseil : réservez. *Apéritif offert.*

🍴 *L'Embroche* – 17, rue Porte-au-Berger (C1-12) ☎ 02.31.93.71.31. Fermé le dimanche et le lundi midi. Menus de 79 F (12 €) le midi, à 135 F (20,6 €). Le quartier du Vaugueux offrait déjà la plus grosse concentration de tables de la ville. Fallait-il

🛏 **Où dormir ?**	🍴 **Où manger ?**	14 Le Bouchon du Vaugueux
1 Auberge de Jeunesse	10 Chez Michel	15 Le Carlotta
2 Central Hôtel	11 Restaurant Maître Corbeau	16 Le Zodiaque
3 Hôtel Saint-Etienne	12 L'Embroche	17 La Petite Auberge
4 Hôtel des Cordeliers	13 Alcide	18 Le Gastronome
5 Hôtel Bernières		

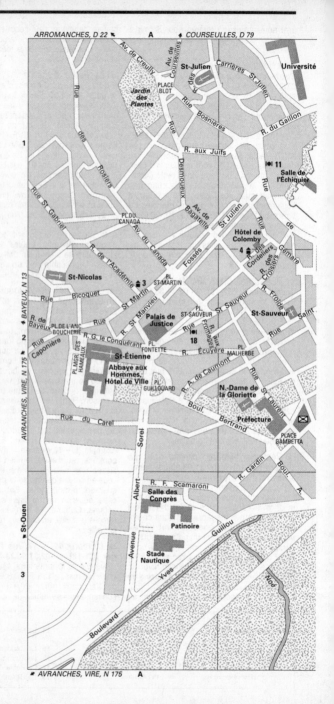

ARROMANCHES, D 22   A   COURSEULLES, D 79

Av. de Creully

Rue des Carrières St-Julien

Université

St-Julien

PLACE BLOT

Rue des

Jardin des Plantes

Rue Bosnières

R. du Gaillon

Rue des Rosiers

R. aux Juifs

Desmoueux

Av. de Bagatelle

St-Julien

11

Salle de l'Échiquier

Rue St-Gabriel

PL. DU CANADA

Av. du Canada

Fossés

Hôtel de Colomby

R. des Cordeliers

Gémare

de

4

R. de l'Académie

PL. ST-MARTIN

R. des Croisiers

St-Nicolas

St-Martin

3

R. Froide

BAYEUX, N 13

Rue Bicoquet

St. Manvieu

PL. ST-SAUVEUR

St-Sauveur

St-Sauveur

Saint

R. de Bayeux

PL. DE L'ANC BOUCHERIE

Rue

Palais de Justice

R. St-Martin

Rue

R. aux Fromages

R. Ecuyère

Rue

Caponière

R. G. le Conquérant

PL. FONTETTE

18

PL. MALHERBE

St-Étienne

R. A. de Caumont

PL. MGR DES HAMEAUX

Abbaye aux Hommes, Hôtel de Ville

PL. GUILLOUARD

N.-Dame de la Gloriette

Rue St-Laurent

AVRANCHES, VIRE, N 175

Rue du Carel

Sorel

Boul.

Bartrand

Préfecture

PLACE GAMBETTA

Albert

R. F. Scamaroni

R. Gardin

Boul.

A

Salle des Congrès

St-Ouen

Patinoire

Guillou

Avenue

Stade Nautique

Yves

Noé

Boulevard

AVRANCHES, VIRE, N 175   A

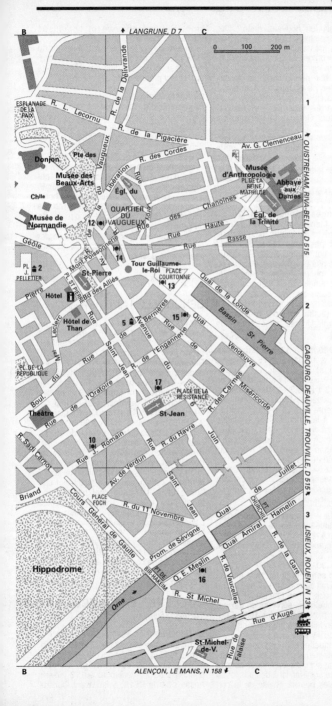

BASSE-NORMANDIE

que s'y installe un nouveau resto? Oui, quand il s'agit comme L'Embroche d'un bon, d'un très bon même. Chouette petite salle d'où l'on garde un œil sur la cuisine vitrée (si on n'est pas en train d'essayer d'identifier le saxophoniste bop que la sono diffuse discrètement). Service efficace et charmant. À l'ardoise, belle cuisine de marché, avec de l'imagination à revendre mais sans frime et toute de saveurs. Régalants petits plats qui s'offrent quelques clins d'œil au terroir : tourelle d'andouilles aux pommes et vinaigre de cidre, tripes au cidre et calva. Courte mais intéressante sélection de vins, tous (provoc ou très bonne idée?) au même prix. NOUVEAUTÉ.

|●| Restaurant Alcide – 1, place Courtonne (C2-13) ☎ 02.31.44.18.06. Fermé le samedi. Congés annuels : du 20 au 31 décembre. Menus de 82 à 135 F (12,5 à 20,6 €). Derrière la façade bleu ciel, le décor ne fait pas dans l'originalité mais l'atmosphère est chaleureuse. Attention, mieux vaut ne pas être au régime lorsqu'on vient ici. Les menus déclinent langue de bœuf sauce piquante, sauté d'agneau, petit salé aux lentilles, tête de veau... et des tripes à la mode du pays, on ne vous dit que cela. Bonne (et franchement roborative!) cuisine de terroir. Un des « classiques » de la ville.

|●| Le Gastronome – 43, rue Saint-Sauveur (A2-18) ☎ 02.31.86.57.75. Fermé le samedi midi et le dimanche. Congés annuels : du 29 juillet au 11 août. Menus de 99 à 199 F (15,1 à 30,3 €). Menu enfant à 50 F (7,6 €). La déco est plutôt sobre et bien vue dans le genre chic. Et le chef s'évertue à se montrer à la hauteur d'une enseigne plutôt exigeante. Il interprète les classiques du terroir avec un ton qui n'appartient qu'à lui. En témoigne le deuxième menu qui aligne quelques-unes des spécialités du « Gastronome » : huîtres chaudes sur compote « pommes-poires » et croustillant de tripes jus écrémé au calvados. Service discret et efficace, plein d'attention.

|●| Le Carlotta – 16, quai Vendeuvre (C2-15) ☎ 02.31.86.68.99. Fermé le dimanche. Service jusqu'à 23 h. Congés annuels : 2 semaines en août. Accès : à proximité du port. Menus à 100 F (15,2 €) en semaine jusqu'à 22 h 30, 120 et 160 F. (18,3 et 24,4 €). Avec son nom de pizzeria un peu ringarde, on avait de quoi être effrayés. Une fois devant, nous fûmes totalement rassurés : nappes blanches, serveurs en tabliers blancs, décor plutôt cossu très Belle Époque, il s'agit en fait d'une brasserie dans un style tout ce qu'il y a de plus parisien. Il y a même les banquettes en moleskine. À cette différence près que, située à Caen, ses prix n'ont rien à voir avec ceux pratiqués dans la capitale. On se sustente ici à des prix tout à fait raisonnables pour la qualité de la cui-

sine. Service efficace et copieuses assiettes. Quelques beaux poissons (suprême de barbue au vin jaune, filet de lotte à la vapeur d'algues aux endives caramélisées) et des viandes savoureuses (le tartare est proche de la perfection!).

|●| Restaurant Le Zodiaque – 15, quai Eugène-Meslin (C3-16) ☎ 02.31.84.46.31. Fermé le soir du lundi au mercredi et le dimanche. Congés annuels : du 1er au 15 août. Accès : le long de l'Orne, à côté du BHV. Compter à la carte, de 100 à 150 F (15,2 à 22,9 €). Un resto dont la déco tourne évidemment autour du zodiaque (jetez un coup d'œil à la rosace du plafond qui regroupe les douze signes). On peut même, à peine passé la porte, y découvrir son horoscope du jour! Quelques affiches de Magritte pour parfaire le côté un peu décalé de l'endroit. La maison est célèbre pour ses grillades au feu de bois (entrecôte, magret de canard, côte de bœuf). Bonnes pâtisseries maison pour le dessert.

DANS LES ENVIRONS

BÉNOUVILLE 14970 (10 km NE)

🛏|●| Hôtel-restaurant La Glycine ** – au bourg ☎ 02.31.44.61.94. Fax : 02.31.43.67.30. Parking. TV. Satellite / câble. Fermé le dimanche soir hors saison. Congés annuels : du 15 février au 15 mars. Accès : sur la route d'Ouistreham; face à l'église. Doubles avec douche et wc ou bains de 280 à 310 F (42,7 à 47,3 €) suivant la saison. Petit déjeuner à 35 F (5,3 €). Menus de 95 F (14,5 €) sauf le dimanche, à 230 F (35,1 €). Menu enfant à 80 F (12,2 €). Une jolie bâtisse en pierre, couverte de glycine. Chambres sans histoires, contemporaines et fonctionnelles. Même genre de déco pour la salle de resto (un bon point toutefois pour les tables rondes). Foin de considérations esthétiques, c'est avant tout une bonne table. Le jeune chef n'a pas son pareil pour mitonner les petits légumes accompagnant le magret de canard aux 5 poivres ou encore le blanc de turbot au parfum de saison. Si le cœur vous en dit, essayez le foie gras normand, le homard sauce corail, les fruits de mer gratinés et les aumônières de crêpes aux fruits frais. 10 % sur le prix de la chambre l'hiver et sorbet normand offert.

COLLEVILLE-MONTGOMERY 14880 (10 km N)

|●| Restaurant La Ferme Saint-Hubert – 3, rue de la Mer ☎ 02.31.96.35.41. Parking. Fermé le lundi et le dimanche soir (sauf en saison et sauf jours fériés). Congés annuels : du 22 décembre au 12 janvier. Accès : par la D515; 5 km avant Ouistre-

ham, tourner à gauche. Menus de 90 F (13,7 €) le midi en semaine à 255 F (38,9 €). Dans une grosse maison normande (donc à colombages), une salle avec tout ce qu'il faut pour mériter l'appellation de rustique : grosses poutres, cuivres rutilants et hure de sanglier accrochée au mur. Déco idéale pour cette cuisine, de tradition et de terroir : gigot de lotte au cidre, fricassée de rognons ris de veau, magret de pommeau et bien sûr, gibier en saison. *Café offert.*

NOYERS-BOCAGE 14210
(12 km SO)

≙I●I *Hôtel-restaurant Le Relais Normand* ** – ☎ 02.31.77.97.37. Fax : 02.31.77.94.41. Parking. TV. Fermé le mardi soir et le mercredi. Accès : à la sortie de Noyers-Bocage, sur la D675. Doubles à 190 F (29 €) avec lavabo et de 230 à 280 F (35,1 à 42,7 €) avec douche et wc ou bains. Petit déjeuner à 40 F (6,1 €). Menus de 98 à 280 F (14,9 à 42,7 €). Menu enfant à 60 F (9,1 €). Des chambres confortables et d'un classicisme bon teint. Un accueil aux petits soins. Une salle de resto d'un rustique cossu. Un patron (grand maître de la Confrérie des fins goustiers du Pré-Bocage !) qui propose une cuisine toute de rigueur et de respect des produits du terroir : rosace de caneton à l'orange, blanquette du pêcheur aux petits légumes, tarte normande flambée au vieux calvados. L'hôtel de campagne pur jus ! *10 % sur le prix de la chambre sauf juillet-août.*

SAINT-AUBIN-SUR-MER 14750
(16 km NO)

≙I●I *Le Clos Normand* ** – 2, promenade Guynemer ☎ 02.31.97.30.47. Fax : 02.31.96.46.23. ● closnormand@lespiedsdansleau.com ● Parking. TV. Congés annuels : du 2 novembre au 1er mars. Accès : à 30 m du casino. Chambres avec douche et wc ou bains de 270 à 390 F (41,2 à 59,5 €) suivant la saison. Petit déjeuner à 40 F (6,1 €). Demi-pension obligatoire en juillet-août : de 295 à 420 F (45 à 64 €). Menus de 79 F (12 €) le midi en semaine à 295 F (45 €). Menu enfant à 58 F (8,8 €). Grande bâtisse en L, à peine séparée de la plage par une promenade piétonne. Un charme certain et cette atmosphère intemporelle que dégagent parfois les hôtels de bord de mer. Un petit côté *british* aussi. Serait-ce parce que le patron (jovial) a vécu au Canada ? Chambres à la déco d'inspiration marine, fraîches et agréables, avec, évidemment, vue sur mer pour certaines (les nos 209, 215, 315, 316 et 317 notamment). Vaste salle à manger où virevoltent les serveuses en noir et blanc. Cuisine de terroir pas mal amenée : tournedos d'anguilles aux pommes, filets de sole à la normande, civet de roussette au vin rouge, tournedos

d'andouille aux pommes et calvados. Une maison qu'on aime bien. Toutefois, si vous voulez y programmer un week-end en amoureux, renseignez-vous : hors saison l'hôtel accueille pas mal de groupes... *10 % sur le prix de la chambre à partir de 2 nuits consécutives sauf en haute saison.*

VILLERS-BOCAGE 14310
(26 km SO)

≙I●I *Auberge Les Trois Rois* ** – 2, place Jeanne-d'Arc ☎ 02.31.77.00.32. Fax : 02.31.77.93.25. Parking. TV. Fermé le dimanche soir et le lundi. Congés annuels : janvier. Doubles à 200 F (30,5 €) avec douche et de 300 à 380 F (45,7 à 57,9 €) avec bains. Petit déjeuner à 45 F (6,9 €). Menus de 100 à 180 F (15,2 à 27,4 €). Menu enfant à 75 F (11,4 €). Cette maison en pierre posée sur la grande place du village annonce l'auberge de campagne bien orthodoxe. C'est une fausse impression. Fort de trois décennies passées derrière les fourneaux, le chef aurait pu se reposer sur ses tripes à la mode de Caen tellement de fois diplômées qu'on a renoncé à en tenir le compte. Raté ! Sa cuisine est pleine d'allégresse et de créativité, inventant encore et toujours de réjouissantes recettes au gré du marché : dos de saint-pierre à l'oseille fraîche, crépinette de ris de veau sur crémeuse de laitue, soufflé léger aux liqueurs. Une adresse qui pourrait même jouer dans la cour des grands : ce qui explique la salle élégante mais un brin pompeuse, le service un soupçon guindé... Chambres régulièrement rénovées (dernières en date les nos 12, 14, 18 et 19) et bien tenues.

Carte régionale

I●I *La Camembertière* – ☎ 02.33.39.31.87. Parking. Fermé le lundi. Congés annuels : en hiver. Accès : descendre du village, traverser la D246, c'est tout droit. Différentes formules selon le nombre de plats : pour la totale c'est 140 F (21,3 €). Évidemment, il faut aimer le camembert ; ici, il est accommodé à toutes les sauces et ce n'est pas peu dire. Plateau dégustation des différents crus et cuisine au camembert. Le patron choisit méticuleusement ses produits au point de signaler, sur le menu, chacun de ses fournisseurs, la plupart des voisins. Quant au chef, ramené d'Angleterre, il innove sans cesse, maniant ces produits avec respect et talent. Pour ceux qui décidément ne peuvent pas voir le camembert en étiquette (on les plaint), on a pensé aussi à eux (et là, on plaint moins !) : salade de mangue et avocat, confit d'épaule d'agneau aux cèpes (un régal)... Parmi les standards de la maison : la tarte

BASSE-NORMANDIE

ou la pintade au camembert. Ajoutez à cela un cadre de rêve, improvisé patiemment dans une ancienne grange qui domine et embrasse la verte vallée. Notre meilleure adresse dans le coin (plébiscitée par nos lecteurs). Réservation plus que conseillée. *NOUVEAUTÉ.*

CARENTAN 50500

Carte régionale A1

🏠 I●I *Hôtel du Commerce et de la Gare* * – 34, rue du Docteur-Caillard (Centre) ☎ 02.33.42.02.00. Fax : 02.33.42.20.01. TV. Congés annuels : d'octobre à mars compris. Accès : N13; face à la gare. Doubles à partir de 100 F (15,2 €) avec lavabo, et à 150 F (22,9 €) avec douche et wc ou bains. Menus de 69 à 99 F (10,5 à 15,1 €). Menu enfant à 30 F (4,6 €). Petit déjeuner à 35 F (5,3 €). Derrière cette belle façade couverte de lierre, c'est le resto qui nous a plu. Salle intime un peu sombre. L'harmonie des tons et le vieux parquet ciré donnent une ambiance reposante au lieu. Ajouté à cela, un piano donne une ambiance piano-bar au resto. Très bonne cuisine familiale. Spécialités de poisson, viande et brochettes grillées et salades composées en plus à la carte. Un panneau vous invite, le cas échéant, à faire part de vos impressions au chef : sympa, non ?

DANS LES ENVIRONS

MOITIERS-EN-BAUPTOIS (LES)
50360 (20 km NO)

I●I *Auberge du Terroir de l'Ouve* – village Longuérac ☎ 02.33.21.16.26. Ouvert de Pâques à fin septembre uniquement et sur réservation. Congés annuels : du 30 septembre au 1er avril. Accès : 16 km à l'ouest de Sainte-Mère-Église. Menus de 80 à 125 F (12,2 à 19,1 €). Au bord de l'Ouve, quelques fermes anciennes, des chevaux qui gambadent, une haie d'arbres au bord de l'eau, des couchers de soleil romantiques... et cette charmante auberge loin de tout pour dévorer une savoureuse cuisine de terroir. Excellent accueil. Chouette cadre, atmosphère chaleureuse et bonne franquette pour des menus à mini-prix. Jugez-en : terrine à volonté et ragoût de pommes de terre à la crème, jambon fumé au cidre, salade Caroline et canard aux pommes. À la carte : matelote d'anguilles. Pour se mettre en appétit ou pour digérer : location de barques, balades en bateau sur la Douve; en saison, sentiers de randonnée dans les bois et marais aux alentours.

CHERBOURG 50100

Carte régionale A1

🏠 *Hôtel de la Renaissance* ** – 4, rue de l'Église (Centre) ☎ 02.33.43.23.90. Fax : 02.33.43.96.10. TV. Accès : devant la charmante église de la Trinité. Doubles à 140 F (21,3 €) avec lavabo et de 180 à 300 F (27,4 à 45,7 €) avec douche et wc. Petit déjeuner copieux à 30 F (4,6 €). Très bien situé, avec des chambres qui donnent toutes sur le port. Madame faisait de la peinture sur porcelaine... vous ne vous étonnerez donc pas de trouver des chambres on ne peut plus coquettes (et très confortables d'ailleurs), chacune évoquant une fleur différente ! La façade façon bonbon sucré devrait plaire aux esthètes. Bravo aussi pour le sourire et les bons petits soins d'Édith. Autant tout vous dire, notre hôtel coup de cœur à Cherbourg. *10 % sur le prix de la chambre de novembre à mars.*

🏠 *Hôtel de la Croix de Malte* ** – 5, rue des Halles (Centre) ☎ 02.33.43.19.16. Fax : 02.33.43.65.66. TV. Accès : à proximité du port, du théâtre et du casino. Double à 160 F (24,4 €) avec douche et wc, à 250 F (38,1 €) avec bains, téléphone direct et télé. Cet hôtel a été entièrement refait, d'un grand confort, les chambres sont pimpantes et très calmes. Les patrons vous accueillent personnellement de façon charmante. Si vous réservez à l'avance, demandez les nos 3, 8 ou 15, les plus grandes. Excellent rapport qualité-prix. *10 % sur le prix de la chambre hors juillet-août.*

I●I *Le Faitout* – 25, rue Tour-Carrée ☎ 02.33.04.25.04. Fermé le dimanche et le lundi midi. Congés annuels : 2 semaines à Noël. Accès : à 150 m de l'hôtel de ville. Plats et formules diverses de 55 à 115 F (8,4 à 17,5 €). Prudent de réserver le soir et le week-end. Petit restaurant de ville, à la qualité constante et à prix très digestes, toujours plein (normal, clientèle d'habitués). Agréable cadre de bois et de pierre. Salle au sous-sol. Atmosphère relax pour une bonne petite cuisine traditionnelle : huîtres très fraîches, canard braisé au cidre, tête de veau gribiche, andouillette au calvados ou saumon grillé. Le patron pense aussi aux petits budgets : moules marinière ou à l'escabèche.

DANS LES ENVIRONS

OMONVILLE-LA-PETITE 50440
(20 km NO)

🏠 *La Fossardière* ** – hameau de la Fosse ☎ 02.33.52.19.83. Fax : 02.33.52.73.49. Parking. Congés annuels : du 15 novembre au 15 mars. De 260 à 370 F

(39,6 à 56,4 €) la double. À 500 m de la mer, dans cette somptueuse partie du Cotentin, un adorable petit hameau fleuri, à cheval sur le lit d'un ruisseau. Un accueil chaleureux du patron des lieux, Gilles Fossard, mêlé à la sensation d'être dans un nid pour *happy few*, c'est déjà un bon point de départ. Le confort des chambres, le petit coup de sauna et de bain à remous, les prix plutôt doux et vous serez convaincu. *10 % sur le prix de la chambre à partir de 2 nuits hors juillet-août.*

AUDERVILLE 50440 (28 km NO)

I●I *Restaurant L'Auberge de Goury* – **port de Goury** ☎ 02.33.52.77.01. Fermé le lundi pendant les vacances de Noël et de février. Accès : par la D901. Menus de 88 à 305 F (13,4 à 46,5 €). Restaurant du bout du monde, à l'extrême pointe de La Hague. De vastes baies ouvrent sur le large, clément ou déchaîné selon le temps. Le spectacle est garanti. Le livre d'or montre à quel point nos vedettes de l'écran et du théâtre l'ont apprécié. Le tout additionné à un patron haut en couleur (comme on les aime), ne vous étonnez pas qu'il puisse y avoir beaucoup de monde en haute saison. Spécialité de poisson grillé au feu de bois. Le homard y est réputé. Assiette du pêcheur, feuilleté de lotte aux poireaux, gigot grillé. Autant dire aux amateurs de bonne chère qu'ils en auront pour leur argent.

FLAMANVILLE 50340 (28 km SO)

≜ *Hôtel Bel Air* ** – **au bourg** ☎ 02.33.04.48.00. **Fax :** 02.33.04.49.56. TV. Congés annuels : du 20 décembre au 15 janvier. Accès : à 300 m du château de Flamanville, par la D4. Doubles de 295 à 390 F (45 à 59,5 €). Plateau-repas sur demande à 65 F (9,9 €). Une bien jolie maison en pleine campagne, à un battement d'ailes du superbe cap de Flamanville. On s'y sent très vite chez soi, tellement l'accueil et le cadre sont souriants. Au choix, vue sur les champs ou sur un joli jardin. Une paix royale ! Les chambres sont dotées d'un bon confort, avec un petit charme en plus. Adorables petites chambres *cosy* à souhait dans l'annexe, ou celle de la maison principale, à vous de voir. Mais nous, on reste... *Apéritif offert.*

SAINT-GERMAIN-DES-VAUX 50440 (29 km NO)

I●I *Restaurant Au Moulin à Vent* – ☎ 02.33.52.75.20. Parking. Fermé le samedi et tous les soirs de la semaine du 1er octobre au 15 avril. Le dimanche soir et le lundi du 15 avril au 31 septembre. Accès : par la D901 ; à la sortie de Saint-Germain-des-Vaux, vers Port-Racine. Menus de 98 à 170 F (14,9 à 25,9 €). Compter 220 F (33,5 €) pour un repas complet. Menu enfant à 45 F (6,9 €). Très conseillé de réserver. Dominant la baie, à côté des vestiges d'un ancien moulin, découvrez l'un des hauts lieux des plaisirs du palais du nord-Cotentin. Grande salle agréable aux tons doux donnant sur un petit jardin exotique (yuccas, mini-palmiers, etc.) et sur l'anse Saint-Martin. Cuisine de marché aux produits très frais et particulièrement soignée. 1er menu servi en semaine (avec 8 huîtres), présentant un remarquable rapport qualité-prix ; un autre avec un demi-homard en saison. À la carte, un peu plus cher cependant : pigeonneau désossé rôti, filet de rouget-barbet grillé, pavé de saumon à l'unilatérale, homard grillé et gratin de pommes de terre.

CONDÉ-SUR-NOIREAU 14110

Carte régionale A2

≜I●I *Hôtel-restaurant du Cerf* ** – **18, rue du Chêne** ☎ 02.31.69.40.55. **Fax :** 02.31.69.78.29. Parking. TV. Fermé le dimanche soir et le lundi. Congés annuels : vacances scolaires de la Toussaint et de février. Accès : à 500 m du centre, route d'Aunay-sur-Odon. Doubles de 214 à 240 F (32,6 à 36,6 €) avec douche et wc ou bains. Petit déjeuner à 28 F (4,3 €). Menus de 68 F (10,4 €), sauf le dimanche, à 175 F (26,7 €). Menu enfant à 47 F (7,2 €). Hôtel de province qui a de la bouteille mais qui a su avancer avec le temps. On est accueilli comme un ami de toujours par une dame fort gentille. Elle est vice-présidente de l'office du tourisme local et connaît la Suisse normande par cœur. Son mari règne sur les cuisines et cultive l'art du terroir. Menu du jour honnête sans plus. Intéressez-vous plutôt aux suivants pour goûter bœuf ficelle et sa crème de camembert, filet de perche poêlée au beurre de coquelicot, émincé d'andouille au beurre de cidre, délice au miel et sa gelée de pommeau, etc. Terrasse dans le jardin pour les beaux jours. Côté hôtellerie, demandez les chambres n° 6, 8, 9 et 10, sur le jardin. *Café offert. 10 % sur le prix de la chambre du 1er novembre au 15 mars.*

COUTANCES 50200

Carte régionale A1

≜I●I *Relais du Viaduc* – **25, av. de Verdun (Sud)** ☎ 02.33.45.02.68. **Fax :** 02.33.45.69.86. TV. Fermé le vendredi soir, le samedi hors saison. Congés annuels : Noël et la 2e quinzaine de février. Accès : sur la route de Granville, à la sortie de Coutances, à côté de la station-service. Doubles

BASSE-NORMANDIE

de 150 F (22,9 €) avec lavabo à 170 F (25,9 €) avec lavabo et wc. Menus de 56 F (8,5 €) en semaine, à 190 F (29 €). Menu enfant à 35 F (5,3 €). Demi-pension à 190 F (29 €) par personne. Les nᵒˢ 4, 6 et 8 possèdent une jolie vue sur la ville haute et les tours de la cathédrale. Le resto est un relais routier de bonne tenue. De belles tentatives : foie gras de canard maison, filet de limande au beurre de vanille, darne de bar à l'anis étoilé, filet de sabre au beurre de gingembre.

|●| Restaurant Notre-Dame – **rue d'Harcourt** ☎ **02.33.45.00.67.** Fermé le dimanche (sauf en été). Accès : en plein centre-ville, à côté de la place Saint-Nicolas. Menus de 50 à 129 F (7,6 à 19,7 €). Menu enfant à 39 F (5,9 €). Dans une atmosphère coquette et feutrée, un des rares restos de la ville ouverts le dimanche midi (en saison) avec des prix fort modérés. Bon accueil et cuisine de bonne tenue. Quelques spécialités : magret de canard au pommeau, galette Rapière et duo de la mer au sauvignon. Tous les légumes sont certifiés « agriculture biologique », les crêpes et galettes sont poêlées à l'ancienne, et le patron vous gratifie même d'une sélection de vins biologiques !...

DANS LES ENVIRONS

MONTMARTIN-SUR-MER 50590
(10 km SO)

🛏|●| Hôtellerie du Bon Vieux Temps ** – **7, rue Pierre-des-Touches (Centre)** ☎ **02.33.47.54.44.** Fax : **02.33.46.27.12.** TV. Fermé le dimanche soir et le lundi matin hors saison. Congés annuels : 1 semaine en février, 1 semaine en octobre. Accès : en face de la poste. Doubles de 160 à 270 F (24,4 à 41,2 €) avec lavabo, douche ou bains. Menus de 65 F (9,9 €) sauf le dimanche, les jours fériés et le samedi soir, à 200 F (30,5 €). On est presque au bord de la mer (elle est à 2 km !). L'auberge porte bien son nom. Les boiseries de la grande salle et les tableaux nous plaisent. Tout comme la bonne cuisine campagnarde au cidre et à la crème. Homard grillé (sur commande), andouille chaude aux deux pommes sauce pommeau, filet de saumon farci aux huîtres pochées sauce bénédictine... Les chambres sont très bien tenues. *10 % sur le prix de la chambre d'octobre à mars.*

REGNÉVILLE-SUR-MER 50590
(10 km SO)

|●| Le Jules Gommès – **au bourg** ☎ **02.33.45.32.04.** Fermé le lundi, le mardi et le mercredi (sauf pendant les vacances scolaires). Congés annuels : novembre.

Accès : prendre la D20 vers Granville, puis après 7 km la D49 direction Regnéville. Menus de 65 à 150 F (9,9 à 22,9 €). En arrivant à Regnéville par la sympathique D49, vous avez la mer et, sur votre droite, avant de plonger dans l'eau, le *Jules Gommès*, quasiment au mouillage, comme l'illustre ancêtre qui passait le cap Horn plusieurs fois l'an. Kékséksa ? Tout simplement un endroit chaleureux, à mi-chemin entre le restaurant, la crêperie et le pub irlandais. Une déco aux petits oignons, des meubles au quart de poil et des murs chargés de délicieuses aquarelles inspirées de la beauté de la région. Le tout, face à la mer... Excellentes crêpes et galettes (à tester : la « Jules Gommès » ou la crêpe flambée au calvados), et de bons petits menus très abordables. Ah, au fait, pour faire des rencontres (du genre... chaleureuses !), le pub n'est pas mal du tout...

SAVIGNY 50210 (10 km E)

🛏|●| La Voisinière – **rue des Hêtres** ☎ **02.33.07.60.32.** Fax : **02.33.46.25.28.** Fermé le dimanche soir et le lundi (sauf à Pâques, à la Pentecôte et le week-end du 15 août). Congés annuels : 15 jours fin octobre-début novembre et 10 jours en janvier. Accès : fléchage depuis la route Saint-Lô/ Coutances ; prenez la D52 ou la D380. Doubles à 240 F (36,6 €). Menus de 98 F (14,9 €) sauf les fêtes, à 229 F (34,9 €). Menu enfant à 50 F (7,6 €). Le dimanche midi, réservation obligatoire. Grande demeure de charme en pleine campagne, au milieu d'un grand jardin avec de superbes plantes brésiliennes, genre rhubarbe géante appelée *gunera*. Seulement 4 belles chambres joliment meublées à l'ancienne et une cuisine fort renommée aux alentours. Escalope de saumon à la fondue de poireaux ou fricassée de pintade aux champignons. De belles spécialités : escalope de veau normande feuillantine de poires, poêlée de langoustines aux arômes d'orange, raie à la crème de câpres... Grillades au feu de bois. Poissons délicieux et beaux fruits de mer. Et que dire des desserts !

MESNILBUS (LE) 50490 (12 km NE)

🛏|●| Auberge des Bonnes Gens – **au bourg** ☎ **02.33.07.66.85.** Parking. Fermé le dimanche soir et le lundi hors saison. Congés annuels : 15 jours en octobre et 15 jours en février. Accès : gagnez Saint-Sauveur-Lendelin, puis prenez la D53. Doubles avec douche à 145 F (22,1 €). Menus de 50 F (7,6 €) le midi en semaine, à 155 F (23,6 €). Dans une belle campagne, au cœur du triangle vert Saint-Lô-Périers-Coutances, une très bonne auberge de village offrant 4 chambres agréables. Grande salle style rustique (ça va de soi) pour une cuisine traditionnelle normande servie copieusement. Ici, on n'est pas radin sur la crème (on n'y a jamais vu Montignac!) et la palette des prix satisfait tout le monde. Menu à 90 F (13,7 €) avec soupe de poissons, jambon de pays au cidre ou tripes, fromage et glace. Spécialité de méli-mélo de rognons, ris de veau au pommeau, huîtres chaudes gratinées au cidre, civet de lotte, filet de loup au vin rouge ou pudding normand. En prime, un accueil charmant et dévoué. *10 % sur le prix de la chambre sauf juillet-août.*

TRELLY 50660 (13 km S)

🏠 |●| *Verte Campagne* ** – hameau Chevalier ☎ 02.33.47.65.33. Fax : 02.33.47.38.03. Parking. Fermé le dimanche soir et le lundi hors saison, le lundi midi en saison. Congés annuels : 1ʳᵉ semaine de décembre, 20 jours en janvier. Accès : au sud de Coutances par la D7 ou la D971. Doubles de 220 à 380 F (33,5 à 57,9 €). Menus de 140 à 230 F (21,3 à 35,1 €). Pensez à réserver! Minuscule village situé en pleine nature. Superbe demeure à l'architecture traditionnelle croulant sous le lierre. Environnement et décoration intérieure de charme. Grosses poutres, murs de pierre sèche, beaux objets. Accueil pas trop souriant (peut-être est-ce de la timidité?) pour une des plus merveilleuses cuisines qu'on connaisse. À la carte c'est plus cher, bien sûr, mais qui peut oser parler de prix ici? En avalanche : l'émincé d'ormeaux au vinaigre de cidre, le pigeon rôti aux épices, les langoustines rôties en brandade de morue, sans oublier le moelleux au chocolat... Belle carte des vins à prix fort raisonnables. Pour dormir, les chambres sont très plaisantes. Une de nos meilleures adresses en Manche.

HAMBYE 50450 (20 km SE)

🏠 |●| *Auberge de l'Abbaye d'Hambye* ** – route de l'Abbaye ☎ 02.33.61.42.19. Fax : 02.33.61.00.85. TV. Fermé le dimanche soir et le lundi (sauf jours fériés). Congés annuels : vacances scolaires de février et du 20 septembre au 10 octobre. Accès : prendre la D7 direction Villedieu-les-Poêles puis la D27 sur la gauche. Doubles avec douche et wc ou bains de 170 à 320 F (25,9 à 48,8 €). Menus de 110 à 300 F (16,8 à 45,7 €). Cadre de verdure idéal. Petit hôtel tranquille offrant de mignonnes et confortables chambres. L'ensemble est tenu avec un soin méticuleux. En outre, Micheline et Jean Allain reçoivent fort courtoisement et proposent une délicieuse cuisine régionale. Escargots de Bourgogne à l'alsacienne, soupe de poissons, plateau de fruits de mer, brochette d'agneau du pays grillée au feu de bois. Bonnes « crêpes auberge ». *Apéritif offert.*

Carte régionale B1

🏠 *Le Patio* ** – 180, av. de la République (Centre) ☎ 02.31.88.25.07. Fax : 02.31.88.00.81. TV. Congés annuels : janvier. Accès : à proximité du champ de courses. Doubles de 200 à 270 F (30,5 à 41,2 €) avec douche (wc sur le palier) suivant la saison. De 290 à 400 F (44,2 à 61 €) avec bains. Petit déjeuner à 40 F (6,1 €). Dans une grande bâtisse blanche, les chambres ont retrouvé leur prime jeunesse à la fin de la rénovation de l'hôtel. L'ensemble est plutôt confortable et bien réussi. Vue sur le patio (ah, voilà le nom alors!) fleuri et ombragé dispensant une fraîcheur agréable. Prix raisonnables pour Deauville. Pas de resto pour grossir mais salle de fitness pour mincir. *10 % sur le prix de la chambre hors week-end et vacances scolaires.*

🏠 *Hôtel Le Chantilly* ** – 120, av. de la République (Centre) ☎ 02.31.88.79.75. Fax : 02.31.88.41.29. TV. Canal+. Accès : à 500 m de la gare SNCF. Doubles de 305 à 355 F (46,5 à 54,1 €) avec douche et wc ou bains suivant la saison. Petit déjeuner à 40 F (6,1 €). Il est prudent de réserver. Hôtel non dénué d'un certain charme, entièrement rénové, avec tout le confort désiré et qui pratique des tarifs pas si courants que cela à Deauville. Accueil aimable. Patronne chaleureuse et communicative. *10 % sur le prix de la chambre à partir de la 3ᵉ nuit.*

Carte régionale B2

🏠 |●| *Hôtel-restaurant de la Poste* ** – 38, rue Georges-Clemenceau (Centre) ☎ 02.31.90.13.14. Fax : 02.31.90.01.81. Parking. TV. Canal+. Fermé le dimanche soir et le lundi. Congés annuels : la 3ᵉ semaine d'octobre et du 21 décembre au 21 janvier. Doubles avec douche à 200 F (30,5 €). De 285 à 365 F (43,4 à 55,6 €) avec douche et wc ou bains. Petit déjeuner à 38 F (5,8 €). Menus de 88 F (13,4 €) en semaine, à 245 F (37,3 €). Menu enfant à 60 F (9,1 €). Une hostellerie bien sympathique. Les patrons sont aussi attentifs à la qualité de leur cuisine qu'au confort qu'ils apportent à leurs clients. Même les gendarmes, qui certes n'ont pas la réputation de manger n'importe quoi, fréquentent la maison. Le chef est attaché à son terroir et à ses produits. Il fait une cuisine simple et traditionnelle : panaché de poissons au coulis d'étrille, tête de veau ravigote, chartreuse d'andouille au cidre. Service souriant et efficace. *10 % sur le prix de la chambre du 1ᵉʳ octobre au 1ᵉʳ juin.*

BASSE-NORMANDIE

|●| *La Fine Fourchette* – 52, rue Georges-Clemenceau (Centre) ☎ 02.31.90.08.59. Fermé le mardi soir et le mercredi soir hors saison. Congés annuels : du 1er au 12 février. Menus de 88 F (13,4 €) tous les jours sauf fêtes, à 199 F (30,3 €). Menu enfant à 56 F (8,5 €). Les couleurs chatoyantes de la salle mettent en joie le voyageur affamé qui s'arrête ici. Peut-être fourbu mais de bonne humeur, il pourra apprécier pleinement cette cuisine de qualité aux recettes toujours renouvelées. D'ailleurs, chaque année, le chef part en stage chez quelques grands toqués parisiens. Des cuisines du *Ritz*, il a ramené un dos de filet de sandre poêlé aux écorces d'orange, de celles du *Grand Véfour*, des cannellonis de tourteau décortiqué à la crème de vignots. L'accueil est vraiment sincère, le service souriant. Et une fois n'est pas coutume, le premier menu permet déjà d'avoir un bon aperçu de ce qu'on sait faire en cuisine. *Digestif offert.*

DANS LES ENVIRONS

PONT-D'OUILLY 14690 (18 km O)

🏠|●| *Hôtel du Commerce* ** – rue de Falaise (Centre) ☎ 02.31.69.80.16. Fax : 02.31.69.78.08. Parking. TV. Fermé le dimanche soir et le lundi (sauf de juin à septembre). Accès : par la D511. Doubles avec lavabo à 200 F (30,5 €), 250 F (38,1 €) avec douche et wc ou bains. Petit déjeuner à 30 F (4,6 €). Menus de 70 F (10,7 €) sauf le dimanche, à 195 F (29,7 €). Menu enfant à 50 F (7,6 €). Dans un bâtiment sans supplément d'âme, l'auberge de campagne pur jus qu'annonce son enseigne : accueil sincère et souriant, grande et claire salle à manger où s'installent les habitués, commerciaux pressés ou repas de mariage certains après-midi. Bons produits (le poulet rôti du 1er menu a grandi dans sa ferme) et une cuisine qui garde un œil sur son terroir : langouste flambée au calvados sauce thermidor, faux-filet sauce camembert, duo de poissons au beurre de cidre, etc. Chambres classiques mais confortables, au calme pour les nos 2, 4, 8 et 9 qui donnent sur le jardin. *Apéritif offert. 10 % sur le prix de la chambre de juin à septembre.*

🏠|●| *Auberge Saint-Christophe* ** – ☎ 02.31.69.81.23. Fax : 02.31.69.26.58. Parking. TV. Fermé le dimanche soir et le lundi. Congés annuels : du 30 août au 6 septembre et du 2 au 8 novembre. Accès : direction Pont-d'Ouilly par la D511 (17 km), puis Thury-Harcourt par la D23. Doubles avec douche et wc ou bains à 280 F (42,7 €). Petit déjeuner à 40 F (6,1 €). Menus de 95 à 220 F (14,5 à 33,5 €). Menu enfant à 58 F (8,8 €). Demi-pension obligatoire l'été : 295 F (45 €) par personne. Le jeune couple installé derrière les murs mangés par le lierre de cette bonne auberge sait ce que recevoir veut dire. La salle à manger est plaisante, toujours égayée de quelques bouquets. On la quittera sans vergogne pourtant, dès le printemps, pour s'installer en terrasse, dans la tranquille jardin fleuri, à deux enjambées de la rivière. Le chef a un pied dans la tradition, l'autre dans le terroir et la tête dans les... nuages. De l'excellent poulet fermier au cidre au bœuf à la ficelle à la crème de camembert en passant par les œufs pochés aux moules de bouchot, sa touche perso fait la différence. Les quelques chambres viennent de se refaire une beauté, dans un genre résolument contemporain qui ne leur a pas ôté une once de leur charme. Les nos 5 et 6 donnent sur le jardin. Une de nos meilleures adresses en Suisse normande. *Digestif offert.*

FLERS 61100

Carte régionale A2

🏠 *Hôtel Oasis* ** – 3 bis, rue de Paris (Centre) ☎ 02.33.64.95.80. Fax : 02.33.65.97.76. Parking payant. TV. Canal+. Satellite / câble. Doubles de 135 F (20,6 €) avec cabinet de toilette à 275 F (41,9 €) avec bains. Supplément de 15 F (2,3 €) pour le garage. À l'image de Flers, détruite puis reconstruite après la Seconde Guerre mondiale, cet hôtel n'a rien d'une auberge de charme. L'extérieur banal cache pourtant une oasis de calme où il fait bon se réfugier, en plein centre-ville. En plus, on y est plutôt bien accueilli. La déco est un rien kitsch mais les chambres sont bien tenues, confortables et d'un bon rapport qualité-prix.

|●| *Auberge des Vieilles Pierres* – Le Buisson Corblin ☎ 02.33.65.06.96. Fermé le dimanche soir et le lundi. Congés annuels : pendant les vacances de février et les 3 premières semaines d'août. Accès : à 3 km du centre sur la route d'Argentan. Menu à 82 F (12,5 €), sauf le samedi soir et le dimanche. Autres menus tout aussi réussis de 120 à 210 F (18,3 à 32 €). Une de nos meilleures adresses de resto dans cette région de la Suisse normande. Pour une surprise, c'est une surprise ! Tout commence dans une jolie salle à manger aux tables coquettes. Rien de pesant dans la déco. À patrons jeunes, ambiance jeune et naturelle. On a ensuite le sentiment qu'un génie inconnu est derrière les fourneaux tant la cuisine ici est superbe et intelligemment travaillée. Difficile de ne pas être élogieux avec le 1er menu : filet de mouette aux poireaux, pintade braisée au chou. Le chef a un penchant pour les poissons, ainsi que pour le homard grillé. Bref, des vieilles pierres ranimées par de jeunes talents pleins d'avenir dont le bon goût et la modernité nous ont conquis.

|●| Restaurant Au Bout de la Rue – 60, rue de la Gare (Sud-Ouest) ☎ 02.33.65.31.53. Fermé le dimanche et les jours fériés. Accès : au bout de la rue (évidemment !) qui mène du centre-ville à la gare. Formule bistrot à 78 F (11,9 €) et menus à 100 et 128 F (15,2 et 19,5 €). Déco jazzy-rétro réussie et régulièrement rafraîchie. Accueil et service prévenants et attentionnés. Cuisine plutôt inventive : saumon cru mariné aux aromates, salade d'andouille tiède caramel de pommeau, jambon à l'os au cidre, vapeur de cabillaud au curry de Madras, un tartare de bœuf coupé au couteau qui fait oublier leurs sushis aux clients japonais. Bons desserts : feuilleté léger de fraises et kiwi au coulis de granny smith, gaufres à la purée de myrtilles, crème fouettée. Bonne carte des vins à prix sages. Intéressante variété de cafés : du Costa Rica, d'Éthiopie, de Colombie. Accueil prévenant et attentionné.

DANS LES ENVIRONS

FERRIÈRE-AUX-ÉTANGS (LA)
61450 (10 km S)

|●| Auberge de la Mine – Le Gué-Plat ☎ 02.33.66.91.10. De mai à fin août, fermé le mardi soir et le mercredi, ainsi que le mardi midi le reste de l'année. Congés annuels : 20 jours en janvier et fin août. Accès : par la D18, puis route de Domfront (D21) ; 1,5 km plus loin, à gauche. 1er menu à 98 F (14,9 €), autres de 115 à 235 F (17,5 à 35,8 €). Dans le coin, le souvenir des mines est encore présent partout et cette grande maison en brique couverte de lierre était autrefois, paraît-il, la cantine des mineurs. Les temps ont changé : la déco, raffinée et fleurie, de cette délicate bonbonnière en fait aujourd'hui une adresse assez chic, idéale pour une soirée dans un cadre intime. Ici, le chef est un artiste et les plats flattent tout autant l'œil que le palais : ris de veau piqué à l'andouille de Vire braisée au foin, fricassée de langoustines en crêpes de sarrasin et beurre de cidre, millefeuille aux pommes et sa quenelle de glace jasmin. Dommage que quelques lecteurs aient eu à se plaindre de l'accueil...

GOUVETS
50420

Carte régionale

|●| Restaurant Les Bruyères – ☎ 02.33.51.69.82. Parking. Fermé le dimanche. Congés annuels : pour les fêtes de fin d'année. Accès : sur la N175 (axe Villedieu-les-Poêles – Caen). Menus de 68 à 140 F (10,4 à 21,3 €) de bonne tenue. Menu enfant à 35 F (5,3 €). Au bord de la route, une construction récente sans grand charme vue de l'extérieur. Mais une fois à l'intérieur, l'accueil, l'atmosphère printanière et surtout l'excellent rapport qualité-prix de ce que vous aurez dans l'assiette méritent bien le déplacement. Le menu est renouvelé toutes les semaines selon les arrivages du marché. Escalope de saumon aux pâtes fraîches, lapin à la provençale, navarin d'agneau aux petits légumes. On a particulièrement aimé l'assortiment de pâtisseries au dessert... criminellement bon.

GRANVILLE
50400

Carte régionale A2

▲ Le Michelet ★★ – 5, rue Jules-Michelet ☎ 02.33.50.06.55. Fax : 02.33.50.12.25. TV. Accès : par la route de Coutances. Doubles de 135 F (20,6 €) avec lavabo et bidet à 295 F (45 €) avec bains. Petit déjeuner à 29 F (4,4 €). À deux pas du casino et du centre de thalasso, près du bord de mer, une belle façade blanche abrite ce petit hôtel comme on les aime. Un jeune couple tout ce qu'il y a de plus sympathique prodigue un accueil comme on devrait en voir plus souvent ! Les chambres sont simples mais claires et très bien tenues et toutes ont le téléphone direct.

|●| L'Échauguette – 24, rue Saint-Jean ☎ 02.33.50.51.87. Fermé le mardi et le mercredi midi sauf en période de vacances. Congés annuels : 3 semaines à partir du 11 novembre et 2 semaines en mars. Accès : dans la haute ville, par la grande porte et son pont-levis. Compter 60 F (9,1 €) environ pour un repas. Dans le dédale des jolies petites rues de la haute ville (la vieille ville) se cache cette petite crêperie de derrière les fagots. Le panneau « Crêperie fine » ne ment pas. Rien que la crêpe au beurre vous donne un avant-goût de ce qui vous attend. L'accueil discret et l'atmosphère chaleureuse vous laisseront vous glisser en paix vers les spécialités de la maison, en particulier les crêpes gratinées. Ah, la gratinée de Saint-Jacques...

|●| Restaurant Le Phare – rue du Port ☎ 02.33.50.12.94. Fermé le mardi soir et le mercredi (sauf juillet-août). Congés annuels : du 20 décembre au 20 janvier. Accès : sur le port. Menus de 68 F (10,4 €) sauf le week-end, à 210 F (32 €). Menu enfant à 42 F (6,4 €). Avec vue panoramique sur la flottille des bateaux de pêche et des voiliers. À une portée de harpon de la criée, ce restaurant ne pouvait que privilégier les produits de la mer. Filet de dourade au beurre nantais, filet de lieu jaune au beurre blanc, duo de lotte et cabillaud sauce ciboulette. Le panaché de poissons au beurre blanc résume assez bien la fraîcheur de cette cuisine de chef à prix modérés. Beau plateau de fruits de mer. Pour les

BASSE-NORMANDIE

clients en appétit (et pas trop fauchés) qui veulent fêter ça : menu gargantuesque avec homard de Chausey... À propos des petits budgets, la formule express : moules marinière et pichet de vin. À noter : tous les desserts sont faits maison.

DANS LES ENVIRONS

CHAMPEAUX 50530 (15 km S)

🛏🍴 *Hôtel Les Hermelles - Restaurant Au Marquis de Tombelaine* – ☎ 02.33.61.85.94. Fax : 02.33.61.21.52. Parking. TV. 🐾 Fermé le mardi soir et le mercredi (sauf en juillet et août). Congés annuels : janvier, quelques jours en février et en novembre. Accès : par la D911 qui longe la Manche. Doubles confortables de 280 à 320 F (42,7 à 48,8 €). 4 menus de 98 à 350 F (14,9 à 53,4 €). Demi-pension de 290 à 330 F (44,2 à 50,3 €). À l'opposé de Cancale, mais sur la côte normande, devant un des plus beaux paysages marins qui soient, en haut des falaises de Champeaux. La salle à manger intime est un mariage réussi de pierres, de boiseries et de poutres. Au mur, une grande reproduction d'un manuscrit racontant la légende du rocher de Tombelaine. L'assiette est savoureuse. Le chef, disciple d'Auguste Escoffier, fait des merveilles avec son escalope de morue à l'andouille chaude, sa feuillantine de bar et foie gras chaud aux pommes, son velouté de grenouilles et d'escargots au fumé de champignons... *10 % sur le prix de la chambre de novembre à avril.*

HONFLEUR 14600

Carte régionale B1

🛏🍴 *Les Cascades* * – 17, place Thiers (Centre) ☎ 02.31.89.05.83. Fax : 02.31.89.32.13. TV. Fermé le lundi soir et le mardi (sauf pendant les vacances de février, à Pâques et en juillet-août). Congés annuels : du 11 novembre au 15 février. Accès : à deux pas du vieux port. Doubles avec douche et wc ou bains à 200 et 300 F (30,5 et 45,7 €). Petit déjeuner à 35 F (5,3 €). Menus de 75 à 185 F (11,4 à 28,2 €). Dîner sur place obligatoire les week-ends et vacances. Hôtel assez simple mais bien situé au cœur de la situation. Prix tenus donc, pour Honfleur et pour des chambres pas compliquées, mais tout doucement rénovées. Patronne dynamique et accueillante, depuis une trentaine d'années dans les murs. Cuisine bien traditionnelle et qui va à l'essentiel mais poissons et fruits de mer d'une belle fraîcheur. Pas de réservation par téléphone. *Kir offert. 10 % sur le prix de la chambre.*

🛏🍴 *Hôtel Le Belvédère* ** – 36, rue Émile-Renouf (Sud-Est) ☎ 02.31.89.08.13.

Fax : 02.31.89.51.40. TV. Fermé le dimanche soir et le lundi hors saison. Congés annuels : janvier. Accès : prendre la direction du pont de Tancarville. Doubles de 250 à 420 F (38,1 à 64 €) avec douche et wc ou bains, suivant la saison. Demi-pension obligatoire en saison de 290 à 370 F (44,2 à 56,4 €) par personne. Petit déjeuner à 38 F (5,8 €). Menus à 99 et 148 F (15,1 et 22,6 €). Menu-enfant à 59 F (9 €). Au calme, loin de l'effervescence estivale du centre-ville et du grand bassin, nous sommes tombés sous le charme de cette belle maison de maître, reconnaissable à sa vigie sur le toit (on n'a pas vu le père Fouras !). Une dizaine de chambres entièrement rénovées dans la maison ou dans un cottage au fond du jardin. La n° 11, très romantique, offre une jolie vue sur le pont de Normandie. Souvent complet le week-end, comme toutes les bonnes maisons. Pour y manger, agréable salle et terrasse dans le jardin. Et une cuisine qui nous a paru pleine d'allant : éventail de la mer à la vanille, côté de veau au camembert, dos de saint-pierre aux agrumes. *Apéritif offert.*

🛏 *Hôtel des Loges* ** – 18, rue Brûlée (Centre) ☎ 02.31.89.38.26. TV. Chambres de 325 à 410 F (49,5 à 62,5 €) avec douche et wc ou bains, suivant la taille et la saison. Petit déjeuner à 40 F (6,1 €). Non loin de la croquignolette église, derrière une façade recouverte d'ardoises, une gentille dame, plutôt avenante, a rénové (en partie seulement) cet hôtel tel que, une nuit, son rêve lui a dit de le faire. Elle adore la déco et on le sent dès la porte franchie. Déjà, à la réception, on se dit qu'il y a plein d'idées à prendre pour chez soi, comme ces belles bougies qui trônent sur la cheminée. Les chambres sont dans le même esprit, pour celles qui ont été rénovées (éviter les autres!). Couleurs chaudes et confort étudié. Évidemment, le luxe se paie, mais pas trop. Accueil charmant et discret.

🍴 *Thé et Tradition* – 20, place Hamelin ☎ 02.31.89.17.42. Ouvert le midi uniquement (sauf le samedi), fermé le mardi en saison et le mardi et le mercredi d'octobre à mai. Congés annuels : décembre et janvier. Accès : à 80 m du vieux bassin. Menus à 95 et 115 F (14,5 et 17,5 €). Compter 160 F (24,4 €) à la carte. Adorable salon de thé-resto installé dans un immeuble Directoire, à l'emplacement de ce qui était la galerie *Art et Tradition*, chère aux autochtones. L'idée est originale puisque dès 8 h 30 la maison ouvre ses portes pour un petit déjeuner continental ou anglais. Après la promenade de rigueur autour du vieux bassin tout proche, vous sentez comme un petit creux. Revenez pour déjeuner à la case départ du matin et passez aux choses sérieuses : tarte fine à la tomate et au basilic, feuillantine de lapereau, quiche honfleuraise, tarte aux pommes flambées au calvados, soufflé glacé de cidre au caramel de calvados. L'après-midi et jusqu'à 19 h, place à la somptueuse carte des pâtisseries maison (un chef pâtissier est en cuisine) : mousse de thé Bourbon et crème anglaise. Dîner servi le samedi soir seulement. Tout est frais, savoureux et réalisé à la minute. Une cuisine fine de saison qui vaut le détour.

I●I *La Tortue* – 36, rue de l'Homme-de-Bois (Centre) ☎ 02.31.89.04.93. Fermé le mardi hors saison. Congés annuels : janvier. Accès : à proximité de l'église Sainte-Catherine. Menus de 99 à 175 F (15,1 à 26,7 €). Menu enfant à 45 F (6,9 €). Certains week-ends, la qualité de l'accueil souffre de la trop forte affluence et le service est un chouia trop « nature » et lent. Mais pour le reste, c'est une excellente adresse au rapport qualité-prix époustouflant pour cette ville où certains confondent agapes et arnaques. Mignonne petite salle et cuisine de tradition, bien tournée : filet mignon de porc à la graine de moutarde, filets de rougets salade paysanne, filet de morue fraîche au cidre, filet de sole en croûte et une excellente escalope de foie gras poêlée sur un lit d'épinards. Menu végétarien. *Café offert.*

HOULGATE 14510

Carte régionale B1

♨ I●I *Le Normand* ** – 40, rue du Général-Leclerc (Centre) ☎ 02.31.24.81.81. Fax : 02.31.28.03.74. Fermé le mercredi et le jeudi hors saison. Congés annuels : décembre et janvier. Accès : A13, sortie 29A ou 29, à 100 m de la plage. Doubles avec lavabo à 200 F (30,5 €), 260 F (39,6 €) avec douche et wc. Petit déjeuner à 33 F (5 €). Menus de 78 F (11,9 €) servi le soir jusqu'à 21 h, à 160 F (24,4 €). Menu enfant à 38 F (5,8 €). Cartes bancaires acceptées à partir de 100 F̶ (15,2 €). La salle est agréable, bien agencée avec ses cuivres aux murs qui donnent à la maison son cachet rustique. Et en plus, il faut les faire régulièrement ! Cuisine honnête, simple mais le chef travaille avec des produits frais sortant des halles juste en face. Moules farcies, bulots, poularde vallée d'Auge, filet de canard au pommeau, escalope de volaille aux pommes… Chambres d'un confort classique. Peut mieux faire question accueil… *10 % sur le prix de la chambre à partir de 2 nuits, hors vacances scolaires et longs week-ends.*

♨ I●I *Hostellerie Normande* ** – 11, rue E.-Deschanel (Centre) ☎ 02.31.28.77.77. Fax : 02.31.28.08.07. TV. Accès : dans une rue qui donne sur la rue des Bains. Doubles avec douche et wc de 250 à 390 F (38,1 à 59,5 €) suivant la saison et de 350 à 410 F (53,4 à 62,5 €) avec bains. Petit déjeuner de 39 à 46 F (5,9 à 7 €). Menus de 55 F

(8,4 €) en semaine à 139 F (21,2 €). Le plus ancien hôtel de Houlgate, installé dans une belle maison du XIXᵉ siècle patinée par le temps et la vigne vierge, a été entièrement rénové il y a quelques années. Le style est plutôt baroque, les angelots sur les portes des chambres sont un peu clinquants, mais elles y ont gagné en confort sans pour autant subir d'inflation. Jardin agréable où l'on prend un petit déjeuner qui dure, qui dure… Cuisine toute simple mais honnête, genre tête de veau ou andouille à la moutarde. *Apéritif offert. 10 % sur le prix de la chambre hors week-ends et jours fériés.*

♨ *Santa Cecilia* ** – 25, allées des Alliés ☎ 02.31.28.71.71. Fax : 02.31.28.51.73. TV. Accès : à 100 m de la plage. Doubles avec douche et wc de 320 à 385 F (48,8 à 58,7 €). Petit déjeuner à 37 F (5,6 €). L'adresse idéale (si on a un peu de moyens) pour un week-end à la recherche du temps perdu. Dans l'escalier de bois de cette pittoresque villa balnéaire de 1880, on s'attend à croiser élégantes en crinolines et messieurs en maillots de bains rayés et moustaches en guidon de vélo. Les chambres sont dans le même ton, toutes différentes (les nᵒˢ 4, 5 et 8 sont plus spacieuses), toutes délicieusement intemporelles. Le petit déjeuner se prend dans un salon superbe avec boiseries d'époque et délicates fresques murales. Et l'accueil de la patronne donne l'impression de s'installer chez une lointaine cousine.

LISIEUX 14100

Carte régionale B1

♨ *Hôtel de Lourdes* ** – 4, rue au Char (Centre) ☎ 02.31.31.19.48. Fax : 02.31.31.08.67. TV. Doubles avec douche et wc de 210 à 250 F (32 à 38,1 €), avec bains de 250 à 260 F (38,1 à 39,6 €). Petit déjeuner à 30 F (4,6 €). Ou quand Thérèse rencontre Bernadette… Maison de brique sans charme évident (c'est, en général, un peu le problème de Lisieux…). Les chambres sont simples mais claires et bien tenues. Une bonne petite adresse où l'on croise une clientèle bien sage, venue vénérer la sainte locale. *10 % sur le prix de la chambre les week-ends d'hiver et à partir de 2 nuits consécutives.*

♨ I●I *La Coupe d'Or* ** – 49, rue Pont-Mortain (Centre) ☎ 02.31.31.16.84. Fax : 02.31.31.35.60. TV. Canal+. Fermé le vendredi soir et le dimanche soir hors saison. Congés annuels : janvier. Accès : N13. Doubles avec douche et wc ou bains à 280 F (42,7 €). Demi-pension obligatoire les longs week-ends à partir de 250 F (38,1 €) par personne. Petit déjeuner à 30 F (4,6 €). Menus de 68 F (10,4 €) le midi en semaine, à 280 F (42,7 €). Menu enfant à 45 F (6,9 €).

Un hôtel classique et bien tenu, au cœur de cette ville souvent remplie de pèlerins. Chambres propres, à la déco totalement désuète des années 70 mais non dénuées de charme. Immuables menus de la mer (avec huîtres, poêlées de Saint-Jacques, pot-au-feu de la mer) et du terroir (duo de crevettes et d'andouilles de Vire au beurre blanc, magret de canard au miel et au vinaigre de cidre).

🛏 *Azur Hôtel* *** – 15, rue au Char (Centre) ☎ 02.31.62.09.14. Fax : 02.31.62.16.06. TV. Canal+. Satellite / câble. Doubles avec douche et wc ou bains de 300 à 420 F (45,7 à 64 €). Petit déjeuner à 45 F (6,9 €). Un 3 étoiles rénové il y a quelque temps de haut en bas, décoré dans un esprit clair, fleuri et coloré. Chambres agréables, bien équipées, manquant un peu de patine mais on ne peut pas tout avoir tout de suite. Accueil gentil. Très jolie salle de petit déjeuner. *Petit déjeuner offert hors saison.*

I●I *Restaurant Aux Acacias* – 13, rue de la Résistance (Centre) ☎ 02.31.62.10.95. Fermé le dimanche soir et le lundi sauf jours fériés. Congés annuels : 2 semaines en mars et la 2ᵉ quinzaine de juillet sauf jours fériés. Menus de 95 F (14,5 €) sauf le dimanche, à 280 F (42,7 €). Compter 250 F (38,1 €) à la carte. Menu enfant à 55 F (8,4 €). Difficile de résister à cette bonne adresse du centre de Lisieux, au décor très cosy, presque *british*, tout droit sorti d'un catalogue Laura Ashley : tons vert printemps et blanc cassé, rideaux en gros vichy rouge et blanc, bouquets de fleurs séchées et des bibelots tout mignons. C'est frais, agréable et original comme la cuisine : escalope de foie gras poêlée, ris de veau à l'andouille de Vire et sauce au cidre, noix de Saint-Jacques poêlée sauce au jus de pommes, fin sablé en tarte aux pommes et glace cannelle, feuilleté de reinette et sauce pommeau. Des plats qui donnent une idée de ce monde plein de saveurs nouvelles, parfois déconcertantes, dans lequel il vous faut rentrer. Service précis et souriant.

MONT-SAINT-MICHEL (LE)   50170

Carte régionale A2

🛏 I●I *Hôtel Du Guesclin* ** – Grande-Rue ☎ 02.33.60.14.10. Fax : 02.33.60.45.81. TV. Satellite / câble. Fermé le mardi soir et le mercredi. Congés annuels : du 5 novembre à fin mars. Accès : l'un des 1ᵉʳˢ hôtels en montant la rue principale. Doubles de 260 à 380 F (39,6 à 57,9 €) avec douche et wc ou bains. Menus de 65 à 185 F (9,9 à 28,2 €). Une maison bien tenue et au rapport qualité-prix très acceptable (comparé à

la concurrence locale…). Restaurant à 2 vitesses : en bas, une brasserie rapide avec des formules express; en haut, dans un cadre très rafraîchissant, avec une superbe vue sur la baie, des menus plus classiques, et un service efficace et avenant (plutôt une performance, dans les parages…).

DANS LES ENVIRONS

BEAUVOIR 50170 (4 km S)

🛏 *Hôtel Le Gué de Beauvoir* * – route de Pontorson ☎ 02.33.60.09.23. Congés annuels : d'octobre à Pâques. Doubles de 150 à 260 F (22,9 à 39,6 €). Petit déjeuner 30 F (4,6 €). Aux antipodes de la fadeur de la plupart des hôtels de la région, une belle maison bourgeoise et fleurie dans un joli parc jouxtant le camping du même nom, des chambres simples mais pleines de charme. Petit déjeuner sous une agréable véranda. *10 % sur le prix de la chambre d'avril à juin.*

PONTORSON 50170 (9 km S)

🛏 I●I *Hôtel-restaurant Le Bretagne* ** – 59, rue Couesnon (Centre) ☎ 02.33.60.10.55. Fax : 02.33.58.20.54. Parking. TV. Fermé le lundi hors saison. Congés annuels : du 5 janvier au 5 février. Accès : direction Rennes, sur la D976 en plein centre-ville, dans la rue principale. Doubles (toutes avec douche et wc ou bains, téléphone) de 250 à 300 F (38,1 à 45,7 €). Menus de 75 à 260 F (11,4 à 39,6 €). Menu enfant à 49 F (7,5 €). Demi-pension à 295 F (45 €). Dans un ancien relais de poste du XVIIIᵉ siècle, des chambres très agréables, un excellent accueil et une cuisine très soignée. Atmosphère chaleureuse. Au restaurant, on trouve (et c'est bon signe…) une clientèle d'habitués de la région. Le chef ne travaille qu'avec des produits frais. En vrac : huîtres gratinées au camembert, rillettes de maquereau au coulis de concombres, joue de bœuf sauce au foie gras et crabes fraîches, carré d'agneau pré-salé au romarin, magret de canard et sa poire aux épices, nougat aux 2 chocolats et sa crème au café… Globalement, très bon rapport qualité-prix.

SERVON 50170 (10 km SE)

🛏 I●I *Auberge du Terroir* ** – le bourg ☎ 02.33.60.17.92. Fax : 02.33.60.35.26. TV. Fermé le mardi soir et le mercredi hors saison. Congés annuels : de mi-novembre à mi-décembre. Accès : axe Pontaubault-Pontorson, à droite sur la D107. Chambres de 260 à 350 F (39,6 à 53,4 €). Menus de 90 à 250 F (13,7 à 38,1 €). Hôtel de charme dans un petit village tranquille. Atmosphère des plus paisibles dans un cadre aménagé avec goût par un jeune couple accueillant. Toutes les chambres (récemment refaites) portent des noms de musiciens ou de compositeurs célèbres. Dans l'ancien presbytère, 3 chambres agréables (dont une quadruple). Dans l'annexe, des chambres doubles avec douche et wc. Un joli parc et un tennis. Cuisine délicieuse dans une agréable salle à manger. Le chef prépare avec bonheur des spécialités périgourdines comme le foie gras mi-cuit au torchon et le magret au miel, mais aussi beaucoup de poisson : la marmite du pêcheur, le saumon au chou vert, la lotte à la vanille... *10 % sur le prix de la chambre d'octobre à mars.*

CÉAUX 50220 (15 km E)

⌂ I●I *Hôtel-restaurant Au P'tit Quinquin* ** – Les Forges ☎ 02.33.70.97.20. **Fax : 02.33.70.97.42.** TV. Fermé le dimanche soir, le lundi (sauf en saison). Congés annuels : du 5 janvier au 10 février. Accès : direction Avranches par la D275, puis la D43 ; au carrefour, c'est à 2 km après le village de Courtils. Doubles à partir de 155 F (23,6 €) avec cabinet de toilette, puis 235 et 240 F (35,8 et 36,6 €) avec douche ou bains. Menus de 75 à 175 F (11,4 à 26,7 €). Loin de la bousculade mais évitez les chambres sur la route, trop bruyantes. Au menu, bon rapport qualité-prix avec filet de lieu aux vapeurs de thym (très fin)... Spécialités : millefeuille de Saint-Jacques au coteaux-du-layon, foie gras de canard maison. *10 % sur le prix de la chambre de novembre à mi-mars.*

MORTAGNE-AU-PERCHE 61400

Carte régionale B2

⌂ I●I *Hôtel du Tribunal* ** – 4, place du Palais (Centre) ☎ 02.33.25.04.77. Fax : 02.33.83.60.83. TV. Satellite / câble. Congés annuels : fin décembre et début janvier. Doubles à 320 F (48,8 €) avec bains. Menus de 90 à 190 F (13,7 à 29 €). Impossible de ne pas succomber au charme de cette belle maison percheronne du XVIe siècle (certaines parties datent du XIIIe), près d'une petite place si provinciale d'allure que l'on se croirait projeté au siècle dernier. La façade semble d'ailleurs n'avoir pas changé depuis la fin du XIXe siècle, quand cette auberge était à l'enseigne *Jean qui rit, Jean qui pleure* parce que située à la sortie du tribunal. Lourdement symbolique... Entièrement rénové, l'intérieur n'a rien perdu non plus de son caractère ancien, même si la nouveauté a chassé la patine. Gentille annexe à l'arrière avec des chambres encore plus calmes, ouvrant sur une petite cour fleurie. Pendant le tournage d'*IP5*, Yves Montand logeait ici. On y mange fort bien... Goûtez au croustillant de boudin, au croquant de petit percheron, à l'émincé de

ris de veau à la normande, à la tarte fine aux pommes. Délicieuse auberge, un peu chic bien sûr, mais que l'accueil maintient dans la catégorie conviviale et villageoise. Une chance ! *Apéritif offert. 10 % sur le prix de la chambre à partir de deux nuits, d'octobre à mars.*

DANS LES ENVIRONS

LONGNY-AU-PERCHE 61290
(18 km E)

I●I *Le Moulin de la Fenderie* – route de Bizou ☎ 02.33.83.66.98. Parking. Fermé le lundi soir et le mardi. Accès : quitter Mortagne, traverser la forêt de Rénovaldieu par la superbe D8. Menus à 95 F (14,5 €) en semaine et 135 F (20,6 €), vraiment parfait. Superbe moulin à eau, retapé avec patience et passion par les deux proprios. Nouvelle adresse qui fait déjà beaucoup parler d'elle. Il faut dire que le chef propose une cuisine vraiment originale, délicate et parfumée. Le terroir est fortement mais intelligemment teinté d'exotisme. Résultat, une odeur d'épices flotte dans ce lieu plus que charmant et on a envie de se laisser aller... Surtout que l'accueil est particulièrement agréable et qu'aux beaux jours, une terrasse vous attend au bord de l'eau. Si avec ça, vous n'êtes pas convaincu ! Réservez ! *NOUVEAUTÉ.*

OUISTREHAM-RIVA-BELLA 14150

Carte régionale B1

⌂ I●I *Hôtel-restaurant Le Normandie – Le Chalut* ** – 71, av. Michel-Cabieu ☎ 02.31.97.19.57. Fax : 02.31.97.20.07. ● hotel@lenormandie.com ● Parking. TV. Fermé le dimanche soir et le lundi de novembre à mars. Congés annuels : du 20 décembre au 1er janvier. Accès : près du port. Doubles avec douche et wc ou bains de 250 à 350 F (38,1 à 53,4 €) suivant la saison. Petit déjeuner à 45 F (6,9 €). Menus de 92 F (14 €), en semaine, à 340 F (51,8 €). L'un en face de l'autre, 2 hôtels aux chambres à la déco classique, récemment rénovées donc tout confort. Accueil pro mais chaleureux. Superbe salle de resto, genre terroir revu et corrigé : poêlée d'huîtres chaudes du Cotentin au poiré, nougat de foie gras de canard normand, cassolette de homard aux lentilles, cidreraie de canard aux pâtes fraîches, etc. Dommage, simplement que (par souci de bien faire sûrement) le service soit un peu pompeux, l'intitulé des plats un rien frime... Un peu de simplicité, siouplait, merci ! *10 % de réduction sur le prix de la chambre d'octobre à mars.*

|●| *Le Britannia* – rue des Dunes ☎ 02.31.96.88.26. Fermé le lundi et le dimanche (sauf de Pâques à mi-octobre). Congés annuels : janvier. Accès : face au ferry. Menu unique à 68 F (10,4 €). Compter 150 F (22,9 €) à la carte. Menu enfant à 40 F (6,1 €). Brasserie sans prétention, à la déco années 70, où l'on se pose avec l'idée de manger vite fait avant de prendre le ferry pour l'Angleterre. Bonne surprise, le menu s'avère tout à fait honorable. À la carte, les traditionnels plats de brasserie (tête de veau ravigote comme fruits de mer) ne sont pas non plus déshonorants. Le service est souriant, les vins à prix humains et avec l'apéro (une coupe de champagne quand même...), on vous apporte même de délicieux zakouski, aussi copieux qu'une entrée. Au final, une bien bonne petite adresse.

|●| *Restaurant Le Métropolitain* ** – 1, route de Lion ☎ 02.31.97.18.61. Fermé le lundi soir et le mardi d'octobre à avril inclus. Congés annuels : fin novembre, début décembre. Accès : près de la poste principale, en direction de Ouistreham-bourg. Menus de 70 F (10,7 €) en semaine, à 192 F (29,3 €). Menu enfant à 45 F (6,9 €). La déco (on s'installe dans une rame de métro parisien des années 30) déroute. Mais carte et menus ramènent vite sur la côte normande. Ici, on travaille exclusivement avec sérieux et classicisme poissons et fruits de mer : rémoulade de bulots, turbot grillé à la fleur de sel, pavé de morue fraîche au cidre, sole de côte. *Apéritif offert.*

PONT-L'ÉVÊQUE 14130

Carte régionale B1

🏠 *Hôtel de France* – 1, rue de Geôle (Centre) ☎ 02.31.64.30.44. Fax : 02.31.64.98.90. TV. Doubles de 160 F (24,4 €) avec lavabo à 250 F (38,1 €) avec douche et wc ou bains suivant la saison. Chambres pour 3 de 200 à 275 F (30,5 à 41,9 €). Petit déjeuner à 26 F (4 €). Dans une rue tranquille, à deux pas du centre du bourg. Petit hôtel ramené à la vie par ses jeunes et sympas nouveaux proprios. Les chambres ont toutes été rénovées, chacune avec sa personnalité, mais conservent le charme de celles d'un hôtel de campagne de toujours : papier discrètement fleuri, armoires années 40... Certaines offrent même une gentille vue sur les douillettes prairies normandes et leurs inévitables vaches. Confitures maison au petit déjeuner pour rester dans le ton. *NOUVEAUTÉ.*

|●| *Restaurant La Pomme d'Or* – 52, rue Saint-Michel (Ouest) ☎ 02.31.64.01.98. Fermé le mardi soir (sauf en été). Congés annuels : du 15 au 28 février. Accès : près de la mairie. Menus à 65 et 90 F (9,9 et 13,7 €). Menu enfant à 38 F (5,8 €). Ce petit bar-restaurant à la salle vieillotte présente un choix étonnant de plats simples et frais à prix doux. Parmi les 10 plats du chef (disponible et affable), le petit salé aux lentilles, qui se fait de plus en plus rare dans les restaurants, le canard au cidre ou les tripes à la mode du coin, moins rares dans la région. Les desserts sont faits maison.

|●| *Auberge de la Touques* – place de l'Église (Centre) ☎ 02.31.64.01.69. Parking. Fermé le lundi soir et le mardi (sauf en août). Congés annuels : du 4 au 22 décembre. Accès : à 1 km de la sortie de l'autoroute. Menus de 88 F (13,4 €) en semaine, à 180 F (27,4 €). Compter 240 F (36,6 €) à la carte. Menu enfant à 50 F (7,6 €). Au pied de l'église du village et au bord de la Touques (ah, c'est ça le nom !), cette belle maison typique s'avère être une bonne adresse pour découvrir tous les classiques que recèle la gastronomie normande : côte de veau ou poulet vallée d'Auge, tripes maison, barbue aux pommes, flan de homard, mousse aux pommes caramélisées. Service soigné, féminin et (donc) agréable. *Calvados offert.*

DANS LES ENVIRONS

DRUBEC 14130 (8 km SO)

|●| *La Haie Tondue* – ☎ 02.31.64.85.00. Fermé le lundi soir (sauf jours fériés et en août) et le mardi (sauf jours fériés). Congés annuels : 1 semaine en février ou mars, 1 semaine fin juin et 1 semaine début octobre. Accès : sur la D58 : à 2 km au sud de Beaumont-en-Auge, à l'intersection de la N175. Menus de 120 à 210 F (18,3 à 32 €). Belle maison ancienne couverte de lierre et très bonne table à prix démocratiques. À notre humble avis, le meilleur rapport qualité-prix du pays d'Auge. Cadre agréable, service impeccable, bonne cave et plats parfaitement exécutés, comme le coquelet au vinaigre balsamique, les paupiettes de soles au coulis de laitue ou les filets de canard aux abricots. En entrée, délicieuse compote de lapereau à la confiture d'oignons. Le 1er menu, une fois n'est pas coutume, tient toutes ses promesses. Évitez les jours où les bus affluent !

SAINT-LÔ 50000

Carte régionale A1

🏠|●| *L'Auberge Normande* – 20, rue de Villedieu (Centre) ☎ 02.33.05.10.89. Fax : 02.33.05.37.26. TV. Fermé le lundi. Congés annuels : 15 jours fin décembre-début janvier, et la 2e quinzaine de juillet. Doubles de 139 F (21,2 €) avec lavabo, à 159 F (24,2 €) avec douche, mais wc à l'étage. Menus de 58 F (8,8 €) le midi en semaine à 168 F

(25,6 €). Élisa et Sylvain Maquaire prodiguent un sympathique accueil dans cette bonne maison de Saint-Lô qu'ils ont repris en main et rénovée. Le patron est l'auteur d'une cuisine soignée : salade de canard confit foie gras à l'armagnac, ravioles farcies au loup de mer, saumon mariné à la suédoise, bisque de crabe, soupe de moules safranée, magret de canard au miel et au pommeau.

🛏 *Armoric Hôtel* ★ **– 15-17, rue de la Marne (Nord)** ☎ **02.33.05.61.32. Fax : 02.33.05.12.68.** TV. Canal+. Accès : à 2 mn du centre. Doubles de 160 F (24,4 €) avec lavabo, à 230 F (35,1 €) avec bains. Chambre tout confort à 280 F (42,7 €). Petit déjeuner (frugal) 25 F (3,8 €). À l'écart de la circulation. On y est fort bien accueilli. Rapport qualité-prix exceptionnel, ce qui explique l'affluence, mais la qualité de l'accueil en pleine saison s'en ressent. Chambres très agréablement décorées et confortables ; pour les routards fatigués par le voyage, les nos 16 et 21 avec leur bain bouillonnant. On aime aussi la n° 2 pour jeunes mariés et la n° 18, joyeuse et pimpante. Toutes les chambres sont équipées de téléphone. L'un dans l'autre, une des meilleures adresses de la Manche quand même.

⏐●⏐ *Le Bistrot* **– 42, rue du Neufbourg (Centre)** ☎ **02.33.57.19.00.** Fermé le dimanche et le lundi soir. Congés annuels : du 26 juillet au 6 août. Accès : à mi-chemin entre l'hôtel de ville et l'église Sainte-Croix. Plat du jour à 41 F (6,3 €), formules de 54 à 73 F (8,2 à 11,1 €). Dans une bonne ambiance de bistrot (vous êtes ici chez les fervents supporters du Caen Football Club), ce petit restaurant accueille une clientèle de gens pressés désireux de ne pas manger n'importe quoi. On y mange de bons plats de notre enfance : hachis parmentier, tête de veau sauce gribiche, poule au pot, teurgoule… Bon rapport qualité-prix.

⏐●⏐ *Le Péché Mignon* **– 84, rue du Maréchal-Juin (Est)** ☎ **02.33.72.23.77.** Fermé le lundi et le samedi midi. Congés annuels : vacances scolaires de février et quelques jours fin juillet-début août. Accès : à l'écart du centre-ville. Prendre la direction Bayeux. Menus de 89 à 198 F (13,6 à 30,2 €). Menu enfant à 45 F (6,9 €). Dans un cadre feutré, un jeune chef a décidé de s'attaquer à la gastronomie haut de gamme. Le service est on ne peut plus soigné (presque trop parfois…). Vous serez noyé sous les délicatesses de transition entre les plats (on se sentirait presque important, avec tout ça…). Et dans l'assiette, une merveille : filet de sandre au pistil de safran et fèves de cacao, ris de veau braisé aux morilles, éventail de poire au cidre. Pourquoi la vie n'est-elle pas tous les jours comme ça ? *Apéritif offert.*

DANS LES ENVIRONS

SAINT-PIERRE-DE-SEMILLY
50810 (9 km E)

⏐●⏐ *Restaurant Les Glycines* **– Le Calvaire** ☎ **02.33.05.02.40.** Fermé le dimanche soir et le lundi. Congés annuels : vacances scolaires de février. Accès : au bord de la D972. Menus de 98 F (14,9 €) sauf le dimanche, à 308 F (47 €). Une ancienne ferme reconvertie. Salle à manger aux tables espacées, vert et jaune. L'été, on mange dans un très agréable jardin clos de murs de pierre. Le chef, Philippe Fouchard, est une fine lame et propose une cuisine raffinée, souvent originale. L'endroit est une institution, et les prix s'en ressentent à l'évidence.

SAINT-VAAST-LA-HOUGUE　　50550

Carte régionale A1

🛏**⏐●⏐** *Hôtel de France - Restaurant Les Fuchsias* ★★ **– 20, rue du Maréchal-Foch** ☎ **02.33.54.42.26. Fax : 02.33.43.46.79.** TV. Satellite / câble. Fermé le lundi hors saison, le mardi midi de novembre à mars inclus. Congés annuels : janvier et février. Accès : à moins de 2 mn du port. Doubles de 165 à 465 F (25,2 à 70,9 €) avec lavabo, douche et wc ou bains. Suite à 500 F (76,2 €). Menus de 130 à 295 F (19,8 à 45 €). Demi-pension obligatoire en juillet-août de 230 à 430 F (35,1 à 65,6 €). Notre coup de cœur dans le Cotentin ! Très jolies chambres, une bonne partie d'entre elles donnant sur un jardin édénique. Le magnifique fuchsia centenaire, qui a donné son nom à l'hôtel, a grandi sous un microclimat particulièrement doux dans le Val de Saire. Animation culturelle originale : le jardin sert de cadre à des concerts de musique de chambre, organisés chaque année les 10 derniers jours d'août. Les plus belles chambres sont celles de l'annexe, dans le jardin. C'est aussi l'un des meilleurs restos de la côte orientale de la Manche. Véranda décorée avec de jolies fresques en trompe l'œil. Goûtez aux très fraîches noisettes de Saint-Vaast, au croustillant de truite de mer au beurre d'algues ou à la choucroute de la mer, et au feuilleté de pommes tièdes à la crème de calvados. Le chef s'approvisionne dans sa ferme familiale, comme naguère.

DANS LES ENVIRONS

QUETTEHOU 50630 (3 km S)

⏐●⏐ *Le Brévolle* **– place Georges-Clemenceau** ☎ **02.33.54.14.21.** Fermé le dimanche soir et le lundi, hors juillet-août. Accès : par

BASSE-NORMANDIE

la D1. Menus de 85 à 175 F (13 à 26,7 €). Les petites faims s'arrêteront dans la brasserie donnant sur la rue, pour y prendre sur le pouce une douzaine d'huîtres ou une pizza maison. Les appétits plus ambitieux pousseront jusque dans la salle de restaurant de l'arrière, où Michel Marie donne la pleine mesure de son talent : nage de Saint-Jacques et moules à l'infusion de fines herbes au poivre de Chine, noisette d'agneau à la crème d'ail, croustillant de ris de veau et sa compotée de poireaux au jus de lapereau au whisky. N'en jetez plus, car il faut absolument réserver une place aux desserts, la grande spécialité du chef. Pour ceux qui sortiraient de table avec un petit creux (les veinards !), il suffit de faire deux mètres à droite sur le trottoir : la pâtisserie de Michel Marie est là, qui les attend au tournant avec ses merveilleux gâteaux. CQFD. Une des meilleures adresses du Val de Saire.

SÉES   61500

Carte régionale B2

🛏 **The Garden Hôtel** ** – *12 bis, rue des Ardrillers* ☎ **02.33.27.98.27. Fax : 02.33.28.90.07.** Parking. TV. Accès : à 400 m de la cathédrale. Doubles de 160 F (24,4 €) avec lavabo et wc à 250 F (38,1 €) avec bains. Une maison de caractère derrière une façade mangée de lierre. Ancien orphelinat puis hôtel tenu par un Australien aujourd'hui rentré dans son pays. Le nom anglo-saxon est resté. Le coin est remarquablement calme : les sœurs de la Sainte-Famille du couvent contigu ne font pas la fête tous les soirs ! En retour, pour ne pas les déranger, aucune chambre ne donne de leur côté. Toutes les fenêtres s'ouvrent donc sur un jardin fleuri et planté de quelques arbres. Sympa ! Chambres simplettes, rétro juste ce qu'il faut et d'un excellent rapport qualité-prix. Très bon accueil. Et une amusante collection de « bondieuseries » pour ne pas être dépaysé dans cette cité épiscopale. Pas de resto. Chiens admis : somme de 25 F (3,8 €) demandée, reversée intégralement à la SPA. *10 % sur le prix de la chambre.*

🛏 I●I **Hôtel-restaurant Le Dauphin** ** – *31, place des Halles* ☎ **02.33.27.80.07. Fax : 02.33.28.80.33.** TV. Canal+. Fermé le dimanche soir et le lundi hors saison. Congés annuels : janvier. Accès : au cœur de la vieille ville épiscopale, face aux halles. Doubles à partir de 340 F (51,8 €) avec douche et wc. 1er menu à 85 F (13 €), autres menus de 125 à 235 F (19,1 à 35,8 €). Maison normande (à colombages, donc) flanquée d'une amusante tourelle pignon. C'est là que se niche la fameuse (mais plus chère) chambre à lit à baldaquin du « Dauphin ». Les autres chambres ne sont pas

mal non plus, d'un rustique plutôt cossu. Maison un peu chic bien sûr, mais l'ambiance est familiale. Côté resto, une cuisine de terroir sans complications inutiles : produits irréprochables de fraîcheur et saveurs justes ; gâteau de tourteaux aux morilles, tarte fine à l'andouille de Vire et aux pommes sauce camembert, millefeuille de saumon à l'andouille, escalope de ris de veau ou joue de bœuf au pommeau. Délicieux desserts et intéressante carte de thés et cafés. Aux beaux jours, agréable terrasse au pied de l'imposante halle aux grains voisine.

DANS LES ENVIRONS

MACÉ 61500 (5 km N)

🛏 I●I **L'Île de Sées** – ☎ **02.33.27.98.65. Fax : 02.33.28.41.22.** Parking. TV. Fermé le dimanche soir et le lundi. Congés annuels : mi-janvier à début mars. Accès : par la D258. Doubles à 310 F (47,3 €). Menus de 78 à 175 F (11,9 à 26,7 €). Très bien indiqué. Pour tous ceux qui trouveraient Sées un peu grise ou triste (!), voici un hôtel charmant pour se mettre au vert à 5 km à peine du centre-ville. Bonne grosse maison cachée sous le lierre, peut-être un peu trop agrandie. Car les chambres, situées sur l'arrière, n'ont malheureusement pas le charme de l'ancien. Cela dit, elles donnent sur le jardin (où il est possible de manger quand il fait beau) et sont très calmes. Le couple qui vous reçoit est d'une gentillesse extrême et se démène en cuisine (lui au salé, elle au sucré). Bonne cuisine de terroir, mais pas forcément normande (elle est bretonne et lui du côté de Marseille). Spécialité de tripes (vraiment admirables). *NOUVEAUTÉ.*

THURY-HARCOURT 14220

Carte régionale B2

🛏 I●I **Hôtel du Val d'Orne** – *9, route d'Aunay-sur-Odon* ☎ **02.31.79.70.81. Fax : 02.31.79.16.12.** TV. Fermé le samedi midi en saison, le vendredi soir et le samedi hors saison. Doubles de 130 F (19,8 €) avec lavabo à 200 F (30,5 €) avec douche et wc ou bains. Menus de 53 F (8,1 €) le midi en semaine à 96 F (14,6 €). À l'entrée d'une des « capitales » de la Suisse normande. Avec du lierre qui grimpe sur la façade blanche, la maison est conforme à l'idée qu'on se fait d'un petit hôtel de campagne. L'accueil est courtois. Les chambres sont modestes mais ont été récemment rénovées. La salle à manger est évidemment rustique, et, pour enfoncer le clou, les murs s'ornent de toiles naïves représentant des scènes de la vie à la campagne. Il y a une petite terrasse pour les beaux jours. Et la cuisine, de terroir, n'a d'autre prétention que de nourrir (et généreusement) son monde.

TROUVILLE-SUR-MER 14360

Carte régionale B1

⌂ *La Maison Normande* – 4, place de Lattre-de-Tassigny (Centre) ☎ 02.31.88.12.25. Fax : 02.31.88.78.79. TV. Doubles de 210 F (32 €) avec douche sans wc, à 420 F (64 €) avec bains selon la saison. Petit déjeuner : 36 F (5,5 €). Au centre, à deux pas de la plage, mais dans un coin tranquille. Maison... normande, donc à colombages (à l'extérieur, jetez un coup d'œil aux colonnes sculptées). Accueil épatant et charme indéniable dès le hall d'entrée, né de la réunion de deux anciennes boutiques : des salons *cosy* et, au mur, une batterie de casseroles en cuivre qui évoque quelque sculpture contemporaine. Dans les étages, au hasard d'un dédale de couloirs, chambres tout doucement rénovées mais en respectant l'ambiance de la maison : d'un style presque *british*, subtilement surannées mais franchement séduisantes. *NOUVEAUTÉ.*

⌂ *Les Sablettes* ** – 15, rue Paul-Besson (Centre) ☎ 02.31.88.10.66. Fax : 02.31.88.59.06. TV. Congés annuels : janvier. Accès : pas loin du casino. Doubles à 265 F (40,4 €) avec lavabo et wc, 320 F (48,8 €) avec douche et wc, 380 F (57,9 €) avec bains. Petit déjeuner à 37 F (5,6 €). Derrière une façade immaculée se cache une adresse mignonne comme tout, à l'atmosphère très cosy. On dirait presque une pension, tenue par une dame charmante. Salon confortable, vieil escalier en bois. Propreté irréprochable. Chambres rénovées pour la plupart (et dans un style tout à fait charmant) et équipées de literie neuve. Un bon rapport qualité-prix pour Trouville. *10 % sur le prix de la chambre hors vacances scolaires et week-ends prolongés.*

|●| *Restaurant Les Mouettes* – 11, rue des Bains (Centre) ☎ 02.31.98.06.97. Accès : face au marché aux poissons. Menus à 78 et 138 F (11,9 et 21 €). C'est une annexe en plus intime du *Central*, l'autre brasserie incontournable de Trouville. Accueil cordial, décor genre bistrot parisien, et aux beaux jours, agréable terrasse sur cette petite rue piétonne. Les produits de la mer sont de rigueur et, parmi les plats affichés à l'ardoise, on se régale avec l'escalope de saumon gratinée au chavignol, la poêlée de bulots au camembert, le filet de canette aux pommes, ou le pot-au-feu (et la choucroute) de poissons. *Digestif offert.*

|●| *Restaurant Le Chalutier* – 3, rue de Verdun (Centre) ☎ 02.31.88.36.39. Fermé le mardi soir et le mercredi hors saison. Congés annuels : du 15 janvier au 15 février. Accès : dans une petite rue montante face au marché aux poissons. Menus de 90 à 180 F (13,7 à 27,4 €). Trouville n'est pas Deauville, et ce petit restaurant à l'atmosphère chaleureuse le prouve d'une belle manière. Décor marin typique des ports de pêche pour les 3 petites salles en enfilade. Quelques bonnes spécialités normandes, en plus du poisson et des fruits de mer. Réservation conseillée, surtout en saison.

|●| *Restaurant La Petite Auberge* – 7, rue Carnot (Centre) ☎ 02.31.88.11.07. Fermé le mardi et le mercredi hors vacances scolaires. Accès : dans une petite rue qui part de la place du Maréchal-Foch, devant le casino. Menus de 130 à 200 F (19,8 à 30,5 €). Pas de doute, cette petite auberge est bien normande, dans le décor (beaucoup de cuivre et d'assiettes aux murs dans un cadre plutôt coquet) et dans la cuisine. Menus à prix relativement raisonnables pour la qualité qui changent souvent en fonction des saisons : soupe de poissons maison, épais filet de carrelet soufflé étuvé au cidre fermier, crêpes roulées aux pommes. Parmi les autres spécialités, minute de saumon à l'oseille, aiguillettes de canard aux pommes rôties, andouillette à la graine de moutarde... Service précis et accueil en accord avec la maison.

|●| *Les Vapeurs* – 160, bd Fernand-Moureaux (Centre) ☎ 02.31.88.15.24. Accès : à côté de l'hôtel de ville, en face du marché aux poissons. Difficile de donner une idée des prix, il n'y a pas de menu : entre 50 et 120 F (7,6 et 18,3 €) pour un plat. Compter au minimum 150 F (22,9 €) à la carte. Sans conteste la brasserie la plus connue de Trouville, fondée en 1927. Mais la déco « néons-pubs années 50 » a fait évoluer l'ambiance. Aujourd'hui, il n'est pas un acteur américain venant au festival de la ville d'en face qui ne s'arrête ici. Jack Nicholson est un habitué. Et la salle ne désemplit jamais. Preuve que le patron est toujours attentif à la qualité, malgré le succès. Il faut absolument goûter aux spécialités maison : les moules vapeur normande et les crevettes cuites fraîches. Tout est frais ; normal, les chalutiers sont à 10 m. Les tripes valent également le coup, surtout avec un petit verre de saumur. Ne soyez pas inquiet si vous croisez des stars, vous serez reçu avec les mêmes égards. Réservation indispensable le week-end, à moins de venir vers 10 h du mat' pour s'avaler quelques huîtres au muscadet, histoire de bien commencer la journée.

|●| *Bistrot Les Quatre Chats* – 8, rue d'Orléans (Centre) ☎ 02.31.88.94.94. Fermé le mercredi et le jeudi hors saison.

Congés annuels : janvier. Compter 200 F (30,5 €) à la carte. L'endroit peut paraître un peu anachronique dans ce quartier plutôt typique. Il l'est ! Pour s'en convaincre, il suffit d'y croiser Karl Zéro, qui n'est pas le dernier des « fêlés de la télé ». D'ailleurs, Serge et Muriel Salmon, qui accueillent le Tout-Paris dans leur bistrot, l'ont mis avec quelques autres copains sur la photo de leur carte de visite. Elle vaut le coup d'œil. Tout comme la salle au décor vieux rose usé remplie de bouquins, de cartes postales, de photos et de journaux… et le superbe percolateur sur le comptoir. On mange, sur des tables de bistrot, des plats classiques où le chef a ajouté une ou deux saveurs étonnantes qui bouleversent les repères. Les puristes apprécieront le gigot de 7-heures, mais peut-être moins le magret de canard au gingembre. La carbonade flamande, le navarin d'agneau ou les pieds de cochon farcis au foie gras valent l'excursion. Subtil luxe : le pain est fait maison.

VIRE   14500

Carte régionale A2

🛏🍴 *Hôtel de France* ** – 4, rue d'Aignaux (Centre) ☎ 02.31.68.00.35. Fax : 02.31.68.22.65. TV. Canal+. Congés annuels : du 20 décembre au 10 janvier. Doubles avec douche et wc ou bains de 250 à 300 F (38,1 à 45,7 €). Demi-pension obligatoire en saison : 250 F (38,1 €) par personne. Petit déjeuner à 35 F (5,3 €). Menus de 58 à 220 F (8,8 à 33,5 €). Menu enfant à 48 F (7,3 €). Chambres de bon confort sobrement modernes pour certaines, redoutablement rococo (tissus tendus, têtes de lits en soleil) pour d'autres. Comme l'hôtel est posé à un carrefour très fréquenté, et malgré l'efficace double-vitrage, demandez une chambre sur l'arrière, la vue sur les vallons du bocage virois est vraiment belle. Au resto, il faut goûter à l'andouille de Vire, spécialité de la ville et grande concurrente de notre chère andouille bretonne de Guémené. Pour le reste, la cuisine est d'un honnête classicisme et le service un peu hésitant lors de notre passage. *10 % sur le prix de la chambre de novembre à mars.*

DANS LES ENVIRONS

SAINT-MARTIN-DE-TALLEVENDE
14500 (1 km O)

🛏🍴 *Hôtel-restaurant Le Relais Normand* – 22, place de Martilly ☎ 02.31.68.08.67. TV. Fermé le samedi hors saison. Accès : route de Granville, par la D524. Doubles avec lavabo à 160 F (24,4 €), avec bains à 190 F (29 €). Menus de 52 à 128 F (7,9 à

19,5 €). On remarque immédiatement ce vieux relais de poste d'époque Napoléon III, aux murs couverts de vigne. Une grande carriole paysanne attend devant la maison. L'hôtel n'a malheureusement qu'une seule chambre double avec bains, les autres sont avec lavabo seulement. Resto plus intéressant. Le patron se fournit chez les meilleurs producteurs du pays virois : tripes (championnes du monde), andouille de Vire (évidemment), fromage haut de gamme. Et avec ça, un cidre fermier parmi les grands crus de Normandie. Une bonne adresse appréciée des Normands du coin.

🛏 *Le Martilly* – 6, place de Martilly ☎ 02.31.68.05.26. TV. Fermé le lundi. Congés annuels : 3 semaines en août. Accès : route de Granville, par la D524. Doubles avec douche à 190 F (29 €), petit déjeuner compris. Une adresse peu onéreuse, aux chambres bleues refaites à neuf, tout à fait mimi. Les patrons sont sympa et veillent scrupuleusement à la bonne marche de la maison. On y est gentiment accueilli par une consommation au choix. Jardin. Terrasse en saison. Petite restauration simple et sans grand intérêt.

SAINT-GERMAIN-DE-TALLE-VENDE 14500 (5 km S)

🍴 *L'Auberge Saint-Germain* – ☎ 02.31.68.24.13. Fermé le dimanche soir et le lundi. Congés annuels : pendant les vacances scolaires de février. Accès : par la D577. Menus de 70 F (10,7 €) en semaine à 220 F (33,5 €). Menu enfant à 45 F (6,9 €). Sur la place d'un charmant village, une jolie maison en granit, typique du bocage virois. Salle à manger chaleureuse et accueillante, avec cheminée et poutres basses. Service souriant et rapide. Le chef met en vedette les plats du terroir : flan de poireaux au haddock, jambon braisé au pommeau, fricassée de poulet fermier au cidre, andouille de Vire façon tarte Tatin à la crème de cidre, tarte aux pommes flambées au calvados. Bref, un très bon rapport qualité-prix pour une bonne cuisine locale, agréable et bien travaillée. Petite terrasse devant la maison aux beaux jours.

BÉNY-BOCAGE (LE) 14350
(14,5 km N)

🛏🍴 *Le Castel Normand* ** – ☎ 02.31.68.76.03. Fax : 02.31.68.63.58. Parking. TV. Fermé le dimanche soir et le lundi. Congés annuels : février. Accès : prendre la D577 vers Caen sur 9 km et à gauche la D56 pendant 2 km. Doubles avec douche et wc ou bains à 300 F (45,7 €). Petit déjeuner à 38 F (5,8 €). Menus de 90 F (13,7 €) en semaine à 198 F (30,2 €). Menu enfant à 60 F (9,1 €). Belle maison de pierre qui ne fait pas tache sur cette place superbe avec ses halles séculaires et sa fontaine. Salle d'un rustique raffiné où l'on mange sur des tables rondes. Un détail, certes, mais qui a son importance pour la convivialité. La cuisine s'accorde bien avec le cadre. Elle est pleine de saveurs quelque peu surprenantes pour la région. Le chef sait faire des associations dignes des grands. Chartreuse d'andouille au pommeau, magrets aux fruits secs, dos de lotte enlardé, foie gras aux pommes, dodeline de veau cressonnière. Service impeccable. Si vous tombez sous le charme, les chambres vous attendent. Elles sont dans le même esprit que le reste de la maison. *10 % sur le prix de la chambre toute l'année.*

Les prix
En France, les prix des hôtels et des restos sont libres. Certains peuvent augmenter entre le passage de nos infatigables fureteurs et la parution du guide.

Avis aux hôteliers et aux restaurateurs
Chaque année pour y figurer, il faut le mériter.

Le Routard

BASSE-NORMANDIE

Haute-Normandie

27 Eure
76 Seine-Maritime

ANDELYS (LES) 27700

Carte régionale B2

🛏🍴 *Hôtel de Normandie* ** – 1, rue Grande, Le Petit-Andely ☎ 02.32.54.10.52. Fax : 02.32.54.25.84. Parking. TV. Resto fermé le mercredi soir et le jeudi. Congés annuels : décembre. Accès : en bord de Seine. Doubles à 200 F (30,5 €) avec lavabo, à 290 F (44,2 €) avec douche et à 320 F (48,8 €) avec douche et wc ou bains. 1er menu à 140 F (21,3 €) servi toute la semaine, même le soir. Autres menus à 180 et 270 F (27,4 et 41,2 €), plus la carte. L'adresse idéale pour passer un week-end agréable sur les bords de Seine, tenue par la même famille depuis plusieurs décennies. Dans cette grande maison normande, l'accueil sympathique et la gourmandise sont au rendez-vous. Quelques spécialités du chef : ris de veau aux pommes, lotte au pommeau et canard aux pommes, sans oublier l'inévitable trou normand (un sorbet au calvados servi au milieu du repas, digestion assurée!). On peut aussi flemmarder des heures dans le petit jardin en admirant la Seine.

🛏🍴 *Hôtel de Paris - Restaurant Le Castelet* – 10, avenue de la République ☎ 02.32.54.00.33. Fax : 02.32.54.65.92. Parking. TV. Resto fermé le dimanche soir. Accès : de la place centrale, direction Le Petit-Andely. En venant de la Seine, sur le côté gauche de l'avenue principale. Doubles de 220 à 330 F (33,5 à 50,3 €) avec douche ou douche et wc. 1er menu à 88 F (13,4 €) servi également le soir et le dimanche. Autres menus de 105 à 188 F (16 à 28,7 €). Une nouvelle enseigne, un nouveau patron jeune et tonique et la vie a repris dans ce beau castelet aux toits pointus qui s'était bien endormi. C'est la musique qui règle l'ambiance quand le propriétaire prend l'accordéon ou organise des soirées musicales ou poétiques. Les chambres ont été redécorées et sont maintenant avenantes et confortables. Celles sur le jardin sont plus au calme, bien que le trafic se calme la nuit venant. Le restaurant *Le Castelet* et sa grande terrasse aux beaux jours propose de la bonne cuisine régionale. Les produits sont frais. Spécialités : le foie gras de canard au torchon, les croustillants de magrets au miel, la blanquette de lotte à l'ancienne. Suppléments parfois un peu chers. Si vous êtes curieux, demandez à voir les cellules au sous-sol, du temps où la maison servait tristement à la Gestapo. Accueil irrégulier. *Apéritif offert. 10 % sur le prix de la chambre d'octobre à avril. NOUVEAUTÉ.*

🛏🍴 *Hôtel de la Chaîne d'Or* *** – 27, rue Grande, Le Petit-Andely ☎ 02.32.54.00.31. Fax : 02.32.54.05.68. Parking. TV. Fermé le dimanche soir, le lundi. Congés annuels : janvier. Accès : en face de l'église, au bord de la Seine. Doubles à partir de 430 F (65,6 €), tout confort. 1er menu à 150 F (22,9 €), servi toute la semaine, y compris le soir. Autres menus à 245 et 330 F (37,4 et 50,3 €). Un long et massif bâtiment, dans un calme parfait et au bord du fleuve. Une position

HAUTE-NORMANDIE

unique. Fondé en 1751, son nom provient de la chaîne tendue depuis la rive jusqu'à l'île voisine et qui délimitait la zone d'octroi sur la Seine à cet endroit. Celle-ci rapportait tant d'argent qu'elle fut appelée la « Chaîne d'Or ». Même si l'hôtel est plutôt luxueux, on s'y sent à l'aise grâce à un accueil agréablement décontracté. Certaines chambres ont vue sur la Seine, sont décorées et meublées avec goût. D'autres sont plus modernes. Pour se restaurer, splendide salle à manger avec vue plongeante sur les péniches ou feu dans l'âtre selon le temps. Une bonne table dans la région. Parking fermé.

AUMALE   76390

Carte régionale B1

🏠 |●| *La Villa des Houx* ** – av. du Général-de-Gaulle ☎ 02.35.93.93.30. Fax : 02.35.93.03.94. Parking. TV. ⚒ Fermé le dimanche soir du 15 octobre au 15 mars. Congés annuels : les 2e et 3e semaines de janvier. Accès : N29, avenue face à la gare. Doubles à 320 F (48,8 €) avec douche et wc et 350 F (53,4 €) avec bains. Très beau menu à 100 F (15,2 €) sauf week-end, et menu « terroir » à 120 F (18,3 €). Autres menus à 160 et 220 F (24,4 et 33,5 €). Dans une belle maison anglo-normande, un hôtel 2 étoiles qui en mériterait largement 3, au vu des prestations proposées. 14 chambres doubles, dont une à baldaquin, un peu plus chère. Resto tout aussi chic ; en saison, service au jardin. Excellent rapport qualité-prix. *10 % sur le prix de la chambre d'octobre à avril.*

DANS LES ENVIRONS

VILLERS-HAUDRICOURT 76390
(5 km SO)

|●| *L'Auberge de la Mare-aux-Fées* – ☎ 02.35.93.41.79. Fermé le samedi et le dimanche (sauf pour les groupes avec réservation). Congés annuels : août. Accès : à 5 km par la D8 en direction de Forges. Menus de 70 F (10,7 €) le midi en semaine, à 100 F (15,2 €). Attention à ne pas dépasser cette jolie maison à colombages, installée au bord de la D8. Car aucune enseigne n'est là pour indiquer cette petite auberge authentique, décorée avec goût et simplicité. Avec le 1er menu (fromage, dessert et vin compris), on mange sur une table de ferme, au coude à coude avec les cantonniers et les gens du coin. Cuisine familiale traditionnelle, selon le marché, et ambiance conviviale. Autre salle plus classique pour l'autre menu. *Apéritif offert.*

BERNAY   27300

Carte régionale A2

🏠 |●| *Hôtel d'Angleterre et du Cheval Blanc* * – 10, rue du Général-de-Gaulle (Ouest) ☎ 02.32.43.12.59. Fax : 02.32.43.63.26. Parking. TV. Accès : en face de la poste, dans la rue principale, au niveau de la place Derou. Doubles à 150 F (22,9 €) avec lavabo, 180 F (27,4 €) avec douche et 230 F (35,1 €) avec bains. 1er menu à 75 F (11,4 €) sauf le dimanche, et à 180 F (27,4 €). Parking clos. C'est en 1908, après le passage d'Édouard VII, que l'hôtel du *Cheval Blanc* prit le nom d'*Angleterre*. La cour possédait alors des écuries pour 300 chevaux ! Hôtel tenu par la même famille depuis 1926. La propriétaire actuelle a repris le flambeau en 1948 et tente courageusement et petit à petit de remettre en état les nombreuses chambres de cet ancien bâtiment qui commence à donner des signes de lassitude, bien qu'il soit encore séduisant. Les chambres avec bains sont les plus agréables, notamment la n° 23, en angle sur le jardin de l'école de musique voisine. Madame est également aux fourneaux et les plats, classiques, sont faits maison. Au restaurant, le chef à grande réputation en ville pour la qualité de ses soles et de son gigot d'agneau. À essayer si vous êtes à sa table. Produits frais. *Kir ou sorbet au calvados offert.*

🏠 |●| *Le Lion d'Or* ** – 48, rue du Général-de-Gaulle (Centre) ☎ 02.32.43.12.06. Fax : 02.32.46.60.58. Parking. TV. Canal+. Satellite / câble. ⚒ Resto fermé le dimanche soir (en hiver) et le lundi midi. Accès : dans la rue principale. Doubles à 230 F (35,1 €) avec douche et wc et à 250 F (38,1 €) avec bains. 1er menu à 75 F (11,4 €) en semaine. Autres menus à 100 et 135 F (15,2 et 20,6 €). Ancien relais de poste rénové. La décoration des chambres est sobre mais la propreté règne et l'accueil est aimable. Petit déjeuner buffet. Le restaurant est distinct de l'hôtel mais les 2 établissements marchent main dans la main. Le cuisinier aime son métier et ça se sent : les terrines, le foie gras, les fonds de sauce et jusqu'à la pâtisserie sont faits maison. Spécialités : filet de truite au camembert (!), poêlée de pleurotes et sa gribouillette et, bien sûr, le poisson selon la marée de Cherbourg ou de Caen. À noter que, quotidiennement, le saint du jour préside au menu affiché.

DANS LES ENVIRONS

SAINT-AUBIN-LE-VERTUEUX 27300 (4 km S)

🏠 |●| *L'Hostellerie du Moulin Fouret* – ☎ 02.32.43.19.95. Fax : 02.32.45.55.50. Parking. Fermé le dimanche soir et le lundi.

HAUTE-NORMANDIE

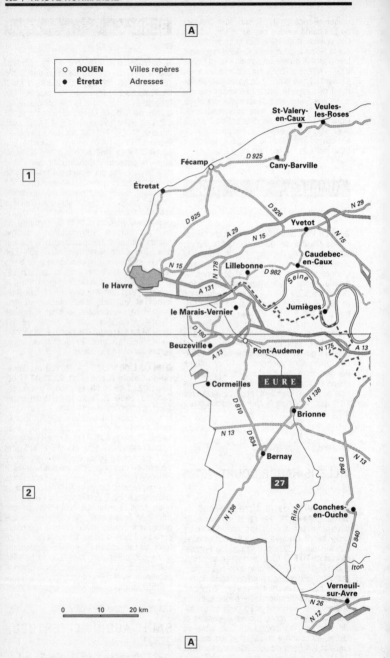

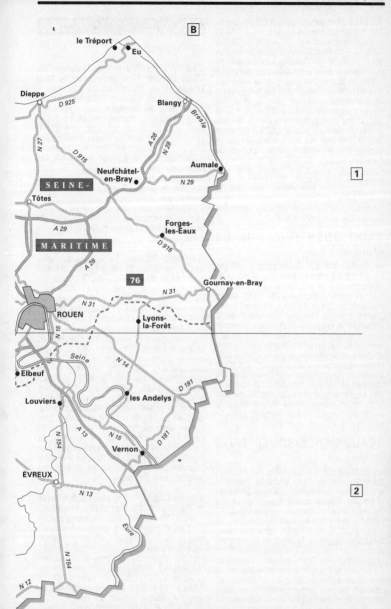

Accès : à 3 km au sud de Bernay. Doubles à 250 F (38,1 €). Menus à 100 F (15,2 €) sauf le week-end, puis de 160 à 330 F (24,4 à 50,3 €). François Deduit a placé sa cuisine sous le signe de l'amitié. Les sauces se marient bien avec les produits du terroir. La simplicité côtoie des plats plus complexes. Ses spécialités : escalopes de foie gras de canard chaud, délice de pied de veau aux cives, pigeonneau vieille France, bar braisé aux citrons confits, safran et cumin. Service raffiné. N'oublions pas le cadre : un vieux moulin à aubes du XVIe siècle au décor exquis, à la pénombre intime, un parc de 1 ha en bordure de la Charentonne. Et si vous voulez en profiter encore plus, des chambres sont à votre disposition au rapport qualité-prix imbattable. Attention, la demi-pension est souvent requise... Adresse coup de cœur. *10 % sur le prix de la chambre d'octobre à mars.*

SAINT-QUENTIN-DES-ISLES
27270 (4 km S)

Iol *Restaurant La Pommeraie* – N138 ☎ 02.32.45.28.88. Parking. Fermé le dimanche soir et le lundi. Accès : 4 km au sud de Bernay. Menus à 85 F (13 €) en semaine et à 145 F (22,1 €) avec petits amuse-gueules chauds. En retrait de la nationale et entourée d'un jardin, s'étire la longue façade néoclassique de cet établissement au cadre raffiné. Vaste salle fraîche et claire, donnant sur le jardin et son plan d'eau où barbotent des canards. De toute évidence, l'intention de vous faire oublier les tensions dues à la circulation prédomine. On apprécie tout particulièrement le foie gras poêlé aux pommes et groseilles, le risotto de lotte au cidre et safran et, après le fromage, le bavarois aux fruits.

BEAUMONT-LE-ROGER 27170
(17 km E)

Iol *Restaurant La Calèche* – 54, rue Saint-Nicolas ☎ 02.32.45.25.99. Fermé le mardi soir et le mercredi. Congés annuels : la 1re quinzaine de janvier et la 1re quinzaine de juillet. Accès : dans la rue principale. 1er menu à 90 F (13,7 €) servi tous les jours et à 155 F (23,6 €). Le chef, outre son talent de maître-queux, a le sens de la mise en scène. Il n'hésite pas, lors des grandes fêtes annuelles (Noël, Saint-Valentin, Beaujolais nouveau, etc.), à personnaliser la façade de son établissement. Sa cuisine, elle aussi, sort des sentiers battus : fricassée de fruits de mer, feuilleté d'andouillette à la crème de livarot, ris de veau aux framboises, tarte aux pommes au beurre de cidre. Spécialités de poissons et desserts maison. Après le repas, il vous conviera à tourner la manivelle de l'orgue de Barbarie. Difficile de résister à sa bonne humeur. Accueil souriant, ambiance conviviale. Un bon moment. *NOUVEAUTÉ.*

BRIONNE 27800

Carte régionale A2

🛏Iol *Hôtel-restaurant L'Auberge du Vieux Donjon* ** – 19, rue de la Soie (Centre) ☎ 02.32.44.80.62. Fax : 02.32.45.83.23. Parking. TV. Fermé le lundi et en hiver le dimanche soir également. Accès : place du marché. Doubles à 230 F (35,1 €) avec lavabo et bidet, et à 270 F (41,2 €) avec douche. Menus de 135 à 200 F (20,6 à 30,5 €). Grande auberge à colombages où la tradition normande est respectée. On se sent tout de suite bien dans cette salle à manger conviviale avec vue sur le jardin. Terrasse où l'on peut prendre son petit déjeuner ou l'apéritif. Vous y dégusterez une cuisine de terroir de qualité : rôti de veau et ris à la normande, filet de bœuf aux morilles et les fruits de mer... *Kir offert.*

🛏Iol *Hôtel Aquilon* ** – 9, route de Calleville ☎ 02.32.44.81.49. Fax : 02.32.44.38.83. Parking. TV. ♿ Accès : à 500 m du centre, en direction du vieux donjon. Doubles à 280 F (42,7 €) avec douche et wc et à 370 F (56,4 €) avec bains. Menu à 90 F (13,7 €) servi midi et soir en semaine. À côté du vieux donjon du XIe siècle, sur la hauteur, grande maison bourgeoise en brique entourée d'un jardin. Au 2e étage, mini-suite mansardée sympa. Dans le logis principal, les chambres avec bains sont charmantes, notamment la n° 3, qui possède une double exposition côté vallée et côté jardin. Atmosphère familiale, la maîtresse de maison contribuant pour beaucoup au succès de cet établissement : présence, disponibilité, souci du détail. Un exemple de son attention : c'est l'hôtel le mieux chauffé que nous connaissions ! Les frileux apprécieront... De plus, la literie est haut de gamme. Parking au jardin. Une adresse coup de cœur.

🛏Iol *Le Logis* ** – 1, place Saint-Denis ☎ 02.32.44.81.73. Fax : 02.32.45.10.92. Parking. TV. ♿ Fermé le dimanche soir, le lundi et le samedi midi. Congés annuels : 1 semaine en février et 1 semaine en août. Accès : à partir de la N138 Rouen/Bernay, prendre la direction centre-ville au dernier feu. Doubles à 320 F (48,8 €) avec douche et wc et à 380 F (57,9 €) avec bains. 1er menu à 135 F (20,6 €) servi midi et soir en semaine. Autres menus de 195 à 295 F (29,7 à 45 €). Cet hôtel moderne, entièrement rénové, allie confort et modernité. Demi-pension obligatoire en saison. Côté repas, le chef propose des menus qui changent au rythme des saisons. Vous pouvez lui faire confiance : talent, imagination, saveur, fraîcheur se conjuguent à merveille. Parking intérieur.

BEC-HELLOUIN (LE) 27800 (5 km N)

|●| *Le Canterbury* – **rue de Canterbury ☎ 02.32.44.14.59.** Fermé le mardi soir et le mercredi. Congés annuels : février. Accès : derrière la salle des fêtes. 1er menu à 85 F (13 €) en semaine. Autres menus de 100 à 190 F (15,2 à 29 €). Bâtiment hideux coincé entre la place du village et l'entrée de l'abbaye (fondée en 1034, pour l'histoire). Pourtant, dans la grande salle aux poutres apparentes et pourvue d'une cheminée, ou sur la terrasse fleurie, il fait bon goûter les spécialités de la maison : la terrine fraîche aux Saint-Jacques, la gigolette de canard au cidre, la choucroute océane, le moelleux d'agneau au cumin et la tarte fine aux pommes. Excellente adresse. *Café offert.*

CANY-BARVILLE 76450

Carte régionale A1

|●| *L'Auberge de France* – **73, rue du Général-de-Gaulle ☎ 02.35.97.80.10.** Fermé le dimanche soir et le mardi. Congés annuels : 10 jours en février et 2 semaines en septembre. Accès : dans la grande-rue, à côté du pont qui enjambe le fleuve, la Durdent (eh oui ! c'est un fleuve puisqu'il se jette dans la mer, à Veulettes). Menus à 87 F (13,3 €) servi en semaine, 128 F (19,5 €, avec 2 plats), 168 F (25,6 €, avec 3 plats) et, enfin, 178 F (27,1 €). Menu dégustation à 250 F (38,1 €). Dans cette grande maison blanche, sorte de café transformé en resto, on déguste les « folies » du chef en fonction de la saison : filet de carrelet aux langoustines, grenadins de veau aux morilles et saint-pierre à la crème de petits pois… Superbes vins. *Café offert au restaurant.*

CAUDEBEC-EN-CAUX 76490

Carte régionale A1

|●| *Le Cheval Blanc* * – **4, place René-Coty ☎ 02.35.96.21.66. Fax : 02.35.95.35.40.** Parking. TV. Resto fermé le dimanche soir et le lundi midi (sauf les jours fériés). Congés annuels : 3 semaines à partir de fin janvier. Accès : de l'hôtel de ville, qui est au bord de la Seine, tournez en direction de Saint-Arnoult-Lillebonne ; quelques mètres plus loin, vous trouverez la place René-Coty. Chambres doubles de 190 F (29 €), avec lavabo et wc, à 280 F (42,7 €) avec bains. Menus à 62 F (9,5 €) le midi en semaine et de 75 à 210 F (11,4 à 32 €). Le soir, service jusqu'à 21 h 30. Bon accueil, cuisine agréable et cadre sympathique. Jolies chambres confortables, qui n'ont pas la vue sur la Seine, mais celle-ci est à deux pas. Côté resto, petits plats régionaux. Spécialité : le gras-double. Parking à vélos fermé. *10 % sur le prix de la chambre à partir de 2 nuits consécutives sauf juillet-août.*

|●| *Hôtel-restaurant Le Normandie* ** – **19, quai Guilbaud ☎ 02.35.96.25.11. Fax : 02.35.96.68.15.** Parking. TV. Canal+. Satellite / câble. Resto fermé le dimanche soir (sauf pour les fêtes). Congés annuels : du 4 au 27 février. Accès : le long du quai, à deux pas de l'hôtel de ville. Doubles à 260 F (39,6 €) avec douche et wc, et 300 F (45,7 €) avec bains. Menus de 59 F (9 €), sauf les dimanches et jours fériés, à 220 F (33,5 €). Assez cher à la carte. Dans une construction d'après-guerre, un hôtel confortable mais sans charme particulier. Chambres avec vue sur la Seine – sans la vue, c'est moins cher et plus calme. Le spectacle de la Seine et du pont de Brotonne illuminé peut justifier le fait de s'arrêter au resto, où le chef, maître « canardier », accommode ce palmipède à différentes sauces (caneton rouennais à la presse extra). Sinon, cuisine régionale et poisson : effilochée de lapereau au calvados, barbue au cidre… *10 % sur le prix de la chambre.*

SAINT-WANDRILLE-RANÇON 76490 (3 km E)

|●| *Restaurant Les Deux Couronnes* – **☎ 02.35.96.11.44.** Service jusqu'à 21 h. Fermé le dimanche soir et le lundi, sauf les fêtes. Accès : face à l'église. Formule à 90 F (13,7 €). Deux menus, le 1er avec 2 plats au choix à 135 F (20,6 €), le 2e avec 3 plats à 165 F (25,2 €). A la carte, comptez 200 F (30,5 €). Dans cette auberge, édifiée au XVIIe siècle à quelques pas de la fameuse abbaye, le péché de gourmandise n'est pas un vain mot (les moines nous le pardonneront) : langoustines rôties aux herbes de Provence, panaché de rognons et ris de veau, crêpes aux pommes et à la glace à la cannelle… *Café offert.*

SAINTE-GERTRUDE 76490 (3 km N)

|●| *Restaurant Au Rendez-Vous des Chasseurs* – **le bourg ☎ 02.35.96.20.30.** ✗ Fermé le mercredi (sauf jours fériés). Congés annuels : pendant les vacances scolaires de février, 1 semaine en septembre et à Noël. Accès : face à l'église. Menus de 65 F (9,9 €) en semaine à 148 F (22,6 €). Un restaurant comme on les aime, paisible, blotti entre la forêt et la petite église du village. Ici on nourrit les chasseurs comme les routards depuis plus de 150 ans. Vous pourrez goûter des plats régionaux de qualité. Il y en a pour toutes les bourses. Il faut venir en hiver pour le gibier : le chef prépare un délicieux tajine des chasseurs avec du faisan, du cerf et du lièvre. Sinon, en été, jolie terrasse dans le jardin et pavé de sandre aux écrevisses et coulis de morilles.

VILLEQUIER 76490 (4,5 km SO)

🛏️❘●❘ *Hôtel du Grand Sapin* – quai de Seine ☎ 02.35.56.78.73. Fax : 02.35.95.69.27. Parking. TV. Fermé le mardi soir et le mercredi (sauf en juillet-août). Congés annuels : vacances scolaires de février et la 2ᵉ quinzaine de novembre. Accès : à la sortie de Villequier vers Caudebec. Doubles à 250 F (38,1 €) avec bains. Petit menu à 65 F (9,9 €) servi en semaine et le samedi midi. Autres menus de 115 à 190 F (17,5 à 29 €). Magnifique maison normande en bord de Seine, avec un jardin fleuri où s'élève, devinez… un magnifique magnolia (celui-ci a fini par faire la pige au sapin). Grande salle à manger rustique et balcons de bois. 5 chambres doubles, avec vue sur la Seine. Un endroit qui commence à être un peu défraîchi, mais qui a gardé son charme, sa douceur et son intimité. Téléphonez impérativement pour réserver. Excellent rapport qualité-prix.

VATTEVILLE-LA-RUE 76940 (8 km S)

❘●❘ *A u b e r g e   d u   M o u l i n* – ☎ 02.35.96.10.88. Fermé le mercredi et le soir. Accès : le long de la D65 en venant du pont de Brotonne sur la rue sud. Ne pas entrer dans Vatteville, prendre la direction Aizier, dans le hameau Quesnay, c'est tout de suite à gauche. Menus à 63 et à 85 F (13 €). Les plats à la carte sont aux environs de 45 F (6,9 €) et le vin à partir de 35 F (5,3 €) la bouteille ! Menu gastronomique à 135 F (20,6 €). Un restaurant-bar-tabac-alimentation comme on en voit encore dans certains villages. Mais celui-là vaut vraiment le coup, avec son cadre rustique, ses nappes à carreaux et sa grande cheminée. Il n'y a que quelques tables, vite remplies par les gens du coin, en particulier par les chasseurs qui viennent ici fanfaronner. Ambiance trophées de chasse et ragots de village. La cuisine, forcément, est dans le ton : c'est bon, copieux, traditionnel et vraiment pas cher (lapin chasseur, escargots, truite meunière, tête de veau ou andouillette…).

CONCHES-EN-OUCHE 27190

Carte régionale

🛏️❘●❘ *Hôtel-restaurant Le Cygne* – 36, rue du Val ☎ 02.32.30.20.60. Fax : 02.32.30.45.73. Fermé le dimanche soir et le lundi. Accès : descendre la rue principale (rue Sainte-Foy). Doubles de 270 à 320 F (41,2 à 48,8 €) tout confort, selon la surface. 1ᵉʳ menu à 95 F (14,5 €), sans fromage. Menu du terroir à 150 F (22,9 €). Quelques chambres à la déco classique, confortables et au calme. Nous avons été surtout séduits par le cadre rustique raffiné et par la cuisine traditionnelle aux saveurs bien marquées du chef : gelée de queues de bœuf, médaillons de porc au cidre, entremets à l'ananas au coulis de fruits rouges. Les produits sont frais, les cuissons *al dente* et réalisées à la minute, indice d'un grand savoir-faire. Bon rapport qualité-prix. Grande gentillesse. *NOUVEAUTÉ.*

CORMEILLES 27260

Carte régionale

❘●❘ *Le Florida* – 21, rue de l'Abbaye ☎ 02.32.57.80.97. Fermé le lundi. Congés annuels : 2 semaines en juin, 2 semaines en décembre. 1ᵉʳ menu à 63 F (9,6 €), le midi en semaine. Autres menus à 85 et 120 F (13 et 18,3 €). Une cuisine de qualité constante à base de produits du terroir. Nous avons eu une bonne impression quand la terrine est arrivée entière sur la table. De plus, le plat du jour est issu de produits frais. Spécialités : filet de canard au poivre vert, caille normande. Bon rapport qualité-prix, service efficace et accueil souriant. Voilà pourquoi l'adresse est excellente ! *NOUVEAUTÉ.*

DIEPPE 76200

Carte régionale B1

🛏️ *Auberge de jeunesse* – 48, rue Louis-Fromager (Sud-Ouest) ☎ 02.35.84.85.73. Congés annuels : fin novembre à mi-février ou mi-mars. Accès : assez excentré ; bus : ligne n° 2, direction Val Druel ; arrêt « Château-Michel ». Compter 48 F (7,3 €) pour la nuit en chambres de 2, 4 ou 6 ou en dortoir. Petit déj à 7 F (1,1 €). Accueil sympathique dans un endroit peu chaleureux et assez excentré. Capacité : 46 lits. Cuisine à disposition pour les repas. Carte AJ obligatoire.

🛏️ *Hôtel Au Grand Duquesne* ∗ – 15, place Saint-Jacques (Centre) ☎ 02.35.84.21.51. Fax : 02.35.84.29.83. TV. Canal+. Accès : dans la rue qui fait face à l'église Saint-Jacques. Doubles de 175 F (26,7 €) avec lavabo à 245 F (37,4 €) avec bains. Établissement entièrement rénové avec goût et modernité il y a quelques années. Jolies chambres tout confort.

🛏️ *Les Arcades de la Bourse* ∗∗ – 1-3, arcades de la Bourse (Centre) ☎ 02.35.84.14.12. Fax : 02.35.40.22.29.

TV. Canal+. Accès : le port de plaisance. Doubles à partir de 280 F (42,7 €) avec douche et wc. Vue superbe sur le port de plaisance. Chambres modernes, confortables et sans extravagance. Compter 370 F avec vue. *Apéritif offert.*

|●| *Le Bistrot du Pollet* – 23, rue de Tête-de-Bœuf (Centre) ☎ 02.35.84.68.57. Fermé le dimanche et le lundi. Accès : sur le port, entre le pont Ango et le pont Colbert, en face de la poste du Pollet. Menu à 75 F (11,4 €). À la carte, comptez 130 F (19,8 €). Petit resto drôlement sympa, à la déco très chaleureuse, avec ses vieilles photos et sa musique rétro. Un peu à l'écart du centre, il faut tout de même penser à réserver, car les habitués sont nombreux à se précipiter ici, surtout à l'heure du déjeuner, et on les comprend. Un patron adorable, des prix très doux et une cuisine axée sur la mer. Spécialités de poissons grillés (bar, daurade, vive...) et de foie gras du pêcheur, recette typiquement dieppoise (il s'agit en fait de foie de lotte mariné et écrasé).

|●| *À la Marmite Dieppoise* – 8, rue Saint-Jean (Centre) ☎ 02.35.84.24.26. Fermé le dimanche et le lundi et le jeudi soir hors saison. Accès : à deux pas du quai Duquesne. Menus à 100 F (15,2 €) en semaine, jusqu'à 215 F (32,7 €). Un classique du circuit culinaire dieppois. Même si la déco n'est pas son fort, cette auberge entretient depuis longtemps le goût des bonnes choses. Le poisson travaillé à la crème est à l'honneur, mais le plat phare, celui qui illumine les papilles et éclaire l'estomac, reste la marmite dieppoise. Il s'agit d'une préparation très parfumée, composée de 4 poissons (lotte, barbue, filet de sole, coquille Saint-Jacques en saison ou filet de julienne), de moules et de langoustines cuisinés ensemble dans un poêlon. Superbe. Dommage, les prix n'ont pas la douceur caressante des embruns, mais les produits sont parfaits. *Apéritif offert.*

DANS LES ENVIRONS

POURVILLE-SUR-MER 76550

(4,5 km O)

|●| *L'Huîtrière* – rue du 19-Août ☎ 02.35.84.36.20. Parking. Service tous les jours de 10 h à 20 h environ. Congés annuels : de fin septembre à Pâques. Accès : sur le bord de mer, 4 km à l'ouest de Dieppe. Au-dessus du local de vente en direct (ouvert, lui, toute l'année), vous pouvez vous asseoir pour déguster des coquillages tout juste sortis de l'eau. Huîtres, clams, bigorneaux, palourdes, bulots... et crêpes ! Le décor est très sympa, avec des murs bleu piscine, un plafond recouvert de couvercles de paniers à huîtres en osier foncé, et un vieux scaphandre dans un coin.

En fait, on se croirait dans un aquarium, car de grandes baies vitrées ouvrent complètement sur la plage et la mer. Pour les beaux jours, une grande terrasse est dressée. Un seul regret, les prix : plutôt ceux d'un (bon) resto.

ARQUES-LA-BATAILLE 76880

(9 km SE)

🛏 *Le Manoir d'Archelles* – Archelles ☎ 02.35.85.50.16. Fax : 02.35.85.47.55. Parking. TV. Accès : route de Neufchâtel D1, sortie de la ville. Doubles à 120 F (18,3 €) avec lavabo, à partir de 250 F (38,1 €) avec bains. Un sublime manoir du XVIᵉ à mosaïque de brique et de silex, qui propose plusieurs chambres (il existe même une « suite » pour 4 !). Évidemment, à ces prix-là, il faut être très indulgent, car les chambres sont plus rustiques que chic. Mais cela n'enlève rien au charme de l'endroit, au contraire. Nous, on a une petite préférence pour les chambres installées dans l'entrée fortifiée : elles font face au château, que l'on peut ainsi voir des fenêtres. Pour monter, un bel escalier en colimaçon dans la tourelle. N'oubliez pas d'aller faire un tour au verger-potager, véritable jardin de curé, que le propriétaire bichonne encore plus que la maison. *5 % sur le prix de la chambre.*

|●| *L'Auberge d'Archelles* – ☎ 02.35.83.40.51. Parking. Fermé le dimanche et le lundi soir de septembre à avril. Menus de 78 à 185 F (11,9 à 28,2 €). Jouxtant le *Manoir d'Archelles* et appartenant à la même famille, bien qu'indépendant, ce restaurant est installé dans les anciennes écuries. Beaux murs de brique et crépi blanc. Côté cuisine, c'est dans le même esprit, entre terroir et gastronomie. Superbe menu du jour : croquette de camembert, canard au cidre et pâtisserie maison ; le même menu est proposé à 105 F (16 €) avec le vin et le café. Un excellent rapport qualité-prix. *Menu à 78 F servi aussi le week-end pour le routard et le café offert pour les autres menus.*

ELBEUF 76500

Carte régionale B2

🛏 *Le Squarium* * – 25, rue Pierre-Brossolette (Sud-Est) ☎ 02.35.81.10.52. Parking. Fermé le dimanche. Congés annuels : août. Accès : en face du cinéma. Doubles à 120 F (18,3 €) avec lavabo et 160 F (24,4 €) avec douche. Dans ce petit hôtel-bar à l'accueil chaleureux, il est préférable de réserver à l'avance. Chambres assez spacieuses et bien tenues. Bon rapport qualité-prix.

🛏|●| *Le Progrès* ** – 47, rue Henry (Centre) ☎ 02.35.78.42.67. Fax :

HAUTE-NORMANDIE

02.35.78.42.67. TV. Fermé le dimanche soir et le vendredi soir. Accès : presque en face de la mairie. Chambres à prix doux, de 160 F (24,4 €) avec lavabo et wc, à 200 F (30,5 €) avec bains. Menus à partir de 50 F (7,6 €) en brasserie, au resto celui à 75 F (11,4 €) est servi toute la semaine. Menus gastronomiques de 102 à 195 F (15,5 à 29,7 €). Hôtel calme, bien situé entre la Seine et les rues commerçantes. Brasserie sympathique. À côté, dans la salle de restaurant plus sage et joliment décorée, on savoure une cuisine simple et régionale. *Petit déjeuner, apéritif offerts.*

I●I *Restaurant Le Jardin Saint-Louis* – 24, rue Proudhon (Centre) ☎ 02.35.77.63.22. Fermé le dimanche soir. Accès : sur la place de la République. Menus de 55 F (8,4 €) le midi en semaine, à 130 F (19,8 €). Comptez 150 F (22,9 €) à la carte. Restaurant accueillant, à l'écart du trafic (ouf, on respire !). Cuisine agréable composée de recettes classiques, comme le tartare de saumon aux herbes fraîches, les langoustines rôties au beurre de citron, la moelle de bœuf braisé au gros sel... et, sur commande, d'une spécialité bien locale : la caille aux monstrueux d'Elbeuf (poireaux).

DANS LES ENVIRONS

SAINT-AUBIN-LÈS-ELBEUF 76410
(2 km N)

🏠 *Hôtel du Château Blanc* ** – 65, rue Jean-Jaurès ☎ 02.35.77.10.53. Fax : 02.35.77.10.53. TV. Accès : de l'autre côté de la Seine ; après le pont, c'est au coin de la 1re rue à droite. Doubles à 220 F (33,5 €) avec douche et wc, et 240 F (36,6 €) avec bains. Grande maison bourgeoise un peu bruyante le matin car située à proximité de la nationale. Mais elle a bien des qualités : un jardin clos où l'on peut garer sa voiture, un grand salon où il est agréable de feuilleter son canard favori. Chambres spacieuses et très bien tenues (double-vitrage). Pas de resto, mais plateau froid sur demande.

ÉTRETAT 76790

Carte régionale A1

🏠 *Hôtel La Résidence* – 4, bd René-Coty (Centre) ☎ 02.35.27.02.87. Fax : 02.35.27.04.31. TV. Tarifs identiques tout au long de l'année : doubles à 180 F (27,4 €) avec lavabo, de 245 à 290 F (37,4 à 44,2 €) avec douche et wc, et de 345 à 390 F (52,6 à 59,5 €) avec bains. À retenir : la suite pour 6 personnes à 640 F (97,6 €). De l'extérieur, c'est l'un des plus beaux hôtels de Normandie. Il s'agit d'une maison du XIVe siècle, bâtie à Lisieux et déménagée au début du siècle à Étretat. Elle est même citée dans *Les Demeures philosophales* de Fulcanelli. À l'intérieur, mariage de styles réussi : des chambres rénovées, toutes différentes et décorées avec énormément de goût... Bon accueil, chouettes balades avec les vélos de l'hôtel... bref, de quoi passer un agréable séjour à Étretat ! Attention toutefois, il semblerait que les réservations ne soient pas toujours respectées ! Bien exiger une confirmation écrite. *Petit déjeuner offert hors week-end et vacances scolaires.*

🏠 *Hôtel d'Angleterre* – 35, av. George-V (Centre) ☎ 02.35.27.01.65. Fax : 02.35.28.78.44. TV. Accès : à 100 m de la mer, dans la rue qui part de l'office du tourisme vers Le Havre. Chambres doubles avec douche et wc à 260 F (39,6 €). À l'écart du flux touristique, un hôtel accueillant à des prix raisonnables.

🏠I●I *L'Escale* ** – place Foch (Centre) ☎ 02.35.27.03.69. Fax : 02.35.28.05.86. TV. Accès : face à la vieille halle. Doubles avec douche, wc et téléphone à 290 F (44,2 €). Plats à 59 F (9 €). Un hôtel-brasserie sympathique comme tout, entièrement rénové, proposant des chambres lambrissées petites mais agréables. Au rez-de-chaussée, resto-brasserie animé proposant des plats simples (moules-frites, omelettes, salades et crêpes) ou plus gastronomiques et pizzeria. De la terrasse, on suit l'animation sur la place.

🏠I●I *Hôtel Le Corsaire* ** – rue du Général-Leclerc ☎ 02.35.10.38.90. Fax : 02.35.28.89.74. TV. Accès : sur le front de mer. Doubles de 295 F (45 €), avec douche et wc, à 345 F (52,6 €) avec bains. Menu à 75 F (11,4 €) servi aussi le week-end. L'un des rares hôtels du front de mer possédant une jolie façade de brique rouge, avec vue imprenable sur les fameuses falaises. Chambres toutes très différentes mais passablement défraîchies, dont les prix oscillent selon le confort et la vue (sur mer ou non). On attend avec impatience les travaux de rénovation annoncés. Fait aussi resto, mais cuisine en demi-teinte. Le 1er menu permet toutefois de profiter de l'extraordinaire terrasse.

I●I *Crêperie de Lann-Bihoué* – 45, rue Notre-Dame (Centre) ☎ 02.35.27.04.65. Fermé le mardi et le mercredi sauf vacances scolaires. Congés annuels : décembre. Accès : derrière l'hôtel de ville. Menu à 51 F (7,8 €) servi tous les jours. Une crêperie bretonne en Normandie, dans le cadre sympathique d'une auberge du temps jadis. Pour un prix modique, crêpes en tout genre et pour tous les goûts. Le petit menu, à base de crêpes évidemment, se révèle idéal pour une petite faim.

IOI *L'Huîtrière* – ☎ 02.35.27.02.82. Accès : front de mer, vers la falaise d'Aval. Menus de 98 F (14,9 €) même le dimanche, à 235 F (35,8 €). Magnifiques plateaux de fruits de mer, à partir de 320 F (48,8 €) pour deux (avec homard !). Une salle en rotonde extraordinaire, avec une vue on ne peut plus panoramique sur la plage et les falaises, avec l'Aiguille en gros plan. Un très bon rapport qualité-prix pour le 1er menu servi même le week-end, avec moules délicieuses, à 50 F (7,6 €) à la carte, grenadier au safran et dessert. Cuisine très soignée, service adorable et charmante attention du trou normand offert à tous. À vivre un jour de tempête !

IOI *Restaurant Le Galion* – bd René-Coty (Centre) ☎ 02.35.29.48.74. Fermé le mercredi et le jeudi midi. Congés annuels : décembre. Menus de 118 F (18 €), bien équilibré, jusqu'à 240 F (36,6 €) pour les gourmands et les plus riches. Habillage intérieur du XVIIe siècle, petits carreaux, vieilles poutres. Atmosphère normande typique et feutrée. Onctueuse soupe de poisson, escalope de saumon au muscadet bien travaillée, huîtres pochées au champagne. Service assez long. *Digestif offert.*

DANS LES ENVIRONS

SAINT-JOUIN 76280 (11 km S)

IOI *Le Belvédère* – ☎ 02.35.20.13.76. Fermé le dimanche soir et le lundi. Congés annuels : le dimanche avant Noël jusqu'au 24 janvier. Accès : par la D940 vers le sud, tournez à Beaumesnil et continuez jusqu'à la pointe de Saint-Jouin, face au cap d'Antifer. Menus de 80 F (12,2 €) très ordinaire, servi en semaine, à 180 F (27,4 €). Ce restaurant qui a l'air d'un *blockhaus* semble avoir été posé là comme par erreur. Drôle d'endroit pour un repas ! Cette bâtisse au milieu des champs domine la falaise et le port d'Antifer, port pétrolier du Havre. L'adresse idéale pour manger en admirant la mer et les rares pétroliers qui font escale. Assez cher, on trouve cependant des plats à tous les prix, de la moule à 40 F (6,1 €) jusqu'à la marmite dieppoise à 295 F (45 €) pour deux.

EU 76260

Carte régionale B1

🛏 IOI *Centre des Fontaines - Auberge de jeunesse* – rue des Fontaines ☎ 02.35.86.05.03. Fax : 02.35.86.45.12. La réception ouvre à 18 h et ferme à 21 h. Congés annuels : du 20 décembre au 3 janvier. Lit à 85 F (13 €), draps compris. Compter 50 F (7,6 €) en plus pour la demi-pension. Situé dans les cuisines royales du

château voisin. On peut rentrer quand on veut après 21 h car on vous donne la clé. Chambres de 4, 6 et 9 lits avec lavabo ou douche (wc dans le couloir). Lit un peu cher, avec la carte AJ. À ce prix-là, vous avez le dortoir à vous tout seul, même s'il n'est pas rempli. Service de repas possible.

🛏 IOI *Hôtel-restaurant Maine* ** – av. de la Gare ☎ 02.35.86.16.64. Fax : 02.35.50.86.25. Parking. TV. Satellite / câble. Resto fermé le dimanche soir, sauf week-ends fériés. Congés annuels : la 2e quinzaine d'août. Accès : à 5 mn du centre-ville. Doubles de 280 F (42,7 €) avec douche et wc à 300 F (45,7 €) avec bains. La demi-pension est obligatoire certains week-ends et en haute-saison : 620 F (94,5 €) pour deux, ce qui est, compte tenu de la cuisine, une véritable affaire. En semaine, menu à 90 F (13,7 €), puis de 130 à 215 F (19,8 à 32,8 €). En face de l'ancienne gare, cette belle maison de maître, claire et calme, était déjà un restaurant en 1867. Salle à manger exceptionnelle, d'une grande fraîcheur, marquée par Majorelle et l'Art Nouveau. Chambres tout confort, agréables et modernes pour certaines, un peu plus anciennes pour d'autres. Ceux qui n'y dorment pas devront tout de même honorer la table de cet excellent établissement. Goûtez le menu du pêcheur ou celui du boucher. Cuisine réussie, actuelle, bien qu'inspirée des traditions culinaires locales et traditionnelles. *10 % sur le prix de la chambre sauf en demi-pension.*

ÉVREUX 27000

Carte régionale B2

🛏 IOI *Hôtel-restaurant de la Biche* ** – 9, rue Joséphine, place Saint-Taurin (Ouest) ☎ 02.32.38.66.00. Fax : 02.32.33.54.05. TV. ⚒ Resto fermé le dimanche soir (le dimanche toute la journée en juillet-août). Hôtel ouvert toute l'année. Accès : centre-ville. Doubles à 150 F (22,9 €) avec lavabo, à 250 F (38,1 €) avec douche et à 270 F (41,2 €) avec bains. Menus de 82 à 145 F (12,5 à 22,1 €). Étonnante maison bordant une très jolie place avec son église. L'hôtel, aménagé autour d'un patio intérieur de style colonial, a quelque chose de merveilleusement rétro, de théâtral même. Regardez bien la loge vitrée de la réception, les couleurs mauve et rose des murs, les toiles naïves et cette galerie intérieure desservant les chambres. Après avoir été pavillon de chasse sous François Ier, ce fut le bordel chic du pays. Louis Malle y a tourné *Le Voleur*. Accueil aimable du patron, un monsieur à moustache. Chambres calmes avec vue sur la place ou sur l'un des bras de l'Iton. Attention toutefois aux réservations de chambre parfois oubliées. Bon resto aux plats familiaux et

HAUTE-NORMANDIE

originaux : os à moelle au gros sel de Guérande sur tartines grillées, aïoli à la portugaise et son pot-au-feu de poissons, poêlon de rognons et ris de veau flambés vallée d'Auge. *10 % sur le prix de la chambre.*

🛏🍴 *Hôtel de France* ** – 29, rue Saint-Thomas (Centre) ☎ 02.32.39.09.25. Fax : 02.32.38.38.56. Parking. TV. Canal+. Resto fermé le dimanche soir et le lundi. Accès : derrière la place du Marché. Doubles à 300 F (45,7 €) avec douche et wc et à 345 F (52,6 €) avec bains. Menus de 155 F (23,6 €) à 215 F (32,8 €). Petit 2 étoiles proposant des chambres très confortables, joliment arrangées, donnant sur une rue calme (où l'on peut aussi se garer) ou sur l'arrière. Quant au resto, accueillant, il s'ouvre sur la rivière et le jardin d'agrément. Un nouveau chef est au piano depuis fin 1998. Ses spécialités : millefeuille de saumon cru mariné, pavé de foie gras de canard normand, tournedos de veau « sous la mère ». Assiette de fruits de mer un peu juste en quantité. Le menu-carte est renouvelé au fil des saisons. Les fans et spécialistes de Marguerite Duras aimeront revoir cet endroit évoqué dans *Musique-2. Petit déjeuner offert.*

🍴 *Restaurant La Croix d'Or* – 3, rue Joséphine (Ouest) ☎ 02.32.33.06.07. Congés annuels : 24 décembre - 1er janvier. 1er menu à 59 F (9 €), le midi en semaine. Autres menus de 79 à 185 F (12 à 28,2 €), plus la carte. Une très bonne adresse où l'on concocte avec amour des plats recherchés, soignés, intelligents, sans l'avarice et le snobisme de la nouvelle cuisine. Des serveurs en nœud pap' virevoltent entre les tables souvent occupées par les habitués. Un bon signe ! Le chef se fournit directement aux halles de Rungis. Fraîcheur, donc. Quelques surprises comme la terrine de saumon mi-cru mi-cuit en habit vert et son coulis à la tomate, aux olives et au basilic, ou la marmite de lotte au safran. Mais la spécialité, c'est la « grande bouillabaisse ». Terrasse sur rue bruyante, dommage...

DANS LES ENVIRONS

GRAVIGNY 27930 (4 km N)

🍴 *Le Saint-Nicolas* – 38, rue Aristide-Briand (Centre) ☎ 02.32.38.35.15. Parking. Fermé le dimanche soir. Accès : sur la D155, côté droit en direction de Louviers. Menus de 89 F (13,6 €) à 198 F (30,2 €). Derrière la façade discrète qui borde la D155, se cache de ravissantes petites salles au décor sobre et raffiné, intimes ou plus spacieuses pour les joyeux groupes. Claude Sauvant, le chef, se fait un point d'honneur d'utiliser des produits de première qualité au gré du marché : pieds de porc aux truffes, filet de perche au beurre Saint-Nicolas, huîtres chaudes à la crème d'échalote. Très belle carte des vins. *Café offert.*

JOUY-SUR-EURE 27120 (12 km E)

🍴 *Le Relais Du Guesclin* – place de l'Église ☎ 02.32.36.62.75. Parking. Fermé le mercredi et ouvert le soir sur réservation seulement. Congés annuels : août. Accès : par la N13 en direction de Pacy-sur-Eure, puis la D57. 1er menu à 85 F (13 €). Autres menus à 150 et 200 F (22,9 et 30,5 €). Petite auberge normande entre l'église et les champs. Tranquillité assurée, on peut déjeuner dehors. 1er menu servi tous les jours : salade aux noix + plat du jour ou plat du jour + dessert. Les spécialités : canard bonhomme normand, ris de veau braisé, côte de veau aux girolles, tarte chaude... le meilleur de la cuisine normande. Bon cidre bouché.

CHAMBRAY 27120 (15 km NE)

🍴 *Restaurant Le Vol au Vent* – 1, place de la Mairie (Centre) ☎ 02.32.36.70.05. Fermé le dimanche soir, le lundi et le mardi. Congés annuels : août et du 24 décembre au 3 janvier. Accès : par la D63. Menus de 160 à 240 F (24,4 à 36,6 €). L'un des meilleurs restaurants de Normandie. Petite maison de village de la vallée de l'Eure, abritant une salle à manger très chic que précède un petit salon-fumoir où l'on sert l'apéritif ou le café, un peu à la manière britannique. Cuisine exquise et raffinée. Spécialités : la pâte feuilletée qui accompagnera notamment les vols-au-vent et, selon les saisons, les huîtres, les ris de veau aux morilles, les escargots... Tout est fait à la minute, ce qui est exceptionnel en restauration. Pour les desserts, le millefeuille aux fruits de saison est un summum. Service stylé et grande gentillesse. *Apéritif offert.*

BEAUBRAY 27190 (26 km SO)

🛏🍴 *L'Auberge de la Comtesse* ** – 2, rue de Villeneuve ☎ 02.32.67.27.26. Fax : 02.32.67.20.52. Fermé le dimanche soir et le lundi sauf pour les groupes. Accès : par la D830 direction Conches-en-Ouche, puis la D840 en direction de Breteuil. Doubles à 230 F (35,1 €). Menus de 100 à 220 F (15,2 à 33,5 €). Une merveilleuse petite maison à colombages, perdue dans la campagne à l'orée d'un grand bois (forêt de Conches). Les spécialités : le cochon grillé à la fondue de tomates, le soufflé de crabe, le pintadeau normand ou le koulibiac de saumon. Demi-pension obligatoire pour séjour de moins d'une semaine. Dans le jardin, une balançoire pour les enfants. On ne dort pas dans la maison principale mais au fond du parc, dans un bâtiment évoquant un haras. Les chambres sont spacieuses, simples et calmes. Facilité pour se garer juste devant les chambres. Une halte romantique, par un beau soir d'été, quand braille le paon du bois joli. *10 % sur le prix de la chambre à* *partir de 2 nuits consécutives de mars à novembre.*

FÉCAMP   76400

Carte régionale A1

📧 |●| *Le Martin* – **18, place Saint-Étienne (Centre)** ☎ **02.35.28.23.82. Fax : 02.35.28.61.21.** TV. Resto fermé le dimanche soir et le lundi sauf les jours fériés. Congés annuels : les 1ʳᵉˢ quinzaines de mars et de septembre. Accès : à côté de l'église. Doubles à 150 F (22,9 €) avec lavabo et 170 F (25,9 €) avec douche. Menus de 75 à 160 F (11,4 à 24,4 €). Bonne petite table normande qui n'a jamais rien cédé aux modes culinaires. Cuisine classique et régionale, préparée par un vrai chef et servie dans une salle rustique avec poutres apparentes. À noter, le 1ᵉʳ menu, étonnant à ce prix-là. Le patron propose également des chambres très simples (mais vraiment pour dépanner). Une aubaine pour les petits budgets. *10 % sur le prix de la chambre sauf juillet-août.*

📧 *Hôtel de la Mer* ** – **89, bd Albert-Iᵉʳ** ☎ **02.35.28.24.64. Fax : 02.35.28.27.67.** TV. Congés annuels : vacances scolaires de février, zone B. Accès : directement sur la plage. Doubles avec lavabo à 180 F (27,4 €), avec douche et wc ou bains de 260 à 290 F (39,6 à 44,2 €). Cet immeuble moderne, à l'allure un peu froide, se révèle un excellent établissement. C'est du reste l'un des rares à être situé face à la mer, au bord de la plage. Chambres confortables et bien équipées, certaines avec balcon et vue sur la mer. Bonne atmosphère familiale créée par des patrons affables.

📧 *Hôtel d'Angleterre* ** – **93, rue de la Plage (Centre)** ☎ **02.35.28.01.60. Fax : 02.35.28.62.95.** Parking payant. TV. Canal+. Congés annuels : à Noël. Accès : direction du Casino (50 m avant). Doubles entre 200 et 350 F (30,5 et 53,4 €). Véritables chambres familiales de 380 à 560 F (57,9 à 85,4 €). Menus de 89 à 125 F (13,6 à 19,1 €) et à la carte. En-cas servis au pub, au rez-de-chaussée. Récemment repris, la direction a rénové l'hôtel de fond en comble (excepté les chambres de l'annexe qui restent correctes cependant). Toutes les chambres ont bénéficié d'un lifting. Elles sont plus que réussies, fraîches et colorées, particulièrement agréables. Il y en a à tous les prix, selon leur taille et selon la saison. Accueil jeune et sympa, esprit bohème.

📧 *Hôtel de la Plage* ** – **87, rue de la Plage (Centre)** ☎ **02.35.29.76.51. Fax : 02.35.28.68.30.** Parking payant. TV. Canal+. ♿ Chambres avec douche à 250 F (38,1 €), avec douche et wc de 300 à 340 F (45,7 à 51,8 €) ou avec bains de 295 à 390 F

(45 à 59,5 €). Hôtel de charme, bien équipé et à deux pas de la plage. La plupart des chambres viennent d'être entièrement refaites. Très jolie salle de petit déjeuner et accueil plus que chaleureux. *10 % sur le prix de la chambre, hors saison, et 20 % en hiver hors vacances scolaires pour un séjour d'une nuit.*

|●| *Le Maritime* – **2, place Nicolas-Selles** ☎ **02.35.28.21.71.** Fermé le mardi soir d'octobre à mars. Accès : juste en face du port de plaisance. Menu à 75 F (11,4 €) en semaine. Autres menus de 98 à 200 F (14,9 à 30,5 €). Avec un tel nom et un tel cadre, on sent la mer toute proche, et ça se confirme dans l'assiette : plateau de fruits de mer, poêlée de morue crème de moules, grenadin de veau au foie gras... vous pouvez embarquer sans hésiter. Une adresse qui tient la mer depuis des années. Également vente à emporter. *Café offert.*

|●| *Le Vicomté* – **4, rue du Président-Coty** ☎ **02.35.28.47.63.** Fermé le mercredi soir et le dimanche. Congés annuels : 15 jours en août et 15 jours en décembre. Accès : à 50 m du port, derrière le palais Bénédictine. Menu à 89 F (13,6 €). Un petit bistrot très accueillant et original dans sa démarche. Nappes à carreaux, affiches du *Petit Journal*, patron à moustaches : on est loin des chalutiers du port ! Dans cette ambiance rétro très rafraîchissante, on vous sert un menu unique et différent tous les jours. Cuisine régionale à base de produits frais. Un excellent rapport qualité-prix et un service impeccable. Chapeau vicomte !

DANS LES ENVIRONS

SAINT-LÉONARD 76400 (2 km S)

📧 |●| *Auberge de la Rouge* ** – **route du Havre** ☎ **02.35.28.07.59. Fax : 02.35.28.70.55.** Parking. TV. ♿ Fermé le dimanche soir et le lundi. Congés annuels : 3 semaines en janvier-février. Accès : par la D925 (route du Havre). Doubles à 350 F (53,4 €) avec douche et wc. Menus à 105 F (16 €) sauf le dimanche midi, puis de 165 à 300 F (25,2 à 45,7 €). Cette grande auberge qui vient de fêter son centenaire ne manque pas de charme. Le patron aime à faire partager ses 2 passions : la cuisine et la course à pied. Ce marathonien invite donc volontiers ses hôtes à venir trotter avec lui tôt le matin ou le soir. Rien de tel pour se mettre en appétit. On peut manger ensuite dans le jardin au milieu des oiseaux et près d'une fontaine. Une adresse de haute volée. Quel repas ! Quelle classe ! Selon la saison, superbe sole grillée au fumet d'huîtres, caneton à la rouennaise, aumônière de grenouilles, crêpes soufflées à la Bénédictine. Propose également quelques chambres confortables mais proches de la route.

HAUTE-NORMANDIE

FORGES-LES-EAUX   76440

Carte régionale B1

🏛 *Le Continental* *** – 110, av. des Sources ☎ 02.32.89.50.50. Fax : 02.35.90.26.14. Parking. TV. Accès : à quelques mètres du casino. Chambres tout confort à 380 F (57,9 €). Imposante demeure à colombages entièrement rénovée. Ambiance désuète des anciens hôtels de casino. Hall spacieux, balcons pour prendre l'air ou le petit déjeuner. Accès possible à la balnéo du *Club Med* (renseignements au 02.32.82.50.40). Restaurant dans le casino à 50 m. *Digestif offert.*

DANS LES ENVIRONS

SAINT-MARTIN-OSMONVILLE
76680 (23 km O)

🍴 *Auberge de la Varenne* – 2, route de la Libération ☎ 02.35.34.13.80. Fermé le dimanche soir et le lundi (sauf jours fériés et veilles de fêtes). Accès : par la D919 jusqu'à Buchy, puis la D41. Menus à 80 F (12,2 €) le midi en semaine, puis de 120 à 210 F (18,3 à 32 €). Au bord de la route de ce petit village, quelque part entre Rouen et Neufchâtel et tout près de Buchy et de ses jolies halles. Une adresse fort sympathique, proposant avec succès des plats inspirés des traditions locales, comme cette cassolette de pétoncles fraîches à la crème, ou ce boudin servi en crêpe et en sauce, ou ce délicieux soufflé au calvados. Accueil et service très attentionnés.

HAVRE (LE)   76600

Carte régionale A1 – Plan pp. 644 et 645

🏛 *Hôtel Le Monaco* – 16, rue de Paris (B4-3) ☎ 02.35.42.21.01. Fax : 02.35.42.01.01. Parking. TV. Canal+. Accès : à 800 m de l'hôtel de ville. Doubles à partir de 140 F (21,3 €) avec lavabo et de 205 à 260 F (31,3 à 39,6 €) avec bains. Un des hôtels les plus proches du départ des *ferries*. Bonne tenue générale.

🏛 *Hôtel-Celtic* ** – 106, rue Voltaire (B3-1) ☎ 02.35.42.39.77. Fax : 02.35.21.67.65. Parking. TV. Canal+. Congés annuels : du 15 décembre au 5 janvier. Doubles entre 195 et 295 F (29,7 et 45 €). Avec vue sur le théâtre Niemeyer et le grand Bassin du Commerce, cet hôtel connaît une situation privilégiée. Chambres très gaies et tout confort dont les prix varient selon la taille et l'étage. Un très bon rapport qualité-prix. *10 % sur le prix de la chambre du 1er novembre au 31 mars hors jours fériés.*

🏛 *Le Petit Vatel* ** – 86, rue Louis-Brindeau (B3-4) ☎ 02.35.41.72.07. Fax : 02.35.21.37.86. TV. Canal+. Chambres avec douche de 220 à 250 F (33,5 à 38,1 €) et à 280 F (42,7 €) avec bains. Hôtel central, chambres propres et lumineuses bénéficiant de tout le confort moderne. Aucune vue particulière, mais un très bon rapport qualité-prix. À signaler, un petit resto-bar à vin très sympa juste en face. *200 F (30,5 €) la chambre, le vendredi, samedi ou dimanche pour 1, 2 ou 3 personnes du 1er septembre à fin juin.*

🍴 *Restaurant Le Lyonnais* – 7, rue de Bretagne (C3-12) ☎ 02.35.22.07.31. Fermé le samedi midi et le dimanche. Accès : quartier Saint-François. 1er menu à 60 F (9,1 €) servi tous les jours. Le menu à 98 F (14,9 €) tient ses promesses ; un autre à 125 F (19,1 €) et les vins sont bien choisis. L'atmosphère du bistrot lyonnais a été recomposée avec soin et méthode et, ma foi, c'est réussi ! Encore un peu de temps et le poids de la patine aura joué son rôle. Cheminée en cuivre, tommettes en damier au sol, murs de brique, tout est calculé, mais le compte est bon, tout comme cette cuisine pas vraiment normande : gâteau de foies de volaille à l'étuvée de tomates fraîches, marmite de poissons, andouillette lyonnaise, tarte aux pommes renversée chaude...

🍴 *Restaurant Palissandre* – 33, rue de Bretagne (C3-13) ☎ 02.35.21.69.00. Fermé le mercredi soir, le samedi midi et le dimanche. Congés annuels : 1 semaine en février et du 15 au 30 août. Menus de 62 à 149 F (9,5 à 22,7 €), boisson comprise pour ce dernier. Tout vêtu de bois sombre, ce qui lui donne de sympathiques allures d'intérieur de bateau, ce resto nous embarque pour un voyage culinaire classique et réussi. Pas de tempêtes dans les fourneaux, mais au fil de l'eau on savoure les poissons au cidre, les moules bien faites, ou, pour ceux qui n'ont pas le pied marin, une bonne andouillette ou une viande en sauce travaillée avec métier. Le menu à 85 F (12,9 €) fait du *Palissandre* une adresse d'un étonnant rapport qualité-prix, dans le quartier le plus ancien de la ville. Signalons enfin le menu « Oh ! le pressé » servi en 20 mn. *Apéritif offert.*

🍴 *Restaurant Le Tilbury* – 39, rue Jean-de-La-Fontaine (C3-11) ☎ 02.35.21.23.50. Fermé le samedi midi et les dimanche et lundi. 1er menu à 63 F (9,6 €), café compris, servi du mardi au vendredi soir. Autres menus à 84 F (12,8 €) avec fromage et dessert et à 111 F (16,9 €). Un bon point pour l'originalité du décor, à la fois romantique et naïf, mais qu'il serait temps de rafraîchir. Installé dans des petits compartiments façon calèche, vous goûterez, par exemple, les escargots briochés, une spécialité de la maison. Accueil aimable et petits prix. Un rapport qualité-prix plus « caléchant » !

DANS LES ENVIRONS

SAINTE-ADRESSE 76310 (2 km NO)

lol *Les Trois Pics* – **promenade des Régates** ☎ 02.35.48.20.60. Fermé le lundi soir et le dimanche soir hors saison. Congés annuels : du 1er janvier au 1 février. Accès : à l'extrémité nord de la plage du Havre. Formule en semaine à 69 F (10,5 €), plat-entrée ou plat-dessert, ou de 110 à 182 F (16,8 à 27,7 €), servie tous les jours jusqu'à 21 h. Posée sur le quai comme un paquebot en cale sèche, cette grande salle en bois offre un panorama superbe sur l'embouchure de la Seine. À l'intérieur, décoration marine originale et raffinée. Depuis le bastingage, on distingue au loin Deauville (à 10 miles!) en savourant une cuisine de brasserie très honorable. En été, venez prendre un verre à la terrasse. Quand les lumières s'allument en face, on se croirait en pleine mer! *Apéritif offert.*

lol *Le Coboco* – **3, place Frédéric-Sauvage** ☎ 02.35.44.55.00. Fermé le dimanche soir. Menu à 98 F (14,9 €) entrée et plat ou plat et dessert plus verre de vin, et menu-carte à 149 F (22,7 €). L'adorable patronne vous contera volontiers l'histoire mouvementée de cet endroit qui fut autrefois le salon de thé huppé du Nice havrais. Créé en 1912 par un importateur de madère et de porto, sa déco d'époque fut malheureusement détruite par un des nombreux propriétaires. C'est désormais la seule adresse un peu chic du Havre face à la mer. Le chef propose une délicieuse cuisine, résolument tournée vers la mer, bien que les amateurs de viande ne soient pas en reste. En entrée, saumon fumé crème légère au gingembre ou carpaccio de dorade à la julienne de radis roses, ensuite lapin en chemise ou escalope de sandre au bouzy... *Café offert pour un repas à la carte.*

JUMIÈGES   76480

Carte régionale A1

lol *Auberge des Ruines* – **place de la Mairie (Centre)** ☎ 02.35.37.24.05. Fax : 02.35.37.87.34. Fermé le dimanche et le mardi soir et le mercredi. Du 1er novembre au 15 mars, fermé le soir sauf le samedi. Congés annuels : du 20 décembre au 10 janvier et du 16 août au 4 septembre. Quatre chambres modestes, à 170 F (25,9 €) avec lavabo. Demi-pension obligatoire à 240 F (36,6 €) par jour et par personne. Menus de 88 F (13,4 €), servi jusqu'au samedi midi, à 250 F (38,1 €). Au coin du feu en hiver, sous la tonnelle aux beaux jours, vous êtes à la meilleure table de Jumièges, et les mets servis ici sont dignes des moines qui résidaient en face. En cuisine, le poisson est à

l'honneur. Un seul regret : que le 1er menu du week-end soit si cher. Ça exclut bien du monde... Les fins palais goûteront l'émincé d'escargots à l'ail et courgettes en anchoïade, au pigeon à la vanille ou au tartare d'huîtres et saumon fumé... tout un programme! *Café offert.*

DANS LES ENVIRONS

DUCLAIR 76480 (9 km NE)

lol *Hôtel de la Poste* ** – **286, quai de la Libération (Centre)** ☎ 02.35.37.50.04. Fax : 02.35.37.39.19. TV. Fermé le dimanche soir. Doubles de 190 F (29 €) avec douche à 240 F (36,6 €) avec bains. Menus de 80 F (12,2 €) sauf le dimanche à 200 F (30,5 €). Une adresse simple et chaleureuse qui mérite amplement son excellente réputation. Les prix apparaissent bien doux pour ces chambres particulièrement confortables et avec vue sur le bac et les bateaux qui passent. Deux salles de restaurant, avec grosses banquettes moelleuses et magnifique cheminée sculptée ou peintures champêtres et salle panoramique, on se sent ici comme un canard en pâte! D'ailleurs l'envol de canards empaillés est là pour vous rappeler que vous êtes dans le temple de ce noble palmipède. C'est ici que la recette du canard de Duclair à la presse aurait été inventée avant d'être piquée (ou améliorée?) par Rouen. Cela reste évidemment la spécialité de la maison...

lol *Restaurant Au Val de Seine* – **380, quai de la Libération** ☎ 02.35.37.99.88. Fermé le lundi soir et le mardi. Congés annuels : octobre. Accès : par la D982; le long de la Seine, juste en face du bac. Menu à 68 F (10,4 €) très complet, puis de 103 à 183 F (15,7 à 27,9 €). Dans ce petit resto au décor neutre et assez banal, vous serez accueilli avec le sourire et vous aurez vue sur Seine et les allers et retours du bac. Salle panoramique au 1er étage. Prix svelties pour cette crêperie améliorée, qui propose aussi quelques plats gentiment préparés, essentiellement à base de poisson. Salade tiède aux pétoncles, moules au vinaigre de framboise, raie à la normande, assiette du pêcheur... Surtout, le service est ici assuré à toute heure le dimanche, pour les envies de sucré comme de salé.

LILLEBONNE   76170

Carte régionale A1

lol *La P'tite Auberge* ** – **20, rue du Havre (Centre)** ☎ 02.35.38.00.59. Fax : 02.35.38.57.33. Parking. TV. Canal+. Fermé le samedi midi et le dimanche soir. Congés annuels : 15 jours pendant les vacances d'hiver et 3 semaines en août.

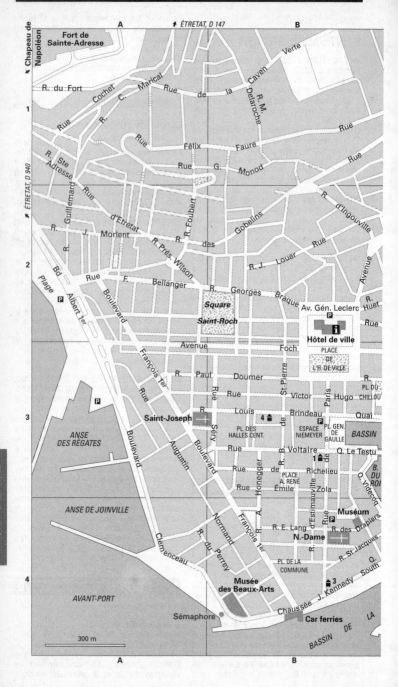

ÉTRETAT, D 147

Chapeau de Napoléon

Fort de Sainte-Adresse

R. du Fort

Rue Cochet

Maréchal

Rue

de

la

Caven

Verte

R. M. Delaroche

ÉTRETAT, D 940

R. Ste Adresse

Rue

Rue

Félix

Faure

R. C.

Rue

Rue

G.

Monod

Guillemard

Rue

d'Étretat

R. Foubert

Gobelins

R. d'Ingouville

Rue

J. Morlent

R. Prés. Wilson

des

Rue

Avenue

R. J. Louer

Bd Plage

Albert 1er

Rue

F. Bellanger

R. Georges Braque

R. Huet

Rue

Square Saint-Roch

Av. Gén. Leclerc

Hôtel de ville

Boulevard

François 1er

Avenue

Foch

PLACE DE L'H. DE VILLE

ANSE DES RÉGATES

Rue

R. Paul

Doumer

St-Pierre

Victor

Hugo

PL. DU CHILLOU

Rue

Rue

Louis

Brindeau

Quai

Saint-Joseph

R. Séry

4

Paris

de

R.

Augustin

Boulevard

PL. DES HALLES CENT.

ESPACE NIEMEYER

PL. GEN. DE GAULLE

BASSIN

Rue

Rue

R. Voltaire

Q. Le Testu

Honegger

de

1

Richelieu

B. DU ROI

ANSE DE JOINVILLE

Rue

R. A.

PLACE A. RENÉ

Émile

Zola

d'Estimauville

Q. Videcoq

Normand

François 1er

R. E. Lang

Muséum

R. des Drapiers

R. du Perrey

N-Dame

R. St-Jacques

Clemenceau

PL. DE LA COMMUNE

Q. South

AVANT-PORT

Musée des Beaux-Arts

3

Chaussée J. Kennedy

Sémaphore

Car ferries

BASSIN DE LA

300 m

HAUTE-NORMANDIE

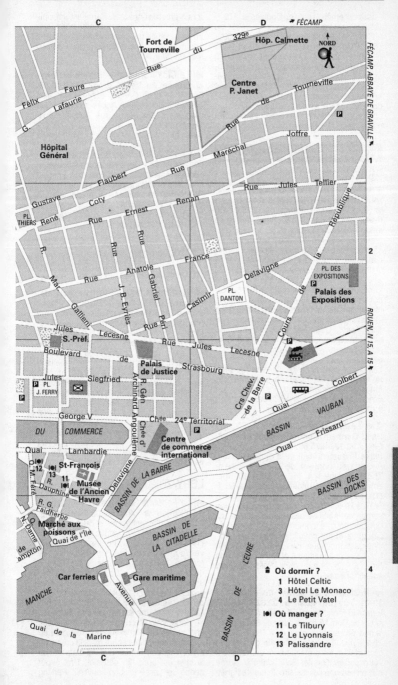

NORD

Fort de Tourneville

Rue du 329e

Hôp. Calmette

Centre P. Janet

Faure

Félix

Lafaurie

G.

Tourneville

de

Joffre

Hôpital Général

Flaubert

Rue

Maréchal

Rue

Jules

Teltier

Gustave

Coty

Ernest

Renan

Rue

PL. THIERS

René

Rue

Rue

Rue

République

Mar.

Anatole

France

Delavigne

PL. DES EXPOSITIONS

Gallieni

J.-B. Eyriès

Gabriel

Casimir

PL. DANTON

Palais des Expositions

Rue

Rue

Péri

Cours

de

Jules

Lecesne

Rue

Jules

Lecesne

S.-Prèf.

Boulevard

de

Palais de Justice

Strasbourg

Colbert

Jules

PL. J. FERRY

Siegfried

R. Gén

Archinard

Angoulème

Crs Chev. de la Barre

Quai

BASSIN VAUBAN

Frissard

George V

Chée d'

24e Territorial

BASSIN

Quai

DU COMMERCE

Lambardie

Centre de commerce international

Quai

Delavigne

BASSIN DE LA BARRE

BASSIN DES DOCKS

M.-Féré

R.

St-François

13

12

11

R.

Dauphine

Musée de l'Ancien Havre

R. G. Faidherbe

N.-Dame

Marché aux poissons

Quai de l'Île

BASSIN DE LA CITADELLE

BASSIN DE L'EURE

de

ampton

Car ferries

Gare maritime

Avenue

MANCHE

Quai de la Marine

HAUTE-NORMANDIE

FÉCAMP ABBAYE DE GRAVILLE

ROUEN, N 15, A 15

⚓ **Où dormir ?**
1 Hôtel Celtic
3 Hôtel Le Monaco
4 Le Petit Vatel

🍴 **Où manger ?**
11 Le Tilbury
12 Le Lyonnais
13 Palissandre

Accès : derrière l'église. Doubles à 170 F (25,9 €) avec douche et wc sur le palier, ou à 270 F (41,2 €) avec bains. Menus à 69 F (10,5 €) le midi en semaine, puis 98 et 148 F (14,9 et 22,6 €). Une grande maison à colombages juste derrière l'église. Récemment repris, cet hôtel propose des chambres claires, entièrement refaites, avec tout le confort moderne. Cuisine traditionnelle dans un cadre frais et rustique. Terrasse ombragée et fleurie aux beaux jours. *Café offert après un repas.*

LOUVIERS 27400

Carte régionale B2

🏠📍 *Hôtel La Haye-le-Comte* *** – 4, route de la Haye-le-Comte (Sud-Ouest) ☎ 02.32.40.00.40. Fax : 02.32.25.03.85. Parking. TV. Canal+. ♿ Resto fermé le lundi, le vendredi midi et le samedi midi (sauf réservation). Congés annuels : du 1er décembre au 31 mars. Accès : immédiatement à la sortie de Louviers, par la D133 en direction du Neubourg. Doubles de 310 à 530 F (47,3 à 80,8 €), toutes non fumeur avec bains. Menu à 110 F (16,8 €), autres à 140 et 190 F (21,3 et 29 €), plus la carte. Un hôtel de charme à prix sages dans un petit manoir du XVIe siècle entouré d'un grand parc. L'adresse pour un week-end actif, car ici on ne redoute ni le grand air ni les chaussures de sport légèrement boueuses après un périple en VTT dans la campagne environnante. Cuisine de chef, au restaurant non fumeur, avec le foie gras maison, les ris de veau, le confit et les délices aux fruits. *10 % sur la demi-pension à partir de 3 jours consécutifs.*

🏠📍 *Le Pré-Saint-Germain* *** – 7, rue Saint-Germain (Centre) ☎ 02.32.40.48.48. Fax : 02.32.50.75.60. Parking. TV. Resto fermé le samedi midi et le dimanche soir. Accès : au nord-est de la place Ernest-Thorel. Doubles à 450 F (68,6 €), tout confort. Menu « autour du bar » à 90 F (13,7 €). Autres menus de 125 à 190 F (19,1 à 29 €). Construit au cœur d'un ancien verger, cet hôtel de style néo-classique est doté de tout le confort préconisé par sa catégorie et les chambres sont *cosy*. Cuisine gastronomique mais aussi formule bistrot. La salle à manger s'ouvre sur une belle terrasse aux beaux jours. *Petit déjeuner, apéritif offerts.*

📍 *Restaurant Le Jardin de Bigard* – 39-41, rue du Quai ☎ 02.32.40.02.45. Fermé le mercredi soir. Accès : à l'angle de la rue du Coq. Menus à partir de 60 F (9,1 €) le midi en semaine, et de 80 à 165 F (12,2 à 25,2 €). Une adresse centrale qui n'a rien de surfait ni de prétentieux qui respecte votre porte-monnaie. Salle claire et aérée où l'on sert une cuisine simple mais soignée

à des prix raisonnables. Parmi les spécialités de la maison : truite au camembert, tête de veau sauce gribiche, foie gras poêlé aux pommes flambées à l'armagnac... *Apéritif maison offert le soir.*

📍 *Le Clos Normand* – rue de la Gare - chaussée du Vexin ☎ 02.32.40.03.56. Fermé le lundi. Congés annuels : 1 mois courant juillet et août. Accès : traverser les bras de l'Eure par la rue des Anciens-Combattants-d'AFN, au nord-est du centre-ville. On tombe droit sur le resto. 1er menu à 79 F (12 €) servi uniquement le midi en semaine. Autres menus à 98 et 145 F (14,9 et 22,1 €). Dans un décor rustique peu original mais assez chaleureux, on y mijote une cuisine mêlant tradition et imagination. Spécialités de poissons et préparations à base de produits normands : truite au camembert, dos de saumon à la crème et magret de canard aux raisins.

DANS LES ENVIRONS

ACQUIGNY 27400 (5 km S)

📍 *La Chaumière* – 15, rue Aristide-Briand (Centre) ☎ 02.32.50.20.54. Fermé le mardi et le mercredi. Accès : dans la rue principale qui relie les deux rives de l'Eure, face à la mairie. Repas de 105 à 300 F (16 à 45,7 €). Une adresse vraiment sympa, où l'on savoure les propositions (honnêtes) quotidiennes du chef dans un cadre rustique décontracté. Si la météo s'y prête, on allumera le feu dans la grande cheminée et l'on vous fera griller la viande ou le poisson de votre choix. Pas de menu mais une carte aux prix raisonnables. Très bonne sélection de vins, que l'on peut boire au verre, pour accompagner avantageusement les tartines de champignons au coulis de cèpes, le filet de rouget au beurre blanc ou la côte de veau normande. *Digestif offert.*

LÉRY 27690 (7 km NE)

📍 *La Fontaine Saint-Gabriel* – 2, place de l'Église ☎ 02.32.59.09.39. Parking. Fermé le dimanche soir et le lundi (sauf jours fériés et en été). Menus de 130 à 180 F (19,8 à 27,4 €), plus la carte. Une placette verdoyante adorable, une jolie église romane, les rives ombragées de l'Eure à deux pas, le cadre est posé pour savourer une cuisine des plus exquises, axée sur les produits de la mer. Un jeune couple de pros de la restauration vient de reprendre l'affaire. Madame en salle et Monsieur au piano. Voici un duo qui chante à l'unisson une cuisine de terroir maison : foie gras du torchon, magret de canard rôti à la crème de thym, vacherin Fontaine Saint-Gabriel, car le chef est aussi fin pâtissier. Une expérience qui laisse un bon souvenir. Parking devant le resto. Ensuite, pourquoi ne pas faire une balade digestive le long de la rivière ?

PONT-DE-L'ARCHE 27340 (11 km N)

🛏 *Hôtel de la Tour* ** – 41, quai Foch (Centre) ☎ 02.35.23.00.99. Fax : 02.35.23.46.22. Parking. TV. Satellite / câble. Accès : au bord de l'Eure ; sur le quai, à gauche du pont franchi par la N15. Doubles à 320 F (48,8 €), tout confort. Si les façades de ces deux maisons rurales réunies par un sas ont été conservées pour faire honneur à celles de ses voisines joliment alignées sur le quai, les intérieurs ont été entièrement reconçu de main de maître par leurs charmants propriétaires, Mme et M. Hélouard. Les couleurs, la décoration, les petits détails qui rendent un séjour confortable et surtout un VRAI accueil, tout confère à cet établissement une qualité rare pour sa catégorie. Un élément à considérer (et non des moindres) : la literie impeccable. Que la chambre donne sur les remparts et l'église Notre-Dame-des-Arts ou sur la rive verdoyante de l'Eure, le calme est absolu. Petit jardin en terrasse à l'arrière. Belle promenade aménagée sur le bord de l'Eure sur 2 km qui pourra vous amener à la base de loisirs de Lévy-Poses. Une adresse coup de cœur. *10 % sur le prix de la chambre.*

LYONS-LA-FORÊT 27480

Carte régionale

🛏 ⏹ *Hostellerie du Domaine Saint-Paul* – ☎ 02.32.49.60.57. Fax : 02.32.49.56.05. Parking. Congés annuels : du 2 novembre au 3 avril. Accès : 800 m du village sur D321. Doubles de 320 à 400 F (48,8 à 61 €). 1er menu à 125 F (19,1 €) le midi en semaine. Autres menus de 150 à 210 F (22,9 à 32 €). Grande maison bourgeoise avec bâtiment principal et annexes dans un parc calme et fleuri, tenue par la même famille depuis 1946. Ancien rendez-vous de chasse construit en 1815 et réaménagé. Parc de 5 ha avec piscine découverte agréable. On loge dans le bâtiment principal ou dans les bungalows. Les chambres, confortables, sont décorées simplement. Calme total. Demi-pension et pension uniquement. Au restaurant, la cuisine est du terroir, classique, avec quelques touches originales : croquettes de camembert, suprême de Saint-Jacques en terrine, fricassée de canard... Une création récente : un menu du terroir, notre préféré. Réservation recommandée, surtout en fin de semaine. *Apéritif offert. NOUVEAUTÉ.*

MARAIS-VERNIER (LE) 27680

Carte régionale

⏹ *Le Canard du Marais-Vernier* – ☎ 02.32.57.63.69. Parking. Fermé le jeudi. Congés annuels : 2 semaines en juin. Accès : embranchement de la route pour Pont-Audemer et Honfleur, au bout de la rue principale du village. 1er menu complet à 65 F (9,9 €). Menu gastronomique à 130 F (19,8 €). Le talent de Madame Labbé, pour cuire les canards de son élevage, ne s'use pas. Si vous avez la chance de pouvoir déjeuner ou dîner en terrasse, avec le marais à perte de vue, vous constaterez qu'il existe encore de bonnes petites adresses où l'on se détend grâce, en grande partie, à un accueil avenant. À signaler le cidre maison, excellent, fait par le mari. Parking dans le jardin. *NOUVEAUTÉ.*

NEUFCHÂTEL-EN-BRAY 76270

Carte régionale B1

🛏 ⏹ *Hostellerie du Grand Cerf* ** – 9, Grande-Rue-Fausse-Porte (Centre) ☎ 02.35.93.00.02. Fax : 02.35.94.14.92. Parking. TV. Canal+. Satellite / câble. Accès : après l'église, en descendant la rue principale. Doubles de 230 F (35,1 €) avec douche et wc, à 270 F (41,2 €) avec bains. Demi-pension parfois obligatoire, à partir de 235 F (35,8 €) par personne. Menus de 92 à 160 F (14 à 24,4 €), formule sympa à 57 F (8,7 €), servie tous les jours sauf le dimanche. On vous maternera ici, et il faut terminer votre assiette ou bien rendre des comptes à la serveuse. Cadre rustique, cuisine normande très traditionnelle et d'excellent niveau. Chambres bien tenues. *Apéritif, café offerts.*

PONT-AUDEMER 27500

Carte régionale A2

🛏 ⏹ *Hôtel du Palais et de la Poste – Restaurant Le Canel* – 14, rue Alfred-Camel ☎ 02.32.41.50.74. Fermé le mardi et le dimanche soir. Congés annuels : la 1re quinzaine de septembre. Accès : près de la poste. Doubles de 130 F (19,8 €) avec lavabo à 230 F (35,1 €) avec tout le confort. Premier menu à 65 F (9,9 €) en semaine et le soir jusqu'à 20 h. Autres menus de 95 à 175 F (14,5 à 26,7 €), plus la carte. Le cadre délicieusement rétro n'est pas l'attrait majeur de cet établissement mais il contribue à mettre en valeur une cuisine de terroir de qualité aux touches originales. Les plats ne sont pas surprenants mais on a envie de goûter à la terrine de raie, au tournedos sauce risloise et à la tarte fine au calvados et à la cannelle. Voici un restaurant d'atmosphère dans lequel on se sent tout de suite bien. La partie hôtel est moins remarquable bien que charmante par son côté désuet. L'un des meilleurs rapports qualité-prix de Pont-Audemer auquel s'ajoutent du professionnalisme et de la gentillesse. *NOUVEAUTÉ*.

≜ |●| *Auberge du Vieux Puits* ** – 6, rue Notre-Dame-du-Pré (Centre) ☎ 02.32.41.01.48. Fax : 02.32.42.37.28. Fermé le lundi et le mardi (sauf en été) uniquement le midi. Congés annuels : du 17 décembre au 26 janvier environ. Accès : prendre la sortie A13 Pont-Audemer puis Pont-Audemer-Nord à l'entrée de la ville (en venant de Paris). Doubles de 180 à 440 F (27,4 à 67,1 €), avec lavabo ou douche et wc ou bains. Déjeuner-express à 170 F (25,9 €) sauf dimanche et jours fériés. Autres menus à 230 et 330 F (35,1 et 50,3 €). Magnifique ensemble de bâtiments à colombages du XVIIᵉ siècle avec 12 chambres réservées en priorité aux hôtes dînant à l'auberge. Celles de la partie la plus ancienne sont moins chères et plus charmantes, mais moins bien insonorisées et ouvertes seulement d'avril au 11 novembre. Plus de confort dans la partie moderne (télé dans les chambres). Cuisine normande traditionnelle raffinée, servie soit dans une chaleureuse salle à manger, non fumeur, décorée de jolies faïences et de cuivres, soit dans un salon plus intime. Ravissante salle au 1ᵉʳ étage pour les réceptions. Spécialités : soufflé de moules au parmesan, canard aux griottes, truite Bovary au champagne, tarte aux pommes de Rever. Menus et carte sont renouvelés régulièrement. Demi-pension vivement conseillée.

|●| *Restaurant Hasting* – 10, rue des Cordeliers (Centre) ☎ 02.32.42.89.68. Fermé le mardi. Congés annuels : février. Accès : de la place Victor-Hugo, prendre la place Louis-Gillian, puis la rue des Cordeliers. Menu à 60 F (9,1 €) servi tous les jours. Autres menus à 85 et 100 F (13 et 15,2 €). Formule brasserie en semaine. Le petit restaurant campagnard comme on les aime, sauf que celui-ci est en plein centre-ville. Salle à manger aux nappes à carreaux rouges. Cuisine bourgeoise, simple mais efficace : filets de saint-pierre à l'oseille, côte de veau vallée d'Auge et filets de canard sauce madère. Couscous variés. Accueil sympathique. *Apéritif offert.*

DANS LES ENVIRONS

CAMPIGNY 27500 (5 km SE)

≜ |●| *Hôtel Le Petit Coq aux Champs* – *Restaurant L'Andrien* ** – La Pommeraie sud** ☎ 02.32.41.04.19. Fax :

02.32.56.06.25. Parking. TV. Satellite / câble. Congés annuels : 3 semaines en janvier. Accès : à 6 km du centre-ville. Doubles à 680 F (103,7 €) avec douche et à 760 F (115,9 €) avec bains. 1ᵉʳ menu à 225 F (34,3 €). Autre menu à 390 F (59,5 €). Dans un cadre de rêve, au cœur de la campagne normande, voici une table (et auberge pour les plus fortunés !) délicieuse, accueillante et décontractée, tout en étant raffinée. Le chef, Jean-Marie Huard, brille d'inventivité pour associer plaisir des yeux et du palais. Ses spécialités : le foie gras maison et le pot-au-feu de foie gras aux choux croquants. Deux merveilles ! La carte change au fil des saisons. Jardin paysager, piscine. *10 % sur le prix de la chambre.*

BEUZEVILLE 27210 (12 km O)

≜ |●| *Auberge du Cochon d'Or* ** – place du Général-de-Gaulle (Centre) ☎ 02.32.57.70.46. Fax : 02.32.42.25.70. Parking. TV. Fermé le lundi, plus le dimanche soir d'octobre à fin mars. Congés annuels : du 15 décembre au 15 janvier. Accès : prendre la N175 direction Pont-l'Évêque ; face à la mairie. Doubles de 210 à 250 F (32 à 38,1 €) avec douche et wc ou bains. 1ᵉʳ menu à 82 F (12,5 €) servi midi et soir, sauf samedi soir et dimanche. Autres menus de 112 à 245 F (17,1 à 37,4 €). Grande salle à manger rustique où se perpétue depuis 2 décennies le savoir-faire du cuisinier, grand spécialiste des plats normands : matelote d'anguilles au cidre, quenelles de volaille à la crème de camembert, aile de raie aux choux, tarte Tatin au caramel de cidre... De l'autre côté de la rue il y a l'annexe, *Le Petit Castel*, avec des chambres au calme sur le jardin, où vous pourrez prendre le petit déjeuner.

≜ |●| *Hôtel de la Poste* ** – 60, rue Constant-Fouché ☎ 02.32.57.71.04. Fax : 02.32.42.11.01. Parking. TV. Resto fermé le mercredi. Congés annuels : de mi-novembre à mi-mars. Accès : N175, sortie 28 sur la A13 ; en face de l'hôtel de ville et à 10 mn du Pont de Normandie. Chambres à 250 F (38,1 €) avec douche et à 350 F (53,4 €) avec bains. 1ᵉʳ menu à 79 F (12 €) le midi en semaine. Autres menus de 99 à 195 F (15,1 à 29,7 €). Un authentique relais de poste de 1844. Le porche remarquable accueille les belles voitures d'aujourd'hui en remplacement des diligences d'antan, au cœur de cette petite ville qui a subi beaucoup de dégâts pendant la guerre de Cent Ans ! Joli jardin avec terrasse à l'arrière. Spécialités régionales comme l'andouille, cuisinée de différentes manières. Il faut dire que c'est le péché mignon du patron. Également, foie gras maison. Une adresse accueillante à 15 mn de Honfleur où les hôtels sont réputés chers et souvent complets ! *10 % sur le prix de la chambre* *sauf le week-end et en juillet-août à partir de 2 nuits consécutives.*

ROUEN 76000

Carte régionale B1 – Plan pp. 650 et 651

🛏 *Hôtel de la Gare* * – 3 *bis*, rue Maladrerie (B1-2) ☎ 02.35.71.57.90. **Fax :** 02.35.71.57.90. TV. Satellite / câble. Fermé le dimanche après-midi. Accès : à droite en sortant de la gare SNCF. Doubles de 150 F (22,9 €) avec lavabo sans télé, à 170 F (25,9 €) avec douche et télé. Chambre familiale à 270 F (41,2 €). Un hôtel accueillant à des tarifs doux. Chambres simples et propres, au calme.

🛏 *Hôtel Céline* ** – 26, rue de Campulley (hors plan B1-1) ☎ 02.35.71.95.23. **Fax :** 02.35.89.53.71. TV. Fermé le dimanche entre 13 h et 17 h. Accès : près de la gare. Doubles de 185 à 270 F (28,2 à 41,2 €) avec douche. Une grande maison bourgeoise bien au calme. Chambres aux tons pastel, propres et modernes. Au dernier étage, certaines sont particulièrement grandes, mais un peu chaudes en plein été. Tarifs agréables.

🛏 *Hôtel des Familles* * – 4, rue Pouchet (B1-3) ☎ 02.35.71.88.51. **Fax :** 02.35.07.54.65. TV. Satellite / câble. Accès : à proximité de la gare. Doubles à partir de 200 F (30,5 €) avec lavabo, 260 F (39,6 €) avec douche et wc. Près de la gare, dans une vieille maison, un très joli hôtel. Énormément de goût dans la déco et beaucoup de gentillesse et de chaleur dans l'accueil. Les chambres, claires et ravissantes, ont été entièrement redécorées par la patronne dans un style rappelant un peu la Révolution ou le Directoire, mais avec tout le confort moderne. Pas de réception, pour un contact plus direct et plus chaleureux. Bref, on se sent chez soi. Parking payant à proximité.

🛏 *Hôtel des Carmes* ** – 33, place des Carmes (C2-5) ☎ 02.35.71.92.31. **Fax :** 02.35.71.76.96. TV. Accès : entre la cathédrale et la mairie. Doubles de 210 F (32 €) avec douche et wc à 250 F (38,1 €) avec bains. Petit déjeuner à 34 F (5,2 €). Un coup de cœur. Sur une des places les plus animées du centre-ville et dans un décor flambant neuf, aux couleurs de Pont-Aven, un très joli hôtel où une jeune équipe vous

accueille avec le sourire. Ce hall très gai, d'inspiration katman-baroque, prend comme des allures de cirque. Les chambres sont tout aussi colorées et agréables. Petit déjeuner proposant les produits des meilleurs fournisseurs et artisans de Rouen, beurre frais, confitures de pommes au calvados, yaourt fermier... Un excellent rapport qualité-prix. *10 % sur le prix de la chambre hors été.*

🛏 |●| *Hôtel Bristol* – 45, rue aux Juifs (B2-6) ☎ 02.35.71.54.21. TV. Fermé le dimanche. Congés annuels : du 1er au 15 août . Accès : en face du superbe palais de justice. Doubles de 220 à 250 F (33,5 à 38,1 €) avec bains et téléphone. Petit menu à 55 F (8,4 €) le midi en semaine. Dans une belle maison à colombages restaurée, 9 chambres confortables et refaites. Au resto, spécialités : lapin à la moutarde, tarte Tatin. Accueil formidable. *5 % sur le prix de la chambre pour 2 nuits consécutives.*

🛏 *Hôtel de la Cathédrale* ** – 12, rue Saint-Romain (C3-9) ☎ 02.35.71.57.95. **Fax :** 02.35.70.15.54. TV. Satellite / câble. Congés annuels : entre Noël et le Jour de l'An. Accès : proche de la cathédrale. Chambres de 270 F (41,2 €) avec douche et wc, à 355 F (54,1 €) avec bains. Dans une rue piétonne qui longe la cathédrale, un merveilleux petit hôtel de charme, disposé autour d'un agréable patio. Au calme et stratégiquement très bien situé. Dommage que toutes les chambres n'aient pas le même charme. Des travaux de rénovation sont en cours...

🛏 *Hôtel de Lisieux* ** – 4-6, rue de la Savonnerie (B3-8) ☎ 02.35.71.87.73. **Fax :** 02.35.89.31.52. E-mail : hotel.rouen@wanadoo.fr TV. Satellite / câble. Congés annuels : du 20 décembre au 4 janvier. Accès : entre la cathédrale et la Seine. Doubles de 290 F (44,2 €) avec douche, à 340 F (51,8 €) avec bains. Parking payant 31 F (4,7 €), à 80 m. Hôtel accueillant et bien tenu. Chambres confortables toutes rénovées (doubles-vitrages). *10 % sur le prix de la chambre hors juillet-août pour 2 nuits consécutives.*

🛏 *Le Cardinal* ** – 1, place de la Cathédrale (B3-7) ☎ 02.35.70.24.42. **Fax :** 02.35.89.75.14. Parking payant. TV. Canal+. Satellite / câble. Congés annuels : 15 jours en fin d'année. Doubles à 295 F

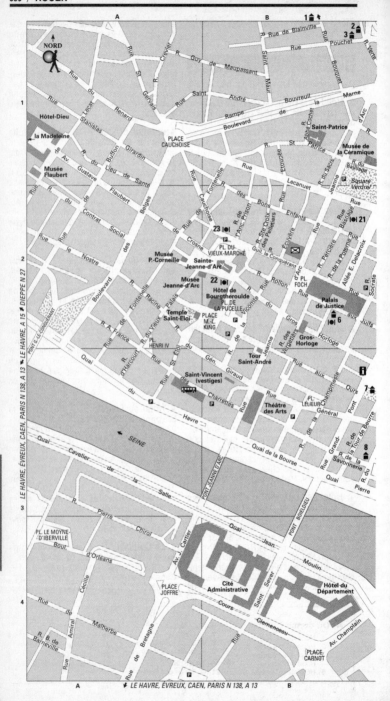

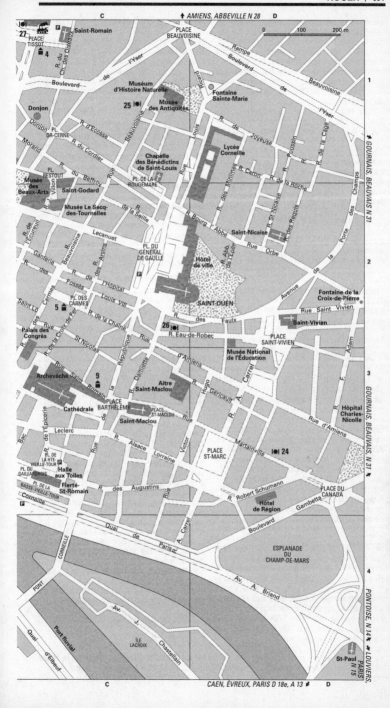

HAUTE-NORMANDIE

(45 €) avec douche et wc, et de 325 à 385 F (49,5 à 58,7 €) avec salle de bains neuve. Sans conteste le mieux situé de la ville, comme l'indique son adresse. Presque toutes les chambres donnent sur la cathédrale, splendide quand elle est illuminée la nuit. Aux beaux jours, possibilité de prendre le petit déjeuner en terrasse, face à l'hôtel et au pied de la cathédrale. Patronne très sympa et chambres vraiment bien tenues. Bref, un très bon rapport qualité-prix. *10 % sur le prix de la chambre hors juillet-août pour 2 nuits consécutives.*

Hôtel de Dieppe *** **– place Bernard-Tissot (C1-4) ☎ 02.35.71.96.00. Fax : 02.35.89.65.21.** • hotel.dieppe@wanadoo.fr • TV. Canal+. Accès : face à la gare. Doubles de 510 à 610 F (77,7 à 93 €). Week-end à 430 F (65,6 €). Bonnes grillades et menus à 98 et 128 F (14,9 et 19,5 €) toute la semaine. Menus gastronomiques à partir de 118 F (18 €). Grande maison de tradition tenue par la plus ancienne famille hôtelière de la ville. Service de style. Chambres confortables mais impersonnelles à des prix un peu surestimés. Cela dit, vous pouvez bénéficier d'un tarif week-end avantageux si vous restez 2 nuits. Le resto est très réputé notamment pour sa grande spécialité de canard rouennais à la presse. Pour les mange-tard, on vous conseille le bar de l'hôtel, ouvert jusqu'à 1 h. *Apéritif offert. Parking public payant offert aux clients de l'hôtel.*

La Toque d'Or – 11, place du Vieux-Marché (B2-22) ☎ 02.35.71.46.29. Menu à 54 F (8,2 €) sauf samedi soir et dimanche midi, et plats aux alentours de 40 F (6,1 €). Autres menus à 83 F (12,7 €). Ouvert tous les jours. Encore une situation stratégique, puisque c'est sur cette même place que les Anglais brûlèrent la pauvre Jeanne. Cette belle maison normande propose deux formules : au rez-de-chaussée, resto plus chic pour clientèle bourgeoise, et depuis quelque temps, formule « grill » dans la grande salle à manger à colombages du 1er étage où on peut se nourrir à tout petits prix. Certes la cuisine n'est pas celle d'en bas, mais le rapport qualité-prix est convenable. *Café offert.*

Au Temps des Cerises – 4-6, rue des Basnage (B2-21) ☎ 02.35.89.98.00. Fermé le dimanche et le lundi midi. Menus à 60 F (9,1 €) le midi seulement, 90 et 125 F (13,7 et 19,1 €). Le plus « fromage » des restos rouennais. Cadre frais, aux couleurs kitsch mais agrémenté de bibelots rigolos autour du concept laitier ! Ne ratez pas les œufs en cocotte, l'escalope de dinde au camembert et régalez-vous de fondue normande (meuh !). Des plats qui attirent la jeunesse locale autant pour leur originale simplicité (si l'on peut dire) que pour la modicité des prix.

Auberge Saint-Maclou – 224-226, rue Martainville (D3-24) ☎ 02.35.71.06.67. Fermé le dimanche soir et le lundi sauf jours fériés. Le midi, menu très honnête à 67 F (10,2 €), vin et café inclus ! Le soir, menus à 79 F (12 €), sauf samedi soir et dimanche midi, 99, 129 F (19,7 €) et plus. Un cadre rustique et une adresse authentique dans une maison à pans de bois. Petite terrasse en été. Cuisine revigorante. *Café offert.*

Le P'tit Bec – 182, rue Eau-de-Robec (C2-26) ☎ 02.35.07.63.33. Ouvert le midi uniquement du lundi au samedi, ainsi que les vendredi et samedi soir. Menu à 75 F (11,4 €). Salon de thé l'après-midi. Au déjeuner, délicieuse cuisine familiale, sympathique et réussie. Spécialités de gratins et d'œufs en cocotte. Salle claire et service adorable orchestré par des femmes souriantes qui virevoltent pour contenter les nombreux habitués. Un seul menu, qui tient fort bien la route. Il est d'ailleurs conseillé de réserver. Par beau temps, petite terrasse sur la rue, une des plus jolies de Rouen. *Apéritif offert.*

Le Bistrot du Chef... en Gare – place Bernard-Tissot (C1-27) ☎ 02.35.71.48.66. Fermé le samedi midi, le dimanche et le lundi soir. Congés annuels : août. Menu à 110 F (16,8 €) sauf le dimanche, et plat du jour à 59 F (9 €). Au-dessus du buffet de la gare, un restaurant qui tente de renouer avec la tradition du « bien manger en gare ». Dans un cadre chic et feutré, un bon menu ou un plat du jour, « la vie n'est plus duraille en gare de Rouen... ». *Café offert.*

Le Petit Zinc – 20, place du Vieux-Marché (B2-23) ☎ 02.35.89.39.69. Service jusqu'à 22 h 30. Fermé le dimanche. Congés annuels : les 2e et 3e semaines d'août. Accès : centre, rive droite. Menus de 130 à 200 F (19,8 à 30,5 €). Comptez 165 F (25,2 €) pour un repas complet, vin au verre à partir de 14 F (2,1 €). Un cadre bistrot et une ambiance du tonnerre pour ce petit bar à vin particulièrement bien situé. Une déco très réussie et très chaleureuse, avec bibelots et vieilles pancartes publicitaires, sans oublier le superbe zinc. Ici, pas de menu mais une grande ardoise qui annonce les festivités. Pas de nappe non plus, on mange à même la table, sur des dentelles en papier. Parmi les classiques de la maison, la morue fraîche ou les tripes servies en cocotte ; sinon, une bonne cuisine du marché, avec des produits de première fraîcheur. Convivialité assurée, assis au milieu des nombreux habitués. Pensez à réserver.

DANS LES ENVIRONS

CLÈRES 76690 (18,5 km N)

Le Flamant Rose – place de la Halle ☎ 02.35.33.22.47. Fermé le mardi et tous les soirs (sauf sur réservation). Congés annuels : fin octobre et novembre. Accès : par la D27 ; à Boulay, bifurquez sur la D6. Menus à 53 F (8,1 €) le midi – y compris le dimanche ! – et de 72 à 95 F (11 à 14,5 €). Au *Flamant Rose*, la simplicité est au rendez-vous avec des plats régionaux et quelques classiques de brasserie (magret de canard au cidre, tripes au calvados...). Le soir, réservation obligatoire.

RY 76116 (20 km E)

|●| *Restaurant Le Bovary* – Grande-Rue ☎ 02.35.23.61.46. Fermé le lundi soir et le mardi sauf pour les groupes. Congés annuels : vacances scolaires de février. Menus de 60 F (9,1 €) le midi en semaine, à 170 F (25,9 €). L'église, les halles et même ce restaurant à la superbe façade à pans de bois et à l'intérieur rustique ont fait craquer Flaubert. Gustave n'avait pas à l'époque un choix de menus aussi conséquent. De quoi contenter toutes les bourses et les gourmands. Superbe 1er menu au rapport qualité-quantité-prix rarement égalé. Service prévenant et impeccable. Assez incroyable à ce prix-là. Le soir, on peut miser sur celui à 110 F (16,8 €) qui enchantera tout le monde : huîtres, saumon fumé ou feuilleté d'escargots. Côté plats : tête de veau, filets de canard, coq au vin, coquilles Saint-Jacques selon la saison.

SAINT-VALÉRY-EN-CAUX 76460

Carte régionale A1

▲ *Hôtel Henri IV* ** – 16, route du Havre (Sud-Ouest) ☎ 02.35.97.19.62. Fax : 02.35.57.10.01. TV. Accès : du centre, prenez la direction de Fécamp et de Cany-Barville ; l'hôtel est à quelques centaines de mètres sur la gauche. Doubles de 185 F (28,2 €), avec lavabo, ce sont celles qui ont la plus jolie vue, à 295 F (45 €) avec bains. Un vent de bonne humeur souffle sur cette grande maison de brique couverte de lierre. Michèle aime recevoir. Elle propose des chambres confortables. Celles qui donnent sur l'arrière sont les plus silencieuses. La patronne est aussi une fan d'aviation. Elle peut vous organiser de chouettes balades au-dessus de la côte avec ses amis de l'aéroclub. *Apéritif offert.*

▲ |●| *Hôtel-restaurant La Marine* – 113, rue Saint-Léger (Sud-Ouest) ☎ 02.35.97.05.09. TV. Fermé le vendredi en hiver. Accès : depuis le pont, passez devant la maison Henri IV (office du tourisme) et prenez la première rue à gauche. Chambres avec douche et wc ou bains à 200 F (30,5 €). Menus à 65 F (9,9 €) en semaine, et de 95 à 155 F (14,5 à 23,6 €). Demi-pension à partir de 185 F (28,2 €).

Vous serez bien accueilli et au calme dans ce petit hôtel-restaurant familial. Un endroit sans chichis mais au confort honnête. Pour le restaurant, 2 petites salles au charme désuet. Spécialités régionales : bulots farcis à l'ail, raie au cidre, tarte aux pommes crème anglaise au calvados...

|●| *Le Restaurant du Port* – 18, quai d'Amont (Centre) ☎ 02.35.97.08.93. Fermé le dimanche et le lundi hors saison. Menus à 118 et 198 F (18 et 30,2 €). Plateau de fruits de mer à 170 F (25,9 €). Comme son nom l'indique, ce restaurant est sur le port et ses spécialités sont, vous l'avez deviné, le poisson et les fruits de mer. C'est l'établissement chic de la ville. Aménagement raffiné, bourgeois, mais pas tape-à-l'œil. Évidemment, la classe, ça se paie. Le 1er menu est simple et classique, l'autre, beaucoup plus intéressant, propose bouillabaisse de la Manche, tarte fine de maquereaux, terrine de saumon fumé... Pour les carnivores, quelques alternatives. Les portions manquent un peu de générosité. En vous plaçant près des larges fenêtres, vue sur le port.

DANS LES ENVIRONS

SOTTEVILLE-SUR-MER 76740 (10 km E)

▲ *Hôtel des Rochers* ** – place de l'Église (Centre) ☎ 02.35.97.07.06. Fax : 02.35.97.71.73. Congés annuels : janvier-février. Doubles de 240 à 280 F (36,6 à 42,7 €) avec douche et wc ou bains. Cette grande maison bourgeoise est l'ancien presbytère. Charmant jardin ceint d'un haut mur. Une dizaine de chambres confortables et calmes. Bonne adresse, excellent accueil, et donc agréable séjour en perspective. *Café offert.*

|●| *Restaurant Les Embruns* – place de l'Église ☎ 02.35.97.77.99. ♻ Fermé le dimanche soir et le lundi (sauf en saison). Congés annuels : du 20 janvier au 10 février et quelques semaines après l'été (à vérifier). Accès : direction Dieppe ; à Veules-les-Roses, prenez à gauche la D68. Menus de 75 F (11,4 €) le midi en semaine, plat plus entrée et dessert ou café inclus, à 180 F (27,4 €). Ancien bar-tabac reconverti à la gastronomie. Plusieurs formules : vous choisissez un plat, et le reste (entrée, fromage et dessert) est compris dans le prix. Spécialités dépassant largement le cadre régional : noisettes d'agneau à la provençale, homard au basilic frais et tagliatelles aux algues, marmite de poissons sottevillaise, magret de canard au cidre.

HAUTE-NORMANDIE

PETITES DALLES (LES) 76540
(17 km O)

🛏🍴 *Hôtel-restaurant de la Plage* – 92, rue Joseph-Heuzé ☎ 02.35.27.40.77. Fermé le dimanche soir et le mercredi hors saison. Congés annuels : pendant les vacances scolaires de février, Pâques et Noël, zone B. Accès : par la D925 en direction de Fécamp ; dans la rue principale, à 50 m de la plage. Chambres accueillantes à prix menus : de 175 F (26,7 €) avec lavabo, douche et wc privés sur le palier, à 240 F (36,6 €) avec bains. Menus à 88 F (13,4 €) servi tous les jours (midi et soir !), 140 et 160 F (21,3 et 24,4 €). L'un des lieux préférés du grand photographe Jean-Loup Sieff. M. et Mme Pierre reçoivent avec le sourire dans cette belle demeure de brique aux petits balcons de bois. Il est bien rare de trouver sur la côte des prix aussi doux pour une adresse de si bonne qualité. Un lieu plein de sérénité. Dans la petite salle traditionnelle et moderne à la fois, décorée avec amour et goût, vous dégusterez une cuisine raffinée jusque dans les entrées, avec cette spécialité d'huîtres chaudes de Pourville en robe de laitue (sur commande), civet de bigorneaux au cidre et coulis de betteraves aux pommes. *Apéritif offert.*

🍴 *Restaurant L'Espérance* – 76, rue Joseph-Heuzé (Centre) ☎ 02.35.27.42.77. Menus de 35 à 130 F (5,3 à 19,8 €). Pour entrer ici, il faut le mode d'emploi, car ce n'est pas un endroit comme les autres. La patronne, sous des airs parfois bourrus, cache (elle le montre vite) un cœur d'or. Elle vous invite en fait dans sa propre salle à manger, et se décarcasse, seule en cuisine, pour vous concocter de bons petits plats. L'ingrédient principal : l'Amour : c'est sans doute ça qui fait que c'est si bon ! Alors évidemment, « on arrive à marée basse et on repart à marée haute », ici il faut savoir prendre son temps. Rien que pour prendre la commande, ça prend une bonne demi-heure (pour patienter, goûtez le pommeau maison). Irène s'asseoit à votre table et vous explique : 1er menu à prix ultra démocratique, car tout le monde a droit au bonheur... Du reste, on y trouve les mêmes plats qu'au 2e menu – à 50 F (soit 7,6 €), mais inutile de dire que personne n'ose le prendre –, pâté maison, grosse crêpe gratinée aux fromages ou au saumon, pâtisserie maison... En fait, vous annoncez le prix, elle annonce la couleur ; mais attention à ne pas faire monter les enchères, elle vous répondra qu'« ici tout est bon » et que « c'est pas la peine de mettre cher, on n'est pas là pour gaspiller son argent »... Il ne faut pas s'étonner de voir débarquer ici une clientèle assez jeune, venue chercher la tendresse de cette adorable grand-mère qui n'a jamais vu Paris, ni pris le train, ni même jamais pris de vacances.

TRÉPORT (LE) 76470

Carte régionale B1

🛏 *Hôtel de Calais* – 1-5-11, rue de Paris ☎ 02.35.86.07.46. Fax : 02.35.86.11.15. Parking. Accès : à partir du quai, monter vers l'église. Doubles de 180 F (24,4 €) avec lavabo à 320 F (48,8 €) avec bains. Perché au-dessus du port depuis près de deux siècles, cet ancien relais de poste a accueilli bien du monde. De Victor Hugo aux GI's en passant par les populos des premiers congés payés, les lieux ont bien vécu. Certains regretteront sans doute que l'hôtel ait un peu perdu de son âme lors de sa dernière rénovation, mais celle-ci s'imposait. Les chambres ont donc été entièrement refaites, avec des papiers peints aux couleurs vives et de superbes salles de bains. L'ambiance est toujours aussi chaleureuse et l'accueil aussi adorable. La plupart des chambres ont vue sur le port, mais pas toutes ; il faut se renseigner. De même qu'elles n'ont pas toutes la même taille et que leur prix s'échelonne selon qu'elles sont avec douche ou avec bains. À signaler aussi chambres et appartements meublés. *Un petit déjeuner offert par chambre et par nuit hors juillet-août, jours fériés et longs week-ends.*

🛏🍴 *Le Riche Lieu* * – 50, quai François-Ier ☎ 02.35.86.26.55. Fax : 02.35.86.09.60. TV. Accès : sur le port. Chambres de 280 à 390 F (42,7 à 59,5 €). Menus à 65 F (9,9 €) servi seulement en semaine et de 79 à 169 F (12 à 25,8 €). Hôtel moderne, propre et proche de la plage : tout le confort et vue sur la mer pour certaines chambres. Demander à voir avant. Fruits de mer, cassoulet de poissons, choucroute de la mer et différentes variétés de poisson. L'accueil gagnerait à être plus chaleureux. *Trou normand (glace et pommeau de Normandie) offert.*

🍴 *Mon P'tit Bar* – 3-5, rue de la Rade (Centre) ☎ 02.35.86.28.78. Accès : le port. Menus de 65 à 98 F (9,9 à 14,9 €). Voici le genre de petite adresse authentique et pas bégueule qu'on aime bien. Plus qu'un vrai restaurant, il s'agit plutôt d'un bar, un rade pourrait-on dire, qui propose une restauration toute la journée, à toute heure et jusque tard le soir dans un cadre sans importance. Fraîcheur des petits plats de marché, modestie des prix, sympathie de l'accueil. Bonnes assiettes de fruits de mer également. Ça change de certains établissements sur le port.

🍴 *La Matelote* – 34, quai François-Ier (Centre) ☎ 02.35.86.01.13. ♿ Accès : sur le port. Menus à 79 F (12 €), sauf le dimanche en saison, et de 125 à 270 F (19,1 à 41,2 €). Plateaux de fruits de mer à

88, 125 F (19,1 €) et plus. Soyons clairs : on ne vient ici que pour les poissons et les fruits de mer. Fraîcheur garantie ! Décor bleu marine et rose… crevette. Le tout dans un style un peu naïf mais de bon aloi. Salle au 1er étage avec vue sur le va-et-vient des bateaux dans le port et sur les vagues se brisant sur la jetée les jours de tempête. Au menu : marmite tréportaise, daurade grillée, gratin de moules… Service apprêté, grand choix et pas de surprise à l'arrivée au port. *Café offert.*

DANS LES ENVIRONS

CRIEL-SUR-MER 76910 (8,5 km SO)

🏠 l●l *Hostellerie de la Vieille Ferme* ** – Mesnil-Val-Plage ☎ 02.35.86.72.18. Fax : 02.35.86.12.67. Parking. TV. Canal+. Satellite / câble. Fermé le dimanche soir hors saison. Congés annuels : janvier. Accès : par la route touristique qui longe les falaises ; dans la rue principale, à 300 m de la plage. Chambres calmes à partir de 400 F (61 €) jusqu'à 520 F (79,3 €) avec bains, petit déjeuner compris (il existe aussi une annexe plus moderne). Menus de 109 F (16,6 €) à 239 F (36,4 €). Demi-pension obligatoire en saison à partir de 310 F (47,3 €) par personne. Une immense bâtisse normande avec tout le confort et le chant des oiseaux. Terrasse, jardin spacieux avec jeux pour enfants, pelouse soignée et pressoirs à pommes. Cadre rustique et chaleureux, belle salle à manger bourgeoise. Parmi les spécialités : pot-au-feu de la mer, gourmandise de l'Hostellerie, soufflé au Grand-Marnier. *Apéritif offert.*

VERNEUIL-SUR-AVRE 27130

Carte régionale A2

🏠 l●l *Hôtel Le Saumon* ** – 89, place de la Madeleine ☎ 02.32.32.02.36. Fax : 02.32.37.55.80. TV. Canal+. 🍴 Fermé le dimanche soir de novembre à Pâques. Congés annuels : du 18 décembre au 5 janvier. Accès : sur la place de l'église. Doubles à 220 F (33,5 €) avec douche et wc et à 275 F (41,9 €) avec bains. Menus de 65 F (9,9 €) en semaine à 289 F (44,1 €). Une bonne maison provinciale, plutôt bien tenue. On dort bien et l'on jouit d'une belle vue sur la place et le magnifique clocher de l'église, ou d'une petite vue sur les anciens remparts. *Le Saumon*, c'est aussi une bonne table du pays d'Ouche : saumon bien sûr, homard, Saint-Jacques à l'orange, feuilleté de lotte à la dieppoise, jambonnette de canard normande. *Apéritif offert.*

VERNON 27200

Carte régionale B2

🏠 l●l *Hôtel d'Évreux – Restaurant Le Relais Normand* *** – 11, place d'Évreux (Centre) ☎ 02.32.21.16.12. Fax : 02.32.21.32.73. Parking. TV. Satellite / câble. Resto fermé le dimanche soir sauf à Pâques et à la Pentecôte. Accès : en face de la Poste. Doubles avec douche à 210 F (32 €) et à 350 F (53,4 €) avec bains. Menus à 130 et 165 F (19,8 et 25,2 €). Attention, il vaut mieux réserver ! Cette maison normande cache un intérieur bavarois ! La patronne, autrichienne, a décoré cet hôtel-restaurant avec des souvenirs de son pays : collection de chopes de bière, bar rustique et kitsch, cheminée imposante… ambiance chaleureuse. Aux beaux jours, la terrasse intérieure est ouverte. Le chef, lui, est français et très gourmand. Ses spécialités : foie gras frais de canard, saucisson de pied de porc au jus de truffes, tarte fine aux pommes et le soufflé glacé au pommeau. *10 % sur le prix de la chambre à partir de 2 nuits du 1er novembre au 31 mars.*

l●l *La Halle aux Grains* – 31, rue de Gamilly ☎ 02.32.21.31.99. Fermé le dimanche soir et le lundi. Accès : près de la place de la République. Plats du jour aux environs de 42 F (6,4 €). Compter 74 F (11,3 €) pour une entrée et un plat. Un restaurant qui ne désemplit pas de toute l'année ne peut pas être foncièrement mauvais. Cela vient de ce que, dans toutes les parties du jeu, l'excellence n'est pas loin : accueil chaleureux, cadre soigné et feutré, service diligent et cuisine de produits frais. On comprend tout de suite que le patron est rétif aux surgelés, car ici tout est fait maison. La pâte feuilletée est délicieuse (entrées ou desserts), les pizzas variées et les grillades à base de viande de 1er choix. Mentionnons une carte des vins abordable dont certains peuvent être consommés au verre. Le rapport qualité-prix n'a pas été mis de côté : c'est l'un des meilleurs de Vernon. Prévenance, fraîcheur et qualité : voilà tout ce qui fait une bonne adresse ! *NOUVEAUTÉ.*

DANS LES ENVIRONS

VERNONNET 27200 (1 km NE)

l●l *Le Relais des Tourelles* – rue de la Chaussée (Nord-Est) ☎ 02.32.51.54.52. Parking. Fermé le lundi et le dimanche soir. Accès : juste en face de Vernon, de l'autre côté de la Seine. Menu à 99 F (15,1 €) sauf le week-end et les jours fériés. Autres menus à 120 et 169 F (18,3 et 25,8 €), plus la carte. Vernonnet un petit village où Saint Louis venait déguster du cresson au pied des tourelles. Dans une charmante

HAUTE-NORMANDIE

maisonnette à pans de bois, décorée chaleureusement, et à 100 m de ces tourelles, vous pourrez à votre tour goûter des spécialités régionales comme les huîtres chaudes à la fondue de poireaux, les rognons de veau à la moutarde et les ris de veau aux morilles. Le 1er menu offre un buffet de hors-d'œuvre à volonté, un plat, fromage et dessert. Une bonne adresse à seulement 4 km de Giverny, loin des cars de touristes et du fan-club de Claude Monet.

GIVERNY 27620 (5 km E)

â |●| *Hôtel La Musardière* ** – 123, rue Claude-Monet (Centre) ☎ 02.32.21.03.18. Fax : 02.32.21.60.00. Parking. TV. Congés annuels : décembre. Accès : la rue Claude-Monet est parallèle à la D5 ; l'hôtel est juste après le musée et à côté de la fondation. Doubles de 300 à 400 F (45,7 à 61 €). De novembre à mars, les chambres sont à 270 F (41,2 €), petit déjeuner compris. Assiette « Musardière » à 80 F (12,2 €) et 1er menu à 145 F (22,1 €). Une grande maison bourgeoise avec véranda, dans un vaste jardin. Calme assuré : les autocars et les touristes sont restés à distance. Chambres spacieuses avec une bonne literie. Au restaurant, aux heures d'affluence, attente qui peut être assez prolongée (comme dans les autres établissements d'ailleurs). Fait aussi crêperie. *Apéritif offert. 10 % sur le prix des chambres, en été.*

|●| *Restaurant Les Nymphéas* – rue Claude-Monet (Centre) ☎ 02.32.21.20.31. Parking. Service non stop de 11 h à 18 h, pas de restauration le soir. Fermé le lundi. Congés annuels : du 31 octobre au 1er avril. Accès : la rue Claude-Monet est parallèle à la D5 ; en face du musée Monet. Menus de 89 à 139 F (13,6 à 21,2 €). Restauration axée sur les salades composées autour de 55 F (8,4 €). Endroit idéal pour combler un petit creux entre la visite de la maison et les jardins de Monet et le Musée américain. Ambiance bistrot avec ses tables de marbre. Deux terrasses, l'une le long du parking, l'autre qui donne sur le jardin fleuri de la cour de l'autre côté de l'établissement. Accueil routinier en période d'affluence. Succès oblige.

|●| *Les Jardins de Giverny* – 1, rue du Milieu (ou chemin du Roy) ☎ 02.32.21.60.80. Parking. Fermé le lundi et le dimanche soir. Congés annuels : février. Accès : sur la D5 en venant de Vernon, fléchage ; à 1 km sur la gauche après la station-service. 1er menu à 130 F (19,8 €), servi en semaine uniquement. Autres menus de 170 à 230 F (25,9 à 35,1 €). Ce n'est pas le jardin de Claude Monet, mais il ne manque pas de charme... On déjeune en terrasse l'été ou au jardin d'hiver (véranda) à la mi-saison. On déguste des plats normands dans la salle à manger Louis XVI

d'une maison normande. C'est d'ailleurs cette même salle à manger que fréquentèrent Clemenceau, A. Briand, Monet et bien d'autres grands de l'époque. On peut encore voir au mur l'anneau d'attache de leurs chevaux. Menus avec trou normand (sorbet au cidre fouetté au calvados, servi au milieu du repas afin de faciliter la digestion). Excellentes spécialités du terroir et de produits de la mer. Signalons que le chef accorde une place de plus en plus prépondérante aux légumes, ce qui est une très bonne idée. À noter, quelques plats aromatisés aux algues. Initiative heureuse, chaque menu est accompagné de conseils afin de choisir le vin adéquat. Une adresse très classe. *Café offert.*

FOURGES 27630 (15 km NE)

|●| *Le Moulin de Fourges* – 38, rue du Moulin ☎ 02.32.52.12.12. Fermé le dimanche soir et le lundi du 1er avril au 31 octobre et fermé le dimanche soir, le lundi, le mardi et le mercredi du 1er novembre au 31 mars. Congés annuels : du 2 janvier au 12 février. Accès : fléché depuis l'entrée de Fourges ; prendre la D5 en direction de Magny-en-Vexin. Au bord de l'Epte. Deux menus à 180 et 270 F (27,4 et 41,2 €). Voici ce superbe moulin, rendez-vous des artistes en général et des impressionnistes en particulier d'où l'on a plaisir à voir couler des fenêtres la vigoureuse Epte dans un paysage d'un romantisme inégalé. Décor champêtre et forestier des salles à manger réalisé par un peintre de Vernon, Francis Villard. Avant ou après Giverny, venez donc voir les paysages qui ont ému tant de pinceaux et déguster une cuisine pleine de saveurs, à la fois traditionnelle et simple : les cuisses de grenouille « championne du monde » comme dit le patron, ris de veau grand-mère, saint-pierre gratiné aux champignons et les profiteroles au chocolat... Une cuisine savoureuse et vivante. Cave honnête. Un conseil : à éviter le week-end où cars de tourisme et autos se disputent les places de stationnement, le plus près possible du moulin naturellement. On se demande ce qu'en penseraient les Monet et autres impressionnistes.

VEULES-LES-ROSES 76980

Carte régionale A1

â |●| *Résidence Douce France* – 13, rue du Docteur-Girard (Centre) ☎ 02.35.57.85.30. Fax : 02.35.57.85.31. TV. Canal+. ♿ Fermé le mardi soir. Doubles de 380 à 450 F (57,9 à 68,6 €). Petit déjeuner campagnard à 55 F (8,4 €), classique à 30 F (4,6 €). Menu à 90 F (13,7 €) en semaine hors saison. Formule à 250 F

(38,1 €) tout compris (champagne, vin et café) ; carte très abordable. Une adresse réellement exceptionnelle, un coup de cœur absolu. Une adresse récente, dans un ancien relais de poste du XVIIe siècle, admirablement bien restauré. Une immense bâtisse fortifiée en brique et bois vert clair, entourant une jolie cour fleurie. Sur le côté, un jardin cloîtré au bord de la Veules. Un endroit calme et unique pour s'aimer et se reposer. Les chambres sont incroyablement spacieuses et douillettes, avec de superbes tissus coordonnés. Ce sont en fait de véritables suites avec petit séjour, coin cuisine et grandes salles de bains. L'hôtel propose une location de vélos, et avant de partir en balade, vous pourrez prendre des forces avec le petit déjeuner campagnard qui offre toutes sortes de charcuteries, de pains, de viennoiseries... Si le temps le permet, vous pourrez manger dans le cloître, ambiance champêtre garantie. Peut-être n'aurez vous plus envie de repartir... Sinon, petite salle de resto adorable et très kitsch, avec ses grès émaillés en forme de poissons. Cuisine fraîche et délicate. Quoiqu'il en soit, gardez de la place pour les desserts, et plus particulièrement pour le soufflé glacé à la Bénédictine. À mourir !... Au fait, ils font aussi salon de thé l'après-midi. *10 % sur le prix de la chambre en semaine, sauf juillet-août et jours fériés.*

YVETOT 76190

Carte régionale A1

|●| *Le Saint-Bernard* – 1, av. Foch ☎ 02.35.95.06.75. Fermé le mardi soir et le mercredi. Congés annuels : vacances scolaires de février. Accès : au bord de la RN15, direction Le Havre. Menus de 60 à 350 F (9,1 à 53,4 €). Tout le monde dans la région connaît ce restaurant gastronomique, son décor de bistrot provençal et sa cuisine originale. Mais si l'on parle autant en ce moment du *Saint-Bernard*, c'est à cause de sa table d'hôte et de son incroyable formule à 60 F, vin et café compris, servi midi et soir y compris le week-end ! En cuisine, l'équipe met tout son savoir-faire pour ce petit menu, avec buffet de hors-d'œuvre d'une qualité rare, et ce jour-là délicieux sauté d'agneau et millefeuille minute. Une véritable aubaine ! *Apéritif offert.*

|●| *La Maison Normande* – 18, av. Clemenceau ☎ 02.35.56.50.38. Parking. Fermé le dimanche et le lundi soir. Formule à 65 F (9,9 €) le midi avec entrée, plat et dessert. Menus de 95 à 175 F (14,5 à 26,7 €). Un ancien relais de poste, logiquement situé au bord de l'actuelle N15 et à quelques minutes de l'autoroute. Grande bâtisse normande du XVIIe siècle particulièrement agréable avec sa grande cour et sa déco XIXe soignée. Peu de choses ont dû changer ici depuis le séjour de Napoléon III. La cuisine est raffinée, délicieuse et admirablement présentée : terrine de foie gras de canard faite maison, corolle de sole, rognons et ris de veau au pommeau, canard farci aux cèpes, gâteau au chocolat sauce caramel. *Café offert.*

DANS LES ENVIRONS

CROIX MARE 76190 (5 km SE)

🛏|●| *Auberge du Val au Cesne* – ☎ 02.35.56.63.06. Fax : 02.35.56.92.78. Parking. TV. Accès : d'Yvetot, prendre la D5 vers Duclair sur 3 km, puis prendre la D304 sur la gauche. Quelques chambres entièrement refaites à 480 F (73,2 €) avec bains. Menu à 150 F (22,9 €) – on ne les regrette pas – avec entrée, plat et dessert. À la carte, comptez au moins 250 F (38,1 €). Vieille maison normande à l'atmosphère chaleureuse. À l'extérieur, dans un univers bucolique intégral, s'ébattent des animaux de ferme dont le proprio, très esthète, a voulu qu'ils soient de race : canards mandarins, moutons noirs, poules naines, belles colombes dans une volière, etc. Cuisine excellente et cadre unique font digérer le prix. L'été, on mange dehors et les poules viennent picorer les miettes. Goûtez à la sole farcie à la mousse de langoustine, à l'escalope de dinde vieille Henriette (selon la recette d'une vieille paysanne de la région), ou aux viandes succulentes.

|●| *Auberge de la Forge* – N15 ☎ 02.35.91.25.94. Parking. Fermé le mardi soir et le mercredi (sauf fêtes et veilles de fêtes). Accès : par la N15 vers Rouen. Menus de 99,50 à 250 F (15,2 à 38,1 €), le vin est compris pour les menus à 170 et 250 F (25,9 et 38,1 €). Salle champêtre et sobre, dans la droite ligne de la tradition culinaire régionale. Service professionnel et gentil, et un patron qui dirige son équipe en as des fourneaux. On vous régalera, par exemple, d'un fondant aux 2 saumons au citron et ses croquants, d'une tranche de paleron de bœuf braisée, d'une cuisse de pintade confite, d'un bavarois de brocolis farcis et de nombreuses autres recettes fort sympathiques. *Sorbet de pommes au calvados offert.*

ALLOUVILLE-BELLEFOSSE
76190 (6 km O)

|●| *Au Vieux Normand* – ☎ 02.35.96.00.00. Fermé le mercredi soir. Accès : par la N15 ou par la D34. Menus de 58 à 105 F (8,8 à 16 €). Sur la place du village et face au célèbre chêne, la vraie auberge de campagne, avec la moitié des habitants attablés autour des menus, car ici

pas de carte, mais de solides menus. Cadre rustique, avec serviettes en papier, gros rouge – réserve du patron – et cidre pression, très bonne ambiance au coin du feu. Terrine, bulots, boudin, andouillette, steak, marmite dieppoise (selon arrivage), le choix ne manque pas, mais les tripes maison restent le must. Un bémol : dans un tel endroit on aurait attendu une tarte aux pommes maison! *Apéritif offert.*

Les prix
En France, les prix des hôtels et des restos sont libres. Certains peuvent augmenter entre le passage de nos infatigables fureteurs et la parution du guide.

Avis aux hôteliers et aux restaurateurs
Chaque année pour y figurer, il faut le mériter.

Le Routard

Pays-de-la-Loire

44 *Loire-Atlantique*
49 *Maine-et-Loire*
53 *Mayenne*
72 *Sarthe*
85 *Vendée*

AIGUILLON-SUR-MER (L')   85460

Carte régionale A2

🛏 *Hôtel Les Voyageurs* * – 13, rue du Général-Leclerc (Nord) ☎ 02.51.56.40.90. Fermé le lundi du 10 octobre au 1ᵉʳ mai. Doubles avec lavabo à 160 F (24,4 €), avec douche à 200 F (30,5 €), avec douche et wc à 250 F (38,1 €). Avec ses 13 petites chambres coquettes au-dessus d'un bar de quartier calme, cette maison est une adresse très abordable et pas chère du tout. Qui dit mieux dans une station balnéaire ? Accueil chaleureux.

ANGERS   49100

Carte régionale B1 – Plan pp. 660 et 661

🛏 🍽 *Centre d'hébergement du lac de Maine-Auberge de jeunesse* – 49, av. du Lac-de-Maine (hors plan B3-1) ☎ 02.41.22.32.10. Fax : 02.41.22.32.11. Parking. ⚒ Accès : à 2 km environ du centre ; bus 6 et 16, direction Bouchemaine ; arrêt « Lac de Maine » ou « Perrusaie ». 135 F (20,6 €) la nuit, petit déjeuner compris, pour une personne en chambre simple, 78 F (11,9 €) dans une chambre à 2 lits. Carte d'adhésion obligatoire à 15 F

(2,3 €), sauf pour les titulaires de la carte FUAJ. Quelques chambres pour familles. Assure les 2 repas à 48 F (7,3 €). Près de 150 lits en chambres de 1, 2 ou 4. Un centre bien équipé, spacieux et agrémenté d'un parc et du lac. Activité nautique et initiation à la connaissance de la nature à proximité. *Petit déjeuner offert.*

🛏 *Hôtel du Centre* – 12, rue Saint-Laud (B2-3) ☎ 02.41.87.45.07. Accès : en plein centre, dans une rue piétonne très animée le soir. Doubles à 145 F (22,1 €) avec douche et wc à l'extérieur et à 165 F (25,2 €) avec douche et wc. Petit hôtel traditionnel un peu vieillot mais qui ne flanque pas le bourdon. Une quinzaine de chambres sans charme particulier mais bien tenues, distribuées par un enchevêtrement d'escaliers. Au rez-de-chaussée, bar et terrasse très fréquentés par la jeunesse d'Angers. Un peu bruyant le soir.

🛏 *Hôtel du Mans* * – 34 *bis*, bd Ayrault (BC1-4) ☎ 02.41.87.49.63. Fax : 02.41.86.19.83. Parking. TV. Congés annuels : la 1ʳᵉ quinzaine d'août. Accès : situé en face du Centre de Congrès. Doubles avec lavabo à 140 F (21,3 €), avec bains à 185 F (28,2 €). 240 F (36,6 €) pour 4 personnes. Petit hôtel sans caractère particulier dans un environnement banal, mais très bon accueil et fort bien tenu. Coquettes chambres, aux tons clairs, refaites. Préférez

---

🛏 **Où dormir ?**

1 Auberge de jeunesse	**6** L'Auberge Belle Rive
3 Hôtel du Centre	**8** Continental Hôtel
4 Hôtel du Mans	**9** Hôtel Saint-Julien
5 Hôtel du Mail	**10** Hôtel Le Progrès

🍽 **Où manger ?**

20 Le Bouchon Angevin
21 Restaurant La Ferme
22 Les Trois Rivières
23 Le Lucullus
24 Les Templiers

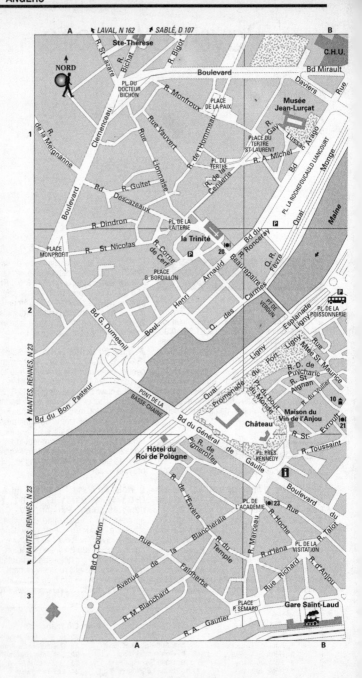

LAVAL, N 162 ↖   ↗ SABLÉ, D 107

Ste-Thérèse

NORD

C.H.U.

R. St-Lazare

R. Bichat

R. Bigot

Bd Mirault

Boulevard

Daviers

Rue

PL. DU DOCTEUR BICHON

R. Monfroux

PLACE DE LA PAIX

Musée Jean-Lurçat

R. de la Meignanne

Clemenceau

Rue

Rue Vauvert

R. de l'Hommeau

PLACE DU TERTRE ST-LAURENT

R. Gay

Lussac

Bd

Arago

Monge

Maine

PL. LA ROCHEFOUCAULD LIANCOURT

1

Boulevard

Bd

R. Guitet

Lionnaise

PL. DU TERTRE

R. de la Censerie

R. A. Michel

Descazeaux

R. Dindron

PL. DE LA LAITERIE

la Trinité

20

Bd du Roncerav

Quai

PLACE MONPROFIT

R. St Nicolas

R. Corne de Cerf

PLACE G. BORDILLON

Arnauld

Henri

Beaurepaire

Q. R. Fèvre

Carmes

PT DE VERDUN

Esplanade

Ligny

PL. DE LA POISSONNERIE

2

Bd G. Dumesnil

Boul.

Q. des

Ligny

Ligny

Pont

Ligny

Mtée St-Maurice

Rue

R. D. de Puycharic

R. St Aignan

R. du Volier

Bd du Bon Pasteur

PONT DE LA BASSE-CHAINE

Quai

Promenade

P. du boul. du Monde

Maison du Vin de l'Anjou

10

Evroul

21

NANTES, RENNES, N 23

Bd du Général

de

Château

R. St.

R. Toussaint

Hôtel du Roi de Pologne

R. de Pignerolles

Gaulle

PL. PRÉS. KENNEDY

NANTES, RENNES, N 23

R. de l'Esvera

PL. DE L'ACADÉMIE

23

R. Hoche

Boulevard

Rue

du

R. Marceau

R. d'Iéna

PL. DE LA VISITATION

R. d'Anjou

Bd O. Couffon

Rue

Blancheraie

R. du Temple

Faidherbe

Rue Richard

R. Talot

Avenue

de

la

PLACE P. SÉMARD

Gare Saint-Laud

R. M. Blanchard

R. A. Gautier

3

A   B

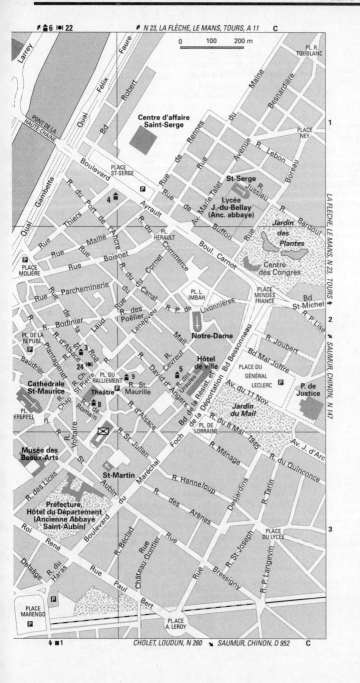

0   100   200 m

Larrey

Faure

Félix

Robert

Quai

Bd

PONT DE LA
HAUTE-CHAÎNE

Gambetta

Quai

R. du Port de l'Ancre

Thiers

Rue

Maillé

Rue

Rue

Rue

Parcheminerie

Rue

Bodinier

PL. DE LA
RÉPUBL.

Baudrier

Plantagenêt

Cathédrale
St-Maurice

PL.
FREPPEL

Musée des
Beaux-Arts

R. des Lices

Roi

Delaâge

R. du
Haras

René

PLACE
MARENGO

Centre d'affaire
Saint-Serge

PLACE
ST-SERGE

Boulevard

Rue de Rennes

4

Ayrault

R. du

PL.
HÉRAULT

Boisnet

R. du Cornet

Rue du Canal

Laud

R. des
Poëlier

Lenepveu

PL. L.
IMBAH

R. P. de Livonnières

Mail

R. Cevreur

PL. DU
RALLIEMENT

R. St-Pierre

R. Ch.

Théâtre

R. de
Romain

R. Chap.

R. Voltaire

St.

St-Martin

Aubin

du

Maréchal

R. St-Julien

Foch

R. David d'Angers

Notre-Dame

Hôtel
de ville

9

R. St.
Maurille

8

⊠

R. des Ursules

R. de la Résist. et
de la Déportation

PL. DE
LORRAINE

R. Ménage

R. Hanneloup

R. des

Arènes

Rue

Boulevard

R. Béclard

Rue
Château-Gontier

Rue

Paul

Bert

PLACE
A. LEROY

du

Maine

Besnardière

PL. R.
TOUBLANC

PLACE
NEY

R. Lebon

Boreau

Avenue

Av. Marie Talet

Rue de

Rue du

St-Serge

R. Jussieu

Lycée
J.-du-Bellay
(Anc. abbaye)

Buffon

Boul. Carnot

Commerce

R. Bardoul

Jardin
des
Plantes

Centre
des Congrès

PLACE
MENDES
FRANCE

Bd
St-Michel

R. P. Lise

R. Joubert

Bd Mal Joffre

PLACE
DU
GÉNÉRAL
LECLERC

Av. du 11 Nov.

Bd Bessonneau

Jardin
du Mail

Bd du 8 Mai 1945

Av. J. d'Arc

R. du Quinconce

Desjardins

R. Tarin

R. St-Joseph

R. P. Langevin

Rue Bressigny

PLACE
DU LYCÉE

P. de
Justice

1

2

3

PL. DE
MOLIÈRE

Préfecture,
Hôtel du Département
(Ancienne Abbaye
Saint-Aubin)

3 R.

24

5

Hôtel
de ville

A

| ○ | **LE MANS** | Villes repères |
| ● | **Évron** | Adresses |

1

D 798
A 81
N 157

N 171

Châteaubriant

Segré

N 137

N 171

D 163

D 773

Guenrouet

Nozay

D 963

LOIRE-ATLANTIQUE

Piriac-
sur-Mer

D 774

D 773

N 165

Ingrandes-
sur-Loire

N 171

A 11

St-Florent-
le-Vieil

la Baule

St-Nazaire

N 137

Champtoceaux

NANTES

D 751

N 149

Pornic

44

D 937

A 83

N 137

Tiffauges

Cholet

Noirmoutier

Paulx

D 753

Mortagne-
s-Sèvre

Bouin

les Herbiers

Notre-Dame-
de-Monts

D 948

D 753

Challans

N 160

la Flocellière

2

St-Jean-de-Monts

St-Hilaire-
de-Riez

VENDÉE

D 948

D 752

Port-Joinville

Île d'Yeu

St-Gilles-Croix-de-Vie

LA ROCHE-SUR-YON

D 949B

D 38

N 160

D 948

les Sables-
d'Olonne

D 746

85

Fontenay-
le-Comte

D 949

St-Vincent-
sur-Jard

Luçon

D 949

A 83

A

la Tranche-
sur-Mer

l'Aiguillon-
sur-Mer

N 137

PAYS-DE-LA-LOIRE

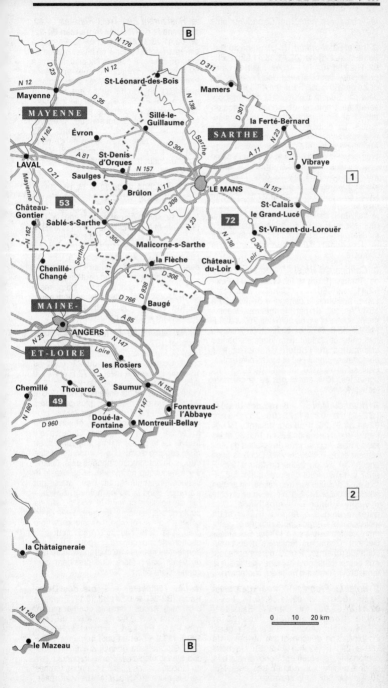

B

N 176

D 23

N 12

St-Léonard-des-Bois

D 311

Mamers

Mayenne

MAYENNE

D 35

Sillé-le-Guillaume

N 138

D 301

la Ferté-Bernard

Évron

N 162

SARTHE

N 23

St-Denis-d'Orques

A 81

D 304

D 1

Vibraye

LAVAL

D 21

N 157

LE MANS

N 157

1

Saulges

A 11

Mayenne

53

D 4

Brûlon

D 309

St-Calais

le Grand-Lucé

72

St-Vincent-du-Lorouër

Château-Gontier

Sablé-s-Sarthe

D 306

Malicorne-s-Sarthe

N 23

N 138

D 304

Loir

N 162

Sarthe

A 11

la Flèche

Château-du-Loir

Chenillé-Changé

D 766

D 938

D 306

Baugé

MAINE-

A 85

N 23

ANGERS

N 147

ET-LOIRE

Loire

les Rosiers

D 761

Chemillé

Thouarcé

Saumur

N 152

49

N 160

N 147

Fontevraud-l'Abbaye

D 960

Doué-la-Fontaine

Montreuil-Bellay

2

la Châtaigneraie

N 148

0   10   20 km

le Mazeau

B

les chambres côté rue Choudieu, plus calmes.

≜ *Hôtel Saint-Julien* ** – 9, place du Ralliement (C2-9) ☎ 02.41.88.41.62. Fax : 02.41.20.95.19. TV. Accès : sur la place principale. Doubles avec douche et wc ou bains de 250 à 310 F (38,1 à 47,3 €). On ne peut pas trouver plus central. Hôtel proposant une trentaine de chambres confortables et bien insonorisées, toutes différentes. La plupart des chambres ont été agréablement rénovées ; excellente literie. Atmosphère feutrée. Bon accueil. Chambres doubles avec bains et vue sur la place pour les plus chères. Chambres du 4e étage moins spacieuses. Petite cour intérieure idéale pour les petits déjeuners aux beaux jours. Les paresseux gourmands n'auront qu'à se rendre au *Provence*, café situé dans le hall de l'hôtel et qui propose un menu réputé à 89 F (13,6 €) dans un cadre très méditerranéen. Réservez si possible (fermé le dimanche). *10 % sur le prix de la chambre.*

≜ *Continental Hôtel* ** – 12, rue Louis-de-Romain (B2-8) ☎ 02.41.86.94.94. Fax : 02.41.86.96.60. TV. Canal+. Satellite / câble. ♿ Fermé le dimanche de 12 h 30 à 16 h. Accès : derrière le théâtre. Doubles avec douche et wc ou bains de 280 à 320 F (42,7 à 48,8 €). Très bien situé. Couleurs très gaies et chaleureuses dans les parties communes de l'hôtel. Chambres très confortables, rénovées et toutes différentes. Petit salon et salle de petit déjeuner très agréables. *10 % sur le prix de la chambre les week-ends.*

≜ *Hôtel du Mail* ** – 8, rue des Ursules (C2-5) ☎ 02.41.25.05.25. Fax : 02.41.86.91.20. Parking payant. TV. ♿ Fermé le dimanche de 12 h à 18 h 30 et les jours fériés. Accès : près des places du Ralliement et de l'Hôtel-de-Ville. Doubles avec douche et wc ou bains de 280 à 295 F (42,7 à 45 €). Petit déjeuner-buffet à 37 F (5,6 €). Dans une rue très calme, un ancien hôtel particulier du XVIIe siècle, avec un côté « vieille France » sympathique. Une adresse unique à Angers. Réservation indispensable. Atmosphère raffinée et gentiment conformiste tout à la fois. Bel ameublement. Chambres rénovées avec beaucoup de charme, toutes personnalisées. Aux beaux jours, petit déjeuner-buffet sur la terrasse, à l'ombre d'un tilleul centenaire.

≜ *Hôtel Le Progrès* ** – 26, rue Denis-Papin (B2-10) ☎ 02.41.88.10.14. Fax : 02.41.87.82.93. TV. Canal+. Satellite / câble. Congés annuels : les 25 et 31 décembre. Accès : face à la gare. Doubles avec douche et wc ou bains de 280 à 290 F (42,7 à 44,2 €). Un hôtel confortable, entièrement rénové, bon rapport qualité-prix. Accueil très agréable. *10 % sur le prix de la chambre.*

|●| *Restaurant Les Trois Rivières* – 62, promenade de Reculée (hors plan B1-22) ☎ 02.41.73.31.88. Parking. ♿ Fermé le dimanche soir et le lundi en hiver. Accès : en bord de Maine, à côté de l'hôpital. Menus à 59 F (9 €) le midi sauf le week-end et les jours fériés, à 83 F (12,7 €) avec notamment filet de perche au beurre blanc, et jusqu'à 179 F (27,3 €). Véhicule indispensable pour s'y rendre. Une adresse renommée avec salle panoramique. D'abord, même en semaine, c'est plein. Très conseillé de réserver. Spécialités de poisson de rivière et moules marinière. Ajoutez-y un patron fort sympathique. *Apéritif offert.*

|●| *Le Bouchon Angevin* – 44, rue Beaurepaire (A2-20) ☎ 02.41.24.77.97. Fermé le dimanche et le lundi. Congés annuels : 1 semaine en février et août. Menus à 61 F (9,3 €) le midi en semaine, 76 F (11,6 €) le soir en semaine et 96 F (14,6 €) le week-end. Compter 120 F (18,3 €) à la carte. Au cœur de la Doutre, cette cave à vins fait aussi restaurant dans l'arrière-boutique. Deux petites salles où l'on peut déguster au coin du feu des menus, ou tout simplement se restaurer à la carte. Camembert pané, salade de rillauds chauds ou encore andouillette fermière grillée au riz pilaf...

|●| *Restaurant La Ferme* – 2-4, place Freppel (B2-21) ☎ 02.41.87.09.90. Parking. ♿ Fermé le dimanche soir et le mercredi. Congés annuels : du 22 juillet au 13 août. 1er menu à partir de 72 F (11 €) le midi en semaine. Sinon, de 91 à 176 F (13,9 à 26,8 €). Plats entre 50 et 60 F (7,6 et 9,1 €). L'un des restos les plus populaires d'Angers et l'une des terrasses les plus recherchées pour son espace et son calme à l'ombre de la cathédrale. Garantie d'y trouver de la place. Malgré son succès, un resto capable d'offrir une abondante cuisine depuis de nombreuses années déjà. Quand il y a beaucoup de monde, la qualité et le service en souffrent un peu, mais tout s'arrange dans la bonne humeur. Spécialités de volailles comme le coq au vin, la poule au pot, le magret de canard à la lie de cabernet ou à l'orange, l'escalope de foie gras. À la carte, rillauds d'Anjou tièdes ou choucroute de canard... (pour ceux qui donnent leur langue au chat) ou encore tête de veau, plat préféré d'un président bien connu. *Café offert.*

|●| *Les Templiers* – 5, rue des Deux-Haies (B2-24) ☎ 02.41.88.33.11. Fermé le lundi midi. Accès : dans le quartier piéton. 1er menu à 74 F (11,3 €). « Menu du Templier » à 98 F (14,9 €), « menu du Roy » à 130 F (19,8 €), et un petit dernier à 165 F (25,2 €). Une salle lumineuse avec un décor sobrement médiéval. Porte-drapeaux, fers de lances, vieilles épées et lampes torches sur les murs en tuffeau. Mieux vaut réser-

ver, car ici la cuisine traditionnelle est goûteuse et réputée. Produits frais résultant du marché quotidien. Un conseil : rappelez-vous que l'invention du jean est postérieure au Moyen Âge.

I●I *Le Lucullus* – **5, rue Hoche (B3-23)** ☎ 02.41.87.00.44. Fermé le dimanche soir et le lundi. Congés annuels : du 15 au 25 février. Accès : à deux pas du château. Menu le midi en semaine à 85 F (13 €), suivants de 115 à 260 F (17,5 à 39,6 €). Un très bon restaurant dans des caves du XVe siècle en tuffeau. Bon accueil. Service impeccable pour une cuisine particulièrement soignée. Au dernier menu, très bonne formule, découverte des spécialités de la région accompagnées des vins locaux.

I●I *L'Auberge Belle Rive* – **25 bis, rue Haute-Reculée (hors plan B1-6)** ☎ 02.41.48.18.70. Parking. TV. Fermé le samedi midi et le dimanche soir. Congés annuels : de fin janvier à mi-février. Accès : du centre, passer par le port de la Haute-Chaîne puis remonter la Maine. Menus de 94 à 170 F (14,3 à 25,9 €). Très conseillé de réserver. Restaurant un peu excentré mais bien connu des Angevins. Situé dans une maison particulière. Élégante salle à manger, vue sur la Maine. Le midi, beaucoup d'hommes d'affaires. Le soir, clientèle assez chic pour une bonne cuisine. Spécialités de gigot de lotte homardine, rognons de veau aux 2 moutardes, sandre à l'oseille, saint-pierre beurre blanc... Accueil plutôt froid, dommage. *Apéritif offert.*

DANS LES ENVIRONS

AVRILLÉ 49240 (3 km NO)

â I●I *Hôtel-restaurant Le Cavier* ** – **La Croix-Cadeau (Nord)** ☎ 02.41.42.30.45. **Fax : 02.41.42.40.32.** Parking. TV. Canal+. ♿ Resto fermé le dimanche. Congés annuels : resto fermé 2 semaines à Noël. Accès : sur la route de Laval en venant d'Angers. Doubles avec douche et wc ou bains de 295 à 335 F (45 à 51,1 €). Menus de 97 à 182 F (14,8 à 27,7 €). Comptez 180 F (27,4 €) à la carte. Restaurant très réputé, installé dans un moulin cavier rénové et typique de la région. Petites salles intimes et agréables dans le ventre du moulin. Clientèle assez chic. Réservation obligatoire. Menus avec melon au pineau, filet de

perche gratiné ou mignon de porc rôti aux herbes, fromage et dessert. À la carte : foie gras de canard, salade gourmande, sandre au beurre blanc, navarin de ris de veau aux écrevisses, soufflé au Cointreau, glace au miel. Fait aussi hôtel, avec 43 chambres confortables mais dans une partie moderne et fonctionnelle sans charme particulier. *10 % sur le prix de la chambre.*

BOUCHEMAINE 49080 (11 km SO)

â I●I *Hôtel-restaurant L'Ancre de Marine* * – **la Pointe de Bouchemaine** ☎ 02.41.77.14.46. **Fax : 02.41.77.25.71.** TV. Resto fermé le dimanche soir et le lundi. Accès : par la D111 ; dans un hameau au confluent de la Maine et de la Loire. Doubles avec douche et wc ou bains de 250 à 320 F (38,1 à 48,8 €). Menu en semaine à 98 F (14,9 €), puis à 165 et 230 F (25,2 et 35,1 €). Petit hôtel très calme au bon charme provincial. Une dizaine de chambres doubles, toutes différentes. Décoration simple et agréable... Une très jolie salle à manger de style rustique pour de bons menus : terrine aux 3 poissons, brochet au beurre blanc, anguilles provençale, magret aux pommes et airelles, filet de bœuf au gingembre confit. Cuisine concoctée par le cuistot de *La Terrasse* (voir ci-dessous). Même plaisir mais plus économique. Dommage cependant que l'accueil et l'humeur du patron soient assez inégaux.

I●I *Auberge Chanteclair* – **2, quai de la Noë** ☎ 02.41.77.16.98. Fermé le dimanche soir et le lundi. Accès : par la D111 ; dans un hameau au confluent de la Maine et de la Loire. Menus à 76 F (11,6 €) du mardi au vendredi, puis de 116 à 190 F (17,7 à 29 €), qui varient avec les saisons. À la rigueur, « absolument charmante » conviendrait pour qualifier cette adresse. Une tonnelle où s'épanouit la vigne vierge aux beaux jours, une véranda construite autour d'un arbre avec vue sur la Maine, un patron aux petits soins... On a cherché ce qui sonnait faux, mais tout chante clair ! Également des spécialités portugaises. Toutes les formules vous donnent droit à des pruneaux aux lardons en amuse-bouches, et à des serviettes chaudes parfumées en fin de repas, autant dire que vous vous y sentirez à l'aise, très à l'aise, même.

I●I *Restaurant La Terrasse* – **la Pointe de Bouchemaine - place Ruzebouc**

☎ **02.41.77.11.96.** Fermé le dimanche soir hors saison. Accès : à côté de l'hôtel-restaurant *L'Ancre de Marine*, au bord de la Maine. 1er menu à 98 F (14,9 €) en semaine, autres de 128 à 300 F (19,5 à 45,7 €). De la salle à manger, l'un des plus séduisants panoramas sur les bords de Loire qu'on connaisse. Demandez une table près des baies vitrées. Malgré les tons doux, déco un peu austère, ambiance un tant soit peu compassée... Le genre de resto que les grands-mères aiment offrir à toute la famille pour les fêtes. Cuisine renommée et sauces divines. À la carte : terrine de poireaux au foie gras, terrine de poisson en gelée au savennières, sandre au beurre blanc, anguille à la provençale, mignons de porc au gingembre confit, etc.

SAINT-SATURNIN-SUR-LOIRE
49320 (17 km SE)

|●| *Auberge de La Caillotte* – **2, rue de la Loire** ☎ **02.41.54.63.74.** Parking. ♿ Fermé le lundi et le mardi en hiver. Accès : dans le bourg, bien indiqué. Menus de 115 à 175 F (17,5 à 26,7 €). À la carte, compter un 180 F (27,4 €) bien mérité. En basse saison, c'est d'abord une ravissante salle à manger au cadre rustique. Aux beaux jours, c'est surtout l'une des terrasses les plus agréables qui soient (penser à réserver !). Délicieusement ombragée, avec beaucoup d'espace. Accueil fort sympathique, teinté d'un humour discret et familier. Excellente cuisine en prime, avec une cave à vins attrayante. Menus avec des plats qui changent selon les produits de la pêche, de la chasse... Sandre au beurre blanc, écrevisses, friture d'anguilles et petits poissons en spécialités. La preuve que l'on se sent bien ici, un client a laissé errer son stylo sur la nappe pour le plus grand bonheur du patron qui vous fait lire ces poèmes. *Apéritif offert.*

BÉHUARD 49170 (18 km SO)

|●| *Restaurant Le Notre-Dame* – **place de l'Église** ☎ **02.41.72.20.17.** Parking. Fermé le soir et le mercredi. Congés annuels : janvier et février. Accès : par la rive gauche de la Loire. Menu le midi à 92 F (14 €), suivants à 135 et 180 F (20,6 et 27,4 €) avec 2 plats. Sympathique petit resto dans l'un des plus charmants villages de la région d'Angers. Si le cadre à l'intérieur est assez banal, en revanche, aux beaux jours, la terrasse sur la place du village est vraiment très agréable. Cuisine tout à fait correcte surtout réputée pour ses poissons. 1er menu avec moules marinière, raie au beurre noisette, saumon beurre blanc ou grillades ; le dernier avec friture d'anguilles, carré de veau à l'angevine, sandre au beurre blanc. Accueil aimable et attentif.

|●| *Restaurant Les Tonnelles* – **rue Principale** ☎ **02.41.72.21.50.** Parking. Fermé le dimanche soir et le lundi de mars à octobre (sauf juillet-août), du dimanche soir au jeudi soir en novembre, décembre et février. Congés annuels : janvier. Accès : par la rive gauche de la Loire. Menus à 130 F (19,8 €) le midi en semaine, puis de 185 à 320 F (28,2 à 48,8 €), dont un menu dégustation à 270 F (41,2 €) et celui à 320 F (48,8 €) autour du vin. Sinon, pour 60 F (9,1 €) vous pouvez accompagner le menu de votre choix de 3 vins régionaux au verre. Terrasse délicieuse en été sous une agréable... tonnelle pour une cuisine renommée. La carte change très régulièrement, mais on trouve parmi les spécialités une cuisine essentiellement à base de poisson : sandre rôti aux épices douces, huîtres de Marennes poêlées, poisson du marché « sauce à l'humeur »... et lapereau confit. Une grande soirée d'excitation pour vos papilles. *Apéritif offert.*

SAINT-GERMAIN-DES-PRÉS
49170 (23 km O)

|●| *La Chaufferie* – ☎ **02.41.39.92.92.** Parking. ♿ Fermé le lundi au mercredi inclus. Accès : sur la D15, entre Saint-Germain-des-Prés et Saint-Augustin-des-Bois ou par l'A11 sortie Beaupreau-Chalonnes. Menus de 95 à 145 F (14,5 à 22,1 €). En pleine campagne, cette petite ferme reprise par un couple de Parisiens il y a quelques années propose une cuisine simple et de qualité. Poivrons à l'italienne, salade de langoustines au basilic, daube de canard en gelée, cailles aux cerises, sandre au beurre blanc. Service très attentif du patron, astrologue de formation, pendant que Madame est aux fourneaux... Comment ça, macho ?

BAUGÉ · 49150

Carte régionale B1

🏠|●| *Hostellerie de la Boule d'Or* ** – **4, rue du Cygne (Centre)** ☎ **02.41.89.82.12.** Parking. TV. Fermé le dimanche soir et le lundi. Congés annuels : Noël. Doubles de 290 à 410 F (44,2 à 62,5 €). Demi-pension à 300 F (45,7 €). Menus de 80 à 180 F (12,2 à 27,4 €). Sympathique petit hôtel proposant 10 chambres joliment décorées, distribuées par deux coursives donnant sur un exotique patio intérieur. Au restaurant, cuisine du terroir. *Apéritif, café offerts.*

BAULE (LA) · 44500

Carte régionale A2

🏠 *Hôtel Marini* ** – **22, av. Clemenceau (Centre)** ☎ **02.40.60.23.29.** Fax : **02.40.11.16.98.** TV. Accès : entre l'office du tourisme et la gare. Doubles avec douche et wc de 260 à 298 F (39,6 à 45,4 €), avec bains et wc à 370 F (56,4 €). Force est de reconnaître que les travaux effectués dans ce petit hôtel lui ont donné une fraîcheur et une jeunesse bien agréables. Le rapport qualité-prix est plus qu'enviable, les chambres confortables et meublées avec goût. Tenu par deux amis qui ont le sens du service et de l'accueil. *10 % sur le prix de la chambre à partir de 2 nuits consécutives, hors juillet-août et week-ends de mai.*

🛏️ |●| *Hôtel Lutétia – Restaurant Le Rossini* ** – 13, av. des Evens (Sud) ☎ 02.40.60.25.81. Fax : 02.40.42.73.52. Parking. TV. Fermé le dimanche soir, le lundi hors saison et le mardi midi. Congés annuels : janvier. Accès : près de l'hôtel de ville. Chambres de 320 à 450 F (48,8 à 68,6 €). Menus de 120 F (18,3 €) en semaine à 245 F (37,4 €). Colette et Michel Fornaréso ont transformé la salle à manger de l'*hôtel Lutétia* en un élégant restaurant gastronomique devenu un grand classique. Le modern style des années 30 convient au décor d'une fête gourmande. Le sourire de la patronne et la cuisine précise, nette, fraîche et rassurante de son mari font toujours recette. Enfin, un vrai filet de bœuf Rossini, accompagné d'un vrai foie gras d'oie, assez cher tout de même. L'amateur de poisson découvrira avec plaisir, sous sa croûte de sel de Guérande, un dos de saumon rôti nappé d'un beurre rouge. De somptueux desserts comme ce gratin de figues à la crème d'amande. Adresse chic et chère pour sortir de la routine. *Sachet de fleur de sel offert et 10 % sur le prix de la chambre hors saison.*

🛏️ |●| *Hostellerie du Bois* ** – 65, av. Lajarrige (Centre) ☎ 02.40.60.24.78. Fax : 02.40.42.05.88. Parking. TV. Congés annuels : du 2 novembre au 30 mars. Accès : à 300 m de la plage. Chambres doubles avec douche et wc de 360 à 380 F (54,9 à 57,9 €) et avec bains de 380 à 420 F (57,9 à 64,1 €), suivant la saison. Demi-pension obligatoire en juillet-août. Menus de 95 à 195 F (14,5 à 29,7 €). Hôtel au jardin fleuri, à l'ombre des pins, en retrait d'une rue très animée. Un amour de maison, fraîche, agréable, pleine de fleurs, de parfums... et de souvenirs de l'Asie du Sud-Est. *10 % sur le prix de la chambre sauf juillet-août; et au resto, café offert.*

|●| *La Ferme du Grand Clos* – 52, av. de Lattre-de-Tassigny (Ouest) ☎ 02.40.60.03.30. Fermé le mardi soir et le mercredi hors saison. Congés annuels : du 15 novembre au 15 décembre. Accès : en face du centre équestre. Formule à partir de 79 F (12 €). On ne voudrait pas vous faire peur en disant que c'est LA crêperie chic de La Baule ! Même sans avoir appris à manger sa crêpe de froment ou de sarrasin un petit doigt en l'air, vous n'en apprécierez pas moins cette fermette pour Marie-Antoinette (ou plutôt Marie-Cécile) d'aujourd'hui, où l'on peut se régaler de petits plats très famille, comme le cassoulet au confit de canard, la tête de veau gribiche, les moules Grand-Clos. *Apéritif offert.*

|●| *Restaurant Chez l'Écailleur* – av. des Ibis ☎ 02.40.60.87.94. Fermé tous les soirs et le lundi hors saison. Accès : près du marché. Compter environ 100 F (15,2 €) pour un plat de crustacés. Le lieu idéal pour avaler une douzaine d'huîtres bretonnes charnues accompagnées d'une demi-bouteille de gros-plant. Ambiance un tantinet chicos.

DANS LES ENVIRONS

POULIGUEN (LE) 44510 (3 km O)

|●| *Restaurant L'Opéra de la Mer* – promenade du Port ☎ 02.40.62.31.03. Parking. Fermé le mercredi soir et le jeudi hors saison. Congés annuels : du 15 novembre au 15 février. Accès : sur la jetée du port. Menus de 100 à 180 F (15,2 à 27,4 €). Les familles qui se promènent le long du port s'arrêtent sous les arbres pour regarder les acteurs souriants et détendus de cet *Opéra de la Mer* plus mozartien que wagnérien : salade fraîcheur, soupe de poisson sympathique, belles huîtres. Terrasse remplie l'été.

PORNICHET 44380 (6 km E)

🛏️ *Villa Flornoy* – 7, av. Flornoy ☎ 02.40.11.60.00. Fax : 02.40.61.86.47. ● hotflornoy@hol.com ● TV. Congés annuels : de la Toussaint à mars. Accès : près de l'hôtel de ville. Doubles à partir de 320 F (48,8 €). Notre coup de cœur à Pornichet pour cet hôtel plein de charme, situé dans une rue tranquille. On n'est cependant qu'à 300 m de la plage. Aménagé dans une ancienne maison de famille décorée avec beaucoup de goût et de soin. Agréable et confortable salon, joliment meublé (commodes anciennes) derrière lequel se cache un jardin impeccable où il fait bon lire loin de la foule en été. Le patron est attentif. Une bonne adresse. *NOUVEAUTÉ.*

🛏️ |●| *Hôtel-restaurant Le Régent* ** – 150, bd des Océanides ☎ 02.40.61.05.68. Fax : 02.40.61.25.53. ● hotel@leregent.fr ● Parking. TV. Fermé le lundi en hiver.

PAYS-DE-LA-LOIRE

Accès : sur le front de mer. Doubles avec douche à 350 F (53,4 €), avec bains à 400 F (61 €). Demi-pension conseillée en été à 310 F (47,3 €) par jour par personne. Au resto, menus de 110 à 198 F (16,8 à 30,2 €). Face à la mer, un hôtel dont presque toutes les chambres ont été rénovées l'an passé dans le style « mer et bateaux », hublots dans les salles de bains, murs et plans vasques en bois, etc. Coloré, ensoleillé, il ne lui manque qu'un grain de folie. Mais on est à Pornichet, au pays des matins calmes et des familles heureuses. Au resto, cuisine océanique, comme on pourrait s'en douter. Parmi les spécialités, on a apprécié la charlotte de sandre au coulis d'étrilles et le dos de bar rôti à la crème de homard. *Apéritif maison offert.*

I●I *Restaurant La Brigantine* – **port de plaisance** ☎ **02.40.61.03.58.** Parking. Fermé le mardi soir et le mercredi (sauf vacances). Congés annuels : du 14 novembre au 12 février environ. Accès : sur le port. Menus de 88 à 125 F (13,4 à 19,1 €). Crêpes à partir de 23 F (3,5 €). L'une des seules crêperies avec terrasse donnant sur le port. Un décor agréable avec feu de bois à l'intérieur, des crêpes, des grillades (côte de bœuf, magret, baron d'agneau), des brochettes à la carte, et quelques plats exotiques, comme le poulet au saté ou le boudin antillais créole, qui vous font aimer ce lieu échappant à la grisaille bétonnée environnante. Mieux vaut choisir à la carte.

BATZ-SUR-MER 44740 (8 km O)

I●I *Restaurant Le Derwin* – **rue du Golf** Parking. Fermé le mardi (toute l'année), le mercredi et le jeudi (sauf vacances). Congés annuels : d'octobre à avril. Accès : au bord de la mer, entre Batz et Le Pouliguen. Compter de 80 à 120 F (12,2 à 18,3 €) par personne. Des rideaux à dentelles aux fenêtres, de vieilles « louves » de mer au foulard Hermès enfoui sous le pull marin, des familles toutes de bleu vêtues… *Le Derwin* (prononcez Dervin !) fait le plein sans avoir besoin du téléphone ni des moyens de paiement électronique (comprenez cartes de crédit refusées). Le lieu idéal pour déguster moules, fruits de mer ou crêpes, le regard perdu sur le large ou la Côte sauvage.

BOUIN 85230

Carte régionale A2

♠ I●I *Hôtel Le Martinet* ****** – **1, place de la Croix-Blanche** ☎ **02.51.49.08.94.** Fax : **02.51.49.83.08.** Parking. TV. ♿ Hôtel ouvert toute l'année, restaurant ouvert du 1er avril au 30 septembre. Accès : à côté de l'église. Chambres avec douche et wc à 290 F

(44,2 €), avec bains à 340 F (51,8 €). Excellent menu à 100 F (15,2 €). Dans cette grande et belle demeure vendéenne du XVIIIe siècle, vous avez le choix entre les chambres à l'ancienne donnant sur la place et celles qui ont été construites de plain-pied, dans le jardin, près de la piscine. Calme et sérénité partout, sauf quand le carillon de l'église se rappelle au souvenir des vivants. Dans la vieille salle à manger qui sent bon la cire, on vous sert le petit déjeuner et le soir une douzaine d'huîtres, un panaché anguilles grenouilles, ou un pavé de bar grillé sur peau et des pommes de terre de Noirmoutier. Toute la famille s'y est mise : le patron est ostréiculteur, le fils cuisinier et Françoise aime la décoration. De quoi faire un petit paradis de cet hôtel qui évolue sur des tons de roses, de bleus et de bois. *10 % sur le prix de la chambre sauf juillet-août.*

I●I *Restaurant Le Courlis* – **15, rue du Pays-de-Monts** ☎ **02.51.68.64.65.** Fermé le lundi et le mercredi soir hors juillet-août et pendant les vacances scolaires. Accès : à la limite extérieure du bourg. Menus en semaine à 83 F (12,7 €), et de 118 à 225 F (18 à 34,3 €). Maison blanche et basse typique du coin. Salle proprette aux tons vert pastel et au décor fleuri. La cuisine mérite vraiment toute l'attention gustative de vos papilles. Aumônière d'huîtres, filet de canard au jus de trouspinette, dos ou escalope de turbot aux huîtres chaudes ou au beurre blanc, foie gras maison… De quoi faire saliver ! *Café offert ou un menu enfant offert.*

BRULON 72350

Carte régionale B1

♠ I●I *Hôtel-restaurant La Boule d'Or* – **(Centre)** ☎ **02.43.95.60.40. Fax : 02.43.95.07.78.** TV. Fermé le samedi soir et le dimanche soir. Accès : sur la place centrale. Chambres propres et confortables à 175 F (26,7 €) avec douche et wc. Menus de 79 à 153 F (12 à 23,3 €). Une solide maison de village où rien ne semble avoir changé depuis trois décennies, ni la patronne, ni les clients, ni l'ambiance, ni le parfum des plats qui traversent la grande salle. Ici, on se régale, pour pas cher. À 105 F (16 €), on se retrouve avec six huîtres en entrée, un filet de rascasse à la sauce oseille et une belle noix d'entrecôte avant d'attaquer le plateau de fromages et les desserts. Spécialités du chef : suprême de poulet à l'ananas, émincé de volaille au curry et rognons de veau à la crème… *Café offert.*

CHALLANS 85300

Carte régionale A2

🛏️ |●| *Hôtel-restaurant Le Marais* ** – rue de la Redoute et 16, place Charles-de-Gaulle (Centre) ☎ 02.51.93.15.13. Fax : 02.51.49.44.96. TV. Canal+. Fermé le dimanche soir en hiver. Servent entre 12 h et 14 h 30 et 19 h et 21 h 30. Doubles avec douche et wc à 200 F (30,5 €). Demi-pension complète obligatoire du 1er au 15 août à 300 F (45,7 €) par personne. Menu bon marché et plantureux à 80 F (12,2 €). Les autres vont de 100 à 200 F (15,2 à 30,5 €). En brasserie, possibilité de se sustenter pour 50 F (7,6 €). En plein centre-ville, cet hôtel familial n'a pas cessé de s'agrandir et de se moderniser. Chambres correctes mais petites. En cuisine, le chef exerce consciencieusement son métier pour servir des plats qui se partagent entre les volailles du coin (filet de canard au mareuil, poêlée de foie gras aux pommes, filets de rouget au safran) et les poissons et crustacés des côtes. *10 % sur le prix de la chambre sauf août.*

🛏️ *Hôtel de l'Antiquité* ** – 14, rue Gallieni (Centre) ☎ 02.51.68.02.84. Fax : 02.51.35.55.74. Parking. TV. Canal+. 🗑 Fermé le dimanche hors saison. Congés annuels : du 20 décembre au 4 janvier. Doubles de 300 à 400 F (45,7 à 61 €). Quel drôle d'endroit et quel plaisir de le découvrir ! L'extérieur semble banal, mais quelle surprise en entrant ! Cela pourrait s'appeler « le charme discret de la bourgeoisie ». Le mobilier est raffiné, ancien et fort bien mis en valeur. Les chambres sont spacieuses, et la plupart ont été rénovées avec soin. Elles sont distribuées autour d'une piscine « bleu des mers du Sud », au bord de laquelle on peut prendre son petit déjeuner. C'est royal ! Une adresse qu'on adore, tenue par un jeune couple épatant, dynamique et plein d'idées. *10 % sur le prix de la chambre.*

|●| *Restaurant La Couronne* – 4, rue de la Redoute ☎ 02.51.49.11.33. Fermé le dimanche soir et le lundi soir hors saison. Accès : juste à côté de la place Charles-de-Gaulle. Menus de 68 à 168 F (10,4 à 25,6 €). Ce restaurant propose de bons petits plats pas chers. On déguste les menus dans un décor lambrissé, à côté d'une vieille roue de charrue, ou devant le grand comptoir qui porte une maquette de bateau impressionnante. Les filets de canard au caramel de poire et jus de framboise, aumônières croustillantes de la mer Atlantique et quenelles de banane en mousse (un vrai délice !) sont servis avec un sourire radieux. Excellent rapport qualité-prix, bonne présentation, on en redemande ! *Apéritif offert.*

|●| *Restaurant La Gite du Tourne Pierre* – route de Saint-Gilles ☎ 02.51.68.14.78.

Parking. Fermé le samedi midi et le dimanche soir. Congés annuels : 15 jours en mars et 15 jours en octobre. Accès : à 3 km par la D69 entre Challans et Soullans. Menus de 185 à 350 F (28,2 à 53,4 €). On entre dans cette belle maison basse comme dans un rêve. Ici, le temps s'arrête, on découvre de nouvelles saveurs, on apprécie la cuisine comme un art, ce qui est rare. Le homard est à l'honneur, tout comme le foie gras fait maison, le canard Rossini, les grenailles rissolées, la fricassée de sole aux champignons et au foie gras. C'est un vrai théâtre culinaire. Le service fait partie de cette pièce douce et variée, il est impeccable mais sans prétention. Bonne adresse pour routards fortunés ou pour ceux qui souhaitent se rappeler la signification du mot « cuisine ». *Apéritif offert.*

DANS LES ENVIRONS

SAINT-GERVAIS 85230 (12 km NO)

|●| *Restaurant La Pitchounette* – 48, rue Bonne-Brise (Ouest) ☎ 02.51.68.68.88. Fermé le lundi hors saison. Service de 12 h à 13 h 30 et de 19 h 30 à 21 h 30. Congés annuels : début juin et fin septembre. Accès : par la D948. Formule le midi en semaine à 60 F (9,1 €), autres de 97 à 168 F (14,8 à 25,6 €). Qu'est-ce qu'elle est jolie cette maison ! Toute fleurie, accueillante. Elle a un côté très... pitchounet (il faut le dire). La cuisine de Gérard Thoumoux (il n'a pas fait exprès) égale et dépasse le cadre. Foie gras de canard et sa brioche chaude, poêlée de ris de veau, bar aux deux sauces, filet de bœuf en croûte... Tant pis si vous n'en restez pas, pour une fois, au 1er cher non ! D'autant qu'entre le 2he et le plus cher, il y en a 2 autres assez remarquables, avec en sus la petite « douceur gervinoise » (sorte de trou vendéen !). *Café offert.*

CHAMPTOCEAUX 49270

Carte régionale A2

🛏️ |●| *Hôtel-restaurant Le Champalud* ** – promenade du Champalud ☎ 02.40.83.50.09. Fax : 02.40.83.53.81. Parking. TV. Resto fermé le mercredi midi et le dimanche soir hors saison. Congés annuels : Resto fermé les 3 premières semaines de janvier. Accès : dans le centre. Doubles avec lavabo à 185 F (28,2 €), avec douche et wc à 230 F (35,1 €), avec bains à 270 F (41,2 €). Menu étape à 65 F (9,9 €) le midi en semaine : fromage, dessert et vin compris ; autres de 85 à 210 F (13 à 32 €), dont le menu balade en terroir à 155 F (23,6 €) vins compris. Réservation quasi obligatoire. Dans un charmant village au bord de la Loire, une table réputée. À la carte : terrine « ligérienne », délice de saumon aux 2 sauces, tournedos en croûte ou encore terrine au muscadet, mais prix élevés. Chambres doubles agréables. Fait aussi pub-brasserie. Location de VTT. Tennis. Salle de remise en forme. Espace de détente avec des vieux jeux d'échecs ou de petits chevaux. Enfin, au sous-sol, petit caveau avec une fresque représentant Noé, considéré ici comme le 1er vigneron. Patron sympathique et très dynamique ! Bon rapport qualité-prix. *10 % sur le prix de la chambre sauf juillet-août.*

CHÂTAIGNERAIE (LA) 85120

Carte régionale B2

🏠 |●| *L'Auberge de la Terrasse* ** – 7, rue de Beauregard (Centre) ☎ 02.51.69.68.68. Fax : 02.51.52.67.98. Parking. TV. Canal+. ♿ Fermé le vendredi soir et le dimanche soir hors saison. Doubles avec douche et wc de 200 à 250 F (30,5 à 38,1 €). Demi-pension à 270 F (41,2 €) obligatoire les week-ends du 15 mai au 15 septembre. Menus de 60 à 116 F (9,1 à 17,7 €), sur la petite carte, et de 100 à 178 F (15,2 à 27,1 €), sur la grande carte. Dans ce gros bourg très France profonde, le patron de cette grande maison joliment rénovée se fait un devoir de vous faire découvrir, dans l'assiette, les produits du bocage vendéen comme ceux de la mer. Escargots au saumon fumé en spécialité. *10 % sur le prix de la chambre.*

DANS LES ENVIRONS

VOUVANT 85120 (12,5 km S)

🏠 |●| *Hôtel-restaurant L'Auberge de Maître Pannetier* ** – place du Corps-de-Garde (Centre) ☎ 02.51.00.80.12. Fax : 02.51.87.89.37. TV. Fermé le dimanche soir et le lundi hors saison. Congés annuels : du 15 au 30 novembre et du 15 février au 7 mars. Accès : prendre la D938 direction Fontenay-le-Comte ; à Alouette, prendre la D30 ; sur la place à côté de l'église. Doubles avec douche et wc à 220 F (33,5 €), avec bains à 280 F (42,7 €). Menus de 75 F (11,4 €), en semaine sauf jours fériés, à 350 F (53,4 €). Près de la forêt de Mervent, au cœur d'un des plus beaux villages de France, vous n'aurez pas de mal à trouver cette auberge dont le nom rappelle une France que l'on ne croyait plus voir que dans les livres. On y trouve bon accueil et bon gîte. Chambres agréables en bois clair. Et surtout, bonne table dans le genre rustique chic où le jeune chef, David Praud, fait des merveilles en cuisine. Foie gras aux figues, aumônière de langoustines à l'estragon, pavé de turbot aux asperges, bar aux morilles… Superbe salle voûtée en pierre, lampes à pétrole sur les tables, et les jours sans soleil, on se rapproche de la cheminée avec bonheur. La bonne fée Mélusine aurait

dîné là avant de construire le château de Vouvant, histoire de se donner du courage… *10 % sur le prix de la chambre hors juillet-août.*

CHÂTEAUBRIANT 44110

Carte régionale A1

|●| *Le Poêlon d'Or* – 30 *bis*, rue du 11-Novembre ☎ 02.40.81.43.33. Fermé le dimanche soir et le lundi. Congés annuels : vacances scolaires de février et les 2e et 3e semaines d'août. Accès : à deux pas de la poste et de la mairie. Menus de 100 à 265 F (15,2 à 40,4 €). L'accueil est attentionné. Les clients se tiennent fort bien à table, jusqu'à ce que le vin anime un peu les conversations. Ça sent d'autant mieux la France éternelle que le décor est rustique. Mais quand arrivent les plats, le châteaubriant, à l'os à moelle évidemment, splendide, fondant, le parmentier à l'andouille de Guémené, ou le saint-pierre sauce mousseline au citron vert, savoureux, on ne voit plus que son assiette ! Et vous craquerez pour la tarte fine aux pommes et lavande du jardin. Cuisine à base de produits frais et régionaux. Pour les routards gastronomes qui ont quelques économies.

CHÂTEAU-DU-LOIR 72500

Carte régionale B1

🏠 |●| *Hôtel-restaurant Le Grand Hôtel* ** – 59, av. Aristide-Briand (Centre) ☎ 02.43.44.00.17. Fax : 02.43.44.37.58. Parking. TV. Accès : sur la N138 entre Le Mans et Tours. Doubles avec bains à 250 F (38,1 €). Menus de 99 à 210 F (15,1 à 32 €). Un ancien relais de poste qui défie le temps – et pour combien de temps, au fait ? – avec des chambres bon marché et une cuisine qui fait honneur à la réputation de la maison, tête de veau sauce ravigote, foie gras de canard, tarte fine aux pommes. Le 1er menu est servi même le dimanche, jour où, en Sarthe aussi, on sort belle-maman et grand-papa. *Apéritif offert.*

DANS LES ENVIRONS

VOUVRAY-SUR-LOIR 72500 (5 km E)

🏠 |●| *Hôtel du Port Gautier - Restaurant « Les Pas Perdus »* ** – Le Port Gauthier ☎ 02.43.79.44.62. Fax : 02.43.44.66.03. Parking. TV. Fermé le dimanche soir et le lundi hors saison. Congés annuels : de mi-janvier à mi-février. Accès : par la D64. Doubles avec douche et wc ou bains de 240 à 260 F (36,6 à 39,6 €). Menus de 90 à

215 F (13,7 à 32,8 €). L'idée d'avoir racheté l'ancienne gare pour en faire un lieu de vie est déjà méritoire en soi. On aurait préféré un peu plus d'authenticité, mais on prend plaisir à s'arrêter dans le petit hôtel moderne construit tout à côté, dans les tons vert et framboise et à venir traîner au restaurant *Les Pas Perdus*, qui n'a rien à voir avec le buffet de gare d'autrefois. Beaux menus : le 1er avec terrine, faux-filet dijonnaise, fromage, dessert, le suivant avec tartare de tomates, cuisse de lapin à l'ail en chemise, les autres pour qui voyage en première. Plutôt original et sympathique.

VAAS 72420 (8 km SO)

🛏 |●| *Hôtel-restaurant Le Védaquais* ** – le bourg (Centre) ☎ 02.43.46.01.41. Fax : 02.43.46.37.60. Parking. TV. ❄ Fermé le dimanche soir et le lundi. Congés annuels : pendant les vacances scolaires de février. Accès : par la D305. Doubles avec douche et wc à 250 F (38,1 €), avec bains à 350 F (53,4 €). Menu du marché en semaine à 60 F (9,1 €), autres de 85 à 220 F (13 à 33,5 €). C'est une adresse tonique, à recommander à tous ceux qui trouvent parfois la vie trop moche, dans les bons vieux hôtels de village. Celui-là appartient à la mairie, qui a transformé la vieille école en lieu de vie. Daniel Beauvais cuisine en silence, et fort bien, tandis que sa femme, Sylvie, parle avec les clients, fort bien également. Le panier du marché, en semaine, nourrit son homme. Les menus suivants sont un vrai bonheur. C'est frais, net et plein d'imagination. Pour 150 F (22,8 €), avec deux verres de vin (de Loire, eh oui) vous goûterez peut-être une rillette de sandre à l'anguille marinée, suivie d'une bouillabaisse de poissons de rivière ou une cuisse de canard aux poires. Pour finir, quelques « gâteries » promises à la carte ! Chambres pas tristes elles non plus, dont 4 nouvelles, et un sauna. *10 % sur le prix de la chambre.*

MARÇON 72340 (8,5 km NE)

|●| *Restaurant L'Hôtel du Bœuf* – 21, place de l'Église (Centre) ☎ 02.43.44.13.12. Fermé le dimanche soir et le lundi sauf en juillet-août. Congés annuels : du 20 janvier au 6 mars. Accès : par la N138, en la prenant vers le sud, puis bifurquez dans la D305. Menus allant de 75 F (11,4 €) en semaine à 220 F (33,5 €). À voir les couples ou les familles sortir, la mine réjouie, au beau milieu de l'après-midi, on se dit qu'on ne s'ennuie pas, à Marçon. Ne vous imaginez pas que cela ait quelque chose à voir avec l'hôtel, dont les chambres n'existent plus. Ici, on vient se dépayser autour de la table, où les plats vedettes sont tout bonnement créoles : poulet aux écrevisses, fricassée de gambas au lait de coco, colombo d'agneau... Avec un punch et quel-

ques beignets pour se mettre en appétit, et un pousse-café maison pour glisser vers la sortie, même sous la pluie et au milieu de l'après-midi il y a forcément du soleil dans la tête.

RUILLÉ-SUR-LOIR 72340 (16 km NE)

🛏 |●| *Hôtel-restaurant Saint Pierre* – 42, rue Nationale (Centre) ☎ 02.43.44.44.36. Resto fermé le dimanche soir. Congés annuels : du 15 décembre au 2 janvier. Accès : sur la D305 ; après La Chartre-sur-le-Loir. Doubles avec lavabo à 110 F (16,8 €). Menu ouvrier à 50 F (7,6 €), le dimanche à 80 F (12,2 €), puis à 120 F (18,3 €). Oh, qu'est-ce qu'on l'aime bien, ce p'tit hôtel-resto de village avec sa mine modeste cachant un grand cœur ! Survivant de tous ceux qui égayaient les villages dans les années 50-60. Patronne charmante chouchoutant la clientèle avec une tranquille simplicité. Son menu ouvrier est imbattable alentour. Assez impressionnant de voir, avant le « coup de feu », les dizaines d'assiettes avec le hors-d'œuvre déjà servi ! Kil de rouge sur la table compris. Le dimanche, le dimanche avec gigot d'agneau ou cuisse de canard au poivre ou faux-filet, salade, plateau de fromages, dessert. Pour 120 F (18,3 €), un poisson en plus. Pour dormir, quelques chambres sans chichi mais correctes.

PONT-DE-BRAYE 72310 (21 km E)

🛏 |●| *Hôtel-restaurant La Petite Auberge* – rue Principale (Centre) ☎ 02.43.44.45.08. Fax : 02.43.44.18.57. Parking. Fermé le lundi soir et le mardi hors saison. Congés annuels : du 8 au 24 janvier. Accès : entre La Chartre-sur-le-Loir et Bessé-sur-Braye par la D64 puis la D305. Doubles avec douche à 160 F (24,4 €). Menu à 72 F (11 €) sauf le samedi soir, le dimanche midi et jours fériés, puis à 125 et 188 F (19,1 et 28,7 €). Elle est bien sympathique cette petite auberge, avec sa vigne vierge, son accueil particulièrement souriant, sa cuisine vraiment inspirée. Au second menu, superbe rapport qualité-prix avec tartare de brochet et sa salade de pommes de terre, dos de sandre au beurre d'orange et pâtes fraîches, cigare de veau et bavette d'aloyau fourrés à la mousseline de champignons. Un petit conseil : goûtez la spécialité maison, un émincé de poulet garniture royannaise. Pour dormir, 3 chambres coquettes.

CHÂTEAU-GONTIER 53200

Carte régionale B1

🛏 *Hôtel du Cerf* ** – 31, rue Garnier (Sud) ☎ 02.43.07.25.13. Fax : 02.43.07.02.90. Parking. TV. Canal+.

Accès : face au supermarché Stock, sur la route de Laval-Angers. Doubles de 190 à 220 F (29 à 33,5 €) avec douche et wc ou bains. Soirée-étape avec restaurant de 290 à 310 F (44,2 à 47,3 €) du lundi au jeudi. Situé près du marché aux bestiaux de Château-Gontier, petit hôtel qui ne paye pas de mine. Demandez les chambres, plus calmes, qui donnent sur l'arrière, côté jardin.

🛏 I●I *Hostellerie de Mirvault* ** – rue du Val-de-Mayenne ☎ 02.43.07.13.17. Fax : 02.43.07.66.90. TV. Resto fermé le lundi et le mercredi midi en été. Congés annuels : en janvier et février pour le resto uniquement. Accès : à environ 2 km du centre-ville, fléché. Doubles avec douche et wc ou bains à 250 F (38,1 €). Menu en semaine à 78 F (11,9 €), puis de 80 à 178 F (12,2 à 27,1 €). Perdue dans la campagne, sur les bords de la Mayenne, une adresse de charme tenue par les Mitchell, un couple d'Anglais. Les 11 chambres, avec tout le confort et une vue sur la rivière, sont à un prix étonnant vu la qualité de l'ensemble. Un petit détail très *british* : le salon de lecture feutré qui ajoute à la sérénité du lieu. La cuisine, elle aussi, mérite le détour. Les plats « phares » de la maison : la terrine de pintade au pommeau, la poularde à l'angevine et la pintade au cidre. Bref, un endroit idéal pour se ressourcer. *Digestif offert.*

I●I *Restaurant L'Aquarelle* – village de Pendu-en-Saint-Fort, route de Ménil (Sud) ☎ 02.43.70.15.44. Parking. Fermé le dimanche soir (hors saison) et le lundi. Congés annuels : du 15 au 31 janvier et 1 semaine fin septembre. Accès : à 400 m du centre ; suivez la route qui longe la rive droite de la Mayenne, en direction de Sablé ; au rond-point, prenez la route de Ménil. Menus de 85 à 195 F (13 à 29,7 €). Un peu en dehors de la ville, sur les bords de la Mayenne, un nom et un lieu qui font rêver. Belle terrasse en été et vue splendide sur la rivière depuis la salle panoramique, climatisée en été. Cuisine légère et inventive avec le dos de silure grillé au beurre de citron vert, la terrine de lapin et foie gras au pommeau ou le méli-mélo d'agneau et langoustines au thym.

DANS LES ENVIRONS

COUDRAY 53200 (5 km SE)

I●I *Restaurant L'Amphitryon* – 2, route de Daon (Centre) ☎ 02.43.70.46.46. 🍴 Fermé le mardi soir et le mercredi. Congés annuels : du 22 au 26 décembre, 15 jours en février et la 1re semaine de juillet. Accès : par la D22 ; face à l'église. Menu le midi en semaine à 75 F (11,4 €), autres à 95 et 138 F (14,5 et 21 €). Vue du dehors, cette auberge-là, coincée dans son angle de rue,

ressemble à tant d'autres qu'on filerait presque sur les jolies petites routes de la campagne environnante si la bouche à oreille, depuis quelques années, ne l'avait classée au Top charme du département. La cuisine, comme le décor, a quelque chose de revigorant. Joli petit menu escale, léger et coloré (terrine de sardines et écrevisses à la cardamome, filet de truite en écailles de pommes de terre, millefeuille au camembert, crêpe soufflée aux pommes). Pour les gros appétits, le menu terroir, à 190 F (28,8 €), n'est pas mal dans son genre : tartare de saumon et flétan à la graine de moutarde, ballottine de pigeon au foie gras, vieux pané en chausson, parfait à l'anis, au coulis de mûres...

DAON 53200 (11,5 km SE)

🛏 I●I *Hôtel-restaurant À l'Auberge* – le bourg (Centre) ☎ 02.43.06.91.14. Fax : 02.43.06.91.14. Fermé le samedi hors saison. Congés annuels : 1 semaine en février et 1 semaine en octobre. Accès : par la D22. En semaine, gentil menu complet à 49 F (7,5 €). Autres menus à 85 et 130 F (13 et 19,8 €). Copieux plateau de fruits de mer pour 2 à 190 F (29 €). En demi-pension : 160 F (24,4 €) par personne. Une bonne adresse. Cette auberge de campagne où les pêcheurs viennent casser la croûte est spécialisée dans les poissons et fruits de mer. Chambres simples avec lavabo, pratiques pour un dépannage. *Apéritif offert.*

BALLOTS 53350 (30 km NO)

I●I *Restaurant L'Auberge du Mouillotin* – 9, place de l'Église (Centre) ☎ 02.43.06.61.81. 🍴 Fermé le mardi soir et le mercredi. Congés annuels : 8 jours en mars et 15 jours en août. Accès : par la D22 ; à 9,5 km après Craon, sur la D25 vers La Guerche-de-Bretagne. Menu en semaine à 60 F (9,1 €), puis de 85 à 150 F (13 à 22,9 €). Menu enfant à 45 F (6,9 €). C'est autour de minuit qu'une fois l'an, dans la nuit du 30 avril au 1er mai, les Mouillotins s'en allaient, de ferme en ferme, demander des œufs pour faire une orgie d'omelette. Coutume charmante, que vous aurez peut-être envie de suivre, si vous visitez à ces dates ce coin de France de toute façon peu enclin aux « rave parties ». Le restaurant qui porte ce joli nom a bien sûr des omelettes de toutes sortes au menu : à la moelle, au foie gras, aux escargots. À goûter en se pourléchant les babines, dans la jolie salle donnant sur le jardin. Pour varier les plaisirs, beaux menus avec mousseline de brochet au beurre blanc, poisson d'eau douce au cidre, terrine de lapin au calva, pommes chaudes à la cannelle... *Apéritif offert.*

CHEMILLÉ　49120

Carte régionale B2

🛏️ I●I *L'Auberge de l'Arrivée* – **15, place de la Gare** ☎ **02.41.30.60.31. Fax : 02.41.30.78.45.** Parking. TV. Resto fermé le dimanche soir d'octobre à mai. Congés annuels : la 1re semaine de janvier. Accès : en face de la gare (mais pas de trains pendant la nuit !). Doubles avec douche et wc ou bains de 245 à 260 F (37,4 à 39,6 €). 1er menu à 69 F (10,5 €) avec entrée, plat, fromage ou dessert et « menus gourmands » de 85 à 169 F (13 à 25,8 €). Grande demeure particulière. Demi-pension obligatoire en juillet-août ; ça tombe bien, le chef n'est pas mauvais. Chambres doubles correctes avec une bonne literie. Salle à manger au cadre assez cossu pour une bonne cuisine régionale. À la carte : ballottine de canard au cœur de foie gras, escalope de sandre aux pointes d'orties sauvages, steak d'espadon braisé aux herbes, brochettes de gambas au citron vert et riz sauvage, mignon de porc aux épices... Agréable terrasse verdoyante. Excellent accueil. *Café offert. 10 % sur le prix de la chambre sauf vendredi et samedi ainsi que juillet et août.*

CHENILLÉ-CHANGÉ　49220

Carte régionale A1

🛏️ I●I *Auberge La Table du Meunier* – ☎ **02.41.95.10.98. Fax : 02.41.95.10.52.** Parking. ♿ Fermé le lundi soir, le mardi et le mercredi (sauf en juillet-août). Congés annuels : du 31 janvier au 11 mars. Accès : à 31 km au nord d'Angers ; par la N162 au nord du Lion-d'Angers, puis la D78. Doubles avec douche et wc à 200 F (30,5 €). Menus de 103 à 250 F (15,7 à 38,1 €). Dans un cadre de rêve : rivière paisible, la Mayenne, et moulin à eau en activité dans un village fleuri. Calme garanti. Salle à manger rustique de bon ton et terrasse panoramique, pour une cuisine très renommée. Duo de saumon fumé et de saumon mariné, pavé de loup aux haricots de mer sauce champagne, magret de canard aux pommes et au beurre blanc, paupiette de sandre belle angevine, ou encore délice aux poires et sa crème anglaise. Possède aussi quelques chambres originales sur bateaux pour ceux qui voudraient se faire bercer par les flots. *Apéritif offert.*

CHOLET　49300

Carte régionale A2

I●I *Le Passé Simple* – **181, rue Nationale** ☎ **02.41.75.90.06.** Fermé le dimanche et le lundi. Congés annuels : les 15 premiers

jours d'août. Accès : dans l'une des rues principales de Cholet. Menus à partir de 80 F (12,2 €, le midi en semaine), puis de 100 à 180 F (15,2 à 27,4 €), dont un menu à 148 F (22,6 €) qui change tous les jours. Cadre moderne coloré dans de jolis tons pastel. Cuisine gastronomique à base de poisson principalement. En spécialités, sandre au beurre blanc et tarte aux pommes chaudes au miel d'acacia.

DOUÉ-LA-FONTAINE　49700

Carte régionale B2

🛏️ I●I *Hôtel-restaurant de France* ** – **place du Champ-de-Foire (Centre)** ☎ **02.41.59.12.27. Fax : 02.41.59.76.00.** Parking. TV. Fermé le dimanche soir et le lundi sauf en juillet-août. Doubles avec douche et wc ou bains de 250 à 270 F (38,1 à 41,2 €). Petit menu classique à 90 F (13,7 €). Autres de 120 à 230 F (18,3 à 35,1 €). L'hôtel-restaurant de bourg par excellence. Qualité constante. Chambres correctes. Salle à manger au goût, disons, gentiment « conformiste », pour une bonne cuisine traditionnelle. Menus avec turbot à la graine de moutarde ou filet de canard aux airelles ou salade de pétoncles et langoustines tièdes, etc. Si vous passez par là en l'an 2000, la famille Jarnot y fêtera ses 50 années de présence !

I●I *Le Caveau* – **4 bis, place du Champ-de-Foire** ☎ **02.41.59.98.26.** Ouvert tous les jours midi et soir du 15 avril au 15 septembre, hors saison ouvert du vendredi soir au dimanche soir seulement. Accès : fléché depuis le centre-ville. Menu le midi en semaine à 55 F (8,4 €), autre à 110 F (16,8 €) vin et café compris. Au cœur de la ville, un troglo chaleureux pour déguster des fouaces ô combien délicieuses aux rillettes d'Anjou, au fromage de chèvre ou plus simplement au beurre salé. Les formules généreuses sont une bouffée d'air pour le porte-monnaie. Les trois jeunes gens qui vous accueilleront vous réservent bien des surprises si vous êtes en mal de tuyaux sur la région. Sourires garantis. Soirées-théâtre à l'occasion. Cette équipe-là a plus d'une fouée dans son sac !

DANS LES ENVIRONS

LOURESSE 49700 (6 km N)

I●I *Restaurant Les Caves de la Génévraie* – **13, rue du Musée - Rochemenier (Centre)** ☎ **02.41.59.34.22.** Parking. ♿ Fermé le lundi. Congés annuels : du 1er au 15 janvier. Accès : par la D761 ou la D69. Menu unique à 120 F (18,3 €) vin et café compris. Menu enfant à 60 F (9,1 €). « Resto-troglo » aménagé dans une galerie ayant servi de refuge pendant les guerres de Religion. Agréable salle à manger alvéolée cosy, creusée dans le falun et, bien entendu, fraîche par grosse chaleur. Et en plus, l'accueil est chaleureux et le service aimable. Le vendredi soir, le samedi soir et le dimanche midi, repas de fouaces, galettes de froment cuites au four ou sous la cendre et que l'on fourre de rillettes, haricots, champignons… spécialité du pays, avec hors-d'œuvre et vins du Layon (réservation obligatoire).

ÉVRON   53600

Carte régionale B1

≜ I●I *Hôtel-restaurant Brasserie de la Gare* ** – le bourg ☎ 02.43.01.60.29. **Fax :** 02.43.37.26.53. TV. Canal+. Resto fermé le dimanche. Accès : face à la gare. Doubles avec douche et wc à 214 F (32,6 €), avec bains à 242 F (36,9 €). Menus en semaine à 79 F (12 €), 105 et 145 F (16 et 22,1 €). C'est vrai qu'on aurait plutôt tendance à passer deux fois devant avant de vraiment s'arrêter, tellement ça semble d'une autre époque. Si vous êtes un maniaque des hôtels-restaurants de gare, ou si vous avez rencontré l'élu(e) de votre cœur dans le train, vous n'en apprécierez que plus la chambre avec poutres, calme et du genre confortable qu'on vous proposera. Bonne et copieuse cuisine régionale, de la terrine maison à la tarte à la rhubarbe en passant par l'entrecôte spéciale façon vallée d'Erve.

DANS LES ENVIRONS

MEZANGERS 53600 (6 km N)

≜ I●I *Relais du Gué de Selle* *** – route de Mayenne - D7 ☎ 02.43.91.20.00. **Fax :** 02.43.91.20.10. Parking. TV. Canal+. Fermé le dimanche soir et le lundi hors saison. Congés annuels : du 23 décembre au 10 janvier et 15 jours pendant les vcacances scolaires de février. Doubles avec bains de 360 à 453 F (54,9 à 69,1 €). Beaux menus allant de 78 F (11,9 €) en semaine à 250 F (38,1 €). Il faut faire preuve d'imagination pour retrouver l'ambiance de l'ancienne ferme, perdue au milieu de la campagne, entre forêt et étang. Restaurée, transformée en hostellerie, elle accueille aussi bien les amoureux de la table, les randonneurs, les jeunes qui ont passé l'après-midi à faire de la planche à voile sur le lac que les séminaristes en goguette. Entre deux séminaires… de travail, ils goûtent à la Mayenne, du marbré de lapereau parfumé au basilic, au magret de canard, à la volaille de Loué aux morilles, ou au sandre au cidre et fondant aux pommes tièdes. Le soir, calme absolu,

dans des chambres agréables et confortables, donnant sur le jardin, la piscine ou la campagne, certaines en duplex. Un merveilleux lieu de détente. *10 % sur le prix de la chambre.*

NEAU 53150 (6 km O)

≜ I●I *Hôtel-restaurant La Croix Verte* ** – 2, rue d'Évron (Centre) ☎ 02.43.98.23.41. **Fax :** 02.43.98.25.39. Parking. TV. Resto fermé le dimanche soir. Accès : à Évron, en direction de Laval. Doubles avec douche et wc ou bains à 230 F (35,1 €). Menu en semaine à 68 F (10,4 €), puis de 105 à 172 F (16 à 26,2 €). À la voir, à un croisement sans âme, avec sa façade très logis et ses parasols Tropico, cette *Croix*-là n'incite guère à la rigolade. À l'intérieur, heureuse surprise. Des chambres superbement refaites, un bar sympa et une salle de restaurant avec des fresques marrantes et une carte haute en spécialités savoureuses vous inciteront vite à prolonger votre séjour. Goûtez à la cassolette de Saint-Jacques au noilly, au filet de bœuf aux girolles, à l'effeuillé de poire et son coulis, et prenez le temps de vivre, comme les serveuses vous le diront, les jours d'affluence, pour vous éviter de piaffer d'impatience…

SAINTE-SUZANNE 53270 (7 km SE)

I●I *Restaurant L'Auberge de la Cité* – 7, place Hubert-II (Centre) ☎ 02.43.01.47.66. Fermé le lundi et le mardi soir (sauf en juillet-août). Congés annuels : janvier et 1 semaine fin septembre début octobre. Accès : par la D7. Menus de 65 à 139 F (9,9 à 21,2 €). Repas du Moyen Âge sur commande de 98 à 200 F (14,9 à 30,5 €). La maîtresse des lieux cuisine fort bien et se passionne pour la cuisine médiévale. Normal, les murs de son restaurant datent du XIVe siècle. Si le menu médiéval est réservé aux groupes sur réservation, on se régale habituellement ici de crêpes et galettes. *Apéritif, café offerts.*

DEUX-ÉVAILLES 53150 (12 km NO)

I●I *La Fenderie* – site de la Fenderie ☎ 02.43.90.00.95. 𝄞 Fermé le lundi. Accès : par la D129, entre Jublains et Montsurs, à la sortie du village, suivre les panneaux indicateurs. Menu le midi en semaine à 60 F (9,1 €), autres de 98 à 198 F (14,9 à 30,2 €), le menu « Goûtez la Mayenne ». Tout autour, il y a 19 hectares de parc, plein de petits oiseaux en semaine et de drôles d'oiseaux pique-niquant les week-ends. Évitez donc la foule des dimanches et venez profiter de la terrasse, face à l'étang, aux beaux jours, et du beau petit menu, le second, style salade tiède de poulet et pommes au vinaigre de cidre, brochet au beurre blanc, fromages, tarte… Revenez, les jours gris, pour apprécier le côté poutrecheminée, petites tables bien dressées, autour de plats du terroir changeant chaque jour.

FERTÉ-BERNARD (LA) 72400

Carte régionale B1

🏠 |●| *Hôtel-restaurant La Perdrix* ** – 2, rue de Paris ☎ 02.43.93.00.44. Fax : 02.43.93.74.95. Parking payant. TV. Fermé le lundi soir, le mardi. Congés annuels : février. Doubles avec douche et wc de 240 à 380 F (36,6 à 57,9 €). Menus de 110 à 230 F (16,8 à 35,1 €). Nul ne peut voyager en Sarthe sans s'arrêter dans cette maison tenue par Serge Thibaut. C'est aussi beau que bon. Quelques petits chefs-d'œuvre au hasard : les rillettes de canard au foie gras toasts chauds, les langoustines rôties aux tagliatelles, les pigeons en salmis aux crêpes de pommes de terre, carpaccio d'ananas tiède en sabayon… La cave à vins mérite aussi une mention spéciale (près de 600 crus !). Intéressant pour les familles, la belle chambre n° 1 en duplex pour famille, pour 5 personnes au plus. Garage de 7 places. Et puis, comme souvent, un grand talent s'accompagne nécessairement d'une grande modestie et d'une qualité d'accueil hors pair ! Cette *Perdrix*-là n'est pas prête d'avoir du plomb dans l'aile. *Café offert.*

|●| *Le Dauphin* – 3, rue d'Huisne (Centre) ☎ 02.43.93.00.39. 🍴 Fermé le dimanche soir et le lundi. Congés annuels : les 15 derniers jours d'août environ. Accès : par la rue piétonne. Menu à 98 F (14,9 €) en semaine et le samedi midi, autres de 139 à 239 F (21,2 à 36,4 €). À la porte Saint-Julien, une maison pleine de charme et d'histoire, où l'on vient se réfugier en amoureux et/ou entre gastronomes, l'un pouvant très bien aller avec l'autre, de nos jours. Atmosphère sereine, un poil trop, mais quand on vous sert un 1er menu, gentil et équilibré, et au suivant une crêpe aux herbes fraîches et feta froissée de saumon fumé, un filet de grenadier cuit au four risotto aux algues, un feuilleté de fourme d'Ambert aux poires et un muesli chocolaté à la rhubarbe sauce aux pralines roses, on ne s'attend quand même pas à avoir, en plus, l'ambiance brasserie. Au dernier menu, spécialités du chef avec 2 plats : bouquet de salade aux langoustines fraîcheur de fruits et jambon du pays, pavé de flétan en écaille de courgettes, filet de canette cuit à l'étouffé et pruneaux, croquant au cacao amer mousseline à l'amaretto et giboulée de mangues…

DANS LES ENVIRONS

SAINT-ULPHACE 72320 (14 km SE)

🏠 |●| *Le Grand Monarque* – 5, place du Grand-Monarque (Centre) ☎ 02.43.93.27.07. Fax : 02.43.71.13.18.

TV. Fermé le dimanche soir et le mardi soir. Accès : par la D7. Doubles avec douche et wc ou bains à 250 F (38,1 €). Menu le midi en semaine à 55 F (8,4 €), menu « Bienvenue » à 95 F (14,5 €), puis de 125 à 250 F (19,1 à 38,1 €). Plutôt bon enfant, le vieux *Monarque*, surtout quand ses loyaux sujets envahissent sa demeure pour faire ripaille jusqu'à une heure avancée, certains après-midi dansants dominicaux. Un menu « Bienvenue » qui mérite son nom, le week-end, puis les suivants qui font honneur à la bonne vieille cuisine bourgeoise : salade de homard aux Saint-Jacques tièdes et sa vinaigrette de crustacés, foie gras de canard, blanquette de homard aux petits légumes et pâtes fraîches… Un *Monarque* qui n'est pas près d'être détrôné ! Attention, le soir en semaine, resto uniquement sur réservation. Faut bien se reposer. Aux beaux jours, terrasse couverte. *Café offert.*

MONTMIRAIL 72320 (15 km SE)

|●| *Crêperie L'Ancienne Forge* – 11*bis*, place du Château ☎ 02.43.71.49.14. Fermé le lundi. Congés annuels : janvier. Accès : par la D7 jusqu'à Courgenard, puis la D36. Menu le midi en semaine à 52 F (7,9 €) et à 140 F (21,3 €). À la place du jeune couple qui tient ce joli petit resto, vous en auriez vite assez d'entendre un nouvel arrivant sur trois demander si c'est bien le château du film *Les Visiteurs* qui leur sert de fond de décor, et arrive côté de la terrasse ! Et non, désolé, celui-là a une histoire que le cinéma continue d'ignorer. En attendant l'heure de leur visite, vous pourrez au moins manger très bien et pas trop cher : taboulé parfumé, pizza aux rillettes, entrecôte fondante, coupe de fraises. Belles salades, bonnes galettes. Musique douce et sourire non agressif. Que demande le peuple, mon bon Jacouille ? *Apéritif offert.*

BONNÉTABLES 72110 (20 km O)

🏠 |●| *Hôtel-restaurant Le Lion d'Or* – 1, rue du Maréchal-Leclerc ☎ 02.43.29.38.55. Fax : 02.43.29.38.55. Parking. TV. Restaurant fermé le dimanche. Congés annuels : 2 semaines début septembre et 3 semaines en juillet. Doubles de 200 F (30,5 €) avec lavabo à 250 F (38,1 €) avec douche et wc. Menus le midi en semaine à 55 F (8,4 €), et de 85 à 150 F (13 à 22,9 €). Un hôtel de charme situé en centre-ville dans une ancienne bâtisse du XIe siècle. Appelée délibérément pension, cette grande maison à l'accueil chaleureux, avec une déco *so british*, propose une quinzaine de chambres pleines de charme, ainsi qu'un pub, un restaurant et une crêperie. Au resto, on vous prépare une cuisine sarthoise copieuse et assez recherchée. *Apéritif offert.*

FLÈCHE (LA)   72200

Carte régionale B1

🛏️ I●I *Hôtel-restaurant du Vert Galant* ** – 70, Grande-Rue (Centre) ☎ 02.43.94.00.51. Fax : 02.43.45.11.24. Parking. TV. Fermé le jeudi pour le resto. Congés annuels : de mi-décembre à mi-janvier. Doubles avec douche et wc à 288 F (43,9 €), avec bains à 305 F (46,5 €). Menu sauf le dimanche à 89 F (13,6 €), puis de 116 à 196 F (17,7 à 29,9 €). Menu enfant à 58 F (8,8 €). Drôle d'hôtel, drôle de patron. Même à l'âge où le Vert-Galant était déjà tombé sous la patte de Ravaillac, M. Berger-Champion continue de fourmiller d'idées pour transformer maison et cuisine, sous l'œil moins enthousiaste de la patronne. Le second menu propose six huîtres, un brochet au beurre blanc... Après, avec les menus-carte, on revient aux sources du maître à penser des lieux, Escoffier (non, rien à voir avec Henri IV) : blinis au saumon fumé, ris de veau vert galant, hure de porc, pot-au-feu sarthois aux trois viandes, nougat glacé sur coulis de framboises... Chambres d'une autre époque, elles aussi, qui font le bonheur des visiteurs américains, ce qui ne devrait pas vous inquiéter pour autant.

🛏️ *Relais Cicero* *** – 18, bd d'Alger (Centre) ☎ 02.43.94.14.14. Fax : 02.43.45.98.96. Parking. TV. Satellite / câble. Fermé le dimanche soir. Congés annuels : du 20 décembre au 4 janvier. Accès : près de la place Thiers, à deux pas du célèbre Prytanée. Doubles avec douche et wc à 435 F (66,3 €), avec bains à 675 F (102,9 €). Une belle demeure des XVIe et XVIIIe siècles, éloignée des bruits de la ville et de l'agitation des hommes. Un bar anglais, un salon de lecture, une salle confortable pour le (superbe) petit déjeuner, du feu dans la cheminée et des conversations feutrées. Les chambres, dans la demeure même, sont suffisamment raffinées et confortables pour mériter un coup de folie. Mais, en traversant le jardin joliment fleuri (ne venez pas en hiver, évidemment), vous aurez peut-être un coup de cœur pour celles de l'hôtel, où l'on se sent tout de suite à l'aise, ne serait-ce que par le prix. Un grand moment de charme... de charme discret de la bourgeoisie, bien sûr. Notre plus belle adresse en Sarthe. *10 % sur le prix de la chambre du 1er octobre au 1er mai.*

I●I *Le Moulin des Quatre Saisons* – rue Galliéni (Centre) ☎ 02.43.45.12.12. Fermé le lundi en mai, juin et septembre ; fermé le dimanche soir et le lundi du 1er octobre au 30 avril. Congés annuels : du 3 au 20 janvier. Accès : face à la mairie. Menu le midi en semaine à 92 F (14 €), puis de 98 à 198 F (14,9 à 30,2 €). Un emplacement en or, sur les bords du Loir, face au château des Carmes (moins poétiquement : l'actuelle mairie). L'accent de la patronne, le décor d'auberge campagnarde avec boiseries à fleurs vous entraînent en imagination sur les bords du Danube, d'autant qu'il y a du *strudel* au dessert et une musique sirupeuse en fond sonore. Une clientèle bon chic bon genre à l'intérieur, une autre, plus décontractée, sur la magnifique terrasse, viennent ici goûter à un certain bonheur de vivre en même temps qu'à la cuisine, savoureuse, de Camille Constantin. Son second menu, avec pastilla de queue de bœuf sauce raifort et petite salade suivis d'un dos de saumon aux pâtes fraîches, est d'un superbe rapport qualité-prix-plaisir, pour parler local. Les deux derniers menus « saisonniers » donnent faim, ce qui est l'essentiel. *Café offert.*

I●I *Restaurant La Fesse d'Ange* – place du 8-Mai-1945 (Centre) ☎ 02.43.94.73.60. Fermé le dimanche soir, le lundi et le mardi soir. Congés annuels : la 1re semaine des vacances de février et du 1er au 20 août. Menu à 105 F (16 €) sauf le samedi soir, le dimanche et les jours fériés. Autres à 160 F (24,4 €), ou 210 F (32 €) avec poisson et viande. Une jolie enseigne à l'intérieur et un décor résolument contemporain signalent l'une des meilleures tables de la Sarthe. Beau 1er menu avec fondant de foie de canard au salpicon d'abricots secs, poisson du jour ou blanc de volaille sauté aux écrevisses, fromage, remarquables desserts. Aux suivants, c'est le paradis assuré. Au hasard des menus et de la carte : la salade tiède de homard dans son jus, l'escalope de brochet sur son velouté aux pointes d'asperges, la tarte tiède amandine à l'ananas velouté de caramel... *La Fesse d'Ange,* vous l'avez compris, n'a rien d'un « pincecul », mais on s'y sent « diablement » bien. Et l'addition vous donne des ailes... *Café offert.*

DANS LES ENVIRONS

BOUSSE 72270 (12 km N)

I●I *L'Auberge de Savoie* – le bourg ☎ 02.43.45.71.59. 🍴 Fermé le dimanche soir et le mercredi. Congés annuels : du 17 juillet au 4 août. Accès : par la D12, puis prendre à gauche la D102. Menu ouvrier en semaine à 60 F (9,1 €), autres à 95 à 200 F (14,5 à 30,5 €). Même pas située dans les Alpes mancelles, cette auberge de Savoie ! Qu'importe, laissez-vous porter dans ce petit village en dehors de tout. Le menu ouvrier, goûteux et copieux, a ses adeptes. Petite salle fraîche pour le second menu offrant des quenelles de brochet sauce écrevisse, un bon pavé de bœuf aux échalotes, fromage et dessert. Offrez-vous les deux derniers menus, si vous rêvez de retour de pêche : dos de loup de mer à l'aneth, tulipe de rougets sur une fondue (!) de poireaux et bien sûr, omble chevalier aux fleurs de violette. Ne cherchez pas à savoir à tout prix ce qu'il y a de savoyard dans la carte, le chef a de l'humour et du talent, jusqu'à mettre un faux-filet de kangourou au menu, bestiole qu'on rencontre rarement (quoique!) autour du lac d'Annecy! *Apéritif offert.*

LUCHÉ-PRINGÉ 72800 (13 km E)

🏠 |●| *Auberge du Port-des-Roches* ** – lieu-dit « Le Port des Roches » (Nord) ☎ 02.43.45.44.48. Fax : 02.43.45.39.61. Parking. TV. Fermé le dimanche soir et le lundi. Congés annuels : février. Accès : à la sortie de Luché-Pringé, prendre direction Pontvallain, et tourner à droite à 2 km. Doubles avec douche et wc ou bains de 240 à 310 F (36,6 à 47,3 €). Menus de 115 à 195 F (17,5 à 29,7 €). Cette auberge-là revient de loin. Il suffit de voir le papier à fleurs, au fond des placards, pour imaginer à quoi on a échappé. Aujourd'hui reprise par un jeune couple dynamique et bosseur (faut parfois préciser...), elle revit avec des chambres aux couleurs gaies, et au restaurant nouvellement rafraîchi, une cuisine de marché bien ficelée. L'ambiance est néofamiliale, les prix néoruraux. Un gratin de gnocchi au chèvre, sauce betterave, un omble chevalier poché aux noix, une assiette de fromages du Loir, un Paris-Brest à l'ananas confit, un vin de pays, le tout pour 115 F, au premier menu, c'est tout bon. Sans oublier les spécialités du chef : les ris de veau braisés aux oreilles de cochon, le sandre poché au beurre de jasnières ou la tarte fine aux sardines fraîches... Superbe terrasse fleurie donnant, comme certaines chambres, sur la rivière. *Apéritif offert.*

FLOCELLIÈRE (LA) 85700

Carte régionale A2

🏠 *Château de la Flocellière* – La Flocellière ☎ 02.51.57.22.03. Fax : 02.51.57.75.21. Parking. Accès : de Saint-Michel, suivre les panneaux. Doubles avec bains de 650 à 750 F (99,1 à 114,3 €). Location du donjon pour 6 000 F (914,6 €) la semaine. Château, vous avez dit château? Néogothique s'il vous plaît. Rénové il y a quelques années par la famille Vignal, il renaît. Les prix ne sont pas si élevés au regard des chambres superbes et spacieuses. Une touche un peu *british* dans la déco donne un charme fort agréable au tout. Dehors, un vaste parc s'offre aux convives ainsi qu'une piscine et les ruines du château du XIIIe siècle. C'est du luxe, mais du luxe de bon goût. Réserver long-

temps à l'avance. Possibilité de louer le donjon en entier, pour pas si cher si l'on considère qu'on peut y loger trois familles! *10 % sur le prix de la chambre de septembre à mai.*

FONTENAY-LE-COMTE 85200

Carte régionale A2

🏠 |●| *Hôtel Fontarabie - Restaurant La Glycine* ** – 57, rue de la République (Centre) ☎ 02.51.69.17.24. Fax : 02.51.51.02.73. Parking. TV. Canal+. ♿ Congés annuels : du 20 décembre au 10 janvier. Accès : autoroute A83, sortie n° 8. Doubles avec douche et wc ou bains de 225 à 260 F (34,3 à 39,6 €). Menus de 45 à 99 F (6,9 à 15,1 €). Compter 100 F (15,2 €) à la carte. Il y a bien longtemps, au moment de la saint Jean, des commerçants espagnols faisaient le voyage de Fontenay pour vendre leurs chevaux nains et acheter des mules de Vendée. Arrivant de Fontarabie pour faire leur négoce et logeant dans ce relais de poste, le nom de la maison était trouvé. Dès lors, il n'en changea pas. Cette belle bâtisse en pierre blanche et au toit d'ardoises vient d'être rénovée. Déco de bon goût, peut-être un peu trop moderne. Chambres propres au confort correct. Le restaurant doit son nom à la superbe glycine qui orne l'entrée de la maison. On y sert une bonne cuisine simple et copieuse. Andouillettes grillées, foie de veau à l'anglaise et surtout : délicieuse mousse au chocolat. Accueil enjoué d'un personnel jeune et souriant. *Apéritif offert.*

DANS LES ENVIRONS

PISSOTTE 85200 (4 km N)

|●| *Crêperie Le Pommier* – 9, rue des Gélinières (Centre) ☎ 02.51.69.08.06. Parking. ♿ Fermé le lundi. Congés annuels : 2 semaines en octobre et 2 semaines en hiver. Accès : par la D938. Menu le midi en semaine à 48 F (7,3 €). Crêpes de 25 à 40 F (3,8 à 6,1 €). Compter de 40 à 60 F (6,1 à 9,1 €) pour un repas complet. À côté d'un vieux cellier à vin, de Pissotte bien sûr, et des fiefs vendéens, protégée par une glycine et une vigne vierge (on en trouve peu dans le pays), cette vieille maison aux volets verts avec son jardin et sa véranda dégage une sensation de sérénité. On est bien ici! On sert des crêpes généreusement garnies : « Bretonne » (andouillette, pommes, salade), « la Blanchette » (chèvre, bacon, crème fraîche et salade verte), et « Syracuse » (magret fumé, pommes poêlées et crème au jus d'oranges) que l'on déguste avec le vin rosé de Xavier, le frangin vigneron, qui réjouit les cœurs bien mieux que le cidre.

MERVENT 85200 (11 km NE)

|●| *Crêperie du Château de la Citardière* – Les Ouillères ☎ 02.51.00.27.04. Fermé le mercredi en saison ; du 1er octobre au 31 mai, ouvert seulement le week-end. Accès : de Mervent, prendre direction Les Ouillères par la D99, puis suivre les panneaux. Compter entre 25 et 48 F (3,8 et 7,3 €) pour une crêpe salée, entre 15 et 45 F (2,3 et 6,9 €) pour une crêpe sucrée. Imaginez que vous allez visiter un château médiéval et que, oh joie, oh bonheur, vous y découvrez une crêperie ! Dans les murs rénovés de la bâtisse, ça sent bon le feu de bois et la pâte à crêpe. « Danoise », « Sénéchal » et « Mélusine » défilent sous nos yeux avides. En terrasse l'été, on hume l'air frais des environs. L'attente est un peu longue, mais ça vaut le coup. On peut en profiter pour aller voir les nombreuses expositions qu'il y a dans les autres salles du château. Excellent jus de pommes artisanal. *Café offert.*

VELLUIRE 85770 (11 km SO)

≜|●| *L'Auberge de la Rivière* ** – ☎ 02.51.52.32.15. Fax : 02.51.52.37.42. Parking. TV. ♿ Fermé le dimanche soir et le lundi hors saison. Congés annuels : du 3 janvier au 26 février. Accès : prendre la D938 jusqu'à Nizeau, et la D68 jusqu'à Velluire. Doubles avec bains de 400 à 490 F (61 à 74,7 €). Menus en semaine à 120 F (18,3 €), à 200 et 240 F (30,5 et 36,6 €). Une adresse pour routards ayant des envies de calme, des goûts de luxe cachés et des nostalgies de bonne cuisine. Au centre du bourg, laissez-vous glisser d'abord vers la rivière, puis sous la nappe jaune d'une salle à manger riche en poutres, plantes, meubles et tapisseries. Le patron a du caractère, et la cuisine de la patronne aussi : huîtres chaudes, bar coulis de tomates, feuilleté de langoustines, pigeonneau aux morilles… Pour la nuit, des chambres qui redonnent le goût de la campagne au citadin le plus blasé. Toutes (sauf la nº 10) ont une vue sur la rivière, les nºs 7, 8, 12 et 14 ont des lits plus grands. Avis aux amateurs de farniente ! *Petit déjeuner offert.*

MAILLEZAIS 85420 (15 km SE)

≜ *Hôtel Saint-Nicolas* ** – rue du Docteur-Daroux (Centre) ☎ 02.51.00.74.45. Fax : 02.51.87.29.10. Parking. TV. Congés annuels : du 15 novembre au 15 février. Doubles avec douche et wc de 230 à 340 F (35,1 et 51,8 €). Le jeune propriétaire de ce petit hôtel rénové et accueillant, avec ses chambres toutes simples et sa terrasse avec jardinets à étages, s'occupe de tout. Il connaît bien la région et pourra vous indiquer ses petits chemins à lui, pour vous perdre en toute quiétude dans le Marais poitevin. Très bonne adresse pour passer quelques jours. *10 % sur le prix de la chambre hors vacances scolaires.*

FONTEVRAUD-L'ABBAYE 49590

Carte régionale B2

≜|●| *Hôtel-restaurant La Croix Blanche* ** – 7, place des Plantagenêts ☎ 02.41.51.71.11. Fax : 02.41.38.15.38. Parking. TV. Congés annuels : du 13 au 24 novembre et du 8 janvier au 9 février. Accès : à côté de la célèbre abbaye. Doubles avec douche et wc ou bains, et téléphone direct, de 315 à 485 F (48 à 73,9 €), certaines avec cheminée en tuffeau. Menu végétarien à 100 F (15,2 €), autres de 113 à 234 F (17,2 à 35,7 €). Hôtel de charme. Bon accueil. Dans des édifices à l'élégante architecture locale, 21 belles chambres autour d'une cour fleurie et au calme. Cuisine renommée, là aussi, dans une agréable salle à manger. Menus avec terrine de lapin au foie gras de canard et aux amandes, cœur de gigot d'agneau rôti aux petits légumes, chariot de fromages et dessert. Au dernier menu, 2 plats : escargots farcis en coquilles champignons sauvages et pointes d'asperges, goujonnettes de sole, tournedos de bœuf rôti sauce truffe, chèvre chaud sur lit de salade aux noix, mousse de pommes au calvados crème anglaise. Bon appétit ! *Apéritif offert. 10 % sur le prix de la chambre de novembre à mars et gratuité pour enfant jusqu'à 2 ans.*

GUENROUET 44530

Carte régionale A1-2

|●| *Le Jardin de l'Isac* – 31, rue de l'Isac ☎ 02.40.87.66.11. Fermé le dimanche soir et le lundi sauf juillet-août. Congés annuels : 1re semaine de novembre, 1re semaine de janvier et vacances scolaires de février. Accès : à 6 km à l'est de Saint-Gildas-des-Bois. Menu à 60 F (9,1 €). Un rapport qualité-prix imbattable pour ce petit resto situé au-dessous d'un resto dit gastronomique, dirigé par le même couple. Aux beaux jours, on mange sur la terrasse-jardin très bien fleurie. À l'ombre de la glycine et en respirant le délicat parfum du chèvrefeuille, vous pourrez vous sustenter grâce à un buffet de hors-d'œuvre très variés, allant de la terrine de poisson aux charcuteries à toutes sortes de crudités : ensuite vous choisirez entre une grillade ou le poisson du jour suivi à nouveau par un buffet de desserts. Possibilité, bien sûr, de se contenter d'un plat. À l'intérieur, préférez la salle au bord du jardin à celle du fond plus tristounette, même si c'est là que se dressent les buffets. Service pro et bon accueil. *NOUVEAUTÉ.*

HERBIERS (LES)　　85500

Carte régionale A2

🛏 |❂| *Hôtel-restaurant Le Relais* ** – 18, rue de Saumur (Centre) ☎ 02.51.91.01.64. Fax : 02.51.67.36.50. TV. Canal+. Fermé le dimanche soir. Doubles à 260 F (39,6 €) avec douche et wc. Menu à 62 F (9,5 €) sauf le week-end. À la carte, compter 180 F (27,4 €). Une belle façade rénovée pour une maison de qualité, où le confort des 26 chambres n'a rien à envier au petit luxe de la salle à manger. Malgré le côté « bord de route » difficile à éviter dans la région, on jouit d'un certain calme grâce au double-vitrage. Vous avez le choix entre deux restaurants : la brasserie où vous pouvez déguster une cuisine traditionnelle, et *La Cotriade*, plus gastronomique. Le 1er menu est accompagné, si le cœur vous en dit, d'un vin de Mareuil ou de Brem. Cuisine généreuse avec médaillon de jeune cerf sauté au beurre de thym, escargots de Saint-Paul au foie gras, ris de veau en spécialités.

🛏 |❂| *Hôtel-restaurant Le Centre* ** – 6, rue de l'Église (Centre) ☎ 02.51.67.01.75. Fax : 02.51.66.82.24. TV. Canal+. Fermé le vendredi soir, le samedi toute la journée hors saison. Congés annuels : la 1re semaine d'août et 2 semaines pendant les vacances de Noël. Chambres doubles à 270 F (41,2 €) avec douche et wc et à 300 F (45,7 €) avec bains. Demi-pension obligatoire lors de la saison du Puy-du-Fou : 260 F (39,6 €). Menus de 69 à 159 F (10,5 à 24,2 €). C'est la bonne table généreuse qui fait la réputation de cette maison où l'on s'arrête volontiers en semaine. Déco sobre et agréable. Les préparations du patron réjouiront les amateurs d'une vraie cuisine du marché où le poisson est roi. Fricassée de Saint-Jacques et gambas flambées au vieux whisky, émincé de bœuf charolais sauce périgourdine, civet de thon minervois, escabèche de sardines piémontaises… Repas imposé les soirs de spectacle du Puy-du-Fou.

DANS LES ENVIRONS

SAINT-LAURENT-SUR-SÈVRE
85290 (20 km NE)

🛏 |❂| *Hôtel-restaurant L'Hermitage* ** – 2, rue de la Jouvence (Centre) ☎ 02.51.67.83.03. Fax : 02.51.67.84.11. Parking. TV. Fermé le samedi hors saison. Congés annuels : 1 semaine pendant les vacances de février et la 1re quinzaine d'août. Accès : par la D752 ; au bord de la Sèvre nantaise, juste après le pont en face de la basilique. De 220 à 260 F (33,5 à 39,6 €) la double avec douche et wc ou bains. Menus de 80 à 160 F (12,2 à 24,4 €). Voilà une gentille auberge familiale avec son jardin potager, où le chef-patron va s'approvisionner dès potron-minet. Il pourrait aussi pêcher le sandre dans la rivière que surplombe la terrasse du bar. La salle à manger est digne d'un très vieil épisode de *Chapeau melon et bottes de cuir* : sièges orange style « Knoll » et moquette moelleuse. La cuisine est copieuse. Quant aux chambres, elles ont le même côté kitsch (moquette psychédélique vert pomme, il faudrait l'inventer, on l'avait oublié!). Il n'empêche qu'elles sont très confortables (les nos 11, 21 et 29 sont très bien, elles donnent sur la Sèvre). *Café offert*.

INGRANDES-SUR-LOIRE　　49123

Carte régionale A2

🛏 |❂| *Hôtel-restaurant Le Lion d'Or* ** – place du Lion-d'Or ☎ 02.41.39.20.08. Fax : 02.41.39.21.03. Parking. TV. Accès : de la N23 ou la D751, suivre la direction Ingrandes-sur-Loire. Doubles de 160 F (24,4 €) avec lavabo à 230 F (35,1 €) avec bains. Menus à partir de 65 F (9,9 €) servi le midi en semaine et le soir pour les clients de l'hôtel, puis de 85 à 180 F (13 à 27,4 €). Fraîchement rénovée, cette adresse mérite qu'on s'y arrête tant pour l'hôtel que pour le resto. Cadre rustique aux touches de couleurs agréables pour une cuisine traditionnelle, généreuse et bien présentée. Au dernier menu : foie gras avec son verre de coteaux-de-la-loire, filet de sandre sauce hollandaise avec son verre d'anjou blanc, fromage avec son verre d'anjou rouge et panaché gourmand avec sa flûte de crémant, et nougat glacé. Bonne blanquette de Saint-Jacques en feuilleté. Chambres confortables entièrement refaites avec des couleurs fraîches et de bon goût (enfin!). Attention à celles qui donnent sur la rue, elles sont assez bruyantes. *10 % sur le prix de la chambre sauf de juin à septembre*.

LAVAL　　53000

Carte régionale B1

🛏 *Marin Hôtel* ** – 100-102, av. Robert-Buron (Nord-Est) ☎ 02.43.53.09.68. Fax : 02.43.56.95.35. Parking payant. TV. Accès : face à la gare SNCF. Doubles de 265 à 300 F (40,4 à 45,7 €) avec douche et wc ou bains. Hôtel faisant partie de la chaîne *Inter-Hôtel*. Moderne, fonctionnel, bien insonorisé. Bon accueil. Un point de chute idéal à la sortie du TGV. Nombreux restaurants alentour si vous avez la flemme d'aller jusque dans la vieille ville (mais ce serait quand même dommage!). *10 % sur le prix de la chambre les week-ends*.

PAYS-DE-LA-LOIRE

|●| *Restaurant Le Court-Bouillon* – 99, rue du Pont-de-Mayenne (Centre) ☎ 02.43.56.70.87. Fermé le dimanche. Congés annuels : 2 semaines en août. Accès : direction préfecture. Plat du jour et dessert pour 55 F (8,4 €) le midi en semaine. Copieux menus de 75 à 135 F (11,4 à 20,6 €). Un petit restaurant dans une rue calme du centre-ville. Cuisine traditionnelle : tête de veau, fondue de joue de bœuf, os à moelle, pied de veau, queue de bœuf aux lentilles... Petites natures s'abstenir. Ancienne cuisine, plus encore que cuisine à l'ancienne, s'il faut préciser les choses...

|●| *L'Antiquaire* – 5, rue des Béliers (Centre) ☎ 02.43.53.66.76. Fermé le mercredi et le samedi midi. Congés annuels : du 7 au 29 juillet. Accès : derrière la cathédrale. 1er menu à 99 F (15,1 €), puis de 135 à 220 F (20,6 à 33,5 €). Si vous êtes amateur de style brocante, dans la vie comme à la table, passez votre chemin. Ici, on aime le beau, le travail bien fait, entre gens de bonne compagnie. Ne vous laissez pas cependant appâter par le nom, ce qui compte ici, c'est l'assiette. Magnifique ! Même le petit menu est une affaire, dans ce lieu conçu pour les repas du même nom. Une salade de cuisses de lapin avec des tomates confites au romarin, un foie gras « mayennais » – compote de pommes à la cannelle, fromage blanc, tarte du jour. Au menu suivant, il y a les fameuses lasagnes de queues de langoustines à l'andouille de pays. Aux deux derniers, vous vous offrez un service rare ! Ragoût de calamars aux oreilles de porc, filet mignon de porc gratiné camembert, pommes caramélisées au miel et au calvados en spécialités. Foncez... rue des Béliers ! *Café offert.*

|●| *La Braise* – 4, rue de la Trinité (Centre) ☎ 02.43.53.21.87. Fermé le dimanche et le lundi. Congés annuels : la semaine du 15 août. Accès : dans les vieux quartiers, près de la cathédrale. Avec une terrine en entrée et une pâtisserie maison, vous vous en sortirez entre 130 et 160 F (19,8 et 24,4 €). Sinon, menu à 105 F (16 €). À moins de prendre le plat du jour. Mignon tout plein. Il y a suffisamment de vieux pots, de beaux meubles, de coins de cheminées, de poutres au plafond et de tomettes (non, pas des tomates !) par terre pour que vous vous sentiez bien tout de suite. Sans compter l'accueil d'Annie et la cuisine, simple, soignée et authentique, à la chaleur de la braise. Spécialités, vous l'avez deviné, de poisson et viande grillés : brochette de lotte, de fruits de mer, pièce de bœuf et sa sauce à la moelle, jarret de porc à l'ancienne... Terrasse aux beaux jours. *Apéritif offert.*

|●| *Restaurant Le Bistro de Paris* – 22, quai Jehan-Fouquet (Centre) ☎ 02.43.56.98.29. ☙ Fermé le samedi midi, le dimanche soir et le lundi. Congés annuels : 15 jours mi-août. Accès : sur les bords de la Mayenne. Menu-carte en semaine à 140 F (21,3 €), et à 250 F (38,1 €) le menu dégustation. Eh oui, c'est toujours lui le meilleur. Le plus cher aussi, à moins de prendre le menu-carte, sage comme une image, entre autres belles et bonnes choses, un gâteau tiède de sandre au coulis de crustacés et une émouvante minute de thon, avec câpres et pommes de terre, qu'il faut prendre le temps de déguster, avant de craquer, au dessert, pour la tarte fine chocolat et caramel mousseux. Guy Lemercier continue d'inventer, bon an mal an, pour le plus grand plaisir d'une clientèle de fidèles, qu'il reçoit à sa façon, bonhomme mais pas pince-fesses, dans ce décor de brasserie à l'ancienne qui prend des allures, parfois, de palais des glaces. Beau service, bons vins.

DANS LES ENVIRONS

CHANGÉ 53810 (4 km N)

|●| *La Table Ronde* – place de la Mairie (Centre) ☎ 02.43.53.43.33. ☙ Fermé le dimanche soir et le lundi. Menu du jour en semaine à 80 F (12,2 €). Suivants de 105 à 232 F (16 à 35,4 €). Attention, ne vous trompez pas de porte. Au-dessus, il y a la salle de restaurant, où vous pourriez revenir un jour avec belle-maman. Ce qui nous plaît, c'est le bistrot, en dessous, décoré années 30, avec son service de « chevalières » souriantes et ses petits prix, eux aussi très souriants. L'été, il y a même une terrasse, pour se mettre au vert, entre ville et parc. Le second, servi midi et soir, est du style à proposer la belle jardinière, pêche provençale et tian de pommes. Du bon travail, riche en goûts, en couleurs et pas forcément en calories. Ça vaut le coup de quitter Laval pour « Changé »... un peu ! *Apéritif offert.*

GENEST-SAINT-ISLE (LE) 53940 (12 km O)

|●| *Restaurant Le Salvert* – route d'Olivet ☎ 02.43.37.14.37. Parking. ☙ Fermé le dimanche soir et le lundi. Menus à partir de 95 F (14,5 €), et à 149 et 179 F (22,7 et 27,3 €). Menu enfant à 50 F (7,6 €). À 10 mn de Laval, au bord de l'étang d'Olivet, une table à découvrir l'été, en terrasse, ou l'hiver, près de la cheminée, au détour d'une promenade. Évitez de venir, quand même, en short ou en bottes (selon la saison !) car on ne vient pas là pour pique-niquer sur le pouce. Au 1er menu, on fait encore dans la ballottine de volaille et la côte de veau au citron, mais au suivant vous avez droit à une des plus belles et riches salades gourmandes dont vous pourriez rêver, suivie par exemple d'un râble de lapin farci en vapeur de thym, du chariot de fromages et d'un beau choix de desserts. Pain fait maison, comme le reste ! *Café offert.*

COSSÉ-LE-VIVIEN 53230 (18 km SO)

⌂ |●| *Hôtel-restaurant L'Étoile* ** – 2, rue de Nantes (Centre) ☎ 02.43.98.81.31. Fax : 02.43.98.96.64. Parking. TV. Fermé le dimanche soir et le lundi. Congés annuels : 15 jours en août. Accès : par la N171. Doubles avec douche et wc ou bains à 160 F (24,4 €). Menus à 57 F (8,7 €) sauf vendredi soir et samedi, et de 76 à 140 F (11,6 à 21,3 €). Menu enfant à 35 F (5,3 €). 7 chambres correctes mais décor ringard-kitsch. Au restaurant, bonne cuisine bourgeoise. Aux menus, entre autres, le croustillant d'oreilles de porc, le fondant de queue de bœuf et le gratin de poires à la cannelle pour changer de la tarte Tatin, dont le nom n'a rien à voir avec le fou génial qui est sûrement à l'origine de votre passage ici. Ratez le dessert, mais surtout pas la visite du musée Robert-Tatin, à deux pas. *10 % sur le prix de la chambre et menu enfant offerts.*

VAIGES 53480 (22 km E)

⌂ |●| *Hôtel du Commerce* *** – rue du Fief-aux-Moines (Centre) ☎ 02.43.90.50.07. Fax : 02.43.90.57.40. Parking. TV. Canal+. Satellite / câble. ♿ Fermé le vendredi soir et le dimanche soir d'octobre à mars. Congés annuels : du 7 au 23 janvier. Accès : RN157 ou par A81 sortie n° 2. Doubles avec douche et wc ou bains à 320 F (48,8 €). Formule autour d'un plat en semaine à 89 F (13,6 €), puis de 99 à 260 F (15,1 à 39,6 €). Depuis 1883, les Oger ne pensent qu'à ça, génération après génération : « Pourvu qu'aucun client ne se plaigne d'avoir mal dormi ou pas assez mangé ! » Une adresse qui défie d'autant plus le temps que chaque génération essaie de s'adapter au mieux aux changements de clientèle. Tout ça pour vous dire que vous pouvez sans crainte poser vos bagages une nuit ou deux, dans des chambres tranquilles et goûter une bonne cuisine de terroir dans le jardin d'hiver : foie gras frais de canard maison, cuisse de lapereau au cidre, sautée de langoustines, fromages, tarte fine aux pommes. *Apéritif offert.*

ERNÉE 53500 (30 km NO)

⌂ |●| *Le Grand Cerf* ** – 17-19, rue Aristide-Briand (Centre) ☎ 02.43.05.13.09. Fax : 02.43.05.02.90. Parking. TV. Canal+. Satellite / câble. Fermé le dimanche soir et le lundi hors saison. Congés annuels : du 15 au 31 janvier. Doubles avec bains à 249 F (38 €). Formule à 48 F (7,3 €) en semaine plat du jour terroir et desserts au choix de 25 à 30 F (3,8 à 4,6 €), petites salades

composées l'été à moins de 35 F (5,3 €). Menus de 108 à 175 F (16,5 à 26,7 €). À la carte, compter 210 F (32 €). Dans ce Nord Mayenne, pays des dolmens et des menhirs, voilà une bonne adresse, célèbre pour son accueil, son confort, sa table... Atmosphère feutrée au restaurant, déjà plus décontractée dans le coin bistrot, dont l'entrée sur la rue a été condamnée mais qui peut-être rouvrira, si les affaires reprennent. Vous pourrez au moins goûter là le plat du jour, si vous avez peur d'affronter la salle et les beaux menus. Le premier, un œuf surprise, tomate farcie aux rillettes de maquereau, son cabillaud rôti et betteraves ou son suprême de volaille dés de pied de porc pommes fruits, le blanc en neige ou le baba au calvados, est un régal. Belles chambres, comme on dit. La halte idéale sur la route du Mont-Saint-Michel. Belle carte des vins. *Apéritif offert. 10 % sur le prix de la chambre.*

LUÇON 85400

Carte régionale A2

⌂ |●| *Hôtel-restaurant du Croissant* * – place des Acacias (Centre) ☎ 02.51.56.11.15. Fax : 02.51.29.03.65. Parking payant. TV. Fermé le dimanche hors saison. Congés annuels : du 1er au 31 octobre. Doubles avec lavabo à 140 F (21,3 €), avec douche à 185 F (28,2 €), avec douche et wc ou bains de 210 à 253 F (32 à 38,6 €) avec deux lits. Menus de 64 à 125 F (9,8 à 19,1 €). Depuis 1930, cet établissement reste fidèle à la tradition de l'hôtellerie familiale française, privilégiant l'accueil et la gastronomie plutôt que le confort fonctionnel des commodités modernes. L'entrée de ce lieu magique est étonnante : tons beige et marron se chevauchent autour d'un comptoir de réception qui date des années 40. Le temps n'a plus de prise sur cette maison meublée à l'ancienne. Le grand escalier grince (à peine). Chambres très agréables où l'on se sent bien. Même les prix sont d'un autre âge. La décoration des assiettes s'efface peut-être un peu mais la cuisine reste attrayante et traditionnelle, canard, jambon de pays, tournedos, bœuf bourguignon. Excellent petit déjeuner, ce qui est rare dans les hôtels. Pourvu que ça dure encore très longtemps ! *Café offert. 10 % sur le prix de la chambre en novembre et décembre.*

⌂ |●| *Hôtel-restaurant Le Bœuf Couronné* ** – 55, route de La-Roche-sur-Yon (Ouest) ☎ 02.51.56.11.32. Fax : 02.51.56.98.25. Parking. TV. ♿ Fermé le dimanche soir et le lundi. Accès : du centre-ville, prendre direction La Roche-sur-Yon. Doubles avec douche et wc ou bains de 260 à 270 F (39,6 à 41,2 €). Menus de 70 à 170 F (10,7 à 25,9 €). Jolie maison, malheureusement proche de la route. Pergola fleurie en été, salon bien chaud en hiver, on a le choix entre plusieurs salles à manger pour savourer une bonne cuisine sans mauvaise surprise. Grenadin de veau aux girolles, paupiettes de filets de soles aux langoustines, foie gras de canard au porto, poissons en sauce... À voir, les flambages en salle. Si l'envie vous en prend, il y a 4 chambres plutôt cossues, au calme, pour des nuits réparatrices. *Café offert.*

MALICORNE-SUR-SARTHE 72270

Carte régionale B1

|●| *Restaurant La Petite Auberge* – 5, **place Du-Guesclin** ☎ 02.43.94.80.52. Parking. ♿ Fermé le dimanche soir et le lundi (sauf de juin à septembre), le soir du mardi au jeudi inclus hors saison. Congés annuels : du 15 décembre au 10 janvier et du 15 février au 7 mars. Accès : par la D12 et la D8 ; près du port, à côté du syndicat d'initiative. Menu en semaine à 84 F (12,8 €), autres de 126 à 268 F (19,2 à 40,9 €). C'est l'établissement même que l'on rêve de trouver, au bord d'une rivière, avec la terrasse plutôt mignonne où l'on peut, avec le 1er menu, s'offrir terrine de brochet, filet de truite de mer, fromage et dessert. Pour un repas dominical, c'est un peu plus cher, avec un peu plus de monde. La carte suit les saisons et les arrivées de poisson... sur le marché. Pour les jours gris, élégante salle à manger fleurie avec une grande cheminée.

MAMERS 72600

Carte régionale B1

🛏|●| *Hôtel-restaurant Le Dauphin* ** – 54, rue du Fort ☎ 02.43.34.24.24. Parking. TV. Fermé le dimanche soir. Doubles avec douche et wc ou bains de 200 à 250 F (30,5 à 38,1 €). Menus de 65 F (9,9 €) en semaine à 162 F (24,7 €). Pour qui passerait par Mamers, capitale des rillettes, voilà une bonne petite adresse, sans prétention, avec des chambres très correctes. L'omelette aux rillettes, le mignon de porc comme la marmite du Dauphin font partie de ces spécialités qu'il vous faudra tester à la carte. À moins que vous ne preniez un des menus, dont les prix sont fort raisonnables.

DANS LES ENVIRONS

NEUCHÂTEL-EN-SAOSNOIS
72600 (9 km O)

🛏|●| *Relais des Étangs de Guibert* – ☎ 02.43.97.15.38. Fax : 02.43.33.22.99. Parking. ♿ Fermé le dimanche soir et le

lundi, sauf jours fériés. Doubles aux prix variant de 270 à 320 F (41,2 à 48,8 €), ce qui ne choque personne, loin de là. Menus de 85 à 190 F (13 à 29 €). À la lisière de la forêt de Perseigne, près de l'étang, une maison qui s'éveille à la vie dès les premiers beaux jours. Un cadre sympathique, un très bon accueil et un excellent rapport qualité-prix expliquent pourquoi il est difficile de trouver une chambre les week-ends. Chacune a été conçue selon un style qui lui est propre (on peut préférer le style marin au style chasseur). Menus pour manger simplement, avant de partir, à cheval ou en barque, ou simplement à pied, à la découverte d'un des plus beaux coins du Maine normand.

ROUPERROUX-LE-COQUET
72110 (18 km SE)

|●| *Le Petit Campagnard* – **sur la D301** ☎ 02.43.29.79.74. Parking. ♿ Fermé le lundi. Congés annuels : du 31 juillet au 20 août inclus. Menu sarthois en semaine à 55 F (8,4 €), puis à 98 et 138 F (14,9 et 21 €). Coquet, coquet, faut pas exagérer ! En tout cas, *Le Petit Campagnard* a une bonne bouille, qui donne envie de s'arrêter. Le dimanche, surtout, on se rend compte qu'on n'est pas les seuls à avoir eu cette idée. Le menu sarthois est imbattable. Le second est pas mal du tout, et le dernier, on fait carrément dans l'insolite, avec le daguet flambé à l'armagnac avec ses orties sauvages ou l'autruche sauce poivrade. Il y en a pour tous les goûts ! *Café offert.*

FRESNAYE-SUR-CHÉDOUET (LA)
72600 (22 km NO)

🛏|●| *L'Auberge Saint-Paul* – ☎ 02.43.97.82.76. Fax : 02.43.97.82.84. Parking. ♿ Fermé le lundi et le mardi (sauf jours fériés). Accès : par la D3 et la D234. Doubles avec bains à 200 F (30,5 €). Menus de 130 à 235 F (19,8 à 35,8 €). L'adresse idéale pour ceux qui aiment bien manger en paix ! Cet ancien haras, loin du monde et du bruit, possède même 4 chambrettes on ne peut plus rustiques, pour qui ne voudrait plus reprendre la route après. Dommage qu'elles n'aient pas le charme hors du temps de l'auberge elle-même, avec sa cheminée, ses tomettes, ses petites tables bien dressées et ses serveuses de style (et vice versa). Pascal Yenk réalise une cuisine parfumée et précise bien dans l'esprit de l'époque : suprême de bar en croûte de pommes de terre, noisettes d'agneau aux légumes confits et ravioles de langoustines. Menus magnifiques. Petite balade en forêt conseillée ensuite, pour que le bonheur soit complet. *10 % sur le prix de la chambre.*

MANS (LE)　　72000

Carte régionale B1

🛏️ |●| *Auberge de jeunesse Le Flore* – 23, rue Maupertuis (Centre) ☎ 02.43.81.27.55. Fax : 02.43.81.06.10. ● www.fuaj.org ● Canal+. Satellite / câble. ♿ Accès : par bus, ligne n° 12 direction Californie, arrêt station « Erpell » ou ligne 4, direction Gazonfier, même arrêt. De 50 à 83 F (7,6 à 12,7 €) la nuit. Repas de 30 à 38 F (4,6 à 5,8 €). Carte FUAJ obligatoire. Capacité d'accueil : 22 lits ; en juillet-août, 40 lits. Plusieurs chambres de 2 et 3 lits, 1 chambre de 4 lits et 1 appartement avec 7 lits. *Accès gratuit à Internet et aux activités de loisirs organisées le jour du passage.*

🛏️ *Hôtel La Pommeraie* ★★ – rue de l'Éventail (Est) ☎ 02.43.85.13.93. Fax : 02.43.84.38.32. Parking. TV. Satellite / câble. ♿ Accès : sortez du Mans par la route de Paris (N23), puis fléchage ; au niveau de l'auberge *Bagatelle*, tournez dans la rue de Douce-Amie. Doubles de 150 F (22,9 €) avec lavabo à 250 F (38,1 €) avec bains. Un havre de paix après les kilomètres... Bâti dans un parc avec des fleurs vraiment partout et des arbres superbes, cet hôtel, pas trop loin du centre (en voiture !), respire le silence et la verdure à deux pas des décibels urbains. Le jardin et l'accueil vous feront oublier l'architecture banale d'après-guerre, vous donnant même une impression de luxe ! Le jeune hôtelier qui a repris en main la destinée de cette plaisante demeure vous laissera choisir en paix. *Apéritif offert.*

🛏️|●| *Green 7 Hôtel* ★★ – 447, av. Georges-Durand (Sud-Est) ☎ 02.43.40.30.30. Fax : 02.43.40.30.00. Parking. TV. Canal+. Satellite / câble. ♿ Resto fermé le vendredi soir et le dimanche soir. Congés annuels : du 14 au 27 août environ. Accès : à l'entrée du Mans, sur la route de Tours. Doubles avec douche et wc ou bains à 290 F (44,2 €). Petit déjeuner à 38 F (5,8 €). Menus de 80 à 178 F (12,2 à 27,1 €). À 1 700 m de l'entrée du circuit des 24 Heures du Mans, ainsi que du musée de l'Automobile, mettez-vous au vert, voire au calme, dans cet hôtel relooké contemporain. Plus que son restaurant, qui peut toujours vous dépanner si vous n'avez pas envie d'aller jusqu'au centre-ville, c'est pour son aspect pratique, son parc, son parking, son bon petit déjeuner-buffet assez remarquable et sa nouvelle salle de fitness, son jacuzzi et son sauna qu'il nous a plu. Accueil décontracté.

🛏️ *Hôtel Chantecler* ★★★ – 50, rue de la Pelouse (Est) ☎ 02.43.24.58.53. Fax : 02.43.77.16.28. Parking. TV. Canal+. Satellite / câble. Accès : depuis la gare, remonter l'avenue du Général-Leclerc, 1re à gauche. Doubles avec douche et wc ou bains de 360 à 380 F (54,9 à 57,9 €). Un hôtel et une rue dont le nom sent bon la campagne (mais la comparaison s'arrête là). À deux pas de la gare et du Palais des Congrès, voilà qui devrait rassurer ceux qui cherchent le calme et le confort à deux pas (trois soyons juste) du vieux Mans. L'accueil est chaleureux, le service compétent, le parking assuré et le petit déjeuner, dans le jardin d'hiver, plutôt sympathique. Il y a un restaurant au rez-de-chaussée, mais ça n'a rien à voir avec le reste de l'établissement, on vous aura prévenu. Chambres très correctes pour un court séjour.

|●| *Crêperie Le Blé en Herbe* – 48, Grande-Rue (Centre) ☎ 02.43.28.39.00. Fermé le dimanche (d'octobre à fin février) et le lundi midi. Congés annuels : septembre et entre Noël et le Jour de l'An. Galettes de 14 à 35 F (2,1 à 5,3 €). La complète à 32 F (4,9 €), cidre artisanal à 42 F (6,4 €). Pour un repas complet, comptez au plus 60 F (9,1 €). Pourtant située dans un coin touristique, voilà une petite crêperie sympa qui mérite vos faveurs. L'hiver, on dîne dans la cave voûtée, l'été, sur la terrasse. Service très décontracté et agréable ! Belle carte des glaces et des thés. *Apéritif offert.*

|●| *L'Atlas* – 80, bd de la Petite-Vitesse (Sud-Est) ☎ 02.43.61.03.16. Fermé le lundi midi et le samedi midi. Accès : derrière la gare TGV. À la carte, entre 110 et 150 F (16,8 et 22,9 €). Imaginons que votre train soit bloqué au Mans par un feu de broussailles (ça arrive, eh oui !), vous apprécierez d'autant plus de trouver, dans ce quartier de la gare sans grand intérêt touristico-gastronomique, ce restaurant de spécialités marocaines ouvert par un homme qui a du goût pour la cuisine de son pays autant que pour la mise en scène. Une fois poussées les portes de *L'Atlas*, c'est un palais arabe qui s'ouvre à vous, dans cette rue qui a échappé à la destruction. Service adorable, plein d'attention. Tajines remarquables. Pâtisseries orientales d'une grande fraîcheur. Le week-end, spectacle annoncé dans la salle ! On croit vraiment rêver. Service jusqu'à 23 h 30. *Apéritif offert.*

|●| *Restaurant Chez Jean* – 9-11, rue Dorée (Ouest) ☎ 02.43.28.22.96. Fermé le dimanche soir et le lundi et le mercredi soir (sauf exception). Congés annuels : du 20 août au 12 septembre. Accès : parking place de l'Éperon, au pied du vieux Mans. Formule le midi en semaine à 86 F (13,1 €), puis à 156 et 210 F (23,8 et 32 €). Une brasserie typique du vieux Mans, qui fait le plein quand ses voisins restent désespérément vides, voilà qui est bon signe. Pas prétentieux, comme son nom l'indique. Si le chef avait mis le sien, ça aurait eu le même effet, du reste. Mais allez appeler un resto « chez

Lenfant » ! La cuisine, sérieuse, elle, suit les saisons et les modes. Des menus simplifiés, autour des plats du marché aux repas traditionnels, vous trouverez votre bonheur autour d'un ragoût de coques, moules et lentilles au parfum de truffe blanche, risotto marin safrané et poireaux ou porcelet accompagné d'une escalope de foie gras. Desserts originaux, dont la feuillantine banane imbibée au rhum ou le craquant de dattes à la feuille de nougatine. Bons vins de propriétaires, belle terrasse donnant sur le square de l'Éperon. *Apéritif offert.*

|●| *Le Nez Rouge* – 107, **Grande-Rue (Nord-Ouest)** ☎ 02.43.24.27.26. Fermé le dimanche et le lundi midi. Congés annuels : de mi-août au 7 septembre. Accès : au cœur du vieux Mans. Menu en semaine à 99 F (15,1 €), puis autres à 150 et 205 F (22,9 et 31,3 €). Crêperie avec menus à 75 et 90 F (11,4 et 13,7 €). Difficile de ne pas le voir, ce nez-là, quand on admire les façades de la vieille ville, qui a retrouvé sa sérénité, après le tournage du *Bossu* et du *Masque de Fer*. Ne croyez pas, cependant, que vous pourrez y faire les clowns, ce n'est pas l'esprit maison. Du moins dans le « restaurant gastronomique » – comme il est précisé, sait-on jamais – où l'on vient pour la montgolfière de moules et coques à la crème de poireaux, le pavé de turbot poché au champagne, le filet de grenadier au beurre blanc de Jasnières ou la caille aux figues. Des spécialités proposées au premier menu, ou au suivant, plus « fin nez ». Plus décontracté, la « crêperie gastronomique » – on précise toujours – à quelques pas de là, toute mignonne, sur la place du Hallai. *Café offert.*

|●| *Le Flambadou* – 14 *bis*, **rue Saint-Flaceau (Ouest)** ☎ 02.43.24.88.38. Fermé le dimanche. Congés annuels : 1 semaine à Pâques et du samedi au 15 août. Accès : près de l'hôtel de ville, dans le vieux Mans. Comptez environ 180 F (27,4 €) pour un repas à la carte. Le chef patron arrive de Mimizan avec ses spécialités landaises et périgourdines. Il a pris pour enseigne le « flambadou », sorte de louche qu'on rougit dans la cheminée et qui servait à arroser les viandes avec de la graisse (du temps de nos grands-parents). Petite salle croquignolette, chaleureuse et accueil jovial. Terrasse ombragée dans le jardin l'été. Ses plats à la carte sont généreux et risquent de vous priver de dessert. Entre autres, le cassoulet landais, le civet d'oie à la lotoise et gratin, la cassolette d'escargots aux cèpes et, pour les amateurs (que nous sommes), les succulents ventre et pied de veau à la mode de tante Alice. On vient ici pour se régaler après un périple dans le quartier médiéval. Notre meilleure adresse. *Apéritif offert.*

YVRÉ-L'ÉVÊQUE 72530 (5 km E)

🏠 *Hôtel-Motel Papea* ** – Bener, RN23 ☎ 02.43.89.64.09. **Fax** : 02.43.89.49.81. Parking. TV. Canal+. Satellite / câble. Accès : bien indiqué depuis la sortie du Mans, route de Paris (N23) ; suivre le fléchage Papea. Doubles à 235 et 285 F (35,8 et 43,4 €) petit déjeuner en sus. Possibilité de plateau-repas à la demande : 50 F (7,6 €). Dans un fort beau parc, tout près de l'abbaye de l'Épau, une vingtaine de chalets confortables et bien séparés les uns des autres par des arbres et des buissons. Idéal pour ceux qui souhaitent résider à la campagne à deux doigts de la ville. C'est à peine si l'on entend le TGV passer. Tarifs VRP, week-end et long séjour. Accueil sympathique et insolite, les lapins vous faisant un brin de conduite, et les propriétaires un brin de conversation, jusqu'à la porte de ce qui sera « votre » maison. *10 % sur le prix de la chambre de novembre à mars.*

MULSANNE 72230 (8 km S)

🏠 |●| *Hôtel-restaurant Arbor* – Auberge de Mulsanne ** – ligne droite des Hunaudières, route de Tours ☎ 02.43.39.18.90. **Fax** : 02.43.39.18.99. Parking. TV. ♿ Resto fermé le samedi midi et le dimanche. Congés annuels : du 31 juillet au 21 août. Accès : à 10 mn du Mans, sur le site du circuit des 24 Heures. Doubles avec douche et wc ou bains à 315 F (48 €). Menus en semaine à 99 F (15,1 €), à 149 F (22,7 €) le week-end, puis de 189 à 370 F (28,8 à 56,4 €). Durant la compétition, cet hôtel qui accueille les écuries de course est bien entendu pris d'assaut ! Mais en dehors de cette période, et pour ceux que le circuit laisse indifférents, l'hôtel tient à la disposition des clients un sauna et une petite piscine… Chambres impeccables. *A priori,* cela n'a rien de routard, mais le patron a appris à ne pas se fier aux apparences et nous aussi, ça tombe bien !

SAINT-GERMAIN-SUR-SARTHE 72130 (9 km N)

|●| *Restaurant Le Saint-Germain* – lieu-dit La Hutte, au carrefour, sur la N138 ☎ 02.43.97.53.06. ♿ Fermé le dimanche soir, le lundi et le mardi soir. Congés annuels : début mars et en août. Menu en semaine à 71 F (10,8 €), autres de 99 à 215 F (15,1 à 32,8 €). Un extérieur plutôt ingrat (ingrat double, même, au pays de la rillette !). Mais les automobilistes pressés qui filent sur la nationale, entre Le Mans et Alençon, ne savent pas ce qu'ils perdent en snobant cette adresse unique en son genre. Ici, on sourit, on rit, on félicite Madame pour ses fleurs et Monsieur pour ses sauces.

Pour un peu, on repartirait avec la terrine de lapin donnée en entrée. Selon l'appétit et le portefeuille, on vous sert, en plus, une somptueuse cassolette de poisson et (ou) une côte de bœuf grillée béarnaise. L'autre carte, à 159 ou 215 F, vous propose une salade gourmande ou une douzaine d'huîtres, un gratin de homard et/ou un fondant de veau aux morilles. Dans le 1er menu : terrine et plats variés, pour les petites natures. Douce France... *Café offert.*

FILLÉ-SUR-SARTHE 72210
(15,5 km SO)

IOI *Restaurant Le Barrage* – rue Principale ☎ 02.43.87.14.40. Fermé le dimanche soir et le mercredi. Congés annuels : pendant les vacances scolaires de la Toussaint. Menu le midi en semaine à 58 F (8,8 €), à 85 F (13 €) sauf le dimanche, puis de 138 à 190 F (21 à 29 €). Menu enfant à 50 F (7,6 €). Possède une bonne réputation locale. Salle à manger agréable et accueil sympa. Mais le plus intéressant, c'est la terrasse, derrière, donnant directement sur le chemin de halage et la Sarthe. Environnement bucolique et serein pour apprécier la cassolette de cervelle d'agneau, le flan de foie gras ou le cabillaud rôti au beurre de citron. Pensez à réserver ; en terrasse, les tables sont vite prises ! *Apéritif offert.*

DOMFRONT-EN-CHAMPAGNE
72240 (18 km NO)

IOI *Restaurant du Midi* ** – rue Principale ☎ 02.43.20.52.04. Fermé le lundi. Ouvert tous les midis du mardi au dimanche. Ouvert le soir le vendredi et le samedi. Accès : sur la D304, vers Mayenne. Menu à 78 F (11,9 €) du lundi au vendredi midi, sinon à 99 F (15,1 €), puis à 149 et 200 F (22,7 et 30,5 €). On y découvre un touraine à 65 F (9,9 €), un côtes-du-rhône à 80 F (12,2 €). La salle à manger est confortable, le cadre un peu cossu. Cuisine d'excellente réputation et service diligent. Beau 1er menu, avec mitonnée de bêtes à cornes au vin de chinon, filet de sabre au lard fumé, fromage et crêpe profiterole. Au suivant, pavé de perche sauce champagne et magret de canard à l'ancienne ; le dernier, cassolette de moules en mouclade, steak d'espadon au jus d'agneau, sorbet pomme au calvados, pièce de bœuf aux épices mexicaines, salade et son feuilleté de chèvre frais, tarte Tatin. À la carte : raviolis de foie gras et à la crème de morilles, ragoût de homard à l'anis, marmite sarthoise, nougat glacé et son coulis de cassis. Prix raisonnables comme le sont certains vins extraits d'une belle carte. *Café offert.*

BEAUMONT-SUR-SARTHE 72170
(25 km N)

IOI *Hôtel-restaurant du Chemin de Fer* ** – place de la Gare ☎ 02.43.97.00.05. Fax : 02.43.33.52.17. Parking. TV. Fermé le vendredi soir, le dimanche soir et le lundi midi de novembre à avril. Congés annuels : du 15 février au 3 mars et du 15 octobre au 8 novembre. Accès : de la N138, prendre direction Vivoin (D26) ; à moins d'1 km du centre-ville. Menu du jour le midi en semaine à 68 F (10,4 €), autres de 89 à 245 F (13,6 à 37,4 €), dont le menu du terroir à 120 F (18,3 €). Des gens qui entrent heureux et sortent de même, des effluves qui donnent faim et des sourires à l'accueil réconfortant. On se croirait (presque) à la campagne, avec le jardin derrière la maison et l'ambiance de la grande salle à manger où l'on vient pour se régaler de Saint-Jacques flambées au whisky, de marmite sarthoise (si vous n'aimez pas cela, changez de département) ou d'une bonne côte de bœuf, et d'une feuillantine aux pommes. Beau menu terroir avec lapin sauté aux champignons, terrine de brochet ou filet mignon de porc au cidre – selon le marché... hmm ! Une quinzaine de chambres plaisantes vous inciteront à faire une halte dans ce bon gros hôtel dans le style de Cabourg. *Un verre de vin blanc des coteaux-du-loir offert.*

THORIGNÉ-SUR-DUÉ 72160
(28 km E)

IOI *Hôtel-restaurant Saint-Jacques* ** – place du Monument ☎ 02.43.89.95.50. Fax : 02.43.76.58.42. TV. Satellite / câble. Fermé le lundi. Accès : par la N23 et la D302. Chambres doubles de 320 à 420 F (48,8 à 64 €). Menus de 98 à 380 F (14,9 à 57,9 €). Menu enfant à 68 F (10,4 €). Confort, courtoisie, bonne table : tout ce qu'on attend de l'hôtellerie traditionnelle et familiale se trouve ici réuni. Jardin. Spécialités de salade de ris de veau tiède au foie gras, Saint-Jacques étuvées au beurre de vanille, rognons de veau vapeur entier à la crème d'ail doux et nougat glacé sur coulis de framboises. *10 % sur le prix de la chambre de février à avril et d'octobre à décembre.*

MAYENNE 53100
Carte régionale B1

IOI *Auberge des Trois Épis* – 15, rue de la Madeleine ☎ 02.43.04.87.34. Fax : 02.43.04.83.60. Parking. TV. ♿ Hôtel fermé la 1re quinzaine d'août ; resto fermé le vendredi soir et le samedi midi. Accès : en direction de Laval. Doubles avec douche à 180 F (27,4 €), les wc sur le palier. Menu en semaine à 59 F (9 €), autres à 79 et 100 F (12 et 15,2 €). Hôtel tranquille et calme à la mode d'autrefois. Au restaurant, Mme Petit-pas sert une bonne cuisine d'inspiration nor-mande avec andouillette au cidre et truite normande.

🏠 |●| *Hôtel La Tour des Anglais* ★★ – 13 *bis*, place Juhel (Centre) ☎ 02.43.04.34.56. Fax : 02.43.32.13.84. Parking. TV. ♿ Restaurant fermé le samedi et le dimanche. Doubles avec douche et wc ou bains de 240 à 250 F (36,6 à 38,1 €). Menu en semaine à 68 F (10,4 €), le suivant à 98 F (14,9 €). Menu enfant à 48 F (7,3 €). À deux pas du château de Mayenne, un hôtel qui pourrait être génial si toutes les chambres ressemblaient à celle qui a été aménagée dans la tour des anciens rem-parts, avec vue plongeante sur la Mayenne. Les autres, plus modernes, sont confor-tables. Si vous craignez la solitude, allez faire un tour au bar, de style anglais, avec une impressionnante charpente en bois.

🏠 |●| *Le Grand Hôtel* ★★ – 2, rue Ambroise-de-Loré (Centre) ☎ 02.43.00.96.00. Fax : 02.43.32.08.49. Parking. TV. Canal+. Satellite / câble. Fermé le samedi midi ; et de novembre à avril, fermé également le samedi soir. Congés annuels : la semaine de Noël. Accès : face à la Mayenne. Doubles de 242 F (36,9 €) avec douche (wc à l'exté-rieur) à 367 F (55,9 €) avec bains. Menus de 95 à 212 F (14,5 à 32,3 €). Si seulement toute la petite ville alentour pouvait, comme son *Grand Hôtel*, se voir entièrement réno-vée et être prête à accueillir, avec le sourire, les touristes venant en voiture, à vélo ou en... bateau ! Des touristes qui sont heureux de pouvoir dormir dans des chambres bien arrangées, goûter une cuisine de terroir mi-bretonne, mi-normande dans une ambiance à la mode d'autrefois et finir la soirée au bar, devant un bon whisky. *10 % sur le prix de la chambre.*

DANS LES ENVIRONS

FONTAINE-DANIEL 53100 (4 km SO)

|●| *Restaurant La Forge* – (Centre) ☎ 02.43.00.34.85. Fermé le mercredi et le dimanche soir. Beaux et bons menus de 90 F (13,7 €), la suggestion de la semaine, à 210 F (32 €). C'est un lieu magique face à un étang ! À l'image du village lui-même, cadre idéal pour une série télé, qui a gardé ses allures du temps où la vie de tous dépendait, du jour de la naissance à la mort, des « Toiles de Mayenne ». Visitez l'usine, achetez toiles et tissus pour chez vous au magasin d'usine, avant d'aller retrouver, sur la place centrale, cette jolie maison sortie tout droit d'un conte de fée. Belle terrasse l'été, et beaux produits en toutes saisons.

Saumon fumé à la crème de laitue et son gâteau de riz, lapin confit et sa vinaigrette aux noisettes, terrine d'oranges au Grand Marnier...

MOULAY 53100 (4 km S)

🏠 |●| *Hôtel-restaurant Beau Rivage* – ☎ 02.43.00.49.13. Fax : 02.43.04.43.69. Parking. TV. Accès : entre Mayenne et Mou-lay, sur la N162, descendre sur la Mayenne (panneau). Doubles avec douche et wc à 240 F (36,6 €). 1er menu à 70 F (10,7 €), puis de 84 à 172 F (12,8 à 26,2 €). À la carte, compter 160 F (24,4 €). Il n'y a qu'à suivre la Mayenne et les mines réjouies pour la trouver, cette bonne adresse. En bordure de la rivière, avec sa terrasse les pieds dans l'eau et ses salles toujours pleines d'une clientèle fidèle, elle fait plaisir à voir. Si vous ne voulez pas vous contenter de saliver devant les menus, pensez à réserver votre table. Terrine de lapereau aux pruneaux, tête de veau à la ravigote, crème au caramel (au second menu), cas-solettes de pétoncles, travers de porc grillé à la braise, fromage, crème brûlée et... pour vous reposer, 3 chambres. *Apéritif offert.*

🏠 |●| *La Marjolaine* ★★ – Le Bas Mont ☎ 02.43.00.48.42. Fax : 02.43.08.10.58. Parking. TV. Fermé le dimanche soir et le lundi midi. Congés annuels : 1 semaine à Noël. Accès : à la sortie de Moulay, direction Laval, sur la droite. Doubles avec douche et wc ou bains de 270 à 340 F (41,2 à 51,8 €). Menus le midi en semaine à 75 F (11,4 €), et de 95 à 200 F (14,5 à 30,5 €). Une adresse qui fera fuir les routards de la pre-mière heure, car on y porte plus la cravate que le sac à dos, mais réjouira tous les ama-teurs de lieux tranquilles et gourmands, qui ont quand il faut le look « jeune cadre » sans en avoir l'esprit, heureusement. Douze chambres toutes neuves, confortables à défaut d'être vraiment chaleureuses, et au restaurant, une qualité de cuisine et de fraî-cheur exemplaire. Goûtez, tant qu'à faire, les poissons du marché, comme le saint-pierre à l'infusion de cardamome ou la dau-rade rose avec une chiffonnade d'oseille, le pigeon au jus de mûres et une poêlée de bulots. Une future grande table. *10 % sur le prix de la chambre.*

MONTREUIL-POULAY 53640 (12 km N)

|●| *L'Auberge Campagnarde* – Le Pres-bytère ☎ 02.43.32.07.11. Parking. ♿ Fermé le dimanche soir et le mercredi. Congés annuels : 1 semaine début décembre et 1 semaine début février. Menu en semaine à 59 F (9 €), puis de 98 à 130 F (14,9 à 19,8 €). « Le presbytère n'a rien perdu de son charme ni le jardin de son éclat », comme aurait dit Rouletabille,

l'ancêtre de tous les routards. Ici, on vous accueille gentiment, le service est familial sans être familier, on sert l'apéritif et le café en terrasse, si le temps ne se prête pas à la durée de tout le repas. Avec le second menu, vous avez un choix étonnant de bons produits du terroir et de grillades. Terrine de canard au pommeau en hiver ou de petits légumes en été, brochet au beurre blanc ou filet de daurade au cerfeuil, canette au cidre en été ou petite oie mayennaise en hiver, fraisier ou fondant glacé aux pommes... Un conseil, réservez! *Apéritif offert.*

GORRON 53120 (22 km NO)

🛏️ |●| *Hôtel-restaurant Le Bretagne* ** – 41, rue de Bretagne (Est) ☎ 02.43.08.63.67. Fax : 02.43.08.01.15. Parking. TV. Fermé le dimanche soir et le lundi. Accès : par la D12 et à Saint-Georges-Buttavent par la D5. Doubles avec douche et wc ou bains à 240 F (36,6 €). Menus de 88 à 160 F (13,4 à 24,4 €). Un bon restaurant de village où l'on se régale, de mousseline de sandre au coulis d'étrilles, d'une cassolette de coquillages en noilly et/ou d'un magret de canard rôti au miel et au poiré, et d'un pavé fondant au chocolat. Le décor ne mérite pas une mention spéciale, mais le prix des chambres et la qualité de l'ensemble, si! *Apéritif offert.*

VILLAINES-LA-JUHEL 53700
(28 km E)

🛏️ |●| *L'Hostellerie de la Juhel* * – 27, rue Jules-Doitteau (Centre) ☎ 02.43.03.23.24. Fax : 02.43.03.79.87. TV. Fermé le vendredi soir et le dimanche soir. Congés annuels : 3 semaines en février. Accès : par la D113; sur la grande place du bourg. Doubles de 178 F (27,1 €) avec lavabo à 243 F (37 €) avec douche et wc. Menu le midi en semaine à 55 F (8,4 €), autres de 85 à 135 F (13 à 20,6 €). Menu enfant à 50 F (7,6 €). Le patron aime son métier et s'ingénie à faire profiter ses clients de ses trouvailles, comme le portefeuille de viande grillée, du genre bien rempli, ou la pintade braisée au cidre. Et en spécialités, salade et bourride de la Juhel. Le rapport qualité-prix est excellent. Copieux menus à base de produits du terroir : pintade braisée au cidre, palet de la Juhel... *10 % sur le prix de la chambre.*

MAZEAU (LE) 85420

Carte régionale B2

|●| *Restaurant L'Auberge Maraîchine* – ☎ 02.51.52.90.20. Fermé le dimanche soir (sauf veilles de fêtes) et le mercredi (sauf juillet-août). Congés annuels : du 15 décembre au 15 mars. Petit menu à 59 F (9 €), avec buffet, plat du jour et dessert, sauf le samedi soir, le dimanche et jours de fêtes. Autres de 110 à 155 F (16,8 à 23,6 €). Compter 160 F (24,4 €) environ à la carte. Ce n'est sûrement pas la peur du qu'en dira-t-on qui retient ce patron de restaurant atypique de peindre en vert son vieux bistrot de village, telle une maison de poupée écolo! Bernard Diot cuisine les spécialités du marais : tourte chaude, morue à l'oseille, farci poitevin, escargots farcis et jambon mojette, des anguilles ou des cuisses de grenouilles. À l'heure de l'apéritif, devant un verre de troussepinette, Bernard Diot quittera peut-être ses fourneaux pour vous raconter toute l'histoire et les petites histoires du Marais poitevin.

MONTREUIL-BELLAY 49260

Carte régionale B2

🛏️ |●| *Hôtel-restaurant Splendid'Hôtel* ** – 139, rue du Docteur-Gaudrez (Centre) ☎ 02.41.53.10.00. Fax : 02.41.52.45.17. Parking. TV. ✗ Fermé le dimanche soir hors saison. Accès : situé près du château du XIIe siècle. Doubles avec lavabo à 185 F (28,2 €), douche et wc ou bains de 280 à 300 F (42,7 à 45,7 €). Demi-pension à 300 F (45,7 €). Menus de 80 à 220 F (12,2 à 33,5 €). Une halte à ne pas bouder. Ambiance émoustillante, patron désopilant. On y a vite fait de s'encanailler avec les autochtones. En bref, de vraies vacances. Rien ne manque. Belle bâtisse du XVe siècle, greffée d'une autre du XVIIe. Chambres toutes différentes. Petits matins qui chantent avec la fontaine centrale. Grande salle pour faire la fête. Estaminet animé. Salle à manger agréable pour une cuisine fraîche, copieuse, gastronomique et familiale en même temps. À 180 F (27,4 €), par exemple, salade gourmande, assiette de Loire ou boudin de brochet et côte de veau aux morilles ou coquelet au champigny. À 220 F, avec foie gras frais maison. À la carte : sandre au beurre blanc, grenouilles à la provençale, magret de canard aux oignons. Piscine couverte en hiver, jacuzzi, sauna, hammam. Le rêve, non? *10 % sur le prix de la chambre.*

🛏️ *Hôtel-relais du Bellay* ** – 96, rue Nationale (Centre) ☎ 02.41.53.10.10. Fax : 02.41.52.45.17. Parking. TV. Satellite / câble. ✗ Fermé le dimanche soir d'octobre à Pâques. Accès : situé en face du château. Doubles avec douche et wc ou bains de 290 à 450 F (44,2 à 68,6 €). Même propriétaire que le *Splendid Hôtel*, réception commune. Là aussi, accueil très familial et détendu. Plus calme qu'au *Splendid*, où l'on peut toujours aller dîner. Constituée de deux vieilles maisons en tuffeau (c'est une ancienne école). Chambres très confortables et spacieuses, entièrement rénovées dans le bâtiment principal. Certaines donnent sur le château et les remparts. Grand jardin agréable avec piscine. Salle de fitness, sauna, hammam, jacuzzi pour repartir en pleine forme. *10 % sur le prix de la chambre.*

|●| L'Auberge des Isles – **312, rue du Boelle ☎ 02.41.50.37.37.** 🅰 Fermé le dimanche soir et le lundi hors saison. Accès : au pied du château, au bord de la rivière. 1er menu à 69 F (10,5 €) sauf le dimanche. Autres menus de 99 à 189 F (15,1 à 28,8 €). La plus belle terrasse du coin. Paisible et bucolique, au bord de la rivière. Bonne nourriture classique et copieuse avec salades rustiques, grillades. 1er menu avec buffet de hors-d'œuvre. Spécialité de poissons : anguille maraîchine, filet de perche à l'orange, sandre beurre blanc. Ne lésinez pas sur une friture d'anguilles. Ambiance relax... Barques et pédalos à disposition pour une promenade digestive sur le Thouet. Bar-glacier l'après-midi. *Café offert.*

MORTAGNE-SUR-SÈVRE 85290

Carte régionale A2

🏠|●| Hôtel-restaurant de France et La Taverne ** – **4, place du Docteur-Pichat ☎ 02.51.65.03.37. Fax : 02.51.65.27.83.** TV. Canal+. 🅰 Fermé le samedi midi et le dimanche jusqu'au 1er avril. Accès : au carrefour des routes Nantes-Poitiers/Paris-Les Sables. Doubles avec douche et wc à 280 F (42,7 €), avec bains et loggia sur le jardin à 370 F (56,4 €). Menu le midi en semaine à 80 F (12,2 €), et de 165 à 320 F (25,2 à 48,8 €). Mortagne connut, en 1968, une révolution : la réfection de l'*Hôtel de France*, construit en partie en 1604. Depuis, rien n'a bougé sous le soleil vendéen... et sous le lierre qui rend très repérable, une fois arrivé sur la place centrale, cette belle et noble maison. Des couloirs à n'en plus finir, des coins et des recoins conduisent à des chambres cossues et confortables. Pour manger, intéressante formule brasserie autour de plats traditionnels à la *Petite Auberge*. Pour ceux qui veulent faire une folie, il y a *La Taverne*. Salle somptueuse aux tons sombres et chauds, décor raffiné, mobilier médiéval, collection de pots d'étain sur la cheminée et des fleurs partout. Service irréprochable. Côté cuisine, un festival de saveurs surprenantes et fines. Poussin au vinaigre et à la framboise, canette de Challans aigre-doux, foie gras aux airelles... Et il y a une piscine, ce qui ne gâche en rien le plaisir ! *Café offert.*

NANTES 44000

Carte régionale A2 – Plan pp. 690 et 691

🏠|●| Auberge de jeunesse La Manu – **2, place de la Manu (hors plan D1-1) ☎ 02.40.29.29.20. Fax : 02.40.29.23.54.** Congés annuels : du 15 septembre au 1er juillet. Accès : à 300 m de la gare, sortie nord. 72 F (11 €) la nuit en chambre double ; 67 F (10,2 €) en chambre de 3 à 4 lits petit déjeuner compris. Location de draps : 17 F (2,6 €). 100 F (15,2 €) en chambre individuelle, draps et petit déjeuner compris. Repas à 49 F (7,5 €) sur réservation. Carte jeune ou FUAJ demandée. AJ installée dans une ancienne manufacture des tabacs pas très loin du centre. 73 lits en une vingtaine de chambres. Douches et cuisine à disposition. Bar le soir. Lingerie. Activités diverses : baptêmes et stages ULM, excursion-découverte du vignoble nantais...

🏠 Hôtel Fourcroy * – **11, rue Fourcroy (B3-3) ☎ 02.40.44.68.00.** Parking. TV. Congés annuels : du 22 décembre au 5 janvier. Accès : près de la place Graslin et de l'agréable cours Cambronne. Chambres doubles avec douche à 150 F (22,9 €) et avec bains à 180 F (27,4 €). Simple mais correct. Calme. Certaines chambres donnent sur une cour privée. *10 % sur le prix de la chambre du 15 juillet au 15 août.*

🏠 Hôtel Saint-Daniel * – **4, rue du Bouffay (C2-2) ☎ 02.40.47.41.25. Fax : 02.51.72.03.99.** Parking. TV. Accès : dans la partie piétonne de la vieille ville, au cœur du quartier du Bouffay. Doubles à 170 F (25,9 €) avec douche et wc ou bains. Petit hôtel bien tenu comme on disait naguère. Toutes les chambres sont avec téléphone et réveil. Certaines donnent sur la rue piétonne, d'autres sur un jardin et la charmante église Sainte-Croix. Une bonne adresse mais dont les prix intéressent beaucoup de jeunes : réservation indispensable. *10 % sur le prix de la chambre.*

🏠|●| Hôtel Duchesse Anne ** – **3-4, place de la Duchesse-Anne (D2-8) ☎ 02.51.86.78.78. Fax : 02.40.74.60.20.** Parking. TV. Canal+. Resto fermé le dimanche soir et le lundi midi. Doubles avec douche et wc à partir de 290 F (44,2 €), avec bains à 460 F (70,1 €). Petit déjeuner : 40 F (6,1 €). Scoop : le plus bel (ou l'un des plus beaux) hôtel de Nantes n'est pas le plus cher. Juste derrière le château, ce superbe bâtiment, genre palace, n'est classé que 2 étoiles. Rénovées, les chambres se divisent en deux catégories, simple et standing. Si les premières offrent déjà tout le confort, les secondes, possèdent un ou deux balcons, une immense salle de bains, une gigantesque baignoire, et donc de l'espace, de l'espace. Demandez les chambres n°s 116, 314, 315, 415 très grandes et avec vue sur le château. Malgré une déco parfois un peu clinquante, on ne saurait que recommander cet établissement à celles et ceux qui ont les moyens de se l'offrir. Garage privé. *10 % sur le prix de la chambre à partir de 2 nuits consécutives.*

🛏 *Hôtel Amiral* ** – **26 bis**, rue Scribe (B2-5) ☎ 02.40.69.20.21. Fax : 02.40.73.98.13. TV. Canal+. ♿ Accès : derrière l'Opéra. Doubles avec bains à 319 F (48,6 €). Réductions importantes le week-end. « Tout près de tout »… On ne peut mieux dire pour cet hôtel de chaîne tout moderne et agréable, caché derrière l'opéra, qui a tout pour plaire (double-vitrage, mini-bar) aux hommes d'affaires qui ont gardé un cœur de routard et aux routards qui aiment voyager en classe affaires... Parking extérieur à l'hôtel, payant. *10 % sur le prix de la chambre à partir de 2 nuits consécutives sauf le week-end.*

🛏 *L'Hôtel* *** – **6**, rue Henri-IV (D2-7) ☎ 02.40.29.30.31. Fax : 02.40.29.00.95. Parking. TV. Canal+. ♿ Accès : entre la gare, le château et la cathédrale. Doubles à partir de 410 F (62,6 €), réductions le week-end : 350 F (53,4 €). Hôtel-bureau très confortable, superbement situé en face du château d'Anne de Bretagne. Heureusement, la maison dispose d'un parking et d'un garage clos. Avec une chambre insonorisée et un délicieux petit déjeuner, le confort et toutes les commodités se paient encore moitié moins cher que dans certains caravansérails internationaux. *10 % sur le prix de la chambre.*

🛏 *Hôtel La Pérouse* *** – **3**, allée Duquesne (B2-6) ☎ 02.40.89.75.00. Fax : 02.40.89.76.00. Parking. TV. Canal+. ♿ Accès : direction centre-ville. Doubles de 480 à 560 F (73,2 à 85,4 €). Autant prévenir d'avance : ou vous détesterez d'emblée, ou vous ne pourrez plus vous passer de cet hôtel unique en France, et donc à Nantes, construit par les architectes Barto et Barto. Ce gros bloc de granit blanc, lourd, compact, comme un bel hôtel particulier nantais, est pourtant ouvert sur les toits et le cours des Cinquante-Otages, à travers ses baies vitrées. À l'intérieur, du bois, des meubles design, de l'espace, du calme. Étonnant et épuré. Chambres à déconseiller aux nostalgiques des hôtels de grand-papa,

qui auront du mal à s'habituer aux formes des lampes, des lavabos, des chaises… et des fenêtres !

🍴 *Restaurant Le Bouchon* – **7**, rue Bossuet (C2-25) ☎ 02.40.20.08.44. Fermé le samedi midi et le dimanche. Accès : tout près du parking Decré. Menus de 100 F (15,2 €) le midi en semaine à 210 F (32,1 €). Dans le tranquille quartier de l'hôtel de ville, ce restaurant s'est autoproclamé « le meilleur de la rue Bossuet », et c'est vrai. Cela dit, c'est le seul, hormis *Les Bouchonneries* (le bistrot-*tapas* design attenant et associé), où l'on peut, juché sur des tabourets futuristes, se sustenter légèrement et pour pas trop cher. La salle du restaurant est plutôt classique bourgeoise, à l'image de la maison à colombages qui l'abrite et se prolonge par une charmante cour ombragée. On y sert avec une décontraction moderne une cuisine fraîche et inventive, souvent tournée vers la mer. Parmi les spécialités, croustillant de coquillages-crème de thym, thon fumé poêlé-huile parfumée, soupe d'ananas à la menthe.

🍴 *Chez l'Huître* – **5**, rue des Petites-Écuries (C2-16) ☎ 02.51.82.02.02. Fermé le dimanche. La douzaine d'huîtres entre 50 et 80 F (7,6 et 12,2 €), le « panaché » – plusieurs sortes d'huîtres – à 75 F (11,4 €) ; l'assiette de poissons fumés entre 39 et 52 F (5,9 et 7,9 €). À la carte, compter 100 F (15,2 €) le repas, vin compris. Un tout petit bistrot aux murs bruts couverts de plaques émaillées, mais un de nos favoris, dans le quartier du Bouffay. Des huîtres et des huîtres (et du saumon) ouvertes et préparées par le jeune patron. Essayez de vous trouver une place parmi les habitués, à l'heure de « l'apéro-huîtres ». Idéal pour se mettre en train. Vous pourrez encore préférer une assiette baltique ou le panaché d'huîtres. Il est recommandé de réserver.

🍴 *Restaurant Le Petit Faitout* – **2**, rue Armand-Brossard (C2-24) ☎ 02.40.89.60.40. ♿ Fermé le samedi midi et le dimanche. Congés annuels : août. Le midi, formules de 39 à 59 F (5,9 à 9 €). Menus jusqu'à 150 F (22,9 €). Personnel efficace et patron chaleureux dans ce sympathique resto, au cadre banal, mais où l'on mange bien et très copieusement. On n'y propose que des produits faits maison. Cuisine du Sud-Ouest : cassoulet, magret de canard, confit, etc.

PAYS-DE-LA-LOIRE

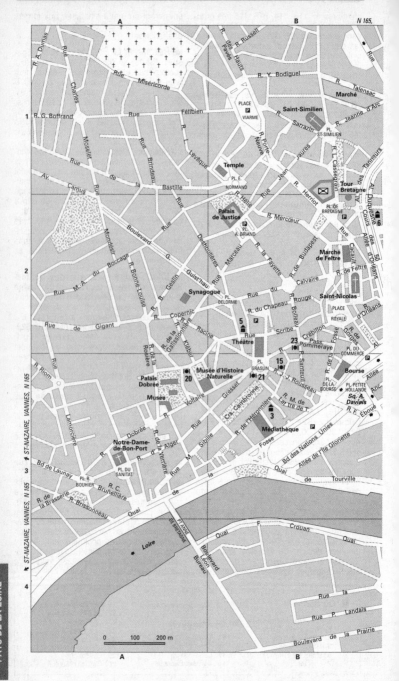

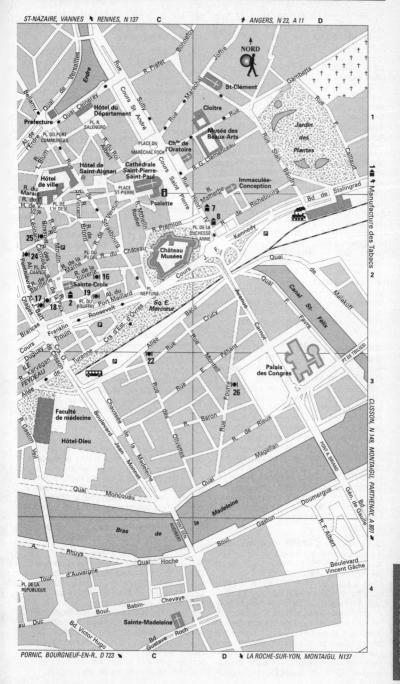

NORD

St-Clément

Préfecture

Hôtel du Département

Jardin

des

Plantes

PL. R. SALENGRO

PLACE DU MARÉCHAL FOCH

Ch^{lle} de l'Oratoire

Cloître

Musée des Beaux-Arts

Hôtel de Saint-Aignan

Cathédrale Saint-Pierre-Saint-Paul

Immaculée-Conception

Hôtel de ville

PLACE ST-PIERRE

Psalette

Bd. de Stalingrad

25

24

PL. DE LA DUCHESSE ANNE

Château Musées

16

Sainte-Croix

19

17

18

PL. DU BOUFFAY

Sq. E. Mercœur

Franklin

Turenne

22

Palais des Congrès

26

Faculté de médecine

Hôtel-Dieu

Madeleine

Bras

de

PL. DE LA RÉPUBLIQUE

Sainte-Madeleine

CLISSON, N 149, MONTAIGU, PARTHENAY, A 801

Manufacture des Tabacs

Restaurant La Mangeoire – 16, rue des Petites-Écuries (C2-19) ☎ 02.40.48.70.83. Fermé le dimanche et le lundi. Congés annuels : janvier, 15 jours en mai et 15 jours en septembre. Accès : près de la cathédrale Saint-Pierre et du château. Menus de 58 F (8,8 €) le midi en semaine à 144 F (22 €). Formule également le midi à 50 F (7,6 €). Cuisine française mariant tradition et créativité (poêlon d'escargots, langoustines flambées au whisky, aile de raie rôtie), dans un cadre très « souvenirs, souvenirs » avec photos de famille sur murs de pierre.

Restaurant Le Clin d'Œil – 15, rue Beauregard (C2-17) ☎ 02.40.47.72.37. Fermé le dimanche et le lundi. Formule plat-dessert à 62 F (9,5 €) le midi et 72 F (11 €) le soir. Menu à 95 F (14,5 €). Autant être prévenu : la minuscule (et tristounette) salle du rez-de-chaussée sert surtout à décourager les touristes de passage ! Tout se passe à l'étage. Ce resto vaut autant pour son originale déco en plastique (très gaie) que pour son atmosphère conviviale. Côté cuisine, du traditionnel avec parfois un peu d'imagination (tarte Tatin à la banane !). De plus, le « clin d'œil » (ah, ah ! clin d'œil rue Beauregard !) du jour vous permet de découvrir une cuisine tout à fait originale, alliant l'exotisme chinois aux saveurs orientales.

Restaurant Le Montesquieu – 1, rue Montesquieu (A3-20) ☎ 02.40.73.06.69. Fermé le vendredi soir, le samedi, le dimanche et les jours fériés. Congés annuels : août. Accès : au-delà du quartier piéton Graslin et près du musée Dobrée. Menus à 64 F (9,8 €) le midi et 77 F (11,7 €) le soir. Enfin un petit resto de quartier, vaguement étudiant, qui n'a pas vendu son âme au diable ! Dans un coin calme, au-delà du quartier piéton Graslin, et près du musée Dobrée, la maison blanche et discrète mais la cuisine et les prix valent que l'on s'y attarde. Cuisine simple et bonne. Aux murs, des faïences de Rouen et de Moustiers, des nappes à petits carreaux rouges et blancs ; l'ambiance est conviviale. S'y côtoient aussi bien des employés que des couples en tête à tête pour dîner.

Le Bouche à Oreille – 14, rue Jean-Jacques-Rousseau (B3-15) ☎ 02.40.73.00.25. Fermé le dimanche et les jours fériés. Menu le midi à 69 F (10,5 €). Plats à partir de 48 F (7,3 €). À la carte, compter de 100 à 120 F (15,2 à 18,3 €) le soir. À deux pas de l'Opéra nantais, un bouchon lyonnais avec nappes à carreaux et plaques émaillées qui ne fait pas dans la dentelle, mais où les théâtreux et les sportifs se retrouvent jusqu'à minuit environ, pour boire un pot de beaujolais en avalant quenelles, tabliers de sapeurs et autres amuse-gueules. L'été, délicieuses salades gourmandes. Le boudin caramélisé n'est pas mal non plus. Décor aussi chargé que les langues, au petit matin.

La Cigale – 4, place Graslin (B3-21) ☎ 02.51.84.94.94. ♿ Menus à 75 F (11,4 €), servi le midi en semaine, et de 100 à 150 F (15,2 à 22,9 €). L'adresse incontournable de Nantes. La haute société locale continue à venir y « souper » après le théâtre (juste en face) et les célébrités de passage doivent s'y montrer... Il ne faut pas manquer de venir admirer le décor de cette brasserie 1900, superbe : plafonds peints, boiseries, céramiques colorées... Jacques Demy y tourna certaines scènes de *Lola*, qu'incarnait magnifiquement Anouk Aimée. On pourra toujours y dîner car les prix n'ont rien d'excessif. Carte renouvelée deux fois par an en fonction des saisons. Le service « speedé » casse un peu les pieds.

Restaurant Le Guingois – 3 bis, rue Santeuil (B2-23) ☎ 02.40.73.36.49. Fermé le dimanche et le lundi. Congés annuels : août. Accès : près du théâtre Graslin. Menus à partir de 83 F (12,6 €) et une formule à 65 F (9,9 €) le midi. Un des hauts lieux de la vie nantaise, ouvert jusqu'à minuit et... d'autant « bon marché » qu'il propose réellement de bons produits du marché ! Dans la grande salle pleine d'habitués, on choisit les plats du marché sur l'ardoise : jarret aux lentilles, andouillette grillée, ris de veau à l'ancienne, curry d'agneau, préparés sans chichis ni génie, mais bien servis.

Restaurant Le Petit Bacchus – 5, rue Beauregard (C2-18) ☎ 02.40.47.50.46. ♿ Fermé le dimanche et les jours fériés. Accès : quartier du Bouffay ; entre la place Sainte-Croix et le cours des Cinquante-Otages. Menus de 89 à 139 F (13,6 à 21,2 €). La foule se presse-t-elle ici pour l'agréable cadre de bistrot rustico-bourgeois ou pour les appétissantes photos érotiques des années 20 qui ornent les murs ? À moins que ce ne soit pour l'étonnant rapport qualité-prix de sa cuisine ? En effet, le *Petit Bacchus* propose un sympathique 1er menu avec, entre autres, moules farcies, soupe de poisson maison ou strasbourgeoise (quiche lorraine améliorée), puis de bonnes viandes ou un délicieux coquelet au riesling, sans oublier tartes ou gâteaux !

Café du Marché – 1, rue de Mayence (D3-26) ☎ 02.40.47.63.50. Fermé le soir, le samedi et le dimanche. Congés annuels : août. Menu à 95 F (14,5 €). Depuis près de 50 ans, on y sert toujours, à la bonne franquette, un menu unique avec pas moins de 3 entrées, un plat, fromages et dessert. Avec une bonne bouteille là-dessus, ça vous fait un après-midi qui passe tout seul. Super adresse, dans le genre hors du temps, mais très prisée par les hommes d'affaires de la voisine Cité des Congrès.

I●I *Lou Pescadou* – 8, allée Baco (C3-22)
☎ 02.40.35.29.50. Fermé le samedi midi et
le dimanche. Congés annuels : 2 semaines
en août. Menus de 119 à 320 F (18,2 à
48,9 €). Penser à réserver, car l'endroit est
couru ; c'est l'un des meilleurs restaurants
de poisson de la ville. Le chef, sympathique
passionné de cuisine et de muscadet, inter-
rompt ses dithyrambiques descriptions pour
s'éclipser en cuisine et préparer avec bonheur les poissons du jour qu'un artisan
pêcheur lui livre spécialement. Voilà
l'endroit idéal pour goûter un beurre blanc,
surtout sur le divin et magnifique bar en
croûte de sel (en fait une meringue très
salée). Mais on ne prendra aucun risque en
optant pour la raie, la lotte, ou, pour ceux qui
en ont les moyens, les homards et langoustes du vivier. Menus assez chers, mais
ça les vaut. D'autant qu'en demandant gentiment, on pourra vous faire déguster,
autour des plats, quelques crus du muscadet. Et s'il vous faut encore une raison d'y
aller : les amuse-bouches.

DANS LES ENVIRONS

CARQUEFOU 44470 (10 km N)

I●I *Restaurant L'Auberge du Vieux
Gachet* – Le Gachet ☎ 02.40.25.10.92.
Fermé le dimanche soir et le lundi. Congés
annuels : 1 semaine en février et les 3 dernières semaines d'août. Accès : prendre la
route du Gachet, jusqu'à l'Erdre – à environ
7 km au nord de Nantes. Menus à 90 F
(13,7 €) le midi en semaine à 250 F (38,1 €).
Une excellente auberge de campagne, avec
un cadre comme autrefois, et même le service sous cloche. Beaux poissons et belles
volailles (salade de caille, foie gras chaud,
pigeonneau d'Ancenis cuit en bourse).
Amuse-bouches délicieux. La terrasse sur
la rivière, l'Erdre, face au château de la Gas-
cherie, est positivement sublime. Les marcheurs peuvent y venir depuis Nantes en
deux petites heures en longeant l'Erdre.

SAINT-FIACRE 44690 (18 km SE)

I●I *Le Fiacre* – 1, rue d'Échirens
☎ 02.40.54.83.92. Ouvert le soir et le week-
end sur réservation sauf le dimanche.
Accès : par la D59, direction Clisson ; face à
l'église. De 60 à 100 F (9,1 à 15,2 €) et plus.
Ce petit restaurant ne paie pas de mine,
mais on y mange fort bien, sans façons, et
pour pas cher. Au 1er menu, vous aurez
deux entrées, un plat tel que blanquette de
veau, coq au vin, etc., fromage, dessert,
café et vin... Question vin, le patron est
proche de l'incollable. Plus de 100 musca-
dets à sa carte, qu'il connaît tous personnellement. Il en parlerait pendant des heures.
S'il a le temps, vous en apprendrez plus
avec lui que dans n'importe quel musée du
vin. Il pourra également vous conseiller.

MESSAN 44640 (20 km O)

I●I *Le Tisonnier* – l e b o u r g
☎ 02.40.64.29.83. Fermé le lundi. Congés
annuels : la 2e quinzaine d'août. Accès : par
la D723 Saint-Brévin-Painbœuf, à l'entrée
de Messan. Menus de 50 à 140 F (7,6 à
21,3 €). On n'irait pas se perdre pour un sou
dans ce petit village au bord de l'Acheneau.
Pourtant, si le *Tisonnier* ne paie pas de
mine, on s'y restaure bien avec, au 1er
menu, saucisse au muscadet, fromage ou
dessert et quart de vin. Aux menus suivants,
on en rajoute un peu de cette cuisine populaire (demi-coquelet, coquille Saint-
Jacques, cuisses de grenouilles...), mais
pas prolo. Les retraités et les employés en
pause-déjeuner ne s'y trompent pas et se
retrouvent dans ce restaurant-tabac-café-
maison de la presse. Difficile de trouver
meilleur rapport qualité-prix-rapidité.

NOIRMOUTIER-EN-L'ÎLE   85330

Carte régionale A2

▣ *Hôtel Esperanza* – 10-A, rue du
Grand-Four (Centre) ☎ 02.51.39.12.07.
Parking. TV. Congés annuels : du
12 novembre au 26 décembre. Accès : juste
derrière le château. Doubles avec lavabo à
190 F (29 €), avec douche et wc ou bains de
230 à 260 F (35,1 à 39,6 €). Les gérants de
cet hôtel partagent une passion : la rénovation. Depuis leur arrivée, ils ont déjà refait
plusieurs studios et chambres ! Les salles
de bains sont séparées des chambres par
des portes coulissantes. Ce n'est pas très
joli, mais c'est efficace. Un endroit charmant, avec un accueil adorable. Plutôt très
abordable pour Noirmoutier, donc souvent
bondé : réserver longtemps à l'avance.
*10 % sur le prix de la chambre pour au
moins 2 nuits consécutives sauf juillet-août.*

▣I●I *Hôtel-restaurant Les Capucines* ** –
3 8 , a v . d e l a V i c t o i r e (N o r d)
☎ 02.51.39.06.82. Fax : 02.51.39.33.10.
Parking. TV. ♒ Fermé le mercredi hors saison. Congés annuels : du 3 novembre au
10 février. Accès : route du bois de la
Chaize. Doubles avec douche à 240 F
(36,6 €), à 300 F (45,7 €) avec wc en plus,
avec bains à 340 F (51,8 €). Menus le midi
en semaine à 69 F (10,5 €), et de 85 à 195 F
(13 à 29,7 €). Demi-pension obligatoire du
1er juillet au 31 août à 610 F (93 €). Anne et
Jean-Luc David ont pour mots d'ordre : qualité et modernité. On y sert une cuisine
saine, et le confort des chambres justifie
amplement une petite visite. Menus dans
lesquels on trouve un croustillant de tourteaux, du rouget à la vanille, des escargots
farcis en robe de Noirmoutier ou des moules
à la vendéenne. *10 % sur le prix de la*

chambre sauf du 20 juin au 10 septembre et week-ends de Pâques et de mai.

🛏 🍽 *Le Château de Pélavé* ** – allée de Chaillot ☎ 02.51.39.01.94. Fax : 02.51.39.70.42. Parking. TV. ♿ Resto fermé du 15 novembre au 25 décembre et du 4 janvier au 10 février. Accès : en direction de la plage des Dames, à l'entrée du bois de la Chaize. Chambres confortables et spacieuses de 280 à 460 F (42,7 à 70,1 €) avec douche et wc. Demi-pension obligatoire en haute saison, entre 270 et 435 F (41,2 et 66,3 €) par personne. Menu le midi en semaine à 75 F (11,4 €), autres de 125 à 220 F (19,1 à 33,5 €). Construite au XIXe siècle au beau milieu d'un parc bien arboré, très abrité des vents dominant, cette vaste maison a été entièrement rénovée, le confort des chambres amélioré. Attention toutefois, certaines ne sont pas bien insonorisées. Choisissez la n° 4 ou la n° 8 pour prendre le petit déjeuner sur la terrasse. Verdure, calme et air pur assurés. Au resto, cuisine de qualité et de tradition avec les produits de la mer et du terroir. Vue sur le parc et possibilité de prendre les repas en terrasse. Réserver longtemps à l'avance et se renseigner sur les prix, ils varient selon les saisons (normal, on est au bord de la mer). *Apéritif offert. 10 % sur le prix de la chambre d'octobre à avril et hors week-end.*

🛏 🍽 *Hôtel-restaurant Les Douves* ** – 11, rue des Douves (Centre) ☎ 02.51.39.02.72. Fax : 02.51.39.73.09. Parking. TV. Congés annuels : janvier. Accès : en face du château. En haute saison, doubles à 305 F (46,5 €) avec douche et wc à 440 F (67,1 €) avec bains. Menus de 110 à 210 F (16,8 à 32 €). Cette demeure cossue se niche au pied du château. L'endroit est calme, les chambres fraîches au décor fleuri. Idéal pour se reposer en plein cœur de la capitale de l'île. Le chef propose une cuisine fine et succulente, tels la petite marmite de lotte aux senteurs de safran ou les médaillons de langouste sautés à la guyanaise ou le gratin d'huîtres. Menus que l'on savoure dans une belle salle à manger claire ou sur la terrasse de la piscine.

🍽 *Au Vieux Loup de Mer* – 97, av. Mourain - L'Herbaudière (Centre) ☎ 02.51.39.08.68. ♿ Fermé le samedi sauf pendant les vacances. Menu ouvrier copieux à 68 F (10,4 €). D'autres un peu plus élaborés de 75 à 155 F (11,4 à 23,6 €). Juste à côté de l'église. Petit resto tout simple d'où il se dégage un charme suranné qui sent bon le temps passé. Si l'on y ajoute le fumet de la cuisine, on craque forcément. Salle blanchie à la chaux, nappe à carreaux et beaucoup de poisson qui vient directement de la criée. Grande salle avec jardin derrière. Moules marinière, darne de saumon, fruits de mer, huîtres à la fondue de poireaux, canard au muscadet... *Café offert.*

🍽 *Restaurant Iode* – 13, rue du Vieil-Hôpital ☎ 02.51.39.55.49. Ouvert de 12 h à 14 h 30 et de 19 h à minuit. Congés annuels : de la Toussaint à Pâques. Accès : juste derrière le château. Menus à 69 et 89 F (10,5 et 13,6 €). À la carte, compter 115 F (17,5 €) environ. Dans ce quartier où il y a beaucoup de restos, celui-ci nous séduit surtout pour sa déco et l'ambiance jeune qui y règne. On n'y sert pas de la grande cuisine, mais le foie gras et le magret sont particulièrement bons (et bon marché) ! En entrée, une petite soupe de poisson met nos papilles gustatives en joie. On peut y manger dans la petite salle en bas à côté de la cheminée, ou en haut. Avec un nom pareil, le poisson ne peut être que délicieux. Dommage que la qualité de l'accueil soit irrégulière. *Digestif offert.*

🍽 *Restaurant Côté Jardin* – 1 bis, rue du Grand-Four (Centre) ☎ 02.51.39.03.02. Fermé le dimanche soir, le lundi et le jeudi soir hors saison. Congés annuels : janvier jusqu'aux vacances de février et 1 semaine en octobre. Menus de 95 à 198 F (14,5 à 30,2 €). L'œil est attiré par cette façade recouverte de vigne vierge et il ne faut pas hésiter à pousser la porte. La cuisine, entièrement dévouée à la mer, ravira les routards gourmets. Galette de langoustines à la fondue d'aubergines, sauté de Saint-Jacques parfumé aux citrons confits, bar rôti à la duxelline d'huîtres, trilogie de canard jus de veau épicé, galette au beurre de sel de Noirmoutier... Le cadre élégant avec des murs de pierre et des poutres au plafond ajoute encore au plaisir que l'on prend à être ici. Accueil cordial.

NOTRE-DAME-DE-MONTS 85690

Carte régionale A2

🛏 🍽 *Hôtel-restaurant Le Centre* ** – 1, rue de Saint-Jean-de-Monts ☎ 02.51.58.83.05. Fax : 02.51.59.16.62. Parking. TV. ♿ Doubles avec douche et wc à 276 F (42,1 €), avec bains à 298 F (45,4 €). Menus de 74 à 240 F (11,3 et 36,6 €). Un établissement qui mérite mieux que son nom on ne peut plus banal, même si celui-ci a le mérite de le situer. Chambres propres et fraîches. Attention, les douches ont tendance à provoquer des piscines ! Le restaurant mérite une attention particulière. Cuisine pleine de saveurs étonnantes, parfois oubliées et toujours subtiles. Terrine d'anguilles aux orties, fruits de mer farcis, gratin de seiches et cabillaud fumé sur compotée d'épinards, couscous de la mer, goulasch de joues de porc aux poivrons, caneton challandais en daube… Menus servis dans une salle de caractère. Accueil cependant un peu impersonnel. *10 % sur le prix de la chambre.*

🏠🍴 *Hôtel de la Plage Civel* – 145, av. de la Mer ☎ 02.51.58.83.09. Fax : 02.51.58.97.12. Parking. TV. Congés annuels : de début octobre à fin mars. Accès : sur la plage. Compter 360 F (54,9 €) pour une chambre avec douche et wc pour deux personnes en haute saison et 290 F (44,2 €) en basse saison (on aurait presque envie de partir en septembre !). De 360 à 485 F (54,9 à 73,9 €) avec bains. Au restaurant, menus de 80 à 250 F (12,2 à 38,1 €). Quitte à se faire une bonne petite folie, autant le faire bien et franchement. L'adresse idéale pour qui veut voir la mer en ouvrant les rideaux le matin, et qui souhaite pouvoir humer l'air marin de sa chambre à 3 h du matin si ça lui chante. Bien sûr, ça n'est pas donné. Mais vu la qualité de l'endroit, de l'accueil et des chambres, c'est plus qu'honnête. Demandez donc une chambre « avec vue » et vous aurez même une terrasse ! Au resto, galettes de homard noirmoutaine, filets de sole, cuisses de canard de Challans sauce foie gras, giboulée de cerises flambées au noyau de Poissy en spécialités. *Digestif offert. 20 % sur le prix de la chambre hors juillet-août.*

PAULX   44270

Carte régionale A2

🍴 *Restaurant Les Voyageurs* – 1, place de l'Église (Centre) ☎ 02.40.26.02.76. Fermé le dimanche soir et le lundi. Congés annuels : vacances scolaires de février. Menus de 98 F (14,9 €) en semaine, à 275 F (42 €). On met les petits plats dans les grands pour vous concocter des plats bien mitonnés, à condition de réserver la veille. Le midi, les hommes d'affaires locaux s'y retrouvent. C'est donc le soir qu'il convient d'aller goûter la cuisine savoureuse dont l'inspiration fluctue au gré des arrivages et au fil des saisons (terrine tiède de homard sauce crustacés, filets de canard au beurre rouge de Retz, soufflé glacé à la mandarine impériale)… Les produits sont choisis avec soin : volailles élevées en plein champ, poissons et crustacés provenant de « petits bateaux », viandes de pays, etc. *Café offert.*

PIRIAC-SUR-MER   44420

Carte régionale A2

🏠🍴 *Hôtel-restaurant de la Pointe* – 1, quai de Verdun (Nord) ☎ 02.40.23.50.04. Fax : 02.40.15.59.65. Fermé le mercredi hors saison. Congés annuels : du 1er novembre au 15 mars. Accès : sur le bord de mer, près de la digue. Doubles avec douche et wc à 255 F (39 €). Demi-pension obligatoire en juillet-août à 280 F (42,7 €). Menus à 55 F (8,4 €) le midi en semaine, 95 et 135 F (14,5 et 20,6 €). La bonne petite adresse pour passer un moment à la bonne franquette. Certaines chambres (comme les nos 8, 10, 11 et 12) qui donnent sur le port et la plage, ne sont pas toutes à la pointe du progrès. La salle de restaurant a été refaite dans un style bistrot nostalgique. Si l'on n'y vient pas pour faire un repas gastronomique, on peut au moins se régaler de salades, de poisson et de fruits de mer qui satisferont ceux que l'air du large a pu affamer. Parmi les spécialités, rougets grillés au miel et aux épices, canard au muscadet, colin au beurre blanc. Bon accueil. *10 % sur le prix de la chambre sauf en juillet-août.*

🍴 *Crêperie Lacomère* – 18, rue de Kéroman (Centre) ☎ 02.40.23.53.63. Fermé, hors saison, tous les jours sauf le week-end et, en demi-saison, les lundi et mardi. Congés annuels : du 11 novembre à Noël et du 1er janvier à fin février. Menu de 59 F (9 €), le midi en semaine, à 115 F (17,6 €). Cette crêperie un peu plus inventive que les guitounes au bord des routes touristiques est aussi un resto comme on les aime. La carte s'inspire des escapades au bout du monde de Jean-Michel, le patron. Goûtez son excellent tajine de poissons, son escabèche de rougets, sa choucroute de poissons. Mais attention, il n'y a qu'une dizaine de tables, donc il vaut mieux réserver ! Sinon, faites comme tout le monde, attendez votre place devant une planche apéro au bistrot de *Lacomère*, le *Vercoquin. Apéritif maison offert.*

PORNIC   44210

Carte régionale A2

🍴 *Restaurant L'Estaminet* – 8, rue Maréchal-Foch (Centre) ☎ 02.40.82.35.99. Fermé le dimanche soir et le lundi de septembre à fin juin. Congés annuels : la 2e quinzaine de février et la 1re semaine de mars. Menus de 68 F (10,4 €) le midi en semaine, à 175 F (26,7 €). Situé dans la rue commerçante de Pornic, ce p'tit resto n'a apparemment rien d'extraordinaire. Mais la cuisine fraîcheur du patron, la gentillesse de sa femme au service vous font vite changer d'avis. Goûtez notamment la papillote noix de Saint-Jacques aux petits légumes, le ris de veau au pineau des Charentes ou la marmite de poissons à la marseillaise.

🍴 *Restaurant Beau Rivage* – plage de la Birochère ☎ 02.40.82.03.08. Fermé le dimanche soir et le lundi hors saison. Congés annuels : du 15 décembre au 30 janvier. Accès : bord de mer. Menus de 125 à 340 F (19 à 51,9 €). Un emplacement en or, en surplomb de la plage, pour un restaurant aux couleurs et à l'ambiance d'entrée sympathique. La mer qu'on voit danser, par-delà les vitres claires, est dans l'assiette et dans la tête de Gérard Corchia, un chef qui travaille intelligemment (ça change !) les produits de l'Océan : bouillabaisse de l'Atlantique, solé de petit bateau meunière, salade de homard aux herbes potagères. Belle carte de vins.

DANS LES ENVIRONS

PLAINE-SUR-MER (LA) 44770
(9 km O)

🛏 **l●l** *Hôtel-restaurant Anne de Bretagne* – **port de la Gravette** ☎ **02.40.21.54.72. Fax : 02.40.21.02.33.** ✗. Fermé le dimanche soir, le lundi et le mardi midi du 15 septembre au 15 avril, lundi en juillet-août, dimanche soir et lundi le reste de l'année. Congés annuels : de janvier à fin février. Chambres avec douche et wc de 460 à 610 F (70,1 à 93 €), avec bains de 490 à 730 F (74,7 à 111,3 €). Pantagruélique petit déj' buffet à 63 F (9,6 €). Au restaurant, menus de 130 à 295 F (19,8 à 45 €). Également formule plat + dessert à 105 F (16 €). Cet hôtel de charme propose des très belles chambres donnant sur le jardin ou sur la mer. Le site est magnifique, très calme. Chouette bar intime tout en bois, bien sympa pour bouquiner. Piscine chauffée et tennis. Également une des très bonnes adresses gastronomiques de la région. Grand choix de menus. Essayez tout simplement le menu du marché qui proposait, lors de notre passage, une tarte aux poireaux et aux coquillages, suivie d'une chaudrée vendéenne de poissons côtiers et coquillages ou d'une cuisse de canard de Challans, et d'une savoureuse tarte sablée au chocolat. Sinon, menus à thème, comme le menu dégustation tout asperges ou les menus du terroir, avec plein d'options. Menu dit « bacchus », avec « accord mets et vins » pour chacun des plats. Parmi les spécialités, on citera la lotte rôtie à l'anjou rouge ou la sole petit bateau cuite en peau. Cave de 15 000 bouteilles. De la salle à manger, vue sur la mer. Excellent accueil. *10 % sur le prix de la chambre du 15 septembre au 15 avril. NOUVEAUTÉ.*

PORT-JOINVILLE 85350

Carte régionale A2

🛏 *Atlantic Hôtel* ✶✶✶ – **quai Carnot (Centre)** ☎ **02.51.58.38.80. Fax : 02.51.58.35.92.** TV. Satellite / câble. Congés annuels : 3 semaines en janvier. Prix variant suivant la saison et la vue : de 240 F (36,6 €) en basse saison (vue sur le

village) à 390 F (59,5 €) en été (vue sur le port). Petit déjeuner à 35 F (5,3 €) qui, lui, ne varie pas en fonction de l'orientation. 15 chambres mignonnettes disposant de tout le confort mais un peu standardisées. La moitié donnent sur le port de pêche, au cœur de l'animation islaise, l'autre moitié sur le village. Vue agréable des deux côtés, une fois n'est pas coutume. *10 % sur le prix de la chambre hors juillet-août.*

🛏 **l●l** *Hôtel-restaurant Flux Hôtel* ✶✶ – **27, rue Pierre-Henry** ☎ **02.51.58.36.25. Fax : 02.51.59.44.57.** Parking. TV. ✗. Fermé le dimanche soir. Congés annuels : de mi-novembre à mi-janvier. Accès : à 100 m de la gare maritime. Chambres avec bains bien tenues sur le jardin à 350 F (53,4 €) pour 2. Menus de 95 à 185 F (14,5 à 28,2 €). Le calme du parc en bord de mer, à l'écart de l'animation de Port-Joinville, fait qu'on aime ce charmant hôtel. La n° 15 a tout pour plaire : spacieuse, indépendante de l'hôtel, au mobilier rustique, dotée d'une cheminée, on a l'impression d'être chez sa grand-mère. Pour manger, restaurant *La Marée*. Vaste salle avec une cheminée pour les soirées d'hiver et une belle terrasse pour les déjeuners d'été à l'ombre des arbres du parc. Cuisine traditionnelle laissant la place à l'imprévu : les poissons ne sont pas toujours au rendez-vous dans les filets. Une constante pourtant, le patagos à la crème, spécialité de l'île et de la maison, et les moules à la sauce poulette. Service souriant et amical. *10 % sur le prix de la chambre sauf juillet-août et le pont du printemps.*

l●l *La Crêperie Bleue* – **quai de la Mairie (Centre)** ☎ **02.51.58.71.95.** Fermé le lundi. Congés annuels : 3 semaines en janvier et 2 semaines en octobre. Accès : sur le port. Compter de 60 à 70 F (9,1 à 10,7 €) pour un repas avec des crêpes, sinon entre 90 et 100 F (13,7 et 15,2 €). Malgré la couleur dominante de la salle, une colonie de Schtroumpfs ne s'est pas installée ici. Cette crêperie n'en est pas moins bien sympathique. Table en bois ciré, bar de marine, tableaux de bateaux et, pour l'été, une petite terrasse sous une tonnelle bien agréable. De la cuisine à la salle, les femmes tiennent la maison. Accueil agréable et amical. Quantité de crêpes remplies de bonnes choses parfois surprenantes et toujours copieuses. On se croirait au fin fond de la Bretagne.

ROCHE-SUR-YON (LA) 85000

Carte régionale A2

🛏 **l●l** *Marie Stuart Hôtel* ✶✶ – **86, bd Louis-Blanc (Centre)** ☎ **02.51.37.02.24. Fax : 02.51.37.86.37.** TV. Satellite / câble. Resto fermé le samedi midi et le dimanche. Accès : en face de la gare SNCF. Doubles avec

douche et wc ou bains à 295 F (45 €).
Menus de 79 à 180 F (12 à 27,4 €). *Welcome in Scotland* ! Ici, tout est fait pour rappeler le pays : au mur, blasons et tissus des différents clans, et bien sûr le portrait de Marie Stuart. Chambres plutôt chic et spacieuses, décorées avec des meubles de style. Restaurant servant une cuisine simple et bien faite, potée de la mer, sole grillée, *island steak* (déglacé à la crème fraîche et flambé au whisky)… Premier menu au bar avec une entrée et un plat. Pour les amateurs, le bar recèle quelques grands crus de whiskies. *Scottish coffee offert.*

⌂ Hôtel Le Logis de la Couperie * – route de Cholet** ☎ 02.51.37.21.19. **Fax : 02.51.47.71.08.** Parking. TV. Accès : à 5 mn du centre, prendre la RN de Cholet, puis direction le Bourg et la D80. Doubles à 320 F (48,8 €) avec douche et wc, et à 350 F (53,4 €) avec bains. Petit dej' « bio » à 45 F (6,9 €). Autant le dire tout de suite, voilà une de nos meilleures adresses dans le département de la Vendée. Cette ancienne demeure seigneuriale du XIVᵉ siècle, perdue en pleine campagne, nichée dans un écrin de verdure, dispense une quiétude délectable dès qu'on en approche. On ne vient pas ici pour faire la fête, mais pour goûter aux plaisirs d'une vie tranquille dans une ambiance où le raffinement s'allie à la simplicité de cette maison de famille qui fut autrefois une chambre d'hôte. On s'en doutait ! Les couloirs sont remplis de bibelots et des centaines de livres ornent les rayonnages. Seulement 7 chambres, douillettes, portant des noms de fleurs. Décoration très anglaise aux tons pastel. Ciel de lit, baldaquin et meubles anciens les agrémentent. Seuls les canards ou les grenouilles de l'étang pourront vous réveiller. Il ne faudrait pas rater le petit déjeuner préparé avec amour. Accueil cordial d'une patronne pleine de charme et de gentillesse. De plus, chemins pédestres au départ du *Logis*, vélos à disposition, et sur demande, promenade en voiture à cheval. *Apéritif offert.*

I●I Saint Charles Restaurant – 38, rue du Président-de-Gaulle (Centre) ☎ 02.51.47.71.37. Fermé le samedi midi et le dimanche. Congés annuels : août. Menu à 98 F (14,9 €) non servi le samedi soir, puis de 127 à 205 F (19,4 à 31,3 €). La référence au jazz est omniprésente dans la salle : photos, ambiance musicale, instruments… jusque dans les noms des menus. Tout cela donne un bel ensemble, d'autant que le chef confectionne ses plats dans le même esprit. Surprise avec les profiteroles de moules et le carpaccio de canard de Challans au foie gras et langoustines, inventivité comme ce râble de lapin poêlé aux raisins et foie gras, harmonie que l'on retrouve dans la sole soufflée aux pleurotes, et tradition avec ce filet d'agneau rôti aux gousses d'ail confites. Bon rapport qualité-prix. *Café offert.*

DANS LES ENVIRONS

VENANSAULT 85190 (8 km NO)

⌂ I●I Hôtel-restaurant Le Moulin de la Bergerie * – La Grolle ☎ 02.51.40.36.94. **Fax : 02.51.40.39.00.** Parking. TV. En hiver, fermé le week-end sauf pour réservations et le vendredi soir, sauf en juillet-août. Accès : par la N160, route de Landeronde. Chambres à 200 F (30,5 €) avec douche et wc. Menus de 56 à 135 F (8,5 à 20,6 €). Une petite étape plaisante et sans prétention où l'on vous reçoit, on vous loge et on vous sert à dîner à la bonne franquette. Menus (ils changent régulièrement) pour une cuisine classique, sans surprise mais bien faite, avec d'excellentes cuisses de grenouilles. Une nouveauté : le buffet pour les entrées !

POIRÉ-SUR-VIE (LE) 85170
(13,5 km NO)

⌂ I●I Hôtel-restaurant Le Centre ** – 19, place du Marché (Centre) ☎ 02.51.31.81.20. **Fax : 02.51.31.88.21.** Parking. TV. Canal+. ☒ Fermé le vendredi soir et le dimanche soir (hors saison). Accès : par la D6. Chambres doubles de 185 F (28,2 €) avec lavabo, à 345 F (52,6 €) avec bains. Menus de 89 à 159 F (13,6 à 24,2 €), plus menu ouvrier à 60 F (9,1 €). En plein cœur du village, voilà une hostellerie bien accueillante. Des chambres confortables et propres, une piscine propice au farniente estival du routard fourbu et, au restaurant, des petits plats régionaux simples et de bon aloi. Filet de sandre au beurre blanc, jambon de pays à la crème, foie gras maison… Le tout pour des prix raisonnables. *Café offert.*

MACHÉ 85190 (22 km NO)

I●I Restaurant Le Fougerais – ☎ 02.51.55.75.44. Parking. ☒ Fermé le lundi soir et le mercredi soir hors saison. Congés annuels : mi-octobre. Accès : par la D948 ; après Aizenay, prendre à gauche une fois le pont sur la Vie franchi (fléchage). Menus le midi en semaine à 65 F (9,9 €), et de 85 à 150 F (13 à 22,9 €). Quelle jolie maison couverte de lierre, avec sa terrasse ombragée ! Dans cette ancienne grange réaménagée, l'atmosphère est douce, presque hivernale. De grandes banquettes accueillent le voyageur fatigué, des tables toutes simples reçoivent des mets bien concoctés. Dans la cheminée, le chef alimente ses braises de sarments pour donner du goût aux anguilles, au saumon, aux côtes de bœuf ou aux cailles désossées. Plats sans façon mais copieux. Très beau menu à 105 F (16 €) avec des huîtres, une

PAYS-DE-LA-LOIRE

brochette de lotte sauce ciboulette et un dessert. Les suivants sont encore plus abondants. *Apéritif offert.*

ROSIERS (LES) 49350

Carte régionale B2

🏠 |●| *Au P'tit Bagnard Gourmand* – 4, rue de la Corderie (Sud-Est) ☎ 02.41.51.87.76. Fax : 02.41.51.93.71. Parking. Fermé le dimanche soir et le lundi. Congés annuels : du 2 au 23 janvier. Accès : direction Saumur, à 400 m du centre-ville. Doubles avec bains à 260 F (39,6 €). Menu le midi sauf le dimanche à 68 F (10,4 €), autres de 98 à 155 F (14,9 à 23,6 €) vin compris. Idéal menu enfant à 37 F (5,6 €) pour les initier aux plaisirs de la table. À peine arrivé, on a déjà envie de revenir. Cadre vraiment insolite. Cuisine régionale autour d'un plat unique. Une vieille recette sortie des commodes de grand-mère, le cabérillon de canard. Manchons marinés au vin rouge pendant 24 h, puis longuement cuits dans la graisse d'oie (un genre de confit mais moins gras). Précédés de charcuteries délicieuses ou d'un foie gras accompagné d'un petit coteaux-de-l'aubance et de champignons frais des caves de la rive gauche. Le tout couronné d'une grosse patate au beurre, de quoi raviver les papilles les plus difficiles. Encore un peu de place pour la mousse choc', nous n'en avons pas mangé de meilleure. Pas bagnard mais vraiment gourmand, le magicien-cuistot sait accueillir les clients comme ses amis. Si le moment s'y prête, il les accompagne en jouant du piano. Comprenez notre enthousiasme, les plaisirs y sont entiers et l'adresse définitivement routarde. *10 % sur le prix de la chambre en avril et septembre.*

|●| *Restaurant La Toque Blanche ** – ☎ 02.41.51.80.75. Parking. Fermé le mardi soir et le mercredi. Accès : direction Angers à la sortie du village. Menus à 103 F (15,7 €), vin compris le midi en semaine, puis de 145 à 228 F (22,1 à 34,8 €), avec un plat du jour. L'un des restos qui continuent à monter dans la région. De plus en plus nécessaire de réserver (le dimanche midi, c'est obligatoire!). Cuisine inventive servie dans un cadre élégant. Bon accueil. Salle climatisée. Aux menus, gâteau de sandre aux petits légumes, salade de saumon mariné au citron vert, poissons de Loire au beurre blanc, huîtres chaudes farcies aux champignons de Saumur, cassolette de ris de veau à l'ancienne, poularde fermière pochée à l'angevine, œufs au lait... *Café offert.*

SABLES-D'OLONNE (LES) 85100

Carte régionale A2

🏠 |●| *Hôtel Les Hirondelles *** – 44, rue des Corderies (Centre) ☎ 02.51.95.10.50. Fax : 02.51.32.31.01. Parking payant. TV. ⚒ Congés annuels : du 30 septembre au 1er avril. Doubles à 310 F (47,2 €) avec douche et wc. Menus à 80 et 150 F (12,2 et 22,9 €). L'immeuble n'est pas vraiment séduisant mais il ne faut pas se fier à son aspect extérieur. Le décor frais et moderne des chambres fait vite oublier la première impression, et la gentillesse de la patronne finira de vous convaincre totalement. Chambres fleuries, certaines avec balcon (idéal pour le petit déjeuner), réparties sur 2 bâtiments. Et l'on y mange aussi bien qu'on y dort. Menus à base de poissons, de crustacés et de fruits de mer (choucroute de la mer, brochette de langoustines, mouclade vendéenne...).

🏠 |●| *Hôtel Antoine *** – 60, rue Napoléon (Centre) ☎ 02.51.95.08.36. Fax : 02.51.23.92.78. Parking payant. TV. Service le soir. Congés annuels : de novembre à mars. Doubles à 320 F (48,8 €) avec bains. Un peu moins cher hors saison. Demi-pension obligatoire en juillet-août, à partir de 230 F (35,1 €) par personne. Une adresse coup de cœur. En plein centre-ville, entre le port et la plage, ce petit havre de paix a tout pour séduire. Isabelle et Philippe Robin veillent jalousement sur leur enfant. Ils le bichonnent avec gentillesse et passion. Par ailleurs, ils ont récemment refait les chambres nos 20 et 22, et ils continuent... Une annexe est en pleine rénovation. Ici, on prend le temps de vivre, on oublie le stress et on se refait une santé. Chambres calmes donnant pour certaines sur le jardin. Le patron prépare de bons petits plats en fonction de ce qu'il trouve au marché, pourquoi donc se priver ? *10 % sur le prix de la chambre hors juillet-août et week-ends fériés.*

|●| *Restaurant Le Clipper* – 19 bis, quai Guiné ☎ 02.51.32.03.61. Fermé le mardi soir et le mercredi. En juillet-août, fermé le lundi. Congés annuels : la dernière semaine de novembre et les 3 premières semaines en février. Accès : quai maritime, port de commerce. Menus à 69 F (10,5 €) sauf le dimanche midi, et de 91 à 198 F (13,9 à 30,2 €). La mer, encore et toujours! Un slogan que ne renierait pas le patron qui lui consacre toute sa maison. Décor de bois précieux, lampe tempête, hublots donnant l'impression d'être dans le carré d'un somptueux bateau de croisière et une cuisine qui fait sortir le poisson des sentiers battus. Elle recèle des mélanges subtils et étonnants, à l'image des filets de rougets à la réglisse, du

tartare de saumon à la crème de chèvre frais ou du ragoût d'escargots à l'infusion de gingembre. Plus sobre, il y a aussi la sole meunière, le bar en croûte de sel... Vu les prix, on comprend pourquoi de nombreux Sablais y viennent régulièrement. Le menu à 91 F est particulièrement intéressant. Service prévenant et attentionné. *Café offert.*

l●l *La Fleur des Mers* – 5, quai Guiné ☎ 02.51.95.18.10. Fermé le mardi soir et le mercredi. Congés annuels : janvier. Accès : sur le quai en face du port. Menus à 72 et 135 F (11 et 20,6 €). Chic et *clean*, on entre dans ce resto comme dans un bateau de luxe. Des étages successifs montent jusqu'au pont d'où l'on voit le port. Intérieur frais et spacieux, clair. Bon goût dans l'ambiance comme dans la cuisine très délicate. Terrine de saumon au confit d'oignons (un régal), moules marinière fraîches, lotte, merlan. Une adresse sûre. *La Fleur des Mers*, nous reviendrons ! *Digestif offert.*

l●l *Restaurant George V* – 20, rue George-V – La Chaume ☎ 02.51.95.11.52. Accès : à gauche dans le prolongement du port. Menus de 78 F (11,9 €), sauf le dimanche, à 150 F (22,9 €). De la salle élégante, un peu chic, on profite de la vue sur l'entrée du port. Le cadre lumineux agréablement décoré ne doit tout de même pas prendre le pas sur le contenu de l'assiette. Pas de souci de ce côté. Olivier Burban mène bien sa barque. Comme beaucoup, il utilise le poisson mais y met une pointe d'originalité, s'attachant à étonner ces saveurs inattendues comme la salade aux beignets de calmars huile de noix, la poêlée de Saint-Jacques, ou le gâteau de langoustines. Et ce serait un crime de ne pas garder une petite place pour son pain perdu de notre enfance ou la tarte aux pommes chaudes. Cher ? Même pas ! *Café offert.*

SABLÉ-SUR-SARTHE   72300

Carte régionale B1

▲ l●l *L'Hostellerie Saint-Martin* – 3, rue Haute-Saint-Martin (Centre) ☎ 02.43.95.00.03. Fermé le dimanche soir et le lundi. Congés annuels : pendant les vacances scolaires de février et du 1er au 15 septembre. Accès : par une petite rue partant de la place de la Mairie. Chambres agréables de 152 à 240 F (23,2 à 36,6 €). Menus de 95 à 185 F (14,5 à 28,2 €). Ce petit hôtel de centre-ville baigne dans un bienveillant climat (la preuve, un palmier pousse de l'autre côté de la rue). Salle à manger haute de plafond au charme chaleureux, un peu désuet, avec toute la mythologie de la province : le vaisselier, l'horloge

normande, les lourdes tentures de velours rouge, les ustensiles de cuivre. Fleurs fraîches sur les tables. Le parquet de bois craque divinement. Belle cuisine traditionnelle de terroir avec sandre rôti aux champignons, crabe farci à la calédonienne, salade tiède de pétoncles et crevettes, croustillant d'agneau aux morilles en spécialités ; et accueil très terroir également, avec des sourires chaleureux pour les habitués et ceux qui ont réservé (vous voilà prévenu !).

l●l *Les Palmiers* – 54, Grande-Rue (Centre) ☎ 02.43.95.03.82. Fermé le mardi. Menu le midi en semaine à 55 F (8,4 €). Superbes tajines de 69 à 75 F (10,5 à 11,4 €), couscous aux différentes viandes de 69 à 100 F (10,5 à 15,2 €). Compter de 80 à 120 F (12,2 à 18,3 €) à la carte. C'est l'occasion de changer un peu des rillettes et de la marmite sarthoise (au demeurant fort bonnes !). Aux *Palmiers*, vous retrouverez toute l'hospitalité marocaine, à travers un adorable couple franco-marocain. Abdou aux fourneaux, la patronne à la réception et en salle. Dans cette ruelle paumée du vieux Sablé, point de clientèle de passage, on vient nécessairement par le bouche à oreille. Pour les deux grandes salles d'abord, pimpantes et fort bien décorées ; pour la cuisine ensuite, le meilleur de la cuisine marocaine. Bouillon et légumes parfumés, viandes extra et servies copieusement. C'est à croire que le cuistot est parti herboriser sur les pentes de l'Atlas peu de temps avant. Pâtisseries maison. Chaleur de l'accueil en prime ! *Café offert.*

DANS LES ENVIRONS

DUREIL 72270 (16 km E)

l●l *L'Auberge des Acacias* – le bourg (Centre) ☎ 02.43.95.34.03. Fermé le dimanche soir et le lundi. Congés annuels : du 1er au 20 mars. Accès : par la D309 jusqu'à Parcé-sur-Sarthe ou la D23 jusqu'à Malicorne ; puis prendre la petite route qui longe la Sarthe. Menu en semaine à 85 F (13 €), autres de 128 à 168 F (19,5 à 25,6 €). Ce n'est pas parce qu'il n'y a plus de vigne vierge qu'on l'aime moins, cette bonne auberge. Les menus changent au gré des saisons et sont complétés par une carte riche en spécialités régionales : escalopines de foie gras du Maine poêlées à la graine de fenouil, sandre au cidre sarthois ou petite tatin avec glace vanille maison au miel d'acacia et à la fleur de romarin. La terrasse est toujours aussi sympathique et l'on ne demanderait qu'à vivre passer l'hiver au coin de la cheminée.

SAINT-CALAIS 72120

Carte régionale B1

|●| À Saint-Antoine – 8, place Saint-Antoine (Nord-Est) ☎ 02.43.35.01.56. Parking. Fermé le dimanche soir, le lundi et le mercredi soir en hiver. Congés annuels : du 8 au 20 août. Accès : à l'entrée de la ville. Menu le midi en semaine à 65 F (9,9 €), suivants de 105 à 230 F (16 à 35,1 €). La rumeur a fait le tour du pays : les fils Achard ont repris le vieux bistrot de la place Saint-Antoine pour en faire un « vrai restaurant » après avoir fait leurs classes à Paris, chez *Maxim's* pour le sommelier, au *Plazza Athénée* pour le chef. Des maisons qui restent des références, surtout ici... Un lieu à la bonne franquette, où gendarmes, ouvriers et entrepreneurs locaux se croisent, au bar, avant de vaquer chacun à leurs occupations. La petite salle de resto se remplit très vite. Et c'est le choc. Une cuisine colorée, goûteuse, dès le second menu : timbale de maquereaux et tomates confites, panaché de poissons aux coques, fromage blanc, tarte. On peut choisir le suivant, mais l'autre, le petit 1er, est génial : terrine de bœuf en gelée, sauté de veau, fromages ou dessert. Avec de bons vins de la région, à petits prix. Pourvu que ça dure !

DANS LES ENVIRONS

SAINT-GERVAIS-DE-VIC 72120
(4 km S)

|●| Le Saint-Éloi – 1, rue Bertrand-Guilmain ☎ 02.43.35.19.56. Fermé le dimanche soir hors saison. Congés annuels : la 2e quinzaine de février et la 2e quinzaine d'août. Accès : près de l'église. Menus en semaine à 57 F (8,7 €), et de 130 à 150 F (19,8 à 22,9 €). Ce petit resto de village aurait du échanger son saint patron avec celui du bourg voisin. Le couple de joyeux charcutiers qui l'a racheté n'avait déjà pas beaucoup de week-ends libres avant : aujourd'hui, ils n'en ont plus un seul, le bouche à oreille remplissant chaque dimanche la petite salle d'habitués qui se ruent sur les menus, le dernier comportant trois plats, au choix, avec entrée, poisson chaud et magret de canard au poivre vert. En semaine, avec le 1er, il y a le buffet de hors-d'œuvre, la blanquette ou le coq au vin, le fromage, la tarte, le café et le vin à discrétion. *Apéritif offert.*

SAINT-DENIS-D'ORQUES 72350

Carte régionale B1

|●| L'Auberge de la Grande Charnie – rue Principale (Centre) ☎ 02.43.88.43.12. Parking. Fermé le dimanche soir et le lundi. Accès : sur la N157, à mi-chemin de Laval et du Mans. Menu le midi en semaine à 89 F (13,6 €) avec un verre de vin, puis de 98 à 218 F (14,9 à 33,2 €). Dans une ravissante salle à manger, découvrez cette excellente cuisine régionale qui ne commettra pas d'attentat à votre portefeuille. 1er menu avec, par exemple, jambon fermier à l'os cuit maison sauce au cidre et champignons des bois ; le suivant avec petit sauté de hampe aux échalotes confites, marmite à la sarthoise, etc. À 150 F (22,9 €), on a droit au foie gras cuit à l'auberge. Pour les gastronomes, le dernier menu. À la carte : filet de canette aux pêches confites et airelles, selle d'agneau crème d'estragon...

SAINT-GILLES-CROIX-DE-VIE 85800

Carte régionale A2

|●| La Crêperie – 4, rue Gautté (Centre) ☎ 02.51.55.02.77. Fermé le dimanche midi et le lundi. Congés annuels : 15 jours en janvier et 15 jours en octobre. Accès : en face du pont de la Concorde. Crêpes salées de 10 à 55 F (1,5 à 8,4 €), sucrées de 10 à 35 F (1,5 à 5,3 €). Comme son nom l'indique, ce n'est pas une pizzeria. Les crêpes y sont classiques mais bonnes et copieuses. En fait, on craque surtout pour la déco digne d'un grand *designer*. L'ensemble associe harmonieusement les pierres blanches de la maison à des couleurs chaudes, le rotin au fer forgé, le tout agrémenté de la touche « couleur locale » filet de pêche et tableaux à thème marin.

DANS LES ENVIRONS

COMMEQUIERS 85220 (12 km NE)

⌂ |●| Hôtel de la Gare ** – rue de la Morinière ☎ 02.51.54.80.38. Fax : 02.28.10.41.47. Parking. ⚹ Fermé le lundi. Congés annuels : janvier. Accès : par la D754. De 170 à 200 F (25,9 à 30,5 €) avec cabinet de toilette, douche et wc. Menus de 78 F (11,9 €), en semaine, à 190 F (29 €) avec 3 plats. Il a tout pour plaire, cet hôtel construit au début du siècle lorsque le chemin de fer desservait encore les moindres bourgades du fin fond de la France. Il a des allures de maison victorienne avec sa peinture extérieure blanche et ses volets verts.

Et puis, il y eut le progrès... et pour le coup, on le remercie. Plus de train, donc plus de bruit et des nuits réparatrices en perspective. En plus, les chambres sont séduisantes, agréables et joliment décorées. Fraîcheur et couleurs gaies ont également envahi la salle de restaurant à dominante verte. Ambiance marine mâtinée d'une pointe d'exotisme. Le chef s'affaire pour préparer de bons plats simples mais copieux et vraiment pas chers. Sardines de pays, fruits de mer, poissons, noix de Saint-Jacques, rognons de veau au porto, tête de veau, canard rôti... Jardin arboré pour la détente avec une piscine pour le sport. *Apéritif offert.*

SAINT-HILAIRE-DE-RIEZ   85270

Carte régionale A2

lOl *Restaurant La Bourrine de Riez* – 221, **av. de la Corniche** ☎ **02.51.55.01.83.** Fermé le lundi soir et le mardi hors saison. Congés annuels : décembre et janvier. Accès : par la corniche. Menu le midi en semaine à 58 F (8,8 €). Autres de 68 à 168 F (10,4 à 25,6 €). On mange bien pour 100 F (15,2 €). Encore une bourrine ! Il faut dire qu'ils aiment ça, les Vendéens. Celle-ci a le charme d'un cadre lambrissé et de vieilles casseroles en cuivre sur les murs. Sans oublier, bien sûr, les éternels diplômes et certificats d'appartenance à une multitude de confréries culinaires (celle de la sardine par exemple, très réputée la confrérie de la sardine !). Il faut dire qu'on y mange bien pour pas trop cher. Chaussons de saumon aux Saint-Jacques, filet de sole aux coquillages, émincé de filet de canette, moules marinière au lard et senteur balsamique, sans oublier la tarte fine aux pommes. Pour une fois, la carte est plus intéressante que les menus. *Café offert.*

SAINT-JEAN-DE-MONTS   85160

Carte régionale A2

🛏 lOl *Hôtel-restaurant Le Robinson* ** – **28, bd Leclerc (Centre)** ☎ **02.51.59.20.20. Fax : 02.51.58.88.03.** Parking. TV. Canal+. ⚒ Congés annuels : du 6 décembre au 30 janvier. Tarifs en fonction du confort et de la période, de 200 à 380 F (30,5 à 57,9 €) pour 2. Menus de 76 F (11,6 €), sauf le dimanche midi, à 190 F (29 €). Cette affaire de famille est devenue au fil des années un petit complexe touristique incontournable (on dirait presque un village de vacances ! Où sont les G.O. ?). À force de s'agrandir, de construire de nouvelles ailes, la maison a bien changé, mais la qualité a toujours été

maintenue. Au restaurant, cuisine traditionnelle et plaisante : brochette de noix de Saint-Jacques, magret de canard au miel et aux pommes. Réserver longtemps à l'avance, comme partout dans la région, du reste. *Café offert.*

🛏 lOl *Hôtel Le Richelieu* *** – **8, av. des Œillets (Sud-Est)** ☎ **02.51.58.06.78. Fax : 02.51.59.74.45.** Parking. TV. Fermé le mercredi. Congés annuels : octobre. Doubles avec bains à 270 F (41,2 €). Demi-pension obligatoire en juillet-août à 310 F (47,3 €) par personne. Menus de 98 à 300 F (14,9 à 45,7 €). L'architecture d'inspiration normande surprend dans ce quartier tout juste en retrait du front de mer (on y est en 2 secondes !). C'est en fait une grande maison bourgeoise avec un jardin, proposant 8 chambres d'un excellent confort et décorées avec goût. L'accueil est familial, la cuisine à base de produits d'excellente qualité. Palourdes farcies, Saint-Jacques aux pleurotes, raie aux salicornes, paupiettes de sole, homard grillé et sa brisure de truffes... *10 % sur le prix de la chambre hors saison.*

lOl *Restaurant des Trois Charrues* – **Petit-Bois Verdon (Nord)** ☎ **02.51.58.62.75.** Parking. ⚒ Fermé le lundi hors saison. Accès : au bord de la route, à gauche, à l'entrée nord de la ville, direction pont de Noirmoutier. Menu le midi à 85 F (13 €), autres à 112 et 145 F (17,1 et 22,1 €). On ne peut manquer d'apercevoir ce chalet recouvert de chaume. Le joli jardin qui l'entoure laisse penser que le chef y puise ses légumes et autres herbes aromatiques. Saumon à l'oseille, coquilles Saint-Jacques à la crème sont à découvrir. Mais la vedette reste la serveuse de choc !... Souhaitons-lui longue vie.

SAINT-LÉONARD-DES-BOIS   72590

Carte régionale B1

🛏 lOl *Touring Hôtel* *** – ☎ **02.43.31. 44.44. Fax : 02.43.31.44.49.** Parking. TV. Accès : suivre les itinéraires « Les Alpes Mancelles ». Doubles de 395 à 500 F (60,2 à 76,2 €) avec douche et wc ou bains. Menus le midi en semaine à 75 F (11,4 €), autres de 95 à 250 F (14,5 à 38,1 €). Près de la rivière qui a donné son nom au département, au cœur des Alpes Mancelles, voici une bonne adresse de séjour, où l'environnement, l'accueil, la cuisine, la piscine font oublier que c'est du béton qui a poussé ici. 35 chambres calmes bien équipées, avec presse-pantalon et canard jaune dans la salle de bains ; c'est le seul hôtel français de la chaîne anglaise *Forestdale* ! Rassurez-vous, ce ne sont pas des Anglais qui cuisinent. Goûtez au petit menu avec filet de flétan aux coquillages, après le saumon fumé maison et avant le chausson aux fruits de saison. Autres spécialités : la charlotte de chèvre chaud et le magret de canard. *10 % sur le prix de la chambre.*

SAINT-NAZAIRE 44600

Carte régionale A2

â *Hôtel de Touraine* * – 4, av. de la République (Centre) ☎ 02.40.22.47.56. Fax : 02.40.22.55.05. TV. Congés annuels : entre Noël et le Jour de l'An. Accès : à deux pas de l'hôtel de ville. Chambres à 200 F (30,5 €). Petit déjeuner à 28 F (4,3 €). Trouver à Saint-Nazaire une chambre neuve, propre et agréable à un prix raisonnable, se voir servir un petit déjeuner copieux dans le jardin (par beau temps) et pouvoir bénéficier d'un repassage de chemise sans supplément est suffisamment rare pour être signalé. Excellent accueil, vous l'aviez deviné! *10 % sur le prix de la chambre d'octobre à avril.*

â l●l *Korali Hôtel* ** – place de la Gare (Nord) ☎ 02.40.01.89.89. Fax : 02.40.66.47.96. TV. Canal+. Doubles à partir de 260 F (39,6 €). Demi-pension à 298 F (45,4 €) par personne. Menus à 85 et 120 F (12,9 et 18,3 €). On a aimé l'architecture moderne de cet hôtel récent, bien situé, près de la gare. Facilement accessible. Les chambres de bon confort (Canal + sans supplément) et l'amabilité du patron nous invitent à recommander cette maison jolie et accueillante. À noter, le petit déj' à partir de 5 h du mat' permet, en cas de départ matinal, de ne pas s'élancer le ventre creux.

l●l *Restaurant Le Moderne* – 46, rue d'Anjou (Centre) ☎ 02.40.22.55.88. Fermé le dimanche soir et le lundi. Congés annuels : 2e quinzaine de juillet. Menus de 65 à 230 F (9,9 à 35,1 €). Saint-Nazaire n'avais rien d'une étape gastronomique, on apprécie d'autant plus les prix et les plats de ce restaurant familial où l'on sait vous accueillir avec le sourire. Goûtez à la traditionnelle choucroute de la mer, à l'étuvée de Saint-Jacques aux morilles ou à la cuisse de canard confite. Service parfois un peu coincé.

DANS LES ENVIRONS

SAINT-JOACHIM 44720 (10 km N)

â l●l *L'Auberge du Parc, La Mare aux Oiseaux* – 162, île de Fédrun ☎ 02.40.88.53.01. Fax : 02.40.91.67.44. Fermé le dimanche soir et le lundi, hors saison. Congés annuels : mars. Chambres doubles avec bains de 350 à 380 F (53,3 à

58 €). Menus de 150 à 230 F (22,9 à 35 €). Plats à partir de 80 F (12,2 €). Les habitants de l'île de Fédrun, fiers de leurs prérogatives et de leur marais, ont adopté Éric Guérin, un ancien de *La Tour d'Argent*. Ancien? À moins de 30 ans, ce jeune chef plein d'idées met un brin de folie dans les assiettes de ses convives. Sa cuisine raconte de belles histoires. Celles d'un petit farci d'anguilles aux mille senteurs de Brière ou « d'un croquant de grenouilles aux algues bretonnes ». Dans l'absolu, on connaît la fin de l'adage : la valeur n'attend point le nombre des années. À *La Mare aux Oiseaux* non plus! On y mange vraiment bien sans s'embêter. 4 chambres sous toit de roseaux toutes respectueuses de l'atmosphère brièronne. *10 % sur le prix de la chambre hors saison.*

SAINT-BRÉVIN-L'OCÉAN 44250
(12 km S)

â l●l *Hôtel-restaurant Rose Marie* ** – 1, allée des Embruns (Centre) ☎ 02.40.27.20.45. Fax : 02.40.39.14.66. TV. Accès : à 2 mn du centre, près de la plage, face à la mer. Doubles de 250 à 270 F (38,1 à 41,2 €). Pension complète en été à 670 F (102,1 €) pour deux. Au resto, 3 formules à 68 F (10,4 €) sauf dimanche et jours fériés. Menus de 115 à 215 F (17,6 à 32,8 €). Le dernier héritier d'une famille qui a, depuis 1932, la haute main sur cette drôle de maison n'est pas triste non plus, dans le style baroudeur revenu tâter du piano. Ça sent la mer dans la cuisine, ce qui, ici, est un vrai compliment. Goûtez notamment le blanc de sandre sur caviar de légumes ou la choucroute royale de la mer. Plateaux de fruits de mer. Carte de vin correcte. On a aimé le muscadet Domaine de la Roche. Il y a du jazz en terrasse le week-end.

SAINT-VINCENT-DU-LOROUER 72150

Carte régionale B1

l●l *L'Auberge de l'Hermitière* – sources de l'Hermitière ☎ 02.43.44.84.45. ♿ Fermé le lundi soir, le mardi et du 15 novembre à début mars. Accès : à 4,5 km au sud de Saint-Vincent-du-Lorouër. Menus de 100 à 275 F (15,2 à 41,9 €). C'est une des plus grandes tables de la Sarthe, capable d'offrir cependant une très beau menu, le 1er, opération « terroir et patrimoine », à un prix raisonnable, avec un fondant de foie blond au coulis de cèpes, un plat de résistance somptueux, étuvée de volaille fermière et une mousse de pommes crème anglaise aux morilles. On aime le cadre de cette maison forestière, faite de bois et de brique, bien nichée au bord de la rivière. Avant nous, la reine-mère Élizabeth d'Angleterre honora cette prestigieuse demeure de sa présence. Autres menus avec quelques vedettes comme les rognons de porc au cidre (grand prix de l'Académie nationale de cuisine), le petit sauté sarthois au jasnières (jambon, poulet, escargots à la crème fraîche, hmm!), le pavé de biche poêlée au poivre noir, la chiffonnade de crêpes aux griottes. *Apéritif offert.*

SAINT-VINCENT-SUR-JARD   85520

Carte régionale A2

🏠 I●I *Hôtel-restaurant de l'Océan* ** – 72, rue Georges-Clemenceau (Ouest) ☎ 02.51.33.40.45. Fax : 02.51.33.98.15. Parking. TV. ⚒ Fermé le jeudi hors saison. Accès : juste à côté du musée Clemenceau. Doubles de 190 F (29 €) avec lavabo et wc à 430 F (65,6 €) avec bains. Demi-pension obligatoire de juin à septembre qui vacille de 230 à 410 F (35,1 à 62,5 €) par personne. Menus de 80 à 250 F (12,2 à 38,1 €). La petite maison d'avant-guerre, proche de celle où Clemenceau venait passer ses vacances, n'a pas cessé de grandir en réputation et en capacité d'accueil. Les chambres au papier peint fleuri sont au calme dans le jardin, mais n'ont pas vue sur la mer comme les anciennes. 6 menus combleront d'aise les amateurs de fruits de mer : tartare aux deux saumons, moules à la crème, aumônière de Saint-Jacques, matelote d'anguilles au muscadet en spécialités. *Apéritif maison offert sauf de juin à septembre.*

SAULGES   53340

Carte régionale B1

🏠 I●I *Hôtel-restaurant L'Ermitage* *** – le bourg ☎ 02.43.64.66.00. Fax : 02.43.64.66.20. Parking. TV. Satellite / câble. ⚒ Fermé le dimanche soir et le lundi d'octobre à mi-avril. Congés annuels : du 25 janvier au 5 mars. Accès : à 34 km au sud-est de Laval ; par la N157 et la D24 ; à Chéméré-le-Roi, à gauche. Doubles avec douche et wc à 340 F (51,8 €), avec bains de 360 à 500 F (54,9 à 76,2 €). Vastes choix de menus entre 100 et 250 F (15,2 et 38,1 €). Pas de cellule monacale ni de repas maigre à *L'Ermitage*. Près d'une adorable église mérovingienne se cache une maison bien de notre temps, avec des chambres confortables, claires et spacieuses, donnant sur le parc, la piscine, la campagne environnante et un restaurant où le père et le fils, à leur façon, conjuguent tradition et modernisme : soufflé de crabe frais à la crème de homard, terrine gourmande de canard au foie gras, pièce de bœuf au vin

de Chinon, rognonnade de lapereau au pommeau, tarte fine aux pommes et quenelles de glace au pain d'épice. L'idéal pour faire une retraite... gourmande et touristique, les balades environnantes ne manquant pas de charme. *Apéritif offert. 10 % sur le prix de la chambre du 20 septembre au 10 juin.*

SAUMUR   49400

Carte régionale B2

🏠 *Hôtel Le Cristal* ** – 10, place de la République (Centre) ☎ 02.41.51.09.54. Fax : 02.41.51.12.14. ● cristal-hotel.fr ● Parking. TV. Satellite / câble. Accès : à côté de la mairie. Doubles avec douche et wc ou bains de 195 à 380 F (29,7 à 57,9 €). Hôtel fort bien situé. Chambres confortables aux tons doux. Certaines avec vue sur la Loire (les plus chères). 4 étages sans ascenseur, mais l'escalier est classé. Prix très intéressants pour 4 personnes. Petit déjeuner complet. Patronne sympathique. *10 % sur le prix de la chambre du 1er octobre au 31 mars et 10 % également du 1er avril au 30 septembre à partir de 3 nuits consécutives.*

🏠 *Hôtel de Londres* ** – 48, rue d'Orléans (Centre) ☎ 02.41.51.23.98. Fax : 02.41.51.12.63. Parking payant. TV. Canal+. Doubles avec douche et wc ou bains de 260 à 280 F (39,6 à 42,7 €). Particulièrement bien situé sur l'une des rues principales, mais isolation phonique très efficace. Hôtel bien tenu. Patron sympa. Cadre ancien et grand escalier (existe depuis 1850!). La chambre n° 28 est très agréable. *10 % sur le prix de la chambre sauf de juin à septembre inclus.*

🏠 *Central Hôtel Clarine* ** – 23, rue Daillé (Centre) ☎ 02.41.51.05.78. Fax : 02.41.67.82.35. Parking payant. TV. Canal+. Satellite / câble. Accès : du quai Carnot, prendre la rue Fidélité, 1re à gauche après la rue Saint-Nicolas. Doubles avec douche et wc à 290 F (44,2 €), avec bains à 390 F (59,5 €). Petit immeuble moderne, entièrement rénové, à l'intérieur comme à l'extérieur. 27 chambres différentes très spacieuses. Décoration agréable et plutôt raffinée ; arcades intérieures et poutres apparentes qui donnent du caractère à l'ensemble. Patron accueillant et affable. Grande chambre pour 4 personnes avec un bon rapport qualité-prix. *10 % sur le prix de la chambre du 1er novembre au 31 mars.*

🏠 I●I *Hôtel-restaurant Anne d'Anjou* *** – 32-33, quai Mayaud (Centre) ☎ 02.41.67.30.30. Fax : 02.41.67.51.00. Parking. TV. ⚒ Congés annuels : du 23 décembre au 4 janvier. Accès : au pied du château, en bord de Loire. Doubles avec douche et wc ou bains de 330 à 550 F

(50,3 à 83,8 €). Chambre « style Empire » à 690 F (105,2 €). Menu le midi en semaine à 98 F (14,9 €), le suivant à 165 F (25,2 €). Une élégante demeure du XVIIIe siècle, pleine de charme. Cour intérieure fleurie. Superbe escalier intérieur classé. Chambres confortables avec mobilier ancien, dont une, pur style Empire, idéale pour nos lecteurs(trices) fortuné(e)s ou en voyage de noces. Accueil très correct. Restaurant réputé. *10 % sur le prix de la chambre du 15 octobre au 15 avril.*

I●I *La Pierre Chaude* – av. du Général-de-Gaulle ☎ 02.41.67.18.83. ♿ Fermé le samedi midi et le dimanche (sauf en juillet-août). Congés annuels : 1 semaine à la Toussaint, 1 semaine à Noël, 1 semaine après Pâques, 1 semaine début juillet. Accès : sur l'île d'Offard, entre les deux ponts ; traverser la Loire. Menus à 65 F (9,9 €) le midi en semaine, 85 et 118 F (13 et 18 €). Nouvelle ambiance pour ce resto original. Salle entièrement refaite, déco western et *country music*. Mais surtout, vous n'avez qu'une pierre chaude pour faire votre cuisine ! Vous n'avez plus qu'à choisir cette formule pour obtenir un assortiment de viandes que vous faites cuire vous-même, le tout accompagné de délicieuses sauces. Et en plus, l'accueil est sympa. *Apéritif offert.*

I●I *Restaurant Le Relais* – 31, quai Mayaud ☎ 02.41.67.75.20. Fermé le samedi midi et le dimanche. Congés annuels : février. Accès : au bord de la Loire, près du château. Menu à 100 F (15,2 €) le midi en semaine, suivants à 125 et 190 F (19,1 et 29 €). Cadre feutré, coloré, éclairé par de splendides vitraux. Cuisine délicieusement raffinée. Foie gras de canard mi-cuit, magret de canard rôti, sandre au beurre blanc, turbot à la crème de persil, croquant au chocolat, etc. *Apéritif, café offerts.*

I●I *Restaurant Les Ménestrels* – 11-13, rue Raspail ☎ 02.41.67.71.10. ♿ Fermé le dimanche soir d'octobre à avril. Accès : à côté du palais de justice, au pied du château, derrière l'hôtel *Anne d'Anjou*. Menu à 100 F (15,2 €) sauf le dimanche, suivants de 165 à 340 F (25,2 à 51,8 €). Sans doute le meilleur resto du Saumurois. Cadre rustique, charpenterie originale et tuffeau apparent. Cuistot digne d'un macaron de Michelin. Son menu dégustation est un véritable crescendo de saveurs, alliances des plus fines aux plus savantes. Un grand moment gastronomique. Les spécialités changent tout le temps, mais si vous avez de la chance, laissez-vous tenter par une poêlée de langoustines en coque aux amandes, une « Royale » d'oursin aux huîtres chaudes, une géline de Touraine aux pleurotes et petits légumes, et un croustillant de pruneaux avec glace à l'armagnac sauce cannelle. Très bon accueil.

I●I *L'Auberge Reine de Sicile* ** – 71, rue Waldeck-Rousseau (Nord-Est) ☎ 02.41.67.30.48. Parking. ♿ Fermé le dimanche soir et le lundi. Congés annuels : août. Accès : dans l'île d'Offard, entre les deux ponts. 1er menu à 110 F (16,8 €), puis de 130 à 200 F (19,8 à 30,5 €). À côté d'une ravissante demeure médiévale, un resto en dehors des circuits touristiques. Chaleureuse salle à manger. Spécialité de grillades (viandes et poissons) au feu de bois. 1er menu avec mousseline de Saint-Jacques beurre blanc ou terrine de poisson, saumon frais grillé ou andouillette grillée, le second avec foie gras frais ou œufs de saumon fumés, matelote d'anguilles ou confit de canard maison, 160 F (24,4 €) avec assiette nordique vodka ou assiette landaise, gigot grillé ou filet de sandre beurre blanc. Spécialités de viandes et poissons grillés. Important de réserver. Très calme. Accueil familial sympathique. *Apéritif offert.*

DANS LES ENVIRONS

ROU-MARSON 49400 (6 km O)

I●I *Restaurant Les Caves de Marson* – 1, rue Henri-Fricotelle ☎ 02.41.50.50.05. Parking. ♿ Ouvert le soir du 15 juin au 15 septembre du mardi au samedi soir et le dimanche midi ; le reste de l'année, ouvert le vendredi soir, le samedi soir et le dimanche midi. Congés annuels : de Noël au 15 janvier. Accès : quitter Saumur par la N147 vers Cholet, puis prendre la D960 ; à 6 km environ, fléchage sur la droite. Menus de 120 à 170 F (18,3 à 25,9 €). Menu enfant à 60 F (9,1 €). Nous pesons nos mots : le meilleur rapport qualité-prix-convivialité-originalité dans le monde des « restos troglos ». Après avoir lu ce qui suit, vous ne vous étonnerez plus en apprenant qu'il faut réserver de nombreux jours à l'avance en saison. C'est un restaurant authentiquement troglodytique. Salle à manger au charme unique. Accueil hors pair. Ici, vous goûterez les succulentes fouées de la patronne : genre de galettes fourrées aux haricots, rillettes ou fromage de chèvre ou même foie gras (en supplément). Si Rabelais revenait, il s'en délecterait à nouveau. Avant, on se sera régalé d'une tarte flambée accompagnée d'un petit coteaux-du-layon. Pour finir, une salade et surtout un délicieux gratin de fruits (de saison). Le tout agrémenté d'un excellent anjou rouge. Vraiment pas cher pour la qualité.

SILLÉ-LE-GUILLAUME 72140

Carte régionale B1

🏠 I●I *Le Bretagne* ** – 1, place de la Croix-d'Or (Centre) ☎ 02.43.20.10.10. Fax : 02.43.20.03.96. Parking. TV. Fermé le dimanche soir et le lundi de mai à fin août et le vendredi soir et le dimanche soir de septembre à fin avril. Congés annuels : du 16 au 31 août. Chambres bienvenues à 190 et 240 F (29 et 36,6 €). Menus à 74 F (11,3 €) en semaine, et de 124 à 250 F (18,9 à 38,1 €). De l'extérieur, vous jugeriez être tombé sur l'hôtel familial en décrépitude, et vous vous apprêteriez à fuir. Mais la porte sitôt poussée, vous sentez que la vieille maison a pris un sacré coup de jeune, dans l'accueil comme sur les murs. Après avoir travaillé chez les grands, deux « petits » sont revenus au pays ouvrir ce restaurant où l'on vous propose une cuisine fraîcheur assez enthousiasmante, depuis le second menu avec terrrine de poireaux, salade à l'huile de noix et copeaux de foie gras, dos de saumon légèrement fumé, lentilles vertes, fromages, jolis desserts, jusqu'aux derniers, dont celui à 180 F (27,4 €) avec fondant de queue de bœuf, filet de rascasse avec jus à la citronnelle, fromage et délicieux Paris-Brest. *10 % sur le prix de la chambre.*

THOUARCÉ   49380

Carte régionale B2

|●| *Restaurant Le Relais de Bonnezeaux* – **Bonnezeaux** ☎ 02.41.54.08.33. Parking. ♒ Fermé le dimanche soir, le lundi et le mardi soir. Congés annuels : du 4 au 25 janvier. Accès : sur la D24, à 1 km environ de Thouarcé, en direction d'Angers. Menus à 100 F (15,2 €) le midi en semaine, et de 130 à 265 F (19,8 à 40,4 €) le menu gastronomique. Vins coteaux-du-layon : 1899 à 3500 F (76,2 €), 1949 à 1 800 F (122 €), 1954 à 600 F (91,5 €). Installé dans l'ancienne gare de Bonnezeaux, l'une de ces « gares électorales » de la fin du XIXe siècle. Cependant, hormis le nom de la gare, il ne reste pas grand-chose de l'atmosphère d'antan. Salle panoramique, cadre élégant pour une cuisine raffinée, en particulier le poisson. À la carte, quelques spécialités maison originales et délicieuses comme le suprême de sandre à l'anjou rouge, le foie gras de canard, le nougat glacé au cointreau. Terrasse ombragée et aire de jeux pour les enfants. Carte des vins, dans laquelle nous vous avons sélectionné de beaux coteaux-du-layon. Sinon, vin au verre... *Apéritif offert.*

DANS LES ENVIRONS

CHAMP-SUR-LAYON (LE) 49380
(6 km O)

🛏|●| *L'Auberge de la Contrèche* – ☎ 02.41.78.48.18. Parking. Fermé le lundi. Congés annuels : février et septembre.

Accès : par la D125 ; de Champ-sur-Layon, prendre la direction de Rablay-sur-Layon. Doubles avec douche et wc à 250 F (38,1 €) et chambre à 2 grands lits à 320 F (48,8 €), petit déjeuner compris (succulente confiture, maison, cela va de soi !). Menus de 115 à 240 F (17,5 à 36,6 €). Réservation hautement recommandée. Superbe auberge perdue dans les coteaux du Layon. Fort bien aménagée : grands volumes, style rustique de bon goût. Tout est rigoureusement fait maison : charcuteries, gâteaux, légumes frais. 1er menu d'un très bon rapport qualité-prix. Plats très copieux. Délicieux champignons farcis pour accompagner les viandes. 3 chambres de charme très rustiques pour les accros de la région. Mini-golf pour les fanas de la petite baballe...

TIFFAUGES   85130

Carte régionale A2

🛏 *Hôtel La Barbacane* ** – 2, place de l'Église ☎ 02.51.65.75.59. Fax : 02.51.65.71.91. Parking. TV. Canal+. Satellite / câble. ♒ Accès : à côté de l'église. Doubles avec douche et wc de 320 à 340 F (48,8 à 51,8 €) et avec bains de 340 à 489 F (51,8 à 74,5 €). Étonnant à tous points de vue ! D'abord, il y a cette drôle de maison, vivante, chaleureuse, avec son parc planté de cèdres, de magnolias, de glycines et de rosiers, sa piscine, son billard, ses chambres d'un doux confort donnant sur l'église ou le château de Barbe Bleue... Et puis, il y a Mme Bidan, sa propriétaire, et ses fils à 2 ou 4 pattes, car elle appelle aussi son chien « mon fils » ou Goethe, selon l'humeur... Si vous aimez son style, et vice versa, elle vous accueille à bras ouverts, sans savoir qui vous êtes, offrant boisson, gâteaux, parts de pizza ! Petit déjeuner succulent.

TRANCHE-SUR-MER (LA)   85360

Carte régionale A2

|●| *Restaurant Le Milouin* – 99, av. Maurice-Samson ☎ 02.51.27.49.49. Parking. ♒ Fermé le lundi et le mardi hors saison. Accès : entre le centre-ville et le phare. Menu à 72 F (11 €) servi en semaine, puis autres de 92 à 195 F (14 à 29,7 €). Menu enfant à 42 F (6,4 €). À la carte, compter 165 F (25,2 €). On se sent bien dans cette petite salle blanche et bleue aux poutres apparentes. Terrasse devant l'entrée. On sert un petit repas rapide aussi bien que des agapes plus conséquentes. Les menus s'y prêtent. Cuisine régionale dans laquelle on découvre des saveurs plaisantes. Mouclade au pinot, sandre rôti au jus de volaille, ris de

PAYS-DE-LA-LOIRE

veau aux pleurotes et, en dessert, un mille-feuille aux fruits de saison. Slurp! *Apéritif offert.*

I●I *Restaurant Le Nautile* – 103, rue du Phare ☎ 02.51.30.32.18. Fermé le dimanche soir et le lundi hors saison. Congés annuels : janvier. Menus de 98 à 178 F (14,9 à 27,1 €). Le quartier résidentiel de La Tranche cache ce restaurant dans son anonymat architectural. La cuisine fine et savoureuse de Cyril Godard mérite qu'on y goûte. C'est chic et un peu cher, mais bon. Cassolette de langoustines flambées, aumônière de saumon aux salicornes... Adresse à la mode dans la région, c'est bon signe!

VIBRAYE 72320

Carte régionale B1

🏠 I●I *L'Auberge de la Forêt* ** – rue Gabriel-Goussault (Centre) ☎ 02.43.93.60.07. Fax : 02.43.71.20.36. Parking. TV. Fermé le dimanche soir et le lundi, sauf les jours fériés et en juillet-août. Congés annuels : 3 semaines en février. Chambres du genre confortable de 215 à 255 F (32,8 à 38,9 €). Petit menu en semaine à 90 F (13,7 €). Menu du terroir à 110 F (16,8 €), autres de 165 à 270 F (25,2 à 41,2 €). Si vous avez peur de vous retrouver perdu en pleine forêt, rassurez-vous, cette auberge-là est en plein village. Calme garanti depuis qu'un nouveau plan de circulation a fait du centre-ville de Vibraye un lieu où l'on peut promener son chien sans laisse. Dans la salle de restaurant, on prend son temps pour goûter une bonne cuisine du terroir, notamment la fameuse marmite sarthoise, préparée consciencieusement avec du jasnières, entre une tarte aux rillettes et le dessert maison, le « petit Sarthois ». Plus recherchés, les menus suivants proposent petites crêpes d'écrevisses et pétoncles aux rouelles de poireaux, roulade de pigeonneau aux trompettes de la mort et pâtes fraîches, flan de bar rôti aux pleurotes, etc. Du bon travail de professionnel(s)! *Apéritif, café offerts.*

🏠 I●I *Hôtel-restaurant Le Chapeau Rouge* ** – place de l'Hôtel-de-Ville (Centre) ☎ 02.43.93.60.02. Fax : 02.43.71.52.18. Parking. TV. ♿ Fermé le dimanche soir, sauf réservation. Accès : en face de l'hôtel de ville. Doubles avec douche et wc ou bains de 280 à 330 F (42,7 à 50,3 €). Menu le midi en semaine à 90 F (13,7 €), puis autres de 120 à 190 F (18,3 à 29 €). Une auberge couverte de vigne vierge. Sa réputation n'est plus à faire. On goûte ici la bonne tradition perpétuée par le patron qui sert un vrai tournedos Rossini, de belles viandes des pâturages locaux, du poisson en arrivage direct de La Rochelle, suivis d'une vraie crème caramel, dans une salle à manger ornée de trophées de chasse et d'un splendide cul-de-poule. À la carte : foie gras, saumon fumé maison, salade de queues de langoustines, confit de canard, marmite de poissons, etc. Une maison comme on les aime, avec ambiance garantie les jours de marché, au bar, et calme assuré la nuit dans les 16 chambres dont 5 avec minibar.

Les prix
En France, les prix des hôtels et des restos sont libres. Certains peuvent augmenter entre le passage de nos infatigables fureteurs et la parution du guide.

Avis aux hôteliers et aux restaurateurs
Chaque année pour y figurer, il faut le mériter.

Le Routard

Picardie

02 Aisne
60 Oise
80 Somme

ALBERT — 80300

Carte régionale A1

🛏 🍴 *Hôtel de la Basilique* ** – 3-5, rue Gambetta (Centre) ☎ 03.22.75.04.71. Fax : 03.22.75.10.47. TV. Fermé le samedi soir et le dimanche hors saison. Congés annuels : 3 semaines en août et les vacances de Noël. Doubles avec douche et wc ou bains de 290 à 320 F (44,2 à 48,8 €). Menu en semaine à 65 F (9,9 €), suivants de 80 à 190 F (12,2 à 29 €). Avec ses briques rouges, sa *Vierge à l'Enfant* et ses vitraux, la basilique d'Albert vaut le détour. L'*Hôtel de la Basilique* aussi, mais pour d'autres raisons : accueil familial, petites chambres confortables, et bien sûr bonne cuisine régionale. À découvrir : pâté de canard en croûte maison, duo d'anguille et saumon fumés, truite à l'oseille, filet de bœuf au poivre vert ou grillé béarnaise, lapin aux pruneaux… *Café offert*.

AMIENS — 80000

Carte régionale A1 – Plan pp. 708 et 709

🛏 *Hôtel Central et Anzac* ** – 17, rue Alexandre-Fatton (C2-1) ☎ 03.22.91.34.08. Fax : 03.22.91.36.02. TV. Canal+. Accès : près de la gare. Comptez entre 175 et 255 F (26,7 et 38,9 €) pour un minimum de confort. Idéal pour les voyageurs chargés qui ne veulent pas faire des kilomètres, une fois sortis – péniblement – de la gare d'Amiens ! Accueil très souriant mais choisissez bien votre chambre. Si vous avez encore le courage de monter quelques étages, allez vous réfugier sous les toits, dans les chambres mansardées nouvellement refaites. Attention, celles du 1er étage, notamment, sont à éviter.

🛏 *Hôtel Victor Hugo* * – 2, rue de l'Oratoire (C2-3) ☎ 03.22.91.57.91. Fax : 03.22.92.74.02. TV. Accès : à côté de la cathédrale. Doubles avec douche et wc ou bains de 210 à 240 F (32 à 36,6 €). Une petite maison ancienne située à un carrefour, mais entièrement rénovée (double-vitrage), qui conserve un certain charme. Un confort inégal selon les chambres, mais elles sont toutes différentes. Celles du 1er étage sont hautes de plafond. Vous aurez peut-être droit au grenier, étroit mais bénéficiant d'une vue sur les toits pleine de romantisme.

🛏 🍴 *Sélect et Rhin* ** – 69-71, place René-Goblet (C2-5) ☎ 03.22.91.32.16. Fax : 03.22.92.42.31. TV. Doubles avec douche et wc ou bains de 280 à 350 F (42,7 à 53,4 €). Menus entre 88 et 220 F (13,4 et 33,5 €). Près d'un petit square qui préserve du bruit et de l'agitation de la principale artère commerçante du centre, l'hôtel propose des chambres spacieuses et bien équipées. Petits plats traditionnels (entrecôte béarnaise, salade de foie gras de canard maison truffé, foie de veau frais, quenelles de brochet fraîches gratinées...) et accueil très sympa au bistrot du rez-de-chaussée. Souvent fréquenté en soirée par

---

Sur présentation de ce guide,
nombreuses offres et réductions en 2000.

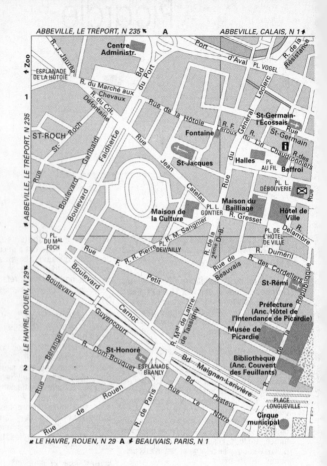

ABBEVILLE, LE TRÉPORT, N 235 ↖ **A** ABBEVILLE, CALAIS, N 1 ↗

↙ LE HAVRE, ROUEN, N 29 **A** ↓ BEAUVAIS, PARIS, N 1

🛏 **Où dormir ?**

1 Hôtel Central et Anzac
3 Hôtel Victor Hugo
4 Le Prieuré
5 Select et Rhin
6 Hôtel Alsace-Lorraine

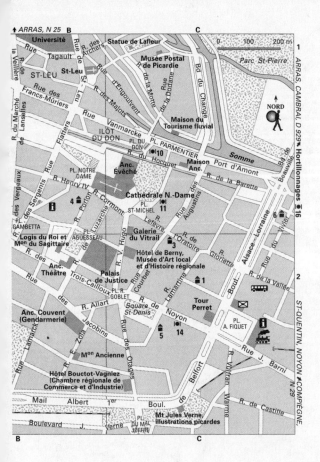

ARRAS, N 25

Université
Tagault
Rue
Rue
la Vieillère
de
R. des Archers
Statue de Lafleur
Rue
ST-LEU
St-Leu
de S. Leu
R. des Majots
Rue
Rue d'Engoulvent
R. de la Motte
Musée Postal
de Picardie
Rue
de la Dodane
Bd du Change
Rue
des Francs-Mûriers
R. du Marché de Lanselles
Flatters
Rue
R. Vanmarcke
ILÔT
DU DON
PL. DU DON
PL. PARMENTIER
Maison du
Tourisme fluvial
Parc St-Pierre
NORD
Somme
Port d'Amont
R. des Vergeaux
Rue
R. Henry IV
PL. NOTRE DAME
10
R. du Hocquet
Anc.
Évêché
Maison
Anc.
R. de la Barette
R. Cormont
Portion
R. Luzarche
Cathédrale N.-Dame
PL. ST-MICHEL
11
Rue des Augustins
R. de la Vivier
6
16
ARRAS, CAMBRAI, D 929, Hortillonnages
16
i
4
PL. GAMBETTA
Logis du Roi et
Mon du Sagittaire
PL. AGUESSEAU
de
R. V. Hugo
Galerie
du Vitrail
3
Lefèvre
R. de l'Oratoire
Galette
Rue
Glorlette
Anc.
Théâtre
Palais
de Justice
Hôtel de Berny,
Musée d'Art local
et d'Histoire régionale
R.
Lamartine
1
R. de la Vallée
Rue
des
Trois-Cailloux
R. Courbet
PL. R.
GOBLET
Boul
R. Allart
Square de
St-Denis
Noyon
Tour
Perret
PL.
A. FIQUET
i
Anc. Couvent
(Gendarmerie)
R. des Otages
5
14
Rue J. Barni
Mon Ancienne
Rue Lamarck
Rue
Zola
Rue
de
Jacobins
ST-QUENTIN, NOYON, COMPIÈGNE, N 29
Hôtel Bouctot-Vagniez
(Chambre régionale de
Commerce et d'Industrie)
R. de Castille
Mail
Albert
1er
Boul.
R. Voltran Warmé
de Belfort
Boulevard
J.
Verne
PL. DU MAL JOFFRE
Mt Jules Verne,
Illustrations picardes
0   100   200 m

Où manger?

10 La Soupe à Cailloux
11 Steak Easy
14 Le T'chiot Zinc
16 Le Pré Porus

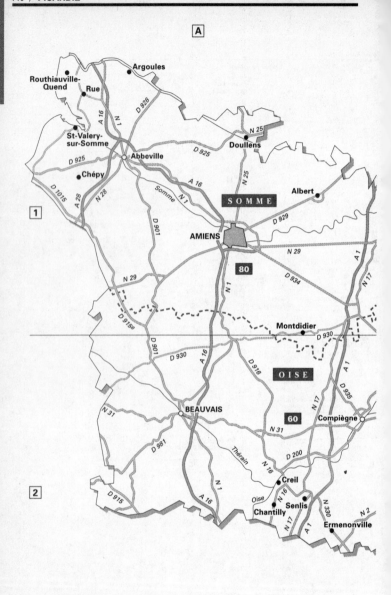

A

1

2

SOMME

80

OISE

60

0   10   20 km

A

B

○ **BEAUVAIS** Villes repères
● **Péronne** Adresses

1

le Nouvion-
en-Thiérache

N 43

N 2

● Péronne

N 29

Saint-Quentin ● Guise

N 43

N 29

Oise

A I S N E

N 2

D 966

D 934

N 44 **LAON** ●

A 26

D 1

02

N 44

Soissons

Aisne

N 31

N 2

N 31

● Villers-
Cotterêts

2

D 1

● la Ferté-Milon

D 936

● Mareuil-sur-Ourcq

A 4

N 3

N 3

● Château-Thierry

N 3

D 1

les artistes de la Comédie de Picardie. *Apéritif maison offert ou 10 % sur le prix de la chambre.*

🏠 *Hôtel Alsace-Lorraine* ** – 18, rue de la Morlière (C1-6) ☎ 03.22.91.35.71. TV. Accès : entre la gare et la Somme. Doubles avec douche et wc ou bains de 320 à 400 F (48,8 à 61 €). Derrière une immense porte verte s'ouvre un petit hôtel plein de charme. 13 chambres où dominent le blanc et le vert. La décoration y est raffinée, tout comme l'accueil. *10 % sur le prix de la chambre les week-ends.*

🏠 I●I *Le Prieuré* ** – 17, rue Porion (B1-4) ☎ 03.22.92.27.67. Fax : 03.22.92.46.16. TV. Resto fermé le dimanche soir et le lundi. Accès : à deux pas de la cathédrale ; direction palais de justice. Doubles avec douche et wc ou bains de 350 à 420 F (53,4 à 64 €). Menus de 100 à 200 F (15,2 à 30,5 €). Dans une rue calme et pittoresque, *Le Prieuré* exhale le charme désuet des vieilles demeures. Chambres de qualité très inégale. Dans la salle à manger tout en blanc, on déguste une cuisine régionale simple et bonne. *10 % sur le prix de la chambre.*

I●I *Restaurant Steak Easy* – 18, rue Metz-l'Évêque (C1-11) ☎ 03.22.91.48.38. Service de midi à 1 h du matin. Accès : derrière la cathédrale. Menu le midi en semaine à 59 F (9 €). Compter de 60 à 80 F (9,1 à 12,2 €) pour un repas à la carte. Conversion totale pour cette ancienne salle paroissiale transformée en repaire de jeunes branchés tex-mex. Le décor insolite vaut le détour : un véritable réfrigérateur des *Sixties* accroché au mur, un avion grandeur nature suspendu en plein vol... le temple de la cuisine américaine en Picardie, sur fond de musique rock ou *bluesy*. Service jeune et rapide. *Apéritif ou café offert.*

I●I *La Soupe à Cailloux* – 16, rue des Bondes (C1-10) ☎ 03.22.91.92.70. Fermé le lundi. Congés annuels : pendant les fêtes de fin d'année. Accès : dans le quartier Saint-Leu, entre la cathédrale et la Somme. Menu le midi à 72 F (11 €), un autre à 110 F (16,8 €). À la carte, comptez un peu plus cher : 130 F (19,8 €) environ. Idéalement situé et très agréable en été grâce à la terrasse, hélas souvent bondée. Le cuisinier s'approvisionne au marché au bord de l'eau, tout proche, pour concocter de savoureux petits plats à l'accent régional : ficelle picarde, poulet sauce maroilles, salade de gésiers confits, saumon au lard, mouton aux pruneaux, amandes et sésame... Dans le vieil Amiens, on aime *La Soupe à Cailloux*, c'est pourquoi rue des Bondes, c'est souvent bondé ! *Café offert.*

I●I *Restaurant Le Pré Porus* – 95, rue Voyelle (hors plan C1-16) ☎ 03.22.46.25.03. Fermé le lundi soir et le

mardi soir. Congés annuels : février. Menus à 95 F (14,5 €) en semaine, de 180 à 230 F (27,4 à 35,1 €) le week-end avec beaucoup de poisson. En venant d'Amiens, à l'entrée de Camon, juste avant le pont. De l'avis de tous, l'un des plus beaux cadres pour un déjeuner sur l'herbe au bord de la Somme. À deux pas (deux ramées si vous préférez) des hortillonnages. Un supplément de prix pas toujours justifié par la qualité de la cuisine. Une guinguette à la mode des années 90 ! *Café offert.*

I●I *Le T'chiot Zinc* – 18, rue de Noyon (C2-14) ☎ 03.22.91.43.79. Fermé le dimanche et le lundi midi. Accès : à 5 mn de la vieille ville, sur le chemin de la gare. Menus complets à 98 et 145 F (14,9 et 22,1 €) boisson comprise. Un de nos chouchous, tant pour l'intimité de son cadre bistrot Art déco que pour la qualité de sa cuisine. On vous conseille bien sûr la ficelle picarde, le cochon de lait, mais aussi la terrine de canard, exécutée selon une recette amiénoise traditionnelle. Autre spécialité maison : le lapin en gelée pommes au four, délicieux.

DANS LES ENVIRONS

DREUIL-LES-AMIENS 80730
(6 km NO)

I●I *Le Cottage* – 385, bd Pasteur ☎ 03.22.54.10.98. Fermé le dimanche soir et le lundi. Congés annuels : août. Accès : sur la RN 235 en direction de Picquigny. Menu le midi en semaine à 75 F (11,4 €), autres de 120 à 215 F (18,3 à 32,8 €). Malgré une situation en bordure de nationale, voilà une bonne petite adresse. Dans une salle sans prétention (avec des poutres), on sert une cuisine raffinée. Dans l'intéressant second menu, ravioli d'escargots de Bourgogne dans leur bouillon d'ail, gratin de pétoncles aux blancs de poireaux ou rognons de veau à la graine de moutarde, puis dessert. *Apéritif offert.*

BELLOY-SUR-SOMME 80310
(8 km NO)

I●I *Hostellerie de Belloy* * – 29, route Nationale ☎ 03.22.51.41.05. Fermé le lundi. Congés annuels : du 25 juillet environ au 13 août inclus. Accès : à 10 mn d'Amiens par la N1 ou la D191. Petit menu à 80 F (12,2 €), puis à 160 et 190 F (24,4 et 29 €). À voir les tablées d'habitués et les mines réjouies, on se dit que l'*Hostellerie de Belloy* fait partie des auberges heureuses qui n'ont pas connu la crise. Accueil étonnant, plats copieux, service sans prétention, comme le cadre. On est aux anges ! *Café offert.*

ARGOULES   80120

Carte régionale A1

🛏🍽 *Auberge du Gros Tilleul* ** – place du Château ☎ 03.22.29.91.00. Fax : 03.22.23.91.64. Parking. TV. Canal+. Satellite / câble. 🐾 Fermé le lundi (sauf les jours fériés). Congés annuels : janvier. Accès : sur la place du village, face au château du XVIIIᵉ siècle. Doubles avec douche et wc de 290 à 450 F (44,2 à 68,6 €) avec douche et wc ou bains. Demi-pension de 290 à 350 F (44,2 à 53,4 €) obligatoire les week-ends ou jours fériés. Des menus à tous les prix, de la formule express en semaine à 70 F (10,7 €) au menu gastronomique à 190 F (29 €). L'histoire voudrait que ce gros tilleul ait été planté par Sully et que cette auberge ait été un comptoir siennois au service des rois de France. Du fait de ce passé et de son cadre enchanteur, l'auberge figure dans tous les guides. Nouvelles chambres donnant sur le parc. Au restaurant, spécialités de canard flambé à la mandarine impériale sauce à l'orange, turbot poché sauce hollandaise, poisson des petits bateaux, Saint-Jacques maraîchères en saison, tarte alsacienne ou normande, charlotte au chocolat, profiteroles maison... *Café offert. Pour un séjour supérieur à 3 jours, un cocktail et amuse-bouches offerts, ainsi qu' une demi-journée de location de vélo.*

BEAUVAIS   60000

Carte régionale A2

🛏🍽 *Normandie Hôtel* – 20, rue de la Taillerie (Centre) ☎ 03.44.45.07.61. TV. Fermé le dimanche soir et le lundi. Accès : à 20 m de la place de l'Hôtel-de-Ville. Doubles avec lavabo à 140 F (21,3 €). Au resto, 3 menus de 80 à 170 F (12,2 à 25,9 €). Dans une rue piétonne tranquille en plein centre-ville. Des chambres proprettes à prix réduits. Douche commune à l'étage. Accueil très sympa, même pour les gens de passage. Une adresse idéale pour ceux qui sont à pied.

🛏🍽 *Hôtel de la Poste* – 19-21, rue Gambetta (Centre) ☎ 03.44.45.14.97. Fax : 03.44.45.02.31. Parking payant. TV. Fermé le dimanche. Accès : entre la poste et la place Jeanne-Hachette. Doubles avec lavabo ou douche, wc sur le palier à 155 F (23,6 €) et jusqu'à 205 F (31,3 €) avec douche et wc (attention pas de service de petit déjeuner le dimanche). 1ᵉʳ menu le midi en semaine à 60 F (9,1 €), suivant à 83 F (12,7 €) d'un excellent rapport qualité-prix, puis à 125 F (19,1 €). Rénovées, les chambres petites, claires et modernes disposent d'un équipement et d'un confort appréciables. Le resto propose une formule brasserie appréciée et très fréquentée, notamment le midi avec le 1ᵉʳ menu. Plat du jour attrayant et varié.

🛏 *Hôtel La Résidence* ** – 24, rue Louis-Borel (Nord) ☎ 03.44.48.30.98. Fax : 03.44.45.09.42. Parking. TV. Canal+. Doubles à 210 F (32 €) avec douche, à 270 F (41,2 €) avec douche et wc. Dans un quartier résidentiel, sur une rue qui semble uniquement dérangée par le bruit des vélos, *la Résidence*, c'est le jardin, le calme à 20 mn à pied du centre-ville, mais aussi un accueil plein de gouaille et de bonne humeur, des chambres modernes, bien équipées ; enfin un bon rapport qualité-prix. C'est sans doute pour tout cela que c'est une de nos adresses préférées à Beauvais. *10 % sur le prix de la chambre du 1ᵉʳ novembre au 31 mars.*

🍽 *Restaurant Le Marignan* – 1, rue de Malherbe (Centre) ☎ 03.44.48.15.15. Fermé le dimanche soir et le lundi (sauf les jours fériés). Congés annuels : du 20 juillet au 10 août. Menu en semaine à 62 F (9,5 €), suivant à 99 F (15,1 €) déjà fort appétissant et un autre à 175 F (26,7 €) avec la terrine de foie gras maison, hmm. Au rez-de-chaussée, un bar-brasserie classique où l'on peut prendre un menu honnête avec le 1ᵉʳ menu. Mais pour profiter pleinement des richesses du resto, mieux vaut passer au 1ᵉʳ étage, dans une salle à manger au mobilier assez cossu et enrichie d'une représentation de la célèbre bataille, pour déguster les flamiches et autres spécialités picardes. Poissons, fricassée de veau, gratin de Saint-Jacques dieppois, crème brûlée à la cassonade. Les plats sont variés et bien cuisinés. *Apéritif offert.*

DANS LES ENVIRONS

CRILLON 60112 (15 km NO)

🍽 *Bar-restaurant La Petite France* – ☎ 03.44.81.01.13. Fermé le dimanche soir, le lundi soir et le mardi. Congés annuels : du 12 août au soir au 5 septembre inclus. Accès : de Beauvais, direction Abbeville. À Troissereux après le feu prendre la fourche à gauche (D133) jusqu'à Crillon. Menus en semaine à 68 et 80 F (10,4 et 12,2 €), autres à 135 et 170 F (20,6 et 25,9 €). Auberge rustique avec des trophées de cervidés aux murs. Bonne cuisine à base de produits frais, même pour le premier menu, servi aussi le soir. Copieux et délicieux. Spécialité du chef : l'estouffade de bœuf, escalope de foie gras frais déglacé au sauternes, poissons et gibier en saison. *Apéritif offert.*

MORTEFONTAINE-EN-THELLE
60570 (19 km S)

|●| *Restaurant Le Bec au Vent* – la Mare d'Ovillers ☎ 03.44.08.67.10. Fermé le dimanche soir et le lundi soir (sauf en juillet-août). Accès : sur la N1. Menus de 65 F (9,9 €), avec quart de vin, à 130 F (19,8 €). Dans une salle à manger rustique et médiévale, on déguste des spécialités régionales et surtout la spécialité maison : le canard. Décliné en confit, gésiers, magret ou foie gras, toute la saveur du volatile est judicieusement exploitée. Avis aux amateurs, vous ne serez pas déçus. Propose aussi des spécialités de poisson.

AGNETZ 60600 (20 km S)

🏠|●| *Hôtel-restaurant Le Clermotel* ** – 60, rue des Buttes ☎ 03.44.50.09.90. Fax : 03.44.50.13.00. Parking. TV. Canal+. Satellite / câble. ❧ Accès : par la RN 31 direction Clermont sortie Agnetz-zone hôtelière. Doubles avec douche et wc ou bains à 320 F (48,8 €). Menus de 98 à 154 F (14,9 à 23,5 €). Construction moderne, style motel, à deux pas de la belle forêt de Hez. Chambres bien équipées et très confortables (préférez celles qui ouvrent sur l'arrière, elles ont un accès direct sur le parc où de petits salons de jardin n'attendent que vous). Pour se détendre, jardin et tennis. Au resto, grande salle à manger agréable, spacieuse et claire, pour une cuisine moderne qui ne vaut sans doute pas celle de grand-mère (opinion personnelle) mais qui reste bonne et digeste. Possibilité de buffet. *10 % sur le prix de la chambre pour 2 nuits consécutives.*

|●| *Auberge de Gicourt* – 466, av. de la Forêt-de-Hez - Gicourt ☎ 03.44.50.00.31. ❧ Fermé le dimanche soir, le lundi et le mardi. Congés annuels : 2 semaines pendant les vacances scolaires de février, et du 23 juillet au 16 août. Accès : sortie Gicourt-zone hôtelière, direction Gicourt. Menu plaisir à 110 F (16,8 €), non servi le dimanche et jours fériés, suivant à 158 F (24,1 €). Il est fortement conseillé de réserver pour les week-ends : beaucoup d'habitués. Une auberge agréable, comme on les aime, avec un service attentif et pléthore de mets copieux et succulents dans le menu-plaisir. Tout nous a plu! L'autre menu vaut également le détour. Jean-Marie, le proprio et chef de cuisine, ne manque jamais de venir vous saluer à la fin du repas. Notre meilleure adresse haut de gamme dans la région.

CHANTILLY 60500

Carte régionale A2

🏠|●| *Auberge Le Vertugadin* – 44, rue du Connétable (Centre) ☎ 03.44.57.03.19. Fax : 03.44.57.92.31. Accès : près du château. Doubles avec douche à 230 F (35,1 €). Menus à 98 F (14,9 €), uniquement le midi en semaine, et 150 F (22,9 €). Réservez : seulement 6 chambres. Une des seules adresses de la ville avec des prix encore raisonnables. Des chambres confortables (ce n'est pas le grand luxe). Toilettes sur le palier. Au restaurant, une cuisine classique, mais surtout des grillades savoureuses et bien digestes. Autres spécialités : foie gras maison, feuilleté de rougets, côte de bœuf à la moelle, produits du terroir. Accueil souriant. *Apéritif offert.*

|●| *Restaurant Le Goutillon* – 61, rue du Connétable ☎ 03.44.58.01.00. Formule à 90 F (13,7 €) servi le midi vin compris. À la carte, compter 150 F (22,9 €). Ici, on commence par vous amener l'ardoise. Eh oui, il n'y a pas de carte mais une immense ardoise qu'on pose sur une chaise devant vous. La recette fait miracle et il faut souvent attendre sa place. Un décor à l'ancienne avec poutres et pierres apparentes et de vieilles affiches de pub. Des entrées sympa avec la spécialité maison : les escargots. Plats comme le steak au poivre à l'ancienne, le magret de canard ou la fricassée de volaille au curry ou encore l'andouillette 5A. Un patron présent, un service décontracté... que demande le peuple? *Apéritif offert.*

|●| *Rôtisserie du Connétable* * – 75, rue du Connétable ☎ 03.44.57.02.91. Fermé le mardi soir et le mercredi. 1er menu à 100 F (15,2 €), en semaine et le dimanche soir, puis à 145 et 210 F (22,1 et 32 €). Dans une vaste salle à manger rustique avec une cheminée et des casseroles en cuivre, un restaurant sympa qui propose une nourriture équilibrée à base de produits frais. Spécialités de poissons, morilles en gratin, gibier en saison. Les menus changent chaque semaine. *Apéritif offert.*

DANS LES ENVIRONS

VINEUIL-SAINT-FIRMIN 60500
(4 km NE)

|●| *Restaurant Les Grands Prés* – ☎ 03.44.57.71.97. Fermé le dimanche soir et le lundi (sauf de juin à août). Menus à 98 et 152 F (14,9 et 23,2 €). En pleine campagne, à 5 mn de Chantilly, on profite de l'air frais sur la terrasse et dans le jardin. Une cuisine traditionnelle honnête : marbré de foie gras et confit de canard, nage de

pétoncles et moules de Bouchot à l'aneth, ris de veau. *Apéritif ou digestif offert.*

GOUVIEUX 60270 (5 km O)

🛏 |●| *Hôstellerie du Pavillon Saint-Hubert* – **chemin de Marisy, lieu-dit Toutevoie** ☎ **03.44.57.07.04. Fax : 03.44.57.75.42.** Parking. TV. Congés annuels : 3 semaines en janvier. Accès : par la D909. Puis dans Gouvieux, suivre le panneau « Toutevoie ». Doubles avec douche et wc ou bains à 280 F (42,7 €). Menu à 145 F (22,1 €) en semaine, 160 F (24,4 €) le week-end. L'un de nos coups de cœur. Un endroit charmant dans une boucle de l'Oise pour venir avec parents ou amis, ou mieux, en amoureux. C'est une ancienne maison de pêcheurs. Vous n'aurez plus qu'à vous installer en terrasse pour regarder passer les péniches et écouter le chant des oiseaux. Une cuisine traditionnelle et un menu unique avec choix de 9 entrées et à la carte : rognons de veau à la moutarde, ris de veau aux morilles, foie gras frais maison... L'hôtel a des chambres fort coquettes de style rustique avec salle de bains et wc. Les chambres donnant sur la rivière sont évidemment les plus demandées, surtout le week-end.

SAINT-LEU-D'ESSERENT 60340 (5,5 km NO)

🛏 |●| *Hôtel de l'Oise* * – **25, quai d'Amont (Est)** ☎ **03.44.56.60.24. Fax : 03.44.56.05.11.** Parking. TV. Resto fermé le vendredi soir, le samedi et le dimanche soir. Congés annuels : les 3 premières semaines d'août. Accès : par la N16, puis la D44. Doubles avec douche et wc ou bains à 270 F (41,2 €) très bien tenues. Menu à 70 F (10,7 €) le midi et pas le dimanche pour les pensionnaires, autres à 120 et 160 F (18,3 et 24,4 €). Charmant petit hôtel en bordure de l'Oise où la tranquillité et l'hospitalité à deux pas de Paris (ou presque) sont de rigueur. On croit rêver! Le resto, dans un décor rustique, avec son superbe tableau du jardin de Claude Monet à Giverny, propose un 1er menu complet et de bonnes spécialités à la carte. Pâtisseries maison. Un hôtel-resto impeccable. *10 % sur le prix de la chambre du vendredi au dimanche.*

CHÂTEAU-THIERRY 02400

Carte régionale B2

🛏 |●| *Hôtel-restaurant Hexagone* ** – **50, av. d'Essômes** ☎ **03.23.83.69.69. Fax : 03.23.83.64.17.** Parking. TV. Canal+. ♿ Fermé le dimanche sauf groupes. Congés annuels : du 23 au 30 décembre. Accès : route de Paris depuis le centre, puis direction Charly-sur-Marne. Doubles avec douche et wc ou bains à 260 F (39,6 €).

1er menu à 78 F (11,9 €). Autrement, 4 autres menus de 98 à 180 F (14,9 à 27,4 €). Un hôtel moderne sur deux étages. Un accueil charmant, des chambres confortables et bien équipées. Copieux petit déjeuner en formule buffet avec céréales, fromages et charcuterie... ça mérite d'être signalé. Au restaurant, le 1er menu est tout à fait honnête. Bonne cuisine familiale et traditionnelle au très bon rapport qualité-prix. À signaler aussi la tarte Tatin maison. Service attentionné. Et la Marne coule au fond du jardin... *10 % sur le prix de la chambre.*

DANS LES ENVIRONS

DOMPTIN 02310 (12 km SO)

🛏 |●| *Hôtel-restaurant Le Cygne d'Argent* ** – **25, rue de la Fontaine** ☎ **03.23.70.79.90. Fax : 03.23.70.79.99.** Parking. TV. ♿ Fermé le lundi soir. Accès : à l'ouest de Château-Thierry, par la N3 puis la D11, dans la rue principale de Domptin. Doubles avec bains à 250 F (38,1 €). Un menu complet à 78 F (11,9 €) au rapport qualité-prix imbattable (en semaine uniquement). Autres menus de 115 à 225 F (17,5 à 34,3 €). Belle hostellerie de campagne sur la route des vignobles champenois. Cuisine fine de terroir (bar grillé, Saint-Jacques au cidre, confit de canard aux pommes, fondant moelleux au chocolat), grand choix de poissons (un peu chers toutefois) servis en terrasse aux beaux jours. Service attentif et souriant. À l'hôtel, 7 chambres. L'une de nos meilleures adresses dans le coin.

CHÉPY 80210

Carte régionale A1

🛏 |●| *L'Auberge Picarde* ** – **place de la Gare** ☎ **03.22.26.20.78. Fax : 03.22.26.33.34.** Parking. TV. Canal+. ♿ Resto fermé le samedi midi et le dimanche soir. Accès : situé juste en face de la gare de Chépy-Valines. Doubles avec douche et wc ou bains de 255 à 280 F (38,9 à 42,7 €). Menu en semaine à 85 F (13 €), suivants de 128 à 190 F (19,5 à 29 €). Dans cette grande bâtisse qui ressemble davantage à un motel qu'à une auberge de charme se cache l'une des meilleures tables de la région. Bonnes spécialités de la mer et régionales comme la paupiette de sandre aux écrevisses ou la vinaigrette de Saint-Jacques et huîtres à l'échalote. Beaucoup de monde le week-end, il peut donc être utile de réserver.

COMPIÈGNE   60200

Carte régionale A2

≜ |●| Hôtel de France - Rôtisserie du Chat qui Tourne ** – 17, rue Eugène-Floquet (Centre) ☎ 03.44.40.02.74. Fax : 03.44.40.48.37. TV. Doubles avec lavabo à 180 F (27,4 €), avec douche et wc ou bains de 260 à 320 F (39,6 à 48,8 €). Petit déjeuner à 48 F (7,3 €). Demi-pension préférable lors d'un long séjour à 365 F (55,6 €) au plus. Menus à 78 F (11,9 €) avec un plat et un dessert, à 148 F (22,6 €) avec boisson comprise, et 270 F (41,2 €). À côté d'un immeuble curieux aux pompeuses colonnes corinthiennes. Mais revenons à nos chats : le nom de cet établissement provient d'un amuseur public qui avait dressé son chat à faire tourner une broche. Étonnant, non ? Actuellement, l'hôtel assure un confort et une gastronomie dignes d'un 3 étoiles. Chambres doubles toutes différentes et décorées avec beaucoup de goût, quelques unes refaites récemment. Signalons encore un petit déjeuner-buffet formidable. Au resto, spécialités de tourte aux poireaux et crème de foie gras, foie gras de canard fait maison mariné au loupiac. Une adresse de charme pour ceux qui en ont les moyens. Accueil souriant et courtois.

≜ Hôtel de Flandre ** – 16, quai de la République (Centre) ☎ 03.44.83.24.40. Fax : 03.44.90.02.75. TV. Canal+. Doubles avec lavabo à 185 F (28,2 €), de 270 à 290 F (41,2 à 44,2 €) avec douche et wc ou bains. Gigantesque bâtisse, au bord de l'Oise, des plus classiques. L'hôtel, entièrement rénové tout en pastel, dispose d'un bon confort. Les chambres sont spacieuses et calmes car équipées de double-vitrage. Accueil agréable. *10 % sur le prix de la chambre.*

|●| Restaurant Le Bouchon – 5, rue Saint-Martin (Centre) ☎ 03.44.40.05.32. Menu le midi à 69 F (10,5 €), autres de 100 à 170 F (15,2 à 25,9 €). Plat du jour : 48 F (7,3 €). Verre de vin : environ 25 F (3,8 €). Dans une charmante rue piétonne bordée de maisons à colombages, avec le 1er menu, on peut déguster un plat du jour (pot-au-feu, viande en sauce) accompagné d'un verre des meilleurs crus (plus de 70 propositions). L'idée, sans être originale, est ici fort bien développée. Décor rustique, ambiance sympa (laissez-vous chambrer par le patron) et cuisine régionale. Bravo! Régulièrement, *Le Bouchon* propose des dîners formation œnologique avec repas et dégustation de 6 vins différents. Un patron qui n'est pas à court d'idées et une adresse où hospitalité rime avec personnalité. *Apéritif, café, digestif offerts.*

|●| Bistrot de Flandre ** – 2, rue d'Amiens (Centre) ☎ 03.44.83.26.35.

Deux menus à 88 F (13,4 €) en semaine et 128 F (19,5 €) le week-end et les jours fériés. Le bistrot a en fait tout d'une brasserie : ses grandes salles, ses garçons en tablier noir et la diligence de son service. Une carte avec de bonnes spécialités tout au long de l'année : ris de veau aux morilles, tournedos spécial bistrot et bien sûr le foie gras de canard. Une adresse conviviale et vivante sur les quais de l'Oise.

|●| La Ferme du Carandeau – route de l'Armistice ☎ 03.44.85.89.89. Fermé le dimanche soir et le lundi. Accès : avant le pont de l'Oise, prendre à droite la N31 direction Soissons. En forêt de Compiègne à 6 km du centre-ville. Formule à 150 F (22,9 €). Tout à côté de la clairière de l'Armistice, une auberge à colombages qui a trouvé une formule intéressante à prix unique : kir royal, buffet de hors-d'œuvre riches, viande rôtie à la broche, fromage et dessert, café et vin à volonté. Le vendredi soir, agneau à la broche. Le samedi soir et le dimanche midi, porcelet à la broche. Gros succès et il faut réserver plusieurs jours à l'avance. C'est bon, servi généreusement et convivial. *Apéritif offert.*

DANS LES ENVIRONS

MEUX (LE) 60880 (10 km S)

|●| La Maison du Gourmet – 1, rue de la République ☎ 03.44.91.10.10. Fermé le samedi midi, le dimanche soir et le lundi soir. Congés annuels : du 2 au 14 janvier inclus et du 19 juillet au 9 août inclus. Accès : par la D13. Menus à 98 et à 150 F (22,9 €). À 10 km au sud de Compiègne. Le chef a d'excellentes références : 7 ans chez *Maxim's*. Il a sévi également au *Château de Raray*. Aujourd'hui, le bouche à oreille fait que vous serez contraint de lui téléphoner avant de venir le voir. C'est la rançon de la gloire. Son 1er menu fort complet vaut le détour. Magret de canard aux griottes, fondant de foie gras sauce Périgueux, filet mignon sauce au cidre, soufflé chaud à l'orange confite sont quelques-unes des spécialités qu'on vous attendent... mais le chef en a de nombreuses en réserve. Un 2e menu plus riche (3 choix) et une carte viennent compléter le tout. Depuis l'ouverture, le chef se flatte d'offrir un bon rapport qualité-prix et c'est vrai ! Service charmant par la jeune fille de la maison. Parking dans la cour.

SAINT-JEAN-AUX-BOIS 60350 (20 km SE)

≜ |●| Auberge À la Bonne Idée *** – 3, rue des Meuniers (Sud-Est) ☎ 03.44.42.84.09. Fax : 03.44.42.80.45. Parking. TV. Satellite / câble. ☒ Congés annuels : de mi-janvier à mi-février. Accès : prendre la D332 puis à gauche la D85. Doubles avec douche et wc ou bains de 380 à 400 F (57,9 à 61 €). Un premier menu à 130 F (19,8 €) tous les jours sauf le dimanche, autres de 190 à 380 F (29 à 57,9 €). Dans un petit village au nom charmant, au centre de la forêt de Compiègne. C'est l'auberge de province dans toute sa splendeur avec ses volets en bois et ses stores à rayures. En spécialités, terrine de canard, volaille de Bresse forestière, ris de veau. Les chambres sont joliment décorées et personnalisées. Vous pourrez rendre visite aux daims et aux volatiles dans le parc. Accueil souriant. Terrasse aux beaux jours. *10 % sur le prix de la chambre d'octobre à mars.*

CREIL   60100

Carte régionale A2

🏠 I●I *Auberge de jeunesse – Le Centre des Cadres sportifs* – 1, rue du Général-Leclerc ☎ 03.44.64.62.20. Fax : 03.44.64.62.29. ● www.fuaj.org ● Parking. Accès : à 2 mn du centre-ville en bus ; de la gare prendre le bus n° 1, possibilité d'utiliser la navette du *Centre*. De 85 à 95 F (13 à 14,5 €) par nuit et par personne en individuel et en dortoir, petit déjeuner inclus. Repas sur commande à 55 F (8,4 €). Menu enfant à 39 F (5,9 €). Carte FUAJ obligatoire (délivrée sur place). Un immense espace avec de nombreuses activités sportives et une solide structure hôtelière. État des chambres impeccable. Ambiance *cool* et accueil efficace.

I●I *La Petite Alsace* – 8, place Charles-Brobeil (Centre) ☎ 03.44.55.28.89. ⅃ Fermé le samedi midi, le dimanche soir et le lundi. Accès : à côté de la gare SNCF. Menus de 85 à 185 F (13 à 28,2 €). 1er prix choucroute : 69 F (10,5 €). Pas très typique de la région mais tellement appétissant! Une bonne choucroute pour se rassasier, accompagnée d'un vin d'Alsace ou d'une bière fraîche. Ce programme ne nous déplaît pas du tout. Et, en plus, on a droit au service en costume traditionnel.

DOULLENS   80600

Carte régionale A1

🏠 I●I *Le Sully* ** – 45, rue Jacques-Mossion (Centre) ☎ 03.22.77.10.87. TV. Fermé le lundi. Congés annuels : 15 jours fin juin. Doubles avec douche et wc ou bains à 195 F (29,7 €). Menus en semaine à 59 F (9 €), puis à 85 et 130 F (13 et 19,8 €). Dans une maison récente, 7 chambres très propres et tout confort mais sans charme particulier. Accueil au pied d'un majestueux

escalier en fer forgé. Au restaurant, bons menus avec des spécialités régionales bien préparées (Saint-Jacques au whisky, pintade au cidre, canard à l'orange...). *Café offert.*

ERMENONVILLE   60950

Carte régionale A2

🏠 I●I *Auberge de la Croix d'Or* ** – 2, rue Radziwill (Centre) ☎ 03.44.54.00.04. Fax : 03.44.45.05.44. Parking. TV. Fermé le lundi. Congés annuels : janvier. La double à 240 F (36,6 €) avec douche et wc. Menus à 135 et 180 F (20,6 et 27,4 €). En semaine et même le samedi, formule « plus légère » pour le porte-monnaie à 95 F (14,5 €) avec entrée, plat, dessert. On va sans doute à Ermenonville pour le parc et le château. On peut aussi fort bien y retourner pour l'*Auberge de la Croix d'Or*. Très rustique et très sympa, un confort et une nourriture haut de gamme dans un environnement champêtre, à l'architecture riche. Que demander de plus ? *10 % sur le prix de la chambre.*

FERTÉ-MILON (LA)   02460

Carte régionale B2

🏠 *Hôtel Racine* ** – place du Port-au-Blé . (Centre) ☎ 03.23.96.72.02. Fax : 03.23.96.72.37. TV. Doubles à 280 F (42,7 €) avec douche et wc, à 300 F (45,7 €) avec bains. Superbe petit hôtel de charme installé dans une maison du XVIIe siècle. Pas étonnant que Jean de La Fontaine vint y célébrer son mariage (si, si...). 8 chambres agréables et décorées avec goût vous attendent pour un prix qui reste encore raisonnable. L'extérieur n'est pas mal non plus : un jardin avec une cour pavée, une jolie tour d'angle au bord de l'Ourcq. C'est le moment de sortir vos pinceaux car les propriétaires organisent des stages de peinture. Accueil agréable.

I●I *Restaurant Les Ruines* – 2, place du Vieux-Château (Sud) ☎ 03.23.96.71.56. Fermé le lundi et le soir (sauf le samedi). Congés annuels : en août. Une formule rapide en semaine à 65 F (9,9 €). Autres de 95 à 165 F (14,5 à 25,2 €). Une bien bonne auberge reprise par un ancien jardinier-paysagiste. Il vous servira, dans son beau jardin jouxtant les ruines du château, une cuisine traditionnelle au bon rapport qualité-prix. Civet de lapin aux girolles et cidre, civet d'autruche à la bourguignonne, langue de bœuf sauce piquante, sauté d'agneau aux olives. Accueil courtois et souriant.

PICARDIE

GUISE   02120

Carte régionale B1

≙|●| *Hôtel-restaurant Champagne-Picardie* ** – 41, rue André-Godin (Centre) ☎ 03.23.60.43.44. Fax : 03.23.61.37.85. Parking. TV. Hôtel fermé le dimanche soir, resto fermé le dimanche soir et le lundi. Congés annuels : entre Noël et le Jour de l'An. Doubles avec douche et wc ou bains à 240 F (36,6 €). Menu du jour, en semaine, à 60 F (9,1 €), autres à 84 et 139 F (12,8 et 21,2 €). Juste au-dessous du château du célèbre duc (d'après nos sources, il n'y séjournerait plus), une belle demeure bourgeoise entourée par un petit parc. 12 chambres claires, spacieuses et confortables. Au restaurant, un service agréable et une nourriture qui ne l'est pas moins. De copieux plats régionaux nous remplissent l'estomac, sans – trop – nous vider le porte-monnaie. Menu du jour simple mais bien cuisiné, le suivant plus élaboré et le dernier avec médaillon de foie gras, sole meunière, choix de fromages et desserts. Accueil courtois. *Café offert.*

LAON   02000

Carte régionale B2

≙ *Hôtel Les Chevaliers* ** – 3-5, rue Sérurier (Centre) ☎ 03.23.27.17.50. Fax : 03.23.23.40.71. TV. Fermé du 15 décembre au 5 janvier. Accès : au cœur de la ville médiévale, entre la cathédrale et la place de la Mairie. 14 chambres à prix « routards » pour les plus simples. De 170 à 310 F (25,9 à 47,3 €) pour 2, toujours avec le petit déjeuner compris. Dans un immeuble ancien doté d'un certain cachet, des chambres bien décorées et fonctionnelles : plafonds bas et poutres apparentes. De quoi ravir les nostalgiques. Demandez la vue imprenable sur la campagne laonnoise.

|●| *Bar-restaurant Le Rétro* – 18, bd de Lyon (Centre) ☎ 03.23.23.04.49. Fermé le dimanche midi (sauf sur réservation). Accès : dans la ville basse, dans la rue principale. Menus à 78 et 85 F (11,9 et 13 €). Sympathique et souvent rempli. Le grand rendez-vous de tous les voyageurs et les ouvriers. Marie-Thérèse, la patronne, s'est taillé une réputation de bonne franquette chez les techniciens qui ont construit le métro aérien de la ville. Un 1er menu super avec une bonne cuisine traditionnelle : onglet, entrecôte en direct des abattoirs laonnois, tarte au maroilles, terrine maison, tête de veau ravigote. Belle carte de salades composées à la minute. Déco un peu kitsch, bourrée de plantes vertes et de fleurs artificielles. *Kir offert.*

|●| *Restaurant La Petite Auberge* – 45, bd Brossolette (Centre) ☎ 03.23.23.02.38.

Fermé le samedi midi et le dimanche (sauf les jours fériés). Congés annuels : 1 semaine pendant les vacances de février et 1 semaine pendant les vacances de Pâques, 15 jours en août. Accès : dans la ville basse, tout près de la gare. Menu en semaine à 129 F (19,7 €), autres à 150 et 220 F (22,9 et 33,5 €). Au *Saint-Amour*, menus de 59 à 89 F (9 à 13,6 €). Le restaurant gastronomique de Laon. Dans une auberge rustique, une cuisine moderne, revisitée par le fils de la maison, Willy Marc Zorn. Des plats succulents : ravioles de langoustines, filet de bar au coulis de potiron, crème au lard, escalope de ris de veau poêlée à la bière blonde et sa fondue d'endives. Pour un dîner d'exception, des prix assez élevés. Pour les budgets plus restreints, le *Saint-Amour* (03.23.23.31.01), situé juste à côté et tenu par les mêmes patrons, propose une nourriture familiale « à la lyonnaise » et – vous l'auriez deviné – d'excellents vins du Beaujolais dans un décor brasserie, avec une splendide fresque au plafond, style Michel-Ange. Menus servis, si vous le désirez, en terrasse. *Une coupe de champagne offerte en fin de repas à la Petite Auberge comme au Saint-Amour.*

MAREUIL-SUR-OURCQ   60890

Carte régionale B2

|●| *Auberge de l'Ourcq* ** – 7, rue de Thury (Centre) ☎ 03.44.87.24.14. Fermé le lundi. Congés annuels : 10 jours fin juillet. Accès : par la D936 de La Ferté-Milon (à 7 km). 1er menu à 78 F (11,9 €) le midi en semaine. Menus régionaux à 135 et 145 F (20,6 et 22,1 €), et autres menus à 170 et 210 F (25,9 et 32 €). Dans un village traversé par l'Ourcq (vous vous en seriez douté) où l'on peut venir avec sa canne à pêche, un restaurant de grande qualité qui sait accommoder les produits du terroir. Beau choix de viandes (tournedos Rossini) et spécialités de brochettes de coquilles Saint-Jacques, rougets et pétoncles au coulis d'orties sauvages à la crème. La carte des vins est abordable. L'accueil est souriant, le service efficace et feutré.

MONTDIDIER   80500

Carte régionale A1

≙|●| *Hôtel de Dijon* ** – 1, place du 10-Août ☎ 03.22.78.01.35. Fax : 03.22.78.27.24. Parking. TV. Resto fermé le samedi, le dimanche soir. Accès : direction Beauvais. Doubles avec douche et wc à 300 F (45,7 €). Menus à 90 et 148 F (13,7 et 22,6 €). Une signalisation quelque peu fantaisiste vous permet de visiter la ville avant de découvrir, à un carrefour, cet hôtel entièrement rénové. Chambres claires, confortables et colorées. Spécialités de viandes grillées ou préparées. *Café offert.*

|●| *Restaurant Le Parmentier* * – 11, rue Albert-Ier ☎ 03.22.78.15.10. Fermé le soir sauf le vendredi et le samedi. Congés annuels : entre Noël et Jour de l'An, et en août. Accès : face à la poste. Menus de 68 à 140 F (10,4 à 21,3 €). Dans le village, qui a vu la naissance de celui qui propagea en France la culture de la pomme de terre, légume démocratique qui a servi à endiguer quelques famines, l'absence de restaurant populaire de qualité aurait été un scandale. Fort heureusement, *Le Parmentier* remplit merveilleusement cet office. On vous y sert joyeusement des produits frais et copieux qui proviennent des campagnes environnantes à des prix sages. Bref, ce resto a tous les atouts pour devenir le lieu de rencontre des routards de passage ou des habitués. Menus avec, entre autres, salade de la mer, escalope de veau Vallée d'Auge, pavé au poivre vert galette de pommes de terre, médaillons de lotte au whisky, ficelle picarde... *Café offert.*

NOUVION-EN-THIERACHE (LE)   02170

Carte régionale B1

🛏|●| *Hôtel de la Paix* ** – 37, rue Vimont-Vicary (Nord-Ouest) ☎ 03.23.97.04.55. Fax : 03.23.98.98.39. TV. Fermé le lundi midi et le dimanche soir. Congés annuels : les vacances scolaires de février ; du 26 décembre au 3 janvier ; la dernière semaine d'août et la 1re de septembre. Chambres à 280 F (42,7 €) avec douche et wc, à 300 F (45,7 €) avec bains, et trois autres à 155 F (23,6 €) avec lavabo et bidet, wc à l'étage. Menus à 88 F (13,4 €) en semaine, puis à 145 et 165 F (22,1 et 25,2 €). Bon hôtel de campagne, avec un accueil sympa et une cuisine qui a su se hisser hors du lot commun. Une nourriture régionale (pavé de bœuf à la crème de maroilles), des spécialités marines (ravioles de langoustines au coulis de crustacés, turbot soufflé au basilic avec sauce au safran) et des desserts succulents raviront les papilles les plus rebelles. Très grandes chambres, toutes confortables. Demandez la nº 1 au sud avec sa terrasse privée.

DANS LES ENVIRONS

ÉTRÉAUPONT 02580 (19 km SE)

🛏|●| *Le Clos du Montvinage et l'Auberge du Val de l'Oise* ** – 8, rue Albert-Ledent (Centre) ☎ 03.23.97.91.10. Fax : 03.23.97.48.92. Parking. TV. Satellite / câble. ♿ Fermé le dimanche soir (également le lundi midi pour le resto). Congés annuels : 1 semaine en août. Accès : sur la N2. Doubles de 355 à 460 F (54,1 à 70,1 €) avec douche et wc ou bains. Menus de 95 F (14,5 €) avec quart de vin, sauf le samedi et le dimanche à 195 F (29,7 €), avec apéro, demi-bouteille de bordeaux et café, plus 5 formules au choix de 72 à 130 F (11 à 19,8 €). Un coup de cœur : dans un parc reposant, une vaste demeure bourgeoise du XIXe siècle proposant quelques activités de loisirs (billard, tennis et ping-pong), mais surtout des chambres spacieuses et confortables. Demandez les chambres du 2e étage avec poutres apparentes. L'accueil charmant a su rester très simple. À l'*Auberge du Val de l'Oise* tenue par la même famille, salade de Saint-Jacques et homard framboisine, ris de veau aux cèpes, bœuf au coulis de maroilles. Étréaupont, c'est vraiment notre adresse dans la Thiérache ! *Apéritif offert. 10 % sur le prix de la chambre le vendredi soir.*

PÉRONNE   80200

Carte régionale B1

🛏|●| *Hostellerie des Remparts* ** – 23, rue Beaubois ☎ 03.22.84.01.22. Fax : 03.22.84.31.96. Parking payant. TV. Canal+. Satellite / câble. Accès : à 100 m de la rue principale. Doubles avec douche et wc ou bains de 220 à 450 F (33,5 à 68,6 €). Formule le midi en semaine boisson comprise à 90 F (13,7 €), et menus de 105 à 350 F (16 à 53,4 €). Une hostellerie qui sent la France de l'après-guerre, aussi tranquille que la rue et le parc qui la bordent. Confort et raffinement dans les chambres comme dans la salle à manger, cossue, où l'on vous initiera à la cuisine du terroir. Une très bonne adresse.

ROUTHIAUVILLE-QUEND   80120

Carte régionale A1

🛏|●| *Auberge du Fiacre* – hameau de Routhiauville ☎ 03.22.23.47.30. Fax : 03.22.27.19.80. Parking. TV. Satellite / câble. ♿ Resto fermé le mercredi midi toute l'année et le mardi et le mercredi du 1er novembre au 15 mars. Congés annuels : du 15 janvier au 15 février. Doubles avec bains à 430 F (65,6 €). Menu en semaine à 110 F (16,8 €), suivants de 160 à 220 F (24,4 à 33,5 €). Agréable maison à colombages. Bonne cuisine réputée aux alentours. Carte variant selon les saisons avec des spécialités régionales et de poissons. Une dizaine de chambres confortables donnant sur un joli jardin à l'arrière du bâtiment principal.

PICARDIE

RUE   80120

Carte régionale A1

≜ I●I Le Lion d'Or ** – 5, rue de la Barrière (Centre) ☎ 03.22.25.74.18. Fax : 03.22.25.66.63. Parking. TV. Canal+. Satellite / câble. Resto fermé le dimanche soir hors saison. Congés annuels : janvier après le Nouvel An. Accès : autoroute A16. Doubles avec douche et wc ou bains de 320 à 340 F (48,8 à 51,8 €). Menu en semaine à 85 F (13 €), suivants de 100 à 185 F (15,2 à 28,2 €). Une adresse à l'image du nom qu'elle porte, qu'on retrouve si souvent dans nos balades en France : idéale pour une halte d'un soir, avec ses chambres confortables et pratiques, sa salle de restaurant déjà d'un autre temps où l'on vous sert mouclade (en saison), huîtres gratinées au noilly, foie gras maison.

DANS LES ENVIRONS

FAVIÈRES 80120 (6 km S)

I●I Restaurant La Clé des Champs – place des Frères-Caudron (Centre) ☎ 03.22.27.88.00. Parking. ♿ Fermé le dimanche et le lundi. Congés annuels : en janvier et la 1ʳᵉ semaine de septembre. Accès : par la D940 en direction du Crotoy, puis la D140. Menu servi en semaine à 88 F (13,4 €), autres de 145 à 240 F (22,1 à 36,6 €). On l'a prise, la clé des champs, dans cette auberge renommée au milieu des prés-salés. Les spécialités : cuisine du marché et poissons de petits bateaux. *Café offert.*

SAINT-QUENTIN   02100

Carte régionale B1

≜ I●I Le Florence ** – 42, rue Émile-Zola (Centre) ☎ 03.23.64.22.22. Fax : 03.23.62.52.85. Parking. TV. Canal+. Resto fermé le dimanche et le lundi midi. Comptez 145 F (22,1 €) pour une double avec lavabo, 215 F (32,8 €) avec douche et wc, et 235 F (35,8 €) avec bains. Menu à 95 F (14,5 €). Compter environ 100 F (15,2 €) pour un repas à la carte. Hôtel refait à neuf. Les chambres sont simples et propres. Demandez les chambres sur cour, la rue Émile-Zola étant passante. Restaurant italien aux spécialités réussies (osso buco, escalope lombarde, pizzas, lasagnes succulentes et pâtes fraîches). Accueil agréable. Terrasse en été ombragée et fleurie avec fontaine à l'italienne. *Apéritif offert.*

≜ I●I Hôtel-restaurant de Guise * – 93, rue de Guise (Sud-Est) ☎ 03.23.68.27.69. Fax : 03.23.68.05.13. TV. Accès : relativement loin du centre-ville, en direction de La Capelle. La double avec douche pour 170 F (25,9 €), avec 2 grands lits à 206 F (31,4 €). Menu express le midi à 55 F (8,4 €), uniquement pour se nourrir, mais surtout spécialités de couscous de 62 à 82 F (9,5 à 12,5 €) et de paella à 86 F (13,1 €). Des chambres d'un confort suffisant, toutes propres, vous attendent pour un prix très réduit.

≜ I●I Hôtel de la Paix ** – 3, place du 8-Octobre (Centre) ☎ 03.23.62.77.62. Fax : 03.23.62.66.03. Parking. TV. Canal+. Satellite / câble. Ouvert tous les jours jusqu'à 1 h du matin, service assuré jusqu'à 0 h 45. Chambres doubles avec douche et wc à 290 F (44,2 €), à 240 F (36,6 €) du vendredi au dimanche soir, et avec bains à 320 F (48,8 €), et 300 F (45,7 €) dans cette même période. Menu à 98 F (14,9 €) en semaine, et à 160 F (24,4 €) vin compris. Menu enfant à 60 F (9,1 €). Grande architecture de 1914 confortablement modernisée. Au rez-de-chaussée, 2 restaurants : *Le Brésilien*, qui, comme son nom ne l'indique pas, propose les spécialités traditionnelles et un menu plus gastronomique ; et *Le Carnotzet*, le soir uniquement, avec des spécialités savoyardes. On peut y manger assez tard. Les moins fortunés se rabattront sur les pizzas présentes sur la carte des 2 restaurants. *Apéritif offert.*

≜ Hôtel des Canonniers * – 15, rue des Canonniers** ☎ 03.23.62.87.87. Fax : 03.23.62.87.86. Parking. TV. Fermé le dimanche soir sauf réservation. Accès : près de la place de l'Hôtel-de-Ville. Doubles avec douche et wc ou bains de 380 à 420 F (57,9 à 64 €). Dans le quartier central de Saint-Quentin, mais très au calme (les canonniers aimaient se reposer dans le silence). Des chambres d'un grand confort, spacieuses et personnalisées, dans un ancien hôtel particulier des XVIIIᵉ et XIXᵉ siècles. Beau jardin intérieur où il fait bon prendre son petit déjeuner. C'est la propriétaire, d'une grande gentillesse, qui vous accueillera. L'une de nos meilleures adresses à Saint-Quentin.

I●I Restaurant Le Glacier – 28, place de l'Hôtel-de-Ville (Centre) ☎ 03.23.62.27.09. Service jusqu'à 23 h. Fermé le lundi et le dimanche soir. Congés annuels : la semaine entre Noël et le Jour de l'An. Menus de 79 à 135 F (12 à 20,6 €), d'un bon rapport qualité-prix. Menu enfant à 42 F (6,4 €). Compter 80 F (12,2 €) à la carte. Un petit restaurant avec une salle à l'étage bien décorée : fresque murale, nappes à carreaux et lampes opalines. Le restaurant ouvrant sur la jolie place de l'Hôtel-de-Ville, vous pourrez profiter de la terrasse aux beaux jours et entendre chaque quart d'heure sonner le carillon. On peut y déguster une glace (l'auriez-vous deviné ?), mais surtout des moules en cocotte (5 recettes) avec frites, une choucroute avec jarret ou au poisson, servis sur un réchaud. *Café offert.*

SAINT-VALÉRY-SUR-SOMME   80230

Carte régionale A1

🏠 |●| *Le Relais Guillaume de Norman-die* ** – 46, quai Romerel ☎ 03.22.60.82.36. Fax : 03.22.60.81.82. Parking. TV. Canal+. Fermé le mardi (sauf en juillet-août) et en décembre. Accès : au pied de la ville haute, le long de la digue-promenade, près de la porte de Nevers. Doubles avec douche et wc ou bains de 300 à 330 F (45,7 à 50,3 €). Menus de 90 à 215 F (13,7 à 32,8 €). Une de nos adresses préférées dans la Somme (pour les prestations hôtelières et le restaurant). Manoir décadent tout en hauteur et complètement biscornu dans un superbe jardin. L'édifice fut construit au bord de l'eau par un lord anglais, il y a une centaine d'années, en l'honneur de sa maîtresse. Toutes les chambres ont été refaites et bénéficient d'un confort remarquable. Demandez la vue sur la mer, ou mieux, la chambre n° 1 qui dispose d'une charmante petite terrasse. Menus avec des spécialités régionales, servies dans une belle salle à manger entièrement rénovée. *10 % sur le prix de la chambre le vendredi soir.*

🏠 |●| *Hôtel du Port et des Bains* * – 1, quai Blavet ☎ 03.22.60.80.09. Fax : 03.22.60.77.90. TV. Fermé le mercredi d'octobre à mai. Accès : dans la ville basse, face à l'embouchure de la Somme. Doubles avec douche et wc à 350 F (53,4 €), triples avec bains à 500 F (76,2 €). Menus de 85 à 190 F (13 à 29 €). Une petite adresse sympathique avec sa façade couverte de lierre, dans une ville à l'architecture et aux paysages si riches. Les fruits de mer – c'est la région – sont à recommander (spécialités de choucroute de la mer, marmite dieppoise, dos de cabillaud façon baie de Somme). Attention, les clients se pressent dans les 2 salles à manger du restaurant. Chambres doubles au confort sommaire.

DANS LES ENVIRONS

CROTOY (LE) 80550 (6 km N)

🏠 |●| *Les Tourelles* * – 2-4, rue Pierre-Guerlain ☎ 03.22.27.16.33. Fax : 03.22.27.11.45. TV. Congés annuels : janvier. Accès : A16. Doubles de 300 à 350 F (45,7 à 53,4 €) environ. Menus à 127 et 183 F (19,4 et 27,9 €). S'il reste une chambre libre (il n'y en a que 19 !), n'hésitez pas une seconde ! Posez vos valises dans cet ancien hôtel particulier de Pierre Guerlain, le parfumeur, et remerciez le Bon Dieu... Car dans cette remarquable bâtisse rouge brique rehaussée de deux tourelles, les chambres se réservent des semaines à l'avance ! Surplombant la baie de la Somme avec la mer aux pieds, cet établissement fait l'unanimité. Rien n'est laissé au hasard : ni les chambres de charme avec vue imprenable (nos préférées sont la n° 33 dans le donjon et la n° 14 plein sud), ni le salon-bar gustavien où l'on se prélasse sans se lasser, ni la salle de jeux destinée aux enfants... Il y a même une paire de jumelles mise à la disposition des clients pour observer les phoques ! Animaux domestiques autorisés. Un endroit rare ! *Apéritif offert.*

|●| *Chez Gérard* – 22, rue Victor-Petit ☎ 03.22.27.04.50. Fermé le mardi. Congés annuels : du 1er au 20 décembre. Accès : près de la plage. Menus à 110 et 195 F (16,8 et 29,7 €). Voilà une adresse drôle, chaleureuse et sûre d'un point de vue gastronomique, sur la côte picarde. Dans un bric-à-brac de brocanteur, au milieu de tableaux naïfs et de Picards malins, Gérard – un mélange de Falstaff et de Corto Maltese ! – vous fait à la fois son cinéma et sa cuisine : moules à sa façon ou maquereau mariné, carré d'agneau des prés-salés ou sole meunière au beau 1er menu. *Café offert.*

AULT 80460 (21 km SE)

🏠 |●| *Hôtel-restaurant Victor Hugo* – 25, rue de la Pêche ☎ 03.22.60.40.40. Fax : 03.22.60.40.40. Doubles à 280 F (42,7 €). Petit déjeuner à 45 F (6,9 €). Menu à 120 F (18,3 €). Dans la partie haute d'Ault, qui surplombe la plage d'Onival. Difficile à louper, la façade est peinte d'un bleu éclatant qui fait vraiment tache dans le village. Hôtel coquet, décoration plaisante de papiers peints lumineux et de fauteuils de rotin, complètement remis à neuf avec 35 chambres de bon confort décorées de couleurs vives. Douches et lavabos. Accueil enjoué teinté d'une pointe d'accent slave. D'ailleurs le restaurant, au mobilier rococo, se propose de régaler ses convives de spécialités russes. Déjà un menu avec brochettes à 120 F, mais sans caviar et champagne, pour cela il le faudra compter un peu plus. *NOUVEAUTÉ.*

|●| *Restaurant L'Horizon* – 31, rue de Saint-Valéry ☎ 03.22.60.43.21. Ouvert sans discontinuer en saison. Accès : dans la partie haute d'Ault-Onival à l'aplomb de la falaise. Menus de 75 à 142 F (11,4 à 21,6 €). Fruits de mer en assiette à 65 F (9,9 €), en plateau à 120 F (18,3 €), marmite du pêcheur à 75 F (11,4 €). Petit resto à la déco banale sur le thème de la pêche, aquarelles vaguement post-impressionnistes et collection de moulins à café. Les horaires des marées y sont affichés. Ses atouts : une vue plongeante sur la plage depuis les

PICARDIE

tables en bordure de la baie vitrée et une palette de propositions maritimes de première fraîcheur à prix raisonnables. *NOUVEAUTÉ.*

SENLIS 60300

Carte régionale A2

🛏🍴 *Hostellerie de la Porte Bellon* – 51, rue Bellon ☎ 03.44.53.03.05. Fax : 03.44.53.29.94. Congés annuels : pendant les fêtes de fin d'année. Accès : la rue Bellon donne dans la rue de la République. Chambres de 290 à 380 F (44,2 à 57,9 €), un appartement pour 6 à 990 F (150,9 €). 1er menu à 125 F (19,1 €), autres jusqu'à 760 F (115,9 €) pour 2 avec bouteille de champagne, foie gras, une demi-langouste avant le plat de résistance. Plats autour de 75 F (11,4 €). Superbe vieille maison au calme car en retrait de la route. 18 chambres spacieuses et confortables. Grand jardin ombragé pour déjeuner ou dîner par beau temps. Jolie décoration intérieure.

DANS LES ENVIRONS

FONTAINE-CHAALIS 60300
(8 km SE)

🛏🍴 *L'Auberge de Fontaine* ** – 22, Grande-Rue (Centre) ☎ 03.44.54.20.22. Fax : 03.44.60.25.38. TV. ☼ Fermé le mardi du 1er novembre à fin février. Accès : par la D330 en direction de Nanteuil-le-Haudoin. Doubles avec douche à 275 F (41,9 €), avec bains à 305 F (46,5 €). Un 1er menu à 98 F (14,9 €) en semaine le midi, boisson comprise. Autres menus à 135 F (20,6 €) avec plat, fromage et dessert, à 150 F (22,9 €), intitulé « Retour de promenade », à base de produits du terroir et 170 F (25,9 €), « Provençal », tendance légumes et poisson. Enfin, un menu-carte à 195 F (29,7 €). Une auberge très cotée dans la région, et qui mérite sa réputation. Le chef, Dominique, qui a fait ses classes avec Bocuse, fait le maximum et son enthousiasme nous a séduits. Plusieurs formules sont proposées. Parmi les spécialités du chef, notons le duo de foie gras à l'ail confit et aux pruneaux, et le velouté aux petits pois avec langoustines rôties et foie gras chaud. 8 chambres coquettes et confortables. Une excellente adresse. *Apéritif offert.*

SOISSONS 02200

Carte régionale B2

🛏 *Le Clovis* * – 7, rue Ernest-Ringuier (Centre) ☎ 03.23.59.26.57. Parking. ☼ Accès : près des jardins de l'hôtel de ville.

Doubles à partir de 120 F (18,3 €) avec lavabo jusqu'à 175 F (26,7 €) avec bains, wc sur le palier. Une maison ni laide ni belle, mais avec un certain cachet. Et surtout un patron très aimable qui se fait un plaisir d'orienter ses hôtes. Seulement 8 chambres dont certaines ont une vue sur l'Aisne, d'autres donnent sur une cour privée bordée par un pan de mur, reste des remparts. Pas de télé : ouf ! Le fantôme de Clovis pourra rêver en paix sur le souvenir de son vase.

🛏🍴 *Le Pot d'Étain* – 7, rue de Saint-Quentin (Centre) ☎ 03.23.53.27.39. Fax : 03.23.53.27.39. Fermé le lundi. Chambres doubles avec cabinet de toilette à 130 F (19,8 €), avec bains à 140 F (21,3 €). Demi-pension à 190 F (29 €) par personne. Menus de 70 à 200 F (10,7 à 30,5 €). Un hôtel tout simple, sans grande originalité. Les sanitaires auraient bien besoin d'un petit rafraîchissement, mais les chambres sont proprettes. Pour les budgets réduits ou les grands voyageurs. Au resto, une cuisine familiale pour se remettre des longues balades en Picardie. Terrines et desserts maison. Une adresse bon marché qui a le mérite d'être centrale. Service gentil et efficace. *Café ou digestif offert.*

DANS LES ENVIRONS

FONTENOY 02290 (10 km O)

🛏🍴 *Auberge du Bord de l'Eau* – 1, rue Bout-du-Port ☎ 03.23.74.25.76. TV. Canal+. Fermé le mercredi. Accès : entre Soissons et Compiègne, par la N31, à La Vache Noire, tourner à droite. Doubles avec douche et wc à 250 F (38,1 €). Menu à 95 F (14,5 €) le midi en semaine. Autres menus de 125 à 195 F (19,1 à 29,7 €). Charmante auberge-hôtel au bord de l'Aisne. On peut s'y rendre en bateau, le patron ayant installé un ponton pour accoster. Pain maison, saumon fumé maison, foie gras maison. Bref, tout maison et produits d'une grande fraîcheur. Hôtel de 7 chambres avec salle de bains. Demandez celles avec vue sur la rivière, bucoliques et très au calme.

VILLERS-COTTERÊTS 02600

Carte régionale B2

🛏 *Hôtel Le Régent* *** – 26, rue du Général-Mangin (Centre) ☎ 03.23.96.01.46. Fax : 03.23.96.37.57. Parking. TV. Satellite / câble. ☼ Fermé le dimanche soir de novembre à mars (sauf jours de fêtes et réservation). Compter de 305 à 350 F (46,5 à 53,4 €) avec douche ou bains. 399 F (60,8 €) pour 2 personnes pour celle avec bain bouillonnant. Caché derrière sa façade qui date du XVIIIᵉ siècle, authentique relais de poste du XVIᵉ siècle, tenu par la charmante et très distinguée Mme Thiebaut. 17 chambres toutes différentes, refaites à neuf, dont certaines sont classées à l'ISMH (inventaire des Monuments historiques). Un excellent rapport qualité-prix pour cette adresse de charme.

|●| L'Orthographe – **63, rue du Général-Leclerc** ☎ **03.23.96.30.84.** Parking payant. Ⅹ Fermé le dimanche soir et le lundi. Formule à 89 F (13,6 €) le midi en semaine, avec un plat de la carte au choix et un dessert. Menu à 160 F (24,4 €). Ce resto est devenu aujourd'hui une référence! Il faut dire que le menu a de quoi vous mettre l'eau à la bouche : terrine de foie gras à la gelée de Sauternes ou soufflé de brochet au roquefort et son beurre blanc, canon d'agneau rôti au vinaigre ou escalope de saumon au champagne, fromage et dessert, telle la charlotte aux poires. Pas une seule faute! Coquilles Saint-Jacques au lard et steak de canard façon Rossini en spécialités. Service souriant.

DANS LES ENVIRONS

LONGPONT 02600 (11,5 km NE)

▲ |●| Hôtel de l'Abbaye ** – **rue des Tourelles (Centre)** ☎ **03.23.96.02.44. Fax : 03.23.96.02.44.** TV. Accès : par la N2 et bifurquer sur la D2. Doubles avec bains entre 180 et 280 F (27,4 et 42,7 €). Plats du jour de 75 à 120 F (11,4 à 18,3 €), et 1ᵉʳ menu à 98 F (14,9 €). Au bord de la forêt de Retz, l'auberge rêvée avec sa cheminée en pierre et sa façade recouverte de lierre. Les chambres sont d'un certain prix, mais la qualité et le cadre sont là, et le petit déjeuner est copieux. Préférez la chambre nº 112 à 235 F (35,8 €) pour sa vue sur la porte fortifiée. Côté resto, les menus sont élaborés à base de produits frais du terroir et gibier en saison. À noter, pour ceux qui visitent la superbe abbaye située juste en face, que l'après-midi on peut venir ici déguster une bonne crêpe. Gourmand et romantique.

Poitou-Charentes

16 Charente
17 Charente-Maritime
79 Deux-Sèvres
86 Vienne

AIX (ÎLE D')   17123

Carte régionale A2

🛏 ❘●❘ *Hôtel-restaurant Napoléon et des Bains Réunis* ** – rue Gourgaud (Centre) ☎ 05.46.84.66.02. Fax : 05.46.84.69.70. Fermé le dimanche soir et le lundi (d'octobre à mars). Congés annuels : du 15 novembre au 28 décembre. Suivant la saison, doubles avec douche de 230 à 340 F (35,1 à 51,8 €), avec douche et wc de 280 à 360 F (42,7 à 54,9 €), et de 330 à 390 F (50,3 à 59,5 €) avec bains. Demi-pension obligatoire en juillet-août à partir de 280 F (42,7 €) par personne. 1er menu à 91 F (13,9 €) servi tous les jours, puis à 110 et 145 F (16,8 et 22,1 €). Menu enfant à 46 F (7 €). Facile à trouver : c'est le seul hôtel de l'île d'Aix ! Par chance, il est confortable. Une quinzaine de chambres régulièrement rénovées (certaines ne manquent pas de charme, du reste). Agréable salon où prendre un verre au retour d'un tour de l'île à vélo (Aix est interdite aux voitures). Côté resto, cuisine largement vouée aux produits de la mer. Produits frais évidemment, travaillés sur place : tartare de saumon, dos de cabillaud rôti sur sa peau en civet au vieux bordeaux, etc. L'accueil et le service manquent un peu de régularité.

ANGOULÊME   16000

Carte régionale B2

🛏 ❘●❘ *Auberge de jeunesse* – île de Bourgine (Nord) ☎ 05.45.92.45.80. Fax : 05.45.95.90.71. ● www.fuaj.org ● Parking. Satellite / câble. ☙ Congés annuels : de mi-décembre au début janvier. Accès : non loin du quartier de l'Houmeau, le vieux port d'Angoulême. Pour 70 F (10,7 €), vous avez une chambre double avec douche et wc. À partir de 28 F (4,3 €) seulement un menu, jusqu'à 55 F (8,4 €). Une auberge spacieuse, entretenue et personnalisée par une équipe dynamique. Une grande terrasse au bord de la rivière avec un vaste réfectoire pour des ambiances familiales, amicales et cosmopolites. Activités abondantes et variées, canoë, VTT, piscine (50 % de réduction avec la carte FUAJ), tennis, etc. Superbe promenade, la Coulée verte, à faire le long de la Charente et, au bout, un plan d'eau ouvert aux baignades. Enfin, et surtout, une bonne étape culinaire, avec hébergement agréable. Certaines chambres ont vue sur la Charente. Que demande le peuple ?

🛏 ❘●❘ *Le Gasté* – 381, route de Bordeaux (Sud-Ouest) ☎ 05.45.91.89.98. Fax : 05.45.25.24.67. Parking. TV. Fermé le samedi et le dimanche. Congés annuels : les 3 premières semaines d'août, Noël et le Jour de l'An. Doubles à 155 F (23,6 €) avec cabinet de toilette ou 170 F (25,9 €) avec douche, wc et télé. La balade des remparts n'est pas loin et ça vaut le coup d'œil. Adresse connue pour son accueil et pour sa bonne cuisine. Les chambres, simples et propres, sont rénovées. Ça ne sera pas la ruine, les prix sont doux, et le calme est

---

Sur présentation de ce guide,
nombreuses offres et réductions en 2000.

assuré. Agréable terrasse. Parking fermé. Apéritif offert.

♠ |●| *Le Palma* – 4, rampe d'Aguesseau (Centre) ☎ 05.45.95.22.89. Fax : 05.45.94.26.66.

Fermé le samedi midi et le dimanche. Congés annuels : 2 semaines à Noël. Double à 160 F (24,4 €) avec cabinet de toilette, 180 F (27,4 €) avec douche. 1er menu à 70 F (10,7 €). Aux confins du vieil Angoulême, un quartier plus urbain et paradoxalement plus vieillot. Mais *Le Palma* et sa cuisine attachée aux produits du terroir valent le détour. Cagouilles à la charentaise, noix de Saint-Jacques aux cèpes, rôti de lotte au jambon du pays. Des petits prix sympa. Accueil familial et gentil. Chambres agréables, les meilleures sont sur l'arrière.

♠ |●| *Le Crab* ** – 27, rue Kléber, Le Grand-Font (Est) ☎ 05.45.93.02.93. Fax : 05.45.95.38.52.

TV. Canal+. Fermé le samedi et le dimanche soir. Accès : dans le quartier Le Grand-Font, près de la gare et à côté de la salle omnisports. Des chambres refaites, de 180 F (27,4 €) avec cabinet de toilette à 230 F (35,1 €) avec bains. Menus à 64 F (9,8 €) sauf le week-end, et de 85 à 160 F (13 à 24,4 €). Une auberge familiale, excentrée et calme. Grande salle de restaurant qui vient d'être rénovée. Bonne cuisine régionale avec, par exemple, un magret de canard ou un crabe braisé au pineau, des petits-gris à la charentaise... *10 % sur le prix de la chambre les vendredi, samedi et dimanche.*

♠ |●| *Le Flore* ** – 414, route de Bordeaux (Sud-Ouest) ☎ 05.45.25.35.35. Fax : 05.45.25.34.69.

Parking payant. TV. Canal+. Fermé le samedi et le dimanche. Congés annuels : la 2e et la 3e semaine d'août. Chambres à 200 F (30,5 €) avec douche et wc ou bains. Menus à 50 F (7,6 €) puis de 80 à 170 F (12,2 à 25,9 €). Goûtez la papillote de saumon aux petits légumes, la pintade braisée à l'estragon ou le confit de canard au miel d'acacia.

♠ |●| *Le Saint-Antoine* ** – 31, rue Saint-Antoine (Nord-Ouest) ☎ 05.45.68.38.21. Fax : 05.45.69.10.31.

Parking. TV. Canal+. Satellite / câble. ♨ Resto fermé le samedi midi et le dimanche soir. Congés annuels : resto fermé du 24 décembre au 1er janvier. Accès : direction gare SNCF. Chambres à partir de 200 F (30,5 €) avec lavabo et wc, à 300 F (45,7 €) avec bains. Menus à 80 F (12,2 €) sauf le dimanche, et 120 à 170 F (25,9 €). Rénové et d'accès facile. Terrasse agréable et salle de resto avec cheminée. Plusieurs spécialités : salade de Saint-Jacques, foie gras aux cèpes, magret de pigeonneau et cuisses confites à l'embeur-

rée de choux... Bon accueil. *10 % sur le prix de la chambre.*

♠ *Hôtel du Palais* ** – 4, place Francis-Louvel (Centre) ☎ 05.45.92.54.11. Fax : 05.45.92.01.83.

Parking payant. TV. Canal+. Accès : près du Palais de justice. Doubles de 250 F (38,1 €) avec cabinet de toilette à 340 F (51,8 €) avec douche et wc ou bains. Il donne sur une jolie petite place, à proximité de la cathédrale – édifice du XVIIe siècle avec une façade de style roman-poitevin, l'une des plus belles du Sud-Ouest. L'hôtel est un peu vieille France, mais son cadre rustique et provincial lui donne un charme qui justifie sa bonne réputation. Accueil courtois et chambres bien propres. Certaines ont un grand balcon avec vue sur la vieille ville. Garage privé payant. *10 % sur le prix de la chambre en juillet-août.*

|●| *Restaurant La Cité* – 28, rue Saint-Roch (Centre) ☎ 05.45.92.42.69.

Fermé le dimanche. Congés annuels : vacances scolaires de février et 1re quinzaine d'août. Menus à 72 F (11 €) sauf le samedi soir, 98 F (14,9 €, très bien), 120 et 160 F (18,3 et 24,4 €). La patronne est souriante et efficace, les tables propres et bien mises et les spécialités de poissons d'une fraîcheur indiscutable. Bref, voilà un petit restaurant de famille comme on les aime ! Plateau de fruits de mer, assiette de crustacés, soupe de poisson maison, beignets de calmars maison, fricassée de moules... et surtout délicieuse brochette « La Cité » (moules, langoustines, Saint-Jacques). Voilà quelques-unes des propositions du patron qui, malgré son humeur très marine, affiche aussi des viandes à sa carte.

DANS LES ENVIRONS

GOND-PONTOUVRE (LE) 16160

(2 km N)

|●| *L'Entrecôte* – 45, route de Paris ☎ 05.45.68.04.52. ♨ Fermé le dimanche.

Accès : route de Paris, N10. Menus à 80 F (12,2 €) servi midi et soir, 158 F (24,1 €) et « spécial » à 200 F (30,5 €) pour 2. Le meilleur resto de viande d'Angoulême, dans une espèce de taverne au cadre chaleureux. On vient ici avant tout pour dévorer une entrecôte grillée au feu de bois, belle comme les fesses d'hippopotame ! Peut paraître un peu cher à certains, mais c'est largement justifié. Des viandes comme ça, c'est difficile à trouver ailleurs qu'en Argentine ! Non seulement on vous montre les proportions de la bête (au cas où vous auriez des doutes sur les capacités de votre estomac), mais en plus la cuisson demandée est parfaitement respectée. Pour ceux qui viennent en famille, ou ceux qui n'auraient pas mangé depuis des lustres, on conseille également la méga-

POITOU-CHARENTES

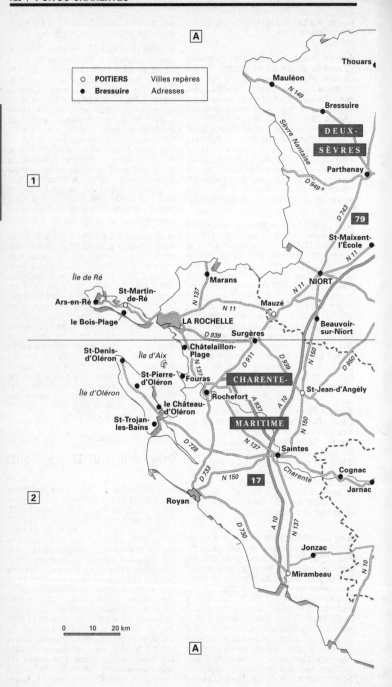

A

| ○ | **POITIERS** | Villes repères |
| ● | **Bressuire** | Adresses |

1

Thouars

Mauléon

N 149

Bressuire

DEUX-SÈVRES

Sèvre Nantaise

Parthenay

D 949 B

D 743

79

St-Maixent-l'École

N 11

Île de Ré

Marans

St-Martin-de-Ré

N 137

N 11

NIORT

Ars-en-Ré

Mauzé

le Bois-Plage

LA ROCHELLE

Beauvoir-sur-Niort

N 11

N 150

D 939

Surgères

D 950

St-Denis-d'Oléron

Châtelaillon-Plage

D 911

D 939

Île d'Aix

CHARENTE-

St-Pierre-d'Oléron

N 137

N 150

Fouras

St-Jean-d'Angély

Île d'Oléron

Rochefort

A 837

A 10

le Château-d'Oléron

MARITIME

St-Trojan-les-Bains

N 150

D 728

N 137

Saintes

Cognac

D 733

Charente

N 150

17

Jarnac

2

Royan

D 730

A 10

N 137

Jonzac

N 10

Mirambeau

0   10   20 km

A

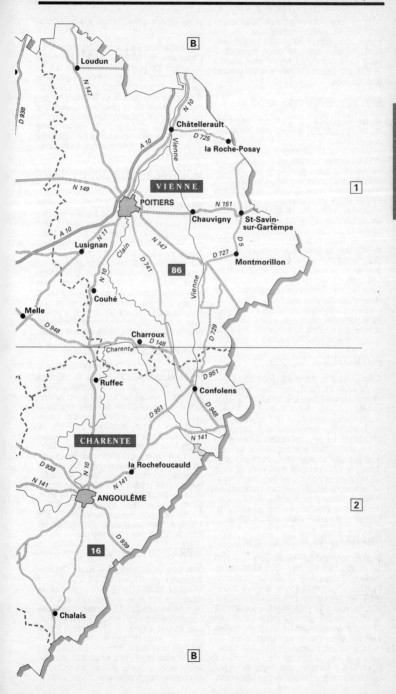

côte de bœuf, forcément sublime. Patrons souriants et service impeccable : ils ont même le bon goût (rare dans la restauration) de vous apporter deux assiettes si vous ne prenez qu'un dessert pour deux... Bref, à part ceux de la viande, à *L'Entrecôte* y' a pas d'os !

SOYAUX 16800 (2 km SE)

|●| *La Cigogne* – **Cabane Bambou** ☎ 05.45.95.89.23. ✗ Fermé le dimanche soir et le lundi d'octobre à mai. Congés annuels : du 30 décembre au 11 janvier. Accès : depuis la route de Périgueux, à la mairie de Soyaux, prendre la rue Aristide-Briand, puis rouler 1,3 km. Menus à prix doux : de 75 F (11,4 €) le midi en semaine à 150 F (22,9 €). Adresse un peu isolée, quoique à 10 mn du centre d'Angoulême. On ne sait pas où l'on va, on suit docilement quelques panneaux, on passe sous un tunnel... Et finalement cela vaut le déplacement : vue panoramique, terrasse ombragée, ambiance jazzy, accueil agréable et discret ! Notre coup de foudre en Charentes. Les patrons ont passé quelques années dans les îles, et la cuisine, raffinée, vous réserve de bonnes surprises. Plats classiques ou originaux, comme les cagouilles ou le médaillon de lotte au beurre d'orange, et selon les saisons ou le marché. Très bon rapport qualité-prix. *Café offert.*

PUYMOYEN 16400 (7 km S)

🛏|●| *L'Auberge des Rochers* – ☎ 05.45.61.25.77. Accès : face à l'église. Chambres avec lavabo à 100 F (15,2 €) et une demi-pension à 150 F (22,9 €). Menus copieux à partir de 60 F (9,1 €) servi tous les jours. Un adorable moulin à papier, le *Moulin du Verger*, de hautes falaises de pierre accessibles aux dingues de varappe et d'escalade, un élevage de cerfs en liberté (l'éleveur siffle pour les faire venir et vous les montrer) et puis l'auberge : une maison de campagne, idéale pour des vacances en famille ou entre amis. Simple, calme et vraiment pas chère. Spécialités alsaciennes. Accueil chaleureux. *Café, digestif offerts.*

CHAMPNIERS 16430 (9 km NE)

🛏|●| *Restaurant Le Feu de Bois* ** – N10 ☎ 05.45.68.69.96. Fax : 05.45.69.73.10. Parking. TV. Canal+. ✗ Accès : direction Poitiers. 40 chambres avec bains à 300 F (45,7 €). Menus de 110 à 200 F (16,8 à 30,5 €). Avant de vous engager sur la N10, faites un détour entre Champniers et Les Cloux : paysage vallonné et boisé, vieilles maisons charentaises aux jolies tuiles. Le resto, c'est autre chose. Grande salle octogonale à ses extrémités ; au centre, on mitonne des grillades aux ceps de vigne. Spécialités régionales de grillon charentais

et de jambon grillé. Terrasse d'été ombragée. *Apéritif offert.*

|●| *Restaurant Le Logis d'Argence* – **La Chignolle** ☎ 05.45.69.99.93. Fermé le dimanche soir et le lundi. Accès : sur la N10. Menus à 70 F (10,7 €) le midi en semaine, sinon de 95 à 180 F (14,5 à 27,4 €). Petite auberge charentaise avec terrasse sur jardin, à la taille de la propriété. Patron très sympa. Cadre agréable, cuisine savoureuse inspirée des produits de la région, carte inventive. Laissez-vous tenter par la noix de Saint-Jacques au foie gras cuit à l'étouffée. *Apéritif offert.*

MOUTHIERS-SUR-BOËME 16440 (13 km S)

|●| *Café-restaurant de la Gare* – **place de la Gare** ☎ 05.45.67.94.24. Fermé les dimanche et lundi soir. Accès : par la N10 direction Bordeaux, puis bifurquer sur Blanzac. Menu à 60 F (9,1 €) servi tous les jours. Autres menus de 85 à 130 F (13 à 19,8 €). Il y a derrière l'église un chemin qui mène au cœur de la vallée de la Boëme ; c'est à voir. Autre instant de bonheur avec une belle salle de restaurant : un accueil disponible et généreux et une bonne cuisine : couscous, choucroute, paella et fruits de mer. 1er menu avec potage, entrée, plat, fromage, dessert, café et quart de vin. Difficile de faire mieux.

CHAZELLES 16380 (20 km E)

|●| *Restaurant Les Grottes du Queroy* – ☎ 05.45.23.53.85. ✗ Fermé le mercredi sauf de Pâques au 1er novembre. Congés annuels : vacances scolaires de février. Accès : par la D699 direction Montbron jusqu'au Queroy, suivre les pancartes Grottes du Queroy. Menus de 72 F (11 €), servi tous les jours, à 165 F (25,2 €). Bonne étape pour les enfants et les grands. Laissez-vous tenter par le gratin de langoustines au pineau. Excellent foie gras. Sur la vaste terrasse, au cœur du bois Blanc, on oublierait toute vie urbaine, d'autant que certains abris de la préhistoire ont survécu, à 50 m de là. Ces grottes, datant de 4 000 à 5 000 ans, ont été découvertes il y a 100 ans, alors qu'une femme recherchait Pastille, son chien. *Café offert.*

VIBRAC 16120 (22 km O)

🛏|●| *Les Ombrages* ** – **route Claude-Bonnier** ☎ 05.45.97.32.33. Fax : 05.45.97.32.05. Parking. TV. Fermé le dimanche soir et le lundi d'octobre à mai. Congés annuels : du 15 décembre au 5 janvier. Accès : par la N141 ; 3,5 km après Hiersac, tourner à gauche. Chambres à 270 F (41,2 €) avec douche et wc, et 300 F (45,7 €) avec bains. Menus : 80 F (12,2 €) en semaine, 110 F (16,8 €) et carte. Au XIVe siècle, toute la France était sur les routes et, à l'époque, nos ancêtres bouffaient comme des chancres. Pas loin, en direction de Saint-Jacques-de-Compostelle, l'abbaye de Bassac servait d'étape à nos chers routards du Moyen Âge. Aujourd'hui, l'hôtel-restaurant et son jardin ombragé jouent la carte santé avec la piscine extérieure, le terrain de tennis et la table de ping-pong. Un très joli cadre au milieu des frondaisons et 2 salles de resto dont l'une en véranda donnant sur le jardin. Essayez les ris de veau aux pleurotes, la salade de coquilles Saint-Jacques, les rognons de veau sur compote d'oignons... *10 % sur le prix de la chambre d'octobre à mai.*

VILLEBOIS-LAVALETTE 16320

(28 km SE)

🏠 **|●|** *Hôtel-restaurant du Commerce* – au bourg ☎ 05.45.64.90.30. Parking payant. Fermé le mardi après-midi. Congés annuels : 10 jours en juin et 1 semaine entre Noël et le Jour de l'An. Accès : par la D939. Chambres doubles à partir de 110 F (16,8 €) avec lavabo jusqu'à 180 F (27,4 €) avec douche et wc. Menus à 60 F (9,1 €) sauf le dimanche, puis 95 et 140 F (14,5 et 21,3 €) et carte. Ce village à flanc de colline permet de voir les champs se perdre à l'horizon. De quoi réconcilier l'homme avec la nature. Au resto, le 1er menu est simple : entrée, plat, fromage, dessert, café et quart de vin pour un prix très intéressant. Autre curiosité en allant vers Angoulême, la façade grandeur nature de Versailles, construite à l'orée d'une forêt, à l'aide de matériaux et de sculptures récupérés, appartenant au vrai Versailles. L'œuvre d'un fou !

SAINT-GROUX 16230 (30 km N)

🏠 **|●|** *Hôtel-restaurant Les Trois Saules* ** – ☎ 05.45.20.31.40. Fax : 05.45.22.73.81. Parking. TV. Fermé le dimanche soir et le lundi midi. Congés annuels : 15 jours en février et 15 jours fin octobre, début novembre. Accès : par la N10 jusqu'à Mansle, puis D739 direction Aigre ; c'est à environ 3 km, sur la droite. Chambres à 205 F (31,3 €) avec douche et wc et 245 F (37,4 €) avec bains. Menus à 64 F (9,8 €) sauf le dimanche, 92 et 165 F (14 et 25,2 €) et carte. Dans un méandre de la Charente, cette commune a emprunté son nom à un ermite vivant en Angoumois au XVIe siècle. Jolie auberge, ambiance familiale et accueil attentionné. Goûtez les coquilles Saint-Jacques au pineau, le confit de canard forestière ou la sole aux cèpes. *Apéritif offert.*

ARS-EN-RÉ 17590

Carte régionale A1

🏠 **|●|** *Le Parasol* ** – route de Saint-Clément ☎ 05.46.29.46.17. Fax : 05.46.29.05.09. TV. Congés annuels : du 1er novembre à mi-mars. Accès : à la sortie d'Ars, en direction de Saint-Clément ; l'hôtel est sur la gauche, dans un bois. Doubles avec bains à 360 F (54,9 €). Studios à 450 F (68,6 €). Demi-pension obligatoire de juin à septembre de 325 à 390 F (49,5 à 59,5 €). Menus de 130 à 205 F (19,8 à 31,3 €). Sous les pins et suffisamment à l'écart de la route pour être au calme. À l'étage de la maison principale, récente mais dans le style local, chambres très classiques, toutes avec bain. À proximité, quelques bâtiments sans beaucoup de charme abritent des studios avec kitchenette.

|●| *Restaurant Le Café du Commerce* – 6, quai de la Prée ☎ 05.46.29.41.57. ♿ Accès : sur le port. Menu à 99 F (15,1 €) le midi seulement. Menu enfant à 39,50 F (6 €). Ce bistrot qui porte bien son siècle (il existait déjà du temps où circulait le petit train de Ré) reste un des points de passage obligés de l'île. Les actuels proprios ont ramené de séjours aux États-Unis le comptoir d'un *drugstore* de Boston, les miroirs d'un *saloon* d'El Paso et une carte qui aligne *chili con carne* (45,50 F - 6,9 €), *BBQ ribs* (75 F - 11,4 €) et *cheeseburgers* (49,50 F - 7,5 €). Pour la couleur locale, des bateaux en bouteilles, un immuable menu avec 6 huîtres, raie sauce moutarde et profiteroles. Et à la carte : crêpes, salades, *bruschettas* pour les petites faims. Ce n'est pas de la grande cuisine, mais les prix restent décents pour l'île. Vins au verre. Et terrasse face au port où tanguent les bateaux (dont une... jonque chinoise pour ajouter à la déjà dépaysante ambiance du *Café du Commerce*).

|●| *Le Bistrot de Bernard* – 1, quai de la Criée ☎ 05.46.29.40.26. ♿ Fermé le lundi soir et le mardi hors saison. Congés annuels : du 5 janvier au 15 février. Accès : sur le port. Menus à 130 et 175 F (19,8 et 26,7 €). Comptez 150 F (22,9 €) à la carte. Menu enfant à 50 F (7,6 €). Stratégiquement bien située, la terrasse de ce restaurant permet de se rincer l'œil discrètement sans avoir l'air d'y toucher, grâce au spectacle permanent qu'offre le port aux beaux jours. Ceux qui n'aiment pas l'agitation mais détestent se sentir enfermés trouveront aussi leur bonheur, car ce « bistrot » possède une salle aux larges baies vitrées donnant sur un jardin. Cuisine de marché (celui d'Ars qui a lieu tous les matins en saison est un des plus courus de l'île) qui bien sûr évolue au gré des saisons et fait la part belle aux produits de la mer. Quelques classiques de la carte : thon au foie gras, fricassée de langoustines. Certains vins servis au verre permettent, si on se limite au 1er menu, de ne pas faire grimper l'addition de façon vertigineuse.

DANS LES ENVIRONS

SAINT-CLÉMENT-DES-BALEINES
17590 (4 km NO)

🏠 *Hôtel Le Chat Botté* ** – **place de l'Église (Centre)** ☎ 05.46.29.21.93. **Fax : 05.46.29.29.97.** TV. ♿. Congés annuels : du 3 janvier au 12 février. Doubles avec douche de 330 à 450 F (50,3 à 68,6 €), de 390 à 620 F (59,5 à 94,5 €) avec bains. Petit déjeuner traditionnel à 46 F (7 €) et l'« énergétique » à 65 F (9,9 €). Face à l'église, cet hôtel de charme à l'atmosphère sereine offre de belles chambres boisées et lumineuses. Choisir de préférence les nᵒˢ 5 et 6, tout en bois. On prend son petit déjeuner dans un patio fleuri avant de s'installer dans l'un des transats disposés dans le vaste et beau jardin pour un bain de soleil sans bain de foule. Un petit centre de remise en forme (balnéo, enveloppement d'algues, harmonisation énergétique) et 2 courts de tennis viennent s'ajouter à un ensemble déjà fort plaisant. Petit garage à vélos.

🍴 *Restaurant Le Chat Botté* – **2, rue de la Mairie** ☎ 05.46.29.42.09. Fermé le lundi hors saison. Congés annuels : du 10 janvier au 15 février et du 20 novembre au 20 décembre. Accès : tout près de la place de l'Église. 1ᵉʳ menu à 130 F (19,8 €) servi tous les jours, midi et soir, puis de 180 à 370 F (27,4 à 56,4 €). À 30 m de l'hôtel du même nom. Vaste salle, du bois à profusion et des maquettes de bateau pour la couleur locale, une cheminée pour les jours un peu frais et une terrasse plein sud pour profiter du soleil. Qualité de la cuisine essentiellement tournée vers la mer. Des produits d'une fraîcheur absolue, un registre classique (mouclade, bar en croûte au beurre blanc, turbot rôti des maraîchers, etc.) mais une cuisine pleine d'allant, un service très stylé. Sans conteste, l'une des meilleures tables de l'île à des prix qui (justement pour l'île) sont plus que raisonnables. *Café offert.*

PORTES-EN-RÉ (LES) 17880
(10 km N)

🍴 *Restaurant Le Chasse-Marée* – **1, rue Jules-David** ☎ 05.46.29.52.03. Fermé le mercredi hors vacances scolaires. Congés annuels : du 15 novembre au 1ᵉʳ avril. Menus de 135 F (20,6 €) sauf le dimanche et les jours fériés à 260 F (39,6 €). Situé dans le village le plus chic de l'île, ce restaurant ne manque ni de charme ni d'élégance. Sur les murs est accrochée toute une série de toiles toutes intéressantes représentant *Le Chasse-Marée* vu par différents peintres. Un vieux piano et un trombone nichés dans un coin et, ici et là, de multiples objets chinés participent à la mise en scène créée autour de tables bien disposées. Plusieurs menus sont offerts à une clientèle très pari-

sienne qui a ici ses aises. Celui à 130 F (19,8 €) – fort bien conçu – nous a donné entière satisfaction, tant côté saveurs que côté présentation. Les fiertés du chef : blanc de saint-pierre aux palourdes sauvages, filet de bœuf aux huîtres chaudes, méli-mélo de glace, d'orange et de chocolat chaud...

BEAUVOIR-SUR-NIORT 79360

Carte régionale A1

🍴 *L'Auberge des Voyageurs* – **41, place de l'Hôtel-de-Ville (Centre)** ☎ 05.49.09.70.16. ♿. Fermé le mercredi et le dimanche soir d'octobre à Pâques, le mercredi seulement en dehors de cette période. Congés annuels : 2 semaines en janvier. Accès : par l'autoroute, sortie nᵒ 33 Niort-Sud. 1ᵉʳ menu à 98 F (14,9 €), puis de 138 à 245 F (21 à 37,4 €). Derrière les murs de pierre de cette charmante auberge villageoise, Jean-Claude Batiot défend sa région avec conviction. Il ne faut pas rater sa fricassée de lumas, une vieille recette de sa grand-mère : on récupère les escargots à la coquille trop fragile, on les cuit au court-bouillon, puis on les fait sauter à la poêle avec pommes de terre, champignons, ail, persil et jambon de pays en fine julienne. La fricassée d'anguilles en persillade, les ravioles de gambas à l'infusion de citronnelle et carottes caramélisées et quelques autres spécialités sont également au programme. *Apéritif offert.*

DANS LES ENVIRONS

VILLIERS-EN-BOIS 79360
(10 km SE)

🏠🍴 *L'Auberge des Cèdres* – ☎ 05.49.76.79.53. **Fax : 05.49.76.79.81.** Parking. ♿. Fermé le dimanche soir et le lundi. Congés annuels : en février. Accès : prendre la direction du Zoorama de Chizé. Doubles de 160 à 200 F (24,4 à 30,5 €). Menus de 64 F (9,8 €) en semaine à 208 F (31,7 €). Un petit restaurant tout propre, tout simple, posé comme par hasard au bord de la forêt domaniale de Chizé, où l'on se presse, le dimanche midi, pour goûter, comme il est précisé, à la « cuisine faite par le patron » (au cas où on en douterait !). À la carte, terrine de foies de volaille à la confiture d'oignons, fricassée d'anguilles à l'ail vert et foie gras de canard mi-cuit au porto... Quelques chambres, au calme. *Café offert.*

BOIS-PLAGE-EN-RÉ (LE) 17580

Carte régionale A1

≜ I●I *Hôtel-restaurant L'Océan* ** – 172, rue Saint-Martin ☎ 05.46.09.23.07. Fax : 05.46.09.05.40. Parking. TV. Satellite / câble. Resto fermé le mercredi hors vacances scolaires. Congés annuels : du 5 janvier au 5 février. Accès : à 50 m de l'église. Chambres de 360 à 500 F (54,9 à 76,2 €) avec douche et wc ou bains. Menus de 140 F (21,3 €) à 180 F (27,4 €). Menu enfant à 55 F (8,4 €). Vieille maison typiquement rétaise dans une rue paisible, à l'écart du passage. Accueil très décontracté-chic comme on sait l'être sur l'île. Une enfilade d'exquis petits salons (les patrons étaient antiquaires et cela se voit) pour se mettre dans l'ambiance. Et ordonnées autour d'un vaste patio fleuri où pousse un pin centenaire, des chambres toutes différentes, toutes charmantes où on puisera plus d'idées que dans un magazine de déco : boiseries patinées ou enduits à l'ancienne pour les murs, jonc de mer pour les sols, couvre-lits en piqué de coton, cabines de bains en guise de placards, etc. Salle de resto dans le même ton, presque néo-coloniale, n'étaient quelques toiles marines accrochées au mur. Terrasse dans le patio. Cuisine de marché et de saison (chaudrée charentaise, dos de cabillaud au beurre de thym, filet de bar braisé à la vanille, etc.), produits frais et saveurs justes. Parking pour vélos. Un de nos coups de cœur, évidemment.

≜ I●I *Hôtel Les Gollandières* ** – avenue de la Plage (Centre) ☎ 05.46.09.23.99. Fax : 05.46.09.09.84. Parking. TV. Canal+. ⚒ Accès : route de la plage. Chambres doubles à 420 F (64 €) avec douche et wc et à 480 F (73,2 €) avec bains. Demi-pension obligatoire en saison et les week-ends fériés à partir de 420 F (64 €). Au resto, 1er menu à 130 F (19,8 €). Petit déjeuner à 50 F (7,6 €). Situé à 100 m de la plage la plus populaire de l'île, ce complexe hôtelier bien conçu, qui s'étale sur plus de 1 ha, est l'endroit parfait pour ceux qui aiment les ambiances « club ». La machine tourne parfaitement. Chambres impeccables, piscine propre et petit déjeuner-buffet avec fromages, œuf dur, confitures, pain, croissants… *Café offert le premier jour.*

I●I *Restaurant Au Petit Bois* – 23, rue de l'Église (Centre) ☎ 05.46.09.37.21. Fermé le dimanche et le lundi soir hors saison. Menu à 65 F (9,9 €) le midi en semaine, autres de 92 à 130 F (14 à 19,8 €). Menu enfant : 41,50 F (6,3 €). Ici les produits de la mer sont frais et achetés à des pêcheurs amis. Le menu à 92 F, avec moules marinière (de Charron) ou 6 huîtres, poisson du jour (sole, plie…) et dessert, ne vole pas son monde, et c'est pareil pour celui à 130 F : entrée, plat, fromages, dessert. La sole meunière nous a été servie avec des pommes de terre de l'île (ce qui n'est pas le cas partout). À la carte : brochette de langoustines, fricassée d'anguilles, sole farcie au crabe, palourdes farcies… En vin, essayez le blanc de Ré Le Royal (70 F - 10,7 €), il est frais et léger. Un seul bémol, les plats se font parfois un peu attendre…

I●I *La Bouvette Grill de Mer* – Le Moulin-de-Morinand (Nord) ☎ 05.46.09.29.87. Fermé le dimanche soir, le lundi midi et tous les mercredis hors saison. Congés annuels : décembre et janvier. Accès : en évitant Saint-Martin-de-Ré par la rocade, prendre la direction Le Bois-Plage sur la gauche ; Le Moulin-de-Morinand est à 1 km environ. Menu à 90 F (13,7 €) le midi en semaine. Comptez 170 F (25,9 €) à la carte. Cet ancien garage qui, vu de l'extérieur, ne paie pas de mine, abrite une des tables les plus intéressantes de l'île. Le maître des lieux régale son monde de produits de la mer que l'on dirait tout juste sortis de l'Océan. Sur l'ardoise s'affichent salade terre-mer, 6 huîtres, fricassée de langoustines, brochette de lotte, cassoulet de la mer, sardines, sole, saumon, bar grillé… et chèvre chaud, tarte maison, île flottante. La salade *Bouvette* (saumon, coquilles Saint-Jacques, seiches) fond dans la bouche, l'éclade de moules, apportée dans une poêle sur un lit d'épines de pin, est délicieuse (bonne idée, le filet de vinaigre de framboise) et le crabe farci est un vrai régal. En dessert, l'ananas frais s'impose. Bonne atmosphère, bons produits, *La Bouvette* a tout pour plaire et le succès est déjà au rendez-vous. Les 40 places sont vite prises d'assaut et la réservation plusieurs jours à l'avance est désormais indispensable en saison. *Café offert.*

DANS LES ENVIRONS

COUARDE-SUR-MER (LA) 17670
(3 km N)

≜ I●I *Hôtel-restaurant La Salicorne* – 16, rue de l'Olivette (Est) ☎ 05.46.29.82.37. Fax : 05.46.29.82.37. Fermé le jeudi midi en juillet-août. Congés annuels : de la Toussaint à Pâques. Accès : près de la rue principale. Doubles avec lavabo à partir de 200 F (30,5 €). Menus à 90 F (13,7 €) le midi en semaine, et à 130 F (19,8 €). Adorable petite salle toute en longueur doublée d'une terrasse sur une rue paisible. Les menus ne donnent qu'un faible aperçu du talent du maître des lieux. On vous conseille donc de vous aventurer dans la carte (clafoutis de langoustines aux champignons, marmite de homard aux crustacés, langoustines au foie gras sur tagliatelles, etc.) au risque de voir l'addition avoisiner les 200 F par personne. Mais on est sur l'île de Ré... Chambres entièrement refaites, à des prix très abordables.

🛏 |●| *Hôtel-restaurant Les Mouettes* – **28, Grande-Rue** ☎ **05.46.29.90.30.** TV. Accès : sur la place, face à l'église. Doubles de 240 à 290 F (36,6 à 44,2 €) avec douche et wc. Menus de 78 et 98 F (11,9 et 14,9 €). Menu enfant à 45 F (6,9 €). L'endroit le moins cher de l'île et l'un des plus charmants. 14 chambres donnant sur une terrasse intérieure. À côté, une annexe avec 12 chambres donnant sur une rue très calme. En été, réserver le plus tôt possible (l'adresse commence à être connue des habitués). Menus très abordables. Servis en terrasse, à toute heure de la journée. Goûter les huîtres de Ré avec un verre de muscadet pour 39 F les 6 (5,9 €). Qui dit mieux ? Ou des moules-frites à 45 F (6,8 €). Essayer la mouclade, notre péché mignon. Sinon, merlu, cabillaud, selon les arrivages. *10 % sur le prix de la chambre pour 2 nuits consécutives. NOUVEAUTÉ.*

🛏 |●| *Hôtel Le Vieux Gréement - restaurant Le Banc des Pêcheurs* – **13, place Carnot** ☎ **05.46.29.82.18. Fax : 05.46.29.50.79.** TV. Satellite / câble. ⚒ Congés annuels : de novembre à Pâques pour le resto (l'hôtel idem sauf réservation). Doubles de 400 à 550 F (61 à 83,8 €) en haute saison (1er juillet au 31 août et les week-ends du 1er mai, 8 mai, Ascension, Pentecôte et Pâques) ; en basse saison de 250 à 400 F (38,1 à 61 €). Formule à 50 F (7,6 €). Menus de 95 à 150 F (14,5 à 22,9 €). Sur la petite place juste derrière l'église, ce petit hôtel a été totalement refait avec goût. Bois lazurés couleurs pastel et décoration rappellent la mer toute proche. Accueil agréable. Les chambres et salles de bains sont impeccables et la literie excellente. Éviter tout de même les chambres donnant directement sur la place, charmantes, mais plus bruyantes. Au resto nous n'avons testé que la formule à 50 F comprenant 9 huîtres et un verre de blanc, rien à redire ! Également agréable de boire un verre en terrasse ou même à l'intérieur du bistrot de l'hôtel.

|●| *Restaurant La Cabine de Bain* – **Grande-Rue (Centre)** ☎ **05.46.29.84.26.** ⚒ Fermé le dimanche soir et le lundi, sauf à Pâques et en juillet-août. Congés annuels : d'octobre à mars, sauf vacances de la Toussaint. Accès : au début de la rue piétonne. Menu à 90 F (13,7 €) le midi seulement. À la carte, on atteint vite les 150 à 200 F (22,9 à 30,5 €) par personne pour un repas complet. Le patron des lieux a une poissonnerie à deux pas et un banc de poissons au marché couvert. Donc côté produits, pas d'inquiétude. Petite salle et aimable terrasse. Les poissons figurent logiquement en

bonne place à la carte : saumon grillé aux olives, pavé de maigre au beurre d'orange, etc. La cuisine est toute simple mais goûteuse, entre terroir (moules au pineau) et touches d'exotisme (sashimis de saumon). Menu du jour bon mais un peu court. Tout était impeccable (cuisine et accueil) lors de notre dernier passage...

FLOTTE (LA) 17630 (6 km E)

|●| *Restaurant L'Écailler* – **3, quai de Sénac (Centre)** ☎ **05.46.09.56.40.** Fermé le lundi hors saison. Congés annuels : de mi-novembre à fin mars. Accès : sur le port. À la carte, compter 260 F (39,6 €). Une des adresses sûres de l'île. Petite salle intime dans une vieille maison du XVIIe siècle posée face au port et terrasse de poche dans une cour intérieure. Table vouée à la mer. Pas de menu, les plats, inscrits au tableau noir, tournent en fonction des arrivages. Le patron choisit les produits (de qualité toujours et surtout d'une fraîcheur remarquable), son épouse en fait des merveilles : saumon cru à la crème d'huître, lotte au miel et aux épices, supions aux mojettes... Tout cela a un prix...

SAINTE-MARIE-DE-RÉ 17740 (6 km SE)

🛏 *Hôtel du Peu-Breton* ** – **31, rue de la Cailletière** ☎ **05.46.30.23.55. Fax : 05.46.37.15.35.** Parking. TV. Congés annuels : octobre. Accès : sur la route qui part de Sainte-Marie en direction de La Noue. Chambres de 310 F avec douche et wc, à 380 F (57,9 €) avec bains. Également quelques chambres familiales pour 3 ou 4. Petit déjeuner à 42 F (6,4 €) sous forme de buffet très sympa. Le bâtiment, moderne, n'a pas le charme des maisons traditionnelles rétaises. Qu'importe : l'accueil est franchement impeccable, autour de la piscine les transats semblent vous tendre les bras, bref, ça sent les vacances ! Un billard pour les amateurs. *10 % sur le prix de la chambre hors week-ends et vacances scolaires de Pâques à septembre.*

BOYARDVILLE 17190

Carte régionale

|●| *La Roue Tourne* – ☎ **05.46.47.21.47.** Congés annuels : de décembre à Pâques (ou avant décembre selon l'affluence). Accès : entre Boyardville et Sauzelle, sur le côté gauche de la route en venant de Boyardville, presque en face des viviers de la Saurine (c'est la même maison), le long du chenal. Le soir, il faut impérativement réserver et même commander son menu à l'avance. Le midi, plats autour de 50 F (7,6 €) ; le soir, menu charentais à 175 F

(26,7 €) ou menu avec églade et pantagrué-lique plateau de fruits de mer à 185 F (28,2 €), notre préféré. *La Roue Tourne* est l'exemple type de l'adresse un peu perdue que l'on se plaît à dénicher. Depuis plus de 30 ans, c'est le bouche à oreille qui fait vivre cette aventure familiale qui commença sur la plage de Boyardville. Le cadre d'abord. Rustique avec vieilles pierres, poutres et vaste cheminée, convivial avec de grandes tablées communes et de longs bancs, pas vraiment confortables mais il y a des coussins pour les séants délicats. Spécialités de poissons et fruits de mer, en provenance directe du vivier de l'autre côté de la route (gage de fraîcheur indéniable), à accompagner d'un bon bordeaux blanc à prix doux. Délicieuse églade ; en revanche la sauce de la mouclade, trop farineuse, nous a un peu déçus. Le soir, vers 23 h, alors qu'on n'est pas encore venu à bout du formidable plateau de fruits de mer et que les conversations vont déjà bon train avec les voisins de table, voilà que le patron (ou un de ses potes) sort sa guitare et pousse la chansonnette. Et là, c'est le délire. En moins d'une demi-heure, à grands renforts de succès yé-yé, de Viva España et autres tubes des années 80, tout le monde chante et danse sur les tables ! Jeunes et moins jeunes, tout le monde participe à cette ambiance incroyable, unique sur l'île et dans les environs. Le midi, pas d'obligation de réserver et l'atmosphère est généralement plus calme.

BRESSUIRE   79300

Carte régionale A1

🏠 |●| *Hôtel-restaurant La Boule d'Or* ** – 15, place Émile-Zola (Sud-Ouest) ☎ 05.49.65.02.18. Fax : 05.49.74.11.19. Parking. TV. Canal+. Fermé le dimanche soir et le lundi midi. Congés annuels : les 3 premières semaines de janvier et d'août. Accès : dans le quartier de la gare. Doubles à 235 F (35,8 €) avec douche et wc ou bains. Pour 290 F (44,2 €), on peut dormir à 4 dans 2 lits jumeaux. Premier menu à 69 F (10,5 €). Une adresse qui allie une cuisine de qualité – mais sans surprise – à un confort feutré. Accueil chaleureux. *Apéritif, café offerts.*

CHALAIS   16210

Carte régionale B2

|●| *Le Relais du Château* – château des Talleyrand ☎ 05.45.98.23.58. Parking payant. Fermé le mardi soir et le mercredi (sauf l'été). Congés annuels : les 15 derniers jours d'octobre. Menus de 100 F (15,2 €) sauf le dimanche, à 180 F (27,4 €).

Menu enfant à 50 F (7,6 €). La masse imposante du château du XIVe siècle domine la vallée de la Tude et de la Vivonne. Vue splendide. On pénètre dans le resto par un pont-levis qui fonctionne encore. À l'intérieur, le cadre est d'époque avec un plafond voûté qui lui donne grande allure. La carte est à elle seule un voyage dans l'histoire. Laissez-vous tenter par la symphonie des foies gras, en 2 temps, 3 mesures.

CHARROUX   86250

Carte régionale B1

🏠 |●| *Hostellerie Charlemagne* * – 7, rue de Rochemeaux (Centre) ☎ 05.49.87.50.37. Parking. TV. Fermé le dimanche soir et le lundi hors juillet-août. Accès : à côté des ruines de l'abbaye, en face des halles. Doubles à 160 F (24,4 €) avec lavabo (sans télé) à 200 F (30,5 €) avec douche et wc. Menus de 90 à 200 F (13,7 à 30,5 €). L'*Hostellerie Charlemagne*, construite avec les pierres de l'abbaye, nous projette dans un passé somptueux. La salle à manger est digne d'un roman de cape et d'épée. On y mange une cuisine savoureuse : fricassée d'escargots au miel et pignons, carré d'agneau ail en chemise... Côté chambres, on a un faible pour le n° 8 avec sa salle de bains en pierre de taille. Côté prix, rien de décevant.

CHÂTEAU-D'OLÉRON (LE)   17480

Carte régionale A2

🏠 |●| *Hôtel de France – Restaurant La Fleur de Sel* ** – 11, rue du Maréchal-Foch (Centre) ☎ 05.46.47.60.07. Fax : 05.46.75.21.55. TV. Resto fermé le dimanche soir et le lundi. Chambres avec douche et wc ou bains de 280 à 320 F (42,7 à 48,8 €). Menus de 92 à 198 F (14 à 30,2 €). Le classique hôtel de centre de bourg, confortable et accueillant, à deux pas de la place principale (pas de vue sur la mer donc...). Le resto *La Fleur de Sel* nous a franchement emballés. Coquette petite salle à la déco dans les jaunes et bleus. Cuisine jamais en panne d'imagination (soupe de moules, huîtres chaudes, gâteau de langoustines aux perles de légumes, aile de raie poêlée aux câpres, bar rôti au jus de viande, etc.) et à prix tenus.

DANS LES ENVIRONS

BOURCEFRANC-LE-CHAPUS
17560 (7 km SE)

🏠 |●| *Hôtel-restaurant Le Terminus* ** – port du Chapus ☎ 05.46.85.02.42. Fax : 05.46.85.32.39. Parking payant. TV. ♨

Congés annuels : 15 jours en janvier. Doubles à 300 F (45,7 €) avec douche et wc ou bains. Petit menu à 65 F (9,9 €) en semaine, sinon menus à 98 F (14,9 €). Face à l'ancien port d'embarquement pour l'île d'Oléron et non pas d'une gare comme son enseigne pourrait le laisser entendre. La construction du pont n'a pas entamé l'assise de cette bonne maison, familiale et populaire. Les chambres n°s 1 à 10 partagent avec la salle de resto vitrée une gentille vue sur l'île d'Oléron et le fort Louvois, petit cousin du célèbre fort Boyard. Cuisine également tournée vers la mer : lotte au magret, saumon maison. Rapport qualité-prix plus qu'honorable pour le coin.

RONCE-LES-BAINS 17390
(18,5 km S)

🛏 |●| *Hôtel Le Grand Chalet – Restaurant Le Brise-Lames* ** – 2, av. de la Cèpe (Centre) ☎ 05.46.36.06.41. Fax : 05.46.36.38.87. Parking. Fermé le lundi midi et le mardi. Congés annuels : fin novembre à début février. Chambres à partir de 220 F (33,5 €), comptez au minimum 380 F (57,9 €) pour une double en saison. 1er menu à 89 F (13,6 €) le midi puis à 135 à 240 F (36,6 €). À l'extrémité de la presqu'île d'Arvert et de ses plages de sable fin qui courent jusqu'à Royan. Hôtel d'un classicisme bon teint (en phase avec cette station balnéaire un brin désuète) posé tout au bord de l'Océan. Évidemment, les chambres qui donnent de ce côté-là, les plus agréables (surtout pour celles de plain-pied sur le jardin), sont les plus chères. Réduction hors saison. Cuisine de saison qui fait la part belle aux poissons et autres fruits de mer. Pains et viennoiseries faits maison. Accueil et service très pro.

CHÂTELAILLON-PLAGE 17340
Carte régionale A2

🛏 |●| *Hôtel Victoria* ** – 13, av. du Général-Leclerc (Centre) ☎ 05.46.30.01.10. Fax : 05.46.56.10.09. Parking payant. Congés annuels : janvier. Doubles de 180 F (27,4 €) avec lavabo à 260 F (39,6 €) avec douche et wc, 300 F (45,7 €) avec bains. Quelques chambres familiales pour 4 à 6 personnes de 450 à 520 F (68,6 à 79,3 €) avec bains. Demi-pension possible. Devant la façade, typique de l'architecture balnéaire début de siècle, on imagine sans peine les cohortes de familles avec pelle et seau, bouées canard et filets à crevettes que les murs de cette vieille mais superbe villa ont vu passer. La déco joue un peu de cette nostalgie là et c'est, finalement, tout à fait charmant. Cet hôtel qui menaçait de sombrer dans l'oubli a été vigoureusement

réveillé par de nouveaux (et très accueillants) proprios. Chambres plaisantes, entièrement rénovées et avec pas mal de goût. Resto uniquement pour les clients de l'hôtel. Pour être tout à fait franc, la gare est de l'autre côté de la rue mais les trains sont rares la nuit, et la maison suffisamment grande pour qu'on y trouve une chambre au calme. *Apéritif offert.*

🛏 *Hôtel d'Orbigny* ** – 47, bd de la République (Nord) ☎ 05.46.56.24.68. Fax : 05.46.30.04.82. TV. Congés annuels : du 1er décembre au 28 février. Accès : entre la mairie et le fort Saint-Jean. Doubles à 250 F (38,1 €) avec douche et wc. Parking payant en juillet-août. Ancienne maison de vacances début de siècle à l'architecture typiquement balnéaire. Belle piscine dans la cour intérieure. Une piscine à 100 m de la plage ? Quelle idée ? Eh bien, elle n'est pas si mauvaise que ça cette idée parce qu'à Châtelaillon, quand la mer se retire, elle le fait sur un bon kilomètre ! Chambres régulièrement rénovées, à la déco toute simple mais plutôt agréable et d'un bon rapport qualité-prix. Chambres plus calmes côté piscine même si, sur la rue, le double-vitrage remplit parfaitement son rôle. Accueil impeccable et toujours égal. *10 % sur le prix de la chambre hors juillet-août.*

CHÂTELLERAULT 86100
Carte régionale B1

|●| *Le Croissant* ** – 15, av. J.-F.-Kennedy (Centre) ☎ 05.49.21.01.77. TV. Resto fermé le dimanche soir. Accès : entre la poste et le jardin public. 1er menu à 85 F (13 €) puis 115 F (17,5 €) et carte. Ensoleillé, *Le Croissant* filtre une lumière qui lui donne un air suranné de province profonde. Les serveuses et les serveurs en noir et blanc agissent rapidement et discrètement. Moleskine vert olive, nappes saumon, plantes vertes en surnombre et un splendide aquarium de poissons exotiques. Cuisine du terroir : ris de veau à la rabelaisienne, tournedos de canard à la gelée de vieux chinon ou filet de sandre à l'estragon, le bien nommé.

DANS LES ENVIRONS

DANGÉ-SAINT-ROMAIN 86220
(14 km N)

🛏 |●| *Le Damius* ** – 16, rue de la Gare (Centre) ☎ 05.49.86.40.28. Fax : 05.49.93.13.69. Parking. TV. Fermé le dimanche soir et le lundi. Doubles à 260 F (39,6 €) avec douche et wc et à 290 F (44,2 €) avec bains ; 340 F (51,8 €) pour 4 personnes. Menus de 85 à 190 F (13 à

29 €). Une petite affaire de famille tenue amoureusement par Michel et Martine Malbrant. Le resto donne sur une terrasse et un jardin aménagé pour les bambins. Bonne cuisine familiale. Essayez le dos de sandre au beurre blanc, l'escalope de saumon sauce à l'oseille, le jambon braisé au pineau des Charentes et, pour les plus courageux, le pied de cochon Sainte-Menehould. Chambres confortables, bons matelas. Pour ceux qui ont le sommeil léger, même si tout est insonorisé, on se doit de vous dire que la ligne TGV passe juste à côté de l'hôtel. Une bonne adresse de passage. *10 % sur le prix de la chambre.*

LEIGNÉ-LES-BOIS 86450 (19 km SE)

🛏️ |●| *Hôtel-restaurant Bernard Gautier* – **place de la Mairie (Centre)** ☎ **05.49.86.53.82. Fax : 05.49.86.58.05.** Canal+. Fermé le dimanche soir et le lundi. Congés annuels : du 11 novembre au 1er décembre et en février. Accès : par la D14 et la D15. Doubles avec cabinet de toilettes à 160 F (24,4 €). Menus à 75 F (11,4 €) le midi en semaine, et de 125 à 280 F (19,1 à 42,7 €). Difficile de faire plus discret. Ce coin du nord de la Vienne est perdu, la maison pas vraiment avenante. Pour un peu, on ne se serait pas arrêté. Quelle surprise ! La cuisine de Bernard Gautier va enchanter vos papilles gustatives par des alliances subtiles et toujours de bon goût. Exemples : le gâteau de lapereau sauce tartare, le tartare de saumon frais et crabe, le sandre au beurre rouge… Les amateurs ne rateront pas l'andouillette à la ficelle et la meilleure crème brûlée de la Vienne. Le menu à 280 F est tellement copieux qu'il est bien difficile d'en voir le bout. Pas simple de rester éveillé à la fin de ces agapes. Qu'à cela ne tienne. Les chambres sont simples, propres et on y trouve un sommeil réparateur. Bonne chère, bon gîte et jovialité du patron. Difficile de faire mieux.

CHAUVIGNY 86300

Carte régionale B1

🛏️ |●| *Hôtel-restaurant Le Lion d'Or* ** – **8, rue du Marché (Centre)** ☎ **05.49.46.30.28. Fax : 05.49.47.74.28.** Parking. TV. ♿ Fermé le samedi en hiver. Congés annuels : entre Noël et le Jour de l'An. Accès : N151. Doubles avec douche et wc à 280 F (42,7 €), avec bains à 300 F (45,7 €). Menus à 90 F (13,7 €) tous les jours, et de 110 à 200 F (16,8 à 30,5 €). Hôtel bourgeois et traditionnel près de l'église. Chambres bien équipées, modernes, situées dans une annexe donnant sur un parking calme à l'arrière. Pour les familles, une grande chambre. Au restaurant, on est servi dans une grande salle

agréable. Le chef prépare des spécialités comme la salade de chèvre chaud, le sandre rôti aux graines de pavots ou le gâteau de crêpes soufflées au coulis de framboises.

🛏️ |●| *Le Chalet Fleuri* ** – **31, av. Aristide-Briand** ☎ **05.49.46.31.12. Fax : 05.49.56.48.31.** Parking. TV. Resto fermé le lundi midi (sauf réservation pour les groupes). Accès : sortie Chauvigny route de Poitiers route à gauche après le pont sur la Vienne. Doubles à 280 F (42,7 €) avec bains. Menus à 78 F (11,9 €) en semaine. Autres menus de 98 à 198 F (14,9 à 30,2 €). À l'écart du village, assise au bord de la Vienne, entourée de jardins, d'arbres et d'un terrain de football, cette auberge (de construction récente) a l'avantage d'être très calme. L'intérieur spacieux et clair est équipé aux normes européennes avec des chambres impeccables dotées de grands lits aux bons matelas. Fait aussi restaurant. Belle salle avec vue sur la rivière, et au loin la cité médiévale. Cuisine traditionnelle. Bon accueil.

|●| *Les Choucas* – **21, rue des Puys, ville haute** ☎ **05.49.46.36.42.** Fermé le mercredi de novembre à mars, sauf pendant les vacances scolaires. Accès : cité médiévale. Menus de 69 F (10,5 €) servi aussi le week-end à 145 F (22,1 €). Un splendide escalier médiéval mène au 1er étage. Au passage, coup d'œil sur les cuisines. Ça sent déjà bon ! Le cadre est chaud et ne manque pas de caractère. Le service attentif garde son naturel. On y sert une bonne cuisine poitevine : farci poitevin, perche sauce citron, magret de canard à la framboise… et aussi une délicieuse salade de coquilles Saint-Jacques aux agrumes. Bon vin en pichet, de provenance locale. Entre novembre et mars, dégustation de truffes avec des producteurs du pays. *Apéritif offert.*

COGNAC 16100

Carte régionale A2

🛏️ *Hôtel La Résidence* ** – **25, av. Victor-Hugo (Centre)** ☎ **05.45.36.62.40. Fax : 05.45.36.62.49.** Parking. TV. Satellite / câble. Accès : à 100 m de la place François Ier. Chambres à 200 F (30,5 €) avec cabinet de toilette, 270 ou 290 F (44,2 €) avec douche et wc et 320 F (48,8 €) avec bains. À deux pas des rues piétonnes, ce charmant petit hôtel rénové propose des chambres toutes pimpantes, aux teintes douces et bien insonorisées. Accueil très sympa et disponible. Vous êtes un adepte du calme, prenez la chambre n° 109, vous aimez vos aises, demandez la n° 201, chambre-salon pour 3 personnes, mais vous préférez avoir les pieds dans l'eau, choisissez alors la n° 104, qui possède une très grande salle de bains! *Garage privé offert pour les motos et les vélos.* 10 % sur le prix de la chambre pour 2 nuits consécutives hors juillet-août.

🏠 I●I *L'Étape* ** – 2, av. d'Angoulême (Centre) ☎ 05.45.32.16.15. Fax : 05.45.36.20.03. TV. Canal+. Fermé le samedi midi et le dimanche soir. Congés annuels : du 23 décembre au 2 janvier. Accès : par la N14. Chambres confortables à 210 F (32 €) la double avec lavabo et douche, à 270 F (41,2 €) avec douche ou bains, et wc. Menu à 60 F (9,1 €) sauf le dimanche, autres de 75 à 145 F (11,4 à 22,1 €). À Cognac, les eaux-de-vie sont stockées et négociées par les importantes firmes Hennessy et Martell. Pour rester sur place et en savoir plus, *L'Étape*, quelque peu excentrée, nous paraît être la bonne adresse. Accueil jeune et ambiance familiale. 2 salles de restaurant : l'une au rez-de-chaussée, qui fonctionne en brasserie avec un menu rapide, l'autre en sous-sol, traditionnelle et du plus bel effet pour les menus quelque peu sophistiqués. *Pineau des Charentes offert en apéro.*

I●I *Restaurant La Bonne Goule* – 42, allée de la Corderie (Centre) ☎ 05.45.82.06.37. Fermé le dimanche. Congés annuels : février ou mars (pour travaux). 1er menu à 70 F (10,7 €) sauf le dimanche. Autres menus : de 80 à 140 F (12,2 à 21,3 €), et la carte. Tous les menus sont vin compris, bordeaux carafe. « *À La Bonne Goule*, ici on est beunaise », « à la Boune Goule, ici on est ben aise », ou encore : « pour bien manger, ne sois pas trop pressé ». Telles sont les devises affichées dans ce resto. Cette bicoque réunit tous les charmes charentais. À commencer par une ambiance chaleureuse et tranquille, un décor chargé et plein de vie, la campagne, le bois, les nappes rouges, les râteliers pendus au plafond, desquels tombent grappes de raisins et feuilles de vigne, en plastique hélas! Bonne carte de vins charentais. Tous les plats sont faits maison et généreusement servis : cagouilles sauce de Pire, côte de bœuf Jaud au cognac... Animation musicale le vendredi et le samedi soir. *Digestif offert.*

I●I *Le Coq d'Or* – place François-Ier (Centre) ☎ 05.45.82.02.56. 👪 Menus à 79 F (12 €), et de 133 F (20,3 €) à 249 F (38 €). Brasserie à la parisienne, on ne peut plus centrale et très pratique pour ses horaires. Service rapide, bon accueil, prix élastiques et grand choix à la carte : salades, choucroutes, fruits de mer, grillades, tête de veau, escargots, etc. Egalement, quelques spécialités du cru, comme la délicieuse côte de veau aux cèpes, déglacée au cognac. Desserts charentais : jonchet (fromage blanc égoutté dans des joncs) et caillebotte (lait caillé, plus fin que du yaourt, avec du sucre et... un petit verre de cognac). De plus... c'est copieux. *Café, digestif offerts.*

I●I *Restaurant La Boîte à Sel* – 68, av. Victor-Hugo (Sud-Est) ☎ 05.45.32.07.68. 👪 Fermé le lundi. Congés annuels : du 20 décembre au 5 janvier. Accès : route d'Angoulême. Menus à 80 F (12,2 €) et de 145 à 210 F (22,1 à 32 €), plus la carte. Une ancienne épicerie aux deux vitrines qui attirent l'attention. Deux pans de mur servent à exposer des vins haut de gamme. Il y a de quoi faire, avec les 80 000 ha de vignes de la région. Au fait, savez-vous que l'évaporation du cognac absorbe chaque année l'équivalent de 23 millions de bouteilles, de quoi être quasi saoul rien qu'en respirant l'air du coin! Rassurez-vous, les vins peuvent être servis au verre et la cuisine à base de produits du terroir est honnête, elle varie avec les saisons. Ses spécialités : le foie gras et sa gelée au pineau et le confit de porc à l'ancienne aux épices douces.

DANS LES ENVIRONS

SEGONZAC 16130 (14 km SE)

I●I *La Cagouillarde* – ☎ 05.45.83.40.51. Fermé le samedi midi et le dimanche soir. Accès : par la D24, en direction de Barbezieux. Menus à 78 F (11,9 €) le midi en semaine, et à 120 et 150 F (18,3 et 22,9 €), plus carte. On appelle les Charentais des cagouillards, autrement dit des petits-gris, parce qu'ils sont dits très lents, un peu comme le cognac qui met 10 ans avant d'être savoureux. Dans cet esprit, ici, il est bon de se laisser vivre. Le décor insolite mêle le rustique et le moderne. La 1re salle, avec des tables de jardin individuelles en marbre, cache une autre salle au fond, dotée d'une grande cheminée pour des grillades aux ceps de vigne. Ambiance décontractée sur fond musical jazzy. Un resto typique. Essayez les cagouilles farcies, les côtes d'agneau grillées avec des *mojettes* à l'huile de noix. Bonne carte de pineaux. Aux beaux jours, un service en terrasse.

CONFOLENS 16500

Carte régionale B2

🏠 I●I *La Mère Michelet* ** – 19, allées de Blossac ☎ 05.45.84.04.11. Fax : 05.45.84.00.92. TV. Fermé le lundi de novembre à fin avril. Chambres rénovées, doubles à 135 F (20,6 €) avec cabinet de toilette, 230 F (35,1 €) avec douche et wc et 260 F (39,6 €) avec bains. Demi-pension à partir de 225 F (34,3 €) par personne. Menus à 72 F (11 €) servi tous les jours, 125 et 230 F (19,1 et 35,1 €) et carte. Une entreprise familiale dynamique. Au restaurant, goûtez aux ris de veau Saint-Barthélemy et aux côtelettes d'agneau à la confolentaise. _10 % sur le prix de la chambre de novembre à avril._

🛏️ |●| _Hôtel-restaurant de la Vienne_ ** – 4, rue de la Ferrandie (Centre) ☎ 05.45.84.09.24. Fax : 05.45.84.11.60. TV. ♿ Fermé le dimanche soir et le lundi soir. Congés annuels : fin octobre et 2 semaines mi-janvier. Chambres à 170 F (25,9 €) avec lavabo, de 220 à 250 F (33,5 à 38,1 €) avec douche et wc et de 260 à 280 F (39,6 à 42,7 €) avec bains. Menus de 75 à 140 F (11,4 à 21,3 €), formule rapide à 55 F (8,4 €). Ville ouverte au monde entier, pendant la 1re quinzaine d'août, avec le festival du Folklore. Dans le vieux quartier de l'église Sainte-Maxime, aux venelles étroites, un bel hôtel avec une grande terrasse au-dessus de l'eau. Chambres spacieuses et rustiques. Bonne cuisine pour des prix modiques. Goûtez à la terrine de foies de volailles au pineau et à leurs pâtisseries. _Café offert._

COUHÉ 86700

Carte régionale B1

🛏️ |●| _Hôtel-restaurant La Promenade_ – lieu-dit Valence ☎ 05.49.59.20.88. Parking. TV. ♿ Fermé le mercredi. Congés annuels : 1 semaine en février, 1 semaine début juillet et 3 semaines en octobre. Accès : à 1 km de Couhé (centre-ville), en venant de Poitiers. Doubles à 155 F (23,6 €) avec douche et wc et 165 F (25,2 €) avec bains. Menu à 53 F (8,1 €) sauf le dimanche, suivi d'autres à 80 et 113 F (12,2 et 17,2 €). Ancienne bourgade féodale. Ambiance familiale et accueil sympathique dans ce resto genre routier, au bord de la nationale. Bon rapport qualité-prix. Pour ceux qui veulent faire bombance à moindres frais. Spécialités : cassolette d'escargots, entrecôte au poivre, andouillette flambée au calvados. Grandes chambres tout confort, pour familles nombreuses. Les nos 3, 4, 5 et 7 sont les meilleures (côté jardin). _10 % sur le prix de la chambre pour 2 jours minimum et 15 % sur la facture pour 3 jours minimum._

🛏️ |●| _Auberge du Chêne Vert_ – rue des Bons-Enfants (Centre) ☎ 05.49.59.20.42. Fax : 05.49.53.42.20. Parking payant. TV. Fermé le dimanche soir et le lundi. Congés annuels : début janvier. Accès : sur la N10. Chambres avec douche ou bains à 195 F (29,7 €). Menus à 65 F (9,9 €) le midi en semaine, puis de 95 à 149 F (14,5 à 22,7 €). Petite auberge accueillante avec un peu de vigne vierge sur les murs, dans une rue calme du village. Cuisine réussie et soignée, à base de produits du Poitou. On y sert aussi du kangourou, et même l'apéritif de pissenlit. _10 % sur le prix de la chambre du 15 novembre au 15 mars._

FONT-D'USSON (LA) 86350

Carte régionale B1

🛏️ |●| _Auberge de l'Écurie_ ** – (Centre) ☎ 05.49.59.53.84. Fax : 05.49.58.04.50. Parking. TV. ♿ Fermé le dimanche soir (sauf pour les fêtes). Congés annuels : 2 semaines en octobre. Accès : de Lussac, sortie route de Poitiers, puis direction Mazerolles et Bouresse par la D727 ; le resto est situé à 3,5 km, avant d'arriver à Usson-du-Poitou. Chambres confortables, avec douche et wc, pour 230 F (35,1 €). Menus à 75 F (11,4 €) servi tous les jours, de 135 à 195 F (20,6 à 29,7 €). En rase campagne au milieu des prairies, une écurie soigneusement retapée, aménagée de façon rustique, où le temps s'est arrêté il y a bien longtemps. Idéale pour faire une escale avec les rayons du soleil d'été. Accueil calme et sympathique. Dans les assiettes : bouilliture d'anguilles ou ris d'agneau à la crème, poularde, escargots persillés, cuisses de grenouilles, chevreau à l'ail vert (en saison). Bons produits préparés simplement. _Apéritif offert._

FOURAS 17450

Carte régionale A2

🛏️ _Hôtel La Roseraie_ ** – 2, av. du Port-Nord (Nord-Ouest) ☎ 05.46.84.64.89. TV. Satellite / câble. Accès : à l'entrée de Fouras, prendre la direction de la Fumée ; port de la Fumée. Doubles avec douche et wc ou bains de 190 à 340 F (29 à 51,8 €) suivant le confort et la saison. M. et Mme Lacroix bichonnent leur petit hôtel, une grosse villa genre « Mon plaisir », et pratiquent des prix honnêtes pour la région. Chambres claires et propres avec une bonne literie, vue sur mer ou jardin, et chiens bienvenus. Dans le hall d'entrée, une invraisemblable déco de night-club parisien des années 50.

🛏️ _Grand Hôtel des Bains_ ** – 15, rue du Général-Brüncher (Centre) ☎ 05.46.84.03.44. Fax : 05.46.84.58.26. TV. Congés annuels : de la Toussaint à Pâques. Accès : à 50 m du fort Vauban et de la plage. Chambres de 210 à 270 F (32 à 41,2 €) avec douche mais sans wc, ou de 260 à 350 F (39,6 à 53,4 €) avec bains, selon la saison. Au cœur de Fouras, qui hésite entre village de pêcheurs et station balnéaire un peu désuète, comme elles le sont toutes ou presque sur cette portion de côte. Cet ancien relais de poste a de l'allure. Chambres classiques mais avec un brin de coquetterie, ordonnées autour d'un joli jardin (où prendre son petit déj' en été). La plage est à deux pas. _1 petit déjeuner offert sur un séjour de 3 jours minimum hors juillet-août._

POITOU-CHARENTES

JARNAC 16200

Carte régionale A2

I●I *Restaurant du Château* – **15, place du Château (Centre)** ☎ **05.45.81.07.17.** Fermé le dimanche soir, le lundi et le mercredi soir. Congés annuels : vacances scolaires de février et en août. Menus à 98 F (14,9 €) le midi en semaine, 155 et 230 F (23,6 et 35,1 €), et carte. Demi-tarif pour les enfants. Un des meilleurs restaurants du coin, qui adapte sa carte aux produits de saison et aux aubaines du marché. Dans un cadre chaleureux. Spécialités : foie gras frais de canard, salade de la mer aux agrumes, braisé de ris de veau au pineau rosé, fondant aux deux chocolats. La cave est à la hauteur de la cuisine, la carte des vins affichant plus de 100 bordeaux. *Apéritif offert.*

DANS LES ENVIRONS

ROUILLAC 16170 (16 km NE)

≜ I●I *Auberge des Fins Bois* – **19, rue de Jarnac (Ouest)** ☎ **05.45.96.85.15. Fax : 05.45.96.82.97.** TV. Fermé le soir en hiver (sauf sur réservation) et le lundi. Congés annuels : 1 semaine en février, 1 semaine en novembre. Accès : par la D736. Chambres à partir de 180 F (27,4 €) avec lavabo, 220 F (33,5 €) avec douche et wc. Menus à 60 F (9,1 €) servi tous les jours, et de 88 à 195 F (13,4 à 29,7 €). Formule à 50 F (7,6 €). Partout où les toits sont noircis, ce sont les eaux-de-vie qui dorment. C'est leur évaporation qui crée ce phénomène. Ici, les habitants vivent par et pour le cognac, à l'exception remarquable de l'*Auberge des Fins Bois*. Un petit hôtel-restaurant rénové avec un bon rapport qualité-prix. Les spécialités : gratin d'escargots au pineau, matelote d'anguille, brochette de Saint-Jacques et lotte, feuilleté de chèvre, nougat glacé... Situé à 100 m du centre culturel, l'auberge est le rendez-vous des artistes, après les spectacles. *Apéritif offert.*

JONZAC 17500

Carte régionale A2

≜ I●I *Le Club* ** – **8, place de l'Église (Centre)** ☎ **05.46.48.02.27. Fax : 05.46.48.17.15.** TV. Fermé le dimanche soir. Congés annuels : du 1er au 15 janvier. Doubles à 230 F (35,1 €) avec douche et wc, 280 F (42,7 €) avec bains. Menus à 65 F (9,9 €) le midi en semaine, et de 98 à 130 F (14,9 à 19,8 €). Plaisant petit hôtel sur la tranquille place de l'Église. Accueil sympathique. Chambres récemment rénovées et bien équipées. Les nos 1, 2, 3 et 4 sont les

plus spacieuses. Vigoureux rapport qualité-prix pour la région. Au resto, plats de toujours comme on en sert dans les bistrots et les brasseries. Pas mal d'habitués, réservation donc conseillée. *Café offert.*

DANS LES ENVIRONS

CLAM 17500 (6 km N)

≜ I●I *Hôtel-restaurant Le Vieux-Logis* ** – ☎ **05.46.70.20.13. Fax : 05.46.70.20.64.** TV. Satellite / câble. & Congés annuels : du 10 janvier au 6 février. Accès : par la D142, direction Pons. Chambres à 230 F (35,1 €) avec douche, à 290 F (44,2 €) avec bains. Menus de 85 F (13 €) sauf le dimanche, jusqu'à 200 F (30,5 €). On se sent instantanément comme invité chez des amis dans cette aimable auberge de campagne. Est-ce l'accueil franc et souriant du patron, ancien photographe qui accroche ses clichés aux murs de la salle à manger ? Est-ce cette excellente cuisine de bonne femme, ces plats de ménage et de terroir (lotte braisée aux légumes confits, huîtres gratinées au foie gras, poêlée de ris de veau) sacrément bien tournés ? On ne sait, mais on aurait bien pris nos habitudes au *Vieux Logis*. 1er menu impeccable dans sa simplicité qui cache un sérieux tour de main. À l'écart, dans un bâtiment contemporain mais discret, tout bardé de bois, quelques agréables chambres, toutes de plain-pied sur le jardin. Petite piscine, tennis et prêt de VTT aux clients de l'hôtel. Réservation conseillée.

LOUDUN 86200

Carte régionale B1

≜ I●I *Hostellerie de la Roue d'Or* ** – **1, av. d'Anjou (Nord)** ☎ **05.49.98.01.23. Fax : 05.49.22.31.05.** Parking. TV. & Fermé le dimanche soir d'octobre à Pâques. Congés annuels : vacances scolaires de février. Doubles à 280 F (42,7 €) avec douche et wc ou bains. Menus de 85 F (13 €) midi et soir, en semaine à 250 F (38,1 €). Vieux relais de poste aux murs roses un peu défraîchis recouverts de vigne vierge, sur un carrefour désert la nuit. Histoire et souvenirs hantent ce lieu. Accueil variable mais en général souriant qui nous fait plonger dans une atmosphère provinciale et classique. Cuisine régionale simple façonnée avec de bons produits : foie gras maison, filet de bœuf au poivre blanc et vin de chinon, escargots, canard à l'orange... Pas très original, certes, mais vraiment bon. Les chambres sont dans le même esprit provincial, quelques poutres donnent du charme à certaines. En demander une sur le côté (plus calme).

LUSIGNAN 86600

Carte régionale B1

🏠 I●I *Le Chapeau Rouge* ** – 1, rue de Chypre ☎ 05.49.43.31.10. Fax : 05.49.43.31.20. Parking. TV. Fermé le dimanche soir et le lundi et les jours fériés (sauf en été). Congés annuels : 2 semaines en février et 3 semaines en octobre. Accès : direction Niort-La Rochelle. Doubles à 240 F (36,6 €) avec douche et wc et à 260 F (39,6 €) avec bains. Menus à 80 F (12,2 €) midi et soir tous les jours, puis de 120 à 200 F (18,3 à 30,5 €). Derrière la façade de l'hôtel, ancien relais de poste datant de 1643, se cache peut-être quelques lutins. Qui sait ! Demander une table près de la large cheminée qui trône dans la belle salle de restaurant. Bonne cuisine laissant une place importante aux poissons. Terrine maison, truite amandine, foies de volaille, ris de veau aux asperges, petits-gris du Poitou au sauvignon… Chambres agréables et bien équipées. Demander la n° 4 ou la n° 5, qui donnent sur la cour (plus calme). Dommage que le bar ait été un peu saccagé par un décorateur peu soucieux du cachet de la maison. *Café offert.*

DANS LES ENVIRONS

COULOMBIERS 86600 (8 km NE)

🏠 I●I *Le Centre Poitou* ** – 39, route Nationale ☎ 05.49.60.90.15. Fax : 05.49.50.05.84. Parking payant. TV. Canal+. Fermé le dimanche soir, le lundi (d'octobre à juin). Congés annuels : du 25 octobre au 7 novembre et du 14 au 29 février. Accès : par la N11 en direction de Poitiers. Chambres à 260 F (39,6 €) avec douche wc ou 300 F (45,7 €) avec bains. Menus de 99 à 390 F (15,1 à 59,5 €). Plat du jour le midi à 48 F (7,3 €). Derrière les portes de cette grosse maison pleine de charme se cache un endroit de rêve, rêve culinaire et gastronomique. Cuisine subtile, raffinée : tartelette de foie gras chaud et sauté de truffes, canette au caramel d'épices, poularde pochée demi-deuil, tarte de fruits d'automne rôtis à la vanille. Menus aux noms de reines, « Clothilde », « Diane » et « Aliénor » pour un repas de roi. Formule le midi, qu'on peut prendre sous une adorable tonnelle, en retrait de la route. *10 % sur le prix de la chambre d'octobre à mars.*

MARANS 17230

Carte régionale A1

🏠 I●I *Hôtel-restaurant des Voyageurs* ** – 11, rue des Fours (Centre) ☎ 05.46.01.10.62. Fax : 05.46.01.03.85. Parking. TV. Canal+. 🛇 Fermé le dimanche soir hors saison et le lundi. Accès : à deux pas de l'église. Doubles à 250 F (38,1 €) avec douche et wc. Menus de 65 F (9,9 €) servi midi et soir sauf le dimanche, à 150 F (22,9 €). Des voyageurs, en route vers Nantes, Niort ou La Rochelle et Bordeaux, il en passe (malheureusement pour la tranquilité de certaines des chambres de l'hôtel) quelques-uns dans cette bourgade traversée par la nationale. Ceux qui apprécient les bouffes « hénaurmes » seront bien avisés de s'arrêter ici. Cuisine traditionnelle à l'aise dans le décor rustico-campagnard. Toute une gamme de menus particulièrement copieux. Quelques chambres si la digestion l'impose... *Apéritif offert. 10 % sur le prix de la chambre hors saison.*

🏠 I●I *La Porte Verte* – 20, quai Foch (Centre) ☎ 05.46.01.09.45. TV. Fermé le mercredi et le dimanche soir (du 15 septembre au 15 juin). Congés annuels : vacances scolaires de février. Accès : par la N137, rue Principale et rue de la Maréchaussée. Doubles à 290 F, petit déjeuner compris. Menus de 90 à 170 F (13,7 à 25,9 €). Dans le plus pittoresque quartier de Marans. Un adorable jardin de poche où il fait bon dîner le soir, à la fraîche, face au canal de Pomère. Puis passée la porte (est-elle verte ? Sous le charme, on a oublié de le vérifier...), deux tout aussi adorables salles, fleuries et *cosy* en diable. Dans la plus grande, une magnifique cheminée qui accueille de belles flambées en hiver. La cuisine est à la hauteur du lieu, de terroir (terrine de lapin au muscadet, anguilles grillées, etc.) mais pleine d'esprit et de fantaisie, tirant toute sa saveur de produits soigneusement sélectionnés. Le 1er menu est déjà tout simplement épatant. Celui à 120 F (18,3 €) est encore plus gourmand, quant à celui à 170 F, il aligne assortiment d'huîtres, poisson, viande, plateau de fromages et dessert... Et on ne vous a encore rien dit des chambres d'hôte aménagées à l'étage par cet accueillant couple (jadis hôteliers-restaurateurs à Winston-Salem en Caroline du Nord) : magnifiques, dotées de salles de bains loin d'être miniatures et d'un rapport qualité-prix imbattable pour un coin. Une étape de rêve, tout simplement...

MAULÉON 79700

Carte régionale A1

🏠 I●I *Hôtel-restaurant L'Europe* ** – 15, rue de l'Hôpital (Centre) ☎ 05.49.81.40.33. Fax : 05.49.81.62.47. Parking. TV. Canal+. 🛇 Fermé le vendredi soir et dimanche soir jusqu'en mai ; en juin, juillet, août, fermé dimanche soir et lundi. Accès : dans la rue qui continue la Grand-Rue. Doubles à partir de 250 F (38,1 €) avec douche et wc. Menus de 70 à 170 F (10,7 à 25,9 €). Un centenaire qui se porte bien ! Hôtel entièrement rénové. Le décor contemporain, la cuisine élaborée et généreuse de Jacques Durand ont rendu sa jeunesse à cet ancien relais de poste de la capitale de la Vendée militaire. Foie gras frais maison et carottes confites au miel d'acacia, marguerite de Saint-Jacques aux truffes et artichaut, poulet fermier sauté aux langoustines, aumônière de fruits frais au coulis de framboises... Chambres dans l'esprit du temps (de l'ancien !). *Apéritif offert.*

MELLE 79500

Carte régionale B1

≜ l●l Hôtel-restaurant Les Glycines ** – 5, place René Groussard (Centre) ☎ 05.49.27.01.11. Fax : 05.49.27.93.45. TV. Fermé le dimanche soir (sauf en juillet-août). 280 F (42,7 €) pour une chambre avec bains. 1er menu à 80 F (12,2 €) en semaine, puis de 95 à 210 F (14,5 à 32 €). Elles courent comme une enseigne, les glycines, accrochées à la façade de cette imposante maison du XIXe siècle. Accueil et service jeunes et décontractés. Cuisine un rien raffinée : petit chausson poitevin et sa salade aux fines herbes, matelote d'anguilles, lapin rôti à l'ail vert, figues confites et glace au romarin. Un bon point de chute pour découvrir l'extraordinaire patrimoine architectural roman du pays mellois. *Apéritif offert.*

MONTMORILLON 86500

Carte régionale B1

≜ l●l Hôtel-restaurant Le Lucullus – 4, bd de Strasbourg ☎ 05.49.84.09.09. Fax : 05.49.84.58.68. Parking payant. TV. Satellite / câble. ⚒ Bistro fermé le samedi et le dimanche, resto fermé le dimanche soir et le lundi. Doubles de 260 à 330 F (39,6 à 50,3 €), avec douche et wc. Petit déjeuner à 40 F (6,1 €). Menus à partir de 115 F (17,5 €) et jusqu'à 260 F (39,6 €). Plats de 40 à 50 F (6,1 à 7,6 €). C'est le seul hôtel-restaurant de cette catégorie à Montmorillon. Il dispose de 10 chambres climatisées. Le restaurant propose des formules « bistrot » à midi (du lundi au vendredi) ou « gastronomique » (du mardi au dimanche). La cuisine du chef est très travaillée et suit les saisons. Tout est fait maison, même le pain : biche au jus de thym, turbot braisé à la crème de paprika, filet de sandre au cresson. Au printemps, le plat vedette est l'agneau de lait du Montmorillonnais. Une très bonne adresse pour les gourmets. *Café offert.*

NIORT 79000

Carte régionale A1

≜ Hôtel Saint-Jean * – 21, av. Saint-Jean-d'Angély (Centre) ☎ 05.49.79.20.76. Fax : 05.49.35.03.27. Parking payant. Fermé le dimanche après-midi. Accès : à deux pas du centre-ville. Chambres doubles de 100 F (15,2 €) avec cabinet de toilette à 175 F (26,7 €) avec douche, wc et téléphone. Petit hôtel familial bien tenu. Accueil charmant. Salle avec télé. Quelques oiseaux sculptés, œuvres du maître de maison, pour vous tenir compagnie au petit déjeuner.

≜ Hôtel du Moulin ** – 27, rue de l'Espingole (Centre) ☎ 05.49.09.07.07. Fax : 05.49.09.19.40. Parking. TV. ⚒ Accès : place centrale, direction Nantes. Doubles de 260 F (39,6 €) à 290 F (44,2 €) avec douche et wc ou bains. Un hôtel récent qui domine la Sèvre niortaise, tout près du centre... Chambres très confortables, la plupart avec bains, téléphone, radio... Deux sont réservées aux handicapés, 9 disposent de balcon avec vue sur les jardins avoisinants. Accueil cordial. Cet hôtel est le point de chute des artistes qui se produisent au centre culturel situé sur l'autre rive. Si vous voulez savoir quelle célébrité a occupé votre chambre, la liste est à la réception.

≜ Le Grand Hôtel – Best Western *** – 32, av. de Paris (Centre) ☎ 05.49.24.22.21. Fax : 05.49.24.42.41. Parking payant. TV. Canal+. Satellite / câble. Accès : près de la place de la Brèche ; très bien fléché. De 375 à 435 F (57,2 à 66,3 €) la chambre avec douche et wc ou bains. Restauré, « réanimé » par un couple de propriétaires qui se met en quatre pour ses clients, *Le Grand Hôtel* retrouve un peu de son lustre d'antan, à prix plutôt doux (pour le cadre !). Jardin intérieur où prendre son petit déjeuner. Un tuyau : les numéros des chambres se terminant par 5, 6 et 7 donnent sur le jardin.

l●l Restaurant Les Quatre Saisons – 247, av. de La Rochelle (Sud) ☎ 05.49.79.41.06. ⚒ Fermé le dimanche (sauf pour les groupes et sur réservation). 1er menu à 59 F (9 €) servi tous les jours et bon « menu du marché » à 69 F (10,5 €) pour ne pas faire mentir l'enseigne, puis de 85 à 158 F (13 à 24,1 €). Honnête cuisine traditionnelle, parfois largement régionale : escargots farcis, matelote d'anguilles au vin du Haut-Poitou, mignon de porc au pineau des Charentes, soufflé à l'angélique...

l●l Restaurant La Créole – 54, av. du 24-Février ☎ 05.49.28.00.26. Fermé le dimanche et le lundi. Ouvert le soir du jeudi au samedi, le midi du mardi au jeudi. Accès : près de l'office du tourisme. Menu à 65 F

(9,9 €) le midi. Menu-carte à 145 F (22,1 €) le soir. Le plus beau des dépaysements, pour qui doit séjourner à Niort. Goûtez un *ti'punch* avec des *accras*, le boudin créole ou un colombo de cabri, au menu Caraïbes, et vous retrouverez le goût de vivre. *Accras cocktails offerts.*

DANS LES ENVIRONS

BESSINES 79000 (4 km SO)

▲ *Reix Hôtel* ** – av. de La Rochelle ☎ 05.49.09.15.15. Fax : 05.49.09.14.13. Parking. TV. Satellite / câble. ✠ Congés annuels : entre Noël et le Jour de l'An. Accès : après l'immeuble de la Macif, sur la droite. Chambres à 310 F (47,3 €) avec bains. Une bonne adresse pour passer une nuit sur la route des vacances. En été, il est agréable de trouver ici un jardin et une piscine pour se rafraîchir. Très correct. *Petit déjeuner offert.*

MAGNÉ 79460 (7 km O)

|●| *L'Auberge du Sevreau* – 24, rue du Marais-Poitevin ☎ 05.49.35.71.02. Fermé le dimanche soir et le lundi (hors saison). Congés annuels : du 1er au 15 janvier, 1 semaine en avril, la 1re semaine de septembre, les 24 et 25 décembre. Accès : Sevreau est la 1re agglomération avant d'atteindre Magné, à mi-chemin entre Niort et Coulon. Menus de 57 F (8,7 €) le midi en semaine, à 165 F (25,2 €). À lire le menu (œufs en meurette, fricassée d'escargots), on se croirait en Bourgogne, mais à voir la rivière, à goûter en terrasse la matelote d'anguilles, on retrouve vite le Marais poitevin. *Café offert.*

COULON 79510 (13 km O)

▲|●| *Hôtel-restaurant Le Central* – 4, rue d'Autremont (Centre) ☎ 05.49.35.90.20. Fax : 05.49.35.81.07. Fermé le dimanche soir et le lundi. Congés annuels : du 10 au 20 janvier et de fin septembre à mi-octobre. Accès : en face de l'église. Petites chambres pour dépanner de 205 à 230 F (31,3 à 35,1 €). Bon 1er menu à 99 F (15,1 €). On s'en met plein la panse, ensuite, à 166 et 200 F (25,3 et 30,5 €). La table à tous points de vue incontournable de la région. Ça sent bon la France éternelle, sur les murs, les chaises (!) et dans l'assiette : cassolette d'escargots forestière, huîtres chaudes aux pointes d'orties sauvages, mignon d'agneau aux noisettes et ail confit, poires rôties au blanc de Layon, glace pain d'épice... *Apéritif offert.*

▲ *Hôtel Au Marais* *** – 46-48, quai Louis-Tardy ☎ 05.49.35.90.43. Fax : 05.49.35.81.98. TV. Satellite / câble. ✠ Congés annuels : janvier. Accès : sur le chemin de halage. Doubles de 360 à 450 F (54,9 à 68,6 €) avec douche et wc ou bains. Maison typique au bord de la rivière. Un hôtel comme on les aime, qui sent le frais, la jeunesse et où l'on peut réellement se reposer entre deux balades (organisées ou non par la maison), dans ce pays de terre et d'eau mêlées. Chambres lumineuses et gaies, et avec vue sur la rivière.

OLÉRON (ÎLE D')

Carte régionale A2

Voir : **Le Château d'Oléron**
Saint-Denis-d'Oléron
Saint-Pierre-d'Oléron
Saint-Trojan-Les-Bains

PARTHENAY 79200

Carte régionale A1

▲|●| *Hôtel Renotel – Restaurant Rosalia* *** – bd de l'Europe (Est) ☎ 05.49.94.06.44. Fax : 05.49.64.01.94. Parking. TV. ✠ Fermé le dimanche de mi-octobre à fin mars. Accès : direction Poitiers. Doubles à 200 F (30,5 €) avec douche, 295 F (45 €) avec douche et wc, 310 F (47,3 €) avec bains. Premier menu à 78 F (11,9 €), servi tous les jours, puis de 105 à 200 F (16 à 30,5 €). Sur la route de Poitiers, entouré de verdure, un hôtel fonctionnel, sans états d'âme, avec des chambres claires et un restaurant bien pratique si l'on ne veut pas retourner au centre-ville pour dîner. *10 % sur le prix de la chambre de novembre à février.*

POITIERS 86000

Carte régionale B1

▲|●| *Auberge de jeunesse* – 1, allée Roger-Tagault (Sud) ☎ 05.49.30.09.70. Fax : 05.49.30.09.79. ● www.fuaj.org ● Accès : de la gare, bus n° 3, direction Pierre-Loti, arrêt « Cap Sud ». En voiture direction Bordeaux, puis à droite : Bellejouanne. Carte d'adhérent 70 F (10,7 €). Chambres à 4 personnes : 51 F (7,8 €) la nuit. Plats du jour à partir de 28 F (4,3 €). Avec près d'un quart de sa population qui est étudiante, Poitiers possède une très grande auberge de jeunesse avec un parc de loisirs de 8 000 m² (foot, ping-pong, volley, badminton, etc.). Grande salle à manger lumineuse et donnant sur le parc. Salles de réunion et salle d'activités. À deux pas, la bibliothèque et la piscine municipale 2000 qui verra l'aménagement de places de camping. Bref, de quoi se dépenser et se cultiver. Les chambres fraîches aux tons clairs permettent de récupérer.

🛏️ I●I **Hôtel de Paris** * – 123, bd du Grand-Cerf (Ouest) ☎ 05.49.58.39.37. TV. Fermé le lundi. Chambres doubles à 148 F (22,6 €) avec cabinet de toilette (sans télé), et à 195 F (29,7 €) avec douche (et télé). Demi-pension à 285 F (43,4 €), mais elle n'est pas obligatoire en saison. Menus de 75 à 190 F (11,4 à 29 €). Hôtel des années 60 dans le quartier de la gare SNCF, un peu vieillot mais digne de la vieille école de l'hôtellerie. Accueillant et loyal. On y est chouchouté avec tact par la patronne et son employé, des gens charmants qui connaissent bien la région. Une adresse un peu bruyante, mais on y mange bien et c'est pas cher. Essayez la poêlée de coquilles Saint-Jacques, les anguillettes sautées à l'ail, les rognons de veau au porto ou l'andouillette au sauvignon. *10 % sur le prix de la chambre sauf de mai à septembre.*

🛏️ **Hôtel du Chapon Fin** ** – place du Maréchal-Leclerc (Centre) ☎ 05.49.88.02.97. Fax : 05.49.88.91.63. Parking payant. TV. Canal+. Fermé le vendredi soir en hiver. Congés annuels : du 17 décembre au 9 janvier. Accès : à droite de l'hôtel de ville. Doubles à partir de 210 F (32 €) avec lavabo, 270 F (41,2 €) avec douche et wc, et à 290 F (44,2 €) avec bains. Garage gratuit hors saison. Bon accueil. Les chambres calmes et spacieuses manquent de charme mais sont toutes différentes. *10 % sur le prix de la chambre du 15 novembre au 15 mars les vendredi, samedi et dimanche.*

🛏️ **Citotel Le Terminus** ** – 3, bd Pont-Achard (Ouest) ☎ 05.49.62.92.30. Fax : 05.49.62.92.40. Parking payant. TV. Canal+. Satellite / câble. Accès : N10. Doubles avec douche à 255 F (38,9 €), avec bains à 310 F (47,3 €). Parking fermé à 150 m : 35 F (5,3 €). En face de la gare SNCF où s'arrête le TGV, un grand hôtel bichonné par un couple charmant. Chambres calmes et rénovées il y a peu. Certaines sont rustiques, d'autres mansardées et meublées dans un style anglais, d'autres plus modernes. Elles sont toutes insonorisées. Un hôtel de gare comme ceux dont on parle dans les romans... de gare. *10 % sur le prix de la chambre.*

🛏️ **Le Plat d'Étain** ** – 7-9, rue du Plat-d'Étain (Centre) ☎ 05.49.41.04.80. Fax : 05.49.52.25.84. Parking payant. TV. Canal+. Congés annuels : du 29 décembre au 19 janvier. Accès : à côté de l'hôtel de ville. Doubles de 270 à 290 F (41,2 à 44,2 €) avec douche et wc, 300 à 360 F (45,7 à 54,9 €) avec bains. Garage payant : 25 F (3,8 €). Ancien relais de poste niché dans une minuscule ruelle du centre. L'hôtel est en rénovation. Chambres confortables, personnalisées par de petits noms tendres, comme « Cannelle », « Valériane » et « Melon ». Coquettes, calmes et amidon-nées. Demander la « Vanille », très calme avec vue sur la cour et le clocher de Saint-Porchaire. *Café offert.*

🛏️ **Inter Hôtel Continental** ** – 2, bd Solférino (Ouest) ☎ 05.49.37.93.93. Fax : 05.49.53.01.16. TV. Canal+. Accès : en face de la gare. Doubles de 260 à 320 F (39,6 à 48,8 €) avec douche et wc ou bains. Petit déjeuner-buffet : 38 F (5,8 €). Hôtel classique avec des chambres propres et bien agencées. Idéal pour une étape dans la ville. Prix des chambres variables selon les jours : du lundi au jeudi, la double avec douche et wc ou bains : 295 F (45 €). En général, le week-end, les prix ont tendance à s'envoler. Ici, c'est le contraire. *10 % sur le prix de la chambre le week-end.*

🛏️ **Grand Hôtel de l'Europe** ** – 39, rue Carnot (Centre) ☎ 05.49.88.12.00. Fax : 05.49.88.97.30. Parking payant. TV. Canal+. Satellite / câble. ♿ Accès : prendre la direction parking Carnot, centre-ville. Doubles à partir de 330 F (50,3 €) avec douche et wc. Parking payant : 20 F (3 €). Chambres grandes et bien conçues. Un bon point de chute pour découvrir cette ville qui, sur le plan architectural, est l'une des plus passionnantes de France. *10 % sur le prix de la chambre.*

🛏️ **Le Grand Hôtel** *** – 28, rue Carnot (Centre) ☎ 05.49.60.90.60. Fax : 05.49.62.81.89. Parking payant. TV. Canal+. Satellite / câble. Accès : suivre le fléchage parking Carnot. Doubles à 508 F (77,4 €) avec bains. En plein cœur de la cité, une halte très convenable et calme. L'ensemble de l'hôtel a pris des allures années 30 grâce à une décoration néo-Art déco. Chambres spacieuses et bien équipées. Accueil cordial. *10 % sur le prix de la chambre pour 2 nuits consécutives hors juillet-août.*

I●I **Restaurant Les Bons Enfants** – 11 bis, rue Cloche-Perse (Centre) ☎ 05.49.41.49.82. ♿ Fermé le dimanche soir et le lundi. Congés annuels : du 1er au 15 août et de Noël au Jour de l'An. Menu à 67 F (10,2 €) le midi seulement, ou formule à 57 F (8,7 €). Autres menus à 112 et 145 F (17,1 et 22,1 €). L'ancienne enceinte, avec ses nombreuses maisons du XVIe siècle, constitue le cœur originel de Poitiers. Et dans ce quartier charmant se cache un endroit tout droit sorti des contes de fées, une vraie maison de poupées. Au mur, grande fresque d'*Alice au pays des Merveilles*, des anges et des étoiles... une vision d'un paradis imaginaire ? Et on y mange bien, ce qui ne gâte rien. Essayez le foie gras mi-cuit, les terrines maison, la tête de veau sauce ciboulette, la purée marine et terminez par un soufflé au chocolat. L'extase ! Pour les appétits d'oiseau, formule : plat du jour et dessert.

|●| *Le Poitevin* – 76, rue Carnot (Centre) ☎ 05.49.88.35.04. 戋 Fermé le dimanche. Congés annuels : juillet. Menu à 100 F (15,2 €) à midi. Autres menus de 140 à 230 F (21,3 à 35,1 €). Resto tranquille et climatisé, atmosphère intimiste, entrelacs de poutres pour un endroit fréquenté par les hommes d'affaires à midi et les amoureux désirant du calme et de la discrétion le soir. Pas de problème, il y a 5 salles privatives et toujours des chandelles. Cuisine régionale classique : bouilliture d'anguilles, Saint-Jacques aux petits légumes, salade de langoustines au foie gras, chevreau rôti à l'ail vert, agneau aux trois fromages... *Apéritif offert.*

|●| *Restaurant Chez Cul de Paille* – 3, rue Théophraste-Renaudot (Centre) ☎ 05.49.41.07.35. Fermé le dimanche et les jours de fêtes. Congés annuels : août. Menu à 115 F (17,5 €), compter 160 F (24,4 €) à la carte. Des murs jaunis par les années et couverts de dédicaces de personnes célèbres (Renaud, Jean Ferrat, Smaïn...), de longues tables en bois pour des repas au coude à coude, des gousses d'ail et piments aux poutres, et un service sans zèle, voilà pour le décor et l'ambiance. Cuisine régionale et authentique, avec une variété de cochonnailles, des rognons grillés en brochette, des escargots farcis... Le resto est ouvert tard mais évitez d'aller dîner après 23 h, les prix augmentent de manière conséquente.

DANS LES ENVIRONS

CROUTELLE 86240 (2 km S)

🛏 *Mondial Hôtel* ★★ – La Berlanderie (Sud) ☎ 05.49.55.44.00. Fax : 05.49.55.33.49. Parking. TV. Canal+. 戋 Congés annuels : le 1ᵉʳ janvier. Accès : par la N10, direction Angoulême. Doubles à partir de 298 F (45,4 €) avec bains. Architecture métissée genre Poitou-Louisiana. Un drôle de mélange! Très agréable à l'œil. Construction en forme de fer à cheval, autour d'une piscine lumineuse. On y plongerait instantanément. Accueil agréable, chambres indépendantes tout confort. *10 % sur le prix de la chambre sauf juillet-août.*

SAINT-BENOÎT 86280 (2 km S)

🛏|●| *Le Chalet de Venise* ★★★ – 6, rue du Square (Centre) ☎ 05.49.88.45.07. Fax : 05.49.52.95.44. Parking. TV. Satellite / câble. 戋 Resto fermé le dimanche soir et le lundi. Congés annuels : vacances scolaires de février. Accès : non loin des vestiges de l'aqueduc romain. Chambres modernes avec terrasse à 350 F (53,4 €) avec bains. Menus à 150 F (22,9 €) le midi en semaine. Autres menus de 175 à 295 F (26,7 à 45 €). Derrière l'auberge, un jardin, des arbres largement déployés, des fontaines au bord d'une rivière. Salle de restaurant claire et dégagée avec sa grande baie vitrée. Cuisine savoureuse préparée avec talent et qui ne cesse de chercher de nouvelles saveurs et de belles alliances. Essayez la morue douce en peau d'épices, les raviolis d'escargots du Poitou au beurre d'herbes, la côte de veau en casserole au jus de fèves de cacao et cannelle ou une nage de poissons fins au parfum d'anis. Une adresse à classer dans la catégorie très chic.

VIVONNE 86370 (14 km SO)

🛏 *Le Saint-Georges* ★★ – 12, Grand-Rue ☎ 05.49.89.01.89. Fax : 05.49.89.00.22. TV. Canal+. 戋 Resto fermé le midi. Accès : juste à côté de l'église. Doubles de 240 F (36,6 €) avec douche et à 260 F (39,6 €) avec bains. Petit déjeuner-buffet : 35 F (5,3 €). Menu à 75 F (11,4 €), vin compris. Un hôtel ancien, entièrement rénové, dans le centre de Vivonne. Il manque forcément un peu d'âme mais les années vont le patiner. 26 chambres modernes, confortables : presse-pantalon, sèche-cheveux et même minitel si vous le voulez. Accueil vraiment sympathique d'un patron prévenant. Réservation impérative... le Futuroscope n'est pas loin. Dîner servi aux clients de l'hôtel, tous les soirs sauf le dimanche. *Café offert. 10 % sur le prix de la chambre de septembre à mars.*

|●| *Restaurant Hélianthe* – 59, Grand-Rue (Centre) ☎ 05.49.43.40.49. Fermé le lundi et le mardi, sauf le mardi soir pendant les vacances scolaires d'été. Congés annuels : janvier. Accès : par la N10. Menus de 55 à 65 F (8,4 à 9,9 €) le midi en semaine, puis de 99 à 169 F (15,1 à 25,8 €). Une note d'exotisme. Le décor intérieur de ce resto de bon goût témoigne d'un brassage de cultures qui mélange les origines locales et cambodgiennes des patrons et les souvenirs de leurs nombreux voyages. Bouddhas, instruments de musique, vases, cruches venant de pays lointains, un monde ouvert qui vous transporte, avec un peu d'imagination, loin du Poitou. Bonne cuisine aussi variée que le décor, pleine de saveurs étonnantes, surprenantes et même déroutantes : terrine de Saint-Jacques sauce gambas, sauté de porc sauce aigre douce, canette aux cerises et citron vert, manchons de canard confits au poivre rose. Pour le café, essayez le jardin rempli de bananiers, histoire de finir en beauté et en odeurs d'ailleurs. *Coupe de pétillant offerte avec le dessert.*

|●| *Restaurant La Treille* – 10, av. de Bordeaux (Sud) ☎ 05.49.43.41.13. Parking. Fermé le mercredi soir. Congés annuels : vacances scolaires de février (zone B). Accès : par la N10; face au parc de Vounant. Menus à 78 F (11,9 €) sauf les week-ends, le « saveurs régionales » à 120 F (18,3 €) avec le fameux farci, le « festival de Vivonne » à 165 F (25,2 €) et le « gastronomique » pour les appétits d'ogre à 245 F (37,4 €). Napoléon se rendant en Espagne décida, en passant à Vivonne, de dîner dans cette auberge. Affolement général pour concocter un dîner impérial. On lui servit simplement un farci poitevin. Il fut conquis. L'empereur fut déchu, *La Treille* traversa les siècles toujours aussi bien tenue et accueillante. Accueil amical et attentionné, mais service parfois long. Bonne cuisine bourgeoise remplie de saveurs traditionnelles qui nous rappelle que la France est bien la patrie de la gastronomie. Ne manquez pas le foie frais mariné au muscat, la bouillitture d'anguilles, la compote de canard à l'ancienne, le sandre à la vapeur de bourgueil, ou le flan aux poires au coulis d'abricots... *Apéritif offert. Friandises pour les enfants.*

DISSAY 86130 (15 km NO)

🏠 |●| *Hôtel-restaurant Binjamin* ** – N10 ☎ 05.49.52.42.37. Fax : 05.49.62.59.06. TV. Fermé le samedi midi, le dimanche soir et le lundi ; ouvert tous les jours, du 1er juin au 30 septembre. Double avec douche et wc à partir de 280 F (42,7 €). Menus à 110 F (16,8 €) en semaine midi et soir, puis de 165 à 280 F (25,2 à 42,7 €) et carte. Une architecture intérieure : l'immeuble est un mariage un peu raté entre le cube et le rond. Ce dernier abrite le restaurant où l'on découvre une jolie salle aux meubles vert d'eau, aux tables fleuries et dressées de porcelaine et d'argenterie. Cuisine empreinte de classicisme et de subtilité. Les bourgeois amateurs de bonne cuisine de la région ne s'y sont pas trompés, ils en ont fait leur cantine. Essayez les ravioles de langoustines au beurre safrané, le sandre en écailles de pommes de terre au jus de jarret de veau ou le petit rouget de roche au beurre de foie gras. Une belle carte des vins avec d'excellents choix de bordeaux, de bourgogne et de vins de Loire. Chambres standardisées entièrement rénovées et insonorisées. Les n°s 107, 108 et 109 ont une vue sur la piscine.

|●| *Restaurant Le Clos Fleuri* – 474, rue de l'Église (Nord) ☎ 05.49.52.40.27. Fermé le dimanche soir. Accès : par la N10 ; route de Saint-Cyr. Menus à 89 F (13,6 €) midi et soir en semaine, puis de 132 à 162 F (20,1 à 24,7 €). Le château de Dissay semble tout droit sorti d'un conte de fées : tours aux chapeaux pointus, lucarnes, canonnières au ras de l'eau. Cocteau aurait pu en faire le décor de *La Belle et la Bête.* Toute l'équipe n'aurait qu'à traverser la route pour se retrouver au *Clos Fleuri*, installé dans les dépendances. Jean Jack Berteau y milite en cuisine depuis plus de 25 ans. Il se bat pour le terroir et les produits

poitevins. Sa tête de veau aux deux sauces a une solide réputation dans la région, tout comme le pavé de bœuf ou le foie gras. Belle carte de vins du coin soigneusement sélectionnés et conservés dans une cave idéale. *Apéritif offert.*

NEUVILLE-DE-POITOU 86170 (15 km NO)

🏠 |●| *L'Oasis* ** – 2, rue Daniel-Ouvrard (Centre) ☎ 05.49.54.50.06. Fax : 05.49.51.03.46. TV. Fermé le dimanche hors saison. Congés annuels : du 15 au 28 février. Doubles avec douche et wc à 295 F (45 €) avec le petit déjeuner compris. Menus de 70 à 100 F (10,7 à 15,2 €). Si le patron n'est pas là, quelques notes sur le piano peint en vert à côté de la réception et il accourra pour vous conduire dans une de ses chambres fraîches, printanières, aux couleurs rafraîchissantes... comme une oasis. Certaines donnent sur la rue mais elles sont insonorisées et la rue est calme la nuit. Le soir, le restaurant est ouvert. Cuisine simple et sans chichi : colombo de grenouilles (original) ou charolais au foie gras. Une bonne adresse à deux pas du Futuroscope. *10 % sur le prix de la chambre du 1er septembre au 31 mars.*

|●| *Restaurant Saint-Fortunat* – 4, rue Bangoura-Moridé (Centre) ☎ 05.49.54.56.74. ✗. Fermé le dimanche soir et le lundi. Congés annuels : du 16 au 30 août et du 5 au 24 janvier. Accès : par la N147. Menus à 98 F (14,9 €) tous les jours, puis de 125 à 210 F (19,1 à 32 €). Voici une maison rustique aux pierres apparentes, avec véranda. Le service y est parfait, même si l'ambiance est un peu lourde, et la cuisine excellente allie simplicité et raffinement des saveurs : andouillette de pied de porc au foie gras, chevreau à l'aillet, petits-gris du Poitou en robe des champs, rognon de veau rôti aux condiments frais... Le saint qui donne son nom à l'auberge en tant qu'épicurien n'aurait pas dédaigné une aussi bonne cuisine, pas plus que les bons vins produits dans la région. *Apéritif offert.*

VOUILLÉ 86190 (17 km NO)

🏠 |●| *Hôtel-restaurant Le Cheval Blanc* * – 3, rue de la Barre (Centre) ☎ 05.49.51.81.46. Fax : 05.49.51.96.31. TV. ✗. Accès : par la N149 en direction de Parthenay. Doubles avec lavabo et douche à 170 F (25,9 €), avec douche et wc à 230 F (35,1 €). 1er menu à 78 F (11,9 €) en semaine, jusqu'à 230 F (35,1 €) et carte. Cuisine refaite à neuf, restaurant agrandi, baies vitrées donnant sur la rivière, terrasse au bord de l'eau : *Le Cheval Blanc* améliore son cadre de vie d'une année à l'autre. Un bon signe. Au restaurant, une belle carte des vins pour accompagner des plats régionaux : feuilleté de ris de veau aux morilles, chevreau à la poitevine, brochet au beurre blanc, lotte à la Vouglaisienne. Un bon rapport qualité-prix, mais service une peu long. *10 % sur le prix de la chambre sauf juillet-août.*

🛏 *Le Clovis* ** – **place François-Albert (Centre)** ☎ 05.49.51.81.46. Fax : 05.49.51.96.31. TV. Canal+. ♿ Doubles à partir de 260 F (39,6 €) avec douche et wc ou bains. L'hôtel appartient à la famille qui possède l'hôtel-restaurant *Le Cheval Blanc* (à 50 m de là) et c'est ici qu'on prend le petit déjeuner. Chambres modernes pour ceux qui cherchent un confort plus standardisé. *10 % sur le prix de la chambre sauf juillet-août.*

RÉ (ÎLE DE)

Carte régionale A1

Voir : **Ars-en-Ré**
        Le Bois-Plage-en-Ré

ROCHEFORT   17300

Carte régionale A2

🛏 *Auberge de jeunesse* – **20, rue de la République (Centre)** ☎ 05.46.82.10.40. Fax : 05.46.99.21.25. ● www.fuaj.org ● 49 F (7,5 €) la nuit par personne, draps à 17 F (2,6 €). Menu à 50 F (7,6 €) et possibilité de panier pique-nique à 29 F (4,4 €). Bien située, à deux pas du centre mais dans une rue calme, une vieille maison comme il y en a quelques-unes dans le coin. Petite AJ (52 places) bien tenue. On dort dans des chambres de 2, 3, 4 ou 8 lits. Amenez votre duvet ou louez des draps. Une petite cour-jardin où planter sa tente (quelques emplacements seulement).

🛏 *Hôtel Roca Fortis* ** – **14, rue de la République (Centre)** ☎ 05.46.99.26.32. Fax : 05.46.99.26.62. TV. Doubles à 170 F (25,9 €) avec lavabo, 245 F (37,4 €) avec douche et wc et 265 F (40,4 €) avec bains. L'adresse tranquille. La rue où est situé cet ancien hôtel particulier est déjà bien paisible le soir venu. De surcroît, la plupart des chambres donnent sur une cour intérieure ou, mieux, les n°s 105, 209, 311 et 417, qui ouvrent sur un jardin paisible et fleuri où il fait bon se poser avec un bouquin. Les chambres distillent ce charme un peu désuet des hôtels à l'ancienne mais sont confortables. Dans la salle où se prend le petit déjeuner, quelques portraits de stars réalisés par le maître des lieux – croquis au fusain d'après photos (lesquels, au vu des dédicaces, ont plu à leurs modèles). Accueil enthousiasmant de la très jeune patronne qui préside désormais aux destinées de ce

vieil hôtel. *10 % sur le prix de la chambre hors juillet-août.*

🛏🍴 *Hôtel Le Paris* ** – **27-29, rue La Fayette (Centre)** ☎ 05.46.99.33.11. Fax : 05.46.99.77.34. TV. Canal+. Resto fermé le dimanche. Congés annuels : du 15 décembre au 5 janvier. Accès : par la rue Toufaire. Doubles à partir de 265 F (40,4 €), avec douche et wc, 325 F (49,5 €) avec bains suivant le confort et la saison. Menus de 100 F (15,2 €) en semaine, à 210 F (32 €). L'hôtel classique qu'on conseillerait sans états d'âme à un VRP croisé sur la route ou à une grand-tante qui projette une cure à Rochefort. L'accueil est souriant. Les chambres entièrement rénovées, confortables et fonctionnelles. Resto dans le même ton (la déco de la salle est banalement moderne). Cuisine de tradition et de terroir : cagouilles à la charentaise, anguilles en persillade, jonchée du marais ou fondant aux deux chocolats, sauce arabica, mousse aux pommes et au cognac. *Tarif week-end d'octobre à avril : 220 F (33,5 €) la chambre.*

🍴 *Restaurant Le Galion* – **38, rue Toufaire (Centre)** ☎ 05.46.87.03.77. Accès : tout au bout de l'avenue Charles-de-Gaulle, à deux pas ou presque de la Corderie royale qui étale son long corps de bâtiment en bordure de la Charente ; face au musée de la Marine. Menus à 85 F (13 €) sauf le dimanche, et de 100 à 165 F (15,2 à 25,2 €). Au self-service, un peu trop touristique surtout à la sortie de la Corderie royale, on préfèrera bien sûr le resto classique qui propose une honnête cuisine traditionnelle et régionale (pas mal de poissons, anguilles, cuisses de grenouille et escargots) à prix raisonnables. *Apéritif offert.*

🍴 *Restaurant Le Tourne-Broche* – **56, av. Charles-de-Gaulle (Centre)** ☎ 05.46.99.20.19. Fermé le dimanche soir, le lundi et le mardi midi. Congés annuels : 3 semaines en janvier. Accès : dans l'une des principales rues de la ville. Menus de 120 à 220 F (18,3 à 33,5 €). Menu enfant à 45 F (6,9 €). La salle est désormais d'une sobriété presque exemplaire. Le service est encore digne des grandes maisons. Et la cuisine sent toujours bon son terroir charentais (même si le patron, aubergiste débonnaire aux rondeurs gargantuesques est d'origine... luxembourgeoise) : anguilles à l'ail et au persil, pots de cagouilles (comprendre escargots), gigots d'agneau aux mojettes et autres viandes grillées. Du beau, du bon, qui, avec un peu de vin (une fois n'est pas coutume, les demi-bouteilles ne font pas que de la figuration à la carte) amène l'addition autour des 160 F (24,4 €). À ce titre, le 1er menu est une véritable aubaine.

DANS LES ENVIRONS

BROUAGE 17320 (13 km SO)

l●l *Restaurant La Crêpe Marie-Claire* – **rue du Québec (Centre)** ☎ 05.46.85.03.06. Fermé le lundi ; de Pâques à fin septembre, ouvert uniquement le midi (sauf le lundi) et le soir les jeudi, vendredi et samedi. En juillet-août, ouvert midi et soir sauf le lundi. Congés annuels : d'octobre à mars. Menus à 69 F (10,5 €) sauf le dimanche, et 99 F (15,1 €). *Le Brouage* se nomme maintenant *La Crêpe Marie-Claire*. Nouvelle décoration avec les nouveaux propriétaires mais on retrouve les mêmes spécialités : fricassée d'anguilles persillade, mouclade au cognac, langoustines flambées, et toujours les tripoux du Rouergue... Réservation conseillée.

ROCHEFOUCAULD (LA) 16110

Carte régionale B2

â l●l *La Vieille Auberge de la Carpe d'Or* *** – **1, route de Vitrac (Centre)** ☎ 05.45.62.02.72. Fax : 05.45.63.01.88. Parking. TV. Canal+. Accès : fléchage *Logis de France*. Chambres lumineuses de 220 à 295 F (33,5 à 45 €). Menus de 68 F (10,4 €) midi et soir sauf le week-end, à 180 F (27,4 €). Il paraît qu'il y a des chambres à louer au château. Mais le cadre XIᵉ siècle de La Rochefoucauld vaut aux alentours de 1 000 F (152,4 €) la nuit. Bagatelle ! Nous, on préfère la vieille auberge du centre-ville. Un ancien relais de poste du XVIᵉ siècle joliment aménagé. Une adresse tranquille. Plats charentais très copieux et de bons plats de poisson comme le bar aux morilles, le blanc de turbot au beurre d'endives rouges et surtout la fricassée de lotte et Saint-Jacques à la provençale.

DANS LES ENVIRONS

CHASSENEUIL-SUR-BONNIEURE 16260 (11 km NE)

â l●l *Hôtel de la Gare* * – **9, rue de la Gare (Centre)** ☎ 05.45.39.50.36. Fax : 05.45.39.64.03. Parking. TV. Fermé le lundi et le dimanche soir. Congés annuels : du 1ᵉʳ au 15 janvier et du 1ᵉʳ au 15 juillet. Accès : par la D141. Chambres à 160 F (24,4 €) avec cabinet de toilette, et jusqu'à 270 F (41,2 €) avec bains. 5 menus à partir de 70 F (10,7 €) sauf le dimanche jusqu'à 250 F (38,1 €). Cet hôtel est une bonne étape, d'un excellent rapport qualité-prix. Demandez les spécialités du resto : la noisette d'agneau à la charentaise, les Saint-Jacques à la fondue de poireau, ou le filet de bœuf à la fondue d'échalotes. *Apéritif offert.*

ROCHELLE (LA) 17000

Carte régionale A1 – Plan pp. 748 et 749

â l●l *Auberge de jeunesse* – **av. des Minimes (hors plan B4-1)** ☎ 05.46.44.43.11. Fax : 05.46.45.41.48. ● www.fuaj.org ● Canal+. Congés annuels : du 22 décembre au 3 janvier. Accès : sur le port des Minimes, c'est-à-dire assez loin tout de même du centre historique de La Rochelle. 75 F (11,4 €) par personne, draps et petit déjeuner compris. Repas à 48 F (7,3 €). Demi-pension à 123 F (18,8 €). Mieux qu'une AJ, un Centre international de séjour, rien que cela... Très grand et moderne. Beaucoup de passage, animation assurée. Plus cher que les AJ traditionnelles aussi. *10 % sur le prix de la chambre de septembre à mars.*

â l●l *Hôtel Le Transatlantique (lycée hôtelier)* – **av. des Minimes (hors plan B4-2)** ☎ 05.46.44.90.42. Fax : 05.46.44.95.43. TV. Fermé le week-end ; resto fermé les dimanche, mardi, jeudi et samedi soirs. Congés annuels : pendant les vacances scolaires. Chambres doubles à 150 F (22,9 €) avec douche et wc et à 180 F (27,4 €) avec bains. Formule rapide à 65 F (9,9 €) et menu à 90 F (13,7 €) tous les midis en semaine ; menu à 130 F (19,8 €) et carte servie les mardi, mercredi et vendredi soir. Le quartier, à deux pas du port des Minimes, n'a rien de franchement enthousiasmant (sauf pour ceux que la construction maritime passionne) mais cet hôtel-resto défie véritablement toute concurrence. Et pour cause, c'est la « salle de travaux pratiques » du lycée hôtelier de La Rochelle. Seul inconvénient : avec des prix aussi bon marché, 8 chambres et 60 couverts seulement, il faut quelque peu s'armer de patience pour obtenir une place...

â l●l *Hôtel du Commerce* ** – **6-12, place de Verdun (B1-4)** ☎ 05.46.41.08.22. Fax : 05.46.41.74.85. TV. Canal+. Resto fermé le vendredi soir et le samedi d'octobre à fin février. Congés annuels : du 3 au 31 janvier. Doubles de 165 F (25,2 €) avec lavabo, sans télé à 325 F (49,5 €) avec bains. Menus à 61 F (9,3 €) en semaine, et 77 et 105 F (11,7 et 16 €). Menu enfant à 53,50 F (8,2 €). Ancien hôtel particulier du XVIIIᵉ (transformé en hôtel tout court un siècle plus tard) posé face à l'élégante place de Verdun. Un hall d'entrée assez époustouflant (on se croit un peu dans un établissement thermal) et une soixantaine de chambres pour tous les goûts et toutes les bourses. Réductions intéressantes de fin septembre à fin avril. Resto très traditionnel, fruits de mer et poissons.

â *Hôtel Le Bordeaux* * – **43, rue Saint-Nicolas (C4-3)** ☎ 05.46.41.31.22. Fax :

05.46.41.24.43. TV. Congés annuels : du 15 décembre au 15 janvier. Accès : à proximité du vieux port et à 500 m de la gare. Doubles avec lavabo de 180 à 225 F (27,4 à 34,3 €) suivant la saison, avec douche et wc de 230 à 285 F (35,1 à 43,4 €). Petit hôtel récemment rénové de fond en comble. Chambres bien tenues. Celles sous les toits sont les plus ensoleillées, certaines disposent même d'un petit balcon. Accueil aimable. Au cœur de Saint-Nicolas, ancien quartier de pêcheurs qui, la journée, ressemble à un tranquille village mais fait quelquefois la fête le soir... *10 % sur le prix de la chambre en basse saison.*

≜ *Hôtel de l'Océan* ** – **36, cours des Dames (B3-7)** ☎ **05.46.41.31.97. Fax :** **05.46.41.51.12.** TV. Accès : sur les cours piétonniers, sur le port et face aux tours. Chambres avec douche et wc de 200 à 370 F (30,5 à 56,4 €). Idéalement situé face au vieux port. Inconvénient de cet avantage, comme pour tous les hôtels du quartier, les chambres côté quai ne sont pas (malgré le double-vitrage) d'un calme absolu. À conseiller donc à ceux qui veulent être *where the action is*, et qui profiteront, de leur fenêtre, du vent de fête qui souffle souvent sur la vieille ville. Ceux qui, à l'hôtel, préfèrent dormir, choisiront une chambre sur l'arrière.

≜ *Hôtel Le Savary* ** – **2 bis, rue Alsace-Lorraine (hors plan A4-9)** ☎ **05.46.34.83.44. Fax : 05.46.43.83.44.** Parking payant. TV. Canal+. Satellite / câble. Accès : à partir du vieux port, remonter l'allée du Mail jusqu'au parc Delmas, et là prendre à droite (à 300 m du casino). Chambres doubles avec douche et wc de 200 à 300 F (30,5 à 45,7 €), 310 F (47,3 €) avec bains. À 800 m du centre ancien (un petit quart d'heure à pied), dans un paisible quartier résidentiel. Installé dans un grand cube de béton blanc représentatif du « moderne » tel que le voyaient les architectes de la fin des années 50. Chambres globalement confortables, toutes équipées d'un sèche-cheveux (eh oui, mesdames, on pense à vous). Certaines sont franchement au calme, dans une vieille maison donnant sur un jardin plein de plantes où l'on peut prendre son petit déjeuner. Également des

chambres familiales avec lits superposés. *10 % sur le prix de la chambre du 1er novembre au 31 mars sauf ponts et jours fériés.*

≜ *Hôtel La Marine* ** – **30, quai Duperré (B3-6)** ☎ **05.46.50.51.63. Fax :** **05.46.44.02.69.** TV. Fermé le dimanche après-midi (jusqu'à 20 h). Congés annuels : janvier. Accès : sur le quai, face au vieux port. Doubles de 210 F (32 €) en basse saison à 260 F (39,6 €) en haute saison avec douche, de 230 à 390 F (35,1 à 59,5 €) avec douche wc. On aurait pu passer sans voir l'entrée de cet hôtel coincée entre deux de ces terrasses qui inondent le vieux port. Pourtant, ce tout petit établissement (13 chambres seulement) mérite qu'on s'y arrête. Et les chambres, toutes pimpantes, incitent même au séjour. Certaines offrent une jolie vue sur le vieux port et la mer au loin mais les doubles-vitrages ne peuvent (hélas...) retenir tous les bruits de ce quai très fréquenté le soir. Petit déjeuner servi uniquement en chambre.

≜ *Hôtel La Tour de Nesle* ** – **2, quai Louis-Durand (C3-8)** ☎ **05.46.41.05.86. Fax : 05.46.41.95.17.** TV. Canal+. Satellite / câble. Accès : centre-ville, sur le vieux port. Chambres de 260 à 430 F (39,6 à 65,6 €) avec douche et wc, de 300 à 420 F (45,7 à 64 €) avec bains. Hôtel en angle extrêmement bien situé, avec des chambres dont certaines ont vue sur le vieux port et d'autres sur le canal et l'église Saint-Sauveur. Vous êtes de plain-pied dans la zone touristique et seulement à 7 mn de la gare. Mais, éternel problème des hôtels de centre-ville à la Rochelle : on ne peut pas avoir à la fois la vue et la tranquilité... Terrasse sur le toit ouverte en été, avec une belle vue sur la ville. *10 % sur le prix de la chambre pour 2 nuits consécutives hors juillet-août.*

≜ *Hôtel Le Rochelois* ** – **66, bd Winston-Churchill (hors plan A4-10)** ☎ **05.46.43.34.34. Fax : 05.46.42.10.37.** TV. Canal+. Accès : en venant du vieux port par l'allée du Mail prendre la rue Philippe-Vincent. Doubles avec douche et wc, mais sans vue sur l'océan, à 290 F (44,2 €), de 350 à 500 F (53,4 à 76,2 €) avec bains, et

POITOU-CHARENTES

≜ **Où dormir ?**

1 Auberge de jeunesse
2 Hôtel Le Transatlantique
3 Hôtel le Bordeaux
4 Hôtel du Commerce
6 Hôtel de La Marine
7 Hôtel de L'Océan
8 Hôtel La Tour de Nesles

9 Hôtel Le Savary
10 Hôtel Le Rochelois
11 Terminus Hôtel

|●| **Où manger ?**

15 Restaurant La Terrasse
16 Le Soleil Brille pour Tous
17 Restaurant La Solette

18 Restaurant Teatro Bettini
19 La Marie-Galante
21 Les Quatre Sergents
22 Restaurant Le Grill
23 Restaurant À la Villette
24 Le Boute-en-Train
25 Restaurant Le Bistrot de L'Entracte
26 À Côté de Chez Fred
27 Le Petit Rochelais

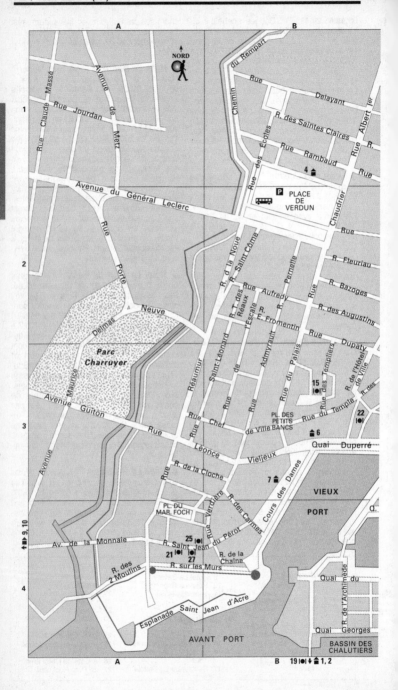

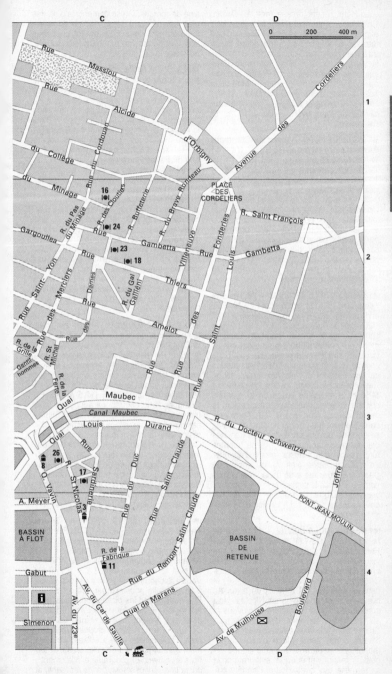

vue. Hôtel récent dressé face à l'Océan. Chambres contemporaines, bien équipées et pour certaines (au 1er étage) dotées d'une terrasse. Et le fait d'y séjourner donne accès au terrain de tennis, à la salle de muscu, aux jacuzzis, au sauna et au hammam. Très vacances sportives tout ça! Encore que rien ne vous empêche de lézarder au bord de la belle piscine d'été. *Petit déjeuner, apéritif offerts.* 10 % sur le prix de la chambre sauf juillet-août, jours fériés, Pâques, 1er mai et Ascension.

🛏 *Terminus Hôtel* – **place du Commandant-de-La-Motte-Rouge (C4-11)** ☎ **05.46.50.69.69. Fax : 05.46.41.73.12.** TV. Congés annuels : du 10 décembre au 10 janvier. Accès : tout près de l'office du tourisme. Doubles avec douche et wc à 340 F (51,8 €), à 360 F (54,9 €) avec bains. Comme son enseigne l'indique, pas bien loin de la gare, pas bien loin non plus du quartier du Gabut et du vieux port. Une petite touche perso dans la déco et du mobilier rustique pour des chambres confortables et au calme (isolation phonique). *10 % sur le prix de la chambre du 1er novembre au 31 mars.*

|◉| *Restaurant La Terrasse* – **26, rue des Templiers (B3-15)** ☎ **05.46.41.79.79.** Formule à 45 F (6,9 €) et menus de 69 à 95 F (10,5 à 14,5 €). Comptez 130 F (19,8 €) à la carte. Le ricain de La Rochelle! Évidemment, on y vient d'abord pour dîner sur sa terrasse, située sur une placette mignonne comme tout, et surtout à l'écart des hordes qui envahissent la ville aux beaux jours. Resto branché oblige, la télé est calée sur MTV et la moyenne d'âge de la clientèle comme du personnel dépasse rarement la quarantaine. Bon point, *La Terrasse*, contrairement à un grand nombre de restos américains, soigne sa cuisine. Les tranches d'aubergines panées et coulis de tomates font d'excellents *starters*, avant d'attaquer un *chili con carne* bien vu, ou encore un *Cadillac Burger* fait avec de la vraie viande hachée. *Brunch* le samedi et le dimanche, *of course!* Quelques poissons et fruits de mer pour rappeler qu'on est à La Rochelle. *Apéritif offert.*

|◉| *Restaurant La Solette* – **11, place de la Fourche (C3-17)** ☎ **05.46.41.74.45.** Fermé le dimanche. Congés annuels : janvier. Accès : pas très loin du vieux port, mais en retrait à l'intérieur (près du quai Louis-Durand). 1er menu en été : 55 F (8,4 €) le midi en semaine, 59 F (9 €) en hiver. Au cœur du vieux quartier Saint-Nicolas, jadis considéré comme un repaire de voyous et où il est de bon ton aujourd'hui d'habiter, *La Solette* bénéficie d'un emplacement exceptionnel : une petite place à laquelle un magnifique paulownia impérial donne un petit air méridional et où le restaurant pose sa terrasse aux beaux jours. Honnête cui-

sine de marché. On se contentera d'un des plats affichés au tableau noir ou de la formule du midi parce que les autres menus nous ont semblé un peu excessifs comme, du reste, le prix des vins.

|◉| *Le Soleil Brille pour Tous* – **13, rue des Cloutiers (C2-16)** ☎ **05.46.41.11.42.** Fermé le dimanche et le lundi. Accès : près du marché couvert. Formule à 58 F (8,8 €), midi et soir. Deux, trois tables sur le trottoir pour quand le soleil brille (pour tous!). Dans la mignonne petite salle, aux murs constellés de mosaïques, quelques tables encore qui se serrent autour de la cuisine, ouverte, à la mode méditerranéenne. Tout bien sûr, est ici « fait maison », à base de produits d'une irréprochable fraîcheur et garantis « bio ». Les plats, inscrits au tableau noir, changent suivant les saisons et l'humeur de la charmante Babeth (souvent toute seule, comme une grande, en cuisine et au service), mais sont toujours pleins de saveur et généreusement servis. Intéressante formule avec entrée, plat du jour et légumes frais. Petite carte permanente de crêpes, galettes, tartes salées et sucrées à prix doux et salades qui suffisent à elles seules à un déjeuner. Délicieux desserts : *crumbles, tiramisù...* Un de nos coups de cœur à La Rochelle.

|◉| *La Marie-Galante* – **35, av. des Minimes (hors plan B4-19)** ☎ **05.46.44.05.54.** Fermé en soirée le lundi, le mardi, le mercredi et le jeudi (hors saison). Accès : village des Minimes. Formule express (salade, plat du jour et café) le midi sauf week-end et jours fériés à 65 F (9,9 €) et menus de 82 à 115 F (12,5 à 17,5 €). Quelques pittoresques baraques de bois (survivantes de l'époque où les Minimes étaient encore un village de pêcheurs) et 4 restos côte à côte. Ne vous trompez pas! Cuisine toute simple, essentiellement marine, qui n'oublie aucun de ses classiques : huîtres, soupe de poissons, moules marinière, assiette de bulots mayonnaise. Poissons du jour à prix d'amis. Une grande terrasse où, évidemment, on choisira de manger aux beaux jours. *Apéritif offert.*

|◉| *Restaurant Teatro Bettini* – **3, rue Thiers (C2-18)** ☎ **05.46.41.07.03.** Fermé le dimanche et le lundi. Congés annuels : de fin septembre à mi-octobre. Accès : à côté du marché couvert. Menus à 69 et 85 F (10,5 et 13 €). Menu enfant à 38 F (5,8 €). Vous allez nous dire : « On n'est pas venus à La Rochelle pour manger des pizzas... » Oui, mais quand les pizzas sont faites dans les règles de l'art (et dans un vrai four à bois) et s'avèrent meilleures que les fruits de mer et les poissons proposés par certains « spécialistes » de soi-disant « cuisine marine » qui pullulent en ville, on aurait tort de s'en priver. Au programme également : *pasta* (*tortellini* escoffier, *penne refrigenti*) et

autres spécialités italiennes (comme l'escalope *corrado*) et un grand choix de vins italiens. *Apéritif offert.*

Ie•I Les Quatre Sergents – 49, rue Saint-Jean-du-Pérot (A4-21) ☎ 05.46.41.35.80. ✗ Fermé le dimanche soir et le lundi. Accès : à deux pas du vieux port, au cœur de l'animation. Menus à 80 F (12,2 €) d'un bon rapport qualité-prix et servi tous les jours, et de 115 à 190 F (17,5 à 29 €). Menu enfant à 39 F (5,9 €). Comptez 180 F (27,4 €) environ à la carte. Installé dans un hôtel particulier du XIXᵉ siècle. La salle a été aménagée dans un ancien (et superbe) jardin d'hiver surmonté d'une verrière. Un décor dans lequel on verrait bien évoluer Adèle Blanc-Sec, l'héroïne de Tardi. Exceptionnel, donc. Le service, très vieille école, est au diapason. La grande surprise vient de la cuisine qui ne se contente pas d'aligner ses classiques de brasserie (à l'aise dans le décor), mais se permet quelques envolées modernistes : dos de truite au calva et pommes, blanquette de merlu aux pistaches et zestes d'orange. Vins au verre. C'est clair, on a aimé... *Café offert.*

Ie•I Restaurant À la Villette – 4, rue de la Forme (C2-23) ☎ 05.46.41.27.03. Fermé le dimanche (sauf réservation). Accès : face au marché central. Comptez environ 100 F (15,2 €) à la carte. Après une visite obligatoire au marché couvert (surtout le mercredi et le samedi, jours où il déborde dans les rues environnantes), c'est ici qu'il faut venir faire une petite pause casse-croûte. Le patron, parigot d'origine, propose des viandes choisies chez les bons bouchers du marché. Après de généreux harengs pommes à l'huile, on se tortore un jarret de porc aux lentilles, une lotte au safran, ou encore un *mixed-grill* à ravir un garçon boucher, le tout arrosé d'un p'tit coup de rouge. Tout simple, tout bête, mais bien servi. N'accepte pas l'American Express. *Apéritif ou café offert.*

Ie•I Restaurant Le Bistrot de l'Entracte – 22, rue Saint-Jean-du-Pérot (A4-25) ☎ 05.46.50.62.60. Fermé le dimanche. Accès : sur le vieux port. Menu rapide le midi à 110 F (16,8 €) ou menu-carte à 145 F (22,1 €). En coulisse, Didier Cadio, ex-second de Coutanceau (la star de La Rochelle) dont le savoir-faire est indéniable. Son menu-carte à 145 F reçoit en outre les applaudissements discrets d'une clientèle classe moyenne qui aime la conjugaison mise en scène-produits travaillés qui lui est proposée : gâteau de langoustines à la crème d'estragon, solettes de petit bateau dorée aux amandes et pistaches, tournedos de cabillaud rôti à l'embeurrée de choux, parmentier de jeune caneton, pain perdu et sa glace vanillée... Les propositions ne manquent pas. Desserts de bon niveau et carte des vins qui ne reste pas en rade.

Ie•I Restaurant Le Petit Rochelais – 25, rue Saint-Jean-du-Pérot (A4-27) ☎ 05.46.41.28.43. Fermé le dimanche. Pas de menu, la carte est sur l'ardoise : les entrées à 40 F (6,1 €), les plats à 75 F (11,4 €) et les desserts à 30 F (4,6 €). La plupart des vins sont à moins de 100 F (15,2 €) la bouteille. Ambiance bistrot avec toile cirée pour une cuisine française à tendance lyonnaise, avec quand même une certaine recherche gastronomique en fonction du marché et des saisons. La carte varie souvent, mais vous y trouverez toute l'année un saucisson chaud en croûte en entrée, du cabillaud rôti au jus de viande avec sa purée de pommes de terre ou un agneau de 7 heures en plat principal, pour finir en dessert sur une soupe au chocolat avec émincé de banane et d'orange ou un millefeuille à la vanille nappé de sa sauce caramel. Tout cela pour un excellent rapport qualité-prix. *NOUVEAUTÉ.*

Ie•I Le Boute-en-Train – 2, rue des Cloutiers (C2-24) ☎ 05.46.41.73.74. Fermé le dimanche. Accès : place du vieux marché. Plat du jour autour de 48 F (7,3 €), entrées entre 30 et 42 F (4,6 et 6,4 €) et spécialités maison autour de 78 F (11,9 €). Comptez 120 F (18,3 €) environ pour un repas. Voilà l'endroit idéal pour déjeuner avec grand-mère ou belle-maman entre une matinée de shopping et un après-midi culturel... Le décor, dans les tons bleus, est coquet comme tout. La cuisine, quant à elle, est traditionnellement simple et familiale : ragoût de seiche à l'ancienne, tête de veau vinaigrette, baluchon de langoustines, *crumble* aux pommes sont les plats phares de la carte. Les prix varient en fonction des produits utilisés.

Ie•I Restaurant Le Grill – 10, rue du Port (B3-22) ☎ 05.46.41.95.90. Fermé le samedi midi, le dimanche et le lundi midi. À la carte, compter 120 F (18,3 €). Assis au comptoir (une dizaine de places) ou à l'une des rares tables de ce minuscule lieu, on dévore à pleines dents de la viande épaisse et bien bonne, préparée amoureusement sur le grill. Monique et Jacky Dupouy (une Rochelaise et un Bayonnais !) sauront vous régaler avec des produits basques et espagnols. Clientèle d'habitués, accompagnés de leurs amis de passage. Vins servis au verre et gentils desserts faits maison. Excellent rapport qualité-prix. Convivialité assurée.

Ie•I À Côté de chez Fred – rue Saint-Nicolas (C3-26) ☎ 05.46.41.65.76. Fermé le dimanche et le lundi midi en saison. Le lundi toute la journée en hiver. Congés annuels : 3 semaines à partir de la Toussaint. Plats à partir de 39 F (5,9 €) ; comptez environ 150 F (22,9 €) pour un bon repas. Le Fred en question, c'est le poissonnier jouxtant le restaurant. Au moins, on sait d'où vient le poisson... Il constitue donc l'essentiel de la carte de ce bistrot marin. Les plats varient selon l'arrivage, alors on est bien en peine de vous conseiller quoi que ce soit. Cependant, suivez les saisons et allez au plus simple.

DANS LES ENVIRONS

AYTRÉ 17440 (3 km S)

🏠|●| *Hôtel-restaurant Les Platanes* ✱ – 29, av. du Commandant-Lysiak ☎ 05.46.44.29.91. Fax : 05.46.31.06.90. TV. Fermé le dimanche. Accès : en venant de La Rochelle, prendre la rocade en direction du bourg d'Aytré. Doubles à 170 F (25,9 €) avec douche. Demi-pension obligatoire de juin à septembre : 230 F (35,1 €) par personne. Menus de 62 à 150 F (9,5 à 22,9 €). Le prototype même du resto populaire bien tenu et au rapport qualité-prix indiscutable. Dans une grande salle très campagne, Mme Lechat et ses souriantes employées servent sans mollir une ribambelle d'artisans, venus en voisins de la zone industrielle d'Aytré, qui font un sort au 1er menu, différent tous les jours. Les agapes commencent parfois par une aile de raie aux câpres, se prolongent avec un navarin d'agneau aux haricots, lui-même suivi d'un fromage ou d'un dessert, avec quart de rouge en prime. Mon tout généreusement servi. Le menu à 120 F (18,3 €) attire, lui, la grande foule le soir et le week-end, et particulièrement copieux! Notre choix : 6 huîtres, joues de lotte en persillade, navarin d'agneau, plateau de fromages et dessert (les parts de gâteau sont géantes!). Quelques chambres toutes simples mais pas ruineuses. *10 % sur le prix de la chambre hors saison.*

LAUZIÈRES 17137 (7 km N)

|●| *Bar Port Lauzières* – port du Plomb ☎ 05.46.37.45.44. ♿ Fermé le mardi (sauf du 14 juillet au 15 août). Congés annuels : d'octobre à mars. Accès : en bord de mer, face à l'île de Ré. Plat à partir de 35 F (5,3 €). Cet ancien cabanon de pêcheurs transformé en bar-dégustation plaira aux amateurs d'authenticité. D'un côté, le bar avec son zinc, où l'on sert des verres aux ostréiculteurs du coin, et un mainate joliment siffleur ; de l'autre, une salle avec une cheminée confortable pour soir d'hiver et vue sur la mer. En prime, une terrasse accueillante par beau temps. Le patron des lieux, ex-plongeur, se contente d'exploiter l'affaire tranquillou. Au choix : soupe de poisson, moules, langoustines, sardines grillées, gambas flambées, 6 huîtres et assiette composée (huîtres, langoustines, crevettes, sardines). Avec un peu de vin, l'addition ne dépassera guère les 100 F (15,2 €). *Apéritif offert.*

CHARRON 17230 (16 km N)

|●| *Restaurant Theddy-Moules* – 72, rue du 14-Juillet ☎ 05.46.01.51.29. ♿ Fermé du 1er octobre au 30 avril. Accès : sur la route du port. Moules à 38 F (5,8 €). Comptez environ 120 F (18,3 €) pour un repas complet. Réputé pour ses moules, Charron est une bourgade bien tranquille où l'on vient pour une seule chose : Theddy-Moules. Une sorte de hangar un peu ouvert à tous les vents et doté d'une terrasse face à la départementale, des bassines en plastique pour les coquilles vides pour le cadre, Theddy, mytiliculteur et patron de ce resto, a fait au minimum, mais pour les produits, chapeau. La fraîcheur est garantie et les prix sont gentils. On mangera donc des moules, les « spécial Theddy » au pineau et à la crème par exemple à 38 F ou une assiette dégustation (langoustines, huîtres, bulots, bigorneaux, crevettes...) pour 65 F (9,9 €), ou bien encore un copieux plateau de fruits de mer à 105 F (16 €). À la carte, toujours, des poissons fraîchement pêchés : sole ou bar à 56 F (8,5 €), sardines grillées à 38 F (5,8 €). *Apéritif offert.*

ROCHE-POSAY (LA) 86270

Carte régionale B1

🏠|●| *Hostellerie du Val de Creuse* ✱✱ – 3, place Notre-Dame (Centre) ☎ 05.49.86.20.71. Parking. TV. Congés annuels : début octobre à fin mars. Doubles à partir de 150 F (22,9 €) avec lavabo, 250 F (38,1 €) avec bains, à deux lits 320 F (48,8 €). Menus à 100, 160 et 220 F (24,4 et 33,5 €). Après les soins de peau, soignez votre estomac dans une vieille demeure bourgeoise dominant la Creuse. Terrasse sur les remparts et près d'une splendide église fortifiée. Une ambiance vieille France pour une cuisine parfumée, comme le feuilleté de ris de veau aux morilles, le magret de canard au xérès et miel d'acacia, l'entrecôte aux 3 sauces ou la terrine de pintade aux abricots. Mme Lussier-Sabourin tient sa maison de main de maître. Demander une chambre donnant sur la Creuse, confort assuré (salle de bains, mobilier ancien, etc.). Demander la n° 1 ou la n° 12. *Apéritif offert.*

ROYAN 17200

Carte régionale A2

🏠 *Villa Trident Thyrsé* – 66, bd Frédéric-Garnier (Sud-Est) ☎ 05.46.05.12.83. Fax : 05.46.36.16.92. Parking. TV. dimanche après-midi, hors saison. Accès : direction Saint-Georges de Didonne, boulevard longeant la place de Royan. Doubles avec cabinet de toilette de 160 à 220 F (24,4 à 33,5 €) selon la saison, de 210 à 320 F (32 à 48,8 €) avec douche ou bains. Royan est une ville années 50. Soit. Mais ce patrimoine architectural n'est pas franchement mis en valeur. Sauf ici. En pénétrant dans le vaste et lumineux hall de cet hôtel, on a un peu eu l'impression d'être tombés dans une faille spatio-temporelle. Quelques rééditions se cachent dans le décor, à vous de les trouver, tant rien ici ne semble avoir bougé depuis 1954. Les couleurs claquent comme dans une comédie musicale de Jacques Demy. Des bongos au coin du bar en formica, des effluves de salsa sur la terrasse face à l'océan, et on pourrait se croire aussi dans un hôtel du quartier Art déco de Miami Beach. Les chambres sont toutes simples, plaisantes, avec balcon, vue sur mer, millésimées années 50 aussi. Propose également des studios, loués à la semaine ou au week-end hors vacances. Accueil très, très *cool*. Et il n'y a que le boulevard à traverser pour poser les pieds sur la plage. *10 % sur le prix de la chambre.*

🛏 |●| *Hôtel Abysse – Restaurant L'Anjou* ** – 17-19, rue Font-de-Cherves (Centre) ☎ 05.46.05.30.79. Fax : 05.46.05.30.16. TV. 🍴 Resto fermé le lundi hors saison. Congés annuels : 1 semaine fin janvier et 1 semaine fin septembre. Accès : en direction du marché. Chambres avec douche et wc à 265 F (40,4 €), 285 F (43,4 €) avec bains et 320 F (48,8 €) pour celles avec terrasse. Quelques petits appartements, parfaits pour les familles, à partir de 330 F (50,3 €) en basse saison. Petit menu à 62 F (9,5 €) sauf week-end, servi aussi le soir pour le *Routard*. Autres menus de 98 à 212 F (14,9 à 32,3 €). Menu enfant à 45 F (6,7 €). Deux *a priori* favorables : ce resto est un hors quartiers touristiques et il est ouvert à l'année. Vérification faite, c'est une jeune petite table, à la franche et honnête cuisine traditionnelle, généreusement servie et plutôt tournée vers la mer. L'accueil est enthousiasmant et le service nature et efficace. *Apéritif offert. 10 % sur le prix de la chambre pour 2 nuits consécutives.*

🛏 *Hôtel Belle-Vue* ** – 122, av. de Pontaillac (Sud-Ouest) ☎ 05.46.39.06.75. Fax : 05.46.39.44.92. Parking. TV. Congés annuels : du 1er novembre au 1er mars. Accès : par la D25 en venant de Saint-Palais. À partir de 315 F (57,2 €) la double avec douche et wc côté océan, 290 F (44,2 €) sur l'arrière. Pension de famille dans les années 50, c'est aujourd'hui un hôtel cossu et un brin bourgeois. Accueil dans le même ton, poli, discret et souriant. Chambres de bon confort et meublées d'ancien. Bonne enseigne ne saurait mentir : l'hôtel *Belle-Vue* domine avec une certaine superbe la très chic baie de Pontaillac. On privilégiera donc logiquement les chambres avec vue (certaines sont dotées de balcon,

d'autres sont en rez-de-jardin). *10 % sur le prix de la chambre du 1er juin au 30 septembre.*

|●| *Restaurant Le Chalet* – 6, bd de la Grandière (Est) ☎ 05.46.05.04.90. Fermé le mercredi (sauf en juillet-août). Congés annuels : du 15 janvier au 18 février. Accès : à l'extrémité est du front de mer, juste en face de l'office du tourisme. Menus de 110 à 290 F (16,8 à 44,2 €). Un genre d'auberge de campagne – un peu bourgeoise – à la ville. Décor rustique, service stylé, cuisine de terroir et marine bien tournée et d'une régularité sans faille : chaudrée charentaise, jarret d'agneau aux mojettes, etc. Bref, tout ce qui manque un peu trop souvent à la plupart des restos de la ville. C'est, en outre, l'adresse incontournable de Royan, celle sur laquelle tout le monde tombe d'accord. Le 1er menu ne déçoit pas mais si vous êtes en fonds, les suivants méritent qu'on s'y intéresse.

DANS LES ENVIRONS

SAINT-GEORGES-DE-DIDONNE
17110 (4 km S)

🛏 |●| *Hôtel-restaurant Colinette et Costabéla* * – 16, av. de la Grande-Plage (Nord-Est) ☎ 05.46.05.15.75. Fax : 05.46.06.54.17. TV. 🍴 Du 1er octobre au 30 mars, resto fermé le soir sauf le samedi. Congés annuels : de janvier à avril pour travaux. Accès : fléché à partir du front de mer quand on vient de Royan. Doubles de 199 à 410 F (30,3 à 62,5 €) avec douche et wc ou bains suivant la saison. Demi-pension obligatoire en juillet et août, de 215 à 285 F (32,8 à 43,4 €) par personne suivant le confort. Au resto, formule à 71 F (10,8 €) servie tous les jours, un plat et un dessert ou une entrée. Menus de 87 à 137 F (13,3 à 20,9 €). Menu enfant à 39 F (5,9 €). Sous les pins de la forêt de Vallières, *Colinette* fait très pension de famille à la mode du cinéma des années 50-60. Une rue plus loin, son annexe, l'*Hôtel Costabéla* ressemble à une villa passe-partout des années 70. Mais les travaux de rénovation sont prévus pour cette année, les chambres seront « tout confort » et les prix vont changer aussi... À suivre. *10 % sur le prix de la chambre à partir de 2 nuits consécutives.*

🛏 *Hôtel Le Suzac* *** – 17-26, chemin du Fort-de-Suzac ☎ 05.46.06.26.46. Fax : 05.46.06.26.13. Parking. TV. 🍴 Congés annuels : du 1er octobre au 1er avril. Accès : sur la route direction Meschers. Chambres avec douche de 385 à 395 F (43,4 à 60,2 €) jusqu'à 690 F (105,2 €) avec bains et vue sur la mer, suivant la saison. Également des appartements (pour 2 à 6 personnes, avec kitchenette) loués à la semaine. Celui-là se serait appelé « hôtel de la Plage » que nous

POITOU-CHARENTES

n'y aurions pas trouvé matière à remarquer. Parce que plus près de l'océan, il serait dans... l'eau. Mais c'est à la falaise sur laquelle il s'appuie que cet hôtel, d'une intemporelle architecture contemporaine, a emprunté son nom. Chambres confortables, bien équipées et climatisées. Accueil pro et souriant. Jolie piscine chauffée qui surplombe la vaste plage. Évidemment tout cela a un prix. *10 % sur le prix de la chambre hors juillet-août.*

SAINT-PALAIS-SUR-MER 17420

(6 km O)

≜ *Hôtel-résidence Frivole* ** – 10, av. du Platin ☎ 05.46.23.25.00. Fax : 05.46.23.20.25. Doubles à partir de 190 F (29 €) avec lavabo, de 230 à 460 F (35,1 à 70,1 €) avec douche et wc ou bains suivant la saison. Un pavillon de pierres et de briques presque perdu au milieu des pins. Cette ancienne maison bourgeoise début de siècle a du personnalité. Ses actuels propriétaires, des hôtes au sens vrai du terme, aussi. Et c'est peut-être (sûrement même) ce qui fait qu'on ne s'y sent vraiment pas comme dans un hôtel traditionnel. Chambres au calme, à la déco « faite maison », charmantes et pour la plupart lumineuses, toutes sans télé (c'est un choix, mais avec les patrons, les sujets de conversation ne manquent pas). Réservation conseillée. *10 % sur le prix de la chambre hors juillet-août. Lit d'appoint gratuit pour enfant.*

|●| *Le Petit Poucet* – La Grande Côte ☎ 05.46.23.20.48. Fermé le mercredi. Congés annuels : janvier. Accès : le long de la route côtière, direction La Palmyre. Menus de 82 F (12,5 €) à 198 F (30,2 €). Menu enfant à 45 F (6,9 €). Ce bloc de béton des années 50 dressé sur la côte gâche un peu le paysage (à sa décharge, il n'est pas le seul dans le cas et c'est l'œuvre d'un architecte...). Mais il n'a pas été construit là innocemment. De la salle claire et spacieuse, la vue est superbe sur la plage de la Grande Côte et l'océan. Grande terrasse aussi bien située. Cuisine essentiellement marine (langoustines crémées au pineau, huîtres chaudes, etc.), honnête dans sa catégorie mais qui, travers des restos touristiques, souffre parfois de quelques approximations (préférez la semaine aux week-ends). Bon rapport qualité-prix quoi qu'il en soit. Service sans chichi, mais diligent et attentionné.

MESCHERS-SUR-GIRONDE 17132

(12 km S)

≜|●| *Les Grottes de Matata* ** – bd de la Falaise ☎ 05.46.02.70.02. Fax : 05.46.02.78.00. Accès : à flanc de falaise. Doubles à 300 F (45,7 €) avec douche et wc, 350 F (53,4 €) avec bains. Repas de

crêpes à 80 F (12,2 €), une salée, une sucrée avec une boisson. Une adresse atypique (et un peu touristique) puisque installée dans le circuit de visite des grottes do Matata. Quelques chambres seulement dans un bâtiment moderne posé sur la falaise. Terrasse où prendre son petit déjeuner. Et une vue réellement somptueuse sur les tourmentés flots gris-bleus de l'estuaire de la Gironde. Même panorama depuis la petite crêperie aménagée dans une des habitations troglodytiques de la falaise. On y mange entre des murs datant du crétacé et couverts de fossiles ! Étonnant. Notre Johnny national, entre autres célébrités comme William Sheller ou Lambert Wilson, est passé par là. *Café offert. 10 % sur le prix de la chambre hors juillet-août.*

MORNAC-SUR-SEUDRE 17113

(13 km N)

|●| *Le Tahiti* – ☎ 05.46.22.76.53. Fermé le lundi. Congés annuels : de la Toussaint au 14 mars. Accès : face au port. Menus de 65 à 150 F (9,9 à 22,9 €). Gentil caboulot populaire, sur le pittoresque port de ce village de charme. La salle est simplette, la terrasse posée sur le quai. La cuisine ne s'embarasse pas de complications, c'est pourquoi on se limitera aux petits menus. Par exemple à l'honnête menu à 72 F (11 €) qui aligne 6 huîtres nº 5, suivies d'un poisson (mulet grillé au beurre d'estragon ou friture d'éperlans ou bien encore sardines grillées) et dessert. Dommage que l'endroit soit aussi connu des autocaristes... *Café offert.*

PALMYRE (LA) 17570 (18 km NO)

≜ *Hôtel La Côte d'Argent* ** – 4, avenue de l'Océan (Centre) ☎ 05.46.22.40.07. Fax : 05.46.23.66.04. Parking payant. TV. ✲ Congés annuels : de novembre à mars. Accès : par la D25. Doubles avec douche et wc de 220 à 300 F (33,5 à 45,7 €) suivant la saison, de 260 à 330 F (39,6 à 50,3 €) avec bains. L'hôtel n'a malheureusement pas beaucoup plus de charme que La Palmyre, drôle de station balnéaire un peu créée de toutes pièces au milieu de nulle part. Chambres néanmoins confortables, pourvues pour la plupart de balcon. Sauna. *10 % sur le prix de la chambre.*

≜|●| *Palmyrotel* *** – 2, allée des Passereaux (Centre) ☎ 05.46.23.65.65. Fax : 05.46.22.44.13. Parking. TV. ✲ . Congés annuels : de novembre à mars. De 250 à 480 F (38,1 à 73,2 €) la chambre double suivant la saison. Chambres familiales pour 4 avec mezzanine : de 350 à 595 F (53,4 à 90,7 €) suivant la saison. Demi-pension conseillée de mi-juillet à fin août : à partir de 270 F (41,2 €) par personne. Au resto : 1er menu à 100 F (15,2 €) servi tous les jours, autres à 145 et 195 F (22,1 et 29,7 €). Menu junior (moins de 14 ans) : 65 F (9,9 €) ; menu enfant (moins de 10 ans) : 38 et 48 F (5,8 et 7,3 €). Là, on n'est plus dans le registre petite adresse familiale mais l'ensemble offre un bon rapport qualité-prix pour la région. Un grand (au sens de vaste : il y a 46 chambres) hôtel à l'architecture contemporaine à l'orée d'une forêt de pins et du célèbre zoo de La Palmyre. Grand jardin presque méditerranéen. Chambres fonctionnelles, toutes identiques, toutes avec bains. Des balcons pour profiter du soleil. Accueil et service très pro, évidemment. Formule club (pour ceux qui aiment) avec soirées dansantes, excursions, etc. *10 % sur le prix de la chambre pour 2 nuits consécutives hors juillet-août.*

BOUTENAC-TOUVENT 17120

(28 km SE)

🏠 |●| *Le Relais de Touvent* ** – (Centre) ☎ 05.46.94.13.06. **Fax : 05.46.94.10.40.** Parking. TV. ☒ Fermé le dimanche soir et le lundi, sauf en été. Congés annuels : la 2ᵉ quinzaine de décembre. Accès : par la D730. Doubles de 250 F (38,1 €) avec douche et wc à 280 F (42,7 €) avec bains. 1ᵉʳ menu à 90 F (13,7 €) puis de 140 à 260 F (21,3 à 39,6 €). La première impression (une bâtisse banale à un rond-point) n'est pas la bonne. Parce que derrière l'hôtel se cache un grand jardin qu'on pourrait presque appeler parc, parce que les chambres ont été joliment rénovées et affichent des prix sympathiques pour la région. Parce que, enfin, on y sert une franche et bonne cuisine de terroir : mouclade, lamproie. Intéressante carte des vins (on est déjà dans le vignoble). *Café offert.*

RUFFEC 16700

Carte régionale B2

|●| *Le Moulin de Condac* – Condac ☎ 05.45.31.04.97. ☒ Fermé le soir des lundi et mardi en hiver. Accès : route de Confolens. 1ᵉʳ menu à 70 F (10,7 €) le midi en semaine et des menus gastronomiques de 100 à 180 F (15,2 à 27,4 €) apéritif, vin et café compris. Menu terroir pour les enfants à 55 F (8,4 €). Dans un ancien moulin du XVIIIᵉ siècle agréablement restauré, sur le cours de la Charente, un resto accueillant et calme pour une cuisine du terroir de bon niveau. Goûtez aux médaillons de filet de truite de la Touvre farcis aux pleurotes et beurre blanc au sauvignon, au gratin de tête de veau et de pieds de cochon (en hiver) ou à la culotte d'agneau grillée au fromage de chèvre (très fin). Belle terrasse ombragée, pédalos, discothèque (du vendredi au dimanche) et minigolf complètent cet agréable tableau. Notre coup de cœur sur le haut de la Charente. *Apéritif offert.*

SAINT-DENIS-D'OLÉRON 17650

Carte régionale A2

🏠 |●| *Hôtel-restaurant Le Moulin de la Galette* * – 8, rue Ernest-Morisset (Centre) ☎ 05.46.47.88.04. **Fax : 05.46.47.69.05.** ☒ Congés annuels : de fin septembre à Pâques. Accès : près de la place du marché et de l'église. Doubles avec douche et wc de 220 à 290 F (33,5 à 44,2 €). Demi-pension (obligatoire en juillet-août) de 230 à 260 F (35,1 à 39,6 €) par personne. 1ᵉʳ menu à 95 F (14,5 €) bon et servi tous les jours, puis à 150 F (22,9 €) pantagruélique, 170 et 185 F (25,9 et 28,2 €). Vieille villa balnéaire un peu rococo immanquable sur la place du bourg. La pension de famille pur jus. À inscrire à l'inventaire des Monuments historiques ! Dans la maison, grandes chambres à l'ancienne (mobilier disparate). Juste derrière, dans une annexe moderne, quelques autres chambres, avec terrasse de plain-pied. La salle de resto distille ce même charme suranné. Quelques tables sur une terrasse face à la place du Marché. Le patron a du métier, de la rigueur, et ne travaille que les produits frais (poissons, fruits de mer, etc.). Accueil aimable. Ambiance évidemment familiale. *10 % sur le prix de la chambre hors juillet-août.*

SAINT-MAIXENT-L'ÉCOLE 79400

Carte régionale A1

🏠 |●| *Hôtel-restaurant Le Logis Saint-Martin* *** – chemin de Pissot (Sud-Est) ☎ 05.49.05.58.68. **Fax : 05.49.76.19.93.** Parking. TV. Satellite / câble. Congés annuels : janvier. Accès : faites comme si vous quittiez Saint-Maixent en direction de Niort et prenez à gauche au dernier feu avant la sortie de la ville ; fléchagé. Chambre doubles de 390 F (59,5 €) avec douche et wc, à 540 F (82,3 €) avec bains. Menus à 135 F (20,6 €) le midi sauf le dimanche, puis de 175 à 490 F (26,7 à 74,7 €) vins compris, qui font la part belle aux poissons. L'occasion de faire une folie, si vous ne passez qu'une nuit à Saint-Maixent. Vaste maison bourgeoise du XVIIᵉ siècle au fond d'un parc au bord de la rivière. Silence garanti à quelques centaines de mètres du centre-ville. Toutes les chambres viennent d'être refaites, beaucoup de charme. Accueil d'une simplicité exemplaire vu l'endroit. *10 % sur le prix de la chambre de novembre à mars.*

DANS LES ENVIRONS

AIRIPT 79260 (10 km S)

🏠|●| *L'Auberge du Port d'Aiript* – ☎ 05.49.25.58.81. **Fax : 05.49.05.33.49.** Parking. Restaurant fermé le dimanche soir et le lundi (hôtel ouvert si réservation). Accès : prendre la direction de Niort à la sortie de Saint-Maixent ; à La Crèche, se diriger vers Sainte-Neomaye, puis Aiript ou autoroute sortie 32. 5 chambres à 225 F (34,3 €) avec douche et wc ou bains, petit déjeuner compris. Menus à 75 et 165 F (11,4 et 25,2 €). À la carte, comptez de 130 à 160 F (19,8 à 24,4 €). Ces paysans madrés ont créé là l'auberge à la ferme de l'an 2000. Pour les couples, il y a les coins tranquilles ; pour les familles nostalgiques, un cadre chaleureux, des cuisses de grenouilles et du magret de canard ; pour les mariages, deux grandes salles alentour ; et pour tout ce petit monde, une piscine hollywoodienne dans un cadre magnifique. Menus ou carte. Crêpes et grillades en saison au bord de la piscine. Au fait, ne cherchez pas le port et ses bateaux. Il s'agit d'une vaste source qui alimente des lavoirs. *Apéritif offert. 10 % sur le prix de la chambre à partir de 5 nuits.*

MOTHE-SAINT-HÉRAY (LA) 79800

(11 km SE)

🏠|●| *Hôtel-restaurant Le Corneille* ** – 13, rue du Maréchal-Joffre (Centre) ☎ 05.49.05.17.08. **Fax : 05.49.05.19.56.** Parking. TV. Resto fermé le dimanche soir (hors saison). Congés annuels : du 20 décembre au 5 janvier. Accès : rue principale. Chambres à partir de 210 F (32 €). 1er menu à 65 F (9,9 €) en semaine, les autres allant de 95 à 180 F (14,5 à 27,4 €). Installé dans l'ancienne demeure du docteur Corneille, dernier descendant du tragédien, ce petit hôtel familial qui sent encore le vieux bois est à un emplacement idéal pour découvrir la région, entre une visite au Futuroscope et une balade dans le Marais poitevin. Restauration régionale de qualité : petits-gris farcis, viande de parthenaise, farci poitevin « au filet »...

SAINT-PIERRE-D'OLÉRON 17310

Carte régionale A2

🏠 *Le Square* ** – place des Anciens-Combattants (Centre) ☎ 05.46.47.00.35. **Fax : 05.46.75.04.90.** TV. Congés annuels : du 30 novembre au 1er avril. Doubles avec douche et wc ou bains de 300 à 390 F (45,7 à 59,5 €) suivant le confort et la saison. La maison a une certaine allure et se trouve à distance suffisamment respectable

du centre pour être au calme. Et ce petit hôtel – a priori très classique – cache quelques surprises : une vraie piscine dans la cour intérieure, un sauna. Chambres conventionnelles, préférez celles situées dans la partie rénovée. *Apéritif offert. 10 % sur le prix de la chambre du 1er avril au 30 juin.*

|●| *Le Mille Pâtes* – place Gambetta (Centre) ☎ 05.46.47.33.44. Ouvert tous les jours en saison et service tardif (jusqu'à minuit). Fermé le mardi soir et le mercredi (sauf vacances scolaires). Congés annuels : janvier. Formule à 49 F (7,5 €) le midi en semaine. Avec sa terrasse donnant place Gambetta, *Le Mille Pâtes* est de ces pizzerias de qualité et bon marché où pâtes maison (y compris les spaghettis, ce qui est rare) et copieuses pizzas au feu de bois sont servies prestement et avec le sourire. La formule comprenant plat du jour, quart de vin et café contentera les appétits (et les bourses) modestes. L'été, une carte avec quelques spécialités originales comme les raviolis aux algues. *Apéritif offert.*

|●| *François* – 55, rue de la République (Centre) ☎ 05.46.47.29.44. Fermé le dimanche soir et le lundi hors saison. Congés annuels : décembre. Menus à 79 F (12 €) servi tous les jours, puis de 95 à 168 F (14,5 à 25,6 €). Salle classique mais agréable, service sans reproches. Cuisine de tradition, bien ficelée (terrine de foie de volailles, pâté d'artichauts au lard fumé, ragoût de seiches oléronaises, etc.) et à prix serrés, serrés. Impeccable 1er menu et une carte qui mérite qu'on s'y attarde. Sans esbroufe, *François* se positionne, tout simplement, comme l'une des meilleures tables de la ville.

DANS LES ENVIRONS

COTINIÈRE (LA) 17310 (3 km S)

🏠|●| *Hôtel Face aux Flots* ** – 24, rue du Four (Centre) ☎ 05.46.47.10.05. **Fax : 05.46.47.45.95.** TV. 🐾 Congés annuels : après les vacances de la Toussaint jusqu'aux vacances de Noël et en janvier. Accès : à 300 m du port. Doubles avec douche et wc à 440 F (67,1 €). Demi-pension obligatoire en saison de 320 à 430 F (48,8 à 65,6 €) par personne. Menus de 99 à 195 F (15,1 à 29,7 €). Juste à l'écart de l'agitation parfois épuisante du petit port de pêche. Au calme donc. Des fenêtres de certaines chambres, on voit effectivement la mer et ses reflets d'argent. À la barre, la patronne souriante et efficace s'occupe de son affaire et de ses clients avec le plus grand sérieux. Un restaurant panoramique, un bar, un petit coin-jardin et une piscine complètent cet ensemble hôtelier. Spécialités : filet de soles aux morilles, bar rôti au jus de truffes, gourmandise au chocolat.

CHÉRAY 17190 (5 km NO)

l●l *Restaurant Le Breuil* – **675, RN**
☎ **05.46.76.60.79.** Fermé du mardi au jeudi
hors saison. Le midi, formule à 60 F (9,1 €)
avec buffet d'entrées, plat du jour et dessert.
Menus à 78 et 98 F (11,9 et 14,9 €). Salles
rustiques et bons petits plats dans cette
ancienne ferme où les patrons, Claude et
Patrick, assurent une ambiance chaleureuse. Un menu avec, par exemple, huîtres,
fondant de porc aux langoustines, fromage
et dessert. À la carte, les huîtres farcies, le
saumon aux langoustines et à l'avocat et la
lotte au safran remportent un franc succès.
Poissons et viandes grillées au feu de bois.

SAINT-SAVIN-SUR-GARTEMPE   86310

Carte régionale B1

≜ l●l *Hôtel du Midi* ** – **4, route Nationale
(Centre)** ☎ **05.49.48.00.40.** Parking. TV.
Fermé le dimanche soir, le lundi (sauf en
juillet-août). Congés annuels : janvier.
Accès : à deux pas de l'église, sur la route
du Blanc, RN151 direction Chauvigny-Cha-
teauroux. Doubles à 150 F (22,9 €) avec
cabinet de toilette, de 200 à 220 F (30,5 à
33,5 €) avec douche et wc ou bains. 1er
menu à 70 F (10,7 €), puis à 90 et 130 F
(13,7 et 19,8 €). Ancien relais de poste,
auberge depuis 1762, l'*Hôtel du Midi* est
dirigé par un couple sympa. Le patron, col-
lectionneur d'armes à feu, mitonne quelques bonnes spécialités : terrine de saumon
à l'oseille, mouclade, grillade de jambon à
l'ancienne, escargots farcis, le *gouéron*,
gâteau paysan maison. La table n° 12 (au
resto) a vue sur l'abbaye. Pour les chambres, demander la n° 3, 4 ou 5 (ce sont les
plus grandes). *Apéritif offert.*

SAINT-TROJAN-LES-BAINS   17370

Carte régionale A2

≜ *Le Coureau* ** – **88, rue de la République (Centre)** ☎ **05.46.76.05.53.** TV. ⅙
Fermé le lundi (sauf en juin, juillet et août).
Congés annuels : du 12 au 30 novembre.
Doubles à 170 F (25,9 €) avec lavabo,
modeste mais impeccablement tenue, puis
à 270 et 290 F (41,2 et 44,2 €) pour des
doubles avec douche et wc ou bains. Petit
hôtel-bar (et Loto !) dans une rue piétonne
du centre. Chambres à tous les prix. Mais ce
qui nous a vraiment emballé au *Coureau*,
c'est l'accueil pas prise de tête des patrons,
leur sens du contact humain et leur extrême
serviabilité. Bar à l'ambiance popu : brèves
de comptoir et parties de 421 au programme. Et si, hors saison, cet hôtel est

bien tranquille, en juillet-août, *Le Coureau*
organise des concerts et fait un peu (jusqu'à
minuit) la fête. Les vacanciers s'amusent,
les voisins grimacent un peu. À ce propos,
la patronne ne porte pas les grincheux dans
son cœur et saura aimablement les aiguiller
vers le banal hôtel de chaîne qui leur
conviendra mieux. *Café offert. 10 % sur le
prix de la chambre hors juin, juillet et août.*

≜ l●l *Hôtel-restaurant L'Albatros* ** – **11,
bd du Docteur-Pineau (Sud-Est)**
☎ **05.46.76.00.08.** Fax : **05.46.76.03.58.**
Parking. TV. Congés annuels : de la Toussaint aux vacances de février. Accès : à la
sortie de Saint-Trojan. Chambres doubles
de 336 à 387 F (51,2 à 59 €) avec douche et
wc ou bains, suivant la saison. Menus à partir de 95 F (14,5 €). Si l'*Albatros* de Baudelaire avait plutôt la tête en l'air, dans les
nuages, celui de Saint-Trojan a les « pieds
dans l'eau ». De la terrasse, on a une vue
exceptionnelle sur la mer, et la plage est à
vos pieds. Prenez place à table au moment
du coucher du soleil, c'est magique. Spécialités du chef : lieu grillé à la vanille, langoustine flambée au cognac. Les chambres sont
rénovées et confortables (certaines sont sur
l'arrière, dans un bungalow). *Apéritif offert.*

DANS LES ENVIRONS

GRAND-VILLAGE 17370 (3 km NO)

l●l *Le Relais des Salines* – **port des
Salines** ☎ **05.46.75.82.42.** ⅙ Fermé le
dimanche soir et le lundi hors saison.
Congés annuels : de novembre à mars.
Petit menu à 62 F (9,5 €) le midi. Au cœur
d'un marais salant. Sympathique petit resto
installé au bord d'un canal dans une pittoresque baraque de planches (à laquelle,
toutefois, un peu de patine ne nuira pas)
comme on en a sauvé quelques-unes ici.
Quelques tables dans la maison, quelques
autres posées sur un bateau à quai.
Franche cuisine marine, pleine de saveurs
et à des prix fort charitables. La carte
aligne les classiques oléronais (huîtres,
friture de céteaux) et quelques réjouissantes spécialités : huîtres chaudes à la fondue de poireaux, langoustines au pineau,
etc. *Café offert.*

SAINTES   17100

Carte régionale A2

≜ l●l *Auberge de jeunesse* – **2, place
Geoffroy-Martel (Centre)**
☎ **05.46.92.14.92.** Fax : **05.46.92.97.82.**
● www.fuaj.org ● ⅙ Congés annuels : de mi-
décembre à début janvier. Accès : parking
Geoffroy-Martel ; à côté de l'Abbaye-aux-
Dames. 68 F (10,4 €) la nuit, petit déjeuner
inclus (sans les draps). Draps à 17 F (2,6 €).

Menu à 50 F (7,6 €). Demi-pension : 118 F (18 €) par personne. Cette AJ a une capacité de 70 lits répartis dans des chambres de 2 ou 4 lits, avec lavabos, douche et wc. Super économique et tout à fait satisfaisant. *10 % sur le prix de la chambre.*

🛏 *Hôtel Bleu Nuit* ** – **1, rue Pasteur (Ouest) ☎ 05.46.93.01.72. Fax : 05.46.74.43.80.** Parking payant. TV. Canal+. Fermé le dimanche soir du 1er octobre au 15 avril. Accès : remonter le cours National en direction de l'A10. Doubles avec lavabo à 180 F (27,4 €), avec douche et wc de 210 à 230 F (32 à 35,1 €), 240 F (36,6 €) avec bains. Garage fermé : 30 F (4,6 €). Posé au beau milieu du carrefour le plus fréquenté de la ville. Mais pas de panique, le double-vitrage fait son boulot (on a testé...) et il existe des chambres sur l'arrière. Pour le reste, c'est un parfait hôtel d'étape : l'accueil est impeccable, l'ambiance familiale mais pro, les chambres rénovées simplement mais avec pas mal de goût et d'un rapport qualité-prix épatant (sûrement le meilleur de la ville). *10 % sur le prix de la chambre.*

🛏 *Hôtel des Messageries* ** – **rue des Messageries (Centre) ☎ 05.46.93.64.99. Fax : 05.46.92.14.34.** Parking payant. TV. Canal+. Satellite / câble. Congés annuels : du 24 décembre au 3 janvier. Accès : cours National. Doubles avec douche et wc à partir de 290 F (44,2 €) ; 310 F (47,3 €) avec bains. Comme son enseigne l'indique, ancien relais de poste : mais seules quelques pierres d'un bien vieil escalier témoignent de ce passé. Pour le reste, c'est un hôtel classique et confortable. En plein cœur du centre ancien, le bâtiment n'est entouré que de ruelles tranquilles et ses deux ailes s'ordonnent autour d'une petite cour pavée. Chambres très au calme donc, et bien équipées. Accueil aimable.

🛏 *Hôtel Les Bosquets* *** – **107, cours du Maréchal-Leclerc (Ouest) ☎ 05.46.74.04.47. Fax : 05.46.74.27.89.** Parking. TV. Canal+. Satellite / câble. ⚡ Fermé le dimanche soir hors saison. Congés annuels : du 24 décembre au 9 janvier. Accès : sur la N137, entre l'échangeur de la sortie 25 de l'A10 et le centre-ville de Saintes (près du *Campanile*). Doubles de 305 à 325 F (46,5 à 49,5 €). Hôtel confortable, qui n'est pas sans rappeler d'ailleurs certains hôtels de chaîne, mais avec tout de même un petit quelque chose en plus. Ne vous trompez pas, le *Campanile*, c'est juste à côté. Chambres spacieuses, bien équipées, certaines donnant sur un joli petit jardin. Et ici on parle 4 langues en plus du français : anglais, allemand, espagnol et italien. *Petit déjeuner, café offerts.*

🍽 *Le Pistou* – **3, place du Théâtre (Centre) ☎ 05.46.74.47.53.** Fermé le dimanche et le samedi midi en hiver. Congés annuels : novembre. Accès : près du théâtre, place piétonne. Petit menu à 58 F (8,8 €) le midi en semaine, puis autres de 85 à 125 F (13 à 19,1 €). Menu enfant à 36 F (5,5 €). Petite adresse centrale et pas ruineuse. Le service est nature, la cuisine va à l'essentiel. Quelques plats sous influence méditerranéenne pour ne pas faire mentir l'enseigne (moules au pistou), et du terroir (entrecôte à la moelle, magret fumé grillé au foie gras). Toujours un poisson du jour et de grosses salades pour l'été.

🍽 *La Caravelle* – **5, quai de la République (Centre) ☎ 05.46.93.45.65.** Fermé le dimanche. Accès : rive gauche de la Charente. Menus à 61 F (9,3 €) le midi en semaine. Autres menus de 76 à 138 F (11,6 à 21 €). Face à la Charente, 2 petites salles aux tons doux et fleuris, un service avenant et une honnête cuisine traditionnelle. Une formule intéressante à 76 F : buffet de hors-d'œuvre à volonté, plat du jour ou grillade ou poisson, dessert au choix. Une adresse qui ne déçoit pas. *Café offert.*

🍽 *Restaurant La Ciboulette* – **36, rue Pérat (Centre) ☎ 05.46.74.07.36.** Fermé le dimanche et le samedi midi. Accès : en descendant le cours National, franchir la Charente, poursuivre par l'avenue Gambetta et prendre la 3e à gauche après le pont. Menus à 96 F (14,6 €) sauf le dimanche et les jours fériés, et de 138 à 250 F (21 à 38,1 €). Menu enfant à 58 F (8,8 €). Coquette petite salle où officie un jeune chef originaire de Brest. Aussi met-il à la fête les poissons et les coquillages. Parmi ses réussites : blanc de carrelet en papillottes d'algues de Roscoff et jus de coquillages, assiette gourmande du pêcheur, saumon et autres poissons fumés au bois de hêtre. Charente-Maritime oblige, ce Breton propose aussi quelques spécialités du cru, travaillées avec la même rigueur : jaud (jeune coq mariné au cognac), fricassée d'anguille à la charentaise, mouclade saintongeaise... Pain et desserts maison. Carte des vins à prix doux (essayez les vins régionaux).

DANS LES ENVIRONS

TAILLEBOURG 17350 (12 km N)

🍽 *Auberge des Glycines* – **quai des Gabariers ☎ 05.46.91.81.40.** Fermé le mercredi. Congés annuels : février et octobre. Accès : sur les quais ; par la route de Saint-Savinien, en venant de Saintes. Menus à 78 F (11,9 €) sauf le dimanche, et de 100 à 138 F (15,2 à 21 €). Menu enfant à 38 F (5,8 €). Sur les quais d'un de ces – méconnus et pourtant superbes – bourgs qui jalonnent le cours de la Charente. Aux beaux jours, on mange à deux pas de la rivière dans un jardin de curé fleuri et écrasé de soleil ou à l'étage sur une petite terrasse ombragée. Une certaine affluence le week-end mais en semaine le silence n'est per-turbé que par quelques sauts de carpe dans la Charente. Cuisine de terroir (escargots, anguilles) et bourgeoise (coq au vin).

PONS 17800 (22,5 km S)

🏠 |●| *Hôtel-restaurant de Bordeaux* ** – 1, av. Gambetta (Centre) ☎ 05.46.91.31.12. Fax : 05.46.91.22.25. Parking payant. TV. Canal+. Fermé le dimanche soir et le lundi midi d'octobre à avril. Congés annuels : du 15 au 28 février. Accès : par la N137 en direction de Bor-deaux (en venant de Saintes) ou l'autoroute A10, sortie n° 36 (Pons). Doubles à 260 F (39,6 €) avec douche et wc ou bains. Menus de 90 F (13,7 €) midi et soir sauf dimanche, à 240 F (36,6 €). L'austère façade annonce une de ces adresses bourgeoises où de bien traditionnels menus endorment pour l'après-midi quelques notables locaux. Mau-vaise pioche ! La grande salle est certes classieuse, presque solennelle, le service très « école hôtelière », mais l'accueil est nature et la cuisine... Franchement, le jeune patron, qui après avoir bourlingué de gran-des maisons en grandes maisons a décidé de se fixer dans sa ville natale, nous a épa-tés. Au déjeuner, essayez seulement le menu du jour qui donne un bon aperçu de ce que ce jeune chef peut faire avec quel-ques produits tout simples, tout frais. Une cuisine de saison, inventive mais pas fri-meuse, pleine de jeunesse et de vivacité. De quoi donner envie de revenir le soir pour dîner dans l'adorable patio bordé de roses trémières et faire honneur à des autres menus. Un petit bar au style anglais pour prolonger la soirée. Et à l'hôtel des cham-bres d'une charmante sobriété. Les n°s 1, 9, 8 et 17 donnent sur le patio. Une adresse qui a tout d'une « grande » sauf les prix. Un coup de cœur, quoi.

SURGÈRES 17700

Carte régionale A1-2

🏠 |●| *Hôtel-restaurant Gambetta* * – 49, rue Gambetta (Nord) ☎ 05.46.07.03.64. Fax : 05.46.07.37.32. TV. Fermé le dimanche midi. Congés annuels : de Noël au Jour de l'An. Accès : par la route de Niort. Chambres à 170 F (25,9 €) avec lavabo et à 240 F (36,6 €) avec douche et wc. Demi-pension à 220 F (33,5 €) par personne. Menus de 70 F (10,7 €) servi tous les jours, et à 105 F (16 €), plus carte. Ville carrefour (route de Niort, La Rochelle, Rochefort,

Saint-Jean-d'Angély), Surgères peut s'avé-rer idéale pour une soirée-étape. Bien connu des VRP et des travailleurs en dépla-cement, le *Gambetta* fera parfaitement l'affaire. Les chambres, standard, sont propres, au calme côté jardin, et le très simple menu permet au voyageur de ne pas s'endormir le ventre vide. La patronne étant originaire du Beaujolais, elle propose des vins de sa région : morgon, régnié, chénas, à des prix très corrects. *10 % sur le prix de la chambre hors juillet-août.*

THOUARS 79100

Carte régionale A1

🏠 |●| *Hôtel-restaurant du Château* ** – route de Parthenay, Saint-Jean-de-Thouars ☎ 05.49.96.12.60. Fax : 05.49.96.34.02. TV. Canal+. Fermé le dimanche soir. Accès : de Thouars-centre, direction Parthenay-Niort ; à la sortie de la ville, sur la gauche, à 2 km environ. Doubles de 230 à 255 F (35,1 à 38,9 €) avec bains. 1er menu à 65 F (9,9 €), autres jusqu'à 155 F (23,6 €). Au calme, à l'écart de la route. Certaines chambres – comme la large baie vitrée de la salle à manger – offrent une belle vue sur le vieux Thouars (et son châ-teau évidemment). En saison, la demi-pen-sion est fortement conseillée. Très clas-sique. *Café offert.*

DANS LES ENVIRONS

POMPOIS 79100 (4 km NO)

|●| *Restaurant du Logis de Pompois* – Sainte-Verge (Centre) ☎ 05.49.96.27.84. Parking. Fermé le dimanche soir, le lundi et le mardi. Congés annuels : 3 semaines en été, entre Noël et le Jour de l'An et 2 semaines en janvier-février. Accès : en direction d'Argenton-Château, puis prenez sur la droite la direction Saumur, au niveau de l'hôtel-restaurant *L'Acacia* ; quittez cet axe pour la 1re route à gauche ; c'est assez facile ensuite : fléchage. Menus de 85 F (13 €, à midi en semaine) à 240 F (36,6 €). Cadre magnifique : une ancienne exploita-tion viticole, une grande salle avec des poutres et des pierres apparentes typiques du Poitou. La cuisine haut de gamme et la qualité de l'accueil (qui évite l'ostentatoire) en font une adresse remarquable. Goûtez aux marbrés de foie gras de canard et homard en vinaigrette truffée, râble de lape-reau gingembre et citron vert, gratin pommes et amandes crème de cidre... Hmm !

Provence-Alpes-Côte d'Azur

AIX-EN-PROVENCE 13100

Carte régionale A2 – Plan p. 761

🛏🍽 *Auberge de jeunesse – CIRS* – 3, av. Marcel-Pagnol – Le Jas-de-Bouffan (hors plan A1-1) ☎ 04.42.20.15.99. Fax : 04.42.59.36.12. ● www.fuaj.org ● Congés annuels : du 20 décembre au 31 janvier. Accès : d'Aix, par la N7, direction Le Jas-de-Bouffan ; par l'A7, l'A8 ou l'A51, sorties Aix-Ouest ou Le Jas-de-Bouffan ; fléchage : « Le Jas-de-Bouffan - Auberge de jeunesse ». 83 F (12,7 €) la 1re nuit (petit déjeuner inclus), 70 F (10,7 €) les nuits suivantes. Repas à 50 F (7,6 €). Située près de la fondation Vasarely, à 2 km du centre dans un quartier calme. 100 lits répartis en petits dortoirs. Jardin, tennis et aires de jeux.

🛏 *Hôtel Le Prieuré* ** – route des Alpes (hors plan B1-5) ☎ 04.42.21.05.23. Fax : 04.42.21.60.56. Parking. Accès : prendre la route des Alpes (N96) en direction de Manosque-Sisteron. Doubles avec lavabo à 190 F (29 €), avec bains et wc à 300 F (45,7 €) avec un grand lit, à 400 F (61 €) avec des lits jumeaux. Petit déjeuner à 40 F (6,1 €). L'ancien prieuré de l'archevêché a été transformé en petit hôtel de 23 chambres. Toutes donnent sur le parc du pavillon Lenfant, dessiné par Le Nôtre. Comme vous avez pu le deviner c'est donc… un jardin à la française. Hélas, on ne peut y accéder ! Nous nous limiterons donc à la vue… Pour le plaisir des yeux toujours, les chambres

sont, elles, très *cosy*. Notons également l'accueil souriant de Mme Le Hir.

🛏 *Les Quatre Dauphins* ** – 54, rue Roux-Alphéran (B2-6) ☎ 04.42.38.16.39. Fax : 04.42.38.60.19. TV. Doubles avec douche et wc ou bains de 375 à 395 F (57,2 à 60,2 €). Un discret hôtel de charme, situé bien sûr près de la fontaine du même nom avec ses quatre étonnants dauphins couverts d'écailles. Petites chambres avec téléphone et minibar, aménagées avec goût au hasard des trois étages de cette maison bourgeoise. Profusion d'imprimés provençaux et de charmants meubles de bois peint.

🍽 *Restaurant Le Carillon* – 10, rue Portalis (B1-11) ♿ Fermé le samedi soir et le dimanche. Congés annuels : août et la 2e semaine des vacances scolaires de février. Accès : près du palais de justice et l'église de la Madeleine. Menus à 58 et 78 F (8,8 et 11,9 €). Au *Carillon*, le téléphone ne sonne jamais, il n'y en a pas. Inutile donc de réserver, il faut arriver tôt pour s'asseoir aux côtés d'une clientèle d'habitués dont un grand nombre de retraités fidèles à la cuisine familiale maison. Un petit resto sans prétention, idéal pour le midi. Routards toujours bien accueillis !

🍽 *Jacquou Le Croquant* – 2, rue de l'Aumône-Vieille (A1-15) ☎ 04.42.27.37.19. Fermé le dimanche et le lundi en hiver, ouvert le dimanche soir de mai à mi-août. Menu le midi en semaine à 59 F (9 €), autres à 79 et 99 F (12 et 15,1 €). De la cuisine ouverte de sa salle en pierre,

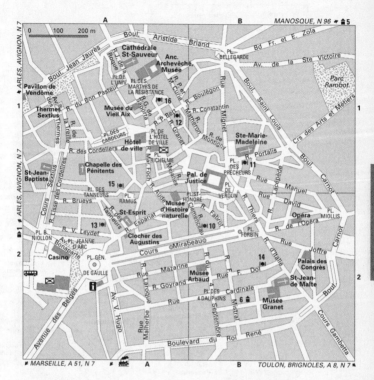

⌂ Où dormir?

1 Auberge de jeunesse – CIRS
5 Hôtel Le Prieuré
6 Les Quatre Dauphins

|●| Où manger?

10 Chez Antoine
11 Le Carillon
12 Chez Féraud
13 Le Poivre d'Âne
14 La Brocherie
15 Jacquou Le Croquant
16 Le Démodé

PROVENCE-ALPES- CÔTE D'AZUR

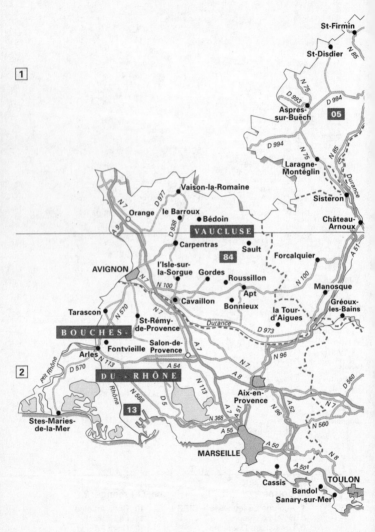

A

| ○ | **GAP** | Villes repères |
| ● | **Forcalquier** | Adresses |

1

St-Firmin

St-Disdier

N 85

Aspres-
sur-Buëch
05

D 993

D 994

N 75

D 994

N 75

N 85

Laragne-
Montéglin

Durance

Sisteron

Vaison-la-Romaine

D 977

N 7

Orange

le Barroux

D 938

● Bédoin

Château-
Arnoux

A 51

VAUCLUSE

Carpentras

Sault

Forcalquier

N 100

84

A 51

AVIGNON

l'Isle-sur-
la-Sorgue

Gordes

N 7

N 100

Roussillon

Manosque

Apt

Gréoux-
les-Bains

Cavaillon

Bonnieux

Tarascon

N 570

St-Rémy-
de-Provence

la Tour-
d'Aigues

BOUCHES-

Durance

D 973

Salon-de-
Provence

Fontvieille

A 7

Arles

N 113

N 7

N 96

Pt Rhône

D 570

DU - RHÔNE

A 54

D 5

N 113

A 8

D 560

Rhône

N 568

Aix-en-
Provence

A 52

N 7

13

N 368

A 7

A 51

N 96

N 560

Stes-Maries-
de-la-Mer

A 55

A 50

N 8

MARSEILLE

A 501

TOULON

Cassis

Bandol

Sanary-sur-Mer

A

Antonia accueille ses clients et ses nombreux habitués d'un sourire qui lui mange tout le visage. De son Sud-Ouest natal, outre son caractère ombrageux hispano-gascon, elle a amené à Aix la cuisine à base de canard et de produits frais que sa maman lui avait montrée. La vedette de la carte, c'est le *tourtou*, une galette de sarrasin farcie de viandes et de légumes, un délice. Sinon, des spécialités de canard (magret, confit, aiguillette, aux pêches, aux cèpes...), une salade de gésiers faite maison et des préparations végétariennes sur demande, et un conséquent cassoulet en hiver. Bonne sélection de vins (principalement du Sud-Ouest), servis au verre ou en bouteille. Dommage que la cuisine soit irrégulière. Ambiance chaleureuse, même si les fumeurs sont bannis de l'établissement. L'été, ils pourront assouvir leur vice en terrasse, sur l'arrière. Carte de fidélité : pour chaque repas, chaque franc équivaut à 1 point, au total des 1 500 points, un menu à 99 F (15 €) est offert.

|●| *Le Poivre d'Âne* – 7, rue de la Couronne (A2-13) ☎ 04.42.93.45.56. Fermé le dimanche et le lundi midi. Formule-carte le midi à 75 F (11,4 €) avec plat et entrée ou dessert ; à 95 F (14,5 €) avec entrée, plat et dessert. Le soir, formules à 120 et 145 F (18,3 et 22,1 €). À la carte compter 145 F (22,1 €). Un cadre aussi coloré que la cuisine, un lieu chaleureux qui ne désemplit pas. Inventivité, originalité, esthétique, qualité et quantité des produits, accueil, tout y est. Pourvou que ça doure. Et les prix ! Intéressant. Carte changée tous les deux mois. Pour finir, difficile d'échapper à la crème brûlée à l'orange finie au fer rouge sous vos yeux. Carte des vins très raisonnable. *Café, digestif offerts.*

|●| *Le Démodé* – 5, rue Campra (A1-16) ☎ 04.42.23.30.66. Fermé le dimanche et le lundi, ainsi que les jours fériés. Congés annuels : août et entre Noël et le Jour de l'An. Accès : par la rue Gaston-de-Saporta, à droite, dans le prolongement de la rue Littera. Menus de 85 à 122 F (13 à 18,6 €). Plat du jour ou pâtes fraîches autour de 50 F (7,6 €), à midi. Compter 80 F (12,2 €) à la carte. Entre la cathédrale et l'hôtel de ville, une adresse qui se moque des modes. Une déco années 30-40, des petits prix, beaucoup de gentillesse et une ambiance musicale plaisante font tout le charme de ce resto-crêperie reposant et climatisé. Un lieu rassurant. *Café offert.*

|●| *Chez Antoine* – 4, rue Georges-Clemenceau (B2-10) ☎ 04.42.38.27.10. Fermé le dimanche. Accès : le cours Mirabeau. Compter moins de 100 F (15,2 €) environ pour un repas à la carte. Rendez-vous des BCBG et étudiants mais aussi des artistes du festival. Cuisine provençale et italienne. Pas de menu. Spécialités : assiette provençale, gnocchis aux cèpes, foie de veau vénitien et, bien sûr, nombreuses *pastas*. Servi ici jusqu'à minuit, en général il faut s'armer de patience pour avoir une place soit dans la petite salle, soit sur la non moins petite terrasse. Bonne ambiance. *Digestif offert.*

|●| *Restaurant La Brocherie* – 5, rue Fernand-Dol (B2-14) ☎ 04.42.38.33.21. Fermé le samedi midi et le dimanche. Congés annuels : du 10 au 31 août. Formule le midi à 72 F (11 €), le soir formule « grillade au feu de bois » à 87 F (13,3 €) ; menu « brocherie » à 119 F (18,1 €), et beau menu « Provence gourmande » à 148 F (22,6 €). Joli cadre rustique où même les volailles mises à rôtir dans la cheminée Renaissance doivent se sentir bien. Le mécanisme du tournebroche a été conservé, avec son poids et son dispositif de transmission. Beau choix de viandes mais on vient surtout là pour... les poissons grillés ! Original, le menu « brocherie » avec buffet et dessert du jour.

|●| *Chez Féraud* – 8, rue du Puits-Juif (A1-12) ☎ 04.42.63.07.27. Fermé le lundi midi et le dimanche. Congés annuels : août. Accès : derrière l'hôtel de ville. Menus à 120 et 150 F (18,3 et 22,9 €). Au cœur du vieil Aix, un lieu et des hôtes qui sentent bon la Provence éternelle. Cuisine familiale mitonnée par le père et servie par le fils sous le regard attentif de la mère. Quand vous serez rassasié de soupe au pistou, de pieds et paquets, d'alouettes sans tête ou de daube, descendez dans les caves, s'il n'y a pas trop de monde, pour découvrir un coin secret d'Aix. Terrasse. *Apéritif offert.*

DANS LES ENVIRONS

BEAURECUEIL 13100 (10 km E)

≜|●| *Relais Sainte-Victoire* ★★★ – ☎ 04.42.66.94.98. Fax : 04.42.66.85.96. Parking. TV. Fermé le lundi, le vendredi midi et le dimanche soir. Congés annuels : 1re semaine de janvier, 15 jours en février et à la Toussaint. Doubles de 400 à 800 F (61 à 122 €) avec bains. Menus de 150 à 400 F (22,9 à 61 €). Au pied de la Sainte-Victoire, la maison des Jugy-Berges a grandi sans perdre son âme. Une des meilleures tables de la région, où l'on travaille en famille. De vrais personnages en salle et en cuisine, ça se voit, ça s'entend. Décor lui-même haut en couleur avec une collection de barbotines unique en son genre. Offrez-vous, ne serait-ce qu'une fois, le plaisir de découvrir la cuisine ensoleillée de René Berges, même si c'est un peu cher pour un routard, des œufs pochés à la crème ou de la tarte de tomates confites, servie avec des filets de sardines grillées au carré d'agneau lustré de miel de pays. Chambres donnant sur le parc et la campagne.

PUYLOUBIER 13114 (15 km NE)

|●| *Les Sarments* – 4, rue Qui-Monte (Centre) ☎ 04.42.66.31.58. Ouvert toute l'année le samedi toute la journée et le dimanche midi et jours fériés; de juin à fin août ouvert du vendredi soir au dimanche soir. Menu unique à 155 F (23,6 €). Superbe balade au pied de la Sainte-Victoire jusqu'à ce petit village perché. Montez la Grand-Rue, puis tournez dans la rue Qui-Monte! Reprise en main réussie par la famille Berges. Salle rénovée style provençal. On revient depuis Aix, du vendredi au samedi, pour se régaler de pieds-paquets, de souris d'agneau confite, de soupe de poisson authentique. Service familial. *Apéritif offert.*

ALLOS 04260

Carte régionale B1

🛏|●| *Hôtel-restaurant Les Gentianes* * – Grand-Rue ☎ 04.92.83.03.50. Fax : 04.92.83.02.71. TV. Congés annuels : la 2ᵉ quinzaine d'avril et la 2ᵉ quinzaine de novembre. Doubles rénovées à 400 F (61 €) avec douche et wc et petit déjeuner sportif pour deux! Menus de 75 à 140 F (11,4 à 21,3 €). Petite auberge fréquentée par les skieurs l'hiver, les randonneurs l'été et les routards toute l'année. Ambiance familiale et amicale. Chambres toutes mignonnettes. Cuisine simple et roborative genre entrecôte aux cèpes ou tagliatelles à la carbonara. Fait aussi crêperie durant les vacances scolaires. Une adresse comme on en trouve rarement, aujourd'hui, tenue par une mère et sa fille, deux femmes de caractère, on peut le dire!

DANS LES ENVIRONS

BEAUVEZER 04370 (13 km S)

🛏|●| *Hôtel Le Bellevue* ** – place du Village ☎ 04.92.83.51.60. Fax : 04.92.83.51.60. Congés annuels : de novembre jusqu'au 20 décembre. Accès : par la D908 au sud vers Saint-André-des-Alpes. Doubles avec douche de 250 à 310 F (38,1 à 47,3 €). Suite pour 4 à 6 personnes à 490 F (74,7 €). Menus à 85 F (13 €) à midi, 110 et 160 F (16,8 et 24,4 €). Dans ce village posé entre mer et montagne, entre la Provence et les Alpes, il fait bon s'arrêter dans cette belle adresse pleine de charme. Derrière une façade ocre, vous allez découvrir un havre de paix et de tranquillité. Chambres rénovées et décorées avec beaucoup de goût, des couleurs chaudes et des tissus provençaux. On s'y sent vraiment bien. Pensez à demander une des six chambres qui donnent sur la montagne. On y dort bien et on y mange bien également.

Flan d'aubergine à l'ail fin délicieux, pavé de loup en papillote, raviolis aux cèpes, canard aux olives... La Provence, quoi! Et prenez l'apéritif en terrasse et goûtez au plaisir de vivre. *10 % sur le prix de la chambre en basse saison. Apéritif maison offert aux nouveaux arrivants.*

ANTIBES 06600

Carte régionale B2

🛏 *Hôtel de l'Étoile* ** – 2, av. Gambetta (Centre) ☎ 04.93.34.26.30. Fax : 04.93.34.41.48. Parking payant. TV. Canal+. Satellite / câble. Accès : à 5 mn de la gare. Doubles à 320 F (48,8 €) avec douche et wc, et 350 F (53,4 €) avec bains. C'est le seul hôtel de sa catégorie à être situé en plein centre d'Antibes. Moderne, confortable, l'*Hôtel de l'Étoile* est plus un hôtel de passage qu'un endroit où séjourner pour les vacances. Chambres spacieuses et insonorisées. Accueil aimable, ce qui est à signaler en cas de mauvais temps. Mieux vaut réserver pour éviter les problèmes à l'arrivée. *10 % sur le prix de la chambre hors juillet-août et pour 2 nuits minimum.*

🛏|●| *Le Mas Djoliba* * – 29, av. de Provence** ☎ 04.93.34.02.48. Fax : 04.93.34.05.81. Parking. TV. Satellite / câble. Congés annuels : du 1ᵉʳ novembre au 31 janvier. Accès : à 500 m de la place Charles-de-Gaulle (centre-ville). Doubles de 430 à 590 F (65,6 à 89,9 €). Demi-pension de 400 à 480 F (61 à 73,2 €) par personne. Dans un joli mas provençal entouré de verdure, vous allez séjourner dans des chambres confortables et agréables à la décoration typique. Belle piscine reposante, un peu comme l'endroit. Du coup, pourquoi aller s'entasser sur la plage? En vérité, la seule adresse dans le secteur à proposer de telles prestations à ce prix-là. Accueil sympathique et professionnel.

|●| *Restaurant Le Safranier* – 1, place du Safranier ☎ 04.93.34.80.50. Fermé le lundi. Congés annuels : du 15 décembre au 15 janvier. Menu à 60 F (9,1 €). À la carte, compter de 120 à 160 F (18,3 à 24,4 €). On pensait que ça n'existait plus sur la Côte, ce genre d'endroit! Terrasse. Service et accueil géniaux. On a l'impression d'être dans un petit village de Provence, tellement les touristes sont loin. Sur cette place, véritable havre de bonheur au cœur de la commune libre. Soupe de poisson excellente et bouillabaisse extra (uniquement sur commande), et toujours les poissons grillés : daurade, pagre... Pour une fois on adore les arêtes. Ne prend pas les cartes de crédit.

DANS LES ENVIRONS

JUAN-LES-PINS 06160 (1 km O)

🏠 *La Jabotte* * – 13, av. Max-Maurey, **Cap d'Antibes** ☎ 04.93.61.45.89. Fax : 04.93.61.07.04. Parking. ♿ Congés annuels : 1 semaine fin novembre et 1re semaine de décembre. Accès : dans une rue perpendiculaire au boulevard James-Wyllie, qui borde le cap d'Antibes. Doubles de 230 à 390 F (35,1 à 59,5 €) avec douche et wc. Demi-pension de 240 à 330 F (36,6 à 50,3 €). Hôtel d'un excellent rapport qualité-prix. Chambres parfaitement tenues. Nous vous conseillons les bungalows donnant sur la terrasse. Accueil aimable et atmosphère reposante, dans la douceur de vivre du cap d'Antibes. Évitez d'arriver un dimanche après-midi entre 13 et 18 h, c'est leur seul moment de repos ! *10 % sur le prix de la chambre de novembre à fin mars sauf vacances scolaires.*

🏠 *Hôtel Sainte-Valérie* *** – rue de l'Oratoire ☎ 04.93.61.07.15. Fax : 04.93.61.47.52. Parking payant. TV. Congés annuels : d'octobre à avril. Agréables chambres doubles de 400 à 900 F (61 à 137,2 €). Possibilité de restauration sur place autour de 150 F (22,9 €). Un hôtel discret et chic qui vous ravira. Posé dans un quartier très calme de Juan-les-Pins et pourtant à deux pas de la pinède Gould et de la mer. Joli petit jardin plein d'arbres où il fait bon prendre le frais. Une adresse pour ceux qui veulent faire un séjour en amoureux. La piscine vous fera croire que vous êtes dans un des palaces de la Côte. Et on peut se restaurer agréablement sous le magnolia ou au bord de la piscine. *10 % sur le prix de la chambre hors saison.*

🍴 *Le Perroquet* – av. G.-Gallice (Centre) ☎ 04.93.61.02.20. Menus à 145 et 175 F (22,1 et 26,7 €). Carte autour de 200 F (30,5 €). Pour les enfants : demi-tarif. Belle salle aux tons saumon et bleu pastel, provençale et reposante, et terrasse agréable donnant sur le jardin de la pinède. Menus mettant les poissons à l'honneur. C'est parfait de l'entrée au dessert, tout comme le service. Comme quoi, même dans les lieux ultra-touristiques, on trouve de bonnes adresses.

APT 84400

Carte régionale A2

🏠🍴 *Hôtel-restaurant Le Palais* ** – 24, place Gabriel-Péri (Centre) ☎ 04.90.04.89.32. Fax : 04.90.04.89.32. Resto fermé le lundi. Accès : face à la mairie. Doubles avec lavabo à 180 F (27,4 €), de 220 à 260 F (33,5 à 39,6 €) avec douche

et wc ou bains. Petit déjeuner à 32 F (4,9 €). Menus de 69 à 119 F (10,5 à 18,1 €). Menu enfant à 45 F (6,9 €). Pas de méprise sur l'enseigne ! Cet hôtel, installé dans une vieille maison du centre-ville, est à ranger dans la catégorie « modeste ». Mais comme Apt ne brille pas par la qualité de son hôtellerie, le routard de passage s'en contentera pour une étape. Cuisine honnête sans plus, provençale dans l'esprit : aïoli, soupe au pistou, tian d'aubergines...

🍴 *Dame Tartine* – 17, place du Septier (Centre) ☎ 04.90.74.27.97. Ouvert de 10 h 30 à 19 h ; fermé le dimanche et le lundi. Accès : dans la vieille ville. Formules de 45 à 55 F (6,9 à 8,4 €). Compter 75 F (11,4 €) à la carte. La bonne petite adresse du midi. D'ailleurs les gens du coin ne s'y trompent pas. La mignonne petite salle comme l'adorable terrasse posée sur une placette typique reçoivent, chaque jour, nombre d'habitués. La patronne, fort aimable, ne se pique pas de gastronomie mais ses produits sont frais, ses préparations maison. Salades, tartes salées et sucrées dont la composition change au gré du marché et de l'humeur de la cuisinière (aux poireaux et au saumon, au chèvre et à la menthe, aux pruneaux et aux lardons, etc.) et moelleux desserts (*cheesecake, crumble*). *Café offert.*

DANS LES ENVIRONS

SAIGNON 84400 (4 km SE)

🏠🍴 *Auberge de jeunesse Regain* – ☎ 04.90.74.39.34. Fax : 04.90.74.50.90. ● www.fuaj.org ● Congés annuels : du 8 janvier au 15 février. Accès : à 2,5 km au-dessus du village de Saignon. Nuitée à 85 F (13 €) petit déjeuner compris. Repas du soir à 60 F (9,1 €). Demi-pension à 145 F (22,1 €). Carte FUAJ obligatoire mais les hôtes de passage pourront prendre une carte week-end à 10 F (1,5 €). Auberge de jeunesse depuis 1936. François Morenas tient cette vieille maison provençale accrochée à la falaise dans un endroit de rêve. Ancien projectionniste de cinéma ambulant, il possède une jolie collection de vieux films qu'il montre certains soirs à ses hôtes. Infatigable baliseur de sentiers et auteur de très bons guides de tourisme, il est imbattable pour vous donner envie d'effectuer quelques jolies randonnées pédestres. Le midi, pas de repas.

ARLES 13200

Carte régionale A2

🏠🍴 *Auberge de jeunesse* – 20, av. Foch (Sud) ☎ 04.90.96.18.25. Fax : 04.90.96.31.26. ● www.fuaj.org ● Congés annuels : du 20 décembre au 10 février.

Accès : à 5 mn du centre. 80 F (12,2 €) la 1re nuit, 68 F (10,4 €) les suivantes, draps et petit déjeuner compris. Repas à 48 F (7,3 €). 100 lits.

🛏 *Hôtel Constantin* ** – 59, bd de Craponne (Sud-Ouest) ☎ 04.90.96.04.05. Fax : 04.90.96.84.07. Parking payant. Congés annuels : du 15 novembre au 15 mars, sauf pendant les fêtes de Noël. Accès : dans le contre-allée du boulevard Clemenceau, près de l'ancienne église des Carmes. Doubles avec lavabo de 130 à 180 F (19,8 à 27,4 €), avec douche et wc ou bains de 260 à 280 F (39,6 à 42,7 €). Parking payant : 30 F (4,6 €). Un petit hôtel où l'on fait le maximum pour contenter le client, même sans beaucoup de moyens. Des chambres simples, impeccablement propres et de bon confort, où un effort a été fait pour l'isolation. Évidemment, l'été, quand on ouvre les fenêtres sur le boulevard, on entend les voitures... Quelques chambres avec télé. Petit coin salon agréable, où on vous offrira volontiers une boisson réconfortante. Accueil chaleureux pour couronner le tout. *10 % sur le prix de la chambre en basse saison.*

🛏 *Hôtel Calendal* ** – 22, place Pomme (Centre) ☎ 04.90.96.11.89. Fax : 04.90.96.05.84. Parking payant. TV. Satellite / câble. ♿ Accès : entre les arènes et le théâtre antique. Doubles de 250 à 420 F (38,1 à 64 €) avec douche et wc ou bains. Parking fermé payant à 60 F (9,1 €) ou parking municipal à 40 F (6,1 €). Nous sommes ici au cœur de la Provence ; d'où ces tissus, ces vases, ces fleurs et ces couleurs éclatantes. L'hôtel est également en plein Arles, capitale de la photo ; d'où de nombreux clichés dans la cage d'escalier. Un grand patio ombragé peut vous accueillir quand le soleil tape trop, l'endroit idéal pour commenter la dernière exposition photo, la dernière corrida (les arènes sont juste derrière) ou tout simplement refaire le monde. Trois d'entre elles ont une terrasse. On peut également déguster quelques petits plats et salades dans le jardin. Salon de thé. Les chambres sont climatisées, ce qui n'est pas négligeable en période de chaleur. Notre coup de cœur !

🛏 *Hôtel Le Cloître* ** – 16, rue du Cloître (Centre) ☎ 04.90.96.29.50. Fax : 04.90.96.02.88. Parking payant. Congés annuels : du 1er novembre au 1er mars. Accès : entre le théâtre antique et le cloître Saint-Trophime. Doubles de 250 F (38,1 €) avec douche à 295 F (45 €) avec bains. Un hôtel au charme tout provincial reposant (ô combien!) sur huit voûtes du XIIIe siècle, caché dans une petite rue qui grimpe joliment. Un petit bijou retapé entièrement par son propriétaire, qui a dégagé et refait murs et tomettes dans les plus grandes chambres, des XIIe et XVIIe siècles, s'il vous plaît !

De plus, gentillesse et accueil remarquables.

🛏 *Hôtel de l'Amphithéâtre* ** – 5, rue Diderot (Centre) ☎ 04.90.96.10.30. Fax : 04.90.93.98.69. TV. Satellite / câble. Congés annuels : décembre et janvier. Doubles avec douche et wc à 290 F (44,2 €), avec bains à 350 F (53,4 €). Changement de nom, changement de look pour l'ancien *Hôtel Diderot*. C'est un hôtel rénové et charmant, avec de petites chambres décorées en style provençal, qui, comme son nom l'indique, est à deux pas, ou du moins deux minutes, à pieds, des arènes et du théâtre Antique. Le patron et le petit déjeuner sont sympa, ce qui se fait rare, de nos jours... *10 % sur le prix de la chambre en mars, avril, octobre et novembre.*

▮●▮ *Le Jardin de Manon* – 14, av. des Alyscamps ☎ 04.90.93.38.68. Fermé le mercredi toute l'année, et le dimanche soir du 1er novembre au 31 mars. Congés annuels : pendant les vacances de février. Accès : un peu à l'écart du centre-ville, en contrebas du boulevard des Lices, après la gendarmerie. Formule à 85 F (13 €) le midi en semaine ; puis menus de 95 à 185 F (14,5 à 28,2 €). *Le Jardin de Manon* est un petit restaurant bien sympathique (sans compter le sourire de la patronne) avec, comme son nom l'indique, un petit jardin à l'arrière. Au second menu : fondant d'oignons et son coulis de poivrons rouges ou barigoule de légumes, suprême de pintade rôtie et son lit de pommes de terre aux olives et quelques petits desserts bien frais. Bon appétit !

▮●▮ *Brasserie de l'hôtel Nord Pinus* – place du Forum (Centre) ☎ 04.90.93.44.44. Fermé le mardi soir et le mercredi hors saison. Congés annuels : février. Menus à 130 F (19,8 €) à midi, vin et café compris, 140 et 180 F (21,3 et 27,4 €). On déjeune ou on dîne ici dans la salle au décor choisi ou sur la place du Forum, à l'ombre de la statue de Frédéric Mistral. La fraîcheur et la Provence se donneront rendez-vous dans vos assiettes : millefeuille d'aubergines, tartare de saumon, carré d'agneau à l'ail, clafoutis aux framboises... À défaut de pouvoir vous offrir une nuit dans l'hôtel mythique, rendez-vous des stars (de l'arène, du show-biz...), offrez-vous un repas ici, vous en rencontrerez peut-être. Sinon, vous n'aurez pas forcément fait une mauvaise affaire.

PROVENCE-ALPES - CÔTE D'AZUR

ARVIEUX   05350

Carte régionale B1

🛏▮●▮ *La Ferme de l'Izoard* *** – hameau de la Chalp ☎ 04.92.45.82.62. Fax : 04.92.45.80.10. Parking. TV. ♿ Congés annuels : du 7 avril au 10 juin et du 20 septembre au 20 décembre. Accès : à 30 km au nord-ouest de Saint-Véran, direction Briançon par le col de l'Izoard (attention, col de l'Izoard fermé l'hiver, donc détour par Guillestre si l'on vient de Briançon). Doubles avec douche et wc ou bains, studios et deux-pièces de 280 à 660 F (42,7 à 100,6 €). Menus de 98 à 180 F (14,9 à 27,4 €). Dans le joli village d'Arvieux, dans le Queyras, et à proximité des pistes de ski de fond ou alpin. Tout juste achevé en 1998, avec réemploi d'éléments rustiques – portes, poutres, mobilier – cet hôtel-restaurant familial de bon standing (piscine chauffée) dispose de studios et deux-pièces avec cuisinette, bains ou douche et wc, de quelques chambres doubles aussi, à prix intéressants pour de telles prestations. Déco élégante et sobre. Restauration simple mais savoureuse, honnête, avec souvent des grillades au feu de bois. Un bon plan détente, au cœur d'une nature superbe. *10 % sur le prix de la chambre du 2 au 15 janvier.*

ASPRES-SUR-BUËCH   05140

Carte régionale A1

🏠 ⭐️ *Hôtel du Parc* ** – route de Grenoble (Centre) ☎ 04.92.58.60.01. Fax : 04.92.58.67.84. Parking. Doubles de 185 F (28,2 €) avec lavabo, à 285 F (43,4 €) avec bains. Menu du jour à 90 F (13,7 €), autres jusqu'à 180 F (27,4 €). Soirée étape à 280 F (42,7 €). Il est bien agréable de déjeuner ici, en terrasse sous la roseraie, merveilleuse au printemps. Le menu du jour (on a pris celui-ci) se tient : salade composée copieuse, bon poulet basquaise, bavarois à la fraise bien servi et bien préparé. Pour le logis, des doubles propres et de bon confort.

AURON   06660

Carte régionale B1

🏠 ⭐️ *Hôtel Las Donnas* ** – Grande-Place (Centre) ☎ 04.93.23.00.03. Fax : 04.93.23.07.37. TV. Congés annuels : de mi-avril à mi-juillet, puis de fin août à mi-décembre. Accès : à 7 km au sud de Saint-Étienne-de-Tinée ; au pied du signal de Las Donnas dont il porte le nom et à côté de la patinoire. Une quarantaine de chambres entre 250 et 700 F (38,1 et 106,7 €), dont la moitié avec balcon face aux pistes. Menus à 110 et 155 F (16,8 et 23,6 €). Demi-pension de 200 à 400 F (30,5 à 61 €) obligatoire durant les congés scolaires. Compter 160 F (24,4 €) à la carte. Hôtel agréable et calme, surplombant le centre. Cuisine maison. Menus avec fondue bourguignonne et raclette en hiver ; en été, mousseline de

poisson, rillettes de lapereau, etc. Belle terrasse-solarium. *Apéritif maison offert.*

AVIGNON   84000

Carte régionale A2 – Plan pp. 770 et 771

🏠 *Hôtel Mignon* * – 12, rue Joseph-Vernet (B2-4) ☎ 04.90.82.17.30. Fax : 04.90.85.78.46. TV. Satellite / câble. Doubles toutes avec douche et wc à 230 F (35,1 €). Petit déjeuner à 25 F (3,8 €). Un petit étoilé qui ne cesse pas de nous étonner. Même si d'aucuns trouveront la déco un poil chargée sinon baroque, on aime bien ses chambres meublées avec goût, son ambiance familiale, son confort (double-vitrage et revêtement mural isolant pour les chambres côté rue) et quelques petits plus comme les 21 chaînes que capte la télé. *10 % sur le prix de la chambre du 1er novembre au 28 février.*

🏠 ⭐️ *Hôtel-restaurant Le Magnan* ** – 63, rue du Portail-Magnanen (C3-6) ☎ 04.90.86.36.51. Fax : 04.90.85.48.90. TV. Canal+. Resto fermé le samedi et le dimanche. Accès : près des remparts. Doubles avec douche et wc ou bains de 245 à 325 F (37,4 à 49,5 €). Petit déjeuner à 32 F (4,9 €). Menu à 85 F (13 €). Maison moderne pas franchement emballante vue de l'extérieur. Mais poussez seulement la porte pour y découvrir un patio qui apporte fraîcheur et tranquillité au voyageur fourbu et des chambres confortables à la déco sobrement contemporaine. Resto si vous ne voulez vraiment pas sortir en ville. Gratuité pour les enfants de moins de 12 ans. *Une bouteille « Plaisir oblige » cuvée côtes-du-rhône offerte.*

🏠 *Hôtel Saint-Roch* ** – 9, rue Paul-Mérindol (A3-5) ☎ 04.90.16.50.00. Fax : 04.90.82.78.30. Parking. TV. ⚡ Accès : de la gare, suivre le boulevard Saint-Roch puis le boulevard Eisenhower. C'est la première à droite. Chambres toutes avec bains à 300 F (45,7 €) la double ; de 350 à 450 F (53,4 à 68,6 €) pour 3 à 4 personnes. Petit déjeuner à 35 F (5,3 €). Hors les remparts, donc assez loin du centre historique et dans un quartier pas franchement emballant, mais c'est une bonne adresse. On s'y sent déjà en Provence, presque à la campagne : tomettes patinées au sol, pierres apparentes aux murs et un grand jardin où, aux beaux jours, prendre son petit déjeuner. Les chambres les plus agréables donnent bien sûr aussi sur le jardin (ou y sont carrément installées). Climatisation pour certaines. Accueil gentil.

🏠 *Hôtel de Garlande – Citotel* ** – 20, rue Galante (B2-9) ☎ 04.90.80.08.85. Fax : 04.90.27.16.58. TV. Satellite / câble. Doubles avec douche et wc ou bains de

330 à 440 F (50,3 à 67,1 €). Compter 15 % de moins en basse saison. Petit déjeuner à 40 F (6,1 €). Dans une vieille maison du centre à l'ombre du clocher de Saint-Didier. Accueil souriant et d'une extrême gentillesse. Ambiance doucement familiale. Chambres mignonnes comme tout, agréables et tenues comme des chambres d'amis. Hôtel ou chambres d'hôte d'ailleurs ? Cette maison est tellement sympathique, tellement loin du concept d'aseptisation standardisée dans lequel se complaisent nombre d'hôtels (et pas seulement les hôtels de chaîne...) qu'on pourrait confondre ! Une adresse qu'évidemment on aime bien. *10 % sur le prix de la chambre à partir de la 2e nuit sauf en période de festival.*

🛏 *Hôtel de Blauvac* ** – **11, rue de la Bancasse (B2-8)** ☎ **04.90.86.34.11. Fax : 04.90.86.27.41.** TV. Canal+. Satellite / câble. Doubles avec douche et wc ou bains de 345 à 420 F (52,6 à 64 €). Compter 15 % de moins en basse saison. Petit déjeuner à 40 F (6,1 €). Une très bonne adresse, remarquablement située, dans une rue étroite du centre historique, à deux pas de la place de l'Horloge. Cet établissement conserve quelques belles traces de son passé d'hôtel particulier au XVIIe siècle, propriété du marquis de Blauvac : élégante rampe de fer forgé dans l'escalier, arcades de pierres ici ou là... Belles chambres, toutes différentes, où la déco sobrement contemporaine fait bon ménage avec les vieilles pierres. Un peu plus d'espace dans les n°s 6, 10 et 19. Accueil serviable. *10 % sur le prix de la chambre à partir de 2 nuits consécutives sauf en juillet.*

🛏 *Hôtel Bristol* *** – **44, cours Jean-Jaurès (B3-7)** ☎ **04.90.16.48.48. Fax : 04.90.86.22.72.** Parking payant. TV. Canal+. Satellite / câble. ♿ Accès : à 200 m de la gare SNCF et presque en face de l'office du tourisme. Doubles avec douche et wc ou bains de 380 à 560 F (57,9 à 85,4 €). Petit déjeuner buffet à 60 F (9,1 €). Hôtel moderne, plutôt chic, où l'accueil sympathique et serviable change un peu des mines compassées dans les autres adresses de cette catégorie. Énorme avantage pour la ville : toutes les chambres sont climatisées et possèdent un double-vitrage efficace. Les n°s 205, 225, 301 et 303 sont plus spacieuses et, pour ne rien gâcher, plus au calme. Garage (payant et nombre de places limité) juste sous l'hôtel, ce qui permet d'oublier son véhicule pour visiter

tranquillement les environs. *10 % sur le prix de la chambre toute l'année.*

🍴 *Le Jujubier* – **24, rue des Lices (C2-20)** ☎ **04.90.86.64.08.** Fermé le soir (sauf pendant le festival), le samedi et le dimanche. Congés annuels : août. Accès : par la rue de la République (150 m). Compter de 100 à 150 F (15,2 à 22,9 €) à la carte. Rançon d'un succès mérité, le « Jujubier » (une enseigne « empruntée » à la toujours pétulante Juliette Gréco) a déménagé, s'est agrandi. Mais les deux patronnes n'ont rien changé à leurs (bonnes !) habitudes. La salle reste plaisante, décorée comme le mas d'une amie qui aurait du goût. Et la cuisine est toujours scrupuleusement provençale, pleine de soleil et de fraîcheur. Au « Jujubier », on a envie de tout goûter, des « classiques » (joliment annoncés en façade en lettres peintes à la main et à l'ancienne) aux recettes oubliées : soupe aux orties, tian de thon au vert, papeton d'aubergines, agneau à l'épeautre, caillettes maison aux herbes, bouillabaisse de lapin, confit de poulpe, langue d'agneau en raïto, etc. *Café offert.*

🍴 *Restaurant Rose au Petit Bedon* – **70, rue Joseph-Vernet (B2-18)** ☎ **04.90.82.33.98.** Fermé le lundi midi. Congés annuels : janvier. Accès : à 300 m de la gare. Menus à 100 F (15,2 €) le midi et 165 F (25,2 €). Compter 190 F (29 €) à la carte. Menu enfant à 60 F (9,1 €). Un genre d'institution locale désormais dirigée par une... figure locale, Rose, bien sûr, qui sait ce que le mot recevoir signifie. Et elle n'ignore pas non plus le sens du bien-vivre et du bien-manger. Sa généreuse cuisine est résolument tournée vers la Provence et la tradition. On retrouve au gré des saisons, tous les classiques : *crespéou* vauclusien, épaule d'agneau confite aux gousses d'ail, pieds-paquets marseillais, lapin au romarin et aux deux tapenades, crépinette d'agneau des Alpilles crème à l'ail, pain martegau (pain de Martigues avec pommes de terre, haricots verts, aïoli et morue), rognons de veau à la rosée des salines, *trouchia* niçois... Petite salle élégante voire un brin chic. Accueil et service prévenants. *Apéro maison et digestif (un marc de châteauneuf-du-pape) offerts et autres petites attentions (plusieurs desserts par exemple).*

🍴 *Le Woolloomooloo* – **16 bis, rue des Teinturiers (C3-21)** ☎ **04.90.85.28.44.** ♿ Fermé le dimanche et le lundi en hiver. Accès : à côté des Halles. Compter 150 F

🛏 Où dormir ?		6 Le Magnan	🍴 Où manger ?	
		7 Hôtel Bristol	18 Rose au Petit Bedon	
4	Hôtel Mignon	8 Hôtel de Blauvac	20 Le Jujubier	
5	Hôtel Saint-Roch	9 Hôtel de Garlande	21 Le Woolloomooloo	

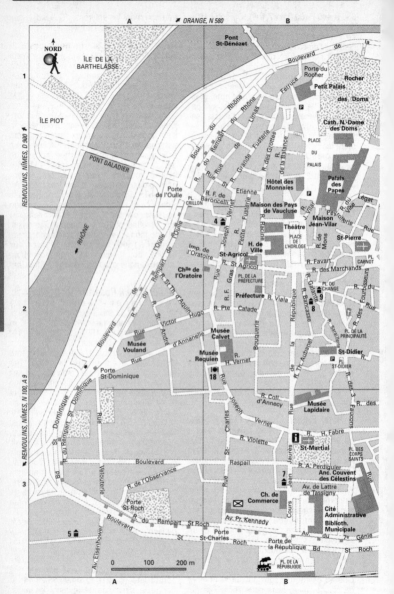

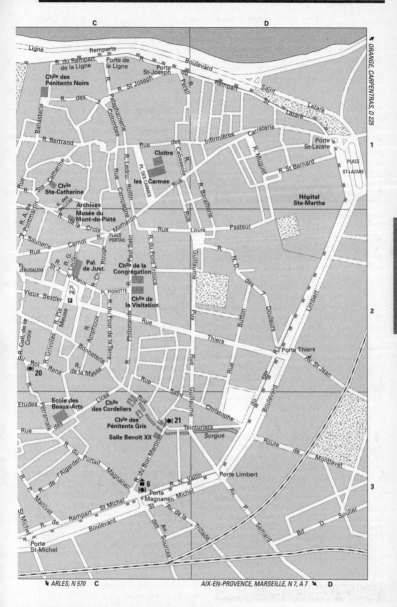

C · D

ORANGE, CARPENTRAS, D 225

Ligne
Remparts
R. du Rempart de la Ligne
Porte de la Ligne
Porte St-Joseph
Boulevard
Rempart
Saint
Lazare

Ch^{lle} des Pénitents Noirs
R. des
R. St-Joseph
Peri

Bandsterie
R. Bertrand
Petapharmerie
Colombes

Rue des Cabssole
Infirmières
Carrèterie
Porte St-Lazare
PLACE ST-LAZARE

Cloître
les DES CARMES
R. Baratlerin

R. Ste-Catherine
Ch^{lle} Ste-Catherine
R. des Saucos
PL. DES CARMES
R. St Bernard
R. Miguel

Hôpital Ste-Marthe

Archives
Musée du Mont-de-Piété
R. de la Croix
Matheron
Rue
Louis
Pasteur

Pl. Saunerie
Carnot
PLACE PORTAIL
R. du Pont Trouca
Guillaume
N.-D.
des

R. G. Leclerc
Pal. de Just.
Ch^{lle} de la Congrégation
R. Saint Jean
Rue Rouge

PL JÉRUSALEM
St. le Vieux
PL PIE
P PIE
PL PIGNOTTE
Ch^{lle} de la Visitation

Vieux Sextier
R. Pie
Meuse
R. du Four de la Terre
Philonarde
Rue
Thiers
Puy
Button
R. des Douleurs
Porte Thiers
Av. St-Jean

R. Coll. de la Croix
R. Grivolas
Bonnererie
Rue
Saint
Rue
Guillaume
Limbert

du Roi
René
R. de la Masse

Etudes
Ecole des Beaux-Arts
Lices
Ch^{lle} des Cordeliers
Rue
Christophe

Rue
Petramale
des
Ch^{lle} des Pénitents Gris
Salle Benoit XII
Teinturiers
Sorgue
Route
de
Montfavet

R. du Portail Magnanen
R. de l'Aigarden
R. du Bon Martinet
R. N. Vallin
Porte Limbert

R. Manivet
St Michel
Porte Magnanen
Av. de la Trillade
Av. P. Semard

Porte St-Michel
Rempart St Michel
Boulevard
des Sources
Bd D. Soulier

ARLES, N 570 C
AIX-EN-PROVENCE, MARSEILLE, N 7, A 7 D

20

21

6

(22,9 €) à la carte. Menu enfant à 45 F (6,9 €). Un des lieux mode d'Avignon. Vaste espace (c'était une imprimerie dans une vie antérieure) éclairé par la seule lumière d'une foule de bougies. Surprenante déco qui évoque autant un comptoir colonial à Sumatra, un loft arty new-yorkais ou l'atmosphère des films anglais déjantés de Terry Gillian ou Peter Greenaway. Honnête cuisine du monde (dire *world food* !), très mode elle aussi : poulet yassa, céviche de rougets à la cardamome, satay de bœuf comme... Mont d'Or chaud. Service très... mode, sympa mais qui se la joue un peu. *Apéritif ou café ou digestif offert.*

BANDOL   83150

Carte régionale A2

|●| *L'Oulivo* – 19, rue des Tonneliers ☎ 04.94.29.81.79. Fermé le dimanche midi en été et le soir (sauf week-end, en hiver). Accès : à 100 m du port, à gauche de l'église. Menu le midi en semaine à 75 F (11,4 €) avec entrée, plat du jour, dessert, café compris ; autres à 100 F (15,2 €) et menu provençal à 110 F (16,8 €). Un petit restaurant comme on aimerait en trouver souvent sur la côte. Tout simple, tout bon, avec des menus privilégiant les produits frais. Une cuisine provençale authentique, servie par une patronne d'une gentillesse et d'une efficacité remarquables. Menu provençal incroyable le soir, de la caillette aux alouettes sans tête en passant par le papeton d'aubergines et les pieds-paquets. Terrasse toute l'année (chauffée l'hiver). *Café offert.*

|●| *L'Auberge du Port* – 9, allée Jean-Moulin ☎ 04.94.29.42.63. ♿ Menus le midi en semaine à 120 F (18,3 €), puis à 165 et 250 F (25,2 et 38,1 €). Difficile de rêver mieux, sur le front de mer. Derrière la terrasse et installé, un « pointu » (une barque de pêcheurs), plantant le décor – pour qui aurait encore un doute ! – de cette cuisine tout entière tournée vers la mer : soupe de poisson de roche, aïoli, bouillabaisse, bourride, poissons grillés et en croûte de sel... Belle qualité, bien servie. Ça se paie, tout ça !

BARCELONNETTE   04400

Carte régionale B1

🛏|●| *Hôtel du Cheval Blanc* ** – 12, rue Grenette (Centre) ☎ 04.92.81.00.19. Fax : 04.92.81.15.39. Parking. TV. Fermé le dimanche hors saison. Congés annuels : du 1er octobre à fin décembre. Doubles à 290 F

(44,2 €). Dommage que certaines soient petites et un peu rudimentaires. Même prix, par personne, pour la demi-pension. Dans cette auberge, l'hôtellerie et la restauration sont une affaire de famille : depuis 3 générations (la 4e est bientôt prête), la famille Barneaud tient cet établissement où l'accueil est toujours aussi chaleureux. Aujourd'hui, les VTT ont remplacé les chevaux : rendez-vous des cyclotouristes, ceux-ci ont à leur disposition un garage dans l'ancienne écurie, pour leurs montures, et la cuisine propose des paniers-repas et petits déjeuners « spécial sportif » ! Attention, la salle à manger est réservée aux demi-pensionnaires, désormais. Cuisine bourgeoise à base de gibier, pâtes fraîches, sans oublier la tourte aux épinards, l'assiette de chèvre chaud et l'andouillette. Le soir, demandez au patron de vous faire admirer les comptes de ses ancêtres et les menus qu'ils servaient à la fin du siècle dernier. À cette époque, on avait affaire à de rudes gaillards !

🛏 *Aztéca Hôtel* *** – 3, rue François Arnaud ☎ 04.92.81.46.36. Fax : 04.92.81.43.92. Parking. Doubles de 330 à 500 F (50,3 à 76,2 €) selon la saison. Beau petit déjeuner à 50 F (7,6 €). Un beau trois étoiles qui ressemble un peu à une clinique privée chic de l'extérieur. 27 chambres joliment décorées, dont 3 dans un style mexicano-alpin, clin d'œil à l'ancienne villa construite par des Barcelonnettes revenus enrichis du Mexique au siècle dernier. Des chambres avec tout le confort (bains, coffre-fort...). L'endroit est très calme, entouré d'un jardin. Idéal l'été pour prendre un très beau petit déjeuner présenté en buffet dans le salon de l'ancienne « villa mexicaine » autour de laquelle l'hôtel fut construit. Accueil plutôt sympa et convivial. Navettes pour les stations de ski. *NOUVEAUTÉ.*

|●| *La Mangeoire Gourmande* – place des 4-Vents (Centre) ☎ 04.92.81.01.61. ♿ Fermé le mardi soir et le mercredi hors saison. Congés annuels : de mi-novembre à fin décembre. Menus à 98 F (14,9 €) le midi, 160 et 210 F (24,4 et 32 €). Dans cette salle voûtée du XVIIe siècle, le mariage entre la montagne et la mer fonctionne à merveille. Il donne de la chaleur et de la sincérité à l'accueil. Il met de l'authenticité dans une cuisine pleine de surprises et vraiment savoureuse. Il permet de surfer entre tradition et innovation. De la salle, vous allez assister à un ballet précis et discret qui se déroule autour du piano. La cuisine est au vu de tous dans un coin de la pièce. Hure de raie provençale à la menthe, jambonnette de volaille avec un gratin de l'Ubaye... Une curiosité : la Potence au bœuf, flambée au whisky, servie à partir de deux personnes. Grande terrasse couverte.

UVERNET-FOURS 04400 (4,5 km SO)

|●| *Restaurant Le Passe Montagne* – ☎ 04.92.81.08.58. Parking. Fermé le mardi soir et le mercredi. Congés annuels : du 15 novembre au 10 décembre et du 20 au 27 juin. Accès : prendre la D902 en direction de Pra-Loup ; tourner avant l'embranchement du col d'Allos, c'est là. Menus de 98 à 178 F (14,9 à 27,1 €). Ici, on trouve l'ambiance chaleureuse des chalets de bois. De la terrasse, on peut admirer les pics du Pain de Sucre et du Chapeau de Gendarme. La carte a été rédigée par un écolier sur un cahier échappé de son cartable. Quelques souvenirs et poèmes décorent les murs. L'hiver, une immense cheminée réchauffe encore plus cette atmosphère paisible. Le chef a redécouvert la cuisine provençale de sa grand-mère en les adaptant à sa patte. Brousse de brebis aux cébettes (petits oignons provençaux), farcis provençaux comme à Nice, lasagnes aux escargots de Digne, tarte aux sanguins, chapon rôti à la crème, croûte aux morilles. *Café offert.*

SUPER-SAUZE 04400 (5 km SE)

🛏 *Le Pyjama* – ☎ 04.92.81.12.00. Fax : 04.92.81.03.16. Parking. TV. Congés annuels : du 15 septembre au 15 décembre et du 20 avril au 20 juin. Doubles de 360 à 460 F (54,9 à 70,1 €). Un drôle de beau Pyjama pour deux ! Des chambres décorées avec des meubles et des objets anciens, ouvrant sur une vision apaisante de magnifiques mélèzes. Grandes terrasses, mezzanines, pour certaines, jolies salles de bain. Un confort certain et un sens de l'accueil plus que certain. Petits coins pour se réfugier et pour lire, à la saison froide, tables dehors pour boire un verre, en été. Amusante brocante en dessous. Petit détail : c'est la mère de Carole Merle (une championne de ski, pour les routards qui ne s'intéressent pas à la blanche neige) qui a décoré et tient cette maison... au pied des pistes, tradition oblige. Animaux bienvenus et même invités (rare !). *NOUVEAUTÉ.*

PRA-LOUP 04400 (6 km SO)

🛏|●| *Le Prieuré* – Les Molanes ☎ 04.92.84.11.43. Fax : 04.92.84.01.88. ● hotel.leprieure@wanadoo.fr ● Parking. TV. Congés annuels : en mai, en octobre et en novembre. Accès : à 30 m du télésiège de Molanes. Doubles de 280 à 480 F (42,7 à 73,2 €). Demi-pension de 350 à 395 F (53,4 à 60,2 €) par personne. Menu minceur à 98 F (14,9 €), alpin à 115 F (17,5 €). Un ancien prieuré du XVIIIᵉ siècle qui a été transformé en hôtel rustique et très chaleureux, plein sud face au Pain de Sucre

et au Chapeau de Gendarme. Une vue, comme on dit, imprenable, et des prix qu'on prend, nous, plutôt bien. L'accueil y est sympathique, la cuisine n'a jamais fait fuir personne, bien au contraire (difficile de résister au melon à l'ubayerne, à la truite au beurre de génépy ou même à une bonne vieille charbonnade), et la piscine en été est bien agréable. Vous l'avez compris, l'endroit mérite le détour. *NOUVEAUTÉ.*

🛏|●| *Auberge du Clos Sorel* – Les Molanes ☎ 04.92.84.10.74. Fax : 04.92.84.09.14. Parking. Congés annuels : de début septembre à mi-décembre et de mi-avril à mi-juin. Accès : avant l'entrée de la station. Doubles de 400 à 850 F (61 à 129,6 €). Demi-pension de 400 à 600 F (61 à 91,5 €). Menu-carte à 160 F (24,4 €). Auberge de charme, dîners aux chandelles et goûters au coin du feu. On passerait volontiers toutes ses vacances dans cette auberge aménagée à flanc de montagne dans une des plus anciennes fermes du pays (admirez l'entrée en rondins !). Pour le cadre, pour l'accueil, pour la piscine en été, pour la proximité des pistes en hiver, pour l'épaisseur des oreillers. 11 chambres pour les amoureux de la nature à l'état pur, qui veulent bien se laisser cocooner. Poutres anciennes, vieilles pierres, meubles cirés. Si vous voyez quelques têtes connues autour de vous, ne soyez pas étonné, c'est normal. Quant à la nourriture, vous ne devriez pas vous plaindre non plus. *NOUVEAUTÉ.*

BARGEMON   83830

Carte régionale B2

|●| *Restaurant La Taverne* – place Philippe-Chauvier (Centre) ☎ 04.94.76.62.19. Fermé le dimanche soir et le lundi hors saison. Accès : place du village. Menus de 90 à 160 F (13,7 à 24,4 €). Dans ce village superbe accroché à la colline, cette petite auberge au charme discret et suranné fait figure d'étape obligée lorsqu'on visite le coin. Les propriétaires changent mais l'accueil, la cuisine défient le temps et les hommes : escalopine de veau au beurre d'échalotes, daube de bœuf à la provençale, lapin à la crème d'olive, loup grillé au fenouil... L'adresse que les Varois fréquentent le dimanche à midi en famille. Belle terrasse ombragée. *Café offert.*

BARROUX (LE)   84330

Carte régionale A1

🛏|●| *Hôtel-restaurant Les Géraniums* ** – place de la Croix ☎ 04.90.62.41.08. Fax : 04.90.62.56.48. Parking. Congés annuels : du 15 novembre au 15 mars. Doubles avec douche et wc ou bains de 260 à 290 F

(39,6 à 44,2 €). Petit déjeuner à 40 F (6,1 €). Menus de 90 F (13,7 €) en semaine à 180 F (27,4 €). Menu enfant à 45 F (6,9 €). Hôtel de village dans une belle maison en pierres blanches gentiment rénovée. De quelques chambres et de la terrasse, vue superbe sur la plaine du Comtat venaissin. On dort bien dans cet endroit tranquille où seules les cigales se font entendre en fin de journée. Confort classique et sans fioriture. Cuisine provençale, simple et traditionnelle : pâté de cailles à la confiture d'oignons, foie gras au muscat de Beaumes-de-Venise, lapin à la sarriette, parfait à la lavande. Tout Giono dans votre assiette. *Apéritif offert pour un séjour de 3 nuits minimum.*

BAUDUEN 83630

Carte régionale B2

🛏️ |●| **L'Auberge du Lac** ** – rue Grande ☎ 04.94.70.08.04. Fax : 04.94.84.39.41. TV. Congés annuels : du 15 novembre au 15 mars. Doubles avec bains à 360 F (54,9 €). Demi-pension à 340 F (51,8 €), obligatoire en été. Beaux menus de 120 à 190 F (18,3 à 29 €). Une auberge un peu hors du temps, dans un charmant petit village du Haut-Var, au bord du lac de Sainte-Croix. Du rustique, du chaleureux, en v'la ! La propriétaire dorlote ses locataires depuis plus de 20 ans, les chambres sont douces, agréables à vivre, notamment celles qui donnent sur le lac. Le fils s'occupe du restaurant, entouré d'une équipe pas triste. Petite terrasse vigneronne en été, salle chaleureuse hors saison. Charcuterie maison, gibier, poissons et vins de pays. *Un peu de miel du pays est offert à nos lecteurs.*

BEAULIEU-SUR-MER 06310

Carte régionale B2

🛏️ **Hôtel Select** * – 1, place du Général-de-Gaulle (Centre) ☎ 04.93.01.05.42. Fax : 04.93.01.34.30. TV. Accès : à 100 m de la gare. Doubles de 220 F (33,5 €, avec le minimum !) à 320 F (48,8 €) avec douche et wc ou bains. En plein centre de Beaulieu, un hôtel très cosy, gentil comme une pension de famille de sitcom. Le meilleur rapport qualité-prix de la ville, même si on peut trouver les chambres donnant sur la place légèrement bruyantes. Le patron est éminemment sympathique, compétent et amoureux de sa région. Pour un séjour de 6 nuits, il vous offre la 7ᵉ. Pas mal ! Bon, d'accord, faut rester une semaine...

🛏️ **Hôtel Le Havre Bleu** ** – 29, bd Maréchal-Joffre (Nord) ☎ 04.93.01.01.40. Fax :

04.93.01.29.92. Parking. TV. Satellite / câble. Accès : à 3 mn de la plage et à 400 m de la gare SNCF. Doubles à partir de 280 F (42,7 €), puis à 300 et 320 F (45,7 et 48,8 €) avec bains ou terrasse. Une maison de l'époque victorienne aux tonalités marines (blanche aux volets bleu Matisse) vient nous rappeler que la mer n'est pas loin, même si, des chambres qu'elle propose, on ne la voit pas. Ambiance familiale et tranquille. Déco simple et propre. *10 % sur le prix de la chambre hors saison.*

🛏️ **Hôtel Comté de Nice** *** – 25, bd Marinoni ☎ 04.93.01.19.70. Fax : 04.93.01.23.09. Parking payant. TV. Accès : en arrivant de Nice ne pas descendre au port mais aller en direction (tout droit) de la place du marché. Doubles de 395 à 580 F (60,2 à 88,4 €), selon la saison. Bon petit déjeuner à 48 F (7,3 €). Voilà un hôtel où l'on se sent immédiatement bien, tout d'abord grâce à l'accueil fort sympathique de la famille qui le dirige, mais aussi grâce aux chambres toutes bien équipées (climatisation, téléphone, mini-coffre, bains-wc et sèche-cheveux), la plupart avec vue sur la mer. Également dans l'hôtel possibilité de sauna ou fitness, et tout cela sans frime mais avec une vraie gentillesse. Plage et port à 5 mn. *10 % sur le prix de la chambre sauf... Grand Prix de Monte-Carlo.*

BÉDOIN 84410

Carte régionale A1

🛏️ **Hôtel La Garance** ** – Sainte-Colombe ☎ 04.90.12.81.00. Fax : 04.90.65.93.05. Parking. TV. 🐾 Accès : sur la route du mont Ventoux, à 3 km du village. Doubles avec douche et wc ou bains de 250 à 285 F (38,1 à 43,4 €). Petit déjeuner à 39 F (5,9 €). Face à la terrasse (où, aux beaux jours, prendre un généreux petit déj' avec confitures maison) se dresse le Ventoux. Si son sommet est parfois encore enneigé à la fin du printemps, cette belle maison respire la Provence côté soleil. Couleurs chaudes ici et là, chambres avec charme, accueil discret mais efficace et attentif. Et une piscine, plus qu'agréable au cœur des grosses chaleurs de l'été. Au fait (on n'a pas pu s'empêcher d'étaler notre savoir encyclopédique !), l'enseigne fait référence à une plante tinctoriale, longtemps cultivée ici. Les pantalons rouges des soldats français de la guerre de 1870 étaient, par exemple, teints à la garance... *5 % sur le prix de la chambre hors juillet-août et à partir de 2 nuits consécutives.*

|●| **Restaurant La Colombe** – Sainte-Colombe ☎ 04.90.65.61.20. Parking. Fermé du lundi au jeudi de fin novembre à fin mars, et le lundi d'avril à novembre. Accès : sur la route du mont Ventoux.

Menus de 90 à 230 F (13,7 à 35,1 €). Menu enfant à 50 F (7,6 €). Maison agréable au décor provençal. La bonne auberge de campagne où la patronne vous installe avec un large sourire. Pendant qu'aux fourneaux, le patron prépare une adroite cuisine de terroir, fraîche et pleine de saveurs. Les habitués le sont vraiment et on les comprend. D'autant qu'ici, la cuisine est aussi, logiquement, de saison : l'été, ce sont soupe au pistou, blanquette de chevreau des Baronnies ; l'automne, place au gibier à la broche ou en civet et aux champignons ; l'hiver, on s'offre une folie avec les menus autour de la truffe. Belle terrasse au soleil (et il y en a souvent !) et ambiance décontractée et conviviale. *Café offert.*

BIOT   06410

Carte régionale B2

|●| *Bistrot du Jarrier* – **28, passage de la Bourgade (Centre)** ☎ **04.93.65.11.68.** 🍴 Fermé le mardi (hors saison) ; le mercredi midi en juillet-août et de novembre à mars. Formule déjeuner à 80 F (12,2 €) avec plat, dessert et vin. Menu à 135 F (20,6 €). L'*Auberge du Jarrier*, restaurant de renom, a ouvert ce bistrot qui, pour la plus grande joie de tous, propose un service et une nourriture de qualité à moindres frais. Plats simples et joliment présentés : terrine de queue de bœuf au foie gras, excellent gaspacho, saumon grillé à la peau, cuisse de lapin confite, confit de canette... Beaucoup de spécialités du jour notées à la parisienne sur un tableau noir. Normal, c'est un bistrot. Carte des vins bien concoctée.

BONNIEUX   84480

Carte régionale A2

|●| *Restaurant de la Gare* – **chemin de la Gare (Nord-Ouest)** ☎ **04.90.75.82.00.** 🍴 Fermé le dimanche soir et le lundi. Congés annuels : janvier. Accès : à 5 km du centre du village par la D145 direction Goult. Menu à 65 F (9,9 €) le midi en semaine, 1/4 de vin compris. Le soir et le week-end, menus à 115 et 145 F (17,5 et 22,1 €). Menu gibier à 160 F (24,4 €) en saison. Menu enfant à 50 F (7,6 €). La gare est devenue galerie d'art. Pourtant, le resto de la gare fondé par la grand-mère de l'actuel proprio est toujours là. Et, dans la tradition, le petit menu du midi (avec son buffet de crudités et son plat du jour) continue à régaler tous les gars qui bossent dans le coin. Voilà enfin la vraie bonne adresse du Luberon, un peu paumée en pleine campagne, volontairement discrète, connue seulement des gens du pays et de quelques *happy-few*. Une vaste salle au charme suranné et une adorable ter-

rasse au-dessus du jardin d'où l'on aperçoit les ruines du château du divin marquis. Pour les menus du soir et du week-end, le jeune patron propose, au gré du marché, une jolie cuisine provençale, pleine de fraîcheur et de probité : quelques beaux poissons (dont une bouillabaisse à commander trois jours avant au minimum), des carrés d'agneau du Luberon persillés... L'accueil est nature et enjoué, le service impec et l'ambiance tranquille. Le chef prend toujours le temps de passer de table en table. Comme il a l'intention de continuer à le faire, gardez cette adresse pour vous, même si c'est notre coup de cœur dans un Lubéron dont le côté chic et choc commençait un peu à nous peser... *NOUVEAUTÉ.*

|●| *Le Fournil* – **5, place Carnot (Centre)** ☎ **04.90.75.83.62.** Fermé le lundi toute l'année, le mardi midi hors saison et le samedi midi en juillet. Menus à 95 F (14,5 €) le midi, 125 et 170 F (19,1 et 25,9 €). La terrasse est une des plus belles du Luberon, occupant tout l'espace de cette petite place de village, adorable avec sa fontaine. Cela commence à se savoir, réservation donc conseillée d'autant qu'on y mange... bien ! Ravioles à la cervelle d'agneau, cabri en deux cuissons, agneau de lait rôti, pot-au-feu de légumes nouveaux au basilic : cette cuisine a des racines (le chef est né dans le coin), le tour de main est indéniable (c'est un ancien de chez Chapel), et pour la région, question rapport qualité-prix, les menus ont du répondant.

BORMES-LES-MIMOSAS   83230

Carte régionale B2

🏠 *Hôtel Paradis* ** – **62, impasse de Castellan (Sud)** ☎ **04.94.71.06.85. Fax : 04.94.71.06.85.** Parking. Congés annuels : du 1er octobre au 31 mars. Accès : sur la droite en descendant du village. Doubles à partir de 250 F (38,1 €) avec vue sur le village. Une adresse totalement perdue, loin du circuit traditionnel et au calme. Le patron est très fier de son luxuriant jardin et il a bien raison. Pour un peu on se croirait sur une île à l'autre bout du monde. Récents travaux d'amélioration effectués. Chambres simples, quelques-unes agrandies, propres, agréablement décorées, certaines avec vue sur la mer. Un petit pavillon donnant sur le jardin, loué à un prix raisonnable, fera le bonheur d'une famille ou d'un petit groupe de copains. Idéal pour jouer à Adam et Ève, en toute tranquillité. *10 % sur le prix de la chambre sauf juillet-août et week-ends avec jours fériés au printemps.*

🏠|●| *L'Hôtel de la Plage* ** – **rond-point de la Bienvenue - La Favière**

☎ 04.94.71.02.74. **Fax : 04.94.71.77.22.** Parking. TV. Congés annuels : d'octobre à mars. Accès : à l'entrée de Bormes, prendre la direction du port, puis La Favière. Doubles avec douche et wc de 270 à 300 F (41,2 à 45,7 €), avec bains de 340 à 390 F (51,8 à 59,5 €). Demi-pension obligatoire en juillet-août : de 290 à 350 F (44,2 à 53,4 €). Beaux choix de menus, de 78 à 150 F (11,9 à 22,9 €). Il faut le voir pour le croire : à part quelques concessions à la mode et au confort, rien n'a changé, dans l'esprit, depuis 1960. Les patrons sont les mêmes, les clients aussi ! On joue à la pétanque, après le repas des pensionnaires, le soir. Si vous regrettez les vacances à la plage, façon Tati, offrez-vous un voyage dans le temps à bon compte. Seul regret : pour apercevoir la plage, il faut passer plusieurs blocs de béton... *Apéritif offert.*

BREIL-SUR-ROYA 06540

Carte régionale B2

🏠 I●I *Hôtel-restaurant Le Castel du Roy* ★★ – **route de Tende** ☎ **04.93.04.43.66. Fax : 04.93.04.91.83.** TV. ✆ Resto fermé le mardi midi hors saison. Accès : 1 km au nord. Chambres coquettes de 320 à 440 F (48,8 à 67,1 €). Menus à 125 F (19,1 €), sauf le dimanche, 165 et 225 F (25,2 et 34,3 €). Au bord du torrent, dans un bien joli parc avec vue sur les montagnes, une adresse formidable à plus d'un titre. Le maître des lieux, Michel Huyghe, est un passionné de sa région et de la nature comme on aimerait en rencontrer plus souvent dans l'hôtellerie. Sa propriété est l'endroit idéal pour se reposer : piscine chauffée, badminton, ping-pong, vélos-cross (gratuits), tir à l'arc, etc. Jean-Marie Georges est en charge de la cuisine. À la carte, pannequet d'escargots en feuille de philo, rognons de veau en sommité, crème de morilles et légumes du moment. Le terroir revisité, quoi ! *10 % sur le prix des chambres hors saison.*

BRIANÇON 05100

Carte régionale B1

🏠 I●I *L'Auberge de l'Impossible* ★★ – **43, av. de Savoie (Nord)** ☎ **04.92.21.02.98. Fax : 04.92.21.13.75.** Parking. TV. Fermé le lundi hors saison. Congés annuels : novembre. Accès : direction Grenoble. Doubles avec lavabo à 190 F (29 €), avec douche et wc ou bains à 290 F (44,2 €). Menu le midi en semaine à 68 F (10,4 €), puis autres à 89 et 110 F (13,6 et 16,8 €). Hôtel-restaurant sans prétention, d'une quinzaine de chambres, pas très grandes mais correctes – c'est-à-dire à prix doux

pour le secteur. À table, une cuisine familiale et nature (fondue de poissons, tartiflette). Propose aussi la demi-pension et des tarifs à la semaine, avec forfait ski inclus. Bonne ambiance : le soir, parfois (surtout l'hiver), crêpes-parties ou karaoké, pour les résidents uniquement. *10 % sur le prix de la chambre en mai, juin, septembre et octobre.*

🏠 I●I *Le Cristol* ★★ – **6, route d'Italie (Nord-Est)** ☎ **04.92.20.20.11. Fax : 04.92.21.02.58.** Parking. TV. Accès : au nord de la ville haute, à 200 m de l'entrée des remparts, en direction de l'Italie (N94). Doubles avec douche et wc ou bains de 220 à 360 F (33,5 à 54,9 €). Gratuit pour les moins de 5 ans. Demi-pension obligatoire du 14 juillet au 15 août et vacances d'hiver de 235 à 295 F (35,8 à 45 €) par personne. Menus de 70 à 155 F (10,7 à 23,6 €), ce dernier en haute saison. Hôtel classique. Accueil chaleureux. La salle à manger, lumineuse, est décorée de reproductions de tapisseries d'Aubusson confectionnées par la belle-mère de la patronne (belle *Dame à la Licorne*). Préférez les chambres donnant sur l'arrière, ensoleillées le matin et avec vue sur la cité Vauban. Au resto, spécialités de fondue aux morilles et filet de canard au montbazillac. *10 % sur le prix de la chambre.*

🏠 I●I *L'Auberge du Mont Prorel* ★★ – **5, rue René-Froger** ☎ **04.92.20.22.88. Fax : 04.92.21.27.76.** Parking. TV. Satellite / câble. Congés annuels : du 23 avril au 27 mai, et du 23 octobre au 9 décembre. Accès : en contrebas de la cité Vauban. Doubles de 250 F (38,1 €) avec lavabo à 350 F (53,4 €) avec bains. Demi-pension (ou pension complète) uniquement : selon confort et saison, à partir de 290 F (44,2 €) par personne en demi-pension ; 70 F (10,7 €) supplémentaires en pension complète. Menus de 90 à 165 F (13,7 à 25,2 €). Ce grand chalet se situe au départ de la télécabine du Prorel, accès direct au domaine de Serre-Chevalier. La ville et la montagne à portée de main, et des chambres propres au confort bourgeois, la moitié disposant d'un balcon. Tarifs à la semaine. Au restaurant, cuisine régionale et classique. *10 % sur le prix de la chambre hors vacances scolaires et hors week-end.*

🏠 *Hôtel Edelweiss* ★★ – **32, av. de la République (Centre)** ☎ **04.92.21.02.94. Fax : 04.92.21.22.55.** TV. Congés annuels : novembre. Accès : près du magnifique cité Vauban, face au centre culturel et des congrès. Doubles avec douche et wc ou bains de 290 à 330 F (44,2 à 50,3 €). Les chambres s'ouvrent à l'est sur de beaux arbres et à l'ouest sur la ville. Propre et calme, mais déco tristounette. *10 % sur le prix de la chambre hors saison.*

I●I *Le Péché Gourmand* – 2, route de Gap ☎ 04.92.21.33.21. Parking. ⚒ Congés annuels : Noël et 1 semaine fin avril. Menu le midi en semaine à 80 F (12,2 €), suivants de 130 à 230 F (19,8 à 35,1 €). Pas trop bien situé à l'angle du gros carrefour de la route de Gap et de celles pour Grenoble, la vieille ville ou l'Italie, (ce qui amène du passage mais fait un environnement peu attrayant), ce *Péché Gourmand* mérite pourtant qu'on s'y arrête. Une terrasse en contrebas, fleurie et ombragée, éloigne du flot automobile ; ou, si l'on préfère, deux salles élégantes. Excellent second menu, où nous avons trouvé des ravioles de chèvre du pays et leur velouté de petits pois, puis un suprême de pintadeau rôti au jus de romarin... Vraiment très bien. Poisson et viande dans le dernier menu. Respectable chariot de fromages et bons desserts. Ultime raffinement, une carte des cafés : on vous conseille le Papouasie. Service un poil guindé, mais aimable quand même. Bref, une table recommandable. Dommage que la salle soit aussi impersonnelle. *Apéritif offert.*

I●I *Restaurant Le Rustique* – rue du Pont-d'Asfeld (Centre) ☎ 04.92.21.00.10. ⚒ Fermé le lundi sauf en saison. Congés annuels : du 15 au 30 juin et du 20 novembre au 10 décembre. Accès : en descendant la Grande Gargouille, prendre la 1ʳᵉ à gauche après la fontaine. Le restaurant est à 300 m. Menus à 99 et 152 F (15,1 et 23,2 €). À la carte, comptez 80 F (12,2 €) environ le plat, et de 150 à 200 F (22,9 à 30,5 €) pour un repas. Décor campagnard et cuisine de qualité, accueil chaleureux, que voulez-vous de plus ? À table ! Fondue savoyarde aux truites aux morilles, truites fraîches accommodées à toutes les sauces (spécialités maison : truite aux pommes flambées au calvados, au coulis de poireaux, à la crème d'ail, au roquefort, à l'orange, etc.). Les salades sont copieuses. Service tardif. *Apéritif offert.*

I●I *Le Pied de la Gargouille* – 64, Grande-Rue, maison du Pape, cité Vauban ☎ 04.92.20.12.95. Ouvert hors saison les soirs du vendredi au dimanche ; et tous les soirs en saison. Congés annuels : novembre. Accès : dans la vieille ville, en face de la bibliothèque municipale. Menu à 115 F (17,5 €). À la carte, compter 90 F (13,7 €). La cheminée trône au milieu du restaurant. Le patron s'y affaire, surveillant d'un œil expert la cuisson de ses délicieuses grillades, juteuses à souhait. Au mur, les raquettes et des skis d'époque rappellent l'âpre combat que menèrent les hommes du pays face à la montagne. L'accueil est chaleureux. Manger à la carte n'est pas hors de prix. Excellents tourtons sucrés-salés. *Apéritif offert.*

DANS LES ENVIRONS

VACHETTE (LA) 05100 (4 km NE)

I●I *Le Nano* – route d'Italie ☎ 04.92.21.06.09. Fermé le mardi soir et le mercredi hors juillet-août. Accès : prendre la N94 direction Montgenèvre, Italie. 1ᵉʳ menu à 140 F (21,3 €), menu de la mer à 200 F (30,5 €), menu dégustation à 270 F (41,2 €). Pour son cadre agréable, chaleureux, son service aimable et doux, et surtout sa cuisine, *Le Nano* est sans doute l'une des meilleures tables du Briançonnais. On s'y régale positivement de mets fins et classiques, adroitement relevés. Desserts très bons. Second menu avec uniquement poissons et crustacés (3 plats, fromage et dessert). Le suivant est super festif. Une adresse prisée des gastronomes et des bons vivants.

CHANTEMERLE 05330 (7 km N)

🏠 I●I *La Boule de Neige* *** – 15, rue du centre ☎ 04.92.24.00.16. Fax : 04.92.24.00.25. TV. Congés annuels : du 1ᵉʳ mai au 15 juin et du 15 septembre au 4 décembre. Accès : route de Grenoble. Doubles avec douche et wc ou bains de 390 à 700 F (59,5 à 106,7 €). Demi-pension de 300 à 510 F (45,7 à 77,7 €) par personne obligatoire pendant les vacances scolaires de février. Menus en semaine à 98 F (14,9 €), puis à 130 et 180 F (19,8 et 27,4 €). Pas tout à fait donné mais complètement confort ; on ne bougerait plus de cette *Boule de Neige* douillette et agréable à souhait. Restaurant bien agréable aussi, proposant une cuisine assez raffinée, sans fausse note. Accueil charmant et discret de la patronne. Télésiège pour le domaine de Serre-Chevalier à 100 m. *Apéritif offert. 10 % sur le prix de la chambre du 4 au 18 décembre et du 10 au 30 avril.*

SALLE-LES-ALPES (LA) 05240 (8 km N)

I●I *La Marotte* – 36, rue de la Guisane (rue principale) ☎ 04.92.24.77.23. Fermé le dimanche et tous les midis. Congés annuels : mai, juin, octobre et novembre. Accès : par la route de Grenoble. Un seul menu à 95 F (14,5 €), et carte. Un petit resto saisonnier sympa comme tout, qui a ses fidèles depuis des années. Prudent de réserver pour profiter des bons petits plats du patron, concoctés selon les goûts et le jugement de la clientèle – qui n'est donc jamais déçue. Le pain de harengs aux échalotes et la Tatin méritent une ovation : pour le pain de harengs, hip hip hip, hourra ! Pour la Tatin, hip hip hip, hourra ! Pour *La Marotte*, hip hip hip, hourra !

CAGNES-SUR-MER 06800

Carte régionale B2

🛏 *Le Val Duchesse* ⋆⋆ – 11, rue de Paris ☎ 04.92.13.40.00. Fax : 04.92.13.40.29. Parking. TV. Studios de 235 à 350 F (35,8 à 53,4 €) et appartements de 330 à 420 F (50,3 à 64 €). Tarifs dégressifs à partir d'une semaine. À 50 m de la plage, très au calme au milieu d'un agréable jardin planté de palmiers, avec piscine, ping-pong et jeux pour enfants, *Le Val Duchesse* est une adresse sympa pour un séjour sur la Côte d'Azur, correct (accueil chaleureux, décoration très Sud) et pas cher. À l'écart des grands immeubles et de la circulation infernale du bord de mer, une petite maison tenue par un jeune couple qui met de la couleur et de l'animation dans vos vacances.

🛏 *Le Mas d'Azur* – 42, av. de Nice, Cros-de-Cagnes ☎ 04.93.20.19.19. Parking. TV. 15 chambres seulement, avec télé, téléphone, douche et wc, de 265 à 335 F (40,4 à 51,1 €) pour 2, à 3 mn à pied de la plage. Au départ, vous pouvez être inquiet. Comment, dites-vous dans votre for intérieur, le *Routard* nous conseille un hôtel au bord de la N7, dans cette partie sinistrée de Cagnes. Et puis, une fois entré dans la cour de cette vieille maison provençale, vous êtes accueilli par un couple d'une extrême gentillesse. Votre chambre est tranquille, les couloirs – qui auraient encore besoin d'un aménagement – ne sont guère bruyants, le jardin est accueillant, vous voilà revenu 25 ans en arrière. Heureux ! *NOUVEAUTÉ.*

🍽 *Le Renoir* – 10, rue J.-R.-Giacosa ☎ 04.93.22.59.58. Fermé le dimanche soir, le lundi et le jeudi soir. Congés annuels : 3 semaines entre Noël et le Jour de l'An, et en juillet. Menus de 80 à 140 F (12,2 à 21,3 €). L'entrée de cette maison, juste en face des halles, ne paie pas de mine. Normal, tout se passe au 1ᵉʳ étage dans une jolie salle cossue aux tonalités de jaune. Un endroit chaleureux comme la cuisine qu'on y mange. Et l'on ne sait plus si on va manger un lapin à la purée d'olives, un émincé de sanguins aux poivrons rouges, une daube aux cèpes ou une fricassée de poissons. Heureusement la patronne est là pour vous aider à choisir avec une gentillesse permanente.

🍽 *La Table d'Yves* – 85, Montée de la Bourgade, V i e u x C a g n e s ☎ 04.93.20.33.33. Fermé le mercredi. Menus à 120 et 160 F (18,3 et 24,4 €). 20 ans de grandes maisons, dont 8 à l'*Hôtel Royal Riviera* à Saint-Jean-Cap-Ferrat et Yves Merville a décidé de suivre l'exemple des grands anciens, revenus à de plus justes réalités. Le voilà chez lui, épanoui, dans sa cuisine de poche, gardant malgré l'afflux des commandes le sourire et un œil sur la salle où son épouse fait régner une atmosphère paisible. Le décor l'aide en cela. Du bleu, de l'ocre sur les murs, des rideaux bariolés, des poutres blanchies. Clin d'œil : la serviette est glissée dans un rond, comme dans les anciennes pensions de famille. Deux menus, seulement, qui changent très vite, selon l'envie du chef, jouant sur les saveurs des produits et la cuisson, parfaite comme toujours : cappuccino de petits crabes, risotto de volailles au curry, lapereau parfumé avec sa polenta, tian d'agneau aux courgettes de Provence... *NOUVEAUTÉ.*

CANNES 06400

Carte régionale B2

🛏 *Le Chanteclair* – 12, rue Forville ☎ 04.93.39.68.88. Fax : 04.93.39.68.88. Congés annuels : de mi-novembre au 20 décembre. Accès : dans une petite rue du bas du Suquet, à quelques minutes du palais des Festivals ou de la plage du Midi. Doubles de 200 à 260 F (30,5 à 39,6 €). Des chambres propres et fonctionnelles, murs blancs et mobilier simple de sapin naturel, dans cet hôtel idéalement placé à 100 m du quartier le plus typique et animé de la ville. Malgré cette promiscuité, calme plat. Autres atouts, les prix doux, et le charmant patio où prendre le petit déjeuner, enfin l'accueil souriant du patron, serviable et volontiers causeur : peut-être vous parlera-t-il de sa carrière dans l'aéronautique, qui lui fit croiser nombre de ministres de tous bords. Important pour Cannes : il vous indiquera où vous pourrez garer gratuitement votre voiture, à 300-400 m, dans un quartier résidentiel. *Petit déjeuner offert aux enfants.*

🛏 *Touring Hôtel* ⋆⋆ – 11, rue Hoche (Centre) ☎ 04.93.38.34.40. Fax : 04.93.38.73.34. TV. Doubles avec douche et wc à 300 F (45,7 €) et à 400 F (61 €) avec bains. Moins cher hors saison. Juste à côté de la rue d'Antibes, dans une rue piétonne qui assure une certaine tranquillité, vous serez séduit par la jolie façade blanche très Belle Époque. À un jet de pierre du palais des Festivals. Chambres correctes, certaines avec balcon (le petit déj' sur la terrasse au soleil !). En face, sinon, il y a la terrasse du *Casanova* pour aller boire votre café, si vous voulez voir du monde.

🛏 *Hôtel Molière* ⋆⋆ – 5-7, rue Molière (Est) ☎ 04.93.38.16.16. Fax : 04.93.68.29.57. TV. Satellite / câble. 🐾 Congés annuels : du 15 novembre au 25 décembre. Belles chambres de 420 à 640 F (64 à 97,6 €). En basse saison, 15 % de rabais. Dans ces deux bâtiments contigus, l'un du XIXᵉ siècle à façade bourgeoise, l'autre récent, et chacun meublé dans son genre propre, classique ou moderne, de fort belles chambres au calme, pas loin du centre et de la Croisette (100 m), et où l'on profite du long jardin pour petit déjeuner. Accueil cordial. *10 % sur le prix de la chambre à partir de 2 nuits consécutives.*

🛏 *Le Splendid* *** – 4-6, rue Félix-Faure ☎ 04.93.99.53.11. Fax : 04.93.99.55.02. TV. Canal+. Satellite / câble. ♿ Doubles de 460 à 900 F (70,1 à 137,2 €). Juste au-dessus d'un restaurant faisant partie de la chaîne appartenant à *Terminator* et dans laquelle on mange mal et cher, si vous levez les yeux, vous verrez une majestueuse façade très début de siècle. Elle annonce un des beaux hôtels de la ville. Ce n'est pas un palace de la Croisette mais ça y ressemble et en plus c'est une affaire de famille tenue de main de maître par Annick Cagnat. Chambres très belles aux meubles anciens et dans laquelle on vous accordera une petite attention si vous avez réservé. Une adresse de charme idéale pour les tourtereaux en voyage romantique ayant envie de se prélasser en peignoir le temps d'une grasse matinée mutine. Très belles salles de bains toutes neuves dans une trentaine de chambres. *Petit déjeuner offert.*

🛏 *Hôtel de France* *** – 85, rue d'Antibes (Centre) ☎ 04.93.06.54.54. Fax : 04.93.68.53.43. TV. Congés annuels : du 22 novembre au 22 décembre. Accès : à deux pas de la Croisette et du palais des Festivals. Doubles à 580 F (88,4 €). Entièrement rénové dans son style Art déco d'origine, cet hôtel situé au cœur de l'animation de la ville propose une trentaine de chambres au confort moderne : climatisation, coffre-fort, sèche-cheveux et tout le toutim. Si c'est votre jour de chance et que vous recevez une clé ouvrant sur une au chiffre compris entre 501 et 508, bingo : vous avez la vue en plus ! *10 % de réduction en dehors d'août... et du 31 décembre.*

🍴 *Le Comptoir des Vins* – 13, bd de la République (Centre) ☎ 04.93.68.13.26. Fermé le dimanche. Menus à midi, du lundi au vendredi, à 49 et 79 F (7,5 et 12 €). Carte autour de 120 F (18,3 €). À deux pas de la rue d'Antibes. On entre par la cave, question de se mettre en appétit devant quelques bouteilles, puisqu'on peut choisir celle qui accompagnera le repas. Le patron a pris le temps d'acclimater les Niçois à cette formule, nouvelle pour eux, de bistrot-cave, et il y a du monde, en soirée, pour goûter au saucisson pistaché ou à une blanquette de veau maison. Sinon, vaste choix de tartines ou même de plats savoyards, le pays de son épouse. Vins servis au verre. *NOUVEAUTÉ.*

🍴 *Le Jardin* – 15, av. Isola ☎ 04.93.38.17.85. Accès : derrière la voie rapide. Menus entre 75 et 115 F (11,4 et 17,5 €). Un petit resto simple loin des chemins touristiques et des hordes sauvages de la Croisette. Certes le quartier est un peu tristoune. Dans un coin, la télé diffuse un ronron gentil et des images qui bougent. Et si vous allez plus au fond, vous allez arriver dans le jardin. Une vraie cour intérieure pleine de charme dans laquelle on dîne au calme d'une cuisine simple et goûteuse. Daube provençale, sole grillée, magret de canard au poivre vert, poissons grillés à la cendre, des sardines, du loup, des daurades, des pageots... Et le plus étonnant, outre la gentillesse des patrons, ce sont les prix. Grill ouvert le soir dans le jardin d'avril à octobre. *Apéritif maison offert.*

🍴 *Le Bouchon d'Objectif* – 10, rue Constantine (Est) ☎ 04.93.99.21.76. Fermé le dimanche soir et le lundi hors saison et hors congrès. Accès : direct par la rue d'Antibes et par la voie rapide. Menus à 90 et 145 F (13,7 et 22,1 €). Un resto, comme son nom l'indique, très « photo ». Ses murs reçoivent chaque mois une nouvelle expo. Cuisine simple et originale : feuilleté d'escargots à l'anis, terrine de lapin aux raisins et pistaches, gambas au romarin, miel et rosé de Provence... Service agréable. Jolie terrasse dans un quartier moderne et piétonnier. *Apéritif offert.*

🍴 *Le Montagard* – 6, rue Maréchal-Joffre (Centre) ☎ 04.93.39.98.38. Fermé le dimanche et le lundi midi. Accès : près de la rue d'Antibes et des allées de la Liberté. Formule déjeuner à 95 F (14,5 €). Menus à 118 et 160 F (18 et 24,4 €). Formules « carte de la mer » : 180 et 215 F (27,4 et 32,8 €). Un restaurant végétarien qui réussit l'exploit de faire oublier tout ce que ce qualificatif peut avoir encore d'effrayant pour une partie de nous. Jean Montagard, professeur-auteur reconnu pour son sérieux, a ouvert avec sa fille ce restaurant proche du marché Forceville. Un restaurant très clair, aux teintes douces, où l'on se sent à l'aise pour découvrir une cuisine ni intégriste ni « terroriste » pleine de saveurs équilibrées. Une vraie cuisine, pensée et réalisée intelligemment, à base de beaux et « bio » produits, riche en découvertes, légumes oubliés ou méconnus, desserts parfumés et légers. Carte de vins bio intéressante. *NOUVEAUTÉ.*

🍴 *Restaurant Aux Bons Enfants* – 80, rue Meynadier (Centre) Fermé le samedi soir (sauf en saison) et le dimanche, ainsi qu'en août et pendant les fêtes de fin d'année. Menu unique à 96 F (14,6 €). Ici, il n'y a pas de téléphone. Les habitués (souvent du bel âge, comme on dit à Cannes) passent réserver leur table à l'heure où, dans la fraîche petite salle du rez-de-chaussée, s'épluchent les légumes achetés à deux pas, au marché Forville. La cuisine est restée familiale et régionale : terrine de chèvre au confit de tomate, sole meunière, beignets d'aubergines ou de sardines, aïoli le vendredi, tartes, nougat glacé maison... Des plats comme ceux-là, ça parle au cœur et on entendrait presque les cigales. Accueil et service bon enfant, comme il se doit.

|●| *Restaurant Au Bec Fin* – 12, rue du 24-Août (Centre) ☎ 04.93.38.35.86. Ⴆ Fermé le dimanche et le lundi midi. Congés annuels : novembre. Accès : entre la gare et la rue d'Antibes. Menus à 99 et 119 F (15,1 et 18,1 €). Logiquement, le *Bec Fin* est souvent complet : n'y allez pas trop tard ! Choix époustouflant pour le 1er menu : pas loin de 20 entrées et à peu près autant de plats. Une cuisine largement régionale (daube de bœuf à la provençale, soupe au pistou, filet de rascasse à la pêcheur...), qui fait oublier le décor assez banal. Bons plats du jour. Un resto d'un autre temps : il n'y a plus que dans les restaurants chinois, aujourd'hui, que vous trouvez une telle avalanche de plats...

|●| *Côté Jardin* – 12, av. Saint-Louis (Nord-Ouest) ☎ 04.93.38.60.28. Fermé le dimanche hors saison et le lundi midi en été. Congés annuels : février. Accès : derrière le palais de justice. Menus à 115 F (17,5 €) à midi et 205 F (31,3 €). Une très belle adresse située à l'écart du Cannes touristique, derrière la voie ferrée et dans une rue sans passage, qui ne doit son succès qu'à la qualité. Qualité du cadre, d'abord : une ville de charme provençal, dans un jardin aux parfums d'autrefois. Qualité de la cuisine qui, elle, a des parfums d'aujourd'hui. Au hasard du menu-carte, renouvelé régulièrement, soupe au gingembre, poulet et noix de coco, canard confit en parmentier de céleri rave aux écorces d'orange, croustillant au caramel et pommes poêlées aux graines de sésame... Savoureux ! *NOUVEAUTÉ.*

|●| *Restaurant Lou Souleou* – 16, bd Jean-Hibert (Sud-Ouest) ☎ 04.93.39.85.55. Fermé le lundi toute la journée et le mercredi soir hors saison. Congés annuels : novembre. Accès : sur le boulevard de la Mer qui mène à Mandelieu. Menus à 138 et 218 F (21 et 33,2 €). Derrière le vieux port, ou avant, si vous arrivez à Cannes en longeant les plages. Les menus offrent un excellent rapport qualité-prix. Ainsi, vous vous régalerez d'une blanquette de lotte aux moules, d'un filet de loup au cresson (ou encore d'un plat du jour) et d'une pâtisserie maison. Mais la bourride du pêcheur à 99 F (15,1 €) peut tout aussi bien suffire : lotte, homard, moules, croûtons aillés et rouille, etc. Vue sur l'Estérel et décor style bateau, voilà, vous savez tout. *Apéritif maison offert.*

DANS LES ENVIRONS

GOLFE-JUAN 06220 (4 km NE)

🏠 *Hôtel California* * – 222, av. de la Liberté (Est) ☎ 04.93.63.78.63. Parking. TV. Congés annuels : pendant les vacances de la Toussaint. Accès : à 800 m de la gare, sur la N7, près du bord de mer. Doubles à 240 et 280 F (36,6 et 42,7 €). Maison des années 30 en retrait de la nationale. On l'imagine lorsqu'elle était seule ici, il y a bien longtemps. Transformée en hôtel, on y dort dans de jolies chambres, et on oublie le temps qui passe! *10 % sur le prix de la chambre.*

🏠 |●| *Le Palm-Hôtel* – 17, av. de la Palmeraie ☎ 04.93.63.72.14. Parking. Doubles entre 250 et 400 F (38,1 et 61 €). Demi-pension à partir de 280 F (42,7 €). Au resto, menus à 100 et 139 F (15,2 et 21,2 €). Évidemment, il y a la N7 qui passe à côté et qui fait aujourd'hui plus déchanter que chanter. Mais cette vieille maison a du charme et ses propriétaires ne manquent pas de sens de l'accueil. Chambres rafistolées de façon suffisamment malignes pour qu'on croie que c'est un genre. Terrasse. Deux parkings abrités, à 200 m du bord de mer, gratuits qui plus est! *NOUVEAUTÉ.*

VALLAURIS 06220 (6 km NE)

|●| *Restaurant La Gousse d'Ail* – 11, av. de Grasse (Centre) ☎ 04.93.64.10.71. Ⴆ Fermé le dimanche soir et le lundi. Congés annuels : du 4 au 10 janvier, du 20 juin au 3 juillet et les 20 premiers jours de novembre. Menus à 95 F (14,5 €) à midi, en semaine, et de 120 à 170 F (18,3 à 25,9 €). Situé juste derrière l'église, *La Gousse d'Ail* n'a rien à envier à personne. Dans un cadre cosy, on y mange une belle cuisine classique bien faite à base de beaux produits : terrine de lapereau aux raisins blonds, choucroute du pêcheur, rôti d'agneau au romarin, pied de porc farci aux morilles... Tout est joliment présenté. Service classe, un tantinet guindé dans un cadre cossu et bourgeois (pas de short, mais pas de cravate tout de même!). Salle climatisée au 1er étage. Une vieille adresse qui continue de tenir ses promesses dans la ville de Picasso.

|●| *Le Manuscrit* – 224, chemin Lintier (Centre) ☎ 04.93.64.56.56. Fermé le lundi en saison, le dimanche soir, le lundi et le mardi soir hors saison. Congés annuels : du 15 novembre au 3 décembre. Accès : le chemin Lintier donne boulevard du Tapis-Vert, dans le centre de Vallauris, et le resto se trouve à quelque 50 m sur la droite. Menus allant de 140 à 245 F (21,3 à 37,4 €), petit menu à 105 F (16 €) le midi, en semaine. Cette noble bâtisse de pierre grise est une ancienne distillerie de parfums. C'est autant pour le cadre, exceptionnel, que pour la cuisine qu'on vient au *Manuscrit*. Qu'on soit servi en salle, où sont accrochées des toiles et lithos remarquables, dans le jardin d'hiver, agrémenté d'une flore qu'on dirait tropicale, ou encore en terrasse, sous le marronnier rose centenaire, on se régalera. Terrine de la mer, andouillette de Troyes au champagne ou marmite du pêcheur, ris et rognons de veau, le choix des plaisirs est varié. Avec cela, de bons vins abordables.

VALBONNE 06560 (11 km N)

|●| *La Fontaine aux Vins* – 3, rue Grande ☎ 04.93.12.93.20. Fermé le lundi sauf en saison. Accès : dans la vieille ville. De 50 à 80 F (7,7 à 12,2 €) à la carte. Ce bar à vin, sous la direction de Pierre Ferrandez, offre aux habitués tartines originales et petits plats mijotés, accompagnés de vins sélectionnés à prix sympathiques. Autre originalité : les *tapas* provençales. Si vous voulez goûter la bière blanche de Nice, à de bons coteaux-du-bellet, acheter les produits d'Olivier and Co ou des confitures originales, ne vous privez pas, surtout ! La boutique jouxte le restaurant. *Café offert.*

|●| *Le Comptoir du Sud* – 6, rue Gambetta (Centre) ☎ 04.93.12.28.48. Fermé le lundi. Plat du jour autour de 70 F (10,7 €). Carte autour de 120 F (18,3 €). Une épicerie fine et un salon de thé ouverts tous les jours de 9 h à 19 h où il fait bon regarder passer le temps... et les autres, dehors. Un décor très tendance, avec du mobilier malin, des fauteuils dépareillés, des chaises avec coussin. Ils distribuent des pralines à ceux qui viennent pour acheter leur thé ou leur café, et des sourires à qui vient s'asseoir, le temps d'un brunch le dimanche matin ou d'un plat du jour concocté par Claudine. Sinon, belle « assiette comptoir » avec tapenade, hommos, ratatouille, terrine... Avec une tarte au citron ou à l'orange. C'est le bonheur assuré ! *NOUVEAUTÉ.*

|●| *L'Auberge Fleurie* – 1016, route de Cannes (Sud) ☎ 04.93.12.02.80. ☪ Fermé le lundi et le dimanche soir ; uniquement le lundi en juillet-août. Congés annuels : de mi-décembre à fin janvier. Accès : à 1 km à droite avant d'arriver à Valbonne en venant de Cannes, légèrement en retrait de la route. Menus à 128 et 165 F (19,5 et 25,2 €). Voilà un très bon restaurant dans une gentille maison. Grandes glaces à l'intérieur et glycine au-dehors. Dans ce décor agreste, on vous servira, avec le sourire. Cuisine discrètement ensoleillée faite avec de beaux produits et des saveurs qui restent simples : croustillant de lisette tiède en ratatouille, feuilleté chaud de lapin en salade, filet de loup à l'unilatéral... Une clientèle composée de beaucoup de fidèles, ce qui est toujours bon signe.

CARPENTRAS   84200

Carte régionale A2

⌂ *Hôtel Le Fiacre* ** – 153, rue Vigne (Centre) ☎ 04.90.63.03.15. Fax : 04.90.60.49.73. Parking payant. TV. Canal+. Doubles avec douche et wc ou bains de 290 à 350 F (44,2 à 53,4 €). Petit déjeuner à 40 F (6,1 €). Un ancien couvent du XVIIIe siècle qui devint hôtel particulier puis vraie auberge il y a une quarantaine d'années. Situé dans une rue calme du centre. Un monumental escalier mène aux chambres toutes personnalisées, ordonnées autour d'un agréable patio. Pour ceux qui veulent faire une folie, 2 superbes suites. *10 % sur le prix de la chambre à partir de 2 nuits consécutives et hors juillet-août.*

DANS LES ENVIRONS

MONTEUX 84170 (5 km SO)

⌂|●| *Le Select Hôtel* *** – 24, bd de Carpentras ☎ 04.90.66.27.91. Fax : 04.90.66.33.05. Parking. TV. Satellite / câble. Fermé le samedi et le dimanche soir hors saison. Congés annuels : du 15 décembre au 2 janvier. Doubles toutes avec bains à 340 F (51,8 €). Petit déjeuner à 45 F (6,9 €). Menus de 95 à 170 F (14,5 à 25,9 €). Menu enfant à 65 F (9,9 €). Ancien mas encore très couleur locale avec sa terrasse sous les platanes, à deux pas de la piscine. L'accueil du couple qui le tient, d'origine hollandaise, est vraiment sympathique et chaleureux. Chambres à la déco d'un classicisme néo-rustique de bon ton, confortables et agréables. Même si vous n'y dormez pas, allez y manger. C'est simple et original, fin et léger, bref, une belle et bonne cuisine de marché qui tourne au gré des saisons et des humeurs du chef. À accompagner d'un côtes-du-ventoux rosé mis en bouteille par un petit viticulteur de Vacqueyras... Nous n'en dirons pas plus, pour vous laisser la surprise de la découverte dont, pour notre part, nous avons été ravis. *Apéritif maison offert.*

PERNES-LES-FONTAINES 84210 (5,5 km S)

|●| *Dame l'Oie* – 56, rue Troubadour Durand ☎ 04.90.61.62.43. Accès : par la D938. Menus de 68 F (10,4 €) le midi en semaine à 145 F (22,1 €). Au centre de la salle, trône une... fontaine, une vraie (une de plus pour Pernes-les-... Fontaines). Pour le reste, la déco franchement originale donne l'impression de s'installer entre les pages d'un bouquin de Beatrix Potter : très campagne anglaise éternelle avec une foule d'oies (en papier mâché, en porcelaine, en

bois) posées ici et là. Accueil et service d'une extrême gentillesse, en phase avec le décor. Cuisine du Sud, simplement mais joliment travaillée, étonnante de saveurs : salade landaise, effilochée de sardines, gigot d'agneau à l'esprit d'herbes de Provence, magret aux fruits de saison. Les desserts sont délicieux dès le 1er menu qui présente (comme nous l'a soufflé le monsieur de la table d'à côté) un superbe rapport qualité-prix. Bons petits vins de propriétaires. Parking pour... vélos. Une heureuse découverte. *NOUVEAUTÉ.*

CASSIS 13260

Carte régionale A2

â *Auberge de jeunesse* – **La Fontasse** ☎ 04.42.01.02.72. ● www.fuaj.org ● Accueil de 8 h à 10 h et de 17 h à 23 h. Congés annuels : du 9 janvier au 2 mars. Accès : en voiture ou à vélo, en venant de Marseille, à une quinzaine de kilomètres, tourner à droite par le col de la Gardiole (3 km de bonne route, plus 2 km de route caillouteuse) ; à pied, vous pouvez vous faire descendre au carrefour pour le col de la Gardiole ou, si vous avez un sac pas trop lourd, monter à l'AJ par les calanques depuis Cassis ; dans ce dernier cas, prendre l'avenue de l'Amiral-Ganteaume, puis celle des Calanques jusqu'à la calanque de Port-Miou et grimper (environ 1 h de marche). Chambres de 10 lits à 52 F (7,9 €) la nuit. Carte d'AJ obligatoire (possibilité d'adhésion sur place). En juillet-août, présentez-vous dès le matin car elle risque d'afficher complet (piétons et cyclistes ne seront cependant jamais refusés). Superbement situé dans le massif des Calanques. L'une de vos plus belles étapes provençales. Maison provençale très agréable dans un cadre exceptionnel. 65 lits. Cuisine à disposition. Père aubergiste très sympa, qui connaît parfaitement la région. Apportez votre nourriture. Accepte les enfants à partir de 7 ans. Pas de chambre pour les familles.

â *Le Cassitel* ** – **place Clemenceau (Centre)** ☎ 04.42.01.83.44. Fax : 04.42.01.96.31. Parking payant. TV. Satellite / câble. Accès : face au port. Doubles avec douche et wc ou bains de 250 à 390 F (38,1 à 59,5 €). L' auberge rouge version Provence fin de siècle. Déco provinciale, chambres mignonnettes, avec un joli petit déjeuner servi dans une salle typique, de quoi vous faire démarrer la journée de bon pied. À deux pas de la plage, tout près du boulodrome (pour les amateurs !), une adresse à retenir.

â |●| *Le Clos des Arômes* ** – **10, rue Paul-Mouton** ☎ 04.42.01.71.84. Fax : 04.42.01.31.76. Fermé le midi des lundi, mardi et mercredi sauf les jours fériés.

Accès : à 2 mn du centre. Doubles avec douche et wc à 400 F (61 €), avec bains à 500 F (76,2 €). Un peu à l'écart du centreville, arrêtez-vous dans cette adorable maison de poupée provençale. Ne manquez pas de goûter à la cuisine raffinée dans la grande cour fleurie et ombragée. Quelques spécialités : daube à l'ancienne, loup au fenouil, sardine farcie, bouillabaisse… On est loin du port et du bruit. Un véritable havre de paix. Si vous êtes conquis, vous pouvez même demander le gîte dans une des 8 chambres.

|●| *Le Dauphin* – **3, rue Séverin-Icard** ☎ 04.42.01.10.00. Fermé le mercredi et le jeudi midi. Ouvert tous les soirs en saison. Congés annuels : octobre et janvier. Accès : du port, dans la rue principale, prendre la 1re à gauche. Menus de 67 à 95 F (10,2 à 14,5 €). Menu enfant à 45 F (6,9 €). À la carte, compter 135 F (20,6 €). Dans cette petite rue parallèle au port et sans voiture, *Le Dauphin* nous offre la tranquillité. Et, côté addition, on est loin de « boire la tasse ». Menus simples et efficaces. Spécialités régionales style soupe de poisson et moules à la provençale, marmite du pêcheur. Si vous voulez être certain d'être vraiment bien reçu, pensez à réserver (et ne venez pas en retard !). Une de nos adresses coup de cœur.

|●| *Le Jardin d'Émile* – **plage du Bestouan** ☎ 04.42.01.80.55. Parking. TV. Congés annuels : du 4 au 21 janvier et du 15 au 30 novembre. Doubles avec douche et wc ou bains de 350 à 650 F (53,4 à 99,1 €). Menu bouillabaisse à 150 F (22,9 €) le midi en semaine, un second à 195 F (29,7 €) et menu découverte à 245 F (37,4 €). Pas un resto de « mimiles », bien au contraire. Une vraie adresse de charme, pour jouisseurs de la vie et de la vue, tant qu'à faire... Sept ravissantes chambres dont une réservée aux nuits de noces, et deux sous les combles, à croquer. Restaurant chic mais relax, délicieux et créatif, sur fond de cuisine on ne peut plus méditerranéenne. Dîner dans le jardin, et quel jardin : pins centenaires, oliviers, figuiers, cyprès...

CASTELLANE 04120

Carte régionale B2

â |●| *Ma Petite Auberge* – **Place Centrale (Centre)** ☎ 04.92.83.62.06. Fax : 04.92.83.68.49. Parking. TV. Fermé le mercredi hors saison. Doubles de 190 à 310 F (29 à 47,3 €) en basse saison et de 240 à 370 F (36,6 à 56,4 €) en juillet-août. Menus à 85 et 135 F (13 et 20,6 €). Au pied de Notre-Dame-du-Roc, un hôtel à l'ancienne mode gentiment rénové, avec des chambres qui ne vous donnent pas envie de fuir aussitôt (ça devient rare, dans le coin !) et une salle de restaurant elle aussi restée dans son jus. Il y a même une véranda et un jardin ombragé par un tilleul plus que centenaire. La table joue elle aussi la carte à l'ancienne sans pour autant être poussiéreuse : une vraie bouchée financière en entrée ou un pâté de sansonnet fabriqué à Oraison par un charcutier que l'hôtelier vous incitera à visiter, des filets de rougets juste grillés ou des côtes d'agneau aux herbes, et une bonne vieille crème caramel des familles au dessert! *NOUVEAUTÉ.*

DANS LES ENVIRONS

GARDE (LA) 04120 (3 km SE)

🏠 🍴 *Auberge du Teillon* ** – route Napoléon ☎ 04.92.83.60.88. Fax : 04.92.83.74.08. TV. Fermé le lundi soir et le mardi sauf de juin à août. Congés annuels : du 15 décembre au 5 mars. Accès : par la N85 vers Grasse. Chambres de 230 à 280 F (35,1 à 42,7 €). Demi-pension de 260 à 285 F (39,6 à 43,4 €) par personne, obligatoire en saison. Menus de 110 à 230 F (16,8 à 35,1 €). Dans son voyage de retour de l'île d'Elbe, l'empereur ne s'est pas arrêté dans cette gentille maison et il a eu tort. Ne faites pas la même erreur. Prenez le temps de découvrir la cuisine d'Yves Lépine. Il sait faire chanter les produits de sa région en composant de beaux menuets dans lesquels les saveurs se retrouvent en point d'orgue. Pas étonnant que les gens de la côte viennent se rassasier ici le week-end. Il est vrai qu'on se sent comme dans un cocon dans cette petite salle rustique où l'on peut se régaler de jambon d'agneau fumé, de rognons de veau aux morilles, d'un pigeonneau désossé rôti aux cèpes ou d'un goûteux carré d'agneau provençal. Pour prolonger le plaisir, quelques chambres agréables. Celles sur la nationale peuvent être bruyantes pour les amateurs de grasse matinée. Accueil simple et cordial.

ROUGON 04120 (17 km SO)

🏠 🍴 *Auberge du Point-Sublime* – ☎ 04.92.83.60.35. Fax : 04.92.83.74.31. TV. Canal+. Congés annuels : de début novembre à début avril. Accès : à l'entrée des gorges du Verdon, sur la D952. Doubles de 250 à 300 F (38,1 à 45,7 €). Menus de 110 à 200 F (16,8 à 30,5 €). L'auberge porte bien son nom : le point Sublime est en face. Les deux petites salles (fumeurs ou nonfumeurs, ici on respecte la loi !) sont situées dans une véranda où les petits carreaux des nappes, le carrelage au sol, les plantes vertes, les souvenirs variés et quelques photos du Verdon vous réjouiront les yeux. Pour ce qui est des papilles, ça se présente bien aussi. Cuisine du terroir, des garrigues, qui sent presque la campagne : feuilleté au chèvre, civet d'agneau, demi-pigeon en cocotte aux lentilles, sans oublier les classiques de la cuisine régionale comme la truite ou la brouillade de truffes. Les desserts maison valent eux aussi le détour, comme la crème brûlée aux figues. Enfin, cette auberge propose plusieurs chambres au calme garanti. Attention : demi-pension obligatoire! En saison, n'oubliez pas de réserver !

PALUD-SUR-VERDON (LA) 04120 (25 km SO)

🏠 *Auberge de jeunesse* – L'Immense-Botte-de-Paille (Sud) ☎ 04.92.77.38.72. Fax : 04.92.77.38.72. ● www.fuaj.org ● Congés annuels : du 1er novembre au 1er mars. Accès : à 1 km du centre-ville; par la route panoramique D23. 68 F (10,4 €) la nuit et le petit déjeuner. Cette auberge de jeunesse, posée dans un paysage de rêve en Technicolor, n'est accessible qu'avec la carte FUAJ (en vente sur place). Dortoirs de 8 lits et chambres doubles. Possibilité de camper dans le jardin. Cuisine à disposition. Totalement isolée donc totalement au calme (l'auberge, pas la cuisine !). Draps prêtés. (Réduction pour les *Routards*.)

🏠 🍴 *Hôtel-restaurant Le Provence* ** – route La Maline ☎ 04.92.77.38.88. Fax : 04.92.77.31.05. Parking. 🐕 Congés annuels : de novembre à Pâques. Accès : par la D23. Doubles de 230 à 265 F (35,1 à 40,4 €). Menus de 65 à 100 F (9,9 à 15,2 €). À 100 m de la place de ce petit village de 1 000 âmes, *Le Provence* a une vue imprenable sur la route des Crêtes. Ici, les spécialités s'appellent truites, lapin à la provençale, canard au miel, salade tiède de caille ou omelette aux truffes. Petit salon de repos avec billard et service de baby-sitting. Attention, demi-pension obligatoire de juillet à fin août. Une maison où il fait bon prendre le temps de savourer la quiétude de l'endroit sur la terrasse en sirotant une petite mauresque.

🏠 🍴 *Hôtel des Gorges du Verdon* *** – ☎ 04.92.77.38.26. Fax : 04.92.77.35.00. Parking. TV. 🐕 Congés annuels : de la Toussaint à Pâques. Accès : par la D952, la route nord des gorges. Doubles de 390 à 550 F (59,5 à 83,8 €). Demi-pension obligatoire en saison. Menus de 130 à 250 F (19,8 à 38,1 €). Au cœur des gorges du Verdon, l'hôtel est posé sur une colline face au village et à la nature environnante. Un vrai décor de cinéma à grand spectacle. Cela fait presque totalement oublier l'architecture un peu morne parce que moderne de la maison. Chambres dans cet esprit, bien équipées, confortables et propres, décorées dans le style provençal. Pour se rafraîchir, piscine, et pour faire du sport, tennis. Cuisine très correcte qui utilise tous les ressorts

PROVENCE-ALPES, CÔTE D'AZUR

de la tradition provençale : anchoïade, artichauts en barigoule, estouffade de bœuf provençale, pieds-paquets... *Apéritif maison offert.*

CAVAILLON   84300

Carte régionale A2

⌂ *Hôtel Bel-Air* – 62, rue Bel-Air (Centre) ☎ 04.90.78.11.75. Doubles avec lavabo et wc à 180 F (27,4 €), 200 F (30,5 €) avec douche et wc. Lit supplémentaire : 60 F (9,1 €). Petit déjeuner à 35 F (5,3 €). Petit hôtel tout simple mais fort sympathique. Accueil discret et charmant. 7 chambres agréables, décorées avec simplicité. Dans chacune, documentation complète sur Cavaillon et ses environs, accompagnée (charmante attention) de quelques bonbons. Petit déjeuner avec fruits de saison et confitures maison autour d'une grande table commune.

⌂ *Hôtel du Parc* ** – 183, place François-Tourel (Ouest) ☎ 04.90.71.57.78. Fax : 04.90.76.10.35. Parking payant. TV. Canal+. Satellite / câble. Accès : direction office du tourisme. Doubles avec douche et wc ou bains à 250 et 270 F (38,1 et 41,2 €). Petit déjeuner à 34 F (5,2 €). Une ancienne (mais régulièrement entretenue) et massive maison bourgeoise juste en face de l'arc romain. Ambiance familiale et accueil sympathique. Chambres en accord avec le lieu, d'un classicisme presque cossu. Climatisation. Avec une chambre donnant sur le parc public qui se trouve juste à côté, vous aurez toutes les chances de vous faire réveiller par le chant mélodieux des oiseaux. Solarium sur une grande terrasse à colonnades.

iOi *La Cuisine du Marché* – 13, place Gambetta – (L'Étoile) (Centre) ☎ 04.90.71.56.00. Fermé le mercredi, le samedi midi et le dimanche soir en hiver, le samedi midi et le dimanche en été. Plat du jour à 50 F (7,6 €). Menus de 70 F (10,7 €), en semaine, à 145 F (22,1 €). Un peu désavantagé par son emplacement, ce resto : il faut, sur cette place qui sert de rond-point, risquer le torticolis pour apercevoir son enseigne, au 1er étage d'un immeuble sans âme. Qu'importe, le bouche à oreille (excellent) fait qu'on grimpe les marches sans hésitation. Et qu'on ne le regrette pas ! Salle à la déco sans chichi (mais pas désagréable) et jolie cuisine toute de fraîcheur (de marché, naturellement) et toujours les deux pieds en Provence : émincé de rascasse à l'artichaut, millefeuille d'aubergines, coussinets de brousse de chèvre aux cèpes, pieds-paquets à la provençale, nougat au miel ou aux marrons confits. *Vin d'orange offert (sauf pour le plat du jour et le 1er menu).*

iOi *Restaurant Fleur de Thym* – 91, rue Jean-Jacques-Rousseau (Centre) ☎ 04.90.71.14.64. Fermé le dimanche et le lundi. Congés annuels : juillet. Accès : rue parallèle au cours Gambetta. Formule (plat et dessert) à 95 F (14,5 €) le midi. Menu à 155 F (23,6 €). Compter 150 F (22,9 €) à la carte. Menu enfant à 60 F (9,1 €). Encore une belle découverte cavaillonnaise dans la catégorie « plus chic ». Derrière la façade jaune pâle se cache une jolie cave voûtée en pierres avec une grande cheminée. Ceux qui veulent absolument manger sur une terrasse en été seront déçus mais au frais ; en tout cas ils auraient tort de rebrousser chemin. Les produits (mention spéciale aux poissons) sont d'une remarquable fraîcheur. Et le chef en fait des merveilles. Cuisine dans le registre provençal mais d'une belle originalité et jamais en panne d'imagination. Joli menu-carte qui évidemment change au gré des saisons. Difficile donc d'évoquer un plat sinon quelques piliers de la maison comme la confiture d'oignons ou le carré d'agneau aux gousses d'ail confites. On garde aussi un souvenir ému du melon confit digne de la meilleure « mamie-gâteau ». Une gâterie d'enfance !

CHAPELLE-EN-VALGAUDEMAR (LA)   05800

Carte régionale B1

⌂iOi *Hôtel-restaurant du Mont-Olan* ** – ☎ 04.92.55.23.03. Parking. TV. Congés annuels : du 15 septembre au 1er avril. Doubles avec douche et wc ou bains de 250 à 280 F (38,1 à 42,7 €). Menus de 70 à 130 F (10,7 à 19,8 €). Style chalet. Les chambres, bien tenues, s'ouvrent toutes sur les pics vertigineux qui dominent de toute part le village de La Chapelle. M. et Mme Voltan, dans une grande salle panoramique, le long du torrent de Navette, vous apporteront en large quantité leurs ravioles au miel et leurs tourtes de pommes de terre. C'est l'endroit idéal pour préparer sa conquête du massif des Écrins. *10 % sur le prix de la chambre d'avril à juin.*

CHÂTEAU-ARNOUX   04160

Carte régionale A1

iOi *Au Goût du Jour* – RN 85 ☎ 04.92.64.48.48. Fermé le lundi et le mardi midi (hors saison). Congés annuels : du 3 janvier au 12 février et de fin novembre à la mi-décembre. Accès : face au château. Menus à 85 et 130 F (13 et 19,8 €). Vous êtes dans le bistrot de *La Bonne Étape*, le restaurant chic du coin. *Au Goût du Jour*, c'est plus ambiance décontractée, décor frais d'ocre jaune et orangé sobre et raffiné, service amical et cuisine savoureuse. Deux formules avec des plats proposés à l'ardoise qui changent au gré du marché. Les Gleize furent parmi les premiers à se passionner pour la cuisine régionaliste dans la maison mère à l'époque où la nouvelle cuisine faisait fureur. Ici, on remet au goût du jour (facile!) des plats de copains, des recettes de grand-mère, des saveurs presque perdues. Quel plaisir de plonger sa cuillère dans une soupe de moules au safran, de découper ses petits filets d'anchois frais marinés au fenouil, la cuisse du canard aux olives et la belle tarte alsacienne aux fraises. Il fait vraiment bon venir ici entre amis pour un beau moment de fête. *Apéritif maison offert.*

|●| L'Oustaou de la Foun – RN 85 ☎ 04.92.62.65.30. Fermé le dimanche soir et le lundi. Menus à 95 F (14,5 €) le midi en semaine et de 120 à 208 F (18,3 à 31,7 €). Dans un décor d'hacienda provençale, on découvre une cuisine qui balance entre beaux produits et saveurs goûteuses. Gérald Jourdan prouve que la valeur n'attend pas forcément le nombre des années. Il joue avec les alliances, il essaie les mariages et il réussit à nous séduire. On craque à la lecture de la carte, on salive devant le « méchoui » d'agneau au pilaf de couscous, avec un jus très relevé de harissa, on imagine le cabillaud en pavé « tartiné » d'un pistou génois, servi avec des artichauts à la barigoule, et c'est encore plus beau à l'arrivée. Si vous ne devez prendre qu'un dessert, optez pour la crème brûlée au thym, salade de fraises et glace réglisse. Une vraie cuisine de bonheur, de plaisir. Les cuissons sont précises, les accompagnements recherchés mais cela reste simple en bouche. Au fait, l'*oustaou* signifie la maison, et le *foun*, c'est la fontaine en provençal.

COLLOBRIÈRES   83610

Carte régionale B2

|●| La Petite Fontaine – place de la République ☎ 04.94.48.00.12. Fermé le lundi. Congés annuels : du 15 au 30 septembre et les vacances scolaires de février. Menus à 125 et 155 F (19,1 et 23,6 €). Bienvenue au pays des marrons glacés! Cette paisible bourgade du massif des Maures abrite un adorable petit resto à l'atmosphère aussi savoureuse que la cuisine. Vieux outils sur les murs, vin de la coopérative locale dans les verres, fricassée de poulet à l'ail ou lapin au vin blanc, daube à la provençale ou magret de canard aux cèpes dans l'assiette, difficile de trouver mieux dans le genre à des kilomètres à la ronde... *Digestif offert.*

COMPS-SUR-ARTUBY   83840

Carte régionale B2

≙|●| Grand Hôtel Bain ★★ – ☎ 04.94.76.90.06. **Fax** : 04.94.76.92.24. Parking. TV. Congés annuels : du 12 novembre au 26 décembre. Accès : entre Draguignan et Castellane, à 900 m d'altitude. Doubles avec douche et wc ou bains de 265 à 285 F (40,4 à 43,4 €). Menus de 78 à 195 F (11,9 à 29,7 €). Depuis 1737, cette maison est tenue par la famille Bain. Les chasseurs connaissent bien cette adresse et viennent y partager un pâté truffé (aux truffes de la région), une omelette (aux truffes, en saison) et quelques fromages de chèvre. À l'heure du déjeuner, on vient de très loin manger le suprême de filet de truite au basilic en croûte, le lapin à la tomate ou la daube provençale. Chambres agréables pour faire une halte campagnarde dans cette institution régionale. *Café offert.*

CROIX-VALMER (LA)   83420

Carte régionale B2

≙ Parc Hôtel ★★★ – av. Georges-Selliez (Est) ☎ 04.94.79.64.04. **Fax** : 04.94.54.38.91. Parking. Congés annuels : d'octobre à fin avril. Accès : au centre-ville, après les feux, direction Ramatuelle. À 2 km. Les prix des doubles vont de 377 F (57,5 €) avec douche à 566 F (86,3 €) avec bains. La grande, la vraie vie, dans un hôtel Belle Époque soigneusement entretenu, au milieu d'un petit parc, avec des chambres à prix non matraqués d'où la vue s'étend sur la mer et les îles. Spacieuses, ensoleillées, meublées à l'ancienne, elles sont d'un très bon confort, les propriétaires – depuis longtemps dans la partie – s'étant jurés de ne jamais tomber dans le travers tropézien. Accueil très sympathique. Belle piscine au milieu de la palmeraie. Pensez à réserver très tôt! *10 % sur le prix de la chambre en mai, juin et septembre.*

DIGNE-LES-BAINS   04000

Carte régionale B1

≙|●| Hôtel du Petit Saint-Jean ★ – 14, cours des Arès (Centre) ☎ 04.92.31.30.04. Fax : 04.92.31.30.04. Parking payant. Congés annuels : du 25 décembre à début janvier. Doubles de 160 F (24,4 €) avec lavabo à 260 F (39,6 €) avec bains. Menus de 67 à 135 F (10,2 à 20,6 €). Quel que soit votre âge, vous vous rappelez certainement vos vacances chez votre grand-mère, avec un bon lit bien douillet dans une chambre à la déco désuète et des petits plats mijotés...

Cet hôtel, situé dans une petite maison, dans un coin de la place Charles-de-Gaulle, sera votre « madeleine », avec toute la chaleur de la Provence en plus. Vous trouverez ici une cuisine bonhomme avec du lapin aux petits oignons, du civet de porcelet, de la blanquette de veau ou du bœuf en daube, et le vendredi, c'est aïoli !

🛏️ |●| *Hôtel du Grand Paris* **** – 19, bd Thiers (Centre) ☎ 04.92.31.11.15. Fax : 04.92.32.32.82. Parking payant. TV. Fermé le dimanche soir et le lundi hors saison. Congés annuels : du 20 décembre au 1er mars. Doubles de 420 à 600 F (64 à 91,5 €). Menus de 195 à 420 F (29,7 à 64 €). Lorsque les pensionnaires du couvent sont partis, le bâtiment, du XVIIe siècle, s'est voué à l'hôtellerie classieuse. Le côté un poil compassé de l'accueil ne doit pas vous effrayer car vous vous priveriez d'un beau et bon moment gustatif. Les produits sont beaux, les saveurs agréables. Pour s'en rendre compte, il suffit de goûter la lotte au lard fumé, le jambonneau de lapin à l'épeautre, les filets de pigeon en bécasse, la selle d'agneau en croûte, ou les ris de veau braisés à l'orange. Les chambres sont belles, confortables et très joliment décorées. Si vous avez vu *Le Charme discret de la bourgeoisie*, vous risquez de fantasmer un brin... Un lieu pour inviter, sinon, belle-maman ou la tante à l'héritage, entre deux cures. *Apéritif, café ou digestif offert.*

🛏️ |●| *Hôtel Villa Gaïa* – route de Nice ☎ 04.92.31.21.60. Fax : 04.92.31.20.12. Parking. ♿ Congés annuels : du 1er novembre au 1er avril. Accès : à 4 km du centre, sur la route de Castellane. Très belles chambres à 480 F (73,2 €). Demi-pension à 320 F (48,8 €) par personne à partir de 3 nuits. Un hôtel calme perdu dans une verdure rafraîchissante. Un de nos rares coups de cœur dans le département, en ce qui concerne l'hôtellerie traditionnelle. Une terminologie qui fait sourire car il n'y a rien de traditionnel ici. Monsieur et Madame ont transformé une ancienne clinique en une maison particulière à tous points de vue, où il faut jouer le jeu pour être tout à fait heureux. Repas du soir à heure fixe et à menu unique d'inspiration régionale, d'un goût d'autant plus parfait qu'il utilise les légumes du potager, les fromages de la région, les viandes et poissons du marché. On dîne en terrasse, dans la bibliothèque, dans le salon, selon le temps et l'humeur du moment. Magnifiques petits déjeuners. Une pension de luxe sans l'apparat, en somme. Un coin de bonheur pour se reposer. *NOUVEAUTÉ.*

|●| *L'Origan* – 6, rue Pied-de-Ville (Centre) ☎ 04.92.31.62.13. Resto fermé le dimanche. Congés annuels : pendant les vacances de février. Accès : dans la zone piétonnière. Menus de 85 à 185 F (13 à 28,2 €). Si vous préférez la cure d'aromates aux eaux thermales, *L'Origan* est pour vous. Le « médecin-chef » s'appelle Philippe Cochet. En plein cœur du vieux quartier, il vous soignera avec un filet de saint-pierre au basilic, des pieds et paquets d'agneau aux grisets et à la sauge – spécialité provençale remaniée par un Savoyard ! –, un lapin à la menthe et aux fèves servi avec des raviolis à la brousse, etc. Tous ces plats, qui sentent bon la Provence (il n'y a pas que l'origan, il y a aussi la marjolaine, le thym, la farigoule...), prennent du temps. Allez, soyez patient ! *Café et apéritif maison offerts.*

DRAGUIGNAN   83300

Carte régionale B2

|●| *Restaurant Le Baron* – 42, Grand-Rue (Centre) ☎ 04.94.67.31.76. ♿ Fermé le lundi, sauf les lundi fériés. Menus de 67 à 145 F (10,2 à 22,1 €). La façade de cet immeuble en pierre blanche est cossue. D'ailleurs, une fois la porte franchie, on a plus l'impression de rentrer chez son médecin que dans un restaurant. Histoire d'une méprise ! C'est bien un resto, et plutôt correct avec ça. La cuisine y est bonne et l'accueil agréable. Au menu, les grands classiques de la cuisine française : daurade flambée au fenouil, saumon fumé maison, coq au vin jaune et morilles... *Apéritif maison ou café ou digestif offert.*

|●| *Le Domino* – 28, av. Carnot (Centre) ☎ 04.94.67.15.33. Fermé le dimanche et le lundi. Congés annuels : novembre. Compter de 130 à 150 F (19,8 à 22,9 €) pour un repas à la carte. Une maison de caractère, et un restaurant qui n'en manque pas, sur l'artère principale. On se croirait invité à une *tex-mex party* dans un appartement loué par une styliste qui aurait beaucoup d'amis pas tristes, et qui adorerait les films d'Almodovar. Gentillesse de l'accueil et du service. Des salades, des viandes parfumées et bien sûr pas mal de spécialités mexicaines (*fajitas* poulet ou bœuf, *ribs*), à déguster selon le temps sous la véranda ou dans le jardin sous les palmiers. Expositions de peintures.

EMBRUN   05200

Carte régionale B1

🛏️ |●| *Hôtel de la Mairie* ** – place Barthelon (Centre) ☎ 04.92.43.20.65. Fax : 04.92.43.47.02. TV. Canal+. Satellite / câble. ♿ Fermé le dimanche soir et le lundi en hiver. Congés annuels : du 1er au 15 mai, octobre et novembre. Doubles avec douche et wc ou bains de 280 à 300 F (42,7 à 45,7 €). Demi-pension à partir de 275 F (41,9 €) non obligatoire. Menus à 95 et

120 F (14,5 et 18,3 €). Avec sa superbe brasserie, sa cuisine de qualité et son personnel compétent et avenant, cet hôtel-restaurant est un modèle du genre. Du reste, les Embrunais ne s'y trompent pas, qui investissent régulièrement cet endroit convivial pour boire un verre entre amis ou pour le traditionnel repas dominical. Parmi les spécialités, les ravioles sauce morilles, les crevettes sautées à la provençale et le confit de canard sont excellents. Il est préférable de réserver. En salle, expos temporaires d'artistes locaux. Les chambres sont claires et propres. Préférez les chambres n°s 10, 20, 28 et 35, plus spacieuses, calmes et donnant sur la place. Une adresse en béton! *Café offert.*

🏠 I●I *Hôtel Notre-Dame* ** – av. Général-Nicolas - route de Chalvet ☎ 04.92.43.08.36. Fax : 04.92.43.58.41. TV. Fermé le dimanche soir et le lundi hors vacances scolaires. Congés annuels : du 15 décembre au 30 janvier. Accès : en venant de Guillestre, tourner à droite avant la poste, puis encore à droite. Doubles avec douche et wc de 280 à 360 F (42,7 à 54,9 €). Demi-pension à partir de 270 F (41,2 €). Menus de 99 à 139 F (15,1 à 21,2 €). À seulement 5 mn à pied du centre-ville, l'hôtel-restaurant *Notre-Dame* est un havre de paix. Ici, pas de voiture, mais un grand jardin au fond duquel se niche cet hôtel familial. L'accueil y est chaleureux. Les chambres, dotées d'une excellente literie, sont d'une extrême propreté. La cuisine à base de produits régionaux est de qualité. Spécialités d'escargots, grenouilles, pieds-paquets, andouillettes. Une bonne adresse. *Café offert.*

I●I *La Vieille Tour* – place Chaffnel (Centre) ☎ 04.92.43.24.93. Fermé le lundi et le dimanche soir. Congés annuels : du 1er janvier au 31 mars. Menu express à 60 F (9,1 €) le midi sauf le dimanche. À la carte, compter 100 F (15,2 €) pour un repas. Dans la petite salle coquette ou, s'il fait beau, en terrasse sur cette placette retirée et calme, on vient ici pour bien manger. Tartiflette, salades diverses, pâtes fraîches, pizzas, poissons et viandes grillées au feu de bois. Service attentionné de la patronne, tandis que Monsieur est aux fourneaux. Une bonne halte gourmande. *Apéritif offert.*

I●I *Restaurant Pascal* – hameau de Caléyère (Nord-Ouest) ☎ 04.92.43.00.69. Congés annuels : septembre. Accès : à partir d'Embrun, prendre la route qui mène à Caléyère (nombreux lacets) ; au village, le restaurant se trouve dans une rue à droite de la route principale. Menu à 65 F (9,9 €). Bien sûr, on ne vient pas ici pour dîner en amoureux mais pour s'immerger dans une ambiance familiale et conviviale. La patronne serre la main de tous ses clients. Menu unique et copieux, à base des produits de la ferme : légumes, œufs, viandes... L'ambiance est garantie et l'on sort repu. D'ailleurs, la patronne ne manque jamais de rappeler en patois le proverbe local : « À Briançon, tout dans la poche ; à Gap, tout sur le dos ; à Embrun, tout dans le ventre ! » En digestif, une petite *vipérine* : cœurs sensibles s'abstenir !

DANS LES ENVIRONS

SAINT-ANDRÉ-D'EMBRUN 05200
(6 km NE)

I●I *Restaurant La Grande Ferme* – hameau Les Rauffes ☎ 04.92.43.09.99. Fermé mardi et mercredi. Congés annuels : du 3 octobre au 15 décembre. Accès : sur la route de Crévoux. Menus à 75 et 110 F (11,4 et 16,8 €). Nicole et Thierry vous accueillent dans la magnifique salle voûtée qu'ils ont restaurée. Jouissant dans tout le département d'une notoriété méritée, ce resto propose une excellente cuisine traditionnelle. Menu végétarien et menu du terroir que nous vous conseillons particulièrement. L'œuf cocotte au bleu du Queyras ou le gratin de poires à l'eau-de-vie des Hautes-Alpes méritent le détour. Grand choix de vins. Possibilité de location de gîtes.

SAINT-SAUVEUR 05200 (10 km S)

I●I *Restaurant Les Manins* – bourg de Saint-Sauveur ☎ 04.92.43.09.27. Ouvert de juillet à la mi-septembre en continu de 12 h à 21 h ; le reste de l'année, sur réservation. Accès : prendre la route des Orres, *Les Manins* est fléché sur la gauche. Pizzas de 40 à 60 F (6,1 à 9,1 €), le grand *mezzé* à 85 F (13 €). Top des tops, la terrasse avec vue plongeante sur le lac de Serre-Ponçon et Embrun dans son petit coin, panorama formidable vraiment... Il faut dire qu'Éric Boissel, architecte, a choisi l'endroit avant d'y bâtir (de ses mains!) cette élégante bâtisse en bois de mélèze ; il conçoit aussi les meubles, dont les chaises où l'on s'assoit pour savourer les recettes de Nicole, hôtesse aimable et zen : fougasse maison, tapenade, salades composées et pizzas copieuses ou le grand *mezzé*, plat complet d'inspiration turque qui connaît un franc succès (poivron rouge, concombre au yaourt, crème de pois chiches, *kofti*, féta et oignons frais). Bonnes crêpes également et fameux *crumble*. Notre coup de cœur dans l'Embrunais.

ENTRECASTEAUX 83570

Carte régionale B2

I●I *La Fourchette* – Le Courtil (Centre) ☎ 04.94.04.42.78. Fermé le lundi. Congés annuels : du 10 décembre au 10 mars.

Accès : juste à côté de l'église, dans la vieille ville. Petit menu à 85 F (13 €), en semaine, à midi. Autres à 125 et 200 F (19,1 et 30,5 €). À l'ombre du célèbre château, une maison pour les voyageurs gastronomes, qui y déposeront fatigue et soucis, pour savourer tout autant la vue, sur la terrasse, que la cuisine de Pierre Nicolas. Accueil adorable de sa jeune femme, qui a quitté Los Angeles pour le Haut-Var, sans perdre le sourire. Simplicité, qualité, juste prix. Foie gras, truffe et Saint-Jacques sautées se glissent dans les menus. *Apéritif offert.*

ÈZE   06360

Carte régionale B2

🏠|●| *Hermitage du Col d'Èze* ** – Grande Corniche (Nord) ☎ 04.93.41.00.68. Fax : 04.93.41.24.05. Parking. TV. Resto fermé le lundi, le jeudi midi, et le vendredi midi. Accès : à partir d'Eze-village, prendre la D46 puis la Grande Corniche ; c'est juste à 500 m à gauche. Doubles de 170 à 310 F (25,9 à 47,3 €). Demi-pension de 215 à 275 F (32,8 à 41,9 €). Au restaurant, menus à 95 F (14,5 €) en semaine, 135 et 190 F (20,6 et 29 €). Si l'endroit vous dit quelque chose, c'est normal. Vous avez dû voir *Risque maximum* avec Jean-Claude Van Damme et Jean-Hugues Anglade. Et, vu la qualité du film, vous en avez profité pour repérer l'endroit. On y vient pour se reposer au calme chez M. et Mme Bérardi, cela ne fait aucun doute : une piscine délassera les pieds fatigués des randonneurs et la fraîcheur de l'altitude (l'hôtel se situe au départ des sentiers de grande randonnée) les changera de la chaleur côtière. D'en haut, vue splendide sur les Alpes du Sud. Côté cuisine, le chef est un passionné qui ne travaille que de beaux produits, certains en saison viennent directement du jardin. Carte des vins sagement tarifiée. *Café offert.*

🏠 *Auberge des Deux Corniches* ** – Èze-Village (Nord) ☎ 04.93.41.19.54. Fax : 04.92.10.86.26. Parking. TV. Congés annuels : de début novembre à Pâques. Accès : à 1 km sur la D46 en direction du col d'Eze. Chambres doubles agréables, certaines avec un balcon, à 340 F (51,8 €). Demi-pension à 320 F (48,8 €) par personne. Un hôtel un peu au-dessus d'Eze-village, suffisamment en hauteur pour qu'on puisse, depuis sa chambre, admirer la Grande Bleue. On comprend, dès l'accueil charmant de la patronne et compte tenu du silence qui règne alentour, que l'établissement fasse souvent le plein en été.

|●| *Bistrot Loumiri* – av. du Jardin-Exotique ☎ 04.93.41.16.42. Fermé du lundi et mercredi soir. Menus de 95 à 140 F (14,5 à 21,3 €). Pour tous les goûts. Comme dit la carte, le patron est en cuisine, sa femme en salle. Lui fait des plats canaille ou régionaux, elle sert en rêvant du pays... malgache, où ces deux là se sont rencontrés. Au menu régional : petit farcis niçois ou chartreuse d'aubergines avec un coulis de tomates, aïoli ou brochette de lapin au romarin. Tout simple, tout bon. S'ils trouvaient des brèdes, ils nous en feraient peut-être un malgache ! *NOUVEAUTÉ.*

FAYENCE   83440

Carte régionale B2

🏠 *Hôtel La Sousto* – 4, rue du Paty ☎ 04.94.76.02.16. De 270 à 360 F (41,2 à 54,9 €), la chambre tout équipée pour 2 ou pour 4. La Provence comme on l'aime. Au cœur du vieux village perché au-dessus de la vallée, ce petit hôtel nous a tapé dans l'œil. Les quelques chambres gentillettes, meublées simplement, nous font croire que l'on est en visite chez une charmante vieille tante. Dans chaque chambre, on trouve une plaque chauffante, un réfrigérateur, un évier et pour certaines une douche et wc. Chacune a sa personnalité, mais notre préférée, c'est la n° 5, avec sa petite terrasse ensoleillée dominant la vallée. On y passerait bien tous ses après-midi. Très bien tenu. *10 % sur le prix de la chambre pour au moins 2 nuits consécutives de septembre à juin.*

FONTVIEILLE   13990

Carte régionale A2

🏠 *Hôtel Le Daudet* *** – 7, av. de Montmajour ☎ 04.90.54.76.06. Fax : 04.90.54.76.95. Parking. Congés annuels : du 1er octobre à Pâques non inclus. Doubles avec douche et wc ou bains de 300 à 360 F (45,7 à 54,9 €). Pour mémoriser les noms de l'hôtel et du lieu, pensez aux deux « attractions » voisines : le moulin de Daudet et l'abbaye de Montmajour. L'hôtel, lui, est tout neuf, avec 14 chambres sans histoire, donc, disposées en patio, avec terrasse privée, pinède et piscine. Tout simple, tout bon. *Apéritif offert.*

|●| *La Cuisine au Planet* – 144, Grand'Rue (Centre) ☎ 04.90.54.63.97. Fermé le lundi et le mardi midi. Congés annuels : février et novembre. À midi, en semaine, plat du jour avec verre de vin et dessert à 80 F (12,2 €). Menus superbes à 135 et 175 F (20,6 et 26,7 €). Charmant vieux village, avec sa pittoresque Grand'Rue, et adorable restaurant caché par une vigne vierge, tenu par un jeune couple amoureux des atmosphères chaleureuses et des plats du terroir revus avec un souci certain du décor et de la légèreté. Belle carte des vins. *Apéritif offert.*

FORCALQUIER   04300

Carte régionale A2

⌂ I●I *Hostellerie des Deux Lions* *** – 11, place Bourguet (Centre) ☎ 04.92.75.25.30. Fax : 04.92.75.06.41. TV. Fermé le dimanche soir et le lundi hors saison. Quelques belles chambres de 300 à 600 F (45,7 à 91,5 €). Menus à 160 et 230 F (24,4 et 35,1 €). L'adresse plutôt chic et bourgeoise comme on en trouve de moins en moins en France. On imagine sans peine le nombre de repas de communions, de mariages ou de baptêmes qu'on a dû célébrer ici. Et il faut reconnaître qu'on y mange bien : parmentier de canard en rillettes au jus de pain d'épice, terrine d'artichauts barigoule au foie gras de canard, sauté de homard et d'écrevisses en petit ragoût, lapin farci au vert et aux pignons de pins, manchons de volaille farcis et gratin de ravioles, et pour finir un diplomate aux raisins macérés à la gnôle de Provence ou un baba glace à la cannelle et gratinée de fruits rouges.

⌂ *Le Charambeau* – route de Niozelles (Sud-Est) ☎ 04.92.70.91.70. Fax : 04.92.70.91.83. Parking. TV. Congés annuels : janvier et décembre. Accès : à 4 km du centre-ville par la N100, direction Niozelles. Doubles de 300 à 480 F (45,7 à 73,2 €). La plus belle auberge que vous puissiez espérer trouver entre la Durance et le pays de Forcalquier. D'une vieille ferme du XVIIIe siècle, les propriétaires ont fait un hôtel où il fait bon séjourner en toutes saisons. Dominant la vallée, au beau milieu de 7 ha de prés et de collines, une dizaine de chambres fraîches et agréables, certaines avec balcon, d'autres avec une vaste terrasse, toutes équipées confortablement. Piscine pour les uns, balades à vélo pour les autres. Sans oublier le fameux marché du lundi, à Forcalquier ! *NOUVEAUTÉ.*

DANS LES ENVIRONS

LARDIERS 04230 (18 km N)

I●I *Le Café de la Lavande* – ☎ 04.92.73.31.52. Fermé le lundi et le dimanche soir hors saison. Accès : prendre la D950 vers Banon et, à Notre-Dame, prendre à droite la D12 vers Saumane. Menu à 100 F (15,2 €). Le village domine la montagne de Lure. Et il faut courir pour découvrir goulûment ce café de campagne comme il en existe de moins en moins en France. Quelques habitués passent pour le petit coup de blanc du matin ou le pastis de l'apéritif. Mais ils devraient faire comme vous et prendre le temps de prendre un repas. Il ne faut pas s'attendre à de la grande cuisine. Un maître mot : simplicité. Canard aux cerises, daube d'agneau, bran-

dade de morue. C'est frais et bon. Quant à l'accueil... c'est devenu un gag et une source de paris. Même la patronne en rajoute dans le côté bourru, comme si ça ne suffisait pas, avec le patron, qui s'est juré de ne pas faire un sourire avant la prochaine éclipse de soleil. Jouez le jeu, ne vous forcez pas pour être aimable, ils trouveraient ça suspect, mais ne faites pas la gueule pour autant, ça les amuserait trop !

FRÉJUS   83600

Carte régionale B2

⌂ I●I *Auberge de jeunesse* – chemin du Counillier (Nord-Est) ☎ 04.94.53.18.75. Fax : 04.94.53.25.86. ● www.fuaj.org ● Congés annuels : du 20 décembre au 31 janvier inclus. Accès : à 2 km du vieux Fréjus ; en train, descendez à la gare de Saint-Raphaël, puis rejoignez la gare routière où, à 18 h sur le quai n° 7, un bus vous conduira à l'AJ. On dort dans les dortoirs pour 70 F (10,7 €) petit déjeuner compris, ou en chambre de 4 avec salle d'eau et wc pour 85 F (13 €), petit déjeuner compris. Possibilité de camper dans le parc pour 33 F (5 €) la nuit. Repas : 52 F (7,9 €). Auberge très agréable, située dans un parc de 7 ha, à 4,5 km de la plage, mais à quelques minutes à pied du vieux Fréjus (le temps de parcourir les 2 km quoi !). Chaque matin, un bus à destination de la gare ou de la plage. Carte d'adhérent obligatoire (peut être délivrée sur place).

⌂ I●I *Hôtel Arena* *** – 139, rue du Général-de-Gaulle (Centre) ☎ 04.94.17.09.40. Fax : 04.94.52.01.52. Parking payant. TV. Satellite / câble. ⚠ Accès : juste à côté de la place Agricola. Doubles avec douche et wc à 350 F (53,4 €), avec bains de 380 à 700 F (57,9 à 106,7 €). 1er menu à 140 F (21,3 €), puis à 185 et 255 F (28,2 et 38,9 €). Compter de 280 à 350 F (42,7 à 53,4 €) pour un repas à la carte. Hôtel presque tout neuf offrant des chambres modernes et confortables. Décor haut en couleurs avec de nombreuses plantes. On se sent bien dans ce coin d'une Provence reconstituée. La piscine, en plein centre-ville, permet de se détendre tranquillement avant d'aller dîner. Cuisine bien sous tous rapports mais un peu chère pour les routards. *Café offert.*

GAP   05000

Carte régionale B1

⌂ *Unic Hôtel* * – La Placette, rue Jean-Eymar ☎ 04.92.51.05.96. Fax : 04.92.51.94.11. TV. Accès : près de l'office de tourisme. De 150 F (22,9 €) la chambre la plus simple à 195 F (29,7 €) avec douche et wc. En zone piétonne et loin de tout bruit, l'*Unic Hôtel* est un modeste établissement comme on aimerait en trouver plus souvent dans les villes tourlstiques. Propre, sympa, clair, accueillant, avec une tonalité familiale. Vous ne vous ruinerez pas. Literie plus ou moins confortable. Les chambres n°s 1, 2, 5 et 10 sont les mieux équipées. *Petit déjeuner offert.*

■ *La Ferme Blanche* *** – 3, chemin de l'Oratoire (Nord-Ouest) ☎ 04.92.51.03.41. Fax : 04.92.51.35.39. TV. Canal+. Satellite / câble. Accès : de la gare, prendre la route du col Bayard, tourner à droite route de Romettes puis à gauche ; l'hôtel est au bout de la route. Doubles de 170 F (25,9 €) avec douche (wc à l'extérieur) à 305 F (46,5 €) avec bains. Petit déjeuner à 38 F (5,8 €) servi jusqu'à midi. À *La Roseraie*, 1er menu à 130 F (19,8 €). À l'écart de la route principale, cet hôtel de charme dispose d'une terrasse ensoleillée où il fait bon lézarder. À l'intérieur, de beaux meubles agrémentent les murs voûtés. Notez que le comptoir du bar est un ancien guichet de banque ! Disponible et accueillant, le patron vous éclairera, tant sur les balades à entreprendre que sur l'actualité culturelle de la ville. Chambres assez confortables, même si la déco semble un peu défraîchie. Possibilité de repas dans le restaurant mitoyen : *La Roseraie*. Demi-pension non obligatoire, même en saison. *10 % sur le prix de la chambre.*

■ I●I *Hôtel-restaurant Porte-Colombe* ** – 4, place Frédéric-Euzières (Centre) ☎ 04.92.51.04.13. Fax : 04.92.52.42.50. TV. Satellite / câble. Resto fermé le vendredi soir et le samedi (sauf du 11 juillet au 15 septembre), et tous les midis (sauf le dimanche et les jours fériés) à partir d'avril. Congés annuels : du 3 au 20 janvier et du 28 avril au 20 mai. Doubles à 270 F (41,2 €) avec douche et wc, et à 290 F (44,2 €) avec bains. Menus de 85 à 155 F (13 à 23,6 €). Dans cet immeuble moderne et quelconque, des chambres personnalisées, confortables. Accueil un peu froid cependant. Que les volets électriques et la télé internationale ne vous fassent pas oublier la belle vue sur Gap et sa cathédrale, qu'on a depuis la plupart des chambres. Tiens, un passe-plat dans le mur ! Il permet de recevoir le plateau du petit déjeuner en tenue d'Adam. Au restaurant, de bons plats, comme la mousseline de saumon au coulis de crabe, le filet d'agneau rôti, le gratin dauphinois, et les desserts, succulents, tel le clafoutis aux poires et pommes flambé au génépi. *10 % sur le prix de la chambre du 1er octobre au 10 juillet.*

■ I●I *La Grille* *** – 2, place Frédéric-Euzière (Centre) ☎ 04.92.53.84.84. Fax : 04.92.52.42.38. TV. Canal+. Satellite / câble. Resto fermé le dimanche soir et le lundi hors saison. Doubles avec douche et wc à 270 F (41,2 €), avec bains à 350 F

(53,4 €), deux avec cuisinette. Menus de 95 à 200 F (14,5 à 30,5 €). Grand bâtiment d'allure bien banale, façade inexpressive de béton percée de fenêtres régulières et carrées (ou rectangulaires, on n'a pas mesuré), mais avec des chambres spacieuses et confortables. Comme d'autres hôtels gapençais, le mobilier et la déco datent un peu, bientôt ça fera des antiquités, mais, foi de routard exigeant, au sommeil léger et au dos sensible, la literie est bonne, le silence profond et le ménage est fait. L'accueil surtout est très affable. *10 % sur le prix de la chambre.*

I●I *Au 2e Souffle* – place de la Cathédrale ☎ 04.92.53.57.87. ♿ Fermé le dimanche. Menu à 80 F (12,2 €). Compter 110 F (16,8 €) à la carte. Discrètement planquée sur le côté de la cathédrale, une adresse insolite, restaurant-salon de thé-galerie d'art-dépôt-vente de vêtements (tout ça !), où l'on trouve de bonnes tartes sucrées ou salées, des salades composées. Spécialité de lasagnes aussi, et un plat du jour (rôti de porc aux pêches, poulet coco) souvent original et savoureux. Jolie déco hétéroclite en salle et petite terrasse. *Café offert.*

I●I *Le Tourton des Alpes* – 6, rue Jean-Eymar (Nord-Est) ☎ 04.92.53.90.91. Menus à 80 et 110 F (12,2 et 16,8 €). Compter 100 F (15,2 €) environ à la carte. Ce restaurant connaît un succès persistant. Il faut dire que l'on vous sert ici les meilleurs tourtons des Hautes-Alpes, et ce n'est pas une légende... Accompagnés de salades vertes et de jambon cru, ces beignets de pommes de terre sont excellents. Si vous êtes pressé, il est désormais possible de demander l'assiette de tourtons la plus rapide à préparer. Dans les deux menus, ils sont toujours servis à volonté... Patron vraiment sympa. Une bonne adresse donc, et l'une des rares ouvertes tous les jours à Gap. *Café offert.*

I●I *La Musardière* – 3, place du Revelly (Centre) ☎ 04.92.51.56.15. Fermé le mercredi. Congés annuels : 1re quinzaine de juillet. Menus de 110 à 160 F (16,8 à 24,4 €), dont le « menu alsacien » à 135 F (20,6 €). Alsace chérie, où que tu sois tu restes belle et généreuse, parole ! La « cuisine traditionnelle soignée » qu'on vous sert ici en témoigne, en partie inspirée de là-bas ; et les patrons qui en viennent, Gapençais d'adoption, proposent un copieux et goûteux menu alsacien – nous n'oublierons jamais ce jarret de porc braisé à la bière... Choucroute aux filets de poissons et filet de sandre au riesling également. Très belles salades. Salle propre et coquette, service poli de madame : toute l'Alsace, quoi !

I●I *Restaurant Le Pasturier* – 18, rue Pérolière (Centre) ☎ 04.92.53.69.29. Fermé le dimanche et le lundi midi. Congés annuels : les 2 premières semaines de janvier, la dernière semaine de juin et la 1ʳᵉ semaine de juillet. Accès : zone piétonne. Menus de 115 à 190 F (17,5 à 29 €). À la carte, le plat est aux environs de 100 F (15,2 €). Le décor est sobre et les poutres se marient agréablement au tissu saumon tendu aux murs. L'ambiance, feutrée et intime, est propice aux dîners à deux, et Pascal Dorche, le chef, n'hésite pas à renouveler sa carte fréquemment et réalise une cuisine honnête, sans grande surprise mais satisfaisante. Fenouillette d'escargots crème d'ail, filet de bar et carré d'agneau rôtis, entremets chocolat blanc noix de coco. L'été, petite terrasse à l'arrière. *Apéritif offert.*

DANS LES ENVIRONS

LAYE 05500 (11,5 km N)

|●| *Restaurant La Laiterie du Col Bayard –* ☎ 04.92.50.50.06. ♒ Fermé le lundi sauf vacances scolaires et jours fériés. Congés annuels : du 15 novembre au 20 décembre. Accès : en venant de Gap, à gauche sur la N85, fléchage. Menu à 75 F (11,4 €). À la carte, compter de 90 à 110 F (13,7 à 16,8 €). Fils et petit-fils de fermier et fermier lui-même, M. Bertrand aime le fromage et s'est donné les moyens de faire partager sa passion : une salle immense, un petit musée et même un vidéo-clip. Voilà pour l'ambiance. Des salades sauce à la crème de bleu ou à la noisette de jambon fumé, un plateau champsaurin, des fondues ; et même, parmi tant d'autres choses, le menu saveur aux 4 passages de chariot et, s'il vous plaît, le trou... champsaurin. Amateurs, à vos couverts !

MONTGARDIN 05230 (12 km E)

|●| *L'Auberge du Moulin –* ☎ 04.92.50.32.98. TV. Fermé le dimanche soir et le lundi. Sur réservation uniquement. Accès : route d'Embrun ; l'auberge est indiquée sur la droite de la nationale. 2 studios meublés et équipés de kitchenette, maximum de 4 personnes : 180 F (27,4 €) la nuitée pour chacun. Menu unique à 140 F (21,3 €). Menu enfant à 70 F (10,7 €). *L'Auberge du Moulin*, bien connue dans le pays sous le nom « Les Trois Sœurs », est une adresse familiale de bonnes femmes, de vraies cuisinières du terroir, spécialisée dans tout ce qui se plume ou se dépouille, du pigeon à l'oie en passant par le lapin. Ne dites pas, en y allant, qu'on les appelle aussi « Les Six Fesses » (logique), même si sans doute elles le savent et ne s'en formalisent pas, et profitez sans retenue du menu unique, rassasiant et fin. Le gâteau de rattes au foie de canard, les pigeons à l'oignon grelot confit et à la tapenade, la fricassée de canette (entière et dodue) façon coq au vin,

le tian aux légumes du jardin du Gaspi, le fromage frais au miel, le bon bavarois, tout se déguste avec joie. Lu dans le Livre d'Or : « Sur le chemin de Montgardin / Voyageur arrête tes pas / À l'Auberge du Moulin / Tu ne le regretteras pas. » Qu'ajouter à cela ? Belle salle à manger rustique, et peu de tables (une quinzaine de couverts). *Apéritif offert.*

SAINT-JULIEN-EN-CHAMPSAUR 05500 (20 km N)

🛏|●| *Les Chenêts –* au village ☎ 04.92.50.03.15. Fax : 04.92.50.73.06. Parking. Fermé le mercredi et le dimanche soir hors saison. Congés annuels : du 3 au 21 avril et du 13 novembre au 27 décembre. Accès : prendre la route de Grenoble ; à La Fare, à droite direction Saint-Bonnet, puis Saint-Julien. Doubles avec douche et wc au bains de 260 à 270 F (39,6 à 41,2 €). Menus en semaine à 70 et 95 F (10,7 et 14,5 €), puis à 140 et 200 F (21,3 et 30,5 €). Chalet de montagne à l'ambiance chaleureuse et familiale, aux chambres assez simples mais à la table plus que bien : le patron s'y entend au piano. 1ᵉʳ menu régional (tourtons, jambon, salade et crème brûlée) et très bon menu à 140 F : carpaccio de canard à la vinaigrette de pamplemousse ou terrine de sandre et saumon, langue et joue d'agneau braisées ou saint-pierre à la graine de moutarde et confiture d'oignons, fromages extra et impeccable dessert maison. Un régal. *Apéritif offert.*

GASSIN 83580

Carte régionale B2

🛏|●| *Hôtel Bello-Visto ** –* place des Barrys (Est) ☎ 04.94.56.17.30. Fax : 04.94.43.45.36. TV. Restaurant fermé le mardi. Doubles avec douche et wc de 280 à 420 F (42,7 à 64 €). Menu à 140 F (21,3 €). Compter 200 F (30,5 €) environ pour un repas à la carte. Idéal hors saison. Petit 2 étoiles très bien situé, avec une terrasse qui domine la superbe baie de Saint-Tropez. Chambres correctes rénovées et relativement bon marché pour le coin. Si vous en trouvez une en juillet-août sans avoir réservé, jouez au Loto tout de suite. Cuisine provençale : saint-pierre au basilic, lapin rôti à l'ail, galette de truffe. Menu avec un gâteau de lapin et de délicieuses moules sauce poulette !

GORDES 84220

Carte régionale A2

🛏|●| *Le Provençal –* place du Château (Centre) ☎ 04.90.72.10.01. Fax : 04.90.72.04.20. Congés annuels : du

15 novembre au 15 décembre. Doubles avec bains à 250 F (38,1 €). Petit déjeuner à 25 F (3,8 €). Menus à 100 et 120 F (15,2 et 18,3 €). Globalement, dormir dans le Luberon coûte cher. Et Gordes, village de charme, n'est pas, loin de là, l'exception qui confirme la règle ! On appréciera donc à leur juste valeur, les prix tenus de cet hôtel, certes pas luxueux, mais honnête dans sa catégorie. 8 chambres très propres avec des sanitaires neufs. Les chambres n°s 1 et 2 offrent une jolie vue sur le château. En revanche, cuisine pas très emballante qui mériterait des menus un peu plus gentiment tarifés. Pizzas à la carte si vous voulez faire au minimum.

🏠 I●I *Auberge de Carcarille* ** – **Les Gervais (Sud)** ☎ 04.90.72.02.63. Fax : 04.90.72.05.74. Parking. TV. Satellite / câble. ♿ Fermé le vendredi hors saison. Congés annuels : du 15 novembre au 27 décembre. Accès : à 3 km en contrebas de Gordes, par la D2. Doubles avec bains à 340 F (51,8 €). Petit déjeuner à 45 F (6,9 €). Menus de 95 à 200 F (14,5 à 30,5 €). Menu enfant à 55 F (8,4 €). Chaleureuse auberge, de construction récente mais cela ne se voit pas trop. Salle à manger dans le genre élégant et bonne cuisine de tradition : gibelotte de lapin farcie aux herbes de Provence, pieds paquets et bouillabaisse. Chambres de bon confort et bien agréables. Globalement et dans un secteur où (insistons !) les prix sont plus haut perchés encore que les villages, un bon rapport qualité-prix.

🏠 *Le Mas de la Sénancole* *** – **hameau Imberts** ☎ 04.90.76.76.55. Fax : 04.90.76.70.44. Parking. TV. Satellite / câble. ♿ Congés annuels : de fin octobre à début avril. Accès : à 5 km par la D2. Doubles avec douche et wc de 590 à 690 F (89,9 à 105,2 €). Appartements à 1 000 F (154 €). Petit déjeuner à 80 F (12,2 €). Au pied de Gordes, une de ces adresses de charme qui sont en passe de devenir une spécialité locale du Luberon. Belles chambres au confort optimum, à la déco évidemment très couleur locale. Les appartements avec loggia et salles de bains XL sont eux aussi franchement superbes avec leurs meubles en fer forgé. Beau jardin avec piscine. Bien sûr, tout cela à un prix...

DANS LES ENVIRONS

GOULT 84220 (8 km SE)

I●I *Le Café de la Poste* – **place de la Libération (Centre)** ☎ 04.90.72.23.23. ♿ Fermé le mercredi ; le soir et le dimanche pas de restauration mais bar ouvert. Menu du jour à 68 F (10,4 €). Compter 80 F (12,2 €) à la carte. Menu enfant à 45 F (6,9 €). Au cœur d'un village mignon comme tout, bistrot de campagne qui fait le plein chaque midi pour son plat du jour ou ses spécialités provençales d'un honnête rapport qualité-prix : lapin à la pebrade, aïoli, anchoïade, artichaut barigoulo, etc. Quelques tables entre le bar où traînent les habitués et les présentoirs à journaux et magazines et, aux beaux jours, terrasse sous les micocouliers. Ambiance bon enfant, un peu touristique l'été. Et si vous avez l'impression d'être déjà venu, normal : c'est ici que Souchon rencontre Adjani dans le film *L'Eté meurtrier. Apéritif offert.*

I●I *Auberge Le Fiacre* – **quartier Pied-Rousset** ☎ 04.90.72.26.31. Parking. Fermé le dimanche soir hors saison et le mercredi. Accès : à 5 km du village par la N100 direction Apt. Menus de 110 à 180 F (16,8 à 27,4 €). Menu enfant à 60 F (9,1 €). La bonne auberge familiale où les patrons vous accueilleront avec joie et gentillesse. Maman et sa fille s'occuperont de vous en salle, papa, lui, est enfermé dans sa cuisine où il travaille une cuisine provençale légère et inventive : ravioles de langoustines, tian de morue, carrés d'agneau, chaud-froid de poires. L'automne, place au gibier. Et l'été, on mange sous les tilleuls en écoutant les cigales. Les menus offrent un réjouissant rapport qualité-prix. Vraiment une bonne adresse, connue des amoureux du coin.

MURS 84220 (8,5 km NE)

🏠 I●I *Le Crillon* – **au village (Centre)** ☎ 04.90.72.60.31. Fax : 04.90.72.63.12. Parking. TV. Fermé le jeudi hors saison. Congés annuels : la 2e quinzaine de janvier. Doubles avec bains de 260 à 350 F (39,6 à 53,4 €). Petit déjeuner à 35 F (5,3 €). Menus de 75 F (11,4 €) le midi en semaine à 180 F (27,4 €). Menu enfant à 50 F (7,6 €). Une jolie petite route mène à ce village de caractère, totalement perdu dans la nature et qui a vu naître Crillon le Brave, compagnon d'armes d'Henri IV. Ce *Crillon*-là présente un rapport qualité-prix nettement plus avantageux pour votre bourse que le *Crillon* de la place de la Concorde à Paris. On s'en doutait un peu ! Chambres coquettes. Et côté resto, quelques gentils plats : tournedos aux morilles, omelette aux truffes, etc. Gibier et plats à base de truffes en saison. Pour ceux qui aiment et recherchent les valeurs de la campagne. *10 % sur le prix de la chambre pour un séjour de 6 nuits minimum.*

BEAUMETTES 84220 (9 km SE)

I●I *Restaurant La Remise* – **au village (Centre)** ☎ 04.90.72.23.05. Fermé le mercredi. Congés annuels : du 15 janvier au 15 février. Menus de 85 à 170 F (13 à 25,9 €). Est-ce parce que ce village est un peu hors circuits touristiques ? Toujours est-il que le premier menu est ici un des plus abordables du Luberon. Sans prétention ni coup de bâton. Il vous faudra toutefois débourser un peu plus pour essayer les spécialités de la maison : Saint-Jacques à la provençale, filet de loup à l'estragon, émincé de bœuf aux cèpes. Possibilité de profiter d'une belle terrasse ombragée. *Café offert.*

GOURDON 06620

Carte régionale B2

I●I *Au Vieux Four* – **rue Basse** ☎ 04.93.09.68.60. Fermé le soir et le samedi. Congés annuels : la 1re quinzaine de juin. Menu à 95 F (14,5 €). À la carte, compter environ 120 F (18,3 €). Une adresse agréable pour faire une pause, le midi. Bonne petite cuisine familiale. Après l'assiette de charcuterie du pays ou la salade du berger, vous vous régalez d'un lapin au thym de la garrigue ou d'une bonne viande grillée au feu de bois, avant de finir avec un clafoutis. Accueil chaleureux. *NOUVEAUTÉ.*

GRAVE (LA) 05320

Carte régionale B1

▲I●I *L'Edelweiss* ** – **au bourg** ☎ 04.76.79.90.93. Fax : 04.76.79.92.64. TV. Congés annuels : du 10 mai au 15 juin et du 25 septembre au 22 décembre. Doubles avec douche, wc sur le palier, à 280 F (42,7 €), et avec wc à 340 F (51,8 €). Menus à 90 et 120 F (13,7 et 18,3 €). Voilà une adresse qui mérite votre attention! Les patrons organisent chaque hiver le derby de la Meije, course de glisse mondialement connue, d'une dénivelée de 2 150 m. À l'écart des voitures, au sein d'une structure récemment rénovée (un sauna et un jacuzzi sont mis à la disposition des sportifs éreintés), vous pourrez vous prélasser sur la terrasse ou scruter à la lunette les sommets de plus de 4 000 m du massif des Écrins. La clientèle est internationale et sportive et, lors des veillées, l'ambiance est assurée. Les chambres sont un peu petites mais propres. Une adresse que l'on aime... *10 % sur le prix de la chambre.*

GRÉOUX-LES-BAINS 04800

Carte régionale A2

▲I●I *Hôtel-restaurant des Alpes* – **19, av. des Alpes** ☎ 04.92.74.24.24. Fax : 04.92.74.24.26. TV. Satellite / câble. Congés annuels : de mi-novembre à fin février. Accès : dans le vieux village. Doubles de 260 à 340 F (39,6 à 51,8 €). Menus de 90 à 180 F (13,7 à 27,4 €). Belle maison dans le village, au look plutôt jeune, et qui n'a rien d'un hôtel de cure, à part peut-être la clientèle de temps en temps. Chambres simples, décorées avec goût, avec vue sur le village ou donnant sur le parc et la piscine. Restaurant de bonne tenue proposant toute une kyrielle de menus. Au gré de la carte, on a bien aimé le millefeuille d'aubergines à la sardine et saumon frais sur un filet d'huile d'olive, la cuisse de lapereau rôtie au miel du plateau de Valensole ou le filet de loup en écailles de pommes de terre. Accueil souriant. *Apéritif offert. NOUVEAUTÉ.*

GRIMAUD 83310

Carte régionale B2

▲ *Le Ginestel* – **chemin des Blaquières** ☎ 04.94.43.48.45. Fax : 04.94.43.48.45. Parking. ♿ Congés annuels : d'octobre à fin mars. Accès : à 3 km du village de Grimaud et à 1,5 km de Port-Grimaud. Doubles avec douche et wc de 250 à 450 F (38,1 à 68,6 €), de 350 à 550 F (53,4 à 83,8 €) en juillet-août. Une fois que le nuage de poussière est retombé, au bout du chemin de terre qui le protège ô! combien efficacement, vous découvrirez un hôtel a priori sans prétention, qui cache en fait 18 chambres, ayant toutes une terrasse privée, donnant sur le parc et la piscine. Si vous avez un bateau (et pourquoi pas?), il y a un ponton, sur la Giscle. La classe! Rien à redire pour le prix.

▲ *Hôtel La Pierrerie* *** – **quartier du Grand-Pont** ☎ 04.94.43.22.55. Fax : 04.94.43.24.78. Parking. Canal+. Satellite / câble. Congés annuels : du 31 octobre au 1er avril. Accès : par la D61 (à 2 km de Grimaud). Chambres avec douche et wc de 450 à 580 F (68,6 à 88,4 €) selon la saison, avec bains de 480 à 640 F (73,2 à 97,6 €). On l'aime bien, ce gentil petit hôtel qui semble perdu en pleine campagne, tout en étant dans le golfe de Saint-Tropez. Côté architecture, on se croirait dans un mas provençal avec des petits bâtiments en pierre noyés dans les fleurs et la verdure, tout autour d'une piscine qui tient lieu d'agora, car tout le monde s'y retrouve, aux beaux jours (les « moches » se comptent sur les doigts de la main!). Et quel calme! *Pour un séjour de 6 nuits consécutives, 1 nuit supplémentaire offerte.*

▲ *Athénopolis* *** – **quartier Mouretti** ☎ 04.94.43.24.24. Fax : 04.94.43.37.05. Parking. TV. Satellite / câble. ♿ Accès : à 3 km de Grimaud, sur la route de La Garde-Freinet. Doubles avec douche de 490 à 610 F (74,7 à 93 €), avec bains de 570 à 660 F (86,9 à 100,6 €). Possibilité de table d'hôte à 120 F (18,3 €). Le nom peut faire peur, on vous l'accorde. Une fois arrivé au milieu du parc, on respire doublement. Des chambres sous colonnes, joliment décorées, avec loggia ou terrasse, une piscine qui a de la gueule, une atmosphère paisible. Idéal pour un couple ayant envie de se (faire) dorloter, car les prix atteignent quand même un niveau élevé. Petit déjeuner copieux avec des fruits. Si vous avez un brin de voix, le patron, plutôt original, a un studio d'enregistrement à côté !

GUILLESTRE   05600

Carte régionale B1

🛏🍴 *Le Chalet Alpin* ** – route du Queyras ☎ 04.92.45.00.35. Fax : 04.92.45.43.41. Parking. Congés annuels : du 20 avril au 5 mai et du 15 novembre au 20 décembre. Accès : juste à la sortie de Guillestre, sur la gauche de la route du Queyras. Doubles avec douche et wc ou bains de 240 à 270 F (36,6 à 41,2 €). Demi-pension à partir de 260 F (39,6 €) par jour et par personne. Menus de 97 à 195 F (14,8 à 29,7 €). Établissement familial et fleuri proposant des chambres correctes et à prix plutôt doux pour Guillestre. Préférer celles ne donnant pas côté route, d'ailleurs mieux exposées. À table, restauration de bon aloi. Noix de Saint-Jacques aux fruits frais, terrine de foie gras de canard, crépinettes de saumon en infusion de safran, magret de canard griotte et vin de génépi en spécialités. *Digestif offert.*

DANS LES ENVIRONS

SAINT-CRÉPIN 05600 (9 km N)

🍴 *L'Amistous* – (C e n t r e) ☎ 04.92.45.25.30. Fermé le lundi et le mardi hors saison. Menu le midi en semaine à 55 F (8,4 €), puis autres de 76 à 125 F (11,6 à 19,1 €). Compter 110 F (16,8 €) pour un repas à la carte. On vous a débusqué un côtes-du-rhône et un château-cadillac sous les 60 F (9,1 €). Les gens du pays, comme les touristes, y viennent nombreux. D'accord, on y fait des pizzas, mais elles sont particulièrement excellentes. En prenant le second menu, panse bien remplie et recettes agréables, comme les salades composées en été, la cassolette de ris de veau au goût des bois, la truite au bleu ou la charlotte aux marrons. Par ailleurs, il faut absolument goûter la spécialité du chef : la « potence », viande ou crustacés grillés flambés au whisky ou à l'anis, accompagnés de sauces maison et présentés sur une... potence ! Carte des vins assez fournie avec toujours, de chaque région, un petit vin pas cher.

HYÈRES   83400

Carte régionale B2

🛏 *Hôtel du Soleil* ** – rue du Rempart (Nord-Est) ☎ 04.94.65.16.26. Fax : 04.94.35.46.00. TV. Accès : prendre en direction du centre-ville et suivre les flèches. De 190 F (29 €) la double avec douche et wc, à 410 F (62,5 €) avec bains. Au calme, à deux pas du parc Saint-Bernard et de la villa Noailles, une maison mangée par le lierre à côté de la ville médiévale. Chambres aménagées au hasard des pièces de cette vieille bâtisse où règne une odeur de lavande. *10 % sur le prix de la chambre hors haute saison et congés scolaires.*

🛏🍴 *Relais du Bon Accueil* ** – presqu'île de Giens ☎ 04.94.58.20.48. Fax : 04.94.58.90.46. Parking. TV. Satellite / câble. Congés annuels : d'octobre à mars. Accès : à Giens, une fois passé l'hôpital, prendre la direction du port du Niel ; à gauche, à l'entrée du village. Chambres hors du temps de 250 à 470 F (38,1 à 71,7 €). Menus de 125 à 230 F (19,1 à 35,1 €). Autrefois, de la terrasse, on voyait la mer, les collines et l'adorable port du Niel. Aujourd'hui la végétation a tout envahi mais personne ne se plaint : un déjeuner ou dîner à l'ombre d'arbres magnifiques, dans des senteurs quasi tropicales, au calme, qui plus est ! Demandez, si vous aimez l'insolite, la chambre de l'annexe, avec sa terrasse, ses fleurs et sa drôle de salle de bains. Au resto, plusieurs menus. Idéal pour « souffler » un peu... Accueil sympathique, qui plus est. *10 % sur le prix de la chambre en hiver sauf pour les fêtes.*

🛏 *Hostellerie provençale La Québécoise* ** – 20, chemin de l'Amiral-Costebelle (Sud-Ouest) ☎ 04.94.57.69.24. Fax : 04.94.38.78.27. Accès : à la sortie de l'autoroute, prendre à droite au rond-point direction Costebelle. Ensuite toujours tout droit, suivre fléchage. Doubles à 320 F (48,8 €) avec douche et wc, 400 F (61 €) avec bains et terrasse. Demi-pension obligatoire en juillet-août : de 320 à 393 F (48,8 à 59,9 €). La Québécoise, vous la reconnaîtrez vite à son accent. Elle a quitté, voici quelques années, le Canada (et ses – 40 ° C hivernaux) pour cette grande maison provençale perdue au milieu des arbres d'une colline ensoleillée. On la comprend ! Chaque chambre est différente, toutes sont séduisantes. Une adresse de charme, aux prix (encore) justifiés. *10 % sur le prix de la chambre hors juillet-août.*

🛏🍴 *Hôtel-restaurant Les Pins d'Argent* *** – bd de la Marine ☎ 04.94.57.63.60. Fax : 04.94.38.33.65. Parking. TV. ♿ Fermé le dimanche soir et le midi en avril et septembre, sauf dimanche et jours fériés ; fermé le dimanche soir et le lundi midi en mai-juin. Congés annuels : du 1er janvier au 31 mars et du 1er octobre au 31 décembre. Accès : à côté du port Saint-Pierre ; suivre la direction de l'aéroport depuis Hyères-ville. Doubles avec bains à 430 F (65,6 €). Demi-pension obligatoire en juillet-août à 400 F (61 €). Menus de 95 à 175 F (14,5 à 26,7 €). La maison du début du siècle est nichée dans un écrin de verdure, protégée par des palmiers, des pins parasols, des micocouliers… Il existe encore des gens qui savent que l'accueil est une des choses les plus importantes dans l'hôtellerie. Ici, c'est toute une famille qui s'y est mise et leur gentillesse rend cette belle bâtisse vraiment attachante. Chambres de caractère joliment meublées. On a un faible pour les nos 205 et 309. Rien à voir cependant avec une quelconque marque de voitures ! La salle de restaurant jouxte la piscine. Pas désagréable de dîner au calme au bord de l'eau. Le chef prépare une cuisine sensible et fine faite exclusivement de produits frais. Au tableau d'honneur : la soupe de poisson à la rouille, le saumon fumé maison, le nougat glacé… *10 % sur le prix de la chambre hors juillet-août pour au moins 2 nuits consécutives.*

|●| *Le Bistrot de Marius* – 1, place Massillon (Centre) ☎ 04.94.35.88.38. ⚒ Fermé le mardi hors saison. Congés annuels : du 15 novembre au 5 décembre et du 10 janvier au 5 février. Accès : dans la vieille ville. Menus de 92 à 195 F (14 à 29,7 €). Sur une belle place, en haut d'une jolie rue qui grimpe et qui met en appétit, vous ne serez pas déçu par cette maison où le patron fait tout pour faire oublier à ses clients leurs petits soucis quotidiens. « Tête vide et ventre plein », ce pourrait être la devise. Car on n'oublie certainement pas de manger. Paupiette de saumon aux épinards, quenelles lyonnaises de brochet, civet de sanglier comme autrefois (en saison)... Terrasse aux beaux jours. *Café offert.*

ISLE-SUR-LA-SORGUE (L') 84800

Carte régionale A2

|●| *Le Carré d'Herbes* – 13, av. des 4-Otages (Centre) ☎ 04.90.38.62.95. Fermé le mardi et le mercredi. Congés annuels : du 23 décembre au 22 janvier. Menu à 140 F (21,3 €). Compter 200 F (30,5 €) à la carte. Menu enfant à 65 F (9,9 €). Un petit coin de rêve au cœur d'un de ces villages d'antiquaires qui se multiplient en ville. On mange d'ailleurs dans une jolie salle décorée d'objets chinés dans les brocantes, sur une terrasse ou dans une grande volière. Qu'on se rassure, il n'y a plus de volatiles depuis bien longtemps. Et en plus, on ne vous plumera pas. On pourra

combler une petite faim avec une de ces grosses tartines aux noms rigolos (la « Mienne », la « Tienne », la « Sienne ») ou une fougasse. Mais le menu-carte mérite qu'on s'y intéresse. D'autant qu'il présente un remarquable rapport qualité-prix pour une cuisine toute de fraîcheur, aux accords parfois surprenants mais aux saveurs justes : tarte fine de petits calmars en pissalat, daube de lapereau à l'olive cassée, polenta à la poêle ou poulet de ferme rôti au thym, purée à l'huile d'olive. Service prévenant et attentif.

LARAGNE-MONTÉGLIN 05300

Carte régionale A1

🛏 *Hôtel Chrisma* ★★ – 25, route de Grenoble (Nord) ☎ 04.92.65.09.36. Fax : 04.92.65.08.12. Parking. Congés annuels : du 15 novembre à Noël et du 20 janvier au 28 février. Doubles avec douche et wc ou bains de 220 à 290 F (33,5 à 44,2 €). Vous passez par Laragne-Montéglin et cherchez un hôtel, car il est temps de poser votre sac et dormir un peu. Voici des chambres bien nettes. Il fait chaud, le soleil brille encore en cette fin d'après-midi : hop, un plongeon dans la piscine. Jardin et barbecue. Préférez les chambres côté jardin. Accueil souriant de madame. *Apéritif offert. 10 % sur le prix de la chambre hors juillet-août et longs week-ends.*

|●| *L'Araignée Gourmande* – 8, rue de la Paix (Centre) ☎ 04.92.65.13.39. Fermé le mardi soir et le mercredi. Congés annuels : du 15 octobre au 15 novembre. Menu le midi en semaine à 75 F (11,4 €), puis à 120 et 185 F (18,3 et 28,2 €). Au centre du bourg ce restaurant à la déco plutôt agréable et bien propre, sans prétention, dispense une cuisine traditionnelle bien tournée (poulet au pastis, caillette, chariot de pâtisseries maison). Mais on vient volontiers le soir ou le dimanche, pour le second menu. La terrine au genièvre ou la langue d'agneau sauce gribiche sont de bons compagnons de tablée. Service attentionné de madame. *Café offert.*

DANS LES ENVIRONS

SAVOURNON 05700 (18 km N)

🛏|●| *L'Auberge des Rastel* ★ – au village ☎ 04.92.67.13.05. Parking. Fermé le mercredi hors saison. Congés annuels : 1 semaine à Noël et 1 semaine début juin. Accès : N75 direction Laragne-Montéglin, puis à droite la D21 vers le col de Faye. Doubles avec douche et wc à 180 F (27,4 €). Menus à 70 et 100 F (10,7 et 15,2 €). Pas de carte. Dans ce pays de moyenne montagne, un peu à l'écart de tout, une auberge bien sympathique et bon marché. Deux petits bâtiments récents la composent : dans l'un, des chambres simples et fonctionnelles. Dans l'autre, le restaurant, où le jeune patron-cuistot prépare un menu du jour à base de produits locaux, sans prétention mais correct. Sur réservation, le menu amélioré suivant. Terrasse ou grande salle bien nette. Ambiance volontiers sportive, rando ou parapente, et bon accueil de Mao, le gros toutou maison (70 kg de tendresse). *Café offert sur le menu et 10 % sur le prix de la chambre.*

ORPIERRE 05700 (20 km O)

🏠|●|*Le Céans* ** – Les Bégües ☎ 04.92.66.24.22. Fax : 04.92.66.28.29. Parking. TV. Congés annuels : du 15 novembre au 15 mars. Accès : N75 direction Serres, la D30 vers Orpierre, passer le village direction Laborel, on tombe sur Les Bégües. Doubles avec douche et wc ou bains de 230 à 255 F (35,1 à 38,9 €). Demi-pension à 230 F (35,1 €) par personne, prix démocratique. Menu du jour à 85 F (13 €) et menu du terroir à 100 F (15,2 €), autres à 130 et 170 F (19,8 et 25,9 €). La tante de Luc Alphand tient cet hôtel-restaurant retiré aux fins fonds du pays de Buech, moyenne montagne, villages, vergers et champs de lavande... Son mari et son fils (le tonton et le cousin de Luc Alphand, dites donc !) assurent la cuisine, solide et régionale : terrine de caille et pigeon aux truffes, profiteroles d'escargots en spécialités. Menu du terroir avec, par exemple, une terrine de mousse de truite puis une fricassée de volaille aux morilles. Les chambres sont petites mais propres et calmes. Grand parc, jardin, piscine, sauna, jacuzzi ; le séjour est vraiment agréable.

LARCHE 04530

Carte régionale B1

🏠|●|*Auberge du Lauzanier* – ☎ 04.92.84.35.93. Parking. Accès : sur la D900, avant d'arriver au col de Larche. Menus à 95 F (14,5 €) en semaine et 115 F (17,5 €) les dimanches et jours de fête. Demi-pension à 180 F (27,4 €) par personne. « L'état d'esprit du refuge, le confort en plus. » À leur devise ils pourraient ajouter : « l'accueil avant tout ». Record de courrier de routards sportifs ayant découvert, entre Barcelonnette et la frontière italienne, en Haute-Ubaye, cette drôle d'auberge tenue par un joyeux trio. La cuisine du maître de maison est à la hauteur des efforts des randonneurs et skieurs devenus au fil du temps des amis de la maison : assiette de charcuterie ou de tourtons (spé-

cialité locale à base de pommes de terre), omelette, gigot d'agneau en croûte de morilles, tarte aux framboises ou aux myrtilles. Gîte avec des chambres impeccables. *NOUVEAUTÉ.*

LAVANDOU (LE) 83980

Carte régionale B2

🏠 *Hôtel Le Rabelais* ** – 2, rue Rabelais (Sud-Est) ☎ 04.94.71.00.56. Fax : 04.94.71.82.55. TV. & Congés annuels : du 12 novembre au 25 décembre et du 5 au 20 janvier. Accès : face au vieux port. Doubles de 230 F (35,1 €) avec lavabo à 360 F (54,9 €) avec douche, wc et balcon sur le port. Petit hôtel aux murs saumon et aux volets verts entièrement redécoré depuis peu. Chambres joliment arrangées et confortables. *Petit déjeuner offert.*

🏠 *Hôtel California* ** – av. de Provence (Centre) ☎ 04.94.01.59.99. Fax : 04.94.01.59.28. Parking. TV. Satellite / câble. Doubles avec douche et wc de 240 à 390 F (36,6 à 59,5 €). Coup de cœur pour cet hôtel entièrement refait par un jeune couple qui s'est donné les moyens de réussir « autrement ». Le mari est architecte, il a le sens des proportions et des couleurs. Sa jeune femme, à l'accueil, a appris dans les îles à accueillir différemment les clients. On se sent bien ici, le regard perdu vers la baie. Les chambres ne sont pas gigantesques, mais bien aménagées, et surtout à prix justes. Chambres moins chères, avec une vue sur le jardin. À 8 mn à pied des plages, top chrono! *Petit déjeuner offert.*

🏠|●|*Hôtel-restaurant Beau Soleil* ** – Aiguebelle-plage ☎ 04.94.05.84.55. Fax : 04.94.05.70.89. Parking. TV. Satellite / câble. & Congés annuels : d'octobre à Pâques. Accès : à Aiguebelle-plage, à 5 km du centre vers Fréjus. Doubles à 250 F (38,1 €) avec douche et wc et 300 F (45,7 €) avec bains, vue sur la mer et climatisation. En saison, demi-pension obligatoire de 310 à 400 F (47,3 à 61 €) par personne. Menus de 98 à 165 F (14,9 à 25,2 €). Un petit hôtel tranquille, loin de l'agitation nocturne et estivale du Lavandou. Les Podda, jeunes et dynamiques patrons officiant ici, accueillent les clients avec beaucoup de gentillesse et de prévenance. Chambres simples mais très agréables et bien tenues. Menus dans lesquels il y a pléthore de choix dans les spécialités locales : bouillabaisse, chapon farci, cassolette du pêcheur, et mention spéciale pour la bourride. Terrasse ombragée.

DANS LES ENVIRONS

RAYOL-CANADEL 83820 (13 km E)

|●| Maurin des Maures – av. du Touring-Club (Centre) ☎ 04.94.05.60.11. Ⅹ Congés annuels : du 11 novembre au 20 décembre le soir uniquement. Accès : en plein centre, sur la route principale. Menu à 68 F (10,4 €) le midi en semaine, puis autres à 110 et 140 F (16,8 et 21,3 €). Menu enfant à 60 F (9,1 €). Dédé Del Monte, le propriétaire, circule derrière son comptoir comme un croupier derrière une table de jeu. Perchés sur des tabourets, les gens du cru alimentent les conversations sur les événements locaux. Ici, le pastis aime peu l'eau, le pichet et les glaçons se font rares. Millefeuille aubergines, trilogie de légumes grillés, friture mixte, poissons grillés, bouillabaisse. Réservez une table près de la fenêtre pour profiter de la vue sur la baie. Une adresse vraie, au cœur d'un pays qui, les beaux jours venus, a tendance à perdre son âme. Après, pour digérer, allez visiter le délicieux jardin du Rayol, à 300 m. Une merveille ! *Apéritif offert.*

MANOSQUE 04100

Carte régionale A2

|●| Restaurant Le Luberon – 21 *bis*, place Terreau (Centre) ☎ 04.92.72.03.09. Fermé le dimanche soir, le lundi (hors juillet-août). Congés annuels : fin août-début septembre. Accès : par le sens unique autour du centre-ville, arrivée sur la place (parking). Menus à 60 F (9,1 €) en semaine, et de 100 à 185 F (15,2 à 28,2 €). Ici, la Provence règne sur les fourneaux, même si le chef est un « gars du Nord » à l'imagination féconde : salade d'artichauts aux truffes, pigeonneau grillé au romarin, rouget, caille, daube d'agneau… L'huile d'olive et le basilic sont également de la partie. Décor rustique de bon ton, terrasse avec tonnelle. Un beau restaurant que ne renierait pas Jean Giono, né en 1895 à quelques mètres de là… *Une flûte de bon-des-muscats, de la distillerie de Lure, offerte après le repas.*

|●| Restaurant Dominique Bucaille – 43, bd des Tilleuls (Centre) ☎ 04.92.72.32.28. Ⅹ Fermé le mercredi soir et le dimanche. Congés annuels : de mi-juillet à mi-août et vacances de février. Menus à 92 et 150 F (14 et 22,9 €). Le nouveau grand restaurant de la région, dans un décor moderne très clair et classieux. Cuisine bourgeoise intelligemment revisitée et à prix raisonnables. Faites-vous un gros plaisir en vous offrant, à la carte, des plats d'une belle précision de cuisson et d'arômes comme l'œuf poché au foie gras avec sa purée de pommes de terre écrasées à la fourchette, le saint-pierre rôti au poivre servi avec cocotte de tomates confites et gnocchi, ou la tarte friande de légumes confits à l'huile d'olive de Fortuné Arizzi, un voisin qu'il vous faudra aller visiter… À la carte, des coteaux-de-pierrevert du domaine de la Blaque mémorables, à prix corrects. *Digestif offert. NOUVEAUTÉ.*

MARSEILLE 13000

Carte régionale A2 – Plan pp. 798 et 799

1er arrondissement

🛏 Hôtel Beaulieu-Glaris * – 1, place des Marseillaises (D1-15) ☎ 04.91.90.70.59. Fax : 04.91.56.14.04. TV. Congés annuels : du 24 décembre au 3 janvier. Doubles de 160 F (24,4 €) avec lavabo à 250 F (38,1 €) avec douche et wc ou bains. Au pied du monumental escalier de la gare Saint-Charles sur lequel la vue est imprenable. Pratique, donc, si vous arrivez en train. C'est le typique hôtel de voyageurs aux chambres à la déco passe-partout qui, sans être luxueux, est propre et bien tenu. Les chambres sur l'arrière sont vastes, calmes, et bénéficient d'un bon ensoleillement.

🛏 Hôtel du Coq * – 26, rue du Coq (D1-6) ☎ 04.91.62.61.29. Fax : 04.91.64.02.05. TV. Doubles avec lavabo ou douche de 165 à 195 F (25,2 à 29,7 €). Dans une petite rue, à 5 mn à pied de la gare Saint-Charles (on peut même venir vous y chercher en voiture), notre meilleur hôtel dans la gamme « sans prétention ». Un excellent accueil,

---

🛏 Où dormir ?

1 Hôtel Saint-Louis
2 Hôtel Azur
5 Saint-Ferréol's Hôtel
6 Hôtel du Coq
7 La Résidence du Vieux-Port
10 Hôtel Edmond Rostand
12 Hôtel Peron
13 Auberge de jeunesse de Bonneveine
15 Hôtel Beaulieu-Glaris

16 Auberge de Jeunesse de Bois-Luzy

|●| Où manger ?

20 O'Stop
21 L'Entracte
22 L'Oliveraie
23 Le Fémina
24 Chez Angèle
25 Le Sud du Haut
26 Le Quinze
27 L'Atelier

28 Chez Dédé
29 Le Chalet
30 Le Panier des Arts
31 Le Carillon – Chez Carmen
32 Les Menus Plaisirs
33 Pizzeria Au Feu de Bois
34 Pâtes Fraîches et Raviolis
35 La Grotte
36 Le Lunch
37 Nautic Bar
38 Le Dock de Suez
39 L'Escale

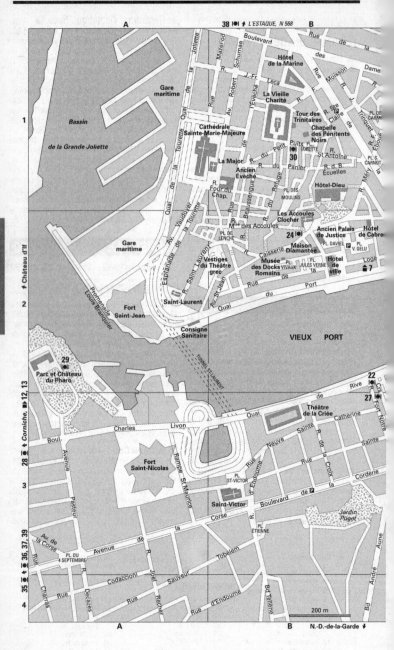

38 |●| ↑ L'ESTAQUE, N 568

Boulevard

Rue — de — la

des — Dame

Hôtel
de la Marine

Gare
maritime

La Vieille
Charité

Tour des
Trinitaires

Chapelle
des Pénitents
Noirs

Cathédrale
Sainte-Marie-Majeure

30

St Antoine

R. d. B.
Ecuelles

La Major

Ancien
Evêché

Hôtel-Dieu

PL. DES
MOULINS

R.
Four du
Chap.

Les Accoules
Clocher

Bassin

de la Grande Joliette

Gare
maritime

Mée des Accoules

24 |●|

Ancien Palais
de Justice

Hôtel
de Cabre

↑ Château d'If

Esplanade de la Tourette

Vestiges
du Théâtre
grec

Caisserie

Maison
Diamantée

PL. DAVIEL

PL.
V. GELU

Musée
des Docks
Romains

PL.
VIVAUX

PL.
JULES VERNE

Hôtel
de
ville

7

Promenade
Louis Brauquier

Fort
Saint-Jean

Saint-Laurent

Quai

du

Port

2

Consigne
Sanitaire

VIEUX   PORT

29

Parc et Château
du Pharo

22 |●|

27 |●|

Rive

Théâtre
de la Criée

↑ Corniche, 12, 13

Charles

Livon

Quai

Neuve

Sainte

Catherine

Sainte

28

Boul.

Fort
Saint-Nicolas

Rampe St-Maurice

PL.
ST-VICTOR

Corderie

3

Saint-Victor

Boulevard   de

Corse

R.
Corse

PL.
ÉTIENNE

Jardin
Puget

36, 37, 39

Av. de
la Corse

Avenue   de

la

Tobelem

PL. DU
4 SEPTEMBRE

35

Codaccioni

Rue

Décazes

Rue

Sauveur

Rue   d'Endoume

Bd Teilhne

Bd   André   Aune

200 m

4

A

B

N.-D.-de-la-Garde ↓

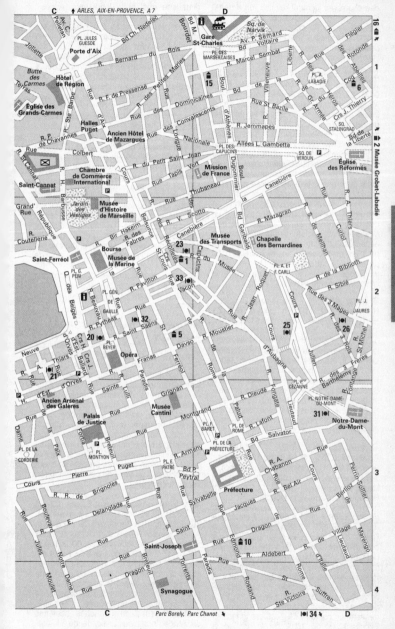

PROVENCE-ALPES-CÔTE D'AZUR

des chambres joliment refaites (on a gardé les anciennes tomettes) et des prix tout doux. Le coq ne chante plus, la rue est calme, mais pour les accros du silence, presque toutes les chambres donnent sur l'arrière. *Petit déjeuner offert.*

▲ *Hôtel Saint-Louis* ** – 2, rue des Récollettes (C2-1) ☎ 04.91.54.02.74. Fax : 04.91.33.78.59. TV. Satellite / câble. Accès : M° Vieux-Port ou Noailles ; au cours Saint-Louis. Doubles avec douche et wc ou bains de 220 à 250 F (33,5 à 38,1 €). Un imposant immeuble Premier Empire à la façade bien rénovée. L'accueil est aimable, l'ambiance plutôt décontractée et la vaste réception où l'on prend son petit déjeuner rénovée. Les chambres sur la rue disposent d'un balcon mais sont assez bruyantes. Pas étonnant, car l'hôtel est situé à côté du marché des Capucins, à l'animation tout orientale. À proximité, quelques bons magasins d'alimentation (arménien, africain...) et plusieurs restos sympa. Chèques vacances acceptés et dynamique politique de prix pour les moins de 25 ans, auxquels l'hôtel propose une carte de fidélité. Du reste, il y a un garage pour vélos. *10 % sur le prix de la chambre à compter de la 2e nuit.*

▲ *Hôtel Azur* ** – 24, cours Franklin-Roosevelt (hors plan D1-2) ☎ 04.91.42.74.38. Fax : 04.91.47.27.91. TV. Canal+. Accès : M° Réformés-Canebière, derrière l'église des Réformés, dans le prolongement de la Canebière. Doubles de 270 F (41,2 €) avec douche à 340 F (51,8 €) avec bains. Rue relativement calme et pentue, avec de beaux immeubles. L'hôtel est agréable et les patrons accueillants. Chambres rénovées et climatisées. Sur l'arrière, les plus agréables donnent sur de petits jardins où pousse un sapin de Noël devenu grand. *Café offert.*

▲ *Saint-Ferréol's Hôtel* *** – 19, rue Pisançon (C2-5) ☎ 04.91.33.12.21. Fax : 04.91.54.29.97. ● www.chateaudon.com ● TV. Canal+. Accès : à l'angle de la rue piétonne Saint-Ferréol ; à deux pas du Vieux Port et de la Canebière. Doubles avec bains de 370 à 450 F (56,4 à 68,6 €), avec jacuzzi de 440 à 580 F (67,1 à 88,4 €). Petit déjeuner à 45 F (6,9 €). Pratique car situé à l'angle d'une des rues piétonnes les plus commerçantes de la ville (Galeries Lafayette, Virgin Mégastore...). Les chambres ont des noms de peintres : Van Gogh, Picasso, Monet, Cézanne, Signac... et l'on retrouve des reproductions et des explications de leurs œuvres sur les murs. Petit déjeuner avec, comme le précise le dépliant, *Of course with fresh orange juice* ! Excellent accueil. *10 % sur le prix de la chambre.*

|●| *Restaurant Le Femina* – 1, rue du Musée (C2-23) ☎ 04.91.54.03.56. Fermé le dimanche midi et le lundi midi. Accès : M° Noailles. Comptez de 50 à 110 F (7,6 à 16,8 €) pour un repas à la carte. On sert jusque tard dans ce vaste restaurant assez haut de plafond avec sur les murs des fresques naïves représentant la vie dans la campagne de Kabylie. Évidemment, spécialité de couscous : nature, boulettes, brochettes d'agneau et mérou. Essayez le couscous à base de semoule d'orge typiquement kabyle. L'orge, dont la semoule est plus foncée, est excellent pour la santé et aussi plus digeste.

|●| *Les Menus Plaisirs* – 1, rue Haxo (C2-32) ☎ 04.91.54.94.38. Fermé le soir et le week-end. Accès : M° Vieux-Port ou Hôtel-de-Ville. Menu à 62 F (9,4 €). Entrée + plat : 52 F (7,9 €) ; plat + dessert : 55 F (8,4 €) ; plat seul : 49 F (7,5 €). Un lieu très sympa, propre, plein de jolis chromos anciens sur les murs, et qui offre de surcroît un excellent rapport qualité-prix. Le menu, renouvelé chaque jour, est attrayant : petite salade de pois chiches ou de feta, aile de raie au beurre blanc, lasagnes à la viande, sauté de porc aux haricots rouges... et de bons petits desserts : tarte aux figues crème anglaise, pêches au vin, tarte aux abricots et aux fraises... Accueil et service souriants du patron.

|●| *Pizzeria Au Feu de Bois* – 10, rue d'Aubagne (C2-33) ☎ 04.91.54.33.96. Fermé le dimanche. Accès : M° Noailles. Petites pizzas de 55 à 70 F (8,4 à 10,7 €). Reprise par un ancien boulanger, cette pizzeria sur deux niveaux, réputée depuis des lustres (auparavant sous le nom de *Sauveur*), propose de remarquables pizzas cuites au feu de bois. Royale (champignons, ail, saucisse, fromage), orientale (pastourma, brousse, œuf, tomates), chausson... La carte propose aussi des pieds-paquets ou des lasagnes. Décor sans importance, clientèle populaire et service gentil tout plein. Les très-pressés pourront se contenter d'un quart de pizza à emporter, vendu à l'extérieur.

|●| *O'Stop* – 16, rue Saint-Saens (C2-20) ☎ 04.91.33.85.34. Ouvert 23 h sur 24, 365 jours pas an (fermeture de 7 h à 8 h). Accès : devant l'opéra, à deux pas du Vieux Port. À la carte, compter de 90 à 100 F (13,7 à 15,2 €). Plat du jour à 55 F (8,4 €). Ce snack secret et connu de tous attire un public divers qui va du bourgeois à la dame de petite vertu. Avant le spectacle, il n'est pas rare d'y rencontrer les travailleurs de l'opéra (chanteurs, techniciens...). Les spécialités de la maison : alouettes (boulettes de viande), pâtes au basilic, daube à la provençale. Les sandwiches, bien préparés, ne sont pas à dédaigner. Belle ambiance aux petites heures de la nuit. Un incontournable marseillais. *Apéritif offert.*

|●| L'Atelier – 18, place aux Huiles (B3-27) ☎ 04.91.33.55.00. Fermé le samedi soir et le dimanche. Congés annuels : août. Accès : M° Vieux-Port ou Hôtel-de-Ville. Formule déjeuner (plat + dessert + café) à 85 F (12,9 €) ; le soir à 130 F (19,8 €). Compter environ 150 F (22,9 €) à la carte. Sorte de coude prolongeant le cours Estienne-d'Orves, et aboutissant quai de Rive-Neuve, la place aux Huiles se situe dans un « carré » très animé où restos et bars abondent. Essayez celui-ci, il appartient à un ancien pâtissier d'excellente réputation. Tous les gourmands de la ville ne jurent que par ses desserts ! Avant ces derniers, laissez-vous tenter par les petits légumes farcis, un plat régional mais « light » qui permet ensuite de succomber sans remords à la tentation du Castel chocolat, du gâteau glacé framboise-fraise ou du savoureux « Gritti », gâteau poire et chocolat parfumé à l'orange amère. Quelques tables en terrasse dont certaines bénéficient de la protection ombragée d'un gentil tilleul.

|●| L'Oliveraie – 10, place aux Huiles (B2-22) ☎ 04.91.33.34.41. Parking payant. Fermé le samedi midi et le dimanche. Superbe menu le midi à 95 F (14,5 €), et le soir à 135 F (20,6 €) vin compris. Menu à 160 F (24,4 €). Compter 200 F (30,5 €) à la carte. Un bistrot à la mode de Provence, avec des cadres pas trop stressés (quoique...), un accueil et un service ensoleillés, et des plats dignes de Marius... et Olive ! On est en plus dans un lieu qui plaira autant aux nostalgiques de la trilogie pagnolesque qu'aux amoureux de la Marseille d'aujourd'hui, qui revit autour du Vieux Port. *Apéritif offert.*

|●| L'Entracte – place Thiars (C2-21) ☎ 04.91.33.50.20. Fermé le samedi midi et le dimanche. Accès : M° Vieux-Port ou Hôtel-de-Ville. Formule plat, dessert et verre de vin à 110 F (16,8 €) au déjeuner ; le soir, menu à 150 F (22,9 €). Un nouveau patron, venu du commerce de luxe, a repris cette affaire impeccablement située qui périclitait. Il en a fait un restaurant clair et aéré, moderne et bourgeois, prolongé par une belle terrasse où les convives ne mangent pas les uns sur les autres. Il a surtout eu la bonne idée d'engager un jeune cuistot qui, passé par quelques temples de la gastronomie, y distille une cuisine fraîche, équilibrée et attrayante : cannellonis d'épinards, agneau mariné au miel et au gingembre... La carte est réduite, mais les préparations sont bien menées et bien présentées. C'est le principal, non ?

2e arrondissement

⌂ Hôtel La Résidence du Vieux Port ✦✦✦ – 18, quai du Port (B2-7) ☎ 04.91.91.91.22. Fax : 04.91.56.60.88. TV. Canal+. Satellite / câble. 🍴 Accès : M° Vieux-Port ou Hôtel-de-Ville. Doubles à 590 F (89,9 €) avec bains et suite pour 4 ou 5 personnes à 750 F (114,3 €). Sur le Vieux Port, côté mairie (donc vue sur Notre-Dame), cet hôtel possède de larges balcons-terrasses équipés de fauteuils qui dominent les bateaux. Les chambres offrent tout le confort d'un 3 étoiles. Elles sont vastes, lumineuses, agréablement meublées, et on regrettera juste que les salles de bains soient aussi petites. Un bon hôtel, idéalement situé pour attaquer la ville. Bon accueil et bon petit déjeuner. *10 % sur le prix de la chambre.*

|●| Le Panier des Arts – 3, rue du Petit-Puits (B1-30) ☎ 04.91.56.02.32. 🍴 Fermé le dimanche et le samedi midi. Accès : M° Vieux-Port ou Hôtel-de-Ville. Avec un peu de vin, comptez environ 150 F (22,9 €). Intéressants menus à 98 F (14,9 €), 80 F (12,2 €) le midi. Bonne ambiance et accueil chaleureux dans ce resto dont le propriétaire, né à Belleville, a beaucoup bourlingué avant de poser son sac à Marseille. Partagez-vous en toute convivialité un « Panier des arts », entrée qui se présente sous forme d'un panier rempli de légumes frais et d'une dizaine de minuscules pots : tarama, anchoïade... avant d'attaquer une pastilla de lapereau à la cannelle ou un thon au romarin. Cadre agréable de bistrot provençal. *Apéritif offert.*

|●| Restaurant Chez Angèle – 50, rue Caisserie (B2-24) ☎ 04.91.90.63.35. Fermé le samedi midi et le dimanche midi. Accès : M° Vieux-Port ou Hôtel-de-Ville ; dans le Panier, derrière l'hôtel de ville. Menu à 100 F (15,2 €). De 45 à 65 F (6,9 à 9,9 €) le petit modèle de pizza. Menu enfant à 60 F (9,1 €). À la carte compter 120 F (18,3 €). Proche de la maison Diamantée, *Chez Angèle* est l'une des plus vieilles pizzerias de la ville. De son antique four chauffé au bois, le pizzaiolo vous sortira une pizza brûlante et craquante qui vous fera saliver. Mozzarelle, anchois... quel que soit votre choix, le petit modèle suffira (copieux). Clientèle mélangée et décor de *trattoria* pour amateur de ballon rond (fanions et autres babioles de supporters chantant les louanges de l'OM). Dans le quartier, il y a aussi un autre haut lieu de la pizza, assez particulier, où il n'y a ni téléphone, ni réservation, ni carte ; et pourtant, c'est tout le temps plein : *Etienne*, 2, rue Lorette ; fermé le dimanche et de mi-juillet à fin août.

|●| Le Dock de Suez – 10, place de la Joliette (hors plan B1-38) ☎ 04.91.56.07.56. Ouvert du lundi au vendredi midi. Soir et week-end sur réservation. Accès : à quelques centaines de mètres de la Major, face au port autonome. Menu à 130 F (19,8 €) le midi en semaine. Plat du jour à 80 F (12,2 €). Compter 150 F (22,9 €) pour un repas à la carte. Idéal pour découvrir le Marseille de demain, celui qui pointe

PROVENCE-ALPES- CÔTE D'AZUR

son nez, dans les anciens docks de la Joliette, joliment rénovés, devenus le point de rencontre pour tout ce qui est mode, radio, télé, recherche. Une brasserie chic, où l'on a tout intérêt, à midi, à prendre le menu, avec le sourire compris... Pour être au calme, c'est pas forcément l'idéal. Terrasse sur le bassin de l'Atrium. *Apéritif offert.*

6ᵉ arrondissement

🛏️ **|●| *Hôtel Edmond Rostand* ** – 31, rue Dragon (à l'angle de la rue Edmond-Rostand) (D3-10)** ☎ **04.91.37.74.95. Fax : 04.91.57.19.04.** TV. Canal+. Satellite / câble. Accès : Mᵒ Estrangin-Préfecture. Doubles avec bains de 250 à 290 F (38,1 à 44,2 €). Chambres de 4 personnes à 350 F (53,4 €). Petit déjeuner à 36 F (5,5 €). Menu à 60 F (9,1 €) en semaine. Dans une petite rue tranquille (non loin de la maison natale d'Edmond Rostand, évidemment !), un hôtel familial et très bien tenu. Chambres claires et modernes, toutes avec bains et téléphone direct. Clientèle de VRP, cadres ou familles. Préférez les chambres sur le jardin. Petit déjeuner avec d'excellentes confitures maison, et même un petit menu avec des spécialités de grillades et une cuisine provençale. *10 % sur le prix de la chambre le week-end.*

|●| *Restaurant Le Carillon – Chez Carmen* – 26, place Notre-Dame-du-Mont (D3-31) ☎ **04.91.47.50.08.** Service de 19 h à 4 h. Fermé le lundi . Congés annuels : 2 semaines en août. Accès : Mᵒ Cours-Julien. Pizzas à partir de 46 F (7 €) pour deux. Une affaire de femmes ! *Carmen*, jadis derrière l'opéra, a changé de quartier, mais l'esprit est resté le même. Tous les affamés de la nuit, les hommes de peine et les filles de joie, se donnent rendez-vous chez elle pour combler le petit creux qui les tenaille. En salle ou en terrasse, ils font honneur aux pizzas et chaussons que la fille de Carmen enfourne avec énergie, dans le four prévu à cet effet, et que sert sans tarder sa petite-fille. Clientèle et ambiance très différentes selon les heures de la nuit ou de l'aube.

|●| *Le Sud du Haut* – 80, cours Julien (D2-25) ☎ **04.91.92.66.64.** Fermé le dimanche et le lundi, le soir du jeudi au samedi et le midi du mardi au samedi. Congés annuels : du 15 août au 6 septembre. Accès : Mᵒ Noailles. Compter à la carte entre 70 et 90 F (10,7 et 13,7 €) le midi, et entre 150 et 180 F (22,9 et 27,4 €) le soir. Le cadre, un élégant bric-à-brac – souvenirs de voyages, achats de brocante, mobilier disparate et œuvres d'artistes en expo-vente – se marie bien avec la musique du monde, afro-cubain-caraïbes en fond sonore, et se prolonge par une terrasse sur l'étonnante fontaine du cours Julien. À l'image du lieu, le service est nonchalant

mais diligent. Et la cuisine réinvente de vieilles recettes d'ici : petits farcis, saint-marcellin rôti aux herbes, filet de bœuf en galette de roquefort sur jus de persil, poulet au basilic, mais avec une petite touche de délicatesse qui fait la différence sans ôter ses repères au palais. On trouve ici à voir autant qu'à manger, à des prix tout ce qu'il y a de plus sympa.

|●| *Le Quinze* – 15, rue des 3-Rois (D2-26) ☎ **04.91.92.81.81.** Accès : Mᵒ Cours-Julien ou Notre-Dame-du-Mont. Menus de 79 à 109 F (12 à 16,6 €). La rue des 3-Rois est située à côté du fameux cours Julien et en est un peu le pendant. On y trouve autant de restaurants que sur le cours. Dans ce rade populaire, bonne humeur, coudes sur la table, galéjades et plaisanteries sont de la partie. Malgré son nom, Marseille oblige, ici, dès que le sujet sport est abordé, les conversations tournent plus souvent autour du jeu à onze (allez l'OM !) que de celui à quinze. Cuisine familiale style bonne franquette dans laquelle on note quelques plats du cru (daube), grillades au barbecue, porcelet au cidre, fondue bourguignonne, fondue de magret et bons curries... *Apéritif offert.*

7ᵉ arrondissement

🛏️ **|●| *Hôtel Peron* ** – 119, corniche Kennedy (hors plan A3-12)** ☎ **04.91.31.01.41. Fax : 04.91.59.42.01.** Parking. TV. Accès : bus n° 83, à prendre au vieux port, arrêt Corniche-Frégier. Doubles de 266 à 320 F (40,6 à 48,8 €) avec bains. D'abord la déco. Dans les années 50, chaque chambre a été consacrée à un pays ou à une région française : fresques murales en plâtre moulé, poupées déguisées, marqueterie, poissons et fruits de mer en céramique dans les salles de bains... Irrésistiblement kitsch ! Ensuite, l'emplacement : en bord de mer, sans vis-à-vis, d'où une vue réellement sublime des balcons (les chambres donnant sur l'arrière, sans vue, sont néanmoins plus calmes, car la route passe entre l'hôtel et la mer). Accueil dynamique et prévenant. Adresse attachante, même si les literies sont un peu fatiguées et si les peintures méritent un ravalement. *10 % sur le prix de la chambre.*

|●| *Le Chalet* – jardin du Pharo (A2-29) ☎ **04.91.52.80.11.** Ouvert de 12 h à 18 h de mars à octobre. Congés annuels : de novembre à mars. Accès : par le jardin, entrée boulevard Charles-Livon, Plats du jour de 68 à 78 F (10,4 à 11,9 €). Salades à 46 F (7 €). Compter de 90 à 150 F (13,7 à 22,9 €) à la carte. Plus qu'un chalet, une guinguette cachée sous les frondaisons du jardin de ce palais construit par Napoléon III pour l'impératrice Eugénie. Cuisine quasiment en plein air, plats sans prétention : espadon grillé, supions à l'armoricaine, thon à la provençale, blanquette à l'ancienne, queue de lotte armoricaine, escalope forestière… L'été, quand le soleil est écrasant en ville, la légère brise qui vient de la mer traverse la terrasse ombragée, ce qui est bien agréable. Il y a un très beau point de vue sur le vieux port, auquel s'ajoute, pour parfaire la carte postale, le va-et-vient des bateaux en contrebas. Très agréable pour boire un verre l'après-midi.

8ᵉ arrondissement

⌂|●| Auberge de jeunesse de Bonneveine – 47, av. Joseph-Vidal (impasse Bonfils; hors plan A3-13) ☎ 04.91.73.21.81. Fax : 04.91.73.97.23. Congés annuels : janvier. Accès : Mᵒ Rond-Point-du-Prado, puis bus nᵒ 19 (arrêt Vidal-Collet) ou nᵒ 44 (arrêt Place-Bonnefon). En chambre double : 90 F (13,7 €) par personne. 70 F (10,7 €) seulement, petit déjeuner inclus, en dortoir de 5 lits. Petite restauration de snacks et repas sur demande à 49 F (7,5 €). AJ moderne avec un jardin, en cours de rénovation, sans grand charme, mais pas loin de la plage, dans un quartier tranquille. Utilisez de préférence les consignes à bagages; cela vous évitera de désagréables surprises. Le couvre-feu sonne normalement à 1 h du matin et la carte des AJ est obligatoire.

|●| Pâtes Fraîches et Raviolis – 150, rue Jean-Mermoz (hors plan D4-34) ☎ 04.91.76.18.85. Fermé tous les soirs, le dimanche et les jours fériés. Congés annuels : août. Accès : Mᵒ Rond-Point-du-Prado (à l'angle de la rue Émile-Sicard). Environ 80 à 100 F (15,2 €) à la carte. Il faut traverser la cuisine de ce magasin spécialisé dans les produits italiens pour prendre table sous la véranda, toutes fenêtres ouvertes sur la cour en gravier. Le lieu a jadis accueilli Marcel Pagnol (ses studios étaient à deux pas), Raimu et Fernandel qui adoraient y déjeuner. En entrée, un peu de jambon de San Daniele ou une brochette de *mozzarella* sont tout indiqués avant d'attaquer de bonnes pâtes ou des raviolis. Quartier très bourgeois et tranquille. *Café offert.*

|●| L'Escale – 2, bd Alexandre-Delabre – Les Goudes (hors plan A3-39) ☎ 04.91.73.16.78. ⏃ Fermé le dimanche soir et le lundi. Congés annuels : du 15 janvier au 15 février. Accès : prolongement de la corniche, direction les calanques. Menu à 108 F (16,5 €). Menu enfant à 45 F (6,9 €). À la carte compter 200 F (30,5 €). Une de ces adresses que les Marseillais aiment bien garder pour eux… À l'entrée du village de pêcheurs, un ancien poissonnier a repris ce restaurant où la préparation du poisson est irréprochable et la qualité au top. Très bonnes et copieuses bouillabaisse et paella de la mer. On peut même, certains jours, manger de véritables cigales (de mer, bien

sûr). Cadre enchanteur : une grande terrasse domine la mer et l'adorable petit port de pêche. Belle salle avec un grand bar en bois. Le prix ? Eh oui, le prix ! Vous ne serez pas déçu ! *Apéritif offert.*

|●| Chez Dédé – 32, bd Bonne-Brise (hors plan A3-28) ☎ 04.91.73.01.03. Fermé du dimanche soir au mercredi soir en hiver. Accès : poursuivre la corniche jusqu'à La Madrague, après Pointe-Rouge. Fléché depuis la route principale. Compter 150 F (22,9 €) à la carte. Menu enfant à 45 F (6,9 €). Si le vent (la bonne brise) souffle fort, les body-boardeurs s'en donneront à cœur joie, mais ce ne sera pas facile de manger sur la terrasse suspendue sur les vagues. On se réfugiera alors dans la salle décorée de grossières et rigolotes maquettes de bateaux. Carte simple : des pizzas, bien sûr, au feu de bois, bien entendu, des pâtes, des brochettes de moules, du rouget et du poisson grillé. C'est l'un des rares endroits où l'on serve des sardines grillées. Succulent. Pour le reste, prix normaux. *Apéritif offert.*

|●| La Grotte – calanque de Callelongue (hors plan A3-35) ☎ 04.91.73.17.79. ⏃ Accès : Mᵒ Castellane, puis bus nᵒ 19 jusqu'à La Madrague et, de là, bus nᵒ 20 jusqu'à Callelongue. Comptez 150 F (22,9 €) pour un repas complet (pizza, dessert et vin). Callelongue est le point de départ des randonneurs qui veulent rejoindre Cassis en longeant les calanques. Quelques cabanons, un port minuscule avec de rares bateaux, et La Grotte, sa terrasse et son patio. À l'heure du déjeuner, la terrasse, abritée par un auvent, est très appréciée des Marseillais qui se réservent le superbe patio fleuri pour le soir (trop écrasé de soleil à midi). Comme dans tant d'autres endroits, on sacrifie à la sacro-sainte pizza (le casse-croûte favori des Méridionaux), et ce sans regret car elle est très correcte. Il n'est pas interdit de commander un poisson grillé, mais évidemment c'est plus cher ! N'oubliez pas votre crème antimoustiques, il y en a quelques-uns en balade le soir, mais toujours moins que de clients. L'endroit, fort grand, tourne un peu comme une usine (commandes à distance...), mais demeure sympathique. Attention, on n'y accepte pas les cartes de crédit.

9ᵉ arrondissement

|●| Le Nautic Bar – calanque de Morgiou (hors plan A3-37) ☎ 04.91.40.06.37. Congés annuels : janvier, mais de toutes façons, il vaut mieux téléphoner. Accès : Mᵒ Rond-Point-du-Prado et bus nᵒ 23 jusqu'à l'arrêt « Morgiou-Beauvallon », puis à pied (bonne trotte). Plats allant de 60 à 85 F (9,1 à 12,5 €). Dans les calanques, on dit « Chez Sylvie », quand on parle de ce resto-buvette dont la gentille terrasse est l'endroit idéal pour un casse-croûte d'humeur marine. Au programme, petite friture, soupe de poisson, friture de girelles… brise de mer, cadre sublime, et vin frais du midi. Bref, tout ce qu'il faut pour se requinquer après une matinée passée dans l'eau entre crawl, brasse et plongée. Attention, les routes d'accès aux calanques sont fermées aux véhicules non autorisés de juin à septembre.

|●| Le Lunch – **calanque de Sormiou (hors plan A3-36)** ☎ 04.91.25.05.37. Congés annuels : du 15 octobre à fin mars. Accès : Mᵒ Rond-Point-du-Prado, bus nᵒ 23 jusqu'à l'arrêt « La Cayolle » et navette gratuite jusqu'à la Calanque (de 7 h 30 à 19 h). Compter 200 F (30,5 €) le repas. Attention, en été, la route est fermée aux autos et aux motos. Téléphonez, et prenez la navette. La descente sur la calanque offre une vue magnifique sur une mer d'un bleu magique qui se pare de quelques touches turquoise. Après cette superbe mise en bouche, il ne reste plus qu'à s'installer en terrasse pour jouir pleinement du temps qui passe, aidé par un petit blanc de Cassis bien frais tout en faisant honneur aux poissons du jour (daurade, rougets…) qui figurent à la carte. Prenez garde, les poissons étant proposés au poids, l'addition peut grimper vite. Bouillabaisse de bonne tenue, à commander la veille.

12ᵉ arrondissement

≜ |●| Auberge de jeunesse – **château de Bois-Luzy, allée des Primevères (hors plan D1-16)** ☎ 04.91.49.06.18. Fax : 04.91.40.06.18. ● www.fuaj.org ● Parking. Accueil de 7 h 30 à 12 h et de 17 h à 23 h. Accès : dans le quartier de Montolivet ; de la gare Saint-Charles, prendre le métro direction La Rose (ligne 1) et descendre à la station Réformés-Canebière ; de là, prendre le bus nᵒ 6 (arrêt « Marius-Richard »). 55 F (8,4 €) par personne en chambre double, 45 F (6,9 €) en dortoir de 4 à 6 lits. Location de draps : 7 F (1,1 €) ; petit déjeuner : 18 F (2,7 €), et repas (sur réservation) à 43 F (6,6 €). Installé dans une magnifique bastide édifiée en 1850, au milieu d'un parc et avec vue sur la rade de Marseille, à environ 5 km du centre. Possibilité de planter sa tente. Cuisine à disposition gratuitement pour faire son petit frichti, avec le plaisir d'admirer le sublime hall et les coursives de ce château. Juste à côté, un stade avec des tennis.

MASSOINS   06710

Carte régionale B2

≜ |●| Auberge de Massoins – ☎ 04.93.05.77.60. Fax : 04.93.05.77.60. TV. Fermé le dimanche soir et le lundi sauf en juillet-août. Doubles à 180 F (27,4 €). Même prix pour la demi-pension par personne en été. Menus de 75 F (11,4 €) en semaine, à 110 F (16,8 €). L'auberge de rêve dans un village de rêve, vous avez du mal à y croire. Nous aussi. Et pourtant, elle existe et nous vous la livrons comme une orchidée fragile. Et il faut nous promettre de n'en parler qu'à vos bons amis. Ceux qui seront dignes d'apprécier le cadeau que vous allez leur faire. C'est une auberge communale bourrée de charme : salle de resto avec de grandes baies vitrées qui permet de manger directement dans la nature. Cuisine toute dévouée à la Provence. Gentilles chambres bien mignonnes. En plus, il y a une piscine à fleur d'eau qui plonge dans la vallée. Qui dira que la Côte d'Azur est chère ? Réservation pour les chambres fortement recommandée. *Apéritif maison offert.*

MENTON   06500

Carte régionale B2

≜ |●| Auberge de jeunesse – **plateau Saint-Michel (Nord)** ☎ 04.93.35.93.14. Fax : 04.93.35.93.07. ● www.fuaj.org ● Fermé de 12 h à 17 h. Congés annuels : du 15 novembre au 1ᵉʳ février. Accès : à partir de l'hôtel de ville, suivre les panneaux indiquant le camping Saint-Michel : route de Ciappes et de Castellar. Traverser le camping, c'est sur la gauche. On peut aussi y aller à pied, mais ça grimpe dur. Préférer la navette qui part de la gare routière. 70 F (10,7 €) la nuit et 50 F (7,6 €) le dîner. Adhésion obligatoire : 100 F (15,2 €), pour les plus de 26 ans. Peu chère la nuit en dortoir de 8 lits avec petit déjeuner et douche. Le dîner (très copieux) est servi dans un réfectoire avec des baies vitrées d'où l'on a une vue splendide sur Menton et ses environs. Le patron, un pionnier des AJ, est une figure locale. En plus, il tient son auberge de main de maître : c'est nickel. 80 lits mais pas de réservation par téléphone. Il faut arriver le matin dans les premiers. *Apéritif maison offert.*

≜ |●| Hôtel Napoléon ★★★ – **29, porte de France, baie de Garavan** ☎ 04.93.35.89.50. Fax : 04.93.35.49.22. TV. Doubles de 380 F (57,9 €) côté montagne, à 650 F (99,1 €) côté mer. Menus de 80 F (12,2 €) à midi, en semaine, à 175 F (26,7 €). De la rue, l'hôtel n'a aucun charme particulier. Grand bâtiment à l'architecture morne et typique des années 60-70. À l'intérieur, changement de registre. Beaucoup de références à l'Empereur dans l'entrée. Chambres spacieuses et confortables donnant pour la plupart sur la mer et possédant une terrasse. Restaurant correct bien qu'un peu cher où l'on mange au bord de la piscine. Service soigné et attentif.

🛌 *Hôtel Chambord* ✱✱✱ – **6, av. Boyer**
☎ **04.93.35.94.19. Fax : 04.93.41.30.55.**
Parking payant. TV. Satellite / câble. Accès :
juste à côté de l'office du tourisme et du
casino. Chambres de 470 à 680 F (71,7 à
103,7 €). En plein centre, sur la grande avenue de Menton, voilà une affaire de famille
accueillante dans laquelle il n'est pas rare
de rencontrer des habitués de la première
heure qui viennent en villégiature ici depuis
l'ouverture en 1976. Chambres très spacieuses et vraiment confortables. Tout cela
à deux pas de la mer et à proximité du ten-
nis-club. N'oubliez pas les raquettes. Pour
les chambres, choisissez votre partenaire :
avec grand lit, c'est sur l'arrière du bâtiment.
Avec deux lits, c'est la vue sur les jardins !
*10 % sur le prix de la chambre sauf juillet-
août.*

🍴 *Oh ! Matelot* – **place Lorédan-Larchey**
☎ **04.93.28.45.40.** Tous les jours, restauration rapide à midi sauf le dimanche en hiver.
Soirée buffet. Autour de 50 F (7,6 €) à midi.
Formule buffet à 100 F (15,2 €). Une
adresse qui donne un coup de jeune à Menton. Un drôle de lieu, style pont d'un navire
de croisière, avec un capitaine au féminin
qui ne manque pas d'idées, de charme et de
bagout. Normal, elle a fait les croisières du
Club Med et a gardé l'idée du buffet chaleureux où l'on se sert à volonté : 30 F (4,6 €)
l'assiette de crudités ! Mais il y a aussi la formule « matelot » autour d'une bruschetta,
les tartines et sandwiches divers. L'après-
midi, c'est le coin des enfants. *NOU-
VEAUTÉ.*

🍴 *À Braïjade Méridiounale* – **66, rue
Longue** ☎ **04.93.35.65.65.** Ouvert tous les
soirs du 15 juin au 6 septembre et aussi le
midi, hors saison, sauf le mercredi et le
jeudi. Congés annuels : du 15 novembre au
15 décembre. Accès : dans la vieille ville.
Vaste choix de menus allant de 105 F (16 €),
le midi en semaine, à 235 F (35,8 €). Salle
rustique aux murs en pierre apparente et,
derrière le comptoir, une cheminée qui permet de donner un goût si agréable aux grillades. Ici, pas de coup de bambou. On est
en terrain connu. Dans les menus affichés,
tout est compris, de l'apéritif au café et
même au digestif le soir si vous êtes sages.
Beaucoup de viandes marinées et grillées
comme cette brochette de poulet à l'ail,
mais également quelques standards de la
cuisine provençale comme la daube de
bœuf niçoise aux ravioles et aïoli de poisson. Tout cela est servi copieusement, avec
sourire et gentillesse.

🍴 *Le Midi* – **103, av. de Sospel**
☎ **04.93.57.55.96.** Fermé le dimanche soir
et le lundi. Menu à 140 F (21,3 €). « Assiette
du Midi » à 50 F (7,6 €). Carte autour de
200 F (30,5 €). À l'écart du centre, en direction de Sospel et de l'autoroute, loin du
tumulte. Cette adresse insolite est tenue par

des amoureux de la cuisine traditionnelle
mentonnaise qui vous proposeront *pan
d'anchoue braija, frichaïa de sucan, barba
juan, pichade...* L'« assiette du Midi » fait
découvrir ces spécialités. Quant à la for-
mule-maison, elle est extra : farandole de
petits plats et succulente tarte maison. Service et cuisine en famille. Les produits sont
frais. Il y a les raviolis de madame le vendredi. Et au *Midi*, vous y mangez le soir
aussi. Un lieu qui se mérite. *NOUVEAUTÉ.*

DANS LES ENVIRONS

ROQUEBRUNE-CAP-MARTIN
06190 (3 km S)

🛌🍴 *Les Deux Frères* – **au bourg, place
des Deux-Frères** ☎ **04.93.28.99.00. Fax :
04.93.28.99.10.** TV. ⚞. Resto fermé le lundi.
Congés annuels : de mi-novembre à mi-
décembre. Concernant l'une des 10 chambres, il vous en coûtera 385 F (58,7 €) pour
avoir la vue sur la montagne et 495 F
(75,5 €) avec vue sur la mer. Menus de
120 F (18,3 €), à midi, à 245 F (37,4 €).
Posée à l'entrée du village, sur un belvédère
qui domine tout le coin, voici une de nos
adresses chouchoutes de la Côte. C'est une
sorte de rêve que l'on vit ici. On oublie le
temps qui passe et on se laisse aller à la
rêverie. Installé face à la fenêtre des chambres 1 ou 2, quiconque prenant une plume
peut devenir Hugo ou Chateaubriand. La
vue est extraordinaire. Le jeune patron hollandais a entièrement rénové et redécoré la
maison. Le résultat est plein de charme, à
l'image de la salle de restaurant. Tout cela
se fond bien avec une cuisine aux saveurs
très travaillées grâce à des produits de
grande qualité et d'une pointe d'imagination.
Velouté glacé de moules parfumé au
colombo, fricassée de volaille bressane aux
agrumes, agneau en croûte d'herbes, poissons grillés, sifflets de sole Fernand Point.

BEAUSOLEIL **06240** (8 km S)

🛌 *Hôtel Diana* ✱✱ – **17, bd du Général-
Leclerc (Centre)** ☎ **04.93.78.47.58. Fax :
04.93.41.88.94.** Parking payant. TV.
Doubles avec douche à 290 F (44,2 €) et
avec bains à 330 F (50,3 €). Ici, on est en
France alors que de l'autre côté de la rue
c'est Monte-Carlo. Alors forcément, c'est un
peu moins cher que dans la Principauté.
Façade verte très belle époque avec une
vue imprenable sur le béton. Toutes les
chambres sont climatisées. On y accède par
un ascenseur brinquebalant à souhait. Bon
accueil. *10 % sur le prix de la chambre pour
2 nuits minimum.*

🛌 *Hôtel Boeri* ✱✱ – **29, bd du Général-
Leclerc (Centre)** ☎ **04.93.78.38.10. Fax :
04.93.41.90.95.** TV. Canal+. Doubles à

240 F (36,6 €) avec douche, à 315 F (48 €) avec bains. Un hôtel volontiers croquignolet avec les palmiers et les géraniums aux fenêtres coincés dans les tours de la banlieue de la Principauté. Chambres doubles climatisées très spacieuses à la décoration sobre. Il est possible d'avoir un petit morceau de vue sur la mer si on demande la chambre n° 201, 202, 301 ou 302. Bien entendu, vous gardez ça pour vous.

MOLINES-EN-QUEYRAS 05350

Carte régionale B1

🏠 *La Maison Gaudissard* ** – Gaudissard (Nord) ☎ 04.92.45.83.29. Fax : 04.92.45.80.57. Parking. Congés annuels : du 14 avril au 14 juin et du 14 septembre au 20 décembre. Accès : en entrant dans Molines-en-Queyras, tournez à gauche après la poste ; l'hôtel est à 600 m. Doubles avec douche et wc ou bains à 380 F (57,9 €). Demi-pension de 280 à 310 F (42,7 à 47,3 €). Petit déjeuner à 35 F (5,3 €). Menu à 95 F (14,5 €). Menu enfant à 50 F (7,6 €). *La Maison Gaudissard* est à la pointe du tourisme local depuis 30 ans ! C'est en 1969 que Bernard Gentil fit de cette maison la première école de ski de fond de France. Depuis, *La Maison Gaudissard* multiplie les prestations : en hiver, l'équipe de la direction propose à la carte des stages de ski de fond, de télémark, et de rando alpine. L'été, randonnées pédestres avec cheval de bât et alpinisme. Après la balade sportive, quoi de mieux que de se prélasser sur la terrasse qui surplombe le village et offre un large point de vue sur les montagnes ? À l'intérieur, observez le bar tout en pavés de bois de mélèze. La maison dispose aussi d'un salon et d'un sauna finlandais. Fait aussi gîte. Possibilité de location d'appartements. *10 % sur le prix de la chambre hors vacances scolaires.*

DANS LES ENVIRONS

AIGUILLES 05470 (10 km N)

🍽️ *La Tête de l'Art* – (Centre) ☎ 04.92.46.82.49. Fermé le dimanche soir et le lundi hors saison. Congés annuels : 15 jours fin avril-mai et 15 jours fin octobre-novembre, selon réservations. Accès : par la D5 direction Château-Ville-Vieille, puis la D947 jusqu'à Aiguilles. C'est au centre du village. Menus à 89 et 120 F (13,6 et 18,3 €). Une adresse originale tenue par un Parigot qui, après vingt ans de métier dans la capitale, s'est installé ici histoire de décompresser. Il s'est fait plaisir en exposant dans son restaurant cochons, truies, porcs, verrats et gorets sous toutes les formes : des dizaines,

centaines de figurines, dessins, photos, huiles, bibelots et statues, qui animent et décorent drôlement les deux niveaux de *La Tête de l'Art*. Pizzas, pierrades, tartiflettes, fondues savoyardes et copieuses assiettes composées se mangent dans la bonne humeur. Réservation conseillée aux heures de pointe, car l'endroit jouit d'une grosse popularité dans le Queyras. *Apéritif offert (génépi).*

MOUGINS 06250

Carte régionale B2

🏠🍽️ *Le Manoir de l'Étang* – chemin Les Bois de Fontmerle ☎ 04.93.90.01.07. Fax : 04.92.92.20.70. Parking. TV. Satellite / câble. Resto fermé le lundi hors saison. Congés annuels : de novembre à janvier. Chambres toutes mignonnes mais chères de 600 à 1 000 F (91,4 à 152,4 €). Menus à 150 F (22,9 €) à midi, en semaine, et 190 F (29 €). Le plus dur est encore de le trouver car rien n'est indiqué, entre Antibes et Mougins, si ce n'est le nom d'un lotissement qui a poussé, pas trop mal, reconnaissons-le, dans les terres de la propriété qui échut un beau jour à Maurice Gridaine, architecte de l'ancien Palais des festivals. C'est ici qu'il avait rêvé, avec Cocteau et bien d'autres, de construire une « cité du Cinéma » sur les 300 ha alors disponibles. Avec la crise du cinéma et la modernisation en parallèle des studios de la Victorine, à Nice, le projet tomba dans l'étang. En dédommagement, on lui laissa cette propriété, dont il était tombé amoureux. Sa descendance s'occupe toujours d'accueillir les visiteurs de passage comme s'ils étaient des familiers et l'on se sent incroyablement bien dans cette bastide de rêve dont les chambres, spacieuses, donnent sur un immense jardin et cet étang paresseux qui donne des idées à ceux qui ne quittent guère leur chaise longue, près de la piscine. En terrasse ou en salle, on retrouve l'appétit pour goûter une cuisine sophistiquée mais agréable et mémorable. *10 % sur le prix de la chambre d'octobre à avril.*

🍽️ *Les Pins de Mougins* – 2308, av. Maréchal-Juin, quartier Val-de-Mougins ☎ 04.93.45.25.96. Fermé le lundi. Accès : à la périphérie de Mougins, vers Le Cannet. Menus à 100 F (15,2 €) à midi, 130 et 150 F (19,8 et 22,9 €). Fuyez la foule et le centre si vous voulez passer un joli moment dans un restaurant où l'on ne vous prendra pas pour des touristes : salade de Saint-Jacques sur lit d'avocat et tomates fraîches, aïoli et crème brûlée à la lavande au 1ᵉʳ menu. Derrière ce joli resto aux couleurs jaune et vert provençal se cache une terrasse-jardin sous les pins bien accueillante dès les premiers beaux jours. *NOUVEAUTÉ.*

|●| *Resto des Arts* – 20, rue du Maréchal-Foch ☎ 04.93.75.60.03. ⅙. Fermé le lundi en saison ; le lundi et mardi midi hors saison. Menu à 100 F (15,2 €). Dans un village qui a la réputation d'accueillir des stars et des milliardaires, cette maison saura séduire tous les routards. Denise est aux fourneaux. Elle prépare une cuisine traditionnelle, goûteuse et simple avec des recettes qu'elle tient de sa mère, de sa grand-mère... Elle a le sens des beaux produits qu'elle va acheter elle-même le matin pour préparer des daubes provençales, des aïolis, un pot-au-feu du pêcheur, un *stouffi* d'agneau accompagné de polenta ou des petits farcis. Et c'est Grégory qui vous servira. Ancien coiffeur de stars, il a posé ses valises à Mougins et a gardé une faconde et une décontraction vraiment sympathiques.

MOUSTIERS-SAINTE-MARIE   04360

Carte régionale B2

⌂ *Le Relais* – place du Couvert ☎ 04.92.74.66.10. **Fax : 04.92.74.60.47.** Parking. TV. ⅙. Fermé le vendredi hors saison. Congés annuels : du 15 décembre à fin janvier. Chambres bien mignonnes de 250 à 450 F (38,1 à 68,6 €). Menus de 127 à 200 F (19,4 à 30,5 €). En plein centre du village, accroché au bord du torrent, ce *Relais* fait partie des maisons très fréquentées de Moustiers dès que la belle saison arrive. Il est donc prudent de réserver. Les chambres qui donnent sur la chute d'eau peuvent se révéler très pénibles pour ceux que gêne le bruit. Le restaurant mérite quelques louanges pour sa cuisine laissant une belle place aux plats traditionnels. Barigoule d'escargots à l'arôme d'anis, caillette provençale tiède au jus de truffes, agneau confit des Alpes, papeton d'aubergines, brouillade de truffes... *10 % sur le prix de la chambre en mars-juin et octobre.*

⌂ *Auberge de la Ferme Rose* *** – chemin Embourgues ☎ 04.92.74.69.47. Fax : 04.92.74.60.76. Parking. TV. Congés annuels : du 15 novembre au 15 mars. Accès : au pied de la ville. Doubles de 390 à 480 F (59,5 à 73,2 €). Plantée dans un environnement vert et bucolique, cette ferme provençale est une petite perle. Juke-box,

tables de bistrot, porte-manteaux et plein de bibelots aussi bien dans le bar que dans les chambres. La cuisine dans laquelle les petits déjeuners sont préparés fait figure de modèle. Chambres ultra-calmes, celles du rez-de-chaussée possèdent une jolie terrasse. Télé sur demande. Une adresse pour amoureux en mal de solitude douillette. Beaux petits déjeuners, qui équivalent à un repas d'avant farniente (pour des randonneurs acharnés, ce serait un peu juste, mais la maison incite plutôt à la douceur de vivre !).

NICE   06000

Carte régionale B2 – Plan pp. 808 et 809

⌂ |●| *Relais international de la jeunesse Clairvallon* – 26, av. Scuderi, à Cimiez (hors plan C1-2) ☎ 04.93.81.27.63. Fax : 04.93.53.35.88. TV. Canal+. Accès : bus n° 15 de la gare SNCF ; descendre à l'arrêt Scuderi. Nuit à 75 F (11,4 €), petit déjeuner inclus. Menu à 60 F (9,1 €) servi midi et soir. Demi-pension à 140 F (21,3 €). Emplacement privilégié au milieu d'un superbe parc avec piscine, dans le quartier résidentiel de Cimiez, à proximité des arènes (festival de Jazz, etc.) et des musées Matisse et Chagall. En été, repas dans le parc sur la belle terrasse ombragée. Dépôt des bagages le matin, accueil (très sympa) à 17 h (heure d'ouverture des chambres). *Café offert.*

⌂ *Auberge de jeunesse* – route forestière du Mont-Alban (hors plan D3-1) ☎ 04.93.89.23.64. Fax : 04.92.04.03.10. ● www.fuaj.org ● Accès : de la gare, pour éviter les 45 mn de marche, prendre le bus n° 17 jusqu'à la station « Sun Bus », puis bus n° 14 sur le boulevard Jean-Jaurès jusqu'à l'auberge située dans le parc du Mont-Boron. 82 F (12,5 €) la nuit, petit déjeuner compris. Avec une vue fantastique sur Nice et la baie des Anges, on comprend pourquoi les routards du monde entier s'y bousculent. Pas de réservation possible, donc se présenter avant 10 h pour avoir une chance et laisser ses bagages. Cuisine à disposition. Accueil sympa et bonne ambiance. Superbe balade à faire jusqu'au fort (30 mn) avec vue sur la rade de Villefranche-sur-Mer et Saint-Jean-Cap-Ferrat.

⌂ Où dormir ?		
	7 Hôtel Locarno	21 Chez Pipo
1 Auberge de jeunesse	9 Hôtel L'Oasis	22 Nissa la Bella
2 Relais International de	10 Hôtel Windsor	23 Acchiardo
la jeunesse Clairvallon	11 Hôtel de la Fontaine	24 Voyageur Nissart
4 Hôtel du Danemark	13 Hôtel Durante	27 La Cave
5 Hôtel Les Camélias	14 Hôtel de la Buffa	31 Le Grand Café Turin
6 Hôtel Amaryllis	**|●| Où manger ?**	32 Don Camillo
	20 L'Auberge de Théo	33 The Jungle Arts
		34 La Zucca Magica

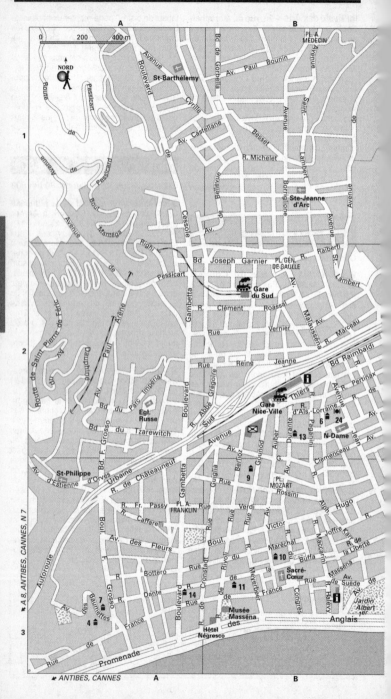

PROVENCE-ALPES- CÔTE D'AZUR

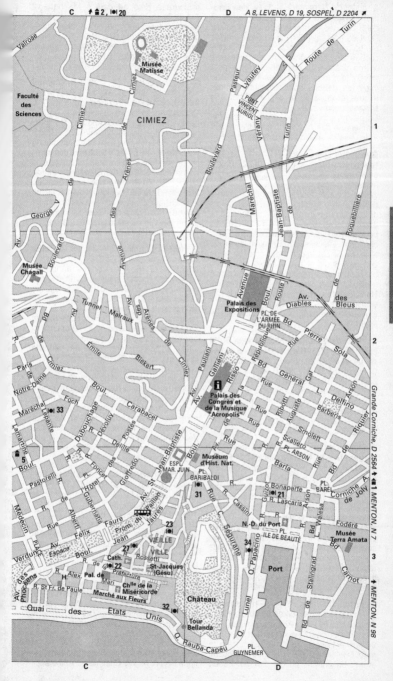

C ⚓ 2, ⦿ 20

D A 8, LEVENS, D 19, SOSPEL, D 2204 ↗

PROVENCE-ALPES: CÔTE D'AZUR

🛏 *Hôtel du Danemark* – 3, av. des Baumettes (A3-4) ☎ 04.93.44.12.04. Accès : à deux pas de la promenade des Anglais. Doubles à 210 F (32 €) avec douche et wc ou bains. Belle maison ocre et calme, cachée derrière un pin et quelques jolis arbres. Certes, le quartier est totalement envahi par des immeubles résidentiels, mais les patrons sont tellement sympathiques qu'on a eu le béguin. Chambres simples, décorées avec goût et très propres. En plein centre de Nice, à deux pas de la promenade des Anglais, cet établissement a des airs de malson de campagne.

🛏 🍽 *Hôtel Les Camélias* ** – 3, rue Spitalieri (C3-5) ☎ 04.93.62.15.54. Fax : 04.93.80.42.96. Parking payant. ♿ Congés annuels : novembre. Accès : derrière le centre commercial Nice-Étoile. Chambres de 260 à 400 F (39,6 à 61 €), avec bains, petit déjeuner compris. Demi-pension à 250 F (38,1 €). Menu simple à 70 F (10,7 €) pour les habitués et les pensionnaires (affiché dans l'ascenseur). En plein cœur de Nice, bercé par le chant des oiseaux, avec son petit jardin et ses espèces exotiques, cet hôtel au charme désuet est un havre de tranquillité. Bar dans l'entrée pour l'apéro. Un salon télé et quelques livres sont à la disposition des insomniaques. Au fait, y a-t-il toujours le tabouret orange dans l'ascenseur ?

🛏 *Hôtel de la Buffa* – 56, rue de la Buffa (angle Buffa-Gambetta) (B3-14) ☎ 04.93.88.77.35. Fax : 04.93.88.83.39. Chambres de 320 à 380 F (48,8 à 57,9 €) pour deux. Un amour de petit hôtel avec de petites chambres toutes simples et de petits prix tous simples eux aussi. Climatisation et calme garanti côté cour. Mini « office de tourisme » dans l'entrée. Accueil souriant et compétent. *NOUVEAUTÉ.*

🛏 *Hôtel Locarno* *** – 4, av. des Baumettes (A3-7) ☎ 04.93.96.28.00. Fax : 04.93.86.18.81. TV. Canal+. Doubles de 320 à 550 F (48,8 à 83,8 €). À quelques minutes à pied de la promenade des Anglais, cet hôtel propose tout le confort moderne dans 50 chambres climatisées. Salons de repos et salle de billard. Toutes les chambres ont été refaites récemment. Certaines sont très confortables. Garage sur réservation. Rendez-vous des hommes d'affaires et des VRP en escale dans la région. Accueil et service chic et sympathique. *10 % sur le prix de la chambre sauf pendant le Grand Prix de Monte-Carlo.*

🛏 *Hôtel Amaryllis* ** – 3, rue Alsace-Lorraine (B2-6) ☎ 04.93.88.20.24. Fax : 04.93.87.13.25. TV. Congés annuels : du 20 novembre au 20 décembre et du 10 au 24 janvier. Accès : dans le quartier de la gare. Doubles à 330 F (50,3 €) avec douche et wc. En entrant, on est partagé. Est-on

toujours à Nice ou déjà à Manhattan ? Autant l'ambiance que le décor nous ont fait penser à quelques petits hôtels tout simples que l'on peut trouver à New York. Heureusement, les prix, eux, restent français. Quelques chambres sur une petite cour tranquille. Accueil cordial et très serviable.

🛏 *Hôtel L'Oasis* *** – 23, rue Gounod (B3-9) ☎ 04.93.88.12.29. Fax : 04.93.16.14.40. Parking payant. TV. Canal+. Accès : à mi-chemin de la gare et de la promenade des Anglais. Comptez pour une chambre double entre 380 et 430 F (57,9 et 65,6 €). En plein centre, un peu en retrait de la rue, L'Oasis porte bien son nom : l'hôtel est entouré d'un jardin ombragé et le calme est de la partie. Chambres confortables. Enfin, sachez que cette maison accueillit Tchekhov et un certain Vladimir Ilitch Oulianov... plus connu sous le nom de Lénine ! Non, rassurez-vous, ils n'ont pas dormi dans la même chambre... la maison est sérieuse ! *10 % pour les Routards.*

🛏 *Hôtel Durante* *** – 16, av. Durante (B2-13) ☎ 04.93.88.84.40. Fax : 04.93.87.77.76. TV. Congés annuels : novembre. Accès : dans le quartier de la gare. Doubles à 400 F (61 €) avec douche et wc, et à 480 F (73,2 €) avec bains. Au fond d'une voie privée, derrière une façade en trompe l'œil, un hôtel impeccablement tenu et aménagé avec goût. 22 chambres donnant toutes sur un mignon jardin, des volets à l'italienne permettant de garder la fraîcheur en été. Un mot d'ordre ici : le calme. Un établissement où l'on aime venir et revenir tant l'accueil de Mme Dufaure est délicieux. Toujours disponible pour rendre votre séjour plus agréable. Elle tient même à votre disposition un classeur avec tout un choix de visites, excursions hors des sentiers battus (ah ! les merveilleuses chapelles de l'arrière-pays niçois si chères à son cœur). Bref, un hôtel où l'on ne se soucie pas uniquement de vous faire dormir.

🛏 🍽 *Hôtel Windsor* *** – 11, rue Dalpozzo (B3-10) ☎ 04.93.88.59.35. Fax : 04.93.88.94.57. TV. Resto fermé le dimanche. Doubles de 420 à 700 F (64 à 106,7 €). Carte autour de 150 F (22,9 €). Derrière une haute façade se cache un endroit de rêve. Dès l'entrée au mobilier asiatique, on pénètre dans ce monde merveilleux. Dans le jardin tropical, des bougainvillées, palmiers et bambous encadrent une petite piscine ; quelques créatures s'y prélassent en écoutant le chant des oiseaux : certains sont bien réels, d'autres ont été enregistrés par des créateurs de musique contemporaine. Car ici, c'est le domaine de l'art contemporain : chaque chambre est décorée par un artiste ; citons Présence Pantchounette, Peter Fend, Lawrence Wiener, Joël Ducorroy, Ben, Philippe Perrin, Miguel Chevalier... Après avoir fait fonctionner vos sens, l'hôtel propose, pour votre bien-être physique, un sauna, un hammam, des massages et une salle de relaxation où plantes et statuettes thaïlandaises se côtoient. Cet hôtel est sans doute notre préféré dans sa catégorie. *10 % sur le prix de la chambre en juillet-août.*

🏨 *Hôtel de la Fontaine* *** – 49, rue de France (B3-11) ☎ 04.93.88.30.38. Fax : 04.93.88.98.11. TV. Satellite / câble. ♿ Doubles avec douche et wc ou bains à 490 F (74,7 €). Demandez plutôt à être sur la cour, si c'est possible. Les chambres sont belles, propres et agréables, le patio permet de prendre des petits déjeuners copieux avec le délicat glouglou de la fontaine. La maison est en plein centre de Nice, à deux pas de la mer et de la rue piétonne. S'il n'y avait que cela, ce serait suffisant. Mais il y a l'accueil et la gentillesse du patron. Il se mettra en quatre pour vous faire plaisir et rendre votre séjour agréable. Lui, mais aussi son personnel, sont courtois, gentils sans jamais se forcer. Au niveau de l'accueil, on pourrait presque le citer en exemple. Petit déjeuner-buffet 3 étoiles ! *10 % sur le prix de la chambre.*

🍴 *Chez Pipo* – 13, rue Bavastro (D3-21) ☎ 04.93.55.88.82. Fermé le midi (n'ouvre qu'à partir de 17 h 30), et le lundi de janvier à mai. Ouvert le midi les samedi et dimanche. Congés annuels : du 15 au 25 mars. Accès : derrière le port. Compter autour de 45 F (6,9 €), sans les vins. Une adresse étonnante. De l'extérieur, on devine de longues tables en bois sur lesquelles tout le monde se retrouve au coude à coude. Ici, la lutte des classes est abolie. Bourgeois et ouvriers se retrouvent à la même table pour célébrer la *socca* fraternellement. Spécialité niçoise s'il en est, les vieux du pays vous diront que c'est ici qu'on mange la meilleure de Nice donc la meilleure du monde. Et pourtant, on n'est pas à Marseille ! C'est vrai qu'elle vaut le détour comme la pissaladière et la tourte aux blettes sucrée. Vous ne mangerez que cela ici.

🍴 *Restaurant Voyageur Nissart* – 19, rue d'Alsace-Lorraine (B2-24) ☎ 04.93.82.19.60. Fermé le lundi. Service de 11 h 30 à 14 h et de 18 h 45 à 22 h. Congés annuels : la 2ᵉ quinzaine de juillet. Deux menus à 65 et 95 F (9,9 et 14,5 €). Une curiosité que l'on finira par regretter un jour, témoin d'un temps que les moins de 20 ans ne risquent surtout pas de connaître. Le cadre est rustique, le service « authentique ». Une occasion de découvrir une cuisine niçoise simple et bien faite. Spécialités : osso buco, sanguins à l'huile, raviolis niçois, tarte aux courgettes, farcis niçois, poivrons à la provençale et soupe au pistou. Chaque jour, des plats différents. *Apéritif maison offert.*

🍴 *The Jungle Arts* – 6, rue Lepante (C2-33) ☎ 04.93.92.00.18. Fermé le dimanche. Accès : par la rue Jean-Médecin. Formule à midi à 65 F (9,9 €). Le soir, menu à 95 F (14,5 €). Un lieu mode, qui réunit en fait toutes les cuisines du monde, toutes les envies d'ailleurs de son proprio, Hamid El Filali. Celui-ci, bien connu des Niçois, a tâté, en 20 ans de métier, du travers de porc, du hamburger à cheval, du magret d'oie, du kangourou, de la cuisine africaine, etc. Décor de savane imaginaire, comme les tenues « panthère » des serveuses. Banquette en fer et lustres pour le contraste, du jaune, de l'orange, des peaux de bête encadrées. Pas à dire, ça déménage... *NOUVEAUTÉ.*

🍴 *La Zucca Magica* – 4 bis, quai Papacino (D3-34) ☎ 04.93.56.27.27. Menu à 75 F (11,4 €) le midi, compter autour de 150 F (22,9 €) le soir. Un lieu pour les grands enfants prêts à vivre un conte de fée et qui n'en reviendront pas de pouvoir dîner à la table d'un ogre végétarien cousin de Pavarotti. Pas d'enseigne, Marco n'en a pas besoin. Lorsqu'il a quitté Rome avec sa compagne pour ouvrir, sur le quai ouest du port, ce drôle de resto rempli de « coureuses de jardin » (les fameuses « courges » magiques aux yeux des enfants d'Halloween !), tout le monde lui a prédit l'échec. Aujourd'hui, à chaque service, il refuse du monde. Pas de carte, on goûte ce qu'il veut, quand il le veut, en fonction du marché et des légumes qui mijotent dans les marmites. Dans la pénombre éclairée par de multiples bougies (venez le soir, la *Zucca* – la citrouille ! – est encore plus magique...), vous devinez à peine ce qui vous arrive dans l'assiette : lasagnes odorantes, poivrons farcis à la pasta, borsotti aux courges et aux noix, tourtes de citrouille et gorgonzola, le tout servi copieusement... Petits prix, surtout, pour une cuisine végétarienne pleine de saveurs, à base de pâtes, de pois chiches, de lentilles, de haricots. Et si l'ogre à la poigne de fer n'était qu'un grand enfant retrouvant chaque jour dans sa cuisine les odeurs des tagliatelles, des ragoûts de son enfance romaine ? Fellini aurait adoré. *NOUVEAUTÉ.*

🍴 *L'Auberge de Théo* – 52, av. Cap-de-Croix (hors plan C1-20) ☎ 04.93.81.26.19. Fermé le lundi. Congés annuels : du 20 août au 10 septembre. Accès : dans le quartier de Cimiez. Menus à 105 F (16 €), le midi en semaine, puis à 160 et 250 F (24,4 et 38,1 €). Sur les hauteurs de la ville, dans un patio charmant, c'est Florence en pays niçois et toute l'Italie dans les assiettes. Pâtes fraîches aux gambas, poissons grillés à l'*aceto balsamico*, grillades au feu de bois garnies. Une bonne adresse. Service jusqu'à 23 h. *Digestif offert.*

🍴 *La Cave* – rue Francis-Gallo (C3-27) ☎ 04.93.62.48.46. Ouvert tous les jours en soirée sauf le lundi. Accès : dans le vieux Nice entre la porte Fausse et la place Rossetti. Menus à 120 et 140 F (18,3 et 21,3 €). On y est allé, on y est retourné mais force est d'avouer que nous n'avons toujours pas compris pourquoi un tel nom : impossible de trouver la cave ! Il y a une petite salle au décor raffiné de bonbonnière un peu hétéroclite mais *cosy*. On peut également manger sur la petite terrasse au milieu des vieux immeubles de la ville. Le jeune chef vous fera craquer. Il prépare une bien jolie cuisine pleine de beaux produits provençaux : filets de rougets à la tapenade, pot-au-feu de la mer, etc. *Apéritif maison offert.*

|●| Restaurant Acchiardo – 38, rue Droite (C3-23) ☎ 04.93.85.51.16. Fermé le samedi soir et le dimanche. Congés annuels : août. Accès : le vieux Nice, dans une rue proche du cours Saleya. À la carte, compter de 120 à 150 F (18,3 à 22,9 €). Une volonté de rester populaire avant d'être touristique : on y mange à la bonne franquette, sur des grandes tables recouvertes de toile cirée rouge... et dans une joyeuse ambiance. De bons plats du jour, comme les tripes niçoises (sauf en été), la soupe au pistou, la daube ou la ratatouille. Excellents raviolis bolognaise, au pistou, au gorgonzola... Un haut lieu niçois. Attention : n'accepte ni les chèques ni les cartes de crédit.

|●| Nissa la Bella – 6, rue Sainte-Reparate (C3-22) ☎ 04.93.62.10.20. Fermé le mardi midi (et le soir, hors saison), le mercredi midi (et le soir, en saison), 2 semaines début décembre, 2 semaines mai-juin. Accès : dans la vieille ville. Compter 130 F (19,8 €) à la carte. Que vous preniez un lapin au four à la polenta, une daube provençale, des raviolis maison ou des farcis niçois, ne prenez que cela. On parie que vous aurez du mal à finir tant les assiettes sont grandes et bien remplies. Ici, vous allez trouver la cuisine provençale section niçoise dans toutes ses saveurs, ses senteurs. Une belle salle largement ouverte sur la rue avec des murs ocre dans laquelle on se sent bien. Et lorsque l'on sort repu d'ici, on est un peu plus heureux qu'en y entrant. Autre salle, à l'arrière du restaurant, bien fraîche en été.

|●| Le Grand Café Turin – 5, place Garibaldi (D3-31) ☎ 04.93.62.29.52. Service de 8 h à 22 h (de 17 h à 23 h en juillet-août). Compter de 150 à 200 F (22,9 à 30,5 €) à la carte. Une institution niçoise spécialisée dans les fruits de mer. On y déguste des huîtres toute la journée (en été, seulement de 17 h à 23 h), fraîcheur garantie ! si vous hésitez, craquez pour un panaché de fruits de mer avec huîtres, amandes de mer, crevettes, bulots, violets... et oursins en saison. À l'intérieur, les deux salles ne désemplissent pas, du reste la terrasse non plus. On peut également y boire un verre ! La mai-

son n'accepte pas les chèques, mais prend les cartes bancaires.

|●| Don Camillo – 5, rue des Ponchettes (C3-32) ☎ 04.93.85.67.95. Fermé le dimanche et le lundi midi. Accès : promenade des Anglais qui devient quai des États-Unis (à l'est) ; tourner à gauche rue des Ponchettes. Menu du marché à 165 F (25,2 €). Compter 250 F (38,1 €) à la carte. Stéphane Viano a choisi une adresse calme et centrale, entre le cours Saleya et le front de mer, calme, propice à la dégustation d'une cuisine de haut niveau, dans une grande et belle salle pimpanto, aux couleurs fraîches, aux tables bien nappées et suffisamment espacées. Un menu servi midi et soir et une carte des plus attrayantes : risotto aux fleurs de courge, daurade entière rôtie au four avec jus d'anchois et zeste de citron, escalope de foie gras aux fruits rouges en saison et confiture d'oignons, puis des desserts démontrant un vrai talent. On a aussi apprécié le service professionnel et très affable, mais surtout pas pesant. *Apéritif maison offert.*

DANS LES ENVIRONS

VILLEFRANCHE-SUR-MER 06230
(7 km E)

🛏|●| Hôtel-restaurant Le Provençal ✦✦ – 4, av. du Maréchal-Joffre ☎ 04.93.76.53.53. Fax : 04.93.76.96.00. TV. Congés annuels : de fin octobre à Noël. Chambres de 240 à 480 F (36,6 à 73,2 €). Menus à 112 et 125 F (17,1 et 19,1 €). Une jolie maison avec ses volets bleus à l'italienne et ses trois tours qui lui donnent un cachet particulier. Accueil fort sympathique et chambres agréables et propres. On aime celles donnant sur le jardin et sur la mer aux 2e et 3e étages. Mais elles sont très prisées et donc réservées longtemps à l'avance. Adorable patio pour déjeuner ou dîner. Terrine de porcelet aux pistaches, raviolis au pistou, ragoût de morue en *stoficada*, lapin provençal flambé au marc de bandol, délicieuses sardines farcies en saison. Ça, c'est drôlement bon ! *10 % sur le prix de la chambre pour 2 nuits consécutives hors juillet-août.*

|●| Restaurant Michel's – place Amélie-Pollonnais ☎ 04.93.76.73.24. Fermé le mardi. Accès : sur le port. Plat du jour à 78 F (11,9 €). Compter 160 F (24,4 €) à la carte. C'est évidemment un soir d'été que cette grande terrasse se goûtera avec le plus de délices. Ici, pas de menus mais une belle carte remplie de plats préparés avec des produits de saison. L'endroit est à la mode en ce moment et l'ambiance est plutôt décontractée. Cependant la cuisine, largement axée sur la mer, vaut le détour. Chausson de saumon en feuilles de *brick*, terrine de sansonnet au genièvre, brochette de lotte et *scampis* sauce aigre-douce, côte de veau à la purée de pommes au calvados, *cheese-cake* aux fraises à la crème anglaise. Service sympa et attentif. *Apéritif ou digestif offert.*

I●I *La Mère Germaine* – **quai Courbet** ☎ 04.93.01.71.39. Parking. ♿ Accès : sur le port. Menu à 210 F (32 €). Idéalement situé sur le port, avec bien sûr vue magnifique sur la rade de Villefranche, voici sans doute l'une des meilleures adresses entre Nice et Monaco. Belles salle et terrasse, tables élégamment nappées et dressées, une armée de serveurs tirés à quatre épingles pour vous faire passer un agréable moment. Côté cuisine, des produits de première fraîcheur, parfaitement apprêtés (enfin de bons poissons au bord de la Méditerranée !). À la carte, les prix s'envolent rapidement, à vous de voir. On aimerait découvrir plus souvent de pareils établissements qui renouent avec une tradition un peu oubliée... *Café offert.*

ORANGE · 84100

Carte régionale A1

🏠 *Hôtel Le Glacier* ** – **46, cours Aristide-Briand (Centre)** ☎ 04.90.34.02.01. Fax : 04.90.51.13.80. ● hotelgla@aol.com ● Parking. TV. Satellite / câble. Fermé le dimanche de novembre à Pâques. Congés annuels : du 23 décembre au 5 janvier. Accès : par l'A7 et l'A9. Doubles avec douche et wc ou bains à 320 F (48,8 €). Petit déjeuner à 38 F (5,8 €). Hôtel très confortable, très bien tenu par la famille Cunha depuis trois générations. Chambres toutes différentes, certaines dans le genre provençal, d'autres plus « chic anglais ». La salle de petit déjeuner est tout aussi mignonne. Parking gratuit mais garage payant. Dans sa catégorie, sans aucun doute, le meilleur rapport qualité-prix d'Orange. D'ailleurs, les musiciens des Chorégies y sont hébergés. *10 % sur le prix de la chambre hors juillet-août.*

🏠 *Hôtel Arène* *** – **place de Langes (Centre)** ☎ 04.90.11.40.40. Fax : 04.90.11.40.45. TV. Congés annuels : du 8 au 30 novembre. Doubles avec douche et wc ou bains de 440 à 500 F (67,1 à 76,2 €). Petit déjeuner à 47 F (7,2 €). En plein cœur du quartier piétonnier, hôtel calme (il fait partie des *Relais du Silence*) et bourré de charme. Chambres décorées dans un joli style provençal et climatisées. Certaines avec terrasse, bien agréable pour prendre un petit déjeuner copieux avec des gâteaux provençaux et des confitures maison. *10 % sur le prix de la chambre de début janvier à fin mars.*

I●I *Restaurant Le Yaca* – **24, place Silvain (Centre)** ☎ 04.90.34.70.03. Fermé le mardi soir sauf en été et le mercredi. Congés annuels : les 3 premières semaines de novembre. Menus de 65 à 125 F (9,9 à 19,1 €). Menu enfant à 45 F (6,9 €). Une bonne petite adresse de la ville, à la cuisine régulière, classique mais bien enlevée : terrine de foie de volaille maison avec sa confiture d'oignons, cassolette aux fruits de mer, feuilleté d'escargots aux petits légumes, gigot gratiné à la purée d'olives, filet mignon à l'échalote, etc. Cadre intime et agréable : poutres et pierres apparentes, jolis tableaux aux murs et petits vases garnis de fleurs fraîches sur chaque table. *Café offert.*

I●I *Restaurant La Roselière* – **4, rue du Renoyer (Centre)** ☎ 04.90.34.50.42. Fermé le mercredi. Congés annuels : novembre. Accès : à droite de la mairie quand on le regarde. Menu à 110 F (16,8 €). Compter 170 F (25,9 €) à la carte. La déco, pour le moins hétéroclite et un poil marginale, allie les plaques de pub en fer émaillé des années 50-60, les dessins de personnages de BD, les nounours et une foule d'objets récupérés çà et là dans les brocantes ou dans la rue. Si le temps ne permet pas de manger dehors, vous devrez pénétrer dans cet antre en vous laissant envahir par la musique : Guidoni, Brel, Higelin ou Mahler. Rien que ça ! Mais ça ne nourrit pas. Difficile de vous mettre l'eau à la bouche car Fred, la patronne, change ses plats toutes les semaines en fonction de la saison et du marché. Mais le menu unique ou la carte font assez régulièrement dans les plats de toujours (pieds de cochon, filets de harengs), la pointe d'exotisme (*nasi goreng istimewa*) ou la couleur locale (rognons de veau au basilic). Pour compléter le tableau, une cave qui recèle quelques bonnes bouteilles pas chères. Au fait, pour ne pas faire comme tout le monde, les cartes bancaires ne sont d'aucune utilité ici.

DANS LES ENVIRONS

PIOLENC 84420 (4 km N)

🏠I●I *Auberge L'Orangerie* – **4, rue de l'Ormeau (Centre)** ☎ 04.90.29.59.88. Fax : 04.90.29.67.74. ● orangerie@wanadoo.fr ● Parking. TV. ♿ Fermé le lundi midi hors saison. Congés annuels : 10 jours en novembre. Accès : par la N7. Doubles avec douche et wc ou bains de 370 à 400 F (56,4 à 61 €). Petit déjeuner à 50 F (7,6 €). Demi-pension obligatoire de Pâques à fin septembre : de 340 à 430 F (51,8 à 65,6 €) par personne. Menus de 90 F (13,7 €) le midi en semaine à 200 F (30,5 €). Menu enfant à 60 F (9,1 €). Depuis une quinzaine d'années, Gérard et son épouse Micky veillent aux destinées de cette belle auberge perdue derrière un rideau de verdure. Après avoir parcouru tous les hôtels du monde pendant de nombreuses années,

PROVENCE-ALPES- CÔTE D'AZUR

ils ont voulu créer l'endroit de leurs rêves. Résultat : ils ne sont pas loin des nôtres. 6 chambres agréables, au confort douillet et décorées de meubles rustiques. On a un faible pour celle qui a une terrasse privée isolée du monde. Toute la maison est décorée de vrais-faux chefs-d'œuvre, des copies que Gérard a faites lui-même. Et il a du talent, le bougre. Au restaurant, les menus vous feront faire un joli tour du monde. Le crabe farci et le colombo de poisson, l'osso buco de pâtes fraîches comme le filet charolais au foie gras y côtoient allègrement les bons petits plats provençaux traditionnels comme la cassolette de girolles à la crème d'ail (de Piolenc!). La cave de Gérard, qui compte plus de 350 crus, est à tomber par terre. On a affaire à un fondu! Et pour finir la soirée, son choix de whiskies fera pâlir d'envie les amateurs les plus avertis. Le plaisir ne serait pas total si vous oubliiez d'aller faire une visite aux toilettes. C'est bien le terme pour ce petit musée rempli de bric-à-brac et de plein de sortes de papier aux couleurs et aux senteurs différentes. Point n'est besoin de vous préciser qu'on aime bien.

PEILLE 06440

Carte régionale B2

🏠 |●| *Belvédère Hôtel* – 3, place Jean-Miol ☎ 04.93.79.90.45. ♿ Congés annuels : du 20 novembre au 25 décembre. Accès : à l'extérieur du village. Compter 240 F (36,6 €) pour une double. Demi-pension à 250 F (38,1 €). Menus de 95 à 165 F (14,5 à 25,2 €). Réservez par courrier. Tenu par Mme Beauseigner, très aimable. 5 chambres seulement, simples mais propres, avec un splendide panorama sur la montagne. Le resto est très bien, avec une vue plongeante sur la vallée. Quelques spécialités comme les gnocchis, le coquelet au citron, les raviolis à la ricotta... Des plats à partager entre copains, quoi! *10 % sur le prix de la chambre d'octobre à avril à partir de 2 nuits consécutives, et café offert au restaurant.*

DANS LES ENVIRONS

PEILLON 06440 (3 km S)

🏠 |●| *L'Auberge de la Madone* – ☎ 04.93.79.91.17. Fax : 04.93.79.99.36. Fermé le mercredi. Congés annuels : janvier et du 20 octobre au 20 décembre. Chambres confortables de 480 à 1 000 F (73,1 à 152,4 €). Menus de 150 à 260 F (22,9 à 39,6 €). Chambres avec balcon et vue de rêve sur la vallée du Peillon. Décor provençal. Terrasses joliment fleuries et agrémentées d'oliviers et de mimosas. Depuis 50 ans, la famille Millo accueille les visiteurs dans un restaurant aux parfums de Pro-

vence éternelle. Beaux déjeuners sur la terrasse, sous les oliviers. Une cuisine qui sait allier la tradition avec le petit grain de génie qui fait exploser les savours sur les papilles. *NOUVEAUTÉ.*

PELVOUX 05340

Carte régionale B1

🏠 |●| *Le Saint-Antoine* * * – ☎ 04.92.23.36.99. Fax : 04.92.23.45.20. Fermé le dimanche soir. Congés annuels : du 1er au 31 mai et du 1er octobre au 30 novembre. Accès : à 35 km au sud-ouest de Briançon; suivre la direction Embrun sur 16 km, puis prendre à droite la D994 pour entrer dans la vallée de la Vallouise : Pelvoux est à 20 km. Doubles avec lavabo de 180 à 200 F (27,4 à 30,5 €); avec douche et wc de 220 à 270 F (33,5 à 41,2 €); de 225 à 250 F (34,3 à 38,1 €) par jour et par personne en demi-pension; pension complète à peine plus chère, 40 F (3,9 €) de plus. 1er menu à 80 F (12,2 €), puis à 100 et 140 F (15,2 et 21,3 €). Au cœur de cette vallée restée bien sauvage, en bordure du parc national des Écrins – belle virée jusqu'au pré de Madame Carle, face au glacier Blanc –, *Le Saint-Antoine* est une valeur sûre, tenu gentiment et sérieusement. Chambres simples et propres (nous préférons celles avec balcon donnant sur le torrent). À table, une honnête cuisine traditionnelle et familiale, avec un 1er menu qu'on a testé (ça allait bien), et le suivant comportant des *berthoux* en entrée (fondue savoyarde allégée). *10 % sur le prix de la chambre en janvier, mars, avril, juin et septembre.*

PLAN-DE-LA-TOUR 83120

Carte régionale B2

🏠 *Mas des Brugassières* * * – ☎ 04.94.55.50.55. Fax : 04.94.55.50.51. Parking. Congés annuels : du 10 octobre au 20 mars. Accès : à 1 km du village. Doubles avec douche ou bains de 430 F (65,6 €) hors saison et 560 F (85,4 €) l'été, tout de même. Petit déjeuner traditionnel à 44 F (6,7 €), le gourmand à 85 F (13 €). En v'là du charme, en v'là! Au cœur même du massif des Maures, à 5 km de la mer seulement et à 12 km de Saint-Tropez, vous avez tout : un village agréable, la forêt, des balades, et cet hôtel accueillant tenu par des oiseaux voyageurs, d'où l'impression d'exotisme bienvenue, dès l'entrée. Le reste, vous pouvez l'imaginer : accueil décontracté, chambres décontractées, piscine décontractée. Possibilité d'un déjeuner-piscine qui n'a rien de petit, entre 10 h et 13 h. Tennis. *Apéritif offert. 2 petits déjeuners offerts pour un séjour supérieur à 3 nuits hors juillet-août.*

PONTEVÈS   83670

Carte régionale A-B2

🏠lol *Le Rouge Gorge* ** – ☎ 04.94.77.03.97. Fax : 04.94.77.22.17. Parking. TV. Congés annuels : février et mars. Accès : sur la D560 ; à 2 km à l'est de Barjols, passer le pont, grimper vers le village. Doubles avec douche et wc ou bains de 300 à 340 F (45,7 à 51,8 €). Menus de 100 à 145 F (15,2 à 22,1 €). Dieu que la campagne varoise est belle et encore méconnue ! Entre les gorges du Verdon et la Côte, il est des villages comme celui-ci, avec leur château un peu mort et une auberge bien vivante, pleine de rires, de parfums. Le soir, tout le monde dîne autour de la piscine, l'accueil est comme le climat, sain, tonique. Chambres sans prétentions mais confortables, certes. Cuisine du pays avec aiguillettes d'agneau au jus de romarin, magret de canard au miel de Provence, daube provençale façon grand-mère, saumon mariné à l'huile d'olives et herbes fines, etc. Et plein de balades à faire alentour. Le bonheur ! *Apéritif offert.*

RISTOLAS   05460

Carte régionale B1

🏠lol *Le Chalet de Ségure* ** – (Centre) ☎ 04.92.46.71.30. Fax : 04.92.46.79.54. Fermé le lundi. Congés annuels : du 5 avril au 25 mai et du 25 septembre au 20 décembre. Accès : dans le village, prendre la route qui monte derrière l'église, puis suivre le fléchage. Doubles avec douche et wc ou bains à 260 F (39,6 €). Demi-pension à 280 F (42,7 €) par personne. Menus de 75 à 120 F (11,4 à 18,3 €), le régional. Très bien tenu, ce chalet est l'endroit idéal pour se ressourcer au sein des vertes montagnes du haut Queyras. Jean-Marie, le patron, organise des virées en raquettes l'hiver, en godillots l'été, faisant découvrir ainsi ses balades perso, des petits trésors de sentiers perdus... Beaucoup de meubles ont été réalisés par lui ; Pascale, son épouse, préfère broder des alphabets, il y en a tout plein aux murs, mais la déco de la salle de resto change avec les saisons : l'hiver, un mannequin paré du costume traditionnel vous accueille, l'été, un attirail d'écolier du début du siècle est exposé, et fleurs et plantes abondent. Chambres claires et spacieuses. Le magret de canard au miel et aux épices et la spécialité du chef, et ses pommes au caramel sont à hurler d'envie et de bonheur, comme le loup de Tex Avery devant une pin-up, c'est dire ! *10 % sur le prix de la chambre.*

ROUSSILLON   84220

Carte régionale A2

lol *Restaurant Mincka's* – **place de la Mairie (Centre)** ☎ 04.90.05.66.22. Fermé le jeudi. Congés annuels : du 1er novembre au 25 décembre. Menus à 89 et 99 F (13,6 et 15,1 €). Deux salles dans une petite maison qu'on dirait de poupée. Et une adorable terrasse sur la placette de ce superbe village que Jean Vilar surnomma « Delphes la Rouge » (un coup d'œil aux façades et vous comprendrez pourquoi...). Cuisine de marché, sans esbroufe mais toute de saveur. Les menus offrent un joli choix de petits plats réjouissants (daube à la cardamome, civet de porc au gingembre frais et au miel, couscous du Luberon), l'accueil est chaleureux, le service très (parfois un peu trop...) décontracté et comme c'est franchement une bonne adresse, on vous conseille de réserver.

SAINT-DALMAS-DE-TENDE   06430

Carte régionale B1

🏠lol *Le Terminus* ** – **rue des Martyrs-de-la-Résistance** ☎ 04.93.04.96.96. Fax : 04.93.04.96.97. Parking. Canal+. Satellite / câble. Fermé le mardi et le mercredi en basse saison. Congés annuels : du 1er au 20 novembre. Accès : face à la gare. Doubles de 221 à 289 F (44,1 €). Demi-pension à 250 F (38,1 €). Menus de 95 à 170 F (14,5 à 25,9 €). Grâce à un accueil amical, on se sent tout de suite à l'aise dans cette vénérable maison familiale. Les nuits sont fraîches (on est en montagne) et reposantes, et ce sont les oiseaux qui ont toutes les chances de vous tirer de votre cocon douillet. Chambres doubles toutes mignonnes et simples. Agréable jardin devant la maison et salle à manger, avec cheminée et four à bois, dans laquelle on fait des repas plantureux. Sur les murs, belles casseroles de cuivre et assiettes anciennes. À noter que la cuisine est préparée par la patronne. Et ses raviolis sont inoubliables ! *Apéritif maison offert.*

DANS LES ENVIRONS

BRIGUE (LA) 06430 (3 km E)

lol *La Cassolette* – **20, rue du Général-de-Gaulle** ☎ 04.93.04.63.82. Fermé le dimanche soir et le lundi sauf les jours fériés. Accès : dans la rue au bord de la rivière. Plat du jour à 55 F (8,4 €) et menus de 75 à 175 F (11,4 à 26,7 €). Tout petit et tout mignon, ce restaurant rempli de poules (si, si !). Cuisine et service familiaux. Le patron peut parfois sortir pendant le service pour aller chez son voisin boucher chercher un tournedos en plus ou un magret. On se demande s'il ne va pas pêcher directement les truites dans la rivière juste de l'autre côté de la route. Dans le premier menu, nous avons eu une tourte brigasque (poireaux, pommes de terre, courgettes), du lapin à la provençale, du fromage et un dessert. Essayez aussi les confits, raviolis, le tournedos de magret de canard au foie gras. Pas mal du tout.

SAINT-DISDIER   05250

Carte régionale A1

🛏️|●| *Auberge La Neyrette* ✶✶ – ☎ 04.92.58.81.17. Fax : 04.92.58.89.95. Parking. TV. Congés annuels : de mi-novembre à mi-décembre. Accès : au croisement des routes de Saint-Étienne-en-Dévoluy et de Veynes. Doubles avec douche et wc ou bains à 330 F (50,3 €). Menus de 98 à 210 F (14,9 à 32 €). Posée toute seule au creux d'une petite vallée, entre la montagne de Faraud, le pic de Bure et l'Obiou, on y vient de loin pour ses chambres impeccables et la qualité de sa restauration. Mais, avec 12 chambres retenues pour les pensionnaires venus y chercher le calme et la nature, il est prudent de réserver. Venez prendre un grand plaisir dans cet ancien moulin à grain en dégustant les truites de son lac, la terrine maison au genièvre ou les tourtons aux pommes de terre, la tarte aux noix et autres spécialités. *Apéritif offert.*

SAINT-FIRMIN   05800

Carte régionale A1

🛏️|●| *Hôtel-restaurant Le Val des Sources* ✶ – Saint-Maurice-en-Valgaudemar ☎ 04.92.55.23.75. Fax : 04.92.55.23.75. Congés annuels : du 15 novembre au 1er avril. Accès : avant le village Le Roux, prendre le pont sur la droite, puis tourner encore à droite ; l'hôtel-restaurant est sur la gauche, à 300 m environ. Doubles avec lavabo à 180 F (27,4 €), avec douche à 240 F (36,6 €), avec douche et wc à 300 F (45,7 €). Menu en semaine à 100 F (15,2 €), puis à 115 et 140 F (17,5 et 21,3 €). En juillet-août, la demi-pension est obligatoire de 220 à 280 F (33,5 à 42,7 €) par personne. Des randonnées à cheval dans la région sont également proposées pour 300 F (45,7 €) sur réservation. Claude et sa femme ont choisi de rester au sein de cette belle vallée âpre et sauvage. Très

dynamique, Claude a repris l'hôtel familial dont il améliore le confort un peu plus chaque année. Les chambres sont simples mais la literie est de qualité. La nourriture, très goûteuse, est composée essentiellement de produits du pays. Les plats ancestraux, comme les oreilles d'âne (pâte fourrée aux épinards et à la blette), les ravioles au miel ou le flozon (tourte de pommes de terre avec lardons et échalotes), rappelleront à certains palais les saveurs d'antan. Il est conseillé de réserver sa table. *Le Val des Sources* dispose en outre d'un parc et de gîtes. *Apéritif offert.*

DANS LES ENVIRONS

CHAUFFAYER 05800 (4 km S)

🛏️|●| *Le Bercail* ✶✶ – route Napoléon (N85) ☎ 04.92.55.22.21. Fax : 04.92.55.31.55. Parking. TV. Fermé le dimanche soir. Accès : à droite sur la route de Gap. Doubles avec douche et wc à 200 F (30,5 €), avec bains à 250 F (38,1 €). Menus de 80 à 200 F (12,2 à 30,5 €), dont le menu terroir, très correct, à 120 F (18,3 €). Menu enfant à 40 F (6,1 €). En bordure de la route Napoléon, donc bien pratique, un hôtel-restaurant d'un excellent rapport qualité-prix : chambres bourgeoisement coquettes et confortables. La table n'est pas à négliger non plus, car on y trouve une cuisine régionale et classique bien réalisée. Tourtons du Champsaur, noisettes d'agneau poêlées, truite meunière, ravioles en spécialités. Avec ça, une grande salle à manger toute provinciale, ou terrasse ombragée. Soirée-étape intéressante. *Café offert.*

🛏️|●| *Le Château des Herbeys* ✶✶✶ – route Napoléon (N85) ☎ 04.92.55.26.83. Fax : 04.92.55.29.66. Parking. TV. Canal+. Satellite / câble. Congés annuels : du 15 novembre au 1er avril. Accès : sur la route de Gap, indiqué sur la gauche. Doubles avec douche et wc à 400 F (61 €), avec bains de 450 à 700 F (68,6 à 106,7 €). Menus de 125 à 230 F (19,1 à 35,1 €). « Dans la famille Prestige et Vieilles Pierres, je demande le top – Servi ! » En effet cette belle, ancienne et noble demeure dominant d'une colline la route Napoléon, dont le vaste parc la sépare, propose des chambres luxueuses, hautes de plafond (à caissons pour certains), avec salles de bains de rêve, tentures et tissus de bon goût, beaux parquets chevillés... Celle dite « du Roy » (la plus chère) est une suite vraiment royale, avec lit à baldaquin, salon télé, jacuzzi... Tennis, piscine, restaurant aussi, mais on n'a pas essayé. *Café, digestif offerts.*

SAINT-JEAN-CAP-FERRAT 06230

Carte régionale B2

🛏 *Hôtel Le Clair Logis* ** – 12, av. Centrale (Centre) ☎ 04.93.76.04.57. Fax : 04.93.76.11.85. Parking. TV. ♿ Accès : au centre de la presqu'île, à l'angle de l'allée des Brises. Doubles de 400 F (61 €) avec douche et wc, à 600 F (91,5 €) avec bains, à 700 F (106,7 €) en haute saison. Réservez 3 semaines à l'avance en été. Un paradis de calme dans un grand jardin exotique. On comprend que le général de Gaulle soit venu se reposer en 1952 dans ce cadre agréable planté dans un beau quartier résidentiel. 18 chambres avec balcon ou petite terrasse. Prix élevés, mais raisonnables pour la presqu'île (un repaire de milliardaires). Une bonne adresse, idéale pour un week-end en amoureux sur la Côte.

|●| *Le Sloop* – ☎ 04.93.01.48.63. Fermé le mardi et le mercredi hors saison, mercredi et jeudi midi en été. Congés annuels : du 15 novembre au 15 décembre. Accès : sur le nouveau port. Menu unique à 155 F (23,6 €). Agréable terrasse face au port, bon accueil et cuisine raffinée. Normal, quand on sait que le chef est un ancien du *Chantecler*. Très beau menu d'un excellent rapport qualité-prix. Tartare de saumon frais en aïoli, minestrone de moules au safran et au thym frais, daurade royale grillée à la plaque, loup rôti entier à la niçoise, côte de veau piquée de truffes dans son jus... C'est notre resto chic préféré dans toute la kyrielle que l'on trouve sur le port.

SAINT-MARTIN-VÉSUBIE 06450

Carte régionale B1

🛏|●| *Hôtel-restaurant La Bonne Auberge* ** – allée de Verdun ☎ 04.93.03.20.49. Fax : 04.93.03.20.69. TV. Accès : à gauche en sortant de Saint-Martin, en direction de La Colmiane et du Boréon. Doubles à 260 F (39,6 €) avec douche et wc et à 290 F (44,2 €) avec bains. Demi-pension à 280 F (42,7 €). Menus à 95 et 150 F (14,5 et 22,9 €). Hôtel confortable dans cette belle maison en pierre. Chambres doubles plutôt agréables et bien tenues. Tant qu'à faire, évitez celles au bord de l'avenue ; surtout le week-end, c'est passant. Les footballeurs de l'OGC de Nice viennent, paraît-il, s'y reposer, c'est bon signe. Cuisine traditionnelle et goûteuse comme un petit vin de soif. Sansonnet confit dans son pâté en terrine, truite meunière du vivier, navarin de mouton, caneton aux olives, cailles en casserole... Terrasse

agréable, bordée de haies. *10 % sur le prix de la chambre d'octobre à avril.*

SAINT-PAUL-DE-VENCE 06570

Carte régionale B2

🛏 *Auberge Le Hameau* *** – 528, route de la Colle ☎ 04.93.32.80.24. Fax : 04.93.32.55.75. Parking. Accès : à 1 km du village sur la D7, route de La Colle. Chambres et appartements de 450 à 680 F (68,6 à 103,7 €). Dans un très joli paysage verdoyant avec un jardin en terrasse et une piscine. Superbe vue sur le village de Saint-Paul. Chambres confortables (climatisées), bien meublées, dont 6 avec télé. Préférez le corps du bâtiment à l'annexe : les chambres ont beaucoup plus de charme. Idéal pour les amoureux en goguette.

SAINT-RÉMY-DE-PROVENCE 13210

Carte régionale A2

🛏|●| *Hôtel Ville Verte* ** – place de la République (Centre) ☎ 04.90.92.06.14. Fax : 04.90.92.56.54. Parking payant. TV. ♿ Congés annuels : janvier. Doubles avec douche de 200 F (30,5 €) à 280 F (42,7 €) avec douche, wc ou bains et balcon. Studios avec cuisinette à 1 500 F (76,2 €) la semaine sur une base de deux ; 150 F (22,9 €) par semaine pour toute personne supplémentaire et 300 F (45,7 €) de plus l'été. Menus à 80 et 100 F (12,2 et 15,2 €). La légende veut qu'ici Charles Gounod ait composé son opéra *Mireille*. Une plaque y a été installée en présence de Frédéric Mistral en 1913 pour rappeler cet « événement ». À quelques pas du centre, cet hôtel offre toute une gamme de chambres à tous les prix. De quoi y trouver son bonheur dans un dédale de couloirs. Piscine couverte et chauffée en hiver, cour et terrasses agréables. Au restaurant, service un peu désinvolte. Les familles fréquentent cet établissement depuis le XVIIe siècle, où il était déjà cité. Non, ce n'était pas par le *GDR* ! *Café offert. 10 % sur le prix de la chambre d'octobre à mars inclus.*

🛏 *Le Cheval Blanc* ** – 6, av. Fauconnet (Centre) ☎ 04.90.92.09.28. Fax : 04.90.92.69.05. Parking. TV. ♿ Congés annuels : de début novembre à début juin. Doubles avec douche et wc ou bains de 240 à 300 F (36,6 à 45,7 €). Garage fermé payant : 30 F (4,6 €). Vous pouvez miser sur ce *Cheval*-là, d'autant plus qu'il possède un parking privé de 15 places, appréciable en plein centre de Saint-Rémy. Chambres refaites avec douche ou bains, wc et téléphone direct. Terrasse et véranda.

Agréable! *10 % sur le prix de la chambre pour 2 nuits consécutives.*

🛏 *Hôtel L'Amandière* ** – av. Théodore-Aubanel ☎ 04.90.92.41.00. Fax : 04.90.92.48.38. Parking. TV. ♿ Congés annuels : de début janvier à mi-mars et de fin octobre à mi-décembre. Accès : à 700 m du centre-ville, direction Noves. Doubles avec douche et wc ou bains de 295 à 325 F (45 à 49,5 €). Difficile de trouver mieux dans le genre, à la sortie de Saint-Rémy : le calme, la verdure, la couleur, la piscine, l'atmosphère plutôt jeune (bon, tout dépend de la saison, évidemment!), et des chambres spacieuses et confortables. Petits déjeuners exceptionnels et accueil chaleureux.

🛏 *Hôtel du Soleil* ** – 35, av. Pasteur (Sud) ☎ 04.90.92.00.63. Fax : 04.90.92.61.07. ● hotelsoleil@pacwan.fr ● Parking. TV. Satellite / câble. Congés annuels : du 6 novembre à mars. Doubles avec douche et wc à 304 F (46,3 €), avec bains à 389 F (59,3 €). L'hôtel est organisé autour d'une grande cour : beaucoup d'espace, y compris pour garer sa voiture, calme assuré. Piscine, terrasse et jardin. Certaines chambres ne sont pas très très grandes. Possibilité de location de VTT ou VTC.

🛏 *L'Hôtel des Ateliers de l'Image* *** – traverse de Borry, 5 av. Pasteur (Centre) ☎ 04.90.92.51.50. Fax : 04.90.92.43.52. Parking payant. TV. Satellite / câble. ♿ Accès : en venant des Baux, direction centre. Doubles avec douche et wc à 660 F (100,6 €), avec bains à 750 F (114,3 €). Beau comme une photo, le nouveau lieu « show » de la ville, ouvert dans les volumes de l'ancien music-hall de Saint-Rémy. 16 chambres au design contemporain, destinées avant tout aux amoureux de l'image et de la photo, qui trouveront de quoi se rassasier ici : les murs, les propriétaires, les conversations au bar, les stages animés sur place ne parlent que de ça. Au cœur même du vieux village, où chacun se fait son cinéma, un lieu étonnamment reposant. *10 % sur le prix de la chambre du 1er novembre au 22 décembre et du 3 janvier au 31 mars.*

🍽 *Restaurant La Gousse d'Ail* – 25, rue Carnot (Centre) ☎ 04.90.92.16.87. Congés annuels : en hiver. Menu le midi à 90 F (13,7 €), puis menus-cartes à 175 et 215 F (26,7 et 32,8 €) le soir différents chaque jour. Le Midi sans ail, c'est comme la Bretagne sans beurre! Dans ce cadre intime, la cuisine est d'un excellent rapport qualité-prix. Les spécialités maison : pavé de filet de bœuf à la crème d'ail, poissons de méditerranée au four, escargots à la provençale et quelques plats végétariens. Le mardi, bouillabaisse. Belle carte des vins. Jazz tous les jeudis.

🍽 *La Maison Jaune* – 15, rue Carnot (Centre) ☎ 04.90.92.56.14. Fermé le lundi et le dimanche soir en hiver, le lundi et le mardi midi en été. Congés annuels : de janvier au 15 février. Déjeuner léger à 120 F (18,3 €) le midi en semaine et en dehors des jours fériés. Sinon, comptez de 175 F (26,7 €) à 295 F (45 €) pour le menu dégustation. Dans un décor digne d'un magazine, on sert ici une cuisine originale avec des prix adaptables à toutes les bourses... Les spécialités : barigoule d'artichauts violets, filet d'agneau rôti à la tapenade, pigeon rôti au vin des Baux, tarte chaude aux noix... sans oublier une superbe terrasse pour savourer tous ces plats.

🍽 *XA* – 24, bd Mirabeau (Centre) ☎ 04.90.92.41.23. Fermé le mercredi. Congés annuels : de fin octobre à fin mars. Menu-carte à 145 F (22,1 €). À la carte : entrée à 60 F (9,1 €), plats à 85 F (13 €), dessert à 35 F (5,3 €). On vous reçoit ici comme dans un appartement joliment décoré : chaises de bistrot, nombreux miroirs et projecteurs de cinéma. Terrasse. On y déguste de bons petits plats avec une petite dose de folie, comme le parfait d'aubergines, les sardines grillées à la sicilienne, la rascasse en mousseline, le madras au curry, sans oublier la *panna cotta* en dessert...

DANS LES ENVIRONS

GRAVESON 13690 (9 km NO)

🛏🍽 *Hôtel du Moulin d'Aure* ** – quartier Cassoulen ☎ 04.90.95.84.05. Fax : 04.90.95.73.84. Parking. Accès : prendre la route d'Avignon à partir de Tarascon et bifurquer sur Graveson; cet établissement se trouve un peu en dehors du village. Chambres agréables avec bains à partir de 300 F (45,7 €) et jusqu'à 400 F (61 €). Menus de 90 à 150 F (13,7 à 22,9 €). Un petit havre de paix perdu dans un parc de 10 000 m² de pins et d'oliviers. Les cigales chantent, la piscine vous attend et la patronne a le sourire. En juillet et en août, repas servis le soir au bord de la piscine quand on n'a vraiment pas envie de bouger. Ambiance farniente! *Apéritif offert.*

🛏🍽 *Le Mas des Amandiers* ** – route d'Avignon ☎ 04.90.95.81.76. Fax : 04.90.95.85.18. Parking. TV. ♿ Fermé les midis. Congés annuels : du 15 octobre au 15 mars. Doubles avec bains de 330 à 340 F (50,3 à 51,8 €). Menus à 100 et 135 F (15,2 et 20,6 €). Une bonne adresse à retenir, comme les chambres, prises d'assaut aux beaux jours, malgré l'environnement peu favorable, car les prix sont raisonnables, les chambres agréables, la piscine accueillante et le sourire des propriétaires garanti. Petit restaurant pour dépanner le soir. Avec un peu de chance, hors saison, on vous emmènera faire le marché paysan, visiter le musée des Arômes et du Parfum, etc. Un superbe sens de l'accueil.

SAINT-TROPEZ 83990

Carte régionale B2

🏠 *Lou Cagnard* ** – 18, av. Paul-Roussel (Nord) ☎ 04.94.97.04.24. Fax : 04.94.97.09.44. Parking. TV. Satellite / câble. Congés annuels : du 2 novembre au 27 décembre. Accès : à 250 m de la fameuse « place des Lices » et à 2 mn à pied du port. Doubles de 300 F (45,7 €) avec douche à 490 F (74,7 €) avec bains. Grande maison de style provençal. Chambres correctes. Agréable terrasse et jardin fleuri. D'ailleurs, mieux vaut que vous réserviez une chambre sur le jardin pour dormir en été. Mais vient-on ici pour dormir ?

🏠 *Hôtel Lou Troupelen* *** – chemin des Vendanges (Centre) ☎ 04.94.97.44.88. Fax : 04.94.97.41.76. Parking. TV. Satellite / câble. Doubles avec douche et wc à 430 F (65,6 €), avec bains de 485 à 550 F (73,9 à 83,8 €). On ne vous dira pas que c'est le plus beau, le plus fréquenté par le show-biz, le plus près des plages, le plus ceci, le plus cela... C'est du moins un petit hôtel à l'ambiance familiale et aux tarifs honnêtes pour la ville. L'avantage, c'est d'avoir un parking gratuit, et d'être à 400 m à pied du centre du village... Si vous voulez reprendre la voiture, vous êtes à 5 mn des plages. Quant aux restaurants... vous n'êtes pas là pour faire de la gastronomie, surtout aux prix pratiqués. Savourez le petit déjeuner dans la pinède et dans le jardin !

|●| *Cantina El Mexicano* – 16, rue des Remparts (Centre) ☎ 04.94.97.40.96. Fermé le midi. Accès : en remontant la rue de la mairie, passer le porche puis une centaine de mètres sur la droite. Compter 120 F (18,3 €) par personne. Un des lieux « shows » de Saint-Tropez, avec des additions qui ne vous refroidissent pas à la sortie, ça mérite le détour ! En devanture, un petit bassin en mosaïque de vieilles faïences, de petits personnages très kitsch, une statue de la Vierge... Ambiance exotique à l'intérieur sur les murs et dans l'assiette : *tacos* et *quesadillas*, *tortillas*, *brownies* et... super *margarita* ! Délicieux, copieux, chaleureux... tout pour faire des heureux. Clientèle d'habitués, même hors saison, ce qui devrait vous rassurer. *Digestif offert.*

|●| *Chez Fuchs* – 7, rue des Commerçants (Centre) ☎ 04.94.97.01.25. Fermé le midi en saison et le mardi hors saison. Congés annuels : du 15 janvier au 25 février. Accès : près du port. Repas de 200 à 250 F (30,5 à 38,1 €) à la carte. Quitte à jouer les Tropéziens, allez-y carrément. Surtout hors saison, pour vous fondre parmi les habitués, dans la salle en étage. Ici on se régale d'encornets à la provençale, d'artichauts barigoule, de petits farcis. Les vins, comme les trognes, sont du coin. Et l'été ? Bien sûr, certains soirs, c'est vous qui ferez la sardine. Et vous en serez quittes pour sortir vos deux billets de 100 F de votre poche. Au moins, vous aurez mangé authentique, dans un cadre qui a réussi à le rester. *Café offert.*

SAINT-VALLIER-DE-THIEY 06460

Carte régionale B2

🏠|●| *Hostellerie Le Préjoly* ** – route Napoléon, place Rouguière (Centre) ☎ 04.93.42.60.86. Fax : 04.93.42.67.80. TV. Canal+. & Fermé le lundi toute la journée et le dimanche soir, sauf juillet-août. Accès : à l'entrée du village en venant de Grasse, sur la droite. Chambres de 250 à 350 F (38,1 à 53,4 €). Demi-pension de 340 à 380 F (51,8 à 57,9 €) par personne, obligatoire en été, à Pâques et à la Pentecôte. Menus de 100 F (15,2 €) en semaine à 195 F (29,7 €). Une auberge de charme chic mais à prix raisonnables, avec un grand jardin calme. Sauna et solarium. La plupart des chambres possèdent une terrasse. C'est également et surtout une très belle table. Avant nous, Charles Bronson, William Holden, Charles Vanel, Bourvil, Claude François, Mireille Darc... ont fait honneur à la table. Omelette aux *scampis*, poêlée de Saint-Jacques au beurre nantua, magret de canard au miel, entrecôte au jus de truffes, civet de lapereau grand-mère, pieds-paquets à la provençale, rognons de veau du père curé... Une belle cuisine classique qui s'attache plus à la qualité des produits qu'à l'originalité des préparations. Mais au moins, on est en terrain connu.

DANS LES ENVIRONS

SAINT-CÉZAIRE-SUR-SIAGNE
06530 (11 km SO)

🏠|●| *Les Chênes Blancs* – 2020, route de Saint-Vallier ☎ 04.93.60.20.09. Parking. TV. Fermé le dimanche soir et le lundi hors saison. Congés annuels : 3 semaines en janvier. Accès : par la D5. Chambres de 220 à 345 F (33,5 à 52,6 €). Bungalows de 475 à 535 F (72,4 à 81,6 €). Menus de 98 à 220 F (14,9 à 33,5 €). Carte autour de 200 F (30,5 €). Une maison à l'atmosphère familiale, idéale comme point de départ pour un circuit dans le pays de Grasse. Au milieu d'une chêneraie de 1 300 m², une hostellerie à l'ancienne mode avec des chambres

PROVENCE-ALPES- CÔTE D'AZUR

sans charme particulier mais au prix doux et donnant sur un environnement apaisant. Pour les familles, il y a des bungalows éparpillés dans la forêt. C'est du béton mais l'été, au frais, on pardonne, surtout avec l'environnement! Au restaurant, petits menus d'une qualité elle aussi rassurante, avec des clins d'œil à l'origine des patrons : ballottine de porcelet, cassoulet carcassonnais au confit de canard. Piscine, terrasses et jardin sous les chênes. Parking privé et ombragé. *NOUVEAUTÉ.*

SAINT-VÉRAN   05350

Carte régionale B1

🏠 |●| *Auberge-gîte d'étape Le Monchu* – La Chalp-Sainte-Agathe ☎ 04.92.45.83.96. Fax : 04.92.45.80.09. Parking. Congés annuels : de mi-avril à mi-juin et de la mi-septembre au 20 décembre. Demi-pension obligatoire de 180 à 300 F (27,4 à 45,7 €) selon la saison et le nombre de personnes par chambre. Menu à 95 F (14,5 €). À la carte, compter 125 F (19,1 €). 2 040 m d'altitude! Le plus haut village de France. Nathalie et Philippe Babinet ont l'habitude de recevoir des groupes. Ils ont aménagé une grande maison fermière en gîte d'étape, avec toutefois un confort hôtelier plus que correct. Côté agrément, sauna, salles de billard et ping-pong, salon-bibliothèque. La cuisine, traditionnelle, est servie dans une très belle salle voûtée, pavée de bois de mélèze. Quelques spécialités : fondue, tartiflette, raclette, ravioles, fromage du Queyras avec sa compote d'oignons. Toutes les chambres sont très claires et confortables. *10 % sur le prix de la chambre en janvier, juin et septembre.*

🏠 |●| *Les Chalets du Villard* ✶✶✶ – quartier Le Villard ☎ 04.92.45.82.08. Fax : 04.92.45.86.22.● chaletsv@club-internet.fr● TV. Resto fermé le mardi midi. Congés annuels : hôtel fermé du 20 avril au 20 juin et du 20 septembre au 20 décembre. Doubles avec bains et wc de 370 à 640 F (56,4 à 97,6 €). Menus de 95 à 135 F (14,5 à 20,6 €). Menu enfant à 45 ou 60 F (9,1 €). Demi-pension possible de 325 à 450 F (49,5 à 68,6 €) par jour et par personne. Menus de 95 à 135 F (14,5 à 20,6 €). Certes, il faut avoir quelques moyens pour s'offrir *Les Chalets du Villard*, au cœur du beau village de Saint-Véran (superbement conservé). Mais on sait pourquoi : studios ou deux-pièces hyper confortables, spacieux, tous orientés plein sud et vallée, avec balcon... Mobilier de qualité, cuisine équipée (lave-vaisselle). Certains studios sont « hypo-allergéniques » : matelas spécial, aucun poil de quoi que ce soit et le dernier cri du luxe : bains à remous, chaîne hi-fi, magnétoscope. Michael Jackson apprécierait. Mais, attention, animaux domestiques

non admis. On prend ses repas au restaurant-grill *La Gratinée*, au rez-de-chaussée de l'hôtel. *10 % sur le prix de la chambre en janvier, juin et septembre.*

|●| *La Maison d'Élisa* – Le Raux (bas Saint-Véran) ☎ 04.92.45.82.48. Congés annuels : du 10 avril au 15 juin et du 10 septembre au 20 décembre. Menu le midi à 100 F (15,2 €). À la carte, compter 150 F (22,9 €) pour un repas. Le soir et l'hiver, on dîne plutôt en salle : superbe intérieur séculaire de bois de mélèze, poutres, parois et rondins au sol; le midi et l'été, terrasse avec vue sur la vallée et au loin, au nord, la silhouette majestueuse du pic de Roche Brune. Marie la patronne vous dira plutôt « vue sur la mer », ou « vue sur les papillons »; elle vous dira encore que son restaurant fait aussi « salon de thé du cœur sensible et du foie délicat ». Et elle cuisine bien, Marie, originale toujours, et sa fricassée de veau, courgettes et pommes de terre assez relevée, exotique, surprend et réjouit. On la trouve parfois au « menu du randonneur », servi le midi. Très bons desserts aussi, gâteaux ou tartes maison. Réservation recommandée, il y a peu de place, pas mal d'amateurs et ce n'est pas l'usine. Comme le sourire de Marie : pas l'usine du tout, avec la vue sur les papillons...

SAINTE-MAXIME   83120

Carte régionale B2

🏠 |●| *L'Ensoleillée* – 29, av. Jean-Jaurès (Centre) ☎ 04.94.96.02.27. Parking. TV. Congés annuels : d'octobre à avril. Accès : à l'angle de l'avenue Jean-Jaurès et de la rue F.-Martin. Compter de 195 à 320 F (29,7 à 48,8 €) pour une chambre, de 270 à 310 F (41,2 à 47,3 €) en demi-pension, souhaitée du 15 juillet au 15 août. Le nom peut faire sourire mais les prix, l'accueil, le décor donnent du baume au cœur, dans cette ville ayant grandi trop vite. Ici, on fait un retour en arrière, il y a une vraie gentillesse à l'accueil, les chambres – sans prétention – sont confortables et propres (eh oui, faut le signaler !), et le restaurant est une bonne petite surprise. Le tout à 50 m de la plage. *Café offert. 10 % sur le prix de la chambre d'avril au 15 juin et du 15 septembre au 1ᵉʳ octobre, hors week-end de Pâques, Pentecôte et Ascension.*

|●| *Auberge Sans Souci* – 34, rue Paul-Bert (Centre) ☎ 04.94.96.18.26. Fermé le lundi hors saison. Congés annuels : du 30 octobre au 14 février. Menus à 98 et 138 F (14,9 et 21 €). Une adresse où il n'y a pas trop de souci à se faire et où la cuisine provençale – simple, goûteuse, pleine des senteurs de la garrigue – est à l'honneur. On y mange plutôt bien dans une salle cossue aux premiers frimas et sur une terrasse

agréable en été, en plein dans la rue « gourmande » de la ville. Sauté de veau provençale, tripes à la niçoise, lapin grillé au vinaigre, filet de mérou crème de noilly agrémentent les 2 menus. *Apéritif offert.*

|●| *Restaurant La Maison Bleue* – 48 *bis*, rue Paul-Bert (Centre) ☎ 04.94.96.51.92. Fermé le mardi hors saison. Congés annuels : du 2 novembre au 26 décembre et du 3 janvier au 30 mars. Accès : par le bord de mer, zone piétonne. Menus à 98 et 138 F (14,9 et 21 €). Voici une maison que toutes les petites filles rêveraient de posséder si elle se vendait en jouet. Car c'est un vrai rêve d'enfant dans lequel on pénètre pour dîner, une sorte de « Mille et une nuits provençales » aux couleurs bleu (bien sûr), ocre et jaune. En clair, une déco de très bon goût qu'on adore. La terrasse avec ses banquettes aux coussins coquets et confortables permet d'apprécier en plein air la cuisine savoureuse que l'on sert ici. Car en plus on mange bien ! Soupe de poissons de roche fraîche, ravioles de Royans, moules farcies, daurade au fenouil en papillote. Très bonne adresse malgré un service un peu léger.

DANS LES ENVIRONS

ISSAMBRES (LES) 83380 (4 km NE)

🏠|●| *Le Provençal* *** – RN98, San Peire ☎ 04.94.96.90.49. Fax : 04.94.49.62.48. Parking. TV. Satellite / câble. Fermé le lundi midi. Congés annuels : janvier et du 30 octobre au 20 décembre. Accès : par la N98 direction Saint-Raphaël. Doubles avec douche et wc ou bains de 330 à 590 F (50,3 à 89,9 €). Demi-pension de 720 à 826 F (109,7 à 225,8 €). Menu-carte à 146 F (22,3 €), le suivant à 205 F (31,3 €). Un vrai rêve de vacances à l'ancienne mode. On les imaginerait volontiers là de longue date, les Sauvan, mais non. Ils ont eu l'idée de reprendre cette vieille maison pour en faire un hôtel de charme, avec vue sur le golfe de Saint-Tropez et la plage. Menu-carte assez étonnant. Prenez simplement un poisson grillé, en toute confiance, si vous en avez envie. Belle terrasse. Et belle plage de sable fin ! *Apéritif offert.*

SAINTES-MARIES-DE-LA-MER 13460

Carte régionale A2

🏠|●| *Hôtel-restaurant Le Delta* * – place Mireille (Centre) ☎ 04.90.97.81.12. Fax : 04.90.97.72.85. TV. Fermé le lundi. Congés annuels : du 10 janvier au 10 février. Accès : à l'entrée de la ville, près de l'église ; et à 200 m de la plage. Chambres doubles de 185 à 205 F (28,2 à 31,3 €). Demi-pension obligatoire en août à 260 F (39,6 €) par personne. Menus de 79 à 170 F (12 à 25,9 €). Bonne cuisine régionale avec des spécialités comme la bourride, la bouillabaisse, l'aïoli de morue et viande de taureau. Terrasse couverte. Très touristique.

🏠|●| *Mas des Salicornes* ** – route d'Arles ☎ 04.90.97.83.41. Fax : 04.90.97.85.70. Parking. TV. Fermé le midi. Congés annuels : du 15 novembre au 30 mars. Accès : D 570, à l'entrée du village. Doubles avec bains de 230 à 290 F (35,1 à 44,2 €). Menu le midi en semaine à 90 F (13,7 €). Menu enfant à 60 F (9,1 €). 150 F (22,9 €) la soirée flamenco, sur la plage, avec balade à cheval ou en calèche. Les Merlins sont des enchanteurs capables d'improviser, avec leur copain Jojo, conteur provençal impayable, des soirées à l'ancienne, autour de plats traditionnels et de boissons revigorantes, et à des prix ! À midi, pas de restauration, mais des cours de cuisine pour ceux qui veulent. Chambres confortables, aux murs blanchis à la chaux. *Café offert.*

🏠 *Hôtel Le Bleu Marine* ** – av. du Docteur-Cambon (Centre) ☎ 04.90.97.77.00. Fax : 04.90.97.76.00. ● hbleumar@aol.com ● TV. ♿ Congés annuels : du 1er novembre au 1er avril, sauf pendant les fêtes de fin d'année. Doubles avec douche et wc ou bains de 250 à 390 F (38,1 à 59,5 €). Petit déjeuner à 30 F (4,6 €). À quelques pas du centre de thalassothérapie. Comme son nom l'indique, l'eau est au rendez-vous : les 26 chambres sont disposées le long de la piscine. Décoration de bon goût et accueil sympathique. Pas un *Relais du Silence*, mais un « relais du bien-vivre ».

🏠|●| *Le Mirage* ** – 14, rue Camille-Pelletan (Nord-Est) ☎ 04.90.97.80.43. Fax : 04.90.97.72.22. Parking payant. ♿ Resto fermé le midi sauf le dimanche. Congés annuels : du 1er octobre au 1er avril. Accès : à 200 m de la plage. Doubles avec douche et wc ou bains de 280 à 320 F (42,7 à 48,8 €). Menus de 110 à 170 F (16,8 à 25,9 €). Une maison blanche moderne et confortable qui tint un cinéma de 1953 à 1963, avec un joli salon au 1er étage. Terrasse sur petit jardin, où l'on peut à l'occasion pique-niquer tranquille. Au resto, riste de raie, thon à la saintoise, cassolette de bœuf en spécialités. *10 % sur le prix de la chambre d'avril à juin, et en septembre.*

|●| *Les Alizés* – 47, av. Frédéric-Mistral (Centre) ☎ 04.90.97.71.33. Fermé le mardi hors saison. Congés annuels : la 2e et 3e semaine de décembre. Menus le midi en semaine à 82 F (12,5 €), puis à 112 et 175 F (17,1 et 26,7 €). Au début de la rue des restaurants, un endroit familial qui continue son bonhomme de chemin, sans trop s'occuper des sirènes touristiques. « Spécialités de coquillages, poissons », qu'ils disaient. Et c'est tout bon, du tout frais, à de tout petits prix. Velouté de moules aux stigmates de safran et à l'orange, noix de pétoncles marinés sur piperade aux lardons, beignets d'anchois et de moules et carte de 17 desserts maison en spécialités. La salle est coquette et proprette, il y a des modèles réduits de bateaux sur les tables, une patronne avec un superbe accent au service et un patron qui connaît son boulot aux fourneaux. Saintes Maries, nous sommes sauvés !

|●| *Restaurant L'Impérial* – 1, place des Impériaux (Centre) ☎ 04.90.97.81.84. Fermé le mardi hors saison. Congés annuels : de novembre au 1er avril. Menus à 135 et 185 F (20,6 et 28,2 €). Bouillabaisse à 185 F (28,2 €). Le patron l'annonce franco sur le mur : ancien 1er lauréat de l'école hôtelière, coupe Cointreau 79, ancien des relais aériens d'Air France... et désormais sélectionné par le très honorable *Guide du routard*. Au 1er menu, on hésite entre la soupe de poisson à la rouille ou la salade de la mer, la sole à la noix de coco ou la daurade au fenouil et girolles, salade, fromage ou dessert. Cadre sobre et de bon goût. Petite terrasse abritée.

SALON-DE-PROVENCE 13300

Carte régionale A2

â *Grand Hôtel de la Poste* ** – 1, rue des Frères-Kennedy (Centre) ☎ 04.90.56.01.94. Fax : 04.90.56.20.77. Parking payant. TV. Accès : en remontant le cours Carnot jusqu'au bout. Doubles de 190 F (29 €) avec douche à 260 F (39,6 €) avec bains. Même s'il n'est pas aussi mythique que la célèbre fontaine Moussue qui rafraîchit la placette, en face de l'entrée principale, le *Grand Hôtel de la Poste* fait partie de l'histoire de Salon. Les propriétaires actuels ont su, par leur sens de l'accueil, leur disponibilité, leur connaissance du coin (ils font « office » ou syndicat d'initiative, si l'on peut dire), faire de leur hôtel une bonne étape, au centre-ville. Chambres bien isolées. *10 % sur le prix de la chambre en hiver.*

â *Hôtel Vendôme* ** – 34, rue du Maréchal-Joffre (Centre) ☎ 04.90.56.01.96. Fax : 04.90.56.48.78. TV. Canal+. Satellite / câble. Doubles avec douche et wc ou bains entre 255 et 300 F (38,9 et 45,7 €). On vous conseille de prendre une chambre donnant sur le patio, frais et charmant. Du côté des chambres, déco aux couleurs provençales ayant remplacé le rose bonbon de naguère.

Immenses salles de bains un tantinet rétro. Accueil prévenant, assaisonné d'une pointe de vieille France.

|●| *La Salle à Manger* – 6, rue du Maréchal-Joffre (Centre) ☎ 04.90.56.28.01. Fermé le dimanche soir et le lundi . Accès : à côté de la fontaine Moussue. Formule entrée et plat à 89 F (13,6 €) le midi en semaine, puis menu-carte à 135 F (20,6 €), 170 F (25,9 €) avec les desserts. Aucune prophétie de Nostradamus, le mage de Salon n'avait annoncé l'étonnante réussite de la famille Miège. Ils ont rendu sa pêche et donné des couleurs à un ancien hôtel particulier du XIXe siècle, le transformant en lieu de vie, en étape gastronomique unique en son genre. On se sent terriblement bien, dans le patio, sous les marronniers, ou même dans les salons « rococo-mégalo-rigolo ». Régalez-vous, des huîtres de Bouzigues frémies à la chicorée ou du petit flan de moules de Thau au potiron en passant par le croustillant d'agneau à la tapenade. Bons vins de pays, proposés par un sosie souriant de Falstaff. Réservation conseillée.

|●| *Restaurant Regain* – 13, place Neuve ☎ 04.90.56.11.04. Fermé le dimanche soir et le lundi. Accès : au pied du château. Beaux menus à 100 et 170 F (15,2 et 25,9 €, 15,2 € et 25,9 €). Tous les vendredis, aïoli, dessert, vin et café pour 130 F (19,8 €, 19,8 €) de septembre à mai. Un petit restaurant discret avec une terrasse pour les beaux jours. Le patron a du caractère, la cuisine de sa femme aussi. Les spécialités ont le goût de la Provence, comme le râble de lapereau au coulis d'artichaut ou la nougatine de miel de lavande.

SANARY-SUR-MER 83110

Carte régionale A2

â |●| *Hôtel-restaurant Bon Abri* ** – 94, av. des Poilus ☎ 04.94.74.02.81. Parking payant. ⅃. Fermé le lundi . Congés annuels : du 15 novembre au 15 décembre. Accès : hôtel bien fléché ; à 200 m du port. Doubles à partir de 200 F (30,5 €) avec douche (wc à l'extérieur), et jusqu'à 310 F (47,3 €) avec bains. Menus à 68 F (10,4 €) le midi en semaine, puis de 110 à 140 F (16,8 à 21,3 €). À la carte, compter 180 F (27,4 €). Demi-pension obligatoire pendant les vacances scolaires à 265 F (40,4 €) par personne. On a une certaine affection pour ce petit hôtel tout simple mais bourré de charme. M. et Mme Hamel veillent sur cette belle affaire de 9 chambres remplies de bibelots et de recoins. Chambres vastes, propres, au décor un peu désuet mais cela va bien avec l'ensemble. Bonne petite cuisine familiale, un peu comme chez soi. C'est clair que ce n'est pas l'aventure, mais on ne vient pas au *Bon Abri* pour faire la fête toute la nuit ! *Apéritif offert.*

SAULT 84390

Carte régionale A2

≜ ❙●❙ Hostellerie du Val de Sault *** – ancien chemin d'Aurel (route de Saint-Trinit) ☎ 04.90.64.01.41. Fax : 04.90.64.12.74. Parking. TV. Satellite / câble. ♨ Congés annuels : de novembre à début avril. Accès : à 1,5 km du centre du village en suivant le fléchage. Doubles avec bains de 510 à 790 F (77,7 à 120,4 €). En demi-pension uniquement de mai à septembre : de 460 à 590 F (70,1 à 89,9 €) par personne. Petit déjeuner à 72 F (11 €). Menus de 129 F (19,7 €) le midi en semaine à 230 F (35,1 €). Menu enfant à 69 F (10,5 €). Perdu au milieu d'un paysage en Technicolor où le bleu des lavandes dispute la vedette au jaune du soleil et au vert des forêts, cet hôtel-restaurant de construction récente ressemble à ces havres de paix que l'on peut rechercher longtemps sans pour autant les trouver. Face au Ventoux, dans un coin cher à Giono, on l'a déniché pour vous. La maison possède 11 chambres spacieuses à la déco d'une agréable sobriété avec petit salon et terrasse (idéale pour les petits déjeuners !). Quelques suites avec baignoire balnéo si vraiment vous avez les moyens. Piscine, bien sûr, et salle de gymnastique. Pas donné mais beau rapport qualité-prix. En cuisine, le chef sait marier tradition des produits et innovation des saveurs : tian de crème de chèvre, écorces de tomates, tapenade et huile d'olive vierge, agneau du pays de Sault au cassis et fleurs de lavande, galette d'épeautre aux abats d'agneau à la compote d'échalotes, moelleux de chocolat noir fourré au nougat de Sault et son coulis d'estragon. Et pour les amateurs de truffes qui veulent casser leur tirelire, il y a ce merveilleux menu « diamant noir ». Digne des grands !

SEYNE-LES-ALPES 04140

Carte régionale B1

≜ ❙●❙ Le Vieux Tilleul – ☎ 04.92.35.00.04. Fax : 04.92.35.26.81. Parking. Accès : à 10 mn à pied du centre du village. Doubles à 280 F (42,7 €) moins chères en basse saison. Menus de 75 F (11,4 €) à midi, en semaine, à 145 F (22,1 €). Un hôtel de charme, à 1 260 m, au cœur de la Vallée de la Blanche. Si l'accueil était parfois un peu moins « montagne-hard », ce serait le bonheur complet. Les chambres de l'ancienne ferme ont été joliment rénovées, le moindre recoin est aménagé de façon originale (il y a même une pièce pour les oiseaux), les stations de ski sont à proximité, l'été on traîne à l'ombre des vieux arbres du parc ou près de la cuisine. Quant à la cuisine, manifestement bien appréciée, elle prouve que le chef

n'a pas passé toute sa vie ici : salade de cabecou chaud aux pruneaux et au lard, filet mignon de porc au roquefort, etc. *NOU-VEAUTÉ.*

SISTERON 04200

Carte régionale A1

≜ ❙●❙ Grand Hôtel du Cours *** – allée de Verdun (Centre) ☎ 04.92.61.04.51. Fax : 04.92.61.41.73. Parking payant. TV. Doubles de 320 à 460 F (48,8 à 70,1 €) avec douche ou bains. Menus de 85 à 155 F (13 à 23,6 €). L'hôtel chic de la ville dans lequel vous êtes pratiquement sûr de trouver une place dans l'une de ses 50 chambres. Ambiance tout ce qu'il y a de plus provinciale. Accueil cordial et service dévoué. Attention, les chambres sont toutes très propres mais inégales quant à la tranquillité. Évitez celles qui donnent sur la nationale. Vous risquez de dormir tard le soir et d'être réveillé tôt le matin. Préférez celles avec vue sur le château et la cathédrale. Restaurant très agréable offrant de bonnes spécialités du pays dans une ambiance parfois surchauffée. Prenez l'assiette du Cours (poivron à la brandade de morue, aubergine au beurre d'anchois, foie gras sur pain d'épice) et le pavé de bar au beurre blanc, à moins que vous n'ayez envie de goûter les pieds-paquets sauce gribiche (évitez en plein soleil !). Service jeune et sympa.

❙●❙ Les Becs Fins – 16, rue Saunerie ☎ 04.92.61.12.04. Fermé le mercredi et le dimanche soir hors saison. Congés annuels : 1 semaine en juin et en décembre. Accès : centre de la ville basse parallèle au tunnel. Menus de 88 à 278 F (13,4 à 42,4 €). Étape gastronomique dans la capitale de l'agneau, la maison affiche fièrement sa vocation en enseigne mais l'ambiance reste tout de même chaleureuse et amicale. À table, le sérieux est de mise avec des menus étudiés et calibrés Provence : cuisses de grenouilles sautées et flambées, pieds-paquets, cassolette d'escargots au vin blanc, 9 sortes de magrets et 8 chateaubriands différents. Évidemment, les côtes d'agneau tiennent une belle place. Petite terrasse aux beaux jours.

TARASCON 13150

Carte régionale A2

≜ Auberge de jeunesse – 31, bd Gambetta (Est) ☎ 04.90.91.04.08. Fax : 04.90.91.54.17. ● www.fuaj.org ● Congés annuels : du 15 décembre au 1er mars. Accès : à 15 mn à pied de la gare SNCF. La 1re nuit à 67 F (10,2 €), avec petit déjeuner obligatoire, mais les nuits suivantes, ce n'est plus obligatoire ! 48 F (7,3 €) la nuit.

Petit déjeuner : 19 F (2,9 €). Bien tenue. L'atmosphère y est conviviale. Cuisine à disposition.

THÉOULE-SUR-MER   06590

Carte régionale B2

🏠🍽 *Auberge de jeunesse* – **route de la Véronèse** ☎ **04.93.75.40.23. Fax : 04.93.75.43.45.** ● www.fuaj.org ● Parking. ♿ Congés annuels : du 3 janvier au 15 février. Accès : à 2 km environ de la gare SNCF, en montant vers le quartier du Trayas. Nuit à 65 F (9,9 €), petit déjeuner compris. Repas à 50 F (7,6 €). Demi-pension obligatoire pour les séjours de plus de 3 nuits en été : 120 F (18,3 €). Pour un séjour supérieur à 3 nuits en été, il vaut mieux réserver. Carte des AJ obligatoire. La situation est vraiment géniale : vue sur la mer et l'Estérel ; la seule difficulté, c'est d'y arriver. Quelques places de camping (jardin). Stages de planche à voile, de ski nautique, etc. *10 % sur le prix de la nuit d'octobre à mars.*

THORENC   06750

Carte régionale B2

🏠🍽 *Hôtel des Voyageurs* ** – **av. Belvédère (Est)** ☎ **04.93.60.00.18. Fax : 04.93.60.03.51.** Parking. TV. Fermé le jeudi hors saison. Chambres de 230 à 280 F (35,1 à 42,7 €). Demi-pension à 250 F (38,1 €) par jour et par personne. Menus de 69 F (10,5 €), à midi et en semaine, à 155 F (23,6 €). Les voyageurs apprécient toujours autant de déposer ici leurs bagages, sans façons, avant d'attaquer compote de lapin, tête de veau et sabayon glacé au génépi. Terrasse et parc agréables. Vue sur le village.

🍽 *Le Christiana* – **l'Audibergue** ☎ **04.93.60.45.41.** Fermé le soir. Congés annuels : du 20 novembre au 26 décembre. Menu à 115 F (17,5 €). Plat du jour à 65 F (9,9 €). En bas des pistes de ski de l'Audibergue, Huguette, la patronne du *Christiania*, attire dans son chalet de montagne bon nombre de Cannois. Ils viennent ici prendre le frais en été, et bien sûr déguster sa cuisine. Menu fort copieux, avec pas moins de cinq entrées à volonté (jambon de pays, croûte à l'ail, crudités, terrine et fromage de tête), tripes à la niçoise, gigot d'agneau de pays et civet de sanglier ou de lièvre en saison, plateau de fromages et dessert maison. Obligé de réserver les week-ends et jours fériés. *NOUVEAUTÉ.*

TOULON   83000

Carte régionale A-B2

🏠 *Hôtel Molière* * – **12, rue Molière (Centre)** ☎ **04.94.92.78.35. Fax : 04.94.62.85.82.** TV. Congés annuels : janvier. Accès : au cœur de la zone piétonnière, à côté du théâtre (normal, vu son nom). Doubles à 110 F (16,8 €) avec lavabo, sans télé, à 180 F (27,4 €) avec douche et wc. Un petit hôtel familial tout simple pratiquant des prix défiant toute concurrence. Les patrons savent conjuguer le mot accueillir à tous les temps et feront bien des efforts pour rendre votre séjour agréable. Chambres confortables, propres et insonorisées. Des chambres nos 18, 19 et 20, vue imprenable sur la rade de Toulon. Une excellente adresse dans sa catégorie. *10 % sur le prix de la chambre à partir de 2 nuits consécutives sauf juillet-août.*

🏠 *Hôtel Le Jaurès* * – **11, rue Jean-Jaurès** ☎ **04.94.92.83.04. Fax : 04.94.62.16.74.** TV. Canal+. Comptez 150 F (22,9 €) la chambre double avec douche et wc, et 170 F (25,9 €) avec bains. Une adresse pérenne du *Routard* et les patrons de ce 1 étoile qui en vaut bien 2 l'affichent ostensiblement. Sympathique, propre et assez bon marché, un de nos meilleurs rapports qualité-prix. Au calme, côté cour. Box fermé pour les vélos. *10 % sur le prix de la chambre de septembre à juin pour au moins 2 nuits consécutives.*

🍽 *Restaurant Le Cellier* – **52, rue Jean-Jaurès (Centre)** ☎ **04.94.92.64.35.** Fermé les samedi midi et le dimanche ; les week-ends et jours fériés en juillet-août. Menus de 83 à 160 F (12,7 à 24,4 €). Si tu recherches plats régionaux et chaleur humaine, routard ami, arrête-toi ici. Monsieur Aujaleu, filleul de l'ancienne propriétaire et maître-artisan, propose d'excellents menus. Cuisine bourgeoise tendance provençale. Déco kitsch pas forcément d'un goût sûr (ce n'est que notre avis !), mais c'est tout le charme de cette maison tranquille.

🍽 *Le Jardin du Sommelier* – **20, allée Courbet** ☎ **04.94.62.03.27.** Fermé le samedi midi et le dimanche. Accès : à côté de la place d'Armes, derrière l'Arsenal. Menu le midi à 120 F (18,3 €), autres à 170 et 210 F (25,9 et 32 €). Qu'est-ce qui est le plus important pour l'amateur de bonne chère ? L'assiette et son contenu ou le verre et son nectar ? Christian et Ariane Scalisi ont compris que l'un n'allait pas sans l'autre. Car voilà une adresse pleine de belles saveurs, de bonnes odeurs et de jolies couleurs. La décoration aux tons de jaunes et de bleus donne un côté joyeux et ensoleillé bien agréable. Les fragrances qui s'échappent des assiettes mettent l'eau à la bouche et lorsque vous aurez goûté la tarte aux tomates du pays et aubergines, la barigoule d'artichauts et noix de lotte, le dos de daurade rôti, le chaud moelleux au chocolat et la crème vanillée, vous aurez compris que la passion fait faire de belles choses. Accueil amical, il va sans dire !

TOUR-D'AIGUES (LA)   84240

Carte régionale A2

|●| *Auberge de la Tour* – **51, rue Antoine-de-Très (Centre)** ☎ 04.90.07.34.64. Fermé le lundi. Accès : en face de l'Église. Menus de 67 F (10,2 €) le midi en semaine à 185 F (28,2 €). Menu enfant à 59 F (9 €). La salle a du caractère avec ses voûtes de pierres blanches, la déco a de l'idée et la terrasse ombragée est bien agréable en été. L'accueil est bienveillant, l'ambiance chaleureuse et la cuisine provençale est plutôt bien amenée : pieds paquets, alouettes à la provençale, blanquette de cabri, barigoule d'artichauts. Bref, voilà un endroit qu'on aime bien.

UTELLE   06450

Carte régionale B2

🛏 |●| *Le Bellevue* * – **route de la Madone** ☎ 04.93.03.17.19. Fax : 04.93.03.19.17. Resto fermé le mercredi hors saison. Congés annuels : en janvier. Accès : à la sortie du village. Doubles avec douche et wc à 290 F (44,2 €). Demi-pension à 290 F (44,2 €) conseillée en août. Menus de 80 à 160 F (12,2 à 24,4 €). Très simple mais très bien. Vue splendide. Chambres propres et confortables. Le resto est assez réputé. Réservez une table avec vue dans la salle à manger rustique. Pissaladière, lapin aux herbes, raviolis maison et daube provençale sont les spécialités du chef.

|●| *Aubergerie del Campo* – **route d'Utelle** ☎ 04.93.03.13.12. Ouvert toute l'année à midi et le soir sur réservation. Formule déjeuner à 65 F (9,9 €) et menus de 105 à 160 F (16 à 24,4 €). La route monte fermement vers Utelle et, à un moment, on est intrigué par quelques voitures stationnées sous un arbre au bord de la route. Un peu en contrebas, on pénètre dans une ancienne bergerie datant de 1785 restaurée avec passion. Sylvain Moreau s'est installé ici pour dispenser la bonne parole du terroir. Au milieu d'un décor rustique avec une belle cheminée et des planches d'oliviers, il prépare une cuisine classique avec des produits de grande qualité. Raviolis de canard aux cèpes, fricassée de Saint-Jacques au vinaigre de framboise, truite d'eaux vives

braisée à l'estragon et des desserts... Belle terrasse aux beaux jours dominant les gorges de la Vésubie. Ambiance conviviale. Réservation obligatoire pour le dîner.

VAISON-LA-ROMAINE   84110

Carte régionale A1

🛏 *Hôtel Burrhus* ** – **1, place Montfort (Centre)** ☎ 04.90.36.00.11. Fax : 04.90.36.39.05. ● jbgurly@club-internet.fr ● Parking payant. TV. Fermé le dimanche. Accès : A7 sortie Bollène. Doubles avec douche et wc ou bains de 240 à 320 F (36,6 à 48,8 €). Petit déjeuner à 32 F (4,9 €). Murs ocres et ferronneries, salon avec billard et plaisante terrasse où prendre son petit déjeuner au dessus de l'animation matinale d'une vraie place de Provence : pas de doute, cette maison a du charme. Les chambres disséminées au hasard d'un dédale de couloir sont toutes différentes, provençales pour certaines, plus basiques pour d'autres. Et comme les patrons sont passionnés par l'art contemporain, l'hôtel accueille quatre expos par an.

🛏|●| *L'Hostellerie du Beffroi* *** – **rue de l'Évêché (Sud)** ☎ 04.90.36.04.71. Fax : 04.90.36.24.78. Parking. TV. Satellite / câble. Resto fermé le midi (sauf le week-end). Congés annuels : du 31 janvier au 20 mars. Accès : par la A7, direction Bollène ou Orange. Doubles avec douche et wc ou bains de 370 à 655 F (56,4 à 99,9 €). Petit déjeuner à 50 F (7,6 €). Menus de 98 F (14,9 €) à midi à 240 F (36,5 €). Dans la ville haute, installé dans deux maisons des XVIᵉ et XVIIᵉ siècles. Tout le charme de l'ancien (boiseries et vieilles pierres, bibelots et meubles d'époque jusque dans les chambres) mais le confort d'aujourd'hui. Évidemment, cela a un prix... Bonne cuisine sous influence provençale : daube d'agneau à l'avignonnaise, aïgo-boulido... Et saladerie dans le superbe jardin en terrasse l'été. *Apéritif offert.*

VALBERG   06470

Carte régionale B1

🛏 *Hôtel Le Chastellan* ** – **rue Saint-Jean** ☎ 04.93.02.57.41. Fax : 04.93.02.61.65. Parking. TV. Accès : passer derrière l'office de tourisme (qui est sur la place centrale) puis remonter sur la gauche. Chambres à 360 F (54,9 €). Demi-pension à 320 F (48,8 €) par jour et par personne. Menu unique à 110 F (16,8 €). Voici un hôtel familial géré par une famille. 37 belles chambres très bien tenues, une salle spacieuse et lumineuse pour prendre les repas (cuisine familiale également), une salle de jeux a même été aménagée pour vos petites têtes blondes ! Bref un endroit où l'on a envie de venir été comme hiver.

|●| *Côté Jardin* – ☎ 04.93.02.64.70. Fermé le mercredi hors saison. Accès : derrière la place centrale. Menus de 98 à 175 F (14,9 à 26,7 €). Généralement station de ski ne rime pas forcément avec gastronomie. Voilà l'exception qui confirme la règle. Certes on y trouve tartiflettes, raclettes et fondues, mais ce serait dommage de se contenter de ces quelques plats plus savoyards que provençaux. D'autant que les deux menus permettent de goûter quelques bons petits plats qui révèlent tout le talent d'un chef : croustillant de Saint-Jacques aux pleurotes, terrine maison de foie gras confit, magret de canard à l'orange épicée. Ce n'est pas seulement bon, la présentation des assiettes est également très soignée. Vous allez manger côté jardin dans un décor fleuri pendant que le chef se déchaîne côté cour dans sa cuisine. Service amical.

VENCE   06140

Carte régionale B2

🏠|●| *Auberge des Seigneurs* ** – place Frêne (Centre) ☎ 04.93.58.04.24. Fax : 04.93.24.08.01. Resto fermé le lundi et le mardi midi. Congés annuels : du 15 novembre au 15 mars. Doubles de 354 à 384 F (54 à 58,5 €). Menus raffinés et originaux à 170 F (25,9 €) avec 6 plats, 210 et 245 F (32 et 37,3 €). Cette belle bâtisse du XVᵉ siècle située dans les remparts à l'entrée du vieux Vence propose des chambres portant des noms de peintres célèbres. La « Modigliani » et la « Soutine » nous ont bien plu pour la vue qu'elles offrent sur la montagne et pour leur allure de suites plus que de chambres d'hôtel. De plus, leurs prix sont plus que raisonnables. Pas de demi-pension, mais peut-être pourrez-vous faire une petite folie au restaurant ? Accueil chaleureux.

🏠 *Hôtel La Roseraie* ** – 14, av. Giraux, route de Coursegoules (Nord-Est) ☎ 04.93.58.02.20. Fax : 04.93.58.99.31. TV. ✿ Accès : du centre-ville, juste avant la chapelle Matisse. Chambres de 490 à 750 F (74,7 à 114,3 €). Magnifique petit déjeuner à 70 F (10,7 €). Attention, énorme coup de cœur pour ce *charming small hotel*. M. et Mme Ganier aiment leur métier. Ils vous accueillent chaleureusement dans leur maison aux chambres habillées de Provence, toutes différentes, le mobilier ayant été acheté à l'occasion de chines dans la région. Certaines ont l'avantage de posséder la vue sur le Baou (colline en face), souvent représenté par les impression-

nistes. Jolies salles de bains en faïence de Salernes où tous les détails ont été soignés : bouquet de lavande, sels de bains, savons parfumés, etc. Joli jardin et piscine arrondie très agréable en été. Petit déjeuner copieux et équilibré servi sur une agréable terrasse. Bref, un charme qui fait que l'essentiel de la clientèle revient d'une année sur l'autre. Réserver largement à l'avance pour venir en été.

|●| *Le P'tit Provençal* – 4, place Clemenceau ☎ 04.93.58.50.64. Fermé le dimanche soir et le lundi hors saison. Menus de 65 F (9,9 €), à midi en semaine, à 145 F (22,1 €). Au centre de la vieille ville, ce resto tout neuf à l'ambiance jeune et décontractée vous donnera l'occasion de manger une cuisine pleine d'inventivité dans un registre très provençal. De plus, la terrasse permet de manger dans le cadre animé de la cité historique. Daube de joue de porcelet, raviolis à la bouillabaisse, flan de pagre (poisson) poêlé, cuisse et épaule de lapereau au jus de tapenade, petits farcis niçois, mais la carte change souvent. On se sent bien ici et, pour un peu, on en ferait notre cantine.

|●| *La Farigoule* – 15, av. Henri-Isnard ☎ 04.93.58.01.27. Fermé le mardi. Menus à 130 et 160 F (19,8 et 24,4 €). Compter 250 F (38,1 €) à la carte. Bon, le service peut être parfois dans le jus, mais ça tombe bien, on vient pour l'ambiance autant que pour la cuisine de Provence. Une gentille adresse pour goûter tarte feuilletée de sardines fraîches à la coriandre et citron confit, jarin sauté aux olives ou une belle épaule d'agneau de lait rôtie au jus de cardamome... Patrick Bruot, qui fit ses classes chez Alain Ducasse, à Juan-les-Pins (oui, c'était avant qu'il soit en même temps à Monaco et à Paris !), est célèbre pour ses figues rôties, au dessert. Agréable patio. *NOUVEAUTÉ*.

VILLECROZE   83690

Carte régionale B2

🏠|●| *Auberge des Lavandes* * – place du Général-de-Gaulle (Centre) ☎ 04.94.70.76.00. Fax : 04.94.70.10.31. Parking payant. Fermé le mardi soir et le mercredi sauf en juillet et août. Congés annuels : du 6 janvier au 1ᵉʳ mars. Accès : sur la place du marché. Chambres croquignolettes à 280 F (42,7 €) avec douche et wc et 310 F (47,3 €) avec bains. menus de 90 à 150 F (13,7 à 22,9 €). Une petite maison bien agréable tant pour le resto que pour l'hôtel. La salle reflète bien l'esprit léger et décontracté que l'on trouve ici. Tons lavande (évidemment) et décor agréable. Beaucoup d'habitués, ce qui est plutôt normal puisqu'on y mange bien. Terrasse sur la place à l'ombre des platanes. Foie gras aiguillette de canard au miel de lavande, terrine maison lapin anchoïade, tian d'agneau à la provençale, estouffade de bœuf aux olives, soupe au pistou... Ne manquez pas les petits fromages de chèvre du coin, un régal ! *Apéritif offert.*

Les prix
En France, les prix des hôtels et des restos sont libres. Certains peuvent augmenter entre le passage de nos infatigables fureteurs et la parution du guide.
Avis aux hôteliers et aux restaurateurs
Chaque année pour y figurer, il faut le mériter.

Le Routard

Rhône-Alpes

01 Ain
07 Ardèche
26 Drôme
38 Isère
42 Loire
69 Rhône
73 Savoie
74 Haute-Savoie

RHÔNE-ALPES

AIX-LES-BAINS   73100

Carte régionale B1

🛏 |●| *Auberge de jeunesse* – promenade du Sierroz (Nord-Ouest) ☎ 04.79.88.32.88. Fax : 04.79.61.14.05. Parking. ♿ Accueil de 18 h à 22 h. Congés annuels : les vacances de la Toussaint, Noël, le Jour de l'An et février. Accès : du centre-ville, fléchage ; bus ligne 2, direction Grand Port, arrêt « Camping ». 53 F (8,1 €) la nuit. Demi-pension à 123 F (18,8 €) par personne. Repas à 50 F (7,6 €). Assez loin du centre, mais côté lac du Bourget (à deux pas du Grand Port et des plages) dans un petit coin de campagne qui, malheureusement, a commencé à subir les assauts des bétonneurs. Grand bâtiment contemporain avec des faux airs de chalet. Dispersées sur 3 niveaux, chambres à 4 lits avec cabinet de toilette. Pensez à réserver de mai à septembre environ, un endroit de qualité est toujours très fréquenté !

🛏 |●| *Hôtel Broisin* * – 10, ruelle du Revet (Centre) ☎ 04.79.35.06.15. Fax : 04.79.88.10.10. TV. Congés annuels : du 1er décembre à fin février. 155 F (23,6 €) la double avec lavabo, 208 F (31,7 €) avec douche et wc. Menus à 55 et 65 F (8,4 et 9,9 €). En plein centre, à quelques pas des thermes, mais planqué au fond d'une ruelle presque secrète. Au calme donc. Petit hôtel de ville de cure comme on se l'imagine, à l'ambiance très pension de famille. Clientèle assez âgée donc, fidèle de la maison. Mais des chambres pas désagréables, rajeunies

et à prix modiques. Resto qu'on abandonnera volontiers aux pensionnaires.

🛏 |●| *Hôtel-restaurant Les Platanes* ** – 173, av. du Petit-Port (Ouest) ☎ 04.79.61.40.54. Fax : 04.79.35.00.41. Parking. TV. Congés annuels : du 1er novembre au 28 février sauf les week-ends. Doubles à partir de 200 F (30,5 €) avec douche jusqu'à 250 F (38,1 €) avec bains, suivant la saison. Menus de 105 à 240 F (16 à 36,6 €). Dans un quartier pavillonnaire tranquille, à deux pas du lac. Une belle terrasse sous les ombrages lui donne des airs de campagne. Si vous passez dans le coin un week-end, profitez des soirées organisées par le patron : le vendredi, c'est jazz (des standards New Orleans aux reprises de Django), le samedi plus chanson française (émules de Brel ou de Brassens). La cuisine, dans son registre très classique, s'en sort plus qu'honorablement. Bon menu savoyard avec par exemple salade de reblochon pané et fricassée de « cayon » à la mondeuse. Le chef travaille aussi, avec concision, des poissons d'une belle fraîcheur : omble, lavaret, brochet ou féra, ils sont tous là. Chambres dont la déco a quelques heures de vol mais qui restent de bon confort et surtout d'une vraie tranquillité.

🛏 |●| *Hôtel-restaurant Au Petit Vatel* ** – 11, rue du Temple (Centre) ☎ 04.79.35.04.80. Fax : 04.79.34.01.51. Parking payant. TV. Satellite / câble. Congés annuels : du 2 janvier au 6 février. Doubles à 270 F (41,2 €) avec douche et

---

Sur présentation de ce guide,
nombreuses offres et réductions en 2000.

wc. Petit menu à 65 F (9,9 €), puis menus de 100 à 180 F (15,2 à 27,4 €). Dans une calme rue du centre-ville, juste à côté de l'église anglicane Saint-Swithum, fréquentée à la fin du XIXe siècle par la reine Victoria, une maison qui respire, elle aussi, le charme d'antan. Sur l'arrière, chambres avec balcon qui donnent sur un jardinet entouré de murs dévorés par le lierre. Un petit côté classieux sans frime, pas désagréable. Salle de resto dans le même ton et adorable petite terrasse dans le jardin. Cuisine bien traditionnelle mais goûteuse : poisson du lac (les filets de truites valent le déplacement) et les inévitables fondues et raclettes. *Apéritif offert. 10 % sur le prix de la chambre.*

🛌 I●I *Hôtel-restaurant Le Manoir* *** – 37, rue Georges-Ier ☎ 04.79.61.44.00. Fax : 04.79.35.67.67. TV. Accès : derrière les thermes. Doubles avec douche et wc ou bains de 345 à 695 F (52,6 à 106 €). Menus de 148 à 265 F (22,6 à 40,4 €). Une adresse certes un peu haut de gamme mais pleine de charme. À 500 m du centre, mais presque isolé du monde derrière son rideau d'arbres, ce « manoir » est, en fait, installé dans les dépendances de deux anciens palaces de la Belle Époque, le *Splendide* et le *Royal*. D'une tranquillité à peine troublée par le chant des oiseaux. Chambres bien équipées, d'un classicisme de bon ton comme l'ensemble de la maison. Des salons cossus, un jardin plaisant, une superbe piscine intérieure très Hollywood années 30, sauna, hammam, jacuzzi, bref, la totale ! De surcroît, c'est une excellente table : cuisine de tradition plutôt sous influence régionale (filet mignon de porcelet à la savoyarde) et un chef qui travaille des poissons d'une belle fraîcheur (filet de lavaret bourgetine). Un personnel jeune et décontracté décoince pas mal l'ambiance générale.

I●I *Restaurant L'Auberge du Pont Rouge* – 151, av. du Grand-Port (Nord-Ouest) ☎ 04.79.63.43.90. Fermé le dimanche, lundi et mardi soir et le jeudi. Congés annuels : du 20 décembre au 15 janvier. Accès : direction du lac, av. du Grand Port. Menus à 65 F (9,9 €) le midi en semaine, et de 95 à 165 F (14,5 à 25,2 €). Une adresse plutôt courue dans le coin. La salle n'a rien d'extravagant pourtant, pas plus que la terrasse posée sur le gravier de la cour. Mais l'accueil est amical et la cuisine sait tirer toutes leurs saveurs de produits soigneusement choisis. Poisson suivant arrivage, donc d'une belle fraîcheur (omble chevalier, filets de truites ou de perches du lac) et des spécialités qui, pour changer, lorgnent vers le Périgord. Menus Sud-Ouest à partir de 155 F (23,6 €) avec confit de canard à l'ancienne.

I●I *Restaurant La Poule au Pot* – 20, rue des Bains (Centre) ☎ 04.79.35.01.19. ⚒

Fermé le mercredi midi. Menus à 75 F (11,4 €) le midi en semaine, et de 80 à 135 F (12,2 à 20,6 €). On est bien loin du Béarn d'Henri IV, mais sa fameuse poule fait encore des petits. Au programme, de bons produits et une cordiale cuisine de tradition : poule au pot donc, les standards savoyards (fondue, tartiflette) et quelques plats de toujours (pavé au roquefort) bien tournés et à l'aise dans ce décor de bistrot à l'ancienne. Petite terrasse sur une rue piétonne pour les beaux jours.

ALBERTVILLE   73200

Carte régionale B1

🛌 I●I *Auberge de Costaroche* ** – 1, chemin Pierre-du-Roy (Sud) ☎ 04.79.32.02.02. Fax : 04.79.31.37.59. Parking. TV. Fermé le mercredi. Accès : par le pont du Mirantin ; au pied de la cité médiévale de Conflans et du château édifié au lieu-dit Costaroche, d'où le nom de cet hôtel. Doubles avec bains à partir de 250 F (38,1 €). Menus de 89 à 250 F (13,6 à 38,1 €). Au milieu d'un jardin planté d'arbres, et entourée par deux routes (mais promis, on ne compte pas les voitures pour s'endormir), maison ancienne assez impersonnelle mais venant d'être rénovée. On n'a pas testé la cuisine qui est proposée, donc à suivre... *10 % sur le prix de la chambre.*

I●I *Le Ligismond* – ☎ 04.79.37.71.29. Fermé le lundi et le dimanche soir. En hiver, téléphonez pour réserver. Accès : dans la cité médiévale de Conflans (accès à pied). Menus de 68 F (10,4 €) le midi en semaine, à 168 F (25,6 €). « Tiens, ce resto est dans le *Guide du routard* », dit la dame en avisant un panonceau à l'entrée de la jolie salle aux voûtes de pierre. « Tu parles ! Au *Routard*, y vérifient jamais leurs adresses », répond le mari. Dialogue entendu sur l'agréable terrasse posée sur l'adorable placette centrale de la cité médiévale de Conflans. Non seulement on vérifie nos adresses, mais, en plus, celle-là, on était content de la vérifier ! Parce que ce resto propose avec une belle régularité une franche et bonne cuisine traditionnelle et quelques réjouissants plats de terroir : feuillantine de saumon sauce citronnée, filet de sandre à la chambérienne, fondue savoyarde aux girolles... L'accueil est sincère, le service à le sourire, les portions sont généreuses et les prix humains.

DANS LES ENVIRONS

MONTHION 73200 (8 km SO)

I●I *Les Seize Clochers* – ☎ 04.79.31.30.39. Parking. Fermé le mercredi toute la journée et le lundi soir, sauf en juillet-août. Accès : sur la D925, entre Grignon et Notre-Dame-des-Millières, prenez à

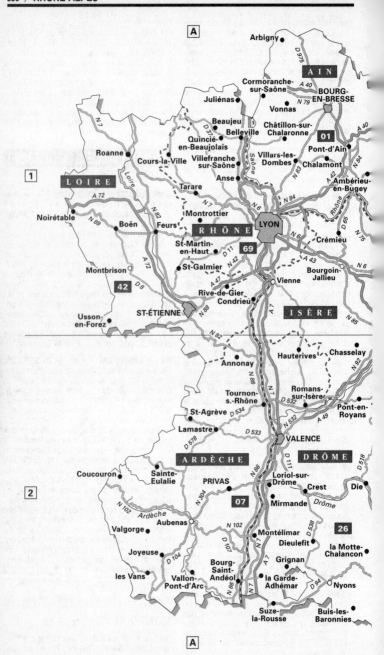

○ **CHAMBÉRY** Villes repères
● **St-Agrève** Adresses

0   10   20 km

gauche la D64. Menus à 88 F (13,4 €) midi et soir sauf le dimanche (excepté en hiver), et de 115 à 215 F (17,5 à 32,8 €). Bonne adresse de terroir dans un petit village hors circuits touristiques. Quelques grands classiques (diots au vin blanc, fondue à prix d'amis, tartiflette) et quelques petites choses plus pertinentes (fricassée d'escargots à la savoyarde, feuilleté aux girolles et fines herbes, filet de féra aux échalotes, etc.). La grande salle à l'ancienne domine la combe de Savoie. Pour compter les 16 clochers semés dans le paysage, dégottez une table vers les baies vitrées ou, aux beaux jours, mangez en terrasse.

PLANCHERINE 73200 (11 km O)

I●I *Chalet des Trappeurs* – col de Tamié ☎ 04.79.32.21.44. Fermé le lundi. Accès : direction Gilly-sur-Isère, puis col de Tamié. Menu à 65 F (9,9 €) le midi en semaine. Autres menus de 85 à 150 F (13 à 22,9 €). Comptez 150 F (22,9 €) à la carte. Petite maison dans la montagne. Du bois à profusion, une cheminée, des trophées de chasse, des peaux de bêtes étendues sur les bancs : quelque chose effectivement d'un chalet de trappeurs. Pas mal de charme en tout cas. Spécialités sans lesquelles la Savoie ne serait pas la Savoie (tartiflette, fondue et autre reblochonnade), des omelettes pour les randonneurs mais, aussi et surtout, quelques remarquables plats de terroir : filet de féra au bergeron, fricassée de lapin aux trompettes de la mort, etc. Belle terrasse et des transats dans le jardin pour la digestion. Et profitez de votre passage dans le coin pour acheter du fromage aux moines de la voisine abbaye de Tamié. *Apéritif offert.*

ALLEVARD 38580

Carte régionale B1

🛏 I●I *La Bonne Auberge* * – 10, rue Laurent-Chataing ☎ 04.76.97.53.04. Fax : 04.76.45.84.62. TV. Canal+. Satellite / câble. Fermé le dimanche soir et le lundi soir hors saison. Congés annuels : octobre. Doubles à 135 F (20,6 €) avec lavabo, 195 F (29,7 €) avec douche et wc, téléphone direct et télé. Demi-pension à 240 F (36,6 €) par personne. Menus à 52 F (7,9 €) le midi en semaine, puis de 68 à 165 F (10,4 à 25,2 €). Un excellent accueil, tant pour le gîte que pour le déjeuner. Chambres avec vue sur le Brame-Farine. Dans le restaurant au décor rustique, on vous sert le flan d'escargots à l'ail sauvage, le mignon de porc au sassenage, le filet de féra aux orties, la charlotte aux châtaignes, la salade de joues de porc confites, le magret miel et airelles, la tartiflette au fromage de chèvre du Gleyzin, etc. *Apéritif offert.*

I●I *La Tour du Treuil* – chemin de la Tour-du-Treuil (Est) ☎ 04.76.97.58.91. Fermé le lundi. Congés annuels : janvier. Accès : arrivé à l'entrée de la ville, prendre le boulevard Jules-Ferry, puis au niveau de la poste, tourner à gauche, direction route de Glapigneux (en principe indiqué !). Menu à 100 F (15,2 €) le midi en semaine. Autres menus de 125 à 170 F (19,1 à 25,9 €). Installée dans une impressionnante tour du XIVe siècle superbement rénovée, voici l'une des adresses les plus originales de la région. Au rez-de-chaussée, vaste salle à manger aux murs de pierre sèche avec imposante cheminée. Cadre plaisant. Aucune faute de goût pour cette pittoresque cuisine à partir de recettes médiévales. Cathy Buchot jongle habilement avec les herbes, les arômes et les épices et nous sort de sa toque, pâté de gigot en pot, brouet, frigousse. En apéro, le vin d'Hypocras (une recette très ancienne). Menu à 150 F (22,9 €) épatant (et à prix somme toute modéré pour le cadre et la qualité de la cuisine !). Ne rêvez pas trop cependant au repas en terrasse, un vent du nord à ébouriffer un sanglier souffle souvent (même en été)... *Apéritif offert.*

DANS LES ENVIRONS

GONCELIN 38570 (10 km S)

I●I *Restaurant Le Clos du Château* – ☎ 04.76.71.72.04. Ouvert le vendredi, le samedi et tous les midis sauf le mercredi. Les autres soirées sur réservation à partir de 8 couverts. Accès : par la D525 depuis Allevard et par A41 depuis Grenoble. Le midi, en semaine, menu à 125 F (19,1 €). Les jours de fête, autre menu à 260 F (39,6 €). Imaginez une vieille demeure dauphinoise du XIIIe siècle, au cœur des montagnes de Chartreuse et Belledonne. Ses propriétaires, un couple anglais adorable, lui ont rendu couleurs et joie de vivre, ne serait-ce que sur les visages heureux de ceux qui ont su dénicher, à l'écart de la route (il est tellement protégé par son parc qu'on risque de passer devant sans le voir), ce restaurant pas banal. Suzie fait le service, en salle ou en terrasse, tandis que son mari, Laurent Glayzer, est au piano. Travaillant remarquablement le poisson et les petits légumes, il vous offre, avec le menu du marché à 175 F (26,7 €), un vrai festival des sens. Quelques bonnes spécialités : suprême de pintade rôtie aux échalotes, soupe de rougets au safran, ravioles de homard, carpaccio de magret de canard, etc. En hiver, essayez d'avoir la table en face de la grande cheminée du XIIIe siècle. *Well, well, well...*

FERRIÈRE (LA) 38580 (17 km SE)

|●| *Auberge Nemoz* – hameau La Martinette ☎ 04.76.45.03.10. Parking. Fermé du lundi au mercredi hors vacances scolaires. Accès : par la D525, direction Fond-de-France. Doubles à 350 F (53,4 €) avec bains, petit déjeuner compris. Menu à 85 F (13 €) le midi en semaine. Autres menus de 110 à 155 F (16,8 à 23,6 €). Au cœur de la forêt, perdu en pleine nature dans la vallée méconnue du Haut-Breda, au bout de la route, c'est le chalet de la bonne humeur et du bien-être. Vieilles pierres et jeunes gens, cheminée toujours allumée pour la raclette et repas aux chandelles à la nuit tombée… Si vous n'êtes pas accro de la raclette au feu de bois (la vraie) et des tartiflettes, prenez les menus à 110 ou 145 F ou la brazérade. Quelques spécialités : salade du Breda au filet de truite fumée (et toutes les déclinaisons de la truite : aux amandes, en papillote au bleu, etc.), saumon de fontaine, terrine de brebis à la tapenade, poulet aux écrevisses… Nouveau : pour dormir, deux superbes et vastes chambres tout en bois blanc avec décor de charme. Réservation indispensable pour chambre et resto !

AMBÉRIEU-EN-BUGEY 01500

Carte régionale A1

⌂ *Hôtel Terminus et de la Gare* ** – 80, rue Roger-Salengro (Sud) ☎ 04.74.38.00.02. Fax : 04.74.46.89.47. Parking. TV. Accès : sortie autoroute, Ambérieu gare. Doubles de 150 à 190 F (22,9 à 29 €). Dans cette ville, important nœud ferroviaire qui compte en outre un musée du Cheminot, comment ne pas s'arrêter à l'*Hôtel Terminus et de la Gare*? D'autant que la gare est très jolie et gentiment rétro. La maison dégage ce même charme un peu suranné. 18 chambres à petits prix. Pour être franc, côté gare, pour peu que les fenêtres soient ouvertes, on entend quand même un peu le bruit des trains… Ambiance familiale. Petit bistrot au rez-de-chaussée où, dès le matin, des habitués refont le monde avec le patron. Code pour les couche-tard.

DANS LES ENVIRONS

MEXIMIEUX 01800 (15 km SO)

⌂ *Hôtel-bar du Lion d'Or* ** – 16, place Vaugelas (Centre) ☎ 04.74.61.00.89. Fax : 04.74.61.43.80. Parking. TV. Congés annuels : novembre. Accès : par la N84, direction Pérouges. Doubles toutes avec bains à 250 F (38,1 €). Parking fermé. Cet hôtel-bar a été entièrement reconstruit…

après la guerre. Un char allemand l'avait mis *kaputt* en rentrant dedans, lors des combats de la Libération, où ça avait frité sévère sans le secteur. Très, très bon accueil. Grandes chambres, au calme sur cour, un tantinet désuètes mais pas désagréables pour autant. Pas de resto mais un bar d'habitués au rez-de-chaussée. Une bonne petite adresse. *10 % sur le prix de la chambre sauf en juillet-août.*

ÉVOSGES 01230 (23 km NE)

⌂|●| *L'Auberge Campagnarde* ** – (Nord-Est) ☎ 04.74.38.55.55. Fax : 04.74.38.55.62. Parking. TV. Fermé le mardi soir et le mercredi d'octobre à avril. Congés annuels : janvier. Accès : à la sortie de Saint-Rambert, direction Belley ; à 1 km de la ville, prendre la D34. Doubles avec douche et wc à 240 F (36,6 €) et avec bains à 290 F (44,2 €). Menus de 100 à 225 F (15,2 à 34,3 €). La route déjà est sublime. Les lacets successifs croisent des vignes pentues, puis de massifs rochers blancs qui émergent des genêts. On passe un petit étang et c'est le village. C'est du reste étonnant d'y trouver cette auberge, en fait un véritable petit complexe touristique : jeux pour enfants, piscine et mini-golf… Chambres en grande majorité rénovées, tranquilles et confortables. Salle à manger cossue et chaleureuse. Manque peut-être un petit menu mais ici, des entrées aux desserts, les produits sont frais et de qualité. Et si la cuisine est généreuse, elle sait aussi se faire subtile. *Café offert.*

PEZIÈRES-RESINAND (LES) 01110 (25 km NE)

**|●| *Le Boomerang* – ** ☎ 04.74.35.58.60. Fermé le lundi et quand le patron part faire du shopping en Australie. Congés annuels : octobre. Accès : jusqu'à Saint-Rambert par la N504. Prendre ensuite à gauche la D34. Accès fléché depuis le village d'Oncieu. Menus de 105 à 158 F (16 à 24,1 €) ; l'été, petit menu frais à 80 F (12,2 €). Un hameau au creux d'une vallée perdue (et naturellement superbe) du Bugey. Planté dans le jardin d'une petite maison, une pancarte prévient de la présence de kangourous. Gag ? Non, il y en a bien un prénommé Skippy (facile !) chez Brent Perkins, Australien d'Adélaïde tombé amoureux du coin (et de Rose-Marie, sa bugiste épouse). Côté paysage, on est loin du désert australien de l'Outback et pourtant on peut y manger d'authentiques BBQ (prononcez « barbecue ») australiens. Cuisine traditionnelle ou, plus volontiers, barbecue « king-size » (spécial gros appétits) : salade verte à l'huile de noix, steak et sauces anglaises et australiennes, œufs, fromage et dessert (Pavlova australienne, cake à la banane). Ou, si vous préférez, barbecue végétarien (ça existe !).

RHÔNE-ALPES

On trouve aussi du filet d'autruche et du gigot d'émeu aux herbes du bush ! Le reste de la carte nous ramène dans l'Ain : ramequin, grenouilles fraîches sur commande, poulet à la crème... La carte des vins se balade aussi entre l'Australie et le Bugey. Une adresse étonnante. *Digestif offert.*

ANNECY — 74000

Carte régionale B1 – Plan pp. 836 et 837

â **Auberge de jeunesse** – 4, route du Semnoz (hors plan B3-1) ☎ 04.50.45.33.19. Fax : 04.50.52.77.52. ● www.fuaj.org ● ✆ Accueil de 8 h à 12 h et de 14 h à 22 h. Accès : à 1 km du centre, par la D41, direction Le Semnoz. 72 F (11 €) la nuit avec petit déjeuner, plus 2 F (0,3 €) de taxe de séjour. Repas à 28 F (4,3 €) ou 50 F (7,6 €). On gardera à jamais la nostalgie de la pittoresque bicoque d'autrefois à l'orée de la forêt. Mais il faut, paraît-il, vivre avec son temps. Les bâtiments d'aujourd'hui sont vastes, contemporains et fonctionnels, dominant le lac, dressés sur les premières pentes du Semnoz. Chambres de 4 à 5 lits. Cuisine à disposition pour les particuliers entre 15 h et 21 h.

â **Crystal Hôtel** ** – 20, rue Louis-Chaumontet (A1-4) ☎ 04.50.57.33.90. Fax : 04.50.67.86.43. Parking. TV. Accès : autoroute A41 sortie Annecy Sud, à 300 m du centre-ville et de la gare. Doubles avec douche et wc ou bains de 199 à 310 F (30,3 à 47,3 €) suivant la saison. Un peu excentré (un gros quart d'heure à pied de la vieille ville), dans un quartier sans charme derrière la gare (mais les voies ferrées sont loin). L'hôtel occupe l'étage d'un bâtiment tout de béton. Bon accueil. Chambres tout droit sorties des années 70 mais bien équipées et de bon confort. Un hôtel d'étape plus que de séjour. 2 box privés.

â **Hôtel du Nord** ** – 24, rue Sommeiller (A2-7) ☎ 04.50.45.08.78. Fax : 04.50.51.22.04. TV. Canal+. Doubles avec douche et wc à partir de 248 F (37,8 €), et à 278 F (42,4 €) de début mai à fin septembre. Parking gratuit de 18 h 30 à 9 h. Dans une des rues commerçantes du centre, entre la gare, le lac et la vieille ville. Bien situé donc. Bon accueil. Un certain charme entre les boiseries de la réception et la petite loggia du 1er étage. Les chambres ne sont, dans l'ensemble, pas bien grandes mais plutôt pimpantes : tons pastel, tissus fleuris et mobilier contemporain, refaites à neuf. *10 % sur le prix de la chambre pour 2 nuits minimum sauf juillet-août.*

â **Aléry Hôtel** ** – 5, av. d'Aléry (A2-6) ☎ 04.50.45.24.75. Fax : 04.50.51.26.90. Parking. TV. Canal+. Doubles de 280 à 370 F (42,7 à 56,4 €) avec douche et wc ou

bains. Petit déjeuner : 38 F (5,8 €). Pratique puisque juste à mi-chemin de la gare et de la vieille ville mais le quartier est sans intérêt. La maison a du caractère et ce charme discret des hôtels cossus et vieille France. Chambres dans le même ton. L'accueil est charmant, le confort total et la tranquillité garantie sur l'arrière. Bon petit déjeuner. *10 % sur le prix de la chambre hors juillet-août.*

â **Hôtel du Palais de l'Isle** *** – 13, rue Perrière (B3-2) ☎ 04.50.45.86.87. Fax : 04.50.51.87.15. TV. Canal+. Satellite / câble. Accès : par la place Saint-François-de-Sales ou le quai Chappuis et le quai du Semnoz. Chambres avec bains de 335 à 495 F (51,1 à 75,5 €). Au cœur du centre ancien. Cette imposante maison XVIIIe siècle a franchement un emplacement de rêve, entre les vieilles rues sinueuses et le Thiou, tout à côté, comme son enseigne l'indique, du monument emblématique de la ville. Dans les — trop ! — rares chambres qui donnent sur le palais, on n'a pas envie de décoller l'étiquette « Venise savoyarde » de la ville. Les autres offrent une gentille vue sur le château et la vieille ville. Isolation phonique et climatisation résolvent petit à petit le problème des chaudes (et animées) soirées d'été annéciennes. Superbes chambres où le parti pris d'une déco farouchement contemporaine (les meubles sont signés Stark) ne fait même pas tiquer. *10 % sur le prix de la chambre d'octobre à mai.*

â **Hôtel de Bonlieu** *** – 5, rue de Bonlieu (B1-3) ☎ 04.50.45.17.16. Fax : 04.50.45.11.48. Parking payant. TV. Canal+. Satellite / câble. Accès : à côté du palais de justice (parking). Doubles avec douche ou bains à 380 F (57,9 €). Pour ceux qui ne recherchent pas la nostalgie mais le calme et le confort contemporain, voilà une bonne petite adresse, destinée a priori plus aux jeunes cadres cravatés qu'aux routards décontractés. Mais la gentillesse de l'accueil, la proximité du lac et du vieil Annecy, et le rapport qualité-prix honorable pour le coin en font une valeur sûre. Et ça devient rare. *10 % sur le prix de la chambre.*

|●| **Frich'ti Dudu** – 9, rue Louis-Armand (hors plan B1-10) ☎ 04.50.09.97.65. Fermé le soir (sauf réservation) et le weekend. Congés annuels : du 1er au 15 août. Diverses formules de 38 à 55 F (5,8 à 8,4 €). Menu complet à 55 F (8,4 €) qui change tous les jours. Pour le midi (service de 11 h 30 à 15 h), la petite adresse popu d'une ville qui n'en compte malheureusement pas beaucoup. Certes, le quartier n'a pas grand charme, mais le *Frich'ti Dudu* (quelle enseigne !) mérite qu'on s'y aventure. Toujours bondé évidemment, une vraie fourmilière. Cuisine bien familiale mais on mange pour à peine plus cher que dans un vulgaire

fast-food, et pour le prix, on est servi comme un prince. Alors choisis ton camp, routard ! _Un repas gratuit tous les 10 repas._

I●I _Wishbone Garden_ **– 29** _bis_**, rue Vaugelas (A2-13)** ☎ **04.50.45.25.96.** & Fermé le dimanche et hors saison l'été le lundi. Menu à 60 F (9,1 €) en semaine. Autres menus : 2 plats à 110 F (16,8 €), 3 plats à 130 F (19,8 €). Menu enfant à 35 F (5,3 €). Une drôle d'adresse. Le produit roi ici, c'est le poulet. Du bon poulet, accompagné d'une kyrielle de sauces (mexicaine, aux champignons, au miel et au vinaigre, etc.) et servi avec d'excellentes pommes de terre au four. Succulents desserts maison : _crumble, pancakes._ Le soir, à la carte : poulet et tartiflette ou magret de canard grillé au miel de montagne. Petite salle chaleureuse sur un étage et adorable terrasse loin des foules à camésopes. Enfin, il y a les patrons, un Anglais jovial qui trouve toujours deux minutes pour s'asseoir à votre table et un jeune Français. Tous les deux sont passés par quelques-unes des grandes tables du coin. Donc, derrière leur franche décontraction, il y a un sacré métier ! Au fait, pour ceux qui n'aiment pas le poulet, ce petit resto a quelques autres ressources...

I●I _Le Petit Zinc_ **– 11, rue du Pont-Morens (B3-14)** ☎ **04.50.51.12.93.** Menus de 65 à 220 F (9,9 à 33,5 €). Plat du jour à 55 F (8,4 €). Petit resto centenaire où il fait bon se réfugier les jours de grand froid. Les tons ocre et vert, le plafond en bois, les petites lampes à napperons style « on-est-en-vacances-chez-tatie-à-la-campagne » réchauffent l'ambiance. Dommage, il manque une cheminée. Cuisine traditionnelle sans façons. Tartiflette, boudin aux pommes, fondue à l'ancienne (recette maison, sans alcool), diots au vin blanc, _frikacoffe,_ la Savoie, quoi !

I●I _Taverne du Fréti_ **– 12, rue Sainte-Claire (A3-11)** ☎ **04.50.51.29.52.** Fermé tous les midis et le lundi (sauf pendant les vacances scolaires). Congés annuels : la 2e quinzaine de juin. Accès : dans la vieille ville. Plats autour de 68 F (10,4 €). Dans cette rue qui a, soyons clairs, vendu son âme au tourisme, le _Fréti_ reste une adresse stable de spécialités à base de fromages. Qualité (c'est d'abord une fromagerie !) et prix raisonnables (16 sortes de fondues de 64 à 98 F (9,7 à 14,9 €), raclettes autour de 65 F (9,9 €), tartiflettes à 68 F, pommes au bleu ou au chèvre à 68 F...). Jolie salle à l'étage si le temps ne permet pas de profiter de la terrasse sous les arcades.

I●I _Le Bistro d'Arnaud_ **– 36, av. de Chambéry (hors plan A3-12)** ☎ **04.50.45.41.42.** Fermé le dimanche et le lundi soir. Accès : juste à l'entrée de la ville, près du pont Neuf. Menus à 70 F (10,7 €) le midi en semaine, et à 115 F (17,5 €). On est loin des rues pié-

tonnes et de leurs fondue et tartiflette à tous les étages. Tant mieux ! Ici, c'est genre bouchon chaleureux avec, inscrites au tableau noir, lyonnaiseries en tous genres : pot-au-feu, tête de veau, quenelles de brochet, andouillette, etc. Prix humains. Bons petits vins en pichet qui n'aggravent pas l'addition.

DANS LES ENVIRONS

SEVRIER 74320 (5 km S)

I●I _Auberge du Bessard_ **– 525, route d'Albertville** ☎ **04.50.52.40.45.** Parking. Fermé du 21 octobre au 19 mars. Accès : sur la N508. Menus à 95 F (14,5 €) en semaine, et 130 F (19,8 €) les dimanche et fêtes. Comptez environ 150 F (22,9 €) à la carte. Bien sûr, autour du lac d'Annecy, manger du poisson (friture de lac, filets de perche ou féra à l'oseille) sur une terrasse les pieds dans l'eau, c'est tentant. Voilà la bonne adresse où le faire. Un genre d'institution locale (tenue par la même famille depuis une cinquantaine d'années), à l'ambiance chaleureuse et bon enfant. Le premier menu aligne par exemple terrine de poissons, féra, fromage ou dessert.

SAINT-JORIOZ 74410 (9 km S)

🏠I●I _Hôtel-auberge de la Cochette_ * **– lieu-dit « La Magne » à Saint-Eustache** ☎ **04.50.32.03.53.** Fax : **04.50.32.02.70.** Parking. Fermé en semaine de fin octobre à mai. Congés annuels : du 1er janvier au 15 mars. Doubles à 160 F (24,4 €) avec lavabo, 206 F (31,4 €) avec douche et wc, 226 F (34,5 €) avec bains. Menus de 98 à 158 F (14,9 à 24,1 €). Impossible de se perdre, il suffit de grimper depuis Saint-Jorioz, et suivre les flèches. Jeu de patience récompensé par une vue magnifique sur le lac d'Annecy, à 6 km à vol d'oiseau... ou en parapente, spécialité du maître des lieux. Possibilité de biplace avec atterrissage derrière l'hôtel. À part ça, chambres sympa, pour se refaire une santé, et cuisine savoureuse (feuilleté d'escargots à la crème d'ail, salade tiède de Saint-Jacques et langoustines, pain maison, etc.) en terrasse (hmm !) ou dans la salle, au rustique sans concession. Beaux menus, qui changent des raclettes, tartiflettes et autres « amusettes » qui rendent les nuits moins belles que les jours. _Apéritif offert. 10 % sur le prix de la chambre sauf juillet-août._

CHAPEIRY 74540 (11 km SO)

🏠I●I _Auberge La Grange à Jules_ **–** ☎ **04.50.68.15.07.** Fax : **04.50.68.20.42.** Parking. TV. Fermé les dimanche, lundi et mardi soir et le mercredi. Accès : de l'autoroute A41, sortie Rumilly, prendre la N201 vers Annecy ; après Alby, prendre à gauche vers Chapeiry et après le pont à droite.

RHÔNE-ALPES

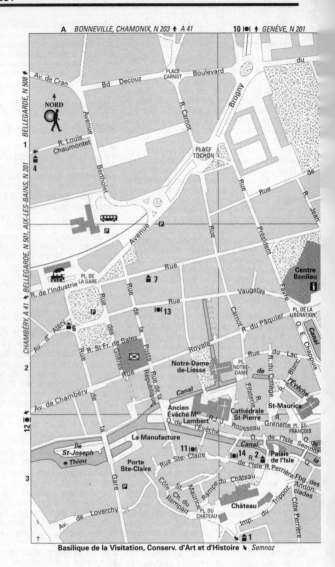

Basilique de la Visitation, Conserv. d'Art et d'Histoire ↘ Semnoz

⌂ Où dormir ?

1 Auberge de Jeunesse
2 Hôtel du Palais de l'Isle
3 Hôtel de Bonlieu
4 Crystal Hôtel
6 Aléry Hôtel
7 Hôtel du Nord

⦿ Où manger ?

10 Frich'ti Dudu
11 Taverne du Fréti
12 Le Bistrot d'Arnaud
13 Wishbone Garden
14 Le Petit Zinc

Doubles de 220 à 250 F (33,5 à 38,1 €) avec douche ou bains. Menus de 98 à 245 F (14,9 à 37,4 €). Un de ces petits bouts du monde qu'on aime tant, même si la proximité de l'autoroute nous ramène dans un univers plus prosaïque. Mais *La Grange à Jules* fait oublier tout cela. L'été, déjeunez et dînez dans le jardin, sous les arbres et dans les fleurs. L'hiver, la cheminée réchauffe l'atmosphère frisquette. De bons produits et une heureuse cuisine. Tatin de pommes de terre au foie gras, grenouilles en persillade... Chambres comme chez mamie, grandes, fleuries. Décor rustique et mignonnet dans toute la maison.

DOUSSARD 74210 (12 km SE)

🏠 |●| *À l'Auberge* – **route de Chevaline** ☎ 04.50.44.86.28. Fax : 04.50.44.87.64. Parking. Congés annuels : du 1ᵉʳ novembre au 1ᵉʳ février. Doubles à 180 F (27,4 €) avec lavabo, de 220 à 270 F (33,5 à 41,2 €) avec douche et wc. Menus à 70 F (10,7 €). Une vieille maison qui, du matin au soir, grouille de vie. Les habitués traînent un peu au bar. Dans les deux chaleureuses salles de resto ou sur la petite terrasse, touristes et gens du cru font un sort à une cuisine régionale sans façons qui ne fait pas mal au portefeuille. Menu à 70 F et des assiettes qui font un repas dans la même gamme de prix. Accueil franc, authentique et chaleureux d'une patronne dotée d'une sacrée personnalité (elle dessine des vêtements à ses heures). Tant bien que mal, elle mène, chaque jour, tout son monde à bon port malgré le joyeux désordre permanent qui règne ici (et qui est pour beaucoup dans l'affection qu'on porte à cette auberge de village !). Petite crêperie attenante, tenue par le mari de la dame. Quelques chambres, mignonnes pour certaines et pour les cyclistes ou les randonneurs, un dortoir rigolo installé dans l'ancienne étable (les vaches sont encore là, mais peintes sur le mur) : 55 F (8,4 €) la nuitée. *Digestif offert. 10 % sur le prix de la chambre du 15 février au 15 juin.*

DUINGT 74410 (12 km SE)

🏠 |●| *Hôtel-restaurant du Lac* ** – ☎ 04.50.68.90.90. Fax : 04.50.68.50.18. Parking. TV. Fermé le dimanche soir et le lundi hors saison. Congés annuels : de novembre à février. Accès : 10 km d'Annecy, direction Alberville (bord du lac). Doubles de 305 à 385 F (46,5 à 58,7 €) avec douche et wc ou bains. Un très beau petit déjeuner-buffet à 44 F (6,7 €). Menus à 98 F (14,9 €) le midi en semaine, et de 135 à 225 F (20,6 à 34,3 €). Un vrai coup de cœur. Un hôtel suffisamment éloigné de la route pour qu'on n'ait d'yeux que sur le lac et d'oreilles que pour les oiseaux. Des chambres entièrement rénovées. Au restaurant, que des jeunes, à commencer par les propriétaires. Couleurs gaies, fraîches, jolis sourires. Même les « vieux » ici font jeunes, au contraire de tant de leurs collègues où même les jeunes font vieux. Cuisine de femme, drôle, inventive, avec des menus, savant mélange de couleurs, de saveurs, de textures : féra du lac à la vinaigrette de sésame, confit de lapereau à la brouillade d'aromates. Terrasse de rêve aux beaux jours. *10 % sur le prix de la chambre hors saison.*

GRUFFY 74540 (17,5 km SO)

🏠 |●| *Aux Gorges du Chéran* ** – **pont de l'Abîme** ☎ 04.50.52.51.13. Fax : 04.50.52.57.33. Parking. TV. Satellite / câble. Congés annuels : du 1ᵉʳ novembre au 15 mars. Accès : prendre la N201, 1 km après Chaux prendre la D5 à gauche vers Gruffy. Après le village, c'est à 1,5 km vers le pont de l'Abîme. Doubles de 250 à 350 F (38,1 à 53,4 €) avec douche et wc ou bains. Menus de 82 à 150 F (12,5 à 22,9 €). Pratiquement accroché à la falaise, au-dessus du Chéran et à côté du pont qui porte bien son nom, voilà un joli chalet typique et agréable. Les nᵒˢ 1, 4, 5 et 6 ont un balcon qui donne sur les gorges et le pont. Évitez la haute saison pour profiter pleinement du charme de ses chambres, entièrement rénovées. Accueil impeccable et aux petits soins. En terrasse ou dans la salle, goûtez une cuisine qui ne court pas après les étoiles, où la truite aux amandes, le filet de bœuf aux morilles et la tarte aux myrtilles sont à l'honneur. *10 % sur le prix de la chambre pour 2 nuits consécutives minimum hors juillet-août.*

LESCHAUX 74320 (18 km S)

|●| *Les Quatre Vents* – **col de Leschaux** ☎ 04.50.32.03.58. Fermé le mardi (hors vacances scolaires). Congés annuels : du 12 novembre au 9 décembre. Accès : par la N508 qui longe le lac d'Annecy, puis la D912 direction le col de Leschaux. Menus le midi en semaine de 65 à 135 F (20,6 €). Posé au passage du col, à l'orée des paysages encore sauvages des Bauges, un petit resto qui, de prime abord, ne paye pas de mine, entre routier et auberge de campagne. Et pourtant, l'accueil est jeune et sympa, la salle chaleureuse avec sa cheminée, ses nappes et ses rideaux à carreaux, et la cuisine excellente dans sa simplicité. Les menus généreux et à prix d'amis naviguent entre cuisine de ménage et de terroir : pommes de terre farcies aux escargots, steak-frites comme escalope bornandine, salé de chèvre aux noix ou cuisses de grenouilles à la savoyarde. Et tout, jusqu'aux desserts, est maison, à base de produits exclusivement frais et locaux. C'est simple, on n'est pas peu fiers d'avoir dégoté cette petite adresse ! *Café offert.*

RHÔNE-ALPES

SEMNOZ (LE) 74320 (18 km S)

🛏️ |●| *Hôtel Semnoz - Alpes 1704* ** – ☎ 04.50.01.23.17. Fax : 04.50.64.53.05. Parking. Congés annuels : de la fin des vacances de Pâques à la Pentecôte et du 30 septembre au 20 décembre (25 décembre pour l'hôtel). Accès : par la D41. Doubles à 160 F (24,4 €) avec lavabo, 250 F (38,1 €) avec douche et wc, 290 F (44,2 €) avec bains. Menus de 85 à 170 F (13 à 25,9 €). Grand chalet dressé (à la fin du XIXᵉ siècle et à 1704 m d'altitude, bien sûr) presque solitaire sur le Semnoz. Pour la vue, c'est les Alpes en Cinémascope ! Tenu depuis les années 50 par la famille du célèbre guide et champion de ski Alfred Couttet (on ne se fera pas prier pour vous raconter son histoire). Accueil franchement chaleureux. Chambres rustico-montagnardes qui sont progressivement rénovées. Cuisine classiquement régionale : croûte aux fromages, aiguillette de canard aux myrtilles, féra du lac à l'orange, tournedos aux chanterelles. Un conseil : si vous voulez le sommet du Semnoz pour vous tout seul ou presque, évitez les pleines saisons. *10 % sur le prix de la chambre.*

ANNONAY 07100

Carte régionale A2

🛏️ *Hôtel du Midi* ** – 17, place des Cordeliers (Centre) ☎ 04.75.33.23.77. Fax : 04.75.33.02.43. Parking. TV. Accès : dans la partie basse de la ville. Doubles à 170 F (25,9 €) avec lavabo, à 230 F (35,1 €) avec douche et wc et à 270 F (41,2 €) avec bains. Bien situé sur une place très fréquentée, un robuste immeuble de type haussmannien, surprenant sous ces latitudes. Intérieur plutôt cossu : larges couloirs, chambres spacieuses, moquette fondante. L'image de la montgolfière est omniprésente (tableaux, gravures) pour vous rappeler, si besoin est, qu'Annonay en est le berceau. *10 % sur le prix de la chambre à partir de la 3ᵉ nuit.*

|●| *Restaurant Marc et Christine* – 29, av. Marc-Seguin ☎ 04.75.33.46.97. ♿ Fermé le dimanche soir et le lundi. Congés annuels : du 21 février au 7 mars et du 16 août au 1ᵉʳ septembre. Accès : domaine de la gare. Comptez 70 F (10,7 €) le plat. Les menus vont de 130 à 250 F (19,8 à 38,1 €). Ce restaurant propose une cuisine inventive appréciée par une clientèle essentiellement locale. Christine accueille chaleureusement ses convives au sein d'une salle de séjour aux couleurs orangées. Au mur, remarquez la fresque illustrant la fable du *Corbeau et le Renard*. Marc prépare, à la carte, des plats mariant des produits nobles à des produits du terroir, comme la soupe d'écrevisses et l'oignon doux d'Annonay ou les escargots de Bourgogne et le pied de cochon, la daurade royale, les poissons cuits sur la braise... Grand choix dans les vins qui peuvent être servis au verre. En été, le restaurant dispose d'un agréable jardin. Une adresse sûre, et ce grâce à des restaurateurs amoureux de leur région et de leur métier.

DANS LES ENVIRONS

SATILLIEU 07290 (14 km S)

🛏️ |●| *Hôtel-restaurant Sapet* ** – place de la Faurie ☎ 04.75.34.95.42. Fax : 04.75.69.91.13. Parking. TV. Accès : d'Annonay prendre la direction centre-ville puis Lalouvesc (D578 A). Doubles à 240 F (36,6 €) avec douche et wc. Demi-pension à partir de 210 F (32 €). Menus à 65 F (9,9 €) en semaine, et de 80 à 148 F (12,2 à 22,6 €). Situé au cœur du village, l'hôtel-restaurant *Sapet* jouit d'une excellente réputation. Il faut dire que l'accueil est vraiment sympathique et la cuisine de qualité. La crique ardéchoise est l'une des spécialités de ce restaurant. Elle est faite à base de pommes de terre râpées, cuites en galette et saupoudrées d'ail, d'oignons et de persil. Les chambres, récemment rénovées, sont propres et confortables. Possibilités de sorties à VTT ou de randonnées. En saison, piscine découverte. Accès pour les handicapés au restaurant. *Apéritif offert. 10 % sur le prix de la chambre hors juillet-août.*

ANSE 69480

Carte régionale A1

🛏️ |●| *Hôtel-restaurant Le Saint-Romain* ** – route de Graves ☎ 04.74.60.24.46. Fax : 04.74.67.12.85. Parking. TV. Accès : à 200 m de l'écart de la Nationale (fléché). Doubles de 250 à 300 F (38,1 à 45,7 €). Menus de 99 à 189 F (15,1 à 28,8 €). La tradition, ça a du bon, et ce très classique *Logis de France* le démontre une fois encore. La chartreuse de volaille, le civet du chasseur, les beaux et nombreux fromages du chariot, le soufflé de mandarine, nous les avons mangés promptement, et sans nous plaindre. Une cuisine aussi sûre et solide que les énormes poutres de la salle à manger (on n'en a jamais vu d'aussi grosses, de vrais baobabs). Terrasse en été. Les chambres, spacieuses, toutes avec bains, wc et télé, sont banales mais à bonne literie. Accueil un peu impersonnel. *NOUVEAUTÉ.*

|●| *Le Colombier* – pont de Saint-Bernard ☎ 04.74.67.04.68. Parking. Fermé le dimanche soir et le lundi (sauf le 1ᵉʳ avril à fin septembre). Congés annuels : novembre, décembre, janvier. Accès : à la sortie de la ville, direction Trévoux. Menus de 98 à 190 F (14,9 à 29 €). Des barques

qui glissent sur la Saône, des serveurs affairés qui se faufilent entre les tablées de joyeux lurons se régalant de fritures ou de grenouilles, en terrasse ou dans ce qui ressemble fort à une guinguette d'autrefois, *Le Colombier* est un saisonnier plutôt agréable. Depuis 20 ans déjà, on vient ici retrouver le goût des bonnes choses, à des prix raisonnables. *Café offert.*

DANS LES ENVIRONS

MARCY-SUR-ANSE 69480 (7 km SO)

◉I Le Télégraphe – ☎ 04.74.60.24.73. Fermé le dimanche soir et le lundi. Congés annuels : 2 semaines en janvier, 2 semaines en novembre. Accès : D39 vers Lachassagne et D70 à gauche. Menus à 68 F (10,4 €) le midi en semaine. Autres menus de 105 et 125 F (16 et 19,1 €). Dans le menu à 105 F, la terrine maison et l'andouillette sauce moutarde tiennent au corps et nous rappellent les saveurs simples de toujours ; dans le suivant, la croustille de saint-marcellin reste dans ce registre avec toutefois un zeste de créativité. La terrasse agréable, éloignée de la route et fleurie, l'atmosphère souriante contribuent au plaisir. Une halte sympa dans cette belle région des Pierres Dorées.

ALIX 69380 (10 km SO)

◉I Le Vieux Moulin – ☎ 04.78.43.91.66. Parking. Fermé le lundi et le mardi. Congés annuels : du 20 août au 20 septembre. Accès : D39 vers Lachassagne, puis à gauche vers Marcy, Alix est indiqué sur la droite. Menus de 120 à 280 F (18,3 à 42,7 €). Encore un moulin qui fait battre nos cœurs et chanter Michel Legrand ! Tout en pierre dorée, il a été transformé en restaurant de charme, avec ses trois petites salles pleines de recoins pour les timides et les amoureux, et la « grange », pour les repas de famille ou d'affaires. Grenouilles, andouillette de chez Bobosse ou lotte à la fondue de poireaux, sont régulièrement servies ici, et toujours appréciées. Après, vous pourrez faire une partie de boules ou vous prélasser en terrasse. *Café offert.*

THEIZÉ 69620 (13 km O)

🏠 ◉I Hôtel-restaurant Le Theizerot * – le bourg (Centre) ☎ 04.74.71.22.26. Fax : 04.74.71.25.37. Resto fermé le mercredi, le lundi soir et le dimanche soir. Accès : D39 vers Lachassagne puis tout droit jusqu'à Theizé. Doubles à 120 F (18,3 €) avec lavabo, 150 F (22,9 €) avec douche. Menus à 68 F (10,4 €) en semaine et de 95 à 125 F (14,5 à 19,1 €). Au centre d'un chouette village des Pierres Dorées. Les chambres simples et bon marché conviendront aux petits budgets, tout comme la cuisine, robo-

rative : salade lyonnaise, andouillette, quenelles... et choucroute l'hiver. Ambiance routarde. *Apéritif offert.*

🏠 ◉I Hôtel-restaurant La Feuillée – au village ☎ 04.74.71.22.19. TV. Congés annuels : 1 semaine en octobre. Accès : D39 vers Lachassagne puis tout droit jusqu'à Theizé. Quatre chambres doubles à 150 F (22,9 €). Menus à 65 et 80 F (9,9 et 12,2 €). Les repreneurs de cet ancien établissement, à la grande salle de café-restaurant bien typique, ont aménagé joliment les chambres spacieuses, toutes avec douche et télé (wc sur le palier). À table, une cuisine familiale régionale correcte, avec, l'été, un premier menu « friture » : entrée, friture d'éperlan, fromage blanc. Un bon rapport qualité-prix dans l'ensemble. *NOUVEAUTÉ.*

ARBIGNY 01190

Carte régionale A1

🏠 ◉I Le Moulin de la Brevette ** – (Nord) ☎ 03.85.36.49.27. Fax : 03.85.30.66.91. Parking. ♿ Congés annuels : mi-novembre à mi-mars. Accès : par la D37, puis la D933 ; petite route à droite entre Arbigny et Pont-de-Vaux. Doubles à 350 F (53,4 €) avec douche et wc. Menu à 140 F (21,3 €). En pleine campagne, une discrète rivière enfouie sous les arbres, un ancien moulin (mais les roues à aube ont disparu). Chambres aménagées dans un ancien corps de ferme, claires, spacieuses, confortables et, évidemment, au calme. Les n°s 15 à 19, et 29 à 32 offrent les plus belles vues. Accueil nature et sympa. Fait aussi resto. *Café offert.*

AUBENAS 07200

Carte régionale A2

🏠 ◉I Hôtel des Négociants * – place de l'Hôtel-de-Ville (Centre) ☎ 04.75.35.18.74. TV. Fermé le dimanche. Congés annuels : 2 semaines en mars et 2 semaines en octobre. Accès : dans la vieille ville, en face du château. Doubles à 120 F (18,3 €) avec lavabo, 210 à 230 F (35,1 €) avec douche et wc. Menus de 40 à 130 F (6,1 à 19,8 €). Un hôtel-restaurant tout à fait familial : atmosphère, cuisine, etc. On accède aux chambres par un vieil escalier à l'intérieur d'un donjon. Les chambres doubles sont banales mais équipées depuis peu de doubles-vitrages. Bonne table régionale, dans le sens large du terme : soupe de poisson, caillette de l'Ardèche, gardiane provençale, canard aux olives, paleron de bœuf à l'ardéchoise... Y compris un menu spécial poisson.

🏠 ◉I La Pinède ** – route du camping Les Pins (Nord-Ouest) ☎ 04.75.35.25.88.

Fax : 04.75.93.06.42. • la-pinede@is-f.com • TV. Accès : par la D235 ; à 1 km du centre. Chambres doubles à partir de 270 F (41,2 €) avec douche et wc. Demi-pension : de 280 à 290 F (42,7 à 44,2 €) par personne. Menus à 70 F (10,7 €), sauf le dimanche midi, et de 98 à 180 F (14,9 à 27,4 €). Il est prudent de réserver en été. Un établissement très agréablement situé sur les hauteurs de la ville, en bordure d'un quartier résidentiel. Calme assuré, on en oublie la proximité de la ville. Resto au rapport qualité-prix correct. Vue panoramique côté piscine, parc ombragé, pinède, terrain de tennis et mur d'initiation à l'escalade. Une bonne adresse. *Café offert. 10 % sur le prix de la chambre sauf juillet-août.*

|●| *Le Chat qui Pêche* – 6, place de la Grenette ☎ 04.75.93.87.49. Fermé le mardi soir et le mercredi, sauf en juillet-août. Congés annuels : du 18 au 30 juin, du 26 octobre au 3 novembre et du 23 décembre au 10 janvier. Accès : dôme Saint-Benoît. Plat à 55 F (8,4 €) le midi en semaine. Menus de 98 à 160 F (14,9 à 24,4 €). À la carte, compter de 180 à 200 F (27,4 à 30,5 €). Dans une jolie maison ardéchoise du XVIIᵉ siècle, une cuisine résolument terroir à travers des menus très copieux et très bons. Flan de châtaignes au jus de volaille, foie gras frais de canard, pavé de rumsteak aux morilles, caillettes et andouillettes ardéchoises, fondant ardéchois (délicieux mélange de chocolat et de crème de marron sur crème anglaise)... Service en terrasse l'été. Accueil discret, tout en étant charmant.

|●| *Restaurant Le Fournil* – 34, rue du 4-Septembre (Centre) ☎ 04.75.93.58.68. ⚒ Fermé le dimanche soir et le lundi. Congés annuels : vacances scolaires de Noël, février, Toussaint et du 12 juin au 4 juillet. Accès : centre-ville, vers le dôme Saint-Benoît. Menus de 98 à 260 F (14,9 à 39,6 €). Carte autour de 150 F (22,9 €). Avec son patio et ses voûtes, cette belle demeure du XVᵉ siècle convient à merveille à la dégustation des mets délicats préparés par Michel Leynaud. L'accueil est soigné et la cuisine raffinée. À goûter entre autres : le ragoût de homard aux morilles, le lapin aux herbes et à la tapenade, la tarte à la praline... Carte des vins bien fournie. La salle a été refaite.

DANS LES ENVIRONS

ANTRAIGUES-SUR-VOLANE 07530 (14 km N)

|●| *Lo Podello* – ☎ 04.75.38.71.48. Congés annuels : de novembre à mars. Accès : sur la place du village. Menus à 85 et 115 F (13 et 17,5 €). Menu enfant : 45 F (6,9 €). Patrick excelle autant derrière ses toiles que derrière ses fourneaux. Les spé-

cialités ardéchoises sont toujours aussi bien mitonnées, en particulier le filet mignon de veau au fromage de chèvre ou le feuilleté aux truites fumées. Dans la salle du restaurant, architecture médiévale bien mise en valeur. Certains soirs d'hiver, des soirées à thème sont organisées. *Apéritif offert.*

SANILHAC 07110 (25 km SO)

🏠|●| *Auberge de la Tour de Brison* ** – ☎ 04.75.39.29.00. Fax : 04.75.39.19.56. Parking. TV. ⚒ Fermé le mardi soir, le mercredi sauf juillet-août. Congés annuels : de janvier à Pâques. Accès : par la D104, puis la D103 direction Largentière ; prendre ensuite la direction de Montréal. Doubles à 200 F (30,5 €) avec lavabo et wc, 270 F (41,2 €) avec douche et wc et 330 F (50,3 €) avec bains. Demi-pension de 235 à 340 F (35,8 à 51,8 €) par personne, obligatoire en juillet-août. Menu (très copieux) à 135 F (20,6 €). Aux confins de l'Ardèche, entre Cévennes et Vivarais, une adresse paisible tenue par un gentil couple. 12 chambres climatisées, certaines avec baignoire à remous et vue sur... les Alpes ! Plus 2 nouvelles chambres familiales avec cheminée... Tennis, piscine et nombreuses autres activités possibles dans le coin... Bref, de quoi passer un agréable séjour ! *Apéritif, digestif offerts. Garage gratuit pour les motos.*

SAINT-PONS 07580 (26 km E)

🏠|●| *Hostellerie Gourmande Mère Biquette* ** – Les Allignols (Nord) ☎ 04.75.36.72.61. Fax : 04.75.36.76.25. Parking. TV. Satellite / câble. Congés annuels : de novembre à fin mars sur réservation uniquement. Accès : quitter la N102 avant Alba en prenant sur la gauche la D293 jusqu'à Saint-Pons ; ensuite, fléchage sur 4 km. Doubles de 300 à 450 F (45,7 à 68,6 €) avec douche et wc ou bains. Demi-pension de 285 à 380 F (43,4 à 57,9 €) par personne pour 2 ou 4 jours minimum selon la saison. Menus de 100 F (15,2 €) à 250 F (38,1 €). Quelques panneaux jalonnent la route sinueuse qui mène en haut de cette vallée : « 3 km, courage ! », « Ça sent bon... », « Estomac, patience ! »... On en a besoin pour atteindre enfin cette ancienne ferme. Vaste parc, piscine et terrasse qui s'offrent aux montagnes. Le silence est total. Très belles chambres rustiques, beaucoup de boiseries. Les prix sont à la hauteur de la beauté du cadre. Tennis, ping-pong... prêt de VTT pour les clients de l'hôtel.

AUTRANS 38880

Carte régionale B2

🏠 *Le Montbrand* ** – ☎ 04.76.95.34.58. Fax : 04.76.95.72.71. Parking. TV. Ouvert de Noël à Pâques et en juillet-août ; le reste de l'année sur réservation. Accès : à 500 m du centre du village, prendre la route de Gève ; première route à gauche après le cimetière, sur 200 m. Doubles de 290 à 310 F (44,2 à 47,3 €) avec douche et wc ou bains. Situé en limite du village, style grand châlet, il bénéficie d'un site reposant : juste derrière l'établissement, ce sont des prés puis les bois. Et l'hiver, le départ des pistes de ski de fond est à deux pas. Intime : 8 chambres en tout. Un salon chaleureux, tout habillé de bois, permet de se détendre et de prendre le petit déjeuner, à moins que vous ne préfériez le prendre dans votre chambre. Intéressant pour les familles, deux d'entre elles sont communicantes. Bon accueil. *10 % sur le prix de la chambre du 3 au 22 janvier.*

DANS LES ENVIRONS

MÉAUDRE 38112 (6 km S)

≜ ⫶●⫶ *Auberge du Furon* ** – ☎ 04.76.95.21.47. Fax : 04.76.95.24.71. Parking. TV. Fermé le dimanche soir et le lundi hors saison. Congés annuels : suivant le temps, avril et octobre jusqu'au 20 décembre environ. Accès : par la D106. Doubles à 260 F (39,6 €). Menus de 78 F (11,9 €) sauf le dimanche à 170 F (25,9 €). À la lisière de la forêt et des pistes de ski, au bout du village, ce chalet-là occupe une position tellement privilégiée, hiver comme été, qu'on se méfierait presque. L'accueil de la nouvelle patronne y est chaleureux, la cuisine régionale soignée et les prix raisonnables. Quelques chambres seulement, rustiques mais confortables, toutes avec bains. Excellent menu du terroir à 105 F (16 €). Quelques plats au hasard : gâteau de foie aux écrevisses, filets de truite aux ravioles, gigoton de volaille, gratin à la crème du Vercors. Pour arroser tout cela, un p'tit châtillon-en-diois à 55 F (8,4 €) ou un gamay de Savoie à 70 F (10,7 €).

BEAUFORT-SUR-DORON 73270

Carte régionale B1

≜ ⫶●⫶ *Hôtel-restaurant Le Grand Mont* ** – place de l'Église (Centre) ☎ 04.79.38.33.36. Fax : 04.79.38.39.07. TV. Congés annuels : du 25 avril au 8 mai et en octobre. Doubles à 290 F (44,2 €) avec douche et wc. Menus de 100 à 160 F (15,2 à 24,4 €). Maison toute pimpante à l'orée du vieux village. Les chambres sont un peu moins riantes mais de bon confort. Bon vieux bistrot et salle de resto à l'ancienne. Cuisine volontiers régionaliste qui met bien en valeur la star locale (le beaufort, évidemment !) : diots aux crozets (comprendre

petites saucisses au vin blanc accompagnées de pâtes savoyardes en forme de cube), tarte ou omelette au beaufort, etc. *Café offert. 10 % sur le prix de la chambre en novembre, janvier et mai.*

DANS LES ENVIRONS

HAUTELUCE 73620 (11,5 km N)

⫶●⫶ *Auberge d'Halteloce* – ☎ 04.79.38.84.81. Fermé au gré de l'humeur du patron. Accès : en face de l'église. Prendre la D925 vers Albertville, à 3 km tourner à droite et monter vers Hauteluce par la D218. Excellent plat du jour à 45 F (6,9 €), copieuse assiette du montagnard à 55 F (8,4 €), menu du jour à 70 F (10,7 €). Autres menus de 97 à 140 F (14,8 à 21,3 €). On pénètre dans ce qu'on croit être une bonne vieille auberge de campagne. C'en est une, où tout le monde dans le coin (touristes comme jeunes ou vieux montagnards) passe à un moment où à un autre, boire un coup, manger un morceau ou taper une belote. Mais derrière le bar, on découvre des piles de CD (rock, funk, soul...). Le jeune patron est passionné de musique et ça s'entend ! Ambiance atypique donc pour cette auberge devenue en quelques petites années un passage obligé du Beaufortain. La cuisine reste tranquillement traditionnelle et régionale : tartiflette, diots au vin blanc, etc. Prix fort raisonnables. Terrasse en surplomb au-dessus de la vallée. Inutile de préciser qu'un tel endroit est très fréquenté et qu'il convient de réserver.

BEAUJEU 69430

Carte régionale A1

≜ ⫶●⫶ *Hôtel-restaurant Anne de Beaujeu* ** – 28, rue de la République ☎ 04.74.04.87.58. Fax : 04.74.69.22.13. Parking. TV. Fermé le dimanche soir et le lundi. Congés annuels : 1 semaine en août et de mi-décembre à mi-janvier. Accès : en plein centre. Chambres de 300 à 340 F (45,7 à 51,8 €). Possibilité d'y dormir à 3 car elles sont grandes (compter un supplément). Menus de 115 à 279 F (17,5 à 42,5 €). Dans le village même, la dame du Beaujolais a donné son nom à cet hôtel plein de charme, bien que sa construction soit postérieure à la vie de cette tête couronnée. Vieille et belle maison bourgeoise couverte de verdure, en retrait de la route, avec beaucoup d'entrées et jardin à l'arrière. Chambres spacieuses, confortables et qui possèdent le charme rustique des demeures de style (on préfère la 5 et la 7). On s'y sent bien. La table en revanche, qui nous avait convaincus lors de notre passage précédent, nous a cette fois laissés sur notre faim. Classique, honnêtement réalisée, mais un peu plate et sans génie.

BELLEVILLE 69220

Carte régionale A1

|●| *Le Buffet de la Gare* – place de la Gare ☎ 04.74.66.07.36. Parking. Fermé le soir (sauf réservation) et le week-end. Congés annuels : août et le 25 décembre. Accès : près de la gare SNCF. Menu à 89 F (13,6 €) et carte autour de 120 F (18,3 €). Les abords des gares ne faisant plus beaucoup rêver, on se demande d'abord si ce n'est pas un effet d'optique : une maisonnette toute pimpante, avec fleurs et plantes vertes, rideaux bonne femme aux fenêtres et réclames d'autrefois, lustres Art déco et glaces qui n'ont pas l'air de sortir de l'usine à contrefaçons. Plantée derrière son joli comptoir, Hélène Fessy joue les accortes patronnes, l'œil attendri face au petit monde qui vient trouver chez elle chaleur et sourire. Au menu sur l'ardoise, poireaux vinaigrette, tomates et courgettes farcies, fromage et dessert. Le vin vient de chez son mari. Le soir, pour les groupes, il faut réserver. Mais si vous passez pendant les vendanges, ne vous étonnez pas s'il y a encore de l'ambiance à 1 h du matin. *Apéritif offert.*

BOËN 42130

Carte régionale A1

|●| *Le Cuvage* – La Goutte-des-Bois ☎ 04.77.24.15.08. Fermé le lundi du 1er octobre au 1er avril. Accès : à 1 km de Boën en allant vers Leigneux, sur une petite route qui surplombe la D8. En semaine le midi, plat du jour, fromage ou dessert, avec vin et café pour 85 F (13 €). Petit menu à 60 F (9,1 €), un autre à 110 F (16,8 €). Les deux frères les plus rabelaisiens de la restauration dans le bassin stéphanois tiennent à Boën-sur-Lignon un resto dont le seul nom a dû les attirer comme un aimant : *Le Cuvage*. Gilles et Patrick Pampagnain, colosses replets, plus amoureux de bonne chère généreuse et de bon vin que maniaques du ménage, ont conçu leurs menus sous le signe de l'abondance avec des ribambelles de charcuteries et de terrines maison servies en panières à volonté. Les crudités viennent aussi à l'avenant, puis un plat de viande ou poisson, de superbes plateaux de fromages et une pâtisserie maison imaginative. Le vendredi et le samedi soir, spectacle de chansonniers de temps en temps, dans une salle décorée comme un pub anglais, et le dimanche midi (si le temps le permet), cochon de lait à la broche servi en terrasse. *Apéritif offert.*

DANS LES ENVIRONS

SAIL-SOUS-COUZAN 42890
(6 km O)

≜|●| *Les Sires de Semur* * – Les Promenades (Centre) ☎ 04.77.24.52.40. Fax : 04.77.24.57.14. TV. Fermé le vendredi soir, le samedi midi et le dimanche soir. Accès : N89. Chambres de 155 F (23,6 €) avec lavabo à 205 F (31,3 €) avec bains. Menus de 65 F (9,9 €) sauf le dimanche à 225 F (34,3 €). Tenu par un Bourguignon sympa et son épouse, ce petit hôtel-restaurant sur la place d'un village dominé par les ruines d'un château médiéval sera l'occasion de découvrir une cuisine authentique avec un chef toujours à la recherche de nouveaux plats. Il s'inspire notamment de recettes oubliées dans des livres de cuisine très anciens. Goûtez absolument son feuilleté de pintade sauce Apicius (recette romaine). Le resto est situé à côté de la source Couzan Brault, mais rassurez-vous la cave est sympa! L'hôtel, un petit 1 étoile correct, avec douche et wc à l'étage, est en cours de rénovation. Très bon accueil et ambiance familiale qu'apprécient les nombreux voyageurs de commerce qui y dorment. Pour les fans du foot, Aimé Jacquet, dont c'est la ville natale, y aurait dîné plusieurs fois. *Apéritif offert.*

BONNEVAL-SUR-ARC 73480

Carte régionale B1

≜|●| *Hôtel La Bergerie* * * – ☎ 04.79.05.94.97. Fax : 04.79.05.93.24. Parking. TV. Canal+. Congés annuels : du 30 avril au 10 juin et du 30 septembre au 16 décembre. Accès : à 100 m de l'office de tourisme, au pied des pistes. Doubles à 310 F (47,3 €) avec bains. Demi-pension obligatoire en hiver : à partir de 305 F (46,5 €) par personne. Menus de 70 à 125 F (10,7 à 19,1 €). Enfoui dans les arbres, un bloc de béton qui choque un peu à quelques mètres de ce village garanti authentique. Mais les actuels et très sympas patrons n'y sont pour rien et, pour le reste, *La Bergerie* offre un bon rapport qualité-prix pour le coin. Chambres classiques, pour la plupart dotées de balcons exposés plein sud, face au massif des Evettes. Au resto, cuisine plutôt de terroir : tarte au beaufort, diots forestier, porc aux câpres, veau aux morilles, etc. *10 % sur le prix de la chambre. 10 % sur pension et pension en janvier, du 25 mars au 30 avril, en juin et du 19 août au 30 septembre.*

≜|●| *Auberge Le Pré Catin* – ☎ 04.79.05.95.07. Fax : 04.79.05.88.07. TV. Fermé le lundi. Congés annuels : du

3 mai au 25 juin et du 1er octobre au 22 décembre. Grande chambre avec douche et wc à 380 F (57,9 €). Menus de 100 à 160 F (15,2 à 24,4 €). Charmante maison de pierre au toit de lauzes (pierres plates d'un poids moyen de 70 kg), construite récemment, mais typique du style de Bonneval-sur-Arc. Une petite terrasse pour l'été. Accueil très décontracté-chic. Vraie cuisine de terroir, qui sort avec bonheur des sentiers battus et rebattus d'une région souvent en panne d'autres propositions que les sempiternelles fondues et raclettes. Le chef, un autodidacte doué, propose, suivant son humeur et les (bons) produits qu'il a sélectionnés, farcement, diots de Bessans au chignin, ravioles de Royans, etc. Tout cela est bien tourné, mais les prix ont quelque peu tendance à s'affoler.

BONNEVILLE 74130

Carte régionale B1

▲ I●I *Hôtel de l'Arve* ** – **70, rue du Pont (Centre)** ☎ **04.50.97.01.28. Fax : 04.50.25.78.39.** TV. Fermé le vendredi soir et le samedi (sauf en février et en août). Congés annuels : septembre. Doubles avec douche et wc ou bains à 245 F (37,4 €). Menu à 78 F (11,9 €) le midi en semaine. Autres menus de 88 à 198 F (13,4 à 30,2 €). L'hôtel de province sans histoire où le patron trouve toujours le temps de taper le carton avec ses copains. Chambres très classiques mais de bon confort dont on préférera celles donnant sur la cour-jardin (et son entrée par la pittoresque et presque médiévale rue Brune. Cuisine traditionnelle sans histoire elle non plus. Simplicité et qualité : fricassée de Saint-Jacques aux cèpes, châteaubriant aux morilles, salade de langoustines au lard, ravioles de reblochon. Service rapide et souriant. *10 % sur le prix de la chambre sauf en août.*

DANS LES ENVIRONS

MONT-SAXONNEX 74130 (11 km SE)

▲ I●I *Hôtel-restaurant Le Jalouvre* * – ☎ **04.50.96.90.67.** Parking. Fermé le mercredi hors saison. Congés annuels : en mai et du 15 septembre à début décembre. Accès : prendre la N202 jusqu'à Thuet puis la D286 qui monte vers Mont-Saxonnex. Doubles de 180 F (27,4 €) avec lavabo à 240 avec douche. Menus de 98 à 140 F (14,9 à 21,3 €). Petit hôtel familial où règne un joyeux désordre bien sympathique. Tout simple mais très accueillant. Chambres dans le genre rustico-savoyard, bien tenues (les nos 3, 6 et 12 disposent de terrasse ou de balcon). Cuisine pas bien compliquée non plus, mais produits frais. Terrasse aux beaux jours, sur laquelle un tilleul dispense une fraîcheur bienvenue les jours de canicule.

BOURG-D'OISANS (LE) 38520

Carte régionale B2

▲ I●I *Le Florentin* ** – **rue Thiers (Centre)** ☎ **04.76.80.01.61. Fax : 04.76.80.05.49.** ● www.leflorentin.com ● Parking. TV. Fermé le mardi en mai et en juin. Congés annuels : du 1er octobre au 20 décembre et du 15 au 30 avril. Doubles avec lavabo à 175 F (26,7 €), avec douche et wc à 250 F (38,1 €). Demi-pension à 245 F (37,4 €) obligatoire en juillet-août. Au restaurant, menus à 105 et 155 F (16 et 23,6 €). Ambiance très familiale chez M. et Mme Nevro. Ils vous conseilleront très judicieusement sur toutes les visites et activités à pratiquer dans la région. Chambres propres et confortables. Spécialités de gigot à l'essence d'ail, feuilleté au bleu de sassenage, poulet aux écrevisses... *10 % sur la demi-pension en janvier, mars, avril, mai et septembre.*

DANS LES ENVIRONS

GARDE (LA) 38520 (4 km N)

▲ I●I *Les Gorges de Sarenne* – **le bourg** ☎ **04.76.80.07.85. Fax : 04.76.80.07.85.** Parking. TV. Fermé le dimanche soir hors saison et le mardi soir. Congés annuels : 2 semaines en juin et 2 semaines en octobre. Accès : par la N91, puis la D211. Doubles à 220 F (33,5 €) deux nuits minimum. En demi-pension, 350 F (53,4 €). Menus à 69 F (10,5 €) le midi en semaine, 79 et 140 F (12 et 21,3 €). Dans les 21 tournants conduisant à L'Alpe-d'Huez, ce restaurant-la mérite une étape dans votre tour de France personnel. Le temps de jeter un œil sur les gorges et la forêt de Maronne, et vous voilà en train de vous régaler de raclette, fondue ou... « gardette », une variante maison. Une maison dont la devise semble être : amabilité, propreté et rapidité. Rose-Marie et Jacky reçoivent vraiment bien. Spécialités de gratin de crabes, escalope de saumon et noix de pétoncles sauce à l'oseille, salade de Saint-Jacques, etc. Aux beaux jours, petite terrasse. Pour dormir, 3 chambres d'hôte. Propose aussi un intéressant forfait : une nuit, un repas, petit déjeuner, deux jours de ski avec forfaits à 530 F (80,8 €) par personne. *Café offert.*

ORNON 38520 (7 km S)

I●I *Restaurant Le Potiron* – **La Palud** ☎ **04.76.80.63.27.** Parking. ♨ Fermé le dimanche soir hors saison. Congés annuels : novembre. Accès : par la D526, direction La Mure. Menus de 65 F (9,9 €) et de 95 à 155 F (14,5 à 23,6 €). À la carte, compter 200 F (30,5 €). Dans un tournant, un restaurant au décor chaleureux qui tourne plutôt bien. Ici, on peut manger le casse-croûte campagnard à toute heure, avec jambon cru, omelettes diverses et fromage blanc, ou seulement une soupe, une salade, une omelette aux queues d'écrevisses ou une terrine. Si l'on vous conseille le menu à 95 F, avec le plateau de jambon cru et la viande du jour, c'est à cause de la marotte de Dany, qui aime mettre en accompagnement des légumes à sa façon : flans au céleri, beignets de courgettes à la coriandre, tourtes de « taillons », oreilles d'ânes (des chaussons de légumes, en fait). En saison, ne manquez pas la truite farcie aux champignons des bois. Et goûtez au vin de gentiane ou de noix maison. L'hiver, pensez à réserver, pour éviter de trouver porte close. *Apéritif offert.*

VENOSC 38520 (15,5 km SE)

🏠 |●| *Hôtel-restaurant Les Amis de la Montagne* * – Le Courtil ☎ 04.76.11.10.00. Fax : 04.76.80.20.56. Congés annuels : du 24 avril au 24 juin et du 9 septembre au 23 décembre. Accès : par la N91 puis la D530. Chambres de 240 à 440 F (36,6 à 67,1 €) et demi-pension de 260 à 360 F (39,6 à 54,9 €) par personne. Menus de 62 à 140 F (9,5 à 21,3 €). Si vous avez besoin de quoi que ce soit à Venosc, véritable petit village de montagne à 1 000 m d'altitude, demandez à la famille Durdan. Hôteliers, restaurateurs, guides et moniteurs de ski, ils savent tout faire et le font savoir. Les anciens louent des meublés, les enfants ont boutique, épicerie... Le plus gros de leur activité, hiver comme été, tourne autour de cet hôtel plein de charme pour qui recherche la montagne authentique et le calme. 6 chambres neuves, spacieuses, avec balcon. Superbe petit déjeuner. Au grill, ambiance assurée. Spécialité de grenaillade (pommes de terre aux lardons et crème de saint-marcellin), tartiflette, brouillade aux morilles, truite aux noix, cuisse de canard aux myrtilles, etc. Au moins 12 sortes de salades, grillades et puis, bien entendu, les fondues, raclette... Beaux desserts. Piscine chauffée en surplomb de l'hôtel, sauna, hammam, et bain bouillonnant pour éliminer.

MIZOËN 38142 (18 km E)

🏠 |●| *Le Panoramique* ** – au bourg ☎ 04.76.80.06.25. Fax : 04.76.80.25.12. Parking. TV. Congés annuels : du 30 septembre au 20 décembre et en mai. Accès : prendre la N91, puis la D25. Doubles de 280 à 330 F (42,7 à 50,3 €). En demi-pension : 260 et 285 F (39,6 et 43,4 €) par personne, obligatoire en hiver et en été. Menus de 110 à 140 F (16,8 à 21,3 €). Au-

dessus d'un vieux village dont nulle horreur bétonnée ne vient altérer le charme. Accroché à la montagne avec la nature sauvage derrière et une vue plongeante superbe sur la vallée. Voilà une remarquable adresse de séjour. Style très grand chalet avec balcons abondamment fleuris. Chambres confortables. Bonne cuisine classique servie, dès que Phœbus darde, sur une agréable terrasse panoramique. Fondue, raclette, tartiflette bien sûr.

BESSE-EN-OISANS 38142 (20 km E)

🏠 |●| *Hôtel Alpin* * – au bourg ☎ 04.76.80.06.55. Fax : 04.76.80.12.45. Ouvert toute l'année. Accès : du Bourg-d'Oisans prendre la N91, puis la D25 : c'est à 20 km à l'est. Doubles de 230 F (35,1 €) à 280 F (42,7 €) avec douche et wc. Demi-pension de 230 à 250 F (35,1 à 38,1 €). Pension complète, à partir de 3 jours, à 250 F (38,1 €) par personne. Menu à 65 F (9,9 €) en semaine. Autres menus de 75 à 120 F (11,4 à 18,3 €). Au cœur de l'un des plus beaux villages de l'Oisan, qui a su garder un réel cachet d'authenticité. Hôtel style chalet. La gentillesse montagnarde à l'état pur. Chambres simples, sans esbroufe, mais tenues méticuleusement. Agréable salle à manger avec ses énormes poutres de sapin rondes et ses pierres du pays. Cuisine de famille servie généreusement. Attention, on mange de bonne heure. Pas de carte le soir, on suit l'inspiration de la patronne. Toujours une soupe maison onctueuse (pour faire chabrot), de bons hors-d'œuvre et un plat de ménage goûteux. Spécialités sur commande (fondue, farcis et crozets). À la carte, petite restauration (omelette, tartiflette). Gîtes à louer, du studio au trois pièces. *Café offert.*

BOURG-EN-BRESSE 01000

Carte régionale A1

🏠 *Hôtel de France* *** – 19, place Bernard (Centre) ☎ 04.74.23.30.24. Fax : 04.74.23.69.90. Parking. TV. Satellite / câble. Selon le confort, doubles de 195 à 420 F (29,7 à 64 €), mais la plupart sont avec bains, wc et télé et coûtent 350 F (53,4 €). Sur la place centrale et bien dégagée, un bel immeuble bourgeois aux volumes amples, construit vers 1850. Une bonne moitié des chambres ont été refaites récemment. Les autres sont donc un peu vieillissantes, les salles de bains surtout, où la peinture s'écaille, mais pas de quoi faire une insomnie et dans certaines la cheminée et le mobilier ne manquent pas de cachet. *10 % sur le prix de la chambre en hiver.*

🏠 |●| *Hôtel-restaurant du Mail* ** – 46, av. du Mail (Ouest) ☎ 04.74.21.00.26. Fax :

04.74.21.29.55. TV. Fermé le dimanche soir et le lundi. Congés annuels : 2e quinzaine de juillet et du 22 décembre au 6 janvier. Accès : du centre, suivre la direction Villefranche-sur-Saône. Double à 200 F (30,5 €) avec douche wc et télé ; 220 F (33,5 €) avec bains. Menus de 105 à 300 F (16 à 45,7 €). Une des tables les plus sûres de Bourg-en-Bresse, de celles où l'on va le dimanche en famille et où les VRP ont leurs habitudes. On s'y est régalé d'une cuisine de terroir, classique et sans défaut. Terrine de jambon persillée, poulet de Bresse rôti, fromages au mieux de leur forme puis un impeccable dessert maison. Le cadre et le service sont dans le ton, « province » à souhait, légèrement bourgeois et pleins de douceur et de naturel. Côté chambres, des doubles proprettes, pas très grandes mais bien tenues et climatisées. *Apéritif offert.*

🏠 *Les Négociants* ** – 9, rue Charles-Robin (Centre) ☎ 04.74.23.13.24. Fax : 04.74.23.71.61. Parking. TV. Fermé le samedi et le dimanche hors saison. Accès : à l'angle du 10, rue du 4-Septembre. Doubles à 265 F (40,4 €) avec douche, 280 F (42,7 €) avec bains. Du charme et de la patine pour cet ancien relais de poste du XVIIe siècle : bel escalier de bois, murs à colombages, lanternes... Accueil discret, comme pour ne pas troubler la sérénité des lieux. Côté cour (petite et fleurie), c'est si calme qu'on oublie tout à fait qu'on est en centre-ville.

🏠 *Le Logis de Brou* ** – 132, bd de Brou (Sud) ☎ 04.74.22.11.55. Fax : 04.74.22.37.30. Parking. TV. Accès : prendre la direction église et musée de Brou, c'est juste avant. Doubles avec douche et wc à 310 F (47,2 €), avec bains à 340 ou 380 F (51,8 ou 57,9 €). Ce bâtiment restiligne des années 60, à peine égayé par les balcons bleus, ne laisse pas deviner l'hôtel confortable et coquet qu'il est en réalité. Poussez la porte, le hall fleuri et l'accueil souriant de la patronne vous éclairent. Les chambres, lumineuses, propres et dans des tons doux, sont insonorisées. Un bon rapport qualité-prix donc. Parking fermé. *NOUVEAUTÉ.*

🏠 *Le Terminus* *** – 19, rue Alphonse-Baudin (Centre) ☎ 04.74.21.01.21. Fax : 04.74.21.36.47. TV. Accès : à 200 m de la gare SNCF. Doubles avec douche, wc et télé à 370 F (56,4 €), avec bains 440 F (67,1 €). Petit déjeuner à 48 F (7,3 €). À 50 m de la gare : normal pour un *Terminus*, mais celui-ci se distingue par le grand style Napoléon III du hall, l'ascenseur de collection – de ceux dont il faut prendre soin de bien refermer les portes en bois en sortant, et appuyer sur la commande « renvoi » – et surtout le parc superbe, un demi-hectare de verdure, rosiers et pièces d'eau. Les chambres, de styles et de confort variés, sont cor-

rectes. Selon son goût, on préférera celles modernes ou celles meublées d'époque (ou copies d'époque). Accueil attentionné. Petit déjeuner un peu cher cependant. Ah oui, au fait, les trains, on ne les entend pas. *NOUVEAUTÉ.*

I●I *Chez Trichard* – 4, cours de Verdun (Centre) ☎ 04.74.23.11.24. Fermé le dimanche et le lundi. Congés annuels : 3 semaines en juillet. Accès : face aux cinémas. Menus à 78 et 90 F (11,9 et 13,7 €), et carte. Un grand classique de la capitale bressane, où tout le monde, employés, étudiants, retraités et professions libérales, se retrouve aimablement depuis des lustres. Décor de bistrot, bois sombre et nappes blanches, et une courte carte de spécialités locales (quenelles de brochet, poulet de Bresse à la crème et aux morilles) et de viandes bien servies (entrecôtes et tournedos au roquefort, à la moutarde ou grillés). Service rapide et expérimenté. *NOUVEAUTÉ.*

I●I *La Table Ronde* – 126, bd de Brou (Sud-Ouest) ☎ 04.74.23.71.17. Fermé le samedi midi et le dimanche. Congés annuels : 15 jours en août. Accès : vers l'église de Brou. Menus à 78 et 98 F (11,9 et 14,9 €) et carte. Une trentaine de couverts seulement et des tables en carrées, sauf une, ronde, d'où le nom du resto (il faut dire que *Les Tables Carrées*, ça sonne beaucoup moins bien). La table burgienne prisée des vedettes de passage (Johnny, Muriel Robin ou Pierre Palmade), dont les portraits dédicacés ornent les murs de pierre nue, avec les commentaires toujours élogieux... C'est qu'ils ont bon goût, nos artistes, et que l'accueil des patronnes comme la cuisine du chef sont parfaitement aimables. On retrouve bien sûr les incontournables régionaux, volailles, grenouilles et quenelles, mais aussi régulièrement des spécialités maison – dont une tête de veau sauce gribiche idéale, généreuse, goûteuse, fondante : inoubliable. Le vin avec (un fleurie pas trop cher) allait bien, puis les fromages comme le dessert (une toute bête mais toute bonne mousse au chocolat) nous ont contentés de même... Cela dans le second menu (l'entrée, des bréchets de volaille, était correcte aussi : ça se mange avec les doigts, et le beurre persillé on l'achève au pain blanc tout, tout, on mange tout). Bref, une adresse de plaisir, et qui a su, malgré le succès, rester abordable. Sans réserve bravo ! Réservation conseillée. *Apéritif offert.*

I●I *La Brasserie du Français* – 7, av. Alsace-Lorraine (Centre) ☎ 04.74.22.55.14. Fermé le samedi soir et le dimanche. Congés annuels : 3 semaines en août et la dernière semaine de décembre. Accès : un peu après l'office de tourisme, sur la droite. Service tardif. Plat du jour à 70 F (10,7 €), menus à 130 et 190 F (19,8 et 29 €) ; plateaux de fruits de mer à 100 et 150 F (15,2 et 22,9 €). Tout se joue au *Français* : élus et magistrats, journalistes et notables, Bourg, la Bresse et l'Ain ont rendez-vous ici, dans cette superbe salle Second Empire. Combien de volailles, de prêts agricoles et d'alliances politiques ont été négociés ici ? Les moulures et les grands miroirs gardent ce secret, et les serveurs, au poil, s'ils en savent un peu le gardent pour eux : vrais professionnels, ils délivrent prestement une très honnête cuisine régionale mais aussi de classiques mets de brasserie : choucroute en marmite, fruits de mer extra (huîtres de Marennes-d'Oléron de premier choix), entrecôte garnie. Une adresse bien fiable, dans un cadre évidemment beau. Terrasse aux beaux jours. *NOUVEAUTÉ.*

DANS LES ENVIRONS

CEYZÉRIAT 01250 (8 km SE)

🛏 |●| *Hôtel-restaurant Relais de la Tour* ** – 1, rue Joseph-Bernier (Centre) ☎ 04.74.30.01.87. Fax : 04.74.25.03.36. TV. Fermé le mercredi et le dimanche soir hors saison. Accès : sur la D979. Doubles avec bains et wc à 220 F (33,5 €). Menus à partir de 75 F (11,4 €). La classique hôtellerie de campagne remplie d'habitués qu'on s'attend à y trouver. Un peu surprenant, donc, passé la réception et le salon (d'un style qui a dû être moderne dans les années 70), de découvrir des chambres d'un rustique cossu et pas dépourvues de charme. La salle à manger avec ses fauteuils moelleux et son antique vaisselier d'antan est dans le même ton. Honnête cuisine traditionnelle à vocation régionale. Si vous choisissez de dîner dans les environs, assurez-vous que les patrons ne seront pas couchés quand vous rentrerez et donc que la porte ne sera pas fermée !

MEILLONNAS 01370 (15 km NE)

|●| *Auberge Au Vieux Meillonnas* – ☎ 04.74.51.34.46. ♿ Fermé le mardi soir, le mercredi et le dimanche soir de Pâques et de la Toussaint. Congés annuels : vacances scolaires de printemps et à la Toussaint. Accès : par la N83, direction Lons-le-Saunier, puis direction A40 et enfin Meillonnas ou la D979 (vers Oyonnax) puis la D52. Le midi en semaine, menu à 65 F (9,9 €), puis 5 menus de 98 à 210 F (14,9 à 32 €). Une petite auberge villageoise, dans une mignonne maison aux pierres ocre, typique de ces villages paisibles du Revermont. Monsieur aux fourneaux, Madame à l'accueil et au service. Aux beaux jours, un adorable jardin où manger sous les saules pleureurs, les pins et... les bananiers. Y aurait-il ici un microclimat ? En tout cas, la cuisine aussi a pris le soleil : jambon cru du Tarn, escalopine de veau au citron vert, feuilleté de lapin au romarin, médaillon de baudroie au safran. Un poulet à la crème et aux morilles et des grenouilles à la persillade nous rappellent que l'on est ici entre Bresse et Jura. *Café offert.*

SAINT-LAURENT-SUR-SAÔNE 01750 (29 km O)

|●| *Le Saint-Laurent* – 1, quai Bouchacourt (Sud-Est) ☎ 03.85.39.29.19. Congés annuels : 3 semaines en novembre. Accès : par la N79 en direction de Mâcon. Rive gauche de Mâcon. Menu du jour (et du marché) à 110 F (16,8 €) ; menus suivants de 140 à 220 F (21,3 à 33,5 €). Peut-être serez-vous installé à la table où Michaël Gorbatchev et François Mitterrand sont venus dîner à l'improviste en 1993, ou encore sur la superbe terrasse qui donne sur la rive calme de la Saône ? Jean-Christophe Alario, le nouveau chef, s'occupe du reste pour une séduction totale ! Une cuisine haut de gamme, un cadre de bistrot à l'ancienne, très raffiné, c'est l'accord parfait pour une addition très raisonnable. Le menu du jour est une véritable aubaine avec amuse-bouche, saucisson chaud et lentilles vigneronnes, blanquette de lieu jaune aux herbes potagères ou blanquette de veau à l'ancienne et un gâteau moelleux au chocolat chaud... le tout arrosé d'un pot (46 cl) de mâcon-villages. Tiré au hasard de la carte : civet de chevreuil pommes caramélisées (en saison), pigeon entier rôti au four, morue fraîche à l'embeurrée de pommes de terre et gingembre, ravioles d'escargots forestière... Le bonheur existe, mais il vaut mieux le réserver ! Le soir, vue superbe sur le vieux pont et Mâcon illuminé.

Carte régionale B1

🛏 |●| *Hôtel-restaurant La Cerisaie* ** – 618, route des Tournelles (Nord) ☎ 04.79.25.01.29. Fax : 04.79.25.26.19. Parking. TV. Fermé le dimanche soir, le mercredi hors saison. Congés annuels : du 1er au 8 janvier et du 25 octobre au 30 novembre. Accès : du Bourget, à 2,5 km, direction Les Catons par la D42. Doubles à 165 F (25,2 €) avec lavabo, 280 F (42,7 €) avec douche et wc. Menus à 98 F (14,9 €) sauf le dimanche, et de 135 à 225 F (20,6 à 34,3 €). Au pied de la Dent du Chat, au milieu de champs plantés de quelques cerisiers, bien sûr. En pleine campagne, donc tranquille, l'hôtel surplombe superbement le lac du Bourget (Lamartine aurait aimé). On choisira donc plutôt une chambre, mignonnette, de ce côté-là (les nos 1 à 5). Au resto, le chef travaille surtout le poisson : poêlée du lac, lavaret rôti aux morilles, sandre aux queues d'écrevisses, etc. *10 % sur le prix de la chambre sauf juillet-août.*

🛏🍴 *Hôtel du Lac* – bd du Lac ☎ 04.79.25.00.10. Parking. Fermé le mercredi. Congés annuels : du 15 novembre au 15 mars. Accès : sur le port. Doubles à 185 F (28,2 €) avec lavabo, 320 F (48,8 €) avec douche et wc. Menus de 115 F (17,5 €) sauf le dimanche, à 170 F (25,9 €). Une nouvelle équipe a apparemment décidé de booster quelque peu ce petit hôtel familial. Mais l'adresse reste populaire et bon enfant. Grande terrasse ensoleillée et fleurie audessus du port, où l'on peut déjeuner. Menus qui font la part belle au poisson : friture du lac, lavaret. Et des chambres toutes simples, rénovées cette année, avec vue sur le lac. *Café offert.*

DANS LES ENVIRONS

VIVIERS-DU-LAC 73420 (3 km E)

🍴 *Restaurant La Maison des Pêcheurs* – 611, rive du Lac (Est) ☎ 04.79.54.41.29. Fermé le lundi soir et mardi. Accès : en direction d'Aix-les-Bains par le bord du lac. Menu à 68 F (10,4 €) le midi en semaine, autres menus de 98 à 198 F (14,9 à 30,2 €). Resto populaire juste au bord du lac. L'enseigne ne ment pas. Des barques sèchent au bout de la terrasse, les pêcheurs de Chambéry y ont leur amicale et comparent leurs prises au bar entre deux apéros. Il va de soi qu'on vient (depuis quelques décennies) à La Maison des Pêcheurs pour manger du poisson : filets de lavaret ou de perche, truites de toutes les façons. Cuisses de grenouilles en saison. Et un immuable menu avec friture du lac.

BOURG-SAINT-ANDÉOL 07700

Carte régionale A2

🛏🍴 *Hôtel-restaurant Le Prieuré* ** – quais du Rhône ☎ 04.75.54.62.99. Fax : 04.75.54.63.73. TV. Fermé le samedi midi et le dimanche soir hors saison, le dimanche en été. Congés annuels : la 2e quinzaine de septembre et à Noël. Accès : sur les quais. Doubles à partir de 300 F (45,7 €). Menus à 68 F (10,4 €) le midi en semaine, puis à 98 et 145 F (14,9 et 22,1 €). La partie la plus ancienne de cette imposante bâtisse des bords du Rhône date du XIIe siècle ! L'hôtelrestaurant *Le Prieuré* a retenu notre attention tant par son architecture que par ses chambres dotées d'une décoration personnalisée, ses salons et sa terrasse dominant le Rhône. Le filet de rouget sauté à l'oseille et les ris de veau pomme et calvados sont

deux des spécialités du chef. Un hôtel d'une bonne tenue. *Apéritif offert.*

BOURG-SAINT-MAURICE 73700

Carte régionale B1

🛏🍴 *Hôtel-restaurant La Petite Auberge* * – Le Reverset ☎ 04.79.07.05.86. Fax : 04.79.07.26.51. Parking. Resto fermé le dimanche soir et le lundi. Congés annuels : en mai et du 15 octobre au 15 novembre. Accès : à 1 km du centre, sur la N90, direction Moûtiers, petite route sur la droite ; fléchage. Doubles à 220 F (33,5 €) avec douche, 270 F (41,2 €) avec bains. Menus à 80 F (12,2 €) en semaine, puis à 118 et 128 F (18 et 19,5 €). À l'écart de la nationale, tranquille petite auberge aux chambres sans prétention mais propres. Le resto (04.79.07.37.11) est indépendant. Il offre une table régulière, simple (mais bonne !) et conviviale. Service rapide et souriant, l'hiver dans une salle au plafond bas, l'été sur une terrasse au milieu des arbres. Accès aux handicapés pour l'hôtel. *Apéritif offert. 10 % sur le prix de la chambre sauf juillet-août.*

🛏 *Hôtel L'Autantic* *** – 69, route d'Hauteville (Sud-Ouest) ☎ 04.79.07.01.70. Fax : 04.79.07.51.55. Parking. TV. ♿ Accès : à 2 km du centre par la N90 direction Moutiers, prendre ensuite à gauche une petite route, direction Hauteville. Doubles à 260 F (39,6 €) avec douche et wc, 390 F (59,5 €) à 440 F (67,1 €) avec bains. Juste assez à l'écart de la ville pour être au calme. Le jardin se confond avec les champs environnants. Maison récente mais qu'on croirait, campée sur ses solides murs de pierre, édifiée là depuis toujours. Adresse certes un peu chic mais l'accueil reste à la simplicité. L'espace intérieur, du vaste hall de réception aux chambres, baigne dans une belle lumière. La déco use du bois et de la pierre mais n'en abuse pas, ne sombre pas dans la couleur locale à tout prix. Les chambres ont du charme dans leur sobriété ; les plus belles avec bains ont leurs balcons face à la montagne. Sauna. *Un sauna gratuit.*

DANS LES ENVIRONS

SÉEZ 73700 (3 km E)

🛏🍴 *Auberge de jeunesse La Verdache* – ☎ 04.79.41.01.93. Fax : 04.79.41.03.36. ● www.fuaj.org ● Parking. Congés annuels : octobre et novembre. Accès : après Séez, à 2 km, direction Tignes, puis petite route à droite en face de Longefoy. 50 F (7,6 €) la nuit. Sous la tente, si l'auberge est complète : 32 F (4,9 €). Repas obligatoires en saison : 51 F (7,8 €). Demi-pension en hiver : 175 F (26,7 €) ; en été : 126 F (19,2 €). Un toit pentu s'élevant au-dessus des premières branches de la forêt de Malgovert et des eaux tumultueuses de l'Isère sur lesquelles l'équipe de l'auberge organise des stages de kayak et de rafting. Auberge d'activités, elle accueille tout de même les itinérants. Chambres de 2, 4 ou 6 personnes, en partie rénovées. En hiver, comme dans la plupart des stations de ski, location à la semaine. Réservation conseillée.

🏠 l●l *Relais des Villards* ** – Villard-Dessus ☎ 04.79.41.00.66. Fax : 04.79.41.08.13. Parking. TV. Resto fermé le midi et le lundi en hiver. Congés annuels : en mai et de début octobre au 20 décembre. Accès : à 4 km du centre. Par la N90 qui monte au col du Petit-Saint-Bernard. Doubles avec douche et wc de 250 à 360 F (38,1 à 54,9 €) suivant la saison, de 320 à 420 F (48,8 à 64 €) avec bains. Demi-pension de 260 à 340 F (39,6 à 51,8 €). Menus à 78 F (11,9 €) servi tous les jours, et 100 F (15,2 €) ou 150 F (22,9 €), ainsi qu'une petite carte. L'Italie n'est qu'à une vingtaine de kilomètres. Le *Relais des Villards*, c'est un peu notre dernière étape avant la frontière. Chalet typique tenu de main de maître. 10 chambres coquettes et agréables. Accueil aimable, service souriant. Bonne cuisine traditionnelle avec quelques pointes d'accent savoyard : matafan, fondue au beaufort, tartiflette, etc. La maison propose aussi des activités sportives à la carte ou en séjour ! Parapente, équitation, rafting, VTT, et forfait ski « olympique » aux Arcs. *Apéritif offert.*

l●l *Restaurant L'Olympique* – rue de la Libération ☎ 04.79.41.01.52. ✗ Fermé le mercredi. Congés annuels : du 13 au 29 juin. Accès : N90, direction Tignes-Val-d'Isère, le col du Petit-Saint-Bernard. Menus à 88 F (13,4 €) le midi, et 120 F (18,3 €). Compter de 130 à 140 F (19,8 à 21,3 €) à la carte. Un petit resto tout simple ouvert bien avant les Jeux par un enfant du pays à la bonne humeur communicative. Un 1er menu plus que correct, une carte fournie et variée (rognons de veau au madère, faux-filet olympique, cervelles d'agneau grenobloise) et une des fondues les moins chères de la Tarentaise : 62 F (9,4 €). Un prix tellement étonnant qu'un client a téléphoné pour savoir quelle sorte de fromage ils pouvaient bien mettre dedans ! Un endroit où l'on mange (presque) toute l'année, ce qui est plutôt rare dans les parages.

BUIS-LES-BARONNIES 26170

Carte régionale A2

🏠 *Escapade Cloître des Dominicains* – rue de la Cour-du-Roi-Dauphin (Centre) ☎ 04.75.28.06.77. Fax : 04.75.28.13.20.

Accueil de 9 h à 12 h et de 17 h à 19 h. Accès : dans le couvent des Dominicains (vous savez, c'est ceux qui, entre autres, ont mené l'Inquisition) refait à neuf en plein centre-ville. Studios 2 personnes à 260 F (39,6 €) la nuit, 4 personnes 330 F (50,3 €) et 5 personnes 380 F (57,9 €). Sans conteste la meilleure solution pour se loger bon marché au centre de la ville. Préférer les chambres donnant sur le cloître. Kitchenette, lits en mezzanine, douche et possibilité de garer des vélos dans la cour.

l●l *Le Grill du Four à Pain* – 24, av. Boissy-d'Anglas (Sud-Ouest) ☎ 04.75.28.10.34. Parking. Fermé le lundi sauf le lundi soir en juillet-août. Congés annuels : du 15 novembre au 15 février. Menus de 55 F (8,4 €) hors saison, à 148 F (22,6 €). Un joli nom pour un gentil petit resto, où l'on pratique des prix doux, un service agréable et une cuisine délicieuse et raffinée. Spécialités comme la terrine d'agneau ou le tabouté d'épeautre (le bon vieux blé de grand-papa), le foie gras maison ou le pavé d'agneau à la crème de thym et badiane. Comme les vins sont à prix très raisonnables, n'oubliez pas *Le Grill*, quand vous passerez par là. Terrasse ombragée dans le jardin.

DANS LES ENVIRONS

PLAISIANS 26170 (8,5 km SE)

l●l *Auberge de la Clue* – ☎ 04.75.28.01.17. Parking. Fermé en semaine hors saison et le lundi d'avril à octobre. Congés annuels : octobre. Accès : D72, puis D526. Menu à 125 F (19,1 €). La famille Truphémus au grand complet n'a qu'à se mettre à sa fenêtre face au Ventoux pour voir monter jusqu'à elle, surtout le week-end, la foule des gastronomes, attirés par les prix doux et les plats aussi copieux que bons, concoctés par les deux enfants de la maison (le petit fait 1,78 m, le grand... 2,05 m !). En salle, leur mère, au rire et à la tchatche terribles, fait patienter tout son petit monde en apportant une somptueuse terrine en amuse-bouche, la laissant sur la table jusqu'à l'arrivée des hors-d'œuvre (une caillette aux herbes délicieuse, entre autres), ensuite vous avez le choix entre des pieds et paquets faits maison ou une blanquette de chevreau... Pour faire descendre tout ça, goûtez au sorbet au coing arrosé d'alcool de coing... hmm ! *Café offert.*

MÉRINDOL-LES-OLIVIERS 26170 (9 km O)

🏠 l●l *Auberge de la Gloriette* – ☎ 04.75.28.71.08. Fax : 04.75.28.71.08. Parking. ✗ Fermé le dimanche soir et le jeudi, hors saison. Congés annuels : janvier et février. Accès : par la D147. Doubles à 250 F (38,1 €) avec douche et wc et 300 F (45,7 €) avec bains. Menu unique à 100 F (15,2 €). À la carte, compter 150 F (22,9 €). On se croirait dans un film de Pagnol. À votre gauche, une boulangerie où l'on vient voir cuire le pain et les gâteaux ; à votre droite, une salle de restaurant à l'ancienne, et devant les deux un amour de terrasse. À l'ombre de vieux platanes, le regard perdu sur des vignes, des monts plantés d'oliviers et d'abricotiers, bercés par le gazouillis de la fontaine, vous rêvez d'un autre monde, en grignotant un copieux petit déjeuner, après avoir dormi dans une chambre cachée à l'arrière (calme garanti). Si vous êtes encore là à midi, vous avez droit à quelques tartes fines, un saucisson aux olives, une tarte aux fruits juste sortie du four. Et si vous êtes toujours là le soir, c'est une terrine, un pintadeau de la Drôme ou tout autre plat maison que vous verrez arriver. Malin, non !? *Apéritif offert.*

CHALAMONT   01320

Carte régionale A1

|●| Restaurant Clerc – Grande-Rue ☎ 04.74.61.70.30. Fermé le lundi et le mardi. Menu du jour le midi en semaine à 86 F (13,1 €), et autres menus de 140 à 225 F (21,3 à 34,3 €). Une bonne adresse connue à la ronde depuis des années. « Le spécialiste de la grenouille depuis 3 générations », annonce la carte. Une table de tradition donc, que bouscule (timidement pour ménager les habitués) le préposé aux fourneaux. En tout cas, avec le menu « tradition » (on vous le disait !) à 225 F (34,3 €), pas de doute, on est bien dans la Dombes : grenouilles sautées au beurre et fines herbes, volaille aux morilles... Salle bourgeoisement calfeutrée, cliquetis des couverts et léger bourdonnement des dîneurs souvent venus en famille, et conversant, parlant chasse ou partie de pêche, ou du mariage de la cadette, un beau brin d'fille !

DANS LES ENVIRONS

SAINTE-CROIX 01120 (16 km SO)

|●| Chez Nous – au village ☎ 04.78.06.60.60. Fax : 04.78.06.63.26. Parking. TV. Fermé le dimanche soir et le lundi. Congés annuels : décembre. Accès : par la D22 jusqu'à Pizay, de là, prendre à droite la D61. Doubles avec bains, téléphone et télé à 285 F (43,4 €). Menus à 98 F (14,9 €) sauf le dimanche et de 145 à 255 F (22,1 à 38,9 €). Bien en retrait du gros mouvement automobile de la nationale, et dans un petit secteur bucolique à souhait, cet hôtel-restaurant allie confort et tranquillité des chambres, installées dans une annexe moderne, et cuisine traditionnelle régionale. Au menu dombiste à 98 F, une poêlée de grenouilles qui s'en tire plutôt bien (rapport aux nombreuses poêlées qu'on a avalées dans le secteur). Mais on peut céder à la tentation du menu suivant, où la choucroute de sandre au beurre de genièvre vous fait de l'œil, tu viens chéri ? On ne le regrette pas. *NOUVEAUTÉ.*

CHAMBÉRY   73000

Carte régionale B1

⌂ |●| Hôtel-restaurant Aux Pervenches ** – **Les Charmettes (Sud-Est)** ☎ 04.79.33.34.26. Fax : 04.79.60.02.52. Parking. TV. Accès : du centre-ville, direction vallon des Charmettes, musée Jean-Jacques Rousseau. Doubles de 170 F (25,9 €) avec lavabo à 210 F (32 €) avec bains. Menus de 95 à 195 F (14,5 à 29,7 €). Ce brave Jean-Jacques Rousseau eut une bonne idée quand il décida de venir habiter tout à côté avec Mme de Warens. Grâce à eux, ce mignonnet vallon, classé, a échappé à la furie des promoteurs immobiliers. Un petit nid de nature aux portes de Chambéry. Cet hôtel a, en outre, de sacrés airs d'auberge de campagne. L'été, on mange en terrasse, à l'ombre des catalpas, et seul le chant des oiseaux vient troubler la digestion. Parce qu'on a un peu de mal à sortir de table. La cuisine, qui ne s'aventure guère hors des sentiers battus (le 1er menu s'appelle « tradition »), fait dans le genre généreux mais reste bien amenée : foie gras maison au gros sel, magret de canard au miel et épices, etc. Chambres à tout petits prix pour le coin, fraîches l'été, mais qui accusent sérieusement le poids des ans. *10 % sur le prix de la chambre pour 2 nuits.*

⌂ |●| Hôtel de la Banche * – place de l'Hôtel-de-Ville (Centre) ☎ 04.79.33.15.62. Fermé le dimanche. Congés annuels : du 1er au 10 mai et du 1er au 15 septembre. Accès :

RTL CHAMBÉRY 97 FM

RHÔNE-ALPES

sur une place piétonne, à l'orée du centre ancien. Doubles à 180 F (27,4 €) avec lavabo, 200 F (30,5 €) avec douche et 220 F (33,5 €) avec douche et wc. Menus de 65 à 120 F (9,9 à 18,3 €). Petite adresse populaire bien située. Chambres d'une autre époque et prix à l'avenant. Les nᵒˢ 18, 19 et 20 s'ouvrent sur l'étonnante coursive à colonnades qui court au premier étage de cette séculaire bâtisse. Resto dans le même genre, 1ᵉʳ menu genre steak-frites-salade, mais aussi spécialités de tartiflette, cuisses de grenouilles, morue à la lyonnaise...

🛏🍴 *Hôtel Le Revard* ** – 41, av. de la Gare (Centre) ☎ 04.79.62.04.64. Fax : 04.79.96.37.26. Parking. TV. Accès : face à la gare. Chambres avec douche et wc à partir de 260 F (39,6 €). Menus à partir de 65 F (9,9 €). Pratique, bien sûr. Accueil très pro, chaleureux et serviable. Chambres un peu froides dans leur rigueur fonctionnelle (tout cela ressemble furieusement à un hôtel de chaîne) mais dont certaines, heureuse surprise, donnent sur un sympathique jardinet. Resto cuisine traditionnelle. *Garage gratuit.*

🛏 *City Hôtel* ** – 9, rue Denfert-Rochereau (Centre) ☎ 04.79.85.76.79. Fax : 04.79.85.86.11. TV. Canal+. Satellite / câble. Accès : à un emplacement stratégique : le Carré Curial d'un côté, la cathédrale Saint-François de l'autre. Doubles à 270 F (41,2 €) avec douche, 300 F (45,7 €) avec bains. Au cœur de la ville, donc, avec ce que cela suppose comme inconvénients pour les chambres côté rue (on ne peut jamais tout ouvrir !) : si le quartier est essentiellement piéton, ses bars s'animent parfois (surtout le week-end) le soir. En revanche, calme plat sur l'arrière. Chambres fonctionnelles, à la déco très contemporaine, surprenante dans ce bâtiment du XVIIIᵉ siècle. Bon accueil. *10 % sur le prix de la chambre.*

🛏🍴 *Hôtel-restaurant Savoyard* ** – 35, place Monge (Sud-Est) ☎ 04.79.33.36.55. Fax : 04.79.85.25.70. Parking. TV. Fermé le dimanche sauf jours fériés. Accès : sur une place voisine du carré Curial. Comptez 270 F (41,2 €) la double avec douche et wc. Demi-pension à 245 F (37,4 €) par personne, obligatoire les week-ends de février. Menus de 80 à 138 F (12,2 à 21 €). Une bonne grosse maison sans aucune surprise avec une dizaine de chambres aux fenêtres fleuries de géraniums, entièrement rénovées et insonorisées. Au restaurant, le patron se montre le digne descendant d'une famille de restaurateurs : spécialités savoyardes, poissons du lac et produits régionaux... normal, vu le nom de l'endroit. Ça roule depuis longtemps sur de bons rails. *Café offert.*

🍴 *Café-restaurant chez Chabert* – 41, rue Basse-du-Château (Centre) ☎ 04.79.33.20.35. Fermé le dimanche.

Congés annuels : vacances de Noël. Accès : dans la rue piétonne, face au château des Ducs. Menus à 52 F (7,9 €) le midi en semaine, et de 55 à 110 F (8,4 à 16,8 €). Le midi, une clientèle variée, bruyante et animée envahit ce bistrot et, aux beaux jours, sa terrasse installée dans une ruelle qui n'a pas bougé depuis le Moyen Âge. Les moins pressés s'installent devant le vieux comptoir de chêne où le patron fait défiler les ballons de blanc de Savoie, chignin ou apremont. Les affamés se posent devant de solides plats familiaux et savoyards : diots au vin blanc ou faux-filet frites très gentiment tarifés : l'addition sur un repas complet ne dépasse pas les 65 F (9,9 €). La bonne petite adresse populaire. *Apéritif offert.*

🍴 *Restaurant La Poterne* – 3, place Maché (Centre) ☎ 04.79.96.23.70. Fermé le dimanche et le lundi soir. Accès : direction parking du château. Menus à 57 F (8,7 €) le midi en semaine, et de 69 à 128 F (10,5 à 19,5 €). Terrasse pavée au pied de l'escalier de la porte Saint-Dominique qui grimpe vers le château des ducs de Savoie. Les deux salles du restaurant se nichent dans un des contreforts de ce bâtiment. Le midi, petit menu avec plat du jour, fromage blanc ou dessert. Cuisine toute simple mais de qualité et qui n'hésite pas à voyager hors des frontières savoyardes. *Café offert.*

🍴 *L'Hypoténuse* – 141, carré Curial (Centre) ☎ 04.79.85.80.15. Fermé le samedi midi et le dimanche. Congés annuels : 1 semaine aux vacances de printemps et du 15 juillet au 15 août. Menus à 88 F (13,4 €) le midi et de 98 à 250 F (14,9 à 38,1 €) d'un très bon rapport qualité-prix. Dans une ancienne cour de caserne transformée en haut lieu culturel, la décoration moderne et de bon goût (c'est rare !) n'a rien à envier à la cuisine raffinée et savoureuse. En exergue : chausson de reblochon à la fondue de poireaux, gratinée de sole aux truffes. En été, terrasse au milieu de la place d'Armes mais pas d'affolement, point de képis en vue, et surtout tranquillité assurée. *Café offert.*

🍴 *El Mosquito* – 153, carré Curial (Centre) ☎ 04.79.75.28.00. Fermé le dimanche. Accès : dans la cour du carré Curial. Comptez de 110 à 120 F (16,8 à 18,3 €) pour un repas complet. Mouais, encore un tex-mex... Pour être francs, on y est un peu allés parce que c'était un des rares restos ouverts ce soir-là en ville. Et... heureuse surprise ! Là où la plupart des tex-mex se contentent de soigner leur décor, celui-là soigne sa cuisine ! La carte est bien fournie et, aux côtés des traditionnels *chili* et autres *tacos*, propose d'étonnantes et remarquables recettes incas et aztèques. Sans parler des desserts, diablement bons, superbement présentés et servis avec des sourires qui, d'un coup, transforment les arcades du carré Curial en cour d'hacienda. *Apéritif offert.*

IOI *Restaurant La Vanoise* – 44, av. **Pierre-Lanfrey** ☎ **04.79.69.02.78.** Parking. Accès : près de la poste centrale. Premier menu à 115 F (17,5 €), jusqu'à 240 F (36,6 €). Comptez 200 F (30,5 €) à la carte. Le décor est frais, jeune et moderne. La clientèle plutôt installée. Cuisine de tradition, inventive juste ce qu'il faut et de saison (le menu régional change toutes les deux semaines et la carte tourne rapidement). Le chef travaille beaucoup le poisson, de lac comme de rivière, omble chevalier meunière comme rouget-barbet au basilic. La carte des vins est longue comme le bras 'mais tout le monde y trouvera son compte entre bourgognes prestigieux et méconnus vins de Savoie. Réservation conseillée. *Café offert.*

DANS LES ENVIRONS

APREMONT 73190 (8 km SE)

IOI *Restaurant Le Devin* – lieu-dit « Au Devin » ☎ **04.79.28.33.43.** Fermé le dimanche soir et le lundi. Congés annuels : 1re semaine de janvier et fin septembre. Accès : par la D201 ; au-delà d'Apremont : fléchage. Menu à 75 F (11,4 €) en semaine. Autres menus de 88 à 110 F (13,4 à 16,8 €). L'auberge de campagne pur jus, un peu perdue au milieu des vignes. Petite salle évidemment rustique et coquette. Franche et fameuse cuisine savoyarde qui évite avec bonheur l'ornière des plats à touristes (fondue, tartiflette). Ici, la grosse affaire, ce sont les farçons, subtils mélanges de saveurs sucrées et salées : purée de pommes de terre au beurre, lait et sucre à laquelle on ajoute suivant l'humeur lard, pruneaux, poires, raisins et œufs. Carte et menus alignent dans le même esprit ravioles, pormoniers (saucisses de chou)... La bonne adresse du terroir.

SAINT-JEAN-D'ARVEY 73230
(8 km NE)

♣IOI *Hôtel-restaurant Therme* * – ☎ **04.79.28.40.33.** Fax : **04.79.28.46.63.** Parking. Accès : par la N512 puis la D912, direction La Feclaz. Chambres à 155 F (23,6 €) pour 2, 165 F (25,2 €) pour 3, 180 F (27,4 €) pour 4. Menus à partir de 70 F (10,7 €) le midi en semaine, puis à 90 et 130 F (13,7 et 19,8 €). À l'écart d'un village sur la route des Bauges. C'était, hier, une institution locale. Aujourd'hui, c'est une adresse atypique tenue à bout de bras – littéralement – par une jeune femme qui fait tout, seule ou presque. Plus que dans un hôtel, c'est dans sa maison qu'elle vous reçoit (prenez le temps de lire son message

de bienvenue affiché à côté des menus). Les chambres sont modestes (avec cabinet de toilette seulement) mais au calme, bien tenues et à petits prix. La salle de resto est mignonnette et la terrasse qui domine toute la combe de Savoie ressemble à une place de village. Bonne cuisine, recettes maison, produits frais régionaux. Soirées théâtre et musique de temps à autre. *Apéritif offert.*

SAINT-ALBAN-DE-MONTBEL
73610 (20 km SO)

♣IOI *Le Lyonnais* ** – le bourg ☎ **04.79.36.00.10.** Fax : **04.79.44.10.57.** Parking. TV. Resto fermé le dimanche soir et le lundi (hors saison) ; hôtel fermé le dimanche soir et le lundi midi. Accès : par l'autoroute A43, direction Lyon, sortie lac d'Aiguebelette, puis la D921. Doubles de 135 F (20,6 €) avec lavabo à 250 F (38,1 €) en saison avec douche et wc. Dans le jardin, des bungalows bien équipés pour 6 personnes loués au week-end à 700 F (106,7 €) ou à la semaine de 2 000 à 2 500 F (304,9 à 381,1 €) suivant la saison. Menus de 58 F (8,8 €), sauf le dimanche, à 138 F (21 €). Bien sûr, cet hôtel n'est pas au bord du lac d'Aiguebelette, mais vu les prix pratiqués sur ses rives, on préférera s'arrêter ici. D'autant que le patron prête généreusement à ses clients des barques pour glisser jusqu'au lac en suivant la rivière. Accueil enthousiasmant. Chambres simplettes dans la maison principale et côté route pour les moins chères. Tout à côté, dans une annexe contemporaine, belles chambres d'un dépouillement quasi zen et de plain-pied sur le jardin. Toute une gamme de prix donc. Piscine d'été. Plaisante salle de resto. Du poisson (friture d'ablette), des lyonnaiseries (andouillette) pour ne pas faire mentir l'enseigne et un chef qui assure tout, des entrées aux desserts. *Café offert.*

CHAMONIX   74400

Carte régionale B1

♣ *La Boule de Neige* * – 362, rue **Joseph-Vallot (Centre)** ☎ **04.50.53.04.48.** Fax : **04.50.55.91.09.** Congés annuels : novembre. Accès : par la place du Mont Blanc, 1re à droite puis 200 m à droite. Doubles avec lavabo de 205 à 245 F (31,3 à 37,4 €) et avec douche et wc de 235 à 285 F (35,8 à 43,4 €) suivant la saison. Également des chambres pour 3 à 4 personnes : de 285 à 425 F (43,4 à 64,8 €). Réconfortant petit déjeuner-buffet (à volonté) à 30 F (4,6 €). Le centre est à deux pas, mais les hordes de touristes ne poussent que rarement jusqu'ici. Une poignée de chambres pas luxueuses mais sympatoches, rénovées à l'ancienne. Dès le petit déjeuner, on vous propose une petite carte avec muësli maison, œufs au *bacon*, etc., si vous voulez vraiment prendre prendre des forces pour une journée sur les pistes ou les sentiers. Clientèle juvénile et internationale, digne d'une *guesthouse* du bout du monde. Et quel accueil ! Les proprios sont jeunes, cool (mais pas babas comme certains autres en ville), pas avares de bons plans (des meilleurs restos aux plus belles balades, des spots de surf aux bars à écumer toute la nuit). C'est simple, en empoignant notre sac, on a quitté des amis. *Café offert.*

🛏 **Hôtel des Lacs** ✶✶ – **992, route des Gaillands (Sud-Ouest) ☎ 04.50.53.02.08. Fax : 04.50.53.66.64.** Parking. Congés annuels : du 20 septembre au 20 décembre et du 20 avril au 20 juin. Accès : par la route des Gaillands (dans le prolongement de la rue du Docteur-Paccard et de l'avenue Ravanel-le-Rouge), grands axes du centre-ville au pied d'un rocher d'escalade et, bien sûr, face au mont Blanc. Doubles avec douche et wc ou bains de 278 à 310 F (42,4 à 47,3 €). Le centre-ville est à 5 mn mais on est déjà presque à la campagne. La vieille maison et le bar bien rétro sont trompeurs. En fait, les chambres, rénovées de fond en comble, sont d'un bon goût fonctionnel qui ne fâchera personne et d'un incroyable rapport qualité-prix pour le coin. Accueil aimable et discret. *Apéritif offert.*

🛏 **Hôtel du Faucigny** ✶✶ – **118, place de l'Église (Centre) ☎ 04.50.53.01.17. Fax : 04.50.53.01.17.** Parking. TV. Satellite / câble. Congés annuels : juin et novembre. Accès : face à l'office du tourisme. 300 F (45,7 €) la double avec douche et 340 F (51,8 €) avec douche et wc. En plein centre mais dans une rue tranquille. Derrière sa façade toute pimpante, petit hôtel à l'ambiance gentiment familiale. Chambres sans charme excessif, mais d'un confort satisfaisant. Petite cour intérieure et agréable jardin.

🛏 |●| **Hôtel La Savoyarde** ✶✶✶ – **28, rue des Moussoux (Nord) ☎ 04.50.53.00.77. Fax : 04.50.55.86.82.** Parking. TV. Resto fermé le mardi midi. Congés annuels : du 15 au 31 mai et du 27 novembre au 21 décembre. Accès : sur les hauteurs de Chamonix, à côté du téléphérique du Brévent. Doubles autour de 500 F (76,2 €) et plus, selon l'époque. Menus de 88 à 130 F (13,4 à 19,8 €). Un petit chalet rénové et agrandi, tranquille et très fleuri, face au mont Blanc. 14 chambres charmantes et d'un confort total qui justifient leur prix et, au restaurant, une table de très bon niveau avec un service adorable. Superbe menu à 88 F avec feuilleté au reblochon ou salade d'endives, escalope de truite saumonée à la crème de persil ou potée savoyarde au chou, fromage ou pâtisserie du jour. À moins que vous ne préfériez, à la carte, goûter la raclette au lait cru et pommes de terre

« en robe » ou la fondue savoyarde. *Apéritif offert.*

|●| **Le Berlucoquet** – **79, galerie Alpina (Centre) ☎ 04.50.53.98.41.** Fermé le dimanche et le lundi hors saison. Congés annuels : une dizaine de jours fin mai et une dizaine de jours fin novembre. Accès : au rez-de-chaussée de l'hôtel *Alpina* (immanquable malheureusement). Petit menu à 75 F (11,4 €), le midi. Autres menus de 115 à 140 F (17,5 à 21,3 €). Un bar à vins. La mignonne petite salle toute de bois fait oublier que l'on se trouve au rez-de-chaussée d'une des pires réalisations architecturales d'une ville pourtant peu avare en la matière. La carte des vins, qui tourne régulièrement, est simplement épatante. Le patron, un tout jeune homme, y fait partager ses coups de cœur, ses découvertes (et il en fait de sacrées !) à prix humains et sans le côté un peu frime qui sied parfois à ce genre d'endroit. L'ambiance est d'ailleurs gentiment familiale. En cuisine, c'est la maman qui mitonne de jolis plats de ménage : daube à la provençale, pot-au-feu, etc. Quelques spécialités au fromage, originales pour le coin : fondue mais au comté, boîte chaude (vacherin fondu au four). Vins au verre bien sûr, bières de micro-brasseries, pastis artisanaux et petite cave à cigares. *Digestif offert.*

|●| **Le Panier des Quatre Saisons** – **24, galerie Blanc-Neige (Centre) ☎ 04.50.53.98.77.** Fermé le mercredi. Congés annuels : début juin et fin novembre. Accès : rue Paccard, puis Galerie (1ᵉʳ étage). Menu à 80 F (12,2 €) avec un verre de vin, servi le midi en semaine. Autres menus de 98 à 179 F (14,9 à 27,3 €). Installé à une volée de marches de la rue Paccard, dans un coin assez ingrat où on imaginerait plus un cabinet médical qu'un resto. Mais on échappe à la foule du grand boulevard chamoniard et la petite salle est véritablement charmante, avec quelques idées de déco qu'on pillerait volontiers. Excellente cuisine de marché (vu l'enseigne), d'un joli tour de main, d'une fraîcheur et d'une vivacité inespérées dans le quartier. L'accueil est celui d'un resto de copains, le rapport qualité-prix impeccable, bref, c'est la bonne petite adresse d'une ville qui n'en compte, tourisme de masse oblige, pas tant que ça. *Génépi offert.*

DANS LES ENVIRONS

ARGENTIÈRE 74400 (6 km NE)

|●| **La Crèmerie du Glacier** – **766, route de la Glacière ☎ 04.50.54.07.52.** Parking. Fermé le mardi soir et le mercredi en hiver hors vacances. Congés annuels : de mi-mai à mi-juin et du 1ᵉʳ octobre à mi-décembre. Accès : l'été, prenez la route de terre, après

le téléphérique de Lognan ; l'hiver, prenez le chemin de la Rosière. L'hiver, menu le midi à 60 F (9,1 €). Menu enfant à 40 F (6,1 €). À la carte, compter 100 F (15,2 €). Une adresse un peu perdue dans la forêt. C'est là que les Chamoniards vont quand ils veulent sortir de leur ghetto. Il faut dire que c'est le vrai retour au terroir. Farçon traditionnel avec salade et dessert à volonté, sur réservation (c'est le cousin du farcement, le patois variant d'une région à l'autre), que l'on mange avec des viandes salées et des jambons fumés. On peut pratiquement y casser la croûte toute la journée de 12 h à 22 h : simples omelettes comme grosses salades, fondues et croûtes aux morilles. *Apéritif offert.*

HOUCHES (LES) 74310 (8 km O)

🏠 |●| *Hôtel Peter Pan* – côté Chavants ☎ 04.50.54.40.63. Parking. Fermé le lundi soir. Congés annuels : mai et du 15 octobre au 15 décembre. Accès : à 4 km du centre du village. Doubles de 200 à 290 F (30,5 à 44,2 €), demi-pension de 265 à 280 F (40,4 à 42,7 €). Menus de 98 à 168 F (14,9 à 25,6 €). Menu enfant à 28 F (4,3 €). L'enseigne laisse rêveur. Ce drôle de gamin serait-il venu traîner ses guêtres sur le mont Blanc? S'il l'a fait, il s'est sûrement arrêté ici! Même s'il est difficile de trouver une place pour dîner, la patronne choyant d'abord ses pensionnaires. En cuisine depuis 25 ans, le patron propose un copieux menu du jour (style tomate-mozzarella, croûte, lapin chasseur, fromage et dessert), et un autre « plus léger », pour le soir (potage maison, foie de veau, endives...). Profitez-en avant qu'ils ne se décident à prendre leur retraite. Ne serait-ce que pour goûter un certain art de vivre savoyard, dans cette ancienne ferme du XIXe siècle où le temps semble s'être arrêté en chemin... Vue superbe sur toute la chaîne du mont Blanc depuis la terrasse, le restaurant et certaines chambres! *Apéritif offert.*

🏠 *Auberge Le Montagny* – lieu-dit « Le Pont » ☎ 04.50.54.57.37. Fax : 04.50.54.52.97. ● hotel-montagny@wanadoo.fr ● Parking. TV. Congés annuels : du 1er novembre au 15 décembre. Accès : à l'entrée du village, en venant de Chamonix, à 450 m sur la gauche, pancartes très discrètes (attention!). Chambres toutes avec bains à prix unique : 390 F (59,5 €) la double. Au cœur d'un bien paisible hameau, sur les hauteurs. C'était une ferme, construite en 1876, mais on ne la reconnaîtra guère. Une adresse pourtant pleine de charme, de ce charme *cosy* et intemporel que distillent boiseries et couvre-lits à petits carreaux bleu et blanc. Très jolies chambres donc, vastes et dotées, ce qui ne gâche rien, de superbes et lumineuses salles de bains. Accueil sincère et attentif et tout ce

qu'il faut pour ne pas se perdre sur les sentiers ou les pistes selon la saison. *10 % sur le prix de la chambre hors vacances scolaires.*

CHAMOUSSET 73390

Carte régionale B1

🏠 |●| *Hôtel-restaurant Christin* ✶✶ – La Lilette (Centre) ☎ 04.79.36.42.06. Fax : 04.79.36.45.43. Parking. TV. Fermé le dimanche soir et le lundi. Congés annuels : la 1re semaine de mai et du 20 septembre au 5 octobre. Accès : d'Albertville, direction Chambéry par la N90, puis au Pont-Royal, direction Chamousset. 210 F (32 €) la double avec douche et wc, 220 F (33,5 €) avec bains. 1er menu à 70 F (10,7 €) sauf le dimanche, puis toute une gamme de 87 à 160 F (13,3 à 24,4 €). Une placette, des marronniers, une petite rivière enfouie sous la végétation : le parfait hôtel-restaurant de campagne où génération après génération, on n'a d'autre ambition que de satisfaire le client. Et c'est, par les temps qui courent, déjà beaucoup! Agréable salle aux grandes baies vitrées. Cuisine emballante dans son registre très classique, bons produits, portions généreuses et bon rapport qualité-prix. Chambres dans des annexes, sans charme particulier mais spacieuses et confortables. Pour être francs, quelques trains passent la nuit...

CHAMPAGNE-EN-VALROMEY 01260

Carte régionale B1

🏠 |●| *Auberge du Col de la Lèbe* ✶ – ☎ 04.79.87.64.54. Fax : 04.79.87.54.26. Parking. TV. Canal+. Fermé le lundi et le mardi (resto fermé le lundi soir et le mardi en juillet-août). Congés annuels : du 20 au 30 juin et du 15 novembre au 15 mars. Accès : par la D8, route du col de la Lèbe, à 8 km d'Hauteville. De 215 à 260 F (32,8 à 39,6 €) la double. Demi-pension à partir de 255 F (38,9 €) par jour et par personne, obligatoire en juillet-août. Menus de 98 à 206 F (14,9 à 31,4 €). En pleine nature, dans la montée au col évidemment. Salle à manger chaleureuse. Profusion de bois et de plantes vertes. Service stylé mais pas prétentieux du tout. Une fine cuisine (paupiettes de canard au foie gras, jambonneau de volaille aux morilles, osso buco de lotte...), à des prix qui ont su rester abordables. Comme on est à la montagne, on peut aussi se contenter de simples mais bonnes grillades au feu de bois. Chambres modestes mais à l'ancienne, donc avec un certain cachet. Calme assuré vu l'endroit. Piscine avec vue magnifique sur la superbe et douce vallée du Valromey. *10 % sur le prix de la chambre sauf juillet-août.*

DANS LES ENVIRONS

PETIT-ABERGEMENT (LE) 01260

(15 km N)

🛏 |●| *La Soupière a des Oreilles* – au cœur du village ☎ 04.79.87.65.81. Fax : 04.79.87.54.46. Fermé le dimanche soir et le lundi hors vacances scolaires. Congés annuels : du 1er novembre au 15 décembre. Accès : par la D31, ou par la A40, sortie Saint-Martin-du-Fresne, direction Plan d'Hotonnes-Brénod. Doubles à 170 F (25,9 €) avec douche, à 190 avec douche et wc. Demi-pension à 200 F (30,5 €). Menus de 70 à 120 F (10,7 à 18,3 €). Une solide maison de pierre dans un village tranquille, perdu à 800 m d'altitude, tout au fond de la superbe vallée du Valromey. Claude Masclet a quitté la SNCF pour s'y installer avec son épouse Colette, voici bientôt 10 ans. Une vocation encouragée par Pierre Bonte. Du reste, l'hôtel a hérité du nom d'une de ses émissions de télé et du logo signé Piem. Et Pierre Bonte y passe encore souvent en ami. En fait, la plupart des clients deviennent des amis. Normal, on s'y sent vite comme chez des… amis. L'ambiance est gentiment familiale. Les chambres sont toutes simples mais agréables, sans autre bruit que la sonnerie des cloches de la petite église romane voisine. Dans la rustique salle à manger est servie une brave cuisine de ménage à base de produits authentiques (fameux, le jambon de montagne de la Soupière !) et des spécialités vraiment régionales (diots, saucisson chaud, fondues, poulet à la crème et aux morilles). Le bar, avec sa terrasse en plein soleil, accueille en permanence des expos de peinture. À ce propos, l'infatigable Claude a mis sur pied un festival des peintres (chaque année, début août) dans ce fond de vallée qui, l'hiver, est un vrai paradis pour les amateurs de ski de fond. Pour l'anecdote, Corinne Niogret, championne olympique du biathlon (médaille d'or à Albertville) est née au village. Une petite adresse qu'on aime grandement. *Café offert. 10 % sur le prix de la chambre.*

CHAMPAGNY-EN-VANOISE 73350

Carte régionale B1

🛏 |●| *Les Chalets du Bouquetin* **** – Le Planay ☎ 04.79.55.01.13. Fax : 04.79.55.04.76. Parking. TV. Satellite / câble. ♨ Fermé du 15 octobre au 15 décembre. Accès : direction Champagny-le-Haut. Doubles de 400 à 500 F (61 à 76,2 €) avec bains. Menu à 150 F (22,9 €). Compter de 120 à 180 F à la carte (18,3 à 27,4 €). Une cuisine qui vaut le déplace-

ment. On vous laisse la surprise du menu… surprise servi chaque jour. Spécialités de raclette, pierrade, fondue, pela, croûte savoyarde… Une grande terrasse sous les bouleaux vous offrira une vue panoramique sur Courchevel ! Propose des chambres et appartements équipés en location à la journée ou à la semaine et pouvant accueillir de 2 à 18 personnes. Tout confort.

CHAPELLE-EN-VERCORS (LA) 26420

Carte régionale A-B2

🛏 |●| *Hôtel du Nord* – av. de Provence (Centre) ☎ 04.75.48.22.13. Fermé le dimanche midi. Congés annuels : du 17 au 24 avril et du 24 octobre au 10 novembre. Comptez 175 F (26,7 €) pour une double avec douche. Demi-pension à 180 F (27,4 €). Menu à 70 F (10,7 €) en semaine (servi le dimanche en été) et plat du jour à 50 F (7,6 €). À la carte, compter 100 F (15,2 €). Conseillé de réserver pendant l'été. Brille par sa discrétion et sa modestie. 8 chambres sans prétention. Cuisine familiale et régionale : ravioles forestière, gigot d'agneau de la Drôme. L'ambiance à la bonne franquette. À défaut de chambres avec vue sur les montagnes environnantes, choisissez le Vercors pour ses randonnées pédestres et ses circuits de VTT. *Apéritif offert.*

DANS LES ENVIRONS

BOUVANTE 26190 (23 km O)

🛏 |●| *Auberge du Pionnier* * – col du Pionnier ☎ 04.75.48.57.12. Fax : 04.75.48.58.26. Parking. Congés annuels : novembre et décembre. Accès : D131 puis D331. Doubles de 170 à 270 F (25,9 à 41,2 €). Menus à 82 F (12,5 €) tous les midis puis à 115 et 170 F (17,5 et 25,9 €). Selon l'état des routes, on vous déviera peut-être par la forêt de Lente, qui est plutôt du genre reposante. Quelques jolis lacets plus tard, une fois passé le col de la Portette, vous devriez voir indiqué, sinon le col, au moins l'*Auberge du Pionnier*. 9 chambres toutes simples qui donnent sur la montagne, les sapins, les prairies où viennent s'ébattre en toute tranquillité les animaux de la forêt. À l'intérieur de la salle de restaurant, on passe de Disney à Tex Avery : au bois, du lierre, des chasseurs qui parlent de chasse, une nourriture familiale. Au 1er menu, la patronne, une femme étonnante, serveuse et cuisinière tout à la fois, vous amène une solide tranche de pâté, de la salade, un poulet à la crème avec des pommes de terre, un bout de tarte. Si vous lui plaisez, elle vous offrira le café !

CHASSELAY 38470

Carte régionale A-B2

🏠 I●I *L'Auberge de la Bourrelière* ** – au bourg ☎ 04.76.64.21.03. Fax : 04.76.54.25.97. Parking. TV. ♿ Accès : sur la D518, entre Saint-Étienne-de-Geoirs et Saint-Marcellin. Doubles à 190 F (29 €) avec bains. Le midi, du lundi au vendredi, menu du jour à 65 F (9,9 €) avec 1/4 de vin. Menu « découverte » à 95 F (14,5 €) puis deux autres à 118 et 148 F (18 et 22,6 €). Tenu par un couple sympa, voici un établissement typique de la nouvelle génération d'hôtels de campagne. Dynamisme et tradition ! Plaisante salle à manger avec cheminée au feu de bois, murs de pierre sèche, terrasse protégée. Fort belle cuisine régionale, réalisée avec cœur et servie avec une générosité sans égale. Pour les minots, « menu des Petits Montagnards ». Quelques spécialités bien terroir comme les pannequets dauphinois au coulis de tomates fraîches (genre de crêpes), ravioles de Royans à la senteur du saint-marcellin, la poêlée de grenouilles et girolles à la crème, la cassolette de grenouilles et d'escargots. Pour les inconditionnels, tous les soirs sauf le samedi, les cuisses de grenouilles sont à volonté en choisissant une entrée à la carte. Le samedi, l'auberge propose dix nouvelles façons de déguster les cuisses de grenouilles. Enfin, pour dormir, de confortables chambres. *Digestif offert.*

CHÂTEL 74390

Carte régionale B1

🏠 I●I *Hôtel-restaurant Les Fougères* ** – chef-lieu (Centre) ☎ 04.50.73.21.06. Fax : 04.50.73.38.34. Parking. TV. Canal+. Congés annuels : du 15 avril au 1er juillet et du 31 août au 15 décembre. Doubles de 230 à 320 F (35,1 à 48,8 €) avec douche et wc. Demi-pension de 220 à 280 F (33,5 à 42,7 €) par personne en hiver. L'été, formule chambre + petit déjeuner-buffet servi jusqu'à 11 h de 280 à 320 F (42,7 à 48,8 €) pour 2 personnes, 380 à 400 F (61 €) pour 3 personnes et 480 à 500 F (76,2 €) pour 4 personnes. Une adresse comme on les aime : authentique et gaie à la fois ! On ne s'ennuie pas l'hiver dans cette ancienne ferme au cachet heureusement préservé, reprise par un couple de jeunes toniques. Au bout de quelques jours, tout le monde se connaît, et c'est la fête autour de la fondue ou de la pierrade et tartiflette. Chambres avec douche et wc dans le style du reste de la maison (vous imaginez bien que ce n'est pas provençal, encore que, avec la patronne !). L'été, on se calme, on se repose. Le resto est fermé, restent les chambres et le petit déjeuner-buffet. *Apéritif offert.*

🏠 I●I *Hôtel-restaurant La Perdrix Blanche* ** – Pré-de-la-Joux (Centre) ☎ 04.50.73.22.76. Fax : 04.50.73.35.21. Parking. TV. Satellite / câble. Congés annuels : du 1er mai au 15 juin et du 15 septembre au 1er novembre. Accès : à 2,5 km du centre, prendre la direction du Linga, au pied des télésièges. 280 F (42,7 €) la chambre double avec douche et wc ou bains. Demi-pension, obligatoire pendant les vacances de février, à partir de 270 F (41,2 €) par personne. Menus de 70 à 130 F (10,7 à 19,8 €). Totalement en dehors de la station, au pied des pistes et des sapins, ce chalet savoyard est plein d'un charme hors d'âge. Chambres propres, simples, certaines avec balcon, au décor chaleureux avec petits rideaux en dentelle. Certes, l'isolation phonique n'est pas au top. Choisissez la morte saison si vous ne voulez pas être réveillé la nuit ! Cuisine du coin sans surprise mais copieuse, tartiflette, berthoud, fondues, raclette, pierrade... Il vaut mieux, après une journée de ski ou de randonnée. *Apéritif offert.*

I●I *Restaurant La Bonne Ménagère* – ☎ 04.50.73.24.45. Fermé le midi en été, en mai-juin et de mi-septembre au 20 décembre. Accès : dans la rue au-dessus de l'office du tourisme. Petit menu à 70 F (10,7 €). Sinon, à la carte, compter de 100 à 130 F (15,2 à 19,8 €). Accueil charmant. Les 2 salles (dont une au sous-sol) ont été décorées par une femme, ça se voit : vieilles plaques émaillées, petits bouquets de fleurs séchées, beaucoup de bois. Les gens de la station s'y retrouvent. En entrée, de la charcuterie du pays ou de copieuses salades, suivies de berthoud, fondues, croûte aux champignons... Au dessert, goûtez le sorbet à la poire et à la liqueur de poire. Prix justes et ambiance « comme autrefois ».

I●I *Restaurant L'Abreuvoir - Chez Ginette* – hameau de Vonnes ☎ 04.50.73.24.89. Parking. Accès : tout près du lac de Vonnes, par la nationale vers la Suisse, à 1 km du centre. Menus de 80 à 180 F (12,2 à 27,4 €). Menu enfant à 40 F (6,1 €). À la carte : 160 F (24,4 €) environ. Si vous voulez goûter au berthoud, incomparable spécialité de cette superbe vallée, c'est ici qu'il faut vous arrêter. Dans cette authentique adresse de campagne comme on en fait heureusement encore, où la patronne (Ginette, bien sûr) vous sert, un peu à toute heure, ces cubes de fromage d'Abondance, marinés dans du vin blanc et du madère, piqués d'ail et fondus au four. Quelques autres solides spécialités savoyardes au programme, et les soirs de fête, lorsque l'inénarrable Louky prend son accordéon, on pousse la ritournelle en levant le coude et vice versa. Jardin d'où l'on jouit d'un beau panorama sur la mon-

tagne et le lac de Vonnes, illuminé le soir...
Apéritif offert.

DANS LES ENVIRONS

CHAPELLE-D'ABONDANCE (LA)
74360 (5,5 km O)

🏠 |●| *L'Ensoleillée* ** – rue Principale
(Centre) ☎ 04.50.73.50.42. Fax :
04.50.73.52.96. TV. Congés annuels : du
15 avril à fin mai et de fin septembre au
15 décembre. 300 F (45,7 €) la double avec
douche et wc ou bains. Demi-pension obligatoire pendant les vacances scolaires
d'hiver : 300 F (45,7 €) par personne. Premier menu à 105 F (16 €) sauf le dimanche,
autres de 125 à 260 F (19,1 à 39,6 €). Le
record absolu de courrier (positif) de nos
lecteurs en Haute-Savoie. Cette grosse
maison familiale mérite complètement les
éloges des habitués. Ce ne sont pas les
chambres, à vrai dire, qui nous ont le plus
bluffés. Moquette, napperons brodés, gravures, déco à l'ancienne mais confort
d'aujourd'hui. L'impression de bien-être
total tient plus à l'accueil de la famille Trin-
caz, de la mère qui vient prendre de vos
nouvelles en salle, au père qui accueille les
habitués, en passant par les fils, élevés à la
bonne école : l'un tient le bar et anime le
Carnotzet, rendez-vous des amateurs de
fondue, l'autre cuisine juste et bien, n'utilisant que de bons produits, depuis l'amusant
panaché de viandes grillées sur l'ardoise
(spécialité du coin, l'ardoise, bien sûr)
jusqu'au croustillant de reblochon chaud sur
lit de salade. Comme tout le monde rit et
papote, même les jours gris, on se sent drôlement bien, à *L'Ensoleillée*. Une nouveauté : la piscine couverte chauffée ! *Apéritif offert.*

🏠 |●| *Les Gentianettes* ** – au bourg
(Centre) ☎ 04.50.73.56.46. Fax :
04.50.73.56.39. TV. Canal+. ✗ Congés
annuels : de fin octobre au 20 décembre.
Doubles de 350 F (53,4 €) avec douche et
wc, à 500 F (76,2 €) avec bains. Demi-
pension de 260 à 390 F (39,6 à 59,5 €).
Menus de 105 F (16 €) sauf le dimanche
midi, à 295 F (45 €). Un lieu de vie et de
bien-être qui sent l'expérience dès l'accueil.
À l'écart du bruit et de la route et à deux pas
du circuit des pistes de ski de fond, une trentaine de chambres, confortables et gaies.
Au restaurant, sur fond de décor de chalet
savoyard, une cuisine raffinée, précise et
inventive pour la région. Jolie surprise pour
les pensionnaires et bonheur des voyageurs
de passage : très beau méli-mélo de poissons à la ciboulette sauvage, escalope de
veau à la savoyarde, magret de canard au
vinaigre de myrtille. Belles promenades
alentour et jolie petite piscine à l'intérieur.

*Apéritif offert. 10 % sur le prix de la
chambre.*

CHÂTELARD (LE)   73630

Carte régionale B1

🏠 |●| *Le Rossane - Chez Évelyne* –
(Centre) ☎ 04.79.52.11.23. Fax :
04.79.54.83.44. Parking. TV. ✗ Doubles à
190 F (29 €) avec douche et wc. Petit menu
à 60 F (9,1 €) le midi en semaine, puis de
75 à 130 F (11,4 à 19,8 €). À l'orée d'un
bourg sans beaucoup charme, un bon point
de chute pourtant pour découvrir la superbe,
encore sauvage et méconnue région des
Bauges. Petite adresse populaire. La
patronne (Évelyne, bien sûr) a la poignée de
main aussi franche et directe que son
accueil. Chambres sérieusement rénovées,
de bon confort et à tout petits prix. La plupart
offrent une vue superbe sur les environs. Au
resto, pris d'assaut le midi par des travailleurs de tout poil, menus à différents prix.
Pour la sieste, des transats dans un jardin
qui se mélange à la nature environnante.
Apéritif offert.

CHÂTILLON-SUR-CHALARONNE   01400

Carte régionale A1

🏠 |●| *Hôtel-restaurant de la Tour* ** –
place de la République (Centre)
☎ 04.74.55.05.12. Fax : 04.74.55.09.19.
TV. Fermé le dimanche soir et le mercredi.
Congés annuels : 15 jours fin novembre-
début décembre et 3 semaines en février-
mars. Accès : face au champ de foire.
Doubles avec douche ou bains de 300 à
350 F (45,7 à 53,4 €). 1er menu à 115 F
(17,5 €) sauf le dimanche, puis de 150 à
350 F (22,9 à 53,4 €). Au centre de Châtillon-sur-Chalaronne, bourg médiéval fleuri
des plus charmants. La bâtisse a belle allure
avec ses colombages, ses pierres apparentes et sa tour poivrière en brique rose.
Une maison du XVIe siècle transformée en
hôtel à la Belle Époque. Rassurez-vous, il a
été restauré depuis, et joliment. La réception et la salle à manger font dans le genre :
« j'ai confié la déco à un professionnel »,
mais ce n'est pas désagréable, et les chambres, toutes refaites récemment, sont spacieuses et nickel. Accueil et service jeunes
et sympa. On garde un très bon souvenir de
la cuisine qui revisite adroitement son terroir
– gâteau de foie blond de volaille, poulet à la
crème et aux morilles, ravioles d'écrevisses... – même si les prix s'affolent un
peu.

RHÔNE-ALPES

DANS LES ENVIRONS

ABERGEMENT-CLÉMENCIAT (L')
01400 (6 km NO)

|●| *Restaurant Le Saint-Lazare* – au centre du village ☎ 04.74.24.00.23. Fermé le mercredi et le jeudi. Congés annuels : vacances de février et une quinzaine en juillet. Accès : par la D2 jusqu'à Châtillon-sur-Chalaronne, continuer sur 5 km. Menus de 125 à 185 F (19,1 à 28,2 €). Le *Saint-Lazare* occupe le rez-de-chaussée d'une grande maison de construction assez récente, au centre du village – mais c'est en fait une vieille affaire, un héritage des arrière-grands-parents de Christian Bidard, l'assez jeune patron-cuistot, qui avaient ouvert ici, en 1899, une boulangerie-épicerie-café-restaurant. Un siècle et trois générations plus tard, le *Saint-Lazare* est devenu l'une des meilleures tables de la région, des plus agréables aussi avec cette grande salle claire aux tons doux et un service aimable et attentionné. Le chef concocte des plats inventifs et légers, avec une prédilection pour le poisson, sandre en saison, ou tout simplement sardines (mais farcies à la feuille de blette) ou encore ces « queues de langoustines et chair de pamplemousse et sabayon d'avocat » qu'on peut dire succulentes. On optera pour le menu« criée » à 180 F (27,4 €), mettant en avant le savoir-cuisiner-le-poisson ; ou tout aussi bien pour le menu « découverte », à 160 F (24,4 €), verre de vin sur chaque plat compris. Vins toujours parfaits, de propriétaires, régionaux mais aussi plus exotiques – tel, dans les vins doux, ce saint-jean-du-minervois, l'un des meilleurs muscats. La poire à l'orientale en dessert, une des spécialités maison, termine impeccablement le repas, et l'on se dit qu'on reviendra. Un excellent rapport qualité-prix donc, et un vrai moment de gastronomie. *NOUVEAUTÉ.*

CLUSAZ (LA)   74220

Carte régionale B1

🏠|●| *Les Airelles* ** – au bourg (Centre) ☎ 04.50.02.40.51. Fax : 04.50.32.35.33. ● info@clusaz.com ● Parking. TV. Congés annuels : mai et du 15 novembre au 15 décembre. Double à 300 F (45,7 €) avec douche et wc. Demi-pension entre 280 et 500 F (42,7 et 76,2 €) suivant la saison. Menus de 80 F (12,2 €) le midi en semaine, à 160 F (24,4 €). Au centre du village, dans ce qui sera peut-être un secteur piéton le jour où tous les commerçants seront d'accord (on peut rêver), un amour de petit hôtel, entièrement rénové, avec des chambres gaies et colorées, d'un confort total. Accès au jacuzzi, au sauna et à la piscine des parents qui tiennent l'hôtel *Les Sapins*

un peu plus haut. Accueil simple et vrai, comme la cuisine. Et toutes les spécialités savoyardes, ici de rigueur. Parking souterrain public (gratuit l'été). *Apéritif offert.*

|●| *Le Chalet du Lac* – lac des Confins ☎ 04.50.02.53.26. Parking. Accès : monter vers le lac des Confins et juste avant, prendre le chemin en terre à droite. Menus de 73 à 135 F (11,1 à 20,6 €). Dès que la hutte lapone est en vue, le chalet n'est pas loin mais pas d'Indien à l'horizon. Simplement une auberge familiale où tout le monde contribue à la bonne marche de la maison. Authenticité et simplicité font office de leitmotiv. Fricassée de porcelet à l'ancienne, tartiflette, sauté de volaille aux 3 vinaigres et, pour les amateurs, un menu tomme blanche-salade à commander quelques jours avant. Terrasse ensoleillée au-dessus du lac. Ambiance jeune et carrément délirante certains soirs.

|●| *Restaurant L'Ourson* – place de l'Église (Centre) ☎ 04.50.02.49.80. Fermé le dimanche soir et le lundi. Congés annuels : du 25 avril au 10 juin. Menu à 99 F (15,1 €) le midi en semaine, autres de 130 à 280 F (19,8 à 42,7 €). Comptez 220 F (33,5 €) à la carte en restant raisonnable. D'avoir travaillé chez Veyrat, à Annecy, aurait pu lui donner un caractère de cochon. Vincent Lugrin a juste pris le côté un peu bourru de l'animal qui a donné son nom à ce joli restaurant situé en étage, en plein cœur de la station. Les prix, comme sa cuisine, devraient faire craquer les routards gastronomes. Menu savoyard avec salade de chèvre chaud de pays, suprême de volaille à la moutarde de génépi, trio de fromages de l'Ourson, mousse glacée au génépi, demi gamay de savoie, café et petits fours... Son dada, à cet enfant du pays, c'est... la vanille. Si vous avez quelques économies, goûtez, à la carte, le foie gras de canard à la vanille, et la crème brûlée !

COMBLOUX   74920

Carte régionale B1

🏠|●| *Les Granits* ** – 1409, route de Sallanches ☎ 04.50.58.64.46. Fax : 04.50.58.61.63. Parking. TV. ♿ Congés annuels : du 10 avril au 18 juin et du 10 septembre au 20 décembre. Accès : à 1,5 km du centre par la route de Sallanches. Chambres à 250 F (38,1 €) avec lavabo, 310 F (47,3 €) avec douche et wc ou bains. Petit déjeuner « ordinaire » à 38 F (5,8 €), ou « montagnard » à 68 F (10,4 €). Demi-pension à 275 F (41,9 €) par personne, obligatoire pendant les vacances scolaires d'hiver. Menus à 84 F (12,8 €) et 98 F

(14,9 €). La maison est un peu en bord de route, donc si vous avez vraiment peur du bruit (la circulation n'est pourtant pas intense), choisissez une chambre dans l'annexe. Spécialités savoyardes : matafan, diots aux crozets, tartiflette et fondue, dans un décor à l'avenant. *Café offert.*

🏠 |●| *Hôtel-restaurant Le Coin Savoyard* ** – **300, route de la Cry** ☎ **04.50.58.60.27. Fax : 04.50.58.64.44.** Parking. TV. Fermé le lundi hors saison. Congés annuels : du 15 avril au 5 juin et du 25 septembre au 5 décembre. Accès : en face de l'église. Doubles à 420 F (64 €) avec douche et wc ou bains. À la carte uniquement, compter 130 F (19,8 €). 10 chambres rénovées en accord avec le style jeune et chaleureux de ce petit chalet. Réservation (et longtemps à l'avance !) conseillée : les habitués se disputent, chaque année, cette adresse où l'on se sent, tout simplement, bien ! On peut aussi, dans un cadre rustique et savoyard, y prendre un verre ou dîner d'une bonne omelette, d'une salade du berger, d'une entre-côte aux morilles ou, entre amis, faire un sort à une fondue aux cèpes. Belle terrasse ensoleillée, face au mont Blanc. Piscine agréable en été ! *Apéritif offert.*

CONDRIEU   69420

Carte régionale A1

🏠 |●| *Hôtel-restaurant La Réclusière* – **rue Saint-Pierre (Centre)** ☎ **04.74.56.67.27.** TV. Fermé le lundi soir et mardi. Accès : Sur le N86. Doubles avec douche ou bains de 300 à 400 F (45,7 à 61 €). Menus de 98 à 190 F (14,9 à 29 €). Talentueux cuistot, Martin Fleischmann a laissé la petite *Réclusière* où quatre ou cinq tables tenaient à peine, pour s'agrandir et passer à la vitesse supérieure. Aujourd'hui, des chambres de bon confort, nickel, s'ajoutent au resto, qui se répartit en trois petites salles coquettes, chacune dans son style : cossu, moderne et moderno-cossu (tel que !). Et l'on mange toujours aussi bien, Laissons parler la carte : minestrone aux coquillages légèrement safrané, magret de canard et ses pommes rattes rissolées au lard et jus aux épices, pain perdu au vin rouge, glace à l'armagnac, ça vous tente ? Pour avoir avalé cette entrée, ce plat et ce dessert, on peut bien vous le dire, c'est excellent. Et plutôt bon marché, le menu à 130 F (19,1 €) est avec poisson et viande. Belle carte des vins aussi, que la patronne au service, douce et attentive, saura vous conseiller. Une halte de plaisir, gastronomique vraiment, à prix démocratiques. Super ! *NOUVEAUTÉ.*

CONTAMINES-MONTJOIE (LES)   74170

Carte régionale B1

🏠 |●| *Le Mont-Joly* – **La Chapelle** ☎ **04.50.47.00.17.** Parking. Congés annuels : octobre-novembre. Doubles de 200 F (30,5 €) avec lavabo à 249 F (38 €) avec bains. Demi-pension obligatoire hiver comme été : 210 à 240 F (32 à 36,6 €). Petit menu à 75 F (11,4 €) servi tous les jours et fondues, raclettes à la carte comptez 100 F (15,2 €) environ. Un joli petit hôtel à la façade de maison de poupées à l'entrée des Contamines. Pour un peu, on pourrait songer à la maison de pain d'épice de Hansel et Gretel. Il y a même les rideaux de dentelle (en sucre ?) aux fenêtres. Petites chambres toutes simples venant d'être rénovées. À moins que vous ne préfériez vous isoler dans les petits chalets construits à côté de la maison. Une belle terrasse en pleine verdure avec vue sur les montagnes. Calme. *Apéritif, café offerts. 10 % sur le prix de la chambre hors saison.*

🏠 *La Clef des Champs* * – **route de la Frasse** ☎ **04.50.47.06.09. Fax : 04.50.47.09.49.** Parking. Congés annuels : du 22 avril au 15 juin et du 10 septembre au 18 décembre. Accès : au-dessus du village, dans la rue qui monte en face de l'office du tourisme. Doubles avec douche et wc à 230 F (35,1 €). Demi-pension obligatoire en hiver et en été à 230 F (35,1 €) par personne. Petite adresse routarde sur les hauteurs de la station. Réservation obligatoire en hiver et conseillée en été. Une ancienne ferme restaurée (oui ! la clef des champs...) d'un bon rapport qualité-prix. Les n°s 2, 3, 4 et 9 ont un balcon qui domine la vallée. Agréable petit jardin. Le resto n'est ouvert qu'aux pensionnaires. Tarifs spéciaux pour enfants de moins de 8 ans. Bon plan : 10 % en janvier, avril, juin et septembre sur demi-pension et pension complète. *5 % sur le prix des pension et demi-pension.*

🏠 |●| *Hôtel-restaurant Le Gai Soleil* ** – **BP 4** ☎ **04.50.47.02.94. Fax : 04.50.47.18.43.** Parking. Congés annuels : du 15 avril au 14 juin et du 14 septembre au 19 décembre. Accès : au-dessus de l'église. Chambres de 300 à 400 F (45,7 à 61 €) avec douche et wc, de 350 à 430 F (53,4 à 65,6 €) avec bains. Demi-pension de 295 à 370 F (45 à 56,4 €) obligatoire pendant les vacances scolaires. Menu à 99 F (15,1 €) et menu pensionnaire à 148 F (22,6 €). Cette ancienne ferme tout en bois, bâtie en 1823, est devenue un hôtel très bien décoré et soigné comme une maison de famille sur laquelle on veille précieusement. Excellent accueil. Belles chambres ; certaines ont des mezzanines pour pouvoir loger parents et enfants ensemble. Les 19 chambres sont dotées de douche et wc ou de bains et de téléphone direct. *10 % sur le prix de la chambre hors vacances scolaires.*

CONTREVOZ 01300

Carte régionale B1

Iel *La Plumardière* – ☎ 04.79.81.82.54. Fermé le lundi, le mardi en hiver. Congés annuels : la dernière semaine de juin, la 1re semaine de septembre et de fin novembre à février. Accès : par la D32, direction Ordonnaz. Menus à 90 F (13,7 €) le midi en semaine et de 130 à 220 F (19,8 à 33,5 €). Une charmante auberge dans un village de bout du monde. La campagne française recèle toujours son lot de bonnes surprises. Cette vaste maison a gardé (un peu) le cachet de la ferme qu'elle fut. À l'intérieur, toute la décoration rappelle ce passé paysan : grande cheminée, outils d'époque... Et il y a ici un jardin dans lequel, aux beaux jours, il est impératif de manger : sous les arbres fruitiers ou dans un adorable petit kiosque à côté de la volière. Bonne cuisine, franchement de terroir. Le petit menu du midi en semaine propose par exemple salade campagnarde puis volaille rôtie au thym et gratin dauphinois. Mais la qualité de la table fait qu'on peut se délester de quelques billets de plus. Le foie gras est maison, comme le fumage du saumon et des filets de canard.

CORMORANCHE-SUR-SAÔNE 01290

Carte régionale A1

Iel *Hôtel-restaurant Chez la Mère Martinet* – le bourg ☎ 03.85.36.20.40. Fax : 03.85.31.77.19. TV. Fermé le lundi. Congés annuels : février. Doubles avec bains à 260 F (39,6 €). Menus de 78 à 260 F (11,9 à 39,6 €). Une gentille petite auberge de village sur laquelle veille toujours la mère Martinet, même si son fils est aujourd'hui aux commandes de la maison. Ici, la cuisine se contente d'être de terroir, et c'est déjà beaucoup : blanc de volaille à la crème, grenouilles fraîches persillées, panaché de sandre-carpe à la fondue de poireaux, pochade de la Dombes aux petits légumes, salade aux crevettes et saumon fumé. Aux beaux jours, petite terrasse dans le jardin. Si la Saône en sortant de son lit vous poussait dans le vôtre, quelques chambres sont disponibles. Accueil particulièrement chaleureux. *Apéritif offert. 10 % sur le prix de la chambre.*

CORPS 38970

Carte régionale B2

Iel *Hôtel de la Poste* ** – place de la Mairie (Centre) ☎ 04.76.30.00.03. Fax : 04.76.30.02.73. Parking. TV. Congés annuels : le 1er décembre au 15 janvier. Accès : par la N85 (route Napoléon). Doubles à 250 F (38,1 €) avec douche, de 285 à 430 F (43,4 à 65,6 €) avec bains. Menu à 100 F (15,2 €) en semaine, 125 F (19,1 €) le week-end. Autres menus de 135 à 250 F (20,6 à 38,1 €). En plein centre du village, sur la route Napoléon, l'une des adresses les plus connues de la région. Des chambres confortables (mais ça, c'est normal) et une belle cuisine dont la réputation n'est plus à faire. C'est presque une tautologie que de mettre cette adresse dans le *Routard*, tant sa renommée est bien assise. Cependant, tous les lecteurs ne sont pas forcés d'apprécier le cadre par trop cossu, la décoration assez chargée des lieux et la clientèle peu routarde. Mais ce n'est pas une raison suffisante pour se passer des bonnes tables ! Beaucoup de choix à la carte dont nous extrayons pour vous les Saint-Jacques aux morilles, le gigot d'agneau à la broche, le gratin de ris de veau à la crème, la truite braisée aux écrevisses, le canard demi-sauvage grandmère, etc. Terrasse prise d'assaut aux beaux jours (mais sur rue). *Café, digestif offerts.*

Iel *Boustigue Hôtel* ** – route de la Salette ☎ 04.76.30.01.03. Fax : 04.76.30.04.04. Parking. TV. ♿ Congés annuels : du 15 octobre au 15 avril. Doubles de 266 à 352 F (40,6 à 53,7 €). Menus à 92 et 140 F (14 et 21,3 €). Sur la route qui mène à Notre-Dame-de-la-Salette, « haut lieu de pèlerinage », de drôles de pancartes entretiennent le suspense : « C'est par là ». « Vous approchez »... Difficile de trouver mieux pour se reposer que cette grande maison avec piscine et practice de golf au milieu du parc, complètement isolée sur un plateau, à 1 200 m d'altitude, avec vue panoramique sur le village de Corps et le lac du Sautet. Des chambres pas trop grandes mais agréables, un sauna, des coins détente un peu partout. Bernard Dumas joue en cuisine la carte terroir à petits prix. Quelques spécialités : ravioles de Royans aux escargots, ris de veau braisés aux champignons, joue de cochon, cornes de bouc et oreilles d'âne, poulet de Beaumont, etc. *Digestif offert. 10 % sur le prix de la chambre.*

Iel *La Marmotte* – rue Principale (Centre) ☎ 04.76.30.01.02. Fermé le mercredi hors saison. Accès : sur la N85 (route Napoléon). Plusieurs formules : entrée + plat à 59 F (9 €). Menu « terroir » à 68 F (10,4 €), autres de 85 à 95 F (13 à 14,5 €). Dans la rue principale du village, un p'tit resto sans esbroufe, proposant une cuisine régionale avec une touche assez personnelle et à des prix fort raisonnables. Cadre sympa et petite terrasse l'été. Quelques plats goûteux et consistants : le pot-au-feu de Murçon et ses ravioles, caillette dauphinoise maison, oreilles d'âne du Sabot de Vénus, civet de *caïon* grand-mère (porcelet), andouillette de Corps échalotes, fondues de chèvre aux noix, etc. Le quart de rouge à 18 F (2,7 €), sélection du patron à 56 F (8,5 €). Tout est raisonnable et raisonné ici... *La Marmotte* propose aussi une formule étape comprenant la chambre, le menu du terroir et le petit déjeuner pour 185 F (28,2 €). *Apéritif, café offerts.*

COUCOURON 07470

Carte régionale A2

🏠 ⏐●⏐ *Hôtel-restaurant Au Carrefour des Lacs* ** – ☎ 04.66.46.12.70. Fax : 04.66.46.16.42. Parking. TV. Congés annuels : du 1er décembre au 1er février. Doubles à partir de 130 F (19,8 €) avec douche, 275 F (41,9 €) avec bains. Demi-pension à 205 F (31,2 €) obligatoire en saison. Menu ouvrier à 65 F (9,9 €) sauf le dimanche ; autres menus de 80 à 140 F (12,2 à 21,3 €). Au cœur du plateau ardéchois et près d'un lac, une auberge de montagne attrayante. Chambres propres. Grande et belle salle de restaurant pour une cuisine appréciable, à base de produits frais. Essayez la charcuterie, les bons fromages du pays et les desserts faits maison. Patronne sympathique et spontanée.

COURS-LA-VILLE 69470

Carte régionale A1

🏠 ⏐●⏐ *Le Nouvel Hôtel* ** – 5, rue Georges-Clemenceau (Centre) ☎ 04.74.89.70.21. Fax : 04.74.89.84.41. TV. Canal+. Fermé du 25 décembre au 3 janvier et une semaine en août. Chambres avec lavabo à 170 F (25,9 €), avec bains à 265 F (40,4 €). Menus de 78 F (11,9 €) sauf le dimanche à 162 F (24,7 €). La salle à manger est accueillante et la nourriture régionale réussie. Prix raisonnables. Les chambres coquettes, aux murs blancs et aux couettes chamarrées, disposent de bains et de téléphone. *Le Nouvel Hôtel* est une jolie adresse comme on aimerait en trouver plus souvent.

🏠 ⏐●⏐ *Le Pavillon* ** – col du Pavillon ☎ 04.74.89.83.55. Fax : 04.74.64.70.26. Parking. TV. Canal+. ♿ Fermé le samedi de novembre à mars. Congés annuels : en février. Accès : à 3 km du centre, en direction des Écharmeaux, par la D64. Chambres à 340 F (51,8 €) avec douche et wc ou bains. Menu servi le midi en semaine à 84 F (12,8 €) avec vin et café. Autres menus de 99 à 270 F (15,1 à 41,2 €). Totalement isolé au milieu des sapins, à 755 m d'altitude, l'hôtel est le point de départ de balades agréables pour les fans de marche. Pour les autres, repos assuré. Entièrement rénové récemment, les couloirs sont décorés de photos des nombreux périples des patrons. Maroc, Inde, cap Nord, il y a même un diplôme d'ascension de la grande muraille de Chine. Chambres modernes et confortables. Resto agréable aux menus variés à la fois pour la cuisine (flan d'asperges aux crevettes, cuisses de canard grillées au miel et graines de sésame, nage de flétan et saumon au vermouth) et pour les prix. *Apéritif offert.*

DANS LES ENVIRONS

MARNAND 69240 (10 km S)

🏠 ⏐●⏐ *Hôtel-restaurant La Terrasse* – ☎ 04.74.64.19.22. Fax : 04.74.64.25.95. Parking. TV. Accès : Direction Thizy et à gauche vers Marnand depuis le centre de Thizy. Doubles avec bains, télé et téléphone à 250 F (38,1 €). Menus de 108 à 187 F (16,5 à 28,5 €). Auparavant installé un peu plus haut dans le village, cet hôtel-restaurant a retrouvé une seconde jeunesse et gagné en confort en emménageant dans cet ancien local industriel, excellemment réemployé. Très belle position en terrasse sur le haut Beaujolais, dont on profite depuis chaque chambre, comme de la salle de restaurant ou de la terrasse. Jolie déco dans les chambres, fraîches et fleuries, claires et spacieuses. Même agrément au restaurant, où la poêlée de pétoncles à la fondue de poireau, le filet de pageot en écaille de chorizo puis le pavé glacé aux agrumes et chocolat chaud vous réconcilient avec la vie. Accueil naturel et souriant de la patronne. Une adresse qui vaut le détour. *NOUVEAUTÉ.*

CRÉMIEU 38460

Carte régionale A1

🏠 ⏐●⏐ *L'Auberge de la Chaite* ** – cours Baron-Raverat ☎ 04.74.90.76.63. Fax : 04.74.90.88.08. Parking. TV. Fermé le dimanche soir et le lundi. Congés annuels : du 10 au 18 avril et du 25 décembre au 25 janvier. Doubles à 240 F (36,6 €) avec douche, 260 F (39,6 €) avec douche et wc et 300 F (45,7 €) avec bains. Bon petit menu à 78 F (11,9 €) en semaine. Autres menus de 125 à 185 F (19,1 à 28,2 €). Que demander de plus ? Le cadre est médiéval à souhait. Les chambres côté jardin sont ravissantes. Quant à la cuisine, elle est royalement servie, en salle comme en terrasse. Aux menus vous pourrez choisir tout aussi bien la succulente terrine de canard à l'orange maison, les quenelles de saumon sauce beurre blanc que le poulet frit au rhum et au gingembre ou la canette rôtie aux pêches. *10 % sur le prix de la chambre à partir de 2 nuits consécutives hors juillet-août.*

l●l *Hôtel de la Poste* – **21, rue Porcherie** ☎ 04.74.90.71.41. Fermé le mercredi hors saison. Congés annuels : 2 semaines en février et 2 semaines en septembre. Accès : face aux halles. Menu à 68 F (10,4 €) le midi en semaine. Autres menus de 98 à 158 F (14,9 à 24,1 €). Attention, faux ami ! Le nom, du moins. La nouvelle poste est loin et l'hôtel n'existe plus. Belle façade fleurie. Salle de bistrot où il fait bon se retrouver sur une banquette, entouré de vieilles pubs et de jeunes cadres. Dans ce décor chaleureux à l'ancienne, choisissez les plats du jour ou l'un des menus où poisson et coquillages sont à l'honneur. Quelques spécialités : crique dauphinoise, coquelle de moules poulette, petite friture d'éperlan, pot-au-feu de la mer, *sabodet crémolar*, filet de bœuf Madagascar, etc.

DANS LES ENVIRONS

SAINT-HILAIRE-DE-BRENS 38460
(6 km SE)

l●l *Au Bois Joli* – ☎ 04.74.92.81.82. Parking. Fermé tous les soirs ainsi que le lundi toute la journée. Congés annuels : du 20 août au 20 septembre environ. Accès : en venant de Crémieu, au croisement des routes de Morestel et de Bourgoin-Jallieu. Menus à 70 F (10,7 €) le midi en semaine, et de 98 à 165 F (14,9 à 25,2 €). C'est l'établissement connu et reconnu de la famille Vistalli. Un jardin, deux grandes salles pouvant accueillir une centaine de convives, collection de pin's et de cloches de vaches. Gérard et Alain Vistalli sont aux fourneaux et perpétuent la tradition familiale. Goûter au gâteau de foies de volailles, aux grenouilles à la provençale, au poulet aux écrevisses, au filet de sandre à l'oseille. Gibier en saison (lièvre, perdreau, chevreuil, sanglier sur commande). Bons p'tits vins du Bugey : gamay à 60 F (9,1 €), montagny 1er cru Domaine de la Tour à 92 F (14 €), etc. *Café offert.*

CREST   26400

Carte régionale A2

🏠l●l *Le Kléber* ✱✱ – **6, rue Aristide-Dumont (Centre)** ☎ 04.75.25.11.69. Fax : 04.75.76.82.82. Parking payant. TV. Fermé

le dimanche soir et le lundi. Congés annuels : du 15 janvier au 4 février et du 18 août au 2 septembre. Doubles de 190 F (29 €) avec douche à 250 F (38,1 €) avec bains. Menus de 98 F (14,9 €) en semaine à 260 F (39,6 €). Une petite adresse pimpante. Au restaurant, réputé pour sa gastronomie, spécialités de poisson et plats à base de produits régionaux (loup grillé au fenouil, cassolette de Saint-Jacques et langoustines au safran, goujonnettes de sole aux cèpes...). Quelques chambres tout à fait abordables. Déco coquette et fraîche. À notre avis, l'adresse la plus plaisante de la ville. *Apéritif offert.*

l●l *La Tartine* – **10, rue Peysson (Centre)** ☎ 04.75.25.11.53. Fermé le samedi midi, le dimanche et le mercredi soir hors saison. Accès : près de l'église Saint-Sauveur. Menu à 56 F (8,5 €) sauf le dimanche. Autres menus à 98 et 123 F (14,9 et 18,8 €). Le restaurant occupe tout le 1er étage d'une très ancienne maison de ce bourg tranquille de 7 500 habitants. Dans la salle, spacieuse, haute de plafond, trône un piano ! Fréquemment, un amateur de jazz pose ses doigts sur le clavier et donne envie au guitariste ou au saxophoniste de passage d'y faire un bœuf. *La Tartine*, vous l'avez deviné, est le rendez-vous des amateurs de musique qui peuvent choisir un cadre agréable d'une de ces « tartines » imaginées par Véronique, la maîtresse de maison, d'un plat du jour ou d'une grillade toute simple. *Café offert.*

DANS LES ENVIRONS

SAOU 26400 (14 km SE)

l●l *L'Oiseau sur sa Branche* – **La Placette (Centre)** ☎ 04.75.76.02.03. ♿ Fermé le lundi soir et le mardi soir hors saison. Menus à 68 F (10,4 €) en semaine, côté bistrot, à 98 F (14,9 €) côté resto. Également un solide casse-graine pour 50 F (7,6 €). « Douce France... » La chanson de Trénet s'envole sur les murs peints en jaune et bleu de ce restaurant de village métamorphosé par un restaurateur-poète qui, après avoir roulé sa bosse au Congo et ailleurs, est venu ici apporter un peu de la magie du monde. L'été, une farandole, servie jusqu'en terrasse, propose pour 98 F un plat (tel un succulent poulet de ferme aux écrevisses), fromage et dessert. 135 F (20,6 €) pour une entrée en sus. Tous comportent une mise en bouche avec des sauces bizarres. Les assiettes qui vous arrivent sur la table, composées comme un tableau, riches en couleurs, en saveurs et en relief, portent en guise de signature le nom du plat que vous avez commandé. Côté bistrot, sur fond rouge et jaune cette fois, un comptoir où traînent une malle et la mappemonde du voyageur. Les habitués ne s'y trompent pas et s'y rejoignent nombreux.

OMBLÈZE 26400 (29,5 km NE)

🛏️🍽️ *Auberge du Moulin de la Pipe* – (Sud-Ouest) ☎ 04.75.76.42.05. Fax : 04.75.76.42.60. ● www.moulin.de.la.pipe.fr ● Parking. ♿ Fermé le lundi de septembre à mars. Accès : à Plan-de-Baix, prendre la D578 sur 5 km. Doubles de 195 à 225 F (29,7 à 34,3 €) avec bains. Demi-pension à partir de 210 F (32 €). Menus de 79 à 119 F (12 à 18,1 €). Au bout d'une vallée reculée, des gorges, une rivière, des chutes d'eau de 70 m, tel est le cadre naturel de cet ancien moulin restauré. Ce lieu atypique draine la clientèle de tout âge et de tout le département (et même de plus loin) autour de plusieurs thèmes : son école d'escalade, ses sentiers de randonnée, ses stages de trapèze volant et art du cirque, ses concerts rock, blues, reggae et... son restaurant où l'on vous mitonne une cuisine familiale régionale. Chambres, studios, gîte de groupe... Idéal pour se mettre au vert sans déprimer. Tenu par un couple sympathique, ce moulin est un lieu unique dans la région. *10 % sur le prix de la chambre de septembre à avril.*

DIE 26150

Carte régionale A2

🍽️ *La Ferme des Batets* – quartier des Batets ☎ 04.75.22.11.45. Parking. Fermé le dimanche soir et le lundi. Congés annuels : du 1er au 15 octobre. Accès : à l'entrée de la ville, prendre la direction Chamaloc-col de Rousset. Menus de 98 à 158 F (14,9 à 24,1 €). En revenant d'une marche dans le Vercors, cette ancienne ferme tombe à pic pour réconforter les cœurs et les corps, à coup de pintadeau au thym arrosé d'un rouge du pays, un châtillon-champassias de chez Cornillon. Évitez les jours d'affluence, pour profiter du calme et du décor : une ancienne écurie vieille de 3 siècles, magnifiquement restaurée. *Coupe de clairette avec le dessert.*

DANS LES ENVIRONS

PONTAIX 26150 (10 km O)

🛏️🍽️ *L'Eau Vive* – D93 ☎ 04.75.21.22.40. Fax : 04.75.21.23.42. Parking. Fermé le mercredi et le dimanche soir. Accès : sur la D93. Doubles à 155 F (23,6 €) avec lavabo, 290 F (44,2 €) avec douche. Cuisine très correcte à partir de 80 F (12,2 €). Plat du jour à 60 F (9,1 €), sauf le dimanche. Au pied d'une ruine, une des bonnes adresses à petits prix du département. Cet hôtel n'a pas d'étoile, mais il est très bien entretenu. 6 chambres toutes simples. Au resto, goûtez la truite à la clairette de Die. Bonne étape de passage sur la route du sud, typi-

quement routarde, qui bénéficie d'un accueil jeune et très sympathique. *Apéritif, café offerts.*

BARNAVE 26310 (13 km SE)

🛏️🍽️ *L'Aubergerie* – Grande-Rue ☎ 04.75.21.82.13. Fax : 04.75.21.84.31. TV. Resto fermé le mardi en saison et durant la semaine en hiver. Doubles à partir de 200 F (30,5 €). Menus de 80 à 120 F (12,2 à 18,3 €). Il y a les brebis folles de F'Murr en guise d'enseigne, un car de papis et mamies plutôt marrants qui se régalent de tourte paysanne, feuilleté de chèvre chaud ou lapin à la clairette de Die dans la grande salle aménagée dans une ancienne bergerie, tandis qu'au 1er étage, dans la salle du café, les veuves (eh oui !) et les villageois s'apprêtent à venir jouer aux cartes. Les amoureux ou les marcheurs, pendant ce temps, peuvent aller se reposer dans une chambre avec kitchenette, aménagée avec goût et simplicité dans les dépendances. *Apéritif offert. 10 % sur le prix de la chambre pour 2 nuits consécutives.*

LUC-EN-DIOIS 26310 (19 km SE)

🛏️🍽️ *Hôtel du Levant* ** – route de Gap (Centre) ☎ 04.75.21.33.30. Fax : 04.75.21.31.42. Parking. Le dimanche soir et le mercredi, restauration simplifiée. Congés annuels : du 15 novembre au 30 janvier. Accès : par la N93. Chambres confortables de 160 F (24,4 €) avec douche à 290 F (44,2 €) avec bains. Menu à 65 F (9,9 €) le midi en semaine. Autres menus à 99 et 139 F (15,1 et 21,2 €). Cet ancien relais de diligence du XVIIe siècle est idéal pour une halte dans le pays diois. Préférez les chambres donnant sur l'arrière. Vue imprenable sur toits et montagnes, notamment depuis la chambre n° 5. Menu régional à 99 F dans une salle à manger rustique ornée à souhait. Un inconvénient : la demi-pension à choix multiple est quasi obligatoire en été. Immense jardin avec piscine... après avoir traversé la route ! *Café offert. 10 % sur le prix de la chambre pour 2 nuits minimum, en juin.*

DIEULEFIT 26220

Carte régionale A2

🍽️ *La Péniche* – 16 quai Roger-Morin ☎ 04.75.90.62.98. Fermé le dimanche soir et le lundi hors saison. Accès : au pied de la vieille ville, près de la rivière. Formule plat-dessert à 68 F (10,4 €) en semaine. Menus à 98 et 138 F (14,9 et 21 €). Non, ce n'est pas un restaurant flottant. N'allez pas le chercher au milieu des arbres, mais de l'autre côté de la route (enseigne discrète), avec sa petite terrasse et sa salle, couleurs crème et terre, en hommage aux potiers du pays. C'est simple, frais, joyeux, jusque dans l'assiette où, au 1er menu, on vous sert par exemple une bavaroise de fenouil à la vinaigrette, une pintade à la clairette de Die, un fromage blanc et une tarte chaude aux pommes et à la cannelle. Le rapport QPP (qualité-prix-plaisir) de la formule est exemplaire.

|●| Auberge des Brises – **route de Nyons** ☎ 04.75.46.41.49. Fermé le mardi et le mercredi hors saison. Congés annuels : du 15 janvier au 1er mars. Accès : à 1,5 km du centre-ville. Menus de 95 F (14,5 €) sauf le dimanche, à 190 F (29 €). Un coin de Bretagne au cœur de la Drôme provençale, au moins dans la tête de Didier Le Doujet et de son épouse. Lui, en cuisine, a troqué les saveurs atlantiques contre des préparations plus terroir telles qu'un bon magret d'oie au miel de Vesc et au vinaigre de framboise. Son restaurant a vite acquis une renommée de bonne table et d'accueil sympathique. Jolis menus à déguster à l'ombre de la terrasse, en été (profiteroles d'escargots au beurre d'ail, rougets à la tapenade et beurre de basilic, blanquette de poisson aux morilles...). *Apéritif offert.*

DANS LES ENVIRONS

FÉLINES-SUR-RIMANDOULE
26160 (12 km NO)

|●| Restaurant Chez Denis – ☎ 04.75.90.16.73. Parking. Fermé le mardi soir et le mercredi hors saison. Congés annuels : janvier. Accès : par la D540, puis la D179. Menus allant de 100 à 210 F (15,2 à 32 €). Si vous appelez le chef Denis, il ne vous en voudra pas. Ayant pris la succession de son père, il continue, sans faire de vagues et avec le sourire, de remplir, les dimanches et aux beaux jours, sa belle maison, perdue dans les hauteurs, d'une foule heureuse de manger à l'ancienne. Il y a le bruit de l'eau en fond sonore, les rires des enfants qui jouent, une atmosphère détendue et des repas qui se prolongent, à la fraîche sur la terrasse. Spécialités d'escalope de foie gras frais poêlée sauce cassis, gratinée d'escargots aux nouilles, noisette de veau aux morilles... Réservation recommandée le week-end. *Café offert.*

DIVONNE-LES-BAINS
01220

Carte régionale B1

⌂|●| La Terrasse Fleurie ** – **315, rue Fontaine (Centre)** ☎ 04.50.20.06.32. Fax : 04.50.20.40.34. TV. Congés annuels : de fin octobre à fin-février. Accès : tout près du casino. Doubles avec douche et wc de 260 à 310 F (39,6 à 47,3 €). Menus de 71 à 93 F (10,8 à 14,2 €). À deux pas du centre, mais bénéficiant d'un calme exceptionnel derrière (vous l'auriez deviné), avec sa terrasse fleurie ! Du reste, le balcon est aussi fleuri. Des chambres à la déco contemporaine mais qui ne manquent pas de charme. Une table simple, familiale et peu onéreuse. Possibilité de demi-pension (à partir de 7 jours) ou de pension complète (sur 21 jours, pour les curistes évidemment). Excellent rapport qualité-prix, surtout à Divonne. *Apéritif offert.*

ÉVIAN
74500

Carte régionale B1

⌂|●| Auberge de jeunesse – Centre international de séjour – **av. de Neuvecelle (Sud-Ouest)** ☎ 04.50.75.35.87. Fax : 04.50.75.45.67. ● www.fuaj.org ● Parking. Accueil de 8 h à 20 h (23 h en été). Accès : par la D21, direction Abondance, c'est fléché. Pas de bus en hiver. 192 F (29,3 €) la nuit pour 2 personnes dans une chambre avec douche et wc, petit déjeuner inclus. Plat du jour à 36 F (5,5 €). À la carte, compter 62 F (9,5 €). Dans un coin bien tranquille (que cette AJ partage avec la plus luxueuse hôtellerie d'Évian) et, finalement, tout près du centre à pied. Bâtiments récents noyés dans la verdure. Plein de chambres face au lac. Si vous n'en obtenez pas une, reste la terrasse ensoleillée où se prend le petit déjeuner. Plus cher qu'une AJ traditionnelle (mais ce n'en est pas franchement une) mais vraiment pas cher pour la région. *Apéritif offert. Petit déjeuner offert à partir du 2e jour.*

⌂ Hôtel Continental ** – **65, rue Nationale (Centre)** ☎ 04.50.75.37.54. Fax : 04.50.75.31.11. TV. Doubles avec douche et wc de 230 à 300 F (35,1 à 50,3 €), de 250 à 350 F (38,1 à 53,4 €) avec bains. Est-ce parce qu'ils passent beaucoup de temps aux États-Unis que les nouveaux propriétaires de cet hôtel au ton particulièrement banal ont réussi l'exploit de le transformer en un lieu de vie où chaque chambre a sa personnalité, avec de vrais meubles, une vraie atmosphère, et plein de petites attentions un peu partout ? Avec un peu de chance, il restera peut-être, au fond d'un couloir ou d'un placard, des restes du papier d'avant, pour mieux voir à quoi vous avez échappé ! Accueil cordial et prix réjouissants, vu le charme et la grandeur des chambres. *10 % sur le prix de la chambre.*

DANS LES ENVIRONS

PUBLIER 74500 (3,5 km O)

⌂|●| Hôtel-restaurant Le Chablais ** – **rue du Chablais** ☎ 04.50.75.28.06. Fax : 04.50.74.67.32. Parking. TV. Canal+.

RHÔNE-ALPES

Fermé le dimanche en hiver. Congés annuels : du 20 décembre au 20 janvier, le 1er mai. Accès : par la D11. Doubles de 160 à 180 F (24,4 à 27,4 €) avec lavabo, de 205 à 230 F (31,3 à 35,1 €) avec douche et de 250 à 290 F (38,1 à 44,2 €) avec bains. 1er menu à 90 F (13,7 €) sauf le dimanche, autres de 102 à 163 F (15,5 à 24,8 €). Un établissement « propre en ordre », diraient les Suisses, qui habitent sur l'autre rive du Léman. L'hôtel domine le lac sur lequel une bonne moitié des chambres offre donc une vue exceptionnelle. Décoration croquignolette mais confort standard. Prix raisonnables qui méritent qu'on s'éloigne d'Évian, d'autant que la maison est réputée dans le coin. *10 % sur le prix de la chambre sauf juillet-août.*

BERNEX 74500 (10 km SE)

🛎 |●| *L'Échelle* – ☎ 04.50.73.60.42. Fax : 04.50.73.69.21. Fermé le lundi et le mardi midi hors vacances scolaires. Congés annuels : la 1re quinzaine de décembre. Accès : à côté de l'église. Doubles à 270 F (41,1 €), demi-pension de 200 à 350 F (30,5 à 53,4 €). Menu à 65 F (9,9 €) le midi en semaine. Autres menus de 100 à 198 F (15,2 à 30,2 €). Menu-carte à 145 F (22,1 €). Un restaurant où l'on prend le temps de vivre. Si vous voyez le chef boire un verre avec de joyeux drilles, un soir, au bar, aux environs de 20 h, n'imaginez pas forcément qu'il y aura du retard pour le service. Non, ce sont ceux de la noce du midi ou du repas dominical qui partent ! Le patron suit en cuisine les méthodes de sa mère, « la Félicie », qui faisait à manger aux montagnards, à la descente des alpages, à la Saint-Michel et à la soirée des contes de montagne : escargots en brochette, cuisse de canette aux grains de genièvre, etc. Entre amis, goûtez la chapeaurade (viande grillée sur le « chapeau »). Vins de vignerons qui savent vivre. Possibilité de chambres en demi-pension. Mais personne ne vous y oblige. Même adresse, au cas où... *Digestif offert. 10 % sur le prix de la chambre.*

|●| *Restaurant Le Relais de la Chevrette* – Trossy ☎ 04.50.73.60.27. Parking. ♿ Fermé le mercredi sauf durant les vacances scolaires. Congés annuels : du 6 novembre au 20 décembre. Accès : par la D21 et la D52 ; traversez Bernex, direction la Dent-d'Oche. Comptez 100 F (15,2 €) pour un copieux repas. À l'écart de la petite station familiale de Bernex, un chalet aux volets de bois blancs et rouges digne d'un décor de cinéma. Romy en Sissi aurait pu y improviser une escapade champêtre avec son empereur d'époux. Carte de produits d'alpages : viande séchée, salée et fumée comme le jambon, à la maison. Cuisine simple (omelette, tarte aux myrtilles) et bonne cave de vins de Savoie. Enfin,

accueil chaleureux à l'image du feu qui brûle l'hiver dans la cheminée. L'été, goûters dans le jardin traversé par un petit ruisseau. *Apéritif offert.*

THOLLON-LES-MEMISES 74500 (10 km E)

🛎|●| *Hôtel Bon Séjour* ✴✴ – (Centre) ☎ 04.50.70.92.65. Fax : 04.50.70.95.72. Parking. TV. Congés annuels : du 13 novembre au 16 décembre. Doubles avec douche et wc ou bains de 260 à 300 F (39,6 à 45,7 €). Formule à 78 F (11,9 €). Autres menus de 90 à 130 F (13,7 à 19,8 €). Dans la famille Dupont, voici la mère, la fille, les petits derniers qui manifestent leur présence... On vit, on travaille, on vous accueille en famille, ici. Ce qui tombe bien, pour une station familiale. La nouvelle génération rénove petit à petit des chambres où l'on dort comme un bébé. Au restaurant, bonne cuisine de montagne (« sainement préparée, bien servie », comme dit la carte !), à prix serrés. Terrasse fleurie et jardin. *Apéritif offert. Garage souterrain offert.*

VACHERESSE 74360 (20 km SE)

🛎|●| *Au Petit Chez Soi* – ☎ 04.50.73.10.11. Fax : 04.50.73.10.11. Parking. Doubles à 180 F (27,4 €). Demi-pension à 200 F (30,5 €). Menus à 70 et 90 F (10,7 et 13,7 €). Au débouché du val d'Abondance, entre les plutôt chic rives du Léman et les stations de sports d'hiver, une adresse d'un autre temps, d'un autre univers. Une vieille maison où le père continue de multiplier les calembours en épluchant les pommes de terre, où la mère est tout émue de recevoir Monsieur le Curé, où les pensionnaires écrivent des vers entre deux balades. On mange ce qu'il y a, pour 70 F tout compris. Il y a des chambres, elles aussi à la mode d'autrefois (mais avec douche et wc), où l'on ne dort sûrement pas plus mal qu'ailleurs. Les filles viennent donner un coup de main, quand ce ne sont pas les pensionnaires qui mettent la main à la pâte. *Apéritif offert.*

FAVERGES 74210

Carte régionale B1

|●| *La Carte d'Autrefois* – 25, rue Gambetta (Centre) ☎ 04.50.32.49.98. Fermé le dimanche soir et le lundi. Congés annuels : la 1re semaine de janvier et la dernière semaine d'août. Menus de 80 à 125 F (12,2 à 19,1 €). Menu enfant à 45 F (6,9 €). Au cœur de cette bourgade, à peine trop loin du lac d'Annecy pour être franchement touristique (malgré sa petite station de ski), une petite adresse tout aussi discrète. Mais qui (heureuse surprise !) propose, dans un

décor bien rétro, une vraie cuisine, pleine de saveurs et loin du genre « banalement régional » de bon nombre d'autres adresses : ravioles maison, fricassée de rognons de veau, etc. *Apéritif offert.*

FEURS   42110

Carte régionale A1

|●| Chalet de la Boule d'Or – 42, route de Lyon (Est) ☎ 04.77.26.20.68. Å. Fermé le dimanche soir et le lundi. Congés annuels : du 12 au 27 janvier et les 3 premières semaines d'août. Accès : à la sortie est de Feurs. Un agréable 1er menu à 95 F (14,5 €) servi jusqu'au samedi midi, puis des menus plus élaborés de 150 à 250 F (22,9 à 38,1 €). Ce restaurant gastronomique a su rester, tout du moins en semaine, à la portée de toutes les bourses. L'accueil est empressé sans pour autant être pesant, la chère délicate et la cave judicieusement garnie mais assez chère. Goûtez à ce que vous voulez : foie gras de canard, coquille Saint-Jacques aux morilles, ou marbré de lapereau, tout est bon. On appréciera la salle agréable, le sublime chariot de desserts et la subtilité des amuse-bouches.

DANS LES ENVIRONS

MARCLOPT 42210 (11 km S)

⌂|●| Le Khan – (Centre) ☎ 04.77.54.58.40. Parking. Fermé le jeudi soir, sauf en saison. Congés annuels : la 2e semaine de janvier et la 2e et 3e semaine d'octobre. Accès : par la N82 direction Montrond-les-Bains, ou autoroute A72, sortie Montbrison-Montrond et la D115 jusqu'à Marclopt. Doubles à 180 F (27,4 €). Superbe petit déjeuner pour 30 F (4,6 €). Menus de 80 à 185 F (12,2 à 28,2 €). Une auberge moderne et authentique dans un charmant petit village. Le cadre est agréable, avec une déco originale issue de l'entreprise de taille de pierres du fils de la maison, et des peintures murales d'artistes. L'accueil de la maîtresse des lieux est chaleureux à souhait et sa cuisine pleine de fraîcheur et d'originalité. Tout est fait maison : le poisson mariné ou fumé à la cheminée, le bœuf à la moelle en cocotte longuement mijoté sur le bord du fourneau, le foie gras. Menu proposé au plat pour que les convives se servent à satiété. Le menu foie gras (frais et aussi poêlé), lui aussi servi à volonté, est à 185 F. 4 chambres rustiques, spacieuses et pleines de charme, invitent à prolonger son séjour. Attention néanmoins, certains lecteurs ont été déçus. Pas nous, mais à suivre.

VIOLAY 42780 (22 km NE)

⌂|●| Hôtel-restaurant Perrier ** – place de l'Église ☎ 04.74.63.91.01. Fax : 04.74.63.91.77. Parking. TV. Accès : gagner Balbigny par la N82, puis D1 direction Tarare. Doubles de 150 F (22,9 €) avec lavabo, à 220 F (33,5 €) avec bains. Plat du jour entre 39 et 49 F (5,9 et 7,5 €) et un 1er menu à 85 F (13 €) sauf le dimanche. Autres menus de 95 à 185 F (14,5 à 28,2 €). C'est dans la douceur d'un décor rose tendre que Jean-Luc Clot et son épouse reçoivent avec gentillesse et concoctent une gastronomie souvent inspirée par le Sud-Ouest. Les prix sont sages, surtout en semaine. À noter, d'excellents confits de canard ou de poulet, coquelet à l'estragon, ris de veau flambé au madère... L'hôtel, bien tenu, pratique des prix très abordables. Chambres coquettes au romantisme suranné et froufroutant (celle de la mariée), toutes avec salle de bains. Notons que Violay est un charmant village de montagne où l'on pratique le ski de fond. Et pour ceux que ça inquiète, l'église en face de l'hôtel ne sonne pas la nuit. Accès aux handicapés pour le restaurant. *10 % sur le prix de la chambre.*

FLUMET   73590

Carte régionale B1

⌂|●| Hôtel-restaurant Le Parc des Cèdres *** – (Centre) ☎ 04.79.31.72.37. Fax : 04.79.31.61.66. TV. Congés annuels : du 20 décembre à fin mars et du 10 juin à la mi-septembre. Doubles à partir de 250 F (38,1 €) avec lavabo et wc, de 275 à 380 avec douche et wc ou bains. Menu à 88 F (13,4 €) servi tous les jours, autres de 108 à 170 F (16,5 à 25,9 €). Derrière son parc planté de devinez quoi, une hôtellerie vieille école et un brin cossue (profonds fauteuils club dans le salon, bar avec billard) sur laquelle, depuis un siècle, la même famille veille avec sérieux. Chambres millésimées années 70 pour certaines, plus rustique de bon ton pour d'autres. Certaines ont une grande terrasse ou un balcon. Dans l'assiette, de bons plats préparés avec de bons produits : terrine fourrée truffée, rognons de veau au four flambés au cognac, foie de veau à l'apremont, etc. Belle terrasse dans le parc pour l'été. *10 % sur le prix de la chambre.*

DANS LES ENVIRONS

NOTRE-DAME-DE-BELLECOMBE
73590 (5 km S)

|●| La Ferme de Victorine – Le Mont-Rond ☎ 04.79.31.63.46. Fermé le dimanche soir et le lundi au printemps et en automne. Congés annuels : du 18 au 24 avril et du 15 novembre au 15 décembre. Accès : par la N218 vers Les Saisies ; à 3 km de Notre-Dame-de-Bellecombe, prendre à gauche vers Le Planay. Menus à 120 F (18,3 €) tous les midis, puis à 180 et 220 F (27,4 et 33,5 €). À la carte, plats autour de 95 F (14,5 €). Joli chalet traditionnel où hommes et bêtes cohabitaient par le passé. Dans la salle, une baie vitrée donne sur l'ancienne étable. Déco très couleur locale. Grande cheminée pour l'hiver, terrasse ensoleillée face à la montagne pour l'été. Et une bonne cuisine savoyarde. À la carte : fondue aux champignons, tartiflette au tamié (un fromage d'abbaye, cousin du reblochon), poularde aux morilles, reblochonnade et un farcement d'anthologie. À accompagner, évidemment, d'un de ces vins de Savoie qui nous ont, comme la mondeuse, sacrément surpris.

SAISIES (LES) 73620 (14 km S)

🏠🍽 *Le Météor* * – (**S u d - O u e s t**) ☎ 04.79.38.90.79. Fax : 04.79.38.97.00. Parking. TV. Accès : suivre le fléchage « village-vacances ». Doubles avec douche et wc à 250 F (38,1 €). Demi-pension en hiver de 250 F (38,1 €) à 300 F (45,7 €), obligatoire en saison d'hiver. Au resto, menus de 70 F le midi, à 130 F (19,8 €). Menu enfant à 45 F (6,9 €). Une petite maison dans la prairie. Pour situer le genre. Parce que ce chalet de bois-là est posé dans une clairière, dans la forêt, au calme à l'écart de la station mais à 100 m des pistes. L'accueil est chaleureux comme l'atmosphère. Les chambres sont celles d'un petit hôtel de station, d'une déco qui tire vers le côté pratique, mais pas désagréables. Au resto, spécialités savoyardes : fondues, raclette, tartiflette...

🍽 *Restaurant Le Chaudron* – (**Centre**) ☎ 04.79.38.92.76. Congés annuels : du 16 avril au 14 décembre. Accès : par la D218, à côté de la gendarmerie. Menus à 75 F (11,4 €) le midi en semaine, et de 125 à 170 F (19,1 à 25,9 €). La déco en fait des tonnes dans le genre typique. Comme si ce resto voulait se faire pardonner d'être installé dans une sorte de galerie marchande au cœur de cette station poussée dans les années 70. Néanmoins, *Le Chaudron* nous a bien plu. L'ambiance est chaleureuse, le service sympa et la cuisine régionale bien réalisée. Plats généreux, reconstituants après une journée sur les pistes ou les sentiers : diots, tartiflette, filets de féra, pavé savoyard au fromage. Et pour les soirées entre potes : des fondues et la fameuse potence. Belle terrasse pour manger au soleil avec vue sur le mont Blanc... quand les nuages le laissent tranquille. *Apéritif offert.*

GARDE-ADHÉMAR (LA) 26700

Carte régionale A2

🏠🍽 *Logis de l'Escalin* – (**Nord-Ouest**) ☎ 04.75.04.41.32. Fax : 04.75.04.40.05. Parking. TV. Canal+. Fermé le dimanche soir et le lundi toute la journée. Accès : à 1,5 km sur la route de Donzère ; par l'A7, sortie Montélimar-Sud ou Bollène. Doubles à 350 F (53,4 €) avec douche et wc. Les menus varient entre 125 F (19,1 €), midi et soir sauf le week-end, et 260 F (39,6 €) et selon les saisons. Petit hôtel à flanc de colline, dominant la vallée du Rhône. L'autoroute passe à 2 km à vol d'oiseau mais on se sent beaucoup plus loin. C'est une belle maison du pays abritant 7 chambres refaites à neuf. Décor gentillet. Le jardin ombragé est très agréable. Aux menus : salade du marché, pieds et paquets, escalopine de foie chaud à la cannelle... Une excellente adresse pour un week-end coupure ou une halte sur la route du Sud. *Un kir ou un café offert par personne.*

GEX 01170

Carte régionale B1

🏠🍽 *Hôtel-restaurant du Parc* ** – av. des Alpes (**Centre**) ☎ 04.50.41.50.18. Fax : 04.50.42.37.29. TV. Fermé le dimanche soir et le lundi. Congés annuels : 10 jours fin septembre et à Noël. Chambres à 280 F (42,7 €) avec douche et wc, à 320 et 350 F (48,8 et 53,4 €) avec bains. 1er menu à 120 F (18,3 €). Une maison de caractère et de tradition, tenue par la même famille depuis plus de 7 décennies. Le parc est proche mais... de l'autre côté de la route. Hôtel au calme, pourtant, derrière son jardin formidablement fleuri : géraniums, roses, bégonias et, logiquement, plein de récompenses aux concours des maisons fleuries. Pas mal de charme et des chambres très agréables. C'est également un bon restaurant mais pas à petits prix (servi le soir à la clientèle de l'hôtel seulement). *10 % sur le prix de la chambre sauf juillet-août.*

DANS LES ENVIRONS

CESSY 01170 (2 km SE)

🏠🍽 *Motel La Bergerie* ** – 805, route Plaine (**Sud**) ☎ 04.50.41.41.75. Fax : 04.50.41.71.82. Parking. TV. Congés annuels : à Noël et au Jour de l'An. Accès : route N5 (Genève-Paris). Doubles à 200 F (30,5 €) ; quelques triples également à 250 F (38,1 €). Petit déjeuner à 30 F (4,6 €). Menus à 60 et 85 F (9,1 et 13 €). Situé au milieu des champs, à côté d'un bar-club (mais pas d'affolement, votre sommeil n'en souffrira pas). Les chambres sont spacieuses et toutes équipées de bains. Attention, c'est loin d'être luxueux mais le rapport qualité-prix est bon. Copieux petit déjeuner, servi jusqu'à midi, ce qui est suffisamment rare pour être signalé. Vive les grasses matinées! Fait aussi restaurant. *Apéro, café et digestif offerts.*

SEGNY 01170 (6 km SE)

🛏 *La Bonne Auberge* ** – rue du Vieux-Bourg (Centre) ☎ 04.50.41.60.42. Fax : 04.50.41.71.79. TV. Congés annuels : de Noël aux Rameaux. Accès : par la N5; l'hôtel est au centre du bourg. Doubles avec douche et wc à 200 F (30,5 €) ; avec bains à 225 F (34,3 €). La vraie auberge de campagne, cachée derrière un petit jardin et quelques arbres. Des fleurs jusque sur les fresques de l'escalier. Chambres très agréables, d'un bon rapport qualité-prix pour le pays de Gex. Accueil chaleureux et ambiance familiale. Confitures maison au petit déjeuner. Une très « Bonne Auberge ». Un seul regret : l'absence de resto.

CROZET 01170 (8 km SO)

🛏🍽 *Le Bois Joly* * – route de la Télécabine (Sud) ☎ 04.50.41.01.96. Fax : 04.50.42.48.47. TV. Fermé le vendredi. Congés annuels : vacances scolaires de Pâques. Accès : par la D984 (direction Bellegarde) puis à droite la D89, jusqu'à Crozet; l'hôtel se trouve à 500 m de la télécabine. Doubles de 190 F (29 €) avec lavabo à 280 F (42,7 €) avec bains. Menus de 85 à 180 F (13 à 27,4 €). Une grande maison accrochée aux premières pentes du Jura. Chambres simplettes, rustiques mais de bon confort et à prix raisonnables pour le coin. Demandez-en une avec balcon. La vue sur les Alpes y est superbe, comme la terrasse où, avec le soleil, on s'installe pour goûter une copieuse cuisine sous influence régionale (cuisses de grenouilles, pintade sauce morilles...). Possibilité de demi-pension et de pension.

COL DE LA FAUCILLE 01170 (11,5 km NO)

🛏🍽 *Hôtel de la Couronne* *** – (Sud-Ouest) ☎ 04.50.41.32.65. Fax : 04.50.41.32.47. TV. Congés annuels : du 15 avril à fin mai et de fin septembre au 15 décembre. Accès : par la N5. Doubles à 30 F (4,6 €) avec bains. Menus à 110 et 140 F (16,8 et 21,3 €). Un vaste chalet posé à 1 300 m d'altitude, juste au passage du col de la Faucille, entre pays de Gex et Jura. Un des centres touristiques de la région, voire (avec Mijoux et Lélex) la station de ski des Genevois. Chambres spacieuses et confortables avec de charmants balcons de bois qui donnent sur la forêt ou sur les 1 550 m

d'altitude du mont Rond. Resto plutôt cher, mais pas désagréable (nougat de foie gras au vin jaune, croustade d'escargots aux noisettes, blanquette de crustacés et homard...). Piscine pour l'été. Salon avec cheminée pour le retour du ski. *10 % sur le prix de la chambre.*

GRAND-BORNAND (LE) 74450

Carte régionale B1

🛏🍽 *Hôtel-restaurant La Croix Saint-Maurice* ** – (Centre) ☎ 04.50.02.20.05. Fax : 04.50.02.35.37. Parking payant. TV. ♿ Resto ouvert en hiver uniquement. Congés annuels : de Pâques au 20 juin et du 15 septembre au 15 décembre. Doubles avec douche et wc ou bains de 260 à 320 F (39,6 à 48,8 €), en été de 200 à 260 F (30,5 à 39,6 €). Demi-pension conseillée en hiver de 230 à 350 F (35,1 à 53,4 €) par personne. Menu à 88 F (13,4 €) en semaine. Autres menus de 95 à 170 F (14,5 à 25,9 €). Dans cette station familiale, il ne manquait pas moins que cet hôtel tenu par la même famille depuis 30 ans! Et où depuis au moins aussi longtemps se retrouvent chaque hiver de fidèles habitués. Chambres à prix d'amis pour le coin. Certaines disposent d'une terrasse plein sud, face aux Aravis. Au resto, à la carte, de nombreuses spécialités régionales, rissoles au reblochon sur salade, fricassée savoyarde accompagnée d'une polenta maison et du gratin savoyard... *Apéritif offert. 10 % sur le prix de la chambre hors vacances scolaires.*

🛏🍽 *Hôtel-restaurant Les Glaïeuls* ** – (Centre) ☎ 04.50.02.20.23. Fax : 04.50.02.25.00. Parking. TV. Congés annuels : de mi-avril à mi-juin et de mi-septembre à mi-décembre. Accès : au départ des télécabines. Chambres de bon confort : de 260 à 290 F (39,6 à 44,2 €) la double avec douche et wc, jusqu'à 360 F (54,9 €) avec bains. Demi-pension de 260 à 360 F (39,6 à 54,9 €) par personne. Menus de 90 à 240 F (13,7 à 36,6 €). Bâtisse assez banale mais que les patrons noient sous les fleurs l'été. Idéalement situé au départ des remontées mécaniques l'hiver. L'hôtellerie de tradition française dans toute sa splendeur : déco d'un classicisme bon teint, salons cossus, accueil poli et aimable. C'est, dans un registre très classique, une bonne table. Le chef a un bon tour de main et ses recettes sont éprouvées : escalope de foie gras aux agrumes, marinière d'escargots aux orties, etc. Terrasse ensoleillée. *Café offert.*

🛏 *Hôtel Les Cimes* *** – Le Chinaillon (Centre) ☎ 04.50.27.00.38. Fax : 04.50.27.08.46. ● info@hotel-les-cimes.com ● Parking. TV. Congés annuels : du 1er mai au 15 juin et du 15 septembre au

25 octobre. Doubles de 490 à 650 F (74,7 à 99,1 €) avec douche et wc ou bains, selon l'époque, comprenant le petit déjeuner, royal. Possibilité de demi-pension : de 370 à 500 F (56,4 à 76,2 €) par personne. À deux pas du vieux village du Chinaillon et à 100 m des pistes, un rêve de routard qui a bien fini. Le couple qui a imaginé ce chalet du bonheur, qui sent bon l'odeur du bois et de la cire, a su vivre avec son temps, transformant un hôtel jadis d'une banalité affligeante en un endroit bourré de charme où l'on peut écouter le silence en s'endormant sous des couettes moelleuses. Ils n'ont plus le temps de faire la route, ces deux-là, mais on est heureux de les avoir trouvés sur la nôtre...

I●I La Ferme de Lormay – vallée du Bouchet ☎ 04.50.02.24.29. Parking. Fermé le mardi midi en été et tous les midis de la semaine en hiver. Congés annuels : 1er mai au 15/20 juin et du 10 septembre au 15/20 décembre. Accès : à 7 km du village, direction col des Annes ; prendre à droite, au niveau de la petite chapelle. À la carte uniqement, compter 160 F (24,4 €). Longtemps, ils n'ont pas mis de pancarte pour être tranquilles. Entre gens du pays. Une authentique ambiance de ferme-auberge, chez Albert, personnage souvent copié, comme sa cuisine. L'été, on goûte le poulet aux écrevisses, la truite au bleu ou les quenelles maison, sur la terrasse de cette vieille ferme restée en l'état. On savoure, on prend son temps. Quand il fait frais, on se serre un peu, près de la cheminée, à côté du plateau où les tartes, les clafoutis partent à grande vitesse. L'hiver, on est plus charcuterie, le cochon est roi, la soupe au lard est servie. Vous salivez déjà ? Mais le plus dur reste à faire : faudra que vous leur plaisiez. Sinon, ils vous enverront chez leurs collègues, ils sont comme ça. *Apéritif offert.*

GRENOBLE   38000

Carte régionale B2 – Plan pp. 870 et 871

♠ Hôtel de l'Europe ** – 22, place Grenette (C3-1) ☎ 04.76.46.16.94. Fax : 04.76.46.16.94. TV. Canal+. Satellite / câble. Accès : centre-ville piéton accessible aux voitures. Doubles à 155 F (23,6 €) avec lavabo, à 270 F (41,2 €) avec douche et wc et 330 F (50,3 €) avec bains. En plein cœur de Grenoble, là où touristes et autoch-

tones se rendent dès les premiers rayons du soleil et jusque tard dans la nuit, pour vivre en terrasse. Mais rassurez-vous, l'hôtel est insonorisé et l'on peut y trouver la paix. 46 chambres toujours améliorées, un confort de bon ton et un accueil qui vous en apprendra plus sur Grenoble que bien des dépliants. À un prix assez rare pour le coin. Quartier piéton, pas facile de se garer à côté. Aller au parking Lafayette ou tenter de se trouver une place autour de l'église Saint-Louis. Propose une salle de remise en forme et un sauna.

♠ Hôtel des Patinoires ** – 12, rue Marie-Chamoux (hors plan D4-2) ☎ 04.76.44.43.65. Fax : 04.76.44.44.77. ● www.hotel-patinoire.com ● Parking. TV. Canal+. Satellite / câble. Accès : pas trop facile à trouver. À 1,5 km du centre-ville, à 500 m au sud du Palais des Sports, par l'avenue Jeanne-d'Arc. Chambres confortables à 260 et 285 F (39,6 et 43,4 €). Garage payant. Un des meilleurs hôtels de Grenoble. En tout cas, le plus beau rapport qualité-prix-accueil. Patrons affables et attentifs. Atmosphère et décor chaleureux (beaucoup de toiles du patron ornent les murs). Hyper bien tenu et calme garanti. Si l'on n'a pas envie de ressortir le soir, possibilité de petite restauration pas chère. Tout plein de bons conseils pour vos sorties en ville... *10 % sur le prix de la chambre en juillet-août.*

I●I La Cigogne – 11, rue Denfert-Rochereau (A3-22) ☎ 04.76.17.16.88. Fermé le samedi midi, le dimanche et les soirs des lundi, mardi et mercredi. Congés annuels : août. Accès : à côté de la gare. Menu à 48 F (7,3 €) le midi. Autres menus de 60 à 95 F (9,1 à 14,5 €). Dans le quartier de la gare, un petit resto qui ne fait guère de bruit mais régale bien du monde. À commencer par la clientèle d'employés du coin qui apprécie le midi de se retrouver dans son cadre chaleureux. Décoration adorablement hétéroclite : sur le faux toit du bar, une machine à écrire et une huche à pain, aux murs des postes de radio... Dans l'assiette, une remarquable cuisine régionale servie généreusement. C'est du sérieux, du régulier. Rare d'obtenir un vrai steak bleu et chaud tout à la fois. Délicieux gratins dont le racleton, pommes de terre avec crème fraîche, jambon cru et raclette, le tout cuit au feu de bois. Menu à 95 F présentant un excellent rapport qualité-

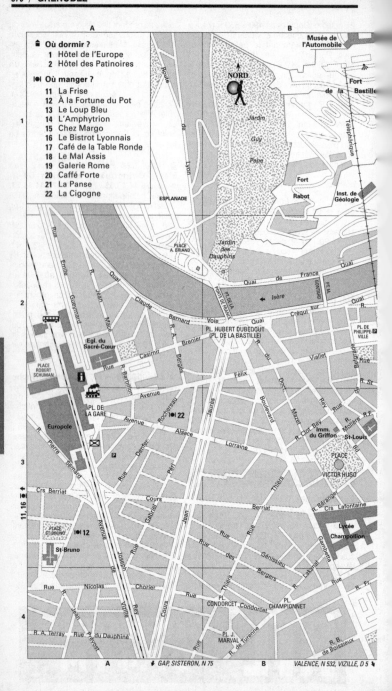

⌂ Où dormir ?
1 Hôtel de l'Europe
2 Hôtel des Patinoires

|●| Où manger ?
11 La Frise
12 À la Fortune du Pot
13 Le Loup Bleu
14 L'Amphytrion
15 Chez Margo
16 Le Bistrot Lyonnais
17 Café de la Table Ronde
18 Le Mal Assis
19 Galerie Rome
20 Caffé Forte
21 La Panse
22 La Cigogne

RHÔNE-ALPES

Musée de l'Automobile

NORD

Jardin Guy Pape

Fort de la Bastille

Téléphérique

Fort Rabot

Inst. de Géologie

ESPLANADE

PLACE A. BRIAND

Jardin des Dauphins

Quai de France

Isère

PONT DE FRANCE

Voie Quai

PL. HUBERT DUBEDOUT (PL. DE LA BASTILLE)

Egl. du Sacré-Cœur

PLACE ROBERT SCHUMAN

PL. DE LA GARE

Europole

|●| 22

Avenue Alsace

Lorraine

Imm. du Griffon

St-Louis

PLACE VICTOR HUGO

Cours

Berriat

Crs Lafontaine

PLACE ST-BRUNO

|●| 12

St-Bruno

Lycée Champollion

Rue Nicolas

Chorier

PL. CONDORCET Condorcet

PL. CHAMPIONNET

R. A. Terray   Rue du Dauphiné

PL. J. MARVAL   R. de Turenne

11, 16

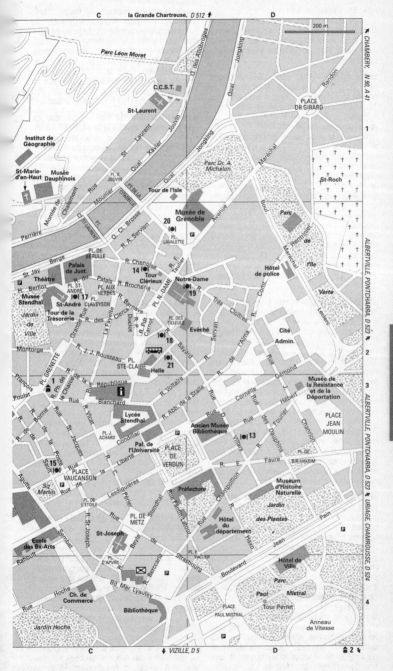

Parc Léon Moret

C.C.S.T.

St-Laurent

Institut de
Géographie

St-Marie-
d'en-Haut

Musée
Dauphinois

PL X
JOUVIN

Tour de l'Isle

Parc Dr. A.
Michalon

PLACE
DR GIRARD

St-Roch

Parc

de

l'Ile

Verte

Musée de
Grenoble

20

PL.
LAVALETTE

PL DE
BÉRULLE

Palais
de Just.

Théâtre

Musée
Stendhal

R. Chenoise

14

Tour
Clérieux

PL. ST-
ANDRÉ

17

St-André

PL
AUX
HERBES

PL
CLAVÉYSON

Notre-Dame

19

Hôtel
de police

Tour de la
Trésorerie

Jardin
de

Ville

Montorge

R. J. J. Rousseau

PL. DES
TILLEULS

Evêché

18

PL.
STE-CLAIRE

Halle

21

Cité
Admin.

François

Poulat

1

PL. GRENETTE

République

Blanchard

Lycée
Stendhal

Ancien Musée
Bibliothèque

13

Musée de
la Résistance
et de la
Déportation

PLACE
JEAN
MOULIN

PL. DE
BIR-HAKEIM

15

Pal. de
l'Université

PLACE
DE
VERDUN

Condillac

Museum
d'Histoire
Naturelle

Jardin

des Plantes

PL. DE
L'ÉTOILE

PLACE
VAUCANSON

Sti
Martin

PL. DE
METZ

St-Joseph

Préfecture

Hôtel
du
département

Ecole
des Bx-Arts

PL.
D'APVRIL

Strasbourg

PL. P
VACLIER

Hôtel de
Ville

Parc

Paul

Mistral

Bd. Mar. Lyautey

Ch. de
Commerce

Bibliothèque

PLACE
PAUL MISTRAL

Tour Perret

Anneau
de Vitesse

Jardin Hoche

RHÔNE-ALPES

CHAMBERY, N 90, A 41

ALBERTVILLE, PONTCHARRA, D 523

ALBERTVILLE, PONTCHARRA, D 523 ◆ URIAGE, CHAMROUSSE, D 524

200 m

prix. En prime, un accueil particulièrement affable. Attention, c'est vraiment la province; pour déjeuner, venir de bonne heure. À 13 h 30, vous vous retrouveriez dans une salle quasi vide (expérience personnelle!). *Digestif offert.*

IOI *La Frise* – 150, cours Berriat (hors plan A3-11) ☎ 04.76.96.58.22. Fermé le soir et le dimanche. Congés annuels : du 15 au 31 août. Accès : avec le tram, arrêt « Berriat ». Plat à 48 F (7,3 €). Avec un verre de rouge, de 70 à 80 F (10,7 à 12,2 €) maximum. Une bonne et rapide alternative pour manger en allant visiter le « Magasin » (centre d'art contemporain). Ouvert depuis seulement une petite année. A réussi à attirer tous les artistes et de nombreux employés de ce sympathique quartier populaire. Intérieur gai comme un pinson, coloré comme un jour de fête avec les œuvres des peintres locaux aux murs. Dans les assiettes, p'tits plats de ménage goûtés, élaborés à partir de produits frais, servis copieusement et se renouvelant souvent. Délicieux desserts maison. Gentillesse de l'accueil compris dans la note et la furieuse envie d'acheter le comptoir en partant... *Café offert.*

IOI *Le Mal Assis* – 9, rue Bayard (C2-18) ☎ 04.76.54.75.93. Fermé le dimanche et le lundi. Congés annuels : du 15 juillet au 15 août. Accès : derrière la place Sainte-Claire. Plat du jour à 57 F (8,7 €) le midi. Plats de 65 à 90 F (9,9 à 13,7 €) et menu à 138 F (21 €) servi le soir. Mal assis, peut-être (tout dépend de votre constitution physique à un certain endroit!), bien nourris, sûrement. Voici l'adresse préférée des Grenoblois qui savent vivre. Boiseries, cheminée, vieux tableaux et jeunes filles en fleur. En plein cœur du quartier des antiquaires et des galeries d'art, un lieu où le temps lui-même s'est arrêté, pour se reposer. Formule unique à midi. Menu du soir style fondant de légumes, râble de lapin en aïoli ou canette aux pêches ou bourride provençale, marquise au chocolat noir... *Apéritif offert.*

IOI *Chez Margo* – 5, rue Millet (C3-15) ☎ 04.76.46.27.87. Fermé le samedi midi et le dimanche. Menus à 59 F (9 €) le midi, puis de 98 à 161 F (14,9 à 24,5 €). Voilà une adresse située dans une rue discrète, dans un coin pas trop passant et pourtant le plus souvent remplie. Preuve qu'elle a réussi à fidéliser sa clientèle. D'ailleurs, le soir de semaine où nous passâmes, c'était bourré d'habitués et de bandes d'amis en goguette. La belle salle en mezzanine le permet, du reste. Style un peu rustico-chicos, mais atmosphère relax indéniablement. Nappes et serviettes en tissu pour une cuisine traditionnelle régionale, sérieuse, régulière, très consistante. Un beau rapport qualité-prix comme on dit. Beaucoup de choix : fricassée de scampi aux ravioles de Royans,

croustillants de reblochon, fonds d'artichauts du Périgord, grenadins de lotte aux mousserons, cuisse de canard confite maison, etc. Le midi, en semaine, les « fantaisies hebdo » du chef suivant marché (genre fricassée de cabri à l'estragon frais). Petite carte des vins, mais bon choix. Des bordeaux à partir de 76 F (11,6 €), une réserve « chez Margo » à 48 F (7,3 €), un bon crozes à 108 F (16,5 €). *Apéritif offert.*

IOI *À la Fortune du Pot* – 34, rue de l'Abbé-Grégoire (A3-12) ☎ 04.76.96.20.05. Fermé le dimanche et le lundi. Congés annuels : août. Accès : au coin du marché le plus populaire et le plus vivant de Grenoble, le marché Saint-Bruno. Menu unique à 70 F (10,7 €) le midi, 80 F (12,2 €) le soir. Murs de pierre sèche, comptoir de formica, expos de peintures. La vieille pendule ne marche plus depuis longtemps, mais l'accueil et la qualité de la nourriture sont à l'heure. Patrons très sympa. Ambiance garantie, produits frais, cuisine... du marché! Toutes sortes d'histoires locales se débitent au comptoir du bar, et vous serez incontestablement séduit par cette chaleureuse ambiance.

IOI *Le Loup Bleu* – 7, rue Dominique-Villars (D3-13) ☎ 04.76.51.22.70. ♿ Fermé le samedi midi, le dimanche et les jours fériés. Service midi et soir jusqu'à 22 h 15. Congés annuels : la 1re quinzaine d'août. Accès : derrière la place de Verdun (préfecture). Menu à 70 F (10,7 €) le midi. Autres menus de 110 à 190 F (16,8 à 29 €). Discret. Voilà le maître mot. Au calme... tant intérieur qu'extérieur. Dehors, toujours les vieux volets. Tout y est de bon ton. La qualité de la cuisine, comme celle du service, avec un je-ne-sais-quoi dans l'ambiance environnante. Le 1er menu est composé selon les produits de saison. Quant à ceux qui suivent, ils font le bonheur des gastronomes et des amoureux, pour des raisons différentes, les seconds faisant ici des rêves... en bleu! Quelques fleurons de la carte : filet de loup au vin de noix, magret fourré au foie gras, coquilles Saint-Jacques aux cèpes rôties. *Apéritif offert.*

IOI *La Panse* – 7, rue de la Paix (C2-21) ☎ 04.76.54.09.54. Fermé le dimanche. Congés annuels : du 20 juillet au 20 août. Accès : place de Verdun, accès rue Voltaire. Menus à 76 F (11,6 €) le midi, 88 F (13,4 €) le soir, à 105 F (16 €) beau rapport qualité-prix, et 155 F (23,6 €). Encore une valeur sûre de la ville. Malgré le décor minimaliste qu'égayent cependant quelques œuvres colorées et l'accueil un peu distant. Ici, découvrez une cuisine personnalisée et goûteuse, avec un brin de sophistication. Délicieux pâté de hareng au whisky ainsi que la caille et foie gras au madère. Goûter au quasi de veau aux chanterelles (en saison) et à l'escalope aux morilles. Et aucun attentat au portefeuille ! Pichet à 26 F (4€), apremont et cahors à 60 F (9,1 €). Clientèle 35-45 ans, vaguement intello-pub, un poil branchée... Ambiance décontractée.

|●| Café de la Table Ronde – **7, place Saint-André (C2-17)** ☎ **04.76.44.51.41.** Fermé le dimanche. Accès : plus central, il n'y a pas... si ce n'est la statue de Bayard sur la place. Menus à 80 F (12,2 €) puis à 136 et 180 F (20,7 et 27,4 €). C'est aujourd'hui le 2ᵉ plus ancien café de France, après *Le Procope* à Paris. Tradition, accueil, convivialité : depuis 1739, ces mots sont à la base de la constitution de cette institution grenobloise. Pour jouir du spectacle de la place, en terrasse, ou profiter du décor, en salle, pas mal de possibilités : à la carte, choucroute, pieds et paquets maison, côte de bœuf grillée, diot à l'échalote, tête de veau à l'ancienne, etc. Vins à prix abordables : gamay de Savoie à 76 F (11,6 €), crozes-hermitage à 103 F (15,7 €), vin au pichet et au verre également. Service jusqu'à minuit. Dîners-spectacles « Au Grenier » (en fait le 1ᵉʳ étage...). *Apéritif offert.*

|●| Caffé Forte – **4, place Lavalette (C2-20)** ☎ **04.76.03.25.30.** Fermé le dimanche midi. Accès : en face du musée de Grenoble. Formules à 90 et 120 F (13,7 et 18,3 €). À la carte, compter à partir de 150 F (22,9 €). Face au musée de Grenoble, sur une placette-rue tranquille en contrebas, voici l'un de nos coups de cœur de la ville. Haute salle au décor baroquisant : plancher de bois, tables rugueuses. Fort beau comptoir de zinc. Terrasse prise d'assaut l'été. Accueil sympa. Atmosphère décontractée, gentiment branchouillée. Une certaine intimité par endroits pour manger en amoureux. Patron fan de Johnny et pas du tout du F.N. comme l'indique sa profession de foi sur la carte des vins... Cuisine éclectique et fraîche. Vraies frites, copieux steak tartare, moules (recette maison). Excellentes salades et gambas flambées, émincé de bœuf aux 5 épices, saumon cru mariné, etc. *Apéritif offert.*

|●| L'Amphitryon – **9, rue Chenoise (C2-14)** ☎ **04.76.51.38.07.** Fermé le dimanche toute la journée et tous les midis. Carte uniquement, compter 90 F (13,7 €). Couscous : de 52 à 72 F (7,9 à 11 €). Dans une des rues de la ville dédiée au dieu Bouffe, mais ce resto occupe une place à part avec son cadre minimaliste, son parti pris de sobriété décorative, à la limite du dépouillement. Tons pastel. Insolite mur romain au fond. Pour mieux mettre en valeur la très surprenante carte, championne de l'éclectisme... mariant couscous et ravioles sans état d'âme. La semoule coule bien entre les doigts, légumes parfumés, mouton délicieux et servi généreusement. Mais ce qu'il ne faut point rater, c'est la brick (royale, bizertine ou aux fruits de mer), une des meil-

leures que l'on ait jamais dégustées. Presque un plat à lui tout seul. Côté cuisine « iséroise », les ravioles bien sûr (épinards, saumon, etc.). Côtes-du-rhône et boulaouane à 64 F (9,7 €). Demi de rouge à 28 F (4,3 €). Prix fort abordables donc et accueil sympa. Là aussi, on trouve beaucoup d'habitués, pas rebutés du tout par l'atmosphère assez « starckienne » des lieux... *Digestif offert.*

|●| Galerie Rome – **1, rue Très-Cloîtres (C2-19)** ☎ **04.76.42.82.01.** Fermé le dimanche et le lundi. Congés annuels : 3 semaines en août. Accès : donne pratiquement sur la place Notre-Dame. Plat du jour à 60 F (9,1 €). Menu à 120 F (18,3 €). Pour gourmets et amateurs d'art moderne, une fusion séduisante des sens. Cadre original, coloré. Nombreux tableaux et sculptures mis remarquablement en valeur, lumières bien disposées. La cuisine accompagne dignement les œuvres présentées. Carte plutôt courte, mais belles terrines, viandes savoureuses, sauces légères, salades composées... et prix tout à fait raisonnables. Le soir, on ne sert pas très tard (jusqu'à 22 h 15). Un patio à l'abri des voitures et du bruit, pour plus de charme. *Digestif offert.*

|●| Le Bistrot Lyonnais – **168, cours Berriat (hors plan A3-16)** ☎ **04.76.21.95.33.** ♨. Fermé le samedi midi. Congés annuels : du 23 décembre au 5 janvier, du 2 au 11 mai et du 15 août au 1ᵉʳ septembre. Accès : tout au bout du cours Berriat. Menus de 120 à 180 F (18,3 à 27,4 €). En face du « Magasin » (centre d'art contemporain). Une façon maligne, donc, d'articuler culture et gastronomie. Intérieur à l'ancienne, charme et atmosphère chaleureuse. En été, très agréable petite terrasse protégée de la rue par glycine et végétation. Belle cuisine lyonnaise. Si le rendez-vous d'affaires n'est pas trop tôt dans l'après-midi, on se laissera séduire par la véritable andouillette (médaille d'or), la terrine de roquefort aux coquilles Saint-Jacques, les sardines fraîches marinées au citron, le filet de bœuf en croûte de morilles, le sauté de ris de veau au porto, la brouillade de truffes... Pot de côtes-du-rhône ou pot de beaujolais à 58 F (8,8 €), etc. *Apéritif offert.*

DANS LES ENVIRONS

MEYLAN 38240 (4 km NE)

|●| Le Cerisaie Club – **18, chemin de Saint-Martin** ☎ **04.76.41.91.29.** Fermé le samedi midi et le dimanche soir, sauf en juillet, août et septembre. Accès : sortir par le boulevard Jean-Pain, relayé par l'avenue de Verdun et celle des Sept-Laux. Juste avant d'arriver à Montbonnot (5ᵉ feu après le rond-point du Gresvaudant direction Montbonnot), tourner à droite dans le chemin Saint-

RHÔNE-ALPES

Martin. Plat du jour à 65 F (9,9 €) le midi. Menu à 130 F (19,8 €) sauf le dimanche, autres de 210 à 320 F (32 à 48,8 €). Dans une jolie demeure particulière, au milieu d'un grand jardin, voici une originale adresse seulement à quelques encablures de Grenoble. Salle à manger haute de plafond et au luxueux décor. Aux beaux jours, super terrasse au milieu des fleurs avec vue panoramique. On vient ici surtout par le bouche à oreille, celui qu'on se murmure entre amis sur le mode de la confidence. Fine cuisine pas trop bon marché (élitisme oblige), mais on y trouve quand même un plat du jour à prix correct le midi. On commence à découvrir les plats sophistiqués aux menus « dégustation » et « gastronomique » et à la carte. Goûtez au bon tartare de saumon, aux ravioles de langoustines, au filet de canard sauce au confit de vin et à l'escalope de foie gras poêlée. Piscine réservée aux clients. Réservation ultra recommandée. *Apéritif, digestif offerts.*

ÉCHIROLLES 38130 (5 km S)

🛏 *Auberge de jeunesse* – 10, av. du Grésivaudan (Sud) ☎ 04.76.09.33.52. Fax : 04.76.09.38.99. Parking. ♿ Accès : bus n° 1, direction Claix, arrêt Quinzaine. 70 F (10,7 €) la nuit avec le petit déjeuner. Menu unique à 50 F (7,6 €). Située à 5 km du centre. A1 à 100 m. Pas de charme en soi. Spacieuse et bien tenue. Environ 120 places. Chambres de 2 à 8 lits. Resto avec terrasse, bar. En été, ne pas manquer de réserver. Laverie automatique, consigne, local à vélos, animations en été...

CORENC 38700 (10 km N)

|●| *Café-restaurant de la Chapelle* – 12, route de Chartreuse (3 km après Corenc-village) ☎ 04.76.88.05.40. Parking. Fermé le lundi (sauf jours fériés) et le dimanche soir. Congés annuels : décembre. Accès : à 15 mn du centre de Grenoble ; par la D512, direction Saint-Pierre-de-Chartreuse. Menus à 66 à 105 F (16 €). L'été, faites comme tous les Grenoblois : fuyez le centre-ville écrasé par la chaleur et allez vous mettre au frais dans la Chartreuse. Cuisine familiale, ambiance sympa et surtout terrasse ombragée ont fait, de longue date, la réputation de ce café-restaurant sans prétention. Si nous n'aimez pas l'assiette montagnarde, ni le gratin dauphinois, ni la tarte aux myrtilles, passez votre chemin. Fondue sur réservation.

|●| *La Corne d'Or* – 159, route de Chartreuse (Nord-Est) ☎ 04.76.88.00.02. Fermé le dimanche soir et le lundi. Congés annuels : 15 jours en janvier. Accès : sortie par le quai des Allobroges, puis grand-rue de la Chartreuse et route de la Chartreuse.

Plat du jour à 69 F (10,5 €). Menu à 120 F (18,3 €). Grosse maison dominant la vallée. De la salle à manger aux gaies couleurs, une grande baie vitrée livre un superbe panorama. La terrasse, dans un environnement verdoyant, en livre bien sûr encore plus. Réputation grandissante pour une cuisine assez inspirée, à partir de produits frais. Par grosse chaleur dans la vallée, les Grenoblois adorent venir prendre le frais ici. Et pour toutes les bourses. Spécialité du restaurant : la rôtisserie. À la carte, mozzarella et aubergines frites, poivrons confits, terrine maison, lasagnes au saumon ou ravioles de Royans. Pot lyonnais à 42 F (16,4 €). Accueil sympa. *Apéritif offert.*

URIAGE-LES-BAINS 38410
(10 km SE)

🛏|●| *Auberge du Vernon* – Les Davids ☎ 04.76.89.10.56. Congés annuels : du 1er octobre au 1er avril. Accès : à Uriage, prendre direction Chamrousse par le col du Luitel. Doubles à 175 F (26,7 €) avec lavabo et à 260 F (39,6 €) avec douche et wc. Demi-pension à 280 F (42,7 €). Menu à 75 F (11,4 €) le midi en semaine. Autres menus à partir de 110 F (16,8 €). Vous rêvez d'une vraie petite auberge de campagne, comme dans les contes ? D'une petite ferme avec un bassin en pierre, flanqué d'un grand arbre, de fleurs partout et d'une vue splendide sur les montagnes ? Alors, surtout, pas d'hésitation ! Cela fait trente ans que les Giroud accueillent les visiteurs. On y mange comme chez soi, du bon et du copieux. Vrai repas campagnard : charcuteries, omelette paysanne. Petite carte. Spécialités sur commande : ris de veau aux cèpes, poulet aux morilles. Les animaux ne sont pas les bienvenus... excepté en terrasse. L'auberge fait aussi hôtel. 6 chambrettes style bonbonnière. Calme garanti. *Apéritif offert.*

🛏|●| *Hôtel-restaurant Les Mésanges* ** – ☎ 04.76.89.70.69. Fax : 04.76.89.56.97. Parking. TV. Resto fermé le mardi (sauf pour les résidents). Congés annuels : du 15 octobre à début janvier et en avril. Accès : à 1 km sur la route de Saint-Martin-d'Uriage ; tourner à droite sur la route du Bouloud. Doubles à 250 F (38,1 €) avec douche et wc, 340 F (51,8 €) avec balcon. Menu à 85 F (13 €), sauf le dimanche. D'autres menus dont le menu « terroir » à 130 F (19,8 €). La famille Prince est propriétaire du lieu depuis 1946 et sa réputation n'est plus à faire. Toutes les chambres ont été refaites et les plus belles, avec de grands balcons, dominent la vallée jusqu'à Vizille. Les moins favorisées ont quand même vue sur les prés. Au restaurant, n'hésitez pas à prendre le « menu terroir ». Quelques spécialités : pièce de veau aux morilles, pigeon en crapaudine au caramel d'épices, pieds et paquets de Sisteron à l'ancienne, duo d'agneau à l'ail confit, pavé glacé à la chartreuse, etc. Tout cela est bien riche. Belles balades aux environs pour digérer. Piscine chauffée. Animaux non admis. *10 % sur le prix de la chambre pour 2 nuits consécutives sauf juillet-août.*

GRIGNAN   26230

Carte régionale A2

I●I *La Piccolina* – **rue du Grand-Faubourg** ☎ **04.75.46.59.20.** Fermé le lundi et le mardi hors saison, le mardi seulement de juin à septembre. Congés annuels : du 15 décembre au 15 janvier. Accès : au pied du château, près de la mairie. Menu à 85 F (13 €). À la carte, comptez entre 90 et 130 F (13,7 et 19,8 €). Quel dommage que les propriétaires de cet adorable petit restaurant n'aient pas eu Mme de Sévigné pour assurer les relations publiques ! Plutôt que d'aller dîner au château de Grignan, au-dessus, ville se serait arrêtée près du four de cette drôle de pizzeria, pour se régaler d'une grillade, d'une bonne salade ou même d'une savoureuse pizza, et elle aurait écrit à tout le monde pour dire qu'on ne peut plus se fier à rien, en ce temps où des pizzerias valent bien certains restaurants dits gastronomiques.

HAUTERIVES   26390

Carte régionale A2

🏠I●I *Le Relais* ** – **place de l'Église (Ouest)** ☎ **04.75.68.81.12.** Fax : **04.75.68.92.42.** Resto fermé le lundi. Congés annuels : février. Accès : face à l'église. Chambres au papier à fleurs, à 160 F (24,4 €) avec lavabo et 280 F (42,7 €) avec douche et wc ou bains. Restauration régionale de 82 à 150 F (12,5 à 22,9 €). À Hauterives, la « divinité tutélaire », c'est le facteur Cheval ! Cet hôtel n'échappe pas à la règle : photos et gravures du génie naïf et surréaliste sur les murs. Cette demeure du XIXᵉ siècle en impose par sa robustesse : larges murs, grandes pièces plutôt rustiques. Prix moins robustes, heureusement. Vous ne manquerez pas de lever un toast à l'intention du Facteur, sûrement responsable de votre présence ici...

DANS LES ENVIRONS

SAINT-MARTIN-D'AOÛT 26330
(9 km S)

🏠I●I *Hôtel-restaurant Rey-Piefert* * – **le bourg** ☎ **04.75.68.63.12.** Fax : **04.75.68.63.50.** Parking. Fermé le vendredi

soir, le samedi et le dimanche soir hors saison. Congés annuels : du 24 décembre au 2 janvier. Accès : sur la place principale. Doubles de 130 à 190 F (19,8 à 29 €). Menus à 60 F (9,1 €) le midi en semaine, 70 F (10,7 €) le soir, et de 90 à 140 F (13,7 à 21,3 €). L'adresse idéale pour une halte au pays du facteur Cheval ! Des chambres toutes simples, donnant sur la place, où l'on prend encore le temps de s'arrêter pour regarder passer les voitures. Au restaurant, entre chasseurs et autres habitués des lieux, vous allez vous régaler de charcuterie maison, de gibier (en saison), de filet de bœuf aux morilles, de ravioles de Royans ou de civet de porcelet. Pain fait maison, qui plus est. Accès handicapés pour le restaurant. *Café offert.*

JOYEUSE   07260

Carte régionale A2

🏠I●I *Hôtel de l'Europe* ** – **D104 (Centre)** ☎ **04.75.39.51.26.** Fax : **04.75.39.59.00.** Parking. TV. ♿ Accès : sur la D104. Doubles à 180 F (27,4 €) avec lavabo et à partir de 220 F (33,5 €) avec douche et wc ou bains. Demi-pension à 230 F (35,1 €) par personne. Menu à 62 F (9,5 €) servi tous les jours, autres de 95 à 180 F (14,5 à 27,4 €). Chambres rénovées. Grande piscine couverte et chauffée côté Cévennes ; terrain de boules. Le restaurant-pizzeria offre quelques spécialités d'omelette aux cèpes, caillette ardéchoise ou flan de châtaignes... Globalement, rapport qualité-prix convenable pour une étape sur la route des gorges de l'Ardèche et des Cévennes. *10 % sur le prix de la chambre hors juillet-août.*

I●I *Restaurant Valentina* – **place de la Peyre (Centre)** ☎ **04.75.39.90.65.** Fermé le lundi sauf en été. Congés annuels : du 30 septembre au 31 mars. Accès : au bourg. Comptez environ 50 F (7,6 €) le plat. Menu à 125 F (19,1 €). Le *Valentina* est le seul restaurant du vieux Joyeuse. À l'écart des voitures, il dispose d'une terrasse donnant sur une agréable placette. Il est tenu par un sympathique couple italien passionné de voyages. Au fait, les lustres sont confectionnés à partir de paniers achetés au cours d'un périple au Guatemala. Côté cuisine, les saveurs des pâtes aux pignons, des tortellini aux cèpes ou des tagliatelles au saumon fumé et à la crème de vodka marqueront les palais pour longtemps. Les desserts maison sont très goûteux. En particulier le *delizia*, à base de chocolat, de biscuits aux amandes et de noisettes, ou encore le *tiramisù*. Bonne cave de vins italiens. Une adresse conviviale.

RHÔNE-ALPES

DANS LES ENVIRONS

SAINT-ALBAN-AURIOLLES 07120
(10 km SE)

🏠❘●❘ *Hôtel Douce France* ** – (Sud-Ouest) ☎ 04.75.39.37.08. Fax : 04.75.39.04.93. Parking. ♿ Congés annuels : janvier. Accès : par la D208. Doubles à partir de 200 F (30,5 €) avec lavabo, 250 F (38,1 €) avec douche et wc ou bains. Demi-pension avantageuse à partir de 230 F (35,1 €). Menus de 70 F (10,7 €) le midi en semaine, à 220 F (33,5 €), « grill » de 85 à 120 F (13 à 18,3 €). Réservation conseillée en été. Un hôtel avec piscine à des prix raisonnables. Chambres dans le bâtiment principal, mais également des chambres-bungalows mieux situées, très calmes. Resto à prix tout à fait abordables. Foie gras poêlé, gratinée d'huîtres à la fondue de poireaux, loup et daurade grillés... Autour, un paysage de vignes. À proximité, la demeure des aïeux maternels de l'écrivain Alphonse Daudet. *Apéritif offert.*

JULIÉNAS   69840

Carte régionale A1

🏠❘●❘ *Chez la Rose* ** – au bourg (Centre) ☎ 04.74.04.41.20. Fax : 04.74.04.49.29. ● www.chezlarose.fr ● Parking. TV. Satellite / câble. Resto fermé le lundi et le mardi midi. Congés annuels : vacances scolaires de février et du 1er au 15 décembre. Doubles avec douche et wc ou bains de 330 à 570 F (50,3 à 86,9 €). Demi-pension de 300 à 505 F (45,7 à 77 €). Une jolie maison qui ressemble à un ancien relais de poste, une façade pimpante qui a de la gueule. On a de suite envie d'y entrer, et on y est très bien accueilli. De mignonnes chambres plutôt rustiques dans le premier bâiment, avec tout le confort moderne. Dans le « Pavillon », de l'autre côté de la rue, de véritables suites avec salon, dont une avec jardin privatif, pour des prix carrément tirés vers le bas. Au restaurant, une cuisine gastronomique très soignée, comme le décor et le service, mais un peu chère tout de même. On a là une adresse hyper sérieuse tenue par des jeunes motivés et dynamiques, qui sans cesse essaient d'en donner plus à leurs clients. La Rose n'en reviendrait pas si elle revenait. *Petit déjeuner offert. 20 % sur le prix de la chambre si vous mangez au restaurant.*

LAMASTRE   07270

Carte régionale A2

❘●❘ *Auberge du Retourtour* – (Ouest) ☎ 04.75.06.41.61. Fermé le dimanche soir et le lundi sauf en juin, juillet et août. Congés annuels : de fin octobre à avril. Accès : de Lamastre, prendre la direction du Puy pendant 2 km ; le restaurant est sur la droite (fléchage). 1er menu à 69 F (10,5 €) servi tous les jours. Autres menus de 89 à 169 F (13,6 à 25,8 €). Située à deux pas d'un plan d'eau naturel, l'*Auberge du Retourtour* propose une cuisine traditionnelle d'un bon rapport qualité-prix. Les cuisses de grenouilles maison, la cassolette de moules aux poireaux et basilic ou l'aile de raie au poivre vert font partie des spécialités du chef. Il est possible de commander un côtes-du-rhône pour 50 F (7,6 €). L'été, pizzas et grillades en terrasse. Originalité du restaurant : le rocher contre lequel s'adosse la salle à manger fait office de cloison naturelle. Autre particularité : la mise à disposition d'une navette gratuite, gare-restaurant, sur appel téléphonique. *Apéritif offert.*

DANS LES ENVIRONS

CRESTET (LE) 07270 (8 km NE)

🏠❘●❘ *La Terrasse* ** – le bourg ☎ 04.75.06.24.44. Fax : 04.75.06.23.25. Parking. TV. ♿ Fermé le samedi en hiver. Congés annuels : du 25 décembre au 3 janvier. Accès : prendre la direction Tournon en suivant la D534 ; le village du Crestet est sur la gauche. Doubles à partir de 200 F (30,5 €) avec lavabo, 230 F (35,1 €) avec douche et wc. Menus à 65 F (9,9 €) sauf le dimanche, et de 98 à 138 F (14,9 à 21 €). *La Terrasse* est un hôtel-restaurant classique où règnent la sérénité et le bien-vivre. Une fois par semaine, Nicolas organise pour ses clients une sortie qui se termine toujours par la traditionnelle partie de pétanque. De la salle à manger, belle vue sur la vallée du Doux. Les chambres sont convenables. Cuisine régionale ; n'oubliez pas de goûter au picodon, ce fromage de chèvre du pays qui, comme son nom l'indique, procure une saveur légèrement piquante. En été, le jardin qui entoure la piscine est agréablement fleuri et la terrasse est ombragée par une vigne luxuriante. *10 % sur le prix de la chambre du 10 octobre au 31 mars.*

LANS-EN-VERCORS   38250

Carte régionale B2

🏠❘●❘ *Auberge de la Croix-Perrin* ** – col de la Croix-Perrin ☎ 04.76.95.40.02. Fax : 04.76.94.33.10. Parking. Fermé le mercredi hors saison. Congés annuels : du 15 au 25 juin et du 1er au 20 décembre. Accès : à Lans-en-Vercors, direction Autrans ; 3,5 km plus loin, on arrive au col de la Croix-Perrin (1 218 m), c'est à droite. Chambres à 260 F (39,6 €) la double avec douche et wc. Une en duplex à 470 F (71,7 €). Menus à 89 et 140 F (13,6 et 21,3 €). Au cœur de la forêt, en marge de la route, l'ancienne maison forestière s'est modernisée mais n'a rien perdu de son charme. Au contraire! Avec une belle salle panoramique tout en bois et quelques anciennes gravures « du temps où, M'sieurs-dames, il y avait de la neige et de l'aventure... », vous oubliez la ville. La cuisine traditionnelle, l'accueil solide et les spécialités de montagne font le reste. Chambres confortables. Pour les romantiques, certaines sont mansardées. Agréable véranda avec vue sur forêt et montagne. Grande terrasse. Poisson du jour, ravioles de Royans, magret de canard aux pêches. Fondue sur commande.

LANSLEBOURG 73480

Carte régionale B1

🏠🍴 *Hôtel de la Vieille Poste* ** – (Centre) ☎ 04.79.05.93.47. Fax : 04.79.05.86.85. Parking. TV. Congés annuels : du 15 avril au 4 juin et du 28 octobre au 26 décembre. Doubles avec douche et wc ou bains à 270 F (41,2 €). Menus de 75 à 110 F (11,4 à 16,8 €). Menu enfant à 40 F (6,1 €). Grosse maison genre chalet surdimensionné, posée au cœur de ce bourg-station un peu perturbé par le passage de la nationale. Accueil aimable. Ambiance gentiment familiale. Le fils de la maison a réalisé quelques exploits sur une paire de skis et les membres de l'équipe de France y ont leurs habitudes. Médailles et coupes envahissent donc le bar et commencent à coloniser la salle de resto. Cuisine bien traditionnelle. Chambres récemment rénovées, bien équipées et plutôt agréables (quelques-unes disposent d'une terrasse). *Apéritif offert.*

LÉLEX 01410

Carte régionale B1

🏠🍴 *Hôtel-restaurant Mont Jura* ** – ancienne route de Mijoux (Centre) ☎ 04.50.20.90.53. Fax : 04.50.20.95.20. Parking. Fermé le mardi hors saison. Congés annuels : 15 jours en novembre. Accès : par la D991. Doubles à 185 F (28,2 €) avec cabinet de toilette, 280 F (42,7 €) avec douche ou bains. Menus à 85 et 120 F (13 et 18,3 €). Au cœur de Lélex, station qui a su rester un village (ou

village qui hésite à devenir vraiment une station?), une grande maison sans trop de caractère. L'intérieur est lui aussi plutôt banal. Mais l'accueil est particulièrement chaleureux, les chambres spacieuses, rustiques et confortables. Table régionale et copieuse à prix raisonnables (fricassée de cochon de lait, foie gras, gratin d'écrevisses, gibier à l'automne...). *Apéritif offert.*

LORIOL-SUR-DRÔME 26270

Carte régionale A2

🍴 *Café des Pommiers ou Chez le Rugbyman* – route du Pouzin ☎ 04.75.63.80.75. Parking. Fermé le dimanche soir. Accès : aux portes de l'Ardèche, sur la route entre Loriol et Le Pouzin, à gauche. Menu à 70 F (10,7 €), servi aussi le soir et le dimanche sur réservation. À la carte, compter de 100 à 130 F (15,2 à 19,8 €). A priori, ça ressemble à un gag. Quand on voit le nombre de goinfres réunis au coude à coude dans une salle qu'on se garderait bien de qualifier de pittoresque, on rigole moins. Vous l'avez deviné, on ne vient pas *Chez le Rugbyman* pour la gastronomie, mais pour avaler un bon cassoulet landais ou un magret saignant. Comme ses prix sont très doux (lui-même est un faux dur!), et que l'on s'en sort pour 100 F avec un carafon de vin de pays en prime, l'ambiance est conviviale. À deux pas de l'autoroute, ce serait un comble de ne pas s'arrêter là et d'aller manger un sandwich tristounet sur une aire déjà désolée par nature! D'autant qu'il y a la terrasse. *Café offert.*

LYON 69000

Carte régionale A1 – Plan pp. 880 et 881

1er arrondissement

🏠 *Hôtel Saint-Vincent* ** – 9, rue Pareille (B1-1) ☎ 04.78.27.22.56. Fax : 04.78.30.92.87. TV. Congés annuels : août. Accès : M° Hôtel-de-Ville. Doubles avec douche simplement ou douche et wc ou bains de 210 à 290 F (32 à 44,2 €). Quelques triples également. La petite rue débouche sur le « mur des Lyonnais » où sont représentées toutes les célébrités qui ont fait, et font l'histoire de la ville. L'hôtel, lui-même fraîchement repeint, ne manque pas de charme, malgré la froideur de la salle des petits déjeuners. Certaines chambres ont du parquet et de belles cheminées, ce qui leur donne beaucoup de charme. L'établissement n'en manque pas, il occupe quatre petits immeubles tournant autour de courettes, et forme un amusant dédale de couloirs. La vue des chambres peut donc varier. L'accueil, lui, ne varie pas : il est toujours excellent. Participe à l'opération « Bon week-end à Lyon ». *Petit déjeuner offert.*

|●| *La Randonnée* – **4, rue Terme (C1-31)** ☎ **04.78.27.86.81.** Fermé le dimanche midi et le lundi. Congés annuels : la 2e quinzaine d'août. Accès : M° Hôtel-de-Ville. Formules de 32 à 80 F (4,9 à 12,2 €). Au pied de la montée (automobile) de la Grande Côte, qui grimpe (ça vous étonne ?) vers la Croix-Rousse, voici l'un des restaurants les moins chers de Lyon, très apprécié par une jeune clientèle qui n'a pas emprunté la Jaguar (et le portefeuille) de papa pour se faire ouvrir les portes des endroits à la mode. Les adorables patrons concoctent une cuisine simple et familiale à des prix vraiment très sages. Assiettes du midi très copieuses, dont une pour les végétariens et menus guère chers pour les gros appétits. Oh, bien sûr, rien de raffiné dans tout cela, simplement de la nourriture bon marché, en quantité, et servie avec gentillesse. Le plus dur sera de trouver une place parmi toute cette jeunesse qui se presse et se serre dans les deux petites salles superposées. *Digestif offert. Parking des Terreaux offert le soir.*

|●| *Restaurant La Romanée* – **19, rue Rivet (B1-22)** ☎ **04.72.00.80.87.** Fermé le samedi midi, le dimanche soir et le lundi. Congés annuels : août. Accès : à 800 m du métro Croix-Paquet ; à côté de la clinique Saint-Charles, à proximité du jardin des Plantes. Menu du midi assez banal à 70 F (10,7 €), mais d'autres de 110 à 215 F (16,8 à 32,8 €). Pour la petite histoire, la rue Rivet, avant d'accueillir *La Romanée*, a vu naître l'architecte Tony Garnier. À Lyon, les femmes cuisinières sont des « mères ». Depuis des générations, elles nous régalent de quenelles, cochonnailles, andouillettes et autres tabliers de sapeur. Pas Élisabeth Denis. Alors doit-on dire qu'elle cuisine comme un homme ? Non, sa cuisine est personnelle et sagement inventive. Le foie gras « à sa façon » nous a carrément séduits, la fraise de veau au jus de truffes également. Les rougets aux accents méditerranéens étaient l'objet du même soin. Seuls les desserts nous ont un peu déçus, à cause du manque de choix et d'originalité. Daniel Denis « époux du chef », et sommelier de son état, gère avec rigueur sa petite salle (réservation conseillée) et sa carte des vins,

riche de plus de 400 références. À ce sujet, méfiez-vous des additions qui flambent, on se laisse vite tenter parmi les 600 flacons, et, vous l'aurez compris, dans un pareil catalogue, il ne peut y avoir que des affaires. Mais l'adresse reste sérieuse, parfois un peu trop. Fort heureusement, le commis-sommelier communique sa passion avec la fougue de la jeunesse.

|●| *Alyssaar* – **rue du Bât-d'Argent (D3-43)** ☎ **04.78.29.57.66.** Fermé le dimanche et le lundi. Ouvert uniquement le soir. Accès : M° Hôtel-de-Ville. Menus de 78 à 105 F (11,9 à 16 €). Chez *Alyssaar*, le maître des lieux est syrien, on se sent plus invité que client car il a cette gentillesse naturelle qui vous va droit au cœur. Choisissez l'assortiment d'entrées (« assiette du calife »), il vous expliquera comment associer ses spécialités et dans quel ordre les déguster. Laissez-vous conseiller, il le fera avec plaisir et humour. Le voyage continuera avec, par exemple, un étonnant bœuf aux cerises ou une timbale d'agneau « haché-épicé » aux amandes. Avec le « dessert des mille et une nuits », le voyage n'aura pas seulement été gastronomique, mais aussi initiatique. Après avoir payé l'addition, toujours modérée, vous aurez envie, vous aussi, de dire un grand merci, et en sortant, vous serez tout surpris de retrouver Lyon. Un seul petit reproche, qui ne peut être qu'amical, ici, on nous a donné le goût du voyage, mais la carte ne change pas. *NOUVEAUTÉ.*

|●| *Restaurant Chez Georges - Au P'tit Bouchon* – **8, rue du Garet (D1-20)** ☎ **04.78.28.30.46.** Fermé le samedi et le dimanche. Congés annuels : août. Accès : M° Hôtel-de-Ville ou Louis-Pradel. Menus le midi uniquement à 88 et 118 F (13,4 et 18 €), et carte le soir autour de 160 F (24,4 €). Il ressemble comme un frère à nos vieux bistrots parisiens, mais ici, c'est la version lyonnaise. Serviettes à carreaux, banquettes en moleskine, glaces murales et zinc d'époque. Le patron, débonnaire mais discret, présente la carte et assure le service, pendant que sa femme s'agite derrière les casseroles, dans une cuisine de poche. Menu « lyonnais » bien équilibré. Salade du *P'tit Bouchon* (cervelas, lentilles, museau…), andouillette de veau grillée, saint-marcellin remarquable en provenance de chez Alain Martinet, fromager des halles, etc. Des grands classiques, rien que des grands classiques.

|●| *Restaurant La Meunière* – **11, rue Neuve (D2-21)** ☎ **04.78.28.62.91.** ⚒ Fermé le dimanche et le lundi. Congés annuels : de mi-juillet à mi-août. Accès : M° Cordeliers ou Hôtel-de-Ville. Menus à 95 F (14,5 €) le midi, et de 110 à 150 F (16,8 à 22,9 €). C'est l'inamovible bouchon lyonnais de la presqu'île, d'accord. Mais c'est surtout une profusion de bons petits plats régionaux, un buffet d'entrées qui met l'eau à la bouche et, enfin, une ambiance chaleureuse. Pour les novices ou les accros de la lyonnaiserie et des vraies valeurs que sont la cochonnaille, le tablier de sapeur, l'andouillette ou le pot de beaujolais et de côtes-du-rhône. Et pour ne rien gâcher : un accueil du tonnerre. Une excellente adresse, très connue dans la région. Pour y dîner, mieux vaut réserver quelques jours à l'avance.

|●| *L'Étage* – 4, place des Terreaux (C1-44) ☎ 04.78.28.19.59. Fermé le dimanche et le lundi. Congés annuels : la dernière semaine de juillet et les 3 premières semaines d'août. Accès : M° Hôtel-de-Ville. Plat du jour le midi en semaine à 60 F (9,1 €) et menus à 96 et 145 F (14,6 et 22,1 €). Pour sortir des lyonnaiseries, pénétrez au fond de cet étroit couloir et gravissez l'escalier à vis jusqu'à... *L'Étage*. Poussez la lourde porte et installez-vous dans le décor raffiné de ce salon boisé tendu de rouge. Si vous avez la chance d'avoir une table près de la fenêtre, vous entendrez glouglouter la fontaine aux beaux jours. On n'est pas chez une « mère », mais chez une femme. Et le décor est à l'image de la cuisine. Gracieuse, fine et précise. Carte courte qui tourne très régulièrement mais dont la régularité dans la qualité n'est jamais prise en défaut. Notre repas ? un marbré de volaille et oignons confits, chutney aux pommes, suivi d'un saumon rôti au paprika, semoule à l'huile de noisette et enfin, un excellent demi-saint-marcellin. Clientèle d'habitués surtout, qui s'élargit bien vite. Une belle adresse qui monte. *NOUVEAUTÉ*.

|●| *Les Muses* – place de la Comédie (D1-41) ☎ 04.72.00.45.58. Fermé le dimanche. Accès : face à l'hôtel de ville. Au 7e étage de l'opéra. Prendre l'ascenseur de gauche. Plat du jour à 65 F (9,9 €) et formule à 105 et 139 F (16 et 21,2 €) le midi et 169 F (25,8 €) le soir, ce qui est une affaire pour ce niveau de qualité. Faute d'obtenir une place pour un spectacle d'opéra ou de

ballet, savourez le plaisir de voir tout Lyon d'en haut, dans cette salle étroite « accrochée » à la scène, aux couleurs de l'architecte Nouvel. Si le noir, ici, lui va plutôt bien, c'est que le regard se porte sur la grande terrasse donnant sur la place et les beffrois de l'hôtel de ville et sur une nourriture colorée et habile qui porte la marque d'un grand chef, Philippe Chavent. Le menu du jour fait dans la tradition lyonnaise, mais à la carte on peut goûter un étonnant croustillant d'agneau aux abricots secs ou une terrine de lentilles aux foies de volailles absolument sublime. Cuisine donc originale, ambiance un tantinet chic et accueil parfait. Plutôt adresse du soir, superbe quand les cariatides de la terrasse se parent de leur robe rouge. Service jusqu'à minuit. *Apéritif offert*.

|●| *Café des Fédérations* – 8, rue du Major-Martin (C2-23) ☎ 04.78.28.26.00. Fermé le samedi midi et le dimanche. Congés annuels : août. Accès : M° Hôtel-de-Ville. Menu à 120 F (18,3 €) le midi. Même formule le soir, plus copieuse et variée, à 148 F (22,6 €). Un des meilleurs dans sa catégorie. Si on nous obligeait sous la torture à choisir trois bouchons seulement dans tout Lyon, nul doute que celui-ci figurerait sur une des marches du podium, et certainement la première. Depuis longtemps une institution, et surtout un conservatoire de la cuisine lyonnaise. Les « fédérés » s'y rendent nombreux, mais à table, ce ne sont pas des révolutionnaires. Ils viennent ici en amoureux du gras-double, du tablier de sapeur (mariné 2 jours avec vin blanc et moutarde), de la tête de veau sauce ravigote, ou des pieds et museau. Tout cela servi avec efficacité et une grande gentillesse, dans un cadre inchangé depuis des décennies (rappelez-vous le film de Bertrand Tavernier *L'Horloger de Saint-Paul* avec Philippe Noiret : certaines scènes ont été tournées ici!). En entrée, un plat de charcuterie, et plusieurs saladiers généreusement remplis de lentilles, betteraves, museau et pieds, salades variées selon la saison... Un petit buffet de hors-d'œuvre,

RHÔNE-ALPES

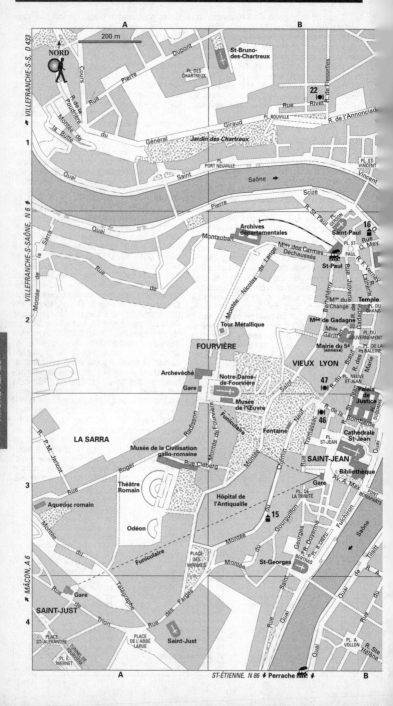

RHÔNE-ALPES

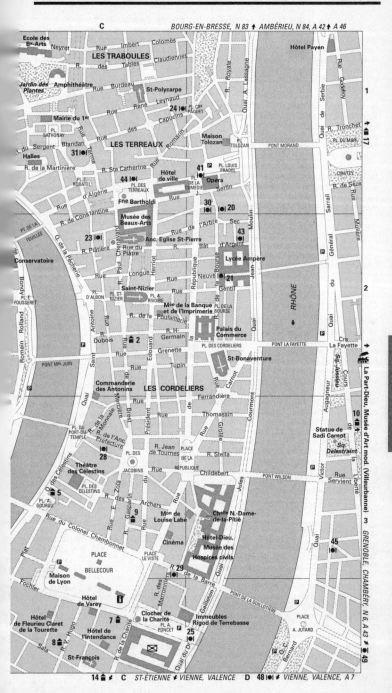

Ecole des Bx-Arts
Rue Imbert Colomès
LES TRABOULES
R. des Tables
Claudiennes
Jardin des Plantes
Amphithéâtre
Rue Burdeau
St-Polycarpe
Rue Leynaud
René
Mairie du 1er
Rue des Capucins
PL SATHONAY
Blandan
Terme
LES TERREAUX
Rue Romarin
Maison Tolozan
PL TOLDZAN
PONT MORAND
Hôtel Payen
Rue Royale
Quai A. Lassagne
Quai de Serbie
R. Godefroy
R. Tronchet
PL DU MARÉ
LYAUTEY
R. de Sèze

Halles
R. de la Martinière
R. Ste Catherine
Hôtel de ville
44
PL DES TERREAUX
Fne Bartholdi
Rue d'Algérie
Musée des Beaux-Arts
R. de Constantine
41
PL LOUIS PRADEL
PL DE LA COMÉDIE
Opéra
Serlin
30
20
Rue de l'Arbre Sec
43
d'Argent
Lycée Ampère

23
Anc. Eglise St-Pierre
Rue du Plâtre
Rue Longue
Rue Neuve
21
République
Saint-Nizier
PL ST-NIZIER
Mée de la Banque et de l'Imprimerie
Poulaillerie
R. H. Germain
Grenette
Tupin
PL A. RIVOIRE
PL DE LA BOURSE
Palais du Commerce
PONT LA FAYETTE
St-Bonaventure
PL DES CORDELIERS

RHÔNE
Quai Général du
Rue Molière
Jean
Quai
Crs La Fayette
La Part-Dieu, Musée d'Art mod. (Villeurbanne)

Commanderie des Antonins
LES CORDELIERS
Rue Ferrandière
Thomassin
2
Rue Grolée
Rue Président
Brest
R. de la Monnaie
PL DU PORT-DU-TEMPLE
R. de l'Anc. Préfecture
28
Théâtre des Célestins
PL DES CÉLESTINS
5
PL GOURGU
R. Zola
Gasparin
9
Mon de Louise Labé
Cinéma
R. Jean de Tournes
PLACE DE LA RÉPUBLIQUE
R. Stella
Childebert
Jules
PONT WILSON
Ch.lle N-Dame-de-la-Pitié
Hôtel-Dieu, Musée des Hospices civils
Victor
Rue Servient
Statue de Sadi Carnot
Sq Delestraint
10
45

Maison de Lyon
PLACE BELLECOUR
Hôtel de Varey
Hôtel de Fleurieu Claret de la Tourette
Hôtel de l'Intendance
7
St-François
8
R. V. Hugo
Sala
29
R. de la Barre
Clocher de la Charité
PL A. PONCET
25
Immeubles Rigod de Terrebasse
PONT DE LA GUILLOTIÈRE
PLACE A. JUTARD
Q. C. Bernard
49

RHÔNE-ALPES

donc. Puis une entrée chaude (un saucisson ou sabodet, cuit au vin rouge, par exemple). Et bien sûr, le superbe plat de résistance. Arriveront ensuite le remarquable plateau de fromages – dont l'étonnant fromage fort, la cervelle de canut – et enfin un dessert au choix. Que demande le peuple ?

I●I *Maison Villemanzy* – **25, montée Saint-Sébastien (C1-24)** ☎ **04.72.98.21.21.** Fermé le dimanche et le lundi midi. Congés annuels : les 2 premières semaines de janvier. Accès : M° Croix-Pâquet. Plat du jour et salade à 68 F (10,4 €), menu à 126 F (19,2 €). Avec sa merveilleuse terrasse coiffant tout Lyon (il y a même une longue vue), cette authentique maison bourgeoise accrochée aux pentes de la Croix-Rousse, ancienne résidence d'un médecin-colonel, mérite le déplacement. Mais il vaut mieux réserver, les amateurs de vue étant nombreux. Au piano, Guillaume Mouchel. Il est un des hommes de main de Jean-Paul Lacombe, qui, comme Bocuse et Chavent, possède plusieurs adresses en ville. Le menu-carte, bien conçu, ne propose pas beaucoup de choix, mais tourne tous les deux jours. L'endroit est toujours complet. Carte des vins raisonnable.

I●I *Chez Hugon* – **12, rue Pizay (D1-30)** ☎ **04.78.28.10.94.** Fermé le samedi et le dimanche. Congés annuels : août. Accès : M° Hôtel-de-Ville. Carte uniquement, ce qui fait grimper les tarifs assez vite, peut-être un peu trop. Compter environ 160 F (24,4 €). Pas loin de l'hôtel de ville, dans une ruelle, cet authentique petit bouchon un peu hors temps nous a séduits. La salle ne possède que quelques tables nappées de carreaux, que le patron surveille avec bonhomie du coin du zinc. Éclairage au néon, un portrait de Guignol et *basta*. En cuisine, Madame prépare d'excellentes spécialités lyonnaises : pied de mouton, boudin, museau, tablier de sapeur, gâteau de foies de volailles... et une jolie blanquette de veau à l'ancienne. Certains soirs, quand les habitués déboulent, belle ambiance. *Apéritif offert.*

2e arrondissement

≜ *Hôtel de Normandie* **★★** – **3, rue du Bélier (hors plan C4-4)** ☎ **04.78.37.31.36.** Fax : **04.78.40.98.56.** TV. Canal+. Accès : M° Perrache. Doubles avec cabinet de toilette, douche ou bains de 160 à 284 F (24,4 à 43,3 €). Bien qu'il soit juste à côté de la gare de Perrache (côté cours de Verdun), cet hôtel rend hommage à un paquebot bien connu, d'ailleurs peint sur un mur. Dans une rue calme, refait à neuf, le *Normandie* propose une quarantaine de chambres, parfois petites, souvent un peu vieillottes, mais toujours bien entretenues. Vous y serez accueilli avec beaucoup de gentillesse par

les patrons, dynamiques et toujours prêts à vous donner des tuyaux pour faciliter votre séjour. Le double-vitrage filtre assez bien les bruits ferroviaires voisins. *10 % sur le prix de la chambre, les week-ends et en juillet-août.*

≜ *Hôtel d'Ainay* **★** – **14, rue des Remparts-d'Ainay (hors plan C4-3)** ☎ **04.78.42.43.42.** Fax : **04.72.77.51.90.** TV. Accès : M° Ampère-Victor-Hugo. Doubles avec cabinet de toilette à 175 F (26,7 €), douche à 218 F (33,2 €), douche et wc ou bains à 235 F (35,8 €). Non loin de la magnifique basilique d'Ainay, dans un quartier piétonnier et plein de charme, voilà un hôtel tout simple pour ceux qui voyagent en classe économique. Le jeune couple qui le dirige avec du cœur, de l'humour et le sourire, se donne du mal pour le rendre plus confortable, notamment grâce au vitrage isolant. Les chambres peuvent donner sur la rue, la cour et sur la mignonne place Ampère, joliment éclairée le soir.

≜ *Hôtel de Vichy* – **60 bis, rue de la Charité (hors plan C4-14)** ☎ **04.78.37.42.58.** Fax : **04.78.37.42.58.** TV. Accès : M° Perrache. À 5 mn de la gare du même nom. Doubles avec douche à 195 F (29,7 €). Parking payant. Tout en haut d'une volée de marches, au premier étage d'un immeuble à la façade banale, en fait un ancien hôtel particulier, voilà une adresse vraiment sympathique. Vous y serez accueilli par le sourire de la patronne, et les aboiements de Câline, le toutou de la maison. Ici, on le remarque tout de suite aux nombreux posters de Rex, Médor et autres Mirza, on adore les chiens, mais on traite aussi le genre humain avec une grande gentillesse. On se sent d'ailleurs immédiatement à l'aise dans cet hôtel familial. Les chambres sont toutes simples, très propres, avec malheureusement parfois des sanitaires un peu fatigués. Certaines ont une belle cheminée, témoin du passé de la maison. Bravo donc, pour l'accueil, et les petits prix qui permettent de séjourner en plein centre-ville sans se ruiner. Participe à l'opération « Bon week-end à Lyon ». *NOUVEAUTÉ.*

≜ *Hôtel de Bretagne* **★** – **10, rue Dubois (C2-2)** ☎ **04.78.37.79.33.** Fax : **04.72.77.99.92.** TV. Accès : M° Cordeliers. À mi-chemin de la Saône et de la place des Cordeliers, presque en face du précédent. Doubles avec douche et wc de 245 à 280 F (37,4 à 42,7 €). L'atout de cet hôtel est sa situation en plein cœur de la presqu'île, et pourtant dans une petite rue très calme. Une trentaine de chambres, simples, bien équipées et tenues de même, toutes avec double-vitrage. Préférez celles donnant sur la rue, un peu plus grandes et claires (celles sur cour sont presque « borgnes »). Bref, un hôtel pour dormir. Accueil charmant des patrons auvergnats. *10 % sur le prix de la chambre.*

🏛 *Hôtel du Théâtre* ** – 10, rue de Savoie (C3-5) ☎ 04.78.42.33.32. Fax : 04.72.40.00.61. TV. Accès : Mᵒ Bellecour ; près de la place des Célestins. Chambres à 285 F (43,6 €) avec douche et wc et de 305 à 345 F (46,5 à 52,6 €) avec bains. Le spectacle commence dès l'entrée. Habillé comme un décor de théâtre, l'escalier qui mène à la réception située au 2ᵉ étage donne le ton. Si vous avez de la chance, on vous conduira vers une des chambres qui donnent sur la place du théâtre des Célestins. La vue est superbe. Nouvellement repris par le frère du propriétaire de l'*Hôtel d'Ainay* (voir plus haut), il a été refait et la déco entièrement revue. Salon pour le petit déjeuner sympathique et ambiance générale décontractée.

🏛 *Hôtel Bayard* ** – 23, place Bellecour (C4-7) ☎ 04.78.37.39.64. Fax : 04.72.40.95.51. TV. Accès : Mᵒ Bellecour ; sur la très grande place de Lyon, près de la poste centrale. Parking privé payant. Chambres avec tout le confort de 317 à 347 F (48,3 à 52,9 €). Certaines sont à 407 F (62 €) car décorées avec des meubles de style. Allez-y sans peur, vous le quitterez sans reproche ! Aucune chambre ne se ressemble, et certaines, les chambres « de style », que nous vous recommandons tout particulièrement, sont franchement dignes d'un palace. C'est le cas de la nᵒ 2, vraiment superbe, de style Directoire, avec un lit à baldaquin, un parquet ciré comme à Versailles et qui a, de surcroît, une vue sur la place Bellecour. La nᵒ 5 vaut pour sa très grande salle de bains, et la nᵒ 15, sur cour, peut recevoir 4 personnes. Coin petit déjeuner calme et très champêtre. N'hésitez donc pas à suivre le groom peint qui vous conduira jusqu'à la réception de cet hôtel de caractère, au 1ᵉʳ étage.

🏛 *Hôtel La Résidence* *** – 18, rue Victor-Hugo (C4-8) ☎ 04.78.42.63.28. Fax : 04.78.42.85.76. TV. Canal+. Satellite / câble. ⚓ Accès : Mᵒ Bellecour ou Ampère-Victor-Hugo. Doubles avec douche et wc à 325 F (49,5 €), avec bains à 355 F (54,1 €) et également des triples. À mi-chemin de Perrache et de Bellecour, dans une rue piétonne commerçante et donc très animée, il a une situation privilégiée. Un peu années 60 suranné, mais avec tout le confort moderne, *La Résidence* est le type même de l'hôtel à l'ancienne qui se transmet de père en fils ou en fille sans véritable changement d'esprit. L'un des 3 étoiles le moins cher en ville. Bien qu'un peu tristes, les chambres sont douillettes, toutes insonorisées et climatisées. Accueil professionnel. *10 % sur le prix de la chambre les week-ends et vacances scolaires.*

🏛 *Hôtel Globe et Cécil* *** – 21, rue Gasparin (C3-9) ☎ 04.78.42.58.95. Fax : 04.72.41.99.06. TV. Satellite / câble. Accès : Mᵒ Bellecour. Chambres de 460 à 720 F (70,1 à 109,8 €). Petit déjeuner compris et de très bonne qualité. Un des meilleurs 3 étoiles de la presqu'île, sans conteste. C'est un hôtel tenu par des femmes et ça se sent. Discrétion et efficacité. Déjà au XIXᵉ siècle, les prélats de Rome descendaient ici. Grand hall lumineux décoré avec beaucoup de goût, mélange de classique et de modernité. Chaque chambre possède son ambiance (certaines ont de belles cheminées en marbre et la climatisation), son style et une décoration personnalisée en fonction du volume. Les tissus ont été sélectionnés avec soin, tout comme le mobilier. Choisir de préférence les chambres sur rue, les plus lumineuses. Belles salles de bains, fort bien conçues. Du charme, du confort et du pratique. Service impeccable, accueil souriant et vraiment gentil, on répond sans hésitation à tous vos desiderata. Excellente maison, bravo ! Participe à l'opération « Bon week-end à Lyon ». *10 % sur le prix de la chambre en semaine.*

🍴 *Le Petit Grain* – 19, rue de la Charité (C4-26) ☎ 04.72.41.77.85. Fermé le dimanche, et le soir après 20 h (16 h le mardi). Congés annuels : mi-août. Accès : Mᵒ Ampère ou Bellecour. Tout est à 40 F (6,1 €) : plat du jour, énormes soupes et délicieuses salades. Loin des bouchonneries, un modeste établissement, installé dans une ancienne boutique de modiste près de la rue des antiquaires (Auguste-Comte), et tenu par un souriant personnage. D'origine vietnamienne, sa cuisine intègre le *bo bun*, un plat du jour très souvent asiatique et plein d'autres choses réalisées au gré du marché. Excellentes tartes : poires et chocolat, pommes-cannelle... Profitez-en pour flâner aux alentours, le quartier est sympa. *Apéritif offert.*

🍴 *Restaurant Chez Mounier* – 3, rue des Marronniers (C-3-4-29) ☎ 04.78.37.79.26. Fermé le dimanche soir et le lundi. Congés annuels : 1 semaine début janvier et 15 jours début septembre. Accès : Mᵒ Bellecour. Pour 47 F (7,2 €) le midi en semaine, on a droit à un plat et un dessert. Une aubaine ! Pour 61 F (9,3 €), midi et soir, c'est la totale. Et encore deux autres menus en dessous de 100 F (15,2 €). De sa vitrine, Guignol sourit aux promeneurs, les invitant à entrer. Notre bouchon préféré dans cette rue, où il y en a beaucoup, des vrais et des faux. Deux petites salles à la monacale sobriété, séparées par une sorte de couloir d'où l'on a une vue plongeante sur la cave. L'ambiance est bonne et la cuisine régionale servie a gardé son caractère. Gnafrons (des petits saucissons), gras-double et tablier de sapeur : du lyonnais pur et dur. Simple et sans chichis !

🍴 *Le Pâtisson* – 17, rue du Port-du-Temple (C3-28) ☎ 04.72.41.81.71. Fermé le vendredi soir, le samedi et le dimanche (ouvert le samedi soir d'octobre à mars). Congés annuels : la 3ᵉ semaine d'août. Accès : Mᵒ Bellecour. Plat du jour à 55 F (8,4 €). Menus à 65 et 72 F (9,9 et 11 €) le midi, 95 et 110 F (14,5 et 16,8 €) le soir. Le patron a travaillé dans quelques bonnes maisons : *Brussel's Europa*, *L'Aigle Noir* à Fontainebleau… avant de choisir la voie végétarienne. De ce passé, il a gardé quelques diplômes culinaires fièrement affichés sur les murs et un bon tour de main. Son médaillon de tofu grand large (julienne de légumes safranés) et ses plats du jour, comme le millet des gourmands, les quenelles maison sauce oseille, portent l'empreinte d'un chef. C'est l'un des rares restaurants végétariens et biologiques de la capitale des Gaules, également non-fumeur. Déco un peu tristoune, dommage.

I●I *Chez Abel* – **25, rue Guynemer (hors plan B4-32)** ☎ **04.78.37.46.18.** Fermé le samedi et le dimanche. Congés annuels : août. Accès : Mᵒ Ampère; en sortant de l'abbaye d'Ainay, aller tout droit, c'est à gauche après la voûte. Menu du midi à 90 F (13,7 €), puis d'autres à 140 et 180 F (21,3 et 27,4 €); à la carte, les prix décollent. En franchissant la porte de ce petit restaurant, on fait un bond dans le passé, peut-être jusqu'avant la guerre de 14. Ici, tout semble être d'époque, le parquet qui craque, les boiseries patinées et les nombreux objets accumulés avec le temps. La carte et les menus ne se soucient pas non plus des modes qui se succèdent. Que l'on opte pour un pied de porc grillé, une gargantuesque quenelle au gratin, de la poule au pot, une fondante langue ou des tripes à la mode de Caen, tout est merveilleusement bon, comme avant. Alors on savoure en prenant son temps. Ambiance « bouchon » garantie et service efficace.

I●I *La Brasserie Georges* – **30, cours de Verdun (hors plan B4-42) (Centre)** ☎ **04.72.56.54.54.** ⚒ Fermé le 1ᵉʳ mai. Service de 11 h 30 à 23 h 15 en semaine et jusqu'à 0 h 15 le samedi. Accès : à la sortie de la gare de Perrache. Menus de 98 à 153 F (14,9 à 23,3 €). « La Georges », comme disent les Lyonnais. Une salle immense sans pilier; 630 couverts et 70 employés, sans compter le patron. Lui, Didier Rinck, est l'héritier d'une grande famille de brasseurs alsaciens. Cosmopolite et chaleureuse, cette brasserie Art déco fait « bonne bière et bonne chère » depuis 1836. Plats et serveurs dans la grande tradition eux aussi, du saucisson brioché par la quenelle de brochet en passant par la non moins incontournable choucroute. Ça pourrait être meilleur, disent les grincheux. Oui, ça pourrait, ils n'ont pas tort… Mais un spectacle pareil n'est pas donné tous les jours ! Signalons aussi l'animation musicale, souvent jazz, le samedi, et regrettons

l'immonde parking de la gare de Perrache qui enlaidit la terrasse.

I●I *Le Sud* – **11, place Antonin-Poncet (D4-25)** ☎ **04.72.77.80.00.** Ouvert tous les jours, le midi jusqu'à 14 h 30 et le soir jusqu'à minuit. Accès : Mᵒ Bellecour. Menu du jour très complet à 115 F (17,5 €), servi midi et soir en semaine, 130 F (19,8 €) avec un verre de vin et 158 F (24,1 €) le dimanche. Paul Bocuse, dit « monsieur Paul », parrain et ambassadeur de la cuisine française et propriétaire des lieux, surfe allègrement sur les modes du jour. Il a d'abord créé *Le Nord* où les rôtissoires sont à l'honneur mais qui nous a déçu, le *Sud* habillé de bleu et de jaune aux saveurs ensoleillées, et puis *L'Est*, vers les Brotteaux. Nous voici donc au sud : caviar d'aubergines aux poivrons confits, superbe de saveurs variées, poulet de Bresse en tajine et citrons confits, osso buco et risotto milanais, pizza aux légumes grillés ont du succès. Ambiance de brasserie sur le devant, plus distinguée vers le fond, et grande terrasse sur une place dégagée. On peut être agacé par le côté un peu trop parfait des succursales bocusiennes, mais force est de constater qu'on y mange très bien et que le service est impeccable. Beaux vins au verre. Parking privé payant. *Café offert.*

3ᵉ arrondissement

🏠 *Le Lacassagne* *** – **245, av. Lacassagne (hors plan D2-11)** ☎ **04.78.54.09.12.** Fax : **04.72.36.99.23.** Parking payant. TV. Accès : assez excentré, près des hôpitaux et de la ville de Bron, Mᵒ Grange-Blanche, puis 10 mn de marche, bus n° 28. Chambres de 230 à 310 F (35,1 à 47,3 €) avec douche et wc ou bains. Vraiment tout au bout de la ville. Sans grand intérêt pour les touristes non motorisés, mais parfait pour ceux qui possèdent une voiture et qui exercent une profession médicale ou paramédicale. En effet, il y a dans les environs pas moins de cinq hôpitaux dont Édouard-Herriot, ainsi que l'école internationale des infirmières. Les chambres sont spacieuses, climatisées, et donnent pour certaines sur un grand jardin arboré. L'accueil est bon. Possibilité de prendre un en-cas (salade, croque-monsieur, fromage blanc).

🏠 *Hôtel de Créqui* ** – **158, rue de Créqui (hors plan D3-10)** ☎ **04.78.60.20.47.** Fax : **04.78.62.21.12.** TV. Canal+. Accès : Mᵒ Guichard. Pour aller au centre-ville, c'est-à-dire sur la presqu'île, il vous suffira de passer le pont Wilson. Compter 10 mn de marche. Chambres au prix unique 375 F (57,2 €) avec sanitaires complets. Face à la Cité judiciaire, à une encablure des halles et de la gare TGV de La Part-Dieu, cet hôtel neuf et net vaut l'étape, même s'il fait un peu « chaîne ». Chambres aux murs habillés de jaune et à la moquette bleue confortables et gaies ; mais leur taille est par contre à peine suffisante. L'accueil souriant cache le professionnalisme rassurant d'une équipe dont l'hôtellerie est le business. Restauration possible, et l'hôtel fait aussi bar à vins (sauf les week-ends et au mois d'août). _10 % sur le prix de la chambre._

I●I _Chez Chris_ – **1, rue de la Victoire (D3-45)** ☎ **04.78.60.86.33.** & Fermé le dimanche et les jours de fête, le samedi midi et le dimanche en été. Congés annuels : les fêtes de fin d'année. Accès : Mº Guichard. Plat du jour à 52 F (7,9 €), formules du midi à 68 et 80 F (10,4 et 12,2 €) et menus de 95 à 130 F (14,5 à 19,8 €). On leur trouve souvent un air mièvre et coincé lorsqu'elles sont élues. On les revoit quelques fois à la télé, puis elles disparaissent et on oublie leur nom. Chris, ex-Miss France, s'est fait un prénom, et on a tout de suite aimé son mignon bouchon à la décoration surchargée. Avouons qu'on a surtout craqué pour elle, son franc parlé, ses éclats de rire, ses coups de gueule et sa cuisine aussi généreuse qu'elle. Il faut la voir se démener aux fourneaux pour régaler ses clients, ses gamins comme elle les appelle. Et Daniel, jurassien au rien bourru (un pléonasme ?), veille sur la salle, s'étonne quand on cale devant une roulade de tripes, le tendron de veau à l'ail ou la tétine persillée. On s'achève de plaisir avec une part de flan, du pain perdu ou des pruneaux au vin provenant du buffet de desserts, une véritable avalanche de douceurs. On en reprendrait bien un peu, juste pour rester un moment de plus, mais c'en est trop, alors on papote un moment, et on part en rêvant des prochaines agapes. _NOUVEAUTÉ._

4e arrondissement

♠ _Hôtel de la Poste_ – **1, rue Victor-Fort (hors plan C1-13)** ☎ **04.78.28.62.67. Fax : 04.78.28.62.67.** Accès : Mº Croix-Rousse. Chambres avec douche dans le couloir à partir de 170 F (25,9 €) et avec douche privée à 220 F (33,5 €). Au cœur de ce merveilleux quartier de la Croix-Rousse, un village dans la ville, l'un des hôtels les moins chers, et certainement l'un des plus sympa, installé dans un immeuble de canuts, sans grand charme mais fort bien tenu. La patronne accueille tout le monde avec le sourire, mais ne loue que la moitié de la vingtaine de chambres qu'elle possède, réservant l'autre à ses habitués. _10 % sur le prix de la chambre en juillet-août._

I●I _Le Petit Gadin_ – **17, rue d'Austerlitz (hors plan D1-36)** ☎ **04.78.39.72.85.** Fermé le samedi midi et le dimanche. Congés annuels : entre Noël et le Jour de l'An et 1 semaine pour le 15 août. Accès : Mº Croix-Rousse. Formules du midi à 65 et 100 F (9,9 et 15,2 €), menu du soir à 120 F

(18,3 €). Les néo-Croix-roussiens (artistes, yuppies…) apprécient beaucoup le vaste jardin du restaurant. Aux beaux jours, les parasols y fleurissent pour empêcher le soleil d'être trop mordant pendant que l'on déjeune. Le soir, à la fraîche, pour avoir une place, la réservation s'impose. La grande salle attenante à ce jardin, avec ses tables toutes différentes, ses murs faits de pierres solides, et des tapis, est très agréable. La carte mêlant modernisme et classicisme tourne beaucoup, avec un bonheur inégal. Ambiance décontractée et service au diapason.

I●I _Restaurant Histoire de Souris_ – **2, rue de Belfort, ou 36, quai Arloing (hors plan D1-35)** ☎ **04.78.30.51.40.** & Fermé le samedi midi et le lundi. Accès : Mº Croix-Rousse. Menus de 70 à 100 F (10,7 à 15,2 €) ; fondues et raclettes de 65 à 85 F (9,9 à 13 €) par personne. Un restaurant de copains, tout à fait dans l'esprit village de ce quartier, où l'on vient s'attabler sans façon devant un tartare, une fondue, ou une raclette se en racontant des histoires (de souris, mais pas seulement). Le service est jeune, l'ambiance amicale et le tout sans prétention. Une sorte de « Sam' Suffit » culinaire bien dans l'air du temps. L'établissement, petit et diablement sympathique, sent la fromagerie. Vous aussi, après un bon repas, serez imprégné de l'odeur des lieux.

I●I _Boucherie-restaurant de la Croix-Rousse_ – **3, place des Tapis (hors plan D1-34)** ☎ **04.78.28.48.82.** & Fermé le dimanche soir et le lundi. Accès : Mº Croix-Rousse. Menu à 81 F (12,3 €) le midi. Le soir, à la carte, l'addition oscille entre 90 et 200 F (13,7 et 30,5 €) en fonction de votre appétit et des morceaux choisis. Pour pénétrer dans le restaurant, il vous faudra traverser… la boucherie ! En effet, Yves Daguin est avant tout boucher. Amoureux de son métier et de la viande, il a décidé de la faire découvrir en toute simplicité. Ce loucherbem n'étant pas cuisinier, choisissez votre viande sans sauce, nature. En entrée, partagez une assiette du tueur (ris, testicules, rognons d'agneau) ou l'assiette de dégustation de saucisson de Lyon, avant de poursuivre avec une des excellentes viandes grillées à l'extrême tendreté ou une andouillette beaujolaise de chez Braillon à Anse. Très belle sélection de vins de petits propriétaires du Beaujolais et des Côtes-du-Rhône cent fois plus pertinente que dans bon nombre de bouchons. Honte à eux ! Grande terrasse devant la boucherie.

5e arrondissement

♠ _Auberge de jeunesse du Vieux Lyon_ – **41-45, montée du Chemin-Neuf (B3-15)** ☎ **04.78.15.05.50. Fax : 04.78.15.05.51.** ● www.fuaj.org ● & Accueil de 7 h à 12 h et de 14 h à 1 h, mais l'AJ est ouverte

24 h sur 24. Congés annuels : du 10 au 30 décembre. Accès : depuis la gare Part-Dieu, prendre le bus n° 28; depuis Perrache, le n° 31; depuis la place Saint-Jean, le funiculaire, station Minimes. M° Saint-Jean, puis 5 mn de grimpette. Nuitée à 72 F (11 €), petit déjeuner et taxe de séjour inclus... Location de draps possible. Bien sûr, la carte d'adhérent FUAJ est obligatoire : 70 et 100 F (10,7 et 15,2 €), respectivement pour les moins et plus de 26 ans. Pour jouir de la vue la plus extraordinaire qui soit sur la capitale des Gaules, vous n'avez que deux solutions. Choisissez, comme Jacques et Bernadette lors du G7, l'hôtel *La Villa Florentine*, classé 4 étoiles-luxe, ou foncez à l'AJ et vous économiserez au minimum mille francs. Inaugurée en été 1998, dans un bâtiment rénové, cette auberge domine la ville et n'est qu'à 5 mn du quartier Renaissance du vieux Lyon (classé Patrimoine mondial de l'humanité) : 180 lits en tout (2 à 6 par chambre, dont la plupart équipées de sanitaires). Bar, garage à vélos, laverie, terminal Internet et même un jardin sur plusieurs niveaux, littéralement accroché à la colline. Ici, pas de cafétéria, mais une cuisine est mise à disposition des résidents. Tout le confort moderne, un accueil et une ambiance vraiment sympa (la lecture du Livre d'or est éloquente), et en pirme des animations qui font de cette auberge un vrai lieu de vie. Jugez-en par vous-même : expo-photos, concerts de jazz, concerts de musique classique (le conservatoire est à Fourvière, au-dessus de l'AJ, ce sont des étudiants qui se produisent) et puis la vue, toujours la vue, on en prend plein les yeux!

🏠 *Phénix Hôtel* ✶✶✶ – 7, quai de Bondy (B2-16) ☎ 04.78.28.24.24. Fax : 04.78.28.62.86. TV. Canal+. 👌 Accès : M° Hôtel-de-Ville. Dans le quartier Saint-Paul, à côté de la gare du même nom. Chambres de 820 à 1080 F (125 à 164,6 €), petit déjeuner inclus. Dans un bel immeuble du XVIIᵉ siècle, une superbe réception et des chambres aux très beaux volumes, décorées avec un goût très sûr; toutes entretenues comme il se doit pour un établissement de cette classe. L'hôtel vaut particulièrement pour les chambres donnant sur la Saône et la colline de la Croix-Rousse, parfaitement insonorisées et bien sûr climatisées. Accueil très professionnel et belle clientèle internationale, mais rien de tapageur dans tout cela. Notez que cet hôtel est le seul de sa catégorie à offrir une vue aussi directe sur la Saône aux reflets changeants. Participe à l'opération « Bon weekend à Lyon ». *NOUVEAUTÉ.*

🍴 *Les Lyonnais* – 1, rue Tramassac (B3-46) ☎ 04.78.37.64.82. 👌 Fermé le dimanche soir et le lundi. Congés annuels : août. Accès : M° Vieux-Lyon. Plat du jour à 48 F (7,3 €), formules le midi en semaine pour 58 et 68 F (8,8 et 10,4 €). Le soir,

« menu du marché » ou « menu lyonnais » à 103 F (15,7 €). Pas facile de créer un néo-bouchon dans la ville des bouchons! Pari réussi et tant pis pour les esprits grincheux. Depuis son ouverture, ça ne désemplit pas. Les portraits d'illustres inconnu(e)s lyonnais (es) tapissent les murs de la grande salle jaune. En plus de l'atmosphère sympathique, des formules convaincantes, un service efficace et des prix attractifs. Au « menu lyonnais », les incontournables tabliers de sapeur, petits saucissons chauds, tête de veau tiède sauce gribiche, quenelle de brochet sauce nantua, cervelle de canuts, tandis que le « menu du marché » varie selon l'humeur et la saison. *NOUVEAUTÉ.*

🍴 *Le Bistrot de Saint-Paul* – 2, quai de Bondy (B3-37) ☎ 04.78.28.63.19. Fermé le dimanche et les jours fériés. Congés annuels : du 8 au 24 août. Accès : quai de la Saône, rive gauche. Menu à 69 F (10,5 €) le midi, autres à 99 et 162 F (15,1 et 24,7 €). Si les « lyonnaiseries » vous fatiguent un brin et que vous avez envie de magret et de cassoulet, attablez-vous en ce bistrot sur les bords de la Saône. Jean-Paul Labaste cuisine son Sud-Ouest avec amour et exactitude. Confit de canard aux pommes sarladaises, filet de veau aux cèpes et foie gras chaud, cassoulet... ont autant de saveur qu'un grand match de rugby. L'été, la carte met en avant des spécialités plus légères : tartare de canard (super) ou magret aux pêches.

🍴 *Les Adrets* – 30, rue du Bœuf (B2-47) ☎ 04.78.38.24.30. Fermé le samedi et le dimanche. Congés annuels : août. Accès : M° Vieux-Lyon. Menu très complet le midi à 80 F (12,2 €) et le soir plusieurs autres menus de 115 à 195 F (17,5 à 29,7 €). Pas particulièrement à la mode mais les vrais Lyonnais, jeunes et vieux, connaissent bien cette adresse discrète, où l'on s'arrache pourtant l'excellent menu du midi, qui, non content d'être réalisé avec bonheur, ne fait pas dans le mesquin : on y a mangé une soupe de poissons mieux qu'à Marseille, un sauté de cerf aux pâtes fraîches de tout premier ordre, une cervelle de canuts d'excellente tenue, le tout arrosé d'un pichet de bon aloi. Le déjeuner fut conclus par un café puisque tout cela entrait dans le menu du midi. Une affaire à saisir. *NOUVEAUTÉ.*

6ᵉ arrondissement

🏠 *Hôtel Foch* ✶✶✶ – 59, av. Foch (hors plan D1-17) ☎ 04.78.89.14.01. Fax : 04.78.93.17.69. Accès : M° Foch. Chambres à 460 F (70,1 €) avec douche et wc ou bains. En plein cœur du 6ᵉ arrondissement, mais aussi à 5 mn à pied de la presqu'île. Nous pourrions parler du « charme discret de la bourgeoisie » pour commencer la description de cet hôtel installé au deuxième étage d'un ancien immeuble cossu. Une belle réception avec salon, canapés en cuir. Parquet et cheminée pour la salle des petits déjeuners. Un endroit très calme, confidentiel, et des chambres spacieuses, parfaitement équipées, et décorées dans des teintes très douces. Une certaine idée du luxe, mais sans ostentation, également un accueil bienveillant et personnalisé, car l'hôtel ne possède que peu de chambres. Participe à l'opération « Bon week-end à Lyon ». *NOUVEAUTÉ.*

|●| *Chez Marcelle* – 71, cours Vitton (hors plan D1-40) (Est) ☎ 04.78.89.51.07. Fermé le samedi et le dimanche. Congés annuels : du 24 juillet au 24 août. Accès : M° Massena, quartier Les Brotteaux. Menu du midi à 150 F (22,9 €) ; le soir, carte vraiment chère. La grande Marcelle, une dame gentille comme tout, est l'une des dernières et authentiques « mères » de la ville. Chez elle, on ne vient pas pour le décor (sauf si on aime le cocktail moleskine-Formica-lampes au néon), mais pour ce qu'il y a dans l'assiette. Le rituel est immuable et satisfait les nombreux habitués : hors-d'œuvre variés, avec une série de saladiers pleins de lentilles, pommes de terre, haricots verts frais (en saison), cervelas, lard, poivrons… et surtout interdiction de caler. Suivent ensuite, au choix, le meilleur tablier de sapeur de la ville, un foie de veau en persillade, des viandes épaisses et goûteuses. On s'achève de plaisir avec une délicieuse crème caramel et surtout, on taille une bavette avec Marcelle, attristée d'avoir à faire le tour complet de la ville pour faire son marché (tout se perd, mes pauvres petits), mais ravie de vous avoir fait plaisir.

7ᵉ arrondissement

🏠 *Hôtel Saint-Michel* ★ – 64, rue Saint-Michel (hors plan D4-12) ☎ 04.78.72.48.84. Réception fermée le dimanche entre 12 h et 18 h. Accès : M° Saxe-Gambetta. Sur la rive gauche du Rhône, dans le quartier de la Guillotière. Doubles avec douche seule ou douche et wc de 220 à 250 F (33,5 à 38,1 €). À l'entrée d'une rue tranquille accolée à l'église Saint-Michel, cet hôtel, une fois la porte franchie, révèle un charmant décor. Ancien hôtel particulier du siècle dernier, il a gardé quelques signes de son riche passé. Élégante rambarde d'escalier, beau lustre dans le salon et vieilles boiseries qui sentent la cire. Les chambres, assez claires, sont de bonnes dimensions et meublées de lits et armoires de grand-mère. Ça change des hôtels à la déco passe-partout. Salles d'eau un peu bricolées (cabine de douche) mais on ne peut pas tout avoir. Les prix sont doux et l'hôtel bien entretenu par un couple aimable. *10 % sur le prix de la chambre.*

|●| *En mets, fais ce qu'il te plaît* – 43, rue Chevreul (hors plan D4-48)

☎ 04.78.72.46.58. ♿ Fermé les lundi et mardi soir, le samedi et le dimanche. Accès : M° Jean-Macé. Compter de 80 à 180 F (12,2 à 27,4 €) à la carte. Une première salle avec bar et vue sur la cuisine, une seconde avec de drôles de grilles aux fenêtres. Sur les tables aux couleurs fraîches, pas de nappe mais de petites lampes modernes et rigolotes. On se sent ici tout de suite à l'aise, et on ne craint pas de mettre les coudes sur la table. Accueil et service décontracté mais attentionné. À la carte, une merveilleuse et copieuse assiette de légumes à l'huile d'olive, à faire se damner les plus carnassiers d'entre nous, une cuisse de canard confite aussi fondante que les pruneaux qui l'accompagnaient, ou une truite de mer servie meunière sur un lit d'épinards nous ont absolument enchantés. Extrême fraîcheur des produits, précision des cuissons, justesse de l'assaisonnement et présentation châtiée, voilà vraiment de la belle ouvrage ! Ajoutons à cela une petite sélection de vins servis au verre et le tour est joué. *NOUVEAUTÉ.*

|●| *L'Aromate* – 94, Grande-Rue-de-la-Guillotière (hors plan A4-49) ☎ 04.78.58.04.56. Fermé le mercredi soir et le dimanche. Congés annuels : de mi-juillet à mi-août. Accès : M° Saxe-Gambetta. Rive gauche. Menus de 85 à 125 F (13 à 19,1 €) ; à la carte compter 180 F (27,4 €). Dans le quartier de la Guillotière plutôt porté sur les cuisines étrangères, voici une adresse camarguaise. Un restaurant grand comme un mouchoir de poche, tenu par un couple vraiment exquis, aux petits soins pour sa clientèle. Une formidable ambassade pour la Camargue et sa cuisine. Aux menus ou à la carte, du taureau sous toutes ses formes : en andouillette, hure, saucisson, pâté en croûte, ou bien grillé, poêlé, en tartare, etc. Mais aussi des poissons, du calamar, préparés avec un soin extrême comme tout ce qui vous sera servi. À commencer par l'« améthyste », apéritif maison aussi bon et beau que surprenant (un vrai philtre d'amour !), et jusqu'aux desserts qui font montre d'un vrai savoir-faire. On va résolument de bonne surprise en bonne surprise. Présentation, quantité, assaisonnement, un service adorable et attentionné, on n'a décidément pas pu prendre ces deux-là en défaut. Arrive l'addition, on paie comme on mange : avec plaisir. Ah ! au fait pourquoi *L'Aromate* ? C'est parce que le chef est un peu alchimiste, mais vous vous en rendrez compte par vous-même. *NOUVEAUTÉ.*

DANS LES ENVIRONS

CHAPONOST 69630 (10 km SO)

|●| *Restaurant Le Croûton* – 27 bis, av. Paul-Doumer (Centre) ☎ 04.78.45.06.47. Fermé le mercredi. Congés annuels : août.

Accès : sur la D50. Menu à 66 F (10,1 €) le midi en semaine. Autres menus de 79 à 190 F (12 à 29 €). Ce petit restaurant qui monte pourrait devenir (si ce n'est déjà fait) l'un des chouchous des gastronomes. On mange sur deux étages, dans un cadre reposant et de bon goût. Beaucoup d'hommes d'affaires et de familles pour goûter une cuisine à la fois familiale et novatrice. Une délicieuse adresse. *Apéritif offert.*

CHASSELAY 69380 (20 km N)

|●| *Guy Lassausaie* – **au bourg** ☎ 04.78.47.62.59. Parking. Fermé le mardi soir et le mercredi. Congés annuels : du 1er au 25 août. Accès : prendre la A6 puis N6 et D16. Menus de 180 à 380 F (27,4 à 57,9 €). Guy Lassausaie, après avoir fait ses classes chez quelques grands noms de la gastronomie, a repris l'établissement familial dans la campagne lyonnaise. Le restaurant fait angle, avec en face un parking entretenu comme un jardin, et, à côté, une boutique vend les produits fabriqués par la maison : pâtisseries, charcuteries, plats cuisinés, etc. Pour le restaurant, une salle cossue, de belles assiettes chamarrées sur des tables impeccablement dressées et suffisamment espacées ; ça sent la maison sérieuse. La cuisine est d'inspiration classique, avec parfois une subtile touche de modernité, un rien consensuelle tout de même. Au 1er menu, on goûte déjà largement à la finesse des mets. La carte tourne souvent, mais jugez pourtant : *cappuccino* d'endives confites et cailles rôties aux pistaches, parmentier de céleri et queue de bœuf braisée au romarin, jus de cuisson à la moelle, puis fromages affinés et un chariot de desserts digne d'un palace d'antan. Service masculin, professionnel et courtois, comme il se doit dans ce genre d'établissement.

MEGÈVE 74120

Carte régionale B1

🏠|●| *Hôtel-chalet des Ours* * – **chemin des Roseaux (Centre)** ☎ 04.50.21.57.41. Fax : 04.50.93.05.73. Parking. Fermé le jeudi soir. Congés annuels : mai et novembre. Chambres doubles avec douche et wc de 310 à 475 F (47,3 à 72,4 €). Demi-pension de 250 à 415 F (38,1 à 63,3 €) par personne. Menu à 95 F (14,5 €) et menu « exotique » à 125 F (19 €). On n'en est pas encore revenu de vous avoir trouvé un tel bijou dans cet écrin de luxe qu'est Megève. Tenu par une Anglaise adorable qui a su faire de cette maison une perle de raffinement discret, de simplicité et de gentillesse. *So british* ! Chambres lambrissées, décorées sobrement de bouquets de fleurs, et surtout des couettes sur les lits où il fait bon

se lover douillettement. Ambiance très *Bed and Breakfast*. Salon de lecture et de télévision avec une belle cheminée. Au sous-sol, petite salle de restaurant. Cuisine simple mais un beau menu « exotique » à dominante thaïlandaise (eh oui !). Et quel bonheur d'avoir cinq sortes de thés au petit déjeuner ! On adore. *10 % sur le prix de la chambre pour un séjour de plus de 2 nuits.*

DANS LES ENVIRONS

PRAZ-SUR-ARLY 74120 (5 km SO)

🏠|●| *La Griyotire* ** – **route de la Tonnaz** ☎ 04.50.21.86.36. Fax : 04.50.21.86.34. Parking. TV. Congés annuels : de Pâques à début juin et d'octobre à novembre. Accès : par la N212. Doubles avec douche et wc à partir de 430 F (65,6 €). Menus à 90 et 120 F (13,7 et 18,3 €). Menu-pension à 105 F (16 €). Hôtel de charme au centre de cette petite station familiale des environs proches de Megève (mais loin de la nationale qui la coupe en deux !). Chambres d'un goût exquis, toutes, bien sûr, différentes, mais dans le même ton : du bois à profusion, de moelleux édredons. Un rêve de chalet alpin. L'accueil est charmant et l'ambiance, celle d'une maison de famille : il y a même une salle de jeux pour les enfants. La cuisine sent les vacances. L'été, menu « fraîcheur » avec une grosse salade, fromage et dessert et des repas « barbecue », dans le jardin. Pela, fondue et raclette pour les soirées d'hiver. Jardin bien paisible, sauna et piscine l'été. *Digestif offert.*

MENS 38710

Carte régionale B2

🏠|●| *Auberge de Mens* *** – **place du Breuil (Centre)** ☎ 04.76.34.81.00. Fax : 04.76.34.80.90. Parking. TV. ♿ Doubles à 270 F (41,2 €). Menu à 90 F (13,7 €) servi tous les jours. En plein centre, une grande demeure bourgeoise rénovée par la Municipalité et offrant de confortables chambres. Décor frais et coloré. Terrasse et jardin pour la détente et goûter les douces soirées de Trièves et la cuisine traditionnelle de la patronne.

|●| *Café des Arts* – **rue Principale (Centre)** ☎ 04.76.34.68.16. Resto fermé le dimanche soir de mi-juin à mi-septembre. Accès : depuis Grenoble, la N85, puis la D526. Menu à 70 F (10,7 €) sauf le dimanche ; d'autres à 110 et 120 F (16,8 et 18,3 €). C'est le café le plus célèbre du Trièves. Classé à l'inventaire des Monuments historiques. Jean Giono en parle sous le nom de « Café des Amis » dans *Le Triomphe des Amis*. En 1896, un peintre picard, Gustave Riquet, orna le plafond de belles fresques allégoriques. Sur les murs, il décrivit des scènes de la vie agricole et des paysages. Mon tout compose un ensemble délicat et charmant. Rendo fort sympa dans le village. Le patron est un autodidacte de la cuisine. Plats au feeling, réalisés à partir du panier du marché au fil des saisons. Choix un peu limité, suivre donc l'inspiration du chef. Belle terrine de foie gras maison, poisson frais... Repas le soir sur réservation. *Café offert.*

DANS LES ENVIRONS

TRÉMINIS 38710 (15 km S)

🏠I●I *Hôtel des Alpes* – hameau de Château-Bas ☎ 04.76.34.72.94. Parking. Fermé le dimanche soir et le lundi hors saison. Congés annuels : novembre. Accès : depuis Mens, par la D66, puis la D216. Chambres à 200 F (30,5 €) avec lavabo et à 280 F (42,7 €) avec douche. Demi-pension à 210 F (32 €) par personne. Menu à 70 F (10,7 €) sauf le dimanche. Autres menus de 95 à 125 F (14,5 à 19,1 €). Au fond du fond du cirque de montagne, un petit hôtel émergeant du temps, paisible carte postale sépia de notre France profonde. Impeccablement tenu depuis de nombreuses générations. Café-bar voûté avec la vieille Chappée au milieu. Salle à manger à côté où l'on retrouve la vénérable pendule, le buffet, les chromos, tous les objets mythologiques de la campagne. Là, dans une atmosphère bien brave et feutrée, on choisit de copieux menus à prix presque d'avant-guerre. Cuisine familiale, ça va de soi. Délicieuse tête de veau. Pour dormir, chambres sans prétention, attention, quelques lits un peu mous. Tout autour, une nature totalement préservée et de merveilleuses balades à réaliser. *Apéritif offert.*

LALLEY 38930 (17 km SO)

🏠I●I *La Pergola* ** – le bourg (Centre) ☎ 04.76.34.70.27. Parking. TV. Fermé le mardi soir et le mercredi sauf juillet-août. De mi-novembre à fin mars, ouvert le week-end. Accès : par la D66. Doubles à 250 F (38,1 €) avec douche et wc. Menus de 110 à 160 F (16,8 à 24,4 €). Au cœur du Trièves, dans un village discret (190 habitants) où séjourna Giono, voilà une des meilleures tables de la région. Plaisante salle à manger avec de larges arches et aux beaux jours, on mange sous la pergola. Cuisine à base de produits frais locaux exclusivement. Du reste, le chef fournit avec plaisir la liste de ses bons producteurs. Cuisine finement travaillée et plats du terroir subtilement revisités qui trouvent un large écho dans tout le Trièves (réservation hautement recommandée). Quelques fleurons de la maison : la gelée safranée de saumon, lotte et langoustines au cerfeuil, papillote de filet de sandre,

le porcelet de la « Ferme en bois » haché et cuit en terrine, la canette confite et rôtie au vin d'épices et poire pochée, le poêlon de morue fraîche aux poireaux... Solide carte des vins où coteaux-d'aix et côtes-du-rhône démarrent à 75 F (11,4 €), beau cornas Les Forots à 140 F (21,3 €). Pour un repas de fête, un haute côte-de-nuits Naudin-Ferrand à 130 F (19,8 €), etc. Pour dormir, chambres confortables. *Apéritif offert.*

CHICHILIANNE 38930 (20 km O)

🏠I●I *Au Gai Soleil du Mont-Aiguille* ** – La Richardière ☎ 04.76.34.41.71. Fax : 04.76.34.40.63. Congés annuels : du 5 novembre au 20 décembre. Accès : par la N75, puis la D7. Chambres à 190 F (29 €) avec lavabo, à 265 F (40,4 €) avec douche et wc. Menus à 85 F (13 €) sauf le dimanche, et de 99 à 160 F (15,1 à 24,4 €). Superbement inserré dans un cirque de montagne, au pied du mont Aiguille et entouré de bois, bosquets, champs de blé, un hôtel familial sans prétention, au nom chantant. Bien dans la tradition de l'hôtellerie de campagne. En activité depuis plus d'un demi-siècle. La maison date de 1720 (à l'intérieur, bel escalier en pierre). Patronne fort accueillante. Chambres hyper bien tenues et à prix modérés. Bonne cuisine classique : poulet aux écrevisses, assortiment de viandes au grill, soufflé aux foies de volailles, civet de porc, etc. Vins pas chers : une cuvée à 50 F (7,6 €), un châtillon-en-diois à 55 F (8,4 €). Aux beaux jours, terrasse. En pleine saison, assez animé. Tout autour, beaucoup de possibilités de randonnées en été.

🏠I●I *Château de Passières* ** – ☎ 04.76.34.45.48. Fax : 04.76.34.46.25. Parking. TV. Fermé le dimanche soir et le lundi sauf juillet-août. Congés annuels : décembre et janvier. Accès : prendre la D526 de Mens à Clelles, puis la D7 jusqu'au pied du mont Aiguille. Doubles de 280 à 350 F (42,7 à 53,4 €). Menus de 120 à 220 F (18,3 à 33,5 €). Un nom de village si joli qu'on ne l'oublie pas, un site magnifique et un routard châtelain et maire du pays... on croit rêver. Toutes les chambres de ce château du XVe siècle sont loin d'être d'époque mais leur prix correspond, comme leur confort, à la nôtre (d'époque). Les n°s 1, 4 et 5 sont les plus chères, mais supportent d'authentiques boiseries et lambris. L'important, c'est le salon (véritable musée de peinture au charme fou), où l'on cause tard dans la nuit, le bar et la cuisine originale servie dans la grande salle à manger (de l'époque que vous voudrez!). Quelques spécialités : fricassée de cèpes et escargots sur lit de ravioles, pavé de saumon au miel de pissenlit. Belle piscine. Tennis.

RHÔNE-ALPES

MIRMANDE 26270

Carte régionale A2

|●| *Restaurant Margot* – **(Centre)**
☎ 04.75.63.08.05. Fermé le mercredi.
Congés annuels : décembre et janvier.
Accès : près de la poste. Menus de 75 F
(11,4 €), le midi en semaine, à 140 F
(21,3 €). Pour les amateurs de cuisine à
l'ancienne. En été, vous irez chercher la
fraîcheur à l'intérieur, dans une salle décorée avec goût (vieilles affiches, tableaux),
ou vous prendrez l'air sur la terrasse à
l'ombre d'une treille, assis sur des bancs
publics... Choix de spécialités régionales à
la carte : gâteau de foies au coulis de
tomates, terrine de canard à la confiture
d'oignons, bœuf des mariniers, fondant au
chocolat... Un resto à l'image de ce village
classé : un mélange de rusticité et de standing. *Apéritif offert.*

DANS LES ENVIRONS

CLIOUSCLAT 26270 (2 km N)

🏠|●| *La Treille Muscate* ** –
☎ 04.75.63.13.10. Fax : 04.75.63.10.79.
Parking. TV. ♿ Fermé le mercredi. Congés
annuels : janvier et février. Accès : de l'autoroute du Soleil, sortir à Loriol-sur-Drôme,
puis 6 km au sud, direction Montélimar.
Chambres à 360 F (54,9 €) avec douche et
wc et de 400 à 600 F (61 à 91,5 €) avec
bains. 1er menu à 90 F (13,7 €) le midi en
semaine, puis à 140 F (21,3 €). Voici une
grande et jolie maison aux volets verts, aux
murs partiellement couverts de lierre. À
l'intérieur, une salle à manger claire et spacieuse, un coin cheminée, quelques tables
coquettes. On est au pays de la lumière et
des senteurs. La cuisine en témoigne. Fraîcheur, raffinement sont les vertus cardinales
qui entourent ces bons plats à base de produits locaux, le pintadeau au citron et au
gingembre, la petite marmite de la mer en
blanquette, l'aumônière de sandre à la fondue de poireaux. Excellent rapport qualité-
prix. L'accueil, lui aussi, se montre à la hauteur. Pour les chambres, demandez les nouvelles avec terrasse et vue sur la campagne
environnante.

MODANE 73500

Carte régionale B2

🏠|●| *Hôtel-restaurant Le Perce-Neige* ** –
14, av. Jean-Jaurès **(Centre)**
☎ 04.79.05.00.50. Fax : 04.79.05.12.92.
TV. Satellite / câble. Fermé le dimanche
hors saison. Congés annuels : du 1er au
19 mai et du 15 octobre au 4 novembre.
Accès : en face de la gare. Doubles à 250 F
(38,1 €) avec douche et wc, et à 345 F
(52,6 €) avec bains. Hôtel d'étape par excellence
dans une ville qui n'incite pas au séjour de
longue durée. Confort simple et accueil un
peu nonchalant, comme la ville. Cuisine traditionnelle bien faite. Le tout bien insonorisé. Heureusement, vu la situation : sur
la route et face à la voie ferrée. *10 % sur le
prix de la chambre hors saison été, hiver.*

DANS LES ENVIRONS

AUSSOIS 73500 (15 km NE)

|●| *Fort Marie-Christine* –
☎ 04.79.20.36.44. ♿ Fermé le dimanche
soir et le lundi du 15 septembre au
15 décembre et du 25 avril au 15 juin.
Congés annuels : du 25 avril au 27 mai et du
2 novembre au 17 décembre. Accès : par la
D215, à droite de la route avant d'arriver à
Aussois. Menus de 88 à 165 F (13,4 à
25,2 €). Non, on ne vous fera pas le coup de
l'ambiance à la *Désert des Tartares*. Encore
que... *Le Fort Marie-Christine* est une solide
forteresse posée sur un éperon rocheux,
maillon du réseau édifié par le royaume de
Piémont-Sardaigne pour empêcher une
invasion française qui ne viendra jamais.
Restaurées, les amples salles du fort, voûtées (et malgré quelques efforts de déco,
tristounes ; les militaires ne sont drôles que
dans *M.A.S.H.*..) accueillent désormais une
fameuse table. La cuisine est exclusivement
de terroir, sacrément bien tournée : gibelotte
de lapin mariné au gamay de Savoie, fri-
cassé de porc, diots, coquelet aux myrtilles.
Et à des prix qui ne vous feront pas prendre
les armes. De bons petits vins en pichet ne
font guère plus grimper l'addition mais la
carte des vins mérite qu'on s'y aventure.
L'été, petite terrasse (un peu écrasée de
chaleur) dans la cour intérieure du fort. *Apéritif offert.*

MONTBRISON 42600

Carte régionale A1

🏠|●| *Hôtel-restaurant des Voyageurs* * –
16, rue Simon-Boyer **(Centre)**
☎ 04.77.96.17.64. Fax : 04.77.58.95.02.
Parking. TV. Fermé le samedi soir et le
dimanche soir. Congés annuels : du 25 au
31 décembre. Doubles de 140 F (21,3 €)
avec douche à 200 F (30,5 €) avec bains.
Menu à 60 F (9,1 €) sauf le dimanche.
Autres menus de 80 à 120 F (12,2 à 18,3 €).
Dans une petite rue du centre, cet hôtel possède un charme désuet qu'on apprécie. Les
chambres, spacieuses, furent meublées
dans les années 30-40. Le restaurant de
l'hôtel vous propose une cuisine traditionnelle. *10 % sur le prix de la chambre pour
2 nuits consécutives.*

🏠🍴 *Le Gil de France* ** – 18 *bis*, bd **Lachèze** ☎ **04.77.58.06.16. Fax :** **04.77.58.73.78.** Parking. TV. Canal+. Satellite / câble. ♿ Accès : à la limite du centre. Doubles à 290 F (44,2 €) avec lavabo ou douche ou bains. Menus à 59 F (9 €) le midi en semaine puis de 69 à 169 F (10,5 à 25,8 €). Hôtel moderne en lisière de la ville et avec un grand parc. Chambres claires avec tout le confort moderne (télé, téléphone...). Accueil chaleureux. *Café offert.*

🍴 *Le Gourmandin* – 4 *bis*, rue des Pénitents (Centre) ☎ **04.77.58.58.72.** Fermé le dimanche soir et le lundi. Congés annuels : 1 quinzaine en janvier, 1 quinzaine en juillet. Menus à 98 F (14,9 €) et de 135 à 310 F (20,6 à 47,3 €). C'est dans un ancien entrepôt à vaisselle de l'ex-capitale des comtes du Forez que Christian Belon a installé son fameux restaurant. Dans un décor moderne et feutré que l'on n'est pas obligé d'aimer, sous un plafond noir, une clientèle bourgeoise ou d'affaires vient se régaler. Goûtez au gâteau de foie et au foie gras maison, à la fricassée de homard à la vanille et au gibier en saison, et remarquez la science dans la cuisson de la viande et du poisson. Disons encore du bien du service, professionnel et diligent... *Café offert.*

🍴 *Restaurant Yves Thollot* – 93, route de Lyon ☎ **04.77.96.10.40.** Fermé le dimanche soir et le lundi. Congés annuels : vacances scolaires de février et 3 semaines en août. Accès : par la D496, à 1 km de Montbrison. Menus de 110 F (16,8 €) sauf le dimanche à 300 F (45,7 €). À la sortie de Savigneux, Yves Thollot a ouvert son restaurant. Son sourire, sa bonhomie et sa cuisine font du bien. On vous conseille la salade de grenouilles aux pommes, le foie gras chaud poêlé aux pommes vertes et coulis de framboises, l'espadon sauce diable, le mignon de veau au saint-joseph et, en dessert, le parfait de l'étang... *Apéritif offert.*

DANS LES ENVIRONS

CHAMPDIEU 42600 (5 km)

🍴 *Hostellerie du Prieuré* – route de Boën ☎ **04.77.58.31.21.** Fermé le jeudi (sauf jours fériés) et 3 semaines en août. Accès : sur la D8, à l'écart du centre. 1er menu à 80 F (12,2 €), copieux, autour d'un plat, servi tous les jours sauf les jours fériés, et menus gastronomiques de 106 à 240 F (16,2 à 36,6 €). Une bonne adresse à la limite du département, tenue par un chef très à cheval sur la tradition culinaire. On regrettera la maison un peu prétentieuse en bord de route (loin de la route tout de même), et puis la cuisine souriante vous la fera oublier. Vins abordables.

SAINT-ROMAIN-LE-PUY 42610
(8 km S)

🏠🍴 *Auberge Les Trabuches* – ☎ **04.77.97.79.70. Fax :** **04.77.97.79.74.** Fermé le lundi et tous les soirs excepté en juillet-août. Congés annuels : février. Accès : sur la D8 de Sury-le-Cantal à Montbrison, prenez à gauche avant la source Darot ; fléchage sur la droite. Pour dormir, un gîte rural, à 1 500 F (76,2 €) la semaine, et 11 chambres. Comptez de 210 à 290 F (32 à 44,2 €) pour 2 personnes, et 25 F (3,8 €) le petit déjeuner. Casse-croûte à 70 F (10,7 €) avec charcuterie ou petite friture, râpée, salade, fromage et dessert. Trois menus : à 100 F (15,2 €), charcuterie ou salade campagnarde, gratin du Parez, coq au vin au gratin à l'échalote, fromage et dessert ; à 135 F (20,6 €), salade de foie gras, confit de canard, légumes, fromage et dessert ; à 145 F (22,1 €), menu « gastronomique » avec poissons. Possibilité de repas à 200 F (30,5 €) sur commande (par exemple avec feuilleté aux morilles). Carte des vins de 45 à 150 F (6,9 à 22,9 €) la bouteille. Six chambres sont simples et partagent des sanitaires communs ; les cinq autres, situées de plain-pied dans un bâtiment annexe, ont plus de confort (sanitaires privés, télé). Bon accueil. *NOUVEAUTÉ.*

MONTÉLIMAR 26200

Carte régionale A2

🏠 *Hôtel Pierre* ** – 7, place des Clercs (Centre) ☎ **04.75.01.33.16.** TV. Accès : près de l'église Sainte-Croix, dans la vieille ville. Doubles de 155 F (23,6 €) avec lavabo à 250 F (38,1 €) avec bains. En bordure d'une placette, cet ancien hôtel particulier du XVIe siècle joliment rénové a des allures de mini-couvent. Atmosphère saisissante dès l'entrée : porche, couloir orné de candélabres, escalier en pierre de taille, mais cour en ciment. 12 chambres assez banales comparées au lieu, même si certaines ont été rénovées. C'est la n° 2 que nous préférons, avec son balcon entouré de vigne vierge, où il fait bon prendre le petit déjeuner. Possibilité d'entreposer des vélos. Bon accueil et de bons conseils.

DANS LES ENVIRONS

VALAURIE 26230 (19 km SE)

🏠🍴 *Domaine Les Méjeonnes* *** – (Ouest) ☎ **04.75.98.60.60. Fax :** **04.75.98.63.44.** Parking. TV. Satellite / câble. ♿ Accès : par la RN7, puis la D133 direction Grignan-Nyons. Doubles à partir de 330 F (50,3 €) avec douche et wc ou bains. Menus de 95 F (14,5 €) sauf le dimanche, à 210 F (32 €). Y arriver en été, lorsque les insectes tourbillonnent dans la lumière décroissante du soleil, ou de nuit lorsque les éclairages illuminent la lourde treille et les vieilles pierres sont sûrement les deux meilleures impressions que l'on peut recueillir de cette vieille ferme récemment réhabilitée. De bien belles chambres spacieuses et confortables et une bonne cuisine qui se laisse facilement goûter. Si, de plus, vous jetez un œil à la superbe piscine, il y a de fortes chances pour que le coup de foudre survienne. Accueil cordial. *10 % sur le prix de la chambre hors juillet-août.*

MONTROTTIER   69770

Carte régionale A1

â |●| *L'Auberge des Blés d'Or* ** – La Curtillat – route de Saint-Julien-sur-Bibost ☎ 04.74.70.13.56. Fax : 04.74.70.13.56. Parking payant. TV. Fermé le mardi. Sur réservation. Accès : depuis la N89, prendre la D7, après Saint-Bel, direction Bibost, puis la D246 jusqu'à 2 km avant Montrottier. Doubles à 300 F (45,7 €). Menus à 120 F (18,3 €). Une vraie auberge de campagne entourée de fleurs mais isolée au milieu des champs, tenue par deux femmes étonnantes. Ici, vous ne choisirez ni votre chambre ni votre menu, faut d'abord arriver à leur plaire. Hélène, la « chef », va chercher au marché de quoi improviser un repas qui prend vite, ici, dans la jolie salle boisée ou en terrasse, allure de festin. Au menu : salade, terrine, rillettes ou tarte chaude forestière, coq au vin ou gigot d'agneau, fromage blanc, tarte... Les 8 chambres sont toutes mignonnes, avec leur grand lit confortable et leur petit téléviseur, leur salle de bains avec peignoir et gant de toilette (mais oui !) et leur terrasse où l'on peut voir le soleil se coucher sur la colline en face, avec l'église de Montrottier toute illuminée. Le lendemain, vous n'avez plus envie de repartir ! *Apéritif, café, digestif offerts.*

MORZINE   74110

Carte régionale B1

â |●| *Les Prodains* ** – village des Prodains ☎ 04.50.79.25.26. Fax : 04.50.75.76.17. Parking. TV. Satellite / câble. Congés annuels : du 20 avril au 20 juin et du 10 septembre au 20 décembre. Accès : au pied du téléphérique d'Avoriaz. Doubles avec douche et wc de 230 à 300 F (35,1 à 45,7 €) suivant la saison. Demi-pension de 220 F (33,5 €) en été à 365 F (55,6 €) en hiver. Menus de 48 à 175 F (7,3 à 26,7 €). Une sympathique affaire de

famille au pied des pistes. Très bon accueil. Dans la maison, genre chalet, chambres mignonnettes, dotées pour certaines de balcons avec vue sur une montagne pas trop dénaturée par les pistes de ski. Les n°s 4, 6, 12 et 14 sont plus spacieuses. Au resto – avec sa terrasse prise d'assaut par les skieurs dès que le soleil brille – dans le menu à l'ancienne : une pierrade accompagnée de pommes de terre, fricassées comme autrefois, ou encore une tartiflette (« la vraie ») avec oignons et lardons (un peu d'attente car c'est cuisiné à la commande). Cuisine plutôt inventive (émincé de canard à l'ananas, poêlée de Saint-Jacques dans sa coque croustillante) jusqu'aux desserts (larmes de griottines, fondant au chocolat et coulis de menthe). Le patron possède également un chalet en montagne ou il emmène les clients de l'hôtel goûter quelques spécialités savoyardes. Piscine d'été et sauna.

â |●| *Hôtel Les Lans* *** – village des Prodains ☎ 04.50.79.00.90. Fax : 04.50.79.15.22. TV. Congés annuels : hôtel saisonnier : hiver, été. Accès : à 300 m du téléphérique allant à Avoriaz. Chambres en demi-pension, de 240 à 260 F (36,6 à 39,6 €) en été ; de 300 à 450 F (45,7 à 68,6 €) en hiver. Lui était moniteur de ski, elle se passionnait pour l'histoire de la Savoie et le patrimoine local. Aujourd'hui, avec leurs deux filles, ils font vivre ce grand chalet tout neuf, construit en harmonie avec la montagne et les bois environnants. Les prix sont imbattables, vu le confort proposé. M. Marullez s'est mis à la cuisine, avec bonheur, et s'échappe une fois par semaine pour faire découvrir faune et flore. Mme Marullez continue, elle, ses visites guidées. Et, en été, c'est gratuit pour les enfants de moins de 10 ans, sur certaines périodes. Drôle d'hôtel, décidément, qui affiche complet quand nombre de confrères tirent la langue... Réveillons Noël et Nouvel An offerts à tous les clients ces soirs-là ! *10 % sur la demi-pension.*

|●| *Restaurant La Grangette* – ☎ 04.50.79.05.76. Fermé lundi soir. Congés annuels : du 16 avril au 9 juillet et du 1er septembre au 18 décembre. Accès : en face du téléphérique de Nyon. Menus de 59 F (9 €) tous les midis, à 145 F (22,1 €). Une petite affaire de famille, au pied des pistes de Nyon, où l'on mange plutôt bien, dans une ambiance à la bonne franquette. Impeccable 1er menu, autour d'un plat du jour (style bœuf bourguignon-purée) avec tartelette maison au dessert. Quand on vous aura dit que la spécialité, ce sont les cuisses de grenouilles à la crème, vous aurez peut-être envie de venir un saut, durant les 100 jours d'hiver et les 2 mois d'été. Point de départ de nombreuses balades.

|●| *La Chamade* – (Centre) ☎ 04.50.79.13.91. Fermé le lundi et le

mardi hors saison. Congés annuels : la 1re quinzaine de juin et la 2e quinzaine de novembre. Accès : près de l'office du tourisme. Comptez 150 F (22,9 €) environ à la carte. Une institution locale, à la carte un peu tous azimuts (pizzas au feu de bois et spécialités régionales), qui a pris un heureux coup de jeune avec l'arrivée en cuisine du fils et, désormais, de sa femme à l'accueil. Le chef a du goût pour le cochon, qu'il faut goûter chez lui, du pâté de tête aux atriaux en passant par le cochon de lait grillé. Les deux salles du restaurant sont assez tartignoles (ici, on devrait dire tartiflettes !) dans leur genre. S'il revenait à plus de simplicité, ce serait notre meilleure adresse dans le coin ! L'été, en terrasse, c'est extra ! *Digestif offert.*

DANS LES ENVIRONS

MONTRIOND 74110 (6 km NE)

|●| *Auberge La Chalande* – lieu-dit Ardent ☎ 04.50.79.19.69. Congés annuels : du 21 avril au 14 juin et du 21 septembre au 14 décembre. Menus de 90 à 175 F (13,7 à 26,7 €). À la carte, compter 200 F (30,5 €). Encore une adresse qui ne cherche pas vraiment la publicité. Pas de pancarte pour la trouver, entre le lac de Montriond et les Lindarets. Mais vu le nombre de voitures « étrangères » qui vont se perdre dans ce cul-de-sac, on sent que le bouche à oreille fonctionne bien. Du vieux chalet où sa mère faisait naguère le casse-croûte savoyard, le patron a gardé le cadre, chaleureux et rustique. En cuisine, il s'éclate avec des menus qui n'exigent de vous qu'un peu de temps pour que le bonheur soit complet. Au « petit » menu, croûte au fromage, panaché de saucisson braisé, fondue de poireaux, beignets de pommes de terre et tartelette aux myrtilles. Le saumon, les écrevisses, c'est dans les suivants. Accueil adorable. Réservez ! *Café offert.*

MOTTE-CHALANÇON (LA) 26470

Carte régionale A2

|●| *Les 3 Diables* – 41, Grand-Rue (Centre) ☎ 04.75.27.21.38. ♮ Fermé le mardi soir et le mercredi. Congés annuels : janvier. Menus de 99 à 179 F (15,1 à 27,3 €). À la carte, compter 150 F (22,9 €). Petit, convivial, jeune, dynamique et rondement mené. Le chef ne manque pas une occasion d'aller demander à ses clients, la gorge serrée, si ça leur a plu. Avec ses deux diablesses de filles (l'une en salle et l'autre aux fourneaux), ils vous servent des petits plats bien mitonnés, comme le picodon flambé aux fines herbes, de quoi se lécher

les babines... Les trois ont la main leste sur l'alcool (on n'est pas Lucifer pour rien !) pour le plus grand bénéfice de leurs tartes maison dont, là encore, on n'en laisse pas un morceau. Pour un peu, on leur accorderait le Bon Dieu sans confession... mais allez vous acoquiner avec leur cuisine, car s'ils tiennent leurs promesses, vous ne serez pas déçu. Aux dernières nouvelles, un hôtel de 11 chambres doit s'ouvrir en mars 2000... *Digestif offert. 10 % sur le prix de la chambre.*

MOÛTIERS 73600

Carte régionale B1

▣ *Hôtel du Commerce* * – 13, av. de la Gare (Centre) ☎ 04.79.24.26.37. Fax : 04.79.24.26.37. Accès : à deux pas de la gare. Comptez 170 F (25,9 €) la double avec lavabo, 200 F (30,5 €) avec bains. Discret petit hôtel en plein centre. Tenu par l'un des hôteliers les plus accueillants que l'on connaisse. Et l'un des plus courageux aussi : il passe pas mal de ses journées à bricoler dans cette vieille maison. Les chambres simplettes mais pas désagréables gagnent donc chaque année un peu plus en confort. On a bien aimé la n° 1 avec son petit balcon enfoui dans les glycines qui couvrent la façade. *10 % sur le prix de la chambre.*

▣|●| *Hôtel Welcome's* ** – 33, av. Greyffié-de-Bellecombe ☎ 04.79.24.00.48. Fax : 04.79.22.99.96. Parking. TV. ♮ Fermé le dimanche soir (en mai, juin, octobre et novembre). Doubles à 290 F (44,2 €). Menus à 65 F (9,9 €) sauf le dimanche. Autres menus de 85 à 140 F (13 à 21,3 €). Un hôtel près de la gare, dans le genre cossu. Accueil aimable (« Chez Bienvenue », traduction littérale de l'enseigne, c'est la moindre des choses...). Chambres de bon ton et de bon confort, au calme sur l'arrière. Pour ceux que les escaliers rebutent, c'est le seul hôtel de la ville à avoir un ascenseur ! Au resto, cuisine traditionnelle, quelques plats de brasserie et du poisson. Garage gratuit pour motos et vélos. *Café offert.*

DANS LES ENVIRONS

FEISSONS-SUR-SALINS 73350 (12 km SE)

▣|●| *Le Balcon des Trois Vallées* ** – ☎ 04.79.24.24.34. Fax : 04.79.24.24.79. ● b3v@club-internet.fr ● Parking. Fermé le mercredi hors saison (décembre-avril, juin-septembre). Congés annuels : du 15 au 30 mai et à la Toussaint. Accès : par la D915, jusqu'à Brides-les-Bains, puis la D89F ou par la D915 jusqu'à Bozel, puis la

D89. Chambres doubles avec lavabo de 190 à 220 F (29 à 33,5 €) suivant la saison, avec douche et wc de 220 à 250 F (33,5 à 38,1 €). Demi-pension de 205 à 235 F (31,3 à 35,8 €) par personne suivant la chambre et la saison. Installé dans un presque paumé et tout petit village : 154 habitants depuis l'arrivée des 4 du *Balcon des 3 Vallées*. Un gros chalet rénové par la commune, en prenant bien soin de respecter les normes. D'où un côté un peu fonctionnel, largement compensé par une déco chaleureuse. On s'y sent quasi instantanément comme chez des amis. Le jeune couple, depuis peu dans les murs, est belge : ça s'entend à l'accent, ça se voit à la carte des bières (on en boit 4 pour le prix d'une chez le voisin d'en face, Courchevel) mais quand le patron sort un franc jambon de montagne ou un fameux génépi, on pourrait le croire de ce haut pays. Aux fourneaux, il travaille une cuisine qu'il veut familiale mais qui nous a plutôt semblée inventive. Et pour les loisirs, cet hôtel a quelques ressources, hiver comme été : demi-tarif sur les remontées mécaniques de Courchevel 1650 en achetant la carte du club des sports du village, location de raquettes, luges, skis de fond ou VTT, batailles de boules de neige (gratuites et à volonté !...).

LÉCHÈRE (LA) 73260 (12 km N)

l●l *Restaurant La Vieille Forge* – **Belle-combe** ☎ 04.79.24.17.97. Parking. ⚒ Fermé le midi et le mardi. Congés annuels : janvier. Accès : sortie 37 Valmorel. Menus de 65 à 150 F (9,9 à 22,9 €). La Léchère est (ou était, ses thermes sembles menacés) une ville de cure. Mais il n'y a rien de l'ambiance souvent compassée de ce genre de localités dans ce resto. Salles pleines de recoin où le forgeron qui occupait les lieux a abandonné quelques-unes de ses réalisations. Spécialités savoyardes et cuisine bien traditionnelle, presque bourgeoise (le patron affectionne les viandes en sauce). C'est parfois un autre genre de « bœuf » que vous trouverez en poussant la porte de ce lieu chaleureux puisqu'une scène et une foule d'instruments (du piano au balafon) attendent les clients musiciens. En tout cas, soirées musicales organisées tous les vendredis soir et longues soirées tout court, en été, quand *La Vieille Forge* reste ouverte jusqu'à 4 h du matin ! *Apéritif, café offerts.*

VALMOREL 73260 (14 km SO)

🛏l●l *Chalet du Crey* – **Les Avanchers, hameau du Crey** ☎ 04.79.09.87.00. Fax : 04.79.09.89.51. Parking. Satellite / câble. ⚒ Congés annuels : mai et novembre. Accès : par la D95, en contrebas de la station. Doubles avec douche et wc à 250 F (38,1 €). Menus à 70 et 120 F (10,7 à 18,3 €). Demi-pension obligatoire en hiver à 250 F (38,1 €)

environ. Dans un hameau paisible et bourré d'authenticité. Le pourtant classique hôtel de station style gros chalet. Tenu par une famille où tout le monde (jusqu'au chien genre gros nounours) sait ce qu'accueil veut dire. Chambres de bon confort, joliment mansardées sous les toits. Mobilier de bois blond très vacances. Chambres familiales pour 4 à 5 personnes. Au resto, des plats qui changent du tout-venant montagnard : brochettes de Saint-Jacques ou de crevettes, pavé de rumsteak aux morilles ou lotte aux pleurotes et spécialités savoyardes à la carte. Une piscine d'été comme on n'en avait encore jamais vue : gonflable mais énorme ! *Apéritif, café offerts.*

l●l *Restaurant Le Ski Roc* – **le bourg** ☎ 04.79.09.83.17. Service jusqu'à minuit. Congés annuels : du 20 avril au 20 juin et du 10 septembre au 20 décembre. Accès : dans une rue piétonne, au bout de la rue du bourg. Menus de 85 à 130 F (13 à 19,8 €). Bar-resto a priori assez banal mais dont les patrons ont fait un haut lieu de la station. C'est le rendez-vous du Tout-Valmorel. L'ambiance du bar – branché sans vraiment l'être – déborde souvent gentiment sur la salle de resto, la sono n'est pas là pour faire de la figuration, le service est souriant, jeune mais efficace. Menus d'un bon rapport qualité-prix. Bonne cuisine, sans fioritures. Et à la carte, spécialités de montagne : fondue, braserade et une raclette au reblochon sans égale. Terrasse (et transats !) quand le soleil est de la partie. *Digestif offert.*

NANTUA   01130

Carte régionale B1

l●l *Restaurant Belle Rive* – **23, route de la Cluse (Nord-Ouest)** ☎ 04.74.75.16.60. Parking. Fermé le mardi soir et le mercredi hors saison. Congés annuels : pendant les fêtes de fin d'année. Accès : sur la N84, juste avant d'arriver à Nantua, en venant de la Cluse. Menu à 66 F (10,1 €) le midi en semaine, puis 3 menus de 95 à 185 F (14,5 à 28,2 €). Tout au bord du lac, le resto des réunions de famille et des repas ouvriers. Populaire, quoi ! Donc, réservez ou arrivez tôt, si vous voulez une place dans l'agréable véranda qui domine le lac. Honnête 1er menu, et dans le suivant, les inévitables quenelles de Nantua. On les attend un bon quart d'heure, c'est plutôt bon signe, et c'est vrai, elles sont réussies...

DANS LES ENVIRONS

CHARIX 01130 (10 km S)

🛏l●l *Auberge du Lac Genin* – ☎ 04.74.75.52.50. Fax : 04.74.75.51.15. Parking. TV. Fermé le dimanche soir et le lundi. Congés annuels : du 15 octobre au 1ᵉʳ décembre. Accès : par la N84 (direction Bellegarde) puis, au Martinet, bifurquer à gauche sur la D95. Chambres avec lavabo à 130 F (19,8 €), avec douche et wc à 200 F (30,5 €), avec bains à 250 F (38,1 €). Menus de 69 à 115 F (10,5 à 17,5 €). L'endroit déjà vaut le détour. L'auberge est au bord d'un petit lac enchâssé entre les sombres forêts jurassiennes. Un petit coin de paradis pour pêcheurs et randonneurs. Et un paysage miraculeusement préservé. Normal, donc, que notre chambre préférée soit le n° 5 dont les fenêtres ouvrent sur le lac. Chambres pas luxueuses mais à prix moyens. 1ᵉʳ menu plutôt banal ; sinon les autres proposent jambon de montagne et viande grillée dans la cheminée (saucisson au vin, côte de veau à la moutarde...). Plus convivial que gastronomique. Ambiance joyeusement familiale. Attention, en hiver, prévoyez les équipements nécessaires pour grimper jusqu'au lac. *Apéritif offert.*

CHÂTILLON-EN-MICHAILLE 01200 (12 km SE)

🛏 I●I *Auberge de la Fontaine* ** – **Ochiaz (Est)** ☎ **04.50.56.57.23. Fax : 04.50.56.56.55.** Parking. Fermé le dimanche soir et le lundi. Congés annuels : du 4 au 30 janvier et du 9 au 17 juin. Accès : par la N84 ou la A40, vers Bellegarde-sur-Valserine. Selon confort, doubles de 180 à 240 F (27,4 à 36,6 €). 1ᵉʳ menu à 98 F (14,9 €), non servi le week-end, menus suivants de 125 à 300 F (19,1 à 45,7 €). Une adresse chic mais pas trop, au cœur d'un charmant petit village. La fontaine glouglloute doucement devant cette jolie maison de pierre noyée sous les fleurs. Chambres confortables et calmes pour des nuits réparatrices et à des prix raisonnables pour la région. On y mange fort bien (quenelle de brochet, gratin de queues d'écrevisses), mais il manque, vu les prix pratiqués, un peu plus de fantaisie dans les assiettes, un petit quelque chose en plus pour que notre sympathie envers cette bonne maison se transforme en enthousiasme délirant. *Café offert. 10 % sur le prix de la chambre.*

LALLEYRIAT 01130 (14 km E)

I●I *Les Gentianes* – ☎ **04.74.75.31.80.** Fermé le mercredi et le dimanche soir. Congés annuels : fin janvier. Accès : par la N84 (direction Bellegarde), jusqu'aux Ney-rolles, puis la D55. 1ᵉʳ menu le midi en semaine à 75 F (11,4 €) ; autres menus de 105 à 210 F (16 à 32 €). Avec cette enseigne qui fleure bon les prés-bois jurassiens, on s'attend à trouver, derrière les murs de pierre de cette adorable auberge villageoise, quelques solides et conviviales spécialités de montagne. Il n'en est rien ! D'abord, le chef s'avoue « titi parisien »

d'origine et son épouse est anglaise. Et puis, s'il n'oublie pas les produits du coin, sa cuisine est pleine de trouvailles et de bonnes surprises : confit de canard maison aux girolles, poêlée de foie gras chaud aux trois fruits à l'armagnac, feuilleté de ris de veau aux morilles, millefeuille de coquilles Saint-Jacques au beurre d'ortie. Autre bonne nouvelle, les prix sont serrés. Accueil naturel et charmant. *Café offert.*

LANCRANS 01200 (17 km SE)

🛏 I●I *Le Sorgia* ** – **Grande-Rue (Nord-Ouest)** ☎ **04.50.48.15.81. Fax : 04.50.48.44.72.** Parking. TV. Fermé le dimanche soir et le lundi. Congés annuels : mi-août mi-septembre et fin décembre. Accès : par la N84 puis la D991 direction Lélex, Mijoux. Doubles à 210 F (32 €) avec douche et 230 F (35,1 €) avec bains. Menus à 75 F (11,4 €) en semaine, et de 110 à 190 F (16,8 à 29 €). En un siècle, le bar-resto de village de la famille Marion est devenu cet hôtel-restaurant auquel talvane et balcon donnent un petit air montagnard. Chambres plutôt agréables (côté vallée surtout) et confortables. Meubles anciens mais literie récente (important, ça !). Au resto, cuisine de terroir simple mais copieuse : féra du lac au vin de Savoie, feuilleté d'escargots aux petits champignons... Accueil sympathique. *Apéritif offert.*

NOIRÉTABLE 42440

Carte régionale A1

🛏 I●I *Hôtel-restaurant Au Rendez-vous des Chasseurs* ** – **route de l'Hermitage (Sud-Ouest)** ☎ **04.77.24.72.51. Fax : 04.77.24.93.40.** Parking. TV. Fermé le dimanche soir et le lundi hors saison. Congés annuels : 10 jours pendant les vacances de février et du 15 septembre au 10 octobre. Accès : sur la D53, à 1 km du centre du village, direction Vollore-Montagne. 14 chambres de 150 à 215 F (22,9 à 32,8 €) avec douche et wc ou bains. 1ᵉʳ menu à 60 F (9,1 €) en semaine, autres menus de 100 à 200 F (15,2 à 30,5 €). Naguère, les étables étaient bien noires en effet (Noirétable !) et les auberges peu reluisantes. En voilà une qui nous a fait oublier l'A72 (à 6 km du village). Autour, ce sont que les monts du Forez sur lesquels on a une belle vue depuis la salle à manger. Joli paysage. Les saveurs du Forez sont dans notre assiette : terrine de poireaux au bleu d'Auvergne, parfait de foies de volailles aux myrtilles, pot-au-feu de pigeon, gibier en saison. Un bon rendez-vous, même si l'on ne chasse pas. Traditionnel et sympa. *10 % sur le prix de la chambre pour 2 nuits consécutives sauf juillet-août.*

DANS LES ENVIRONS

JURÉ 42430 (20 km NE)

iOi *A u b e r g e   L e   M o u l i n* –
☎ 04.77.62.55.24. ❧ Ouvert le samedi, le
dimanche et les jours fériés de mars à
novembre (de 11 h 30 à 20 h 30) et tous les
jours (sauf le lundi) en juillet-août. Congés
annuels : du 15 novembre au 7 mars.
Accès : par la D53 puis, avant Saint-Just-
en-Chevalet, à droite par la D86. Casse-
croûte à 60 F (9,1 €), puis des menus de
75 à 110 F (11,4 à 16,8 €), sur commande
de préférence. Quel dommage que cette
petite auberge installée dans un moulin
n'ouvre pas ses portes plus souvent ! Le
cadre est idyllique, la petite rivière passant
sous la maison fournit le courant électrique.
Les frères Lumière y auraient fait leur première prise de vue. Les menus campa-
gnards sont délicieux. Terrines excellentes,
rissoles, volailles fermières et pâtisseries
maison à déguster avec du cidre. Vins très
abordables. *Apéritif, digestif offerts.*

NYONS   26110

Carte régionale A2

🛏 iOi *La Picholine* *** – promenade de la
Perrière ☎ 04.75.26.06.21. Fax :
04.75.26.40.72. TV. Resto fermé le lundi
soir et le mardi hors saison. Congés
annuels : du 18 au 31 octobre et février.
Accès : sur les hauteurs, à l'entrée de la
ville. Chambres de 310 à 390 F (47,2 à
59,4 €). Menu du « terroir » à 130 F (19,8 €).
Le décor de l'entrée et du restaurant a un
petit côté « rêve de shampouineuse », mais
les propriétaires actuels sont aux petits
soins pour les couples du 3ᵉ âge qui
semblent avoir trouvé bonne table et bon
gîte. Dans cette bonne ville de Nyons, voilà
l'étape idéale, isolée dans les hauteurs,
avec sa piscine au milieu des oliviers. Les
chambres sont grandes, claires, agréables.
Les nᵒˢ 1 à 10, plein sud, offrent une vue
imprenable sur la vallée. Si vous vous sentez obligé de manger au restaurant, soyez
rassuré ; c'est pas ce qu'on peut trouver de
plus rigolo mais c'est bon. Le menu du « terroir » devrait vous contenter largement.

iOi *Le Petit Caveau* – 9, rue Victor-Hugo
☎ 04.75.26.20.21. Fermé le dimanche soir
et le lundi. Congés annuels : de mi-
novembre à mi-décembre. Accès : rue perpendiculaire au Pavillon du Tourisme.
Menus à 110 F (16,8 €) le midi en semaine,
et de 160 à 240 F (24,4 à 36,6 €). Muriel
Cormont est diplômée de l'université du Vin
de Suze-la-Rousse. Certes. Son acolyte de
mari est un ancien de Robuchon. Certes bis.
L'une a eu l'idée de proposer une très ingé-
nieuse formule pour goûter 3 vins différents,

selon son humeur et ce qu'elle a en stock
(vous n'aurez pas de mal à la reconnaître,
elle sert toujours en salle avec son éternel
tablier). L'autre a tout simplement eu l'idée
de bien cuisiner. Goûtez sa cuisse de lapin
confite au thym et à l'huile d'olive et vous
comprendrez que l'on est en Provence et
dans le fief de l'olive. Goûtez l'agneau rôti,
côtes d'agneau confites, brochettes de ris
de rognons, risotto au poivron et vous vous
direz peut-être comme nous que l'on y
mange bien. De deux pierres, un coup, pour
un coût à la hauteur d'un menu raisonnable.

DANS LES ENVIRONS

MIRABEL-AUX-BARONNIES
26110 (7 km S)

iOi *La Coloquinte* – av. de la Résistance
☎ 04.75.27.19.89. ❧ Fermé le mercredi et
le jeudi midi. Congés annuels : vacances
scolaires de février et 15 jours en novembre.
Accès : par la D538 en direction de Vaison-
la-Romaine. Menus de 115 à 205 F (17,5 à
31,3 €). À la carte, compter 220 F (33,5 €).
Bonne cuisine n'utilisant que les produits
frais selon les saisons. Aux beaux jours,
agréable patio ombragé. Offrez-vous le
menu à 145 F (22,1 €) pour goûter une cuisine aussi colorée que parfumée : mousseline de rascasse, crème d'herbes, gigotin de
lapin au beurre de cresson par exemple. Et,
à 175 F (26,7 €), c'est carrément la fête au
palais ! Nous, on y viendrait rien que pour
leur sélection de fromages gargantuesque.
Une bonne halte... *Kir dromois offert.*

ROUSSET-LES-VIGNES 26770
(9 km NO)

iOi *Restaurant Au Charbonelon* – rue
Principale (Sud-Est) ☎ 04.75.27.91.61.
Fermé le lundi et le mardi . Congés annuels :
du 15 décembre au 15 février. Accès : par la
route de Grignan (D538). Menus à 88 F
(13,4 €) en semaine, et 135 F (20,6 €).
Dans l'un des plus adorables villages de la
Drôme provençale, c'est une petite maison
comme on les aime, avec une âme : une
enseigne sympa, une seule salle, intime,
chaleureuse. La corbeille à pain est suspen-
due au plafond, à vous de la faire descendre
pour vous servir, le temps de choisir votre
menu. Pas de carte, mais le patron cuisine
selon le marché et l'inspiration du moment,
et il aurait bien tort de changer. Remarquable rapport qualité-prix, comme on dit à
la capitale (que les propriétaires ont fuite à
temps !).

VINSOBRES 26110 (10 km SO)

🛏 iOi *Auberge du Petit Bistrot* – 4, rue
S o u s - l e s - B a r r i s   (C e n t r e)
☎ 04.75.27.61.90. Fax : 04.75.27.61.90.
Fermé le mercredi. Congés annuels : janvier. Accès : près de l'église. Chambres à

230 F (35,1 €) et un appartement à 280 F (42,7 €). Menu à 65 F (9,9 €) le midi en semaine. 5 autres menus de 88 à 220 F (13,4 à 33,5 €). Des affiches Art déco pour la nostalgie, des plats terroir servis avec de très bons vins du cru, une gentillesse dans le service (plutôt rare) et des prix qu'on ne rencontre pas tous les jours. Pour 88 F, vous avez droit à l'assiette de l'Auberge, à la daube du pays ou un autre plat puisque Claudette et Pierrot en changent tous les jours. En prime, un plateau de fromages géant et un dessert maison (maison ? Faut-il encore le préciser ?). Dans le menu à 110 F (16,8 €), l'entrée géante avec ses neuf spécialités : caillette, terrine, oignons au curry confits, poivrons au piment, panisse marseillais, crêpe au persil et à l'ail... Et si le village vous plaît, les deux compères ont transformé leur vieille maison, sur la place, pour en faire 2 chambres et 1 appartement qu'ils louent. Vu leur taille, leur drôle de charme et leur tranquillité vivante, ça devrait être la ruée ! *10 % sur le prix de la chambre hors vacances scolaires.*

PIÉGON 26110 (11 km S)

🏠 🍴 *Auberge du Pontillard* – **(Sud)** ☎ 04.75.27.09.09. Fax : 04.75.27.09.08. Parking. Resto fermé le midi. Congés annuels : de novembre à fin mars. Accès : prendre la D538 entre Miravel et Vaison, puis un petit chemin qui serpente entre les parcelles de vigne (suivre les indications). Doubles à 275 F (41,9 €) avec douche et wc et 385 F (58,7 €) avec bains. Menu unique à 135 F (20,6 €). Perdue entre les oliviers et les vignes, avec vue sur le Ventoux, cette petite auberge est tenue par un ancien délégué commercial qui un jour s'est réveillé en se disant qu'il allait changer de vie. Le lendemain matin, il a décidé (avec sa femme) de se mettre aux fourneaux de la petite auberge familiale. Donc, dépêchez-vous d'y aller, car pour la restauration il s'est également fixé une limite. Le jour où il ne s'amusera plus, il s'arrêtera... Pas d'argenterie ni de cristal, mais ça n'a jamais empêché de bien manger une entrecôte savoureuse copieusement accompagnée. On aime beaucoup les nappes (style blouses ou robes de ménagères de plus de 65 ans achetées par correspondance). Sélection IM-PRES-SION-NANTE de vins locaux (petits et grands crus) précieusement gardés dans une vraie cave. Chambres simples, fleuries, et savoureux petits déjeuners. Dommage que l'accueil soit inégal. *Apéritif offert.*

OYONNAX 01100

Carte régionale B1

🏠 🍴 *Hôtel-restaurant Buffard* ** – **place de l'Église** ☎ 04.74.77.86.01. Fax : 04.74.73.77.68. TV. Canal+. Satellite /

câble. Resto fermé le vendredi soir, le samedi et le dimanche soir. Congés annuels : pour le resto du 25 juillet au 10 août . Accès : près de la gare. Doubles avec lavabo à 180 F (27,4 €), avec douche et wc à 250 F (38,1 €), avec bains jusqu'à 320 F (48,8 €). Plat du jour à 50 F (7,6 €). Menus de 75 à 180 F (11,4 à 27,4 €). Chez *Buffard*, c'est comme une certitude à laquelle se raccrocher : depuis 100 ans, cet hôtel-resto n'a jamais failli à sa réputation. Ici, on sait recevoir et on se sent un peu comme à la maison ou en séjour chez une vieille tante. Chambres meublées à l'ancienne pas désagréables. Au resto, cuisine familiale riche et copieuse. Dans les menus, on a droit aux spécialités régionales : quenelles nantua, gratin de queues d'écrevisses, grenouilles, volaille aux morilles, délice de foie de canard. *Apéritif offert.*

🏠 *Nouvel Hôtel* ** – **31, rue René-Nicod (Centre)** ☎ 04.74.77.28.11. Fax : 04.74.77.03.71. Parking payant. TV. Canal+. Accès : à 150 m de la gare SNCF. Doubles avec douche à 200 F (30,5 €), avec douche et wc à 220 F (33,5 €), avec bains à 250 F (38,1 €). Avec un nom pareil, vous pourriez avoir des craintes et, dans nombre de cas, vous auriez raison. Ici, l'hôtel n'est pas de prime jeunesse, c'est clair et cela se voit, mais il a pas mal de charme dès la réception qui expose des réalisations de cette « Plastics Vallée » (*sic*), dont Oyonnax est la capitale. Les chambres, rénovées, offrent un bon rapport qualité-prix. Et l'accueil est fait de petits riens qui font tout, comme le petit déjeuner servi dans la chambre sans supplément, par exemple.

PEISEY-NANCROIX 73210

Carte régionale B1

🍴 *L'Ormelune* – ☎ 04.79.07.93.32. Congés annuels : de fin avril à mi-juin et du 1er novembre à mi-décembre. Plat du jour à 56 F (8,5 €). Menus à 88 et 148 F (13,4 et 22,6 €). Un peu planqué dans une ruelle du vieux village, petit resto très populaire dans le coin. Et pour cause, l'accueil est chaleureux, l'ambiance conviviale et les menus d'un bon rapport qualité-prix. L'hiver, plusieurs formules le midi, de 56 F (plat du jour) à 88 F (entrée, plat du jour, fromage et dessert). On y vient aussi pour les classiques savoyards (fondue, tartiflette et une très bonne raclette), l'entrecôte sur lauze, spécialité de la maison et la traditionnelle grôle qui conclut le repas.

🍴 *Restaurant Chez Félix* – **Plan-Peisey** ☎ 04.79.07.92.41. Parking. Ouvert du 1er juillet au 31 août et du 20 décembre au 20 avril. Congés annuels : de fin avril à fin juin et de septembre à mi-décembre. Accès : entre les Mélèzes et Val-Landry. Pas de menu, comptez environ 120 F (18,3 €) à la carte. Cette maison toute simple est d'abord une crêperie, crêpes de 15 à 42 F (2,3 à 6,4 €) à arroser d'un jus de framboises fait maison, mais la carte ne fait pas l'impasse sur les spécialités régionales : diots à la polenta, berthoud, tartiflette, etc. L'été, terrasse avec une vue plongeante sur les gorges du Ponturin. Mais question cadre, on préfère nettement l'annexe estivale de *Chez Félix*, installée dans un ancien chalet d'alpage du XIXe siècle à l'orée du parc de la Vanoise, face au mont Pourri.

|●| *Restaurant L'Ancolie* – ☎ 04.79.07.93.20. Fermé le lundi en hiver. Menu à 145 F (22,1 €) servi tous les jours. Autres menus de 176 à 208 F (26,8 à 31,7 €). Une auberge à classer Monument historique (elle existait déjà en 1760 !). Superbe architecture traditionnelle. La terrasse est installée dans la coursive qui permettait de se déplacer en se protégeant de la neige ou de la pluie. La déco (pleine de goût) de la salle vaut aussi, avec ses vieux outils de ferme ici et là, un cours d'histoire sur le terroir savoyard. La cuisine est dans le même registre, avec ses bonnes vieilles recettes remises au goût du jour : blanquette de cabri sauce aux morilles, cassolette d'escargots à la forestière, terrines maison (5 sortes au fil des saisons) et galettes de reblochon aux noix. Un peu cher toutefois.

PONT-D'AIN   01160

Carte régionale A1

|●| *Restaurant-bar Le Terminus* – 71, rue Saint-Exupéry (Nord) ☎ 04.74.39.07.17. Parking. Fermé le dimanche soir, le lundi et le soir des jours fériés. Accès : sortie n° 9 de l'A42, direction Bourg-en-Bresse par la RN75. Le midi en semaine, petit menu à 65 F (9,9 €) ; puis menus de 79 à 160 F (12 à 24,4 €). Deux petites salles à manger coquettes et une terrasse pour l'été. M. Berthiller se consacre pleinement à sa cuisine et ça lui réussit. Accueil prévenant et service diligent pour une nourriture régionale copieuse et pas chère. *Café offert.*

PONT-EN-ROYANS   38680

Carte régionale A2

|●| *Restaurant Le Gournier* – grottes de Choranche (Nord) ☎ 04.76.36.09.88. Fermé le soir. Congés annuels : du 2 novembre au 31 mars. Accès : 2 km après le village, sur la gauche, une route monte aux grottes ; le restaurant est en haut. Menus de 68 à 145 F (10,4 à 22,1 €). Menu enfant à 47 F (7,2 €). Panoramique, il domine le superbe cirque de Choranche. Au-dessus, les falaises habitées par le faucon pèlerin. En dessous, les grottes de Choranche, un site inoubliable, unique en Europe. Pour se remettre de ces émotions, rien de tel que de trouver dans son assiette un 1er menu sympa avec poulet aux écrevisses et tarte de saison, ou un menu typiquement régional qui s'annonce par une caillette chaude sur salade. Après, vous pouvez aller visiter Pont-en-Royans.

DANS LES ENVIRONS

PRESLES 38680 (10 km NE)

|●| *Auberge de Presles* – au bourg (Centre) ☎ 04.76.36.04.75. Fermé le mardi. Congés annuels : du 15 novembre au 15 décembre. Accès : depuis Pont-en-Royans, par la D292. Depuis Grenoble, par la N532, puis la D31. Menus à 75 F (11,4 €) sauf le dimanche et à 89 F (13,6 €). Dans la partie la plus sauvage du Vercors, dans le massif des Coulmes, voici une belle étape pour amoureux du « hors des sentiers battus ». D'abord, si vous arrivez de Pont-au-Royans ou de Choranche, en apéro, vous aurez droit à la magnifique grimpette de la falaise (par la D292). Ensuite, cette charmante auberge de village où Ginette et Jean-Marie prodiguent un suave accueil et proposent leur bonne cuisine de terroir. Cadre chaleureux et des prix d'avant Jacquou le Croquant. Spécialités : tartiflette, ravioles gratinées, caillettes chaudes sauce échalotes, délicieuses tartes maison aux noix ou aux pralines. Petite restauration aussi : omelettes, salades composées et quiche au bleu du Vercors. Aux beaux jours, terrasse et grillades au feu de bois. Spécialités montagnardes et du Vercors sur commande. Conseillé de réserver en toute saison. Gère aussi le gîte d'étape en face. *Apéritif ou café ou digestif offert.*

PRIVAS   07000

Carte régionale A2

DANS LES ENVIRONS

ALISSAS 07210 (4 km SE)

|●| *Restaurant Lous Esclos* – quartier Rabagnol (Sud-Est) ☎ 04.75.65.12.73. Parking. Fermé le samedi midi, le dimanche soir et le lundi. Congés annuels : en août et du 22 décembre au 5 janvier. Accès : sur le bord de la D2 qui contourne le bourg d'Alissas. Menus à 65 F (9,9 €) le midi en semaine, puis de 100 à 180 F (15,2 à 27,4 €). Salle climatisée et baie vitrée donnant sur un paysage de collines arides. Une

RHÔNE-ALPES

adresse plutôt chic avec des prix encore raisonnables. Spécialités de filet de truite au coulis d'écrevisse, nougat glacé à l'abricot... À la belle saison, les criquets accompagneront vos repas sur la terrasse dominant la garrigue. Cadre relaxant, qui mérite un détour. Pour le quart d'heure linguistique, *lous esclos* signifie « les sabots » en patois ardéchois. *Café offert.*

SAINT-ÉTIENNE-DE-BOULOGNE
07200 (12 km O)

🛌 ❙●❙ *Hôtel-restaurant Le Panoramic* ** – le col de l'Escrinet ☎ 04.75.87.10.11. Fax : 04.75.87.10.34. Parking. TV. Fermé le lundi midi sauf en été. Congés annuels : du 15 novembre au 15 mars. Accès : de Privas, prendre la N104 en direction du col de l'Escrinet. Doubles à partir de 270 F (41,2 €) avec douche et wc. Demi-pension à partir de 320 F (48,8 €), obligatoire en été. Menus de 130 à 300 F (19,8 à 45,7 €). Entre Privas et Aubenas, *Le Panoramic* constitue une excellente halte pour admirer la vallée de l'Ardèche et déguster la cuisine de Guy Rojon. Les chambres disposent d'une terrasse surplombant le magnifique parc et la piscine de l'hôtel. La salle de séjour, lumineuse, est agrémentée de plantes vertes. Parmi les spécialités, le chevreau sauté chasseur, mignon de bœuf au parfum de chèvre, ou encore le filet de veau aux morilles sont délicieux. *10 % sur le prix de la chambre.*

QUINCIÉ-EN-BEAUJOLAIS   69430

Carte régionale A1

❙●❙ *Restaurant Au Raisin Beaujolais* – ☎ 04.74.04.32.79. Fermé le soir et le samedi. Congés annuels : 3 semaines en août et 1 semaine en janvier. Accès : en sortant de Beaujeu, prendre la D37 vers Saint-Vincent ; c'est sur la droite à environ 4 km. Menus à 75 F (11,4 €) en semaine et de 102 à 138 F (15,5 à 21 €). Le type même du petit resto pas prétentieux, banal même, comme on aime en trouver le midi sur une route des vins, pour éponger la dégustation du matin. Un patron en salle qui la ramène volontiers, et une femme qui se démène en cuisine pour vous offrir de bons petits plats bien mitonnés. Salade beaujolaise, grenouille à la persillade, fromage blanc. Du pas sorcier mais du travail honnête. Pour les vins, vous aurez le choix, avec toutes les appellations du Beaujolais ! Terrasse couverte et climatisée.

❙●❙ *Auberge du Pont des Samsons* – Le-Pont-des-Samsons ☎ 04.74.04.32.09. Parking. Fermé le mercredi soir et le jeudi. Congés annuels : quelques jours en janvier.

Accès : par la D37, en direction de Beaujeu. Menus de 128 à 208 F (19,5 à 31,7 €), 98 F (14,9 €) en semaine. Tristement placée à un carrefour ne payant pas de mine de l'extérieur, cette petite auberge offre une carte plutôt alléchante et conquiert son monde par un accueil agréable, un cadre très sympathique, une propreté irréprochable et une cuisine excellente, à des prix qui ne vous coupent pas l'appétit. Très honnête foie gras, appétissante salade aux noix de Saint-Jacques, filet de sandre au beurre blanc ou rouget à l'anis. Côté viandes, de classiques mais fort bons magret de canard aux fruits rouges et pavé de bœuf au poivre vert. Service souriant et beaucoup de petites attentions, de l'entrée jusqu'au café.

DANS LES ENVIRONS

CHIROUBLES 69115 (10 km N)

❙●❙ *La Terrasse du Beaujolais* – ☎ 04.74.69.90.79. Fermé le lundi soir et du lundi au vendredi de mi-décembre à début mars. Congés annuels : janvier. Accès : par la D9 jusqu'à Villié-Morgon, puis à gauche la D86. Menus de 125 à 280 F (19,1 à 42,7 €) et carte avec quelques plats régionaux autour de 60 F (9,1 €). Une situation privilégiée pour une vue merveilleuse sur les vignes. C'est splendide à toutes les saisons, et l'endroit est vraiment agréable en été car il y a toujours un peu d'air frais. Si vous venez avec les mômes, vous ne les aurez même pas dans les pattes puisqu'une aire de jeux les fera bien vite quitter la table. En fin de semaine et pendant la période estivale, l'endroit est très fréquenté, c'est donc un peu l'usine. L'accueil y reste pourtant étonnamment sympathique, et la cuisine réussie. Le 1er menu est intéressant, avec, par exemple, terrine maison et andouillette beaujolaise bien faite. Un plat simple reste également une bonne affaire. S'il faut dépenser plus, on préfère aller ailleurs, mais un repas en terrasse est vraiment plaisant, pour déjeuner ou dîner.

RIVE-DE-GIER   42800

Carte régionale A1

❙●❙ *Restaurant Georges Paquet* – Combeplaine (Est) ☎ 04.77.75.02.18. Parking. ♿ Fermé le lundi midi et tous les soirs sauf le vendredi et le samedi. Congés annuels : vacances scolaires de février et du 16 juillet au 10 août. Accès : A47, sortie La Madeleine. Menus de 70 F (10,7 €) le midi en semaine, à 230 F (35,1 €). Dans cette région sinistrée, entre usines et friches industrielles, voici, entre autoroute et nationale, une adresse à la cuisine chaleureuse. Un décor feutré aux teintes douces et lumineuses, dans lequel ce spécialiste du poisson vous emmènera à Cancale le temps d'un repas. Poisson sous toutes ses formes, sauces agréables et accueil courtois. Menu très intéressant à 85 F (12,9 €) en semaine avec 3 entrées, 3 plats au choix, fromage ou dessert. Les autres menus sont un peu chers à notre goût. Il n'y a que le menu de desserts (le vendredi soir sur réservation) qui ravira les amateurs de sucreries. Les gastronomes nantis pourront aussi aller à l'*Hostellerie de la Renaissance*, 41, rue Marrel (04.77.75.04.31), le grand restaurant de Rive-de-Gier. *Café offert.*

DANS LES ENVIRONS

SAINT-MARTIN-LA-PLAINE 42800
(8 km O)

|●| Le Flamant Rose – face au parc zoologique ☎ 04.77.75.91.13. Fermé le dimanche soir et le lundi soir. Accès : par la D37, suivre le fléchage « parc zoologique ». Menu à 60 F (9,1 €) le midi en semaine, autres de 110 à 235 F (16,8 à 35,8 €). La grosse bâtisse, devant un plan d'eau où mouchent les truites et face au zoo où ronflent les gorilles, n'a que le charme de sa belle terrasse. Cela dit, les salles y sont claires, même si celle réservée à l'excellent et copieux menu du déjeuner n'a pas reçu le même traitement décoratif que l'autre, dédiée aux menus plus chers. Oublions ce sectarisme et ne retenons qu'une cuisine agréable, qui n'hésite pas à prendre quelques risques sucrés-salés de fort bon aloi, et un accueil tout ce qu'il y a d'adorable. Très bons desserts et pain maison. Pour ceux que ça intéresse, le resto propose des plateaux pique-nique à 55 F (8,4 €) environ, à aller manger en visitant le zoo voisin.

SAINTE-CROIX-EN-JAREZ 42800
(10 km E)

≜ |●| Le Prieuré – au bourg (Centre) ☎ 04.77.20.20.09. Fax : 04.77.20.20.80. TV. Fermé le lundi. Congés annuels : janvier et février. Accès : par la D30, direction Sainte-Croix-en-Jarez. Doubles à 260 F (39,6 €). Menus de 60 F (9,1 €) sauf le dimanche, à 220 F (33,5 €). La route qui monte longe le Couzon et passe devant la retenue artificielle du même nom. L'arrivée à Sainte-Croix, tout au nord du parc du Pilat, est merveilleuse. Il s'agit en fait d'un ancien monastère de chartreux, dont les fortifications n'ont pas empêché le démantèlement lors de la Révolution et la transformation en village. On peut en visiter une partie (informations : 04.77.20.20.81); on peut aussi trouver le gîte et le couvert dans l'ancienne hôtellerie du monastère. Côté hôtel, 4 chambres seulement, simples mais fort bien équipées, au grand calme et au grand air. Côté restaurant, une cuisine de terroir, tradition-

nelle et chaleureuse comme l'accueil. 1er menu campagnard : rapée et charcuterie. Les amateurs ne rateront pas la gigue de poulette fermière farcie aux morilles, l'émincé de gras-double au gratin. Tout le monde admirera la belle salle voûtée et son mobilier en chêne. L'été, petite terrasse sur la place du village. Une très belle adresse de charme et plein de balades possibles tout autour. *10 % sur le prix de la chambre hors saison.*

ROANNE 42300

Carte régionale A1

≜ |●| Hôtel de l'Ancre – 24, place du Maréchal-De-Lattre-de-Tassigny (Centre) ☎ 04.77.71.22.70. Resto fermé le dimanche. Congés annuels : la 1re quinzaine d'août. Chambres de 100 F (15,2 €) avec lavabo à 180 F (27,4 €) avec bains. Menus à 50 F (7,6 €) sauf le dimanche et 85 F (13 €). Dans un beau bâtiment, genre station balnéaire des années 30 que les amateurs apprécieront, ce modeste hôtel de tourisme ne semble pas avoir évolué depuis sa construction. Même les cendriers chantent des marques aujourd'hui disparues. Nostalgiques du temps passé, amoureux de vieilleries de brocante, chercheurs de petits prix, cet hôtel est pour vous. Les messieurs-dames qui gèrent l'endroit sont très gentils et servent aussi une cuisine familiale dans une magnifique salle parquetée.

≜ |●| Hôtel-restaurant de la Grenette – 12, place Maréchal-De-Lattre-de-Tassigny (Centre) ☎ 04.77.71.25.59. Fax : 04.77.71.29.69. TV. Resto fermé le samedi et le dimanche. Accès : direction château de Roanne, église Saint-Étienne. Doubles de 210 F avec douche, à 230 F (35,1 €) avec douche et wc. Menus à 65 F (9,9 €) et 78 F (11,9 €). Pas loin du précédent, ce petit hôtel a été récemment repris et partiellement refait par un couple sympathique qui croit que l'hôtellerie de centre-ville peut lutter contre les supermarchés de sommeil des périphéries. On est d'accord. Chambres simples mais correctement tenues. Restaurant sans grand intérêt, mais dont le classique menu du jour à 65 F peut dépanner. Attention : la réception peut être fermée l'après-midi (vendredi, samedi, dimanche). Téléphonez avant.

≜ Hôtel Terminus ** – 15, cours de la République (place de la Gare) (Ouest) ☎ 04.77.71.79.69. Fax : 04.77.72.90.26. Parking payant. TV. Satellite / câble. Accès : en face de la gare SNCF. Doubles avec bains de 219 à 270 F (33,4 à 41,2 €). Roanne! Tout le monde descend! Des *Terminus*, il y en a partout. Comme tous les autres, il a l'avantage d'être bien situé. Bon hôtel dans sa catégorie, d'une cinquantaine de chambres, sans surprise. Préférez celles sur la cour, avec terrasse, plus agréables l'été. *10 % sur le prix de la chambre les week-ends de novembre à mai.*

I●I *L'Aventure* – **24, rue Pierre-Despierre** ☎ **04.77.68.01.15.** Fermé le dimanche et le lundi. Congés annuels : les 3 premières semaines d'août et 1 semaine à Noël. Accès : à l'entrée de Roanne, venant du coteau. Menu à 98 F (14,9 €) vin compris le midi, autres de 128 à 290 F (19,5 à 44,2 €). Jean-Luc Trambouze est le jeune chef roannais qui monte. Derrière une façade bleu-bistrot, un restaurant chaleureux aux tons pastel, où la cuisine est ouverte sur la salle – pas d'exhibitionnisme, mais une convivialité sympathique. On y sert des plats du chef bourrés d'imagination et de fraîcheur. Lorsque vous lui posez la question, Jean-Luc ne se reconnaît pas de spécialité particulière. La vigueur de sa cuisine et l'audace de ses saveurs font sa force. Un excellent 1er menu de déjeuner, puis une série de 4 menus en fonction de vos passions et de votre bourse, complétés par une carte abordable. Bonne adresse à l'écart du centre, dans une petite rue pas loin de la Loire, avec en plus un petit patio. *Apéritif offert.*

I●I *Le Central* – **20, cours de la République** ☎ **04.77.67.72.72.** Fermé le dimanche et le lundi midi. Congés annuels : 3 semaines en août et 1 semaine entre Noël et le Jour de l'An. Accès : en face de la gare SNCF. Formule à 100 F (15,2 €) le midi. Menus de 125 à 150 F (19,1 à 22,9 €). À côté de l'incontournable grande maison, les *Troisgros* ont ouvert une annexe beaucoup plus abordable. Dans un décor assez réussi d'épicerie ancienne, une équipe de jeunes gens en tablier s'agite de la cuisine ouverte aux deux salles. On peut d'ailleurs y acheter de merveilleux produits sélectionnés par la maison (moutarde au vin, rillettes de canard, vinaigre balsamique). Au mur, les photos des fournisseurs du resto. Bref une maison bien sympathique. Voilà pour le cadre. Que dire de la nourriture? D'abord son prix : menu-carte, avec les entrées à 45 F (6,9 €), les plats à 90 F (13,7 €) et les desserts à 40 F (6,1 €). Vins abordables servis façon bistrot (bouteille ouverte). On peut aussi dire que la carte donne un avant-goût de l'imagination des *Troisgros*. On conseille le menu à 145 F (22,1 €) qui est un trésor d'invention. Sinon, en entrée, essayer l'omelette soufflée à la fourme. Viandes ultra-goûteuses (on est dans le pays du Charolais). En dessert, laissez-vous tenter par la dariole au chocolat coulant. Vous m'en direz des nouvelles!

DANS LES ENVIRONS

POUILLY-SOUS-CHARLIEU 42720
(14 km N)

I●I *Auberge du Château de Tigny* – ☎ **04.77.60.09.55.** Fermé le lundi et le mardi. Congés annuels : de Noël à mi-janvier. Accès : par la D487, à l'est du village. Fléché en contrebas de la route. On trouve un menu rapide à 70 F (10,7 €) au déjeuner en semaine, avec plat du jour, salade et dessert, et des menus gastronomiques de 118 à 205 F (18 à 31,3 €). C'est incontestablement l'un de nos coups de cœur sur le Roannais: Ancien maraîcher haut de gamme, Jacques Rivière fournissait les grandes tables régionales. Ce passionné de vieilles pierres et de cuisine a un jour décidé de tout arrêter pour restaurer un superbe petit manoir plein de charme et y fonder cette auberge (à l'occasion, il se fera un plaisir de vous conter l'histoire de certaines pierres!). Avec un menu à 118 F exceptionnel, tant par l'étendue du choix proposé que par la fraîcheur de la cuisine (et du poisson), c'est le meilleur rapport qualité-prix de la région. Dès les beaux jours, vous aurez le choix entre la très agréable terrasse sous tente et la fraîcheur de ce manoir rustique. Cadre formidable avec rivière et plan d'eau.

NOAILLY 42640 (15 km NO)

🛏I●I *Château de La Motte* ✱✱✱ – **La Motte** ☎ **04.77.66.64.60. Fax : 04.77.66.64.38.** TV. Fermé le dimanche soir et le lundi sauf en juillet-août. Congés annuels : de la Toussaint aux Rameaux. Accès : par la N7 jusqu'à Saint-Germain-Lespinasse, puis la D4 vers Charlieu; le château se trouve entre Noailly et La Benisson-Dieu. Doubles de 450 à 800 F (68,6 à 122 €) selon le confort. Menus à 95 F (14,5 €), le midi en semaine, et de 135 à 290 F (20,6 à 44,2 €). Bien sûr, ce château romantique n'est pas franchement à prix routard, mais le charme de ses chambres décorées avec imagination et meublées avec goût, les balades à cheval accompagnées par Sylvie Fayolle, la maîtresse des lieux, le parc, la piscine, la douceur de l'après-midi à lire sous la pergola de l'étang pourraient vous inviter à une petite folie (on ne vit qu'une fois!). Réductions hors saison et prix dégressifs pour 4 nuits. Le restaurant perpétue avec bonheur la gastronomie roannaise. 1er menu d'un bon rapport qualité-prix, ensuite c'est plus cher. *10 % sur le prix de la chambre hors juillet-août.*

RHÔNE-ALPES

ROCHETTE (LA)   73110

Carte régionale B1

🏠I●I *Les Châtaigniers* – 1, rue Maurice-Franck ☎ 04.79.25.50.21. Fax : 04.79.25.79.97. Parking. Ouvert de septembre à juillet du jeudi au dimanche midi, et en juillet-août tous les jours sauf le samedi midi et le mercredi midi. Congés annuels : 15 jours en septembre-octobre ; 15 jours en novembre ; 15 jours en janvier. Accès : autoroute A41 Grenoble-Chambéry, sortie Pontcharra ; à 200 m de la mairie de la Rochette (direction Arvillard). Chambres d'hôtes pour les dîneurs uniquement à partir de 520 F (79,3 €) avec bains, petit déjeuner inclus. Menu à 160 F (24,4 €) sauf les jours de fête. Autres menus de 200 à 250 F (30,5 à 38,1 €). À voir, un peu grise, avec son parc planté d'arbres centenaires (comme dit la pub), on n'imaginerait guère que cette bonne vieille maison de famille est en fait un repaire de doux dingues. Le cuisinier-comédien, accompagné d'une poésie de son cru (et souvent très crue) la dînette superbe que vous êtes en train de faire, dans un décor à rendre fou un brocanteur. Spécialités : terrine de foie gras, poisson du lac, caille au caramel de gingembre, râble de lapereau en tautologie de noisettes, etc. Dernière surprise, les chambres, de vrais appartements, où l'on vous reçoit comme un cousin éloigné. Drôles, géniales. Dîner obligatoire. *Apéritif offert.*

ROMANS-SUR-ISERE   26100

Carte régionale A2

🏠I●I *Hôtel des Balmes* ** – (Nord-Ouest) ☎ 04.75.02.29.52. Fax : 04.75.02.75.47. Parking payant. TV. Canal+. Satellite / câble. Fermé le dimanche soir hors saison ; resto fermé le lundi midi. Congés annuels : la 1re semaine de janvier. Accès : route de Tain (D532) sur 2 km, puis à droite direction Les Balmes. Doubles de 280 à 360 F (42,7 à 54,9 €) avec bains. Demi-pension conseillée à 260 F (39,6 €). Menus de 90 à 180 F (13,7 à 27,4 €). Un hôtel avec piscine (chauffée au printemps et en automne) agréablement situé dans un hameau assoupi. Vous profiterez du confort de chambres, toutes rénovées, avec balcon… et de l'amusant restaurant *Au Tahiti*, dont toute la déco a été conçue dans l'esprit d'une île où les propriétaires, ça se sent, ne sont jamais allés. C'est kitsch, plutôt sympa, et pas très cher. *Digestif offert.*

I●I *Restaurant La Cassolette* – 16, rue Rebatte (Centre) ☎ 04.75.02.55.71. Fermé le dimanche et le lundi. Congés annuels : du 25 juillet au 17 août. Accès : dans une rue piétonne, près de la tour Jacquemart. Menus de 75 à 205 F (11,4 à 31,3 €). Une adresse au cadre intimiste. 3 belles salles voûtées dans une demeure du XIIIe siècle au charme discret. Grand choix de menus, beaucoup de poisson, dont la fricassée de filet de sole et de homard, les quenelles aux morilles, les ravioles aux Saint-Jacques… Carte de vins bien fournie. *Café offert.*

I●I *Café-théâtre-restaurant La Charrette* – 15, place de l'Horloge (Centre) ☎ 04.75.02.04.25. ⚭ Fermé le dimanche et les jours fériés. Accès : au pied de la tour Jacquemart. Menu à 90 F (13,7 €), 45 F (6,9 €) le plat du jour. *La Charrette* n'est pas un restaurant, mais on peut y manger chaque jour un repas différent, menu unique, prix raisonnable. « Pourquoi écrire le menu, venez plutôt le renifler à la cuisine, dans la marmite… ou asseyez-vous et laissez-vous faire. Bon appétit ! », tel est le credo affiché à l'entrée de ce café-théâtre-restaurant. Cuisine familiale. Plutôt que les éternelles ravioles, goûtez le loup en papillote. Ambiance musicale jeune et décontractée. Essayez de venir un soir de spectacle. Une des adresses à ne pas manquer. *Apéritif, digestif offerts.*

DANS LES ENVIRONS

GRANGES-LÈS-BEAUMONT
26600 (4 km O)

🏠I●I *Hôtel-restaurant Les Vieilles Granges* ** – Granges-lès-Beaumont ☎ 04.75.71.50.43. Fax : 04.75.71.59.79. Parking. TV. ⚭ Fermé le samedi et le lundi. Accès : par la D532, entre Romans et Granges-lès-Beaumont. Chambres confortables à 260 F (39,6 €) et jusqu'à 320 F (48,8 €) pour celles qui donnent sur la rivière. 1er menu à 100 F (15,2 €) puis de 115 à 160 F (17,5 à 24,4 €). *Les Vieilles Granges* dominent distinctement l'Isère, à l'ombre des arbres fruitiers ; elles furent requinquées et transformées en hôtel-resto avec terrasse sous les tilleuls. Cuisine goûteuse. Laissez-vous tenter par la caillette, vraiment bonne. L'auberge bénéficie d'un accueil patient et attentif. Étape romantique, patrons discrets. *10 % sur le prix de la chambre d'octobre à avril.*

SAINT-AGRÈVE   07320

Carte régionale A2

🏠I●I *Domaine de Rilhac* ** – lieu-dit Rilhac ☎ 04.75.30.20.20. Fax : 04.75.30.20.00. Parking. TV. ⚭ Fermé le mardi soir et le mercredi sauf en juillet-août. Congés annuels : janvier-février. Accès : de Saint-Agrève, prendre pendant 1 km la direction Le Cheylard ; à la bifurcation entre la D120 et la D21, suivre la D21 et le fléchage. Les chambres doubles mansardées sont à 360 F (54,9 €), attention, il n'y en a que 6. Le petit déjeuner à 65 F (9,9 €) est servi jusqu'à 10 h 30 ; pratique pour les lève-tard ! La demi-pension à partir de 450 F (68,6 €) est obligatoire en juillet-août. Menu à 115 F (17,5 €), servi seulement le midi en semaine. Autres menus de 160 à 380 F (24,4 à 57,9 €). Restaurée avec beaucoup de goût, cette ancienne ferme du XVIᵉ siècle est devenue un hôtel-restaurant de charme. Le *Domaine de Rilhac* cumule en effet de nombreux atouts. Situé en pleine nature, face aux monts Mézenc et Gerbier, il jouit d'une situation privilégiée. Avec sa façade en pierre de taille, ses volets bleus, son intérieur, dont les ferronneries délicatement ciselées se marient si bien à l'enduit ocre et aux poutres qui recouvrent les murs et les plafonds, cet hôtel est un endroit rêvé pour se ressourcer. La carte change en fonction des saisons. Parmi les spécialités, la queue de bœuf au vin de Cornas, la salade de truite fario... Une adresse de luxe abordable !

SAINT-ÉTIENNE   42000

Carte régionale A1

🏠 *Bar-hôtel Splendid* – 16, rue du Théâtre (Centre) ☎ 04.77.33.72.94. Fax : 04.77.33.72.94. Fermé le dimanche soir. Congés annuels : la 2ᵉ quinzaine d'août. Doubles de 110 F (16,8 €) avec lavabo à 160 F (24,4 €) avec bains. En plein centre, cette grosse bâtisse ocre aux balcons verts a dû connaître une heure de gloire, puis des années de décrépitude, avant d'être reprise. Une jeune patronne plutôt sympa loue pour une somme modique des chambres sans grand charme mais spacieuses et propres. Celles sur rue sont plus grandes, mais bien sûr plus bruyantes que celles sur cour. Bon rapport qualité-prix. Attention : la réception ferme le dimanche après-midi.

🏠 *Hôtel Le Cheval Noir* ** – 11, rue François-Gillet (Centre) ☎ 04.77.33.41.72. Fax : 04.77.37.79.19. Parking payant. TV. Canal+. Satellite / câble. Congés annuels : du 1ᵉʳ au 15 août. Doubles de 200 à 290 F (30,5 à 44,2 €), selon l'équipement. Parking à 25 F (3,8 €). Cet ancien hôtel, qui avait perdu beaucoup de son lustre d'antan, a été repris par un couple de banquiers repentis, qui a engagé de grosses réparations pour lui – et se – donner une nouvelle vie. Bar et accueil agréables. Une grande partie des nombreuses chambres ont retrouvé un confort discret. Prix tout à fait modérés en centre-ville. En semaine, on peut obtenir un tarif dégressif. *10 % sur le prix de la chambre.*

🏠 *Hôtel Le Baladin* ** – 12, rue de la Ville (Centre) ☎ 04.77.37.17.97. Fax : 04.77.37.17.17. TV. Canal+. Congés annuels : août. Accès : dans une rue piétonne animée. Toutes les chambres avec douche ou bains, de 240 à 300 F (36,6 à 45,7 €). Il est prudent de réserver car il est vite complet, notamment pendant la saison théâtrale de la Comédie de Saint-Étienne, toute proche, qui y loge des comédiens. Petit hôtel agréable de 14 petites chambres, qui offre une possibilité de petite restauration au rez-de-chaussée dans le snack-bar.

🏠 *Hôtel des Arts* ** – 11, rue Gambetta (Centre) ☎ 04.77.32.42.11. Fax : 04.77.34.06.72. Parking payant. TV. Double de 250 avec douche et wc à 300 F (45,7 €) avec bains. Dans une cour de la Grande-Rue, celle où passe le tramway, non loin du musée du Vieux Saint-Étienne, un 2 étoiles d'un bon rapport qualité-prix. Bon accueil. *10 % sur le prix de la chambre.*

🏠 *Hôtel Terminus du Forez* *** – 31, av. Denfert-Rochereau ☎ 04.77.32.48.47. Fax : 04.77.34.03.30. Parking. TV. Canal+. Satellite / câble. Congés annuels : du 6 au 27 août. Accès : en face de la gare de Châteaucreux et à 5 mn du centre-ville. Doubles à partir de 285 F (43,4 €) avec douche et wc. Le *Terminus* est le grand hôtel classique, avec des volontés de décoration, des confort moderne et agréable, qui offre une bonne alternative d'hôtellerie familiale aux hôtels de chaîne de la périphérie. Accueil souriant et disponible. Restaurant *La Loco* au rez-de-chaussée avec un 1ᵉʳ menu à 69 F (10,5 €). *10 % sur le prix de la chambre hors mardi et mercredi.*

🍴 *La Fourchette Gourmande* – 10, rue Francis-Garnier (Centre) ☎ 04.77.41.76.86. ♿ Fermé le samedi midi et le dimanche soir. Menu à 58 F (8,8 €) le midi en semaine. Autres menus de 85 à 155 F (13 à 23,6 €). N'ayons pas peur des mots, notre meilleure adresse. Avant, ici se tenait *Le Petit Coq*, le restaurant fétiche où les « verts » (NDLR : les footballeurs de Saint-Étienne) de la grande époque (NDLR : les années 70) allaient fêter leur victoire. Le *Coq* a sombré avec l'équipe, et un nouveau patron a repris l'établissement. Non content d'être professionnel et souriant, l'homme a aussi du goût puisqu'il a engagé un cuistot formé par Gagnaire. Le résultat est stupéfiant. Alors ne vous laissez pas intimider par la carte aux formulations un peu prétentieuses, ni refroidir par le cadre banal, et allez-y. Spécialités : cannelloni d'aubergine, poularde à la vanille, saumon de deux manières... Même si le soir, l'ambiance est plus chic (chandeliers et nappes en tissu), la qualité de la cuisine et le raffinement de la présentation sont servis à tous les repas. Une adresse quasi gastronomique à un prix de self d'autoroute. *Apéritif offert.*

|●| *Le Cercle* – 15, place de l'Hôtel-de-Ville (Centre) ☎ 04.77.25.27.27. Fermé le dimanche soir et le lundi soir. Formule à 65 F (9,9 €). Menus de 98 à 320 F (14,9 à 48,8 €). Une partie de l'ancien cercle de bridge stéphanois, à l'étage d'un superbe bâtiment faisant face à l'hôtel de ville, est aujourd'hui ouvert à un public qui préfère les menus aux cartes. Les propriétaires de ce restaurant ont, fort heureusement, conservé les lambris et les dorures de l'une des salles les plus belles, Napoléon III pur jus. Dommage qu'ils aient couvert le parquet d'une épaisse moquette. Cet établissement, apprécié des notables de la ville, pratique une politique de prix tout à fait démocratique avec une formule plat-dessert. Cuisine professionnelle, présentation agréable et service souriant. *Apéritif offert.*

|●| *Cornes d'Aurochs !* – 18, rue Michel-Servet (Centre) ☎ 04.77.32.27.27. Fermé le dimanche et le samedi matin. Congés annuels : du 20 juillet au 25 août. Accès : à 150 m de la Mairie. Menu à 80 F (12,2 €) le midi. Autres menus de 98 à 200 F (14,9 à 30,5 €). Joli bistrot dont la cuisine vient de Lyon. Spécialités de « bouchon » : andouillette, tablier de sapeur, cervelle... et l'assiette « Gargantua » pour goûter à tout. Sinon, menus qui laissent une belle place au poisson. Le midi, un bon *deal* avec un menu à 80 F, verre de vin et café compris. Patron chauve et jovial, patronne souriante et disponible. Restaurant peu fumeur, même si en sortant de table, c'est plus au taux de cholestérol qu'au cancer du poumon qu'on pense... Il est prudent de réserver. *Digestif offert.*

|●| *Restaurant La Rissolée* – 23, rue Pointe-Cadet (Centre) ☎ 04.77.33.58.47. Fermé le samedi midi, le dimanche et le lundi midi. Congés annuels : août. Accès : en bordure du centre piéton. Menus à 80 F (12,2 €) sauf le dimanche, et 98 F (14,9 €) plus la carte. Dans un quartier qui compte pas mal d'établissements, un restaurant de spécialités belges (surtout le soir, superbes carbonades), dont la carte est faite d'albums de *Tintin* recyclés. Grandes assiettes garnies de pommes rissolées (d'où le nom) à 59 F (9 €) environ, et copieuses moules-frites de différentes manières. À goûter, le détonnant cocktail « SB »... *Digestif offert.*

|●| *Nouvelle* – 30, rue Saint-Jean (Centre) ☎ 04.77.32.32.60. Fermé le dimanche soir et le lundi. Congés annuels : 1 semaine l'hiver et 3 semaines l'été. Téléphoner avant. Menu à 90 F (13,7 €), soit 100 F (15,2 €) avec un verre de vin et un café, servi le midi en semaine. Autres menus de 140 à 250 F (21,3 à 38,1 €). En plein centre, le restaurant à la mode à Saint-Étienne. Le cadre (un gris discret rehaussé de beige), le service (des jeunes gens très chic), la carte qui laisse rêveur, tous les signes du restaurant gastronomique répondent présent. Sauf les prix. Au déjeuner en semaine, un menu du jour donne l'occasion de goûter à tout ce raffinement. Ensuite, il faudra compter 140, 180 F et bien au-delà. Le jeune chef n'hésite pas à réhabiliter avec subtilité des plats « de pauvres » (brandade de morue) ou à jouer avec les pâtes (raviolo d'agneau, lasagnes de saumon...). C'est copieux et plein d'inventions, même si on a trouvé que les sauces (du moins celles du menu à 140 F) manquaient un peu de légèreté. Mais on chipote, c'est super. Réservation conseillée.

|●| *Restaurant À la Bouche Pleine* – 8, place Chavanelle ☎ 04.77.33.92.47. Fermé le midi, le dimanche et le lundi. Congés annuels : août. Accès : près de la caserne des pompiers. Menus à 119 F (18,1 €) sauf le dimanche, 129 et 180 F (19,7 et 27,4 €). Réservation obligatoire car l'adresse est connue. Sur cette place qui abritait autrefois le marché de gros, avant qu'il ne devienne la gare routière, le petit monde de la nuit et du spectacle se donne rendez-vous à *La Bouche Pleine*. Dans cette petite salle, discrète et intime, les photos des amis de la maison envahissent les murs. Vous croiserez peut-être les artistes de passage et, comme eux, à l'issue d'un repas amoureusement préparé par Henriette, vous tenterez de découvrir les ingrédients qui composent le « Diable au corps », cocktail explosif et flambé de la maison. Marco reçoit ses hôtes avec une grande gentillesse. Cuisine inspirée des bouchons lyonnais. Réservation conseillée. *Apéritif offert.*

DANS LES ENVIRONS

SAINT-GENEST-MALIFAUX 42660
(12 km S)

≜ |●| *Auberge de Campagne La Diligence* – Le Château du Bois ☎ 04.77.39.04.99. Fax : 04.77.97.72.09. Fermé le lundi et le mardi (sauf en juillet-août). Congés annuels : du 1er janvier au 10 février. Accès : N82 jusqu'au Bicêtre, puis D501 ; le resto est à 3 km du village. Lit en dortoir de 4 ou 8 à 40 F (6,1 €), petit déjeuner en sus. Menu à 55 F (8,4 €) en semaine. Autres menus de 80 à 130 F (12,2 à 19,8 €). La ferme d'un château du XIIIe siècle encore habité abrite un restaurant bien sympathique, qui dépend du lycée agricole de Saint-Genest. Bonne cuisine et service agréable, pour des menus de saison. Belle salle avec cheminée et terrasse dans la cour de ferme. Possibilité de camper pour quasi rien. Sachez enfin que la ferme est équestre et qu'on peut donc faire du dada. Dans tous les cas, il est préférable de réserver. *Apéritif offert.*

|●| *Restaurant Montmartin* – 18, rue du Velay ☎ 04.77.51.21.25. Fermé le mercredi. Service du soir uniquement sur commande. Congés annuels : 1 semaine en janvier et 1 semaine en juillet. Accès : par la N82, puis la D501 à Planfoy. Menu à 74 F (11,3 €) sauf le dimanche. Autres menus à 87 F (13,3 €) et de 102 à 200 F (15,5 à 30,5 €). Dans un village – pas le plus beau – au cœur du Pilat, ce restaurant né dans l'après-guerre ne connaît pas la nouvelle cuisine. Créé par la grand-mère Montmartin, c'est le royaume de la nourriture riche et abondante : des morilles, des grenouilles et des quenelles. Une adresse que l'on fréquente de génération en génération, de déjeuner dominical en déjeuner dominical. La maison est aujourd'hui tenue par les petits-enfants qui ont gardé le cap, la chaleur du lieu et le parquet qui craque. *Café offert.*

SAINT-VICTOR-SUR-LOIRE 42230

(15 km O)

|●| *Le Croque Cerise* – base nautique de Saint-Victor ☎ 04.77.90.07.54. Parking. 🖐 Fermé le lundi et le mercredi soir. Congés annuels : décembre et janvier. Accès : par la D3A. Menu autour d'un plat avec dessert et café à 70 F (10,7 €) le midi en semaine, puis autres de 105 F (16 €) sauf dimanche midi et fêtes, à 150 F (22,9 €). Grosse maison sans grande élégance, mais dont les salles largement vitrées et la terrasse sur le port sont fort agréables. Cuisine simple (petite friture, pizza au feu de bois le soir) ou inventive (terrine de pamplemousse, andouillette de poisson), mais toujours bien menée. Quelques fautes de goût dans la décoration (les plantes en plastique), mais aucune dans l'assiette et dans l'accueil. Finalement, c'est le plus important.

SAINT-PAUL-EN-CORNILLON 42240 (17 km SO)

|●| *La Cascade* – ☎ 04.77.35.70.02. Parking. Fermé le lundi et le mardi. Congés annuels : 1 semaine début janvier, 1 semaine début septembre. Accès : direction Firminy, puis la D3 ; prendre la D46 à gauche avant le pont sur la Loire. Menus à partir de 80 F (12,2 €) sauf le dimanche midi, et de 110 à 195 F (16,8 à 29,7 €). En contrebas de la route qui traverse le village, ce restaurant offre une belle vue sur – non, pas une cascade – la Loire elle-même. Salle assez classique mais lumineuse et très agréable terrasse ombragée de platanes, eux-mêmes dominés par un immense séquoia. On regrette tout de même que le parking sépare la terrasse du fleuve. 1er menu avec salade à la fourme de Montbrison et truite meunière. Spécialité du chef, les gambas grillées au safran. Service diligent et une cuisine simple, mais fort bien exécutée. *Apéritif offert.*

BESSAT (LE) 42660 (18 km SE)

⌂|●| *Auberge de la Jasserie* – La Jasserie ☎ 04.77.20.40.16. Fax : 04.77.20.45.43. 🖐 Fermé le jeudi en hiver hors vacances scolaires. Accès : 6 km après Le Bessat, à 1 310 m d'altitude. Fléché depuis le village. Lit en dortoir sommaire à 60 F (9,1 €) la nuit, petit déjeuner compris. Casse-croûte à 55 F (8,4 €) et menus à partir de 82 F (12,5 €). L'*Auberge de la Jasserie*, une ancienne ferme avec son clocheton, est une institution dans la région stéphanoise. C'est l'auberge simple et campagnarde où l'on mange sur les bancs de bois de l'immense salle depuis des générations, et dont le seul défaut est d'être bondée et bruyante le week-end. Accueil chaleureux et familial et cuisine copieuse et régionale à base de produits du terroir. Au pied des pistes de ski de fond (non balisées), havre de chaleur pour manger une tarte aux myrtilles accompagnée d'un chocolat chaud en déchaussant les skis quand la burle devient trop piquante l'hiver. Notons qu'on peut aussi pratiquer le VTT ou le parapente. *Apéritif offert.*

⌂|●| *Hôtel La Fondue – Restaurant Chez le Père Charles* ** – Grande-Rue ☎ 04.77.20.40.09. Fax : 04.77.20.45.20. TV. Fermé le dimanche soir du 1er mars au 3 novembre. Congés annuels : du 1er décembre à fin février. Accès : par la D8 ; au centre du bourg. Chambres doubles à 230 F (35,1 €) avec douche et wc et 280 F (42,7 €) avec bains. Menus de 80 F (12,2 €) sauf le dimanche à 285 F (43,4 €). Une bonne adresse de resto à 1 170 m d'altitude, au cœur du parc régional du Pilat, poumon d'oxygène des Lyonnais et des Stéphanois. Gourmets, à vos fourchettes : foie gras d'oie maison, tournedos à la crème de paprika, côte de veau de lait aux girolles, truite farcie aux cèpes façon Père Charles, et en dessert, en plus du chariot, divers chocolats et friandises de la maison. Ambiance chaleureuse. Côté hôtel, si les chambres avec salle de bains sont plutôt spacieuses, celles avec douche bénéficient d'un curieux placard tournant, genre concours Lépine, qui cache les toilettes et la douche.

|●| *Restaurant Le Petit Chef* – Grand-Rue ☎ 04.77.20.40.92. Fermé le lundi soir et le mardi. Accès : par la D8 ; en venant de Saint-Étienne, le 1er resto à droite. 1er menu campagnard à 65 F (9,9 €) pas toujours servi le dimanche, puis d'autres de 89 à 140 F (13,6 à 21,3 €). En été, mieux vaut réserver, notamment le week-end. Une gentille table, une patronne souriante et une ambiance plutôt familiale. Goûtez la râpée du chef, une galette de pommes de terre, au filet de rascasse sauce verte ou au magret de canard aux myrtilles... Cuisine copieuse. *Café offert.*

SAINT-CHRISTO-EN-JAREZ 42320

(23 km NE)

🛏️ ❙●❙ *Hôtel-restaurant Besson – Les Touristes* * – route de la Combe ☎ 04.77.20.85.01. Fermé le mercredi. Congés annuels : la 1re quinzaine de septembre. Accès : gagner Saint-Chamond, puis prendre la D2, direction Valfleury et col de la Gachet. Chambres à 190 F (29 €), avec salle de bains et wc à l'étage. Casse-croûte campagnard à 60 F (9,1 €) et des menus de 70 à 160 F (10,7 à 24,4 €). Loin de l'agitation stéphanoise et des bruits de Saint-Chamond, nous voilà dans un petit village de 1 200 habitants à peine, à 800 m d'altitude, sur le flanc sud des monts du Lyonnais. Le grand air pur ! L'hôtel est dans le village, une jolie maison couleur brique un peu vieillotte mais calme. Demandez une chambre avec vue sur le massif du Pilat, de l'autre côté de la vallée : superbe ! Côté restaurant, pas de miracle. Bonnes charcuteries du pays. Accès aux handicapés pour le resto.

SAINT-MARCELLIN-EN-FOREZ

42680 (25 km NO)

❙●❙ *Manoir du Colombier* – 9, rue Carles-de-Mazenod ☎ 04.77.52.90.37. Fermé le mardi soir et le mercredi. Accès : par l'A72, sortie Andrézieux-Bouthéon, ou par la D8 jusqu'à Bonson, puis la D498 ; dans le village. Un bon 1er menu à 95 F (14,5 €) et d'autres de 140 à 270 F (21,3 à 41,2 €). Dans une petite bourgade au pied des monts du Forez, un beau manoir du XVIe siècle, un des rares vestiges que les décennies précédentes n'ont pas démolis ou bétonnés. 3 salles de styles différents, et une cour superbe pour dîner. Cuisine copieuse, sans grande finesse mais agréable. Si vos moyens vous le permettent, goûtez au pigeon rôti. Accueil gentil.

SAINT-SAUVEUR-EN-RUE 42220

(25 km S)

🛏️ ❙●❙ *Château de Bobigneux* – Bobigneux ☎ 04.77.39.24.33. Fax : 04.77.39.25.74. Parking. Fermé le mercredi. Congés annuels : janvier et février. Accès : par la N82 au sud jusqu'au col du Grand-Bois, puis la D22 sur 11 km ; à 2,5 km du village. Doubles à partir de 210 F (32 €). Menu campagnard à 70 F (10,7 €) et cuisine bourgeoise de 105 à 200 F (16 à 30,5 €), selon le nombre de plats. Après 18 ans passés au Groënland, les patrons ont repris ce manoir du XVIe siècle en grosses pierres, qui jouxte la ferme du frère de Madame. Il fournit les produits frais et son beau-frère les prépare avec talent. Goûtez au pannequet (un feuilleté) de pleurotes et appréciez les salles de restaurant agréablement rénovées, la terrasse et le jardin. À l'étage, 6 jolies chambres de campagne, sans télé ni téléphone, claires et spacieuses, font de ce petit château une charmante halte romantique pour un prix fort raisonnable. Accueil charmant et pas stéréotypé. *Apéritif offert.*

SAINT-GALMIER 42330

Carte régionale A1

❙●❙ *Le Bougainvillier* – Pré Château ☎ 04.77.54.03.31. ♿ Fermé le dimanche soir et le lundi. Congés annuels : vacances scolaires de février et les 3 dernières semaines d'août. Accès : en bord de Coise ; fléché depuis la source Badoit. 1er menu à 130 F (19,8 €) et d'autres de 185 à 305 F (28,2 à 46,5 €). Dans la capitale de l'eau de Badoit, bourg assez chic, on a bien aimé cette jolie maison couverte de vigne vierge. 3 salles, dont une véranda donnant sur un jardin clos au bord de l'eau. Gérard Charbonnier est l'un des jeunes cuisiniers les plus intéressants de la région. De ses deux ans passés chez *Gagnaire* (fermé depuis 96, malheureusement), il a gardé l'inventivité, pour l'adapter à une cuisine, certes plus sage, mais plus abordable aussi, avec une prédilection pour le poisson. Accueil discret et charmant. Une belle surprise qui vaut sans conteste le quart d'heure de voiture depuis Saint-Étienne. Pour digérer, vous pourrez aller faire un tour jusqu'à la source Badoit toute proche. Le soir, tous les habitants de Saint-Galmier font la queue pour tirer la précieuse eau gazeuse, gratuite pour eux.

DANS LES ENVIRONS

VEAUCHE 42340 (6 km S)

🛏️ ❙●❙ *Hôtel-restaurant de la Gare* – 55, av. H.-Planchet ☎ 04.77.54.60.10. Fax : 04.77.94.30.53. Fermé le samedi, le dimanche soir et le soir des jours fériés. Accès : par la D12 ; face à la gare et à une énorme usine. Doubles à 175 F (26,7 €) avec douche et wc. Menu du jour pour 54 F (8,2 €) sauf le dimanche et les jours fériés, avec une boisson comprise, et des menus chaleureux et fins de 105 à 260 F (16 à 39,6 €). Ce restaurant familial est le bon plan du coin, avec une cuisine excellente à petits prix. Beau menu à 105 F avec une compotée de pied de porc en carambar ou un flan de saumon, fromage et une belle assiette de desserts. Décor classique et agréable ; accueil familial souriant. L'hôtel propose 10 chambres simples, au confort assez relatif. Gardez-le en dépannage ; la vue imprenable sur la gare et l'usine n'est peut-être pas ce que vous recherchez... *Café offert.*

ANDREZIEUX-BOUTHÉON 42160

(8 km S)

🏠 |●| *Les Iris* *** – 32, av. Jean-Martouret ☎ 04.77.36.09.09. Fax : 04.77.36.09.00. Parking. TV. 🐕 Resto fermé le dimanche soir et lundi. Congés annuels.: 1 semaine aux vacances scolaires de février, 15 jours en août et 1 semaine à la Toussaint. Accès : par la D12. Doubles à 450 F (68,6 €) avec bains. Menus à 85 F (13 €) le midi, sauf le dimanche, et de 110 à 215 F (16,8 à 32,8 €). À la sortie d'un bourg assez industriel qui accueille l'aéroport de Saint-Étienne, belle demeure bourgeoise bien restaurée, à laquelle on accède par deux élégantes volées de marches. L'hôtel est installé dans l'annexe. 10 chambres sur deux niveaux, qui toutes donnent sur la piscine et le jardin planté de cèdres centenaires. Fonctionnelles mais agréables, elles ont toutes reçu des noms de fleurs. Le restaurant, catégorie classique-bourgeois, avec cadre et cuisine à l'avenant, propose des menus servis avec zèle et discrétion. Au-delà de son charme propre, on a apprécié cette adresse pour son côté multifonctions : séjour familial, escapade en amoureux ou séminaire. *Café, digestif offerts.*

CHAZELLES-SUR-LYON 42140

(10 km NE)

🏠 |●| *Château Blanchard* ** – 36, route de Saint-Galmier ☎ 04.77.54.28.88. Fax : 04.77.54.36.03. Parking. TV. 🐕 Fermé le dimanche soir et le lundi. Congés annuels : 1 quinzaine en janvier. Accès : à 50 m du musée du Chapeau, dont Chazelle est la capitale. Doubles à partir de 320 F (48,8 €). Menus à 90 F (13,7 €) en semaine et de 135 à 265 F (20,6 à 40,4 €). Ce château-folie de 1930, ancienne maison de maître d'un chapelier, vient de retrouver sa splendeur après 40 ans d'abandon. L'hôtel-restaurant est l'un de nos coups de cœur. Passé la façade clinquante rehaussée de frises, on entre dans un décor néo-gréco-classique-kitsch-délire tout à fait réjouissant, malgré les inégaux apports de la modernité. Des chambres de grand confort. La n° 6 a retrouvé sa belle décoration d'origine à 400 F (61 €). Le restaurant est lui aussi dans le ton, accueil chaleureux et menus classiques de bonne facture. Spécialités de poisson frais, desserts subtils et service en terrasse possible. *Digestif offert.*

SAINT-JEAN-DE-MAURIENNE 73300

Carte régionale B2

🏠 |●| *Hôtel-restaurant du Nord* ** – place du Champ-de-Foire ☎ 04.79.64.02.08. Fax : 04.79.59.91.31. Parking. TV. Fermé le

dimanche soir sauf en juillet-août. Congés annuels : octobre. Doubles à 250 F (38,1 €) avec douche et wc. 1er menu à 75 F (11,4 €) servi tous les jours midi et soir. Autres menus à 105 F (16 €), et de 140 à 195 F (21,3 à 29,7 €). C'est, sans problème, la meilleure table de la ville. Jolie salle (voûtes et murs de pierres) aménagée dans les anciennes écuries de ce qui était autrefois un relais de diligence. Cuisine bien tournée, d'une belle régularité, classique mais avec de l'idée : foie gras maison, chaud-froid de saumon fumé, ris de veau aux senteurs des bois, pintade au reblochon, etc. Chambres toutes identiques, d'une agréable sobriété et d'un bon rapport qualité-prix. *10 % sur le prix de la chambre sauf juillet-août.*

SAINT-MARTIN-DE-BELLEVILLE 73440

Carte régionale B1

🏠 |●| *Le Lachenal* ** – (Centre) ☎ 04.79.08.96.29. Fax : 04.79.08.94.23. Accès : à 50 m des remontées mécaniques. Doubles à 300 F (45,7 €) avec douche et wc. Menus de 100 à 180 F (15,2 à 27,4 €). Dans une véritable maison de poupée, où l'on rêve d'attendre le père Noël au coin du feu, se cache un petit bijou. Des chambres douillettes, aux volets à fleurs et murs en lambris. Cuisine simple et préparée avec la sincérité savoyarde. Filet de bœuf aux mousserons, fondue parfumée au kirsch, cuisses de grenouilles à la crème. Appétissant, non ? Déjà on craque. Et en plus, il y a la gentillesse de la famille Lemattre qui fait le reste. On s'y sent tellement bien que la maison est souvent pleine. Pensez à réserver.

|●| *Chez Bidou* – quartier des Granges ☎ 04.79.08.97.12. Congés annuels : mai, juin, septembre, octobre, novembre. Accès : à 4 km du centre. Par la D117 vers Les Ménuires. Menus de 88 à 110 F (13,4 à 16,8 €). À la carte, compter 90 F (13,7 €). Sympa, bon et pas cher. Voici la sainte trilogie du *Routard*. Chez *Bidou*, on l'a trouvée. Dans la microsalle voûtée du sous-sol d'un chalet antédiluvien, on se sent loin des endroits attrape-touristes qui abondent un peu partout. Ici, pas de frime, accueil savoyard et assiettes remplies de spécialités savoureuses : diots au vin blanc ou aux pormoniers accompagnés de crozets ou de polenta, marmite du pêcheur en eau douce (brochet, truite, perche, écrevisses et légumes), le matafan de la mémé et les inévitables raclette et tartiflette. Réservation conseillée si vous ne voulez pas rester à la porte. *Café offert.*

|●| *La Bouitte* – quartier Saint-Marcel ☎ 04.79.08.96.77. 🐕 Congés annuels :

1er mai au 1er juillet et 1er septembre au 15 décembre. Accès : par la D117 vers Les Ménuires (à 2 km). Menus de 130 à 280 F (19,8 à 42,7 €). Sans conteste, la meilleure table de la vallée. La cuisine est simple dans les produits utilisés mais les alliances la rendent fine, savoureuse et même étonnante. Salade au lard maigre et pain perdu, escalope de foie gras chaud sur galette de maïs déglacé au miel de la montagne, grenouilles sautées au gingembre, foie de veau aux pousses d'épinards, tarte de lapin à la confiture d'échalotes… De quoi se mettre les papilles gustatives en fête et faire un repas mémorable dans un décor harmonieux et chic qui a su garder ses attaches campagnardes. Tout est à la hauteur : le service irréprochable n'en est pas moins détendu et, pour finir le repas, des desserts excellentissimes et une kyrielle de mignardises avec le café. Un peu cher mais la table le mérite. *Café offert.*

SAINT-MARTIN-EN-HAUT   69850

Carte régionale A1

|●| *Restaurant Les Quatre Saisons* – place de l'Église (Centre) ☎ 04.78.48.69.12. Fermé le mardi. Congés annuels : du 1er au 15 septembre. Menu du midi à 60 F (9,1 €), puis autres de 95 à 168 F (14,5 à 25,6 €). Sur la jolie place d'un village situé sur une colline aux confins des monts du Lyonnais, ce restaurant surprend à la fois par son décor et par sa cuisine. En effet, la salle est agrémentée de fresques du peintre lyonnais Michel Cornu, et la nourriture familiale, servie généreusement, nous fait dire qu'il y a encore des gens qui savent recevoir. Accueil sympathique. *Apéritif offert.*

DANS LES ENVIRONS

AVEIZE 69610 (9 km NO)

≙|●| *Hôtel-restaurant Rivollier* – le bourg ☎ 04.74.26.01.08. Fax : 04.74.26.01.90. Fermé le jeudi. Accès : par la D34. Chambres à 180 F (21,4 €). Menus de 62 à 160 F (9,4 à 24,4 €). On entre perplexe : comment, dans un si petit village, un hôtel-bar-restaurant de cette dimension peut-il tourner ? On a compris en ressortant : un accueil top niveau, une salle à manger agréable et aérée, et une cuisine familiale extrêmement bien réussie, le tout pour un prix défiant toute concurrence, mais comme il n'y en a pas dans ce village, on ne se pose pas la question. La clientèle hétéroclite se pâme devant les menus, les plats du jour sont nombreux et variés (une fois n'est pas coutume). 8 chambres sans autre prétention que de dépanner le voyageur de passage.

SAINT-PAUL-LES-MONESTIER   38650

Carte régionale B2

≙|●| *Hôtel-restaurant Au Sans Souci* ** – ☎ 04.76.34.03.60. Fax : 04.76.34.17.38. Parking. TV. ✿ Fermé le dimanche soir et le lundi hors saison. Congés annuels : janvier. Accès : à environ 35 km au sud de Grenoble par la N75 (direction Sisteron) ; à Monestier-de-Clermont, prendre la route de Gresse-en-Vercors, la D8. Doubles à 280 F (42,7 €) avec douche et wc, 350 F (53,4 €) avec bains. Menus à 92 F (14 €) en semaine, et de 105 à 140 F (16 à 21,3 €). Ici, il n'y a vraiment pas de quoi s'en faire ! Des années que tout tourne rond, dans cette bonne maison de famille (plus de trois générations). Chambres au pied du parc régional du Vercors, dans une oasis de verdure, un restaurant tout en bois et objets familiers qui fait son âge (touchez à rien surtout, M. Maurice !) et où l'on se sent bien, avant et surtout après les repas. Belles spécialités : escargots et ravioles au bouillon d'orties, porcelet du pays en marcassin, filet de canard au miel de pays et vinaigre balsamique, râble de lapereau au vin de noix, filet de saumon et d'omble chevalier aux écrevisses, pièce de bœuf aux morilles, etc. Jeux de boules, billard américain, piscine dans un environnement idéal. *Café offert.*

SAINT-PIERRE-DE-CHARTREUSE   38380

Carte régionale B1

≙|●| *L'Auberge du Cucheron* * – col du Cucheron (Nord) ☎ 04.76.88.62.06. Fax : 04.76.88.65.43. Parking. Fermé le lundi sauf pendant les vacances scolaires. Congés annuels : du 8 au 20 janvier, du 15 octobre au 25 décembre. Accès : à 3 km au nord du centre-ville, par la D512. Doubles avec lavabo à 157 F (23,9 €), avec douche et wc à 205 F (31,3 €), avec bains, 215 F (32,8 €). Demi-pension de 210 à 240 F (32 à 36,6 €). Menus de 96 à 160 F (14,6 à 24,4 €). Alors là, on craque ! Une bonne vieille auberge, comme autrefois. Une vue magnifique, des arbres tout autour, une patronne adorable et 7 chambres recherchées par tous les Américains, tellement c'est comme dans les films (nos vieux à nous, pas les leurs !). Ici, on n'a pas vu le temps passer. Quelques spécialités : terrine de saumon et brochet, cailles aux griottes, tarte à la chartreuse. À 20 m des pistes en hiver, d'un calme souverain en été. *10 % sur le prix de la chambre sauf pendant les vacances scolaires.*

SAINTE-EULALIE 07510

Carte régionale A2

🏠|●| *Hôtel du Nord* ** – **au bourg** ☎ 04.75.38.80.09. Fax : 04.75.38.85.50. 🍴 Fermé le mercredi sauf en juillet-août. Congés annuels : du 11 novembre au 11 février. Accès : en face de l'église. Chambres doubles à partir de 230 F (35,1 €) avec douche et wc. La demi-pension (minimum 3 jours) commence à 244 F (37,2 €). Menus à partir de 98 F (14,9 €), puis 124 et 155 F (18,9 et 23,6 €). L'*Hôtel du Nord* a bénéficié d'une cure de jouvence : la moitié des chambres a été refaite à neuf ainsi que la salle de séjour et la façade. Deux salons, dont un avec une véranda, ont été créés ; ils offrent une vue magnifique sur la plaine de la Loire (la source de la Loire n'est qu'à 5 km de là). Parmi les spécialités, la cuisse de canard confite sauce myrtilles et l'estouffade de porc au vin d'Ardèche tiennent le haut du pavé. Côté dessert, la crème brûlée myrtilles-framboises est à goûter impérativement. Une adresse sûre depuis des années. *Apéritif offert.*

SAMOËNS 74340

Carte régionale B1

🏠|●| *Le Moulin du Bathieu* ** – **Vercland** ☎ 04.50.34.48.07. Fax : 04.50.34.43.25. ● moulin-du-bathieu@wanadoo.fr ● Parking. TV. Satellite / câble. Congés annuels : mai et novembre. Accès : prendre la D4 direction Morillon, puis à gauche direction Samoëns 1600. Doubles avec douche et wc de 300 à 600 F (45,7 à 91,5 €). Demi-pension de 280 à 390 F (42,7 à 59,5 €). Menus de 95 à 210 F (14,5 à 32 €). En pleine campagne, à l'écart d'un hameau. Calme à peine troublé par le ruisseau qui faisait autrefois tourner le moulin. Ce chalet abritait il y a quelques années des chambres d'hôte et quelque chose, dans son atmosphère, en est resté. Grandes chambres très sobres mais chaleureuses avec leurs murs bardés de bois. Plusieurs, avec mezzanine, idéales pour les familles. Restaurant uniquement sur réservation. Spécialités savoyardes : fondue, féra, viandes cuites sur la pierre. Puisqu'on parle des pierres, le patron, descendant d'une lignée de tailleurs de pierre, est intarissable sur le sujet et sa maison offre quelques jolis exemples de cette activité traditionnelle de la vallée. *Café offert. 10 % sur le prix de la chambre pour un séjour supérieur à 15 jours. Accès gratuit à la salle de musculation.*

|●| *La Fandolieuse* – **(Centre)** ☎ 04.50.34.98.28. Ouvert en été et en hiver de 12 h à 14 h et de 16 h 30 à 23 h. Congés annuels : printemps, automne. Compter 100 F (15,2 €) environ à la carte. En « mourmé », cette drôle et poétique langue née au XVe siècle et propre aux tailleurs de pierre qui faisaient autrefois vivre la vallée, une *fandolieuse* est une danseuse. Dans cette petite crêperie joliment aménagée dans une maison du XVIe siècle, chaque crêpe porte ainsi un nom en mourmé. Petit lexique : la « tapotu » désigne un tambour, le « violurin » est un musicien, « crépioti » évoque l'hiver et l'eau qui crépite, « soffluche » le vent qui souffle... Au chapitre « particularismes locaux », on pourra aussi goûter à la Fandolieuse, la fameuse soupe châtrée, à 80 F (12,2 €) à la carte, qu'on mangeait autrefois pour la Saint-Christophe, potage pour le moins roboratif à base de pain, de tomme et d'oignons. Également des fondues.

SUZE-LA-ROUSSE 26790

Carte régionale A2

🏠|●| *Hôtel du Comte* ** – **route de Bollène (Ouest)** ☎ 04.75.04.85.38. Fax : 04.75.04.85.37. Parking. TV. 🍴 Accès : sur la droite, juste à la sortie du bourg, en direction de Bollène. Doubles de 300 à 340 F (45,7 à 51,8 €) avec douche ou bains. Menus à 65 F (9,9 €) le midi, et de 90 à 120 F (13,7 à 18,3 €). Un grand mas provençal superbement aménagé. Les plus belles chambres se trouvent dans le mini-donjon. Luxueuses salles de bains et boiseries vernies. Certaines chambres avec terrasse dominent les vignes avoisinantes. Restaurant de l'hôtel ouvert midi et soir. Piscine et parc ombragé. Non loin de là, la très originale université du Vin.

DANS LES ENVIRONS

SAINT-RESTITUT 26130 (8 km NO)

|●| *Restaurant Les Buisses* – **(Sud-Est)** ☎ 04.75.04.96.50. 🍴 Fermé le samedi midi et le lundi hors saison. Accès : sortir de Saint-Restitut par la route de Suze-la-Rousse, puis passer la statue de la Vierge et suivre la D218. Possibilité de déjeuner le midi à la carte pour environ 100 F (15,2 €). Sinon tarif unique à 150 F (22,9 €). Pour ce prix, choix entre 4 entrées parfumées (comme le beignet de fleurs de courgette farcie sur coulis de tomates au basilic), 4 plats de résistance (comme les rougets grillés farcis au fenouil ou le tian d'aubergines et tomates à l'agneau), fromage et dessert. De la bonne vieille cuisine du Sud comme on l'aime, à savourer en terrasse devant

RHÔNE-ALPES

cette belle maison de pays entourée d'un jardin à la provençale. L'été, cigales garanties. Une adresse coup de cœur.

TARARE   69170

Carte régionale A1

|●| Restaurant Jean Brouilly – 3 ter, route de Paris ☎ 04.74.63.24.56. Fermé le dimanche et le lundi. Congés annuels : vacances scolaires de février et 2 semaines en août. Accès : direction Roanne. Menu d'affaires à 210 F (32 €) avec vin et café inclus, puis autres de 160 à 360 F (24,4 à 54,9 €). Voilà bientôt vingt ans que les Brouilly sont installés dans cette belle maison bourgeoise d'industriels tarariens. Ils y font un travail qui force le respect, et après toutes ces années, on ne peut pas dire qu'ils se soient endormis sur leurs lauriers, ou assoupis dans l'écrin de verdure que forme leur beau parc. Des fourneaux arrivent de superbes assiettes, qui flattent l'œil avant de caresser le palais. Jean Brouilly est un grand cuisinier doublé d'un homme généreux. Il le prouve dans tous ses menus. Que vous choisissiez un foie de canard poêlé à la rhubarbe, une rosace de Saint-Jacques au caviar sur brandade de cabillaud, un filet de veau à la fleur de magnolia, un rouget grondin aux olives de Nyons ou un filet de sandre sauce cressonnière, vous ne manquerez pas de splendides produits. Au chapitre des épices et aromates, fleurs et herbes rares, notre chef les utilise avec parcimonie, lorsque certains pêchent par excès. Côté service : sourire et efficacité, le dynamisme de Madame Brouilly et de sa brigade, qui officient dans la belle salle ou dans la grande véranda moderne, pour mieux profiter du parc aux beaux jours. Voilà une grande adresse à s'offrir, sans pour autant « casser la tirelire ». *NOUVEAUTÉ.*

DANS LES ENVIRONS

SARCEY 69490 (12 km E)

≜ |●| Le Chatard ** – 1, allée du Mas ☎ 04.74.26.85.85. Fax : 04.74.26.89.99. TV. Canal+. Satellite / câble. Resto fermé le dimanche soir d'octobre à avril. Accès : N7 direction Lyon, puis à gauche la D118 à 10 km. Doubles de 250 à 360 F (38,1 à 54,9 €). Menus de 85 à 220 F (13 à 33,5 €). Un bon établissement où l'on trouve aussi bien des touristes attirés par le calme et la piscine que des hommes d'affaires et des gens du cru appréciant la qualité d'une cuisine traitionnelle jamais décevante, et pas trop cher payée. À défaut d'un vrai charme, les chambres ont tout le confort souhaité (télé satellite, bains ou douche et wc).

THÔNES   74230

Carte régionale B1

≜ |●| Hôtel du Commerce ** – 5, rue des Clefs (Centre) ☎ 04.50.02.13.66. Fax : 04.50.32.16.24. Parking. TV. Fermé le dimanche soir, le lundi hors saison. Congés annuels : novembre. Doubles de 230 à 260 F (35,1 à 39,6 €) avec douche et wc, 270 à 410 F (62,5 €) avec bains. Demi-pension obligatoire pendant les vacances scolaires de 225 à 330 F (34,3 à 50,3 €) par personne. Menus de 73 F (11,1 €) sauf le dimanche, à 350 F (53,4 €). La vedette ici, c'est la cuisine. Le chef maîtrise très bien son affaire et sait ménager quelques surprises : raviole de foie gras et ses grenouilles juste sautées, millefeuille de filet de bœuf aux oignons confits et un des meilleurs farcements de toute la région. Service irréprochable dans une salle tout en bois bien chaleureuse. Belle gamme de menus. Après le festin, il ne reste plus qu'à aller se coucher. Des chambres qui donnent sur la forêt au cœur d'une petite ville ? Eh bien, il y en a à l'*Hôtel du Commerce*. Elles sont colorées, parfois un peu trop mais sur le rapport qualité-prix, rien à dire. Accueil souriant de la patronne qui est aux petits soins pour ses hôtes. *Apéritif offert.*

DANS LES ENVIRONS

MANIGOD 74230 (6 km SE)

≜ |●| Hôtel-restaurant de la Vieille Ferme ** – col de Merdassier ☎ 04.50.02.41.49. Fax : 04.50.32.65.53. Parking. TV. Fermé le mercredi hors vacances scolaires. Congés annuels : en mai et du 1ᵉʳ novembre au 15 décembre. Accès : de Thônes, prendre la D12 puis la D16 vers Manigod, passer La Croix-Fry et se diriger vers la station L'Étale. Doubles de 300 à 350 F (45,7 à 53,4 €). Demi-pension à 320 F (48,8 €) obligatoire en période de vacances scolaires. Menus à 55 F (8,4 €) le midi, puis de 90 à 120 F (13,7 à 18,3 €). Un chalet tout ce qu'il y a de plus alpin au pied des pistes de l'Étale. Un endroit à la fois très montagnard et totalement croquignolet. 5 chambres mignonnettes. Cuisine aussi typique et authentique que l'endroit (farcement, gratin de poireaux, etc.). Service charmant. *Apéritif, café offerts. 10 % sur le prix de la chambre hors saison.*

THONON-LES-BAINS   74200

Carte régionale B1

|●| Restaurant Le Victoria – 5, place des Arts (Centre) ☎ 04.50.71.02.82. Congés annuels : entre Noël et le Jour de l'An.

Menus de 72 F (11 €) sauf le dimanche à 162 F (24,7 €). Derrière sa verrière très Belle Époque, mangée par la végétation, la salle est agréable. Cuisine de tradition à base de bons produits. Pas mal de poisson, de lac comme de mer (loup en croûte de sel). Grosses salades pour l'été. *Apéritif offert.*

DANS LES ENVIRONS

MARGENCEL 74200 (5 km SO)

🛏 |●| *Hôtel-restaurant Les Cygnes* ** – **port de Séchex** ☎ 04.50.72.63.10. **Fax : 04.50.72.68.22.** Parking. TV. Fermé le mardi hors saison. Congés annuels : décembre et janvier. Accès : par la N5; à Margencel, direction port de Séchex par la D33. Doubles à 295 F (45 €) avec douche et wc. Menus de 120 à 180 F (18,3 à 27,4 €). Adresse les pieds dans l'eau dans un petit port entre Thonon et Yvoire. Une institution locale (dans le coin, on dit tout simplement « Chez Jules »). On y vient bien sûr pour manger ce poisson qui a fait dès les années 30 (et fait encore et toujours) la renommée de cette bonne maison : petite friture, salade de poissons marinés, filets de féra ou de perche, mousse d'écrevisses, etc. Menus toutes simples mais adorables. Resto accessible aux handicapés. *Café offert. 10 % sur le prix de la chambre au printemps et en automne.*

ARMOY 74200 (6,5 km SE)

🛏 |●| *Hôtel-restaurant Le Chalet* ** – **L'Ermitage** ☎ 04.50.71.08.11. **Fax : 04.50.71.33.88.** Parking. Hors saison, sur réservation. Congés annuels : novembre, décembre, janvier. Accès : par la D26. Doubles de 170 F (25,9 €) avec lavabo à 250 F (38,1 €) avec douche et wc. Menus de 95 à 180 F (14,5 à 27,4 €). Amusante maison, genre chalet suisse, qui domine la ville et le lac. Les chambres ont pour la plupart une vue superbe sur le lac. Les n°s 4, 5, 6, 7, 22 et 23 disposent en outre d'une terrasse. Quelques-unes enfin sont installées dans de petits chalets de bois disséminés autour de la piscine. Un véritable havre de paix qu'on a quelques difficultés à quitter. Spécialités de charcuteries maison, filet de féra à l'estragon... Grand jardin et terrasse avec, une fois encore, une belle vue sur le lac. *Apéritif offert.*

TOUR-DU-PIN (LA) 38110

Carte régionale A-B1

🛏 |●| *Hôtel de France – Restaurant Le Bec Fin* ** – **place du Champ-de-Mars (Centre)** ☎ 04.74.97.00.08. **Fax : 04.74.97.36.47.** Parking payant. TV. Resto

fermé le lundi. Congés annuels : hôtel ouvert toute l'année, resto fermé la dernière semaine de décembre. Doubles à 120 F (18,3 €) avec lavabo et wc, à 150 F (22,9 €) avec douche et wc, 210 F (32 €) avec bains. Menu à 70 F (10,7 €) le midi en semaine. Sinon, menus de 98 à 180 F (14,9 à 27,4 €). Menu du terroir à 100 F (15,2 €) très apprécié. Il faut se méfier des villes qui ont de trop jolis noms, la réalité est souvent décevante. D'où l'intérêt, quand on a avalé assez de kilomètres, de trouver un hôtel bien propre sur lui, où l'on ne s'attend pas à vivre la grande aventure mais à repartir bon pied bon œil le lendemain matin. Le patron mise beaucoup sur la qualité de l'accueil. D'un côté de la route, de fort honnêtes chambres, de l'autre un resto à l'ancienne où l'on vous sert une excellente cuisine évoluant au gré des saisons. Quelques spécialités : ravioles de Royans aux crevettes, tarte au saumon cru à la crème d'oignons, gratin dauphinois, tête de veau... *Café offert.*

DANS LES ENVIRONS

SAINT-DIDIER-DE-LA-TOUR 38110 (4 km SE)

|●| *Aux Berges du Lac* – **58, route du Lac** ☎ 04.74.97.32.82. Parking. ♿ Fermé le soir en semaine l'hiver. Congés annuels : vacances scolaires de Noël. Accès : par la N6. Menus de 50 à 160 F (7,6 à 24,4 €). C'est tellement simple, tellement agréable qu'on se demande par quelle aberration ce genre de guinguette, où l'on grignote en se marrant et en écoutant passer le train, a fini par devenir une exception dans le paysage français. Ici, il y a des rires, de l'ambiance. Le chef travaille fort bien le poisson. Pour les sorties en famille, le dimanche (conseillé de réserver). *Apéritif offert.*

VIGNIEU 38890 (10 km NO)

🛏 |●| *Château de Chapeau Cornu* *** – ☎ 04.74.27.79.00. **Fax : 04.74.92.49.31.** Parking. TV. Resto fermé le dimanche soir. Les lundi et mardi soir, carte restreinte réservée aux clients de l'hôtel. Congés annuels : entre Noël et le Jour de l'An. Accès : prendre la D16 direction Saint-Chef-Morestel. Doubles de 390 à 950 F (59,5 à 144,8 €). Menu à 85 F (13 €) le midi en semaine. Autres menus de 99 à 169 F (15,1 à 25,8 €). Drôle de nom, drôle de château! Savaient-ils, les Capella et les Cornutti du XIIIe siècle, qu'un jour il y aurait là un vrai restaurant et un hôtel de charme, avec des chambres gaies et confortables, mélange de meubles anciens et d'objets d'art contemporain? Chambres personnalisées aux noms chantants. En annexe, quelques doubles avec lavabo à 200 F (30,5 €). Les repas sont servis dans les salles voûtées ou en terrasse. Uniquement des produits du terroir. Beaux menus avec quart de vin et café compris le midi en semaine. Spécialités de ballottine de chèvre aux épinards et pavot, ravioles de Royans aux petits escargots de pays, papillote de truite aux pleurotes, ris de veau braisés aux morilles, délicieux gratin de fruits de saison... En résumé, une de nos meilleures adresses pour lecteurs(trices) voyageant en amoureux... *Apéritif offert.*

SAINT-SAVIN 38300 (16,5 km NO)

|●| *Restaurant Le Demptézieu* – place du Château (Nord-Ouest) ☎ 04.74.28.90.49. Parking. Fermé le lundi soir et le mardi toute la journée. Congés annuels : la 1ʳᵉ quinzaine de janvier. Accès : prendre la N6 direction Bourgoin-Jallieu, puis la D143 sur la droite. Menus de 70 F (10,7 €) le midi en semaine à 186 F (28,4 €). Il ne faut pas avoir peur de se perdre sur de toutes petites routes, pour arriver au pied du château de famille de Bayard. D'un ancien café de village, Yves et Corinne Bello ont fait une étape gastronomique d'autant plus agréable qu'elle bénéficie de tout ce qu'on aime trouver : un accueil simple, un service sans prétention et plutôt drôle, des plats aux couleurs et aux goûts d'aujourd'hui : marbré de lapereau, filet de bar aux crevettes roses et beurre d'oranges, crépinette de volaille farci à l'estragon, demi-pigeonneau des terres froides, le petit pressé des cailles des Dombes au foie gras, etc. Les menus du plus petit au plus grand, sont tous garantis, comme l'ancien seigneur du château, sans « beurre » et sans reproche.

TOURNON-SUR-RHÔNE 07300

Carte régionale A2

▣ |●| *Hôtel Azalées* ** – 6, av. de la Gare (Sud-Ouest) ☎ 04.75.08.05.23. **Fax :** 04.75.08.18.27. Parking. TV. Canal+. Satellite / câble. ♿ Congés annuels : du 25 décembre au 3 janvier. Accès : au départ du chemin de fer du Vivarais. Doubles à 250 F (38,1 €) avec douche ou bains. Petit déjeuner : 35 F (5,3 €). La demi-pension (non obligatoire) commence à 310 F (47,3 €). Menus à 89 et 109 F (13,6 et 16,6 €). L'hôtel *Azalées* dispose de chambres modernes et confortables. La cuisine est à dominante régionale. De la terrasse de l'hôtel, vous pourrez saluer le départ des trains à vapeur vers Lamastre. *10 % sur le prix de la chambre.*

|●| *Restaurant Aux Sablettes* – 187, route de Lamastre (Ouest) ☎ 04.75.08.44.34. Parking. Fermé le mercredi soir sauf en juillet-août. Accès : route de Lamastre sur 3 km ; à gauche, en face du *camping des Acacias*. Menus de 60 à 130 F (9,1 à 19,8 €). Un bar-restaurant à bière un peu excentré. Les jeunes des environs et les clients du camping proche s'y retrouvent. Pas de caractère particulier dans la déco, mais une carte d'où surnagent des spécialités originales : choucroute au poisson, viande et desserts à la bière (mousses et tartes à la bière). Essayez ! Les moins aventureux se contenteront des ravioles, délicieuse spécialité drômoise. Pizzas au feu de bois et grillades complètent la carte. *Apéritif offert.*

|●| *Restaurant L'Estragon* – 6, place Saint-Julien ☎ 04.75.08.87.66. Fermé le mercredi sauf l'été, et des vacances scolaires de février à celles de Pâques. Accès : face à l'église. 1ᵉʳ menu à 64 F (9,8 €), puis d'autres de 85 à 100 F (13 à 15,2 €). À la carte, plat aux environs de 70 F (10,7 €). Jouissant d'une bonne situation (à deux pas du Rhône et en pleine zone piétonne), ce restaurant offre une cuisine simple à un prix raisonnable. Les salades sont copieuses, le sandre sauce vin rouge aux échalotes confites goûteux. Ce restaurant propose aussi un menu « pierre chaude » à 100 F comprenant une salade, une noix de veau ou un faux-filet, un fromage et un dessert. Dommage que l'accueil ne soit pas plus chaleureux !...

USSON-EN-FOREZ 42550

Carte régionale A1

▣ |●| *Hôtel Rival* * – rue Centrale (Centre) ☎ 04.77.50.63.65. Fax : 04.77.50.67.62. Parking. TV. Fermé le lundi d'octobre à juin. Congés annuels : vacances scolaires de février. Doubles de 135 à 250 F (20,6 à 38,1 €), selon le confort et l'équipement. Menus de 68 F (10,4 €) en semaine, puis de 90 à 210 F (13,7 à 32 €). Dans une petite bourgade des monts du Forez, une bonne maison familiale de province, classique, qui propose une table traditionnelle et généreuse. On recommande la galantine chaude aux escargots et la génoise de veau aux morilles. Les chambres sont propres et abordables, même si elles manquent un peu de charme. Salon avec cheminée ou terrasse, suivant la saison. Patronne très gentille. *Apéritif offert. 10 % sur le prix de la chambre.*

VALENCE 26000

Carte régionale A2

▣ |●| *Auberge de jeunesse - centre de l'Épervière* – chemin de l'Épervière (Sud-Ouest) ☎ 04.75.42.32.00. **Fax :** 04.75.56.20.67. Parking. TV. ♿ Accès : à 2 km du centre, entre le Rhône et l'A7, direction Montélimar. Nuitée à 43 et 56 F (6,6 et

8,5 €). Comptez de 6 à 7 F (0,9 à 1,1 €) de plus pour les non-titulaires des cartes AJ. Petit déjeuner à 29 F (4,4 €). Chambres doubles à 230 F (35,1 €) avec douche. Menu à 82 F (12,5 €). Bâtiment multifonctionnel au milieu d'un parc, en bordure du fleuve. Entre autres possibilités d'hébergement (hôtel, camping-caravaning), une formule étape-auberge de jeunesse agréée par la FUAJ. Dortoirs de 3 ou 6 lits. Restaurant et cafétéria. Dommage que ce soit loin du centre. *Apéritif offert.*

📧 *Hôtel de l'Europe* ** – 15, av. Félix-Faure (Centre) ☎ 04.75.43.02.16. Fax : 04.75.43.61.75. Parking payant. TV. Canal+. Satellite / câble. Fermé le dimanche de 14 h à 18 h. Accès : centre-ville, place Leclerc. Doubles à 150 F (22,9 €) avec lavabo, 215 F (32,8 €) avec douche et 305 F (46,5 €) avec bains. Valence n'ayant rien d'un centre de vacances, voilà un bon hôtel, pratique, entièrement rénové, avec des chambres climatisées plutôt agréables et calmes. Il y a suffisamment de restaurants à proximité pour calmer sa faim et de chaînes sur le câble pour s'endormir heureux. *10 % sur le prix de la chambre du 15 septembre au 30 avril.*

|●| *Restaurant L'Épicerie* – 18, place Saint-Jean (ex place Bélat) (Centre) ☎ 04.75.42.74.46. ♿ Fermé le samedi midi et le dimanche. Congés annuels : du 10 avril au 10 mai. Accès : à côté de l'église Saint-Jean. Beaux menus de 108 à 320 F (16,5 à 48,8 €). Pas la peine de vous demander quel type de magasin il y avait là auparavant ! Par contre, vous seriez peut-être facilement collé sur le nom des plats clins d'œil au terroir, comme la caillette de Chabeuil, l'agneau des Préalpes rôti aux morilles et polente ou la lotte au cresson, pomme Roseval et jambon séché... Une adresse solide, côté mur comme côté réputation. Aux beaux jours, en terrasse, sur la petite place, face à la vieille halle, on trouve Valence très sympathique. *Café offert.*

|●| *Hôtel-restaurant Pic* **** – 285, av. Victor-Hugo (Sud) ☎ 04.75.44.53.86. Accès : depuis l'A7, sortie Valence sud, direction Grenoble, non loin de la gare SNCF. Menu à 155 F (23,6 €) puis formule carte. Un Relais & Châteaux à prix démocratiques ? Vous ne rêvez pas. C'est *L'Auberge du Pin* dans le restaurant des notables de Valence, celui des Pic. Vous suivez ? Ne vous trompez pas de porte car cela deviendra nettement moins démocratique ! On vous aura prévenu, qui s'y frotte, s'y pique... Mais revenons à l'abordable. Un plat, un dessert qui sort des mêmes cuisines que le restaurant. Mais la salle aux tons jaunes, celle de *L'Auberge*, est petite. Et quand les beaux jours font défaut, et que la terrasse sous arcades n'est pas opérationnelle, réservez donc ! Ça vous évitera d'aller

pique-niquer. Avant de partir, jetez une œillade aux salons de l'hôtel. Sofas voluptueux et coussins enrobants. Et pas de procès sur l'embourgeoisement du *Routard* ! Quand la déco est belle, on le dit, non mais !

VALGORGE   07110

Carte régionale A2

📧 |●| *Hôtel-restaurant Le Tanargue* ** – chez Coste (Centre) ☎ 04.75.88.98.98. Fax : 04.75.88.96.09. Parking. TV. ♿ Congés annuels : du 4 janvier au 4 mars. Doubles de 235 à 360 F (35,8 à 54,9 €). Demi-pension (non obligatoire) à partir de 265 F (40,4 €). Menus de 55 F (8,4 €) le midi en semaine, à 190 F (29 €). Aux confins de l'Ardèche cévenole et méridionale, un établissement blotti au pied du mont Tanargue, à 550 m d'altitude. Chambres spacieuses et coquettes, préférez celles du côté vallée, mieux exposées. Menu du jour (y compris un verre de vin ou un café) servi tous les midis sauf le dimanche et les jours fériés. Spécialités de charcuteries de montagne, caillette ardéchoise, terrine de saumon aux lentilles vertes du Puy... Les portions sont copieuses. Vaste salle à manger luxueuse ; extasiez-vous devant le soufflet géant qui orne la cheminée. Un hôtel douillet, on y resterait volontiers plus longtemps. *10 % sur le prix de la chambre hors juillet-août.*

VALLOIRE   73450

Carte régionale B2

📧 |●| *Hôtel Christiania* ** – (Centre) ☎ 04.79.59.00.57. Fax : 04.79.59.00.06. Parking. TV. Satellite / câble. Congés annuels : du 25 avril au 10 juin et du 15 septembre au 1er décembre. Accès : col du Télégraphe. Doubles à 190 F (29 €) avec lavabo, 300 F (45,7 €) avec douche et wc, 320 F (48,8 €) avec bains. Demi-pension obligatoire en hiver : à partir de 280 F (42,7 €) par personne. Menus de 85 à 175 F (13 à 26,7 €). Une institution locale. Toute la station ou presque, à un moment ou à un autre de la journée, s'accoude au comptoir d'un bar sérieusement branché sport. Le matin, la lecture commentée de *l'Équipe* est parfois un grand moment ! Accueil familial, détendu et amical donc. Chambres d'un classicisme bon teint et de bon confort. Bonne cuisine de tradition, sous influence régionale : diots de Valloire aux petits légumes, filet de bœuf aux morilles, biscuit de Savoie et sa glace au génépi... *Café offert.*

📧 |●| *Hôtel La Setaz – Restaurant Le Gastilleur* *** – (Centre) ☎ 04.79.59.01.03. Fax : 04.79.59.00.63. Parking. TV. Satellite /

câble. Congés annuels : du 25 avril au 5 juin et du 20 septembre au 15 décembre. Doubles avec douche et wc à partir de 490 F (74,7 €), 520 F (79,3 €) avec bains. Menus à 140 F (21,3 €) servi tous les jours, midi et soir, 180 et 220 F (27,4 et 33,5 €). La maison n'a, de prime abord, rien d'emballant. Mais ici, tout ce qui ne se voit pas à l'extérieur se vit à l'intérieur. Au resto *Le Gastilleur* (un « fin gourmet » chez Rabelais), le chef travaille une cuisine d'époque mais pleine de souvenirs d'enfance (civet de cayon et crozets, cassolette d'escargots à la mondeuse, lotte à la Pencetta, diots de Valloire maison, etc.) dont les menus offrent un bon aperçu. Accueil agréable et service irréprochable. Grillades dans le jardin, l'été. Côté hôtel, belles chambres à la déco résolument contemporaine, exposée plein sud et pour certaines dotées de bien plaisants balcons et terrasses. Prix en conséquence. Demi-pension obligatoire en février et mars. Piscine d'été chauffée. *Digestif offert.*

|●| L'Asile des Fondues – (Centre) ☎ 04.79.59.04.71. Congés annuels : en mai, juin et en septembre, octobre et novembre. Accès : près de l'église et de l'office du tourisme. Plat à 63 F (9,6 €). À la carte, pour un repas complet, compter 100 F (15,2 €). Dans une vieille maison, salle rustico-campagnarde pleine de cachet, qui sent un peu le « faux vieux » mais l'accueil est tellement cordial que l'on revient souvent chez les fous où les fondues s'enchaînent au gré des clients. Raclette à volonté également ou diots de Valloire. Un endroit qu'on aime vraiment beaucoup.

VALLON-PONT-D'ARC   07150

Carte régionale A2

≙|●| Le Manoir du Raveyron ★★ – rue du Raveyron (Sud-Ouest) ☎ 04.75.88.03.59. Fax : 04.75.37.11.12. Resto fermé le mardi. Congés annuels : de novembre à mars. Accès : à deux pas du centre, derrière le collège. Doubles à 230 F (35,1 €) avec douche et wc et 300 F (45,7 €) avec bains. 1er menu à 80 F (12,2 €) le midi en semaine. Autres menus de 115 à 230 F (17,5 à 35,1 €). Une quinzaine de chambres dont certaines rénovées. Sympathique terrasse et jardin d'été très agréable. Au restaurant, bonne terrine d'escargots, Saint-Jacques aux tomates fraîches et bien d'autres plats concoctés avec les herbes et les senteurs de l'Ardèche. *10 % sur le prix de la chambre en juin et septembre.*

|●| Restaurant Le Chelsea – bd Peschère-Alizon (Centre) ☎ 04.75.88.01.40. Congés annuels : de octobre à mars. Accès : dans la rue principale. Un menu à 89 F

(13,6 €) ; sinon comptez 100 F (15,2 €) à la carte. Enfin un resto jeune et branché dans le style *take it easy* version Ardèche : Corto Maltese, Tintin et Milou et les motos Harley Davidson sont sur les murs d'une petite salle qui communique avec le jardin. De bonnes salades autour de 40 F (6,1 €), notamment la « Chelsea » avec des pâtes, du poivron, du basilic, de la crème fraîche. Une adresse sympathique. *Café offert.*

DANS LES ENVIRONS

LABASTIDE-DE-VIRAC 07150
(9 km S)

|●| Restaurant La Petite Auberge – au village (Sud-Est) ☎ 04.75.38.61.94. Fermé le mercredi en demi-saison. Congés annuels : de fin septembre à fin mars. Accès : prendre la D579 en direction de Barjac, puis continuer sur la gauche par une petite route qui mène à l'Aven-de-la-Forestière et à l'Orgnac-l'Aven. Menu à 65 F (9,9 €) le midi en semaine, autres de 95 à 220 F (14,5 à 33,5 €). Une vieille maison du pays, avec une belle avancée qui donne sur la garrigue et les vignobles. Cuisine copieuse et recherchée. Au 1er menu : puytrolle, daube ardéchoise, foudjou et dessert. Un lieu apaisant, bien à l'écart de l'agitation touristique de Vallon-Pont-d'Arc.

VANS (LES)   07140

Carte régionale A2

≙|●| Hôtel Les Cévennes – place Ollier (Centre) ☎ 04.75.37.23.09. Parking. Fermé le lundi. Congés annuels : février et la 1re quinzaine d'octobre. Accès : sur la place principale. Doubles à 160 F (24,4 €) avec lavabo et wc sur le palier. Menus de 75 à 180 F (11,4 à 27,4 €). Dès l'entrée, on sent une atmosphère particulière, un léger vent de folie semble souffler sur cet hôtel. 30 ans de bouteille, une déco hétéroclite à souhait : fleurs, bibelots, tableaux et photos incongrus, documents constituant un véritable « musée populaire et cosmopolite » des Vans. Impossible de définir le style de la maison, mais on ne regrette pas d'y être descendu pour le cadre. On pardonne vite le confort très moyen. Demandez la chambre n° 8. Côté resto, cuisine fraîche et copieuse, comme la crêpe cévenole ou la fricassée de volaille provençale. Cuisine régionale. Un hôtel-restaurant surtout réputé pour la qualité de sa cuisine. *Café offert.*

≙|●| Le Carmel-Ancien Couvent ★★ – le bourg ☎ 04.75.94.99.60. Fax : 04.75.94.34.29. ● lecarmel@wanadoo.fr ● Parking. TV. Satellite / câble. ♿ Resto fermé le midi. Congés annuels : du 10 janvier au

18 février et du 12 novembre au 15 décembre. Accès : à côté de la poste. Doubles de 350 à 400 F (53,4 à 61 €) avec douche et wc ou bains, selon la saison. Petit déjeuner : 45 F (6,9 €), gratuit pour les moins de 10 ans, servi jusqu'à midi. Menus à 95 et 140 F (14,5 et 21,3 €). De cet endroit se dégage un sentiment de calme et de sérénité. Rien d'étonnant à cela : *Le Carmel* est un ancien couvent dont l'aspect extérieur est demeuré inchangé. L'accueil est chaleureux. Féru d'histoire locale, Marc fait visiter à chacun de ses clients les multiples pièces de son hôtel en leur expliquant la vie quotidienne des religieuses. Remarquez qu'ici le confessionnal sert de cabine téléphonique! Les chambres, d'une extrême propreté, sont claires et spacieuses. Un hôtel-restaurant de charme (avec piscine) qui mérite le déplacement. *10 % sur le prix de la chambre hors juillet-août.*

l●l *Restaurant Le Grangousier* – **rue Courte** ☎ 04.75.94.90.86. Fermé le mercredi et le dimanche soir sauf en juillet-août. Congés annuels : du 15 novembre au 15 février. Accès : face à l'église. Menus de 150 à 255 F (22,9 à 38,9 €). Ce luxueux restaurant propose aussi bien un menu détente que des menus plus gastronomiques. La cuisine est inventive et le rapport qualité-prix honnête. Le ballottin de lapin farci et tagliatelles ou le gâteau de foies blonds à la crème d'orties sont à la hauteur de nos espérances. La salle voûtée, tout en pierres apparentes, est propice à la dégustation de ces mets délicats. Parmi les vins, le merlot domaine des terriers est à 65 F (6,6 €) seulement. Une adresse chic restant accessible aux budgets moyens.

VIENNE   38200

Carte régionale A1

l●l *Restaurant L'Estancot* – **4, rue de la Table-Ronde (Nord)** ☎ 04.74.85.12.09. Fermé le dimanche et le lundi. Plat du jour à 45 F (6,9 €) ou menu à 65 F (9,9 €) le midi, en semaine. Autres menus à 79 et 109 F (12 et 16,6 €). Dans une petite rue discrète de la vieille ville, à l'ombre de l'église Saint-André. Jolie façade fleurie, belle salle profonde. On vient là d'abord pour goûter aux criques à base de pommes de terre, persillade, œuf (non servies le midi en semaine), et aux paillassons (pommes de terre nature) accompagnées de toutes sortes de bonnes choses. Attention, les criques sont servies uniquement le samedi midi et le soir. Quelques fleurons de la carte : carré d'agneau rôti aux senteurs de Provence, gâteau de foies blonds, flan d'oursins sauce crustacés, rognons de veau au vin de noix, escalope de foie gras chaud au porto, etc. Uniquement sur réservation.

DANS LES ENVIRONS

ESTABLIN 38780 (8 km SE)

🛏 *La Gabetière* *** – ☎ 04.74.58.01.31. Fax : 04.74.58.08.98. Parking. TV. Accès : sur la D502; sur la gauche, après le carrefour d'accès à Establin. Chambres à 290 F (44,2 €) avec douche et wc et de 320 à 370 F (48,8 à 56,4 €) avec bains. Que voilà une bonne adresse comme on les aime! Un manoir de campagne de charme où l'on a envie de se cacher. Pour le plaisir. Pour le confort. Pour la beauté des pierres du XVIe siècle et la tiédeur... du bord de la piscine. Si vous obtenez l'une des chambres pastel qui ouvrent sur le parc, vous aurez envie d'y rester. Accueil simple, chaleureux, attentif. Vous pouvez même bénéficier d'un appartement dans la tour pour 4 personnes. Chaleureux « bar-salon-télé ». À l'extérieur, possibilité de pique-nique (tables à disposition). Et sur les opportunités du coin, l'adorable patronne qui prodigue tous ses bons conseils. *10 % sur le prix de la chambre sauf juin, juillet, août, septembre.*

l●l *Frantony* – **ZA Le Rocher** ☎ 04.74.57.24.70. Fermé le lundi et le mardi sauf fêtes et jours fériés. Accès : par la D41 direction Grenoble, en marge du grand rond-point. Beau menu à 92 F (14 €), autre à 162 F (24,7 €) et carte. Bizarrement situé dans une ZA, à l'accès quelque peu rebutant. Mais face à la belle carte de ce resto, vous oublierez vite béton et trafic. D'autant que cadre et accueil sont particulièrement plaisants. Le chef travailla jadis pour un émir. Il en subsiste une *touch* de sophistication et d'élégance dans la cuisine. Au hasard de la carte : le canard de barbarie roulé aux oignons et coriandre, la lasagne de grenouilles aux épinards, la caille farcie de polenta aux olives, le marbré de foie gras aux aubergines. Quant aux desserts... Parfois un menu ethnique, style menu tzigane. Pour mener à bien localement une entreprise de séduction!

VILLARD-DE-LANS   38250

Carte régionale B2

🛏 *Villa Primerose* ** – **147, av. des Bains** ☎ 04.76.95.13.17. Parking. Congés annuels : du 1er novembre au 20 décembre. Compter de 140 à 250 F (21,3 à 38,1 €) pour 1 à 3 personnes selon la période et le confort. Petit déjeuner à 25 F (3,8 €) en saison, un buffet. Voilà une maison où l'on a le sens de l'accueil! Dans cette belle bâtisse, les chambres calmes donnent sur la chaîne du Gerbier. Intéressant : pour familles, deux chambres communicantes. Autrefois, il y avait un restaurant. La proprio fait bénéficier de l'ancienne et vaste cuisine aux clients, ainsi que de la salle à manger. Possibilité de se préparer ses repas ; on y trouve tout le matériel nécessaire (frigo, plaques chauffantes, etc.).

🏠 |●| *À la Ferme du Bois Barbu* ** – ☎ 04.76.95.13.09. Fax : 04.76.94.10.65. Parking. TV. Resto fermé le mercredi et le dimanche soir de fin mars à fin juin et de septembre à décembre (hors vacances scolaires). Congés annuels : la 3e semaine de juin et de mi-novembre à début décembre. Accès : à 3 km du centre ; direction Bois-Barbu. Doubles à partir de 250 F (38,1 €) avec douche. Menus de 92 F (14 €) jusqu'à 160 F (24,4 €). Voilà une véritable auberge de montagne, en lisière de forêt et d'une route pas trop passante. Façade fleurie et terrasse sous le tilleul. Un gentil paradis où on peut s'alanguir dans un fauteuil pendant que Nadine, l'hôtesse, joue du piano. Petites chambres pour rêver de trappeurs aventureux et de grottes mystérieuses. Idéal pour les mordus de ski de fond et les vététistes, dont les pistes passent à côté. En cuisine, succombez aux bons produits régionaux, suivant les saisons : la poitrine de veau farcie aux noix, les caillettes maisons, les grenouilles à l'apremont, le pavé de bœuf aux morilles, les croquettes au bleu du Vercors et alcool de sapin et le soufflé glacé à la chartreuse... *10 % sur le prix de la chambre hors vacances scolaires.*

🏠 *Hôtel Le Dauphin* *** – 220, av. du Général-de-Gaulle ☎ 04.76.95.95.25. Fax : 04.76.95.56.33. Parking. TV. Accès : face à l'office du tourisme. Doubles de 320 à 380 F (48,8 à 57,9 €) avec douche et wc ou bains. Demi-pension de 305 à 325 F (46,5 à 49,5 €). Un sympathique hôtel de montagne à l'ambiance familiale. Un peu en retrait de la place. Papis et sportifs font bon ménage, sous le regard complice d'une maîtresse de maison aux petits soins. Chambres au calme, avec vue sur les sapins pour certaines. Possibilité de demi-pension mais personne ne vous y oblige, même pas la patronne ! *10 % sur le prix de la chambre à partir du 2e jour.*

|●| *Malaterre* – lieu-dit « Malaterre » – ☎ 04.76.95.04.34. Ouvert tous les jours de 12 h à 18 h en juillet, août, décembre et janvier. Ouvert le vendredi soir en juillet-août. Ouvert le dimanche en septembre, octobre, avril, mai et juin. Congés annuels : février, mars et novembre. Accès : de Villars, suivre la D215C. Peu après Bois-Barbu, prendre la route forestière pour Malaterre (indiqué). Menus de 60 à 100 F (9,1 à 15,2 €). Voilà une adresse qui se mérite. Perdue en pleine forêt, dans une ancienne baraque forestière du début du siècle. Tout est en bois, pas d'électricité, pas de source, pas d'eau courante (acheminée par citerne). Vraiment « la mauvaise terre » des bûcherons, dure, âpre... Pourtant, c'est ici que Lydia et Bernard (qui exploitent une ferme à quelques kilomètres) ont choisi de faire revivre la vie et les activités liées à la forêt, tout en régalant fondeurs et randonneurs. Décor composé de tous les outils des forestiers et paysans du coin, d'une variété étonnante. Atmosphère réellement chaleureuse. Quand le vent est au nord, le ciel bas et lourd, on se serre un peu plus les uns contre les autres. Aux beaux jours, on jouit bien sûr de la terrasse. Véritable cuisine régionale à partir des bons produits de la ferme. Impossible de citer toute la carte. Voici nos préférés : la platée du Vercors, composée de ravioles de Royans, de caillette (délicieuse terrine de cochon), bleu du Vercors, salade, pain maison cuit au four à bois. Le tout arrosé de *rataplane* (non, on ne vous dira pas ce que c'est !). Sinon, omelette aux champignons, assiette de charcuterie, gratinée de ravioles à la crème et filet de truite fumée (hmm !), soupe de légumes maison pour réchauffer ses petits doigts gourds, salades diverses... Laisser de la place pour les desserts : pain d'épice maison au miel, Tatin cuite au feu de bois, tarte du chef (re-hmm !). Pour quatre heures, le « regouton de Marie », glaces, etc. Vin de pays en pichet d'un litre à 60 F (9,1 €), cidre, jus de pommes artisanal... En outre, Lydia et Bernard animent chaque vendredi soir d'été, au coin du feu, une veillée « contes et légendes du Vercors ». Devant de bonnes cochonnailles, une émouvante façon de plonger pendant deux heures dans l'histoire et l'âme de la région ! Pour prolonger l'enchantement, le recueil de légendes compilées par Lydia, disponible sur place bien sûr... Attention, l'hiver, en période d'enneigement, l'accès se fait uniquement en raquettes ou à skis de fond (3 km) ! *Digestif offert.*

DANS LES ENVIRONS

CORRENÇON-EN-VERCORS
38250 (5,5 km S)

🏠 |●| *Hôtel Les Clarines* ** – (Centre) ☎ 04.76.95.81.81. Fax : 04.76.95.84.98. Parking. TV. Fermé le mardi hors vacances scolaires et du 15 avril au 15 mai. Congés annuels : du 15 avril au 15 mai et du 10 octobre au 15 décembre. Chambres très confortables de 280 à 480 F (42,7 à 73,2 €) suivant la saison. Le midi en semaine, menu à 72 F (11 €) avec buffet de crudités, menu du grill à 82 F (12,5 €), bon rapport qualité-prix de celui à 100 F (15,2 €) puis à 132 et 172 F (20,1 et 26,2 €). Évidemment, depuis les années 50, l'hôtel familial a pris un peu de ventre. Mais l'ambiance reste plutôt bon enfant, même si la salle à manger fait un peu pension de famille chicos. Côté cuisine, pas mal de choix. À la carte : magret de canard épices et miel, aumônière de saumon et langoustines ou à la fondue de poireaux, lapin à la moutarde violette, filet de rouget frit à l'huile de pistou et ravioles croustillantes... À moins que vous ne choisissiez une bonne fondue ou tartiflette maison... Belle terrasse et piscine chauffée dans un environnement agréable. *10 % sur le prix de la chambre du 15 mai au 30 juin.*

BALME-DE-RENCUREL (LA)
38680 (12 km O)

I●I *Café-restaurant de la Bourne (Chez Caroline)* – **au bourg** ☎ 04.76.38.97.03. Accès : au croisement de la D531 et de la D35. Menus à 65 F (9,9 €) sauf le dimanche, puis de 80 à 155 F (12,2 à 23,6 €). L'archétype du p'tit resto de village qui n'a pas bougé d'un pouce depuis des siècles. Clientèle d'habitués et d'ouvriers du coin. Le kil de rouge sur la table et un 1er menu tellement copieux qu'on n'a pas envie d'aller chercher les autres. Cuisine familiale classique avec les ravioles de Royans, les cuisses de grenouilles à la crème, le poulet aux écrevisses, la daube de bœuf parfumé, etc. *Apéritif offert.*

ENGINS 38360 (14 km N)

I●I *Le Grill Campagnard – La Maison d'Harika* – **route de Villard-de-Lans** ☎ 04.76.94.49.03. Parking. Fermé le dimanche soir et le mercredi. Accès : par la D531, à 10 mn du rond-point Rocher de Sassenage. Comptez entre 150 et 190 F (22,9 et 29 €) à la carte. Ça s'appelle *Le Grill*, mais ne vous fiez pas à l'enseigne. Ici, tout dépend de l'humeur d'Harika et des plats qu'elle a eu le temps de préparer en fonction des produits frais disponibles. Dans son ancien relais de diligence abrité au creux d'un tournant, elle a recréé l'ambiance d'une maison d'autrefois, pleine d'odeurs, de pots de confitures, de bocaux. La vaisselle est en terre cuite et les vins ont du caractère. Au gré des saisons, vous trouverez à la carte : sardines roulées aux épinards, bouchées d'aiguillettes de canard farcies aux figues et noix, gratin de morue aux poireaux ou de courgettes, lapereau de ferme, volaille de Bresse, émincé de veau de lait... Possibilité d'y dormir aussi (suite avec terrasse et petit charme). Réservez ! *Apéritif offert.*

RENCUREL 38680 (17 km NO)

🛏I●I *Hôtel Perazzi* ** – ☎ 04.76.38.97.68. Fax : 04.76.38.98.99. Parking. TV. Congés annuels : de début octobre au 1er mai. Accès : par la D531 jusqu'à La Balme-de-Rencurel, puis route des Écouges à droite. Doubles à 135 F (20,6 €) avec lavabo, 240 F (36,6 €) avec douche et wc et 280 F (42,7 €) avec bains. Menus à 68 F (10,4 €) sauf le dimanche, et de 120 à 160 F (18,3 à 24,4 €). Une maison typique du Vercors au cœur du village, où les enfants Perazzi ont grandi avant d'être hôteliers à leur tour. Ambiance chaleureuse près de la cheminée ou, l'été, sur la terrasse qui fait un peu place du village, car tout le monde y passe. De bonnes vieilles chambres, bien confortables. Au resto, menu terroir avec salade, truite, gratin, fromage blanc, dessert. Dans les autres menus, on a droit au buffet en entrée et à la célèbre truite, ou au baron d'agneau aux herbes. Quelques autres spécialités : gratin du Vercors à la crème, ravioles de Royans, poulet aux écrevisses, etc. Vins à prix modérés : châtillon rouge à 54 F (8,2 €), cuvée du Vaucluse à 50 F (7,6 €). Piscine, sauna, pêche, le grand jeu ! *10 % sur le prix de la chambre hors congés scolaires.*

VILLARS-LES-DOMBES 01330

Carte régionale A1

🛏I●I *Auberge Les Bichonnières* ** – **Ambérieux-en-Dombes** ☎ 04.74.00.82.07. Fax : 04.74.00.89.61. Parking. Fermé le lundi et le mardi midi en saison, ainsi que le dimanche soir et le lundi d'octobre à juin. Congés annuels : fin décembre. Accès : par la D904. Doubles à 320 avec douche, wc, télé. Menus à 98 F (14,9 €), puis 130 et 185 F (19,8 et 28,2 €). Un hôtel-restaurant familial au charme rustique, très plaisant. Des chambres agréables, *cosy*, avec poutres apparentes. À table, dans la salle aux tons boisés et au patio (fleuri aux beaux jours), une cuisine du patron honnête et généreuse, où l'on retrouve les classiques dombistes, mais aussi une salade de langoustines aux aromates ou tout bonnement des râbles de lapin à la moutarde. Bon accueil.

I●I *Restaurant L'Écu de France* – **rue du Commerce (Centre)** ☎ 04.74.98.01.79. Fermé le mardi soir et le mercredi. Congés annuels : janvier. Accès : sur la rue principale, près de l'église. Menus de 105 à 210 F (16 à 32 €). Son parc ornithologique et sa situation centrale dans la Dombes font de Villars une halte touristique réputée. La restauration et l'hôtellerie y sont donc légèrement plus chères. Mais *L'Écu de France* reste un endroit abordable. Une salle à manger rustique, des spécialités dombistes copieuses (avec des grenouilles, bien sûr, et du filet de carpe) et un accueil sobre mais amical.

DANS LES ENVIRONS

BOULIGNEUX 01130 (4 km NO)

I●I *Le Thou* – **au village** ☎ 04.74.98.15.25. Fermé le lundi et le mardi. Accès : par la D2, route de Châtillon-sur-Chalaronne. Menus à partir de 175 F (26,7 €) ; à la carte, compter 300 F (45,7 €), vin compris. Une adresse de plaisir où tous les sens sont ravis : qu'on choisisse la salle décorée de tableaux, fleurs et double-rideaux vaporeux assortis aux nappes satinées, ou le jardin artistiquement cultivé, bravo d'abord à Gérard, qui s'occupe de la déco et de l'arrosage, et mène le service avec diligence, gentillesse et volubilité. La cuisine de Gabriel n'en est que meilleure (si possible), et l'on se régale des classiques dombistes ou de recettes plus élaborées, mettant volontiers à l'honneur les produits de la Dombes, de la Bresse ou du Bugey. Mais la grande spécialité du *Thou* est la carpe, salade de carpe tiède à la moutarde, goujonnettes de carpes ou profiterelles à la mousse de carpe... C'est carpément bon ! Les desserts comme les fromages ne le sont pas moins, et, somme toute, on est comblé par ce formidable gueuleton. Belle carte des vins. *NOUVEAUTÉ.*

ARS-SUR-FORMANS 01480

(19 km O)

🏠 🍽️ *Hôtel-restaurant La Bonne Étoile* ** – (Centre) ☎ 04.74.00.77.38. Fax : 04.74.08.10.18. TV. Fermé le mardi. Congés annuels : janvier. Accès : par la D904. Doubles à 220 F (33,5 €) avec douche et wc. Menus à 75 F (11,4 €) en semaine, et de 100 à 165 F (15,2 à 25,2 €). Ars est bien sûr la patrie du saint curé et ce petit village collectionne une foule de pèlerins. Jean-Paul II y est venu, et s'est restauré à *La Bonne Étoile*, et, quasi-relique, « son » plat est accroché en façade. Mais, sauf ces détails, la *Bonne Étoile* ne donne pas trop dans la bondieuserie et est plutôt bon enfant, avec des chambres sentant la campagne et le propre. La patronne collectionne toutes sortes d'objets qui décorent son établissement, des poupées notamment. Au restaurant, rien d'extraordinaire mais rien de scandaleux non plus : une honnête cuisine traditionnelle et familiale, avec évidement la grenouille obligatoire, mais aussi des plats simples et divers. *10 % sur le prix de la chambre.*

VILLEFRANCHE-SUR-SAÔNE 69400

Carte régionale A1

🍽️ *Le Julienas* – 236, rue d'Anse ☎ 04.74.09.16.55. Fermé le samedi midi et le dimanche. Congés annuels : les 3 premières semaines en août, et de Noël au Jour de l'An. Accès : en direction d'Anse, la rue Nat' devient la rue d'Anse, le restaurant est sur la droite. Plat du marché à 50 F (7,6 €) et menus de 85 à 160 F (13 à 24,4 €). Une belle salle classique avec boiseries anciennes, miroirs, tableaux aux murs et musique classique en sourdine. L'ensemble pourrait faire un peu tristounet, mais le sourire et la gentillesse de ces dames mettent du soleil dans la salle. Dans les assiettes, ça pourrait être un peu plus joyeux aussi, ça ronronne dans un répertoire résolument... classique. Tout est pourtant bon au *Juliénas*, à commencer par le saumon mariné, les escargots, le grenadin de veau au poivre vert, en passant par le pavé de charolais aux échalotes ou le sandre sauce moutarde. Les bons mangeurs feront une affaire avec le menu à trois plats, vraiment peu cher ; mais l'adresse vaut aussi pour un plat du marché et un bon dessert entre deux visites dans Villefranche. Réservation préférable.

DANS LES ENVIRONS

LIERGUES 69400 (5 km SO)

🍽️ *Auberge de Liergues* – au bourg (Centre) ☎ 04.74.68.07.02. Fermé le mardi soir et le mercredi, ainsi que les 2 dernières semaines d'août. Accès : par la D38, direction Tarare. Beau menu à 65 F (9,9 €) le midi en semaine et plusieurs autres entre 58 et 130 F (8,8 et 19,8 €). « Bonjour, je prendrais bien un Perrier!... » « Vous rigolez, à cette heure, prenez plutôt un beaujolais! » Un bon rire, un accueil qui vous change de l'ordinaire, comment résisteriez-vous à l'envie de vous attabler, au milieu de clients qui ont plus des têtes de vignerons que de touristes, ce qui ne gâte rien. Au menu du midi, terrine, jambon braisé, fromage et dessert. Beaucoup de lyonnaiseries, mais aussi du gibier en saison. À la salle du 1er étage avec les nappes roses, préférez le bistrot et ses tables en bois. *Apéritif offert.*

VAUX-EN-BEAUJOLAIS 69460

(17 km NO)

🏠 🍽️ *Auberge de Clochemerle* ** – rue Gabriel-Chevallier ☎ 04.74.03.20.16. Fax : 04.74.03.28.48. TV. 🐕 Fermé le mardi et le mercredi. Accès : par la D43, direction Odenas ; à Saint-Étienne-des-Oullières, prendre à gauche, direction Vaux. Doubles de 220 à 320 F (33,5 à 48,8 €). Menus de 100 à 340 F (15,2 à 51,8 €). Le plus rabelaisien des hauts lieux du Beaujolais se devait d'avoir une auberge à son nom, d'une rusticité à l'épreuve du temps. Une auberge de village avec ses chambres proprettes, toutes nettes, toutes refaites, possédant malgré tout le charme de l'ancien grâce à son mobilier des temps jadis. La table est du même tonneau, bonne et régionale, qui exprime son savoir-faire au travers de plusieurs menus. Plus on monte, plus elle devient gastronomique, tout en conservant à chaque niveau un excellent rapport qualité-prix. La belle étape du coin.

VOIRON   38500

Carte régionale B1

|●| *Restaurant Le Bois Joli* – **La Tivollière** ☎ 04.76.05.22.25. Parking. Fermé le dimanche soir et le lundi. Congés annuels : les 3 premières semaines de janvier. Accès : direction Chambéry ; à 2 km environ, tourner à gauche. Menus à 58 F (8,8 €) le midi en semaine, puis de 72 à 130 F (11 à 19,8 €). Une cuisine savoureuse et copieuse, qui va de la terrine de caille aux morilles au cœur d'entrecôte fondue d'ail, en passant par le cabri aux cèpes et le poulet aux écrevisses. Il y a une véranda : c'est là qu'on aime se tenir, face à un paysage du genre reposant. De plus, terrasse extérieure.

DANS LES ENVIRONS

SAINT-NICOLAS-DE-MACHERIN
38500 (9 km N)

|●| *La Petite Bouffe* – **Hautefort** ☎ 04.76.06.00.84. Parking. Fermé le lundi. Congés annuels : du 15 septembre au 20 mai. Accès : par la D520, puis la D49 (bien indiqué, pancarte jaune). Menus à 80 F (12,2 €) le midi en semaine, 100 et 122 F (15,2 et 18,6 €). Un vrai restaurant de campagne, avec un grain de folie en plus. Et pas un petit. Vous pouvez vous amuser, de la grande salle décorée de peintures naïves à la piscine qui, ici, est au 2e étage avec ascenseur (!), à compter quelque 800 postes de radio. Musique d'ambiance de bal populaire. Service souriant, les patrons adorent les voyages. Belle cuisine du terroir avec quelques envolées vers les îles. Une carte longue comme le bras : fricassée de ris de veau et langues fondues, poêlée de filets de rougets au chorizo, chevreau rôti au pétillant de Savoie, millefeuille d'asperges au beurre de cerfeuil, colombo d'agneau en cocotte, ravioles de Royans aux truffes et foie gras de canard, etc. *Apéritif offert.*

CHARAVINES-LES-BAINS 38850
(13 km NO)

≜|●| *Hôtel-restaurant Beau Rivage* ** – **au bord du lac, sur la D50 (Ouest)** ☎ 04.76.06.61.08. Fax : 04.76.06.66.58. Parking. TV. Satellite / câble. Fermé le dimanche soir et le lundi hors saison. Congés annuels : du 20 décembre au 1ᵉʳ février. Accès : par la N75 puis, au niveau de Chirens, par la D50 à droite. Doubles à 210 F (32 €) avec douche, à 290 F (44,2 €) avec bains. Menus à 90 F (13,7 €) sauf le dimanche midi, et de 125 à 210 F (19,1 à 32 €). L'hôtel touristique de bord de lac classique. Ici, nulle fantaisie : du sûr, du traditionnel. L'hiver : une salle panoramique ; l'été : une terrasse avec une vue magnifique sur le lac de Paladru. Les enfants peuvent même se baigner sous le regard attentif des parents. Parc ombragé. Les chambres sont très agréables et la cuisine copieuse sans autres prétentions que le ton juste et le bon rapport qualité-prix. Quelques spécialités : petite friture du lac, filet de loup bonne femme, osso buco de la mer à la provençale, filet mignon aux chanterelles, poissons du lac en général. *Accès à la plage.*

MONTFERRAT 38620 (13 km N)

|●| *Auberge Féfette* – **Le Verney (Nord)** ☎ 04.76.32.40.46. Parking. Fermé le mardi. Congés annuels : du 15 au 30 avril et du 15 au 30 octobre. Accès : sur les hauteurs, de Charavines, direction Billieu (à 5 km). De Montferrat, route du lac. Menus de 115 à 205 F (17,5 à 31,3 €). Avec un nom pareil, on s'attend presque à retrouver, venue du lac, en contrebas, la famille Groseille au grand complet. C'est un petit paradis qui vous accueille, avec cette sympathique maison en pleine nature, une cuisinière qui n'a jamais oublié son Sud-Ouest et un mari en salle, imperturbable derrière son nœud pap... Au gré du temps et des saisons : papillote de foie gras aux framboises, salade de Saint-Jacques et girolles poêlées, lotte rôtie à la fleur de sel, bœuf aux morilles, agneau confit aux abricots, fricassée de homard au banyuls, etc. Aux beaux jours, tous en terrasse. Pensez à réserver.

VONNAS   01540

Carte régionale A1

|●| *L'Ancienne Auberge* – **place du Marché (Centre)** ☎ 04.74.50.90.50. Congés annuels : de début janvier à début février. Menu à 98 F (14,9 €) en semaine ; autres menus à 170 et 230 F (25,9 et 35,1 €). Vonnas, c'est « Blanc-City » : le nom du célèbre cuisinier est partout. Face au romantico-bucolique petit pont de bois sur la Veyle, on trouve encore inscrit, sur la façade et en belles lettres peintes à l'ancienne : « Fabrique de limonades, entrepôt d'eaux minérales, café-restaurant Blanc aîné ». C'est l'ancienne auberge familiale, là où est, paraît-il, née chez Georges Blanc cette formidable passion pour la cuisine. Ouverte en 1872, l'auberge a été reconstituée à l'identique et c'est plutôt réussi. Si Georges Blanc n'est pas aux fourneaux, il surveille la bonne marche de la maison dont la responsabilité a été laissée à Isabelle Blanc (ça reste dans la famille). L'ambiance des repas de fin de comices d'antan n'y est plus mais les menus

jouent un peu de cette nostalgie : les infidélités à cette cuisine de bonne femme, scrupuleusement de terroir (terrine campagnarde, grenouilles sautées comme en Dombes, gâteau de foies blonds, poulet de Bresse à la crème façon Grand-Mère Blanc...), sont ici rares. Et les prix n'ont rien d'exagéré. Accueil charmant et service bon enfant.

Les prix
En France, les prix des hôtels et des restos sont libres. Certains peuvent augmenter entre le passage de nos infatigables fureteurs et la parution du guide.

Avis aux hôteliers et aux restaurateurs
Chaque année pour y figurer, il faut le mériter.

Le Routard

Le Polar
du routard

Le jeune Edmond Benakem (surnommé Eddie), français de souche tuniso-bretonne, grand reporter au Guide du routard, voudrait bien faire paisiblement son job de globe-trotter fureteur. Mais c'est compter sans la redoutable force des choses qui, pour chaque nouvelle destination, l'entraîne dans d'invraisemblables tribulations. Confronté à des situations folles, Eddie réagit avec ses tripes, son cœur, son humour et sa sensibilité.

Dans chaque polar, un long voyage coloré au pays des embrouilles carabinées.

Parus et disponibles :
- Fausse donne à Lisbonne de Bertrand Delcour
- Les Anges du Mékong de Patrick Mercado
- Prise de bec au Québec de Hervé Mestron

HACHETTE

31 F seulement

Les *Chaussures du* ROUTARD by A.G.C.

IROQUOIS

ANNAPURNA

OKLAHOMA

VIZZAVONA

KATMANDU

BOTSWANA

Les chaussures du Routard sont distribuées par les chausseurs et en VPC, par la **CAMIF** (téléphone du lundi au samedi de 8 à 20h : 0803 060 060 - web CAMIF : www.camif.fr).

La collection complète et la liste des points de vente sont visibles sur Internet **www.club-internet.fr/routard**

Pour tout renseignement complémentaire :

Tél. +32 71 82 25 00 - Fax +32 71 81 72 50
E-mail : joe.garot.agc@skypro.be

NOS NOUVEAUTÉS

SÉNÉGAL, GAMBIE (paru)

De Saint-Louis, ancienne capitale d'un passé colonial prospère, à la fois africaine et cosmopolite, à Ziguinchor, l'accueillante casamançaise, en passant par Gorée, l'île Rose, déjà réputée au siècle dernier pour la douceur de son air et son charme un tantinet méditerranéen, les amateurs de balades urbaines trouveront sans doute de quoi s'émouvoir.

Fous de nature, vous serez tentés par des curiosités comme celle du lac Rose, qui décline sa couleur sur tous les tons, ou celle de l'île aux Coquillages de Fadiouth. Mais aussi par les différents parcs nationaux du pays. Par manque de temps, il vous faudra sans doute choisir : celui du Djoudj, la troisième réserve ornithologique du monde, dans la mangrove du delta du fleuve Sénégal, où quelque 3 millions de migrateurs aiment faire escale ; ou bien le parc du Niokolo Koba, où de gros mammifères vagabondent au cœur de la savane. À moins que vous ne jetiez votre dévolu sur le parc naturel du Sine Saloum et son fouillis inextricable d'îles et bancs de sable, paradis là encore des oiseaux et des pêcheurs. Mais paradis aussi des campements-hôtels privés, harmonieusement intégrés dans la vie locale, auxquels on accède en pirogue.

Cependant, un des points forts du Sénégal, c'est sa population, véritable mélange d'ethnies plutôt métissées, dont les principales qualités sont le sens de l'hospitalité, l'humour et la communication. Les marchés se révèlent des grands moments de vie : palabres lors du marchandage, sourires, chatoiements et vêtements multicolores résument le charme irrésistible de ce peuple.

LYON ET SES ENVIRONS (paru)

Au cœur du Rhône, Lyon, étape entre Nord et Sud ? Embouteillages interminables ? Trop facile !

Au-delà des clichés habituels, on découvre une perle rare, une ville émouvante. Capitale des Gaules, de la gastronomie, de l'imprimerie, de la soie et des murs peints, Lyon ne se lasse pas d'être capitale.

Puis, plus on la découvre, plus elle se découvre. Alors on l'aime comme une jolie femme, d'un coup de foudre ; comme une vieille maîtresse aussi, qu'on apprécie avec le temps. Lyon a su se confectionner depuis 30 ans de nouveaux habits... des habits de soie évidemment.

À deux pas de là, le fascinant pays Beaujolais, où l'on se penche sur le berceau de cet étonnant breuvage qui, chaque 3e jeudi de novembre, est le centre d'une convivialité bachique et mondiale. Dans les monts du Lyonnais, on prend un grand bol d'air ; dans la Dombes, on s'attable à un bon buffet campagnard.

Le bon vin au nord, l'air pur à l'ouest, la bonne table partout. Quand on habite Lyon, il suffit de tendre le bras et piocher. Et c'est bonne pioche à tous les coups !

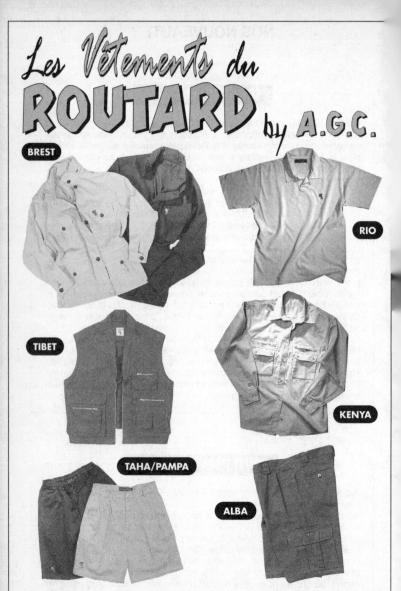

Les vêtements du Routard sont distribués par les détaillants textiles et sports et en VPC, par la **CAMIF** (téléphone du lundi au samedi de 8 à 20h : 0803 060 060 - web CAMIF : www.camif.fr).

La collection complète et la liste des points de vente sont visibles sur Internet **www.club-internet.fr/routard**

Pour tout renseignement complémentaire :

Tél. +32 71 82 25 00 - Fax +32 71 81 72 50
E-mail : joe.garot.agc@skypro.be

NOS NOUVEAUTÉS

ALPES (paru)

Malgré le massacre des bétonnières et des planteurs de pylônes, les Alpes françaises continuent de culminer par-dessus les petits soucis de notre quotidien. La Nature y joue de son charme, déchaînant la sauvagerie des aiguilles, des chaos et des éboulis pour mieux s'apaiser dans les alpages immaculés et les neiges éternelles. Sur ces abrupts, aux couleurs du Grand Nord, la vie se lit en vertical, au fil de balcons successifs surplombant des abîmes où l'homme, qui s'échine sur ses prés pentus, reste en contact avec la vie sauvage. La mystique des cimes, l'amour de l'oxygène se vivent aussi l'hiver avec les sports de glisse, où l'effort ne se vit plus dans l'ascension, mais dans la descente souvent sublime.

DES MÉTIERS POUR GLOBE-TROTTERS (paru)

Ingénieur pétrolier sur une plate-forme en mer du Nord, enseignant dans un lycée français à Addis Abeba, médecin dans une organisation humanitaire au Soudan, coopérant du service national au Yémen, l'aventure est encore possible tout en travaillant. Le guide des métiers pour globe-trotters est là pour vous aider à réaliser vos rêves d'enfant. Il vous donnera tous les conseils, formations et adresses utiles sur les secteurs qui recrutent à l'international : l'humanitaire, le tourisme, l'enseignement, la diplomatie, le transport, la recherche, le journalisme, l'industrie, le commerce, etc. Et pour ceux qui n'ont pas froid aux yeux, un chapitre pour créer son entreprise à l'étranger. Un guide qui ouvre de nouveaux horizons.

GUIDE DE L'EXPAT (paru)

Pas un jour où la mondialisation n'est pas sur le devant de la scène. Et si on s'arrachait aux jérémiades quotidiennes pour enfin se servir de cette mondialisation dans le bon sens ? Partir vers des taux de croissance plus prometteurs n'est pas si difficile mais encore faut-il s'affranchir des clichés touristiques. En Europe, rien ne vous retient. De Dublin à Athènes, de Lisbonne à Oslo, il ne faut plus être bardé de diplômes pour pouvoir gagner le pari de l'adaptation et de la réussite. En revanche, le chemin n'est pas aussi aisé lorsqu'il s'agit de partir à Buenos Aires, Abidjan ou Chicago. Soit vous avez suffisamment de cran pour gravir à la force du poignet les barreaux de l'échelle sociale, soit vous peaufinez, mûrissez votre projet de départ à l'aide des multiples conseils du *Guide de l'expat.* Pour se mettre dans le bain, rien ne vaut une bonne expérience scolaire « sponsorisée » par l'Union européenne. Mais pour les autres, une foule d'institutions, de fondations et d'associations peuvent vous informer. À celles-ci on a ajouté les contacts de quelques-uns des 2 millions de Français (quitte à bousculer quelques vieilles habitudes) qui sont aptes à vous informer quand ce n'est pas à vous aider. Histoire de se rendre compte que la solidarité aux antipodes est encore une valeur sûre...

Avec Club-Internet, découvrez l'Internet et le *Web du Routard*

www.routard.com

Les avantages de Club-Internet :

- UNE ASSISTANCE TECHNIQUE GRATUITE* 7 JOURS / 7
- NOUVEAU : LE COMPTEUR INTERNET** pour maîtriser au jour le jour le coût de votre facture téléphonique
- EXCLUSIF : CHOISISSEZ VOTRE NAVIGATEUR : Netscape Communicator™ ou Microsoft Internet Explorer 4™ **
- Une vitesse de connexion plébiscitée par tous les bancs d'essai
- 5 adresses e-mail et 10 Mo pour héberger vos pages personnelles
- L'EXPÉRIENCE ÉDITORIALE DE HACHETTE ET LE SAVOIR-FAIRE TECHNOLOGIQUE DE MATRA

*hors coût téléphonique
**uniquement sur versions Windows 95/98

Le Web du Routard,
le site officiel du Guide du Routard.

Le Web du Routard permet au «Routarnaute» de préparer gratuitement son voyage à l'aide de conseils pratiques, d'itinéraires, de liens Internet, de chroniques, de livres et de disques, de photos et d'anecdotes de voyageurs...

- Une sélection de 40 destinations, avec une montée en charge d'une destination par mois.
- Le Manuel du Routard (tout ce qu'il faut savoir avant de prendre la route, de la taille du sac à dos à la plante des pieds) et la Saga, pour mieux connaître les petits veinards qui font les Guides du Routard.
- L'espace «Bons Plans», qui propose tous les mois les meilleures promotions des voyagistes.
- Des rubriques à votre libre disposition : l'espace forum, l'espace projection et les petites annonces.
- Enfin, une boutique pour les plus fortunés....

Le Web du Routard est une co-édition Routard/Moderne Multimédias.

PROFITEZ VITE DE CETTE OFFRE EN NOUS RETOURNANT VOTRE BULLETIN D'ABONNEMENT (voir au verso)

  www.routard.com

| www.club-internet.fr

le club le plus ouvert de la planète

Club-Internet vous réserve les meilleures offres pour découvrir l'Internet...

Pour recevoir un kit de connexion Club-Internet :
- appelez tout de suite le **N°Azur 0 801 800 900** *PRIX APPEL LOCAL* et indiquez le code : ROUTARD
- ou renvoyez ce coupon-réponse dûment complété.

SONDAGE AUPRES DE NOS LECTEURS

Nous souhaitons mieux vous connaître. Vous nous y aiderez en répondant à ce
questionnaire et en le retournant à l'adresse suivante :
GUIDE DU ROUTARD - "HÔTELS ET RESTOS DE FRANCE"
5, rue de l'Arrivée - 92190 Meudon
Chaque année, le 15 décembre, un tirage au sort sélectionnera les
200 gagnants d'un Guide de Voyage.

NOM : .... Prénom : ....

Adresse : ....

.... **H & R 20**

I - VOUS ÊTES :

1 - ❏ Un homme ❏ Une femme

2 - Votre âge : .... ans

3 - Votre profession : ....

....

4 - Quels journaux ou magazines lisez-vous ?
Indiquez les titres.

....

....

5 - Quelles radios écoutez-vous ? *Précisez.*

....

**6 - Combien de séjours de 3 jours au moins
faites-vous dans l'année ?** ....
- en France ?
Précisez vos 3 dernières destinations :

....

....

....

- à l'étranger ?
Précisez vos 3 dernières destinations :

....

....

....

II - VOUS ET VOTRE GUIDE :

7 - Comment avez-vous connu *Hôtels et Restos de France* ?
  ❏ par hasard dans une librairie   ❏ par mon libraire   ❏ par "bouche-à-oreille"
  ❏ par un article de journal : lequel ? ....
  ❏ par une émission de TV ou de radio : laquelle ? ....
  ❏ autres : ....

8 - Quelles éditions d'*Hôtels et Restos de France* possédez-vous chez vous ? *Précisez les années.*

....

9 - Où avez-vous acheté l'édition 2000 d'*Hôtels et Restos de France* ?
  ❏ Librairie   ❏ Fnac / Virgin / Grands magasins ❏ Hypermarchés ❏ Supermarchés
  ❏ Relais H : ○ aéroport ○ gare   ❏ Ailleurs   ❏ On vous l'a offerte

10 - Quand avez-vous acheté l'édition 2000 d'*Hôtels et Restos de France* ? mois : 2000

11 - Vous arrive-t-il d'acheter d'autres guides sur les hôtels et restaurants en France ?
  ❏ oui ❏ non Si oui, lesquels (éditeur, titre, prix) ? ....

12 - Au cours de combien de déplacements, en un an, avez-vous consulté ce guide ? ....

13 - L'utilisez-vous surtout :
  ❏ pour vos déplacements professionnels ?   ❏ pour vos loisirs, week-ends, vacances ?

14 - La plupart du temps, quand vous l'utilisez, vous êtes :
  ❏ seul ❏ en couple ❏ en famille ❏ entre amis ❏ autres : ....

15 - Quelle opinion générale avez-vous de ce guide ? *Entourez la réponse correspondante*

+ + +   + +   + / -   - -   - - -

16 - Quels sont :
  - ses principales qualités ? ....
  - ses principaux inconvénients ? ....

Pensez-vous que le guide vous propose un nombre suffisant d'adresses ? *Cochez.*

d'hôtels ?	tous prix confondus	< 200 F la nuit	200 à 280 F la nuit	> 280 F la nuit
suffisamment				
pas assez				
trop				

de restos ?	tous prix confondus	< 100 F le repas	100 à 149 F le repas	> 150 F le repas
suffisamment				
pas assez				
trop				

17 - Préférez-vous :

❑ le classement des adresses par ordre alphabétique de villes (édition 96 et précédentes) ?

❑ ou le nouveau classement par région ?

Remarques : _____

18 - Avez-vous utilisé en 1999 l'offre proposée dans le guide "10 % de réduction à nos lecteurs sur le prix d'un séjour de 2 nuits consécutives minimum" ?

❑ non → pourquoi ? _____
   → avez-vous l'intention de le faire cette année ? _____
❑ oui → combien de fois environ dans l'année ? _____
   → en avez-vous été satisfait ? _____
   → remarques : _____

VOTRE OPINION SUR LES ADRESSES DE CE GUIDE

Afin de contribuer à la remise à jour de notre guide, faites-nous part de vos remarques et de vos critiques : cela nous aidera à corriger les éventuelles erreurs et à combler certains oublis. Merci d'y songer au cours de votre périple en France et de nous répondre en envoyant ce questionnaire prédécoupé.

Nom du restaurant ou de l'hôtel : _____
Adresse exacte : _____
Code postal : _____ Ville _____ Tél. : _____

• Votre avis sur :

	très bon	bon	moyen	mauvais
- l'accueil	❑	❑	❑	❑
- la cuisine	❑	❑	❑	❑
- le rapport qualité/prix	❑	❑	❑	❑
- le confort	❑	❑	❑	❑
- le service	❑	❑	❑	❑
- le calme	❑	❑	❑	❑
- le cadre	❑	❑	❑	❑
- l'ambiance	❑	❑	❑	❑

• Remarques et observations personnelles : _____
_____

• Si vous avez découvert une adresse méritant de figurer dans ce guide, faites-nous part de votre trouvaille. Nous irons ensuite la visiter sur place.
Nom de l'établissement : _____
Adresse exacte : _____
Code postal et localité : _____
Intérêts et qualités : _____

Êtes-vous un habitué de cette adresse ?   ❑ oui   ❑ non

Index des localités

INDEX

— les **Routards** *parlent aux* **Routards** —

Faites-nous part de vos expériences, de vos découvertes, de vos tuyaux pour que d'autres routards ne tombent pas dans les mêmes erreurs. Indiquez-nous les renseignements périmés. Aidez-nous à remettre l'ouvrage à jour. Faites profiter les autres de vos adresses nouvelles, combines géniales... On adresse un exemplaire gratuit de la prochaine édition à ceux qui nous envoient les lettres les meilleures, pour la qualité et la pertinence des informations. Quelques conseils cependant :
– Envoyez-nous votre courrier le plus tôt possible afin qu'on puisse insérer vos tuyaux sur la prochaine édition.
– N'oubliez pas de préciser sur votre lettre l'ouvrage que vous désirez recevoir.
– Vérifiez que vos remarques concernent l'édition en cours et notez les pages du guide concernées par vos observations.
– Quand vous indiquez des hôtels ou des restaurants, pensez à signaler leur adresse précise et, pour les grandes villes, les moyens de transport pour y aller. Si vous le pouvez, joignez la carte de visite de l'hôtel ou du resto décrit.
– À la demande de nos lecteurs, nous indiquons désormais les prix. Merci de les rajouter.
– N'écrivez si possible que d'un côté de la lettre (et non recto verso).
– Bien sûr, on s'arrache moins les yeux sur les lettres dactylographiées ou correctement écrites !

Le Guide du routard : 5, rue de l'Arrivée,
92190 Meudon
E-mail : routard@club-internet.fr
Internet : www.routard.com

— 36-15, *code* **Routard** —

Les routards ont enfin leur banque de données sur Minitel : 36-15, code ROUTARD. Vols superdiscount, réductions, nouveautés, fêtes dans le monde entier, dates de parution des *GDR*, rancards insolites et... petites annonces.

— **Routard Assistance** *2000* —

Vous, les voyageurs indépendants, vous êtes déjà des milliers entièrement satisfaits de Routard Assistance, l'Assurance Voyage Intégrale sans franchise que nous avons négociée avec les meilleures compagnies, Assistance complète avec rapatriement médical illimité. Dépenses de santé, frais d'hôpital, pris en charge directement sans franchise jusqu'à 2 000 000 F + caution + défense pénale + responsabilité civile + tous risques bagages et photos + 500 000 F. Assurance personnelle accidents. Très complet ! Le tarif à la semaine vous donne une grande souplesse. Chacun des *Guides du routard* pour l'étranger comprend, dans les dernières pages, un tableau des garanties et un bulletin d'inscription. Si votre départ est très proche, vous pouvez vous assurer par fax : 01-42-80-41-57, mais vous devez, dans ce cas, indiquer le numéro de votre carte bancaire. Pour en savoir plus : ☎ 01-44-63-51-00 ; ou, encore mieux, Minitel : 36-15, code ROUTARD.

Imprimé en France par Maury-Eurolivres
Dépôt légal n° 00558-01-00
Collection n° 15 - Édition n° 01
24/3227/6
I.S.B.N. 2.01.243227-1
I.S.S.N. 0768.2034